Rinklin/Maurer

Der Strafprozess –
Strategie und Taktik im Ermittlungsverfahren

Rinklin/Maurer

Der Strafprozess –
Strategie und Taktik im Ermittlungsverfahren

Praxisleitfaden mit App und Online-Service

Herausgegeben von

Philipp **Rinklin**, Fachanwalt für Strafrecht und Verkehrsrecht
Frank **Maurer**, Vorsitzender Richter am Landgericht Stuttgart

Bearbeitet von

Dr. Heiko **Artkämper**, StA (GL), Stefan **Conen**, FAStrafR, Jan **Dehne-Niemann**, RiLG,
Maximilian **Endler**, RA und FAStrafR, Dr. Sandra **Forkert-Hosser**, RAin und
FAinStrafR, Dr. Nils **Godendorff**, RiLG, Prof. Dr. Jürgen **Graf**, RBGH und RA,
Dr. Andreas **Grube**, RBGH, Dr. Stefan **Henke**, OStA, Dr. Julian **Lubini**, StA (GL),
Dr. Frank **Maurer**, Vors. RiLG, Philipp **Rinklin**, FAStrafR und FAVerkR, Thilo **Schäck**,
FAStrafR und FASteuerR, Patrick **Schladt**, FAStrafR, Daniel **Scholze**, RiLG,
Dr. Matthias **Schütrumpf**, RA und FAStrafR, Wolfgang **Schwürzer**, LOStA,
Grit **Weise**, RiinLG

IMPRESSUM

Bibliographische Information der Deutschen Nationalbibliothek
Die Deutsche Nationalbibliothek verzeichnet diese Publikation in der
Deutschen Nationalbibliographie; detaillierte bibliographische Daten
sind im Internet über http://dnb.d-nb.de abrufbar.

Wichtiger Hinweis
Die Deubner Verlag GmbH & Co. KG ist bemüht, ihre Produkte jeweils nach
neuesten Erkenntnissen zu erstellen. Deren Richtigkeit sowie inhaltliche
und technische Fehlerfreiheit werden ausdrücklich nicht zugesichert. Die
Deubner Verlag GmbH & Co. KG gibt auch keine Zusicherung für die
Anwendbarkeit bzw. Verwendbarkeit ihrer Produkte zu einem bestimmten
Zweck. Die Auswahl der Ware, deren Einsatz und Nutzung fallen aus-
schließlich in den Verantwortungsbereich des Kunden.

Deubner Verlag GmbH & Co. KG
Sitz in Köln
Registergericht Köln
HRA 16268

Persönlich haftende Gesellschafterin:
Deubner Verlag Beteiligungs GmbH
Sitz in Köln
Registergericht Köln
HRB 37127
Geschäftsführer: Ralf Wagner, Kurt Skupin

Deubner Verlag GmbH & Co. KG
Oststraße 11, D-50996 Köln
Fon +49 221 937018-0
Fax +49 221 937018-90
kundenservice@deubner-verlag.de
www.deubner-verlag.de, alternativ: www.deubner-recht.de

Umschlag geschützt als eingetragenes Design der
Deubner Verlag GmbH & Co. KG
Satz: Fotosatz Mäschig GmbH, 74582 Gerabronn
Druck: CPI books GmbH, 25917 Leck
Bildquelle: Fontanis@fotolia.com
Printed in Germany 2021

ISBN 978-3-88606-899-9

Vorwort

Liebe Leserinnen und Leser,

Sie halten das Werk *Der Strafprozess – Strategie und Taktik im Ermittlungsverfahren* als Fortsetzung aus der Reihe *Der Strafprozess – Strategie und Taktik* in Ihren Händen. Die vielfache, positive Resonanz der Leserinnen und Leser und deren Wunsch nach mehr Praktiker- und Praxishilfe haben uns ermutigt, den Weg weiterzugehen und das Portfolio des Verlags insoweit auszubauen. Mit dem vorliegenden Praktikerhandbuch setzen wir den sehr erfolgreichen Weg fort, der 2019 mit *Der Strafprozess – Strategie und Taktik in der Hauptverhandlung* begann.

Das Augenmerk liegt weiterhin darauf, Ihnen in Ihrer alltäglichen Arbeit ein Praktikerwerk zur Seite zu stellen, mit dem Sie nicht nur für die strafrechtliche Hauptverhandlung gerüstet sind, sondern nun auch in jenem Bereich des Strafverfahrens eine praxisorientierte Unterstützung erfahren, der häufig den ersten Kontakt mit dem Mandanten darstellt: das Ermittlungsverfahren. Kaum ein anderer Verfahrensabschnitt des Strafverfahrens ist von jener Dynamik geprägt, die ein Ermittlungsverfahren mit all seinen Facetten annehmen kann. Jede Verteidigerin und jeder Verteidiger wird über kurz oder lang mit einer – für den Mandanten oft dramatischen – Situation konfrontiert, die eine Durchsuchung oder eine (vorläufige) Festnahme der beschuldigten Person mit sich bringt. *Der Strafprozess – Strategie und Taktik im Ermittlungsverfahren* wird auch hier Ihr zuverlässiger Ansprechpartner sein. Verschaffen Sie sich in Kürze einen Überblick über die sich jeweils stellenden Probleme bei der Mandatsbearbeitung und gewinnen Sie Sicherheit, wenn Sie von erfahrenen Praktikern wertvolle Hinweise und Praxistipps erhalten, damit Sie im hektischen Alltagsbetrieb den Überblick behalten. Dabei wendet sich das Werk nicht nur an den erfahrenen Strafverteidiger, sondern auch an Rechtsanwältinnen und Rechtsanwälte, die nur gelegentlich strafrechtliche Mandate betreuen oder erst in das anwaltliche Berufsleben eingestiegen sind. Nicht zu vergessen sind aber auch Richter oder Staatsanwälte, die mit diesem Werk unvorhergesehene oder sich abzeichnende Probleme im Ermittlungsverfahren lösen wollen und hiermit können.

Der Strafprozess – Strategie und Taktik im Ermittlungsverfahren bleibt dem Erfolgskonzept treu und geht themenbezogen in den für den beruflichen Praxisalltag der Strafverteidigung wichtigen Fragestellungen nicht nur einen Schritt tiefer und über übliche Lehrbücher hinaus. Mit unserem Werk bieten wir in allen Kapiteln nach einem Inhaltsverzeichnis und einer Kurzübersicht zur Orientierung zunächst in einer „Einführung" eine tiefe wissenschaftliche Darstellung der Rechtslage. Daran schließen sich in jedem Kapitel in den „Mandatssituationen" themenbezogene typische, im Berufsalltag häufig wiederkehrende Fallgestaltungen an, in denen anhand von Mustersachverhalten wichtige und wertvolle Praktikertipps gegeben werden. Jedes Kapitel wird komplettiert mit entsprechenden Arbeitshilfen und Mustern, mit Anträgen, Anschreiben etc. Damit erhalten Sie themenbezogen auf über 20 Kapitel profundes Fachwissen, aber auch eine praxisnahe und anschauliche Auseinandersetzung häufiger Alltagssituationen im Ermittlungsverfahren und schließlich zugleich konkrete Hilfe.

Wir haben für *Der Strafprozess – Strategie und Taktik im Ermittlungsverfahren* bewusst darauf geachtet, dass in dem Autorenteam sowohl Rechtsanwältinnen und Rechtsanwälte, Staatsanwälte als auch Richter – und damit eine breite Mischung aus den am Ermittlungsverfahren beteiligten Personen – repräsentiert sind, so dass ein zu einseitiger Blick vermieden wird. Das Werk bietet

Ihnen damit einen großen Erfahrungsschatz aus unzähligen Ermittlungsverfahren über ein breites berufliches Spektrum hinweg.

Um auch der technischen und digitalen Entwicklung Rechnung zu tragen, finden sich alle Mandatssituationen, Muster und Kurzüberblicke in der bereits für das Werk *Der Strafprozess – Strategie und Taktik in der Hauptverhandlung* konzipierten und in dieser Form einmaligen App wieder. Erhalten Sie – auch offline und in jeder Situation – Zugriff auf relevante Fallkonstellationen und Musteranträge, so dass Sie stets zielgenau und bedacht für den Mandanten agieren können.

Bedanken möchten wir uns ganz herzlich bei allen Autoren, ohne die dieses Gesamtwerk nicht zu bewältigen gewesen wäre. Ihr praxiserfahrener Beitrag aus allen Berufsfeldern macht dieses Werk einzigartig.

Ein besonderer Dank gilt an dieser Stelle auch dem Verlag sowie Frau Ass. iur. Ulrike Undritz, ohne deren Unterstützung, Fleiß und Zielstrebigkeit keines der Werke zu bewerkstelligen gewesen wäre.

Wir wünschen allen Leserinnen und Lesern viel Gewinn und sicher auch Spaß beim Studium dieses Buchs. Wir freuen uns, dass Sie *Der Strafprozess – Strategie und Taktik im Ermittlungsverfahren* in Ihrem beruflichen Alltag als Ratgeber begleitet und Ihnen diesen vor allem erleichtert.

Hinweisen möchten wir noch darauf, dass sich in diesem Werk oft nur die männliche Form wiederfindet. Wir haben uns – auch dem Wunsch zahlreicher Leserinnen und Leser folgend – entschieden, im Interesse einer besseren Lesbarkeit nicht ausdrücklich zwischen geschlechtsspezifischen Personenbezeichnungen zu differenzieren. Die gewählte männliche Form schließt selbstverständlich eine adäquate weibliche Form völlig gleichberechtigt ein.

Für Kritik und Anregungen sind wir sehr dankbar, gerne an ulrike.undritz@deubner-verlag.de.

Freiburg/Stuttgart im November 2020   *Philipp Rinklin und Frank Maurer*

Über dieses Buch

Das vorliegende Buch stellt Ihnen in Ihrer täglichen Arbeit ein Praktikerwerk zur Seite, mit dem Sie nicht nur für die strafrechtliche Hauptverhandlung gerüstet sind, sondern nun auch in jenem Bereich des Strafverfahrens eine praxisorientierte Unterstützung erfahren, der häufig den ersten Kontakt mit dem Mandanten darstellt: das Ermittlungsverfahren.

Verschaffen Sie sich in Kürze einen Überblick über die sich jeweils stellenden Probleme bei der Mandatsbearbeitung und gewinnen Sie Sicherheit, wenn Sie von erfahrenen Praktikern wertvolle Hinweise und Praxistipps erhalten, damit Sie auch im hektischen Alltagsbetrieb stets den Überblick behalten.

Dafür bietet *Der Strafprozess – Strategie und Taktik im Ermittlungsverfahren* zu jedem Kapitel eine theoretische Einführung, gefolgt von zahlreichen typischen Mandatssituationen, wie sie in Ihrer täglichen Praxis vorkommen können.

Am Ende fast jeder Ma   Antrag bzw. das passende Muster-
formular.

Die App

Um auch der technisch   finden sich alle Mandatssituationen, Must   zerwerk *Der Strafpro-*
zess – Strategie und T   ieser Form einmaligen
App wieder. Erhalten   relevante Fallkonstellationen und Mustera   en Mandanten agieren
können.

Rufen Sie hier

https://www.d___

Ihre Zugangsdaten zur App haben Sie
per E-Mail erhalten.

Ihr Online-Modul

Alle Produktinhalte, die zitierte Rechtsprechung und eine umfangreiche Gesetzessammlung finden Sie online unter www.deubner-recht.de. Ihre Zugangsdaten zum Online-Bereich haben Sie per E-Mail erhalten.

Autorenverzeichnis

Die Herausgeber

Dr. Frank Maurer ist Vorsitzender Richter einer Großen Strafkammer am Landgericht Stuttgart und Lehrbeauftragter der Juristischen Fakultät der Universität Tübingen. Er publiziert regelmäßig zu juristischen Fachthemen und hält bundesweit Fachvorträge und (Online-)Seminare zur Technik und Taktik der Befragung und Vernehmung, Verhandlungstechnik und Gesprächsführungstaktik vor Gericht, Wahrheitsfindung/Aussagepsychologie, Glaubhaftigkeitsanalyse sowie zur Zeugenvorbereitung für Rechtsanwältinnen und Rechtsanwälte (Rechtsanwaltsfortbildung, FAO), die Justiz (Staatsanwaltschaft und Gericht, auch Deutsche Richterakademie), die Polizei (Polizeihochschule Baden-Württemberg), Führungskräfte von Unternehmen (auch Dax), Rechtsabteilungen, unternehmensinterne (Compliance) Ermittlungen, Unternehmensberatungen und Versicherungen. Als erfahrener Strafrichter und Lehrbeauftragter vereint Dr. Frank Maurer Praxis und Wissenschaft in einer Person.

In diesem Werk hat er die Kapitel „Der Rechtsanwalt als Strafverteidiger und seine Gestaltungsmöglichkeiten", „Polizeiliche Vernehmungen" und „Richterliche und staatsanwaltschaftliche Vernehmungen" bearbeitet.

Philipp Rinklin ist Fachanwalt für Strafrecht und für Verkehrsrecht und in eigener Kanzlei in Freiburg tätig (www.kanzlei-rinklin.de). Darüber hinaus ist er bundesweit als Referent für strafrechtliche Fort- und Weiterbildungen für Rechtsanwältinnen und Rechtsanwälte nach § 15 FAO sowie in Fachanwaltslehrgängen als auch in entsprechenden Online-Seminaren tätig. Neben seiner Tätigkeit als Referent ist Herr Rinklin Autor in juristischen Fachbüchern, veröffentlicht regelmäßig in verschiedenen juristischen Fachzeitschriften in den Bereichen Strafrecht und Ordnungswidrigkeitenrecht und ist ständiger Mitarbeiter im Juris PraxisReport Strafrecht. Er ist Herausgeber des in der 2. Auflage erschienen Werkes *Der Strafprozess – Strategie und Taktik in der Hauptverhandlung.* Rinklin ist darüber hinaus Mitautor des in der 2. Auflage erhältlichen Werkes *Die 100 typischen Mandate im Verkehrsordnungswidrigkeitenrecht.* Das Magazin Focus zählt Rinklin in der Focus Anwaltsliste 2019 und 2020 bereits wiederholt zu den Top-Privatanwälten in den Bereichen Strafrecht und Verkehrsrecht.

In diesem Werk hat er die Kapitel „Der Rechtsanwalt als Strafverteidiger und seine Gestaltungsmöglichkeiten", „Verhaftung und vorläufige Festnahme des Beschuldigten" und „Die besondere Haftprüfung vor dem Oberlandesgericht gem. §§ 121, 122 StPO" bearbeitet.

Die Autoren

Dr. Heiko Artkämper ist seit 25 Jahren Staatsanwalt und dabei überwiegend Kapitaldezernent bei der Staatsanwaltschaft Dortmund. Seit 1995 ist er zudem im Nebenamt als Mitglied des Justizprüfungsamts Hamm sowie als Leiter von Referendararbeitsgemeinschaften und Fortbildungsveranstaltungen für junge Staatsanwälte und Staatsanwältinnen tätig. Herr Dr. Artkämper hält bundesweit Vorträge sowohl für Polizeibeamte als auch für Staatsanwälte, Rechtsanwälte und Richter. Neben seinen zahlreichen fachbezogenen Veröffentlichungen war er bis 2016 Mitherausgeber des Strafrechtsreports und ist Autor des in der fünften Auflage erschienenen Werks *Die „gestörte" Hauptverhandlung.*

In diesem Werk hat er das Kapitel „Sachverständige im Ermittlungsverfahren" bearbeitet.

Stefan Conen ist 1. Vorsitzender der Vereinigung Berliner Strafverteidiger und seit 2004 im Vorstand. Er ist als Strafverteidiger, aber auch als Kommentator tätig. Stefan Conen ist Mitglied im Strafrechtsausschuss des DAV und Lehrbeauftragter der Freien Universität Berlin für Strafprozessrecht sowie in der Anwaltsfortbildung tätig.

In diesem Werk hat er das Kapitel „Verdeckter Ermittler" bearbeitet.

Jan Dehne-Niemann ist Richter am Landgericht Mannheim und dort u.a. mit Wirtschaftsstraf- sowie mit Bank- und Kapitalanlagesachen befasst. Er war von 2014 bis 2016 als Dozent u.a. für Strafrecht und Strafprozessrecht an die Hochschule für Rechtspflege in Schwetzingen abgeordnet und ist als Dozent in der strafrechtlichen Fachanwaltsfortbildung (§ 15 FAO) nebentätig. Er ist außerdem Prüfer in der staatlichen Pflichtfachprüfung des ersten juristischen Staatsexamens und leitet Referendarsarbeitsgemeinschaften. Neben einer regen Publikationstätigkeit im Straf- und Strafprozessrecht sowie zur Rechtstheorie engagiert sich Herr Dehne-Niemann ehrenamtlich im Beirat der studentischen Rechtsberatungsorganisation PRO BONO Mannheim.

In diesem Werk hat er die Kapitel „Akteneinsicht" und „Opfervertretung im Ermittlungsverfahren" bearbeitet.

Maximilian Endler ist seit 25 Jahren Rechtsanwalt und seit 2002 auch Fachanwalt für Strafrecht in der Rechtsanwaltskanzlei ENDLER | WEIS strafverteidiger (www.kanzlei-endler.de). Er ist ausschließlich als Strafverteidiger tätig und spezialisiert auf Kapitalstrafverfahren. Nach jahrelanger Tätigkeit als Repetitor in einem großen juristischen Repetitorium unterrichtet er seit 2013 als Dozent Rechtsanwälte im Rahmen von Fortbildungsveranstaltungen nach § 15 FAO, etwa zur „Verteidigung in Schwurgerichtsverfahren". Er ist Mitherausgeber eines Standardwerks für Strafverteidiger und hat als Kommentator an einem StGB-Kommentar mitgewirkt.

In diesem Werk hat er das Kapitel „Wahl- und Pflichtverteidigung" bearbeitet.

Dr. Sandra Forkert-Hosser ist Rechtsanwältin und Fachanwältin für Strafrecht in der Rechtsanwaltskanzlei Dr. Hubert Gorka (www.drgorka.de), wo sie nahezu ausschließlich im Strafrecht tätig ist und sowohl in deutscher als auch in französischer Sprache berät. In den Jahren 2011 bis

2016 war sie zudem Kursleiterin für das Juristische Repetitorium Hemmer für den Fachbereich Strafrecht und Strafprozessrecht. Frau Forkert-Hosser ist Autorin von Fachveröffentlichungen zum Strafverfahrens- und zum Entschädigungsrecht. Regelmäßig ist sie Interviewpartnerin der TV-Sendung „Zur Sache Baden-Württemberg".

In diesem Werk hat sie das Kapitel „Anwesenheitsrechte des Verteidigers im Ermittlungsverfahren" bearbeitet.

Dr. Nils Godendorff ist Richter am Landgericht Hamburg. Nach Tätigkeiten in verschiedenen Großen Strafkammern sowie als Vorsitzender einer kleinen Hilfsstrafkammer des Landgerichts und als hauptamtlicher Ermittlungsrichter am Amtsgericht Hamburg folgten Abordnungen an den Bundesgerichtshof (2. Strafsenat) und an das Bundesministerium der Justiz und für Verbraucherschutz. Zurzeit ist er stellvertretender Vorsitzender zweier Großer Strafkammern des Landgerichts Hamburg. Herr Dr. Godendorff ist daneben Prüfer am Justizprüfungsamt in Hamburg und veröffentlicht regelmäßig zu strafprozessualen und strafrechtlichen Themen.

In diesem Werk hat er das Kapitel „Untersuchungsmaßnahmen nach §§ 81-81h StPO" bearbeitet.

Prof. Dr. Jürgen Graf war nach seiner Tätigkeit u.a. beim Generalbundesanwalt seit 2003 Richter am Bundesgerichtshof, zuletzt als stellvertretender Vorsitzender des 1. Strafsenats. In dieser Funktion war er insbesondere mit den Bereichen des Wirtschafts-, Steuer- und Zollstrafrechts befasst. Herr Prof. Dr. Graf ist nunmehr als Rechtsanwalt schwerpunktmäßig im Bereich der Revision in Strafsachen, aber auch in den Bereichen Wirtschafts- und Steuerstrafrecht, Internet- und Computerstrafrecht sowie in allen Fragen des Telekommunikationsüberwachungsrechts tätig.

Daneben ist Rechtsanwalt Prof. Dr. Graf Herausgeber und Verfasser zahlreicher Standardwerke zum Straf- und Strafprozessrecht. Des Weiteren ist er seit vielen Jahren Dozent zu strafprozessualen Fragen bei zahlreichen Fachveranstaltungen und Dozent der DeutscheAnwaltAkademie. Zudem war er seit etwa 1995 regelmäßig als Sachverständiger zu Anhörungen in Gesetzgebungsfragen vor dem Rechtsausschuss sowie weiteren Ausschüssen des Deutschen Bundestages eingeladen.

Seit 2005 war er als Lehrbeauftragter an der Universität Freiburg und seit 2010 auch an der Universität Würzburg tätig. Weitere Lehrtätigkeiten übt er bis heute an der Hochschule Offenburg als Honorarprofessor sowie als Professor an der FOM-Hochschule in Mannheim und Karlsruhe aus.

In diesem Werk hat er das Kapitel „Einsatz technischer Mittel/Maßnahmen ohne Wissen des Beschuldigten" bearbeitet.

Dr. Andreas Grube ist Richter am Bundesgerichtshof (2. Strafsenat) und Lehrbeauftragter der Juristischen Fakultät der Universität Heidelberg. Er ist vom Landesjustizprüfungsamt Baden-Württemberg als Prüfer im Zweiten juristischen Staatsexamen bestellt und regelmäßig als Referent im Bereich der Fortbildung für Richter, Staatsanwälte und Strafverteidiger tätig. Darüber hinaus ist er Autor zahlreicher Fachbeiträge zu straf- und strafprozessrechtlichen Themen.

In diesem Werk hat er das Kapitel „Durchsuchung" bearbeitet.

Dr. Stefan Henke ist Oberstaatsanwalt bei der Generalstaatsanwaltschaft Dresden und dort stellvertretender Abteilungsleiter der Abteilung für Rechtssachen. Herr Dr. Henke ist seit 2004 in der sächsischen Justiz, vornehmlich im Strafrecht tätig. Daneben ist er Prüfer der Staatlichen Pflichtfachprüfung beim Landesjustizprüfungsamt des Freistaates Sachsen und hält regelmäßig Vorträge zu strafrechtlichen Themen.

In diesem Werk hat er das Kapitel „Beschlagnahme" bearbeitet.

Dr. Julian Lubini ist Staatsanwalt als Gruppenleiter, seit 2008 in der Justiz und überwiegend im Strafrecht tätig, so in der Wirtschaftsabteilung einer Staatsanwaltschaft, im Strafrechtsreferat eines Ministeriums und derzeit als Dezernent der Generalstaatsanwaltschaft Dresden für Wirtschaftsstrafsachen. Er ist daneben Prüfer in der Staatlichen Pflichtfach- und Zweiten Juristischen Staatsprüfung.

In diesem Werk hat er das Kapitel „Vermögensarrest" bearbeitet.

Thilo Schäck ist Fachanwalt für Strafrecht sowie Steuerrecht und in der Kanzlei nbh-Strafrecht in Dortmund (www.nbh-strafrecht.de) tätig. Seine Schwerpunkte stellen neben dem allgemeinen Strafrecht das Steuerstrafrecht, das Wirtschaftsstrafrecht und strafrechtliche Wiederaufnahmen dar. Darüber hinaus ist er seit vielen Jahren als Referent im (strafrechtlichen) Gebührenrecht und Strafprozessrecht tätig. Seine Zielgruppe stellen neben Strafverteidigern auch Mitarbeiter in strafrechtlichen Kanzleien dar.

In diesem Werk hat er das Kapitel „Vergütung im Ermittlungsverfahren" bearbeitet.

Patrick Schladt ist Fachanwalt für Strafrecht und Partner der Kanzlei Weindl Ziegler Schladt (www.weindl-partner.de) in Landshut. Herr Schladt ist seit Beginn seiner Tätigkeit als Rechtsanwalt im Jahr 2007 ausschließlich im Bereich des Strafrechts tätig. Im Jahr 2011 deckte Herr Schladt den sogenannten Staatstrojaner auf und war in diesem Zusammenhang Referent und Experte bei verschiedenen Landesregierungen.

In diesem Werk hat er das Kapitel „Die besondere Haftprüfung vor dem Oberlandesgericht gem. §§ 121, 122 StPO" bearbeitet.

Daniel Scholze ist Richter am Landgericht. Derzeit ist er als wissenschaftlicher Mitarbeiter an den Bundesgerichtshof abgeordnet. Während seiner bisherigen beruflichen Laufbahn war er nahezu ausschließlich im Strafrecht tätig. Neben seiner Tätigkeit als Lehrbeauftragter des Fachbereichs Rechtswissenschaft an der Universität Konstanz ist er Referent bei Fortbildungsveranstaltungen für Richter und Staatsanwälte sowie Mitautor namhafter Kommentierungen zum Strafrecht.

In diesem Werk hat er die Kapitel „Unterbringung des Beschuldigten" und „Vorläufige Entziehung der Fahrerlaubnis" bearbeitet.

Dr. Matthias Schütrumpf, Rechtsanwalt und Fachanwalt für Strafrecht, ist Mitgründer der Kanzlei Duchon Meißner Schütrumpf (www.strafverteidiger-muenchen.info). Außerdem ist er Gastdozent des Bayerischen Staatsministeriums der Justiz im Rahmen der Referendarausbildung, Dozent der DeutscheAnwaltAkademie für die Ausbildung von Fachanwälten sowie Dozent des Deutschen Anwaltsinstitut e.V. im Rahmen der Weiterbildung für Fachanwälte nach § 15 FAO. Herr Dr. Schütrumpf ist Autor diverser Fachveröffentlichungen.

In diesem Werk hat er das Kapitel „Verteidigerausschluss" bearbeitet.

Wolfgang Schwürzer ist Vertreter des Generalstaatsanwalts in Dresden. Neben seinen vielfachen Tätigkeiten in der Aus- und Fortbildung ist er zudem Referent bei Fortbildungstagungen für Richter und Staatsanwälte zu strafrechtlichen Themen und hält bundesweit Seminare im Auftrag der Rechtsanwaltskammern zur Fortbildung der Anwälte im Strafrecht. Außerdem ist Herr Schwürzer Prüfer für das 2. Jur. Staatsexamen sowie Autor mehrerer Veröffentlichungen zum Strafrecht.

In diesem Werk hat er die Kapitel „Beschlagnahme" und „Vermögensarrest" bearbeitet.

Grit Weise trat nach Studium und Referendariat in Bayern im Jahr 1997 in den Staatsdienst des Freistaates Sachsen ein. Nach ihrer Ernennung zur Staatsanwältin im Jahr 2000 war sie u.a. in einer allgemeinen Abteilung und in einer Jugendabteilung der Staatsanwaltschaft Leipzig beschäftigt und bearbeitete mehr als acht Jahre schwerpunktmäßig Verbrechen der organisierten Kriminalität. Seit dem Wechsel in den Richterdienst im Jahr 2018 ist Grit Weise als Richterin am Landgericht Leipzig nach ihrer Tätigkeit in einer Jugendkammer und der Großen Strafvollstreckungskammer der Schwurgerichts- und Rehabilitationskammer sowie einer Beschwerdekammer zugewiesen.

In diesem Werk hat sie das Kapitel „Zwischenverfahren" bearbeitet.

Inhaltsübersicht

Literaturverzeichnis

Artkämper, Die „gestörte" Hauptverhandlung, 5. Aufl. 2017

Artkämper/Jakobs, Polizeibeamte als Zeugen vor Gericht – Zeugenrolle und Sachverständigenstatus, 2017

Artkämper/Schilling, Vernehmungen – Taktik, Psychologie, Recht, 5. Aufl. 2018

Balzer, Beweisaufnahme und Beweiswürdigung im Zivilprozess – Eine systematische Darstellung und Anleitung für die gerichtliche und anwaltliche Praxis, 3. Aufl. 2011

Balzer/Walther, Beweisaufnahme und Beweiswürdigung im Zivilprozess – Eine Anleitung für die gerichtliche und anwaltliche Praxis, 4. Aufl. 2018

Barton/Flotho, Opferanwälte im Strafverfahren, 2010

Beck'scher Online Kommentar GVG, 5. Ed. (Stand: August 2019), hrsg. v. Graf (zit.: BeckOK, GVG/*Bearbeiter*)

Beck'scher Online Kommentar JGG, 15. Ed. (Stand: November 2019), hrsg. v. Gertler/Kunkel/Putzke (zit.: BeckOK, JGG/*Bearbeiter*)

Beck'scher Online Kommentar StPO, 37. Ed. (Stand: 01.07.2020), hrsg. v. Graf (zit.: BeckOK, StPO/*Bearbeiter*)

Beck'sches Formularbuch für den Strafverteidiger, hrsg. v. Hamm/Leipold, 6. Aufl. 2018

Bender/Nack/Treuer, Tatsachenfeststellung vor Gericht, 4. Aufl. 2014

Bockemühl, Handbuch des Fachanwalts Strafrecht, 8. Aufl. 2020

Bosbach, Verteidigung im Ermittlungsverfahren, 8. Aufl., 2015

Breyer/Endler (Hrsg.), AnwaltFormulare Strafrecht – Erläuterungen und Muster, 4. Aufl. 2018 (zit.: Breyer/Endler, AnwaltFormulare Strafrecht)

Brunner/Dölling, Jugendgerichtsgesetz – JGG, Kommentar, 13. Aufl. 2017

Brüssow/Gatzweiler/Krekeler/Mehle, Strafverteidigung in der Praxis, 4. Aufl. 2007

Burhoff, Handbuch für das strafrechtliche Ermittlungsverfahren, 8. Aufl. 2019

Burhoff, Handbuch für die strafrechtliche Hauptverhandlung, 9. Aufl. 2019

Burhoff/Volpert, RVG Straf- und Bußgeldsachen, Kommentar, 6. Aufl. 2021

Dahs, Handbuch des Strafverteidigers, 8. Aufl. 2015

Diemer/Schatz/Sonnen, Jugendgerichtsgesetz – mit Jugendstrafvollzugsgesetzen, Kommentar, 7. Aufl. 2015

Dölling/Duttge/König/Rössner (Hrsg.), Gesamtes Strafrecht – StGB, StPO, Nebengesetze, Handkommentar, 5. Aufl. 2020 (zit.: Dölling/Duttge/König/Rössner/*Bearbeiter*)

Eisenberg, Beweisrecht der StPO, Spezialkommentar, 10. Aufl. 2018

Eisenberg, Jugendgerichtsgesetz – JGG, Kommentar, 20. Aufl. 2018

Fischer, Kommentar zum Strafgesetzbuch mit Nebengesetzen, 67. Aufl. 2020

Geppert, Der Grundsatz der Unmittelbarkeit im deutschen Strafverfahren, 1979

Gercke/Julius/Temming/Zöller (Hrsg.), Strafprozessordnung, Kommentar, 6. Aufl. 2019 (zit.: Gercke/Julius/Temming/Zöller/*Bearbeiter*)

Gerold/Schmidt, Rechtsanwaltsvergütungsgesetz: RVG, Kommentar, 24. Aufl. 2019 (zit.: Gerold/Schmidt/*Bearbeiter*)

Gerst (Hrsg.), Zeugen in der Hauptverhandlung – Vernehmungsrecht, Vernehmungslehre, Vernehmungstaktik, 2. Aufl. 2020

Graf (Hrsg.), Strafprozessordnung – StPO. Mit Gerichtsverfassungsgesetz und Nebengesetzen, Kommentar, 3. Aufl. 2018

Heidelberger Kommentar zur Strafprozessordnung, 5. Aufl. 2012, hrsg. von Gercke/Julius/Temming/Zöller (zit.: HK/*Bearbeiter*)

Heinrich, Konfliktverteidigung im Strafprozess, 2. Aufl. 2017

Karlsruher Kommentar zum OWiG, 5. Aufl. 2018 (zit.: KK-OWiG/*Bearbeiter*)

Karlsruher Kommentar zur Strafprozessordnung – mit GVG, EGGVG, EMRK, 8. Aufl. 2019 (zit.: KK/*Bearbeiter*)

Kleinknecht/Müller/Reitberger, Kommentar zur Strafprozessordnung, Loseblatt, 84. Aktualisierung 2018 (zit.: KMR/*Bearbeiter*)

Klemke/Elbs, Einführung in die Praxis der Strafverteidigung, 4. Aufl. 2019

KMR – Kommentar zur Strafprozessordnung, Loseblattwerk, 92. EL (zit.: KMR/*Bearbeiter*)

Lackner/Kühl, Strafgesetzbuch: StGB, Kommentar, 29. Aufl. 2018 (zit.: Lackner/Kühl/*Bearbeiter*, StGB)

Löwe/Rosenberg, Die Strafprozessordnung und das Gerichtsverfassungsgesetz, Kommentar (zit.: LR/*Bearbeiter*)
– Band 1: Einleitung; §§ 1–47 StPO; Sachregister, 27. Aufl. 2016
– Band 2: §§ 48–93 StPO, 27. Aufl. 2017
– Band 6/1: §§ 213–255a StPO, 27. Aufl. 2020
– Band 6/2: §§ 256–295 StPO, 26. Aufl. 2013
– Band 7/2: §§ 312–373a StPO, 26. Aufl. 2013
– Band 8: §§ 374–448 StPO, 26. Aufl. 2009
– Band 10: GVG; EGGVG, 26. Aufl. 2010

Malek, Verteidigung in der Hauptverhandlung, 5. Aufl. 2017

v. Mangoldt/Klein/Starck, Kommentar zum Grundgesetz: GG, 7. Aufl. 2018 (zit.: *Bearbeiter* in: v. Mangoldt/Klein/Starck)

Matt/Renzikowski, Kommentar zum StGB, 2. Aufl. 2020 (zit.: Matt/Renzikowski/*Bearbeiter*)

Meier/Rössner/Trüg/Wulf, Jugendgerichtsgesetz, Handkommentar, 2. Aufl. 2014

Meyer-Goßner/Schmitt, Strafprozessordung, Kommentar, 62. Aufl. 2019

Münchener Anwaltshandbuch Strafverteidigung, 2. Aufl. 2014, hrsg. v. Widmaier/Müller/Schlothauer (zit.: MAH/*Bearbeiter*)

Münchener Kommentar zum Strafgesetzbuch (zit.: MüKo-StGB/*Bearbeiter*)
– Band 6: JGG (Auszug), Nebenstrafrecht I, 3. Aufl. 2018

Münchener Kommentar zur Strafprozessordnung (zit.: MüKo-StPO/*Bearbeiter*)
– Band 1: §§ 1–150 StPO, 2014
– Band 2: §§ 151–332 StPO, 2016
– Band 3/1: §§ 333–499 StPO, 2019
– Band 3/2: GVG, EGGVG, EMRK, EGStPO, EGStGB, ZSHG, StrEG, JGG, G 10, AO, 2018

Neuhaus/Artkämper, Kriminaltechnik und Beweisführung im Strafverfahren, 2014

Ostendorf (Hrsg.), Jugendgerichtsgesetz, Kommentar, 10. Aufl. 2016 (zit.: Ostendorf/*Bearbeiter*)

Podolsky/Brenner/Baier/Veith, Vermögensabschöpfung im Straf- und Ordnungswidrigkeitenverfahren, 6. Aufl. 2019

Radtke/Hohmann (Hrsg.), Strafprozessordnung – StPO, Kommentar, 2011

Rinklin, Der Strafprozess – Strategie und Taktik in der Hauptverhandlung, 2. Aufl. 2020 (zit.: Rinklin, Hauptverhandlung)

Rotsch (Hrsg.), Criminal Compliance, 2015

Satzger/Schluckebier/Widmaier (Hrsg.), Kommentar zum Strafgesetzbuch, 4. Aufl. 2019 (zit.: SSW-StGB/*Bearbeiter*)

Satzger/Schluckbier/Widmaier (Hrsg.), Strafprozessordnung – mit GVG und EMRK, Kommentar, 3. Aufl. 2018 (zit.: SSW-StPO/*Bearbeiter*)

Savini, Handbuch zur Vermögensabschöpfung nach altem und neuem Recht, 5. Aufl. 2017

Schäfer/Sander/van Gemmeren, Praxis der Strafzumessung, 6. Aufl. 2017

Schlothauer/Weider/Nobis, Untersuchungshaft, 5. Aufl. 2016

Schönke/Schröder, Kommentar zum StGB, 30. Aufl. 2019 (zit.: Schönke/Schröder/*Bearbeiter*)

Schroth/Schroth, Die Rechte des Verletzten im Strafprozess, 3. Aufl. 2018

Sinn/Schößling (Hrsg.), Praxishandbuch zur Verständigung im Strafverfahren, 2017

Sommer, Effektive Strafverteidigung – Recht, Psychologie, Überzeugungsarbeit der Verteidigung, 3. Aufl. 2016

Sowada, Der gesetzliche Richter im Strafverfahren, 2002

Stern, Verteidigung in Mord- und Totschlagsverfahren, 3. Aufl. 2013

Systematischer Kommentar zur Strafprozessordnung, 10 Bände, 5. Aufl. 2015–2017, hrsg. von Wolter (zit.: SK-StPO/*Bearbeiter*)

Tondorf/Tondorf, Psychologische und psychiatrische Sachverständige im Strafverfahren, 3. Aufl. 2011

Weiner/Ferber, Handbuch des Adhäsionsverfahrens, 2. Aufl. 2016

Wendler/Hoffmann, Technik und Taktik der Befragung, 2. Aufl. 2015

Zieger/Nöding Verteidigung in Jugendstrafsachen, 7. Aufl. 2018

Zöller, ZPO, Zivilprozessordnung, Kommentar, 33. Aufl. 2020 (zit.: Zöller/*Bearbeiter*)

1 Der Rechtsanwalt als Strafverteidiger und seine Gestaltungsmöglichkeiten

1.1 Statistik und Gestaltungsmöglichkeiten im Allgemeinen

1.1 Im Jahr 2018 schlossen die Staatsanwaltschaften in Deutschland 4,9 Mio. Ermittlungsverfahren in Strafsachen ab. Rund 1/3 (32,3 %) der Verfahren betrafen Eigentums- und Vermögensdelikte, darauf folgten Straßenverkehrsdelikte mit 18,0 %, Straftaten gegen das Leben und die körperliche Unversehrtheit mit 9,4 % sowie Verstöße gegen das Betäubungsmittelgesetz mit 8,3 %.

1.2 Die **häufigste Erledigungsart** über alle Einzelfallentscheidungen hinweg war im Jahr 2018 aber nicht die Anklage, sondern wie in den Vorjahren die **Verfahrenseinstellung**. So machten Einstellungen mangels Tatverdacht (28,4 %), Einstellungen ohne Auflage (24,7 %), Einstellungen mit Auflage (3,4 %) und Einstellungen wegen Schuldunfähigkeit (0,2 %) zusammen **56,8 %** aller staatsanwaltschaftlichen Verfahrenserledigungen aus. „Nur" 20,0 % der Verfahren endeten mit einer Anklage bzw. einem Strafbefehlsantrag und 23,3 % auf andere Art (z.B. mit der Abgabe an eine andere Staatsanwaltschaft oder durch die Verbindung mit anderen Verfahren).[1]

1.3 Es wäre vermessen zu behaupten, dass es auf erfolgreiche Verteidigertätigkeit zurückzuführen ist, dass mehr als die Hälfte der Ermittlungsverfahren mit Verfahrenseinstellung endeten. Dennoch zeigt die Praxis und auch diese Statistik, dass ein Verteidiger gerade im Ermittlungsverfahren große **Einflussnahmemöglichkeiten** hat. Patentrezepte gibt es sicherlich hier nicht, jeder Fall liegt anders, jeder Mandant ist anders, jeder Staatsanwalt verhält sich anders. Kein Verfahren ist wie ein anderes. Effiziente Strafverteidigung beginnt dennoch bereits im **Ermittlungsverfahren**, in der aktiven Mitgestaltung des für die Schuldfeststellung relevanten, zumindest für die Strafzumessung relevanten Sachverhalts.

Im Folgenden sollen die effektivsten Möglichkeiten der Strafverteidigung im Ermittlungsverfahren und die vielfachen Gestaltungsmöglichkeiten eines Strafverteidigers im Ermittlungsverfahren aufgezeigt werden.

1.2 Deckungssumme Berufshaftpflichtversicherung

1.2.1 Allgemeines zur Haftung des Strafverteidigers

1.4 Irritierenderweise wird unter Strafverteidigern häufig die Ansicht vertreten, dass im Vergleich zu zivilrechtlich tätigen Rechtsanwältinnen und Rechtsanwälten die

---

1) Stat. Bundesamt, Stand Juli 2020, siehe https://www.destatis.de/DE/Presse/Pressemitteilungen/2019/08/PD19_317_243.html.

Haftungsproblematik im Bereich der Strafverteidigung überschaubar sei. Diese Auffassung kann, gerade im Hinblick auf versicherungsrechtliche Problematiken im Bereich der Strafverteidigung (siehe unten) fatal sein, so dass dem Strafverteidiger nur empfohlen werden kann, die seiner Vermögensschadenshaftpflichtversicherung zugrundeliegenden Bedingungen und auch die Höhe der Versicherungssumme eingehend zu prüfen.

Die dem zivilrechtlichen Haftungsprozess gegenüber dem Rechtsanwalt zugrundeliegende Problematik der Fristversäumung oder dem Eintritt der Verjährung nehmen in der Praxis der Strafverteidigung keinen besonders großen Raum ein, da z.B. die Wiedereinsetzung weitreichender möglich ist, als dies in zivilrechtlichen Auseinandersetzungen der Fall ist, weil das Verschulden des Verteidigers an der Fristversäumnis dem Angeklagten nicht zuzurechnen ist.[2]   **1.5**

Auf der anderen Seite sind aber auch bei der Bearbeitung strafrechtlicher Mandate Fristen zu beachten, deren Versäumnis ggf. zu Schadensersatzansprüchen gegenüber dem Rechtsanwalt führen können. Zu denken ist z.B. an §§ 10, 12 StrEG, §§ 459j ff. StPO.   **1.6**

Durch die Neuregelung zur **Vermögensabschöpfung** im Strafverfahren hat auch dieser Bereich an Bedeutung gewonnen, so dass auch diese Gesichtspunkte bei der anwaltlichen Beratung bedacht werden sollten.

Ebenso sind mögliche Schadensersatzansprüche gegen den Verteidiger denkbar, wenn der Nebenkläger im Rahmen des **Adhäsionsverfahrens** Ansprüche gegen den Mandanten geltend macht und dem Rechtsanwalt bei der Forderungsabwehr Fehler unterlaufen.

1.2.2 Haftungsprobleme im Zusammenhang mit der Stellung einer Kaution

Haftungsprobleme können sich für den Verteidiger auch im Zusammenhang mit der Bereitstellung einer **Kaution** ergeben. In dieser Konstellation ist aber zu bedenken, in welchem Verhältnis es zu vertraglichen Beziehungen kommt: **1.7**

Wird der gegen den Mandanten bestehende Haftbefehl mit der Auflage außer Vollzug gesetzt, dass der Mandant selbst eine Barkaution leistet, und ist eine dritte Person bereit, dem Mandanten den Geldbetrag zur Verfügung zu stellen, ergeben sich vertragliche Beziehungen zwischen dem Verteidiger und dem Dritten nicht bereits daraus, dass der Verteidiger mit dem Dritten die Abwicklung über das Rechtsanwaltsanderkonto vereinbart.[3]   **1.8**

---

2) BGH, StV 2016, 771; Chab, AnwBl 2005, 497–498.
3) BGH, StV 2004, 661 = NJW 2004, 3630.

Auch wenn der Verteidiger den Mandanten nicht über die Möglichkeit berät, den Rückzahlungsanspruch der Kaution mittels einer Abtretung an den Geldgeber vor möglichen Pfändungen von Gläubigern des Beschuldigten zu schützen, besteht kein Schadensersatzanspruch des Geldgebers gegenüber dem Rechtsanwalt aus einem Vertrag mit Schutzwirkung für Dritte.[4]

Gibt der Verteidiger dem Dritten allerdings auf entsprechende Rückfrage eine rechtlich ungenügende Auskunft über die für den Dritten mit der Bereitstellung des Kautionsbetrags verbundenen Risiken, ergibt sich eine Haftung gegenüber dem Dritten aus der Verletzung einer ihm gegenüber begründeten vertraglichen Pflicht.[5]

1.2.3 Schmerzensgeldanspruch wegen durch Strafverteidiger verschuldeter U-Haft

1.9 Gerade auch im Zusammenhang mit Terminsverlegungsanträgen können sich auch **Schmerzensgeldansprüche** für den Mandanten gegen den Rechtsanwalt ergeben, die auch in **versicherungsrechtlicher Hinsicht problematisch** sind, was insbesondere die nachfolgende Fallkonstellation, die das KG zu entscheiden hatte, veranschaulichen soll:[6]

1.10 Der Verteidiger hatte entgegen seiner anwaltlichen Pflicht versäumt, trotz des dahingehenden rechtzeitigen Auftrags des Mandanten einen Verlegungsantrag in Bezug auf den bevorstehenden Hauptverhandlungstermin zu stellen, weshalb eine Verlegung vom Gericht nicht vorgenommen wurde. Der Mandant wollte in sein Heimatland reisen, um dort zu heiraten. Bei der Rückkehr von der Reise wurde der Mandant schließlich in U-Haft genommen und begehrte schließlich von seinem Verteidiger Schmerzensgeld.

Das KG hat dem Mandanten ein Schmerzensgeld wegen der erlittenen Freiheitsentziehung zuerkannt (7.000 € für 76 Tage U-Haft), wobei bei dessen Bemessung ein Mitverschulden des Mandanten nach § 254 Abs. 1 BGB anspruchsmindernd zu berücksichtigen war, weil er sich bei seinem Rechtsanwalt nicht erkundigt hat, ob dem Verlegungsantrag vom Gericht entsprochen wurde.

Die Problematik, die sich für den Rechtsanwalt in diesem Zusammenhang ergibt, ist weitrechend, denn bei dem zuerkannten Schmerzensgeld handelt es sich nicht um einen beim Mandanten eingetretenen **Vermögensschaden**, sondern um einen **Personenschaden**, so dass die **Vermögensschadenshaftpflichtversicherung nicht eingreift**, was im Übrigen gleichermaßen für entstehende Sachschäden gilt.[7] Eine

---

4) BGH, a.a.O.
5) BGH, a.a.O.
6) KG, StV 2005, 449 = NJW 2005, 1284 = VersR 2005, 698.
7) Chab, AnwBl 2005, 497–498.

mögliche Deckung könnte sich aus der Bürohaftpflichtversicherung ergeben, denn diese deckt Personen- und Sachschäden ab.[8]

Für die Höhe der „richtigen Versicherungssumme" sind allgemeine Empfehlungen schwer, lässt sich das entsprechende Risiko häufig bei Mandatsannahme noch nicht absehen.

1.3　Gespräche mit dem Staatsanwalt effizient führen

Profunde Rechtskenntnisse, listenreiche Überlegungen, raffinierte Eigenermittlungen, brillante Schriftsätze – all das ist für den Verteidiger wichtig und nützlich, aber nicht immer ausreichend. Denn über Einleitung, Fortführung und Abschluss eines Ermittlungsverfahrens entscheidet allein der Staatsanwalt;[9] ein Mensch mit all seinen Eigenheiten, vielleicht sogar Schwächen und oder Problemen. Was genau der **Staatsanwalt** über den Fall enkt, über den Mandanten, was er mit dem Fall derzeit oder insgesamt will, das findet sich wahrscheinlich nur zu einem kleinen Teil in den Akten. Gerade deshalb ist es auch Verteidigersicht geboten, mit dem Staatsanwalt in **Kontakt** zu treten und mit ihm am besten ein (persönliches) **Gespräch** zu führen, um mehr über ihn und seine Sicht auf den Fall zu erfahren.

1.11

Der Verteidiger wird Gespräche mit dem Staatsanwalt i.d.R. **nicht ohne Einverständnis** des Mandanten führen. Dafür reicht aber ein generelles Einverständnis des Mandaten auf Grundlage der generellen Ankündigung des Verteidigers, Gespräche mit dem Staatsanwalt zu führen, aus. Kommt es in dem Gespräch zwischen Staatsanwalt und Verteidiger zu einem konkreten Ergebnis, ist der Mandant darüber zu unterrichten und ggf. seine Zustimmung einzuholen.[10]

1.12

Aus Praktikersicht muss unbedingt betont werden, dass der **Verteidiger** sich im Gespräch und auch danach absolut **seriös** und **zuverlässig** erweisen muss. Der Staatsanwalt muss von Anbeginn wissen, dass der Verteidiger unbedingt zu seinem Wort, seinen Versprechungen steht, sich bei seinem Mandanten auch bei entsprechenden Zusagen durchsetzen kann und ggf. auch absolut verschwiegen ist. Letzteres ist nicht immer einfach, zumal die Verschwiegenheitspflicht auch gegenüber dem eigenen Mandanten gelten soll. Der Verteidiger darf jedoch davon in keinem einzigen Fall abweichen. Der Bruch der Vertraulichkeit eines Gesprächs mit dem Staatsanwalt „ist die Todsünde des Verteidigers".[11] Man sieht sich nicht nur zweimal im Leben, Staatsanwälte tauschen sich auch aus.

1.13

---

8) Chab, a.a.O.
9) Bosbach, in: Bosbach, Verteidigung im Ermittlungsverfahren, 7. Gespräche mit dem Staatsanwalt, Rdnr. 285.
10) Bosbach, in: Bosbach, Verteidigung im Ermittlungsverfahren, 7. Gespräche mit dem Staatsanwalt, Rdnr. 286.
11) Bosbach, in: Bosbach, Verteidigung im Ermittlungsverfahren, 7. Gespräche mit dem Staatsanwalt, Rdnr. 286.

1.14 Der Verteidiger sollte über Verlauf, Inhalt und Ergebnis des Gesprächs mit dem Staatsanwalt in jedem Fall einen **Aktenvermerk** fertigen; dies auch dann, wenn es nicht zu einer konkreten Vereinbarung oder Verständigung kommt. Der Mensch vergisst, auch ein Staatsanwalt. Außerdem droht stets ein Dezernatswechsel, und der Nachfolger „weiß von nichts". Unter Umständen kann es daher sinnvoll sein, den Staatsanwalt zu bitten, das Ergebnis der Unterredung auch in seinen Handakten festzuhalten, wozu dieser im Fall von **Erörterungen des Verfahrensstands** nach § 160b StPO ohnehin verpflichtet ist.

1.3.1   Gesprächsziel

1.15 Jedes Gespräch – egal, ob privat oder im Beruf, am Telefon oder im persönlichen Kontakt – dient einem Ziel. Wenn wir mit anderen Menschen Gespräche führen, dann wollen wir immer Reaktionen hervorrufen, wir wollen etwas erreichen, andernfalls könnten wir unseren Mund halten. Selbst das belangloseste Gespräch auf einer Party dient einem Ziel: dem Zeitvertreib.

1.16 Gespräche führen Verteidiger aktiv nur dann effizient, wenn sie auch ihr **Gesprächsziel** kennen. Das klingt banal, aber schon Mark Twain sagte: „*Nachdem wir das Ziel aus den Augen verloren, verdoppelten wir unsere Anstrengungen*". Die Erfahrung und auch Untersuchungen zeigen mit großer Regelmäßigkeit, dass es vielen schwer fällt, das Gesprächsziel in Worte zu fassen und exakt zu definieren. Je klarer und kürzer es benannt werden kann, desto zielorientierter werden Gespräche geführt, und umso besser wird es gelingen, sich daran im Gesprächsverlauf auszurichten. Anders ausgedrückt: Ohne Festlegung des Gesprächsziels geraten wir „ins Schwafeln", ohne Sinn, ohne Komma und vor allem ohne konkretes Ergebnis. Letzten Endes bestimmen auch der Gegenstand des Verfahrens, die (derzeitige) Beweislage sowie die (geistige, psychische, sozial und berufliche) Situation des beschuldigten Mandanten das Ziel und auch die Methode des Verteidigers.

1.17 Ein Verteidiger sollte sich darüber nur proaktiv im Klaren sein, bevor er Gespräche führen möchte. Das Gesprächsziel muss tatsachenfundiert und wertungsfrei auf das Minimum verkürzt sein. Im Vorfeld eines jeden Gesprächs muss das Ziel konkret (!) definiert worden sein. Das Ziel im Gespräch eines Verteidigers mit einem Staatsanwalt muss mindestens sein, den Staatsanwalt einmal persönlich kennenzulernen und **mindestens Informationen** über ihn und von ihm über den Fall zu erheben, dessen Standpunkt zu verstehen, sein weiteres Vorgehen zu antizipieren. Im weiteren Verlauf gilt es den Staatsanwalt i.S.d. Mandanten zu „beeinflussen" und das „**beste Ergebnis**" für ihn rauszuholen. Bestenfalls kann der Verteidiger mit dem Staatsanwalt **Einigkeit** über den weiteren **Fortgang** bzw. den Abschluss des Ermittlungsverfahrens erreichen. Die konkrete Durchführung eines Gesprächs hängt natürlich von vielem ab. Letztlich gibt es kein Richtig und kein Falsch, und schon gar kein Patentrezept. Das Ziel, den Staatsanwalt i.S.d. Mandanten zu „beeinflussen", begegnet rasch schier unüberwindlichen Hindernissen, wenn dieser eine andere Einschätzung der Sach- und Rechtslage und eine andere Vorstellung von der Art der Erledigung des Verfahrens hat. Der Verteidiger läuft dann leicht Gefahr, dass gut gemeinte Anregungen, Vorschläge mit den Vorstellungen des anderen nicht zusammenpassen und daher auf dessen Skepsis stoßen, von ihm gar rundweg angelehnt werden.

1.3.2   Standpunkt des anderen

Ehe ein Verteidiger sich daran macht, den anderen zu „beeinflussen", ihn für etwas zu gewinnen oder von etwas zu überzeugen, gilt es zunächst herauszufinden, welche Vorstellungen, Wünsche etc. der Gesprächspartner von seinem Ziel hat. Anders ausgedrückt: Bevor der Verteidiger nicht die Vorstellungen, Einschätzungen etc. des Staatsanwalts versteht, so lange sind seine möglichen Beeinflussungserfolge allerhöchstens Zufallstreffer. Zur Vermeidung von Missverständnissen: den Staatsanwalt „verstehen" heißt an dieser Stelle nicht, dessen Vorstellungen gutheißen. Es geht einzig um die Frage, sich von den **Vorstellungen des Gegenübers** ein möglichst konkretes und umfassendes Bild zu machen. Und das geht zunächst nur über Fragen, Fragen, Fragen …   1.18

Wenn es dem Verteidiger gelingt, das Bild des anderen zu erfassen, dann hat er die Ausgangsbedingungen für eine mögliche **Veränderung** und **Beeinflussung** geschaffen. *„Wenn es ein Geheimnis des Erfolges gibt, dann ist es das: Den Standpunkt des anderen zu verstehen und die Dinge mit seinen Augen zu sehen"* (Henry Ford). Je mehr Fakten der Verteidiger vom **Bild des Staatsanwalts** erfragen/erfahren kann, desto leichter findet der Verteidiger auch Argumente für dessen Überzeugungsbildung.   1.19

Wenn der Verteidiger den Standpunkt des Staatsanwalts wirklich verstanden hat, wenn er die Dinge mit *seinen* Augen sieht, dann hat der Verteidiger vielleicht auch einen Schlüssel für die Veränderung – i.S.d. Mandanten – in der Hand. Dabei ist auch zu berücksichtigen, dass Staatsanwälte oft so überlastet sind, dass es ihnen nicht möglich ist, alles ganz durch zu ermitteln und sie notgedrungen nach einer (legitimen) ressourcensparenden Erledigung des Verfahrens suchen. Dafür benötigen sie oftmals auch die Mitwirkung des Beschuldigten und seines Verteidigers. Der Verteidiger will also nicht nur etwas von dem Staatsanwalt, sondern der Staatsanwalt auch von ihm und dem beschuldigten Mandanten. Das gilt es sich in geeigneten Fällen zunutze zu machen.   1.20

1.3.3   Angriffe erzeugen Gegenangriffe

Ein Verteidiger sollte sich genau überlegen, einen Staatsanwalt – wie auch einen Richter – verbal „anzugreifen". Es gibt ein paar Naturgesetze, deren Existenz es auch im (forensischen) Alltag zu beobachten und vor allem zu berücksichtigen gilt. Das hier interessierende Naturgesetz lautet: **Wer angegriffen wird, der verteidigt sich.** Ein angegriffener Staatsanwalt neigt dazu, sich im weiteren Sinne „zu verteidigen", mindestens indem er sich abschottet. Dieser Mechanismus ist in   1.21

Ermittlungsverfahren, Gerichtsprozessen und vieles mehr tagtäglich zu erleben. Verteidiger reagieren erbost auf einen an sich guten Hinweis des Staatsanwalts/ Richters und umgekehrt. Der Richter hört das „Reizwort" Beweisantrag und geht vorab im Kopf schon mal alle Ablehnungsmöglichkeiten durch. Der Zeuge antwortet auf die Frage des Verteidigers „*Das habe ich vorhin schon alles erwähnt, was soll Ihre Frage?*". Oftmals gilt auch hier: Der **Ton macht die Musik**. Die Formulierungen eines Verteidigers gegenüber einem Staatsanwalt „*Das ist doch rechtlich wie tatsächlich falsch …*" enthält einige Botschaften, die der Staatsanwalt unbewusst „hört" und über die er wenig erfreut sein wird (i.S.v. „*Du verstehst Deinen eigenen Fall nicht*" – „*Ich Anwalt bin klüger, ein besserer Jurist*" – oder: „*Ich streue dir Sand ins Getriebe. – Ich will dich ärgern. – Das wird dich Zeit kosten …*").[12] Aus kommunikativer Sicht sind – von Taktik abgesehen – Angriffe jeglicher Art stets zu vermeiden. Der Staatsanwalt sitzt am längeren Hebel – und man sieht sich i.d.R. mehrmals im Leben. Wenn man wirklich Kritik zu üben hat und angreifen will: Dann über den Vorgesetzten des Vorgesetzen des Staatsanwalts! Wenn ein Verteidiger das nicht will oder dem Vorgehen kein Erfolg beimisst, dann gilt i.d.R. innezuhalten. Denn: Der **Staatsanwalt sitzt** – zumindest im Ermittlungsverfahren – **am längeren Hebel**.

1.3.4 Der erste Eindruck hat keine zweite Chance

1.22 Wie bei jedem Gespräch muss auch für das Gespräch mit einem Staatsanwalt bedacht werden, dass der **erste Eindruck keine zweite Chance** hat. Vom ersten Eindruck kann sich auch der Staatsanwalt nicht freimachen, und er mag oft auch eher unbewusst entstehen und weitere Überlegungen prägen. Dahinter steht folgende psychologische Erkenntnis: Menschen tendieren dazu, Informationen nicht isoliert wahrzunehmen, zu begreifen. Einen prägenden Einfluss hat die erste Information, im zwischenmenschlichen Miteinander der erste Eindruck. Dieser erste Eindruck, der deutlich unter einer Sekunde gewonnen wird (!), färbt auch die weitergehende Wahrnehmung zu dieser Person. Der **Halo-Effekt** besagt, dass die Folgeinformationen im Sinne einer Bestätigung der Erstinformation, des ersten Eindrucks aufgenommen werden. Wir betrachten die Person nicht mehr objektiv und analysieren nicht die einzelnen Persönlichkeitsmerkmale isoliert und unabhängig, sondern im Licht des ersten Eindrucks. Auch hier beeinflussen die Erinnerungen an bisherige Erfahrungen unsere Wahrnehmung.

1.23 Der Halo-Effekt hat daher bei der Beurteilung von Menschen ganz allgemein eine große Rolle, gerade auch im forensischen Bereich. Bei einem Menschen, der tatsächlich oder vermeintlich besonders hervorstechende Eigenschaften hat, werden ihm dadurch auch andere dazu passende Eigenschaften zugeschrieben werden und umgekehrt. Attraktive Menschen werden Untersuchungen zufolge im Strafverfahren weniger hart bestraft. Sie erzielen im Zivilverfahren als Kläger größere Summen. Erscheint ein Zeuge sympathisch, wird ihm statistisch öfter geglaubt. Bösen Gerüchten zufolge wird gelegentlich bei Gericht nach der sogenannten

---

12) Wendler/Hoffmann, Technik und Taktik der Befragung, Rdnr. 20.

Schweinehundtheorie vorgegangen. Diese Theorie soll besagen, dass der erkennende Richter zuerst danach „sucht", welche der Parteien der Schweinehund ist. Steht dies für den Richter einmal fest, dann „sucht" er anschließend nach der passenden juristischen Begründung dafür, dass dieser „Schweinehund" auch verliert. Warum sollte dies Psychologie nicht auch bei einem Staatsanwalt um sich greifen und seine Entscheidung, wie das Verfahren einer Erledigung zugeführt wird, beeinflussen? Der erste (persönliche) Eindruck des Rechtsanwalts wird ganz sicher auch hier eine große Rolle spielen, wie sehr sich der Staatsanwalt im Gespräch öffnet, wie sehr er Argumenten aufgeschlossen gegenübertritt. Allzu forsche Auftritte eines Verteidigers werden ihre Wirkung erzielen, aber sicher nicht i.S.d. Mandanten.

1.3.5 Kommunikativer Umgang mit „schwierigen Typen"

Einem Verteidiger werden **unterschiedliche (Gesprächs-)Typen** eines Staatsanwalts begegnen. Angesichts der großen Individualität der Menschen ist es unmöglich, generelle Regeln aufzustellen. Im Folgenden aber wenigstens einige Tipps, die sich schon oft als hilfreich im Umgang mit „schwierigen Typen" erwiesen haben.[13] Im Zusammenhang mit dem Umgang mit schwierigen Typen ist zunächst zu unterstellen, dass Menschen mit ihrem Verhalten Ziele verfolgen, ganz unabhängig davon, ob ihnen das bewusst ist oder nicht. Man muss sich vergegenwärtigen, dass dieses Verhalten lediglich ein Ausdruck einer für sie praktikablen Lösung darstellt. Daher sollten sich ein Verteidiger nicht mit der Beurteilung des Verhaltens aufhalten, sondern sich den **dahinter stehenden Absichten** zuwenden.

1.24

1.3.5.1 Der Aggressive

Manche Staatsanwälte – wie auch manche Anwälte, Richter etc. – wird man durchaus im kommunikativen Umgang als durchaus aggressiv beschreiben können. Es ist wenig sinnvoll, auf einen Angriff mit gleicher Schärfe oder mit einem Gegenangriff zu reagieren. Zum einen provoziert man einen weiteren Angriff, man begibt sich zudem auf die gleiche Stufe wie der andere, insgesamt wird der Konflikt oft nur verschärft, und das Gespräch geht weg von der Sache. Die Grundregel lautet: Auf Aggression oder gar eine Provokation sollte nicht die „erwünschte" Reaktion auf gleicher Ebene erfolgen![14]

1.25

Der angegriffene Verteidiger muss dafür sich, seine Person und Emotionen aus dem Gespräch „herausnehmen" und hören, was der andere durch seinen Angriff (über sich) zum Ausdruck bringen will. Der aggressive Staatsanwalt zeigt näm-

---

13) Vgl. weiterführend Wendler/Hoffmann, Technik und Taktik der Befragung, Rdnr. 239 ff.
14) Wendler/Hoffmann, Technik und Taktik der Befragung, Rdnr. 241.

lich, dass er entweder selbst in Bedrängnis, jedenfalls unbeherrscht und unkontrolliert ist, oder dass er glaubt, sich entsprechend verhalten zu dürfen.

1.26 Am besten ist es, die aggressiven Grundtöne zu ignorieren. Ein Verteidiger kann durchaus erkennen lassen, dass er die Aggression oder gar den Angriff bemerkt hat (das ist wichtig, denn damit schwächt der Anwalt die Position des anderen), sollte aber gleichzeitig zeigen, dass er nicht vorhat, darauf zu reagieren. –

„Ich habe gehört, was Sie gesagt haben. Ich möchte an dieser Stelle nicht darauf eingehen. Lassen Sie mich noch eins ausführen. Mir ist folgender Gedanke wichtig:"

Alternativ kann der Verteidiger auf die Aggression sachlich reagieren. Der Verteidiger spricht diese an, reagiert aber betont sachlich darauf. Damit zeigt der Verteidiger auch seine Überlegenheit. Der Verteidiger spiegelt hierzu das Verhalten des Staatsanwalts, wie es auf ihn gewirkt hat. Folgender Dreiklang biete sich immer an:

1. Was war? Vorfall konkret beschreiben!
   „Herr Meier: Sie haben gerade …"

2. Wie hat es auf mich gewirkt? Darüber haben Sie allein die Deutungshoheit!
   „Auf mich wirkt das so, als ob … Aus meiner Sicht …"

3. Was ist jetzt mein „Wunsch"? Vermeiden Sie in diesem Zusammenhang einen Vorwurf. Ein Wunsch stößt auf viel fruchtbareren Boden!
   „Ich bin der Meinung, dass wir uns bisher sachlich sehr gut ausgetauscht haben. Deshalb lassen Sie mich bitte nochmals meine Argumente darlegen/zusammenfassen: …"

1.3.5.2   Der Schweiger

1.27 Mit manchen Staatsanwälten – wie auch mit anderen Menschen – kommen einfach keine Gespräche zustande. Irgendwie sind sie ein Buch mit sieben Siegeln. Ein Verteidiger könnte versuchen, durch Nachfragen Interesse an der Meinung des Staatsanwalts zu zeigen und so versuchen, Vertrauen aufzubauen. Denn das Schweigen des anderen beruht oftmals auf seiner Vorsicht, vielleicht auch Unsicherheit. Jedenfalls gilt es auch hier zu versuchen, die Motivation des anderen durch Fragen in Erfahrung zu bringen. Vielleicht ist der Staatsanwalt einfach nur in Gedanken bei einer anderen Sache, und allein der Zeitpunkt ist schlecht gewählt. Der Verteidiger sollte den Schweiger durch eine persönliche und direkte Ansprache und durch konkrete Fragen mit einbeziehen.[15] Dabei sollten unbedingt offene Fragen, W-Fragen (was, wer, wo, wie …) verwendet werden. Das Schweigen des anderen sollte nicht durch eigenen Redefluss des Verteidigers „kompensiert" werden.

---

15) Wendler/Hoffmann, Technik und Taktik der Befragung, Rdnr. 242.

- *„Herr Staatsanwalt! Was ist Ihre Meinung in dem Fall?"*

- *„Wie können wir beide den Fall zusammen erledigen?"*

- *„Was würden Sie meinem Mandanten raten?"*

1.3.5.3 Der Kluge und Erfahrene

Kluge und erfahrene Staatsanwälte unternehmen den Versuch, die eigene Person, die eigene Persönlichkeit in die Waagschale zu werfen im Sinne eines *„Ich mache das jetzt schon seit vielen Jahren ..."* – *„Ich bin gut, ich kenne mich aus ..."*. Der Verteidiger ist gut beraten, den Klugen und Erfahren einfach zu lassen, ihn in seiner Haltung zu belassen, dass er viel „toller" ist und für eine Trennung, eine Unterscheidung zwischen Person und Sache zu sorgen:[16)]

1.28

„Sie haben sicherlich eine große Erfahrung damit. Das ändert nichts an der Tatsache (zurück zur sog. Sachebene)*, dass ..."*

„Ihr Wissen kann auch mir als Verteidiger sehr nützlich sein, denn dann wissen Sie ja auch, dass ..."

1.4 Nebenfolgen und Folgewirkungen einer Verurteilung

Bei der Übernahme eines strafrechtlichen Mandates steht naturgemäß der von den Strafverfolgungsbehörden erhobene strafrechtliche Vorwurf zunächst in Mittelpunkt der Verteidigung. Allerdings muss der Verteidiger ebenfalls etwaige **Folgewirkungen** im Blick haben, die sich für den Mandanten aus einer rechtskräftigen Verurteilung ergeben können. Da eben jene „Nebenfolgen" in dem Ermittlungs- bzw. Strafverfahren zunächst keine zentrale Rolle einnehmen, geraten diese oft in den Hintergrund und werden bei der Beratung und Aufklärung des Mandanten ggf. sehr leicht übersehen. Der Verteidiger muss aber bedenken, dass die Feststellungen in einem strafrechtlichen Urteil möglicherweise eine **Bindungswirkung** für Folgeentscheidungen entfalten können, so dass auch diese Folgewirkungen bei der Wahl der Verteidigungsstrategie und auch bei der Vorbereitung einer Einlassung des Mandanten berücksichtigt werden müssen (vgl. z.B. §§ 35 Abs. 3 **GewO**; 3 Abs. 4 **StVG**). Die Tatsachenfeststellung des Gerichts kann also für spätere Entscheidungen von Behörden bindend sein und somit neben der eigentlichen strafrechtlichen Verurteilung für den Mandanten weitere negative Folgen bedeuten, so dass gewissermaßen in doppelter Hinsicht eine „Sanktion" für den Mandanten eintreten kann. Dies ist gerade deshalb bedeutsam, da strafrechtliche Verurteilungen auch Auswirkungen auf die Berufsausübung des Mandanten haben können, so dass der Verteidiger den Mandanten über solche mögli-

1.29

---

16) Wendler/Hoffmann, Technik und Taktik der Befragung, Rdnr. 244.

chen **Auswirkungen** auch unbedingt umfassend **aufzuklären** hat. Insbesondere sollte sich der Verteidiger vor Augen führen, dass eben jene Auswirkungen für den Mandanten von ganz erheblicher **wirtschaftlicher,** wenn nicht sogar **existenzieller Bedeutung** sein können (vgl. z.B. §§ 41 BBG, 24 BeamtStG: Ende des Beamtenverhältnisses mit der Rechtskraft des Urteils).

Wie der nachfolgende Beispielsfall illustrieren soll, können zunächst „unscheinbare" strafrechtliche Verurteilungen bzgl. Taten von geringem Gewicht erhebliche Folgewirkungen für den Mandanten entfalten:

Beispiel

1.30 Der 27-jährige A hat soziale Arbeit studiert. Er findet nun einen Arbeitsplatz in einer Hilfseinrichtung und freut sich seine erste Arbeitsstelle in einer sozialen Einrichtung bald antreten zu können. In der Einrichtung werden Jugendliche betreut. A hatte seinem potentiellen Arbeitgeber auf entsprechendes Verlangen ein Führungszeugnis vorgelegt. Wenige Tage, nachdem das Führungszeugnis vorgelegt wurde, wird ihm von seinem potentiellen Arbeitgeber mitgeteilt, dass eine Beschäftigung nicht in Frage kommt, da seine strafrechtliche Vorverurteilung entgegensteht.

A wurde durch Strafbefehl wegen unerlaubten Besitzes von Betäubungsmitteln zu einer Geldstrafe von 20 Tagessätzen à 10 € verurteilt, weil er im Rahmen einer Semesterparty 5 g Marihuana bei sich führte. Da die Geldstrafe i.H.v. 200 € A nicht besonders hoch erschien und die anfallenden Kosten eines Strafverteidigers diese sogar überstiegen hätten, hat sich A aus „wirtschaftlichen Gründen" entschieden, die Geldstrafe zu bezahlen. Allerdings hatte A vergessen, dass er zuvor wegen einer Trunkenheitsfahrt mit dem Fahrrad auf dem Heimweg von einer Feier ebenfalls durch Strafbefehl rechtskräftig zu einer Geldstrafe verurteilt wurde (15 Tagessätze à 10 €). A hatte die Regelung des § 32 Abs. 2 Nr. 5 zweiter Halbsatz BZRG nicht gekannt und war der Meinung, dass die Strafen ohnehin nicht im Führungszeugnis erscheinen, weil sich die Strafen auf weniger als 90 Tagessätze belaufen haben.

Die Tragweite der „unscheinbaren" strafrechtlichen Verurteilung hatte A aber nicht erkannt. Einer Geldstrafe i.H.v. lediglich 200 € steht nun wegen der Regelung des § 25 Abs. 1 Satz 2 JArbSchG gegenüber, dass A seine Stelle bei dem potentiellen Arbeitgeber nicht antreten kann.

1.31 Weil gerade jene Folgen in der täglichen Praxis von erheblicher Relevanz sind, sollen im Nachfolgenden auszugsweise **wichtige Vorschriften,** aus denen sich Auswirkungen wegen der strafrechtlichen Verurteilung ergeben können, dargestellt werden:

– § 35 **GewO**: Gewerbeuntersagung wegen Unzuverlässigkeit

– § 17 **BJagdG**: Versagung des Jagdscheins

– § 5 **WaffG**: Fehlende erforderliche Zuverlässigkeit

– § 25 **JArbSchG**: Verbot der Beschäftigung, Beaufsichtigung, Anweisung und Ausbildung Jugendlicher

- §§ 32 **GVG**, 18 **FGO**, 21 **ArbGG**, 21 **VwGO**, 17 **SGG**: Unfähigkeit zum Schöffenamt

- §§ 41 **BBG**, 24 **BeamtStG**: Ende des Beamtenverhältnisses

- § 48 **SG**: Verlust der Rechtsstellung eines Berufssoldaten

- §§ 48 i.V.m 54 **Soldatengesetz**: Verlust der Rechtsstellung eines Soldaten auf Zeit

- § 49 **BNotO**: Amtsverlust bei strafrechtlicher Verurteilung des Notars

- § 7 **BRAO**: Versagung der Zulassung zur Rechtsanwaltschaft

- § 113 **BRAO**: Ahndung von Pflichtverletzungen des Rechtsanwalts

- § 40 Abs. 2 **StBerGz**: Bestellung als Steuerberater

- § 6 Abs 2 Satz 2 Nr. 3 **GmbHG**: Bestellung als Geschäftsführer einer GmbH

- § 76 Abs. 3 Satz 2 Nr. 3 **AktG**: Mitglied des Vorstands einer AG

- § 60 Abs. 8 **AufenthaltG**: Ausnahme vom Abschiebeverbot bei bestimmten Verurteilungen

- § 54 **AufenthaltG**: Verurteilung als Abwägungsgesichtspunkt beim Ausweiseinteresse

- § 7 **LuftSiG**: Verurteilung als Regelbeispiel für fehlende Zuverlässigkeit

- § 20 **TierSchG**: Verbot der Tierhaltung

Gerade in solchen Fällen sollte der Verteidiger immer versuchen, eine Verfahrenseinstellung, ggf. nach § 153a StPO, oder eine Verurteilung nach § 59 StGB (Verwarnung mit Strafvorbehalt; vgl. § 12 Abs. 2 BZRG) zu erreichen.[17]

1.5   Eigene Ermittlungen

Es existieren keine ausdrücklichen Regelungen zur Frage, ob und ggf. unter welchen Voraussetzungen und nach welchen Maßgaben der Verteidiger **eigene Ermittlungen** anstellen und gar **Vorgespräche** mit Zeugen zulässig sind. So kann es sich empfehlen, selbst den Ort des Unfallgeschehens aufzusuchen, möglicherweise auch unter Beiziehung eines privaten Sachverständigen und ggf. eine eigene fotografische Dokumentation der (wechselnden) Sichtverhältnisse, Ampelschaltungen u.v.m. herzustellen.   1.32

---

17) Zur Verwarnung mit Strafvorbehalt lesenswert: Schubert, HRRS 2017, 236.

1.5.1 Wahrheits- und Sachverhaltsermittlung – Gespräche mit Zeugen

1.33 Der Verteidiger kann selbst Ermittlungen anstellen, indem er mit Zeugen in Kontakt tritt und diese um Informationen ersucht oder mit ihnen auch (Vor-)Gespräche[18] führt, wenn diese Gespräche der **Wahrheits- und Sachverhaltsermittlung** dienen.[19] So hat auch der BGH bereits im Jahre 2000 festgehalten, dass der Anwalt *„eigene Ermittlungen führen und insbesondere Zeugen auch außerhalb der Hauptverhandlung befragen"* kann.[20] Dabei ist gleichgültig, ob der Zeuge bereits vernommen worden ist oder nicht, insbesondere auch, wenn er oder sein Mandant den Zeugen erst ausfindig gemacht haben, der Zeuge also noch gar nicht „verfahrensbekannt" ist. Hierdurch wird der Anwalt ggf. überhaupt erst in die Lage versetzt, einen substantiierten Vortrag als Verteidiger zu leisten und ggf. einen zielführenden Beweisantrag zu stellen.[21] Vorgespräche mit dem Zeugen dürfen deshalb uneingeschränkt mit dem Ziel geführt werden, zu erfahren, ob der Zeuge zum Beweisthema überhaupt was sagen kann, ob er sich erinnert. Dies dient letztlich auch der Entlastung der Justiz, da mit der Vernehmung eines „unergiebigen" Zeugen, der also nichts zum Beweisthema zu sagen hat, niemandem gedient ist. Bei dieser Befragung zur Wahrheits- und Sachverhaltsermittlung wird sich der Verteidiger technisch wie taktisch zunächst an den **Grundregeln der Vernehmungslehre** orientieren, die dem Grundsatz der Zweiteilung folgt: Erst der Bericht, dann das Verhör.[22] Denn in diesem Zusammenhang sollte das Ziel der Anwaltsbefragung des Zeugen sein, die Wahrheit über das betreffende Beweisthema zu erfahren und den Einfluss auf dessen Aussage so gering wie möglich zu halten.[23] Bei einer unter Beachtung dieser Grundregeln der Vernehmungslehre durchgeführten Befragung des Zeugen erhält der Anwalt möglichst umfangreiche, präzise und zuverlässige Informationen über das betreffende Beweisthema. Er vermeidet zudem jeden Vorwurf der Manipulation oder Zeugenbeeinflussung. Der Anwalt kann sich zudem ein für einen späteren Prozess ggf. wichtiges Bild von der **Aussagekompetenz** des Zeugen machen, also der Kompetenz dieses Zeugen zu einer Aussage vor dem Hintergrund seiner Aussagebereitschaft, seines Intellekts, seiner Lügenkompetenz, seiner Wahrnehmungsfähigkeit, seiner Gedächtnisfunktion, seiner sprachlichen Ausdrucksfähigkeit und seiner Gedächtnisleis-

---

18) Weiterführend auch Hoffmann/Maurer: Voraussetzungen und Grenzen anwaltlicher Zeugenvorbereitung, NJW 2018, 259.

19) Wendler/Hoffmann, Technik und Taktik der Befragung, Rdnr. 217; Bertke/Schroeder, Grenzen der Zeugenvorbereitung im staatlichen Zivilprozess und im Schiedsverfahren, SchiedsVz 2014, 80, 82; Dahs, in: Dahs, Handbuch des Strafverteidigers, Rdnr. 217.

20) BGH 1 StR 106/00, Rdnr. 32 unter Verweis auf BGH, NJW 2000, 1277.

21) Hoffmann/Maurer: Voraussetzungen und Grenzen anwaltlicher Zeugenvorbereitung, NJW 2018, 257.

22) Wichtig: Dieser Grundsatz der Zweiteilung richtet sich nur an das Gericht (bzw. über § 161a Abs. 1 Satz 2 StPO auch an die Staatsanwaltschaft), nicht auch an die anderen Beteiligten, also insbesondere nicht auch an Rechtsanwälte. Deren Rechte und Pflichten werden allein durch das Fragerecht bestimmt. Ausführlich Wendler/Hoffmann, Rdnr. 6, 46 ff.

23) Zum aus Anwaltsicht ggf. abweichenden Ziel der Befragung im Prozess, vgl. ausführlich Wendler/Hoffmann, Rdnr. 24 ff., 32 ff.

tung. Auch wird sich der Anwalt nach dem Vorhandensein spezifischer Vorkenntnisse und Vorerfahrungen, die für die Aussage von Bedeutung sein können, erkundigen können. Der Anwalt erhält zuletzt ein Gefühl, ob und mit welchen Realitätskriterien er im Rahmen der Aussageanalyse ggf. vor Gericht wird zur Untermauerung der Glaubhaftigkeit der Aussage arbeiten können.[24]

Nach These 26 zur Strafverteidigung des Strafrechtsausschusses der BRAK kann es *„im Einzelfall zweckmäßig sein, Art und Inhalt eigener Erhebungen in geeigneter Weise festzuhalten"*. Dem Verteidiger ist dringend zu empfehlen, seine Ermittlungen und vor allem Gespräche mit Zeugen zu **dokumentieren**. Auch die Aufnahme einer Aufzeichnung, die Protokollierung der Aussage und eine verschriftete, unterzeichnete Erklärung des Zeugen sind grundsätzlich zulässig und geboten.[25] Soweit ein Protokoll der Verschriftlichung der Aussage dient, werden dem **Vernehmungsprotokoll** in der rechtswissenschaftlichen Diskussion meist folgende vier Funktionen zugeschrieben:[26] So macht die Verschriftlichung die Aussage der befragten Person unabhängig von Ort und Zeit der Vernehmung und trägt so zur Konstitution des Sachverhalts bei (sog. Perpetuierungsfunktion). Durch die Dokumentation und Protokollierung wird das Vorgehen des Anwalts auch überprüfbar gemacht bei Diskussionen mit dem Gericht über Art, Inhalt und Verlauf oder gar dem Vorwurf der unzulässigen Zeugenbeeinflussung (sog. Kontrollfunktion). Damit wirken Protokolle auch präventiv auf die Einhaltung der Verfahrensgarantien und -rechte (sog. Garantiefunktion). Protokolle sind zuletzt in (Straf-)Verfahren auch Beweismittel (sog. Beweisfunktion). Natürlich wird auch die eigene Position des Anwalts gestärkt, wobei einem Wortprotokoll stets der Vorzug zu geben ist.

1.34

Solche Protokolle können zu Zwecken des Vorhalts verwendet werden. Ebenso zulässig ist eine vernehmungsergänzende Verlesung der „schriftlichen Erklärungen" neben der Vernehmung des Zeugen.[27] Die Verwertung einer schriftlichen Erklärung des Zeugen ist auch durch Vernehmung des Anwalts als Zeuge – nach entsprechender Entbindung vom Mandanten – über die Äußerungen des Zeugen möglich.[28]

1.35

Heimliche Tonbandaufnahmen werden schon im Hinblick auf § 201 StGB (Verletzung der Vertraulichkeit des (nicht öffentlich) gesprochenen Worts) regelmäßig unzulässig sein.[29]

---

24) Ausführlich Wendler/Hoffmann, Rdnr. 215.
25) Dahs in: Dahs, Handbuch des Strafverteidigers, Rdnr. 217.
26) Umfassend Capus/Stoll/Vieth, Zeitschrift für Rechtssoziologie 2014, 225, 226; Rinklin, Hauptverhandlung, Kap. 14, S. 657.
27) LR/Mosbacher, § 249 Rdnr 95; auch der BGH geht im Beschl. v. 26.06.2019 – 2 StR 415/18 von der Zulässigkeit vernehmungsergänzender Verlesung aus; BGH, Urt. v. 16.02.1965 – 1 StR 4/65; OLG Frankfurt, Beschl. v. 19.06.1995 – 3 Ss 105/95; **a.A.** Meyer-Goßner/ Schmitt, § 254 Rdnr. 8.
28) Leipold, Zulässige Einwirkung und Belehrung von Zeugen durch den Verteidiger, StraFo 1998, 79, 82.
29) Parigger, Zeugengewinnung und -vernehmung durch den Verteidiger, StraFo 2003, 262, 265; in: Dahs, Handbuch des Strafverteidigers, Rdnr. 217.

1.36 Beim Abfassen einer schriftlichen Zeugenaussage ist darauf zu achten, dass der Anwalt den Zeugen nur unterstützen, sich aber nicht an dessen Stelle setzen darf. Der Inhalt der Aussage muss daher stets vom Zeugen stammen.[30] Zu bedenken ist auch, dass eine Fixierung des Ergebnisses eigener Befragungen auch den Verteidigungsinteressen des Mandanten durchaus zuwiderlaufen kann, nämlich dann, wenn die Befragung auch belastende Informationen zutage gefördert hat. In der Literatur wird vertreten, dass die Wahrheitspflicht des Anwalts in diesem Fall eine selektive, um die belastenden Informationen bereinigte Abfassung des Protokolls verbietet.[31] Eventuell **nachteilige Bekundungen** des Zeugen müssten wiedergegeben werden. In rein rechtlicher Hinsicht ist das durchaus zu hinterfragen. Ein Anwalt muss stets wahr vortragen. Es besteht für ihn aber keine prozessuale oder berufsrechtliche Pflicht, einen historischen Sachverhaltskomplex umfassend zu schildern, wenn der Zeuge nur bestimmte Umstände bezeugen soll.[32] Dem Verteidiger ist es aufgrund der **Beistandspflicht** gar verboten, belastende Informationen in das Verfahren einzuführen. Die ihm obliegende Wahrheitspflicht führt nicht dazu, dass er ihm zur Kenntnis gelangende belastende Umstände offenbaren müsste. Auch im Zivilrecht gilt nichts anderes: Der Anwalt muss die/alle zugunsten seiner Partei sprechenden tatsächlichen und rechtlichen Gesichtspunkte so umfassend wie möglich darstellen, damit sie das Gericht bei seiner Entscheidung berücksichtigen kann.[33] In praktischer Hinsicht dürfte sich das Problem aber von selbst erledigen, weil der Anwalt bei der förmlichen Benennung als Zeugen stets im Hinterkopf behalten wird, dass der Zeuge von sich aus, spätestens aber auf Frage eines anderen Beteiligten, belastende Informationen preisgeben wird.

1.5.2 Wettlauf mit Staatsanwaltschaft oder Gericht

1.37 Die Staatsanwaltschaft und die Polizei besitzen nur ein **faktisches Ermittlungsmonopol**. Sie besitzen kein rechtliches Monopol, denn die **Strafprozessordnung** ist an keine Rangfolge zwischen den Ermittlungsbefugnissen der Strafverfolgungsbehörden einerseits und dem Recht auf Erhebungen der Verteidigung andererseits festgelegt.[34] Insoweit gibt es auch kein Recht des „ersten Zugriffs" staatlicher Ermittlungsbehörden. Dem Verteidiger ist es daher von Rechts wegen nicht verwehrt, als erstes mit dem Zeugen Kontakt aufzunehmen. Er muss nicht den Erst-

---

30) Ullrich, Außergerichtliche Kontakte zwischen Anwalt und Zeugen im Zivilprozess, NJW 2014, 1341, 1345 m.w.N.

31) Parigger, Zeugengewinnung und -vernehmung durch den Verteidiger, StraFo 2003, 262, 265; Ullrich, Außergerichtliche Kontakte zwischen Anwalt und Zeugen im Zivilprozess, NJW 2014, 1341, 1345 m.w.N.; Schlosser, Verfahrensrechtliche und berufsrechtliche Zulässigkeit der Zeugenvorbereitung, SchiedsVz 2004, 225, 229; nach Schlosser, Verfahrensrechtliche und berufsrechtliche Zulässigkeit der Zeugenvorbereitung. SchiedsVZ 2004, 225, 229, folgt das Verbot, für den Gegner sprechende Informationen zu verschweigen, aus dem Sachlichkeitsgebot des § 43a Abs. 3 BRAO; Dahs, in: Dahs, Handbuch des Strafverteidigers, Rdnr. 217.

32) Ullrich, Außergerichtliche Kontakte zwischen Anwalt und Zeugen im Zivilprozess, NJW 2014, 1341, 1345.

33) BGH, Urt. v. 10.12.2015 – IX ZR 272/14.

34) Parigger, StraFo 2003, 262, 264.

zugriff der Polizei/Staatsanwaltschaft oder des Gerichts abwarten. Auch kann mitunter eine nochmalige Befragung durch den Verteidiger im Nachgang an die gerichtliche, staatsanwaltschaftliche oder polizeiliche Vernehmung geboten sein.[35] Allerdings ist dabei Zurückhaltung geboten.[36] Der **Verteidiger** dürfte prinzipiell gut daran tun, sich nicht in einen „Wettlauf" mit den Ermittlungsbehörden einzulassen. Er sollte im Strafrecht die Ermittlungen abwarten. Wenn er sich des Beweisergebnisses sicher ist, dann kann er durch unverzügliche Kontaktaufnahme mit dem zuständigen Staatsanwalt versuchen zu erreichen, dass der betreffende Zeuge vernommen und dem Verteidiger die Mitwirkung an dieser Vernehmung einschließlich der Ausübung eigenen Fragerechts gestattet wird.[37]

1.5.3   Anbieten von Geldzahlungen o.Ä.

Im Zusammenhang mit der Kontaktaufnahme eines Verteidigers mit einem Zeugen stellt sich auch immer wieder die Frage, inwieweit dem Zeugen für seine Aussage oder Nichtaussage Geldzahlungen oder **sonstige finanzielle Zuwendungen oder Annehmlichkeiten** versprochen werden dürfen.[38] Klar ist, dass die **Freiheit der Willensentschließung** des Zeugen in keinem Fall beeinträchtigt werden darf. Eindeutig ist auch, dass jegliche unlauteren Einwirkungen nicht dadurch besser werden, dass dem Zeugen Geld o.Ä. dafür geboten wird. Die Frage ist nur, was unlauter ist. Der Strafrechtsausschuss der Bundesrechtsanwaltskammer hat die Frage der finanziellen Zuwendungen 1992 davon abhängig gemacht, ob zwischen Grund und Höhe der Zuwendung einerseits und den vom Berechtigten durch die Straftat erlittenen Nachteilen andererseits eine „**Konnexität**", ein sachlicher und angemessener Zusammenhang besteht. Ist das nicht der Fall, so seien finanzielle Zuwendungen zu unterlassen.[39] Vom Strafrechtsausschuss wurde daher für zulässig gehalten, das z.B. Geld als Ausgleich für erlittenen (**materiellen**) **Schaden** oder als **Genugtuung** (für immaterielle Schäden) gezahlt wird. Auch der BGH argumentiert ganz auf dieser Linie. Schließlich sei es grundsätzlich legitim, wenn ein Strafverteidiger mit dem Geschädigten, der zugleich Hauptbelastungszeuge ist, eine **zivilrechtliche Schadensregulierung** vereinbart. Dies entspreche *„auch der neueren Entwicklung der Gesetzgebung, im Interesse des Rechtsfriedens einen Ausgleich zwischen Täter und Opfer zu fördern (vgl. § 46a StGB, § 155a StPO".*[40] Vorsicht ist geboten, wenn die Geldzahlungen mehr als eine bloße Schadensregulierung sein und gleichsam eine

1.38

---

35) Dahs, in: Dahs, Handbuch des Strafverteidigers, Rdnr. 472; Wächtler, Informationsgewinnung durch die Verteidigung, StraFo 2007, 141, 143; Ullrich, Außergerichtliche Kontakte zwischen Anwalt und Zeugen im Zivilprozess, NJW 2014, 1341, 1345.

36) Dahs, in: Dahs, Handbuch des Strafverteidigers, Rdnr. 217.

37) Parigger, Zeugengewinnung und -vernehmung durch den Verteidiger, StraFo 2003, 262, 264, allerdings mit dem unbedingten Rat zur Kontaktaufnahme.

38) Vgl. Wendler/Hoffmann, Technik und Taktik der Befragung, Rdnr. 219; zur Zulässigkeit von Zahlungen im Schiedsverfahren Schlosser, Verfahrensrechtliche und berufsrechtliche Zulässigkeit der Zeugenvorbereitung, SchiedsVZ 2004, 225, 229.

39) Strafrechtsausschuss der BRAK, Schriftenreihe der BRAK, Thesen zur Strafverteidigung, Bd. 8, 1992, These 28.

40) BGH, 1 StR 106/00 Rdnr. 33.

Art **Erfolgshonorar** für eine erfolgreiche Entlastungsaussage darstellen sollen. Geldzuwendungen sind jedenfalls dann nicht mehr zulässig, wenn der Anwalt darauf hinwirkt, dass einem Zeugen für ein bestimmtes Aussageverhalten die Zahlung eines Geldbetrags versprochen wird, ohne dass dafür sonst eine **Anspruchsgrundlage** (Schadensersatz- und Schmerzensgeldansprüche o.Ä.) gegeben ist.[41] Aber auch dann, wenn für das Zahlungsversprechen eine unabhängig von der Vereinbarung bestehende Anspruchsgrundlage besteht, können die Grenzen zulässigen Anwaltshandelns überschritten sein. Das gilt namentlich dann, wenn das Zahlungsversprechen durch den „Erfolg" der Aussage bedingt ist oder wenn es sich aufdrängt, dass die versprochene Aussage falsch sein muss.[42] Die Zusage von Geldzahlungen für die Ausübung von Zeugnis- oder Auskunftsverweigerungsrechten entbehren danach regelmäßig der Konnexität und sind unzulässig.[43] Das Anbieten von solchen Zahlungen dürfte als (Versuch der) Strafvereitelung in Tateinheit mit (versuchter) Anstiftung zur uneidlichen Aussage gewertet werden.[44]

1.5.4 Der „verbrannte"/unglaubwürdige Zeuge

1.39 Mit Blick auf die Überzeugungsbildung ist jeder Verteidiger gut beraten, die Kontaktaufnahme zu einem Zeugen nicht zu überstrapazieren. Bereits ein bekanntgewordener Kontakt zwischen Anwalt und einem Zeugen könnte Bedenken gegen die Glaubwürdigkeit des Zeugen bzw. Glaubhaftigkeit seiner Angaben begründen.[45] Der Zeuge kann durch eine Kontaktaufnahme aufgrund psychologischer Fernwirkung mithin „verbrannt" werden.[46] Es kann auch aufgrund von „legalen" Vorgesprächen die Gefahr bestehen, dass der Staatsanwalt dem Zeugen **keinen Glauben** schenkt, weil er **präpariert** erscheint, seine „einstudierte" Aussage unglaubhaft wirkt,[47] oder das Gericht aufgrund der Kenntnis über ein Vorgespräch (bewusst oder unbewusst) höhere Glaubhaftigkeitsanforderungen stellt. Der **Beweiswert** von Zeugenaussagen, die gar im Rahmen eines Probelaufs mit eingehender Übung von Frage und Antwort gemeinsam vorbereitet wurden, wird **stark beeinträchtigt** sein.[48] Ein eindrückliches Beispiel für das Misstrauen gegenüber Vorgesprächen lieferte jüngst die Vorbereitung von Zeugenvernehmungen der (ehemaligen) Vorstände der **Deutschen Bank** durch deren Rechtsabteilung. Die Münchner Staatsanwaltschaft sah darin einen Beleg für den Verdacht eines versuchten Prozessbetrugs.

---

41) Breyer/Endler, AnwaltFormulare Strafrecht, Rdnr. 125.
42) BGH, 1 StR 106/00 Rdnr. 36.
43) Strafrechtsausschuss der BRAK, Schriftenreihe der BRAK, Thesen zur Strafverteidigung, Bd. 8, 1992, These 29.
44) Leipold, Zulässige Einwirkung und Belehrung von Zeugen durch den Verteidiger, StraFo 1998, 79.
45) Ullrich, Außergerichtliche Kontakte zwischen Anwalt und Zeugen im Zivilprozess, NJW 2014, 1341.
46) Hoffmann/Maurer, Voraussetzungen und Grenzen anwaltlicher Zeugenvorbereitung, NJW 2018, 257, 262.
47) Wendler/Hoffmann, Technik und Taktik der Befragung, Rdnr. 213.
48) So auch Wendler/Hoffmann, Technik und Taktik der Befragung, Rdnr. 217; Dahs, in: Dahs, Handbuch des Strafverteidigers, Rdnr. 316; Ehmann, Witness-Coaching, DisputeResolution, Ausgabe 03/14, 6, 8.

Rat zur Ausübung bzw. Nichtausübung von Zeugnisverweigerungs-
oder Auskunftsverweigerungsrechten

1

Die Ermittlungsbehörden fanden bei Durchsuchungen Unterlagen für Probeprozesse (sog. „mock-trials), in denen die Anwälte die Zeugen im Vorfeld von deren Prozessvernehmung vorbereitet, dort den Richter gespielt und „harte Fragen" gestellt hätten. Die Zeugenaussage sei „dezidiert vorbereitet" worden. Die Deutsche Bank und deren Protagonisten hätten die Justiz täuschen wollen, weil Zeugenaussagen in dem Schadenersatzprozess vor dem Oberlandesgericht „abgesprochen" gewesen sein sollen. Letztlich ist es all dies ein Problem der staatsanwaltlichen und ggf. später **richterlichen Beweiswürdigung**.[49]

Insoweit gewinnt die **Protokollierung** eines solchen Gesprächs an Bedeutung. Zudem kann es sich anbieten, dass der Anwalt sich selbst als Zeuge zum Inhalt des Erstgesprächs mit dem Zeugen benennt, falls eine Verschiebung des Erinnerungsbilds oder gar eine Manipulation der Auskunftsperson von der Gegenseite behauptet oder vom Gericht erkennbar geargwöhnt wird.   1.40

1.5.5   Rat zur Ausübung bzw. Nichtausübung von Zeugnisverweigerungs- oder Auskunftsverweigerungsrechten

Voraussetzungen, Umfang und Grenzen eines möglichen **Zeugnisverweigerungsrechts** oder **Auskunftsverweigerungsrechts** nach §§ 52, 55 StPO sind Zeugen häufig unbekannt. Der Anwalt darf einem Zeugen diese Rechte **abstrakt** erläutern. Er darf aber auch einen Rat zur Ausübung bzw. Nichtausübung dieser Rechte nahelegen.[50] Der Strafrechtsausschuss der Bundesrechtsanwaltskammer hat hierzu bereits 1992 umfassend im Sinne zulässiger Eigenermittlungen und Kontaktaufnahme mit Zeugen Stellung genommen: 1.41

„4. Umgang mit Zeugen, Sachverständigen und Mitbeschuldigten

These 28 (Grundsatz):

(l) Der Verteidiger ist berechtigt, bei Dritten darauf hinzuwirken, dass sie ihre prozessualen Rechte zugunsten der Verteidigung des Mandanten ausüben.

...

Begründung:

(1). Der Verteidiger ist berechtigt – hin und wieder auch verpflichtet – eigene Erhebungen anzustellen. Auf These 25 wird Bezug genommen. Dem Verteidiger ist es nicht verwehrt, mit allen Personen Kontakt aufzunehmen, die für die Verteidigung von Bedeutung und Nutzen sein können. Im Zuge solcher Erhebungen ent-

---

49) Wendler/Hoffmann, Technik und Taktik der Befragung, Rdnr. 214.
50) Wendler/Hoffmann, Technik und Taktik der Befragung, Rdnr. 212; Bertke/Schroeder, Grenzen der Zeugenvorbereitung im staatlichen Zivilprozess und im Schiedsverfahren, SchiedsVZ 2014, 80, 84; Dahs, in: Dahs, Handbuch des Strafverteidigers, Rdnr. 472; Parigger, Zeugengewinnung und -vernehmung durch den Verteidiger, StraFo 2003, 262, 266.

*stehen Kontakte zu Dritten, die auf das Verfahren Einfluss nehmen (können). Zu ihnen gehören insbesondere jene Personen, die eine **Strafanzeige** erstatten oder/ und einen **Strafantrag** stellen können. Es kann in geeigneten Fällen Aufgabe der Verteidigung sein, auf eine Person, die zur Strafanzeige entschlossen ist, einzuwirken, dass die Anzeige unterbleibt, oder den Inhaber des **Strafantragsrechts** zu bewegen, den Antrag nach §§ 77, 77 a StGB zu unterlassen oder nach § 77 d. StGB zurückzunehmen. (Entsprechendes gilt – vgl. § 77 e StGB – für „Ermächtigung" und „Strafverlangen".)*

These 29 (Einwirkung auf Zeugen):

Der Verteidiger ist berechtigt, bei Zeugen darauf hinzuwirken, dass sie von einem Zeugnis- oder Auskunftsverweigerungsrecht Gebrauch machen.

Begründung:

*Zeugen, die nach strafprozessualen Normen (wie z.B. § 52 StPO) das **Zeugnis verweigern** können, machen von Rechten Gebrauch und schulden niemandem Rechenschaft über die Motive ihrer autonomen Entscheidung, die zu respektieren ist. In geeigneten Fällen kann es zur Aufgabe des Verteidigers gehören, auf einen Zeugen mit dem Ziel einzuwirken, dass er von einem Zeugnis- oder **Auskunftsverweigerungsrecht** Gebrauch macht. Der Verteidiger hat dabei jegliche unlautere Beeinflussung zu unterlassen. Es gelten dieselben Grundsätze, wie sie zu These 28 dargelegt worden sind. ... Auch hier muss vom Verteidiger Sorge dafür getragen werden, dass nicht einmal der Anschein einer Unlauterkeit der Einflussnahme aufkommt."*

1.5.6 Einflussnahme auf Anzeigewillige oder Strafantragsberechtigte

1.42 Neben dem Rat der Ausübung von Zeugnis- und Auskunftsverweigerungsrechten wird der Anwalt auch Einfluss nehmen dürfen auf **Anzeigewillige** oder **Strafantragsberechtigte**,[51] mit dem Ziel, sie von ihrem Vorhaben, den Mandanten anzuzeigen und/oder Strafantrag zu stellen, abzubringen. Gerade auch finanzielle Gegenleistungen sind in diesem Zusammenhang möglich, wenn die Vereinbarung durch das Motiv des Schadensausgleichs beherrscht wird.[52] Finanzielle Zuwendungen dürfen dem Zeugen aber allein für die Ausübung von Zeugnis- und Auskunftsverweigerungsrechten und Schweigerechtsentbindungen nicht gewährt werden. Zulässig ist auch die Einflussnahme auf die Ausübung des **Nebenklage- und des Privatklagerechts**.[53]

---

51) Parigger, Zeugengewinnung und -vernehmung durch den Verteidiger, StraFo 2003, 262, 266.

52) Leipold, Zulässige Einwirkung und Belehrung von Zeugen durch den Verteidiger, StraFo 1998, 79.

53) Leipold, Zulässige Einwirkung und Belehrung von Zeugen durch den Verteidiger, StraFo 1998, 79.

1.5.7 Zusammenfassung: Gestaltungsmöglichkeiten des Verteidigers bei (geschädigten) Zeugen

Entsprechend der vorgenannten Ausführungen hat der Verteidiger vielfältige Möglichkeiten, den Sachverhalt zu gestalten und durch die Kontaktaufnahme mit Zeugen folgende Ziele zu erreichen: 1.43

– Wahrheits- und Sachverhaltsermittlung, ggf. für Beweisanträge

– Ausgleich für erlittenen (materiellen) Schaden oder als Genugtuung (für immaterielle Schäden)

– Dokumentation der Schuldeinsicht und Übernahme von Verantwortung gegenüber Geschädigten

– Verhinderung einer Strafantragstellung bzw. Rücknahme bereits gestellter Strafanträge

– Abgabe einer Erklärung über das Fehlen eines Interesses an einer Verfolgung/Bestrafung

– Herbeiführung eines Täter-Opfer-Ausgleichs i.S.d. § 46a StGB (siehe auch nachfolgend, Strafrahmenverschiebung)

– Vermeidung eines Zivilprozesses, Adhäsionsverfahrens oder einer Nebenklage

– Ausübung bzw. Nichtausübung von Zeugnisverweigerungs- oder Auskunftsverweigerungsrechten

Alle vorgenannten Punkte sind hilfreich auf dem Weg, den Staatsanwalt zu einer Einstellung des Verfahrens gem. § 170 Abs. 2 StPO oder nach den §§ 153, 153a, 153b StPO zu bewegen und werden auch bei der Art der Erhebung öffentlicher Klage durch Strafbefehlsantrag statt Anklageschrift und überhaupt bei Strafmaßvorstellungen des Staatsanwalts (und ggf. später des Gerichts) Berücksichtigung finden.

1.6 Gestaltungsmöglichkeiten im Besonderen (Rechtsfolgenseite, Strafrahmen und Strafzumessung)

Der Verteidiger kann in einem besonderen Maß Einfluss nehmen auf den Ausgang eines (Ermittlungs-)Verfahrens, wenn er vom Ende her denkt, wenn er die Rechtsfolgenseite gestaltet, indem er Strafzumessungsgesichtspunkte zugunsten des Mandanten schafft, gar eine Strafrahmenverschiebung „erzwingt".   1.44

1.6.1   Die Schuld des Täters

1.45   Maßstab für die Strafzumessung ist nach der in § 46 Abs. 1 Nr. 1 StGB normierten sogenannten Grundlagenformel die **Schuld** des Täters. Auch wenn ein Staatsanwalt sich mit der Strafzumessung nicht revisionsurteilsgleich auseinandersetzen muss, sowie seine Einschätzung über die richtige Strafe auch seine Abschlussverfügung beeinflussen, sei es Einstellung des Verfahrens gem. §§ 153, 153a, 153b StPO oder Strafbefehlsantrag statt Anklageschrift. Auch insoweit sind daher Strafzumessungsgesichtspunkte von Verteidiger bereits im Ermittlungsverfahren in den Blick zu nehmen. Dass einem frühzeitig geäußerten, insbesondere verfahrensabkürzenden **Geständnis** besondere Bedeutung im Rahmen der Strafzumessung zukommt, versteht sich von selbst.

1.6.2   Strafrahmenverschiebungen –
vertypter Milderungsgrund

1.46   Die Strafzumessungsschuld ist nicht nur bei jedem Strafzumessungsvorgang maßgeblicher Gesichtspunkt, sie kommt (zuvor) auch bei der Strafrahmenwahl in erheblichem Maße zum Ausdruck. Denn die Bemessung der konkreten Strafe für eine Tat erfolgt an erster Stelle in der Wahl des anzuwendenden Strafrahmens. Die Wahl des Strafrahmens stellt für den Verteidiger einen sehr wichtigen Schritt der Strafzumessung dar. Denn ein Gericht – und vorgelagert ein Staatsanwalt bei seinem Strafmaßüberlegungen – ist an den Strafrahmen gebunden, darf ihn also weder über- noch unterschreiten. Das Gesetz sieht auch verschiedene Möglichkeiten zur Verschiebung des Regelstrafrahmens über sogenannte **vertypte Milderungsgründe** vor. Sowohl der vertypte Milderungsgrund der Aufklärungshilfe nach § 46b StGB als auch der des Täter-Opfers-Ausgleichs nach § 46a StGB können von einem Verteidiger in Zusammenarbeit mit dem Mandanten „erarbeitet" werden. Die vertypten Milderungsgründe führen nicht nur zu einer allgemeinen Strafmilderung erst im Rahmen der Strafhöhenbemessung, sie eröffnen vielmehr einen neuen, vom Normaltatbestand abweichenden Strafrahmen, dessen Höhe sich nach § 49 Abs. 1 StGB bestimmt. Daneben kann nach der Rechtsprechung bereits das Vorliegen eines vertypten Milderungsgrunds für sich allein (erst recht zusammen mit anderen vertypten oder einfachen Milderungsgründen) statt einer **Strafrahmenverschiebung** nach § 49 StGB Anlass sein, einen **minder schweren Fall** zu bejahen oder einen besonders schweren Fall zu verneinen.[54] Die Strafe wird in jedem Fall erheblich geringer ausfallen! Hier liegt erhebliches **Gestaltungspotential** durch die Verteidigung. Aus Sicht des Verteidigers ist es besonders wichtig, die Anwendung eines möglichst milden Strafrahmens zu erreichen, was am Strafrahmen bei einem schweren Raub nach § 250 Abs. 2 StGB verdeutlicht werden soll.

---

54) Schäfer/Sander/Gemmeren, Praxis der Strafzumessung, Rdnr. 928.

Maurer/Rinklin

Strafrahmen	Freiheitsstrafe von ... bis ...
Regelstrafrahmen, § 250 Abs. 2 StGB	5 Jahre bis 15 Jahre
wegen eines vertypten Milderungsgrunds (z.B. § 46a StGB/Täter-Opfer-Ausgleich) nach § 49 Abs. 1 StGB gemildert	2 Jahre bis 11 Jahre 3 Monate
wegen weiteren vertypten Milderungsgrunds (z.B. § 46b StGB/Aufklärungshilfe) nach § 49 Abs. 1 StGB nochmals gemildert	6 Monate bis 8 Jahre 5 Monate
minder schwerer Fall, § 250 Abs. 3 StGB	1 Jahr bis 10 Jahre
minder schwerer Fall und wegen eines vertypten Milderungsgrunds (z.B. § 46a StGB/Aufklärungshilfe) nach § 49 Abs. 1 StGB nochmals gemildert	3 Monate bis 7 Jahre 6 Monate

1.47

Die vertypten Milderungsgründe lassen sich gesetzessystematisch unterschieden in solche, die *zwingend* zur Strafrahmenverschiebung führen (*„ist"* zu mildern) und solche, bei deren Vorliegen diese Verschiebung *fakultativ* (*„kann"* gemildert werden) ist, also im Ermessen des Gerichts steht, und zwar wie folgt:

Vertypte *fakultative* Strafrahmenverschiebung[55]

§§	Gegenstand
§ 13 Abs. 2 StGB	Unterlassen
§ 17 StGB	**Verbotsirrtum**
§ 21 StGB	erheblich verminderte Schuld
§ 23 StGB	Versuch
§ 35 Abs. 1 StGB	entschuldigender Notstand
§ 46a StGB	**Täter-Opfer-Ausgleich**
§ 46b StGB	**Hilfe zur Aufklärung oder Verhinderung von schweren Straftaten (Kronzeugenregelung)**
§ 239a Abs. 4 StGB	„Freilassen" – erpresserischer Menschenhandel

1.48

55) Schäfer/Sander/Gemmeren, Praxis der Strafzumessung, Rdnr. 919 ff.

§§	Gegenstand
§ 31 BtMG	Kronzeugenregelung im Betäubungsmittelstrafrecht

Vertypte *zwingende* Strafrahmenverschiebung

1.49

§§	Gegenstand
§ 28 StGB	besondere persönliche Merkmale
§ 27 StGB	Beihilfe
§ 30 StGB	Versuch der Beteiligung Verbrechen
§ 35 Abs. 2 StGB	**irrige Annahme eines entschuldigenden Notstands**
§ 142 Abs. 4 StGB	**freiwilliges, nachträgliches Ermöglichen der Feststellung**

Einige der vorgenannten Milderungen sind zwingend vom Verhalten des Beschuldigten abhängig und sind eine **echte Option**, das Verfahren und dessen Ausgang vom Ende her gedacht i.S.d. Mandanten zu beeinflussen. Freilich muss vom Verteidiger bei Geltendmachung verminderter Schuldfähigkeit nach § 21 StGB immer auch die „Gefahr" der Unterbringung nach §§ 63, 64 StGB im Auge behalten werden. Gleiches gilt für „Retourkutschen" von beschuldigten Mittätern im Fall von Aufklärungshilfe nach § 46b StGB oder § 31 BtMG.

1.50 Durch die Kombination von vertypten Milderungsgründen lässt sich der Strafrahmen über § 49 Abs. 1 StGB mehrfach und damit erheblich verschieben. Auszugehen ist von dem an und für sich anzuwendenden Strafrahmen, wobei es sich um den Strafrahmen für den Grundtatbestand, um den für Qualifikationen oder Privilegierungen, aber auch um den für besonders schwere oder minder schwere Fälle oder aber auch um einen aus einem anderen Grund bereits nach § 49 StGB gemilderten handeln kann. Nach § 49 Abs. 1 Nr. 2 StGB ermäßigt sich bei zeitiger Freiheitsstrafe die Obergrenze dieses Strafrahmens auf 3/4. Lag das Mindestmaß der Strafe des Normalstrafrahmens über dem gesetzlichen Mindestmaß von einem Monat (§ 38 Abs. 2 StGB) bzw. fünf Tagessätzen (§ 40 Abs. 1 StGB), findet auch eine Ermäßigung dieses Mindestmaßes statt. Die Milderungen führen daher zu folgenden neuen Strafrahmen:[56]

1.51

Strafrahmen	gemildert nach § 49 Abs. 1 StGB	erneut gemildert nach § 49 Abs. 1 StGB
lebenslang	3 Jahre bis 15 Jahre	6 Monate bis 11 Jahre 3 Monate

---

56) Schäfer/Sander/Gemmeren, Praxis der Strafzumessung, Rdnr. 918.

Strafrahmen	gemildert nach § 49 Abs. 1 StGB	erneut gemildert nach § 49 Abs. 1 StGB
lebenslang oder 10 Jahre bis 15 Jahre	3 Jahre bis 15 Jahre oder 2 Jahre bis 11 Jahre 3 Monate	6 Monate bis 11 Jahre 3 Monate oder 6 Monate bis 8 Jahre 5 Monate
10 Jahre bis 15 Jahre	2 Jahre bis 11 Jahre 3 Monate	6 Monate bis 8 Jahre 5 Monate
5 Jahre bis 15 Jahre	2 Jahre bis 11 Jahre 3 Monate	6 Monate bis 8 Jahre 5 Monate
3 Jahre bis 15 Jahre	6 Monate bis 11 Jahre 3 Monate	1 Monat bis 8 Jahre 5 Monate
2 Jahre bis 15 Jahre	6 Monate bis 11 Jahre 3 Monate[57]	1 Monat bis 8 Jahre 5 Monate
1 Jahr bis 15 Jahre	3 Monate bis 11 Jahre 3 Monate	1 Monat bis 8 Jahre 5 Monate
1 Jahr bis 10 Jahre	3 Monate bis 7 Jahre 6 Monate	1 Monat bis 5 Jahre 7 Monate[58]
1 Jahr bis 5 Jahre	1 Monat bis 3 Jahre 9 Monate	1 Monat bis 2 Jahre 9 Monate[59]
6 Monate bis 10 Jahre	1 Monat bis 7 Jahre 6 Monate	1 Monat bis 5 Jahre 7 Monate
6 Monate bis 5 Jahre	1 Monat bis 3 Jahre 9 Monate	1 Monat bis 2 Jahre 9 Monate
3 Monate bis 10 Jahre	1 Monat bis 7 Jahre 6 Monate	1 Monat bis 5 Jahre 7 Monate
bis 10 Jahre	bis 7 Jahre 6 Monate	bis 5 Jahre 7 Monate
bis 5 Jahre	bis 3 Jahre 9 Monate	bis 2 Jahre 9 Monate
bis 3 Jahre	bis 2 Jahre 3 Monate	bis 1 Jahr 8 Monate
bis 2 Jahre	bis 1 Jahr 6 Monate	bis 1 Jahr 1 Monat
bis 1 Jahr	bis 9 Monate	bis 6 Monate 3 Wochen

57) Nach § 47 Abs. 2 StGB ist auch an Geldstrafe zu denken, wenn die Mindeststrafe nunmehr weniger als sechs Monate beträgt. Bei einer Mindeststrafe von drei Monaten beträgt nach § 47 Abs. 2 Satz 2 StGB das Mindestmaß der Geldstrafe 90 Tagessätze.

58) Rechnerisch beträgt die Höchststrafe 5 Jahre 7 Monate und 2 Wochen. Freiheitsstrafen über ein Jahr sind aber ausschließlich nach vollen Monaten und Jahren zu bemessen, § 39 StGB.

59) Rechnerisch beträgt die Höchststrafe 2 Jahre 9 Monate 3 Wochen; vgl. aber die vorstehende Fn.

Strafrahmen	gemildert nach § 49 Abs. 1 StGB	erneut gemildert nach § 49 Abs. 1 StGB
bis 6 Monate	bis 4 Monate 2 Wochen	bis 3 Monate 1 Woche
5 bis 360 Tagessätze, nur Geldstrafe, § 40 Abs. 1 StGB	5 bis 270 Tagessätze	5 bis 202 Tagessätze

1.6.3   Ankereffekt, Hungergefühl und andere psychologische Mechanismen

1.52   Als **Ankereffekt** (anchoring) wird die Anpassung eines numerischen Urteils an einen vorgegebenen Vergleichsstandard bezeichnet. Er tritt besonders bei komplexen und uneindeutigen Sachverhalten auf oder wenn es um Handlungen geht, die sich schwer objektiv beurteilen lassen – und zwar vor allem dann, wenn es im Urteil um Zahlen geht. Wenn Menschen bei Unsicherheit urteilen/schätzen müssen, dann lehnen sie sich gerne an einen gebotenen Vergleichsstandard an, dieser wirkt wie ein „Anker" für die endgültige Schätzung/Zielgröße und zieht diese in seine Richtung. Die Kenntnis vom Ankereffekt ist fataler Weise in Verteidigerkreisen weithin unbekannt, jedenfalls machen die wenigsten Verteidiger sich den Effekt zunutze. Bei einer Untersuchung mit deutschen Richtern mit einer durchschnittlichen Berufserfahrung von über 15 Jahren lasen diese die Beschreibung eines Strafrechtsfalls (Ladendiebstahl) und warfen dann zwei Würfel, die gezinkt waren, so dass jeder Wurf entweder zu einer Drei oder einer Neun führte. Nach dem Würfeln wurden die Richter gefragt, ob sie den Täter zu einer Freiheitsstrafe verurteilen würden, die, in Monaten, größer oder kleiner als die auf dem Würfel angezeigte Zahl wäre. Anschließend sollen die Richter die Freiheitsstrafe beziffern, zu der sie den Täter verurteilen würden. Der eine oder andere mag sich die Frage stellen, was das mit Strafrecht zu tun hat. Antwort: Sehr viel! Denn Richter, die eine Neun gewürfelt hatten, sagten im Schnitt, dass sie den Täter zu acht Monaten verurteilen würden; diejenigen, die eine Drei gewürfelt hatten, sagten, dass sie den Täter nur zu fünf Monaten verurteilen würden. Die gewürfelte Zahl bildete also den Anker, der Ankereffekt betrug 50 %. In deutschen Strafgerichtssälen wird nicht gewürfelt, dort werden die Würfel aber durch den Antrag der Staatsanwaltschaft ersetzt. Der Ankereffekt ist letzten Endes auch Ursache für den Befund, dass gerichtliche Strafurteile sich sehr nahe an die Anträge der Staatsanwaltschaft anlehnen. Der Antrag der Staatsanwaltschaft bildet den „Anker" für die Gerichtsentscheidung. Aus Verteidigersicht ist es daher u.U. geboten, auch in Gesprächen mit dem Staatsanwalt die ersten Strafmaßzahlen in den Ring zu werfen, sei es, eine „angemessene" Strafe zu finden, oder sei es, die richtige Tagessatzhöhe zu bestimmen.

1.53   In Zusammenhang mit psychologischen Mechanismen muss auch ein kurzer Verweis auf eine Studie aus Israel aus 2011 sein, die zu dem Ergebnis kam, dass die Urteile von Richtern – nichts andere gilt für Staatsanwälte – unterschiedlich ausfallen, je nachdem ob sie die Entscheidung vor oder nach einer **Pause** bzw. **Mahlzeit** fällten. In der Studie wurden über 1.112 Fälle untersucht, indem die Forscher acht israelische Richter über zehn Monate bei der Arbeit begleiteten. Immer ging es um die Frage, ob Häftlinge auf Bewährung freigelassen oder Auflagen erlassen werden. Die Richter hatten an einem Tag 14–35 Fälle zu entscheiden. Für eine Anhörung nahmen sie sich durchschnittlich sechs Minuten Zeit. Alle Richter nahmen nach etwa elf Fällen gegen 10 Uhr einen Snack ein. Zwischen 13 Uhr und 14 Uhr machten die Richter eine Mittagspause von etwa einer Stunde und aßen „Lunch".

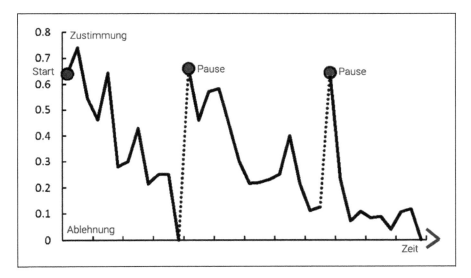

Grafik aus: JUSTILLON, Studie: Hungrige Richter fällen härtere Urteile, 18.04.2018.

1.54 Das Ergebnis der Untersuchung war und ist ernüchternd für Menschen, die an eine rationale Prozessführung glauben: Es zeigte sich nämlich, dass alle Richter zu Beginn eines Sitzungstages 65 % der Anträge positiv beschieden, dann aber zunehmend ablehnender urteilten, bis sie schließlich jedes Gesuch kurz vor den Pausen ablehnten. Nach einer Frühstückspause am Vormittag und dem Mittagessen wiederholte sich dieser Verlauf. Die Zustimmungsraten waren anfänglich bei etwa 65 % und sanken dann kontinuierlich ab. Dieses Muster entdeckten die Forscher bei jedem Richter an jedem Verhandlungstag. Das richterliche Magenbrummen scheint bei der Urteilsfindung eine bedeutende Rolle zu spielen. So absurd es daher auch klingen mag: Ein Verteidiger sollte sich daher auch überlegen, zu welcher Uhr- und Tageszeit er ein Gespräch mit dem Staatsanwalt führt. Ein hungriger Staatsanwalt kurz vor der Pause ist kein guter Gesprächspartner.

1.55 Über den wichtigen **Halo-Effekt** wurde schon im Rahmen der Gesprächsführung (oben Rdnr. 1.22: Der erste Eindruck hat keine zweite Chance) berichtet.

1.6.4 AGT/Drogenscreening/Blut/MPU

1.56 Im Stadium des Ermittlungsverfahrens sollte der Verteidiger frühzeitig mit dem Mandanten beraten, ob dieser (auch wirtschaftlich) dazu bereit ist, vor der Abschlussverfügung der Staatsanwaltschaft bzw. vor Beginn der Hauptverhandlung Maßnahmen zu ergreifen, mit denen der Verteidiger den Ausgang des Verfahrens oder die zu erwartende Strafe zugunsten des Mandanten beeinflussen kann. Hierbei ist nicht an die konkrete Strafzumessung und eine ggf. vom Gericht vorzunehmende Strafrahmenverschiebung (vgl. Rdnr. 1.46) zu denken, sondern auch und gerade Spielräume zu eröffnen, um eine Einstellung des Verfahrens nach § 153a StPO zu erreichen.

Je nach Beweislage und der Art der dem Mandanten zur Last gelegten Tat empfiehlt es sich, bereits frühzeitig mit dem Mandanten mögliche Strategien zu erörtern:

Beispiel

1.57   1. Dem Mandanten wird ein schwerer Raub zur Last gelegt. Er soll maskiert eine Spielothek betreten haben, die Angestellte bedroht und einen Geldbetrag i.H.v. 4.500 € erbeutet haben. Die Angestellte leidet als Folge der Tat psychisch. Die Tat wurde von der Videoüberwachungsanlage gefilmt, und die Untersuchung eines vom Mandanten zurückgelassenen Messers ergibt einen DNA-Treffer.

2. Der Mandant wird beschuldigt, den Geschädigten nach einem Diskobesuch mehrfach mit der Faust in das Gesicht geschlagen zu haben, wodurch entsprechende Verletzungen eingetreten sind. Zeugen haben den Vorfall beobachtet, die herbeigerufene Polizei hat ihn noch vor der Disko aufgegriffen, nachdem sie durch den Geschädigten und die Zeugen auf den Mandanten aufmerksam gemacht wurden.

1.58 In beiden Fällen sollte der Verteidiger bereits frühzeitig mit dem Mandanten erörtern, ob er in der Lage ist, eine **Schadenswiedergutmachung** mit den Geschädigten zu erreichen. Zu denken ist nicht nur an die freiwillige und unaufgeforderte Zahlung von Schmerzensgeld, sondern ggf. auch die Teilnahme an einem **Antiaggressionstraining**.

Kann vom Mandanten Schmerzensgeld bezahlt werden, und nimmt er z.B. an dem Antiaggressionstraining teil, wird das Gericht diese Umstände zumindest im Rahmen der Strafzumessung zugunsten des Mandanten zu berücksichtigen haben, so dass dies letztlich auch zu einer geringeren Strafe und ggf. sogar über §§ 46a Nr. 1, 49 Abs. 1 StGB zu einer (doppelten) Milderung führen kann (vgl. Rdnr. 1.50).[60]

---

60) BGH, Beschl. v. 09.11.2016 – 2 StR 171/16.

Ebenso ist bei straßenverkehrsrechtlichen Delikten an die Möglichkeit der Teil- 1.59
nahme an **verkehrspsychologischen Gesprächen,** verbunden mit entsprechenden
Abstinenznachweisen zu denken, was auch dazu führen kann, z.B. die Vermutung
für die Regelbeispiele des § 69 Abs. 2 StGB zu widerlegen.[61]

Zumindest aber kann die Teilnahme an verkehrstherapeutischen Maßnahmen,
wie z.B. eine psychotherapeutische Behandlung oder die Wahrnehmung verkehrs-
psychologischer Beratungen und Aufbauseminare, für das Tatgericht Anlass zu
weiterer Sachaufklärung hinsichtlich der Ungeeignetheit zum Führen von Kraftfahrzeugen geben, z.B. in Form der Einholung eines MPU-Gutachtens.[62]

Zu berücksichtigen wird der Verteidiger auch haben, dass sich gerade bei Stra- 1.60
ßenverkehrsdelikten im Nachgang zum Strafverfahren entsprechende fahrerlaub-
nisrechtliche Probleme für den Mandanten ergeben können. Droht dem Mandanten z.B. eine **MPU,** weil er als Radfahrer am Straßenverkehr teilgenommen hat
und die BAK mehr als 1,6 ‰ betragen hat (§ 13 Nr. 2c FeV), wäre es ein fataler
Fehler, dem Mandanten nicht bereits frühzeitig zur Durchführung verkehrspsy-
chologischer Maßnahmen und der Beibringung von Abstinenznachweisen zu
raten. Aus eigener Erfahrung lässt sich berichten, dass gerade in diesen Fallkonstellationen häufig eine Einstellung des Verfahrens nach § 153a StPO erreicht und
eine strafrechtliche Verurteilung vermieden werden konnte, wenn vor der Hauptverhandlung entsprechende Maßnahmen vom Mandanten ergriffen wurden.

Die fahrerlaubnisrechtlichen Folgen für den Mandanten sollte der Verteidiger 1.61
nicht nur wegen der Bindungswirkung des § 3 Abs. 4 StVG nicht unterschätzen,
sondern sich auch vergegenwärtigen, dass eine Untätigkeit während des Ermittlungsverfahrens zu einer „faktischen Verlängerung" der Sperrzeit führen kann,
wie das nachfolgende Beispiel veranschaulichen soll:

Beispiel

Dem Mandanten wird eine Trunkenheitsfahrt nach § 316 StGB zur Last gelegt, 1.62
weil er als Führer eines Kfz mit einer BAK von 1,6 ‰ am Straßenverkehr teilgenommen hat. Die Fahrerlaubnis wurde ihm nach § 111a StPO wenige Tage nach
der Polizeikontrolle vorläufig entzogen.

Der Verteidiger sollte sich bewusst machen, dass die Fahrerlaubnisbehörde im
Neuerteilungsverfahren dem Mandanten nach § 13 Nr. 2c FeV aufgeben muss,
ein positives MPU-Gutachten beizubringen.

---

61) AG Tiergarten, Blutalkohol 55, 374; Blutalkohol 56, 265; AG Lüdinghausen, DAR 2010, 280; OLG Hamm, Blutalkohol 2016, 189.
62) OLG Karlsruhe, DAR 2017, 155; OLG Oldenburg, ZfSch 2005, 260; OLG Köln, DAR 2013, 393; OLG Hamm, Blutalkohol 53, 189.

Hierbei kann der Mandant die ohnehin eingetretene Zeit ohne Fahrerlaubnis wegen der (vorläufigen) Entziehung der Fahrerlaubnis bereits (doppelt) nutzen: Die Teilnahme an verkehrspsychologischen Maßnahmen sowie der Verzicht auf Alkohol, welcher anhand entsprechender Abstinenznachweise dokumentiert wird, wird das Tatgericht zumindest bei der Strafzumessung zu berücksichtigen haben, zum anderen bereitet sich der Mandant bereits auf die zu erwartenden MPU vor. Beantragt der Mandant hingegen aber nach Ablauf der Sperrfrist die Neuerteilung der Fahrerlaubnis, so wird sich die Zeit ohne Fahrerlaubnis für ihn wegen der durchaus umfangreichen und zeitintensiven Vorbereitung auf die MPU verlängern, da i.d.R. eine Teilnahme an der MPU ohne oft über Monate dauernde Vorbereitungskurse und Abstinenznachweise nicht erfolgversprechend ist.

1.63　Ebenso ist bei BtM-Delikten an mögliche Therapien zu denken, so dass hierdurch auch ein Spielraum eröffnet wird, wenn z.B. die Frage einer günstigen **Kriminalprognose** und damit die Frage der Strafaussetzung zur Bewährung in der Hauptverhandlung diskutiert werden muss.

2 Akteneinsicht

2.1 Einführung

2.1.1 Allgemeines: Sinn und Funktion der Akteneinsicht, verfassungsrechtliche Grundlagen

2.1 Neben dem Beweisantragsrecht und dem Fragerecht stellt das Recht auf Akteneinsicht eine unverzichtbare Voraussetzung für eine effektive Verteidigung dar. Es beruht auf den Grundsätzen des Rechts auf rechtliches Gehör in Art. 103 Abs. 1 GG und des fairen Verfahrens aus Art. 20 Abs. 3 GG, 6 Abs. 1 EMRK.[1] Die sich daraus ergebenden Rechte – namentlich das Schweigerecht und das Recht, auf Beweiserhebungen anzutragen – kann der Angeklagte ohne Kenntnis des Sachverhalts, den die Strafverfolgungsbehörden ihm zur Last legen, und der Beweismittel, auf die sich der Tatvorwurf gründet, nicht sinnvoll ausüben.[2] Es geht also darum, durch die Akteneinsicht eine „Parität des Wissens"[3] zu erlangen. Mit Recht ist das Akteneinsichtsrecht deshalb als das mit Abstand wichtigste Verfahrensgrundrecht im Ermittlungsverfahren bezeichnet worden.[4] Das BVerfG leitet aus Art. 103 Abs. 1 GG ab, dass – auch im Ermittlungsverfahren – vor einer nachteiligen gerichtlichen Entscheidung Einsicht in die entscheidungsrelevanten Aktenbestandteile zu gewähren ist und dass die Entscheidung nicht auf verwehrten Aktenbestandteilen beruhen darf.[5]

2.2 Einfachgesetzlich ist das Recht auf Akteneinsicht gemeinsam mit dem Beweismittelbesichtigungsrecht in § 147 StPO und seit dem 01.01.2018 ergänzend in § 32f StPO geregelt. § 147 Abs. 2 Satz 1 StPO unterscheidet für die Einsichtsgewährung danach, ob die Staatsanwaltschaft den Abschluss der Ermittlungen in den Akten vermerkt hat (§ 169a StPO); bis zu diesem Zeitpunkt, also im Ermittlungsverfahren, kann die Einsichtnahme in die Akten beschränkt werden. Aus Verteidigersicht ist diese Relativierung des Einsichtsrechts misslich, weil die Aktenein-

---

1) BVerfG, NJW 2004, 2443, 2444.
2) BGHSt 29, 99, 102; LR/Lüderssen/Jahn, § 147 Rdnr. 1; Wohlers/Schlegel NStZ 2010, 486, 487; Beulke/Witzigmann, NStZ 2011, 254.
3) Welp, FS Peters II, S. 1984, S. 309; MAH/Schlothauer, § 3 Rdnr. 33.
4) BeckOK, StPO/Wessing, § 147 Vor.; vgl. auch Bockemühl, Handbuch des Fachanwalts Strafrecht, Rdnr. 60: „Wichtigste und auch schneidigste Waffe des Verteidigers im Ermittlungsverfahren".
5) BVerfG, NJW 1994, 3219, 3220.

sicht als Mittel der Kenntniserlangung und als Voraussetzung der Rechtewahrnehmung gerade im Ermittlungsverfahren von besonderer Bedeutung ist. Denn mit der Anklageerhebung wird dem Gericht in aller Regel ein Sachverhalt vorgelegt, der die Perspektive der Ermittlungsbehörden wiedergibt. Wegen der bekannten Perseveranzeffekte und Schulterschlussphänomene[6] muss die Verteidigung bereits im Ermittlungsverfahren auf den Inhalt dessen einzuwirken versuchen, was dem Gericht mit der Anklageschrift vorgelegt – oder im Idealfall nicht vorgelegt – wird.

Die Praxis der Akteneinsichtsgewährung ist ernüchternd. Vielfach wird – unter Verkennung des gesetzlichen Regel-Ausnahmeverhältnisses, wonach die Gewährung der Akteneinsicht den Regelfall, die Versagung dagegen eine rechtfertigungsbedürftige Ausnahme darstellt – Akteneinsicht bei den Staatsanwaltschaften reflexhaft verweigert, sei es aus schierem Desinteresse, aus praktischen Erwägungen (Unabkömmlichkeit der Akte o.Ä.) oder aus Kalkül; den Staatsanwaltschaften ist die überragende Bedeutung der Akteneinsicht ebenso bekannt wie dem Verteidiger, was manchen engagierten Strafverfolger zu unzureichender Gewährung von Akteneinsicht bewegen mag.[7]   **2.3**

Da eine sachgerechte Verteidigung ohne Aktenkenntnis nicht möglich ist und eine ohne Aktenkenntnis abgegebene Einlassung oder Verteidigererklärung Verteidigungschancen verspielen kann, lautet die Regel: **Ohne Akteneinsicht gibt es keine Einlassung des Mandanten oder Stellungnahme des Verteidigers.**[8] In einzelnen Fällen kann von diesem Grundsatz eine Ausnahme gemacht werden, indem auf Akteneinsicht vor Abgabe einer Einlassung oder Stellungnahme u.U. verzichtet werden kann, wenn der Beschuldigte ein Geständnis ablegen oder eine Selbstanzeige erstatten möchte oder wenn sich die Unschuld des Mandanten unschwer durch ein Alibi belegen lässt.[9] Dagegen ist davon abzuraten, eine auf Notwehr gestützte Einlassung ohne Akteneinsicht abzugeben, selbst wenn viel für das Vorliegen der Notwehrvoraussetzungen spricht;[10] denn der mit der Einräumung der äußeren Tatseite verbundene Effekt dürfte später schwerlich wiedergutzumachen sein und sollte anhand des Aktenstands reiflich erwogen werden.   **2.4**

---

6) Dazu näher Gerson, Das Recht auf Beschuldigung, S. 155 ff., 168 ff., 203 ff. m.w.N.; Schünemann, StV 2000, 199, 200.
7) Gleichlautende Einschätzung bei Bockemühl, Handbuch des Fachanwalts Strafrecht, Rdnr. 60; Taschke, StV 1993, 294.
8) Bockemühl, Handbuch des Fachanwalts Strafrecht, Rdnr. 62; Bosbach, Verteidigung im Ermittlungsverfahren, Rdnr. 95.
9) Bockemühl, Handbuch des Fachanwalts Strafrecht, Rdnr. 62; Bosbach, Verteidigung im Ermittlungsverfahren, Rdnr. 95.
10) So aber Bockemühl, Handbuch des Fachanwalts Strafrecht, Rdnr. 62.

2.1.2 Antragsgebundenheit der Akteneinsicht; Adressat des Akteneinsichtsgesuchs

2.5 Solange die Staatsanwaltschaft den Abschluss der Ermittlungen noch nicht in den Akten vermerkt hat (§ 169a StPO), ist sie ausnahmslos gem. § 147 Abs. 5 Satz 1 StPO für die Gewährung der Akteneinsicht zuständig. Daher hat der Verteidiger dort das Einsichtsgesuch anzubringen.

Daran ändert sich auch dann nichts, wenn die Akten wegen vorübergehend wegen richterlicher Anordnungen – etwa des Erlasses eines Haftbefehls oder Durchsuchungsbeschlusses, der Vornahme richterlicher Untersuchungshandlungen (richterliche Beschuldigten- oder Zeugenvernehmungen) oder wegen der Durchführung eines Haftprüfungs- oder -beschwerdeverfahrens – bei Gericht sind.[11] Auch dann verbleibt die Staatsanwaltschaft für die Entscheidung über die Gewährung von Akteneinsicht zuständig (§ 147 Abs. 5 Satz 1 StPO). Wenn sich die Akten noch bei der Polizei befinden und ein staatsanwaltschaftliches Aktenzeichen unbekannt ist (oder gar noch inexistent), so sollte der Verteidiger ein Akteneinsichtsgesuch an die Staatsanwaltschaft richten und dieses der Polizei mit der Bitte um alsbaldige Weiterleitung an die Staatsanwaltschaft übergeben. Keinesfalls sollte die Polizei um Akteneinsicht gebeten werden!

2.6 Besonderheiten bestehen **im Zoll- und Steuerstrafverfahren** (§§ 385, 369 Abs. 1 AO). Dort kann die zuständige Finanzbehörde anstatt der Staatsanwaltschaft über die Gewährung von Akteneinsicht entscheiden. Dementsprechend ist gem. § 399 Abs. 1 AO in den Fällen des § 369 Abs. 1 AO das Akteneinsichtsgesuch an diese zu richten.

2.7 Akteneinsicht wird nur **auf Antrag** gewährt. Der Antrag sollte expressis verbis auf die Einsichtnahme aller bei der Staatsanwaltschaft vorhandenen Akten, die dem Gericht im Fall der Anklageerhebung vorzulegen wären (§ 199 Abs. 2 Satz 2 StPO), sowie auf die Besichtigung sämtlicher amtlich verwahrter Beweisstücke (§ 147 Abs. 1 StPO) gerichtet sein. Es sollte mit nicht zu überbietender Deutlichkeit um Übersendung nicht nur der Verfahrensakten im engeren Sinne, sondern auch sämtlicher Sonderakten, Nebenakten und Beiakten nachgesucht werden, da bei vielen Staatsanwaltschaften die Geschäftsstellen einsichtsgewährende Dezernentenverfügungen als nur auf die Hauptakte bezogen missverstehen.[12]

---

11) OLG Hamm, NStZ 1982, 348; OLG Saarbrücken, StV 1991, 266; KG, wistra 1994, 38; OLG Köln, StraFo 2013, 4.
12) Zutr. Wahrnehmung bei MAH/Schlothauer, § 3 Rdnr. 37.

2.1.3 Berechtigung zur Akteneinsicht: Personeller Geltungsbereich des Akteneinsichtsrechts

Aus § 147 StPO unmittelbar akteneinsichtsberechtigt ist der **Verteidiger**.[13] Dieser muss für Gewährung der Akteneinsicht im Grundsatz keine Vollmachtsurkunde vorlegen. Anders liegt es jedoch, wenn sich bestehende Zweifel – die sich etwa aus dem bisherigen Verfahrensgang ergeben können – an der Mandatierung des Verteidigers nicht ausgeräumt werden können.[14] § 147 StPO wird von diversen Verweisungsnormen auch für das Akteneinsichtsrecht des Prozessbevollmächtigten des Privatklägers (§ 385 Abs. 3 StPO), des Einziehungsbeteiligten (§ 434 Abs. 1 Satz 2 StPO) sowie der juristischen Personen oder Personenvereinigungen, gegen die eine Geldbuße verhängt werden kann (§ 444 Abs. 2 Satz 2 StPO), in Bezug genommen.

2.8

Für den **Rechtsanwalt des Verletzten** ergibt sich aus § 406e StPO ein eigenständiges Akteneinsichtsrecht. Kein (eigenes) Akteneinsichtsrecht hat dagegen nach h.M. der anwaltliche Zeugenbeistand.[15] Nichtverfahrensbeteiligte können unter den Voraussetzungen der §§ 474 ff. StPO, öffentliche Stellen des Bundes oder eines Landes nach §§ 12 ff. EGGVG Akteneinsicht beantragen. Nach § 475 StPO richtet sich für **außerhalb des Verfahrens** stehende Personen und für Organisationen die Akteneinsicht. Für die Gewährung müssen sich Nichtverfahrensbeteiligte auf ein berechtigtes Interesse berufen können. Im anwaltsgerichtlichen Verfahren gilt § 147 StPO kraft der Verweisung in § 116 Abs. 1 Satz 2 BRAO entsprechend.[16] Das Akteneinsichtsrecht der Bevollmächtigten des Privat- und Nebenklägervertreters (§§ 385 Abs. 3, 397 Abs. 1 Satz 2 StPO), des Verletzten (§ 406e StPO) und des Einziehungs- und Verfallsbeteiligten (§§ 434 Abs. 1 Satz 2, 442 Abs. 1 StPO) ist **speziell geregelt**.

2.9

Der **Beschuldigte** selbst gehörte nach **bisherigem Rechtzustand** nicht zum Kreis der selbst Akteneinsichtsberechtigten. Für ihn hatte ausschließlich der Verteidiger das Akteneinsichtsrecht wahrzunehmen. Es handelte sich um ein Recht des Beschuldigten, das der Verteidiger aber für ihn wahrnimmt.[17] Dem unverteidigten Beschuldigten waren nach § 147 Abs. 7 StPO a.F. Auskünfte und Abschriften aus den Akten zu erteilen. Nach der Rechtsprechung hatte der Beschuldigte aber keinen Anspruch auf solche Informationen aus den Akten, wenn er verteidigt war.[18]

2.10

---

13) Zum Akteneinsichtsrechts des Verteidigers mit Kanzleisitz im Ausland Traut/Cunnigham, StraFo 2017, 222.

14) BVerfG, NJW 2012, 141, 142 Rdnr. 31; AG Bad Segeburg, BeckRS 2019, 5143 Rdnr. 6 ff.; MüKo-StPO/Thomas/Kämpfer, § 147 Rdnr. 5 m.w.N.

15) BGH, NStZ-RR 2010, 246, 247; OLG Düsseldorf, NJW 2002, 2806; KG, NJW 2015, 3255, 3256 f. Rdnr. 4 f., 14 ff.; **a.M.** KK/Willnow, § 147 Rdnr. 3 (Akteneinsichtsrecht analog § 147 StPO).

16) Dazu näher Riemer, DVBl 2014, 802.

17) Vgl. BVerfGE 53, 207, 212, 215; OLG Düsseldorf, JZ 1986, 508; OLG Stuttgart, NStZ 1986, 45, 46; OLG Frankfurt, NStZ-RR 2001, 374; für ein eigenes Einsichtsrecht des Beschuldigten dagegen Böse, StraFo 1999, 293.

18) OLG Hamburg, Beschl. v. 06.12.2013 – 2 Ws 253/13 - 1 OBL 88/13, BeckRS 2014, 01434 Rdnr. 15 ff., 23 ff.; zust. BeckOK, StPO/Wessing, § 147 Rdnr. 2; **a.M.** MüKo-StPO/Thomas/Kämpfer, § 147 Rdnr. 52.

2.11 Das Gesetz zur Einführung der elektronischen Akte in der Justiz und zur weiteren Förderung des elektronischen Rechtsverkehrs vom 05.07.2017[19] hat dagegen in § 147 Abs. 4 StPO n.F. ein eigenes **unmittelbares Akteneinsichtsrecht des unverteidigten Beschuldigten** begründet.[20] Die neue Bestimmung trägt Forderungen zum alten Recht nach einer Parallelisierung des Akteneinsichtsrechts von Beschuldigtem und Verteidiger[21] und der von der vormaligen deutschen Rechtslage abweichenden Rechtsprechung des EGMR[22] zu Art. 6 Abs. 1 EMRK Rechnung.[23] Die Einschränkung des Akteneinsichtsrechts nach dem alten Rechtszustand, wonach die Einsichtnahme nur bei Erforderlichkeit zur angemessenen Verteidigung zu gewähren war, ist entfallen. Da nach der gesetzgeberischen Vorstellung der Beschuldigte selbst entscheiden soll, in welchem Umfang er Einsicht in die Akten nehmen möchte,[24] besteht das Einsichtsrecht des unverteidigten Beschuldigten im Grundsatz uneingeschränkt.[25] Unverändert dem alten Rechtszustand (§ 147 Abs. 7 StPO a.F.) entspricht aber die Gesetzeslage zur **Versagung der Akteneinsicht**, die bei Gefährdung des Untersuchungszwecks und bei entgegenstehenden überwiegenden schutzwürdigen Rechten Dritter erfolgen darf.

2.12 Dass der **verteidigte Beschuldigte** selbst kein Recht zur Einsicht in die Ermittlungsakten hat, gilt auch nach der Neuregelung.[26] § 147 Abs. 4 Satz 1 StPO n.F. nennt expressis verbis nur den unverteidigten Beschuldigten; zu einer impliziten Differenzierung zwischen verteidigtem und unverteidigtem Beschuldigten hätte der Gesetzgeber keinen Anlass gehabt, hätte er uneingeschränktes eigenes Einsichtsrecht auch des unverteidigten Beschuldigten schaffen wollen. Auch die Gesetzesmaterialien nennen als Destinatär des unmittelbaren eigenen Akteneinsichtsrechts nur den unverteidigten Beschuldigten.[27]

Werden die Akten noch in Papierform geführt, so können einem verteidigten Beschuldigte nach § 147 Abs. 4 Satz 2 n.F. statt der Möglichkeit der Einsichtnahme Kopien aus den Akten bereitgestellt werden. Damit geht aber nach dem gesetzgeberischen Willen[28] kein Anspruch des Beschuldigten einher, dass ihm die Aktenkopien übersandt werden.[29] Es versteht sich aber von selbst, dass das Akteneinsichtsrecht in demselben Umfang zu gewähren ist, als wenn der Beschuldigte selbst Einsicht nähme.[30] Die Bereitstellung von Kopien statt der Zurverfü-

---

19) BGBl I, 2208.
20) Vgl. Kassebohm, StraFo 2017, 393, 401.
21) MüKo-StPO/Thomas/Kämpfer, § 147 Rdnr. 50 m.w.N.
22) EGMR, NStZ 1998, 429 m. zust. Anm. Deumeland.
23) Vgl. BT-Drucks. 18/9416, S. 60.
24) BT-Drucks. 18/9416, S. 60.
25) BeckOK, StPO/Wessing, § 147 Rdnr. 2; KK/Willnow, § 147 Rdnr. 14.
26) BeckOK, StPO/Wessing, § 147 Rdnr. 2.
27) BT-Drucks. 18/9416, S. 60: § 147 Abs. 4 StPO solle „künftig das unmittelbare Akteneinsichtsrecht des Beschuldigten, der keinen Verteidiger hat, regeln".
28) BT-Drucks. 18/12203, S. 74.
29) BeckOK, StPO/Wessing, § 147 Rdnr. 2.
30) BT-Drucks. 18/9416, S. 60.

gungstellung der Originalakte dient der Aktenintegrität,[31] soll aber keine Schmälerung des Einsichtsrechts bewirken.

2.1.4   Zeitpunkt und Dauer der Akteneinsicht

Das Akteneinsichtsrecht des Verteidigers besteht während des gesamten Verfahrens. Es reicht, dass ein Ermittlungsverfahren geführt wird und ein Mandatsverhältnis besteht. Ein Wahlverteidiger (§ 138 Abs. 1 StPO) ist schon dann akteneinsichtsberechtigt, wenn er anhand der Akte über die Übernahme des Mandats entscheiden möchte, wobei er allerdings den Willen des Mandanten belegen muss, ihn mit dem Mandat zu betrauen.[32] Auch Vor-(feld-)ermittlungen begründen nach ganz h.M. ein Akteneinsichtsrecht.[33] Das Akteneinsichtsrecht des Wahlverteidigers endet mit dem Erlöschen seiner Vollmacht und beim gerichtlich bestellten Verteidiger mit dem Widerruf der Bestellung.[34] Andernfalls gilt die Vollmacht, vorausgesetzt, sie ist nicht beschränkt, für die ganze Dauer des Verfahrens, einschließlich des Vollstreckungsverfahrens, des Wiederaufnahmeverfahrens und des Gnadenverfahrens, so dass auch die ganze Zeit über das Akteneinsichtsrecht besteht. Für den **Pflichtverteidiger** gilt Entsprechendes.[35]

2.13

In den so gezogenen zeitlichen Grenzen folgt aus den Garantien der EMRK ein Recht auf zeitlich möglichst frühe Akteneinsicht, und zwar wegen der weichenstellenden Bedeutung und dem daraus resultierenden Bedürfnis nach frühestmöglicher Einsicht- und Einflussnahme des Verteidigers,[36] auch und insbesondere schon im Ermittlungsverfahren.[37] Es ist daher ein unzulässiges Vorgehen, wenn die Einsichtnahme dadurch eine Verzögerung erfährt, dass die Akten erst nach Abschluss der Ermittlungen von der Polizei an die Staatsanwaltschaft übersandt wird. Ebensowenig darf die Staatsanwaltschaft ohne die Gewährung der Einsichtnahme die Akten wieder – etwa an die Polizei zur Fortsetzung der Ermittlungen – versenden.[38] Nach den Vorgaben der EMRK hat der Staat zu gewährleisten, dass die Strafverfolgungsbehörden die organisatorischen Voraussetzungen für eine antragszeitnahe Akteneinsichtsgewährung erfüllen.[39]

2.14

---

31) BeckOK, StPO/Wessing, § 147 Rdnr. 2.
32) SK-StPO/Wohlers, § 147 Rdnr. 20; LR/Lüderssen/Jahn, § 147 Rdnr. 121.
33) BGH, NStZ-RR 2009, 145; MüKo-StPO/Thomas/Kämpfer, § 147 Rdnr. 7; LR/Lüderssen/Jahn, § 147 Rdnr. 120; BeckOK, StPO/Wessing, § 147 Rdnr. 3; Krause, FS Strauda, 2006, S. 351, 359; **a.M.** Senge, FS Hamm, 2008, S. 701, 712.
34) SK-StPO/Wohlers, § 147 Rdnr. 21; Meyer-Goßner/Schmitt, § 147 Rdnr. 9; SSW-StPO/Beulke, § 147 Rdnr. 8.
35) LR/Lüderssen/Jahn, § 147 Rdnr. 122.
36) Kempf, StraFo 2004, 299, 301; Satzger, StraFo 2006, 45, 47.
37) MüKo-StPO/Thomas/Kämpfer, § 147 Rdnr. 7.
38) LR/Lüderssen/Jahn, § 147 Rdnr. 132; Dahs, NJW 1985, 1113, 1115; Donath/Mehle, NJW 2009, 1399.
39) EGMR, StV 2001, 203, 204 m. Anm. Kempf; MüKo-StPO/Thomas/Kämpfer, § 147 Rdnr. 8.

> **Praxistipp**
>
> Der Verteidiger sollte auf die frühestmögliche Gewährung von Akteneinsicht drängen, weil nur auf diese Weise eine zeitnahe Einflussnahme auf den Gang der Ermittlungen möglich ist. Es gilt der Grundsatz: **Je früher, desto besser!**[40]

2.15   Akteneinsicht kann **mehrfach** verlangt werden.[41] Dies liegt vor allem dann nahe, wenn seit der Akteneinsichtnahme weiter ermittelt worden ist und weitere Ermittlungsergebnisse hinzugekommen sind.[42] Ob die erneute Gewährung von Akteneinsicht von einem (weiteren) Antrag des Verteidigers abhängt, wird unterschiedlich beurteilt; die Rechtsprechung hat noch nicht zu einer klaren Linie gefunden. Es empfiehlt sich deshalb, mit dem (ersten) Antragsschreiben zugleich noch einmal erneute Akteneinsicht vor Abschluss der Ermittlungen zu beantragen und diesen Antrag bei Rückgabe der überlassenen Akten zu wiederholen.

> **Warnhinweis**
>
> Der Verteidiger sollte sich hüten, allein deshalb mehrfach Akteneinsicht (in eine Papierakte, da bei elektronischer Einsichtsgewährung die Akte den Behörden nach wie vor zur Verfügung steht) zu beantragen, um das Verfahren zu **verzögern,**[43] widrigenfalls er mit einem Ermittlungsverfahren wegen Strafvereitelung[44] rechnen muss.[45]

2.16   Die **Dauer** der zu gewährenden Einsicht ist gesetzlich nicht geregelt. Auch die RiStBV enthalten hierzu keine Vorgaben. Vielfach gewähren die Staatsanwaltschaften Akteneinsicht nur mit sehr **kurzen Fristen** – regelmäßig von nur einen bis drei Tagen.

> **Praxistipp**
>
> Häufig liegt dies daran, dass die Verteidiger – in der Annahme, dann schneller zum Zug zu kommen – selbst nur für diese kurzen Fristen Einsicht beantragen und umgehende Rückgabe zusichern. Da dies bei den Staatsanwaltschaften Schule macht und auf lange Sicht die Verteidigung insgesamt unter der mit einem solchen Vorgehen einhergehenden Fristverkürzung leidet, muss von der vorauseilenden Zusage, die Akten binnen einer bestimmten (kurzen) Frist zurückzusenden, abgeraten werden.

2.17   Aus der Ableitung des Akteneinsichtsrechts aus Art. 103 Abs. 1 GG folgt, dass dem Verteidiger eine **angemessene Frist zur Einsichtnahme** zur Verfügung stehen

---

40) Burhoff, Ermittlungsverfahren, Rdnr. 536.
41) OLG Hamm, NJW 1972, 1096, 1097.
42) OLG Hamburg, NJW 1966, 843; OLG Hamm, NJW 1972, 1096, 1097.
43) Bosbach, Verteidigung im Ermittlungsverfahren, Rdnr. 144 m.w.N.
44) Vgl. BGH, StraFo 2011, 23, 24; KG, NStZ-RR 2016, 18, 19; OLG Koblenz, JR 1980, 477;
     Fischer, StGB, § 258 Rdnr. 22; skeptisch MüKo-StGB/Cramer/Pascal, § 258 Rdnr. 21.
45) Burhoff, Ermittlungsverfahren, Rdnr. 325.

muss. Er kann nicht pauschal darauf verwiesen werden, eine Aktenkopie anzufertigen und das Original sofort zurückzureichen. Vielmehr muss er genügend Zeit bekommen, um sich mit dem Originalakteninhalt vertraut zu machen. Erhält er diese Zeit zur Einsichtnahme nicht gewährt, so ist dies zu werten, als habe er keine Einsicht in die Akte erhalten.[46)]

Hinweis

Der Verteidiger sollte keinesfalls auf unangemessen kurze Fristen mit eigenmächtiger Überschreitung der ihm gewährten zu kurzen Frist reagieren, sondern um Verlängerung auf ein angemessenes Maß nachsuchen.[47)] Kommt die Staatsanwaltschaft dem nicht nach und gewährt auch später das Gericht keine ausreichend (lange) Akteneinsicht, so muss der Verteidiger in der **Hauptverhandlung** einen **Aussetzungsantrag** wegen nicht ausreichender Akteneinsicht zu stellen, da die Rechtsprechung § 147 Abs. 5 Satz 2 StPO als abschließende Rechtsschutzmöglichkeit sieht und damit keine Beschwerde gegen die Unterschreitung einer angemessenen Akteneinsichtsfrist zur Verfügung steht.

Die Angemessenheit der Frist bemisst sich nach den Einzelfallumständen; regelmäßig ist der Aktenumfang ein wichtiges Kriterium für die Fristbemessung.[48)] Bei der Einsichtnahme in die **elektronisch geführte Akte** stellen sich solche Probleme nicht, da diese nicht übersandt, sondern dem Verteidiger zum Herunterladen im Internet bereitgestellt wird.[49)]   2.18

Nach erfolgter Einstellung des Verfahrens kann auch ein bevollmächtigter Rechtsanwalt, der nach Verfahrenseinstellung nicht Verteidiger ist, Akteneinsicht analog § 147 StPO verlangen.[50)] Das gilt nicht nur für Einstellungen nach § 170 Abs. 2 StPO, sondern auch für sonstige.[51)] Dafür muss nach h.M. kein rechtliches Interesse dargelegt werden. Verlangt man ein solches berechtigte Einsichtsinteresse, so ergibt es sich schon daraus, dass die Staatsanwaltschaft die Ermittlungen jederzeit wieder aufnehmen kann.[52)] Dies gilt auch für den Akteneinsichtsantrag des unverteidigten Beschuldigten.

---

46) Zutr. AG Halberstadt, StV 2004, 549; Burhoff, Ermittlungsverfahren, Rdnr. 327.
47) Bosbach, Verteidigung im Ermittlungsverfahren, Rdnr. 113; Burhoff, Ermittlungsverfahren, Rdnr. 328.
48) BGH, wistra 2006, 25.
49) Burhoff, Ermittlungsverfahren, Rdnr. 327.
50) LG Frankfurt, StraFo 2005, 379; MüKo-StPO/Thomas/Kämpfer, § 147 Rdnr. 3, 9.
51) OLG Hamburg, NJW 1997, 3255, 3256, für eine Einstellung nach § 154 Abs. 1 StPO.
52) LR/Lüderssen/Jahn, § 147 Rdnr. 124; KK/Willnow, § 147 Rdnr. 21; MüKo-StPO/Thomas/Kämpfer, § 147 Rdnr. 9.

2.1.5   Gegenstand und Umfang der zu gewährenden Akteneinsicht

2.1.5.1   Allgemeines – formeller Aktenbegriff

2.19   Die Strafverfolgungsbehörden haben dem Verteidiger Einsicht in alle vorliegenden oder nach der Anklage vorzulegende (§ 199 Abs. 2 StPO) Akten zu gewähren (sog. formeller Aktenbegriff). Danach ist der Verteidiger befugt, die Akten, die dem Gericht vorliegen oder diesem im Fall der Erhebung der Anklage vorzulegen wären, einzusehen. Ein weitergehendes, sich an einem materiellen Aktenbegriff orientierende Verständnis, wonach vom Einsichtsrecht alle im Zusammenhang mit einer konkreten Tat angefallenen Vorgänge erfasst sein sollen,[53] hat sich nicht durchgesetzt.

2.20   Die formelle Definition des Aktenbegriffs setzt – anders als der materielle Aktenbegriff – die Notwendigkeit einer Auswahl und Eingrenzung auf den konkreten Sachverhalt voraus, die die aktenführende Stelle vorzunehmen hat. Eigentlich nicht für das Verfahren und seinen Prozessgegenstand geschaffene Akten sind nur dann als Beiakten vorzulegen, wenn ihr Inhalt von schuld- oder rechtsfolgenrelevanter Bedeutung sein kann.[54] Dem Akteneinsichtsrecht unterfallen danach sämtliche von der Staatsanwaltschaft nach objektiven Kriterien als entscheidungserheblich erkannten und damit dem Gericht zu präsentierenden Unterlagen. Dazu gehören Dokumente, die die Identität der Tat und des Täters konkretisieren. Insoweit ist das gesamte im gegen den Angeklagten gerichteten Ermittlungsverfahren zusammengetragene Beweismaterial, vom ersten Zugriff der Behörden an, zugänglich zu machen.

Die Unterscheidung von formellem und materiellem Aktenbegriff hat vor allem Auswirkungen auf die Debatte um das Einsichtsrecht in Spurenakten; ansonsten sollte die Tragweite der darum geführten Debatte nicht überschätzt werden. Denn da die Staatsanwaltschaft bei der Auswahl der vorzulegenden Akten nach § 160 Abs. 2 StPO dem Grundsatz der Objektivität verpflichtet ist, reichert die von Grundgesetzes wegen bestehende Vorgabe, ein vollständiges Bild der bisherigen Ermittlungen zusammenzustellen, den formellen Aktenbegriff mit einem inhaltlichen – gleichsam „materiellen" – Kriterium an, indem die bisherigen Verfahrensschritte dokumentiert müssen und damit ein vollständiges und faires Bild der bislang ermittelten Verfahrenswirklichkeit zu zeichnen ist. Das BVerfG hat sich diesem materiell aufgeladenen formellen Aktenbegriff angeschlossen und verlangt, die Strafakten vollständig zusammenzustellen und dem Gericht sowie den Beschuldigten Aktenkenntnisse nicht vorzuenthalten, die für die gerechte Beurteilung der anhängigen Strafsache nützlich sein können.[55] Auch Spurenak-

---

53) SK-StPO/Wohlers, § 147 Rdnr. 27 f.; Beulke, FS Dünnebier, 1982, S. 285, 294; Peters, NStZ 1983, 275, 276; Wasserburg, NJW 1980, 2440, 2441; w. Nachw. bei LR/Lüderssen/Jahn, § 147 Rdnr. 24 ff.

54) Treffender Befund bei Warg, NJW 2015, 3195, 3196.

55) BVerfG, NStZ 1983, 273, 274; LG Hannover, StV 2015, 683, 684 m. Bspr. Güttner, FD-StrafR 2015, 369880; näher Warg, NJW 2015, 3195, 3196.

                                                         Dehne-Niemann

ten müssen vorgelegt werden, wenn ihr Inhalt für die Feststellung der dem Angeklagten vorgeworfenen Taten und für etwaige gegen ihn zu verhängende Rechtsfolgen von irgendeiner Bedeutung sein kann (zu Details unten).

Unter der Geltung des Grundsatzes der Aktenvollständigkeit darf der Akteneinsicht nicht entzogen werden, was für das Verfahren geschaffen worden ist.[56] Deshalb bezieht sich das Einsichtsrecht nicht nur auf dasjenige Material, das die Staatsanwaltschaft zur Akte genommen hat, sondern auch im Grundsatz auf dasjenige, das fehlerhaft nicht zur Akte gelangt ist. Dies kann insbesondere von Bedeutung sein, wenn in den staatsanwaltschaftlichen Handakten Unterlagen vorgehalten werden, die in die dem mit der Anklage dem Gericht vorzulegenden Verfahrensakten (§ 199 Abs. 2 StPO) gehören. Auch wenn nach die Rechtsprechung eine Auswahlermessenskompetenz der Staatsanwaltschaft (nicht der Polizei) darüber akzeptiert, welche Akten nach § 199 Abs. 2 StPO mit der Anklageerhebung vorgelegt werden,[57] ist es – wie auch das BVerfG im Grundsatz anerkannt hat[58] – Sache des Verteidigers, zu entscheiden, ob weitere im Verfahren entstandene Unterlagen für sie von Bedeutung sind.[59] Insbesondere muss sich die Verteidigung nicht auf die bloße Mitteilung verweisen zu lassen, der Vorsitzende habe festgestellt, dass in den Akten der Parallelverfahren sich keine Aktenbestandteile befänden, die schuld- oder rechtsfolgenrelevanten Inhalt hätten.[60]

2.21

Die Akten, in die die Staatsanwaltschaft die Einsicht gewähren muss, müssen die im Zeitpunkt der Akteneinsicht vorliegenden Erkenntnisse der Ermittlungsbehörden vollständig und zutreffend dokumentieren. Dieser sogenannte **Grundsatz der Aktenwahrheit und Aktenvollständigkeit** verlangt über die Wiedergabe des Stands der Ermittlungen hinaus auch die Dokumentation des Gangs und der Entwicklung des Ermittlungsverfahrens.[61] Er dient nicht nur einer zutreffenden Entscheidung des Gerichts über die Eröffnung des Hauptverfahrens, sondern auch der sachgerechten Verteidigung des Beschuldigten. Der Aktenwahrheits- und -vollständigkeitsgrundsatz verlangt daher, dass sämtliche Ermittlungshandlungen und -ergebnisse durch Vermerke, sämtliche Anordnungen, Anfragen, Vernehmungsprotokolle (§ 168b Abs. 1 und 2 StPO) oder zumindest Vernehmungsvermerke sowie eingeholte Auskünfte zeitnah, wahrheitsgetreu und hinreichend klar aktenkundig gemacht werden. Das gilt auch für ergebnislose Untersuchungshandlungen und unverwertbare Erkenntnisse.[62]

2.22

Einen **unwahren Sachverhalt** aus den Ermittlungsakten hervorgehen zu lassen, ist im Grundsatz auch dann unzulässig, wenn damit der Beschuldigte über verdeckte

2.23

---

56) BGHSt 31, 131, 139; näher Wohlers/Schlegel, NStZ 2010, 486, 487.
57) BVerfGE 63, 45, 63 f.: Es sei „*Sache des Staatsanwalts (...), darüber zu befinden, welche Spurenakten für die anhängige Strafsache Bedeutung haben können und damit dem Gericht vorzulegen und der Akteneinsicht des Verteidigers zu öffnen sind*"; zu Recht abl. LR/Lüderssen/Jahn, § 147 Rdnr. 28; Beulke, FS Dünnebier, 1982, 285, 290 f.
58) BVerfGE 63, 45, 66 m. Anm. Peters, NStZ 1983, 275 und Amelung, StV 1983, 181.
59) BGHSt 52, 58, 63 f.; MüKo-StPO/Thomas/Kämpfer, § 147 Rdnr. 13.
60) BGHSt 37, 204, 206; BGHSt 52, 58, 63 f.
61) BVerfG, StV 2017, 361, 362.
62) LR/Erb, § 168b Rdnr. 7.

Ermittlungen in Unkenntnis belassen werden soll.[63] Ausnahmen von dem Grundsatz der Aktenvollständigkeit und -wahrheit sind nur in **engen Grenzen** zulässig: Bei Gefährdung von Leib, Leben oder Freiheit eines Zeugen oder anderer Personen dürfen gem. § 68 Abs. 3 Satz 1, Abs. 4 Satz 3, Satz 4 StPO die Identität und der Wohnort eines Zeugen geheimgehalten und die entsprechenden Angaben bzw. Daten außerhalb der Akten bei der Staatsanwaltschaft verwahrt werden. Entscheidungen und sonstige Unterlagen über Maßnahmen nach den §§ 100c, 100f, 100h Abs. 1 Nr. 2, 110a StPO dürfen gem. § 101 Abs. 2 StPO außerhalb der Akten gesondert bei der Staatsanwaltschaft verwahrt werden, wenn und solange eine Gefährdung des Untersuchungszwecks, des Lebens, der körperlichen Unversehrtheit oder der persönlichen Freiheit einer Person oder von bedeutenden Vermögenswerten mit der Benachrichtigung nach § 101 Abs. 5 StPO einherginge, wobei im Fall des § 110a StPO auch die Gefährdung der Weiterverwendung des verdeckten Ermittlers ausreicht. In solchen Fällen bezieht sich das Akteneinsichtsrecht nicht auf die außerhalb der Akten bei der Staatsanwaltschaft verwahrten Unterlagen.[64] Dagegen gilt für längerfristige Observationen nach § 163f Abs. 1 StPO die Durchbrechung des Grundsatzes der Aktenwahrheit und Aktenvollständigkeit nicht.[65]

2.24 Mit den aufgezeigten Durchbrechungen der Aktenwahrheit und Aktenvollständigkeit sollte die alte Streitfrage, ob analog § 96 StPO im anhängigen Ermittlungsverfahren **von der Polizei oder der Staatsanwaltschaft gewonnene Informationen gesperrt** und aus den Akten herausgehalten werden können, durch gesetzgeberischen Federstrich erledigt sein. §§ 68 Abs. 3, 101 Abs. 2 StPO stellen gesetzliche Ausnahmeregelungen dar, die keiner erweiternder Auslegung zugänglich sind und einen Rückgriff auf § 96 StPO sperren, weil andernfalls die engen Voraussetzungen der ausnahmsweisen Aktenferne unterlaufen würden.[66] Schon aus diesem systematischen Grund sind die Strafverfolgungsbehörden nicht berechtigt, eigene Sperrerklärungen abzugeben oder faktisch-informell zu sperren, indem bestimmte Information außerhalb der Akten belassen werden. Noch wesentlich grundsätzlicher kommt hinzu, dass es weder zugunsten der Polizei einen staatsanwaltsfreien Raum gibt – Stichwort Staatsanwaltschaft als „Herrin des Ermittlungsverfahrens" – noch außerhalb gesetzlicher Geheimhaltungsvorschriften zugunsten der Staatsanwaltschaft einen gerichtsfreien Raum.[67] Greift keine der genannten Ausnahmen ein, ist es deshalb unzulässig, ein im Ermittlungsverfahren vorgelegte polizeiliche Anzeige mit dem Vermerk „Dienstlich wurde bekannt, …" beginnen zu lassen.[68] Da das Ermittlungsverfahren ein schriftliches Verfahren ist, müssen die ermittelnden Beamten alle ihre Wahrnehmungen verschriftlichen und aktenkundig machen. Vor diesem Hintergrund stellt

---

63) BGH, NStZ 2010, 294; Meyer-Goßner/Schmitt, § 147 Rdnr. 14a.

64) Burhoff, HRRS 2003, 182, 184.

65) MAH/Schothauer, § 3 Rdnr. 35 Fn. 63 („erstaunlicherweise").

66) OLG Hamburg, StV 1984, 11; LR/Stuckenberg, § 199 Rdnr. 14; ferner LR/Lüderssen/Jahn, § 147 Rdnr. 52 ff.; SK-StPO/Wohlers, § 147 Rdnr. 39 f.; Taschke, StV 1986, 55; **a.A.** aber LR/Menges, § 96 Rdnr. 99; Warg, NJW 2015, 3195, 3199.

67) Eingehend LR/Lüderssen/Jahn, § 147 Rdnr. 52 ff.

68) Zutr. MAH/Schlothauer, § 3 Rdnr. 35.

es auch zwar gängige und von der Rechtsprechung im Grundsatz tolerierte,[69] aber gleichwohl im Regelfall – nämlich solange die Zeugen- und Geheimnisschutzvorschriften nicht eingreifen – nicht zu billigende Praxis dar, wenn die Namen von V-Leuten, Anzeigeerstattern etc. aktenfern gehalten werden.[70] Anders kann es nur liegen, wenn die von der Akte ferngehaltene Information ausschließlich **präventiv** tätigen Polizeibehörden bekanntgeworden ist. Hier kann wie bei anderen nicht am Strafverfahren beteiligten Behörden strafprozessualer Geheimnisschutz des § 96 StPO zu beansprucht werden;[71] dafür muss eine solche Sperrerklärung aber abgegeben werden.

2.1.5.2 Akteneinsicht bei mehreren Beschuldigten

Entgegen verbreiteter Praxis mancher Staatsanwaltschaften bezieht sich das Einsichtsrecht auf die Akten des **gesamten Verfahrens**, also auch auf Aktenbestandteile, die nur Mitbeschuldigte bzw. Taten einzelner Beschuldigter betreffen, und zwar selbst dann, wenn die einzelnen Taten oder Mitbeschuldigten in getrennten Bänden geführt werden;[72] ein (1) Verfahren führt zu verfahrensmäßig einheitlichen Ermittlungs- und Strafakten. Werden Verfahren bzgl. einzelner Mitbeschuldigter abgetrennt, so dürfen die darauf entfallenen Aktenbestandteile nicht entfernt werden.[73] Erfolgt gleichwohl eine „Abtrennungssäuberung" der Akte, so bezieht sich das Einsichtsrecht auch auf die entfernten Aktenbestandteile.[74] Nach erfolgter Abtrennung und gesonderter Fortführung gegen einzelne Beschuldigte erstreckt sich die Akteneinsicht auch auf die Akten des **Ursprungsverfahrens**.[75]

In die Akten der abgetrennten Verfahren darf die Verteidigung nach Ansicht des ganz überwiegenden Schrifttums jedenfalls insoweit Einsicht nehmen, als sich die abgetrennten Verfahren auf gemeinsame Taten bzw. Tatkomplexe beziehen.[76] Die Rechtsprechung schwankt; während sich bisher der Anspruch auf Akteneinsicht nur auf die dem Gericht tatsächlich vorliegenden Akten – also nicht mehr die nun verfahrensfremden Akten des abgetrennten Verfahrens, die im formellen Sinne „fremde" Akten seien, weshalb es eines legitimierenden Interesses für die Akteneinsicht bedürfe – beziehen sollte,[77] hat der BGH ein Einsichtsrecht aus Fairnessgründen zuletzt jedenfalls dann angenommen, wenn die Akten der Parallelverfahren Staatsanwaltschaft und Gericht anderweitig vorliegen.[78] Übersetzt

2.25

2.26

---

69) BGH, NJW 1962, 1876; BGH, NJW 1981, 1052; BGH, StV 1981, 596.
70) Eingehend LR/Lüderssen/Jahn, § 147 Rdnr. 55; SK-StPO/Wohlers, § 147 Rdnr. 41 ff.
71) SK-StPO/Wohlers, § 147 Rdnr. 42.
72) BGHSt 52, 58, 59 ff.; OLG Hamm, StV 1993, 299, 300 f.
73) OLG Bremen, StV 1993, 377; OLG Hamm, StV 1993, 299, 300 f.
74) OLG Bremen, StV 1993, 377; OLG Hamm, StV 1993, 299, 300 f.
75) OLG Karlsruhe, AnwBl 1981, 18; LR/Lüderssen/Jahn, § 147 Rdnr. 71; KK/Willnow, § 147 Rdnr. 5; MüKo-StPO/Thomas/Kämpfer, § 147 Rdnr. 15.
76) LR/Lüderssen/Jahn, § 147 Rdnr. 72; Meyer-Goßner/Schmitt, § 147 Rdnr. 16; HK-StPO/Julius/Schiemann, § 147 Rdnr. 8; Danckert, StV 1989, 10; H. Schäfer, NStZ 1984, 203, 206; **a.M.** SK-StPO/Wohlers, § 147 Rdnr. 52.
77) BGHSt 30, 131, 138, 141; BGHSt 49, 317, 327; BGHSt 37, 204, 206.
78) BGHSt 52, 58, 63 f.

ins Ermittlungsverfahren dürfte diese Andeutung eines Rechtsprechungswandels ein regelmäßiges Einsichtsrecht auch in die Akten des abgetrennten Verfahrens bedeuten. Allerdings hat der BGH eine Übertragung der Einsichtsbeschränkung aus § 147 Abs. 2 Satz 1 StPO befürwortet, also die Verweigerung der Akteneinsicht gebilligt, wenn die Abtrennung nicht willkürlich erfolgt sei und durch eine Einsichtnahme der Untersuchungszweck gefährdet sei.[79]

2.1.5.3   Einzelfragen zum Gegenstand der Akteneinsicht

2.27   Gegenstand des Akteneinsichtsrechts ist nach ganz überwiegender Ansicht auch der Auszug aus dem **Bundeszentralregister**.[80] Insoweit bestehen keine datenschutzrechtlichen Bedenken; einmal abgesehen davon, dass es nicht der Zweck des Datenschutzrechts ist, den Beschuldigten in zentralregisterrechtlicher Hinsicht vor dem Verteidiger zu schützen, stellt sich § 147 StPO gegenüber den Vorschriften des Datenschutzrechts als Spezialvorschrift dar.[81] Soweit sie sich bei den Akten befinden, gilt dies auch für Auszüge aus polizeilichen und staatsanwaltschaftlichen Verfahrenslisten.[82]

2.28   Auch **Videoaufzeichnungen** und **Computerausdrucke** wie auch **Dateien** und **Dateiprogramme** sind als Aktenbestandteile Gegenstand des Einsichtsrechts.[83] Bezüglich personenbezogener Daten ergibt sich die Zulässigkeit der Speicherung und Datenverarbeitung aus § 483 StPO. Vor allem in Umfangsverfahren aus dem Wirtschafts- und OK-Bereich, aber auch in Staatsschutzverfahren ist die Speicherung von Daten und deren Verarbeitung nicht mehr wegzudenken.

2.29   Werden **Dokumente oder Dateien sichergestellt**, so werden diese erst nach der Durchsicht (§ 110 StPO) und auch nur dann als Beweismittel Aktenbestandteil, wenn sie beschlagnahmt sind,[84] weil die Sicherstellung als solche nur Bestandteil der Durchsuchung ist.[85] Der Verteidiger kann aber verlangen, bei der Durchsicht anwesend zu sein, wenn es sich um Unterlagen oder Daten des Beschuldigten handelt bzw. wenn – insbesondere im Fall der Durchsuchung bei Dritten (§ 103 StPO) – der Berechtigte mit der Anwesenheit des Verteidigers einverstanden ist.[86] Werden sichergestellte Beweisstücke nicht beschlagnahmt, sondern nach der Durchsicht freigegeben, so bezieht sich das Akteneinsichtsrecht nicht auf diese freigegebenen Beweisstücke. **Sichergestellte Dateien** und **Programme**, die nicht freigegeben werden, sind entweder Beweisstücke oder – sofern möglich – als Computerausdrucke zu den Akten zu nehmen. Als Aktenbestandteil darf der Verteidiger Einsicht in sie nehmen.

---

79) BGHSt 50, 224, 228 m. Anm. Krack, JR 2006, 432.
80) BVerfG, NStZ 1983, 131; OLG Frankfurt, NJW 1960, 1731, 1732; KK/Willnow, § 147 Rdnr. 4; **a.M.** LG Hildesheim, NStZ 1983, 88 abl. Anm. Schmid.
81) Schmid, NStZ 1983, 89, 90.
82) OLG Frankfurt, NJW 1960, 1731, 1732.
83) Fetzer, DRiZ 1990, 48; ders., StV 1991, 142.
84) OLG Jena, NJW 2001, 1290, 1294.
85) BGH, NJW 1973, 2035; OLG Karlsruhe, NStZ 1995, 40.
86) OLG Jena, NJW 2001, 1290, 1294.

Das Recht zur Akteneinsicht bezieht sich einschränkungslos auch auf **beigezo-**   2.30
gene Akten.[87] Es umfasst daher beispielsweise Vorstrafenakten, Personalakten,
Akten über Zivil- oder Verwaltungsprozesse, Steuerakten, Insolvenzakten, Akten
der Ausländerbehörde sowie sonstige Akten, in denen sich für das Strafverfahren
betreffende Vorgänge befinden.[88] Im steuerstrafrechtlichen Verfahren erstreckt
sich das Akteneinsichtsrecht auch auf **beigezogene Betriebsprüfungsunterlagen,**
wobei das Steuergeheimnis nicht entgegensteht.[89] Ohnehin kann die Einsicht in
beigezogene Steuerakten nicht unter Berufung auf das Steuergeheimnis gem. § 30
AO verweigert werden. Nochmals ist darauf hinzuweisen, dass um Übersendung
nicht nur der eigentlichen Verfahrensakten, sondern auch sämtlicher Sonderakten, Nebenakten und Beiakten nachgesucht werden muss – bei vielen Staatsanwaltschaften missverstehen die die Versendungsverfügung vorbereitenden
Geschäftsstellen solche Anträge oder auch die einsichtsgewährende Dezernentenverfügungen als nur auf die Hauptakte bezogen.

Vertraulichkeitsbitten und -ersuchen der vorlegenden Behörde sind unbeacht-   2.31
lich,[90] wenn diese keine Sperrerklärung nach § 96 StPO abgegeben hat. Akten-
einsichtsrechtlich relevant sind allein Sperrerklärungen, weshalb Ersuchen unterhalb der rechtlich allein relevanten Schwelle des § 96 StPO weder Staatsanwaltschaft noch Gericht binden und daher der Akteneinsicht nicht entgegenstehen
können.[91] Dies gilt auch, wenn eine Staatsanwaltschaft Akten herausgibt, die sie
selbst nach § 147 Abs. 2 StPO gesperrt hat.[92] Nach verbreiteter Auffassung darf
der Inhalt beigezogener Akten, in die dem Verteidiger Einsicht unter Berufung auf
die erfolgte Übersendung nur zur vertraulichen Behandlung verweigert wurde, im
späteren Hauptverfahren Verfahren nicht verwertet werden;[93] der BGH hat das
allerdings anders gesehen und dafürgehalten, dass eine außerhalb von § 96 StPO
geäußerte befolgte Vertraulichkeitsbitte der aktenführenden Stelle nach Gewährung rechtlichen Gehörs nicht zur Unverwertbarkeit der Akten führt.[94]

Hat die Staatsanwaltschaft dagegen bestimmte **Akten nicht beigezogen,** an denen
dem Verteidiger gelegen ist, so muss der unter Vollmachtvorlage in dem **anderen**
Verfahren Akteneinsicht beantragen, um sich die Informationen aus den Akten zu
verschaffen.[95]

---

87) LR/Lüdderssen/Jahn, § 147 Rdnr. 67.
88) Burhoff, Ermittlungsverfahren, Rdnr. 387; Marberth-Kubicki, StraFo 2003, 366, 369.
89) OLG Rostock, NStZ 2016, 371, 373 m. Bspr. Krug/Skoupil, NZWiSt 2015, 354.
90) BGHSt 42, 71; Burhoff, Ermittlungsverfahren, Rdnr. 390 m.w.N.
91) BGHSt 42, 71; vgl. ferner LR/Stuckenberg, § 199 Rdnr. 15; KK/Schneider, § 199 Rdnr. 12,
    mit der Anregung, die Staatsanwaltschaft könne die auf vertrauliche Aktenbehandlung
    setzende Behörde über dieses strafprozessual gebotene Aktengewährung informieren,
    um dieser die Möglichkeit einer nachträglichen Abgabe einer Sperrerklärung nach § 96
    StPO einzuräumen.
92) OLG Schleswig, StV 1989, 95.
93) RGSt 72, 268, 272; Gillmeister, NStZ 1997, 43, 44.
94) BGHSt 42, 71.
95) Marberth-Kubicki, StraFo 2003, 366, 369.

Auch erst nach Anklageerhebung (aufgrund weiterer Ermittlungen) entstandene oder beigezogene Unterlagen liegen dem Gericht i.S.d. § 147 Abs. 1 StPO vor.[96] Deshalb bezieht sich ein Akteneinsichtsrecht des Verteidigers auch auf Ermittlungsergebnisse, die das Gericht oder die Staatsanwaltschaft infolge eine schon im Ermittlungsverfahrens (oder später) angebrachten Beweisantrags in Zwischen- oder im Hauptverfahren erzielt haben.

2.32 Erhebliches Konfliktpotential birgt die Einsicht in **Spurenakten**. Gegenüber dem Recht des Beschuldigten bzw. seines Verteidigers zur Einsicht in Spurenakten hat die strafgerichtliche Rechtsprechung bislang Zurückhaltung walten lassen. Spurenakten sind Akten, die im Zuge der Ermittlungen zu der in Rede stehenden Tat entstanden sind, aber von den Strafverfolgungsbehörden in Bezug auf die Identität eines bestimmten Beschuldigten als nicht relevant eingestuft werden.[97] Typischer Inhalt von Spurenakten sind – ohne Anspruch auf Vollständigkeit – Ermittlungen in Bezug auf Personen, die nur vorübergehend mit der Tat in Verbindung gebracht wurden, sowie Spurensammlungen und Auswertungen. Wenn die Spurenakte in die staatsanwaltschaftliche Ermittlungsakte – z.B. durch Einpaginierung – integriert wird, bezieht sich das Einsichtsrecht auch darauf.[98] Anders soll es nach der Rechtsprechung liegen, wenn eine solche Integration in die Ermittlungsakte unterbleibt, etwa wenn die Spurenakten bei der Polizei verbleiben. Da nach dem von der Rechtsprechung vertretenen formellen Aktenbegriff zu den Verfahrensakten nur die Akten gehören, die durch die Identität der Tat und die Identität des Täters konkretisiert sind, Spurenakten aber nicht aufgrund des Verfahrens gegen den jeweiligen Beschuldigten und in Bezug auf den durch Tat und beschuldigten Täter bestimmten Prozessgegenstand entstanden sind, handelt es nach Ansicht des BGH selbst dann um *„verfahrensfremde"* Akten, wenn sie tatbezogene Ermittlungen zur Überprüfung eines Gegenstands, eines Sachverhalts oder einer anderen Person als des Beschuldigten enthalten.[99] Einsicht in Spurenakten muss nach der Rechtsprechung folglich nur gewährt werden, wenn die Spurenakten einen konkreten Bezug zum Beschuldigten aufweisen[100] und schuldspruch- oder rechtsfolgenrelevant sind.[101] Dagegen sprechen sich seit jeher weite Teile des strafprozessualen Schrifttums aus,[102] und zwar zu Recht: Es ist inakzeptabel, dass die Polizei – die regelmäßig die Spurenakten erstellt – der Staatsanwaltschaft die Spurenakten zur Prüfung vorlegt, der Verteidiger – der als Anwalt einen staatlich gebundenen Vertrauensberuf ausübt, der ihm eine auf Wahrheit und Gerechtigkeit verpflichtende amtsähnliche Stellung zuweist[103] – diese Prü-

---

96) BGH, NStZ 1990, 193, 194 f.; BGH, StV 2001, 4, wo jeweils eine Unterrichtungspflicht des Gerichts auch für von diesem als nicht beweiserheblich angesehene Umstände angenommen wurde.

97) Näher zur strafprozessualen Behandlung von Spurenakten siehe LR/Lüderssen/Jahn, § 147 Rdnr. 32 ff.; allg. Meyer-Goßner, NStZ 1982, 353.

98) Klarstellend Meyer-Goßner, NStZ 1982, 353, 354, 357.

99) BGHSt 30, 131, 138 f. m. krit. Anm. Dünnebier, StV 1981, 504.

100) BGHSt 30, 131, 138 f.; BGH, StV 2010, 228, 229; LG Hannover, StV 2015, 683, 684.

101) BGHSt 30, 131, 138 f.; BVerfG, StV 1983, 177.

102) Beulke, FS Dünnebier, 1982, S. 285, 287; LR/Stuckenberg, § 199 Rdnr. 21; SK-StPO/Paeffgen, § 199 Rdnr. 4 f. jeweils m.w.N.

103) BVerfG, NJW 1975, 103, 105.

Dehne-Niemann

fung aber nicht vornehmen kann; dies läuft auf eine einseitige Information der Staatsanwaltschaft hinaus,[104] die mit der Stellung der Verteidigung und dem sich daraus ergebenden Grundsatz der Waffengleichheit nicht zu vereinbaren ist. Das BVerfG hat zwar den von der Rechtsprechung vertretenen Standpunkt im Ausgangspunkt bestätigt, jedoch gefordert, dem Beschuldigten Gelegenheit zur Einsicht in sämtliche Spurenakten zu gewähren, wenn dieser erklärt, sich selbst Gewissheit über deren Inhalt zur Auffindung möglicherweise entlastenden Materials verschaffen zu wollen.[105] Mit dieser Entscheidung – der gem. § 31 Abs. 1 BVerfGG Gesetzeskraft zukommt – hat das BVerfG den Standpunkt der Rechtsprechung sehr stark an die kritisierende Literatur herangeführt.[106]

Praxistipp

In der Praxis muss sich der Verteidiger damit arrangieren, dass damit letztlich die Staatsanwaltschaft darüber entscheidet, ob und in welchem Umfang einer Spurenakte Schuldspruch- oder Rechtfolgenrelevanz zukommt und demgemäß Gegenstand des Akteneinsichtsrechts ist.[107] Der Verteidiger kann deshalb alternative Ermittlungsansätze, die den Beschuldigten entlasten könnten, allenfalls in einem persönlichen Gespräch mit den ermittlungsleitenden Polizeibeamten eruieren.[108] Solche „informellen Kanäle" sollten gepflegt werden! Parallel zur Abschöpfung von Informationen steht dem Verteidiger gegen die Verweigerung der Einsicht in Spurenakten nach h.M. der Rechtsweg nach §§ 23 ff. EGGVG offen (dazu unten).

Einigkeit besteht darin, dass das Einsichtsrecht **nicht auf die Handakten und Notizen** der Staatsanwaltschaft und vergleichbare innerdienstliche Vorgänge bezieht.[109] Ebenfalls nicht Gegenstand des Akteneinsichtsrechts sind Arbeitsunterlagen eines Sachverständigen; insofern soll die Aufklärungspflicht im Einzelfall maßgeblich sein.[110] Dagegen ist der Bericht der **Jugendgerichtshilfe** Aktenbestandteil.[111] Für – grundsätzlich interne und damit akteneinsichtsfremde – **Strafverfahrensdateien** (§§ 483 ff. StPO) trifft § 487 Abs. 2 StPO eine Sonderregelung; solche Dateien werden aber Aktenbestandteil, wenn sie als Ausdrucke zur Akte gelangen und damit deren Bestandteil werden.[112]   2.33

Auch wenn Computerdateien, Daten und Programme regelmäßig Gegenstand des Akteneinsichtsrechts sind, gilt das nicht für solche Daten etc., die bei der Staatsanwaltschaft oder deren Ermittlungsbeamten, etwa in Wirtschaftsstraf- oder OK-   2.34

---

104) Zutr. Meyer-Goßner, NStZ 1982, 353, 358.
105) BVerfG, NStZ 1983, 273, 274.
106) Vgl. auch KK/Schneider, § 199 Rdnr. 14, der dafürhält, das BVerfG habe den Streit um das Einsichtsrecht in die Spurenakte weitgehend erledigt.
107) So BGHSt 30, 131, 139.
108) Vgl. Bockemühl, Handbuch des Fachanwalts Strafrecht, Rdnr. 66, mit dem Rat, auf das „informelle Programm" zu setzen.
109) KK/Willnow, § 147 Rdnr. 8; Kleinknecht, FS Dreher, 1977, S. 721 ff.
110) BGH, StV 1995, 565; KK/Willnow, § 147 Rdnr. 8.
111) MüKo-StPO/Thomas/Kämpfer, § 147 Rdnr. 22; SK-StPO/Wohlers, § 147 Rdnr. 53.
112) KK/Willnow, § 147 Rdnr. 8; Meyer-Goßner/Schmitt, § 147 Rdnr. 18a m.w.N.

Verfahren gesondert für den **persönlichen Gebrauch des Dezernenten oder Ermittlers** (wie etwa der Sitzungsvorbereitung o.Ä.) auf einer Diskette oder Festplatte gespeichert werden, um sie dort zu bearbeiten. Solche Dateien etc. werden wie Notizen und Handakten zu behandeln.[113] Bei Falldateien oder Spurendokumentationsdateien, die zu den Akten genommen worden sind, handelt es sich dagegen nicht mehr um rein interne Hilfsmittel, sondern um die Dokumentation von Verfahrensvorgängen.

Auch auf nach § 119 Abs. 1 Nr. 2, Nr. 3 StPO **angehaltene** und zur Habe des Angeklagten genommene **Schreiben** bezieht sich das Akteneinsichtsrecht nicht,[114] es sei denn, das Schreiben wird zu Beweiszwecken beschlagnahmt und dementsprechend zur Akte genommen.

2.35   Ein Recht auf Einsicht in **Akten, die von anderen Behörden gesperrt wurden,** besteht nach ganz h.M. nicht, wenn diese dem strafprozessualen Geheimnisschutz nach § 96 StPO unterliegen. Solche Akten sind der Einsicht von vornherein entzogen, weil sie dem Gericht bei Anklageerhebung nicht vorzulegen wären, § 199 Abs. 2 StPO. Der einsichtsrechthindernde Geheimnisschutz gilt nach ganz überwiegender Meinung[115] auch bei nachträglich erfolgenden Sperrerklärungen,[116] weshalb die Staatsanwaltschaft die überlassenen Akten zurückzugeben hat,[117] soweit die Sperrerklärung reicht.

2.36   Ergibt sich aus den zunächst beigezogenen, dann aber nachträglich gesperrten Akten **Entlastendes,** so entsteht das Dilemma, dass die Staatsanwaltschaft ihr Wissen um solche entlastenden Fakten – die die Staatsanwaltschaft gem. § 160 Abs. 2 StPO an sich von Amts wegen ermitteln muss – wegen der sie treffenden Verschwiegenheitspflicht nicht aktenkundig machen darf mit der Folge, dass dem Verteidiger entsprechende Anknüpfungspunkte für Verteidigungsmöglichkeiten vorenthalten werden, weil er von den entlastenden Umständen bei der Einsichtnahme nichts erfährt. In der strafprozessualen Literatur ist zur Lösung solcher Fälle vorgeschlagen worden, der Staatsanwaltsdezernent sei wegen des aus dem Rechtsstaatsprinzip abgeleiteten Fair-trial-Grundsatzes zur Abfassung eines Aktenvermerks des Inhalts verpflichtet, dass das *„Vorliegen nicht näher oder nur ansatzweise darlegungsfähiger Entlastungsmomente bekanntgeworden sei"*, weil damit der Richter zu besonderer Vorsicht bei der Beweiswürdigung veranlasst und dem Angeklagten die Möglichkeit gegeben werde, mit Blick auf *„die darin enthaltenen rudimentären Informationen (...) vor dem Verwaltungsgericht die Freigabe der gesperrten Akten zu erstreiten".*[118]

---

113) BGH, StV 2010, 228, 230 (zu polizeilichen Vermerken zum Ermittlungsfortgang); Fetzer, StV 1991, 142, 143; Meyer/Böhm, wistra 1992, 166, 170.
114) BGH, MDR 1988, 357.
115) OLG Hamm, NJW 1984, 880; Meyer-Goßner/Schmitt, § 96 Rdnr. 11; LR/Menges, § 96 Rdnr. 2, 99 ff.; KK/Schneider, § 199 Rdnr. 12; Warg, NJW 2015, 3195, 3199; **a.A.** OLG Hamburg, StV 1984, 11; LR/Stuckenberg, § 199 Rdnr. 14; LR/Lüderssen/Jahn, § 147 Rdnr. 55.
116) Näher Warg, NJW 2015, 3195, 3199 f. m.w.N.
117) SK-StPO/Greco, § 96 Rdnr. 41; Meyer-Goßner/Schmitt, § 96 Rdnr. 11.
118) KK/Schneider, § 199 Rdnr. 12.

Dehne-Niemann

Praxistipp

Der Verteidiger sollte, wenn das Ermittlungsverfahren dafür Anlass bietet, mit seinem Akteneinsichtsgesuch auf die aufgezeigten Schwierigkeiten hinweisen und für den Fall, dass sich gesperrten Akten potentiell entlastendes Material entnehmen lässt, auf die Abfassung entsprechender Aktenvermerke antragen und förmlich (schriftlich) anfragen, ob solche wegen der Verschwiegenheitsverpflichtung nicht mitteilbaren Informationen vorliegen.

Gegenstand des – auch auf das Hauptverfahren bezogenen – Akteneinsichtsrechts sind insbesondere sämtliche den Beschuldigten betreffende **Haftvorgänge**. Fragen der Ausgestaltung der U-Haft und der damit einhergehenden Beschränkung berühren die Verteidigung, weil sich aus ihnen wesentliche Erkenntnisse und damit Anknüpfungspunkte für Verteidigungsverhalten ergeben können, etwa Themen für Beweisanträge, und weil eine sich aus Haftvorgängen ersichtliche besondere Haftempfindlichkeit strafzumessungsrelevant ist.[119]   2.37

2.1.5.4 Insbesondere: Akteneinsicht und U-Haftverfahren, § 147 Abs. 2 StPO

Zu unterscheiden von der inhaltlichen Unbeschränkbarkeit des Haftakteneinsichtsrechts ist die Frage, ob und in welchem Umfang speziell für die verschiedenen Stadien des Haftverfahrens Akteneinsicht zu gewähren ist. Bedeutung hat das Akteneinsichtsrecht in Haftvorgänge nämlich nicht nur für die Entwicklung einer sachgerechten Verteidigungsstrategie, die das Hauptverfahren im Blick behalten muss, sondern auch für die Haftfrage selbst: Ob die Anordnung, Durchführung oder Aufrechterhaltung rechtmäßig ist, kann der Verteidiger nur nach gewährter Akteneinsicht zuverlässig beurteilen. Regelmäßig wird sich ohne Aktenkenntnis eine Haftanfechtung nicht effektiv bewerkstelligen lassen.   2.38

Dem trägt die durch das UntersuchungshaftrechtsänderungsG vom 29.07.2009[120] eingefügte Vorschrift des **§ 147 Abs. 2 Satz 2 StPO** Rechnung, wonach bei U-Haft oder vorläufiger Festnahme sowie bei beantragter U-Haft dem Verteidiger die für die Beurteilung der Rechtmäßigkeit der Freiheitsentziehung wesentlichen Informationen in geeigneter Weise zugänglich zu machen sind und i.d.R. insoweit Akteneinsicht zu gewähren ist. Bereits früher war allerdings weitgehend anerkannt, dass im Haftverfahren der Verteidiger zumindest teilweise – nämlich entsprechend der Rechtsprechung des EGMR in die für die Beurteilung des dringenden Tatverdachts maßgeblichen Vorgänge[121] – Akteneinsicht erhalten musste, um seine und des Angeklagten Rechte im Haftungsprüfungs- und -beschwerde-   2.39

---

119) BGH, NStZ 1991, 94.
120) BGBl I, 2274.
121) EGMR, StV 2001, 201, 202 ff.; EGMR, Entsch. v. 02.06.2009 – 29705/05, BeckRS 2009, 71147; EGMR, Urt. v. 09.07.2009 – 11364/03, BeckRS 2010, 90118 Tz. 124 f. (Verstoß gegen Art. 5 Abs. 4 EMRK) m. Anm. Pauly, StV 2010, 492.

verfahren sinnvoll ausüben zu können.[122] Allerdings musste nach Meinung des OLG Naumburg Akteneinsicht im Haftverfahren nur dem Pflichtverteidiger, nicht aber auch einem erst später mandatierten Wahlverteidiger gewährt werden,[123] was mit der bisherigen Rechtsprechung des BGH[124] kaum zu vereinbaren war.

Praxistipp

Auch gut ein Jahrzehnt nach seinem Inkrafttreten wird bei manchen Staatsanwaltschaften so getan, als existiere § 147 Abs. 2 Satz 2 StPO nicht. In einem solchen Fall empfiehlt sich ein Telefonat mit dem sachbearbeitenden Dezernenten und ein Hinweis darauf, dass nach der Vorschrift „in der Regel" Akteneinsicht zu gewähren ist. Gegebenenfalls sollte nachgefragt werden, was nach Meinung der Staatsanwaltschaft die Abweichung von der gesetzlich vorgesehenen Regel der Einsichtsgewährung rechtfertigt. Ein solches persönliches Gespräch führt erstaunlich häufig zum Erfolg und ist deshalb als Vorstufe gegenüber dem Antrag auf gerichtliche Entscheidung (§ 147 Abs. 5 Satz 2 StPO) und als milderes und schnelleres Mittel zu empfehlen.

Erhält die Verteidigung in Haftsachen – gleichgültig aus welchem Grund – trotz vorheriger Anmahnung keine Akteneinsicht, weil diese versandt sind (etwa zur Ermittlung an die Polizei), so kann der Verteidiger des inhaftierten Beschuldigten durch einen Antrag auf gerichtliche Entscheidung nach § 147 Abs. 5 Satz 2 StPO oder durch Einlegung einer Haftbeschwerde erzwingen, dass die Akten an die Staatsanwaltschaft und sodann das Gericht vorgelegt werden, und so im Antrags- oder Beschwerdeverfahren qua Akteneinsicht an die für ihn wesentlichen Informationen gelangen.[125]

2.40   Die Akteneinsicht speziell im Haftverfahren bezieht sich – das Gesetz ordnet als Regelfall „insoweit" die Gewährung von Akteneinsicht an – nicht auf den gesamten Akteninhalt, sondern nur auf die für die **Beurteilung der Rechtmäßigkeit der Freiheitsentziehung wesentlichen Informationen**. Ob dies konventionsrechtlich mit der Rechtsprechung des EGMR, die mit der Neuregelung umgesetzt werden sollte,[126] in Einklang steht, ist umstritten.[127] Anerkanntermaßen bezieht sich das Einsichtsrecht aus Gründen der Waffengleichheit auf den Zugang zu solchen Informationen werden, die für die Beurteilung der Haft bzw. deren Fortdauer wesentlich sind.[128] Da sich regelmäßig die Tatverdachtsfrage – in Bezug auf die

---

122) BVerfG, NStZ 1994, 551, 552; BGH, NStZ 1996, 146; OLG Köln, NStZ 2002, 659.

123) OLG Naumburg, NStZ 2011, 599, 600; KK/Schultheis, § 121 Rdnr. 24; **a.A.** MüKo-StPO/Thomas/Kämpfer, § 147 Rdnr. 6, 27.

124) BGH, NStZ 1985, 87, 88; vgl. ferner aus kostenerstattungsrechtlicher Sicht OLG Köln, Beschl. v. 11.12.2009 – 2 Ws 496/09, BeckRS 2010, 436.

125) Bockemühl, Handbuch des Fachanwalts Strafrecht, Rdnr. 7.

126) Beulke/Witzigmann, NStZ 2011, 254, 259, unter Verweis auf die Begründung des Regierungsentwurfs in BT-Drucks. 16/11644, S. 2, 13, 33 f.

127) Vgl. zum früheren Streitstand Hilger, GA 2006, 294; Kempf, StV 2001, 206, 207; Lange, NStZ 2003, 348.

128) BeckOK, StPO/Wessing, § 147 Rdnr. 7; SSW-StPO/Beulke, § 147 Rdnr. 37; Beulke/Witzigmann, NStZ 2011, 254, 256.

nach den Vorgaben des EGMR die Akteneinsicht vollständig zu gewähren ist[129] – nur anhand des gesamten Akteninhalts beantworten lässt,[130] verdient die Auffassung den Vorzug, wonach im Haftverfahren Einsicht in die gesamte Akte verlangt werden kann.[131] Dass, wie das BVerfG meint, von Grundgesetzes wegen eine Teileinsicht ausreiche,[132] kann dementsprechend nicht zugegeben werden.

Hinweis

Der Verteidiger sollte sich nicht mit der Vorlage „ausgedünnter Aktenteile" oder mit der Erteilung entsprechend defizitärer Informationen, die nach deren Ansicht zur Prüfung der Rechtmäßigkeit der Freiheitsentziehung ausreichen, bescheiden,[133] sondern sollte auf Vorlage der gesamten Akten bzw. auf vollständige Informationen bzgl. Freiheitsentziehung dringen, darauf verweisen, dass die Wahl der Verteidigungsrichtung Sache der Verteidigung ist und er sich deshalb auch nach dem Willen des Gesetzgebers[134] auf die Sicht der Staatsanwaltschaft nicht verweisen lassen muss. Er sollte zusätzlich darauf verweisen, dass auch der Gesetzgeber von einem regelhaften Auseinanderfallen der Bewertung der Haftfrage durch die Staatsanwaltschaft einerseits und die Verteidigung andererseits ausgeht und nach der Rechtsprechung des EGMR – um deren Umsetzung es bei § 147 Abs. 2 Satz 2 StPO ging – der Beschuldigte Gelegenheit haben muss, seine Sicht darzulegen und der Sicht der Staatsanwaltschaft entgegentreten zu können.[135] Dies aber setzt voraus, dass er nicht lediglich paternalistisch gefilterte Akteneinsicht erhält.[136]

Gleichwohl wird sich der Verteidiger mit der von der Rechtsprechung im Kielwasser des BVerfG vertretenen Lehre der auch im Haftverfahren ausreichenden Teileinsicht arrangieren müssen. Danach hat der Verteidiger darauf zu achten, dass die **Vorgaben des BVerfG** eingehalten werden, wonach dem Verteidiger diejenigen Tatsachen und Beweismittel mitzuteilen sind, die das Gericht seiner Entscheidung zugrunde zu legen gedenkt.[137] Für eine effektive Haftverteidigung müsse dem Verteidiger die *„Kenntnis der Entscheidungsgrundlagen"* verschafft

2.41

---

129) EGMR, StV 2001, 201, 202 ff.; EGMR, BeckRS 2009, 71147; EGMR, StV 2010, 490, 491 f. m. Anm. Pauly.

130) MüKo-StPO/Thomas/Kämpfer, § 147 Rdnr. 27 m.w.N.

131) Vgl. mit Unterschieden in der Begründung LR/Lüderssen/Jahn, § 147 Rdnr. 79b; MüKo-StPO/Thomas/Kämpfer, § 147 Rdnr. 27; Deckers, StV 2002, 319, 320; ders., StraFo 2009, 441, 444; Kieschke/Osterwald, NJW 2002, 2003, 2004; Schmitz, wistra 1993, 319, 324; anders die überwiegende Rechtsprechung, vgl. OLG Köln, NStZ 2002, 659; KG, wistra 1994, 38; OLG Frankfurt, StV 1993, 292, 297; diff. Beulke/Witzigmann, NStZ 2011, 254, 258 f.

132) BVerfG, NJW 1994, 3219, 3220.

133) So auch Burhoff, Ermittlungsverfahren, Rdnr. 302; Herrmann, StRR 2009, 4, 9.

134) BT-Drucks. 16/11644, S. 34.

135) EGMR, StV 2010, 490.

136) Burhoff, Ermittlungsverfahren, Rdnr. 302.

137) BVerfG, NJW 1994, 3219, 3220; vgl. auch BVerfG, NJW 2006, 1048, 1049 (zum dinglichen Rückgewinnungshilfearrest); BVerfG, NStZ 2007, 274.

Dehne-Niemann

werden.[138] Dementsprechend besteht für Tatsachen oder Beweismittel, deren Kenntnisnahme und Prüfung dem Verteidiger verwehrt war, ein Verwertungsverbot[139] mit der Konsequenz, dass das über einen Haftprüfungs- bzw. -beschwerdeantrag entscheidende Gericht diese nicht berücksichtigen darf.[140] Entlastende Umstände bleiben – da Art. 103 Abs. 1 GG als Justizgrundrecht den Beschuldigten schützt – aber auch dann verwertbar, wenn dem Verteidiger diesbezüglich keine Akteneinsicht gewährt wurde.[141]

2.42 Von der Frage, in welchem Umfang im Haftprüfungs- bzw. -beschwerdeverfahren das Akteneinsichtsrecht besteht, ist zu unterscheiden, welche **Konsequenzen** ein Verstoß die Verpflichtung zur Gewährung der Akteneinsicht nach sich zieht. Ganz überwiegend wurde bislang mit Recht davon ausgegangen, dass ein Haftbefehl, der nach defizitärer Akteneinsichtsgewährung zustande gekommen ist oder nach dessen Erlass dem Verteidiger keine ausreichende Einsicht in die haftrelevanten Vorgänge gewährt worden ist, aufgehoben werden muss.[142] Da sich aus der versagten Akteneinsicht ein verfassungsunmittelbares Verwertungsverbot ergibt, das allerdings nur temporär gilt, weil es durch die Gewährung der gebotenen Akteneinsicht beseitigt werden kann, lässt sich nach dieser Auffassung die Aufhebung des Haftbefehls durch die nachholende Gewährung von Akteinsicht im (auch weiteren[143]) Haftbeschwerdeverfahren vermeiden.[144] Ob im Beschwerdeverfahren für die nachholende Gewährung von Akteneinsicht wegen der Fortgeltung des § 147 Abs. 5 StPO nach wie vor ausschließlich die Staatsanwaltschaft zuständig ist[145] oder ob – wozu die Rechtsprechung der Beschwerdegerichte neigt[146] – auch das Beschwerdegericht die Akteneinsicht im Beschwerdeverfahren gewähren kann, ist unter den Vertretern dieses Standpunkts im Streit.

---

138) BVerfG, NJW 2004, 2443, 2444; BVerfG, 2006, 1048, 1049.
139) BVerfG, NJW 1994, 2319, 3220; OLG Hamm, NStZ 2003, 386, 387 f.; LG Magdeburg, StV 2004, 327, 328.
140) Meyer-Goßner/Schmitt, § 147 Rdnr. 27 unter Verweis auf BT-Drucks. 16/11644, S. 34: *„Bei der Entscheidung über die Haftfortdauer darf das Gericht nicht solche Teile der Akte zugrunde legen, die dem Verteidiger zuvor vorenthalten worden sind."*
141) OLG Hamm, wistra 2008, 195, 197; Meyer-Goßner/Schmitt, § 147 Rdnr. 27.
142) KG, StV 1994, 319, 320 m. Anm. Schlothauer; OLG Hamm, NStZ 2003, 386, 387 f.; AG Halberstadt, StV 2004, 549; AG Magdeburg, StV 2016, 448; AG Magdeburg, StraFo 2014, 73 f.; Beulke/Witzigmann, NStZ 2011, 254, 259 – Ganz vereinzelt wurde selbst nach der Neuregelung des § 147 Abs. 2 StPO ein ohne Einsichtsgewährung zustande gekommener Haftbefehl nicht aufgehoben, sondern es als ausreichend angesehen, wenn der Verteidiger nur mündlich im Haftprüfungstermin über die dem Haftbefehl zugrundeliegenden Umstände informiert wurde, vgl. AG Frankfurt (Oder), Beschl. v. 24.03.2014 – 45 Gs 48/14, Rdnr. 12 ff., 16 ff. (juris) = BeckRS 2014, 8183 = StRR 2014, 402 (Ls.).
143) Burhoff, Ermittlungsverfahren, Rdnr. 2354.
144) Klarstellend Park, StV 2009, 276, 278.
145) So Park, StV 2009, 276, 284; Börner, NStZ 2007, 680, 682; Bedenken auch bei Bosch, StV 1999, 333, 336 f.
146) LG Ravensburg, NStZ-RR 2007, 114, 115; andeutungsweise BVerfG, StV 2004, 411, 412, mit der Begründung, § 147 StPO treffe keine Regelung für das Beschwerdeverfahren; zust. das wohl herrschende Schrifttum; vgl. Rau, StraFo 2008, 9, 11; Welp, FS Peters, 1984, S. 305, 324; Marberth-Kubicki, StraFo 2003, 366, 371; Esser/Kühne, StV 2002, 383, 391.

Dagegen hat der Ermittlungsrichter des BGH in einer jüngst ergangenen Entscheidung – die allerdings den Sonderfall eines im Erlasszeitpunkt noch auf freiem Fuß befindlichen Beschuldigten betraf – die **Information des Angeklagten nach erfolgter Festnahme** nach §§ 114a ff. StPO für **ausreichend** gehalten.[147] Weder sei der Haftbefehl bereits wegen der vor Haftbefehlserlass verweigerten Akteneinsicht aufzuheben noch bestehe Anlass, die Beschwerdeentscheidung zurückzustellen, bis eine Akteneinsicht ohne die Gefährdung des Untersuchungszwecks möglich ist.[148]

Aber dass, wie sich aus dieser Entscheidung ergibt, die Akteneinsicht bis zur Ergreifung des Beschuldigten aufgeschoben und dennoch schon zuvor über die Beschwerde entschieden werden darf, liegt schon deshalb neben der Sache, weil aus Art. 103 Abs. 1 GG nicht nur ein – in der Tat nachholbares (§§ 114a ff. StPO) Informationsinteresse des Beschuldigten folgt, sondern dem Schutzbereich dieses Verfahrensgrundrechts auch das Interesse des Beschuldigten unterfällt, vor Gewährung der Akteneinsicht keine negative Beschwerdeentscheidung zu erhalten.[149] Dass ein Bürger sich erst festnehmen lassen muss, um Akteneinsicht oder – was nach der Entscheidung des BGH näher liegt – Informationen in sonst geeigneter Weise zu erhalten, ist inakzeptabel, vergegenwärtigt man sich, dass die Akteneinsicht ein Mittel auch und gerade zur Bekämpfung einer angeordneten Freiheitsentziehung ist.[150] Etwas rechtsstaatlich Groteskeres als eine Obliegenheit des Beschuldigten, *„sich erst einmal verhaften zu lassen, um dann Einsicht in die Akten zu nehmen und sodann gegen den Haftbefehl vorgehen zu können"*,[151] kann man sich kaum vorstellen. Insoweit lässt sich der Standpunkt des BGH auch nicht unter Verweis auf das „Allgemeininteresse an einer effektiven Strafrechtspflege" retten. Denn solche abstrakten Allgemeininteressen sind in Art. 103 Abs. 1 GG bereits gleichsam „eingepreist", und da ein auf freiem Fuß befindlicher Beschuldigte schon durch die bloße Existenz des Haftbefehls beschwert ist, erfordert die Effektivität eines dagegen gerichteten Rechtsmittels die Wahrung rechtlichen Gehörs, kurz: die Gewährung von Akteneinsicht oder die in geeigneter Weise erfolgende Zugänglichmachung der für die Beurteilung der Rechtmäßigkeit der Freiheitsentziehung wesentlichen Informationen.[152] Schließlich ist die vom Ermittlungsrichter des BGH gebilligte Einsichtsgewährung erst nach erfolgter Festnahme und Beschwerdeentscheidung auch mit dem gesetzgeberischen Willen, wonach auf Tatsachen, die dem Beschuldigten infolge einer Verweigerung der Akteneinsicht unbekannt sind, keine Haftfortdauerentscheidung gestützt werden darf,[153] nicht zu vereinbaren.[154] Dem entspricht es auf verfassungsrechtlicher Ebene, dass das BVerfG jüngst – unter eingehender Auseinandersetzung mit der

2.43

---

147) BGH, NStZ 2019, 478, 480 Rdnr. 40.

148) BGH, NStZ 2019, 478, 479 Rdnr. 37.

149) Mitsch, NJW 2019, 2108.

150) Mitsch, NJW 2019, 2108.

151) Treffend Wohlers, StV 2009, 539; vgl. ferner OLG Köln, StV 1998, 269, 270.

152) Börner, NStZ 2019, 480, 481, mit dem zutr. Hinweis, dass BVerfG, NStZ-RR 1998, 108 f., worauf sich der Ermittlungsrichter des BGH bezogen hatte, durch die Gesetzesänderungen und die nachfolgende Rechtsprechungsentwicklung überholt ist.

153) So expressis verbis BT-Drucks. 16/11644, S. 34.

154) Burhoff, Ermittlungsverfahren, Rdnr. 2354.

Rechtsprechung des EGMR zu Art. 5 Abs. 4 EMRK – dafürgehalten hat, Art. 103 Abs. 1 GG gewährleiste, dass eine dem Betroffenen nachteilige Gerichtsentscheidung jedenfalls in der Beschwerdeinstanz – ggf. nach Wiedereinsetzung in den vorigen Stand gem. § 33a StPO – nur auf der Grundlage solcher Tatsachen und Beweismittel getroffen werden könne, über die dieser zuvor sachgemäß unterrichtet wurde und zu denen er sich äußern konnte.[155] Mit dieser Entscheidung, die auf der Linie eines Vorläuferjudikats aus dem Jahr 2007 liegt,[156] ist dem schutzbereichsverkürzenden Gehörsverständnis des BGH-Ermittlungsrichters der Boden entzogen.

2.44 Ob der Verteidiger das haftprivilegierte Akteneinsichtsrecht nach § 147 Abs. 2 Satz 2 auch dann in Anspruch nehmen kann, wenn der **Haftbefehl (noch) nicht vollzogen** wird, ist hochumstritten. Für die Praxis dürfte die Lage durch die o.g. Entscheidung des BGH-Ermittlungsrichters[157] nunmehr – vorläufig – geklärt sein, auch wenn der BGH die Grundfrage nach der Anwendbarkeit des § 147 Abs. 2 Satz 2 StPO nicht näher thematisiert hat. Die Begründung des BGH, ein (noch) nicht vollstreckter Haftbefehl greife in weitaus geringerer Intensität als der laufende Vollzug in Freiheitsgrundrechte des Beschuldigten ein, wohingegen ein erhöhtes Interesse der Verfolgungsbehörden bestehe, weiterhin Ermittlungsergebnisse von den Beschuldigten abzuschirmen, überzeugt nicht. Sie stößt auf dieselben Bedenken wie die oben kritisierte Durchführung eines in-camera-Verfahrens vor dem Beschwerdegericht;[158] denn bereits das Bestehen eines „offenen", d.h. nicht vollzogenen Haftbefehls stellt einen Eingriff dar,[159] was die Rechtsprechung zur kleinen Münze degradiert, indem sie diesen Umstand durch Gegenüberstellung von Verfolgungsinteressen hinwegabzuwägen können glaubt und dabei die Entwicklung der Rechtsprechung des BVerfG zu Art. 103 Abs. 1 GG außer Acht lässt. Auch insoweit gilt, dass es sub specie Art. 2 Abs. 2 Satz 2, 104 i.V.m. Art. 103 Abs. 1 GG inakzeptabel wäre, *„müsste sich der Beschuldigte erst verhaften lassen, um sodann darüber in Kenntnis gesetzt zu werden, was ihm aufgrund welcher Tatsachen und Beweismittel vorgeworfen wird"*.[160] Denn soll das Akteneinsichtsrechts den Beschuldigten bzw. seinen Verteidiger qua Aktenkenntnis in die Lage versetzen, sich – zumal gegen einen mit vorläufiger Freiheitsentziehung verbundenen – Vorwurf zu wehren, kann das dafür erforderliche Hilfsmittel der Aktenkenntnis nicht davon abhängig gemacht werden, dass sich der Beschuldigte der vorläufigen Freiheitsentziehung unterstellt. Wegen dieser freiheitssichernden Hilfsfunktion des verfahresgrundrechtlich (Art. 103 Abs. 1 GG) abgesicherten Akteneinsichtsrechts verbietet sich auch eine in der Literatur vorgeschla-

---

155) BVerGE, NJW 2019, 41, 42 Rdnr. 38.
156) BVerfG, NStZ 2007, 274 f. Rdnr. 3 ff.
157) BGH, NStZ 2019, 478, 479 f. Rdnr. 33 ff.; gegen die Anwendbarkeit des § 147 Abs. 2 Satz 2 StPO schon KG, StV 2012, 358, 359 f. m. abl. Anm. Börner; OLG München, BeckRS 2019, 531 Rdnr. 13.
158) Börner, StV 2012, 361.
159) Zutr. betont von MüKo-StPO/Thomas/Kämpfer, § 147 Rdnr. 28.
160) Zutr. OLG Köln, StV 1998, 269, 270; LG Aschaffenburg, StV 1997, 644, 646.

gene Differenzierung nach Haftgründen.[161] Richtigerweise besteht deshalb das nach § 147 Abs. 2 Satz 2 StPO privilegierte Recht zur Akteneinsicht schon dann, wenn ein Haftbefehl gegen den Beschuldigten besteht, unabhängig davon, ob dieser vollzogen wird.[162]

Hinweis

Wenn die Staatsanwaltschaft dem Verteidiger trotz eines in U-Haft befindlichen Mandanten keine oder keine ausreichende Akteneinsicht gewährt, so sollte der Versuchung widerstanden werden, mit einer ohne Aktenkenntnis abgegebenen Einlassung die U-Haft abzuwenden oder den weiteren Vollzug zu beenden. Auch und gerade bei einem in U-Haft befindlichen Mandanten kann eine lege artis erfolgende Beratung nur dahin gehen, vor der Gewährung von Akteneinsicht keine Angaben zu machen. „Eine Einlassung im Haftverfahren ohne vorherige Akteneinsicht wird als schwerer Kunstfehler der Verteidigung gewertet",[163] denn noch mehr als sonst im Ermittlungsverfahren wird während der Haft die entscheidende Weiche für das weitere Verfahren gestellt.[164]

Die vorstehend aufgezeigten Grundsätze über die Akteneinsicht im Zusammenhang mit U-Haft gelten wegen Art. 103 Abs. 1 nach h.M. **für richterliche Entscheidungen über andere grundrechtsrelevante Ermittlungsmaßnahmen entsprechend.**[165] Für die Anordnung eines Vermögensarrests hat das BVerfG anerkannt, dass wegen der Unvereinbarkeit eines in-camera-Verfahrens mit Art. 103 Abs. 1 GG *„eine dem Betroffenen nachteilige Gerichtsentscheidung jedenfalls in der Beschwerdeinstanz nur auf der Grundlage solcher Tatsachen und Beweismittel getroffen werden kann, über die dieser zuvor sachgemäß unterrichtet wurde und zu denen er sich äußern konnte. (...) Auf Haftfälle ist die Anwendung des Art. 103 I GG (...) nicht beschränkt".*[166] Zumindest im Beschwerdeverfahren dürfe *„der intensive Eigentumseingriff der Arrestanordnung nicht mehr auf einen Informationsvorsprung der Ermittlungsbehörden gestützt werden".*[167]

2.45

---

161) So aber BeckOK, StPO/Wessing, § 147 Rdnr. 7; Beulke/Witzigmann, NStZ 2011, 254, 258, die bei Fluchtgefahr ein Einsichtsrecht annehmen, bei Verdunkelungsgefahr aber von einem überwiegenden Geheimhaltungsinteresse bis zur Haftbefehlsvollstreckung ausgehen.

162) So auch OLG Köln, StV 1998, 269, 270; LG Aschaffenburg, StV 1997, 644, 646; MüKo-StPO/Thomas/Kämpfer, § 147 Rdnr. 28; SK-StPO/Wohlers, § 147 Rdnr. 66; Herrmann, StraFo 2012, 17, 18 f.

163) Vgl. Taschke, StV 1993, 297, der zu Recht darauf hinweist, eine lege artis vorgenommene Beratung könne nur dahingehen, vor der Gewährung von Akteneinsicht keine Angaben zu machen; differenzierend Breyer/Endler, AnwaltFormulare Strafrecht, Rdnr. 8, wonach in Ausnahmefällen zur Abwehr einer Inhaftierung eine Einlassung ohne Aktenkenntnis denkbar sei.

164) Zutr. Bosch, StV 1999, 333, 335.

165) MüKo-StPO/Thomas/Kämpfer, § 147 Rdnr. 29; SK-StPO/Wohlers, § 147 Rdnr. 66a; Meyer-Goßner/Schmitt, § 147 Rdnr. 28; Börner, NStZ 2007, 680, 681; ders., NStZ 2010, 417, 418; Park, StV 2009, 276; Beulke/Witzigmann, NStZ 2011, 254, 260; Walischewski, StV 2001, 243, 246.

166) BVerfG, NJW 2004, 2443, 2444.

167) BVerfG, NJW 2006, 1048, 1049.

Dehne-Niemann

2.46 Dass im Beschwerdeverfahren ein auf (teilweiser) Aktenunkenntnis beruhender Informationsvorsprung der Ermittlungsbehörden nicht anzuerkennen ist, hat das BVerfG dementsprechend mittlerweile auch für Beschwerden gegen eine beendete Durchsuchung,[168] gegen eine Beschlagnahme[169] und gegen eine Telefonüberwachung entschieden.[170] Danach gilt auch insoweit, dass der Verteidiger spätestens zur Beschwerdebegründung – als nachträgliche Wahrnehmung rechtlichen Gehörs (§ 33 Abs. 4 StPO) – Akteneinsicht erhalten muss, andernfalls der gegen die Ermittlungsmaßnahme gerichteten Beschwerde unter Aufhebung des anordnenden Beschlusses stattzugeben ist.[171] Die Ansicht des BVerfG, mit der Beschwerdeentscheidung könne zugewartet werden ist, bis Akteneinsicht ohne Gefährdung des Untersuchungszwecks gewährt werden kann,[172] verdient jedoch nur für erledigte Grundrechtseingriffe Zustimmung,[173] läuft dagegen bei noch andauernden oder Folgeerscheinungen aufweisenden grundrechtsrelevanten Ermittlungsmaßnahmen auf die Billigung instanzengerichtlicher Rechtsschutzverweigerung hinaus.[174]

> **Praxistipp**
>
> Der Verteidiger sollte bereits in seiner Beschwerdeschrift darauf hinweisen, dass auch die Staatsanwaltschaft – und nicht nur das die Ermittlungsmaßnahme anordnende Gericht und das Beschwerdegericht – Adressaten der vorstehend aufgezeigten Grundsätze sind, weshalb die Staatsanwaltschaft zur Unterlassung der Ermittlungsmaßnahmen verpflichtet war, wenn sie nicht vorhatte, darüber Akteneinsicht zu gewähren.[175] Ein solcher Hinweis führt mitunter dazu, dass der Verteidiger im Beschwerdeverfahren Akteneinsicht erhält.

2.1.6 Form/Art und Weise der Akteneinsicht

2.47 Nach der **Vorstellung des historischen Gesetzgebers** hatte der Verteidiger das an ihn delegierte Akteneinsichtsrecht des Beschuldigten vor Ort bei der aktenführenden Stelle wahrzunehmen. Nur auf Antrag sollen dem Verteidiger die Akten nach § 147 Abs. 4 StPO – mit Ausnahme der Beweisstücke – zur Einsichtnahme mitge-

---

168) BVerfG, NStZ 2007, 274 f. Rdnr. 4 ff., 10 f.; OLG Naumburg, NStZ-RR 2011, 250 (Ls.): Aufschub der Beschwerdeentscheidung.

169) BVerfGE, 18, 399, 404.

170) BVerfG, NStZ-RR 2008, 16, 17 f.

171) MüKo-StPO/Thomas/Kämpfer, § 147 Rdnr. 29 m.w.N.

172) BVerfG, NStZ 2007, 274, 275; BVerfG, NStZ-RR 2008, 16, 17; BVerfG, NStZ-RR 2013, 379, 380; so auch OLG Naumburg, NStZ-RR 2011, 250 (Ls.); abl. Rau, StraFo 2008, 9, 14.

173) SK-StPO/Wohlers, § 147 Rdnr. 66a; MüKo-StPO/Thomas/Kämpfer, § 147 Rdnr. 29.

174) Zutr. SK-StPO/Wohlers, § 147 Rdnr. 66a; ferner MüKo-StPO/Thomas/Kämpfer, § 147 Rdnr. 29; Paeffgen, GA 2009, 450, 461 f.; Börner, NStZ 2007, 680, 682 ff.; ders., NStZ 2010, 417, 423 f.

175) BVerfG, NStZ 2007, 274, 275; BVerfG, NJW 2006, 1048, 1049; MüKo-StPO/Thomas/Kämpfer, § 147 Rdnr. 29; Borggräfe/Schütt, StraFo 2006, 133, 135; Börner, NStZ 2007, 680, 681.

geben werden. Die **Alltagspraxis** war und ist eine andere: In aller Regel muss sich der Verteidiger nicht persönlich zur Geschäftsstelle der Staatsanwaltschaft bemühen. Ortsansässige Kanzleien erhalten regelmäßig die Mitteilung, wo die Akten abgeholt werden können oder dass die Akten über das entsprechende Gerichtsfach – sofern vorhanden – zugeleitet werden. Auswärtigen Verteidigern werden die Akten meistens postalisch übersandt.

Nach **bisherigem Rechtszustand** gestattete es § 147 Abs. 4 StPO a.F., dem Verteidiger die Akten zu Einsichtnahmezwecken mitzugeben. Ob und ggf. unter welchen Voraussetzungen ein Verteidiger – jenseits der aufgezeigten Praxis – aus dieser Soll-Vorschrift einen Rechtsanspruch auf Überlassung oder Übersendung der Akten hatte, war zum alten Recht im Streit; durch die Neufassung des § 147 StPO dürfte sich an den Grundpositionen nichts geändert haben. Während die Rechtsprechung einen Anspruch des Verteidigers auf Akteneinsicht in der Kanzlei[176] und folglich auch einen Anspruch auf Überlassung oder Übersendung der Akten verneinte,[177] ging das Schrifttum wohl mehrheitlich davon aus, dass ein (insbesondere, aber nicht nur: auswärtiger) Verteidiger – sofern keine wichtigen Gründe entgegenstehen – einen Rechtsanspruch auf Überlassung und Übersendung der Akten hat.[178] Das BVerfG hat die Frage zuletzt noch offengelassen, aber jedenfalls einen Anspruch des Verteidigers auf willkürfreie Entscheidung über seinen Antrag auf Gewährung von Akteneinsicht und über deren Durchführung bejaht.[179] Danach stellte sich ein Verweisen des Verteidigers auf die Einsichtnahme in der Geschäftsstelle bei Nichtvorlage einer Verteidigervollmacht als willkürlich und damit als einen Verstoß gegen Art. 3 Abs. 1 GG dar, weil Beschränkungen der Art und Weise der Akteneinsicht nicht geeignet sind, Zweifel an der Bevollmächtigung auszuräumen oder Vollmachtsmängel zu beheben.[180]

2.48

§ 147 Abs. 4 StPO a.F., wonach dem Verteidiger die Akten zu Einsichtnahmezwecken mitzugeben werden soll, ist durch das Gesetz zur Einführung der elektronischen Akte in der Justiz und zur weiteren Förderung des elektronischen Rechtsverkehrs vom 05.07.2018[181] durch die **allgemeinere Regelung des § 32f StPO** ersetzt worden. Künftig stellt den – **gesetzlichen, nicht faktischen** – **Regelfall** der Akteneinsicht nach § 32f Abs. 1 Satz 1 StPO das Bereitstellen des Inhalts der elektronischen Akte zum Abruf über eine Internetverbindung dar. Damit kann der Verteidiger die Daten als Datenpakete im PDF-Format herunterladen.

2.49

176) BGH bei Pfeiffer/Miebach, NStZ 1985, 13; BGH, NStZ 2000, 46; BeckRS 2007, 14987.

177) KG, NZV 2002, 334, 335; OLG Stuttgart, NJW 1979, 559, 560 m. Anm. Pelchen, JR 1979, 172; OLG Frankfurt, NStZ 1981, 191; vgl. ferner MüKo-StPO/Thomas/Kämpfer, § 147 Rdnr. 33 m.w.N.

178) LR/Lüderssen/Jahn, § 147 Rdnr. 141; SK-StPO/Wohlers, 147 Rdnr. 70 f.; Rieß, FS Peters, 1984, S. 113, 127; Groh, DRiZ 1985, 52, 53; Beulke/Witzigmann, StV 2013, 75, 76.

179) BVerfG, NJW 2012, 141, 142 Rdnr. 32.

180) BVerfG, NJW 2012, 141, 142 f. Rdnr. 33 f.

181) BGBl I 2017, 2208; dazu Gerson, StraFo 2017, 402; Kassebohm, StraFo 2017, 393; Kesper/Ory, NJW 2017, 2709; Hamm, FS Schlothauer, 2019, S. 105, 115 f.; Beukelmann. NJW-Spezial 2019, 442.

2.50   Hat der Antragsteller daran ein berechtigtes Interesse, so kann die Akteneinsicht die elektronischen Akten alternativ in den Diensträumen gewährt (§ 32f Abs. 1 Satz 2 StPO) oder auf Antrag ein Aktenausdruck bzw. ein Datenträger mit dem Akteninhalt übermittelt werden (§ 32f Abs. 1 Satz 3 StPO). Diese alternativen Formen der Einsichtsgewährung können nach § 32f Abs. 1 Satz 4 StPO aber auch ohne Antrag von Amts wegen gewählt werden, wenn dem Bereitstellen des Akteninhalts zum Abruf und Herunterladen wichtige Gründe entgegenstehen. Ein solcher wichtiger Grund kann nach der gesetzgeberischen Vorstellung in der Größe des Datenvolumens der bereitzustellenden Daten liegen.[182] Demnach dürfte vornehmlich in umfangreichen Wirtschafts- und OK-Strafverfahren mit elektronischen Akten von mehreren Gigabyte Größe die Akteneinsichtsgewährung durch Übermittlung von Datenträgern weiterhin den Standardfall bilden.[183]

2.51   Sind die Akten – was nach wie vor den Regelfall bildet – in **Papierform vorhanden**, so wird Akteneinsicht durch Einsichtnahme in Diensträumen (§ 32f Abs. 2 Satz 1 StPO) oder, soweit keine wichtigen Gründe entgegenstehen, durch Bereitstellen einer elektronischen Fassung der Akten bzw. einer Aktenkopie zur Mitnahme gewährt (§ 32f Abs. 2 Satz 2 StPO). Wie nach bisherigem Recht können schließlich die Akten dem Verteidiger auf besonderen Antrag wie nach bisherigem Recht zur Einsichtnahme mitgegeben werden, soweit nicht wichtige Gründe entgegenstehen (§ 32f Abs. 2 Satz 3 StPO). Nach der Vorstellung des Gesetzgebers ist das mitgabehindernde Kriterium der „**wichtigen Gründe**" in § 32f Abs. 2 Satz 3 StPO weiter auszulegen ist als im bisherigen Rechtszustand, weil dem Interesse an effektiver Akteneinsicht im Grundsatz durch Übermittlung von Kopien der Akten genügt werde.[184] Mit Blick auf ein durchaus berechtigtes Interesse des Verteidigers an der Einsicht spezifisch in die Originalakten ist daran Kritik geübt worden. Da die Einsichtnahme in Diensträumen vielfach nicht zumutbar und in Umfangsverfahren bei praktisch nicht umsetzbar sei, seien „wichtige Gründe" wie nach altem Recht nur unter der Voraussetzung zu bejahen, dass sie das Interesse an sachgerechter Verteidigung durch effektive Akteneinsicht ausnahmsweise überwiegen müssten.[185] Auch wenn man das akzeptiert, wird man kaum annehmen können, dass der Gesetzgeber einen Anspruch auf Mitgabe und beim auswärtigen Verteidiger einen Anspruch auf Übersendung der Akten in seine Kanzlei anerkennen wollte.[186] Weder ist den Gesetzesmaterialien darüber etwas zu entnehmen noch lässt sich durch die Gesetzesänderung dem Gesamtgefüge der Vorschriften über die Akteneinsicht systematisch etwas dafür entnehmen, dass nunmehr eine gebundene Mitgabe- und Übersendungsverpflichtung der Staatsanwaltschaft bestünde. Diese Streitfrage wird sich – wie die Versendungsproblematik insgesamt – nach vollständiger Umstellung auf die elektronische Aktenführung erledigt haben.[187]

---

182) BT-Drucks. 18/12203, S. 73.
183) Kassebohm, StraFo 2017, 393, 400.
184) BT-Drucks. 18/9416, S. 57.
185) So zum neuen Recht BeckOK, StPO/Wessing, § 147 Rdnr. 26; zum alten Rechtszustand LR/Lüderssen/Jahn, § 147 Rdnr. 145 m.w.N.; MüKo-StPO/Thomas/Kämpfer, § 147 Rdnr. 35.
186) So aber BeckOK, StPO/Wessing, § 147 Rdnr. 26.
187) BeckOK, StPO/Wessing, § 147 Rdnr. 26; Kassebohm, StraFo 2017, 393, 400.

Befindet sich der verteidigte Beschuldigte in Straf- oder U-Haft und lässt wegen   2.52
großen Umfangs die Aktendurchsicht anlässlich von Verteidigerbesuchen in der
JVA nicht umsetzen, so muss dem verteidigten Beschuldigten ungeachtet des
damit verbundenen logistischen Aufwands ein **taugliches Lesegerät** – etwa ein
Laptop ohne WLAN, ohne Bluetooth und mit versiegelten Anschlüssen – mit dem
Aktenbestand zur Verfügung gestellt werden.[188] Da damit dem verteidigten
Beschuldigten faktisch ein im Widerspruch zu § 147 Abs. 4 StPO stehendes eigenes Akteneinsichtsrecht verschafft wird, muss dieses Vorgehen auf Ausnahme-
situationen in Umfangsverfahren beschränkt bleiben.[189] Voraussetzung dafür
dürfte sein, dass dem Verteidiger die Ermittlungsakten nur digitalisiert zur Verfügung gestellt wurden und diese einen außergewöhnlichen Umfang aufweisen,
weshalb das Lesen und Erfassen des Akteninhalts eine erhebliche Zeitspanne
unter Zuhilfenahme eines geeigneten Lesegeräts voraussetzt.[190] Für die Entscheidung über die Zulässigkeit der Einbringung und Benutzung eines Laptops im
Haftraum eines Untersuchungsgefangenen zur Vorbereitung der Verteidigung
entscheidet im Streitfall zwischen Anstalt und Gefangenem der für einen Antrag
auf gerichtliche Entscheidung gem. § 119a Abs. 1 Satz 2 StPO zuständige Haftrichter.[191]

Praxistipp

Gegenüber dem stereotyp von Staatsanwaltschaften und JVAen gegen die
Überlassung eines Laptops vorgebrachten Argument, damit würde dem beschuldigten Untersuchungsgefangenen ein eigenes Akteneinsichtsrecht zuerkannt, sollte der Verteidiger darauf hinweisen, dass der Verteidiger regelmäßig
berechtigt ist, dem Beschuldigten die Akten bzw. Kopien daraus zu überlassen[192] und dass die Digitalisierung der Akte daran nichts ändert.

Auch kann der Beschuldigte – dies ist ebenfalls eine beliebte Strategie der
JVAen – nicht auf die Nutzung eines im Besuchsbereich der JVA aufgestellten
festen Computers – als „milderes Mittel" – verwiesen werden, weil es dem Sinn
des Akteneinsichtsrechts nicht entspricht, wesentliche Aktenteile eines laufenden Strafverfahrens auf einen anstaltsöffentlichen Computer aufzuspielen oder
auch nur beim Lesen von einem externen Speichermedium im Zwischenspei-
cher des Rechners abzulegen.[193] Ohnehin kann bei knappen Kapazitäten und
hohem Bedarf der Zweck des Aktenstudiums – die Vorbereitung der eigenen
Verteidigung in der Hauptverhandlung unter Nutzung des eigenen Laptops – regelmäßig nicht erreicht werden, weil ein solcher Computer dann nur selten zur
Verfügung stehen wird.

---

188) BeckOK StPO/Wessing, § 147 Rdnr. 2.
189) LG Frankfurt a.M., Beschl. v. 17.11.2017 – 5/24 KLs 7920 Js 208925/16 (10/17), BeckRS
      2017, 143949 Rdnr. 5.
190) OLG Koblenz, StV 1995, 86, 87; OLG Hamm, NStZ 1997, 566, 567 m. Anm. Böttger;
      LG Frankfurt a.M., StV 2015, 307, 308.
191) OLG Rostock, StV 2016, 168, 169 m. Anm. König.
192) Zutr. Hinweis bei LG Frankfurt a.M., StV 2015, 307, 308.
193) OLG Rostock, StV 2016, 168, 170; zust. Beukelmann, NJW-Spezial 2015, 760.

2.53 Für **die Kosten des Lesegeräts** – regelmäßig eines Laptops – wird der Beschuldigte selbst aufkommen, die Beschaffung und die erforderlich werdende Präparation aber der Ermittlungsbehörde (Staatsanwaltschaft) überlassen müssen. Diese Präparation erfolgt regelmäßig durch Versiegelung der Schnittstellen und des Gehäuses sowie durch Beseitigung etwa vorhabender Disketten- bzw. CD- oder DVD-Laufwerke.[194]

2.54 Bei unter **Geheimschutz** stehenden Akten (**Verschlusssachen, VS**) kann das Gericht das im Grundsatz bestehende Recht des Verteidigers, Ablichtungen oder Auszüge zu fertigen,[195] beschränken oder ausschließen.[196] Dadurch darf aber *„das Recht des Beschuldigten, über die sachliche Grundlage des gegen ihn erhobenen Vorwurfs so unterrichtet zu werden, dass ihm die sachgerechte Verteidigung ermöglicht wird, (...) nicht beeinträchtigt werden“*.[197] Ist danach eine sachgerechte Vorbereitung der Verteidigung nicht gewährleistet, wenn der Verteidiger nicht die Möglichkeit hat, sich jederzeit den Inhalt und ggf. auch den Wortlaut bestimmter Schriftstücke vor Augen zu halten, so ist eine Ablichtungsbeschränkung unter Bezugnahme auf den Geheimschutz unzulässig. Ebenso darf dem Verteidiger nicht untersagt werden, den Inhalt dieser Schriftstücke mit dem Beschuldigten sowie mit Sachverständigen und Mitverteidigern zu erörtern.[198] Geheimschutzbelangen wird dadurch ausreichend Rechnung getragen, dass der Verteidiger zur Geheimhaltung unter Hinweis auf die Strafbarkeit nach § 353b Abs. 2 Nr. 2 StGB förmlich verpflichtet wird.[199]

2.55 Staatsanwaltschaftliche Entscheidungen über die **Art und Weise der Einsichtsgewährung** waren bereits nach bisherigem Rechtszustand gem. § 147 Abs. 4 Satz 2 StPO a.F. **nicht anfechtbar**. Diesen Anfechtungsausschluss hat das Gesetz zur Einführung der elektronischen Akte in der Justiz und zur weiteren Förderung des elektronischen Rechtsverkehrs vom 05.07.2017[200] mit Wirkung zum 01.01.2018 in die neue Vorschrift des § 32f Abs. 3 StPO überführt. Nach h.M. zu § 147 Abs. 4 Satz 2 StPO a.F. galt der **Anfechtungsausschluss** auch für Beschwerden der Staatsanwaltschaft.[201] Gleiches gilt jetzt für § 32f Abs. 3 StPO.[202] Andernfalls hätte der Gesetzgeber den Anfechtungsausschluss vor dem Hinter-

---

194) Vgl. näher zu den durchzuführenden Maßnahmen den Tenor von LG Frankfurt a.M., Beschl. v. 23.10.2014 – 5/28 Qs 49/14-7310 Js, BeckRS 2014, 20452 (in StV 2015, 307 nicht abgedruckt); OLG Rostock, StV 2016, 168, 170.
195) BGHSt. 8, 194, 197; BGHSt 18, 369, 371; BayObLGSt 53, 28.
196) BGHSt 18, 369, 371; BGHSt 27, 244, 245.
197) BGHSt 18, 369, 372.
198) BGHSt 18, 369, 373.
199) KK/Willnow, § 147 Rdnr. 13; Möhrenschlager, JZ 1980, 161, 165 mit Fn. 34.
200) BGBl I 2017, 2208.
201) OLG Zweibrücken, BeckRS 2017, 100784 Rdnr. 3 m. zust. Anm. Wölky, StV 2017, 438; OLG Frankfurt, StV 2016, 148; eingehend OLG Hamburg, NStZ-RR 2016, 282; OLG Celle (1. Strafsenat), BeckRS 2016, 16816 Rdnr. 8 ff.; BeckOK, StPO/Wessing, § 147 Rdnr. 37; **a.A.** OLG Celle (2. Strafsenat), NStZ-RR 2017, 48, 49.
202) OLG Hamburg, BeckRS 2018, 289 Rdnr. 8 ff.; OLG Saarbrücken, NStZ 2019, 362, 363; BeckOK, StPO/Valerius, § 32f Rdnr. 16.

grund der ihm bekannten Rechtsprechung dahingehend konkretisiert, dass dieser nur für den Verteidiger bzw. den Beschuldigten gilt.[203)]

Gegen eine Entscheidung, mit der das Gericht einen die Art und Weise der Akteneinsicht betreffenden Antrag auf gerichtliche Entscheidung nach § 32f Abs. 3 StPO als unzulässig verworfen hat, ist auch **keine Beschwerdemöglichkeit** gegeben. Selbst die – ohnehin nur nicht gerichtliche Beschlüsse gegen staatsanwaltschaftliche Entscheidungen betreffende – Ausnahmeregelung betrifft nur das Akteneinsichtsrecht dem Grunde nach (also das „Ob" der Einsichtsgewährung), nicht die konkrete Form der Einsichtnahme (die Art und Weise).[204)] Dies muss erst recht für die gerichtliche Entscheidungen gegen staatsanwaltschaftliche Entscheidungen betreffend die Art und Weise der Einsichtsgewährung gelten; insofern ergibt sich der Beschwerdeausschluss unmittelbar aus § 32f Abs. 3 StPO.[205)]

2.56

2.1.7   Besichtigung amtlich verwahrter Beweisstücke

Von den Akten unterscheidet § 147 StPO die Beweisstücke. Das in § 147 Abs. 4 StPO a.F. vorgesehene **Mitgabeverbot für Beweisstücke** enthält die Neuregelung – auch in § 32f StPO – nicht mehr, ohne dass sich dadurch sachlich etwas geändert hätte. Beweisstücke müssen ohnehin in amtlichem Gewahrsam verbleiben.[206)] Daher hat der Verteidiger im Grundsatz lediglich einen **Anspruch auf Einsichtnahme bzw. Besichtigung am Gewahrsamsort**.[207)] Nur wenn dies zu Informationszwecken nicht ausreichend ist, wird ihm er ein Anspruch auf Herstellung einer amtlich gefertigten Kopie zugebilligt.[208)] Ein unverteidigter Beschuldigter hat aus § 147 Abs. 4 Satz 1 StPO n.F. ein eigenes Besichtigungsrecht. Wie die Entscheidung über die Gewährung von Akteneinsicht und deren Modalitäten liegt auch die Entscheidung über die Beweismittelbesichtigung und deren Art und Weise im Ermittlungsverfahren in der Zuständigkeit der Staatsanwaltschaft. Gegen die Entscheidung über die Mitgabe hat die Staatsanwalt nach § 32f Abs. 3 StPO kein Beschwerderecht,[209)] und ebensowenig die Verteidigung gegen eine Verweigerung der Mitgabe oder der Zusendung,[210)] die aber gem. § 34 zweite Variante StPO trotzdem einer Begründung bedarf.

2.57

---

203) So zutr. OLG Hamburg, NStZ-RR 2016, 282, 283, bereits zum alten Recht und unter Bezugnahme auf frühere Gesetzesänderungen; entspr. Hinweis nun auch bei BeckOK, StPO/Wessing, § 147 Rdnr. 37; andeutungsweise auch OLG Hamburg, BeckRS 2018, 289 Rdnr. 14.
204) BGHSt 27, 244, 245; BGH, NStZ-RR 2019, 255.
205) Offengelassen von BGH, NStZ-RR 2019, 255.
206) KK/Wilnow, § 147 Rdnr. 10.
207) BGH bei Pfeiffer, NStZ 1981, 93, 95; OLG Koblenz, NStZ 1995, 611; LR/Lüderssen/Jahn, § 147 Rdnr. 111, 114.
208) OLG Frankfurt, StV 2001, 611, 612 (zu Tonbändern).
209) OLG Stuttgart, NJW 2003, 767.
210) BGHSt 27, 244, 245 (zur Akteneinsicht); OLG Hamm, MDR 1993, 788.

Sind Beweismittel Bestandteile der Akte – etwa abgeheftete Originalbriefe o.Ä. –, so dürfen sie zwar vor Mitgabe bzw. Übersendung der Akte aus dieser entfernt werden, jedoch muss dem Verteidiger die Entnahme mitgeteilt werden. Nach Möglichkeit sind Kopien oder Fotografien des entnommenen Beweismittels der Akte hinzuzufügen[211] und als solche zu kennzeichnen.

2.58   Der **sachliche Grund** für die Beschränkung des Besichtigungsrechts besteht in der Gefahr des Verlusts eines Beweisstücks und damit dessen Beweiswerts.[212] An dieser Funktion müssen sich Einschränkungen der Verteidigung messen lassen; sie sind nur zulässig, wenn sie diesem Zweck genügen.[213] Unschwer zu vervielfältigende Schriftstücke und Datenträger darf der Verteidiger (ggf. auch der Beschuldigte) in Kopie mitnehmen.[214]

2.59   Bei der Einsichtnahme in die Beweismittel kann der Verteidiger den **Beschuldigten sowie** einen eigenen **Sachverständigen** und, soweit dies für die Verständigung erforderlich ist, einen Dolmetscher einbeziehen, und zwar selbst dann, wenn sich der Beschuldigte in Haft befindet.

> **Hinweis**
>
> Stehen bei der Besichtigung sachverständig zu klärende Fragen im Vordergrund, und ist die Anwesenheit des Verteidigers entbehrlich, so kann er die Besichtigung zulässigerweise[215] auch an einen von ihm beauftragten **Sachverständigen übertragen.** Wenn die Erstellung eines Sachverständigengutachtens am Besichtigungsort nicht möglich ist und der Sachverständige die Beweisstücke zur Gutachtenserstellung benötigt, so sind sie dem Sachverständigen ausnahmsweise auszuhändigen; dies gilt allerdings nur, wenn dadurch die Beweismittelsubstanz nicht gefährdet wird.[216] Bei Vorliegen der Voraussetzungen sollte der Verteidiger – schon um etwaige Reisekosten des Sachverständigen niedrig zu halten – darauf antragen, dass dem Sachverständigen die Beweismittel zur Gutachtenserstellung mitgegeben werden.

2.60   Findet die Besichtigung von Beweisstücken im Ermittlungsverfahren in den Räumlichkeiten der Staatsanwaltschaft statt, so müssen die dafür zur Verfügung stehenden **Räumlichkeiten** gewisse Anforderungen erfüllen und die Besichtigungsbedingungen auch im Übrigen zumutbar sein, denn die Verteidigung soll in nur möglichst geringem Maß dadurch beeinträchtigt werden, dass der Verteidiger die Besichtigung nicht in seinen Kanzleiräumlichkeiten durchführen kann. Daher muss die Ausstattung der Besichtigungsräume auf ein längeres Arbeiten eingerichtet sein und Zugang zu den Beweismitteln erforderlichenfalls mehrfach gewährt werden.[217] Für die Besichtigung von Datenträgern, sofern man diese als

---

211) LR/Lüderssen/Jahn, § 147 Rdnr. 114.
212) MüKo-StPO/Thomas/Kämpfer, § 147 Rdnr. 37; Rieß, FS Peters, 1984, 113, 120.
213) LG Bonn, StV 1995, 632.
214) Näher Stuckenberg, StV 2010, 231; Rieß, FS Peters, 1984, 113, 126 f.
215) OLG Brandenburg, NJW 1996, 67, 68 f.
216) Rieß, FS Peters, 1984, 113, 125; **a.M.** Schlag, FS Koch, 1989, 229, 236.
217) OLG Frankfurt, StV 2001, 611; LG Düsseldorf, StraFo 2008, 505.

bei der Staatsanwaltschaft zu besichtigende Beweisstücke ansehen möchte, müssen Abspielgeräte vorhanden sein.[218] Es muss ermöglicht werden, dass der Verteidiger bzw. seine Hilfspersonen Fotografien und Kopien anfertigen.[219] Ob die Staatsanwaltschaft für die Anfertigung der Kopien die Kosten vorzuschießen hat oder die Verteidigung (der Pflichtverteidiger ggf. nach Gewährung eines Vorschusses), wenn das Besichtigungsrecht nur durch Überlassung amtlich gefertigter Fotokopien gewährt werden kann, ist umstritten.[220] Jedenfalls ist – was insbesondere in Verkehrssachen von Bedeutung ist – bei Fotos, die zur Identifizierung dienen sollen, eine Papierkopie nicht ausreichend, vielmehr muss eine digitale Kopie übersandt werden.[221] Dem **auswärtigen** Verteidiger kann aus Verhältnismäßigkeitsgründen die Besichtigung der Beweismittel bei dem Gericht seines Kanzleisitzes gewährt werden.[222]

Neben dem Verteidiger kann auch der Beschuldigte selbst verlangen, bei der **Einsichtnahme anwesend** zu sein. Selbst ein inhaftierter Beschuldigter kann nach Art. 6 EMRK verlangen, zum Abhören der Mitschnitte einer **Telekommunikationsüberwachung** (TKÜ) zum Gericht gebracht zu werden, wenn das Abhören in der JVA aus technischen Gründen nicht möglich ist.[223] Allerdings ist es nicht selbstverständlich, dass es sich bei aus Anlass einer TKÜ-Überwachung gefertigten Tonbändern etc. überhaupt um Beweisstücke i.S.d. § 147 Abs. 1 StPO handelt. Richtigerweise wird man – allgemein gesprochen – bzgl. vervielfältigungsfähiger Datenträger, etwa Video- oder Tonbandaufnahmen, USB-Sticks etc., danach differenzieren müssen, ob es auf die Beschaffenheit ankommt – dann handelt es sich um Augenscheinsobjekte und damit Beweisstücke – oder auf den Inhalt. Letzterenfalls ist der Datenträger Aktenbestandteil,[224] weshalb die Aushändigung an den Verteidiger nicht mit der Begründung versagt werden kann, es handele sich um ein Beweisstück, dessen Mitgabe ausgeschlossen werden kann.[225] Denn der die zu Beweisstücken bestehende Beschränkung tragende Gedanke des Substanzschutzes[226] ist einem solchen Fall nicht betroffen.[227] Noch immer geht die Rechtsprechung aber abweichend davon aus, dass im Zuge einer TKÜ ange-

2.61

218) OLG Frankfurt, StV 2001, 611, 612; LG Düsseldorf, StraFo 2008, 505, 506; LR/Lüderssen/Jahn, § 147 Rdnr. 112a; Köllner, StraFo 1995, 50, 52.

219) OLG Frankfurt, StV 2004, 362; LR/Lüderssen/Jahn, § 147 Rdnr. 113; Rieß, FS Peters, 1984, 113, 124, 128.

220) Vgl. Rieß, FS Peters, 1984, 113, 129 einerseits (Verteidiger); LR/Lüderssen/Jahn, § 147 Rdnr. 118; MüKo-StPO/Thomas/Kämpfer, § 147 Rdnr. 38 m.w.N. andererseits (Staatskasse).

221) AG Lemgo, VRR 2011, 276; MüKo-StPO/Thomas/Kämpfer, § 147 Rdnr. 39.

222) LG Heilbronn, StV 1988, 293.

223) LG Düsseldorf, StraFo 2008, 505.

224) KG, VIZ 1992, 79; SK-StPO/Wohlers, § 147 Rdnr. 86; MüKo-StPO/Thomas/Kämpfer, § 147 Rdnr. 23; Rieß, FS Peters II, 1984, 113, 122.

225) KG, VIZ 1992, 79.

226) Wettley/Nöding, NStZ 2016, 633, 634 m.w.N.; BeckOK, StPO/Wessing, § 147 Rdnr. 23; SSW-StPO/Beulke, § 147 Rdnr. 25; MüKo-StPO/Thomas/Kämpfer, § 147 Rdnr. 23: Der Gedanke des Substanzschutzes greife nicht, wenn ein (Original-)Exemplar bei der Staatsanwaltschaft verbleibt.

227) OLG Stuttgart, NJW 2003, 767; LR/Lüderssen/Jahn, § 147 Rdnr. 107; SK-StPO/Wohlers, § 147 Rdnr. 73.

fallene Tonaufzeichnungen Augenscheinsobjekte sind, die als Beweisstücke nach § 147 Abs. 4 Satz 1, Abs. 1 StPO grundsätzlich nur am Ort ihrer amtlichen Verwahrung besichtigt bzw. angehört werden können.[228] Die praktische Bedeutung der Streitfrage wird allerdings dadurch erheblich relativiert, dass weite Teile des Schrifttums und der Rechtsprechung mittlerweile ein Recht des Verteidigers auf Herstellung amtlich gefertigter Kopien zumindest dann anerkennen,[229] wenn – wie regelmäßig in Umfangsverfahren – eine bloße Besichtigung zu Informationszwecken nicht ausreichend ist,[230] und eine Überlassung des Originals einer Tonband- oder Videoaufnahme etc. ohnehin wegen der Verlustgefahr nach § 147 Abs. 4 StPO versagt werden könnte.[231]

2.62   In der obergerichtlichen Rechtsprechung wird jedoch die Überlassung von Kopien einer TKÜ-Aufzeichnung mit Blick auf entgegenstehende **Datenschutzbelange Dritter** und auf die Unmöglichkeit der Staatsanwaltschaft, ihrer **Lösungsverpflichtung** aus § 101 Abs. 8 Satz 1 StPO nachzukommen, teilweise abgelehnt oder jedenfalls für problematisch erachtet.[232] Mit dieser Begründung wird das Besichtigungsrecht hinsichtlich TKÜ-Aufzeichnungen auf das Abhören in amtlichen Räumlichkeiten während der jeweiligen Dienstzeiten beschränkt. Die auf Datenschutz- und Löschungserwägungen rekurrierenden Bedenken sind jedoch unbegründet:[233] Auch wenn man von dem Verhältnismäßigkeitsgesichtspunkte auf den Plan rufenden Umfang einer TKÜ-Überwachung, der sich daraus ergebenden Verteidigungsvorbereitungserschwerung und der die unzumutbare Verweisung auf allgemeine Behördenöffnungszeiten, die die Berufsgestaltung des Verteidigers unzumutbar einschränkt,[234] absieht, lassen sich Datenschutzinteressen Dritter angemessen dadurch berücksichtigen, dass der Verteidiger erklärt, die überlassenen TKÜ-Dateien nach Verfahrensabschluss zurückzugeben oder zu löschen.[235] In Betracht kommt zur Wahrung der Datenschutzinteressen Dritter auch, die Dateien der TKÜ-Aufzeichnungen zu verschlüsseln, mit einem Passwort zu versehen und dieses dem Verteidiger als vertraulich mitzuteilen.[236]

2.63   Wenn dies nicht für ausreichend erachtet wird – u.a. weil eine entsprechende Verpflichtung des Verteidigers nicht bestehe oder jedenfalls nicht vollstreckbar

---

228) BGH, NStZ 2014, 348, 349 Rdnr. 24; KG, NStZ 2016, 693, 694; OLG Nürnberg, StraFo 2015, 102 m. abl. Anm. Wesemann/Mehmeti.
229) OLG Karlsruhe, NJW 2012, 2742 f.; LG Regensburg, StraFo 2017, 451, 453; LG Augsburg, Beschl. v. 18.02.2020 – J Qs 51/20 jug., BeckRS 2020, 4777 Rdnr. 10, 12; BeckOK, StPO/Wessing, § 147 Rdnr. 24; Köllner, StraFo 1995, 50; Beulke/Witzigmann, StV 2013, 75; Wettley/Nöding, NStZ 2016, 633, 638.
230) OLG Frankfurt, StV 2001, 611, 612 (für TKÜ-Tonbänder); LR/Lüderssen/Jahn, § 147 Rdnr. 117; SSW-StPO/Beulke, § 147 Rdnr. 29; MüKo-StPO/Thomas/Kämpfer, § 147 Rdnr. 38; **a.M.** OLG Koblenz, NStZ 1995, 611.
231) KG, VIZ 1992, 79.
232) KG, NStZ 2016, 693, 694 f.; OLG Celle, NStZ-RR 2017, 48, 49 f.; OLG Celle, NStZ 2016, 305, 306 m. abl. Anm. Knauer/Pretsch; OLG Karlsruhe, NJW 2012, 2742, 2743 m. abl. Anm. Meyer-Mews und Beulke/Witzigmann, StV 2013, 75.
233) Wettley/Nöding, NStZ 2016, 633, 635 ff.; Wölky, StV 2017, 438, 440.
234) BeckOK, StPO/Wessing, § 147 Rdnr. 24.
235) KG, NStZ 2018, 119 f.
236) Vgl. KG, NStZ 2018, 119; LG Regensburg, StraFo 2017, 451, 454.

wäre[237] –, kommt darin ein latentes Misstrauen gegen den Verteidiger als Organ der Rechtspflege zum Ausdruck, das schon mit Blick auf das einem unsachgemäßen Umgang mit einer überlassenen TKÜ vorbeugende Standesrecht (§ 19 BORA, §§ 43, 43a BRAO) normativ unhaltbar ist und mit der Neuregelung des § 32f Abs. 5 StPO nicht zu vereinbaren ist, der die gesetzgeberische Erwartung zugrunde liegt, der Normadressat werde die datenschutzrechtliche Zweckbindung befolgen. Insbesondere wäre der nach § 32f Abs. 5 Satz 4 StPO zu erteilende Hinweis andernfalls sinnlos.[238] Durchschlagend gegen die Berücksichtigung der Datenschutzinteressen Dritter spricht schließlich, dass diese nach der gesetzlichen Systematik und dem gesetzgeberischen Willen gerade keine Berücksichtigung finden müssen, wie § 147 Abs. 7 StPO belegt:[239] Einem nichtverteidigten Beschuldigten sind Auskünfte und Abschriften aus der Akte nur zu erteilen, wenn (u.a.) überwiegende schutzwürdige Interessen Dritter nicht entgegenstehen. Diese Einschränkung dient der „Wahrung der Intimsphäre Dritter".[240] Dagegen hat der Gesetzgeber für die Gewährung von Akteneinsicht an einen Verteidiger von der Statuierung dieses einschränkenden Vorbehalts abgesehen.[241]

> **Praxistipp**
>
> Wird der Verteidiger darauf verwiesen, er könne Einsicht in TKÜ-Aufzeichnungen zu den gewöhnlichen Geschäftszeiten bei der Staatsanwaltschaft einsehen, so sollte er eine Vertraulichkeitszusage abgeben und zudem anbieten, die Daten verschlüsselt und unter Passwortsicherung entgegenzunehmen.

2.1.8 Vorgehen nach Erhalt der Akten

2.1.8.1 Umgang mit den übersandten Akten

Mit den zur Einsicht überlassenen Akten hat der Verteidiger **sorgfältig und pfleglich** umzugehen. Das gilt für die Verwahrung wie auch für die Rückgabepflicht (§ 19 Abs. 1 Satz 3 BORA). Ein nachlässiges Verhalten darf sich der Verteidiger nicht erlauben; andernfalls läuft er Gefahr, dass ihm künftig keine Akten mehr überlassen werden.[242] Damit nicht im Nachhinein Streit über den Umfang der übersandten Akten entsteht und der Verteidiger sich kein Rückgabeversäumnis

2.64

---

237) OLG Celle, NStZ 2016, 305, 306; in anderem Zusammenhang ebenfalls betonend, dass nicht der Verteidiger Adressat der Verpflichtung aus § 101 Abs. 8 Satz 1 StPO sei, OLG Köln, Beschl. v. 27.03.2009 – 2 Ws 125/09, BeckRS 2009, 15708.

238) Vgl. BeckOK, StPO/Wessing, § 147 Rdnr. 24, der mit Recht darauf verweist, dass die Bezugnahme lediglich von Akten und die Nichterwähnung von Beweisstücken formaler Natur ist.

239) Grdl. OLG Zweibrücken, Beschl. v. 11.01.2017 – 1 Ws 348/16, BeckRS 2017, 100784 Rdnr. 5 ff. m. zust. Anm. Wölky, StV 2017, 438.

240) BT-Drucks. 14/1484, S. 22.

241) OLG Zweibrücken, Beschl. v. 11.01.2017 – 1 Ws 348/16, BeckRS 2017, 100784 m. zust. Anm. Wölky, StV 2017, 438.

242) Burhoff, Ermittlungsverfahren, Rdnr. 245.

nachsagen lassen muss, sollte er nach Eingang routinemäßig einen **Vermerk** über die genaue Anzahl und Bezeichnung der erhaltenen Akten anlegen.[243]

2.65 Zum pfleglichen Umgang gehört, dass die Akten im übersandten Zustand zurückzugeben sind. Entnommene Aktenteile sind in der **richtigen Reihenfolge** wieder einzuheften. Er hat sein Büropersonal zu instruieren, dass keine Unbefugten Einsicht in die Akte nehmen können, arg. § 19 Abs. 1 Satz 1 BORA. Ist eine pünktliche Rückgabe nicht zu gewährleisten, muss auf Verlängerung der Einsichtsfrist angetragen werden. Um die Rückgabe und den Zeitpunkt der Akteneinsicht belegen zu können, sollte die Rückgabe **nicht formlos** erfolgen, sondern mit einem Anschreiben, in dem die überlassenen und zurückgesandten Akten detailliert bezeichnet werden.[244] Bei persönlicher Rückgabe am Ort des Kanzleisitzes sollte er sich die Rückgabe schriftlich bestätigen lassen; die postalische Rücksendung sollte per Einschreiben mit Rückschein erfolgen.

> **Warnhinweis**
>
> Die vollständige und pünktliche Rückgabe der Akten ist von großer Bedeutung; der Verteidiger sollte darauf zur Vermeidung eines andernfalls drohenden Ermittlungsverfahrens penibel achten! Denn die bewusste Verzögerung der Aktenrückgabe kann als Strafvereitelung (§ 258 StGB) und die unvollständige Aktenrückgabe als Strafvereitelung sowie Urkundenunterdrückung (§ 274 StGB) zu werten sein,[245] ganz abgesehen von den belastenden Auswirkungen des Rufs, unzuverlässig zu sein.

2.1.8.2 Durcharbeitung der Akten

2.66 Nach Erhalt der Akten und Anfertigung eines Aktenauszugs sind diese durchzuarbeiten. Hierfür gibt es keine generell gültigen Regeln. Das Wichtigste sollte in einem Arbeitsvermerk notiert werden. In Umfangsverfahren und bei entsprechenden Akten wird der Verteidiger sich ein Inhaltsverzeichnis erstellen.[246] Bei Papierakten hat sich ein Arbeiten mit Registerzetteln und nach Beteiligten differenzierenden Farben bewährt. Liegen ihm die Akten nur in eingescannter Form vor, muss entweder ein Ausdruck angefertigt werden, oder der Verteidiger muss sich unter Nutzung der Kommentarfunktion Hinweise setzen.[247]

2.1.8.3 Weitergabe des Akteninhalts an den Beschuldigten

2.67 Im Wesentlichen Einigkeit besteht darüber, dass der Verteidiger, der für den Beschuldigten dessen Akteneinsichtsrecht ausübt, zur Weitergabe der durch die

---

243) Muster bei Bosbach, Verteidigung im Ermittlungsverfahren, Rdnr. 128.
244) Burhoff, Ermittlungsverfahren, Rdnr. 246.
245) Vgl. BGH, NStZ-RR 2011, 276, 277.
246) Näher Bosbach, Verteidigung im Ermittlungsverfahren, Rdnr. 144.
247) Burhoff, Ermittlungsverfahren, Rdnr. 241.

Einsichtnahme gewonnenen Kenntnisse an den Beschuldigten berechtigt ist und ihn aus dem Mandatsverhältnis auch eine Pflicht zur Weitergabe trifft, da der verteidigte Beschuldigte nicht selbst die Einsichtnahme ausüben darf, weil er nach h.M. ein entsprechender Recht nicht hat, er für eine sachgerechte Verteidigung aber wissen muss, worauf sich der gegen ihn erhobene Vorwurf stützt.[248] Diese Pflicht zur Information des Beschuldigten kann der Verteidiger nicht nur erfüllen, indem er den Beschuldigten mündlich unterrichtet, sondern im Grundsatz auch dadurch, dass er dem Beschuldigten eine vollständige Aktenkopie überlässt,[249] was nach dem gesetzgeberischen Willen ungeachtet der neuen Regelungen über die Verwendung der Akteneinsicht in § 32f Abs. 5 StPO möglich bleibt.[250] Dies entspricht der Regelung in § 19 Abs. 2 Satz 1 BORA.

In dem Umfang, in dem er dem Beschuldigten aus dem Akteninhalt Mitteilungen machen darf, ist er berechtigt, ihm Aktenabschriften und Auszüge sowie Ablichtungen auszuhändigen.[251] Nach h.M. verläuft die Grenze für die Weitergabe von Aktenkopien an den Mandanten – wie auch für die Information des Mandanten – dort, wo Informationen ausschließlich dem Zweck dienen, den Untersuchungszweck des Verfahrens (§ 147 Abs. 2 StPO) zu gefährden.[252] Unzulässig soll deshalb die Weitergabe von Informationen an den Mandanten sein, die – insbesondere durch Hinweis auf bevorstehende Durchsuchung oder Verhaftung – ausschließlich dem Zweck dienen, den Untersuchungszweck eines Ermittlungs- oder Strafverfahrens zu gefährden, weil damit die Grenze zulässigen Verteidigerhandelns zur Strafvereitelung überschritten werde.[253] Ausnahmen von diesem Grundsatz sollen sich nach der Rechtsprechung des BGH nicht allgemein formulieren lassen, sondern müssen vielmehr einzelfallabhängig beurteilt werden.

2.68

Dass der Verteidiger in der Weitergabe von Informationen an den Beschuldigten durch § 147 Abs. 2 StPO beschränkt sein soll, ist jedoch **nicht einzusehen**. Richtig ist im Gegenteil Folgendes: Gerade die Existenz des § 147 Abs. 2 StPO – der eine staatliche Befugnisnorm enthält, sich aber nicht an pflichtenauferlegend den Verteidiger richtet – belegt, dass der Gesetzgeber von einer generellen umfassenden und vollständigen Unterrichtung des Beschuldigten durch den Verteidiger über den Akteninhalt ausgeht, andernfalls es einer Beschränkung der Einsichtsberechtigung nicht bedurft hätte. Hat der Verteidiger also durch rechtmäßige Akteneinsicht Kenntnisse erlangt, besteht kein Ermittlungsschutz durch § 147 Abs. 2 StPO und ist die Informationsweitergabe nicht durch eine Gefährdung der Ermittlungen beschränkt,[254] weil es solchenfalls Sache des Staates gewesen wäre, Akten-

2.69

---

248) BGHSt 29, 99, 102; OLG Frankfurt, NStZ 1981, 144, 145; Meyer-Goßner/Schmitt, § 147 Rdnr. 20; SSW-StPO/Beulke, § 147 Rdnr. 22.
249) Überblicksweise Donath/Mehle, NJW 2009, 1399.
250) BT-Drucks. 18/9416, S. 58 (zu § 32f Abs. 4 StPO-E).
251) BGHSt 29, 99, 102 f.; OLG Hamburg, NStZ 1992, 50.
252) BGHSt 29, 99, 103; KG, NStZ 1983, 556.
253) KK/Willnow, § 147 Rdnr. 14.
254) OLG Hamburg, NStZ 1992, 50; MüKo-StPO/Thomas/Kämpfer, § 147 Rdnr. 45; BeckOK, StPO/Wessing, § 147 Rdnr. 6; SK-StPO/Wohlers, § 147 Rdnr. 83; Dedy, StraFo 2001, 149, 152; Gercke, StV 2020, 201, 206; Donath/Mehle, NJW 2009, 1399; Tondorf, StV 1983, 257; Welp, FS Peters, 1984, 209, 319 ff.

einsicht (teilweise) zu versagen. Selbst wenn der Verteidiger einen schwerwiegenden Verdacht hegt, der Beschuldigte werde die Aktenkenntnis zu einer objektiv falschen Einlassung oder gar zu darüber noch hinausgehender Verschleierung nutzen, führt dies nicht dazu, dass die Überlassung von Aktenkopien an den Beschuldigten unzulässig wäre. Sich auf abweichende Absprachen mit der Staatsanwaltschaft einzulassen, widerspräche dem Mandatsverhältnis zum Mandanten und der Stellung als Verteidiger grundlegend.[255] Nach zum Teil vertretener Ansicht soll es dem Verteidiger nicht einmal dann zuzumuten sein, sich auf eine Übereinkunft mit der Staatsanwaltschaft des Inhalts einzulassen, dem Beschuldigten von bestimmten Tatsachen (noch) keine Kenntnis zu geben, wenn erst durch die Übereinkunft überhaupt Akteneinsicht erlangt und sachgerechte Verteidigung möglich wird.[256] Dem wird man aber nicht beipflichten können, weil die Staatsanwaltschaft nach h.M. berechtigt ist, auch dem Verteidiger Akteneinsicht zu verweigern, wenn und soweit durch dessen Weitergabe an den Beschuldigten eine Beeinträchtigung des Untersuchungszwecks droht; würde der Verteidiger in einem solchen Fall die Kooperation mit der Staatsanwaltschaft verweigern, so müsste er zumindest vorübergehend ganz ohne Akteneinsicht auskommen, was jedenfalls im Regelfall die schlechtere von zwei misslichen Alternativen darstellt. Denn regelmäßig wird es für die Verteidigung von Vorteil sein, wenn sie über Wissen verfügt, das sie zwar nicht weitergeben darf, es ihr aber immerhin ermöglicht, für den Beschuldigten sachgemäße Anträge zu stellen.[257]

In der Praxis muss sich der Verteidiger – schon um sich die Einleitung eines Ermittlungsverfahrens zu ersparen – auf die wesentlich restriktivere Handhabung und die Anwendung des § 147 Abs. 2 StPO auch auf die Akten- und Informationsweitergabe an den Beschuldigten einstellen.

2.70   Die **Originalakten** darf der Verteidiger nicht aus der Hand geben, im Grundsatz auch nicht in seiner Anwesenheit „zur Lektüre". Dementsprechend regelt § 19 Abs. 1 Satz 1 BORA, dass Originalunterlagen nur an Mitarbeiter ausgehändigt werden dürfen. Vor allem in Umfangsverfahren, aber auch in Verfahren mit inhaftierten Mandanten oder mit Kinderpornographievorwurf kann es sich schwierig gestalten, den Beschuldigten über die Ergebnisse der Einsichtnahme zureichend in Kenntnis zu setzen, ohne diesen in die Akten blicken zu lassen.

---

255) MüKo-StPO/Thomas/Kämpfer, § 147 Rdnr. 82.
256) SK-StPO/Wohlers, § 147 Rdnr. 82; anders die h.M.; vgl. KK/Willnow, § 147 Rdnr. 15; Hanack, ZStW 93 (1981), 559, 574.
257) KK/Willnow, § 147 Rdnr. 15; Hanack, ZStW 93, 559, 574.

Praxistipp

In solchen Fällen sollte der Verteidiger bei der aktenführenden Staatsanwaltschaft deren Zustimmung einholen, den Beschuldigten unter **ständiger Aufsicht** des Verteidigers oder eines seiner Mitarbeiter beim Verteidiger Akteneinsicht nehmen zu lassen.[258] Insofern biete sich ein Verweis darauf an, dass die staatliche Delegation der Einsichtsbefugnis und -wahrnehmung kein Selbstzweck ist und – wenn auch nach dem Gesetz nur der Verteidiger das Recht auf Akteneinsicht ausüben kann – dieses Recht doch seinem Zweck nach dem Beschuldigten zusteht, da die Kenntnis der Akten ihm dienen soll. Gestaltet sich die Information des Beschuldigten als entsprechend kompliziert, so sich aus der vorzunehmenden Abwägung zwischen dem Interesse an der Unversehrtheit der Originalakten[259] und dem Informations- und Verteidigungsinteresse des Beschuldigte zu dessen Gunsten ein Rechtsanspruch darauf ergeben, unter permanenter Aufsicht in die Originalakten des Verteidigers blicken zu dürfen.[260] Auf dieses – vielfach vorgezeichnete – Abwägungsergebnis und den daraus resultierenden Originalakteneinsichtsanspruch des Beschuldigten sollte der Verteidiger hinweisen. Keinesfalls sollte der Verteidiger aber dem Beschuldigten den Blick in die Originalakte ohne vorherige Abstimmung mit der Staatsanwaltschaft gewähren![261]

Warnhinweis

An den Mandanten sollten, auch wenn es zur Besprechung des Mandanten für die Verteidigungslinie erforderlich zu sein scheint, **keine Aktenkopien mit kinderpornographischem Material herausgegeben** werden! Nach der Rechtsprechung soll ein solches Verhalten gegen den Verteidiger den **Vorwurf des Unternehmens der Besitzverschaffung an kinderpornografischen Schriften nach § 184b Abs. 2 StGB** begründen können. Das OLG Frankfurt hat in einer zu Recht sehr umstrittenen Nichteröffnungsbeschwerdeentscheidung die Weitergabe kinderpornografischer Bilder durch den Strafverteidiger an seinen Mandanten für selbst dann nach § 184b Abs. 2 StGB strafbar gehalten, wenn der Strafverteidiger das kinderpornographisch inkriminierte Material im Rahmen *„seiner beruflichen"* Verteidigerpflichten berechtigt besitzen darf. Auch aus der Notwendigkeit *„sachgerechter Verteidigung"* ergebe sich kein Recht zur Weitergabe an den Beschuldigten, weil dies nicht unter den Ausnahmeerlaubnistatbestand des § 184b Abs. 5 Satz 1 StGB falle.[262]

Aber wie sich diese gravierende Einschränkung der Verteidigung – der Beschuldigte muss für eine effektive Verteidigung wissen, der Besitz welchen Materials ihm vorgeworfen wird – mit der auch vom OLG anerkannten grundsätzlichen Berechtigung des Verteidigers, seinem Mandanten eine Aktenkopie auszuhändi-   2.71

---

258) Burhoff, Ermittlungsverfahren, Rdnr. 514; Donath/Mehle, NJW 2009, 1399.
259) Nolte/Aust, in: von Mangoldt/Klein/Starck, Art. 103 Rdnr. 34.
260) OLG Zweibrücken, NJW 1977, 1699.
261) Offener dagegen BeckOK, StPO/Wessing, § 147 Rdnr. 45.
262) OLG Frankfurt, NJW 2013, 1107 f. Rdnr. 12 ff. m. abl. Anm. König.

gen, verträgt, hat das OLG nicht dargelegt, sondern nur apodiktisch angemerkt, die zu Verteidigungszwecken erforderliche Kenntnisvermittlung gebiete *„nicht die Überlassung kinderpornografischen Materials"*.[263)] Auch das vom OLG bemühte vermeintliche argumentum ad absurdum, es würde andernfalls *„derjenige das inkriminierte Material zurückerhalten (...), das ihm vorher berechtigterweise weggenommen wurde und dessen Besitz ihm in seinem Verfahren vorgeworfen wird"*,[264)] greift zu kurz. Ob dem Beschuldigten das „inkriminierte Material" spezifisch als kinderpornographisches berechtigt weggenommen wurde, steht, „solange der Besitz lediglich Vorwurf ist",[265)] gerade in Frage und ist im Verfahren zu klären, an dem der Beschuldigte maßgeblich beteiligt und auf Informationen aus der Akte angewiesen ist. Und ob der Beschuldigte das inkriminierte Material besitzen darf, ist für die Strafbarkeit des Verteidigers und dessen Berechtigung, dem Beschuldigten das Material zu überlassen, ohne Belang; § 184b Abs. 5 Nr. 3 StGB stellt insofern nur um die ausschließliche Erfüllung einer beruflichen Pflicht des Verteidigers ab und nicht auf die Person des Beschuldigten.[266)] Fehl geht auch die Argumentation, für ein ausgiebigeres Aktenstudium[267)] könne dem Beschuldigten die Akte von der Staatsanwaltschaft – nicht vom Verteidiger – in Kopie nach Schwärzung der Bilder überlassen werden.[268)] Wenn die Kenntnis der inkriminierten Bilder – die besessen zu haben den Gegenstand des Vorwurfs darstellt – erforderlich ist, um sich verteidigen zu können, dann müssen sie dem Beschuldigten ungeschwärzt zur Verfügung stehen. Ganz grundsätzlich ist es auch nicht Angelegenheit der Staatsanwaltschaft zu entscheiden, welche Aktenteile der Beschuldigte (unzensiert oder geschwärzt) erhalten darf, um sich gegen den Vorwurf einer Straftat nach § 184b Abs. 2 StGB sachgerecht zu verteidigen, sondern fällt in die alleinige Kompetenz des Verteidigers.[269)]

---

263) OLG Frankfurt, NJW 2013, 1107, 1108 Rdnr. 16.
264) OLG Frankfurt, NJW 2013, 1107, 1108 Rdnr. 18.
265) Treffend König, NJW 2013, 1110.
266) Ziemann, StV 2014, 299, 301.
267) Dazu, dass es sich bei den ausgedruckten inkriminierten Bildern um Akteninhalte handelt und nicht um Beweisstücke, weshalb das grundsätzliche „Mitgabeverbot" aus § 147 Abs. 4 Satz 1 StPO der Überlassung einer Aktenkopie nicht entgegensteht, siehe Beulke/Witzigmann, FS Schiller, 2014, 49, 53 ff.; Barton, StRR 2013, 348; Jahn, JuS 2014, 1046, 1047 m. Fn. 4; Ziemann, StV 2014, 299, 300; König, NJW 2013, 1110.
268) OLG Frankfurt, NJW 2013, 1107, 1108 Rdnr. 18.
269) Zutr. König, NJW 2013, 1110.

Dehne-Niemann

Hinweis

So verfehlt die Auffassung des OLG Frankfurt ist, wonach die Überlassung kinderpornographischer Akteninhalte an den Beschuldigten für den Verteidiger unter § 184 Abs. 2 StGB fallen soll, so sehr muss sich der Verteidiger in der Praxis auf diesen in der Literatur[270] mehrheitlich abgelehnten Standpunkt einstellen und dementsprechend handeln. Nachdem das OLG Frankfurt das Hauptverfahren vor dem LG Marburg eröffnet hatte, dieses den angeklagten Verteidiger aus tatsächlichen Gründen mangels Vorsatzes freigesprochen hat und der BGH auf die Revision der Staatsanwaltschaft hin nichts an der landgerichtlichen Beweiswürdigung auszusetzen fand, musste der BGH die Problematik nicht entscheiden und hat sie explizit offengelassen.[271]

Praxistipp

Nachdem das OLG Frankfurt eine Einsichtnahme des Beschuldigten in kinderpornographisch inkriminierte Bilder, Dateien o.Ä. (auch) beim Verteidiger für zulässig erachtet hat,[272] sollte die Einsichtnahme in den Kanzleiräumen unproblematisch möglich sein.[273] Der Verteidiger sollte jedoch sichergehen, dass der Mandant das kinderpornographische Material nicht kopieren kann. Die Beachtung dieser Sorgfalt sollte der Verteidiger in seiner Handakte vermerken.

Praxistipp

Bei **inhaftierten Beschuldigten** sollte – unabhängig von der Frage, ob der Verteidiger berechtigt ist, dem Beschuldigten verfahrensgegenständliches kinderpornographisches Material als Aktenbestandteil auszuhändigen – die Überlassung solchen Materials – wie auch einer Aktenkopie insgesamt – schon deshalb unterbleiben, weil der Beschuldigte den Vorwurf der Kinderpornographie wegen der damit einhergehenden Knastprobleme in aller Regel geheimzuhalten versuchen wird.

2.1.8.4 Übersetzung der Aktenbestandteile/ Anspruch auf Übersetzung

Dass ein – regelmäßig ausländischer – Beschuldigter, der der deutschen Sprache 2.72 nicht hinreichend mächtig ist, ausreichend über den gegen ihn erhobenen Vor-

---

270) MAH/Müller/Leitner, § 39 Rdnr. 9; Beulke/Witzigmann, FS Schiller, 2014, 49; Barton, StRR 2013, 348; Jahn, FS Beulke, 2015, 801; Ziemann, StV 2014, 299; König, NJW 2013, 1110; dem OLG zust. allerdings MüKo-StGB/Hörnle, § 184b Rdnr. 45; offengelassen von Lackner/Kühl/Heger, StGB, § 184b Rdnr. 8; Michalke, NJW 2013, 2334, 2336.
271) BGH, NStZ 2014, 514, 515: *„Auf die Rechtsfrage, ob der objektive Tatbestand der Strafnorm des § 184 Abs. 2 StGB erfüllt oder gemäß § 184b Abs. 5 StGB ausgeschlossen ist, kommt es insoweit nicht an."*
272) OLG Frankfurt, NJW 2013, 1107, 1108 Rdnr. 18.
273) Meyer-Lohkamp/Schwerdtfeger, StV 2014, 772, 773.

wurf informiert werden muss, folgt aus dem sich aus Art. 6 Abs. 3 Buchst. a) und Buchst. e) EMRK ergebenden Anspruch auf ein **faires Verfahren**.[274] Der Beschuldigte hat nach h.M. keinen Anspruch auf Übersetzung des gesamten Akteninhalts,[275] die Anklageschrift muss ihm aber nach § 187 Abs. 2 Satz 1 GVG in aller Regel schriftlich übersetzt werden. Eine mündliche Übersetzung in der Hauptverhandlung genügt allenfalls in Ausnahmefällen.[276] Ob und in welchem Umfang über die Anklageschrift, Strafbefehle und freiheitsentziehende Anordnungen (§ 187 Abs. 2 GVG) hinaus weitere Aktenstücke übersetzt werden müssen, hängt davon ab, ob der Beschuldigte auf das **Verständnis gerade dieses Schriftstücks angewiesen** ist, um ein faires Verfahren zu haben.[277]

> **Hinweis**
>
> Erforderlichenfalls hat der Verteidiger zu seinen Vorbereitungsgesprächen mit dem Beschuldigten einen **Dolmetscher hinzuzuziehen**, der den Mandanten dann über den wesentlichen Inhalt der Akte unterrichten kann; ein verteidigter Beschuldigter kann aus Art. 6 Abs. 3 Buchst. e) EMRK unentgeltliche Unterstützung durch einen Dolmetscher beim Kontakt mit seinem Verteidiger verlangen.[278]
>
> In Betracht kommt auch, die Akte übersetzen zu lassen, was sich vor allem bei umfangreichen Akten anbietet. Allerdings kann der Verteidiger die dadurch entstandenen, i.d.R. von ihm vorzuschießenden Übersetzungskosten nur ersetzt verlangen, wenn auch der **Beschuldigte/Angeklagte selbst** auf die kostenfreie Übersetzung von Aktenteilen einen Anspruch gehabt hätte,[279] weshalb der Pflichtverteidiger Erstattung der ihm für die Übersetzung von Aktenbestandteilen entstandene Auslagen nur verlangen kann, wenn und soweit aus der maßgeblichen ex-ante-Sicht deren Verständnis oder genaue Kenntnis für eine sachgerechte Verteidigung und damit für ein faires Verfahren erforderlich waren.[280]

2.73 Die Übersetzung der nach Lage des Falls erforderlichen Schriftstücke muss regelmäßig vor Beginn der Hauptverhandlung geschehen sein.[281] Ganz generell lässt sich sagen, dass der ausländische Beschuldigte aus Art. 6 Abs. 3 Buchst. a) EMRK im Grundsatz einen Anspruch darauf hat, **möglichst früh** über die gegen ihn erhobenen Vorwürfe informiert zu werden.[282] Für einen festgenommenen Beschuldigten ist dies in Art. 5 Abs. 2 EMRK und für den verhafteten Beschuldigten in § 114b Abs. 1 Satz 1 StPO explizit geregelt. Dem in der Rechtsprechung zum Teil

---

274) BGH, NJW 2001, 309, 310 f.
275) OLG Nürnberg, NStZ-RR 2014, 183; OLG Stuttgart, StV 2014, 536 m. Anm. Bockemühl; Meyer-Goßner/Schmitt, Art. 6 EMRK Rdnr. 18 m.w.N.; **a.M.** Schneider, StV 2015, 379.
276) OLG Düsseldorf, NJW 2003, 2766 (Ausnahmefall, wenn es sich um einen leicht verständlichen und überschaubaren Sachverhalt handelt); OLG Hamburg, StV 2006, 175, 177.
277) BGH, NStZ 2014, 725, 726.
278) Näher Burhoff, Ermittlungsverfahren, Rdnr. 5117.
279) OLG Dresden, BeckRS 2011, 27551; MAH Strafverteidigung/Neuhaus, § 15 Rdnr. 62.
280) OLG Hamm, StraFo 1999, 177, 179.
281) BGH, NStZ 2017, 63.
282) BGH, NStZ 2014, 725, 726.

vertretenen Standpunkt, eine nicht vor der Hauptverhandlung erfolgte Übersetzung könne durch Bestellung eines Pflichtverteidigers ausgeglichen werden,[283] ist schon deshalb verfehlt, weil damit eine Menschenrechtsgarantie (Art. 6 Abs. 3 Buchst. a) EMRK) gegen eine andere (Art. 6 Abs. 3 Buchst. e) EMRK) ausgespielt wird, der Beschuldigte aber die Einhaltung sämtlicher Menschenrechtsgarantien verlangen kann. Anders mag es liegen, wenn der bestellte Pflichtverteidiger sprachkundig und zur Übersetzung in der Lage ist.[284]

> **Hinweis**
>
> Ist die gebotene Übersetzung der Anklageschrift unterblieben, und will er diesen Verfahrensmangel später mit der Revision rügen, so muss der Verteidiger dies schon in der Hauptverhandlung rügen und **Aussetzung oder Unterbrechung beantragen**.[285]

§ 187 Abs. 2 Satz 1 GVG nennt als regelmäßig zu übersetzende Schriftstücke ferner **freiheitsentziehende Anordnungen** und **Strafbefehle** sowie **nicht rechtskräftigen Urteile**. Auch Ladungen – etwa zur Beschuldigtenvernehmung – sind in eine dem ausländischen bzw. fremdsprachigen Beschuldigten verständliche Sprache zu übersetzen. Allerdings hat das Fehlen einer entsprechenden Übersetzung der Terminsladung nicht deren Unwirksamkeit zur Folge,[286] sondern führt lediglich dazu, dass dem Beschuldigten bei Fehlen einer Übersetzung Wiedereinsetzung in den vorigen Stand zu gewähren ist, wenn sich der Übersetzungsmangel auf sein Ausbleiben ausgewirkt hat.[287]   2.74

Wird ein Aktenbestandteil für den Beschuldigten trotz Antrags nicht übersetzt, obwohl das rechtlich geboten ist, so ist nach wohl h.M. gegen die ablehnende Entscheidung des Gerichts keine Beschwerde möglich, weil es sich um eine Entscheidung handele, die der Urteilsvorbereitung diene, bei der Urteilsfällung der nochmaligen Überprüfung unterliege und vom Revisionsgericht als unzulässige Verteidigungsbeschränkung überprüft werden könne, die demnach gem. § 305 Satz 1 StPO nicht der Beschwerde unterliege.[288]

2.1.8.5 Unterrichtung Dritter vom Akteninhalt/ Aktenweitergabe an Dritte

§ 19 Abs. 2 Satz 1 BORA schließt die Unterrichtung Dritter vom Akteninhalt nicht aus. Auch wenn dort nur die Rede von der Weitergabe an den Mandanten ist, setzt § 19 Abs. 2 Satz 2 BORA die Weitergabe bzw. Vermittlung des Akten-   2.75

---

283) OLG Karlsruhe, StV 2002, 299, 300; OLG Karlsruhe, BeckRS 2005, 11757.
284) OLG Nürnberg, NStZ-RR 2014, 183 f.
285) BGH, NStZ 2017, 63; OLG Stuttgart, BeckRS 2003, 12353 Rdnr. 13.
286) So aber LG Heilbronn, StV 2011, 406.
287) OLG Köln, NStZ-RR 2015, 317 f. m.w.N.
288) OLG Hamm, NStZ-RR 2009, 352; OLG Köln, NStZ 2011, 360; krit. Kotz, StRR 2012, 124; Burhoff, Ermittlungsverfahren, Rdnr. 4103.

inhalts an Dritte voraus, indem dort die Rede von *„andere(n) Personen"* als dem Mandanten ist. Der Verteidiger muss aber Beschränkungen der Weitergabe sowie gesetzliche Bestimmungen beachten.

2.76 **Bedenkenfrei** ist insofern die Weitergabe von Aktenbestandteilen an einen vom Verteidiger zur Kommunikation mit dem Beschuldigten eingeschalteten **Dolmetscher** oder an einen **Übersetzer.** Auch an den oder die gesetzlichen Vertreter seines Mandanten wird er im Regelfall die Akte oder Bestandteile daraus weitergeben dürfen bzw. diese über den Akteninhalt informieren dürfen.

> **Hinweis**
>
> Bei **jugendlichen Mandanten** sollte der Verteidiger aber abklären, was diese mit der Akte bzw. der Kenntnis vom Akteninhalt vorhaben. Mitunter lassen sich die Interessen der Erziehungsberechtigten eines jugendlichen Beschuldigten mit denen des Beschuldigten nicht ohne weiteres vereinbaren. Der Verteidiger sollte als Interessenvertreter des Jugendlichen bereits bei geringen Zweifeln an der Interessenkonformität die **Unterrichtung bzw. die Weitergabe des Aktenauszugs unterlassen.** Dies gilt auch, wenn die Eltern des beschuldigten Jugendlichen für das Honorar des Verteidigers aufkommen!

2.77 Zulässig ist auch die Weitergabe der Akte an die an der Verteidigung beteiligten juristischen **Mitarbeiter und an sonstige Hilfspersonen** wie Sekretariatsbedienstete, ferner die Weitergabe an einen **Sachverständigen,** auch wenn der Verteidiger diesen nur für eigene Ermittlungen als Hilfsperson beauftragt hat.[289] Die **Weitergabe der Akten an Verteidiger von Mitbeschuldigten** sollte der Verteidiger erst nach Konsultation der aktenführenden Behörde – im Ermittlungsverfahren also der Staatsanwaltschaft – veranlassen.[290] Die Akten zu kopieren und dem oder den anderen Verteidiger(n) zur Verfügung zu stellen bedeutete, die Herrschaft der Staatsanwaltschaft über den Zugriff zu den Ermittlungsinhalten in Frage zu stellen;[291] wenn die Staatsanwaltschaft ermittlungstaktische Gründe für einen differenzierten Umgang mit Akteneinsichtsgesuchen diverser Verteidiger hat, so darf der Verteidiger diese nicht durch Weitergabe der Akte oder von Aktenbestandteilen an den Verteidiger eines oder mehrerer Mitbeschuldigter unterlaufen.[292] Die **mündliche Weitergabe** von Erkenntnissen, die der Verteidiger aus der Akteneinsicht gewonnen hat, ist im Kreis der Verteidiger auch von Mitbeschuldigten aber zulässig.[293]

2.78 Zulässig ist aber eine **Mitteilung des Akteninhalts an den zivilrechtlichen Vertreter** des Beschuldigten, sofern das Zivil- und das Strafverfahren eine Schnittmenge und die gleiche Stoßrichtung gegen den Beschuldigten aufweisen,[294] was bei

---

289) Bosbach, Verteidigung im Ermittlungsverfahren, Rdnr. 142.

290) Dahs, Handbuch des Strafverteidigers, Rdnr. 286; Marberth-Kubicki, StraFo 2003, 366, 371; ohne Bedenken dagegen anscheinend Burhoff, Ermittlungsverfahren, Rdnr. 260.

291) MAH/Pfordte/Tsambikakis, § 17 Rdnr. 69.

292) BeckOK, StPO/Wessing, § 147 Rdnr. 30.

293) BeckOK, StPO/Wessing, § 147 Rdnr. 30.

294) MüKo-StPO/Thomas/Kämpfer, § 147 Rdnr. 44; BeckOK, StPO/Wessing, § 147 Rdnr. 31; Dahs, Handbuch des Strafverteidigers, Rdnr. 276; Donath/Mehle, NJW 2009, 1399 m.w.N.

Identität des Tatvorwurfs mit dem Streitgegenstandssachverhalt regelmäßig der Fall sein wird. Auch wenn nach § 32f Abs. 5 Satz 2 StPO personenbezogene Daten im Grundsatz nur zu dem Zweck verwendet werden, für den die Akteneinsicht gewährt wurde – also eigentlich nur zu Verteidigungszwecken – gestattet die neue Regelung des § 32f Abs. 5 Satz 3 StPO (entspricht § 477 Abs. 5 Satz 2 StPO a.F.) die Verwendung der Daten auch für Zwecke, für die Auskunft oder Akteneinsicht gewährt werden dürfte. Danach ist die Verwendung auch zur Abwehr zivilrechtlicher Ansprüche zulässig, da hieran i.S.d. § 475 Abs. 1 Satz 1 StPO berechtigtes Interesse besteht und dem Beschuldigten somit zu diesem Zweck Akteneinsicht gewährt werden dürfte.[295]

Unzulässig ist die Bekanntgabe des Akteninhalts oder die Weitergabe der Akte an Dritte, wenn eine **missbräuchliche Verwendung** zu außerhalb des Verfahrens liegenden Zwecken zu befürchten ist. Nicht zulässig ist gem. § 32f Abs. 5 Satz 1 StPO das auch nur teilweise öffentliche Verbreiten von Akteninhalten. Ein klassisches Beispiel ist die Weitergabe einer im Ermittlungsverfahren angefertigten Bild-Ton-Vernehmungsaufzeichnung an die Presse, wenn mit einer Veröffentlichung zu rechnen ist. Nicht nur Beweismittel, sondern auch Aktenstücke darf der Verteidiger in aller Regel – auch nach dem gesetzgeberischen Willen[296] – nicht an Journalisten weitergeben.[297] Zurückhaltung sollte gegenüber der Weitergabe des Akteninhalts oder von Aktenbestandteilen an die Presse wegen eines nie auszuschließenden Interessenkonflikts auch dann bestehen, wenn ein Journalist vom Verteidiger als Mitarbeiter „verpflichtet" wird.[298] | 2.79

Probleme bei der **Weitergabe kinderpornographischer Akteninhalte** entstehen auch, wenn der Verteidiger inkriminierte Bilder, Dateien o.Ä. **an einen Sachverständigen weitergibt**; insoweit steht für den Verteidiger ebenfalls der Vorwurf eines Unternehmens der Besitzverschaffung nach § 184 Abs. 2 StGB. Diese Problematik ist – anders als die der Weitergabe an den Beschuldigten – jedoch höchstrichterlich geklärt. Der BGH legt den Tatbestandsausschluss des § 184b Abs. 5 Satz 1 Nr. 3 StGB restriktiv aus. Er hält ein Besitzverschaffen kinderpornographischer Schriften durch einen Verteidiger an einen Sachverständigen nur vom Tatbestandsausschluss des § 184b Abs. 5 StGB für gedeckt, soweit dies nach dem hierfür maßgeblichen Gutachtenauftrag zur Wahrnehmung der Verteidigungsaufgabe erforderlich ist.[299] Immerhin erachtet der BGH aber grundsätzlich den Anwendungsbereich des § 184b Abs. 2 Satz 1 Nr. 3 StGB als eröffnet, wenn inkriminiertes Material an einen Sachverständigen weitergegeben wird – anders als das OLG Frankfurt, das in der o.g. Entscheidung dafürgehalten hatte, § 184b Abs. 5 StGB gestatte dem Verteidiger nicht einmal dann die Weitergabe kinderpornografischer Bilder an einen Dritten (scil. Sachverständigen), wenn dieser Dritte (Sachverständige) ebenfalls nach § 184b Abs. 5 Satz 1 Nr. 3 StGB berufs- | 2.80

---

295) BeckOK, StPO/Wessing, § 147 Rdnr. 31.
296) BT-Drucks. 18/9416, S. 58.
297) LR/Lüderssen/Jahn, § 147 Rdnr. 129; BeckOK, StPO/Wessing, § 147 Rdnr. 29; Dahs, Handbuch des Strafverteidigers, Rdnr. 283.
298) So aber der Vorschlag bei Burhoff, Ermittlungsverfahren, Rdnr. 528.
299) BGH, NStZ 2014, 514, 515 m. krit. Anm. Jahn, JuS 2014,

pflichtig privilegiert wäre, weil dieses Recht und die damit verbundenen Überprüfungspflichten im Ermittlungsverfahren ausschließlich der Staatsanwaltschaft zustehe.[300)] Dagegen erkennt der BGH an, dass § 184b Abs. 5 Satz 1 Nr. 3 StGB als *„Ausnahmetatbestand nicht auf die Tätigkeit der Behörden bei der Wahrnehmung öffentlicher Aufgaben beschränkt (ist), sondern (...) auch Strafverteidiger und Sachverständige betreffen (kann)"*. Jedoch sei mit Blick auf den Charakter des § 184b Abs. 5 StGB als einer eng auszulegenden Ausnahmevorschrift und die *„Regelungskonzeption eines umfassenden Verkehrsverbots bezüglich kinderpornographischer Schriften"* die Besitzverschaffung an Dritte innerhalb des Personenkreises des § 184b Abs. 5 Satz 1 *„auch dem Verteidiger nur erlaubt, soweit dies zur Wahrnehmung seiner Verteidigungsaufgabe erforderlich ist"*.[301)]

2.81 Die – berechtigte – Kritik gegen dieses enge Verständnis des Tatbestandsausschlusses des § 184b Abs. 5 Satz 1 Nr. 3 StGB richtet sich vornehmlich gegen die implizite Annahme des BGH, man könne zwischen rechtmäßiger und rechtswidriger Weitergabe des inkriminierten Materials an den Sachverständigen unterscheiden, die darin zum Ausdruck kommt, dass der Senat meint, die Erforderlichkeit sei *„anhand des Gegenstands, der Methodik und der Zielsetzung des (...) Gutachtenauftrags zu prüfen gewesen"*.[302)] Abgesehen davon, dass der Wortlaut eine solche Unterscheidung nicht nahelegt – eine nicht rechtmäßige, also rechtswidrige Erfüllung einer beruflichen Pflicht ist eine contradictio in adiecto –, mischt sich die Rechtsprechung paternalistisch in das Verteidigungsverhältnis ein, indem sie die Frage der Erfüllung einer Berufspflicht letztentscheiden zu dürfen glaubt. Zudem lässt sich die Entscheidung des BGH nicht mit der Zielsetzung des Gesetzgebers vereinbaren, dem es nur um die Verhinderung einer „missbräuchlichen" Weitergabe ging, weshalb § 184b Abs. 5 StGB nicht auf die „Unbefugtheit" der Weitergabe abstellt.[303)] Mit der Verwendung der Vokabel „ausschließlich" sollte sichergestellt werden, dass in der Ausübung der Berufspflicht der einzige Grund für die Weitergabe der kinderpornographischen Darstellungen liegt.[304)] Nach dem gesetzgeberischen Willen verbietet sich somit eine Differenzierung nach Kriterien wie Sachgerechtigkeit o.Ä.; vielmehr ist dem Verteidiger, sofern keine anderen verteidigungsfremden Zwecke (Ermöglichung sexueller Stimulation etc.) verfolgt werden,[305)] ein strafgerichtlich nicht überprüfbarer Beurteilungsspielraum einzuräumen. Denn neben der vom *BGH* angesprochenen Kommunikation zwischen dem Verteidiger und dem Sachverständigen zählt auch die vom Verteidiger zu treffende Entscheidung über die Art und Weise der Überprüfung des Akteninhalts zum Kernbereich der Verteidigung, der jeglicher

---

300) OLG Frankfurt, NJW 2013, 1107, 1108 Rdnr. 21.

301) BGH, NStZ 2014, 514, 515.

302) BGH, NStZ 2014, 514, 515.

303) BT-Drucks. 12/4883, S. 8 f.

304) BT-Drucks. 12/4883, S. 9.

305) Was als Einschränkungskriterium nicht nur grammatisch möglich ist, wie Jahn, JuS 2014, 1046, 1048, meint, sondern dem Gesetzeswortlaut wesentlich besser (und der gesetzgeberischen Intention allein) entspricht.

Fremdkontrolle entzogen ist.[306] Erkennt man richtigerweise einen der strafgerichtliche Kontrolle entzogenen Verteidigungsbeurteilungsspielraum an, so erfolgen auch – nach welchen Kriterien auch immer – nicht sachgerechte Weitergaben
zu Begutachtungszwecken i.S.d. § 184b Abs. 2 Satz 1 Nr. 3 StGB ausschließlich
in rechtmäßiger Erfüllung beruflicher Pflichten.

Praxistipp

Ungeachtet ihrer dogmatischen Unhaltbarkeit muss der Verteidiger die Entscheidung des BGH ernst nehmen und sich in seiner Praxis daran orientieren.
Der Verteidiger sollte gründlich prüfen, die Begutachtung welcher Fragestellung und aus welchem Grund er dem Sachverständigen als Auftrag erteilt, und
diese Prüfung und die dabei vorgenommenen Erwägungen in seiner Handakte
dokumentieren. Die Beauftragung des Sachverständigen sollte zu Dokumenta-
tionszwecken schriftlich erfolgen, und im Gutachtenauftrag sollten die Aspekte
der Zielsetzung, des Gegenstands der Beauftragung und – soweit dem Verteidiger möglich – der anzuwendenden Methodik präzise genannt werden. Der Verteidiger sollte den zu betrauenden Sachverständigen – ebenfalls schriftlich –
darauf hinweisen, dass er nicht berechtigt ist, ihm zur Verfügung gestellte kinderpornographische Dateien an Dritte – auch nicht an seinen Auftraggeber (den
Mandanten des Verteidigers!) – weiterzuleiten.[307]

2.1.9 Versagung und Beschränkung der Akteneinsicht

Im Ermittlungsverfahren dürfen die Akteneinsicht und die Beweismittelbesichtigung nur versagt werden, wenn die Gewährung der Akteneinsicht den **Untersuchungszweck gefährden** würde (§ 147 Abs. 2 StPO). Von der Beschränkbarkeit
des Akteneinsichtsrechts ausgenommen sind nach § 147 Abs. 3 StPO bestimmte
privilegierte Unterlagen. Dass sich aus der Versagung der Akteneinsicht Beschränkungen der Verteidigungsmöglichkeiten ergibt, nimmt das Gesetz im Ermittlungsverfahren aus zwei Gründen hin: Erstens stellt das Vorverfahren lediglich ein die Hauptverhandlung vorbereitendes Stadium dar und ist bei prinzipiell
ungewissem Ausgang des Ermittlungsverfahrens der Beschuldigte (noch) nicht
sonderlich stark betroffen. Zweitens liegt es in der Natur der Sache, dass ein Ermittlungsverfahren häufig auf Geheimhaltung angelegt ist. Da die Verifizierbar-
keit eines Tatverdachts durch weitere Ermittlungshandlungen vielfach beeinträchtigt würde, wenn die Ermittlungsbehörden ihren Informationsstand offenlegen müssten, ist eine nur vorübergehende Beschränkung von Verteidigungsrech-
ten rechtsstaatlich hinnehmbar.[308] Von einer grundsätzlichen Akzeptanz der Ein-

2.82

---

306) Vgl. Jahn, JuS 2014, 1046, 1048, der auf die Berufsfreiheit aus Art. 12 Abs. 1 GG, auf das
    Gebot effektiver Verteidigung und das Recht auf ein faires Verfahren aus Art. 6 Abs. 1
    EMRK verweist; ähnlich Beulke/Witzigmann, FS Schiller, 2014, S. 49, 63 f.
307) Meyer-Lohkamp/Schwerdtfeger, StV 2014, 772, 774.
308) Sommer, Effektive Strafverteidigung, Rdnr. 786.

sichtsbeschränkung im Ermittlungsverfahren geht auch das BVerfG aus.[309] Von den Beschränkungsmöglichkeiten des § 147 Abs. 2 StPO machen die Staatsanwaltschaften vor allem (aber nicht ausschließlich) bei Wirtschaftsdelikten, bei Straftaten der Organisierten Kriminalität und bei schwereren Straftaten nach dem BtM-Gesetz Gebrauch.

2.1.9.1　Gefährdung des Untersuchungszwecks

2.83　Nach § 147 Abs. 2 Satz 1 StPO ist der zentrale Begriff für die Versagung oder Beschränkung der Akteneinsicht und der Beweisgegenstandsbesichtigung die (mögliche) Gefährdung des Untersuchungszwecks. **Nicht Opportunitätserwägungen der Staatsanwaltschaft** – etwa Unabkömmlichkeit der Akte, Ungestörtheit des Ermittlungsverlaufs, zügiger Ablauf, Zeitersparnis – rechtfertigen die Versagung der Akteneinsicht, sondern allein die Frage, ob die Akteneinsicht den Untersuchungszweck gefährden würde. Glaubt die Staatsanwaltschaft die Akten für weitere Ermittlungen zu benötigen, so hat die Gewährung der Akteneinsicht gleichwohl im Grundsatz Vorrang; ggf. müssen Doppelakten angefertigt werden. Es kann nicht angehen, dass die Staatsanwaltschaft vorerst die erlangten Beweismittel auswertet oder weitere zu gewinnen versucht und bis zum Abschluss ihrer Ermittlungen mit der Gewährung von Akteneinsicht zuwartet.[310] Die stereotype Versagung der Akteneinsicht unter Hinweis auf § 147 Abs. 2 Satz 1 StPO – bei vielen Staatsanwaltschaften bis heute gängige Praxis – oder die Ignorierung von Einsichtsgesuchen ist ebenso inakzeptabel wie die Vertröstung mit der Aussage, die Akten seien „unabkömmlich" oder „versandt".[311] Bloße technische Probleme oder sich aus der Einsichtsgewährung ergebende zeitliche Verzögerungen stellen keine Gefährdung des Untersuchungszweckes dar und rechtfertigen eine Versagung nicht.[312]

2.84　Ebenfalls **keine Gefährdung des Untersuchungszwecks** stellt es – selbstverständlich – dar, dass der Verteidiger oder der Beschuldigte die Kenntnis des Akteninhalts zum Anlass nehmen könnte, Anträge zu stellen oder eigene Ermittlungen durchzuführen;[313] denn der Verteidiger hat – wenn auch realiter begrenzt – die Möglichkeit und das entsprechende Recht, auf das Ermittlungsverfahren Einfluss zu nehmen, beispielsweise durch Anträge oder eigene Ermittlungen.[314] Zu einem solchen partizipatorischen Verhalten soll das Akteneinsichtsrecht den Verteidiger gerade befähigen. Ganz generell ist mit dem Versagungsgrund der Untersuchungszweckgefährdung nur ein erwarteter **unzulässiger Eingriff** in das Verfahren gemeint; zulässiges Verteidigungsverhalten kann daher den Untersuchungszweck nicht gefährden, sondern fördert ihn im Gegenteil. Dementsprechend stel-

---

309) BVerfG, NJW 1994, 3219; BVerfG, wistra 2004, 179; vgl. ferner BGH, NStZ-RR 2004, 321; krit. Kempf, StraFo 2004, 299, 300.
310) Michalke, NJW 2013, 2334, 2335.
311) Dahs, NJW 1985, 1113, 1115 f.
312) LR/Lüderssen/Jahn, § 147 Rdnr. 132; SK-StPO/Wohlers, § 147 Rdnr. 96.
313) LR/Lüderssen/Jahn, § 147 Rdnr. 133; SK-StPO/Wohlers, § 147 Rdnr. 96.
314) Zutr. LR/Lüderssen/Jahn, § 147 Rdnr. 133.

len auch der Wunsch der Staatsanwaltschaft nach einem ungestörten Ermittlungsfortgang und die Erwägung, der Beschuldigte mache bisher von seinem Schweigerecht Gebrauch, keine zur Beschränkung des Akteneinsichtsrechts berechtigende Untersuchungszweckgefährdung dar.[315] Da nur der Untersuchungszweck durch die Möglichkeit, Akteneinsicht zu versagen, geschützt wird, rechtfertigt auch das Bekanntwerden der Geschäftsgeheimnisse anderer Verfahrensbeteiligter keine Beschränkung der Akteneinsicht.[316]

Praxistipp

Verzögert die Staatsanwaltschaft auf diesem Wege die Akteneinsicht mit fadenscheinigen Floskeln oder rechtlich unhaltbaren Begründungen, so ist dem Verteidiger zu empfehlen, den Sachbearbeiter zu kontaktieren und auf Nr. 12 RiStBV hinzuweisen.[317] Reagiert die Staatsanwaltschaft dagegen auf mehrere Akteneinsichtsgesuche nicht, so kann der Verteidiger mit einem „unfreundlichen Akt" reagieren, indem er das örtliche Amts- oder Landgericht anschreibt und um Mitteilung bittet, ob dort ein Zwischen- oder gar Hauptverfahren gegen seinen Mandanten läuft, dass das Aktenzeichen nicht bekannt ist, der Mandant befürchtet, ohne Akteneinsicht und Gewährung rechtlichen Gehörs angeklagt worden zu sein, und dass das Schreiben ggf. als Antrag auf richterliche Entscheidung gem. § 147 Abs. 5 Satz 2 StPO verstanden werden und bitte an den nach § 162 StPO dafür zuständigen Ermittlungsrichter weitergeleitet werden möge. In aller Regel führt solch ein Vorgehen zu Nachfragen der Gerichte beim zuständigen Dezernenten und ist geeignet, den Dezernenten i.S.d. Akteneinsichtsersuchens zu motivieren. Zudem dürfte ein solches Vorgehen sich als gegenüber der Dienstaufsichtsbeschwerde milderes Mittel darstellen.

Die **Gefährdung des Untersuchungszwecks** setzt voraus, dass bei Gewährung der Akteneinsicht die Sachaufklärung beeinträchtigt wird, dass also aufgrund **durch Tatsachen belegter Anhaltspunkte objektiv naheliegt,** dass der Beschuldigte bei Erlangung von Aktenkenntnis in unzulässiger Weise nachteilig in das Ermittlungsverfahren eingreifen werde.[318] Bloße Vermutungen oder Spekulationen begründen keine Gefährdung, weshalb eine bloß vage und entfernte Möglichkeit der Gefährdung im Sinne einer abstrakten Gefahrenlage anerkanntermaßen keine Akteneinsichtsbeschränkung rechtfertigt.[319] Eine konkret im Raum stehende Untersuchungszweckgefährdung soll die Akteneinsichtsbeschränkung dagegen nach noch h.M. nicht voraussetzen,[320] sondern es soll ausreichen, dass nach der Lebenserfahrung *„die Annahme näher liegt, jemand werde die Ermittlungen beeinträchtigen, wenn er das gefahrlos tun kann, als*

2.85

---

315) Bosbach, Verteidigung im Ermittlungsverfahren, Rdnr. 108.

316) BGHSt 52, 58.

317) Donath/B. Mehle, NJW 2009, 1399.

318) MüKo-StPO/Thomas/Kämpfer, § 147 Rdnr. 24 f.; SK-StPO/Wohlers, § 147 Rdnr. 97; Eisenberg, NJW 1991, 1257, 1260.

319) LG Regensburg, StV 2004, 369; Meyer-Goßner/Schmitt, § 147 Rdnr. 25; Schlothauer, StV 2001, 192, 195; Kempf, StraFo 2004, 300; Burkhard, wistra 1996, 172 m.w.N.

320) Meyer-Goßner/Schmitt, § 147 Rdnr. 25; Pfeiffer, FS Odersky, S. 459; KMR/Müller, § 147 Rdnr. 5; wohl auch KK/Willnow, § 147 Rdnr. 13; **a.M.** LR/Lüderssen/Jahn, § 147 Rdnr. 135 m.w.N.; SK-StPO/Wohlers, § 147 Rdnr. 97.

das Verfahren tatenlos über sich ergehen lassen".[321] Die für eine Gefährdung des Untersuchungszwecks sprechenden und diese genannte Annahme begründenden Anhaltspunkte müssen sich auf die Persönlichkeit des Beschuldigten, die Natur der in Frage stehenden Straftat und auch die Eigenarten der Ermittlungen beziehen.[322] Dass eine Straftat ihrem Charakter nach auf Verschleierung angelegt ist, reicht – wie zur Frage der Verdunkelungsgefahr bei § 112 Abs. 2 Nr. 3 StPO – ohne nähere Anhaltspunkte dafür, dass dies auch im jeweiligen Einzelfall so sein wird, nicht aus.

2.86 Für die Gefährdung kommt es auf den jeweiligen Stand der Ermittlungen an. Stehen Durchsuchungen oder TKÜ-Maßnahmen an, so kann sich aus deren Charakter als einer Maßnahme, die nur als überraschende Erfolg verspricht, eine Gefährdung ergeben.[323] Weitere Paradebeispiele einer Untersuchungszweckgefährdung sind, wenn zu erwarten steht, dass der Beschuldigte auf Zeugen oder Mitbeschuldigte in der Weise einwirken wird, dass diese Verdunklungshandlungen vornehmen,[324] **oder wenn ein noch nicht vollstreckter Haftbefehl** wegen Fluchtgefahr vorliegt.[325] Letzteres – eine Gefährdung des Untersuchungszwecks wegen auf Fluchtgefahr gestützten Haftbefehls – liegt aber entgegen der überwiegenden Rechtsprechung richtigerweise nicht vor, wenn der Beschuldigte von dem Haftbefehl weiß.[326] Dann muss durch die Akteneinsicht der Erfolg der konkreten Zwangsmaßnahme nicht zwingend gefährdet werden. Richtigerweise wird man darauf abstellen müssen, ob dem Beschuldigten spezifisch durch Offenlegung des Akteninhalts ein darüberhinausgehender zusätzlicher Anreiz geboten wird, sich dem Verfahren zu entziehen oder Verdunkelungshandlungen vorzunehmen. Ein zusätzlicher Ansporn, die Flucht fortzusetzen,[327] stellt aber nicht den Regelfall dar. Ungeachtet ihrer Angreifbarkeit muss sich der Verteidiger aber auf die gegenteilige Ansicht der überwiegenden Rechtsprechung für die Praxis einstellen.

2.87 Nach richtiger, im Schrifttum herrschender Ansicht muss die Frage der Gefährdung des Untersuchungszwecks verfahrensbezogen beantwortet werden und in diesem Sinne **„teilbar"**. Hat die Staatsanwaltschaft Akten eines anderen Verfahrens beigezogen, so kann die Einsicht in diese Akten folglich nicht mit der Begründung versagt werden, dass die Ermittlungen in dem anderen Verfahren noch nicht abgeschlossen sind und (allein) dort eine Gefährdung des Untersuchungserfolgs drohe.[328] Der Ermittlungsrichter des BGH hat dies einmal anders

---

321) So wörtlich – freilich abl. – LR/Lüderssen/Jahn, § 147 Rdnr. 135.
322) BeckOK, StPO/Wessing, § 147 Rdnr. 6; LR/Lüderssen/Jahn, § 147 Rdnr. 135.
323) BGHSt 29, 99, 103; LG Saarbrücken, NStZ-RR 2006, 80.
324) LR/Lüderssen/Jahn, § 147 Rdnr. 133; SK-StPO/Wohlers, § 147 Rdnr. 96.
325) OLG Hamm, NStZ-RR 2001, 254; OLG München, StV 2009, 538; BeckOK, StPO/Wessing, § 147 Rdnr. 6; von Grundgesetzes wegen ist diese Sicht nicht zu beanstanden, vgl. BVerfG, NStZ-RR 1998, 108.
326) Wie hier OLG Köln, StV 1998, 269; Beulke/Witzigmann, NStZ 2011, 254, 257 f. m.w.N.; Börner, StV 2012, 361 ff.
327) Als Regelfall angenommen von OLG München, StV 2009, 538, 539; OLG Hamm, NStZ-RR 2001, 254, 255.
328) OLG Schleswig, StV 1989, 95; LR/Lüderssen/Jahn, § 147 Rdnr. 132; MüKo-StPO/Thomas/Kämpfer, § 147 Rdnr. 16, 26; SSW-StPO/Beulke, § 147 Rdnr. 32; BeckOK, StPO/Wessing, § 147 Rdnr. 6.

Dehne-Niemann

gesehen,[329)] indessen zu Unrecht: Nur in der das eigene Einsichtsrecht des Beschuldigten regelnden Sondervorschrift des § 147 Abs. 4 StPO, die gemessen am Einsichtsrecht des Verteidigers weitere Einschränkungsmöglichkeiten enthält, wird auch der Schutz der *„anderen Strafverfahren"* genannt, was beim Akteneinsichtsrecht des Verteidigers aber gerade fehlt.[330)] Zudem ist die Frage der Gefährdung eines verfahrensfremden Untersuchungszwecks im Gesetzgebungsverfahren durchaus thematisiert worden,[331)] eine entsprechende Versagungsgrundlage allerdings jedoch nicht Gesetz geworden, um *„Wertungswidersprüche in Bezug auf andere Bestimmungen"*[332)] der StPO zu vermeiden. Wenngleich damit keine *„Aussage über die Zulässigkeit der Versagung der Akteneinsicht im Hinblick auf eine Gefährdung des Untersuchungszwecks in einem anderen Strafverfahren verbunden"*[333)] sein sollte, spricht das Schweigen des Gesetzgebers sowie der Umkehrschluss zu anderen Vorschriften der StPO, die auf andere Verfahren in der StPO verweisen (z.B. §§ 477 Abs. 2 Satz 1, 406e Abs. 2 Satz 2 StPO),[334)] dafür, dass die Gefährdung des Untersuchungszwecks keine Versagung der Einsicht in beigezogene Akten rechtfertigt. Für die gegenständlichen Verfahrensakte gilt dies erst recht.

Der unbestimmte Rechtsbegriff der Gefährdung des Untersuchungszwecks ist **gerichtlich voll nachprüfbar**.[335)] Dagegen ist die Ausübung des auf der Rechtsfolgenseite eröffneten Ermessens der Staatsanwaltschaft **nur auf Ermessenfehler hin überprüfbar**.[336)] Allerdings ist ermessensleitend zu beachten, dass der Grundsatz in der Gewährung der Einsicht besteht und in der Versagung die Ausnahme.[337)] Folglich muss, auch wenn die Akteneinsicht den Untersuchungszweck gefährden kann, die Voraussetzungen der Tatbestandsseite des § 147 Abs. 2 StPO also vorliegen, die Staatsanwaltschaft sie nicht versagen.[338)] Dies stellt in der Praxis einen häufigen Fehler der nach § 34 zweite Variante StPO erforderlichen Begründung dar. 2.88

2.1.9.2 Privilegierte Unterlagen nach § 147 Abs. 3 StPO

Die in § 147 Abs. 3 StPO genannten privilegierten Aktenteile müssen – als Originale oder Kopien – der Verteidigung – und, da § 147 Abs. 4 Satz 1 auf § 147 Abs. 3 StPO verweist, dem unverteidigten Beschuldigten – auch dann zugänglich gemacht werden, wenn das Akteneinsichtsrecht nach § 147 Abs. 2 StPO ansonsten rechtmäßig beschränkt wird. Die Einsicht in Protokolle über **Vernehmungen des Beschuldigten** und über solche **richterlichen Untersuchungshandlungen**, bei 2.89

---

329) BGH, StV 2012, 321, 323 m. abl. Anm. Tsambikakis.
330) SSW-StPO/Beulke, § 147 Rdnr. 32.
331) BT-Drucks. 16/11644, S. 34 (Gesetzentwurf der Bundesregierung).
332) BT-Drucks. 16/13097, S. 19 (Beschlussempfehlung und Bericht des Rechtsausschusses).
333) BT-Drucks. 16/13097, S. 19.
334) Burhoff, Ermittlungsverfahren, Rdnr. 289.
335) LG Landau, StV 2001, 613; BeckOK, StPO/Wessing, § 147 Rdnr. 5.
336) LG Landau, StV 2001, 613; SK-StPO/Wohlers, § 147 Rdnr. 98; BeckOK, StPO/Wessing, § 147 Rdnr. 9.
337) LR/Lüderssen/Jahn, § 147 Rdnr. 135; Satzger, StraFo 2006, 47.
338) Näher zum Ermessen Schlothauer, StV 2001, 192, 195.

denen dem Verteidiger die Anwesenheit gestattet worden ist oder hätte gestattet werden müssen, sowie in die **Gutachten von Sachverständigen** unterliegt also nicht nach § 147 Abs. 2 StPO der Beschränkung wegen einer Gefährdung des Untersuchungserfolgs. Eine Ausnahme von der Nichtbeschränkbarkeit nach § 147 Abs. 3 StPO gilt bei Gefährdung des Untersuchungserfolgs in Kontaktsperrefällen nach §§ 31 Abs. 2, 34 Abs. 3 Nr. 2 Satz 3 EGGVG.

2.90 Privilegierte Protokolle über **Vernehmungen des Beschuldigten** i.S.d. § 147 Abs. 3 StPO sind alle polizeilichen, staatsanwaltschaftlichen und richterlichen Vernehmungsprotokolle, und zwar unabhängig vom Status des Beschuldigten zum Zeitpunkt der Aussage. Der privilegierten Einsicht unterliegen also auch etwa Protokolle, in denen eine Zeugenaussage des jetzigen Beschuldigten in anderer Sache enthalten ist.[339] Schriftliche Äußerungen des Beschuldigten stehen Vernehmungsprotokollen gleich. Dies gilt nach h.M. auch für (schriftliche und mündliche Äußerungen) des Beschuldigten gegenüber anderen Behörden als Polizei, Staatsanwaltschaft und Gericht wie etwa Sozial- oder Jugendämtern, die dort protokolliert und dann beigezogen wurden.[340]

2.91 Von dem Recht zur Einsicht in Protokolle über **richterliche Untersuchungshandlungen** werden auch polizeiliche Protokolle erfasst, auf die im richterlichen Protokoll Bezug genommen wird.[341] Vernimmt also ein Ermittlungsrichter einen Zeugen und hätte dem Verteidiger dabei die Anwesenheit gestattet werden müssen oder war er zugegen (gleichgültig, ob der Verteidiger einen Anwesenheitsanspruch hatte[342]), so kann der Verteidiger Einsicht in ein polizeiliches Protokoll verlangen, aus dem dem Zeugen vorgehalten wurde. Unter den Begriff der richterlichen Untersuchungshandlung fallen nicht nur Vernehmungen (von Zeugen und Sachverständigen[343]), sondern auch Augenscheinseinnahmen.[344] Für die richterliche Vernehmung von Mitbeschuldigten gilt die Einsichtsprivilegierung des § 147 Abs. 3 StPO im Grundsatz auch; ausgenommen davon sind jedoch Vernehmung des Mitbeschuldigten bei Haftbefehlsverkündung, Haftprüfung und im Haftbeschwerdeverfahren.[345] Diese Ausnahme ist plausibel, wenn man akzeptiert, dass der Verteidiger bei der Vernehmung von Mitbeschuldigten kein Anwesenheitsrecht (arg. § 168c Abs. 2 StPO) hat[346] und für ein überschießendes Einsichtsrecht bei Vorliegen der Voraussetzungen des § 147 Abs. 2 StPO kein sachlicher Grund erkennbar ist.

---

339) OLG Hamm, StV 1995, 571 m. Anm. Mehle/Hiebl.

340) Vgl. OLG Hamm, StV 1995, 571; MüKo-StPO/Thomas/Kämpfer, § 147 Rdnr. 31; **a.M.** KK/Willnow, Rdnr. 18; SK-StPO/Wohlers, § 147 Rdnr. 100.

341) OLG Hamm, NStZ 1987, 572; LR/Lüderssen/Jahn, § 147 Rdnr. 140.

342) LR/Lüderssen/Jahn, § 147 Rdnr. 140; KK/Willnow, § 147 Rdnr. 18.

343) LR/Lüderssen/Jahn, § 147 Rdnr. 140; KMR/Müller, § 147 Rdnr. 8; SK-StPO/Wohlers, § 147 Rdnr. 101.

344) LR/Lüderssen/Jahn, § 147 Rdnr. 140.

345) OLG Karlsruhe, StV 1996, 302, 303 f. m. Anm. Rieß; KK/Willnow, § 147 Rdnr. 18; BeckOK, StPO/Wessing, § 147 Rdnr. 13; ohne Differenzierung pauschal für die Privilegierung der Vernehmung von Mitbeschuldigten dagegen LR/Lüderssen/Jahn, § 147 Rdnr. 140.

346) SK-StPO/Wohlers, § 147 Rdnr. 101.

Akteneinsichtsprivilegiert sind schließlich auch **Gutachten von Sachverständigen,** 2.92
wobei der Inhalt gleichgültig ist.[347] Die Privilegierung besteht unabhängig
davon, ob das Sachverständigengutachten Teil der Hauptakte oder einer Spurenakte ist und ob sich das Gutachten sich mit der Auswertung einer Spurenakte
befasst.[348] Mündliche Äußerungen eines Gutachters gegenüber der Staatsanwaltschaft muss diese durch Vermerke aktenkundig machen;[349] diese Vermerke nehmen als Gutachten i.S.d. § 147 Abs. 3 StPO an der Einsichtsprivilegierung teil.[350]
Nach – allerdings stark bestrittener – Ansicht der Rechtsprechung sind von der
Privilegierung ausgenommen sämtliche Sachverständigengutachten, deren Gegenstand ausschließlich in der Übersetzung von Urkunden besteht, auf die sich wegen
einer Gefährdung des Untersuchungszwecks nach § 147 Abs. 2 StPO das Akteneinsichtsrecht nicht erstreckt.[351]

Mit Blick auf die strafrechtliche Dimension der Wirtschaftsskandale der jüngeren 2.93
Vergangenheit und deren Aufklärung ist von Bedeutung, dass zu den privilegierten Sachverständigengutachten nach § 147 Abs. 3 StPO auch Berichte von Wirt-
schaftsprüfergesellschaften u.Ä. über **interne Untersuchungen ("internal investi-
gations")** in einem Unternehmen zählen.[352]

Die Privilegierung genießen nur die Sachverständigengutachten. Nicht nach § 147
Abs. 3 StPO privilegiert sind dagegen die für die Erstellung des Gutachtens
verwendeten **Arbeitsunterlagen von Sachverständigen,**[353] solange diese nicht Bestandteil des Gutachtens sind.

2.1.9.3 Rechtsmittel gegen die Versagung der Akteneinsicht/ Ablehnung des Einsichtsgesuchs

Die Rechtsmittel gegen die Versagung der Akteneinsicht ist – auch wegen der viel- 2.94
fach gesetzesgelösten Entscheidungen der Staatsanwaltschaften – von erheblicher
praktischer Relevanz. Man muss sich vor Augen führen, dass ein rechtsstaatlich
angemessener Umgang mit dem unbestimmten Rechtsbegriff der "Gefährdung
des Untersuchungszwecks" als nach § 147 Abs. 2 Satz 1 StPO mit seiner gerichtlichen Kontrolle steht und fällt. Welche Rechtsmittel gegen die Ablehnung der
Akteneinsicht zur Verfügung stehen, richtet sich vor allem danach, wer die Ent-

---

347) KMR/Müller, § 147 Rdnr. 8; MüKo-StPO/Thomas/Kämpfer, § 147 Rdnr. 32.

348) MüKo-StPO/Thomas/Kämpfer, § 147 Rdnr. 32; Meyer-Goßner, NStZ 1982, 353, 357.

349) BeckOK, StPO/Wessing, § 147 Rdnr. 14.

350) MüKo-StPO/Thomas/Kämpfer, § 147 Rdnr. 32.

351) OLG Hamburg, StV 1986, 422; KK/Willnow, § 147 Rdnr. 19; Meyer-Goßner/Schmitt, § 147 Rdnr. 29; **a.M.** das wohl überwiegende Schrifttum; vgl. SK-StPO/Wohlers, § 147 Rdnr. 102; LR/Lüderssen/Jahn, § 147 Rdnr. 140; Welp, StV 1986, 446, 450, die das Ansichtsrecht auch auf von Sachverständigen gefertigte Übersetzung von Urkunden, die nach § 147 Abs. 2 StPO einsichtsentzogen sind, erstrecken; diff. BeckOK, StPO/ Wessing, § 147 Rdnr. 14.

352) BeckOK, StPO/Wessing, § 147 Rdnr. 14; Dierlamm, FS Schlothauer, 2019, 205, 208 ff.

353) BGH, StV 1995, 565; Gercke/Julius/Temming/Zöller/Julius/Schiemann, § 147 Rdnr. 13; dazu Lehmann, GA 2005, 639.

scheidung über die Versagung getroffen hat. Im Ermittlungsverfahren geht es vornehmlich um Entscheidungen der Staatsanwaltschaft, weil allein diese für die Gewährung der Akteneinsicht zuständig ist. Gänzlich unanfechtbar sind gem. § 32f Abs. 3 StPO dagegen Entscheidungen über die Form der Gewährung von Akteneinsicht.

2.95   Eine die Gewährung von Akteneinsicht ablehnende Entscheidung der Staatsanwaltschaft kann nach § 147 Abs. 5 Satz 2 StPO – jedenfalls – teilweise mit dem Antrag auf gerichtliche Entscheidung angefochten werden.[354] Nach dieser Vorschrift besteht eine **Anfechtungsmöglichkeit nur in drei Konstellationen:** Erstens kann die Versagung der Akteneinsicht angegriffen werden, wenn der **Abschluss der Ermittlungen in den Akten vermerkt** (§ 169a StPO) worden ist. Da mit der Anklageerhebung die Zuständigkeit für die Entscheidung über den Akteneinsichtsantrag auf das Gericht übergeht, ist § 147 Abs. 5 Satz 2 erste Variante StPO praktisch kaum von Bedeutung. Die Vorschrift bietet aber Akteneinsichtsrechtschutz bei vorangegangener Einstellung nach § 170 Abs. 2 oder §§ 153 Abs. 1, 153a Abs. 1, 154 Abs. 1 StPO.[355]

> **Praxistipp**
>
> Da der Verteidiger über den Abschluss der Ermittlungen nicht informiert werden muss, erfährt er regelmäßig nichts von der Anfechtungsmöglichkeit nach § 147 Abs. 5 StPO, was den Rechtsschutz leerlaufen zu lassen droht. Dies kann und sollte der Verteidiger verhindern, indem er in seinem Antragsschreiben expressis verbis beantragt, vom Abschluss der Ermittlungen informiert zu werden. Dies sollte der Verteidiger zugleich ebenso ausdrücklich damit erklären, dass er nach Ermittlungsabschluss, aber noch vor Anklageerhebung erforderlichenfalls erneut Stellung nehmen möchte.[356] So ist gewährleistet, dass der Verteidiger nach Information über den Abschluss der Ermittlungen Antrag auf gerichtliche Entscheidung stellen kann, wenn ihm die (erneute) Akteneinsicht verwehrt wird.

2.96   Die zweite Anfechtungsfallgruppe betrifft die Versagung der Akteneinsicht bei in Rede stehender **Einsichtnahme in privilegierte Urkunden** nach § 147 Abs. 3 StPO.

Praktisch hoch bedeutsam ist die dritte Fallgruppe, in der Akteneinsicht versagt wird, obwohl sich der **Beschuldigte nicht auf freiem Fuß** befindet. Nach h.M. meint § 147 Abs. 5 Satz 2 dritte Variante StPO nur diejenigen Fälle, in denen der Beschuldigte sich spezifisch wegen desjenigen Verfahrens in Haft befindet, in des-

---

354) Zur berechtigten Kritik an der Vorschrift etwa Dedy, StraFo 2001, 149; Schlothauer, StV 2001, 192, 193 f.; LR/Lüderssen/Jahn, § 147 Rdnr. 157 ff.

355) Klärend Schlothauer, StV 2001, 192, 193; so auch MüKo-StPO/Thomas/Kämpfer, § 147 Rdnr. 58.

356) Burhoff, Ermittlungsverfahren, Rdnr. 450.

Dehne-Niemann

sen Akten Einsichtnahme beantragt wird.[357] Doch läuft dieses Verständnis des Begriffs „nicht auf freiem Fuß" auf eine Wortlautunterschreitung hinaus, da sich dem Gesetz – wie auch der BGH einräumt – keine Anhaltspunkte dafür entnehmen lassen, dass nur eine akteneinsichtsgegenständliche Freiheitsentziehung die gerichtliche Kontrolle der Einsichtsverwehrung aktivieren soll. Auch teleologisch ist das – wohlwollend formuliert – enge Verständnis des „Nicht-auf-freiem-Fuß-Befindens" nicht haltbar, weil jeder Inhaftierte – und nicht nur Untersuchungsgefangene – durch ein anhängiges Ermittlungsverfahren besonderen Belastungen ausgesetzt ist (etwa bei der Berücksichtigung im Rahmen der Reststrafenaussetzung).[358] Schließlich spricht für das hier vertretene weite Verständnis des § 147 Abs. 5 Satz 2 dritte Variante auch ein Blick in die Binnensystematik des § 147 StPO: Während Absatz 2 Satz 2 von Untersuchungshaft spricht, verwendet Absatz 5 Satz 2 dritte Variante den wesentlich weiteren Begriff *„nicht auf freiem Fuß"*, ohne die darin liegende Freiheitsentziehung auf Fälle der Untersuchungshaft zu begrenzen.[359] Die abweichende Praxis muss der Verteidiger aber nolens volens hinnehmen.

Nach h.M. kann die Anfechtbarkeitsausnahmeregelung aus § 147 Abs. 5 Satz 2 StPO **nicht auf andere, dort nicht geregelte Fälle übertragen** werden.[360] Daher sollen dem Beschuldigten außerhalb § 147 Abs. 5 Satz 2 StPO gegen ablehnende Verfügungen der Staatsanwaltschaft im Vorverfahren – außer Gegenvorstellung bzw. Dienstaufsichtsbeschwerde – keine Rechtsmittel zur Verfügung stehen. Auch ein Antrag nach § 23 ff. EGGVG ist nicht statthaft, weil aus der Aufzählung des § 147 Abs. 5 Satz 2 StPO nunmehr folgt, dass in den übrigen Fällen ein Rechtsbehelf nicht gegeben ist. Der hierzu früher geführte Streit über die Anwendung der §§ 23 ff. EGGVG hat sich damit erledigt.[361] Die sich daraus ergebende prinzipielle Unanfechtbarkeit staatsanwaltlicher Entscheidungen wird vor allem in der Rechtsprechung für unbedenklich gehalten, weil der Verteidiger ignorierte oder (und teilweise) abgelehnte Einsichtsanträge nach Anklageerhebung erneut anbringen kann und auf dadurch das ihm zustehende Recht auf Gewährung von Rechtsschutz innerhalb angemessener Zeit „noch zur rechten Zeit" gewahrt werde.[362]

---

357) BGH, NStZ 2012, 223, 224 f. Rdnr. 6 ff. mit abl. Anm. Tsambikakis, StV 2012, 321; LG Mannheim, StV 2001, 613; BeckOK, StPO/Wessing, § 147 Rdnr. 33; zu Recht **a.M.** manche Instanzengerichte, vgl. LG München I, StV 2006, 11; LG Regensburg, StV 2004, 369 f., und die wohl h.Lit., vgl. LR/Lüderssen, § 147 Rdnr. 160b; SK-StPO/Wohlers, § 147 Rdnr. 111; SSW-StPO/Beulke, § 147 Rdnr. 51; Schlothauer, StV 2001, 614; für Anfechtbarkeit bei Überhaft in gegenständlicher Sache auch KK/Willnow, § 147 Rdnr. 26; MüKo-StPO/Thomas/Kämpfer, § 147 Rdnr. 58.
358) Schlothauer, StV 2001, 614 f.; Tsambikakis, StV 2012, 323.
359) Tsambikakis, StV 2012, 323, 324.
360) BGH, NStZ-RR 2012, 16, 17; LG Neubrandenburg, NStZ 2008, 655 f.
361) OLG Frankfurt, NStZ-RR 2005, 376; OLG Karlsruhe, NStZ 2016, 126.
362) BVerfG, NStZ 1984, 228, 229; BVerfG, NJW 1985, 1019; BVerfG, NJW 1994, 573; BVerfG, NStZ 1994, 551 f.; KK/Willnow, § 147 Rdnr. 25.

2.97 Das alles überzeugt nicht. Der Gesetzgeber[363] hat die Frage der Anfechtbarkeit ablehnender staatsanwaltschaftlicher Entscheidungen bewusst offengelassen.[364] Mit Blick auf die notorisch defizitäre Behandlung des Akteneinsichtsrechts durch die Staatsanwaltschaften ist ein nicht im Beschwerdeweg durchsetzbares Einsichtsrecht ein „zahnloser Tiger". Ohne Durchsetzbarkeit im Rechtsmittelweg droht das Einsichtsrecht im Ermittlungsverfahren leerzulaufen.[365] Vor allem aber liefe die von der Rechtsprechung praktizierte Ausnahmeanfechtbarkeit nach § 147 Abs. 5 Satz 2 StPO auf eine sachlich nicht zu rechtfertigende Schlechterbehandlung der Verteidigung gegenüber dem Verletzten dar, der nach § 406e Abs. 4 Satz 2 StPO ein wesentlich weitergehendes Einsichtsrecht hätte. Wie gänzlich indiskutabel eine solche Schlechterstellung wäre, zeigt sich daran, dass es nach der Rechtsprechung prinzipiell möglich wäre, dem Verletzten Akteneinsicht zu gewähren, sie dem Beschuldigten bzw. seinem Verteidiger aber zu versagen.[366] Und wenn man dem Beschuldigten zur Abmilderung dieses Ergebnisses ein Beschwerderecht gegen die Einsichtnahme des Verletzten analog § 406 Abs. 4 Satz 2 StPO geben möchte,[367] läuft dies auf das absurde Ergebnis hinaus, dass ein unbegrenztes Beschwerderecht des Beschuldigten gegen die Einsichtsgewährung zugunsten des Verletzten besteht, der Beschuldigte sich aber nur in eng umgrenzten Fällen gegen die Versagung eigener Akteneinsicht beschweren kann. Richtigerweise wird man, um Art. 19 Abs. 4 GG zu genügen und die aufgezeigten Ungereimtheiten zu vermeiden, § 147 Abs. 5 Satz 2 StPO analog auf alle Fälle der versagten Akteneinsicht anwenden müssen.[368] Daneben bedarf es für die heutige Gesetzesfassung – was für sich genommen im Grundsatz unstreitig ist – keines Rückgriffs auf die §§ 23 ff. EGGVG. Gestritten wird aber noch über die – von der h.M. bejahte[369] – Frage, ob der Beschuldigte (insbesondere) während des Ermittlungsverfahrens gerichtlichen Rechtsschutz im Verfahren nach §§ 23 ff. EGGVG in Anspruch nehmen kann, wenn ihm die Einsicht in die Spurenakten verwehrt wird.

---

363) BT-Drucks. 14/1484, S. 22.
364) MüKo-StPO/Thomas/Kämpfer, § 147 Rdnr. 59.
365) MüKo-StPO/Thomas/Kämpfer, § 147 Rdnr. 59, die zu Recht darauf hinweisen, dass die Rechtsprechung dazu einlädt, die Beschränkung nach § 147 Abs. 2 StPO als Regel- statt als Ausnahmefall zu behandeln.
366) MüKo-StPO/Thomas/Kämpfer, § 147 Rdnr. 59; Börner, NStZ 2007, 680, 683 f.
367) So BGH, NStZ 1993, 351 f.; KK/Willnow, § 147 Rdnr. 25; für eine Analogie zu § 147 Abs. 5 Satz 2 StPO dagegen Börner, NStZ 2007, 680, 684.
368) So BeckOK, StPO/Wessing, § 147 Rdnr. 33; MüKo-StPO/Thomas/Kämpfer, § 147 Rdnr. 42; SK-StPO/Wohlers, § 147 Rdnr. 112 m.w.N; MAH/Schlothauer, § 3 Rdnr. 42; ders., StV 2001, 192, 193, 196; ders., StV 2001, 614; vgl. ferner LG Regensburg, StraFo 2017, 451, 452 m. zust. Anm. Arnemann; für ein Einsichtsrecht jedenfalls zur Durchsetzung des rechtlichen Gehörs bei der gerichtlichen Beschwerde gegen schwere Grundrechtseingriffe Börner, NStZ 2007, 680, 683 f.
369) BVerfG, NStZ 1983, 273, 274; OLG Hamm, NStZ 1984, 423 f. m. Anm. Meyer-Goßner; KK/Schneider, § 199 Rdnr. 14; Meyer-Goßner/Schmitt, § 147 Rdnr. 40; **a.M.** KK/Willnow, § 147 Rdnr. 26, der die nach Art. 19 Abs. 4 erforderliche Kontrolle durch die Überprüfungsmöglichkeit entsprechend § 147 Abs. 5 Satz 2 gewährleistet wissen will, weil in der Versagung der Einsicht in die Spurenakte aus der Sicht der Staatsanwaltschaft eine endgültige, später bei Gericht nicht mehr nachholbare Ablehnung des Antrags auf Einsichtnahme liege.

Dass **§ 147 Abs. 5 Satz 2 StPO nicht abschließend** sein kann, zeigt sich, wenn man **auf weitere – ungeschriebene – Anwendungsfälle des Antrags auf richterliche Entscheidung** schaut: Im Streit ist die Rechtswegfrage, wenn die Staatsanwaltschaft einen Akteneinsichtsantrag zurückweist, den der Beschuldigte nach Einstellung des Verfahrens gestellt hat. Richtigerweise ist der Rechtsweg nach § 147 Abs. 5 Satz 2–4, § 161a Abs. 3 Satz 2 StPO auch in solchen Fällen eröffnet.[370] Denn die gesetzliche Regelung des § 147 Abs. 5 Satz 1, Satz 2 StPO erfasst bezüglich der Anfechtbarkeit sämtliche rechtskräftige Entscheidungen.[371] Mit der Neuregelung wollte der Gesetzgeber – dem Bedürfnis nach einer einheitlichen Rechtsschutzmöglichkeit Rechnung tragend – für alle Fälle, in denen die Anfechtung entsprechender Entscheidungen der Staatsanwaltschaft schon nach bisherigem Recht möglich war, einheitlich den Rechtsweg nach § 161a Abs. 3 Satz 2–4 StPO eröffnen.[372] Die frühere Rechtsprechung der OLGs, wonach der Rechtsweg nach §§ 23 ff. EGGVG gegen Akteneinsichtsanträge des Beschuldigten ablehnende Entscheidungen der Staatsanwaltschaft nach Abschluss des Verfahrens eröffnet war, ist deshalb überholt; auch hier ist nach heutiger Rechtslage der Antrag auf gerichtliche Entscheidung nach § 161a Abs. 3 Satz 2–4 StPO einschlägig.[373]

2.98

Nach h.M. soll der Verletzte in entsprechender Anwendung des § 147 Abs. 5 Satz 2 StPO die Entscheidung anfechten können, mit der **dem Beschuldigten Akteneinsicht gewährt** wird.[374] Das ist zweifelhaft:[375] § 147 Abs. 5 Satz 2 StPO regelt nur die Versagung von Akteneinsicht, gegen die sich der Verteidiger wehren kann, hingegen nicht die Bewilligung der Akteneinsicht, die einen Dritten beschweren kann. Einer analogen Anwendung der Vorschrift steht schon entgegen, dass die in ihr enthaltenen Beschränkungen auf eine Drittanfechtung wie die durch den Verletzten nicht passen. Dagegen besteht **zugunsten des Beschuldigten** anerkanntermaßen Rechtsschutz gegen die Gewährung der Akteneinsicht an den Verletzten, und zwar durch Antrag auf gerichtliche Entscheidung entsprechend § 406e Abs. 4 Satz 2 StPO.[376]

2.99

Gerichtliche Entscheidungen, mit denen die Versagung der Akteneinsicht bestätigt wird, sind seit der Neuregelung des § 147 Abs. 5 Satz 2 StPO durch das 2. OpferRRG **mit der Beschwerde anfechtbar**.[377] Um solche gerichtlichen Entscheidungen der Anfechtbarkeit zugänglich zu machen, hat der Gesetzgeber den früheren Verweis in § 147 Abs. 5 Satz 2 auf § 161a Abs. 3 Satz 4 StPO, der

2.100

370) SK-StPO/Wohlers, § 147 Rdnr. 118; **a.M.** OLG Hamburg, NJW 1997, 3255; LR/Lüderssen/Jahn, § 147 Rdnr. 164, die § 23 EGGVG für einschlägig halten.

371) OLG Hamm, NJW 2003, 768; Meyer-Goßner/Schmitt, § 147 Rdnr. 36; Schlothauer, StV 2001, 192, 193.

372) BT-Drucks. 13/9718, S. 37 f.

373) OLG Hamm, NJW 2003, 768; SK-StPO/Wohlers, § 147 Rdnr. 118; BeckOK, StPO/Wessing, § 147 Rdnr. 36; Burhoff, HRRS 2003, 182, 190; Schlothauer, StV 2001, 192, 193.

374) OLG Stuttgart, NJW 2006, 2565, 2567.

375) Skeptisch auch Meyer-Goßner/Schmitt, § 147 Rdnr. 39; B. Mehle, FS Mehle, 2009, S. 387, 398.

376) BGH, StV 1993, 118; KK/Willnow, § 147 Rdnr. 25.

377) BeckOK, StPO/Wessing, § 147 Rdnr. 35.

gerichtliche Entscheidungen für unanfechtbar erklärte, gestrichen.[378] Nach Wegfall dieses Verweises kann gegen die gerichtliche Entscheidung Beschwerde eingelegt werden. Unstatthaft und damit unzulässig ist dagegen – auch für die Staatsanwaltschaft – gem. § 32f Abs. 3 StPO eine Beschwerde gegen richterliche Entscheidungen, soweit die Beschwerde die Art und Weise der Einsichtsgewährung betrifft;[379] bei einem Beschluss im Rahmen eines Antrags auf gerichtliche Entscheidung handelt es sich um eine Entscheidung i.S.d. § 32f Abs. 3 StPO.

2.9.1.4 Wegfall des Beschränkungsgrunds und Information des Verteidigers bzw. des Beschuldigten (§ 147 Abs. 6 StPO)

2.101 Hat die Staatsanwaltschaft die Gewährung von Akteneinsicht aus den Gründen des § 147 Abs. 2 StPO abgelehnt, so ist nach § 147 Abs. 6 StPO die Beschränkung aufzuheben, wenn ihr Grund – die die Gefährdung des Untersuchungszwecks ausmachenden Umstände – weggefallen ist, jedoch spätestens mit dem Abschluss der Ermittlungen (§ 169a StPO). Dem Verteidiger ist Mitteilung zu machen, sobald das Akteneinsichtsrecht wieder besteht, § 147 Abs. 6 Satz 2 StPO. Diese Unterrichtung hat ohne sein Zutun sofort nach Wegfall des Beschränkungsgrunds zu erfolgen.[380] Mit dieser ist die Akte ohne weiteren Antrag unverzüglich zu übersenden.[381] Vor Anklageerhebung muss dem Verteidiger eine angemessene Frist zur Stellungnahme gewährt werden.[382] Besteht dagegen keine Anklagereife, sondern wird das Verfahren eingestellt, so sind die Ermittlungen beendet, weshalb § 147 Abs. 2 StPO der Akteneinsicht nicht entgegenstehen kann.[383] Eine Ausnahme hiervon soll lediglich im Fall einer Einstellung nach § 153c StPO bestehen, weil die Anwendung dieser Einstellungsvorschrift nicht voraussetzt, dass die Ermittlungen zum Abschluss gebracht sind.[384]

2.1.10 Revision

2.102 Da der Rechtsschutz gegen akteneinsichtsversagende oder -beschränkende Entscheidungen der Staatsanwaltschaften von der h.M. defizitär, nämlich auf die Fälle des § 147 Abs. 5 Satz 2 StPO, reduziert wird, hat der Verteidiger stets – auch wenn die Revision aus der Perspektive des Ermittlungsverfahrens noch in weiter Ferne liegt – mit zu bedenken, wie sich die defizitäre Akteneinsicht auf den Bestand eines etwai-

---

378) Vgl. BT-Drucks. 16/12098, S. 21.
379) OLG Saarbrücken, NStZ 2019, 362 Rdnr. 8 ff. m.w.N. (für eine Entscheidung des Kammervorsitzenden im Hauptverfahren).
380) MüKo-StPO/Thomas/Kämpfer, § 147 Rdnr. 26; LR/Lüderssen/Jahn, § 147 Rdnr. 137.
381) EGMR, StV 2001, 203, 204 f.; MüKo-StPO/Thomas/Kämpfer, § 147 Rdnr. 26; Meyer-Goßner, NStZ 1982, 353, 357.
382) LR/Lüderssen/Jahn, § 147 Rdnr. 139; Meyer-Goßner/Schmitt, § 147 Rdnr. 30; MüKo-StPO/Thomas/Kämpfer, § 147 Rdnr. 26.
383) OLG Hamburg, NJW 1997, 3255, 3256.
384) BGH, NStZ 2012, 223 f. Rdnr. 3 ff.

gen späteren Urteils auswirkt. Da der Revision nur gerichtliche Urteile unterliegen und staatsanwaltschaftliche Entscheidungen, mit denen die Akteneinsicht versagt wird, insoweit im Grundsatz bedeutungslos sind,[385] sondern es auf Verfahrensfehler des Gerichts in der Hauptverhandlung ankommt (§ 261 StPO) und nur auf diesen das Urteil beruhen kann (§§ 338 Nr. 8, 337 StPO), sollte der Verteidiger versuchen, einen Akteneinsichtsverstoß aus dem Ermittlungsverfahren in die Hauptverhandlung hinein zu „transportieren".[386] In Betracht kommt in solchen Fällen § 336 Satz 1 i.V.m. § 147 StPO, sofern sich die Versagung der Akteneinsicht in der Hauptverhandlung ausgewirkt hat und nicht die Möglichkeit der Rüge einer solchen vor der Hauptverhandlung liegenden Beschränkung der Verteidigung verwirkt ist.[387]

Ist dem Verteidiger also bereits im Ermittlungsverfahren entgegen seinem Antrag keine Akteneinsicht gewährt worden, so kann er dies dann mit der Revision als **unzulässige Beschränkung der Verteidigung i.S.d. § 338 Nr. 8 StPO** rügen, wenn er deshalb in der Hauptverhandlung einen Antrag auf Unterbrechung oder Aussetzung gestellt hat und dieser abgelehnt worden ist.[388] Um dem Einwand der Verwirkung der Rüge zu entgegen, sollte der Verteidiger seinen Einsichtsantrag rechtzeitig vor der Hauptverhandlung (im Zwischenverfahren oder auch noch nach Erlass des Eröffnungsbeschlusses) gegenüber dem Gericht wiederholt haben.

2.103

Hinweis

Die Rechtsprechung des BGH stellt – auch – an die Rüge einer unzulässigen Verteidigungsbeschränkung durch unzureichende Akteneinsicht hohe Anforderungen. Bei der Rüge der Beschränkung der Verteidigung in einem wesentlichen Punkt durch Ablehnung eines Akteneinsichtsantrags muss der Verteidiger – wie bei einer Rüge wegen unterlassener Beiziehung von Akten unter dem Aspekt der Verletzung der Aufklärungspflicht[389] – **substantiiert vortragen**, welche Tatsachen sich aus welchen genau bezeichneten Stellen der Akten ergeben hätten und welche Konsequenzen für die Verteidigung daraus folgen,[390] damit das Revisionsgericht das Beruhen des Urteils auf dem Akteneinsichtsverstoß beurteilen kann. Ist der Verteidiger dazu nicht in der Lage, weil ihm die Akten, in die er Einsicht nehmen will, verschlossen geblieben sind, so muss er sich – zur Rechtfertigung und zum Beleg einer Ausnahme von der ihn an sich nach § 344 Abs. 2 Satz 2 StPO treffenden Vortragspflicht – jedenfalls bis zum Ablauf der Frist zur Erhebung der Verfahrensrüge weiter um die Akteneinsicht bemüht haben. Die entsprechenden Anstrengungen muss der Verteidiger gegenüber dem Revisionsgericht auch darlegen.[391]

---

385) Vgl. OLG Hamm, NJW 1972, 1096: *„Alles, was sich vor der Hauptverhandlung zugetragen hat, scheidet jedenfalls im Rahmen des § 338 Nr. 8 StPO aus."*
386) Zu den insoweit in Betracht kommenden zahlreichen denkbaren Fehlern vgl. LR/Lüderssen/Jahn, § 147 Rdnr. 172 ff.
387) OLG Frankfurt, NJW 1960, 1731; OLG Hamm, NJW 1972, 1096.
388) Vgl. BGH, NStZ 1985, 87; KG, StV 1982, 10; BGH, StV 1988, 193; MAH/Dahs/Müssig, § 12 Rdnr. 166.
389) BGHSt 49, 317, 328; ausdrückliche Parallelenziehung bei BGH, NStZ 2010, 530, 531.
390) BGHSt 30, 131, 138, 143; BGH, StV 2000, 248, 249; BGH, NStZ 2010, 530, 531; BayObLG, NJW 1992, 2242, 2243.
391) BGHSt 49, 317, 328; BGH, NStZ 2010, 530, 531.

Auf die Art und Weise der Gewährung der Akteneinsicht kann die Revision wegen der Anfechtungsbeschränkung nach § 32f Abs. 3 StPO nicht gestützt werden.[392]

2.1.11 Kosten der Akteneinsicht

2.104 Die Akteneinsicht des Verteidigers ist im Grundsatz kostenfrei. Es entsteht aber nach Nr. 9003 KV GKG für die Aktenversendung jedoch eine Aktenversendungspauschale. Mit dieser werden die Aufwendungen für die Aktenversendung zum Zweck der Akteneinsicht an einem anderen Ort als dem der aktenführenden Behörde abgegolten. In Nr. 9003 KV GKG ist geregelt, dass die Pauschale i.H.v. 12 € sowohl die Aktenübersendung und -rücksendung abgilt.

2.105 Bei **elektronischer Aktenführung** und Übermittlung wird ausschließlich die Dokumentenpauschale nach Nr. 9000 KV GKG erhoben. In Strafsachen ist der **Verteidiger selbst Schuldner** (§ 28 Abs. 2 GKG) der Auslagenpauschale, weil beim verteidigten Mandanten nur er selbst gem. § 147 StPO Akteneinsicht nehmen kann und die Akte nur an ihn versandt werden kann.[393] Aus diesem Grund ist nicht nur der Wahl-, sondern auch der **Pflichtverteidiger** Kostenschuldner (§ 28 Abs. 2 GKG) der Aktenversendungspauschale. Die Pauschale nach Nr. 9003 KV GKG fällt **nicht** unter die **allgemeinen Geschäftskosten** des Verteidigers. Daher ist sie nicht durch die Postentgeltpauschale Nr. 7002 VV RVG abgegolten.[394] Die frühere Streitfrage, ob dem Rechtsanwalt für die Rücksendung etwa entstandene Kosten erstattet werden müssen, ist durch die zum 31.12.2006 durch das 2. JuMoG erfolgte Änderung der Anmerkung zu Nr. 9003 KV GKG dahin entschieden, dass eine Erstattung nicht stattfindet, der Rechtsanwalt die für die Rücksendung entstehenden Kosten indessen gegenüber seinem Mandanten geltend machen kann, welcher wiederum im Freispruchsfall Erstattung von der Staatskasse verlangen kann.[395]

2.106 Verfassungsrechtliche Bedenken lassen sich gegen die Aktenversendungspauschale nicht erheben. Das Akteneinsichtsrecht des Verteidigers wird durch die Kostenpauschale nicht beeinträchtigt, denn neben der beantragten Versendung der Akten besteht die Möglichkeit der – kostenfreien – Einsichtnahme in die Akten auf der Geschäftsstelle der Staatsanwaltschaft.[396] Für den Ausgleich der durch die Versendung – einer zusätzlichen Leistung an der Verteidiger – entstehenden Kosten kann der Gesetzgeber den Rechtsanwalt als Veranlasser heranziehen. Vor einer rechtskräftigen Entscheidung darf die **Übersendung** der Akten zur

---

392) BGH, BeckRS 2007, 14987; vgl. auch Meyer-Goßner/Schmitt, § 147 Rdnr. 42 (noch unter Bezugnahme auf § 147 Abs. 4 Satz 2 StPO a.F.).
393) BGH, NJW 2011, 3041, 3042 f. Rdnr. 12 ff. (zum Streitstand m.w.N.), Rdnr. 17 ff.
394) BGH, NJW 2011, 3041 Rdnr. 8; zu Erstattungsfragen Burhoff, Ermittlungsverfahren, Rdnr. 421.
395) Burhoff, Ermittlungsverfahren, Rdnr. 422.
396) BVerfG, NJW 1995, 3177, auch zur Verletzung von Art. 12, 3 GG und des Sozialstaatsprinzips.

Einsichtnahme nicht gleichsam als Vorschuss von der Zahlung der Auslagenpauschale abhängig gemacht werden.[397]

Die Pauschale[398] fällt je Sendung an. Wird dieselbe Akte mehrfach versandt, entsteht die Pauschale mehrfach.[399] Eine Aktenversendung i.S.v. Nr. 9003 KV GKG liegt nur vor, wenn Akten **auf Antrag** versandt werden. Begehrt der Rechtsanwalt gebührenfreie Akteneinsicht über sein Gerichtsfach bei der die Akten führenden Behörde, wird ihm die Akte aber dennoch – an sich gebührenpflichtig – postalisch übersandt, so kann ihm die Aktenversendungspauschale nicht berechnet werden.[400] Eine auslagenpflichtige Versendung bedeutet, dass die Akten tatsächlich an einen anderen Ort geschickt werden müssen,[401] liegt also nur vor, wenn die Akten das Gebäude der aktenführenden Stelle (z.B. Gerichtsgebäude) verlassen und an einen außerhalb des (Gerichts-)Gebäudes liegenden Ort zum Adressaten gebracht werden.[402] Das gilt auch für den **ortsansässigen Verteidiger.**[403] Ohne Belang ist, wie nah oder weit der Empfangsort von der Stelle, wo die Akten normalerweise aufbewahrt werden, entfernt liegt, da eine Beurteilung nach Entfernungen mit dem Wesen einer Pauschale unvereinbar ist.[404]

---

397) BVerfG, NJW 1995, 3177.

398) Umfangreiche Aufbereitung der Kasuistik bei Burhoff, Ermittlungsverfahren, Rdnr. 416 f.

399) LG Frankenthal, MDR 1996, 104.

400) AG Stuttgart, StraFo 2008, 352.

401) Notthoff, AnwBl 1995, 540; Brüssow, StraFo 1996, 30 f.

402) OVG Koblenz, NJW 2013, 2137 f.: keine Versendungspauschale bei Deponierung der Akte auf der Geschäftsstelle oder bei Einlegung im Gerichtsfach; ebenso OLG Naumburg, NStZ-RR 2012, 192 (Ls.); abl. Hower, NJW 2013, 2077, 2078 ff.

403) Implizit AG Köln, BeckRS 2018, 13761 Rdnr. 2; ferner AG Köln, BeckRS 2014, 1377.

404) OLG Düsseldorf, BeckRS 2010, 12881.

2.2 Mandatssituationen

2.2.1 Beschuldigtenvernehmung und Akteneinsichtsantrag

Kurzüberblick

2.107
– Eine wirksame Verteidigung des Beschuldigten ist nur möglich, wenn der Verteidiger die dem Beschuldigten vorgeworfenen Umstände kennt.[405]

– Für den Antrag auf Gewährung auf Akteneinsicht empfiehlt sich die Verwendung eines standardisierten Antragsschreibens.

Sachverhalt

Gegen B wird wegen des Verdachts exhibitionistischer Handlungen ermittelt. B erhält eine Ladung zur polizeilichen Beschuldigtenvernehmung. Er wendet sich hilfesuchend telefonisch an Rechtsanwalt R. Was wird Rechtsanwalt R veranlassen?

Lösung

2.108
Es stellt einen schweren und leider häufig vorkommenden Kunstfehler dar, es ohne ausreichende Informationsgrundlage bei einer telefonischen Beratung des Mandanten zu belassen und ihm gar noch zu empfehlen, ohne seinen Verteidiger eine Aussage zu machen.[406] Wirksame Beratung und Verteidigung des Beschuldigten setzt die Kenntnis der dem Beschuldigten vorgeworfenen Umstände voraus. Dafür muss der Verteidiger den Inhalt der Ermittlungsakten kennen. Deshalb kann eine sachgerechte Verteidigung erst dann geleistet werden, wenn der Mandant zuvor Gelegenheit hatte, sich seinem Verteidiger in einem persönlichen Gespräch anzuvertrauen und dem Verteidiger die notwendigen Informationen aus der Ermittlungsakte vorliegen. Der Verteidiger darf ohne Akteneinsicht keine Einlassung des Beschuldigten oder Stellungnahme abgeben![407]

Rechtsanwalt R wird B empfehlen, bis auf Weiteres gegenüber den Ermittlungsbehörden von seinem Schweigerecht Gebrauch zu machen, und – da e contrario § 163a Abs. 3 Satz 1 StPO keine Pflicht zum Erscheinen des Beschuldigten bei der Polizei besteht[408] – der polizeilichen Beschuldigtenvernehmung fernzubleiben. Um das weitere Vorgehen beurteilen zu können, wird R gegenüber der zuständigen Staatsanwaltschaft Akteneinsicht beantragen und nach Erhalt der Akte einen Besprechungstermin mit B vereinbaren. Da es in der Praxis häufig vorkommt,

---

405) Allg. Ansicht, vgl. nur MAH/Schlothauer, § 3 Rdnr. 34; Burhoff, StV 1997, 432, 433.
406) Breyer/Endler, AnwaltFormulare Strafrecht, Rdnr. 492.
407) Burhoff, Ermittlungsverfahren, Rdnr. 217.
408) KK/Griesbaum, § 163a Rdnr. 24; BeckOK, StPO/von Häfen, § 163a Rdnr. 29.

dass die Staatsanwaltschaft mit dem Verfahren noch gar nicht befasst ist, weil die Polizei die Akten bisher nicht vorgelegt hat, empfiehlt es sich, das Antragsschreiben, mit dem zugleich die Ausübung des Schweigerecht angekündigt wird, auch an die Polizei zu senden.

Insofern empfiehlt es sich, ein Standardschreiben bereitzuhalten. Um möglichst schnell Akteneinsicht zu erlangen und nach etwaiger Versagung durch die Staatsanwaltschaft ein unnötiges und zeitraubendes Hin-und-her-Schreiben zu vermeiden, sollte in dem Akteneinsichtsantrag standardmäßig vorbeugend zu den in Betracht kommenden Einsichtsbeschränkungen Stellung genommen und für derartige Eventualitäten Einsichtsgewährung in größtmöglichem Umfang beantragt werden. Zugleich sollte der Verteidiger beantragen, für den Beschuldigten Stellung nehmen zu können, bevor über die Gewährung von Akteneinsicht an den Verletzten oder an Dritte entschieden wird.

Muster

Antrag auf Gewährung von Akteneinsicht

Staatsanwaltschaft M
(Anschrift)

In dem Ermittlungsverfahren
gegen   B
wegen   des Verdachts der exhibitionistischen Handlungen
Az.   ...

beantrage ich unter Versicherung der Bevollmächtigung durch den Beschuldigten

Akteneinsicht

in die Verfahrensakten, sämtliche Beiakten, Beweismittelordner und sonstigen Beweisstücke.

Zum Zweck der Einsichtnahme beantrage ich, mir die Akten gem. § 32f Abs. 2 Satz 3 StPO in meine Kanzleiräume zu übersenden.

Sollten die Ermittlungen noch nicht abgeschlossen und derzeit wegen Gefährdung des Ermittlungszwecks nach § 147 Abs. 2 Satz 1 StPO Akteneinsicht nicht gewährt werden, bitte ich um – gerne auch telefonische – Mitteilung der Umstände, aus denen sich eine Gefährdung des Ermittlungszwecks nach Ansicht der Staatsanwaltschaft ergeben soll. Im Übrigen verweise ich auf § 147 Abs. 3 StPO und beantrage zunächst Einsicht in das Protokoll der Beschuldigtenvernehmung, in die Protokolle über solche richterlichen Untersuchungshandlungen, bei denen ein Verteidiger anwesend war bzw. einem Verteidiger die Anwesenheit hätte gestattet werden müssen, sowie in Sachverständigengutachten. Ferner wird beantragt, diejenigen Aktenbestandteile aus der Ermittlungsakte zu entfernen, aus denen sich eine Gefährdung des Ermittlungszwecks ergeben soll, und mir den übrigen Akteninhalt einschränkungslos zu Einsichtszwecken zur Verfügung zu stellen.

Sollte aufgrund dieses Antrags während des Ermittlungsverfahrens bis zum Vermerk über den Abschluss der Ermittlungen Akteneinsicht nicht gewährt werden, beantrage ich unter Hinweis auf die dem Beschuldigten nach § 147 Abs. 5 Satz 2 StPO zustehenden Rechtsbehelfsmöglichkeiten und den verfassungsrechtlich geschützten Anspruch auf rechtliches Gehör, mich vom Abschluss der Ermittlungen (§ 169a StPO) zu unterrichten, um dann ggf. gegen die Verweigerung der Akteneinsicht Antrag auf gerichtliche Entscheidung zu stellen.

Ich beantrage, mir gem. Art. 19 Abs. 4 GG Gelegenheit zur Stellungnahme zu geben, bevor über ein etwaiges Akteneinsichtsgesuch eines Verletzten (§ 406e Abs. 1 StPO) oder eines Dritten (§§ 474, 475 StPO) entschieden wird. Das Stellungnahmerecht des Beschuldigten ergibt sich aus Art. 19 Abs. 4, 103 Abs. 1 GG und aus dem Grundsatz des rechtlichen Gehörs, weil nach der Rechtsprechung des BVerfG (NStZ-RR 2005, 242) dem Beschuldigten Gelegenheit zur Stellungnahme gegeben werden muss, wenn mit der Gewährung von Akteneinsicht an den Verletzten ein Eingriff in Grundrechtspositionen – insbesondere in das Recht auf informationelle Selbstbestimmung – einhergeht (siehe KK/Zabeck, § 406e Rdnr. 12; Riedel/Wallau, NStZ 2003, 393, 397 f.). Das gilt regelmäßig auch für Akteneinsichtsanträge Dritter (BVerfG, NJW 2007, 1052). Ich weise darauf hin, dass das Unterlassen einer Anhörung einen gravierenden Verfahrensfehler darstellt, der durch die Durchführung des Verfahrens auf gerichtliche Entscheidung nicht geheilt werden kann (BVerfG, BeckRS 2016, 55370 Rdnr. 5).

Für die Erledigung meines Akteneinsichtsgesuchs habe ich mir den ... vorgemerkt.

Rechtsanwältin/Rechtsanwalt

2.2.2   Fehlende Reaktion auf Akteneinsichtsgesuche

Kurzüberblick

– Bleiben ein Akteneinsichtsgesuch ohne Reaktion der Staatsanwaltschaft, so   2.109
kann sich der Verteidiger dagegen eigentlich nur mit der Dienstaufsichtsbeschwerde zur Wehr setzen.

– Bleibt auf einen – ggf. wiederholten – Akteneinsichtsantrag jede Reaktion aus,
so kann der Verteidiger den Druck auf die Staatsanwaltschaft erhöhen, indem
er ein Schreiben an das Amtsgericht am Ort der Staatsanwaltschaft richtet.

Sachverhalt

Gegen B wird wegen des Verdachts der falschen Verdächtigung (§ 164 StGB)
ermittelt. B beauftragt Rechtsanwalt R mit seiner Verteidigung. R trägt bei der
Staatsanwaltschaft auf Gewährung von Akteneinsicht an. Eine Reaktion erfolgt –
auch auf wiederholte Einsichtsgesuche und telefonische Nachfrage bei der
Geschäftsstelle der Staatsanwaltschaft – jedoch nicht. Was sollte Rechtsanwalt R
tun?

Lösung

Da kein Fall der Versagung der Akteneinsicht vorliegt, gegen die sich der Verteidi-   2.110
ger nach § 147 Abs. 5 Satz 2 StPO mit einem Antrag auf gerichtliche Entscheidung
über die Akteneinsicht wehren könnte, bleibt dem Verteidiger eigentlich nur das
Instrument der Dienstaufsichtsbeschwerde. Jedoch gibt es ein regelmäßig genauso
effektives und zugleich weniger das persönliche Fehlverhalten des Staatsanwaltsde-
zernenten akzentuierendes Vorgehen: Der Verteidiger sollte das örtliche Amtsgericht anschreiben und um Mitteilung bitten, ob dort ein Zwischen- oder gar Hauptverfahren gegen seinen Mandanten läuft, dass ihm ein Aktenzeichen aber nicht
bekannt ist und dass sein Mandant befürchtet, ohne Akteneinsicht und Gewährung
rechtlichen Gehörs angeklagt worden zu sein. Zugleich sollte der Verteidiger hervorheben, dass das Schreiben – sollte Anklage erhoben worden sein – als Antrag
auf richterliche Entscheidung gem. § 147 Abs. 5 Satz 2 erste Variante StPO verstanden werden soll und – sollten die Ermittlungen nicht abgeschlossen sein – an den
nach § 162 StPO zuständigen Ermittlungsrichter und über diesen an die Staatsanwaltschaft weitergeleitet werden möge. Regelmäßig werden solche Schreiben vom
Amtsgericht (oder Landgericht) an die Staatsanwaltschaft mit der Bitte um Mitteilung des Sachstands und ggf. um weitere Veranlassung weitergeleitet. Die Erfahrung zeigt, dass solche Nachfragen der Gerichte beim zuständigen Dezernenten
dazu führen, dass die Akteneinsicht binnen kurzer Zeit gewährt wird, wenn kein
Versagungsgrund nach § 147 Abs. 2 StPO vorliegt. Zugleich wird mit diesem Vorgehen das mit der Dienstaufsichtsbeschwerde einhergehende „Anschwärzen" beim
Behördenleiter und damit eine Verhärtung der Fronten vermieden, was (nicht nur,
aber) vor allem dann von Bedeutung ist, wenn begründete Aussichten auf eine
Opportunitätseinstellung nach §§ 153, 153a StPO bestehen.

Muster

Schreiben an das Amtsgericht bei permanent fehlender Reaktion auf Akteneinsichtsgesuche

---

Amtsgericht M
(Anschrift)

In dem Ermittlungsverfahren
gegen   B
wegen   des Verdachts der falschen Verdächtigung
Az.   ...

habe ich mich gegenüber der Staatsanwaltschaft M mit Schreiben vom ... als Verteidiger legitimiert und auf **Einsicht in die Ermittlungsakte** angetragen. Den Akteneinsichtsantrag habe ich am ... und am ... wiederholt und am ... sowie am ... erfolglos unter Hinterlassung einer Rückrufbitte den telefonischen Kontakt zu dem bei der Staatsanwaltschaft zuständigen Dezernenten gesucht. Eine Antwort auf meine Einsichtsgesuche habe ich nicht erhalten, geschweige denn dass mir Akteneinsicht gewährt worden wäre.

Mein Mandant befürchtet nun, dass er ohne Gewährung von Akteneinsicht und ohne rechtliches Gehör (§ 163a Abs. 1 Satz 1 StPO) angeklagt worden ist. Ich bitte Sie daher um Nachprüfung, ob in Ihrem Haus ein Zwischen- oder gar Hauptverfahren gegen den Beschuldigten anhängig ist. Naturgemäß ist mir nur das staatsanwaltschaftliche Aktenzeichen/gar kein Aktenzeichen bekannt. Sollte bereits Anklage erhoben worden sein, so bitte ich, dieses Schreiben als

Antrag auf richterliche Entscheidung

gem. § 147 Abs. 5 Satz 2 erste Variante StPO zu verstehen, ferner um Weiterleitung an den nach §§ 147 Abs. 5 Satz 2, 162 StPO zuständigen Richter und über diesen an die Staatsanwaltschaft.

Sollten Ermittlungen nicht abgeschlossen sein, so kommt mein Mandant nicht umhin, die beharrliche Ignorierung der Akteneinsichtsgesuche als Ablehnung der Einsichtsgewährung zu verstehen. Daher möge auch für den Fall, dass die Ermittlungen noch im Gange sind, dieses Schreiben als

Antrag auf richterliche Entscheidung

gegen die Verweigerung der Akteneinsicht verstanden werden.

Rechtsanwältin/Rechtsanwalt

2.2.3 Akteneinsichtantragsschreiben bei in U-Haft befindlichem Beschuldigten

Kurzüberblick

– Bei inhaftiertem Mandanten kann gem. § 147 Abs. 2 Satz 2 StPO die Kenntnis der für die Entscheidung über die Haftfrage relevanten Aktenteile auch dann nicht verweigert werden, wenn damit eine Gefährdung des Untersuchungszwecks einherginge.

– Regelmäßig ist in einem Fall solchen Akteneinsicht zu gewähren (§ 147 Abs. 2 Satz 2 zweiter Halbsatz StPO).

2.111

Sachverhalt

Gegen B wird wegen des Verdachts der Brandstiftung ermittelt. Auf Antrag der Staatsanwaltschaft erlässt das Amtsgericht M gegen B einen Haftbefehl. Aus der U-Haft heraus betraut B den Rechtsanwalt R mit seiner Verteidigung. Was wird Rechtsanwalt R veranlassen?

Lösung

Aus den oben zu Rdnr. 2.109 geschilderten Gründen wird R als ersten Schritt Akteneinsicht beantragen. Einsicht in haftrelevante Aktenteile kann der Verteidiger regelmäßig verlangen (§ 147 Abs. 25 Satz 2 zweite Variante StPO). Darauf sollte der Verteidiger in Haftsachen hinweisen, die Einsicht aber gleichwohl unbeschränkt beantragen, auch wenn die Staatsanwaltschaft nach Ansicht der Rechtsprechung berechtigt ist, umfassende Einsicht zu versagen und die Einsicht auf für haftrelevant gehaltene Aktenteile zu beschränken. Rechtsanwalt R wird zugleich verdeutlichen, dass er nicht bereit ist, die Versagung umfassender Akteneinsicht kampflos hinzunehmen. Es bietet sich an, für den Fall der Versagung umfassender Akteneinsicht auf die beabsichtigte Stellung des in Haftsachen statthaften (§ 147 Abs. 5 Satz 2 dritte Variante StPO) Antrags auf gerichtliche Entscheidung anzutragen.

2.112

Muster

Antrag auf Gewährung von Akteneinsicht bei U-Haft

Staatsanwaltschaft M
(Anschrift)

In dem Ermittlungsverfahren
gegen   B
wegen   des Verdachts der Brandstiftung
Az.   ...

beantrage ich unter Versicherung der Bevollmächtigung durch den Beschuldigten

Akteneinsicht

in die Verfahrensakten, sämtliche Beiakten, Beweismittelordner und sonstigen Beweisstücke.

Zum Zweck der Einsichtnahme beantrage ich, mir die Akten gem. § 32f Abs. 2 Satz 3 StPO in meine Kanzleiräume zu übersenden.

Sollten die Ermittlungen noch nicht abgeschlossen und derzeit wegen Gefährdung des Ermittlungszwecks nach § 147 Abs. 2 Satz 1 StPO Akteneinsicht nicht gewährt werden, bitte ich um – gerne auch telefonische – Mitteilung der Umstände, aus denen sich eine Gefährdung des Ermittlungszwecks nach Ansicht der Staatsanwaltschaft ergeben soll. Für einen solchen Fall ziehe ich in Betracht, auf gerichtliche Entscheidung nach § 147 Abs. 5 Satz 2 StPO anzutragen. Vorsorglich erlaube ich mir den Hinweis, dass mir wegen der Inhaftierung meines Mandanten nach § 147 Abs. 1 Satz 2 StPO die Informationen, die für die Beurteilung der Rechtmäßigkeit der Inhaftierung meines Mandanten erforderlich sind, zugänglich zu machen sind. Gemäß § 147 Abs. 2 Satz 2 StPO ist i.d.R. Akteneinsicht zu gewähren. Ich bitte deshalb, mir Akteneinsicht durch Übersendung der entsprechenden Aktenteile in Kopie in meine Kanzleiräumlichkeiten zu gewähren, widrigenfalls um Mitteilung, was dem entgegensteht. Auf die Konsequenzen, die die Verweigerung der Akteneinsicht in einem etwaigen Haftbeschwerdeverfahren nach der Rechtsprechung des BVerfG haben kann (BVerfG, NStZ 2007, 274 f. Rdnr. 3 ff.; BVerG, NJW 2019, 41, 42 Rdnr. 38), weise ich hin.

Im Übrigen nehme ich auf § 147 Abs. 3 StPO Bezug und beantrage – unabhängig von der Inhaftierung des Beschuldigten – Einsicht in das Protokoll der Beschuldigtenvernehmung, in die Protokolle über solche richterlichen Untersuchungshandlungen, bei denen ein Verteidiger anwesend war bzw. einem Verteidiger die Anwesenheit hätte gestattet werden müssen, sowie in Sachverständigengutachten. Ferner wird beantragt, diejenigen Aktenbestandteile aus der Ermittlungsakte zu entfernen, aus denen sich eine Gefährdung des Ermittlungszwecks ergeben soll, und mir den übrigen Akteninhalt einschränkungslos zu Einsichtszwecken zur Verfügung zu stellen.

Ich beantrage, mir gem. Art. 19 Abs. 4 GG Gelegenheit zur Stellungnahme zu geben, bevor über ein etwaiges Akteneinsichtsgesuch eines Verletzten (§ 406e Abs. 1 StPO) oder eines Dritten (§§ 474, 475 StPO) entschieden wird. Das Stellungnahmerecht des Beschuldigten ergibt sich aus Art. 19 Abs. 4, 103 Abs. 1 GG und aus dem Grundsatz des rechtlichen Gehörs, weil nach der Rechtsprechung des BVerfG (NStZ-RR 2005, 242) dem Beschuldigten Gelegenheit zur Stellungnahme gegeben werden muss, wenn mit der Gewährung von Akteneinsicht an den Verletzten ein Eingriff in Grundrechtspositionen – insbesondere in das Recht auf informationelle Selbstbestimmung – einhergeht (siehe KK/Zabeck, § 406e Rdnr. 12; Riedel/Wallau, NStZ 2003, 393, 397 f.). Das gilt regelmäßig auch für Akteneinsichtsanträge Dritter (BVerfG, NJW 2007, 1052). Ich weise darauf hin, dass das Unterlassen einer Anhörung einen gravierenden Verfahrensfehler darstellt, der durch die Durchführung des Verfahrens auf gerichtliche Entscheidung nicht geheilt werden kann (BVerfG, BeckRS 2016, 55370 Rdnr. 5).

Für die Erledigung meines Akteneinsichtsgesuchs habe ich mir den ... vorgemerkt.

Rechtsanwältin/Rechtsanwalt

2.2.4 Gegenvorstellung gegen die Versagung der Akteneinsicht

Kurzüberblick

– Gegen eine Versagung der Akteneinsicht aus unzutreffenden Gründen kann der Verteidiger bei einem nicht inhaftierten Beschuldigten Gegenvorstellung erheben. Diese sollte der Verteidiger der Erhebung einer Dienstaufsichtsbeschwerde vorschalten.   2.113

– Bloße Vermutungen begründen keine Gefährdung des Untersuchungszwecks, mit der sich nach § 147 Abs. 2 Satz 1 StPO die Versagung der Akteneinsicht begründen ließe.

– Selbst wenn eine Gefährdung des Untersuchungszwecks vorliegt, kann der Verteidiger gleichwohl nach § 147 Abs. 3 Satz 1 StPO Einsicht in sogenannte privilegierte Aktenteile verlangen.

Sachverhalt

Gegen B wird führt die Staatsanwaltschaft M ein Ermittlungsverfahren wegen des Verdachts der sexuellen Nötigung zum Nachteil der obdachlosen Prostituierten P. B wird vorübergehend festgenommen und auf dem Polizeirevier als Beschuldigter vernommen. Da die Staatsanwaltschaft die Befürchtung hegt, die Geschädigte wegen ihrer Wohnungslosigkeit nicht zu einer eventuellen Hauptverhandlung laden zu können, veranlasst sie die richterliche Vernehmung der P. B wendet sich mit der Bitte um Übernahme der Verteidigung an Rechtsanwalt R. Dieser beantragt bei der Staatsanwaltschaft M Akteneinsicht, die ihm mit der Begründung verwehrt wird, die Akte sei derzeit versandt und könne ohne Gefährdung des Ermittlungszwecks nicht zurückgefordert werden. Überdies seien im Bereich der Sexualstraftaten Verdunkelungshandlungen des Beschuldigten zu erwarten.

Was wird Rechtsanwalt R nunmehr tun?

Lösung

2.114 Soweit der Verteidigung die Einsicht in die Protokolle über die Beschuldigtenvernehmung und die richterliche Vernehmung der Geschädigten versagt wurde, wird der Verteidiger einen Antrag auf gerichtliche Entscheidung über die Akteneinsicht in Betracht ziehen (§ 147 Abs. 3, Abs. 2 Satz 2 zweite Variante StPO). Da aber im Übrigen – d.h. hinsichtlich der übrigen Aktenteile – keine nach § 147 Abs. 2 Satz 2 StPO mit dem Antrag auf gerichtliche Entscheidung anfechtbare Versagung der Akteneinsicht vorliegt, weil die Ermittlungen nicht abgeschlossen sind und der Beschuldigte auf freiem Fuß ist, wird der Verteidiger insgesamt – also auch hinsichtlich der nach § 147 Abs. 3 StPO einsichtsprivilegierten Aktenteile – Gegenvorstellung erheben mit dem Ziel, die Staatsanwaltschaft zur Überprüfung der eigenen Entscheidung zu veranlassen, und wird erst nach einer erneuten Versagung oder bei ausbleibender Reaktion Antrag auf gerichtliche Entscheidung stellen. Gelangt die Staatsanwaltschaft durch die Begründung der Gegenvorstellung zu der Erkenntnis, ohnehin in die nach § 147 Abs. 3 StPO privilegierten verteidigungsrelevanten Aktenteile Einsicht gewähren zu müssen, so besteht begründete Aussicht, dass die Akteneinsicht dann auch in vollem Umfang bewilligt wird. Im vorliegenden Fall taugt die Begründung der Staatsanwaltschaft, mit der die Akteneinsicht wegen Gefährdung des Untersuchungszwecks verwehrt wurde, anerkanntermaßen nicht. Die mit der Akteneinsicht verbundene Verfahrensverzögerung stellt eine typische und aus Gehörsgründen (Art. 103 Abs. 1 GG) ohne weiteres hinzunehmende Begleiterscheinung eines rechtsstaatlichen Verfahrens dar, so dass es sich dabei nicht um eine untersuchungszweckrelevante Gefährdung handelt. Und auch wenn Verdunkelungshandlungen untersuchungszweckrelevant sind, erreichen die bloß vagen und nicht auf tatsächlichen Anhaltspunkten beruhende Vermutungen der Staatsanwaltschaft nicht den von § 147 Abs. 2 Satz 1 StPO vorausgesetzten Wahrscheinlichkeitsgrad der Gefährdung.

Prozesstaktischer Hinweis

2.115 Ein solches Vorgehen kann sich vor allem bei einem in U-Haft befindlichen Mandanten empfehlen, wenn der Verteidiger eine frühzeitige Befassung des Beschwerdegerichts mit der Frage des dringenden Tatverdachts vermeiden möchte.[409] Zwar kann der Verteidiger durch Einlegung einer Haftbeschwerde die Gewährung von Akteneinsicht jedenfalls in die haftrelevanten Aktenteile erzwingen (dazu unten Rdnr. 2.116 f.), dies jedoch nur um den Preis einer Entscheidung der Gerichte über den dringenden Tatverdacht. Möchte der Verteidiger die Erhebung

---

409) Vgl. Burhoff, Ermittlungsverfahren, Rdnr. 2257.

einer Anklage vermeiden, kann eine solche Entscheidung sich – bis ins Hauptverfahren hinein – kontraproduktiv auswirken. Insbesondere in einem solchen Fall sollte der Verteidiger in aller Deutlichkeit darauf hinweisen, dass er die Gegenvorstellung nicht als Antrag auf richterliche Entscheidung oder als Haftbeschwerde verstanden wissen will, um eine entsprechende Umdeutung nach § 300 StPO zu vermeiden.

Muster

Gegenvorstellung gegen die Versagung von Akteneinsicht

Staatsanwaltschaft M
(Anschrift)

In dem Ermittlungsverfahren
gegen   B
wegen   des Verdachts der sexuellen Nötigung
Az.   ...

erhebe ich

Gegenvorstellung

gegen die Anordnung der Staatsanwaltschaft, mit der mir die Einsicht in die Ermittlungsakten versagt worden ist. Ich rege an, die Entscheidung zu überdenken und unter Berücksichtigung der nachfolgenden Begründung zu revidieren:

I.   Auch wenn die Ermittlungen derzeit noch nicht abgeschlossen sind, muss gem. § 147 Abs. 3 StPO jedenfalls Einsicht in diejenigen Aktenteile gewährt werden, in denen ein Protokoll über eine Beschuldigtenvernehmung und Protokolle über solche richterliche Untersuchungshandlungen, bei denen der Verteidiger anwesend war bzw. ihm die Anwesenheit hätte gestattet werden müssen. Der Beschuldigte ist bereits polizeilich und die Geschädigte richterlich vernommen worden. Die Einsicht in die entsprechenden Protokolle hätte nach § 147 Abs. 3 StPO – unabhängig davon, dass aus den nachfolgend II. darzulegenden Gründen ein umfassendes Einsichtsrecht besteht – auch dann gewährt werden müssen, wenn – wie nicht – eine Gefährdung des Untersuchungszwecke vorläge.

II. Darüber hinaus trägt die von der Staatsanwaltschaft gegebene Begründung für die Versagung der Akteneinsicht nicht. Gemäß § 147 Abs. 2 Satz 1 StPO kann zwar die Akteneinsicht versagt werden, wenn die Gewährung den Untersuchungszweck gefährden kann. Ein solcher Fall liegt jedoch nach dem Inhalt der Versagungsanordnung nicht vor. Aus der Versendung der Akte ergibt sich keine Gefährdung des Untersuchungszwecks, und zwar selbst dann nicht, wenn man in Rechnung stellt, dass die Staatsanwaltschaft die Akte eigens zurückfordern müsste und dadurch ein erheblicher Zeitverlust im weiteren Gang der Ermittlungen eintreten mag. Solche Verzögerungen durch Anlegung von Doppelakten zu vermeiden ist – wie Nr. 12 Abs. 2 Satz 1 RiStBV festlegt – Sache der Staatsanwaltschaft. Soweit die Staatsanwaltschaft ergänzend darauf verweist, bei Sexualdelikten liege es nahe, dass der Beschuldigte Verdunkelungshandlungen vornehmen werde, reicht diese anlasslose Vermutung nicht aus, um die nach § 147 Abs. 2 Satz 1 StPO erforderliche Gefährdung des Untersuchungszwecks zu begründen. Die Staatsanwaltschaft nennt keine Anhaltspunkte noch liegen solche objektiv vor, die befürchten lassen, dass bei Gewährung der Akteneinsicht die Sachaufklärung beeinträchtigt wird. Die ohnehin nur selten auszuschließende Möglichkeit, dass der Beschuldigte die Kenntnis des Akteninhalts zur Verdunkelung des Sachverhalts verwenden könnte, reicht zur Annahme einer Gefährdung des Untersuchungszwecks nicht aus (BGHSt 29, 99, 103). Die von der Staatsanwaltschaft insofern angestellten, nicht tatsachenbasierte Vermutungen begründen unstreitig keine Untersuchungszweckgefährdung (LG Regensburg, StV 2004, 369; BeckOK, StPO/Wessing, § 147 Rdnr. 6; MüKo-StPO/Thomas/Kämpfer, § 147 Rdnr. 25).

III. Vor dem Hintergrund der vorstehenden Ausführungen wiederhole ich meinen mit Schriftsatz vom ... gestellten Akteneinsichtsantrag. Ich weise darauf hin, dass ich dieses Schreiben ausschließlich als Gegenvorstellung verstanden wissen möchte. Von einer Beschwerde (§ 147 Abs. 5 Satz 2 StPO) gegen die die Akteneinsicht ablehnende Entscheidung wird derzeit abgesehen, um nicht noch zusätzliche zeitliche Verzögerungen zu verursachen.

Rechtsanwältin/Rechtsanwalt

2.2.5   Akteneinsicht im Haftbeschwerdeverfahren

Kurzüberblick

2.116 – Ist der Beschuldigte inhaftiert, so kann der Verteidiger durch Einlegung einer Haftbeschwerde oder eines Haftprüfungsantrags die Gewährung von Akteneinsicht erzwingen.

– Dies gilt nach h.L. und nach der Rechtsprechung des BVerfG auch, wenn ein gegen den Beschuldigten bestehender Haftbefehl nicht vollstreckt wird, etwa weil der Beschuldigte unbekannten Aufenthalts oder flüchtig ist.

Sachverhalt

Gegen B wird wegen des Mordverdachts ermittelt. B ist ins Ausland geflohen und dort untergetaucht. Von dort aus kontaktiert er Rechtsanwalt R und bittet diesen, seine Verteidigung zu übernehmen. R wendet sich an die Staatsanwaltschaft M und beantragt Akteneinsicht. Anstatt einer Reaktion auf den Akteneinsichtsantrag ergeht gegen B Haftbefehl, der aber nicht vollstreckt werden kann. Ein erneuter Akteneinsichtsantrag des R wird wegen Gefährdung des Untersuchungszwecks abschlägig beschieden. Was wird Rechtsanwalt R tun, um Kenntnis vom Inhalt der Ermittlungsakten zu erhalten?

Lösung

Einen Antrag auf gerichtliche Entscheidung über seinen Akteneinsichtsantrag kann Rechtsanwalt R nicht stellen, weil sich der Beschuldigte auf freiem Fuß befindet. Daher wird er versuchen, sich über den Umweg einer Haftbeschwerde – oder eines Haftprüfungsantrags – Aktenkenntnis zu verschaffen und in dem Beschwerdeschriftsatz darauf hinweisen, dass ihm mangels Sachkenntnis eine Stellungnahme zum dringenden Tatverdacht und zu den Haftgründen nicht möglich ist. Obergerichtlich ist weitgehend anerkannt, dass eine Entscheidung über eine Haftbeschwerde nicht ergehen darf, ohne dass der Verteidiger Akteneinsicht hatte.[410] Dies würde auch dann gelten, wenn bei Erlass des Haftbefehls noch kein Akteneinsichtsantrag offen gewesen wäre, weil der Anspruch des Beschuldigten auf rechtliches Gehör aus Art. 103 Abs. 1 GG nach der Rechtsprechung des BVerfG gewährleistet, auf eine mögliche negative (hier: Haftbeschwerde-)Entscheidung vor deren Erlass Einfluss nehmen zu können, weshalb eine nachteilige Entscheidung nur auf der Grundlage solcher Tatsachen und Beweismittel getroffen werden kann, über die der Beschuldigte zuvor sachgemäß unterrichtet wurde und zu denen er sich äußern konnte.[411]

2.117

Allerdings lässt sich einer jüngeren Entscheidung des BGH Gegenteiliges für den auch hier einschlägigen Fall entnehmen, dass der Beschuldigte auf freiem Fuß ist und der Haftbefehl deshalb nicht vollstreckt wird. Der Verteidiger sollte in seinem Haftbeschwerdeschriftsatz vorbeugend darauf hinweisen, dass die Annahme des BGH, es bestehe kein Anlass, die Beschwerdeentscheidung zurückzustellen, bis eine Akteneinsicht ohne die Gefährdung des Untersuchungszwecks – also i.d.R. bis zur Ergreifung – möglich ist, mit den genannten Vorgaben des BVerfG zu Art. 103 Abs. 1 GG und auch mit dem gesetzgeberischen Willen nicht zu vereinbaren ist, wonach auf Tatsachen, die dem Beschuldigten unbekannt sind, keine Haftfortdauerentscheidung gestützt werden darf.[412] Da zudem zu erwarten steht, dass sich solche Feinheiten rechtsstaatlichen Prozedierens noch nicht bei allen Staatsanwaltschaften herumgesprochen haben und der Verteidiger befürch-

---

410) KG, StV 1994, 319, 320; OLG Hamm, NStZ 2003, 386, 387 f.; AG Halberstadt, StV 2004, 549; AG Magdeburg, StV 2016, 448; AG Magdeburg, StraFo 2014, 73 f.

411) BVerG, NJW 2019, 41, 42 Rdnr. 38; so auch schon BVerfG, NStZ 2007, 274 f. Rdnr. 3 ff.

412) Vgl. BT-Drucks. 16/11644, S. 34.

ten muss, dass ihm bei auf freiem Fuß befindlichen Mandanten nach wie vor die Akteneinsicht verweigert werden wird, sollte der Verteidiger in der Beschwerdeschrift nicht auf ein Einsehen der Staatsanwaltschaft setzen, sondern hilfsweise die Gericht um Akteneinsicht im Haftbeschwerdeverfahren bitten. Zu deren Gewährung sind die Gerichte anstelle der Staatsanwaltschaft nach h.M. befugt.[413)]

Muster

Antrag auf Gewährung von erstmaliger Akteneinsicht im Haftbeschwerdeverfahren

---

Amtsgericht M
(Anschrift)

Az.   ... (Az. der anzugreifenden Haftentscheidung)
zu
Az.   ... (staatsanwaltschaftliches Az.)

Gegen den Haftbefehl vom ... lege ich

Haftbeschwerde

ein und **beantrage** die

Aufhebung des Haftbefehls, hilfsweise dessen Außervollzugsetzung.

Ferner **beantrage** ich erneut, mir – nunmehr erstmals! –

Akteneinsicht

zu gewähren. Bisher ist mir die Einsicht in die Ermittlungsakten stets mit der ohnehin fragwürdigen Begründung versagt worden, dadurch werde der Untersuchungszweck gefährdet. Ein Antrag auf gerichtliche Entscheidung war mir mit Blick auf die höchstrichterliche Rechtsprechung zu § 147 Abs. 5 Satz 2 dritte Variante StPO, wonach ein nicht vollzogener Haftbefehl nicht zur Antragstellung berechtigt, nicht möglich.

---

413) BVerfG, StV 2004, 411, 412; LG Ravensburg, NStZ-RR 2007, 114, 115.

Mangels Aktenkenntnis sehe ich mich derzeit außerstande, die Haftbeschwerde zum dringenden Tatverdacht und/oder zu den Haftgründen zu begründen. Unabhängig davon ist der Haftbefehl aber bereits deshalb aufzuheben, weil er ergangen ist, ohne dass mir zuvor Akteneinsicht bewilligt worden ist. Ein Haftbefehl, der ohne Einsicht des Verteidigers zumindest in die haftrelevanten Aktenvorgänge zustande gekommen ist, unterliegt bereits deshalb der Aufhebung (KG, StV 1994, 319, 320; OLG Hamm, NStZ 2003, 386, 387 f.). Insoweit begründet die versagte Akteneinsicht ein verfassungsunmittelbares Verwertungsverbot des haftrelevanten Akteninhalts.

Sollte die Heilung des in der Einsichtsversagung liegenden Gehörsverstoßes (Art. 103 Abs. 1 StPO) durch Nachholung der Einsichtsgewährung im Haftbeschwerdeverfahren (vgl. Park, StV 2009, 276, 278) beabsichtigt sein, so möge die Gewährung der Akteneinsicht umgehende Übersendung der Ermittlungsakten erfolgen und mit einer Entscheidung über die Haftbeschwerde zugewartet werden, bis ich nach Durchsicht der Akten eine Ergänzung der Beschwerdebegründung vorgenommen habe.

Vorsorglich weise ich darauf hin, dass – entgegen einer kürzlich entgangenen Entscheidung des Ermittlungsrichters des BGH – dem Anspruch des Beschuldigten auf rechtliches Gehör nicht ausreichend dadurch Rechnung getragen wird, dass der Beschuldigte nach erfolgter Festnahme nach §§ 114 ff. StPO informiert wird. Dies hätte die absurde und mit der freiheitssichernden Funktion des rechtlichen Gehörs nicht zu vereinbarende Konsequenz, dass ein Bürger sich erst festnehmen lassen muss, um Akteneinsicht oder – nach dem BGH – Informationen in sonst geeigneter Weise zu erhalten. Dies wäre mit dem gesetzgeberischen Willen, wonach auf Tatsachen, die dem Beschuldigten infolge einer Verweigerung der Akteneinsicht unbekannt sind, keine Haftfortdauerentscheidung gestützt werden darf (vgl. BT-Drucks. 16/11644, S. 34), nicht zu vereinbaren. Dem entspricht die jüngere Rechtsprechung des BVerfG, wonach Art. 103 Abs. 1 GG gewährleistet, dass eine dem Betroffenen nachteilige Gerichtsentscheidung jedenfalls in der Beschwerdeinstanz – ggf. nach Wiedereinsetzung in den vorigen Stand gem. § 33a StPO – nur auf der Grundlage solcher Tatsachen und Beweismittel getroffen werden könne, über die dieser zuvor sachgemäß unterrichtet wurde und zu denen er sich äußern konnte (BVerG, NJW 2019, 41, 42 Rdnr. 38; so auch schon BVerfG, NStZ 2007, 274 f. Rdnr. 3 ff.). Mit der bundesverfassungsgerichtlichen Rechtsprechung wäre es nicht zu vereinbaren, mir trotz bestehenden Haftbefehls gegen den Beschuldigten die Einsicht in die Akte zu verwehren.

Ich ersuche Sie um Vermittlung meines Einsichtsgesuchs gegenüber der Staatsanwaltschaft, der ich mit Schreiben vom heutigen Tag mitgeteilt habe, dass Haftbeschwerde eingelegt wurde und gegenüber der ich erneut auf Gewährung von Akteneinsicht angetragen habe. Sollte die Staatsanwaltschaft auf der Versagung der Akteneinsicht beharren, so möge mir – was nach ganz h.M. (BVerfG, StV 2004, 411, 412; LG Ravensburg, NStZ-RR 2007, 114, 115) zulässig ist – die Einsicht in die Akten durch das Abhilfe- oder durch das Beschwerdegericht verschafft werden.

Ich bitte um telefonische Absprache, wann die Akten bei Gericht eingesehen oder von mir abgeholt werden können. Im Hinblick auf die Frist des § 306 Abs. 2 zweiter Halbsatz StPO sichere ich eine nur kurze Einsichtnahme und umgehende Rückgabe der Akten zu.

Eine etwaige Stellungnahme der Staatsanwaltschaft zur Haftbeschwerde bitte ich mir zur Gewährung von rechtlichem Gehör zu übersenden. Sollte die Staatsanwaltschaft die Akten nicht unverzüglich vorlegen, so ist der Haftbefehl auch aus diesem Grund aufzuheben. Die Staatsanwaltschaft habe ich unmittelbar informiert und ihr eine Abschrift dieser Haftbeschwerdeschrift zukommen lassen. Eine Übersendung scheint mir daher entbehrlich; gleichwohl bitte ich vorsichtshalber um Vermittlung der beantragten Akteneinsicht.

Rechtsanwältin/Rechtsanwalt

2.2.6   Antrag auf gerichtliche Entscheidung über den Akteneinsichtsantrag

Kurzüberblick

2.118   – Nach der Rechtsprechung kann der Beschuldigte nur in den in § 147 Abs. 5 Satz 2 StPO abschließend aufgezählten Fällen gegen die Versagung der Akteneinsicht mit dem Antrag auf gerichtliche Entscheidung vorgehen.

        – Nach Ansicht der höchstrichterlichen Rechtsprechung führt bloße Überhaft nicht dazu, dass ein Antrag auf gerichtliche Entscheidung statthaft wäre.

Sachverhalt

Die Staatsanwaltschaft M führt gegen B ein Ermittlungsverfahren wegen des Verdachts der Vergewaltigung. Gegen B, der sich bereits in anderer Sache in U-Haft befindet, ergeht Haftbefehl; es wird Überhaft notiert. Rechtsanwalt R wird dem B als Pflichtverteidiger beigeordnet und beantragt Akteneinsicht. Diese wird ihm wegen einer Gefährdung des Untersuchungszwecks (§ 147 Abs. 2 Satz 1 StPO) versagt. R kontaktiert den bei der Staatsanwaltschaft zuständigen Dezernenten S telefonisch und erklärt, er gehe davon aus, zumindest Einsicht in die haftrelevanten Aktenbestandteile verlangen zu können, und kündigt für den Fall der fortdauernden Einsichtsversagung einen Antrag auf gerichtliche Entscheidung an. S hält dagegen mit dem Argument, der Haftbefehl gegen B werde derzeit nicht vollstreckt, weshalb ein Antrag auf gerichtliche Entscheidung nicht statthaft sei; deshalb greife auch die Beschränkung der Akteneinsichtsbeschränkung nach § 147 Abs. 2 Satz 2 StPO nicht ein.

Sollte R gegen die Versagung der Akteneinsicht einen Antrag auf gerichtliche Entscheidung stellen?

Lösung

Ob R gegen die Verweigerung der Akteneinsicht nicht auf gerichtliche Entschei- 2.119
dung antragen kann, ist sehr fraglich. Der Antrag wäre nach – stark bestrittener –
Ansicht des BGH unstatthaft, weil es für die Frage, ob sich der Beschuldigte i.S.d.
§ 147 Abs. 5 Satz 2 dritte Variante StPO nicht auf freiem Fuß befindet, darauf
ankommen soll, ob gerade in dem das Akteneinsichtsgesuch betreffenden Verfahren eine freiheitsentziehende Maßnahme vollstreckt wird.[414] Mit Recht betont
die überwiegende Literatur dagegen, dass schon der Wortlaut der Vorschrift das
enge Verständnis der Rechtsprechung nicht hergibt und auch jeden Inhaftierten –
und nicht nur einen Untersuchungsgefangener in dem den Antrag betreffenden
Verfahren – durch ein (weiteres) anhängiges Ermittlungsverfahren besonderen
Belastungen ausgesetzt ist (bei vollzogener Strafhaft etwa bei der Berücksichtigung im Rahmen der Reststrafenaussetzung).[415] Es verdient daher Zustimmung,
dass einige Instanzengerichte auch bei Freiheitsentziehung in anderer Sache von
einem statthaften Antrag auf gerichtliche Entscheidung ausgehen.[416] Ähnliche
Erwägungen gelten für die Begründetheit des Antrags, nämlich für die Frage, ob
sich der Beschuldigte i.S.d. § 147 Abs. 2 Satz 2 erste Variante StPO in Untersuchungshaft befindet und ob daher ein Anspruch auf Einsicht mindestens in haftrelevante Aktenteile besteht.

Auf die umstrittene Rechtslage und die unterschiedliche Handhabung der Instanzengerichte sollte R schriftsätzlich unter Bezugnahme auf das vorangegangene
Telefonat den S hinweisen und seine Argumente darlegen. Sollte sich S nicht überzeugen lassen, so bleibt R nur zu versuchen, das zuständige Amtsgericht oder ggf.
die Beschwerdekammer am Landgericht von seiner Sicht zu überzeugen. In der
Antragsschrift sollte R seine Argumente vorbringen, die entgegenstehende höchstrichterliche Rechtsprechung des BGH aber schon deshalb nicht erwähnen, um die
Durchschlagskraft der eigenen Argumente nicht zu entwerten; hinzu kommt, dass
die Entscheidung des BGH in einem der Praktikerstandardkommentare zur StPO
fehlerhaft – nämlich für die hier vertretene Ansicht zitiert wird –,[417] was die eigene
Position jedenfalls dann stärken wird, wenn die hier thematische Rechtsfrage
durch den mit dem Antrag befassten Richter nur oberflächlich recherchiert wird.

---

414) BGH, NStZ 2012, 223, 224 f. Rdnr. 6 ff.; so auch schon LG Mannheim, StV 2001, 613.

415) LR/Lüderssen, § 147 Rdnr. 160b; SK-StPO/Wohlers, § 147 Rdnr. 111; SSW-StPO/Beulke,
    § 147 Rdnr. 51; Schlothauer, StV 2001, 614 f.; Tsambikakis, StV 2012, 323; für Anfecht-
    barkeit bei Überhaft in gegenständlicher Sache auch KK/Willnow, § 147 Rdnr. 26; MüKo-
    StPO/Thomas/Kämpfer, § 147 Rdnr. 58.

416) LG München I, StV 2006, 11; LG Regensburg, StV 2004, 369 f.

417) Vgl. KK/Willnow, § 147 Rdnr. 26.

Muster

Antrag auf gerichtliche Entscheidung

Amtsgericht M
(Anschrift)

In dem Ermittlungsverfahren
gegen   B
wegen   des Verdachts der Brandstiftung
Az.   ...

beantrage ich gegen die Versagung der Akteneinsicht durch die staatsanwaltschaftliche Verfügung

gerichtliche Entscheidung

und **begründe** diese wie folgt:

Die Staatsanwaltschaft hat meinen Akteneinsichtsantrag unter Bezugnahme auf eine Gefährdung des Untersuchungszwecks zurückgewiesen. Dabei hat die Staatsanwaltschaft verkannt, dass sich mein Mandant in Untersuchungshaft befindet und mir deshalb gem. § 147 Abs. 2 Satz 2 StPO zumindest Einsicht in die haftrelevanten Aktenteile hätte gewährt werden müssen; da die Staatsanwaltschaft die Gefährdung des Untersuchungszwecks nicht näher ausgeführt hat, beanspruche ich umfassende Akteneinsicht.

Meinem Akteneinsichtsbegehren steht insbesondere entgegen – ebenso wenig wie der Zulässigkeit meines Antrags –, dass sich der Beschuldigte nicht in dem hiesigen Ermittlungsverfahren in Untersuchungshaft befindet, weil vorrangig ein anderer Haftbefehl vollstreckt wird. Auch bei Überhaft liegt ein Fall der Untersuchungshaft i.S.d. § 147 Abs. 2 Satz 2 StPO vor und befindet sich der Beschuldigte i.S.d. § 147 Abs. 5 Satz 2 dritte Variante StPO nicht auf freiem Fuß (LG München I, StV 2006, 11; LG Regensburg, StV 2004, 369 f.; KK/Willnow, § 147 Rdnr. 26; LR/Lüderssen, § 147 Rdnr. 160b; SK-StPO/Wohlers, § 147 Rdnr. 111; SSW-StPO/Beulke, § 147 Rdnr. 51; MüKo-StPO/Thomas/Kämpfer, § 147 Rdnr. 58; Schlothauer, StV 2001, 614 f.). Dafür spricht nicht nur der Wortlaut des § 147 Abs. 2 Satz 2, Abs. 5 Satz 2 dritte Variante StPO, sondern auch der Zweck der Bestimmungen. Jeder Inhaftierte – und nicht nur ein Untersuchungsgefangener, der den Einsichtsantrag betreffenden Freiheitsentzug erleidet – ist durch ein anhängiges Ermittlungsverfahren besonderen Belastungen – insbesondere vor dem Hintergrund der unwiderlegten Unschuldsvermutung und der reduzierten Möglichkeit des Verteidigerkontakts – ausgesetzt. Vor dem Hintergrund der Zielsetzung des § 147 Abs. 2 Satz 2, Abs. 5 Satz 2 dritte Variante StPO, diese Belastungen in einem gewissen Maß durch bevorzugte Gewährung von Akteneinsicht und damit korrespondierender gerichtliche Kontrolle abzumildern, verbietet sich eine Differenzierung des Akteneinsichtsrechts nach vollzogener U-Haft und bloß notierter Überhaft.

Demnach ist die Gewährung der beantragten umfassenden Akteneinsicht, hilfsweise der Einsicht in die haftrelevanten Aktenteile anzuordnen. Für den Fall der Zurückweisung meines Antrags bitte ich um schnellstmögliche Übersendung einer beschwerdefähigen Entscheidung.

Rechtsanwältin/Rechtsanwalt

2.2.7 Beschwerde gegen die gerichtliche Bestätigung der Ablehnung der Akteneinsicht

Kurzüberblick

– Gerichtliche Entscheidungen, mit denen die Versagung der Akteneinsicht bestätigt wird, sind seit der Neuregelung des § 147 Abs. 5 Satz 2 StPO durch das 2. OpferRRG nach dem ausdrücklichen gesetzgeberischen Willen[418] mit der Beschwerde anfechtbar.[419]

2.120

– Das Akteneinsichtsrecht bezieht sich auch auf von der Staatsanwaltschaft beigezogene Akten anderer Behörden.[420]

– Eine Vertraulichkeitsbitte einer anderen Behörde berechtigt die Staatsanwaltschaft nicht dazu, dem Verteidiger die Einsicht in die von dieser Behörde beigezogene Akte vorzuenthalten.[421]

Sachverhalt

Die Staatsanwaltschaft M führt gegen B ein Ermittlungsverfahren wegen Verdachts der Vergewaltigung und der gefährlichen Körperverletzung. B wird vorgeworfen, die G vergewaltigt und mit dem HI-Virus infiziert zu haben. Aus der U-Haft heraus bittet B den Rechtsanwalt R um die Übernahme seiner Verteidigung. Auf seinen Akteneinsichtsantrag hin erhält R die Ermittlungsakten übersandt, stellt aber bei deren Durchsicht fest, dass eine von der Staatsanwaltschaft beigezogene Akte des Gesundheitsamts über eine unmittelbar nach der verfahrensgegenständlichen Vergewaltigung durchgeführte Untersuchung der G sich nicht bei den ihm übersandten Akten befindet. Ein erneuter, explizit auf Einsicht in die beigezogene Akte lautender Antrag des R bleibt ebenso erfolglos wie eine Gegenvorstellung und ein Antrag auf gerichtliche Entscheidung über Einsicht in die beigezogene Akte. Seinen die Versagung der Akteneinsicht bestätigenden Beschluss begründet das Amtsgericht mit einer von dem Gesundheitsamt gegenüber der Staatsanwaltschaft angebrachten Vertraulichkeitsbitte; das Akteneinsichtsrecht des Verteidigers gem. § 147 StPO umfasse nicht die Einsicht in Akten anderer

418) Vgl. BT-Drucks. 16/12098, S. 21.
419) BeckOK, StPO/Wessing, § 147 Rdnr. 35.
420) BVerfGE 62, 338, 343 f.; BGHSt 31, 131, 138.
421) BGHSt 42, 71.

Behörden, da diese regelmäßig darauf vertrauten und auch vertrauen dürften, dass ihre behördeninternen Vorgänge nicht Dritten zugänglich gemacht werden, denen sie selbst eine Einsicht in ihre Akten nicht gewähren wollen und müssen. Dementsprechend habe das Gesundheitsamt die Akten mit der Bitte um vertrauliche Behandlung und Nichtweitergabe an sonstige Personen außerhalb der Staatsanwaltschaft übersandt.

Wie wird R jetzt vorgehen?

Lösung

2.121   Rechtsanwalt R wird gegen den Beschluss, mit dem das Amtsgericht den (gem. § 147 Abs. 5 Satz 2 dritte Variante StPO zulässigen) Antrag auf gerichtliche Entscheidung zurückgewiesen und die Versagung der Akteneinsicht durch die Staatsanwaltschaft bestätigt hat, Beschwerde einlegen. Diese ist heute zulässig, nachdem der in § 147 Abs. 5 Satz 2 StPO zuvor enthaltene Verweis auf § 161a Abs. 3 Satz 4 StPO, mit dem die gerichtliche Entscheidung für unanfechtbar erklärt wurde, durch das 2. OpferRRG gestrichen wurde.[422]

Die Beschwerde ist auch begründet, da sich das Akteneinsichtsrecht auf sämtliche beigezogenen Akten und damit auch auf die beigezogene Akte des Gesundheitsamts bezieht. Die Vertraulichkeitsbitte einer aktenführenden Stelle, die ihre Akten nicht gem. § 96 StPO für das Strafverfahren sperren lässt, sondern sie den Strafverfolgungsbehörden vorlegt, ist für diese unbeachtlich.[423] Der gegenteiligen Auffassung hat der BGH eine Absage erteilt. Diese beruht auf der schon im Ausgangspunkt fehlerhaften Annahme, die vertraulich übersandten Akten seien nicht Bestandteil der Akten des Strafverfahrens. Da aber Akten oder Behörden, die dem Strafgericht oder der Staatsanwaltschaft tatsächlich vorliegen, nach der Rechtsprechung des BGH[424] zu den Akten des Strafverfahrens i.S.d. § 147 Abs. 1 StPO gehören, ergibt sich für andere aktenführende Stellen die einzige rechtliche Möglichkeit, ihre Akten nicht zum Gegenstand des Strafverfahrens werden zu lassen, aus § 96 StPO, der aber – da das Gesundheitsamt die Akten übersandt hat – im Fall nicht einschlägig ist. Eine außerhalb von § 96 StPO geäußerte Vertraulichkeitsbitte der aktenführenden Stelle führt nicht dazu, dass die Akten der Einsicht entzogen wären.

---

422) BeckOK, StPO/Wessing, § 147 Rdnr. 35 unter Verweis auf BT-Drucks. 16/12098, S. 21, wo *„dieser Rechtsbehelf (für) zwingend erforderlich"* gehalten wurde.

423) BGHSt 42, 71.

424) BGHSt 30, 131, 138; BGHSt 42, 71, 73.

Muster

Beschwerde gegen die gerichtliche Bestätigung der Ablehnung der Akteneinsicht

Landgericht M
(Anschrift)

In dem Ermittlungsverfahren
gegen B
wegen des Verdachts der Vergewaltigung
Az. ...

lege ich gegen den Beschluss des Amtsgerichts vom ..., mit der der am ... gestellte Antrag auf gerichtliche Entscheidung über die teilweise Versagung der Akteneinsicht durch die Staatsanwaltschaft zurückgewiesen und die Ablehnung der Akteneinsicht durch die Staatsanwaltschaft bestätigt worden ist,

Beschwerde

ein, die ich wie folgt **begründe**:

Das Amtsgericht hat den Antrag auf gerichtliche Entscheidung über die Akteneinsicht in die beigezogene Akte des Gesundheitsamts mit der Begründung abgelehnt, das Akteneinsichtsrecht des Verteidigers gem. § 147 StPO umfasse nicht die Einsicht in Akten anderer Behörden, da diese regelmäßig darauf vertrauten und auch vertrauen dürften, dass ihre behördeninternen Vorgänge nicht Dritten zugänglich gemacht werden, denen sie selbst eine Einsicht in ihre Akten nicht gewähren wollen und müssen. Dementsprechend habe das Gesundheitsamt die Akten mit der Bitte um vertrauliche Behandlung und Nichtweitergabe an sonstige Personen außerhalb der Staatsanwaltschaft übersandt.

Diese Entscheidung, gegen die die Beschwerde zulässig ist, verletzt den Anspruch auf rechtliches Gehör. Das Amtsgericht hat den Grundsatz der Aktenvollständigkeit verkannt, der auch für die Akteneinsicht gilt (BGHSt 37, 204) und nach dem der Akteneinsicht nichts entzogen werden darf, was für das Verfahren geschaffen worden ist. Da die Staatsanwaltschaft Einsicht in alle Akten zu gewähren hat, die im Fall der Anklageerhebung dem Gericht gem. § 199 Abs. 2 Satz 2 StPO vorzulegen wären, umfasst das Akteneinsichtsrecht auch das Recht auf Einsicht in die Akten anderer Behörden (BGHSt 30, 131, 138). Dies gilt unbeschadet des Umstands, dass das Gesundheitsamt die Aktenübersendung mit einer Vertraulichkeitsbitte verbunden hat (BGHSt 42, 71). § 96 StPO regelt abschließend, unter welchen Voraussetzungen eine um Aktenübersendung ersuchte Behörde das Ersuchen der Staatsanwaltschaft auf Aktenübersendung ablehnen darf. Dies kann nicht dadurch umgangen werden, dass zwar die Staatsanwaltschaft, nicht aber die Verteidigung Einsicht in die Akten erhält; die Sperrerklärung des § 96 StPO ist nicht teilbar (LR/Lüderssen/Jahn, § 147 Rdnr. 63).

Im vorliegenden Verfahren hat – wie ich in einem Telefonat mit dem Sachbearbeiter des Gesundheitsamts am ... erfahren habe – das Gesundheitsamt zwar tatsächlich eine Vertraulichkeitsbitte geäußert; jedoch hat es die Akten gleichwohl in Erfüllung der staatsanwaltschaftlichen Beiziehungsverfügung vom ... übersandt. Dass die Staatsanwaltschaft die Akten nicht im Ermittlungsverfahren verwendet hätte und der Übersendung keine Bestimmung zur Verwendung im Strafverfahren zugrunde läge, behauptet die Staatsanwaltschaft nicht; es liegt mit Blick auf die Aktenanforderung unter dem Aktenzeichen des gegen meinen Mandanten geführten Ermittlungsverfahrens auch mehr als fern.

Nach alledem hätte das Amtsgericht auf meinen Antrag auf gerichtliche Entscheidung hin entweder die Staatsanwaltschaft zur Gewährung von Akteneinsicht in vollem Umfang anweisen oder die Akteneinsicht selbst gewähren müssen. Ich **beantrage** daher,

den Beschluss des Amtsgerichts M vom ... aufzuheben und anzuordnen, dass dem Verteidiger des Beschuldigten Einsicht auch in die beigezogene Akte des Gesundheitsamts M, Az. ..., zu gewähren ist.

Ich weise erneut darauf hin, dass ich in einer etwaigen Hauptverhandlung deren Aussetzung beantragen werde, wenn mir keine Einsicht in die beigezogene Akte gewährt werden sollte.

Rechtsanwältin/Rechtsanwalt

3   Durchsuchung (§§ 102 ff. StPO)

3.1   Einführung

3.1   Die Durchsuchung ist eine der effektivsten und praktisch bedeutsamsten Zwangsmaßnahmen der StPO. In Wirtschafts- und Steuerstrafverfahren, in Verfahren wegen BtM-Delikten und beim Verdacht von Straftaten aus dem Bereich der organisierten Kriminalität gehört sie zum **Standardrepertoire der Ermittlungsbehörden.** Sie erfolgt i.d.R. in einem **frühen Stadium der Ermittlungen.** Da sie den persönlichen Lebensbereich in erheblicher Weise tangiert, wird sie vom Betroffenen als besonders einschneidend erlebt. Durch die Durchsuchung wird der Beschuldigte regelmäßig erstmals vom Ermittlungsverfahren in Kenntnis gesetzt und mit den gegen ihn bestehenden Tatvorwürfen konfrontiert. Wegen dieses Überraschungseffekts der Durchsuchung ist es von besonderer Wichtigkeit, sich in dieser Situation richtig und besonnen zu verhalten. Die Möglichkeiten des Verteidigers, eine Durchsuchung im Vorfeld zu verhindern, sind gering. Typischerweise erfährt er von der Durchsuchung erst, wenn sie schon im Gang oder abgeschlossen ist.

Hinweis

Die Durchführung einer angeordneten Durchsuchung kann nicht verhindert werden. Rechtsschutz – etwa in Form der Feststellung der Rechtswidrigkeit der Maßnahme – ist nur im Nachhinein möglich. Dem Mandanten sollte daher dringend davon abgeraten werden, sich einer Durchsuchung zu widersetzen. Soweit möglich, sollte der Verteidiger an der Durchsuchung teilnehmen, da dies deeskalierend wirkt und den emotional aufgewühlten Mandanten beruhigen kann. Insbesondere wenn man als Anwalt für ein Unternehmen tätig ist, kann man Geschäftsführung und Personal auch auf den möglichen „Fall der Fälle" vorbereiten, indem man Verhaltensanweisungen (vgl. Rdnr. 3.82) in Form einer Checkliste mit wichtigen Telefonnummern zur Verfügung stellt und erläutert. Dabei sollte ein verantwortlicher Ansprechpartner bestimmt und festgelegt werden, wer den Rechtsanwalt informiert.

3.1.1 Durchsuchung als Zwangsmaßnahme

Die Durchsuchung ist eine staatliche Zwangsmaßnahme, die grundsätzlich nur   3.2
unter den Voraussetzungen der §§ 102 ff. StPO zulässig ist. Erklärt der Betroffene
allerdings wirksam sein **Einverständnis** mit der Durchsuchung, müssen diese Voraussetzungen nicht erfüllt sein (sog. Durchsicht). Das Einverständnis muss aber
ausdrücklich erklärt werden, die bloß stillschweigende Duldung der Maßnahme
genügt nicht.

> **Praxistipp**
>
> Der Verteidiger wird darauf zu achten haben, dass der Mandant kein Einver-
> ständnis mit der Durchsuchung erklärt. Mögliche schwerwiegende, zu Beweis-
> verwertungsverboten führende Mängel der Durchsuchungsanordnung (z.B.
> wegen willkürlicher Annahme von „Gefahr in Verzug") können sonst im weite-
> ren Verfahren nicht geltend gemacht werden.

3.1.2 Ziele der Durchsuchung

Kennzeichnend für eine Durchsuchung ist das ziel- und zweckgerichtete Suchen   3.3
staatlicher Organe nach Personen oder Sachen oder zur Ermittlung eines Sachverhalts, um etwas aufzuspüren, was der Inhaber der Wohnung von sich aus nicht
offenlegen oder herausgeben will.[1] Eine Durchsuchung kann zunächst als sogenannte **Ergreifungsdurchsuchung** der Ergreifung einer Person dienen. Dabei kann
es nicht nur um die Verhaftung und die vorläufige Festnahme nach §§ 112 ff., 127
StPO gehen, sondern auch um die Ergreifung zur Durchführung anderer Zwangsmaßnahmen (wie § 81a StPO) oder zur Vorführung zu Vernehmungen oder Terminen (wie § 134 StPO oder § 230 Abs. 2 StPO). Darüber hinaus ist die Durchsuchung als sogenannte **Ermittlungsdurchsuchung** zur Verfolgung von Spuren einer
Straftat, dem Auffinden von Beweismitteln oder dem Auffinden von Einziehungs-
objekten (§ 111b Abs. 2 Satz 3 StPO) zulässig. Schließlich gibt es noch die Durchsuchung zum Zweck der **Feststellung der Identität einer Person** gem. § 163b
Abs. 1 Satz 3, Abs. 2 Satz 2 StPO.

Werden bei der Durchsuchung Gegenstände gefunden, die als Beweismittel für   3.4
die Untersuchung von Bedeutung sein können, so sind sie **sicherzustellen** (§ 94
Abs. 1 StPO), bei nicht freiwilliger Herausgabe zu **beschlagnahmen** (§ 94 Abs. 2
StPO). Die Zwangsmaßnahmen der Durchsuchung und der Beschlagnahme hän-
gen daher eng miteinander zusammen (siehe Kap. 4, Rdnr. 4.1 ff.). Im Unterschied zur Beschlagnahme, die in den Fällen des § 97 StPO verboten ist, gibt es in
den §§ 102 ff. StPO aber **kein „Durchsuchungsverbot"**. Daher darf auch bei Personen durchsucht werden, die nach §§ 52 ff. StPO ein Zeugnisverweigerungsrecht haben, insbesondere bei Angehörigen des Beschuldigten; richtet sich die

---

[1] BVerfG, Beschl. v. 16.06.1987 – 1 BvR 1202/84, NJW 1987, 2499.

Durchsuchung gegen einen nach § 53 StPO zeugnisverweigerungsberechtigten Dritten (§ 103 StPO), ist zu prüfen, ob sie nach § 160a StPO statthaft ist.[2] Unzulässig ist es, eine Durchsuchung zur Suche beschlagnahmefreier Gegenstände anzuordnen oder durchzuführen.[3] Ebenso wenig dürfen Gegenstände gesucht werden, für die ein verfassungsrechtliches Beweisverwertungsverbot besteht wie intime Tagebuchaufzeichnungen oder Verteidigungsunterlagen.[4]

3.1.3   Durchsuchungsobjekte

3.5   Durchsucht werden können **Wohnungen und andere Räume** des Verdächtigen, seine **Person** und die **ihm gehörenden Sachen** (§ 102 StPO). Auch wenn § 103 StPO, der die Durchsuchung bei Unverdächtigen regelt, nur von „zu durchsuchenden Räumen" spricht, dürfen auch hier die Person und die ihr gehörenden Sachen durchsucht werden.[5] Zwar werden Grundstücke als Durchsuchungsobjekte in den §§ 102, 103 StPO nicht ausdrücklich bezeichnet. Deren Durchsuchung wird aber ebenfalls für zulässig gehalten, da das „befriedete Besitztum" in den Vorschriften zur Durchführung der Durchsuchung (§ 104 Abs. 1, § 105 Abs. 2 StPO) genannt wird.[6]

3.6   Die Durchsuchung zum Zweck der Identitätsfeststellung gem. § 163b Abs. 1 Satz 3 StPO erlaubt nur die Durchsuchung der Person des Verdächtigen und seiner mitgeführten Sachen, nicht aber seiner Wohnung oder anderer Räumlichkeiten (etwa zur Suche nach Ausweisen).[7]

3.1.3.1   Wohnungen und andere Räume

3.7   Wohnungen und andere Räume des Verdächtigen bzw. des Unverdächtigen dürfen durchsucht werden, wenn er sie **tatsächlich benutzt**. Ob er Eigentümer ist oder über rechtlich verfestigte Nutzungs- und Besitzrechte oder das Hausrecht verfügt, ist gleichgültig.[8] Daher können auch Räume durchsucht werden, die der Verdächtige bzw. Unverdächtige ohne Einwilligung des Berechtigten benutzt (z.B. ein besetztes Haus), sowie solche, die er nur vorübergehend nutzt oder mitbenutzt.[9] Erfasst sind somit auch Hotelzimmer, Arbeits-, Betriebs- und Geschäftsräume oder Räume einer WG.

---

2)   BGH, Beschl. v. 04.02.2016 – StB 23/14, NStZ 2016, 740; BVerfG, Beschl. v. 06.11.2014 – 2 BvR 2928/10, StraFo 2015, 61.
3)   Meyer-Goßner/Schmitt, § 97 Rdnr. 1.
4)   BGH, Urt. v. 25.02.1998 – 3 StR 490/97, NJW 1998, 1963.
5)   Meyer-Goßner/Schmitt, § 103 Rdnr. 3.
6)   Meyer-Goßner/Schmitt, § 102 Rdnr. 7.
7)   KK/Griesbaum, § 163b Rdnr. 23.
8)   Meyer-Goßner/Schmitt, § 102 Rdnr. 7.
9)   BVerfG, Beschl. v. 09.08.2019 – 2 BvR 1684/19, NJW 2019, 3633.

Der **Mitgewahrsam** anderer Personen, z.B. Ehegatten oder Eltern, hindert eine Durchsuchung beim Verdächtigen nach § 102 StPO nicht. Allerdings erlaubt ein Durchsuchungsbeschluss gegenüber einem Beschuldigten nicht, Gegenstände, die ohne weiteres einem Dritten (z.B. einem Mitbewohner) zuzuordnen sind, also nicht zum gemeinschaftlichen Herrschaftsbereich gehören, zu durchsuchen.[10]

3.8

Nicht von den §§ 102 ff. StPO erfasst sind die **Hafträume** von Untersuchungs- und Strafgefangenen[11] und Zimmer von Sicherungsverwahrten;[12] deren Durchsuchung ist unter den Voraussetzungen der landesrechtlichen Vorschriften des Justizvollzugsrechts möglich (vgl. etwa § 64 BWJVollzGB III).

3.9

Praxistipp

Verfügt der Mandant über mehrere Wohnungen oder Geschäftsräume an verschiedenen Orten, wird die Staatsanwaltschaft die Durchsuchungen zeitgleich in allen Objekten durchführen. Um zu vermeiden, dass Türen in den Objekten gewaltsam geöffnet werden, an denen niemand vor Ort ist, sollte der Mandant, wenn er durch den Durchsuchungsbeschluss von den zu durchsuchenden Objekten erfährt, die Übergabe der jeweiligen Schlüssel anbieten. Ideal wäre auch, wenn er eine Person seines Vertrauens zum Durchsuchungsobjekt schicken kann, die dort für die Einhaltung der wichtigsten Verhaltensmaßregeln sorgt.

3.1.3.2   Durchsuchung der Person

Die Durchsuchung der Person erlaubt die Durchsuchung der Kleidung und der Körperoberfläche. Außerdem darf in natürlichen Körperöffnungen gesucht werden, soweit diese ohne medizinische Hilfsmittel einsehbar sind (etwa der Mundraum).[13] Insofern müssen aber analog § 81d StPO Personen gleichen Geschlechts eingesetzt werden.[14] Die Suche nach Gegenständen im Körper ist dagegen als körperliche Untersuchung nur unter den Voraussetzungen der §§ 81a ff. StPO durch einen Arzt erlaubt.

3.10

3.1.3.3   Dem Verdächtigen gehörende Sachen

Sachen sind die **Kleidungsstücke** oder **sonstige bewegliche Gegenstände** wie Taschen, Behältnisse, Wohnungs- und Einrichtungsgegenstände, Mobiltelefone oder Computer. Von besonderer praktischer Bedeutung sind auch **Fahrzeuge.**

3.11

---

10) BVerfG, Beschl. v. 09.08.2019 – 2 BvR 1684/19, NJW 2019, 3633; LG Saarbrücken, Beschl. v. 04.01.1988 – 5 Qs 149/87, NStZ 1988, 424; FG Niedersachsen, Urt. v. 20.09.2018 – 11 K 267/17, NZWiSt 2019, 347, 351.
11) BVerfG, Beschl. v. 30.05.1996 – 2 BvR 727-884/94, NStZ 1996, 511; BGH, Urt. v. 24.07.1998 – 3 StR 78/98, NJW 1998, 3284.
12) OLG Celle, Beschl. v. 23.10.1997 – 3 Ws 483/17, BeckRS 2017, 137504.
13) OLG Celle, Beschl. v. 05.11.1996 – 3 Ss 140/96, NStZ 1998, 87.
14) KK/Bruns, § 102 Rdnr. 10.

„Gehörend" meint die Gewahrsams- und nicht die Eigentumsverhältnisse an der Sache.[15]

3.1.4 Durchsuchung beim Verdächtigen

3.12 Bei demjenigen, der als Täter oder Teilnehmer einer Straftat oder der Datenhehlerei, Begünstigung, Strafvereitelung oder Hehlerei verdächtig ist, kann gem. **§ 102 StPO** eine Durchsuchung sowohl bezüglich seiner Person als auch seiner Sachen durchgeführt werden, wenn zu vermuten ist, dass sie zur Auffindung von Beweismitteln (§ 94 StPO) oder von Gegenständen führen wird, die der Einziehung oder Unbrauchbarmachung unterliegen (§ 111b Abs. 2 StPO). Für eine Durchsuchung beim Verdächtigen zum Zweck seiner Ergreifung bedarf es dann keiner Durchsuchungsanordnung, wenn bereits ein Haft- oder Vorführungsbefehl vorliegt.[16]

3.13 Der **Begriff des Verdächtigen** ist mit dem des Beschuldigten nicht deckungsgleich, sondern beschreibt eine „Vorstufe". Verdächtiger ist, wer nach kriminalistischer Erfahrung als Täter oder Teilnehmer einer verfolgbaren Straftat in Betracht kommt. Der gegen ihn bestehende Tatverdacht muss sich aber noch nicht so konkretisiert haben, dass die Staatsanwaltschaft durch Willensakt die Beschuldigteneigenschaft begründen kann bzw. muss. Mit anderen Worten: Während ein (formell) Beschuldigter immer auch Verdächtiger ist, muss ein Verdächtiger nicht schon Beschuldigter sein. Trotz der Intensität der Maßnahme bedarf es also keines hinreichenden oder dringenden Tatverdachts; es genügt ein sogenannter **Anfangsverdacht**.[17] Ein solcher kann auch allein durch die Angaben eines Zeugen begründet[18] oder auf ein Behördenzeugnis gestützt werden.[19] Vage Anhaltspunkte oder bloße Vermutungen genügen dagegen nicht.[20] Unzulässig ist eine Durchsuchung außerdem, wenn sich für sie keine sachlich zureichenden plausiblen Gründe mehr finden lassen.[21] Die Durchsuchung darf auch nicht der Ermittlung von Tatsachen dienen, die zur Begründung eines Anfangsverdachts erst erforderlich sind.[22]

3.14 Weitere (ungeschriebene) Voraussetzung ist, dass die Maßnahme **verhältnismäßig** ist, da der erhebliche Eingriff in die grundrechtlich geschützte Lebenssphäre des Betroffenen ein besonderes Rechtfertigungsbedürfnis nach dem Grundsatz der Verhältnismäßigkeit verlangt. Die Durchsuchung muss im Blick auf den bei der Anordnung verfolgten Zweck erfolgversprechend sein (Geeignetheit). Ferner

15) Meyer-Goßner/Schmitt, § 102 Rdnr. 10.
16) KK/Bruns, § 105 Rdnr. 6.
17) BVerfG, Beschl. v. 07.09.2006 – 2 BvR 1291/05, NJW 2007, 1443; BGH, Beschl. v. 18.12.2008 – StB 26/08, NStZ-RR 2009, 142.
18) BGH, Beschl. v. 26.06.2019 – StB 10/19, NStZ-RR 2019, 282.
19) BGH, Beschl. v. 06.02.2019 – 3 StR 280/18, NStZ 2019, 546.
20) BVerfG, Beschl. v. 13.03.2014 – 2 BvR 974/12, NJW 2014, 1650; Beschl. v. 31.01.2020 – 2 BvR 2992/14, NJW 2020, 1351.
21) BVerfG, Urt. v. 02.03.2006 – 2 BvR 2099/04, NJW 2006, 976.
22) BVerfG, Beschl. v. 03.07.2006 – 2 BvR 2030/04, NJOZ 2006, 3082; Beschl. v. 29.04.2007 – 2 BvR 2601/06, BeckRS 2007, 23978.

muss gerade diese Zwangsmaßnahme zur Ermittlung und Verfolgung der vorgeworfenen Tat erforderlich sein; dies ist nicht der Fall, wenn andere, weniger einschneidende Mittel zur Verfügung stehen (Erforderlichkeit). Dazu gehören etwa die freiwillige Herausgabe der gesuchten Gegenstände oder die Vernehmung von Zeugen. Schließlich muss der jeweilige Eingriff in angemessenem Verhältnis zu der Schwere der Straftat und der Stärke des Tatverdachts stehen (Verhältnismäßigkeit im engeren Sinn).[23]

Anfangsverdacht und Verhältnismäßigkeit korrelieren miteinander: Je weniger konkretisiert und je weniger gewichtig der Anfangsverdacht ist, desto höher sind die Anforderungen an die Prüfung und die Darlegung der Verhältnismäßigkeit. Bei länger zurückliegenden Straftaten wird sich überdies regelmäßig die Frage stellen, ob die Durchsuchung noch erfolgversprechend ist.[24]

3.1.5 Durchsuchung bei Dritten

Bei anderen als den in § 102 StPO genannten Personen können Räume nur unter den in **§ 103 StPO** genannten Voraussetzungen durchsucht werden. Dazu muss die Durchsuchung erforderlich sein, um

— Spuren einer Straftat zu verfolgen,

— einen Beschuldigten zu ergreifen oder

— bestimmte Gegenstände zu beschlagnahmen, die als Beweismittel i.S.v. § 94 StPO geeignet sind oder eingezogen bzw. unbrauchbar gemacht werden können (§ 111b StPO).

3.15

„Andere Person" ist auch derjenige, der wegen Schuld- oder Strafausschließungsgründen nicht verfolgt werden kann, z.B. Strafunmündige (§ 19 StGB). Ebenfalls erfasst werden juristische Personen und Behörden und Banken.

Im Unterschied zur Durchsuchung beim Verdächtigen nach § 102 StPO müssen bestimmte Tatsachen vorliegen, aus denen geschlossen werden kann, dass die gesuchte Person, Spur oder Sache sich in den zu durchsuchenden Räumen befindet (sog. **Tatsachenverdacht**). Zur Ergreifung eines Beschuldigten, der der in § 103 Abs. 1 Satz 2 StPO genannten Staatsschutzdelikte dringend verdächtig ist, genügt es, wenn tatsächliche Anhaltspunkte dafür vorliegen, dass dieser sich im Gebäude befindet (sog. **Gebäudedurchsuchung**). Da an den Aufenthalt im Gebäude angeknüpft wird, können Wohnungen und Räume Unverdächtiger in dem Gebäude ohne insoweit bestehenden konkreten Auffindungsverdacht durchsucht werden. Räume, in denen der Beschuldigte ergriffen worden ist oder die er während seiner Verfolgung betreten hat, dürfen gem. § 103 Abs. 2 StPO schon dann durchsucht werden, wenn vermutet werden kann, dass der Zweck der

3.16

---

23) BVerfG, Beschl. v. 27.05.1997 – 2 BvR 1992/92, BVerfGE 96, 44.
24) BVerfG, Beschl. v. 29.10.2013 – 2 BvR 389/13, StraFo 2014, 67.

Durchsuchung (Ergreifung des Beschuldigten, Auffinden von Zeugen oder sächlichen Beweismitteln) erreicht wird.

3.17 Die Durchsuchung zum Zweck der Ergreifung eines Beschuldigten hat zur Voraussetzung, dass der Tatverdacht gegen den Verdächtigen so konkret ist, dass er Beschuldigter i.S.d. Strafprozessrechts ist. Seine Identität muss dabei aber noch nicht feststehen. Für den Auffindungsverdacht müssen konkrete (z.B. durch Aussagen von Zeugen belegte) Tatsachen den Schluss auf den Aufenthalt zulassen.

3.18 Die auf § 103 StPO gestützte Durchsuchung stellt erhöhte Anforderungen an die **Verhältnismäßigkeit**.[25] Dies gilt in insbesondere für Durchsuchungen von Berufsgeheimnisträgern wie Rechtsanwälten, Ärzten und Steuerberatern.[26] Der Betroffene muss regelmäßig zunächst zur **freiwilligen Herausgabe** der Beweisgegenstände aufgefordert werden.[27] Dies geschieht in der Praxis dadurch, dass schon der Durchsuchungsbeschluss eine sogenannte **Abwendungsbefugnis** einräumt. Es ist aber auch zulässig, dass die Durchsuchungsbeamten erst bei der Vollziehung der Maßnahme prüfen, ob der Erfolg der Durchsuchung auch durch mildere Mittel wie die freiwillige Herausgabe erzielt werden kann.[28]

3.1.6　Einschränkungen für Durchsuchungen

3.1.6.1　Einschränkung durch das Verfahrensstadium

3.19 Durchsuchungen dürfen – ebenso wie andere Zwangsmaßnahmen – grundsätzlich **nur bis zum rechtskräftigen Abschluss des Strafverfahrens** durchgeführt werden. Sie sind damit noch in den Verfahrensstadien des Zwischen- oder Hauptverfahrens, also z.B. während laufender Hauptverhandlung, möglich. Zum Zweck der Strafvollstreckung sind sie gem. § 457 Abs. 3 StPO – unter strikter Wahrung des Verhältnismäßigkeitsgrundsatzes – nur zur Festnahme eines rechtskräftig Verurteilten zulässig. Durchsuchungen zur Überwachung der Bewährung eines rechtskräftig Verurteilten sind dagegen unzulässig.[29]

3.1.6.2　Beendigung

3.20 Eine Durchsuchungsanordnung berechtigt zu einer **einmaligen, einheitlichen Durchsuchung**. Die Durchsuchung ist in einem Zug – ggf. mit Pausen – durchzuführen.[30] Ihre Beendigung ergibt sich aus entsprechender Erklärung oder schlüs-

---

25) BGH, Beschl. v. 18.03.2009 – 2 BvR 1036/08, NJW 2009, 2518; Meyer-Goßner/Schmitt, § 103 Rdnr. 1a.
26) BVerfG, Beschl. v. 05.05.2011 – 2 BvR 1011/10, NJW 2011, 2275; KK/Bruns, § 103 Rdnr. 12.
27) BeckOK, StPO/Hegmann, § 103 Rdnr. 12.
28) LG Hamburg, Beschl. v. 18.09.2018 – 608 Qs 26/18.
29) KG, Beschl. v. 05.05.2000 – 2 AR 26/99, 3 Ws 116/99, StV 2000, 10.
30) Meyer-Goßner/Schmitt, § 105 Rdnr. 14.

Grube

sigem Verhalten (etwa durch Abrücken der Einsatzkräfte).[31] Soll die Durchsuchung nur unterbrochen werden, muss das deutlich gemacht werden. Mit dem Ende der Durchsuchung ist die ermächtigende Anordnung verbraucht; für eine erneute Durchsuchung bedarf es einer neuen Anordnung.[32] Die Anordnung regelmäßiger Durchsuchungen in einem bestimmten Zeitraum ist unzulässig.[33]

Hinweis

– Die Durchsuchungsbeamten dürfen den Verbrauch der Anordnung durch die Beendigung nicht dadurch umgehen, dass sie zunächst scheinbar abziehen, dann aber plötzlich wieder zum Durchsuchen erscheinen, um den Betroffenen „in flagranti" beim Vernichten von Beweismaterial zu erwischen.

– Um zu verhindern, dass die Durchsuchungsbeamten nach dem Verlassen des Durchsuchungsobjekts noch einmal kurzfristig zurückkommen, um weiterzusuchen, weil ihnen auf dem Weg zu ihrer Dienststelle noch etwas „eingefallen" ist, sollte genau vermerkt werden, wann und mit welcher Aussage die Beamten das Objekt verlassen haben.

3.1.6.3   Tageszeitliche Einschränkungen

Für Durchsuchungen gelten tageszeitliche Einschränkungen. So dürfen die Wohnung, die Geschäftsräume und das befriedete Besitztum zur Nachtzeit nur bei Verfolgung auf frischer Tat, bei Gefahr im Verzug oder zum Zwecke der Wiederergreifung eines entwichenen Gefangenen durchsucht werden (§ 104 Abs. 1 und 3 StPO). Eine bereits begonnene Durchsuchung darf aber in die Nachtstunden hinein fortgesetzt werden. Die Nachtzeit definiert das Gesetz in § 104 Abs. 3 StPO, wobei es jahreszeitlich differenziert. Danach dauert die Nachtzeit vom 01.04.–30.09. von 21.00 Uhr bis 4.00 Uhr; zwischen 01.10.–31.03. von 21.00 Uhr bis 6.00 Uhr. Nach der Rechtsprechung des BVerfG ist nach den heutigen Lebensgewohnheiten die Zeit **zwischen 21.00 Uhr und 6.00 Uhr ganzjährig als Nachtzeit** anzusehen.[34]

3.21

Diese tageszeitlichen Beschränkungen gelten nicht, wenn der von der Maßnahme Betroffene einwilligt oder es sich um die in § 104 Abs. 2 StPO genannten Örtlichkeiten handelt. Im Einzelnen gehören dazu Räume,

– die zur Nachtzeit jederzeit zugänglich sind (z.B. Gaststätten, Bars, Diskotheken, Kinos, Bahnhofshallen),

– die der Polizei als Herbergen und Versammlungsorte bestrafter Personen dienen (z.B. Rockerclubs, Hehlerkneipen),

---

31) BVerfG, Beschl. v. 12.02.2004 – 2 BvR 1687/02, StV 2004, 633; BGH, Beschl. v. 04.06.2020 – 4 StR 15/20.
32) Meyer-Goßner/Schmitt, § 105 Rdnr. 14.
33) LG Hamburg, Beschl. v. 05.05.2003 – 620 Qs 29/03, wistra 2004, 36.
34) BVerfG, Beschl. v. 12.03.2019 – 2 BvR 675/14, NJW 2019, 1428.

– die als *„Niederlagen von Sachen, die mittels Straftaten erlangt sind, oder als Schlupfwinkel des Glücksspiels, des unerlaubten Betäubungsmittel- und Waffenhandels oder der Prostitution bekannt sind"*.

Verstöße gegen die tageszeitlichen Einschränkungen führen zwar zur Rechtswidrigkeit der Durchsuchung. Sie wiegen aber nicht so schwer, dass deshalb bei der nach der Rechtsprechung gebotenen Interessenabwägung zwischen den Interessen des Betroffenen und dem Strafverfolgungsinteresse ein Verwertungsverbot der im Rahmen der Durchsuchung erlangten Erkenntnisse anzunehmen ist (siehe Rdnr. 3.76).[35]

3.1.7 Anordnungsverfahren

3.1.7.1 Zuständigkeit

3.22   Zuständig für die Anordnung der Durchsuchung ist im Ermittlungsverfahren gem. § 105 Abs. 1 StPO der Richter, bei Gefahr im Verzug auch die Staatsanwaltschaft und ihre Ermittlungspersonen (§ 152 GVG). Der Richtervorbehalt, der sich für Wohnungsdurchsuchungen unmittelbar aus Art. 13 Abs. 2 GG ergibt, bezweckt eine vorbeugende Kontrolle der Maßnahme durch eine unabhängige und neutrale Instanz, da i.d.R. eine vorherige Anhörung des Betroffenen den Untersuchungszweck gefährden könnte und deshalb gem. § 33 Abs. 4 StPO unterbleibt.[36]

3.23   Zuständiger Richter ist der **Ermittlungsrichter** des Bezirks, in dem die ermittelnde Staatsanwaltschaft oder ihre den Antrag stellende Zweigstelle ihren Sitz hat (§ 162 Abs. 1 Satz 1 StPO). Für Verfahren in Staatsschutzsachen gibt es bei den Oberlandesgerichten und dem BGH jeweils eigene Ermittlungsrichter.

3.24   Nach Erhebung der öffentlichen Klage (§ 170 Abs. 1 StPO) ist **das mit der Sache befasste Gericht** zuständig, soweit die angeklagte Tat Grundlage der Durchsuchungsanordnung ist (§ 162 Abs. 3 StPO). Weil mit der Anklageerhebung die Verfahrensherrschaft von der Staatsanwaltschaft auf das erkennende Gericht übergeht, ist – anders als im Ermittlungsverfahren – kein staatsanwaltschaftlicher Antrag mehr erforderlich, das Gericht kann somit **von Amts wegen** Durchsuchungen anordnen.

3.1.7.2 Richtervorbehalt und Gefahr im Verzug

3.25   Durch die jüngere Rechtsprechung des BVerfG wurde die Frage, unter welchen Voraussetzungen die Staatsanwaltschaft und ihre Ermittlungsbeamten aufgrund Gefahr im Verzug nach § 105 Abs. 1 Satz 1 StPO Durchsuchungen anordnen kön-

---

35) LG Frankfurt, Beschl. v. 14.01.2014 – 5/27 Qs 80/13, BeckRS 2015, 13105.
36) BVerfG, Beschl. v. 20.02.2001 – 2 BvR 1444/00, BVerfGE 103, 142, 150.

nen, klar beantwortet. Danach müssen Gerichte und Strafverfolgungsbehörden im Rahmen des Möglichen tatsächliche und rechtliche Vorkehrungen treffen, damit die in der Verfassung vorgesehene **Regelkompetenz des Richters** auch in der Masse der Alltagsfälle gewahrt bleibt. Deshalb muss eine Durchsuchung bereits dann beantragt werden, wenn sich ihre **Notwendigkeit abzeichnet.** Staatsanwaltschaft und Polizei dürfen weder die richterliche Anordnungsbefugnis umgehen noch vorschnell auf den Ausnahmefall der „Gefahr im Verzug" zurückgreifen.

Unter „**Gefahr im Verzug**" versteht man die Wahrscheinlichkeit, dass die vorherige Einholung der richterlichen Anordnung aufgrund der damit verbundenen zeitlichen Verzögerung den Erfolg der Durchsuchung gefährdet. Sie liegt mit anderen Worten vor, wenn in der kurzen Zeit, die Staatsanwaltschaft oder Polizei bräuchten, um den zuständigen Ermittlungsrichter zu erreichen und die dieser für die Prüfung der Durchsuchungsvoraussetzungen benötigen würde, die Gefahr besteht, dass die gesuchten Beweismittel beseitigt oder beiseite geschafft werden oder verlorengehen. Staatsanwaltschaft und Polizei sind dabei gehalten, notfalls auch telefonisch, zu versuchen, eine Durchsuchungsanordnung des Ermittlungsrichters herbeizuführen.[37] Das Vorliegen von Gefahr im Verzug muss anhand der **konkreten Umstände des Einzelfalls** beurteilt werden und darf nicht auf fallunabhängige Vermutungen gestützt werden, die auf reinen Spekulationen, hypothetischen Erwägungen oder kriminalistischen Alltagserfahrungen basieren.[38]

3.26

Nach der Rechtsprechung des BVerfG muss bei den Gerichten der Ermittlungsrichter oder der **richterliche Bereitschaftsdienst** auch außerhalb der üblichen Geschäftszeiten **zwischen 6.00 Uhr und 21.00 Uhr** erreichbar sein. Während der Nachtzeit muss ein richterlicher Bereitschaftsdienst – mindestens als Rufbereitschaft – jedenfalls bei einem Bedarf eingerichtet werden, der über den Ausnahmefall hinausgeht. Ob und inwieweit ein solcher Bedarf besteht, haben die Gerichtspräsidien nach einer Bedarfsermittlung in eigener Verantwortung nach pflichtgemäßem Ermessen zu entscheiden.[39] Jedenfalls in Großstädten wird regelmäßig ein Bedarf nach einem **24-Stunden-Eildienst** bestehen.

3.27

Praxistipp

Die Rechtsprechung des BVerfG zur Notwendigkeit eines 24-Stunden-Eildienstes scheint in zahlreichen Gerichtsbezirken, in denen eigentlich ein Bedarf besteht, noch nicht umgesetzt zu sein. In der Justiz werden seit Längerem verschiedene Modelle diskutiert. Während teilweise noch auf der (unzutreffenden) Auffassung beharrt wird, ab 21.00 Uhr könne der Richter sein Telefon einfach ausschalten, hält ein Teil der Richterschaft einen alle Richter regelmäßig treffenden, mehrere Tage dauernden Nachtbereitschaftsdienst für die richtige Lösung, andere präferieren eine Professionalisierung mit „Dauerbereitschaftsrichtern". Der Verteidiger sollte im Einzelfall klären, was im jeweiligen Gerichtsbezirk praktiziert wird und ob die Vorgabe des BVerfG umgesetzt ist.

---

37) BGH, Urt. v. 18.04.2017 – 5 StR 546/06, NStZ 2007, 601.
38) BGH, Urt. v. 06.10.2016 – 2 StR 46/15, NStZ 2017, 367.
39) BVerfG, Beschl. v. 12.03.2019 – 2 BvR 675/14, NJW 2019, 1428.

3.28 Den Ermittlungsbehörden ist ab dem Moment, in dem sie den Richter mit der Stellung eines Antrags auf Anordnung einer Durchsuchung befassen, der Rückgriff auf die Eilkompetenz wegen Gefahr im Verzug versperrt. Von diesem Zeitpunkt an muss der Richter den Antrag umgehend unter allen relevanten Gesichtspunkten prüfen und eine eigenverantwortliche Entscheidung treffen. Die Ermittlungsbehörden haben ab dem Eintritt dieser „**Sperrwirkung**" grundsätzlich die Entscheidung des Richters – egal, wie lange sie dauert – abzuwarten. Die Eilkompetenz wegen Gefahr im Verzug lebt aber dann wieder auf, wenn (vom Prüfungs- und Entscheidungsvorgang unabhängige) tatsächliche Umstände eintreten oder bekannt werden, die einen Beweismittelverlust befürchten lassen. Das ist z.B. dann der Fall, wenn die Polizei, die vor einem zu durchsuchenden Geschäftsgebäude steht und auf den richterlichen Beschluss wartet, wahrnimmt, wie Personen im Objekt plötzlich hektisch beginnen, Papiere zu schreddern.

Unter diesen Vorgaben bleiben nur drei Konstellationen, in denen eine **Ausnahmekompetenz der Ermittlungsbehörden** zur Anordnung von Wohnungsdurchsuchungen wegen „Gefahr im Verzug" bestehen kann:

- Nach umfassender Prüfung der konkreten Umstände des Einzelfalls ist wegen der tatsächlichen und/oder rechtlichen Komplexität des Falles davon auszugehen, dass durch die Einschaltung des Richters eine zeitliche Verzögerung eintritt, die den Erfolg der Durchsuchung gefährden würde;

- der zuständige Richter kann trotz (telefonischen) Kontaktversuchs nicht erreicht werden;

- nach der Befassung des zuständigen Richters treten (vom Prüfungsprozess unabhängige) tatsächliche Umstände ein oder werden neu bekannt, die die Gefahr eines Beweismittelverlusts begründen (überholende Kausalität).

3.29 In allen genannten Fällen müssen die Ermittlungsbehörden die ihrer Eilentscheidung zugrunde gelegten Umstände des Einzelfalls **dokumentieren**, um eine wirksame gerichtliche Nachprüfung zu ermöglichen. Staatsanwaltschaft oder Polizei haben daher vor oder unmittelbar nach der Durchsuchung in den Ermittlungsakten ihren Erkenntnisstand und ihre Wertungen in Form eines **Vermerks** festzuhalten (**Dokumentations- und Begründungspflicht**).

Inhaltlich muss sich daraus ergeben:

- das Vorliegen der gesetzlichen Voraussetzungen der Durchsuchung, insbesondere Tatverdacht, gesuchte Beweismittel und Verhältnismäßigkeit,

- die Umstände des vergeblichen Versuchs, den zuständigen Ermittlungsrichter zu erreichen, bzw.

- Angaben dazu, warum nicht versucht wurde, ihn zu erreichen und weshalb ein Verlust der gesuchten Beweismittel drohte.

Auf diese Dokumentation darf nur dann verzichtet werden, wenn schon allein aufgrund der bis dahin in der Akte vermerkten tatsächlichen Umstände der Tatverdacht, die Zielrichtung der Durchsuchung und deren Dringlichkeit offenkundig gegeben waren.[40]

Das **Fehlen der schriftlichen Dokumentation** in der Ermittlungsakte hat zur Folge, dass in einer späteren gerichtlichen Verfahren, in welchem es um die Rechtmäßigkeit der von Staatsanwaltschaft oder Polizei angeordneten Durchsuchung geht, keine Gefahr im Verzug angenommen werden darf. Denn das Gericht darf bei der Prüfung der Rechtmäßigkeit der Durchsuchung nur die Tatsachen und Wertungen berücksichtigen, die in der schriftlichen Dokumentation enthalten sind.[41]

3.1.7.3   Verfahren

Gemäß § 33 Abs. 4 StPO bedarf es bei Zwangsmaßnahmen, die nur dann Erfolg versprechen, wenn sie den von ihnen Betroffenen überraschen, ausnahmsweise **keiner vorherigen Anhörung.** Daher muss der Betroffene vor Anordnung einer Durchsuchung nicht angehört werden. Nach § 33a StPO muss ihm aber **nachträglich** rechtliches Gehör gewährt werden, sobald die Gefährdung der Anordnung entfallen ist. Dies ist spätestens nach Vollzug der Anordnung der Fall, ggf. aber auch früher. Über das Recht zur nachträglichen Anhörung muss der Betroffene belehrt werden.   **3.30**

3.1.7.4   Form

§ 105 StPO schreibt für die Durchsuchungsanordnung **keine bestimmte Form** vor. Regelmäßig ergeht die richterliche Anordnung als **schriftlicher Beschluss,** kann jedoch in **Eilfällen** (etwa bei telefonischer Einholung während des richterlichen Bereitschaftsdienstes) **auch mündlich** erfolgen. In diesem Fall sind die Gründe für die Eilbedürftigkeit zu dokumentieren.[42]   **3.31**

In der Praxis werden richterliche Durchsuchungsbeschlüsse durch die Staatsanwaltschaft in der Weise vorbereitet, dass dem zur Anordnung zuständigen Richter der vollständig formulierte Beschluss in unterschriftsreifer Form zusammen mit den Akten zugeleitet wird. Dies ist – wenn den Begründungsanforderungen genügt wird – verfassungsrechtlich unbedenklich.[43]

---

40) BVerfG, Beschl. v. 04.02.2005 – 2 BvR 308/04, NStZ 2005, 337.
41) BVerfG, Beschl. v. 12.02.2004 – 2 BvR 1687/02, StV 2004, 633.
42) BVerfG, Beschl. v. 23.07.2007 – 2 BvR 2267/06, BeckRS 2007, 25604.
43) BVerfG, Beschl. v. 01.08.2014 – 2 BvR 200/14, NJW 2015, 851.

Hinweis

Das gerichtliche Aktenzeichen eines Durchsuchungsbeschlusses setzt sich zusammen aus der Ziffer des zuständigen richterlichen Referats, dem Registerzeichen „Gs" für Anordnungen des Ermittlungsrichters in Strafsachen, der laufenden Nummer aller Vorgänge seit Jahresbeginn und dem Geschäftsjahr; z.B. 1 Gs 409/20. Im Hinblick auf den hohen Durchlauf von „Routinebeschlüssen" in einem ermittlungsrichterlichen Dezernat (etwa gem. § 111a StPO) lässt sich insbesondere aus einer hohen laufenden Nummer nicht herleiten, der zuständige Ermittlungsrichter sei schon angesichts der großen Zahl der von ihm zu entscheidenden Sachen gar nicht in der Lage gewesen, vor Anordnung der Durchsuchung die Akten sorgfältig zu lesen und die Anordnungsvoraussetzungen ausreichend zu prüfen. Eine solche Argumentation, die zur Begründung von Beweisverwertungsverboten gelegentlich angeführt wird, ist sachlich unzutreffend und offenbart völlige Unkenntnis der justiziellen Abläufe.

3.32   Der Durchsuchungsbeschluss kann zwar grundsätzlich **mit einer Beschlagnahmeanordnung verbunden** werden. Dies ist aber im Regelfall unzweckmäßig, da die so angeordnete Beschlagnahme nur dann wirksam ist, wenn die Beweismittel konkret bezeichnet werden. Eine nur allgemein gehaltene Beschlagnahmegestattung hat lediglich die Bedeutung einer Richtlinie für die Durchsuchung und stellt noch keine wirksame Beschlagnahmeanordnung dar.[44]

3.1.8   Inhaltliche Anforderungen an den Durchsuchungsbeschluss

3.33   In der jüngeren Rechtsprechung wurden die inhaltlichen Anforderungen an Durchsuchungsbeschlüsse deutlich verschärft. Wegen der Schwere des mit einer Wohnungsdurchsuchung verbundenen Eingriffs in das Grundrecht aus Art. 13 Abs. 1 GG muss der Richter zur Wahrung der ihm zugewiesenen Kontrollfunktion den Durchsuchungsbeschluss so formulieren, dass der **Grundrechtseingriff messbar und kontrollierbar** bleibt. Der Durchsuchungsbeschluss hat daher insbesondere den **Tatvorwurf** so zu umschreiben, dass der äußere Rahmen abgedeckt wird, innerhalb dessen die Zwangsmaßnahme durchzuführen ist. Dadurch wird zugleich dem Betroffenen ermöglicht, die Durchsuchung seinerseits zu kontrollieren und etwaigen Ausuferungen – soweit ihm das rechtlich möglich ist – von vornherein entgegenzutreten.[45] Im Beschluss muss die aufzuklärende Tat, wenn auch kurz, aber doch so genau umschrieben werden, wie es nach den Umständen des Einzelfalls möglich ist.[46] Pauschale Angaben, wie „über Jahre hinweg" betriebene Steuerhinterziehung, genügen regelmäßig nicht.[47] Erforderlich sind

---

44)   BVerfG, Beschl. v. 29.01.2002 – 2 BvR 1245/01, NStZ-RR 2002, 172; Beschl. v. 09.02.2005 – 2 BvR 984/04, 1018/04 und 1030/04, NStZ-RR 2005, 203.

45)   BVerfG, Urt. v. 20.02.2001 – 2 BvR 1444/00, BVerfGE 103, 142, 151 f.

46)   BVerfG, Beschl. v. 08.04.2004 – 2 BvR 1821/03, StV 2005, 643.

47)   BVerfG, Beschl. v. 04.04.2017 – 2 BvR 2551/12, NJW 2017, 2016.

knappe, aber aussagekräftige Tatsachenangaben, die eine Subsumtion unter die wesentlichen Tatbestandsmerkmale erlauben.

Defizite bei der Beschreibung der aufzuklärenden Tat können durch die Bezeichnung der zu suchenden Beweismittel ausgeglichen werden, sofern diese Rückschlüsse auf den konkreten Tatvorwurf zulassen.[48] Für die Frage, wie weit die **Tat konkretisiert** werden muss, können auch außerhalb des Durchsuchungsbeschlusses liegende Umstände, wie etwa die Kenntnis des Betroffenen vom Tatvorwurf, von Bedeutung sein. Ein Durchsuchungsbeschluss, der keinerlei tatsächliche Angaben über den Inhalt des Tatvorwurfs enthält und der zudem den Inhalt der konkret gesuchten Beweismittel nicht erkennen lässt, ist jedenfalls dann unzureichend, wenn solche Kennzeichnungen nach dem bisherigen Ergebnis der Ermittlungen ohne weiteres möglich sind und die weiteren Ermittlungen nicht gefährden.[49] Auch müssen die Tatsachen angegeben werden, auf denen der Anfangsverdacht beruht. Genannt werden müssen die **wesentlichen Verdachtsmomente einschließlich der Indiztatsachen.** Nicht ausreichend ist der bloße Verweis auf die „bisherigen Ermittlungen".[50]

3.34

Die Durchsuchungsanordnung muss auch **die Art und den vorgestellten Inhalt der zu suchenden Beweismittel** so genau bezeichnen, wie es nach Lage der Dinge geschehen kann.[51] Die Beweismittel müssen soweit konkretisiert werden, dass weder beim Betroffenen noch bei den Durchsuchungsbeamten Zweifel über die zu suchenden Gegenstände entstehen können.[52] Dazu müssen die Gegenstände zwar nicht in allen Einzelheiten beschrieben werden; sie müssen aber zumindest ihrer Gattung nach bestimmt sein.[53] Unzureichend wäre daher eine Formulierung wie „Sicherstellung von Schriftstücken und anderen Beweismitteln, die mit der Geschäftsbeziehung XY in Zusammenhang stehen". Außerdem muss der Durchsuchungsbeschluss angeben bzw. muss aus ihm ersichtlich sein, in welcher Beziehung die Gegenstände zu dem erhobenen Vorwurf stehen.[54] Die Angabe, die Durchsuchung ziele auf die Sicherstellung „sämtlicher Unterlagen", ist daher unzureichend.

3.35

Nähere **Ausführungen zur Verhältnismäßigkeit** der Maßnahme sind im Durchsuchungsbeschluss jedenfalls dann geboten, wenn die Verhältnismäßigkeit nach den Umständen des Einzelfalls fraglich ist, beispielsweise bei Bagatellkriminalität oder wenn die Durchsuchung besondere Grundrechtsrelevanz besitzt (etwa bei Presseorganen oder Berufsgeheimnisträgern wie Rechtsanwälten oder Ärzten).[55] Bei der Durchsuchung von Dritten muss in einem solchen Fall insbesondere die Eignung der Durchsuchung zum Auffinden der Beweismittel begründet werden.

3.36

---

48) BVerfG, Beschl. v. 09.02.2005 – 2 BvR 984/05 u.a., NStZ-RR 2005, 203, 204.
49) BVerfG, Beschl. v. 17.03.2009 – 2 BvR 1940/05, NJW 2009, 2516.
50) BGH, Beschl. v. 18.12.2008 – StB 26/08, NStZ-RR 2009, 142.
51) BVerfG, Beschl. v. 08.04.2004 – 2 BvR 1821/03, StV 2005, 643.
52) BGH, Beschl. v. 13.01.1989 – StB 1/89, BGHR § 103 StPO Tatsachen 1; Urt. v. 10.11.2016 – 4 StR 86/16, NStZ 2018, 45.
53) BGH, Beschl. v. 21.11.2001 – StB 20/01, NStZ 2002, 215.
54) BVerfG, Beschl. v. 03.09.1991 – 2 BvR 279/90, NJW 1992, 551.
55) BVerfG, Beschl. v. 11.02.2015 – 2 BvR 1694/14, NJW 2015, 1585; Beschl. v. 14.11.2017 – 2 BvR 1096/17, BeckRS 2017, 149911; Meyer-Goßner/Schmitt, § 105 Rdnr. 5a.

Diese sogenannte **Auffindungsvermutung** ist regelmäßig dann zu bejahen, wenn nach gesicherter kriminalistischer Erfahrung das Erreichen des Durchsuchungsziels zu erwarten ist.[56]

3.37 Die **Benutzung von Formularen** mit vorgedruckten, rechtlich undifferenzierten Formulierungen (z.B. „§§ 102 ff." statt einer Unterscheidung zwischen Durchsuchung nach § 102 und § 103) genügt nach der Rechtsprechung des BVerfG den inhaltlichen Anforderungen nicht.[57]

3.38 Dass ein nach den genannten Maßstäben defizitärer Durchsuchungsbeschluss „problemlos nachgebessert" werden könnte, heilt Mängel der Begründung nicht.[58] Defizite des Durchsuchungsbeschlusses bei der Umgrenzung des Tatvorwurfs und der zu suchenden Beweismittel können nach Erledigung der Anordnung durch Vollzug im Beschwerdeverfahren nicht mehr geheilt werden.[59]

> **Hinweis**
>
> Die Begründungserfordernisse sind stark abhängig vom jeweiligen konkreten Einzelfall. Je gewichtiger der Tatverdacht und je stärker der Verdachtsgrad, desto geringer sind die Anforderungen an die Begründung; der verfassungsrechtlich gebotene „Mindeststandard" ist aber immer einzuhalten. In jedem Fall muss erkennbar sein, dass der Richter den Einzelfall geprüft hat.

3.1.9 Ausführung der Durchsuchung

3.1.9.1 Zuständigkeit

3.39 Zuständig für die Ausführung der Durchsuchung ist die **Staatsanwaltschaft,** die den richterlichen Durchsuchungsbeschluss zur Vollstreckung übergeben bekommt (§ 36 Abs. 2 Satz 1 StPO). Sie kann die Durchsuchung selbst vornehmen oder andere Behörden, insbesondere die Polizei, beauftragen.

> **Hinweis**
>
> Im Hinblick auf spätere zeugenschaftliche Angaben und um überprüfen zu können, welche Beamten zur Durchsicht von Papieren und elektronischen Speichermedien gem. § 110 StPO befugt sind, sollten die Namen, Dienstgrade und Dienststellen der Durchsuchungsbeamten erfragt und schriftlich festgehalten werden.

---

56) BVerfG, Beschl. v. 18.03.2009 – 2 BvR 1036/08, BeckRS 2009, 32749; Beschl. v. 05.06.2019 – StB 6/19.
57) BVerfG, Beschl. v. 28.09.2004 – 2 BvR 2105/03, NJW 2005, 275; Beschl. v. 24.05.2006 – 2 BvR 1872/05, BeckRS 2006, 23354.
58) BVerfG, Beschl. v. 08.04.2004 – 2 BvR 1821/03, StV 2005, 643.
59) BVerfG, Beschl. v. 20.04.2004 – 2 BvR 2043/03 u.a., NJW 2004, 3171; Beschl. v. 20.11.2019 – 2 BvR 31/19, 2 BvR 886/19, NJW 2020, 384.

3.1.9.2   Zeitliche Geltung der Durchsuchungsanordnung

Nach der Rechtsprechung des BVerfG muss ein richterlicher Durchsuchungsbeschluss innerhalb eines angemessenen Zeitraums durchgeführt werden. Liegen zwischen der Anordnung und der Durchführung der Durchsuchungen mehr als **sechs Monate**, verliert der Beschluss „seine rechtfertigende Kraft".[60]

3.40

Hinweis

Es sollte daher stets anhand der Daten geprüft werden, ob die Sechsmonatsfrist eingehalten wurde. Davon zu unterscheiden ist die Frage, welche Begründungsanforderungen an eine Durchsuchungsanordnung zu stellen sind, wenn zwischen dem Bestehen des Anfangsverdachts und dem Erlass des Durchsuchungsbeschlusses eine längere Zeit liegt. Dann kann zweifelhaft sein, ob die Maßnahme mangels Geeignetheit überhaupt verhältnismäßig ist.[61]

3.1.9.3   Unmittelbarer Zwang

Die Durchsuchungsanordnung erlaubt auch die Anwendung des unmittelbaren Zwangs, der zur Durchführung der Maßnahme erforderlich ist. Daher dürfen bei Gebäudedurchsuchungen z.B. verschlossene Türen gewaltsam geöffnet werden, Schränke aufgebrochen werden oder Flüssigkeiten abgelassen werden. Bei Personendurchsuchungen darf der Betroffene auch kurzfristig festgenommen und auf der Polizeiwache durchsucht werden. Nicht zulässig ist dagegen die präventive Ingewahrsamnahme eines Beschuldigten vor oder während einer Durchsuchung, um zu verhindern, dass dieser Beweismittel oder Vermögenswerte beiseiteschafft.[62]

3.41

Hinweise

– Zur Vermeidung unnötiger Schäden sollten verschlossene Räume und Behältnisse grundsätzlich freiwillig geöffnet werden.

– Der Beschuldigte ist zwar nicht verpflichtet, elektronische Zugangssicherungen wie Codes oder Passwörter preiszugeben. Tut er dies aber nicht, besteht das Risiko, dass Hardware und Speichermedien beschlagnahmt werden und er länger keinen Zugriff darauf hat.

Derjenige, der sich einer Durchsuchung **widersetzt** oder sie **vorsätzlich stört**, kann gem. § 164 StPO festgenommen werden. Die Vorschrift ermächtigt auch zu milderen Maßnahmen, die unter dem Gesichtspunkt der Verhältnismäßigkeit sogar geboten sein können. Da § 164 StPO die Ausübung des amtlichen Selbsthilferechts schon dann erlaubt, wenn eine Störung unmittelbar bevorsteht, können die

3.42

---

60) BVerfG, Beschl. v. 29.02.2012 – 2 BvR 1954/11, NJW 2012, 2096.
61) BVerfG, Beschl. v. 15.12.2004 – 2 BvR 1873/04, BeckRS 2005, 20313.
62) LG Frankfurt, Beschl. v. 26.02.2008 – 5/26 Qs 6/08, NJW 2008, 2201; KK/Bruns, § 102 Rdnr. 14a.

Durchsuchungsbeamten bei konkreten Anhaltspunkten auch präventive Maßnahmen ergreifen. Dazu gehören insbesondere der **„Stubenarrest"** und die **„Telefonsperre".**[63] Beim „Stubenarrest" darf das Verlassen der durchsuchten Räume untersagt werden, wenn die Gefahr besteht, dass gesuchte Beweismittel sonst beiseitegeschafft werden. Mit einer „Telefonsperre" darf zu demselben Zweck die Benutzung des Telefons verboten werden, jedoch darf der Kontakt zum Anwalt in keinem Fall unterbunden werden.

> **Hinweis**
>
> Es sollten alle Maßnahmen vermieden werden, die auch nur den Anschein erwekken, man wolle Beweismittel beiseiteschaffen oder unterdrücken. Das Verstecken bzw. Vernichten von Gegenständen oder das Löschen von Dateien sind daher absolut tabu. Ein solches Verhalten kann den Haftgrund der Verdunkelungsgefahr begründen (§ 112 Abs. 2 Nr. 3 StPO) und eine vorläufige Festnahme und anschließende Untersuchungshaft des Beschuldigten zur Folge haben. Ein Verteidiger, der dazu rät oder mitwirkt, kann sich ggf. wegen Strafvereitelung gem. § 258 Abs. 1 StGB strafbar machen.[64]

3.1.9.4   Anwesenheitsrechte

3.43   Gemäß § 106 Abs. 1 StPO darf der **Inhaber der zu durchsuchenden Räume oder Gegenstände** der Durchsuchung beiwohnen, bei mehreren Inhabern jeder von ihnen; bei Abwesenheit ist nach Möglichkeit sein Vertreter oder ein erwachsener Angehöriger, Hausgenosse oder Nachbar zuzuziehen. Das Anwesenheitsrecht des Inhabers gilt nur, soweit er vor Ort oder in der Nähe ist. Die Durchsuchungsbeamten müssen daher nicht abwarten, bis er erscheint oder ihn gar holen lassen. Wenn der Inhaber später hinzukommt, muss die Durchsuchung nicht wiederholt, sondern kann fortgesetzt werden. Auf sein Anwesenheitsrecht kann der Inhaber verzichten oder eine andere Person, insbesondere seinen **Rechtsanwalt,** mit der Wahrnehmung seiner Rechte betrauen. Ein eigenes Recht auf Anwesenheit hat der Verteidiger nicht.

3.44   Kein Anwesenheitsrecht haben **Beschuldigte,** die nicht gleichzeitig Inhaber der Räume oder Gegenstände sind, oder deren **Verteidiger.** Der Inhaber kann ihnen aber die Anwesenheit gestatten. Während der Durchsuchung kann sich der Inhaber frei in den zu durchsuchenden Räumen bewegen. Stört er aber die Durchsuchung, kann er nach § 164 StPO entfernt und festgehalten werden.

3.45   Das Recht zur Anwesenheit haben der mit der Durchführung der Durchsuchung betraute **Staatsanwalt** und der die Durchsuchung anordnende **Richter.** In der Praxis ist die Anwesenheit des Staatsanwalts – abgesehen von Wirtschaftsstrafverfahren – die seltene Ausnahme; dass der Richter teilnimmt, kommt so gut wie gar nicht vor.

---

63) Meyer-Goßner/Schmitt, § 164 Rdnr. 1.
64) BGH, Beschl. v. 08.08.2018 – 2 ARs 121/18, NJW 2018, 3261.

Die **Finanzbehörde** besitzt ein Recht zur Anwesenheit sowohl dann, wenn sie für die Staatsanwaltschaft das Verfahren führt (§ 386 Abs. 2 AO), als auch in dem Fall, dass die Staatsanwaltschaft selbst das Ermittlungsverfahren in einer Steuerstrafsache führt (§ 403 AO). **3.46**

Ein **Sachverständiger** hat ein Anwesenheitsrecht, soweit ihn die Staatsanwaltschaft beauftragt hat, an der Durchsuchung teilzunehmen; dies gilt selbst dann, wenn er bei Polizei oder der Staatsanwaltschaft beschäftigt ist. So kann etwa ein Beamter der Steuerfahndung als Sachverständiger der für Buchhaltungsfragen hinzugezogen werden.[65] Auch die Heranziehung eines **Dolmetschers** zur Übersetzung fremdsprachiger Dokumente ist zulässig. **3.47**

Nach Nr. 205 Abs. 5 RiStBV können – vor allem in Staatsschutzverfahren – **Angehörige der Behörden für Verfassungsschutz** als Sachverständige oder Auskunftspersonen zu Vernehmungen und anderen Ermittlungshandlungen (z.B. Tatortbesichtigung, Durchsuchung oder Beschlagnahme) zugezogen werden. Ihre Zuziehung muss in den Akten vermerkt werden. **3.48**

Neben- oder Privatkläger sind nicht zur Anwesenheit berechtigt. **3.49**

Ob § 106 StPO eine bloße Ordnungsvorschrift ist, aus der kein Beweisverwertungsverbot folgen kann, oder es sich um zwingendes Recht handelt, das bei schwerwiegendem, bewusstem oder willkürlichem Verstoß zur Unverwertbarkeit der Beweise führt, ist umstritten. Während der BGH in einer älteren Entscheidung noch der erstgenannten Auffassung war,[66] neigte er in einem (nicht tragenden) Beschluss von 2007 unter Hinweis auf das BVerfG der zweiten Ansicht zu, der auch die Literatur überwiegend folgt.[67] **3.50**

> **Hinweis**
>
> Informiert der Mandant seinen Verteidiger telefonisch darüber, dass bei ihm durchsucht wird und er die Anwesenheit des Verteidigers während der Durchsuchung wünscht, sollte der Verteidiger, wenn er dazu bereit ist und das Durchsuchungsobjekt zeitnah erreichen kann, den Kontakt zu den Durchsuchungsbeamten suchen und unter Hinweis auf sein baldiges Eintreffen darum bitten, mit der Fortsetzung der Durchsuchung kurz zuzuwarten. Auch wenn kein entsprechender Anspruch besteht, werden die Durchsuchungsbeamten dieses Ersuchen i.d.R. nicht abschlägig bescheiden.

---

65) LG Stuttgart, Beschl. v. 10.06.0997 – 10 Qs 36/97, wistra 1997, 279.
66) BGH, Urt. v. 30.03.1982 – 2 StR 173/82, NStZ 1983, 375.
67) BGH, Beschl. v. 31.01.2007 – StB 18/06, NJW 2007, 930; unter Hinweis auf BVerfG, NJW 2005, 1917; LR/Tsambikakis, § 106 Rdnr. 15.

3.1.9.5   Bekanntgabe des Untersuchungszwecks

3.51   Handelt es sich um eine Durchsuchung bei einer **nichtverdächtigen Person**, ist dieser der Zweck der Durchsuchung vor deren Beginn bekanntzugeben, sofern es sich nicht um einen der in § 104 Abs. 2 StPO genannten „verrufenen" Orte handelt (§ 106 Abs. 2 StPO). Für die Bekanntgabe ist **keine bestimmte Form** vorgeschrieben. Sie kann daher insbesondere auch mündlich erfolgen. Gibt es einen schriftlichen Durchsuchungsbeschluss, ist dem Betroffenen regelmäßig eine Ausfertigung auszuhändigen.

3.52   Auch wenn das Gesetz die Bekanntgabe nur im Fall der Durchsuchung bei Nichtverdächtigen regelt, ist nach h.M. auch dem **Verdächtigen**, bei dem durchsucht wird, der Zweck der Maßnahme bekanntzugeben, wenn dadurch der Durchsuchungserfolg nicht gefährdet wird.[68]

3.1.9.6   Durchsicht von Papieren und elektronischen Speichermedien

3.53   Um feststellen zu können, ob die bei einer Durchsuchung aufgefundenen Papiere des Betroffenen beweisrelevant und ggf. zu beschlagnahmen sind, müssen sie meist erst durchgesehen, also inhaltlich geprüft, werden. Zum Schutz der Geheimhaltung regelt § 110 StPO, dass nicht jeder an der Durchsuchung Beteiligte berechtigt ist, vom Inhalt der Papiere Kenntnis zu nehmen.

Zur Durchsicht von Papieren und elektronischen Speichermedien berechtigt ist primär die **Staatsanwaltschaft**, die dazu auch ihre **Ermittlungspersonen** beauftragen kann (§ 110 Abs. 1 StPO). In Steuerstrafverfahren darf auch die **Zoll- und Steuerfahndung** die Papiere durchsehen, selbst dann, wenn die Staatsanwaltschaft die Ermittlungen führt (§ 404 Satz 2 AO). Zum Zweck der Auswertung kann die Staatsanwaltschaft für die Durchsicht **sachkundige Dritte** (Sachverständige oder sachkundige Zeugen) hinzuziehen, insbesondere Dolmetscher, EDV-Spezialisten oder Sachverständige einer Berufskammer.[69] **Andere Beamte** als Ermittlungspersonen sind zur Durchsicht der aufgefundenen Papiere nur dann befugt, wenn der Inhaber ihnen die Durchsicht durch zu protokollierende Einwilligung gestattet. Die **Einwilligung** kann dabei auf bestimmte Papiere, Personen oder Räume beschränkt oder jederzeit widerrufen werden. Wird die Einwilligung nicht erteilt, dürfen die Beamten die Papiere nur nach äußeren Merkmalen (z.B. Auffindeort, äußere Beschriftung) sortieren; auch ein oberflächliches Lesen mit dem Ziel einer „Grobsichtung" ist ihnen untersagt.[70] Bei elektronischen Daten ist zur Vorsortierung aber das Anschauen derjenigen Ordner und Verzeichnisse, die schon beim ersten Blick relevante Daten enthalten können, erlaubt.[71] Die Papiere, deren Durchsicht die betreffenden Beamten für geboten halten, haben sie

---

68) Meyer-Goßner/Schmitt, § 106 Rdnr. 5.
69) MüKo-StPO/Hauschild, § 110 Rdnr. 11.
70) OLG Celle, Beschl. v. 11.01.1985 – 3 VAs 20/84, StV 1985, 137.
71) KK/Bruns, § 110 Rdnr. 10.

in einem Umschlag, der in Gegenwart des Inhabers mit dem Amtssiegel zu verschließen ist, an die zur inhaltlichen Prüfung berechtigte Staatsanwaltschaft abzuliefern (§ 110 Abs. 2 StPO). Der Verteidiger hat beim Versiegeln oder bei der Entsiegelung und Durchsicht kein Anwesenheitsrecht. Die Teilnahme des Inhabers sieht das Gesetz nicht mehr vor, allerdings kann sie im Einzelfall zur Sicherung der Verhältnismäßigkeit des Eingriffs geboten sein.[72]

> **Hinweis**
>
> Bei der Entscheidung der Frage, ob der Inhaber die Durchsicht von Papieren und elektronischen Speichermedien genehmigen soll oder nicht, gilt es zu bedenken, dass die Staatsanwaltschaft die Durchsicht des sichergestellten Materials später ohnehin auf die Durchsuchungsbeamten übertragen kann. Außerdem besteht die Gefahr, dass die Beamten „sicherheitshalber" möglichst viel Material mitnehmen, weil es rein äußerlich als beweisrelevant erscheint. Je mehr Papiere oder Dateien auf diese Weise in den Zugriff der Ermittlungsbehörden gelangen, desto größer ist im Übrigen auch die Gefahr von Zufallsfunden (siehe dazu Rdnr. 3.64)! Vor diesem Hintergrund kann die Erteilung der Einwilligung durchaus sinnvoll sein, um den Umfang des sichergestellten Materials zu begrenzen und um zu verhindern, dass Gegenstände „vorsorglich" mitgenommen werden, auf die man ständigen Zugriff braucht (etwa EDV oder wichtige Geschäftsunterlagen). Will man vermeiden, dass nicht verfahrensrelevante Unterlagen durchgesehen oder mitgenommen werden, sollte man auch mitteilen, wo sich die von den Ermittlungsbehörden gesuchten Gegenstände befinden bzw. den Zugang zu Dateien durch das Mitteilen der Passwörter eröffnen.

Der Begriff der Papiere ist **weit auszulegen** und umfasst alles, was wegen seines Gedankeninhalts auf Papier geschrieben ist. Neben privatem und geschäftlichem Schriftgut gehören dazu insbesondere Briefe, Tagebücher, Bilanzen, Buchungsunterlagen, geschäftliche Aufstellungen und Planzeichnungen. Auch erfasst sind – wie sich aus § 110 Abs. 3 StPO ergibt – Unterlagen, die elektronisch gespeichert sind (Festplatte, externer Server, CD, USB-Stick o.Ä.) mitsamt der zur Entschlüsselung notwendigen Soft- und Hardware.[73] Es dürfen auch elektronische Speichermedien durchgesehen werden, die von dem durchsuchten Computer aus zwar zugänglich sind, sich aber auf einem räumlich getrennten Speichermedium befinden, wie z.B. **E-Mails auf dem Mailserver des Providers**.[74]

3.54

In welchem Umfang die inhaltliche Durchsicht des Materials notwendig ist, wie sie im Einzelnen zu gestalten und wann sie zu beenden ist, unterliegt zunächst der Entscheidung der Staatsanwaltschaft, die hierbei einen eigenverantwortlichen Ermessensspielraum hat.[75] Allerdings gebietet der Grundsatz der Verhältnismäßigkeit, dass die Durchsicht **zügig** durchgeführt wird, um abhängig von der

3.55

---

72) BVerfG, Beschl. v. 12.04.2005 – 2 BvR 1027/02, BVerfGE 113, 29; Beschl. v. 16.06.2009 – 2 BvR 902/06, BVerfGE 124, 43.
73) KK/Bruns, § 110 Rdnr. 2.
74) BVerfG, Beschl. v. 16.06.2009 – 2 BvR 962/06, NJW 2009, 2431.
75) BGH, Beschl. v. 03.08.1995 – StB 33/95, NJW 1995, 3397.

Menge des vorläufig sichergestellten Materials und der Schwierigkeit seiner Auswertung in angemessener Zeit zu dem Ergebnis zu gelangen, was als potentiell beweiserheblich dem Gericht zur Beschlagnahme angetragen und was an den Beschuldigten herausgegeben werden soll.[76] Ist die sofortige Durchsicht der Papiere an Ort und Stelle wegen des Umfangs nicht möglich, können diese auch mitgenommen oder zunächst in einem separaten Raum verwahrt werden.[77]

3.1.9.7 Durchsuchungszeugen

3.56 Um dafür zu sorgen, dass die Durchsuchung ordnungsgemäß vorgenommen wird und dass dies nötigenfalls durch Zeugen bewiesen werden kann, sieht das Gesetz die Teilnahme von sogenannten Durchsuchungszeugen vor. Nach § 105 Abs. 2 StPO sind, wenn eine Durchsuchung der Wohnung, der Geschäftsräume oder des befriedeten Besitztums ohne Beisein des Richters oder des Staatsanwalts stattfindet, „wenn möglich", ein Gemeindebeamter oder zwei Mitglieder der Gemeinde, in deren Bezirk die Durchsuchung erfolgt, zuzuziehen. Die als Gemeindemitglieder zugezogenen Personen dürfen nicht Polizeibeamte oder Ermittlungspersonen der Staatsanwaltschaft sein. Die Ermittlungsbehörde muss bei der Auswahl der Durchsuchungszeugen ihrer **Pflicht zur Unparteilichkeit** genügen.[78] Hierbei kann eine Person i.S.d. § 106 Abs. 1 Satz 2 StPO schon tauglicher Durchsuchungszeuge sein, so dass ein Vertreter, ein erwachsener Angehöriger, ein Hausgenosse oder Nachbar genügt.[79] Die Anwesenheit eines Rechtsanwalts oder Volljuristen wird nicht verlangt.

Ob die Zuziehung von Zeugen **möglich** ist, hat der durchsuchende Beamte nach **pflichtgemäßem Ermessen** zu entscheiden.[80] Unmöglich ist die Zuziehung nur dann, wenn die durch Tatsachen begründete naheliegende Möglichkeit besteht, dass durch die Suche nach bereiten Zeugen der Erfolg der Durchsuchung vereitelt wird.[81] Verzichtet die Polizei auf die Zuziehung von Durchsuchungszeugen, muss sie dies in überprüfbarer Weise begründen. Dafür reicht etwa der lapidare Hinweis, die jeweilige Gemeinde stelle keine Durchsuchungszeugen, nicht aus.[82]

3.57 Der von der Durchsuchung Betroffene kann auf die Zuziehung von Zeugen rechtswirksam **verzichten**. Allerdings kann sein Einverständnis mit der Durchsuchungsmaßnahme nicht als Verzicht auf die Zuziehung von Zeugen gedeutet werden, wenn es an einer entsprechenden Belehrung fehlt.[83]

---

76) BGH, Beschl. v. 05.08.2003 – StB 7/03, NStZ 2003, 670.
77) BGH, Beschl. v. 05.08.2003 – StB 7/03, NStZ 2003, 670.
78) OLG Bremen, Beschl. v. 23.10.1998 – VAs 1/98, wistra 1999, 74.
79) KK/Bruns, § 105 Rdnr. 13.
80) OLG Stuttgart, Beschl. v. 13.10.1983 – 3 Ss (14) 535/83, MDR 1984, 249.
81) BGH, Beschl. v. 31.01.2007 – StB 18/06, NStZ 2007, 279.
82) LG München, Beschl. v. 10.02.2009 – 4 Qs 2/09, StraFo 2009, 146.
83) LG Koblenz, Beschl. v. 16.12.2003 – I Qs 421/03, StraFo 2004, 95.

Hinweis

Die Erklärung des Verzichts auf die Hinzuziehung von Durchsuchungszeugen ist dann erwägenswert, wenn der Mandant größeres „Aufsehen" infolge der Maßnahme vermeiden will.

Die Zuziehung von Zeugen ist eine **wesentliche Förmlichkeit,** von deren Beachtung die Rechtmäßigkeit der Durchsuchung abhängt.[84] Ein Verstoß gegen § 105 Abs. 2 StPO kann aber regelmäßig kein Beweisverwertungsverbot begründen (siehe Rdnr. 3.76).

3.58

3.1.9.8 Vernehmungen während der Durchsuchung

Die Durchsuchungsbeamten können die Durchsuchung zu Vernehmungen des Beschuldigten oder Dritter nutzen. Eine Aussage eines Dritten als Zeuge vor Ort kann von der Polizei nicht erzwungen werden. Zwar besteht – soweit kein Zeugnisverweigerungsrecht besteht – eine grundsätzliche Pflicht, als Zeuge auszusagen. Erzwingbar ist dies jedoch erst nach Ladung durch die Staatsanwaltschaft oder den Richter (§ 163 Abs. 3 StPO). Auch auf informelle Befragungen außerhalb einer förmlichen Zeugenvernehmung sollte man nicht antworten.

3.59

Da der Durchsuchungsbeschluss nur zur Durchsuchung, nicht aber zur Durchführung von Vernehmungen befugt, kann der Verteidiger den Durchsuchungsbeamten auch verdeutlichen, dass Vernehmungen im Durchsuchungsobjekt nicht gestattet werden.

Hinweis

Beim Mandanten kann aufgrund der (überraschenden) Durchsuchung leicht das Gefühl bestehen, sich rechtfertigen zu müssen. Dies kann dazu führen, dass vorschnell unüberlegte oder mit dem Verteidiger unabgestimmte Aussagen gemacht werden, die – ohne dass das beabsichtigt ist – zu einer Selbstbelastung führen. Es ist darüber hinaus immer zu bedenken, dass die Ermittlungsbehörden nicht verpflichtet sind, alle vorliegenden Erkenntnisse in den Durchsuchungsbeschluss aufzunehmen. Es besteht daher ggf. ein nicht erkennbarer Wissensvorsprung von Staatsanwaltschaft und Polizei. Aus diesem Grund sollte der Mandant keine Aussagen gegenüber den Durchsuchungsbeamten machen und auch scheinbar harmlose Unterhaltungen mit ihnen vermeiden. Auch Mitarbeiter und vor Ort befindliche Angehörige sollten keine Angaben gegenüber den Beamten machen.

---

84) BGH, Beschl. v. 31.01.2007 – StB 18/06, NStZ 2007, 279.

3.1.9.9 Durchsuchungsbescheinigung, Beschlagnahmeverzeichnis

3.60 Nach Beendigung der Durchsuchung ist gem. § 107 Satz 1 StPO dem von der Durchsuchung Betroffenen auf Verlangen eine schriftliche Mitteilung, die sogenannte **Durchsuchungsbescheinigung**, zu erteilen. Die Mitteilung hat von Amts wegen – regelmäßig durch Hinterlegung im Durchsuchungsobjekt – zu erfolgen, wenn der Betroffene von der Durchsuchung keine Kenntnis erlangt hat.[85] Inhaltlich genügen allgemeine Angaben, insbesondere die abstrakte Angabe des Durchsuchungszwecks.[86] Im Fall des § 103 StPO, also der Durchsuchung beim Nichtverdächtigen, muss sie den Grund der Durchsuchung, und nach einer Durchsuchung beim Verdächtigen (§ 102 StPO) außerdem die Straftat bezeichnen, die Anlass der Maßnahme war. Auf Durchsuchungen zum Zweck der Beschlagnahme von Einziehungsgegenständen oder der Pfändung von Vermögensgegenständen aufgrund Vermögensarrests findet § 107 StPO über § 111b Abs. 2 bzw. § 111e Abs. 5 StPO entsprechende Anwendung.

3.61 Darüber hinaus kann der Betroffene nach § 107 Satz 2 StPO ein **Beschlagnahmeverzeichnis** über die in Verwahrung oder in Beschlag genommenen Gegenstände verlangen. Dies gilt auch für Fotokopien von Originaldokumenten, die aus Verhältnismäßigkeitsgründen gefertigt worden sind.[87] Das Verzeichnis muss keine nähere Beschreibung der beschlagnahmten Gegenstände enthalten; ausreichend ist die Angabe von deren Art und Zahl. Allerdings müssen die sichergestellten Gegenstände identifizierbar sein; vage Angaben wie „schriftliche Unterlagen" oder „diverse Schriftstücke" genügen nicht.[88] Wurde nichts Verdächtiges gefunden, ist dem Betroffenen auf Verlangen auch darüber eine Bescheinigung, die sogenannte **Negativbescheinigung**, auszustellen.

3.62 Zuständig für die Ausstellung der Bescheinigungen sind die Durchsuchungsbeamten und die Behörde, die die Durchsuchung angeordnet hat. Die Bescheinigungen sind grundsätzlich an Ort und Stelle auszustellen.

3.63 Auch bei § 107 StPO handelt es sich nicht um eine bloße Ordnungsvorschrift, sondern um **zwingendes Recht**.[89] Ihre Verletzung führt aber nicht zu einem Beweisverwertungsverbot (siehe Rdnr. 3.76).[90] Bei Weigerung der Durchsuchungsbeamten, eine der genannten Bescheinigungen auszustellen, ist nach richtiger Auffassung ein Antrag gem. § 98 Abs. 2 Satz 2 StPO analog zu stellen.[91]

---

85) SK-StPO/Wohlers/Jäger, § 107 Rdnr. 3.
86) Meyer-Goßner/Schmitt, § 107 Rdnr. 2.
87) LG Stade, Beschl. v. 03.09.2001 – 12 Qs 3/01, WM 2003, 246.
88) Meyer-Goßner/Schmitt, § 107 Rdnr. 3.
89) BGH, Beschl. v. 31.01.2007 – StB 18/06, NJW 2007, 390.
90) KK/Bruns, § 107 Rdnr. 5.
91) LG Stade, Beschl. v. 03.09.2001 – 12 Qs 3/01, wistra 2002, 319; LR/Tsambikakis, § 107 Rdnr. 6; **a.A.** OLG Karlsruhe, Beschl. v. 28.09.1994 – 2 VAs 12/94, NStZ 1995, 48; Meyer-Goßner/Schmitt, § 107 Rdnr. 5.

> **Prozesstaktische Hinweise**
>
> Der in vielen Anwaltsratgebern zu findende Tipp, der Mandant sollte bei der Durchsuchung der Sicherstellung von Gegenständen sofort pauschal widersprechen und dafür sorgen, dass dies in den von der Polizei benutzten Formularen zum Ausdruck kommt, ist mit Vorsicht zu genießen.
>
> Zur Wahrung von Rechten bedarf es eines solchen Widerspruchs nicht. Der Widerspruch hat keinen Suspensiveffekt und hindert nicht, dass die Gegenstände gem. §§ 94, 98 StPO beschlagnahmt werden können. Auch der Betroffene, der Gegenstände freiwillig herausgegeben hat (vgl. § 94 Abs. 2 StPO), kann die Einwilligung in die Gewahrsamsübertragung jederzeit widerrufen. In diesem Widerruf liegt zugleich ein Antrag auf gerichtliche Entscheidung gem. § 98 Abs. 2 Satz 2 StPO.[92]
>
> Der sofortige Widerspruch bei der Durchsuchung führt dazu, dass die Durchsuchungsbeamten die Gegenstände beschlagnahmen. In diesem Fall muss gem. § 98 Abs. 2 Satz 1 StPO die gerichtliche Bestätigung der Beschlagnahme herbeigeführt werden, die einige Zeit in Anspruch nehmen kann.
>
> Selbstverständlich aber sollten offenkundig rechtswidrige Beschlagnahmen (etwa von beschlagnahmefreien Gegenständen) nicht unwidersprochen bleiben.

3.1.9.10 Zufallsfunde

Werden bei einer Durchsuchung Gegenstände aufgefunden, die in keiner Beziehung zu der Untersuchung stehen, aber auf die Verübung einer anderen Straftat hindeuten, so sind sie einstweilen in Beschlag zu nehmen und der Staatsanwaltschaft hiervon Kenntnis zu geben (§ 108 Abs. 1 Satz 1 und 2 StPO). Daraufhin kann die Staatsanwaltschaft entscheiden, ob sie eine richterliche Beschlagnahme nach §§ 94, 98 StPO herbeiführt oder die Gegenstände wieder freigibt.

3.64

Die Regelung erlaubt damit den Durchsuchungsbeamten, Gegenstände zu beschlagnahmen, auf die sich die Durchsuchungsanordnung nicht erstreckt, die aber auf eine unbekannte Tat oder eine solche Tat hindeuten, die Gegenstand eines anderen Ermittlungsverfahrens ist. Auf diesen Fall finden die allgemeinen Zuständigkeitsregeln keine Anwendung, Gefahr im Verzug wird **gesetzlich vermutet**.[93] Daher dürfen auch Polizeibeamte, die nicht Ermittlungspersonen der Staatsanwaltschaft und somit nicht zur Beschlagnahme nach § 98 Abs. 1 Satz 1 StPO befugt sind, solche Gegenstände beschlagnahmen.

Nach Sinn und Zweck der Vorschrift soll der Durchsuchungsbeamte nicht gezwungen werden, die Augen vor zufällig gefundenen Gegenständen verschließen zu müssen, die auf die Begehung anderer Straftaten hindeuten. Eine gezielte

---

92) BVerfG, Beschl. v. 25.07.2007 – 2 BvR 2282/06, NJW 2007, 3343; MüKo-StPO/Hauschild, § 98 Rdnr. 26.

93) BGH, Beschl. v. 04.08.1964 – 3 StB 12/63, BGHSt 19, 374.

und systematische Suche nach Beweismitteln im Sinne einer allgemeinen Ausforschung erlaubt § 108 StPO dagegen nicht.

3.1.9.11 „Legendierte Kontrolle"

3.65 Die sogenannte legendierte Kontrolle wurde in Ermittlungsverfahren im Bereich der Betäubungsmittelkriminalität entwickelt: In Verfahren mit zahlreichen Beschuldigten, die in unterschiedlichen Funktionen in Drogengeschäfte eingebunden sind, erhalten die Ermittlungsbehörden über Maßnahmen der Telekommunikationsüberwachung häufig Hinweise zu konkreten Drogentransportfahrten. Um das Inverkehrbringen der Drogen zu verhindern und um Beweismittel zu gewinnen, soll das Fahrzeug angehalten und durchsucht werden. Da Polizei oder Zoll die laufenden strafrechtlichen Ermittlungen nicht offenlegen und deren weiteren Erfolg zu gefährden wollen, „legendieren" sie die Durchsuchung als allgemeine Verkehrskontrolle oder zufällige Zollkontrolle. Die dafür und für die präventiv-polizeiliche Durchsuchung geltenden Befugnisnormen (§ 36 Abs. 5 StVO, § 10 ZollVG) verlangen – anders als § 102 StPO – keine richterliche Entscheidung.

3.66 Diese gängige Praxis wurde im Hinblick auf den Richtervorbehalt nach § 105 StPO und als rechtsstaatswidrige Täuschung des Beschuldigten kritisiert. Nach Rechtsprechung des BGH[94)] besteht jedoch **kein Vorrang strafprozessualer Vorschriften gegenüber dem Gefahrenabwehrrecht.** Polizeibehörden können auch während eines bereits laufenden Ermittlungsverfahrens auf Grund präventiv-polizeilicher Ermächtigungsgrundlage zum Zwecke der Gefahrenabwehr (insbesondere zur Sicherstellung gefährlicher Gegenstände wie Drogen oder Waffen) tätig werden. Die auf dieser Grundlage bei der Durchsuchung des Fahrzeugs gewonnenen Erkenntnisse dürfen nach **§ 161 Abs. 3 StPO** im Strafverfahren verwendet werden, wenn bei **hypothetischer Betrachtung** ein entsprechender richterlicher Durchsuchungsbeschluss erlassen worden wäre. Rechtsmissbräuchlich ist es jedoch, wenn in Wirklichkeit keine Gefahrenabwehr bezweckt wird und das Gefahrenabwehrrecht nur vorgeschoben wird, um eine in Wahrheit bezweckte Strafverfolgungsmaßnahme zu legitimieren. Gleiches gilt, wenn eine gefahrenabwehrrechtliche Maßnahme nur deshalb gewählt wird, weil eine vergleichbare Maßnahme nach der Strafprozessordnung nicht möglich wäre, z.B. weil die Strafverfolgungsbehörden der Annahme waren, ein Ermittlungsrichter hätte einen nach der Strafprozessordnung erforderlichen Beschluss aus einem anderen Grund nicht erlassen.

3.67 Vor einer **Vernehmung** des legendiert kontrollierten Beschuldigten muss ein Polizeibeamter, anders als ein Richter oder Staatsanwalt, im Rahmen der Belehrung nicht die möglichen Strafvorschriften nennen; allerdings muss der Tatvorwurf dem Beschuldigten **in groben Zügen** so weit erläutert werden, dass er sich sachgerecht verteidigen kann. Ihm müssen nicht alle bis dahin bereits bekannten Tatumstände mitgeteilt werden.

---

94) BGH, Urt. v. 26.04.2017 – 2 StR 247/16, BGHSt 62, 123; Urt. v. 15.11.2017 – 2 StR 128/17, NStZ 2018, 296; Urt. v. 17.01.2018 – 2 StR 180/17, NStZ-RR 2018, 146.

Die Polizei hat für die **Vollständigkeit der Akten** und die Information der Staats-   3.68
anwaltschaft zu sorgen. Aus den Akten muss sich grundsätzlich ergeben, welche
konkreten Ermittlungsmaßnahmen durchgeführt worden sind und welchen
Erfolg sie gehabt haben. Wird etwa gegen den legendiert Kontrollierten wegen
des durch die Durchsuchung entstandenen Tatverdachts ein Haftbefehl beim
zuständigen Ermittlungsrichter beantragt, muss dieser den Gang des Ermittlungsverfahrens ohne Abstriche nachvollziehen können. Die Frage, welche Konsequenzen sich aus einem Verstoß gegen diese Pflicht ergeben, hängt von den Umständen
des Einzelfalls ab. In Betracht kommt insbesondere ein Beweisverwertungsverbot
wegen Verstoßes gegen den **Grundsatz des fairen Verfahrens** (Art. 6 EMRK) und
wegen Verletzung des **Grundsatzes der Aktenvollständigkeit und -wahrheit.**

Prozesstaktische Hinweise

Wird der Mandant als „einfacher" Kurier eines Drogentransports im Rahmen
einer Verkehrskontrolle angehalten und durchsucht, obwohl er durch sein Fahr-
verhalten keinen Anlass gegeben hat, liegt nahe, dass den Ermittlungsbehörden nicht nur ein Zufallstreffer geglückt ist, sondern eine „legendierte Kontrolle" im Rahmen eines großen Ermittlungsverfahrens mit zahlreichen verdeckten Maßnahmen vorliegt. Da die Vorgehensweise nach der Rechtsprechung prinzipiell zulässig ist, ist eine Beschwerde gegen die Durchsuchung
regelmäßig wenig aussichtsreich. Im Hinblick auf den Strafmilderungsgrund
gem. § 31 BtMG wird aber zu erwägen sein, ob der Mandant die „Karten auf den
Tisch legt" und zeitnah zu Umständen und Hintermännern seiner Fahrt aussagt.

Bei späterer Akteneinsicht sollte der Verteidiger im Hinblick auf ein Beweisverwertungsverbot prüfen, auf welcher aktenmäßigen Grundlage weitere ermittlungsrichterliche Maßnahmen getroffen worden sind und ob jeweils dem
Grundsatz der Aktenvollständigkeit und -wahrheit genügt wurde. Wurde gegen
den Mandanten Untersuchungshaft angeordnet, ergibt sich aber aus den Akten,
dass der für den Haftbefehl zuständige Ermittlungsrichter durch Verschweigen
des im Hintergrund laufenden Großverfahrens über die näheren Umstände getäuscht wurde, sollte eine Haftbeschwerde unter Darlegung des wahren Sachverhalts erwogen werden.

3.1.10   Rechtsbehelfe

Für die Frage des Rechtsschutzes gegen Durchsuchungen ist zu differenzieren hin-   3.69
sichtlich:

– der Anordnung: in richterliche und nichtrichterliche Maßnahmen;

– des Verfahrensstands: in noch andauernde und bereits vollzogene Maßnahmen;

– des Rechtsschutzziels: ob die Rechtmäßigkeit der Anordnung oder die Art
und Weise der Durchführung beanstandet wird.

3.70 Gegen die **richterlich angeordnete Durchsuchung** ist die Beschwerde gem. § 304 StPO der statthafte Rechtsbehelf. Voraussetzung ist, dass die Maßnahme noch andauert und nicht beendet ist. Bei vorläufiger Sicherstellung von Unterlagen und elektronischen Speichermedien tritt die Beendigung erst nach Durchsicht i.S.d. § 110 StPO ein.[95] Sonst ist die Maßnahme beendet, wenn nichts sichergestellt worden ist, alle Gegenstände zurückgegeben worden sind oder sichergestellte Gegenstände aufgrund gesondert angeordneter Beschlagnahme bei der Ermittlungsbehörde verbleiben. Das Beschwerdegericht kann – je nachdem, was gerügt wird – sowohl die Rechtmäßigkeit des Durchsuchungsbeschlusses als auch die Art und Weise der Durchführung prüfen.[96]

3.71 **Nach Abschluss der Durchsuchung** fehlt es an einer für die Zulässigkeit der Beschwerde notwendigen gegenwärtigen Beschwer des Betroffenen. Er kann jedoch beim Beschwerdegericht beantragen, deren Rechtswidrigkeit festzustellen, soweit ein berechtigtes Interesse an einer Entscheidung besteht. Dieses besondere Feststellungsinteresse ist gegeben, wenn Wiederholungsgefahr, ein Rehabilitationsinteresse wegen fortdauernder Diskriminierung besteht oder ein tiefgreifender Grundrechtseingriff vorliegt.[97] Ein solcher ist bei der Durchsuchung von Wohnungen im Hinblick auf Art. 13 GG gegeben; bei der Durchsuchung der Person liegt wegen des Eingriffs in die Persönlichkeitsrechte regelmäßig vor. Jedoch kann bei verspäteter Anrufung des Gerichts das Rechtsschutzbedürfnis für einen solchen Antrag fehlen, wenn die verspätete Befassung des Gerichts gegen „Treu und Glauben" verstößt.[98]

3.72 In gleicher Weise kann bei dem Gericht, das die Durchsuchung angeordnet hat, die Feststellung beantragt werden, dass die **Art und Weise der Durchführung** der Durchsuchung rechtswidrig gewesen ist, z.B. weil Durchsuchungszeugen nicht zugezogen worden sind. Eine Ausnahme davon besteht dann, wenn die Durchführung nicht ausdrücklicher und evidenter Bestandteil der richterlichen Anordnung war. Ist im Durchsuchungsbeschluss bereits die Art und Weise von deren Vollzug geregelt, etwa die Zuziehung von Angestellten bei der Durchsicht von EDV-Anlagen oder die Bezeichnung der zu durchsuchenden Räume, kommt als Rechtsmittel die Beschwerde in Betracht.[99]

---

95) BVerfG, Beschl. v. 29.01.2002 – 2 BvR 94/01, NStZ-RR 2002, 144; BGH, Beschl. v. 05.08.2003 – StB 7/03, NStZ 2003, 670.
96) BGH, Beschl. v. 13.10.1999 – 2 BJs 112/97, 2 StB 7/99, 2 StB 8/99, NJW 2000, 84.
97) BVerfG, Beschl. v. 30.04.1997 – 2 BvR 817/90, 728/92, 802, 1065/95, BVerfGE 96, 27; Urt. v. 27.02.2007 – 1 BvR 538/06, NJW 2007, 1117.
98) BVerfG, Beschl. v. 04.03.2008 – 2 BvR 2111, 2112/07, NStZ 2009, 166.
99) BGH, Beschl. v. 25.08.1999 – 5 AR (VS) 1/99, BGHSt 45, 183.

Gegen Durchsuchungsanordnungen der **Staatsanwaltschaft und ihrer Ermittlungspersonen** sieht das Gesetz keinen Rechtsbehelf vor. Nach h.M.[100] kann entsprechend § 98 Abs. 2 Satz 2 StPO beim zuständigen Gericht – im Regelfall beim Amtsgericht, gemäß § 98 Abs. 2 Satz 3, § 162 Abs. 1 Satz 1 StPO – Antrag auf gerichtliche Entscheidung gestellt werden. Solange die Durchsuchung nicht abgeschlossen ist, entspricht der Prüfungsumfang dem Fall des richterlichen Durchsuchungsbeschlusses.

3.73

Auch nach **Abschluss einer wegen** Gefahr im Verzug angeordneten **Durchsuchung** ist im Hinblick auf Art. 19 Abs. 4 GG eine gerichtliche Überprüfung der Rechtmäßigkeit der Anordnung möglich. Auch hier muss jedoch – entsprechend wie bei richterlich angeordneten Durchsuchungen – ein Rechtsschutzinteresse bestehen. Für die Entscheidung hierüber ist im Regelfall das Amtsgericht zuständig.[101]

3.74

Die Überprüfung der **Art und Weise des Vollzugs** der aufgrund Eilzuständigkeit angeordneten Durchsuchung obliegt ebenfalls diesem Gericht.[102] Voraussetzung auch hier ist, dass ein Rechtsschutzinteresse im vorgenannten Sinn besteht.

3.75

> **Hinweis**
>
> Bis auf § 109 StPO, der die Kenntlichmachung beschlagnahmter Gegenstände regelt, handelt es sich bei allen Vorschriften, die die Durchführung der Durchsuchung betreffen, nach heute h.M. nicht nur um bloße Ordnungsvorschriften, sondern um zwingendes Recht.[103]
>
> Gegenstand eines Antrags auf Feststellung der Rechtswidrigkeit der Art und Weise der Durchsuchung können insbesondere sein:
>
> - wiederholte Durchsuchung;
> - unzulässige Anwendung von Zwangsmitteln;
> - Verstoß gegen zeitliche Einschränkungen (§ 104 StPO);
> - unterlassene Hinzuziehung von Durchsuchungszeugen (§ 105 Abs. 2 StPO);
> - Verstoß gegen Anwesenheitsrechte (§ 106 Abs. 1 StPO);
> - Unzulässigkeit des „Stubenarrests" bzw. der „Telefonsperre";
> - unterlassene Bekanntgabe des Durchsuchungszwecks (§ 106 Abs. 2 StPO);
> - unterlassene Aushändigung einer Durchsuchungsbescheinigung, eines Beschlagnahmeverzeichnisses oder einer Negativbescheinigung (§ 107 StPO);
> - unzulässige Beschlagnahme von Zufallsfunden oder gezielte Suche nach Zufallsfunden (§ 108 StPO);
> - Verstoß gegen Regelungen zur Durchsicht von Papieren und elektronischen Speichermedien (§ 110 Abs. 1 StPO).

---

100) Meyer-Goßner/Schmitt, § 105 Rdnr. 16.
101) BGH, Beschl. v. 21.11.1978 – StB 210/78, BGHSt 28, 57.
102) BGH, Beschl. v. 07.12.1998 – 5 AR (VS) 2/98, BGHSt 44, 265.
103) BGH, Beschl. v. 31.01.2007 – StB 18/06, BGHSt 51, 211.

3.1.11 Beweisverwertungsverbote

3.76 Auch bei rechtswidrigen Durchsuchungen gilt für die Frage der Verwertbarkeit der allgemeine Grundsatz, dass **nicht jeder Verfahrensverstoß** zu einem Beweisverwertungsverbot führt.[104] Ein Beweisverwertungsverbot stellt eine **begründungsbedürftige Ausnahme** dar. Es kann sich im Einzelfall aus schwerwiegenden, bewussten oder willkürlichen Verfahrensverstößen ergeben, bei denen die grundrechtlichen Sicherungen planmäßig oder systematisch außer Acht gelassen worden sind.[105] Dies ist der Fall, wenn der **Richtervorbehalt bewusst missachtet** wird oder seine Voraussetzungen **in grober Weise verkannt werden**.[106] Dann kommt es auch nicht mehr darauf an, dass bei richtiger Verfahrensweise ein Durchsuchungsbeschluss mit hoher Wahrscheinlichkeit zu erlangen gewesen wäre.[107]

3.77 Im Übrigen – etwa bei Verstößen gegen die Vorschriften über die Ausführung der Durchsuchung wie § 105 Abs. 2 StPO – ist im konkreten Einzelfall zwischen dem Interesse der Allgemeinheit an wirksamer Strafverfolgung und den geschützten Belangen des Betroffenen **abzuwägen**.[108] Dabei darf grundsätzlich die **Hypothese des rechtmäßigen Ermittlungsverlaufs** berücksichtigt werden, d.h., eine Verwertung ist insbesondere dann zulässig, wenn die Strafverfolgungsbehörden das Beweisergebnis auch auf gesetzmäßigem Weg hätten erlangen können.[109] Wird z.B. eine Durchsuchung fälschlicherweise auf § 103 StPO gestützt, bleiben die sichergestellten Beweismittel verwertbar, wenn die materiellen Voraussetzungen von § 102 StPO vorgelegen haben.[110]

3.78 Die mit der Revision vorgetragene Verfahrensrüge der Unverwertbarkeit von Durchsuchungsfunden erfordert einen **Widerspruch in der Hauptverhandlung**; andernfalls ist dieses Rügevorbringen präkludiert.[111]

3.1.12 Entschädigung

3.79 Eine Entschädigung für Durchsuchungsmaßnahmen gibt es grundsätzlich nicht. Einen Entschädigungsanspruch sieht das Gesetz für den Beschuldigten nur dann vor, wenn er freigesprochen oder das Verfahren gegen ihn eingestellt wurde (§ 2 Abs. 1, Abs. 2 Nr. 4 StrEG). Bei einer Einstellung aus Opportunitätsgründen (§§ 153 ff. StPO) kann eine Entschädigung gewährt werden, soweit dies im Ein-

---

104) BVerfG, Beschl. v. 09.11.2011 – 2 BvR 2101/99, NJW 2011, 2417.
105) BVerfG, Beschl. v. 07.12.2011 – 2 BvR 2500/09 u.a., NJW 2012, 907.
106) BVerfG, Beschl. v. 20.05.2011 – 2 BvR 2072/10, NJW 2011, 2783; BGH, Beschl. v. 27.11.2018 – 5 StR 566/18, NStZ-RR 2019, 94.
107) BGH, Urt. v. 06.10.2016 – 2 StR 46/15, NStZ 2017, 367; Beschl. v. 04.06.2020 – 4 StR 15/20.
108) BGH, Beschl. v. 17.02.2016 – 2 StR 25/15, NStZ 2016, 551.
109) BGH, Beschl. v. 18.11.2003 – 1 StR 455/03, NStZ 2004, 449.
110) BGH, Beschl. v. 13.06.1978 – StB 51/78, BGHSt 28, 57; Meyer-Goßner/Schmitt, § 103 Rdnr. 1.
111) BGH, Urt. v. 09.05.2018 – 5 StR 17/18, NJW 2018, 737.

zelfall der Billigkeit entspricht. Dritte müssen rechtmäßige Strafverfolgungsmaßnahmen **grundsätzlich entschädigungslos** hinnehmen; unter engen Voraussetzungen kann ihnen ein Entschädigungsanspruch aus enteignendem Eingriff zustehen.[112]

---

112) BGH, Urt. v. 14.03.2013 – III ZR 253/12, NJW 2013, 1736.

3.2 Mandatssituationen

3.2.1 Telefonische Mitteilung des Mandanten über eine laufende Durchsuchung; Verteidiger kann zur Durchsuchung kommen

Kurzüberblick

3.80   – Durch die Durchsuchung wird der Beschuldigte regelmäßig erstmals vom Ermittlungsverfahren in Kenntnis gesetzt und mit den gegen ihn bestehenden Tatvorwürfen konfrontiert. Wegen dieses Überraschungseffekts der Durchsuchung ist es von besonderer Wichtigkeit, sich in dieser Situation richtig und besonnen zu verhalten.

– Der vom Mandanten telefonisch informierte Verteidiger muss sich zunächst durch strukturierte Fragen einen Überblick über die Situation verschaffen.

– Kann der Verteidiger zur Durchsuchung kommen, sollte er den leitenden Durchsuchungsbeamten ersuchen, mit der Fortführung der Durchsuchung kurz zuzuwarten, bis er vor Ort ist; dieser Bitte wird regelmäßig entsprochen.

– Vor Ort angekommen, sind wichtige Verhaltensmaßregeln umzusetzen.

Sachverhalt

Der Mandant meldet sich telefonisch beim Verteidiger und teilt mit, dass im Rahmen eines gegen ihn laufenden, ihm bisher nicht bekannten Ermittlungsverfahrens gerade bei ihm durchsucht wird. Er bittet um Verhaltensanweisungen. Der Verteidiger ist in der Lage, sich sofort zum Durchsuchungsobjekt zu begeben und bei der Durchsuchung anwesend zu sein. Welche Maßnahmen wird er ergreifen?

Lösung

3.81   Der Verteidiger sollte den Mandanten zunächst **beruhigen** und sich durch strukturierte Fragen einen **Überblick über die Situation** verschaffen. Dabei ist zu klären:

– Wurde ein Durchsuchungsbeschluss ausgehändigt, oder haben sich die Beamten auf Gefahr im Verzug berufen?

– Wenn ein schriftlicher Beschluss ausgehändigt wurde: Was steht in dem Beschluss?
  – Welche Staatsanwaltschaft führt das Ermittlungsverfahren?
  – Wer ist als Beschuldigter genannt?
  – Welche Durchsuchungsobjekte sind aufgeführt?

– Wenn kein Beschluss ausgehändigt wurde: Was wurde zur Frage der Eilbedürftigkeit erklärt?

- Wie viele Durchsuchungsbeamte sind vor Ort, und von welcher Dienststelle kommen sie?

- Ist ein Staatsanwalt anwesend?

- Wurde erklärt, welche Gegenstände sichergestellt werden sollen?

Er sollte dann den Mandanten bitten, ihm den hauptverantwortlichen Durchsuchungsbeamten bzw. den anwesenden Staatsanwalt ans Telefon zu holen. Diesen sollte er ersuchen, mit der Fortführung der Durchsuchung kurz zuzuwarten, bis er vor Ort ist. Dieser Bitte wird regelmäßig entsprochen.

Vor Ort sollte der Verteidiger dafür sorgen, dass die in Rdnr. 3.84 aufgeführten Verhaltensmaßregeln eingehalten werden.

3.2.2 Telefonische Mitteilung des Mandanten über eine laufende Durchsuchung; Verteidiger kann nicht zur Durchsuchung kommen

Kurzüberblick siehe oben

- Durch die Durchsuchung wird der Beschuldigte regelmäßig erstmals vom Ermittlungsverfahren in Kenntnis gesetzt und mit den gegen ihn bestehenden Tatvorwürfen konfrontiert. Wegen dieses Überraschungseffekts der Durchsuchung ist es von besonderer Wichtigkeit, sich in dieser Situation richtig und besonnen zu verhalten.   3.82

- Der vom Mandanten telefonisch informierte Verteidiger muss sich zunächst durch strukturierte Fragen einen Überblick über die Situation verschaffen.

- Kann der Verteidiger nicht zur Durchsuchung kommen, muss er dem Mandanten einige wichtige Verhaltensmaßregeln aufgeben.

Sachverhalt

Der Mandant meldet sich telefonisch beim Verteidiger und teilt mit, dass im Rahmen eines ihm bisher nicht bekannten Ermittlungsverfahrens gerade bei ihm durchsucht wird. Er bittet um Verhaltensanweisungen. Der Verteidiger ist **nicht** in der Lage, sich sofort zum Durchsuchungsobjekt zu begeben und bei der Durchsuchung anwesend zu sein. Welche Maßnahmen wird er ergreifen?

Lösung

Der Verteidiger sollte den Mandanten zunächst **beruhigen** und sich durch strukturierte Fragen einen **Überblick über die Situation** verschaffen. Dabei ist zu klären: 3.83

- Wurde ein Durchsuchungsbeschluss ausgehändigt, oder haben sich die Beamten auf Gefahr im Verzug berufen?

- Wenn ein schriftlicher Beschluss ausgehändigt wurde: was steht in dem Beschluss? Insbesondere:
  - Welche Staatsanwaltschaft führt das Ermittlungsverfahren?
  - Wer ist als Beschuldigter genannt?
  - Welche Durchsuchungsobjekte sind aufgeführt?

- Wenn kein Beschluss ausgehändigt wurde: Was wurde zur Frage der Eilbedürftigkeit erklärt?

- Wie viele Durchsuchungsbeamte sind vor Ort, und von welcher Dienststelle kommen sie?

- Ist ein Staatsanwalt anwesend?

- Wurde erklärt, welche Gegenstände sichergestellt werden sollen?

3.84   Dem Mandanten sollten dann folgende **Verhaltensmaßregeln** verdeutlicht werden:

- Wenn es einen schriftlichen Durchsuchungsbeschluss gibt, sollte der Mandant eine Kopie verlangen und dem Verteidiger zur rechtlichen Prüfung zukommen lassen (Übersendung einer Fotodatei bzw. eines Scans über Mobiltelefon oder Rechner).

- Der Mandant sollte die Durchsuchungsbeamten höflich und ruhig behandeln; provokante, aggressive oder selbstherrliche Verhaltensweisen sind fehl am Platz.

- Es sollten alle Maßnahmen vermieden werden, die auch nur den Anschein erwecken, man wolle Beweismittel beiseiteschaffen oder unterdrücken. Das Verstecken bzw. Vernichten von Gegenständen oder das Löschen von Dateien sind daher absolut tabu. Ein solches Verhalten kann den Haftgrund der Verdunkelungsgefahr begründen (§ 112 Abs. 2 Nr. 3 StPO) und eine vorläufige Festnahme und anschließende Untersuchungshaft des Beschuldigten zur Folge haben. Ein Verteidiger, der dazu rät oder mitwirkt, kann sich ggf. wegen Strafvereitelung gem. § 258 Abs. 1 StGB strafbar machen.

- Die Durchsuchungsmaßnahmen können durch solche Kooperationsweisen zurückhaltend unterstützt werden, die dazu dienen, die Durchsuchung zeitlich und sachlich zu beschränken und „Kollateralschäden" möglichst gering zu halten. So sollte bei Durchsuchungen von Unternehmen den Durchsuchungsbeamten ein Arbeitsplatz in einem Raum ohne Publikumsverkehr angeboten werden. Dort kann man organisatorische Fragen, die für die Durchsuchung zu klären sind, besprechen. Durch kluge Kooperation kann auf diese Weise verhindert werden, dass unter den Mitarbeitern unnötige Nervosität entsteht oder Besucher bzw. Kunden von der Durchsuchung erfahren.

  - Der Mandant sollte keine Erklärungen zur Sache abgeben und scheinbar harmlose Unterhaltungen mit den Durchsuchungsbeamten vermeiden.

Auch Mitarbeiter oder vor Ort befindliche Angehörige sollten keine Angaben gegenüber den Beamten machen.

– Ob der Mandant darauf bestehen sollte, dass Durchsuchungszeugen beigezogen werden, hängt vom Einzelfall ab. Die Erklärung des Verzichts auf die Hinzuziehung von Durchsuchungszeugen ist dann erwägenswert, wenn der Mandant größeres „Aufsehen" infolge der Maßnahme vermeiden will.

– Der Mandant sollte der Durchsicht von „sensiblen" Papieren und Dateien widersprechen und darauf bestehen, dass diese durch den Staatsanwalt selbst gesichtet werden. Der Mitnahme von Computern und wichtigen Schriftstücken sollte widersprochen und auf die Möglichkeit der Spiegelung der Dateien bzw. das Kopieren der Papiere verwiesen werden. Andernfalls besteht die Gefahr, über einen längeren Zeitraum keinen Zugriff auf wichtige Dateien, Programme oder Unterlagen zu haben.

– Der Mandant sollte sich mit der Durchsuchung nicht einverstanden erklären, sondern ruhig, aber bestimmt widersprechen. Es ist darauf zu achten, dass der Widerspruch durch die Durchsuchungsbeamten – typischerweise in den verwendeten Formularen – dokumentiert wird. Eines ausdrücklichen Widerspruchs gegen die Sicherstellung bedarf nur dann, wenn um beschlagnahmefreie Gegenstände geht oder die Durchsuchung evident rechtswidrig ist.

– Der Mandant sollte die Aushändigung (einer Kopie/Durchschrift) des Durchsuchungsprotokolls und einer Abschrift des Beschlagnahmeverzeichnisses verlangen. Dabei ist darauf zu achten, dass die sichergestellten Gegenstände möglichst genau und identifizierbar angegeben werden, um einen sicheren Überblick über die mitgenommenen Gegenstände zu haben; vage Angaben wie „schriftliche Unterlagen", „zwei USB-Sticks" oder „diverse Schriftstücke" genügen nicht. Außerdem ist noch vor Unterschrift unter das Durchsuchungsprotokoll zu prüfen, ob dieses zutreffende Angaben zu den Umständen der Durchsuchung enthält (insbesondere Dauer der Durchsuchung, Anwesenheit des Inhabers der Räume, Einverständnis mit der Durchsuchung, Einverständnis mit Durchsicht nach § 110 StPO, Verzicht auf Durchsuchungszeugen).

Den ihm übersandten Durchsuchungsbeschluss sollte der Verteidiger darauf prüfen, ob er den von der Rechtsprechung aufgestellten inhaltlichen Anforderungen entspricht:

– Ist der Beschluss von einem Richter unterschrieben?

– Ist der Beschluss älter als sechs Monate?

– Ist die Straftat, die Anlass der Durchsuchung ist, ausreichend konkret bezeichnet bzw. sachverhaltsmäßig umschrieben?

– Benennt der Beschluss die wesentlichen Verdachtsmomente gegen den Beschuldigten?

– Sind Ziel und Zweck der Durchsuchung beschrieben?

– Sind die zu durchsuchenden Räume bestimmt genug bezeichnet?

– Sind die zu sicherstellenden Gegenstände ausreichend konkret beschrieben?

– Enthält der Beschluss Ausführungen zur Verhältnismäßigkeit der Maßnahme?

– Ist der Durchsuchungsbeschluss mit einem Beschlagnahmebeschluss verbunden?

Kommt der Verteidiger zum Ergebnis, dass der Durchsuchungsbeschluss den inhaltlichen Begründungserfordernissen nicht genügt, kann er dies gegenüber den Durchsuchungsbeamten bzw. dem zuständigen Staatsanwalt geltend machen. Bei gravierenden Mängeln wird sich für die Ermittlungsbehörden die Frage stellen, ob die Durchsuchung nachgebessert werden muss bzw. wegen „Gefahr in Verzug" fortgesetzt werden kann. Unabhängig von dieser „informellen" Beanstandung besteht die Möglichkeit der Beschwerde.

Hinweis

Handelt es sich um eine Durchsuchung bei anderen Personen gem. § 103 StPO, ist bei der Prüfung der Rechtmäßigkeit des Beschlusses außerdem zu prüfen:

– Enthält der Beschluss Ausführungen zur Auffindungsvermutung?
– Ist anzunehmen, dass auch Beweismittel aufgefunden werden, die nicht der Beschlagnahme unterliegen?

3.2.3 Beschwerde gegen richterlichen Durchsuchungsbeschluss zur Sicherung von Beweismitteln, Durchsuchung ist (wegen noch laufender Durchsicht von Papieren) nicht beendet

Kurzüberblick

3.85
– Werden bei der Durchsuchung Gegenstände lediglich vorläufig sichergestellt, um sie anschließend durchzusehen, ist die Durchsuchung noch nicht beendet; statthaftes Rechtsmittel gegen den Durchsuchungsbeschluss ist in diesem Fall die Beschwerde.[113]

– Ein Durchsuchungsbeschluss genügt nicht den inhaltlichen Vorgaben an eine rechtmäßige Anordnung, wenn der Tatvorwurf nicht konkretisierend umschrieben wird, die verdachtsbegründenden Tatsachen nicht genannt oder die zu suchenden Beweismittel nicht konkret bezeichnet werden.[114]

---

113) BVerfG, Beschl. v. 30.01.2002 – 2 BvR 2248/00, NStZ 2002, 377; BGH, Beschl. v. 03.08.1995, NStZ 1995, 3397.
114) Meyer-Goßner/Schmitt, § 105 Rdnr. 5, 5a.

Sachverhalt

Der Mandant ist Einzelkaufmann und befindet sich mit seinem Betrieb in wirtschaftlichen Schwierigkeiten. Die Nichtbezahlung mehrerer Rechnungen i.H.v. rund 10.000 € hat zu Strafanzeigen von Lieferanten geführt; auch diverse Lastschriften mussten zurückgebucht werden. Die Staatsanwaltschaft hat daher ein Ermittlungsverfahren wegen des Verdachts des Betrugs eingeleitet. Auf ihren Antrag hin hat der zuständige Ermittlungsrichter die Durchsuchung der Wohn- und Geschäftsräume des Mandanten angeordnet. Der Durchsuchungsbeschluss enthält zum Tatvorwurf die Angaben, der Beschuldigte sei „seit Längerem" zahlungsunfähig, habe in Kenntnis dieses Umstands „verschiedene Gläubiger" über seine Zahlungsfähigkeit und -willigkeit getäuscht, und dadurch sei ein Schaden „in beträchtlicher Höhe" entstanden. Der Tatverdacht stütze sich auf die „bisherigen Ermittlungen". Als Durchsuchungszweck nennt der Beschluss die Sicherstellung „aussagekräftiger Geschäfts- und Buchungsunterlagen des Unternehmens". Die Durchsuchung wird durchgeführt und zahlreiche Geschäftsunterlagen von der Polizei zur Durchsicht mitgenommen.

Lösung

Der Verteidiger kann sich mit Aussicht auf Erfolg mit der Beschwerde gem. § 304 Abs. 1 StPO gegen die Durchsuchung wenden.   3.86

Die Beschwerde ist statthaft. Bei lediglich vorläufiger Sicherstellung mit anschließender Durchsicht ist eine Durchsuchung noch nicht vollzogen und dauert an.[115] Die Beschwer des Beschwerdeführers ist daher gegenwärtig. Die Beschwerde ist auch begründet, da der Durchsuchungsbeschluss den rechtsstaatlichen Mindestanforderungen an die konkretisierende Umschreibung des Tatvorwurfs, an die Nennung der verdachtsbegründenden Tatsachen und an die Bezeichnung der zu suchenden Beweismittel nicht genügt.

---

115) BVerfG, Beschl. v. 30.01.2002 – 2 BvR 2248/00, NStZ 2002, 377; BGH, Beschl. v. 03.08.1995, NStZ 1995, 3397.

Muster

Beschwerde gegen Durchsuchung und Beschlagnahme bei unzureichendem Durchsuchungsbeschluss

Amtsgericht ...
(Anschrift)

Ermittlungsverfahren
gegen   ...
wegen   ...
Az.   ...

hier: **Beschwerde** gegen den Durchsuchungsbeschluss des Amtsgerichts ...

Namens und im Auftrag meines Mandanten beantrage ich den Durchsuchungsbeschluss des Amtsgerichts vom ... aufzuheben und die vorläufig sichergestellten und zur Durchsicht mitgenommenen Gegenstände herauszugeben.

Begründung:

I.

1. In dem angefochtenen Beschluss wird zum Tatvorwurf des Betrugs lediglich ausgeführt, der Beschuldigte sei „seit Längerem" zahlungsunfähig, habe in Kenntnis dieses Umstands „verschiedene Gläubiger" über seine Zahlungsfähigkeit und -willigkeit getäuscht und dadurch sei ein Schaden „in beträchtlicher Höhe" entstanden. Der Tatverdacht wird pauschal auf die „bisherigen Ermittlungsergebnisse" gestützt. Als Durchsuchungszweck nennt der Beschluss die Sicherstellung „aussagekräftiger Geschäfts- und Buchungsunterlagen des Unternehmens".

2. Die Durchsuchung wurde am ... durchgeführt. Dabei wurden zahlreiche, in einem Verzeichnis näher aufgeführte Geschäftsunterlagen meines Mandanten vorläufig sichergestellt und zur Durchsicht mitgenommen. Die Durchsicht dauert noch an.

II.

1. Die Beschwerde ist gem. § 304 Abs. 1 StPO zulässig. Die Durchsuchung ist bei lediglich vorläufiger Sicherstellung mit anschließender Durchsicht noch nicht vollzogen und dauert daher an. Der Beschwerdeführer ist durch den Eingriff in sein Grundrecht aus Art. 13 Abs. 1 GG gegenwärtig beschwert.

Grube

Beschwerde gegen staatsanwaltschaftliche Durchsuchungsanordnung
zur Sicherung von Beweismitteln, Durchsuchung ist beendet

3

2. Das Rechtsmittel ist auch begründet.

a) Die richterliche Anordnung der Durchsuchung wird den rechtsstaatlichen Mindestanforderungen nicht gerecht. Sie enthält keine ausreichenden tatsächlichen Angaben über den Tatvorwurf, sondern lediglich eine schlagwortartige Verkürzung des gesetzlichen Tatbestands. Mangels näherer Umschreibung wird nicht deutlich, aufgrund welcher konkreten Handlungen der Beschuldigte des Betruges verdächtig sein soll. Eine Konkretisierung wäre nach dem Stand der Ermittlungen und ohne Gefährdung der Strafverfolgung ohne Schwierigkeiten möglich gewesen.

b) Auch fehlt die Angabe von Tatsachen, auf denen der Anfangsverdacht beruht. Insofern müssen die wesentlichen Verdachtsmomente einschließlich der Indiztatsachen genannt werden.

c) Schließlich mangelt es an einer genauen Bezeichnung der Art und des vorgestellten Inhalts der zu suchenden Beweismittel. Die Beweismittel müssen soweit konkretisiert werden, dass weder beim Betroffenen noch bei den Durchsuchungsbeamten Zweifel über die zu suchenden Gegenstände entstehen können.

3. Der Durchsuchungsbeschluss ist daher aufzuheben und die vorläufig sichergestellten Gegenstände umgehend zurückzugeben.

Rechtsanwältin/Rechtsanwalt

3.2.4 Beschwerde gegen staatsanwaltschaftliche Durchsuchungsanordnung zur Sicherung von Beweismitteln, Durchsuchung ist beendet

Kurzüberblick

– Statthaftes Rechtsmittel gegen Durchsuchungsanordnungen ist – wenn die Durchsuchung beendet ist – die Beschwerde gem. § 304 Abs. 1 StPO mit dem Ziel der Feststellung der Rechtswidrigkeit der Durchsuchungsanordnung.[116] 3.87

– Um die Regelkompetenz des Richters aus § 105 Abs. 1 StPO nicht zu unterlaufen, dürfen Staatsanwaltschaft und Polizei weder die richterliche Anordnungsbefugnis umgehen noch vorschnell auf den Ausnahmefall der „Gefahr im Verzug" zurückgreifen.

– Zur Sicherung des Richtervorbehalts muss bei den Gerichten der Ermittlungsrichter oder der richterliche Bereitschaftsdienst auch außerhalb der üblichen Geschäftszeiten zwischen 6.00 Uhr und 21.00 Uhr erreichbar sein.[117]

---

116) BVerfG, Beschl. v. 30.04.1997 – 2 BvR 817/90, 728/92, 802, 1065/95, BVerfGE 96, 27; Urt. v. 27.02.2007 – 1 BvR 538/06, NJW 2007, 1117.
117) BVerfG, Beschl. v. 12.03.2019 – 2 BvR 675/14, NJW 2019, 1428.

– Wird der Richtervorbehalt von Staatsanwaltschaft oder Polizei bewusst missachtet oder werden seine Voraussetzungen in grober Weise verkannt, führt dies zu einem Beweisverwertungsverbot.[118]

Sachverhalt

Der Mandant bittet um Beratung, da die Polizei am Vortag bei ihm durchsucht habe. Er berichtet dazu Folgendes:

„Gestern gegen 18.30 Uhr habe ich in der Nähe des Bahnhofs einen mir bis dahin unbekannten jungen Mann getroffen. Er fragte mich, ob ich ihm vielleicht etwas „Shit" verkaufen könne. Tatsächlich hatte ich gerade von meinem Lieferanten meine übliche Wochenmenge Haschisch gekauft. So hatte ich 2 g zum Weiterverkauf übrig und bot sie ihm für 20 € an. Gerade als ich ihm den Stoff gegeben und er mir das Geld bezahlt hatte, traten zwei in zivil gekleidete Polizeibeamte an uns heran. Sie kontrollierten uns und haben mir gesagt, dass gegen mich der Verdacht des Drogenhandels besteht und dass ich keine Angaben machen müsse. Man werde meine Identität prüfen und weitere Schritte mit der Staatsanwaltschaft abstimmen. Der junge Mann gab das Tütchen mit dem Stoff gleich freiwillig heraus. Dann ging ein Beamter zu einem Wagen und telefonierte. Er kam zurück und berichtete, man würde jetzt zu mir nach Hause fahren, um nach noch mehr Stoff zu suchen. Der zuständige Staatsanwalt sehe dringenden Handlungsbedarf und habe wegen Gefahr im Verzug die Durchsuchung meiner Wohnung angeordnet. Wir fuhren zu meiner Adresse. Dann wurde meine Wohnung durchsucht und man fand in meinem Schrank ein Tütchen mit 3 g Haschisch, das sichergestellt wurde. Nach einer halben Stunde war alles vorbei, und die Beamten fuhren wieder weg. Ich finde, dass nur ein Richter eine Durchsuchung erlauben darf. Bitte prüfen Sie, ob ich mich gegen die Durchsuchung beschweren kann."

Lösung

3.88 Der Verteidiger kann sich mit Aussicht auf Erfolg gegen die von der Staatsanwaltschaft wegen Gefahr in Verzug angeordnete und vollzogene Durchsuchung Beschwerde einlegen und wegen tiefgreifenden Grundrechtseingriffs die Rechtswidrigkeit der Maßnahme feststellen lassen.

Gemäß § 105 Abs. 1 Satz 1 StPO, der Art. 13 Abs. 2 GG konkretisiert, dürfen Wohnungsdurchsuchungen nur durch den Richter, bei Gefahr im Verzug auch durch die Staatsanwaltschaft und ihre Ermittlungsbeamten angeordnet werden. Um die **Regelkompetenz des Richters** nicht zu unterlaufen, dürfen Staatsanwaltschaft und Polizei weder die richterliche Anordnungsbefugnis umgehen noch vorschnell auf den Ausnahmefall der „Gefahr im Verzug" zurückgreifen.

---

118) BVerfG, Beschl. v. 20.05.2011 – 2 BvR 2072/10, NJW 2011, 2783; BGH, Beschl. v. 27.11.2018 – 5 StR 566/18, NStZ-RR 2019, 94.

Beschwerde gegen staatsanwaltschaftliche Durchsuchungsanordnung
zur Sicherung von Beweismitteln, Durchsuchung ist beendet

3

Unter „**Gefahr im Verzug**" versteht man die Wahrscheinlichkeit, dass die vorherige Einholung der richterlichen Anordnung aufgrund der damit verbundenen zeitlichen Verzögerung den Erfolg der Durchsuchung gefährdet. Sie liegt vor mit anderen Worten vor, wenn in der kurzen Zeit, die Staatsanwaltschaft oder Polizei bräuchten, um den zuständigen Ermittlungsrichter zu erreichen und die dieser für die Prüfung der Durchsuchungsvoraussetzungen benötigen würde, die Gefahr besteht, dass die gesuchten Beweismittel beseitigt oder beiseite geschafft werden oder verlorengehen. Staatsanwaltschaft und Polizei sind dabei gehalten, notfalls auch telefonisch, zu versuchen, eine Durchsuchungsanordnung des Ermittlungsrichters herbeizuführen. Das Vorliegen von Gefahr im Verzug muss anhand der konkreten Umstände des Einzelfalls beurteilt werden und darf nicht auf fallunabhängige Vermutungen gestützt werden, die auf reinen Spekulationen, hypothetischen Erwägungen oder kriminalistischen Alltagserfahrungen basieren. Nach Rechtsprechung des BVerfG muss bei den Gerichten der Ermittlungsrichter oder der richterliche Bereitschaftsdienst auch außerhalb der üblichen Geschäftszeiten zwischen 6.00 Uhr und 21.00 Uhr erreichbar sein.

Vorliegend hat der Staatsanwalt gar nicht versucht, den zuständigen Ermittlungsrichter zu kontaktieren und die Durchsuchung unter Umgehung der richterlichen Regelkompetenz angeordnet. Anhaltspunkte dafür, dass „Gefahr im Verzug" vorlag, bestehen nicht: Der Beschuldigte wurde von der Polizei einer Identitätskontrolle unterzogen und hat nichts unternommen, um (selbst oder mit Hilfe Dritter) Beweismittel zu beseitigen. Eine besondere Eilbedürftigkeit der Wohnungsdurchsuchung, die es rechtfertigen konnte, den Richter nicht einzuschalten, war nicht ersichtlich. Die Anordnung der Durchsuchung war daher rechtswidrig.

Da die Durchsuchung bereits abgeschlossen ist, ist der Betroffene durch die Maßnahme nicht mehr gegenwärtig beschwert. Das hindert jedoch die gerichtliche Feststellung der Rechtswidrigkeit nicht, da ein besonderes Feststellungsinteresse aus dem tiefgreifenden Grundrechtseingriff in Art. 13 GG resultiert.

3.89

Muster

Beschwerde gegen „auf Gefahr in Verzug" gestützte Durchsuchungsanordnung

Amtsgericht ...
(Anschrift)

Ermittlungsverfahren
gegen   ...
wegen   ...
Az.   ...

hier: **Beschwerde** gegen die Durchsuchungsanordnung der Staatsanwaltschaft ...

Namens und im Auftrag meines Mandanten lege ich gegen die Durchsuchungsanordnung der Staatsanwaltschaft ... vom ... Beschwerde ein und beantrage festzustellen, dass die Anordnung der Durchsuchung der „Wohnräume des Beschuldigten sowie seiner Person und der ihm gehörenden Sachen" rechtswidrig war.

Begründung:

I.

Am ... gegen 19.30 Uhr wurde der Beschwerdeführer am Bahnhof von zwei Zivilbeamten der Polizei angetroffen und mit dem Tatvorwurf konfrontiert, er habe sich soeben an einem Betäubungsmittelgeschäft beteiligt. Die Beamten informierten telefonisch die Staatsanwaltschaft, die unter Berufung auf „Gefahr im Verzug" die Durchsuchung der Wohnräume, der Person und der Sachen des Beschwerdeführers anordnete. Im Rahmen der unmittelbar danach durchgeführten Durchsuchung wurde ein Tütchen mit einer grünen Substanz sichergestellt. Nach etwa einer halben Stunde beendeten die Polizeibeamten die Durchsuchung.

II.

1.   Die Beschwerde ist zulässig. Zwar ist der mit der Durchsuchung verbundene Eingriff in das Grundrecht aus Art. 13 Abs. 1 GG beendet, da die Durchsuchungsbeamten die Wohnung des Beschwerdeführers verlassen und die Durchsuchung beendet haben. Bei der Durchsuchung der Wohnung des Beschwerdeführers handelt es sich jedoch um einen tiefgreifenden Grundrechtseingriff, der ein besonderes Interesse an der Feststellung der Rechtswidrigkeit der Maßnahme begründet.

Antrag auf gerichtliche Entscheidung analog § 98 Abs. 2 Satz 2 StPO wegen
Rechtswidrigkeit der Art und Weise der Durchführung einer Durchsuchung

3

2. Die Beschwerde ist auch begründet, weil die Anordnung der Durchsuchung durch die Staatsanwaltschaft rechtswidrig war.

Gemäß § 105 Abs. 1 Satz 1 StPO, der den Gesetzesvorbehalt aus Art. 13 Abs. 2 GG konkretisiert, dürfen Wohnungsdurchsuchungen nur durch den Richter, bei Gefahr im Verzug auch durch die Staatsanwaltschaft und ihre Ermittlungsbeamten angeordnet werden. Um die Regelkompetenz des Richters nicht zu unterlaufen, dürfen Staatsanwaltschaft und Polizei weder die richterliche Anordnungsbefugnis umgehen noch vorschnell auf den Ausnahmefall der „Gefahr im Verzug" zurückgreifen.

Vorliegend bestand offenkundig keine „Gefahr im Verzug"; dass die vorherige Einholung der richterlichen Anordnung aufgrund der damit verbundenen zeitlichen Verzögerung den Erfolg der Durchsuchung gefährdet hätte, ist nicht ersichtlich. Der Beschwerdeführer zeigte sich kooperativ, ein Beweisverlust war daher nicht zu befürchten.

Da nach der Rechtsprechung des Bundesverfassungsgerichts der Ermittlungsrichter oder der richterliche Bereitschaftsdienst auch außerhalb der üblichen Geschäftszeiten zwischen 6.00 Uhr und 21.00 Uhr erreichbar sein muss, waren Staatsanwaltschaft und Polizei gehalten, notfalls auch telefonisch, zu versuchen, eine Durchsuchungsanordnung des Ermittlungsrichters herbeizuführen. Vorliegend hat der Staatsanwalt gar nicht versucht, den zuständigen Ermittlungsrichter zu kontaktieren und die Durchsuchung unter Umgehung der richterlichen Regelkompetenz angeordnet. Diese bewusste Missachtung des Richtervorbehalts führt auch dazu, dass der Durchsuchungsfund einem Beweisverwertungsverbot unterliegt.

Rechtsanwältin/Rechtsanwalt

3.2.5 Antrag auf gerichtliche Entscheidung analog § 98 Abs. 2 Satz 2 StPO wegen Rechtswidrigkeit der Art und Weise der Durchführung einer Durchsuchung

Kurzüberblick

– Die Rechtswidrigkeit der Art und Weise der Durchführung einer Durchsuchung kann analog § 98 Abs. 2 Satz 2 StPO gerichtlich festgestellt werden.[119]   3.90

– Aus dem Anspruch des Beschuldigten auf Konsultation eines Verteidigers (§§ 137 Abs. 1 Satz 1, 148 Abs. 1 StPO) folgt, dass dem von einer Durchsuchung Betroffenen unter keinen Umständen der Telefonkontakt zu seinem Verteidiger verwehrt werden darf.[120]

---

119) BGH, Beschl. v. 07.12.1998 – 5 AR (VS) 2/98, BGHSt 44, 265.
120) MüKo-StPO/Thomas/Kämpfer, § 137 Rdnr. 16.

Grube

– Die Durchführung der Durchsuchung ohne die Teilnahme von neutralen Durchsuchungszeugen verstößt gegen § 105 Abs. 2 StPO und führt zur Rechtswidrigkeit der Durchsuchung.[121]

– Ist aus Sicht der Durchsuchungsbeamten eine Hinzuziehung von Durchsuchungszeugen nicht möglich, muss dies tragfähig begründet werden.[122]

Sachverhalt

Der Verteidiger wird vom Mandanten darüber informiert, dass bei ihm im Rahmen eines gegen ihn gerichteten Ermittlungsverfahrens wegen besonders schweren Raubs aufgrund richterlichen Durchsuchungsbeschlusses die Wohnung durchsucht wurde. Der Mandant versuchte, seinen Verteidiger telefonisch über die Maßnahme zu unterrichten. Dies wurde ihm von dem die Durchsuchung leitenden Kriminalbeamten ohne nähere Begründung verwehrt. Darüber hinaus nahmen entgegen § 105 Abs. 2 StPO keine Durchsuchungszeugen an der Durchsuchung teil. Der Mandant hält die Durchführung der Durchsuchung für rechtswidrig.

Kann der Verteidiger mit Aussicht auf Erfolg die Rechtswidrigkeit der Art und Weise der Durchführung der Durchsuchung mit einem Rechtsbehelf angreifen?

Lösung

3.91 Der Verteidiger wird einen Antrag analog § 98 Abs. 2 Satz 2 StPO auf Feststellung der Rechtswidrigkeit der Art und Weise der Durchführung der Durchsuchung zu prüfen haben. Der Antrag ist sowohl bei richterlicher Anordnung als auch bei Anordnung durch Staatsanwaltschaft oder ihre Ermittlungspersonen statthaft.

Vorliegende Angriffspunkte sind die Verletzungen der gesetzlichen Vorschriften über den Kontakt zwischen Beschuldigtem und Verteidiger (§§ 137 Abs. 1, 148 Abs. 1 StPO) und über die Zuziehung von Durchsuchungszeugen (§ 105 Abs. 2 StPO). Es handelt sich jeweils um gravierende Rechtsverstöße, die die Rechtswidrigkeit der Maßnahme zur Folge haben.

---

121) BGH, Beschl. v. 31.01.2007 – StGB 18/06, BGHSt 51, 211.
122) LG München, Beschl. v. 10.02.2009 – 4 Qs 2/09, StraFo 2009, 146.

Antrag auf gerichtliche Entscheidung analog § 98 Abs. 2 Satz 2 StPO wegen
Rechtswidrigkeit der Art und Weise der Durchführung einer Durchsuchung

3

Muster

Antrag auf Feststellung der Rechtswidrigkeit der Art und Weise der Durchführung einer abgeschlossenen Durchsuchung

Amtsgericht ...
(Anschrift)

Ermittlungsverfahren
gegen   ...
wegen   ...
Az.   ...

hier: **Antrag** gem. § 98 Abs. 2 Satz 2 StPO auf Feststellung der Rechtswidrigkeit der Art und Weise der Durchführung der Durchsuchung

Namens und im Auftrag meines Mandanten beantrage ich als **rechtswidrig festzustellen**, dass

- er im Rahmen der am ... durchgeführten Durchsuchung daran gehindert wurde, den Unterzeichner als Wahlverteidiger telefonisch zu kontaktieren,
- an der Durchsuchung entgegen § 105 Abs. 2 StPO keine Durchsuchungszeugen teilgenommen haben.

Begründung:

I.

Die Staatsanwaltschaft ... führt gegen meinen Mandanten unter dem Az. ... ein Ermittlungsverfahren wegen des Verdachts des besonders schweren Raubs gem. § 250 Abs. 2 Nr. 1 StGB im Zusammenhang mit dem Überfall auf eine Spielhalle in ... am .... Am ... wurde auf der Grundlage des richterlichen Durchsuchungsbeschlusses gem. § 102 StPO des Amtsgerichts ... vom ... (Az. ...) die Wohnung meines Mandanten durchsucht.

Im Rahmen der Durchführung der Maßnahme kam es zu folgenden Geschehnissen:

1. Mein Mandant wurde von dem die Durchsuchung leitenden Polizeibeamten KHK ... daran gehindert, einen Verteidiger von der Durchsuchung zu benachrichtigen. Nachdem die Durchsuchungsbeamten erschienen und unter Aushändigung des Durchsuchungsbeschlusses den Anlass der Durchsuchung mitgeteilt hatten, bat mein Mandant darum, mit mir als seinem gewählten Verteidiger telefonischen Kontakt aufzunehmen. Dies wurde ihm seitens KHK ... ohne nähere Begründung verwehrt.

2. An der Durchsuchung nahmen keine Durchsuchungszeugen teil. Auf entsprechende Nachfrage meines Mandanten teilte ihm KHK ... mit, die Gemeindeverwaltung stelle grundsätzlich keine Durchsuchungszeugen. Auf Wunsch könne er einen Polizeibeamten des örtlichen Polizeireviers als Zeugen anfordern.

Grube

II.

1. Der Antrag ist auf die Feststellung der Rechtswidrigkeit der Art und Weise der Durchführung der abgeschlossenen Durchsuchung gerichtet. Die Zulässigkeit des Rechtsbehelfs ergibt sich aus § 98 Abs. 2 Satz 2 StPO analog, da die Durchführung nicht ausdrücklicher und evidenter Bestandteil der richterlichen Anordnung war (BGH, Beschl. v. 07.12.1998 – 5 AR (Vs) 2/98, BGHSt 44, 265; Meyer-Goßner/Schmitt, § 105 Rdnr. 17).

2. Der zulässige Antrag hat in der Sache Erfolg.

   a) Gemäß § 137 Abs. 1 Satz 1 StPO kann sich ein Beschuldiger in jeder Lage des Verfahrens des Beistandes eines Verteidigers bedienen. Darüber hinaus normiert § 148 Abs. 1 StPO, dass dem Beschuldigten schriftlicher und mündlicher Verkehr mit dem Verteidiger gestattet ist. Daraus folgt, dass dem von der Durchsuchung Betroffenen unter keinen Umständen der Telefonkontakt zu seinem Verteidiger verwehrt werden darf (vgl. MüKo-StPO/Thomas/Kämpfer, § 137 Rdnr. 16). KHK ... war daher nicht befugt, die von meinem Mandanten gewünschte telefonische Kontaktaufnahme zu versagen.

   b) Die Durchführung der Durchsuchung ohne die Teilnahme von Durchsuchungszeugen verstößt gegen § 105 Abs. 2 StPO. Danach sind bei der Durchsuchung der Wohnung ohne Beisein des Richters oder Staatsanwalts, wenn möglich, ein Gemeindebeamter oder zwei Mitglieder der Gemeinde, in deren Bezirk die Durchsuchung erfolgt, zuzuziehen. Umstände, aus denen sich ergeben würde, dass die Teilnahme der Durchsuchungszeugen nicht möglich war, sind nicht ersichtlich. Auch hat mein Mandant nicht auf die Beachtung von § 105 Abs. 2 StPO verzichtet. Die von KHK ... gegebene Begründung, die Gemeinde stelle keine Durchsuchungszeugen, genügt nicht, denn der Hinzuziehung von anderen Personen, etwa Nachbarn, stand nichts entgegen. (LG München, Beschl. v. 10.02.2009 – 4 Qs 2/09, StraFo 2009, 146). Der von KHK ... gemachte Vorschlag, Polizeibeamte des örtlichen Reviers als Durchsuchungszeugen zuzuziehen, verstößt gegen § 105 Abs. 2 Satz 2 StPO.

   Die Zuziehung von Durchsuchungszeugen durfte daher nicht unterbleiben. Bei § 105 Abs. 2 StPO handelt es sich um keine bloße Ordnungsvorschrift, sondern eine wesentliche Förmlichkeit, von deren Beachtung die Rechtmäßigkeit der Durchsuchung abhängt (BGH, Beschl. v. 31.01.2007 – StGB 18/06, BGHSt 51, 211).

   c) Das Interesse an der Feststellung der Rechtswidrigkeit der Art und Weise der Durchführung der Durchsuchung folgt aus dem schwerwiegenden Eingriff in das Grundrecht aus Art. 13 Abs. 1 GG.

Rechtsanwältin/Rechtsanwalt

4 Beschlagnahme

4.1 Einführung

4.1.1 Die Bedeutung der Beschlagnahme

Praktischer Anwendungsbereich

Die praktische Bedeutung der Beschlagnahme kann nicht hoch genug einge-   4.1
schätzt werden. Es ist nicht nur in **Großverfahren, sondern auch in vielen Ermittlungsverfahren, die allgemeine Strafsachen betreffen,** kaum vorstellbar, dass die
Ermittlungen ohne Durchsuchungen und Beschlagnahmen geführt werden. So
dürfte nahezu jedes Ermittlungsverfahren, das **Betäubungsmittelstraftaten, orga-
nisierte Kriminalität sowie Wirtschafts- und Steuerkriminalität** betrifft, Beschlagnahmen zum Gegenstand haben. Aber auch in anderen Ermittlungsverfahren
werden regelmäßig Durchsuchungs- und Beschlagnahmeanordnungen erwirkt.

Bedeutung für den Mandanten

4.2 Daneben haben Durchsuchungs- und Beschlagnahmesituationen auch eine besondere Bedeutung für den Mandanten. In nicht wenigen Fällen wird eine solche Maßnahme der **erste Kontakt** sein, den der Mandant, ob als Zeuge oder als Beschuldigter, mit den Ermittlungsbehörden hat. Nicht zu unterschätzen ist überdies der Umstand, dass eine Durchsuchung oder Beschlagnahme auch mit einer erheblichen **Stigmatisierung** des Mandanten verbunden sein kann. Das ist auch einer der wesentlichen Gründe dafür, dass die Rechtsprechung durchaus vorsichtig bei der Bewertung der Zulässigkeit entsprechender Maßnahmen ist.[1]

Hinzu tritt, dass der Mandant von einer Durchsuchung oder Beschlagnahme zumindest überrascht, wenn nicht gar **überrumpelt** sein wird.

Hinweis

4.3 Natürlich mag in Einzelfällen der Mandant bereits rechnen, dass es zu Durchsuchungs- oder Beschlagnahmemaßnahmen kommen wird, z.B. dann, wenn ein Sachverhalt bereits in der Presse offen diskutiert wird, man denke z.B. an die Verfahren im Zuge der sogenannten Dieselaffäre. In der Regel wird der Verteidiger jedoch ohne jegliche Vorwarnung mit der Maßnahme konfrontiert werden.

Anwaltliche Möglichkeiten

4.4 Gerade angesichts der enormen Bedeutung der Beschlagnahme kommt es gerade hier darauf an, dass der Verteidiger besonnen, aber auch sehr bestimmt agiert. In aller Regel wird der Anwalt erst von der Beschlagnahme erfahren, wenn sie **bereits läuft** oder sogar **abgeschlossen** ist. Der Verteidiger muss sich daher seiner nicht gerade **einfachen** Lage bewusst sein. Wenn er schon die Maßnahme nicht mehr verhindern kann – das wird bedauerlicherweise häufig der Fall sein –, dann muss er jedenfalls in der Folge bestrebt sein, das weitere Geschehen maßgeblich im Sinne seines Mandanten **mitzugestalten**.

Im Wesentlichen wird die Tätigkeit des Anwalts darin liegen, **nachträglich** die Rechtmäßigkeit der Beschlagnahmen zu überprüfen und die Folgen für den Mandanten zu mindern bzw. ihn zu rehabilitieren. Erfährt er noch rechtzeitig von der laufenden Maßnahme, kann es ihm auch noch möglich sein, dafür zu sorgen, dass die Beschlagnahme wenigstens im Rahmen der Verhältnismäßigkeit bleibt.

---

[1] Siehe z.B. BVerfG, Beschl. v. 29.02.2012 – 2 BvR 2100/11, juris Rdnr. 22: Die Beschlagnahme ist bei milderen Ermittlungsalternativen unverhältnismäßig (siehe dazu vertieft in Rdnr. 4.31).

Hinweis

So ist es bereits ein großer Erfolg, wenn es dem Verteidiger gelingt, die Beschlagnahme der Computer eines Mandanten zu verhindern, indem er anbietet,
dass eine Spiegelung der Inhalte vorgenommen werden kann, oder er die Beschlagnahme offensichtlich verfahrensfremder Gegenstände verhindert (vgl.
hierzu Rdnr. 4.50).

4.5

4.1.2   Überblick über das Recht der Beschlagnahme

4.1.2.1   Gesetzliche Struktur

Begriff

Mit der Beschlagnahme verfolgen die Ermittlungsbehörden das Ziel, zum **Zwecke** 4.6
der Beweissicherung eine Sache in Verwahrung zu nehmen. Das einfachste Mittel
hierzu ist die formlose Sicherstellung gem. § 94 Abs. 1 StPO, die im Wesentlichen
auf die Fälle der freiwilligen Herausgabe der Sache beschränkt ist. Eine **Beschlagnahme** liegt nach § 94 Abs. 2 StPO hingegen vor, wenn die Sicherstellung **förmlich** erfolgt.

Hinweis

Es gibt drei wesentliche Arten von prozessualen Beschlagnahmen. Neben der 4.7
Beschlagnahme von **Beweismitteln** nach §§ 94 ff. StPO, auf die in diesem Kapitel eingegangen wird, können auch Gegenstände, die der **Einziehung** unterle-
gen, nach § 111b ff. StPO beschlagnahmt werden (vgl. hier Rdnr. 16.17 ff.).
Schließlich unterliegt die Beschlagnahme von **Führerscheinen** besonderen Regeln (vgl. hierzu Rdnr. 16.14 ff.).

Postbeschlagnahme

Daneben verfügen die Ermittlungsbehörden noch über das Mittel der Postbe- 4.8
schlagnahme nach § 99 StPO, die allerdings nicht zuletzt aufgrund der Entwicklung der **modernen Kommunikationsmittel** nur noch eine geringe Bedeutung hat.
Praktische Bedeutung hat die Postbeschlagnahme im Wesentlichen nur noch bei
terroristischen oder staatsgefährdenden Straftaten.

Praxistipp

Allerdings können Konstellationen auftreten, in denen der Mandant aufgrund 4.9
eines **Zufallsfunds** bei einer Postbeschlagnahme in ein Ermittlungsverfahren
gerät (vgl. hierzu Rdnr. 4.128). Hier ist schnelles anwaltliches Handeln gefragt,
um Nachteile für den Mandanten zu vermeiden.

4.1.2.2 Die allgemeinen Rechtsmäßigkeitsvoraussetzungen der Beschlagnahme

Voraussetzungen der Beschlagnahme

4.10   Gemäß § 94 Abs. 1 StPO können alle Beweisgegenstände, die für die Untersuchung von Bedeutung sind, in Verwahrung genommen oder sichergestellt werden. Eine rechtmäßige **Beschlagnahmeanordnung** setzt demnach voraus, dass

– ein Beweisgegenstand sichergestellt wird,

– ein Anfangsverdacht besteht und

– die Maßnahme verhältnismäßig ist.

Beweisgegenstände

4.11   Gemäß **§ 160 Abs. 2 StPO** hat die Staatsanwaltschaft für die Erhebung der Beweise Sorge zu tragen, deren Verlust zu besorgen ist. Demnach können alle Gegenstände, die eine **potentielle Beweisbedeutung** haben, sichergestellt werden.[2] Zu den Gegenständen zählen auch elektronische Datenträger und die darauf gespeicherten Daten (vgl. im Einzelnen Rdnr. 4.68). Auch **unbewegliche Gegenstände** können durchaus beschlagnahmt werden. Es ist daher grundsätzlich möglich, Grundstücke oder sogar Straßenabschnitte (etwa in Vorbereitung einer Unfallrekonstruktion) zu beschlagnahmen.

Praxistipp

4.12   Weitestgehend deklaratorische Bedeutung hat hingegen die Formulierung in § 160 Abs. 2 zweite Alternative StPO, nach der nur Beweise zu erheben sind, deren Verlust zu besorgen ist. In der Praxis bedeutet diese Norm allein keine Einschränkung der Beschlagnahmebefugnis. Uns ist jedenfalls kein Fall bekannt, in denen eine Beschlagnahme an § 160 Abs. 2 zweite Alternative StPO gescheitert ist. Tatsächlich erfolgt eine vergleichbare Prüfung allerdings im Rahmen der **Verhältnismäßigkeit** der Maßnahme. Daher sollte in einem anwaltlichen Schriftsatz auch mit dieser gesetzgeberischen Grundentscheidung argumentiert werden.

Anfangsverdacht

4.13   Selbstverständlich ist für eine Beschlagnahmeanordnung wenigstens ein **Anfangsverdacht** gem. § 152 Abs. 2 StPO erforderlich,[3] also **konkrete Tatsachen,** die auf eine strafrechtlich relevante Tat schließen lassen.

---

2)   BGH, Beschl. v. 24.11.1995 – 3 StB 84/95, NJW 1996, 532.
3)   BVerfG, Beschl. v. 23.01.2004 – 2 BvR 766/03, NStZ-RR 2004, 143, 144.

Praxistipp

Insbesondere darf die Beschlagnahme nicht dazu dienen, die Vermögenslage der Beteiligten zu regeln oder gar zivilrechtliche Fragen zu klären. Sie ist vielmehr auf die Zwecke der **Strafverfolgung** beschränkt. Für die vorübergehende Gestaltung der Vermögenslage stellen die §§ 111b ff. StPO ergänzende Regelungen auf (vgl. hierzu im Kapitel 16, Rdnr. 16.1 ff.).

4.14

Verhältnismäßigkeit

Schließlich muss die Anordnung auch verhältnismäßig sein. Danach kommt eine Beschlagnahme nur in Betracht, wenn es keine **weniger einschneidenden Maßnahmen** gibt, die dasselbe Ziel erreichen.[4] Für die anwaltliche Praxis wird dieser Punkt in aller Regel bei der Prüfung der Beschlagnahme der wesentliche Ansatzpunkt sein (vgl. ausführlich Rdnr. 4.49).

4.15

Praxistipp

Hier stellen sich bereits wesentliche prozesstaktische Fragen. So kann der Rat an den Mandanten während einer laufenden Beschlagnahme, den Beweisgegenstand freiwillig herauszugeben oder nicht, schon entscheidende Weichen für das weitere Ermittlungsverfahren stellen (vgl. hierzu Rdnr. 4.50). Hier muss der Verteidiger häufig in sehr kurzer Zeit und unter dem Druck der laufenden Maßnahme den passenden Rat finden. Empfehlenswert dürfte auch hier sein, den Mandanten jeweils umfassend auf die möglichen Konsequenzen hinzuweisen. **Größtmögliche Aufklärung** schützt insoweit auch den Verteidiger selbst.

4.16

Besitz und Eigentum

Sind diese Anforderungen erfüllt, kommt es nicht darauf an, ob sich der Beweisgegenstand beim **Beschuldigten** oder bei **einem Dritten** befindet. Ebenso wenig kommt es auf die **Eigentumsverhältnisse** am Beweisgegenstand an.

4.17

4.1.2.3   Beschlagnahmeverbote

Begriff

Über die allgemeinen Rechtmäßigkeitsvoraussetzungen der Beschlagnahme hinaus sind bestimmte Gegenstände der Beschlagnahme **schlicht entzogen**. Solche Beschlagnahmeverbote können sich aus dem Gesetz oder aus verfassungsrechtlichen Regelungen ergeben.

4.18

---

4)   BVerfG, Beschl. v. 10.11.2017 – 2 BvR 1775/16, NJW 2018, 1240, 1241.

Gesetzliche Beschlagnahmeverbote nach § 97 StPO

4.19 Die in § 97 StPO benannten Beschlagnahmeverbote dienen der Verhinderung einer Umgehung der **Zeugnisverweigerungsrechte**.[5] Im Einzelnen bestehen folgende Beschlagnahmeverbote:

- schriftliche Mitteilungen zwischen dem Beschuldigten und den **Zeugnisverweigerungsberechtigten** (§ 97 Abs. 1 Nr. 1 StPO, siehe Rdnr. 4.82),

- Aufzeichnungen von **Berufsgeheimnisträgern** nach § 53 Abs. 1 Satz 1 Nr. 1–3b StPO über vom Beschuldigten anvertraute Mitteilungen (§ 97 Abs. 1 Nr. 2 StPO, siehe Rdnr. 4.94),

- andere Gegenstände, auf die sich das Zeugnisverweigerungsrecht der Berufsgeheimnisträger nach § 53 Abs. 1 Satz 1 Nr. 1–3b StPO erstreckt (§ 97 Abs. 1 Nr. 3 StPO, siehe Rdnr. 4.94),

- Gegenstände, auf die sich das Zeugnisverweigerungsrecht von **Abgeordneten** erstreckt, § 97 Abs. 4 i.V.m. § 53 Abs. 1 Nr. 4 StPO und

- bestimmte Gegenstände im Gewahrsam von Mitarbeitern von Rundfunk und Presse, § 97 Abs. 5 StPO.

Weitere gesetzliche Beschlagnahmeverbote

4.20 Auch in anderen gesetzlichen Regelungen finden sich Beschlagnahmeverbote. Zu nennen sind insbesondere:

- das Beschlagnahmeverbot von **Verteidigerunterlagen** gem. § 148 StPO (siehe Rdnr. 4.94),

- das Beschlagnahmeverbot bei **behördlicher Sperrerklärung** nach § 96 StPO und

- das Beschlagnahmeverbot nach dem **Sozialgeheimnis** gem. § 35 Abs. 1 SGB I.

Hinweis

4.21 Demgegenüber hat die Vorschrift des § 160a StPO über den Schutz von Berufsgeheimnisträgern keine selbständige Bedeutung, weil § 97 StPO insoweit die speziellere – und auch weitergehende – Regelung ist.[6]

---

[5] BGH, Urt. v. 03.12.1991 – 1 StR 120/90, NJW 1992, 763, 764.
[6] BVerfG, Beschl. v. 27.06.2018 – 2 BvR 1405/17, NJW 2018, 2385, 2387.

Verfassungsrechtliche Beschlagnahmeverbote

Ein Beschlagnahmeverbot besteht auch dann, wenn das Geheimhaltungsinteresse 4.22
des Betroffenen das Strafverfolgungsinteresse **eindeutig überwiegt**,[7] weil ansonsten das **Allgemeine Persönlichkeitsrecht** des Beschuldigten nach Art. 2
Abs. 1 i.V.m. Art. 1 Abs. 1 GG oder der **nemo-tenetur-Grundsatz** nach § 136
Abs. 1 Satz 2 StPO verletzt wäre. Bedeutung hat diese Konstellation insbesondere bei der Beschlagnahme von Tagebüchern und Videoaufzeichnungen (vgl.
Rdnr. 4.110 ff.).

4.1.2.4 Der Rechtsschutz gegen die Beschlagnahmeanordnung

Zu unterscheiden sind die Beschlagnahme aufgrund einer **richterlichen Anord-** 4.23
nung und die Beschlagnahme **wegen Gefahr im Verzug**.

Richterliche Anordnung

Grundsätzlich ist die Beschlagnahme gem. § 98 Abs. 1 Satz 1 erste Alternative 4.24
StPO durch das in der Sache befasste Gericht, also im Ermittlungsverfahren
durch den **Ermittlungsrichter**, anzuordnen. Der Beschluss ist gem. § 34 StPO zu
begründen bzw. in den Fällen, in denen er mündlich oder fernmündlich erlassen
worden ist, gem. § 36 Abs. 2 Satz 1 StPO nachträglich mit Gründen zur Akte zu
bringen. In der Praxis unterbleibt i.d.R. gem. § 33 Abs. 4 StPO die Anhörung des
Betroffenen.

Beschwerde

Gegen eine gerichtliche Beschlagnahmeanordnung ist die **Beschwerde** gem. § 304 4.25
StPO das statthafte Rechtsmittel. Ein Muster einer Beschwerdeschrift ist z.B. dem
Muster zu Rdnr. 4.31 zu entnehmen.

Gefahr im Verzug

In eilbedürftigen Fällen können gem. § 98 Abs. 1 Satz 1 zweite Alternative StPO 4.26
auch die Staatsanwaltschaft oder die Polizei die Durchsuchung anordnen. Diese
Eilzuständigkeit erfordert **Gefahr im Verzug**. Diese ist nach der Rechtsprechung
gegeben, wenn sich beim Zuwarten auf eine richterliche Anordnung die Gefahr
des Beweismittelverlusts ergibt.[8] Gemäß § 98 Abs. 2 Satz 1 StPO ist die Beschlagnahme durch die Staatsanwaltschaft oder ihre Ermittlungspersonen binnen
dreier Tage richterlich zu bestätigen.

---

7)   BGH, Urt. v. 13.11.1997 – 4 StR 404/97, NJW 1998, 840.
8)   BVerfG, Urt. v. 20.02.2001 – 2 BvR 1444/00, NJW 2001, 1121, 1123.

Rechtsschutz

4.27 Wird die Beschlagnahme richterlich bestätigt, liegt eine richterliche Beschlagnahmeanordnung vor, so dass auch hier die Beschwerde nach § 304 StPO statthaft ist. Erfolgt jedoch keine gerichtliche Entscheidung, so hat der Betroffene ein besonderes Rechtsmittel. Er kann gem. § 98 Abs. 2 Satz 2 StPO die **gerichtliche Entscheidung** beantragen. Auch hierfür ist das in der Sache befasste Gericht zuständig, im Ermittlungsverfahren also der Ermittlungsrichter.

4.1.2.5   Die Beendigung der Beschlagnahme

Herausgabe

4.28 Mit der Sicherstellung des beschlagnahmten Gegenstands beginnt ein **öffentlich-rechtliches Verwahrungsverhältnis.**[9] Dieses endet, wenn der Gegenstand für das Strafverfahren nicht mehr benötigt wird. Die Sache ist dann gemäß § 111n Abs. 1 StPO i.d.R. an den **letzten Gewahrsamsinhaber** herauszugeben.

Hinweis

4.29 Eine Herausgabe an den letzten Gewahrsamsinhaber erfolgt allerdings nicht, wenn die Sache nach § 111n Abs. 2 StPO dem Verletzten durch die Straftat entzogen wurde oder ein Dritter gemäß § 111n Abs. 3 StPO einen Anspruch auf Herausgabe der Sache hat (vgl. Rdnr. 4.144 ff.).

Schadensersatzpflicht

4.30 Der Berechtigte kann daher **Schadensersatzansprüche** aus einem öffentlich-rechtlichen Verwahrungsverhältnis geltend machen, wenn die Behörden ihre Pflicht verletzt haben, die beschlagnahmte Sache pfleglich zu behandeln.[10] Die Schadensersatzansprüche sind vor den **ordentlichen Gerichten** gem. § 40 Abs. 2 Satz 2 VwGO geltend zu machen.

---

9) LG Hamburg, Urt. v. 20.02.2004 – 303 S 16/03, NStZ 2004, 514.
10) BGH, Urt. v. 16.05.2019 – III ZR 6/18, NJW 2019, 2618, 2619.

4.2 Mandatssituationen

4.2.1 Überprüfung der Beschlagnahmeanordnung – Beschwerde

Kurzüberblick

- Alle Gegenstände, die eine **potentielle Beweisbedeutung** haben, können sichergestellt werden.[11]

  4.31

- Für eine Beschlagnahmeanordnung reicht ein **Anfangsverdacht** aus.[12]

- Aus Verhältnismäßigkeitsgründen kommt eine Beschlagnahme nur in Betracht, wenn es keine **weniger einschneidenden Maßnahmen** gibt, die dasselbe Ziel erreichen.[13]

Sachverhalt

Der Mandant ist Insolvenzverwalter über das Vermögen des Beschuldigten. Gegen den Beschuldigten ist ein Ermittlungsverfahren wegen verschiedener Insolvenzdelikte anhängig. Mit einer richterlichen Beschlagnahme- und Durchsuchungsanordnung hat die Staatsanwaltschaft nunmehr einige Originalgeschäftsunterlagen beschlagnahmt.

Der Insolvenzverwalter begehrt nunmehr die Herausgabe der Originalunterlagen an sich. Was kann der Anwalt tun?

Lösung

Gegen eine gerichtliche Beschlagnahmeanordnung ist grundsätzlich die **Beschwerde** gem. § 304 StPO das statthafte Rechtsmittel. Diese wird erfolgreich sein, wenn die Beschlagnahmeanordnung rechtswidrig ist.

4.32

Formale Anforderungen

Beschlagnahme- und Durchsuchungsbeschlüsse werden gelegentlich auch bei Gericht durch den zuständigen Ermittlungsrichter unter einem gewissen **Zeitdruck** erlassen. Dieser Zeitdruck kann zu formalen Fehlern führen, auf die der engagierte Verteidiger bereits eine erfolgreiche Beschwerde stützen kann.

4.33

Insbesondere sind nicht immer die Anforderungen des § 33 StPO an einen richterlichen Beschluss gewahrt. Vor allem der Einsatz von **Vordrucken** kann dabei zu Fehlern führen. Die gesetzlichen Anforderungen gem. § 33 StPO sind nämlich

4.34

---

11) BGH, Beschl. v. 24.11.1995 – 3 StB 84/95, NJW 1996, 532.
12) BVerfG, Beschl. v. 23.01.2004 – 2 BvR 766/03, NStZ-RR 2004, 143, 144.
13) BVerfG, Beschl. v. 10.11.2017 – 2 BvR 1775/16, NJW 2018, 1240, 1241.

nicht erfüllt, wenn ein Richter in ein Formular oder ein von ihm gefertigtes unvollständiges Schriftstück Blattzahlen, Klammern oder Kreuzzeichen einsetzt, mit denen er auf in den Akten befindliche Textpassagen Bezug nimmt und im Übrigen die Ausfertigung des Beschlusses der Serviceeinheit überträgt.[14] Es ist stattdessen Aufgabe des Richters, die Vervollständigungen und den gesamten Beschlussentwurf auf Richtigkeit zu prüfen und letztlich zu unterzeichnen. Geschieht dies nicht, sind die durch den nachgeordneten Dienst vervollständigten Bestandteile des Beschlusses nicht durch die Unterschrift des Richters gedeckt.[15]

Praxistipp

4.35   Diese scheinbar banale Formalie ist insbesondere deshalb von Bedeutung, weil auch nach dem Vollzug der Maßnahme die entsprechenden Mängel der ermittlungsrichterlichen Umschreibung weder im Abhilfeverfahren durch das Amtsgericht noch im Beschwerdeverfahren durch die Kammer geheilt werden können.[16] Damit eröffnet sich häufig eine Chance für den Verteidiger – sogar in scheinbar **aussichtslosen** Fällen. Der Verteidiger sollte also unbedingt **Akteneinsicht** nehmen, um solche handwerklichen Fehler, die in der gerichtlichen Praxis gerade wegen der gebotenen Eile und in Anbetracht der Verfahrensbelastung bei den Ermittlungsrichtern immer mal wieder vorkommen können, aufzudecken.

Materielle Anforderungen

4.36   Die Beschlagnahmeanordnung muss sich zunächst auf **Beweisgegenstände** beziehen. Alle Gegenstände, die eine **potentielle Beweisbedeutung** haben, können sichergestellt werden.[17] Maßgeblich hierfür ist eine ex-ante-Betrachtung. Ausreichend ist bereits, dass der Gegenstand im weiteren Verfahren zu Beweiszwecken verwendet werden kann.[18]

Praxistipp

4.37   Die gerichtliche Praxis ist sehr großzügig bei der Bejahung einer potentiellen Beweisbedeutung. So bedarf es keiner Wahrscheinlichkeit, dass der Gegenstand für das Verfahren von Bedeutung ist. Vielmehr ist es ausreichend, wenn die Erwartung besteht, dass der Gegenstand einen Schluss auf verfahrensrelevante Tatsachen zulässt. Eine Anordnung ist daher unter diesem Gesichtspunkt

---

14)   LG Limburg, Beschl. v. 11.03.2015 – 1 Qs 27/15 – 1 Qs 34/15, StV 2016, 350, 351.
15)   Vgl. LG Siegen, Beschl. v. 25.10.2010 – 10 Qs 104/09, NStZ-RR 2011, 316.
16)   LG Limburg, Beschl. v. 11.03.2015 – 1 Qs 27/15 – 1 Qs 34/15, StV 2016, 350, 351.
17)   BGH, Beschl. v. 24.11.1995 – 3 StB 84/95, NJW 1996, 532.
18)   Vgl. OLG Düsseldorf, Beschl. v. 04.02.1983 – 2 Ws 905/82, StV 1983, 407.

nur dann rechtswidrig, wenn nach verständiger Würdigung eine Beweisbedeutung nicht erkennbar ist.[19] Das bedeutet aber nicht, dass der Verteidiger die Würdigung der Ermittlungsbehörden immer hinzunehmen hat. Eine Bedeutung eines Beweismittels kommt einem Gegenstand auch nur dann zu, wenn die konkrete oder abstrakte und **nicht völlig fernliegende Möglichkeit** besteht, ihn in dem anhängigen Verfahren zu Untersuchungszwecken, insbesondere zur Be- und Entlastung des Beschuldigten zu verwenden. Der Verteidiger ist daher aufgerufen, dies immer wieder zu prüfen und ggf. in Frage zu stellen.

Bei der Beschlagnahme kommt es nicht darauf an, ob sich der Beweisgegenstand beim **Beschuldigten** oder bei einem **Dritten** befindet. Ebenso wenig kommt es auf die Eigentumsverhältnisse am **Beweisgegenstand** an. Maßgeblich ist nur der Umstand, dass es sich um einen Beweisgegenstand handelt. So unterliegt selbst Bargeld der Beschlagnahme, wenn es in einem Steuerstrafverfahren als Beweismittel von Bedeutung sein kann.[20] **4.38**

Für eine Beschlagnahmeanordnung ist im Vergleich zu anderen strafprozessualen Maßnahmen nur **ein geringer Verdachtsgrad** erforderlich. Der bloße **Anfangsverdacht** gem. § 152 Abs. 2 StPO ist ausreichend.[21] Notwendig, aber auch zureichend sind daher konkrete Tatsachen, aus denen sich ergibt, dass eine Tat möglich ist.[22] **4.39**

Hinweis

In der Praxis wird es an einem **Anfangsverdacht** i.d.R. nur dann fehlen, wenn die **Verfahrensvoraussetzungen** nicht gegeben sind, weil z.B. der erforderliche Strafantrag nach § 77 StGB oder die Ermächtigung zur Strafverfolgung nach § 77e StGB fehlt. Auch die Immunität eines Abgeordneten ist ein denkbares Beispiel. Ansonsten lehnt die Rechtsprechung nur in **besonderen Ausnahmefällen** bereits einen Anfangsverdacht ab. So hat z.B. das LG Mainz[23] einen Beschluss aufgehoben, in der die Staatsanwaltschaft einen Verdacht auf ein Betäubungsmitteldelikt damit begründen wollte, dass der Beschuldigte angegeben hatte, vor mehreren Monaten in den Niederlanden – mithin also nicht rechtswidrig – Marihuana konsumiert zu haben, ohne dass Anhaltspunkte für einen Konsum in Deutschland bestanden haben. **4.40**

---

19) Vgl. zu einer solchen Konstellation OLG Düsseldorf, Beschl. v. 02.09.1993 – 3 Ws 466/93, NJW 1993, 3278.
20) LG Münster, Beschl. v. 25.06.2018 – 20 Qs 8/18.
21) BVerfG, Beschl. v. 23.01.2004 – 2 BvR 766/03, NStZ-RR 2004, 143, 144.
22) BVerfG, Beschl. v. 24.05.1977 – 2 BvR 988/75, BVerfGE 44, 353, 371.
23) LG Mainz, Beschl. v. 17.07.2019 – 3 Qs 31/19.

4.41   Schließlich muss die Anordnung auch **verhältnismäßig** sein. Danach kommt eine Beschlagnahme nur in Betracht, wenn es keine **weniger einschneidenden Maßnahmen** gibt, die dasselbe Ziel erreichen.[24] So scheidet eine Beschlagnahme aus, wenn der Betroffene die Unterlagen **freiwillig** herausgibt oder über seinen **Verteidiger** bereits Herausgabebereitschaft angedeutet hat.[25]

> **Praxistipp**
>
> 4.42   Hier ist letztlich das Betätigungsfeld für den engagierten Verteidiger. Angesichts der geringen tatbestandlichen Anforderungen für eine Beschlagnahme besteht die größte Chance darin, die Verhältnismäßigkeit anzugreifen. Unverzichtbar ist insoweit schnelles Agieren, um vermeidbare Nachteile vom Mandanten bereits bei der Entstehung zu verhindern, zumal sich der stigmatisierende Charakter einer Beschlagnahme von selbst verstehen dürfte. Dies kann schon während der Durchsuchung geschehen, wenn der Verteidiger rechtzeitig von dieser Kenntnis erlangt hat. Bereits zu diesem Zeitpunkt, spätestens aber im Vortrag an das Gericht ist darauf zu achten, dass die Kriterien der Verhältnismäßigkeit genau herausgearbeitet werden. Hilfreich ist es auch, bereits zu diesem Zeitpunkt darzulegen, welche weniger einschneidende Maßnahme in Betracht gekommen wäre.

4.43   Vorliegend ist zum einen zu berücksichtigen, dass der Insolvenzverwalter nur Zeuge ist und ohne die Geschäftsunterlagen seine Tätigkeit nicht weiter vollziehen kann. Im Übrigen ist der Insolvenzverwalter aufgrund seiner gerichtlichen Bestellung verpflichtet, mit den Ermittlungsbehörden zu kooperieren. Daher wäre es hier ausreichend gewesen, vom Insolvenzverwalter Einblick in die Geschäftsunterlagen zu verlangen und diese ggf. zu kopieren.[26]

> **Praxistipp**
>
> 4.44   Anderes gilt dann, wenn die Durchsuchung bei dem **Beschuldigten** durchgeführt wird. Hier wird nur in den allerwenigsten Fällen dem Mandanten anzuraten sein, den Beweisgegenstand freiwillig herauszugeben, da sich dadurch der Rechtsschutz zunächst verkürzt (zu den Möglichkeiten, dennoch die Beschlagnahme zu überprüfen, siehe Rdnr. 4.58 f.).

Der Anwalt ist daher vorliegend gehalten, eine Beschwerdeschrift gegen die Beschlagnahmeanordnung zu erstellen.

---

24) BVerfG, Beschl. v. 10.11.2017 – 2 BvR 1775/16, NJW 2018, 1240, 1241.
25) LG Köln, Beschl. v. 22.12.2014 – 111 Qs 274/14, StraFo 2015, 107.
26) LG Neubrandenburg, Beschl. v. 09.11.2009 – 8 Qs 190/09, NJW 2010, 691, 692.

Prozesstaktische Hinweise

Verfahren bei Beschwerde

Wendet sich der Verteidiger gegen eine gerichtliche Anordnung, so muss er eine **Beschwerde** gem. § 304 StPO erheben. Die Beschwerde ist gem. § 306 Abs. 1 StPO bei dem Gericht einzulegen, das die Entscheidung getroffen hat, i.d.R. also beim Ermittlungsrichter am Amtsgericht. Gemäß § 306 Abs. 2 StPO hat der Ermittlungsrichter Gelegenheit, der Beschwerde abzuhelfen, andernfalls legt er sie dem Beschwerdegericht, also dem Landgericht vor.

4.45

Erstellen von Kopien

Kommt eine freiwillige Herausgabe nicht in Betracht, können die Originalunterlagen trotzdem nicht beschlagnahmt werden. Auch dann sind i.d.R. Originalunterlagen nur so lange zu beschlagnahmen, wie sie für die Erstellung **beglaubigter Kopien** benötigt werden.[27] Dies gilt im Einzelfall auch bei der Beschlagnahme von Originalunterlagen des Beschuldigten selbst.[28]

4.46

Hinweis

Besondere Bedeutung hat der Verhältnismäßigkeitsgrundsatz bei der Beschlagnahme von modernen Speichermedien, wie z.B. Festplatten, USB-Sticks, oder auch des Zugangs zu einer Cloud. Hierbei wird immer zu bedenken sein, dass die Auswertung erfahrungsgemäß mehrere Monate dauert. Die Speichermedien dürften mit dem Zeitablauf wertlos sein. Auch dies gilt es zu vermeiden. So kommt z.B. eine Spiegelung der Daten in Betracht, um ggf. auch unverzichtbare Daten für den Fortgang des Geschäftsbetriebs nutzen zu können (vgl. hier Rdnr. 4.78).

4.47

Herausgabeverlangen

Ein milderes Mittel gegenüber der Beschlagnahme ist auch das sogenannte **Herausgabeverlangen** nach § 95 StPO. Diese Herausgabeverpflichtung kann mit einem **Zwangsgeld** nach § 95 Abs. 2 StPO, das vom Gericht anzuordnen ist, durchgesetzt werden.

4.48

---

27) BGH, Beschl. v. 09.01.1989 – StB 49/88, BHR Nr. 1 zu § 94 StPO Verhältnismäßigkeit.
28) OLG München, Beschl. v. 05.12.1977 – 1 Ws 1309/77, NJW 1978, 601.

Hinweis

4.49 Die praktische Bedeutung ist allerdings denkbar gering. Während § 95 Abs. 1 StPO insoweit eine Bedeutung hat, als die Einholung von allgemeine Bankauskünften auf diese Norm gestützt werden kann, wird es nur in Ausnahmefällen zur **Festsetzung eines Zwangsgeldes** kommen, weil die Ermittlungsbehörden durch die gerichtliche Beschlagnahmeanordnung bereits direkt den Zugriff auf die Beweismittel erlangen können. Dementsprechend haben auch eher Kuriositäten Eingang in die Rechtsprechung gefunden. So hat sich ein Gericht mit der Frage beschäftigt, ob die Festsetzung eines Zwangsgeldes zulässig ist, wenn eine Bank erklärt, erst nach einer gerichtlichen Beschlagnahmeanordnung die geforderten Kontounterlagen herauszugeben.[29]

4.50 Bei einer laufenden Beschlagnahme wird häufig die wesentliche Frage für den Verteidiger sein, ob er dem Mandanten zu einer **freiwilligen Herausgabe** des Beweismittels raten soll oder nicht. Der offensichtliche Vorteil einer solchen freiwilligen Herausgabe liegt darin, dass mit der Herausgabe der Durchsuchungszweck erreicht wird und sie damit zu beenden ist. Außerdem zeigt der Betroffene **Kooperationsbereitschaft**, was sich je nach Verteidigungsstrategie positiv auswirken kann. Demgegenüber bestehen auch erhebliche Gefahren einer freiwilligen Herausgabe. Schließlich gibt der Betroffene zunächst einmal eine eigene Rechtsposition auf, insbesondere die Möglichkeit einer **Beschwerde** (zu den Ausnahmen siehe Rdnr. 4.58 f.). Selbstverständlich dürfte es sein, dass Gegenstände, die einem **Beschlagnahmeverbot** unterliegen, nicht freiwillig herausgegeben werden. Zu seinem eigenen Schutz dürfte es gerade in dieser Konstellation für den Verteidiger ratsam sein, sein Vorgehen eng mit dem Mandanten **abzustimmen**. Es ist letztendlich eine Abwägung je nach Beweissituation erforderlich.

Praxistipp

4.51 Die Entscheidung wird auch dadurch erschwert, dass sie häufig unter Zeitdruck während einer laufenden Maßnahme und vielfach ohne ausreichende Informationen über die gesamte Fallkonstellation erfolgen muss. Unabhängig davon, wie die Entscheidung im konkreten Fall ausfällt, sollten jedoch die Ermittlungsbehörden beim **Heraussuchen** der im Beschluss genannten Gegenstände unterstützt werden. Dadurch wird nicht nur die Dauer der Beschlagnahme verhindert, sondern insbesondere die Gefahr, dass die Ermittlungsbehörden bei der Suche nach den im Beschlagnahmebeschluss aufgeführten Gegenständen auf weitere **Zufallsfunde** stoßen. In diesem Bereich ist Kooperation daher geradezu zwingend!

---

29) Vgl. LG Stuttgart, Beschl. v. 19.11.1991 – 14 Qs 61/91, NJW 1992, 2646.

Muster

Beschwerde gegen Beschlagnahmeanordnung gem. § 304 StPO

Amtsgericht ...
(Anschrift)

In der Strafsache
gegen   A.B.
wegen   Bankrotts u.a. Delikte
Az.   ... (Staatsanwaltschaft ...)
        ... (Amtsgericht ...)

zeige ich an, dass ich die Insolvenzverwalterin über das Vermögen des Beschuldigten A.B., Frau Dr. C.D., vertrete.

Gegen den Beschluss des Amtsgerichts ... vom ... lege ich **Beschwerde** ein.

Ich **beantrage**,

      1.   den Beschluss des Amtsgerichts ... vom ... (Az. ...) aufzuheben

      und

      2.   die sichergestellten 777 Leitzordner Unterlagen (Az. ...) an die Insolvenzverwalterin über das Vermögen des Beschuldigten A.B., Frau Dr. C.D., unverzüglich herauszugeben.

Begründung:

Mit dem vorgenannten Beschluss hat das Amtsgericht ... die Beschlagnahme von Originalgeschäftsunterlagen des Beschuldigten angeordnet.

Die Anordnung ist aufzuheben, weil sie jedenfalls unverhältnismäßig ist. Eine Beschlagnahme kommt nur dann in Betracht, wenn es keine weniger einschneidenden Maßnahmen gibt, die dasselbe Ziel erreichen (BVerfG, Beschl. v. 10.11.2017 – 2 BvR 1775/16, NJW 2018, 1240, 1241).

Hier hat das Gericht, das offenbar davon ausgegangen ist, gegen den Beschuldigten eine Beschlagnahme angeordnet zu haben, unberücksichtigt gelassen, dass meine Mandantin als Insolvenzverwalterin nur Zeugin ist. Tatsächlich wurde meine Mandantin bereits mit Beschluss des Amtsgerichts ... – Insolvenzgericht – vom 01.02.2020 (Az. ...) als Insolvenzverwalterin über das Vermögen des Beschuldigten bestellt.

Es ist überdies offensichtlich, dass meine Mandantin ihre Tätigkeit als Insolvenzverwalterin nicht fortsetzen kann, wenn sich über keine Geschäftsunterlagen verfügt. In den beschlagnahmten Leitzordner befinden sich die Unterlagen über sämtliche Vertragsgegenstände und Vertragspartner des Beschuldigten. Die Kenntnis dieser Unterlagen ist daher für die Weiterführung des Mandats als Insolvenzverwalterin zwingend erforderlich.

Im Übrigen ist meine Mandantin selbstverständlich bereit, mit den Ermittlungsbehörden zu kooperieren, und diesen ggf. Einblick in die Unterlagen zu gewähren und die Ablichtung von Kopien zu gestatten. Daher ist die Beschlagnahme sofort aufzuheben (LG Neubrandenburg, Beschl. v. 09.11.2009 – 8 Qs 190/09, NJW 2010, 691, 692) und die Unterlagen unverzüglich an meine Mandantin herauszugeben.

Ich bitte daher zeitnah, mit mir einen Termin zu Übergabe der Unterlagen an meine Mandantin abzustimmen.

Rechtsanwältin/Rechtsanwalt

4.2.2   Bestätigung der Beschlagnahmeanordnung

Kurzüberblick

4.52   – Die Beschlagnahme kann durch die Staatsanwaltschaft und ihre Ermittlungspersonen bei **Gefahr im Verzug** angeordnet werden, wenn sich beim Zuwarten auf eine richterliche Anordnung die Gefahr des Beweismittelverlusts ergibt.[30]

   – Ein Unterlassen der **richterlichen Bestätigung** binnen der Dreitagesfrist nach § 98 Abs. 2 Satz 2 StPO führt nicht zur Unwirksamkeit der Beschlagnahme.[31]

   – Gegen die Beschlagnahme kann der Verletzte nach § 98 Abs. 2 Satz 2 StPO **die richterliche Entscheidung** beantragen, selbst wenn er den Gegenstand ursprünglich freiwillig herausgegeben hat.[32]

Sachverhalt

Dem Mandanten liegt ein Raub zur Last. Da er vermeintlich auf frischer Tat gesehen wurde, hat die Polizei bei ihm ohne richterlichen Beschluss die Wohnung durchsucht und verschiedene Gegenstände mitgenommen, die sie für Diebesgut erachtet. Da der Mandant von der Situation völlig überrascht war, hat er gegen die Mitnahme der Gegenstände mit Ausnahme eines Computers nicht protestiert.

Nach fünf Tagen begibt sich der Mandant nunmehr zum Anwalt. Was ist zu tun?

---

30)   BVerfG, Urt. v. 20.02.2001 – 2 BvR 1444/00, NJW 2001, 1121, 1123.
31)   Vgl. KG, Urt. v. 30.09.1971 – 3 Ss 72/71, VRS 42, 210.
32)   BVerfG, Beschl. v. 25.07.2007 – 2 BvR 2282/06, NJW 2007, 3343.

Lösung

Anders als in der vorangegangenen Mandatssituation ist im vorliegenden Fall keine richterliche Beschlagnahmeanordnung ergangen. Natürlich bestehen auch in diesen Fällen erst recht Rechtschutzmöglichkeiten.

4.53

Beschlagnahme ohne richterliche Anordnung

Eine Beschlagnahme ohne richterliche Anordnung ist nicht per se **rechtswidrig.** Vielmehr haben in besonderen eilbedürftigen Situationen die Staatsanwaltschaft bzw. ihre Ermittlungspersonen gem. § 98 Abs. 1 Satz 1 zweite Alternative StPO die Befugnis, selbst eine Beschlagnahme anzuordnen. Die **Ermittlungspersonen der Staatsanwaltschaft** werden gem. § 152 Abs. 2 Satz 1 GVG durch Rechtsverordnungen der Bundesländer bestimmt. Polizei- und Kriminalpolizeibeamte sind regelmäßig Ermittlungspersonen der Staatsanwaltschaft, vgl. § 161 Abs. 1 Satz 1 StPO. Voraussetzung für eine solche Anordnung durch die Staatsanwaltschaft oder die Polizei ist **Gefahr im Verzug.** Diese ist nach der Rechtsprechung gegeben, wenn sich beim Zuwarten auf eine richterliche Anordnung die Gefahr des Beweismittelverlusts ergibt.[33]

4.54

> ### Praxistipp
>
> Nach der überwiegenden Auffassung in der Literatur besteht ein **Stufenverhältnis** zwischen einer Anordnung durch die Staatsanwaltschaft oder durch die Polizei. Dies bedeutet, dass die Polizei erst von ihrer Eilkompetenz Gebrauch machen kann, wenn weder auf eine gerichtliche noch eine staatsanwaltschaftliche Entscheidung gewartet werden kann.[34] Soweit ersichtlich ist diese Frage in der obergerichtlichen Rechtsprechung bisher nicht diskutiert worden. Da im Rahmen von § 81a StPO vor der gesetzlichen Neuregelung ein solches Stufenverhältnis durch die Rechtsprechung des Bundesverfassungsgerichts anerkannt war,[35] ist auch bei der Beschlagnahme von einem entsprechenden Stufenverhältnis auszugehen.

4.55

Die Eilkompetenz der Staatsanwaltschaft bzw. ihrer Ermittlungspersonen endet allerdings dann, wenn ein **Richter** mit der Entscheidung befasst ist. Bittet der Richter also um weitergehende Erläuterungen oder verlangt gar die Vorlage eines Aktenauszugs, so führt dieses nicht dazu, dazu dass die Eilkompetenz der Staatsanwaltschaft oder der Polizei wiederauflebt. Die Eilkompetenz kann nur wieder **neu begründet** werden, wenn neue tatsächliche Umstände vorliegen, die über die reine gerichtliche Antragsprüfung hinausgehen.[36] Vorliegend ist an der Eilkompetenz nicht zu zweifeln, nachdem der Mandant vermeintlich auf frischer Tat gesehen wurde.

4.56

---

33) BVerfG, Urt. v. 20.02.2001 – 2 BvR 1444/00, NJW 2001, 1121, 1123.
34) Vgl. Meyer-Goßner/Schmitt, § 98 Rdnr. 6; KK-StPO/Greven, § 98 Rdnr. 11.
35) Vgl. BVerfG, Beschl. v. 12.02.2007 – 2 BvR 273/06, NJW 2007, 1345, 1346.
36) BVerfG, Beschl. v. 16.06.2015 – 2 BvR 2718/10, 2 BvR 1849/11, 2 BvR 2808/11, NJW 2015, 2787 zur Eilkompetenz bei der Durchsuchung.

Bestätigung der Beschlagnahme

4.57 Gemäß § 98 Abs. 2 Satz 1 StPO ist jedoch die Beschlagnahme durch die Staatsanwaltschaft oder ihre Ermittlungspersonen binnen **dreier Tage** richterlich zu bestätigen, wobei der Tag der Beschlagnahme gem. § 42 StPO nicht mitzuzählen ist. Erfolgt eine Beschlagnahme also am Montag, ist der Antrag spätestens am Donnerstag zu stellen. Nach dem eindeutigen Wortlaut kommt es mithin nur auf den **Antrag**, nicht aber auf die **gerichtliche Entscheidung** an.[37] Eine solche Bestätigung ist allerdings nur erforderlich, wenn weder der Betroffene noch ein erwachsener Angehöriger bei der Beschlagnahme anwesend war oder eine dieser Personen der Beschlagnahme **widersprochen** hat. Bei einer **freiwilligen Herausgabe** oder der **Duldung** der Beschlagnahme ist keine richterliche Bestätigung erforderlich. Vorliegend hätte also nur wegen des Computers eine richterliche Bestätigung erfolgen müssen.

Hinweis

4.58 Die Pflicht der Ermittlungsbehörden, die Beschlagnahme gerichtlich bestätigen zu lassen, ist allerdings ein verhältnismäßig geringer Schutz für den Betroffenen. Die Wirksamkeit der Beschlagnahme hängt nach der Rechtsprechung[38] nicht von der rechtzeitigen Bestätigung ab, da es sich insoweit um eine reine **Ordnungsvorschrift** handeln soll.

4.59 Wird die Beschlagnahme richterlich bestätigt, liegt eine richterliche Beschlagnahmeanordnung vor. Wie im Fall der anfänglichen Anordnung ist der Anwalt daher gehalten, gegen die Entscheidung mit der **Beschwerde** gem. §§ 304 ff. StPO vorzugehen.

4.60 Erfolgt jedoch keine gerichtliche Entscheidung, so hat der Betroffene ein besonderes Rechtsmittel. Er kann gem. § 98 Abs. 2 Satz 2 StPO die **gerichtliche Entscheidung** beantragen. Dies gilt unabhängig davon, ob die Ermittlungsbehörden die Bestätigung der Beschlagnahmeordnung unterlassen haben oder aber eine gerichtliche Entscheidung aufgrund freiwilliger Herausgabe zunächst entbehrlich war. Insbesondere führt eine freiwillige Herausgabe nicht zum Verlust des Rechtsschutzes.[39]

---

37) KG, Urt. v. 30.09.1971 – 3 Ss 72/71, VRS 42, 210.
38) KG, Urt. v. 30.09.1971 – 3 Ss 72/71, VRS 42, 210.
39) BVerfG, Beschl. v. 25.07.2007 – 2 BvR 2282/06, NJW 2007, 3343.

Praxistipp

Auch bei einer freiwilligen Herausgabe ist es also nicht zu spät für eine enga- 4.61
gierte Verteidigung! Im Ergebnis bedeutet dies, dass auch Wochen nach der Beschlagnahme ein Antrag auf gerichtliche Entscheidung gestellt werden kann,
um die Entscheidung zu überprüfen. Nicht selten ergeben sich unverhofft Fehler, die erst bei gerichtlicher Prüfung zu Tage treten. Außerdem kann sich der
Zeitgewinn positiv bemerkbar machen. Dieses Mittel sollte daher immer in Betracht gezogen werden.

Der Anwalt sollte daher einen Antrag auf gerichtliche Entscheidung erwägen, um
die Herausgabe der Gegenstände zu erwirken.

Prozesstaktische Hinweise

Fehlerhafte Anordnung

Gerade die Frage, ob Gefahr im Verzug vorgelegen hat oder nicht, ist häufig 4.62
Gegenstand des späteren gerichtlichen Verfahrens. Jedoch führt nicht jede rechtswidrige Annahme von Gefahr im Verzug durch die Ermittlungspersonen dazu,
dass die Beschlagnahme unwirksam ist. Erst dann, wenn Gefahr im Verzug
willkürlich angenommen worden ist oder der Verstoß bewusst erfolgte, ist die
Beschlagnahme unwirksam.[40]

Praxistipp

Diese Rechtsprechung stellt eine relativ hohe Hürde dar. Willkürliches bzw. be- 4.63
wusstes Verhalten ist z.B. in folgenden Konstellationen angenommen worden:
- planmäßige Ausschalten des Gerichts, z.B. durch absichtlich verspätete Information;[41]
- grobe Verkennung der Tatsachen- und Rechtslage, z.B. die Ansicht, es gebe
  keinen richterlichen Bereitschaftsdienst;[42]
- Beschlagnahme in der Wohnung des Beschuldigten, obwohl sich dieser auf
  der Polizeiwache befand und keine Anhaltspunkte für andere Personen vorlagen, die Zutritt zur Wohnung hatten;[43]
- bewusstes Hinwegsetzen über die Pflicht, einen Dritten zur freiwilligen Herausgabe der Beweisgegenstände aufzufordern.[44]

---

40) BGH, Urt. v. 06.10.2016 – 2 StR 46/15, NJW 2017, 1332, 1335.
41) BGH, Urt. v. 18.04.2007 – 5 StR 546/06, BGHSt 51, 285, 293.
42) LG Osnabrück, Urt. v. 26.11.1990 – 13 Js 13349/90 KLs, StV 1991, 142.
43) OLG Hamm, Beschl. v. 19.10.2006 – 3 Ss 363/06, NStZ 2007, 355.
44) LG Regensburg, Beschl. v. 29.11.2016 – 5 Qs 116/16.

> Steht eine solche Verletzung des Richtervorbehalts im Raum, sind die gerichtliche Hauptverhandlung und die Revisionsinstanz das wesentliche Spielfeld für den Verteidiger.[45]

Zuständigkeit für den Antrag

4.64 Für den Antrag auf gerichtliche Entscheidung ist gem. §§ 162, 169 StPO bis zur Erhebung der Anklage durch die Erhebung der Staatsanwaltschaft der **Ermittlungsrichter** zuständig, danach das mit der Sache befasste Gericht.

Hinweis

4.65 Eine Sonderregelung besteht, wenn die Staatsanwaltschaft oder die Ermittlungspersonen **nach Erhebung der Anklage** Gegenstände beschlagnahmen. Gemäß § 98 Abs. 3 StPO muss nunmehr dem zuständigen Gericht innerhalb von drei Tagen die Beschlagnahme angezeigt werden. Die beschlagnahmten Gegenstände sind dem Gericht zur Verfügung zu stellen.

Muster

Antrag auf gerichtliche Entscheidung über eine Beschlagnahme ohne richterliche Anordnung

---

Amtsgericht ...
– Ermittlungsrichter –
(Anschrift)

In der Strafsache
gegen   A.B.
wegen   Raubs
Az.   ... (Staatsanwaltschaft ...)
          ... (Amtsgericht ...)

bestelle ich mich hiermit zum Verteidiger des Beschuldigten. Eine auf mich lautende Vollmacht habe ich als Anlage beigefügt.

Am ... wurde bei meinem Mandanten ein Handy, IPhone 11, IMEI ... sichergestellt. Das Mobiltelefon hat mein Mandant zunächst freiwillig herausgegen.

---

45) Vgl. zu den Beweiserhebungs- und Beweisverwertungsverboten umfassend Bettinger, in: Rinklin, Hauptverhandlung, Kapitel 17, S. 859 ff.

Hiermit **widerrufe ich das Einverständnis** meines Mandanten in die Zustimmung der Herausgabe.

Gleichzeitig stelle ich den

Antrag auf gerichtliche Entscheidung

gem. § 98 Abs. 2 Satz 2 StPO.

Ich **beantrage**,

1. die Durchsuchungs- und Beschlagnahmeanordnung von Polizeioberkommissar S vom ... aufzuheben

und

2. das Handy, IPhone 11, IMEI ... an meinen Mandanten unverzüglich herauszugeben.

Begründung:

Meinem Mandanten wird offenbar ein Raub zur Last gelegt. Er soll am ... auf der ... in ... einem Passanten mit Gewalt ein Telefon entwendet haben.

Aus mit nicht näher bekannten Gründen erschien am selben Tag Herr Polizeikommissar S an der Wohnungstür meines Mandanten und eröffnete ihm, dass er im Verdacht stehe, einen Raub begangen zu haben. Nähere Angaben machte Herr Polizeikommissar S nicht, allenfalls gab er zu verstehen, dass ein Zeuge den vermeintlichen Raub beobachtet hätte.

Herr Polizeikommissar S äußerte nun, dass er die Wohnung nach dem Diebesgut, einem IPhone XI, durchsuchen wolle. Mein Mandant, der bisher keinerlei Erfahrungen mit Polizeibehörden und erst recht nicht mit Durchsuchungsmaßnahmen hatte, war durch diese Ankündigung völlig perplex und überrascht und ließ Herrn Polizeikommissar S in seine Wohnung.

Auf dem Küchentisch befand sich offenliegend tatsächlich ein IPhone. Obwohl dieses IPhone im Eigentum meines Mandanten steht, war dieser von dem völlig überraschenden Polizeieinsatz so erschüttert, dass er die Mitnahme des Mobiltelefons gestattete, zumal er nicht mehr erinnern konnte, wo sich der Kaufbeleg befand.

Die mündliche Anordnung zur Beschlagnahme des Mobiltelefons ist aufzuheben. Es besteht schon kein Tatverdacht gegen meinen Mandanten. Mein Mandant war den gesamten Tag über nicht auf der ... in ... Er kehrte vielmehr direkt von seiner Arbeitsstelle in seine Wohnung zurück. Ganz offensichtlich ist mein Mandant auch durch niemanden identifiziert worden. Schließlich kann die Freundin meines Mandanten, Frau C.D., (Anschrift), bestätigen, dass mein Mandant bereits seit etwa einem halben Jahr im Besitz eines IPhones ist.

Der Umstand, dass mein Mandant aus lauter Irritation das Mobiltelefon zunächst freiwillig herausgegeben hat, führt nicht zum Verlust seines Rechtsschutzes (BVerfG, Beschl. v. 25.07.2007 – 2 BvR 2282/06, NJW 2007, 3343).

Ich bitte daher, zeitnah mit mir einen Termin zur Übergabe des Mobiltelefons an meinen Mandanten abzustimmen.

Rechtsanwältin/Rechtsanwalt

4.2.3   Beschlagnahme von E-Mails und elektronischen Dokumenten

Kurzüberblick

4.66   – Beschlagnahmefähig sind alle **Speichermedien**, die Daten enthalten, da § 94 StPO alle Gegenstände erfasst, die als Beweisgegenstand in Betracht kommen.[46]

       – In diesen Fällen ist zunächst eine **Durchsicht** nach § 110 StPO vorzunehmen, ob sich beweiserhebliche Daten auf den Speichermedien befinden. Zu diesem Zweck dürfen die Speichermedien **mitgenommen** werden.[47]

       – Die Durchsicht muss in **angemessener Zeit** beendet sein.[48]

Sachverhalt

Dem Mandanten wird ein sexueller Missbrauch zur Last gelegt. Aufgrund eines Durchsuchungsbeschlusses wird auch sein Handy mitgenommen, weil die Ermittlungsbehörden hierauf Nachrichten an das Opfer oder Aufzeichnungen des Geschehens vermuten. Der Mandant widerspricht der Mitnahme des Handys. Auch nach mehreren Monaten wird das Gerät nicht zurückgegeben.

Was ist zu tun?

Lösung

Technische Entwicklung

4.67   Neben der Beschlagnahme von allgemeinen Beweisgegenständen treten immer häufiger die Beschlagnahmen von Speichermedien in den Vordergrund, die elektronisch gesicherte Daten enthalten. Neben den allgemeinen Problemen der Beschlagnahme stellt sich hier insbesondere die Frage nach der Verhältnismäßigkeit der Beschlagnahmeanordnung, weil einer Vielzahl von Fällen beim Auffinden der Speichermedien überhaupt nicht feststeht, ob und welchem Umfang sich auf den Speichermedien überhaupt verfahrensbezogene Daten finden.

---

46) BVerfG, Beschl. v. 12.04.2005 – 2 Bv 1027/02, NJW 2005, 1917, 1920.
47) BGH, Beschl. v. 05.08.2003 – 2 BJs 11/03-5 – StB 7/03, NStZ 2003, 670, 671.
48) BVerfG, Beschl. v. 30.01.2002 – 2 BvR 2248/00, NJW 2002, 1410.

An der Beschlagnahmefähigkeit der **Speichermedien** bestehen keine Bedenken. Auch Speichermedien sind körperliche Gegenstände. Da § 94 StPO alle Gegenstände erfasst, die als **Beweisgegenstand** in Betracht kommen, sind alle **Speichermedien** beschlagnahmefähig, die Daten enthalten.[49] Daher können auch **E-Mails** beschlagnahmt werden, die auf dem Mailserver eines Providers gespeichert sind.[50]

4.68

Praxistipp

Allerdings ist zu beachten, dass die Beschlagnahme nur **offene Ermittlungsmaßnahmen** ermöglicht. Dies bedeutet, dass die Ermittlungsbehörden verpflichtet sind, bei Beginn der Beschlagnahme diese gem. §§ 33 Abs. 1, 35 Abs. 2 StPO **bekanntzugeben**.[51] Soll auf E-Mails verdeckt zugegriffen werden, bleiben hingegen nur die Wege der **Quellen-Telekommunikationsüberwachung (TKÜ)** gem. § 100a Abs. 1 Satz 2 StPO oder der **Onlinedurchsuchung** nach § 100b Abs. 1 StPO.

4.69

Beweiseignung

Grundsätzlich können nach § 94 StPO jedoch nur Gegenstände beschlagnahmt werden, die als Beweismittel in Betracht kommen. Bei der Sicherung eines Speichermediums wird jedoch häufig beim Auffinden des Gegenstandes **nicht bekannt** sein, ob sich beweiserhebliche Daten auf dem Medium befinden. Dazu ist nicht einmal erforderlich, dass das Speichermedium **verschlüsselt** ist, vielmehr wird häufig allein die Menge der vorhandenen Daten eine Einschätzung vor Ort unmöglich machen.

4.70

Durchsicht

Werden umfangreiche Papiere aufgefunden, ist in diesen Fällen eine **Durchsicht** nach § 110 Abs. 1 StPO vorzunehmen, um zu prüfen, ob sich beweiserhebliche Daten auf den Speichermedien befinden. Diese Vorschrift, die ausdrücklich nur **Papiere** erfasst, gilt auch für elektronische Speichermedien.[52] Zu diesem Zweck dürfen die Speichermedien **mitgenommen** werden, wenn eine Durchsicht vor Ort – wie in aller Regel – nicht möglich ist.[53]

4.71

---

49) BVerfG, Beschl. v. 12.04.2005 – 2 BvR 1027/02, NJW 2005, 1917, 1920.
50) BGH, Beschl. v. 24.11.2009 – StB 48/09, NJW 2010, 1297, 1298.
51) BGH, Beschl. v. 04.08.2015, NStZ 2015, 704, 705.
52) BGH, Beschl. v. 03.08.1995 – StB 33/95, NJW 1995, 3397.
53) BGH, Beschl. v. 05.08.2003, 2 BJs 11/03-5, StB 7/03, NStZ 2003, 670. 671.

Hinweis

4.72   Die Durchsicht ist also noch keine **formelle Beschlagnahme oder Sicherstellung,** sondern ein eigenes Mittel, Beweisgegenstände dahingehend zu prüfen, ob eine Beschlagnahme erforderlich ist oder eine Rückgabe erfolgen muss.[54] Vor der Auswertung ist mithin für eine Beschlagnahmeanordnung kein Raum.[55] Gleichwohl sind offensichtlich irrelevante Speichermedien oder solche, die ersichtlich nach § 97 StPO beschlagnahmefrei sind, herauszugeben.

4.73   Zwar obliegt die Durchsicht gem. § 110 Abs. 1 StPO der Staatsanwaltschaft und ihren Ermittlungsbeamten, diese dürfen aber **EDV-Spezialisten** hinzuzuziehen.[56] Nach denselben Grundsätzen dürfen auch sonstige sachkundige Personen, wie z.B. **Dolmetscher** oder ggf. **Sachverständige** an der Durchsicht beteiligt werden. Im vorliegenden Fall bestehen deshalb keine Bedenken dagegen, dass das Handy zum Zweck der Überprüfung, ob sich Beweismittel auf ihm befinden, mitgenommen werden darf.

Interessant ist die Einschaltung privater Sachverständiger auch bei der Frage, ob dem Mandanten die **Kosten des externen Dritten** auferlegt werden können, sollte er am Ende eines Strafverfahrens verurteilt werden. Hierbei wird es darauf ankommen, inwieweit der externe Dritte als Sachverständiger oder aber als bloßer **Erfüllungsgehilfe** der Polizei eingesetzt worden ist.[57] Die – allerdings sehr einzelfallbezogene Rechtsprechung – sieht eine Sachverständigentätigkeit dann als gegeben an, wenn die Datenauswertung unter Einsatz spezieller forensischer Software und unter Anwendung besonderer Fachkenntnisse auf dem Gebiet der IT-Forensik ausgewertet und bewertet hat.[58] In diesen Fällen hätte der Mandant die Kosten zu tragen. Anders liegt der Fall hingegen, wenn der Beauftragte der ermittelnden Polizeibehörde lediglich technische Unterstützung bei der Wiederherstellung von vermutlich gelöschten Computerdateien leisten soll[59] oder es sich um die bloße Vornahme einer organisatorischen oder technischen Dienstleistung wie die Sichtbarmachung oder Vorsortierung von Datenmaterial handelt.

---

54) OLG Frankfurt, Beschl. v. 23.10.1997 – 3 VAs 4/96, NStZ-RR 1997, 74.
55) LG Dessau-Roßlau, Beschl. v. 03.01.2017 – 2 Qs 236/16, StraFo 2017, 108.
56) OLG Schleswig, Beschl. v. 10.10.2017 – 2 Ws 441/16 (165/16), NStZ-RR 2017, 127.
57) KG, Beschl. v. 23.12.2008 – 1 Ws 1/07, NStZ-RR 2009, 190, 191; OLG Koblenz, Beschl. v. 21.01.2010 – 2 Ws 21/10, NStZ-RR 2010, 359.
58) OLG Saarbrücken, Beschl. v. 20.09.2018 – 1 Ws 104/18, JurBüro 2018, 598.
59) Vgl. zu einer ähnlichen Konstellation bei der Unterbrechung der Verjährung nach § 78c Abs. 1 Nr. 3 StPO, BGH, Beschl. v. 02.03.2011 – 2 StR 275/10, StraFo 2011, 147.

Praxistipp

Eine Kostenlast des Mandanten kann mit guter Begründung auch dann abgewendet werden, wenn für diese rein vorbereitende Tätigkeit umfangreiches Expertenwissen oder der Einsatz einer spezifischen Software erforderlich ist, solange diese auf dem Markt erhältlich ist.[60]

Die Entscheidung zeigt einmal mehr, dass es sich in jedem Verfahrensabschnitt lohnt, für die Interessen des Mandanten zu streiten, gerade auch wenn es um die Kosten geht.

Die Durchsicht unterliegt jedoch zeitlichen Grenzen. Je länger die Überprüfung dauert, desto eher bestehen Bedenken an der **Verhältnismäßigkeit** der Durchsicht. Deshalb muss diese in **angemessener Zeit** beendet sein.[61] Bei der entsprechenden Abwägung sind insbesondere die Menge des Materials und die Schwierigkeit der Auswertung zu berücksichtigen.[62]   4.74

Hinweis

In besonders gelagerten Fällen hat die Rechtsprechung bei umfangreichen Beweismitteln und Auslandsbezug sogar Untersuchungszeiten von 15 Monaten für noch angemessen erachtet.[63]   4.75

Vorliegend ist nicht ersichtlich, wieso die Auswertung eines einfachen Handys mehrere Monate dauert. Der Anwalt sollte daher einen Antrag auf gerichtliche Entscheidung stellen.

Prozesstaktische Hinweise

Rechtsbehelf

Bei der Durchsicht handelt es sich um eine **vorbereitende Maßnahme** der Ermittlungsbehörden. Da eine Beschlagnahmeanordnung noch nicht ergangen ist, ist der zutreffende Rechtsbehelf daher der **Antrag auf gerichtliche Entscheidung** nach § 98 Abs. 2 Satz 2 StPO analog.[64] Die Antragsvoraussetzungen gelten entsprechend (siehe bereits Rdnr. 4.52).   4.76

---

60) OLG Schleswig-Holstein, Beschl. v. 10.01.2017 – 2 Ws 441/16 (165/16), NStZ-RR 2017, 127.
61) BVerfG, Beschl. v. 30.01.2002 – 2 BvR 2248/00, NJW 2002, 1410.
62) BGH, Beschl. v. 05.08.2003 – 2 BJs 11/03 – StB 7/03, NStZ-RR 2003, 670, 671.
63) LG Frankfurt/Main, Beschl. v. 04.09.1996 – 5/29 Qs 16/96, NStZ 1997, 564, 565.
64) BVerfG, Beschl. v. 28.04.2003 – 2 BvR 358/03, NJW 2003, 2669, 2671.

Praxistipp

4.77 Dasselbe gilt für die Durchsicht von Papieren. Im Zuge der technischen Entwicklung hat die vorläufige Sicherstellung von Papierunterlagen jedoch erheblich an Bedeutung verloren und ist gegenüber der vorläufigen Sicherstellung von Datenträgern fast völlig in den Hintergrund getreten.

Durchsicht von Arbeitsmaterialien

4.78 Besonders problematisch ist es wegen der enormen Einschränkung der Arbeitsfähigkeit des Betroffenen, wenn ein **Großteil seiner technischen Geräte** mitsamt der firmenbezogenen Computerausstattung der Durchsicht unterzogen werden soll. In diesem Fällen wird in aller Regel darauf hinzuwirken sein, dass die Ermittlungsbehörden die fraglichen Datenbestände **spiegeln**, also kopieren und sichern, damit die Betroffenen nicht dauerhaft von einem Zugriff auf ihre Arbeitsmaterialien ausgeschlossen werden.

Praxistipp

4.79 Ist eine Herausgabe der Materialien nicht zu erwarten, kann es angesichts der großzügigen Zeiten, die die Rechtsprechung für eine Durchsicht zubilligt, aus anwaltlicher Sicht sogar geboten sein, auf eine Spiegelung der Daten hinzuwirken, um dadurch wenigstens sicherzustellen, dass der Mandant wichtige Arbeitsmittel weiterhin nutzen kann.

Durchsicht der Cloud

4.80 Sonderprobleme stellen sich bei der vorläufigen Sicherung einer **Cloud**. Befinden sich die Server, auf denen die Daten gespeichert sind, im **Inland**, gelten die Vorschriften für die Durchsicht gem. § 110 Abs. 3 Satz 1 StPO, soweit von dem betroffenen Gegenstand der **Zugriff** auf die Cloud, z.B. durch ein Passwort, möglich ist. Liegt der Speicherort im Ausland, dürfen nach Art. 32 Buchst. a) des Übereinkommens des Europarats über Computerkriminalität (**Cybercrime-Konvention**) nur **frei zugängliche Daten** gesichert werden. Sind sie durch ein Passwort geschützt, kann der Betroffene nach Art. 32 Buchst. b) der Cybercrime-Konvention sie freiwillig herausgeben. Tut er dies nicht, bleibt den Ermittlungsbehörden nur der – langwierige – Weg über die **Rechtshilfe**.

Praxistipp

Noch komplexer wird die Situation durch den Umstand, dass bei den modernen Cloud-Diensten schlicht nicht feststellbar ist, wo sich die Daten befinden, weil die entsprechenden Cloud-Dienstleister überall auf der Welt Server haben. Daher geht die überwiegende Meinung derzeit davon aus, dass für die Anwendung des § 110 Abs. 3 Satz 1 StPO ausreichend ist, wenn der Zugriff von Deutschland aus erfolgt.[65] Diese Auffassung ist zumindest pragmatisch, weil ein Rechtshilfeersuchen schon deshalb sinnlos ist, weil nicht feststeht, an welches Land es zu richten ist. Hier bleibt allerdings die weitere Entwicklung abzuwarten.

4.81

Muster

Herausgabeantrag an die Staatsanwaltschaft wegen zu langer Durchsicht

Amtsgericht ...
– Ermittlungsrichter –
(Anschrift)

Strafsache
gegen   A.B.
wegen   sexuellen Missbrauchs
Az.   ... (Staatsanwaltschaft ...)
    ... (Amtsgericht ...)

In o.g. Ermittlungsverfahren wurde am ... das Mobiltelefon meines Mandanten, ein IPhone 11, IMEI ... sichergestellt. Ich muss feststellen, dass bislang das Mobiltelefon nicht an meinen Mandanten zurückgegeben worden ist.

Ich stelle daher den

Antrag auf gerichtliche Entscheidung

gem. § 98 Abs. 2 Satz 2 StPO und

beantrage,

das Handy, IPhone 11, IMEI ... an meinen Mandanten unverzüglich herauszugeben.

Begründung:

Auf Grundlage des Durchsuchungs- und Beschlagnahmebeschlusses des Amtsgerichts ... vom ... (Az. ...) fand bei meinem Mandanten am ... eine Wohnungsdurchsuchung statt.

---

65) Siehe nur Meyer-Goßner/Köhler, § 110 Rdnr. 7c.

Im Rahmen dieser Durchsuchung haben die Polizeibeamten auch das oben bezeichnete Handy aufgenommen und mitgenommen, um zu untersuchen, ob sich darauf Beweismittel befinden. Mein Mandant hat der Mitnahme widersprochen.

Die Mitnahme des Mobiltelefons ist nicht von der Beschlagnahmeanordnung nach § 98 Abs. 1 StPO gedeckt, weil das Telefon kein Beweisgegenstand ist. Allenfalls mag die Mitnahme erfolgt sein, um zu prüfen, ob sich auf dem Telefon Beweismittel befinden (vgl. LG Dessau-Roßlau, Beschl. v. 03.01.2017 – 2 Qs 236/16, StraFo 2017, 108).

Selbst wenn die Mitnahme des Mobiltelefons als Maßnahme der Durchsicht nach § 110 Abs. 1 StPO zunächst zulässig gewesen sein sollte, ist diese jedenfalls inzwischen rechtswidrig geworden. Die Durchsicht muss in angemessener Zeit beendet sein (BVerfG, Beschl. v. 30.01.2002 – 2 BvR 2248/00, NJW 2002, 1410). Bei der entsprechenden Abwägung ist insbesondere die Menge des Materials und die Schwierigkeit der Auswertung zu berücksichtigen (BGH, Beschl. v. 05.08.2003 – 2 BJs 11/03 – StB 7/03, NStZ-RR 2003, 670, 671). Hier geht es nur um wenige Aufzeichnungen, die sich nach der Vermutung der Ermittlungsbehörden auf dem Handy befinden sollen. Gleichwohl dauert die Auswertung aus mir nicht bekannten Gründen bereits mehr als sieben Monate an.

Diese überlange Dauer der Auswertung belastet meinen Mandanten übermäßig, zumal er auf wichtige auf seinem Mobiltelefon gespeicherte Daten keinen Zugriff mehr hat.

Das Mobiltelefon ist daher umgehend an meinen Mandanten herauszugeben.

Rechtsanwältin/Rechtsanwalt

4.2.4 Beschlagnahme bei Zeugnisverweigerung

Kurzüberblick

4.82
- Die in § 97 StPO benannten **Beschlagnahmeverbote** dienen der Verhinderung einer Umgehung der Zeugnisverweigerungsrechte.[66]

- Der Zeugnisverweigerungsberechtigte muss wenigstens **Mitgewahrsam** an der Sache haben.[67]

- Das Beschlagnahmeverbot greift nicht, wenn der Betroffene nach ordnungsgemäßer Belehrung den Gegenstand **freiwillig herausgibt**.[68]

---

66) BGH, Urt. v. 03.12.1991 – 1 StR 120/90, NJW 1992, 763, 764.
67) BGH, Beschl. v. 04.08.1964 – 3 StB 12/63, BGHSt 19, 374.
68) BGH, Urt. v. 23.01.1962 – 2 StR 534/62, BGHSt 18, 227, 230.

Sachverhalt

Dem Mandanten liegt ein Betrug zur Last. Die Ermittlungsbehörden vermuten Unterlagen bei seiner geschiedenen Ehefrau. Tatsächlich hat der Mandant seiner geschiedenen Ehefrau mehrere Schriftstücke zukommen lassen, in denen er Umstände darstellt, aus denen auf seinen Tatplan geschlossen werden kann. Mit richterlicher Durchsuchungsanordnung werden diese beschlagnahmt. Die geschiedene Ehefrau des Mandanten hat die Unterlagen zunächst freiwillig herausgegeben, sich aber unmittelbar nach der Durchsuchung an den Mandanten gewandt, der nunmehr direkt zum Anwalt geeilt ist.

Was ist zu tun?

Lösung

Beschlagnahmeverbote

Wäre eine Beschlagnahme ohne jegliche Einschränkungen möglich, könnten hierdurch strafprozessuale Schutzregelungen einfach **umgangen** werden. Insbesondere Zeugnisverweigerungsrechte könnten dadurch ausgehebelt werden. Vor diesem Hintergrund dienen die in § 97 StPO benannten **Beschlagnahmeverbote** der Verhinderung einer Umgehung der Zeugnisverweigerungsrechte.[69] Sie sind daher bereits bei der **Beschlagnahmeanordnung** zu beachten, sofern sie zu diesem Zeitpunkt bereits bekannt sind.

4.83

> **Hinweis**
>
> Im Einzelnen bestehen folgende Beschlagnahmeverbote:
>
> - schriftliche Mitteilungen zwischen dem Beschuldigten und den Zeugnisverweigerungsberechtigten (§ 97 Abs. 1 Nr. 1 StPO),
> - Aufzeichnungen von Berufsgeheimnisträgern nach § 53 Abs. 1 Satz 1 Nr. 1–3b StPO über vom Beschuldigten anvertraute Mitteilungen (§ 97 Abs. 1 Nr. 2 StPO),
> - andere Gegenstände, auf die sich das Zeugnisverweigerungsrecht der Berufsgeheimnisträger nach § 53 Abs. 1 Satz 1 Nr. 1–3b StPO erstreckt (§ 97 Abs. 1 Nr. 3 StPO).

4.84

Gewahrsam des Zeugen

Ausweislich des eindeutigen Wortlauts des § 97 Abs. 2 Nr. 1 StPO gilt das Beschlagnahmeverbot – mit Ausnahme der elektronischen Gesundheitskarte – allerdings nur, wenn sich der Gegenstand im Gewahrsam des Zeugen befindet. Ausreichend ist allerdings, wenn der Zeugnisverweigerungsberechtigte wenigstens **Mitgewahrsam** an der Sache hat.[70]

4.85

---

69) BGH, Urt. v. 03.12.1991 – 1 StR 120/90, NJW 1992, 763, 764.
70) BGH, Beschl. v. 04.08.1964 – 3 StB 12/63, BGHSt 19, 374.

Hinweis

4.86 Die Beschlagnahmefreiheit gilt allerdings nicht, wenn der **Beschuldigte selbst** der Inhaber des Mitgewahrsams ist.[71] Kann bei einem Beschuldigten selbst rechtsfehlerfrei beschlagnahmt werden, führt allein der Mitgewahrsam eines Zeugnisverweigerungsberechtigten also zu keinem Beschlagnahmeverbot. Ansonsten würde die Möglichkeit einer Beschlagnahme in vielen Fällen praktisch gegenstandslos werden. Andererseits sind Verteidigungsunterlagen gem. § 148 StPO auch dann beschlagnahmefrei, wenn sie sich im Besitz des Beschuldigten befinden (siehe ausführlich Rdnr. 4.96).

4.87 Da das Beschlagnahmeverbot die Ausübung des Zeugnisverweigerungsrechts schützt, greift es nicht ein, wenn der Zeugnisverweigerungsberechtigte von seinem Verweigerungsrecht keinen Gebrauch macht. Das Beschlagnahmeverbot greift deshalb nicht, wenn der Betroffene nach ordnungsgemäßer Belehrung entsprechend § 52 Abs. 3 StPO den Gegenstand **freiwillig herausgibt**.[72] Schließlich kann in diesen Fällen auch eine Aussage des Zeugen verwertet werden. So liegt der Fall zunächst, nachdem die Ehefrau zunächst die Unterlagen herausgegeben hat.

4.88 Der Zeugnisverweigerungsberechtigte kann gem. § 52 Abs. 3 Satz 2 StPO jederzeit seinen Verzicht auf das Zeugnisverweigerungsrecht **widerrufen**. Aufgrund des Gleichlaufs zwischen dem Zeugnisverweigerungsrecht und Beschlagnahmeverbot kann daher auch jederzeit das Einverständnis in die Beschlagnahme **widerrufen** werden. Der Gegenstand ist dann sofort zurückzugeben.

Praxistipp

4.89 Nach einer Entscheidung des Bundesgerichtshofes[73] soll allein in der Ausübung des Zeugnisverweigerungsrechts noch kein Widerruf in die Einwilligung zur Beschlagnahme liegen. Daher sollte auch der Widerruf dieser Einwilligung ausdrücklich erklärt werden.

Der Anwalt sollte daher sofort einen entsprechenden Antrag auf Herausgabe bei der Staatsanwaltschaft stellen.

Prozesstaktische Hinweise

Schnelles Handeln

4.90 Soll der Widerruf einer freiwilligen Beschlagnahme erklärt werden, ist im Zweifel **schnelles anwaltliches Handeln** erforderlich. Zwar führt der Widerruf des Einverständnisses in die Beschlagnahme dazu, dass der Gegenstand zurückzugeben ist. Bis zum Widerruf war die Beschlagnahme jedoch rechtmäßig, so dass über die

---

71) LG Stuttgart, Beschl. v. 26.03.2018 – 6 Qs 1/18, wistra 2018, 402, 404.
72) BGH, Urt. v. 23.01.1962 – 2 StR 534/62, BGHSt 18, 227, 230.
73) BGH, Beschl. v. 16.12.1997 – 1 StR 740/97, n.v., zitiert bei KK-StPO/Greven, § 97 Rdnr. 3.

Ergebnisse einer **bereits vollzogenen Auswertung** nach überwiegender Auffassung[74] Beweis erhoben werden darf, indem z.B. der auswertende Beamte vernommen werden darf. Diese Auffassung ist unserer Ansicht nach zwar nicht völlig überzeugend, zumal Schriftstücke, die ein Zeuge während seiner Vernehmung übergeben hat, nach seinem Widerruf des Verzichts auf das Zeugnisverweigerungsrecht nach § 252 StPO nicht verwertet werden dürfen.[75] Trotzdem sollte schon aus anwaltlicher Vorsicht der Widerruf ausdrücklich erklärt werden.

Praxistipp

Die rechtliche Auseinandersetzung darüber, ob die Geltendmachung eines Zeugnisverweigerungsrechts gleichzeitig als Ausübung des Widerrufs anzusehen ist, sollte daher nur dann geführt werden, wenn – aus welchen Gründen auch immer – die ausdrückliche Erklärung des Widerrufs unterblieben ist. Ob diese Auseinandersetzung dann auch erfolgreich sein wird, ist zwar fraglich. Sand ins Getriebe streut eine fundierte Beschwerde allerdings allemal.

4.91

Verwertung trotz Beschlagnahmeverbot

Werden Beweisgegenstände trotz eines Beschlagnahmeverbots ausgewertet, besteht für den Fall der Umgehung des Zeugnisverweigerungsrechts eines Angehörigen ein **absolutes Beweisverwertungsverbot**.[76] Die Umgehung des Zeugnisverweigerungsrechts eines Berufsgeheimnisträgers richtet sich hingegen nach § 160a Abs. 1 Satz 2 StPO (absolutes Verwertungsverbot bei Geistlichen, Verteidigern und Rechtsanwälten) bzw. § 160a Abs. 2 Satz 3 StPO (relatives Verwertungsverbot der übrigen Berufsgeheimnisträger).

4.92

Beschlagnahmefreiheit bei Presse und Abgeordneten

Spezifische Besonderheiten bestehen beim sogenannten **Informantenschutz**, der in § 97 Abs. 5 StPO besonders ausgeformt ist. Durch die Norm wird zum einen die **Vertrauenssphäre zwischen Medien und Informanten,** zum anderen aber auch die **Vertraulichkeit der Redaktionsarbeit** geschützt.[77] Sowohl die Beschlagnahmefreiheit bei der Presse als auch das Beschlagnahmeverbot bei **Mandatsträgern** nach § 94 Abs. 4 StPO dürfte in der anwaltlichen Praxis eher einen Ausnahmefall darstellen. Sollte ein entsprechender Fall einmal auftreten, kann der Anwalt sich am anliegenden Herausgabeantrag orientieren und ihn an die besondere Fallgestaltung anpassen.

4.93

---

74) Vgl. nur Meyer-Goßner/Köhler, § 97 Rdnr. 7.
75) Siehe BGH, Beschl. v. 30.07.1968 – 2 StR 136/68, BGHSt 22, 219.
76) BGH, Urt. v. 23.01.1963 – 2 StR 534/62, BGHSt 18, 227.
77) BVerfG, Urt. v. 27.02.2007 – 1 BvR 538/06, NJW 2007, 1117.

Muster

Herausgabeantrag wegen Zeugnisverweigerungsrecht

Amtsgericht ...
(Anschrift)

In der Strafsache
gegen   A.B.
wegen   Betrugs
Az.   ...

zeige ich die anwaltliche Vertretung für Frau C.B. an. Eine auf mich lautende Vollmacht habe ich als Anlage beigefügt.

In o.g. Ermittlungsverfahren wurden am ... in den Wohnräumen meiner Mandantin sieben Schriftstücke, im Verzeichnis unter ... aufgenommen, sichergestellt.

Hiermit **widerrufe ich das Einverständnis** meiner Mandantin in die Zustimmung der Herausgabe.

Ich **beantrage** nunmehr,

> die sieben Schriftstücke, Verzeichnisnummer ..., unverzüglich an meine Mandantin unverzüglich herauszugeben.

Begründung:

Meine Mandantin ist die geschiedene Ehefrau des Beschuldigten A.B.

Auf Grundlage des Durchsuchungs- und Beschlagnahmebeschlusses des Amtsgerichts ... vom ... (Az. ...) fand bei meiner Mandantin am ... eine Wohnungsdurchsuchung statt.

Im Rahmen dieser Durchsuchung haben die Polizeibeamten die oben bezeichneten Schriftstücke sichergestellt und mitgenommen. Meine Mandantin hat diese zunächst freiwillig herausgegeben. Das Einverständnis in die Herausgabe widerrufe ich nunmehr.

Die Beschlagnahme der Unterlagen ist rechtswidrig. Meine Mandantin verfügt als geschiedene Ehefrau des Beschuldigten über ein Zeugnisverweigerungsrecht nach § 52 Abs. 1 Nr. 2 StPO, das sie ausüben will. Die Schriftstücke unterliegen daher gem. § 97 Abs. 1 Nr. 1 StPO einem Beschlagnahmeverbot.

Die Schriftstücke sind daher umgehend an meine Mandantin herauszugeben.

Rechtsanwältin/Rechtsanwalt

4.2.5 Beschlagnahme von Verteidigerunterlagen und Unterlagen anderer Berufsgeheimnisträger

Kurzüberblick

- Ein Beschlagnahmeverbot besteht für Unterlagen, die dem **Verteidiger** zum **Zwecke der Verteidigung** übergeben worden sind oder in einem inneren Zusammenhang hiermit stehen.[78]

  4.94

- Über § 97 Abs. 2 Satz 1 StPO hinaus gilt das Beschlagnahmeverbot auch dann, wenn der Verteidiger **keinen Gewahrsam** mehr an den Gegenständen hat.[79]

- Voraussetzung ist allerdings, dass ein **konkretes Ermittlungsverfahren** bereits vorliegt, das bei rein unternehmensinternen Ermittlungen oder Compliance-Unterlagen nicht gegeben ist.[80]

Sachverhalt

Die Mandantin ist eine juristische Person, die als Zulieferin in der Autoindustrie tätig ist. Es besteht der Verdacht, dass auch die Mandantin im Zuge der sogenannten „Dieselaffäre" Unregelmäßigkeiten aufgetreten sind. Die Mandantin hat den Anwalt deshalb beauftragt, im Rahmen sogenannter interner Ermittlungen zu prüfen, inwieweit rechtlicher Handlungsbedarf besteht. Die Staatsanwaltschaft hat inzwischen ein Ermittlungsverfahren gegen ein Vorstandsmitglied u.a. wegen gewerbsmäßigen Betrugs eingeleitet sowie ein Bußgeldverfahren gegen die Mandantin nach § 30 OWiG. Nunmehr beschlagnahmt die Staatsanwaltschaft beim Anwalt Unterlagen über die internen Ermittlungen.

Was ist zu tun?

Lösung

Tätigkeit im Vorfeld

Inzwischen treten häufiger Konstellationen auf, in denen Anwälte im Bereich des Strafrechts Aufgaben wahrnehmen, die noch im Vorfeld konkreter Ermittlungsmaßnahmen sind. Hier stellt sich die Frage, inwieweit auch bezüglich solcher Tätigkeiten der Schutz als Berufsgeheimnisträger greift.

4.95

Ausgangspunkt ist zunächst selbstverständlich das Beschlagnahmeverbot nach § 97 Abs. 1 Nr. 1 StPO, das bei Bestehen eines Mandatsverhältnisses eingreift. Ein solches Beschlagnahmeverbot besteht für Unterlagen, die dem **Verteidiger** zum **Zwecke der Verteidigung** übergeben worden sind oder in einem inneren

---

78) OLG Frankfurt, Beschl. v. 21.06.2005 – 3 Ws 499 und 501/05, NStZ 2006, 302, 304.
79) BGH, Beschl. v. 13.11.1989 – I BGs 351/89 – GBA – 1 BJs 33/89, NJW 1990, 722.
80) BVerfG, Beschl. v. 27.06.2018 – 2 BvR 1405/17, 2 BvR 1780/17, NJW 2018, 2385, 2389.

Zusammenhang hiermit stehen.[81] Die Vorschrift dient dem Schutz des **Vertrauensverhältnisses** zwischen Mandant und Anwalt.

Ausdehnung des Schutzbereichs

4.96 Über § 97 Abs. 2 Satz 1 StPO hinaus gilt das Beschlagnahmeverbot auch dann, wenn der Verteidiger **keinen Gewahrsam** mehr an den Gegenständen hat. Zur Sicherstellung des freien Verkehrs mit dem Verteidiger nach § 148 StPO sind entsprechende Unterlagen auch dann beschlagnahmefrei, wenn der Beschuldigte sie noch **in Besitz hat**[82] oder wenn sie sich noch auf dem **Postweg**[83] befinden. Anderes gilt nur in dem absoluten Ausnahmefall, dass der Verteidiger selbst einer **Teilnahme verdächtigt** ist.[84]

> **Hinweis**
>
> **4.97** Ebenso endet der Beschlagnahmeschutz selbstverständlich, wenn der Verteidiger bewusst **Beweisgegenstände versteckt** oder bewusst falsche Angaben zu seinem Besitz macht.[85] Auch wenn diese Konstellation ebenfalls eine absolute Ausnahme sein dürfte, sollte der Anwalt schon zu seinem eigenen Schutz jegliche Erklärungen im Ermittlungsverfahren genau überprüfen, um nicht aus reiner Fahrlässigkeit einen vermeintlichen Anhaltspunkt für eine Unzuverlässigkeit zu geben.

Verlust der Verteidigungsunterlagen

4.98 Nicht unproblematisch ist die Situation, wenn der Verteidiger versehentlich den Gewahrsam an den ihm übergebenen Verteidigungsunterlagen **verloren** hat. Nach unserer Auffassung ist auch hier von einem Beschlagnahmeverbot auszugehen. Das Recht auf ungehinderten Verkehr mit dem Verteidiger wäre nicht mehr gewahrt, wenn ein Beschuldigter die Sorge haben müsste, dass Verteidigungsunterlagen nicht mehr beschlagnahmefrei wären, wenn sie versehentlich aus dem Gewahrsam seines Verteidigers in den Zugriffsbereich der Ermittlungsbehörden gelangen.[86]

---

81) OLG Frankfurt, Beschl. v. 21.06.2005 – 3 Ws 499 und 501/05, NStZ 2006, 302, 304.

82) BGH, Urt. v. 24.03.1982 – 3 StR 28/82, NJW 1982, 2508.

83) BGH, Beschl. v. 13.11.1989 – I BGs 351/89 – GBA – 1 BJs 33/89, NJW 1990, 722.

84) BGH, Urt. v. 24.03.1982 – 3 StR 28/82, NJW 1982, 2508.

85) BGH, Beschl. v. 08.08.2018 – ARs 121/18, NJW 2018, 3261.

86) So auch LG Frankfurt/Main, Beschl. v. 09.11.2017 – 5/12 KLs 14/17, StRR 2018, Nr. 7, S. 15.

Hinweis

Dies entbindet den Verteidiger nicht von der Pflicht zum sorgfältigen Umgang mit Verteidigungsunterlagen. In dem vom LG Frankfurt/Main entschiedenen Fall[87] z.B. hat der Verteidiger vergessen, dass er im Rahmen der Akteneinsicht Notizen angefertigt hat, so dass sich bei der Rücksendung der Ermittlungsakten die Notizen noch bei der Ermittlungsakte befunden haben. Das gilt es zu vermeiden. Gleichwohl darf dem Beschuldigten im Strafprozess aber aufgrund eines unvorsichtigen Umgangs des Anwalts mit Verteidigungsunterlagen kein Nachteil drohen. Dies ist nicht nur im Interesse des Verteidigers zu begrüßen. Hierdurch wird auch das dem Beschuldigten zustehende **Recht einer effektiven Verteidigung** nachhaltig gestärkt.

4.99

Konkretes Ermittlungsverfahren

Jedoch greift nach der Rechtsprechung das Beschlagnahmeverbot nur dann, wenn ein **konkretes Ermittlungsverfahren** betroffen ist. Dies hat insbesondere dann Bedeutung, wenn – wie hier – interne Ermittlungen geführt werden. Der Umstand, dass ein Unternehmen Ermittlungsmaßnahmen nur befürchtet und sich vor diesem Hintergrund anwaltlich beraten lässt oder **interne Untersuchungen** in Auftrag gibt, reicht nicht aus.[88]

4.100

Hinweis

Nach der Rechtsprechung des Bundesverfassungsgerichts besteht deshalb das Beschlagnahmeverbot auch nur für das laufende Ermittlungsverfahren, nicht aber für Unterlagen aus anderen Verfahren.[89]

4.101

Nach diesen Grundsätzen besteht erst recht kein Beschlagnahmeverbot bei **Compliance-Beauftragten** von Unternehmen oder Personen, an die sich anonyme Hinweisgeber, sogenannte **Whistleblower**, wenden können, selbst wenn diese Funktionen von Anwälten wahrgenommen werden.[90]

4.102

Anderes gilt allerdings dann, wenn das Unternehmen bereits eine **beschuldigtenähnliche Stellung** hat. Diese wird gegeben sein, wenn das Unternehmen ein Nebenbeteiligter ist, weil gegen eine Leitungsperson des Unternehmens ein **Bußgeldverfahren** nach § 30 Abs. 1 OWiG eingeleitet worden ist oder eine Einziehungsbeteiligung nach § 426 Abs. 1 i.V.m. § 444 Abs. 2 Satz 2 StPO in Betracht kommt.[91]

4.103

---

87) LG Frankfurt/Main, Beschl. v. 09.11.2017 – 5/12 KLs 14/17, StRR 2018, Nr. 7, S. 15.
88) BVerfG, Beschl. v. 27.06.2018 – 2 BvR 1405/17, 2 BvR 1780/17, NJW 2018, 2385, 2389.
89) BVerfG, Beschl. v. 13.10.2009 – 2 BvR 256/09, NJW 2010, 1740.
90) LG Bochum, Beschl. v. 16.03.2016 – II-6 Qs 1/16, NStZ 2016, 500.
91) BVerfG, Beschl. v. 27.06.2018 – 2 BvR 1405/17, 2 BvR 1780/17, NJW 2018, 2385, 2389.

Praxistipp

4.104 Die Rechtsprechung ist an dieser Stelle noch sehr im Fluss. Das LG München I[92] sieht ein Beschlagnahmeverbot bereits dann als gegeben an, wenn gegen den Betroffenen noch nicht förmlich ermittelt wird, der Anwalt seine Tätigkeit aber bereits aus gutem Grund **als Verteidigung ansehen** kann. Die von § 97 Abs. 1 Nr. 1 und § 148 StPO bezweckte Gewährleistung einer geordneten und effektiven Verteidigung setzt ein unabdingbares Vertrauen des Mandanten in die Vertraulichkeit der Korrespondenz mit seinem Rechtsanwalt voraus. Dieses Vertrauen sei schlicht nicht mehr gegeben, wenn der Mandant jederzeit damit rechnen müsste, dass die vor seiner formellen Beschuldigtenstellung geführte Korrespondenz von den Ermittlungsbehörden umfassend verwertet und gegen ihn verwendet werden könnte. Diese Rechtsprechung kann sich der engagierte Verteidiger zunutze machen. Er hat daher gute Chancen, bei guter Argumentation ein relativ weitreichendes Beschlagnahmeverbot durchsetzen zu können.

4.105 Ebenso wenig ist endgültig geklärt, ob ein Beschlagnahmeverbot auch zugunsten von **Tochtergesellschaften** wirkt. Das Bundesverfassungsgericht hält eine solche Ausdehnung verfassungsrechtlich nicht für geboten,[93] gleichwohl hat das LG Braunschweig[94] eine entsprechende Erstreckung bejaht.

Vorliegend besteht zumindest eine Nebenbeteiligung nach § 30 OWiG, nachdem bereits ein Bußgeldverfahren gegen das Unternehmen nach § 30 OWiG eingeleitet ist. Der Anwalt sollte daher gegen den Durchsuchungsbeschluss vorgehen und die sofortige Herausgabe der Unterlagen beantragen.

Prozesstaktische Hinweise

Andere Berufsgeheimnisträger

4.106 Die Beschlagnahmeverbote gelten auch zugunsten der anderen Berufsgeheimnisträger, wie z.B. **Ärzten und Steuerberatern.** Auch das Vertrauensverhältnis zu diesem Personenkreis ist geschützt. Es ist aber immer zu beachten, dass das Beschlagnahmeverbot auch in diesen Fällen nur insoweit gilt, wie das Vertrauensverhältnis zwischen dem Auftraggeber bzw. dem Patienten und dem Zeugnisverweigerungsberechtigten betroffen ist. Daher sind Buchhaltungsunterlagen nur so lange beschlagnahmefrei, wie sie für die Bearbeitung eines Auftrags durch den Steuerberater benötigt werden,[95] nicht jedoch darüber hinaus.

---

92) LG München I, Beschl. v. 11.12.2018 – 6 Qs 16/18, NStZ 2019, 172–175.
93) BVerfG, Beschl. v. 27.06.2018 – 2 BvR 1405/17, 2 BvR 1780/17, NJW 2018, 2385, 2389.
94) LG Braunschweig, Beschl. v. 21.07.2015 – 6 Qs 116/15, NStZ 2016, 308, 309.
95) LG Dresden, Beschl. v. 22.01.2007 – 5 Qs 34/06, NJW 2007, 2709, 2712.

Praxisnachfolger

Das Beschlagnahmeverbot besteht fort, auch wenn der Zeugnisverweigerungsbe-   4.107
rechtigte nicht mehr im Besitz der Unterlagen ist, weil er seine **Mandanten- oder
Patientenkartei an seinen Praxisnachfolger** abgegeben hat.[96]

Hinweis

Für **Hilfspersonal** der Zeugnisverweigerungsberechtigten ergibt sich der Be-   4.108
schlagnahmeschutz aus § 97 Abs. 3 StPO. Nach § 53a Abs. 1 Nr. 1 StPO sind
den Berufsgeheimnisträgern alle Personen gleichgestellt, die an seiner Tätigkeit mitwirken.

Muster

Antrag auf Herausgabe von Verteidigungsunterlagen

Amtsgericht ...
– Ermittlungsrichter –
(Anschrift)

In der Bußgeldsache
gegen   die XY AG
wegen   § 30 OWiG

und der Strafsache
gegen   A.B.,
wegen   gewerbsmäßigen Betrugs
Az.   ... (Staatsanwaltschaft ...)
        ... (Staatsanwaltschaft ...)
        ... (Amtsgericht ...)

stelle ich den

Antrag auf gerichtliche Entscheidung

gem. § 98 Abs. 2 Satz 2 StPO.

Ich **beantrage,**

---

96) BVerfG, Beschl. v. 08.03.1972 – 2 BvR 28/71, NJW 1972, 1123.

1. festzustellen, dass der Durchsuchungs- und Beschlagnahmebeschluss des Amtsgerichts ... vom ... (Az. ...) die im Verzeichnis unter der Nr. ... erfassten sieben Ordner Verteidigungsunterlagen nicht umfasst

und

2. die im Verzeichnis unter der Nr. ... erfassten sieben Ordner Verteidigungsunterlagen unverzüglich an mich herauszugeben.

Begründung:

Gegen den Beschuldigten A.B. hat die Staatsanwaltschaft ein Ermittlungsverfahren wegen gewerbsmäßigen Betrugs im Zusammenhang mit der sogenannten „Dieselaffäre" eingeleitet. Meine Mandantin, gegen die inzwischen wegen des Gesamtkomplexes ein Bußgeldverfahren nach § 30 OWiG anhängig ist, hat mich bereits am 01.06.2019 beauftragt, im Rahmen sogenannter interner Ermittlungen zu prüfen, ob seitens meiner Mandantin rechtlicher Handlungsbedarf besteht.

Im Rahmen dieser internen Ermittlungen habe ich die sieben Ordner Verteidigerunterlagen erstellt. Aufgrund des Durchsuchungs- und Beschlagnahmebeschlusses des Amtsgerichts ... vom ... (Az. ...) wurden diese Ordner bei mir beschlagnahmt.

Die Beschlagnahme ist rechtswidrig, weil die sichergestellten sieben Ordner nicht vom allgemein gefassten Beschluss des Amtsgerichts ... umfasst sind.

Die Unterlagen unterliegen gem. § 97 Abs. 1 Nr. 1 StPO einem Beschlagnahmeverbot, weil sie mir zum Zwecke der Verteidigung übergeben worden sind bzw. wenigstens in einem inneren Zusammenhang hiermit stehen (OLG Frankfurt, Beschl. v. 21.06.2005 – 3 Ws 499 und 501/05, NStZ 2006, 302, 304). Zwar greift nach der Rechtsprechung das Beschlagnahmeverbot nur dann, wenn ein konkretes Ermittlungsverfahren besteht. Ausreichend hierfür ist aber, wenn das Unternehmen bereits eine beschuldigtenähnliche Stellung hat. Diese wird gegeben sein, wenn das Unternehmen ein Nebenbeteiligter ist, weil gegen eine Leitungsperson des Unternehmens ein Bußgeldverfahren nach § 30 Abs. 1 OWiG eingeleitet worden ist oder eine Einziehungsbeteiligung nach § 426 Abs. 1 i.V.m. § 444 Abs. 2 Satz 2 StPO in Betracht kommt (BVerfG, Beschl. v. 27.06.2018 – 2 BvR 1405/17, 2 BvR 1780/17, NJW 2018, 2385, 2389).

So liegt der Fall hier, nachdem die Staatsanwaltschaft bereits gegen ein Vorstandsmitglied wegen des Verdachts des gewerbsmäßigen Betrugs ermittelt und überdies gegen meine Mandantin ein Bußgeldverfahren nach § 30 OWiG eingeleitet worden ist.

Ich bitte daher, mir die entsprechenden Unterlagen sofort zur Verfügung zu stellen.

Rechtsanwältin/Rechtsanwalt

4.2.6 Beschlagnahmeverbot bei überwiegendem Geheimhaltungsinteresse

Kurzüberblick

- Ein Beschlagnahmeverbot besteht insbesondere dann, wenn das Geheimhaltungsinteresse des Betroffenen das Strafverfolgungsinteresse **eindeutig überwiegt**.[97]

4.109

- In diesen Fällen ist eine **umfassende Abwägung** des öffentlichen Interesses an einer vollständigen **Wahrheitsaufklärung mit dem Persönlichkeitsrecht** des Betroffenen erforderlich.[98]

- Das Beschlagnahmeverbot wird insbesondere bei heimlichen **Ton-, Foto- oder Videoaufnahmen**[99] oder bei **Tagebuchaufzeichnungen**[100] bestehen.

Sachverhalt

Dem Mandanten wird eine Steuerhinterziehung zur Last gelegt, da bei einem Kaufvertrag über eine Immobilie ein deutlich niedriger Kaufpreis beurkundet worden sein soll, als tatsächlich bezahlt worden ist. Den Ermittlungsbehörden wird eine Tonbandaufnahme zugespielt. Der Mandant soll gegenüber dem Verkäufer geäußert haben, dass er zwar einsehe, in der aktuellen Marktlage den gewünschten Kaufpreis zu zahlen, dass dann aber der Verkäufer ihm entgegenkommen müsse, damit er netto nur den von ihm leistbaren Preis zahlen müsse. Er könne eine Differenz „schwarz" leisten.

Was ist zu tun?

Lösung

Im vorliegenden Sachverhalt greift kein ausdrückliches Beschlagnahmeverbot (vgl. hierzu Rdnr. 4.66).

4.110

Die in § 97 StPO aufgelisteten Beschlagnahmeverbote sind nicht abschließend. Ein Beschlagnahmeverbot besteht auch dann, wenn das **Geheimhaltungsinteresse** des Betroffenen das Strafverfolgungsinteresse **eindeutig überwiegt**.[101]

---

97) BGH, Urt. v. 13.11.1997 – 4 StR 404/97, NJW 1998, 840.
98) BGH, Urt. v. 12.04.1989 – 3 StR 453/88, NJW 1989, 2760, 2761.
99) BVerfG, Beschl. v. 31.01.1973 – 2 BvR 454/71, BVerfGE 34, 238.
100) BGH, Beschl. v. 30.03.1994 – StB 2/94, NJW 1994, 1970.
101) BGH, Urt. v. 13.11.1997 – 4 StR 404/97, NJW 1998, 840.

Hinweis

4.111 Dieses Beweisverwertungsverbot basiert auf der Bedeutung des durch Art. 2 Abs. 1 i.V.m. Art. 1 Abs. 1 GG geschützten allgemeinen Persönlichkeitsrechts des Beschuldigten sowie auf dem **nemo-tenetur-Grundsatz** (Grundsatz der Selbstbelastungsfreiheit) nach § 136 Abs. 1 Satz 2 StPO.

4.112 Anders als bei den ausdrücklich gesetzlich normierten Beschlagnahmeverboten handelt es sich jedoch um keine absoluten Verbote. Vielmehr ist in diesen Fällen eine **umfassende Abwägung** des öffentlichen Interesses an einer vollständigen **Wahrheitsaufklärung mit dem Persönlichkeitsrecht** des Betroffenen erforderlich.[102]

Hinweis

4.113 Wesentliche Abwägungskriterien sind in diesen Fällen u.a.

– die Schwere des zu verfolgenden Delikts,

– die weitere Beweislage und

– der Schwere des Verstoßes gegen das allgemeine Persönlichkeitsrecht, ob z.B. ein Eingriff in die Intimsphäre vorliegt.

Fallgruppen

4.114 Inzwischen haben sich in diesen Konstellationen zwei bedeutende **Fallgruppen** herausgebildet, in denen ein Beschlagnahmeverbot diskutiert wird, nämlich bei heimlichen **Ton-, Foto- oder Videoaufnahmen**[103] oder bei **Tagebuchaufzeichnungen,** die nicht zur Kenntnis Dritter bestimmt sind.[104]

4.115 Bei **Tagebuchaufzeichnungen** kommt es insbesondere auf die Schwere der Tat an. Tagebuchaufzeichnungen gehören nicht zum absolut geschützten Bereich der persönlichen Lebensgestaltung (Intimsphäre). Das Bundesverfassungsgericht hat festgestellt, dass zumindest bei einem Mordverdacht das Interesse an der Wahrheitsfindung Vorrang genießt.[105] Die Entscheidung erging mit **Stimmengleichheit,** die gem. § 15 Abs. 3 BVerfGG zur Bejahung eines Verfassungsverstoßes gerade noch nicht ausreichend ist.

---

102) BGH, Urt. v. 12.04.1989 – 3 StR 453/88, NJW 1989, 2760, 2761.
103) BVerfG, Beschl. v. 31.01.1973 – 2 BvR 454/71, BVerfGE 34, 238.
104) BGH, Beschl. v. 30.03.1994 – StB 2/94, NJW 1994, 1970.
105) BVerfG, Beschl. v. 14.09.1989 – 2 BvR 1062/87, NJW 1989, 563, 564.

Praxistipp

4.116

Bei weniger schweren Delikten eröffnet sich dem engagierten Verteidiger hingegen **ein weites Betätigungsfeld**, zumal die Rechtsprechung in vielen Fällen unklar ist. Diese Chance gilt es, mit guten Argumenten zu nutzen. Für schwere Delikte nach dem Betäubungsmittelgesetz wird teilweise vertreten, dass eine Beschlagnahme erfolgen kann,[106] während andere Gerichte selbst zigfaches Handel treiben mit Betäubungsmitteln, hier Kokain, nicht ausreichen lassen.[107] Das OLG Schleswig führt insoweit aus, dass in jedem konkreten Fall zu prüfen ist, ob die Verwertung im Strafverfahren für die Ermittlung der Straftat geeignet und erforderlich ist und ob der dadurch bedingte Eingriff in die Privatsphäre zum strafrechtlichen Aufklärungsziel nicht außer Verhältnis steht.[108] Diese Argumentation stellt zumindest einen guten Obersatz dar, der fast formelhaft in jedem guten Verteidigerschriftsatz verwendet werden kann.

Ähnliches gilt – wie vorliegend – für **heimliche Tonband- und Videoaufzeichnungen**. Der Beschuldigte darf berechtigterweise davon ausgehen, dass von ihm bzw. seinen Äußerungen keine heimlichen Aufnahme erstellt werden. Bei der Interessenabwägung kann insoweit z.B. berücksichtigt werden, ob staatliche Maßnahmen nach § 100a StPO erlaubt wären oder nicht.

4.117

Handelt es sich hingegen um Aufnahmen, die in öffentlichen Bereichen hergestellt werden, ist die Rechtsprechung mit der Verwertbarkeit sehr großzügig. So soll der Verstoß gegen datenschutzrechtliche Bestimmungen wie z.B. § 6b BDSG i.d.R. nicht dazu führen, dass die Aufnahmen nicht verwertbar sind. So ist das OLG Stuttgart[109] der Ansicht, dass die Bilder einer **Dashcam** sogar im Ordnungswidrigkeitenverfahren verwendbar seien. Auch das Hanseatische OLG Hamburg[110] hat keine datenschutzrechtlichen Bedenken gegenüber einer Videoüberwachung, die einen Kaufhausdiebstahl beweisen soll.

4.118

Praxistipp

4.119

Diese Rechtsprechung sollte aber nicht zu Defätismus verleiten. Zumindest solange die Rechtsprechung noch im Fluss ist, lohnt es sich für den engagierten Verteidiger auch hier, für die Interessen des Mandanten zu kämpfen. Gegen die Argumentation des Hanseatischen OLG Hamburg kann z.B. eingewandt werden, dass eine Videoaufzeichnung generell geeignet sei, in das informationelle Selbstbestimmungsrecht einer unbestimmten Vielzahl von Verkehrsteilnehmern einzugreifen. Damit müssen auch die gesetzlichen Maßstäbe für eine strafprozessuale Verwertung von **Videoüberwachungen** im öffentlichen Raum beachtet werden. Wie bereits mehrfach erwähnt, ist eine fundierte Beschwerde fast immer ein geeignetes Mittel, das **Heft des Handelns** in die eigene Hand zu bekommen.

---

106) LG Aschaffenburg, Beschl. v. 23.02.1989 – Qs 30/89 jug, StV 1989, 244, 245.
107) OLG Schleswig, Beschl. v. 11.10.1999 – 2 Ws 345/99, NStZ-RR 2000, 112.
108) OLG Schleswig, Beschl. v. 11.10.1999 – 2 Ws 345/99, NStZ-RR 2000, 112, Leitsatz.
109) OLG Stuttgart, Beschl. v. 04.05.2016 – 4 Ss 543/15, StV 2017, 17.
110) OLG Hamburg, Beschl. v. 27.06.2017 – 1 Rev 12/17, NStZ 2017, 726.

Im vorliegenden Fall handelt es sich mit dem Verdacht einer Steuerstraftat noch um keine besonders schwere Straftat, die auch keine Katalogtat nach § 100a StPO ist. Der Anwalt sollte daher sofort einen Antrag auf gerichtliche Entscheidung und Herausgabe bei der Staatsanwaltschaft stellen.

Prozesstaktische Hinweise

Tagebuchaufzeichnungen Dritter

4.120   Die gleichen Grundsätze gelten bei der Verwertung von **Tagebuchaufzeichnungen Dritter**. Auch in diesem Fall ist eine umfassende Abwägung erforderlich. Allerdings wird häufig in den Fällen, in denen ein enger Bezug zu Straftaten festgestellt werden kann, der unantastbare Kernbereich der privaten Lebensführung nicht betroffen sein. So können nach der Rechtsprechung beispielsweise Tagebuchaufzeichnungen einer verstorbenen Ehefrau als Beweismittel gegen einen Beschuldigten verwendet werden, wenn sexuelle Missbrauchstaten zu Lasten der Kinder im Raum stehen.[111]

Praxistipp

4.121   Auch hier hat der engagierte Verteidiger allerdings eine Vielzahl von Argumentationsmöglichkeiten, zumal in jedem konkreten Fall eine Einzelfallabwägung erforderlich ist. Wichtig für die Verteidigung ist insbesondere, dass allein der Tod des Dritten nicht zu einer unbeschränkten Verwertbarkeit der Aufzeichnungen führt, sondern weiterhin das Persönlichkeitsrecht des Betroffenen zu schützen ist. Sein allgemeines Persönlichkeitsrecht wandelt sich nach dem Tod in einen Anspruch auf Abwehr von Angriffen gegen seine Menschenwürde, dessen Schutzwirkung zwar weniger weitreichend ist, aber dennoch weiter besteht.[112]

Verteidigungsunterlagen

4.122   Ein weiteres Beschlagnahmeverbot stützt die Rechtsprechung nicht auf das allgemeine Persönlichkeitsrecht, sondern auf das **Gebot der geordneten und effektiven Verteidigung** nach Art. 6 Abs. 3 EMRK.[113] In diesen Fällen ist eine Beschlagnahme **generell unzulässig**. In entsprechender Anwendung des § 11 Abs. 3 StGB ist das Medium, auf denen die Aufzeichnungen gespeichert werden unerheblich, so dass auch die Beschlagnahme eines **Notebooks mit Verteidigungsunterlagen** nicht erlaubt ist.[114]

---

111) BGH, Beschl. v. 19.06.1998 – 2 StR 189/98, NStZ 1998, 635.
112) BGH, Beschl. v. 19.06.1998 – 2 StR 189/98, NStZ 1998, 635.
113) BGH, Urt. v. 25.02.1998 – 3 StR 490/97, NJW 1998, 1963, 1964.
114) BVerfG, Beschl. v. 30.01.2002 – 2 BvR 2248/00, NJW 2002, 1410, 1411.

Praxistipp

Freilich führt diese Rechtsprechung nicht dazu, dass bereits die Erklärung, auf einem Computer befinden sich Verteidigungsunterlagen, für eine Beschlagnahmefreiheit ausreicht. Vielmehr ist den Ermittlungsbehörden eine Durchsicht nach § 110 StPO zu gestatten (näher dazu unten), solange nicht offensichtlich ist, dass es sich um Verteidigungsunterlagen handelt. Der Verteidiger ist jedoch gehalten zu überprüfen, ob die Durchsicht unverhältnismäßig lang andauert.

4.123

Von der Beschlagnahme von Verteidigungsunterlagen ist die Beschlagnahme der **Unterlagen des Verteidigers** strikt zu trennen. Auch diese Beschlagnahme ist selbstverständlich unzulässig. Jedoch folgt dieses Beschlagnahmeverbot direkt aus § 97 Abs. 1 Nr. 1 bzw. § 148 StPO, so dass ein Rückgriff auf übergesetzliche Beschlagnahmeverbote entbehrlich ist.

4.124

Muster

Antrag auf gerichtliche Entscheidung wegen Verstoßes gegen das Persönlichkeitsrecht

---

Amtsgericht ...
– Ermittlungsrichter –
(Anschrift)

In der Strafsache
gegen   A.B.
wegen   Steuerhinterziehung
Az.   ... (Staatsanwaltschaft ...)
       ... (Amtsgericht ...)

vertrete ich bekanntlich den Beschuldigten. Mit ist bekannt geworden, dass die Ermittlungsbehörden im Besitz einer Tonbandaufnahme sind, auf der sich Äußerungen meines Mandanten bezüglich des Kaufs der Immobilie ... in ... befinden sollen.

Ich stelle den

Antrag auf gerichtliche Entscheidung

gem. § 98 Abs. 2 Satz 2 StPO

und **beantrage,**

---

1. festzustellen, dass die Beschlagnahme und Auswertung der Tonaufnahme der Gespräche meines Mandanten über den Kauf der Immobile ... in ... rechtswidrig war,

und

2. die entsprechende Tonaufnahme an meinen Mandanten unverzüglich herauszugeben.

Begründung:

Meinem Mandanten wird bekanntlich eine Steuerhinterziehung zur Last gelegt. Ich musste zu Kenntnis nehmen, dass mein Mandant in seiner polizeilichen Vernehmung vom ... mit einer Tonbandaufnahme konfrontiert wurde, die ein Gespräch bezüglich eines Kaufs der o.g. Immobilie beinhalten soll. Die Vernehmung wurde hiernach sofort abgebrochen.

Die Verwertung der Tonbandaufnahme ist rechtswidrig, da das Tonband einem Beschlagnahmeverbot unterliegt. Auch über die Verbote des § 97 StPO hinaus besteht ein Beschlagnahmeverbot, wenn das Geheimhaltungsinteresse des Betroffenen das Strafverfolgungsinteresse eindeutig überwiegt (BGH, Urt. v. 13.11.1997 – 4 StR 404/97, NJW 1998, 840). Dieses Beschlagnahmeverbot gilt insbesondere bei heimlichen Ton-, Foto- oder Videoaufnahmen (BVerfG, Beschl. v. 31.01.1973 – 2 BvR 454/71, BVerfGE 34, 238). So liegt der Fall hier, zumal das meinem Mandanten vorgeworfene Delikt noch nicht einmal zu den Katalogtaten des § 100a StPO zählt.

Es besteht kein anderes Mittel, das Geheimhaltungsinteresse meines Mandanten in Zukunft zu sichern, als ihm die verbotene Aufnahme herauszugeben.

Rechtsanwältin/Rechtsanwalt

4.2.7   Postbeschlagnahme

Kurzüberblick

4.125 – Der Schutz des Postgeheimnisses dauert jedenfalls so lange an, wie sich die **Sendung im Gewahrsam des Postunternehmens** befindet.[115]

– Eine Postbeschlagnahme ist nur zulässig, wenn sie sich gegen einen **bestimmten Beschuldigten** richtet.[116]

– Für E-Mails und Facebook-Konten bei einer einmaligen Beschlagnahme gelten nicht die Regeln zur Postbeschlagnahme, sondern nach dem Übertragungsvorgang die **allgemeinen Beschlagnahmenormen** nach §§ 94 ff. StPO.[117]

---

115) OLG Karlsruhe, Urt. v. 24.08.1972 – 2 Ss 106/72, NJW 1972, 208.
116) BGH, Urt. v. 29.09.1970 – 5 StR 234/70, BGHSt 23, 329, 330.
117) BVerfG, Urt. v. 16.06.2009 – 2 BvR 902/06, NJW 2009, 2431, 2433.

Sachverhalt

Dem Mandanten liegt ein unerlaubter Besitz von Betäubungsmitteln zur Last. Ausgangspunkt der Ermittlungen ist ein Brief des Beschuldigten an ein holländisches Unternehmen, bei dem er Hanfsamen bestellen wollte. Dieser Brief wurde gefunden, weil es in einem Postzentrum an einem Flughafen zu Postdiebstählen gekommen war. Der Brief, der mit dem Ursprungsverfahren nichts zu tun hatte, wurde den Polizeibehörden zugespielt, woraufhin diese ein Ermittlungsverfahren eingeleitet hat. Bei einer ersten Durchsuchung wurden keine weiteren Beweismittel gefunden.

Was ist zu tun?

Lösung

Anwendungsbereich

Nur selten werden Situationen auftreten, in denen gegen einen Betroffenen selbst eine Postbeschlagnahme angeordnet ist. Zum einen spielt aufgrund der Entwicklungen der modernen Kommunikationstechnologie die Beförderung von Post und Telegrammen keine bedeutende Rolle mehr, zum anderen ist der Anwendungsbereich der Postbeschlagnahme schon sachlich eingegrenzt. 4.126

> **Hinweis**
>
> Bedeutung hat die Postbeschlagnahme im Wesentlichen nur noch im Bereich politischer, terroristischer oder staatsgefährdender Straftaten,[118] z.B. wenn es um die Ermittlung und Untersuchung von **Bekennerschreiben** geht, in seltenen Fällen auch bei Verstößen gegen das Betäubungsmittelgesetz oder anderer Vorschriften, bei denen **verbotene Gegenstände per Post** verschickt werden.[119] 4.127

Bedeutsamer sind allerdings Konstellationen wie hier, in der der Mandant aufgrund eines **Zufallsfunds** bei einer Postbeschlagnahme in ein Ermittlungsverfahren gerät. In diesen Fällen ist ein **schnelles anwaltliches** Handeln erforderlich, um Nachteile für den Mandanten zu vermeiden. In der Regel geht es um die Frage, ob Erkenntnisse aus einer Postbeschlagnahme für ein Ermittlungsverfahren gegen den Mandanten benutzt werden können. 4.128

Die Regelungen zur Postbeschlagnahme nach § 99 StPO sind erforderlich, weil der Postverkehr unter dem besonderen Schutz des Art. 10 GG steht. Der Schutz des Postgeheimnisses dauert jedenfalls so lange an, wie sich die **Sendung im Gewahrsam des Postunternehmens** befindet.[120] 4.129

---

118) Vgl. z.B. KG, Beschl. v. 30.10.2010 – (1) 2 StE 2/08 – 2 (21/08).
119) Vgl. LG Landshut, Beschl. v. 21.05.2012 – 6 Qs 82/12.
120) OLG Karlsruhe, Urt. v. 24.08.1972 – 2 Ss 106/72, NJW 1972, 208.

Hinweis

4.130   Dies hat zur Folge, dass fast alle **Beschlagnahmeverbote** nach § 97 StPO bei der Postbeschlagnahme keine Anwendung finden, weil die Zeugnisverweigerungsberechtigten während der Postlaufzeit **keinen Gewahrsam** an den Sendungen haben. Eine Ausnahme besteht nur beim Abgeordneten und beim Verteidiger. Nach § 97 Abs. 4 StPO setzt das Beschlagnahmeprivileg des Abgeordneten keinen Gewahrsam voraus. Für **Verteidigerpost** ergibt sich der umfassende Schutz bereits aus § 148 StPO.

Rechtmäßigkeit der Postbeschlagnahme

4.131   Eine Verwertung gegenüber dem Mandanten wäre zunächst gegeben, wenn die Rechtsmäßigkeitsvoraussetzungen der Postbeschlagnahme erfüllt sind. Diese sind:

–   Die **Anordnung** der Beschlagnahme durch das **Gericht** (§ 100 Abs. 1 StPO), bei Gefahr im Verzug durch die Staatsanwaltschaft. Die Anordnung der Staatsanwaltschaft tritt außer Kraft, wenn sie nicht innerhalb von drei Tagen gerichtlich bestätigt wird (§ 100 Abs. 2 StPO, zur Bestätigung siehe bereits Rdnr. 4.66).

–   **Tatverdacht** gegen den Beschuldigten gem. § 99 StPO

–   Zulässigkeit der Beschlagnahme gem. § 99 StPO nur bei **Postsendungen und Telegrammen**

–   **Verhältnismäßigkeit** der Beschlagnahme

Praxistipp

4.132   Anders als die Beschlagnahme nach § 94 StPO ist die Postbeschlagnahme eine **verdeckte Maßnahme**. Der Betroffene ist also erst nach der Maßnahme unter den Voraussetzungen des § 101 Abs. 4 Satz 1 Nr. 2 StPO unter Hinweis auf nachträglichen Rechtsschutz zu unterrichten. Der nachträgliche Rechtsschutz entspricht dem Rechtsschutz bei verdeckten Maßnahmen der Telekommunikation.

4.133   Unabhängig von der Frage, ob eine wirksame gerichtliche Anordnung vorgelegen hat, was derzeit in der vorliegenden Fallkonstellation nicht feststeht, ist eine Postbeschlagnahme nur zulässig, wenn sie sich gegen einen **bestimmten Beschuldigten** richtet.[121] Im Ausgangsverfahren bestand jedoch gar kein Verdacht gegen den Mandanten. Dieser ist mehr oder weniger zufällig in das Visier der Ermittlungsbehörden geraten. Gegen Personen, die aber nur zufällig im Rahmen der Maßnahme auffällig werden, kann die Postbeschlagnahme nicht angeordnet werden.[122]

---

121) BGH, Urt. v. 29.09.1970 – 5 StR 234/70, BGHSt 23, 329, 330.
122) Vgl. OLG Koblenz, Beschl. v. 12.06.2017 – 1 OLG 4 Ss 173/15, StraFo 2017, 329.

Die Verwertung kann auch nicht auf den Gedanken einer **hypothetisch rechtmä-** **ßigen Vorgehensweise** gestützt werden. Gegen den Betroffenen hätte eine Postbe-schlagnahme schon deshalb nicht angeordnet werden können, weil der Anfangs-verdacht erst durch den Zufallsfund geschaffen wurde. Die Postbeschlagnahme dient nicht dazu, eine unter Verstoß gegen das Postgeheimnis vorgenommene Beweiserhebung zu rechtfertigen.[123]

4.134

> **Hinweis**
>
> Auch aus § 39 PostG ergeben sich vorliegend keine weitergehenden Eingriffs-befugnisse.[124]

4.135

In der Regel folgt daher aus einem Verstoß gegen das Postgeheimnis ein **Beweis-verwertungsverbot**, wenn nicht im Rahmen einer Gesamtabwägung der Verstoß gegen das Postgeheimnis deutlich geringer wiegt als das Interesse an der effekti-ven Strafverfolgung[125] (zur entsprechenden Abwägung siehe auch bereits Rdnr. 4.115 ff.). Hier wird zu berücksichtigen sein, dass vor der rechtswidrigen Maßnahme kein Anfangsverdacht gegen den Mandanten bestanden hat und eine entsprechende **Datenübermittlung** auch nicht nach § 477 Abs. 2 Satz 2 StPO zulässig gewesen wäre. Damit ist vorliegend grundsätzlich von einem Beweisver-wertungsverbot auszugehen.[126]

4.136

Dies bedeutet jedoch nicht, dass der Anwalt sich zurücklehnen kann. Zwar kann im vorliegenden Fall das konkrete Beweismittel nicht verwertet werden. Das Ver-bot umfasst jedoch nur das konkrete Beweismittel, eine **Fernwirkung des Beweis-verwertungsverbots** ist dem deutschen Recht aber in aller Regel fremd und kommt nur in **absoluten Ausnahmefällen** in Betracht.[127] Es ist anerkannt, dass Erkenntnisse aus einer Telekommunikationsmaßnahme den Erlass eines Durch-suchungsbeschlusses rechtfertigen können, selbst wenn es sich um Taten handelt, die nicht dem eingeschränkten Katalog des § 100a Abs. 1 StPO unterfallen.[128] Selbst wenn der Durchsuchungsbeschluss zudem noch Begründungsmängel auf-weisen sollte, führen diese jedenfalls dann nicht zu einem Verbot der Verwertung der gefundenen Beweise, wenn festgestellt werden kann, dass die gesetzlichen Voraussetzungen für eine Durchsuchung vorlagen.[129]

4.137

---

123) Vgl. OLG Koblenz, Beschl. v. 12.06.2017 – 1 OLG 4 Ss 173/15, StraFo 2017, 329.
124) Vgl. im Einzelnen hierzu OLG Koblenz, Beschl. v. 12.06.2017 – 1 OLG 4 Ss 173/15, StraFo 2017, 329.
125) Vgl. BGH, Urt. v. 29.09.1970 – 5 StR 234/70, BGHSt 23, 329, 331.
126) Siehe auch OLG Koblenz, Beschl. v. 12.06.2017 – 1 OLG 4 Ss 173/15, StraFo 2017, 329.
127) Siehe BGH, Beschl. v. 07.03.2006 – 1 StR 316/05, BGHSt 51, 1, 7.
128) OLG München, Beschl. v. 21.08.2006 – 4St RR 148/06, wistra 2006, 472, Leitsatz 1.
129) OLG München, Beschl. v. 21.08.2006 – 4St RR 148/06, wistra 2006, 472, Leitsatz 2.

4.138   Wie selten eine Fernwirkung angenommen werden kann, ergibt sich schon dar-aus, dass der Bundesgerichtshof **nur einmal in einer sehr speziellen Konstella-tion** (dem Verstoß gegen den damaligen § 7 Abs. 3 des G-10-Gesetzes, also bei speziellen Übermittlungen durch den Bundesnachrichtendienst) eine Fernwir-kung angenommen hat.[130]

4.139   Auch bei der Postbeschlagnahme gibt es insoweit keine Besonderheiten. Auch hier entfaltet ein bestehendes Beweisverbot keine Fernwirkung auf das Ergebnis einer durchgeführten Durchsuchung, selbst wenn die Durchsuchungsanordnung aufgrund eines anderweitigen, rechtswidrig erlangten und daher unverwertbaren Beweismittels ergangen wäre.[131]

4.140   Wie soll sich der Verteidiger angesichts dieser weitgehenden Rechtsprechung nun verhalten? Neben dem bereits empfohlenen schnellen Handeln, soweit der Sachverhalt bekannt geworden ist, sollte der Verteidiger, genau auf etwaige **Fehler bei den Ermittlungsbehörden** zu achten. Ein typischer Fehler besteht etwa darin, dass Ermittler nicht selten der Versuchung unterliegen, vorschnell Erkenntnisse zu verwerten. Das Verbot der Verwertung von Zufallserkenntnis-sen mag zwar andere Eingriffsmaßnahmen rechtfertigen, darf aber nicht durch listige Formulierungen der Fragen und Vorhalte des Vernehmungsbeamten in der Beschuldigtenvernehmung umgangen werden.[132] Den Ermittlungsbehör-den ist es also untersagt, Erkenntnisse aus Maßnahmen, die einem Beweisver-wertungsverbot unterliegen, in die Beschuldigtenvernehmung einzubringen.

Dies hat zur Folge, dass ein positives Ergebnis der Durchsuchung hätte verwertet werden können. Der Verteidiger sollte daher die **sofortige Einstellung des Ermitt-lungsverfahrens** gem. § 170 Abs. 2 StPO bei der Staatsanwaltschaft beantragen und die Gründe dafür offen darlegen.

Prozesstaktische Hinweise

Moderne Kommunikationsmittel

4.141   Es ist durchaus erwogen worden, die Regeln der Postbeschlagnahme auf die E-Mail auszudehnen. Dafür spräche nicht nur, dass die E-Mail überwiegend an die Stelle der Post getreten ist, sondern auch, dass sie während des Übertragungszeitraums vom **Fernmeldegeheimnis** geschützt ist.[133] Gleichwohl befinden sich E-Mails nur für einen minimalen Zeitraum im Gewahrsam des Providers. Daher sollen für E-Mails und Facebook-Konten bei einer einmaligen Beschlagnahme nicht die

130) BGH, Urt. v. 18.04.1980 – 2 StR 731/19, BGHSt 29, 244.
131) OLG Koblenz, Beschl. v. 12.06.2017 – 1 OLG 4 Ss 173/15, StraFo 2017, 329.
132) OLG Karlsruhe, Urt. v. 03.06.2004 – 2 Ss 188/03, NStZ 2004, 643.
133) BVerfG, Urt. v. 16.06.2009 – 2 BvR 902/06, NJW 2009, 2431, 2432.

Regeln zur Postbeschlagnahme, sondern nach dem Übertragungsvorgang die **allgemeinen Beschlagnahmenormen** nach §§ 94 ff. StPO Anwendung finden.[134] Das gilt jedoch nicht für verdeckte Maßnahmen, wie z.B. die Herausgabe von Facebook-Konten. Die Rechtsgrundlage ist insoweit noch unklar. In Betracht kommt eine Beschlagnahme nach § 99 StPO[135] (siehe auch Rdnr. 4.80) oder nach § 100a StPO.[136]

Muster

Antrag auf Einstellung wegen Postbeschlagnahme

Amtsgericht ...
(Anschrift)

In der Strafsache
gegen   A.B.
wegen   unerlaubten Besitzes von Betäubungsmitteln
Az.   ...

zeige ich die anwaltliche Vertretung für den Beschuldigten an. Eine auf mich lautende Vollmacht habe ich als Anlage beigefügt.

Ich **beantrage**,

> das gegen meinen Mandanten geführte Ermittlungsverfahren unverzüglich gem. § 170 Abs. 2 StPO einzustellen.

Begründung:

Gegen meinen Mandanten besteht kein hinreichender Tatverdacht. Bei einer Wohnungsdurchsuchung am ... wurden keinerlei Betäubungsmittel oder andere Beweismittel sichergestellt.

Es gibt auch keine anderen Beweismittel gegen meinen Mandanten. Soweit die Staatsanwaltschaft der Ansicht ist, mein Mandant habe versucht, in Holland Hanfsamen zu bestellen, ist das entsprechende Beweismittel jedenfalls nicht verwertbar.

---

134) BVerfG, Urt. v. 16.06.2009 – 2 BvR 902/06, NJW 2009, 2431, 2433.
135) AG Reutlingen, Beschl. v. 31.10.2011 – 5 Ds 43 Js 18155/10 jug, StV 2012, 462.
136) So Meyer-Goßner/Köhler, § 94 Rdnr. 16b.

Der Brief wurde bei einer Postbeschlagnahme am Flughafen ... aufgefunden und gelangte von dort an die Ermittlungsbehörden. Die Voraussetzungen für eine Postbeschlagnahme nach § 99 StPO lagen jedoch nicht vor. Das Ermittlungsverfahren, in dem die Postbeschlagnahme angeordnet wurde, richtete sich nicht gegen meinen Mandanten. Vielmehr war Gegenstand des Verfahrens der Verdacht der Unterschlagung von Post durch noch unbekannte Täter.

Die Verwertung kann auch nicht auf den Gedanken einer hypothetisch rechtmäßigen Vorgehensweise gestützt werden, weil mangels eines Anfangsverdachts gegen meinen Mandanten keine Postbeschlagnahme hätte angeordnet werden dürfen. Auch aus dem Postgesetz ergibt sich keine Rechtfertigung (vgl. OLG Koblenz, Beschl. v. 12.06.2017 – 1 OLG 4 Ss 173/15, StraFo 2017, 329). Daher besteht insoweit ein Beweisverwertungsverbot.

Da weitere Beweismittel nicht vorliegen, ist das Verfahren gegen meinen Mandanten nach § 170 Abs. 2 StPO einzustellen.

Rechtsanwältin/Rechtsanwalt

4.2.8   Herausgabe beschlagnahmter Sachen

Kurzüberblick

4.142   – Mit der Sicherstellung des beschlagnahmten Gegenstands beginnt ein **öffentlich-rechtliches Verwahrungsverhältnis**.[137]

– Berühmen sich sowohl der letzte Gewahrsamsinhaber als auch der durch die Straftat Verletzte des Eigentums an einer sichergestellten Sache, so ist dem letzten Gewahrsamsinhaber eine **Frist zur zivilgerichtlichen Geltendmachung** seiner Ansprüche zu setzen, nach deren fruchtlosem Ablauf die Sache an den Verletzten herausgegeben wird.[138]

– Der Berechtigte kann **Schadensersatzansprüche** geltend machen, wenn die Behörden ihre Pflicht verletzt haben, die beschlagnahmte Sache pfleglich zu behandeln.[139]

Sachverhalt

Der Mandant war ursprünglich im Besitz eines Kraftfahrzeugs, für das er die erforderlichen Papiere besaß. Tatsächlich wurde das Kraftfahrzeug von einem unbekannten Täter gestohlen und von einem bereits verurteilten Dritten in Polen an den Mandanten verkauft. Die Akte enthält einen Vermerk der Staatsanwaltschaft, dass in Polen ein gutgläubiger Erwerb von gestohlenen Sachen zumindest

---

137) LG Hamburg, Urt. v. 20.02.2004 – 303 S 16/03, NStZ 2004, 514.
138) OLG Stuttgart, Beschl. v. 01.09.1988 – 6 Ws 31/88, wistra 1989, 80.
139) LG Hamburg, Urt. v. 20.02.2004 – 303 S 16/03, NStZ 2004, 514.

nicht ausgeschlossen sei. Die Staatsanwaltschaft hat das gegen den Mandanten wegen des Tatverdachts der Hehlerei geführte Strafverfahren nach § 170 Abs. 2 StPO eingestellt, weil ein Tatnachweis nicht gelungen war. Der Geschädigte, der das Fahrzeug zum Zeitpunkt des Diebstahls verliehen hatte, hat unmittelbar nach der Einstellungsmitteilung verlangt, das Fahrzeug an ihn herauszugeben. Die Staatsanwaltschaft hat diesem Antrag entsprochen. Überdies hat sich herausgestellt, dass das Fahrzeug durch einen Starkregen beschädigt wurde. Grund hierfür war zum einen der Umstand, dass die Fahrzeughalle der Staatsanwaltschaft in einem desolaten Zustand war und zum anderen aufgrund eines Versehens eines Mitarbeiters der Asservatenverwaltung das Schiebedach des Fahrzeugs geöffnet war.

Was ist zu tun?

Lösung

Öffentlich-rechtliches Verwahrungsverhältnis

Mit der Sicherstellung des beschlagnahmten Gegenstands beginnt ein **öffentlich-rechtliches Verwahrungsverhältnis**.[140] Dieses endet, wenn der Gegenstand für das Strafverfahren nicht mehr benötigt wird. In diesen Fällen ist die Sache nach als actus contrarius zur Sicherstellung gem. § 111n Abs. 1 StPO herauszugeben. Zuständig für die Herausgabeentscheidung ist gem. § 111o Abs. 1 StPO im **Ermittlungsverfahren und nach rechtskräftigem Abschluss** des Verfahrens die Staatsanwaltschaft, ansonsten das Gericht. Die Herausgabe erfolgt i.d.R. an den **letzten Gewahrsamsinhaber**. Dies wäre vorliegend der Mandant.

4.143

Herausgabe an den Verletzten

Jedoch ist die Sache dem **Verletzten** nach § 111n Abs. 2 StPO herauszugeben, wenn sie diesem **durch die Straftat** entzogen worden ist. Dies setzt voraus, dass der Gegenstand **unmittelbar** durch die Straftat in den Besitz des Gewahrsamsinhabers gelangt ist.[141] Das Erfordernis der Unmittelbarkeit entspricht im Wesentlichen der sogenannten „Stoffgleichheit" beim Betrug nach § 263 StGB. Deshalb ist z.B. der Eigentümer, der nicht unmittelbarer Besitzer der Sache war,[142] oder der Insolvenzverwalter[143] nicht unmittelbar durch die Straftat verletzt.

4.144

Herausgabe an Dritten

Schließlich ist die Sache nicht an den letzten Gewahrsamsinhaber herauszugeben, wenn dem nach § 111n Abs. 3 StPO der **Anspruch eines Dritten** entgegensteht. Das könnte hier möglicherweise der Fall sein, wenn der Geschädigte sein Eigentum noch nicht verloren hat, weil ein gutgläubiger Erwerb nicht stattgefunden hat.

4.145

---

140) LG Hamburg, Urt. v. 20.02.2004 – 303 S 16/0, NStZ 2004, 514.
141) OLG Köln, Beschl. v. 18.02.2005 – 2 Ws 7/05, NStZ-RR 2005, 239.
142) LG Berlin, Beschl. v. 27.04.2007 – 511 Qs 24/07, juris Rdnr. 15.
143) LG Mannheim, Beschl. v. 29.10.1997 – 25 AR 9/97, NStZ-RR 1998, 113.

Offenkundigkeit

4.146 Jedoch ist eine Herausgabe nach § 111n Abs. 4 StPO nur dann möglich, wenn ihre Voraussetzungen **offenkundig** sind. Damit soll sichergestellt werden, dass die zuständige Staatsanwaltschaft bzw. das zuständige Gericht keine **komplexen rechtlichen und tatsächlichen Prüfungen** vornehmen müssen, die über das Strafverfahren hinausgehen.

Praxistipp

4.147 In der Praxis soll in diesen Fällen dem Dritten nach Nr. 75 Abs. 3 Satz 2 der Richtlinien für das Straf- und Bußgeldverfahren (RiStBV) eine **Frist** zum Nachweis der Berechtigung zur Klageerhebung gesetzt werden.[144] Lässt der Dritte diese Frist, für die schon ein bis zwei Monate ausreichend sein sollen,[145] ungenutzt verstreichen, so soll die Sache an den letzten Gewahrsamsinhaber herausgegeben werden, Nr. 75 Abs. 3 Satz 3 RiStBV.

4.148 Hier ist die Sachlage tatsächlich und rechtlich komplex, so dass zumindest eine Herausgabe an den Geschädigten nicht in Betracht kommt. Da die Entscheidung der Staatsanwaltschaft mithin fehlerhaft war, sollte der Anwalt gegen diese Entscheidung nach § 111o Abs. 2 StPO **die gerichtliche Entscheidung** beantragen.

Hinweis

4.149 Entscheidet das Gericht, ist gegen diese Entscheidung die Beschwerde nach § 304 StPO gegeben.

4.150 Aus Nr. 74 RiStBV folgt die Pflicht der Staatsanwaltschaft, den sichergestellten Gegenstand sorgfältig zu verwahren. Der Berechtigte kann daher **Schadensersatzansprüche** aus einem öffentlich-rechtlichen Verwahrungsverhältnis geltend machen, wenn die Behörden ihre Pflicht verletzt haben, die beschlagnahmte Sache pfleglich zu behandeln.[146] Für Wertminderungen aufgrund entsprechender Obliegenheitsverletzungen haftet die Behörde mithin.

Praxistipp

4.151 Hingegen sollen nach der Rechtsprechung des Bundesgerichtshofs[147] keine Entschädigungsansprüche gegeben sein, wenn Schäden aufgrund einer vorsätzlichen Fremdeinwirkung durch Dritte entstehen. Für **Vandalismus** soll die Behörde nicht haften, weil sich hierhin nicht die Gefahr realisiere, die in der hoheitlichen Maßnahme angelegt sei.

---

144) OLG Stuttgart, Beschl. v. 01.09.1988 – 6 Ws 31/88, wistra 1989, 80.
145) LG Berlin, Beschl. v. 14.06.1999 – 538 Qs 44-99637, NStZ 1999, 636.
146) BGH, Urt. v. 16.05.2019 – III ZR 6/18, NJW 2019, 2618, 2619.
147) BGH, Urt. v. 09.04.1987 – III ZR 3/86, BGHZ 100, 335.

Die Schadensersatzansprüche sind gegen den Rechtsträger der Staatsanwaltschaft, also das Land, vor den **ordentlichen Gerichten** nach § 40 Abs. 2 Satz 2 VwGO geltend zu machen.[148] Vor der zivilrechtlichen Geltendmachung ist freilich zunächst ein **Aufforderungsschreiben** an die Staatsanwaltschaft zu entwerfen.

4.152

Prozesstaktische Hinweise

Rückgabeort

Die Staatsanwaltschaft ist nicht verpflichtet, die sichergestellten Gegenstände an den Ort zurückzubringen, an dem sie sichergestellt worden sind, da es sich bei der Rückgabe um eine Holschuld handelt.[149] Dies bedeutet allerdings nicht, dass der von einer Beschlagnahme betroffene Dritte die Kosten der Abholung selbst zu tragen hat Dieser kann nämlich seine Fahrtkosten und notwendigen Auslagen nach § 23 Abs. 2 Satz 1 Nr. 1 JVEG ersetzt verlangen.[150]

4.153

Kopien und gespiegelte Daten

Hat die Staatsanwaltschaft die Originalunterlagen bei dem Betroffenen belassen und nur Kopien gesichert, so hat der Betroffene einen **Anspruch auf Vernichtung** der Datenbestände nach Aufhebung der Beschlagnahme.[151] Dies gilt entsprechend auch für **gespiegelte elektronische Daten.**[152]

4.154

Muster

Antrag auf gerichtliche Entscheidung nach § 111o StPO

Amtsgericht ...
– Ermittlungsrichter –
(Anschrift)

In der Strafsache
gegen   A.B.
wegen   Hehlerei
Az.   ... (Staatsanwaltschaft ...)
       ... (Amtsgericht ...)

---

148) OLG Hamburg, Beschl. v. 12.10.1973 – VAs 15/73, MDR 1974, 510.
149) BGH, Urt. v. 03.02.2005 – III ZR 271/04, NJW 2005, 988, 989.
150) BGH, Urt. v. 03.02.2005 – III ZR 271/04, NJW 2005, 988, 989.
151) OLG Stuttgart, Beschl. v. 05.05.1977 – 4 VAs 234/76, NJW 1977, 2276.
152) OLG Rostock, Beschl. v. 29.06.2017 – 20 VAs 5/16.

wurde ich bereits im Ermittlungsverfahren zum Verteidiger des Beschuldigten bestellt. Mit Verfügung vom ... hat die Staatsanwaltschaft ... das gegen meinen Mandanten geführte Ermittlungsverfahren gem. § 170 Abs. 2 StPO eingestellt. Mit Verfügung vom selben Tag wurde die Beschlagnahme des am ... aufgrund des Beschlagnahmebeschlusses des Amtsgerichts ... (Az. ...) sichergestellten Kraftfahrzeugs Porsche Cayenne, amtl. Kennzeichen ..., aufgehoben, und der Porsche nach § 110 Abs. 1 StPO an Herrn C.D. herausgegeben.

Ich stelle den

Antrag auf gerichtliche Entscheidung

gem. § 110 Abs. 2 StPO.

Ich **beantrage**,

1. die Herausgabeverfügung der Staatsanwaltschaft ... vom ... (Az. ...) aufzuheben

und

2. den Pkw Porsche Cayenne, amtl. Kennzeichen ..., an meinen Mandanten herauszugeben.

Begründung:

Aufgrund des Beschlagnahmebeschlusses des Amtsgerichts ... vom ... (...) wurde der Pkw Porsche bei meinem Mandanten sichergestellt. Mein Mandant war damit letzter Gewahrsamsinhaber des Pkw Porsche. Daher ist der Pkw nach § 111n Abs. 1 StPO an meinen Mandanten herauszugeben.Der Pkw ist auch nicht vorrangig gem. § 111n Abs. 2 oder Abs. 3 StPO an Herrn C.D. herauszugeben. Es mag sein, dass Herr C.D. irgendwann einmal Besitzer des Pkw Porsche war. Jedoch kann nach den Feststellungen der Staatsanwaltschaft nicht ausgeschlossen werden, dass mein Mandant den Pkw in Polen gutgläubig erworben hat (vgl. Bl. 3 der Einstellungsverfügung der Staatsanwaltschaft ...). Herr C.D. ist folglich nicht Eigentümer des Pkw. Jedenfalls sind die Voraussetzungen einer Herausgabe an ihn nicht offenkundig. Daher verbietet sich gem. § 111n Abs. 4 StPO eine Herausgabe an Herrn C.D.

Es verbleibt daher bei der Herausgabe an meinen Mandanten als letzten Gewahrsamsinhaber.

Ich bitte daher, zeitnah mit mir einen Termin zur Übergabe des Pkw an meinen Mandanten abzustimmen.

Rechtsanwältin/Rechtsanwalt

Aufforderungsschreiben Schadensersatz

Amtsgericht ...
(Anschrift)

In der Strafsache
gegen   A.B.
wegen   Hehlerei
Az.   ... (Staatsanwaltschaft ...)
         ... (Amtsgericht ...)

bin ich bekanntlich zum Verteidiger des Beschuldigten bestellt. Mit Verfügung vom ... hat die Staatsanwaltschaft ... das gegen meinen Mandanten geführte Ermittlungsverfahren gem. § 170 Abs. 2 StPO eingestellt und das aufgrund des Beschlagnahmebeschlusses des Amtsgerichts ... vom ... (Az. ...) sichergestellte Kraftfahrzeug Porsche Cayenne, amtl. Kennzeichen ..., an meinen Mandanten herausgegeben.

Bei der Herausgabe wurde festgestellt, dass das Fahrzeug durch einen Starkregen beschädigt wurde.

Ich **beantrage** daher,

> anzuerkennen, dass die unsachgemäße Aufbewahrung des Porsche Cayenne, amtl. Kennzeichen ..., für nachstehend aufgezeigten Schäden ursächlich war

> und

> meinem Mandanten den entstandenen Schaden i.H.v. ...   zuzüglich Umsatzsteuer zu erstatten.

Begründung:

Aufgrund des Beschlagnahmebeschlusses des Amtsgerichts ... vom ... (...) wurde der Pkw Porsche bei meinem Mandanten sichergestellt und nunmehr am 01.04.2020 zurückgegeben.

Jedoch war der Pkw bei Rückgabe in einem erbärmlichen Zustand. Rückfragen haben ergeben, dass das Fahrzeug aufgrund eines Starkregens im März 2020 beschädigt wurde. Der Pkw wurde zwar in der Fahrzeughalle der Staatsanwaltschaft gelagert. Das Dach war jedoch undicht, so dass der Starkregen in die Halle gelangen konnte. Überdies hatte ein Mitarbeiter der Staatsanwaltschaft aus hier nicht nachvollziehbaren Gründen das Schiebedach des Pkw geöffnet.

Aufgrund des Starkregens ist ein Schaden i.H.v. ... € zuzüglich Umsatzsteuer an dem Pkw entstanden. Für die Einzelheiten nehme ich auf das anliegende Gutachten des Autohauses E.F. Bezug.

Aus Nr. 74 RiStBV folgt die Pflicht der Staatsanwaltschaft, den sichergestellten Gegenstand sorgfältig zu verwahren. Mein Mandant macht daher die Schadensersatzansprüche aus diesem öffentlich-rechtlichen Verwahrungsverhältnis geltend (BGH, Urt. v. 16.05.2019 – III ZR 6/18, NJW 2019, 2618, 2619). Die Pflichtverletzung der Behörde ergibt sich hier offensichtlich aus der unsachgemäßen Lagerung in der Fahrzeughalle und dem Öffnen des Schiebedachs.

Ich bitte daher, bis spätestens zum ... die geltend gemachten Ansprüche anzuerkennen und meinem Mandanten den eingetretenen Schaden zu ersetzen.

Andernfalls werde ich den Schadensersatz vor den ordentlichen Gerichten einklagen.

Rechtsanwältin/Rechtsanwalt

5 Untersuchungsmaßnahmen nach §§ 81–81h StPO

5.1 Einführung

5.1.1 Überblick über die Maßnahmen nach §§ 81–81h StPO

Kategorisierung

5.1   Die §§ 81 bis 81h StPO regeln:

– Beweiserhebungsmaßnahmen, bei denen der Betroffene körperlich anwesend sein muss (**§§ 81–81c StPO**),

– Details zur Ausführung (**§ 81d StPO**),

– Untersuchungsverfahren im besonders sensiblen Bereich der Molekulargenetischen Untersuchung = DNA-Untersuchung (**§§ 81e und 81f StPO**),

– die präventive Erhebung von DNA-Material (**§ 81g StPO**) und

– den Sonderfall der DNA-Reihenuntersuchung (**§ 81h StPO**).

5.1.2 Zweck der Ermittlungsmaßnahmen nach §§ 81–81h StPO

Alle Maßnahmen dienen der Erhebung von Beweis für ein konkretes oder ein potentielles, künftiges Strafverfahren.

5.1.3 Belastungen und Gefahren für den Mandanten bei Ermittlungsmaßnahmen

Diese Erhebung von Beweisen birgt Belastungen für den Mandanten, deren Verhinderung Aufgabe der Verteidigung ist, nämlich

– die unmittelbare Belastung, die der Betroffene spürt, weil er einer **Zwangsmaßnahme** unterworfen wird (**siehe Rdnr. 5.2**),

– die mittelbare Belastung, weil nahezu jeder durch diese Maßnahmen gewonnene **Beweis verwertbar** ist (**siehe Rdnr. 5.3**), und

– die mittelbare Belastung, die sich daraus ergibt, dass der Mandant unmittelbaren Kontakt zu Ermittlungsbehörden hat, was u.U. zu **ungewollten Äußerungen des Mandanten** führt (**siehe Rdnr. 5.4**).

5.1.3.1 Unmittelbare Belastung

Spürbare Belastung

Die unmittelbare Belastung durch Maßnahmen nach § 81 ff. StPO stellt sich für verschiedene Betroffene und je nach Maßnahme **unterschiedlich dar.** Die intensive Belastung einer geschlossenen Unterbringung nach § 81 StPO liegt auf der Hand, dies gilt aber nicht in jedem Fall für eine körperliche Untersuchung nach § 81a StPO oder die erkennungsdienstliche Behandlung nach § 81b StPO. Die unmittelbare Belastung ist auch regelmäßig davon abhängig, wie „polizeierfahren" und abgeklärt der Mandant ist. Jedoch wird eine Vielzahl von Betroffenen Polizeikontakt als stressauslösend empfinden, so dass der Verteidiger schon aus diesem Grund i.S.d. Mandanten versuchen sollte, die Maßnahme abzuwenden.

5.2

> **Hinweis**
>
> Ein Großteil der Bevölkerung, dürfte – insinuiert durch Fernsehserien wie „Tatort" etc. – der Auffassung sein, polizeilichen Anweisungen zu Beweiserhebungsmaßnahmen bedingungslos Folge leisten zu müssen.[1] Dieses laienhafte Halb- oder Falschwissen von Betroffenen sollte der Verteidiger nicht unterschätzen, denn aufgrund der Fehlvorstellung, dass es ohnehin keine Anfechtungsmöglichkeiten gäbe, besteht auch im laufenden Mandat die Gefahr, dass der Mandant freiwillig Maßnahmen nachkommt, die retrospektiv nicht mehr zu unterdrückende Beweise zu Tage fördern. Es bietet sich an, den Mandanten bereits bei Erstkontakt mündlich und ggf. durch ein standardisiertes Merkblatt – und damit nachweisbar – darüber zu informieren, dass sie sich bei jeder Form der Kontaktierung durch Ermittlungsbehörden sich unmittelbar und sofort an den Verteidiger wenden sollen und dass diese Maßnahmen ggf. durch Intervention des Verteidigers verhindert werden können.

5.1.3.2 Mittelbare Belastung: Gefahr durch rechtswidrige Erhebung verwertbarer Erkenntnisse

Verwertbarkeit nahezu aller Beweise

Hinter der unmittelbaren Belastung, die der Betroffene spürt, weil er sich einer Zwangsmaßnahme unterwerfen soll, die mit Stress (Polizeikontakt), Aufwand (An- und Abfahrt, Freinehmen bei der Arbeit) und ggf. Diskussionen mit dem/der Ehe-/Lebenspartner/in verbunden sein kann, kann in der Wahrnehmung des Betroffenen die größere Gefahr zurücktreten: Dass nämlich regelmäßig jeder, auch der rechtswidrig erhobene Beweis, verwertbar sein wird! Das **Beweisverwer-**

5.3

---

1) Vgl. Meyer-Goßner/Schmitt, § 81a Rdnr. 4a.

tungsverbot stellt eine **Ausnahme** dar, die nur bei ausdrücklicher gesetzlicher Anordnung oder aus übergeordneten wichtigen Gründen im Einzelfall anzuerkennen ist.[2]

Faustregel für den Verteidiger ist daher: Es ist einfacher, einen Beweis aus der Akte fernzuhalten, als dessen Verwertung in der Hauptverhandlung zu verhindern oder die Akte mit anderen, entlastenden Beweisen zu füllen. Umso wichtiger ist es, die Anordnung von Untersuchungen auf ihre Rechtmäßigkeit hin zu überprüfen und den **Mandanten** darüber **aufzuklären**, dass Erkenntnisse aus diesen Maßnahmen auch dann kaum aus der Welt zu schaffen sind, wenn die Anordnung rechtswidrig gewesen sein sollte.

Hinweis

Auch hier sind Fehlvorstellungen weit verbreitet, nach denen eine unzulässige Beweiserhebung regelmäßig zur Unverwertbarkeit des Beweismittels im Prozess führen würde (vermutlich inspiriert durch US-amerikanische Fernsehserien und nach dortigen Rechtsregeln u.U. auch zutreffend[2]). Wie schon bei der Frage, ob sich der Betroffene polizeilichen „Vorladungen" beugen muss (siehe soeben, Rdnr. 5.2), gilt auch hier, dass der Verteidiger die Fehlvorstellung des Mandanten in dessen Interesse ausräumen sollte. Ansonsten läuft der Verteidiger Gefahr, dass der Mandant sich sorglos der Maßnahme beugt in der Annahme, dass der Beweis ggf. später durch den Verteidiger „beiseite geräumt" werden könnte.

5.1.3.3 Mittelbare Belastung: Gefahr durch physische Anwesenheit des Beschuldigten ohne Begleitung des Verteidigers

Taktische Maßnahmen der Ermittlungsbehörden

5.4 Neben den beiden vorgenannten Belastungen, nämlich der unmittelbaren Belastung durch eine Zwangsmaßnahme und der Gefahr, dass belastende Beweise nahezu unumstößlich erhoben werden, ist schließlich zu sehen, dass die erzwungene **Anwesenheit** des Beschuldigten bei derartigen Maßnahmen durch die Ermittlungsbehörden gerade im Bereich der schweren Kriminalität **taktisch genutzt** werden wird.[4]

Die Praxis lehrt,

– dass die mit dem Ermittlungsverfahren betrauten Beamten nicht selten und fast nie zufällig bei erkennungsdienstlichen Maßnahmen vor Ort sind,

---

2) Ausführlich Rinklin, Hauptverhandlung, S. 859 ff.

3) Nardone et al. v. United States, 308 U.S. 338 (60 S.Ct. 266, 84 L.Ed. 307), abrufbar unter https://www.law.cornell.edu/supremecourt/text/308/338.

4) Strafverteidigung in der Praxis/Gatzweiler, Leitner, Münchhalffen, § 19 Rdnr. 8.

Godendorff

- dass Mandanten den scheinbar unverfänglichen Kontakten, z.B. im Rahmen einer Fingerabdruckabnahme, nicht widerstehen können,

- dass Mandanten auch dann nicht widerstehen, wenn sie dem Verteidiger zuvor zugesagt haben, es zu tun,

- dass Mandanten in einer später folgenden Besprechung dem Verteidiger gegenüber das Vorgefallene nicht offenbaren, u.U., weil sie die Vernehmungsmaßnahme nicht einmal erkannt haben. Der Verteidiger wird hierdurch erst im Rahmen der Akteneinsicht erfahren.

Derart **provozierte Äußerungen** des zuvor belehrten Beschuldigten werden durch den Verteidiger auch dann nicht aus der Welt zu räumen sein, wenn dieser ihm dringend angeraten hat, zu schweigen. In Mandaten, in denen dem Mandanten ein erheblicher Vorwurf gemacht wird und in denen deshalb auch die Ermittlungsmaßnahmen entsprechend engagiert verfolgt werden, wird es sich anbieten, den Mandanten – soweit möglich – zu begleiten.

5.1.3.4   Aufgaben der Verteidigung

Folgerung

- Aufgabe des Verteidigers muss es sein, die unmittelbaren Belastungen dadurch abzumildern, dass der Mandant eng betreut wird, und diese ggf. abgewehrt werden.   5.5

- Der Verteidiger sollte daher den Mandanten nach Möglichkeit begleiten (vgl. dazu auch unten Rdnr. 5.64), auch wenn er kein Anwesenheitsrecht während der Kernhandlungen der erkennungsdienstlichen Maßnahmen hat.[5]

Vordringlichste Aufgabe ist es aber,

- den Mandanten über die mittelbaren Belastungen und Risiken aufzuklären.

5.1.4   Die Maßnahmen im Einzelnen

5.1.4.1   § 81 StPO – Unterbringung des Beschuldigten zur Vorbereitung eines Gutachtens

Einschneidende Maßnahme

Mit § 81 StPO steht den Ermittlungsbehörden ein **scharfes Schwert** zur Verfügung, um den unexplorierten Beschuldigten zwangsweise explorieren zu lassen.   5.6

---

[5]   KG, Beschl. v. 04.05.1979 – (1) 1 StE 2/77 (130/77), NJW 1979, 1668.

Dieser kann

- **gegen** seinen **Willen**

- bis zu **sechs Wochen** (§ 81 Abs. 5 StPO)

- in einem **öffentlichen Krankenhaus** beobachtet werden (§ 81 Abs. 1 StPO).

Dass diese einschneidende Maßnahme durch die Verteidigung sorgfältig geprüft werden muss, liegt auf der Hand.

Praxistipp

Die – insbesondere von hafterfahrenen – Beschuldigten zum Teil geäußerte Meinung, die sechswöchige Zeit hinter sich zu bringen, ohne dabei eine Exploration zu ermöglichen, oder gar den Gutachter vom Gegenteil der tatsächlichen Gegebenheiten überzeugen zu können, ist irrig. Unabhängig davon, dass Beschuldigte sich und ihre intellektuellen Kompetenzen regelmäßig überschätzen, wird mancher Gutachter bereits aus professionellem Ehrgeiz heraus in jedem Fall Feststellungen zur psychischen Verfasstheit des Beschuldigten treffen.

Voraussetzungen

5.7   Die Voraussetzungen für eine Unterbringung des Beschuldigten zur Vorbereitung eines Gutachtens (§ 81 StPO) sollten durch den Verteidiger stets überprüft werden, da die Maßnahme die Freiheit des Mandanten einschränkt und da sie geeignet ist, Beweistatsachen zu produzieren, die die – grundsätzlich lebenslange – Unterbringung in einem psychiatrischen Krankenhaus (§ 63 StGB) oder die ebenso belastende Anordnung der Sicherungsverwahrung (§ 66 StGB) rechtfertigen. Die Prüfung, ob diese belastende Maßnahme abgewendet werden kann, kann anhand der folgenden Checkliste erfolgen, um den Erlass eines Beschlusses zu verhindern bzw. ihn anzufechten (siehe Rdnr. 5.46).

- Liegt ein dringender Tatverdacht (§ 112 Abs. 1 StPO) vor
  (§ 81 Abs. 2 Satz 1 StPO)?

- Ist dieser dringende Tatverdacht nicht nur beschrieben, sondern auch in einer Weise begründet, die für die Begründung eines Haftbefehls ausreichen würde?

- Lassen die Schwere des Vorwurfs und die daraus resultierende Straferwartung die Maßnahme verhältnismäßig erscheinen (§ 81 Abs. 2 Satz 2 StPO)?

- Sind bislang Feststellungen zu einem der folgenden Punkte nicht möglich:
  - Schuldfähigkeit (§§ 20, 21 StGB),
  - Gemeingefährlichkeit (§§ 63, 66, 66a StGB),
  - Verhandlungsfähigkeit (§§ 205, 231a StPO),
  - Entwicklungsstand bei Jugendlichen oder Heranwachsenden
    (§§ 73, 104 Abs. 1 Nr. 12, 109 Abs. 1 JGG)?

- Sind diese Feststellungen für das Hauptverfahren notwendig?

- Ist ein Sachverständiger angehört worden (§ 81 Abs. 1 erste Variante StPO), und hat er sich schriftlich geäußert?[6]

- Ist der Sachverständige Facharzt für Neurologie oder Psychiatrie?[7]

- Hat sich der Sachverständige zuvor einen persönlichen Eindruck vom Beschuldigten verschafft?[8]

- Ist der Sachverständige insbesondere zu der Untersuchungsmethodik, die er anzuwenden beabsichtigt, angehört worden sowie zu der Frage, ob und wie sich die o.g. Feststellungen durch diese Methodik treffen lassen?

- Ist der Sachverständige zu der Frage gehört worden, ob die Untersuchungsmethodik, die er anzuwenden beabsichtigt, die Mitwirkung des Beschuldigten voraussetzt?

- Falls ja: Liegt die Einwilligung des Beschuldigten vor,[9] bzw. kann/sollte der Verteidiger erfolgreich von einer Einwilligung abraten?

- Ist ausgeschlossen, dass die vorgeschlagene Methodik einer Totalbeobachtung gleichkommt, die den Beschuldigten zum Anschauungsobjekt macht?[10]

- Ist der Verteidiger angehört worden (§ 81 Abs. 1 zweite Variante StPO), nachdem ihm die Stellungnahme des Sachverständigen zugeleitet worden ist?[11]

Liegen die Voraussetzungen der Unterbringung des Beschuldigten zur Vorbereitung eines Gutachtens (§ 81 StPO) nicht vor, ist der Unterbringungsbeschluss anzufechten, bzw. vor dessen Erlass im Rahmen der Gewährung rechtlichen Gehörs (§§ 33 Abs. 3, 81 Abs. 1 StPO) der Versuch zu unternehmen, seinen Erlass zu verhindern.

Praxistipp

Sehr häufig wird die Maßnahme nach § 81 StPO nicht gesondert angeordnet werden (müssen[12]), weil sich der Beschuldigte bereits in einstweiliger Unterbringung gem. § 126a StPO befindet. Hier wird der Verteidiger jedoch **in besonderem Maß** auf die in der obigen **Checkliste** aufgeführten Punkte zur Untersuchungsmethodik achten müssen und namentlich darauf, dass nicht die vom Bundesverfassungsgericht aufgestellten Grundsätze unterminiert werden, die verhindern, dass der Beschuldigte zum Beobachtungsobjekt degradiert wird.[13] Siehe hierzu auch die Mandatssituation unten (Rdnr. 5.48).

---

6) LR/Krause, § 81 Rdnr. 19 m.w.N. in Fn. 3807.
7) OLG Frankfurt, Beschl. v. 24.11.1966 – 3 Ws 558/66, NJW 1967, 689.
8) OLG Karlsruhe, Beschl. v. 26.04.1983 – 2 Ws 85/83, MDR 1984, 72.
9) BVerfG, Beschl. v. 09.10.2001 – 2 BvR 1523/01, NJW 2002, 283.
10) BVerfG, Beschl. v. 09.10.2001 – 2 BvR 1523/01, NJW 2002, 283.
11) OLG Karlsruhe, Beschl. v. 15.03.1972 – 2 Ws 47/72, NJW 1972, 1584.
12) BGH, Beschl. v. 06.12.2001 – 1 StR 468/01; **a.A.** OLG Hamburg, Beschl. v. 09.10.1972 – 2 Ws 411/72, MDR 1972, 1048.
13) BVerfG, Beschl. v. 09.10.2001 – 2 BvR 1523/01, NJW 2002, 283.

Unterbringungsbeschluss

5.8   Für den Erlass des Unterbringungsbeschlusses ist das Hauptsachegericht zuständig (§ 81 Abs. 3 StPO). Nach Erhalt eines solchen Beschlusses wird durch den Verteidiger zu prüfen sein:

- Enthält der Beschluss eine Begründung (§ 34), aus der sich die oben Rdnr. 5.7 (vorangehende Checkliste) dargestellten Anforderungen detailliert ergeben (erneute Prüfung der obigen Liste!)?

- Wurde der Beschluss verkündet (§ 35 Abs. 1) oder außerhalb der Hauptverhandlung zugestellt (§ 35 Abs. 2)? Beachte: Notwendige Verteidigerzustellung (§ 145a Abs. 1).

Fehlt es an den Anordnungsvoraussetzungen, wird sofortige Beschwerde einzulegen sein (siehe sogleich, Rdnr. 5.9). Wirksamkeit von Verkündung oder Zustellung sind entscheidend für die Berechnung der einwöchigen Anfechtungsfrist des § 311 Abs. 2 erster Halbsatz StPO.

Anfechtung

5.9   – Gegen den Unterbringungsbefehl ist die **sofortige Beschwerde** zulässig (§§ 81 Abs. 4, 311 StPO).

- Eine Einschränkung für vom Oberlandesgericht als Gericht des ersten Rechtszugs erlassene Unterbringungsbefehle besteht nicht (§ 304 Abs. 4 Satz 2 Nr. 1 StPO).

- Die sofortige Beschwerde hat in jedem Fall **aufschiebende Wirkung**.[14]

- Eine **weitere Beschwerde** findet nicht statt, § 310 Abs. 2 StPO.[15]

> **Hinweis**
>
> Die Einlegung des Rechtsmittels ist entgegen § 297 StPO u.U. auch gegen den ausdrücklichen Willen des Beschuldigten möglich, weil ein erheblicher Wille durch ihn nicht gebildet werden kann.[16] Insofern wird zu differenzieren sein:
> - Dient die Untersuchung der Feststellung der **Verhandlungsfähigkeit** (§§ 205, 231a StPO), steht § 297 der Einlegung nicht entgegen, die sofortige Beschwerde kann also gegen den Willen des Beschuldigten eingelegt werden.
> - Gleiches wird i.d.R. bei einem fraglichen **Entwicklungsstand** bei Jugendlichen oder Heranwachsenden (§§ 73, 104 Abs. 1 Nr. 12, 109 Abs. 1 JGG) gelten.

---

14) OLG Celle, Beschl. v. 27.07.1966 – 4 Ws 252/66, NJW 1966, 1881.
15) LR/Krause, § 81 Rdnr. 40 m.w.N. in Fn. 3880.
16) Vgl. LR/Krause, § 81 Rdnr. 40; KK/Hadamitzky § 81 Rdnr. 11 m.w.N. (beide für weite Ausnahme zu § 297); offengelassen bei BeckOK, StPO/Monka, § 81 Rdnr. 13.

- Steht hingegen die **Schuldfähigkeit** in Frage (§§ 20, 21 StGB), müssen Umstände hinzutreten, die nahelegen, dass sich der vermutete Defekt noch immer auf die Entscheidungsfähigkeit auswirkt.
- Eine im Raum stehende **Gemeingefährlichkeit** (§§ 63, 66, 66a StGB) wird die Entscheidungsfähigkeit des Beschuldigten nur in seltenen Fällen beeinträchtigen.

Vollstreckung

Die **Vollstreckung des Unterbringungsbefehls** obliegt der Staatsanwaltschaft, §36 Abs. 2 Satz 1 StPO. Nach Nr. 61 Abs. 2 RiStBV soll die Staatsanwaltschaft den Beschuldigten i.d.R. nur dann mit Vorführungsbefehl in das psychiatrische Krankenhaus bringen lassen, wenn der auf freiem Fuß befindliche Beschuldigte   5.10

- unter **Androhung der zwangsweisen Zuführung** für den Fall der Nichtbefolgung aufgefordert worden ist und

- sich innerhalb einer **bestimmten Frist** nicht in dem psychiatrischen Krankenhaus gestellt hat.

Gegen den ggf. erlassenen Vorführungsbefehl ist ein Antrag auf gerichtliche Entscheidung gem. § 23 Abs. 1 Satz 1 EGGVG statthaft,[17] dem jedoch kein Suspensiveffekt zukommt.[18]

> **Praxistipp**
>
> Dem Mandanten, der mit einem wirksam zugestellten und in Rechtskraft erwachsenen Unterbringungsbeschluss zur Beratung erscheint, kann neben einem ggf. denkbaren Antrag auf Wiedereinsetzung nur noch geholfen werden durch einen Hinweis an die Staatsanwaltschaft auf Nr. 61 Abs. 2 RiStBV und einen Antrag auf gerichtliche Entscheidung gem. § 23 EGGVG, verbunden mit der Bitte, den Vorführungsbefehl einstweilen nicht zu vollstrecken.

5.1.4.2   § 81a StPO – Körperliche Untersuchung des Beschuldigten

§ 81a StPO gestattet seinem Wortlaut nach recht **weitreichende körperliche Eingriffe zur Feststellung** z.B.[19]   5.11

- der **Beschaffenheit des Körpers** und seiner Bestandteile,

- des **Bluts,**

- des **Magensafts** oder

---

17) BeckOK, StPO/Monka, § 81 Rdnr. 9 a.E.
18) Zöller/Lückemann, § 24 EGGVG Rdnr. 4 m.w.N.
19) Auflistung bei KK/Hadamitzky, § 81a Rdnr. 5.

– des Vorhandenseins von **Fremdkörpern** und

– des **psychischen Zustands** des Beschuldigten.

Das **Spannungsverhältnis**[20] dieser Norm liegt auf der Hand: Den Strafverfolgungsbehörden wird einerseits der physische Körper des Beschuldigten als Anschauungs- und Untersuchungsobjekt zur Verfügung gestellt; zur selben Zeit soll dem Geist, der eben diesen Körper beherrscht, das Recht zustehen, sich nicht selbst zu belasten. Die in der Literatur geführte Debatte, ob dies mit dem Nemo-tenetur-Grundsatz vereinbar ist,[21] ist für den Praktiker unerheblich. Es ist vereinbar.[22] Für den Verteidiger wesentlicher sind die drei folgenden Fragen:

– Sofern der Mandant zu einer Maßnahme aufgefordert wurde, in die er **freiwillig** einwilligen kann: Ist dem Mandanten die Freiwilligkeit der Maßnahme bekannt/ist dem Mandanten geraten worden, nicht einzuwilligen?

– Werden/wurden **Verfahrensvorschriften** eingehalten?

– Ist die angekündigte/angeordnete Maßnahme auch im Licht des vorgenannten Spannungsverhältnisses **verhältnismäßig**?

Freiwillige Einwilligung

5.12 Nach gefestigter obergerichtlicher Rechtsprechung kann der Beschuldigte wirksam in die Maßnahme einwilligen,[23] dies sogar mündlich[24] und u.U. nach Alkohol- oder BtM-Abusus.[25] Lediglich die widerstandslose Hinnahme der Maßnahme stellt keine wirksame Einwilligung mehr dar.[26]

– Sofern der Mandant **nicht eingewilligt** hat, sollte er über die Freiwilligkeit belehrt werden und die Nicht-Einwilligung des Mandanten ausdrücklich gegenüber den Ermittlungsbehörden zu den Akten gebracht werden, verbunden mit der Bitte, weitere Korrespondenz über den Verteidiger zu führen.

– Hat der Mandant **eingewilligt**, die Maßnahme wurde **aber bislang nicht durchgeführt**, so kann die Einwilligung widerrufen werden,[27] was in der gleichen Weise wie vorbeschrieben geschehen sollte.

– Hat der Mandant **eingewilligt** und wurde die **Maßnahme durchgeführt**, so ist zu prüfen, ob

---

20) Vgl. BeckOK, StPO/Goers, § 81a Vor. Rdnr. 1.

21) Eisenhardt, Das nemo-tenetur-Prinzip: Grenze körperlicher Untersuchungen beim Beschuldigten, 2007, S. 212; Naucke, FS Hamm, S. 497.

22) BVerfG, Beschl. v. 14.02.1978 – 2 BvR 406/77, NJW 1978, 1149 = BVerfGE 47, 239.

23) OLG Hamburg, Beschl. v. 04.02.2008 – 2-81/07 (REV), NJW 2008, 2597; OLG Hamm, Beschl. v. 02.11.2010 – 3 RVs 93/10, BeckRS 2010 29288; LR/Krause, § 81a Rdnr. 12.

24) KG, Beschl. v. 09.10.2014 – 3 Ws (B) 507/14, NStZ-RR 2015, 25.

25) KG, Beschl. v. 09.10.2014 – 3 Ws (B) 507/14, NStZ-RR 2015, 25; OLG Hamm, Beschl. v. 20.02.2011 – 3 RVs 104/10, BeckRS 2011, 5837.

26) OLG Bamberg, Beschl. v. 19.03.2009 – 2 Ss 15/09, NJW 2009, 2146.

27) Meyer-Goßner/Schmitt, § 81a Rdnr. 5.

- eine so intensiv-invasive Maßnahme vorliegt, dass der Mandant nicht einwilligen konnte, sondern es dennoch einer richterlichen Anordnung bedurft hätte,[28]
- er wirksam einwilligen konnte (Alkoholisierung, BtM-Konsum),[29]
- er zuvor über die Freiwilligkeit seines Handelns belehrt wurde.[30]

Hinweis

In jedem Fall, in dem der Beweis in rechtswidriger oder jedenfalls zweifelhafter Weise erlangt wurde, ist an die Erhebung des Verwertungswiderspruchs in der Hauptverhandlung zu denken.[31]

Verfahrensvorschriften

- Um festzustellen, ob die Voraussetzungen des § 81a Abs. 1 Satz 1 StPO (körperliche Untersuchung des Beschuldigten) vorliegen, ist zu prüfen, ob der Mandant Beschuldigter ist; denn anderenfalls können die Ermittlungsbehörden nur unter den engeren Voraussetzungen des § 81c StPO (siehe Rdnr. 5.19) tätig werden. Eine Anordnung nach § 81a StPO, die gegen den Nichtbeschuldigten ergeht, sollte angefochten werden (dazu Rdnr. 5.50).

  5.13

- Soweit noch nicht bekannt, ist bei der Ermittlungsbehörde zu erfragen, welches Ermittlungsverfahren zu welchem Aktenzeichen gegen den Mandanten geführt wird. Nur mit diesen Informationen kann Akteneinsicht beantragt werden, nur mit ihnen kann sich der Verteidiger zur Akte legitimieren und ggf. seine Bestellung als Pflichtverteidiger beantragen (vgl. dazu Rdnr. 8.13 ff.).

- Die Voraussetzungen des § 152 Abs. 2 dürfen nicht durch die Ermittlungsmaßnahme zutage gefördert werden, sondern müssen zuvor vorliegen. Eine Beweiserhebung ins Blaue hinein, bei der kein Anfangsverdacht vorliegt, sollte der Verteidiger i.S.d. Mandanten durch Anfechtung (dazu Rdnr. 5.50) unterbinden.

---

28) Für die Notwendigkeit einer richterlichen Anordnung im Fall besonders schwerwiegender Maßnahmen: Meyer-Goßner/Schmitt, § 81a Rdnr. 3 a.E.

29) KG, Beschl. v. 09.10.2014 – 3 Ws (B) 507/14, BeckOK, StPO/Goers, § 81a Rdnr. 16 m.w.N.

30) Meyer-Goßner/Schmitt, § 81a Rdnr. 12 m.w.N; **a.A.** OLG Brandenburg, Beschl. v. 16.04.2013 – (2 B) 53 Ss-OWi 58/13 (55/13), NStZ 2014, 524; differenzierend LG Saarbrücken, Beschl. v. 13.11.2008 – 2 Qs 53/08, BeckRS 2008, 23730: Belehrung nach §§ 163a Abs. 4, 136 Abs. 1 Satz 2 StPO ausreichend.

31) Ausführlich Rinklin, Hauptverhandlung, S. 863 ff.

Praxistipp

Gerade am Beginn eines Ermittlungsverfahrens agieren die Polizeibeamten zwar formal als Ermittlungspersonen der Staatsanwaltschaft, (§ 152 Abs. 1 GVG) oft jedoch ohne enge Anbindung an die Staatsanwaltschaft und daher recht frei. Aufgabe des Verteidigers wird es daher im frühen Verfahrensstadium insbesondere sein, die Rolle des Mandanten zu klären, indem er sich an die Staatsanwaltschaft als Herrin des Verfahrens wendet. Lehnt diese die Eintragung des Mandanten als Beschuldigten ab, so wird die Anordnung einer Maßnahme nach § 81a StPO kaum mehr möglich sein. Trägt sie den Mandanten als Beschuldigten ein, so wirkt dies auch diesem gegenüber „heilsam". Er wird angesichts dieses formalen Status eher zurückhaltend sein mit freiwilligen Einwilligungen zum Ausräumen des Verdachts, wie es nicht selten seitens der Ermittlungsbehörden insinuiert wird. Zudem besteht damit ein – wenn auch beschränktes, § 147 Abs. 2 – Akteneinsichtsrecht.

– Die Anordnung ist grundsätzlich eine richterliche,[32] zur Frage der staatsanwaltschaftlichen und polizeilichen Eilkompetenz bei „**Gefahr im Verzug**" gem. § 81a Abs. 2 Satz 1 StPO existiert eine unübersichtliche Kasuistik;[33] sie ist so unübersichtlich, dass sie in jedem Einzelfall durch den Verteidiger intensiv zu prüfen und zu erörtern sein wird, sofern kein Richter entschieden hat.

– Eine Ausnahme stellt § 81a Abs. 2 Satz 2 StPO dar; für bestimmte **Straßenverkehrsdelikte** (zu Ordnungswidrigkeiten siehe § 46 Abs. 4 Satz 2 OWiG) wurde eine Ausnahme von der vorrangigen richterlichen **Anordnungskompetenz** für die Entnahme von Blutproben geschaffen und die Anordnungskompetenz insoweit auf **Staatsanwaltschaft** und **Polizei** übertragen.[34] Aus Sicht des Verteidigers wird es deshalb nicht mehr sinnvoll sein, im Standardfall (des Verdachts) der Trunkenheitsfahrt und einer anschließenden Blutprobenentnahme mehr zu prüfen als die **Anordnung** selbst, deren **Dokumentation** und **Begründung**.

Praxistipp

Nach seinem Wortlaut verlangt § 81a Abs. 2 Satz 2 StPO überhaupt keine Anordnung, auch nicht eine solche durch Staatsanwaltschaft oder Polizeibeamte. Diese Auslegung muss grundsätzlichen Bedenken begegnen; sie wird spätestens im Fall einer Überprüfung durch das BVerfG nicht zu halten sein.[35] Aus Sicht des Verteidigers erscheint daher zunächst die Akteneinsichtnahme am sinnvollsten, um zu überprüfen, ob eine schriftliche Dokumentation der Anordnung selbst und eine zumindest kurze Begründung (vgl. § 34 erste Variante StPO) zu den Akten gebracht wurde. Sollte dies nicht der Fall sein, so wird deren Fehlen im Verfahren zu thematisieren sein.

---

32) Vgl. zur funktionalen Zuständigkeit KK/Hadamitzky, § 81a Rdnr. 8.
33) MüKo-StPO/Trück, § 81a Rdnr. 30 m.w.N.; KK/Hadamitzky, § 81a Rdnr. 8 m.w.N.
34) Vgl. dazu BT-Drucks. 17/4232 (Gesetzentwurf), BT-Drucks. 18/11272 (Gesetzentwurf), BT-Drucks. 18/12785 (Beschlussempfehlung Ausschuss).
35) Vgl. BVerfG, Beschl. v. 11.06.2010 – 2 BvR 1046/08, NJW 2010, 2864, m. Anm. Sachs JuS 2010, 1126.

Verhältnismäßigkeit

Wie beschrieben stehen die Maßnahmen im Spannungsverhältnis von Amtsauf-   5.14
klärungspflicht der Ermittlungsbehörden einerseits und dem Nemo-tenetur-
Grundsatz andererseits. Ist die Maßnahme unverhältnismäßig, wird sie anzufechten sein (siehe dazu Rdnr. 5.50), um die körperliche Untersuchung zu vermeiden.
Der **Prüfungskanon des Verteidigers** zur Überprüfung der Verhältnismäßigkeit
lautet:[36]

– Ist die konkret angeordnete Untersuchungshandlung zur Erreichung des angestrebten Zwecks **geeignet**?

– Ist sie das **mildeste** Mittel?

– Steht der damit verbundene Eingriff **nicht außer Verhältnis** zur Bedeutung der
  Sache und zur Stärke des bestehenden Tatverdachts? Dabei sind zu ermitteln:
  – die zur Akte gebrachten Tatsachen, die den **Tatverdacht** begründen sollen,
  – die vom Mandanten dazu mitgeteilten **entlastenden Informationen**, ggf.
    sind diese den Ermittlungsbehörden mitzuteilen, um die Ermittlungsmaß-
    nahme abzuwenden,
  – **Besonderheiten** in der Person des Mandanten, die ggf. ebenfalls den Ermitt-
    lungsbehörden mitzuteilen sind (Beispiel: panische, diagnostizierte und
    durch Arztbriefe belegte Angst des Beschuldigten vor Blutentnahmena-
    deln).

Hinweis

Der Wortlaut des § 81a ist StPO außerordentlich weit.[37] Insbesondere in einem
frühen Verfahrensstadium, in dem das Ermittlungsverfahren noch weitgehend
von der Polizei beherrscht wird, bedarf es des kontinuierlichen Hinweises auf
die durch die Rechtsprechung konkretisierten Voraussetzungen, deren Beachtung die einzelne Maßnahme verhältnismäßig werden lässt.[38]

---

36) Vgl. BVerfG, Beschl. v. 02.08.1996 – 2 BvR 1511/96, NJW 1996, 3071.
37) Vgl. MüKo-StPO/Trück, § 81a Rdnr. 19.
38) Vgl. BVerfG, Beschl. v. 02.08.1996 – 2 BvR 1511/96, NJW 1996, 3071.

Anfechtung

5.15 Sowohl Anordnung als auch Vollstreckung sind grundsätzlich anfechtbar,[39] wie die folgende Grafik zeigt:

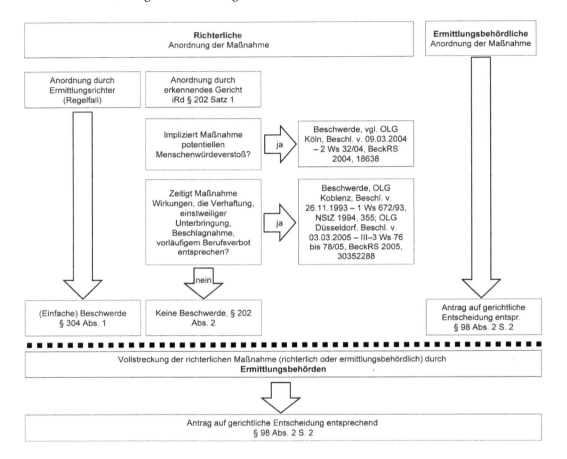

Folgen erfolgreicher Anfechtung

5.16 Ein zugunsten des Beschuldigten beschiedener Rechtsbehelf hat **keine unmittelbare Wirkung** in der Hauptverhandlung. Insbesondere kann die Revision auf eine Verletzung des § 81a StPO nur gestützt werden, wenn

- bei der Beweiswürdigung ein **unverwertbares Untersuchungsergebnis berücksichtigt** wurde, das Urteil auf diesem Umstand beruht, also
  - das Beweisergebnis in den **verwerteten Beweismitteln** des Urteils erwähnt wird,
  - eine darauf gestützte **Überzeugungsbildung** des Gerichts ersichtlich ist und

---

39) Ausführlich MüKo-StPO/Trück, § 81a Rdnr. 38 f.; KK/Hadamitzky, § 81a Rdnr. 14.

- der Verwertung durch den Verteidiger in der ersten Tatsachenverhandlung rechtzeitig **widersprochen** wurde.

5.1.4.3 § 81b StPO – Erkennungsdienstliche Maßnahmen bei dem Beschuldigten

Janusköpfigkeit der Norm

§ 81b StPO ist janusköpfig, weil **doppelfunktional:** Die Norm regelt **repressive**   5.17
Maßnahmen zur Identifizierung des Beschuldigten ebenso wie **präventive Maßnahmen** zur künftigen Fahndung bei weiteren Straftaten, die der Beschuldigte
begehen könnte. Dies macht Regelungsgehalt, Zuständigkeiten und Anfechtbarkeit der Maßnahmen **unübersichtlich,** wie das nachfolgende Schaubild zeigt:

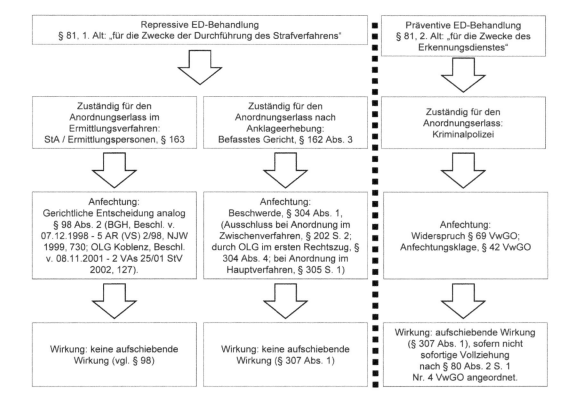

Zulässige Maßnahmen

5.18 Der Wortlaut des § 81b StPO gestattet:

1. Die Aufnahme von **Lichtbildern,** hierunter fallen auch
   a) Detailaufnahmen von z.B. Tätowierungen oder Narben,[40]
   b) Aufnahme der Gegenüberstellung des Beschuldigten mit Zeugen mittels Videogeräts,[41]
   c) und wohl auch die Veränderung des äußeren Erscheinungsbilds des Beschuldigten, indem ihm z.B. eine Perücke oder Brille aufgesetzt oder abgenommen wird.[42]

2. Die Abnahme von **Fingerabdrücken,** hierunter fallen auch
   a) Handflächen- und Fußabdrücke[43] sowie
   b) Ohrabdrücke.

3. Die Durchführung von **Messungen,** hierunter fallen insbesondere
   a) die Messung der Körpergröße,[44] nebst der Abmessung einzelner Gliedmaßen[45] und
   b) die Aufnahme des Körpergewichts.[46]

4. Die Durchführung **ähnlicher Maßnahmen,** hierunter fallen
   a) die freiwillige Stimmaufnahme auf einen Tonträger und dessen vergleichende Verwertung,[47]
   b) die vergleichende Verwertung einer im Rahmen genehmigter Telekommunikationsüberwachung (§ 100a Abs. 1 Satz 1 StPO) aufgezeichneter Stimmprobe des Beschuldigten,[48]
   c) die Abnahme von Geruchsspuren,[49]
   d) aber nicht die heimliche Aufnahme nichtöffentlicher Gespräche des Beschuldigten zwecks Stimmanalyse,[50]
   e) auch nicht eine erzwungene Schriftprobe[51]
   f) und auch nicht die Entnahme einer Speichelprobe (vgl. §§ 81a, 81e, 81g StPO als lex specialis[52]).

---

40) OVG Lüneburg, Beschl. v. 17.12.2004 – 11 ME 264/04, BeckRS 2005, 20016.
41) BVerfG, Beschl. v. 27.09.1982 – 2 BvR 1199/82, NStZ 1983, 84; unklar LG Hamburg, Beschl. v. 27.09.1984 – 33 Qs 1106/84, MDR 1985, 72: Gegenüberstellung als „Maßnahme eigener Art, die den in §§ 81a, 81b geregelten Untersuchungen nahesteht".
42) OLG München, Beschl. v. 09.07.2010 – 2 Ws 571/10; BGH, Ermittlungsrichter, Beschl. v. 09.03.1977 – StB 56/77, zit. nach LR/Krause, § 81 Rdnr. 44 Fn. 4073; sehr kritisch dazu Malek, Verteidigung in der Hauptverhandlung, Teil 6 Kap. 6 Buchst. a) Abs. 2 und Grünwald, JZ 1981, 423.
43) LR/Krause, § 81 Rdnr. 15 f.
44) LR/Krause, § 81 Rdnr. 13 m.w.N. in Fn. 4410.
45) Vgl. OVG Lüneburg, Beschl. v. 17.12.2004 – 11 ME 264/04, BeckRS 2005, 20016.
46) LR/Krause, § 81 Rdnr. 13 m.w.N. in Fn. 4410.
47) Meyer-Goßner/Schmitt, § 81b Rdnr. 8.
48) Vgl. BGH, Urt. v. 09.04.1986 – 3 StR 551/85, NJW 1986, 2261, 2264 unter Buchst. b).
49) Zum Anwendungsbereich ausführlich Maciejewski, NStZ 1995, 482.
50) BGH, Urt. v. 09.04.1986 – 3 StR 551/85, NJW 1986, 2261.
51) BGH, Urt. v. 09.04.1986 – 3 StR 551/85, NJW 1986, 2261.
52) Ausdrücklich VG Aachen, Beschl. v. 06.04.2006 – 6 L 63/06, BeckRS 2006, 22966.

Praxistipp

Die in Ermittlerkreisen zum Teil verbreitete Vorstellung: „Ist eine Maßnahme nicht nach § 81b möglich, machen wir sie mit § 81a!" ist nur teilweise richtig. Diese etwas hemdsärmelige Herangehensweise mag für den repressiven Bereich gelten, wo z.B. die Entfernung eines Bartes gem. § 81a StPO zulässig ist, bevor eine Zeugengegenüberstellung nach § 81b StPO durchgeführt wird[53] und ein Beschuldigter an den Tatort verbracht und ihm nach § 81a StPO eine Strumpfmaske aufgesetzt werden darf.[54] Offen ist aber, was gelten würde, wenn der Beschuldigte sein Aussehen vor einem Fototermin verändert, in dessen Rahmen eine präventive Lichtbildaufnahme für die Speicherung in der Lichtbildkartei aufgenommen werden soll.

5.1.4.4 § 81c StPO – Untersuchung anderer Personen

Zulässige Maßnahmen

§ 81c StPO begegnet dem Verteidiger in drei Konstellationen: 5.19

- Der unmittelbar von der Maßnahme betroffene Dritte sucht Beratung.

- Der Beschuldigte sucht Rat, weil Angehörige oder Bekannte aufgefordert sind, sich einer Untersuchung zu unterziehen.

- Der Verteidiger ist in den Akten oder der Hauptverhandlung mit einem Untersuchungsergebnis konfrontiert, dessen Verwertbarkeit zweifelhaft scheint.

Beratung des in Anspruch genommenen Dritten

Bei Beratung des unbeteiligten Dritten (im Folgenden: Person) ist anhand der   5.20
nachfolgenden **Checkliste** abzuprüfen, ob die angeordnete Maßnahme zulässig ist. Bejahendenfalls wird der Mandant die Maßnahme dulden müssen.

1. Besteht die begründete Möglichkeit, dass sich an der Person
   a) **Spuren** (Stichwunde, Schusskanal, Anhaftungen von Blut, Sperma, DNA) oder
   b) **Körperveränderungen** (Ablederungen, Zahnlücken, fehlende Gliedmaße, Krankheitszustand)
   befinden, deren Existenz oder Nicht-Existenz für
   a) **Schuldspruch/Freispruch** oder
   b) **Strafzumessung**
   von Bedeutung sind?

   Ausgeschlossen ist die Untersuchung des **psychischen Zustands** der Person![55]

---

53) BVerfG, Beschl. v. 14.02.1978 – 2 BvR 406/77, NJW 1978, 1149.
54) BGH, Beschl. v. 16.09.1992 – 3 StR 413/92, NStZ 1993, 47.
55) LR/Krause, § 81c Rdnr. 8 m.w.N.

2. Kann die Untersuchung ohne körperlichen Eingriff („**Mini-OP**") vorgenommen werden? Zulässig sind neben der oberflächlichen Betrachtung und Untersuchung Blutentnahme, bildgebende Verfahren und die Einsicht in natürlich zu öffnende Körperöffnungen.

3. Sind aufgrund der Maßnahmen keine Nachteile für die Gesundheit der Person zu befürchten (§ 81c Abs. 2 Satz 1 erste Alternative 1 StPO)?[56]

4. Ist die Maßnahme im Einzelfall **zumutbar**? (§ 81c Abs. 4 StPO)? – Eine Unzumutbarkeit wird insbesondere bei Testung auf HIV thematisiert.[57]

5. Liegt eine Anordnung vor, die die vorgenannten Prüfpunkte anspricht und begründet?

Anfechtung

5.21 Liegen die o.g. Voraussetzungen nicht vor, und ist der Mandant mit der Maßnahme nicht einverstanden, sollte die Maßnahme angefochten werden; die richterliche Anordnung mit der (einfachen) Beschwerde nach § 304 Abs. 2 StPO (nicht bei Anordnung des BGH-Ermittlungsrichters oder der OLGs, § 304 Abs. 4 StPO), die Anordnung der Staatsanwaltschaft und ihrer Ermittlungspersonen mit dem Antrag auf gerichtliche Entscheidung entsprechend § 98 Abs. 2 StPO.

Verwandte des Mandanten als Betroffene

5.22 Wenn der Mandant auf den Verteidiger mit der Bitte zutritt, auf einen Verwandten oder Bekannten einzuwirken, damit dieser eine Untersuchungsaufforderung i.S.d. § 81c StPO verweigert (§ 81c Abs. 3 StPO), kann dies für den Verteidiger grundsätzlich kritisch werden im Hinblick auf den möglichen Vorwurf der Strafvereitelung gem. § 258 Abs. 1 StGB. Insofern ist zu sehen:

– Der Verteidiger begeht keine Strafvereitelung, wenn er sich im Rahmen des Prozessrechts hält. Denn die Grenzen zulässigen Verteidigungsverhaltens ergeben sich nicht unmittelbar aus § 258 StPO, sondern inhaltlich aus den Regelungen des Prozessrechts.[58] Aus dem Prozessrecht ergeben sich strenge Belehrungspflichten für die Ermittlungsbehörden:
  – So ist der Betroffene einer Maßnahme nach § 81b StPO, gegen den keine gerichtliche Anordnung oder Eilanordnung vorliegt (§ 81c Abs. Abs. 5 StPO) über sein Untersuchungsverweigerungsrecht zu belehren, und zwar hinsichtlich
    – der konkreten Einzelmaßnahme sowie
    – des Umstands, dass die Maßnahme ohne seine Einwilligung unzulässig ist.[59]

---

56) Angesichts des Verbots jedes chirurgischen Eingriffs dürfte dieser Prüfungspunkt auf Extremfälle beschränkt sein, z.B. Blutentnahme beim Bluter, CT beim Klaustrophoben.

57) Für Zumutbarkeit einer HIV-Testung Meyer-Goßner/Schmitt, § 81c Rdnr. 17.

58) BGH, Beschl. v. 24.05.2006 – 2 ARs 199/06, NJW 2006, 2421; OLG Düsseldorf, Beschl. v. 10.12.1990 – 1 Ws 1096/90, NJW 1991, 996.

59) BeckOK, StPO/Goers, § 81c Rdnr. 22.

- Bei Angehörigen stellt § 81b Abs. 3 Satz 2 zweiter Halbsatz StPO i.V.m. § 52 Abs. 3 weitere Belehrungspflichten auf, die auch dann gelten, wenn
  - der Zeuge minderjährig oder aus anderen Gründen nicht geschäftsfähig ist,[60]
  - er über sein Zeugnisverweigerungsrecht bereits belehrt wurde,[61]
  - er schon nach Belehrung als Zeuge Angaben gemacht hat.[62]

- Damit kann es dem Verteidiger keinesfalls verwehrt sein, dem Dritten diese Rechte ausführlich zu erläutern.[63]

- Im Übrigen darf der Verteidiger nach gefestigter obergerichtlicher Rechtsprechung[64] auf Zeugen mit dem Ziel einwirken, von einem bestehenden Aussageverweigerungsrecht Gebrauch zu machen oder einen Strafantrag zurückzunehmen.

Praxistipp

Die Einflussnahmen des Verteidigers müssen frei sein von Täuschung, Drohung[65] und Irreführung.[66] Ändert ein Zeuge nach Kontakt mit dem Verteidiger seine Einstellung zu Maßnahmen nach § 81c StPO, werden die Ermittlungsbehörden dessen Meinungsumschwung kritisch bewerten und ggf. ein Ermittlungsverfahren gegen den Verteidiger einleiten, wenn Anhaltspunkte für Täuschung oder Drohung bestehen. Es bietet sich daher an, möglichst schriftlich und in jedem Fall dokumentiert mit dem Zeugen zu kommunizieren. Das Ausformulieren einer Beschwerde gegen die richterliche Anordnung (§ 304 Abs. 2 StPO) oder eines Antrags auf gerichtliche Entscheidung gegen Anordnungen der Staatsanwaltschaft und Polizei (entsprechend § 98 Abs. 2 StPO) wird vermutlich noch von dem gedeckt sein, was an Verteidigerverhalten möglich ist. Jedoch sollte im Blick behalten werden, dass sich die Zeugenrolle des nach § 81c StPO in Anspruch Genommenen auch zügig in eine Beschuldigtenrolle wandeln kann, so dass dann für den Verteidiger eine Strafbarkeit nach § 356 Abs. 1 StGB i.V.m. § 146 StPO im Raum steht.

---

60) Vgl. BGH, Urt. v. 11.11.1959 – 2 StR 471/59, BGHSt 14, 24 = NJW 1960, 586.
61) BGH, Urt. v. 14.10.1959 – 2 StR 249/59, BGHSt 13, 394 = NJW 1960, 584.
62) BeckOK, StPO/Goers, § 81c Rdnr. 21.
63) Vgl. Dahs, Rdnr. 578.
64) BGH, Urt. v. 18.10.1957 – 5 StR 383/57, BGHSt 10, 393 = NJW 1957, 1808; OLG Düsseldorf, Beschl. v. 10.12.1990 – 1 Ws 1096/90, NJW 1991, 996.
65) BGH, Urt. v. 18.10.1957 – 5 StR 383/57, BGHSt 10, 393 = NJW 1957, 1808; BGH, Urt. v. 03.10.1979 – 3 StR 264/79 (S), BGHSt 29, 107 = NJW 1980, 64.
66) OLG Düsseldorf, Beschl. v. 10.12.1990 – 1 Ws 1096/90, NJW 1991, 996.

Verwertbarkeit von Untersuchungsergebnissen Dritter

5.23 Werden in die Hauptverhandlung Untersuchungsergebnisse anderer Personen i.S.d. § 81c StPO eingeführt, die unter Verstoß gegen Verfahrensvorschriften erhoben wurden, sind die Fälle fehlender Einwilligung von jenen Fällen zu unterscheiden, in denen ein Zeugnisverweigerungsrecht bestanden hätte.

Fehlende Einwilligung/Anordnung

5.24 Eine fehlende Einwilligung des Betroffenen oder eine mangels Einwilligung notwendige, aber fehlende Anordnung

– begründet kein Verwertungsverbot[67] und

– berührt nicht den Rechtskreis des Angeklagten (vgl. §§ 337, 95 ff. StPO),[68]

– weshalb die Verteidigung eine Revision nicht auf die Verwertung stützen kann.

Hinweis

Diese Rechtsprechung ist gefestigt.[69] Eine anderslautende Entscheidung des LG Dresden,[70] nach der ein „besonders schwerwiegender Verstoß gegen den Richtervorbehalt in § 81c Abs. 5 StPO" ein Beweisverwertungsverbot zur Folge haben soll, setzt sich mit der Rechtskreistheorie nicht auseinander[71] und hat keinen Anschluss gefunden.[72] Liegt es allerdings im Mandanteninteresse, sollte unter Hinweis auf diese Entscheidung ein Verwertungswiderspruch angebracht werden. Das könnte sich insbesondere dann anbieten, wenn das Gericht ohnehin wenig „verurteilungsgeneigt" scheint und eine goldene Brücke zur Nicht-Verwertung dieses Beweises benötigen könnte.

---

67) BGH, Urt. v. 13.11.1952 – 5 StR 418/52, BeckRS 1952, 31192380 = Dallinger, MDR 1953, 146; Gercke/Julius/Temming/Zöller/Brauer, § 81c Rdnr. 30 m.w.N.; Meyer-Goßner/Schmitt, Rdnr. 32; LR/Krause, § 81c Rdnr. 65; Dölling/Duttge/König/Rössner/Ralf Neuhaus, § 81c StPO Rdnr. 24; KK/Hadamitzky, § 81c Rdnr. 25 m.w.N.; MüKo-StPO/Trück, § 81c Rdnr. 67.

68) LR/Krause, § 81c Rdnr. 64 m.w.N. in Fn. 4761; MüKo-StPO/Trück, § 81c Rdnr. 67 m.w.N. in Fn. 357; dies gilt selbst dann, wenn man die Rechtskreistheorie nur noch als Ausformung eines Abwägungsvorgangs begreift, vgl. dazu MüKo-StPO/Trück, § 81f Rdnr. 20 m.w.N. in Fn. 88.

69) Vgl. BGH, Urt. v. 13.11.1952 – 5 StR 418/52, BeckRS 1952, 31192380 = Dallinger, MDR 1953, 146; Gercke/Julius/Temming/Zöller/Brauer, § 81c Rdnr. 30 m.w.N.; Meyer-Goßner/Schmitt, Rdnr. 32; LR/Krause, § 81c Rdnr. 65; Dölling/Duttge/König/Rössner/Ralf Neuhaus, § 81c StPO Rdnr. 24; KK/Hadamitzky, § 81c Rdnr. 25 m.w.N.; MüKo-StPO/Trück, § 81c Rdnr. 67.

70) LG Dresden, Beschl. v. 22.11.2011 – 14 KLs 204 Js 41068/08, StV 2012, 331 = BeckRS 2012, 12358.

71) Vgl. Oehmichen, FD-StrafR 2012, 339499.

72) Vgl. NJW-Spezial 2012, 730: „Mutige Entscheidung", bei der „eher zweifelhaft" erscheine, dass sie Schule machen werde.

Godendorff

Zeugnisverweigerungsberechtigte

Die unterlassene oder fehlerhafte Belehrung über das Weigerungsrecht eines   5.25
Zeugnisverweigerungsberechtigten (§§ 81c Abs. 3 Satz 2 StPO, 52 Abs. 3 Satz 1)
kann zu einem Verwertungsverbot führen und die Revision begründen. Erforderlich sind dafür, dass[73)]

– ein **Kausalzusammenhang** zwischen dem Fehlen der Belehrung und der Gewinnung des Untersuchungsergebnisses besteht; dies ist dann ausnahmsweise nicht
  der Fall, wenn die untersuchte Person wusste, nicht verpflichtet zu sein,[74)]

– der Mangel **nicht geheilt** worden ist, was anzunehmen ist,
  – wenn sie nachträglich ausdrücklich auf ihr Weigerungsrecht verzichtet oder
  – wenn sicher auszuschließen ist, dass sie die Untersuchung auch nach Beleh-
    rung über ihre Rechte geduldet hätte,[75)] z.B. weil die Person zwischenzeit-
    lich als Zeuge belehrt wurde und dennoch erneut in eine Untersuchung ein-
    willigt,[76)]

– das Urteil auf der Verwertung **beruht**, was auszuschließen ist, wenn das Untersuchungsergebnis im Urteil nicht berücksichtigt wird.

Hinweis

– Diese Grundsätze gelten auch bei fehlender Belehrung des gesetzlichen Vertreters.[77)]
– Der Mangel kann auch von Mitangeklagten gerügt werden.[78)]
– Die einmal erteilte Einwilligung kann widerrufen werden, wenn nicht die Belehrung von einem Richter vorgenommen wurde.[79)]

---

73) BGH (Großer Senat für Strafsachen), Beschl. v. 08.12.1958 – GSSt 3/58, BGHSt 12, 235;
    BGH, Urt. v. 14.10.1959 – 2 StR 249/59, BGHSt 13, 394; BGH, Urt. v. 29.06.1989 – 4 StR
    201/89, BGHSt 36, 217.
74) MüKo-StPO/Trück, § 81c Rdnr. 67.
75) Vgl. BGH, Beschl. v. 10.10.2016 – 4 StR 100/16, BeckRS 2016, 18315 = NStZ-RR 2016,
    377 = NJW 2016, 3673 (Ls.).
76) BGH, Urt. v. 06.07.1965 – 5 StR 229/65, NJW 1965, 1870.
77) BGH, Urt. v. 02.03.1960 – 2 StR 44/60, BGHSt 14, 159; BGH, Urt. v. 15.11.1994 – 1 StR
    461/94, BGHSt 40, 336.
78) BGH, Urt. v. 13.11.1952 – 5 StR 418/52, BeckRS 1952, 31192380 = Dallinger, MDR 1953,
    146.
79) Meyer-Goßner/Schmitt, § 252 StPO Rdnr. 14 m.w.N.; kritisch Dahs, Rdnr. 577.

5.1.4.5 § 81d StPO – Durchführung körperlicher Untersuchungen durch Personen gleichen Geschlechts

5.26 Die Norm ist eine reine Ordnungsvorschrift mit äußerst geringen Implikationen für die praktische Tätigkeit des Verteidigers. Insbesondere kann selbst ein eindeutiger Verstoß gegen sie nicht mit der Revision gerügt werden.[80]

> **Praxistipp**
>
> § 81d Abs. 1 Satz 3 StPO ist die einzige praktische Implikation für den Strafverteidiger: Sie kann sich als „Türöffner" für den Strafverteidiger darstellen, der ansonsten grundsätzlich kein Anwesenheitsrecht bei Untersuchungsmaßnahmen hat.[81]

5.1.4.6 § 81e und § 81f StPO – Molekulargenetische Untersuchung

Genetischer Fingerabdruck

5.27 Die §§ 81e und 81f StPO regeln die Untersuchung von Spurenmaterial auf DNA-Träger (Desoxyribonukleinsäure), also den „genetischen Fingerabdruck". Dieser ist de facto einmalig und kann daher zur weitgehend eindeutigen Identifizierung herangezogen werden.[82] Der Anwendungsbereich ist beschränkt auf den repressiven Bereich, also Strafverfolgung im Rahmen eines anhängigen Ermittlungsverfahrens.[83] Die präventive Erhebung eines DNA-Musters für künftige Strafverfahren regelt § 81g StPO, siehe dort Rdnr. 5.31.

Übersicht zu §§ 81e und 81f StPO

5.28 Die Voraussetzungen, Untersuchungsmethoden und das Verhältnis von §§ 81e und 81f StPO ergeben sich aus der nachfolgenden Übersicht:

---

80) BeckOK, StPO/Goers, § 81d Rdnr. 8 m.w.N.; KK/Hadamitzky, § 81 Rdnr. 6 mit umfangreichen weiteren Nachweisen.
81) KG, Beschl. v. 04.05.1979 – (1) 1 StE 2/77 (130/77), NJW 1979, 1668.
82) Ausführlich und anschaulich BeckOK, StPO/Goers, § 81e Rdnr. 4, 4.1.
83) MüKo-StPO/Trück, § 81e Rdnr. 3.

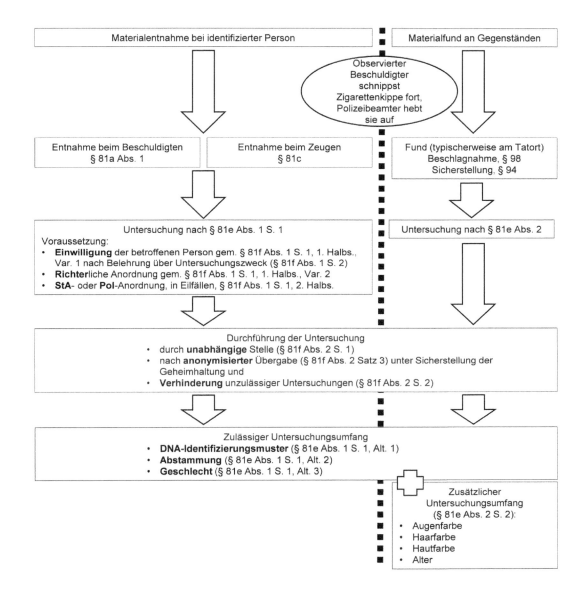

Keine besonderen Untersuchungsvoraussetzungen

Die Regelungen ergeben sich aus dem Gesetz. Einer im Gesetzgebungsverfahren angedachten besonderen Eingriffsvoraussetzung (dringender Tatverdacht)[84] bedarf es nicht.[85] Vielmehr genügt der Anfangsverdacht i.S.d. § 152 Abs. 2 StPO.[86]

5.29

---

84) GE der SPD-Fraktion, BT-Drucks. 13/3116, S. 4.

85) BT-Drucks. 13/667, S. 7.

86) Bosbach, Verteidigung im Ermittlungsverfahren, Rdnr. 510.

> **Hinweis**
>
> Die Begründung dieser niedrigen Eingriffsschwelle hat positive Auswirkungen für den Beschuldigten, wenn er proaktiv durch einen Beweisantrag (§ 244 StPO) oder im Ermittlungsverfahren durch eine Anregung gegenüber der Staatsanwaltschaft eine Spur zu seiner Entlastung untersucht wissen will. Denn die niedrige Eingriffsschwelle soll es ermöglichen, entlastende Umstände zugunsten des Beschuldigten aufzuklären.[87]

Untersuchung von „bewussten Funden"

5.30 Gesetzlich nicht geregelt ist der Grenzfall in der Ellipse im oberen Bereich der Übersicht. Der Gesetzgeber[88] hatte lediglich zwei Bereiche im Blick:

– Zum einen den Bereich links der fetten Linie in der Übersicht, in dem „mit offenem Visier" auf einen Beschuldigten oder Zeugen zugetreten wird, um eine Probe zu erlangen und diese sodann zu analysieren.

– Zum anderen und in Abgrenzung dazu den Bereich rechts der fetten Linie, bei dem ein nicht einer bestimmten Person zuzuordnender Sachfund analysiert wird.

Der dritte, in der Ellipse bewusst auf der Grenze stehende Bereich, etwa die Analyse der vom observierten Beschuldigten hinterlassene Speichelanhaftung an einem Glas, einer weggeworfenen Zigarette oder seiner Zahnbürste ist nicht geregelt. Derartige „bewusste Funde" werden untersuchbar sein.[89]

> **Hinweis**
>
> Allerdings wird es auch im Fall des „bewussten Funds" einer Untersuchungsanordnung i.S.d. § 81a Abs. 2 Satz 1/§ 81c Abs. 5 Satz 1 und § 81f Abs. 1 Satz 1 StPO bedürfen. Denn der Zweck der heimlichen Erlangung, das Ermittlungsverfahren nicht zu gefährden (vgl. die Legitimierung dieses Zwecks in § 33 Abs. 4 Satz 1 dritte Variante 3 StPO), mag die an sich von §§ 81a oder 81c StPO vorausgesetzte Bekanntmachung der Maßnahme gegenüber dem Betroffenen überwinden. Es leuchtet aber nicht ein, warum gerade in diesem Grenzfall ein niedrigeres und nicht durch eine Anordnung legitimiertes Vorgehen rechtens sein soll.

---

87) KK/Hadamitzky, § 81e Rdnr. 3.
88) Vgl. zuletzt BT-Drucks. 18/11277, S. 22.
89) So BGH, Ermittlungsrichter, Beschl. v. 21.03.2007 – 1 BGs 96/2007, KK/Hadamitzky, § 81e Rdnr. 3 a.E.; BeckOK, StPO/Goers, § 81e Rdnr. 2; **a.A.** Meyer-Goßner/Schmitt, § 81e Rdnr. 5.

5.1.4.7 § 81g StPO – DNA-Identitätsfeststellung

Überblick

Die Regelungen des § 81g StPO sind ein **Mischwerk,** sie sind als Maßnahme der   5.31
Vorsorge für künftige Strafverfolgung[90)] eine Maßnahme der „Strafverfolgungs-
vorsorge".[91)] Die **Verfassungsmäßigkeit** der Norm zu erörtern ist für den praktisch tätigen Rechtsanwender überflüssig,[92)] die praktischen Auswirkungen einer
später **als rechtswidrig erkannten Anordnung** sind gering (siehe unten
Rdnr. 5.37). Im Blick behalten sollte der Verteidiger, dass zwei Anordnungen (oft
in einem Beschluss und nicht immer ganz klar als zwei Anordnungen erkenntlich)
ergehen:

– Entnahmeanordnung entsprechend § 81a StPO,

– Untersuchungsanordnung entsprechend § 81f StPO (vgl. die Bezugnahme in
  § 81g Abs. 3 Satz 4 StPO).

Schnellcheck für Regelanordnung

Die Voraussetzungen für eine Regelanordnung (also eine solche außerhalb des   5.32
§ 81g Abs. 4 zweite Variante StPO) ergeben sich weitgehend aus dem Gesetzestext, im Rahmen eines ersten Schnellchecks sollte der Verteidiger prüfen, ob folgende Punkte geprüft und durch die Ermittlungsbehörde dargelegt sind:

– Beschuldigteneigenschaft

– Hinreichende Anlassstraftat

– Hinreichender Verdachtsgrad

– Erforderlichkeit der Maßnahme

– Negativprognose

Praxistipp

Die Erfahrung lehrt, dass es sich für die Verteidigung selten lohnt, sich bei den
ersten vier Punkten zu verkämpfen, das untenstehende Formular (vgl. Rdnr. 5.72)
deckt die Einwendungen pauschal ab, dies wird vorzutragen sein. Erfahrungsgemäß mangelt es jedoch nur in seltenen Fällen an der Beschuldigteneigenschaft,
einer hinreichenden Anlassstraftat, am Verdachtsgrad oder der Erforderlichkeit
der Maßnahme. Erfahrungsgemäß hat es deutlich mehr Zweck, die Negativprognose zu thematisieren und eine Zurückstellung der Maßnahme zu erwirken, um
eine positive Sozialprognose zu begründen (vgl. dazu Rdnr. 5.73).

---

90) BR-Drucks. 389/98, S. 5.
91) Eisenberg/Singelnstein, GA 2006, 170, vgl. auch BVerfG, Beschl. v. 14.08.2007 –
    2 BvR 1293/07, NStZ-RR 2007, 378 [Ls.].
92) Vgl. die umfangreichen Nachweise bei KK/Hadamitzky, § 81g Rdnr. 2.

Godendorff

Verfahrensstadien

5.33 Die Entnahme ist im Zeitablauf nach unterschiedlichen Voraussetzungen und durch unterschiedliche Anordnungsbefugte möglich, die zwei im Folgenden zu besprechenden Problembereiche sind mit ❶ und ❷ gekennzeichnet:

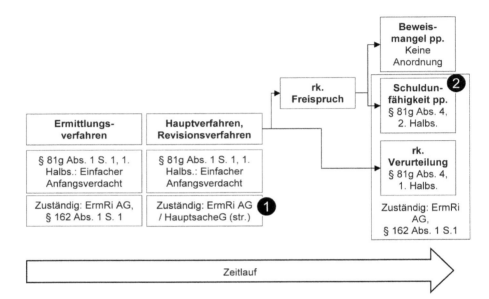

Zuständigkeit im Hauptverfahren

5.34 Die mit Ziffer 1 gekennzeichnete **Zuständigkeitsfrage** ist nicht durch das Gesetz beantwortet und auch noch immer nicht eindeutig durch die Rechtsprechung. Für eine durchgehende Zuständigkeit des Ermittlungsrichters am Amtsgericht[93] spricht, dass das zu erstellende DNA-Identifizierungsmuster der Beweisführung in einem künftigen Strafverfahren dienen soll.[94] Die h.M. hingegen sieht unter Berufung auf § 162 Abs. 3 Satz 1 StPO eine **wechselnde Zuständigkeit,** nämlich für die Zeit der Anhängigkeit beim Tatgericht eine Zuständigkeitsverschiebung zu diesem hin.[95]

---

93) KG, Beschl. v. 19.11.2003 – 5 Ws 314/03, NStZ-RR 2004, 82; Senge, NJW 1999, 255; KK/Hadamitzky, § 81g Rdnr. 18.

94) Senge, NJW 1999, 255; KK/Hadamitzky, § 81g Rdnr. 18.

95) OLG Jena, Beschl. v. 28.12.1998 – 1 Ws 305-306/98, StV 1999, 198 = OLG-NL 1999, 119; OLG Brandenburg, Beschl. v. 22.03.1999 – 2 Ws 49/99; BeckRS 1999, 03153; OLG Hamm, Beschl. v. 18.04.2000 – 2 Ws 112/00, LSK 2001, 060483; OLG Celle, Beschl. v. 25.07.2000 – 3 Ws 139/00, NStZ-RR 2000, 374; OLG Düsseldorf, Beschl. v. 16.09.2003 – III-2 Ws 176/03, NStZ 2004, 349; OLG Saarbrücken, Beschl. v. 21.01.2004 – 1 Ws 2/04, NStZ-RR 2004, 112; OLG Bremen, Beschl. v. 02.06.2006 – Ws 67/06, NStZ 2006, 716; OLG Hamburg, Beschl. v. 23.02.2016 – 2 Ws 111/14, BeckRS 2016, 4926; LG Landau (Pfalz), Beschl. v. 30.11.2007 – 3 Qs 157/07, StRR 2008, 2; LR/Krause, § 81g Rdnr. 49; MüKo-StPO/Trück, § 81g Rdnr. 20; vgl. auch BGH, Beschl. v. 01.02.1980 – StB 3/80, BGHSt 29, 200 (keine Zuständigkeit des BGH nach Anklageeröffnung des OLG vor dem LG).

Praxistipp

Die obige Zuständigkeitsfrage kann der Verteidiger **taktisch zugunsten des Beschuldigten** nutzen. Solange das Hauptverfahren anhängig ist, sollte nicht auf eine Entscheidung des Hauptsachegerichts und auch nicht auf eine Abgabe zum Ermittlungsrichter gedrängt werden. Tatsächlich stellen die Hauptsachegerichte die Entscheidung oft zurück – ohne dass die Nichtbescheidung des Antrags eine rechtliche Grundlage hätte. Vor einer i.d.R. deutlich später erfolgenden Entscheidung durch den Ermittlungsrichter (lange nach Rechtskraft) wird es Aufgabe des Verteidigers sein, die **Indizwirkung der Anlasstat** durch Darlegung einer zwischenzeitlich eingetretenen positiven Persönlichkeitsentwicklung und einer Stabilisierung der Lebensverhältnisse zu **entkräften**.[96]

Für den umgekehrten Fall der frühen Anordnung (typischerweise bereits im Ermittlungsverfahren) und des Nichtvollzugs ist die Frage der noch vorhandenen Wirksamkeit der Anordnung zu prüfen.[97]

Anordnung bei Nichtverurteilung

Die mit Nr. 2 gekennzeichnete besondere Situation des wegen erwiesener oder nicht ausschließbarer Schuldunfähigkeit, auf Geisteskrankheit beruhender Verhandlungsunfähigkeit oder fehlender oder nicht ausschließbar fehlender Verantwortlichkeit (§ 3 JGG) nicht Verurteilten (§ 81g Abs. 4 StPO) hat aus Sicht der Verteidigung mehrere Implikationen:

    5.35

– In dieser Konstellation ist die Einlegung eines Rechtsmittels entgegen § 297 StPO auch **gegen den ausdrücklichen Willen des Beschuldigten** möglich, weil ein erheblicher Wille durch ihn – rechtskräftig festgestellt – nicht gebildet werden kann (vgl. dazu Rdnr. 5.9).

– Die Wirksamkeit einer **schriftlichen Einwilligung** wird aufgrund des Vorgesagten zweifelhaft sein.

– Schließlich ist in dieser Konstellation besonders sorgfältig das Vorliegen der **Negativprognose** i.S.d. § 81g Abs. 1 StPO zu prüfen. Diese Prognose ist auch in dieser Konstellation nicht entbehrlich[98] und kann sich nicht auf den Blankettsatz beschränken, dass eine Verurteilung wegen eines geistigen Defekts nicht möglich war, was eine Gefahrprognose impliziere, insbesondere, wenn es nicht zu einer Unterbringungsanordnung i.S.d. § 63 Satz 1 StGB gekommen sein sollte.

---

96) Vgl. MüKo-StPO/Trück, § 81g Rdnr. 28 m.w.N. in Fn. 201.
97) LG Bonn, Beschl. v. 07.06.2011 – 22 Qs 49/11, BeckRS 2011, 26022.
98) KK/Hadamitzky, § 81g Rdnr. 21.

Rechtsmittel gegen die Anordnung

5.36   Die **Beschwerde gegen die Entnahmeanordnung** entspricht jener gegen die Anordnung nach § 81a StPO (vgl. dazu Rdnr. 5.15), die Untersuchungsanordnung wird wie jene in § 81f StPO angegriffen (vgl. dazu Rdnr. 5.27). Auch in Fällen, in denen das Tatgericht (fehlerhaft) die Anordnung im Urteilstenor trifft, ist ausschließlich die Beschwerde statthaft.[99]

Revisionsrechtliche Implikationen

5.37   – Innerhalb des anhängigen Hauptverfahrens ist eine Thematisierung der im Rahmen dieses Verfahrens anhängigen Anordnung in der Hauptverhandlung überflüssig, weil die dort erhobene Probe keine Auswirkungen auf eine Verurteilung haben kann.

   – Wird im anhängigen Verfahren eine (vormals erhobene) DNA-Untersuchung eingeführt, wird die (damals erfolgte) unrichtige Beurteilung des Vorliegens der Anordnungsvoraussetzungen nicht zu einem Verwertungsverbot führen und deshalb auch eine Revision nicht begründen.[100]

   – Unverwertbar im laufenden Verfahren wird die vormalig entnommene Probe erst dann, wenn
     – die damalige Anordnung willkürlich getroffen wurde,[101]
     – es an einer Anordnung der Probenentnahme oder der schriftlichen Einwilligung des Betroffenen fehlt,
     – Gegenstand des damaligen Verfahrens keine Straftat von erheblicher Bedeutung war,[102]
     – die molekulargenetische Untersuchung ohne richterliche Anordnung nach § 81f Abs. 1 StPO durchgeführt wurde,[103]

> **Hinweis**
>
> Auch im Ausnahmefall der Unverwertbarkeit bedarf es eines **Verwertungswiderspruchs,** anderenfalls kann die Revision auf die Verwertung nicht gestützt werden.[104]

---

99) BGH, Beschl. v. 08.05.2001 – 4 StR 105/01 bei Becker, NStZ-RR 2002, 67; BGH, Beschl. v. 09.07.2009 – 4 StR 235/09, BeckRS 2009, 21224.

100) BeckOK, StPO/Goers, § 81g Rdnr. 22 unter Hinweis auf BGH, Urt. v. 16.02.1995 – 4 StR 729/94, BGHSt 41, 30 = NStZ 1995, 510 (zur rechtswidrigen TKÜ-Anordnung).

101) KK/Hadamitzky, § 81g Rdnr. 26 unter Bezugnahme auf BGH, Urt. v. 30.08.1978 – 3 StR 255/78, BGHSt 28, 122 = NJW 1979, 990 (zur TKÜ-Anordnung).

102) So KK/Hadamitzky, § 81g Rdnr. 26, allerdings scheint fraglich, ob das Verkennen der Erheblichkeitsgrenze die Willkürgrenze erreicht, wenn eine richterliche oder sonstige Anordnung vorliegt; die Fallgruppe wird zu beschränken sein auf Fälle der freiwilligen Einwilligung des damaligen Beschuldigten, da dieser die Erheblichkeitsgrenze nicht erkennen kann.

103) SK-Rogall, § 81f Rdnr. 28.

104) BGH, Beschl. v. 15.10.2009 – 5 StR 373/09, NStZ 2010, 157.

5.1.4.8   § 81h StPO – DNA-Reihenuntersuchung

Einführung

Die DNA-Reihenuntersuchung ermöglicht Populationsuntersuchungen, wenn   5.38

– ein unbekannt bleibender Täter Spurenmaterial hinterlässt,

– sein Material nicht in der DNA-Datenbank vorhanden ist und

– übrige Ermittlungsmaßnahmen erfolglos geblieben sind.

Beispiel

Die **Methodik** der Reihenuntersuchung und ihre Schwächen zeigen das folgende   5.39
Beispiel auf, bei dem zur Vereinfachung davon ausgegangen wird, dass alle Personen männlichen Geschlechts sind:

– Der Sportverein Rot-Weiß (ca. 500 Mitglieder) veranstaltet ein Grillfest, an dem ca. 400 Personen teilnehmen.

– Von den 400 Personen sind ca. 350 Mitglieder des SV-Rot-Weiß und 50 sind Gäste.

– Im Rahmen des Grillfests wird eine Tresenkraft von einem Gast betäubt und vergewaltigt. Der Täter hinterlässt Sperma, das gesichert werden kann. Angaben zu Größe, Alter, Geschlecht oder Aussehen des Täters kann die Tresenkraft nicht machen.

– Eine Gästeliste existiert nicht.

– Die Polizei beschlagnahmt die Mitgliederkartei, der Ermittlungsrichter ordnet an, dass die Mitglieder des SV Rot-Weiß sich freiwillig einer DNA-Reihenuntersuchung i.S.d. § 81h Abs. 1 StPO unterziehen können, damit ihre DNA mit der aufgefundenen Täter-DNA abgeglichen werden kann.

– Täter ist Wolfgang P, der nicht Mitglied des Vereins ist, der aber seinen Sohn Kevin P auf das Grillfest begleitet hat; sein Sohn Kevin P ist Mitglied des Vereins.

(siehe Grafik auf Seite 244)

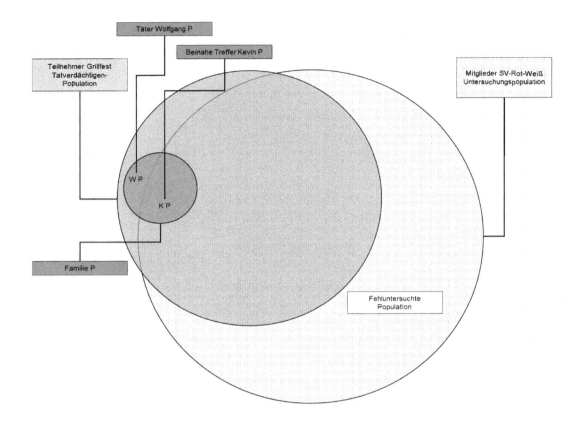

Schwächen der Methodik

5.40 Die Schwächen der Methodik liegen auf der Hand:

– Zum einen wird eine Population untersucht, die **von vornherein** unverdächtig ist, nämlich die fehluntersuchte Population der Mitglieder des Vereins, die nicht am Grillfest teilgenommen haben.

– Zum anderen werden Mitglieder der Tatverdächtigenpopulation, nämlich die Teilnehmer des Grillfests, die keine Mitglieder sind, **nicht untersucht**.

Stärken der Methodik

5.41 Die Stärken der Methodik (die zugleich Zweifel an der **Verfassungsmäßigkeit** wecken können[105]) und der Grund für das Vorgehen im vorliegenden Fall sind der soziale Druck, den ein Aufruf zu freiwilliger DNA-Abgabe innerhalb einer gesicherten Population bietet. Der große **Überschneidungsbereich** aus potentiell Verdächtigen (Teilnehmer Grillfest) und Untersuchten (Mitglieder) rechtfertigt die Erhebung des Materials von allen Mitgliedern, weil nur über die Mitglieder-

---

105) Vgl. BVerfG, Beschl. v. 18.08.1981 – 2 BvR 166/81, NJW 1982, 375.

liste der notwendige soziale Druck aufgebaut werden kann und die gefestigten Vereinsstrukturen (Abteilungen, Trainingsgruppen) ebenfalls den Druck auf freiwillige Teilnahme erhöhen.

Beinahetreffer

Im Beispiel wird mit Kevin P, der sich, von seinem Trainer motiviert, freiwillig (und arglos) untersuchen lässt, ein Beinahetreffer erzielt: die DNA von Kevin P ähnelt der Täter-DNA extrem stark; diese Beinahetreffer-Untersuchungsmethodik ist seit 2017 möglich. Damals wurde in Absatz 1 der Satzteil „oder von ihren Verwandten in gerader Linie oder in der Seitenlinie bis zum dritten Grad" eingefügt.[106] Die Ermittlungsbehörden sind durch diesen Beinahetreffer und nach Zeugenbefragungen in der Lage, jene Blutsverwandten in gerader Linie oder in der Seitenlinie bis zum dritten Grad zu ermitteln, die neben Kevin P am Grillfest teilnahmen. Da der Vater Wolfgang P der einzige Verwandte ist, der am Grillfest teilgenommen hat, wird er als Beschuldigter des Verfahrens eingetragen und eine körperliche Untersuchung nach § 81a Abs. 1 StPO (Blutentnahme, abwendbar durch freiwillige Abgabe einer Speichelprobe) sowie die molekulargenetische Untersuchung des dabei gewonnenen Materials nach § 81e Abs. 1 Satz 1 StPO angeordnet. Dies war vor der Beinahetreffer-Novelle 2017[107] rechtswidrig, der so gewonnene Volltreffer war nicht verwertbar.[108]

5.42

Handlungsmöglichkeiten der Verteidigung

Die Möglichkeiten der Verteidigung sind eng begrenzt. Die Anordnung des Ermittlungsrichters ist unanfechtbar (§ 81h Abs. 2 Satz 5 StPO), weil die Teilnahme freiwillig ist. Würde sich im obigen Beispiel Wolfgang P frühzeitig ratsuchend an den Verteidiger wenden und sich auch seinem Sohn Kevin P gegenüber offenbaren, so ergäben sich die folgenden Möglichkeiten zur Einflussnahme:

5.43

---

106) Eingefügt durch Art. 3 Nr. 7 Buchst. a) des Gesetzes v. 17.08.2017, BGBl I, 3202 m.W.v. 24.08.2017, vgl. auch BT-Drucks. 18/11277 (Gesetzentwurf der Bundesregierung, Entwurf eines Gesetzes zur effektiveren und praxistauglicheren Ausgestaltung des Strafverfahrens).

107) Eingefügt durch Art. 3 Nr. 7 Buchst. a) des Gesetzes v. 17.08.2017, BGBl I, 3202 m.W.v. 24.08.2017.

108) BGH, Urt. v. 20.12.2012 – 3 StR 117/12, BGHSt 58, 84 = NStZ 2013, 1827: „Gem. § 81h Abs. 1 StPO darf die Ermittlung von Identifizierungsmustern und ihr Abgleich […] nur vorgenommen werden, soweit dies zur Feststellung erforderlich ist, ob das Spurenmaterial von den Teilnehmern des Reihengentests stammt. […] § 81g Abs. 2 Satz 2 StPO verbietet es, darüberhinausgehende Untersuchungen vorzunehmen…"; vgl. auch BVerfG, Beschl. v. 13.05.2015 – 2 BvR 616/13, BeckRS 2015, 48649 = ZD 2015, 423 (m. Anm. Petri).

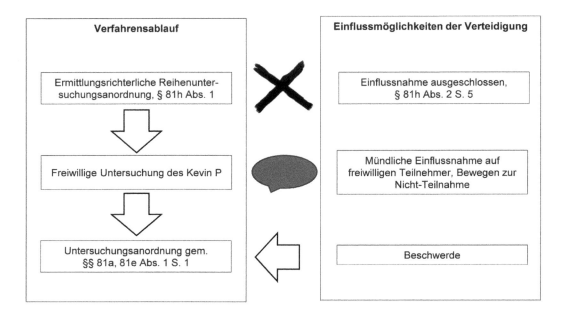

Hinweis

Dass die Einflussnahme am häufigsten daran scheitern wird, dass der Beschuldigte nicht frühzeitig anwaltlichen Rat sucht und sich auch seiner Familie gegenüber nicht öffnen wird, liegt auf der Hand. Dann bleibt nur die wenig aussichtsreiche Möglichkeit der Einflussnahme auf der dritten Stufe der Einzeluntersuchungsanordnung nach §§ 81a, 81e Abs. 1 Satz 1 StPO und in Einzelfällen die retrospektive Erörterung von Mängeln bezüglich der Einwilligung nach § 81h Abs. 1, Abs. 4 StPO.

Unverwertbarkeit in der Hauptverhandlung und Revision

5.44   Mängel in der **ermittlungsrichterlichen Anordnung** führen nicht zur Unverwertbarkeit des Untersuchungsergebnisses, dies gilt namentlich für eine unzulängliche Begründung und eine mangelnde Konkretisierung der Prüfungsmerkmale.[109] Teile der Literatur gehen davon aus, dass bei Erreichen der **Willkürgrenze** auch die Anordnung trotz des klaren Wortlauts des § 81h Abs. 2 Satz 5 StPO überprüfbar sein soll.[110] Angesichts der Freiwilligkeit der Einwilligung bleibt bei diesem Ansatz jedoch offen, ob dann die Einwilligung unwirksam sein soll (dazu sogleich) und damit tatsächlich die Gesamtuntersuchung unverwertbar sein soll – namentlich auch die tausenden Entlastungen.

Allerdings ist die im zweiten Schritt erteilte **Einwilligung** nach § 81h Abs. 1, Abs. 4 StPO angreifbar, wenn dem Grundrechtsträger aufgrund einer Zwangs-

---

109) KK/Hadamitzky, § 81h Rdnr. 11 m.w.N.
110) LR/Krause, § 81h Rdnr. 36.

lage keine wirkliche Wahlfreiheit verbleibt.[111] Dies kann bei einer allzu eng geschnittenen Untersuchungspopulation ebenso anzunehmen sein wie bei intensiven Hinweisen der Ermittlungsbehörden, dass nur die Teilnahme am Massengentest vom der potentiellen Tatverdacht entlaste oder die öffentlichkeitswirksame Durchführung von z.B. Durchsuchungsmaßnahmen bei Personen, die zur Testpopulation gehören, aber der Einladung zur freiwilligen Probenabgabe nicht gefolgt sind.

Gleiches kann gelten, wenn die Einwilligung aufgrund einer **fehlerhaften** oder sonst **unzureichenden Belehrung** beruht.[112] Hier ist allerdings zu differenzieren: Bezüglich der lediglich die weiteren Verfahrensschritte erklärenden Belehrungen nach § 81h Abs. 4 Satz 2 Nr. 1 und 4 StPO ist auszuschließen, dass die Einwilligung auf diesem Mangel beruht. Ein Belehrungsmangel nach § 81h Abs. 4 Satz 1 StPO hingegen, der z.B. die Freiwilligkeit einschränkend darstellt, kann eine Unverwertbarkeit nahelegen. Im Fall von Belehrungsmängeln nach § 81h Abs. 4 Satz 2 Nr. 2 und 3 StPO kann das Urteil nur dann (mittelbar) auf dem Belehrungsmangel beruhen, wenn der spätere Beschuldigte durch einen Beinahetreffer identifiziert wird.

> **Praxistipp**
>
> Es gilt auch hier die **Abwägungslehre**.[113] In jedem Fall wird es einem (insbesondere mit Schöffen besetzten) Gericht, das über z.B. einen Mord an einem Kind mit vorangehender Vergewaltigung zu befinden hat und dem ein durch einen sicheren Treffer überführter Täter präsentiert wird, schwer fallen, die Abwägung zugunsten des Angeklagten ausfallen zu lassen.[114] Konkret heißt das für die Beratung des Beschuldigten: Es könnte sich eher anbieten, vorzufühlen, ob das Gericht geneigt ist, Zweifel an der Verwertbarkeit des Untersuchungsergebnisses zu teilen und auf Basis dessen einem möglichen Geständnis weitgehend strafbegründende und damit erheblich strafmildernde Qualität zukommen zu lassen.

5.1.5 Checkliste für den Verteidiger bei Maßnahmen nach §§ 81–81h StPO

Bei allen Maßnahmen nach §§ 81–81h StPO bietet sich für den Verteidiger das Abarbeiten der nachfolgenden Checkliste an.

5.45

---

111) BT-Drucks. 18/11277, S. 21 unter Bezugnahme auf BVerfG, Beschl. v. 18.08.1981 – 2 BvR 166/81, NJW 1982, 375.

112) KK/Hadamitzky, § 81h Rdnr. 11 m.w.N.

113) BGH, Urt. v. 20.12.2012 – 3 StR 117/12, BGHSt 58, 84 = NStZ 2013, 1827; BVerfG, Beschl. v. 13.05.2015 – 2 BvR 616/13, BeckRS 2015, 48649 = ZD 2015, 423 (m. Anm. Petri); Busch, NJW 2013, 1771.

114) Nachdrücklich MüKo-StPO/Trück, § 81h Rdnr. 23, mit Kritik insbesondere an der (durch Gesetzgebung überholten) Entscheidung BGH, Beschl. v. 20.12.2012 – 3 StR 117/12, BGHSt 58, 84 = NStZ 2013, 1827.

- In welcher Rolle ist der Mandant der Maßnahme ausgesetzt (Beschuldigter/ Zeuge/(noch) nicht förmlich Beschuldigter)? Ist diese Rolle aktenkundig gemacht?

- Wenn eine Beschuldigtenrolle (neu) begründet wird: Ist ein Antrag auf Beiordnung als Pflichtverteidiger im Ermittlungsverfahren zulässig und begründet (vgl. dazu Rdnr. 8.38 ff.)?

- Ist der Mandant aufgeklärt/gewarnt, dass nach der Beweiserhebung ein „Zurück" praktisch unmöglich wird und dass der Widerruf einer freiwilligen Einwilligung keine Wirkung zeigt, wenn der Beweis erhoben ist?

- Bei zwangsweiser Durchsetzung: Liegt eine Anordnung vor, in der
  - die Rolle des Mandanten,
  - der Vorwurf,
  - die Rechtsgrundlage der Anordnung und
  - eine Begründung mitgeteilt werden?

- Handelt es sich um eine aus Sicht der Verteidigung rechtswidrige Anordnung (Beschwerde)?

- Ist Akteneinsicht beantragt?

- Sollte der Mandant zur Durchführung der Maßnahme durch den Verteidiger persönlich begleitet werden (gilt nicht für Unterbringung nach § 81 StPO)?

5.2 Mandatssituationen

5.2.1 § 81 StPO – Unterbringung des Beschuldigten zur Vorbereitung eines Gutachtens

Kurzüberblick

– Anordnungen nach § 81 StPO ergehen selten.   5.46

– Häufiger werden **aus der einstweiligen Unterbringung oder Untersuchungshaft heraus** Maßnahmen angeordnet, die jenen nach § 81 StPO gleichkommen.

– Dies kann zu einer **Rechtsschutzverkürzung** beim Beschuldigten führen, denn

– der in der Untersuchungshaft befindliche Beschuldigte kann die im Hauptverfahren ergangene Begutachtungsanordnung nach § 305 Satz 1 nicht als solche anfechten, sondern nur wenn damit seine Verlegung in ein psychiatrisches Krankenhaus einhergeht.[115]

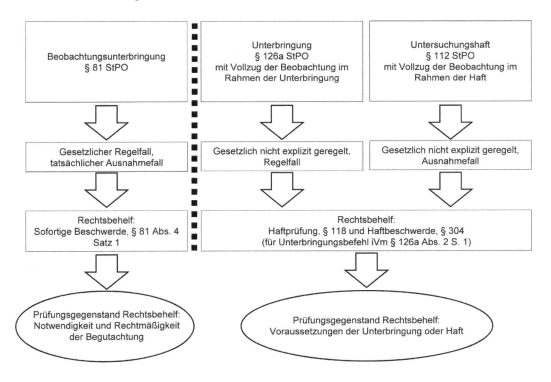

---

115) OLG Düsseldorf, Beschl. v. 13.04.2000 – 1 Ws 263 - 264/00, StV 2001, 156.

Hinweis

Das Beschwerdegericht prüft neben der Zulässigkeit auch die Zweckmäßigkeit der Anordnung![116] Ausführungen zu Zweifeln an der Zweckmäßigkeit sollten daher in der Beschwerdeschrift nicht fehlen.

Sachverhalt

Der Mandant befindet sich wegen eines Mordvorwurfs in Untersuchungshaft. Dringender Tatverdacht i.S.d. § 112 Abs. 1 Satz 1 erster Halbsatz StPO besteht; neben dem Quasihaftgrund nach § 112 Abs. 3 StPO hat das Gericht im Lichte der Rechtsprechung des Bundesverfassungsgerichts[117] zudem den Haftgrund der Fluchtgefahr (§ 112 Abs. 2 Nr. 2 StPO) rechtsfehlerfrei bejaht.

Die Staatsanwaltschaft erhebt Anklage wegen Mordes; die Schwurgerichtskammer weist bei Zulassung der Anklage darauf hin, dass angesichts der erheblichen Vorstrafen und -verbüßungen des Beschuldigten (§ 66 Abs. 1 Satz 1 Nr. 2 und 3 StGB) neben einer Strafe die Anordnung von Sicherungsverwahrung gem. § 66 Abs. 1 Satz 1 StGB in Betracht kommt. Hang und Gefährlichkeit i.S.d. § 66 Abs. 1 Satz 1 Nr. 4 StGB beabsichtigt die Kammer durch einen forensischen Sachverständigen, einen Facharzt für Neurologie, aufklären lassen; hierzu ist eine Überstellung des Beschuldigten in das Landeskrankenhaus beabsichtigt. Der Beschuldigte ist mit seiner Begutachtung nicht einverstanden und hat dem Sachverständigen im Rahmen eines Haftbesuchs dies auch unmittelbar deutlich gemacht. Der Sachverständige war dem Beschuldigten zutiefst unsympathisch, was der Beschuldigte auch zum Ausdruck gebracht hat. Der Sachverständige hat Stellung genommen und sein Instrumentarium ausführlich dargelegt. Er beabsichtigt angesichts der Weigerung des Beschuldigten zur Mitarbeit, diesen über einen Zeitraum von sechs Wochen im Krankenhaus verdeckt zu beobachten und aus dessen wörtlich aufgezeichneten Äußerungen und aus seinem verdeckt beobachteten Verhalten, namentlich der Interaktion mit Pflegern und anderen Insassen, Rückschlüsse zu ziehen.

Die Kammer fasst einen entsprechenden Beschluss, teilt dabei aber mit, dass dieser nicht angreifbar sei; als Entscheidung des erkennenden Gerichts, die der Urteilsfällung vorausgeht, unterliege sie nicht der Beschwerde (§ 305 Satz 2 StPO).

---

116) Überwiegende Auffassung, zuletzt OLG Hamburg, Beschl. v. 09.10.1972 – 2 Ws 411/72, MDR 1972, 1048, vgl. die umfangreichen Nachweise bei MüKo-StPO/Trück, § 81 Rdnr. 22 Fn. 151; **a.A.** noch OLG Hamm, Beschl. vom 21.05.1953 – 1 Ws 112/53, NJW 1953, 1237.

117) BVerfG, Beschl. v. 16.03.1966 – 1 BvR 675/65, 55/66, NJW 1966, 772.

Lösung

Zulässigkeit der Beschwerde

– Die Anordnung ist entgegen der Auffassung der Strafkammer mit der Beschwerde angreifbar, § 305 Satz 2 StPO, weil die Verlegung aus der Untersuchungshaft in ein psychiatrisches Krankenhaus eine Maßnahme ist, deren Eingriffstiefe einer Entscheidung i.S.d. § 305 Satz 2 StPO entspricht.[118]

5.47

– Es handelt sich nicht um eine sofortige Beschwerde i.S.d. § 81 Abs. 4 StPO, § 311, da sie sich lediglich gegen die Begutachtungsanordnung richtet und nicht gegen eine Freiheitsentziehung; eine Beschwer hiergegen wäre mit der Haftbeschwerde anzubringen.

Begründetheit der Beschwerde

Mit guter Begründung lässt sich die Rechtswidrigkeit der Anordnung behaupten, da naheliegt, dass sie den Beschuldigten zum Objekt degradiert, weil das Untersuchungskonzept darauf abzielt, den Beschuldigten in seinem Alltagsverhalten, seiner Interaktion mit anderen Personen und seinem Verhalten gegenüber Personen, deren Urteil er nicht befürchten muss oder das er für belanglos hält, zu beobachten.[119] Allerdings ist zu sehen, dass im Rahmen der erfolgreichen Verfassungsbeschwerde das Untersuchungskonzept auch vorsah, dass Aussagen des dortigen Beschwerdeführers wörtlich erfasst, dokumentiert und ausgewertet werden sollten.[120] Ein eventueller Verzicht hierauf sowie auf die verdeckte Beobachtung kann ggf. einen graduellen Unterschied ergeben und die einzelne Maßnahme zulässig erscheinen lassen.

5.48

Prozesstaktische Hinweise

Die Beschwerde sollte unverzüglich eingelegt werden, da Erkenntnisse auch aus einer später als unzulässig gewerteten Unterbringung gezogen und revisionssicher in die Hauptverhandlung eingeführt werden können.[121]

5.49

Die Auswahl des Sachverständigen ist nicht angreifbar,[122] Ausführungen hierzu werden keine Wirkung zeigen.

---

118) OLG Düsseldorf, Beschl. v. 13.04.2000 – 1 Ws 263 - 264/00, StV 2001, 156.

119) BVerfG, Beschl. v. 09.10.2001 – 2 BvR 1523/01, NJW 2002, 283.

120) BVerfG, Beschl. v. 09.10.2001 – 2 BvR 1523/01, NJW 2002, 283, Rdnr. 8 a.E.

121) Vgl. LR/Krause, § 81 Rdnr. 45 f.

122) OLG Celle, Beschl. v. 27.07.1966 – 4 Ws 252/66, NJW 1966, 1881; OLG Hamm, Beschl. v. 08.06.1970 – 1 Ws 191/70, NJW 1970, 1985; OLG Düsseldorf, Beschl. v. 19.11.1990 – 1 Ws 1032/90, BeckRS 1990, 4385.

Praxistipp

Das Gericht wird den Sachverständigen nicht leichter Hand austauschen, weil er dem Beschuldigten, seinem Verteidiger oder der Staatsanwaltschaft nicht zusagt. Dies hat seinen Grund weniger in dem – eher überschaubaren – Aufwand, den der Austausch mit sich brächte, sondern im Mangel an erfahrenen Sachverständigen. Zeigt der Sachverständige allerdings im Vorfeld ein Verhalten, dass eine Besorgnis der Befangenheit (§§ 74 Abs. 1 Satz 1, 24 Abs. 1) nahelegt, so wird das Gericht eher einem Austausch zugeneigt sein, als hiermit bis zur Hauptverhandlung zuzuwarten.

Muster

Beschwerde gegen Begutachtungsanordnung

Amtsgericht ...
(Anschrift)

In der Strafsache
gegen   ...
wegen   Verdachts des Mordes
Az.   ...

Beschwerde

Ich lege Beschwerde gegen die Begutachtungsanordnung des Landgerichts ... vom ... ein, verbunden mit dem Antrag, diese aufzuheben.

Begründung:

Die Beschwerde ist zulässig, da mit der Anordnung der Untersuchung im Landeskrankenhaus eine den Maßnahmen des § 305 Satz 2 StPO gleichzusetzende Anordnung getroffen worden ist (OLG Düsseldorf, Beschl. v. 13.04.2000 – 1 Ws 263 - 264/00, StV 2001, 156).

Die Beschwerde ist auch begründet. Die Art der angedachten Exploration widerspricht dem in Art. 2 Abs. 1 i.V.m. Art. 1 I GG verbürgten allgemeinen Persönlichkeitsrecht. Dieses Recht schützt grundsätzlich vor der Erhebung und Weitergabe von Befunden über den Gesundheitszustand, die seelische Verfassung und den Charakter eines Menschen (BVerfG, Beschl. v. 01.12.2010 – 1 BvR 1572/10, NJW 2011, 1661). Der Beschuldigte hat seine Exploration gegenüber dem Sachverständigen abgelehnt, was er in einer Besprechung mit dem Unterzeichner auch noch einmal betont hat. Die vom Sachverständigen nunmehr skizzierte Dauerbeobachtung kommt methodisch einer Totalbeobachtung gleich, die den Beschuldigten zum Anschauungsobjekt macht. Dem steht der unantastbare Kernbereich des Persönlichkeitsrechts des Beschuldigten entgegen, der dadurch zum bloßen Objekt staatlicher Wahrheitsfindung gemacht würde, so dass sein Verhalten nicht mehr als Ausdruck seiner Individualität, sondern nur noch als wissenschaftliche Erkenntnisquelle verwertet würde (vgl. BVerfG, Beschl. v. 09.10.2001 – 2 BvR 1523/01, NJW 2002, 283).

Unabhängig vom Vorgesagten steht auch die Methodik als solche und damit die Zweckmäßigkeit der Anordnung in Zweifel, die im vorliegenden Beschwerdeverfahren ebenfalls zu überprüfen ist (OLG Hamburg, Beschl. v. 09.10.1972 – 2 Ws 411/72, MDR 1972, 1048, umfangreiche Nachweise bei MüKo-StPO/Trück, § 81 Rdnr. 22 Fn. 151). Die Zweckmäßigkeit der Anordnung steht in Zweifel, da der Sachverständige beabsichtigt, den sich einer Exploration verschließenden Beschuldigten in unregelmäßigen Abständen verdeckt zu beobachten, so dass ein nachvollziehbares, schlüssiges Bild des Beschuldigten sich nicht eröffnen kann.

Rechtsanwältin/Rechtsanwalt

5.2.2 § 81a StPO – Körperliche Untersuchung des Beschuldigten

Kurzüberblick

– Die Beratungssituation ist oft sehr unübersichtlich, der Mandant sucht Rat in einem frühen, von der Polizei dominierten Verfahrensstadium.   5.50

– Der Verteidiger muss den Sachverhalt soweit möglich aufklären und den Mandanten davon abhalten, auf eigene Faust zu versuchen, die Vorwürfe auszuräumen, bevor Akteneinsicht genommen werden konnte.

– Dazu sind der Status des Mandanten (Beschuldigter/Zeuge/sonstige Person) sowie die formellen und materiellen Voraussetzungen einer vorhandenen Anordnung zu klären.

Sachverhalt

Der Mandant sucht Beratung, weil er in der vorletzten Nacht alkoholisiert und mit stark überhöhter Geschwindigkeit einen Fußgänger im Rahmen eines innerstädtischen (vorgeworfenen) Rotlichtverstoßes überfahren hat; der Fußgänger kämpft aktuell mit dem Leben. Eine Blutprobe wurde noch in der Nacht durch einen Arzt entnommen, zuvor hatte der Mandant im Rahmen einer Atemalkoholkontrolle 0,4 ‰ „gepustet", nachdem ihm die Polizeibeamten zugeraten hatten, dass er nüchtern wirke und sich durch den Atemalkoholtest entlasten könne, „den sonst ein Richter anordnen müsse". Etwas „Schriftliches mitbekommen" habe er bei der gesamten Maßnahme nicht, beteuert der Mandant. Im Rahmen der Erstberatung zeigt der Mandant eine gestern eingegangene polizeiliche Anordnung zur Entnahme einer Haarprobe zwecks Bestimmung eines möglichen Kokainkonsums in den letzten Wochen. Als Tatvorwurf ist dabei versuchter Totschlag angegeben. Der Mandant beteuert, noch nie Kokain konsumiert zu haben und möchte eine Haarprobe freiwillig und möglichst schnell abgeben. Zudem sieht er die Schuld am Unfall beim Fußgänger.

Welche Maßnahmen sollte der Verteidiger ergreifen?

Lösung

Einzelbetrachtung der Maßnahmen

5.51 Sowohl die – mehr oder minder – freiwillige Atemalkoholkontrolle wie auch die Rechtmäßigkeit der Anordnungen aus der Tatnacht (Alkohol) sowie die Rechtmäßigkeit der aktuell vorliegenden Anordnung (Kokain) scheinen fragwürdig.

Atemalkoholkontrolle

5.52 Bezüglich der Alkoholanordnung ist fraglich, ob der Mandant über die Freiwilligkeit der Maßnahme aufgeklärt wurde, ob er Beschuldigter war, wenn die Beamten ihm die Maßnahme tatsächlich als Entlastungsmöglichkeit vermittelt haben sollten und ob das Ergebnis möglicherweise durch Täuschung (§ 136a Abs. 1 Satz 1 sechste Variante) erlangt wurde, da die Anordnung einer Atemalkoholkontrolle auch durch einen Richter unmöglich ist, da dieser das aktive „Auspusten" anordnen müsste, was gegen den Nemo-tenetur-Grundsatz verstieße. Da keine Anordnung vorliegt, wird eine Überprüfung der Rechtmäßigkeit kaum möglich sein.

Blutentnahme

5.53 Bezüglich der Blutentnahmeanordnung ist fraglich, ob angesichts der offenkundig gravierenden, möglicherweise bereits am Unfallort als solche erkennbaren Verletzungen und des nur kurze Zeit später erhobenen Vorwurfs des versuchten Totschlags die Voraussetzungen des § 81a Abs. 2 Satz 2 StPO gegeben waren. Die Anordnungskompetenz sollte nach dem Willen des Gesetzgebers „für bestimmte Straßenverkehrsdelikte",[123] nicht für versuchten Totschlag bestehen. Nachdem dem Mandanten keine Unterlagen ausgehändigt wurden, steht die Frage im Raum, ob eine schriftliche Anordnung nebst Begründung (§ 34) zur Akte gebracht wurden. Dies wird im Rahmen der Akteneinsicht zu prüfen und ggf. zu

---

123) BT-Drucks. 18/11272, S. 2 f.

erörtern sein. Auch diese Maßnahme kann durch einen Antrag auf gerichtliche Entscheidung entsprechend § 98 Abs. 2 Satz 2 überprüft werden.

Haarprobe

Bezüglich der Anordnung zur Entnahme einer Haarprobe liegt die Rechtswidrigkeit der polizeilichen Anordnung auf der Hand: § 81a Abs. 2 Satz 2 StPO überträgt die Anordnungskompetenz nur bezüglich der Blutprobenentnahme auf die Staatsanwaltschaft und ihre Ermittlungspersonen. Zudem ist nunmehr mit der Umstellung des Tatvorwurfs auf versuchten Totschlag ein deutlich gewichtigeres Delikt auch förmlich zur Akte gebracht. Im Übrigen steht die Frage im Raum, ob die Anordnung der Entnahme einer Haarprobe verhältnismäßig ist, insbesondere erforderlich. In den Tatzeitpunkt hineinwirkender Kokainkonsum ließe sich durch die Blutprobe feststellen. Ein Wochen davorliegender Konsum wäre für den Tatvorwurf aller Voraussicht nach unerheblich; damit stellt sich auch die Frage, welcher Tatvorwurf der Entnahme der Haarprobe überhaupt zugrunde liegen sollte. Da auch in diesem Fall eine nichtrichterliche Anordnung vorliegt, wäre ein Antrag auf gerichtliche Entscheidung entsprechend § 98 Abs. 2 Satz 2 StPO möglich.

5.54

Es liegt ebenso auf der Hand, dem Mandanten von der freiwilligen Abgabe der Haarprobe abzuraten. Auch wenn er wahrheitsgemäß mitgeteilt haben sollte, kein Kokain konsumiert zu haben, dürfte eine Ausweitung der Haarprobe auf THC-Konsum oder den Konsum von Amphetaminen naheliegen, was dann seitens der Verteidigung nur noch begrenzt steuerbar ist.

Prozesstaktische Hinweise

Atemalkoholkontrolle

Vor durchgeführter Akteneinsicht ist der Hinweis auf die mögliche Unverwertbarkeit schädlich. Detaillierte Hinweise dazu, welche Belehrungen dem Mandanten gegenüber nicht ausgesprochen wurden, könnten durchaus in einer detaillierten und dann aktenkundigen Erinnerung der beteiligten Polizeibeamten enden, genau diese Belehrungen erteilt zu haben. Unschädlich wird aber eine begründungslose Einlegung der Überprüfungsentscheidung sein.

5.55

Blutentnahme

Die vorgenannten Hinweise gelten auch für die Anordnung der Blutentnahme, hier gilt es sogar umso mehr: Nach der Rechtsprechung des Bundesverfassungsgerichts darf eine nachträgliche Stellungnahme der Staatsanwaltschaft oder ihrer Ermittlungspersonen nicht oder nur eingeschränkt berücksichtigt werden, falls es an einer zeitnahen Dokumentation fehlt.[124] Es gilt daher, zunächst die (Un-)Vollständigkeit der Akte daraufhin zu überprüfen. Erst dann können und sollten hier-

5.56

---

124) Zur Dokumentation von „Gefahr im Verzug": BVerfG, Beschl. v. 31.10.2007 – 2 BvR 1346/07, BeckRS 2007, 28256; BVerfG (2. Kammer des Zweiten Senats), Beschl. v. 28.07.2008 – 2 BvR 784/08, NJW 2008, 3053.

auf bezogene Überprüfungen eingeleitet werden. Es kann zugewartet werden, denn wie die Beschwerde nach § 304 Abs. 1 StPO ist auch die hier statthafte gerichtliche Überprüfung entsprechend § 98 Abs. 2 Satz 2 StPO nicht fristgebunden. Wie bei der Beschwerde wird eine Verwirkung wegen Zeitablaufs nur ganz ausnahmsweise in Betracht kommen.[125] Auch hier kann jedoch bereits begründungslos eine gerichtliche Überprüfung eingeleitet werden.

> **Praxistipp**
>
> Es ist nicht stets sinnvoll, bezüglich des durch Blutentnahme festgestellten Alkoholisierungsgrads Vernichtung der Beweismittel zu beantragen. Gesamtziel der Verteidigung muss vielmehr sein, dass die Beweismittel nicht als belastendes Beweismaterial gegenüber dem Mandanten verwendet werden dürfen; übrig bliebe dann der Vorwurf des Rotlichtverstoßes mit daraus resultierender Tötung; im Rahmen dieses Vorwurfes müsste das (zu Lasten des Mandanten unverwertbare) Ergebnis der Blutalkoholkonzentration aber verwendet werden (§§ 20, 21 StGB).

Haarprobe: Anordnung

5.57 Bezüglich der zu entnehmenden Haarprobe hingegen wäre ein Zögern falsch. Insofern ist ein Antrag entsprechend § 98 Abs. 2 Satz 2 StPO einzureichen, mit dem die gerichtliche Überprüfung der noch nicht vollzogenen Maßnahme angeordnet wird. Aus taktischer Sicht ist dabei unbedingt zu beachten, dass der Antrag keinen Suspensiveffekt bewirkt. Deshalb sind daneben Maßnahmen zur Verhinderung des Vollzugs zu ergreifen.

Haarprobe: Verhinderung des Vollzugs

5.58 Der Vollzug der erkennbar rechtswidrigen Maßnahme lässt sich am effektivsten verhindern, indem die Vollzugsbehörden auf den korrekten Vollstreckungsweg hingewiesen bzw. an diesen erinnert werden. Die Vollstreckung der nach § 81a StPO angeordneten Maßnahme erfolgt auch dann nach § 36 Abs. 2 Satz 1 StPO und damit durch die Staatsanwaltschaft, wenn die Anordnung (fehlerhaft) durch einen Hilfsbeamten erfolgt ist, denn die Staatsanwaltschaft wird bei Vollstreckung des Gerichtsbeschlusses als selbständiges (§ 150 GVG), dem Gericht gleichgeordnetes Organ der Rechtspflege tätig.[126] Es gilt daher, die Staatsanwaltschaft als Herrin des Verfahrens einzubinden und dadurch die Vollstreckung der Anordnung einstweilen zu verhindern.

---

125) Vgl. zur Beschwerde BVerfG (1. Kammer des Zweiten Senats), Beschl. v. 18.12.2002 – 2 BvR 1660/02, NJW 2003, 1514.
126) Vgl. BayVerfGH, Beschl. v. 24.10.1968 – Vf. 78-VI-68, NJW 1969, 229.

5

Muster

Atemalkoholkontrolle – Blutentnahme – Haarentnahme

Amtsgericht ...
(Anschrift)

in Kopie: Polizeidienststelle ...
        Staatsanwaltschaft ...

In der Strafsache
gegen   ...
wegen   Verdachts des versuchten Totschlags
Az.   ...

beantrage ich,

1. die Vernichtung des Ergebnisses der **Atemalkoholkontrolle** des Beschuldigten aus der Nacht vom ... auf den ... anzuordnen,

2. die polizeiliche Anordnung betreffend die **Blutentnahme** beim Beschuldigten aufzuheben,

3. die polizeiliche Anordnung betreffend die **Entnahme von Haaren** von der Kopfhaut des Beschuldigten aufzuheben,

4. Darüber hinaus wird **die Staatsanwaltschaft dringend gebeten**, die Vollstreckung der Maßnahme zu (3) einstweilen einzustellen und dies schriftlich zu bestätigen.

Begründung:

Zu (1)
Eine Begründung wird nach erfolgter Akteneinsicht vorgelegt werden.

[Begründung nach erfolgter Akteneinsicht, in der Akte sind weder eine Belehrung des Beschuldigten zu seinem Aussageverweigerungsrecht noch eine solche über die Freiwilligkeit der Maßnahme dokumentiert:

Das Ergebnis der Atemalkoholkontrolle ist zu vernichten. Der Beschuldigte war zu diesem Zeitpunkt weder über sein Schweigerecht im Allgemeinen (§ 55 StPO) noch über die Freiwilligkeit der Atemalkoholprobe im Speziellen aufgeklärt, so dass die Atemalkoholprobe zu Lasten des Beschuldigten unverwertbar ist (Meyer-Goßner/Schmitt, § 81a Rdnr. 12 m.w.N.; LG Saarbrücken, Beschl. v. 13.11.2008 – 2 Qs 53/08, BeckRS 2008, 23730). Jedenfalls sind derartige Belehrungen nicht dokumentiert und können auch nicht nachträglich zur Akte gebracht werden (vgl. BVerfG, Beschl. v. 31.10.2007 – 2 BvR 1346/07, BeckRS 2007, 28256; BVerfG (2. Kammer des Zweiten Senats), Beschl. v. 28.07.2008 – 2 BvR 784/08, NJW 2008, 3053).]

Godendorff

Zu (2)
Eine Begründung wird nach erfolgter Akteneinsicht vorgelegt werden.

[Begründung nach erfolgter Akteneinsicht, aus der Akte ergibt sich zwar eine begründungslose Anordnung der Blutentnahme durch einen Polizeibeamten, es ergibt sich aber auch, dass bereits am Unfallort potentiell tödliche Verletzungen des Unfallopfers durch den Notarzt erkannt wurden:

Die Anordnung des Polizeibeamten ist nicht begründet (§ 34 StPO). In der Akte ist zudem nicht dokumentiert, warum der anordnende Polizeibeamte im Anordnungszeitpunkt nur von dem Verdacht ausging, der Beschuldigte könnte ein Straßenverkehrsdelikt (Straftat nach § 315a Abs. 1 Nr. 1, Abs. 2 und 3, § 315c Abs. 1 Nr. 1 Buchst. a), Abs. 2 und 3 oder § 316 StGB) verwirklicht haben und nicht auch zumindest eine fahrlässige Körperverletzung oder gar den – nunmehr vorgeworfenen – versuchten Totschlag, nachdem sich aus Bl. ... d.A. ein erhebliches Verletzungsbild ergibt. Damit stand bereits im Anordnungszeitpunkt ein wesentlich gewichtigerer Vorwurf im Raum als ein solcher, der die Anordnung nach § 81a Abs. 2 Satz 2 StPO gestattet. Insbesondere hätten insofern das Vorliegen der besonderen Voraussetzungen des § 81a Abs. 2 Satz 2 StPO dokumentiert werden müssen, was nicht erfolgt ist und nicht nachträglich zur Akte gebracht werden kann (vgl. BVerfG, Beschl. v. 31.10.2007 – 2 BvR 1346/07, BeckRS 2007, 28256; BVerfG (2. Kammer des Zweiten Senats), Beschl. v. 28.07.2008 – 2 BvR 784/08, NJW 2008, 3053).]

Zu (3)
Die Maßnahme ist von einem funktional unzuständigen Polizeibeamten angeordnet worden; insbesondere eröffnet § 81a Abs. 2 Satz 2 StPO den Ermittlungspersonen der Staatsanwaltschaft nur die Möglichkeit, eine Blutprobenentnahme anzuordnen. Darüber hinaus ist die Maßnahme nicht erforderlich, sofern die Blutprobe verwertbar wäre, wovon die Staatsanwaltschaft offenbar ausgeht.

Zu (4)
Die Staatsanwaltschaft wird angesichts der auf der Hand liegenden Rechtswidrigkeit der Anordnung (siehe Begründung zu (3)) gebeten, ihre Ermittlungspersonen anzuweisen, die Vollstreckung einzustellen, ihre Ermittlungspersonen diesbezüglich anzuweisen und die Verteidigung hierüber in Kenntnis zu setzen.

Rechtsanwältin/Rechtsanwalt

5.2.3 § 81c StPO – Untersuchung anderer Personen

Kurzüberblick

- Die im Folgenden dargestellte Situation ist die der Drittberatung, also der Beratung eines Nichtmandanten, dessen Kooperation mit der Polizei für den Mandanten erhebliche Nachteile zeitigen könnte (vgl. oben Rdnr. 5.20).

- Die oben (vgl. Praxishinweis in Rdnr. 5.22) dargestellten Grenzen zulässigen Verteidigerverhaltens sind dabei zu beachten.

5.59

Sachverhalt

Der Mandant hat seinen Schwager zusammengeschlagen, was von mehreren unbeteiligten Personen gesehen und zur Anzeige gebracht wurde. Die Polizei war vor Ort, der Schwager erlitt erhebliche Frakturen der Hand. Einige Wochen nach der Tat wurde der Schwager erneut von der Polizei vernommen und gab an, dass sein rechter Zeigefinger aufgrund der Tat versteift sei, was für ihn schwerwiegend sei, da er als Rechtshänder, Zeitsoldat in der Bundeswehr und Kfz-Mechatroniker auf die Funktionsfähigkeit des Gliedes angewiesen sei. Danach konnte die Situation innerhalb der Familie durch Vermittlung des Vaters und Schwiegervaters des Mandanten befriedet werden.

Nunmehr liegt dem Schwager des Mandanten eine Aufforderung der Kriminalpolizei vor, die Gerichtsmedizin aufzusuchen, um freiwillig an einer Untersuchung seines Zeigefingers mitzuwirken. Der Schwager fürchtet als Soldat dienstliche Nachteile, wenn er sich der Untersuchung entzieht; nach seiner Dienstzeit möchte er sich selbständig machen und fragt sich, ob er dann z.B. für Gutachteraufträge von Gerichten als hinreichend zuverlässig gelten würde. Zudem geht er anhand einer Internetrecherche davon aus, ohnehin am Ende untersucht zu werden, dann möchte er dies lieber freiwillig tun.

Lösung

Es droht dem Mandanten eine Verurteilung wegen schwerer Körperverletzung,[127] §§ 226 Abs. 1 Nr. 2 zweite Alternative StGB, ein Verbrechenstatbestand. Eine Verurteilung wäre aufgrund der Zeugenaussagen der unbeteiligten Zeugen, der Angaben der Polizeibeamten und anhand des röntgenologischen Befunds sowie eines Sachverständigengutachtens auch ohne eine Aussage des Schwagers möglich.

5.60

Dem Schwager des Mandanten steht das Recht zu, die Untersuchung zu verweigern (§§ 81c Abs. 3 Satz 1, Satz 2 zweiter Halbsatz StPO, 52 Abs. 1 Nr. 3 StPO). Die Weigerung ist in jeder Hinsicht folgenlos.

---

127) Vgl. BGH, Urt. v. 15.03.2007 – 4 StR 522/06, BGHSt 51, 252 = NJW 2007, 1988 = NStZ 2007, 702 m. Anm. Hardtung = HRRS 2007, 363 m. Anm. Paeffgen/Grosse-Wilde.

Prozesstaktische Hinweise

5.61 Sollte sich herausstellen, dass der Schwager entgegen seiner Einlassung die **Untersuchung bereits hat durchführen lassen**, oder sollte er sie entgegen der Abmachung durchführen lassen, lässt sich dies nicht mehr rückgängig machen. Anders als im Fall der Aussage gilt nicht § 252,[128] sondern lediglich §§ 81c Abs. 3 Satz 1, Satz 2 zweiter Halbsatz, 52 Abs. 3 Satz 2 StPO; daraus folgt:

– Der Untersuchte darf die Einwilligung zwar auch während der laufenden Untersuchung widerrufen, die Untersuchung ist dann abzubrechen,[129]

– die vor dem Widerruf erlangten Befunde können jedoch als Beweismittel verwendet werden,[130]

– nach der Untersuchung ist ein Widerruf bedeutungslos.[131]

Ebenfalls im Auge behalten sollte der Verteidiger eventuelle **Unterlagen**, die sich **beim behandelnden Arzt** der betroffenen Person befinden, z.B. Röntgenaufnahmen. Diese sind beschlagnahmefrei nach §§ 94, 98, 97 Abs. 1 Nr. 2, 3, 53 Abs. 1 Satz 1 Nr. 3 neunte Variante StPO, solange der Arzt nicht von seinem Zeugnisverweigerungsrecht entbunden wird.

Muster

Drittberatung körperliche Untersuchung

Herrn

...

(Anschrift)

In der Strafsache

gegen   ...

vertrete ich die Interessen Ihres Schwagers, Herrn .... Nach meinen Informationen haben Sie und Ihr Schwager Ihre Differenzen mittlerweile erfreulicherweise ausräumen können. Nach den mir vorliegenden Informationen sind Sie durch die Polizei aufgefordert worden, sich einer körperlichen Untersuchung in der Untersuchungsstelle der Rechtsmedizin zu unterziehen. Sie müssen keine Befürchtungen haben, irgendwelche beruflichen Nachteile zu erleiden, wenn Sie sich dieser Untersuchung nicht unterziehen. Ich versichere Ihnen, dass die Ausübung dieses Ihnen zustehenden Rechts vollkommen folgenlos geschehen kann.

---

128) LR/Krause, § 81c Rdnr. 36 m.w.N. in Fn. 4687; vgl. ergänzend BGH, Beschl. v. 01.08.2018 – 1 BGs 324/18, NStZ-RR 2018, 319 = BeckRS 2018, 19916 = LSK 2018, 19916 (Ls.).

129) BGH, Beschl. v. 08.12.1958 – GSSt 3/58, BGHSt 12, 235 (noch zur Rechtslage vor Einführung des Absatzes 3).

130) KK/Hadamitzky, § 81c Rdnr. 8 m.w.N.

131) LR/Krause, § 81c Rdnr. 37.

Sofern Sie sich der Untersuchung verweigern, ist es auch nicht so, dass diese durch ein Gericht oder die Polizei angeordnet werden könnte.

Andererseits würde, sofern Sie sich der Untersuchung unterziehen, der Untersuchungsbefund später nicht mehr aus der Welt zu schaffen sein. Im Fall einer Verurteilung droht Ihrem Schwager, Herrn ..., eine Verurteilung zu einer Freiheitsstrafe von einem Jahr bis zu zehn Jahren.

Gerne können Sie mich – für Sie selbstverständlich kostenlos – kontaktieren, sofern Ihrerseits noch Fragen bestehen.

Mit freundlichen Grüßen

Rechtsanwältin/Rechtsanwalt

5.2.4 § 81d StPO – Durchführung körperlicher Untersuchungen durch Personen gleichen Geschlechts

Kurzüberblick

– Die Ordnungsvorschrift des § 81d StPO,[132] deren Verletzung keine Rechtsfolgen zeitigt,[133] hat praktische Bedeutung nur als „Türöffner" für den Verteidiger, der als Person des Vertrauens einer Untersuchung beiwohnen kann.

– Dies wird sich – von Fragen der Vergütung einmal abgesehen – in solchen Konstellationen anbieten, in denen die Besorgnis besteht, dass der Beschuldigte zu Äußerungen veranlasst werden könnte (vgl. dazu oben Rdnr. 5.4).

5.62

Sachverhalt

Dem Mandanten wird Vergewaltigung vorgeworfen, § 177 Abs. 6 Nr. 1 StGB. Gegen den Mandanten ist eine Untersuchungsanordnung i.S.d. § 81a Abs. 1 StPO ergangen. Im Rahmen der Untersuchung soll eine Fotodokumentation durchgeführt werden, da die Zeugin einen auffälligen Leberfleck in der Hodengegend beschrieben hat. Die Anfechtung der Untersuchung ist nach Überzeugung der Verteidigung sinnlos. Der Mandant ist dem Verteidiger bereits im Beratungsgespräch als sehr redselig und leutselig aufgefallen. Die Polizei hat bereits eine Durchsuchungsmaßnahme genutzt, um mit dem – zuvor belehrten – Mandanten ins Gespräch zu kommen.

---

132) Vgl. Rudolphi, MDR 1970, 93.
133) Bohnert, NStZ 1982, 5 m.w.N.; Gössel, NJW 1981, 649; MüKo-StPO/Trück, § 81d
Rdnr. 11 m.w.N. in Fn. 36.

Lösung

5.63   Die Untersuchung ist ein intensiver Eingriff, da der Penis angehoben und eine Fotodokumentation durchgeführt werden wird. Bereits das vollständige Entkleiden dürfte das Schamgefühl verletzen,[134] jedenfalls eine fotografische Dokumentation tut dies in jedem Fall.

Prozesstaktische Hinweise

5.64   Sofern die Vergütung durch den Mandanten nicht für eine derartige Begleitung auskömmlich ist, kann auch z.B. eine resolute und klar instruierte Bürokraft oder ein streng instruierter Referendar die Aufgabe übernehmen, den Mandanten vom Reden abzuhalten. Zudem wird die Anwesenheit eines Dritten voraussichtlich die ermittelnden Beamten davon abhalten, an der Untersuchung teilzunehmen bzw. davor oder danach zum Mandanten Kontakt aufzunehmen.

Muster

Begleitung zur körperlichen Untersuchung

Amtsgericht ...
(Anschrift)

in Kopie: Polizeidienststelle ...
               Staatsanwaltschaft ...
               Gerichtsmedizinische Untersuchungsstelle ...

In der Strafsache
gegen   ...
wegen   Verdachts der Vergewaltigung
Az.   ...

wird mein Mandant sich der körperlichen Untersuchung unterziehen. Die Untersuchung ist auch bei fachkundiger Durchführung geeignet, das Schamgefühl zu verletzen, denn sie impliziert ein vollständiges Entkleiden, ein Anheben des Glieds und eine Fotodokumentation.

---

134) Vgl. BeckOK, StPO/Goers, § 81d Rdnr. 6.

Mein Mandant benennt daher mich als Person des Vertrauens i.S.d. § 81d Abs. 1 Satz 3 StPO. Ich gehe davon aus, dass die „Zulassung" gem. § 81d Abs. 1 Satz 3 StPO keinen förmlichen Zulassungsakt impliziert und werde daher mit meinem Mandanten gemeinsam erscheinen. **Sofern das Gericht wider Erwarten davon ausgehen sollte, dass es eines förmlichen Zulassungsaktes bedarf, stelle ich diesen Antrag hiermit und bitte um Bescheidung vor dem Untersuchungstermin am .... Ohne meine Begleitung wird mein Mandant nicht freiwillig zur Untersuchung erscheinen, so dass es in diesem Fall eines förmlichen Beschlusses nach § 81a Abs. 1 StPO bedürfte.**

Dem Verlangen ist stattzugeben, nachdem Verzögerungen oder Störungen durch meine Anwesenheit nicht zu erwarten sind (vgl. KK/Hadamitzky, § 81d Rdnr. 4).

Rechtsanwältin/Rechtsanwalt

5.2.5 § 81e und § 81f StPO – Molekulargenetische Untersuchung

Kurzüberblick

– §§ 81e und 81f StPO regeln nicht die Entnahme, sondern die Untersuchung und den Vergleich von vorhandenem Probenmaterial mit Material   5.65

– das schon beim
  – Beschuldigten (§ 81a Abs. 1 StPO) oder
  – Zeugen (§ 81c Abs. 1 und 2 Satz 1 StPO)
  entnommen wurde oder

– parallel zur Maßnahme nach § 81e und 81f StPO gem. §§ 81a oder 81c StPO entnommen werden soll oder

– von Material, das ohne ermittelte Verbindung zu einer Person am Tatort aufgefunden wurde.

Die Maßnahmen nach §§ 81a oder 81c StPO sind mit den dort (Rdnr. 5.15, 5.21) beschriebenen Beschwerden oder Widersprüchen anzugreifen. Im Rahmen der Maßnahmen nach §§ 81e und 81f StPO kann und sollte jedoch thematisiert werden, sofern eine Probe auf zweifelhaftem Weg erlangt wurde.[135]

Sachverhalt

Die DNA des Mandanten wurde bereits vor mehreren Jahren und in beanstandungsfreier Weise nach Entnahme einer Blutprobe in der BKA-Kartei gespeichert (§ 81g StPO). Im Rahmen eines laufenden Ermittlungsverfahrens – damals gegen

---

135) Vgl. MüKo-StPO/Trück, § 81e Rdnr. 30.

unbekannt – haben Observationskräfte der Polizei eine Betäubungsmittellieferung durch eine unbekannt gebliebene Person beobachtet, die dabei eine Zigarette rauchte und fortschnippte. Diese wurde durch die Beamten in nicht zu beanstandender Weise (Handschuhe, Zangenverbringung in eine sterile Tüte) aufgenommen und zu einer Vergleichsanalyse zum Landeskriminalamt verbracht. Die Analyse ergab, dass sich nur eine DNA-Anhaftung daran befand; diese ergab einen sicheren Treffer beim Mandanten. Die im Rahmen der Observation aufgenommenen Fotos zeigen einen mit Baseball-Cap bekleideten Mann von hinten, bei dem es sich nach Statur und Größe um den Mandanten handeln könnte.

Lösung

5.66　Die Sicherstellung der Zigarettenkippe erfolgte im Grenzbereich (siehe oben Rdnr. 5.28) und hätte möglicherweise eines gerichtlichen Beschlusses bedurft, zumindest einer aktenkundigen Anordnung der Ermittlungspersonen der Staatsanwaltschaft (§ 152 GVG), in entsprechender Anwendung des § 81a Abs. 1 Satz 1, Abs. 2 Satz 1 dritte Variante StPO.

In jedem Fall aber hätte die Untersuchung nach § 81e Abs. 1 Satz 1 StPO der gerichtlichen Anordnung bedurft, § 81f Abs. 1 Satz 1 erste Variante StPO, zumal in dieser Hinsicht die Annahme von Gefahr im Verzug eher fernliegt[136] – die Probe liegt im Labor, ein Beweismittelverlust ist nicht zu befürchten.

Prozesstaktische Hinweise

5.67　Auch hier bedarf es eines Widerspruchs in der Hauptverhandlung. Da das Bestehen eines Beweisverwertungsverbots anhand einer umfassenden Abwägung festzustellen ist, sollte der Widerspruch bereits in der Hauptverhandlung eine an den Maßstäben des § 344 Abs. 2 Satz 2 StPO orientierte Darlegung der Umstände enthalten, aus denen das Verwertungsverbot herzuleiten ist.

---

136) Vgl. BVerfG, Urt. v. 20.02.2001 – 2 BvR 1444/00, BVerfGE 103, 142 = NJW 2002, 1333 = NStZ 2001, 382.

Muster

Widerspruch gegen die Verwertung des Ergebnisses einer molekulargenetischen Untersuchung

Amtsgericht ...
(Anschrift)

In der Strafsache...
gegen   ...
wegen   Verdachts des räuberischen Diebstahls
Az.   ...

widerspreche ich

der Verwertung des Beweismittels DNA-Identitätsfeststellung in Gestalt des Berichts der Untersuchungsstelle ... vom ... – Bl. ... d.A. und seiner Einführung durch die Ausführungen der Sachverständigen Frau Dr. rer. nat. Dipl.-Biol. ....

Begründung:

Die Beweismittel sind unverwertbar.

Das vorliegend ohne eine Anordnung in entsprechender Anwendung des § 81a Abs. 1 Satz 1 StPO gewonnene Material ist unverwertbar (vgl. Meyer-Goßner/Schmitt, § 81e Rdnr. 5[137]).

Erst recht gilt dies für das Ergebnis der molekulargenetischen Untersuchung i.S.d. § 81e Abs. 1 StPO. Jedenfalls hier hätte es einer richterlichen Anordnung i.S.d. § 81f Abs. 1 Satz 1 erste Variante StPO bedurft. Unabhängig davon, dass die Akte keine diesbezügliche Eilanordnung der Staatsanwaltschaft der ihrer Ermittlungspersonen i.S.d. § 152 GVG enthält, liegt auch die Annahme von Gefahr im Verzug fern (vgl. dazu BVerfG, Urt. v. 20.02.2001 – 2 BvR 1444/00, BVerfGE 103, 142 = NJW 2002, 1333 = NStZ 2001, 382).

Insgesamt stellt sich daher das Vorgehen der Ermittlungsbehörden als eine bewusste Umgehung des Richtervorbehaltes in § 81f Abs. 1 Satz 1 erste Variante StPO dar. Zwar mag in Einzelfällen gegen ein Verwertungsverbot sprechen, dass der Ermittlungsrichter, wäre er befasst worden, die Anordnung vermutlich getroffen hätte (BGH, Urt. v. 17.02.2016 – 2 StR 25/15, NStZ 2016, 551). Dieser hypothetisch rechtmäßigen Beweiserlangung kann allerdings dann keine Bedeutung zukommen, wenn eine grobe Missachtung des Richtervorbehalts vorliegt (vgl. BGH, Urt. v. 06.10.2016 – 2 StR 46/15, NStZ 2017, 367).

---

137) Dies ist eine Mindermeinung, vgl. BGH, Ermittlungsrichter, Beschl. v. 21.03.2007 – 1 BGs 96/2007, KK-Hadamitzky, § 81e Rdnr. 3 a.E.; BeckOK, StPO/Goers, § 81e Rdnr. 2. Sie ist im Mandanteninteresse naturgemäß dennoch vorzutragen, der Schwerpunkt sollte aber auf der fehlenden Anordnung i.S.d. § 81f Abs. 1 Satz 1 StPO liegen.

> Deshalb muss der Strafverfolgungsanspruch des Staates im vorliegenden Fall zurückstehen.
>
> Rechtsanwältin/Rechtsanwalt

5.2.6 § 81g StPO – Verwertung einer DNA-Identitätsfeststellung

Kurzüberblick

5.68
- In der vorliegenden Mandatssituation soll eine vorhandene DNA-Probe verwertet werden, deren einstmalige Entnahme zweifelhaft erscheint.

- Der Verteidiger wird dafür zunächst alles aufzuklären haben, was sich bezüglich der damaligen DNA-Entnahme aus der Erinnerung des Mandanten und anhand der Akte noch rekonstruieren lässt.

- Auf Basis dessen sollte versucht werden, die damalige Untersuchung aus der Hauptverhandlung herauszuhalten.

Sachverhalt

Dem Betroffenen wurde im Jahr 2015 nach rechtskräftiger Verurteilung zu einer fünfjährigen Freiheitsstrafe wegen Vergewaltigung eine Speichelprobe abgenommen, seine DNA analysiert und in der zentralen Datenbank gespeichert. Er hatte sich damit mündlich einverstanden erklärt, um die Blutentnahme abzuwenden; eine irgendwie geartete Anordnung ist den Akten nicht zu entnehmen. Im Jahr 2019 führt die Staatsanwaltschaft ein Ermittlungsverfahren gegen Unbekannt wegen eines besonders schweren Falls des räuberischen Diebstahls (§§ 252, 242 Abs. 1 StGB). Der unbekannt gebliebene Täter hat nach Zeugenangaben eine Stange Zigaretten genommen und das Ladengeschäft verlassen, die Kassiererin bespuckt und den nacheilenden Ladendetektiv mit Schlägen bedroht. Die Spucke auf der Kleidung der Kassiererin kann gesichert werden. In der kurz darauf durchgeführten DNA-Identitätsfeststellung zeigen sich Treffer in allen beim damaligen Betroffenen und jetzigen Mandanten gespeicherten Merkmalen, er wird als Beschuldigter eingetragen. Eine Wahllichtbildvorlage gegenüber der Kassiererin und dem Ladendetektiv mit Fotos des Beschuldigten ergibt schwache Anhaltspunkte für eine Identifizierungsfähigkeit (Kassiererin: „Eher wahrscheinlich, dass es Nr. 5 [der Beschuldigte] war, sicher bin ich mir nicht"/Ladendetektiv: „Weiß ich nicht, sehen alle gleich aus.").

Der Verteidiger hat bereits gegenüber der Staatsanwaltschaft angemerkt, dass das Beweismittel seines Erachtens nicht verwertbar sei; diese erhebt dennoch Anklage, die zugelassen wird.

Der Beschuldigte hat gegenüber seinem Verteidiger die Tat freimütig eingeräumt und fragt, ob ein Geständnis einen Strafrabatt bedeute. In der Hauptverhandlung wird er nunmehr gefragt, ob er sich zur Sache äußern möchte, bevor das DNA-Gutachten durch Vernehmung einer Sachverständigen eingeführt wird.

Lösung

Die DNA-Probe ist unverwertbar, da weder eine schriftliche Einwilligung noch eine richterliche Anordnung vorlag. Die übrige Beweislage reicht für eine Verurteilung nicht aus. Dem Mandanten ist von einer Äußerung abzuraten.

5.69

Prozesstaktische Hinweise

Es muss bis zum Zeitpunkt des § 257 Abs. 1 ein Verwertungswiderspruch erklärt werden.[138]

5.70

Der gegenüber der Staatsanwaltschaft erklärte Hinweis ist kein Verwertungswiderspruch, der Wirkung für die Hauptverhandlung zeitigt.[139]

Im vorliegenden Fall ist es bereits dazu gekommen, dass das Hauptverfahren eröffnet wurde. Sinnvoller dürfte es sein, bereits die Eröffnung des Hauptverfahrens zu verhindern. Insbesondere im sogenannten „kleinen Instanzenzug" vom Schöffengericht über die Kleine Strafkammer sind in allen Tatsacheninstanzen die Schöffen in der Überzahl. Diesen sind selbst durch einen gutwilligen Berufsrichter die Feinheiten und der Sinn derartiger Verwertungsverbote nicht immer zu vermitteln.

Muster

Widerspruch gegen die Verwertung der DNA-Identitätsfeststellung

Amtsgericht ...
(Anschrift)

In der Strafsache
gegen   ...
wegen   Verdachts des räuberischen Diebstahls
Az.   ...

---

138) Rinklin, Hauptverhandlung, S. 863 ff.; BGH, Beschl. v. 15.10.2009 – 5 StR 373/09, NStZ 2010, 157
139) Rinklin, Hauptverhandlung, S. 863 ff.

widerspreche ich

der Verwertung des Beweismittels DNA-Identitätsfeststellung in Gestalt des Berichts der Untersuchungsstelle ... vom ... – Bl. ... d.A. und seiner Einführung durch die Ausführungen der Sachverständigen Frau Dr. rer. nat. Dipl.-Biol. ....

Begründung:

Das Beweismittel ist unverwertbar, vgl. BGH, Beschluss vom 15.10.2009 – 5 StR 373/09, NStZ 2010, 157. Die Entnahme der Körperzellen darf ohne schriftliche Einwilligung des Beschuldigten nur durch das Gericht, bei Gefahr im Verzug auch durch die Staatsanwaltschaft und ihre Ermittlungspersonen (§ 152 GVG) angeordnet werden, § 81g Abs. 3 Satz 1 StPO. Diese Voraussetzungen liegen nicht vor.

Rechtsanwältin/Rechtsanwalt

5.2.7 § 81g StPO – Aufforderung zur DNA-Identitätsfeststellung

Kurzüberblick

5.71
- Die vorliegende Konstellation deckt die Aufforderung des Mandanten zur Abgabe der Probe zum Zweck der DNA-Identitätsfeststellung ab.
- Es geht also nicht um die Verwertung einer vorhandenen Probe, sondern um die Erhebung einer Probe beim verdächtigen oder überführten Mandanten.

Sachverhalt

Der unbestrafte Mandant wurde vom Amtsgericht wegen Handeltreibens mit Betäubungsmitteln in nicht geringer Menge (§ 29a Abs. 1 Nr. 2 BtMG) zu einer Freiheitsstrafe von zwölf Monaten verurteilt, die Vollstreckung der Freiheitsstrafe wurde zur Bewährung ausgesetzt (§ 56 Abs. 1 Satz 1 StGB). Konkret verkaufte der Mandant 500g THC-haltige Substanz mit einem Reinheitsgehalt von 15 %.

Die Staatsanwaltschaft hatte bereits vor Anklageerhebung einen Antrag nach § 81g Abs. 1 Satz 1 StPO gestellt, den zunächst der Ermittlungsrichter, dann das Tatgericht nicht beschieden hatte. Nunmehr liegen die Akte und der noch offene Antrag wieder dem Ermittlungsrichter vor, der dem Beschuldigten über seinen Verteidiger rechtliches Gehör gewährt (§ 33 Abs. 3 StPO). Die Begründung der Staatsanwaltschaft ist noch auf dem Stand des Ermittlungsverfahrens und geht von einer „erheblichen Strafe im nicht mehr bewährungsfähigen Bereich" aus.

Lösung

Von den seitens des Verteidigers zu prüfenden Punkten   5.72

– Beschuldigteneigenschaft,

– hinreichende Anlassstraftat,

– hinreichender Verdachtsgrad,

– Erforderlichkeit der Maßnahme,

– Negativprognose

sind in dieser Verfahrenssituation (die rechtskräftige Verurteilung wegen eines Verbrechens liegt vor) nur noch die letzten beiden zu prüfen.

– Im Rahmen der Erforderlichkeit der Maßnahme wird zu erörtern sein, welche konkreten Taten, deren täterschaftliche Überführung des Betroffenen mit Mitteln des DNA-Beweises möglich sein könnte, vom Betroffenen zu erwarten sein könnten.

– Der Schwerpunkt wird angesichts der Bewährungsentscheidung auf der erforderlichen Negativprognose liegen.

Prozesstaktische Hinweise

Sofern der Mandant seine Situation im Griff hat und nicht erneut straffällig wird,   5.73
gilt grundsätzlich: Je später, desto besser. Eine Anregung an das Gericht, die Entscheidung zum Beispiel bis zum Ablauf einer bestimmten Frist in der Bewährungszeit („… hat bis zum … nachzuweisen, eine Arbeit aufgenommen zu haben oder seine diesbezüglichen Bemühungen darzulegen …") zurückzustellen, kann durchaus für den Mandanten hilfreich sein, zumal diese Vorgänge auch von einzelnen Richtern nicht stets als die dringlichsten betrachtet werden.

Muster

Zurückweisung des Antrags auf Feststellung des DNA-Identifizierungsmusters

Amtsgericht ...
(Anschrift)

In der Strafsache
gegen   ...
wegen   Handeltreibens mit Betäubungsmitteln in nicht geringer Menge
Az.   ...

beantrage ich,

den Antrag der Staatsanwaltschaft ... vom ... auf Entnahme von Körperzellen des Verurteilten zur Feststellung des DNA-Identifizierungsmusters zurückzuweisen,

und

der Staatskasse die Kosten des Verfahrens einschließlich der notwendigen Auslagen des Verurteilten aufzuerlegen.

Begründung:

Der Betroffene ist wegen Handeltreibens mit Betäubungsmitteln in nicht geringer Menge zu der angesichts des Strafrahmens geringstmöglichen Strafe verurteilt worden.

Indes fehlt es an der erforderlichen „Negativprognose". § 81g StPO setzt voraus, dass wegen der Art oder Ausführung der Tat, der Persönlichkeit des Beschuldigten oder sonstiger Erkenntnisse Grund zu der Annahme besteht, dass gegen den Betroffenen auch in Zukunft Strafverfahren wegen einer Straftat von erheblicher Bedeutung geführt werden. Die Verteidigung verkennt nicht, dass der Umstand, dass das erkennende Gericht die Vollstreckung der Strafe zur Bewährung ausgesetzt und dem Betroffenen somit eine positive Sozialprognose ausgestellt hat, die Feststellung einer Negativprognose i.S.d. § 81g StPO nicht ausschließt, da die Prüfungskriterien des § 81g StPO nicht identisch sind mit jenen Prüfungskriterien, die den Prognoseentscheidungen nach §§ 56, 63, 64, 66 StGB zugrunde liegen (KK/Hadamitzky, 8. Aufl., § 81g Rdnr. 10). In einem Fall wie dem vorliegenden sind jedoch bei der Gefahrenprognose jene Umstände in den Abwägungsvorgang einzustellen, die die Sozialprognose für die Strafaussetzung zur Bewährung begründet haben (BVerfG NStZ 2001, 328 (330), vgl. auch LG Hamburg, Beschl. v. 17.07.2014 – 626 Qs 32/14, BeckRS 2014, 121972). Dies waren im vorliegenden Fall die folgenden: [auszuführen anhand der Urteilsgründe]. Seit der Verurteilung vom ... hält der Betroffene die Bewährungsauflagen ein und hat die mit der günstigen Sozialprognose in ihn gesetzten Erwartungen erfüllt.

Selbst bei anderer Bewertung des Vorgesagten kämen beim ansonsten unbestraften Betroffenen allenfalls Delikte aus dem Betäubungsmittelbereich als künftige Prognosetaten in Betracht. Damit fehlt es an der Erforderlichkeit der von der Staatsanwaltschaft beantragten Maßnahme. Denn die Entnahme von Körperzellen zur molekulargenetischen Untersuchung kann nur in Betracht kommen, wenn dadurch in einem möglichen künftigen Strafverfahren ein Aufklärungserfolg zu erwarten ist. Bei den Delikten des Handeltreibens mit Betäubungsmitteln kann nicht damit gerechnet werden, dass der Täter körperliche Spuren hinterlässt, (LG Frankenthal, Beschl. v. 09.03.2000 – 1 Qs 77/00, StV 2000, 609 m. Anm. Rittershaus = LSK 2001, 070497; LG Koblenz, Beschl. v. 19.01.1999 – 9 Qs 17/99, StV 1999, 141 = BeckRS 1999, 31217928; LG Rostock, Beschl. v. 06.04.1999 – I Qs 45/99, StraFo 1999, 204; LG Zweibrücken, Beschl. v. 07.06.2002 – Qs 59/02, StV 2003, 272; AG Kaiserslautern, Beschl. v. 12.11.1999 – 2 a Gs 1405/99, StV 2000, 72).[140]

Vorsorglich weist die Verteidigung darauf hin, dass eine den Betroffenen belastende Entscheidung eingehend zu begründen wäre und sich nicht auf die bloße Wiedergabe des Gesetzestextes beschränken dürfte (BVerfG, Beschl. v. 03.05.2016 – 2 BvR 2349/15).

Rechtsanwältin/Rechtsanwalt

---

[140] Die zit. Auffassung ist eine Mindermeinung; die h.M. nimmt zu Recht an, dass bei einer Vielzahl von BtM-Delikten DNA-Anhaftungen an den BtM selbst, in Räumen oder an Gegenständen wie z.B. Rechnungszetteln etc. gefunden werden können oder z.B. Observationskräfte eine Haarprobe einsammeln können, OLG Köln, Beschl. v. 16.09.2004 – 2 Ws 215/04, NStZ-RR 2005, 56 = NJW 2005, 521 [Ls.] = StV 2006, 517 [Ls.]; LG Bautzen, Beschl. v. 20.01.2000 – 1 Qs 136/99, NJW 2000, 1207; LG Waldshut-Tiengen, Beschl. v. 08.11.2000 – 2 Qs 100/00, NStZ-RR 2001, 146; KK/Hadamitzky, § 81g Rdnr. 8; MüKo-StPO/Trück, § 81g Rdnr. 9.

6 Einsatz technischer Mittel/ Maßnahmen ohne Wissen des Beschuldigten

6.1   Einführung

Die üblichen Ermittlungsmaßnahmen, wie beispielsweise Befragung von Zeugen, 6.1
Besichtigung des Tatorts, Vergleich mit anderen bekannten Straftaten oder Durchsuchungen, führen in vielen Fällen nicht zur Ermittlung des Täters und zur Aufklärung der Straftat. Hier kann der Einsatz sogenannter technischer Mittel und/oder
von Maßnahmen Erfolg versprechen, welche ohne Kenntnis des Beschuldigten vorgenommen werden. Allerdings können nicht jegliche Mittel zum Einsatz kommen,
welche uns die technische Fortentwicklung zur Verfügung stellt. Vielmehr muss
hierfür eine gesetzliche Grundlage geschaffen sein, an welcher es beispielsweise
über viele Jahre für eine Vorratsdatenspeicherung (siehe hierzu Rdnr. 6.47 f.) oder
zur Einführung der sogenannten Quellen-TKÜ (siehe hierzu Rdnr. 6.72 ff.) fehlte.
Im Regelfall werden technische Maßnahmen ohne Wissen des Beschuldigten vorgenommen.

6.2 Arten von Maßnahmen

6.2 Technische Maßnahmen betreffen unterschiedliche Sachverhalte und unterscheiden sich auch in ihrer jeweiligen Eingriffstiefe. Vielfach schränken sie auch die grundgesetzlichen Verbürgungen des Beschuldigten ein und bedürfen daher einer richterlichen Anordnung und Befristung. Teilweise können hiervon auch nichtbeschuldigte Personen betroffen werden, soweit eine gewollte oder faktische Erstreckung auf diese nicht vermeidbar ist.

– Telekommunikationsüberwachung, § 100a Abs. 1 Satz 1 StPO (siehe Rdnr. 6.3 ff.)

– Quellen-Telekommunikationsüberwachung, § 100a Abs. 1 Satz 2, 3 StPO (siehe Rdnr. 6.72 ff.)

– Onlinedurchsuchung, § 100b StPO (siehe Rdnr. 6.88 ff.)

– Akustische Wohnraumüberwachung, § 100c StPO (siehe Rdnr. 6.114 ff.)

– Akustische Überwachung außerhalb von Wohnraum, § 100f StPO (siehe Rdnr. 6.125 ff.)

– Erhebung von Verkehrsdaten, § 100g StPO (siehe Rdnr. 6.138 ff.)

– Vorratsdatenspeicherung, § 100g StPO i.V.m. §§ 113a f. TKG (siehe Rdnr. 6.47 ff.)

– Bild- und Videoaufnahmen außerhalb des Wohnraums, § 100h StPO (siehe Rdnr. 6.151 ff.)

– Einsatz eines IMSI-Catchers, § 100i StPO (siehe Rdnr. 6.169 ff.)

– Bestandsdatenauskunft, § 100j StPO (siehe Rdnr. 6.176 ff.)

6.2.1 Telekommunikationsüberwachung, § 100a StPO

6.3 Die Überwachungsbefugnis hinsichtlich des Telekommunikationsverkehrs ist eine der ältesten Eingriffsmöglichkeiten und war bereits im Gesetz zur Beschränkung des Brief-, Post- und Fernmeldegeheimnisses (G10)[1] geregelt. Damals bezog sich die Ermächtigung u.a. auf das Abhören des Fernmeldeverkehrs und das Mitlesen des Fernschreibverkehrs (§ 1 Abs. 1 G10). Die inhaltsgleiche Vorschrift des § 100a StPO wurde mit Gesetz vom 17.12.1997[2] an die neuen technischen Gegebenheiten angepasst, indem der Begriff „Fernmeldeverkehr" durch „Telekommunikation" ersetzt wurde. Eine völlige Neugestaltung, zugleich mit einer Änderung der Eingriffsvoraussetzungen, erfolgte durch das Gesetz zur Neuregelung der Telekommunikationsüberwachung vom 21.12.2007,[3] welches am 01.01.2008 in

---

1) BGBl I 1968, 949.
2) BGBl I, 3108.
3) BGBl I, 3198.

Kraft getreten ist. Entsprechend den verfassungsrechtlichen Erfordernissen[4] wurde hierbei der Schutz des Kernbereichs privater Lebensgestaltung ausdrücklich geregelt (§ 100a Abs. 4 StPO a.F.).

6.2.1.1 Geltungsbereich, Daten

Die Vorschrift des § 100a StPO betrifft nur einen Teil der Daten, welche bei einer Telekommunikation anfallen, jedoch die wohl immer noch wichtigsten **Inhaltsdaten**, also die Daten, welche regelmäßig den Inhalt der einzelnen Telekommunikation wiedergeben, z.B. der Gesprächsinhalt bei einem Telefonat oder der Text eines Telefaxschreibens.

6.4

Demgegenüber werden die **Verkehrsdaten**, welche den Telekommunikationsverkehr, beispielsweise Beginn und Ende einer Telekommunikation nach Zeit und Datum, wiedergeben, auch die Kennungen des Anrufers und des Angerufenen und bei Mobilfunkverkehr der jeweilige Standort nach der Eingriffsvoraussetzung des § 100g StPO erfasst.

Zu unterscheiden sind dann noch die **Bestandsdaten** (§ 3 Nr. 3 TKG), welche regelmäßig den Vertragsdaten entsprechen, also Name, Adresse des Teilnehmers, evtl. dessen Bankverbindung und bei Festnetzanschlüssen deren genaue Lage, außerdem hinsichtlich Internetverbindungen eine teilweise vorhandene statische IP (Internet-Protokoll-Adresse). Weil aber die meisten Teilnehmer nur über dynamische (mit jedem Verbindungsaufbau wechselnde) IPs verfügen, sind diese im Rahmen von Ermittlungen erheblich wichtiger. Diese können unter den Voraussetzungen des § 100j StPO i.V.m. § 113 Abs. 1 TKG erhoben werden.

Standortdaten haben im Rahmen von Ermittlungen eine sehr große Bedeutung, weil sie vom jeweiligen Telekommunikationsdienst erhoben oder verwendet werden und den jeweiligen Standort des Endgeräts eines Endnutzers angeben. Standortdaten können nach § 100g Abs. 1 Satz 3 StPO in den Fällen des § 100g Abs. 1 Satz 1 Nr. 1 StPO, also bei Straftaten von auch im Einzelfall erheblicher Bedeutung, erhoben werden.

6.2.1.2 Anwendungsbereich

Die Voraussetzungen einer Anordnung zur Überwachung der Telekommunikation sind durch das Reformgesetz vom 21.12.2007[5] zusammen mit den die Reichweite einschränkenden Bestimmungen zum Schutz des Kernbereichs privater Lebensgestaltung neu definiert worden. Insofern kommt es nicht mehr allein darauf an, dass die Anlasstat im **Straftatenkatalog des § 100a Abs. 2 StPO** enthalten ist, sondern diese muss zusätzlich auch **im Einzelfall schwer wiegen** (§ 100a Abs. 1 Satz 1 Nr. 2 StPO). Zudem wurde durch das Gesetz zur effektiveren und

6.5

---

4) BVerfG, Urt. v. 27.07.2005 – 1 BvR 668/04, NJW 2005, 2603, 2612.

5) BGBl I, 3198.

praxistauglicheren Ausgestaltung des Strafverfahrens vom 17.08.2017,[6] auch wenn die eigentlich schon immer der Fall war, neu in den Gesetzestext aufgenommen, dass die Überwachung auch „ohne Wissen des Betroffenen" durchgeführt werden kann.

6.2.1.3   Anordnungsvoraussetzungen

Tatverdacht

6.6   Voraussetzung einer Überwachungsanordnung ist zunächst, dass bestimmte Tatsachen den **Verdacht einer schweren Straftat** begründen, wie diese im Anlasstatenkatalog des § 100a Abs. 2 StPO definiert ist. Insoweit unterscheiden sich die Anforderungen gegenüber anderen verdeckten Maßnahmen, wie §§ 100b und 100c StPO (besonders schwere Straftat), § 100f StPO (schwerwiegende Straftat) oder § 100i Abs. 1 StPO (Straftat von erheblicher Bedeutung).

Der erforderliche (zumindest einfache) Tatverdacht ist abzugrenzen von einem bloßen – nicht ausreichenden – Anfangsverdacht;[7] umgekehrt muss der Verdacht weder hinreichend i.S.v. § 203 StPO noch dringend i.S.v. § 112 Abs. 1 Satz 1 StPO sein.[8] Ungenügend ist jedoch ein nur unerheblicher Verdacht.[9] Erforderlich ist, dass aufgrund der Lebenserfahrung oder der kriminalistischen Erfahrung aus Zeugenaussagen, Observationen oder anderen sachlichen Beweisanzeichen auf das Vorliegen einer Katalogtat geschlossen werden kann;[10] dabei muss der Verdacht durch schlüssiges Tatsachenmaterial bereits ein gewisses Maß an Konkretisierung und Verdichtung erreicht haben.[11] Die Durchsuchung darf außerdem nicht der Ermittlung von Tatsachen dienen, die zur Begründung eines Anfangsverdachts erst erforderlich sind. Der Verdacht muss sich auf eine hinreichende Tatsachenbasis gründen und mehr als nur unerheblich sein.[12] Allerdings räumt das Gesetz dem zur Entscheidung berufenen Richter oder Staatsanwalt einen Beurteilungsspielraum ein,[13] den auch die Rechtsmittelgerichte zu beachten haben.

Die richterliche Entscheidung muss zwar nicht alle Erwägungen darlegen, jedoch müssen aus ihr die wesentlichen Entscheidungsgrundlagen hervorgehen; außerdem muss die notwendige Einzelfallprüfung zumindest in groben Zügen erkennbar sein.[14] Eventuelle spätere Erkenntnisse gegen einen Beschuldigten können

---

6) BGBl I, 3202.
7) BVerfG, Urt. v. 03.03.2004 – 1 BvR 2378/98, NJW 2004, 999, 1012.
8) BGH, Beschl. v. 11.08.2016 – StB 12/16; OLG Hamm, Beschl. v. 15.01.2013 – III-3 Ws 5/13, NStZ 2003, 279.
9) BGH, Urt. v. 16.02.1995 – 4 StR 729/94, BGHSt 41, 30, 33.
10) BVerfG, Beschl. v. 30.04.2007 – 2 BvR 2151/06, NJW 2007, 2752, 2753.
11) BVerfGE, Urt. v. 14.07.1999, BVerfGE 100, 313, 395; BGH, Ermittlungsrichter, Beschl. v. 11.03.2010 – StB 16/09, NStZ 2010, 711.
12) BGH, Beschl. v. 11.08.2016 – StB 12/16.
13) BGH, Urt. v. 16.02.1995 – 4 StR 729/94, BGHSt 41, 30, 33.
14) LG Rostock, Beschl. v. 16.10.2007 – 19 Qs 97/07, StV 2008, 461.

Graf

einen in einer (ergangenen) rechtswidrigen Anordnung liegenden Eingriff nicht nachträglich rechtfertigen.[15]

Der Tatverdacht kann sich nicht nur auf eine täterschaftliche Begehung einer schweren Straftat richten, auch der Verdacht einer Teilnahme (Beihilfe oder Anstiftung) an einer Anlasstat ist gleichgestellt. Soweit strafbar reicht auch der Versuch und die strafbare Vorbereitung einer Anlasstat. Nicht strafbare Vorbereitungshandlungen reichen demgegenüber nicht aus, ebenso nicht Begünstigung oder Strafvereitelung.[16]

Anlasstaten-Katalog (§ 100a Abs. 2 StPO)

Voraussetzung einer Anordnung ist das Vorliegen einer schweren Straftat,[17] welche in dem in § 100a Abs. 2 StPO normierten Anlasstatenkatalog aufgeführt ist. Dieser Katalog wurde mit Wirkung zum 01.01.2008 neu gefasst und in der Folge immer wieder angepasst und zumeist erweitert. Neu hinzugekommen sind Straftaten der Transaktions- und Wirtschaftskriminalität sowie der organisierten Kriminalität, weil sich die Telekommunikation gerade in diesen Bereichen als effektives und effizientes Aufklärungsmittel erwiesen hat.[18]

6.7

Nach der (verfassungsrechtlich unbedenklichen)[19] Definition des Gesetzgebers sind **schwere Straftaten** solche Delikte, für welche eine **Mindesthöchststrafe von fünf Jahren** festgelegt ist. Allerdings ist diese Begrenzung nicht durchgehend eingehalten. Die neu in den Katalog aufgenommenen Taten entsprechen jedoch dieser Kategorie; das gilt insbesondere für die verschiedenen Bestechungstatbestände des § 100a Abs. 2 Nr. 1b, 1r und 1t StPO (Bestechlichkeit und Bestechung von Mandatsträgern gem. § 108e StGB, Bestechung und Bestechlichkeit gem. §§ 334, 332 StGB sowie letztgenannte Taten im geschäftlichen Verkehr entsprechend § 300 Satz 2 StGB i.V.m. § 299 StGB). Weiterhin neu aufgenommen wurden besonders schwere Fälle des Betrugs und Computerbetrugs, des Subventionsbetrugs und des Bankrotts, besonders schwere Fälle der Steuerhinterziehung nach § 370 Abs. 3 Satz 2 Nr. 5 AO, des organisierten Schmuggels nach § 373 AO sowie der gewerbs- oder bandenmäßigen Steuerhehlerei nach § 374 Abs. 2 AO.

Zusätzliches Abwägungserfordernis: Erheblichkeit im Einzelfall (§ 100a Abs. 1 Satz 1 Nr. 2 StPO)

Als zusätzliche Voraussetzung für eine Anordnung wurde durch das Gesetz zur Neuregelung der Telekommunikationsüberwachung vom 21.12.2007 eingeführt, dass die zugrundeliegende Anlasstat nicht nur abstrakt, sondern auch im Einzelfall schwer wiegen muss (§ 100a Abs. 1 Satz 1 Nr. 2 StPO), und damit den Anforderungen der neueren verfassungsgerichtlichen Rechtsprechung Rechnung getra-

6.8

---

15) BGH, Beschl. v. 11.08.2016 – StB 12/16.
16) Meyer-Goßner/Schmitt, § 100a Rdnr. 12.
17) BT-Drucks. 16/5846, S. 40.
18) BT-Drucks. 16/5846, S. 40.
19) BVerfG, Beschl. v. 12.10.2011 – 2 BvR 236/08, NJW 2012, 833.

gen.[20] Auf diese Weise sollen jene Sachverhalte ausgeschieden werden, welche zwar dem Anlasstatenkatalog grundsätzlich unterfallen, jedoch mangels hinreichender Schwere im konkreten Einzelfall den mit einer Telekommunikationsüberwachung verbundenen Eingriff in das Fernmeldegeheimnis nicht zu rechtfertigen vermögen.

Allerdings sind bei der danach erforderlichen Prüfung im Einzelfall die im jeweiligen Gesetz benannten minder schweren Fälle nicht quasi automatisch auszuschließen, weil sich einerseits im Stadium des Ermittlungsverfahrens vielfach noch nicht absehen lässt, ob letztlich ein minder schwerer Fall anzunehmen sein wird oder nicht; andererseits können gerade die Auswirkungen der Straftat auf das Opfer so schwer wiegen, dass dies auch auf die Beurteilung der konkreten Tat durchschlägt.[21]

Subsidiaritätsgrundsatz

6.9 Auch bei Vorliegen der bereits genannten Voraussetzungen darf eine Maßnahme nach § 100a StPO nur angeordnet werden, sofern die **Erforschung des Sachverhalts oder die Ermittlung des Aufenthaltsorts des Beschuldigten** ansonsten wesentlich erschwert oder aussichtslos wäre (§ 100a Abs. 1 Satz 1 Nr. 3 StPO). Aussichtslosigkeit ist gegeben, wenn andere Ermittlungsmöglichkeiten nicht zur Verfügung stehen oder keine Erfolgsaussicht haben. Eine wesentliche Erschwerung liegt vor, wenn andere Ermittlungsmaßnahmen zeitlich erheblich aufwendiger sind oder schlechtere bzw. nicht für eine schnelle Ermittlung erforderliche und ausreichende Erkenntnisse erwarten lassen.[22] Allein ein größerer Ermittlungsaufwand oder damit verbundene höhere Kosten rechtfertigen eine Maßnahme nach § 100a StPO aber nur, sofern diese sich insgesamt als unvertretbar erweisen, insbesondere wenn dadurch andere Ermittlungsverfahren vernachlässigt werden müssten.[23]

Beachtung des Verhältnismäßigkeitsgrundsatzes

6.10 Neben der aus dem Verhältnismäßigkeitsgrundsatz abgeleiteten Subsidiaritätsklausel ist auch im Übrigen die Verhältnismäßigkeit einer Anordnung zu prüfen, sowohl bei deren Erlass, aber auch fortlaufend während des Andauerns der Maßnahme; denn sobald der Eingriff nicht mehr im Verhältnis zu den erwarteten Ergebnissen oder auch zur Schuld des Beschuldigten steht,[24] ist die Maßnahme abzubrechen (§ 100b Abs. 4 Satz 1 StPO) oder nicht mehr fortzusetzen.[25] Bei Aufenthaltsermittlungen hinsichtlich des Beschuldigten ist eine Anordnung nur

---

20) Vgl. BVerfG, Urt. v. 02.03.2006 – 2 BvR 2099/04, NJW 2006, 976, 982; Urt. v. 03.03.2004 – 1 BvR 2378/98, 1 BvR 1084/99, NJW 2004, 999, 1011; Beschl. v. 12.10.2011 – 2 BvR 236/08, NJW 2012, 833.
21) Vgl. insoweit auch BT-Drucks. 16/5846, S. 40.
22) Meyer-Goßner/Schmitt, § 100a Rdnr. 13.
23) KK/Bruns, § 100a Rdnr. 35.
24) KK/Bruns, § 100a Rdnr. 35.
25) BGH, Beschl. v. 23.03.2010 – StB 7/10.

zulässig, wenn zumindest auch die Voraussetzungen einer vorläufigen Festnahme (§ 127 Abs. 2, §§ 112 f. StPO) gegeben sind[26)] oder wenn tatsächliche Anhaltspunkte einer konkreten Gefahr für ein überragend wichtiges Rechtsgut bestehen.[27)] Die Verhaftung des überwachten Beschuldigten zwingt jedenfalls dann nicht zu einer sofortigen Beendigung der Maßnahme, wenn anzunehmen ist, dass ein Unbeteiligter als Nachrichtenmittler Mitteilungen, die für den Beschuldigten bestimmt sind, entgegennehmen könnte.[28)] An einer Verhältnismäßigkeit kann es auch fehlen, falls zwischen Begehung der Katalogtat und der Beantragung einer Maßnahme nach § 100a StPO so viel Zeit vergangen ist, dass nicht mehr damit gerechnet werden kann, dass ein Beschuldigter sich überhaupt während einer Telekommunikationsüberwachungsmaßnahme noch zu der zugrundeliegenden Tat äußert.[29)] Aus Verhältnismäßigkeitsgründen kann es insbesondere bei Nachrichtenmittlern auch geboten sein, nur solche Telekommunikation aufzuzeichnen, welche den Beschuldigten betrifft, bzw. umgekehrt aufgezeichnete Telekommunikation nicht zur Kenntnis zu nehmen und umgehend zu löschen, sobald bei der Wiedergabe festgestellt wird, dass diese unzweifelhaft mit dem Beschuldigten nicht in Zusammenhang steht.[30)]

6.2.1.4 Betroffene einer Überwachungsmaßnahme

Eine Anordnung nach § 100a StPO richtet sich in erster Linie gegen **beschuldigte** Personen; sie kann sich aber bei Vorliegen der weiteren Voraussetzungen des § 100a Abs. 3 StPO auch gegen **Nichtverdächtige** richten.

6.11

Beschuldigte

Beschuldigter ist derjenige, dem die Begehung einer Straftat vorgeworfen wird und gegen den sich daher ein strafrechtliches Ermittlungsverfahren richtet, welches auch erst mit der Überwachung beginnen kann. Auch muss die Identität des Beschuldigten noch nicht bekannt sein, so dass die Maßnahme auch die Aufdeckung der Personendaten oder seine Identifizierung (z.B. durch Stimmvergleiche) bezwecken kann.[31)]

6.12

Einer Anordnung steht nicht entgegen, dass der Beschuldigte sich durch seine überwachten Äußerungen selbst belasten kann. Es stellt es keinen Verstoß gegen §§ 136, 136a StPO dar, wenn ihm die verdeckt durchgeführte Maßnahme unbekannt bleibt, was inzwischen auch im Gesetzestext verankert ist (Abs. 1 Satz 1: *„auch ohne Wissen"*). Selbst wenn er zusätzlich durch polizeiliches Handeln zur Telekommunikation verleitet wird oder von einer anderen Person auf Veranlassung der Ermittlungsbehörden angerufen wird, so dass er auf deren Äußerungen

---

26) Vgl. LR/Schäfer, § 100a Rdnr. 44.
27) BVerfG, Urt. v. 27.02.2008 – 1 BvR 370/07, 1 BvR 595/07, NJW 2008, 822, 831.
28) BGH, Urt. v. 21.07.1994 – 1 StR 83/94, NJW 1994, 2904, 2907.
29) Vgl. auch LG Hamburg, Beschl. v. 17.03.2008 – 628 Qs 11/08, StV 2009, 236.
30) BGH, Ermittlungsrichter, Beschl. v. 05.02.2010 – 2 BGs 33/10.
31) BGHR StPO § 100a Verwertungsverbot 8.

Graf

bzw. Fragen selbstbelastende Mitteilungen macht, verletzt diese Handlungsweise weder das Recht auf informationelle Selbstbestimmung noch den Grundsatz der **Selbstbelastungsfreiheit**.[32)]

Die Maßnahmen kann grundsätzlich in **jeder Lage des Verfahrens** durchgeführt werden, also auch noch während eines laufenden Strafverfahrens; allerdings ist im letztgenannten Fall bei einem auf freiem Fuß befindlichen Angeklagten sicherzustellen, dass die einem absoluten Verwertungsverbot unterliegende **Telekommunikation mit seinem Verteidiger** von der Überwachung ausgeschlossen ist oder eine Aufzeichnung umgehend gelöscht wird (§ 100d Abs. 5 i.V.m. § 100d Abs. 2 StPO). Auch wenn der Beschuldigte festgenommen wird, muss eine bestehende Überwachungsmaßnahme nicht sofort beendet werden, beispielsweise wenn hinreichende Anhaltspunkte dafür bestehen, dass noch weiterhin an den Beschuldigten gerichtete Telekommunikation eingehen oder von einem Nachrichtenmittler zur Weitergabe entgegengenommen werden könnte.

Nichtbeschuldigte

6.13 Gegen andere Personen als den Beschuldigten darf sich eine Anordnung nur richten, sofern aufgrund bestimmter Tatsachen der Verdacht besteht, dass diese entweder für den Beschuldigten bestimmte oder von ihm herrührende Mitteilungen entgegennehmen bzw. weitergeben (Nachrichtenmittler) oder ihr Telekommunikationsanschluss bzw. ihr informationstechnisches System vom Beschuldigten benutzt wird.[33)]

Nachrichtenmittler

6.14 Um zu verhindern, dass TKÜ-Maßnahmen unterlaufen werden, ist unter bestimmten Umständen auch die Überwachung **nicht verdächtiger** Personen zugelassen. Voraussetzung hierfür ist, dass eine Person – ob freiwillig oder nicht – sich bereitgefunden hat, Mitteilungen von dem Beschuldigten zur Weitergabe entgegenzunehmen oder an ihn weiterzuleiten. Hierbei kann es sich um Familienangehörige, Freunde oder Nachbarn handeln, aber auch um Opfer der Anlasstat, etwa bei einer Erpressung oder Geiselnahme.[34)]

Jedoch kommt bei **unbeteiligten Dritten,** die etwa nur Zeugen oder Geschädigte sind, eine Maßnahme nicht in Betracht, solange sie nicht in Kontakt mit dem Beschuldigten oder einer in diesem Zusammenhang überwachten Person stehen.

Voraussetzung ist aber in jedem Fall, dass eine **hinreichend sichere Tatsachenbasis** dafür vorliegt, dass der von der Anordnung Betroffene Mitteilungen für den

---

32) BGH, Urt. v. 09.05.1985 – 1 StR 63/85, BGHSt 33, 217, 223; BGH, Beschl. v. 13.05.1996 – GSSt 1/96, BGHSt 42, 139, 151 ff.

33) Vgl. hierzu LG Kiel, Beschl. v. 21.10.2015 – 2 Qs 97/15.

34) LG Ulm, Beschl. v. 19.04.2004 – 1 Qs 1036/04, StV 2006, 8; KK/Bruns, § 100a Rdnr. 37; i.E. wohl auch BVerfG, Beschl. v. 30.04.2007 – 2 BvR 2151/06, NJW 2007, 2752, 2753.

Beschuldigten entgegennimmt oder weiterleitet.[35] Vage Anhaltspunkte oder bloße Vermutungen reichen hierfür nicht aus.

Benutzung eines (fremden) Anschlusses oder Telekommunikationszugangs durch den Beschuldigten

Die Überwachung von nicht auf den Beschuldigten angemeldeten Telekommunikationsanschlüssen ist zulässig, sofern der Beschuldigte diese benutzt, unabhängig davon, ob die Inhaber Kenntnis davon haben oder nicht. Es kann sich um Nachbarn, Freunde, aber auch Unternehmen oder den Arbeitsplatz handeln. Während früher Hauptfälle eines nicht autorisierten Zugriffs auf fremde Anschlüsse durch Beschuldigte das „Anzapfen" von Telefonleitungen des Nachbarn waren, betrifft dies heute eher das Hacken von Funknetzen oder von Universitäts- oder Firmennetzen, um als Ausgangspunkt für weitere Straftaten die Herkunft zu verschleiern. Dies gilt auch dann, wenn ein Beschuldigter die Internetanbindung über das Funknetz eines Nachbarn realisiert. Allerdings kann es aus **Verhältnismäßigkeitsgründen** geboten sein, nur Telekommunikation aufzuzeichnen, welche den Beschuldigten betrifft, bzw. aufgezeichnete Telekommunikation nicht zur Kenntnis zu nehmen und umgehend zu löschen, sobald bei der Wiedergabe festgestellt wird, dass diese unzweifelhaft mit dem Beschuldigten nicht in Zusammenhang steht.[36] Bei Verlängerungen von bestehenden Überwachungen eines vom Beschuldigten mitbenutzten DSL-Anschlusses eines unbeteiligten Dritten kann eine weitere Überwachung unverhältnismäßig sein, wenn in der Vergangenheit bereits keine oder kaum beweisrelevante Erkenntnisse gewonnen worden sind; dies gilt auch dann, wenn dies vor allem darauf beruht, dass der Beschuldigte sich eines Verschlüsselungsprogramms bediente.[37] Auch in diesen Fällen ist das Übermaßverbot streng zu beachten.[38]

6.15

Bei der Überwachung von **Internetcafes** und sogenannten öffentlichen oder privaten **Hotspots** für WLAN-Kommunikation muss die Überwachung des Datenverkehrs Unbeteiligter durch aktive Maßnahmen der Überwachungsbehörde (Beobachtung und Eingrenzung des verwendeten Datenterminals bzw. Zugänge) entweder ausgeschlossen oder auf ein Mindestmaß reduziert werden. Dies gilt auch für die Benutzung von WLAN-Netzen in Eisenbahnzügen, Flughäfen, Hotels oder Cafés.

Benutzung eines (fremden) informationstechnischen Systems durch den Beschuldigten

Durch das Gesetz vom 17.08.2017[39] wurde der zulässige Überwachungsumfang auf sogenannte **informationstechnische Systeme** erweitert, die (auch) vom Beschul-

6.16

---

35) BVerfG, Urt. v. 27.07.2005 – 1 BvR 668/04, NJW 2005, 2603, 2610; Urt. v. 12.03.2003 – 1 BvR 330/96 und 1 BvR 348/99, NJW 2003, 1787.
36) BGH, Ermittlungsrichter, Beschl. v. 05.02.2010 – 2 BGs 33/10.
37) BGH, BeckRS 2011, 02332.
38) AG Aachen, BeckRS 2010, 06475.
39) BGBl I, 3202.

digten benutzt werden. Die Erweiterung ist insoweit „zukunftsweisend", weil dadurch eine Festlegung auf einen bestimmten Gerätetyp vermieden wird; vielmehr dürften darunter alle Systeme zu fassen sein, welche überhaupt Informationen erheben, diese verarbeiten und die Ergebnisse ausgeben oder weiterleiten können. Der Begriff informationstechnisches System ist auf kein bestimmtes Betriebssystem oder einen fixen Eingabeweg, ebenso wenig auf bestimmte Programmierungen oder besondere technische Features festgelegt, somit auch für alle denkbaren zukünftigen Geräte- und Programmtypen entwicklungsoffen, was sich bereits darin zeigt, dass alle heute bekannten Rechner- und Kommunikationsgeräte (PC, Laptop, Notebook, Tablet, Smartphone, Pager und sonstige Kommunikationsgeräte) dem Begriff „informationstechnisches System" unterfallen dürften.

Letztlich ist die so vorgenommene Erweiterung der Überwachungsmöglichkeiten die Antwort des Gesetzgebers auf das vom BVerfG neu geschaffene **Grundrecht auf Gewährleistung der Vertraulichkeit und Integrität informationstechnischer Systeme.** Dieses im Grundgesetz nicht genannte Recht dient dem Schutz von persönlichen Daten, die in informationstechnischen Systemen gespeichert oder verarbeitet werden, und wurde als besondere Ausprägung des allgemeinen Persönlichkeitsrechts aus diesem durch das BVerfG[40] in seinem Urteil zur Zulässigkeit einer Onlinedurchsuchung abgeleitet.

Benutzung durch unterschiedliche, nicht vorher feststellbare Personen

6.17 Werden Mobiltelefone oder Smartphones von unterschiedlichen, wechselnden Personen benutzt, teilweise nicht näher feststellbaren Personen, wie es beispielsweise in Vollzugsanstalten geschehen kann, stellt dies grundsätzlich ein Problem dar. Dort rechtmäßig oder gerade auch illegal vorhandene Geräte werden vielfach **kurzzeitig an andere Nutzer** ausgeliehen, so dass der jeweilige Anrufer/Angerufene zumindest zunächst nicht eindeutig identifizierbar ist. Dennoch erscheint es zulässig, bei einer gegen den Hauptnutzer ergangenen Überwachungsanordnung alle Gespräche zu abzuhören, weil jedenfalls zunächst nicht feststellbar ist, ob dieser oder ein anderer das Gerät nutzt. Außerdem stellt dies das Risiko dar, welches bei Verwendung eines fremden Geräts eingegangen wird. In gleicher Weise gilt dies für mit diesen Geräten erzeugtem SMS- und Chat-Verkehr.

6.2.1.5 Verpflichtete einer Überwachungsmaßnahme

6.18 Grundsätzlich obliegt die Durchführung einer angeordneten Maßnahme allein den Ermittlungsbehörden,[41] welche dann beispielsweise im Rahmen einer Quellen-TKÜ (siehe hierzu ausführlich nachstehend Rdnr. 6.72 ff.) diese in eigener Verantwortung durchzuführen haben. In aller Regel werden Überwachungsmaßnahmen aber auf Veranlassung der Staatsanwaltschaft oder des Gerichts von den Netzbetreibern umgesetzt.

---

40) BVerfG, Urt. v. 27.02.2008 – 1 BvR 370/07, 1 BvR 595/07, NJW 2008, 822.
41) BGH, Beschl. v. 20.08.2015 – StB 7/15, NStZ-RR 2015, 345.

Telekommunikationsdiensterbringer

Gemäß § 100a Abs. 4 StPO hat derjenige, welcher **Telekommunikationsdienste** **6.19** **erbringt** oder daran mitwirkt, gegenüber Gericht, Staatsanwaltschaft oder Ermittlungspersonen im Polizeidienst die angeordneten Maßnahmen zu ermöglichen und die erforderlichen Auskünfte unverzüglich zu erteilen. Dies beinhaltet jedoch keinen Auskunftsanspruch hinsichtlich einzelner Telekommunikationsdaten. Allerdings besteht die Verpflichtung zur Vorhaltung entsprechender Technik, um eine solche Maßnahme zu ermöglichen.[42] Dabei kann sich ein Provider nicht erfolgreich darauf berufen, aus technischen oder Gründen der Datensicherheit würden aufgrund seines Geschäfts- und Systemmodells bestimmte Daten nicht gespeichert und seien daher auch technisch nicht verfügbar.[43] Zur Vorhaltung von technischen Einrichtungen zur Umsetzung von Überwachungsanordnungen ist aber nur der geschäftsmäßig handelnde **Telekommunikationsdienstleister** verpflichtet (§ 110 Abs. 1 TKG), und insoweit auch nur solche Anbieter, welchen mehr als 10.000 Teilnehmer oder Nutzungsberechtigte angeschlossen sind (§ 3 Abs. 2 Satz 1 Nr. 5 TKÜV).

Soweit der Verpflichtung nicht nachgekommen wird, können gegen den betref- **6.20** fenden Erbringer von Telekommunikationsleistungen gem. § 95 Abs. 2 Satz 1 i.V.m. § 70 StPO **Ordnungs- und Zwangsmittel** festgesetzt werden. Im Übrigen ist der Verpflichtete zur Prüfung der Rechtmäßigkeit einer angeordneten Maßnahme nicht berechtigt. Er kann sich allein darauf berufen, dass die angeordnete Maßnahme technisch nicht umsetzbar ist.

6.2.1.6 Beachtung des Kernbereichsschutzes

Bis zum Reformgesetz vom 17.08.2017[44] wurde der Schutz des Kernbereichs **6.21** durch die Vorschrift des § 100a Abs. 4 StPO a.F. gewährleistet; mit der Neuregelung erfuhr der Schutz des Kernbereichs mit der neugestalteten Vorschrift § 100d StPO eine verstärkte eigenständige Regelung (siehe hierzu ausführlich nachstehend Rdnr. 6.32 f.); im Grundsatz bleibt es jedoch dabei, dass eine Überwachungsmaßnahmen unzulässig ist, wenn anzunehmen ist, dass hierdurch allein Erkenntnisse aus dem Kernbereich privater Lebensgestaltung erlangt würden. Sofern es „ausnahmsweise zu ihrer Erhebung gekommen ist", dürfen Kommunikationsinhalte des höchstpersönlichen Bereichs nicht gespeichert und verwertet werden, sondern sind unverzüglich zu löschen.[45]

Auch Erkenntnisse aus einer Ermittlungsmaßnahme gegen **Berufsgeheimnisträger** **6.22** (§ 53 StPO) unterliegen einem Beweiserhebungs- und Verwertungsverbot nach Maßgabe des § 100 Abs. 5 StPO.

---

42) Meyer-Goßner/Schmitt, § 100b Rdnr. 8 f.
43) BVerfG, Beschl. v. 20.12.2018 – 2 BvR 2377/16, NJW 2019, 584.
44) BGBl I, 3202.
45) BVerfG, Urt. v. 27.07.2005 – 1 BvR 668/04, NJW 2005, 2603, 2612.

6.2.1.7   **Verwertung gewonnener Erkenntnisse**

6.23   Die Art und Weise der Verwertung der durch eine Überwachungsmaßnahme gewonnenen Erkenntnisse ist dem Tatgericht überlassen (§ 244 Abs. 2 StPO).[46] Über die Rechtmäßigkeit der Anordnung der Maßnahme sowie der Art und Weise ihres Vollzugs entscheidet zwar das Beschwerdegericht in dem Verfahren nach § 101 Abs. 7 Satz 2 StPO im nachträglichen Rechtsschutz; dies präjudiziert aber nicht das im Hauptverfahren erkennende Gericht in seiner Entscheidung über die Verwertbarkeit der durch die Maßnahme gewonnenen Beweismittel.[47]

6.24   Die unmittelbaren und unverfälschten Nachweise werden in erster Linie durch die **Inaugenscheinsnahme** der Tonträger bzw. Datenträger in der Hauptverhandlung gewonnen,[48] welche entweder in den maßgeblichen Passagen abgespielt oder insbesondere bei Daten für die Beteiligten sichtbar (Monitor, Beamer usw.) gemacht werden. Daneben kommt aber auch der **Urkundsbeweis** durch Verlesen der gefertigten Niederschriften oder Datenausdrucke in Betracht – auch im Selbstleseverfahren (§ 249 Abs. 2 StPO). Den Schöffen können zum besseren Verständnis auch Kopien der in den Akten befindlichen Aufzeichnungsniederschriften zur Verfügung gestellt werden.[49] Die Zeugenvernehmung des zuständigen Auswertungsbeamten über die festgestellten Erkenntnisse ist gleichfalls möglich, aber mit einem vergleichbar schwächeren Beweiswert.[50] Dennoch wird dessen Vernehmung vielfach zusätzlich sinnvoll sein, um gerade bei umfangreichen Überwachungsmaßnahmen die Beweisaufnahme zu beschleunigen und so auf die wesentlichen Erkenntnisse zu beschränken.

6.25   Nicht direkt mit der Frage einer Verwertung zusammenhängend – vielmals aber dieser Entscheidung vorgängig – ist die Frage, ob als Beweismittel mögliche Kommunikationsdaten an die Verfahrensbeteiligten, insbesondere Verteidigung und Angeklagten, zur Vorbereitung auf die Hauptverhandlung oder die Beweisaufnahme **herausgegeben** werden müssen. Dies gilt vor allem für elektronisch vorliegende Kommunikationsdaten, welche in einem Kommunikationsgerät gesichert wurden. In diesem unbeschränkten Umfang besteht aber kein Anspruch auf Übergabe eines Datenträgers, zumal es sich hierbei um kein Beweismittel handelt; denn Beweismittel ist entweder nur das Kommunikationsgerät selbst mit eingebautem Datenspeicher oder beispielsweise ein darin verwendeter Datenspeicher.[51] Andererseits ist kein Grund ersichtlich, weshalb das Gericht einem entsprechenden Ersuchen nicht stattgeben sollte, sofern es sich jedenfalls um ein Kommunikationsgerät des Angeklagten handelt.

6.26   Aufgezeichnete Daten der Telekommunikationsüberwachung unterliegen insgesamt dem **Recht auf Akteneinsicht und Besichtigung** amtlich verwahrter Beweis-

---

46)   BGH, Urt. v. 09.07.1991 – 1 StR 666/90, NJW 1992, 58, 59.

47)   LG Dresden, Beschl. v. 10.02.2014 – 15 Qs 34/12.

48)   BGH, Beschl. v. 03.04.2002 – 1 StR 540/01, NStZ 2002, 493.

49)   BGH, Urt. v. 26.03.1997 – 3 StR 421/96, BGHSt 43, 36, 38.

50)   BGH, Urt. v. 26.03.1997 – 3 StR 421/96, BGHSt 43, 36, 38.

51)   LG Essen, StraFo 2012, 10.

stücke gem. § 147 Abs. 1 StPO, das vom ersten Zugriff der Polizei an gesammeltes Beweismaterial einschließlich etwaiger Bild- und Tonaufnahmen umfasst, was in dem gegen den Angeschuldigten gerichteten Ermittlungsverfahren angefallen ist.[52] Bei den Tonaufzeichnungen handelt es sich um Augenscheinobjekte, die als Beweisstücke nach § 147 Abs. 4 Satz 1 i.V.m. § 147 Abs. 1 StPO grundsätzlich nur am Ort ihrer amtlichen Verwahrung besichtigt bzw. bei Tonaufzeichnungen angehört werden können. Besteht für die Verteidigung die Möglichkeit, sämtliche im Ermittlungsverfahren aufgezeichneten Telefongespräche in den Räumlichkeiten von Ermittlungsbehörden anzuhören, so ist von einer ausreichenden Gewährung des Rechts auf Akteneinsicht und Besichtigung amtlich verwahrter Beweisstücke auszugehen.[53] Ist ggf. die Besichtigung am Ort der amtlichen Verwahrung im Einzelfall wegen der Masse der Daten zu Informationszwecken nicht möglich, sind Kopien von den TKÜ-Aufzeichnungen herzustellen und an den Verteidiger auszuhändigen.[54] Im Rahmen der heutigen Möglichkeiten und der technischen Ausstattung vieler Verteidiger bedarf die Frage, ob dem Verteidiger auch umfangreichere Kopien von Audioaufzeichnungen einer Telekommunikationsüberwachung, ebenso sichergestellte Sprach- und Textnachrichten, auszuhändigen sind, grundsätzlich einer Abwägung im Einzelfall. Dabei kann auch Berücksichtigung finden, dass Persönlichkeitsrechte Dritter zwar durch unkontrollierte Herausgabe von Daten grundsätzlich beeinträchtigt sind, jedoch darf bei Herausgabe an den Verteidiger nicht übersehen werden, dass dieser als Organ der Rechtspflege ein „besonders institutionalisiertes Vertrauen" genießt[55] und für ihn die Vermutung der Redlichkeit streitet.[56] Auch der „Grundsatz der Waffengleichheit", die Staatsanwaltschaft in dem Zugang zu den wohl auch in Zukunft an Bedeutung für ein Strafverfahren stets zunehmenden digitalen Daten nicht zu bevorzugen, ist zugunsten der Verteidigung zu beachten.[57]

Allerdings sind **Kopien der aufgezeichneten Telefongespräche** keine „Beweisstücke", die gem. § 147 Abs. 4 StPO nur an ihrem Ort der Verwahrung besichtigt werden können. Der Überlassung von Kopien an Rechtsanwälte steht das in § 147 Abs. 4 Satz 1 StPO festgelegte Herausgabeverbot nicht entgegen.[58] So kann auch die Entscheidung eines Vorsitzenden, umfangreiche Datenkopien von Telekommunikationsüberwachungsaufzeichnungen einem Verteidiger auf einer DVD bzw. auf einer von dem Verteidiger zu stellenden Festplatte zur Verfügung zu stellen, nicht gem. § 147 Abs. 4 Satz 2 StPO von der Staatsanwaltschaft angefochten werden.[59]

6.27

---

52) BGH, Beschl. v. 11.02.2014 – 1 StR 355/13, NStZ 2014, 347 Rdnr. 23; LG Bremen, Vfg. v. 16.06.2015 – 4 KLs 500 Js 63429/14, StV 2015, 682.

53) BGH, Beschl. v. 11.02.2014 – 1 StR 355/13, NStZ 2014, 347 Rdnr. 26.

54) OLG Frankfurt, Beschl. v. 11.08.2015 – 3 Ws 438/15.

55) Mosbacher JuS 2017, 127.

56) Vgl. bereits RGSt 37, 321.

57) KG, Beschl. v. 05.07.2017 – (3) 172 OJs 6/16 (3/17), NStZ 2018, 119, 120.

58) LG Bremen, Vfg. v. 16.06.2015 – 4 KLs 500 Js 63429/14, StV 2015, 682.

59) OLG Frankfurt, Beschl. v. 11.08.2015 – 3 Ws 438/15.

Graf

6.28 Demgegenüber ist bei **Kommunikationsgeräten von Zeugen** und insbesondere von Geschädigten eine Weitergabe allenfalls dann zulässig, wenn diese den Ermittlungsbehörden das Gerät zur Datenauswertung freiwillig und ohne Einschränkung übergeben haben oder der Sicherstellung eine Beschlagnahmeanordnung zugrunde lag. Auf jeden Fall sind unabhängig davon die berechtigten Interessen des Dateninhabers zu berücksichtigen, so dass allenfalls Daten weitergegeben werden können, welche im Zusammenhang mit dem Strafverfahren stehen. Zusätzlich ist dabei das Aufklärungsinteresse mit dem Interesse des Betroffenen an der Beibehaltung seiner Privatsphäre abzuwägen.[60] Zumal wenn dem Verteidiger Datenträger mit Kommunikationsdaten übergeben werden, er – sofern dadurch keine Ermittlungszwecke gefährdet werden – regelmäßig auch berechtigt ist, diese an seinen Mandanten zur Durchsicht weiterzugeben. Dies beinhaltet aber nicht automatisch auch das Recht eines Angeklagten, ein elektronisches Gerät zur Durchsicht zu erhalten.

6.29 Bei **Verkehrsdaten** ist, sofern das erkennende Gericht nicht aus anderen Verfahren bereits entsprechende Sachkenntnis hat, die Vernehmung eines Sachverständigen angezeigt, welcher nicht nur die Korrektheit der Daten bestätigen, sondern auch die technikbedingten Schlüsse hieraus verdeutlichen und dem Gericht eine von ihm zu bildende Überzeugung ermöglichen kann. Dies gilt beispielsweise auch für die Eingrenzung der Reichweite konkreter Funkzellen bei festgestellten Standortdaten eines Mobiltelefons.

6.30 Bei **fremdsprachigen Aufzeichnungen** sind diese, soweit sie jedenfalls mit den vorgeworfenen Taten in Verbindung stehen, in die deutsche Sprache zu übersetzen.[61] Sofern begründete Zweifel bestehen, ob eine Äußerung den Verfahrensgegenstand betrifft, ist diese von einem (regelmäßig) vereidigten Dolmetscher übersetzen zu lassen;[62] die aus dem eigenen Anhören eines Übersetzers (vorab) getroffene Wertung reicht bei Zweifeln nicht aus.[63] Allerdings gibt es weder im Rahmen des Akteneinsichtsrechts der Verteidigung (§ 147 Abs. 1 StPO) noch aus Aufklärungsgesichtspunkten eine Verpflichtung des erkennenden Gerichts, sämtliche in einer fremden Sprache aufgezeichneten Gespräche übersetzen zu lassen oder der Verteidigung die Hinzuziehung eines unentgeltlichen Dolmetscher zu gestatten, jedenfalls dann nicht, wenn die Akten zusammenfassende Berichte über den Inhalt der aufgezeichneten Telefonate enthalten.[64] Sind in den Akten bereits Übersetzungen vorhanden, können diese durch Verlesung eingeführt werden; allerdings ist der Tatrichter gehalten, sich die Überzeugung von der Zuverlässigkeit des Übersetzers und der Verlässlichkeit der Übersetzungen zu verschaffen.[65]

6.31 Nach bislang herrschender Ansicht ist die Übertragung in die deutsche Sprache keine Dolmetscher-, sondern Sachverständigentätigkeit, wobei allerdings hierfür

---

60) LG Essen, StraFo 2012, 100.
61) BGH, Urt. v. 09.07.1991 – 1 StR 666/90, NJW 1992, 58, 59.
62) BGH, Urt. v. 29.05.1985 – 2 StR 804/84, NStZ 1985, 466.
63) BGH, Urt. v. 29.05.1985 – 2 StR 804/84, NStZ 1985, 466.
64) BGH, Beschl. v. 04.12.2007 – 3 StR 404/07, NStZ 2008, 230, 231.
65) BGH, Beschl. v. 03.04.2002 – 1 StR 540/01, NStZ 2002, 493, 494.

Graf

der in der Hauptverhandlung beigezogene Dolmetscher eingesetzt werden kann, ohne zuvor von seiner Aufgabe abgelöst zu werden.[66] Gerade bei einer wörtlichen Übersetzung vor dem erkennenden Gericht überzeugt die vorbezeichnete Auffassung nicht, weil die Übersetzung von Telekommunikationsaufzeichnungen sich nicht von der Übersetzung anderer Äußerungen in der Hauptverhandlung unterscheidet.[67] Ist der üblicherweise mit der Übersetzung der Äußerungen der Hauptverhandlung in die Sprache des Angeklagten befasste Dolmetscher damit beauftragt, in der Hauptverhandlung die in ausländischer Sprache vorliegenden Aufzeichnungen zu übersetzen, braucht das Gericht für diesen Zeitraum deshalb keinen weiteren zusätzlichen Dolmetscher mit der zeitgleichen Übersetzung für den Angeklagten zu beauftragen.

6.2.1.8 Verwertungsbeschränkungen und Verwertungsverbote

Die mit dem Reformgesetz vom 17.12.1997[68] in § 100a Abs. 4 StPO a.F. geschaffenen speziellen Verwertungsverbote haben nunmehr in § 100d StPO eine eigenständige Regelung gefunden. Daneben kommen aber auch **Verwertungsverbote** und **-beschränkungen** nach allgemeinen Grundsätzen in Betracht, insbesondere bei Verstößen gegen die formellen und materiellen Voraussetzungen der Anordnung. Die nachträgliche Feststellung der Rechtswidrigkeit einer Maßnahme obliegt dem anordnenden Gericht, nach Erhebung der Anklage dem erkennenden Gericht.[69] Dabei ist immer zu berücksichtigen, dass ein Beweisverwertungsverbot eine von Verfassungs wegen begründungsbedürftige Ausnahme darstellt, weil es die Beweismöglichkeiten der Strafverfolgungsbehörden zur Erhärtung oder Widerlegung des Verdachts strafbarer Handlungen einschränkt und so die Findung einer materiell richtigen und gerechten Entscheidung beeinträchtigt. Daher führen auch **Grundrechtsverletzungen**, zu denen es **außerhalb der Hauptverhandlung** gekommen ist, nicht zwingend dazu, dass damit auch das auf dem Inbegriff der Hauptverhandlung beruhende Strafurteil gegen Verfassungsrecht verstößt.[70]

6.32

Die Annahme eines **Beweisverwertungsverbots** ist nur dann geboten, wenn aufgrund des Rechtsverstoßes dem Angeklagten keine hinreichenden Möglichkeiten zur Einflussnahme auf Gang und Ergebnis des Verfahrens verbleiben, die Mindestanforderungen an eine zuverlässige Wahrheitserforschung nicht mehr gewahrt sind oder die Informationsverwertung zu einem unverhältnismäßigen Eingriff in das allgemeine Persönlichkeitsrecht führen würde, oder aber dies nach schwerwiegenden, bewussten oder objektiv willkürlichen Rechtsverstößen geboten ist, falls im Rahmen der Ermittlungen planmäßig oder systematisch gegen

6.33

---

66) BGH, Urt. v. 29.05.1985 – 2 StR 804/84, NStZ 1985, 466 m.w.N.
67) I.E. wohl auch BGH, Urt. v. 09.07.1991 – 1 StR 666/90, NJW 1992, 58, 59.
68) BGBl I, 3108.
69) OLG Frankfurt, NStZ-RR 2006, 44, 45.
70) BVerfG, NJW 2012, 907 Rdnr. 117.

Grundrechte verstoßen wurde.[71] Ob ein Verstoß gegen Beweiserhebungsvorschriften konkret ein Beweisverwertungsverbot nach sich zieht, ist jeweils nach den **Umständen des Einzelfalls,** insbesondere nach der Art des Verbots und dem Gewicht des Verstoßes unter Abwägung der widerstreitenden Interessen zu entscheiden.[72]

Formelle Mängel

6.34   Grundlegende Mängel bei Anordnung der Maßnahme können zur Unverwertbarkeit von erlangten Erkenntnissen führen. So liegt die Annahme eines Verwertungsverbots nahe bei **Fehlen einer Anordnung durch den Richter** (§ 100e Abs. 1 Satz 1 StPO) oder bei Gefahr im Verzug (§ 100e Abs. 1 Satz 2 StPO) ohne Anordnung der Staatsanwaltschaft[73] oder einer durch die Polizei unter Verstoß gegen § 201 StGB gefertigten Gesprächsaufzeichnung.[74] In gleicher Weise gilt dies bei einer entgegen § 100d Abs. 5 Satz 1 StPO angeordneten Überwachung von insoweit geschützten Berufsgeheimnisträgern.

6.35   Wird der richterlich angeordnete **Überwachungszeitraum** überschritten, kommt es für die Verwertbarkeit auf die Umstände des Einzelfalls an. Jedenfalls bei einer versehentlich entstandenen kurzzeitigen Lücke zwischen Erst- und Verlängerungsanordnung ist ein Verwertungsverbot nicht zwingend.[75] Entsprechendes dürfte auch gelten bei einer nur geringfügigen Lücke zwischen staatsanwaltschaftlicher Anordnung und richterlicher Bestätigung. Auch bei einer nach dem **UrhG** erteilten **Auskunft** durch einen **Reseller** ohne richterliche Gestattung gem. § 101 Abs. 9 UrhG führt dies in der Regel zu einem Beweisverwertungsverbot.[76]

6.36   Liegen bei einer **Anordnung der Staatsanwaltschaft** nicht die Voraussetzungen einer Gefahr im Verzug vor, kommt es darauf an, ob diese willkürlich angenommen und damit der auch der Grundrechtssicherung dienende Richtervorbehalt[77] ausgeschaltet wurde (Verwertungsverbot) oder nur ein Versehen bei der Einschätzung vorlag (verwertbar),[78] bzw. die Annahme von Gefahr im Verzug vertretbar war.[79] Einfache formale Fehler, etwa der **Verstoß gegen das Schriftformerfordernis** des § 100e Abs. 3 Satz 1 StPO, begründen kein Verwertungsverbot,[80] jedenfalls solange es sich um keine schwerwiegenden, bewussten oder willkürlichen Verfahrensverstöße handelt.[81]

---

71) BVerfG, NJW 2012, 907 Rdnr. 117; vgl. auch BVerfG, NJW 2005, 1917; 2010, 833.
72) Vgl. auch OLG Frankfurt, BeckRS 2011, 22781.
73) BGHSt 35, 32, 33; 44, 243, 248, 249; BGH, NStZ-RR 2002, 176; AG Frankfurt a.M., StV 2013, 380.
74) BGHSt 31, 304, 305.
75) BGHSt 44, 243, 249, 250.
76) AG Augsburg, GRUR-RS 2015, 17406.
77) BVerfGE 103, 142, 151, 152.
78) So auch KK/Bruns, Rdnr. 54.
79) BGH, wistra 2006, 311.
80) BGH, NStZ 1996, 48; vgl. auch BVerfG, Beschl. v. 08.11.2001 – 2 BvR 2257/00, BeckRS 2001, 30217941.
81) Vgl. BVerfG, Beschl. v. 12.04.2005 – 2 BvR 1027/02.

Graf

Sachliche Mängel

– Fehlende Katalogtat

Hat bei Erlass der Überwachungsanordnung der durch bestimmte Tatsachen begründete **Tatverdacht einer Katalogtat gefehlt,** sind die gewonnenen Erkenntnisse grundsätzlich nicht als Beweismittel verwertbar.[82] Allerdings kann bei einer Änderung der gesetzlichen Voraussetzungen für eine Anordnung eine ursprünglich nicht mögliche Überwachungsmaßnahme auch noch nach deren Durchführung infolge der erfolgten Änderung verwertbar werden.[83] Demgegenüber ist bei einer aufgrund eines **Subsumtionsfehlers** fälschlich angenommenen Katalogtat dies dann unschädlich, wenn der zugrundeliegende Sachverhalt den Tatverdacht einer anderen Katalogtat rechtfertigt.[84] Ebenso ergibt sich kein Verwertungsverbot, wenn der anfänglich bestehende und der Anordnung nach § 100a StPO zugrundeliegende **Verdacht einer Katalogtat sich später nicht** mit der erforderlichen Sicherheit **bestätigt,** aber durch Telefonate Nachweise für erhebliche Straftaten mit engem Bezug zu den (ursprünglich) zugrundeliegenden Tatvorwürfen erbracht werden.[85]

6.37

– Mängel des Verdachtsgrades

Bei der Beurteilung des Vorliegens eines auf **bestimmte Tatsachen gestützten Tatverdachts** räumt das Gesetz dem Ermittlungsrichter einen Beurteilungsspielraum ein. Als rechtswidrig – mit der Folge eines Verwertungsverbots – stellt sich eine Überwachungsanordnung nur dar, wenn dieser Spielraum überschritten wurde und die Entscheidung daher nicht mehr vertretbar ist.[86] Die Entscheidung hierüber obliegt dem erkennenden Tatrichter und ggf. dem Rechtsmittelgericht.[87] Ein Verwertungsverbot kommt allerdings überhaupt nur dann in Betracht, soweit einer Verwertung rechtzeitig durch den Angeklagten widersprochen wird.[88]

6.38

– Begründungsfehler

Fehler der Begründung der Anordnung führen allein grundsätzlich nicht zu einer Unverwertbarkeit der gewonnenen Erkenntnisse.[89] In diesem Fall hat der erkennende Richter vielmehr den Ermittlungsstand zum Zeitpunkt der Entscheidung über die Anordnung zu rekonstruieren und auf dieser Grundlage die Vertretbarkeit der Anordnung zu untersuchen,[90] ggf. auch durch Heranziehung von polizeilichen Ermittlungsberichten.[91] Ist dies (beispielsweise bei völlig fehlender

6.39

---

82) BGHSt 31, 304, 308, 309; 47, 362, 365.
83) BGH, NJW 2009, 791, 792.
84) BGH, NJW 2003, 1880, 1881.
85) BGHSt 28, 122, 127, 128; BGHR StPO § 100a Verwertungsverbot 4.
86) BGHSt 47, 362, 366.
87) BGHSt 47, 362 ff.
88) BGH, NJW 2006, 1361, 1362, NStZ 2006, 402; **a.A.** BGHSt 47, 362, 366, 367.
89) BGH, NVwZ 2006, 1327, 1328; BGHSt 47, 362, 367; BGH, NJW 1986, 390, 391.
90) BGHSt 47, 362, 367.
91) BGH, NJW 2009, 791, 792.

Begründung oder bloßer Formularanordnung ohne jegliche Darstellung zum konkreten Anordnungsfall) nicht möglich, oder bleiben durchgreifende erhebliche Zweifel, so dass der Beschluss insgesamt nicht nachvollziehbar ist, sind die Erkenntnisse nicht verwertbar.[92]

– Verstoß gegen Subsidiaritätsgrundsatz

6.40 Auch bei der Frage, ob andere (weniger beeinträchtigende) Ermittlungsmaßnahmen Erfolg versprechen, hat der Ermittlungsrichter gleichfalls einen **Beurteilungsspielraum**. Wird dieser überschritten, führt dies zur Unverwertbarkeit der erlangten Erkenntnisse.[93] Die Entscheidung hierüber obliegt dem erkennenden Tatrichter und ggf. dem Rechtsmittelgericht,[94] allerdings nur, soweit der Verwertung rechtzeitig durch den Angeklagten widersprochen wird.[95]

– Sonstige Mängel des Anordnungsverfahrens

6.41 Auch wenn einem Überwachungsantrag nach § 100a StPO ein zweifelhaftes Beweismittel zur Nachweis des Tatverdachts beigefügt war (Wahllichtbildvorlage, deren Protokoll keine vollständige Sachverhaltsdarstellung enthielt), folgt daraus kein **Beweisverwertungsverbot** hinsichtlich der Ergebnisse der Telekommunikationsüberwachung, wenn die Anordnung im Hinblick auf weitere Beweismittel dennoch hätte ergehen können.[96]

– Fernwirkung von Verwertungsverboten

6.42 Die **gesetzlich angeordneten Erhebungs- bzw. Verwertungsverbote** des § 100d StPO lassen weder eine direkte Verwertung erlangter Erkenntnisse noch eine indirekte durch Weitergabe zur Einleitung weiterer Ermittlungsverfahren oder als Ermittlungsansätze zu. Grundsätzlich könnte es ohnehin nur ausnahmsweise dazu kommen, weil in diesen Fällen bereits die Erhebung von Daten unzulässig ist (siehe hierzu Rdnr. 6.100 f.).

6.43 In allen anderen Fällen besteht kein **verfassungsrechtliches Hindernis**, Zufallserkenntnisse aus einer **rechtmäßig** durchgeführten Maßnahme nach § 100a StPO als Grundlage weiterer Ermittlungen zur Gewinnung neuer Beweismittel in einem anderen **gegen den Betroffenen geführten Verfahren** zu nutzen.[97] Dies gilt auch dann, wenn das konkret nachgewiesene Delikt keine Katalogtat ist.[98] Demgegenüber dürfen Erkenntnisse aus einer Telefonüberwachung auf der Grundlage von § 100a StPO mangels gesetzlicher Grundlage weder an den Träger der Rentenversicherung weitergegeben werden noch allgemein im Verwaltungsverfahren oder

---

92) LG Kiel, StV 2006, 405, 406; LG Rostock, StV 2008, 461.

93) BGHSt 41, 30, 35 f.

94) BGHSt 47, 362, 366.

95) BGH, NJW 2006, 1361, 1362 = NStZ 2006, 402; **a.A.** BGHSt 47, 362, 366, 367.

96) BGH, BeckRS 2015, 15773.

97) BVerfG, NJW 2005, 2766.

98) BVerfG, NJW 2005, 2766; Allgayer, NStZ 2006, 603, 604 m.w.N.; vgl. auch BFH, BeckRS 2011, 94498.

im sozialgerichtlichen Verfahren verwertet werden.[99] Dieser Umstand kann auch der Verwendung im Besteuerungsverfahren entgegenstehen.[100]

Gegenüber anderen Personen und Zeugen können rechtmäßig gewonnene Erkenntnisse wegen der Regelung des § 477 Abs. 2 Satz 2 StPO ebenfalls nicht zu Beweiszwecken, jedoch als weiterer **Ermittlungs- und Spurenansatz** benutzt werden.[101] Dabei ist es jedoch nicht zulässig, die Erkenntnisse aus einer gegen einen anderen gerichteten Überwachungsmaßnahme vorzuhalten, der nicht selbst Beschuldigter einer Katalogtat ist.[102] Auch die auf einen unzulässigen Vorhalt gemachten Aussagen sind unverwertbar.[103] Jedoch folgt aus der Unverwertbarkeit einer unter Verstoß gegen § 100a StPO gewonnenen Aussage nicht, dass auch alle weiteren Aussagen einer Person zu demselben Thema unverwertbar sind.

6.44

Erkenntnisse, welche als Ermittlungs- und Spurenansatz verwendet werden dürfen, können als Grundlage für prozessuale Maßnahmen verwendet werden, z.B. für die Erwirkung einer Durchsuchungsanordnung.[104]

6.45

Keine Fernwirkung gibt es auch bei einer Kette von aufeinander folgenden TKÜ-Anordnungen, zumal der Tatrichter nicht zur rückwirkenden Prüfung solcher in anderen Verfahren ergangenen Anordnungen verpflichtet werden kann.[105] Wird eine Eilkompetenz rechtsfehlerhaft in Anspruch genommen, kommt nur dann ein mittelbares Beweisverwertungsverbot in Betracht, wenn die Ausgangsmaßnahme bewusst rechtswidrig oder willkürlich angeordnet wurde, um so an weiterführende Informationen zu kommen.[106]

6.46

6.2.1.9 Besondere Problemlagen

Vorratsdatenspeicherung

Die mit der großen Telekommunikationsreform vom 21.12.2007 eingeführte Vorratsdatenspeicherung wurde durch Entscheidung des Bundesverfassungsrechts vom 02.03.2010[107] zwar nicht schlechthin mit Art. 10 GG für unvereinbar, dennoch aber hinsichtlich des Kernstücks, der Verkehrsdatenerfassung, für verfassungswidrig erklärt. Der dadurch entstandene jahrelange politische Streit wurde erst durch das Gesetz vom 10.12.2015[108] mit einer verkürzten höchst Speicherdauer von Verkehrsdaten und Standortdaten und unter Ausschluss von E-Mail-Daten gelöst. Allerdings wurde die Ausführung des Gesetzes kurz vor

6.47

---

99) LSG Hessen, MMR 2009, 718.
100) BFH, BeckRS 2011, 94498.
101) BT-Drucks. 16/5846, S. 66.
102) OLG Karlsruhe, NStZ 2004, 643.
103) BGHSt 27, 355; vgl. aber auch BGHSt 30, 317; vgl. aber BVerfG, BeckRS 2011, 51747.
104) OLG München, wistra 2006, 472; KK/Bruns, Rdnr. 70.
105) BGHSt 51, 1, NStZ 2006, 402, 404; **a.A.** BGHSt 47, 362, 366.
106) Vgl. auch Müller/Trurnit, StraFo 2008, 144, 150, 151.
107) BVerfG, Urt. v. 02.03.2010 – 1 BvR 256/08 u.a.
108) BGBl I, 2218.

dem Inkrafttreten der Speicherverpflichtung zunächst durch Entscheidungen des OVG Münster,[109] in der Folge auch durch Entscheidungen des Bundesverwaltungsgerichts[110] mit einer Vorlage an den EuGH bis heute gestoppt.

IMEI-Überwachung

6.48 Die frühere Streitfrage, ob eine Anordnung nach § 100a StPO nicht nur auf die Rufnummer des zu überwachenden Anschlusses gerichtet, sondern auch auf die vom jeweiligen Hersteller zugeteilte, insoweit grundsätzlich einzigartige **Gerätekennung (IMEI)** des Mobilfunkgeräts als „andere Kennung" i.S.d. § 100b Abs. 2 Satz 2 StPO bezogen sein kann, ist durch die Neufassung des § 100b Abs. 2 Satz 2 Nr. 2 StPO positiv dahin entschieden, dass es sich auch um eine andere Kennung des Endgeräts handeln kann.[111] Damit kann dem Wechsel nur der benutzten Mobilfunkkarten (SIM-Karten) anstelle eines Handywechsels wirksam begegnet werden. Daneben tritt die Überwachung der auf der Mobilfunkkarte gespeicherten **IMSI** (International Mobile Subscriber Identity) als eine andere Kennung des zu überwachenden Anschlusses (§ 100b Abs. 2 Satz 2 StPO). Werden IMEI- und IMSI-Überwachung in einer Anordnung kombiniert, können keine Überwachungslücken entstehen, falls der Betroffene nur die SIM-Karte austauscht oder diese stattdessen in ein anderes Kommunikationsgerät steckt.

IMSI-Catcher/WLAN-Catcher

6.49 Soweit nicht bekannt ist, welche Mobiltelefone oder mit Mobilfunkdatennetzen verbundene Rechner (z.B. Smartphones, Tablet-PCs, auch iPads und gleichartige Kommunikationsgeräte) sich in einem bestimmten Lokalisationsbereich (eines Tatorts oder Fluchtbereichs) befinden oder ob ein in der Nähe sich aufhaltender Beschuldigter oder Tatverdächtiger ein Handy oder anderes Telekommunikationsgerät mit sich führt, kann zur Klärung dieser Frage ein sogenannter **IMSI-Catcher** eingesetzt werden. Die rechtliche Grundlage für den Einsatz eines IMSI-Catchers ergibt sich aus § 100i StPO (siehe hierzu ausführlich Rdnr. 6.169 ff.).

6.50 Ein **WLAN-Catcher** erfasst die über ein Wireless Local Area Network (Funknetzwerk = WLAN) geführte Kommunikation einschließlich der dabei anfallenden verbindungsbegleitenden Daten. Angesichts dieser inzwischen allseits verbreiteten Funktechnik, welche mit den hierfür verwendeten Endgeräten (Router) neben dem Zugang ins Internet vielfach auch die Möglichkeit zu kabellosen Telefonaten mit entsprechendem Equipment ermöglichen, werden entsprechende technische Hilfen benötigt, um die Teilnehmer dieser Dienste ermitteln zu können. Dies wird dadurch erschwert, dass mit diesen Funknetzen Wohnungsgrenzen überwunden werden können, so dass einem Beschuldigten äußerlich nicht sichtbar die Möglichkeit geboten sein kann, mit Unterstützung von Nachbarn und der Benutzung ihrer Funknetze Überwachungsmaßnahmen zu umgehen.

---

109) OVG Münster, Beschl. v. 22.06.2017 – 13 B 238/17.
110) BVerwG, Beschl. v. 25.09.2019 – 6 C 12.18; Beschl. v. 25.09.2018 – 6 C 13.18.
111) BT-Drucks. 16/5846, S. 46.

Soweit der WLAN-Catcher nur dazu dient, die Ermittlung des Namens eines Funknetzes (Service Set Identifier – SSID) zu ermöglichen, dürfte dies, da in die Telekommunikation hierdurch nicht eingegriffen wird und auch keine Daten ausgelesen oder aufgezeichnet werden, zulässig sein. Falls allerdings auf den Netzverkehr zugegriffen wird, bedarf es bei beabsichtigter Kenntnisnahme von Inhaltsdaten einer richterlichen Anordnung unter den Voraussetzungen des § 100a StPO, bei bloßer Kenntnisnahme der Verkehrsdaten eines solchen Netzes immerhin den Voraussetzungen des § 100g StPO und ebenfalls einer entsprechenden richterlichen Anordnung.

Standortdatenabfrage, Funkzellenabfrage

Die **Standortdatenabfrage** betrifft die Funkzelle, in welcher sich der gesuchte Beschuldigte zur Tatzeit aufgehalten hat. Nach der Neufassung des § 100g StPO durch das Gesetz zur Einführung einer Speicherpflicht und einer Höchstspeicherfrist für Verkehrsdaten vom 10.12.2015[112] ist sie aber nicht mehr uneingeschränkt möglich, sondern nur eine Erhebung von in der Vergangenheit angefallenen Verkehrsdaten und nur noch zur Erforschung des Sachverhalts zulässig. Der noch in § 100g Abs. 1 StPO a.F. gegebene weitere Zweck des Eingriffs, die Ermittlung des Aufenthaltsorts des Beschuldigten, wurde gestrichen. Künftig anfallende Standortdaten dürfen unter Voraussetzungen des § 100g Abs. 1 Satz 3 StPO erhoben werden, insbesondere bedarf es einer Straftat von auch im Einzelfall erheblicher Bedeutung (§ 100g Abs. 1 Satz 1 Nr. 1 StPO).

6.51

Die **Funkzellenabfrage**, welche nunmehr in § 100g Abs. 3 StPO eigenständig geregelt ist, betrifft demgegenüber nicht die Frage, wo der Beschuldigte sich zu einem konkreten Zeitpunkt aufgehalten hat, sondern es geht – unabhängig von einem Einzelkommunikationsvorgang – um die Erhebung aller Verkehrsdaten, die innerhalb eines eng begrenzten Zeitraums in einer bestimmten Funkzelle angefallen sind; hierdurch kann festgestellt werden, welche Mobilgeräte sich zu einer bestimmten Zeit in der betreffenden konkreten Funkzelle befunden haben, wenn zwar die Rufnummer oder andere Kennungen des Täters nicht vorliegen, jedoch Anhaltspunkte dafür vorhanden sind, dass der oder die Täter in einem bestimmten Zeitraum in einem räumlich eingegrenzten Gebiet Mobiltelefone benutzt haben (siehe hierzu genauer Rdnr. 6.146 f.).

6.52

Roaming

Roaming wird als Begriff üblicherweise im Zusammenhang mit der Nutzung des Mobiltelefons im Ausland und der Benutzung dortiger Mobilfunknetze verwendet. Allerdings findet, insbesondere durch kleinere Netzbetreiber oder Provider, auch in Deutschland teilweise ein vertraglich unter den Unternehmen vereinbartes Roaming statt, was der Mobilfunkkunde zumeist nicht bemerkt. Weil aber eine Überwachungsmaßnahme grundsätzlich auf ein konkretes Mobilfunknetz beschränkt ist, entsteht eine Überwachungslücke, wenn der Nutzer (bewusst oder

6.53

---

112) BGBl I, 2218.

unbewusst) das Netz wechselt und dieses Roaming den Ermittlungsbehörden unbekannt bleibt. Daher ist der Dienstleister, welcher dem Kunden die Nutzung der Telekommunikationsleistung ermöglicht, nach § 100a Abs. 4 StPO verpflichtet, nach Eingang der Überwachungsanordnung die Ermittlungsbehörden über bestehende Roaming-Vereinbarungen zu unterrichten und zusätzlich auch den Betreibern der entsprechenden Netze die Überwachungsanordnung schriftlich mitzuteilen (siehe hierzu Rdnr. 6.51).

Cloud-Speicher, Cloud-Computing

6.54 **Cloud-Computing** bedeutet, dass teilweise IT-Infrastruktur, vor allem aber einzelne IT-Leistungen wie spezielle Anwendungsprogramme (beispielsweise Office-Programme), aber auch Rechenleistung, Zugriffsmöglichkeiten für mehrere Anwender gleichzeitig und vor allem umfangreicher Speicherplatz als Service über das Internet von einem oder mehreren Anbietern bereitgestellt werden. Weil das Datennetz und damit die Telekommunikation als Transportmittel für die Daten benutzt werden, ist bei entsprechenden Eingriffsmaßnahmen von Ermittlungsbehörden das Telekommunikationsgeheimnis tangiert, so dass solche nur unter den Voraussetzungen nach § 100a oder § 100b StPO zulässig sind.

6.55 Soweit es um die **Benutzung von Cloud-Speichern** (Cloud-Storage) geht, kommt es darauf an, wo sich solche Speicher befinden und wie ein Zugang zu diesen Speichern realisiert ist. Sofern nicht der Speicher sich im unmittelbaren Einzugsbereich des Nutzers befindet, wird auf ihn regelmäßig nur unter Benutzung des Datennetzes zugegriffen werden können, was jedenfalls für die Zugriffe sich als überwachungsfähige Telekommunikation darstellt.

6.56 Hinsichtlich des **Cloud-Speichers** selbst kommt es darauf an, ob dieser im **Inland** gelegen ist; dann dürfte darauf mit richterlicher Gestattung unter den Voraussetzungen des § 100b StPO zugegriffen werden können; ist er im Ausland gelegen, scheidet ein direkter Zugriff durch deutsche Ermittlungsbehörden aus.

Stille SMS

6.57 Eine wichtige Fahndungs- und Recherchemittel für Polizei- und andere Ermittlungsbehörden ist die Ausnutzung der technischen Gegebenheiten von Mobiltelefonen. Indem diese, insbesondere auch im sogenannten „Stand-by-Betrieb" und ohne aktuelle Gesprächsaktivitäten, regelmäßig dem benutzten Mobilfunknetz ihren aktuellen Standort bekanntgeben, um für Anrufe oder Nachrichten stets erreichbar zu sein, besteht kein Zweifel, dass im Rahmen jeglicher Ermittlungen solche **Standortdaten**[113] nicht nur wertvoll, sondern vielmals sogar schlechthin unverzichtbar sind. Weil solche Daten im „Stand-by-Betrieb" jedoch oftmals nur selten ausgetauscht werden, solange kein Standortwechsel vorgenommen wird, reichen die auf diese Weise technisch verursachten Daten für Ermittlungszwecke meist nicht aus und sind regelmäßig ungenauer als Daten, welche von einem Tele-

---

113) Siehe hierzu Rdnr. 6.51.

kommunikationsgerät erzeugt werden, das aktiv an einer Telekommunikationsverbindung beteiligt ist. Aktive Telekommunikationsverbindungen werden nicht nur bei Telefonaten, sondern auch beim Absenden oder dem Erhalt von Kurzmitteilungen (SSM, MMS) hergestellt. Hierzu zählt auch die sogenannte „Stille SMS", welche beim Empfänger weder eine Meldung hinterlässt noch ein Signal verursacht, so dass sie von diesem auch nicht bemerkt werden kann.

Die technische Möglichkeit des Versendens einer „Stillen SMS" mit einer dadurch möglichen Bestimmung des Handystandorts soll nach Presseangaben über die geheimgehaltenen Zusatzangaben zu einer Kleinen Anfrage im Deutschen Bundestag vom 21.12.2011[114] zwischen 2006 und 2011 mehr als 1 Mio. mal vorgenommen worden sein. Das reine Absenden einer „Stillen SMS" ist gesetzlich nicht gesondert geregelt. Grundsätzlich bedarf es auch keiner besonderen Ermächtigung, um etwa bei einem Betroffenen anzurufen oder ihm eine SMS zu senden. Ob sich hieran etwas ändert, wenn dies heimlich, also im Ergebnis unbemerkt vom Betroffenen geschieht, ist umstritten; denn letztlich kann sich dies auch bei einem „normalen" Telefonanruf ergeben, wenn niemand abhebt und der angerufene Anschluss über keine technischen Möglichkeiten verfügt, auch erfolglose Anrufe zu protokollieren. Auf jeden Fall ist das Versenden einer „Stillen SMS" als Maßnahme nach § 100i Abs. 1 Nr. 2 StPO zulässig. Ohnehin kann ein solches Vorgehen immer nur unter den strengeren Eingriffsvoraussetzungen des § 100g Abs. 1 Satz 1 Nr. 1 StPO erfolgen, weil ansonsten auf Standortdaten nicht zugegriffen werden darf (§ 100g Abs. 1 Satz 3 StPO). Demgegenüber wird eine solche Datenerhebung nicht von § 100a StPO erfasst, weil diese nicht im Rahmen von Telekommunikation anfällt.[115]

6.58

IP-Tracking

Das „**IP-Tracking**" ermöglicht die Zuordnung der vom jeweiligen Provider an eine Zielperson frei vergebene IP, indem die Ermittlungsbehörde einen Telekommunikationsvorgang auslöst, wonach der Zielperson eine manipulierte Datei übermittelt wird, in welche ein präparierter Link eingefügt ist. Sobald die Zielperson auf den Link (welcher natürlich ihr Interesse wecken muss) klickt, wird sie auf eine ebenfalls präparierte Zielseite auf einem Webserver der Polizei umgeleitet, wobei dann IP-Adresse der Zielperson und die Zeit des Zugriffs protokolliert wird. Mittels der festgestellten IP können dann die Personendaten nach § 100j StPO erhoben werden.

6.59

Bei dem bloßen Vorgang des IP-Tracking handelt es sich allerdings noch nicht um die Erhebung von Verkehrsdaten, weil die Protokollierung der IP automatisch durch den Webserver erfolgt und diese Daten systembedingt vom Rechner der Zielperson übermittelt werden und es zudem sich nur um die Protokollierung der eigenen Kommunikation der Strafverfolgungsbehörde handelt.[116]

6.60

---

114) BT-Drucks. 17/8257.

115) BGH, NStZ 2018, 611.

116) **A.A.** BGH, Ermittlungsrichter, Beschl. v. 23.09.2014 – 1 BGs 210/14, BeckRS 2015, 17557.

Webpage-Überwachung

6.61 Auf der Erkenntnis, dass Täter heute das Internet auch benutzen, um sich über Aufklärungsfortschritte hinsichtlich der von ihnen begangenen Straftat zu informieren, beruht die Ermittlungsmethode der **Überwachung bestimmter Webseiten**, um Besucher herauszufinden, welche die Webpage **besonders oft abfragen**. Allerdings liegt, jedenfalls wenn es sich dabei um eine eigene Seite der Ermittlungsbehörden handelt, keine Telekommunikationsüberwachung vor; denn es bedarf grundsätzlich nur der Auswertung der Logdatei für die Abfragenden, welche für jede Homepage ohnehin automatisch erstellt wird. Ob die DGVO dem entgegenstehen könnte, hängt von den Hinweisen auf der Website ab.

Sofern die Ermittlungsbehörden die Besucher einer **fremden Webpage** auswerten, bestehen jedenfalls dann keine Bedenken gegen die Zulässigkeit einer solchen Maßnahme, sofern der Inhaber der Webpage dem zustimmt oder dies sogar angeboten hat. Eine Telekommunikationsüberwachung ist insoweit nicht gegeben. Die Sachlage ist nicht anders als in dem Fall, dass ein Zeuge der Polizei einer von einem Anrufbeantworter aufgezeichnetes Telefonat abspielt oder gleich den Anrufbeantworter mit mehreren aufgezeichneten Gesprächen zur Auswertung überlässt. Demgegenüber ist es nicht zulässig, ohne Wissen des Webpage-Inhabers die Logdateien zu beschaffen und auszuwerten. Einem solchen Verhalten dürften zumindest § 202a oder § 202b StGB entgegenstehen.

**Im Ausland abgespeicherte Daten, Datenzugriffe
auf ausländische Server und Speicher**

6.62 Im Rahmen einer (offenen) Durchsuchung und der dabei erfolgten Durchsicht elektronischer Speichermedien und Datenträger (regelmäßig der PC-Anlage(n) des von der Durchsuchung Betroffenen) kann die Durchsuchung auch auf räumlich getrennte Speichermedien erstreckt werden kann, sofern eine Zugriffsmöglichkeit von dort aus (§ 110 Abs. 3 Satz 1 StPO) und zudem die Gefahr besteht, dass die Daten in der Folge gelöscht oder dem Zugriff entzogen werden könnten. Dadurch sollen die Fälle erfasst werden, in denen insbesondere Firmen, zunehmend aber auch Privatpersonen, externen, von Providern oder gar speziellen Sicherheitsfirmen zur Verfügung gestellten Speicherplatz nutzen. Die erforderliche Datenverbindung besteht dann entweder dauerhaft – sofern in Echtzeit abgespeichert wird oder eine Datensicherung erfolgt –, oder sie wird vom Nutzer nach festgelegten Regeln oder auch nur anlassbezogen hergestellt. Auf jeden Fall sind externe Speicherkapazitäten in besonderer Weise geeignet, ggf. belastendes Beweismaterial einem Zugriff am Firmen- oder Wohnsitz zu entziehen.

6.63 Indem mittels Datenleitungen weltumspannend Informationen transportiert werden können und zudem viele Firmennetze geradezu darauf angelegt sind, die geschäftlichen Informationen für alle Niederlassungen, Zweigstellen und Tochterunternehmen weltweit vorzuhalten, ist vielmals nur schwer feststellbar, auf welchem Rechner und an welchem Ort die Informationen abgespeichert sind, auf die gerade zugegriffen wird. Genauso gibt es keine technischen Schwierigkeiten, Daten, welcher Art auch immer, auf gemietetem oder frei zur Verfügung gestelltem Speicherplatz abzuspeichern. Sobald allerdings ein deutscher Ermittlungsbeamter solche im **Ausland befindlichen Datenspeicher** im Rahmen einer Durchsuchung ausliest, beeinträchtigt er die Souveränität des ausländischen Staates, weshalb derartige Ermittlungen nicht zulässig sind.

In einem solchen Fall bietet auch die **Cybercrime-Konvention** des Europarats (CCC) vom 23.11.2001 keine unmittelbare Lösung. Vielmehr verweisen Art. 25 sowie Art. 29 und Art. 30 der Konvention ausdrücklich auf eine zu intensivierende Zusammenarbeit der beteiligten Staaten. Art. 31 der Konvention stellt ausdrücklich auf die Rechtshilfe beim Zugriff auf gespeicherte Computerdaten ab, und Art. 32 lässt darüber hinaus einen Zugriff ohne die Genehmigung des ausländischen Staates nur auf öffentlich zugängliche gespeicherte Computerdaten (offene Quellen) zu oder falls derjenige zustimmt (Art. 32 Nr. b CCC), welcher rechtmäßig zur Weitergabe der Daten oder insgesamt zur Verfügung über diese befugt ist.

6.64

Detail öffnen

Danach ergibt sich, dass von ausländischen Datenspeichern sichergestellte Informationen ohne Zustimmung des hierzu berechtigten Dateninhabers oder Datenverwalters nicht in Übereinstimmung mit internationalem Recht erlangt worden sind.[117] Daraus folgt aber in Übereinstimmung mit der Rechtsprechung zu anderen Fehlern bei der Erlangung von Erkenntnissen, insbesondere fehlender Eilkompetenz für eine Anordnung, dass nur willkürliche oder absichtliche Verstöße ein Verwertungsverbot nach sich ziehen.[118] Erkennt also die die Durchsicht eines Rechners vornehmende Ermittlungsperson nicht, dass die zu sichernden Daten nur auf einem ausländischen Speichermedium verfügbar sind, können hierbei sichergestellte Daten später grundsätzlich als Beweismittel dienen. Letztlich wird es dem erkennenden Gericht obliegen, festzustellen, wie naheliegend ein Rechtsverstoß war, und insoweit die Umstände der konkreten Sicherstellung von einem absichtlichen und willkürlichen Verstoß abzugrenzen.

6.65

6.2.1.10   Mitteilungsverpflichtungen

Von Maßnahmen nach § 100a StPO sind die hiervon betroffenen Personen grundsätzlich gem. § 101 Abs. 4 Satz 1 Nr. 3 StPO nach den dort näher geregelten Vorschriften **zu benachrichtigen**. Diese können gem. § 101 Abs. 7 Satz 2 StPO eine gerichtliche Entscheidung hinsichtlich der Rechtmäßigkeit einer Maßnahme sowie die Art und Weise ihres Vollzugs beantragen. Der **Inhalt der Benachrichtigung** über eine Überwachungsmaßnahme muss mindestens die zugrundeliegende Anordnung und deren Rechtsgrundlage, den Zeitpunkt, die Art und die Dauer der Maßnahme benennen. Aus der Benachrichtigung muss sich weiter zumindest ergeben, ob die Überwachungsmaßnahmen in einem Ermittlungsverfahren gegen

6.66

---

117) Vgl. hierzu auch Sankol, K&R 2008, 278 ff.
118) Vgl. BVerfG, NJW 2006, 2684, 2686; 2005, 1917, 1923; OLG Stuttgart, NStZ 2008, 238,
       239; krit. Sankol, K&R 2008, 278 ff.

den Betroffenen als Beschuldigten angeordnet wurden oder ihn nur als Dritten betreffen. Außerdem muss in der Benachrichtigung auf die Möglichkeit nachträglichen Rechtsschutzes dergestalt hingewiesen werden, dass der Betroffene diese ohne weiteres wahrnehmen kann; insbesondere durch die Angabe, bei welchem Gericht um Rechtsschutz nachzusuchen ist.[119]

6.2.1.11 Möglichkeiten des Verteidigers bei Überwachungsmaßnahmen nach §§ 100a ff. StPO

6.67 Bei Überwachungsmaßnahmen nach §§ 100a ff. StPO kann ein Verteidiger, wenn er hiervon Kenntnis erhält, regelmäßig nichts Konkretes unternehmen, weil die Maßnahmen verdeckt/heimlich stattgefunden haben und im Zeitpunkt der Information beendet sind.

Letztlich bleiben ihm folgende Möglichkeiten:

1. Überprüfung der zugrundeliegenden Anordnung anhand der vor- und nachstehenden Ausführungen, insbesondere zur Frage, ob, wie meist erforderlich, das Gericht die Anordnung erlassen hat (§ 100e Abs. 1 Satz 1 StPO), oder bei staatsanwaltschaftlicher Anordnung Gefahr im Verzug vorgelegen hat bzw. rechtzeitig die Bestätigung des Gerichts eingeholt worden ist (§ 100e Abs. 1 Satz 3 StPO).

2. Weiterhin kann er, weil auch der Beschuldigte Beteiligter einer solchen Maßnahme ist – unabhängig davon, ob dieser von der Maßnahme benachrichtigt worden ist –, einen **Antrag auf gerichtliche Entscheidung** stellen (siehe hierzu Rdnr. 6.68 f.).

3. Der entscheidende Ort für ein Vorgehen gegen eine Maßnahme ist die Hauptverhandlung gegen den Beschuldigten (siehe hierzu Rdnr. 6.70 f.). Hier sind vor allem die Einwendungen gegen eine Verwertbarkeit der erlangten Daten und Beweise vorzubringen. Hierbei ist darauf zu achten, dass der Verteidiger sich nicht mit einer abschlägigen Bescheidung durch den Vorsitzenden abfindet, sondern in allen Fällen eine **Gerichtsentscheidung** herbeiführt; nur dann ist später der Weg zur Revisionsrüge eröffnet!

Antrag auf gerichtliche Entscheidung (§ 101 Abs. 7 StPO)

6.68 Ein Antrag auf gerichtliche Entscheidung ist fristgebunden und muss bis zu zwei Wochen nach der Benachrichtigung gestellt werden (§ 101 Abs. 7 Satz 2 StPO); er kann allerdings auch schon vorher gestellt werden, wenn die Maßnahme den Betroffenen auf andere Art Weise bekannt wurde. Wird die Frist überschritten, ist der Antrag unzulässig.[120]

---

119) LG Nürnberg-Fürth, Beschl. v. 18.10.2018 – 5 Ks 113 Js 1822/16.
120) Meyer-Goßner/Schmitt, § 101 Rdnr. 25; BT-Drucks. 16/5846, S. 62.

Der Antrag kann sich sowohl gegen die **Rechtmäßigkeit der Maßnahme** als auch die **Art und Weise des Vollzugs** der Maßnahme richten (§ 101 Abs. 7 Satz 2 StPO). Es braucht nicht zu betont werden, dass eine entsprechende Antragsstellung nur dann sinnvoll ist, sofern Anhaltspunkte dafür ersichtlich sind, dass die Maßnahme nach Art und Weise des Vollzugs nicht ordnungsgemäß ausgeführt wurde. Da der Staatsanwalt und der erlassende Ermittlungsrichter eher dazu neigen, die zugrundeliegende Anordnung zu verteidigen, ist ein Erfolg eines solchen Rechtsbehelfs ansonsten eher fraglich, und die Überprüfung sollte eher dem Tatrichter in der Hauptverhandlung überlassen werden, auch und gerade weil dieser durch den Untersuchungsrichter nicht in seiner Beurteilung gebunden ist.

Für den Verteidiger stellt sich die Frage, welches Gericht für die Entscheidung eines solchen Antrags zuständig ist. Regelmäßig ist dies das Anordnungsgericht, also der Ermittlungsrichter. Gegen dessen Entscheidung ist das Rechtsmittel der sofortigen Beschwerde gegeben. Damit ist aber noch keine bindende Entscheidung über die Verwertbarkeit der erlangten Erkenntnisse getroffen; diese obliegt dem erkennenden Gericht und ohne Bindungswirkung durch die Entscheidung des Anordnungsgerichts. Dennoch sollte die Verteidigung den Antrag gegen die Rechtmäßigkeit der Maßnahme als auch die Art und Weise des Vollzugs sorgfältig begründen, weil letztlich insoweit eine Vorentscheidung getroffen wird.   6.69

Nach Erhebung der Klage und Benachrichtigung des Angeklagten hiervon ist zur Entscheidung über einen Antrag das erkennende Gericht berufen, welches über den Antrag Inzidenz in der Endentscheidung des Verfahrens erkennt. Die Zuständigkeit fällt dem erkennenden Gericht auch dann zu, wenn vor Anklageerhebung bereits ein Antrag gestellt war, über diesen aber noch nicht entschieden wurde.   6.70

Muster

Antrag nach § 101 Abs. 7 StPO, hier in entsprechender Anwendung nach § 98 Abs. 2 StPO

Amtsgericht Offenbach
– Ermittlungsrichter –
(Anschrift)

In dem Ermittlungsverfahren
gegen   H.R.
wegen   ...
Az.   ...

beantrage ich hinsichtlich der Ausführung des Durchsuchungsbeschlusses des Amtsgerichts Offenbach vom 21.11.2012 beim Beschuldigten und seiner Firma, jeweils Bismarckstraße xx, Offenbach,

die Feststellung,

dass die Durchsuchung zumindest teilweise in nicht rechtmäßiger Weise durchgeführt wurde, wobei die entstandenen Vorkommnisse auch zu einer nicht hinzunehmenden Diskriminierung der Beschuldigten geführt haben.

1. Die auf den vorbezeichneten Durchsuchungsbeschluss gestützte Durchsuchungsmaßnahme fand am 08.01.2020 statt. Dabei kam es u.a. zu folgenden Begebenheiten:

Am frühen Abend des 08.01.2020 erschien zum Ende der Maßnahme die Feuerwehr der Stadt Offenbach mit großer Drehleiter und Blaulicht sowie Absperrung der viel befahrenen Bismarckstraße, bestellt von den Durchsuchungsbeamten, um an einer Außenkamera der Videoanlage des Gebäude einen kleinen schwarzen Klebestreifen zu entfernen, welchen die Beamten allerdings am Morgen dieses Tages vor Beginn der Durchsuchung und ohne Drehleiter ohne weiteres anbringen konnten. Der Auftritt der Feuerwehr führte zu einem Publikumsspektakel, der eine erhebliche Rufschädigung zumindest für die Firma des Beschuldigten zur Folge hatte, weil hierdurch auch „die letzten Bürger" Offenbachs sowie in einem nahegelegenen Hotel untergebrachte Geschäftsleute und Besucher auf die Durchsuchung und den Polizeieinsatz aufmerksam gemacht wurden.

Dies kommt letztlich einer Vorverurteilung gleich, welche nicht hinzunehmen ist und für die es keinerlei Anlass oder Notwendigkeit gab. Die Ermittlungsbehörden haben sich bislang jeglicher Stellungnahme dazu enthalten. Jedoch kann auch ohne deren Stellungnahme sogleich festgestellt werden, dass die Entfernung des Klebestreifens mittels einer handelsüblichen Steigleiter, welche leicht in nahegelegenen Baumärkten hätte beschafft werden können, ohne großes Spektakel hätte erfolgen können. Sicherlich wären aber auch im örtlichen Bauhof solche Leitern in mehrfacher Anzahl verfügbar gewesen. Dabei dürfte allein der Einsatz der 40-Meter-Drehleiter ohne weiteres ein Vielfaches an Kosten verursacht haben, welche in keiner Weise gerechtfertigt waren.

Weiterhin wurde bei der Durchsuchung auch der Keller durchsucht und dabei die Ehefrau des Beschuldigten veranlasst, einen Tresor im Keller des Gebäudes zu öffnen. Dort wurde ein Bargeldbetrag i.H.v. 50.000 € festgestellt. Nachdem allerdings der zuständige Staatsanwalt eine Beschlagnahme abgelehnt hatten und die Ehefrau des Beschuldigten auf einem Wiederverschließen des Tresors bestand, lehnten dies die Durchsuchungsbeamten dennoch ohne nähere Begründung ab. Der Anlass hierfür stellte sich einige Stunden später heraus, als plötzlich ein Vollstreckungsbeamter des örtlichen Finanzamts erschien, welcher dann das Geld in dem noch offenen Tresor wegen rückständiger Steuerzahlungen beschlagnahmte. Für die Beschlagnahme findet sich allerdings kein Hinweis im Durchsuchungsprotokoll. Tatsächlich hätte der Finanzbeamte das Geld aufgrund mangelnder richterlicher Anordnung nicht beschlagnahmen können, wenn der Tresor wieder verschlossen worden wäre. Damit steht fest, dass die Durchsuchung letztlich nur das Mittel zum Zweck war, um ohne den erforderlichen richterlichen Beschluss im Tresor befindliches Geld beschlagnahmen zu können.

2. Auch wenn die Durchsuchungsmaßnahme beendet ist, besteht ein Interesse an den bean-
    tragten Feststellungen, zumal nicht ausgeschlossen werden kann, dass es noch zu
    Anschlussmaßnahmen kommt:

    Außerdem dauern die Beeinträchtigungen bis heute fort; insbesondere ist das beschlag-
    nahmte Geld bis heute immer noch nicht zurückgegeben worden.

Rechtsanwältin/Rechtsanwalt

Antrag gegen Verwertung von Erkenntnissen aus Maßnahme in Hauptverhandlung

Nur selten liegen derzeit Revisionsentscheidungen des BGH mit erfolgreichen   6.71
Rügen wegen der Verwertung von Erkenntnissen aus Eingriffsmaßnahmen nach
§§ 100a ff. StPO vor. Dies liegt aber nicht daran, dass das Revisionsgericht solche
Rügen nicht beachtet, sondern derartige Rügen werden nur höchst selten erhoben. Dies dürfte seinen Grund auch darin haben, dass dieser Materie nur vereinzelt Beachtung geschenkt wird.

Grundvoraussetzung für den erfolgreichen Revisionsangriff gegen Verwertung
von TKÜ-Erkenntnissen ist der Einspruch gegen eine Verlesung, ein Vorspielen
oder eine Inaugenscheinsnahme von solchen Erkenntnissen, ebenso eine Vernehmung des entsprechenden Ermittlungsbeamten, dem bei einer abschlägigen
Bescheidung die Herbeiführung eines Gerichtsbeschlusses folgen muss (vgl. nach-
folgendes Formulierungsbeispiel). Hier sind zumeist vorher die Überprüfung und
Ausführung der jeweiligen Maßnahme zwingend geboten, wobei die Beiziehung
von entsprechendem Sachverstand, sofern der Verteidiger hierüber nicht selbst in
ausreichendem Maß verfügt, angezeigt ist.

Muster

Widerspruch gegen die Verlesung eines TKÜ-Protokolls

Landgericht Stuttgart
6. Große Strafkammer
(Anschrift)

In dem Strafverfahren
gegen   U
wegen   Geldwäsche, Betrugs u.a.
Az.   ...

Widerspruch

wird namens des Angeklagten wird der Verlesung des TKÜ-Protokolls vom 22.01.2020, Gesprächszeit 19.31–19.48 Uhr, Anrufer U (EO IV 234 238) widersprochen.

Die Verlesung und Verwertung dieses aufgezeichneten Telefonats ist unzulässig, weil bereits das Mithören und die Aufzeichnung des Telefonats gem. § 160a Abs. 1 Satz 1 StPO unzulässig war, deshalb insoweit erlangte Erkenntnisse nicht verwendet werden dürfen, und im Übrigen gefertigte Aufzeichnungen bereits hätten gelöscht werden müssen (§ 160a Abs. 1 Satz 2 und 3 StPO).

Wie sich aus dem Gesprächsinhalt bereits nach weniger als einer Minute ergibt, handelt es sich bei dem Gesprächspartner um einen Rechtsanwalt, welcher zudem deutlich nach bestehenden Verteidigungsmöglichkeiten und weiterhin befragt wird, ob er die Verteidigung des Beschuldigten übernehmen wolle.

Weiteren Feststellungen bedarf es nicht. Vielmehr ist bei dieser Sachlage eine Überwachung sogleich abzubrechen; bereits aufgezeichnete Gespräche sind umgehend zu löschen, und dies ohne vorheriges Abhören des unzulässig aufgezeichneten Gesprächs! Es ist auch nicht zulässig, aus einem aufgezeichneten Gespräch Teilgespräche zu extrahieren, weil diese etwa keinen Belang hätten.

Ebenso rechtswidrig ist die durch die Strafkammer beabsichtigte Verlesung des Gesprächsprotokolls in der Hauptverhandlung.

Ich beantrage daher, entsprechend der Gesetzeslage die bei den Akten befindliche Abschrift des Gesprächsprotokolls zu vernichten (sowie Entfernung der diesbezüglichen Daten in elektronischen Sicherungsdateien), die Löschung der Inhaltsdaten des angesprochenen Telefonats umgehend anzuordnen und weiterhin festzustellen, dass Erkenntnisse aus dem verlesenen Gesprächsprotokoll einem Verwertungsverbot unterliegen.

Rechtsanwältin/Rechtsanwalt

6.2.2   Quellen-TKÜ

6.72   Quellen-TKÜ ist dem Grunde nach nur eine besondere Form der Überwachung von Gerät, welche unter Umgehung der üblicherweise eingeschalteten Telekommunikationsunternehmen dadurch erfolgt, dass die Überwachung unmittelbar am verwendeten Telekommunikationsgerät erfolgt. Eine Quellen-TKÜ ist immer dann erforderlich, wenn die Kommunikation beispielsweise mittels einer Software, Skype oder Whatsapp, direkt im Gerät vor der Kryptierung erfolgt, weshalb nachgeschaltete Überwachungsmaßnahmen nur eine verschlüsselte Kommunikation aufzeichnen, welche aber deswegen nicht mehr auswertbar ist.

6.73   Durch das Gesetz zur effektiveren und praxistauglicheren Ausgestaltung des Strafverfahrens vom 17.08.2017[121] wurde § 100a StPO um die Möglichkeit der

---

121) BGBl I, 3202.

sogenannten Quellen-TKÜ erweitert, deren Zulässigkeit seit Jahren vor allem von der sogenannten Netzgemeinde hartnäckig bestritten wurde. Die neue gesetzliche Regelung in § 100a Abs. 1 Satz 2 und 3 StPO umfasst besondere Ermächtigungsgrundlagen für die **Überwachung und Aufzeichnung von Kommunikationsinhalten** auf einem **informationstechnischen System** des Betroffenen und beinhaltet damit auch die Regelungen für eine Quellen-TKÜ im Ermittlungs- und Strafverfahren, während deren Begrenzungen durch die Regelungen nach § 100a Abs. 5 und 6 StPO festgelegt werden.

6.2.2.1   Voraussetzungen

§ 100a Abs. 1 Satz 2 StPO stellt die Rechtsgrundlage für Eingriffe in Art. 10 GG   6.74
dar, wenn sich die Überwachung und Aufzeichnung auf dem informationstechnischen System auf eine **gerade stattfindende Kommunikation während des Übertragungsvorgangs** bezieht. Zugleich steht fest, dass ein Zugriff auf ein informationstechnisches System des Betroffenen zum Zweck der Aufbringung der Überwachungssoftware grundsätzlich nur auf technischem Wege oder mittels kriminalistischer List erfolgen darf; denn eine **Befugnis, die Wohnung des Betroffenen zu diesem Zweck heimlich zu betreten**, ist mit einer Anordnung nach § 100a Abs. 1 Satz 2 StPO nicht verbunden.[122]

Durch die Regelung § 100a Abs. 1 Satz 2 StPO wird ausdrücklich festgelegt, dass   6.75
die Überwachung und Aufzeichnung der Telekommunikation auch in der Weise erfolgen darf, dass in von dem Betroffenen genutzte informationstechnische Systeme mit **technischen Mitteln** eingegriffen wird. Gegenüber der herkömmlichen Telekommunikationsüberwachung, die mit Hilfe des und letztlich beim Telekommunikationsunternehmen erfolgt, unterscheidet sich die hier zugelassene, indem hierbei ein zusätzlicher Grundrechtseingriff für den Betroffenen vorliegt, weil dessen technische Geräte mittels einer Software infiltriert und damit verändert werden.[123] Die Regelung stellt zudem klar, dass bei einer Quellen-TKÜ die Ausleitung der Kommunikationsdaten notwendigerweise ohne Einschaltung eines Netzbetreibers erfolgt. Zudem ergibt sich weder aus § 100a StPO noch den Verfahrensregelungen des § 101 StPO, dass an einer Telekommunikationsüberwachung immer auch der den Kommunikationsweg zwischen den Teilnehmern zur Verfügung stellende Dienstleister beteiligt sein muss; vielmehr sind die Strafverfolgungsbehörden berechtigt, eine Überwachung auch ausschließlich mit eigenen Mitteln umzusetzen,[124] jedoch nicht durch direkten Zugriff auf im Ausland gelegene Telekommunikationsserver, auch wenn dem ein gerichtlicher Beschluss zugrunde liegt.[125]

---

122) Formulierungshilfe der Bundesregierung, BT-Drucks. 18/11272 v. 15.05.2017.
123) Formulierungshilfe der Bundesregierung, BT-Drucks. 18/11272 v. 15.05.2017.
124) BT-Drucks. 16/5846, S. 47; AG Bayreuth, MMR 2010, 266, 267; Meyer-Goßner/Schmitt, § 100a Rdnr. 8.
125) LG Hamburg, Beschl. v. 08.01.2008 – 619Qs 1/08, MMR 2008, 186; Meyer-Goßner/ Schmitt, § 100a Rdnr. 8.

Außerdem ist die Quellen-Telekommunikationsüberwachung im Verhältnis zur herkömmlichen Telekommunikationsüberwachung grundsätzlich nur **subsidiär** zulässig.

6.2.2.2 Reichweite der Maßnahme einer Quellen-TKÜ

6.76 Mit der Quellen-TKÜ erhalten die Strafverfolgungsbehörden die Befugnis, mit Hilfe einer Überwachungssoftware, die den Anforderungen gem. § 100a Abs. 5 Satz 1 Nr. 1 Buchst. a) StPO entsprechen muss, eine von dem Betroffenen und seinem/seinen Kommunikationspartner(n) verschlüsselt geführte Kommunikation in (noch) unverschlüsselter Form zu überwachen und aufzuzeichnen. Sie erhalten zugleich die Befugnis, die hierzu notwendigen technischen Maßnahmen zu ergreifen, z.B. die Audiosignale an Mikrofon oder Headset bei einem laufenden Telekommunikationsvorgang abzugreifen; auch hinsichtlich etwaiger ergänzender Maßnahmen, z.B. der manuellen Aufbringung von Entschlüsselungs- und Übertragungssoftware auf dem zu überwachenden Rechner. Mit der Anordnung der Maßnahme ist eine Annexkompetenz für erforderliche Begleitmaßnahmen verbunden.

6.77 Die Erlaubnis zu einem derartigen Vorgehen steht aber unter dem Vorbehalt, dass eine besondere Notwendigkeit des Eingriffs zur Ermöglichung der Überwachung und Aufzeichnung der Kommunikation besteht, und stellt eine besondere Ausprägung des Verhältnismäßigkeitsgrundsatzes dar. Daraus ergibt sich auch, dass der Hauptanwendungsfall der Maßnahmen nach § 100a StPO auch weiterhin die Aufzeichnung von Telekommunikation in unverschlüsselter Form ist.

6.78 Mit der Vorschrift § 100a Abs. 1 Satz 3 StPO wird zudem geregelt, dass auch solche Inhalte und Umstände der Kommunikation mittels einer Überwachungssoftware überwacht und aufgezeichnet werden dürfen, bei denen der **Übertragungsvorgang bereits abgeschlossen** ist und soweit diese Inhalte auf dem informationstechnischen System des Betroffenen in einer Anwendung gespeichert sind. Erfasst werden hiervon insbesondere die über Messenger-Dienste (wie WhatsApp oder Telegram) versandten und mittlerweile regelmäßig verschlüsselten Nachrichten. Um aber eine Äquivalenz mit der herkömmlichen Telekommunikationsüberwachung zu gewährleisten und nicht eine „kleine Onlinedurchsuchung" zuzulassen, dürfen nur solche Kommunikationsinhalte und -umstände erhoben werden, die auch während des laufenden Übertragungsvorgangs im öffentlichen Telekommunikationsnetz in verschlüsselter Form erhoben werden könnten. Dementsprechend muss die hierfür eingesetzte Software dies gewährleisten und i.Ü. in technischer Hinsicht den Anforderungen des § 100a Abs. 5 Satz 1 Nr. 1 Buchst. b) StPO genügen. Die Vorschrift sichert damit eine Beschränkung auf „Kommunikationsinhalte" in Abgrenzung zu den sonstigen auf dem informationstechnischen System befindlichen gespeicherten Daten; weiterhin wird klargestellt, dass ein Ausleiten der Inhalte und Umstände der Kommunikation nur für den Fall von deren Verschlüsselung zulässig ist, weil ansonsten die Kommunikation auch während des laufenden Übertragungsvorgangs im öffentlichen Rechnernetz ausgeleitet werden könnte.

Verschlüsselung erfasst jede Form der Kryptierung oder sonstigen technischen Unbrauchbarmachung, durch welche eine Kenntnisnahme vom Inhalt der Nachricht im Fall der herkömmlichen Ausleitung beim Verpflichteten tatsächlich unmöglich gemacht wird. Erfasst werden somit nicht nur eine Ende-zu-Ende-Verschlüsselung zwischen den beiden Telekommunikationspartnern, sondern auch alle sonstigen Formen der Unkenntlichmachung etwa durch eine Transportverschlüsselung oder durch das Aufspalten und Versenden einer Nachricht in viele kleine und als solche jeweils unlesbare Einheiten.

6.79

6.2.2.3   Anwendungsfragen

a) Hat zum Zeitpunkt der Verschlüsselung der **Kommunikationsvorgang** möglicherweise **noch nicht begonnen**, ist diese Zeit als Vorstufe bereits dem Kommunikationsvorgang zuzurechnen, weshalb bei bisherigen Fällen bereits nach überwiegender Meinung der Weg für eine Anordnung nach § 100a StPO a.F. eröffnet war.[126] Hieran dürfte sich durch die Neuregelung nichts geändert haben.

6.80

b) Die Ermächtigung kann auch die Überwachung von mit dem Telefonat übertragenen Bild- und Videodaten umfassen.[127] Allerdings dürfen weitere Rechnerdaten – insbesondere solche, die auch entstehen, wenn gerade kein Kommunikationsvorgang stattfindet[128] oder Daten diesen Vorgang nicht betreffen – durch eine solche Maßnahme nicht erhoben werden (vgl. § 100a Abs. 1 Satz 3 StPO). Dies gilt auch, wenn auf diesem Weg versucht werden soll, beispielsweise durch regelmäßige „Screenshots" („Fotos" der Bildschirmanzeige), von dem Benutzer des Computers gefertigte E-Mails oder gar E-Mail-Entwürfe auf diese Weise in Erfahrung zu bringen, wenn beispielsweise E-Mails regelmäßig vor dem Versand verschlüsselt und daher der Inhalt im Rahmen einer Maßnahme nach § 100a StPO nicht gelesen werden kann. Allerdings könnten in solchen Fällen die Voraussetzungen nach § 100a Abs. 1 Satz 3 StPO gegeben sein, wenn die Mails nach Ankunft entschlüsselt vom Mailprogramm in einer Datei abgespeichert worden sind.

6.81

c) Theoretisch kann eine Quellen-TKÜ auch zur Überwachung eines verschlüsselten E-Mail-Verkehrs eingesetzt werden, wenn es gelingen sollte, eine zum Versand vorgesehene E-Mail unmittelbar im Versandprozess vor der Verschlüsselung auszulesen. Praktisch dürften insoweit aber erhebliche technische Schwierigkeiten gegeben sein; hinzu kommt, dass bloße Entwürfe auf dem Rechner noch nicht als fertige Mail angesehen werden können und bei einem späteren Versand der Mail die unverschlüsselte Version auf dem Rechner kaum mehr offen vorliegen dürfte.

6.82

---

126) LG Landshut, Beschl. v. 20.01.2011 – 4 Qs 346/10, NStZ 2011, 479, 480 = MMR 2011, 690 m. Anm. Bär; LG Hamburg, Beschl. v. 13.09.2010 – 608 Qs 17/10, MMR 2011, 693, 694; AG Bayreuth, Beschl. v. 17.09.2009 – Gs 911/09, MMR 2010, 266 m. Anm. Bär, MMR 2010, 267 f.; Meyer-Goßner/Schmitt, § 100a Rdnr. 7a; KMR/Bär, Rdnr. 32; **a.A.** OLG Hamburg, Beschl. v. 12.11.2007 – 6 Ws 1/07, StV 2009, 630, 631 m. Anm. Vogel/Brodowski, StV 2009, 632; Buermeyer/Bäcker, HRRS 2009, 433, 439 f.

127) LG Hamburg, Beschl. v. 30.08.2010 – 608 Qs 17/10, wistra 2011, 154.

128) LG Landshut, Beschl. v. 20.01.2011 – 4 Qs 346/10, NStZ 2011, 479, 480; hierzu auch NJW-Spezial 2011, 122.

Diese Daten wären allenfalls mit einer in Ermittlungsverfahren nunmehr gem. § 100b StPO zulässigen Onlinedurchsuchung (siehe hierzu Rdnr. 6.88 ff.) zu sichern.

6.2.2.4 Technische Umsetzung

6.83 Die technischen Voraussetzungen sind in § 100a Abs. 5 StPO geregelt. Danach muss gewährleistet sein, dass ausschließlich laufende Telekommunikation überwacht und aufgezeichnet wird und nur solche Inhalten Umstände der Kommunikation erhoben werden, die auch während der Übertragung öffentlichen Rechnernetz hätten überwacht und aufgezeichnet werden können (§ 100a Abs. 5 Satz 2 und 3 StPO). Darüber hinaus dürfen am informationstechnischen System nur solche Veränderungen vorgenommen werden, die für die Datenerhebung unerlässlich sind. Schließlich sollen nach Abschluss der Maßnahme die zur Durchführung vorgenommenen Veränderungen möglichst automatisiert rückgängig gemacht werden, soweit technisch möglich.

6.84 Darüber hinaus sind auch die Dokumentationsverpflichtungen gem. § 100a Abs. 6 StPO sowie hinsichtlich der sichergestellten Daten die Löschung- und Dokumentationsvorschriften des § 101 Abs. 8 StPO zu beachten.

6.2.2.5 Vorgehen des Verteidigers gegen Verwertung erlangter Erkenntnisse

6.85 Auch bei einer Quellen-TKÜ wird ein Verteidiger, wie auch bei einer normalen TKÜ, üblicherweise erst von der Maßnahme erfahren, wenn diese bereits abgeschlossen und möglicherweise bereits Anklage erhoben ist, so dass er insoweit nichts unmittelbar mehr unternehmen kann.

Er ist dann zunächst auf die allgemeine Überprüfung der zugrundeliegenden gerichtlichen Anordnung beschränkt und kann ggf. gem. § 101 Abs. 7 StPO einen Antrag auf gerichtliche Entscheidung (siehe hierzu Rdnr. 6.67 ff.) stellen.

6.86 Soweit Rechtsfehler im Zusammenhang mit der Maßnahme nicht offensichtlich sind, ist der richtige Ort, gegen eine Verwertung vorzugehen, die Hauptverhandlung gegen den Beschuldigten (siehe hierzu Rdnr. 6.70 f.). Hierbei ist darauf zu achten, dass der Verteidiger sich nicht mit einer abschlägigen Bescheidung durch den Vorsitzenden abfindet, sondern in allen Fällen eine **Gerichtsentscheidung** herbeiführt; nur dann ist später der Weg zur Revisionsrüge eröffnet!

6.87 In der Vergangenheit wurde zuweilen versucht, E-Mails – im Entstehen – mittels regelmäßiger Bildschirmfotos (Screenshots = Abbildungen der jeweils aktuellen Darstellung des Computermonitors) zu sichern, um deren Inhalt festzuhalten, bevor die Mail verschlüsselt wurde. Dies betrifft aber nicht das Abhören und Aufzeichnen von Kommunikation, sondern dokumentiert allein die Arbeit bzw. Beschäftigung mit dem überwachten Computer bzw. die Art von dessen Nutzung.

Dies stellt eine Form der Überwachung dar, welche in die Vertraulichkeit und Integrität informationstechnischer Systeme[129] grundlegend eingreift, keinesfalls verhältnismäßig und daher verfassungswidrig ist, sofern dies nicht im Rahmen einer angeordneten Onlinedurchsuchung (§ 100b StPO, siehe Rdnr. 6.88 ff.) geschieht.

6.2.3   Onlinedurchsuchung

Die Onlinedurchsuchung wurde mit dem Gesetz zur effektiveren und praxistaug- **6.88** licheren Ausgestaltung des Strafverfahrens vom 17.08.2017[130] als § 100b StPO auch für das Strafverfahren zugelassen, nachdem eine entsprechende Regelung bereits seit 2008 im BKA-Gesetz präventiv vorgesehen war.

Ziel der Maßnahme nach § 100b StPO ist die heimliche Durchsuchung eines **6.89** informationstechnischen Systems, im Regelfall eines Computers, Laptops oder Notebooks, auf deren Datenträger Erkenntnisse zu bestimmten Straftaten oder Tätern bzw. Mittätern vermutet werden. Heimlich muss die Maßnahme sein, um den Benutzer nicht vor dem in dieser Sache geführten Ermittlungsverfahren zu warnen und ihn zur Löschung kompromittierender Dateien zu veranlassen, was möglicherweise bei einer offenen Durchsuchung der Fall sein könnte; denn bei dem Verdacht auf eine bevorstehende Durchsuchung, sogar beim Bemerken von Polizeikräften unmittelbar vor dem Beginn einer Durchsuchung, könnte der Beschuldigte veranlasst sein, seinen PC – notfalls durch einfaches „Steckerziehen" – auszuschalten und dadurch eine in diesem Zustand etwa bestehende Kryptierung der Datenträger auszulösen mit der Folge, dass auf diese durch die Ermittlungsbehörden nicht mehr zugegriffen werden kann.

Nicht erfasst werden sogenannte vernetzte Geräte, wie Sprachassistenten bei- **6.90** spielsweise Alexa von Amazon oder smarte Haushaltsgeräte, mit denen nicht nur alltägliche An- und Abschaltungen von Lampen, Steckdosen, Haushaltsgeräten etc. automatisiert oder programmgesteuert vorgenommen werden, sondern die vielfach auch schon zu Internetrecherchen und Telefonaten benutzt werden. Die entsprechenden Daten können im Rahmen einer Maßnahme nach § 100a StPO erhoben werden,[131] während die Geräte selbst und darauf gespeicherte Daten einer Beschlagnahme nach § 94 StPO unterliegen.

6.2.3.1   Voraussetzungen

Bestimmte Tatsachen müssen den Verdacht einer besonders schweren Straftat **6.91** begründen, wie diese im Anlasstatenkatalog des § 100b Abs. 2 StPO definiert ist. Der Tatverdacht unterliegt zwar höheren Anforderungen als der bloße Anfangs-

---

129) Vgl. BVerfG, Urt. v. 27.02.2008 – 1 BvR 370/07, BVerfGE 120, 274 ff. = NJW 2008, 822 ff.
130) BGBl I, 3202.
131) BT-Drucks. 19/11478.

verdacht,[132] allerdings muss der Verdacht weder hinreichend i.S.v. § 203 StPO noch dringend i.S.v. § 112 Abs. 1 Satz 1 StPO sein,[133] so dass grundsätzlich auch ein einfacher Tatverdacht ausreichend ist.

6.92 Soweit der Tatbestand auch noch das Vorliegen weiterer Voraussetzungen (beispielsweise bestimmte rechtswidrige Taten als Vortaten i.S.v. § 261 Abs. 1 Satz 2 StGB) betrifft, erfordert der („doppelte") Anfangsverdacht auch diesbezüglich tatsächliche Anhaltspunkte.[134] Auf Rechtswidrigkeit und Schuld braucht sich jedoch der Tatverdacht nicht zu erstrecken.[135] Die richterliche Entscheidung muss zwar nicht alle Erwägungen darlegen, jedoch müssen aus ihr die wesentlichen Entscheidungsgrundlagen hervorgehen und auch die notwendige Einzelfallprüfung zumindest in groben Zügen erkennbar sein.[136] Eventuelle spätere Erkenntnisse gegen ein Beschuldigten können einen in einer (ergangenen) rechtswidrigen Anordnung liegenden Eingriff nicht nachträglich rechtfertigen.[137]

6.93 Der Tatverdacht kann sich nicht nur auf eine täterschaftliche Begehung der besonders schweren Straftat richten, auch der Verdacht einer Teilnahme daran ist ausreichend, ebenso nur der Verdacht einer versuchten Begehung.

6.94 Wie auch bei § 100a StPO wurde auch für diese Maßnahme die zusätzliche Anordnungsvoraussetzung festgelegt, dass die zugrundeliegende Anlasstat nicht nur abstrakt, sondern **auch im Einzelfall besonders schwer wiegen** muss (§ 100b Abs. 1 Nr. 2 StPO). Auf diese Weise sollen solche Sachverhalte ausgeschieden werden, welche zwar dem Anlasstatenkatalog grundsätzlich unterfallen, jedoch mangels hinreichender Schwere im konkreten Einzelfall den mit einer Onlinedurchsuchung verbundenen Eingriff in den Schutzbereich des Grundrechts auf Integrität und Vertraulichkeit nicht zu rechtfertigen vermögen. Zudem darf eine Maßnahme nach § 100b StPO nur angeordnet werden, sofern die Erforschung des Sachverhalts oder die Ermittlung des Aufenthaltsorts des Beschuldigten ansonsten wesentlich erschwert oder aussichtslos wäre (§ 100b Abs. 1 Nr. 3 StPO).

6.95 Der **Anlasstatenkatalog** des § 100b StPO wurde in Abgrenzung zu den Anlasstaten des für weniger eingriffsintensiv eingestuften § 100a StPO (schwere Straftaten) dem Katalog besonders schwerer Straftaten entnommen, welche schon bislang erforderliche Anlasstaten für die Anordnung einer akustische Wohnraumüberwachung nach § 100c StPO waren. Die Kataloge für beide Maßnahmen entsprechen sich nun, indem der Gesetzgeber bei § 100c StPO auf den Katalog des § 100b StPO verweist (§ 100c Abs. 1 Nr. 2 StPO).

---

132) BVerfG, Urt. v. 03.03.2004 – 1 BvR 2378/98, NJW 2004, 999, 1012.
133) BGH, Beschl. v. 11.08.2016 – StB 12/16, BeckRS 2016, 15673; OLG Hamm, Beschl. v. 15.01.2013 – III-3 Ws 5/139.
134) LG Ulm, Beschl. v. 13.04.2011 – 2 Qs 2019/11, StV 2011, 722.
135) LR/Schäfer, § 100a Rdnr. 42.
136) Vgl. hierzu LG Rostock, Beschl. v. 16.10.2007 – 19 Qs 97/07, StV 2008, 461.
137) BGH, Beschl. v. 11.08.2016 – StB 12/16, BeckRS 2016, 15673.

6.2.3.2 Betroffener einer Maßnahme

Wie bei § 100c Abs. 2 StPO darf sich eine Maßnahme nach **§ 100b grundsätzlich**   6.96
nur gegen den Beschuldigten richten, ohne dessen Wissen die Maßnahme angeordnet werden kann. Die Onlinedurchsuchung kann an seinem PC durchgeführt
werden, auch wenn er nicht anwesend ist, was sogar erwünscht ist, weil ihm
ansonsten möglicherweise merkwürdige Mausbewegungen oder auch Bild-
schirmaktivitäten auffallen würden. Dabei dürfen aber daneben Erkenntnisse
über andere Personen gewonnen und verwertet werden, weshalb die Überwachung auch zur Ermittlung des Aufenthalts eines Mitbeschuldigten angeordnet
werden darf.[138]

Auf **informationstechnische Systeme anderer Personen** darf nur unter den Voraussetzungen des § 100b Abs. 3 Satz 2 StPO zugegriffen werden. Diese setzen
voraus, dass aufgrund bestimmter Tatsachen anzunehmen sein muss, dass der
Beschuldigte informationstechnische Systeme der anderen Person benutzt, und
die Durchführung des Eingriffs in informationstechnische Systeme des Beschuldigten allein nicht zur Erforschung des Sachverhalts oder zur Ermittlung des Aufenthaltsorts eines Mitbeschuldigten führen wird. Voraussetzung ist danach gem.
§ 100b Abs. 3 Satz 2 Nr. 1 StPO, dass eine Person zwar nicht Täter oder Teilnehmer und damit Beschuldigter der Anlasstat ist, jedoch – ob freiwillig oder nicht –
sich bereitgefunden hat, seine informationstechnischen Systeme dem Beschuldigten zur Nutzung zur Verfügung zu stellen. Hierbei kann es sich um Familienangehörige, Nachbarn oder Freunde handeln, jedoch auch um das Opfer der Katalogtat selbst – etwa einer Erpressung oder Geiselnahme.[139] Hinzukommen muss
außerdem, dass ein entsprechender Eingriff beim Beschuldigten allein nicht ausreichend ist, um den Sachverhalt (ausreichend) erforschen zu können oder den
Aufenthaltsort eines Mitbeschuldigten ermitteln zu können.

Die Maßnahme darf gem. § 100b Abs. 3 Satz 3 StPO auch angeordnet werden,
wenn Dritte unvermeidbar betroffen werden. Ob es unvermeidbar ist, dass ein
nicht verdächtiger Dritter von einer heimlichen Durchsuchung betroffen wird,
muss im Rahmen der Erforderlichkeit der Anordnung im Einzelfall unter Beachtung des Verhältnismäßigkeitsgrundsatzes geprüft werden.[140]

6.2.3.3 Verwertung

Wie bei Maßnahmen nach § 100a StPO ist es auch hier grundsätzlich dem erken-   6.97
nenden Gericht überlassen, wie es die durch eine Überwachungsmaßnahme
gewonnenen Erkenntnisse einführt und verwertet.[141] Insbesondere präjudiziert

---

138) Meyer-Goßner/Schmitt, § 100a Rdnr. 11.
139) LG Ulm, Beschl. v. 19.04.2004 – 1 Qs 1036/04, StV 2006, 8; KK/Bruns, § 100a Rdnr. 37;
     i.E. wohl auch BVerfG, Beschl. v. 30.04.2007 – 2 BvR 2151/06, NJW 2007, 2752, 2753;
     Meyer-Goßner/Schmitt, § 100a Rdnr. 19.
140) Vgl. zu identischer Bestimmung bei § 100a StPO LR/Hauck, § 100a Rdnr. 110.
141) BGH, Urt. v. 09.07.1991 – 1 StR 666/90, NJW 1992, 58, 59.

eine Entscheidung des Beschwerdegerichts in dem Verfahren nach § 101 Abs. 7 Satz 2 StPO nicht das im Hauptverfahren erkennende Gericht in seiner Entscheidung über die Verwertbarkeit der durch die Maßnahme gewonnenen Beweismittel.[142] Die beim Eingriff sichergestellten Daten können, sofern es sich um Texte handelt, durch Verlesen der gefertigten Niederschriften oder Datenausdrucke verlesen werden – auch das Selbstleseverfahren kommt in Betracht (§ 249 Abs. 2 StPO). Daneben können auch gefertigte Screenshots, sichergestellte Bilder und Videoaufnahmen unverfälschten Nachweises in Augenschein genommen werden,[143] soweit möglich auch in den maßgeblichen Passagen abgespielt oder für die Beteiligten sichtbar (Monitor, Beamer usw.) gemacht werden.

6.98   Hinsichtlich der Frage, ob als Beweismittel sichergestellte Daten an die Verfahrensbeteiligten zur Vorbereitung auf die Hauptverhandlung oder die Beweisaufnahme herausgegeben werden müssen, siehe Rdnr. 6.65. Kopien der sichergestellten Daten sind demgegenüber keine „Beweisstücke", die gem. § 147 Abs. 4 StPO nur an ihrem Ort der Verwahrung besichtigt werden können. Der Überlassung von Kopien an Rechtsanwälte steht das in § 147 Abs. 4 Satz 1 StPO festgelegte Herausgabeverbot nicht entgegen.[144]

6.99   Bei fremdsprachigen Dateien sind diese, soweit sie jedenfalls mit den vorgeworfenen Taten in Verbindung stehen, in die deutsche Sprache zu übersetzen.[145] Sofern begründete Zweifel bestehen, ob ein Dokument den Verfahrensgegenstand betrifft, ist dieses von einem (regelmäßig) vereidigten Dolmetscher übersetzen zu lassen.[146]

6.2.3.4   Verwertungsbeschränkungen, Verwertungsverbote

6.100   Verwertungsverbote ergeben sich zunächst aus der allgemeinen Regelung des § 100d StPO. Daneben kommen auch Verwertungsverbote und -beschränkungen nach allgemeinen Grundsätzen in Betracht, insbesondere bei Verstößen gegen die formellen und materiellen Voraussetzungen der Anordnung. Die nachträgliche Feststellung der Rechtswidrigkeit einer Maßnahme obliegt dem anordnenden Gericht, nach Erhebung der Anklage dem erkennenden.[147] Dabei ist aber immer zu berücksichtigen, dass ein Beweisverwertungsverbot eine von Verfassungs wegen begründungsbedürftige Ausnahme darstellt, weil es die Beweismöglichkeiten der Strafverfolgungsbehörden zur Erhärtung oder Widerlegung des Verdachts strafbarer Handlungen einschränkt und so die Findung einer materiell richtigen und gerechten Entscheidung beeinträchtigt. Daher führen selbst auch Grundrechtsverletzungen, zu denen es außerhalb der Hauptverhandlung gekommen ist, nicht zwingend dazu, dass damit auch das auf dem Inbegriff der Hauptverhandlung

---

142) LG Dresden, Beschl. v. 10.02.2014 – 15 Qs 34/12.
143) BGH, Beschl. v. 03.04.2002 – 1 StR 540/01, NStZ 2002, 493
144) LG Bremen, Urt. v. 16.06.2015 – 4 Kls 500 Js 63429/14, StV 2015, 682.
145) BGH, Urt. v. 09.07.1991 – 1 StR 666/90, NJW 1992, 58, 59.
146) BGH, Urt. v. 21.03.1985 – 1 StR 417/84, NStZ 1985, 466.
147) OLG Frankfurt, Beschl. v. 01.12.2005 – 3 Ws 972/05, NStZ-RR 2006, 44, 45.

beruhende Strafurteil gegen Verfassungsrecht verstößt.[148] Ob ein Verstoß gegen Beweiserhebungsvorschriften konkret ein Beweisverwertungsverbot nach sich zieht, ist jeweils nach den Umständen des Einzelfalls, insbesondere nach der Art des Verbots und dem Gewicht des Verstoßes unter Abwägung der widerstreitenden Interessen, zu entscheiden.[149] Hierbei ist allerdings im Vergleich zu Verwertungsfragen i.V.m. § 100a StPO zu berücksichtigen, dass eine Maßnahme der Onlinedurchsuchung für den Betroffenen einen der akustischen Wohnraumüberwachung entsprechend belastenderen Eingriff in den Schutzbereich des Grundrechts auf Integrität und Vertraulichkeit informationstechnischer Systeme bedeutet.

Formelle Mängel

Grundlegende Mängel bei Anordnung der Maßnahme können zur Unverwertbarkeit von erlangten Erkenntnissen führen. So ist von einem Verwertungsverbot auszugehen bei Fehlen einer Anordnung durch die zuständige Strafkammer des Landgerichts (§ 100e Abs. 2 Satz 1 StPO) oder bei (insoweit nicht zulässiger) Anordnung wegen Gefahr im Verzug (§ 100e Abs. 2 Satz 2 StPO) durch die Staatsanwaltschaft.[150] In gleicher Weise gilt dies bei einer entgegen § 100d Abs. 5 i.V.m. § 53 StPO angeordneten Überwachung von Berufsgeheimnisträgern. Werden richterliche Anordnungen im Hinblick auf Art und Weise der Durchführung der Onlinedurchsuchung nicht beachtet, kommt es für die Verwertbarkeit auf die Umstände des Einzelfalls an. Jedenfalls bei einer versehentlich entstandenen kurzzeitigen Lücke zwischen Erst- und Verlängerungsanordnung ist ein Verwertungsverbot nicht zwingend.[151]

6.101

Einfache formale Fehler, etwa der Verstoß gegen das Schriftformerfordernis des § 100e Abs. 3 Satz 1 StPO, begründen kein Verwertungsverbot,[152] jedenfalls solange es sich um keine schwerwiegenden, bewussten oder willkürlichen Verfahrensverstöße handelt.[153]

6.102

Sachliche Mängel der Anordnung

– Fehlende Katalogtat

Hat bei Erlass der Überwachungsanordnung jeglicher durch bestimmte Tatsachen begründete Tatverdacht einer Katalogtat gefehlt, sind die gewonnenen Erkenntnisse grundsätzlich nicht als Beweismittel verwertbar.[154] Bei einer aufgrund eines

6.103

---

148) BVerfG, Beschl. v. 07.12.2011 – 2 BvR 2500/09, NJW 2012, 907 Rdnr. 117.

149) Vgl. auch OLG Frankfurt, Beschl. v. 29.07.2011 – 2 Ss-OWi 887/10.

150) BGH, Urt. v. 06.08.1987 – 4 StR 333/87, BGHSt 35, 32, 33; Urt. v. 11.11.1998 – 3 StR 181/98, BGHSt 44, 243, 248, 249; BGH, Beschl. v. 20.20.2002 – 1 StR 545/01, NStZ-RR 2002, 176; AG Frankfurt a.M., Urt. v. 10.12.2012 – 942 Ls 5320 Js 217998/12, StV 2013, 380.

151) BGH, Urt. v. 11.11.1998 – 3 StR 181/98, BGHSt 44, 243, 249 f.

152) BGH, Beschl. v. 05.05.1995 – 2 StR 183/95, NStZ 1996, 48; vgl. auch BVerfG, Beschl. v. 08.11.2001 – 2 BvR 2257/00, BeckRS 2001, 30217941.

153) Vgl. BVerfG, Beschl. v. 12.04.2005 – 2 BvR 1027/02, BeckRS 2005, 27151.

154) BGH, Urt. v. 17.03.1983 – 4 StR 640/82, BGHSt 31, 304, 308 f.; Beschl. v. 01.08.2002 – 3 StR 122/02, BGHSt 47, 362, 365.

Graf

Subsumtionsfehlers fälschlich angenommenen Katalogtat ist dies unschädlich, wenn der zugrundeliegende Sachverhalt den Tatverdacht einer anderen Katalogtat rechtfertigt.[155] Ebenso ergibt sich kein Verwertungsverbot, wenn der anfänglich bestehende und der Anordnung nach § 100b StPO zugrundeliegende Verdacht einer Katalogtat sich später nicht mit der erforderlichen Sicherheit bestätigt, aber durch die Onlinedurchsuchung Nachweise für schwere Straftaten mit engem Bezug zu den (ursprünglich) zugrundeliegenden Tatvorwürfen erbracht werden.[156] Bezüglich des Verdachts anderer, nicht mit der Katalogtat in Zusammenhang stehender Straftaten dürfen Erkenntnisse aus der angeordneten Maßnahme nicht verwertet werden.[157]

– Mängel des Verdachtsgrads

6.104   Bei der Beurteilung des Vorliegens eines auf bestimmte Tatsachen gestützten Tatverdachts räumt das Gesetz dem Ermittlungsrichter einen Beurteilungsspielraum ein. Als rechtswidrig – mit der Folge eines Verwertungsverbots – stellt sich eine Anordnung zur Onlinedurchsuchung nur dar, wenn dieser Spielraum überschritten wurde und die Entscheidung daher nicht mehr vertretbar ist.[158] Die Entscheidung hierüber obliegt dem erkennenden Tatrichter und ggf. dem Rechtsmittelgericht,[159] welche hierzu ergänzende Feststellungen im Freibeweisverfahren treffen können.[160] Ein Verwertungsverbot kommt allerdings überhaupt nur dann in Betracht, soweit einer Verwertung rechtzeitig durch den Angeklagten widersprochen wird.[161]

– Begründungsfehler

6.105   Fehler der Begründung der Anordnung führen allein grundsätzlich nicht zu einer Unverwertbarkeit der gewonnenen Erkenntnisse.[162] In diesem Fall hat der erkennende Richter vielmehr den Ermittlungsstand zum Zeitpunkt der Entscheidung über die Anordnung zu rekonstruieren und auf dieser Grundlage die Vertretbarkeit der Anordnung zu untersuchen.[163] Ist dies (beispielsweise bei völlig fehlender Begründung oder bloßer Formularanordnung ohne jegliche Darstellung zum konkreten Anordnungsfall) nicht möglich, oder bleiben durchgreifende erhebli-

---

155) BGH, Beschl. v. 26.02.2003 – 5 StR 423/02, NJW 2003, 1880, 1881.
156) Vgl. insoweit BGH, Urt. v. 30.08.1978 – 3 StR 255/78, BGHSt 28, 122, 127 f.; BGH, Beschl. v. 07.03.2006 – 1 StR 316/05.
157) Vgl. hierzu BGHR StPO § 100a Verwertungsverbot 10.
158) BGH, Beschl. v. 01.08.2002 – 3 StR 122/02, St 47, 362, 366.
159) BGH, Beschl. v. 01.08.2002 – 3 StR 122/02, St 47, 362, 366.
160) BGH, Beschl. v. 08.10.2008 – 1 StR 441/08, BeckRS 2008, 22452.
161) BGH, Beschl. v. 07.03.2006 – 1 StR 316/05, NJW 2006, 1361, 1362 = NStZ 2006, 402; **a.A.** BGH, Beschl. v. 01.08.2002 – 3 StR 122/02, St 47, 362, 366.
162) BGH, Urt. v. 23.08.2006 – 5 StR 151/06, NVwZ 2006, 1327, 1328; Beschl. v. 01.08.2002 – 3 StR 122/02, St 47, 362, 366; BGH, Urt. v. 09.05.1985 – 1 StR 63/85, NJW 1986, 390, 391.
163) BGH, Beschl. v. 01.08.2002 – 3 StR 122/02, St 47, 362, 367, ggf. auch durch Heranziehung von polizeilichen Ermittlungsberichten, BGH, Urt. v. 27.11.2008 – 3 StR 342/08, NJW 2009, 791, 792.

che Zweifel, so dass der Beschluss insgesamt nicht nachvollziehbar ist, sind die Erkenntnisse nicht verwertbar.[164]

– Verstoß gegen Subsidiaritätsgrundsatz

Bei der Frage, ob andere (weniger beeinträchtigende) Ermittlungsmaßnahmen Erfolg versprechen, hat der Ermittlungsrichter gleichfalls einen Beurteilungsspielraum. Wird dieser überschritten, führt dies zur Unverwertbarkeit der erlangten Erkenntnisse.[165] Die Entscheidung hierüber obliegt dem erkennenden Tatrichter und ggf. dem Rechtsmittelgericht.[166]

6.106

– Sonstige Mängel des Anordnungsverfahrens

Auch wenn dem Durchsuchungsantrag nach § 100b StPO ein zweifelhaftes Beweismittel zum Nachweis des Tatverdachts beigefügt war (Wahllichtbildvorlage, deren Protokoll keine vollständige Sachverhaltsdarstellung enthielt), folgt daraus kein Beweisverwertungsverbot hinsichtlich der Ergebnisse der Onlinedurchsuchung, wenn die Anordnung im Hinblick auf weitere Beweismittel dennoch hätte ergehen können.[167]

6.107

6.2.3.5 Widerspruch gegen Verwertung

Soweit es nicht um gesetzlich angeordnete Erhebungs- und Verwertungsverbote geht, insbesondere Erkenntnisse aus dem geschützten Kernbereich, ist grundsätzlich erforderlich, dass der Angeklagte bzw. der Verteidiger einer Verwertung in der Hauptverhandlung rechtzeitig widersprechen.[168] Dementsprechend kann eine ordnungsgemäß erhobene und begründete Verfahrensrüge[169] auch nur unter dieser Voraussetzung Erfolg haben.

6.108

Die Verwertung rechtswidrig erhobener oder erlangter Informationen ist nicht schlechthin ausgeschlossen. Eine eventuelle Verwertung solchermaßen erlangter Informationen ist am Recht auf ein faires Verfahren zu messen.[170] Aus verfassungsrechtlicher Sicht ist ein Beweisverwertungsverbot geboten, wenn die Auswirkungen des Rechtsverstoßes dazu führen, dass dem Angeklagten keine hinreichenden Möglichkeiten zur Einflussnahme auf Gang und Ergebnis des Verfahrens verbleiben, die Mindestanforderungen an eine zuverlässige Wahrheitserforschung nicht mehr gewahrt sind oder die Informationsverwertung zu einem unverhältnismäßigen Eingriff in das allgemeine Persönlichkeitsrecht führen würde.

---

164) LG Kiel, Beschl. v. 16.02.2006 – X KLs 19/05, StV 2006, 405, 406; LG Rostock, Beschl. v. 16.10.2007 – 19 Qs 97/07, StV 2008, 461.

165) BGH, Urt. v. 16.02.1995 – 4 StR 729/94, BGHSt 41, 30, 35 f.

166) BGH, Beschl. v. 01.08.2002 – 3 StR 122/02, St 47, 362, 366.

167) BGH, Beschl. v. 02.09.2015 – 5 StR 312/15, BeckRS 2015, 15773.

168) BVerfG, Beschl. v. 07.12.2011 – 2 BvR 2500/09, NStZ 2012, 496; BGH, Beschl. v. 07.03.2006 – 1 StR 316/05, BGHSt 51, 1 = NStZ 2006, 402.

169) BGHR StPO § 100a Verwertungsverbot 9.

170) BVerfG, Beschl. v. 07.12.2011 – 2 BvR 2500/09, NStZ 2012, 496.

Ein Beweisverwertungsverbot kann insbesondere nach schwerwiegenden, bewussten oder objektiv willkürlichen Rechtsverstößen, bei denen grundrechtliche Sicherungen planmäßig oder systematisch außer Acht gelassen worden sind, geboten sein.[171] Letztlich bedarf es in jedem Einzelfall einer Abwägung der für und gegen die Verwertung sprechenden Gesichtspunkte, wobei für die Verwertbarkeit stets das staatliche Aufklärungsinteresse unter Berücksichtigung der Verfügbarkeit weiterer Beweismittel, der Intensität des Tatverdachts und der Schwere der Straftat spricht. Demgegenüber kommt es darauf an, welches Gewicht der Rechtsverstoß hat, was davon abhängt, ob der Rechtsverstoß gutgläubig, fahrlässig oder vorsätzlich begangen wurde, welchen Schutzzweck die verletzte Vorschrift hat, ob der Beweiswert beeinträchtigt wird, ob die Beweiserhebung hätte rechtmäßig durchgeführt werden können und wie schutzbedürftig der Betroffene ist.[172]

6.2.3.6 Verwertung zusätzlicher Erkenntnisse

6.109 Die Onlinedurchsuchung umfasst nur die unmittelbar dadurch einsehbaren und verbundenen Vorgänge. Dementsprechend sind auch während der andauernden Durchsuchung auf dem betroffenen Rechner eingehende Nachrichten verwertbar, beispielsweise E-Mails oder Chat-Nachrichten.[173]

6.110 Nicht mehr Gegenstand der Durchsuchung sind Erkenntnisse, welche nur mittelbar während der Durchsuchung erlangt werden, weil beispielsweise das angeschlossene Mikrophon Raumgespräche auffängt und an das damit verbundene informationstechnische System überträgt, ohne dass aber diese Audioinformationen durch den Rechner aufgezeichnet bzw. gespeichert werden.[174] Insoweit gelten dann die Voraussetzungen nach § 100c StPO, welche zwar erfüllt sein dürften, eine Verwertung zumeist aber daran scheitern wird, dass eine solche Anordnung nicht vorlag.

6.2.3.7 Zufallserkenntnisse

6.111 Werden im Rahmen einer ordnungsgemäß angeordneten Durchsuchungsmaßnahme Erkenntnisse über andere, mit dem Ausgangsverfahren nicht unmittelbar zusammenhängende Straftaten erlangt, dürfen diese Informationen nach der Verwendungs- und Verwertungsregelung des § 477 Abs. 2 StPO nur zur Aufklärung

---

171) BVerfG, Beschl. v. 07.12.2011 – 2 BvR 2500/09, NStZ 2012, 496.
172) BVerfG, Beschl. v. 07.12.2011 – 2 BvR 2500/09, NStZ 2012, 496; vgl. auch BGH, Urt. v. 17.03.1983 – 4 StR 640/82, BGHSt 31, 304, 307 ff.; Urt. v. 09.04.1986 – 1 StR 104/86; BGH, Beschl. v. 29.03.1990 – 1 StR 22/90, BGHSt 36, 396, 398 ff.; Beschl. v. 01.08.2002 – 3 StR 122/02, St 47, 362, 366; Beschl. v. 26.02.2003 – 5 StR 423/02, BGHSt 48, 240, 248; Beschl. v. 07.03.2006 – 1 StR 316/05, BGHSt 51, 1, 2 f.; Urt. v. 18.04.2007 – 5 StR 546/06, BGHSt 51, 285, 289 ff.
173) BGH, Beschl. v. 24.04.2008 – 1 StR 169/08, NStZ 2008, 473.
174) Vgl. hierzu auch BGH, Urt. v. 16.03.1983 – 2 StR 775/82, BGHSt 31, 296, 298 ff.

Graf

anderer Katalogtaten weitergegeben werden. Dieser Regelung liegt der Gedanke des „hypothetischen Ersatzeingriffs" zugrunde.[175)]

Dagegen gelten diese Einschränkungen nicht für Erkenntnisse im selben (Ausgangs-)Strafverfahren. Insbesondere steht einer Verwertung nicht entgegen, dass sich der Verdacht einer Katalogstraftat nicht bestätigt hat.[176)] In rechtmäßiger Weise erlangte Erkenntnisse sind im Ausgangsverfahren als Spurenansatz und auch zur Gewinnung anderer Beweismittel – sowohl hinsichtlich anderer Begehungsformen der zunächst angenommenen Katalogtat als auch hinsichtlich sonstiger Straftatbestände und anderer Tatbeteiligten – verwertbar, soweit es sich noch um dieselbe Tat im prozessualen Sinn handelt.[177)]

6.2.3.8 Vorgehen des Verteidigers gegen Verwertung erlangter Erkenntnisse

Es liegt in der Natur der Sache, dass bei einer absolut verdeckten Maßnahme, wie der auch personell und materiell sehr aufwendigen Aktion einer Onlinedurchsuchung, ein Verteidiger erst von der Maßnahme erfährt, wenn diese bereits abgeschlossen und möglicherweise bereits Anklage erhoben ist, so dass er insoweit nichts unmittelbar mehr unternehmen kann.

6.112

Er ist dann zunächst auf die allgemeine Überprüfung der zugrundeliegenden gerichtlichen Anordnung beschränkt und kann ggf. gem. § 101 Abs. 7 StPO einen Antrag auf gerichtliche Entscheidung (siehe hierzu Rdnr. 6.68 ff.) stellen.

Offensichtliche Rechtsfehler im Zusammenhang mit dieser höchst aufwendigen Maßnahme dürften höchst selten sein, so dass der richtige Ort, gegen eine Verwertung vorzugehen, die Hauptverhandlung gegen den Beschuldigten ist (siehe hierzu Rdnr. 6.70 f.). Hierbei ist darauf zu achten, dass der Verteidiger sich nicht mit einer abschlägigen Bescheidung durch den Vorsitzenden abfindet, sondern in allen Fällen eine **Gerichtsentscheidung** herbeiführt; nur dann ist später der Weg zur Revisionsrüge eröffnet![178)]

6.113

Praxistipp

Die technischen Details über das Vorgehen bei und den Ablauf der Maßnahme dürften die üblichen Kenntnisse im Zusammenhang mit EDV erheblich übersteigen, so dass ein verantwortlicher Verteidiger in jedem Fall technischen Rat bei vorgebildeten Kollegen oder aber sachverständigerseits einholen sollte.

---

175) BT-Drucks. 16/5846, S. 66 m.w.N.; vgl. auch BGHR StPO § 100a Verwertungsverbot 4, 5.

176) BT-Drucks. 16/5846, S. 66.

177) BT-Drucks. 16/5846, S. 66; Meyer-Goßner/Schmitt, § 100a Rdnr. 32; **a.A.** wohl noch LG Münster, StV 2008, 460; beispielsweise bei Begünstigung, Hehlerei und Strafvereitelung siehe auch OLG Hamm, wistra 2014, 39 f.

178) BGH, Beschl. v. 07.03.2006 – 1 StR 316/05, NJW 2006, 1361, 136) = NStZ 2006, 402; **a.A.** Beschl. v. 01.08.2002 – 3 StR 122/02, St 47, 362, 366.

6.2.4   Akustische Wohnraumüberwachung (§ 100c StPO)

6.114   Die akustische Wohnraumüberwachung ist auch unter dem Begriff „Großer Lauschangriff" bekannt. Dieses technische Mittel wurde, nachdem die erste Regelung durch das BVerfG für teilweise verfassungswidrig erklärt worden war,[179] durch Gesetz vom 24.06.2005[180] neu gestaltet und mit einem sehr starken Richtervorbehalt versehen.

Bis zur Einführung der Onlinedurchsuchung war die akustische Wohnraumüberwachung die technische Maßnahme mit den schwierigsten Eingangsvoraussetzungen. Nunmehr sind die Anforderungen vergleichbar, was sich bereits darin zeigt, dass der ursprünglich in § 100c Abs. 2 StPO a.F. geregelte Straftatenkatalog nunmehr in § 100b Abs. 2 StPO übernommen wurde und § 100c Abs. 1 Nr. 1 StPO hierauf verweist.

6.2.4.1   Voraussetzungen

6.115   Bestimmte Tatsachen müssen den Verdacht einer besonders schweren Straftat begründen, wie diese im Anlasstatenkatalog des § 100b Abs. 2 StPO definiert ist. Der Tatverdacht muss weder hinreichend i.S.v. § 203 noch dringend i.S.v. § 112 Abs. 1 Satz 1 StPO sein,[181] so dass grundsätzlich auch ein einfacher Tatverdacht ausreichend ist. Aufgrund der bereits vorliegenden Erkenntnisse muss aber eine erhöhte Wahrscheinlichkeit für die Begehung der Katalogstraftat vorhanden sein.[182]

6.116   Zudem sind tatsächliche Anhaltspunkte dafür erforderlich, dass Äußerungen des Beschuldigten erfasst werden können, die zur Aufklärung des Sachverhalts oder Ermittlung des Aufenthalts eines Mitbeschuldigten beitragen können. Weitere Voraussetzung ist, dass bekannt ist oder zumindest vermutet werden kann, dass sich der Beschuldigte in der Wohnung aufhält, da sich die Maßnahme gem. § 100c Abs. 3 Satz 1 StPO nur gegen den Beschuldigten, nicht auch gegen andere Personen richten darf. Darüber hinaus kann die Maßnahme aber auch dazu dienen, Informationen über den ständigen Aufenthalt des Täters zu gewinnen, soweit dies zur Sachverhaltsermittlung erforderlich ist.[183]

6.117   Weiterhin ist auch die Ermittlung des Aufenthalts von Mittätern ein zulässiges Ermittlungsziel einer der Maßnahme.[184]

---

179) BVerfG, Urt. v. 03.03.2004, BVerfGE 109, 279.

180) BGBl I, 1841.

181) BGH, Beschl. v. 11.08.2016 – StB 12/16, BeckRS 2016, 15673; OLG Hamm, Beschl. v. 15.01.2013 – III-3 Ws 5/13, NStZ 2003, 279.

182) BVerfG, Urt. v. 03.03.2004 – 1 BvR 2378/98, NJW 2004, 999, 1012.

183) BVerfG, Urt. v. 03.03.2004 – 1 BvR 2378/98, NJW 2004, 999, 1012.

184) BVerfG, Urt. v. 03.03.2004 – 1 BvR 2378/98, NJW 2004, 999, 1012.

6.2.4.2   Subsidiaritätsklausel

Wie auch bei den vorstehend erörterten Maßnahmen sieht das Gesetz eine Subsi-   6.118
diaritätsklausel vor. Diese ist aber gegenüber den bereits erwähnten Klauseln mit
den Eingriffsbefugnissen „erschwert" oder „wesentlich erschwert" mit den hier
geltenden Merkmalen **„unverhältnismäßig erschwert"** bzw. **„aussichtslos"** weiter
gesteigert, so dass diese Maßnahme zugleich als letztes Mittel gekennzeichnet
ist.[185]

6.2.4.3   Anwendungsbereich „Wohnung"

§ 100c StPO erlaubt das Abhören und Aufzeichnen des nichtöffentlich gespro-   6.119
chenen Worts in Wohnungen, wobei der Begriff „Wohnung" nicht mit dem allgemein verwendeten Begriff einzugrenzen, sondern eher weiter zu verstehen ist,
nämlich als jeder nicht allgemein zugängliche Raum, der zur Gewährleistung
einer räumlichen Privatsphäre der allgemeinen Zugänglichkeit durch eine
Abschottung entzogen zur Stätte des Aufenthalts oder Wirkens von Menschen
gemacht wird.[186] Es kommt insoweit auf die nach außen erkennbare Zweckbestimmung des Nutzungsberechtigten an, so dass auch Arbeits-, Betriebs- und
Geschäftsräume werden dazu gerechnet werden können,[187] ebenso kann in Ver-
einshäusern, Clubräumen, selbst in Spielsälen eine räumliche Privatsphäre bestehen und diese damit als „Wohnung" zu beurteilen sind.[188] Sogar der Vorgarten
eines Hauses kann zur Wohnung gehören.[189]

Demgegenüber ist ein Pkw keine Wohnung, wenn dieser nur der Fortbewegung   6.120
dient, und im Gegensatz etwa zu einem Wohnmobil nicht der Behausung von
Menschen.[190] Haftzellen in Vollzugsanstalten und auch ein dortiger Besucher-
raum sind ebenfalls keine Wohnung i.S.d. Vorschrift.[191]

6.2.4.4   Betroffener einer Maßnahme

Grundsätzlich darf die Überwachung nur in der Wohnung eines Beschuldigten   6.121
durchgeführt werden, auch wenn er sich nicht darin aufhält. Allerdings dürfen
dabei Erkenntnisse über andere Personen gewonnen und verwertet werden, weshalb die Überwachung auch zur Ermittlung des Aufenthalts eines Mitbeschuldigten angeordnet werden darf.[192]

---

185) BT-Drucks. 13/8650, S. 5.
186) BVerfG, Beschl. v. 26.05.1993 – 1 BvR 208/93, NJW 1993, 2035.
187) BVerfG, Beschl. v. 13.10.1971, BVerfGE 32, 54 = NJW 1971, 2299.
188) BGH, Beschl. v. 15.01.1997 – StB 27/96, NStZ 1997, 195 m, Anm. Scholz, NStZ 1997, 196,
     und Wollweber, NStZ 1997, 351; Hilger, NStZ 1992, 457, 462.
189) BGH, Beschl. v. 14.03.1997 – 1 BGs 65/97, NStZ 1998, 157.
190) BGH, Beschl. v. 14.03.1997 – 1 BGs 65/97, NStZ 1998, 157.
191) BGH, Urt. v. 24.07.1998 – 3 StR 78/98, NStZ 1999, 145, 146; KK/Bruns, § 102 Rdnr. 8.
192) Meyer-Goßner/Schmitt, § 100c Rdnr. 11.

Graf

6.122 Wohnungen anderer Personen können nur gem. § 100c Abs. 2 Satz 2 StPO überwacht werden, wobei aufgrund bestimmter Tatsachen anzunehmen sein sollte, dass der Beschuldigte sich darin aufhält und dass die Überwachung von dessen Wohnungen allein nicht zur Erforschung des Sachverhalts oder zur Ermittlung des Aufenthalts eines Mitbeschuldigten führt.

Die Maßnahme darf gem. § 100c Abs. 3 StPO auch angeordnet werden, wenn Dritte unvermeidbar betroffen werden.

6.2.4.5 Schutz des Kernbereichs privater Lebensgestaltung

6.123 Die vormals in § 100c Abs. 4–7 StPO a.F. enthaltenen Regelungen sind inzwischen Gegenstand von eigenständigen allgemeinen Regelungen für alle hier erörterten Eingriffsvorschriften in § 100d StPO, wozu auch der Schutz des Kernbereichs privater Lebensgestaltung wie such der Schutz zeugnisverweigerungsberechtigten Personen gehört (siehe hierzu unter Rdnr. 6.21 f.).

6.2.4.6 Vorgehen des Verteidigers gegen Verwertung erlangter Erkenntnisse

6.124 Es liegt in der Natur der Sache, dass bei einer absolut verdeckten und aufwendigen Maßnahme, wie einer Wohnraumüberwachung, ein Verteidiger erst von der Maßnahme erfährt, wenn diese bereits abgeschlossen und möglicherweise bereits Anklage erhoben ist, so dass er insoweit nichts unmittelbar mehr unternehmen kann.

Er ist dann zunächst auf die allgemeine Überprüfung der zugrundeliegenden gerichtlichen Anordnung beschränkt und kann ggf. gem. § 101 Abs. 7 StPO einen Antrag auf gerichtliche Entscheidung (siehe hierzu Rdnr. 6.68 f.) stellen.

Offensichtliche Rechtsfehler im Zusammenhang mit dieser Maßnahme dürften höchst selten sein, so dass der richtige Ort, gegen eine Verwertung vorzugehen, die Hauptverhandlung gegen den Beschuldigten ist (siehe hierzu Rdnr. 6.70 f.). Hierbei ist darauf zu achten, dass der Verteidiger sich nicht mit einer abschlägigen Bescheidung durch den Vorsitzenden abfindet, sondern in allen Fällen eine **Gerichtsentscheidung** herbeiführt; nur dann ist später der Weg zur Revisionsrüge eröffnet![193]

---

193) BGH, Beschl. v. 07.03.2006 – 1 StR 316/05, NJW 2006, 1361, 1362 = NStZ 2006, 402; **a.A.** BGH, Beschl. v. 01.08.2002 – 3 StR 122/02, BGHSt 47, 362, 366 f.

6.2.5 Akustische Überwachung außerhalb von Wohnraum (§ 100f StPO)

§ 100f StPO erlaubt das Abhören außerhalb des von Art. 13 Abs. 1 GG geschützten Bereichs **der Wohnung** (siehe hierzu Rdnr. 6.119), wobei Überwachungszweck die Überwachung und Aufzeichnung des nichtöffentlich gesprochenen Worts ist.

6.125

6.2.5.1 Voraussetzungen

Bestimmte Tatsachen müssen vorliegen, um eine akustische Überwachung zu rechtfertigen, wobei ein **Anfangsverdacht** genügt. Da die akustische Überwachung außerhalb von Wohnungen der Überwachung von Telekommunikation vergleichbar ist, wird jedoch der Verdacht einer in § 100a Abs. 2 StPO genannten Straftat vorausgesetzt, wobei es genügt, wenn die Tat versucht oder ihre strafbare Beteiligung vorbereitet wurde.[194]

6.126

Des Weiteren muss die Anlasstat wie bei § 100a StPO auch im Einzelfall schwer wiegen. Damit wollte der Gesetzgeber die Fälle ausscheiden, die zwar eine Katalogstraftat zum Gegenstand haben, aber mangels hinreichender Schwere im konkreten Einzelfall den mit einer Telekommunikationsüberwachung verbundenen Eingriff in das Fernmeldegeheimnis nicht zu rechtfertigen vermögen.[195] Es muss sich also im konkreten Fall mindestens um eine Straftat aus dem Bereich der mittleren Kriminalität handeln.

6.127

Weitere Voraussetzung ist, dass die Erforschung des Sachverhalts oder die Ermittlung des Aufenthaltsorts des Täters auf andere Weise **aussichtslos oder wesentlich erschwert wäre** (siehe hierzu oben Rdnr. 6.9). Zum Zwecke der Erforschung des Sachverhalts kann auch die Durchführung eines heimlichen **Stimmenvergleichs** notwendig sein.[196]

6.128

6.2.5.2 Anwendungsbereich

Die Vorschrift betrifft alle Bereiche, die nicht unter den Begriff der Wohnung zu fassen sind; im Regelfall handelt es sich dabei um Kraftfahrzeuge, mit denen der Beschuldigte unterwegs ist. Aber auch für Räume, die nicht unter den Wohnungsbegriff fallen, wie beispielsweise Haftträume, ist grundsätzlich eine akustische Überwachung nach dieser Vorschrift zulässig.

6.129

Überwacht werden darf das **nichtöffentlich gesprochene Wort**. Weil hierbei grundsätzlich die durch § 201 StGB geschützte Vertraulichkeit des Worts verletzt wird, ist eine Anordnung als Rechtfertigungsgrund erforderlich.

---

194) Schoreit, MDR 1992, 1015; LR/Hauck, § 100a Rdnr. 43.
195) BT-Drucks. 16/5846, S. 40.
196) BGH, Urt. v. 24.02.1994 – 4 StR 317/93, NStZ 1994, 295; KK/Bruns, § 100f Rdnr. 3.

Graf

6.130 § 100f StPO umfasst auch die für den angeordneten Eingriff typischerweise unerlässlich verbundenen **Vorbereitungsmaßnahmen**, also auch eine Ermächtigung zu Rechtsbeeinträchtigungen gegenüber dem Betroffenen, wie das Öffnen eines Pkw zum Einbau einer „Wanze". Nicht mehr geringfügig soll allerdings das auch nur kurzzeitige vollständige Entziehen des Pkw durch Verbringen in eine Werkstatt sein.[197]

6.131 Als technische Mittel zum Abhören des nichtöffentlich gesprochenen Worts kommen insbesondere Richtmikrophone, „Wanzen" etc. in Betracht.

6.132 § 100f StPO betrifft nur das Abhören und Aufzeichnen außerhalb von Wohnungen mit technischen Mitteln, jedoch nicht die kurz- oder längerfristige **Observation** und auch nicht das zufällige oder gezielte **Mithören einer Unterredung** durch einen Polizeibeamten. Auch wenn dieser über das Gespräch Aufzeichnungen fertigt, fällt das Mithören nicht unter § 100f StPO.[198]

6.2.5.3 Betroffener

6.133 Soweit sich die Maßnahme nicht (nur) gegen einen Beschuldigten, sondern gegen **andere Personen** richtet, müssen zusätzlich auch die Voraussetzungen gem. § 100f Abs. 2 Satz 2 StPO vorliegen. Danach ist eine akustische Überwachung nur zulässig, wenn aufgrund bestimmter Tatsachen anzunehmen ist, dass die andere Person mit einem Beschuldigten in Verbindung steht oder eine solche Verbindung hergestellt wird. Dabei ist ausreichend, wenn zu erwarten ist, dass es zu einem Kontakt mit dem Beschuldigten kommen wird oder wenn sich aus dem Verhalten der Kontaktperson Rückschlüsse auf die Tat und den Täter ziehen lassen. Sofern allerdings die Kontaktperson selbst Tatbeteiligter ist, kommt § 100f Abs. 2 Satz 1 StPO zur Anwendung.

6.134 Sofern sich die Maßnahme gegen Nichtbeschuldigte richtet (§ 100f Abs. 2 Satz 2 StPO), muss das Abhören dazu geeignet sein, den auf andere Weise nicht oder nur erschwert herbeizuführenden Ermittlungserfolg zu sichern. Hierfür verlangt das Gesetz das Vorliegen bestimmter Tatsachen.[199]

6.135 Vielfach wird sich nicht vermeiden lassen, dass unbeteiligte Personen von der Maßnahme betroffen werden. Allerdings wird hierdurch die Maßnahme nicht unzulässig wird (§ 100f Abs. 3 StPO). Dies gilt auch, wenn es sich bei unvermeidbar betroffenen Dritten um **zeugnisverweigerungsberechtigte Personen** handelt.[200]

---

197) BGH, Beschl. v. 11.04.1997 – 1 BGs 88/97, NStZ 1998, 157; vgl. aber BGH, Urt. v. 24.01.2001 – 3 StR 324/00, NStZ 2001, 386, zur Zulässigkeit des Einbaus eines GPS-Senders in ein Kfz in einer Werkstatt.
198) KK/Bruns, § 100f Rdnr. 2.
199) KK/Bruns, § 100f Rdnr. 8; **a.A.** Meyer-Goßner/Schmitt, § 100f Rdnr. 11.
200) BGH, Urt. v. 24.07.1998 – 3 StR 78/98, NStZ 1999, 145, 146; Schneider NStZ 2001, 8, 14.

6.2.5.4 Vorgehen des Verteidigers gegen die Verwertung erlangter Erkenntnisse

Auch bei einer Maßnahme nach § 100f StPO wird ein Verteidiger vielfach erst von der Maßnahme erfahren, wenn diese bereits abgeschlossen ist, so dass er insoweit nichts unmittelbar mehr unternehmen kann.

6.136

Er ist dann zunächst auf die allgemeine Überprüfung der zugrundeliegenden gerichtlichen Anordnung beschränkt und kann ggf. gem. § 101 Abs. 7 StPO einen Antrag auf gerichtliche Entscheidung (siehe hierzu Rdnr. 6.68 ff. sowie den Musterantrag Rdnr. 6.137) stellen.

Offensichtliche Rechtsfehler im Zusammenhang mit dieser höchst aufwendigen Maßnahme dürften höchst selten sein, so dass der richtige Ort, gegen eine Verwertung vorzugehen, die Hauptverhandlung gegen den Beschuldigten ist (siehe hierzu Rdnr. 6.70 f.). Hierbei ist darauf zu achten, dass der Verteidiger sich nicht mit einer abschlägigen Bescheidung durch den Vorsitzenden abfindet, sondern in allen Fällen eine **Gerichtsentscheidung** herbeiführt; nur dann ist später der Weg zur Revisionsrüge eröffnet![201)

6.137

Praxistipp

Neben Überwachungen von Kfz ist ein gebräuchlicher Einsatz von Überwachung gem. § 100f StPO die Vollzugsanstalt, weil man sich bei Besuchen Informationen erhofft, welche vom Beschuldigten an den Besucher weitergegeben werden, um beispielsweise Beweismittel oder Beute vor dem Zugriff der Ermittlungsbehörden zu sichern. In diesen Fällen liegt es nahe, den Besuchsraum in der Haftanstalt abzuhören, weil dieser keine Wohnung i.S.v. Art. 13 GG ist.[202) Ein Abhören ist jedenfalls dann zulässig, wenn der Besuch erkennbar von einem Beamten überwacht wird, der Verdacht einer schweren Straftat gegeben und auch im Übrigen der Grundsatz der Verhältnismäßigkeit gewahrt ist.

Sofern jedoch bei einem Gefangenen die Fehlvorstellung geweckt, er können sich in einem separaten Raum mit seinem Ehepartner offen und ohne Gefahr der Überwachung unterhalten, ist das Vorgehen der Ermittlungsbehörden unter gezielter Ausnutzung der besonderen Situation des U-Haftvollzugs zur Erlangung einer prozessverwertbaren Selbstbelastung des Angeklagten schon vor dem Hintergrund des verfassungsrechtlich verankerten Verbots eines Zwangs zur Selbstbelastung („nemo tenetur se ipsum accusare") bedenklich, verletzt das Recht auf ein faires Verfahren und führt zu einem Verwertungsverbot.[203)

---

201) BGH, Beschl. v. 07.03.2006 – 1 StR 316/05, NJW 2006, 1361, 1362 = NStZ 2006, 402.
202) BGH, Urt. v. 24.07.1998 – 3 StR 78/98.
203) BGH, Urt. v. 29.04.2009 – 1 StR 701/18.

Muster

Antrag nach § 101 Abs. 7 StPO

Amtsgericht Mannheim
– Ermittlungsrichter –
(Anschrift)

Vorab per Fax: 0621 292-xxxx

Ermittlungsverfahren
gegen   M.M.
wegen   schweren Raubs
Az.   ...

Gegen die Ausführung des Beschlusses des
Amtsgerichts Mannheim vom 13.02.2020
gegen den Beschuldigten M.M.

wird

im Auftrag der betroffenen Ehefrau des Beschuldigten C.M.
gem. § 101 Abs. 7 Satz 2 StPO

die Überprüfung der Rechtmäßigkeit der Maßnahme sowie die Art und Weise ihres Vollzugs
beantragt.

1. Frau C.M. wurde durch die Staatsanwaltschaft Mannheim am 02.06.2020 mitgeteilt, dass
    mehrere Gespräche, welche sie mit ihrem Ehemann im Zeitraum vom 21.02.2020 bis zum
    26.04.2020 in dessen Pkw Mercedes AMG 63, amtl. Kennzeichen MA-MM 333, geführt hatte,
    aufgrund des vorbezeichneten Beschlusses nach § 100f StPO aufgezeichnet worden sind.

2. Der vom AG Mannheim erlassene Beschluss ist nicht rechtmäßig zustande gekommen, weil
    hierbei keine Berücksichtigung gefunden hat, dass hierdurch der Kernbereich privater
    Lebensgestaltung verletzt worden ist. Dies beruht darauf, dass die Antragstellerin zeitweise
    einer Erwerbstätigkeit als Escort-Service nachgeht und dabei auch den vorbezeichneten
    Pkw ihres Gatten benutzt.

    Außerdem wird sie vielfach auch von ihrem Gatten nach Beendigung der Einsätze abgeholt,
    wobei sie dann ihm auch teilweise darüber berichtet, so dass von der Maßnahme auch
    weitere Personen in deren Kernbereich betroffen sind.

Mehrfach haben sich die Eheleute auf den aufgezeichneten Gesprächen auch über die letzten zwischen ihnen getätigten Intimitäten unterhalten, ohne dass diese Gespräche gelöscht worden sind.

Die Kenntnis des aufgeführten Verhaltens der Eheleute hätte zumindest teilweise bei den Ermittlungsbehörden schon vor der Antragsstellung vorhanden sein müssen, jedenfalls aber schon kurz nach Beginn der Maßnahme, so dass diese umgehend hätte abgebrochen werden müssen.

Zumindest hätte die Staatsanwaltschaft eine Entscheidung des Gerichts in entsprechender Anwendung von § 100d Abs. 4 Satz 4 StPO herbeiführen müssen.

Es wird um antragsgemäße Entscheidung gebeten.

Rechtsanwältin/Rechtsanwalt

6.2.6   Erhebung von Verkehrsdaten (§ 100g StPO)

Die Bestimmung enthält drei unterschiedliche Befugnisnormen für den Zugriff auf Verkehrsdaten. Während § 100g Abs. 1 StPO einen Rückgriff auf nach **§ 96 TKG erfasste Verkehrsdaten** und eine Echtzeiterhebung von Verkehrsdaten zulässt, wird unter engeren Voraussetzungen nach § 100g Abs. 2 StPO ein Abruf von auf der **Grundlage des § 113b TKG anlasslos gespeicherten Verkehrsdaten** gestattet. § 100g Abs. 3 StPO enthält eine spezielle Befugnis zur Funkzellenabfrage.   6.138

6.2.6.1   Voraussetzungen

Erhebung von nach § 96 TKG gespeicherten Verkehrsdaten

– Tatverdacht

Für eine **Verkehrsdatenerhebung** erforderlich, aber auch ausreichend ist ein einfacher Tatverdacht, der aber auf einer hinreichend sicheren Tatsachenbasis das Vorliegen einer von § 100g Abs. 1 Nr. 1 oder Nr. 2 StPO erfassten Straftat und entsprechendes Beweismaterial erfordert. Der Tatverdacht darf nicht auf reinen Vermutungen beruhen. Bei einer Anordnung muss der Richter das Vorliegen bestimmter, objektivierbarer Tatsachen für eine Straftat feststellen können, nicht nur die materielle Straftat als solche, sondern auch bereits das Vorliegen von Rechtfertigungs- oder Schuld- bzw. Strafausschließungsgründen einbeziehen.[204]   6.139

---

204) BGH, Beschl. v. 26.02.2003 – 5 StR 423/02, NStZ 2003, 499.

– Straftat von erheblicher Bedeutung (§ 100g Abs. 1 Satz Nr. 1 StPO)

6.140 Voraussetzung einer Verkehrsdatenerhebung ist die Begehung von Straftaten von erheblicher Bedeutung, wobei die Bedeutung im konkreten Einzelfall gegeben sein muss. Dabei wird ausdrücklich auf die Katalogtaten des § 100a Abs. 2 StPO Bezug genommen, was aber (insbesondere) nicht abschließend gemeint ist. Im Ergebnis ist eine erhebliche Straftat zu bejahen, wenn sie mindestens dem mittleren Kriminalitätsbereich zuzurechnen ist, den Rechtsfrieden empfindlich stört und dazu geeignet ist, das Gefühl der Rechtssicherheit der Bevölkerung erheblich zu beeinträchtigen.[205]

– Straftat mittels Telekommunikation (§ 100g Abs. 1 Satz 1 Nr. 2 StPO)

6.141 Eine weitere Anwendungsalternative eröffnet § 100g Abs. 1 Satz 1 Nr. 2 StPO bei mittels Telekommunikation begangenen Straftaten, die nicht einmal von erheblicher Bedeutung sein müssen. Dies betrifft alle Delikte, bei denen Telekommunikationsgeräte inkl. jeglichen Computern mit Netzanschluss zur Begehung von Straftaten genutzt werden, also Mittel zur Tatausführung sind. Es handelt sich bei den Anwendungsfällen um jegliche Internetstraftaten wie das Ausspähen von Daten u.a. (§§ 202a ff. StGB) Phishing, die Datenveränderung, Computersabotage, Fernsteuerung von Computern (Botnetze), digitale Erpressung, Scams und jegliche Art von Cybercrime. Weiter kann der Tausch von Kinderpornografie erfasst sein, ebenso Urheberrechtsverletzungen bis hin zum Stalking über Telekommunikation oder Internet.[206]

Erhebung von nach § 113b TKG gespeicherten Verkehrsdaten

– Tatverdacht

6.142 Die Erhebung von anlasslos gespeicherten Vorratsdaten setzt zwingend das Bestehen des auf Tatsachen begründeten **Verdachts einer Katalogtat** nach § 100g Abs. 2 Satz 2 StPO voraus.

– Besonders schwere Straftat (§ 100g Abs. 2 StPO)

6.143 Der Katalog der als besonders schwer einzustufenden Straftaten besteht aus einer leicht reduzierten Teilmenge des Katalogs des § 100a Abs. 2 StPO. Es handelt sich dabei um Straftaten, die der Bekämpfung des Terrorismus oder dem Schutz höchstpersönlicher Rechtsgüter, insbesondere Leib, Leben, Freiheit und sexuelle Selbstbestimmung, dienen.

---

205) BVerfG, Beschl. v. 14.12.2000 – 2 BvR 1741/99, BVerfGE 3, 21, 34; Urt. v. 12.03.2003 – 1 BvR 348/99, BVerfGE 107, 299, 322; Urt. v. 03.03.2004 – 1 BvR 1084/99, BVerfGE 109, 279, 344; BVerfG, Urt. v. 12.04.2005 – 2 BvR 581/01.
206) Vgl. insoweit auch BVerfG, Beschl. v. 17.06.2006 – 2 BvR 1085/05, NJW 2006, 3197.

– Subsidiarität

Wie auch bei den meisten anderen hier aufgeführten Eingriffsmaßnahmen unter-   6.144
liegt der Datenabruf nach § 100g Abs. 2 StPO einer strengen Subsidiarität. Eine
Erhebung ist nur zulässig, soweit die Erforschung des Sachverhalts oder die
Ermittlung des Aufenthaltsorts des Beschuldigten auf andere Weise wesentlich
erschwert oder aussichtslos wäre. Außerdem muss die Datenerhebung in angemessenem Verhältnis zur Bedeutung der Sache stehen.

6.2.6.2   Betroffene

Gemäß § 101a Abs. 1 Satz 1 i.V.m. § 100a Abs. 3 StPO darf sich die Maßnahme   6.145
nur gegen den Beschuldigten, dessen Nachrichtenmittler oder andere Personen
richten, deren Anschluss der Beschuldigte benutzt. Gegebenenfalls können auch
gekaperte Systeme, deren Eigentümer oder Besitzer hiervon keine Kenntnis
haben, Nachrichtenmittler sein.[207]

6.2.6.3   Funkzellenabfrage

§ 100g Abs. 3 StPO enthält eine spezielle Regelung zur Funkzellenabfrage. Die   6.146
Vorschrift mit einer Legaldefinition legt die konkreten Eingriffsvoraussetzungen
für eine solche Maßnahme detailliert dar. Im Gegensatz zur Standortabfrage nach
§ 100g Abs. 1 StPO geht es bei der Funkzellenabfrage um die Erhebung aller Verkehrsdaten, die innerhalb eines eng begrenzten Zeitraums in einer bestimmten
Funkzelle angefallen sind. Auf diese Weise ist feststellbar, welche Mobilgeräte
sich zu einer bestimmten Zeit in der betreffenden Funkzelle aufgehalten haben.

Voraussetzungen

Wie bei der Verkehrsdatenerhebung nach Absatz 1 (siehe Rdnr. 6.139 f.) ist auch   6.147
bei einer Funkzellenabfrage ein Tatverdacht einer schweren Straftat von auch im
Einzelfall erheblicher Bedeutung erforderlich, weiterhin muss die Erhebung der
Daten in einem angemessenen Verhältnis zur Bedeutung der Sache stehen und
schließlich muss die Erforschung des Sachverhalts oder die Ermittlung des Aufenthaltsorts des Beschuldigten auf andere Weise aussichtslos oder wesentlich
erschwert sein.

Verhältnismäßigkeit

Im Rahmen der Verhältnismäßigkeit ist bei der Prüfung einer Anordnung zu   6.148
sehen, dass damit auch Daten zahlreicher anderer und unbeteiligter Personen
erhoben werden, ohne dass es sich hierbei um Beschuldigte oder Nachrichtenmittler handelt. Deshalb kann es im Einzelfall geboten sein, eine Maßnahme zeitlich und örtlich zu begrenzen oder davon sogar abzusehen, wenn eine solche

---

207) BT-Drucks. 14/7008, S. 7.

Begrenzung nicht möglich ist und das Ausmaß, in dem Dritte betroffen sind, als unangemessen erscheint.

6.2.6.4   Berufsgeheimnisträger

6.149   Hinsichtlich Berufsgeheimnisträgern, hier vor allem Rechtsanwälten, gibt es gegenüber der allgemeinen Regelung in § 100d Abs. 5 StPO[208] hier eine eigenständige Einschränkung in § 100g Abs. 4 StPO bzgl. Erhebungen im Wege der Abfrage von Vorratsdaten. Diese dürfen nach § 100g Abs. 4 Satz 1 StPO überhaupt nicht erhoben werden. Falls dies doch der Fall gewesen wäre, besteht nach § 100g Abs. 4 Satz 2 StPO zudem ein Beweisverwertungsverbot. Im Gegensatz zu der allgemeinen Regelung in § 160a Abs. 1 StPO ist diese Einschränkung für alle in § 53 Abs. 1 Satz 1 StPO genannten Berufsgruppen anzuwenden. Schließlich gilt das Verbot auch dann, wenn Erkenntnisse über solche Personen bei Maßnahmen erhoben werden, die sich gegen andere Personen richten, wenn dennoch Daten erlangt werden, hinsichtlich derer Geheimnisschutz besteht.

6.2.6.5   Vorgehen des Verteidigers gegen die Verwertung erlangter Erkenntnisse

6.150   Auch bei einer Maßnahme nach § 100g StPO wird ein Verteidiger vielfach erst von der Maßnahme erfahren, wenn diese bereits abgeschlossen ist, so dass er insoweit nichts unmittelbar mehr unternehmen kann.

Er ist dann zunächst auf die allgemeine Überprüfung der zugrundeliegenden gerichtlichen Anordnung beschränkt und kann ggf. gem. § 101 Abs. 7 StPO einen Antrag auf gerichtliche Entscheidung (siehe hierzu Rdnr. 6.68 f.) stellen.

Im Allgemeinen wird auch in diesen Falllagen die Hauptverhandlung richtige Ort sein, gegen eine Verwertung vorzugehen (siehe hierzu Rdnr. 6.70 f.). Hierbei ist darauf zu achten, dass der Verteidiger sich nicht mit einer abschlägigen Bescheidung durch den Vorsitzenden abfindet, sondern in allen Fällen eine **Gerichtsentscheidung** herbeiführt; nur dann ist später der Weg zur Revisionsrüge eröffnet![209]

---

208) Vgl. BeckOK, StPO/Graf, § 100d Rdnr. 24 ff.
209) BGH, Beschl. v. 07.03.2006 – 1 StR 316/05, NJW 2006, 1361, 1362 = NStZ 2006, 402.

Praxistipp

Aufgrund der zumeist erheblichen Voraussetzungen für die Anordnungen gem. § 100g StPO werden viele Delikte als Anlasstat ausscheiden, so dass hierauf in besonderer Weise bei der Prüfung zu achten ist. So scheidet zumeist eine Verkehrsdatenauskunft bei einem Ausspähen von Daten (§ 202a, § 205 StGB) regelmäßig aus, weil es sich um ein Antragsdelikt handelt, selbst wenn das öffentliche Interesse bejaht würde;[210] auch der bloße Diebstahl eines Mobiltelefons genügt nicht,[211] ebenso nicht der einfache Computerbetrug.[212] Eine andere Beurteilung kann bei einem Lkw-Diebstahl gegeben sein,[213] auch bei einem Diebstahl von Kredit- und Bankkarten,[214] ebenso bei einem Wohnungseinbruchsdiebstahl, was sich bereits aus der geänderten Strafandrohung ergibt.

6.2.7 Weitere Maßnahmen außerhalb von Wohnraum (§ 100h StPO)

§ 100h StPO regelt zwei besondere technische Mittel, nämlich die **Fertigung von Bildern von Personen und Beweismitteln** (§ 100h Abs. 1 Nr. 1 StPO) und die **Verwendung von besonderen technischen Mitteln für Observationen** (§ 100h Abs. 1 Nr. 2 StPO).

6.151

6.2.7.1 Technische Mittel

Bildaufnahmen

Lichtbilder oder Videoaufnahmen dürfen für **Observationszwecke** und für **Lichtbildvorlagen** an Zeugen zur Sachverhaltsaufklärung oder Fahndung gefertigt werden, jedoch sind solche **nur außerhalb von Wohnungen gestattet**. Zulässig ist aber auch eine längerfristige Videoüberwachung des Wohnungseingangsbereichs, um die Feststellung von Anwesenheitszeiträumen des Beschuldigten oder die Identifizierung von Mittätern oder Kontaktpersonen zu ermöglichen.[215] Die Aufnahmen können auch mit neuerer Technik, beispielsweise mit Drohnen gefertigt werden.[216]

6.152

---

210) Vgl. hierzu LG Dortmund, Beschl. v. 18.03.2002 – 14 (III) Qs 6/02.
211) LG Münster, JurPC Web-Dok. 50/2003; LG Hildesheim, Beschl. v. 25.02.2008 – 12 Qs 12/08.
212) LG Köln, Beschl. v. 05.02.2002 – 107 Qs 36/02, MMR 2002, 562; LG Ulm, Beschl. v. 15.10.2003 – 1 Qs 1088/03.
213) AG Friedberg, Beschl. v. 15.03.2006 – 40a Gs 301 Js 43229/06, NStZ 2006, 517.
214) LG Bonn, Beschl. v. 02.08.2018 – 21 Qs-400 UJs 431/18-62/18, NStZ 2020, 55.
215) BGH, Urt. v. 29.01.1998 – 1 StR 511/97, NStZ 1998, 629 m. Anm. Rogall, JZ 1998, 796; Gehrlein/Schübel, NJW 1999, 104; Amelung, NStZ 1998, 631; Eisenberg, NStZ 2002, 638.
216) BeckOK, StPO/Hegmann, § 100h Rdnr. 1.

Private Lichtbildaufnahmen, insbesondere mittels Dashcams im Straßenverkehr dürften vielfach gegen Datenschutzvorschriften verstoßen, sind aber nach Durchführung einer Abwägungsentscheidung zwischen dem Recht auf informationelle Selbstbestimmung der betroffenen Personen und den für eine Verwertung sprechenden rechtlich geschützten Interessen zur Aufrechterhaltung einer funktionstüchtigen Rechtspflege im Rahmen von Strafverfahren zumeist verwertbar und sogar zu beschlagnahmen.[217]

Sonstige technische Mittel

6.153   Der Begriff sonstige technische Mittel ist offen formuliert, so dass auch bislang unbekannte Neuentwicklung davon erfasst werden.[218] Umfasst sind derzeit Peil- und Personenschutzsender, Nachtsichtgeräte, Bewegungsmelder, Alarmkoffer und insbesondere GPS-Tracker.[219] Allerdings dürfen technische Mittel keine Tonaufnahmen ermöglichen.

6.154   Keine technischen Mittel i.S.d. § 100h StPO, sondern nach den allgemeinen Regeln nach § 161 Abs. 1 StPO zulässige Mittel sind gewöhnliche Sehhilfen wie Ferngläser oder Kommunikationsgeräte, Markierungssysteme oder andere technisch präparierte Gegenstände.[220]

6.155   Maßnahmen, die die Verwendung des technischen Mittels **vorbereiten oder begleiten**, werden von § 100h umfasst, wenn die Verhältnismäßigkeit gewahrt bleibt. Diese Annexkompetenz kann daher auch z.B. die kurzzeitige Verbringung des Pkw des Beschuldigten in eine Werkstatt zum Zweck des Einbaus eines GPS-Senders einschließen;[221] erlaubt ist auch die Benutzung von fremden Stromquellen[222] für benutzte technische Mittel.

6.2.7.2   Voraussetzungen

6.156   Für die **Fertigung von Bildaufnahmen** reicht ein Verdacht irgendeiner Straftat. Allerdings wird eine Überwachung fragwürdig, wenn sie flächendeckend ausgestaltet ist oder eine serielle Erfassung stattfindet, beispielsweise von Kfz-Kennzeichen.[223] Auch zur Verfolgung von Ordnungswidrigkeiten im Straßenverkehr ist die Vorschrift i.V.m. § 46 Abs. 1 OWiG eine ausreichende Rechtsgrundlage.[224] In diesem Fall ist auch die Erfassung eines Beifahrers von § 100h Abs. 3 StPO gedeckt.

---

217) BGH, Urt. v. 15.05.2018 – VI ZR 233/17, NJW 2018, 2883; vgl. auch Löffelmann, JR 2018, 639.
218) BVerfG, Urt. v. 12.04.2005 – 2 BvR 581/01, NJW 2005, 1338.
219) BeckOK, StPO/Hegmann, § 100h Rdnr. 5 ff.
220) KK/Bruns, Rdnr. 7.
221) BGH, Urt. v. 24.01.2001 – 3 StR 324/00, NStZ 2001, 386.
222) KK/Bruns, § 100f Rdnr. 9.
223) Vgl. BVerfG, Beschl. v. 23.02.2007 – 1 BvR 2368/06; BVerfG, Urt. v. 11.03.2008 – 1 BvR 2074/05, NJW 2008, 1505.
224) BVerfG, Beschl. v. 05.07.2010 – 2 BvR 759/10, NJW 2010, 2717.

Hinsichtlich des **Einsatzes technischer Mittel** wird demgegenüber als Anlasstat eine Straftat von erheblicher Bedeutung benötigt, welche aber nicht einem der Kataloge der §§ 100a ff. StPO angehören muss. Im Ergebnis muss die Straftat im Hinblick auch aus Verhältnismäßigkeitsgründen mindestens dem Bereich der mittleren Kriminalität zuzurechnen sein, darüber hinaus den Rechtsfrieden empfindlich stören und dazu geeignet sein, das Gefühl der Rechtssicherheit der Bevölkerung erheblich zu beeinträchtigen.[225]

6.157

Ausreichend ist der **Anfangsverdacht.**

Wie bei den anderen hier erörterten Maßnahmen ist der **Subsidiaritätsgrundsatz** zu beachten. Soweit sich die Maßnahme (nur) gegen den Beschuldigten richtet, reicht es aus, dass die Erforschung des Sachverhalts oder die Ermittlung des Aufenthalts des Beschuldigten auf andere Weise weniger erfolgversprechend oder erschwert wäre. Das ist etwa dann der Fall, wenn mit den Bildaufnahmen Informationen gewonnen werden sollen, die unmittelbar oder mittelbar, einzeln oder zusammen mit anderen Erkenntnissen dazu dienen, Rückschlüsse auf die Tat oder den Täter zuzulassen, und wenn die Informationen auf andere Weise nicht, nicht so schnell oder nicht so umfassend zu erlangen wären.[226]

6.158

6.2.7.3 Betroffene

Von **Nichtbeschuldigten** sind direkte Bildaufnahmen nur gestattet, wenn die Erforschung des Sachverhalts oder die Ermittlung des Aufenthaltsorts eines Beschuldigten auf andere Weise erheblich weniger erfolgversprechend oder wesentlich erschwert wäre.

6.159

Sonstige technische Mittel dürfen gegen Nichtbeschuldigte nach § 100h Abs. 2 Nr. 2 StPO nur eingesetzt werden, wenn der Verdacht besteht, dass die Zielperson mit einem Beschuldigten in Verbindung steht oder eine Verbindung hergestellt wird. Außerdem muss – im Gegensatz zur Fertigung von Bildaufnahmen – die Erreichung des Ermittlungsziels auf andere Weise aussichtslos oder wesentlich erschwert sein; denn nach Auffassung des Gesetzgebers ist offenbar die Anfertigung von Lichtbildern und Bildaufzeichnungen weniger beeinträchtigend.[227]

6.2.7.4 Verfahren

Die Beantragung und der Einsatz technischer Mittel nach § 100h StPO obliegt der Staatsanwaltschaft oder ihren Ermittlungspersonen, § 152 GVG. Der Einsatz sollte – schon im Hinblick auf den nachträglichen Rechtsschutz nach § 101

6.160

---

225) BVerfG, Urt. v. 12.03.2003 – 1 BvR 330/96, NStZ 2003, 441; Urt. v. 03.03.2004 – 1 BvR 2378/98, NStZ 2004, 270; BVerfG, Urt. v. 12.04.2005 – 2 BvR 581/01, BVerfGE 112, 304.
226) LR/Hauck, § 100c StPO Rdnr. 15.
227) BT-Drucks. 12/989, S. 39, 40.

Abs. 7 Satz 2 StPO – trotz des fehlenden Verweises auf § 100b Abs. 2 StPO in den Akten dokumentiert werden.[228]

Im Gegensatz zu den anderen Regelungen für heimliche Ermittlungsmethoden enthält § 100h StPO keine gesetzliche Befristung. Allerdings ist bei längerfristigen Observationen § 163f StPO zu beachten.[229]

6.161 Die von der Maßnahme betroffenen Personen sind gem. § 101 Abs. 4–7 StPO zeitnah zu benachrichtigen. Bei der Frage, wer als „erheblich mitbetroffen" i.S.d. § 101 Abs. 4 Satz 1 Nr. 7 StPO zu benachrichtigen ist, sind jedenfalls bei einer Nichtbenachrichtigung bestimmter Personen die hierfür gewichteten Gründe aktenkundig zu machen.

6.2.7.5   Verwertbarkeit und Anfechtung

6.162 Die Verwendungsbeschränkung des § 477 Abs. 2 StPO umfasst im Gegensatz zu Daten, die aus dem Einsatz sonstiger für Observationszwecke bestimmter Mittel erlangt wurden, keine Bildaufnahmen, weil deren Herstellung nicht den Verdacht von Straftaten von erheblicher Bedeutung voraussetzt;[230] daher ist auch die Weiterverwendung als Spurenansatz uneingeschränkt zulässig.

6.163 Entstammen Daten **einem** präventiv-polizeilichem Einsatz technischer Mittel, ist deren Verwertung im Strafverfahren nach Maßgabe des § 161 Abs. 2 StPO zulässig. Ebenso sind Ergebnisse einer Videoüberwachung durch öffentliche Stellen verwertbar.[231]

6.164 Nachträglicher Rechtsschutz ist nach § 101 StPO möglich.

6.2.7.6   Vorgehen des Verteidigers gegen die Verwertung erlangter Erkenntnisse

6.165 Wie bei allen verdeckten Maßnahmen wird ein Verteidiger vielfach erst hiervon erfahren, wenn diese bereits abgeschlossen ist, so dass insoweit nichts mehr unternehmen werden kann.

Er ist dann zunächst auf die allgemeine Überprüfung der zugrundeliegenden gerichtlichen Anordnung beschränkt (siehe hierzu Rdnr. 6.67) und kann ggf. gem. § 101 Abs. 7 StPO einen Antrag auf gerichtliche Entscheidung (siehe hierzu Rdnr. 6.68) stellen.

---

228) BVerfG, Urt. v. 12.04.2005 – 2 BvR 581/01, BVerfGE 112, 304, 320 f.

229) BGH, Urt. v. 29.01.1998 – 1 StR 511/97, NStZ 1998, 629.

230) KK/Bruns, § 100h StPO Rdnr. 17.

231) Singelnstein, NStZ 2014, 305, 307.

Graf

Hinweis

Im Allgemeinen wird auch in diesen Falllagen die Hauptverhandlung richtige Ort sein, gegen eine Verwertung vorzugehen (siehe hierzu Rdnr. 6.68 f.). Hierbei ist darauf zu achten, dass der Verteidiger sich nicht mit einer abschlägigen Bescheidung durch den Vorsitzenden abfindet, sondern in allen Fällen eine **Gerichtsentscheidung** herbeiführt; nur dann ist später der Weg zur Revisionsrüge eröffnet![232]

Praxistipp

Bemerkt der Betroffene, dass er observiert, fotografiert oder gefilmt wird, wird die Maßnahme nicht unzulässig; jedoch müssen trotz der Kenntnis die Voraussetzungen des Vorgehens weiter vorliegen. Soweit allerdings alle von der Überwachungsmaßnahme Betroffenen in diese einwilligen, kann sie gegenüber den Einwilligenden aufgrund der allgemeinen Befugnisse nach den §§ 161, 163 StPO durchgeführt werden.

Von § 100h StPO zu unterscheiden ist i.Ü. die Herstellung von Bildaufnahmen mit Wissen des Beschuldigten im Rahmen der erkennungsdienstlichen Behandlung nach § 81b StPO.[233]

6.166

Ein Vorgehen gegen den **gleichzeitigen Einsatz** mehrerer Observationsmaßnahmen bzw. anderer heimlicher Ermittlungsmethoden ist nicht unbedingt erfolgreich, wenn und solange es sich um keine „Totalüberwachung" handelt, mit der ein umfassendes Persönlichkeitsprofil eines Beteiligten erstellt werden könnte; Voraussetzung ist weiterhin, dass die Maßnahmen in ihrer Gesamtheit noch verhältnismäßig sind.

6.167

Soweit die technischen Mittel zur Observation von Pkw eingesetzt worden sind, die ins Ausland verbracht wurden, können die gewonnenen Erkenntnisse auch ohne Rechtshilfeersuchen der Verwertung unterliegen.[234]

6.168

6.2.8 Technische Maßnahmen bei Mobilfunkendgeräten (§ 100i StPO)

Ist nicht bekannt, welche Mobiltelefone oder mit Mobilfunkdatennetzen verbundene Geräte sich in einem bestimmten Lokalisationsbereich (eines Tatorts oder Fluchtbereichs) befinden oder ob ein in der Nähe sich aufhaltender Beschuldigter oder Tatverdächtiger ein Handy oder anderes Telekommunikationsgerät mit sich

6.169

---

232) BGH, Beschl. v. 07.03.2006 – 1 StR 316/05, NJW 2006, 1361, 1362 = NStZ 2006, 4022.
233) Vgl. dazu BGH, Beschl. v. 16.09.1992 – 3 StR 413/92, NStZ 1993, 47.
234) KK/Bruns, § 100h StPO Rdnr. 7; vgl. BVerfG, Beschl. v. 19.10.1994 – 2 BvR 435/87, NStZ 1995, 95; BVerfG, Beschl. v. 05.11.2003 – 2 BvR 1243/03, NJW 2004, 141.

führt, kann zur Klärung dieser Frage ein sogenannter IMSI-Catcher entsprechend § 100i StPO eingesetzt werden.

Hierdurch können Geräte- und Kartennummer eines unbekannten mobilen Telekommunikationsgeräts dadurch ermittelt werden, weil jedes eingeschaltete, empfangsbereite mobile Kommunikationsgerät sich in kurzen Zeitabständen bei der nächstgelegenen Funkzelle des benutzten Mobilfunknetzes anmeldet, um bei Bedarf eine Verbindung herstellen zu können. Allerdings ergeben sich keine eindeutigen Ergebnisse, wenn sich auch noch andere Teilnehmer im Einzugsbereich des IMSI-Catchers befinden. Möglicherweise müssen dann mehrere Messungen oder noch zusätzliche Ermittlungen durchgeführt werden.

Die Messtechnik kann aber auch dazu genutzt werden, den genauen **Standort eines** – den Strafverfolgungsbehörden bekannten – Mobiltelefons zu bestimmen, um einen Beschuldigten oder Verurteilten zum Zwecke der vorläufigen Festnahme oder Ergreifung aufgrund eines Haft- oder Unterbringungsbefehls aufzufinden, sofern die **IMSI** (Teilnehmerkennung), die **IMEI** (Gerätenummer) oder die Telefonnummer des gesuchten Mobiltelefons bekannt sind.

Außerdem ist die Vorschrift die Rechtsgrundlage für das Versenden von sogenannten **Stillen SMS**.[235] Die auch „stealth ping" genannten speziellen Kurzmitteilungen werden von Ermittlungsbehörden zur Ortung von Mobiltelefonen benutzt und dabei vom Empfänger nicht bemerkt. Sie bewirken aber eine Rückmeldung des Geräts bei der eingebuchten Funkzelle, wodurch ein Verkehrsdatensatz erzeugt wird, der von den Ermittlungsbehörden nach § 100g Abs. 1 StPO erhoben werden kann.

6.2.8.1   Voraussetzungen

6.170   Anordnungsvoraussetzung ist der Verdacht einer Straftat von auch im Einzelfall erheblicher Bedeutung, wobei es keinen Straftatenkatalog gibt. Im Zweifel sind aber bei den in §§ 100a und 100g StPO aufgeführten Straftaten auf jeden Fall die Voraussetzungen erfüllt. Der Einsatz des IMSI-Catchers muss außerdem zur Erforschung des Sachverhalts oder der Ermittlung des Aufenthaltsorts des Beschuldigten erforderlich sein.

Zulässig soll es nach der Regelung auch sein, den IMSI-Catcher zur Unterstützung einer Observationsmaßnahme und zur Vorbereitung einer Verkehrsdatenerhebung nach § 100g StPO einzusetzen.[236]

Schließlich auch bei dieser Maßnahme die Verhältnismäßigkeit zu wahren.

---

235) BGH, Beschl. v. 08.02.2018 – 3 StR 400/17, NStZ 2018, 611 m. Anm. Rückert; Bär, MMR 2018, 826; Ruppert, JR 2019, 297, 300.

236) BT-Drucks. 16/5846, S. 56.

6.2.8.2 Betroffene

Die Maßnahme darf sich gem. § 100i Abs. 3 StPO nur gegen den Beschuldigten oder gegen Personen richten, von denen anzunehmen ist, dass sie für den Beschuldigten bestimmte oder von ihm herrührende Mitteilungen entgegennehmen oder weitergeben, oder dass der Beschuldigte ihren Anschluss benutzt.[237]

6.171

6.2.8.3 Verfahren

Der Einsatz eines IMSI-Catchers muss grundsätzlich durch das Gericht (§§ 162, 169 StPO) angeordnet werden, bei Gefahr im Verzug durch die Staatsanwaltschaft (§ 100i Abs. 3 Satz 1 i.V.m. § 100e Abs. 1 Satz 1 und Satz 2 StPO). Die Maßnahme ist gem. § 100i Abs. 3 Satz 2 StPO auf höchstens sechs Monate zu befristen, kann aber gem. § 100i Abs. 3 Satz 3 StPO verlängert werden.

6.172

Nach § 100i Abs. 3 Satz 1 i.V.m. § 100e Abs. 5 Satz 1 StPO ist der Einsatz des technischen Mittels unverzüglich zu beenden, wenn die Einsatzvoraussetzungen nicht mehr vorliegen.

6.173

Die für alle verdeckten Maßnahmen geltenden Kennzeichnungs-, Benachrichtigungs- und Löschungsregeln des § 101 StPO gelten auch für diese Maßnahmen und deren Ergebnisse.

6.2.8.4 Verwertbarkeit, Rechtsbehelf

Die Weiterverwendung der gewonnenen Erkenntnisse ergibt sich nach § 477 Abs. 2 StPO. Bei einer Einwilligung des Beschuldigten gilt die Verwendungsbeschränkung nicht.

6.174

Ein Verwertungsverbot kann zwar wie bei Falllagen des § 100a StPO in Betracht kommen, dürfte aber kaum zum Tragen kommen, weil die festgestellten Daten meist nur als Ansatz für weitere Ermittlungen dienen.[238]

Gemäß der Regelung des § 100i Abs. 2 StPO sollen personenbezogene Daten nur soweit technisch unvermeidbar erhoben und nur zum Zwecke des Datenabgleichs verwendet werden, womit auch jeden verfassungsrechtlich begründeten Zweifeln entgegengetreten wurde.[239]

Wie bereits erwähnt, kann ein Betroffener die aus § 101 StPO folgende rechtliche Überprüfung nachträglich vornehmen lassen.

---

237) BeckOK, StPO/Graf, § 100a Rdnr. 112 f.

238) LR/Hauck, § 100i Rdnr. 57.

239) Vgl. hierzu bereits BVerfG, Beschl. v. 22.08.2006 – 2 BvR 1345/03, NJW 2007, 351, 356.

6.2.8.5 Vorgehen des Verteidigers gegen die Verwertung erlangter Erkenntnisse

6.175 Wenn der Verteidiger von einer Maßnahme nach § 100i StPO erfährt, ist diese regelmäßig längst beendet. Er ist dann zunächst auf die allgemeine Überprüfung der zugrundeliegenden gerichtlichen Anordnung beschränkt und kann ggf. gem. § 101 Abs. 7 StPO einen Antrag auf gerichtliche Entscheidung (siehe hierzu Rdnr. 6.67 ff.) stellen.

Im Allgemeinen wird auch in diesen Falllagen die Hauptverhandlung richtige Ort sein, gegen eine Verwertung vorzugehen (siehe hierzu Rdnr. 6.68 f.). Hierbei ist darauf zu achten, dass der Verteidiger sich nicht mit einer abschlägigen Bescheidung durch den Vorsitzenden abfindet, sondern in allen Fällen eine **Gerichtsentscheidung** herbeiführt; nur dann ist später der Weg zur Revisionsrüge eröffnet![240]

> **Praxistipp**
>
> Die Prüfung der Anordnungsvoraussetzungen und der technischen Voraussetzungen der Maßnahme erfordert zumindest gewisse technische Grundlagen. Es könnte daher angezeigt sein, in diesen Fragen einen technisch versierten Verteidiger beizuziehen oder eventuell sogar sachverständigen Rat einzuholen.

6.2.9 Bestandsdatenauskunft (§ 100j StPO)

6.176 Weil bei mobilen Telekommunikationsgeräten im Gegensatz zu „alten" Festnetzanschlüssen die Zuordnung schwierig sein kann, war vor allem die Klärung der verwendeten **Internetprotokolladresse** (IP) fraglich, vor allem die Frage, welche Eingriffsermächtigung zur Einholung einer Auskunft erforderlich ist. Während sich der Gesetzgeber zunächst darauf festgelegt hatte, dass die dynamische IP wie ein Bestandsdatum zu behandeln und damit entsprechend § 161 Abs. 1 Satz 1, § 163 StPO hierüber Auskunft zu erteilen sei,[241] hatte das BVerfG[242] dann festgestellt, dass die Zuordnung von dynamischen IP-Adressen eine besondere Nähe zu konkreten Telekommunikationsvorgängen aufweist und daher in den Schutzbereich des Art. 10 Abs. 1 GG fällt.

6.177 Zugleich wurde dem Gesetzgeber auch auferlegt, bei der Einrichtung eines Auskunftsverfahrens sowohl Rechtsgrundlagen für die Übermittlung als auch für den Abruf von Daten zu schaffen, was mit einem **Gesetz zur Änderung des Telekom-**

---

240) BGH, Beschl. v. 07.03.2006 – 1 StR 316/05, NJW 2006, 1361, 1362 = NStZ 2006, 402.
241) LG Köln, Beschl. v. 14.10.2008 – 106 Qs 24/08, NStZ 2009, 352; BT-Drucks. 16/5846, S. 26, 86, 870.
242) BVerfG, Beschl. v. 24.01.2012 – 1 BvR 1299/05, BVerfGE 130, 151 = NJW 2012, 1419 = MMR 2012, 410 m. Anm. Meinicke.

munikationsgesetzes und zur Neuregelung der Bestandsdatenauskunft mit Wirkung vom 01.07.2013 umgesetzt wurde.[243]

Außerdem wurde ein Auskunftsanspruch hinsichtlich **Zugangssicherungscodes** 6.178
(z.B. Passwörter, PIN oder PUK) geschaffen, der angesichts der inzwischen in nahezu allen Endgeräten (Handys, Smartphones, Tablets, Musik- und Videoabspielgeräte usw.) implementierten Sicherungs- und Codeabfragen, bevor das jeweilige Gerät in Betrieb genommen oder nach gewissen Zeitspannen der Untätigkeit wieder benutzt werden soll, für Ermittlungen nicht mehr verzichtbar ist.

6.2.9.1 Regelungsgehalt

Auskunftsverpflichtung über Bestandsdaten (§ 100j Abs. 1 Satz 1 StPO)

§ 100j Abs. 1 Satz 1 StPO ist die **allgemeine Befugnisnorm** für die Beauskunftung 6.179
sogenannter **Bestandsdaten** (§ 3 Nr. 3 TKG), indem derjenige, der **geschäftsmäßig Telekommunikationsdienste erbringt** oder **daran mitwirkt**, auf Verlangen Auskunft über die nach den §§ 95, 111 TKG erhobenen Daten (§ 113 Abs. 1 Satz 1 TKG) zu erteilen hat. Es handelt sich dabei um die von den Diensteanbietern gem. §§ 95, 111 TKG regelmäßig bei Begründung eines Vertragsverhältnisses gem. § 95 TKG erhobenen Daten, welche im Umfang von § 111 TKG für Auskunftsverfahren zur Verfügung zu stellen sind. Es handelt sich hierbei vor allem um Namen und Anschrift des Nutzers, dessen Geburtsdatum, die ihm überlassenen Rufnummern, die Gerätenummer der dem Nutzer überlassenen Mobilfunkendgeräte, das Datum des Vertragsbeginns sowie bei Festnetzanschlüssen auch die Anschrift, an welcher dieser Anschluss betrieben wird (vgl. hierzu § 111 Abs. 1 TKG). Betroffen sind auch die gespeicherten Bankdaten und damit zusammenhängende Informationen, wie beispielsweise das Zahlungsverhalten eines Kunden, erfolgte Mahnungen und Pfändungen.[244]

Zweck der begehrten **Auskunft** kann die **Erforschung des Sachverhalts** oder die 6.180
Ermittlung des Aufenthaltsorts eines Beschuldigten sein, soweit dies zur Erreichung eines dieser Zwecke erforderlich ist. Eine stärker einschränkende Prüfung, wie beispielsweise in § 100g Abs. 1 Satz 2 StPO, wonach die Abfragemöglichkeit davon abhängig gemacht wird, dass andere Ermittlungsmöglichkeiten aussichtslos oder jedenfalls erschwert wären, ist nicht gegeben. Außerdem gilt, da in § 100j Abs. 3 StPO diese Regelung nicht erwähnt ist, für solche Auskunftsbegehren **kein Richtervorbehalt**.[245]

Gemäß § 113 Abs. 2 Satz 1 TKG muss das Auskunftsverlangen grundsätzlich in 6.181
Textform gestellt werden, was aber nicht zwingend eine papierene Anfrage bedingt; vielmehr kann diese auch per Telefax oder in gesicherter elektronischer Form erfolgen, welche dann beim Provider ausdruckbar ist. In dringenden Fällen

---

243) BGBl I, 1602.
244) Bär, MMR 2013, 700, 702.
245) Bär, MMR 2013, 700, 702.

kann die Anfrage in Textform allerdings später nachgereicht werden (§ 113 Abs. 2 Satz 3 TKG).

Auskunftsverlangen bzgl. Zugangssicherungscodes (§ 100j Abs. 1 Satz 2 StPO)

6.182 § 100j Abs. 1 Satz 2 StPO beinhaltet eine Einschränkung des Auskunftsanspruchs für solche Auskünfte, die sich auf **Daten** beziehen, **mittels derer der Zugriff auf Endgeräte** oder **auf Speichereinrichtungen,** die in diesen Endgeräten oder hiervon räumlich getrennt eingesetzt werden, geschützt wird. Es handelt sich insoweit um keine direkten Telekommunikationsdaten, vielmehr um Zugangsdaten zu einzelnen Geräten, wie beispielsweise Sicherungs- und Zugriffcodes, unabhängig davon, ob diese bereits durch den Hersteller oder Provider voreingestellt sind oder vom Nutzer selbst erst angelegt wurden, weiterhin sogenannte PIN, Super-PIN und PUK bei Mobiltelefonen, Smartphones und Tablets mit Internetzugängen über das Mobilfunknetz (GPRS, EDGE, UMTS, HSPA und ab sofort LTE bzw. LTE-Advanced). Für solche Daten darf aber eine Auskunft nur verlangt werden, wenn die gesetzlichen **Voraussetzungen** für die **Nutzung** auch der solchermaßen **geschützten Daten** vorliegen.[246] Dies gilt etwa, wenn durch die Zugangscodes Zugriff auf laufende Telekommunikation erreicht werden soll oder auch nur die Gelegenheit hierzu besteht; denn hierfür wäre eine richterliche Anordnung nach § 100a StPO zwingend erforderlich. Jedenfalls ist aber davon auszugehen, dass jegliche **strafprozessualen Zugriffe auf diese Zugangscodes** in § 100j StPO nunmehr **abschließend geregelt** sind und jede polizeiliche Umgehung der Anforderungen dieser Maßnahme, z.B. durch eigenes Ausprobieren oder dem Ausnutzen von Lücken im Betriebssystem, eine weitergehende Ermittlungstätigkeit rechtswidrig und u.U. strafbar gem. § 202a StGB macht.

Unabhängig hiervon kann der Ermittlungsrichter jegliche polizeilichen Untersuchungen in diesem Zusammenhang nach dieser Vorschrift anordnen bzw. genehmigen, so dass auch tatbestandliches Vorgehen nach §§ 202a und 202b StGB gerechtfertigt wäre. Soweit gelegentlich vertreten wird, das „Brechen" von Codes sei als Annexkompetenz bei Durchsuchungsmaßnahmen („virtueller Rammbock") enthalten, ist dem aus oben angeführten Gründen entgegenzutreten; denn die Durchsuchungsmaßnahme betrifft zwar auch das gewaltsame Öffnen von Wohnungen und Gelassen, während nach der mit dieser Regelung getroffenen Grundentscheidung des Gesetzgebers für Zugangscodes für Endgeräte oder Speichereinrichtungen aber ein weitergehender Schutz anerkannt wurde, der das Auslesen gesicherter Geräte von einer speziellen richterlichen Genehmigung abhängig macht.

6.183 Sollen demgegenüber **auf einem Mobiltelefon oder Smartphone** nur das Telefonbuch oder sonstige aus diesen Geräten **gespeicherte Daten** ausgelesen werden, sind nur geringere Anforderungen zu erfüllen, welche möglicherweise nicht deutlich höher sind als für die Abfrage von Bestandsdaten erforderlich. Jedoch obliegt

---

246) Vgl. zu dieser Problematik BVerfG, Beschl. v. 24.01.2012 – 1 BvR 1299/05, NJW 2012, 1419 Rdnr. 183 ff.

auch in solchen Fällen die Prüfung dem zuständigen Gericht (§ 100j Abs. 3 Satz 1 StPO).

Auch **Datenzugänge zu extern abgespeicherten Daten** (sei es im Inland oder viel-   6.184
fach bereits im Ausland) oder neuerdings auch in der sogenannten Cloud gespeicherte Daten sind über Zugangsdaten erreichbar, welche von § 100j Abs. 1 Satz 2
StPO erfasst werden. Beispielsweise stellt Microsoft eine solche Speicheralterna-
tive mit „SkyDrive" den Nutzern des Programmpakets Office 2013 bereits als
Auswahlmöglichkeit für eine Abspeicherung zur Verfügung.

Allerdings dürfte, auch wenn die Zugangsdaten nach § 100j Abs. 1 Satz 2 StPO
herauszugeben wären, ein **heimlicher Zugriff** auf solche Daten in der Cloud derzeit nicht zulässig sein.[247] Dies gilt unabhängig von Bedenken, welche sich auf
die Verletzung **ausländischer Hoheitsrechte** beziehen könnten, wenn die Datenspeicher sich nicht auf dem Gebiet Deutschlands befinden. In Betracht käme allerdings ein einmaliger Zugriff auf solche Daten, welcher dann, wie auch bei der **einmaligen Durchsuchung** eines Mailpostfachs anschließend dem Beschuldigten mitgeteilt werden müsste.[248]

Auskunft über dynamische IP-Adressen (§ 100j Abs. 2 StPO)

Mit der Bestimmung des § 100j Abs. 2 StPO wird eindeutig geregelt, dass die   6.185
Auskunftserteilung hinsichtlich verwendeter **IP-Adressen** unter den Vorausset-
zungen des § 100j Abs. 1 Satz 1 StPO verlangt werden kann, d.h. zur (weiteren)
Erforschung des Sachverhalts oder der Ermittlung des Aufenthaltsorts eines
Beschuldigten. Zugriffe auf die gespeicherten Daten setzen damit zumindest
„einen hinreichenden Anfangsverdacht gem. den §§ 161, 163 oder eine konkrete
Gefahr im Sinne der polizeilichen Generalklausel" voraus,[249] weshalb auch
Ermittlungen „ins Blaue hinein" unzulässig und von der Eingriffsgrundlage nicht
gedeckt sind.

Abfragen sind wegen des erforderlichen Bezugs zu einer strafbaren Handlung nur
unter Angabe eines **konkreten Zeitpunkts** zulässig, zu welchem die betreffende IP-
Adresse verwendet wurde. Nicht von der Eingriffsermächtigung gedeckt sind
Anfragen, welche Angaben zu einer oder mehreren IP-Adressen während eines ganzen „Zeitfensters" betreffen; denn wegen der unabhängigen Vergabe der IP-Adressen durch Provider (IP-Adressen werden beim Zugang zum Internet dynamisch aus
einem dem Provider zur Verfügung stehenden „Nummernraum" zugeteilt) wären
hierdurch möglicherweise auch Unbeteiligte betroffen, gegen die kein Anfangsverdacht bestünde und weswegen ein Auskunftsanspruch nicht gegeben wäre.

Nicht eindeutig ist der Gesetzeswortlaut hinsichtlich der Frage, ob auch die zu
einem bestimmten Zeitpunkt **einem Account zugewiesenen dynamischen IP-
Adressen** beauskunftet werden müssen. Dafür spricht allerdings, dass hierbei

---

247) Siehe auch Dalby, CR 2013, 361, 366.
248) Vgl. BVerfG, Beschl. v. 16.06.2009 – 2 BvR 902/06, MMR 2009, 673, 674 f.
249) BT-Drucks. 17/12034, S. 13.

Unbeteiligte gerade von einer solchen Auskunft nicht betroffen sind und letztlich der Accountinhaber mit demjenigen gleichbehandelt wird, dessen Account über eine statische IP-Adresse verfügt.[250]

6.2.9.2   Richtervorbehalt (§ 100j Abs. 3 StPO)

6.186   Der § 100j Abs. 3 StPO normierte Richtervorbehalt soll sicherstellen, dass kein heimlicher Zugriff auf Daten der betroffenen Person ohne richterliche Zustimmung erfolgt. Ein eigenständiger richterlicher Beschluss ist dabei nur dann **ausnahmsweise entbehrlich**, wenn die Nutzung eines Zugangssicherungscodes bereits durch eine richterliche Entscheidung gestattet wurde, z.B. durch einen entsprechenden Beschlagnahmebeschluss der gesicherten Daten, oder die betroffene Person Kenntnis vom Herausgabeverlangen hat oder haben muss (§ 100j Abs. 3 Satz 4 StPO).

Die Ausgestaltung des Richtervorbehalts stärkt den **Rechtsschutz** bei **heimlichen Maßnahmen**, insbesondere im Hinblick auf Zugriffsmöglichkeiten auf **Cloud-Dienste** ohne auf ein konkretes Endgerät beschränkte Zugriffsmöglichkeiten; denn gerade bei externen Speicherdiensten, wie z.B. Google Drive, Dropbox, LiveDrive, SkyDrive oder Telekom Cloud, auf welche sowohl mit dem häuslichen PC, vor allem aber auch mit unterschiedlichen Laptops, Tablets oder Smartphones zugegriffen werden kann, würde es ausreichen, bei einem Endgerät die Zugangsdaten auszulesen, um dann jederzeit und auch von Fremdrechnern Daten sicherzustellen und ggf. als Beweismittel zu verwenden. Gerade in solchen Fällen ist das Gericht vor einem solchen Eingriff zur Prüfung der Rechtsgrundlage und der erforderlichen Eingriffstiefe berufen.

6.187   Soweit das zuständige Gericht nicht rechtzeitig erreichbar ist, regelt § 100j Abs. 3 Satz 2 StPO eine **Eilkompetenz** der Staatsanwaltschaft oder ihrer Ermittlungspersonen (§ 152 GVG). Insoweit ist die Regelung etwas weiter als § 100b Abs. 1 Satz 2 StPO hinsichtlich Überwachungsmaßnahmen der Telekommunikation gem. § 100a StPO, was aber auch der doch erheblich geringeren Eingriffstiefe der hier vorliegenden Maßnahmen entspricht.

Eine **Ausnahme vom Richtervorbehalt** ist in § 100j Abs. 4 Satz 3 StPO geregelt. Danach ist ein richterlicher Beschluss **ausnahmsweise entbehrlich**, wenn die Nutzung eines Zugangssicherungscodes bereits durch eine richterliche Entscheidung gestattet wurde, z.B. durch einen entsprechenden Beschlagnahmebeschluss der gesicherten Daten, oder wenn die betroffene Person Kenntnis vom Herausgabeverlangen hat oder haben muss.

---

250) Dalby, CR 2013, 361, 365.

6.2.9.3 Benachrichtigungspflicht (§ 100j Abs. 4 StPO)

Die **Benachrichtigungspflicht** soll vor dem Hintergrund, dass die Zuordnung von 6.188
dynamischen IP-Adressen im Gegensatz zur sonstigen Bestandsdatenabfrage
insoweit einen Eingriff in das Telekommunikationsgeheimnis darstellt, weil die
Telekommunikationsunternehmen für die Identifizierung einer dynamischen IP-
Adresse zumindest der Sache nach auf konkrete Telekommunikationsvorgänge
zugreifen müssen, zur **Sicherstellung hoher rechtsstaatlicher Hürden** dem **Grundsatz der Transparenz** Rechnung tragen und damit auch die Möglichkeit für nachträglichen Rechtsschutz eröffnen.[251] Diese hohen Verfahrenssicherungen gelten –
wegen des damit verbundenen mittelbaren Grundrechtseingriffs – auch für die
Beauskunftung von sogenannten **Zugangssicherungscodes** (z.B. PIN und PUK).

6.2.9.4 Datenübermittlungsverpflichtung (§ 100j Abs. 5 StPO)

Gemäß § 100j Abs. 5 Satz 1 StPO hat derjenige, der Telekommunikationsdienste 6.189
erbringt oder daran mitwirkt, die zur Auskunftserteilung erforderlichen Daten
unverzüglich zu übermitteln. Wie bei anderen Eingriffsermächtigungen gilt auch
hier, dass dem Netzbetreiber oder Dienstleister keine Beschwerdebefugnis
zusteht, wenn es um die Anordnung selbst oder auch deren Rechtsgrundlage geht.
Keinesfalls können sie an Stelle des Ermittlungsrichters oder der zuständigen
Staatsanwaltschaft eine eigene rechtliche Wertung der Zulässigkeit einer Anordnung vornehmen.[252]

Außerdem können gem. § 100j Abs. 5 Satz 2 StPO (i.V.m. § 95 Abs. 2 Satz 1
StPO) zur Durchsetzung der Auskunftspflicht erforderlichenfalls die in § 70
bestimmten Ordnungs- und Zwangsmittel (insbesondere Ordnungsgeld, ersatzweise Ordnungshaft) gegen Dienstleister festgesetzt werden.

6.2.9.5 Rechtsschutz

Wie bei anderen Maßnahmen kann eine betroffene Person **nachträglich Rechts-** 6.190
schutz geltend machen, weshalb Betroffene von solchen Maßnahmen in Kenntnis
zu setzen sind.

Die **Beschwerde** gegen die beanstandete Maßnahme ist bei dem für die Anordnung zuständigen Amtsgericht einzulegen (§ 101 Abs. 7 Satz 1 StPO).

---

251) BT-Drucks. 17/12879, S. 11.
252) BeckOK, StPO/Graf, § 100a Rdnr. 239.

6.2.9.6 Vorgehen des Verteidigers gegen die Verwertung erlangter Erkenntnisse

6.191 Wenn der Verteidiger von einer Maßnahme nach § 100i StPO erfährt, ist diese regelmäßig längst beendet. Er ist dann zunächst auf die allgemeine Überprüfung der zugrundeliegenden gerichtlichen Anordnung beschränkt (siehe hierzu Rdnr. 6.67) und kann ggf. gem. § 101 Abs. 7 StPO einen Antrag auf gerichtliche Entscheidung (siehe hierzu Rdnr. 6.68) stellen.

Im Allgemeinen wird auch in diesen Falllagen die Hauptverhandlung richtige Ort sein, gegen eine Verwertung vorzugehen (siehe hierzu Rdnr. 6.68 f.). Hierbei ist darauf zu achten, dass der Verteidiger sich nicht mit einer abschlägigen Bescheidung durch den Vorsitzenden abfindet, sondern in allen Fällen eine **Gerichtsentscheidung** herbeiführt; nur dann ist später der Weg zur Revisionsrüge eröffnet![253]

Benachrichtigung

6.192 Wie auch bei anderen **Benachrichtigungsverpflichtungen** (vgl. § 101 Abs. 5 Satz 1 StPO) **unterbleibt** eine Benachrichtigung, solange infolge der Auskunft der konkrete Ermittlungszweck vereitelt würde (Abs. 4 Satz 2). Ebenso unterbleibt sie, wenn ihr **überwiegende schutzwürdige Belange** Dritter oder der betroffenen Person selbst **entgegenstehen** (Abs. 4 Satz 3), wobei insoweit jeweils eine Abwägung im Einzelfall erforderlich sein wird. Die Zurückstellung einer Benachrichtigung ist zusammen mit den hierfür maßgeblichen Gründen aktenkundig zu machen (Abs. 4 Satz 4). Vielfach unterbleibt jedoch eine Benachrichtigung aus „Vereinfachungsgründen" oder wird einfach vergessen, so dass immer anzuraten ist, die Erfüllung dieser Verpflichtung zu überprüfen und ggf. anzumahnen oder bei gröberen Verstößen zu rügen.

Wie bei anderen vergleichbaren Regelungen in der StPO ist auch die Benachrichtigung nach Absatz 3 durch die sachleitende Staatsanwaltschaft vorzunehmen.[254]

> **Praxistipp**
>
> Angesichts der formalen Erfordernisse für eine entsprechende Anordnung nach § 100j Abs. 1 Satz 2 StPO könnte der Wunsch bei den Ermittlern entstehen, in Zukunft wieder zu versuchen, technisch den **Zugang** zu einem Endgerät ohne eine Auskunftsanfrage beim Netz- oder Dienstebetreiber durch die **Ermittlungsbehörde selbst zu erschließen**, entweder nach dem Prinzip von „trial and error" oder dem Versuch, Lücken des Betriebssystems hierfür auszunutzen. Auch wenn ein Ermittler hierzu in der Lage wäre, bleibt aber zu beachten, dass eine solche Umgehung von § 100j Abs. 1 Satz 2 StPO kaum eine Rechtfertigung im Hinblick auf den möglicherweise hierdurch ebenfalls verwirklichten Tatbestand des § 202a StGB finden dürfte.

---

253) BGH, Beschl. v. 07.03.2006 – 1 StR 316/05, NJW 2006, 1361, 1362 = NStZ 2006, 402.
254) BT-Drucks. 17/12879, S. 11.

7 Polizeiliche Vernehmungen

Maurer

7.1   Einführung

7.1.1   Beschuldigtenvernehmung

7.1.1.1   Bedeutung

7.1   Die Vernehmung des Beschuldigten und die Gelegenheit zur Äußerung sichern seinen **Anspruch auf rechtliches Gehör** und gewährleisten eine effektive Verteidigung schon im Ermittlungsverfahren. Sie stellen sicher, dass der Beschuldigte vom Ermittlungsverfahren gegen ihn erfährt.[1] Der Beschuldigte erhält Gelegenheit, die gegen ihn vorliegenden Verdachtsgründe zu beseitigen und zu seinen Gunsten sprechende Tatsachen geltend zu machen. Auch sind (bei der ersten Vernehmung) seine persönlichen Verhältnisse festzustellen (§§ 163a Abs. 4 Satz 2, 136 Abs. 2 und 3 StPO). Die Vernehmung trägt so auch zur Konstitution der Tatsachen-

---

[1]   LR/Erb, § 163a, Rdnr 32, 33; KK/Griesbaum, § 163a Rdnr. 1.

grundlage für die Abschlussentscheidung der Staatsanwaltschaft nach § 170 StPO bei.

Zur Vernehmung von Beschuldigten berechtigt sind Staatsanwaltschaft und Polizei (vgl. § 163a StPO) sowie der Richter (vgl. § 168c StPO). Soweit in Steuerstrafsachen, wozu auch Zollstrafsachen gehören, die Finanzbehörde nach § 386 Abs. 2 AO das Strafverfahren selbständig führt, hat sie für das Ermittlungsverfahren die Stellung der Staatsanwaltschaft (§ 399 AO). Bei der Verfolgung von Ordnungswidrigkeiten hat die zuständige Verwaltungsbehörde nach § 46 Abs. 2 OWiG grundsätzlich die Rechte und Pflichten der Staatsanwaltschaft.[2]

Auch wenn es sich um eine polizeiliche Vernehmung handelt, so leitet grundsätzlich die Staatsanwaltschaft das Ermittlungsverfahren, sie ist **Herrin des Ermittlungsverfahrens**. Sie hat daher die Gesamtverantwortung für eine rechtsstaatliche, faire und ordnungsgemäße Durchführung des Verfahrens zu tragen, auch soweit es durch die Polizei geführt wird. Ihr steht ein uneingeschränktes Weisungsrecht zu (vgl. § 161 Abs. 1 Satz 2 StPO, § 152 Abs. 1 GVG).

Die Vernehmungen von Staatsanwaltschaft, Polizei und Richter laufen im Prinzip weitgehend identisch ab, u.a. durch den Verweis in § 163a Abs. 3 Satz 2 und Abs. 4 Satz 1 und 2 StPO auf das nur für richterliche Beschuldigtenvernehmungen geltende Verbot unzulässiger Vernehmungsmethoden (§ 136a) sowie die weitgehend für den Richter normierten Belehrungsvorschriften des § 136 StPO.

7.1.1.2   Anwendbare Vorschriften

Die *polizeiliche* Vernehmung des Beschuldigten richtet sich insbesondere nach folgenden Vorschriften: 7.2

§§		Gegenstand
§ 163a Abs. 1 Satz 1		Vernehmung vor Abschluss der Ermittlungen
§ 163a Abs. 4 Satz 1		Belehrung Tatvorwurf
§ 163a Abs. 4 Satz 2 i.V.m.	§§ 136 Abs. 1 Satz 2–6	sonstige Belehrungen
	§ 136a	verbotene Vernehmungsmethoden
§ 163a Abs. 4 Satz 3 i.V.m.	§ 168c Abs. 1 und 5	Anwesenheitsrechte
§ 163a Abs. 5 i.V.m.	§§ 187 Abs. 1 bis 3, 189 GVG	Dolmetscher/Übersetzer
§ 168b Abs. 2 i.V.m.	§§ 168, 168a	Protokollierung

---

2)   LR/Erb, Vor. § 158, Rdnr. 34, 42.

7.1.1.3   Anwaltliche Beratung des Beschuldigten

7.1.1.3.1   Beratung vor der Vernehmung

7.3   Die Beratung des Beschuldigten **vor** seiner **ersten polizeilichen Vernehmung** besteht im Kern darin, ihn über seine Rechte (Aussagefreiheit, Verteidigerkonsultation, schriftliche Äußerung, Entlastungsbeweisanträge etc.) „zu belehren". Ein weiterer Schwerpunkt wird i.d.R. die Frage sein, ob sich der Mandant überhaupt zur Sache einlassen, ob er sich vernehmen lassen will bzw. soll. Über den Sinn und Zweck, die **Vor- und Nachteile** einer Vernehmung bzw. Einlassung aus Beschuldigtensicht wurde schon viel geschrieben.[3] Die Entscheidung, eine Einlassung abzugeben oder sich zur Sache vernehmen zu lassen, wird einzelfallabhängig sein und letztlich allein vom Mandanten entschieden, der Verteidiger kann nur beraten. Dennoch sollten folgende Maximen gelten (wenn nicht sehr gute Gründe etwas anderes gebieten):

1. Das **Recht zu schweigen** ist nicht nur eines der elementaren Rechte des Beschuldigten in einem Strafverfahren, sondern – meistens – auch eines der effektivsten Verteidigungsmittel.[4] Insbesondere Rechtfertigungs-, Entschuldigungs- und Strafmilderungsgründe (insbesondere Aufklärungshilfe nach § 46b StGB) können aber sehr gute Gründe sein, sich zur Sache einzulassen.

2. Einlassungen sollten so spät wie nötig/möglich, eine Vernehmung bestenfalls kurz vor Abschluss der Ermittlungen erfolgen.

3. Keine Beschuldigtenvernehmung/Einlassung ohne **Akteneinsicht**. Kein noch so erfahrener Verteidiger kann die Entwicklung oder den Ausgang eines Verfahrens mit auch nur relativer, schon gar nicht mit absoluter Gewissheit prognostizieren.

4. Erklärungen zum Tatvorwurf sollten möglichst durch einen **Anwaltsschriftsatz** zu den Akten gereicht werden, wenn nicht sehr gute Gründe etwas anderes gebieten. Eigene schriftliche Äußerungen des Mandanten sind eine Urkunde, die später über § 249 Satz 1 StPO verlesen und auch zum Nachteil des Mandanten verwertet werden darf.[5]

5. Sollte es (dennoch) zu einer Vernehmung kommen: **Keine Vernehmung ohne Anwalt!**[6]

---

3)   Breyer/Endler, AnwaltFormulare Strafrecht, Kap. III, Rdnr. 60; Dahs, Handbuch des Strafverteidigers, Rdnr. 292 ff.; Burhoff, Ermittlungsverfahren, Rdnr. 1804 ff.

4)   Dahs, Handbuch des Strafverteidigers, Rdnr. 294.

5)   Schriftsätze des Verteidigers, die eine Sachdarstellung beinhalten, sind hingegen grundsätzlich keine Erklärungen des Beschuldigten und können deshalb auch nicht als Urkunden zum Beweis über eine entsprechende Einlassung des Beschuldigten verlesen werden, BGH, Beschl. v. 13.12.2001 – 4 StR 506/01; die Verwertbarkeit von Erklärungen des Verteidigers in der Hauptverhandlung in Anwesenheit des Angeklagten, der selbst keine Erklärung zur Sache abgibt, setzt voraus, dass der Angeklagte den Verteidiger zu dieser Erklärung ausdrücklich bevollmächtigt oder die Erklärung nachträglich genehmigt hat, BGH, Beschl. v. 28.06.2005 – 3 StR 176/05.

6)   Der Verteidiger hat seit 2017 über § 163a Abs. 4 i.V.m. § 168c Abs. 1, 5 auch für die polizeiliche Vernehmung des Mandanten ein Anwesenheitsrecht (siehe unten Anwesenheitsrechte, Rdnr. 7.74).

6. Während der Vernehmung hat der Anwalt nicht nur die Einlassung des Mandanten im Blick zu halten, sondern auch auf richtige **Frage- und Protokollierungstechnik** zu achten. Denn polizeiliche Niederschriften, die in Gegenwart des Verteidigers aufgenommen worden sind, kann er später kaum noch angreifen. Im Worst-Case-Szenario muss erwogen werden, ob sich der Mandant auf Rat seines Verteidigers der weiteren Befragung verweigert (siehe Praxis der Protokollierung/Gefahren, Rdnr. 7.70).

7.1.1.3.2   Beratung nach bereits erfolgter Vernehmung

Hat der Mandant bereits Angaben zur Sache gemacht, muss die Verteidigung sich mit der Entstehung, dem Verlauf und dem Inhalt der Erstaussage des Beschuldigten samt aller Begleitumstände nachträglich auseinandersetzen (siehe Checkliste Vernehmung des Beschuldigten, Rdnr. 7.118). Mängel der polizeilichen Belehrung belasten nicht nur das Verfahren, im Einzelfall können sie sogar den Bestand eines späteren Urteils gefährden (siehe Beweisverwertungsverbote, Rdnr. 7.5 ff.). Die Befragung des eigenen vernommenen Mandanten hierzu sollte möglichst zeitnah erfolgen, da seine Erinnerung mit zunehmendem Zeitablauf schlechter werden wird. Im Besonderen sind hier „informatorische Vorgespräche", alle Einzelheiten des Vernehmungsablaufs sowie die Belehrungen und Aussagen der Vernehmungspersonen kritisch in den Blick zu nehmen. Der Verteidiger kann über § 147 Abs. 3 StPO jederzeit Akteneinsicht in Protokolle über Vernehmungen und (über § 58a Abs. 2 Satz 3 StPO) eine Kopie der Aufzeichnung einer audiovisuellen Vernehmung des Beschuldigten verlangen. Auch der bereits vernommene Beschuldigte ist mit gleichem Nachdruck dahin zu beraten, dass er auf keinen Fall ohne seinen Verteidiger und wem auch immer gegenüber keine weiteren Angaben (zum Tatvorwurf) machen soll. Gegebenenfalls muss der Verteidiger unter Bewertung der sonstigen Beweislage entscheiden, ob eine neue, zutreffendere Einlassung abgegeben werden sollte.[7]

7.4

7.1.2   Beweisverwertungsverbote

Ergibt die Prüfung des Verteidigers, dass bei der Vernehmung des Mandanten Belehrungspflichten nicht vollständig eingehalten wurden, so ist insbesondere das Vorliegen von Beweisverwertungsverboten für das Ermittlungsverfahren einerseits und für ein mögliches Hauptverfahren andererseits in den Blick zu nehmen. Zusammengefasst gilt: Ein ausdrückliches Verwertungsverbot normiert ausschließlich § 136a Abs. 3 Satz 2 StPO für den Fall, dass bei der Vernehmung des Beschuldigten verbotene Vernehmungsmethoden im Sinne von § 136a Abs. 1 oder 2 StPO angewendet wurden.

7.5

---

7) Wegen der Folgen für eine Hauptverhandlung, vgl. Rinklin, Hauptverhandlung, Kap. 12, S. 519.

Maurer

7.6 Im Übrigen kennt die StPO keinen allgemein geltenden Grundsatz, wonach jeder Verstoß gegen Beweiserhebungsvorschriften ein strafprozessuales **Verwertungsverbot** nach sich zieht. Ob ein solches eingreift, ist vielmehr jeweils nach den Umständen des Einzelfalls, insbesondere nach der Art des Verbots und dem Gewicht des Verstoßes unter Abwägung der widerstreitenden Interessen zu entscheiden (sog. **Abwägungslehre**).[8] Dabei ist zu beachten, dass die Annahme eines Verwertungsverbots dem Grundsatz, die Wahrheit zu erforschen, zuwiderläuft. Deshalb handelt es sich bei einem Beweisverwertungsverbot um eine Ausnahme, die nur nach ausdrücklicher gesetzlicher Vorschrift oder aus übergeordneten wichtigen Gründen im Einzelfall anzuerkennen ist. Maßgeblich beeinflusst wird die Abwägung einerseits durch das Ausmaß des staatlichen **Aufklärungsinteresses**, dessen Gewicht im konkreten Fall vor allem unter Berücksichtigung der Verfügbarkeit weiterer Beweismittel, der Intensität des Tatverdachts und der Schwere der Tat bestimmt wird. Andererseits ist das Gewicht des in Rede stehenden Verfahrensverstoßes von Belang, das sich vor allem danach bemisst, ob der Rechtsverstoß gutgläubig, fahrlässig oder vorsätzlich begangen wurde. Schwerwiegende, bewusste oder willkürliche Verfahrensverstöße, bei denen grundrechtliche Sicherungen planmäßig oder systematisch außer Acht gelassen werden, verlangen die Unverwertbarkeit dadurch gewonnener Informationen. Diese Abwägungslösung des BGH und die Kriterien hierzu entsprechen den verfassungsrechtlichen Anforderungen.[9]

Praxistipp

7.7 Solche Verwertungsverbote werden insbesondere angenommen

- bei einem Verstoß gegen die Belehrungspflicht gemäß § 136 Abs. 1 Satz 2 StPO (Aussagefreiheit, Anwaltskonsultationsrecht – st. Rspr., siehe unten Rdnr. 7.46),
- falls der Beschuldigte seine Angaben unter dem Eindruck des Vorhalts von unzulässig erlangten Erkenntnissen gemacht hat,[10]
- bei vernehmungsähnlicher Befragung unter Ausnutzung einer täuschungsähnlichen Situation i.S.d. § 136a StPO abgeleitetes Beweisverwertungsverbot,[11]
- bei unzulässigen „informatorischen" Vorgesprächen, Kontaktgesprächen etc. mit dem Beschuldigten – soweit sie einen inhaltlichen Bezug zum Tatvorwurf haben[12] – und

---

8) St. Rspr. vgl. nur BGH, Urt. v. 03.05.2018 – 3 StR 390/17 m.w.N.; Meyer-Goßner/Schmitt, Einl. Rdnr. 55 ff.
9) BVerfG, Nichtannahmebeschl. v. 13.05.2015 – 2 BvR 616/13.
10) BGH, Urt. v. 03.05.2018 – 3 StR 390/17.
11) BGH, Urt. v. 28.04.1987 – 5 StR 666/86; BGH, Urt. v. 26.07.2007 – 3 StR 104/07; BGH, Beschl. v. 27.01.2009 – 4 StR 296/08; BGH, Beschl. v. 18.05.2010 – 5 StR 51/10; Thüringer OLG, Beschl. v. 31.07.2019 – 1 Ws 242/19.
12) BGH, Urt. v. 03.07.2007 – StR 3/07; BGH, Urt. v. 18.12.2008 – 4 StR 455/08; BGH, Urt. v. 03.05.2018 – 3 StR 390/17.

> – bei einem Verstoß gegen die Benachrichtigungspflicht gem. §§ 163a Abs. 4 Satz 3, 168c Abs. 5 Satz 1 StPO des Verteidigers bei der polizeilichen Vernehmung des beschuldigten Mandanten.[13)]

Verstöße gegen diese sonstigen Belehrungsinhalte in §§ 163a Abs. 4 Satz 2, 136 Abs. 1 Satz 5 und 6 StPO begründen nach allgemeiner Meinung kein Verwertungsverbot.[14)]

Ein bestehendes Beweisverwertungsverbot gilt zunächst nur für diejenige Aussage, die durch den Verfahrensfehler herbeigeführt worden ist. Eine Fortwirkung ist die Ausnahme und wird bei einem Verstoß gegen § 136 Abs. 1 Satz 2 StPO unter dem Stichwort „qualifizierte Belehrung" diskutiert (siehe unten, Rdnr. 7.47).

Auf eine Verletzung von Verfahrensvorschriften kann sich ein Beschuldigter nicht berufen, wenn er hierdurch nicht in seinem **Rechtskreis** tangiert wird.[15)] So bezweckt die Regelung über die Beschuldigtenbelehrung nach § 136 Abs. 1 Satz 2 StPO (i.V.m. §§ 163a Abs. 3 Satz 2, 163a Abs. 4 Satz 2 StPO) ausschließlich den Schutz des jeweils betroffenen Beschuldigten und dient nicht den Interessen von Mitbeschuldigten. Deren Rechtskreis wird von einem gegen andere Beschuldigte gerichteten Verstoß gegen § 136 Abs. 1 Satz 2 StPO grundsätzlich nicht berührt.[16)] **7.8**

> **Praxistipp**
>
> Ein **Verwertungsverbot** besteht in der Hauptverhandlung nur dann nicht, wenn der verteidigte Angeklagte in der Hauptverhandlung ausdrücklich der Verwertung zugestimmt oder ihr nicht bis zu dem in § 257 StPO genannten Zeitpunkt widersprochen hat.[17)] Dem verteidigten Angeklagten steht ein Angeklagter gleich, der vom Vorsitzenden über die Möglichkeit des Widerspruchs unterrichtet worden ist.[18)] Im **Ermittlungsverfahren** sind Beweisverwertungsverbote unabhängig von einer Beanstandung durch den Beschuldigten von Amts wegen zu beachten, auch wenn der zugrunde liegende Verfahrensmangel eine für den Beschuldigten disponible Vorschrift betrifft.[19)] **7.9**

---

13) KK/Griesbaum, § 163a Rdnr. 21, § 168c Rdnr. 22.

14) BeckOK, StPO/Monka, § 136 Rdnr. 26.

15) BGH, Beschl. v. 12.12.2019 – 5 StR 464/19; BGH, Beschl. v. 09.08.2016 – 4 StR 195/16.

16) BGH, Urt. v. 10.08.1994 – 3 StR 53/94; eingehend BGH, Beschl. v. 17.02.2009 – 1 StR 691/08; a.A. Meyer-Goßner/Schmitt, Einl. Rdnr. 57b ff. m.w.N., wonach nicht auf den „Rechtskreis" des Beschuldigten abgestellt werden dürfe.

17) Grundlegend BGH, Beschl. v. 27.02.1992 – 5 StR 190/91; zusammenfassend KK/Willnow, Vor. § 137 Rdnr. 6; Rinklin, Hauptverhandlung, Kap. 17, S. 863 m.w.N.

18) BGH, Beschl. v. 27.02.1992 – 5 StR 190/91.

19) BGH, Beschl. v. 06.06.2019 – Az StB 14/19.

> Die sogenannte Widerspruchslösung findet keine Anwendung. Verwertungs-
> verbote sind in einem **Gerichtsverfahren** im Freibeweisverfahren zu klären.[20]
> Der Zweifelssatz in dubio pro reo gilt insoweit nicht, Verfahrensfehler müssen
> nachgewiesen werden.[21] Nach Nr. 45 Abs. 1 RiStBV ist die Belehrung des Be-
> schuldigten vor seiner ersten Vernehmung nach § 136 Abs. 1, 163a Abs. 3
> Satz 2 StPO „aktenkundig" zu machen. Eine nicht aktenkundig gemachte Beleh-
> rung ist ein gewichtiges Indiz gegen eine Belehrung.[22] Ein Grundsatz, wonach
> bei einer entgegen Nr. 45 Abs. 1 RiStBV teilweise unterbliebenen Protokollie-
> rung „ausschließlich" oder naheliegend Lügen des verantwortlichen Polizisten
> zum Vernehmungsablauf zu erwarten sind, gibt es nicht.[23]

7.10 Ein **Verwertungsverbot** besteht – selbst bei einem Verstoß gegen § 136 Abs. 1
Satz 2 StPO – dann nicht, wenn feststeht, dass das Aussageverhalten des Beschuldigten durch den Verstoß gegen Belehrungsvorschriften nicht beeinflusst
wurde,[24] insbesondere der Beschuldigte sein Recht zu schweigen ohne Belehrung
gekannt hat.[25] Dabei ist aber grundsätzlich davon auszugehen, dass der Beschuldigte seine Rechte nicht von sich aus kennt.[26] Auch darf die Kenntnis des Rechts
bei Vorbestraften oder bestimmten Berufsgruppen nicht pauschal unterstellt werden.[27] Gibt es daher keine hinreichenden Anhaltspunkte für eine erfolgte Belehrung und kommt hinzu, dass ein Aktenvermerk gemäß Nr. 45 Abs. 1 RiStBV
nicht gefertigt wurde, dürfen Äußerungen, die der Beschuldigte in dieser Vernehmung gemacht hat, nicht verwertet werden.[28] Etwas anderes gilt regelmäßig aber
dann, wenn der Beschuldigte in Gegenwart seines Verteidigers vor der Polizei aussagt. Dann darf von einer entsprechenden Rechtskenntnis ausgegangen werden.[29]

7.1.3   Beschuldigter/Verfahrensrolle

7.11 Die Frage, ob jemand Zeuge, (noch) Verdächtigter oder (schon) Beschuldigter ist,
ist für die einzuhaltenden, dem Schutz von Beschuldigten dienenden Verfahrensvorschriften[30] und die Frage der Verwertbarkeit von Äußerungen in einem späteren Verfahrensabschnitt von wesentlicher Bedeutung. Für die Vernehmung kennt

---

20) St. Rspr.: BGH, Beschl. v. 02.05.2019 – 3 StR 21/19; BGH, Beschl. v. 25.09.2018 –
    StB 40/18; BGH, Urt. v. 08.08.2018 – 2 StR 131/18, BGH, Beschl. v. 23.08.2011 –
    1 StR 153/11; vgl. nur Meyer-Goßner/Schmitt, § 136 Rdnr. 23; §136a Rdnr. 32.
21) St. Rspr.: BGH, Beschl. v. 02.05.2019 – 3 StR 21/19; BGH, Beschl. v. 25.09.2018 –
    StB 40/18; BGH, Urt. v. 08.08.2018 – 2 StR 131/18.
22) Meyer-Goßner/Schmitt, § 136 Rdnr. 23.
23) BGH, Beschl. v. 23.08.2011 – 1 StR 153/11.
24) BGH, Beschl. v. 06.03.2012 – 1 StR 623/11.
25) BGH, Urt. v. 22.11.2001 – 1 StR 220/01; Meyer-Goßner/Schmitt, § 136 Rdnr. 20.
26) BGH, Urt. v. 22.11.2001 – 1 StR 220/01.
27) Rinklin, Hauptverhandlung, Kap. 12, S. 515.
28) BGH, Beschl. v. 08.11.2006 – 1 StR 454/06.
29) BGH, Beschl. v. 27.02.1992 – 5 StR 190/91.
30) BGH, Beschl. v. 27.02.1992 – 5 StR 190/91.

die StPO eigentlich nur die Unterscheidung zwischen Zeuge und Beschuldigter. Eine Auskunftsperson ist daher **entweder Beschuldigter oder Zeuge,** niemals beides.[31)] Die Rollen sind verfahrensbezogen zu bestimmen. Ordnet das Gericht in einer Verhandlung die Vernehmung eines nicht angeklagten, mutmaßlichen Tatbeteiligten an, hat er – unabhängig von der Stärke des Tatverdachts – die Stellung eines nach § 55 StPO zu belehrenden Zeugen.

7.1.3.1   Begriff/Definition

Der Begriff des Beschuldigten wird an verschiedenen Stellen in der StPO vorausgesetzt, er ist aber – im Gegensatz zum Begriff des Angeschuldigten und des Angeklagten[32)] – nicht legaldefiniert. Zunächst ist ein Beschuldigter die Person, gegen die ermittelt wird, bis zur Erhebung der Klage (**Beschuldigter im engeren Sinn**). Anschließend umfasst diese Bezeichnung auch den Angeschuldigten und den Angeklagten (**Beschuldigter im weiteren Sinn**).[33)] Für den Beschuldigtenbegriff der §§ 136, 163a StPO existiert in Rechtsprechung und Literatur keine einheitliche Begriffsbestimmung.[34)] Nach der Rechtsprechung vereint der Beschuldigtenbegriff „subjektive und objektive Elemente. Die Beschuldigteneigenschaft setzt – subjektiv – den Verfolgungswillen der Strafverfolgungsbehörde voraus, der sich – objektiv – in einem Willensakt manifestiert.“[35)] Die Beschuldigtendefinition soll sich dem Grunde nach an § 397 AO[36)] anlehnen.[37)]

7.12

Der Begriff des Beschuldigten lässt sich in verschiedene Richtungen eingrenzen. Allein das Bestehen eines Tatverdachts gegen eine bestimmte Person reicht nicht. §§ 55, 60 Nr. 2 StPO zeigen, dass bei Vernehmungen auch Fallgestaltungen möglich sind, in denen ein tatverdächtiger Zeuge vernommen werden darf, ohne dass er Beschuldigter wäre. Hinzutreten muss daher ein **Willensakt der Strafverfolgungsbehörden.** Andererseits wird die Beschuldigteneigenschaft stets auch ohne objektiven (gar starken) Tatverdacht durch einen Willensakt der Strafverfolgungsbehörden begründet, wenn gegen eine Person „als Beschuldigter“ ermittelt wird. **Kinder** unter 14 Jahren können nicht Beschuldigte sein, da aufgrund ihrer Schuldunfähigkeit (§ 19 StGB) ein Verfahrenshindernis besteht.[38)] Ist nur der Tat-

7.13

---

31) Grundlegend BGH, Urt. v. 18.10.1956 – 4 StR 278/56.
32) Vgl. § 157 StPO „Im Sinne dieses Gesetzes ist Angeschuldigter der Beschuldigte, gegen den die öffentliche Klage erhoben ist, Angeklagter der Beschuldigte oder Angeschuldigte, gegen den die Eröffnung des Hauptverfahrens beschlossen ist.
33) LR/Erbs, § 163a, Rdnr. 7.
34) Vgl. etwa Burhoff, Ermittlungsverfahren, Rdnr. 1044; LR/Erbs, § 163a Rdnr. 9.
35) BGH, Urt. v. 03.07.2007 – 1 StR 3/07.
36) § 397 Abs. 1 AO: „Das Strafverfahren ist eingeleitet, sobald die Finanzbehörde, die Polizei, die Staatsanwaltschaft, eine ihrer Ermittlungspersonen oder der Strafrichter eine Maßnahme trifft, die erkennbar darauf abzielt, gegen jemanden wegen einer Steuerstraftat strafrechtlich vorzugehen.“
37) BGH, Beschl. v. 27.02.1992 – 5 StR 190/91; LR/Erbs, § 163a Rdnr. 9.
38) Meyer-Goßner/Schmitt, Einl. Rdnr. 76; KK/Diemer, § 136 Rdnr. 4; natürlich dürfen einem Kind, gegen das irrtümlich ermittelt wird, die Rechte des Beschuldigten nicht vorenthalten werden, sodass es jedenfalls als Beschuldigter zu behandeln ist.

verdacht, aber noch keine bestimmte Person als Tatverdächtiger erkennbar, so kann naturgemäß noch niemand als Beschuldigter behandelt werden.

Vom Vorliegen eines Beschuldigten – und nicht nur eines Zeugen oder verdächtigen Zeugen – ist auszugehen,

1. wenn eine bestimmte Person von den Strafverfolgungsbehörden förmlich oder faktisch „als Beschuldigter" angesehen wird, und zwar unabhängig vom aus Sicht der Verfolgungsbehörden objektiven Vorliegen eines Tatverdachts (nachfolgend „Willensakt der Strafverfolgungsbehörde"), oder

2. wenn gegen eine bestimmte Person auf Grund eines objektiven Maßstabs, anhand der den Strafverfolgungsbehörden zur Verfügung stehenden tatsächlichen Erkenntnisse der Grad eines Tatverdachts so stark ist bzw. sich so verdichtet hat, dass er **ernstlich** als Täter in Betracht kommt (nachfolgend „Grad des Tatverdachts").

7.1.3.2   Willensakt der Strafverfolgungsbehörde

7.14   Sieht die Strafverfolgungsbehörde eine bestimmte Person ausdrücklich als Beschuldigten an, so liegt darin ein förmlicher oder zumindest faktischer Willensakt der Strafverfolgungsbehörden. Die Beschuldigteneigenschaft ist aufgrund dessen stets zu bejahen, zwar unabhängig davon, ob ein personenbezogener Anfangsverdacht i.S.d. § 152 Abs. 2 StPO vorgelegen hat.[39] Ein solcher Willensakt kann sich dem äußeren Befund nach manifestieren, etwa durch die förmliche Einleitung eines Ermittlungsverfahrens, aber auch durch die schriftliche Bezeichnung als „Beschuldigter" (Beschriftung eines Aktenordners, Einleitungsvermerks o.Ä.) oder durch die ausdrückliche mündliche Erklärung der Polizei gegenüber einer Person, gegen sie werde jetzt „als Beschuldigter" ermittelt.[40] Ohne einen förmlichen schriftlichen oder mündlichen Willensakt beurteilt sich das Vorliegen der Beschuldigteneigenschaft danach, wie sich das **Verhalten** der Ermittlungsbehörden faktisch nach außen, insbesondere in der Wahrnehmung des davon Betroffenen darstellt. Eingriffsmaßnahmen, die an einen Tatverdacht anknüpfen, begründen grundsätzlich die Beschuldigteneigenschaft des von der Maßnahme Betroffenen, weil sie regelmäßig darauf abzielen, gegen diesen wegen einer Straftat strafrechtlich vorzugehen, und ebenfalls auf den Verfolgungswillen der Strafverfolgungsbehörde schließen lassen. Polizeiliche Verhaltensweisen wie die Mitnahme eines Befragten zur Polizeiwache, die Durchsuchung seiner Wohnung oder seine vorläufige Festnahme belegen dabei schon ihrem äußeren Befund nach, dass der Polizeibeamte dem Befragten als Beschuldigtem begegnet, mag er dies auch nicht zum Ausdruck bringen.[41] Bei Vorliegen einer **Strafanzeige** wird der angezeigte Tatverdächtige jedenfalls dann Beschuldigter sein, wenn aufgrund der Anzeige gegen ihn aufgrund eines Willensakts auch Ermittlungen „als Beschul-

39) LR/Erbs, § 163a Rdnr. 11; KK/Griesbaum, § 163a, Rdnr. 2; BGH, Beschl. v. 28.02.1997 – StB 14/96.

40) Rinklin, Hauptverhandlung, Kap. 12, S. 507.

41) BGH, Beschl. v. 09.06.2009 – 4 StR 170/09.

digter" aufgenommen werden, er insbesondere hierzu vernommen wird.[42] Die Beschuldigteneigenschaft ist zu verneinen, wenn die Anzeige lediglich entgegengenommen, das Verfahren aber ohne irgendeine Ermittlungshandlung eingestellt wird, weil das angezeigte Verhalten unter keinen Straftatbestand fällt.[43]

Zu beachten ist, dass auch bei Vorliegen eines Anfangsverdachts einer Straftat i.S.d. § 152 Abs. 2 StPO ein Rückgriff auf präventiv-polizeiliche Ermächtigungsgrundlagen rechtlich möglich bleibt, sodass es zu echten doppelfunktionalen Maßnahmen (sog. **legendierte Kontrollen**) kommen kann. Insbesondere bei sogenannten Gemengelagen, in denen die Polizei sowohl repressiv als auch präventiv agieren kann und will, bleiben strafprozessuale und gefahrenabwehrrechtliche Maßnahmen grundsätzlich nebeneinander anwendbar.[44]

7.1.3.3 Grad des Tatverdachts

Bei der Frage der Beschuldigteneigenschaft kommt zuletzt dem Grad des Verdachts auf eine strafbare Handlung besondere Bedeutung zu. Dieser kann die Beschuldigteneigenschaft auch ohne förmlichen oder faktischen Willensakt der Strafverfolgungsbehörden begründen. Grundsätzlich steht den Strafverfolgungsbehörden ein **Beurteilungsspielraum** bzw. Ermessensspielraum zu.[45] Der Beurteilungsspielraum hat dabei auch eine schützende Funktion.[46] Denn bei vorschneller Bejahung eines Tatverdachts wird der Verdächtige mit einem Ermittlungsverfahren überzogen, das erhebliche nachteilige Konsequenzen für ihn haben kann, was nicht nur für Tötungsverfahren oder Verfahren wegen Kindesmissbrauchs von großer Bedeutung sein kann. Im Rahmen der gebotenen sorgfältigen Abwägung aller Umstände des Einzelfalls kommt es dabei darauf an, inwieweit der Tatverdacht hinsichtlich Tat und Täter auf der Grundlage von hinreichend gesicherten Erkenntnissen[47] beruht. Es geht um die Frage, ob ein Tatverdacht konkret und ernsthaft/ernstlich[48] bzw. ein starker Tatverdacht[49] besteht. Ein **Anfangsverdacht** i.S.d. § 152 Abs. 2 StPO allein genügt für sich genommen nicht.[50] Aller-

7.15

---

42) Meyer-Goßner/Schmitt, Einl. Rdnr. 77.

43) LR/Erbs, § 163a Rdnr. 13.

44) Umfassend BGH, Urt. v. 26.04.2017 – Az. 2 StR 247/16; Hamburgisches OVG, Beschl. v. 07.08.2018 – 4 So 24/18.

45) Die Bezeichnung ist nicht einheitlich, in BGH, Beschl. v. 27.02.1992 – 5 StR 190/91, und BGH, Beschl. v. 27.02.1992 – 5 StR 190/91, und BGH, Beschl. v. 18.07.2007 – 1 StR 280/07 wird von Beurteilungsspielraum, in BGH, Urt. v. 31.05.1990 – 4 StR 112/90 von Ermessensspielraum gesprochen. Der Unterschied ist rein semantischer Natur und inhaltlich ohne Belang. Künftig wird nur noch von Beurteilungsspielraum gesprochen.

46) BGH, Urt. v. 03.07.2007 – 1 StR 3/07; BGH, Beschl. v. 19.10.2011 – 1 StR 476/11; KK/Griesbaum, § 163a Rdnr. 2.

47) BGH, Beschl. v. 06.06.2019 – StB 14/19.

48) BGH, Beschl. v. 07.09.2017 – 1 StR 186/17; BGH, Urt. v. 03.07.2007 – 1 StR 3/07; BGH, Beschl. v. 19.10.2011 – 1 StR 476/11; BGH, Beschl. v. 15.09.2004 – 1 StR 304/04; KK/Griesbaum, § 163a Rdnr. 2; Burhoff, Ermittlungsverfahren, Rdnr. 1048.

49) BGH, Beschl. v. 19.10.2011 – Az. 1 StR 476/11.

50) BGH, Beschl. v. 06.06.2019 – StB 14/19.

dings wird auch kein dringender Verdacht i.S.d. § 112 Abs. 1 Satz 1 StPO gefordert.

7.16 Der **Beurteilungsspielraum** darf nicht mit dem Ziel missbraucht werden, den Zeitpunkt der Bejahung der Beschuldigteneigenschaft und der Belehrung nach § 136 Abs. 1 Satz 2 StPO möglichst weit hinauszuschieben.[51] Die Grenzen des Beurteilungsspielraums sind auch überschritten, wenn der Tatverdacht objektiv so stark ist bzw. sich so verdichtet hat, dass es sich als sachlich unvertretbar erweist, einen Tatverdacht zu verneinen. Allein der Grad des Tatverdachts führt dazu, dass die Person unabhängig von einem Verfolgungsakt der Strafverfolgungsbehörden als Beschuldigter zu behandeln ist. Der **Willkürmaßstab** ist allein auf Grundlage der den Ermittlungsbehörden bekannten Tatsachen zu bestimmen.[52] Ein auch subjektiv auf Umgehung der Beschuldigtenrechte gerichtetes, bewusst missbräuchliches Verhalten des Vernehmenden ist nicht erforderlich. Der Beurteilungsspielraum des Vernehmenden verengt sich in Abhängigkeit von der Intensität des Verdachts dergestalt, dass der Beschuldigtenstatus automatisch begründet wird.[53]

Eine **Ausnahme** scheint die Rechtsprechung in den Fällen zu machen, in den zwar objektiv, auf Grund der bekannten Tatsachenbasis noch kein Tatverdacht bejaht werden muss, ein Tatverdacht aber „auf kriminalistischer Erfahrung beruht".[54] Mit dieser Formulierung nähert sich die Rechtsprechung vereinzelt dem Verdachtsgrad des Anfangsverdachts an.[55] Diese vereinzelt gebliebenen Ansätze widersprechen der vom BGH in diesem Zusammenhang zuletzt und häufiger verwendeten Formulierung, dass „der Tatverdacht auf hinreichend gesicherten Erkenntnissen hinsichtlich Tat und Täter" beruhen bzw. „konkret und ernsthaft" sein muss. Eine Bezugnahme auf die allgemeine kriminalistische Erfahrung ist zu unsicher.[56]

Kommen mehrere Personen alternativ als Tatbeteiligte in Betracht, so ist die Frage des Vorliegens eines Tatverdachts für jeden getrennt zu beantworten.[57]

7.1.3.4 Einzelfragen bei Befragungen/Vernehmungen

7.17 Die Beschuldigteneigenschaft kann bei Vernehmungen schwieriger zu bestimmen sein, weil die strafprozessuale Maßnahme der Vernehmung auch gegenüber Nichtbeschuldigten ergriffen werden kann und eine Vernehmung nicht ohne weiteres auf den Verfolgungswillen gegenüber der Auskunftsperson schließen lässt.

---

51) BGH, Beschl. v. 27.02.1992 – 5 StR 190/91; BGH, Urt. v. 03.07.2007 – 1 StR 3/07.
52) BGH. Beschl. v. 06.06.2019 – StB 14/19; BGH, Urt. v. 16.02.1995 – 4 StR 729/94; BGH, Beschl. v. 07.07.2010 – 5 StR 555/09.
53) BGH, Urt. v. 03.07.2007 – 1 StR 3/07; BGH, Beschl. v. 18.07.2007 – 1 StR 280/07; KK/Griesbaum, § 163a Rdnr. 2; Artkämper, Die „gestörte" Hauptverhandlung, Rdnr. 525.
54) BGH, Beschl. v. 18.07.2007 – 1 StR 280/07, sowie BGH, Urt. v. 03.07.2007 – 1 StR 3/07.
55) Vgl. Meyer-Goßner/Schmitt, § 152 Rdnr. 4.
56) So auch Meyer-Goßner/Schmitt, § 163a Rdnr. 4a; Weil, Juris Monatszeitschrift (jM) 2020, 32.
57) LR/Erbs, § 163a Rdnr. 15.

Die Vernehmung ist neutral. §§ 55, 60 Nr. 2 StPO zeigen zudem, dass bei Vernehmungen Fallgestaltungen möglich sind, in denen auch ein **Verdächtiger als Zeuge** vernommen werden darf, ohne dass er Beschuldigter wäre und über seine Beschuldigtenrechte belehrt werden müsste. Der Vernehmende darf dabei auch die Verdachtslage weiter abklären. Ein Polizeibeamter ist z.B. nicht gehindert, den Vernommenen mit dem Tatverdacht zu konfrontieren, hierauf zielende Vorhalte und Fragen sind nicht ohne weiteres ein hinreichender Beleg dafür, dass der Vernehmende dem Vernommenen gerade als Beschuldigten gegenübertritt. Eine Vernehmung eines Beschuldigten liegt – dem formellen Beschuldigtenbegriff folgend – unproblematisch vor, wenn die Person „als Beschuldigter" vernommen werden soll. Wird gegen eine bestimmte Person wegen einer konkreten Tat ermittelt, so muss diese auch als Beschuldigter behandelt werden.[58] Irrelevant ist auch hier, wie intensiv der die Ermittlungen auslösende Verdacht ist, ob überhaupt ein Tatverdacht besteht.[59] Folgt die Beschuldigteneigenschaft nicht aus einem Willensakt der Strafverfolgungsbehörde, so kann sich der subjektive Verfolgungswille insbesondere aus dem Ziel, der Gestaltung oder den Begleitumständen der Befragung ergeben. Maßgebend ist dabei, wie sich das Verhalten der Strafverfolgungsbehörden nach außen, auch in der Wahrnehmung des Befragten darstellt. Es gibt polizeiliche Verhaltensweisen, die schon nach ihrem äußeren Befund belegen, dass der Polizeibeamte dem Befragten als Beschuldigten begegnet, mag er dies auch nicht zum Ausdruck bringen. Das wird etwa für Gespräche gelten, die der Beamte mit einem Verdächtigen führt, den er im Kraftfahrzeug der Polizei mit zur Polizeiwache nimmt, sobald der Betroffene vorläufig festgenommen worden ist, oder bei einer beim Verdächtigen vorgenommenen Durchsuchung.[60] Der Tatverdacht kann sich auch erst im Rahmen der Befragung oder Vernehmung ergeben.

7.1.3.5   Verdächtiger

Die StPO kennt den Begriff des Verdächtigen nicht. Sie kennt nur die Verfahrensrolle des Beschuldigten einerseits und des Zeugen andererseits. Ein Beschuldigter ist nach vorstehenden Ausführungen anhand des Willensakts der Strafverfolgungsbehörden bzw. des Grads des Tatverdachts zu bestimmen. Ein **Verdächtiger** (besser verdächtiger Zeuge) ist daher 1.) eine bestimmte Person, 2.) die von den Strafverfolgungsbehörden nicht ausdrücklich „als Beschuldigter" angesehen wird oder gegen die Strafverfolgungsmaßnahmen „als Beschuldigter" ergriffen worden sind und 3.) gegen die ein Tatverdacht objektiv noch nicht so stark ist bzw. sich noch nicht so verdichtet hat, dass sie ernstlich als Täter in Betracht kommt.[61] Liegt danach kein Beschuldigter vor, handelt es sich prozessual um einen **Zeugen**, ggf. einen verdächtigen, nach § 55 StPO zu belehrenden Zeugen. Von der Zeugen- zur Beschuldigtenvernehmung muss übergegangen werden, sobald die Beschuldigteneigenschaft zu bejahen ist. Das ist insbesondere dann der Fall, wenn

7.18

---

58) LR/Erbs, § 163a Rdnr. 13.

59) LR/Erbs, § 163a Rdnr. 11; KK/Griesbaum, § 163a Rdnr. 2; BGH, Beschl. v. 28.02.1997 – StB 14/96.

60) BGH, Beschl. v. 27.02.1992 – 5 StR 190/91.

61) BGH, Beschl. v. 15.09.2004 – 1 StR 304/04.

sich der Verdacht so verdichtet hat, dass die vernommene Person „ernstlich" als Täter in Betracht kommt (siehe auch Grad des Tatverdachts, Rdnr. 7.5).[62]

7.1.3.6 Ende der Beschuldigteneigenschaft

7.19 Die Beschuldigteneigenschaft endet mit der **Erledigung** der Beschuldigung. Dies geschieht insbesondere durch die Einstellung nach § 170 Abs. 2 StPO, §§ 153 ff. StPO und später mit der rechts- bzw. bestandskräftigen Erledigung des Verfahrens durch Urteil, Strafbefehl, Einstellungsbeschluss nach den §§ 206a, 206b StPO oder Nichteröffnungsbeschluss nach § 204 StPO. Demgegenüber wird die Beschuldigteneigenschaft nicht beendet durch die vorläufige Einstellung nach § 205 StPO analog (durch die Staatsanwaltschaft)[63] oder die Einstellung nach § 154 (a) StPO durch die Staatsanwaltschaft, da sie das Verfahren – jedenfalls bei sachlich einleuchtendem Grund – bis zur Verjährung wiederaufnehmen kann.[64]

7.1.4 Vernehmung

7.1.4.1 Begriff

7.20 Unter einer Vernehmung – auch dieser Begriff ist in der StPO nicht definiert – wird allgemein die Herbeiführung einer Aussage durch eine Strafverfolgungsperson (Staatsanwaltschaft, Polizeibeamter, Richter) verstanden.[65] Nach Ansicht des BGH muss der Vernehmende der Auskunftsperson (also dem Beschuldigten, dem Zeugen oder dem Sachverständigen) gerade in amtlicher Funktion gegenübertreten und in dieser Eigenschaft von ihr Auskunft (eine „Aussage") verlangen.[66] Der Begriff der Vernehmung ist in einem weiten Sinn zu verstehen, und zwar unabhängig von weitergehenden Fragen der Protokollierung.[67] Die Frage des Vorliegens einer Vernehmung i.S.d. StPO ist insbesondere ausschlaggebend für die Beschuldigtenvernehmung und die sich daraus ergebenden Belehrungspflichten der §§ 163a Abs. 4 Satz 1, Satz 2 i.V.m. 136 Abs. 1 Satz 2–6 StPO der damit zusammenhängenden Verwertbarkeit von Äußerungen sowie für die Frage der Unterbrechung der Verjährung nach § 78c Nr. 1 und 2 StGB.

7.21 Eine Vernehmung liegt nicht vor, wenn Ermittlungsbeamte **zufällig** Äußerungen des Beschuldigten hören und so selbst zu Zeugen werden, bevor dieser die Polizeibeamten überhaupt wahrgenommen hat (Unterhaltungen mit dem Opfer oder Dritten, Selbstgespräche). Es besteht in derartigen Situationen auch keine Hand-

---

62) BGH, Beschl. v. 19.10.2011 – 1 StR 476/11; BGH, Beschl. v. 15.09.2004 – StR 304/04.

63) Meyer-Goßner/Schmitt, § 205, 5.

64) Meyer-Goßner/Schmitt, § 154 Rdnr. 15, 21a und § 154a Rdnr. 19; KK/Diemer, § 154 Rdnr. 20–§ 154 Abs. 3–5 regeln die Wiederaufnahme eines gem. § 154 Abs. 2 StPO durch Gericht eingestellten Verfahrens.

65) KK/Diemer, § 136 Rdnr. 3; Meyer-Goßner/Schmitt, § 136a Rdnr. 4 ff. m.w.N.

66) BGH, Beschl. v. 13.05.1996 – GSSt 1/96; KK/Griesbaum, § 163a Rdnr. 2a.

67) Burhoff, Ermittlungsverfahren, Rdnr. 4388.

lungspflicht der Strafverfolgungsbehörden, offen dem Beschuldigten gegenüberzutreten, ihn zu unterbrechen und/oder zu belehren.[68] Die Vertraulichkeit der Verteidigerkommunikation wird auch nicht durch Strafverfolgungsorgane verletzt, wenn sich der Beschuldigte in Anwesenheit von Ermittlungsbeamten gegenüber dem Verteidiger in einer Weise äußert, dass dies ohne weiteres wahrgenommen werden kann. Die Wahrnehmung der Äußerung durch die anwesenden Polizeibeamten kann danach rechtsfehlerfrei im Strafverfahren als Beweismittel verwertet werden.[69]

Eine Erweiterung des Begriffs der Vernehmung in dem Sinn, dass hierzu alle Äußerungen des Beschuldigten gehören, welche ein Strafverfolgungsorgan direkt oder indirekt herbeigeführt hat (**funktionaler Vernehmungsbegriff**) lehnt der BGH ab. Damit sind Äußerungen gegenüber einem verdeckten Ermittler oder einem (im eigenen Fall) verdeckt agierenden Polizeibeamten auch keine Vernehmungen i.S.d. StPO, weil diese dem Beschuldigten gerade nicht in amtlicher Funktion gegenübertreten und in dieser Eigenschaft eine Auskunft (eine „Aussage") verlangen.[70] Verdeckte Ermittler dürfen keine Straftaten begehen und haben grundsätzlich die in § 136a StPO (vgl. § 163a Abs. 4 Satz 2 StPO) geregelten Verbote zu beachten, wonach die Freiheit der Willensentschließung und der Willensbetätigung des Beschuldigten nicht durch Gewalt, Hypnose oder Täuschung beeinträchtigt werden darf. Die Aussagen sind deshalb nur ausnahmsweise und etwa nicht verwertbar, wenn der verdeckte Ermittler einen Beschuldigten, der sich auf sein Schweigerecht berufen hat, durch wahrheitswidrige Bekundungen (in einer Haftanstalt) unter Ausnutzung eines geschaffenen Vertrauensverhältnisses beharrlich zu einer Aussage drängt und ihm in einer **vernehmungsähnlichen Befragung** Äußerungen zum Tatgeschehen entlockt. Solchermaßen erlangte Angaben unterliegen wegen täuschungsähnlicher Situation einem aus § 136a StPO abgeleiteten Beweisverwertungsverbot.[71]

7.22

Angaben gegenüber Privatpersonen, Informanten, Detektiven bzw. einem V-Mann[72] (nachfolgend auch nur **Dritter**) unterfallen nach der Rechtsprechung des BGH dem Grunde nach ebenfalls nicht dem Vernehmungsbegriff, da der Vernehmende der Auskunftsperson nicht in amtlicher Funktion gegenübertritt und in dieser Eigenschaft von ihr eine Auskunft verlangt. Die bloße Verheimlichung des Ermittlungsinteresses des Informanten und die wahrheitswidrige Zusicherung der Vertraulichkeit begründen auch kein Verwertungsverbot wegen Verstoßes gegen § 136a StPO.[73]

7.23

---

68) Artkämper, Die „gestörte" Hauptverhandlung, Rdnr. 534.

69) BGH, Urt. v. 04.07.2018 – 2 StR 485/17.

70) BGH, Beschl. v. 31.03.2011 – 3 StR 400/10; KK/Griesbaum, § 163a Rdnr. 2a.

71) BGH, Urt. v. 28.04.1987 – 5 StR 666/86; BGH, Urt. v. 26.07.2007 – 3 StR 104/07; BGH, Beschl. v. 27.01.2009 – 4 StR 296/08; BGH, Beschl. v. 18.05.2010 – 5 StR 51/10; Thüringer OLG, Beschl. v. 31.07.2019 – 1 Ws 242/19, siehe im Übrigen oben Beweisverwertungsverbote, Rdnr. 7.5.

72) Als V-Mann bzw. Informant werden all die Vertrauenspersonen der Polizei- und Ermittlungsbehörden angesehen, die nicht verdeckte Ermittler i.S.d. §§ 110a ff. StPO sind, vgl. weiterführend z.B. Burhoff, Ermittlungsverfahren, Rdnr. 4820.

73) BGH, Beschl. v. 31.03.2011 – 3 StR 400/10; KK/Griesbaum, § 163a Rdnr. 2a; Rinklin, Hauptverhandlung, Kap. 17, S. 884 f.

7.24 Eine Ausnahme ist nur in den Fällen zu machen, in denen die Ermittlungsbehörden sich das Handeln des **Dritten** zurechnen lassen müssen. Eine solche – auf Ausnahmefälle beschränkte – Zurechnung kann sich sowohl aus der Art des Zusammenwirkens zwischen den Ermittlungsbehörden und dem Dritten als auch aus den Umständen ergeben, unter denen der Dritte zu beweiserheblichen Angaben eines Tatverdächtigen gelangt.[74] Eine solche Zurechnung liegt nicht vor, wenn ein Zeuge sich von sich aus der Polizei als Informant zur Verfügung gestellt hat und von dieser weder instruiert noch angeleitet wurde.[75] Auch die technische Ausstattung des Zeugen mit Mitteln zur Aufzeichnung des Gesprächs ändert daran nichts.[76] Anders ist hingegen der Fall zu beurteilen, in dem eine Privatperson auf Veranlassung der Ermittlungsbehörden mit dem Tatverdächtigen ohne Aufdekkung der Ermittlungsabsicht ein auf die Erlangung von Angaben zum Untersuchungsgegenstand gerichtetes Gespräch (**Hörfalle, Aufzeichnungsfalle**) führt.[77] Jede Ausnahme erfährt oftmals auch eine Gegenausnahme, so auch hier: Der Inhalt des Gesprächs darf dennoch im Zeugenbeweis jedenfalls dann verwertet werden, wenn es um die Aufklärung einer Straftat von erheblicher Bedeutung geht und die Erforschung des Sachverhalts unter Einsatz anderer Ermittlungsmethoden erheblich weniger erfolgversprechend oder wesentlich erschwert gewesen wäre, und zwar auch dann, wenn diese Hörfalle auf Veranlassung eines Strafverfolgungsorgans handelt (siehe Beweisverwertungsverbote, Abwägungslehre, Rdnr. 7.5). Für die Beantwortung der Frage, wann eine Straftat von erheblicher Bedeutung vorliegt, vermitteln die Kataloge in §§ 98a, 100a, 110a StPO Hinweise, die Aufzählung ist nicht abschließend.[78]

7.1.4.2 Informatorische (Vor-)Befragung

7.25 Unter einer **informatorischen Befragung** oder Anhörung werden allgemein – hauptsächlich in der polizeilichen Praxis verbreitete – Formen der belehrungsfreien Befragungen von Auskunftspersonen im Zusammenhang mit Strafverfolgungsmaßnahmen verstanden. Es handelt sich z.B. um Informationserhebungen im Vorfeld des Anfangsverdachts, die der Abklärung dienen, ob überhaupt ein strafrechtliches relevantes Geschehen zu bejahen ist, ob Zeugen vorhanden sind, oder um Tatbeteiligungen zu klären und zwischen Zeugen und Beschuldigten zu differenzieren.[79] Letztlich geht es immer um die Frage der Verwertbarkeit der im Rahmen der informatorischen Befragung ohne Belehrung gewonnenen Erkenntnisse.[80] Informatorische Befragungen sind allgemeiner Meinung nach keine Vernehmung im engeren Sinn bzw. i.S.d. § 163a

---

74) BGH, Urt. v. 21.07.1998 – 5 StR 302/97; Burhoff, Ermittlungsverfahren, Rdnr. 4206.
75) BGH, Beschl. v. 12.03.2019 – 2 StR 244/18 für heimlich gefertigte Audioaufzeichnung von Telefongesprächen zu Beweiszwecken durch Private.
76) BGH, Beschl. v. 31.03.2011 – 3 StR 400/10.
77) BGH, Beschl. v. 13.05.1996 – Az. GSSt 1/96; Meyer-Goßner/Schmitt, § 136a Rdnr. 4a.
78) BGH, Beschl. v. 13.05.1996 – GSSt 1/96.
79) Artkämper, Die „gestörte" Hauptverhandlung, Rdnr. 532.
80) LR/Erb, § 163a Rdnr. 22.

StPO.[81] Letztlich handelt es sich zutreffender Ansicht nach aber jedenfalls um Zeugenvernehmungen.[82] Eine Beschuldigtenvernehmung soll selbst in dem Fall nicht vorliegen, in dem die Befragung schon von der Hoffnung getragen ist, einen Täter zu ermitteln.[83] Die Ansicht, dass informatorische Befragungen noch keine Vernehmung im engeren Sinn bzw. i.S.d. § 163a Abs. 4 StPO darstellen, kann nur richtig sein, soweit (!) noch kein konkreter und ernsthafter/ernstlicher bzw. starker Tatverdacht (siehe oben, Grad des Tatverdachts, Rdnr. 7.5) besteht bzw. sich der Verdacht einer Straftat noch nicht gegen eine bestimmte Person richtet. Die Abgrenzung zwischen belehrungsfreier informatorischer Befragung einerseits und Vernehmung eines Beschuldigten andererseits hängt daher eng mit dem Beschuldigtenbegriff zusammen. Für die Abgrenzung wird auf vorangegangene Ausführungen (Rdnr. 7.12) zum Beschuldigtenbegriff verwiesen. Grundsätzlich dürfen nur Äußerungen infolge einer **zulässigen** informatorischen Befragung später dem Beschuldigten vorgehalten werden, nur diese dürfen im Rahmen der Beweiswürdigung insgesamt verwertet werden.[84] Wird jemand zunächst als Zeuge vernommen oder informatorisch gehört, und stellt sich dabei heraus, dass gegen ihn wegen des Sachverhalts, der Gegenstand der Ermittlungen ist, ein Anfangsverdacht besteht, so darf die Vernehmung nicht als informatorische Befragung oder als Zeugenvernehmung fortgesetzt werden.[85] Die Durchführung der Maßnahme als Zeugenvernehmung ist dann rechtsfehlerhaft, weil die Schutzbestimmungen aus § 163a Abs. 4 i.V.m. § 136 Abs. 1 Satz 2 StPO nicht beachtet wurden. Es besteht insoweit ein Verwertungsverbot (siehe Rdnr. 7.43). Ein solcher Verfahrensmangel wird nicht durch die Belehrung gem. § 55 Abs. 2 StPO kompensiert; denn diese Belehrung entspricht nicht dem Hinweis auf ein umfassendes Aussageverweigerungsrecht als Beschuldigter und dessen Recht auf Verteidigerbeistand.[86]

7.1.4.3   Spontanäußerung/Notruf

Unter Spontanäußerungen werden Angaben verstanden, die die Auskunftsperson zwar gegenüber den Strafverfolgungsbehörden tätigt, die sie aber außerhalb von Vernehmungen von sich aus, spontan und aus freien Stücken macht.[87] Bei Beschuldigten handelt es sich oftmals um **Spontangeständnisse**. Letztlich geht es auch hier immer um die Frage der Verwertbarkeit von ohne Belehrung gewonne-

7.26

---

81) Meyer-Goßner/Schmitt, Einl. Rdnr. 79; KK/Griesbaum, § 163a Rdnr. 2; kritisch LR/Erb, § 163a Rdnr. 22, wonach nicht zu rechtfertigen ist, die inform. Befragung nicht als Vernehmung anzusehen; auch Rinklin, Hauptverhandlung, Kap. 12, S. 546, wonach es sich stets um Vernehmungen handelt. Die mangelnde Belehrungspflicht bei informatorischen Befragungen resultiere nicht daraus, dass keine Vernehmung vorliege, sondern daraus, dass erst ein Verdächtiger und noch kein Beschuldigter befragt wird.

82) So auch Meyer-Goßner/Schmitt, Einl. Rdnr. 79; Rinklin, Hauptverhandlung, Kap. 12, S. 546 f.

83) BGH, Beschl. v. 27.02.1992 – 5 StR 190/91.

84) BGH, Beschl. v. 27.10.1982 – 3 StR 364/82; BGH, Urt. v. 27.09.1989 – 3 StR 188/89 für den Fall eines abgelegten Geständnisses.

85) LR/Erb, § 163a Rdnr. 27; Ergibt eine zulässige informatorische Befragung, dass die Auskunftsperson Halter des an einer Unfallflucht beteiligten Kraftfahrzeugs ist, muss zur Beschuldigtenbelehrung übergegangen werden; Rinklin, jurisPR-StrafR 5/2019 Anm. 4.

86) BGH, Urt. v. 30.12.2014 – 2 StR 439/13.

87) BGH, Urt. v. 27.09.1989 – 3 StR 188/89; BGH, Beschl. v. 09.06.2009 – 4 StR 170/09.

Maurer

nen Erkenntnissen. Spontanäußerungen dürfen grundsätzlich verwertet werden, sofern die Strafverfolgungsbehörde sich dabei passiv verhielt und Belehrungspflichten nicht gezielt umgangen wurden, um den Betroffenen zu einer Selbstbelastung zu verleiten.[88] Eine gezielte **Umgehung der Belehrungspflichten** liegt nach Ansicht des BGH „nahe", wenn ein Polizeibeamter sich über eine beträchtliche Zeitspanne Einzelheiten der Tat berichten ließ, ohne den von ihm ersichtlich als Beschuldigten behandelten Täter auf sein Aussageverweigerungsrecht hinzuweisen.[89] Der BGH deutet damit auch an, dass es eine Pflicht der Ermittlungsbehörden gibt, den sich spontan Äußernden zu unterbrechen, wobei die Formulierung *„beträchtliche Zeitspanne"* Raum für Interpretationen lässt. Ein Bericht über eine *„beträchtliche Zeitspanne"* ist dann aber nicht mehr „spontan", denn andernfalls würde die Manipulationsmöglichkeit durch das willkürliche Aufschieben der Belehrung und damit einer dem Wortsinn zuwiderlaufenden Verlängerung der Spontanität eröffnet.[90] Demgegenüber stellt der BGH jüngst apodiktisch und ohne Hinweise auf zeitliche Beschränkungen o.Ä. fest, dass Spontanäußerungen selbst dann verwertbar bleiben, wenn der Angeklagte schon zuvor als Beschuldigter hätte belehrt werden müssen, sofern der beim Angeklagten verbliebene Polizeibeamte keine gezielte Befragung durchgeführt, sondern lediglich passiv eine Spontanäußerung entgegengenommen hat.[91] Eine gezielte Umgehung ist jedenfalls dann anzunehmen, wenn die Strafverfolgungsbehörde die passive Rolle verlässt. Das ist etwa dann der Fall, wenn die Spontanäußerungen zum Anlass für **„sachaufklärende Nachfragen"** genommen werden, ohne den Beschuldigten zu belehren. Gleiches gilt für den Fall, dass der Beschuldigte nach Belehrung über seine Rechte nach § 136 Abs. 1 Satz 2 StPO die Konsultation durch einen benannten Verteidiger begehrt und erklärt, von seinem Schweigerecht Gebrauch zu machen und dennoch weiter befragt wird.[92] Gleiches gilt für den Fall, dass ein Polizeibeamter den Beschuldigten nach einem Spontangeständnis veranlasst, das **Geständnis** vor einem herbeigerufenen Kollegen **zu wiederholen**, ohne ihn vorher auf seine Rechte hinzuweisen. Auch hierbei handelt es sich nicht mehr um eine passive Entgegennahme einer Spontanäußerung, sondern um eine gezielte Verleitung zu einer nochmaligen Selbstbelastung.[93]

7.1.4.4 Äußerungen gegenüber Sachverständigen

7.27 Tatrelevante Angaben eines Beschuldigten (oder Zeugen) gegenüber einem Sachverständigen im Rahmen von Gutachtenerstellung können für die Beweisführung entscheidend sein. Solche Angaben können grundsätzlich über die Vernehmung des Sachverständigen als Zeuge verwertet werden, da es sich um sogenannte **Zusatztatsachen** handelt, bei deren Gewinnung der Sachverständige gerade nicht

---

88) BGH, Beschl. v. 17.07.2019 – 5 StR 195/19; BGH, Urt. v. 27.06.2013 – 3 StR 435/12; BGH, Beschl. v. 09.06.2009 – 4 StR 170/09; Burhoff, Ermittlungsverfahren, Rdnr. 1189.

89) BGH, Urt. v. 27.09.1989 – 3 StR 188/89.

90) Artkämper, Die „gestörte" Hauptverhandlung, Rdnr. 536.

91) BGH, Beschl. v. 17.07.2019 – 5 StR 195/19.

92) BGH, Urt. v. 27.06.2013 – 3 StR 435/12.

93) BGH, Urt. v. 27.09.1989 – 3 StR 188/89.

als Sachverständiger tätig wird.[94] Nach h.M. ist der Sachverständige nicht zur Belehrung eines Beschuldigten nach § 136 Abs. 1 Satz 2 StPO verpflichtet, wenn er ihn zur Vorbereitung seines Gutachtens befragt und dieser freiwillig antwortet.[95] Zur Begründung wird angeführt, dass der Sachverständige selbst Beweismittel und nicht Vernehmungsorgan ist und zudem auch kein Vernehmungsrecht hat. Die Vernehmung unmittelbar durch den Sachverständigen gestattet § 80 Abs. 1 StPO nicht.[96] Der Sachverständige hat bei Staatsanwaltschaft und Gericht auf die Vernehmung hinzuwirken und darf gem. § 80 Abs. 2 StPO der Vernehmung beiwohnen und dem Beschuldigten (wie auch den Zeugen) Fragen stellen.[97] Ihm darf aber nicht die ganze Befragung überlassen werden.[98] Diese h.M. in der Rechtsprechung und der Literatur verdient Kritik.[99] Zutreffend ist allein, dass in den Vorschriften über den Sachverständigen eine Verweisung auf § 136 Abs. 1 – wie bei der Polizei oder Staatsanwaltschaft – fehlt. Dies ist indes im Hinblick auf § 80 StPO auch nur konsequent, da er ja keine eigene Vernehmung führen darf. Hält man für zulässig, dass der Sachverständige den Beschuldigten zur Vorbereitung seines Gutachtens befragen darf, wird man die entsprechende Anwendbarkeit der Belehrungspflichten kaum in Abrede stellen können. Den Sachverständigen treffen dann als „Richtergehilfen" alle (Belehrungs-)Pflichten aus §§ 52 ff., 136, 136a StPO sinngemäß. Andernfalls würde das Recht des Beschuldigten, jegliche Angaben zur Sache zu verweigern, in nicht vertretbarer Weise gefährdet, und es bestünde die Möglichkeit, über die Vernehmung des Sachverständigen als Zeuge Bekundungen des Beschuldigten zu erlangen, die nach ordnungsgemäßer Belehrung nicht gemacht worden wären.[100]

7.1.4.5 Kontaktgespräche, „formlose" Vorgespräche

Im kriminalistischen Schrifttum werden zum Teil **vertrauensbildende Vorgespräche** vor einer geplanten Vernehmung empfohlen. „Jede polizeiliche Vernehmung stellt für die Aussageperson eine psychische Belastung dar. Davon ausgehend hat das Kontaktgespräch nicht die Beweisführung im Sinn, sondern soll zum einen zu einer vorteilhaften Vernehmungsatmosphäre hinführen […]."[101] Ein solches Gespräch bedürfe „keiner vorherigen Belehrung, da in dieser Phase noch nicht über den relevanten Sachverhalt gesprochen wird".   7.28

---

94) BGH, Beschl. v. 20.07.1995 – 1 StR 338/95; BGH, Urt. v. 03.11.2000 – 2 StR 354/00; BGH, Beschl. v. 27.10.2006 – 2 StR 334/06; BGH, Beschl. v. 12.09.2007 – 1 StR 407/07; LR/Krause, § 79 Rdnr. 21; Meyer-Goßner/Schmitt, § 79 Rdnr. 10–12.

95) BGH, Urt. v. 23.07.1985 – 5 StR 125/85; BGH, Beschl. v. 20.07.1995 – 1 StR 338/95, KK/Hadamitzky, § 80 Rdnr. 2; Meyer-Goßner/Schmitt, § 136 Rdnr. 2.

96) KG Berlin, Beschl. v. 22.01.2016 – 3 Ws 654/15.

97) Vgl. auch Meyer-Goßner/Schmitt, § 80 Rdnr. 2.

98) LR/Krause, § 80 Rdnr. 5.

99) LR/Krause, § 80 Rdnr. 5; LR/Gleß, § 136 Rdnr. 3.

100) LR/Krause, § 80 Rdnr. 5 m.w.N.

101) Bund Deutscher Kriminalbeamter, Pocket-Tipps, Vernehmungen I (2015), S. 20; vgl. auch Eisenberg, Beweisrecht der StPO, Rdnr. 581a m.w.N.

Maurer

7.29 Zutreffend ist daran allein, dass „nicht über den relevanten Sachverhalt" gesprochen werden, ein solches Vorgespräch also **keinerlei inhaltlichen Bezug zum Tatvorwurf** haben darf. Gespräche mit inhaltlichem Bezug sind stets Vernehmungen, für die Belehrungspflichten gelten. Angaben mit inhaltlichem Bezug im Rahmen eines solchen Vorgesprächs sind auf Grund unterbliebener Belehrung des Beschuldigten nach § 163a Abs. 4 Satz 1, Satz 2 i.V.m. § 136 Abs. 1 Satz 2 StPO nicht verwertbar.[102] Ein solcher inhaltlicher Bezug wird im Übrigen auch schon dann hergestellt, falls das Vorgespräch vor der „eigentlichen" Vernehmung mit dem Ziel geführt wird, die protokollierte Vernehmung zu straffen. Auch solche Gespräche sind rechtlich Bestandteil der Vernehmung.[103] Für Spontanäußerung ist an dieser Stelle auch kein Raum mehr, weil die Strafverfolgungsbehörden die notwendige passive Rolle verlassen haben (siehe oben, Spontanäußerung Rdnr. 7.26). Große Teile des strafrechtlichen Schrifttums halten solche Vorgespräche, die vor einer geplanten Vernehmung mit dem Beschuldigten ohne Eröffnung des Tatvorwurfs und Beschuldigtenbelehrung geführt werden, per se für unzulässig.[104] Und zwar zu Recht. Solche Vorgespräche schüren das Misstrauen eines jeden Verteidigers (und auch Staatsanwalts und Richters) und haben sich schon oft als Fehlerquelle erwiesen, insbesondere wenn solche Gespräche über einen langen Zeitraum geführt wurden und – unbegründeterweise – auch nicht dokumentiert wurden. Solche informellen Gespräche sind die Grundlage vieler Justizirrtümer. Die Ermittlungsbehörden täten gut daran, auf solche Vorgespräch vor der „eigentlichen" Vernehmung zu verzichten. Ein solches Kontaktgespräch oder „formloses" Vorgespräch ist als Untersuchungshandlung nach § 168b Abs. 1 StPO zwingend zu protokollieren.[105] Die Protokollierung von Einzelheiten der Durchführung und des Verlaufs einer „Untersuchungshandlung" ist zwingend geboten, wenn das Ergebnis einer näheren Begründung bedarf oder die Umstände, die zu ihm geführt haben, für das weitere Verfahren festgehalten werden müssen,[106] insbesondere weil sie für die spätere Beweiswürdigung in der Hauptverhandlung eine Rolle spielen können.[107] Dies ist bei richtigem Verständnis bei Kontaktgesprächen bzw. „formlosen" Vorgesprächen stets der Fall, um z.B. dem Staatsanwalt bei der abschließenden Verfügung, dem später mit der Sache befassten Gericht sowie dem Verteidiger „ein lückenloses, zuverlässiges Bild von dem bisherigen Verfahrensablauf und den dabei gewonnenen Erkenntnissen zu vermitteln":[108] Es muss in einem rechtsstaatlichen Verfahren schon der bloße Anschein vermieden werden, die Ermittlungsbehörden wollten etwas verbergen.[109]

---

102) BGH, Urt. v. 03.07.2007 – StR 3/07; BGH, Urt. v. 18.12.2008 – 4 StR 455/08; BGH, Urt. v. 03.05.2018 – 3 StR 390/17.
103) LR/Erb, § 163a Rdnr. 18.
104) MüKo-StPO/Schuhr, § 136 Rdnr. 25; Eisenberg, Beweisrecht der StPO, Rdnr. 581a; Artkämper, Die „gestörte" Hauptverhandlung, Rdnr. 541.
105) LR/Erb, § 168b Rdnr. 3.
106) BVerfG, Kammerbeschl. v. 14.07.2016 – 2 BvR 2474/14.
107) LR/Erb, § 168b Rdnr. 6.
108) KK/Griesbaum, § 168ba Rdnr. 1a.
109) BVerfG, Kammerbeschl. v. 14.07.2016 – 2 BvR 2474/14.

7.1.5   Erfordernis/Umfang/Zeitpunkt

Der Beschuldigte ist nach § 163a Abs. 1 Satz 1 StPO spätestens vor dem   7.30
Abschluss der Ermittlungen zu vernehmen, es sei denn, dass das Verfahren zur
Einstellung führt. Zur Vernehmung von Beschuldigten sind sowohl Staatsanwalt-
schaft als auch Polizei berufen (vgl. §§ 163 Abs. 3, 163a Abs. 3 und 4, 161a
Abs. 1 StPO). Wer von beiden die Vernehmung durchführt, ist nicht geregelt. Die
Entscheidung trifft die Staatsanwaltschaft aufgrund ihrer Gesamtverantwortung
(vgl. § 161 Abs. 1 Satz 2 StPO, § 152 Abs. 1 GVG), sei es durch konkrete Einzel-
weisungen, sei es durch allgemeine Weisungen im Voraus.

Die Vernehmung selbst ist grundsätzlich **obligatorisch** („ist […] zu vernehmen"):[110] Der Verpflichtung aus § 163a Abs. 1 Satz 1 StPO ist i.d.R. genügt,
wenn dem Beschuldigten Gelegenheit zur Äußerung gegeben worden ist. Die Vernehmung und die Gelegenheit zur Äußerung sichern dem Beschuldigten seinen
Anspruch auf rechtliches Gehör.[111] Das Erfordernis einer Vernehmung entfällt
nach § 163a Abs. 1 Satz 1 zweiter Halbsatz StPO, wenn das Verfahren „zur Einstellung führt". Gemeint sich damit Einstellungen nach §§ 170 Abs. 2 Satz 1, 153
Abs. 1, 153b Abs. 1, 153c Abs. 1 und 2, 153d Abs. 1, 153e Abs. 1, 153 f Abs. 1,
154 Abs. 1, 154b Abs. 1–3, 154c und 154d Satz 3 StPO, oder soweit durch Einstellung auf den Privatklageweg (§ 376 StPO) verwiesen wird.[112] Beabsichtigt die
Staatsanwaltschaft, das Verfahren nach Erfüllung von Auflagen und Weisungen
nach § 153a Abs. 1 StPO einzustellen, so muss dem Beschuldigten vorher Gelegenheit zur Äußerung gegeben werden.[113]

Die Vernehmung bzw. Gelegenheit zur Äußerung muss sich auf die **prozessuale Tat**   7.31
i.S.d. § 264 StPO erstrecken, die Gegenstand der Abschlussentscheidung werden soll.
Erstreckt die Staatsanwaltschaft ihre Ermittlungen, nachdem der Beschuldigte bereits
vernommen war, auf andere Taten, also andere selbständige historische Lebenssach-
verhalte, so muss insoweit die Vernehmung oder die Gelegenheit zur schriftlichen
Äußerung nachgeholt werden.[114] Umstritten ist, ob der Beschuldigte erneut vernommen werden muss, wenn sich die dem Beschuldigten eröffnete rechtliche Qualifikation ändert oder wenn neue erhebliche Beweismittel oder sonst neue erhebliche
Umstände auftauchen.[115] Das ist im Allgemeinen aber zu verneinen, da die Vernehmung bzw. Gelegenheit zur Äußerung nicht über das hinauszugehen muss, was
§ 163a StPO an Belehrungspflichten vorschreibt. Bei der polizeilichen Vernehmung
gehören die Strafvorschriften nicht dazu (siehe Erstbelehrung Rdnr. 7.41).

Der **Zeitpunkt** der Vernehmung ist im Ermittlungsverfahren nur insoweit ge-   7.32
regelt, als der Beschuldigte nach § 163a Abs. 1 Satz 1 StPO „spätestens vor Ab-

---

110) Meyer-Goßner/Schmitt, § 163a Rdnr 1.
111) LR/Erb, § 163a Rdnr. 33; KK/Griesbaum, § 163a Rdnr. 3.
112) KK/Griesbaum, § 163a Rdnr. 4; Meyer-Goßner/Schmitt, § 163a Rdnr. 4; LR/Erb, § 163a
        Rdnr. 347, 38.
113) LR/Erb, § 163a Rdnr. 38; Meyer-Goßner/Schmitt, § 163a Rdnr. 3.
114) Meyer-Goßner/Schmitt, § 163a Rdnr. 1; LR/Erb, § 163a Rdnr. 41.
115) LR/Erb, § 163a Rdnr. 42 m.w.N.

schluss der Ermittlungen", also bevor die Staatsanwaltschaft den Abschluss der Ermittlungen in den Akten nach § 169a StPO vermerkt, zu vernehmen ist. Mit dem Wort „spätestens" bezeichnet das Gesetz lediglich den Endzeitpunkt und schreibt damit nicht vor, dass ein bereits früher vernommener Beschuldigter vor dem Abschluss der Ermittlungen nochmals vernommen werden muss.[116] Im Übrigen steht es im Rahmen der freien Gestaltung des Ermittlungsverfahrens im pflichtgemäßen Ermessen der Strafverfolgungsbehörden, wann sie einem Beschuldigten Gelegenheit zur Verteidigung gibt und ihn, falls er zur Äußerung bereit ist, zur Sache vernimmt.[117] Eine Pflicht, den Beschuldigten zu Beginn der Ermittlungen zu vernehmen, besteht nicht, wenngleich der Grundsatz des fairen Verfahrens gebietet, dem Beschuldigten unverzüglich Gelegenheit zur Äußerung zu geben, sobald die Ermittlungsnotwendigkeit dies gestattet.[118]

7.33   In **einfachen Sachen** genügt es im Interesse der Verfahrensvereinfachung und zum Schutze des Beschuldigten vor unnötiger Bloßstellung, dass ihm Gelegenheit gegeben wird, sich schriftlich zu äußern (§ 163a Abs. 1 Satz 2 StPO).[119] Die schriftliche Äußerungsmöglichkeit stellt für den zur Vernehmung geladenen und aussagebereiten Beschuldigten lediglich eine (ggf. zusätzliche) Option dar (er „kann" sich schriftlich äußern), d.h., er darf keinesfalls ausschließlich auf diese Möglichkeit verwiesen werden, wenn er mündlich aussagen will.[120]

Praxistipp

Die entgegen § 163a Abs. 1 Satz 1 StPO **unterbliebene Beschuldigtenvernehmung** macht eine Anklageerhebung jedoch nicht unwirksam.[121] Bemerkt das Gericht diesen Mangel vor Eröffnung des Hauptverfahrens, so wird es wie bei anderen Mängeln der Anklageschrift auch i.d.R. die Akten an die Staatsanwaltschaft zur Nachholung der Beschuldigtenvernehmung zurückgeben.[122] Es kann aber auch gem. § 202 StPO die Vernehmung des Beschuldigten anordnen und diese durch die Staatsanwaltschaft ausführen lassen, die sich ihrerseits der Polizei (§ 161) oder einer kommissarischen Vernehmung (§§ 223, 224 StPO) bedienen kann. Das rechtliche Gehör des Beschuldigten ist im Übrigen auch dadurch gewahrt, dass er nach § 201 StPO Anträge und Einwendungen gegen die Anklage vorbringen kann.[123]

---

116) LR/Erb, § 163a Rdnr. 41.
117) LR/Erb, § 163a Rdnr. 43; KK/Griesbaum, § 163a Rdnr. 7.
118) LR/Erb, § 163a Rdnr. 43.
119) KK/Griesbaum, § 163a, Rdnr. 10.
120) LR/Erb, § 163a Rdnr. 94.
121) LR/Erb, § 163a Rdnr. 121.
122) KK/Griesbaum, § 163a Rdnr. 34.
123) A.A. LR/Erb, § 163a Rdnr. 121. Bei Nachholung im Zwischenverfahren kann das rechtliche Gehör seine zentrale Funktion, dem Beschuldigten evtl. die Belastungen einer Hauptverhandlung zu ersparen, nur noch eingeschränkt erfüllen, weil die Erreichung einer Einstellung nach §§ 153 ff. ohne Eintritt in die Hauptverhandlung de facto kaum mehr in Betracht kommt und die Möglichkeit, durch Geltendmachung geeigneter Umstände eine Erledigung im Strafbefehlsverfahren zu erreichen, überhaupt nicht mehr besteht.

7.1.6 Ladung/keine Pflicht zum Erscheinen

Die Polizei kann einen Beschuldigten vorladen. Rechtlich handelt es sich dabei aber lediglich um eine **unverbindliche Aufforderung** oder Bitte. Denn der Beschuldigte ist nicht verpflichtet, auf Ladung vor der Polizei zu erscheinen. §§ 163a Abs. 3 Satz 1, 133 StPO verpflichten ihn nur, zu einer staatsanwaltschaftlichen oder richterlichen Vernehmung zu erscheinen.[124] Daher stehen der Polizei auch keine **Zwangsbefugnisse** zur Verfügung, um das Erscheinen des Beschuldigten zu Aussagezwecken zu erzwingen. Sie darf aber auch nicht den Anschein erwecken, als ob eine Erscheinens- oder Aussagepflicht bestünde, denn darin kann eine unzulässige Täuschung i.S.d. § 136a StPO liegen.[125] Jedoch darf der Polizeibeamte den Beschuldigten zu Vernehmungszwecken aufsuchen.[126]

7.34

7.1.7 Erstbelehrungen, § 163a Abs. 4 StPO i.V.m. § 136 StPO

Für die erste polizeiliche Beschuldigtenvernehmung bestehen besondere, sich aus § 163a Abs. 4 Satz 1 und Satz 2 i.V.m. § 136 Abs. 1 Satz 2–5 StPO ergebende **Belehrungspflichten**, die von erheblicher Bedeutung sind. § 136 StPO ist nicht bloße Ordnungsvorschrift, sondern hat zwingenden Charakter.[127] Der Polizeibeamte hat daher stets die Pflicht, die erforderlichen Hinweise zu geben, unabhängig davon, ob der Beschuldigte seine Rechte kennt oder nicht.[128] Eine mögliche Verwertbarkeit bei fehlender Belehrung und vorhandener Kenntnis ist insoweit ausschließlich Ausprägung revisionsrechtlicher Grundsätze.[129] Die Belehrungen und Hinweise für die erste Vernehmung des Beschuldigten durch die Polizei gem. § 163a Abs. 4 Satz 1 und 2 i.V.m. § 136 Abs. 1 Satz 2–6 StPO unterscheiden sich von denen, die die StA (Abs. 3 Satz 2 i.V.m. § 136 Abs. 1 StPO) und der Richter (§ 136 Abs. 1 StPO) zu erteilen haben, nur dadurch, dass die Polizei dem Beschuldigten zwar auch die ihm zur Last gelegte Tat, nicht aber die hierfür in Betracht kommenden Strafvorschriften zu eröffnen hat.[130]

7.35

Ausweislich des eindeutigen Wortlauts bestehen die Belehrungspflichten nach § 163a Abs. 4 Satz 1 und 2 i.V.m. § 136 Abs. 1 Satz 2–6, Abs. 2 und 3 StPO nur bei der Erstvernehmung durch die Polizei. Bei der zweiten und allen weiteren Vernehmungen des Beschuldigten durch die Polizei besteht keine erneute Belehrungspflicht.[131] Die Belehrungspflicht gilt dann erst wieder bei erneuter *richterlicher*

7.36

---

124) KK/Griesbaum, § 163a Rdnr. 24.
125) LR/Erb, § 163a Rdnr. 81.
126) LR/Erb, § 163a Rdnr. 81.
127) Artkämper, Die „gestörte" Hauptverhandlung, Rdnr. 550.
128) BGH, Beschl. v. 27.02.1992 – 5 StR 190/91.
129) Artkämper, Die „gestörte" Hauptverhandlung, Rdnr. 550.
130) BGH, Urt. v. 26.04.2017 – 2 StR 247/16.
131) Rinklin, Hauptverhandlung, Kap. 12, S. 510.

Maurer

Erstvernehmung[132] oder der *staatsanwaltlichen* Erstvernehmung.[133] Die Belehrungspflichten gelten auf der anderen Seite für jede erstmalige Vernehmung der Polizei, auch wenn schon eine staatsanwaltschaftliche oder richterliche Vernehmung mit ordnungsgemäßer Belehrung vorausgegangen ist. Dem Beschuldigten soll dadurch deutlich gemacht werden, dass er diese Rechte auch vor der Polizei hat.[134]

7.1.7.1   Inhalt und Wortlaut

7.37   Die Belehrungspflicht des § 136 StPO ist letztendlich als eine Ausbildung der in Art. 1 Abs. 1 GG verankerten Menschenwürde und des Persönlichkeitsrechts i.S.d. Art. 2 Abs. 1 GG zu verstehen. Vor dem Hintergrund eines fairen Verfahrens und der Menschenrechtskonvention können potenzielle Freiheiten und Rechte erst dann zu realen Reaktionsmöglichkeiten werden, wenn der Rechtsträger seine Rechtsstellung kennt und deren Inhalt versteht. Der Beschuldigte hat ein Recht auf eine ordnungsgemäße Belehrung.[135] Insoweit handelt es sich um eine echte Belehrung und nicht nur um einen rein formalen Vorgang.[136] Das gilt in besonderem Maße bei Beschuldigten mit geringer intellektueller Befähigung und bei Ausländern. In Verfahren gegen Jugendliche sowie auch gegen Heranwachsende gilt es § 70a, b, c JGG zu beachten.[137]

7.38   Die gesetzlichen Vorgaben der Strafprozessordnung regeln in § 163a Abs. 4 Satz 1 und Satz 2 i.V.m. § 136 Abs. 1 Satz 2–6 StPO nur den **Inhalt** der Belehrung, also die Frage, worüber der Beschuldigte zu belehren ist. Die konkrete Ausgestaltung, der **Wortlaut** der Belehrung ist nicht vorgegeben und demgegenüber dem Belehrenden vorbehalten. Allgemein empfohlen wird jedoch, den Wortlaut des Gesetzes zu verwenden.[138] Jedenfalls muss die Belehrung dem Beschuldigten Klarheit über seine Rechte verschaffen. Entscheidend und unverzichtbar ist nach der Rechtsprechung, dass der Beschuldigte die – wie auch immer formulierte – Belehrung auch wirklich verstanden hat. Der nicht verstandene Hinweis ist dem nicht erteilten gleichzusetzen – einerlei, wer an dem Kommunikationsmangel schuld ist.[139] Hier kann die unterlassene Hinzuziehung eines Dolmetschers entscheidend sein (siehe Rdnr. 7.80).

7.39   Die polizeiliche Beschuldigtenbelehrung erfasst über § 163a Abs. 4 StPO folgende Punkte:

---

132) Meyer-Goßner/Schmitt, § 136 Rdnr. 1.

133) Rinklin, Hauptverhandlung, Kap. 12, S. 510; Meyer-Goßner/Schmitt, § 136 Rdnr. 1; § 163a, Rdnr 17; KK/Griesbaum, § 163a Rdnr. 17.

134) KK/Griesbaum, § 163a Rdnr. 25; a.A. Meyer-Goßner/Schmitt, § 163a Rdnr. 4, was sich aus „sinnvoller Auslegung" ergeben soll.

135) Artkämper, Die „gestörte" Hauptverhandlung, Rdnr. 542, 543.

136) Meyer-Goßner/Schmitt, § 163a Rdnr. 5.

137) Eisenberg, JGG, § 70a Rdnr. 1 ff.

138) Meyer-Goßner/Schmitt, § 136 Rdnr. 8; BGH, Urt. v. 29.04.2010 – 3 StR 63/10.

139) Rinklin, Hauptverhandlung, Kap. 12, S. 512 f. mit Verweis auf BGH, Urt. v. 12.10.1993 – I StR 475/93, geistesgestörter Brandstifter.

1. Mitteilung des **Tatvorwurfs** (§ 163a Abs. 4 Satz 1 StPO)

2. Hinweis auf das **Aussageverweigerungsrecht** (§ 163a Abs. 4 Satz 2 i.V.m. § 136 Abs. 1 Satz 2 StPO)

3. Hinweis auf das Recht auf **Verteidigerkonsultation** (§ 163a Abs. 4 Satz 2 i.V.m. § 136 Abs. 1 Satz 2 StPO), Information über **Kontaktmöglichkeiten** zu einem Verteidiger (§ 163a Abs. 4 Satz 2 i.V.m. § 136 Abs. 1 Satz 3 StPO) einschließlich anwaltlicher **Notdienste** (§ 163a Abs. 4 Satz 2 i.V.m. § 136 Abs. 1 Satz 4 StPO)

4. Hinweis auf das **Beweisantragsrecht** (§ 163a Abs. 4 Satz 2 i.V.m. § 136 Abs. 1 Satz 5 StPO)

5. (in geeigneten Fällen) Hinweis auf die **Möglichkeit der schriftlichen Äußerung** (§ 163a Abs. 4 Satz 2 i.V.m. § 136 Abs. 1 Satz 6 StPO)

6. (in geeigneten Fällen) Hinweis auf die Möglichkeit des **Täter-Opfer-Ausgleichs** (§ 163a Abs. 4 Satz 2 i.V.m. § 136 Abs. 1 Satz 6 StPO)

Nicht mehr Gegenstand der Belehrung sind Hinweise auf mögliche Konsequenzen des vom Beschuldigten gewählten **Prozessverhaltens**. Weder muss ihm gesagt werden, dass alles, was er sage, gegen ihn verwertet werden könne, noch dass sein Schweigen ebenfalls nicht gegen ihn verwendet werden dürfe. Auch braucht dem Beschuldigten nicht die Rechtsprechung zur Verwertung partiellen Schweigens gegen ihn erläutert zu werden.[140]

> **Praxistipp**
>
> Nach Nr. 45 Abs. 1 der Richtlinien für das Straf- und Bußgeldverfahren (RiStBV) ist die Belehrung des Beschuldigten vor seiner ersten Vernehmung nach 136 Abs. 1, 163a Abs. 3 Satz 2 StPO mit allen ihren Facetten **„aktenkundig"** zu machen (wegen den Konsequenzen nicht aktenkundig gemachter Belehrungen, siehe oben, Rdnr. 7.9). Es ist aufgrund der Leitungs- und Kontrollbefugnis der Staatsanwaltschaft auch deren Aufgabe, dies auch für polizeiliche Vernehmungen sicherzustellen.[141] Mit im Protokoll häufig vorgedruckten formularmäßigen Vermerken hierzu darf der Verteidiger sich dennoch nicht zufriedengeben, sondern muss mit dem Mandanten den Vorgang im Einzelnen nachvollziehen.[142] Eine nicht aktenkundig gemachte Belehrung ist ein gewichtiges Indiz gegen eine Belehrung.[143] Einen Grundsatz, wonach bei entgegen Nr. 45 Abs. 1 RiStBV teilweise unterbliebener Protokollierung „ausschließlich" oder naheliegend Lügen des verantwortlichen Polizisten zum Vernehmungsablauf zu erwarten sind, gibt es nicht.[144]

---

140) Rinklin, Hauptverhandlung, Kap. 12, S. 512 f. m.w.N.
141) BGH, Beschl. v. 23.08.2011 – 1 StR 153/11.
142) Dahs, C I.2., Rdnr. 250.
143) Meyer-Goßner/Schmitt, § 136 Rdnr. 23.
144) BGH, Beschl. v. 23.08.2011 – 1 StR 153/11.

Maurer

Verwertungsverbote sind in einem Gerichtsverfahren im **Freibeweisverfahren** zu klären.[145] Der Zweifelssatz in dubio pro reo gilt insoweit nicht, Verfahrensfehler müssen nachgewiesen werden.[146] Im **Ermittlungsverfahren** sind Beweisverwertungsverbote unabhängig von einer Beanstandung durch den Beschuldigten von Amts wegen zu beachten, auch wenn der zugrunde liegende Verfahrensmangel eine für den Beschuldigten disponible Vorschrift betrifft.[147] Die sogenannte Widerspruchslösung findet keine Anwendung.

7.1.7.2   Zeitpunkt der Belehrung

7.40   Nach § 136 Abs. 1 Satz 1 StPO ist der Beschuldigte „zu Beginn der ersten Vernehmung" zu belehren. Da formlose Vorgespräche vom Verfasser und von der Literatur abgelehnt werden, hat die Belehrung zu Beginn des allerersten Gesprächs an allererster Stelle zu erfolgen. Die Rechtsprechung ist hier indes großzügiger. Zum Begriff der Vernehmung gehört es danach, dass der Vernehmende dem Beschuldigten in amtlicher Funktion gegenübertritt und in dieser Eigenschaft von ihr Auskunft (eine „Aussage") verlangt.[148] Folgt die Beschuldigteneigenschaft nicht aus einem Willensakt der Strafverfolgungsbehörde, kann abhängig von der objektiven Stärke des Tatverdachts und unter dem Gesichtspunkt der Umgehung der Beschuldigtenrechte gleichwohl ein Verstoß gegen die Belehrungspflicht nach § 136 Abs. 1 Satz 2 StPO vorliegen (siehe oben, Grad des Tatverdachts, Rdnr. 7.15). Wird ein Zeuge zunächst als Zeuge vernommen oder informatorisch gehört und stellt sich dabei heraus, dass gegen ihn wegen des Sachverhalts, der Gegenstand der Ermittlungen ist, ein Anfangsverdacht besteht, so darf die Vernehmung jedenfalls nicht als informatorische Befragung oder als Zeugenvernehmung fortgesetzt werden, weil andernfalls die Schutzbestimmungen aus § 163a Abs. 4 i.V.m. § 136 Abs. 1 Satz 2 StPO bewusst umgangen werden. Ein solcher Verfahrensmangel wird – wie oben ausgeführt – nicht durch die Belehrung gem. § 55 Abs. 2 StPO kompensiert.

7.1.7.3   Tatvorwurf § 163a Abs. 4 Satz 1 StPO

7.41   Gemäß § 163a Abs. 4 Satz 1 StPO ist dem Beschuldigten zunächst zu eröffnen, **welche Tat** ihm zur Last gelegt wird. Die Mitteilung des strafrechtlichen Vorwurfs bezieht sich auf die Tat im verfahrensrechtlichen Sinne gem. § 264 StPO.[149] Die Zielrichtung des Vorwurfs ist so zu erläutern, dass sich der Beschuldigte sachgerecht verteidigen kann.[150] Unbeschadet der – stets gegebenen, prak-

---

145) St. Rspr.: BGH, Beschl. v. 02.05.2019 – StR 21/19; BGH, Beschl. v. 25.09.2018 – StB 40/18; BGH, Urt. v. 08.08.2018 – 2 StR 131/18, BGH, Beschl. v. 23.08.2011 – 1 StR 153/11; vgl. nur Meyer-Goßner/Schmitt, § 136 Rdnr. 23; § 136a Rdnr. 32.
146) St. Rspr.: BGH, Beschl. v. 02.05.2019 – 3 StR 21/19; BGH, Beschl. v. 25.09.2018 – StB 40/18; BGH, Urt. v. 08.08.2018 – 2 StR 131/18.
147) BGH, Beschl. v. 06.06.2019 – StB 14/19.
148) BGH, Beschl. v. 13.05.1996 – GSSt 1/96; KK/Griesbaum, § 163a Rdnr. 2a.
149) KK/Diemer, § 136 Rdnr. 8.
150) BGH, Urt. v. 26.04.2017 – 2 StR 247/16.

tisch besonders bei polizeilichen Vernehmungen bedeutsamen – Möglichkeit, aus ermittlungstaktischen Gründen nicht jedes schon bekannte Detail offenzulegen, ist dem Beschuldigten der ihm vorgeworfene **Sachverhalt** zumindest in groben Zügen zu eröffnen.[151] Der Vernehmende darf sich nicht auf eine schlagwortartige Bezeichnung des in Betracht kommenden Straftatbestands beschränken.[152] Der Polizeibeamte sollte daher dem Beschuldigten den historischen Lebenssachverhalt eröffnen, der Gegenstand der Vernehmung sein wird.[153] Hinsichtlich der Ausgestaltung der Eröffnung im Einzelnen hat also der Vernehmende einen gewissen Beurteilungsspielraum.[154] Dessen Grenzen sind überschritten, wenn dem Beschuldigten eines Gewaltdelikts der Tod des Opfers nicht eröffnet wird.[155] Die **Beweismittel** für den Tatverdacht müssen indes nicht genannt werden. Dies ergibt sich bereits aus dem Wortlaut der Vorschrift, wonach die Tat und nicht die Beweismittel zu eröffnen sind, sowie aus § 147 Abs. 2 StPO, wonach Akteneinsicht versagt werden kann, soweit dies den Untersuchungszweck gefährdet.[156] Bei **mehreren Taten** kann die Vernehmung zunächst auf nur eine Tat beschränkt werden, sofern eine Trennung sachlich möglich ist.[157]

Bei der polizeilichen Vernehmung geht es dabei nur um die Tat als solche, **nicht** auch um deren rechtliche Bewertung. Im Gegensatz zur richterlichen oder staatsanwaltlichen Vernehmung ist daher die Angabe der in Betracht kommenden **Strafvorschriften** nicht erforderlich (vgl. demgegenüber §§ 136 Abs. Satz 1, ggf. i.V.m. § 163a Abs. 3 Satz 2 StPO). Untersagt ist es aber auch der Polizei nicht, die einschlägigen Strafvorschriften zu nennen.[158]

> **Praxistipp**
>
> Diese Belehrungspflicht stellt eine wesentliche Förmlichkeit dar, deren Nichtbeachtung die Diensthandlung unrechtmäßig macht. Die Frage, ob nach der Abwägungslehre ein Verwertungsverbot hinsichtlich einer Aussage besteht, der ein Verstoß über die Belehrung über den Tatvorwurf gegen § 163a Abs. 4 Satz 1 StPO vorangegangen ist, wird hingegen nicht einheitlich beurteilt.[159] Ein Verwertungsverbot dürfte nach teilweise vertretener Auffassung schon deswegen nicht in Betracht kommen, weil die Verstöße durch spätere Informationen gem.

7.42

---

151) BGH, Beschl. v. 06.03.2012 – 1 StR 623/11.

152) Rinklin, Der Strafprozess, Kap. 12, S. 487; KK/Diemer, § 136 Rdnr. 8, Meyer-Goßner/Schmitt, § 136 Rdnr. 6.

153) Artkämper, Die „gestörte" Hauptverhandlung, Rdnr. 547.

154) BGH, Urt. v. 26.04.2017 – 2 StR 247/16; Meyer-Goßner/Schmitt, § 163a Rdnr. 4.

155) BGH, Beschl. v. 06.03.2012 – 1 StR 623/11.

156) KK/Diemer, § 136 Rdnr. 8; Meyer-Goßner/Schmitt, § 136 Rdnr. 6; a.A. LR/Gleß, § 136 Rdnr. 24, der eine Einschränkung analog zu § 147 Abs. 2 StPO zulässt.

157) BGH, Urt. v. 26.04.2017 – 2 StR 247/16; Meyer-Goßner/Schmitt, § 136 Rdnr. 6; KK/Diemer, § 136 Rdnr. 8; a.A. LR/Gleß, § 136 Rdnr. 24 ff.

158) LR/Erb, § 163a Rdnr. 87.

159) Offengelassen: BGH, Urt. v. 26.04.2017 – 2 StR 247/16; ablehnend LR/Gleß, § 136 Rdnr. 24, weil die Verstöße durch spätere Informationen gem. § 201 Abs. 1 ausreichend geheilt werden können.

§ 201 Abs. 1 ausreichend geheilt werden können. Im Übrigen hat ein Verstoß im Rahmen des Gesamtvorgangs der Vernehmung und im Hinblick auf die Zuverlässigkeit ihrer Ergebnisse i.d.R. keine so große Bedeutung, dass er nach heute vorherrschenden Kriterien die – im Zweifel gänzliche – Unverwertbarkeit der Aussage nach sich ziehen müsste.[160)]

7.1.7.4   Aussageverweigerungsrecht, § 136 Abs. 1 Satz 2 StPO

7.43   Nach §§ 163a Abs. 4 Satz 2, 136 Abs. 1 Satz 2 StPO ist der Beschuldigte darauf hinzuweisen, dass es ihm nach dem Gesetz freisteht, sich zu der Beschuldigung zu äußern oder nicht zur Sache auszusagen. Durch die Belehrung soll gegenüber dem Beschuldigten eindeutig klargestellt werden, dass es ihm freisteht, nicht auszusagen, obwohl ihn ein Richter, Staatsanwalt oder Polizeibeamter in amtlicher Eigenschaft befragt. Das Belehrungsgebot will sicherstellen, dass der Beschuldigte vor der irrtümlichen Annahme einer Aussagepflicht bewahrt wird, zu der er möglicherweise gerade durch die Konfrontation mit dem amtlichen Auskunftsverlangen veranlasst werden könnte.

Praxistipp

7.44   Das Schweigerecht bezieht sich nur auf „Angaben zur Sache", also auf die „persönlichen Verhältnisse" i.S.d. § 136 Abs. 3 StPO und den Tatvorwurf, jedoch nicht auf die Pflicht zur Angabe der Personalien, die der Identitätsfeststellung dienen.[161)] Zu den Personalien gehören Vor-, Familien- und Geburtsname, Ort und Tag der Geburt, Familienstand, Beruf, Wohnort, Wohnung und Staatsangehörigkeit (vgl. § 111 OWiG).[162)] Etwas anderes kann allerdings dann gelten, wenn die Angaben für die Schuldfrage von Bedeutung sind.[163)] Angaben zu den Einkommensverhältnissen[164)] oder Vorstrafen[165)] gehören hierzu indes nicht und sind stets Angaben zur Sache.

Der BGH empfiehlt, die Belehrung in den Worten des § 136 Abs. 1 Satz 2 StPO zu erteilen. Zwingend ist das nicht, weswegen es auch nicht ohne weiteres einen Verfahrensfehler darstellt, wenn die Worte des Gesetzes nicht benutzt werden.[166)] Maßgebend ist danach allein, dass die Belehrung dem Beschuldigten Klarheit

---

160)   LR/Gleß, § 136 Rdnr. 103 zu § 136 Abs. 1 Satz 1.

161)   Meyer-Goßner/Schmitt, § 136 Rdnr. 5.

162)   A.A. LR/Gleß, § 136 Rdnr. 15, wonach Angaben über Familienstand, Beruf oder Wohnung für die Identitätsfeststellung regelmäßig nicht erforderlich sind.

163)   Burhoff, Ermittlungsverfahren, Rdnr. 3415; a.A. KK/Diemer, § 136 Rdnr. 7, und Meyer-Goßner/Schmitt § 136 Rdnr. 5, wonach Angaben zu den Personalien nach § 111 OWiG nicht verweigert werden dürfen, auch wenn das auf eine Selbstbelastung hinausläuft; zum Streitstand LR/Gleß, § 136 Rdnr. 16 ff. m.w.N.

164)   Meyer-Goßner/Schmitt, § 136 Rdnr. 5.

165)   LR/Gleß, § 136 Rdnr. 15.

166)   KK/Diemer, § 136 Rdnr. 12.

über seine Aussagefreiheit verschafft und eine diesbezügliche Fehlvorstellung ausschließt.[167)] Die Belehrung ist nach § 168b Abs. 3 Satz 1 StPO zwingend zu **protokollieren**.[168)]

Entschließt sich der Beschuldigte, nicht auszusagen, muss sich der Vernehmende grundsätzlich jeder **Einflussnahme** auf diesen Entschluss enthalten.[169)] Entsprechendes gilt, wenn der Beschuldigte, was zulässig ist, erklärt hat, er wolle nur zu bestimmten Komplexen aussagen. Auch dann muss sich der Vernehmungsbeamte damit grundsätzlich zufriedengeben.[170)] Fraglich ist indes, wann von einer Einflussnahme in diesem Sinn gesprochen werden kann. Bedenklich erscheint dem BGH, wenn man einem Beschuldigten nach dessen Berufung auf das Aussageweigerungsrecht anbietet, mal „miteinander sprechen" zu wollen. Durch dieses Verhalten könnte bei einem Beschuldigten der fehlerhafte Eindruck hervorgerufen werden (vgl. auch § 136a Abs. 1 Satz 1 StPO), ein solches bloßes „Gespräch" unterscheide sich in seiner Verwertbarkeit von einer „förmlichen" Vernehmung.[171)] Hat demgegenüber ein (festgenommener) Beschuldigter nach Belehrung erklärt, keine Aussage machen zu wollen, lässt er sich dann aber auf „ein mehrstündiges – auch den Tatvorwurf betreffendes – Gespräch mit den Polizeibeamten" auf der Dienststelle in Anwesenheit von mehreren Ermittlungsbeamten ein, kann der Inhalt dieses Gesprächs gegen ihn verwendet werden, soweit nicht der Eindruck erweckt wird, das „Gespräch" sei privater, vertraulicher Natur und von der Verwertung im Verfahren gegen ihn ausgeschlossen.[172)] Darüber hinaus kann stetiges Nachfragen ohne zureichenden Grund das Schweigerecht des unverteidigten Beschuldigten entwerten. Nachfragen sind nach ausdrücklicher Ausübung des Schweigerechts zwar dann ausnahmsweise unproblematisch, wenn neue Informationen erlangt worden sind, zu denen sich der Beschuldigte noch nicht positionieren konnte, eine neue prozessuale Situation eingetreten oder eine gewisse Zeitspanne verstrichen ist, in denen sich die Auffassung des Beschuldigten geändert haben kann. Jenseits solcher neuer Umstände oder eines möglichen Sinneswandels darf das Schweigerecht jedenfalls bei einem unverteidigten Beschuldigten nicht dadurch missachtet werden, dass beständig auf verschiedenen Wegen versucht wird, den Beschuldigten doch noch dazu zu bringen, Angaben in der Sache zu machen.[173)] Zulässig soll sein, dass der Vernehmende den Beschuldigten auf die nachteiligen Folgen einer **Aussageverweigerung** hinweisen kann.[174)] Das kann aber **nur** richtig sein, wenn der Hinweis lediglich eine allgemeine, irgendwelche Zusagen vermeidende und **wertfreie Belehrung** des Beschuldigten über seine Prozesslage zum Inhalt hat, etwa wenn mögliche entlastende Umstände, die allein er kennen kann, nur aufgeklärt werden können, wenn er sie nennt.[175)] Auf die Entschließungsfreiheit des Beschuldigten darf niemals

---

167) BGH, Urt. v. 29.04.2010 – 3 StR 63/10; Meyer-Goßner/Schmitt, § 136 Rdnr. 8.
168) Siehe Rdnr. 7.39, 7.10.
169) Burhoff, Ermittlungsverfahren, Rdnr. 3409.
170) Burhoff, Ermittlungsverfahren, Rdnr. 3409.
171) BGH, Beschl. v. 10.01.2006 – 5 StR 341/05.
172) BGH, Beschl. v. 24.01.1995 – 5 StR 577/94.
173) BGH, Beschl. v. 10.01.2006 – 5 StR 341/05.
174) Meyer-Goßner/Schmitt, § 136 Rdnr. 8, Burhoff, Ermittlungsverfahren, Rdnr. 3409.
175) LR/Gleß, § 136 Rdnr. 34.

in unerlaubter Weise eingewirkt werden, namentlich nicht durch Drohung oder durch das Versprechen eines gesetzlich nicht vorgeschriebenen Vorteils.[176] Gleiches gilt für den Fall, dass ein Vernehmungsbeamter Maßnahmen in Aussicht stellt, auf deren Anordnung der Vernehmende Einfluss zu haben behauptet, etwa indem er den Eindruck erweckt, der Beschuldigte könne den Erlass eines Untersuchungshaftbefehls und damit auch den Vollzug der Untersuchungshaft nur durch ein Geständnis verhindern.[177]

> **Praxistipp**
>
> Aus einem Schweigen des Beschuldigten dürfen keine nachteiligen Schlüsse gezogen werden.[178]

7.46 Der **Grundsatz der Selbstbelastungsfreiheit** ist im Rechtsstaatsprinzip verankert und hat Verfassungsrang. Deshalb unterliegt die Aussage des Beschuldigten einem **Verwertungsverbot**, wenn er unter Verstoß gegen die Belehrungspflicht über das Aussageverweigerungsrecht gemäß §§ 163a Abs. 4 Satz 2, 136 Abs. 1 Satz 2 StPO vernommen worden ist.[179] Das Verwertungsverbot wegen unterbliebener Belehrung eines Beschuldigten gilt nach ganz h.M. im Schrifttum auch im Ordnungswidrigkeitenverfahren.[180]

7.47 Ein danach bestehendes Beweisverwertungsverbot gilt grundsätzlich nur für diejenige Aussage, die durch den Verfahrensfehler herbeigeführt worden ist. Und zwar für die gesamte Aussage. Für Fälle einer Vernehmung des Beschuldigten unter Verstoß gegen die Belehrungspflicht gem. § 136 Abs. 1 Satz 2 StPO ist nach der Rechtsprechung des BGH aber anerkannt, dass dieser Verfahrensfehler zur Unverwertbarkeit auch von dessen späteren Aussagen nach der Belehrung als Beschuldigter führen kann. Denn die unterbliebene Beschuldigtenbelehrung wirkt regelmäßig bei weiteren Vernehmungen in dem Sinne fort, dass der Beschuldigte glaubt, seine frühere, unter Verstoß gegen die Belehrungspflicht gem. § 136 Abs. 1 Satz 2 StPO zustande gekommene Aussage nicht mehr aus der Welt schaffen zu können. Deshalb ist der Beschuldigte in diesen Fällen zu Beginn einer späteren Vernehmung durch eine sogenannte **qualifizierte Belehrung** auf die Unverwertbarkeit seiner früheren Aussage hinzuweisen:[181] Erforderlich ist dabei eine echte Belehrung. Diese wird nicht durch eine Pause zwischen zwei Vernehmungen

---

176) KK/Diemer, § 136 Rdnr. 12; LR/Gleß, § 136 Rdnr. 34.

177) OLG Frankfurt, Beschl. v. 25.11.1997 – 1 Ws 165/97.

178) St. Rspr., BGH, Beschl. v. 17.07.2019 – 4 StR 150/19, BGH, Beschl. v. 05.07.2018 – 1 StR 42/18; BGH, Beschl. v. 28.05.2014 – 3 StR 196/14; Meyer-Goßner/Schmitt, § 261 Rdnr. 15 ff.; KK/Diemer, § 136 Rdnr. 10.

179) St. Rspr, seit BGH, Beschl. v. 27.02.1992 – 5 StR 190/91; BGH, Urt. v. 06.03.2018 – 1 StR 277/17; BGH, Urt. v. 03.05.2018 – 3 StR 390/17; Rinklin, Hauptverhandlung, Kap. 17, S. 865 f.

180) OLG Bamberg, Beschl. v. 27.08.2018 – 2 Ss OWi 973/18 m.w.N. der insoweit einhelligen Literatur.

181) Grundlegend BGH, Urt. v. 18.12.2008 – 4 StR 455/08; BGHSt 53, 112–118; BGH, Urt. v. 03.05.2018 – 3 StR 390/17 m.w.N.

ersetzt.[182] Unterbleibt die gebotene qualifizierte Belehrung, folgt daraus jedoch wiederum nicht ohne weiteres ein Verwertungsverbot in Bezug auf die neuerliche Aussage. Es ist vielmehr wie in anderen Fällen einer fehlerhaften Erkenntnisgewinnung eine Abwägung vorzunehmen. In deren Rahmen kommt dem Verstoß gegen die Pflicht zur qualifizierten Belehrung regelmäßig nicht dasselbe Gewicht zu wie der vorangegangenen Beeinträchtigung der Selbstbelastungsfreiheit durch den Verstoß gegen die Belehrungspflicht gem. § 136 Abs. 1 Satz 2 StPO, weil der Beschuldigte bei der späteren Vernehmung zumindest nach § 136 Abs. 1 Satz 2 StPO auf sein Schweigerecht hingewiesen wurde. Im Übrigen ist – wie auch sonst – das staatliche Interesse an der Sachaufklärung zu berücksichtigen.[183]

Für das Ermittlungsverfahren ist zu bedenken: Auf Grund der Gesamtverantwortung der Staatsanwaltschaft für das Ermittlungsverfahren hat sie insbesondere den **Status** des zu Vernehmenden als Zeuge oder Beschuldigter frühzeitig klarzustellen und durch allgemeine Weisungen im Voraus oder durch konkrete Einzelweisungen eine ordnungsgemäße, rechtzeitige Beschuldigtenbelehrung gem. § 136 Abs. 1 Satz 2, § 163a Abs. 4 StPO sicherzustellen. Wird ein Tatverdächtiger dennoch zu Unrecht als Zeuge vernommen, so hat auch die Staatsanwaltschaft wegen des Belehrungsverstoßes in Form einer „qualifizierten Belehrung" darauf hinzuwirken, dass der Tatverdächtige bei Beginn der nachfolgenden Vernehmung als Beschuldigter auf die Nichtverwertbarkeit der früheren Angaben hingewiesen wird.[184]

7.48

> **Praxistipp**
>
> Der Verteidiger muss auf jeden Fall in der Hauptverhandlung der Verwertung der Angaben des beschuldigten Mandanten widersprechen, und zwar sowohl hinsichtlich derjenigen Angaben, die vor der Beschuldigtenbelehrung gemacht wurden, als auch hinsichtlich derjenigen, die nach der ordnungsgemäßen Belehrung dann noch als Beschuldigter gemacht wurden.

7.49

7.1.7.5 Verteidigerkonsultation, Kontaktmöglichkeiten, § 136 Abs. 1 Satz 2 StPO

Der Beschuldigte ist nach §§ 163a Abs. 4 Satz 2, 136 Abs. 1 Satz 2 StPO neben dem Recht zu Schweigen auch darüber zu belehren, dass es ihm freisteht, jederzeit, auch schon vor seiner Vernehmung, einen von ihm zu wählenden Verteidiger zu konsultieren. Der Hinweis auf das Recht der jederzeitigen **Verteidigerkonsultation** ist dabei zusammen mit der Belehrung über die **Aussagefreiheit** zu erteilen. Beide Rechte stehen aber eigenständig nebeneinander.[185] Schon die Entscheidung

7.50

---

182) Burhoff, Ermittlungsverfahren, Rdnr. 3444.
183) BGH, Urt. v. 03.05.2018 – 3 StR 390/17 m.w.N.; OLG München, Beschl. v. 09.03.2009 – 4 St RR 012/09; Rinklin, Hauptverhandlung, Kap. 17, S. 869 ff.
184) Grundlegend zur Gesamtverantwortung der StA: BGH, Beschl. v. 27.05.2009 – 1 StR 99/09.
185) Rinklin, Hauptverhandlung, Kap. 17, S. 870 f.

für oder gegen eine Aussage kann eine Befragung des frei zu wählenden Verteidigers nötig machen.[186] Die Belehrung ist nach § 168b Abs. 3 Satz 2 StPO zwingend zu protokollieren (siehe Rdnr. 7.9 und 7.10).

7.51 Die **Belehrungspflicht** entfällt nicht dadurch, dass der Beschuldigte bei seiner vorläufigen Festnahme bereits nach § 114b Abs. 2 Nr. 4 StPO darüber belehrt worden ist, dass er jederzeit, auch schon vor seiner Vernehmung, einen Verteidiger befragen kann.[187]

7.52 Auch hierzu gilt, dass der Beschuldigte seine Rechtsstellung durch den Hinweis kennen und deren Inhalt verstehen soll. **Klarheit** über sein Recht auf Verteidigerkonsultation erhält der Beschuldigte aber z.B. nicht, wenn er (nur) dahingehend belehrt wird, dass er „sich vielleicht auch einen Anwalt nehmen" könne oder „dass es auch die Möglichkeit gibt, sogenannte Prozesskostenhilfe zu bekommen".[188]

Der Hinweis auf eine mögliche **Verteidigerkonsultation** soll nicht erforderlich sein, wenn der Beschuldigte für dieses (nicht für ein anderes) Verfahren bereits einen Verteidiger hat.[189] Dieses Verständnis ist mit dem Wortlaut der Norm indes nicht zu vereinbaren.[190] § 136 StPO hat zwingenden Charakter.[191] Der Polizeibeamte hat daher stets die Pflicht, die erforderlichen Hinweise zu geben, unabhängig davon, ob der Beschuldigte seine Rechte kennt oder nicht.[192] Eine mögliche Verwertbarkeit bei fehlender Belehrung und vorhandener Kenntnis ist insoweit ausschließlich Ausprägung revisionsrechtlicher Grundsätze.[193]

7.53 Wenn der Beschuldigte auf die Belehrung hin erklärt, zunächst einen Verteidiger sprechen zu wollen, so muss die beabsichtigte Vernehmung abgebrochen und die Entscheidung des Beschuldigten, ob er Angaben machen möchte, abgewartet werden. Der Beschuldigte darf auch in der Zwischenzeit nicht durch beharrliches Nachfragen zu einer Aussage gedrängt oder überredet werden.[194] Notfalls ist ein neuer Termin anzuberaumen.[195] Die Vernehmung darf ohne vorangegangene Konsultation nur fortgesetzt werden, wenn sich der Beschuldigte nach erneutem Hinweis auf sein Recht auf Zuziehung eines Verteidigers mit der Fortsetzung der Vernehmung einverstanden erklärt.[196] Daran haben nach Ansicht des BGH auch die eingerichteten **Strafverteidigernotdienste** durch das *„Zweite Gesetz zur Stärkung*

---

186) BeckOK, StPO/Monka, § 136 Rdnr. 10.
187) BT-Drucks. 16/11644, S. 17.
188) Burhoff, Ermittlungsverfahren, Rdnr. 3416 m.w.N.
189) So Meyer-Goßner/Schmitt, § 136 Rdnr. 10b a.E.; KK/Diemer, § 136 Rdnr. 14.
190) So auch LR/Gleß, § 136 Rdnr. 40; Burhoff, Ermittlungsverfahren, Rdnr. 3417; a.A.
191) Artkämper, Die „gestörte" Hauptverhandlung, Rdnr. 550.
192) BGH, Beschl. v. 27.02.1992 – 5 StR 190/91.
193) Artkämper, Die „gestörte" Hauptverhandlung, Rdnr. 550.
194) BGH, Beschl. v. 10.01.2006 – 5 StR 341/05.
195) BGH, Urt. v. 29.10.1992 – 4 StR 126/92.
196) BGH, Beschl. v. 19.06.2019 – 5 StR 167/19; BGH, Beschl. v. 10.01.2013 – 1 StR 560/12; BGH, Urt. v. 21.05.1996 – 1 StR 154/96; Meyer-Goßner/Schmitt, § 136 Rdnr. 10a; KK/Diemer, § 136 Rdnr. 14.

der Verfahrensrechte von Beschuldigten im Strafverfahren und zur Änderung des Schöffenrechts" vom 27.08.2017 (BGBl I, 3295) nichts geändert.[197)] Zweck der **wiederholten Belehrung** ist, dem Beschuldigten vor Augen zu führen, dass er sein Recht auf Verteidigerkonsultation etwa durch einen fehlgeschlagenen Kontaktversuch nicht verwirkt hat. Die Pflicht zur Belehrung über das Recht auf Verteidigerkonsultation gebietet nicht, den Beschuldigten, der keinen Wunsch auf Zuziehung eines Verteidigers äußert, auf einen vorhandenen anwaltlichen Notdienst hinzuweisen.[198)]

Der Verstoß gegen die Belehrung über das Recht auf Verteidigerkonsultation der §§ 163a Abs. 4 Satz 2, 136 Abs. 1 Satz 2 StPO führt nach ständiger Rechtsprechung des BGH und einhelliger Meinung in der Literatur – im Fall des rechtzeitigen Widerspruchs – **grundsätzlich** zu einem **Verwertungsverbot**.[199)] Das gilt auch dann, wenn die Belehrung versehentlich unterblieben ist.[200)]

7.54

7.1.7.6 Anwaltlicher Notdienst und Pflichtverteidiger, § 136 Abs. 1 Satz 3–5 StPO

Möchte der Beschuldigte vor seiner Vernehmung einen Verteidiger befragen, so sind ihm nach den durch das *„Zweite Gesetz zur Stärkung der Verfahrensrechte von Beschuldigten im Strafverfahren und zur Änderung des Schöffenrechts"* vom 27.08.2017 eingeführten §§ 163a Abs. 4 Satz 2, 136 Abs. 1 Satz 3 und 4 StPO Informationen zur Verfügung zu stellen, die es ihm erleichtern, einen Verteidiger zu kontaktieren. Auf bestehende **anwaltliche Notdienste** ist dabei hinzuweisen. Der Hinweis auf anwaltliche Notdienste soll nicht erforderlich sein, wenn der Beschuldigte für dieses (nicht für ein anderes) Verfahren bereits einen Verteidiger hat. Die Vorschrift des § 136 Abs. 1 Satz 4 StPO schützt den Beschuldigten, der zwar einen Verteidiger befragen möchte, aber keinen benennt.[201)] In den Fällen der notwendigen Verteidigung muss der Beschuldigte gem. § 136 Abs. 1 Satz 5 StPO zudem unter den Voraussetzungen des § 140 Abs. 1 und 2 StPO auch über seinen Anspruch auf Bestellung eines Pflichtverteidigers nach Maßgabe von § 141 Abs. 1 und 3 StPO hingewiesen werden (zu den Bestellungsgründen, siehe Rdnr. 8.38 ff.) Der Beschuldigte hat damit im Ermittlungsverfahren kein eigenes Antragsrecht auf Beiordnung eines **Pflichtverteidigers**. Er kann lediglich anregen, dass die Staatsanwaltschaft von ihrem Antragsrecht nach § 141 Abs. 3 StPO Gebrauch macht. In diesem Zusammenhang hat zur Vermeidung von Missverständnissen nach Abs. 1 Satz zweiter Halbsatz auch noch der Hinweis zu erfolgen, dass der Beschuldigte im Falle der Bestellung eines Verteidigers die dadurch entstehenden **Kosten** nach § 465 StPO insoweit zu **tragen** hat, als das Verfahren gegen ihn zu einer Verurteilung führt.

7.55

---

197) BGH, Beschl. v. 19.06.2019 – 5 StR 167/19; a.A. BeckOK, StPO/Monka, § 136 Rdnr. 13.
198) KK/Diemer, § 136 Rdnr. 14; Meyer-Goßner/Schmitt, § 136 Rdnr. 10b.
199) BGH, Beschl. v. 19.06.2019 – 5 StR 167/19; BGH, Urt. v. 12.01.1996 – 5 StR 756/94; KK/Diemer, § 136 Rdnr. 26; Rinklin, Hauptverhandlung, Kap. 17, S. 870 f.; a.A. noch BGH, Beschl. v. 07.06.1983 – 5 StR 409/81.
200) BGH, Beschl. v. 27.02.1992 – 5 StR 190/91.
201) BGH, Beschl. v. 19.06.2019 – 5 StR 167/19.

7.56 Ein unterlassener Hinweis nach § 136 Abs. 1 Satz 3–5 führt (anders als diejenigen des § 136 Abs. 1 Satz 2 StPO, siehe Rdnr. 7.7 und 7.56) nach der Rechtsprechung regelmäßig nicht zu einem Verwertungsverbot. Vielmehr hängt die Unverwertbarkeit der Angaben des insoweit unbelehrten Beschuldigten nach BGH, Beschl. v. 06.02.2018 – 2 StR 163/17, auch hier von einer „einzelfallbezogenen Abwägung der Umstände des konkreten Falles ab".[202] Die Rechtsprechung des 2. Strafsenats zum nur relativen Verwertungsverbot stößt auf Kritik. Insbesondere wird die Bedeutung dieser Vorschrift entgegen den europäischen Vorgaben[203] damit marginalisiert, was der anerkannten Schutzerweiterung des Rechts auf Verteidigerkonsultation zuwiderläuft.[204] Es bleibt abzuwarten, wie die anderen Senate oder der EGMR hierzu urteilen werden.

> **Praxistipp**
>
> Verteidiger sollten bei einem Belehrungsverstoß aus Vorsichtsgründen stets ein Verwertungsverbot geltend machen und gegen die Verwertung der Angaben des Beschuldigten in der Hauptverhandlung einen **Verwertungswiderspruch** erheben.

7.1.7.7 Sonstige Belehrungen, § 136 Abs. 1 Satz 5 und 6 StPO

7.57 Nach §§ 163a Abs. 4 Satz 2, 136 Abs. 1 Satz 5 erster Halbsatz StPO ist der Beschuldigte auf sein Recht hinzuweisen, dass er zu seiner Entlastung einzelne **Beweiserhebungen** beantragen kann. Damit soll ihm verdeutlicht werden, dass er sich auch in dieser Form entlasten kann, selbst wenn er keine Angaben zur Sache machen will.[205] Auf sein Beweisantragsrecht muss der Beschuldigte auch dann hingewiesen werden, wenn er vorher bereits erklärt hat, nicht aussagen zu wollen. Eine solche Erklärung schließt nämlich Beweisanträge nicht aus.[206] Das Beweisantragsrecht des Beschuldigten führt im Vorverfahren aber ein Kümmerdasein, da – anders als in der Hauptverhandlung nach § 244 StPO – keine strenge Verpflichtung für die Polizei besteht, solchen Anträgen, die im Ermittlungsverfahren nicht mehr als die Qualität einer Anregung haben, nachzukommen.[207]

7.58 Nach §§ 163a Abs. 4 Satz 2, 136 Abs. 1 Satz 6 StPO soll der Beschuldigte *„in geeigneten Fällen"* darauf hingewiesen werden, dass er sich **schriftlich** äußern kann. Ein solcher Hinweis muss allerdings nur dann gegeben werden, wenn der vernehmende Polizeibeamte ihn nach Art des Falls und der Persönlichkeit des Beschuldigten für sinnvoll hält.[208] Dem Beschuldigten ist es auch gestattet, seine

---

202) BGH, Beschl. v. 06.02.2018 – 2 StR 163/17; Meyer-Goßner/Schmitt, § 136 Rdnr. 21.
203) Art. 3 Abs. 1 lit. b der Richtlinie 2012/13/EU des Europäischen Parlaments und des Rats über das Recht auf Belehrung und Unterrichtung im Strafverfahren vom 22.05.2012.
204) Jäger, in: NStZ 2018, 671; so auch Ransiek, in: StV 2019, 160–162; Kudlich, in: JA 2018, 792–794; Ahlbrecht/Fleckenstein, in: StV 2019, 661–664.
205) Meyer-Goßner/Schmitt, § 163a Rdnr. 8.
206) Meyer-Goßner/Schmitt, § 136 Rdnr. 11; KK/Diemer, § 136 Rdnr. 15).
207) Rinklin, Hauptverhandlung, Kap. 12, S. 518.
208) KK/Griesbaum, § 163a Rdnr. 30.

mündliche Aussage schriftlich zu ergänzen. Erachtet die Vernehmungsperson den Fall nicht für geeignet, so kann der Beschuldigte sich gleichwohl selbst oder durch einen Verteidiger schriftlich äußern.[209] Ferner soll der Beschuldigte *„in geeigneten Fällen"* auf die Möglichkeit eines **Täter-Opfer-Ausgleichs** hingewiesen werden (§§ 163a Abs. 4 Satz 2, 136 Abs. 1 Satz 6 StPO).

Im Rahmen einer polizeilichen Vernehmung ist der Beschuldigte auch über sein Recht zu informieren, für das gesamte Strafverfahren, mithin auch während des Ermittlungsverfahrens, einen **Dolmetscher** oder **Übersetzer** beanspruchen zu können (§ 163a Abs. 5 StPO, § 187 Abs. Satz 1 GVG).[210]

Wegen der nach Art. 36 Abs. 1 lit. b) Satz 3 des **Wiener Übereinkommens über konsularische Beziehungen** (WÜK) zu erfolgenden Belehrung eines Ausländers, dass er die unverzügliche Benachrichtigung der konsularischen Vertretung seines Heimatlandes von der Festnahme verlangen darf, siehe Rdnr. 10.1 ff.

> **Praxistipp**
>
> Verstöße gegen diese sonstigen Belehrungsinhalte in §§ 163a Abs. 4 Satz 2, 136 Abs. 1 Satz 5 und 6 StPO begründen nach allgemeiner Meinung kein Verwertungsverbot.[211] Verteidiger sollten bei einem Belehrungsverstoß aus Vorsichtsgründen stets ein Verwertungsverbot geltend machen und gegen die Verwertung der Angaben des Beschuldigten in der Hauptverhandlung stets einen Verwertungswiderspruch erheben.

7.1.8   Vernehmungsinhalt/Vernehmung zur Sache

Zu Beginn einer Vernehmung ist zunächst die **Identität** des zu Vernehmenden durch Erhebung der **Personalien** sicherzustellen. Zu den Personalien gehören voller Vor-, Familien- und Geburtsname, Ort und Tag der Geburt, Familienstand, Beruf, Wohnort, Wohnung und Staatsangehörigkeit (vgl. § 111 OWiG).[212] Etwas anderes kann allerdings dann gelten, wenn die Angaben für die Schuldfrage von Bedeutung sind.[213] Angaben zu den Einkommensverhältnissen[214] oder Vorstrafen[215] gehören hierzu indes nicht und sind stets Angaben zur Sache.

7.59

---

209) KK/Diemer, 136, Rdnr 16.

210) KK/Griesbaum, § 163a Rdnr. 30b.

211) BeckOK, StPO/Monka, § 136 Rdnr. 26.

212) A.A. LR/Gleß, § 136 Rdnr. 15, wonach Angaben über Familienstand, Beruf oder Wohnung für die Identitätsfeststellung regelmäßig nicht erforderlich sind.

213) Burhoff, Ermittlungsverfahren, Rdnr. 3415; a.A. KK/Diemer, § 136, Rdnr. 7, und Meyer-Goßner/Schmitt § 136 Rdnr. 5, wonach Angaben zu den Personalien nach § 111 OWiG nicht verweigert werden dürfen, auch wenn das auf eine Selbstbelastung hinausläuft; zum Streitstand LR/Gleß, § 136 Rdnr. 16 ff. m.w.N.

214) Meyer-Goßner/Schmitt, § 136 Rdnr. 5.

215) LR/Gleß, § 136 Rdnr. 15.

Maurer

7.1.8.1 Persönliche Verhältnisse, § 136 Abs. 3 StPO

7.60 Bei der ersten Vernehmung sollen gem. §§ 163a Abs. 4 Satz 2, 136 Abs. 3 StPO die persönlichen Verhältnisse des Beschuldigten ermittelt werden. Dazu gehören alle für die Beurteilung des Tatvorwurfs oder für die Rechtsfolgenfragen relevanten Umstände, soweit sie für das Strafverfahren von Bedeutung sein können,[216] klassischer Weise also der Werdegang und die Familien- und Vermögensverhältnisse. Vorstrafen ebenfalls nur, soweit sie für die Sache von Bedeutung sind.[217] RiStBV Nr. 13 und 14 sind in diesem Zusammenhang zu beachten.

7.1.8.2 Zur Sache, § 136 Abs. 3 StPO

7.61 Durch die Vernehmung zur Sache wird dem Angeklagten rechtliches Gehör i.S.d. Art 103 Abs. 1 GG gewährt. Die Vernehmung soll nach §§ 163a Abs. 4 Satz 2, 136 Abs. 2 StPO dem Beschuldigten Gelegenheit geben, die gegen ihn vorliegenden Verdachtsgründe zu beseitigen und die zu seinen Gunsten sprechenden Tatsachen geltend zu machen. Macht er davon Gebrauch, nutzt er seine Verteidigungsmöglichkeiten.[218] Eine Vernehmung zur Sache liegt nur vor, wenn der Beschuldigte selbst, und nicht etwa sein Verteidiger, sich **mündlich äußert**.[219] Schlägt der Beschuldigte die Gelegenheit zur mündlichen Äußerung aus, um sich schriftlich zu äußern, so muss die schriftliche Erklärung zwar entgegengenommen werden, es handelt sich dann aber nicht um eine Vernehmung.

> **Praxistipp**
>
> Die schriftliche Einlassung ist dennoch Beweismittel. Schriftliche Erklärungen, die der Beschuldigte im anhängigen Verfahren zu der gegen ihn erhobenen Beschuldigung abgibt, sind nach der Rechtsprechung auch vor dem Hintergrund des § 250 StPO stets verlesbar, und zwar selbst dann, wenn er später Angaben verweigert.[220] Schriftsätze des Verteidigers, die eine Sachdarstellung beinhalten, sind grundsätzlich keine Erklärungen des Beschuldigten und können deshalb in einem späteren Prozess auch nicht als Urkunden zum Beweis über eine entsprechende Einlassung des Angeklagten verlesen werden. Soll geprüft werden, was der Angeklagte gegenüber dem Verteidiger erklärt hat, gebietet der Unmittelbarkeitsgrundsatz, hierüber den Verteidiger als Zeugen zu hören, der sich freilich auf sein Aussageverweigerungsrecht gem. § 53 Abs. 1 Satz 1 Nr. 3 StPO berufen darf.[221]

---

216) KK/Diemer, § 136 Rdnr. 22.
217) Meyer-Goßner/Schmitt, § 136 Rdnr. 16; KK/Diemer, § 136 Rdnr. 22.
218) BGH, Beschl. v. 14.05.1974 – 1 StR 366/73.
219) Meyer-Goßner/Schmitt, § 136 Rdnr. 15.
220) Vgl. KK/Diemer, § 249 Rdnr. 14; Meyer-Goßner/Schmitt, § 249 Rdnr. 12; BGH, Beschl. v. 20.12.2011 – 4 StR 491/11.
221) Zur Nichtverlesbarkeit: BGH, Urt. v. 24.08.1993 – 1 StR 380/93; Mosbacher, Zur Zulässigkeit vernehmungsergänzender Verlesung, in: NStZ 2014, 1, 3.

Es wäre nicht richtig, die polizeiliche Beschuldigtenvernehmung als in erster Linie auf Überführung des Täters und Erlangung eines Geständnisses gerichtete Vernehmung zu verstehen. Die Vernehmung dient auch der **Sachverhaltsaufklärung**, der Ermittlung der **Wahrheit** und der **Beweissicherung**.[222] Die Vernehmung soll dem Beschuldigten daher die Möglichkeit geben, sich umfassend zu äußern.[223]

Die **Art der Vernehmung** ist nicht näher geregelt. Es fehlt insbesondere an einer Regelung entsprechend § 69 Abs. 1 Satz 1 StPO, wonach dem Zeugen Gelegenheit zu geben ist, im Zusammenhang zu berichten. Auch wenn eine Regelung entsprechend § 69 Abs. 1 Satz 1 StPO fehlt, so sollte die Vernehmungsperson tunlichst davon Abstand nehmen, die Vernehmung von Anfang an im Wechsel von Frage und Antwort durchzuführen.[224] Auch für die Beschuldigtenvernehmung gelten die allgemeinen Regeln der **Vernehmungstechnik**, insbesondere der **Grundsatz der Zweiteilung**.[225] Die Beschuldigtenvernehmung kann den Zweck der Sachverhaltsaufklärung und Wahrheitsfindung aber bei richtigem Verständnis nur erfüllen, wenn der Beschuldigte möglichst unbeeinflusst zu Wort kommt und Gelegenheit erhält, mit seinen Worten und aus seiner Sicht den Tathergang zu schildern.[226] Der BGH hat für die Sacheinlassung nach § 243 Abs. 4 StPO festgestellt, dass dem Beschuldigten Gelegenheit gegeben werden muss, sich möglichst im Zusammenhang zu äußern. „Keinesfalls darf dem Angeklagten [...] das wichtige Recht beschnitten werden, im Zusammenhang zu dem Schuldvorwurf Stellung zu nehmen".[227] Nichts anderes sollte für die polizeiliche Vernehmung gelten. Der Beschuldigte muss daher zunächst Gelegenheit haben, eine zusammenhängende Sachdarstellung, einen zusammenhängenden Bericht abzugeben.[228]

7.62

Erst nach dem Bericht sollte in das **Verhör**, die Befragung im engeren Sinne eingetreten werden. Das Verhör soll bei der Zeugenvernehmung die noch fehlenden Details erbringen (vgl. § 69 Abs. 2 StPO, § 396 Abs. 2 ZPO: „Zur Aufklärung und zur Vervollständigung der Aussage [...] sind nötigenfalls weitere Fragen zu stellen"). Nichts anderes gilt für die Beschuldigtenvernehmung. Der Vernehmende sollte erst nach dem Bericht Fragen stellen, ergänzende Angaben erst anregen, danach erst Vorhaltungen machen und auf Widersprüche hinweisen. Die Art der Fragestellung sollte sich hinsichtlich der Einflussnahme nach und nach steigern. Ein befragungspsychologisch gut geführtes Verhör beginnt daher zunächst mit offenen Fragen.

7.63

---

222) Meyer-Goßner/Schmitt, § 136 Rdnr. 14.
223) KK/Diemer, § 139 Rdnr. 19; LR/Gleß, § 136 Rdnr. 57.
224) A.A., Meyer-Goßner/Schmitt, § 136 Rdnr. 17.
225) Wendler/Hoffmann, Technik und Taktik der Befragung, Rdnr. 1, 46, 47, 232.
226) LR/Gleß, § 136 Rdnr. 83.
227) BGH, Beschl. v. 14.02.1990 – 3 StR 426/89.
228) So auch Wegemer, Vernehmungspraxis der Hilfsbeamten der Staatsanwaltschaft im Rahmen der Steuer- und Zollfahndung, in: NStZ 1981, 247 m.w.N.; Bender/Nack/Treuer, Rdnr. 1129; so auch Burhoff, Ermittlungsverfahren, Rdnr. 3477 mit dem weiterführenden Hinweis, dass eine „Verletzung des § 69" mit der Revision gerügt werden könne. Das ist richtig für die Verletzung in der Gerichtsverhandlung, unzutreffend aber für die Verletzung im Ermittlungsverfahren; a.A. Meyer-Goßner/Schmitt, § 136 Rdnr. 17; KK/Diemer, § 136 Rdnr. 19.

Maurer

7.64 Die **Praxis der Befragung** sieht leider sehr oft anders aus. Darin liegen **große Gefahren**. Viele der als **Justizirrtümer** bekannten Fälle haben ihren Ursprung in fehlerhaften Vernehmungstechniken.[229] Es bestehen vielfache Gefahren Möglichkeiten, die Auskunftsperson zu leiten bzw. ihre Angaben zu lenken.[230] Sei es durch juristische Bewertungen im Hinterkopf[231], Einleitung von Fragen[232], inhaltliche Vorgaben[233], Suggestionen und Suggestivfragen[234] oder geschlossene Fragen.

> **Praxistipp**
>
> Der Anwalt sollte das Vernehmungsprotokoll mit dem Mandanten unbedingt im Einzelnen durchgehen und analysieren, ob das Protokollierte inhaltlich zutreffend ist (siehe Rdnr. 7.70, Praxis der Protokollierung/Gefahren).

7.1.9 Protokollierungspflicht, §§ 168b, 168a, 168 StPO

7.65 Durch die Erstreckung des ursprünglich auf *„staatsanwaltliche Untersuchungshandlungen"* beschränkten § 168b StPO auf *„Untersuchungshandlungen der Ermittlungsbehörden"*[235] gilt dessen Absatz jetzt zweifelsfrei[236] auch für die Protokollierung polizeilicher Vernehmungen. Nach der Sollvorschrift des § 168b Abs. 2 StPO ist daher regelmäßig ein Protokoll nach den §§ 168 und 168a StPO aufzunehmen. Eine Ausnahme kennt das Gesetz nur, „soweit dies ohne erhebliche Verzögerung der Ermittlungen geschehen kann".

> **Praxistipp**
>
> Das Protokollierungsgebot des § 168b StPO erstreckt sich auf **alle** „Untersuchungshandlungen der Ermittlungsbehörden" und normiert den an sich selbstverständlichen Grundsatz, dass die Ergebnisse des Ermittlungsverfahrens aktenkundig zu machen sind.

Wird ein solches Protokoll angefertigt, müssen gem. §§ 168b Abs. 2 Satz 1, 168a Abs. 1 Satz 1 StPO Ort und Tag der Vernehmung und die Namen der mitwirken-

---

229) Vgl. zu Bauer Rupp, Eschelbach, in: ZAP 2013, 661, 662; Nestler, in: ZIS 11/2014, 594, 596; zum Mordfall Peggy Knobloch, Neuhaus, in: StV 2015, 185.
230) Eingehend Wendler/Hoffmann, Technik und Taktik der Befragung, Rdnr. 70 ff.
231) Wendler/Hoffmann, Technik und Taktik der Befragung, Rdnr. 70.
232) Wendler/Hoffmann, Technik und Taktik der Befragung, Rdnr. 71.
233) Wendler/Hoffmann, Technik und Taktik der Befragung, Rdnr. 57.
234) Wendler/Hoffmann, Technik und Taktik der Befragung, Rdnr. 61.
235) Gesetz zur Stärkung der Verfahrensrechte von Beschuldigten im Strafverfahren vom 02.07.2013, BGBl I 2013, 1938 m.W.v. 06.07.2013.
236) LR/Erb, § 168b Rdnr. 2; KK/Griesbaum, § 168b Rdnr. 1a, a.A. Meyer-Goßner/Schmitt, § 163a Rdnr. 25 hält §§ 168a, b StPO fälschlicherweise immer noch nur für „entsprechend" anwendbar. Ebenso Burhoff, Ermittlungsverfahren, Rdnr. 3476 unter Verweis auf Meyer-Goßner/Schmitt.

den und beteiligten Personen, somit auch der Name des Verteidigers, angegeben werden. Nach § 168b Abs. 3 StPO sind die Belehrungen des Beschuldigten vor seiner ersten Vernehmung nach §§ 136 Abs. 1, 163a Abs. 4 StPO „zu dokumentieren".[237] Diese Dokumentationspflicht umfasst sämtliche Belehrungspflichten, auch die aus § 187 GVG und nach § 168b Abs. 3 Satz 2 StPO, und gilt ausdrücklich auch für die Entscheidung des Beschuldigten, ob er vor seiner Vernehmung einen Verteidiger beauftragen möchte.[238]

Die StPO sieht darüber hinaus zwar ausdrücklich keine umfassende Pflicht zur Dokumentation von Vernehmungen vor. § 168a Abs. 2 Satz 1 StPO ist ausweislich der Gesetzesmaterialien bewusst als Sollvorschrift konzipiert, „um den Ermittlungsbehörden auch in Zukunft die notwendige Flexibilität zu ermöglichen".[239] Nach Nr. 45 Abs. 2 RistBV empfiehlt es sich für bedeutsame Teile der Vernehmung, also Fragen, Vorhalte und Antworten, möglichst wörtlich in die Niederschrift aufzunehmen. Legt der Beschuldigte ein Geständnis ab, so sind die Einzelheiten der Tat möglichst in seinen eigenen Worten wiederzugeben. Es ist darauf zu achten, dass besonders solche Umstände aktenkundig gemacht werden, die nur der Täter wissen kann. Die Namen der Personen, die das Geständnis mit angehört haben, sind zu vermerken. Eine Protokollierung von Untersuchungshandlungen der Ermittlungsbehörden, und damit von Vernehmungen, ist insoweit zwingend geboten,[240] wenn und soweit sie für die spätere Beweiswürdigung eine Rolle spielen können.[241] Es gilt der Grundsatz der **Aktenwahrheit** und der **Aktenvollständigkeit**.[242] Die Aufnahme in die Akten ist stets erforderlich, um anderen in dem Verfahren tätig werdenden Ermittlungsorganen, dem Staatsanwalt bei der abschließenden Verfügung, dem später mit der Sache befassten Gericht sowie dem Verteidiger „ein lückenloses, zuverlässiges Bild von dem bisherigen Verfahrensablauf und den dabei gewonnenen Erkenntnissen zu vermitteln".[243] Wird über die Vernehmung des Beschuldigten ausnahmsweise kein Protokoll gefertigt, so ist das Ergebnis aktenkundig zu machen. Ein solcher **Aktenvermerk** darf jedoch nur bei Vernehmungen gefertigt werden, deren Ergebnis für die Entscheidung ohne oder nur von geringer Bedeutung ist.[244]

7.66

---

237) Siehe auch Nr. 45 Abs. 1 RistBV, wonach die Belehrung ebenfalls „aktenkundig" zu machen ist.
238) Meyer-Goßner/Schmitt, § 168b Rdnr. 3; KK/Griesbaum, § 168b Rdnr. 6.
239) BT-Drucks. 18/9534, S. 23
240) BVerfG, Kammerbeschl. v. 14.07.2016 – 2 BvR 2474/14.
241) LR/Erb, § 168b Rdnr. 6.
242) BVerfG, Kammerbeschl. v. 14.07.2016 – 2 BvR 2474/14; LR/Erb, § 168b Rdnr. 1; KK/Griesbaum, § 163b Rdnr. 1.
243) KK/Griesbaum, § 168a Rdnr. 1a.
244) KK/Griesbaum, § 163a Rdnr. 31.

> **Praxistipp**
>
> Dieser **Verpflichtung zur Dokumentation der Belehrung** und des genauen Inhalts (wann, von wem und wie) werden die Vernehmungsniederschrift in der Praxis vielfach nicht gerecht. Leerformeln wie „wurde gesetzlich belehrt" oder „wurde auf seine gesetzlichen Rechte hingewiesen" sollten (in der Hauptverhandlung) Anlass für Nachfragen sein. Das Vorliegen oder Nichtvorliegen eines Verfahrensverstoßes wird in der Hauptverhandlung nach der Rechtsprechung des BGH im Wege des Freibeweisverfahrens geklärt.[245]

7.67 Über §§ 168b Abs. 2 Satz 1, 168a Abs. 2 Satz 1 StPO kann die Vernehmung auch – gegen den Willen des Beschuldigten[246] – mit einem **Tonaufnahmegerät** aufgezeichnet werden (zur audiovisuellen Aufzeichnung siehe Rdnr. 14.24). Die Aufzeichnung ersetzt allerdings nicht das Protokoll („kann [...] vorläufig aufgezeichnet"), sie ist vielmehr dessen verbindliche Grundlage.[247] Das Protokoll ist in diesem Fall unverzüglich nach Beendigung der Vernehmung herzustellen (168a Abs. 3 Satz 2 StPO). Die vorläufigen Aufzeichnungen sind zu den Akten zu nehmen oder, wenn sie sich nicht dazu eignen, bei der Geschäftsstelle mit den Akten aufzubewahren (§ 168a Abs. 3 Satz 3 StPO). Tonaufzeichnungen können gelöscht werden, wenn das Verfahren rechtskräftig abgeschlossen oder sonst beendet ist (§ 168a Abs. 3 Satz 4 StPO). Nach der Rechtsprechung können Tonbandaufnahmen zum Zwecke des **Vorhalts** gegenüber dem Vernommenen als auch dem als Zeugen zu vernehmenden Polizeibeamten verwertet werden. Das Tonband selbst kann zudem als **Augenscheinsobjekt** zum Beweis des Inhalts der Aussage herangezogen werden.[248] Nach §§ 168b Abs. 2 Satz 1, 168a Abs. 3 Satz 1 StPO ist das Protokoll zur Genehmigung vorzulesen, zur Durchsicht vorzulegen oder auf einem Bildschirm anzuzeigen. Die Genehmigung ist zu vermerken (Satz 2). Das Protokoll ist von den Beteiligten digital zu signieren oder zu unterschreiben, oder es ist darin anzugeben, weshalb das unterblieben ist (Satz 3).

> **Praxistipp**
>
> Formale Mängel infolge der Nichteinhaltung der Vorgaben des § 168b Abs. 2 i.V.m. §§ 168, 168a StPO führen nicht zu einem Beweisverwertungsverbot hinsichtlich der Ergebnisse der Untersuchungshandlungen, können aber den Beweiswert des Protokolls mindern.[249] In Bezug auf bloße Aktenvermerke kommt ohnehin keine Einführung in das Verfahren im Wege des Urkundenbeweises in Betracht, allerdings können sie zum Gegenstand eines Vorhalts gemacht oder ergänzend zur Zeugenvernehmung verlesen werden.[250]

---

245) St. Rspr.: BGH, Beschl. v. 02.05.2019 – 3 StR 21/19; BGH, Beschl. v. 25.09.2018 – StB 40/18; BGH, Urt. v. 08.08.2018 – 2 StR 131/18, vgl. nur Meyer-Goßner/Schmitt, § 136 Rdnr. 23; § 136a Rdnr. 32.
246) Meyer-Goßner/Schmitt, § 168a Rdnr. 4.
247) Meyer-Goßner/Schmitt, § 168a Rdnr. 4.
248) BGH, Urt. v. 14.06.1960 – 1 StR 73/60.
249) LR/Erb, § 168 Rdnr. 24; KK/Griesbaum, § 168b Rdnr. 7.
250) LR/Mosbacher, § 249 Rdnr. 95; a.A. Meyer-Goßner/Schmitt, § 254 Rdnr. 8, wonach eine ergänzende Verlesung ausscheidet.

Die StPO kennt für den vernommenen Beschuldigten selbst keinen Anspruch auf **Überlassung einer Protokollabschrift**. Auf der anderen Seite kann seinem Verteidiger vor dem Hintergrund von § 147 Abs. 3 StPO „in keiner Lage" die Einsicht in die Beschuldigtenvernehmung verwehrt werden. Der Bitte des Beschuldigten um Überlassung einer Protokollabschrift darf daher richtigerweise uneingeschränkt nachgekommen werden. Die oft zu lesende Einschränkung, dass die Überlassung nur zulässig ist, „wenn dadurch der Untersuchungszweck nicht gefährdet wird",[251] ist vor dem Hintergrund von § 147 Abs. 3 StPO wenig sinnvoll.[252] Das hilft insoweit nicht, als ein Anspruch auf Überlassung allein vom Beschuldigten nicht durchgesetzt werden kann. Die Aussage kann vom Beschuldigten aber von der Überlassung einer Protokollabschrift abhängig gemacht werden. Die Entscheidung über die Überlassung von Protokollabschriften trifft auch bei polizeilichen Vernehmungen aufgrund der ihr obliegenden umfassenden Leitungs- und Kontrollbefugnis die Staatsanwaltschaft.[253]

7.68

7.1.9.1   Sinn und Zweck

Soweit ein Protokoll der Verschriftlichung der Aussage dient, werden dem Vernehmungsprotokoll in der rechtswissenschaftlichen Diskussion meist folgende vier Funktionen zugeschrieben:[254] Die Verschriftlichung macht die Aussage der befragten Person unabhängig von Ort und Zeit der Vernehmung und trägt so zur Konstitution des Sachverhalts bei (sog. **Perpetuierungsfunktion**). Dadurch werden Protokolle auch überprüfbar gemacht für die Frage, ob in der Vernehmung vorschriftsgemäß verfahren wurde (sog. **Kontrollfunktion**). Damit wirken Protokolle auch präventiv auf die Einhaltung der Verfahrensgarantien und -rechte (sog. **Garantiefunktion**). Protokolle sind zuletzt in (Straf-)Verfahren auch Beweismittel (sog. **Beweisfunktion**).

7.69

7.1.9.2   Praxis der Protokollierung/Gefahren

In der Praxis umfasst die Dokumentation von polizeilichen Zeugenvernehmungen eine große Breite von möglichen **Protokollierungsformen**. Das reicht von Protokollen, in denen Vernehmungsinhalte zusammengefasst werden, ohne dass der Gang der Befragung zu erkennen ist, bis hin zu Transkriptionen von Video- oder Audioaufnahmen. Dazwischen finden sich Varianten scheinbarer Wortprotokolle, in denen Fragen und Antworten in Ich-Form festgehalten sind, die mehr oder weniger dem tatsächlichen Vernehmungsverlauf entsprechen, zum Teil die

7.70

---

251) Meyer-Goßner/Schmitt, § 163a Rdnr. 26; Burhoff, Ermittlungsverfahren, Rdnr. 3477, wohl in Anlehnung an Nr. 51 AStBV (Anweisungen für das Straf- und Bußgeldverfahren (Steuer).

252) So auch LR/Erb, § 163a Rdnr. 107, zur Weitergabe von durch Akteneinsicht erlangter Kenntnisse an den Beschuldigten bei Gefährdung des Untersuchungszwecks, vgl. auch Meyer-Goßner/Schmitt, § 147 Rdnr. 20, 21.

253) LR/Erb, § 163a Rdnr. 107; BGH, Beschl. v. 23.08.2011 – 1 StR 153/11.

254) Umfassend Capus/Stoll/Vieth, Zeitschrift für Rechtssoziologie 2014, 225, 226; Rinklin, Hauptverhandlung, Kap. 14, S. 654 ff.

Maurer

tatsächlich geäußerten Fragen und Antworten aber gar nicht mehr wiedergeben.[255] Der in einer Befragung stattfindende Kommunikationsvorgang wurde intensiv untersucht.[256] Dabei wurde u.a. festgestellt, dass es sich häufig um einen gemeinsamen **Rekonstruktionsprozess** handelt, bei dem der Fragende mitunter großen Einfluss nimmt, indem er die Geschehnisse mit der Auskunftsperson quasi „aushandelt", sodass es sich weniger um eine freie Berichterstattung über Wahrnehmungen oder nicht einmal um ein reines „Frage-Antwort-Spiel" handelte.[257]

7.71 Das vielfach in der Praxis erstellte Protokoll protokolliert damit oftmals nicht mehr die Vernehmung und deren Verlauf, sondern das Ergebnis einer längeren kommunikativen Interaktion. Es gibt immer nur einen Teil des gesprochenen Worts wieder. Zudem tritt im Zuge der Protokollierung ein signifikanter **Informationsverlust** ein, etwa weil häufig substanzielle Details nicht protokolliert werden. Die Literatur weist – zutreffend – auf die Erfahrung hin, dass es für einen Beschuldigten in aller Regel dennoch so gut wie unmöglich ist, von den polizeilichen Niederschriften seiner Vernehmung loszukommen. Weicht ein Beschuldigter später von der protokollierten Aussage ab, so werden i.d.R. die Verhörpersonen über das Zustandekommen und den Inhalt der polizeilichen Niederschrift als Zeugen vernommen.[258]

7.72 **Polizeiliche Protokolle** perpetuieren den Sachverhalt nahezu unverrückbar. Dagegen ist nichts einzuwenden, *sofern* die Vernehmung und die Protokollierung technisch zutreffend zustande gekommen sind. Das ist aber leider oft nicht der Fall. Es soll vernehmenden Beamten an der Stelle gar nicht unterstellt werden, dass sie absichtlich unzutreffende Protokolle produzieren. Das Protokoll ist schon dann fehlerhaft, wenn sich aus ihm nicht die eigentliche Vernehmung und deren Verlauf ergeben.[259] Dazu müssten die Protokolle Wortprotokolle sein. Andernfalls enthalten sie zwangsläufig Fehler und laufen der Wahrheitsfindung zuwider.[260] Durch die nicht wörtliche Verschriftlichung bleiben Inhalt und Bedeutung der Aussage praktisch nie unberührt. Hinzu kommt, dass die Befragung gelegentlich dem schlichten Abhaken einer durch die bisherigen Ermittlungen hervorgerufenen inneren Erwartungshaltung gleicht.[261] Damit droht die Gefahr, dass protokollierte Vernehmungen nicht mehr den tatsächlichen Kommunikationsprozess im Ermittlungsverfahren abbilden, sondern lediglich das vom Protokollierenden intendierte Bild. Aus den Angaben eines Beschuldigten zu einem „Fahrradreifen" und einem „Zaun" wird z.B. im Protokoll eine „Fahrradfelge" und ein „Brückengeländer", weil es zum bisherigen Ermittlungsergebnis „besser" passt.[262]

---

255) Volbert, AnwBl Online 2017, 741, 742.
256) Umfassend hierzu Volbert, AnwBl Online 2017, 741, 743 ff. m.w.N.
257) Wendler/Hoffmann, Technik und Taktik der Befragung, Rdnr. 231.
258) Kritisch Dahs, C I.2, Rdnr. 250; auch Sommer, StraFo 2018, 451–458.
259) Zu den vier Fehlerarten der Protokollierung, Rinklin, Hauptverhandlung, Kap. 14, S. 649.
260) Das sieht auch der Gesetzgeber so, siehe unten § 136 Abs. IV StPO und die Gründe für die Einführung der audiovisuellen Vernehmung.
261) Wendler/Hoffmann, Technik und Taktik der Befragung, Rdnr. 4 ff.
262) Sommer, StraFo 2018, 451, 454 m.w.N.

Praxistipp

Eine ganze Reihe von Studien hat gezeigt, dass die Art und Weise der Protokollierung (von Vernehmungen) im Strafrecht tendenziell die Seite der Strafverfolger begünstigt und die **Verteidigung schwächt**.[263] Die Hoheit über die „richtige Protokollierung" erlangt der Verteidiger nur dann absolut sicher, wenn er eine Vernehmungssituation des Mandanten vermeidet. Erfordert die Verteidigung im Ermittlungsverfahren Alternativdarstellungen, so ist der **Verteidigerschriftsatz** seit jeher der gefahrlosere Weg der Einlassung.[264] Rechtsanwälte müssen andernfalls besonders wachsam sein, um fehlerhafte Protokollierungen während der Vernehmungen des Beschuldigten zu verhindern, die den Fall im Sinne ihres Mandanten ungünstig entscheiden können, und zwar unrettbar über Instanzen hinweg. Es ist daher Aufgabe und Pflicht auch des Anwalts, auf eine entsprechende Protokollierung hinzuwirken und ggf. sofort Einwendungen gegen die Richtigkeit und/oder Unvollständigkeit des Vernehmungsprotokolls zu erheben.

7.1.10 Audiovisuelle Vernehmung, § 136 Abs. 4 StPO

Seit 01.01.2020 ist der bereits 2017 eingeführte § 136 Abs. 4 StPO in Kraft.[265] Nach § 136 Abs. 4 Satz 1 StPO kann grundsätzlich (jede) Vernehmung des Beschuldigten in Bild und Ton aufgezeichnet werden.[266] § 136 Abs. 4 StPO gilt unmittelbar nur für **richterliche Beschuldigtenvernehmungen**, über die Verweise in § 163a Abs. 3 und 4 StPO jedoch auch für die **polizeilichen** sowie die **staatsanwaltlichen Beschuldigtenvernehmungen** entsprechend (siehe Kap. 14, Rdnr. 14.1 ff.).

7.73

7.1.11 Anwesenheitsrechte/ Pflicht zur Benachrichtigung

7.1.11.1 Bekannter Verteidiger

Seit 2017[267] ist in § 163a Abs. 4 Satz 3 i.V.m. § 168c Abs. 1 StPO gesetzlich geregelt, dass dem bereits mandatieren oder bestellten[268] Verteidiger[269] auch wäh-

7.74

---

263) Capus/Stoll/Vieth, Zeitschrift für Rechtssoziologie 2014, 225, 238.

264) Sommer, StraFo 2018, 451, 457.

265) Durch „Gesetz zur effektiveren und praxistauglicheren Ausgestaltung des Strafverfahrens" v. 17.08.2017, BGBl I 2017, 3202.

266) BT-Drucks. 18/11277, S. 26.

267) Zweite Gesetz zur Stärkung der Verfahrensrechte von Beschuldigten im Strafverfahren und zur Änderung des Schöffenrechts v. 27.08.2017, BGBl I, 3295.

268) Meyer-Goßner/Schmitt, § 136 Rdnr. 20.

269) Für die Staatsanwaltschaft bedarf es einer solchen Verweisung nicht. Ihr steht das Recht, an einer polizeilichen Beschuldigtenvernehmung teilzunehmen und sich dazu zu erklären oder Fragen an den Beschuldigten zu stellen, bereits nach geltender Rechtslage aufgrund ihrer Sachleitungsbefugnis zu, KK/Griesbaum, § 163a Rdnr. 30a.

Maurer

rend der *polizeilichen* Vernehmung seines beschuldigten Mandanten[270] ein **Anwesenheitsrecht** zusteht, das unabhängig von weiteren Voraussetzungen, etwa vom Einverständnis des vernehmenden Polizeibeamten oder einem Antrag der StA ausgestattet ist. Der frühere Streit über ein Anwesenheitsrecht ist damit erledigt.

Soweit der Verteidiger ein Anwesenheitsrecht hat, steht ihm gem. §§ 163a Abs. 4 Satz 3, 168c Abs. 1 Satz 2 StPO auch ein **Frage- und Erklärungsrecht** zu, „ungeeignete oder nicht zur Sache gehörende Fragen" (i.S.d. § 241 StPO)[271] können gemäß Satz 3 beanstandet und zurückgewiesen werden.

> **Praxistipp**
>
> Der Anwalt hat keinerlei **rechtliche Handhabe**, sich durch förmliche Anträge (entsprechend § 273 Abs. 3 StPO) einzubringen. Wenn es dem Verteidiger nicht gelingt, eine aus seiner Sicht richtige Protokollierung durchzusetzen, kann eine sinnvolle Option darin bestehen, dass der vernommene Beschuldigte und sein Anwalt eine weitere Mitwirkung verweigern, sich den Text entgegen § 168a Abs. 3 Satz 1 StPO nicht abschließend vorlesen lassen, keinerlei Anstalten zu einer Genehmigung i.S.d. § 168a Abs. 3 Satz 1 StPO machen, keinerlei handschriftliche oder anderweitige Korrekturen vornehmen und insbesondere das Protokoll entgegen § 168a Abs. 3 Satz 3 StPO nicht unterschreiben.[272] Jedenfalls sollte bei bestehenden Einwänden die Chance des § 168a Abs. 3 Satz 3 StPO genutzt werden, schriftlich vermerken zu lassen, warum die Genehmigung nicht erteilt worden ist.

7.75 Der Verteidiger ist gem. §§ 163a Abs. 4 Satz 3, 168c Abs. 5 Satz 1 StPO über den Termin vorher, so früh wie möglich[273], zu benachrichtigen. Die **Benachrichtigung** kann formlos (z.B. mündlich, fernmündlich oder durch andere technische Mittel) erfolgen. Der Verteidiger hat **aber keinen Anspruch auf Verlegung** des Termins wegen Verhinderung (§§ 163a Abs. 4 Satz 3, 168c Abs. 5 Satz 3 StPO). Dennoch gebietet es der (gerade in der Benachrichtigungspflicht zum Ausdruck gebrachte) Wille des Gesetzgebers, den Berechtigten auch die Ausübung ihres Anwesenheitsrechts zu ermöglichen, Termine also von vornherein schon so anzuberaumen, dass sie diese auch wahrnehmen können, und begründeten Verlegungsgesuchen Rechnung zu tragen.[274] Wenn der Verteidiger sich verspätet, können es die **Grundsätze des fairen Verfahrens** gebieten, mit der Vernehmung zu warten, bis der Verteidiger Gelegenheit hatte zu erscheinen.[275] Wird der Vernehmungstermin trotz etwaiger **Terminschwierigkeiten** des Verteidigers und seines Verlegungswunsches nicht verlegt, so hat der Beschuldigte – auf Anraten seines Verteidigers – keine andere Wahl, als sich auf das Aussageverweigerungsrecht zu

---

270) Nicht auch eines zu vernehmenden Zeugen.
271) Rinklin, Hauptverhandlung, Kap. 14, S. 602 f.
272) Sommer, StraFo 2018, 451, 457.
273) KK/Griesbaum, § 168c Rdnr. 16.
274) KK/Griesbaum, § 168c Rdnr. 17.
275) Vgl. BGH, Urt. v. 13.01.2005 – 4 StR 469/04; LR/Erb, § 168c Rdnr. 42.

beziehen und anzukündigen, nur in Gegenwart des Verteidigers Angaben zu machen.

Die Benachrichtigungspflicht wird nur unter den besonderen Voraussetzungen der §§ 163a Abs. 4 Satz 3, 168c Abs. 5 Satz 2 StPO eingeschränkt werden, nämlich wenn sie den **Untersuchungserfolg gefährden** würde. Als Untersuchungserfolg wird allgemein die Gewinnung einer wahrheitsgemäßen Aussage angesehen, die in einem späteren Verfahrensabschnitt verwertet werden kann:[276] Die Einschränkung mag bei Vernehmung eines Zeugen noch Sinn machen, etwa wegen bedrohlicher Erkrankung oder wegen unmittelbar bevorstehender Auswanderung eines Zeugen oder wenn zureichende tatsächliche Anhaltspunkte dafür vorliegen, dass der Beschuldigte, sein Verteidiger oder ein anderer Anwesenheitsberechtigter seine Anwesenheit oder das durch die Vernehmung erlangte Wissen dazu missbrauchen würde, die Ermittlungen durch unerlaubte Einwirkungen zu stören.[277] Für die polizeiliche Vernehmung eines Beschuldigten gilt diese Einschränkung kaum, sodass der Verteidiger in der Regel zu benachrichtigen ist.[278] Der Untersuchungserfolg ist jedenfalls dann nicht gefährdet, wenn die vorherige Benachrichtigung des Verteidigers das Verfahren ohne weitere Nachteile nur verzögern würde[279] oder die „Gefahr" besteht, dass der Beschuldigte infolge der anwaltlichen Beratung von seinem Schweigerecht Gebrauch machen könnte.[280] Im Übrigen werden Ausnahmekonstellationen in der Literatur spärlich und nur etwa für den Fall diskutiert, dass ein nicht geladener, im Zuge polizeilicher Ermittlungsarbeit soeben als Verdächtiger identifizierter oder frisch aufgegriffener Beschuldigter nach ordnungsgemäßer Belehrung spontane Aussagebereitschaft zeigt und sogleich, ohne Anwesenheit des Verteidigers vernommen werden „soll", um eilbedürftige Folgeermittlungen durchführen zu können und auf diese Weise eine Gefährdung des Untersuchungserfolgs durch Zeitablauf zu vermeiden.[281]

7.76

Selbst wenn der Verteidiger von einem Vernehmungstermin nach § 168c Abs. 5 Satz 2 StPO nicht benachrichtigt worden ist, bleibt davon sein **Anwesenheitsrecht** nach Absatz 2 davon unberührt, wenn er etwa auf andere Weise vom Vernehmungstermin erfährt, da er nicht wie der Beschuldigte nach Absatz 3 von der Anwesenheit ausgeschlossen werden kann.[282]

Das Recht auf Zugang zu einem Rechtsbeistand wird jedoch dann eingeschränkt, wenn eine **Kontaktsperre** nach den §§ 31 ff. EGGVG verhängt wird.[283]

7.77

---

276) Wartepflicht für den Fall der Pflichtverteidigerbestellung: BGH, Urt. v. 02.05.1979 – 2 StR 99/79; KK/Griesbaum, § 168c Rdnr. 20; VerfGBdg, Beschl. v. 19.12.2002 – 104/02.
277) KK/Griesbaum, § 168c Rdnr. 17.
278) Burhoff, Ermittlungsverfahren, Rdnr. 3396.
279) KK/Griesbaum, § 168c Rdnr. 17; Meyer-Goßner/Schmitt, § 168c Rdnr. 5.
280) LR/Erb, § 163a Rdnr. 99.
281) LR/Erb, § 163a Rdnr. 99.
282) KK/Griesbaum, § 168c Rdnr. 19.
283) BT-Drucks. 18/9534, S. 15.

Maurer

Praxistipp

Ein Verstoß gegen die Benachrichtigungspflicht des § 168c Abs. 5 Satz 1 StPO führt – bei entsprechendem Verwertungswiderspruch – zu einem umfassenden **Beweisverwertungsverbot**.[284] Es ist dabei unerheblich, ob die Benachrichtigungspflicht versehentlich oder absichtlich verletzt worden ist,[285] oder ob der Beschuldigte sein Auskunftsverweigerungsrecht gekannt hat.[286] Der Verstoß ist nur dann unschädlich, wenn der Berechtigte, etwa weil er auf andere Weise Kenntnis erlangt hatte, zum Vernehmungstermin erschienen ist und zu ihm zugelassen wurde.[287]

Die Regelung über die Benachrichtigungspflicht aus § 168c Abs. 5 Satz 1 i.V.m. Abs. 1 StPO bezweckt nach der Rechtsprechung ausschließlich den Schutz des jeweils betroffenen Beschuldigten und dient nicht den Interessen von **Mitbeschuldigten** und Mitangeklagten. Ein Verstoß gegen die Benachrichtigungspflicht bei einem Mitbeschuldigten führt nicht zu einem Verwertungsverbot bei dem Beschuldigten, seine Rechte werden von einem gegen andere Beschuldigte gerichteten Verstoß gegen die Belehrungsvorschrift nicht berührt.[288]

7.1.11.2 Neuer Verteidiger

7.78 Das **Anwesenheitsrecht** des § 163a Abs. 4 Satz 3 i.V.m. § 168c Abs. 1 StPO besteht nur, wenn der Beschuldigte bereits einen – gewählten oder bestellten – Verteidiger hat.[289] Aus der Neuregelung kann nicht der Schluss gezogen werden, dass dem (noch) verteidigungslosen Beschuldigten erst ein Pflichtverteidiger bestellt werden muss.[290] Hat ein Verteidiger auf Veranlassung Dritter (etwa der Familie) angekündigt zu kommen, dann darf die Vernehmung ebenfalls nicht fortgesetzt werden, ohne eine angemessene Zeit auf sein Erscheinen zu warten.[291] Die Angaben des Beschuldigten sind andernfalls unverwertbar.[292] Die Möglichkeit, sich des Beistands eines Verteidigers zu bedienen, gehört zu den wichtigsten Rechten des Beschuldigten.[293]

284) KK/Griesbaum, § 163a Rdnr. 21, § 168c Rdnr. 22; Meyer-Goßner/Schmitt, § 168c Rdnr. 6.
285) BGH, Beschl. v. 29.11.2006 – 1 StR 493/06.
286) Meyer-Goßner/Schmitt, § 168c Rdnr. 6.
287) LR/Erb, § 168c Rdnr. 58.
288) Beschl. v. 17.02.2009 – 1 StR 691/08; a.A. Meyer-Goßner/Schmitt, Einl. Rdnr. 57b ff. m.w.N., wonach nicht auf den „Rechtskreis" des Beschuldigten abgestellt werden dürfe.
289) Meyer-Goßner/Schmitt, § 163a Rdnr. 20; Burhoff, Ermittlungsverfahren, Rdnr. 3388.
290) Burhoff, Ermittlungsverfahren, Rdnr. 3388.
291) LR/Erb, § 168c Rdnr. 42; vgl. auch EGMR, Urt. v. 27.11.2008 – 36391/02; BGH, Beschl. v. 11.07.2008 – 5 StR 202/08, wonach ein Verwertungsverbot „naheliegt"; Burhoff, Ermittlungsverfahren, Rdnr. 3991 und 3437.
292) Vgl. auch BGH, Urt. v. 29.10.1992 – 4 StR 126/92; BGH, Beschl. v. 17.06.1997 – 4 StR 243/97 für den Fall, dass dem Beschuldigten nicht mitgeteilt wurde, dass sich bereits ein Verteidiger für ihn gemeldet hatte; noch kritisch, aber im Hinblick auf Zweite Gesetz zur Stärkung der Verfahrensrechte von Beschuldigten im Strafverfahren und zur Änderung des Schöffenrechts vom 27.08.2017, BGBl I, 3295 überholt: BGH, Urt. v. 13.01.2005 – 4 StR 469/04.
293) BGH, Urt. v. 12.01.1996 – 5 StR 756/94.

7.1.11.3 Dritte

Die StPO enthält keine Anwesenheitsverbote, weswegen die Polizeibeamten die Anwesenheit stets gestatten können. § 406f Abs. 2 StPO erlaubt es, bei der Vernehmung des Verletzten als Zeugen auf seinen Antrag einer **Person des Vertrauens** die Anwesenheit zu gestatten. Die dieser Vorschrift zugrunde liegende Wertentscheidung kann auch Veranlassung geben, bei der Beschuldigtenvernehmung entsprechend zu verfahren.[294] Bei Vernehmungen eines jugendlichen Beschuldigten dürfte sich ein Anwesenheitsrecht des Erziehungsberechtigten aus § 67 Abs. 1 JGG ableiten lassen.[295] **Mitbeschuldigte** oder **deren Verteidiger** haben kein Anwesenheitsrecht.[296] Auch der **Nebenklageberechtigte** nicht, weil er sich gem. § 395 Abs. 1 Satz 1 frühestens nach Erhebung der Anklage anschließen kann.

7.79

7.1.12 Notwendigkeit der Hinzuziehung eines Dolmetschers/Übersetzers

Der sprachunkundige Beschuldigte hat auch bei polizeilichen Vernehmungen einen Anspruch auf Dolmetscher- und Übersetzungsleistungen (§§ 163a Abs. 5 StPO, 187 Abs. 1 Satz 1 GVG).[297] Über die entsprechende Anwendung des § 187 Abs. 1 Satz 2 GVG ist klargestellt, dass der Beschuldigte auch im Rahmen einer polizeilichen Vernehmung – neben den in § 136 Abs. 1 StPO vorgesehenen Belehrungen – über sein Recht informiert werden muss, für das gesamte Strafverfahren einen Dolmetscher oder Übersetzer „beanspruchen" zu können. Beherrscht ein Beschuldigter die deutsche Sprache teilweise, so stehen Umfang und Mitwirkung des Dolmetschers im pflichtgemäßen **Ermessen** der Vernehmungsperson.[298]

7.80

Der sprachunkundige Beschuldigte hat nach § 187 Abs. 1 Satz 2 GVG – und gemäß Art. 6 Abs. 3 lit. e EMRK – einen Anspruch darauf, dass alle mündlichen und schriftlichen Verfahrenserklärungen, die strafprozessual vorgesehen sind und ihn betreffen, für ihn „unentgeltlich"[299] in die Gerichtssprache übersetzt werden und ihm sämtliche Schriftstücke übersetzt werden, auf deren Verständnis er angewiesen ist. Dieser Anspruch besteht schon für ein vorbereitendes Gespräch mit einem Verteidiger,[300] ist unabhängig von seiner finanziellen Lage[301] und auch

---

294) LR/Erb, § 163a, Rdnr. 101.
295) LR/Erb, § 163a Rdnr. 101; OLG Celle, Beschl. v. 25.11.2009 – 32 Ss 41/09; Ludwig, Belehrungspflichten aus § 67 JGG und mögliche Fehlerfolgen bei Verstößen, in: NStZ 2019, 123–128; offengelassen: BGH, Beschl. v. 13.08.2019 – 5 StR 257/19.
296) BGH, Beschl. v. 17.02.2009 – 1 StR 691/08; BGH, Urt. v. 20.02.1997 – 4 StR 598/96.
297) Zur Qualität und Wichtigkeit von Dolmetschern vgl. Wendler/Hoffmann, Technik und Taktik der Befragung, Rdnr. 192 ff.
298) Für Richter: vgl. BGH, Beschl. v. 22.11.2001 – 1 StR 471/01.
299) Vgl. § 187 Abs. 1 Satz 2 GVG; Meyer-Goßner/Schmitt, Art. 6 EMRK, Rdnr. 24 m.w.N.; BGH, Beschl. v. 26.10.2000 – 3 StR 6/00.
300) BGH, Beschl. v. 26.10.2000 – 3 StR 6/00.
301) BGH, Beschl. v. 26.10.2000 – 3 StR 6/00.

unabhängig von der Frage, ob ein Fall **notwendiger Verteidigung** vorliegt.[302] Es ist nicht erforderlich, dass es sich bei dem Beschuldigten um einen Ausländer handelt. Allein maßgebend ist, ob er die deutsche Sprache spricht oder versteht, sodass auch für sprachunkundige Beschuldigte mit deutscher Nationalität ein Dolmetscher/Übersetzer beizuziehen ist.[303]

Der Dolmetscher oder Übersetzer ist **von Amts wegen** beizuziehen, ein besonderer Antrag auf Hinzuziehung ist nicht erforderlich.[304]

> **Praxistipp**
>
> Die Notwendigkeit eines Dolmetschers ist insbesondere unter dem Blickwinkel zu betrachten, ob der Beschuldigte die Belehrungen (siehe Rdnr. 7.37) und die Fragen bzw. der Vernehmende die Antworten inhaltlich richtig verstanden und protokolliert hat (siehe Rdnr. 7.72). Falls das nicht der Fall sein sollte, folgen hieraus hinsichtlich der Belehrung Beweisverwertungsverbote, zu denen der Anwalt dringend in einem klarstellenden Schriftsatz ausführen sollte.

7.81   Gemäß Nr. 181 RiStBV ist bei der ersten verantwortlichen Vernehmung **aktenkundig** zu machen, ob der Beschuldigte die deutsche Sprache so weit beherrscht, dass ein Dolmetscher nicht hinzugezogen zu werden braucht.

> **Praxistipp**
>
> Auch als Rechtsanwalt lohnt es sich, die **Auswahl des Dolmetschers** nicht dem Zufall bzw. dem Vernehmenden zu überlassen. Ein Dolmetscher im forensischen Bereich hat höchsten Ansprüchen zu genügen, da er nicht nur einem mitunter komplexen Geschehen zu folgen und entsprechende Geschehensabläufe zu übersetzen hat. Er muss auch die Juristensprache beherrschen und diese sowie Ausführungen zu höchst komplizierten Einzelheiten übersetzen können.[305] Dolmetscher müssen fachlich qualifiziert sein, was sie aber oftmals nicht sind. „Dolmetscher" ist keine geschützte Berufsbezeichnung. Ein Mindestmaß an Qualität verspricht daher ein Rückgriff auf einen allgemein vereidigten Dolmetscher. Wenn möglich ist darauf zu achten, dass ein Diplom-Dolmetscher hinzugezogen wird.[306]

---

302) BGH, Beschl. v. 26.10.2000 – 3 StR 6/00.
303) Burhoff, Ermittlungsverfahren, Rdnr. 5124.
304) BT-Drucks. 17/12578, S. 10.
305) Wendler/Hoffmann, Technik und Taktik der Befragung, Rdnr. 193.
306) Sehr gut zu finden über den Bundesverband der Dolmetscher und Übersetzer, www.bdue.de.

7.1.13 Vernehmung von Mitbeschuldigten – Anwesenheitsrechte

Der Beschuldigte hat kein Anwesenheitsrecht bei der polizeilichen Vernehmung eines Mitbeschuldigten, er ist daher auch nicht zu benachrichtigen.[307] Das *„Zweite Gesetz zur Stärkung der Verfahrensrechte von Beschuldigten im Strafverfahren und zur Änderung des Schöffenrechts"* vom 27.08.2017 (BGBl I, 3295) hat auch hinsichtlich eines Anwesenheitsrechts des Verteidigers bei der polizeilichen Vernehmung eines Mitbeschuldigten (anders in Teilen die Literatur bei der der richterlichen Vernehmung eines Mitbeschuldigten, siehe dort Anwesenheitsrechte, Rdnr. 14.17) nichts geändert. Hätte der Gesetzgeber ein Anwesenheitsrecht des Verteidigers auch bei diesen Vernehmungen gewollt, hätte er es ausdrücklich einführen können.

7.82

7.1.14 Vernehmungen im Bußgeldverfahren

Gemäß § 46 Abs. 1 OWiG gelten für das Bußgeldverfahren sinngemäß die Vorschriften der allgemeinen Gesetze über das Strafverfahren, namentlich der StPO (sowie des GVG und des JGG), soweit durch Gesetz nichts anderes bestimmt ist.[308] Nach § 55 Abs. 1 OWiG ist § 163a Abs. 1 StPO mit der Einschränkung anzuwenden, dass es genügt, wenn dem Betroffenen Gelegenheit gegeben wird, sich zu der Beschuldigung zu äußern.[309] Für eine förmliche Vernehmung nach § 163a Abs. 1 Satz 1 StPO besteht wegen des gegenüber einer Straftat geringeren Unwertgehalts einer Ordnungswidrigkeit und wegen des minderen Gewichts der im Bußgeldverfahren möglichen Sanktionen kein sachliches Bedürfnis.[310] Aus den gleichen Gründen muss der Betroffene nicht i.S.d. §§ 163a Abs. 3, 136 Abs. 1 Satz 3 StPO auf sein Recht auf **Verteidigerkonsultation** hingewiesen werden (§ 55 Abs. 2 Satz 1 OWiG). § 163a Abs. 3 und § 136 Abs. 1 Satz 3–5 sind insgesamt nicht anzuwenden (§ 55 Abs. 2 Satz 2 OWIG). Ebenso wenig besteht daher eine Pflicht, ihn darüber zu belehren, dass er zu seiner Entlastung einzelne Beweiserhebungen beantragen kann. Die Belehrungspflicht nach §§ 163a Abs. 4 Satz 2, 136 Abs. 1 Satz 2 StPO schützt auch im Bußgeldverfahren die **Selbstbelastungsfreiheit,** die dort ebenfalls von überragender Bedeutung ist. Daher ist es auch bei Verdacht einer Ordnungswidrigkeit geboten, den Betroffenen stets über seine Aussagefreiheit zu belehren. Das **Verwertungsverbot** wegen unterbliebener Belehrung eines Betroffenen gilt nach ganz h.M. auch im Ordnungswidrigkeitenverfahren.[311]

7.83

---

307) Burhoff, Ermittlungsverfahren, Rdnr. 4428; BGH, Beschl. v. 06.10.2009 – 4 StR 299/09 zum fehlenden Anwesenheitsrecht des Beschuldigten bei richterlichen Vernehmungen eines Mitbeschuldigten.

308) Übersicht über die nicht anzuwendenden Vorschriften, KK-OWiG/Lutz § 46 Rdnr. 55.

309) KK-OWiG/Lutz, § 55 Rdnr. 3 ff.

310) KK-OWiG/Lutz, § 55 Rdnr. 1.

311) OLG Bamberg, Beschl. v. 27.08.2018 – 2 Ss OWi 973/18.

7.1.15   Zeugenvernehmung

7.1.15.1   Bedeutung und anwendbare Vorschriften

7.84   Der Zeugenbeweis gehört zu den wichtigsten Beweisen in jedem Strafverfahren. Die **polizeiliche Vernehmung** des **Zeugen** richtet sich insbesondere nach folgenden Vorschriften:

§§		Gegenstand
§ 163 Abs. 3 Satz 1		Plicht zum Erscheinen
§ 163 Abs. 3 Satz 2 i.V.m.	§§ 48–71	Belehrungen, Vernehmung etc.
§ 163 Abs. 4 Satz 2		Generalverantwortlichkeit Polizei
§ 163 Abs. 4 Satz 1		verbleibende Verantwortlichkeit StA
§ 163 Abs. 7		Dolmetscher

Der Zeuge kann von der Polizei nach Maßgabe der § 163 Abs. 3 Satz 2 StPO i.V.m. §§ 68, 68a, 69 StPO **mündlich** vernommen werden.[312] Es besteht auch die Möglichkeit einer Ersetzung oder Ergänzung der Aussage durch eine **schriftliche Erklärung** des Zeugen, die aber nicht erzwingbar ist und deren „Anordnung" auch nicht über §§ 23 ff. EGGVG gesondert überprüfbar ist.[313] Letztlich handelt es sich um eine Bitte um schriftliche Äußerung, mit der dem Zeugen entsprechend § 68 StPO der Beschuldigte und der Verfahrensgegenstand mitzuteilen sind. Die Bitte muss die erforderlichen Belehrungen enthalten.[314] Entsprechend Nr. 67 RiStBV wird sich die schriftliche Erklärung auf **geeignete Fälle** beschränken, besonders dann, wenn der Zeuge für seine Aussage Akten, Geschäftsbücher oder andere umfangreiche Schriftstücke benötigt.

7.85   Die Polizei kann Zeugen (schriftlich oder mündlich) vorladen oder aufsuchen, wenn tatsächliche Anhaltspunkte dafür vorliegen, dass die Angaben des Zeugen zur Aufklärung des Sachverhalts beitragen werden. In der **Wohnung** eines Zeugen darf sich der Polizeibeamte zu Vernehmungszwecken nur so lange aufhalten, als der Wohnungsinhaber damit einverstanden ist.[315]

§ 46 Abs. 1 OWiG eröffnet mit den in Absatz 5 vorgesehenen Einschränkungen die Anwendung der Vorschrift für das **Bußgeldverfahren**, wenn die verfahrens-

---

312) Meyer-Goßner/Schmitt, § 163 Rdnr. 53.
313) OLG Hamm, Beschl. v. 07.12.1994 – 1 VAs 57/94; OLG Dresden, Beschl. v. 20.02.1997 – 1 VAs 11/96.
314) LR/Erb, § 163 Rdnr. 111.
315) Meyer-Goßner/Schmitt, § 163 Rdnr. 38; KK/Griesbaum, § 163 Rdnr 15.

führende Verwaltungsbehörde Ermittlungspersonen der Staatsanwaltschaft mit einer Zeugenvernehmung beauftragt.[316]

Bei der Vernehmung eines kindlichen bzw. jugendlichen Zeugen gilt grundsätzlich nichts Besonderes, allerdings ist gesondert auf die Möglichkeit der **Aufzeichnung** der Vernehmung von (jugendlichen) Zeugen auf Bild-Ton-Träger gem. § 58a Abs. 1 Satz 2 StPO hinzuweisen. **Vertrauenspersonen** des Verletzten haben nach § 406f ein Anwesenheitsrecht.

7.1.15.2   Pflicht zum Erscheinen, § 163 Abs. 3 StPO

Mit dem *„Gesetz zur effektiveren und praxistauglicheren Ausgestaltung des Strafverfahrens"* vom 17.08.2017[317] wurde mit § 163 Abs. 3 StPO die Pflicht von Zeugen normiert, auf **Ladung** vor **Ermittlungspersonen der Staatsanwaltschaft** zu erscheinen, wenn der Ladung ein **Auftrag** der Staatsanwaltschaft zugrunde liegt. Zuvor waren Zeugen nur verpflichtet, vor Gericht und der Staatsanwaltschaft auf Ladung zu erscheinen und auszusagen (§§ 48 Abs. 1, 161a Abs. 1 StPO). Die Pflicht zu erscheinen besteht für alle **deutschen Staatsangehörigen**, auch im Ausland, für **Ausländer** und **Staatenlose** gilt dies nur, wenn sie sich im Inland aufhalten.[318] Die Existenz eines Zeugnis- oder Auskunftsverweigerungsrechts ändert an der Pflicht zum Erscheinen nichts. Die Abgabe einer schriftlichen Erklärung entbindet den Zeugen ebenfalls nicht von der Pflicht zu erscheinen und auszusagen.[319] Gleiches gilt für die Erklärung des Zeugen im Vorfeld, von seinem **Zeugnis-** oder **Auskunftsverweigerungsrecht** Gebrauch machen zu wollen. Auch das entbindet ihn nicht von der Pflicht zu erscheinen.[320]

7.86

Die entgegen dem ersten Schein des Wortlauts ebenfalls normierte Verpflichtung, **„zur Sache auszusagen"**, besteht trotz der Formulierung immer nur im Rahmen bzw. in den Grenzen ggf. vorhandener Aussage- und Zeugnisverweigerungsrechte.

7.87

Wer **Ermittlungsperson** der Staatsanwaltschaft i.S.d. § 163 abs. 3 Satz 1 StPO ist, bestimmt § 152 Abs. 2 GVG i.V.m. den Rechtsverordnungen der Landesregierungen oder der Landesjustizverwaltungen.[321] Mit dieser Begrenzung soll die notwendige fachliche Qualifikation des Vernehmungsbeamten gewährleistet werden.[322] Nach den meisten RVO der Länder sind Beamten ab dem Dienstgrad **Polizeimeister bzw. Kriminalmeister** Ermittlungspersonen der Staatsanwaltschaft, sofern sie mindestens vier Jahre in dem der Beamtengruppe entsprechenden Dienst oder im Polizeidienst des Bundes oder eines Landes tätig sind und das

7.88

---

316) LR/Erb, § 163 Rdnr. 106.

317) BGBl I, 3202.

318) Soiné, Erweiterte Zeugenpflichten gegenüber der Polizei im Ermittlungsverfahren, in: NStZ 2018, 141.

319) LR/Erb, § 163 Rdnr. 111.

320) KMR/Noltensmeier-von Osten, zu § 161a Rdnr. 6.

321) Einzelheiten, Meyer-Goßner/Schmitt, § 152 GVG.

322) BT-Drucks, 18/11277, S. 31.

21. Lebensjahr vollendet haben oder bereits Ermittlungsperson der Staatsanwaltschaft waren.

Darüber hinaus gibt es **kraft Gesetzes** Ermittlungspersonen, und zwar gem. § 37 Abs. 1 Satz 2 **BKAG**, § 12 Abs. 5 Satz 1 **BPolG**, § 404 Satz 2 **AO**, § 14 Abs. 1 Satz 2 **SchwarzArbG**, § 26 Abs. 1 Satz 2 **ZFdG**, § 12b **ZollVG**, § 37 Abs. 3 Satz 2 **MOG**, § 21 Abs. 3 Satz 2 **AWG**, § 16 Abs. 3 Satz 3 **SeeFischG**, 25 Abs. 2 Satz 1 **BJagdG**.

Bei Anwesenheit mehrerer Vernehmungspersonen reicht es aus, wenn die Person, die die Vernehmung leitet, Ermittlungsperson der Staatsanwaltschaft ist.[323]

7.89 Die Erscheinens- und Aussagepflicht von Zeugen vor der Polizei ist von einer vorherigen Entscheidung, einem **Auftrag der Staatsanwaltschaft** abhängig. Eine **generelle Ermächtigung** der Polizei für Delikte der kleinen und mittleren Kriminalität reicht aus.[324] Ohne staatsanwaltschaftlichen Auftrag besteht weiterhin keine Pflicht, bei der Polizei zu erscheinen und auszusagen. Unerheblich bleibt, ob die Polizisten den Status einer Ermittlungsperson der Staatsanwaltschaft innehaben oder nicht.[325] Auch bei der verpflichtenden Ladung sind bestimmte Förmlichkeiten grundsätzlich nicht zu beachten (Details siehe Rdnr. 7.99). Um überhaupt prüfen zu können, ob eine Pflicht zum Erscheinen besteht, muss die Polizei der Ladung den Auftrag oder eine generelle Ermächtigung der StA beifügen oder zumindest auf sie Bezug nehmen.[326] Daneben besteht ein unabhängiger **Auskunftsanspruch**, ob und ggf. welche Ermächtigung der Ladung zugrunde liegt.[327] Bei nur unverbindlichen Ladungen soll die Polizei allerdings nicht verpflichtet sein, auf die Freiwilligkeit des Erscheinens und der Aussage hinzuweisen. Zeugen, die mangels Kenntnis der Freiwilligkeit auf eine nicht verpflichtende polizeiliche Ladung erscheinen, können von jedem Polizeibeamten vernommen werden. Die Eigenschaft des Vernehmenden als Ermittlungsperson der StA ist nicht erforderlich.[328]

7.90 Nach § 163 Abs. 3 Satz 1 StPO hat der Zeuge die Pflicht, „**auf Ladung**" vor einer Ermittlungsperson der Staatsanwaltschaft zu erscheinen.[329] Nach dem insoweit offenen Wortlaut kann die Ladung durch die **Ermittlungsperson** der Staatsanwaltschaft oder direkt durch die **Staatsanwaltschaft**, aber vor die Polizei erfolgen.[330] § 163 Abs. 3 Satz 2 StPO erklärt die Vorschriften des Sechsten Abschnitts

---

323) BT-Drucks. 18/11277, S. 30.
324) KK/Griesbaum, § 163 Rdnr. 34, so auch Burhoff, Ermittlungsverfahren, Rdnr. 3519, für bestimmte Fall- bzw. Deliktsgruppen; Soiné, Erweiterte Zeugenpflichten gegenüber der Polizei im Ermittlungsverfahren, in: NStZ 2018, 141, 142.
325) Soiné, Erweiterte Zeugenpflichten gegenüber der Polizei im Ermittlungsverfahren, in: NStZ 2018, 141, 142.
326) So auch Burhoff, Ermittlungsverfahren, Rdnr. 3517.
327) Burhoff, Ermittlungsverfahren, Rdnr. 3519.
328) Soiné, Erweiterte Zeugenpflichten gegenüber der Polizei im Ermittlungsverfahren, in: NStZ 2018, 141, 142.
329) Für besondere Fälle der Ladung (Kinder, Soldaten, Seeleute, Zeugen im Ausland oder Exterritoriale) siehe KK/Bader, § 48 Rdnr. 10–14.
330) BT-Drucks. 18/11277, 30; Meyer-Goßner/Schmitt, § 163 Rdnr. 49.

des Ersten Buchs, mithin die §§ 48–71 StPO über Zeugen für die polizeiliche Vernehmung für entsprechend anwendbar. Der Verweis ist dem in § 161a Abs. 1 Satz 2 StPO für staatsanwaltschaftliche Zeugenvernehmungen nachgebildet[331], sodass die insoweit bestehenden Auffassungen und die Rechtsprechung entsprechend herangezogen werden können.[332] Bei der Ladung nach §§ 163 Abs. 3 Satz 2, 48 Abs. 2 StPO sind **Förmlichkeiten** grundsätzlich nicht zu beachten. Der Zeuge kann also per einfachem Brief, Fax, E-Mail oder (fern-)mündlich geladen werden,[333] wobei Zeugen nach RistBV, Nr. 64, Abs. 3, durch einfachen Brief geladen werden sollen. Inhaltlich muss die Ladung – schriftlich wie mündlich – eines Zeugen erkennen lassen, dass er **als Zeuge** vernommen werden soll (RistBV, Nr. 64, Abs. 1). Der Name des Beschuldigten ist anzugeben, wenn der Zweck der Untersuchung es nicht verbietet, der Gegenstand der Beschuldigung nur dann, wenn dies zur Vorbereitung der Aussage durch den Zeugen erforderlich ist. Ist anzunehmen, dass der Zeuge **Schriftstücke** oder andere Beweismittel besitzt, die für die Untersuchung von Bedeutung sein können, so soll er nach RiStBV, Nr. 64, Abs. 2, in der Ladung aufgefordert werden, sie bei der Vernehmung vorzulegen.

Ladungsfristen bestehen nicht, weswegen der Zeuge zum sofortigen Erscheinen aufgefordert werden kann.[334] Mit der Ladung ist der Zeuge nach §§ 163 Abs. 3 Satz 2, 48 Abs. 2 StPO auf die seinem Interesse dienenden verfahrensrechtlichen Bestimmungen und die vorhandene Möglichkeit der Zeugenbetreuung (Zeugenzimmer, Betreuung mitgebrachter Kinder etc.)[335] hinzuweisen. Der Zeuge ist insbesondere auch über die **Folgen seines Ausbleibens** nach §§ 51 Abs. 1, 70 StPO im Einzelnen und vollständig zu belehren,[336] was Voraussetzung für die Verhängung von Sanktionen wegen Nichterscheinens nach § 163 Abs. 4 Satz Nr. 4 StPO ist.[337] Bei in Haft befindlichen Zeugen tritt an die Stelle des Hinweises der Vorführbefehl des Richters oder der Staatsanwaltschaft.[338]

Die **Belehrungspflichten** über das Zeugnisverweigerungsrecht nach §§ 163 Abs. 3 Satz 2, 52 Abs. 3 StPO, das Auskunftsverweigerungsrecht nach § 55 Abs. 2 StPO und die Belehrung zur Wahrheitspflicht nach § 57 Abs. 1 StPO gelten nicht bereits für die Ladung zur mündlichen Vernehmung, sondern erst für die eigentliche Vernehmung (siehe Rdnr. 7.99). Nur bei schriftlicher Vernehmung muss der Zeuge ggf. über ein Zeugnisverweigerungsrecht nach §§ 52 ff. StPO und bei nicht fernliegender Möglichkeit einer Selbstbelastung oder einer Belastung von Angehörigen auf das Auskunftsverweigerungsrecht nach § 55 StPO hingewiesen werden.[339]

---

331) BT-Drucks. 18/11277, S. 30.

332) Vgl. etwa Meyer-Goßner/Schmitt, § 161a Rdnr. 2 ff. m.w.N.

333) Soiné, Erweiterte Zeugenpflichten gegenüber der Polizei im Ermittlungsverfahren, in: NStZ 2018, 141, 142; Meyer-Goßner/Schmitt, § 48 Rdnr. 1b.

334) Meyer-Goßner/Schmitt, § 48 Rdnr. 1b; Burhoff, Ermittlungsverfahren, Rdnr. 3517; KK/Bader, § 48 Rdnr. 6.

335) KK/Bader, § 48 Rdnr. 9; Meyer-Goßner/Schmitt, § 48 Rdnr. 3a.

336) KK/Bader, § 48 Rdnr. 7.

337) KK/Bader, § 48 Rdnr. 7; Meyer-Goßner/Schmitt, § 48 Rdnr. 3.

338) Meyer-Goßner/Schmitt, § 48 Rdnr. 3.

339) Meyer-Goßner/Schmitt, § 163 Rdnr. 53.

Bei der Ladung von **Zeugen im Ausland, Kindern, Seeleuten, Binnenschiffern** und **Soldaten** gelten Besonderheiten.[340]

7.1.15.3 Durchführung der Vernehmung

7.91 Grundsätzlich trifft gem. § 163 Abs. 4 Satz 2 StPO der die **Vernehmung leitende Beamte** alle im Zusammenhang mit der Vernehmung erforderlichen **Entscheidungen,** etwa über **Beginn, Unterbrechung** und **Beendigung** der Vernehmung. Über § 163 Abs. 3 Satz 2 StPO finden hierfür die §§ 48–71 StPO für die polizeiliche Vernehmung entsprechend Anwendung. Der die Vernehmung leitende Beamte hat daher nach Maßgabe des:

- **§ 68** (Vernehmung zur Person; Beschränkung von Angaben, Zeugenschutz),

- **§ 68a** (Beschränkung des Fragerechts aus Gründen des Persönlichkeitsschutzes),

- **§ 68b** (Zeugenbeistand) und

- **§ 69** (Vernehmung zur Sache) StPO zu vernehmen und zu **belehren,** und zwar über die

- **Wahrheitspflicht des § 57 Satz 1 StPO**[341],

- dem Zeugen zustehende **Zeugnisverweigerungsrechte aus § 52 StPO** und/oder

- ein **Auskunftsverweigerungsrecht aus § 55 StPO,** sowie

- die Vernehmung nach §§ 168b Abs. 2, 168, 168a StPO zu **protokollieren.** Er hat zudem die Entscheidung zu treffen über

- die **Anwesenheitsrechte** (Details siehe unten Anwesenheitsrechte, Rdnr. 7.102),

- den **Ausschluss eines anwaltlichen Zeugenbeistands** nach § 68b Abs. 1 Satz 3 StPO,

- die Hinziehung eines **Dolmetschers** nach § 163 Abs. 7 StPO,

- die **Aufzeichnung** der Vernehmung in **Ton und Bild** nach § 58a StPO[342],

- die **Gegenüberstellung** nach § 58 StPO oder

- die Entscheidung, ob die Zeugenvernehmung unter Verwendung von **Bild-/ Tonübertragungen** unter Verzicht auf die Anwesenheit des Zeugen im Vernehmungszimmer nach § 58b StPO durchzuführen ist.[343] **Tonbandaufzeichnun-**

---

340) Vgl. Meyer-Goßner/Schmitt, § 48 Rdnr. 5 ff.
341) Zu beachten ist, dass die Aussagedelikte der §§ 153 ff. StGB für die Aussage vor Gericht oder vor einer anderen zur eidlichen Vernehmung zuständigen Stelle gelten, wozu weder Polizei noch Staatsanwaltschaft zählen, § 161a Abs. 1 Satz 3 StPO.
342) Meyer-Goßner/Schmitt, § 58a Rdnr. 9.
343) Meyer-Goßner/Schmitt, § 58b Rdnr. 2.

gen von Zeugenvernehmungen sind stets zulässig, wenn der Betroffene von der beabsichtigten Aufzeichnung vorher in Kenntnis gesetzt wird.[344]

§ 163 Abs. 4 Satz 1 Nr. 1–4 StPO stellt für alle Fälle der polizeilichen Vernehmung von Zeugen klar, dass es bei der **Entscheidungskompetenz der Staatsanwaltschaft** bleibt hinsichtlich

7.92

1. des Feststellens der Zeugeneigenschaft oder des Vorliegens von **Zeugnis- oder Auskunftsverweigerungsrechten,** sofern insoweit Zweifel bestehen oder im Laufe der Vernehmung aufkommen,

2. einer Gestattung nach § 68 Abs. 3 Satz 1 StPO, **Angaben zur Person** nicht oder nur über eine frühere Identität zu machen,

3. der Beiordnung eines **Zeugenbeistands** nach § 68b Abs. 2 StPO und

4. der Verhängung der in den §§ 51 und 70 StPO vorgesehenen **Zwangsmaßnahmen unberechtigtem Ausbleiben** oder **unberechtigter Weigerung** des Zeugen.[345]

In allen diesen Fällen haben die Ermittlungspersonen keinen eigenen Entscheidungsspielraum und sind an eine von der Staatsanwaltschaft getroffene Entscheidung gebunden.

In § 163 Abs. 4 Satz 1 Nr. 1 StPO ist klargestellt, dass bei Zweifeln über die Zeugeneigenschaft oder den Umfang und die Reichweite eines **Zeugnis- oder Aussageverweigerungsrechts** „unmittelbar Rücksprache mit der Staatsanwaltschaft zu halten ist".[346] Insoweit besteht für die Polizei eine „Pflicht zur Rücksprache in Zweifelsfällen",[347] weswegen eine Vernehmung auch nicht zunächst fortgeführt werden darf. Die Vernehmung ist bei Zweifelsfragen zu **unterbrechen,** um unmittelbare Rücksprache halten zu können. Die Vernehmung darf erst nach einer möglichen Entscheidung der Staatsanwaltschaft fortgeführt werden.[348] Die Entscheidung der Staatsanwaltschaft ist nicht an eine bestimmte Form gebunden, kann daher auch **formlos** ergehen, ist dann aber – wie das Ergebnis jeder anderen Ermittlungshandlung auch gem. § 168b Abs. 1 StPO durch einen Vermerk **aktenkundig** zu machen. Selbstredend darf ein Zeuge, gegen den von Anfang an ein Tatverdacht bejaht worden ist, nicht als Zeuge zu einer polizeilichen Zeugenvernehmung geladen und vernommen werden.

Selbstredend dürfen keine **verbotenen Vernehmungsmethoden** des § 136a StPO angewendet werden (§ 163 Abs. 3 Satz 2 i.V.m. § 69 Abs. 3 StPO). Auch insoweit

---

344) KK/Griesbaum, § 163 Rdnr. 17; LR/Erb, § 163 Rdnr. 127; zu heimlichen Tonbandaufzeichnungen vgl. KK/Diemer, § 136a, Rdnr. 25, und LR/Erb, § 163 Rdnr. 127 m.w.N.

345) Die Festsetzung der (Ordnungs- und Erzwingungs-)Haft ist demnach § 162 StPO dem zuständigen Gericht vorbehalten.

346) BT-Drucks. 18-11277, S. 31.

347) BT-Drucks. 18-11277, S. 31.

348) So auch Burhoff, Ermittlungsverfahren, Rdnr. 3526.

gilt ein Verwertungsverbot.[349] Unzulässig ist es zudem, **heimliche Bild-, Film-oder Videoaufnahmen** von der Vernehmung herzustellen.[350]

7.1.15.4   Anwesenheitsrechte

7.93   Aufgrund der Verfahrensherrschaft der Staatsanwaltschaft ist diese stets zur Anwesenheit bei polizeilichen Vernehmungen von Zeugen befugt.[351] **Anwesenheitsrechte** kennt die StPO zudem für folgende Personen:

– **Zeugenbeistand**, § 163 Abs. 3 Satz 2 StPO i.V.m. § 68b Abs. 1 Satz 2 StPO

– **Verletztenbeistand**, § 406f Abs. 1 Satz 2 StPO

– **Vertrauensperson** des Verletzten, § 406f Abs. 2 StPO

– **psychosoziale Prozessbegleiter**, § 406g Abs. 1 Satz 2, Abs. 4 StPO

– **Sachverständige**, § 80 Abs. 2 StPO

7.94   **Kein Anwesenheitsrecht** bei der Vernehmung von Zeugen haben nach der StPO:

– **der Beschuldigte** und sein **Verteidiger**[352]

– **Erziehungsberechtigte** oder gesetzliche Vertreter des jugendlichen Beschuldigten, vgl. § 67 Abs. 1 JGG[353]

– **Nebenklageberechtigte** bzw. deren Vertreter[354]

– **alle andere Personen**, die nicht selbst vernommen werden

Dennoch kann die Polizei diesen Personen die **Anwesenheit gestatten**, wenn Ermittlungsgründe es geboten erscheinen lassen und die Ermittlungen dadurch nicht beeinträchtigt werden.[355] Bei polizeilichen Vernehmungen wird jedoch die Anwesenheit des Beschuldigten kaum zweckmäßig sein, insbesondere wegen Gefährdung des Untersuchungszwecks.[356] Die Entscheidung darüber trifft stets der die Vernehmung leitende Beamte (§ 163 Abs. 4 Satz 2 StPO).

---

349) Meyer-Goßner/Schmitt, § 163 Rdnr. 52.
350) LR/Erb, § 163 Rdnr. 127.
351) LR/Erb, § 163 Rdnr. 121.
352) Meyer-Goßner/Schmitt, § 163 Rdnr. 16 m.w.N.; KK/Griesbaum, § 163 Rdnr. 19; LR/Erb, § 163 Rdnr. 121; zum Anwesenheitsrecht des Verteidigers bei der Gegenüberstellung, vgl. §§ 163 Abs. 3 Satz 2, § 58 Abs. 2 Satz 2.
353) Burhoff, Ermittlungsverfahren, Rdnr. 3510.
354) LR/Erb, § 163a Rdnr. 101.
355) Meyer-Goßner/Schmitt, § 163 Rdnr. 15; KK/Griesbaum, § 163 Rdnr. 20.
356) LR/Erb, § 161 Rdnr. 121.

7.1.15.5 Antrag auf gerichtliche Entscheidung

Ausweislich § 163 Abs. 5 Satz 1 StPO kann gegen **Entscheidungen** durch Beamte der **Polizei** nach § 68b Abs. 1 Satz 3 StPO (Ausschluss eines anwaltlichen Beistands von der Vernehmung eines Zeugen) eine gerichtliche Entscheidung durch das nach § 162 StPO zuständige Gericht beantragt werden. Die gerichtliche Entscheidung ist nach Abs. 5 Satz 3 unanfechtbar. Eine gerichtliche Entscheidung kann nach Satz 1 ebenfalls beantragt werden gegen **Entscheidungen** der **Staatsanwaltschaft** nach § 163 Abs. 4 Satz 1 Nr. 3 (Beiordnung eines Zeugenbeistands nach § 68b Abs. 2 StPO) und § 163 Abs. 4 Satz 1 Nr. 4 (Maßnahmen nach §§ 51 und 70 StPO wegen unberechtigten Ausbleibens oder unberechtigter Weigerung). Abs. 5 Satz 2 erklärt die §§ 297–300, 302, 306–309, 311a und 473a StPO wegen Rechtsmitteleinlegung, Rücknahme, nachträglicher Anhörung etc. für entsprechend anwendbar.

7.95

Die Entscheidung der Staatsanwaltschaft nach § 163 Abs. 4 Satz 1 Nr. 1 StPO (Zeugeneigenschaft oder abschlägige Entscheidungen über das Vorliegen von Zeugnis- oder Auskunftsverweigerungsrechten) ist nicht anfechtbar. Der Zeuge kann die Entscheidung nur mittelbar überprüfen lassen, indem er Zwangsmaßnahmen der Staatsanwaltschaft nach den §§ 51, 70 i.V.m. § 163 Abs 4 Satz 1 Nr. 4 StPO gegen sich ergehen lässt, die er dann mit einem Antrag auf gerichtliche Entscheidung anfechten kann.[357]

Daneben ist stets die **Aufsichtsbeschwerde** zulässig, unabhängig davon, ob sich die Beschwerde gegen die Strafverfolgungsmaßnahme selbst (Sachaufsichtsbeschwerde) oder gegen das Verhalten des Beamten anlässlich der strafverfolgenden Tätigkeit richtet (Dienstaufsichtsbeschwerde). Gegen die ablehnende Entscheidung auf die Aufsichtsbeschwerde ist die weitere Aufsichtsbeschwerde an die nächsthöhere Dienststelle möglich.[358]

7.1.15.6 Recht auf Zeugenbeistand

Zeugen können sich gem. §§ 163 Abs. 3 Satz 2, 68b Abs. 1 Satz 1 StPO eines anwaltlichen **Beistands** bedienen. Das Recht entspricht nunmehr in jeder Hinsicht demjenigen bei der staatsanwaltlichen Vernehmung. Der Zeugenbeistand soll seinem Mandanten helfen, seine prozessualen Rechte, insbesondere hinsichtlich der Ausübung eines Auskunftsverweigerungsrechts nach § 55 StPO und der Zeugnisverweigerungsrechte gem. §§ 52 ff. StPO, aber auch im Hinblick auf § 69 Abs. 1 StPO (freier Bericht), § 68a StPO (entehrende Fragen), § 241 Abs. 2 StPO (ungeeignete und nicht zur Sache gehörende Frage) und Fragen der richtigen Protokollierung **sachgerecht wahrzunehmen.**

7.96

Die Hinzuziehung des Zeugenbeistands bedarf keiner **Zulassung** o.Ä.[359] und ist von keinen weiteren Voraussetzungen abhängig. Es ist grundsätzlich Sache des

7.97

---

357) Burhoff, Ermittlungsverfahren, Rdnr. 3533.
358) LR/Erb, § 163, Rdnr. 100.
359) Meyer-Goßner/Schmitt, § 68b Rdnr. 3.

Maurer

Zeugen, seinen Beistand hinzuzuziehen.[360] Die Staatskasse erstattet dem Zeugen, der einen Zeugenbeistand hinzuzieht, insoweit keine Gebühren.[361] Der Zeuge muss von Gesetzes wegen nicht auf das Recht zur Hinzuziehung eines Zeugenbeistands hingewiesen werden.[362] Die Gefahr, dass ein entsprechender Hinweis wegen des damit verbundenen Aufwands oder gar der Befürchtung, ein Beweisergebnis nicht zu erlangen, unterlassen wird, liegt auf der Hand.[363] Der Zeuge hat kein Recht auf Terminverlegung wegen Verhinderung seines Beistands.[364] Der Zeuge hat deshalb auch kein Recht, einem **Vernehmungstermin** fernzubleiben, weil der **Beistand verhindert** ist.[365] Gegen den unberechtigt ausgebliebenen Zeugen können durch die Staatsanwaltschaft **Ordnungsmittel** festgesetzt werden (§ 163 Abs. 4 Satz 1 Nr. 4 StPO).

7.98 Der Zeugenbeistand ist **kein Verfahrensbeteiligter,**[366] er hat auch keine selbständigen Verfahrensrechte. Dem Zeugenbeistand stehen nicht mehr Rechte zu als dem Zeugen selbst.[367] Ihm ist bei der Vernehmung gem. § 68b Abs. 1 Satz 2 StPO die **Anwesenheit** gestattet. Der – nicht beigeordnete – Zeugenbeistand muss nicht über die Vernehmung informiert[368] und deshalb auch nicht geladen werden, selbst wenn er den Ermittlungsbehörden namentlich bekannt ist. Der Beistand ist grds. nicht gehindert, mehrere Zeugen zu vertreten.[369] Er kann allerdings nicht in demselben Verfahren zugleich als Verteidiger und als Zeugenbeistand tätig sein.[370]

7.99 Der Zeugenbeistand hat – wie der Zeuge selbst auch – über § 475 StPO[371] hinaus nach h.M. kein **Akteneinsichtsrecht.**[372] Eine entsprechende Anwendung von § 147 StPO scheidet aus.[373] Dennoch wird in Teilen der Literatur – sofern nicht der Versagungsgrund entsprechend § 147 Abs. 2 StPO eingreift – ein Recht auf Teil-Akteneinsicht (in Form von Ablichtungen) jedenfalls in die Vorgänge gefordert, deren Kenntnis erforderlich ist, um wirksam Beistand leisten zu können.

---

360) BT-Drucks. 16/12098, S. 15.
361) Meyer-Goßner/Schmitt, § 68b Rdnr. 3, 6; Burhoff, Ermittlungsverfahren, Rdnr. 5051 m.w.N.
362) Str., so aber Meyer-Goßner/Schmitt, § 68b Rdnr. 3 m.w.N. auch der Gegenansicht. Vgl. aber auch Meyer-Goßner/Schmitt, § 48 Rdnr. 3a.
363) KK/Senge, § 48 Rdnr. 8; Meyer-Goßner/Schmitt, § 48 Rdnr. 3a.
364) Burhoff, Ermittlungsverfahren, Rdnr 5055.
365) BGH, Beschl. v. 19.05.1989 – StB 19/89 - 1 BJs 72/87; Meyer-Goßner/Schmitt, § 51 Rdnr. 12; a.A.: Adler, StraFo 2002, 146, 155; vgl. auch LR/Bertheau/Ignor, § 51 Rdnr. 13 spricht von „Grenzfall".
366) BGH, Beschl. v. 04.03.2010 – StB 46/09.
367) BT-Drucks. 13/7165, S. 9; BGH, Beschl. v. 04.03.2010 – StB 46/09.
368) Meyer-Goßner/Schmitt, § 68b Rdnr. 5; kritisch Burhoff, Ermittlungsverfahren, Rdnr. 5055.
369) Meyer-Goßner/Schmitt, § 68b Rdnr. 4.
370) Burhoff, Ermittlungsverfahren, Rdnr. 5048.
371) § 475 StPO gibt dem Zeugen kein Recht auf Akteneinsicht, soweit es um die Kenntnis des Zeugen von der Aussage anderer Zeugen geht, vgl. BGH, Beschl. v. 04.03.2010 – StB 46/09.
372) BGH, Beschl. v. 04.03.2010 – StB 46/09; Meyer-Goßner/Schmitt, § 68b Rdnr. 5.
373) KG Berlin, Beschl. v. 14.08.2015 – 3 Ws 397/15.

Dazu sollen zumindest jene Aktenteile gehören, die den Verfahrensgegenstand erhellen (Haftbefehl, polizeilicher Schlussbericht, Anklageschrift etc.) und die den Zeugen betreffenden Vorgänge enthalten (z.B. Niederschriften über Aussagen mit Bezug zum Zeugen oder Protokolle über frühere Aussagen des Zeugen).[374] Gerade bei Zeugen, denen ein Beistand beigeordnet wird – i.d.R. kommt in diesen Fällen ein Auskunftsverweigerungsrecht nach § 55 StPO in Betracht –, kann der Zeugenbeistand seiner Beistandsfunktion häufig nur gerecht werden, wenn er die Akten kennt.[375] Erhält der Zeugenbeistand keine Akteneinsicht, ist zu erwägen, ob er von anderen Verfahrensbeteiligten die Akten oder Aktenbestandteile zulässigerweise erhalten kann.[376] Der Zeugenbeistand hat nach h.M. keinen Anspruch auf Abschrift eines **Vernehmungsprotokolls**,[377] er ist aber berechtigt, die Vernehmung seines Mandanten mitzuschreiben und die **Mitschriften** mitzunehmen.[378] Der Zeugenbeistand darf seinen Mandanten bei der Vernehmung nur beraten, nicht hingegen bei der Aussage vertreten.[379]

Der Zeugenbeistand kann für und namens seines Mandanten die **Rechte des Zeugen ausüben** und daher für seinen Mandanten die Art der Vernehmung, insbesondere einen Verstoß gegen die §§ 58, 68a und 69 StPO förmlich beanstanden, ebenso die Nichtanerkennung geltend gemachter Zeugnisverweigerungsrechte oder eines Auskunftsverweigerungsrechts. Der Zeugenbeistand hat darüber hinaus keine rechtliche Handhabe zur Durchsetzung. Wenn es dem Beistand nicht gelingt, eine aus seiner Sicht „richtige" Vernehmung durchzusetzen, kann eine sinnvolle Option darin bestehen, den Zeugen dahingehend zu beraten, sich der Vernehmung zu verweigern. Die Entscheidung der Staatsanwaltschaft nach § 163 Abs. 4 Satz 1 Nr. 1 StPO (Zeugeneigenschaft oder abschlägige Entscheidungen über das Vorliegen von Zeugnis- oder Auskunftsverweigerungsrechten) ist zwar nicht anfechtbar. Der Zeuge kann die Entscheidung aber mittelbar überprüfen lassen, indem er Zwangsmaßnahmen der Staatsanwaltschaft nach den §§ 51, 70 i.V.m. § 163 Abs 4 Satz 1 Nr. 4 StPO gegen sich ergehen lässt, die er dann mit einem Antrag auf gerichtliche Entscheidung nach § 163 Abs. 5 Satz 1 StPO anfechten kann.

7.100

Nach § 68b Abs. 1 Satz 3 StPO kann der Zeugenbeistand **ausgeschlossen** werden, „wenn bestimmte Tatsachen die Annahme rechtfertigen, dass seine Anwesenheit die geordnete Beweiserhebung nicht nur unwesentlich beeinträchtigen würde". Der Gesetzgeber hat in § 68b Abs. 1 Satz 4 StPO Fälle aufgelistet, in denen „in der Regel" der Ausschluss anzuordnen ist, nämlich wenn aufgrund bestimmter Tatsachen anzunehmen ist, dass

7.101

---

374) KK/Slawik, § 68b Rdnr. 8 m.w.N.

375) LR/Ignor/Bertheau, § 68b Rdnr. 5.

376) Dahs, „Informationelle Vorbereitung" von Zeugenaussagen durch den anwaltlichen Rechtsbeistand, in: NStZ 2011, 200–202.

377) Meyer-Goßner/Schmitt, § 68b Rdnr. 4.

378) Burhoff, Ermittlungsverfahren, Rdnr. 5056.

379) Meyer-Goßner/Schmitt, § 68b Rdnr. 4.

1. der Beistand an der zu untersuchenden Tat oder an einer mit ihr im Zusammenhang stehenden Datenhehlerei, Begünstigung, Strafvereitelung oder Hehlerei beteiligt ist,

2. das Aussageverhalten des Zeugen dadurch beeinflusst wird, dass der Beistand nicht nur den Interessen des Zeugen verpflichtet erscheint, oder

3. der Beistand die bei der Vernehmung erlangten Erkenntnisse für Verdunkelungshandlungen i.S.d. § 112 Abs. 2 Nr. 3 nutzt oder in einer den Untersuchungszweck gefährdenden Weise weitergibt.[380)]

7.102 Einem Zeugen, der bei seiner Vernehmung keinen anwaltlichen Beistand hat und dessen schutzwürdigen Interessen nicht auf andere Weise Rechnung getragen werden kann, ist gem. §§ 163 Abs. 3 Satz 2, 68b Abs. 2 Satz 1 StPO für die Dauer der Vernehmung ein solcher **beizuordnen**, wenn **besondere Umstände** vorliegen, aus denen sich ergibt, dass der Zeuge seine Befugnisse bei seiner Vernehmung nicht selbst wahrnehmen kann. Die besondere Schutzbedürftigkeit eines Zeugen ist unabhängig davon zu beurteilen, welches Delikt dem Beschuldigten zur Last gelegt wird.[381)] Es ist ferner irrelevant, ob der Zeuge selbst in der Lage ist, sich finanziell einen anwaltlichen Beistand zu leisten. Die Voraussetzungen der Beiordnung eines Zeugenbeistands von Amts wegen liegen nur in seltenen **Ausnahmefällen** vor.[382)] Durch die gesetzlich vorgeschriebenen Belehrungen (wie etwa § 52 Abs. 3 Satz 1, § 55 Abs. 2, § 57 StPO) werden die Zeugen in aller Regel in ausreichendem Maße in die Lage versetzt, ihre Befugnisse bei ihrer Vernehmung selbst wahrzunehmen, also z.B. darüber zu entscheiden, ob sie von einem Zeugnis- oder Auskunftsverweigerungsrecht Gebrauch machen möchten. In Betracht kommt die Beiordnung daher nur in außergewöhnlichen Situationen („besondere Umstände") tatsächlich oder rechtlich schwieriger Art.[383)] Das kann z.B. der Fall sein bei der Vernehmung von besonders **unreifen kindlichen** oder **jugendlichen Zeugen**, insbesondere wenn sie Opfer der verfahrensgegenständlichen Tat sind[384)], oder bei psychisch beeinträchtigten, ängstlichen, unerfahrenen und auch sonst im Sozialleben **wenig durchsetzungsfähigen Zeugen** oder **besonders gefährdeten Zeugen**, denen bei einer Aussage Repressalien drohen.[385)]

7.103 Die Beiordnung ist **doppelt subsidiär.** Trotz Vorliegen einer außergewöhnlicher Situation ist zunächst zu prüfen, ob sich die vorliegenden Probleme auf die Wahrnehmung der Zeugenbefugnisse auswirken und ob ihnen – abgesehen von den Fällen, in denen sie aufgrund ihrer rechtlichen Natur eine anwaltliche Beratung erfordern – nicht auch durch andere Mittel, insbesondere intensive Erläuterungen oder Maßnahmen abgeholfen werden kann.[386)] Im Ermittlungsverfahren scheiden auf das Gerichtserfahren zugeschnittene Maßnahmen nach §§ 168c Abs. 3,

---

380) Weiterführend, siehe LR/Ignor, § 68b Rdnr. 6 ff.; Meyer-Goßner/Schmitt, § 68b Rdnr. 7.
381) LR/Bertheau/Ignor, § 68b Rdnr. 16.
382) KG Berlin, Beschl. v. 06.12.2013 – (5) 3 StE 5/13 - 1 (2/13).
383) Meyer-Goßner/Schmitt, § 68b Rdnr. 10.
384) BT-Drucks. 13/7165, S. 8.
385) LR/Bertheau/Ignor, § 68b Rdnr. 17.
386) BT-Drucks. 16/12098, S. 17 ff.; KG Berlin, Beschl. v. 06.12.2013 – (5) 3 StE 5/13 - 1 (2/13).

Abs. 5, 168e, 224 Abs. 1 Satz 2, 247, 247a sowie 171b ff. GVG regelmäßig aus. Die Beiordnung ist zudem davon abhängig, dass der Zeuge bei seiner Vernehmung „keinen anwaltlichen Beistand" hat (vgl. § 68b Abs. 2). Erscheint der Zeuge mit einem Beistand und nimmt der an der Vernehmung teil, so ist die Voraussetzung für eine Beiordnung nicht erfüllt.[387]

Die Beiordnung erfolgt für die **Dauer** der Vernehmung. Der nach § 68b Abs. 2 StPO beigeordnete Zeugenbeistand ist selbstverständlich über den Vernehmungstermin seines Mandanten zu unterrichten. Die Beiordnung erfasst alle Vorgänge, die mit der Vernehmung in enger Verbindung stehen (wie das **vorherige Beratungsgespräch**[388]), endet aber grundsätzlich mit dem Ende der Vernehmung, sofern nicht nur eine Unterbrechung vorliegt.[389] Eine Beiordnung erstreckt sich daher nicht auf Folgevernehmungen[390] oder auf die Einlegung eines Rechtsmittels für den Zeugen (Beschwerde gegen Anordnung der Beugehaft o.Ä.).[391] Eine **rückwirkende Beiordnung** ist nach h.M. nicht zulässig.[392] Genauso wenig wie die Beiordnung eines Beistands für einen Zeugen unter der Bedingung, dass er sein Recht auf Auskunftsverweigerung nicht wahrnehme.[393]

7.104

Gemäß §§ 163 Abs. 4 Satz 1 Nr. 3, 68b Abs. 2 StPO entscheidet allein die Staatsanwaltschaft über die Beiordnung eines Vernehmungsbeistands. Die Entscheidung nach Abs. 1 Satz 3 und Abs. 2 Satz 1 ist gemäß Abs. 3 Satz 2 samt Gründen aktenkundig zu machen. Bezüglich der **Anhörungspflichten** sind § 33 Abs. 1 und Abs. 2 StPO anzuwenden.[394] Nach §§ 68b Abs. 2 Satz 2, 142 Abs. 5 Satz 1 StPO muss dem Zeugen vor der Beiordnung Gelegenheit gegeben werden, einen **Beistand seiner Wahl** zu bezeichnen. Die Beiordnung ist vorzunehmen, wenn ihre Voraussetzungen vorliegen. Das bedeutet, dass die Polizei kein Ermessen hat, ob sie die Entscheidung der Staatsanwaltschaft einholt oder nicht. Die Polizei ist verpflichtet, die Staatsanwaltschaft zu kontaktieren, sobald die Bestellung eines Beistands in Betracht zu ziehen ist. Die **Auswahl** des beizuordnenden Rechtsanwalts hat über den Verweis in § 68b Abs. 2 Satz 2 StPO nach Maßgabe des § 142 Abs. 5 Satz 3 StPO zu erfolgen. Die Entscheidung der Beiordnung kann mit einem **Antrag auf gerichtliche Entscheidung** nach § 163 Abs. 5 Satz 1 StPO angefochten werden.

---

387) Meyer-Goßner/Schmitt, § 68b Rdnr. 11.

388) A.A. OLG Celle, Beschl. v. 21.05.2019 – 4 StE 1/17 mit der Besonderheit, dass es dort allein um eine Beiordnung für eine Tätigkeit im Vorfeld einer Zeugenvernehmung ging, die Zeugin sich auf § 55 StPO berief und der Senat die Auffassung vertrat, dass es deswegen ihres Erscheinens in der Hauptverhandlung nicht bedurfte.

389) Meyer-Goßner/Schmitt, § 68b Rdnr. 12; KK/Slawik, § 68b Rdnr. 5; LR/Bertheau/Ignor, § 68b Rdnr. 16.

390) Meyer-Goßner/Schmitt, § 68b Rdnr. 12.

391) KG, Beschl. v. 07.05.2009 –1 Ws 47/09.

392) OLG Celle, Beschl. v. 21.05.2019 – 4 StE 1/17; KK/Slawik, § 68b Rdnr. 5; Meyer-Goßner/ Schmitt, § 68b Rdnr. 13.

393) BGH, Beschl. v. 04.12.2015 – StR 475/15.

394) LR/Bertheau/Ignor, § 68b Rdnr. 20.

7.1.15.7 Verwertbarkeit polizeilicher Vernehmungen

7.105 Polizeiliche Vernehmungsniederschriften können in einer späteren Hauptverhandlung nur ausnahmsweise im Wege des **Urkundenbeweises** verwertet werden.[395] Dies ist nur unter den Voraussetzungen von § 251 Abs. 1 oder § 253 StPO zulässig. Zulässig ist die Verwendung zum Zwecke des Vorhalts.[396] In der Regel ist der Vernehmungsbeamte als **Zeuge** zu hören.[397] Auch ihm darf das Vernehmungsprotokoll vorgehalten werden, es darf auch ergänzend verlesen werden.[398] Jede Verwertung ist wegen § 252 StPO unzulässig, wenn der Vernommene in der Hauptverhandlung von einem Zeugnisverweigerungsrecht Gebrauch macht.

---

395) Meyer-Goßner/Schmitt, § 254 Rdnr. 6.
396) Meyer-Goßner/Schmitt, § 254 Rdnr. 7.
397) Meyer-Goßner/Schmitt, § 254 Rdnr. 8.
398) LR/Mosbacher, § 249 Rdnr. 95; auch der BGH geht im Beschl. v. 26.06.2019 –
2 StR 415/18, von der Zulässigkeit vernehmungsergänzender Verlesung aus, BGH,
Urt. v. 16.02.1965 – 1 StR 4/65; OLG Frankfurt, Beschl. v. 19.06.1995 – 3 Ss 105/95,
a.A. Meyer-Goßner/Schmitt, § 254 Rdnr. 8.

7.2 Mandatssituationen

7.2.1 Ladung des Mandanten zur Vernehmung bei der Polizei

Kurzüberblick

– Es besteht keine Pflicht für den Beschuldigten, auf Ladung vor der Polizei zu erscheinen.

7.106

– Das Recht zu schweigen ist nicht nur eines der elementaren Rechte des Beschuldigten in einem Strafverfahren, sondern meistens auch eines der effektivsten Verteidigungsmittel.

– Rechtfertigungs-, Entschuldigungs- und Strafmilderungsgründe (insbesondere Aufklärungshilfe nach § 46b StGB) können sehr gute Gründe sein, sich zur Sache einzulassen.

– Keine Beschuldigtenvernehmung bzw. Einlassung ohne Akteneinsicht.

– Zur Vermeidung einer staatsanwaltschaftlichen Ladung sollte frühzeitig mit dieser Kontakt aufgenommen werden.

Sachverhalt

Der Anwalt verteidigt seit kurzem einen Beschuldigten, gegen den ein Ermittlungsverfahren wegen Körperverletzung geführt wird. Der Mandant wird von der Polizei zur Vernehmung geladen. Was ist aus Sicht des Verteidigers zu tun?

Lösung

Die Polizei kann einen Beschuldigten zwar vorladen (§ 163a Abs. 4 StPO). Rechtlich handelt es sich dabei aber lediglich um eine unverbindliche Aufforderung oder Bitte. Der Beschuldigte ist nämlich nicht verpflichtet, auf Ladung vor der Polizei zu erscheinen, der deswegen auch keine Zwangsbefugnisse zur Verfügung stehen, um das Erscheinen des Beschuldigten zu Aussagezwecken zu erzwingen. Jedoch darf der Polizeibeamte den Beschuldigten zu Vernehmungszwecken aufsuchen.[399]

7.107

Die **Beratung** des Beschuldigten besteht im Kern zunächst einmal darin, ihn über seine **Rechte** (Aussagefreiheit, Verteidigerkonsultation, schriftliche Äußerung, Entlastungsbeweisanträge etc.) zu **belehren**. Ein weiterer Schwerpunkt wird i.d.R. die Frage sein, ob sich der Mandant überhaupt zur Sache einlassen, ob er sich vernehmen lassen will/soll. Dabei gilt:

---

399) LR/Erb, § 163a Rdnr. 81.

- Das **Recht zu schweigen** ist nicht nur eines der elementaren Rechte des Beschuldigten in einem Strafverfahren, sondern meistens auch eines der **effektivsten Verteidigungsmittel.**[400] Insbesondere Rechtfertigungs-, Entschuldigungs- und Strafmilderungsgründe (insbesondere Aufklärungshilfe nach § 46b StGB) können aber sehr gute Gründe sein, sich zur Sache einzulassen.

- Eine Einlassung sollten **so spät wie nötig bzw. möglich,** eine Vernehmung bestenfalls kurz vor Abschluss der Ermittlungen erfolgen.

- Keine Beschuldigtenvernehmung bzw. Einlassung ohne **Akteneinsicht.** Nur so kann der Anwalt den Mandanten sachgemäß beraten.

Der Verteidiger sollte auf Ladung der Polizei auch der Staatsanwaltschaft frühzeitig schriftlich mitteilen, wenn der Beschuldigte von seinem Schweigerecht gem. § 136 Abs. 1 StPO (für die staatsanwaltliche Vernehmung i.V.m. § 163a Abs. 3 Satz 2 StPO) Gebrauch machen will. **Ziel ist, bereits die Ladung der Staatsanwaltschaft zu vermeiden.** Dennoch ist zu berücksichtigen, dass der Beschuldigte auch dann zum Erscheinen vor der Staatsanwaltschaft verpflichtet ist, wenn er vom Schweigerecht Gebrauch machen will und sich entschieden hat, nicht zur Sache auszusagen. Das gilt selbst dann, wenn er dies vorher schon ausdrücklich angekündigt hat.[401] Ein Versuch, die Ladung mit Verweis auf die Ausübung des Schweigerechts zu vermeiden, ist es dennoch wert und wird i.d.R. auch erfolgversprechend sein.

Prozesstaktische Hinweise

7.108   Erklärungen zum Tatvorwurf sollten möglichst durch einen **Anwaltsschriftsatz** zu den Akten gereicht werden, wenn nicht sehr gute Gründe etwas anderes gebieten. Zu bedenken ist, dass nur eigene schriftliche Äußerungen des Mandanten eine Urkunde darstellen, die in der Hauptverhandlung über § 249 Satz 1 StPO verlesen und auch zum Nachteil des Mandanten verwertet werden darf.[402]

Psychologisch kann es sich anbieten, **Aussagebereitschaft** zu signalisieren. Die Aussagebereitschaft sollte mit einem Antrag auf **Akteneinsicht** verbunden und von dessen Gewährung abhängig gemacht werden. Damit wird vermieden, dem Beschuldigten eine „Aussageverweigerung vorwerfen" zu können. Außerdem gilt: ohne Akteneinsicht keine Vernehmung bzw. Einlassung. Nur so kann der Anwalt den Mandanten sachgemäß beraten. Unterbleibt später die ausdrücklich

---

400) Dahs, Handbuch des Strafverteidigers, Rdnr. 294.
401) Meyer-Goßner/Schmitt, § 133 Rdnr. 5 m.w.N.; KK/Diemer, § 133 Rdnr. 8.
402) Schriftsätze des Verteidigers, die eine Sachdarstellung beinhalten, sind hingegen grundsätzlich keine Erklärungen des Beschuldigten und können deshalb auch nicht als Urkunden zum Beweis über eine entsprechende Einlassung des Beschuldigten verlesen werden, BGH, Beschl. v. 13.12.2001 – 4 StR 506/01; die Verwertbarkeit von Erklärungen des Verteidigers in der Hauptverhandlung in Anwesenheit des Angeklagten, der selbst keine Erklärung zur Sache abgibt, setzt voraus, dass der Angeklagte den Verteidiger zu dieser Erklärung ausdrücklich bevollmächtigt oder die Erklärung nachträglich genehmigt hat, BGH, Beschl. v. 28.06.2005 – 3 StR 176/05.

angekündigte Stellungnahme, kann dies aber mindestens psychologische Nachteile auslösen und sollte jedenfalls nicht unkommentiert bleiben.

Muster

Ladung des Mandanten zur Vernehmung bei der Polizei

Polizei ...
(Anschrift)

In der Strafsache
gegen   ...
wegen   ...
polizeiliche Vorgangsnummer ...

zeige ich unter Vorlage einer schriftlichen Vollmacht an, dass ich die Vertretung des Beschuldigten ... übernommen habe.

Mein Mandant wurde zur Vernehmung bei ... am ... geladen. Er wird auf meinen Rat hin keine Angaben machen und daher nicht erscheinen.

Mein Mandant legt aber Wert darauf, sich eingehend zur Sache zu äußern.

Zuvor **beantrage** ich Akteneinsicht gem. § 147 StPO.

Ich bitte zudem, mir das staatsanwaltliche Aktenzeichen mitzuteilen und die Staatsanwaltschaft über die Entscheidung meines Mandanten, keine Angaben zu machen, und über dieses Schreiben zu unterrichten.

Rechtsanwältin/Rechtsanwalt

7.2.2 Verwertungsverbot im Ermittlungsverfahren, unterlassene Beschuldigtenbelehrung/ „informatorisches Vorgespräch"

Kurzüberblick

– Informatorische Befragungen, informatorische Anhörungen oder „formlose"   7.109
   Gespräche im Vorfeld einer Beschuldigtenvernehmung, ohne Belehrung, sind
   unzulässig.

– Vorgespräche – welcher Art auch immer – sind gem. § 168b StPO zwingend
   entsprechend §§ 168, 168a StPO zu protokollieren.

– Vorgespräche mit einem Beschuldigten mit inhaltlichem Bezug zur Tat sind stets Vernehmungen. Solche Vorgespräche unterliegen ohne Belehrung einem – im Ermittlungsverfahren von Amts wegen zu beachtenden – Verwertungsverbot.[403]

Sachverhalt

Der Anwalt verteidigt seit kurzem einen Beschuldigten, gegen den seit längerem ein Ermittlungsverfahren wegen Körperverletzung geführt wird. Bei der Durchsicht der Akten stößt der Anwalt auf einen Aktenvermerk der Polizei über ein „informatorisches Vorgespräch" mit dem Mandanten, das den Inhalt eines Gesprächs unmittelbar nach der Tat während der Fahrt zur „Beschuldigtenvernehmung" und ein den Mandanten belastendes „Spontangeständnis" wiedergibt. Dem Aktenvermerk der Polizei zufolge war das informatorische Gespräch vertrauensbildender Natur und diente zur „Straffung der zu protokollierenden Aussage". Zu einer Beschuldigtenvernehmung kam es nicht mehr, weil der Mandant nach Belehrung von seinem Aussageverweigerungsrecht Gebrauch machte. Was ist aus Sicht des Verteidigers zu tun?

Lösung

7.110 Unter einer informatorischen Befragung oder Anhörung etc. werden allgemein - hauptsächlich in der polizeilichen Praxis verbreitete – Formen der **belehrungsfreien Befragung** von Auskunftspersonen im Zusammenhang mit Strafverfolgungsmaßnahmen verstanden. Letztlich geht es immer um die Frage der Verwertbarkeit der im Rahmen der informatorischen Befragung ohne Belehrung gewonnenen Erkenntnisse.[404] Es wird zum Teil hinterfragt, ob informatorische Befragungen **Vernehmungen im engeren Sinn** bzw. i.S.d. § 163a StPO sind.[405] Eine – mit der Pflicht zur Belehrung nach § 163a Abs. 4 Satz 2 i.V.m. § 136 StPO verbundene – **Beschuldigtenvernehmung** liegt jedenfalls dann vor, wenn gegen eine bestimmte Person wegen eines konkreten Vorwurfs ermittelt worden ist (bzw. sich nach pflichtgemäßer Beurteilung der Strafverfolgungsbehörde der Verdacht so verdichtet hat, dass die Person ernstlich als Täter der untersuchten Straftat in Betracht kommt) und das „Vorgespräch" einen inhaltlichen Bezug zur Tat hat. Der Mandant war vorliegend nicht mehr Zeuge, sondern war unzweifelhaft bereits Beschuldigter, da er mit zu einer geplanten „Beschuldigtenvernehmung" genommen wurde und insoweit ein die Beschuldigteneigenschaft stets begründender Willensakt vorliegt (siehe oben, Beschuldiger, Grad des Tatverdachts,

---

403) BGH, Beschl. v. 06.06.2019 – StB 14/19.

404) LR/Erb, § 163a Rdnr. 22.

405) Meyer-Goßner/Schmitt, Einl. Rdnr. 79; KK/Griesbaum, § 163a Rdnr. 2; kritisch LR/Erb, § 163a Rdnr. 22, wonach nicht zu rechtfertigen ist, die inform. Befragung nicht als Vernehmung anzusehen; auch Rinklin, Hauptverhandlung, Kap. 12, S. 546, wonach es sich stets um Vernehmungen handelt. Die mangelnde Belehrungspflicht bei informatorischen Befragungen resultiere nicht daraus, dass keine Vernehmung vorliege, sondern daraus, dass erst ein Verdächtiger und noch kein Beschuldigter befragt wird.

Rdnr. 7.15).[406] Das „informatorische Vorgespräch" diente der „Straffung der zu protokollierenden Aussage" und hatte damit inhaltlichen Bezug zur Tat. Das Vorgespräch im Vorfeld der Belehrung war rechtsfehlerhaft, weil die Schutzbestimmungen aus § 163a Abs. 4 i.V.m. § 136 Abs. 1 Satz 2 StPO nicht beachtet wurden. Es besteht insoweit ein **Verwertungsverbot** (siehe auch Rdnr. 7.43).[407] Die Angaben des Mandanten sind nicht verwertbar (st. Rspr, siehe Rdnr. 7.46).

Vorliegend handelte es sich auch nicht um (verwertbare) **Spontanäußerungen**. Darunter werden Angaben verstanden, die die Auskunftsperson zwar gegenüber Strafverfolgungsbehörden tätigt, dies aber außerhalb von Vernehmungen von sich aus, spontan und aus freien Stücken.[408] Spontanäußerungen dürfen grundsätzlich verwertet werden, sofern die Strafverfolgungsbehörde sich dabei passiv verhielt und Belehrungspflichten nicht gezielt umgangen wurden, um den Betroffenen zu einer Selbstbelastung zu verleiten.[409] Diese passive Rolle hat die Polizei hier verlassen, weil sie aktiv um Vertrauen im Rahmen des „informatorischen Gesprächs" warb.

Prozesstaktische Hinweise

Der Anwalt sollte die Staatsanwaltschaft auf die Unverwertbarkeit im Ermittlungsverfahren hinweisen, mit dem Ziel der Einstellung des Verfahrens. Verwertungsverbote sind im Ermittlungsverfahren **von Amts wegen** zu beachten. Die vom Bundesgerichtshof entwickelte sogenannte **Widerspruchslösung** findet keine Anwendung in diesem Verfahrensstadium.[410]   7.111

Ein solches Kontaktgespräch oder „formloses" Vorgespräch ist – egal wann und mit welchem Inhalt es geführt wird – als Untersuchungshandlung nach § 168b Abs. 1 StPO zwingend entsprechend §§ 168, 168a StPO zu **protokollieren**.[411]

---

406) KK/Griesbaum, § 163a Rdnr. 2.
407) Siehe § 136 Abs. 1 Satz 2 StPO.
408) BGH, Urt. v. 27.09.1989 – 3 StR 188/89; BGH, Beschl. v. 09.06.2009 – 4 StR 170/09.
409) BGH, Beschl. v. 17.07.2019 – 5 StR 195/19; BGH, Urt. v. 27.06.2013 – 3 StR 435/12;
     BGH, Beschl. v. 09.06.2009 – 4 StR 170/09; Burhoff, Ermittlungsverfahren, Rdnr. 1189.
410) BGH, Beschl. v. 06.06.2019 – StB 14/19.
411) LR/Erb, § 168b Rdnr. 3.

Maurer

Muster

Informatorisches Vorgespräch mit dem Beschuldigten

Amtsgericht ...
(Anschrift)

Strafsache
gegen ...
wegen ...
Az. ...

Ich **beantrage** abschließend, das Verfahren nach § 170 Abs. 2 StPO einzustellen.

Mein Mandant soll sich ausweislich des Vermerks vom ... (EO ..., Bl. ...) in einem informatorischen Vorgespräch belastet haben. Das ist ausweislich der Ermittlungsakten das einzige Beweismittel.

Ich **widerspreche** der Verwertung dieser Angaben im „informatorischen Vorgespräch" bereits im Ermittlungsverfahren.

Begründung:

Mein Mandant war auf dem Weg zur polizeilichen Beschuldigtenvernehmung. Er hätte als Beschuldigter sofort nach §§ 163a Abs. 4 Satz 2, 136 Abs. 1 Satz 2 StPO über sein Aussageverweigerungsrecht belehrt werden müssen. Das informatorische Vorgespräch mit einem Beschuldigten war rechtsfehlerhaft, weil elementare Schutzbestimmungen nicht beachtet wurden. Das informatorische Vorgespräch hatte bereits einen inhaltlichen Bezug zum Tatvorwurf, es diente der „Straffung". Es besteht daher ein Verwertungsverbot (st. Rspr., seit BGH, Beschl. v. 27.02.1992 – 5 StR 190/91; BGH, Urt. v. 06.03.2018 – 1 StR 277/17; BGH, Urt. v. 03.05.2018 – 3 StR 390/17; Rinklin, Hauptverhandlung, Kap. 17, S. 865), das im Ermittlungsverfahren von Amts wegen zu beachten ist (st. Rspr., seit BGH, Beschl. v. 27.02.1992 – 5 StR 190/91; BGH, Urt. v. 06.03.2018 – 1 StR 277/17; BGH, Urt. v. 03.05.2018 – 3 StR 390/17; Rinklin, Hauptverhandlung, Kap. 17, Rdnr. 865 f.).

Rein vorsorglich möchte ich ausführen, dass es sich vorliegend auch nicht etwa um verwertbare Spontanäußerungen handelte. Darunter sind nur Angaben zu verstehen, die die Auskunftsperson zwar gegenüber Strafverfolgungsbehörden tätigt, die die Auskunftsperson außerhalb von Vernehmungen von sich aus, spontan und aus freien Stücken macht (BGH, Urt. v. 27.09.1989 – 3 StR 188/89; BGH, Beschl. vom 09.06.2009 – 4 StR 170/09.). Spontanäußerungen können allenfalls dann verwertet werden, sofern die Strafverfolgungsbehörde sich dabei passiv verhielt und Belehrungspflichten nicht gezielt umgangen wurden, um den Betroffenen zu einer Selbstbelastung zu verleiten (BGH, Beschl. v. 17.07.2019 – 5 StR 195/19; BGH, Urt. v. 27.06.2013 – 3 StR 435/12; BGH, Beschl. v. 09.06.2009 – 4 StR 170/09; Burhoff, Ermittlungsverfahren, Rdnr. 1189). Diese passive Rolle hat die Polizei hier verlassen, weil sie aktiv um Vertrauen im Rahmen des informatorischen Gesprächs warb.

Rechtsanwältin/Rechtsanwalt

7.2.3   Zeugenbeistand, Polizeiliche Ladung des Mandanten als Zeuge, Recht auf Anwesenheit, Akteneinsicht

Kurzüberblick

- Mit § 163 Abs. 3 StPO ist die Pflicht von Zeugen normiert, auf Ladung vor „Ermittlungspersonen der Staatsanwaltschaft" zu erscheinen, wenn der Ladung ein Auftrag der Staatsanwaltschaft zugrunde liegt.   7.112

- Wird der Auftrag nicht mit der Ladung übermittelt, so besteht ein Auskunftsanspruch dahingehend, ob und ggf. welche Ermächtigung der Ladung zugrunde liegt.[412]

- Die Existenz oder die Ankündigung, von einem Zeugnis- oder Auskunftsverweigerungsrecht Gebrauch machen zu wollen, ändert an der Pflicht zum Erscheinen nichts.

- Zeugen können sich eines anwaltlichen Beistands bedienen. Seine Hinzuziehung bedarf keiner Zulassung o.Ä.[413] und ist von keinen weiteren Voraussetzungen abhängig.

- Der Zeugenbeistand ist – wie der Zeuge selbst auch – kein Verfahrensbeteiligter und hat nicht mehr Rechte als der Zeuge selbst.

---

412) Burhoff, Ermittlungsverfahren, Rdnr. 3519.
413) Meyer-Goßner/Schmitt, § 68b Rdnr. 3.

Sachverhalt

Der Mandant wurde von der Polizei zur polizeilichen Zeugenvernehmung geladen. Der Mandant beabsichtigt nach Beratung durch den Anwalt, von seinem Aussageverweigerungsrecht nach § 55 StPO Gebrauch zu machen. Der Anwalt soll den Mandanten zur Vernehmung begleiten, der Anwalt ist aber terminlich verhindert. Zudem will der Anwalt Akteneinsicht, um das Risiko selbstbelastender Äußerungen richtig einschätzen zu können. Was ist zu tun?

Lösung

7.113 In § 163 Abs. 3 StPO ist die Pflicht von Zeugen normiert, auf Ladung vor „Ermittlungspersonen der Staatsanwaltschaft" zu erscheinen, wenn der Ladung ein Auftrag der Staatsanwaltschaft zugrunde liegt. Wird der Auftrag nicht mit der Ladung übermittelt, so besteht ein **Auskunftsanspruch** dahingehend, ob und ggf. welche Ermächtigung der Ladung zugrunde liegt.[414] Die Existenz eines Zeugnis- oder Auskunftsverweigerungsrechts ändert an der Pflicht zum Erscheinen nichts. Auch die Erklärung des Zeugen im Vorfeld, von seinem Zeugnis- oder umfassend vom Auskunftsverweigerungsrecht Gebrauch machen zu wollen, entbindet ihn dennoch nicht von der Pflicht zu erscheinen.[415]

Zeugen können sich gem. § 163 Abs. 3 Satz 2 i.V.m. § 68b Abs. 1 Satz 1 StPO eines **anwaltlichen Beistands** bedienen. Seine Hinzuziehung bedarf keiner Zulassung o.Ä.[416] und ist von keinen weiteren Voraussetzungen abhängig. Es ist aber grundsätzlich Sache des Zeugen, seinen Beistand hinzuzuziehen.[417] Der Zeuge muss von Gesetzes wegen nicht auf das Recht zur Hinzuziehung eines Zeugenbeistands hingewiesen werden.[418] Die Staatskasse erstattet dem Zeugen, der einen Zeugenbeistand hinzuzieht, insoweit keine Gebühren.[419]

Der Zeuge hat kein Recht auf **Terminverlegung** wegen Verhinderung seines Beistands.[420] Der Zeuge hat deshalb genauso wenig das Recht, einem Vernehmungstermin fernzubleiben, weil der Beistand verhindert ist.[421] Gegen den unberechtigt ausgebliebenen Zeugen können – durch die StA – Ordnungsmittel festgesetzt werden (§ 163 Abs. 4 Satz 1 Nr. 4 StPO).

---

414) Burhoff, Ermittlungsverfahren, Rdnr. 3519.
415) KMR/Noltensmeier-von Osten, zu § 161a Rdnr. 6.
416) Meyer-Goßner/Schmitt, § 68b Rdnr. 3.
417) BT-Drucks. 16/12098, S. 15.
418) Str., so aber Meyer-Goßner/Schmitt, § 68b Rdnr. 3 m.w.N. auch der Gegenansicht. Vgl. aber auch Meyer-Goßner/Schmitt, § 48 Rdnr. 3a.
419) Meyer-Goßner/Schmitt, § 68b Rdnr. 3, 6; Burhoff, Ermittlungsverfahren, Rdnr. 5051 m.w.N.
420) Burhoff, Ermittlungsverfahren, Rdnr. 5055.
421) BGH, Beschl. v. 19.05.1989 – StB 19/89 - 1 BJs 72/87; Meyer-Goßner/Schmitt, § 51 Rdnr. 12; a.A.: Adler, StraFo 2002, 146, 155; vgl. auch LR/Bertheau/Ignor, § 51 Rdnr. 13 spricht von „Grenzfall".

Dem Zeugenbeistand stehen nicht mehr Rechte zu als dem Zeugen selbst.[422] Ihm ist bei der Vernehmung gem. § 68b Abs. 1 Satz 2 StPO allein die **Anwesenheit** gestattet. Er muss nicht über die Vernehmung informiert[423] und deshalb auch nicht geladen werden, selbst wenn er den Ermittlungsbehörden namentlich bekannt ist.

Der Zeugenbeistand ist – wie der Zeuge selbst auch – kein Verfahrensbeteiligter und hat über § 475 StPO[424] hinaus nach h.M. kein Akteneinsichtsrecht.[425] Eine entsprechende Anwendung von § 147 StPO scheidet aus.[426] Dennoch wird in Teilen der Literatur – sofern nicht der Versagungsgrund entsprechend § 147 Abs. 2 StPO eingreift – ein Recht auf **Teil-Akteneinsicht** (in Form von Ablichtungen) jedenfalls in die Vorgänge gefordert, deren Kenntnis erforderlich ist, um wirksam Beistand leisten zu können.[427] Gerade bei Zeugen, bei denen ein Auskunftsverweigerungsrecht nach § 55 StPO in Betracht kommt, kann der Zeugenbeistand seiner Beistandsfunktion nur gerecht werden, wenn er die Akten kennt.[428]

Prozesstaktische Hinweise

Ein Anwalt hat in dieser Konstellation einen schweren Stand, wenn die Ladung vor eine Ermittlungsperson der Staatsanwaltschaft erfolgt ist und der Ladung ein Auftrag der Staatsanwaltschaft zugrunde liegt. Der Mandant hat dann die Pflicht zu erscheinen, ihm drohen Zwangsmaßnahmen bei Nichterscheinen. Der Anwalt sollte hier schriftlich, höchst hilfsweise mündlich mit der Polizei in Kontakt treten, auf das Verweigerungsrecht hinweisen und „beantragen", von der Vernehmung Abstand nehmen zu dürfen. Gegebenenfalls sollte angeregt werden, schon im Vorfeld der Vernehmung auf Basis des Anwaltsvortrags die Entscheidung der Staatsanwaltschaft nach § 163 Abs. 4 Satz 1 Nr. 1 StPO einzuholen. Denn allein die Staatsanwaltschaft hat die Entscheidungskompetenz, über das Vorliegen von Zeugnis- oder Auskunftsverweigerungsrechten zu entscheiden, sofern insoweit Zweifel bestehen oder im Laufe der Vernehmung aufkommen. Diese Zweifel darzulegen, ist Aufgabe des Anwalts.

7.114

Besteht die Polizei auf dem Erscheinen des Mandanten als Zeuge, kann der Anwalt den Mandanten als Zeugenbeistand begleiten, er hat nach §§ 163 Abs. 3 Satz 2, 68b Abs. 1 Satz 2 StPO ein **Anwesenheitsrecht**. Ist der Anwalt verhindert, so muss er sich durch einen Kollegen vertreten lassen. Zu Beginn der Vernehmung

---

422) BT-Drucks 13/7165, S. 9; BGH, Beschl. v. 04.03.2010 – StB 46/09.

423) Meyer-Goßner/Schmitt, § 68b Rdnr. 5; kritisch Burhoff, Ermittlungsverfahren, Rdnr. 5055.

424) § 475 StPO gibt dem Zeugen kein Recht auf Akteneinsicht, soweit es um die Kenntnis des Zeugen von der Aussage anderer Zeugen geht, vgl. BGH, Beschl. v. 04.03.2010 – StB 46/09.

425) BGH, Beschl. v. 04.03.2010 – StB 46/09; Meyer-Goßner/Schmitt, § 68b Rdnr. 5.

426) KG Berlin, Beschl. v. 14.08.2015 – 3 Ws 397/15.

427) KK/Slawik, § 68b Rdnr. 8 m.w.N.

428) LR/Ignor/Bertheau, § 68b Rdnr. 5.

ist die Verweigerung zu erklären und (nochmals) eine Entscheidung der Staatsanwaltschaft über die Verweigerungsrechte des Mandanten herbeizuführen. Holt der die Vernehmung leitende Beamte diese nicht ein, und/oder besteht er nach Rücksprache mit der Staatsanwaltschaft auf der (weiteren) Vernehmung, so hat der anwaltlich beratene Mandant nur die Möglichkeit, Zwangsmaßnahmen nach §§ 51, 70 StPO zu „provozieren" und so eine **gerichtliche Überprüfung** der Frage, ob Verweigerungsrechte bestehen, zu erreichen.

Muster

Zeugenbeistand – polizeiliche Zeugenladung – Akteneinsicht

Amtsgericht ...
(Anschrift)

In der Strafsache
gegen ...
wegen ...
polizeiliche Vorgangsnummer ...

zeige ich an, dass ich die Vertretung des Zeugen ... übernommen habe. Eine auf mich lautende Vollmacht habe ich als Anlage beigefügt.

Mein Mandant wurde zur Zeugenvernehmung bei ... am ... geladen. Ich bitte zu beachten, dass ich als **Zeugenbeistand** bei allen Vernehmungen anwesend sein möchte.

[Rein vorsorglich und zur Prüfung der Pflicht zum Erscheinen bitte ich vorab um **Auskunft**, ob die Ladung vor eine Ermittlungsperson der Staatsanwaltschaft und auf Auftrag der Staatsanwaltschaft i.S.d. § 163 Abs. 3 Satz 1 StPO erfolgte. Beide Voraussetzungen vermag ich der Ladung nicht zu entnehmen. Einstweilen gehe ich davon aus, dass keine Pflicht zum Erscheinen besteht.]

Wegen meiner terminlichen Verhinderung bitte ich den Termin zur Vernehmung zu verschieben und um Kontaktaufnahme mit mir wegen eines neuen Termins.

Ich **beantrage**, mir vor der Vernehmung **Akteneinsicht** zu gewähren, jedenfalls in die Aktenteile, die meinen Mandanten betreffen [und im Hinblick auf die Ausübung eines Auskunftsverweigerungsrechts nach § 55 StPO unerlässlich sind (LR/Ignor/Bertheau, StPO, § 68b, Rdnr. 5)].

Mein Mandant beabsichtigt, keine Angaben zu machen. Es besteht ein Verweigerungsrecht nach § ... [Sachverhalt]. Vor diesem Hintergrund **beantrage** ich die **Abladung**. Hilfsweise **beantrage** ich bereits im Vorfeld der Vernehmung, die **Entscheidung der Staatsanwaltschaft** nach § 163 Abs. 4 Satz 1 Nr. 1 StPO über das Bestehen eines Verweigerungsrechts nach § ... und mir die Entscheidung rechtzeitig mitzuteilen.

Rechtsanwältin/Rechtsanwalt

7.2.4 Zeuge, Verdächtiger, Beschuldigter – Grad des Tatverdachts – Willensakt der Strafverfolgungsbehörde

Kurzüberblick

– Vom Vorliegen eines Beschuldigten und der Pflicht zur Beschuldigtenbelehrung ist auszugehen, 1) bei entsprechendem Willensakt der Strafverfolgungsbehörde oder 2) wenn anhand der den Strafverfolgungsbehörden zur Verfügung stehenden tatsächlichen Erkenntnissen der Grad des Tatverdachts so stark ist bzw. sich so verdichtet hat, dass er als Täter in Betracht kommt.   7.115

– Strafverfolgungsbehörden haben für die Abgrenzung (verdächtiger) Zeuge und Beschuldigter einen Beurteilungsspielraum.

– Die Grenzen des Beurteilungsspielraums sind überschritten, wenn der Tatverdacht konkret/ernsthaft/ernstlich[429] ist bzw. ein starker Tatverdacht[430] besteht.

– Verwertungsverbote sind im Ermittlungsverfahren von Amts wegen zu beachten. Die sogenannte Widerspruchslösung findet im Ermittlungsverfahren keine Anwendung.[431]

Sachverhalt

Bei einer verdachtsunabhängigen Verkehrsalkoholkontrolle um 20 Uhr stellt der Polizeibeamte P Alkoholgeruch im Innenraum des Pkw fest. Der sich allein im Fahrzeug befindliche Mandant (kein Fahranfänger) wird dazu befragt, ob er Alkohol getrunken habe. Der Mandant räumt darauf ein, nach einem Tischtennisspiel in der Ortschaft B, mithin mehrere Kilometer entfernt, mehrere Bier getrunken zu haben und von dort bis zur Kontrollstelle gefahren zu sein. Daraufhin belehrt ihn der Polizist ordnungsgemäß über seine Beschuldigtenrechte und stellt später fest, dass die Fahrzeit mindestens 120 Minuten betragen habe muss. Der Mandant verweigert die Aussage. Die anschließend durchgeführte ordnungsgemäße Alkoholmessung eine Stunde nach der Kontrolle ergab im Mittelwert abgerundet 1,0 ‰ bzw. 0,50 mg/L. Alkoholbedingte Ausfallerscheinungen sind keine dokumentiert. Der Beschuldigte erhält vor Abschluss der Ermittlungen wegen § 316 StGB Gelegenheit, sich schriftlich zu äußern. Nach Gewährung der Akteneinsicht findet der Verteidiger einen Vermerk der Polizei, der den vorgenannten Sachverhalt enthält. Was sollte der Anwalt tun?

---

429) BGH, Beschl. v. 07.09.2017 – 1 StR 186/17; BGH, Urt. v. 03.07.2007 – 1 StR 3/07; BGH, Beschl. v. 19.10.2011 – 1 StR 476/11; BGH, Beschl. v. 15.09.2004 – 1 StR 304/04; KK/Griesbaum, § 163a Rdnr. 2.; Burhoff, Ermittlungsverfahren, Rdnr. 1048.
430) BGH, Beschl. v. 19.10.2011 – 1 StR 476/11.
431) BGH, Beschl. v. 06.06.2019 – StB 14/19.

Maurer

Lösung

7.116 Die Verwertung der Angaben des Mandanten vor der Belehrung sind entscheidend für die Frage der Alkoholrückrechnung und die Überschreitung der absoluten Fahruntüchtigkeitsgrenze von 1,1 ‰.[432] Steht das genaue Trinkende nicht fest, muss zugunsten des Beschuldigten unterstellt werden, dass der Blutalkoholgehalt zur Vorfallszeit nicht höher war als zum Zeitpunkt der Alkoholmessung. Die Frage ist, ob der Mandant aufgrund des Alkoholgeruchs hätte als **Beschuldiger** belehrt werden müssen. Vorliegend hat der Polizeibeamte den Alkoholgeruch nicht zum Anlass genommen, den Mandanten als Beschuldigten zu behandeln. Ein solcher **Willensakt der Strafverfolgung** ergibt sich noch nicht aus dem äußeren Befund.[433] Bei der Frage der Beschuldigteneigenschaft kommt aber auch dem **Grad des Verdachts** auf eine strafbare/ordnungsrechtliche Handlung besondere Bedeutung zu.[434] Der Grad des Tatverdachts kann die Beschuldigteneigenschaft auch ohne förmlichen oder faktischen Willensakt der Strafverfolgungsbehörden begründen, und zwar unter dem Gesichtspunkt der Willkür und der bewussten Umgehung von Beschuldigtenrechten. Grundsätzlich steht den Strafverfolgungsbehörden ein Beurteilungsspielraum bzw. Ermessensspielraum[435] dahingehend zu, ob ein Tatverdacht und die Beschuldigteneigenschaft angenommen werden müssen. Im Rahmen der gebotenen sorgfältigen Abwägung aller Umstände des Einzelfalls kommt es dabei darauf an, inwieweit der Tatverdacht auf der Grundlage von hinreichend gesicherten Erkenntnissen[436] beruht. Es geht um die Frage, ob ein Tatverdacht konkret und ernsthaft/ernstlich[437] bzw. ein starker Tatverdacht[438] besteht. Ein Anfangsverdacht i.S.d. § 152 Abs. 2 StPO genügt für sich genommen nicht.[439] Allerdings wird auch kein dringender Verdacht i.S.d. § 112 Abs. 1 Satz 1 StPO gefordert. Die **Grenzen des Beurteilungsspielraums** sind damit dann überschritten, wenn der Tatverdacht objektiv so stark ist bzw. sich so verdichtet hat, dass es sich als sachlich unvertretbar erweist, einen Tatverdacht zu verneinen. Der Willkürmaßstab bestimmt sich allein auf Grundlage der den Ermittlungsbehörden bekannten Tatsachen.[440] Ein auch subjektiv auf Umgehung der Beschuldigtenrechte gerichtetes, bewusst missbräuchliches Verhalten des Ver-

---

432) Koehl/Sitter/Koehl, Verkehrsordnungswidrigkeitenrecht, Kap. 9, S. 217, 439.

433) Rinklin, Hauptverhandlung, Kap. 12, S. 507.

434) BGH, Beschl. v. 27.02.1992 – 5 StR 190/91; vgl. auch Burhoff, Ermittlungsverfahren, Rdnr. 1187.

435) Die Bezeichnung ist nicht einheitlich, in BGH, Beschl. v. 27.02.1992 – 5 StR 190/91, und BGH, Beschl. v. 27.02.1992 – 5 StR 190/91, und BGH, Beschl. v. 18.07.2007 – 1 StR 280/07 wird von Beurteilungsspielraum, in BGH, Urt. v. 31.05.1990 – 4 StR 112/90 von Ermessensspielraum gesprochen. Der Unterschied ist rein semantischer Natur und inhaltlich ohne Belang. Künftig wird nur noch von Beurteilungsspielraum gesprochen.

436) BGH, Beschl. v. 06.06.2019 – StB 14/19.

437) BGH, Beschl. v. 07.09.2017 – 1 StR 186/17; BGH, Urt. v. 03.07.2007 – 1 StR 3/07; BGH, Beschl. v. 19.10.2011 – 1 StR 476/11; BGH, Beschl. v. 15.09.2004 – 1 StR 304/04; KK/Griesbaum, § 163a Rdnr. 2.; Burhoff, Ermittlungsverfahren, Rdnr. 1048.

438) BGH, Beschl. v. 19.10.2011 – 1 StR 476/11.

439) BGH, Beschl. v. 06.06.2019 – StB 14/19, siehe aber unten zum Verdacht aufgrund „kriminalistischer Erfahrung", Rdnr. 7.16.

440) BGH, Beschl. v. 06.06.2019 – StB 14/19; BGH, Urt. v. 16.02.1995 – 4 StR 729/94; BGH, Beschl. v. 07.07.2010 – 5 StR 555/09.

nehmenden ist nicht erforderlich. Verwertungsverbote sind im Ermittlungsverfahren von Amts wegen zu beachten. Die vom Bundesgerichtshof entwickelte sogenannte Widerspruchslösung findet keine Anwendung in diesem Verfahrensstadium.[441]

Vorliegender Fall ist ein **Grenzfall**. Nach Ansicht des Bayerischen Obersten Landesgerichts[442] begründet die bloße Wahrnehmung von Alkoholgeruch im Auto keinen Tatverdacht. Alkoholgeruch im Auto könne auch andere Ursachen haben. Die Entscheidung stellt darauf ab, ob Anzeichen für eine den Grenzwert überschreitende Alkoholisierung so deutlich sind, dass diese dem Polizeibeamten den Tatverdacht und damit eine körperliche Untersuchung als „unverzichtbar" erscheinen lassen.

Prozesstaktische Hinweise

Aus Verteidigersicht lässt sich allein aufgrund des Alkoholgeruchs und mangels Anwesenheit weiterer Personen im Auto gut mit einem Belehrungsverstoß und einem Verwertungsverbot argumentieren.[443] Aufgrund der ordnungsgemäßen Blutalkoholmessung könnte das Ziel die Einstellung des Strafverfahrens durch die Staatsanwaltschaft (und die Abgabe der Sache gem. § 43 Abs. 1 OWiG an die Verwaltungsbehörde) sein.   7.117

Gemäß § 46 Abs. 1 OWiG gelten für das Bußgeldverfahren die Vorschriften der allgemeinen Gesetze über das Strafverfahren, namentlich der StPO (sowie des GVG und des JGG), soweit durch Gesetz nichts anderes bestimmt ist. Die Belehrungspflicht nach §§ 163a Abs. 4 Satz 2, 136 Abs. 1 Satz 2 StPO schützt auch im Bußgeldverfahren die **Selbstbelastungsfreiheit**, die auch dort von überragender Bedeutung ist. Daher ist es auch bei Verdacht einer Ordnungswidrigkeit geboten, den Betroffenen stets über seine Aussagefreiheit zu belehren. Das **Verwertungsverbot** wegen unterbliebener Belehrung eines Betroffenen gilt nach ganz h.M. auch im Ordnungswidrigkeitenverfahren.[444]

---

441) BGH, Beschl. v. 06.06.2019 – StB 14/19.
442) BayObLG, Beschl. v. 21.05.2003 – 2 ObOWi 219/03.
443) So auch Artkämper, Die „gestörte" Hauptverhandlung, Rdnr. 528; Heinrich, DAR 2003, 530;
444) OLG Bamberg, Beschl. v. 27.08.2018 – 2 Ss OWi 973/18.

Muster

Zeuge, Verdächtiger, Beschuldigter – Grad des Tatverdachts

Staatsanwaltschaft ...
(Anschrift)

In der Strafsache
gegen   ...
wegen   ...
Az.   ...

beantrage ich, das Strafverfahren nach § 170 Abs. 2 StPO einzustellen.

Der Nachweis einer Straftat gelingt nach dem Ergebnis der Ermittlungen nicht.

Ausgehend von der Alkoholmessung beruht der Nachweis einer Straftat auf den Angaben meines Mandanten über Art und Umfang der Fahrt bzw. Art und Umfang des vorangegangenen Alkoholgenusses gegenüber dem Polizeibeamten P. Dieser hat im Vermerk über die Kontrolle am ... dargelegt, dass er „sofort nach Öffnen des Fensters deutlichen Alkoholgeruch im Innenraum des Pkw wahrgenommen habe". Deshalb habe er den allein im Fahrzeug befindlichen Fahrer gefragt, „ob er Alkohol getrunken hat".

Im Rahmen der gebotenen sorgfältigen Abwägung aller Umstände dieses Einzelfalls war aufgrund „des deutlichen Alkoholgeruchs im Innenraum des Pkw" mangels Anwesenheit weiterer Personen im Fahrzeug der konkrete und ernsthafte/ernstliche (BGH, Beschl. v. 07.09.2017 – 1 StR 186/17; BGH, Urt. v. 03.07.2007 – 1 StR 3/07; BGH, Beschl. v. 19.10.2011 – 1 StR 476/11; BGH, Beschl. v. 15.09.2004 – 1 StR 304/04; KK/Griesbaum, § 163a, Rdnr. 2.; Burhoff, Ermittlungsverfahren, Rdnr. 1048) Tatverdacht hinsichtlich Tat und Täter auf der Grundlage von hinreichend gesicherten Erkenntnissen (BGH, Beschl. v. 06.06.2019 – StB 14/19) gegeben. Gerade deshalb fragte der Polizeibeamte P, „ob er Alkohol getrunken habe". Anhaltspunkte für die Annahme, dass der Polizeibeamte P aus anderen Gründen danach fragte, fehlen und sind demgemäß im Vermerk nicht niedergelegt. Die Grenzen eines wie auch immer gearteten Beurteilungsspielraums waren damit überschritten, es war sachlich unvertretbar, einen Tatverdacht, sei es einer Ordnungswidrigkeit oder gar einer Straftat, zu verneinen.

Die Frage und die Antwort erfolgten *vor* der obligatorischen Beschuldigtenbelehrung nach §§ 163a Abs. 4 Satz 2, 136 Abs. 1 Satz 2 StPO, die Angaben sind damit nicht verwertbar (st. Rspr., seit BGH, Beschl. v. 27.02.1992 – 5 StR 190/91; BGH, Urt. v. 06.03.2018 – 1 StR 277/17; BGH, Urt. v. 03.05.2018 – 3 StR 390/17; Rinklin, Hauptverhandlung, Kap. 17, Rdnr. 865 f.). Gemäß § 46 Abs. 1 OWiG gelten die Belehrungspflichten nach §§ 163a Abs. 4 Satz 2, 136 Abs. 1 Satz 2 StPO sinngemäß. Das Verwertungsverbot wegen unterbliebener Belehrung eines Beschuldigten gilt auch im Ordnungswidrigkeitenverfahren (OLG Bamberg, Beschl. v. 27.08.2018 – 2 Ss OWi 973/18 m.w.N. der insoweit einhelligen Literatur).

Das Verwertungsverbot ist im Ermittlungsverfahren von Amts wegen zu beachten (BGH, Beschl. v. 06.06.2019 – StB 14/19).

Rechtsanwältin/Rechtsanwalt

7.2.5 Checkliste Vernehmung des Beschuldigten

Muster

Checkliste Vernehmung des Beschuldigten   7.118

1. Ist der Vernehmende dem Mandanten **in amtlicher Funktion** gegenübertreten, und hat er in dieser Eigenschaft eine Auskunft (eine „Aussage") verlangt? [445]

falls ja: Punkt 3

falls nein: Punkt 2

2. Handelt es sich um

   (1) Angaben gegenüber **verdeckten Ermittlern** oder verdeckt agierenden Polizeibeamten? [446]
   (2) Angaben gegenüber **Privatpersonen/Informanten/Detektiven** bzw. einem **V-Mann**? [447]
   (3) **Spontanäußerungen?** [448]
   (4) **Angaben** gegenüber einem **Sachverständigen?** [449]

3. Wurde der Mandant von Strafverfolgungsbehörden förmlich oder faktisch „**als Beschuldigter**" angesehen? [450]

falls ja: Punkt 5

falls nein: Punkt 4

4. War der **Tatverdacht** gegen den Mandanten auf Grund eines „objektiven" Maßstabs anhand der den Strafverfolgungsbehörden zur Verfügung stehenden tatsächlichen Erkenntnisse so stark bzw. hat er sich so verdichtet, dass der Mandant „**ernstlich**" **als Täter** in Betracht kommt? [451]

---

445) Siehe Rdnr. 7.20 – Vernehmung, Begriff.
446) Siehe Rdnr. 7.22 – Vernehmung, Begriff.
447) Siehe Rdnr. 7.23 – Vernehmung, Begriff.
448) Siehe Rdnr. 7.26 – Spontanäußerungen.
449) Siehe Rdnr. 7.27 – Äußerungen gegenüber Sachverständigen.
450) Siehe Rdnr. 7.14 – Beschuldigter, Begriff, Definition, Willensakt der Strafverfolgungsbehörde.
451) Siehe Rdnr. 7.15 – Beschuldigter, Begriff, Definition, Grad des Tatverdachts.

falls ja: Punkt 5

falls nein: keine Beschuldigtenbelehrung erforderlich

5. **Zwischenergebnis**: Es liegt eine Vernehmung eines Beschuldigten i.S.d. StPO vor.

6. Wurde der Mandant *vor* den Angaben zur Sache **ordnungsgemäß** als Beschuldigter **belehrt**?

   (1) Mitteilung des **Tatvorwurfs** (§ 163a Abs. 4 Satz 1 StPO)?[452]

   (2) Hinweis auf das **Aussageverweigerungsrecht** (§ 163a Abs. 4 Satz 2 i.V.m. § 136 Abs. 1 Satz 2 StPO)?[453]

   (3) Hinweis auf das Recht auf **Verteidigerkonsultation** (§ 163a Abs. 4 Satz 2 i.V.m. § 136 Abs. 1 Satz 2 StPO), Information über **Kontaktmöglichkeiten** zu einem Verteidiger (§ 163a Abs. 4 Satz 2 i.V.m. § 136 Abs. 1 Satz 3 StPO) einschließlich **anwaltlicher Notdienste** (§ 163a Abs. 4 Satz 2 i.V.m. § 136 Abs. 1 Satz 4 StPO)?[454]

   (4) Hinweis auf das **Beweisantragsrecht** (§ 163a Abs. 4 Satz 2 i.V.m. § 136 Abs. 1 Satz 5 StPO)?[455]

   (5) Hinweis über die Benachrichtigung der **konsularischen Vertretung des Heimatlands** von der Festnahme (Art. 36 Abs. 1 lit. b) Satz 3 WÜK)?[456]

falls nein: Folgt daraus ein – im Ermittlungsverfahren von Amts wegen zu berücksichtigendes[457] – **Beweisverwertungsverbot**?[458]

7. Sind die **Belehrungen** des Beschuldigten nach §§ 136 Abs. 1, 163a Abs. 4 StPO vor seiner ersten Vernehmung nach § 168b Abs. 3 StPO **dokumentiert**[459]?

8. Hat der Mandant die Belehrungen inhaltlich **auch wirklich** verstanden?[460]

---

452) Siehe Rdnr. 7.41 – Tatvorwurf.
453) Siehe Rdnr. 7.43 – Aussageverweigerungsrecht.
454) Siehe Rdnr. 7.50, 7.55 – Verteidigerkonsultation, Kontaktmöglichkeiten, bzw. Anwaltlicher Notdienst.
455) Siehe Rdnr. 7.57 – sonstige Belehrungen.
456) Siehe Rdnr. 7.58 – sonstige Belehrungen.
457) Siehe Rdnr. 7.9 – Beweisverwertungsverbote.
458) Siehe Rdnr. 7.5 ff. – Beweisverwertungsverbote.
459) Siehe Rdnr. 7.9, 7.39 – Belehrung, Inhalt und Wortlaut und 7.65 – Protokollierungspflicht.
460) Siehe Rdnr. 7.38 – Belehrung, Inhalt und Wortlaut, siehe auch Dolmetscher, Rdnr. 7.80.

9. Wurde der Mandant zu **allen** prozessualen Taten belehrt?[461]

10. Handelt es sich um ein **Wortprotoll**? Falls nein: Wurden die Angaben des Mandanten **inhaltlich zutreffend protokolliert**?[462]

11. Wurde der Mandant entsprechend § 69 Abs. 1 Satz 1 StPO nach dem **Grundsatz der Zweiteilung** vernommen? Gibt es inhaltlichen **Ergänzungsbedarf**?[463]

12. Wurden **Anwesenheitsrechte** beachtet?[464]

---

461) Siehe Rdnr. 7.31 – Belehrung, Erfordernis/Umfang/Zeitpunkt.
462) Siehe Rdnr. 7.72 – Praxis der Protokollierung/Gefahren, Polizeiliche Protokolle.
463) Siehe Rdnr. 7.62 – Art der Vernehmung, und 7.70 – Praxis der Protokollierung/Gefahren.
464) Siehe Rdnr. 7.74 – Anwesenheitsrechte/Pflicht zur Benachrichtigung.

Maurer

8   Wahl- und Pflichtverteidigung

8.1   Einführung

8.1   Die StPO regelt das Recht der Verteidigung in den §§ 137 ff. Sie unterscheidet zwischen dem gewählten Verteidiger (Wahlverteidiger) und dem bestellten Verteidiger (Pflichtverteidiger).

8.1.1   Wahlverteidigung

8.1.1.1   Grundlagen

Recht des Beschuldigten auf Verteidigung

8.2   Nach § 137 Abs. 1 Satz 1 StPO kann sich der Beschuldigte in jeder Lage des Verfahrens des Beistands eines Verteidigers bedienen. Das soll seine aus Rechtsunkenntnis und Erfahrungsmangel resultierende strukturelle Unterlegenheit in dem Strafverfahren, dessen Subjekt er ist, kompensieren. Das Recht auf Verteidigung ist konstitutives Element eines fairen Verfahrens (Art. 6 Abs. 3 lit. c EMRK). Der Beschuldigte kann grundsätzlich entscheiden, ob er sich selbst verteidigen oder die Verteidigung einem von ihm frei gewählten Verteidiger (dem Wahlverteidiger) übertragen will. „Recht auf Verteidigung" bedeutet insbesondere auch das Recht auf eine wirksame und effektive Verteidigung.[1] Soweit staatliche Interessen wie das „Interesse an einer funktionierenden Strafrechtspflege" damit konkurrieren, genießt das Recht auf Verteidigung den Vorrang.[2]

Als Verteidiger können Rechtsanwälte und Hochschullehrer gewählt werden (§ 138 Abs. 1 StPO, sog. originäre Zulässigkeit), andere Personen nur mit Genehmigung des Gerichts (§ 138 Abs. 2 StPO, sog. abgeleitete Zulässigkeit). Zum Steuerstrafverfahren vgl. § 392 Abs. 1 AO.

Stellung und Aufgabe des Verteidigers

8.3   Nach der herrschenden sogenannten Organtheorie ist der Verteidiger ein **unabhängiges Organ der Rechtspflege** mit eigenen Rechten und Pflichten.[3] Er hat, ohne weisungsgebunden zu sein, die Interessen seines Mandanten zu vertreten und wirkt an einer funktionierenden Strafrechtspflege mit, indem er dafür Sorge trägt, dass das gegen den Beschuldigten geführte Verfahren ein justizförmiges ist.[4]

Der Verteidiger ist parteilich und nicht neutral. Er steht auf der Seite des Beschuldigten. Es ist insbesondere nicht seine Aufgabe, seine Verteidigertätigkeit an

---

1)   „Practical and effective defense", EGMR StV 1985, 441.
2)   BGH StV 1998, 246, unter Hinweis auf BVerfGE 32, 373, 381; 33, 367, 382; 34, 238, 249; 51, 324, 343; BGHR GG Art. 2 Persönlichkeitsrecht 2.
3)   BVerfG, NJW 1975, 103; Meyer-Goßner/Schmitt, Vor. § 137 Rdnr. 1 m.w.N.; Burhoff, Ermittlungsverfahren, Rdnr. 4457 m.w.N.
4)   Burhoff, StraFO 2008, 62.

Endler

moralisch-ethischen Grundsätzen auszurichten, allein rechtliche Gesichtspunkte haben sein Handeln zu bestimmen. Weiß er (intern) von der Schuld des Mandanten, oder rechnet er zumindest damit, dieser sei schuldig, so darf ihn auch das nicht davon abhalten, mit allen rechtlich zulässigen Mitteln auf einen dem Beschuldigten günstigen Verfahrensausgang hinzuwirken, auch wenn dieser der materiellen Wahrheit nicht entspricht.[5]

Aus der Unabhängigkeit der Verteidigerstellung folgt, dass der Beschuldigte nicht zugleich Verteidiger sein kann.[6] Ein angeklagter Rechtsanwalt darf auch nicht einen Mitangeklagten verteidigen.[7]

Zahl der Wahlverteidiger

Der Beschuldigte darf maximal drei Verteidiger wählen (§ 137 Abs. 1 Satz 2 StPO). Da die Verteidigung stets von einer natürlichen Personen übernommen wird und nicht von einer Personenvereinigung übernommen werden kann, sind auch im Falle der Verteidigung durch eine Sozietät oder durch eine Rechtsanwaltsgesellschaft stets nur einzelne Rechtsanwälte Verteidiger. Im Hinblick auf die gesetzlich angeordnete zahlenmäßige Begrenzung sind hier ggf. bereits bei der Beauftragung Beschränkungen vorzunehmen.

8.4

Unterbevollmächtigte sind in die Berechnung einzubeziehen, wenn sie neben dem Verteidiger tätig werden,[8] nicht einbezogen werden zusätzlich bestellte Pflichtverteidiger.[9]

8.1.1.2   Rechtlicher Rahmen

Der Begriff des „Wahlverteidigers" ist missverständlich. Das Verteidigungsverhältnis kommt nicht einseitig durch Erklärung des Mandanten („Wahl") zustande, sondern durch den Abschluss eines Anwaltsvertrags, der nach allgemeiner Auffassung ein **Dienstvertrag (§ 611 BGB)** im Sinne eines Geschäftsbesorgungsvertrags (§ 675 BGB) ist und wie stets durch zwei miteinander korrespondierende Willenserklärungen der Vertragsparteien begründet wird. Vertragspartner sind der Anwalt einerseits und der zu verteidigende Mandant andererseits. Die bloße Benennung eines Verteidigers durch einen Mandanten (etwa nach vorläufiger Festnahme) begründet folglich kein Verteidigungsverhältnis.

8.5

5) Klemke/Elbs, Einführung in die Praxis der Strafverteidigung, Rdnr. 40 f. m.w.N.
6) BVerfGE 53, 207, 214; BVerfG, NStZ 1988, 282; BVerfG, NStZ 1998, 363, 364; OLG Karlsruhe, Justiz 1997, 378; OLG Hamm, StraFo 2004, 170; MüKo-StPO/Thomas/Kämpfer, § 138 Rdnr. 3.
7) BGH, StV 1996, 469; OLG Celle, NJW 2001, 3564.
8) BeckOK, StPO/Wessing, § 137 Rdnr. 18 m.w.N.
9) BGH, MDR 1980, 273; BayObLG, StV 1988, 98.

Ist bereits ein Wahlverteidiger für den Mandanten tätig, so hindert dies die Mandatsannahme wegen § 137 Abs. 1 Satz 2 StPO nicht. Soll das Mandat des bisherigen Wahlverteidigers nach dem Willen des Mandanten beendet werden, so hat der neue Wahlverteidiger nach § 15 Abs. 1 BORA sicherzustellen, dass der bisher tätige Rechtsanwalt unverzüglich von der Mandatsübernahme benachrichtigt wird. Auch von der Mitübernahme des Mandats ist der bisherige Verteidiger unverzüglich zu unterrichten (§ 15 Abs. 2 BORA).

Praxistipp

8.6 Die Beauftragung des Anwalts durch **Dritte ist möglich,** allerdings wird ein Verteidigungsverhältnis im strafprozessualen Sinne nur durch die Beauftragung durch den Mandanten begründet. Beauftragt ein Dritter den Anwalt in dem Sinne, dass er sich diesem gegenüber zur Zahlung des Honorars verpflichtet, so resultieren daraus keinerlei Rechte des Auftraggebers, insbesondere ist der Anwalt auch ihm gegenüber grundsätzlich der anwaltlichen **Schweigepflicht** unterworfen.

Hinweis

8.7 Ein ihm angetragenes Mandat muss der Rechtsanwalt nicht übernehmen. Nach § 44 BRAO ist er im Falle der Ablehnung allerdings dazu verpflichtet, diese unverzüglich zu erklären; für eine schuldhafte Verzögerung dieser Erklärung haftet er.

8.1.1.3   Umfang der Tätigkeit und Beratungspflichten

8.8 Aus dem Anwaltsvertrag schuldet der Verteidiger dem Mandanten eine sorgfältige Mandatsbearbeitung.[10] Diese besteht vor allem in

- der Einnahme von **Akteneinsicht,** der Erarbeitung des Akteninhalts und der Besprechung der Aktenlage mit dem Mandanten;

- der Beurteilung der **Beweislage** und deren Abgleich mit der Sachverhaltsschilderung des Mandanten;

- der Entwicklung einer **Verteidigungsstrategie** gemeinsam mit dem Mandanten;

- im Fall der Inhaftierung in der (ggf. wiederholten) Prüfung der Erfolgsaussichten von **Haftprüfung** oder **Haftbeschwerde;**

- der fristgerechten Prüfung der **Gerichtsbesetzung** bei Verfahren vor einer Großen Strafkammer;

- dem ständigen Hinwirken auf einen dem Mandanten günstigen Verfahrensausgang durch **prozessuales Agieren** (Stellung von Anträgen, Anbringen von Beanstandungen, aktive Beeinflussung der Beweisaufnahme).

---

10) Klemke/Elbs, Einführung in die Praxis der Strafverteidigung, Rdnr. 52.

Verteidigung ist stets die „bestmögliche" Verteidigung,[11] was den Verteidiger als einseitigen Interessenvertreter dazu verpflichtet, das optimale Ergebnis für den Mandanten zu erkämpfen.[12]

Der Umfang der Tätigkeit des Wahlverteidigers richtet sich nach dem ihm vom Mandanten erteilten Auftrag. Es empfiehlt sich, diesen gemeinsam mit dem Mandanten möglichst genau zu definieren.

Hinweis

Besonders zu beachten ist, dass der Mandant nicht nur über die drohenden Konsequenzen des Strafverfahrens im eigentlichen Sinne, sondern auch über **außerstrafrechtliche Nebenfolgen** zu informieren ist, namentlich dann, wenn eine strafgerichtliche Verurteilung beamten- oder sonstige berufsrechtliche Folgen nach sich zieht, sich ausländerrechtlich auswirkt oder zivilrechtliche Konsequenzen hat.

8.9

8.1.1.4 Beendigung des Wahlmandats

Grundlagen

Das Wahlmandat endet typischerweise mit dem **Abschluss des Verfahrensabschnitts**, für den die Beauftragung erfolgt ist. Daneben können der Mandant und der Verteidiger das Mandat jederzeit **kündigen** (§ 627 BGB).

8.10

Die **Mandatsniederlegung durch den Verteidiger** darf allerdings **nicht zur Unzeit** erfolgen. Wann dies der Fall wäre, ist eine Frage des Einzelfalls. Wer etwa erst kurz vor einem Hauptverhandlungstermin mit der Niederlegung des Mandats droht, um hierdurch eine günstigere Vergütungsabrede durchzusetzen, würde das Mandat zur Unzeit niederlegen und sich überdies strafbar machen.[13] Anders, wenn der Mandant bereits seit längerer Zeit über eine vom Rechtsanwalt gewünschte Gebührenvereinbarung als Voraussetzung für die Fortsetzung der weiteren Verteidigung informiert ist. Kommt es nicht zu deren Abschluss, und leistet der Mandant auch keine weiteren Zahlungen, so ist die Mandatsniederlegung auch dann nicht zur Unzeit erfolgt, wenn sie erst kurz vor dem Hauptverhandlungstermin geschieht.

Übergang von der Wahl- zur Pflichtverteidigung

Der Wahlverteidiger kann beantragen, dem Mandanten zum Pflichtverteidiger bestellt zu werden. Die Pflichtverteidigerbestellung ist allerdings erst dann veranlasst, wenn der Beschuldigte in einem Fall notwendiger Verteidigung tatsächlich verteidigungslos ist. Solange das Wahlmandat noch besteht, ist dies nicht der Fall.

8.11

---

11) BGHSt 38, 345, 350.
12) Klein, in: Breyer/Endler, AnwaltFormulare Strafrecht, Rdnr. 34 ff.
13) BGHR Zivilsachen Nr. 45819 Anwaltsvertrag 1 – Kündigung zur Unzeit, Rdnr. 10 m.w.N.

Praxistipp

8.12 Die bei Verteidigern weithin anzutreffende Antragsformulierung, **für den Fall der Beiordnung** werde das **Wahlmandat niedergelegt,** kann sich als **problematisch** erweisen, denn zum Teil wird darin eine unzulässige Verknüpfung einer Prozesshandlung mit einer Bedingung gesehen.[14] Es empfiehlt sich, rechtsdogmatische Diskussionen zu vermeiden und ohne weiteren Zusatz die Bestellung zum Pflichtverteidiger zu beantragen. Dieser Antrag enthält die Erklärung, die Wahlverteidigung solle mit der Beiordnung enden;[15] er ist damit ohne weiteres zulässig.

Mit der Beiordnung zum Pflichtverteidiger erlöschen das Wahlmandat, die dem Wahlverteidiger erteilte Vollmacht und auch eine ggf. erteilte Vertretungsvollmacht.[16]

8.1.2   Pflichtverteidigung

8.1.2.1   Grundlagen

Begründung der Pflichtverteidigerstellung

8.13 Der Pflichtverteidiger erlangt seine Stellung nicht wie der Wahlverteidiger durch einen Vertrag mit dem Beschuldigten, sondern durch einen **hoheitlichen Bestellungsakt.**[17] Das ist Ausfluss des Rechtsstaatsprinzips, welches den Staat dazu verpflichtet, in gravierenden und folgenreichen Fällen die Verteidigung des Beschuldigten ohne Ansehen der Vermögensverhältnisse sicherzustellen und auf diese Weise ein prozessordnungsgemäßes Strafverfahren zu gewährleisten.[18]

Mit Erlangung der Verteidigerstellung gelten die **§§ 137 ff. StPO uneingeschränkt** auch für den Pflichtverteidiger.

Neuregelung des Rechts der notwendigen Verteidigung 2019

8.14 Der Gesetzgeber hat mit dem „Gesetz zur Neuregelung des Rechts der notwendigen Verteidigung vom 10.12.2019" die strafprozessualen Vorschriften über die notwendige Verteidigung (§§ 140 ff. StPO) neu strukturiert und umgestaltet, um den Vorgaben der EU-Richtlinie 2016/1919 (sog. PKH-Richtlinie) über Prozesskostenhilfe für Verdächtige und beschuldigte Personen zu genügen.[19]

---

14) BVerwG, BeckRS 2016, 111356; BVerwG, BeckRS 2016, 51174.
15) Meyer-Goßner/Schmitt, § 142 Rdnr. 40 m.w.N.
16) BGH, NStZ 1992, 94; Rinklin, Hauptverhandlung, Kap. 5, S. 141 f.
17) Klemke/Elbs, Einführung in die Praxis der Strafverteidigung, Rdnr. 76.
18) BeckOK, StPO/Krawczyk, § 140 Vor. Rdnr. 1.
19) Grundlegend Müller-Jacobsen, NJW 2020, 575; Spitzer, StV 2020, 418.

Im Zentrum der Neuerungen steht, dass die Beiordnung eines Verteidigers nunmehr **grundsätzlich** einen **Antrag des Beschuldigten** erfordert, auch wenn die Voraussetzungen der notwendigen Verteidigung vorliegen. Antragsunabhängig erfolgt die Beiordnung nur noch in den Fällen, in denen der Staat nach den Vorgaben der PKH-Richtlinie zwingend den Beistand eines Verteidigers gewährleisten muss (§ 141 StPO).

In welchen Fällen die Verteidigung notwendig ist, ist abschließend in § 140 StPO geregelt. §§ 141 ff. StPO regeln die Einzelheiten des Bestellungsverfahrens.

8.1.2.2   Katalog des § 140 Abs. 1 StPO

§ 140 Abs. 1 Nr. 1: OLG, LG, Schöffengericht

Es reicht aus, wenn zu erwarten ist, dass die Hauptverhandlung im ersten Rechtszug vor einem der genannten Gerichte stattfindet. Hierfür kommt es auf eine **Prognose** auf der Grundlage der bisherigen Ermittlungsergebnisse und der Person des Beschuldigten an, die i.d.R. erst im weiteren Verlauf des Ermittlungsverfahrens wird getroffen werden können.[20] Vor der Gesetzesneufassung entsprach es bereits h.M, dass eine Anklage zum Schöffengericht einen Fall notwendiger Verteidigung begründet (§ 140 Abs. 2 StPO).[21]   **8.15**

Wird dem Beschuldigten ein **Verbrechen** angelastet, und ist deswegen eine Anklage (mindestens) zum Schöffengericht zu erwarten, so ist **notwendige Verteidigung auch dann** gegeben, wenn der Beschuldigte von seinem **Schweigerecht** Gebrauch macht, dies auch dann, wenn bereits eine Beschuldigtenvernehmung stattgefunden hat.[22] Die Entscheidung, sich zur Sache einzulassen oder sich schweigend zu verteidigen, bedarf regelmäßig anwaltlicher Beratung, ohnehin lässt sich nicht ernsthaft vertreten, notwendige Verteidigung setze Aussagebereitschaft voraus.

§ 140 Abs. 1 Nr. 2: Verbrechen

Zum Begriff des Verbrechens vgl. § 12 Abs. 1 StGB. Der Anwendungsbereich der Vorschrift ist begrenzt, da die sachliche Zuständigkeit für Verbrechen ohnehin beim Schöffengericht liegt (§ 25 Nr. 2 GVG), womit die Mehrzahl der in Betracht kommenden Fälle schon von Nr. 1 erfasst wird. Praktisch greift Nr. 2 nur ein, wenn das LG in der Berufungsinstanz auf die Möglichkeit einer Verurteilung wegen eines Verbrechens hinweist (§ 265 Abs. 1 StPO).[23]   **8.16**

---

20) BT-Drucks. 19/13829, 33 f.
21) OLG Naumburg, BeckRS 2013, 10549 m.N.
22) Anders AG Detmold, BeckRS 2020, 4808, und AG Freiburg, BeckRS 2019, 19711.
23) BeckOK, StPO/Krawczyk, § 140 Rdnr. 6.

§ 140 Abs. 1 Nr. 3: Berufsverbot

8.17   Vgl. § 70 StGB. Die Anordnung des Berufsverbots muss mit einiger Wahrscheinlichkeit zu erwarten sein.[24]

§ 140 Abs. 1 Nr. 4: Vorführung

8.18   Nach Nr. 4 ist ein Verteidiger zu bestellen, wenn der Beschuldigte nach Erlass eines Haft- oder Unterbringungsbefehls gem. §§ 115, 115a, 128 Abs. 1 oder 129 StPO einem Gericht zur Entscheidung über Haft oder einstweilige Unterbringung **vorzuführen** ist, nicht erst (wie bisher) bei Vollstreckung von Untersuchungshaft oder einstweiliger Unterbringung. So lange, wie nach vorläufiger Festnahme die Notwendigkeit einer Vorführung **nicht feststeht**, ist **kein Fall notwendiger Verteidigung** gegeben.[25] Wird der Beschuldigte nach erfolgter Vorführung auf freien Fuß gesetzt, ist die Pflichtverteidigerbestellung aufzuheben (§ 143 Abs. 2 Satz 4 StPO).

§ 140 Abs. 1 Nr. 5: Anstaltsunterbringung

8.19   Anstaltsunterbringung ist die Unterbringung in **Untersuchungs- und Strafhaft**.[26] Im Gegensatz zu Nr. 5 a.F. kommt es nicht mehr auf die Dauer an. Eine Differenzierung danach, in welcher Sache die Anstaltsunterbringung erfolgt ist, enthält Nr. 5 n.F. nicht, sodass ein Fall notwendiger Verteidigung bei jeder Inhaftierung zu bejahen ist.[27]

§ 140 Abs. 1 Nr. 6: Mögliche Unterbringung nach § 81 StPO

8.20   Es reicht aus, dass eine Entscheidung nach § 81 StPO zu treffen, die Unterbringung also möglich ist. Ist dies der Fall, ist die Verteidigung auch dann notwendig, wenn es nicht dazu kommt.[28]

§ 140 Abs. 1 Nr. 7: Sicherungsverfahren

8.21   Die Verteidigung ist notwendig, wenn ein Sicherungsverfahren i.S.d. §§ 413 ff. StPO **zu erwarten** ist.

§ 140 Abs. 1 Nr. 8: Verteidigerausschluss

8.22   Vgl. §§ 138a ff. StPO.

---

24) BGHSt 4, 320, 321 f.
25) BT-Drucks. 19/13829, 33.
26) Einzelheiten bei BeckOK, StPO/Krawczyk, § 140 Rdnr. 11.
27) So bereits zum alten Recht MüKo-StPO/Thomas/Kämpfer, § 140 Rdnr. 18 m.w.N.
28) So schon RGSt 67, 259, 261.

§ 140 Abs. 1 Nr. 9: Beiordnung eines Rechtsanwalts auf Verletztenseite

Die Beiordnung eines Rechtsanwalts für den Verletzten nach §§ 397a, 406h Abs. 3, 4 begründet einen Fall notwendiger Verteidigung. Beauftragt der Verletzte selbst einen Rechtsanwalt, oder ist ein Fall der Zeugenbeistandschaft gegeben (§ 68b Abs. 2 Satz 1 StPO), greift die Generalklausel des § 140 Abs. 2 StPO ein.[29]

8.23

§ 140 Abs. 1 Nr. 10: Richterliche Vernehmung

Die Vorschrift dient der Wahrung des **Konfrontationsrechts** aus Art. 6 Abs. 3 lit. der EMRK in Fällen, in denen der Beschuldigte dieses selbst nicht wahrnehmen kann, weil er nach § 168c Abs. 3 StPO **von der richterlichen Vernehmung** eines Belastungszeugen **ausgeschlossen** ist. Der weiteren gesetzlichen Voraussetzung, dass die Mitwirkung eines Verteidigers bei der richterlichen Vernehmung zur Wahrung der Rechte des Beschuldigten geboten erscheinen muss, kommt kaum eigenständige Bedeutung zu, da dies regelmäßig der Fall sein wird.[30]

8.24

§ 140 Abs. 1 Nr. 11: Seh-, hör- oder sprachbehinderter Beschuldigter

Bisher geregelt in § 140 Abs. 2 Satz 2 a.F. Die Neufassung der Vorschrift erfasst nunmehr auch **Sehbehinderte**, bei denen bisher die Voraussetzungen der Generalklausel (§ 140 Abs. 2 StPO) bejaht wurden. Nr. 11 setzt einen Antrag des Beschuldigten voraus. Fehlt ein solcher, wird § 140 Abs. 2 StPO zu bejahen sein.

8.25

8.1.2.3 Generalklausel des § 140 Abs. 2 StPO

Nach der Generalklausel des § 140 Abs. 2 StPO ist ein Fall notwendiger Verteidigung außerhalb des Katalogs des Absatzes 1 in folgenden Fällen gegeben:

8.26

Schwere der Tat und der zu erwartenden Rechtsfolge

Mit der Gesetzesneufassung wurde der Begriff der „Schwere der zu erwartenden Rechtsfolge" ausdrücklich in § 140 Abs. 2 StPO aufgenommen. Eine Ausweitung des Absatzes 2 entsteht dadurch nicht, denn bereits bisher war in der obergerichtlichen Rechtsprechung anerkannt, dass die zu erwartende Rechtsfolgenentscheidung der maßgebliche Faktor bei der Auslegung des Begriffs der Schwere der Tat ist.[31]

8.27

Notwendige Verteidigung wird von der Rechtsprechung angenommen, wenn **mindestens ein Jahr Freiheitsstrafe** zu erwarten ist,[32] und zwar auch dann, wenn

---

29) BeckOK, StPO/Krawczyk, § 140 Rdnr. 17.
30) BeckOK, StPO/Krawczyk, § 140 Rdnr. 19.
31) So schon BGH, NJW 1954, 1415; BT-Drucks. 19/13829, 23.
32) OLG Naumburg, BeckRS 2013, 00134; OLG München, NJW 2006, 789; OLG Düsseldorf, NStZ 1995, 147; LG Magdeburg, Beschl. v. 24.07.2020 – 25 Qs 722 Js 17549/20 (74/20); LG Magdeburg, Beschl. v. 10.08.2020 – 25 Qs 79/20; MüKo-StPO/Thomas/Kämpfer, § 140 Rdnr. 29.

die Einjahresgrenze erst durch eine (ggf. künftige[33]) Gesamtstrafenbildung erreicht wird.[34]

Auch bei einer zu erwartenden geringeren Strafe kann ein Fall notwendiger Verteidigung gegeben sein, wenn es hierdurch in anderen Verfahren zu einem **Bewährungswiderruf** kommen kann und die dortige Freiheitsstrafe mindestens ein Jahr beträgt oder wenn die nun zu erwartende und die Strafe aus dem anderen Verfahren zusammen ein Jahr Freiheitsstrafe erreichen.[35]

> **Hinweis**
>
> 8.28   Auch mittelbare Folgen des Verfahrens können die Schwere der Tat i.S.v. Absatz 2 begründen, so z.B. der drohende Verlust des Arbeitsplatzes,[36] gewerberechtliche[37] oder aufenthaltsrechtliche[38] Konsequenzen oder der drohende Widerruf der Strafrückstellung nach § 35 BtMG.[39]

Schwierigkeit der Sach- oder Rechtslage

8.29   Ob die Sach- oder Rechtslage schwierig ist und die Mitwirkung eines Verteidigers zwingend erforderlich macht, ist aus der Sicht eines Laien zu beurteilen, die Voraussetzungen sind eher niedrig anzusetzen.[40] Die Begriffe der „Sachlage" und der „Rechtslage" sind in vielen Fällen nicht klar voneinander abzugrenzen, worauf es nicht ankommt, da die Notwendigkeit der Verteidigung sich hier regelmäßig aus einem Zusammenspiel beider Begriffe ergeben wird.

Eine **schwierige Sachlage** kann gegeben sein, wenn eine **umfangreiche und/oder schwierige Beweisaufnahme** zu erwarten ist; das kann etwa aufgrund der Anzahl der Angeklagten oder der zu vernehmenden Zeugen der Fall sein, aber auch aufgrund des Umfangs der Akten[41] oder der Anzahl der (anberaumten) Hauptverhandlungstage.

Erfordert der Fall eine Auseinandersetzung mit **Sachverständigengutachten**, ist die Sachlage schwierig; dies gilt insbesondere für psychologische und/oder psychiatrische Gutachten.[42] Ebenfalls hierher gehören **Aussage-gegen-Aussage**-Konstellationen, wenn außerhalb der belastenden Aussage des einzigen Belastungszeugen keine diese stützenden Indizien hinzukommen, wodurch eine eingehende Glaubhaftigkeitsüberprüfung erforderlich wird.[43] Dies gilt auch dann, wenn die

---

33) KG, BeckRS 2016, 129697.

34) LG Ulm, Beschl. v. 26.06.2020 – 3 Qs 39/20; BeckOK, StPO/Krawczyk, § 140 Rdnr. 24 m.w.N.

35) BeckOK, StPO/Krawczyk, § 140 Rdnr. 25 m.w.N.

36) Bei Beamten ab einem Jahr Freiheitsstrafe, § 24 BeamtStG, KG StV 1983, 186.

37) MüKo-StPO/Thomas/Kämpfer, § 140 Rdnr. 33 m.N.

38) KG, BeckRS 2017, 109349.

39) OLG Hamburg, StV 1999, 420.

40) MüKo-StPO/Thomas/Kämpfer, § 140 Rdnr. 35 m.w.N.

41) BeckOK, StPO/Krawczyk, § 140 Rdnr. 27 m.w.N.

42) OLG Hamm, StV 1987, 192; Lehmann, StV 2003, 358.

43) OLG Frankfurt, NStZ-RR 2009, 207.

Glaubwürdigkeit eines kindlichen Zeugen beurteilt werden muss.[44] Ein Fall der notwendigen Verteidigung liegt ebenfalls vor, wenn die Anklageschrift auf eine Vielzahl, dem Angeklagten **unbekannte Urkunden** Bezug nimmt,[45] **Unterlagen zur Betriebsführung, Buchhaltung oder Bilanzierung** geprüft werden müssen[46] oder **schwierige Beweise zur inneren Tatseite** Gegenstand des Verfahrens sind.[47]

Auch die Besonderheiten des Verfahrensgegenstands können eine schwierige Sachlage begründen, die zu notwendiger Verteidigung führt. Anzunehmen ist dies etwa für sogenannte Kinderpornographieverfahren, da der Beschuldigte in solchen Verfahren nicht selbst, sondern nur durch einen Verteidiger Akteneinsicht nehmen kann.[48]

Eine **schwierige Rechtslage** kann sich daraus ergeben, dass entscheidungserhebliche schwierige Rechtsfragen zu beantworten sind, weil sich **Abgrenzungs- und Subsumtionsprobleme** stellen oder Fragen der **Beweisverwertung** zu beantworten sind.[49] Auch die angedachte Möglichkeit einer Verständigung kann eine schwierige Rechtslage begründen.

Nimmt das Gericht rechtsirrig die Schwierigkeit der Sach- und Rechtslage an, und ordnet es dem Beschuldigten daher nach § 140 Abs. 2 StPO einen Verteidiger bei, obwohl er sich selbst verteidigen möchte, so ist auf seine Beschwerde hin die Beiordnung aufzuheben.[50]

Unfähigkeit des Beschuldigten zur Selbstverteidigung

Unfähigkeit zur Selbstverteidigung ist anzunehmen, wenn aus Gründen, die in der Person des Beschuldigten liegen oder die sich aus den Umständen ergeben, nicht gesichert erscheint, dass der Beschuldigte der Hauptverhandlung folgen, seine Interessen wahren und sich damit sachgemäß verteidigen kann.[51]

8.30

Bei sprachunkundigen **Ausländern** ist dies jedenfalls dann zu bejahen, wenn die Hinzuziehung eines **Dolmetschers** zur Hauptverhandlung **nicht ausreicht**, um sprachlich bedingte Verteidigungsdefizite **auszugleichen**,[52] etwa weil mehrere Zeugen vernommen werden sollen, widersprüchliche Aussagen zu erwarten sind und eine kritische Hinterfragung der Aussagen Aktenkenntnis voraussetzt.[53] Stets kommt es auf die Betrachtung des Einzelfalls an.

---

44) OLG Zweibrücken, StV 2002, 237; OLG Hamm, Beschl. v. 09.07.2020 – III 5 Ws 202/20.
45) LG Cottbus, StV 2012, 525.
46) LG Hildesheim, wistra 1989, 320.
47) LG Hamburg, StV 1985, 453.
48) So zutreffend LG Halle, Beschl. v. 29.06.2020 – 10a Qs 59/20.
49) LG Münster, BeckRS 2019, 19690 und Beschl. v. 06.08.2020 – 11 Qs-82 Js 6977/18-42/20; LG Weiden, Beschl. v. 20.04.2020 – 2 Qs 17/20, weitere Beispiele bei MüKo-StPO/ Thomas/Kämpfer, § 140 Rdnr. 42 ff.
50) Für das Disziplinarverfahren BVerwG, Beschl. v. 20.12.2019 – 2 WDB 5.19.
51) KK/Willnow, § 140 Rdnr. 24 m.w.N.
52) OLG Brandenburg, StV 2000, 69.
53) OLG Karlsruhe, StV 2005, 656.

Endler

8.31

Praxistipp

Sprachunkundigkeit allein begründet noch keinen Fall notwendiger Verteidigung.[54] Der Verteidiger, der die Beiordnung zum Pflichtverteidiger erstrebt, sollte in entsprechenden Fällen detailliert vortragen, warum die Einschränkungen des Beschuldigten infolge seiner mangelnden Sprachkenntnisse nicht kompensiert werden können.

Leidet der Beschuldigte unter einer Lese- und Schreibschwäche oder ist er Analphabet, ist Unfähigkeit zur Selbstverteidigung zu bejahen, wenn eine sachgerechte Verteidigung Aktenkenntnis erfordert, um ggf. den Zeugen auch Vorhalte aus Ihren polizeilichen Vernehmungen zu machen.[55]

8.32

Hinweis

Wurde einem Mitangeklagten ein Verteidiger bestellt, so begründet dies für den weiteren Angeklagten aufgrund der dann gegebenen strukturellen Unterlegenheit grundsätzlich einen Fall notwendiger Verteidigung.[56]

Steht der Beschuldigte unter **gesetzlicher Betreuung**, so macht ihn allein dieser formelle Aspekt **noch nicht** unfähig zur Selbstverteidigung. Maßgeblich sind vielmehr die Umstände des konkreten Falls; erst bei **Hinzutreten weiterer Gesichtspunkte** ist von der Unfähigkeit zur Selbstverteidigung und damit von notwendiger Verteidigung auszugehen.[57]

8.1.2.4   Beiordnung im Jugendstrafrecht, § 68 JGG

8.33

Im Hinblick auf die besondere Schutzbedürftigkeit junger Beschuldigter erweitert § 68 JGG die Fälle notwendiger Verteidigung im Jugendstrafverfahren. Für Heranwachsende gelten nur § 68 Nr. 1 und Nr. 4 JGG (§ 109 Abs. 1 Satz 1 JGG).

Notwendige Verteidigung bei Jugendlichen und Heranwachsenden

8.34

Praxisrelevant ist insbesondere § 68 Nr. 1 JGG. Danach ist Jugendlichen und Heranwachsenden ein Verteidiger beizuordnen, wenn dies auch bei einem Erwachsenen geboten wäre.

– Bei erstinstanzlichen Verfahren vor dem **Jugendschöffengericht** ist die Verteidigung stets eine notwendige[58]; angesichts der Neufassung des § 140 Abs. 1

---

54) OLG Nürnberg, NStZ-RR 2014, 183.
55) KG, StV 2015, 16; OLG Köln, StV 1986, 238; OLG Celle, StV 1994, 8; LG Hildesheim, NJW 2008, 454; LG Schweinfurt, StraFo 2009, 105; LG Chemnitz, Beschl. v. 17.05.2017 – 2 Qs 200/17.
56) LG Kassel, StRR 2010, 347; LG Itzehoe, Beschl. v. 12.01.2012 – 1 Qs 3/12.
57) LG Koblenz, Beschl. v. 18.03.2020 – 12 Qs 15/20; LG Münster, BeckRS 2020, 4789.
58) LG Saarbrücken, Beschl. v. 11.02.2020, FD-StrafR 2020, 427865 mit Anm. Kienzerle.

Nr. 1 StPO kommt es nicht mehr darauf an, ob sich dies (auch) auf § 140 Abs. 2 StPO stützen lässt, weil bei zu erwartender Jugendstrafe stets vom Merkmal der „Schwere der Tat" auszugehen sein soll.[59]

– Die Generalklausel des **§ 140 Abs. 2 StPO** mit ihren Begriffen der „Schwere der Tat" und der „Schwierigkeit der Sach- und Rechtslage" ist im Jugendstrafrecht **jugendspezifisch auszulegen** und **extensiv anzuwenden**,[60] wobei es auf die Umstände des Einzelfalls ankommt. So kann die Bestellung eines Verteidigers trotz überschaubaren Tatvorwurfs geboten sein, wenn in der Hauptverhandlung mehrere Zeugen zu hören sind, die dem jugendlichen Angeklagten als Mitschüler möglicherweise nicht wohlgesinnt gegenüberstehen.[61]

Der neu gefasste **§ 68 Nr. 5 JGG** begründet einen Fall notwendiger Verteidigung, wenn **Jugendstrafe**, die Aussetzung der Verhängung einer Jugendstrafe (§ 27 JGG) oder die Unterbringung in der **Psychiatrie** oder in einer **Entziehungsanstalt** zu erwarten stehen.

Zeitpunkt der Pflichtverteidigerbestellung, § 68a StPO

Ist ein Fall notwendiger Verteidigung gegeben, so erfolgt die Pflichtverteidigerbestellung grundsätzlich spätestens vor einer **Vernehmung** des Jugendlichen oder einer **Gegenüberstellung** mit ihm (§ 68a Abs. 1 Satz 1 JGG). Dies gilt nach § 68a Abs. 1 Satz 2 JGG nicht,

8.35

– wenn notwendige Verteidigung nur wegen eines Verbrechens anzunehmen wäre

– oder ein Absehen von der Verfolgung nach § 45 Abs. 2 oder 3 JGG zu erwarten steht

– und die Pflichtverteidigerbestellung zudem unverhältnismäßig wäre.

§ 141 Abs. 2 Satz 2 StPO findet gem. § 68a JGG keine Anwendung. Auch § 141 Abs. 2 Satz 3 StPO ist in Verfahren gegen Jugendliche und Heranwachsende nicht anzuwenden. Dies ergibt sich bereits aus § 68a Abs. 1 JGG i.V.m. § 2 Abs. 2 JGG, weswegen es einer Aufnahme in § 68a Abs. 2 JGG nicht bedurfte.[62]

---

59) So BeckOK, JGG/Noak, § 68 JGG Rdnr. 19.
60) OLG Schleswig-Holstein, StraFo 2009, 28; OLG Hamm, StV 2008, 120; OLG Saarbrücken, NStZ-RR 2007, 282; OLG Brandenburg, NStZ 2002, 184; OLG Hamm, StraFo 2002, 293; LG Bremen, NJW 2003, 3646.
61) LG Potsdam, BeckRS 2019, 30222, anders noch AG Potsdam, BeckRS 2019, 30223.
62) LG Mannheim, BeckRS 2020, 4792 unter Hinweis auf BT-Drucks. 19/15162, S. 7.

8.1.2.5   Umfang der Beiordnung

Grundlagen

8.36   Die Bestellung zum Pflichtverteidiger gilt grundsätzlich für das gesamte Verfahren, sie wirkt daher auch im Revisionsverfahren und in der Revisionshauptverhandlung fort.

Erstreckung auf Adhäsionsverfahren

8.37   Ob sich die Pflichtverteidigerbestellung auch auf das Tätigwerden im Adhäsionsverfahren erstreckt, ist **umstritten**.

– Die **Rechtsprechung verneint** überwiegend eine Erstreckung der Beiordnung auf das Adhäsionsverfahren[63] und verweist zur Begründung auf die Regelung des § 404 Abs. 5 StPO, die ansonsten leerlaufe.

– Die **Gegenauffassung**[64], die eine automatische Erstreckung der Pflichtverteidigerbestellung bejaht, verdient den Vorzug. Nach § 140 Abs. 1 Nr. 9 StPO n.F. (siehe Rdnr. 8.24) ist ein Fall notwendiger Verteidigung bereits dann gegeben, wenn dem Verletzten ein Beistand beigeordnet wurde. Es wäre widersprüchlich, wenn einerseits zwar die Bestellung eines Verletztenbeistands die Verteidigung notwendig machen würde, sich andererseits aber die Vertretungsbefugnis des Verteidigers nicht auf das Adhäsionsverfahren erstrecken würde und eine zusätzliche Beiordnung erforderlich wäre,[65] denn die Abwehr geltend gemachter Ansprüche Verletzter zählt zum Kernbereich der Verteidigungtätigkeit, die sich nach dem Willen des Gesetzgebers auf das gesamte Strafverfahren, also auch auf den Teilbereich des Adhäsionsverfahrens, beziehen soll. Das Argument, § 404 Abs. 5 StPO laufe im Falle der Erstreckung weitgehend leer, geht fehl, da die Vorschrift nach wie vor den Fall erfasst, in dem die Voraussetzungen notwendiger Verteidigung nicht vorliegen.[66]

8.1.2.6   Bestellungsverfahren

Verteidigerbestellung von Amts wegen

8.38   Von Amts wegen erfolgt die Beiordnung eines Verteidigers nur in den in § 141 Abs. 2 StPO genannten Fällen:

– Nr. 1: **Vorführung** zur Entscheidung über Haft bzw. **einstweilige Unterbringung**, sofern keiner der in § 141 Abs. 2 Satz 2 StPO genannten Ausnahmefälle gegeben ist: Keine Pflichtverteidigerbestellung von Amts wegen, wenn es um

---

63) OLG Karlsruhe, Die Justiz 2013, 79; OLG Karlsruhe, Beschl. v. 23.08.2018 – 2 Ws 246/18 m.w.N.

64) Statt aller Burhoff, Ermittlungsverfahren, Rdnr. 3293 m.w.N.

65) So ausdrücklich LG München, Beschl. v. 26.09.2016 – 1 Ks 127 Js 165155/14.

66) Müller/Schmidt NStZ 2020, 14, 17, unter Hinweis auf LG München, StV 2018, 153 ff.

die Vorführung zur Entscheidung über einen Haftbefehl nach § 127b Abs. 2, nach § 230 Abs. 2 oder nach § 329 Abs. 3 StPO geht; der Beschuldigte kann die Bestellung eines Pflichtverteidigers in diesen Fällen beantragen und ist über sein Antragsrecht auch zu belehren;

- Nr. 2: **Haftvollzug in anderer Sache;**

- Nr. 3: **Unmöglichkeit der Selbstverteidigung** (vor allem bei Vernehmung und Gegenüberstellung, vgl. aber auch § 141a Abs. 1 StPO);

- Nr. 4: Aufforderung nach **§ 201 StPO.**

Verteidigerbestellung auf Antrag

Ansonsten wird der Pflichtverteidiger in Fällen notwendiger Verteidigung (nur) dann bestellt, wenn der entsprechend belehrte Beschuldigte dies **ausdrücklich beantragt** (§ 141 Abs. 1 Satz 1 StPO). 8.39

Voraussetzungen

Zu den Voraussetzungen der Pflichtverteidigerbestellung auf Antrag gem. § 141 Abs. 1 Satz 1 StPO im Einzelnen: 8.40

- **Beschuldigter ist unverteidigt**
  Hat der Beschuldigte einen Wahlverteidiger, so ist dieser beizuordnen, wenn er für den Fall der Beiordnung die Mandatsniederlegung ankündigt.[67]

- **Fall notwendiger Verteidigung**
  Vgl. § 140 Abs. 1, Abs. 2 StPO.

- **Tatvorwurf eröffnet**
  Der Beschuldigte muss **Kenntnis vom Tatvorwurf erlangt** haben, auch durch andere Weise als durch amtliche Mitteilung.[68]

- **Ausdrücklicher Antrag des Beschuldigten**
  Der Beschuldigte hat nunmehr ein eigenes Antragsrecht, welches er allerdings auch **geltend machen** muss, da nach der gesetzlichen Konzeption ansonsten von einem Verzicht auf die Bestellung eines Verteidigers auszugehen ist.[69] Die Beiordnung eines Pflichtverteidigers kann allerdings auch bei Fehlen eines ausdrücklichen Antrags geboten sein, etwa dann, wenn dies im Interesse der Rechtspflege erforderlich ist. Der Antrag ist nicht formgebunden und kann mündlich gestellt werden.[70]

---

67) BeckOK, StPO/Krawczyk, § 141 Rdnr. 2 m.N.
68) So zutreffend BeckOK, StPO/Krawczyk, § 141 Rdnr. 4; s.a. LG Detmold, Beschl. v. 05.05.2020 – 23 Qs 31/20; LG Magdeburg, Beschl. v. 24.07.2020 – 25 Qs 65/20.
69) Kritik zum sogenannten Verzichtsmodell Jahn/Zink, StV 2019, 318, 325 ff.; Müller-Jacobsen, NJW 2020, 575, 577.
70) BT-Drucks. 19/13829, 41.

Belehrung über das Antragsrecht

8.41 Der Beschuldigte ist über sein Antragsrecht zu **belehren,** konkret darüber, dass er „unter den Voraussetzungen des § 140 die Bestellung eines Pflichtverteidigers nach Maßgabe des § 141 Absatz 1 und des § 142 Absatz 1 beantragen kann" (vgl. § 136 Abs. 1 Satz 5 StPO). Darüber hinaus ist er darüber zu belehren, dass er gem. § 465 StPO im Falle einer Verurteilung (auch) die Kosten des bestellten Verteidigers zu tragen hat.

Zeitpunkt der Bestellung, § 141 StPO

8.42 Liegen die Voraussetzungen für die Bestellung des Verteidigers vor, so ist der Pflichtverteidiger **unverzüglich** zu bestellen (§ 141 Abs. 1 Satz 1 StPO). Dies ist zwingend, hinsichtlich der Bestellung an sich besteht dann **kein Ermessen** mehr.[71] „Unverzüglich" bedeutet nicht „sofort", die Bestellung muss allerdings so rechtzeitig erfolgen, dass die Verteidigungsrechte gewahrt werden[72], jedenfalls vor einer Vernehmung oder einer Gegenüberstellung (§ 141 Abs. 1 Satz 2 StPO).

Hinweis

8.43 § 141 Abs. 1 Satz 1 StPO ordnet die unverzügliche Bestellung eines Pflichtverteidigers für den Beschuldigten an, „der noch keinen Verteidiger hat". Kündigt der Wahlverteidiger die Niederlegung seines Mandats für den Fall der Bestellung als Pflichtverteidiger an (hierzu allerdings Rdnr. 8.12), so steht dies dem Fehlen eines Verteidigers gleich, sodass das Bedürfnis nach Bestellung eines Verteidigers durch die bestehende Wahlverteidigung nicht entfällt.[73]

Ausnahmefall beabsichtigte Verfahrenseinstellung

8.44 Ist eine alsbaldige Verfahrenseinstellung beabsichtigt, und stehen keine anderen Untersuchungshandlungen mehr an als die Einholung von Registerauskünften oder die Beiziehung von Urteilen bzw. Akten, so kann von der Pflichtverteidigerbestellung abgesehen werden (§ 141 Abs. 2 Satz 3 StPO).

Vernehmung/Gegenüberstellung ohne Pflichtverteidiger

8.45 Die neue und eng auszulegende Ausnahmevorschrift des § 141a Abs. 1 StPO gestattet im Ermittlungsverfahren abweichend von § 141 StPO die Durchführung von Beschuldigtenvernehmungen oder Gegenüberstellungen mit dem Beschuldigten ohne vorherige Beiordnung eines Pflichtverteidigers

– zur Abwehr von Gefahren für **elementare Rechtsgüter** (Nr. 1) oder zur Abwendung einer erheblichen **Gefährdung des Strafverfahrens** (Nr. 2),

---

71) BeckOK, StPO/Krawczyk, § 141 Rdnr. 11.
72) BT-Drucks. 19/13829, 37.
73) LG Nürnberg-Fürth, a.a.O.; LG Detmold, Beschl. v. 05.05.2020 – 23 Qs 31/20; LG Aurich, Beschl. v. 05.05.2020 – 12 Qs 78/20.

– in den Fällen des § 141 Abs. 1 StPO, in denen der Verteidiger nur auf Antrag beigeordnet wird, mit ausdrücklichem **Einverständnis des Beschuldigten**, der zuvor einen solchen Antrag gestellt hat.

Die Erteilung des Einverständnisses muss ausdrücklich erfolgen[74] und ist nach § 168b Abs. 2 Satz 2 StPO zu dokumentieren. § 141a Satz 2 StPO stellt ausdrücklich klar, dass das Recht des Beschuldigten auf Verteidigerkonsultation unberührt bleibt.

Antragsadressaten und Zuständigkeiten

Antragsadressat sind im Ermittlungsverfahren die Behörden oder Beamten des **Polizeidiensts** oder die **Staatsanwaltschaft.** Letztere kann in Eilfällen auch selbst über den Antrag des Beschuldigten entscheiden (§ 142 Abs. 4 StPO), hat dann aber binnen einer Woche eine richterliche Bestätigung ihrer Eilentscheidung einzuholen. Die Staatsanwaltschaft leitet den Antrag zusammen mit einer Stellungnahme unverzüglich an das zuständige Gericht weiter (§ 142 Abs. 1 Satz 2 StPO).

8.46

> **Hinweis**
>
> Stellt der Beschuldigte den Antrag bei der Polizei, hat diese den Antrag unverzüglich an die Staatsanwaltschaft weiterzuleiten, was so nicht ausdrücklich gesetzlich geregelt ist, sich allerdings aus der gesetzlichen Konzeption einer unverzüglichen Antragsvorlage beim zuständigen Gericht durch die Staatsanwaltschaft ergibt.[75]

8.47

Welches Gericht für die Bestellung zuständig ist, richtet sich nach § 142 Abs. 3 StPO.

8.1.2.7 Auswahl des Pflichtverteidigers

Bezeichnungsrecht des Beschuldigten

Sowohl im Falle der Beiordnung auf Antrag wie auch im Falle der Beiordnung des Pflichtverteidigers von Amts wegen ist dem Beschuldigten die Gelegenheit zu geben, einen Verteidiger innerhalb einer bestimmten Frist zu benennen (§ 142 Abs. 5 Satz 1 StPO). Macht der Beschuldigte von diesem Recht Gebrauch, ist die Beiordnung des von ihm benannten Verteidigers zwingend, sofern kein wichtiger Grund entgegensteht, § 142 Abs. 5 Satz 3 StPO („ist zu bestellen").

8.48

Bei § 142 n.F. StPO handelt es sich nicht (mehr) um eine Sollvorschrift, von der z.B. im beschleunigten Verfahren abgewichen werden könnte. Die Anhörung des Beschuldigten hat vielmehr in jedem Fall zu erfolgen, sie ist nur dann entbehrlich, wenn der Beschuldigte zuvor einen bestimmten Verteidiger benannt hat.[76]

---

74) BT-Drucks. 19/13829, 39.

75) Müller-Jacobsen, NJW 2020, 575, 576.

76) LG Dessau-Roßlau, Beschl. v. 21.08.2020 – 3 Qs 117/20.

Kein entgegenstehender wichtiger Grund

8.49 Hinsichtlich der Frage, wann ein wichtiger Grund der Bestellung des vom Beschuldigten benannten Verteidigers entgegensteht, gelten zunächst die bereits zu § 142 Abs. 1 Satz 2 a.F. StPO entwickelten Grundsätze. Danach kommt es darauf an, ob die Bestellung dem Zweck der Verteidigung zuwiderliefe[77], etwa weil infolge der Beiordnung ein Verstoß gegen § 146 StPO gegeben wäre.[78]

§ 142 Abs. 5 Satz 3 StPO n.F. führt erstmals explizit zwei Fälle auf, in denen ein entgegenstehender wichtiger Grund anzunehmen ist:

– **Verteidiger steht nicht zur Verfügung**
Schon bisher war von der Rechtsprechung ein wichtiger Grund bejaht worden, wenn der Verteidiger terminlich so erheblich überlastet ist, dass trotz intensiver gerichtlicher Versuche einer Terminabstimmung die Hauptverhandlung bei vollzogener Untersuchungshaft des Beschuldigten für die Dauer mehrerer Monate nicht begonnen werden kann.[79]

– **Verteidiger steht nicht rechtzeitig zur Verfügung**
„Nicht rechtzeitig" zur Verfügung steht der Verteidiger bei nicht hinnehmbaren Verzögerungen bei Vorführung, Vernehmung oder Gegenüberstellung. Nach der Gesetzesbegründung soll hier eine kurze Wartezeit einzuräumen sein, es allerdings keinen Anspruch auf Terminverschiebung geben.[80]

Bezeichnungsfrist

8.50 Die Frist für die Benennung des Verteidigers kann im Einzelfall auf eine kurze Bedenkzeit reduziert[81], muss aber in jedem Fall so bemessen sein, dass der Beschuldigte **ausreichend Überlegungszeit** hat und dem Gericht seine Entscheidung noch fristgerecht mitteilen kann.[82]

Auswahl durch das Gericht

8.51 Macht der Beschuldigte von seinem Bezeichnungsrecht keinen Gebrauch, so wird ihm ein Rechtsanwalt aus dem nach § 31 BRAO bei der Bundesrechtsanwaltskammer geführten Verzeichnis der eingetragenen Rechtsanwälte bestellt, der entweder **Fachanwalt für Strafrecht** sein oder gegenüber der Rechtsanwaltskammer sein **Interesse** an der **Übernahme von Pflichtverteidigungen** angezeigt haben soll und für die Übernahme der Verteidigung geeignet ist (§ 142 Abs. 6 StPO).

---

77) MüKo-StPO/Thomas/Kämpfer, § 140 Rdnr. 11 m.w.N.
78) OLG Rostock, StraFo 2002, 85, 86.
79) BVerfG, NStZ-RR 2007, 311.
80) BT-Drucks. 19/13829, 42, 43.
81) Müller-Jacobsen, NJW 2020, 575, 578.
82) BeckOK, StPO/Krawczyk, § 142 Rdnr. 20 f.

Hinweis

Von einer „Eignung" i.S.d. Absatzes 6 dürfte nur im Falle einer Spezialisierung **8.52**
des Rechtsanwalts auf den Bereich des Strafrechts ausgegangen werden können.[83]

Im Hinblick auf den mit der Vorschrift verfolgten Zweck, dem Erfordernis der
PKH-Richtlinie nach Sicherung einer angemessenen Qualität der Verteidigung
Rechnung zu tragen (Art. 7 Abs. 1), soll eine Abweichung von den qualitativen
Kriterien des Absatzes 6 nur dann statthaft sein, wenn in Eilfällen kein Rechtsanwalt aus dem umschriebenen Personenkreis rechtzeitig zur Verfügung steht. Auch
in solchen Fällen soll das Gericht allerdings einen für die Übernahme der Verteidigung geeigneten Rechtsanwalt bestellen.[84]

8.1.2.8 Verteidigerwechsel, § 143a StPO

§ 143a StPO regelt Fälle der Auswechslung des bestellten Verteidigers. Die Vor- **8.53**
schrift geht zum einen auf die bisherige Rechtsprechung zur Aufhebung der
Pflichtverteidigerbestellung zurück, zum anderen verschafft sie dem Beschuldigten unter bestimmten Voraussetzungen einen Anspruch auf Wechsel des Pflichtverteidigers.

Meldung eines Wahlverteidigers

Wie bereits nach bisherigem Recht ist die Bestellung des Pflichtverteidigers aufzu- **8.54**
heben, wenn sich ein Wahlverteidiger für den Beschuldigten meldet (§ 143a
Abs. 1 Satz 1 StPO). In Satz 2 ist nunmehr ausdrücklich klargestellt, dass die
Bestellung dann **nicht aufzuheben** ist, wenn zu befürchten steht, dass der Wahlverteidiger **seinerseits** alsbald **Beiordnung beantragen** wird. Dies entspricht der
obergerichtlichen Rechtsprechung zu § 143 a.F. StPO.[85] Erfasst sind vor allem
Fälle der Mittellosigkeit des Beschuldigten, die die Finanzierung des Wahlman-
dats als ungesichert erscheinen lassen. Die Beiordnung ist im Übrigen auch dann
aufrechtzuerhalten, wenn sie aus den Gründen des § 144 StPO zur Verfahrenssicherung geboten erscheint.

Anderer Pflichtverteidiger oder zu kurze Auswahlfrist

§ 143a Abs. 2 Nr. 1 StPO verschafft dem Beschuldigten einen **Anspruch auf** **8.55**
Wechsel des Pflichtverteidigers in Fällen, in denen ein **anderer** als der von ihm
innerhalb der Frist benannte Verteidiger bestellt oder zur Auswahl nur eine **kurze**
Frist gesetzt worden ist. Voraussetzung ist, dass der Beschuldigte innerhalb von

---

83) Kritik zum Merkmal der Eignung Müller-Jacobsen, NJW 2020, 575, 578; grundlegend
zum Begriff des „Spezialisten" BVerfG – 1 BvR 159/04.

84) BT-Drucks. 19/13829, 43.

85) OLG Koblenz, BeckRS 2018, 34217.

drei Wochen nach Bekanntmachung der Entscheidung über die Bestellung den Wechsel des Pflichtverteidigers beantragt.

Hinweis

8.56   Über ihren Wortlaut hinaus greift die Vorschrift auch dann ein, wenn dem Beschuldigten keine oder eine zu kurze Frist für die Benennung eines Verteidigers gesetzt worden ist.

Was eine „nur kurze Frist" ist, ist nicht legal definiert. Insoweit ist auf den Einzelfall abzustellen. Grundsätzlich gilt, dass die Länge der Frist für eine besonnene Auswahl des Verteidigers angemessen sein muss. Bei einer Bedenkzeit von nur wenigen Minuten ist dies nicht der Fall.

Hinweis

8.57   Bei richtlinienkonformer Auslegung erfasst § 143a Abs. 2 Nr. 1 StPO im Übrigen auch den Fall, dass der Beschuldigte wegen seiner Ansicht nach unzulässigen Zeitdrucks die Wahl eines Verteidigers ablehnt. Wurde dem Beschuldigten hingegen eine längere Frist zur Auswahl gewährt, und bezeichnet er dennoch keinen Verteidiger, ist § 143a Abs. 2 Nr. 1 StPO nicht einschlägig.

Ortsferne

8.58   Der im Falle einer Vorführung nach § 115a StPO bestellte Pflichtverteidiger hat bei unzumutbarer Entfernung zum künftigen Aufenthalts- bzw. Inhaftierungsort des Beschuldigten einen eigenen Anspruch auf Aufhebung seiner Bestellung (§ 143a Abs. 2 Nr. 2 StPO). Der diesbezügliche Antrag ist unverzüglich nach Ende der Vorführung zu stellen.

Endgültig zerstörtes Vertrauensverhältnis oder sonstiger Grund

8.59   Ist das Vertrauensverhältnis zum Pflichtverteidiger **schwer und irreparabel** („endgültig") zerstört, so ist die Bestellung aufzuheben und es ist ein neuer Verteidiger zu bestellen (§ 143a Abs. 2 Nr. 3 erste Alternative StPO). Über den Wortlaut der Vorschrift hinaus ist Voraussetzung für die Entpflichtung auf Grund einer Vertrauensstörung ein Antrag des Beschuldigten;[86] in dem er den neu zu bestellenden Verteidiger selbst benennen oder die Auswahl dem Gericht überlassen kann.

Was den anzulegenden Maßstab für die Annahme eines endgültig zerstörten Vertrauensverhältnisses anbelangt, kann auf die bisherige Rechtsprechung zurückgegriffen werden.[87] Danach kommt es auf die Sicht eines **verständigen Beschuldigten** an.[88] Danach ist etwa eine nachhaltige und endgültige Erschütterung des Ver-

---

86) BT-Drucks. 19/13829, 48; BeckOK, StPO/Krawczyk, § 143a Rdnr. 23.
87) BT-Drucks. 19/13829, 48; BVerfG, NJW 2001, 3695, 3697; BGHSt 39, 310, 314 f.;
     BGH, NStZ 2004, 632; BGH, NStZ-RR 2005, 240; OLG Hamm, NJW 2006, 2502.
88) BGH, NStZ 2004, 632.

trauensverhältnisses zwischen Beschuldigtem und Pflichtverteidiger nicht schon deswegen anzunehmen, weil sich der Beschuldigte in Abkehr von der bisherigen Verteidigungsstrategie dazu entschließt, ein Geständnis abzulegen.[89]

Leitet die Staatsanwaltschaft gegen den Verteidiger ein Ermittlungsverfahren wegen Parteiverrats ein, weil der Verteidiger die Interessen des Beschuldigten verletzt haben soll, so ist von einer endgültigen Zerstörung des Vertrauensverhältnisses zwischen Verteidiger und Beschuldigtem i.S.v. § 143a Abs. 2 Satz 1 Nr. 3 erste Alternative StPO auszugehen.[90]

An die Darlegung der Vertrauenskrise sind **hohe Anforderungen** zu stellen. Die tatsächlichen Gründe der Störung sind mitzuteilen,[91] sofern der Wechsel des Pflichtverteidigers nicht einverständlich erfolgen kann und der Staatskasse hierdurch keine Mehrkosten entstehen.[92]

Die Pflichtverteidigerbestellung ist auch dann aufzuheben, wenn eine angemessene Verteidigung des Beschuldigten aus einem sonstigen Grund nicht gewährleistet ist (zweite Alternative). Der Auffangtatbestand soll „grobe Verstöße des Verteidigers gegen eine ordnungsgemäße Wahrnehmung seiner Aufgaben" erfassen,[93] der konkrete Verstoß muss also **gravierend** sein. In den Gesetzesmaterialien ist als Beispiel der Fall genannt, dass der Pflichtverteidiger den inhaftierten Mandanten über Monate hinweg nicht in der JVA aufsucht und auch ansonsten völlig untätig bleibt (a.a.O.). Die Auswechslung des Pflichtverteidigers kann in der zweiten Alternative ohne vorangegangenen Antrag des Beschuldigten erfolgen, dieser ist allerdings vorher anzuhören (a.a.O.).

Pflichtverteidigerwechsel in der Revisionsinstanz

§ 143a Abs. 3 StPO gibt dem Beschuldigten die Möglichkeit, durch einen Antrag auf Auswechslung des Pflichtverteidigers in der Revisionsinstanz einen Spezialisten für Revisionsrecht hinzuzuziehen. Hierfür muss kein wichtiger Grund vorliegen,[94] ebenso wenig ist Kostenneutralität erforderlich wie beim einverständlichen Pflichtverteidigerwechsel.[95]

8.60

Der Antrag ist spätestens binnen einer Woche nach Beginn der Revisionsbegründungsfrist bei dem Gericht anzubringen, dessen Urteil angefochten wird. Dabei ist der neue Pflichtverteidiger vom Beschuldigten zu benennen, es findet keine Auswahl durch das Gericht statt.[96]

---

89) BGH, BeckRS 2020, 3631.
90) LG Hamburg, NJW 2020, 1534.
91) BGH, StraFo 2008, 243; KG, StV 1990, 347.
92) OLG Frankfurt/M., NStZ-RR 2008, 47; OLG Hamm, BeckRS 2009, 10517.
93) BT-Drucks. 19/13829, 48.
94) BT-Drucks. 19/13829, 48.
95) BeckOK, StPO/Krawczyk, § 143a, Rdnr. 36.
96) BT-Drucks. 19/13829, 49.

8.1.2.9   Sicherungsverteidiger

Grundlagen

8.61   Der neu eingefügte § 144 StPO stellt eine gesetzliche Regelung der schon bisher richterrechtlich anerkannten Rechtsfigur des Sicherungsverteidigers dar, dessen Beiordnung der Verfahrenssicherung in **umfangreichen** oder **schwierigen** Verfahren dient. Bereits aus der Gesetzesformulierung ergibt sich, dass die Bestellung eines oder mehrerer Sicherungsverteidiger auf Ausnahmefälle beschränkt ist.[97]

Voraussetzungen

8.62   § 144 Abs. 1 StPO stellt zunächst klar, dass ein Fall notwendiger Verteidigung vorliegen und der Beschuldigte bereits von einem Wahl- oder Pflichtverteidiger vertreten sein muss.

Bestellung und Anwesenheit des zusätzlichen Verteidigers müssen sodann zur **Sicherung der zügigen Durchführung** des Verfahrens erforderlich sein. Eine Erforderlichkeit in diesem Sinne kann sich ergeben aus

— **der Person des bisherigen Verteidigers,**
soweit dessen Teilnahme am Verfahren, insbesondere an der Hauptverhandlung, aus Gründen, die in seiner Person liegen (z.B. Krankheit), nicht gesichert ist;[98] hierunter fällt auch der Fall, dass dem bisherigen Verteidiger aufgrund zahlreicher bereits feststehender[99] **terminlicher Verhinderungen** eine durchgehende Teilnahme an einer Hauptverhandlung mit einer Vielzahl von Fortsetzungsterminen nicht möglich ist und dadurch die Gefahr besteht, dass die Unterbrechungsfristen vor allem in einer Haftsache nicht eingehalten werden können;[100]

— **dem Umfang oder der Schwierigkeit des Verfahrens,**
womit vor allem Fälle gemeint sind, in denen der Verfahrensstoff auf Grund seines Umfangs nur durch arbeitsteiliges Vorgehen mehrerer Verteidiger bewältigt werden kann.[101]

Ob einer oder mehrere Verteidiger zusätzlich bestellt werden, steht bei Vorliegen der obigen Voraussetzungen im Ermessen des Gerichts.[102] Dieses wird i.d.R. von sich aus die Bestellung eines oder mehrerer weiterer Verteidiger betreiben, indessen ist auch ein eigenes Antragsrecht des Beschuldigten zu bejahen, obwohl es insoweit an einer gesetzlichen Regelung fehlt.[103]

---

97) So schon zur bisherigen Rechtslage KG, BeckRS 2018, 24184; 2013, 19711.
98) BT-Drucks. 19/13829, 49.
99) LG Köln, BeckRS 2016, 10368.
100) Vgl. aber die Beispiele aus der Rechtsprechung bei BeckOK, StPO/Krawczyk, § 144 Rdnr. 3.
101) OLG Karlsruhe, StraFo 2009, 517.
102) BT-Drucks. 19/13829, 50. Zu den für die Ermessensausübung des Gerichts maßgeblichen Gesichtspunkten und der Überprüfungsdichte des Beschwerdegerichts BGH, Beschl. v. 31.08.2020 – StB 23/20.
103) So zutreffend BeckOK, StPO/Krawczyk, § 144 Rdnr. 7.

Praxistipp

Zwar ist die Bestellung des bzw. der Sicherungsverteidiger vom Willen des Be-   8.63
schuldigten unabhängig,[103] sie kann also sogar gegen seinen Willen vorgenommen werden („**Zwangsverteidiger**"). Dennoch ist dem Beschuldigten Gelegenheit zu geben, den zu bestellenden Verteidiger zu benennen, wie sich aus
der in § 144 Abs. 2 Satz 2 StPO enthaltenen Verweisung auf § 142 Abs. 5 StPO
ergibt. Benennt er von sich aus keinen Verteidiger, sind überdies die qualitativen Anforderungen des § 142 Abs. 6 StPO zu beachten, auf den ebenfalls verwiesen wird.

Der „erste" Pflichtverteidiger sollte unter allen Umständen für den von ihm vertretenen Beschuldigten vom Benennungsrecht Gebrauch machen und einen
Verteidiger benennen, der rechtskundig ist, vom Beschuldigten akzeptiert wird
und mit dem eine gute und reibungslose Zusammenarbeit möglich ist. Wer auf
die Möglichkeit der Benennung des Sicherungsverteidigers verzichtet, läuft Gefahr, einen dem Gericht genehmen „Verurteilungsbegleiter" zur Seite gestellt
zu bekommen.

Beendigung der Sicherungsverteidigung

Ist das Sicherungsbedürfnis entfallen, so ist die Bestellung des Sicherungsvertei-   8.64
digers aufzuheben (§ 144 Abs. 2 Satz 1 StPO). Auch insoweit ist eine Prognose
des Gerichts erforderlich, die zu der Feststellung gelangen muss, dass gerade die
speziellen Voraussetzungen der Sicherungsverteidigung entfallen sind. Wurde der
Sicherungsverteidiger bestellt, um die Durchführung einer umfangreichen Hauptverhandlung zu gewährleisten, so wird dies i.d.R. erst mit Abschluss der Hauptverhandlung der Fall sein;[105] ein vorzeitiges Entfallen des Sicherungsbedürfnisses
dürfte eher selten vorkommen.[106]

8.1.2.10   Beendigung der Pflichtverteidigung

Da sie durch hoheitlichen Akt begründet wird, kann die Pflichtverteidigung   8.65
„aktiv" nicht durch Mandatskündigung enden, sondern nur durch einen weiteren
hoheitlichen Akt, die Aufhebung der Bestellung. „Passiv" endet sie durch Zeitablauf.

Beendigung durch Zeitablauf

Nach § 143 Abs. 1 StPO endet die Verteidigung mit dem **Verfahrensabschluss**   8.66
durch Einstellung oder durch Eintritt der Rechtskraft des Verfahrens.[107] Im Falle
der Abtrennung des Verfahrens über die Einziehung (§ 423 StPO) endet die

---

104) BT-Drucks. 19/13829, 49.
105) BT-Drucks. 19/13829, 50.
106) BeckOK, StPO/Krawczyk, § 144 Rdnr. 6.
107) So schon bisher die h.M., Nachweise bei BeckOK, StPO/Krawczyk, § 143 Rdnr. 1.

Pflichtverteidigerbestellung mit dem rechtskräftigen Abschluss des Einziehungsverfahrens. Entsprechendes gilt für das Nachtragsverfahren nach § 460 StPO.

Beendigung durch reguläre Aufhebung der Bestellung

8.67 Nach § 143 Abs. 2 StPO kann die Pflichtverteidigerbestellung abweichend von Absatz 1 vorzeitig aufgehoben werden, wenn die Voraussetzungen der notwendigen Verteidigung **weggefallen** sind (Satz 1). Dabei steht die Aufhebung im Ermessen des Gerichts, insbesondere Gründe des Vertrauensschutzes können die Fortdauer der Beiordnung rechtfertigen.[108]

Wird der Beschuldigte aus einer Anstalt **entlassen** (notwendige Verteidigung nach § 140 Abs. 1 Nr. 5 StPO), so darf die Bestellung nur aufgehoben werden, wenn dies **mindestens zwei Wochen vor Beginn der Hauptverhandlung** erfolgt (Abs. 2 Satz 2). Der Beschuldigte soll hierdurch in die Lage versetzt werden, seine Verteidigung in angemessener Weise vorzubereiten, was während der Inhaftierung nur eingeschränkt möglich ist.[109]

Eine Gegenausnahme zu Satz 2 enthält Satz 3. In Fällen der Hauptverhandlungshaft soll die Bestellung zugleich mit der Aufhebung oder Außervollzugsetzung des Haftbefehls aufgehoben werden, spätestens aber zum Schluss der Hauptverhandlung.

Die Bestellung des **Sicherungsverteidigers** (siehe Rdnr. 8.61) ist aufzuheben, wenn dessen Mitwirkung nicht mehr erforderlich ist, um die zügige Durchführung des Verfahrens zu gewährleisten (§ 144 Abs. 1 Satz 1 StPO). Im Falle der Bestellung zur Sicherung einer umfangreichen Hauptverhandlung liegt diese Voraussetzung i.d.R. erst mit deren Abschluss vor,[110] sofern nicht bereits zu Beginn der Hauptverhandlung mit einer abgekürzten Beweisaufnahme gerechnet werden kann, etwa, weil der Angeklagte sich geständig eingelassen hat.[111]

Beendigung durch Aufhebung der Bestellung auf Antrag des Verteidigers

8.68 Der Pflichtverteidiger kann selbst die Aufhebung seiner Beiordnung beantragen; gegen die Ablehnung seiner Entrichtung steht ihm ein eigenes Beschwerderecht zu.[112]

---

108) BT-Drucks. 19/13829, 45; so schon die bisherige Rechtsprechung, etwa KG, BeckRS 2017, 109349.
109) BT-Drucks. 19/13829, 45.
110) BT-Drucks. 19/13829, 49.
111) Meyer-Goßner/Schmitt, § 144 Rdnr. 8.
112) BGH, BeckRS 2020, 3631.

Beendigung wegen Ausbleibens oder Weigerung des Pflichtverteidigers

In Fällen notwendiger Verteidigung muss in der Hauptverhandlung ein vorbereiteter **Verteidiger** anwesend sein und die Verteidigung führen.[113] Seine Anwesenheit ist in solchen Fällen zwingend erforderlich, sein Fehlen stellt einen absoluten Revisionsgrund dar (§ 338 Nr. 5 StPO).[114] § 145 StPO dient der Verfahrenssicherung und gibt dem Gericht Reaktionsmöglichkeiten an die Hand, wenn der notwendige Verteidiger abwesend ist oder die Führung der Verteidigung verweigert.

8.69

Nach § 145 Abs. 1 Satz 1 StPO kann das Gericht dem Angeklagten in folgenden Konstellationen „sogleich einen anderen Verteidiger [...] bestellen":

- **Ausbleiben des Verteidigers**
  Der Verteidiger muss ordnungsgemäß geladen[115] und darf nicht erschienen sein. Eine zulässige Vertretung oder eine (hinzunehmende oder angekündigte) Verspätung[116] stellen kein Ausbleiben dar.

- **Sich entfernen zur Unzeit**
  Verlässt der Verteidiger die laufende Hauptverhandlung, oder kehrt er nach einer Unterbrechung unentschuldigt nicht in den Sitzungssaal zurück, so entfernt er sich unzeitig. Die bloße Überschreitung einer Sitzungspause reicht nicht aus, wenn der Verteidiger im Gerichtsgebäude oder jedenfalls so erreichbar ist, dass die Hauptverhandlung nach seiner Verständigung sogleich fortgesetzt werden kann.[117]

- **Weigerung, die Verteidigung zu führen**
  Die Verteidigungsverweigerung kann ausdrücklich oder schlüssig erklärt werden. Die Annahme einer schlüssigen Erklärung setzt die Feststellung voraus, dass aufgrund des Verteidigerverhaltens ohne jeden Zweifel davon ausgegangen werden kann, dass der Verteidiger nicht willens ist, die Verteidigung zu führen.[118] Es reicht nicht aus, wenn der Verteidiger lediglich untätig bleibt, dies auch dann nicht, wenn in der konkreten Situation aktive Verteidigertätigkeit geboten wäre. Eine qualitative Kontrolle des Verteidigerhandelns durch das Gericht ermöglicht die Vorschrift nicht.

Wird infolge des Vorliegens dieser Voraussetzungen ein neuer Verteidiger bestellt, so ist die Beiordnung des bisherigen Verteidigers aufzuheben.

Statt einen neuen Verteidiger zu bestellen, kann das Gericht die Hauptverhandlung auch aussetzen (§ 145 Abs. 1 Satz 2 StPO). Über den Gesetzeswortlaut hinaus ist auch zu prüfen, ob durch eine Unterbrechung der Hauptverhandlung der Situation Rechnung getragen werden kann.[119]

---

113) MüKo-StPO/Thomas/Kämpfer, § 145, Rdnr. 1.

114) BeckOK, StPO/Krawczyk, Einl. § 145.

115) RGSt 53, 264.

116) OLG Bamberg, StraFo 2003, 419.

117) MüKo-StPO/Thomas/Kämpfer, § 145, Rdnr. 5 unter Hinweis auf OLG Koblenz, NStZ 1982, 43, anders wohl BeckOK, StPO/Krawczyk, § 145, Rdnr. 3.

118) BeckOK, StPO/Krawczyk, § 145, Rdnr. 4.

119) BeckOK, StPO/Krawczyk, § 145, Rdnr. 7.

8.2 Mandatssituationen

8.2.1 Vollmacht und Vorlage der Vollmachtsurkunde

Kurzüberblick

8.70
– Bei Beauftragung kann sich der Wahlverteidiger vom Mandanten eine schriftliche Vollmacht erteilen lassen, etwa um späteren Streit um die Frage der Beauftragung zu vermeiden.

– Beauftragung und Bevollmächtigung des Verteidigers sind allerdings auch dann wirksam, wenn **keine schriftliche Vollmacht** erteilt wurde.[120]

Sachverhalt

Gegen A wird wegen Verdachts des sexuellen Missbrauchs ermittelt. A beauftragt Rechtsanwalt R mit seiner Verteidigung. R zeigt bei der Staatsanwaltschaft schriftsätzlich die Vertretung des A an, versichert anwaltlich ordnungsgemäße Bevollmächtigung und beantragt Akteneinsicht.

Staatsanwalt Dr. S bittet Rechtsanwalt R per Telefax um „Vorlage einer Vollmacht".

Was sollte der Verteidiger tun?

Lösung

8.71
Staatsanwaltschaft und Gericht dürfen die Gewährung von Akteneinsicht nicht von der Vorlage einer schriftlichen Vollmachtsurkunde (nicht: „Vollmacht" – Rechtsgeschäfte kann man nicht vorlegen!) abhängig machen. Meldet sich der Verteidiger zu den Akten, so ist eine wirksame Bevollmächtigung zu vermuten.[121]

Der Verteidiger wird den Staatsanwalt in derartigen Fällen in einem Schriftsatz auf die Rechtslage hinweisen und sein Akteneinsichtsgesuch ggf. nachdrücklich wiederholen.

Prozesstaktische Hinweise

Wer als Verteidiger eine Vollmachtsurkunde zu den Akten reicht, muss sich der mitunter **gravierenden rechtlichen Konsequenzen** bewusst sein:

---

120) Klein, in: Breyer/Endler, AnwaltFormulare Strafrecht, Rdnr. 7; Klemke/Elbs, Einführung in die Praxis der Strafverteidigung, Rdnr. 6; MAH/Tsambikakis, § 2 Rdnr. 21 m.w.N.
121) LG Cottbus, StraFo 2002, 233; LG Oldenburg, StV 1990, 59.

Endler

Nach § 145a Abs. 1 StPO gilt der gewählte Verteidiger, dessen Vollmacht sich bei den Akten befindet, als **zustellungsbevollmächtigt**, womit Ladungen des Angeklagten über ihn bewirkt werden können. In Fällen, in denen die **Handschrift** des Mandanten eine Rolle spielt, weil es etwa um die Urheberschaft bestimmter Urkunden geht, liefert der Verteidiger durch Einreichen der Vollmachtsurkunde gleich eine **Schriftprobe** des Mandanten ab, zu deren Abgabe dieser sonst nicht veranlasst wäre.

Ohne Not in einer Strafsache eine Vollmachtsurkunde vorzulegen ist ein Kunstfehler, der zu vermeiden ist.

8.2.1.1   Abwandlung: Vorlage der Vollmachtsurkunde bei Zweifeln an der Beauftragung

Sachverhalt

Rechtsanwalt R vertritt den A in einem Verfahren beim Amtsgericht. Der Strafrichter ordnet Rechtsanwalt R nach § 140 Abs. 2 StPO als Pflichtverteidiger bei, weil A kaum Deutsch spricht. A wird verurteilt, und Rechtsanwalt R legt auftragsgemäß Berufung gegen das Urteil des Amtsgerichts ein. Den mit der Vorsitzenden der Kleinen Strafkammer beim Landgericht abgesprochenen Termin zur Berufungshauptverhandlung kann R wegen einer nachträglich aufgetretenen Terminkollision nicht wahrnehmen. Er bittet daher die ortsansässige Rechtsanwältin W um Terminwahrnehmung. W erscheint zur Berufungshauptverhandlung und bittet um Genehmigung der Vertretung für den Termintag. Die Vorsitzende lehnt die Beiordnung ab und weist zutreffend darauf hin, dass ein Fall notwendiger Verteidigung nicht gegeben sei. Sie bittet Rechtsanwältin W, die Verteidigerbank zu verlassen. W kündigt an, sie wolle als Wahlverteidigerin weiter an der Sitzung teilnehmen. A ist nicht erschienen. Die Vorsitzende bezweifelt die Bevollmächtigung.

Was kann Rechtsanwältin W tun?

8.72

Lösung

Bestehen im Einzelfall **Zweifel an der Beauftragung**, kann ausnahmsweise die Vorlage einer Vollmachtsurkunde verlangt werden.[122] Für Zweifel in diesem Sinne bedarf es nachvollziehbarer Gründe,[123] keineswegs darf durch die pauschale Behauptung von Zweifeln an der Bevollmächtigung die gesetzliche Konzeption der StPO, nach der es der Vorlage der Vollmachtsurkunde gerade nicht bedarf (Umkehrschluss aus § 145a Abs. 1 StPO), ausgehebelt werden. Die „beharrliche Verweigerung der Vorlage der Vollmachtsurkunde" vermag Zweifel

8.73

---

122) BVerfG, NJW 2012, 141 mit Anm. Burhoff, StRR 2011, 426.
123) Zutr. Burhoff, a.a.O.

in diesem Sinne schon deshalb nicht zu begründen, weil sie der Gesetzeslage entspricht.

Im vorliegenden Fall wird Rechtsanwältin W die Vorsitzende darum bitten, genauer darzulegen, worauf sich die geäußerten Zweifel an ihrer Bevollmächtigung gründen, zumal die Umstände eher für als gegen eine Bevollmächtigung sprechen: Untervollmacht konnte Rechtsanwalt R als Pflichtverteidiger nicht erteilen, da die Wahlverteidigung mit seiner Beiordnung geendet hatte. Da auch unterstellt werden kann, dass R das Auftreten der W ordnungsgemäß mit dem Mandanten abgesprochen hatte, spricht alles dafür, dass Rechtsanwältin W als Wahlverteidigerin an der Sitzung beim Landgericht teilnahm. Die gleichsam ins Blaue hinein geäußerten Zweifel der Vorsitzenden an der Bevollmächtigung könnten also aus Rechtsgründen nicht zu einem Ausschluss aus der Sitzung führen. Eine dennoch ergehende sitzungsleitende Verfügung der Vorsitzenden könnte W als unzulässig beanstanden und auf Gerichtsbeschluss antragen (§ 238 Abs. 2 StPO).

In der Sache wäre damit allerdings wenig gewonnen, da W zwar als Wahlverteidigerin zu gelten hat, jedoch keine vom Angeklagten stammende Vertretungsvollmacht vorlegen kann (siehe Rdnr. 8.74), sodass das Berufungsgericht den Einspruch gem. §§ 412, 329 StPO verwerfen kann, sofern sich das Ausbleiben des A nicht hinreichend entschuldigen lässt. W wird daher um eine Unterbrechung bitten und versuchen, von R zu erfahren, aus welchem Grund A nicht zur Berufungshauptverhandlung erschienen ist, sofern sie keine Möglichkeit hat, den A selbst zu kontaktieren. Kommt trotz derartiger Bemühungen eine Entschuldigung des Ausbleibens des A nicht in Betracht, muss die Einspruchsverwerfung hingenommen werden.

Muster

Ablehnung der Vollmachtsvorlage

Staatsanwaltschaft ...
(Anschrift)

In der Strafsache
gegen ...
wegen ...
Az.   ...

wurde ich auf meinen Akteneinsichtsersuchen vom ... mit Telefax vom ... darum gebeten, eine „schriftliche Vollmacht" (gemeint: Vollmachtsurkunde) vorzulegen.

Die Vorlage einer schriftlichen Vollmachtsurkunde durch den Verteidiger ist nicht erforderlich (allg. Ansicht, vgl. nur KK/Willnow, § 147 Rdnr. 3 m.N.; LG Oldenburg, StV 1990, 59; LG Cottbus, StraFo 2002, 233; OLG Jena, VRS 108, 276; siehe auch BVerfG, NJW 2012, 141). Eine besondere Form für die Beauftragung des Verteidigers ist nicht vorgeschrieben (statt aller Meyer-Goßner/Schmitt, Rdnr. 9 Vor. § 137; OLG Hamm, AnwBl 81, 31) und auch ein generelles Schriftformerfordernis für Vollmachten i.S.d. §§ 164 ff. BGB existiert nicht. Nach der Rechtsprechung des BGH (vgl. nur BGH, NStZ-RR 1998, 18) genügt für den Nachweis des Verteidigerverhältnisses bereits die Verteidigungsanzeige, da darin die konkludente Versicherung zu sehen ist, bevollmächtigt worden zu sein.

Dennoch habe ich ordnungsgemäße Bevollmächtigung anwaltlich versichert. Bei der anwaltlichen Versicherung handelt es sich bekanntlich um eine besondere Form der Glaubhaftmachung.

Auch die Gewährung von Akteneinsicht hängt nach der Rechtsprechung des BGH nicht von der Vorlage einer schriftlichen Vollmachtsurkunde ab. So heißt es in BGHSt 36, 259:

„Der gewählte Verteidiger erlangt seine Rechtsstellung mit dem Abschluss des Verteidigervertrages. Einer zusätzlichen schriftlichen Bevollmächtigung bedarf es nicht. Die ‚Verteidigervollmacht' dient lediglich zum Nachweis, dass ein Verteidigervertrag besteht. Abgesehen von den hier nicht interessierenden Fällen der Vertretungsvollmacht nach §§ 234, 329, 350, 387, 411 StPO verlangt das Gesetz beim gewählten Verteidiger lediglich für die gesetzliche Zustellungsermächtigung (§ 145 a Abs. 1 StPO), dass die Vollmacht sich bei den Akten befindet. Dies dient dem Schutz des Angeklagten. Sonst schreibt es eine Form für den Nachweis des Verteidigervertrages nicht vor und macht die Ausübung der Rechte des Verteidigers von der Vorlage einer Vollmacht nicht abhängig."

Ich versichere höchst vorsorglich ein weiteres Mal anwaltlich, dass ich in der vorliegenden Sache mit der Verteidigung beauftragt bin, und gehe einstweilen davon aus, dass die Anfrage sich erledigt hat. Gegebenenfalls bitte ich um eine rechtsmittelfähige Entscheidung und insbesondere darum, in einer solchen Entscheidung die vermeintliche Rechtsgrundlage für die – tatsächlich nicht existente – Pflicht zu einer Vollmachtsvorlage zu benennen oder konkret darzulegen, inwieweit Zweifel an der von mir abgegebenen anwaltlichen Versicherung bestehen, vom Beschuldigten mit seiner Verteidigung beauftragt worden zu sein.

Sollte meinem Akteneinsichtsgesuch nicht bis spätestens ... nachgekommen worden sein und sollte ich auch keine sonstige Reaktion auf das vorliegende Schreiben verzeichnen können, bitte ich darum, meine Eingabe als Dienstaufsichtsbeschwerde auffassen zu wollen.

Rechtsanwältin/Rechtsanwalt

8.2.2   Vertretung des Angeklagten

8.74   **Kurzüberblick**

- Für eine Vertretung des Angeklagten reicht die „einfache" Vollmacht nicht aus, insoweit ist eine **besondere Vertretungsvollmacht** erforderlich.[124)]

- Besondere praktische Bedeutung hat vor allem die Vertretung des nicht erschienenen Angeklagten in der Hauptverhandlung nach Einspruch gegen einen **Strafbefehl**. Nach § 411 Abs. 2 Satz 1 StPO kann sich der Angeklagte hier (nur) durch einen Verteidiger mit nachgewiesener Vertretungsvollmacht vertreten lassen.

Sachverhalt

Das Amtsgericht erlässt gegen A Strafbefehl wegen falscher Verdächtigung (§ 164 StGB). Verteidiger Rechtsanwalt R legt für A Einspruch gegen den Strafbefehl ein, das Amtsgericht beraumt Hauptverhandlungstermin an und ordnet das persönliche Erscheinen des A in der Hauptverhandlung an. Den Antrag des Verteidigers, A von der Verpflichtung zum persönlichen Erscheinen zu entbinden, da dieser sich nicht zur Sache einlassen und von ihm (R) vertreten werde, lehnt das Amtsgericht ab. Zum Hauptverhandlungstermin erscheint A nicht.

Rechtsanwalt R legt eine besondere Vertretungsvollmacht vor, die er allerdings in der Hauptverhandlung selbst unterschrieben hat. Das Amtsgericht weist die Vollmacht zurück und verwirft den Einspruch. Zu Recht?

Lösung

8.75   Das Amtsgericht hat den Einspruch zu Unrecht verworfen, wenn A in der Hauptverhandlung durch einen Verteidiger mit nachgewiesener Vertretungsvollmacht vertreten war (§ 411 Abs. 2 Satz 1 StPO). Problematisch ist, dass Rechtsanwalt R zwar eine Vertretungsvollmacht vorgelegt, diese allerdings selbst unterzeichnet hat.

Mit der seit 01.01.2018 geltenden Neufassung des § 411 StPO hat der Gesetzgeber auf das frühere Schriftlichkeitserfordernis für die Vertretungsvollmacht verzichtet, sodass der erforderliche sichere Nachweis der Bevollmächtigung auch auf elektronischem Wege (**qualifizierte elektronische Signatur**) erbracht werden kann. Die Vertretungsvollmacht i.S.d. § 234 muss vorab erteilt worden und nachgewiesen sein. Das Nachweiserfordernis dient dem Schutz des Beschuldigten, der sich nicht Verteidigerhandeln ohne sein zuvor erklärtes Einverständnis zurechnen lassen müssen soll.

---

124)   Statt aller Burhoff, Ermittlungsverfahren, Rdnr. 4234 m.w.N.

Nach heute h.M.[125] und nach dem erklärten Willen des Gesetzgebers (BT-Drucks. 18/3562, 68) reicht es **nicht** aus, wenn die Vollmacht aufgrund einer mündlichen Ermächtigung durch den Angeklagten von dem zu bevollmächtigenden Verteidiger **selbst verschriftlicht** wird, da in diesem Fall nicht mit der erforderlichen Sicherheit belegt ist, dass der Angeklagte persönlich bedeutende Verfahrensrechte und deren Wahrnehmung seinem Verteidiger übertragen hat und eine nachträgliche Genehmigung vollmachtlosen Vertreterhandelns des Verteidigers nicht möglich ist.

Da der Angeklagte A nicht erschienen ist und die Voraussetzungen des § 411 Abs. 2 Satz 1 StPO nicht erfüllt sind, kann das Amtsgericht den Einspruch gegen den Strafbefehl nach § 412 Abs. 1 Satz 1 i.V.m. § 329 Abs. 1 Satz 1 StPO verwerfen.

8.2.2.1 Abwandlung: Nichterscheinen des Mandanten trotz Anordnung des persönlichen Erscheinens

Sachverhalt

Rechtsanwalt R legt eine von A unterschriebene besondere Vertretungsvollmacht vor. Der Staatsanwalt beantragt den Erlass eines Haftbefehls nach § 230 StPO, da A trotz Anordnung des persönlichen Erscheinens nicht zum Verhandlungstermin erschienen sei und seine Anwesenheit zum Zwecke der Sachaufklärung zwingend geboten erscheine. Rechtsanwalt R bittet um eine Unterbrechung, um zum Antrag der Staatsanwaltschaft Stellung nehmen und die Stellungnahme schriftlich abfassen zu können. Der Vorsitzende unterbricht nach Rückfrage, wie viel Zeit R benötige, die Sitzung für 30 Minuten.

8.76

Was wird Rechtsanwalt R in seiner Stellungnahme vortragen?

Lösung

Ist einer der Fälle gegeben, in denen die Hauptverhandlung grundsätzlich ohne den Angeklagten stattfinden und dieser sich durch einen Verteidiger mit nachgewiesener Vertretungsvollmacht vertreten lassen kann (§ 234 StPO, z.B. nach Einspruch gegen einen Strafbefehl, § 411 Abs. 2 Satz 1 StPO), so kann das Gericht dennoch das **persönliche Erscheinen** des Angeklagten **anordnen;** nach § 236 StPO ist es hierzu „stets befugt", ebenso wie zur Erzwingung der Anwesenheit des Angeklagten durch einen Vorführungs- oder einen Haftbefehl.

8.77

Maßstab für die Frage, ob die Anwesenheit des Angeklagten in der Hauptverhandlung geboten ist, sind die Verpflichtung des Gerichts zur umfassenden Auf-

---

125) KK/Maur, § 411 Rdnr. 12; MüKo-StPO/Eckstein, § 411 Rdnr. 30; Rinklin, jurisPR-StrafR 21/2017 Anm. 5 m.w.N.

klärung des Sachverhalts (§ 244 Abs. 2 StPO) einerseits sowie der Aspekt der **Verhältnismäßigkeit** andererseits, der hier besonders strikt zu prüfen ist.[126]

Kündigt der mit nachgewiesener Vertretungsvollmacht ausgestattete Verteidiger an, dass der Angeklagte sich in der Hauptverhandlung **weder zur Person noch zur Sache** äußern werde, so ist der Erlass eines Haftbefehls **regelmäßig unverhältnismäßig.** Anders verhält es sich allenfalls dann, wenn sichere Anhaltspunkte dafür bestehen, dass der Verteidiger außerstande oder nicht gewillt ist, sich für den Angeklagten zu äußern. Hierfür reicht es allerdings nicht aus, dass der Verteidiger sich in der Hauptverhandlung nicht äußert, denn der Angeklagte wäre dazu berechtigt, von seinem Schweigerecht Gebrauch zu machen, und im Falle zulässiger Vertretung ist der Verteidiger schon aus diesem Grund nicht dazu gehalten, Erklärungen in der Hauptverhandlung abzugeben.

Prozesstaktische Hinweise

8.78   Erscheint der Angeklagte im Verfahren nach Einspruch gegen einen Strafbefehl nicht, obwohl sein persönliches Erscheinen angeordnet wurde, so reagieren Gerichte mitunter verärgert, und der Erlass eines Haftbefehls wird in den Raum gestellt. Hier ist es Sache des Verteidigers, solchen Bedrohungen energisch entgegenzutreten. Der Haftbefehl nach §§ 230 Abs. 2, 236 StPO erfüllt im Strafbefehlsverfahren nicht den Zweck, den „Ungehorsam" des Angeklagten zu ahnden. Kann die Hauptverhandlung trotz Ausbleibens des Angeklagten durchgeführt werden, ohne dass es zu Einbußen bei der Wahrheitsfindung, der gerechten Beurteilung des Falls und der gebotenen Einwirkung des Verfahrensablaufs auf den Angeklagten kommt, so kommt der Erlass eines Haftbefehl zur Erzwingung der Anwesenheit des Angeklagten nicht in Betracht.[127]

Rechtsanwalt R wird in seiner Stellungnahme darauf hinweisen, dass der Erlass eines Haftbefehls entgegen dem Antrag der Staatsanwaltschaft nicht in Betracht kommt. Für den Fall des Haftbefehlserlasses wird R schon vorab Beschwerde gegen den Haftbefehl einlegen und dessen Außervollzugsetzung beantragen.

---

126) KK/Maur, § 411 Rz. 14 m.w.N.
127) KG, NJW 2007, 2345.

Muster

Stellungnahme zum Haftbefehl

Amtsgericht ...
(Anschrift)

In der Strafsache
gegen ...
wegen ...
Az.   ...

trete ich dem in der Hauptverhandlung gestellten Antrag der Staatsanwaltschaft, gegen meinen Mandanten Haftbefehl nach §§ 230 Abs. 2, 236 StPO zu erlassen, nachdrücklich entgegen.

1. Ich habe mit Datum vom ... beantragt, meinen Mandanten von seiner Verpflichtung zum persönlichen Erscheinen der Hauptverhandlung zu entbinden, und hierbei darauf hingewiesen, dass mein Mandant sich in der Hauptverhandlung nicht zur Sache äußern wird und dass ich mit nachgewiesener Vertretungsvollmacht auftreten werde. Das Gericht hat meinen Antrag unter Hinweis auf seine Sachaufklärungspflicht zurückgewiesen.

2. Beim heutigen Hauptverhandlungstermin habe ich eine auf mich lautende Vollmachtsurkunde zum Nachweis meiner Vertretungsvollmacht vorgelegt. Ich bin bereit und in der Lage dazu, den Angeklagten in der Hauptverhandlung zu vertreten.

3. Unter dem Gesichtspunkt der Verhältnismäßigkeit scheidet der Erlass eines Haftbefehls nach §§ 230 Abs. 2, 236 StPO daher aus. Gesichtspunkte, die dafürsprechen würden, trotz der von mir abgegebenen Erklärungen die Anwesenheit des Angeklagten in der Hauptverhandlung dennoch für erforderlich halten zu müssen, sind von der Staatsanwaltschaft weder dargetan noch ersichtlich.

4. Für den Fall, dass das Gericht dennoch antragsgemäß Haftbefehl nach §§ 230 Abs. 2, 236 StPO erlassen sollte, beantrage ich schon jetzt dessen Außervollzugsetzung. Ferner lege ich gegen den Haftbefehl Beschwerde ein.

Rechtsanwältin/Rechtsanwalt

8.2.3 Kooperation von Verteidigern (sogenannte Sockelverteidigung)

Kurzüberblick

8.79 — Mit dem Begriff „Sockelverteidigung" ist die **Zusammenarbeit von Verteidigern** einer Mehrzahl von Beschuldigten in Fällen gemeint, in denen den Beschuldigten in verschiedenen Verfahren dieselbe Tat oder in einem Verfahren verschiedene Taten angelastet werden. In solchen Verfahren kann es für die Verteidigung geboten sein, eine von allen Mandanten getragene einheitliche Verteidigungsstrategie zu entwickeln.

— Die grundsätzliche Zulässigkeit der Sockelverteidigung wird heute nicht mehr ernsthaft bezweifelt.[128] Sie verstößt insbesondere nicht gegen § 146 StPO.[129]

— Ihre rechtlichen Grenzen findet die Sockelverteidigung dort, wo das Strafrecht der Strafverteidigung ohnehin Grenzen setzt: Strafverteidiger dürfen bei der Kooperation mit anderen Verteidigern insbesondere nicht gegen § 258 StGB (Strafvereitelung) verstoßen.

Sachverhalt

A, B und C sind Mitglieder eines Motorradclubs. Z, der dem Club als „Supporter" nahesteht, fällt bei einer allgemeinen Verkehrskontrolle auf, woraufhin sein Pkw durchsucht wird. Im Kofferraum werden Schusswaffen und Drogen gefunden. Z, der unter Bewährung steht, wird vorläufig festgenommen. Nachdem er der Polizei eine Zusammenarbeit in Aussicht stellt, falls er ins Zeugenschutzprogramm aufgenommen wird, übernimmt das LKA den Fall. Z belastet bei mehreren Vernehmungen A, B und C schwer, u.a. berichtet er von einem von ihnen gemeinsam versuchten Tötungsdelikt. A, B und C werden festgenommen. Die Staatsanwaltschaft führt die Ermittlungsverfahren gegen sie gesondert und klagt schließlich den A zum Landgericht an, B und C jeweils getrennt zum Schöffengericht.

Nach der Verhaftung von A, B und C treffen sich deren Verteidiger M, N und O und stimmen eine gemeinsame Verteidigungslinie ab. Nachdem sie feststellen, dass jede Ermittlungsakte unterschiedliche Vernehmungen des Z, jedoch keine der Akten alle Vernehmungen enthält, tauschen sie untereinander die Akten aus. Die Staatsanwaltschaft hatte in jedem der Verfahren unter Berufung auf § 147 Abs. 2 StPO vollständige Akteneinsicht verweigert.

In der Hauptverhandlung gegen B wird Z als Zeuge vernommen. Verteidiger N hält Z dessen Vernehmungen in den Verfahren gegen A und C vor, um Widersprüche herauszuarbeiten. Oberstaatsanwältin O, die die Ermittlungen in allen Ver-

---

128) Grundlegend Richter II, NJW 1993, 2152; Müller, StV 2001, 649; MAH-Pfordte/ Tsambikakis, § 17.
129) Verbot der Mehrfachverteidigung, s.a. OLG Düsseldorf, NJW 2002, 3267.

fahren gegen die Mitglieder des Motorradclubs führt, fragt den N, woher er die Vernehmungsniederschriften habe, aus denen er gerade vorhalte. N entgegnet, das müsse er nicht offenbaren. Oberstaatsanwältin O leitet daraufhin gegen ihn ein Ermittlungsverfahren wegen versuchter Strafvereitelung ein. N beauftragt den Strafverteidiger S mit seiner Vertretung.

Hat N sich durch die Vorhalte aus den Ermittlungsakten der Parallelverfahren strafbar gemacht? Was wird sein Verteidiger tun?

Lösung

Ob Verteidiger im Rahmen einer Sockelverteidigung zur Weitergabe von Informationen über den Akteninhalt an andere Verteidiger befugt sind, wenn diesen im Verfahren gegen die eigenen Mandanten die betreffenden Akteteile nach § 147 Abs. 2 StPO vorenthalten wurden, ist umstritten.   8.80

Zum Teil wird in einer solchen Vorgehensweise eine Umgehung von § 147 Abs. 2 StPO gesehen.[130] Das OLG Frankfurt[131] hatte sich mit einem Fall zu befassen, in dem die (Sockel-)Verteidiger ihren jeweiligen Mandanten die beabsichtigten Einlassungen der Mitbeschuldigten zur Kenntnis gebracht hatten. Das OLG sah die Grenze zur Strafbarkeit nicht überschritten, da keine bewusst wahrheitswidrige Abstimmung der Einlassungen beabsichtigt war.

Die Entscheidung des OLG Frankfurt verdient Zustimmung. Will man ihren Rechtsgedanken verallgemeinern, so wird man sagen können, dass dem Verteidiger im Rahmen der Sockelverteidigung **jedes Verhalten untersagt** ist, durch das er **bewusst** ein **wahrheitswidriges Prozessergebnis** herbeiführen würde. Gemessen daran ist die Weitergabe von Informationen, die der Verteidiger in dem Verfahren gegen den von ihm vertretenen Beschuldigten erlangt hat, an Mitverteidiger, in deren Verfahren sich die Staatsanwaltschaft auf § 147 Abs. 2 StPO beruft, ebenso zulässig wie die Entgegennahme und Verwertung solcher Erkenntnisse.[132]

N hat sich durch die Verwertung von Erkenntnissen aus den in Parallelverfahren geführten Ermittlungsakten damit nicht wegen Strafvereitelung strafbar gemacht. Sein Verteidiger wird die Einstellung des Ermittlungsverfahrens nach § 170 Abs. 2 StPO beantragen.

Prozesstaktische Hinweise

Im Rahmen der Sockelverteidigung kann insbesondere abgesprochen werden,   8.81

- vom Schweigerecht Gebrauch zu machen;

- Beweisanträge und andere prozessuale Erklärungen abzugeben;

---

130) Dahs, Handbuch des Strafverteidigers, Rdnr. 67 f.; Fischer, StGB, § 258 Rdnr. 22.

131) OLG Frankfurt, NStZ 1981, 144.

132) So auch BeckOK, StGB/Ruhmannseder, § 258 Rdnr. 25 m.w.N.

Endler

- bestimmte eigene Ermittlungen anzustellen;

- Sachverständige zu beauftragen;

- gegen die Verwertbarkeit erhobener Beweise vorzugehen;

- Informationen untereinander auszutauschen.

Muster

Einstellungsantrag (Sockelverteidigung als Strafvereitelung)

Staatsanwaltschaft ...
(Anschrift)

In der Strafsache
gegen   ...
wegen   ...
Az.   ...

stelle ich den **Antrag**, das Ermittlungsverfahren gegen meinen Mandanten nach § 170 Abs. 2 StPO einzustellen. Die Fortsetzung der Ermittlungen kann weder aus tatsächlichen noch aus rechtlichen Gründen zu einem eine Anklageerhebung rechtfertigenden hinreichenden Tatverdacht führen. Das Verfahren ist damit einstellungsreif.

1.   Die Staatsanwaltschaft wirft meinem Mandanten vor, Bestandteile der Ermittlungsakte des gegen seinen Mandanten geführten Ermittlungsverfahrens an die Rechtsanwälte M und O weitergegeben zu haben, obwohl die Akteneinsicht in die von jenen Rechtsanwälten geführten Verfahren nach § 147 Abs. 2 StPO beschränkt gewesen sei. N habe seinerseits von den Rechtsanwälten M und O Aktenbestandteile erhalten; auch in dem gegen seinen Mandanten geführten Verfahren sei die Akteneinsicht von der Staatsanwaltschaft wegen Gefährdung des Untersuchungszwecks nach § 147 Abs. 2 Satz 1 StPO beschränkt gewesen. Die Erkenntnisse aus den von ihm zur Verfügung gestellten Akten habe N dazu verwendet, in der Hauptverhandlung gegen seinen Mandanten Vorhalte aus Vernehmungsniederschriften an den in jenem Verfahren vernommenen Zeugen Z zu machen. Darin liege eine versuchte Strafvereitelung (§§ 258, 22 StGB).

2.   Das Ermittlungsverfahren ist einzustellen. Mein Mandant hat sich weder durch die Entgegennahme noch durch die Weitergabe von Aktenteilen nach §§ 258, 22 StGB strafbar gemacht.

a) Ein Strafverteidiger ist grundsätzlich dazu befugt, im Rahmen einer sogenannten Sockelverteidigung mit anderen Verteidigern zu kooperieren, gemeinsame Vorgehensweise abzustimmen und Informationen auszutauschen, sofern dies im Einverständnis und mit dem Willen des eigenen Mandanten geschieht (ganz h.M., vgl. nur Müller, StV 2001, 649; Richter II, NJW 1993, 2152). Es ist allgemein anerkannt, dass eine von den Verteidigern unterschiedlicher Angeklagter gemeinsam geführte Verteidigung grundsätzlich weder einen Verstoß gegen § 146 StPO darstellt noch den Tatbestand des § 258 StGB erfüllt.

b) Ob Letzteres anders zu beurteilen ist, wenn ein Verteidiger ihm von der Staatsanwaltschaft überlassene Aktenteile an andere Verteidiger weitergibt, die in getrennt geführten Verfahren gesondert verfolgte Beschuldigte verteidigen, hinsichtlich derer die Staatsanwaltschaft bislang unter Berufung auf § 147 Abs. 2 Satz 1 StPO keine umfassende Akteneinsicht gewährt hat, wird nicht einheitlich beantwortet.

Teilweise wird darin ein unzulässiger Verstoß gegen Geheimhaltungsinteressen der Staatsanwaltschaft gesehen (so i.E. Fischer, StGB, § 258 Rdnr. 22 m.w.N.). Richtigerweise ist darauf abzustellen, ob der Verteidiger durch sein Vorgehen ein bewusst wahrheitswidriges Prozessergebnis herbeiführen würde (hierzu OLG Frankfurt, NStZ 1981, 144; so auch Müller, a.a.O. m.w.N.).

Beruht die Belastung des vom Verteidiger vertretenen Beschuldigten auf den Angaben eines einzigen Zeugen, sodass es entscheidend darauf ankommt, ob diesem gefolgt werden kann, so kommt der Frage der Aussagekonstanz entscheidende Bedeutung zu. Um die Aussagekonstanz der Angaben des Zeugen beurteilen zu können, hat der Verteidiger insbesondere einen intensiven Abgleich aller Vernehmungsniederschriften vorzunehmen, die in der seinem Mandanten vorgeworfenen Sache oder im Zusammenhang mit ihr gefertigt worden sind, um zu ermitteln, ob der Zeuge sich unter Umständen in zentralen und den Beschuldigten belastenden Punkten widersprochen hat. Dies setzt notwendigerweise die Kenntnis sämtlicher Vernehmungsniederschriften voraus. Hat die Staatsanwaltschaft in rechtlich bedenklicher Weise der Ermittlungsakte einzelne Vernehmungsniederschriften des Belastungszeugen nicht beigefügt oder ihr andere Aktenteile vorenthalten, die es dem Verteidiger ermöglichen können, die Glaubwürdigkeit des Belastungszeugen in Zweifel zu ziehen, so ist der Verteidiger nicht nur dazu berechtigt, sondern im Hinblick auf die Wahrnehmung der Mandanteninteressen und seiner Stellung im Verfahren geradezu dazu verpflichtet, sich Kenntnis von den ihm bislang nicht vorliegenden Aktenteilen zu verschaffen.

Ein solches Verteidigerverhalten kann den Tatbestand des § 258 StGB von vornherein nicht erfüllen, und zwar auch dann nicht, wenn die Staatsanwaltschaft sich hinsichtlich der in Rede stehenden Aktenteile im Parallelverfahren auf § 147 Abs. 2 Satz 1 StPO berufen hat. Das Verfahren gegen meinen Mandanten ist aus Rechtsgründen einzustellen.

Rechtsanwältin/Rechtsanwalt

Endler

8.2.4   Interessenkollision und sukzessive Mehrfachverteidigung

Kurzüberblick

8.82
–   § 146 StPO verbietet die sogenannte Mehrfachverteidigung, also die **gleichzeitige Verteidigung mehrerer Beschuldigter**. Die Vorschrift schützt den Angeklagten vor der abstrakten Gefahr einer Interessenkollision bei seinem Verteidiger. Ob ein tatsächlicher Interessenwiderstreit vorliegt, ist unerheblich.[133] Daneben soll auch das Interesse der Allgemeinheit an einer effektiven Verteidigung geschützt werden.[134]

–   § 146 Satz 1 StPO normiert das Verbot der Mehrfachverteidigung bei **Tatidentität**, also die gleichzeitige Verteidigung mehrerer Beschuldigter, wenn diese derselben Tat beschuldigt werden. Ob Tatidentität i.S.d. § 146 StPO gegeben ist, bestimmt sich nach dem prozessualen Tatbegriff.[135]

–   § 146 Satz 2 StPO verbietet die Mehrfachverteidigung, wenn in einem Verfahren mehrere Beschuldigte verschiedener Taten beschuldigt werden (Verbot der Mehrfachverteidigung bei **Verfahrensidentität**). Ob Verfahrensidentität gegeben ist, ist für jeden Verfahrensabschnitt gesondert zu beurteilen. Im Ermittlungsverfahren ist darauf abzustellen, ob eine nach außen dokumentierte Entscheidung der Staatsanwaltschaft vorliegt, die Ermittlungsverfahren gegen unterschiedliche Personen zu verbinden.[136] Im gerichtlichen Verfahren kommt Verfahrensidentität durch die förmliche Verbindung von Verfahren zustande (§§ 2, 4, 13 Abs. 2).

–   Untersagt ist lediglich die gleichzeitige Mehrfachverteidigung, während die **sukzessive Mehrfachverteidigung** jedenfalls nicht gegen § 146 StPO verstößt.[137]

–   In Fällen unzulässiger Mehrfachverteidigung ist der gewählte Verteidiger (zwingend[138]) zurückzuweisen (§ 146a Abs. 1 Satz 1 StPO). Bis dahin vorgenommene Prozesshandlungen des zurückgewiesenen Verteidigers bleiben allerdings wirksam (§ 146a Abs. 2 StPO).

Sachverhalt

Die Staatsanwaltschaft erhebt gegen A und B wegen gemeinschaftlichen Verstoßes gegen das Betäubungsmittelgesetz Anklage zum Landgericht. A wird von Rechtsanwalt R verteidigt, der nach Zustellung der Anklageschrift im Zwischenverfahren seine Bestellung zum Pflichtverteidiger des A beantragt. Die Strafkammer weist R als Verteidiger zurück und lehnt den Antrag auf Beiordnung ab. Zur

---

133) BGHSt 27, 22.
134) BeckOK, StPO/Wessing, Einl. § 146.
135) § 264 StPO, LG Waldshut-Tiengen, NStZ 2002, 156.
136) BeckOK, StPO/Wessing, § 146, Rdnr. 8.
137) BGH, NStZ 1998, 263; OLG Jena, NJW 2008, 311; LG Dessau-Roßlau, StraFo 2008, 74.
138) KK/Willnow, § 146 Rdnr. 10.

Begründung wird im Beschluss ausgeführt, es sei von einer unzulässigen Mehrfachverteidigung auszugehen, sodass R als Wahlverteidiger zurückzuweisen und seine Bestellung zum Pflichtverteidiger abzulehnen sei.

Nach der Verhaftung des A sei R von diesem als Wahlverteidiger mandatiert worden. Er habe allerdings, wie sich aus einem Vermerk des Haftrichters ergebe, vor Vorführung des A auch ein Gespräch mit B geführt, dem er dazu geraten habe, sich anlässlich der Haftbefehlseröffnung nicht zur Sache zu äußern. Rechtsanwalt R sei weiter als Wahlverteidiger des A tätig, ohne dass ihm von B erteilte Mandat niedergelegt zu haben.

Welche Vorgehensweise empfiehlt sich für Rechtsanwalt R?

Lösung

Gegen die Zurückweisung als Wahlverteidiger kann der Rechtsanwalt Beschwerde einlegen,[139] das gleiche Recht steht dem von der Zurückweisung betroffenen Beschuldigten zu. Die Ablehnung der Pflichtverteidigerbestellung kann der Beschuldigte nach § 142 Abs. 7 Satz 1 StPO mit der sofortigen Beschwerde anfechten.

8.83

Die Rechtsmittel wären begründet, da kein Fall unzulässiger Mehrfachverteidigung i.S.v. § 146 StPO vorliegt. Ob in der Beratung des B im Ermittlungsverfahren überhaupt eine förmliche Mandatsübernahme (und damit auch eine unzulässige Mehrfachverteidigung) gesehen werden kann, kann insoweit dahinstehen. Entscheidend ist, dass ein Verstoß gegen § 146 StPO jedenfalls zum Zeitpunkt der Antragstellung nicht mehr angenommen werden kann. Nach der kurzzeitigen Beratung des B hatte Rechtsanwalt R keinerlei Aktivitäten für diesen mehr entfaltet. Es konnte daher ohne weiteres davon ausgegangen werden, dass eine Verteidigerbeziehung des R zu B, falls sie überhaupt jemals förmlich begründet worden war, jedenfalls ihr Ende gefunden hatte. Einem nach außen hin dokumentierten Beendigungsakt im Sinne einer förmlich kundgetanen Mandatsbeendigung bedurfte es dazu nicht; dies wäre allenfalls dann erforderlich gewesen, wenn hinsichtlich der Verteidigersituation Zweifel bestanden hätten.

Rechtsanwalt R wird daher für seinen Mandanten Beschwerde gegen seine Zurückweisung als Wahlverteidiger und sofortige Beschwerde gegen die Ablehnung der Pflichtverteidigerbestellung einlegen.

Prozesstaktische Hinweise

Auch eine an § 146 StPO gemessen zulässige sukzessive Mehrfachverteidigung kann zu einer Interessenkollision führen, bei der dem Rechtsanwalt die Mandatsübernahme durch § 43a Abs. 4 BRAO verboten ist. Für den Strafverteidiger kann in entsprechenden Fällen sogar das Risiko einer Strafbarkeit wegen Parteiverrats nach § 356 StGB bestehen.[140]

---

139) BGHSt 26, 291; LG Regensburg, NJW 2005, 2245.
140) BGHSt 52, 307; Gillmeister, NJW 2008, 2726; OLG Stuttgart, NStZ 1990, 542.

Muster

Beschwerde gegen Zurückweisung als Wahlverteidiger

Landgericht ...
(Anschrift)

In der Strafsache
gegen   ...
wegen   ...
Az.   ...

lege ich namens und im Auftrag des Herrn A gegen meine Zurückweisung als Wahlverteidiger des Beschuldigten

Beschwerde

mit dem Antrag ein, die zurückweisende Entscheidung aufzuheben. Soweit meine Bestellung zum Pflichtverteidiger des Herrn A abgelehnt worden ist, lege ich in dessen Namen und Auftrag

sofortige Beschwerde

ein und beantrage, die gerichtliche Entscheidung aufzuheben und mich Herrn A zum Pflichtverteidiger zu bestellen. Ein Fall notwendiger Verteidigung ist gegeben (§ 140 Abs. 1 Nr. 1, 2, 5 StPO).

Meine Zurückweisung als Wahlverteidiger ist ebenso zu Unrecht erfolgt wie die Ablehnung meiner Bestellung zum Pflichtverteidiger. Der vom Gericht angenommene Verstoß gegen § 146 StPO ist nicht gegeben.

1. Die sogenannte sukzessive Mehrfachverteidigung wird durch § 146 StPO nicht verboten, vielmehr hat der Gesetzgeber diese von der geltenden Fassung ausgenommen (BT-Drucks. 10/1313, 23; NStZ 1994, 500; OLG Celle, StV 1989, 471; OLG Jena, NJW 2008, 311; LG Dessau-Roßlau, StraFo 2008, 74).

2. Ist die Verteidigung im Hinblick auf das früher übernommene Mandat in rechtlicher Hinsicht beendet, so ist keine gleichzeitige Verteidigung i.S.v. § 146 Satz 1 StPO mehr gegeben (BT-Drucks. 10/1313, 23). Insoweit kommt es darauf an, ob der Verteidiger noch rechtlich dazu in der Lage ist, für seinen früheren Mandanten eine Verteidigertätigkeit zu entfalten, ob aus dem früheren Mandatsverhältnis also noch eine aktuelle Beistandspflicht resultiert (BT-Drucks. 10/1313, 22 f.; Nestler-Tremel, NStZ 1988, 103).

3. Sofern in meinem anlässlich der Haftbefehlseröffnung dem Mitbeschuldigten B erteilten Rat, von seinem Schweigerecht Gebrauch zu machen, überhaupt die förmliche Übernahme eines Verteidigermandats gesehen werden kann, wäre dieses als beendet anzusehen. Im Anschluss an mein kurzes Gespräch mit dem Mitbeschuldigten B bin ich ausschließlich als Verteidiger des Herrn A aufgetreten und habe gegenüber den Ermittlungsbehörden keinerlei Verteidigeraktivitäten für den B entfaltet.

Es kommt insoweit auch nicht darauf an, dass ich bislang weder gegenüber der Staatsanwaltschaft noch gegenüber dem Gericht die Beendigung des Mandatsverhältnisses zu Herrn B förmlich angezeigt habe. Eine ausdrückliche Erklärung des gewählten Verteidigers mit dem Inhalt, dass er den früheren Mandanten nicht mehr verteidige, ist nur dann erforderlich, wenn das Bestehen des Verteidigungsverhältnisses zu dem früheren Beschuldigten eindeutig zum Ausdruck gekommen ist und davon ausgegangen werden muss, dass es noch fortbesteht (OLG Jena, NJW 2008, 311). Dies ist hier nicht der Fall.

4. Sofern nach alledem zu einem früheren Zeitpunkt des Verfahrens ein Verstoß gegen § 146 Satz 1 StPO gegeben gewesen wäre, läge dieser zum jetzigen Zeitpunkt nicht mehr vor. Allein darauf ist abzustellen. Im Ergebnis war sowohl meine Zurückweisung als Wahlverteidiger als auch die Ablehnung meiner Bestellung zum Pflichtverteidiger des Herrn A rechtswidrig. Die entsprechenden gerichtlichen Entscheidungen sind aufzuheben, zumal keine sonstigen Gründe vorliegen, die der Pflichtverteidigerbestellung entgegenstehen würden.

Rechtsanwältin/Rechtsanwalt

8.2.5 Entpflichtungsantrag des Beschuldigten wegen irreparabler Vertrauensstörung

Kurzüberblick

– § 143a Abs. 2 Nr. 3 StPO ermöglicht die Aufhebung der Pflichtverteidigerbestellung in Fällen, in denen eine angemessene Verteidigung des Beschuldigten nicht gewährleistet ist. Dies ist vor allem dann der Fall, wenn das **Vertrauensverhältnis** zwischen Pflichtverteidiger und Beschuldigtem in gravierender Weise **dauerhaft und irreparabel** zerstört ist. Dies ist vom Beschuldigten im Einzelnen **darzulegen** und **glaubhaft** zu machen; sein bloßer Wunsch, den Verteidiger zu wechseln, reicht nicht.   8.84

– Ob das Vertrauensverhältnis so gestört ist, dass eine weitere ordnungsgemäße Verteidigung des Beschuldigten nicht gewährleistet erscheint, ist auf die Sicht eines verständigen Beschuldigten abzustellen.

– Die neu gefasste Vorschrift soll nach dem Willen des Gesetzgebers[141] keine Änderungen zur bisherigen Rechtsprechung mit sich bringen; auf diese kann daher zurückgegriffen werden.

Sachverhalt

A ersticht in einem Supermarkt seine Ex-Freundin und wird noch vor Ort festgenommen. Nach ordnungsgemäßer Beschuldigtenbelehrung beantragt er die Bestellung eines Pflichtverteidigers. Die Kriminalpolizei nimmt daraufhin telefonisch Kontakt zu Rechtsanwalt D auf. D erscheint kurze Zeit später auf dem Polizeirevier und spricht mit A. Er rät dem A, anlässlich der Vorführung beim Haftrichter sofort ein umfassendes Geständnis abzulegen, das sei jetzt das Beste für ihn. A will jedoch zum Tatvorwurf schweigen. Als er dem Haftrichter vorgeführt wird, der antragsgemäß Haftbefehl erlässt, macht er keine Angaben. Der Haftrichter bestellt dem A Rechtsanwalt D zum Pflichtverteidiger.

Drei Wochen später sucht Rechtsanwalt D den A erstmals zu einer Besprechung in der JVA auf. Die Besprechung dauert 20 Minuten und erschöpft sich im Wesentlichen in der Erörterung der Frage, ob die Familie des A eine Zuzahlung zur Pflichtverteidigervergütung leisten könne. Eine Besprechung des Akteninhalts unterbleibt ebenso wie eine Erörterung der Verteidigungsstrategie.

In den folgenden vier Monaten besucht D den A nicht. Auch als A gemäß vorheriger Ankündigung durch die Staatsanwaltschaft fachpsychiatrisch begutachtet wird, sucht D ihn nicht vorher auf, um ihn auf die Begutachtung vorzubereiten. Die Staatsanwaltschaft erhebt schließlich Anklage wegen Mordes gegen A. Dieser wendet sich über die Sozialarbeiterin der JVA an Rechtsanwalt E und bittet diesen um einen Besuch.

E beantragt eine Einzelbesuchserlaubnis zum Zwecke der Mandatsanbahnung und besucht den A. A bittet Rechtsanwalt E darum, seine Verteidigung als Pflichtverteidiger zu übernehmen, nachdem er dem E von den bisherigen „Verteidigeraktivitäten" des D berichtet hat.

Was wird Rechtsanwalt E tun?

Lösung

8.85 Die Hürden für eine Aufhebung der Pflichtverteidigerbestellung wegen schwerer und nicht zu beseitigender Störung des Vertrauensverhältnisses zwischen bestelltem Verteidiger und Beschuldigte sind hoch. Im Hinblick auf das Verhalten des Pflichtverteidigers dürfte ein Antrag hier erfolgversprechend sein. Rechtsanwalt E wird dennoch zunächst versuchen, mit seinem Kollegen Rechtsanwalt D Einverständnis hinsichtlich einer sogenannten **Umbeiordnung** herbeizuführen. Darunter versteht man die Aufhebung der Bestellung des bisherigen Pflichtverteidigers und

---

141) BT-Drucks. 19/13829, 48.

die Bestellung eines neuen Verteidigers, ohne dass der Staatskasse hierdurch zusätzliche Gebühren entstehen. Werden im Einverständnis mit dem Beschuldigten entsprechende Erklärungen der Verteidiger vorgelegt, so ist die Umbeiordnung vom Gericht vorzunehmen, sofern ihr keine wichtigen Gründe entgegenstehen.

Prozesstaktische Hinweise

Das Einverständnis des zu entpflichtenden Kollegen lässt sich mit der auch standesrechtlich gebotenen Zurückhaltung dadurch befördern, dass ihm gegenüber vorab in kollegialer Weise schriftsätzlich skizziert wird, was Gegenstand eines Entpflichtungsantrags wäre, wenn dieser angebracht werden würde. Es versteht sich von selbst, dass dabei mit größtmöglichem Fingerspitzengefühl vorzugehen ist; keinesfalls darf dem bisherigen Pflichtverteidiger die Abgabe einer Einverständniserklärung abgenötigt werden.   **8.86**

Bestreitet der bisherige Pflichtverteidiger den Vortrag des Mandanten, und erklärt er sich mit einer Umbeiordnung nicht einverstanden, bleibt nur der Weg der Anbringung eines Entpflichtungsantrags.

Muster 1

Anschreiben Pflichtverteidiger mit Vorschlag Umbeiordnung

Herrn
Rechtsanwalt D
(Anschrift)

Strafsache A

Sehr geehrter Herr Kollege D,

ich zeige an, dass Herr A (zzt. JVA ...) mich mit seiner Verteidigung beauftragt hat. Ordnungsgemäße Bevollmächtigung wird anwaltlich versichert.

Sie wurden Herrn A am Tag seiner Festnahme anlässlich der Vorführung beim Haftrichter zum Verteidiger bestellt. Herr A hat mir gegenüber angegeben, er habe nach seiner Festnahme gegenüber den Beamten der Kriminalpolizei geäußert, er wolle einen Verteidiger, kenne jedoch keinen Anwalt. Die Beamten hätten Sie daraufhin empfohlen und auch einen telefonischen Kontakt hergestellt.

Herr A hat weiter ausgeführt, Sie hätten ihn drei Wochen nach seiner Inhaftierung in der JVA ... erstmals aufgesucht, für die Dauer von 20 Minuten. Bei diesem Besuch sei es vornehmlich um das Verteidigerhonorar gegangen. Ein weiterer Haftbesuch durch Sie soll seitdem nicht stattgefunden haben, obwohl sich Herr A mittlerweile seit knapp über vier Monaten in Untersuchungshaft befindet.

Unterstellt, die Schilderung des Mandanten mir gegenüber träfe zu – ich selbst hege auf Grund weiterer mir bekannter Umstände an den Angaben des Herrn A keinen Zweifel –, wäre ein Antrag auf Aufhebung Ihrer Bestellung zum Pflichtverteidiger wegen einer schweren und nicht zu behebenden Störung des Vertrauensverhältnisses anzubringen. Ein solcher Antrag hätte nach meiner Auffassung auch unbedingte Aussicht auf Erfolg. Wie Ihnen gewiss bekannt ist, nimmt die Rechtsprechung ein gestörtes Vertrauensverhältnis ohne weiteres an, wenn ein inhaftierter Beschuldigter für längere Zeit nicht von seinem Verteidiger aufgesucht wird.

All dies müsste allerdings nicht in einer Antragsbegründung vorgetragen werden, wenn ein einverständlicher Pflichtverteidigerwechsel erreicht werden könnte. Ich wäre dazu bereit, eine Gebührenverzichtserklärung abzugeben, Sie wiederum könnten erklären, dass Sie gegen eine Aufhebung Ihrer Bestellung keine Einwände haben. Auf diese Weise ließe sich eine Umbeiordnung erreichen, ohne dass Hintergründe offenbart werden müssten.

Ich darf Sie darum bitten, bis spätestens ... mir gegenüber schriftsätzlich Ihr Einverständnis mit der vorgeschlagenen Vorgehensweise zu erklären. Anderenfalls wäre ich gehalten, den bereits skizzierten Entpflichtungsantrag anzubringen.

Mit freundlichen kollegialen Grüßen

Rechtsanwältin/Rechtsanwalt

Muster 2

Entpflichtungsantrag des Beschuldigten

Amtsgericht ...
(Anschrift)

In der Strafsache
gegen   ...
wegen   ...
Az.   ...

stelle ich namens und im Auftrag des Beschuldigten den

Antrag,

die Bestellung des Rechtsanwalts D zum Verteidiger nach § 143a Abs. 2 Nr. 3 erste Alternative StPO aufzuheben und mich zum neuen Pflichtverteidiger zu bestellen.

Herr A befindet sich seit seiner vorläufigen Festnahme am ... wegen Verdachts des Mordes in Untersuchungshaft in der JVA .... Das Amtsgericht ... hat mit Beschluss vom ... Rechtsanwalt D zum Verteidiger des Beschuldigten bestellt (EA Bd. I AS 86).

Die Beiordnung ist aufzuheben, da das Vertrauensverhältnis zwischen Rechtsanwalt D und Herrn A endgültig zerstört ist.

1. Seit der Inhaftierung des Herrn A hat Rechtsanwalt D seinen Mandanten einmal in der JVA aufgesucht, am .... Der Haftbesuch, der drei Wochen nach der vorläufigen Festnahme und dem Erlass des Haftbefehls stattfand, dauerte rund 20 Minuten und diente im Wesentlichen der Erörterung der Frage, ob und inwieweit die Familie des Herrn A bereit dazu ist, eine Zuzahlung zur Pflichtverteidigervergütung zu leisten. Ein weiterer Haftbesuch hat während der folgenden vier Monate der Inhaftierung nicht stattgefunden.

2. Eine Besprechung der Ermittlungsakte, die dem Pflichtverteidiger zwei Tage nach Haftbefehlserlass zugegangen ist, hat bis heute nicht stattgefunden. Unterblieben ist auch eine Erörterung der Frage, ob es sich empfiehlt, dass Herr A an der von der Staatsanwaltschaft in Auftrag gegebenen psychiatrischen Begutachtung im Hinblick auf die Frage des Vorliegens der Voraussetzungen der §§ 20, 21 StGB mitwirken und sich anlässlich der Begutachtung auch zur Sache äußern soll.

3. Mit Datum vom ... hat die Staatsanwaltschaft Anklage gegen Herrn A wegen Verdachts des Mordes erhoben. Rechtsanwalt D hat auch dies nicht zum Anlass genommen, seinen Mandanten zu einer Besprechung der Sache in der JVA aufzusuchen.

4. Durch Rechtsanwalt D, der sich mit einer einverständlichen Umbeiordnung nicht einverstanden erklärt hat, ist eine angemessene Verteidigung des Beschuldigten nicht gewährleistet. Die Pflichtverteidigerbestellung ist daher aufzuheben.

   a) Ob ein gestörtes Vertrauensverhältnis vorliegt, ist aus der Sicht eines verständigen Beschuldigten zu beurteilen (OLG Düsseldorf, StV 1993, 6; LG Köln, StraFo 2006, 329; BGH, NStZ 2004, 632). Im Hinblick darauf, dass das Institut der notwendigen Verteidigung auch der Verfahrenssicherung dient, sind insoweit strenge Maßstäbe anzulegen. Einem Beschuldigten ist es nicht eröffnet, durch die unsubstantiierte Behauptung einer Störung des Vertrauensverhältnisses nach seinem Belieben jederzeit einen Wechsel des Pflichtverteidigers herbeizuführen. Auch muss es sich bei der Vertrauensstörung um eine gravierende handeln, die nicht zu beheben ist.

   b) In der vorliegenden Sache kann von bloßen Meinungsverschiedenheiten zwischen dem inhaftierten Beschuldigten und seinem Verteidiger keine Rede sein. Die Pflichtverstöße des beigeordneten Verteidigers, an deren Vorliegen kein Anlass zu Zweifeln besteht, sind vielmehr gravierender Natur.

Endler

In der Rechtsprechung ist allgemein anerkannt, dass das Unterlassen von Haftbesuchen beim inhaftierten Beschuldigten regelmäßig eine schwere Störung des Vertrauensverhältnisses begründet, dies zumal dann, wenn dem Beschuldigten ein schwerwiegender Vorwurf gemacht wird (OLG Braunschweig, BeckRS 2012, 23866; OLG Düsseldorf, NStZ-RR 2011, 48; LG München, StV 2015, 27; LG Ingolstadt, BeckRS 2017, 123419; 2015, 00975; LG Magdeburg, StraFo 2008, 428; LG Osnabrück, BeckRS 2010, 23007; AG Frankfurt a.M., StraFo 2019, 378 m. zust. Anm. Peter; AG München, StV 2011, 668).

Dass Rechtsanwalt D seinen Mandanten bis auf eine kurze und inhaltlich belanglose Ausnahme während der Dauer von vier Monaten nicht in der Untersuchungshaft besucht hat, wiegt schwer. Eine Erörterung der Sache mit Herrn A hat bis heute nicht stattgefunden. Rechtsanwalt D hat nicht einmal die Anklageerhebung zum Anlass dazu genommen, seinen Mandanten aufzusuchen. Dies rechtfertigt ohne weiteres die Aufhebung der Pflichtverteidigerbestellung. Weitere Ausführungen hierzu erscheinen entbehrlich.

In diesem Zusammenhang soll nicht unerwähnt bleiben, dass der Unterzeichner dem Kollegen Rechtsanwalt D vor Stellung der vorliegenden Antragskenntnis von den mitgeteilten Umständen gegeben hatte. Jegliche Reaktion darauf durch den Kollegen D ist ausgeblieben. Dieser hat sich auch nicht mit einer einverständlichen Umbeiordnung bereit erklärt.

Der vorliegende Antrag ist begründet. Die Beiordnung des Rechtsanwalts D ist aufzuheben, und der Unterzeichner ist Herrn A antragsgemäß zum Pflichtverteidiger zu bestellen.

Rechtsanwältin/Rechtsanwalt

8.2.6 Entpflichtungsantrag des Pflichtverteidigers wegen irreparabler Vertrauensstörung

Kurzüberblick

8.87 – Gründe für die Annahme einer nachhaltigen und endgültigen Erschütterung des Vertrauensverhältnisses können auch in der Person des Beschuldigten liegen. In solchen Fällen kann der **Pflichtverteidiger selbst die Rücknahme seiner Beiordnung beantragen.**

– Lehnt das Gericht die Entpflichtung ab, so fragt sich, ob der Pflichtverteidiger hiergegen Beschwerde einlegen kann.

– Dies wird in Rechtsprechung und Literatur zum Teil mit der Begründung abgelehnt, genauso wenig wie ein Anwalt das Recht habe, in einer bestimmten Sache zum Pflichtverteidiger bestellt zu werden, stehe ihm ein Anspruch zu, von einer bestimmten Pflichtverteidigung entbunden zu werden. Bestellung und Rücknahme der Bestellung stünden vielmehr im pflichtgemäßen Ermessen des Vorsitzenden.[142]

– Der BGH[143] verweist hingegen zutreffend darauf, dass der Gesetzgeber davon ausgegangen ist, dass die sofortige Beschwerde bei richterlicher Bestellung eines Pflichtverteidigers oder ihrer Ablehnung nach § 142 Abs. 7 StPO statthaft sein soll, soweit eine Beschwer vorliegt, ohne die Beschwerdebefugnis abschließend und dahingehend zu regeln, dass nur der Beschuldigte und die Staatsanwaltschaft, nicht jedoch der Pflichtverteidiger selbst beschwerdeberechtigt sein solle. Die **Beschwerdeberechtigung des Pflichtverteidigers** ist damit **zu bejahen**.

Sachverhalt

In einem umfangreichen Wirtschaftsstrafverfahren wegen Verdachts des Anlagebetrugs wird Rechtsanwalt R dem Angeklagten A von der Wirtschaftsstrafkammer im Zwischenverfahren zum Verteidiger bestellt. Die Beweislage ist erdrückend, und mit einer Verurteilung des A zu einer mehrjährigen Freiheitsstrafe ist sicher zu rechnen. In mehreren mehrstündigen Besprechungen weist R den A darauf hin. Eine geordnete Besprechung der Sache ist mit A nicht möglich, weil dieser sich weigert, auf die in der Anklageschrift gegen ihn erhobenen Vorwürfe oder auf die Ermittlungsergebnisse auch nur annähernd einzugehen. Stattdessen bezichtigt A die ermittelnden Kriminalbeamten der Verschwörung und ergeht sich ansonsten während der Besprechungen mit R in weitläufigen Erklärungen, die neben der Sache liegen. Rechtsanwalt R rät dem A daher dringend dazu, sich in der Hauptverhandlung auf sein Schweigerecht zu berufen, vor allem aber keine Fragen an Zeugen zu richten. Dies verweigert der A und lässt sich gegen den ausdrücklichen Rat des R in der Hauptverhandlung umfassend zur Sache ein. Sämtliche Zeugen befragt A, sobald er das Fragerecht hat, selbst, wobei er ihnen zahlreiche belastende Umstände entlockt, die sie bisher auf Fragen anderer Verfahrensbeteiligter nicht preisgegeben hatten.

R stellt daraufhin in der Hauptverhandlung den Antrag, seine Bestellung zum Pflichtverteidiger des A aufzuheben und diesem einen anderen Pflichtverteidiger zu bestellen, da der A ganz offensichtlich kein Vertrauen zu ihm habe und sich seinem anwaltlichen Rat als Verteidiger komplett verweigere. Der Vorsitzende lehnt den Antrag des R ab und äußert jovial, durch dieses Stahlbad müsse R hindurch.

Was wird Rechtsanwalt R tun?

---

142) OLG Bamberg, BeckRS 1989, 4408; OLG Brandenburg, BeckRS 2009, 87253; KG, BeckRS 2018, 16603; BeckOK, StPO/Krawczyk, § 143 Rdnr. 11; Meyer-Goßner/Schmitt, § 143 Rdnr. 7.
143) BGH, NJW 2020, 1534.

Lösung

8.88 Rechtsanwalt R wird gegen die Verfügung des Vorsitzenden, seine Pflichtverteidigerbestellung nicht aufzuheben, sofortige Beschwerde gem. § 142 Abs. 7 StPO einlegen. Diese hat auch Aussicht auf Erfolg. Zwar rechtfertigen Differenzen zwischen Pflichtverteidiger und Angeklagtem über die Verteidigungsstrategie für sich genommen die Entpflichtung nicht,[144] etwas anderes hat jedoch zu gelten, wenn Meinungsverschiedenheiten über das Verteidigungskonzept so grundlegend sind, dass sie nicht behoben werden können, sodass der Verteidiger im Ergebnis außerstande ist, die Verteidigung des Angeklagten sachgemäß zu führen.[145] Von einem solchen Fall ist hier auszugehen.

Muster

Entpflichtungsantrag des Pflichtverteidigers

Landgericht ...
(Anschrift)

In der Strafsache
gegen   ...
wegen   ...
Az.   ...

lege ich gegen die Verfügung des Vorsitzenden vom ..., durch den mein Antrag auf Rücknahme meiner Bestellung zum Pflichtverteidiger des Angeklagten abgelehnt wurde,

sofortige Beschwerde

ein mit dem Antrag, die angefochtene Verfügung aufzuheben und meine Bestellung zum Pflichtverteidiger zurückzunehmen. Es liegt eine schwere und irreparable Störung des Vertrauensverhältnisses zwischen dem Angeklagten und mir vor, die eine weitere Verteidigung unmöglich macht und die Aufhebung meiner Bestellung gebietet.

1.   Die sofortige Beschwerde ist statthaft. Dem Pflichtverteidiger steht gegen die Ablehnung seines Antrags auf Rücknahme der Bestellung ein eigenes Beschwerderecht zu (BGH, NJW 2020, 1534).

---

144) BGH, NStZ 1988, 420; BVerfG, BeckRS 2006, 27503.
145) BGH, a.a.O.

Endler

2. Die Beschwerde ist auch begründet. Der Vorsitzende hat den Antrag auf Rücknahme der Verteidigerbestellung zu Unrecht abgelehnt.

Zwischen Herrn A und mir bestehen grundlegende und nicht zu behebende Differenzen über das Verteidigungskonzept. Gestützt auf meine auf intensives Aktenstudium zurückgehende Bewertung der bisherigen Beweisergebnisse habe ich Herrn A, der sich im bisherigen Verfahren nicht zur Sache eingelassen hatte, dazu geraten, (auch) in der Hauptverhandlung von seinem Schweigerecht Gebrauch zu machen. Entgegen meinem Rat hat Herr A sich in der Hauptverhandlung allerdings zur Sache eingelassen und hierbei auch Fragen der Strafkammer beantwortet, bis er die Befragung schließlich von sich aus beendet und angegeben hat, er werde nun nichts mehr sagen.

Ebenfalls entgegen meinem ausdrücklich erteilten Rat befragt Herr A aber auch die in der Hauptverhandlung vernommenen Zeugen selbst und lässt hierbei erkennen, dass er offenbar außerstande ist, zu erkennen, dass keiner der Zeugen ihn bisher entlastet hat – im Gegenteil, bei einigen der Zeugen musste sich der Eindruck aufdrängen, dass diese erst auf Grund der Fragen des Angeklagten belastendes Wissen kundgetan haben.

Bereits diese, mit meiner anwaltlichen Schweigepflicht gerade noch zu vereinbarenden Einschätzungen lassen erkennen (was im Übrigen für jeden Verfahrensbeteiligten auch in der Hauptverhandlung ersichtlich war), dass Herr A meinem anwaltlichen Rat nicht im Ansatz zugänglich ist. Jede Verteidigertätigkeit meinerseits in der Hauptverhandlung ist Makulatur; insbesondere vermag ich es ganz offensichtlich nicht, Herrn A davon abzuhalten, sich durch sein Prozessverhalten in gravierender Weise selbst zu schaden.

Nach den von der Rechtsprechung entwickelten Maßstäben liegen daher nicht nur vorübergehende Differenzen hinsichtlich der Führung der Verteidigung vor, sondern vielmehr eine schwere und nicht zu behebende Störung des Vertrauensverhältnisses zwischen dem Angeklagten und mir. Die Aufhebung meiner Bestellung zum Pflichtverteidiger ist zwingend geboten, dies auch auf die Gefahr hin, dass ein neu bestellter Pflichtverteidiger unter Umständen die Aussetzung der Hauptverhandlung beantragen wird, um sich in die Sache einzuarbeiten. Da es sich nicht um eine mit besonderer Beschleunigung zu betreibende Haftsache handelt, wäre eine auf diese Weise eingetretene Verfahrensverzögerung gerade noch hinnehmbar, wenn dadurch erreicht werden könnte, dass Herr A in der Hauptverhandlung von einem Verteidiger verteidigt wird, dem er vertraut und auf dessen Rat er hört.

Rechtsanwältin/Rechtsanwalt

8.2.7 Nachträgliche Beiordnung

Kurzüberblick

– Ist das Strafverfahren rechtskräftig abgeschlossen oder der Rechtszug beendet, 8.89 lag ein Fall notwendiger Verteidigung vor und war der Beschuldigte durch einen von ihm gewählten Verteidiger auch tatsächlich verteidigt, so genügt das Verfahren jedenfalls insoweit rechtsstaatlichen Anforderungen, als nach dem

Willen des Gesetzgebers in Fällen notwendiger Verteidigung (§ 140 StPO) das Strafverfahren nicht ohne Mitwirkung eines Verteidigers durchgeführt werden soll.

– Nicht selten wird der Verteidiger das Mandat allerdings als Wahlverteidiger übernehmen und dann bereits im Hinblick auf die finanzielle Situation des von ihm vertretenen Beschuldigten Beiordnung beantragen. Liegt ein Fall notwendiger Verteidigung vor (bloße Mittellosigkeit des Beschuldigten genügt bekanntlich nicht), müsste einem solchen Antrag auch entsprochen werden, dies nach den Vorgaben von § 141 Abs. 1 Satz 1 StPO „unverzüglich" (zum Bestellungsverfahren siehe Rdnr. 8.38).

– Probleme entstehen, wenn die **Bescheidung des berechtigten Beiordnungsantrags** des Wahlverteidigers bis zum Abschluss des Verfahrens **unterbleibt**, was i.d.R. aus Gründen der Fall sein wird, die ausschließlich in der **Sphäre der Justiz** liegen, so etwa, wenn die Entscheidung über den Antrag vom zuständigen Richter schlichtweg vergessen wird. Es fragt sich, ob die Bestellung in solchen Fällen nachgeholt werden kann. Für den Wahlverteidiger ist dies eine wichtige Frage, denn hier entscheidet sich, ob er infolge einer nachträglichen und damit rückwirkenden Beiordnung für seine Tätigkeit Gebühren aus der Staatskasse bekommt oder ob er den Beschuldigten honorarfrei verteidigt hat, weil dieser die Verteidigung nicht vergüten kann.

– Die Zulässigkeit der nachträglichen und damit rückwirkenden Pflichtverteidigerbestellung ist seit jeher stark umstritten. In der **obergerichtlichen Rechtsprechung** wird die Möglichkeit einer **rückwirkenden Beiordnung überwiegend abgelehnt.**[146] Zur Begründung wird vorwiegend angeführt, die Bestellung des Pflichtverteidigers diene nicht dem Kosteninteresse des Verurteilten und seines Verteidigers, sondern allein dem Zweck, im öffentlichen Interesse dafür zu sorgen, dass der Betroffene in schwerwiegenden Fällen rechtskundigen Beistand erhalte und der ordnungsgemäße Verfahrensablauf gewährleistet sei. Dies könne nachträglich nicht mehr beeinflusst werden.[147]

– Die Mehrzahl der **Instanzgerichte** und die herrschende Rechtsliteratur halten dagegen eine rückwirkende Pflichtverteidigerbestellung für **zulässig.**[148] Für diese Auffassung spricht, dass in Fällen, in denen eine an sich gebotene (und in § 141 Abs. 1 Satz 1 StPO nunmehr angeordnete) Pflichtverteidigerbestellung trotz eines bereits vor Verfahrensbeendigung gestellten Beiordnungsantrags

---

146) BGH, NStZ-RR 2009, 338; OLG Brandenburg, BeckRS 2020, 4944; OLG Oldenburg, BeckRS 2015, 20542; OLG Celle, BeckRS 2012, 20314; OLG Düsseldorf, BeckRS 2015, 12982; StraFo 2003, 04; KG, BeckRS 2013, 13934; KG, Beschl. v. 09.04.2020 – 2 Ws 30-31/20; OLG München, BeckRS 2012, 02861; OLG Rostock, BeckRS 2010, 09553; OLG Hamm, NStZ-RR 2009, 113; OLG Schleswig, BeckRS 2008, 07388; OLG Bamberg, NJW 2007, 3796; 1997, 238.

147) So ausdrücklich OLG Oldenburg, a.a.O.

148) LG Hamburg, BeckRS 2018, 15059; LG Frankenthal, StV 2018, 155; LG Magdeburg, BeckRS 2016, 115168; LG Hamburg, BeckRS 2014, 07839; LG Potsdam, BeckRS 2014, 11707; LG Dresden, StV 2011, 666; LG Halle, StV 2011, 667; LG Köln, BeckRS 2011, 25712; zum neuen Recht AG Bottrop, Beschl. v. 06.05.2020 – 33 Gs 64/20; LG Halle, Beschl. v. 11.08.2020 – 10a Qs 62/20; BeckOK, StPO/Krawczyk, § 142, Rdnr. 29 m.w.N.

auf Grund gerichtsinterner Vorgänge nicht vorgenommen wird, eine effektive Verteidigung wegen der ungeklärten Kostenfrage möglicherweise unterbleibt.[149]

Eine von dieser Problematik zu trennende Frage ist, ob eine Pflichtverteidigerbestellung im Hinblick auf den ursprünglich gegebenen Fall notwendiger Verteidigung erfolgen kann, wenn dieser mittlerweile entfallen ist. Dies ist abzulehnen: Ist kein Fall notwendiger Verteidigung mehr gegeben, scheidet eine nachträgliche Pflichtverteidigerbestellung regelmäßig aus.[150]

Hinweis

Im Hinblick auf die Intention des Gesetzes zur Neuregelung des Rechts der notwendigen Verteidigung[151] ist die bisher ausnahmslose Ablehnung einer nachträglichen Beiordnung durch die Obergerichte jedenfalls dann nicht mehr vertretbar, wenn der Antrag rechtzeitig gestellt, aber nicht beschieden wurde und damit dem Erfordernis der Unverzüglichkeit der Beiordnung nicht genügt worden ist.[152] Dies gilt insbesondere auch unter dem Gesichtspunkt, dass ein nach § 170 Abs. 2 StPO eingestelltes Ermittlungsverfahren jederzeit wieder aufgenommen werden kann, sodass in Fällen notwendiger Verteidigung, rechtzeitiger Antragstellung und rechtswidrigen Absehens von der Pflichtverteidigerbestellung unter Verstoß gegen das Unverzüglichkeitsgebot des § 141 Abs. 1 Satz 1 StPO eine nachträgliche Beiordnung nicht nur zulässig, sondern geboten ist.[153]

8.90

Sachverhalt

Rechtsanwalt R zeigt bei der Staatsanwaltschaft am 20.12.2019 die Vertretung des 17-jährigen A an, der am 13.09.2019 von der Polizei über den Tatvorwurf belehrt worden ist und sich seit 14.09.2019 in anderer Sache in Untersuchungshaft befindet. In dem Schriftsatz beantragt er zugleich, A zum Pflichtverteidiger bestellt zu werden und sein Schreiben dem für die Beiordnung zuständigen Amtsgericht vorzulegen.

Der Antrag des R geht am 27.12.2019 bei der Staatsanwaltschaft ein. Mit Verfügung vom 30.01.2020 stellt die Staatsanwaltschaft das Verfahren gegen A nach § 154 Abs. 2 StPO ein.

R erinnert am 06.02.2020 an die Erledigung seines Antrags, woraufhin die Staatsanwaltschaft den Antrag noch am selben Tag dem Amtsgericht zuleitet. Das Amtsgericht lehnt den Beiordnungsantrag mit Beschluss vom 27.02.2020 ab und

---

149) So zutreffend BeckOK, StPO/Krawczyk, § 142, Rdnr. 29 unter Hinweis auf LG Hamburg, BeckRS 2018, 15059 und m.w.N.
150) LG Halle, Beschl. v. 11.08.2020, 10a Qs 62/20.
151) BT-Drucks. 19/13829 und BT-Drucks. 19/15151.
152) LG Mannheim, BeckRS 2020, 4792.
153) LG Nürnberg-Fürth, Beschl. v. 04.05.2020 – JK II Qs 15/20 jug.

führt zur Begründung aus, die Voraussetzungen des Ausnahmetatbestands des § 141 Abs. 2 Satz 1 Nr. 2 i.V.m. Satz 3 StPO n.F. seien gegeben. Zwar sei am 13.09.2019 eine Geschädigtenvernehmung vorgenommen worden, zu diesem Zeitpunkt habe jedoch noch kein Fall der notwendigen Verteidigung vorgelegen, da A erst am 14.09.2019 inhaftiert worden sei. Nachdem der Grund der notwendigen Verteidigung bekannt geworden sei, seien lediglich eine Haftzeitübersicht und eine Kopie der Anklageschrift in dem weiteren Verfahren eingeholt worden. Nach dem vorliegend maßgeblichen Zeitpunkt seien also keinerlei Untersuchungs- oder Ermittlungshandlungen mehr mit Außenwirkung vorgenommen worden. Der Beiordnungsantrag datiere vom 20.12.2019 und liege zeitlich damit nach der Geschädigtenvernehmung. Davon abgesehen sei eine nachträgliche Pflichtverteidigerbestellung unzulässig.

Wie wird Rechtsanwalt R auf den Beschluss des Amtsgerichts reagieren?

Lösung

8.91 R wird seinem Mandanten empfehlen, gegen den Beschluss des Amtsgerichts sofortige Beschwerde einzulegen (§ 142 Abs. 7 Satz 1 StPO). Der Beiordnungsantrag war von Rechtsanwalt R rechtzeitig gestellt und hätte von der Staatsanwaltschaft unverzüglich dem Amtsgericht zur Entscheidung vorgelegt werden müssen. Die eingetretene Verzögerung liegt daher in der Sphäre der Justiz und stellt einen Verstoß gegen das Unverzüglichkeitsgebot des § 141 Abs. 1 Satz 1 StPO dar.

Die sofortige Beschwerde wird auch Erfolg haben. Die vom Amtsgericht angeführten Gründe tragen die Ablehnung der Beiordnung nicht. Zum Zeitpunkt der Antragstellung durch R lag ein Fall notwendiger Verteidigung vor, wobei es nicht darauf ankam, dass A sich in anderer Sache in Haft befand. Die Ausnahmeregelung des § 141 Abs. 2 Satz 3 StPO, die sich nach dem Wortlaut der Vorschrift nur auf die in § 141 Abs. 2 Satz 1 Nr. 2 und 3 StPO genannten Fälle bezieht, ist in Verfahren gegen Jugendliche und Heranwachsende nicht anwendbar (siehe Rdnr. 8.35).

Prozesstaktische Hinweise

Wurde das Verfahren eingestellt, ohne dass die an sich vorzunehmende und rechtzeitig beantragte Pflichtverteidigerbestellung erfolgt ist, und wurde eine nachträgliche Bestellung rechtswidrig abgelehnt, so kann der (ehemalige) Beschuldigte hiergegen sofortige Beschwerde gem. § 142 Abs. 7 StPO einlegen, ohne dass dagegen prozessuale Überholung eingewandt werden könnte. Die von Gesetzes wegen vorgesehene Möglichkeit der Beschwerdeeinlegung gegen die Versagung der Beiordnung darf dem Beschuldigten nicht dadurch entzogen werden, dass der Antrag auf Pflichtverteidigerbestellung durch Verfahrenseinstellung gleichsam ausgehebelt wird.[154]

---

154) LG Aurich, Beschl. v. 05.05.2020 – 12 Qs 78/20.

Muster

Antrag auf nachträgliche Beiordnung

Amtsgericht ...
(Anschrift)

In der Strafsache
gegen ...
wegen ...
Az. ...

lege ich namens und im Auftrag des Herrn A gegen die Ablehnung meiner Bestellung zu seinem Pflichtverteidiger

sofortige Beschwerde

ein und beantrage, die gerichtliche Entscheidung aufzuheben und mich Herrn A zum Pflichtverteidiger zu bestellen. Die Ablehnung meiner Bestellung zum Pflichtverteidiger ist zu Unrecht erfolgt.

1. Zum Zeitpunkt der Stellung des Beiordnungsantrages am 20.12.2019 war gem. §§ 109 Abs. 1 Satz 1, 68 Abs. 1 Nr. 1 JGG, 140 Abs. 1 Nr. 5 StPO ein Fall notwendiger Verteidigung gegeben, da mein Mandant sich seit 14.09.2019 in Untersuchungshaft befand. Dass die Untersuchungshaft nicht in dem vorliegenden, sondern in einem anderen Verfahren gegen Herrn A angeordnet worden war, steht nicht entgegen, denn durch die Neuregelung in § 140 Abs. 1 Nr. 5 StPO ist ausdrücklich klargestellt worden, dass es nicht darauf ankommt, in welchem Verfahren die Untersuchungshaft vollzogen wird.

2. Dem zu diesem Zeitpunkt in der vorliegenden Sache unverteidigten Herrn A war am 13.09.2019 der Tatvorwurf durch die Vernehmungsbeamten der Polizei eröffnet worden, und ich habe am 20.12.2019 ausdrücklich Pflichtverteidigerbestellung beantragt. Damit waren die Voraussetzungen des § 141 Abs. 1 Satz 1 StPO gegeben, und ich hätte Herrn A unverzüglich zum Pflichtverteidiger bestellt werden müssen.

3. Seit dem 14.09.2019 (dem Zeitpunkt der Haftbefehlsverkündung) lagen auch die Voraussetzungen für eine antragsunabhängige Pflichtverteidigerbestellung vor (§ 141 Abs. 2 Satz 1 Nr. 2 StPO), worauf es vorliegend aber nicht ankommt. Die Ausnahmeregelung des § 141 Abs. 2 Satz 3 StPO, nach der die Pflichtverteidigerbestellung *„in den Fällen des Satzes 1 Nummer 2 und 3"* unterbleiben kann, wenn die baldige Einstellung des Verfahrens beabsichtigt ist und keine anderen Untersuchungshandlungen als die Einholung von Registerauskünften oder die Beiziehung von Urteilen oder Akten vorgenommen werden sollen, war nämlich entgegen der Auffassung des Amtsgerichts schon deswegen nicht anwendbar, weil ein zulässiger Antrag nach § 141 Abs. 1 Satz 1 StPO vorlag. In einem solchen Fall ermöglicht § 141 Abs. 2 Satz 3 StPO ein Absehen von der Beiordnung aber gerade nicht (vgl. LG Dessau-Roßlau, Beschl. v. 27.08.2020 – 3 Qs 121/20).

4. Allenfalls ergänzend ist darauf hinzuweisen, dass § 141 Abs. 2 Satz 3 StPO in Verfahren gegen Jugendliche und Heranwachsende ohnehin nicht anwendbar ist, wie sich aus § 68a Abs. 1 JGG i.V.m. § 2 Abs. 2 JGG ergibt.

5. Soweit das Amtsgericht unter Berufung auf die herrschende obergerichtliche Rechtsprechung die Auffassung vertritt, eine nachträgliche und damit rückwirkende Pflichtverteidigerbestellung sei grundsätzlich unzulässig, ist dieser Auffassung im Hinblick auf die Intention des Gesetzes zur Neuregelung des Rechts der notwendigen Verteidigung (BT-Drucks. 19/13829 und BT-Drucks. 19/15151) jedenfalls für den Fall nicht zu folgen, dass ein rechtzeitig gestellter Antrag auf Beiordnung vorliegt, über den allerdings entgegen § 141 Abs. 1 Satz 1 StPO nicht unverzüglich entschieden worden ist.

Die Entscheidung des Amtsgerichts hat keinen Bestand.

Rechtsanwältin/Rechtsanwalt

8.2.8 Beiordnung im Vollstreckungsverfahren

Kurzüberblick

8.92 — Der Gesetzgeber hat bei der Neufassung des § 140 StPO durch das Gesetz zur Neuregelung des Rechts der notwendigen Verteidigung vom 10.12.2019 darauf verzichtet, eine Regelung zur Pflichtverteidigung im Vollstreckungsverfahren aufzunehmen. Daraus ist allerdings nicht zu schließen, dass eine Beiordnung außerhalb der in der Vorschrift geregelten Fälle nicht mehr in Betracht kommen soll. Die entsprechende Anwendung des § 140 Abs. 2 StPO kommt vielmehr weiterhin in Betracht, insbesondere bei **schwieriger Sach- und Rechtslage** im Strafvollstreckungsverfahren.[155]

— Auch im Vollstreckungsverfahren bemisst sich die Frage, ob von einer schwierigen Sach- und Rechtslage auszugehen ist, nach den üblichen Kriterien: **Gravierende rechtliche Folgen** der bevorstehenden Entscheidung für den Verurteilten oder die Beurteilung **schwieriger Rechtsfragen** können die Bestellung eines Verteidigers gebieten, daneben auch die **Unfähigkeit des Verurteilten zur Selbstverteidigung.**

---

155) Meyer-Goßner/Schmitt, § 140 Rdnr. 33 ff.; zu § 140 Abs. 2 a.F. BVerfG, NJW 2002, 2773, 2774; LVerfGH Sachsen, StV 2019, 172; OLG Celle, StV 2019, 175; OLG Stuttgart, StV 2018, 379, 380; OLG Frankfurt, NStZ-RR 2017, 252; OLG Köln, StV 2016, 512; LG Braunschweig, StV 2019, 186; LG Magdeburg, StraFo 2015, 116; LG Bremen, StV 2014, 39.

Sachverhalt

A leidet an einer hochgradigen psychischen Störung mit manischen und paranoid-halluzinatorischen Anteilen sowie erheblichen affektiven Störungen. 2007 ordnet das Landgericht in einem Sicherungsverfahren seine Unterbringung in einem psychiatrischen Krankenhaus nach § 63 StGB an und setzt zugleich die Vollstreckung der Maßregel nach § 67b StGB zur Bewährung aus. Zugleich wird A für die Dauer von drei Jahren unter Führungsaufsicht gestellt. Nach wiederholten Verlängerungen der Führungsaufsicht wird diese gem. § 68c Abs. 3 Nr. 1 StGB unbefristet verlängert. Als die turnusgemäße Entscheidung über die Fortdauer der Führungsaufsicht nach § 68e Abs. 3 Nr. 2 StGB ansteht, gewährt die Strafvollstreckungskammer dem A hierzu rechtliches Gehör und nimmt hierbei Bezug auf die ihr vorliegenden Berichte der forensischen Institutsambulanz und des Bewährungshelfers, ohne diese dem A ebenfalls zu übersenden. A beauftragt Rechtsanwalt R mit seiner Vertretung, der seine Bestellung zum Pflichtverteidiger nach § 140 Abs. 2 StPO und Akteneinsicht beantragt. Die Strafvollstreckungskammer weist den Beiordnungsantrag zurück und begründet dies damit, dass ein Fall notwendiger Verteidigung nicht vorliege. Die Prüfung der weiteren Fortdauer der Führungsaufsicht sei weder rechtlich noch tatsächlich schwierig, die Mitwirkung eines Verteidigers sei nicht erforderlich. Es bedürfe auch keiner mündlichen Anhörung.

Was kann Rechtsanwalt R tun?

Lösung

Rechtsanwalt R wird gegen die Entscheidung der Strafvollstreckungskammer sofortige Beschwerde nach § 142 Abs. 7 Satz 1 StPO einlegen. In Vollstreckungssachen ist entsprechend § 140 Abs. 2 StPO von notwendiger Verteidigung auszugehen, wenn die vollstreckungsrechtliche Sach- oder Rechtslage schwierig ist oder wenn sich der Verurteilte nicht selbst verteidigen kann.[156]

8.93

Beruht die unbefristete Führungsaufsicht auf der Aussetzung der Vollstreckung einer Unterbringung in der Psychiatrie (§§ 63, 67b, 67d Abs. 2 StGB), so ist regelmäßig von notwendiger Verteidigung auszugehen, was sich zum einen mit den krankheitsbedingten Einschränkungen des Verurteilten in seiner Fähigkeit zur Selbstverteidigung und zum anderen damit begründen lässt, dass die zu treffende Entscheidung für ihn von erheblichem Gewicht ist, hat er doch während der gesamten weiteren Dauer der unbefristeten Führungsaufsicht die Gefahr zu gewärtigen, dass es zu einem Widerruf der Aussetzung der Unterbringung nach § 67g StGB kommt und die Maßregel sodann (unbefristet) vollstreckt wird.[157]

---

156) Meyer-Goßner/Schmitt, § 140 Rdnr. 33 m.w.N.
157) OLG Celle, BeckRS 2018, 14613.

Prozesstaktische Hinweise

Eine Pflichtverteidigerbestellung im Vollstreckungsverfahren kommt insbesondere in Betracht

– bei einem möglichen Widerruf der Strafaussetzung zur Bewährung gem. § 56f StGB;[158]

– im Falle der Strafrestaussetzung bei zeitiger Freiheitsstrafe gem. § 57 Abs. 1 und 2 StGB;[159]

– bei möglichem Widerruf der Strafrestaussetzung gem. § 57 Abs. 5 Satz 1 StGB;

– bei Einholung eines Gutachtens über die Gefährlichkeit des Verurteilten nach § 454 Abs. 2 StPO, wenn der Verurteilte mit der Prüfung des Gutachtens überfordert ist,[160] was regelmäßig der Fall sein wird.

Muster

Beiordnungsantrag im Vollstreckungsverfahren

Landgericht ...
(Anschrift)

In der Strafsache
gegen   ...
wegen   ...
Az.   ...

lege ich namens und im Auftrag meines Mandanten gegen den Beschluss der Strafvollstreckungskammer vom ..., durch den meine Bestellung zum Pflichtverteidiger des Herrn A abgelehnt worden ist,

sofortige Beschwerde

ein und beantrage, den Beschluss aufzuheben und mich Herrn A zum Pflichtverteidiger zu bestellen. Ein Fall notwendiger Verteidigung ist in entsprechender Anwendung von § 140 Abs. 2 StPO gegeben.

---

158) OLG Celle, NStZ-RR 2008, 80.
159) HansOLG Hamburg, StraFo 2018, 86.
160) OLG Schleswig, NStZ-RR 2008, 253; OLG Hamm, NStZ-RR 2008, 219.

Für die Schwierigkeit der Sach- und Rechtslage könnten vorliegend bereits die erheblichen Folgen sprechen, die die Anordnung der Fortdauer der Führungsaufsicht für Herrn A hätte, müsste er doch während der gesamten Dauer der Führungsaufsicht damit rechnen, dass die Aussetzung der Maßregel des § 63 StGB widerrufen wird und es zu einer Unterbringung in der Psychiatrie kommt.

Ob bereits unter diesem Gesichtspunkt von notwendiger Verteidigung auszugehen ist, kann allerdings dahinstehen, denn der Strafvollstreckungskammer ist jedenfalls aus dem Blick geraten, dass der Anordnung der Führungsaufsicht in der vorliegenden Sache die gerichtlich angeordnete (wenngleich zur Bewährung ausgesetzte) Unterbringung meines Mandanten in der Psychiatrie gem. § 63 StGB zugrunde lag. Damit ist aber regelmäßig davon auszugehen, dass der Verurteilte schon wegen der bei ihm zugrunde liegenden psychiatrischen Problematik zur Selbstverteidigung unfähig ist, was entsprechend § 140 Abs. 2 StPO die Mitwirkung eines Verteidigers erforderlich und die Verteidigung notwendig macht.

Im konkreten Fall wird die Erforderlichkeit der Mitwirkung eines Verteidigers noch dadurch belegt, dass die Strafvollstreckungskammer Herrn A zwar formell rechtliches Gehör gewährt, die ihrer in den Raum gestellten Entscheidung über die Verlängerung der Führungsaufsicht zugrunde liegenden Berichte der forensischen Ambulanz und des Bewährungshelfers allerdings nicht an ihn übersandt hat, weswegen es ihm bereits an einer Möglichkeit fehlt, sich hierzu zu verhalten. Kenntnis von den Berichten kann Herr A demgemäß nur dann erlangen, wenn ein Rechtsanwalt für ihn Akteneinsicht beantragt.

Hinzuweisen ist letztlich noch darauf, dass in der vorliegenden Sache die Durchführung einer mündlichen Anhörung unabdingbar sein dürfte, um der Strafvollstreckungskammer einen persönlichen Eindruck von Herrn A zu verschaffen. Die Vorbereitung auf den Anhörungstermin macht ebenfalls die Mitwirkung eines Rechtsanwalts erforderlich.

Rechtsanwältin/Rechtsanwalt

8.2.9   Umgang mit dem ungewollten Pflichtverteidiger

Kurzüberblick

– Das Gesetz zur Neuregelung des Rechts der notwendigen Verteidigung vom 10.12.2019 stellt die frühzeitige Beteiligung eines Verteidigers im Verfahren sicher,[161] wenn ein Fall notwendiger Verteidigung gegeben ist und der Beschuldigte die Bestellung eines Pflichtverteidigers beantragt (§ 141 Abs. 1 Satz 1 StPO) oder ihm antragsunabhängig ein Verteidiger zu bestellen ist (Fälle des § 141 Abs. 2 Satz 1 StPO).   8.94

---

161) „Verteidiger der ersten Stunde", s.a. Art. 4 Abs. 5 PKH-Richtlinie: „unverzüglich und spätestens vor einer Befragung durch die Polizei" usw.

- Ermittlungsbehörden und Haftgerichte sehen sich dadurch allerdings oft in der Situation, unter Zeitdruck einen Pflichtverteidiger gleichsam „herbeizaubern" zu müssen, um Verzögerungen des Verfahrens zu vermeiden. Dies gilt vor allem dann, wenn der Beschuldigte entweder keinen Verteidiger benennt oder einen, der es auf Anfrage ablehnt, die Verteidigung zu übernehmen. Soll der Beschuldigte sodann etwa dem Haftrichter zur Entscheidung über Haft vorgeführt werden, muss ihm zwingend vor der Vorführung ein Verteidiger bestellt werden (§ 141 Abs. 2 Satz 1 Nr. 1 StPO, zu Einzelheiten siehe Rdnr. 8.38). Das kann es gebieten, einen „greifbaren" Pflichtverteidiger zu bestellen, um die Verteidigung des Beschuldigten zum Termin zur Haftbefehlseröffnung zu gewährleisten.

- Zwar kann auch die Beziehung des unter Zeitdruck beigeordneten Verteidigers zum Beschuldigten zu einer „Wunschehe", also zu einer gedeihlichen Zusammenarbeit führen, nicht selten kommt die solchermaßen entstandene Situation aber einer „Zwangsehe" zwischen einem überforderten Pflichtverteidiger und einem Beschuldigten gleich, der sich nicht ordnungsgemäß verteidigt fühlt. In solchen Fällen wird der Beschuldigte den Pflichtverteidiger wechseln wollen. Innerhalb der **Dreiwochenfrist des § 143a StPO** lässt sich dies durch einen **Antrag auf Auswechslung des Pflichtverteidigers** erreichen (siehe Rdnr. 8.53).

Sachverhalt

A wird wegen Verdachts der Unterstützung einer terroristischen Vereinigung verhaftet. Der Ermittlungsrichter beim BGH erlässt auf Antrag der Bundesanwaltschaft Haftbefehl gegen A. Vor der Eröffnung des Haftbefehls wird A, der bis zu diesem Zeitpunkt keinen Verteidiger benannt hat, Rechtsanwalt B, der seinen Kanzleisitz in Karlsruhe hat, Fachanwalt für Verkehrsrecht ist und gegenüber der Rechtsanwaltskammer sein Interesse an der Übernahme von Pflichtverteidigungen angezeigt hat, zum Verteidiger bestellt. A wird insoweit vom Ermittlungsrichter lediglich eröffnet, B sei nun sein Pflichtverteidiger; eine Anhörung des A unterbleibt. Rechtsanwalt B, der nur den Haftbefehl, nicht aber die Ermittlungsakte kennt, rät dem A gleichwohl dazu, sich beim Ermittlungsrichter zur Sache einzulassen, was auch geschieht. Eine vorherige Besprechung des Aussageinhalts zwischen A und Rechtsanwalt B findet nicht statt. Der Ermittlungsrichter sieht trotz der Aussage des A den Haftgrund der Verdunkelungsgefahr nicht als ausgeräumt an und setzt den Haftbefehl in Vollzug.

Rechtsanwalt B kündigt gegenüber A an, er werde ihn in der Justizvollzugsanstalt zu einer Besprechung aufsuchen, sobald ihm die Ermittlungsakte vorliege und er diese durchgearbeitet habe. In den kommenden zwei Wochen kommt es nicht zu einem Haftbesuch. Die Ehefrau des A wendet sich an Rechtsanwalt E und bittet ihn darum, die Verteidigung zu übernehmen. Aufgrund der beengten finanziellen Verhältnisse der Familie des A ist dabei klar, dass die Verteidigung nur als Pflichtverteidigung geführt werden kann.

Wie wird Rechtsanwalt E vorgehen?

Lösung

Rechtsanwalt E kann sich zunächst an den Kollegen wenden und diesem eine Umbeiordnung vorschlagen. Anders als im Fall 8.2.6 kann dabei nur der Wunsch des Mandanten vorgetragen werden, von einem anderen Rechtsanwalt verteidigt zu werden, während sich eine schwere und nicht zu behebende Erschütterung des Vertrauensverhältnisses derzeit nicht geltend machen lässt. Der Rat des Verteidigers an den Mandanten, sich zur Sache einzulassen, ohne die Einlassung zuvor auf der Grundlage von Akteneinsicht mit dem Beschuldigten besprochen zu haben, ist jedenfalls nicht unvertretbar. Entsprechendes gilt, soweit Rechtsanwalt B den A noch nicht in der Haftanstalt aufgesucht hat. Die seit der Invollzugsetzung des Haftbefehls vergangene Zeit von zwei Wochen rechtfertigt ohne Hinzutreten weiterer gravierender Umstände ebenfalls nicht die Annahme einer irreparablen Vertrauensstörung.

8.95

Ist der Kollege mit der vorgeschlagenen Umbeiordnung nicht einverstanden, so lässt sich ein Antrag auf Auswechslung des Pflichtverteidigers stellen (§ 143a StPO). Die Voraussetzungen der Vorschrift (siehe Rdnr. 8.54) sind hier erfüllt.

Praxistipp

Kann eine Pflichtverteidigerbestellung durch den neuen Verteidiger auf keinem der beschriebenen Wege erreicht werden, so bleibt ihm nur, das Mandat als Wahlverteidiger zu übernehmen und hierbei zuzusichern, keinen eigenen Beiordnungsantrag stellen zu wollen. Eine solche Erklärung wird der Verteidiger nur dann abgeben, wenn seine Honorierung sich entgegen ursprünglicher Erwartung nun doch anderweitig sichern lässt oder wenn er sich des Umstands bewusst ist, dass die Realisierung seines Honoraranspruchs erhebliche Zeit in Anspruch nehmen wird. Unter Hinweis auf die Erklärung kann sodann die Aufhebung der Bestellung des bisherigen Pflichtverteidigers erreicht werden (§ 143a Abs. 1 Satz 1 StPO), falls nicht aus gerichtlicher Sicht besondere Gründe dafürsprechen, die Beiordnung aufrechtzuerhalten. Macht das Gericht solche Gründe geltend, so sollte der neue Verteidiger allerdings versuchen, diese zu entkräften und in jedem Fall die Aufhebung der Beiordnung des bisherigen Verteidigers zu erreichen, sofern nicht ausnahmsweise davon ausgegangen werden kann, dass mit diesem eine konstruktive Zusammenarbeit möglich sein wird. Der Wunsch des Mandanten, den Verteidiger zu wechseln, wird von Verteidigern oftmals als kränkend empfunden, was sich negativ auf die Qualität der künftigen Verteidigung und damit auch auf die Zusammenarbeit mit dem neuen Wahlverteidiger auswirken kann.

8.96

Prozesstaktische Hinweise

Kommt eine Auswechslung des Pflichtverteidigers nicht in Betracht, weil etwa die Frist des § 143a StPO verstrichen ist, so kann in geeigneten Fällen noch beantragt werden, als weiterer Verteidiger bestellt zu werden, wobei allerdings die Voraussetzungen des § 144 StPO erfüllt sein müssen (hierzu Rdnr. 8.63 und die Mandatssituation Rdnr. 8.98).

8.97

Muster

Antrag auf Auswechslung des Pflichtverteidigers

Bundesgerichtshof ...
– Ermittlungsrichter –
(Anschrift)

In der Strafsache
gegen   ...
wegen ...
Az.   ...

zeige ich die Verteidigung des Herrn A an. Namens und im Auftrag meines Mandanten stelle ich den

Antrag,

die Bestellung des Rechtsanwalts B zum Verteidiger nach § 143a Abs. 2 Nr. 1 StPO aufzuheben und mich zum Pflichtverteidiger zu bestellen.

Herr A hat einen Anspruch auf Wechsel des Pflichtverteidigers.

1.   Rechtsanwalt B ist meinem Mandanten durch den Ermittlungsrichter zum Pflichtverteidiger bestellt worden, ohne dass ihm zuvor Gelegenheit dazu gegeben worden wäre, einen beizuordnenden Verteidiger zu bezeichnen. Der anlässlich der Wohnungsdurchsuchung von meinem Mandanten telefonisch kontaktierte ortsansässige Rechtsanwalt X hatte es abgelehnt, die Verteidigung des Herrn A zu übernehmen.

2.   § 143a Abs. 2 Nr. 1 StPO erfasst von seinem Wortlaut her den Fall, das dem Beschuldigten für die Auswahl des Verteidigers nur eine kurze Frist gesetzt worden ist. Die Vorschrift greift demgemäß über ihren Wortlaut hinaus auch dann ein, wenn nicht nur eine kurze, sondern eine zu kurze oder (wie hier) gar keine Frist für die Benennung gesetzt wurde.

3.   Die Dreiwochenfrist ist gewahrt. Die Entscheidung über die Bestellung wurde Herrn A am ... bekannt gemacht. Die Frist für den Antrag nach § 143a Abs. 2 Nr. 1 StPO läuft daher erst am ... ab.

4. Sind die gesetzlichen Voraussetzungen für den Pflichtverteidigerwechsel demgemäß erfüllt, so kommt es nicht mehr darauf an, ob eine Aufhebung der Bestellung des bisherigen Pflichtverteidigers auch deswegen geboten sein könnte, weil es diesem an der Eignung für die Führung der Pflichtverteidigung fehlt. So hat Rechtsanwalt B dem Mandanten ohne eigene Aktenkenntnis dazu geraten, sich anlässlich der Haftbefehlseröffnung zur Sache zu äußern und nicht von seinem Schweigerecht Gebrauch zu machen. Ferner hat er den erstmals in Haft befindlichen Mandanten bis zum heutigen Tag nicht zu einer Besprechung der Sache in der JVA aufgesucht. Ob dies das Gericht auch unter Fürsorgegesichtspunkten dazu veranlassen müsste, eine Auswechslung des Pflichtverteidigers vorzunehmen, bedarf aber, wie eingangs ausgeführt, keiner Entscheidung.

Rechtsanwältin/Rechtsanwalt

8.2.10 Beiordnung mehrerer Verteidiger

Kurzüberblick

- § 144 StPO ermöglicht in Fällen notwendiger Verteidigung die Bestellung von **bis zu zwei zusätzlichen Pflichtverteidigern,** wenn dadurch die **zügige Durchführung** des Verfahrens insbesondere im Hinblick auf dessen Umfang oder Schwierigkeit sichergestellt wird (zu Einzelheiten siehe Rdnr. 8.61). Es handelt sich insoweit um die zentrale Voraussetzung der Vorschrift, der Gesichtspunkt der Verfahrenssicherung allein gebietet die Bestellung eines weiteren Pflichtverteidigers noch nicht.[162]

  8.98

- Die eng auszulegende Ausnahmevorschrift setzt eine Prognose des Gerichts hinsichtlich des zu erwartenden Umfangs oder der Schwierigkeit der Sache voraus, nach der die Beiordnung eines weiteren Pflichtverteidigers zur Sicherung der zügigen Durchführung des Verfahrens zwar nicht unerlässlich, aber doch notwendig sein muss.

- Wann ein Verfahren im Gesetzessinne **umfangreich** oder **schwierig** ist, ist nicht legal definiert, der unbestimmte Rechtsbegriff bedarf vielmehr der **Auslegung.** Die bloße Schwierigkeit der Sach- und Rechtslage i.S.v. § 140 Abs. 2 StPO begründet für sich genommen die Annahme von Umfang und Schwierigkeit der Sache i.S.v. § 144 Abs. 1 StPO noch nicht.[163]

- Dem Gericht steht hinsichtlich der Beiordnung eines zusätzlichen Pflichtverteidigers ein nicht voll überprüfbarer Beurteilungs- und Ermessensspielraum zu.[164]

---

162) BGH, StB 23/20 Rdnr. 13.
163) OLG Celle, BeckRS 2020, 8474.
164) BGH, StB 23/20 Rdnr. 17.

Endler 483

Sachverhalt

Die Staatsanwaltschaft erhebt gegen A wegen Verdachts der Marktmanipulation Anklage zur Wirtschaftsstrafkammer. Als Beweismittel sind in der Anklageschrift über 100 Urkunden und Augenscheinsobjekte aufgeführt, außerdem 50 Zeugen und drei Sachverständige. Die Hauptakte umfasst mehr als 13.000 Seiten.

A wird seit Beginn des Ermittlungsverfahrens von Wahlverteidiger Rechtsanwalt W vertreten. Für den Fall der Eröffnung des Hauptverfahrens schlägt der Vorsitzende dem W die Durchführung der Hauptverhandlung an insgesamt 37 Hauptverhandlungstagen vor. W bestätigt verbindlich seine Teilnahme an 28 Hauptverhandlungstagen und macht für weitere fünf Tage unbehebbare Terminkollisionen auf Grund zuvor anberaumter Hauptverhandlungstermine in anderen von ihm bearbeiteten Strafsachen geltend. An den vier übrigen Tagen befindet W sich im Urlaub.

Nach Rücksprache mit A beantragt W, dem A zum Pflichtverteidiger bestellt zu werden, außerdem beantragt er die Bestellung eines Pflichtverteidigers als Sicherungsverteidiger und benennt Rechtsanwalt R, der die Mehrzahl der vom Vorsitzenden genannten Hauptverhandlungstermine wahrzunehmen vermag, insbesondere aber alle Hauptverhandlungstermine, für die W seine Verhinderung mitgeteilt hatte.

Der Vorsitzende lehnt die beantragte Pflichtverteidigerbestellung ab und verweist zur Begründung darauf, dass die Bestellung eine Sicherungsverteidigers nur in Ausnahmefällen in Betracht komme. Ein solcher Ausnahmefall sei hier nicht gegeben, denn es bleibe dem A unbenommen, einen Wahlverteidiger mit seiner Vertretung zu beauftragen, der sämtliche der anvisierten Termine wahrnehmen könne. Die Bestellung eines Sicherungsverteidigers zu dem Zweck, den Verteidigern eine wechselseitige Terminteilnahme zu ermöglichen, sei ebenfalls unzulässig.

Was sollte Rechtsanwalt W tun?

Lösung

8.99 Rechtsanwalt W kann an der überwiegenden Zahl der vom Vorsitzenden in Aussicht gestellten Hauptverhandlungstermine teilnehmen. Damit ist ein wichtiger Grund i.S.v. § 142 Abs. 5 Satz 3 StPO, der der Bestellung entgegensteht, nicht gegeben, denn der vom Gesetz genannte Fall, dass der Verteidiger „nicht" (oder nicht rechtzeitig) zur Verfügung steht, liegt nicht vor. Ohnehin ist der Begriff des wichtigen Grundes mit Blick auf das vorrangige Auswahlrecht des Beschuldigten restriktiv auszulegen.[165] Berücksichtigt man außerdem, dass durch Bestellung eines Sicherungsverteidigers eine durchgehende Verteidigung des A in der Hauptverhandlung gewährleistet werden kann, so dürfen die nur für einen Teil der anvisierten Termine bestehenden terminlichen Schwierigkeiten des W nicht dazu füh-

---

165) BeckOK, StPO/Krawczyk, § 142, Rdnr. 32 m.w.N.

ren, dass A seines Rechts beraubt wird, sich vom Verteidiger seiner Wahl und seines Vertrauens verteidigen zu lassen. Gegen die Ablehnung seiner Beiordnung wird Rechtsanwalt W demgemäß namens und im Auftrag seines Mandanten sofortige Beschwerde einlegen (§ 142 Abs. 7 Satz 1 StPO).

Darüber hinaus ist die sofortige Beschwerde auch dann statthaft, wenn damit die Ablehnung der Bestellung eines Sicherungsverteidigers angegriffen werden soll. Dagegen könnte zwar sprechen, dass sich die Verweisung in § 144 Abs. 2 Satz 2 StPO normsystematisch auf Satz 1 der Vorschrift bezieht, der nur den Fall der Aufhebung der Bestellung des zusätzlichen Verteidigers betrifft. Es wäre jedoch nicht nachzuvollziehen, warum nur die Bestellung oder Nichtbestellung des ersten Pflichtverteidigers, nicht aber die des zweiten (Sicherungs-)Verteidigers mit der sofortigen Beschwerde anfechtbar sein sollte; demgemäß ist auch der Gesetzgeber von einer Anfechtbarkeit aller dieser Fälle ausgegangen.[166]

Die vom Gericht gegebene Begründung, ein Ausnahmefall, der die Beiordnung gebieten würde, sei nicht gegeben, verfängt nicht. Im Gegenteil: Eine Hauptverhandlung, für deren Dauer der Vorsitzende selbst (mindestens) 37 Hauptverhandlungstage prognostiziert und die ein schwieriges wirtschaftsstrafrechtliches Verfahren zum Gegenstand hat (Verdacht der Marktmanipulation), in welchem die Hauptakte mehr als 13.000 Seiten umfasst, erfüllt die gesetzlichen Kriterien des Umfangs und der Schwierigkeit der Sache, sodass dem Gericht hinsichtlich der Beiordnung eines Sicherungsverteidigers kaum Ermessensspielraum bleibt. Es kommt hinzu, dass die von Rechtsanwalt W geltend gemachten Terminschwierigkeiten konkreter Natur sind und nicht nur abstrakt vorgetragen wurde, Terminschwierigkeiten könnten auftreten.

Muster

Entpflichtungsbeschwerde und Antrag auf Sicherungsverteidiger

Landgericht ...
(Anschrift)

In der Strafsache
gegen ...
wegen ...
Az. ...

---

166) OLG Hamm, Beschl. v. 05.05.2020 – 4 Ws 94/20 unter Hinweis auf BT-Drucks. 19/13829, 50, und BeckOK, StPO/Krawczyk, § 144 Rdnr. 12.

Endler

lege ich namens und im Auftrag des Herrn A gem. § 142 Abs. 7 Satz 1 StPO gegen die Ablehnung meiner Bestellung zum Pflichtverteidiger sowie gegen die Ablehnung der Bestellung von Rechtsanwalt R zum weiteren Verteidiger des Herrn A

sofortige Beschwerde

ein und beantrage, den angefochtenen Beschluss aufzuheben und mich Herrn A zum Pflichtverteidiger sowie Rechtsanwalt R zum weiteren Verteidiger des Herrn A zu bestellen.

1.   Ein Fall notwendiger Verteidigung ist vorliegend gegeben, da die Hauptverhandlung im ersten Rechtszug vor dem Landgericht stattfindet und Sach- und Rechtslage schwierig sind (§ 140 Abs. 1 Nr. 1, Abs. 2 StPO).

2.   Die Ablehnung meiner Bestellung zum Pflichtverteidiger des Herrn A war rechtswidrig. Nach § 142 Abs. 5 Satz 3 StPO ist ein von dem Beschuldigten bezeichneter Verteidiger zu bestellen, wenn kein wichtiger Grund entgegensteht. Als wichtigen Grund in diesem Sinne hebt das Gesetz ausdrücklich den Fall hervor, dass der Verteidiger *„nicht oder nicht rechtzeitig zur Verfügung steht"*. Die im Zuge der Neufassung der Vorschrift eingefügte Passage greift lediglich die bisherige Rechtsprechung auf (BT-Drucks. 19/13829, 42 f.). Danach konnten (und können) konkrete Terminschwierigkeiten des Verteidigers grundsätzlich einen der Bestellung entgegenstehenden wichtigen Grund begründen.

Vorliegend ist zunächst darauf hinzuweisen, dass die bei mir bestehenden Terminschwierigkeiten Beginn und Durchführung der Hauptverhandlung nicht insgesamt in Frage stellen. Wie ich mitgeteilt habe, stehe ich lediglich an neun von 37 vorgesehenen Hauptverhandlungstagen aufgrund anderweitiger Hauptverhandlungstermine (fünf Tage) bzw. Urlaube (vier Tage) nicht zur Verfügung. Dass die Hauptverhandlung deswegen erst mit Verzögerung beginnen oder durchgeführt werden könnte, ist nicht ersichtlich und wird vom Landgericht in der angefochtenen Entscheidung auch nicht dargelegt. Den bei mir bestehenden und im Vergleich zur prognostizierten Dauer der Hauptverhandlung eher geringen Terminschwierigkeiten kann im Übrigen durch geeignete prozessuale Maßnahmen begegnet werden, etwa durch die vorgeschlagene Bestellung eines Sicherungsverteidigers, jedenfalls aber durch Beiordnung von Terminvertretern an den fraglichen Sitzungstagen, falls auch auf diese Weise eine ordnungsgemäße Verteidigung des Herrn A gewährleistet ist.

Bejaht man allerdings eine Verfahrensverzögerung durch die bei mir gegebenen Terminverhinderungen, so führt auch dies nicht zur Annahme eines meiner Bestellung entgegenstehenden wichtigen Grunds. In der vorliegenden Angelegenheit handelt es sich nämlich nicht um eine mit besonderer Beschleunigung zu betreibende Haftsache. In derartigen Fällen sind Verfahrensverzögerungen hinzunehmen, bis der vom Beschuldigten bezeichnete Verteidiger zur Verfügung steht (LG Magdeburg, BeckRS 2012, 10969). Danach wäre das Landgericht an sich sogar gehalten, die Hauptverhandlung komplett neu und so zu terminieren, dass bei mir keine Terminkollisionen auftreten. Wie ausgeführt wurde, bedarf es dessen allerdings gar nicht, da von der Verteidigung ein gangbarer Weg aufgezeigt wurde, den bestehenden terminlichen Problemen zu begegnen.

Entscheidend ist letztlich, dass dem Auswahlrecht des Beschuldigten bei der Frage nach dem Vorliegen eines wichtigen Grunds grundsätzlich der Vorrang zukommt. Die Subjektstellung des Beschuldigten beinhaltet insbesondere das Recht auf Wahl des eigenen Verteidigers und gebietet die Achtung eines bestehenden Vertrauensverhältnisses (MüKo-StPO/Thomas/Kämpfer, § 142 Rdnr. 11). Ein solches Vertrauensverhältnis wird dokumentiert durch die Beauftragung des Verteidigers als Wahlverteidiger. Herrn A darauf zu verweisen, er möge sich notfalls einen anderen Wahlverteidiger suchen, der an den vom Gericht ins Auge gefassten Terminen durchgängig zur Verfügung stehe, lässt sein vorrangig zu berücksichtigendes Interesse an der Vertretung durch den von ihm gewählten Verteidiger gänzlich außer Betracht.

Die Ablehnung meiner Bestellung zum Pflichtverteidiger des Herrn A hat nach alledem keinen Bestand.

3. Die Ablehnung der Bestellung von Rechtsanwalt R zum weiteren Verteidiger des Herrn A war ermessensfehlerhaft und damit ebenfalls rechtswidrig.

Nach § 144 Abs. 1 StPO können dem Beschuldigten bis zu zwei Pflichtverteidiger zusätzlich bestellt werden, wenn dies für die zügige Durchführung des Verfahrens im Hinblick auf dessen Umfang oder Schwierigkeit erforderlich ist.

Es bedarf keiner eingehenden Darlegung, dass es sich bei dem vorliegenden Verfahren sowohl um ein umfangreiches als auch um ein schwieriges im Sinne der Vorschrift handelt: Verfahrensgegenstand ist eine komplexe wirtschaftsstrafrechtliche Materie (Verstoß gegen das Verbot der Marktmanipulation), die Dauer der Hauptverhandlung, von der die Wirtschaftsstrafkammer selbst davon ausgeht, sie werde im Falle der Eröffnung des Hauptverfahrens an mindestens 37 Hauptverhandlungstagen stattfinden, der Umfang der zu erwartenden Beweisaufnahme und schließlich der exorbitante Aktenumfang (mehr als 13.000 Seiten) sind maßgebliche Kriterien, die zu einer solchen Einordnung regelrecht zwingen.

Nach dem Gesetzeswortlaut kommt es weiter darauf an, ob die Bestellung eines oder mehrerer Sicherungsverteidiger für die zügige Durchführung des Verfahrens erforderlich ist. Vorliegend ergibt sich die Erforderlichkeit der Bestellung aus der Person des bisherigen Wahlverteidigers, der an insgesamt neun von 37 anvisierten Hauptverhandlungstagen an der Haupthandlung nicht teilnehmen kann. Die Terminschwierigkeiten sind konkreter und nicht nur abstrakter Natur, und die Bestellung eines Sicherungsverteidigers dient gerade dem Zweck, die Hauptverhandlung in dem von der Kammer vorgesehenen Rahmen auch tatsächlich stattfinden zu lassen, ohne dass hierbei das Recht des Herrn A, vom Verteidiger seines Vertrauens verteidigt zu werden, rechtswidrig beeinträchtigt wird. Die Bestellung einzelner Terminvertreter für die fraglichen Termintage kann als echte Alternative nicht in Betracht kommen, da die Angelegenheit eine umfangreiche Einarbeitung und auch eine Teilnahme an der sonstigen Hauptverhandlung erfordert, was von einem Terminvertreter naturgemäß nicht zu leisten ist.

Zwar ist die Entscheidung über die Bestellung eines Sicherungsverteidigers in das Ermessen des Gerichts gestellt (§ 144 Abs. 1 StPO: „[...] *können* dem Beschuldigten ... bis zu zwei Pflichtverteidiger zusätzlich bestellt werden [...]"). In Fällen wie dem vorliegenden ist nach den vorstehend vorgetragenen Umständen allerdings von einer Ermessensreduktion auf null auszugehen; die Bestellung eines weiteren Verteidigers als Sicherungsverteidiger ist zwingend geboten und die Strafkammer durfte sie nicht ablehnen.

Ohne dass es darauf noch ankäme, sei in diesem Zusammenhang auch erwähnt, dass die Wirtschaftsstrafkammer für den Fall der Eröffnung des Hauptverfahrens die Beiziehung eines Ergänzungsrichters und eines Ergänzungsschöffen angekündigt hat, um einem theoretisch möglichen und das Verfahren gefährdenden personellen Ausfall auf der Richterbank vorzubeugen. Die Verteidigung würde nach obergerichtlicher Rechtsprechung hingegen mit dem Vortrag eines möglichen Ausfalls des einzigen Verteidigers im Rahmen des § 144 Abs. 1 StPO wohl kein Gehör finden (so OLG Celle, BeckRS 2020, 8474). Ob dieser Auffassung bei Verfahren besonderen Umfangs und besonderer Schwierigkeit stets zu folgen ist, bedarf indessen keiner Entscheidung, da vorliegend konkrete Umstände vorgetragen wurden, die das Ermessen des Gerichts hinsichtlich der Bestellung des Sicherungsverteidigers auf null reduzieren.

Rechtsanwalt R ist Herrn A daher unter Aufhebung der angefochtenen Entscheidung zum weiteren Verteidiger zu bestellen.

Rechtsanwältin/Rechtsanwalt

8.2.11 Gebührenbeschränkende Umbeiordnung

Kurzüberblick

8.100   – § 143a Abs. 2 Nr. 1 StPO begründet einen zeitlich befristeten Anspruch des Beschuldigten auf Wechsel des Pflichtverteidigers, wenn nicht der von ihm benannte Verteidiger beigeordnet oder ihm für die Auswahl des Verteidigers nur eine kurze Frist oder (über den Wortlaut der Norm hinaus) gar keine Frist gesetzt wurde (zu Einzelheiten Rdnr. 8.53).

  – Der Staatsanwaltschaft ist in ihrer Rolle als Herrin des Ermittlungsverfahrens rechtliches Gehör zum Antrag des Beschuldigten zu geben. Dem bisherigen Pflichtverteidiger kann rechtliches Gehör gewährt werden, seine Zustimmung ist für die Aufhebung der Beiordnung und die Bestellung eines neuen Verteidigers allerdings nicht erforderlich.

Sachverhalt

A wird wegen Verstoßes gegen das BtMG vorläufig festgenommen. Die Staatsanwaltschaft beantragt den Erlass eines Haftbefehls, und A wird dem Haftrichter vorgeführt. Beim Termin zur Haftbefehlseröffnung äußert A den Wunsch, von Rechtsanwalt R verteidigt zu werden. Der Haftrichter versucht daraufhin mehrfach, den R telefonisch zu erreichen, was jedoch nicht gelingt. Daraufhin ordnet er Rechtsanwalt D gem. § 140 Abs. 1 Nr. 4 StPO als Pflichtverteidiger bei und belehrt den A darüber, dass dieser innerhalb der Frist des § 143a StPO einen Pflichtverteidigerwechsel beantragen könne.

Der vom Amtsgericht im Anschluss an den Termin über diese Vorgänge informierte Rechtsanwalt R beantragt wenige Tage später seine Beiordnung und die Entpflichtung des D. Das Amtsgericht hebt daraufhin die Bestellung von Rechtsanwalt D zum Pflichtverteidiger auf und ordnet dem A antragsgemäß Rechtsanwalt R bei. In dem Beschluss heißt es, die Beiordnung erfolge „mit der Maßgabe, dass die entstandenen Gebühren nicht noch einmal geltend gemacht werden können".

Was kann Rechtsanwalt R tun?

Lösung

Die Umbeiordnung nach § 143a Abs. 2 Nr. 1 StPO auf Antrag des Beschuldigten hat gebührenrechtlich keine Konsequenzen, insbesondere fehlt es für eine Beschränkung der Gebühren des neuen Pflichtverteidigers an einer gesetzlichen Grundlage.[167] Gegen eine Beschneidung seiner Gebühren kann der neue Pflichtverteidiger auch im eigenen Namen Beschwerde einlegen. Zwar wird ein eigenes Beschwerderecht des Pflichtverteidigers gegen seine Bestellung oder gegen deren Rücknahme überwiegend abgelehnt,[168] in Fällen einer Gebührenbeschränkung durch das Gericht ist allerdings nicht die Bestellung an sich betroffen, sondern ihre Abgeltung. Steht dem Pflichtverteidiger gegen die Höhe der Gebührenfestsetzung ein eigenes Beschwerderecht zu (§ 56 RVG), so muss dies auch für den Fall gelten, dass bestimmte Gebühren bereits von vornherein nach dem Willen des Gerichts nicht geltend gemacht werden sollen.

8.101

---

167) LG Darmstadt, Beschl. v. 18.02.2020 – 2 Qs 14/20.
168) BGH, Beschl. v. 18.08.2020 – StB 25/20 m.w.N. in Rdnr. 5; Meyer-Goßner/Schmitt, § 143 Rdnr. 7.

Muster

Beschwerde gegen gebührenbeschränkende Umbeiordnung

Amtsgericht ...
(Anschrift)

In der Strafsache
gegen   ...
wegen   ...
Az.   ...

lege ich gegen den Beschluss des Amtsgerichts ... vom ..., durch den ich dem Beschuldigten unter Aufhebung der Beiordnung von Rechtsanwalt D mit der Maßgabe zum Verteidiger bestellt wurde, *„dass die entstandenen Gebühren nicht noch einmal geltend gemacht werden können"* (Beschl. S. 2),

Beschwerde

ein mit dem Antrag, den Beschluss dahingehend abzuändern, dass die Gebührenbeschränkung entfällt.

1.   Die Beschwerde ist zulässig. Mir steht als Verteidiger gegen die Festsetzung der Höhe der Gebühren ein eigenes Beschwerderecht gem. § 56 RVG zu. Damit ist aber ein eigenes Beschwerderecht des Verteidigers erst recht für Fälle anzuerkennen, in denen nicht die Höhe der Gebühren, sondern infolge einer gerichtlichen Entscheidung die Geltendmachung bestimmter Gebühren an sich betroffen ist.

2.   Die Beschwerde ist auch begründet. Für die vom Amtsgericht vorgenommene Beschränkung der mir zustehenden Pflichtverteidigergebühren gibt es keine gesetzliche Grundlage. Nach der neuen Regelung des § 143a Abs. 2 Nr. 1 StPO hat der Beschuldigte einen Anspruch auf Pflichtverteidigerwechsel, wenn der von ihm bezeichnete Verteidiger nicht bestellt wurde oder er nur eine kurze oder keine Frist für die Auswahl des Verteidigers eingeräumt bekommen hat. Der Vorschrift ist weder ausdrücklich noch sinngemäß zu entnehmen, dass die Umbeiordnung gebührenneutral zu erfolgen hat. Auch aus den Gesetzesmaterialien ergibt sich derartiges nicht (BT-Drucks. 19/13829, 47). Die von der Rechtsprechung für den Fall des einverständlichen Pflichtverteidigerwechsels entwickelten Grundsätze, nach denen die Bestellung des bisherigen Pflichtverteidigers aufzuheben und ein neuer zu bestellen ist, wenn beide Verteidiger hiermit einverstanden sind und der Staatskasse durch die Umbeiordnung keine Mehrkosten entstehen, sind auf die vorliegende Fallkonstellation nicht anzuwenden.

Rechtsanwältin/Rechtsanwalt

9   Verteidigerausschluss

9.1   Einführung

9.1.1   Wahl- und Pflichtverteidigung

Von der Ausschließung eines Verteidigers gem. § 138a StPO sind alle Verteidigungsverhältnisse betroffen. Das Ausschlussverfahren ist nicht auf Wahlverteidiger beschränkt. Vielmehr kann es sich auch gegen die gem. § 392 AO im finanzbehördlichen Ermittlungsverfahren gleichgestellten Angehörigen steuerberatender Berufe richten,[1] gegen nach § 138 Abs. 2 StPO als Verteidiger zugelassene Personen und den nach § 141 StPO als Pflichtverteidiger bestellten Rechtsanwalt.[2] Das förmliche Ausschließungsverfahren ist gegenüber der Rücknahme der Bestellung eines Pflichtverteidigers gem. § 143 StPO die speziellere Regelung und hat deshalb im Rahmen der dort geregelten Voraussetzungen Vorrang.[3] Die

    9.1

---

1) Vgl. OLG Karlsruhe, NJW 1975, 943.
2) Vgl. BGHSt 42, 94; OLG Braunschweig, StV 1984, 500; OLG Düsseldorf, NStZ 1988, 519; OLG Frankfurt, StV 1992, 360.

Schütrumpf

Rücknahme der Bestellung aus anderen wichtigen Gründen ist trotz dieses Vorrangs des Ausschlussverfahrens möglich (vgl. Rdnr. 9.13, 9.33).

Hinweis

Ein Pflichtverteidiger, dessen Bestellung aus den Gründen des § 138a StPO vom Vorsitzenden zurückgenommen wird, könnte ein neues Wahlverteidigerverhältnis eingehen, dass er bei einem förmlichen Ausschluss jedoch gerade nicht wahrnehmen darf. Aus diesem Grund sollte der mit dieser Frage konfrontierte Richter den Vorrang anerkennen. Dieser Vorrang ist auch im Interesse des Pflichtverteidigers, da er seine Stellung als eigenverantwortlicher Verteidiger stärkt: Das Ausschließungsverfahren hat höhere Anforderungen als die einfache Rücknahme der Bestellung durch den Vorsitzenden.

Prozesstaktischer Hinweis

Die Rücknahme der Bestellung ist aber bei Einverständnis des Verteidigten und des Verteidigers möglich, wenn der Verteidiger damit vor dem nach § 138c Abs. 5 StPO maßgeblichen Zeitpunkt ausscheiden will, da es ihm – anders als dem Wahlverteidiger – nicht möglich ist, das Mandat einfach niederzulegen.

9.1.2   Ausschlussgründe

9.2   Die Gründe für die Ausschließung eines Verteidigers sind in § 138a Abs. 1 und § 138b StPO abschließend aufgezählt:

1. Beteiligung an der Tat, die den Gegenstand der Untersuchung bildet (§ 138a Abs. 1 Nr. 1 StPO)

2. Missbrauch des Verkehrs mit dem nicht auf freiem Fuß befindlichen Beschuldigten dazu, Straftaten zu begehen oder die Sicherheit einer Vollzugsanstalt erheblich zu gefährden (§ 138a Abs. 1 Nr. 2 StPO)

3. Begehung einer Datenhehlerei, Begünstigung, Strafvereitelung oder Hehlerei zugunsten des Beschuldigten (§ 138a Abs. 1 Nr. 3 StPO)

4. Gefährdung der Sicherheit der Bundesrepublik Deutschland in Staatsschutzsachen (§ 138b StPO)

Ein Verhalten, das in § 138a Abs. 1 StPO nicht ausdrücklich benannt wird, rechtfertigt auch dann nicht den Ausschluss, wenn es sich um unerlaubtes Verhalten, berufsrechtliche Verfehlungen oder Verfahrenssabotage handelt, da dies nach den Vorgaben des Gesetzes den Ausschluss des Verteidigers aus dem laufenden Verfahren nicht zu begründen vermag. Etwas anderes gilt in Staatsschutzverfahren gem. § 138b StPO dann, wenn die Sicherheit der Bundesrepublik Deutschland

---

3)   Vgl. OLG Bamberg v. 23.02.2016 – 1 Ws 615/15, wistra 2016, 288; OLG Düsseldorf v. 10.02.1988 – 3 Ws 72/88, NStZ 1988, 519.

gefährdet ist. Eine analoge Anwendung der gesetzlich normierten Ausschlusstatbestände gem. § 138a StPO verbietet sich.[4] Bei einer Zurückweisung eines Verteidigers nach § 146a entfällt für ein Verfahren nach §§ 138a ff. StPO der Verfahrensgegenstand.[5]

9.1.3 Ausschlussverfahren

Der Anwendungsbereich des § 138a StPO betrifft alle Verfahrensabschnitte, also jede Verteidigungstätigkeit vom Beginn des Ermittlungsverfahrens bis zum Ende der Strafvollstreckung.[6]

9.3

9.1.3.1 Zuständigkeit und Einleitung des Ausschlussverfahrens

Die Entscheidungen nach den §§ 138a und 138b StPO trifft gem. § 138c Abs. 1 Satz 1 StPO das Oberlandesgericht. Werden die Ermittlungen vom Generalbundesanwalt geführt, oder ist das Verfahren vor dem Bundesgerichtshof anhängig, so entscheidet der Bundesgerichtshof (§ 138c Abs. 1 Satz 2 StPO). Ist das Verfahren vor einem Senat eines Oberlandesgerichts oder des Bundesgerichtshofs anhängig, so ist gem. § 138c Abs. 1 Satz 3 StPO ein anderer Senat des jeweiligen Gerichts für die Entscheidung zuständig.

9.4

Vor Erhebung der öffentlichen Klage ist die Staatsanwaltschaft für die Antragstellung zuständig, die das Ermittlungsverfahren führt. Nach Erhebung der öffentlichen Klage hat das Gericht, bei dem das Verfahren anhängig ist, die Sache dem Oberlandesgericht vorzulegen. Nach Anklageerhebung kann also die Staatsanwaltschaft nicht mehr selbst einen Ausschlussantrag beim Oberlandesgericht stellen. Stellt die Staatsanwaltschaft einen solchen Antrag, so ist das Gericht, bei dem das Verfahren anhängig ist, verpflichtet, den Antrag der Staatsanwaltschaft ohne eigene Prüfung dem Oberlandesgericht vorzulegen. Hierbei soll es zu dem Antrag der Staatsanwaltschaft Stellung nehmen und seine eigene Auffassung darlegen. Das Gericht kann nach Anklageerhebung auch von Amts wegen ohne vorherigen Antrag der Staatsanwaltschaft eine Vorlage an das Oberlandesgericht durchführen und so das Ausschlussverfahren selbst initiieren. Ein solcher Vorlagebeschluss ist dann über die Staatsanwaltschaft dem Oberlandesgericht zuzuleiten.

9.1.3.2 Antragsbegründung

Nach der obergerichtlichen Rechtsprechung müssen in dem Antrag, den Verteidiger von der Mitwirkung in dem Verfahren auszuschließen, diejenigen objektiven und subjektiven Tatsachen substantiiert dargelegt werden, die den gegen den Ver-

9.5

---

4) Vgl. KK/Willnow, § 138a Rdnr. 3.
5) Vgl. BGH v. 04.11.2010 – 4 StR 404/10, wistra 2011, 149.
6) Vgl. KK/Willnow, § 138a Rdnr. 4.

Schütrumpf

teidiger erhobenen Verdacht einer nach § 138a Abs. 1 oder § 138b StPO zur Ausschließung führenden Handlung stützen. Eine bloße Bezugnahme auf Beiakten ist zur Begründung eines entsprechenden Vorwurfs nicht ausreichend. Die Zurückweisung eines solchen Antrags als unzulässig schließt aber die Wiederholung unter Beachtung der Darlegungspflicht nicht aus.

Hinsichtlich des Verdachtsgrads ist zu differenzieren: Bei dem Ausschlussgrund des § 138a Abs. 1 Nr. 3 ist ein hinreichender Tatverdacht nur ausreichend, wenn der in Frage stehende Sachverhalt unter Ausschöpfung aller wesentlichen Aufklärungsmöglichkeiten und Erkenntnisquellen feststeht. Ein dringender Tatverdacht ist hingegen notwendig, wenn der Sachverhalt noch Aufklärungslücken enthält.[7] Bei den Ausschlussgründen des § 138a Abs. 1 Nr. 1 und 2 StPO reicht ein einfacher Tatverdacht, wenn eine Straftat nach § 129a StGB Gegenstand der Ermittlungen ist. Bei allen anderen Straftaten gilt wie bei § 138a Abs. 1 Nr. 3 StPO, dass es eines dringenden bzw. hinreichenden Tatverdachts bedarf.

> **Prozesstaktischer Hinweis**
>
> Gelingt es, die Lückenhaftigkeit und die unvollständige Ermittlung der Ausschließungsgründe darzulegen, so erhöht dies die Anforderungen an den Ausschließungsverdacht, da dieser dann dringend sein muss.

9.1.3.3   Mündliche Verhandlung

9.6   Das Ausschließungsverfahren nach § 138d StPO ist wie das Haftprüfungsverfahren nach § 118a StPO ein summarisches Verfahren und darf die Hauptverhandlung weder ganz noch teilweise vorwegnehmen.

Gemäß § 138d StPO wird über die Ausschließung des Verteidigers nach mündlicher Verhandlung entschieden. Der Verteidiger ist gem. § 138d Abs. 2 StPO zu dieser Verhandlung förmlich zu laden. Die Staatsanwaltschaft, der Beschuldigte und – wenn der betroffene Verteidiger Rechtsanwalt ist – der Vorstand der Rechtsanwaltskammer sind von dem Termin zur mündlichen Verhandlung zu benachrichtigen.

Eine mündliche Verhandlung ist entbehrlich, wenn der Ausschließungsantrag offenkundig unzulässig ist. Dies ist der Fall, wenn der Vorlagebeschluss des Gerichts oder der Vorlageantrag der Staatsanwaltschaft keine Gründe enthält oder aber die dargelegten Gründe das Ausschlussbegehren nicht tragen. Eine solche Verwerfung ohne mündliche Verhandlung kommt nur bei einer Ablehnung der Ausschließung in Betracht.

Die mündliche Verhandlung kann gem. § 138d StPO ohne den betroffenen Verteidiger durchgeführt werden, wenn dieser ordnungsgemäß geladen wurde und in der Ladung auch darauf hingewiesen wurde, dass im Fall des Nichterscheinens

---

[7]   Vgl. BGH v. 03.03.1989 – 2 ARs 54/89, BGHSt 36, 133.

auch in seiner Abwesenheit verhandelt werden kann. Ist der Verteidiger nachweisbar an der Terminswahrnehmung gehindert, führt dies dazu, dass der anberaumte Termin verschoben werden muss.

Prozesstaktischer Hinweis

Zu dieser Verpflichtung gibt es keine einschlägigen höchstrichterlichen Entscheidungen[8], ein entsprechender Hinweis findet sich aber im Großkommentar, auf den von anderen Kommentatoren zustimmend verwiesen wird.[9] Der Verteidiger sollte es hier nach Möglichkeit nicht darauf ankommen lassen und alles daran setzen, gegebene Verhinderungsgründe zu beseitigen, sobald erkennbar wird, dass der Bitte um Terminsverlegung nicht entsprochen wird.

9.7

Der Verteidiger selbst ist im Ausschließungsverfahren kein Beschuldigter, in entsprechender Anwendung des § 137 StPO ist ihm aber die Möglichkeit zu eröffnen, einen anwaltlichen Beistand zu mandatieren.

Hinweis

Die Befugnisse des anwaltlichen Beistands sind in der Literatur umstritten. Die Möglichkeit sich eines Beistands zu bedienen, ist hingegen grundsätzlich anerkannt.[10] Der Beistand kann für den Verteidiger in dessen Namen Stellung nehmen. Ein eigenes Antragsrecht ist fraglich, stellt der Beistand für den Verteidiger Anträge, ist bei fehlendem Widerspruch anzunehmen, dass die Anträge in dessen Namen gestellt sind, so dass es auf den Meinungsstreit in der Praxis nicht ankommt.[11]

9.8

Die Aufklärungspflicht des Gerichtes beschränkt sich auf den in dem Ausschließungsantrag bzw. dem Vorlagebeschluss bezeichneten Sachverhalt. Das Gericht hat die nach seiner Auffassung maßgeblichen Beweismittel zum Gegenstand der mündlichen Verhandlung zu machen und den Beteiligten Gelegenheit zur Stellungnahme zu geben.

---

8) LR/Lüderssen/Jahn, § 138d StPO Rdnr. 2.
9) Vgl. z.B. Meyer-Goßner/Schmitt, § 138d Rdnr. 4.
10) Vgl. BGH v. 08.08.1979 – 2 ARs 231/79, AnwBl 1981, 115; KG v. 01.09.1980 – 4 Ws 24/80, AnwBl 1981, 116.
11) Vgl. KK/Willnow, § 138d Rdnr. 6.

Schütrumpf

Prozesstaktischer Hinweis

9.9 Es gilt nicht das Strengbeweisverfahren, sondern das Freibeweisverfahren.[12] Es kann daher auf den Akteninhalt, dienstliche Erklärungen, polizeiliche Protokolle und sonstige schriftliche Äußerungen zurückgegriffen werden.[13] Beweisanträge können ohne die Beschränkungen des § 244 abgelehnt werden.[14]

9.1.4 Folgen des Ausschlusses

9.1.4.1 Ausschluss des Verteidigers

9.10 Der Verteidiger ist in den Fällen des § 138a StPO von der Mitwirkung auszuschließen. Jegliche Vertretung des Beschuldigten wird durch den Ausschluss unzulässig. Untersagt ist auch jegliche sonstige Mitwirkung in dem Verfahren und nicht nur die Wahrnehmung der einem Verteidiger vorbehaltenen Rechte. Prozesshandlungen des ausgeschlossenen Verteidigers sind unwirksam, ohne dass dies eines besonderen Ausspruchs bedarf.[15]

9.1.4.2 Zeitliche Wirkung des Ausschlusses

9.11 Der Ausschluss wirkt erst mit seiner Rechtskraft. Während Entscheidungen nach § 138d StPO, die vom BGH erlassen werden, nicht mehr angegriffen werden können, unterliegen die vom OLG erlassenen auf Ausschluss lautenden Entscheidungen der sofortigen Beschwerde (§ 138d Abs. 6 Satz 1 StPO). Der Beschuldigte kann auch durch den vom OLG ausgeschlossenen Verteidiger die sofortige Beschwerde einlegen, da die Ausschließung eben erst mit der Unanfechtbarkeit der auf sie lautenden Entscheidung wirksam wird.[16] Die Ausschließung wirkt so lange, bis eine sie aufhebende Entscheidung ergeht. Das Verfahren für eine solche Aufhebung einer Ausschließung ist nicht gesetzlich geregelt, insoweit ist § 138c StPO analog anzuwenden.

Die Ausschließung ist gem. § 138a Abs. 3 StPO aufzuheben,

– sobald ihre Voraussetzungen nicht mehr vorliegen,

– wenn der Verteidiger in einem wegen des Sachverhalts, der zur Ausschließung geführt hat, eröffneten Hauptverfahren freigesprochen oder wenn in einem Urteil des Ehren- oder Berufsgerichts eine schuldhafte Verletzung der Berufspflichten im Hinblick auf diesen Sachverhalt nicht festgestellt wird,

---

12) Vgl. BGH v. 24.08.1978 – 2 ARs 245/78, BGHSt 28, 116.
13) Vgl. OLG Hamburg v. 15.09.1986 – Ausschl 2/86, AnwBl 1987, 44.
14) Vgl. KK/Willnow, § 138d Rdnr. 7.
15) Vgl. Meyer-Goßner/Schmitt, § 138a Rdnr. 24.
16) Vgl. Meyer-Goßner/Schmitt, § 138a Rdnr. 23; KK/Willnow, § 138d Rdnr. 14; a.A. LR/Dünnebier, § 138a, Rdnr. 13.

– wenn nicht spätestens ein Jahr nach der Ausschließung wegen des Sachverhalts, der zur Ausschließung geführt hat, das Hauptverfahren im Strafverfahren oder im ehren- oder berufsgerichtlichen Verfahren eröffnet oder ein Strafbefehl erlassen worden ist, wobei aber ein Ausschluss der an sich wegen Zeitablaufs aufzuheben ist, befristet, längstens jedoch insgesamt für die Dauer eines weiteren Jahres, aufrechterhalten werden kann, wenn die besondere Schwierigkeit oder der besondere Umfang der Sache oder ein anderer wichtiger Grund die Entscheidung über die Eröffnung des Hauptverfahrens noch nicht zulässt.

9.1.4.3 Erstreckung auf andere Verfahren

Nach § 138a Abs. 4 Satz 1 StPO kann der ausgeschlossene Verteidiger den Beschuldigten auch in anderen gesetzlich geordneten Verfahren, also in Verfahren, die den Regeln des OWiG unterliegen, ehren- oder berufsgerichtliche Verfahren oder dem Verfahren nach § 81g StPO[17] nicht verteidigen. Verfahren nach einer Verbandsgerichtsbarkeit oder ähnliche Verfahren fallen hingegen nicht unter diese Erstreckung. Nach dem Wortlaut des Gesetzes muss es sich um Verfahren handeln, in welchem der Beschuldigte „verteidigt" wird. Somit ist eine Vertretung in zivil- oder arbeitsgerichtlichen Streitigkeiten oder in Verfahren vor den Verwaltungsgerichten nicht ausgeschlossen.[18] Allerdings darf der ausgeschlossene Verteidiger seinen Mandanten trotz der weiter gültigen Mandatierung in solchen Angelegenheiten gem. § 138a Abs. 4 Satz 2 StPO nicht in der JVA besuchen. Gemäß § 138a Abs. 5 Satz 1 erster Halbsatz StPO darf der ausgeschlossene Verteidiger auch andere Beschuldigte in demselben Verfahren nicht verteidigen. Erfolgt die Ausschließung in einem Verfahren wegen einer Straftat nach § 129a StGB, kann der Verteidiger gem. § 138a Abs. 5 Satz 1 zweiter Halbsatz StPO auch Beschuldigte in anderen Verfahren, soweit diese ebenfalls eine Straftat nach § 129a StGB zum Gegenstand haben, nicht verteidigen. Es kommt nach dieser Regelung somit nicht darauf an, ob terroristische Vereinigungen, die Gegenstand verschiedener Strafverfahren sind, Berührungspunkte miteinander hatten oder haben. Beschuldigte, gegen die ein Verfahren nach § 129a StGB anhängig ist und die der von der Verteidigung ausgeschlossene Verteidiger in diesen Verfahren nach § 138a Abs. 5 Satz 1 zweiter Halbsatz StPO nicht verteidigen darf, darf er auch nicht in anderen Verfahren verteidigen (§ 138a Abs. 4 Satz 1 StPO) oder besuchen (§ 138a Abs. 4 Satz 2 StPO). Die von der Rechtsprechung entwickelten Grundsätze zur Zurückweisung des Verteidigers in den Fällen des § 137 Abs. 1 Satz 2 StPO sind auch bei einer Ausschlusserstreckung i.S.d. § 138a Abs. 4 und 5 StPO heranzuziehen. Erst mit einer solchen Zurückweisung werden die Prozesshandlungen unwirksam.[19] Für die Zurückweisung ist im Ermittlungsverfahren die Staatsanwaltschaft, nach Anhängigkeit bei Gericht das erkennende Gericht zuständig. Gegen Anordnungen der Staatsanwaltschaft kann der nach § 98 StPO zuständige Richter angerufen werden.[20]

9.12

---

17) Vgl. BVerfG v. 14.08.2007 – 2 BvR 1186/07, NStZ 2008, 226.
18) Vgl. KK/Willnow, § 138a Rdnr. 22.
19) Vgl. KK/Willnow, § 138a Rdnr. 27.
20) Vgl. KK/Willnow, § 138a Rdnr. 27.

9.1.5   Faktischer Ausschluss durch Entpflichtung des Pflichtverteidigers

9.13   Anders als beim gewählten Verteidiger ist der Pflichtverteidiger durch einen förmlichen Beiordnungsakt des Gerichts verpflichtet. Zum Verhältnis zwischen Entpflichtung des Pflichtverteidigers und dem Verteidigerausschluss gem. §§ 138a ff. StPO wurde oben unter Rdnr. 9.1 schon dargestellt, dass ein Ausschlussverfahren Vorrang hat. Unabhängig von diesem Rangverhältnis ist aber die Frage, ob eine Entpflichtung mit einer Pflichtverletzung des Pflichtverteidigers begründet werden kann, wenn – unzweifelhaft – kein Ausschlussgrund i.S.d. §§ 138a ff. StPO vorliegt. Diese Frage wird in der Literatur kontrovers diskutiert, in der Rechtsprechung jedoch für zwei Konstellationen grundsätzlich anerkannt. Zum einen ist dies die Fallgruppe einer unzulässigen Mehrfachverteidigung zum anderen die Fallgruppe einer Verfolgung sogenannter „prozesswidriger Ziele". Auch wenn dieser faktische Ausschluss jenseits des eigentlichen Ausschlussverfahrens erfolgt, sollen die Grenzen eines solchen Ausschlusses unter Rdnr. 9.28 und 9.33 dargestellt werden.

9.2   Mandatssituationen

9.2.1   Verdacht der Tatbeteiligung des Verteidigers

Kurzüberblick

- Strafbarkeit der Beteiligung setzt i.d.R. positive Kenntnis des Rechtsanwalts voraus.

- Fraglich ist, wann ein Verteidigungsverhältnis zeitlich beginnt.

- Verteidigungsunterlagen unterliegen nicht der Beschlagnahme.

- Für den Ausschluss braucht es einen dringenden Tatverdacht, solange die Ermittlungen nicht abgeschlossen sind.

9.14

Sachverhalt

Der Geschäftsführer G sucht Rechtsanwalt S auf und übergibt ihm einen Bescheid der Rentenversicherung, aus dem sich ergibt, dass ein Mitarbeiter durch die Rentenversicherung als scheinselbständig eingestuft wurde und entsprechende Beitragsnachzahlungen gefordert werden. G lässt sich über strafrechtliche Risiken aufklären und diskutiert mit Rechtsanwalt S den Umgang mit ähnlich gelagerten Mitarbeitern. G fertigt sich während des Gesprächs Notizen an und hält in diesen Notizen fest: *„Vergleichsfälle identifizieren und sobald erkannt als sozialversicherungspflichtig behandeln … bei Kriterien für die Abgrenzung Zeiterfassung von Bedeutung … Zeiterfassung abschalten?! … keine Übergangsfristen, Strafbarkeit setzt aber subjektiven Tatbestand, also Vorsatz, voraus …"*

Bei einer einige Monate später durchgeführten Durchsuchung in der Firma des G wegen des Verdachts einer Strafbarkeit gem. § 266a StGB werden u.a. auch die Notizen aufgefunden. Rechtsanwalt S wird von G im Zuge der Durchsuchungsmaßnahme als Verteidiger mandatiert und macht geltend, dass es sich bei den Notizen seines Mandanten um Verteidigungsunterlagen handele. Der Inhalt der Notizen wird gleichwohl seitens der Ermittlungsbehörden analysiert und gegen Rechtsanwalt S wird ein Verfahren wegen des Verdachts der Beihilfe zum Vergehen nach § 266a StGB eingeleitet. Gestützt wird dies maßgeblich darauf, dass G aufgeschrieben habe, dass man die Zeiterfassung abschalten solle und man die Vermutung formuliert, dass dies ein konkreter Rat des Rechtsanwalt S gewesen sei, so dass dieser G bei der Begehung einer Straftat gem. § 266a StGB unterstützt habe. Die zuständige Staatsanwaltschaft fordert S auf, sein Mandat niederzulegen, um dadurch die Durchführung eines Ausschlussverfahrens gem. § 138a StPO entbehrlich zu machen.

Schütrumpf

Lösung

Strafbarkeit des Beraters

9.15   Die Strafbarkeit des Rechtsanwalts durch Erteilung von Rechtsauskünften ist eine schwierige Materie. Teilweise wird hier vom sogenannten „Beraterprivileg" gesprochen. Häufig wird die Frage auch unter dem Schlagwort sogenannter berufstypischer und deshalb neutraler Handlungen umschrieben. Gemeint ist damit, dass für die Strafbarkeit des Rechtsanwalts entscheidend ist, ob die Beratung ihren Alltagscharakter verliert und deshalb nicht mehr als „sozialadäquat" angesehen werden kann. Dies ist nach der Rechtsprechung jedenfalls dann der Fall, wenn das Handeln des Mandanten ausschließlich darauf abzielt, eine strafbare Handlung zu begehen und der Rechtsanwalt diesen Plan positiv kennt. Hält er es lediglich für möglich, dass sein Rat oder seine Auskunft für die Begehung einer Straftat genutzt werden könnte, so reicht dies nicht aus, um eine Strafbarkeit des Beraters zu begründen. Hiervon macht die Rechtsprechung aber dann eine Ausnahme, wenn ein erkanntes Risiko eines strafbaren Verhaltens derart hoch ist, dass sich der Rechtsanwalt „die Förderung eines erkennbar tatgeneigten Täters angelegen sein lässt".[21]

Beschlagnahmeschutz

9.16   Was den Beschlagnahmeschutz gem. § 97 StPO anbelangt, so ergibt sich aus der sogenannten Jones-Day-Entscheidung des Bundesverfassungsgerichts, dass jedenfalls von Verfassung wegen nicht geboten ist, eine dem Beschuldigten ähnliche Stellung, die einen Beschlagnahmeschutz aus § 97 Abs. 1 StPO nach sich zieht, immer schon dann anzunehmen, wenn der Ratsuchende ein künftiges gegen sich gerichtetes Ermittlungsverfahren lediglich befürchtet und sich vor diesem Hintergrund anwaltlich beraten lässt, wie dies überwiegend in der Literatur gefordert wird. Ohne objektive Kriterien sei es kaum möglich, die Grenzen des Beschlagnahmeschutzes zuverlässig zu bestimmen, weshalb § 97 Abs. 1 StPO voraussetzt, dass ein konkreter Verdacht der Strafverfolgungsbehörden gegen eine bestimmte Person tatsächlich bereits besteht.[22] Somit kommt es für die Frage des Beschlagnahmeschutzes darauf an, ob ein konkreter Tatverdacht bestand. Dies ist eher fraglich, da es in der Notiz um die zukünftige sozialversicherungsrechtliche Behandlung ging.

Lag hingegen zum Zeitpunkt des Beratungsgesprächs bereits ein konkreter Tatverdacht vor, so würde es sich bei der Notiz auch um Verteidigungsunterlagen i.S.d. § 97 Abs. 1 StPO handeln.

9.17   Nach der obergerichtlichen Rechtsprechung müssen in dem Antrag, den Verteidiger von der Mitwirkung in dem Verfahren auszuschließen, diejenigen objektiven und subjektiven Tatsachen substantiiert dargelegt werden, die den gegen den Ver-

---

21)   Vgl. Müller/Leitner, in: MAH Strafverteidigung, Teil H. Risiken der Strafverteidigung, § 39 Strafrechtliche Risiken Rdnr. 91.
22)   Vgl. BVerfG v. 27.06.2018 – 2 BvR 1405/17, NJW 2018, 2385, Rdnr. 95.

teidiger erhobenen Verdacht einer nach § 138a Abs. 1 StPO zur Ausschließung führenden Handlung stützen. Die Staatsanwaltschaft stützt ihren Beihilfeverdacht auf die Mitschrift über den erteilten Rechtsrat. Hinsichtlich des Verdachtsgrads ist ein hinreichender Tatverdacht nur ausreichend, wenn der in Frage stehende Sachverhalt unter Ausschöpfung aller wesentlichen Aufklärungsmöglichkeiten und Erkenntnisquellen feststeht. Dieses Stadium ist in dem Fallbeispiel nicht erreicht, so dass ein dringender Tatverdacht notwendig ist.[23] Dieser dringende Tatverdacht muss sich auch auf den subjektiven Tatbestand beziehen. Da positive Kenntnis vom strafbaren Verhalten des Mandanten erforderlich ist, heißt dies nichts anderes, als das Ermittlungserkenntnisse einen dringenden Verdacht hinsichtlich einer solchen positiven Kenntnis begründen müssen.

Prozesstaktische Hinweise

Wird gegen einen Rechtsanwalt ein Ermittlungsverfahren eingeleitet, so sollte er, ggf. auch zusammen mit seinem Mandanten, überdenken, ob dieser Tatvorwurf dazu führt, dass er selbst den erforderlichen beruflich neutralen Abstand zum Verfahren gegen seinen Mandanten nicht mehr bewahren kann. Schließlich verschwimmt die Interessenlage, wenn ein Rechtsanwalt, der seinen Mandanten verteidigen soll, stets auch die eigene Verteidigungslinie im Auge haben muss. Es spricht daher in einer solchen Konstellation vieles dafür, dass das Mandatsverhältnis beendet wird; dies trotz des Umstands, dass es für die Staatsanwaltschaft sehr schwer sein dürfte, in einem Fall wie dem hier geschilderten einen schlüssigen und begründeten Ausschlussantrag zu stellen, da sich ein dringender Verdacht hinsichtlich des subjektiven Tatbestands nicht begründen lässt.

9.18

Muster

Stellungnahme zum Ausschlussantrag der Staatsanwaltschaft

Oberlandesgericht ...
(Anschrift)

Strafsache
gegen   ...
wegen   Verdachts des Vergehens gem. § 266a StGB
Az.   ...

Zum Antrag, Rechtsanwalt S als Verteidiger auszuschließen, gebe ich die nachfolgende Stellungnahme ab und stelle den

---

23) Vgl. BGH v. 03.03.1989 – 2 ARs 54/89, BGHSt 36, 133.

Schütrumpf

Antrag:

Der Antrag wird als unzulässig, hilfsweise unbegründet, zurückgewiesen.

Begründung:

Den Ausführungen der Staatsanwaltschaft sind schon keine Tatsachen zu entnehmen, die den subjektiven Tatbestand des hinsichtlich der Haupttat erforderlichen Vorsatzes erkennen lassen könnten. Zudem werden insoweit auch keine Beweismittel angeführt, aus denen sich ein dringender Tatverdacht einer solchen Tatbeteiligung ableiten lassen könnte.

Nach der höchstrichterlichen Rechtsprechung liegt bei einem von einem Rechtsanwalt erteilten Rechtsrat nur dann eine strafbare Beihilfehandlung vor, wenn das Handeln des Mandanten ausschließlich darauf abzielt, eine strafbare Handlung zu begehen und der Rechtsanwalt diesen Plan positiv kennt. Hält er es lediglich für möglich, dass sein Rat oder seine Auskunft für die Begehung einer Straftat genutzt werden könnte, so reicht dies nicht aus, um eine Strafbarkeit des Beraters zu begründen (vgl. Müller/Leitner, in: MAH Strafverteidigung, Teil H. Risiken der Strafverteidigung, § 39 Strafrechtliche Risiken Rdnr. 91).

Nach der obergerichtlichen Rechtsprechung müssen in dem Antrag, den Verteidiger von der Mitwirkung in dem Verfahren auszuschließen, diejenigen objektiven und subjektiven Tatsachen substantiiert dargelegt werden, die den gegen den Verteidiger erhobenen Verdacht einer nach § 138a Abs. 1 StPO zur Ausschließung führenden Handlung stützen. Die Staatsanwaltschaft stützt ihren Beihilfeverdacht auf die Mitschrift über den erteilten Rechtsrat. Hinsichtlich des Verdachtsgrads ist ein hinreichender Tatverdacht nur ausreichend, wenn der in Frage stehende Sachverhalt unter Ausschöpfung aller wesentlichen Aufklärungsmöglichkeiten und Erkenntnisquellen feststeht. Dieses Stadium ist in dem Fallbeispiel nicht erreicht, so dass ein dringender Tatverdacht notwendig ist (vgl. BGH v. 03.03.1989 – 2 ARs 54/89, BGHSt 36, 133). Dieser dringende Tatverdacht muss sich auch auf den subjektiven Tatbestand beziehen. Da positive Kenntnis vom strafbaren Verhalten des Mandanten erforderlich ist, heißt dies nichts anderes, als das Ermittlungserkenntnisse einen dringenden Verdacht hinsichtlich einer solchen positiven Kenntnis begründen müssen. Dies ist hier nicht nur nicht erkennbar, sondern sogar fernliegend.

Nach alledem erweist sich daher der Antrag der Staatsanwaltschaft schon als unzulässig, jedenfalls aber als unbegründet.

Rechtsanwältin/Rechtsanwalt

9.2.2   Missbrauch von Verteidigungsprivilegien

Kurzüberblick

- Missbrauch des unzensierten Briefverkehrs mit Inhaftierten
- Straftatbegehung/Abgrenzung zu § 138a Abs. 1 Nr. 3 StPO
- Notwendiger Verdachtsgrad
- Inhalt eines Ausschlussantrags

9.19

Sachverhalt

Gegen den A werden Ermittlungen wegen des Verdachts des gewerbsmäßigen Kreditvermittlungs- und Sozialleistungsbetrugs geführt. Er soll über das Internet und über Zeitungsannoncen Kreditvermittlungen angeboten haben, wobei die angebotenen Leistungen im Ergebnis wertlos gewesen seien. Ihm sei es lediglich darum gegangen, die Anzahlungen seitens der Kunden zu erhalten. Obgleich er selbst Empfänger von Sozialleistungen gewesen sei, habe er die aus seinen Geschäften erzielten Einnahmen gegenüber der zuständigen Behörde nicht angegeben. Rechtsanwalt R wurde zum Pflichtverteidiger des A bestellt.

A sitzt in Untersuchungshaft und hat einen Brief an einen Verwandten verfasst, in dem es u.a. heißt: „... *Räume bitte alle Konten komplett ab, ... Hebe auch dieses Geld für mich auf.*"

Diesen Brief übersandte A mittels Verteidigerpost an Rechtsanwalt R, der eine Kopie zur Handakte nahm und das Original vereinbarungsgemäß an den Verwandten des A weiterleitete. Dem Adressaten kamen Bedenken, weswegen er sich an die Staatsanwaltschaft wandte. Die Staatsanwaltschaft beantragt, Rechtsanwalt R von der Mitwirkung im Strafverfahren auszuschließen.

Lösung

Missbrauch i.S.d. § 138a Abs. 1 Nr. 2 StPO

Ein Missbrauch i.S.d. § 138a Abs. 1 Nr. 2 StPO besteht in dem bewussten Ausnutzen des dem Verteidiger nach § 148 StPO eingeräumten Rechts auf freien Verkehr. Wird der unzensierte Briefverkehr dazu benutzt, eine Straftat zu begehen, so liegt ein solcher Missbrauch vor.

9.20

Bei der Begehung einer Straftat ist jede Straftat, auch eine geringfügigere Straftat, für das Vorliegen des Ausschlussgrunds ausreichend. Etwas anderes kann sich aber ausnahmsweise aus dem auch insoweit zu beachtenden Verhältnismäßigkeitsgrundsatz ergeben; so beispielsweise, wenn es bei Antragsdelikten am Strafantrag fehlt.[24] Die Straftat muss hinreichend konkretisiert und nach den durch

---

24) Vgl. Meyer-Goßner/Schmitt, Rdnr. 7.

Tatsachen belegten Umständen begangen oder zumindest in strafbarer Weise begonnen sein.[25] Anders als bei § 138a Abs. 1 Nr. 3 StPO reicht grundsätzlich jegliche Straftat aus.

Im vorliegenden Fall hat der Rechtsanwalt R eine Begünstigung begangen, wenn man die Weiterleitung an den Angehörigen bereits als objektiv geeignet ansieht, die Vorteile einer Straftat zu sichern. Die Begünstigung ist nicht als Erfolgsdelikt, sondern als abstraktes Gefährdungsdelikt ausgestaltet,[26] so dass es auf den Sicherungserfolg nicht ankommt. Ob allerdings bereits die Weiterleitung objektiv geeignet ist, die Vorteilssicherung herbeizuführen, kann trotzdem bezweifelt werden, da ja ein weiterer Schritt durch die Tatbegehung des Angehörigen erforderlich ist. Hätte sich dieser zum Handeln bereiterklärt, so läge seitens des Verwandten – unabhängig vom Sicherungserfolg – eine Begünstigung vor und seitens des A eine Anstiftung zur Begünstigung, die gem. § 257 Abs. 3 Satz 2 StGB ausdrücklich nicht unter das Privileg des § 257 Abs. 3 Satz 1 StGB fällt. Da der Verwandte nicht tatgeneigt war, ist dies strukturell eine versuchte Anstiftung des A. Konsequenterweise wäre es daher auch richtig, eine objektive Eignung in der konkreten Fallgestaltung abzulehnen. Der Fall ist aber einer Bundesverfassungsgerichtsentscheidung entnommen, aus der sich ergibt, dass sowohl das mit dem Fall befasste OLG Frankfurt als auch der BGH im Beschwerdeverfahren eine Begünstigungshandlung des Rechtsanwalts bejaht haben. Von beiden wurde insoweit der Ausschlussgrund des § 138a Abs. 1 Nr. 3 StPO angenommen, da die Weiterleitung objektiv geeignet war, eine Beutesicherung des A herbeizuführen. Zum Zeitpunkt der Weiterleitung des Schreibens seien noch keine Arrestmaßnahmen erfolgt und damit das Schreiben geeignet gewesen, einen solchen Arresterfolg zu verhindern. Das Bundesverfassungsgericht hat die hiergegen gerichtete Verfassungsbeschwerde nicht zur Entscheidung angenommen.[27]

9.21 Für die Antragsschrift muss die Staatsanwaltschaft für den Ausschlussgrund des § 138a Abs. 1 Nr. 2 StPO schlüssig im Sinne eines dringenden Verdachts belegen, dass der Rechtsanwalt seine Privilegien missbraucht hat und hierdurch eine Straftat begangen hat, für den Ausschlussgrund des § 138 Abs. 1 Nr. 3 StPO, dass das Verhalten den dringenden Tatverdacht einer Strafbarkeit wegen Begünstigung begründet. In der Vorlage muss das Verhalten des Verteidigers, welches zu seinem Ausschluss führen soll, klar, eindeutig und vollständig dargestellt werden. Es ist weder das Recht noch die Pflicht des zur Entscheidung über die Ausschließung des Verteidigers berufenen Gerichts, sich aus einem länger hinziehenden Strafverfahren die Umstände herauszufiltern, die den Ausschluss eines Verteidigers rechtfertigen könnten. Insoweit kommt dem Antrag eine Umgrenzungsfunktion zu.[28] Angesichts der strukturellen Parallelen zum Klageerzwingungsverfahren gelten die dortigen Anforderungen für das Verfahren nach den §§ 138a ff. StPO entsprechend.[29]

---

25) Vgl. KK/Willnow, § 138a Rdnr. 10.
26) Vgl. Schönke/Schröder/Hecker, § 257 Rdnr. 11.
27) Vgl. BVerfG v. 09.12.2008 – 2 BvR 2341/08.
28) Vgl. OLG Bamberg v. 01.08.2011 – 1 Ws 378/11, StraFo 2012, 187; KG v. 03.06.2005 – 2 AR 63/05, NJW 2006, 1537.
29) OLG Jena v. 14.10.2002 – 1 Ws 351/02, NStZ 2005, 49; OLG Hamm v. 19.10.1998 – 2 Ws 481/98, NStZ-RR 1999, 50; KG v. 22.10.2015 – 2 ARs 22/15, NStZ-RR 2016, 18.

Prozesstaktische Hinweise

Anders als bei den Ausschlussverfahren gem. § 138a Abs. 1 Nr. 1 StPO geht es 9.22
bei den Ausschlussgründen des § 138a Abs. 1 Nr. 2 und 3 StPO um Handlungen,
die der Verteidiger als Verteidiger vorgenommen hat. Die Behauptung, die seitens
der Staatsanwaltschaft oder einem vorlegenden Gericht durch den Vorwurf des
unzulässigen Verteidigungshandelns in den Raum gestellt wird, muss weder
durch den Verteidigten noch durch den von dem Ausschlussbegehren betroffenen
Rechtsanwalt widerspruchslos hingenommen werden. Ein freiwilliger Rückzug
aus dem Mandat drängt sich daher in diesen Fällen nur dann auf, wenn sich der
Vorwurf auch aus Sicht des betroffenen Rechtsanwalts als zutreffend darstellt.
Ansonsten sollte der Vorwurf zurückgewiesen werden, wobei auch bereits zum
Antrag auf Ausschließung inhaltlich Stellung genommen und Einwände vorgetragen werden sollten. So hat im vorliegenden Beispielsfall der BGH den Einwand
des Rechtsanwalts, nicht er, sondern eine Mitarbeiterin habe das Schreiben des A
weitergeleitet, als nicht glaubhaft eingestuft, da dieser Einwand erst im Beschwerdeverfahren erhoben worden sei.[30]

Entscheidungen nach § 138d StPO, die vom BGH erlassen werden, können nicht
mehr angegriffen werden, die vom OLG erlassenen auf Ausschluss lautenden Entscheidungen unterliegen hingegen der sofortigen Beschwerde (§ 138d Abs. 6
Satz 1 StPO). Der Beschuldigte kann auch durch den vom OLG ausgeschlossenen
Verteidiger die sofortige Beschwerde einlegen, da die Ausschließung eben erst mit
der Unanfechtbarkeit der auf sie lautenden Entscheidung wirksam wird.[31] Von
der Möglichkeit dieser Beschwerde sollte auch Gebrauch gemacht werden.

Muster

Beschwerde gegen Ausschlussentscheidung

Oberlandesgericht ...
(Anschrift)

Strafsache
gegen   ...
wegen   Verdachts des Betrugs § 266a StGB
Az.   ...

Gegen die Entscheidung des OLG, mit der Rechtsanwalt R als Verteidiger ausgeschlossen
wurde, lege ich hiermit

---

30) Vgl. BVerfG v. 09.12.2008 – 2 BvR 2341/08.
31) Vgl. Meyer-Goßner/Schmitt, § 138a Rdnr. 23; KK/Willnow, § 138d Rdnr. 14; a.A. LR/Dün-
   nebier, § 138a Rdnr. 13.

Schütrumpf

sofortige Beschwerde

ein. Ich stelle den

Antrag:

Auf die sofortige Beschwerde wird der Beschluss des OLG aufgehoben.

Begründung:

Das Verhalten des Rechtsanwalts R stellt keine Begünstigung dar, da die Weiterleitung des Schreibens objektiv nicht geeignet war, eine Vorteilssicherung herbeizuführen. Für die objektive Eignung war nämlich ein weiterer Schritt durch die Tatbegehung des Angehörigen erforderlich.

Wäre der Angehörige tatgeneigt gewesen, so läge – unabhängig vom Sicherungserfolg – eine Begünstigung vor und seitens des A eine Anstiftung zur Begünstigung, die gem. § 257 Abs. 3 Satz 2 StGB ausdrücklich nicht unter das Privileg des § 257 Abs. 3 Satz 1 StGB fällt. Da der Verwandte jedoch nicht tatgeneigt war, ist dies strukturell eine versuchte Anstiftung des A. Konsequenterweise muss daher auch eine objektive Eignung in der konkreten Fallgestaltung abgelehnt werden.

Jedenfalls fehlt es aber am subjektiven Tatbestand des R, da nicht er, sondern eine Mitarbeiterin in falsch verstandenem Aktionismus und fehlendem Problembewusstsein das Schreiben des A weitergeleitet hat.

Nach alledem erweist sich daher der Ausschluss als rechtsfehlerhaft und ist antragsgemäß aufzuheben.

Rechtsanwältin/Rechtsanwalt

9.2.3   Strafvereitelungshandlung des Verteidigers

Kurzüberblick

9.23   – Abgrenzung Strafverteidigung und Strafvereitelung

– Zeitliche Verzögerung des Verfahrens

– Strafbarkeit des Verteidigten wird fingiert

– Notwendiger Verdachtsgrad

– Inhalt des Ausschlussantrags

Sachverhalt

Die Staatsanwaltschaft legt dem Beschuldigten N Steuerhinterziehung in 27 Fällen mit einem Steuerschaden von insgesamt 1.190.633,30 € zur Last. Der Vorwurf gründet sich auf die Annahme, der N habe Rechnungen der Firma H über angebliche Lieferungen von Paletten verwendet, um deren Bezahlung als Betriebsausgaben steuerlich geltend zu machen, obwohl tatsächlich keine Warenlieferungen erfolgt seien. Die fehlerhafte Angabe solcher Betriebsausgaben habe Einkommens-, Gewerbe- und Umsatzsteuererklärungen betroffen. Der hinreichende Tatverdacht ist u.a. darauf gestützt, dass bei Betriebsprüfungen der Firma H keine Hinweise auf dortigen Handel mit Paletten vorlagen.

Buchführungsunterlagen wurden bei einer Durchsuchung der Räume des N nicht gefunden. Rechtsanwalt R teilt der Steuerfahndung telefonisch mit, dass Unterlagen, sollten sie vorhanden sein, nicht herausgegeben würden. Mit einer Schutzschrift reicht Rechtsanwalt R Kopien eines Teils der Rechnungen der Firma H und Lieferscheine zu den Akten. In einem weiteren Schriftsatz werden weitere Kopien vorgelegt und zur Erklärung ausgeführt, der N habe sich an extern gelagerte Buchführungsunterlagen erinnert. Es sei nunmehr beabsichtigt, sämtliche Rechnungen vorzulegen, diese befänden sich in einer von N genutzten Garage. Das dort vorhandene Material wurde an Beamte der Steuerfahndung herausgegeben, die Auswertung ergab jedoch, dass sich dabei keine Buchführungsunterlagen für ein bestimmtes Geschäftsjahr befanden, obwohl ein Register in einem Stehordner auf die Existenz dieser Unterlagen hinwies. Deshalb suchten die Ermittlungsbeamten die Kanzlei des Rechtsanwalts R auf. Dieser erklärte, dass er im Besitz verschiedener Ordner mit Buchführungsunterlagen sei. Eine Sichtung von Umzugskartons mit der Aufschrift N ergab, dass sich dort unter Verteidigungsunterlagen auch Originalrechnungen und Lieferscheine der Firma H sowie Kontoauszüge und Einzahlungsbelege befanden. Diese wurden beschlagnahmt. Der Rechtsanwalt R erklärte danach, dass er über keine weiteren Beweismittel verfüge. Diese Angabe war unzutreffend, denn tatsächlich hatte er zwei weitere Stehordner mit Buchführungsunterlagen.

Lösung

Abgrenzung von Strafverteidigung und Strafvereitelung

Strafvereitelung begeht, wer absichtlich oder wissentlich ganz oder zum Teil vereitelt, dass ein anderer dem Strafgesetz gemäß wegen einer rechtswidrigen Tat bestraft oder einer Maßnahme unterworfen wird. Zur Vollendung der Tat genügt es, wenn die Ahndung des begünstigten Täters wegen der Handlung des Täters der Strafvereitelung für geraume Zeit unterbleibt.[32] Dies entspricht dem Wortlaut des § 258 Abs. 1 StGB („... *zum Teil vereitelt* ...") sowie dem Willen des Gesetzgebers.[33] Ob diese Rechtsprechung zur Verzögerung von Entscheidungen

9.24

---

32) Vgl. BGH v. 04.08.1983 – 4 StR 378/83, NJW 1984, 135; BGH v. 21.12.1994 – 2 StR 455/94, BGHR StGB § 258 Abs. 1 Vollendung 1; OLG Karlsruhe v. 31.03.2006 – 3 Ausschl 1/06, JZ 2006, 1129.

Schütrumpf

rechtlich zutreffend ist, wird in der Literatur in Frage gestellt, da eine lediglich spätere, aber schuldangemessene Verurteilung nicht ohne weiteres einer Teilvereitelung gleichgesetzt werden kann.[34] Eine tatbestandliche Nähe der Strafverteidigung zu dem Straftatbestand der Strafvereitelung ist grundsätzlich immer gegeben, da der Verteidiger dem Beschuldigten Beistand leisten soll und diesen bei seinem Interesse an effektiver Verteidigung zu unterstützen hat. Die Abgrenzung von Strafverteidigung und Strafvereitelung fällt deshalb in der Praxis nicht leicht. Der BGH hat hierzu festgehalten, dass das prozessual zulässige Handeln eines Strafverteidigers bereits tatbestandsmäßig nicht unter § 258 StGB fällt. Das Tatbestandsmerkmal „vereiteln" habe eine entscheidende wertende Komponente, so dass der Einsatz verfahrensrechtlich erlaubter Mittel kein verbotenes Vereiteln darstellen könne.[35] Untersagt ist aber jede bewusste Verdunkelung des Sachverhalts und jede sachwidrige Erschwerung der Wahrheitserforschung oder der Strafverfolgung. Ein rein berufsrechtswidriges Verhalten des Verteidigers hingegen begründet noch nicht die Strafbarkeit wegen (versuchter) Strafvereitelung.[36] Für die Verwahrung von Beweismitteln in der Kanzlei des Verteidigers gilt, dass im Rahmen der Durchführung eigener Ermittlungen und Prüfungen der Verteidiger grundsätzlich berechtigt ist, auch Beweismittel selbst in der Kanzlei entgegenzunehmen und zu prüfen. Zeitlich ist dieses Recht aber darauf beschränkt, was für die Informationsverschaffung in zeitlicher Hinsicht als erforderlich anzusehen ist. Hat er sich sachkundig gemacht und ggf. Ablichtungen von entscheidendem Material angefertigt, so muss er die Beweisstücke umgehend an die Person zurückgeben, die ihm die Unterlagen ausgehändigt hat. Der Verteidiger darf insbesondere das Beschlagnahmeprivileg des § 97 Abs. 1 StPO nicht dazu missbrauchen, seine Kanzlei zu einem vermeintlich zugriffssicheren Versteck umzufunktionieren.[37]

9.25 Das wahrheitswidrige Bestreiten des Besitzes gesuchter Beweisurkunden und ein falscher Hinweis auf einen anderweitigen Ablageort zur Vereitelung eines bevorstehenden Beschlagnahmezugriffs stellt kein zulässiges Verteidigungsverhalten dar und erfüllt den Tatbestand der Strafvereitelung, wenn dadurch der Abschluss des staatlichen Strafverfahrens für geraume Zeit verzögert wird und der Strafverteidiger absichtlich oder wissentlich handelt.[38]

9.26 Im Rahmen des § 138a Abs. 1 Nr. 3 StPO wird unterstellt, dass der Beschuldigte die ihm zur Last gelegte Tat auch begangen hat. Für den Ausschließungsantrag bedarf es im Ermittlungsverfahren der Darlegung des dringenden Tatverdachts,

33) Vgl. BT-Drucks. 7/550, S. 249; BGH v. 08.08.2018 – 2 ARs 121/18, BGHSt 63, 174.
34) Vgl. Bockemühl NStZ 2019, 102, 103.
35) Vgl. BGH v. 03.10.1979 – 3 StR 264/79 (S), BGHSt 29, 99; BGH v. 24.03.1982 – 3 StR 28/82 (S), BGHSt 31, 16; BGH v. 25.01.1984 – 3 StR 526/83 (S), BGHSt 32, 243; BGH v. 27.05.1991 – AnwSt (B) 2/91, BGHSt 37, 395; BGH v. 09.05.2000 – 1 StR 106/00, BGHSt 46, 53.
36) Vgl. Müller/Leitner, in: MAH Strafverteidigung, Teil H. Risiken der Strafverteidigung, § 39 Strafrechtliche Risiken Rdnr. 7.
37) Vgl. Müller/Leitner, in: MAH Strafverteidigung, Teil H. Risiken der Strafverteidigung, § 39 Strafrechtliche Risiken Rdnr. 56; Eisenberg, Beweisrecht der StPO, Rdnr. 2361; SSW-StPO/Eschelbach, § 97 Rdnr. 34; LR/Menges, § 97 Rdnr. 93.
38) Vgl. BGH v. 08.08.2018 – 2 ARs 121/18, BGHSt 63, 174.

Schütrumpf

nach Abschluss der Ermittlungen der Darlegung eines hinreichenden Tatverdachts einer Strafvereitelung mittels einer in sich geschlossenen und aus sich selbst heraus verständlichen Darstellung des Sachverhalts unter Angabe der Beweismittel entsprechend der Vorgaben des § 172 Abs. 3 Satz 1 StPO. Die für das Klageerzwingungsverfahren von der Rechtsprechung aufgestellten strengen Voraussetzungen gelten auch für den Antrag auf Ausschließung eines Verteidigers nach §§ 138a ff. StPO.[39]

Prozesstaktische Hinweise

Die strengen Anforderungen, die die Rechtsprechung der Oberlandesgerichte an den Ausschließungsantrag stellt, führt dazu, dass ein solcher Antrag nur in seltenen Ausnahmefällen Erfolg haben wird. In der veröffentlichten Rechtsprechung überwiegen die Fälle, in denen die Staatsanwaltschaft mit ihrem Ansinnen nicht durchgedrungen ist. Allerdings muss insoweit beachtet werden, dass die Zurückweisung eines Antrags als unzulässig die Wiederholung unter Beachtung der Darlegungspflicht nicht ausschließt. Da – anders als im Klageerzwingungsverfahren – keine Frist für die Antragstellung vorgegeben ist, hat die Forderung nach einer im gleichen Sinn strengen Darlegungshürde nicht die gleiche dramatische Konsequenz, wie dies beim Klageerzwingungsantrag der Fall ist.

9.27

Muster

Stellungnahme zum Ausschlussantrag der Staatsanwaltschaft

Oberlandesgericht ...
(Anschrift)

Strafsache
gegen   ...
wegen   Verdachts der Steuerhinterziehung
Az.   ...

Zum Antrag Rechtsanwalt R als Verteidiger auszuschließen, gebe ich die nachfolgende Stellungnahme ab und stelle den

---

39) Vgl. OLG Düsseldorf v. 13.03.1997 – 1 Ws 120/97, wistra 1997, 239; OLG Jena v. 14.10.2002 – 1 Ws 351/02, NStZ 2005, 49 f.; OLG Jena v. 15.01.2009 – 1 Ws 21/09, NJW 2009, 1894; OLG Celle v. 28.10.2014 – 2 Ws 84/14, StraFo 2015, 21.

Schütrumpf

Antrag:

Der Antrag wird als unzulässig, hilfsweise unbegründet, zurückgewiesen.

Begründung:

Den Ausführungen der Staatsanwaltschaft sind keine Tatsachen zu entnehmen, die den Tatbestand der Strafvereitelung begründen.

Strafvereitelung begeht, wer absichtlich oder wissentlich ganz oder zum Teil vereitelt, dass ein anderer dem Strafgesetz gemäß wegen einer rechtswidrigen Tat bestraft oder einer Maßnahme unterworfen wird. Zur Vollendung der Tat genügt es, wenn die Ahndung des begünstigten Täters wegen der Handlung des Täters der Strafvereitelung für **geraume** Zeit unterbleibt (vgl. BGH v. 04.08.1983 – 4 StR 378/83, NJW 1984, 135; BGH v. 21.12.1994 – 2 StR 455/94, BGHR StGB § 258 Abs. 1 Vollendung 1; OLG Karlsruhe v. 31.03.2006 – 3 Ausschl 1/06, JZ 2006, 1129). Ob diese Rechtsprechung zur Verzögerung von Entscheidungen rechtlich zutreffend ist, wird in der Literatur in Frage gestellt, da eine lediglich spätere, aber schuldangemessene Verurteilung nicht mit einer Teilvereitelung gleichgesetzt werden kann (vgl. Bockemühl, NStZ 2019, 102, 103). Hier fehlt es aber jedenfalls an einer Verzögerung für eine geraume Zeit. Prozessual zulässiges Handeln eines Strafverteidigers fällt bereits tatbestandsmäßig nicht unter § 258 StGB, so dass der Einsatz verfahrensrechtlich erlaubter Mittel kein verbotenes Vereiteln darstellen kann (vgl. BGH v. 03.10.1979 – 3 StR 264/79 (S), BGHSt 29, 99; BGH v. 24.03.1982 – 3 StR 28/82 (S), BGHSt 31, 16; BGH v. 25.01.1984 – 3 StR 526/83 (S), BGHSt 32, 243; BGH v. 27.05.1991 – AnwSt (B) 2/91, BGHSt 37, 395; BGH v. 09.05.2000 – 1 StR 106/00, BGHSt 46, 53).

Selbst wenn der Rechtsanwalt R mit seiner falschen Auskunft über die bei ihm befindlichen Unterlagen die Grenze des Erlaubten objektiv überschritten hat, so liegt subjektiv gleichwohl keine Strafvereitelungshandlung vor, da Rechtsanwalt R sich unwiderlegt dahingehend eingelassen hat, dass ihm die bei ihm noch verbliebenen Unterlagen zum Zeitpunkt der Durchsuchung schlicht nicht bewusst gewesen seien.

Nach der obergerichtlichen Rechtsprechung müssen in dem Antrag, den Verteidiger von der Mitwirkung in dem Verfahren auszuschließen, diejenigen objektiven und subjektiven Tatsachen substantiiert dargelegt werden, die den gegen den Verteidiger erhobenen Verdacht einer nach § 138a Abs. 1 StPO zur Ausschließung führenden Handlung stützen.

Nach alledem erweist sich daher der Antrag der Staatsanwaltschaft schon als unzulässig, jedenfalls aber als unbegründet.

Rechtsanwältin/Rechtsanwalt

9.2.4   Entbindung des Pflichtverteidigers wegen Mehrfachverteidigung

Kurzüberblick

- Unterscheidung von Zurückweisung und Entpflichtung   9.28

- Wahrnehmung widerstreitender Interessen

- Rechtliche Konsequenzen unzulässiger Mehrfachverteidigung

- Verhältnis zum Parteiverrat und Berufsrecht

Sachverhalt

Der A hatte massive Konflikte mit einem Geschäftspartner G. Er überredete den mit ihm und seiner Ehefrau befreundeten B dazu, G zu töten. Schließlich erschoss B den G von hinten mit einer ihm von A zur Tatausführung übergebenen Pistole.

B wurde ein Jahr später vom Landgericht wegen heimtückisch begangenen Mordes – unter Zubilligung erheblich verminderter Schuldfähigkeit – zu neun Jahren Freiheitsstrafe verurteilt. Verteidigt wurde er von Rechtsanwalt S.

Bereits vor der Tat hatte der A seinem damaligen Freund B Rechtsanwalt S für den Fall benannt, dass er als Täter ermittelt würde. A hatte dem B empfohlen, dass er dann „auf Macke" machen müsse und so nach fünf bis sechs Jahren entlassen werde.

B offenbarte schließlich der Polizei die Beteiligung des A an dem von ihm begangenen Mord. Zuvor waren weitere Zuwendungen des A gegenüber B während dessen Strafhaft ausgeblieben. Zudem hatte ein Mitgefangener, dem B sich offenbart hatte, dem B zu der Aussage geraten. Nicht zuletzt motivierte den B auch der näher rückende Zeitpunkt der Zweidrittelverbüßung seiner Strafe.

B forderte seinen früheren Verteidiger Rechtsanwalt S schriftlich auf, in einem Streit zwischen den Eheleuten A zugunsten der Ehefrau zu vermitteln. In einem durch die Ehefrau des A vorgelegten Brief teilte B mit, dass der schon früher von Rechtsanwalt S geäußerte Verdacht, A habe ihn, B, zur Ermordung Gs angestiftet, zutreffend sei.

Die Ermittlungsbehörden schenken den Angaben des B Glauben und A wird festgenommen. Er wird vom Ermittlungsrichter befragt, ob er einen Pflichtverteidiger benennen wolle. Er benennt den S als den von ihm gewählten Verteidiger, dessen Beiordnung er wünsche.

Lösung

9.29 Nach rechtskräftiger Aburteilung eines Tatteilnehmers darf der Verteidiger den anderen Tatteilnehmer gem. § 146 StPO verteidigen,[40] auch wenn er den Abgeurteilten nach Rechtskraft in Vollstreckungssachen weiter vertritt. § 146 StPO stellt nur auf die Verteidigung eines Beschuldigten ab. Den Fällen eines konkreten Interessenwiderstreits, der nicht unter § 146 StPO fällt, muss der Verteidiger grundsätzlich selbst – unter Berücksichtigung des anwaltlichen Berufsrechts – gerecht werden, d.h., es steht in der Verantwortung des Verteidigers, den Interessenkonflikt zu erkennen und eine entsprechende Vertretung abzulehnen. Da § 146 StPO nicht einschlägig ist, besteht die Möglichkeit der Zurückweisung durch das Gericht gem. § 146a StPO nicht.[41]

9.30 Hinsichtlich des Verbots der Wahrnehmung widerstreitender Interessen, welches sich zum einen in § 43a BRAO findet, zum anderen aber auch den Straftatbestand des Parteiverrats gem. § 356 StPO begründen kann, gilt in Strafsachen, dass wegen des Amtsaufklärungsgrundsatzes eine subjektive Disposition des Mandanten über seine Interessenlage nur eingeschränkt möglich ist. Maßgeblich ist daher die objektive, wirkliche Interessenlage.[42] Dieselbe Rechtssache ist dann gegeben, wenn es einen einheitlichen geschichtlichen Lebenssachverhalt betrifft, der einen Tatvorwurf gegenüber einem Beschuldigten von anderen ähnlichen oder gleichartigen Vorkommnissen unterscheidet.[43] Die Vertretung von Beschuldigten, die sich hinsichtlich eines einheitlichen Lebenssachverhalts gegenseitig belasten, stellt eine Wahrnehmung widerstreitender Interessen dar. Sämtliche objektive Tatbestandsmerkmale des Parteiverrats gem. § 356 StGB sind daher erfüllt. Somit steht bei dem vorliegenden Fall sowohl ein berufsrechtswidriges als auch ein strafbares Verhalten des Rechtsanwalts im Raum.

Ein Ausschlussgrund gem. § 138a StPO liegt nicht vor, da der Verteidiger keine Verteidigungsrechte missbraucht hat und die Straftat des Parteiverrats nicht in § 138a Abs. 1 Nr. 3 StPO aufgeführt wird.

9.31 Nach der Rechtsprechung liegt hier aber eine Verletzung des § 142 Abs. 5 StPO vor, da die konkrete Gefahr einer Interessenkollision einen wichtigen Grund darstellt, der die Beiordnung des vom Beschuldigten benannten Rechtsanwalts verbietet. Dem Gericht steht bei der Frage der Ablehnung der Bestellung des vom Beschuldigten bezeichneten Rechtsanwalts ein Beurteilungsspielraum zu, der auch nicht der umfassenden Nachprüfung durch das Revisionsgericht unterliegt. In unvertretbaren Fällen liegt aber ein Rechtsfehler vor, der auch dazu führt, dass der Verteidiger sofort entpflichtet werden muss.[44] Der BGH macht in seiner Ent-

---

40) Vgl. BGH v. 22.06.1994 – 2 StR 180/94, NStZ 1994, 500.
41) Vgl. BT-Drucks. 10/1313, S. 22; OLG Düsseldorf v. 07.03.1991 – 4 Ws 51/91, NStZ 1991, 352; KK/Willnow, § 146 Rdnr. 5.
42) Vgl. Müller/Leitner, in: MAH Strafverteidigung, Teil H. Risiken der Strafverteidigung, § 39 Strafrechtliche Risiken Rdnr. 115.
43) Vgl. Müller/Leitner, in: MAH Strafverteidigung, Teil H. Risiken der Strafverteidigung, § 39 Strafrechtliche Risiken Rdnr. 112.
44) Vgl. BGH v. 15.01.2003 – 5 StR 251/02, BGHSt 48, 170.

scheidung deutlich, dass dies auf Ausnahmefälle beschränkt ist, da allein ein möglicher Interessenkonflikt nicht dazu führen dürfe, dass die Beiordnung des benannten Verteidigers abgelehnt wird. Ein tatsächlich jedoch absehbarer Interessenkonflikt in der Person eines als Pflichtverteidiger in Betracht gezogenen Rechtsanwalts kann, sofern deshalb eine mindere Effektivität seines Verteidigungseinsatzes zu befürchten ist, seiner Bestellung entgegenstehen.[45] Es liegt ein Spannungsfeld vor, bei dem jeweils im fairen Verfahren angelegte Elemente widerstreiten: einerseits die Beachtlichkeit der aktiven Mitwirkung des Beschuldigten bei der Suche nach einem Verteidiger, dem er vertraut, und andererseits die durch gerichtliche Fürsorgepflicht zu sichernde Effektivität der Verteidigung, die aber bei greifbaren Interessenkonflikten überwiegt.[46]

Prozesstaktische Hinweise

Bemerkt man als später hinzugezogener Verteidiger, dass eine solche Konstellation eines konkreten Interessenwiderstreits gegeben ist, so ergibt dies die Möglichkeit für Wiedereinsetzungsanträge, da die notwendige Verteidigung durch die rechtsfehlerhafte Beiordnung nicht sichergestellt war. So kann in einer solchen Konstellation auch die Wiedereinsetzung in die Frist zur Begründung einer Verfahrensrüge in Betracht kommen. Dass der rechtsfehlerhaft zum Verteidiger bestellte Rechtsanwalt, wenn er der einzige Verteidiger ist, die Verfahrensrüge wegen seiner eigenen verfahrensfehlerhaften Mitwirkung nicht erhoben hat, geht auf die verfahrensfehlerhafte Bestellung dieses Verteidigers zurück, so dass dem Angeklagten Wiedereinsetzung in den vorigen Stand zur Nachholung der Verfahrensrüge zu gewähren ist. Den entsprechenden Antrag muss ein neuer Verteidiger innerhalb einer Woche (§ 45 Abs. 1 StPO) nach Kenntnis der Umstände unter formgerechter Nachholung der versäumten Verfahrensrüge stellen.[47]

9.32

9.2.5 Entbindung des Pflichtverteidigers wegen grober Pflichtverletzung

Kurzüberblick

- Über die ausdrücklich normierten Fälle der §§ 143, 145 Abs. 1 StPO hinaus kann die Bestellung eines Verteidigers aus wichtigem Grund aufgehoben werden.

9.33

- Eine grobe Pflichtverletzung des Verteidigers stellt nicht jegliches prozessordnungswidriges oder unzweckmäßiges Verhalten des Verteidigers dar; erforderlich ist ein Fehlverhalten von besonderem Gewicht.

---

45) Vgl. BVerfG v. 29.09.1997 – 2 BvR 1676/97, NStZ 1998, 46; BGH v. 25.02.1992 – 5 StR 483/91, NStZ 1992, 292; OLG Frankfurt v. 28.01.1999 – 3 Ws 53/99, NJW 1999, 1414, 1415.
46) Vgl. BGH v. 15.01.2003 – 5 StR 251/02, BGHSt 48, 170.
47) Vgl. BGH v. 15.01.2003 – 5 StR 251/02, BGHSt 48, 170.

Schütrumpf

– Ein Verfahrensbeteiligter, der die ihm zur Wahrung seiner verfahrensrechtlichen Belange durch die Strafprozessordnung eingeräumte Möglichkeiten dazu missbraucht, um gezielt verfahrensfremde oder verfahrenswidrige Zwecke zu verfolgen, verletzt seine Pflichten gröblich.

– Der Grundsatz der Verhältnismäßigkeit führt dazu, dass eine Entpflichtung des Verteidigers nur erfolgen darf, wenn kein anderes milderes Mittel geeignet und ausreichend ist, um für die Zukunft ein geordnetes Verfahren zu gewährleisten; ein solches milderes Mittel besteht z.B. in der Zurückweisung von zu beanstandenden Fragen oder die Abmahnung eines zu beanstandenden Verhaltens.

Sachverhalt

Die Beiordnung des Pflichtverteidigers Rechtsanwalt R des 17-jährigen Angeklagten A wurde widerrufen, weil der Verteidiger – so heißt es in der Begründung des Beschlusses – *„in der Absicht, die Hauptverhandlung in ein politisches Forum zu verwandeln und durch das vorgeworfene Tatgeschehen ohnehin verängstigte junge Zeugen zu destabilisieren, durch zahlreiche offensichtlich unbegründete Anträge und Erklärungen – insbesondere Richterablehnungen sowie Beanstandungen von Fragen und Vernehmungstechniken – die Sachaufklärung behindert habe"*, womit jedenfalls in einem am Erziehungsgedanken orientierten Jugendstrafverfahren unzulässige verfahrensfremde Ziele verfolgt worden seien.

Lösung

9.34 Die Möglichkeit der Entbindung eines Pflichtverteidigers unter dem Hinweis auf grobe Pflichtverletzung, ohne dass die Voraussetzung eines Ausschlussgrunds gem. § 138a ff. StPO vorliegt, ist in der Rechtsprechung grundsätzlich anerkannt.[48] Diese Möglichkeit ist aber auf besondere Extremfälle beschränkt. Der Verteidiger hat einseitig die Interessen des Beschuldigten zu beachten.[49] Das Recht des Beschuldigten, sich umfassend verteidigen zu können, verlangt eine Beschränkung auf evidente Fälle eines Rechtsmissbrauchs. Die Grenzziehung ist im Einzelnen bisher in der Rechtsprechung und im Schrifttum nach wie vor nicht einheitlich und endgültig geklärt. In Betracht kommen insbesondere Verfahrensgestaltungen, in denen der missbräuchliche Gebrauch der prozessualen Befugnisse einen Verfahrensabschluss in angemessener Zeit in Frage stellt bzw. die Wahrheitsfindung nicht hinnehmbar gefährdet. Da es sich bei einer solchen Entbindungsmaßnahme um eine gesetzlich nicht normierte Möglichkeit handelt, einen „aktiven" Verteidiger „loszuwerden", muss insoweit auch ein Missbrauch dieser Möglichkeit verhindert werden. Es ist deshalb eine Beschränkung auf diejenigen Fälle geboten, in denen nach Anlegung eines strengen Maßstabs feststeht, dass ausschließlich prozesswidrige Ziele verfolgt werden.[50] Der Grundsatz der

---

48) Vgl. BVerfG v. 08.04.1975 – 2 BvR 207/75, BVerfGE 39, 238, 244; BGH v. 09.08.1988 – 4 StR 222/88, StV 1988, 418.

49) Vgl. BGH v. 07.11.1991 – 4 StR 252/91, BGHSt 38, 111.

50) Vgl. OLG Hamburg v. 17.11.1997 – 2 Ws 255/97.

Verhältnismäßigkeit, der Ausfluss des grundgesetzlichen Rechtsstaatsprinzips ist,[51] führt dazu, dass eine Entpflichtung des Verteidigers nur erfolgen darf, wenn kein anderes milderes Mittel geeignet und ausreichend ist, um für die Zukunft ein geordnetes Verfahren zu gewährleisten. Die Entpflichtung dient nicht als Sanktion für vorausgegangene Pflichtverletzung, sondern zur Verhinderung eines künftigen weiteren Missbrauchs strafprozessualer Befugnisse. Beim vermeintlichen Missbrauch des Fragerechtes durch den Verteidiger muss daher ein Gericht von der Möglichkeit der Zurückweisung einzelner Fragen Gebrauch machen, bei dem Stellen von Anträgen in Prozessverschleppungsabsicht muss sich das Gericht mit den prozessual hiergegen bestehenden Möglichkeiten „durchsetzen". Im Übrigen muss das Gericht ein aus seiner Sicht grob pflichtwidriges Prozessverhalten abmahnen. Die Entbindung des Pflichtverteidigers gilt insoweit als „letztes Mittel".[52]

Prozesstaktische Hinweise

Der Pflichtverteidiger selbst hat kein Beschwerderecht,[53] ein solches steht vielmehr nur dem Beschuldigten zu. Ein Beschuldigter wird daher allein im eigenen Interesse abzuwägen haben, ob er sich gegen eine solche Maßnahme beschweren möchte. Da sich durch die Entpflichtung des Pflichtverteidigers am Vorliegen einer notwendigen Verteidigung nichts ändert, wird das Gericht dem Beschuldigten einen neuen Pflichtverteidiger bestellen. Mit diesem muss der Beschuldigte die Frage einer Beschwerde gegen die Entbindung des bisherigen Verteidigers erörtern.   9.35

Ein Beschuldigter, der mit der Entbindung nicht einverstanden ist, sollte gegen diese Maßnahme Beschwerde einlegen, da wegen des dargestellten Ausnahmecharakters ein Erfolg der Beschwerde durchaus wahrscheinlich ist.   9.36

---

51) Vgl. BVerfG v. 08.03.1972 – 2 BvR 28/71, BVerfGE 32, 373, 379.
52) Vgl. OLG Hamburg v. 17.11.1997 – 2 Ws 255/97.
53) Vgl. OLG Hamburg v. 17.11.1997 – 2 Ws 255/97.

Schütrumpf

Muster

Beschwerde gegen Entpflichtung

Landgericht ...
(Anschrift)

Strafsache
gegen   ...
wegen   Verdachts des KV u.a.
Az.   ...

Gegen die Entscheidung des LG, Rechtsanwalt R als Pflichtverteidiger zu entbinden, lege ich namens und im Auftrag des Angeklagten

Beschwerde

ein. Ich stelle den

Antrag:

Die Entbindung von Rechtsanwalt R als Pflichtverteidiger wird aufgehoben.

Begründung:

Die Möglichkeit der Entbindung eines Pflichtverteidigers unter dem Hinweis auf grobe Pflichtverletzung, ohne dass die Voraussetzung eines Ausschlussgrunds gem. § 138a ff. StPO vorliegt, ist in der Rechtsprechung zwar grundsätzlich anerkannt, diese Möglichkeit ist aber auf besondere Extremfälle beschränkt. Das Recht des Beschuldigten, sich umfassend verteidigen zu können, verlangt eine Beschränkung auf evidente Fälle eines Rechtsmissbrauchs, in denen nach Anlegung eines strengen Maßstabs feststeht, dass ausschließlich prozesswidrige Ziele verfolgt werden (vgl. OLG Hamburg v. 17.11.1997 – 2 Ws 255/97). Der Grundsatz der Verhältnismäßigkeit, der Ausfluss des grundgesetzlichen Rechtsstaatsprinzips ist (vgl. BVerfG v. 08.03.1972 – 2 BvR 28/71, BVerfGE 32, 373, 379), gebietet zudem, dass eine Entpflichtung des Verteidigers nur erfolgen darf, wenn kein anderes milderes Mittel geeignet und ausreichend ist, um für die Zukunft ein geordnetes Verfahren zu gewährleisten. Beim vermeintlichen Missbrauch des Fragerechts durch den Verteidiger muss daher ein Gericht von der Möglichkeit der Zurückweisung einzelner Fragen Gebrauch machen, bei dem Stellen von Anträgen in Prozessverschleppungsabsicht muss sich das Gericht mit den prozessual hiergegen bestehenden Möglichkeiten „durchsetzen". Im Übrigen muss das Gericht ein aus seiner Sicht grob pflichtwidriges Prozessverhalten abmahnen. Die Entbindung des Pflichtverteidigers gilt insoweit als „letztes Mittel" (vgl. OLG Hamburg v. 17.11.1997 – 2 Ws 255/97). Das Landgericht hat von dem ihm zur Verfügung stehenden Mitteln hingegen keinen Gebrauch gemacht, sondern sich des unbequemen Verteidigers durch eine Entpflichtung sozusagen „entledigt". Dies ist rechtsfehlerhaft und die Entbindung ist daher antragsgemäß aufzuheben.

Rechtsanwältin/Rechtsanwalt

10 Verhaftung und vorläufige Festnahme des Beschuldigten

Rinklin

10.1 Einführung

10.1.1 Allgemeine Überlegungen zur Verteidigung bei U-Haft

10.1 In der Strafverfolgungsstatistik des Statistischen Bundesamts 2018[1] wurden insgesamt 879.988 Straften registriert, wobei bei 30.000 Straftaten U-Haft angeordnet wurde. Diese 30.000 Haftbefehle basierten auf folgenden (auch mehreren nebeneinander) Haftgründen: Allein 28.218 und damit 94,06 % entfielen auf den Haftgrund der Flucht und Fluchtgefahr. Hingegen wurde in 1.972 (6,57 %) Fällen der Haftgrund der Verdunkelungsgefahr angenommen und in 412 (1,37 %) Fällen die Tatschwere nach § 112 Abs. 3 StPO. Der Haftgrund der Wiederholungsgefahr wurde insgesamt 1.623 (5,41 %) Haftbefehlen zu Grunde gelegt. Der Haftgrund der Flucht bzw. Fluchtgefahr ist daher der am häufigsten angenommene Haftgrund, wie auch das nachfolgende Schaubild illustriert:[2]

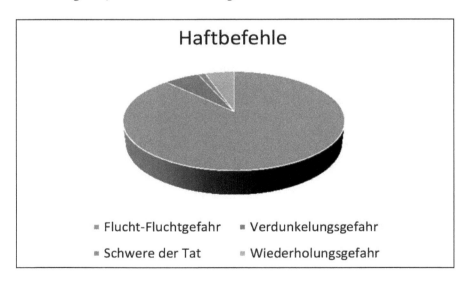

1) Stat. Bundesamt, Strafverfolgungsstatistik, Fachserie 10 Reihe 3, erschienen am 18.12.2019, S. 364 ff.
2) Stat. Bundesamt, Strafverfolgungsstatistik, Fachserie 10 Reihe 3, erschienen am 18.12.2019, a.a.O.

Interessant ist, dass in lediglich 22.985 Fällen, in denen ein Haftbefehl erlassen wurde, es schließlich zu der Verurteilung zu einer Freiheitsstrafe kam, wobei darunter bei 8.821 Fällen eine Strafaussetzung zur Bewährung erfolgte.[3] Somit wurde in lediglich 47,21 % der Fälle, in denen ein Haftbefehl erlassen wurde, auch eine Freiheitsstrafe ohne Bewährung verhängt. Insoweit darf aber nicht außer Acht gelassen werden, dass die (erstmals) verbüßte U-Haft und deren Auswirkungen für die Strafzumessung von Bedeutung sind und zum anderen der Zweck der U-Haft sich nicht an dem Umstand orientiert, ob eine nicht bewährungsfähige Strafe gegen den Beschuldigten verhängt werden wird (vgl. Rdnr. 10.17 ff.).

10.1.2 Überlegungen vor der Übernahme eines Haftmandats

Für den Rechtsanwalt ergeben sich bei der Bearbeitung von Haftmandaten zahlreiche Problemfelder im Vergleich zu Verfahren, in denen keine U-Haft vollstreckt wird.

10.2

Bereits vor der **Mandatsannahme** wird der Rechtsanwalt deshalb sorgfältig abzuwägen haben, ob er den i.d.R. **erheblichen zeitlichen Anforderungen,** die ein solches Mandat mit sich bringt, auch gerecht werden kann. Zu bedenken sind dabei nicht nur die allgemeinen Tätigkeiten im Rahmen der Verteidigung im Ermittlungsverfahren, sondern vor allem auch die zeitintensiven Besuche und Anreisen zu den Besprechungen in der (ggf. auswärtigen) JVA, wobei häufig auch die Hinzuziehung eines Dolmetschers erforderlich ist, sodass vom Verteidiger auch dies koordiniert werden muss. Bereits die Kontaktaufnahme zum Mandanten lässt sich nicht so einfach gestalten, wie dies bei anderen Mandaten üblicherweise der Fall ist. Der Verteidiger kann, ggf. erst nach Terminvereinbarung, den Mandanten nur zu den Zeiten besuchen, die für die jeweilige JVA üblich sind.[4] Diese können aber i.d.R. der jeweiligen Internetseite der Vollzugsanstalt entnommen werden.

Hinzu kommen oft Tätigkeiten wie z.B. die Beantragung bzw. Organisation von Besuchen des inhaftierten Mandanten durch dessen Angehörige, die Beantragung von Telefonerlaubnissen, die Stellung von Anträgen zur Ausgestaltung der U-Haft wegen Beschränkungen nach § 119 Abs. 1 Satz 2 StPO (siehe Rdnr. 10.66 ff.) und die Vorbereitung bzw. Ausarbeitung von Anträgen zur Durchführung der (mündlichen) Haftprüfung (vgl. Rdnr. 10.86 ff.) und Haftbeschwerden (vgl. Rdnr. 10.93 ff.). Nicht zuletzt steht der Rechtsanwalt i.d.R. auch einem Mandanten gegenüber, der plötzlich aus seinem gewohnten Umfeld herausgerissen wurde und der sich deshalb – gerade bei erstmals inhaftierten Mandanten – in einer psychischen Ausnahmesituation befindet, in der er die Trennung von der Familie zu

---

3) Stat. Bundesamt, Strafverfolgungsstatistik, Fachserie 10 Reihe 3, erschienen am 18.12.2019, S. 402 ff.
4) OLG Stuttgart, NStZ 1998, 212; OLG Hamm, NStZ 1985, 432; KG, JR 1977, 213; LG Bonn, StV 2014, 552.

bewältigen hat, den Verlust seines Arbeitsplatzes oder des sozialen Ansehens, und damit um seine Existenz fürchtet und die Ungewissheit der Dauer der Vollstreckung der U-Haft erdulden muss.

10.1.3   Verteidigungsstrategien bei U-Haft

10.3   In Verfahren, in denen U-Haft droht oder bereits vollstreckt wird, stellt sich für den Verteidiger die Frage nach der „**richtigen**" **Verteidigungsstrategie**. Die Ausrichtung der Verteidigungsstrategie wird sich vor allem auch an dem **realistischen Verteidigungsziel** orientieren. Dabei ist zu bedenken, dass das Strafverfahren als solches, vor allem aber das Ermittlungsverfahren, eine sehr dynamische Entwicklung annehmen kann, was dazu führt, dass der Verteidiger fortlaufend prüfen sollte, ob die gewählte Verteidigungsstrategie anhand der tatsächlichen Beweislage auch zu dem gewünschten Verteidigungsziel führen kann oder diese korrigiert werden sollte. Von einem **starren Festhalten** an einer einmal eingeschlagenen Verteidigungsrichtung kann daher nur abgeraten werden. Den Bedenken des Verteidigers, durch eine **Änderung der Verteidigungsstrategie** dem Mandanten den Eindruck von Unsicherheit oder fehlender Kompetenz zur vermitteln, kann dadurch begegnet werden, ihm gleich zu Beginn die besondere Dynamik und den Gang eines Ermittlungsverfahrens **verständlich zu erklären**. Dabei empfiehlt sich auch der **offen und sachlich kommunizierte Hinweis**, dass es im Verlauf des Verfahrens zu einer Änderung der Strategie kommen kann, weil sich z.B. die tatsächliche Grundlage oder auch die Beweislage ändert. Schließlich sind genau jene Umstände für ein Ermittlungsverfahren geradezu typisch, weil i.d.R. weitere Erkenntnisse, wie z.B. Auswertungen von verdeckten Maßnahmen, Zeugenvernehmungen, Sachverständigengutachten usw., erst im Laufe der Zeit zu erwarten sind. Die Erfahrung zeigt, dass der Mandant für diese offenen Worte zugänglich und der vom Verteidiger gefürchtete Verlust des Ansehens oder sogar des Mandats dadurch ausgeräumt werden kann.

Hinweis

10.4   Auch wenn die Haftsituation für den Mandanten oft schwer zu ertragen ist, sollte sich der Verteidiger nicht vorschnell und ggf. nur wegen des durch die Inhaftierung entstehenden Drucks und der Erwartungen des Mandanten zu Maßnahmen verleiten lassen, die im Ergebnis keine Verbesserung der Haftsituation versprechen, sondern ggf. sogar zu weiteren Nachteilen für den Mandanten bzw. das gesamte Verfahren führen können. Dabei sind z.B. durch obergerichtliche Haftentscheidungen herbeigeführte konkrete rechtliche Bewertungen der Tat oder konkrete Einschätzungen zur Straferwartung zu bedenken. Wichtig ist bei der Wahl der Verteidigungsstrategie daher, dass nicht lediglich kurzfristige Ziele berücksichtigt, sondern auch mittel- und langfristige Auswirkungen auf das Verfahren bedacht werden.

10.5   Empfehlenswert ist es in jedem Fall, mit dem zuständigen Staatsanwalt bzw. Gericht telefonisch oder persönlich Kontakt aufzunehmen, da sich in diesen

Gesprächen oft auch in Erfahrung bringen lässt, ob und ggf. unter welchen Voraussetzungen eine Aufhebung des Haftbefehls oder Haftverschonungsmaßnahmen (vgl. Rdnr. 10.75 ff.) erreicht werden können.

Ob bei einer Inhaftierung des Mandanten im Ergebnis eine **kooperative** oder **kontradiktorische Verteidigungsstrategie** sinnvoll ist, hängt vom **Einzelfall** ab und kann daher nicht allgemein beantwortet werden (sehr lesenswert dazu: Lammer, StraFo 1999, 366).   **10.6**

Der Verteidiger wird sich bei Annahme des Mandats häufig auch in der misslichen Lage sehen, dass ihm – im Vergleich zu den Strafverfolgungsbehörden – nicht sämtliche Informationen zur Verfügung stehen, da er in aller Regel noch keine Akteneinsicht nehmen konnte oder sie ihm noch nicht gewährt worden ist. Es empfiehlt sich daher, zunächst gegen den Haftgrund zu verteidigen und sich parallel um entsprechende Akteneinsicht zu bemühen. Zur Akteneinsicht allgemein und zum Umfang der Akteneinsicht nach § 147 Abs. 2 Satz 2 und Abs. 3 StPO bei einem inhaftierten Beschuldigten siehe Kap. 4, Rdnr. 4.1 ff.   **10.7**

> **Hinweis**
>
> Wird U-Haft vollstreckt, muss der Verteidigung jedenfalls insoweit Akteneinsicht gewährt werden, als ihr die Informationen zugänglich gemacht werden, welche für die Beurteilung der Rechtmäßigkeit der Freiheitsentziehung des Beschuldigten wesentlich sind. Anderenfalls kann dies zur Aufhebung des Haftbefehls führen, denn die einen solchen aufrechterhaltenden Entscheidungen des Gerichts dürfen nur auf solchen Tatsachen und Beweismitteln basieren, welche dem Beschuldigten bzw. dessen Verteidiger zuvor bekannt waren, sodass gewährleistet ist, dass der Beschuldigte die Möglichkeit hatte, auf die Haftentscheidung effektiv Einfluss zu nehmen.[5]

Gerade im Falle der **vorläufigen Festnahme** und der ggf. bevorstehenden **Vorführung beim Haftrichter** muss sich der Verteidiger bewusst sein, dass er sich bei fehlender Aktenkenntnis (was in der Praxis eher die Regel sein dürfte) in der **Beratung mit dem Mandanten** in einer **schwierigen Situation** befindet. Häufig wird von den Strafverfolgungsbehörden der Eindruck erweckt, dass ggf. bei einer Einlassung der Erlass oder der Vollzug eines Haftbefehls abgewendet werden könne. In dieser Situation bedarf es für den Verteidiger eines enormen Fingerspitzengefühls bei der Besprechung mit dem Mandanten. Der Verteidiger muss auch bei oder gerade wegen der drohenden Inhaftierung und den sich für den Mandanten ergebenden Umständen wissen, dass er bei einer Einlassung zu diesem frühen Zeitpunkt die **Verteidigungsstrategie** faktisch **festschreibt**. Darüber hinaus birgt die Einlassung ohne Aktenkenntnis die Gefahr, dass ggf. vorhandene „Beweislücken" geschlossen und die Spielräume für eine Verteidigung dadurch enger wer-   **10.8**

---

5) EGMR, NStZ 2009, 164; BVerfG, NJW 2019, 41; NStZ-RR 2013, 379; NStZ 1994 S. 551; BGH, NStZ 2019, 478 = NJW 2019, 2105; OLG Köln, NStZ 2002, 659; AG Magdeburg, StV 2016, 448; AG Halle, StV 2013, 166; AG Halberstadt, StV 2004, 549; Meyer-Goßner/ Schmitt, § 147 Rdnr. 27 m.w.N.; Schlothauer/Weider/Nobis, Rdnr. 250.

Rinklin

den, oder aber, dass der Mandant durch seine Angaben Taten einräumt, die unter Umständen bislang noch gar nicht Gegenstand der Ermittlungen waren. Eine **Einlassung** zu diesem Zeitpunkt ist daher **äußerst problematisch** und sollte nur in **Ausnahmefällen** erfolgen. Es empfiehlt sich, **Angaben zur Sache zurückzustellen** und das Augenmerk auf die Haftgründe zu legen und auch in dieser Konstellation dem Grundsatz „**keine Angaben ohne Akteneinsicht**" zu folgen.

10.9   Für den Verteidiger stellt sich gerade in Haftsachen häufig die Frage, ob er sich im Rahmen einer Haftbeschwerde oder der (mündlichen) Haftprüfung zum dringenden Tatverdacht äußern soll. Dies erfordert eine Betrachtung des jeweiligen Einzelfalls. Zutreffend ist sicherlich, Ausführungen hierzu nur in Ausnahmefällen vorzunehmen, da ansonsten die Gefahr besteht, dass durch die nunmehr notwendige Auseinandersetzung des Gerichts mit den gegen den dringenden Tatverdacht vorgebrachten Ansichten dieser „zementiert" wird. Dies umso mehr, wenn im Haftprüfungsverfahren oder im Rahmen einer weiteren Beschwerde durch das OLG eine eingehende Beweiswürdigung vorgenommen wird.[6] Zum anderen ist dadurch die Gefahr von etwaigen Nachermittlungen, auf die die Verteidigung keinen Einfluss hat, auch nicht von der Hand zu weisen. Diese können ggf. dazu führen, dass sich der dringende Tatverdacht gegen den Beschuldigten sogar noch verstärkt.

10.10   Darüber hinaus liegt im Falle der **Vorführung des Beschuldigten** zur Entscheidung über den Erlass eines Haftbefehls nach § 140 Abs. 1 Nr. 4 StPO auch ein Fall der **notwendigen Verteidigung** vor (vgl. Rdnr. 8.10 f.).

10.1.4   Verteidigung gegen vollstreckte U-Haft

10.1.4.1   Formelle Voraussetzungen der U-Haft

10.11   Wird der Beschuldigte **vorläufig festgenommen**, so ist in den für die Praxis wohl bedeutsamen Fällen ein durch die Staatsanwaltschaft gestellter **Antrag auf Erlass eines Haftbefehls Voraussetzung**[7]; ein Staatsanwalt dürfte in dieser Frage immer zu erreichen sein. Es genügt nicht, wenn die Polizei „im Auftrag der Staatsanwaltschaft" einen Haftbefehlsantrag stellt, da die Polizei gegenüber dem Gericht nicht antragsberechtigt ist.[8]

10.12   Nach § 114 Abs. 1 StPO muss der Haftbefehl **schriftlich** durch den **Richter** (vgl. Art. 104 Abs. 2 Satz 2 GG) erlassen werden. Die **Zuständigkeit** richtet sich nach § 125 StPO, wobei diese vom Verfahrensstadium abhängt: Vor **Anklageerhebung** ist der Richter bei dem Amtsgericht zuständig, in dessen Bezirk ein Gerichtsstand begründet ist oder der Beschuldigte sich aufhält (§ 125 Abs. 1 StPO). **Nach**

---

6)   Burhoff, Ermittlungsverfahren, Rdnr. 4143.
7)   Schlothauer/Weider/Nobis, Rdnr. 274.
8)   OLG Naumburg, NStZ-RR 2008, 156.

Anklageerhebung das Gericht, das mit der Sache befasst ist; wenn Revision einge-legt ist, das Gericht, dessen Urteil angefochten wird (§ 125 Abs. 2 StPO).

Der **Haftbefehl** ist **zwingend** mit dem sich aus § 114 Abs. 2 StPO ergebenden Inhalt zu **begründen.** Anzugeben sind die Personalien des Beschuldigten sowie die Straftat, derer er dringend verdächtig ist.[9] Die **Begründungspflicht** erfüllt ver-schiedene Aufgaben: Sie soll der **Selbstkontrolle des Gerichts,** aber auch der Über-prüfungsmöglichkeit des Beschwerdegerichts dienen.[10]

10.13

Wegen seiner **Informations- und Umgrenzungsfunktion** hat der Haftbefehl die vorgeworfene Tat (ähnlich einer Anklageschrift, § 200 Abs. 1 StPO) so detailliert darzustellen, dass der Beschuldigte ihren **Umfang und ihre Tragweite eindeutig erkennen** kann.[11] Der **historische Lebenssachverhalt** ist also so genau auszufüh-ren, dass der Beschuldigte in der Lage ist, dem Haftbefehl den gegen ihn erhobe-nen Vorwurf zu entnehmen, wobei stets die Tatbestandsmerkmale der Straftat dargestellt werden müssen.[12] Für jedes Tatbestandsmerkmal muss ersichtlich sein, durch welchen Geschehensablauf es verwirklicht ist.[13]

Mit zunehmender Dauer des Ermittlungsverfahrens und der U-Haft wachsen auch die Anforderungen bzgl. der Konkretheit der Darstellung des Vorwurfs, sodass sie sich immer mehr den an eine Anklageschrift zu stellenden Anforderun-gen annähern.[14]

> **Hinweis**
>
> Ändern sich die tatsächlichen Umstände während des laufenden Verfahrens, so ist der Haftbefehl entsprechend zu ändern.[15] Eine nachträgliche Konkretisie-rung durch ggf. neue Taten im (Haft-)Beschwerdeverfahren ist vor Anklageerhe-bung nur möglich, wenn zuvor von der Staatsanwaltschaft der Erlass eines ab-geänderten Haftbefehls beantragt wurde, der auch den Anforderungen des § 114 Abs. 2 StPO gerecht wird.[16]

In **Jugendstrafverfahren** ist das in § 72 Abs. 1 Satz 3 JGG zum Ausdruck kom-mende **Prinzip der Subsidiarität der U-Haft** (vgl. Rdnr 10.61 ff.) zu beachten. Hiernach sind im Haftbefehl die Gründe anzuführen, aus denen sich ergibt, dass

10.14

---

9) Schlothauer/Weider/Nobis, Rdnr. 275 ff.

10) KG, StV 2017, 457; OLG Celle, StV 2005, 513; Meyer-Goßner/Schmitt, § 112 Rdnr. 7 m.w.N.

11) BGH-StV 2018, 107; OLG Karlsruhe, StV 2002, 147; OLG Hamm, StraFo 2000,30; OLG Düsseldorf, StV 1996, 267; Meyer-Goßner/Schmitt, § 112 Rdnr. 7 m.w.N.

12) BGH, a.a.O.; OLG Hamm, a.a.O.; KG, StV 2017, 457; OLG Koblenz, NStZ-RR 2006, 143; OLG Düsseldorf, a.a.O.; LR/Hilger, § 114 Rdnr. 9.

13) BGH, a.a.O.; OLG Düsseldorf, a.a.O.

14) OLG Celle, StV 2005, 513; OLG Karlsruhe, StV 2002, 147, 148; OLG Brandenburg, StV 1997, 140.

15) OLG Koblenz, Beschl. v. 18.01.2016 – 2 Ws 742/15; NStZ-RR 2008, 92; OLG Hamm, NStZ 2016, 304; Burhoff, Ermittlungsverfahren, Rdnr. 4146.

16) OLG Hamm, a.a.O.

Rinklin

andere Maßnahmen, insbesondere die einstweilige Unterbringung in einem Heim der Jugendhilfe, nicht ausreichen und die U-Haft nicht unverhältnismäßig ist. Die Inhaltsanforderungen an einen Haftbefehl gegen einen Jugendlichen gehen daher über diejenigen des § 114 StPO hinaus. Es handelt sich bei § 72 Abs. 1 Satz 3 JGG nicht lediglich um eine Ordnungsvorschrift. Wird die zwingende Begründungspflicht nicht beachtet, führt dies zur Aufhebung des Haftbefehls.[17]

Hinweis

10.15   Liegt ein Verstoß gegen die Begründungspflicht vor, kann der Mangel durch das OLG im Rahmen der Haftprüfung nach §§ 121, 122 StPO nicht geheilt werden (anders im Beschwerdeverfahren), der Haftbefehl ist dann aufzuheben.[18]

10.16   Weiterhin ist der **Haftbefehl** dem **Beschuldigten bekannt zu machen,** allerdings erst bei seiner Verhaftung.[19] In der Hauptverhandlung oder einem anderen Gerichtstermin ist er dem Beschuldigten nach § 35 Abs. 1 Satz 1 StPO zu verkünden.[20] Bei einem der **deutschen Sprache nicht mächtigen** Angeklagten ist es erforderlich, dass eine **Übersetzung** in eine für ihn verständliche Sprache erfolgt.[21] Nach § 114a StPO ist dem Beschuldigten eine Abschrift des Haftbefehls auszuhändigen; beherrscht er die deutsche Sprache nicht hinreichend, erhält er zudem eine Übersetzung in einer für ihn verständlichen Sprache.

10.1.4.2   Voraussetzungen für die Anordnung der U-Haft

10.17   Der **Zweck der U-Haft** besteht zunächst in der **Sicherung des Verfahrens** und der sich ggf. anschließenden **Strafvollstreckung.**[22] Es geht dabei nur um die vollständige Aufklärung der dem Beschuldigten zur Last gelegten Tat und um eine zügige Bestrafung des Täters.[23] Zu anderen Zwecken darf die U-Haft nicht angeordnet werden.[24] Die **Anordnung der U-Haft ist Ultima Ratio,** weshalb sie wegen überwiegender Belange des Gemeinwohls zwingend erforderlich sein muss; Prüfungsmaßstab ist also nicht die Frage, ob sie angeordnet werden kann.[25]

10.18   Dabei ist zwischen den formellen und materiellen Anforderungen an die U-Haft zu unterscheiden. Während die formellen Voraussetzungen in den §§ 114, 114a und 115 StPO geregelt sind, finden sich die materiellen Voraussetzungen überwiegend in den Vorschriften der §§ 112, 112a, 113 und 127b StPO, 72 JGG.

---

17) OLG Hamm, NStZ 2010, 281; OLG Köln, Beschl. v. 20.07.2007 – 2 Ws 369/07; OLG Zweibrücken, NStZ-RR 2001, 55.
18) Burhoff, Ermittlungsverfahren, Rdnr. 4147 m.w.N.; LR/Hilger, Vor. § 112, Rdnr. 21.
19) Meyer-Goßner/Schmitt, § 114a Rdnr. 1 und 2.
20) Meyer-Goßner/Schmitt, § 114a Rdnr. 3.
21) Schlothauer/Weider/Nobis, Rdnr. 283.
22) OLG Köln, StV 2016, 445; SSW-StPO/Herrmann, Vor. §§ 112 ff. Rdnr. 7; LR-Hilger, Vor. § 112, Rdnr. 1.
23) BVerfGE 19, 342; 20, 45; Meyer-Goßner/Schmitt, Vor. § 112 Rdnr. 4.
24) SSW-StPO/Herrmann, Vor. §§ 112 ff. Rdnr 6.
25) BVerfGE 53, 152; KG StV 2014, 26; Schlothauer/Weider/Nobis, Rdnr. 409.

Voraussetzung für die Anordnung der U-Haft ist gem. § 112 Abs. 1 Satz 1 StPO, dass ein **dringender Tatverdacht** besteht, ein **Haftgrund** vorliegt und sie zur Bedeutung der Sache und der zu erwartenden Strafe oder Maßregel der Besserung und Sicherung **nicht außer Verhältnis** steht (§§ 112 Abs. 1 Satz 1, 120 Abs. 1 Satz 1 StPO). 10.19

10.1.4.3 Dringender Tatverdacht

Eine Definition des **dringenden Tatverdachts** enthält die StPO nicht. Ein dringender Tatverdacht ist grundsätzlich dann gegeben, wenn nach dem Ergebnis der bisherigen Ermittlungen mit einer **hohen, großen Wahrscheinlichkeit** davon auszugehen ist, dass der Beschuldigte Täter oder Teilnehmer einer Straftat ist.[26] Nach h.M. ist nicht Maßstab, dass die Verurteilung wahrscheinlich ist, ausreichend ist die **Möglichkeit der Verurteilung**.[27] 10.20

Die Beurteilung des dringenden Tatverdachts ist **dynamisch** und maßgeblich vom **gegenwärtigen Verfahrensstand** abhängig.[28] Dies führt dazu, dass an den Verdachtsgrad auch unterschiedliche Anforderungen zu stellen sind, sodass er lediglich zum Zeitpunkt der **Erhebung der Anklage** stärker als der **hinreichende Tatverdacht** sein muss.[29]

Hinweis

Eine rein begriffliche Gegenüberstellung des hinreichenden Tatverdachts i.S.d. § 203 StPO und des dringenden Tatverdachts, wie ihn § 112 StPO fordert, ist nicht möglich, da der hinreichende Tatverdacht an den Zeitpunkt der Anklageerhebung anknüpft und Beurteilungsgrundlage daher das abgeschlossene Ergebnis der Ermittlungen ist, wohingegen der Maßstab des dringenden Tatverdachts die jeweilige Verfahrenssituation bildet, welche sich gerade in einem Ermittlungsverfahren häufig noch ändern kann, wenn z.B. weitere Indizien hinzutreten oder auf Grund neuer Erkenntnisse Indizien an Gewicht verlieren.[30]

Der dringende Tatverdacht muss sich aus **bestimmten Tatsachen** ergeben, **bloße Vermutungen** oder zukünftige **mögliche Ermittlungsergebnisse** sind **nicht** ausreichend.[31] Wird z.B. einem Beschuldigten der Kauf bzw. die Bestellung von „derzeit unbekannten größeren Mengen" an Betäubungsmitteln von mindestens durchschnittlicher Qualität zur Last gelegt, so kann diese vermutete Menge nicht 10.21

---

26) Burhoff, Ermittlungsverfahren, Rdnr. 4140 m.w.N.; Schlothauer/Weider/Nobis, Rdnr. 415–416; SSW-StPO/Herrmann, § 112 Rdnr. 7 m.w.N.
27) OLG Bremen, StV 2010, 581; Meyer-Goßner/Schmitt, § 112 Rdnr. 5 m.w.N.; Burhoff, Ermittlungsverfahren, Rdnr. 4140 m.w.N.
28) Meyer-Goßner/Schmitt, § 112 Rdnr. 5 m.w.N.; Schlothauer/Weider/Nobis, Rdnr. 417.
29) OLG Koblenz, StV 1994, 316; OLG Frankfurt, StV 1995, 593; Meyer-Goßner/Schmitt, § 112 Rdnr. 6 m.w.N.; Burhoff, Ermittlungsverfahren, Rdnr. 4140 m.w.N.
30) LR/Hilger, § 112 Rdnr. 19; Meyer-Goßner/Schmitt, § 112 Rdnr. 6.
31) KG, StRR 2010, 354; OLG Köln, StraFo 1999, 214; LG Dresden, StV 2013, 163; LG Frankfurt, StV 2009, 477; Meyer-Goßner/Schmitt, § 112 Rdnr. 7 m.w.N.

unter einen Straftatbestand subsumiert werden, mit der Konsequenz, dass ein für einen Haftbefehl notwendiger dringender Tatverdacht nicht angenommen werden kann.[32] Gleiches gilt auch, wenn umfangreiche Telekommunikationsüberwachungsmaßnahmen erfolgt sind, die strafbare Handlung des Beschuldigten aber nur vermutet und nicht bewiesen werden kann.[33]

Lässt sich andererseits z.B. die Schadenshöhe bei einem Vermögensdelikt noch nicht exakt beziffern, steht dies der Annahme eines dringenden Tatverdachts nicht entgegen; es muss nur mit der erforderlichen hohen Wahrscheinlichkeit feststehen, dass (neben den übrigen Tatbestandsmerkmalen des Delikts) ein Vermögensschaden vorliegt, wobei sich diese Einschätzung nach dem jeweiligen Ermittlungsstand richtet.[34] Ergeben sich **Rechtsfragen,** so müssen diese vom Gericht **auch beantwortet** werden.[35] Weiterhin dürfen auch nur **gerichtsverwertbare Beweise** berücksichtigt werden.[36]

10.22   Darüber hinaus muss die Tat vom Beschuldigten rechtswidrig und schuldhaft begangen worden sein.[37]

> **Hinweis**
>
> Hat sich nach dem Haftbefehl der Beschuldigte einer versuchten Straftat schuldig gemacht, so lohnt es sich für den Verteidiger zu prüfen, ob die Voraussetzungen des § 24 StGB, also ein (strafbefreiender) Rücktritt vom Versuch vorliegt und ggf. bei Erlass des Haftbefehls übersehen wurde.

10.23   Im Nachfolgenden soll ein **Kurzüberblick** darstellen, in welchen Fällen ein **dringender Tatverdacht nicht angenommen** wurde:

Umstände des Einzelfalls	Gericht	Fundstelle
Bei einer **„Aussage-gegen-Aussage"-Konstellation,** wenn keine Anhaltspunkte dafür vorliegen, dass der von einem **Belastungszeugen** geschilderte Tatvorwurf der Vergewaltigung eher zutreffend sein könnte als die Schilderung des Angeschuldigten.	LG Düsseldorf	StV 2014, 228
Ergibt sich, dass die Angaben des **Belastungszeugen** in entscheidenden Punkten falsch sind, kann alleine auf die Angaben des Zeugen der dringende Tatverdacht nicht gestützt werden, wenn nicht die Annahme einer **bewussten Falschdarstellung** ausgeräumt werden kann.	OLG Jena	StV 2018, 164 (Ls)

---

32)   LG Dresden, a.a.O.
33)   OLG Schleswig, StV 2005, 140 = StraFo 2004, 351.
34)   KG, NStZ-RR 2014, 374 = NStZ-RR 2014, 374.
35)   Meyer-Goßner/Schmitt, § 112 Rdnr. 5; LR/Hilger, § 112 Rdnr. 18.
36)   OLG Köln, StraFo 1999, 214.
37)   Meyer-Goßner/Schmitt, § 112 Rdnr. 5.

Umstände des Einzelfalls	Gericht	Fundstelle
Bei Zweifeln an Glaubwürdigkeit und Zuverlässigkeit des einzigen Belastungszeugen.	BGH	StV 1997, 196
Wenn der maßgebende Belastungszeuge neben dem Beschuldigten bei anderen Aussagen andere Personen beschuldigt und es hinsichtlich der Identifikation des Tatverdächtigen zu weiteren Abweichungen kommt.	OLG Frankfurt	StV 2001, 684
Bei Unstimmigkeiten in den Zeugenaussagen, wenn erst in der HV bei einer Gesamtwürdigung aller Indizien eine Täterschaft festgestellt werden kann.	LG Berlin	StV 1999, 322
Wenn der Zeuge eine **Täterbeschreibung** abgegeben hat, die mit dem tatsächlichen Aussehen und Erscheinungsbild des Beschuldigten in **Widerspruch** steht, und der Beschuldigte von ihm später aufgrund einer **Einzellichtbildvorlage** identifiziert wird.	LG Essen	NStZ 2001, 73
Wenn die Straftaten schon zwei Jahre zurückliegen und ein Zeuge den Beschuldigten bei einer Lichtbildvorlage nicht sofort, sondern erst nach ausdrücklichem Hinweis auf das Bild des Beschuldigten als Täter erkennt und identifiziert, und die Möglichkeit besteht, dass der Zeuge durch die Belastung den Verdacht eigener Mittäterschaft entkräften will.	OLG Bremen	StV 1992, 383
Ein dringender Tatverdacht ist zu verneinen, wenn die belastenden Angaben eines **Mitbeschuldigten** nicht durch das sonstige Beweisergebnis bestätigt werden und der Mitbeschuldigte sich durch die den anderen belastenden Angaben selbst entlastet oder Vorteile bei der Strafzumessung erhalten möchte (z.B. § 31 BtMG).	OLG Frankfurt OLG Koblenz	StV 2006, 642 StraFo 2002, 365
Liegen **nicht behebbare Verfahrenshindernisse** vor, wie z.B. die Verjährung der Strafverfolgung, kann ein dringender Tatverdacht nicht angenommen werden.	OLG Bremen	StV 1990, 25
Tatbestandsmerkmale der Strafvorschrift können nicht mit Tatsachen belegt werden bzw. diese sind **nicht verwertbar.**	OLG Köln	StraFo 1999, 214
Wenn sich der **Geschädigte** in der HV voraussichtlich auf sein **Zeugnisverweigerungsrecht** berufen wird und sich dadurch ein **Verlesungsverbot** gem. § 252 StPO ergeben würde.	OLG Dresden	StraFo 2012, 185
Wenn das einzige zur Begründung des dringenden Tatverdachts vorhandene unmittelbare Beweismittel (hier: V-Mann) in der späteren Hauptverhandlung nicht zur Verfügung steht.	LG Frankfurt	StV 1985, 331

Rinklin

Umstände des Einzelfalls	Gericht	Fundstelle
Wenn der Tatvorwurf ausschließlich auf Angaben einer anonymen VP beruht, soweit die belastende Aussage den erhobenen Vorwurf nur pauschal beschreibt (z.B. Fehlen von Angaben zu Tatzeit, -ort, -umständen) und andere Anhaltspunkte für die Richtigkeit des Vorwurfs nicht gegeben sind.	LG Koblenz	NStZ 2001, 73
Kein dringender Tatverdacht wegen Verstoßes gegen das BtMG und/oder AMG durch das bloße Beisichführen eines gängigen Streckmittels für Heroin.	LG Weiden	StraFo 2018, 297
Die Tatbeteiligung kann aus vorhandenem Beweismaterial lediglich vermutet werden.	OLG Schleswig	StV 2005, 140
Wenn das Strafverfahren mangels Geltung des deutschen Strafrechts nicht durchgeführt werden kann.	OLG München	StV 1998, 270
Bei Strafklageverbrauch.	OLG Stuttgart	StV 2008, 402

10.24 Zur Frage, ob z.B. bei einer Haftbeschwerde oder Haftprüfung zum dringenden Tatverdacht Stellung genommen werden sollte, siehe Rdnr. 10.3 ff.

Entschließt sich der Verteidiger dazu, Ausführungen zum dringenden Tatverdacht zu machen, so sollte er unbedingt auch die Voraussetzungen des materiellen Strafrechts für die dem Mandanten zur Last gelegte Tat überprüfen.

Andererseits kann es sich empfehlen, zum dringenden Tatverdacht Stellung zu nehmen, wenn die Wahrscheinlichkeit besteht, dass der Beschuldigte in einer späteren Hauptverhandlung nicht verurteilt wird (z.B. auf Grund eines nicht behebbaren Verfahrenshindernisses).

10.1.5   Die Haftgründe

10.25 Die StPO kennt insgesamt **fünf Haftgründe,** auf die nachfolgend näher eingegangen wird. Dies sind nach § 112 Abs. 2 Nr. 1 StPO der Haftgrund der Flucht, nach § 112 Abs. 2 Nr. 2 StPO der Haftgrund der **Fluchtgefahr,** gem. § 112 Abs. 2 Nr. 3 StPO der Haftgrund der **Verdunkelungsgefahr.** Daneben gibt es noch die Haftgründe der **Tatschwere** nach § 112 Abs. 3 StPO und den Haftgrund der **Wiederholungsgefahr** gem. § 112a StPO.

Ebenso wie beim dringenden Tatverdacht muss jeder Haftgrund auf bestimmten Tatsachen beruhen.

Es wird daneben auch diskutiert, ob es sogenannte „apokryphe Haftgründe" gibt.[38] Hierunter versteht man Haftgründe, die gesetzlich nicht normiert sind

---

38) Vgl. Burhoff, Ermittlungsverfahren, Rdnr. 4149.

und im Haftbefehl üblicherweise auch nicht genannt werden. Vielmehr werden diese von einem gesetzlich normierten Haftgrund „verdeckt".[39] Apokryphe Haftgründe können danach der Druck der öffentlichen Meinung, Erleichterung der Ermittlungen, Förderung der Geständnisbereitschaft, Förderung der Kooperationsbereitschaft, Förderung der Therapie- und Behandlungsbereitschaft, Kriseninterventions bei Jugendlichen und Heranwachsenden, Erleichterung ausländerrechtlicher Maßnahmen sowie Vorwegnahme der (abzusehenden) Strafhaft sein.[40] Wird gegen den Beschuldigten deshalb U-Haft angeordnet bzw. vollstreckt, ist diese rechtswidrig.[41]

10.1.5.1   Der Haftgrund der Flucht

Der Haftgrund der Flucht besteht gem. § 112 Abs. 2 Nr. 1 StPO dann, wenn auf Grund bestimmter Tatsachen festgestellt wird, dass der Beschuldigte flüchtig ist oder sich verborgen hält.

10.26

Nach § 112 Abs. 2 Nr. 1 StPO ist flüchtig, wer vor, während oder nach der Tat seine Wohnung aufgibt, ohne eine neue zu beziehen, oder sich ins Ausland mit der Wirkung absetzt, dass er für Ermittlungsbehörden und Gerichte unerreichbar und ihrem Zugriff auch wegen der zu erwartenden Strafvollstreckung entzogen ist, wobei der Erfolg der Strafverfahrensverhinderung vom Beschuldigten nicht unbedingt beabsichtigt sein muss, es vielmehr ausreicht, dass er diesen Erfolg als Konsequenz seines Verhaltens bewusst in Kauf nimmt.[42]

Es ist notwendig, dass ein **unmittelbarer Zusammenhang** zwischen der **Straftat und dem Absetzen** des Beschuldigten besteht.[43] Damit der Haftgrund vorliegt, muss folglich das **Erfordernis des Willens des Beschuldigten**, sich dem Verfahren – auf Dauer oder zumindest für eine längere Zeit – **zu entziehen,** gegeben sein.[44] Verlässt der Beschuldigte hingegen aus **verfahrensunabhängigen Gründen**, ohne Kenntnis der Strafbarkeit eines Verhaltens, ohne Wissen des gegen ihn eingeleiteten Strafverfahrens und ohne die Absicht, unerreichbar zu sein, den ursprünglichen Aufenthaltsort, ist er nicht flüchtig – selbst wenn er tatsächlich unerreichbar ist –, weil die **subjektive Komponente** des erforderlichen **Fluchtwillens eine bestimmte Tatsache** nach § 112 Abs. 2 StPO darstellt, für deren Vorliegen eine hohe Wahrscheinlichkeit gegeben sein muss.[45] Dies gilt selbst dann, wenn der Beschuldigte ohne Zusammenhang mit dem Ermittlungsverfahren an den Auslandswohnsitz zurückkehrt und auch während des Ermittlungsverfahrens dort verbleibt.[46]

39) SSW-StPO/Herrmann, § 112 Rdnr. 19 ff.; Schlothauer/Weider/Nobis, Rdnr. 680 ff.
40) SSW-StPO/Herrmann, a.a.O.; Schlothauer/Weider/Nobis, a.a.O.
41) SSW-StPO/Herrmann, a.a.O.; Schlothauer/Weider/Nobis, a.a.O.
42) KG, Beschl. v. 14.05.1999 – 1 AR 463/99; Meyer-Goßner/Schmitt, § 112 Rdnr. 13.
43) KG, StraFo 2017, 189; StV 2015, 646; Schlothauer/Weider/Nobis, Rdnr. 500.
44) Meyer-Goßner/Schmitt, § 112 Rdnr. 13; KG, a.a.O.
45) KG, a.a.O.; KG, StraFo 2017, 189; OLG Hamm, StV 2005, 35; OLG Saarbrücken, NStZ 2001, 74.
46) KG, StraFo 2017, 189; OLG Hamm, NStZ-RR 2004, 278; OLG Saarbrücken, StV 2000, 208; OLG Stuttgart, NStZ 1998, 427.

> **Hinweis**
>
> Beide in § 112 Abs. 2 Nr. 1 StPO genannten Alternativen, also flüchtig sein und sich verborgen halten, besitzen sowohl eine subjektive als auch eine objektive Komponente. Die Alternative der Flucht setzt ein aktives, zweckgerichtetes „Sichentziehen" voraus; ein rein passives Verhalten ist nicht ausreichend.[47]

10.27 Das Tatbestandsmerkmal des „Verborgenhalten" i.S.d. § 112 Abs. 2 Nr. 1 StPO liegt dann vor, wenn bestimmte Tatsachen die Annahme begründen, dass der Beschuldigte den Behörden seinen Lebensmittelpunkt oder den tatsächlichen Aufenthalt vorenthält, um sich dem Verfahren auf Dauer oder aber für eine längere Zeit zu entziehen.[48] Lebt der Beschuldigte z.B. *unangemeldet,* unter *falschem Namen* oder an einem *nicht bekannten Ort,* **mit dem Zweck,** sich dem gegen ihn gerichteten Strafverfahren auf Dauer oder auf längere Zeit zu entziehen, ist der Haftgrund der Flucht erfüllt.[49]

> **Hinweis**
>
> Beide Alternativen, Flucht und Verborgenhalten können zusammentreffen. Ein Beschuldigter kann flüchtig sein und sich gleichzeitig verborgen halten.[50]

10.28 Der Haftgrund der Flucht spielt in der Praxis vor allem dann eine Rolle, wenn sich das Ermittlungsverfahren gegen einen ausländischen Beschuldigten richtet. Allein der Umstand, dass sich der Beschuldigte in sein Heimatland zurückbegibt, lässt allerdings nicht den Schluss zu, er wolle sich dem Strafverfahren in Deutschland entziehen.[51]

Auch wenn der Beschuldigte mit Rückkehrwillen zu einem lediglich **vorübergehenden Aufenthalt** in sein Heimatland reist, ist er selbst dann nicht flüchtig, wenn die Unerreichbarkeit für die deutschen Strafverfolgungsbehörden tatsächlich eintritt, weil sein Heimatland eine Auslieferung eigener Staatsangehöriger an Deutschland zum Zwecke der Strafverfolgung grundsätzlich nicht vornimmt.[52] Dem Haftgrund der Flucht stehen auch **ernsthafte Rückkehrbemühungen** des ausländischen Beschuldigten entgegen, da sie gegen das Vorliegen des für den Haftgrund erforderlichen Fluchtwillens sprechen.[53]

Wenn der Beschuldigte über seinen Verteidiger erklärt hat, dass er sich in der Hauptverhandlung stellen werde, und hat er den Verteidiger nach § 145a Abs. 2 StPO ermächtigt, Ladungen für ihn entgegenzunehmen, liegt auch bei unbekann-

---

47) SSW-StPO/Herrmann, § 112 Rdnr. 29 m.w.N.
48) OLG Hamburg, NStZ 2016, 433; Meyer-Goßner/Schmitt, § 112 Rdnr. 14.
49) Meyer-Goßner/Schmitt, § 112 Rdnr. 14.
50) KK/Graf, § 112 Rdnr. 10.
51) OLG Karlsruhe, Beschl. v. 14.12.2016 – 2 Ws 343/16.
52) KG, StV 2013, 516.
53) KG, a.a.O.

tem Aufenthalt des Beschuldigten weder der Haftgrund der Flucht noch der der Fluchtgefahr vor.[54]

Dass ein Angeklagter im EU-Ausland lebt, ist angesichts der Niederlassungsfreiheit innerhalb Europas und der seit Inkrafttreten des Schengener Durchführungsabkommens erleichterten Rechtsverfolgung im europäischen Ausland nicht als Verborgenhalten gem. § 112 Abs. 2 Nr. 1 StPO zu werten.[55]

Auch bei nicht sesshaften bzw. obdachlosen Beschuldigten kommt der Haftgrund der Flucht nicht in Betracht, wenn die Erreichbarkeit des Beschuldigten dadurch sichergestellt ist, dass er regelmäßig der Polizei bekannte konkrete Anlaufstellen mit namentlich benanntem Ansprechpartner (z.B. eine Drogenberatungsstelle, ein bestimmter Streetworker oder eine konkrete Übernachtungsmöglichkeit) kontaktiert.[56]

Allein aus dem Umstand, dass nicht sesshafte oder obdachlose Beschuldigte schwerer aufzufinden sind, kann nicht automatisch angenommen werden, dass sie flüchtig sind bzw. sich verborgen halten.[57] Etwas anderes gilt, wenn deren Asylbegehren noch nicht rechtskräftig verbeschieden und deren dauerhafter Aufenthaltsstatus in der BRD somit fraglich ist und sie sich für die zuständigen Stellen des Bundesamts für Migration und Flüchtlinge bzw. Ausländerbehörden unerreichbar im Gebiet der BRD aufhalten.[58]

10.1.5.2   Der Haftgrund der Fluchtgefahr

Die Fluchtgefahr ist der häufigste angenommene Haftgrund (vgl. Rdnr. 10.1). Die Praxis zeigt, dass die Begründung der Fluchtgefahr häufig aus einer lapidaren Standardformulierung besteht und letztlich mit der hohen Straferwartung bzw. einer zu erwartenden, nicht mehr bewährungsfähigen Strafe begründet wird. Maßgebend für die Annahme von Fluchtgefahr können ggf. interpretationsfähige Verhaltensweisen des Beschuldigten sein, wie z.B. das Lösen von sozialen Bindungen, die Aufgabe der Wohnung, Reisevorbereitungen, Veräußerung von Eigentum.[59] Es ist Aufgabe des Verteidigers herauszuarbeiten, dass etwaige Aktivitäten des Beschuldigten nicht deshalb getroffen wurden, damit sich dieser dem Strafverfahren bzw. der sich ggf. anschließenden Strafvollstreckung entzieht. Gleichwohl erwecken diese „Aktivitäten" des Beschuldigten bei den Strafverfolgungsbehörden oft einen negativen Eindruck, welcher dann nicht selten in dem Antrag auf Erlass eines Haftbefehls mündet, da das Verhalten des Beschuldigten als Fluchtvorbereitung o.Ä. interpretiert wird. Häufig können Änderungen in den persönlichen Lebensverhältnissen des Beschuldigten aber ganz andere Ursachen

10.29

---

54) OLG Dresden, StV 2007, 587; LG Fulda, StV 2017, 454.
55) LG Fulda, a.a.O. (Irland); LG Offenburg, StV 2004, 326 (Frankreich).
56) LG Zweibrücken, NJW 2004, 1679.
57) SSW-StPO/Herrmann, § 112 Rdnr. 34.
58) OLG Hamburg, NStZ 2016, 433.
59) Schlothauer/Weider/Nobis, Rdnr. 519 ff.

Rinklin

haben. Reisen ins Ausland lassen sich ggf. dadurch erklären, dass entsprechende Nachweise vorgelegt werden, aus denen sich ergibt, dass es sich nur um eine vorübergehende Abwesenheit handelt oder aber die Reise bereits seit längerem geplant ist (z.B. Urlaubs- oder Pauschalreise). Auch eine Bestätigung des Arbeitgebers kann vorgelegt werden, um zu bescheinigen, dass es sich um einen rein beruflich veranlassten Auslandsaufenthalt handelt. Ebenso kann z.B. der Verlust des Arbeitsplatzes oder der Arbeitsplatzwechsel mit dem Strafverfahren in Verbindung stehen. Zu denken ist daran, dass z.B. umfangreiche Durchsuchungsmaßnahmen, auch am Arbeitsplatz des Beschuldigten, stattfanden und deshalb die Kündigung des Arbeitsverhältnisses erfolgte oder aber der Druck und die empfundene Scham vor Vorgesetzten und Arbeitskollegen zur Aufgabe des Beschäftigungsverhältnisses führten.[60]

10.30   Nach § 112 Abs. 2 Nr. 2 StPO liegt Fluchtgefahr dann vor, wenn bei Würdigung der **aller Umstände** des Einzelfalls die Gefahr besteht, dass der Beschuldigte sich **dem Strafverfahren entziehen werde**, wobei alle Umstände des Einzelfalls sorgfältig abzuwägen sind.[61] Hierbei sind die **Art der dem Beschuldigten zur Last gelegten Tat**, dessen **Persönlichkeit**, seine **Lebensverhältnisse** und sein **Vorleben** sowie sein **Verhalten vor und nach der Tatbegehung** bedeutsam.[62] Es ist neben objektiven Umständen auch auf die subjektive Einstellung des Beschuldigten und seine Erwartung an den möglichen Ausgang des Strafverfahrens abzustellen.[63] Sowohl die für als auch gegen die Fluchtgefahr sprechenden Umstände müssen vom Gericht sorgfältig gegeneinander abgewogen werden.[64] Dabei ist es unzulässig, solche Fragen zu Lasten des Beschuldigten offenzulassen, wie z.B. ob Erwachsenen- oder Jugendstrafrecht Anwendung findet.[65] Für die Beurteilung der Fluchtgefahr ist also eine **Prognose** des verfahrensbezogenen **künftigen Verhaltens des Beschuldigten** notwendig.[66]

Der Erlass eines auf Fluchtgefahr gestützten Haftbefehls bedarf daher besonders sorgfältiger Prüfung und Begründung, wenn sich der Angeklagte bis zu seiner Verurteilung im Berufungsverfahren auf freiem Fuß befunden und den Ladungen zu den Hauptverhandlungen in beiden Instanzen entsprochen hat, obwohl er Kenntnis davon hatte, dass die Staatsanwaltschaft mit ihrer Berufung die Verurteilung zu einer höheren, nicht mehr bewährungsfähigen Freiheitsstrafe anstrebt.[67] Andererseits ist ein mit einem hohem Wahrscheinlichkeitsgrad anzunehmender Bewährungswiderruf als Umstand in Rechnung zu stellen, der den Fluchtanreiz erhöht.[68]

---

60) Schlothauer/Weider/Nobis, a.a.O.
61) OLG Dresden, NStZ 2018, 304; KG, StV 2015, 646; KG, StV 2012, 609; OLG Hamm, StV 2003, 170.
62) Meyer-Goßner/Schmitt, § 112 Rdnr. 19.
63) OLG Hamm, StV 2001, 115; SSW-StPO/Herrmann, § 112 Rdnr. 39.
64) Meyer-Goßner/Schmitt, § 112 Rdnr. 19.
65) KG, StV 2016, 715.
66) KG, StV 2012, 350; OLG Karlsruhe, StV 2010, 31; OLG Düsseldorf, StV 1994, 85; OLG Köln, StV 1995, 475; OLG Karlsruhe, StV 2000, 513.
67) OLG München, StraFo 2013, 114; OLG Karlsruhe, StV 2010, 31.
68) OLG Dresden, NStZ 2018, 304; KG, StV 2012, 350; OLG Oldenburg, StV 2002, 147.

Mit einer **hohen Straferwartung alleine** lässt sich die Fluchtgefahr nicht begründen, denn sie ist nur Ausgangspunkt der Erwägung, ob der Beschuldigte dem in ihr liegenden Fluchtanreiz nachgeben und sich dem Verfahren entziehen wird.[69] Jede **schematische Beurteilung** anhand genereller Maßstäbe ist dabei unzulässig, vor allem die Erwägung, dass bei einer Straferwartung in bestimmter Höhe stets (oder nie) ein rechtlich beachtlicher Fluchtanreiz besteht.[70]

10.31

Praxistipp

Bei der Prognose ist nicht auf die tatsächliche Strafe, sondern vielmehr auf den **tatsächlichen Freiheitsentzug,** also die sogenannte **Netto-Straferwartung** abzustellen.[71] Insbesondere ist dabei eine Entlassung aus der Strafhaft nach Verbüßung von zwei Drittel ebenso zu berücksichtigen wie eine Anrechnung der bereits erlittenen U-Haft (§§ 57 Abs. 1 Satz 1 Nr. 1, 51 Abs. 1 Satz 1 StGB).[72]

Hinweis

Anerkannt ist hingegen, dass je höher die Straferwartung ist, desto geringer die Anforderungen an die sonstigen Umstände sind; es ist i.d.R. dann nur zu prüfen, ob Umstände vorliegen, die einen aus der hohen Straferwartung abzuleitenden Fluchtanreiz ausräumen.[73]

Haben **Verständigungsgespräche** stattgefunden, und wurde vom Gericht in Absprache mit der Staatsanwaltschaft ein **Verständigungsvorschlag** unterbreitet, konkretisiert sich hieran die für die Fluchtgefahr **maßgebliche Straferwartung.** Wenn die Verständigung im weiteren Verlauf nicht zu Stande kommt, ist zu berücksichtigen, dass die Differenz zu der für den Fall eines Geständnisses zugesagten Strafobergrenze nicht zu groß sein darf, sodass bei einer Entscheidung über die U-Haft nur ein **angemessener Aufschlag** vorgenommen werden kann.[74]

10.32

---

69) BVerfG, NJW-Spezial 2018, 505; KG, StV 2012, 350; OLG Karlsruhe, StV 2010, 31; OLG Koblenz, StV 2002, 313; OLG Hamm, StV 2001, 115; OLG Karlsruhe, StV 2000, 513.
70) KG, StV 2017, 450; KG, StV 2015, 646; KG, StV 2012, 350; OLG Hamm, NJW-Spezial 2012, 537.
71) BGH, NStZ-RR 2018, 255; OLG Stuttgart, StV 2016, 815; Rinklin, jurisPR-StrafR 2/2017, Anm. 4; SSW-StPO/Hermann, § 112 Rdnr. 64.
72) OLG Frankfurt a.M., StraFo 2014, 73; OLG Hamm, StV 2003, 170; OLG Hamm, StV 2002, 492; LG Köln, StV 1996, 385.
73) Meyer-Goßner/Schmitt, § 112 Rdnr. 25; Burhoff, Ermittlungsverfahren, Rdnr. 4159.
74) KG, StV 2015, 646.

> **Praxistipp**
>
> Wenn in einem Verfahren eine hohe Freiheitsstrafe zu erwarten ist und zunächst kein Haftbefehl erlassen wurde, kann es sich empfehlen, den Mandanten die frühzeitige (!) schriftliche Aufklärung hierüber unterzeichnen zu lassen (ggf. auch, dass der Antrag auf Erlass eines Haftbefehls durchaus möglich erscheint). Wird später der Erlass eines Haftbefehls beantragt, kann genau dieses Schriftstück vorgelegt und argumentiert werden, dass der Mandant nicht geflüchtet ist, obwohl er bereits seit längerem Kenntnis von einer zu erwartenden hohen Strafe hatte, um somit diesem „Haftgrund" entgegenzutreten.

10.33   Es empfiehlt sich auch zu prüfen, ob etwaige Strafrahmenverschiebungen möglich sind oder z.B. ein minder schwerer Fall angenommen werden kann, da sich somit die zu erwartende Strafe und damit der von ihr ausgehende Fluchtanreiz reduziert. Hierbei ist z.B. an folgende Vorschriften zu denken: §§ 21, 23, 27, 28 Abs. 1, 46a, 46b StGB, 31 BtMG. Ebenfalls sollte bei einer versuchten Straftat geprüft werden, ob die Voraussetzungen des Rücktritts gem. § 24 StGB erfüllt sind.

Bestehen voraussichtlich aber keine realistischen Chancen auf eine vorzeitige Haftentlassung i.S.d. § 57 Abs. 1 StGB, ist dies in die Einschätzung der Fluchtgefahr bzw. des Fluchtanreizes miteinzubeziehen.[75]

10.34   Aus der nachfolgenden Übersicht kann entnommen werden, in welchen Fällen Fluchtgefahr bejaht bzw. verneint wurde:

Umstände des Einzelfalls	Fluchtgefahr Ja/Nein	Gericht	Fundstelle
Persönliche Bindungen			
Hohe Straferwartung, kein fester Wohnsitz und keine sozialen Bindungen.	**Ja**	OLG Brandenburg	StraFo 2016, 152
Kinderloser, lediger Angeklagter ohne Berufsausbildung und Erwerbstätigkeit, der seine tatsächlichen Wohnverhältnisse durch eine Briefkastenadresse verschleierte.	**Ja**	KG	NStZ-RR 2017, 287

---

75) BVerfG, StV 2008, 421; BVerfG, StV 2006, 81; KG Berlin, Beschl. v. 13.03.2018 – 4 Ws 30/18; KG, NStZ-RR 2017, 287; OLG Frankfurt, StV 1988, 392.

Umstände des Einzelfalls	Fluchtgefahr Ja/Nein	Gericht	Fundstelle
Nicht sesshafter Beschuldigter, dessen Asylbegehren noch nicht rechtskräftig verbeschieden wurde und dessen dauerhafter Aufenthaltsstatus im Bundesgebiet daher fraglich ist, hält sich auch für die zuständigen Stellen des Bundesamts für Migration und Flüchtlinge bzw. die Ausländerbehörden unerreichbar im Bundesgebiet auf.	**Ja**	OLG Hamburg	NStZ 2016, 433
58 Jahre alter verheirateter Angeklagter mit langjährigem Arbeitsverhältnis stellt sich nach Bekanntwerden des HB bei der Polizei und hält sich für das Verfahren zur Verfügung.	**Nein**	OLG Hamm	StV 2003, 509
Beschuldigter mit unbekanntem Aufenthaltsort erklärt über Verteidiger, er werde zur HV erscheinen, und erteilt ihm eine Ladungsvollmacht.	**Nein**	OLG Dresden	StV 2007, 587
Angeschuldigte verfügt über soziale Bindungen in Deutschland. Die Chatkommunikation ergibt, dass sie vor der Festnahme konkret beabsichtigte, sich von einem Fahrer nach Griechenland fahren zu lassen, um von dort aus über die Türkei nach Syrien zu reisen.	**Ja**	BGH	Beschl. v. 30.01.2019 – AK 61/18
Straferwartung			
Besteht eine Straferwartung von bis zu zwei Jahren, ist ein entsprechender Fluchtanreiz grundsätzlich nicht anzunehmen.	**Nein**	OLG Hamm	NStZ-RR 2010, 158

Umstände des Einzelfalls	Fluchtgefahr Ja/Nein	Gericht	Fundstelle
Zu erwartende Strafvollstreckung von noch 22 Monaten.	**Nein**	OLG Hamm	StV 2003, 170
Straferwartung von bis zu zwei Jahren.	**Nein**	OLG Hamm	NStZ-RR 2010, 158
Eine (nach Anrechnung der U-Haft) verbleibende, objektive und subjektive Straferwartung von ca. 20 Monaten bei einem ausländischen Beschuldigten, der seit mehreren Jahren in Deutschland lebt, arbeitet, mit einer deutschen Staatsangehörigen verheiratet ist und zwei Kinder hat.	**Nein**	OLG Koblenz	StV 2013, 518
Ausländischer Beschuldigter, der zum Zeitpunkt der Revisionshauptverhandlung nach Anrechnung der U-Haft mehr als die Hälfte der erkannten Freiheitsstrafe verbüßt hat, wenn mit einer Abschiebung zum Halbstrafenzeitpunkt zu rechnen ist.	**Nein**	LG Bonn	StraFo 2016, 106
Auslandsbezug			
Allein im Ausland vorhandenes Vermögen des Beschuldigten ohne sonstige Verdachtsgründe.	**Nein**	OLG Saarbrücken	StV 2002, 489
Ehefrau des Angeklagten hat ein Grundstück im Ausland, er selbst Schulden im fünfstelligen Bereich und verwendete in der Vergangenheit bei Flugbuchungen häufig falsche Geburtsdaten.	**Ja**	BGH	NStZ 2017, 601

Rinklin

Umstände des Einzelfalls	Fluchtgefahr Ja/Nein	Gericht	Fundstelle
Angeklagter begründet Wohnsitz im (EU-)Ausland, hat bereits an seiner früheren Meldeanschrift im Inland keinerlei Vorkehrungen für seine Erreichbarkeit getroffen, den Wohnsitz in Kenntnis des gegen ihn geführten Strafverfahrens ohne behördliche Ab- oder Ummeldung ins Ausland verlegt und in der Folgezeit nur eine Postfachanschrift verwendet.	**Ja**	KG	OLGSt StPO § 112 Nr. 21
Im EU-Ausland lebender Angeklagter mit familiären Bindungen nach Deutschland und dem Verteidiger erteilter Ladungsvollmacht.	**Nein**	LG Fulda	StV 2017, 454
Unabhängig vom Verfahren und vor einiger Zeit erfolgte Übersiedlung ins Ausland.	**Nein**	OLG Köln	StV 2005
Im Ausland lebender Angeklagter erklärt, er will sich dem Verfahren nicht stellen.	**Ja**	OLG Celle	StraFo 2009, 204
Angeklagter, der noch nicht rechtskräftig zu der Freiheitsstrafe von drei Jahren und acht Monaten verurteilt wurde, einen Zweitwohnsitz auf Mallorca hat und bei dauerhaftem Aufenthalt in Spanien mit seiner Auslieferung rechnen muss.	**Nein**	OLG Köln	StV 2003, 510
Angeklagter kündigt an, zur Hauptverhandlung aus dem Ausland nur nach vorheriger Zusicherung einer Strafaussetzung zur Bewährung anzureisen.	**Nein**	OLG Oldenburg	StV 2011, 419

Umstände des Einzelfalls	Fluchtgefahr Ja/Nein	Gericht	Fundstelle
Angeklagter stellt sich dem Verfahren im Wesentlichen, erscheint auf Ladungen des Gerichts unter Vorlage erschlichener ärztlicher Bescheinigungen jedoch nicht zur Hauptverhandlung.	**Nein**	OLG Frankfurt a.M.	StV 2016, 163
Sonstiges			
Angeklagter versetzt sich durch mehrmonatige Verweigerung der Nahrungs- und schließlich Flüssigkeitsaufnahme in einen Zustand der Verhandlungsunfähigkeit.	**Ja**	BGH	Beschl. v. 30.03.2017 – AK 18/17
Durch Hungerstreik bewusst herbeigeführte Verhandlungsunfähigkeit.	**Ja**	OLG Hamm	StRR 2015, 277
Angeklagter führt hohe Blutdruckwerte durch Nichtbefolgung hausärztlicher Behandlungsvorschriften herbei, weshalb wegen der Nichteinnahme von Medikamenten Verhandlungsunfähigkeit eintritt.	**Ja**	OLG Oldenburg	StV 1990, 165
Suizidgefahr des Angeklagten.	**Nein**	OLG Köln	StraFo 1998, 102
Nichteinhaltung der Meldeauflage und Verheimlichung des Aufenthalts in Erwartung eines Verfahrens wegen bewaffneten Raubs.	**Ja**	OLG Brandenburg	Beschl. v. 20.12.2019 – 1 Ws 205/19

Umstände des Einzelfalls	Fluchtgefahr Ja/Nein	Gericht	Fundstelle
Realistische Möglichkeit der Unterbringung i.S.d. § 63 StGB bei einem mutmaßlich schuldfähigen Beschuldigten, auch wenn die Voraussetzungen für die einstweilige Unterbringung nach § 126a StPO wegen derzeitigen Fehlens dringender Gründe für die Annahme der Tatbegehung im Zustand zumindest verminderter Schuldfähigkeit fehlen.	**Ja**	OLG Celle	NStZ-RR 2017, 20
Verteidigerwechsel während laufender Hauptverhandlung.	**Nein**	BGH	StV 2015, 5-8
Vermögensloser Beschuldigter hat sich seit Beginn dem Verfahren gestellt und lebt in prekären wirtschaftlichen Verhältnissen. Schwierige finanzielle Verhältnisse allein begründen keinen besonderen Fluchtanreiz. Eine Flucht ohne finanzielle Mittel würde sich sogar schwieriger gestalten.	**Nein**	OLG München	StraFo 2016, 291
Jugendliche			
Nächtliches Herumtreiben eines Beschuldigten rechtfertigt für sich genommen noch nicht die Annahme, der Jugendliche habe keinen festen Wohnsitz oder Aufenthalt i.S.d. § 72 Abs. 2 Nr. 2 JGG.	**Nein**	OLG Hamm	StV 1996, 275
Vermutung, dass keine intensiven oder engen sozialen Bindungen an die Familie bzw. sonstiges soziales Umfeld bestehen, obwohl der Beschuldigte im Elternhaus festgenommen wurde, dort wohnt und zur Schule geht.	**Nein**	OLG Karlsruhe	StraFo 2010, 206

Rinklin

Umstände des Einzelfalls	Fluchtgefahr Ja/Nein	Gericht	Fundstelle
14-jähriger Angeschuldigter, dem Mitgliedschaft und Beteiligung an einer ausländischen terroristischen Vereinigung vorgeworfen wird, der bis zur Inhaftierung in einer Aufnahmeeinrichtung für Asylbewerber untergebracht war und in Deutschland über keine persönlichen/sozialen Bindungen verfügt.	**Ja**	BGH	Beschl. v. 17.05.2018 – AK 22/18
Hohe Straferwartung, keine nahen Familienangehörigen in Deutschland und keine sonstigen sozialen Bindungen.	**Ja**	BGH	Beschl. v. 17.05.2018 – AK 23/18
Hohe Straferwartung, keine Familienangehörigen und sozialen Bindungen im Inland. Beschuldigter hat ggü. BAMF Geburtsdatum falsch angegeben, und seine Identität steht noch nicht fest.	**Ja**	BGH	NStZ-RR 2018, 371 (LS)
Erstinstanzliche Verurteilung zu Jugendstrafe von einem Jahr und zuvor schon vollständig vollstreckte Jugendstrafe von drei Jahren mit problematischem Vollzugsverlauf.	**Ja**	KG	StRR 2009, 474
16 Jahre alter Jugendlicher, erstinstanzliche Verurteilung zu einer Jugendstrafe von drei Jahren und drei Monaten. Eltern des Beschuldigten leben getrennt, Vater ist in U-Haft. Mutter leidet seit mehreren Jahren unter einer Nervenkrankheit und kann nicht erzieherisch auf den Angeklagten einwirken. Dieser hat in der Vergangenheit auch nur unregelmäßig die Schule besucht.	**Ja**	KG	Beschl. v. 11.05. 2005 – 1 AR 558/ 05 - 3 Ws 222/05

10.1.5.3   Der Haftgrund der Verdunkelungsgefahr

Der Haftgrund der Verdunkelungsgefahr ist mit 1,37 % (vgl. Rdnr. 10.1) ein in der täglichen Praxis eher seltener, gleichwohl nicht zu unterschätzender Haftgrund.   **10.35**

Der Haftgrund der Verdunkelungsgefahr nach § 112 Abs. 2 Nr. 3 StPO ist gegeben, wenn aufgrund **bestimmter Tatsachen** das Verhalten des Beschuldigten den dringenden Verdacht begründet, er werde **aktiv und in unlauterer Weise** auf sachliche oder persönliche Beweismittel einwirken, und wenn auf Grund dessen die Gefahr droht, dass die Ermittlung der Wahrheit der Straftat erschwert wird, welcher er dringend verdächtig wird.[76] Die Verdunkelungsgefahr kann nur auf die Straftaten gestützt werden, die dem Haftbefehl zu Grunde liegen.[77] Die möglichen Verdunkelungshandlungen sind in § 112 Abs. 2 Nr. 3 StPO abschließend aufgeführt.[78] Allerdings reicht die **bloße Möglichkeit**, dass der Beschuldigte Verdunkelungshandlungen ohne Inhaftierung vornimmt, **nicht** aus.[79] Zusätzlich ist die auf **Tatsachen gestützte Prognose** erforderlich, dass der Beschuldigte die Gelegenheit von Verdunkelungshandlungen auch wahrnehmen wird.[80] Der Verdacht kann sich aus seinem Verhalten, seinen Beziehungen und den Lebensumständen ergeben.[81]

Da die **Verdunkelungsgefahr** auf einer **Prognoseentscheidung** beruht, kann auch   **10.36**
früheres Täterverhalten berücksichtigt werden, wobei früher (ggf. auch in anderen Verfahren) schon unternommene Verdunkelungshandlungen i.d.R. ein erhebliches Beweisanzeichen für eine bestehende Verdunkelungsgefahr darstellen.[82] Dies gilt auch dann, wenn der Beschuldigte versucht hat, Beweise zu Gunsten des Mitbeschuldigten betreffend weiterer, nur diesem zur Last gelegter Taten zu manipulieren.[83]

Sie kann allerdings nicht alleine aus der Eigenart der dem Beschuldigten vorgeworfenen Straftat hergeleitet werden, da das dem Beschuldigten zur Last gelegte Delikt keine „bestimmte Tatsache", sondern nur den von den Ermittlungsbehörden gegen den Beschuldigten erhobenen Vorwurf darstellt, welcher erst noch im Strafverfahren gegen den Beschuldigten erwiesen werden soll.[84] Würde man hin-

---

76) OLG Köln, StV 2018, 164; OLG Frankfurt, StV 2009, 652; OLG Hamm, wistra 2006, 278; OLG Hamm, StraFo 2002, 140; OLG Karlsruhe, StV 2001, 686; OLG Frankfurt, StV 2000, 151; OLG Köln, StV 1997, 27; OLG München, StV 1996, 439; LR/Hilger, § 112 Rdnr. 44.
77) KG, StraFo 2019, 416; OLG Frankfurt, StV 2009, 652; OLG Karlsruhe, StV 2001, 686; Meyer-Goßner/Schmitt, § 112 Rdnr. 26.
78) OLG Karlsruhe, a.a.O.
79) OLG Hamm, StV 1985, 114; OLG Zweibrücken, StV 1992, 476.
80) KG, StraFo 2019, 416; OLG München, StV 1996, 439.
81) OLG Hamm, StraFo 2004, 134; Meyer-Goßner/Schmitt, § 112 Rdnr. 28.
82) KG, a.a.O.; OLG Hamm, wistra 2004, 358.
83) KG, StraFo 2019, 416.
84) OLG Hamm, Beschl. v. 14.01.2010 – 2 Ws 347/09; OLG Hamm, StV 2002, 205; OLG Frankfurt, StV 2000, 152; OLG Frankfurt, NStZ 1997, 200; OLG Köln, StV 1999, 37; OLG München, StV 1995, 86.

Rinklin

gegen davon ausgehen, dass gewisse – auf Verschleierung und Manipulation angelegte – Straftaten, wie z.B. Betrug und/oder Steuerhinterziehung allein wegen ihres Charakters die Verdunkelungsgefahr begründen, würde dies bedeuten, dass bei diesen Taten mit der Annahme des dringenden Tatverdachts zugleich stets auch der Haftgrund der Verdunkelungsgefahr indiziert wäre, was wiederum der gesetzlichen Regelung des U-Haftrechts widersprechen würde, wonach neben dem dringenden Tatverdacht zusätzlich ein Haftgrund gegeben sein muss.[85]

10.37 Für die Annahme der konkreten Gefahr der Verdunkelung ist es erforderlich, dass die potentielle Verdunkelungshandlung des Beschuldigten objektiv (noch) geeignet ist, die Wahrheitsermittlung zu erschweren, woran es mangeln kann, wenn die Beweise in einer Weise gesichert sind, dass der Beschuldigte die Ermittlung der Wahrheit nicht mehr erfolgreich behindern könnte[86] (z.B. vom Gericht für glaubhaft erachtetes richterliches Geständnis[87] sowie richterlich protokollierte Aussage der Geschädigten[88]; nach Durchführung der Hauptverhandlung in der letzten Tatsacheninstanz[89] oder wenn das Ermittlungsverfahren und die Auswertung der erhobenen Beweise weit vorangeschritten ist[90]).

10.38 Da U-Haft keine Beugehaft ist, kann Verdunkelungsgefahr nicht schon angenommen werden, wenn der Beschuldigte sich weigert, Mittäter zu benennen[91], eine Blutprobe abzugeben[92], oder das Versteck der Beute nicht preisgibt[93], die Beteiligung an der Tat bestreitet oder von seinem Schweigerecht Gebrauch macht[94], sein Geständnis widerruft[95], nur auf konkrete Vorhalte reagiert und Umstände einräumt, welche die Ermittlungen ergeben haben[96]. Ebenso kann Verdunkelungsgefahr nicht alleine deshalb angenommen werden, weil Waffen, die der Beschuldigte unter Verstoß gegen das WaffG besessen hatte, nicht sichergestellt werden konnten[97] oder ein Angeschuldigter einen Mitangeschuldigten gebeten hat, sich auf sein Recht zu schweigen zu berufen[98] bzw. einen Zeugen ohne Ausübung von Druck bittet, sein Zeugnisverweigerungsrecht auszuüben[99].

Weil U-Haft keine Sanktion des Beschuldigten ist, darf sie auch dann nicht angeordnet oder aufrechterhalten werden, wenn der Beschuldigte Zeugen beeinflusst

---

85) OLG Hamm, Beschl. v. 14.01.2010 – 2 Ws 347/09.
86) BVerfG, NJW-Spezial 2018, 505; LG Braunschweig, StV 2015, 311; Meyer-Goßner/Schmitt, § 112 Rdnr. 35 m.w.N.
87) OLG Köln, StV 2018, 164; OLG Stuttgart, StV 2005, 225; OLG Karlsruhe, NJW 1993, 1148.
88) KG, Beschl. v. 11.07.2012 – 4 Ws 73/12.
89) OLG Bremen, StV 2017, 455.
90) AG Hamburg, StV 2016, 175 (LS).
91) OLG Köln, StV 1999, 37.
92) Meyer-Goßner/Schmitt, § 112 Rdnr. 29.
93) OLG Frankfurt, StV 2009, 652; OLG Köln, StV 2009, 652.
94) OLG Hamm, Beschl. v. 14.01.2010 – 2 Ws 347/09; OLG Hamm, StraFo 2004, 134.
95) Meyer-Goßner/Schmitt, § 112 Rdnr. 29 m.w.N.
96) OLG Düsseldorf, StV 1997, 534.
97) OLG Köln, NStZ 2002, 79.
98) OLG Frankfurt, StV 2010, 583.
99) OLG Frankfurt, a.a.O.

hat, zukünftige Verdunkelungshandlungen aber nicht mehr zu besorgen sind, selbst wenn die früheren Verdunkelungshandlungen noch fortwirken.[100] Die **präventive Ingewahrsamnahme** des Beschuldigten vor bzw. während einer Durchsuchung, die verhindern soll, dass er Beweismittel und/oder Vermögenswerte beiseiteschafft, ist unzulässig.[101]

> **Hinweis**
>
> Der Verteidiger sollte den Mandanten bereits frühzeitig darüber aufklären, dass er bei einer Kontaktaufnahme zu Mitbeschuldigten oder Zeugen unbedingt darauf zu achten hat, dass auf diese nicht in unlauterer Weise durch die Kontaktaufnahme eingewirkt wird.

Das **Einwirken auf Beweispersonen** ist daher von Bedeutung, wenn es in **unlauterer Weise** geschieht. Es setzt eine unmittelbare oder mittelbare psychische Beeinflussung voraus, durch die die Beweislage zu Uungunsten der Wahrheit geändert werden soll, insbesondere etwa dadurch, dass durch Bedrohung ein Zeuge zur Falschaussage veranlasst wird.[102] Allerdings müssen dazu auch konkrete Beweisanzeichen vorliegen.[103] Wird ein Zeuge im Auftrag des Angeklagten gebeten, der Geschädigten ein Angebot zu unterbreiten, die Anzeige gegen Überlassung eines erheblichen Geldbetrags zurückzunehmen, kann dies Verdunkelungsgefahr begründen.[104] Das reine Besprechen mit Zeugen zur Feststellung ihres Wissens reicht für die Verdunkelungsgefahr nicht aus.[105] Benennt der Beschuldigte Entlastungszeugen, kann dies Verdunkelungsgefahr selbst dann nicht begründen, wenn es sich bei den Zeugen um wirtschaftlich vom Beschuldigten abhängige Personen handelt, wie z.B. Familienangehörige und Mitarbeiter.[106]

10.39

> **Praxistipp**
>
> Die Verdunkelungsgefahr kann z.B. durch ein Kontaktverbot und die Stellung einer Kaution, also durch weniger einschneidende Maßnahmen als den Vollzug von U-Haft, erheblich und ausreichend vermindert werden.[107]

Nicht zu beanstanden ist auch, dass der Beschuldigte mit Mitbeschuldigten Absprachen hinsichtlich der Verteidigung trifft oder sich bzgl. des Inhalts der Einlassung austauscht.[108]

---

100) OLG Oldenburg, StraFo 2005, 111.
101) LG Frankfurt, NStZ 2008, 591.
102) OLG Köln, StV 2018, 164.
103) OLG Karlsruhe, StraFo 2000, 422; OLG Köln, StV 1999, 323; OLG Düsseldorf, StV 1997, 534.
104) OLG Jena, StV 2005, 559.
105) OLG Karlsruhe, StV 2001, 686.
106) OLG Saarbrücken, StV 2002, 489.
107) OLG Nürnberg, StraFo 2003, 89.
108) Schlothauer/Weider/Nobis, Rdnr. 638 m.w.N.

10.1.5.4 Der Haftgrund der Schwere der Tat

10.40 Liegen die in § 112 Abs. 3 StPO genannten schweren Taten vor, dann kann die U-Haft auch angeordnet werden, wenn kein Haftgrund nach § 112 Abs. 2 StPO gegeben ist. Die in § 112 Abs. 3 StPO genannten **Katalogtaten sind abschließend.**[109] Eine **Ausdehnung** auf die Straftaten nach §§ 213, 216, 323a StGB ist daher **unzulässig**, ebenso die Annahme der **Strafvereitelung oder Begünstigung**, die sich auf eine der in § 112 Abs. 3 StPO genannten Katalogtaten bezieht.[110]

> **Hinweis**
>
> Dies eröffnet für den Verteidiger Argumentationsspielräume z.B. bei Kapitalverbrechen, wenn ggf. eine erhebliche Alkoholisierung zur Tatzeit vorlag (§ 21 StGB) oder ein hochgradiger Affekt in Betracht kommt, denn der Haftgrund der Schwere der Tat kann z.B. nicht bei einem minder schweren Fall des Totschlags (§ 213 StGB) angenommen werden.[111] Hierdurch kann ggf. der Haftgrund der Tatschwere erschüttert werden, sodass dann die strengeren Anforderungen an die Haftgründe nach § 112 Abs. 2 StPO gelten.[112] Der Verteidiger sollte daher gerade bei diesen Delikten prüfen, ob sich aus dem Sachverhalt derartige Anhaltspunkte ergeben, und für den Mandanten dann im Rahmen der Haftprüfung (vgl. Rdnr. 10.86 ff.) oder Haftbeschwerde (vgl. Rdnr. 10.93 ff.) reklamieren.

Andererseits kommt es bei § 112 Abs. 3 StPO nicht darauf an, in welcher **Art der Beteiligung** die Tat begangen wurde (Versuch, Anstiftung, Beihilfe, Versuch der Beteiligung).[113]

10.41 Sowohl teilweise in der Literatur als auch in der Rechtsprechung wird der Haftgrund nach § 112 Abs. 3 StPO als offensichtlicher **Verstoß gegen den Grundsatz der Verhältnismäßigkeit** angesehen, weshalb eine **verfassungskonforme Auslegung** erforderlich ist.[114] Hiernach ist der Erlass eines Haftbefehls nur zulässig, wenn Umstände vorliegen, die die Gefahr begründen, dass ohne Erlass des Haftbefehls die zeitnahe Aufklärung und Ahndung der Straftat gefährdet sein könnte.[115] Es muss also auch bei einem **Haftbefehl**, der auf **§ 112 Abs. 3 StPO** basiert, **Flucht- oder Verdunkelungsgefahr** zumindest **nicht auszuschließen** sein.[116] Dies bedeutet, dass das Gericht, welches den Haftbefehl erlässt, lediglich von den **strengen Anforderungen**, welche für die Haftgründe nach § 112 Abs. 2 StPO gelten, befreit ist, da **nicht mehr bestimmte Tatsachen** – wie von § 112 Abs. 2 StPO gefordert – die Flucht- bzw. Verdunkelungsgefahr ergeben müs-

---

109) SSW-StPO/Herrmann, § 112 Rdnr. 93; Schlothauer/Weider/Nobis, Rdnr. 661.
110) SSW-StPO/Herrmann, § 112 Rdnr. 104; Schlothauer/Weider/Nobis, a.a.O.
111) OLG Frankfurt, StV 2001, 687; Schlothauer/Weider/Nobis, a.a.O.
112) Schlothauer/Weider/Nobis, a.a.O.
113) SSW-StPO/Herrmann, § 112 Rdnr. 103.
114) Meyer-Goßner/Schmitt, § 112 Rdnr. 37 m.w.N.; Burhoff, Ermittlungsverfahren, Rdnr. 4168.
115) BVerfG, NJW 1966, 243; OLG Karlsruhe, StV 2010, 30; OLG Düsseldorf, StraFo 2000, 67; Burhoff, Ermittlungsverfahren, a.a.O.
116) KG, Beschl. v. 22.11.2000 – 1 Js 2/95 - 5 Ws 67/00, 1 Js 2/95, 5 Ws 67/00.

sen.[117] Die Vorschrift des § 112 Abs. 3 StPO lockert lediglich die strengen Voraussetzungen der Haftgründe des § 112 Abs. 2 StPO, befreit aber weder von der Prüfung noch von der Darlegung, dass im konkret zu beurteilenden Fall Fluchtgefahr nicht ausgeschlossen werden kann.[118]

Hinweis

Bei Schwerkriminalität werden an die gefährdenden Umstände keine zu hohen Anforderungen gestellt. Ausreichen kann bereits die zwar nicht mit Tatsachen nachweisbare, aber nach den Umständen nicht ausschließbare Flucht- oder Verdunkelungsgefahr oder die ernsthafte Befürchtung, dass der Täter gleichgelagerte Straftaten begehen wird.[119]

Praxistipp

Für die Praxis der Verteidigung ist von Bedeutung, dass auch in Bezug auf einen Haftbefehl, der auf den Haftgrund der Tatschwere nach § 112 Abs. 3 StPO gestützt ist, eine Außervollzugsetzung nach § 116 StPO in Betracht kommt, obwohl die Tatschwere nicht in § 116 StPO genannt ist.[120] Somit kann z.B. auch bei einem Haftbefehl, der auf den Haftgrund der Tatschwere wegen des Verdachts des Mordes oder der mitgliedschaftlichen Beteiligung an einer terroristischen Vereinigung gestützt wird, in entsprechender Anwendung des § 116 StPO eine Außervollzugsetzung unter Auflagen erreicht werden.[121]

10.42

Eine Außervollzugsetzung konnte beispielsweise erreicht werden, als eine nicht rechtskräftige Verurteilung wegen Mordes zu einer lebenslangen Freiheitsstrafe und eine bisherige Dauer der U-Haft von mehr als fünf Jahren vorlag.[122] Der Haftbefehl in dem genannten Fall wurde gegen folgende Auflagen außer Vollzug gesetzt:

10.43

— Sicherheitsleistung i.H.v. 100.000 € in bar

— Abgabe des Reisepasses zu den Akten

— dem Landgericht nach der Haftentlassung unverzüglich den Wohnsitz anzuzeigen und jeden zukünftigen Wohnsitz-/Aufenthaltswechsel dem Gericht unaufgefordert mitzuteilen

— tägliche Meldeauflage bei der Polizei

Der Erlass eines Haftbefehls nach § 112 Abs. 3 StPO kann ausscheiden, wenn dem Beschuldigten das gegen ihn eingeleitete **Ermittlungsverfahren** wegen versuchten Mordes **seit langem bekannt** ist und er bisher **nicht geflüchtet** ist.[123]

10.44

---

117) Burhoff, Ermittlungsverfahren, Rdnr. 4168.
118) BVerfG, NStZ 1991, 397.
119) OLG Köln, NStZ 1996, 403.
120) BVerfGE 19, 342; BGH-StV 2016, 443.
121) BGH, a.a.O.; OLG Oldenburg, StV 2008, 84; OLG Celle, StV 2005, 620.
122) OLG Celle, StV 2005, 620.
123) LG Koblenz, StV 2011, 290.

10.1.6 Der Haftgrund der Wiederholungsgefahr, § 112a StPO

10.45 Nach § 112a Abs. 1 StPO kann die U-Haft auch angeordnet werden, wenn der Haftgrund der Wiederholungsgefahr gegeben ist.

Die Vorschrift des § 112a Abs. 1 StPO ist als vorbeugende Maßnahme im Sinne einer **Sicherungshaft** zu verstehen und soll Schutz vor schweren Straftaten ermöglichen.[124] Zwar hat die Vorschrift damit auch einen **präventiv-polizeilichen Charakter**, trotzdem ist sie mit dem Grundgesetz vereinbar.[125] In diesem Zusammenhang ist auch darauf hinzuweisen, dass Art. 5 Abs. 1 Satz 2c) EMRK diesen Haftgrund vorsieht. Im Übrigen verstößt der Haftgrund der Wiederholungsgefahr auch nicht gegen die **Unschuldsvermutung** des Art. 6 Abs. 2 EMRK.[126] Der Haftgrund dient also nicht der Sicherung des Verfahrens, sondern soll die **Rechtsgemeinschaft vorbeugend** vor weiteren **Taten bewahren,** weshalb an diese präventive Sicherungshaft aus verfassungsrechtlichen Gründen **strenge Anforderungen** zu stellen sind.[127] Der Beschuldigte wird also verhaftet, damit er die Freiheit nicht dazu missbrauchen kann, weitere Straftaten zu begehen.[128]

> **Hinweis**
>
> Wenn einem Haftbefehl die Wiederholungsgefahr zu Grunde liegt, müssen bei dem Verteidiger die Alarmglocken läuten, da ihm dann bewusst sein muss, dass seinem Mandanten erhebliche Rechtsfolgen, ggf. auch Sicherungsverwahrung, drohen kann, da es sich um einen Täter handelt, der in einem relativ kurzen Zeitraum wiederholt schwere Taten begangen und sich ggf. von einer vorherigen Verurteilung nicht von der Tatbegehung hat abschrecken lassen. Ein unerfahrener oder nur gelegentlich in Strafsachen tätiger Rechtsanwalt sollte daher in jedem Fall einen erfahrenen Verteidiger hinzuziehen.[129]

10.46 § 112a Abs. 1 StPO findet nach der Regelung in § 112a Abs. 2 StPO keine Anwendung, wenn die Voraussetzungen für den Erlass eines Haftbefehls nach § 112 StPO vorliegen und die Voraussetzungen für die Aussetzung des Vollzugs dieses Haftbefehls nach § 116 Abs. 1, 2 StPO nicht gegeben sind. Sind also die Voraussetzungen eines Haftbefehls nach § 112 StPO gegeben und kommt eine Haftverschonung gem. § 116 StPO nicht in Betracht, so wird der Haftbefehl auch dann gem. § 112 StPO erlassen, wenn Wiederholungsgefahr besteht.[130]

---

124) Burhoff, Ermittlungsverfahren, Rdnr. 4169.
125) BVerfG, NJW 1966, 243; BVerfG, NJW 1973, 1363.
126) SSW-StPO/Herrmann, § 112a Rdnr 1.
127) OLG Bremen, StV 2013, 773; KG, Beschl. v. 28.02.2012 – 4 Ws 18/12; OLG Oldenburg, StV 2012, 352; OLG Dresden, StV 2006, 534; OLG Bremen, NStZ-RR 2001, 220.
128) LR/Hilger, § 112a Rdnr. 49.
129) So auch Burhoff, Ermittlungsverfahren, Rdnr. 4169.
130) LG Gera, StraFo 2000, 205.

Der Haftgrund der **Wiederholungsgefahr** ist also **subsidiär** zu den **Haftgründen nach § 112 StPO**. Nach § 112 Abs. 2 StPO ist die Sicherungshaft nicht erforderlich, um einer Wiederholungsgefahr zu begegnen, wenn der Beschuldigte anderweitig an der Begehung oder Fortsetzung von Straftaten gehindert werden kann, z.B. weil U-Haft wegen Haftgründen nach § 112 StPO vollzogen werden kann.[131] Es ist nicht möglich, den Haftbefehl hilfsweise oder konkurrierend auf den Haftgrund der Wiederholungsgefahr neben den anderen Haftgründen nach § 112 StPO zu stützen.[132]

Ferner muss die Wiederholungsgefahr gem. § 112a Abs. 1 StPO durch **bestimmte Tatsachen** begründet sein, welche eine so starke Neigung des Beschuldigten zu einschlägigen Delikten erkennen lassen, dass die Gefahr angenommen werden kann, er werde gleichartige Straftaten wie die Anlasstaten bis zur rechtskräftigen Verurteilung begehen.[133] Diese **Gefahrenprognose** verlangt aber eine **hohe Wahrscheinlichkeit** der Fortsetzung der Straftaten.[134]

Hierbei sind genauso **Indiztatsachen** zu berücksichtigen und zu würdigen wie auch etwaige **Vorstrafen** und die **zeitlichen Abstände** zwischen ihnen sowie die **Persönlichkeitsstruktur** des Beschuldigten, dessen **Lebensumstände** und sein **soziales Umfeld**.[135] Sind Indiztatsachen, die für das Vorliegen einer Wiederholungsgefahr i.S.d. § 112a Abs. 1 StPO sprechen, nicht vorhanden, ist ein Haftbefehl aufzuheben.[136]

> **Hinweis**
>
> Stützt sich der Haftbefehl auf Wiederholungsgefahr, muss der Verteidiger auch die Vorschrift des § 122a StPO im Blick haben. Der Vollzug der U-Haft darf bei Wiederholungsgefahr nicht länger als ein Jahr aufrechterhalten werden.

10.1.6.1 Anlasstaten nach § 112a Abs. 1 Nr. 1 StPO

Bei den Anlasstaten des § 112a Abs. 1 Nr. 1 StPO (Taten gegen die sexuelle Selbstbestimmung und Nachstellung) genügt die **einmalige Tatbegehung**, da bereits hierdurch auf schwere Persönlichkeitsmängel des Täters geschlossen werden kann und ähnliche Taten befürchten lassen.[137] Es soll ein **besonders schutzwürdiger Bevölkerungskreis** vor schweren Taten geschützt werden, wenn sie mit

10.47

---

131) LR/Hilger, § 112a, Rdnr. 47.
132) OLG Köln, NStZ 2004, 79; LG Gera, StraFo, a.a.O.; LG Bonn, StV 1988, 439; Meyer-Goßner/Schmitt, § 112a Rdnr. 17.
133) OLG Bremen, StraFO 2008, 72; OLG Köln, StV 2003, 169; OLG Bremen, NStZ-RR 2001, 220.
134) OLG Bremen, StraFO 2008, 72.
135) OLG Karlsruhe, StraFo 2010, 198; OLG Bremen, StraFO 2008, 72; OLG Bremen, NStZ-RR 2001, 220; SSW-StPO/Herrmann, § 112a Rdnr 15.
136) LG Zweibrücken, Beschl. v. 19.02.2008 – Qs 24/08.
137) OLG Jena, StV 2014, 750; OLG Bremen, StraFO 2008, 72; SSW-StPO/Herrmann, § 112a Rdnr. 10 m.w.N.; Meyer-Goßner/Schmitt, § 112a Rdnr. 7.

Rinklin

einer hohen Wahrscheinlichkeit drohen.[138] Hinzuweisen ist allerdings darauf, dass die in § 112 Abs. 1 Nr. 1 StPO genannte Nachstellung (§ 238 StGB) bereits als Tatbestandsvoraussetzung eine Beharrlichkeit voraussetzt. Wurde die Tat in einer beziehungsähnlichen Konstellation verwirklicht, kann dies der Annahme der Wiederholungsgefahr entgegenstehen, wenn die Beziehung beendet ist.[139] Ebenfalls kann gegen Wiederholungsgefahr sprechen, dass die Taten bereits länger zurückliegen.[140] Alleine deshalb, weil der Beschuldigte mit seinen Kindern zusammenlebt und somit grundsätzlich Zugriff auf Kinder hätte, kann Wiederholungsgefahr wegen der zu überwindenden Hemmschwelle bei eigenen Kindern nicht abgeleitet werden, wenn die sexuellen Übergriffe gegenüber fremden Kindern im Rahmen einer Internetbeziehung erfolgt sind.[141]

10.1.6.2   Anlasstaten nach § 112a Abs. 1 Nr. 2 StPO

10.48   Hingegen handelt es sich bei Taten i.S.d. § 112 Abs. 1 Nr. 2 StPO um solche, die wiederholt oder fortgesetzt begangen worden sein müssen und darüber hinaus die Rechtsordnung schwerwiegend beeinträchtigen, damit der Haftgrund angenommen werden kann.[142] Der Katalog des § 112 Abs. 1 Nr. 2 StPO enthält solche Delikte, die erfahrungsgemäß oft als Serienstraftaten begangen werden.[143]

10.1.6.3   Die Rechtsordnung schwerwiegend beeinträchtigende Tat

10.49   Unabhängig davon, ob der Haftbefehl sich auf § 112a Abs. 1 Nr. 1 oder Abs. 1 Nr. 2 StPO stützt, bedarf es zunächst eines **dringenden Tatverdachtes** (vgl. Rdnr. 10.20 ff.) bzgl. einer in der Norm enumerativ aufgezählten (schweren) sogenannten **Anlasstaten**.[144] Weiterhin ist Voraussetzung, dass jede einzelne Straftat in ihrem konkreten Erscheinungsbild eine die **Rechtsordnung schwerwiegend beeinträchtigende** Tat darstellt.[145]

---

138) OLG Jena, a.a.O.; OLG Bremen. NStZ-RR 2001, 220.

139) OLG Jena, a.a.O.; LG Freiburg, Beschl. v. 17.02.2015 – 6 Qs 1/15 JSch.

140) OLG Oldenburg, StV 2010, 140; OLG Karlsruhe, StraFo 2010, 198; OLG Jena, StraFo 2009, 21; OLG Oldenburg, StV 2005, 618; LG Bremen, StV 2005, 618; Burhoff, Ermittlungsverfahren, Rdnr. 4175 m.w.N.

141) LG Freiburg, Beschl. v. 17.02.2015 – 6 Qs 1/15 JSch.

142) SSW-StPO/Herrmann, § 112a Rdnr 11.

143) SSW-StPO/Herrmann, § 112a Rdnr. 11; Meyer-Goßner/Schmitt, § 112a Rdnr. 7.

144) Burhoff, Ermittlungsverfahren, Rdnr. 4173.

145) OLG Karlsruhe, StV 2017, 456; OLG Hamburg, StRR 2017, Nr. 8, 2 (LS); OLG Frankfurt, StV 2016, 816; OLG Hamm, NStZ-RR 2015, 115; KG, Beschl. v. 28.02.2012 – 4 Ws 18/12; OLG Braunschweig, StV 2012, 352; OLG Karlsruhe, NStZ-RR 2006, 210; OLG Dresden, StV 2006, 534; OLG Frankfurt, NStZ 2001, 75; Burhoff, Ermittlungsverfahren, Rdnr. 4173.

Hierfür ist es notwendig, dass die in Frage kommenden, bereits abstrakt erheblichen Straftaten auch **konkret** in überdurchschnittlicher Weise begangen worden sind.[146] Die Taten müssen ihrem **Schweregrad** nach zumindest in der oberen Hälfte der mittelschweren Straftaten einzustufen sein.[147] Neben der **Art der Tatbegehung** sind vor allem Art und Ausmaß des im Einzelfall entstandenen Schadens ein gewichtiges Indiz.[148]

Ferner ist es erforderlich, dass jede Einzeltat die Rechtsordnung schwerwiegend beeinträchtigt, es ist also nicht auf die Gesamtheit aller Taten abzustellen.[149] Es ist deshalb unzulässig, die Tatschwere auf den Gesamtschaden zu beziehen.[150] Darüber hinaus muss der Beschuldigte wiederholt oder fortgesetzt, also in **mindestens zwei Fällen** (zwei rechtlich selbständige Handlungen, § 53 StGB) eine der genannten Taten begangen haben.[151]

Liegt die **Schadenssumme** beim Diebstahl im Einzelfall **nicht über 1.000 €** liegt keine die Rechtsordnung schwerwiegend beeinträchtigende Straftat vor.[152] Gleiches wurde für Betrugstaten angenommen.[153] Hierbei verursachte Vermögensschäden von **weniger als ca. 2.000 €** werden i.d.R. den erforderlichen Schweregrad nicht begründen können.[154] Darüber hinaus kann auch eine nur **untergeordnete Gehilfenhandlung** entgegenstehen, wenn der Haupttäter inhaftiert oder nach seiner Haftentlassung in sein Heimatland zurückgekehrt ist.[155] Entgegenstehen kann auch, dass die Geschäftsräume des Beschuldigten geschlossen sind und es zur Fortsetzung der Straftaten erheblicher sachlicher und personeller Mittel bedürfte, die dem Beschuldigten nicht mehr zur Verfügung stehen.[156] Die gewerbsmäßige Begehung von Ladendiebstählen stellt auch dann keine die Rechtsordnung schwerwiegend beeinträchtigende Tat dar, wenn es sich bei den Diebstählen um **Beschaffungskriminalität** zur Finanzierung einer bestehenden

10.50

---

146) OLG Karlsruhe, StV 2017, 456; OLG Karlsruhe, NStZ-RR 2006, 210, 211; OLG Dresden, StV 2006, 534.

147) OLG Karlsruhe, StV 2017, 456; OLG Bremen, StV 2013, 773; OLG Braunschweig, StV 2012, 352; OLG Karlsruhe, NStZ-RR 2006, 210; OLG Hamm, StV 2011, 291.

148) OLG Karlsruhe, StV 2017, 456; OLG Hamm, a.a.O.; OLG Jena, NStZ-RR 2009, 143; OLG Karlsruhe, NStZ-RR 2006, 210.

149) OLG Hamm, StV 2011, 291; OLG Karlsruhe, StV 2002, 147; LG Braunschweig, StV 2016, 165; LG Freiburg, StV 2015, 648.

150) OLG Frankfurt, StV 2016, 816; OLG Karlsruhe, StV 2002, 147; OLG Frankfurt, StV 2000, 209.

151) Meyer-Goßner/Schmitt, § 112a Rdnr. 8.

152) OLG Karlsruhe, StV 2017, 456; OLG Braunschweig, StV 2012, 352; OLG Frankfurt, StV 2010, 583; OLG Jena, NStZ-RR 2009, 143; OLG Karlsruhe, NStZ-RR 2006, 210; OLG Köln, StV 1996, 158; a.A. unabhängig vom Wert des Diebesguts bei Wohnungseinbruchdiebstahl OLG Celle, StRR 2014, 42 (LS).

153) KG, NStZ-RR 2015, 115; OLG Naumburg, NStZ-RR 2013, 49; OLG Hamm, StV 2010, 291.

154) OLG Hamburg, StRR 2017, Nr. 8, 2 (LS); KG, NStZ-RR 2015, 115; OLG Oldenburg, StRR 2015, 42; OLG Hamm, StV 2011, 291; Burhoff, Ermittlungsverfahren, Rdnr. 4174 m.w.N.; a.A. OLG Celle, NJW-Spezial 2020, 218.

155) OLG Karlsruhe, StV 2017, 456; OLG Köln, StV 2016, 165 (LS).; OLG Düsseldorf, StV 2010, 585.

156) OLG Karlsruhe, NStZ 2003, 78.

Rinklin

Drogensucht handelt, denn dieser Umstand ist für die Bemessung des Unrechts nicht von entscheidender Bedeutung.[157] Sind frühere Taten nur mit **jugendgerichtlichen Zuchtmitteln** geahndet worden, kann die Wiederholungsgefahr hierauf nicht gestützt werden, da diese Taten keine Straftaten sind, die die Rechtsordnung schwerwiegend beeinträchtigten.[158] Schädliche Neigungen wurden in diesen Konstellationen nicht festgestellt, weshalb wegen dieser früheren Taten auch kein Hang des Beschuldigten zu Straftaten angenommen werden kann.[159] Ebenso kann eine **schwere Erkrankung** der Annahme von Wiederholungsgefahr entgegenstehen.[160]

> **Hinweis**
>
> **10.51** Die für die Wiederholungsgefahr erforderliche hohe Wahrscheinlichkeit erneuter Straftatbegehung ist nur schwer zu begründen, wenn es an einer Vorverurteilung wegen einer gleichgelagerten schwerwiegenden Tat fehlt.[161] Geringfügige Abweichungen bei der rechtlichen Bewertung sind allerdings unbeachtlich.[162]

10.52 Es muss bei Taten nach § 112a Abs. 1 Nr. 2 StPO eine Freiheitsentziehung von über einem Jahr zu erwarten sein, wozu auch **Jugendstrafe** zählt.[163] Die Straferwartung bezieht sich jedoch bei Tatmehrheit auf die **Gesamtstrafe** und nicht auf die Einzelstrafen.[164]

Darüber hinaus muss die Anordnung der U-Haft auch zur Abwendung der drohenden Wiederholungsgefahr **erforderlich** sein, woran es fehlen kann, wenn weniger einschneidende Maßnahmen möglich sind und dadurch der Wiederholungsgefahr begegnet werden kann (z.B. Drogentherapie).[165]

> **Praxistipp**
>
> Diesbezüglich sollte der Verteidiger an eine Außervollzugsetzung des Haftbefehls nach § 116 Abs. 3 StPO denken.

---

157) LG Freiburg, StV 2015, 648.
158) OLG Köln, StraFo 2019, 67; OLG Oldenburg, StV 2010, 139; OLG Oldenburg, StraFo 2012, 186.
159) OLG Oldenburg, a.a.O.
160) LG Duisburg, StV 2012, 353.
161) OLG Frankfurt, StV 2010, 583.
162) Meyer-Goßner/Schmitt, § 112a Rdnr 8.
163) LR/Hilger, § 112a Rdn. 46; Meyer-Goßner/Schmitt, § 112a Rdnr. 10.
164) OLG Braunschweig, NJW-Spezial 2013, 729.
165) OLG Frankfurt, StV 1992, 425.

10.1.6.4   Berücksichtigung anderer Verfahren

In die Prognose sind auch solche Taten einzubeziehen, die Gegenstand anderer, auch rechtskräftig abgeschlossener Verfahren sind oder waren, und zwar auch solche, die ggf. nach § 154 StPO eingestellt wurden. Dies ergibt sich aus dem Wortlaut und der Gesetzesbegründung zu der Änderung des § 112a Abs. 1 Satz 2 StPO durch das 2. OpferRG vom 29.07.2009 (BGBl I 2009, 2280 und BT-Drucks. 16/12098, S. 19 f.).[166] Damit hat sich der Gesetzgeber der in der Rehtsprechung h.M. angeschlossen (BT-Drucks. 16/12098, S. 19 f.).[167]

10.53

> **Praxistipp**
>
> In diesem Zusammenhang sollte der Verteidiger prüfen, ob § 51 BZRG beachtet wurde, wonach ein Verwertungsverbot besteht, wenn die Tat im Register getilgt wurde oder zu tilgen ist.

10.1.7   Der Verhältnismäßigkeitsgrundsatz

Die U-Haft darf gem. § 112 Abs. 1 Satz 2 StPO (vgl. auch § 120 Abs. 1 Satz 1 StPO) nicht angeordnet werden, wenn sie zu der **Bedeutung der Sache** und der **zu erwartenden Strafe oder Maßregel** der Besserung und Sicherung außer Verhältnis steht. Es ist also der Grundsatz der Verhältnismäßigkeit zu beachten und eine umfassende Abwägung aller Umstände des Einzelfalls vorzunehmen (z.B. Schwere des Eingriffs in den Lebenskreis des Beschuldigten, dessen Gesundheitszustand, die Rechtsfolgenerwartung und die Bedeutung der Sache).[168] Bei der Prüfung der Voraussetzungen der U-Haft ist nicht die Frage zu beantworten, ob sie angeordnet werden kann, sondern vielmehr, ob deren Verhängung – als **Ultima Ratio** – wegen überwiegender Gemeinwohlbelange zwingend geboten ist.[169] Es dürfen nur solche Tatumstände berücksichtigt werden, die den Gegenstand des Haftbefehls bilden.[170]

10.54

Die Anordnung von U-Haft ist nicht per se ausgeschlossen, wenn nur eine **Bewährungs- oder Geldstrafe** droht. In diesen Konstellationen ist es aber erforderlich, dass noch zusätzliche, gewichtige Gründe vorliegen, die die Anordnung

10.55

---

166) Burhoff, Ermittlungsverfahren, Rdnr. 4176 m.w.N.; SSW-StPO/Herrmann, § 112a Rdnr. 17.

167) OLG Karlsruhe, NStZ-RR 2006, 210; OLG Schleswig, NStZ 2002, 276, 277; OLG Jena, StV 1999, 101; OLG Hamm, MDR 1981, 956; OLG Hamm, StV 1997, 310; OLG Stuttgart, NStZ 1988, 326, 327; OLG Hamburg, NJW 1980, 2367.

168) BVerfG, NJW-Spezial 2020, 249; BVerfG, Beschl. v. 01.04.2020 – 2 BvR 225/20; Beschl. v. 18.02.2020 – 2 BvR 2090/19; BVerfG, NJW 2019, 915; BVerfGK 19, 428; BVerfG, StV 2015, 39; BVerfG, StV 2009, 592; Burhoff, Ermittlungsverfahren, Rdnr. 4178; Meyer-Goßner/Schmitt, § 112 Rdnr. 11.

169) KG, StV 2014, 26; EGMR, NJW 2005, 3125; BVerfGE 53, 152.

170) SSW-StPO/Herrmann, § 112 Rdnr. 111 m.w.N.; Burhoff, Ermittlungsverfahren, Rdnr. 4181 m.w.N.

der U-Haft tragen und verhältnismäßig erscheinen lassen.[171] Allerdings muss berücksichtigt werden, dass je geringer die Straferwartung ist, desto weniger Gewicht diese auch im Rahmen der Verhältnismäßigkeit hat, weswegen sie die Anordnung von U-Haft unverhältnismäßig erscheinen lässt. Diese Wertung hat auch der Gesetzgeber in § 113 StPO berücksichtigt.[172] Nach § 113 Abs. 1 StPO darf, wenn die Tat nur mit Freiheitsstrafe bis zu sechs Monaten oder mit Geldstrafe bis zu 180 Tagessätzen bedroht ist, die U-Haft wegen Verdunkelungsgefahr nicht angeordnet werden, wegen Fluchtgefahr gem. § 113 Abs. 2 StPO nur, wenn der Beschuldigte sich dem Verfahren bereits einmal entzogen hatte oder Anstalten zur Flucht getroffen hat, im Geltungsbereich der StPO keinen festen Wohnsitz oder Aufenthalt hat oder sich über seine Person nicht ausweisen kann.[173]

> **Hinweis**
>
> Ist lediglich eine Geldstrafe zu erwarten, darf die Dauer der U-Haft i.d.R. die voraussichtliche Ersatzfreiheitsstrafe nicht übersteigen.[173]

Zur Unverhältnismäßigkeit der U-Haft können auch folgende Umstände führen:

- hohes Alter und krankheitsbedingt unheilbarer schlechter körperlicher Zustand des Beschuldigten in Todesnähe[174]

- durch die Vollstreckung der U-Haft wahrscheinliche konkrete Lebensgefährdung oder erhebliche physische oder psychische Beeinträchtigungen[175]

- auf nicht absehbare Zeit bestehende Verhandlungsunfähigkeit[176]

- neugeborenes Kind bei stillender Mutter[177]

- Ist nur Jugendarrest zu erwarten, darf die U-Haft i.d.R. vier Wochen nicht überschreiten.[178]

- nicht vorbestrafter Ersttäter, wenn die Straftat geringe Erfolgsaussichten hatte und kein Schaden eingetreten ist[179]

10.56 Von Bedeutung ist auch, ob bereits ein großer Teil der verhängten Strafe durch den Vollzug der U-Haft verbüßt ist. Die weitere Aufrechterhaltung der U-Haft kann dann selbst bei noch nicht eingetretener Rechtskraft des Urteils unverhältnismäßig sein:

- Freiheitsstrafe von nicht mehr als zwei Jahren, fünf Monate U-Haft bereits vollstreckt[180]

---

171) SSW-StPO/Herrmann, § 112 Rdnr. 130; Meyer-Goßner/Schmitt, § 112 Rdnr. 11.
172) Schlothauer/Weider/Nobis, Rdnr. 490.
173) OLG Frankfurt, StV 1993, 594.
174) BerlVerfGH, NJW 1993, 515; BVerfG, StV 1986, 485.
175) OLG Nürnberg, StV 2006, 314.
176) KG, StV 1997, 644.
177) Meyer-Goßner/Schmitt, § 112 Rdnr. 11.
178) LG Marburg, Beschl. v. 23.11.2015 – 3 Qs 17/15.
179) OLG Rostock, StV 2006, 311.
180) OLG Oldenburg, StV 1996, 388.

- nicht rechtskräftige Freiheitsstrafe von einem Jahr, neun Monaten U-Haft bereits vollstreckt[181]
- Verbüßung durch U-Haft von ca. drei Viertel der zu vollstreckenden Strafe von acht Monaten[182]

> **Hinweis**
>
> Einen Untersuchungsgefangenen bis zum Zeitpunkt der Vollverbüßung der erkannten Strafe in U-Haft zu halten, ist unzulässig.[183]

Ob **Beugehaft gegen einen Zeugen** angeordnet wird, hat das Gericht unter Berücksichtigung des ihm zustehenden Ermessens zu entscheiden.[184] Hierbei hat das Gericht einerseits die Aufklärungspflicht und andererseits den Verhältnismäßigkeitsgrundsatz zu beachten.[185] Weil die Vorschrift des § 70 StPO keine speziellen materiellen Voraussetzungen zum Schutz des Freiheitsgrundrechts des Zeugen enthält, kommt dem Verhältnismäßigkeitsgrundsatz besondere Bedeutung zu. Die Beugehaft muss nach den Einzelfallumständen **unerlässlich** sein und darf zur **Bedeutung der Sache** und der **Aussage für den Verfahrensausgang** nicht außer Verhältnis stehen.[186] Bei der vorzunehmenden Abwägung sind vom Gericht auch die Bedeutung besonderer grundrechtlicher Gewährleistungen, die im Einzelfall berührt sein können, zu bedenken.[187] Ebenfalls kann die Fürsorgepflicht gegenüber dem Zeugen entscheidend sein, z.B. wenn die ernsthafte Befürchtung besteht, der Zeuge werde durch eine wahrheitsgemäße Angabe in Lebensgefahr geraten, und ausreichende Schutzmöglichkeiten nicht vorhanden sind.[188]

10.57

10.1.8 Kurzüberblick über das Beschleunigungsgebot

Das **Beschleunigungsgebot** in Haftsachen ist eine besondere **Ausprägung des Verhältnismäßigkeitsgrundsatzes**, der nicht nur für die Anordnung der U-Haft, sondern auch für deren Dauer bedeutsam ist (ausführlich dazu Rdnr. 21.18).[189] Er ist im Recht auf Freiheit der Person verankert und folgt aus Art. 2 Abs. 2 Satz 2 GG und Art. 5 Abs. 3 Satz 2 MRK, wobei gilt, dass das Freiheitsrecht unverletzlich ist und nur aus besonders gewichtigen Gründen eingeschränkt werden

10.58

---

181) OLG Hamm, StV 1998, 553.
182) OLG Hamm, NStZ-RR 2001, 123.
183) BVerfG, StV 2008, 421; OLG Nürnberg, StV 2009, 534; Burhoff, Ermittlungsverfahren, Rdnr. 4180.
184) BGH, StraFo 2012, 58.
185) BGH, a.a.O.
186) BVerfG, NJW 2007, 1865; BVerfG, NJW 2006, 40; BVerfG, NJW 2000, 3775; BGH, NStZ 2010, 44; BGH, NStZ-RR 2005, 316.
187) BVerfG, NJW 2007, 1865; BGH, StraFo 2012, 58.
188) BGH, StraFo 2012, 58; BGH, NStZ 1984, 31.
189) BVerfG, Beschl. v. 01.04.2020 – 2 BvR 225/20; Beschl. v. 22.01.2014 – 2 BvR 2248/13; BVerfG, NJW 2019, 915; BVerfG, PStR 2017, 15; BVerfG, StraFo 2018, 60 (Auslieferungshaft); Burhoff, Ermittlungsverfahren, Rdnr. 4179.

darf.[190] Hierzu gehört, dass die Strafverfolgungsbehörden und Strafgerichte alle denkbaren und durchführbaren Schritte ergreifen, um das Ermittlungs- bzw. Strafverfahren mit der gebotenen Zügigkeit abzuschließen und eine Entscheidung über die dem Beschuldigten zur Last gelegte Straftat herbeizuführen.[191] Hintergrund ist, dass zur Durchführung eines geordneten Strafverfahrens und der Sicherstellung der sich anschließenden Strafvollstreckung die Anordnung der U-Haft dann nicht mehr als erforderlich anerkannt wird, wenn deren (Fort-) Dauer durch Verzögerungen verursacht wird, die vermeidbar gewesen sind.[192] Eine Verzögerung des Verfahrens die der Beschuldigte nicht zu verantworten hat, die sachlich keine Rechtfertigung findet und die zu vermeiden gewesen wäre, steht daher regelmäßig der weiteren Aufrechterhaltung der U-Haft entgegen.[193] Der Grundsatz der Verhältnismäßigkeit setzt der U-Haft somit **unabhängig von der zu erwartenden Strafe** Grenzen.[194]

Bei der Anordnung und Aufrechterhaltung der U-Haft ist das Spannungsverhältnis zwischen dem in Art. 2 Abs. 2 Satz 2 GG gewährleisteten Recht des Einzelnen auf persönliche Freiheit und den unabweisbaren Bedürfnissen einer wirksamen Strafverfolgung zu beachten, denn grundsätzlich ist der Freiheitsentzug nur bei einer rechtskräftig verurteilten Person zulässig.[195] Zwischen dem Anspruch des Betroffenen auf Freiheit und dem Strafverfolgungsinteresse der Allgemeinheit muss eine Abwägung vorgenommen werden. Im Rahmen dieser Abwägung ist für die angemessene Dauer eines Verfahrens ein **objektiver Maßstab** anzulegen, der auch die **Einzelfallumstände** hinreichend berücksichtigt.[196] Hierbei ist die **Kom-**

---

190) BVerfG, Beschl. v. 01.04.2020 – 2 BvR 225/20; Beschl. v. 22. 01.2014 – 2 BvR 2248/13; BVerfG, NJW 2019, 915; BVerfG, PStR 2017, 15.

191) BVerfG, StV 2019, 111 (LS); BVerfG, StV 2006, 72; BVerfG, StV 2008, 198; BVerfG, BVerfG NStZ 2004, 49, 50; BVerfG, StRR 2011, 246; BVerfG, NJW 1994, 2081; BVerfGE 36, 264; OLG Celle, StV 2019, 112 (LS) vgl. dazu Anm. Rinklin, jurisPR-StrafR 23/2018, Anm. 4; KG, StraFo 2013, 507; KG, StV StV 2003, 627; OLG Düsseldorf, StV 2001, 695; Meyer-Goßner/Schmitt, § 121 Rdnr. 1 m.w.N.

192) BVerfG, StV 2019, 111 (LS); BVerfG, NJW 2018, 2948; BVerfG, StV 2008, 198; 2009, 479; OLG Celle, StV 2019, 112 (LS) vgl. dazu Anm. Rinklin, jurisPR-StrafR 23/2018, Anm. 4; KG, StraFo 2013, 506; KG, StRR 2014, 203; KG, StRR 2014, 203 (LS); OLG Dresden, StRR 2015, 114 dazu Anm. Rinklin, jurisPR-StrafR 7/2015, Anm. 1; OLG Dresden, StV 2014, 235; Meyer-Goßner/Schmitt, § 121 Rdnr. 1 m.w.N.

193) BVerfG, StRR 2014, 447, Beschl. v. 30.07.2014 – 2 BvR 1547/14; KG, StraFo 2013, 506; KG, StRR 2014, 203, Beschl. v. 07.03.2014 – 4 Ws 21/14; OLG Dresden, StV 2014, 235; OLG Hamm, Beschl. v. 03.04.2014 – III-1 Ws 137/14; OLG Koblenz, StraFo 2014, 333; OLG Stuttgart, Justiz 2013, 367.

194) BVerfG, Beschl. v. 01.04.2020 – 2 BvR 225/20 m.w.N.; BVerfG, Beschl. v. 18.02.2020 – 2 BvR 2090/19; BVerfG, Beschl. v. 22.01.2014 – 2 BvR 2248/13; BVerfGE 20, 45; OLG Celle, a.a.O. m.w.N.

195) BVerfG, Beschl. v. 22.01.2014 – 2 BvR 2248/13.

196) BVerfG, Beschl. v. 22.01.2014 – 2 BvR 2248/13; KG, StraFo 2013, 506; OLG Celle, StraFo 2010, 196.

Rinklin

plexität der Sache, die **Vielzahl der beteiligten Personen** und das **Verhalten der Verteidigung** zu berücksichtigen.[197)]

Von Bedeutung ist, dass ein **strengerer Beurteilungsmaßstab** gilt, je länger der Beschuldigte sich in U-Haft befindet.[198)] Das BVerfG betont, dass das Gewicht des Freiheitsanspruchs des Beschuldigten sich gegenüber dem Strafverfolgungsinteresse regelmäßig mit **zunehmender Dauer** der U-Haft vergrößert.[199)] Folglich nehmen die **Anforderungen an die Zügigkeit** der Arbeit in einer Haftsache mit der Dauer der U-Haft ebenso zu wie die Anforderungen an den die Haftfortdauer rechtfertigenden Grund.[200)]

10.59

Das Beschleunigungsgebot umfasst das **gesamte Strafverfahren** und ist auch bei **einstweiligen Unterbringungen** zu berücksichtigen.[201)] Haftsachen sind **vorrangig** zu bearbeiten, ggf. ist es notwendig, die Bearbeitung bzw. die Durchführung der Hauptverhandlung in anderen Strafsachen zurückzustellen, um die Haftsache zu erledigen.[202)]

> **Praxistipp**
>
> Die weitere Aufrechterhaltung der U-Haft ist schon dann unzulässig, wenn voraussehbar ist, dass das Strafverfahren nicht mit der in Haftsachen erforderlichen Beschleunigung weiterbetrieben werden kann, weil Verzögerungen zu erwarten sind, selbst wenn bisher eine Verfahrensverzögerung nicht eingetreten ist.[203)]

Eine umfassende Einzelfallübersicht, auch bezogen auf die jeweiligen Verfahrensabschnitte, findet sich im Kapitel Haftprüfung durch das OLG unter Rdnr. 21.20 ff.

10.60

---

197) BVerfG, Beschl. v. 18.02.2020 – 2 BvR 2090/19; BVerfG, NJW 2019, 915; BVerfG, StRR 2011, 246: Beschl. v. 22.01.2014 – 2 BvR 2248/13; StRR 2014, 447; Beschl. v. 30.07.2014 – 2 BvR 1457/14; KG, StRR 2014, 356 m. Anm. Herrmann; SSW-StPO/Herrmann, § 121 Rdnr. 13. ff. m.w.N; Burhoff, Ermittlungsverfahren, Rdnr. 1891 m.w.N.

198) BVerfG, StV 2013, 640; BVerfG, StRR 2011, 246; BVerfG, StV 2009, 479; OLG Dresden, StV 2014, 235; OLG Stuttgart, Justiz 2013, 367; Meyer-Goßner/Schmitt, § 121 Rdnr. 1a m.w.N.

199) BVerfG, StV 2011, 31; BVerfGE 36, 264; BVerfGE 53, 152; Meyer-Goßner/Schmitt, § 121 Rdnr. 1 m.w.N.; Burhoff, Ermittlungsverfahren, Rdnr. 1891 m.w.N.

200) BVerfG, Beschl. v. 22.01.2014 – 2 BvR 2248/13; BVerf G, StV 2015, 39; BVerfG, StV 2011, 31; BVerfG, StV 2006, 81; OLG Düsseldorf, StV 1996, 496; Meyer-Goßner/Schmitt, § 121 Rdnr. 1 m.w.N.; SSW-StPO/Herrmann, § 121 Rdnr. 16 m.w.N.

201) BVerfG, StraFo 2010, 461; BVerfG, NStZ 2010, 258; BVerfG, StV 2009, 479; BVerfG, StV 2008, 421; Meyer-Goßner/Schmitt, § 121 Rdnr. 1 m.w.N.; SSW-StPO/Herrmann, § 121 Rdnr. 11 m.w.N.; Burhoff, Ermittlungsverfahren, Rdnr. 1891 m.w.N.

202) SSW-StPO/Herrmann, § 121 Rdnr. 11, 14 m.w.N.; Schlothauer/Wieder/Nobis, Rdnr. 903 m.w.N.

203) BVerfG, StV 2006, 81; BVerfG, StV 2006, 143; OLG Stuttgart, NStZ-RR 2012, 62; OLG Celle, Beschl. v. 23.03.2001 – 32 HEs 1/01.

10.1.9   U-Haft bei Jugendlichen und Heranwachsenden

10.61   Für die Anordnung der U-Haft bei einem jugendlichen/heranwachsenden Beschuldigten gelten die o.g. Ausführungen zu dringendem Tatverdacht und zum Haftgrund entsprechend.

Die Folgen der U-Haft für einen sich noch in der Entwicklung befindlichen Jugendlichen können erheblich sein, wie z.B. Identitätsverlust oder dauerhafte Störungen der seelischen Entwicklung.[204] Im **Jugendstrafrecht** gilt das **Prinzip der Subsidiarität der Untersuchungshaft**.[205]

10.62   Für den **Inhalt des Haftbefehls** besteht allerdings eine Erweiterung gegenüber § 114 StPO. Nach § 72 Abs. 1 JGG darf U-Haft gegen einen Jugendlichen aus Gründen der Verhältnismäßigkeit nur verhängt oder vollstreckt werden, wenn ihr Zweck nicht durch eine vorläufige Anordnung über die Erziehung oder durch andere Maßnahmen erreicht werden kann. Bei der Prüfung der Verhältnismäßigkeit nach § 112 Abs. 1 Satz 2 StPO sind auch die besonderen Belastungen des Vollzugs für Jugendliche zu berücksichtigen. Wird U-Haft verhängt, sind im **Haftbefehl die Gründe anzuführen**, aus denen sich ergibt, dass andere Maßnahmen, insbesondere die einstweilige Unterbringung in einem Heim der Jugendhilfe, nicht ausreichen und die U-Haft nicht unverhältnismäßig ist. Es ist also vom Gericht eine sorgfältige fallbezogene Prüfung und Begründung erforderlich, um sicherzustellen, dass der Jugendliche bis zur Grenze des Vertretbaren von der U-Haft mit ihrer besonderen Belastung verschont bleibt.[206]

Die **Nichtbeachtung** dieser besonderen Begründungspflicht kann zur Aufhebung des Haftbefehls führen.[207] Scheiden alternative Unterbringungsmaßnahmen aus, und ist auch die Verhältnismäßigkeit gegeben, führt ein Verstoß gegen die Begründungspflicht nach § 72 Abs. 1 Satz 3 JGG nicht automatisch zur Aufhebung des Haftbefehls im Haftprüfungsverfahren durch das OLG gem. §§ 121, 122 StPO (vgl. Rdnr. 21.6), weil es dem OLG obliegt, auch die allgemeinen Voraussetzungen der Haftfortdauer und damit auch die Subsidiarität gem. § 72 Abs. 1 JGG zu prüfen.[208] Dies setzt aber voraus, dass das OLG die jugendspezifische Prüfung der Haftvoraussetzungen ausnahmsweise ohne weitere Aufklärung allein anhand der vorliegenden Akten vornehmen kann, da das OLG weitere Ermittlungen nicht selbst anstellen kann.[209] Das OLG darf den Haftbefehl im Rahmen der **Haftprüfung gem. §§ 121, 122 StPO** auch **nicht ergänzen** oder **erneuern**; eine Aufrechterhaltung der U-Haft bei gleichzeitiger Rückgabe der Sache an das zuständige Gericht zum Zweck der Neufassung des Haftbefehls scheidet aus, da dies auf eine U-Haft aufgrund rechtswidrigen Haftbefehls hinausliefe (vgl. Rdnr. 10.11 ff.).[210]

---

204) Brunner/Dölling, § 72 m.w.N.
205) OLG Karlsruhe, StraFo 2010, 206.
206) OLG Zweibrücken, StV 2001, 182.
207) OLG Karlsruhe, a.a.O.; OLG Hamm, NStZ 2010, 281; OLG Köln, StRR 2008, 35.
208) OLG Frankfurt, Beschl. v. 01.04.2019 – 1 HEs 74/19; OLG Zweibrücken, StV 2001, 182.
209) OLG Frankfurt, a.a.O.; OLG Zweibrücken, a.a.O.
210) OLG Hamm, NStZ 2010, 281; OLG Oldenburg, StraFo 2005, 112; OLG Celle, StV 2005, 513.

Praxistipp

Als Alternative zur U-Haft kann insbesondere eine auswärtige (möglichst geschlossene) Heimunterbringung in Betracht kommen, welche sich als weniger belastende Maßnahme i.S.d. § 72 JGG darstellt, mit der der Angeschuldigte bis zur Beendigung des Verfahrens dem sozialen Milieu ferngehalten werden kann, aus welchem es zu Straftaten kommt.[211]

Ebenfalls sind Weisungen über den Aufenthalt, den Arbeitsplatz, Meldepflichten etc. denkbar.[212]

Andererseits wird vertreten, dass die einstweilige Unterbringung des Jugendlichen nach §§ 72 Abs. 1 Satz 1, 71 Abs. 2 Satz 1 JGG anstatt der U-Haft die Gewissheit des Gerichts erfordert, dass der **Jugendliche** auch **verlässlich** ist, da ein Heim der Jugendhilfe zwangsläufig nicht vergleichbar fluchtsicher wie eine Jugendstrafanstalt ist, weshalb wiederholte Verstöße gegen anstaltsinterne Regeln der Sicherheit und Ordnung während eines vorhergehenden Jugendstrafvollzugs in aller Regel entgegenstehen.[213] Im Übrigen muss eine Gewissheit dafür bestehen, dass der Jugendliche für die Maßnahmen auch **zugänglich** ist.[214]

Hinweis

Auf Heranwachsende ist § 72 Abs. 4 JGG mangels Verweis in § 109 JGG nicht anwendbar.[215]

Der Haftgrund der Wiederholungsgefahr nach § 112a StPO ist auch bei Jugendlichen oder Heranwachsenden anwendbar.[216] Sind frühere Straftaten des Beschuldigten nur mit **jugendgerichtlichen Zuchtmitteln** geahndet worden, kann die **Wiederholungsgefahr** nach § 112a Abs. 1 Nr. 2 StPO hierauf nicht gestützt werden, da diese Taten keine Straftaten sind, die die Rechtsordnung schwerwiegend beeinträchtigten. In diesen Fällen wurden schädliche Neigungen vom Jugendgericht nicht festgestellt, weshalb wegen dieser früheren Taten auch nicht auf einen Hang des Beschuldigten zu Straftaten geschlossen werden kann, der eine Wiederholungsgefahr begründet.[217]

10.63

Nach § 72a JGG ist die **Jugendgerichtshilfe** unverzüglich von der Vollstreckung eines Haftbefehls zu unterrichten, ihr soll bereits der Erlass eines solchen mitge-

10.64

---

211) OLG Köln, StRR 2008, 35.
212) LR/Hilger, § 112 Rdnr. 67.
213) KG, ZJJ 2010, 74.
214) BGH, Beschl. v. 17.05.2018 – AK 22/18.
215) OLG Köln, NStZ-RR 2011, 121; LG Hamburg, StV 2019, 488 (LS); Zieger/Nöding, Verteidigung in Jugendstrafsachen, Rdnr. 196.
216) KG, Beschl. v. 28.02.2012 – 4 Ws 18/12; KG, StV 2009, 83; OLG Köln, Beschl. v. 10.05.2007 – 2 Ws 226/07.
217) OLG Köln, StraFo 2019, 67; OLG Oldenburg, StV 2012, 352; OLG Oldenburg, StV 2010, 139; a.A. OLG Bremen StV 2013, 773.

teilt werden. Nicht geklärt ist, ob ein Verstoß hiergegen zur Aufhebung des Haftbefehls führt.[218]

10.1.10 Ausgestaltung der Untersuchungshaft

10.1.10.1 Regelungen in der StPO und landesgesetzliche Regelungen

10.65 Durch die Föderalismusreform ist es zwischen Bund und Ländern zu einer Aufteilung der Zuständigkeiten hinsichtlich der Ausgestaltung der U-Haft gekommen. Die konkurrierende Gesetzgebung erstreckt sich nach Art. 74 Abs. 1 Nr. 1 GG auf das gerichtliche Verfahren, allerdings ohne das Recht des U-Haftvollzugs. Inzwischen hat auch jedes Bundesland eigene Regelungen zum U-Haftvollzug erlassen, die im Internet abrufbar sind. Die Zuständigkeit kann grob nach zwei Kriterien unterschieden werden:

Bezwecken die Maßnahmen die Sicherung des Strafverfahrens, ist das **Gericht** zuständig, hingegen liegt die Zuständigkeit bei der **Haftanstalt** und den hierfür maßgebenden Landesgesetzen, wenn Sicherheit und Ordnung der Anstalt betroffen sind.[219]

> **Beispiel**
>
> Das Gericht ist zuständig für die Anordnung, dass der Untersuchungsgefangene im Rahmen der sogenannten Tatgenossentrennung von anderen Mittätern zu trennen ist, weil dies eine Maßnahme zur Durchsetzung des Haftzwecks darstellt (z.B. Abwendung der Flucht- und/oder Verdunkelungsgefahr). Hingegen ist die Frage des „Wie", und auf welche Art und Weise dies zu erfolgen hat, eine Entscheidung der Vollzugsgestaltung und obliegt deshalb allein der JVA.[220]

Im Weiteren wird hier nun auf die Beschränkungen des Haftzwecks nach § 119 StPO eingegangen, da diese den Verteidiger in der täglichen Praxis und in der Bearbeitung von Haftmandaten durchaus vor (zeitliche) Herausforderungen stellen können.

10.1.10.2 Beschränkungen des Untersuchungsgefangenen nach § 119 StPO

10.66 Es lohnt sich aus meiner Sicht für den Verteidiger, sich mit dem, oftmals „standardisiert" erlassenen, Beschränkungsbeschluss etwas eingehender auseinanderzu-

---

218) KG, StV 2016, 715; OLG Hamm, NStZ 2010, 281.
219) Siehe weitergehend auch Schlothauer/Weider/Nobis, Rdnr. 1029.
220) KG Berlin, Beschl. v. 03.08.2018 – 5 Ws 140/18; KG, StV 2014, 229; KG, StV 2010, 370; LG Kiel, StV 2019, 572 (LS).

setzen, da hierdurch bei der Bearbeitung eines Haftmandats einiges an Arbeitskapazität und vor allem Zeit eingespart werden kann. Zu denken ist insoweit nur an die oft mehrfach notwendige Beantragung von Besuchs- oder Telefonerlaubnissen. Kann der Beschränkungsbeschluss insoweit geändert oder gar aufgehoben werden, erspart dies mitunter erhebliche zeitliche Ressourcen beim Verteidiger.

Nach § 119 Abs. 1 Satz 1, Satz 2 StPO können einem Untersuchungsgefangenen **haftgrundbezogene Beschränkungen** auferlegt werden, **soweit diese zur Abwehr** einer Flucht-, Verdunkelungs- oder Wiederholungsgefahr erforderlich sind. In Betracht kommen insoweit auch in dem Haftbefehl nicht ausdrücklich aufgeführte Haftgründe, sofern Anhaltspunkte dafür gegeben sind, dass sie die jeweilige Beschränkung erforderlich machen.[221] Dies ergibt sich aus dem Wortlaut des § 119 Abs. 1 StPO, bei dem bereits die Haftgründe nebeneinander genannt werden.[222]

> **Hinweis**
>
> Anordnungen, die anstaltsinterne Zuständigkeiten und Informationspflichten betreffen, sind keine Beschränkungen i.S.d. § 119 Abs. 1 StPO und unterfallen daher nicht der Regelungskompetenz des Haftgerichts (vgl. Rdnr. 10.65).[223]

Voraussetzung für die Zulässigkeit einer Anordnung gem. § 119 Abs. 1 StPO und den damit verbundenen Grundrechtseingriff ist eine **reale Gefährdung** der in der Norm bezeichneten öffentlichen Interessen, welcher durch die Inhaftierung für sich betrachtet nicht ausreichend begegnet werden kann.[224] Für die Annahme einer solchen Gefahr müssen konkrete Anhaltspunkte gegeben sein; allein die Möglichkeit, dass ein Untersuchungsgefangener seine Freiheiten missbraucht, ist nicht ausreichend.[225]

10.67

Entgegen der bisherigen Praxis i.d.R. weitreichender Beschränkungen der Freiheitsrechte von in U-Haft befindlichen Beschuldigten und des Absehens davon nur in Ausnahmefällen, ist nach der Neuregelung des § 119 Abs. 1 StPO jede über die Inhaftierung hinausreichende Beschränkung der Freiheitsrechte des Beschuldigten **einzeln auf deren konkrete Notwendigkeit** zu prüfen, **ausdrücklich anzuordnen und zu begründen**, wobei eine **einzelfallbezogene Abwägung** vorzunehmen ist, wenn dem Beschuldigten belastende Maßnahmen auferlegt werden.[226]

Die Beschränkungen des Telekommunikations-, Besuchs- sowie Schrift- und Paketverkehrs sind ganz erhebliche Eingriffe in den durch Art. 2 Abs. 1 GG

10.68

---

221) OLG Celle, StraFo 2019, 219; OLG Bremen, StV 2017, 455; OLG Dresden, StraFo 2016, 206; OLG Hamm, StV 2016, 166; OLG Frankfurt, Beschl. v. 27.03.2017 – 3 Ws 288/12.
222) OLG Bremen, a.a.O.; KG, a.a.O.
223) KG, StV 2010, 370.
224) BVerfGE 15, 288; 34, 369; BVerfG, StV 2016, 166; OLG Celle, a.a.O.
225) BVerfG, StV 2009, 253; OLG Zweibrücken, StV 2019, 567; OLG Hamm, StV 2014, 28; OLG Köln, StV 2013, 525; KG, NStZ-RR 2013, 215 (LS); OLG Düsseldorf, StV 2011, 746.
226) BVerfG, StV 2016, 166; KG, StV 2015, 306.

Rinklin

i.V.m. Art. 1 Abs. 1 GG geschützten Lebensbereich sowohl des in U-Haft befindlichen Beschuldigten als auch des Besuchers bzw. Kommunikationspartners und sind deshalb nur zulässig, wenn konkrete Anhaltspunkte gegeben sind, dass durch den unkontrollierten Kontakt des Gefangenen mit der Außenwelt eine reale Gefahr für die in § 119 Abs. 1 StPO genannten Haftzwecke (Flucht-, Verdunkelungs- oder Wiederholungsgefahr) bestehen.[227]

> **Hinweis**
>
> Liegen nach erstinstanzlichem Urteil keine konkreten Anhaltspunkte für eine Fluchtplanung vor, wird der Abwehr der Fluchtgefahr bereits durch die Inhaftierung des Beschuldigten ausreichend begegnet, sodass es i.d.R. keines Beschränkungsbeschlusses nach § 119 Abs. 1 StPO mehr bedarf, zumindest bedarf es ggf. keiner Überwachung des Besuchs oder des Schrift- und Paketverkehrs mehr.[228]

Bei der Anordnung der akustischen Besuchsüberwachung muss immer auch der Frage nachgegangen werden, ob in dem jeweiligen Einzelfall konkrete Anhaltspunkte dafür gegeben sind, dass ein nicht akustisch überwachter Besuch eine Gefährdung des Haftzwecks mit sich bringt.[229]

Hierbei hat sich die Prüfung der Notwendigkeit der Überwachung von Gesprächen auf alle Umstände des Einzelfalls zu erstrecken und neben der Person des Inhaftierten, dessen sozialen Umfeld, der Art der ihm vorgeworfenen Taten, dem jeweiligen Stand des Verfahrens und dem Ausmaß der Flucht- oder Verdunkelungsgefahr auch die Person des Besuchers in den Blick zu nehmen.[230] Handelt es sich um **Gespräche zwischen Familienangehörigen**, ist es erforderlich, um Art. 6 Abs. 1 GG ausreichend Rechnung zu tragen, eine besonders ernsthafte und eingehende, auch die Haftdauer einschließende und an dem Kriterium der Zumutbarkeit orientierte Prüfung dahingehend vorzunehmen, ob die **Beschränkung unverzichtbar vom Untersuchungshaftzweck** gefordert wird.[231]

> **Praxistipp**
>
> Ist das Besuchsrecht einer Person nicht vom Schutz des Art. 6 Abs. 1 GG erfasst, wie z.B. bei der Freundin des Beschuldigten, ist die Frage zu beantworten, ob das Verhältnis des Beschuldigten zu dem Besucher so eng ist, dass es im Rahmen des durch Art. 2 Abs. 1 GG gewährleisteten Freiheitsrechts eine besondere Berücksichtigung im Hinblick auf den Grundsatz der Verhältnismäßigkeit verlangt.[232]

_____

227) KG, a.a.O.
228) OLG Hamm, Beschl. v. 28.05.2019 – III-5 Ws 217/19; OLG Bremen, StV 2017, 455 (LS).
229) OLG Düsseldorf, NStZ-RR 2003, 126.
230) OLG Dresden, a.a.O.; OLG Hamm, a.a.O.
231) OLG Dresden, a.a.O.; BVerfG, NStZ 1994, 52; KG, Beschl. v. 12.02.2001 – 1 AR 960/00 - 4 Ws 23 und 24/01; LG Freiburg, StraFo 1998, 242.
232) BVerfG, StV 1993, 592.

Allerdings greift die rein **optische Besuchsüberwachung,** welche die Vertraulichkeit des gesprochenen Worts nicht tangiert, in das dem Untersuchungsgefangenen zustehende und gem. § 119 Abs. 1 StPO einschränkbare Recht, Besuche zu empfangen, nicht in mit der akustischen Überwachung vergleichbaren Weise ein, da ggf. erst durch die optische Überwachung Besuche ermöglicht werden können, weil dadurch verfahrensgefährdende Handlungen unterbunden werden können.[233]

10.69

Befinden sich z.B. **Eheleute** in getrennten Vollzugsanstalten und haben sie sich seit mehreren Monaten nicht gesehen, ist eine Besuchszusammenführung zu ermöglichen, wenn der Besorgnis von Absprachen hinsichtlich des Prozessverhaltens und Verdunkelungshandlungen durch die optische und akustische Kommunikationsüberwachung ausreichend begegnet werden kann.[234]

10.70

> **Hinweis**
>
> Eine Besuchszusammenführung von im selben Verfahren in U-Haft befindlichen Eheleuten darf nur dann abgelehnt werden, wenn tatsächliche Anhaltspunkte vorliegen, dass der Besuch zum unzulässigen Austausch von verdeckten Informationen missbraucht und dieser Gefahr nicht durch optische bzw. akustische Besuchsüberwachung begegnet werden kann.[235]

> **Praxistipp**
>
> Da der Schutz von Ehe und Familie auch bei vollzogener U-Haft besondere Bedeutung hat, kann es in Ausnahmefällen erforderlich sein, für Besuche von engen Familienangehörigen wie Ehegatten und Kindern Gelegenheiten für den Besuch auch außerhalb der allgemeinen Besuchstage einzurichten, denn der Strafvollzug, einhergehend mit seinen erheblichen Belastungen für die Beziehung der Betroffenen, kann wegen der eingeschränkten Kontaktmöglichkeiten die Gefahr einer tief greifenden Entfremdung zwischen dem Untersuchungsgefangenen und seinen Angehörigen mit sich bringen, die es auf Grund des besonderen Schutzes von Ehe und Familie (Art. 6 Abs. 1 GG) zu vermeiden gilt.[236]

Der hohe personelle und organisatorische Aufwand, den ein solcher Besuch und dessen Überwachung mit sich bringt, ist zumindest dann nicht mehr geeignet, den Besuch unter Eheleuten zu unterbinden, wenn diese seit mehreren Monaten persönlich nicht mehr miteinander im Kontakt standen. Gegebenenfalls muss der Besuch durch einen mit dem Verfahrensgegenstand betrauten Polizeibeamten und unter der Anwesenheit eines Dolmetschers durchgeführt werden, so dass jederzeit

---

233) OLG Dresden, StraFo 2016, 206; OLG Hamm, StV 2010, 368; KK/Schultheis, § 119 Rdnr. 22.
234) OLG Düsseldorf, StV 2016, 165.
235) OLG Stuttgart, StV 2003 628; OLG Düsseldorf, StV 1989, 538; OLG Frankfurt, MDR 1979, 1043.
236) BVerfG, FamRZ 2019, 1748; BVerfG, StV 2018, 630; BVerfG, Beschl. v. 23.02.2006 – 2 BvR 173/06; BVerfGE 42, 95.

die Möglichkeit besteht, den Besuch abzubrechen, wenn die Gefahr droht, dass Verdunkelungshandlungen vorgenommen werden.[237]

Da ein Untersuchungshäftling noch nicht rechtskräftig verurteilt ist, dürfen ihm lediglich unvermeidbare Beschränkungen auferlegt werden.[238] Es ist daher an folgende ggf. unzulässige Maßnahmen zu denken:

(Tele-)Kommunikation

10.71 – Der allgemeine Hinweis auf die Schwierigkeiten der Überwachung und den damit einhergehenden personellen und finanziellen Aufwand rechtfertigt eine **generelle Versagung der Telefonerlaubnis** nicht.[239]

– Telefongespräche mit **Familienangehörigen** werden in nicht ausreichendem Maße gewährleistet.[240]

– Ablehnung einer Telefonerlaubnis für Telefonate mit den **im Ausland befindlichen Eltern** des Beschuldigten.[241]

– Unzulässige Einschränkung überwachter Telefonate mit der **allgemeinen Begründung,** dass dies Kapazitäts- und Gleichbehandlungsgründe erforderten.[242]

– **Beschränkung der Telefonerlaubnis** (Überwachung der Gespräche und Anordnung, dass diese in deutscher Sprache zu führen sind) bei **schweigendem Angeklagten,** der bisherige Besuche von Angehörigen nicht zu Verdunkelungsmaßnahmen genutzt hat.[243]

– Unzulässige Überwachung des Schriftverkehrs durch angeordnete **Briefkontrolle,** obwohl der Haftzweck (z.B. bei vorliegendem Geständnis) nicht gegeben ist[244] oder unzulässige Beschlagnahme eines Briefs obwohl keine Briefkontrolle angeordnet war.[245]

Versagung der Benutzung technischer Geräte

10.72 – In umfangreichen Verfahren wie z.B. Wirtschaftsstrafverfahren kann es auch erforderlich sein, dem Beschuldigten zeitlich unbeschränkten Zugang zu einer digitalen Ermittlungsakte durch ein nur dem Untersuchungsgefangenen zugängliches Lesegerät (z.B. Laptop) zu ermöglichen.[246]

---

237) LG Karlsruhe, StraFo 2016, 71 (über vier Monate kein Kontakt unter den Eheleuten).
238) KG, StV 2010, 370; BVerfG, NStZ 1994, 52.
239) LG Limburg, Beschl. v. 22.10.2018 – 1 Qs 125/18.
240) OLG Frankfurt, StV 2016, 443.
241) OLG Stuttgart, StV 1995, 260.
242) OLG Karlsruhe, Beschl. v. 08.01.2019 – 2 Ws 365/18 mit Anm. Rinklin/Miler, jurisPR-StrafR 9/2019, Anm. 4.
243) OLG Frankfurt, StV 2016, 443.
244) OLG Düsseldorf, StV 2011, 746; OLG Köln, StV 2013, 525.
245) LG Kiel, StV 2015, 620.
246) OLG Rostock, StV 2016, 168; LG Frankfurt, StV 2016, 166.

– Unzulässig ist die gänzliche Versagung eines elektronischen Lesegeräts (Computer, Laptop, E-Book) zum Lesen der Akte, wenn durch Verplombung, Versiegelung oder Unbrauchbarmachung die Kontaktaufnahme mit der Außenwelt verhindert werden kann.[247]

Sonstige Fälle

– Eine Besuchserlaubnis wird bei **engen Familienangehörigen** zu Unrecht versagt.[248]

10.73

– Optische oder akustische **Besuchsüberwachung** wird angeordnet, obwohl keine Gefährdung des Haftzwecks erkennbar ist.[249]

– Die für eine akustische Überwachung erforderlichen **Kosten eines Dolmetschers** werden nicht von der Staatskasse übernommen.[250]

10.1.10.3 Rechtsbehelfe gegen beschränkende Maßnahmen

Gegen Entscheidungen oder sonstige Maßnahmen nach § 119 StPO kann gem. § 119 Abs. 5 StPO **gerichtliche Entscheidung** beantragt werden, soweit nicht das Rechtsmittel der **Beschwerde** statthaft ist. Der Antrag hat allerdings keine aufschiebende Wirkung. Das Gericht kann jedoch **vorläufige Anordnungen** treffen. Zum gerichtlichen Rechtsschutz gegen Maßnahmen im U-Haftvollzug vgl. auch Grube, StV 2013, 534.

10.74

Möchte der Verteidiger bestimmte Maßnahmen anfechten, ist zunächst zu klären, welcher Rechtsbehelf zu wählen ist. Dies richtet sich danach, welche Entscheidung bzw. Maßnahme angefochten werden soll.

– **Entscheidungen** oder **Maßnahmen der JVA im Vollzug der U-Haft** können mit dem Antrag auf gerichtliche Entscheidung beanstandet werden (vgl. auch § 119a StPO).[251]

– **Entscheidungen der Staatsanwaltschaft** bzgl. Maßnahmen in Bezug auf die U-Haft selbst sind mit dem Antrag auf gerichtliche Entscheidung angreifbar.[252]

– Soll die **Entscheidung des Richters** angefochten werden, dann ist die Beschwerde (§ 304 StPO) statthaft.[253]

---

247) LG Frankfurt, StV 2018, 670 (LS).
248) BGHSt 27, 175; OLG Düsseldorf, StV 2014, 229; LG Bonn, StV 2011, 745.
249) OLG Hamm, StV 2016, 166 (LS); OLG Düsseldorf, StV 2014, 550; OLG Hamm, NStZ-RR 2010, 221.
250) OLG Celle, StraFo 2016, 23; OLG Stuttgart, StV 1995, 260.
251) Burhoff, Ermittlungsverfahren, Rdnr. 4348 m.w.N.; SSW-StPO/Herrmann, § 119 Rdnr. 85 ff.; Schlothauer/Wieder/Nobis, Rdnr. 1038.
252) Burhoff, Ermittlungsverfahren, Rdnr. 4348; Schlothauer/Wieder/Nobis, Rdnr. 1038.
253) Schlothauer/Wieder/Nobis, Rdnr. 1038.

> **Hinweis**
>
> Rechtsmittelberechtigt ist jeder, der durch die gerichtliche Anordnung betroffen ist, also z.B. auch die Person, welcher die Besuchserlaubnis versagt wird, oder der Dolmetscher, dessen Kosten nicht aus der Staatskasse erstattet werden.[254]

10.1.11   Haftverschonung

10.75   Die Haftverschonung i.S.d. Außervollzugsetzung des Haftbefehls ist in der Praxis eine Maßnahme, von der häufig Gebrauch gemacht wird, und sollte deshalb stets auch vom Verteidiger bedacht werden.

Nach § 116 StPO kann ein Haftbefehl unter gewissen Voraussetzungen außer Vollzug gesetzt werden. Die Norm stellt eine besondere Ausprägung des Grundsatzes der Verhältnismäßigkeit dar.[255] Ein Haftbefehl, der wegen Fluchtgefahr erlassen wurde, kann nach den Regelungen des § 116 Abs. 1 StPO außer Vollzug gesetzt werden. Stützt sich der Haftbefehl auf Verdunkelungsgefahr, ist für die Außervollzugsetzung § 116 Abs. 2 StPO maßgebend. Liegt dem Haftbefehl Wiederholungsgefahr zu Grunde, dann ist § 116 Abs. 3 StPO einschlägig. Ein nach § 230 Abs. 2 StPO erlassener Haftbefehl kann in entsprechender Anwendung der §§ 116 ff. StPO z.B. gegen Sicherheitsleistung oder gegen Anordnung einer Meldeauflage außer Vollzug gesetzt werden.[256] Ferner kann auch ein Haftbefehl, dem der Haftgrund der Schwere der Tat (vgl. Rdnr. 10.40) zu Grunde liegt, außer Vollzug gesetzt werden.[257]

Eine **Außervollzugsetzung** des Haftbefehls kommt in **jedem Stadium des Verfahrens** in Betracht, also auch bereits bei seinem Erlass oder nach Zurückverweisung durch das Revisionsgericht.[258] Selbst das Oberlandesgericht kann im Rahmen der besonderen Haftprüfung (vgl. Rdnr. 21.1 ff.) nach §§ 121, 122 StPO den Haftbefehl außer Vollzug setzen.[259] Auch eine befristete Außervollzugsetzung ist nach überwiegender Ansicht möglich.[260] Zu bedenken ist stets, dass auch bei nicht vollzogener U-Haft das Beschleunigungsgebot – wenn auch eingeschränkt –

---

254) OLG Düsseldorf, StraFo 2014, 74; OLG Celle, StraFo 2016, 23; OLG Stuttgart, StV 1995, 260; Burhoff, Ermittlungsverfahren, Rdnr. 4348.
255) LG München, StV 2014, 628; SSW-StPO/Herrmann, § 116 Rdnr. 1.
256) BVerfG, NJW-Spezial 2018, 24; OLG Frankfurt, StV 2005, 432; Rinklin, Hauptverhandlung, Kap. 5, S. 106 f.
257) BGH-StV 2016, 443; OLG Celle, StV 2005, 620; OLG Oldenburg, StV 2008, 84; Meyer-Goßner/Schmitt, § 116 Rdnr. 18; Burhoff, Ermittlungsverfahren, Rdnr. 794, m.w.N.
258) LG München, StV 2014, 628; Burhoff, Ermittlungsverfahren, Rdnr. 793; SSW-StPO/Herrmann, § 116 Rdnr. 4; Meyer-Goßner/Schmitt, § 116 Rdnr. 1.
259) OLG Hamm, StV 2000, 631.
260) AG Krefeld, NStZ 2002, 559; SSW-StPO/Herrmann, § 116 Rdnr. 6; a.A. Meyer-Goßner/Schmitt, § 116 Rdnr. 2.

zu beachten ist (vgl. Rdnr. 21.23).[261)] Allerdings muss ein Haftbefehl, der nicht vollstreckt wird, aufgehoben werden, wenn dessen weiterer Bestand trotz seiner Außervollzugsetzung unverhältnismäßig ist.[262)]

> **Praxistipp**
>
> Zwar hat die Prüfung, den Haftbefehl außer Vollzug zu setzen, grundsätzlich von Amts wegen zu erfolgen, der Verteidiger sollte dies dennoch thematisieren, und bei einer Haftbeschwerde (Rdnr. 10.93 ff.) oder im Rahmen der Haftprüfungen (Rdnr. 10.86 ff.) jedenfalls **hilfsweise die Außervollzugsetzung beantragen.**

Zu bedenken ist auch, dass in der Praxis die Gerichte und auch die Staatsanwaltschaft eher dazu bereit sind, einen Haftbefehl außer Vollzug zu setzen, als diesen aufzuheben.[263)]

> **Hinweis**
>
> Wenn der Verteidiger eine Außervollzugsetzung erreichen konnte, stellt dies sicherlich einen Erfolg dar. Gleichwohl kann nur davor gewarnt werden, sich damit im Rahmen der Verteidigung zu begnügen. Aus meiner Sicht eröffnet eine Haftverschonung ebenso wie die Aufhebung eines Haftbefehls im Rahmen der Haftprüfung oder der Haftbeschwerde zahlreiche weitere neue Verteidigungsansätze, die nicht vergeben werden sollten. Zu denken ist z.B. daran, dass der Mandant ggf. eine Drogentherapie erfolgreich beendet, sich eine feste Arbeitsstelle sucht, Abstinenznachweise bei Taten im Zusammenhang mit Alkohol erbringt, an (verkehrs-)psychologischen Schulungen teilnimmt, um sich mit seiner Problematik, die der Begehung des Delikts zu Grunde lag, auseinanderzusetzen etc. Nutzt der Mandant daher die Zeit zwischen Haftentlassung und Hauptverhandlung, wird das Gericht nicht umhin kommen, diese (neuen) Umstände zum einen bei der konkreten Strafzumessung (vgl. § 46 StGB) und, falls eine Freiheitsstrafe bis zwei Jahren droht, auch bei der Frage der Strafaussetzung zur Bewährung (§ 56 StGB) und der insoweit entscheidenden Sozialprognose zu berücksichtigen.

10.1.11.1 Außervollzugsetzung bei Fluchtgefahr

Ein auf Fluchtgefahr gestützter Haftbefehl kann nach § 116 Abs. 1 StPO gegen folgende Auflagen außer Vollzug gesetzt werden: 10.76

– die Anweisung, sich zu bestimmten Zeiten bei dem Richter, der Strafverfolgungsbehörde oder einer von ihnen bestimmten Dienststelle zu melden

---

261) BVerfG, Beschl. v. 22.01.2014 – 2 BvR 2248/13; BVerfGK 14, 157; OLG Dresden, wistra 2014, 78; OLG Stuttgart, NStZ-RR 2003, 29; Burhoff, Ermittlungsverfahren, Rdnr. 793.
262) OLG Dresden wistra 2014, 78.
263) Schlothauer/Wieder/Nobis, Rdnr. 590.

- die Anweisung, den Wohn- oder Aufenthaltsort oder einen bestimmten Bereich nicht ohne Erlaubnis des Richters oder der Strafverfolgungsbehörde zu verlassen

- die Anweisung, die Wohnung nur unter Aufsicht einer bestimmten Person zu verlassen

- Die Leistung einer angemessenen Sicherheit durch den Beschuldigten oder einen anderen.

> **Hinweis**
>
> Für den Verteidiger gilt es zu beachten, dass diese Aufzählung in § 116 Abs. 1 StPO nicht abschließend ist, sondern die Anordnung anderer Auflagen durchaus zulässig ist, so lange sie dazu geeignet sind, die Fluchtgefahr zu neutralisieren.[264]

Ein gutes Mittel, eine Außervollzugsetzung eines auf Fluchtgefahr gestützten Haftbefehls zu erreichen, ist die **Sicherheitsleistung** gem. § 116 Abs. 1 Nr. 4 StPO.[265] Die Möglichkeit der Sicherheitsleistung durch Dritte kann nach richterlichem Ermessen aber dann ausgeschlossen sein, wenn nach der Persönlichkeit des Beschuldigten sowie seiner Beziehungen zu dem Sicherungsgeber nicht ausgeschlossen werden kann, dass ihm um der eigenen Freiheit willen der Sicherheitsverfall (vgl. § 124 StPO) gleichgültig ist, oder sonst die Sicherheitsleistung durch Dritte nicht mit ausreichender Wahrscheinlichkeit Gewähr dafür bietet, dass der Beschuldigte sich dem weiteren Verfahren stellt.[266]

Im Rahmen des § 116 Abs. 1 Nr. 4 StPO setzt der Richter die Höhe und Art der Sicherheit gem. § 116a Abs. 2 StPO nach freiem Ermessen fest.[267] Er kann gem. § 116a Abs. 1 StPO auch zulassen, dass die Sicherheit durch Bürgschaft einer geeigneten Person geleistet wird. Dabei meint „**Bürgschaft**" i.S.d. § 116a Abs. 1 StPO nicht die zivilrechtliche, in den §§ 765 ff. BGB geregelte Bürgschaft, sondern es muss ein Schuldversprechen eines Dritten in Form eines aufschiebend bedingten selbstschuldnerischen Zahlungsversprechens vorliegen, z.B. durch Angehörige oder eine Bank.[268]

Die Sicherheitsleistung kann – je nach Maßgabe des richterlichen Beschlusses – durch Hinterlegung von **Bargeld** oder **Wertpapieren** oder durch ein **Schuldversprechen** des Dritten erbracht werden.[269] Wird eine Kaution vollständig oder zum Teil von Familienangehörigen aufgebracht, ist darin ein zusätzlicher stabili-

---

264) Burhoff, Ermittlungsverfahren, Rdnr. 796; Schlothauer/Wieder/Nobis, Rdnr. 592; KK/Graf, § 116 Rdnr. 9.
265) Burhoff, Ermittlungsverfahren, Rdnr. 798.
266) OLG Hamm, StRR 2009, 271.
267) OLG Düsseldorf, NStZ 1990, 97.
268) BGH, NJW 2016, 1451; OLG Karlsruhe, StV 2001, 120; Meyer-Goßner/Schmitt, § 116a Rdnr. 4.
269) BGH, NJW 2016, 1451.

sierender Umstand zu sehen, welcher den in der hohen Straferwartung liegenden Fluchtanreiz mindert.[270)]

Eine Kaution dient nur der Erfüllung des Zwecks der U-Haft, nämlich dass sich der Beschuldigte dem weiteren Strafverfahren und, wie sich aus § 124 Abs. 1 StPO ergibt, der erkannten Freiheitsstrafe bzw. freiheitsentziehenden Maßnahme stellt.[271)]

Hinweis

Eine Außervollzugsetzung des Haftbefehls mit der Auflage, dass der Beschuldigte eine Kaution hinterlegt und der Hinterleger sein Einverständnis erteilt, dass die Sicherheit mit einer etwaigen Geldstrafe und den Kosten des Verfahrens verrechnet wird, ist unzulässig.[272)] Dies gilt auch für eine Aufrechnung wegen den Verfahrenskosten oder wegen Steuerschulden.[273)] Eine Ausnahme davon gilt für das Absehen von der Anordnung oder Aufrechterhaltung der vorläufigen Festnahme nach § 127a StPO.

Wird dagegen die Leistung einer Sicherheit dergestalt angeordnet, dass der Beschuldigte als Sicherheit eine Geldsumme als „**Eigenhinterleger**" erbringen muss, ist eine Sicherheitsleistung durch Dritte ausgeschlossen; der Beschuldigte muss die Sicherheit dann selbst leisten (vgl. §§ 116 Abs. 1 Nr. 4 i.V.m. 116a Abs. 1 und 2 StPO).[274)] Ist in dem Außervollzugsetzungsbeschluss vom Gericht bestimmt, dass die Sicherheit vom Beschuldigten persönlich erbracht werden muss, ist es nur erforderlich, dass er den Geldbetrag selbst hinterlegt.[275)] Mehr wird dadurch nicht gefordert, sodass auch der Geldbetrag mittels eines Darlehens geleistet werden kann.[276)]

Praxistipp

Bei der Hinterlegung einer Sicherheit durch den Beschuldigten selbst besteht das Risiko, dass der Rückzahlungsanspruch des Beschuldigten gepfändet wird, worüber der Verteidiger im eigenen Interesse und um seiner Haftung vorzubeugen, den Mandanten auch schriftlich aufklären sollte. Damit der Verteidiger die Belehrung später nachweisen kann, bietet es sich an, sich dieses Schriftstück vom Mandanten unterzeichnen zu lassen.[277)] Freilich kann dem Verteidiger auch nur nahegelegt werden, den Mandanten in gleicher Weise über die ihm drohenden Folgen des Verfalls der geleisteten Sicherheit nach § 124 StPO aufzuklären, wenn er sich dem Verfahren entzieht.

---

270) OLG Zweibrücken, StV 2011, 164; OLG Hamm, StraFo 2002, 338; Burhoff, Ermittlungsverfahren, Rdnr. 799.
271) BGH, NJW 2016, 1451.
272) OLG Frankfurt, StV 2000, 509; LG München, StV 1998, 554.
273) BGH, NJW 2016, 1451; BGHZ 95, 109; BGH-StV 1986, 23; OLG Frankfurt, a.a.O.
274) BGH, a.a.O.; Burhoff, Ermittlungsverfahren, Rdnr. 799.
275) BGH, WM 2004, 1825; OLG Düsseldorf, StV 1990, 167; KK/Graf, § 116a Rdnr. 3.
276) BGH, StraFo 2016, 249; Schlothauer/Wieder/Nobis, Rdnr. 609.
277) Schlothauer/Wieder/Nobis, Rdnr. 609; Burhoff, Ermittlungsverfahren, Rdnr. 801.

Rinklin

> **Hinweis**
>
> Der Beschuldigte kann sich vor dieser Gefahr schützen, indem er den Rückzahlungsanspruch der Kaution an den Geldgeber oder an den Verteidiger zur Erfüllung des Honoraranspruchs abtritt.[278] Die Rückzahlungsforderung bzgl. der frei gewordenen Kaution kann, wie jede Forderung, grundsätzlich abgetreten, aber auch gepfändet werden.[279] Belehrt der Verteidiger den Mandanten nicht über diese Möglichkeit, kann der Geldgeber daraus keinen Schadensersatzanspruch gegen den Verteidiger aus einem Vertrag mit Schutzwirkung für Dritte herleiten.[280]
>
> Erteilt der Verteidiger dagegen dem Dritten auf dessen Nachfrage eine rechtlich falsche Auskunft über die für ihn mit der Bereitstellung der Sicherheit vorhandenen Risiken, so haftet der Verteidiger dem Dritten aus einer ihm gegenüber begründeten vertraglichen Pflichtverletzung.[281]

Wenn die Sicherheit wieder frei geworden ist, weil der Beschuldigte z.B. wieder verhaftet oder der Haftbefehl mangels dringenden Tatverdachts aufgehoben wurde (§ 123 Abs. 2 StPO), hat die Person, welche die Sicherheit erbracht hat, Anspruch auf Rückzahlung entsprechend der landesrechtlichen Hinterlegungsvorschriften.[282]

10.1.11.2 Außervollzugsetzung bei Verdunkelungsgefahr

10.77   Nach § 116 Abs. 2 StPO kann das Gericht auch die Außervollzugsetzung eines auf den Haftgrund der Verdunkelungsgefahr (vgl. Rdnr. 10.35 ff.) gestützten Haftbefehls anordnen, wenn weniger einschneidende Maßnahmen die Erwartung hinreichend begründen, dass sie die Verdunkelungsgefahr erheblich vermindern werden. Nach dem Gesetzeswortlaut kommt dabei namentlich die Anweisung, mit Mitbeschuldigten, Zeugen oder Sachverständigen keine Verbindung aufzunehmen, in Betracht.

Zwar ist es umstritten, nach wohl h.M. aber zulässig, dass auch die Leistung einer Sicherheit beim Haftgrund der Verdunkelungsgefahr als Auflage in Betracht kommt, obwohl sie in § 116 Abs. 2 StPO nicht genannt wird.[283] Ebenso ist eine Kombination von verschiedenen Auflagen wie z.B. die Stellung einer Kaution und ein Kontaktverbot zu Zeugen und/oder Mitbeschuldigten denkbar.[284]

---

278) Burhoff, Ermittlungsverfahren, Rdnr. 801.
279) BGH, NJW 2016, 1451; BGHZ 95, 109; BGH-StV 2004, 661; OLG Frankfurt, StV 2000, 509.
280) BGH, StV 2004, 661; Burhoff, a.a.O.
281) BGH, a.a.O.
282) BGH, wistra 2016, 240.
283) OLG Hamburg, MDR 1974, 595; OLG Hamm, StV 2001, 688; OLG Nürnberg, StraFo 2003, 89; LG Bochum, StV 1998, 207; Burhoff, Ermittlungsverfahren, Rdnr. 805; SSW-StPO/ Herrmann, § 116 Rdnr. 41 m.w.N.; Schlothauer/Wieder/Nobis, Rdnr. 656.
284) OLG Nürnberg StraFo 2003, 89; OLG Hamm StV 2001, 688; Schlothauer/Wieder/Nobis, Rdnr. 656.

10.1.11.3 Außervollzugsetzung bei Wiederholungsgefahr

Nach § 116 Abs. 3 StPO hat das Gericht die Möglichkeit, den Vollzug eines Haft- **10.78**
befehls wegen Wiederholungsgefahr (vgl. Rdnr. 10.45 ff.) auszusetzen, wenn die
Erwartung hinreichend begründet ist, dass der Beschuldigte bestimmte Anweisungen befolge und dass dadurch der Zweck der Haft erreicht wird. Anders als
bei den Haftgründen der Flucht- oder Verdunkelungsgefahr nennt § 116 Abs. 3
StPO keine möglichen Auflagen. Als Auflagen wurden z.B. folgende anerkannt:

- **nächtliche Ausgangssperre** und das **Verbot des Führens von Kfz**[285]

- Tragen einer **elektronischen Fußfessel** und **Kontaktverbot** zu fremden Kindern
  bei Verfahren wegen sexuellen Missbrauchs von Kindern[286]

- eine **ärztliche, psychiatrische oder psychotherapeutische Behandlung**[287]

- ernsthafte **Therapiebemühungen** oder **Drogentherapie** bei entsprechender Abhängigkeit[288]

- Erbringung von **Abstinenznachweisen** bei Drogenabhängigkeit[289]

- Einverständnis, an einer **Entziehungskur** bei Alkoholabhängigkeit teilzunehmen[290]

- **Meldeauflage** und **Hinterlegung von Ausweispapieren** bei den Strafverfolgungsbehörden[291]

- bei **Sexualdelikten** innerhalb der Familie eine **räumliche Trennung**[292]

- durch **Stellung einer Kaution**[293]

10.1.11.4 Erneute Invollzugsetzung des Haftbefehls

Nach § 116 Abs. 4 StPO kann der Vollzug des Haftbefehls wieder angeordnet **10.79**
werden, wenn der Beschuldigte

- den ihm auferlegten Pflichten oder Beschränkungen **gröblich** zuwiderhandelt,

- **Anstalten zur Flucht** trifft, auf ordnungsgemäße Ladung **ohne genügende Entschuldigung ausbleibt** oder sich auf andere Weise zeigt, dass das in ihn gesetzte
  Vertrauen nicht gerechtfertigt war,

- **neu hervorgetretene Umstände** die Verhaftung erforderlich machen.

---

285) OLG Köln, StV 2010, 29.
286) AG Wiesbaden, StV 2016, 817 (LS).
287) SSW-StPO/Herrmann, § 116 Rdnr. 45.
288) OLG Frankfurt, StV 1992, 425.
289) LG Frankfurt, StV 1989, 68.
290) Schlothauer/Wieder/Nobis, Rdnr. 677.
291) OLG Köln, StV 2010, 29.
292) SSW-StPO/Herrmann, § 116 Rdnr. 48.
293) OLG Köln, StraFo 1997, 150.

Rinklin

Die Möglichkeit, die Außervollzugsetzung des Haftbefehls zu widerrufen, ist durch die Regelung in § 116 Abs. 4 StPO eingeschränkt. Das Gericht kann den Widerruf nur dann vornehmen, wenn sich die Umstände im Vergleich zu der Beurteilungsgrundlage zur Zeit der Außervollzugsetzung verändert haben.[294] Eine lediglich andere Beurteilung bei im Übrigen gleich bleibenden Umständen kann einen Widerruf nicht rechtfertigen.[295] Dies gilt ebenso, wenn sich die Straferwartung, von der der Angeklagte ausgehen musste, durch das Urteil realisiert hat.[296]

> **Hinweis**
>
> Ist der Haftbefehl einmal unangefochten außer Vollzug gesetzt worden, so ist jede neue haftrechtliche Entscheidung, welche den Wegfall der Haftverschonung zur Folge hat, nur unter den einschränkenden Voraussetzungen des § 116 Abs. 4 StPO möglich.[297]

10.80 Bloße Nachlässigkeiten und Versehen sind nicht ausreichend, vielmehr muss das Verhalten des Beschuldigten den Haftgrund wieder derart verstärken, dass der Haftbefehl in Vollzug gesetzt werden muss.[298] Deshalb sind auch bloße Verspätungen zur Hauptverhandlung nicht ausreichend.[299]

10.81 Als „neu" i.S.d. § 116 Abs. 4 Nr. 3 StPO sind nachträglich eingetretene bzw. nach Erlass des Aussetzungsbeschlusses bekannt gewordene Umstände nur dann zu bezeichnen, wenn diese – bei Beurteilung aller Umstände des Einzelfalls – die Gründe des Haftverschonungsbeschlusses in einem so wesentlichen Punkt erschüttern, dass eine Aussetzung nicht bewilligt worden wäre, wenn sie bei der Entscheidung bereits bekannt gewesen wären.[300] Als „neue" Umstände wurden z.B. die massive Bedrohung eines Zeugen bzw. weitere Straftaten angesehen.[301] Erhebt die Staatsanwaltschaft Anklage, reicht dies hingegen nicht aus.[302]

10.82 Bei der erforderlichen Abwägung hinsichtlich der Entscheidung über den Widerruf der Haftverschonung ist vor allem zu berücksichtigen, dass der Angeklagte zwischenzeitlich die Möglichkeit hatte, das Verhalten gegenüber dem Strafverfahren zu dokumentieren und das in ihn gesetzte Vertrauen, namentlich durch strikte Beachtung der ihm erteilten Auflagen, zu rechtfertigen.[303]

---

294) BVerfG, wistra 2012, 429.
295) BVerfG, StV 2013, 94; BVerfG, StV 2006, 139; OLG Frankfurt, StV 2004, 493; OLG Nürnberg, StraFo 2011, 224.
296) OLG Nürnberg, a.a.O.
297) BVerfG, StV 2006, 26.
298) OLG Hamm, StRR 2015, 277; OLG Frankfurt, StV 1995, 476.
299) KG, NStZ 2004, 80.
300) BVerfG, StraFo 2007, 19; OLG Braunschweig, StraFo 2016, 509; OLG Düsseldorf, a.a.O.
301) OLG Stuttgart, StV 1998, 553; OLG Hamm, wistra 1998, 364.
302) OLG Stuttgart, StraFo 2009, 104.
303) BVerfG, StV 2013, 94; BVerfG, StV 2006, 139; OLG Stuttgart, StV 1998, 553.

Praxistipp

Ein nach einer Außervollzugsetzung des Haftbefehl ergangenes, aber nicht rechtkräftiges Urteil oder ein hoher Strafantrag der Staatsanwaltschaft können zwar ausreichend sein, den Widerruf einer Haftverschonung und die Invollzugsetzung eines Haftbefehls zu begründen. Allerdings setzt dies voraus, dass von der Prognose des Haftrichters hinsichtlich der zu erwartenden Strafe das nun ergangene Urteil oder die von der Staatsanwaltschaft beantragte Strafe **erheblich zum Nachteil des Angeklagten** abweicht und sich die Fluchtgefahr hierdurch **ganz wesentlich erhöht**.[304] Ist dagegen bereits zu diesem Zeitpunkt, mit der auf die später erkannte – auch höhere – Strafe zu rechnen gewesen, und hat der Beschuldigte die ihm erteilten Auflagen dennoch zuverlässig befolgt, darf die Haftverschonung nicht widerrufen werden.[305]

Hinweis

Das maßgebliche Kriterium für einen Widerruf besteht in einem Wegfall der Vertrauensgrundlage der Entscheidung über die Außervollzugsetzung.[306]

10.1.12   Rechtsschutzmöglichkeiten bei U-Haft

Befindet sich der Beschuldigte in U-Haft, so hat sich der Verteidiger zwingend auch mit den einschlägigen Rechtsbehelfen auseinanderzusetzen und zu prüfen, ob ein Vorgehen gegen den Haftbefehl erfolgversprechend ist. Namentlich kommen hierbei die (mündliche) Haftprüfung (vgl. Rdnr. 10.86 ff.) und die Haftbeschwerde (vgl. Rdnr. 10.93 ff.) in Betracht. Welcher der beiden Rechtsbehelfe den in der Sache „richtigen" Rechtsbehelf darstellt, lässt sich nicht pauschal beantworten, sondern orientiert sich an den jeweiligen Umständen des Einzelfalls.   10.83

Bei der (mündlichen) Haftprüfung muss der Verteidiger bedenken, dass derselbe Richter, der den Haftbefehl erlassen hat, auch die Entscheidung bei der Haftprüfung treffen wird. Somit wird das Gericht sich häufig nur zu einer anderen Entscheidung bewegen lassen, wenn ihm „neue Umstände" vermittelt werden, die es im Rahmen des Erlasses des Haftbefehls nicht berücksichtigt hat.[307] Diese können sich sowohl auf den **dringenden Tatverdacht** (vgl. Rdnr. 10.20 ff.) als auch auf die **Haftgründe** (vgl. Rdnr. 10.25 ff.) beziehen.[308] Ein weiteres Kriterium kann auch sein, dass i.R.d. mündlichen Haftprüfung und der damit einhergehen-   10.84

---

304) BVerfG, wistra 2012, 429-433; KG, StV 2012, 609; OLG Düsseldorf, StRR 2014, 42;
     OLG Frankfurt a.M., StV 2018, 166 (LS); OLG Hamm, StV 2003, 512; OLG Koblenz,
     NStZ-RR 2009, 189; OLG Oldenburg, StraFo 2008, 468; OLG Koblenz, Beschl. v.
     19.08.2013 – 2 Ws 510/13.
305) BVerfG, a.a.O. OLG Bremen, StV 1988, 392.
306) BVerfG, wistra 2012, 429; Burhoff, Ermittlungsverfahren, Rdnr. 809 m.w.N.
307) Burhoff, Ermittlungsverfahren, Rdnr. 2840.
308) Schlothauer/Weider/Nobis, Rdnr. 761 ff. und 819 ff.

Rinklin

den **persönlichen Anwesenheit des Beschuldigten** sich ein **positiver Eindruck** auf den Richter ergeben kann, welcher ohne Anhörung oder im Rahmen der Haftbeschwerde in einem rein schriftlichen Verfahren nur schwer vermittelt werden kann.[309] Auch dies ist vom Verteidiger bei der Auswahl des „richtigen" Rechtsbehelfs zu bedenken.

10.85   Möchte der Verteidiger dagegen den Haftbefehl **aus Rechtsgründen beanstanden**, dann wird i.d.R. die **Haftbeschwerde** (vgl. Rdnr. 10.93 ff.) zu wählen sein.

> **Praxistipp**
>
> Völlig unabhängig davon, für welchen Rechtsbehelf der Verteidiger sich schlussendlich entscheidet, sollte er jedenfalls beide Verfahren gründlich vorbereiten und diejenigen Punkte in den Vordergrund stellen, die aus seiner Sicht gegen den dringenden Tatverdacht oder die Haftgründe sprechen. Gleichwohl wird der Verteidiger den Mandanten auch auf die Gefahren hinweisen müssen, die eine ggf. negative Entscheidung mit sich bringen kann. Zu denken ist dabei insbesondere an eine mögliche „Zementierung" des Tatverdachts oder aber auch Ausführungen des Beschwerdegerichts bzgl. der Straferwartung. Überwiegend wird sich daher empfehlen, das Augenmerk vor allem auf die Haftgründe zu legen.

10.1.12.1   (Mündliche) Haftprüfung

10.86   Solange der Beschuldigte in U-Haft ist, kann nach § 117 Abs. 1 StPO **jederzeit** die Haftprüfung beantragt werden, und zwar dahingehend, dass der Haftbefehl aufzuheben oder außer Vollzug zu setzen ist. Das Gericht kann einzelne Ermittlungen anordnen, die für die künftige Entscheidung über die Aufrechterhaltung der U-Haft von Bedeutung sind, und nach Durchführung dieser Ermittlungen eine neue Prüfung vornehmen.

> **Hinweis**
>
> Nach § 117 Abs. 2 StPO ist neben dem Antrag auf Haftprüfung die Beschwerde unzulässig, wobei gegen die Entscheidung im Rahmen der Haftprüfung dann die Beschwerde möglich ist.

Zwar räumt § 117 Abs. 1 StPO die Möglichkeit ein, jederzeit die Haftprüfung zu beantragen, gleichwohl gilt eine Besonderheit für die mündliche Haftprüfung: Wenn die U-Haft nach mündlicher Verhandlung aufrechterhalten worden ist, so hat der Beschuldigte nach § 118 Abs. 3 StPO einen Anspruch auf eine weitere mündliche Verhandlung nur, wenn die U-Haft mindestens drei Monate und seit der letzten mündlichen Verhandlung mindestens zwei Monate gedauert hat.

---

309) Burhoff, Ermittlungsverfahren, Rdnr. 2840; Schlothauer/Weider/Nobis, Rdnr. 819 ff.; Kruse, JA 2008, 219.

> **Praxistipp**
>
> Wenn das Gericht beim Termin zur mündlichen Haftprüfung zu erkennen gibt, dass es die U-Haft aufrechterhalten wird, sollte der Verteidiger in Erwägung ziehen, den Antrag zurückzunehmen, um hierdurch eine negative Haftentscheidung und zugleich die Sperrwirkung des § 118 Abs. 3 StPO zu umgehen.[310]

Darüber hinaus regelt § 118 Abs. 4 StPO zwei weitere Konstellationen, in denen die mündliche Haftprüfung nicht zulässig ist. Dies ist der Fall, solange die Hauptverhandlung andauert oder wenn ein Urteil ergangen ist, das auf eine Freiheitsstrafe oder eine freiheitsentziehende Maßregel der Besserung und Sicherung erkennt.

Ist ein Antrag auf Durchführung der mündlichen Verhandlung gestellt worden, so ist diese unverzüglich durchzuführen. Ohne Zustimmung des Beschuldigten darf sie nach § 118 Abs. 4 StPO nicht mehr als **zwei Wochen** nach dem Eingang des Antrags anberaumt werden. Die Nichteinhaltung der Frist des § 118 Abs. 5 StPO führt grundsätzlich nicht zur Aufhebung des Haftbefehls oder der Freilassung des Beschuldigten.[311] Allerdings kann die Überschreitung der Frist ggf. die **Besorgnis der Befangenheit des Haftrichters** begründen.[312] Gleichwohl ist § 118 Abs. 5 StPO nicht lediglich eine Ordnungsvorschrift.[313]

> **Praxistipp**
>
> Aus meiner Sicht ist es nicht empfehlenswert, direkt nach Eröffnung des Haftbefehls einen Antrag auf Durchführung der mündlichen Haftprüfung zu stellen, um hierdurch die Zweiwochenfrist in Gang zu setzen. Zunächst sollte der Fokus darauf gerichtet werden, Akteneinsicht zu nehmen und danach den Antrag sorgfältig auszuarbeiten, zumal bei einer negativen Entscheidung die Sperrwirkung des § 118 Abs. 3 StPO eintritt.[314] Bewährt hat sich auch, vor Antragstellung mit dem zuständigen Staatsanwalt Kontakt aufzunehmen und zu eruieren, ob und ggf. gegen welche Auflagen er bereit wäre, eine Außervollzugsetzung mitzutragen.

Beantragt der Verteidiger die Durchführung der mündlichen Haftprüfung nach § 118 Abs. 1 StPO, so muss sich dies aus dem Antrag ergeben.[315] Empfehlenswert ist insbesondere auch, dass der Verteidiger einen Antrag stellt, welche Entscheidung er begehrt. Dies kann die Aufhebung und/oder ggf. (hilfsweise) Außervollzugsetzung des Haftbefehls sein.   **10.87**

---

310) Vgl. SSW-StPO/Herrmann, § 118 Rdnr. 13.
311) KG, StRR 2015, 82 (LS); KG, Beschl. v. 20.07.2009 – 4 Ws 72/09; OLG Köln, StV 2009, 653; OLG Hamm, NStZ-RR 2006, 17; a.A. AG Frankfurt, StV 1993, 33; SSW-StPO/Herrmann, § 118 Rdnr. 20 m.w.N.
312) OLG Hamm, NStZ-RR 2006, 17.
313) VerfGH, Berlin StV 2015, 649; Burhoff, Ermittlungsverfahren, Rdnr. 2847.
314) So auch Burhoff, Ermittlungsverfahren, Rdnr. 2841.
315) Burhoff, Ermittlungsverfahren, Rdnr. 2846; Schlothauer/Weider/Nobis, Rdnr. 770.

10.88 Eine besondere Problematik kann sich ergeben, wenn der Verteidiger zum Zeitpunkt der mündlichen Haftprüfung noch keine Akteneinsicht erhalten hat. Aus dem Recht des Beschuldigten auf ein faires, rechtsstaatliches Verfahren und seinem Anspruch auf rechtliches Gehör ergibt sich der Anspruch des Verteidigers eines Untersuchungsgefangenen auf Einsicht in die Ermittlungsakte, wenn und soweit er die darin befindlichen Erkenntnisse benötigt, um auf die gerichtliche Haftentscheidung effektiv einwirken zu können, was für gewöhnlich der Fall sein dürfte (vgl. Rdnr. 2.1 ff.).[316]

10.89 Die Zuständigkeit für die (mündliche) Haftprüfung ergibt sich aus § 126 Abs. 1 Satz 1 StPO, wonach das Gericht zuständig ist, das den Haftbefehl erlassen hat.

10.90 Der Ablauf der mündlichen Haftprüfung ist in § 118a StPO geregelt. Von Ort und Zeit der mündlichen Verhandlung sind die Staatsanwaltschaft sowie der Beschuldigte und der Verteidiger zu benachrichtigen. Der Beschuldigte ist grundsätzlich zu der Verhandlung vorzuführen. Das Gericht kann nach § 118a Abs. 2 StPO anordnen, dass unter den Voraussetzungen des Satzes 1 die mündliche Verhandlung in der Weise erfolgt, dass sich der Beschuldigte an einem anderen Ort als das Gericht aufhält und die Verhandlung zeitgleich in Bild und Ton an den Ort, an dem sich der Beschuldigte aufhält, und in das Sitzungszimmer übertragen wird. Wird der Beschuldigte zur mündlichen Verhandlung nicht vorgeführt und nicht nach § 118a Abs. 2 Satz 2 StPO verfahren, so muss ein Verteidiger seine Rechte in der Verhandlung wahrnehmen.

In der mündlichen Verhandlung sind gem. § 118a Abs. 3 StPO die anwesenden Beteiligten zu hören. Art und Umfang der Beweisaufnahme bestimmt allerdings das Gericht. Denkbar ist insoweit auch, dass vom Beschuldigten vorgelegte Urkunden in Augenschein genommen oder Zeugen vernommen werden.[317] Allerdings ist der Richter grundsätzlich nicht verpflichtet, benannte Beweispersonen zu vernehmen.[318] Etwas anderes kann sich aus der auch für das Haftprüfungsverfahren geltenden Vorschrift des § 166 Abs. 1 StPO ergeben. Hiernach gilt, dass, wenn der Beschuldigte von dem Richter vernommen wird und er bei dieser Vernehmung zu seiner Entlastung einzelne Beweiserhebungen beantragt, so hat der Richter diese, soweit er sie für erheblich erachtet, vorzunehmen, wenn der Verlust der Beweise zu besorgen ist oder die Beweiserhebung die **Freilassung des Beschuldigten** begründen kann. Allerdings muss es sich dabei um **einzelne Beweiserhebungen** handeln. Über § 166 StPO kann vom Beschuldigten nicht eine der Entlastung dienende Gesamterforschung des Sachverhalts durch den Haftrichter verlangt werden. Die Beweiserhebung muss daher für sich allein oder zumindest in Verbindung mit den sich aus der Ermittlungsakte ergebenden

---

316) BVerfG, StV 1994, 465; BVerfG, wistra 2004, 179; BVerfG, StV 2004, 41; EuGH, StV 2001, 201; OLG Köln, NStZ 2002, 659; OLG Köln, StV 1998, 269; AG Magdeburg, StV 2016, 448.
317) SSW-StPO/Herrmann, § 118a Rdnr. 7.
318) OLG Köln, NStZ-RR 2009, 123.

Umständen im Stande sein, die Freilassung des Beschuldigten zu begründen.[319] Insbesondere ist das Gericht **nicht** an die § 244 Abs. 3–4 StPO gebunden.[320]

Die Entscheidung ist am Schluss der mündlichen Verhandlung zu verkünden. Ist dies nicht möglich, so ist die Entscheidung spätestens binnen einer Woche zu erlassen.

Für die dem Verteidiger für die Terminteilnahme zustehenden Gebühren vgl. Rdnr. 19.1 ff.

Die mündliche Haftprüfung findet in nichtöffentlicher Verhandlung statt, sodass Mitbeschuldigten sowie deren Verteidigern oder dem Nebenkläger ein Teilnahmerecht nicht zusteht.[321] Insbesondere ist § 168c Abs. 2 StPO nicht entsprechend anzuwenden.[322] **10.91**

Gegen eine ablehnende Entscheidung ist die Beschwerde zulässig (vgl. Rdnr. 10.93 ff). **10.92**

10.1.12.2 Haftbeschwerde

Der Beschuldigte kann mit der (Haft-)Beschwerde zum einen den Haftbefehl selbst angreifen, zum anderen ist sie der statthafte Rechtsbehelf gegen jede Entscheidung des Richters, die er im Zusammenhang mit der U-Haft erlassen hat.[323] **10.93**

Zulässigkeit der Haftbeschwerde

Der Verteidiger muss beachten, dass nur gegen die zuletzt ergangene Entscheidung die Beschwerde möglich ist.[324] Die Beschwerde des Nebenklägers gegen den Außervollzugsetzungsbeschluss des Haftbefehls ist hingegen unzulässig, weil er durch die Entscheidung als Nebenkläger nicht beschwert ist.[325] **10.94**

Die Haftbeschwerde kann auch dann in zulässiger Weise eingelegt werden, wenn sich der Beschuldigte auf freiem Fuß befindet und der Haftbefehl lediglich außer Vollzug gesetzt worden ist oder er damit einzelne Auflagen oder Weisungen beanstandet.[326]

---

319) OLG Köln, NStZ-RR 2009, 123.

320) Burhoff, Ermittlungsverfahren, Rdnr. 2857; SSW-StPO/Herrmann, § 118a Rdnr. 7.

321) OLG Hamm, NStZ-RR 2008, 219; OLG Karlsruhe, NStZ 1996, 151; Burhoff, Ermittlungsverfahren, Rdnr. 2853; SSW-StPO/Herrmann, § 118a Rdnr 3.

322) BGH-StV 1997, 234; OLG Köln, StV 2012, 353; OLG Karlsruhe, StV 1996, 302; SSW-StPO/Herrmann, § 118a Rdnr. 3.

323) Burhoff, Ermittlungsverfahren, Rdnr. 2315; Schlothauer/Weider/Nobis, Rdnr. 812.

324) OLG Hamm, NStZ-RR 2010, 358 (LS); OLG Hamburg, StV 1994, 323; OLG Düsseldorf, StV 1993, 592; Meyer-Goßner/Schmitt, § 117 Rdnr. 8 m.w.N.

325) OLG München, StV 2014, 28; OLG Düsseldorf, NJW 98, 395; OLG Hamm, NStZ-RR 08, 219.

326) Schlothauer/Weider/Nobis, Rdnr. 813 m.w.N.

Rinklin

Ist Haftbeschwerde eingelegt worden und steht gleichzeitig das besondere Haftprüfungsverfahren nach §§ 121, 122 StPO an (vgl. Rdnr. 21.1 ff.), so ist Letzterem grundsätzlich der Vorrang einzuräumen, denn es führt zu einer umfassenden Überprüfung der Frage der Haftfortdauer. Durch die Entscheidung im Haftprüfungsverfahren gem. §§ 121, 122 StPO erledigt sich eine Haftbeschwerde deshalb grundsätzlich von selbst; sie wird gegenstandslos.[327]

10.95 Ferner ist zu bedenken, dass gem. § 117 Abs. 2 StPO neben dem Antrag auf Haftprüfung die Beschwerde unzulässig ist. Ist ein zulässiger Haftprüfungsantrag bereits gestellt, so bleibt die eingelegte (weitere) Haftbeschwerde sogar dann unzulässig, wenn der Haftprüfungsantrag später wieder zurückgenommen wird.[328]

> **Hinweis**
>
> Wurde vor einer Entscheidung über die Haftbeschwerde Anklage erhoben, so wird die Beschwerde als ein Haftprüfungsantrag behandelt.[329]

> **Praxistipp**
>
> **10.96** Das Rechtsschutzbedürfnis für die Feststellung der Verfassungswidrigkeit des beanstandeten Haftbefehls entfällt nicht dadurch, dass er aufgehoben wurde.[330] Insbesondere darf eine Beschwerde in solchen Konstellationen nicht wegen prozessualer Überholung als unzulässig verworfen werden; vielmehr ist die Rechtmäßigkeit der zwischenzeitlich erledigten Maßnahme zu überprüfen und ggf. deren Rechtswidrigkeit festzustellen.[331]

Verfahren über die Haftbeschwerde

10.97 Das Verfahren über die Haftbeschwerde richtet sich nach den §§ 304 ff. StPO. Sie wird nach § 306 StPO bei dem Gericht, von dem oder von dessen Vorsitzenden die angefochtene Entscheidung erlassen ist, zu Protokoll der Geschäftsstelle oder schriftlich eingelegt. Sie ist **nicht fristgebunden.**

Erachtet das Gericht oder der Vorsitzende, dessen Entscheidung angefochten wird, die Beschwerde für begründet, so haben sie ihr abzuhelfen; andernfalls ist die Beschwerde sofort, **spätestens** vor **Ablauf von drei Tagen,** dem Beschwerdegericht vorzulegen. Die Frist beginnt mit Eingang der Beschwerde bei Gericht. Der Sinn und Zweck der Vorschrift als auch der Beschleunigungsgrundsatz gebieten

---

327) BGH, NStZ-RR 2012, 285; OLG Hamm, StRR 2015, 362 (LS).

328) OLG Stuttgart, Justiz 2005, 334; Meyer-Goßner/Schmitt, § 117 Rdnr. 14 m.w.N.; Burhoff, Ermittlungsverfahren, Rdnr. 2319 m.w.N.

329) OLG Stuttgart, Justiz 2004, 166; LG Mannheim, NStZ 2006, 592; Schlothauer/Weider/Nobis, Rdnr. 817; Burhoff, Ermittlungsverfahren, Rdnr. 2328.

330) BVerfG, StraFo 2006, 20.

331) BVerfG, NStZ-RR 2017, 379; BVerfG, StraFo 2006, 20; BVerfG, StV 2002, 609; Rinklin, Hauptverhandlung, Kap. 5, S. 106 ff. m.w.N.

es, dass auch die im Fall der Nichtabhilfe die darauf folgende Weiterleitung der Strafakten an das Beschwerdegericht unverzüglich zu erfolgen hat.[332] Der Verteidiger sollte daher auf diese Vorschrift in der Beschwerde hinweisen, denn die oft in der Praxis zu beobachtenden Verzögerungen können nicht hingenommen werden, weshalb der Verteidiger auch einen Verstoß gegen das Beschleunigungsgebot reklamieren sollte.[333]

Praxistipp

Es ist wenig empfehlenswert, lediglich Beschwerde einzulegen und diese nicht weiter zu begründen.[334] Der Verteidiger sollte zumindest in der Beschwerdeschrift zu erkennen geben, aus welchen tatsächlichen oder rechtlichen Gründen der Haftbefehl keinen Bestand haben kann. Meines Erachtens sollte aber auch eine Haftbeschwerde besser sorgfältig ausgearbeitet werden.

Darüber hinaus empfiehlt es sich, in der Beschwerde darum zu bitten, nach Eingang der Stellungnahme der Staatsanwaltschaft (vgl. § 33 Abs. 2 StPO) über diese informiert zu werden, damit der Verteidiger hierzu ggf. noch Ausführungen machen kann.   **10.98**

Während einer **laufenden Hauptverhandlung** ist die Beurteilung des **dringenden Tatverdachts** im Haftbeschwerdeverfahren nur in eingeschränktem Umfang der Nachprüfung durch das Beschwerdegericht zugänglich.[335]   **10.99**

Hinweis

Der Verteidiger muss wissen, dass das Beschwerdegericht den im Haftbefehl genannten Haftgrund auswechseln und bei einer falschen rechtlichen Beurteilung auch den Straftatbestand ändern kann.[336] Unzulässig ist es, wegen des geltenden **Verschlechterungsverbots**, einen außer Vollzug gesetzten Haftbefehl auf die Beschwerde des Beschuldigten wieder in Vollzug zu setzen.[337]

Die auf die Beschwerde hin ergehende Entscheidung ist zu begründen.[338] Im Falle einer **ablehnenden Entscheidung** des Beschwerdegerichts kann diese nach § 310 Abs. 1 Nr. 1 StPO mit der **weiteren Beschwerde** angefochten werden.   **10.100**

---

332) KG, StV 2015, 157.
333) Vgl. OLG Naumburg, NStZ-RR 2011, 123; OLG Hamm, StV 2002, 492; SSW-StPO/Herrmann, § 117 Rdnr. 46.
334) So auch Schlothauer/Weider/Nobis, Rdnr. 824.
335) BGH-StV 2016, 823; BGH, Beschl. v. 05.02.2015 – StB 1/15; BGH, StV 2004, 143; BGH, NStZ-RR 2003, 368; OLG Celle, StV 2015, 305; OLG Brandenburg, StV 2000, 505; OLG Karlsruhe, StV 1997, 312.
336) Schlothauer/Weider/Nobis, Rdnr. 826; Burhoff, Ermittlungsverfahren, Rdnr. 235; Meyer-Goßner/Schmitt, § 117 Rdnr. 11.
337) BVerfG, StV 2006, 26; OLG Düsseldorf, StV 1993, 480; Burhoff, Ermittlungsverfahren, Rdnr. 2325.
338) BVerfG, StV 2019, 111 (LS); BVerG, StV 2006, 251; Schlothauer/Weider/Nobis, Rdnr. 827; SSW-StPO/Herrmann § 117 Rdnr. 52 m.w.N.

10.101   Sind die gegen eine Haftentscheidung zulässigen Rechtsmittel erschöpft, so ist eine unzulässige erneute Haftbeschwerde grundsätzlich in einen Antrag auf Haftprüfung umzudeuten.[339]

---

339) KG Berlin, Beschl. v. 22.01.2016 – 4 Ws 9/16; OLG Jena, Beschl. v. 29.11.2006 – 1 Ws 397/06; KG, Beschl. v. 22.09.2000 – 1 AR 1132/00 - 4 Ws 180/00.

10.2   Mandatssituationen

10.2.1   Antrag auf Durchführung der mündlichen Haftprüfung

Kurzüberblick

- Aus dem Antrag muss sich ergeben, dass mündliche Haftprüfung begehrt wird.   10.102

- Ohne Zustimmung des Beschuldigten darf der Termin nicht mehr als zwei Wochen nach Eingang des Antrags anberaumt werden.

- Der Antrag ist bei dem Gericht einzureichen, das den Haftbefehl erlassen hat (§ 126 Abs. 1 Satz 1 StPO).

- Neben dem Antrag auf Haftprüfung ist die Beschwerde unzulässig (§ 117 Abs. 2 StPO).

- Gegen die Entscheidung im Rahmen der Haftprüfung ist die Beschwerde möglich.

Sachverhalt

Der nicht vorbestrafte und 58 Jahre alte Beschuldigte befindet sich auf Grund des Haftbefehls des Amtsgerichts vom 25.11. in U-Haft. Ihm wird zur Last gelegt, dass er am 15.10. maskiert und Handschuhe tragend eine Spielothek betreten hat. Er hielt dabei ein Messer in der Hand und drängte die allein anwesende Mitarbeiterin mit den Worten „Achtung, Achtung" in die Ecke und rief mehrfach „Wo ist das Geld?". Schließlich entwendete er aus der Kasse Bargeld i.H.v. 1.500 € und rannte davon. Am 20.10. wurde die Wohnung des Beschuldigten auf Grund des Durchsuchungsbeschlusses des Amtsgerichts durchsucht und dieser dem Beschuldigten auch ausgehändigt. Aus diesem ergeben sich die auch in dem Haftbefehl aufgeführten Tatvorwürfe. Bei seiner Vernehmung am 20.11. legt er ein Geständnis ab. Der Haftbefehl ist auf den Haftgrund der Fluchtgefahr gestützt. In dem Haftbefehl wird ausgeführt, dass von der dem Beschuldigten drohenden Strafe mit einer Mindeststrafe von fünf Jahren grundsätzlich ein starker Fluchtanreiz ausgehen würde.

Der Beschuldigte berichtet Ihnen, dass er verheiratet und seit fast 20 Jahren in ungekündigter Stellung als Paketzusteller bei seinem Arbeitgeber beschäftigt ist. Darüber hinaus verfügt er über einen festen Wohnsitz in der ehelichen Wohnung. Ebenfalls ist er finanziell in der Lage, den erbeuteten Geldbetrag an den Betreiber der Spielothek zurückzubezahlen, was auch im weiteren Verlauf erfolgt.

Der Beschuldigte ist aufgrund der Inhaftierung verzweifelt, fürchtet um seine Existenz und möchte von Ihnen wissen, ob es eine Möglichkeit gibt, dass er aus der U-Haft entlassen wird. Der Bruder des Beschuldigten kann ferner eine Kaution i.H.v. 10.000 € aufbringen.

Lösung

10.103 Nach § 112 Abs. 2 Nr. 2 StPO ist der Haftgrund der Fluchtgefahr gegeben, wenn die Gefahr besteht, dass der Beschuldigte sich dem Strafverfahren entziehen werde, wobei eine Abwägung aller Einzelfallumstände erforderlich ist.[340] Hierbei sind die **Art** der dem Beschuldigten zur Last gelegten Tat, dessen **Persönlichkeit**, seine **Lebensverhältnisse** und sein **Vorleben** sowie sein **Verhalten** vor und nach der Tatbegehung bedeutsam.[341] Bedeutung erlangen in diesem Zusammenhang die objektiven Umstände als auch die subjektive Einstellung des Beschuldigten und dessen Erwartung an den möglichen Verfahrensausgang.[342] Für die Beurteilung der Fluchtgefahr ist also eine Prognose des verfahrensbezogenen, künftigen Verhaltens des Beschuldigten notwendig.[343] Darüber hinaus ist die sogenannte Nettostraferwartung für die Beurteilung des sich aus der möglichen Strafe ergebenden Fluchtanreizes maßgebend.[344]

Der strafrechtlich bisher nicht in Erscheinung getretene Beschuldigte ist verheiratet und seit fast 20 Jahren in ungekündigter Stellung als Paketzusteller beschäftigt. Darüber hinaus verfügt er über einen festen Wohnsitz in der ehelichen Wohnung. Auf Grund der engen familiären und sozialen Beziehungen sowie in Anbetracht seines Alters von nahezu 58 Jahren ist es daher eher unwahrscheinlich, dass der Beschuldigte sein vertrautes, gesichertes Umfeld verlassen wird, um sich im Ausland eine neue Existenz aufzubauen. Für eine erfolgreiche Flucht fehlen ihm zudem angesichts des Einkommens als Paketzusteller die finanziellen Mittel. Darüber hinaus müsste er als deutscher Staatsangehöriger bei einer Verhaftung im Ausland mit seiner Auslieferung nach Deutschland rechnen. Von entscheidender Bedeutung ist auch, dass der Beschuldigte seinen Arbeitsplatz oder seinen Wohnsitz nicht aufgegeben hat, obwohl ihm die verfahrensgegenständlichen Taten wegen der Durchsuchung der Wohnung bereits über einen Monat vor der Inhaftierung bekannt gewesen sind. Anstalten zur Flucht oder zur Vorbereitung einer Flucht hat er nicht getroffen, sondern ein Geständnis abgelegt. Ebenso ist eine Schadenswiedergutmachung erfolgt, sodass insgesamt ein minder schwerer Fall nach § 250 Abs. 3 StGB in Betracht kommt.

Deshalb ist vorliegend die Fluchtgefahr erheblich gemildert, sodass durch weniger einschneidende Maßnahmen als der Inhaftierung der Fluchtgefahr begegnet und der Haftbefehl zumindest außer Vollzug gesetzt werden kann.

---

340) OLG Dresden, NStZ 2018, 304; KG, StV 2015, 646; KG, StV 2012, 609; OLG Hamm, StV 2003, 170.

341) Meyer-Goßner/Schmitt, § 112 Rdnr 19.

342) OLG Hamm, StV 2001, 115; SSW-StPO/Herrmann, § 112 Rdnr. 39.

343) KG, StV 2012, 350; OLG Karlsruhe, StV 2010, 31; OLG Düsseldorf, StV 1994, 85; OLG Köln, StV 1995, 475; OLG Karlsruhe, StV 2000, 513.

344) BGH, NStZ-RR 2018, 255; OLG Stuttgart, StV 2016, 815; Rinklin, jurisPR-StrafR 2/2017, Anm. 4; SSW-StPO/Hermann, § 112 Rdnr. 64.

Prozesstaktische Hinweise

Bei der für die Fluchtgefahr maßgebenden Prognose ist darüber hinaus nicht auf die **tatsächliche Strafe,** sondern nur auf den **tatsächlichen Freiheitsentzug,** also die sogenannte **Netto-Straferwartung** abzustellen.[345] Insbesondere ist dabei eine Entlassung aus der Strafhaft nach Verbüßung von zwei Dritteln ebenso zu berücksichtigen wie eine Anrechnung der bereits erlittenen U-Haft (§§ 57 Abs. 1 Satz 1 Nr. 1, 51 Abs. 1 Satz 1 StGB).[346] Empfehlenswert ist auch zu prüfen, ob etwaige Strafrahmenverschiebungen möglich sind oder z.B. ein minder schwerer Fall angenommen werden kann, da sich somit die zu erwartende Strafe und damit der von ihr ausgehende Fluchtanreiz reduziert. Hierbei ist z.B. an folgende Vorschriften zu denken: §§ 21, 23, 27, 28 Abs. 1, 46a, 46b StGB, 31 BtMG. Ebenfalls sollte bei einer versuchten Straftat geprüft werden, ob die Voraussetzungen des Rücktritts gem. § 24 StGB erfüllt sind.

10.104

Der Verteidiger sollte vor einem Antrag auf Durchführung der mündlichen Haftprüfung zunächst Kontakt mit dem zuständigen Staatsanwalt aufnehmen und in Erfahrung bringen, ob dieser zumindest einer Außervollzugsetzung des Haftbefehls beitreten würde. Bei dieser Gelegenheit kann dann auch erörtert werden, welche Auflagen i.S.d. § 116 StPO in Betracht kommen.

Muster

Antrag auf Durchführung der mündlichen Haftprüfung

Amtsgericht ...
(Anschrift)

In der Strafsache
gegen   ...
wegen   ...
Az.   ...

beantrage ich namens und in Vollmacht des Beschuldigten die Durchführung der

mündlichen Haftprüfung

und werde im Termin beantragen, wie folgt zu entscheiden:

---

345) BGH, NStZ-RR 2018, 255; OLG Stuttgart, StV 2016, 815; Rinklin, jurisPR-StrafR 2/2017, Anm. 4; SSW-StPO/Hermann, § 112 Rdnr. 64.
346) OLG Frankfurt a.M., StraFo 2014, 73; OLG Hamm, StV 2003, 170; OLG Hamm, StV 2002, 492; LG Köln, StV 1996, 385.

1. **Der Haftbefehl des AG ... vom ... – Az. ... wird aufgehoben.**

2. **Hilfsweise: Der Haftbefehl des AG ... vom ... – Az. ... wird gegen geeignete Auflagen außer Vollzug gesetzt.**

Zur

Begründung

führe ich wie folgt aus:

1. Dem Beschuldigten wird zur Last gelegt, er habe am 15.10. maskiert und Handschuhe tragend eine Spielothek betreten. Er habe hierbei ein Messer in der Hand gehalten und die allein anwesende Mitarbeiterin mit den Worten „Achtung, Achtung" in die Ecke gedrängt und mehrfach „Wo ist das Geld?" gerufen. Schließlich habe er aus der Kasse Bargeld i.H.v. 1.500 € entwendet und sei davongerannt. In seiner Beschuldigtenvernehmung am 20.11. hat der Beschuldigte die Tat eingeräumt. Zwischenzeitlich konnte der Geldbetrag wieder an den Betreiber der Spielothek zurückbezahlt werden.

Der Haftbefehl stützt sich auf den Haftgrund der Fluchtgefahr, wobei diese im Wesentlichen mit dem sich aus der hohen Straferwartung ergebenden Fluchtanreiz begründet wird.

2. Nach § 112 Abs. 2 Nr. 2 StPO ist der Haftgrund der Fluchtgefahr gegeben, wenn die Gefahr besteht, dass der Beschuldigte sich dem Strafverfahren entziehen werde, wobei eine Abwägung aller Einzelfallumstände erforderlich ist (OLG Dresden, NStZ 2018, 304; KG, StV 2015, 646; KG, StV 2012, 609; OLG Hamm, StV 2003, 170). Hierbei sind die Art der dem Beschuldigten zur Last gelegten Tat, dessen Persönlichkeit, seine Lebensverhältnisse und sein Vorleben sowie sein Verhalten vor und nach der Tatbegehung bedeutsam (Meyer-Goßner/Schmitt, § 112 Rdnr. 19). Bedeutung erlangen in diesem Zusammenhang sowohl die objektiven Umstände als auch die subjektive Einstellung des Beschuldigten und dessen Erwartung an den möglichen Verfahrensausgang (OLG Hamm, StV 2001, 115; SSW-StPO/Herrmann, § 112 Rdnr. 39). Für die Beurteilung der Fluchtgefahr ist also eine Prognose des verfahrensbezogenen künftigen Verhaltens des Beschuldigten notwendig (KG, StV 2012, 350; OLG Karlsruhe, StV 2010, 31; OLG Düsseldorf, StV 1994, 85; OLG Köln, StV 1995, 475; OLG Karlsruhe, StV 2000, 513).

Mit einer hohen Straferwartung alleine lässt sich die Fluchtgefahr nicht begründen, denn sie ist nur Ausgangspunkt der Erwägung, ob der Beschuldigte dem in ihr liegenden Fluchtanreiz nachgeben und sich dem Verfahren entziehen wird (BVerfG, NJW-Spezial 2018, 505; KG, StV 2012, 350; OLG Karlsruhe, StV 2010, 31; OLG Koblenz, StV 2002, 313; OLG Hamm, StV 2001, 115; OLG Karlsruhe, StV 2000, 513). Jede schematische Beurteilung anhand genereller Maßstäbe ist dabei unzulässig, vor allem die Erwägung, dass bei einer Straferwartung in bestimmter Höhe stets (oder nie) ein rechtlich beachtlicher Fluchtanreiz besteht (KG, StV 2017, 450; KG, StV 2015, 646; KG, StV 2012, 350; OLG Hamm, NJW-Spezial 2012, 537).

3. Der strafrechtlich bisher noch nicht in Erscheinung getretene Beschuldigte ist verheiratet und seit fast 20 Jahren in ungekündigter Stellung als Paketzusteller beschäftigt. Darüber hinaus verfügt er über einen festen Wohnsitz in der ehelichen Wohnung. Aufgrund der engen familiären und sozialen Beziehungen sowie in Anbetracht seines Alters von nahezu 58 Jahren ist es daher eher unwahrscheinlich, dass er sein vertrautes, gesichertes Umfeld verlassen wird, um sich im Ausland eine neue Existenz aufzubauen. Für eine erfolgreiche Flucht fehlen ihm zudem angesichts des Einkommens als Paketzusteller die finanziellen Mittel. Darüber hinaus müsste er als deutscher Staatsangehöriger bei einer Verhaftung im Ausland mit seiner Auslieferung nach Deutschland rechnen. Von entscheidender Bedeutung ist auch, dass der Beschuldigte seinen Arbeitsplatz oder seinen Wohnsitz nicht aufgegeben hat, obwohl ihm die verfahrensgegenständlichen Taten wegen der Durchsuchung der Wohnung bereits über einen Monat vor der Inhaftierung bekannt gewesen sind. Anstalten zur Flucht oder zur Vorbereitung einer Flucht hat er nicht getroffen, sondern ein Geständnis abgelegt. Ebenso ist eine Schadenswiedergutmachung möglich, sodass insgesamt ein minder schwerer Fall nach § 250 Abs. 3 StGB in Betracht kommt.

Der Haftgrund der Fluchtgefahr ist daher nicht gegeben, weshalb der Haftbefehl aufzuheben ist.

4. Darüber hinaus könnte der Haftbefehl hilfsweise auch gegen geeignete Auflagen außer Vollzug gesetzt werden.

Einer möglichen Fluchtgefahr könnte auch durch Maßnahmen des § 116 StPO begegnet werden und der Haftbefehl gegen geeignete Auflagen des § 116 Abs. 1 Satz 2 StPO außer Vollzug gesetzt werden.

Der Beschuldigte ist bereit, seinen Wohnsitz in der ehelichen Wohnung zu nehmen und auch einer polizeilichen Meldeauflage nachzukommen oder die Wohnung nur unter Aufsicht einer bestimmten Person zu verlassen.

Ebenfalls wird der Beschuldigte der Anweisung, den Wohn- oder Aufenthaltsort oder einen bestimmten Bereich nicht ohne Erlaubnis des Richters oder der Strafverfolgungsbehörde zu verlassen, entsprechen.

Weiterhin könnte der Bruder des Beschuldigten eine Sicherheit i.H.v. 10.000 € leisten.

Zumindest ist der Haftbefehl des Amtsgerichts daher gegen Auflagen außer Vollzug zu setzen.

Rechtsanwältin/Rechtsanwalt

10.2.2 Beschwerde gegen vollzogenen Haftbefehl mangels Haftgrund

Kurzüberblick

10.105   – Mit der Beschwerde kann der Haftbefehl selbst oder jede Entscheidung des Richters angegriffen werden.

– Auch gegen einen **nicht vollzogenen Haftbefehl** ist die Beschwerde möglich.

– Neben einem Antrag auf Haftprüfung ist die Beschwerde **unzulässig**.

– Die Beschwerde ist nicht **fristgebunden**.

– Die Beschwerde ist bei dem Gericht, dessen Entscheidung angefochten wird, schriftlich oder zu Protokoll der Geschäftsstelle einzulegen.

– Gegen eine ablehnende Entscheidung des Beschwerdegerichts ist **nach Maßgabe des § 310 StPO** die **weitere Beschwerde** möglich.

Sachverhalt

Dem Mandanten wird gewerbsmäßiger Betrug in 42 Fällen zur Last gelegt, gemeinschaftlich begangen mit dem Mitbeschuldigten M und dem früheren Mitbeschuldigten B. In zwölf Fällen soll es beim Versuch geblieben sein. Der Mandant soll neben den mitbeschuldigten Brüdern M und B Mitglied einer arbeitsteilig agierenden Tätergruppe gewesen sein, die in der Zeit vom 19.03. bis zum 14.07. unter Vorspiegelung nicht vorhandener Zahlungsbereitschaft im Internet (Waren-)Bestellungen unter fremdem Namen vorgenommen haben soll. Die daraufhin übersandten Waren sollen von unbekannt gebliebenen Mittätern oder von den Beschuldigten selbst mit dem Pkw des B an den bei der Bestellung angegebenen Adressen abgeholt worden sein. Da die Waren (wie beabsichtigt) in der darauffolgenden Zeit nicht bezahlt wurden, soll den Versandhändlern ein Gesamtschaden i.H.v. 19.503,63 € entstanden sein. In den Fällen, in denen die Taten nicht zur Vollendung gelangt sein sollen, soll der erstrebte Vorteil in Warenwerten bei insgesamt 7.107,17 € gelegen haben. Die Einzelschäden sollen zwischen 24,95 € und 1.753,00 € betragen, der höchste Bestellwert in den nicht zur Vollendung gelangten Fällen bei 1.778,00 € gelegen haben.

Gegen den Mandanten wurde Haftbefehl erlassen und in Vollzug gesetzt. Der Haftbefehl ist ausschließlich auf den Haftgrund der Wiederholungsgefahr nach § 112a Abs. 1 Nr. 2 StPO gestützt. Anhaltspunkte für andere Haftgründe liegen nicht vor.

Der Mandant bittet Sie um Auskunft, ob es Aussicht auf Erfolg hätte, gegen den Haftbefehl vorzugehen.

Lösung

U-Haft kann nach § 112a Abs. 1 StPO auch angeordnet werden, wenn der Haft-   **10.106**
grund der Wiederholungsgefahr gegeben ist.

Bei dem Haftgrund der Wiederholungsgefahr i.S.d. § 112a Abs. 1 StPO handelt
es sich um eine vorbeugende Maßnahme im Sinne einer **Sicherungshaft**, die
Schutz vor schweren Straftaten ermöglichen soll.[347] Der Vorschrift kommt demnach auch ein präventiv-polizeilicher Charakter zu, trotzdem ist sie mit dem
Grundgesetz vereinbar.[348] Auch Art. 5 Abs. 1 Satz 2c) EMRK sieht diesen Haftgrund vor. Im Übrigen verstößt der Haftgrund der Wiederholungsgefahr auch
nicht gegen die Unschuldsvermutung des Art. 6 Abs. 2 EMRK.[349] Der Haftgrund
der Wiederholungsgefahr dient somit nicht der Sicherung des Verfahrens, sondern soll die Rechtsgemeinschaft vorbeugend vor weiteren Taten bewahren, weshalb an diese präventive Sicherungshaft aus verfassungsrechtlichen Gründen
strenge Anforderungen zu stellen sind.[350] Der Beschuldigte wird also verhaftet
damit er die Freiheit nicht dazu missbrauchen kann weitere Straftaten zu begehen.[351]

Vorliegend ist zu prüfen, ob die Voraussetzungen des § 112 Abs. 1 Nr. 2 StPO
erfüllt sind.

Bei Taten i.S.d. § 112 Abs. 1 Nr. 2 StPO handelt es sich um solche, die **wiederholt
oder fortgesetzt** begangen worden sein müssen und darüber hinaus die **Rechtsordnung schwerwiegend** beeinträchtigen, damit der Haftgrund angenommen
werden kann.[352] Der Katalog des § 112 Abs. 1 Nr. 2 StPO enthält solche Delikte,
die erfahrungsgemäß oft als Serienstraftaten begangen werden.[353]

Unabhängig davon, ob der Haftbefehl sich auf § 112a Abs. 1 Nr. 1 oder Abs. 1
Nr. 2 StPO stützt, bedarf es zunächst eines dringenden Tatverdachts (vgl.
Rdnr. 10.20 ff.) bzgl. einer in der Norm enumerativ aufgezahlten (schweren)
sogenannten **Anlasstaten**.[354] Weiterhin ist Voraussetzung, dass jede einzelne
Straftat in ihrem konkreten Erscheinungsbild eine die Rechtsordnung schwerwie-
gend beeinträchtigende Tat darstellt.[355]

---

347) Burhoff, Ermittlungsverfahren, Rdnr. 4169.
348) BVerfG, NJW 1966, 243; BVerfG, NJW 1973, 1363.
349) SSW-StPO/Herrmann, § 112a Rdnr 1.
350) OLG Bremen, StV 2013, 773; KG, Beschl. v. 28.02.2012 – 4 Ws 18/12; OLG Oldenburg,
      StV 2012, 352; OLG Dresden, StV 2006, 534; OLG Bremen, NStZ-RR 2001, 220.
351) LR/Hilger, § 112a Rdnr. 49.
352) SSW-StPO/Herrmann, § 112a Rdnr. 11.
353) SSW-StPO/Herrmann, § 112a Rdnr. 11; 439; Meyer-Goßner/Schmitt, § 112a Rdnr. 7.
354) Burhoff, Ermittlungsverfahren, Rdnr. 4173.
355) OLG Karlsruhe, StV 2017, 456; OLG Hamburg, StRR 2017, Nr. 8, 2 (LS); OLG Frankfurt,
      StV 2016, 816; OLG Hamm, NStZ-RR 2015, 115; KG, Beschl. v. 28.02.2012 – 4 Ws 18/12;
      OLG Braunschweig, StV 2012, 352; OLG Karlsruhe, NStZ-RR 2006, 210; OLG Dresden,
      StV 2006, 534; OLG Frankfurt, NStZ 2001, 75; Burhoff, Ermittlungsverfahren, Rdnr. 4173.

Hierfür ist es notwendig, dass die in Frage kommenden, bereits abstrakt erheblichen Straftaten auch konkret in überdurchschnittlicher Weise begangen worden sind.[356] Die Taten müssen ihrem Schweregrad nach zumindest in der oberen Hälfte der mittelschweren Straftaten einzustufen sein.[357] Neben der Art der Tatbegehung sind vor allem Art und Ausmaß des im Einzelfall entstandenen Schadens ein gewichtiges Indiz.[358]

Ferner ist es erforderlich, dass jede Einzeltat die Rechtsordnung schwerwiegend beeinträchtigt, es ist also nicht auf die Gesamtheit aller Taten abzustellen.[359] Es ist deshalb unzulässig, die Tatschwere auf den Gesamtschaden zu beziehen.[360] Darüber hinaus muss der Beschuldigte wiederholt oder fortgesetzt, also in mindestens zwei Fällen (zwei rechtlich selbstständige Handlungen, § 53 StGB), eine der genannten Taten begangen haben.[361]

Die dem Mandanten angelasteten Betrugstaten stellen keine Anlasstaten i.S.d. § 112a StPO dar. Betrugstaten kommen danach nur dann als Anlasstaten in Betracht, wenn sie hinsichtlich der Art der Ausführung der Tat oder des Schadensumfangs, also in ihrem Schweregrad etwa dem besonders schweren Fall des Diebstahls nach § 243 StGB entsprechen.[362] Zwar wird der Mandant einer Vielzahl (zum Teil versuchter) gewerbsmäßig begangener Betrugstaten beschuldigt. Eine schwerwiegende Beeinträchtigung der Rechtsordnung ist durch diese Straftaten aber nicht eingetreten. Art und Ausmaß des Schadens sind bei keiner der verfahrensgegenständlichen Straftaten erheblich. Ein im Einzelfall eingetretener oder beabsichtigter Vermögensschaden von ca. 1.800 € qualifiziert weder den Schweregrad der Tat noch deren Unrechtsgehalt als überdurchschnittlich.[363]

Die Wiederholungsgefahr nach § 112a Abs. 1 Nr. 2 StPO ist daher nicht gegeben.

Prozesstaktische Hinweise

10.107   § 112a Abs. 1 StPO findet nach der Regelung in § 112a Abs. 2 StPO keine Anwendung, wenn die Voraussetzungen für den Erlass eines Haftbefehls nach § 112 StPO vorliegen und die Voraussetzungen für die Aussetzung des Vollzugs dieses Haftbefehls nach § 116 Abs. 1, 2 StPO nicht gegeben sind. Sind also die Voraussetzungen eines Haftbefehls nach § 112 StPO gegeben, und kommt eine

---

356) OLG Karlsruhe, StV 2017, 456; OLG Karlsruhe, NStZ-RR 2006, 210, 211; OLG Dresden, StV 2006, 534.
357) OLG Karlsruhe, StV 2017, 456; OLG Bremen, StV 2013, 773; OLG Braunschweig, StV 2012, 352; OLG Karlsruhe, NStZ-RR 2006, 210; OLG Hamm, StV 2011, 291.
358) OLG Karlsruhe, StV 2017, 456; OLG Hamm, a.a.O.; OLG Jena, NStZ-RR 2009, 143; OLG Karlsruhe, NStZ-RR 2006, 210.
359) OLG Hamm, StV 2011, 291; OLG Karlsruhe, StV 2002, 147; LG Braunschweig, StV 2016, 165; LG Freiburg, StV 2015, 648.
360) OLG Frankfurt, StV 2016, 816; OLG Karlsruhe, StV 2002, 147; OLG Frankfurt, StV 2000, 209.
361) Meyer-Goßner/Schmitt, § 112a Rdnr. 8.
362) KG, NStZ-RR 2015, 115; OLG Naumburg, NStZ-RR 2013, 49; OLG Hamm, StV 2010, 291.
363) KG, NStZ-RR 2015, 115; OLG Naumburg, NStZ-RR 2013, 49; OLG Hamm, StV 2010, 291.

Haftverschonung gem. § 116 StPO nicht in Betracht, so wird der Haftbefehl auch dann gem. § 112 StPO erlassen, wenn Wiederholungsgefahr besteht.[364]

Der Haftgrund der **Wiederholungsgefahr** ist somit **subsidiär** zu den **Haftgründen nach § 112 StPO**. Nach § 112 Abs. 2 StPO ist die Sicherungshaft nicht erforderlich um einer Wiederholungsgefahr zu begegnen, wenn der Beschuldigte anderweitig an der Begehung oder Fortsetzung von Straftaten gehindert werden kann, z.B. weil U-Haft wegen Haftgründen nach § 112 StPO vollzogen werden kann.[365] Es ist nicht möglich, den Haftbefehl hilfsweise oder konkurrierend, auf den Haftgrund der Wiederholungsgefahr neben den anderen Haftgründen nach § 112 StPO zu stützen.[366]

> **Hinweis**
>
> Wenn einem Haftbefehl die Wiederholungsgefahr zu Grunde liegt, müssen bei dem Verteidiger die Alarmglocken läuten, da ihm dann bewusst sein muss, dass seinem Mandanten erhebliche Rechtsfolgen, ggf. auch Sicherungsverwahrung drohen kann, da es sich um einen Täter handelt, der in einem relativ kurzen Zeitraum wiederholt schwere Taten begangen und sich ggf. von einer vorherigen Verurteilung nicht von der Tatbegehung hat abschrecken lassen. Ein unerfahrener oder nur gelegentlich in Strafsachen tätiger Rechtsanwalt sollte daher in jedem Fall einen erfahrenen Verteidiger hinzuziehen.[367]

Darüber hinaus ist die Beschwerde nach § 306 Abs. 2 zweiter Halbsatz StPO **spätestens vor Ablauf von drei Tagen** dem Beschwerdegericht vorzulegen, wenn das Gericht der Beschwerde nicht abhilft. Die Frist beginnt mit Eingang der Beschwerde bei Gericht.

Die Beschwerde muss schriftlich oder zur Niederschrift der Geschäftsstelle bei dem Gericht eingelegt werden, dessen Entscheidung angefochten wird.

Die auf die Beschwerde hin ergehende Entscheidung ist zu begründen.[368] Im Falle einer **ablehnenden Entscheidung** des Beschwerdegerichts kann diese nach § 310 Abs. 1 Nr. 1 StPO mit der **weiteren Beschwerde** angefochten werden.

---

364) LG Gera, StraFo 2000, 205.
365) LR/Hilger, § 112a Rdnr. 47.
366) OLG Köln, NStZ 2004, 79; LG Gera, StraFo, a.a.O.; LG Bonn, StV 1988, 439; Meyer-Goßner/Schmitt, § 112a Rdnr. 17.
367) So auch Burhoff, Ermittlungsverfahren, Rdnr. 4169.
368) BVerfG, StV 2019, 111 (LS); BVerG, StV 2006, 251; Schlothauer/Weider/Nobis, Rdnr. 827; SSW-StPO/Herrmann, § 117 Rdnr. 52 m.w.N.

Rinklin

Muster

Beschwerde gegen vollzogenen Haftbefehl mangels Haftgrund

Amtsgericht ...
(Anschrift)

In der Strafsache
gegen   ...
wegen   ...
Az.   ...

lege ich namens und in Vollmacht des Beschuldigten **unter Hinweis** auf § 306 Abs. 2 zweiter Halbsatz StPO gegen den Haftbefehl des Amtsgerichts ... vom ...

Beschwerde

ein und beantrage wie folgt zu entscheiden:

1. **Auf die Beschwerde des Beschuldigten wird der Haftbefehl des Amtsgerichts ... vom ... aufgehoben.**

2. **Die Kosten und die notwendigen Auslagen des Beschuldigten für das Beschwerdeverfahren trägt die Staatskasse.**

Zur

Begründung

führe ich wie folgt aus:

1. Dem Beschuldigten wird gewerbsmäßiger Betrug in 42 Fällen zur Last gelegt, gemeinschaftlich begangen mit dem Mitbeschuldigten M und dem früheren Mitbeschuldigten B. In zwölf Fällen soll es beim Versuch geblieben sein. Der Beschuldigte soll neben den mitbeschuldigten Brüdern M und B Mitglied einer arbeitsteilig agierenden Tätergruppe gewesen sein, die in der Zeit vom 19.03. bis zum 14.07. unter Vorspiegelung nicht vorhandener Zahlungsbereitschaft im Internet (Waren-)Bestellungen unter fremdem Namen vorgenommen haben soll. Die daraufhin übersandten Waren sollen von unbekannt gebliebenen Mittätern oder von den Beschuldigten selbst mit dem Pkw des B an den bei der Bestellung angegebenen Adressen abgeholt worden sein. Da die Waren (wie beabsichtigt) in der darauffolgenden Zeit nicht bezahlt wurden, soll den Versandhändlern ein Gesamtschaden i.H.v. 19.503,63 € entstanden sein. In den Fällen, in denen die Taten nicht zur Vollendung gelangt sein sollen, soll der erstrebte Vorteil in Warenwerten bei insgesamt 7.107,17 € gelegen haben. Die Einzelschäden sollen zwischen 24,95 € und 1.753,00 € betragen, der höchste Bestellwert in den nicht zur Vollendung gelangten Fällen bei 1.778,00 € gelegen haben.

Rinklin

2. Der Haftbefehl stützt sich auf den Haftgrund der Wiederholungsgefahr, der vorliegend nicht angenommen werden kann.

Bei Taten i.S.d. § 112 Abs. 1 Nr. 2 StPO handelt es sich um solche, die wiederholt oder fortgesetzt begangen worden sein müssen und darüber hinaus die Rechtsordnung schwerwiegend beeinträchtigen, damit der Haftgrund angenommen werden kann (SSW-StPO/Herrmann, § 112a Rdnr. 11). Der Katalog des § 112 Abs. 1 Nr. 2 StPO enthält solche Delikte, die erfahrungsgemäß oft als Serienstraftaten begangen werden (SSW-StPO/Herrmann, § 112a Rdnr. 11; 439; Meyer-Goßner/Schmitt, § 112a Rdnr. 7).

Unabhängig davon, ob der Haftbefehl sich auf § 112a Abs. 1 Nr. 1 oder Abs. 1 Nr. 2 StPO stützt, bedarf es zunächst eines dringenden Tatverdachts (vgl. Rdnr. 10.20 ff.) bzgl. einer in der Norm enumerativ aufgezählten (schweren) sogenannten Anlasstaten (Burhoff, Ermittlungsverfahren, Rdnr. 4173). Weiterhin ist Voraussetzung, dass jede einzelne Straftat in ihrem konkreten Erscheinungsbild eine die Rechtsordnung schwerwiegend beeinträchtigende Tat darstellt (OLG Karlsruhe, StV 2017, 456; OLG Hamburg, StRR 2017, Nr. 8, 2 (LS); OLG Frankfurt, StV 2016, 816; OLG Hamm, NStZ-RR 2015, 115; KG, Beschl. v. 28.02.2012 – 4 Ws 18/12; OLG Braunschweig, StV 2012, 352; OLG Karlsruhe, NStZ-RR 2006, 210; OLG Dresden, StV 2006, 534; OLG Frankfurt, NStZ 2001, 75; Burhoff, Ermittlungsverfahren, Rdnr. 4173).

Die dem Beschuldigten angelasteten Betrugstaten stellen keine Anlasstaten i.S.d. § 112a StPO dar. Betrugstaten kommen danach nur dann als Anlasstaten in Betracht, wenn sie hinsichtlich der Art der Ausführung der Tat oder des Schadensumfangs, also in ihrem Schweregrad etwa dem besonders schweren Fall des Diebstahls nach § 243 StGB entsprechen (KG, NStZ-RR 2015, 115; OLG Naumburg, NStZ-RR 2013, 49; OLG Hamm, StV 2010, 291). Zwar wird der Mandant einer Vielzahl (zum Teil versuchter) gewerbsmäßig begangener Betrugstaten beschuldigt. Eine schwerwiegende Beeinträchtigung der Rechtsordnung ist durch diese Straftaten aber nicht eingetreten. Art und Ausmaß des Schadens sind bei keiner der verfahrensgegenständlichen Straftaten erheblich. Ein im Einzelfall eingetretener oder beabsichtigter Vermögensschaden von ca. 1.800,00 € qualifiziert weder den Schweregrad der Tat noch deren Unrechtsgehalt als überdurchschnittlich (KG, NStZ-RR 2015, 115; OLG Naumburg, NStZ-RR 2013, 49; OLG Hamm, StV 2010, 291).

Die Wiederholungsgefahr nach § 112a Abs. 1 Nr. 2 StPO ist daher nicht gegeben.

Rechtsanwältin/Rechtsanwalt

10.2.3 Antrag auf gerichtliche Entscheidung gegen Versagung einer Dauerbesuchserlaubnis

Kurzüberblick

- Dem in U-Haft befindlichen Beschuldigten können **haftgrundbezogene Beschränkungen** auferlegt werden (BVerfG, StV 1993, 592; OLG Hamm, StV 2014, 28; KG, StV 2010, 370).

10.108

– Sie müssen zur **Abwehr** einer Flucht-, Verdunkelungs- oder Wiederholungsgefahr **erforderlich** sein (BVerfGE 15, 288; 34, 369; BVerfG, StV 2016, 166; OLG Hamm, Beschl. v. 28.05.2019 – III-5 Ws 217/19).

– Beschränkungen sind auch wegen im **Haftbefehl nicht genannter Haftgründe** möglich, sofern Anhaltspunkte vorliegen, dass sie erforderlich sind (OLG Celle, StraFo 2019, 219; OLG Bremen, StV 2017, 455; OLG Dresden, StraFo 2016, 206; OLG Hamm, StV 2016, 166; OLG Frankfurt, Beschl. v. 27.03.2017 – 3 Ws 288/12; OLG Hamm, Beschl. v. 28.05.2019 – III-5 Ws 217/19).

– Beschränkungen des Telekommunikations-, Besuchs- sowie Schrift- und Paketverkehrs sind ganz erhebliche Eingriffe für die betroffenen Personen und nur zulässig, wenn **konkrete Anhaltspunkte** für eine Gefährdung der Haftzwecke bestehen (KG, StV 2015, 306; OLG Hamm, Beschl. v. 28.05.2019 – III-5 Ws 217/19).

Sachverhalt

Der Beschuldigte, der sich nicht zur Sache eingelassen hat, befindet sich in U-Haft. Der Beschränkungsbeschluss nach § 119 StPO sieht vor, dass Besuche der Erlaubnis bedürfen und zu überwachen sind. Die Ausführung der Anordnung ist der Staatsanwaltschaft übertragen; Anklage wurde noch nicht erhoben. Der Beschuldigte beantragt für seinen Vater und einen Freund bei der Staatsanwaltschaft die Erteilung einer Dauerbesuchserlaubnis. Beide Personen sind an der Tat nicht beteiligt gewesen. Die Staatsanwaltschaft lehnt mit Verfügung vom 03.09. die Erteilung des Dauersprechscheins für beide Personen ab. Zur Begründung beruft sie sich darauf, dass der Beschuldigte sich bislang nicht zur Sache eingelassen habe. Es seien für die Personen bereits drei Einzelsprechscheine erteilt worden. Im Übrigen seien die Gespräche von einem Beamten der Kriminalpolizei im Beisein eines Dolmetschers zu überwachen, weshalb der Aufwand für die Gespräche erheblich sei. Der Besuch durch Verwandte und Freunde sei nicht gänzlich verwehrt worden. Dem Beschuldigten stehe für den weiteren Kontakt das Schreiben von Briefen zur Verfügung.

Der Mandant übergibt Ihnen die Verfügung der Staatsanwaltschaft und bittet Sie um Auskunft, ob es eine Möglichkeit gibt, dagegen vorzugehen. Was können Sie ihm raten?

Lösung

10.109   Dem Beschuldigten kann geholfen werden, da ein Antrag auf gerichtliche Entscheidung nach § 119 Abs. 5 StPO gegen die ablehnende Verfügung der Staatsanwaltschaft Aussicht auf Erfolg bietet.

Voraussetzung für die Zulässigkeit einer Anordnung gem. § 119 Abs. 1 StPO und den damit verbundenen Grundrechtseingriff ist eine **reale Gefährdung** der in der Norm bezeichneten öffentlichen Interessen, welcher durch die Inhaftierung für sich betrachtet nicht ausreichend begegnet werden kann.[369] Für die Annahme einer solchen Gefahr müssen **konkrete Anhaltspunkte** gegeben sein; alleine die bloße Möglichkeit, dass ein Untersuchungsgefangener seine Freiheiten missbraucht, ist nicht ausreichend.[370] Jede über die Inhaftierung hinausreichende Beschränkung der Freiheitsrechte des Beschuldigten ist einzeln auf deren konkrete Notwendigkeit zu prüfen, ausdrücklich anzuordnen und zu begründen, wobei eine einzelfallbezogene Abwägung vorzunehmen ist, wenn dem Beschuldigten belastende Maßnahmen auferlegt werden.[371]

Ist eine **akustische Besuchsüberwachung** angeordnet, muss immer geprüft werden, ob in dem jeweiligen Einzelfall konkrete Anhaltspunkte dafür gegeben sind, dass ein nicht akustisch überwachter Besuch eine Gefährdung des Haftzwecks mit sich bringt (vgl. Rdnr. 10.68).[372]

Sind **Gespräche zwischen Familienangehörigen** betroffen, so ist es erforderlich, um Art. 6 Abs. 1 GG ausreichend Rechnung zu tragen, eine besonders ernsthafte und eingehende, auch die Haftdauer einschließende und an dem Kriterium der Zumutbarkeit orientierte Prüfung vorzunehmen, ob die Beschränkung unverzichtbar vom Untersuchungshaftzweck gefordert wird.[373]

Vorliegend sind die Personen, für welche die Dauerbesuchserlaubnis beantragt wurde, nicht an der Tat beteiligt und weder als Zeugen benannt oder vernommen worden. Eine relevante Gefahr der verfahrensbeeinflussenden Absprache zwischen Tatbeteiligten oder der Beeinflussung von Zeugen ist nicht ersichtlich. Vor diesem Hintergrund erscheinen die Zuziehung eines Dolmetschers und die Überwachung der Besuche durch einen Beamten der Kriminalpolizei nicht erforderlich.

Darüber hinaus handelt es sich bei dem Vater des Beschuldigten auch um einen nahen Angehörigen, sodass die Besuchserlaubnis nur unter engen Voraussetzungen abgelehnt werden kann. Zudem müssen bei beiden Personen konkrete Besuchshindernisse vorliegen, damit die Erteilung der (Dauer-)Besuchserlaubnis versagt werden kann, welche vorliegend nicht erkennbar sind. Es obliegt ferner der Entscheidung des Untersuchungsgefangenen, wie er die jeweils im Monat zur Verfügung stehende Besuchszeit nutzt.

Die vom Beschuldigten beantragten Dauersprechscheine sind daher zu erteilen.

---

369) BVerfGE 15, 288; 34, 369; BVerfG, StV 2016, 166; OLG Celle, a.a.O.
370) BVerfG, StV 2009, 253; OLG Zweibrücken, StV 2019, 567; OLG Hamm, StV 2014, 28; OLG Köln, StV 2013, 525; KG, NStZ-RR 2013, 215 (LS); OLG Düsseldorf, StV 2011, 746.
371) BVerfG, StV 2016, 166; KG, StV 2015, 306.
372) OLG Düsseldorf, NStZ-RR 2003, 126.
373) OLG Dresden, a.a.O.; BVerfG, NStZ 1994, 52; KG, Beschl. v. 12.02.2001 – 1 AR 960/00 - 4 Ws 23 und 24/01; LG Freiburg, StraFo 1998, 242.

Prozesstaktische Hinweise

10.110 Gegen Entscheidungen oder sonstige Maßnahmen nach § 119 StPO kann gem. § 119 Abs. 5 StPO **gerichtliche Entscheidung** beantragt werden, soweit nicht das Rechtsmittel der Beschwerde statthaft ist. Der Antrag hat **keine aufschiebende Wirkung.**

Zu den statthaften Rechtsbehelfen vgl. Rdnr. 10.74.

> **Hinweis**
>
> Hinzuweisen ist darauf, dass nicht nur der Beschuldigte die Entscheidung beanstanden kann, sondern jede Person, die von der Entscheidung unmittelbar betroffen ist, also z.B. auch die Person, welcher die Besuchserlaubnis versagt wird.[374]

Muster

Antrag auf gerichtliche Entscheidung gegen Versagung einer Dauerbesuchserlaubnis

Staatsanwaltschaft ...
(Anschrift)

In der Strafsache
gegen   ...
wegen   ...
Az.   ...

stelle ich namens und in Vollmacht des Beschuldigten

Antrag auf gerichtliche Entscheidung gegen die Verfügung der Staatsanwaltschaft vom ...

und **beantrage** wie folgt zu entscheiden:

Auf Antrag des Beschuldigten wird folgenden Personen eine Dauerbesuchserlaubnis für den Besuch beim Beschuldigten zu den üblichen Besuchszeiten der JVA ... erteilt:

- Name, Anschrift

- Name, Anschrift

---

374) OLG Düsseldorf, StraFo 2014, 74; OLG Celle, StraFo 2016, 23; OLG Stuttgart, StV 1995, 260; Burhoff, Ermittlungsverfahren, Rdnr. 4348.

Zur

Begründung

führe ich wie folgt aus:

1. Der Beschuldigte befindet sich auf Grund des Haftbefehls des Amtsgerichts ... seit ... ununterbrochen in der JVA ... in Untersuchungshaft. Der Beschränkungsbeschluss vom ... sieht vor, dass Besuche der Erlaubnis bedürfen und zu überwachen sind. Die Ausführung der Anordnung ist der Staatsanwaltschaft übertragen.

   Der Beschuldigte hat am ... für seinen Vater und einen Freund bei der Staatsanwaltschaft die Erteilung einer Dauerbesuchserlaubnis beantragt. Beide Personen sind an der Tat nicht beteiligt gewesen. Die Staatsanwaltschaft lehnte mit Verfügung vom 03.09. die Erteilung des Dauersprechscheins für beide Personen ab. Zur Begründung beruft sie sich darauf, dass der Beschuldigte sich bislang nicht zur Sache eingelassen habe. Es seien für die Personen bereits drei Einzelsprechscheine erteilt worden. Im Übrigen seien die Gespräche von einem Beamten der Kriminalpolizei im Beisein eines Dolmetschers zu überwachen, weshalb der Aufwand für die Gespräche erheblich sei. Der Besuch durch Verwandte und Freunde sei nicht gänzlich verwehrt worden. Dem Beschuldigten stehe für den weiteren Kontakt das Schreiben von Briefen zur Verfügung.

2. Voraussetzung für die Zulässigkeit einer Anordnung gem. § 119 Abs. 1 StPO und den damit verbundenen Grundrechtseingriffen ist eine reale Gefährdung der in der Norm bezeichneten öffentlichen Interessen, welcher durch die Inhaftierung für sich betrachtet nicht ausreichend begegnet werden kann (BVerfGE 15, 288; 34, 369; BVerfG, StV 2016, 166, OLG Celle, a.a.O.). Für die Annahme einer solchen Gefahr müssen konkrete Anhaltspunkte gegeben sein; allein die bloße Möglichkeit, dass ein Untersuchungsgefangener seine Freiheiten missbraucht, ist nicht ausreichend (BVerfG, StV 2009, 253; OLG Zweibrücken, StV 2019, 567; OLG Hamm, StV 2014, 28; OLG Köln, StV 2013, 525; KG, NStZ-RR 2013, 215 (LS); OLG Düsseldorf, StV 2011, 746). Jede über die Inhaftierung hinausreichende Beschränkung der Freiheitsrechte des Beschuldigten sind einzeln auf deren konkrete Notwendigkeit zu prüfen, ausdrücklich anzuordnen und zu begründen, wobei eine einzelfallbezogene Abwägung vorzunehmen ist, wenn belastende Maßnahmen dem Beschuldigten auferlegt werden (BVerfG, StV 2016, 166; KG, StV 2015, 306).

   Ist eine akustische Besuchsüberwachung angeordnet, muss immer geprüft werden, ob in dem jeweiligen Einzelfall konkrete Anhaltspunkte dafür gegeben sind, dass ein nicht akustisch überwachter Besuch eine Gefährdung des Haftzwecks mit sich bringt (OLG Düsseldorf, NStZ-RR 2003, 126).

   Sind Gespräche zwischen Familienangehörigen betroffen, so ist es erforderlich, um Art. 6 Abs. 1 GG ausreichend Rechnung zu tragen, eine besonders ernsthafte und eingehende, auch die Haftdauer einschließende und an dem Kriterium der Zumutbarkeit orientierte Prüfung vorzunehmen, ob die Beschränkung unverzichtbar vom Untersuchungshaftzweck gefordert wird (OLG Dresden, a.a.O.; BVerfG, NStZ 1994, 52; KG, Beschl. v. 12.02.2001 – 1 AR 960/00 - 4 Ws 23 und 24/01; LG Freiburg, StraFo 1998, 242).

Rinklin

Vorliegend sind die Personen, für welche die Dauerbesuchserlaubnis beantragt wurde, nicht an der Tat beteiligt und weder als Zeugen benannt oder vernommen worden. Eine relevante Gefahr der verfahrensbeeinflussenden Absprache zwischen Tatbeteiligten oder der Beeinflussung von Zeugen ist nicht ersichtlich. Vor diesem Hintergrund erscheinen die Zuziehung eines Dolmetschers und die Überwachung der Besuche durch einen Beamten der Kriminalpolizei nicht erforderlich.

Darüber hinaus handelt es sich bei dem Vater des Beschuldigten auch um einen nahen Angehörigen des Beschuldigten, sodass die Besuchserlaubnis nur unter engen Voraussetzungen abgelehnt werden kann. Zudem müssen bei beiden Personen konkrete Besuchshindernisse vorliegen, damit die Erteilung der (Dauer-)Besuchserlaubnis versagt werden kann, welche vorliegend aber nicht erkennbar sind. Es obliegt ferner der Entscheidung des Untersuchungsgefangenen, wie er die jeweils im Monat zur Verfügung stehende Besuchszeit nutzt.

Die vom Beschuldigten beantragten Dauersprechscheine sind daher zu erteilen.

Rechtsanwältin/Rechtsanwalt

10.2.4 Weitere Beschwerde gegen Haftbefehl wegen Verdunkelungsgefahr

Kurzüberblick

10.111 – Verdunkelungsgefahr liegt vor, wenn auf Grund **bestimmter Tatsachen** das Verhalten des Beschuldigten den dringenden Verdacht begründet, er werde **aktiv und in unlauterer Weise** auf sachliche oder persönliche Beweismittel einwirken, und wenn auf Grund dessen die Gefahr droht, dass die Ermittlung der Wahrheit der Straftat erschwert wird, welcher er dringend verdächtigt wird.[375]

– Mögliche Verdunkelungshandlungen sind in § 112 Abs. 2 Nr. 3 StPO **abschließend** aufgeführt.[376] Die Verdunkelungsgefahr kann nur auf die Straftaten gestützt werden, die dem Haftbefehl zugrunde liegen.[377]

– Die **bloße Möglichkeit,** dass der Beschuldigte Verdunkelungshandlungen ohne Inhaftierung vornimmt, reicht nicht aus.[378]

---

375) OLG Köln, StV 2018, 164; OLG Frankfurt, StV 2009, 652; OLG Hamm, wistra 2006, 278; OLG Hamm, StraFo 2002, 140; OLG Karlsruhe, StV 2001, 686; OLG Frankfurt, StV 2000, 151; OLG Köln, StV 1997, 27; OLG München, StV 1996, 439; LR/Hilger, § 112 Rdnr. 44.
376) OLG Karlsruhe, a.a.O.
377) KG, StraFo 2019, 416; OLG Frankfurt, StV 2009, 652; OLG Karlsruhe, StV 2001, 686; Meyer-Goßner/Schmitt, § 112 Rdnr. 26.
378) OLG Hamm, StV 1985, 114; OLG Zweibrücken, StV 1992, 476.

Rinklin

– Es ist die auf Tatsachen gestützte **Prognose** erforderlich, dass der Beschuldigte die Gelegenheit von Verdunkelungshandlungen auch wahrnehmen wird.[379]

– Da die Verdunkelungsgefahr auf einer Prognoseentscheidung beruht, kann auch früheres Täterverhalten berücksichtigt werden.

– Der Verdacht kann sich aus seinem **Verhalten, seinen Beziehungen** und den **Lebensumständen** ergeben.[380]

Sachverhalt

Der Beschuldigte befindet sich in U-Haft. In dem Haftbefehl wird ihm zur Last gelegt, durch „mehrere selbständige" Handlungen schweren Bandendiebstahl verübt sowie Urkundenfälschung begangen zu haben. Ausdrücklich bezieht sich der Tatvorwurf auf die Entwendung eines Pkw BMW 318i beim Autohaus A, der nun unter dem Kennzeichen X auf den Beschuldigten zugelassen ist und an dem die Fahrgestell-Nr. verändert worden ist. Der Haftbefehl geht zudem davon aus, dass auch noch mit anderen Fahrzeugen in der genannten Art verfahren „wurde". Der Haftbefehl ist auf den Haftgrund der Verdunkelungsgefahr gestützt, u.a. weil der Beschuldigte jegliche Tatbeteiligung bestreitet und sich weigert, Mittäter zu benennen.

Nachdem Sie Haftbeschwerde eingelegt haben und das Amtsgericht der Beschwerde nicht abgeholfen hat, bleibt der Beschwerde auch beim Landgericht der Erfolg versagt. Was können Sie nun tun?

Lösung

Die Entscheidung des Landgerichts kann nach § 310 Abs. 1 Nr. 1 StPO mit der **weiteren Beschwerde** angefochten werden.

10.112

Für die Annahme der konkreten Gefahr der Verdunkelung ist es erforderlich, dass die potentielle Verdunkelungshandlung des Beschuldigten objektiv (noch) geeignet ist, die Wahrheitsermittlung zu erschweren, woran es mangeln kann, wenn die Beweise in einer Weise gesichert sind, dass der Beschuldigte die Ermittlung der Wahrheit nicht mehr erfolgreich behindern könnte[381] (z.B. vom Gericht für glaubhaft erachtetes richterliches Geständnis[382] sowie richterlich protokollierte Aussage der Geschädigten[383]; nach Durchführung der Hauptverhandlung in der letzten Tatsacheninstanz[384] oder wenn das Ermittlungsverfahren und die Auswertung der erhobenen Beweise weit vorangeschritten ist[385]).

---

379) KG, StraFo 2019, 416; OLG München, StV 1996, 439.
380) OLG Hamm, StraFo 2004, 134; Meyer-Goßner/Schmitt, § 112 Rdnr. 28.
381) BVerfG, NJW-Spezial 2018, 505; LG Braunschweig, StV 2015, 311; Meyer-Goßner/Schmitt, § 112 Rdnr. 35 m.w.N.
382) OLG Köln, StV 2018, 164; OLG Stuttgart, StV 2005, 225; OLG Karlsruhe, NJW 1993, 1148.
383) KG, Beschl. v. 11.07.2012 – 4 Ws 73/12.
384) OLG Bremen, StV 2017, 455.
385) AG Hamburg, StV 2016, 175 (LS).

Weil U-Haft keine Sanktion des Beschuldigten ist, darf sie auch dann nicht angeordnet oder aufrechterhalten werden, wenn der Beschuldigte Zeugen beeinflusst hat, zukünftige Verdunkelungshandlungen aber nicht mehr zu besorgen sind, selbst wenn die früheren Verdunkelungshandlungen noch fortwirken.[386)] Die **präventive Ingewahrsamnahme** des Beschuldigten vor bzw. während einer Durchsuchung, die verhindern soll, dass er Beweismittel und/oder Vermögenswerte beiseiteschafft, ist unzulässig.[387)]

Für die Annahme der konkreten Gefahr der Verdunkelung ist es erforderlich, dass die potentielle Verdunkelungshandlung des Beschuldigten objektiv (noch) geeignet ist, die Wahrheitsermittlung zu erschweren, woran es mangeln kann, wenn die Beweise in einer Weise gesichert sind, dass der Beschuldigte die Ermittlung der Wahrheit nicht mehr erfolgreich behindern könnte[388)] (z.B. vom Gericht für glaubhaft erachtetes richterliches Geständnis[389)]).

Für die Verdunkelungsgefahr ist die **bloße Möglichkeit,** der Beschuldigte könne ohne Inhaftierung Verdunkelungshandlungen vornehmen, **nicht ausreichend.**[390)] Es genügt ebenfalls nicht, dass der Beschuldigte von dem ihm zustehenden Schweigerecht Gebrauch macht, die Tat bestreitet oder sich weigert, Mittäter zu benennen.[391)]

Vorliegend ist es für die Annahme der Verdunkelungsgefahr daher nicht ausreichend, dass der Beschuldigte sich weigert, sich zur Sache einzulassen bzw. etwaige Mittäter zu benennen, sodass der Haftbefehl aufzuheben ist.

Prozesstaktische Hinweise

10.113   Da U-Haft keine Beugehaft ist, kann Verdunkelungsgefahr nicht schon angenommen werden, wenn der Beschuldigte sich weigert, Mittäter zu benennen[392)], eine Blutprobe abzugeben[393)], das Versteck der Beute preiszugeben[394)], oder wenn er die Beteiligung an der Tat bestreitet oder er von seinem Schweigerecht Gebrauch macht[395)], sein Geständnis widerruft[396)], nur auf konkrete Vorhalte reagiert und Umstände einräumt, welche die Ermittlungen ergeben haben[397)].

---

386) OLG Oldenburg, StraFo 2005, 111.
387) LG Frankfurt, NStZ 2008, 591.
388) BVerfG, NJW-Spezial 2018, 505; LG Braunschweig, StV 2015, 311; Meyer-Goßner/ Schmitt, § 112 Rdnr. 35 m.w.N.
389) OLG Köln, StV 2018, 164; OLG Stuttgart, StV 2005, 225; OLG Karlsruhe, NJW 1993, 1148.
390) OLG Köln, StV 1999, 37.
391) OLG Köln, a.a.O.; OLG Köln, StV 1992, 383.
392) OLG Köln, StV 1999, 37.
393) Meyer-Goßner/Schmitt, § 112 Rdnr. 29
394) OLG Frankfurt, StV 2009, 652; OLG Köln, StV 2009, 652.
395) OLG Hamm, Beschl. v. 14.01.2010 – 2 Ws 347/09; OLG Hamm, StraFo 2004, 134.
396) Meyer-Goßner/Schmitt, § 112 Rdnr. 29 m.w.N.
397) OLG Düsseldorf, StV 1997, 534.

Muster

Weitere Beschwerde gegen Haftbefehl
wegen Verdunkelungsgefahr

Landgericht ...
(Anschrift)

In der Strafsache
gegen ...
wegen ...
Az. ...

lege ich namens und in Vollmacht des Beschuldigten gegen den Beschluss des Landgerichts ... vom ... Az. ...

weitere Beschwerde

ein und beantrage wie folgt zu entscheiden:

1. **Der angefochtene Beschluss des Landgerichts ... vom ... – Az. ... und der Haftbefehl des Amtsgerichts ... vom ... – Az. ... werden aufgehoben.**

2. **Die Kosten des Beschwerdeverfahrens und die hierin dem Beschuldigten entstandenen notwendigen Auslagen hat die Staatskasse zu tragen.**

Zur

Begründung

führe ich wie folgt aus:

1. Dem Beschuldigten wird zur Last gelegt, durch „mehrere selbständige" Handlungen schweren Bandendiebstahl verübt sowie Urkundenfälschung begangen zu haben. Ausdrücklich bezieht sich der Tatvorwurf auf die Entwendung eines Pkw BMW 318i beim Autohaus A, der nun unter dem Kennzeichen X auf den Beschuldigten zugelassen ist und an dem die Fahrgestell-Nr. verändert worden ist. Der Haftbefehl geht zudem davon aus, dass auch noch mit anderen Fahrzeugen in der genannten Art verfahren „wurde". Der Haftbefehl ist auf den Haftgrund der Verdunkelungsgefahr gestützt, u.a. weil der Beschuldigte jegliche Tatbeteiligung bestreitet und sich weigert, Mittäter zu benennen.

Gegen den Haftbefehl des Amtsgerichts ... wurde am ... Beschwerde eingelegt, welche das Landgericht durch den angefochtenen Beschluss vom ... verworfen hat, sodass nach § 310 Abs. 1 Nr. 1 StPO die weitere Beschwerde statthaft ist.

2.   Der Haftbefehl stützt sich auf den Haftgrund der Verdunkelungsgefahr, der vorliegend nicht angenommen werden kann.

Verdunkelungsgefahr liegt vor, wenn auf Grund bestimmter Tatsachen das Verhalten des Beschuldigten den dringenden Verdacht begründet, er werde aktiv und in unlauterer Weise auf sachliche oder persönliche Beweismittel einwirken, und wenn auf Grund dessen die Gefahr droht, dass die Ermittlung der Wahrheit der Straftat erschwert wird, welcher er dringend verdächtigt wird (OLG Köln, StV 2018, 164; OLG Frankfurt, StV 2009, 652; OLG Hamm, wistra 2006, 278; OLG Hamm, StraFo 2002, 140; OLG Karlsruhe, StV 2001, 686; OLG Frankfurt, StV 2000, 151; OLG Köln, StV 1997, 27; OLG München, StV 1996, 439; LR/Hilger, § 112 Rdnr. 44).

Für die Verdunkelungsgefahr ist hingegen die bloße Möglichkeit, der Beschuldigte könne ohne Inhaftierung Verdunkelungshandlungen vornehmen, nicht ausreichend (OLG Köln, StV 1999). Es genügt ebenfalls nicht, dass der Beschuldigte von dem ihm zustehenden Schweigerecht Gebrauch macht, die Tat bestreitet oder sich weigert, Mittäter zu benennen (OLG Köln, a.a.O.; OLG Köln, StV 1992, 383).

Vorliegend ist es für die Annahme der Verdunkelungsgefahr daher nicht ausreichend, dass der Beschuldigte sich weigert, sich zur Sache einzulassen bzw. etwaige Mittäter zu benennen, sodass der Haftbefehl aufzuheben ist.

Rechtsanwältin/Rechtsanwalt

11 Einstweilige Unterbringung des Beschuldigten

11.1 Einführung

11.1.1 Praktische Relevanz für den Verteidiger und den Mandanten

Die einstweilige Unterbringung ist eine prozessuale Maßnahme, die in der Praxis des Verteidigers eher seltener vorkommen wird. Die Mandatsübernahme in einem Ermittlungsverfahren steht häufig im Zusammenhang mit der Verteidigung in Strafsachen wegen schwerwiegender Körperverletzungsdelikte nach den §§ 223 ff. StGB oder gar vorsätzlicher Tötungsdelikte nach den §§ 212, 211 StGB. Die Besonderheit besteht darin, dass es der Verteidiger mit einem Mandanten zu tun hat, dem eine Tatbegehung im Zustand der Schuldunfähigkeit (§ 20 StGB) oder verminderten Schuldfähigkeit (§ 21 StGB) vorgeworfen wird. In der Praxis handelt es sich in diesen Fällen nicht selten um Mandanten, die psychisch sehr angeschlagen und dringend auf medizinische Hilfe angewiesen sind. Für den Verteidiger kann die Übernahme und Bearbeitung eines solchen Mandats deshalb eine besondere Herausforderung darstellen. Der Verteidiger wird regelmäßig als not-

11.1

Scholze

wendiger Verteidiger (§ 140 Abs. 1 Nr. 4 StPO) bereits in dem Moment mit dem Mandat befasst, in dem das zuständige Amtsgericht auf Antrag der Staatsanwaltschaft über die Anordnung der einstweiligen Unterbringung entscheiden soll.

Im Fall der Anklageerhebung ist in den Strafsachen, in denen sich der Mandant in einstweiliger Unterbringung befindet, in der Praxis regelmäßig die Zuständigkeit der großen Strafkammer bei den Landgerichten (§§ 74, 76 GVG) begründet. Mithin handelt es sich häufig um aufwendige Strafsachen, die einen nicht unerheblichen Geschäftsaufwand für den Verteidiger mit sich bringen. Soweit die einstweilige Unterbringung bereits angeordnet ist und vollstreckt wird, befindet sich der Mandant in einer freiheitsentziehenden Maßnahme, was die Kontaktaufnahme – vergleichbar zu Haftsachen nach § 112 StPO – von vornherein erschwert. In Fällen der einstweiligen Unterbringung bedarf der Mandant von Anfang an stetiger professioneller Beratung. Denn im Fall der Eröffnung des Hauptverfahrens droht die Anordnung der Unterbringung in einem psychiatrischen Krankenhaus (§ 63 StGB), mithin eine unbefristete und außerordentlich belastende Maßnahme[1] für den Mandanten, die es aus Verteidigersicht unbedingt zu verhindern gilt.

Hinweis

Zwar kommt eine einstweilige Unterbringung auch in Betracht, wenn die spätere Unterbringung des Beschuldigten in einer Entziehungsanstalt (§ 64 StGB) zu erwarten ist. In der Praxis sind jedoch die Fälle von überwiegender Relevanz, in denen die spätere Unterbringung in einem psychiatrischen Krankenhaus (§ 63 StGB) im Raum steht.

11.1.2 Zweck der Maßnahme

11.2 Die einstweilige Unterbringung stellt – im Unterschied zur Untersuchungshaft – eine vorbeugende Maßnahme mit freiheitsentziehender Wirkung dar. Sie dient dem Schutz der Allgemeinheit vor weiteren gravierenden rechtwidrigen Taten eines gefährlichen Beschuldigten.[2] Mit Blick auf diesen präventiven Charakter[3] der einstweiligen Unterbringung bedarf es für ihre Anordnung keines Haftgrunds i.S.d. § 112 StPO.[4]

---

[1] Vgl. BGH, Beschl. v. 05.02.2020 – 2 StR 436/19; Beschl. v. 10.11.2015 – 3 StR 407/15, NStZ 2016, 144; Fischer, § 63 Rdnr. 43.

[2] OLG Frankfurt, Beschl. v. 18.02.1985 – 3 VAs 78/84, NStZ 1985, 284, 285; Meyer-Goßner/ Schmitt, § 126a Rdnr. 1; KK/Schultheis, § 111a Rdnr. 1.

[3] SSW-StPO/Herrmann, § 126a Rdnr. 2.

[4] KK/Schultheis, § 126a Rdnr. 1; SSW-StPO/Herrmann, § 126a Rdnr. 6.

Praxistipps

– Der Verteidiger sollte das Verhältnis von einstweiliger Unterbringung und Untersuchungshaft stets im Blick behalten. Ist nach dem Stand der Ermittlungen davon auszugehen, dass der Mandant die rechtswidrige Tat im Zustand der Schuldunfähigkeit (§ 20 StGB) begangen hat, darf gegen den Mandanten Untersuchungshaft nicht angeordnet bzw. nicht weiter vollstreckt werden.[5] Der Verteidiger muss im Verfahren damit stets auf vorläufige Einschätzungen und Stellungnahmen des psychiatrischen Sachverständigen (§ 246a StPO) achten und ggf. die Aufhebung eines Haftbefehls beantragen, soweit von der Schuldunfähigkeit des Mandanten auszugehen ist.

– Hingegen hat der Verteidiger die Sache anders zu beurteilen, wenn nach vorläufiger Einschätzung von einer verminderten Schuldfähigkeit (§ 21 StGB) auszugehen ist. In diesem Fall kann entweder die Anordnung der Untersuchungshaft (§ 112 StPO) oder die einstweilige Unterbringung (§ 126a StGB) in Betracht kommen.[6] Der Verteidiger sollte in diesen Fällen – wenn die Freilassung des Mandanten insgesamt nicht zu erreichen ist – auf die einstweilige Unterbringung hinwirken, da dort in aller Regel die bessere medizinische Versorgung des Mandanten gewährleitet sein wird.[7]

– Nach überwiegender Auffassung in Rechtsprechung und Literatur kommt die Anordnung der einstweiligen Unterbringung gegenüber Jugendlichen und Heranwachsenden selbst dann in Betracht, wenn deren strafrechtliche Verantwortlichkeit nach § 3 JGG zweifelhaft ist.[8] Der Verteidiger wird in einem solchen Fall jedoch besonders sorgfältig die Anordnungsvoraussetzungen von § 126a StPO mit Blick auf den Verhältnismäßigkeitsgrundsatz nachzuvollziehen und die Anordnung ggf. zu beanstanden haben.[9]

11.1.3 Prüfung der Voraussetzungen der einstweiligen Unterbringung durch den Verteidiger

Der Verteidiger muss die Voraussetzungen der einstweiligen Unterbringung jederzeit im Blick behalten. In der Praxis kommt es letztlich auf **drei Anordnungsvoraussetzungen** an, die es für den Verteidiger zu prüfen gilt. Hierzu im Einzelnen:

11.3

---

5) SSW-StPO/Herrmann, § 126a Rdnr. 8; KK/Schultheis, § 126a Rdnr. 2.
6) Vgl. OLG Celle, Beschl. v. 15.04.2016 – 1 Ws 214/16; NStZ-RR 2017, 20; KK/Schultheis, § 126a Rdnr. 2; MüKo-StPO/Böhm/Werner, § 126a Rdnr. 3; SSW-StPO/Herrmann, § 126a Rdnr. 9.
7) Vgl. KG, Beschl. v. 09.03.1989 – 4 Ws 47/89, JR 1989, 476; MüKo-StPO/Böhm/Werner, § 126a Rdnr. 3; SSW-StPO/Herrmann, § 126a Rdnr. 9.
8) BGH, Urt. v. 29.01.1975 – 2 StR 579/74, BGHSt 26, 67, 68 f.; OLG Jena, Beschl. v. 29.01.2007 – 1 Ws 16/07, NStZ-RR 2007, 217; MüKo-StPO/Böhm/Werner, § 126a Rdnr. 4 f.; KK/Schultheis, § 126a Rdnr. 1b; Meyer-Goßner/Schmitt, § 126a Rdnr. 1; **a.A.** OLG Karlsruhe, Urt. v. 28.02.2000 – 2 Ss 225/99; NStZ 2000, 485 m.w.N.
9) OLG Jena, Beschl. v. 29.01.2007 – 1 Ws 16/07, NStZ-RR 2007, 217, 219; SSW-StPO/ Herrmann, § 126a Rdnr. 3.

1. Vorliegen eines dringenden Tatverdachts bezüglich einer rechtswidrigen Anlasstat

11.4 Zunächst muss der Verteidiger anhand der Aktenlage prüfen, ob **dringende Gründe** die Annahme rechtfertigen, dass der Mandant eine rechtswidrige Anlasstat (§ 11 Abs. 1 Nr. 5 StGB) begangen hat. Dahinter verbirgt sich der hohe Prüfungsmaßstab des **dringenden Tatverdachts** (siehe Rdnr. 10.20).[10] Der Verteidiger hat also zu klären, ob ausreichend belastbare Indizien vorliegen, die die Täterschaft des Mandanten belegen.

Angelehnt an den Maßstab des dringenden Tatverdachts muss, jedenfalls soweit es um eine spätere Unterbringung in einem psychiatrischen Krankenhaus (§ 63 StGB) geht,[11] für die Anordnung nach § 126a StPO auch eine **hohe Wahrscheinlichkeit** dafür bestehen, dass der Mandant die Anlasstat im Zustand der Schuldunfähigkeit (§ 20 StGB) oder der verminderten Schuldfähigkeit (§ 21 StGB) begangen hat.[12] Sämtliche Beteiligte – so auch der Verteidiger – werden diese Wahrscheinlichkeitsprüfung regelmäßig nur auf der Grundlage der (vorläufigen) Einschätzung eines (psychiatrischen) Sachverständigen vornehmen können. Der Verteidiger sollte darauf hinwirken, dass eine solche qualifizierte Einschätzung durch einen erfahrenen Sachverständigen umgehend durch die Staatsanwaltschaft eingeholt wird,[13] um ggf. zu vermeiden, dass der Mandant auf unklarer Grundlage einstweilen untergebracht wird bzw. bleibt. Auch in Fällen der einstweiligen Unterbringung des Beschuldigten gilt der Beschleunigungsgrundsatz.[14]

2. Prognose der späteren Unterbringung in einem psychiatrischen Krankenhaus (§ 63 StGB) oder einer Entziehungsanstalt (§ 64 StGB)

11.5 Der Verteidiger hat in einem nächsten Schritt zu prüfen, ob gleichfalls **dringende Gründe**[15] für die Annahme vorliegen, dass der Mandant später in einem psychiatrischen Krankenhaus (§ 63 StGB) oder einer Entziehungsanstalt (§ 64 StGB) untergebracht werden wird. Somit hat der Verteidiger auf der Grundlage der Ermittlungen – auch zum Gesundheitszustand des Mandanten – die Anordnungsvoraussetzungen aus § 63[16] bzw. § 64 StGB[17] in

---

10) OLG Bremen, Beschl. v. 06.02.2008 – BL 12/08, NStZ 2008, 650, 651; SSW-StPO/Herrmann, § 126a Rdnr. 13; KK/Schultheis, § 126a Rdnr. 3; MüKo-StPO/Böhm/Werner, § 126a Rdnr. 9.
11) Vgl. zum Fall der anvisierten Unterbringung in einer Entziehungsanstalt (§ 64 StGB) KK/Schultheis, § 126a Rdnr. 3.
12) Meyer-Goßner/Schmitt, § 126a Rdnr. 4; SSW-StPO/Herrmann, § 126a Rdnr. 13.
13) KG, Beschl. v. 15.09.2009 – 1 HEs 34 – 09 (25/09), BeckRS 2009, 89216; MüKo-StPO/Böhm/Werner, § 126a Rdnr. 12.
14) BVerfG, Beschl. v. 08.12.2011 – 2 BvR 2181/11, NJW 2012, 513; KK/Schultheis, § 126a Rdnr. 6a.
15) SSW-StPO/Herrmann, § 126a Rdnr. 14; Meyer-Goßner/Schmitt, § 126a Rdnr. 4.
16) Vgl. Fischer, § 63 Rdnr. 6 ff.; SSW-StGB/Kaspar, § 63 Rdnr. 11; Matt/Renzikowski/Eschelbach, § 63 Rdnr. 15 ff.
17) Vgl. Fischer, § 64 Rdnr. 3 ff.; SSW-StGB/Kaspar, § 64 Rdnr. 8 ff; Matt/Renzikowski/Eschelbach, § 64 Rdnr. 7 ff.

den Blick zu nehmen. Dies wird ohne eine qualifizierte (vorläufige) Einschätzung eines (psychiatrischen) Sachverständigen ebenfalls in den meisten Fällen nicht gelingen.[18] Auch deshalb muss der Verteidiger auf die Beibringung eines Sachverständigengutachtens drängen, um die weitere Verteidigungsstrategie zu planen.

3. Öffentliche Sicherheit erfordert die Anordnung der einstweiligen Unterbringung

Die Anordnung der einstweiligen Unterbringung kommt nur in Betracht, wenn die öffentliche Sicherheit dies zwingend erfordert. Dies wird auch aus Sicht des Verteidigers anzunehmen sein, wenn es zum Zeitpunkt der Anordnung wahrscheinlich ist, dass der Mandant weitere schwerwiegende Taten begehen wird, vor denen die Allgemeinheit auch um den Preis der Freiheitsentziehung des Mandanten geschützt werden muss.[19] Für die Frage, ob die zu erwartenden Taten als schwerwiegend i.S.v. § 126a StPO einzustufen sind, ist Maßstab im Regelfall die rechtswidrige Anlasstat. Das bedeutet, dass eine Verteidigung unter diesem **Prognosegesichtspunkt** schwierig sein kann, soweit als Anlasstat ein (versuchtes) Tötungsdelikt (§§ 212, 211 StGB), ein schwerwiegendes Körperverletzungsdelikt (§§ 224, 226 StGB) oder ein Delikt mit „gemeingefährlicher Komponente" (beispielsweise §§ 306 ff. StGB) in Betracht kommt.[20] Eine Anordnung nach § 126a StPO ist hingegen von dem Verteidiger zu beanstanden, wenn von dem Mandanten lediglich die Verwirklichung von Bagatelldelikten oder von Taten im Bereich leichter Kriminalität zu erwarten steht.[21] Auch diese Prüfung erfordert in aller Regel eine qualifizierte Stellungnahme eines (psychiatrischen) Sachverständigen.

11.6

Praxistipps

– Der Verteidiger wird darauf zu achten haben, dass die erforderliche Gefährlichkeitsprognose präzise anhand der maßgeblichen Anknüpfungs- und Befundtatsachen des (vorläufigen) Sachverständigengutachtens konkret begründet ist.[22] Allgemeine Ausführungen oder bloße „Floskeln" muss der Mandant nicht hinnehmen. Der Verteidiger hat in diesen Fällen sehr genau zu prüfen, ob die erforderliche Gesamtabwägung überhaupt eine Anordnung nach § 126a StPO rechtfertigt.

---

18) Vgl. SSW-StPO/Herrmann, § 126a Rdnr. 14.
19) Vgl. SSW-StPO/Herrmann, § 126a Rdnr. 15; KK/Schultheis, § 126a Rdnr. 3.
20) Vgl. zu einer Anordnung der einstweiligen Unterbringung bei Wahrscheinlichkeit der Begehung von Sexualstraftaten zum Nachteil von Kindern OLG Düsseldorf, Beschl. v. 05.01.2000 – 1 Ws 976/99, BeckRS 2000, 30089275.
21) Vgl. SSW-StPO/Herrmann, § 126a Rdnr. 15; zur Prüfung der Anordnungsvoraussetzungen bei geringfügiger Anlasstat siehe OLG Frankfurt, Beschl. v. 30.04.2008 – 1 Ws 48/08, BeckRS 2008, 8553.
22) Siehe BVerfG, Beschl. v. 08.12.2011 – 2 BvR 2181/11, NJW 2012, 513, 514 f.; MüKo-StPO/Böhm/Werner, § 126a Rdnr. 17.

– Die Anordnung der einstweiligen Unterbringung wird nicht dadurch gehindert, dass sich der Beschuldigte schon in Strafhaft befindet.[23] Auch eine bereits vollzogene Unterbringung des Mandanten nach landesrechtlichen Vorschriften eines Unterbringungsgesetzes steht grundsätzlich der Anordnung der einstweiligen Unterbringung nicht entgegen.[24]

– Der Verteidiger sollte im Interesse seines Mandanten darauf hinwirken, dass die einstweilige Unterbringung von Anfang an in einem psychiatrischen Krankenhaus vollzogen wird. Die Unterbringung in einer Justizvollzugsanstalt ist allenfalls kurzfristig oder nur unter besonderen Umständen zulässig.[25] Die medizinische Betreuung und Versorgung des Mandanten wird in einem psychiatrischen Krankenhaus regelmäßig umfassender sein.[26]

– Soweit der Verteidiger zum Ergebnis kommt, dass die Voraussetzungen der vorläufigen Unterbringung nach § 126a StPO nicht vorliegen, sollte er vor Einleitung weiterer Schritte prüfen, ob die Gefahr besteht, dass gegen den Mandanten im Fall des Wegfalls der einstweiligen Unterbringung die Untersuchungshaft (§ 112 StPO) angeordnet wird. Eine derartige „Umwandlung" von Unterbringungsbefehl in Haftbefehl wird nämlich für zulässig erachtet.[27]

11.1.4   Außervollzugsetzung des Unterbringungsbefehls

11.7   Kommt der Verteidiger zu dem Ergebnis, dass sich die Anordnung der einstweiligen Unterbringung nach derzeitiger Ermittlungslage nicht vermeiden lässt, hat er mit Blick auf den Verhältnismäßigkeitsgrundsatz[28] die Möglichkeit der **Außervollzugsetzung des Unterbringungsbefehls** (§ 126a Abs. 2 Satz 1, § 116 Abs. 3 und Abs. 4 StPO) in Betracht zu ziehen. Eine Außervollzugsetzung ist insbesondere dann zu prüfen, wenn der Zweck der Maßnahme, nämlich der Schutz der Allgemeinheit vor der weiteren Tatbegehung, mit anderen Mitteln erreicht werden kann, die den Beschuldigten weniger belasten.[29] Hier wird es aus Verteidigersicht oft auf den konkreten Gesundheitszustand und die Lebensverhältnisse des Mandanten ankommen. Besteht beispielsweise die Möglichkeit, dass der

---

23) OLG Jena, Beschl. v. 12.10.2006 – 1 Ws 334/06, BeckRS 2007, 05418.

24) Meyer-Goßner/Schmitt, § 126a Rdnr. 5; KK/Schultheis, § 126a Rdnr. 3; MüKo-StPO/Böhm/Werner, § 126a Rdnr. 19; siehe auch LG Kleve, Beschl. v. 07.07.2011 – 120 Qs - 306 Js 392/11/65/11, BeckRS 2011, 20279.

25) Vgl. OLG Hamm, Beschl. v. 03.11.2005 – 2 Ws 282/05, NStZ-RR 2006, 29; Beschl. v. 15.03.2005 – 4 Ws 41/05, NStZ-RR 2006, 125; SSW-StPO/Herrmann, § 126a Rdnr. 24; KK/Schultheis, § 126a Rdnr. 5.

26) Vgl. SSW-StPO/Herrmann, § 126a Rdnr. 25.

27) OLG Frankfurt, Beschl. v. 30.04.2008 – 1 Ws 48/08, BeckRS 2008, 8553 a.E.; KK/Schultheis, § 126a Rdnr. 9; Meyer-Goßner/Schmitt, § 126a Rdnr. 12.

28) Vgl. zu dieser Einordnung SSW-StPO/Herrmann, § 126a Rdnr. 19 ff., KK/Schultheis, § 126a Rdnr. 6 jeweils m.w.N.

29) Vgl. BVerfG, Beschl. v. 22.08.2017 – 2 BvR 2039/16, BeckRS 2017, 123193, Rdnr. 50; MüKo-StPO/Böhm/Werner, § 126a Rdnr. 36 f.

Mandant zuverlässig bei Angehörigen aufgenommen werden kann, die unter Zuhilfenahme ambulanter psychiatrischer Behandlung eine Versorgung des Mandanten sicherstellen können,[30] ist ein Antrag auf Außervollzugsetzung des Unterbringungsbefehls unter Darlegung dieser Lebensumstände ernsthaft in Erwägung zu ziehen. Das Gericht kann über die **Erteilung von Weisungen** (§ 116 Abs. 3 StPO) den Aufenthalt des Mandanten sicherstellen und im Fall des Weisungsverstoßes den Unterbringungsbefehl erneut in Vollzug setzen.[31] Ähnliche Aussetzungsmöglichkeiten werden sich ergeben, wenn die Möglichkeit der Aufnahme des Mandanten in einer anderen (teil-)stationären Einrichtung besteht, in der seine Behandlung mit seiner Zustimmung gesichert ist.[32] All diese Möglichkeiten setzen voraus, dass der Verteidiger das Umfeld und die Lebensumstände des Mandanten in hinreichender Form kennt, um ggf. eine sich bietende Aussetzungsmöglichkeit dem Gericht anzutragen.

Praxistipps

- Der Verteidiger sollte wissen, ob und in welchem Umfang für den Mandanten bereits eine rechtliche Betreuung (§§ 1896 ff. BGB) eingerichtet worden ist. Besondere Mitteilungspflichten des Gerichts gegenüber gesetzlichen Vertretern oder Bevollmächtigten i.S.v. § 1906 Abs. 5 BGB sieht das Gesetz in § 126a Abs. 4 StPO vor.[33]
- Soweit der Vollzug der einstweiligen Unterbringung unumgänglich ist, sollte der Verteidiger unter Vermeidung der Beschränkungsmöglichkeiten aus § 126a Abs. 2 Satz 1, § 119 StPO auf eine möglichst „schonende" Ausgestaltung zugunsten des Mandanten achten.[34] Rechtsschutzmöglichkeiten ergeben sich insoweit aus § 126a Abs. 2 Satz 1, § 119a StPO.[35]

11.1.5   Rechtsbehelfe gegen die einstweilige Unterbringung

Wird gegen den Mandanten die einstweilige Unterbringung erst einmal vollzogen, stellt sich für den Verteidiger die Frage nach Rechtsbehelfen gegen die Anordnung nach § 126a StPO; hierzu im Einzelnen: 11.8

1. Mit dem Verweis in § 126a Abs. 2 Satz 1 StPO auf die §§ 117–118b StPO ist klargestellt, dass auch im Fall eines Unterbringungsbefehls die Regelungen der Haftprüfung entsprechende Anwendung finden.[36] Der Verteidiger hat

---

30) Vgl. KK/Schultheis, § 126a Rdnr. 6.
31) SSW-StPO/Herrmann, § 126a Rdnr. 32.
32) Vgl. KK/Schultheis, § 126a Rdnr. 6; MüKo-StPO/Böhm/Werner, § 126a Rdnr. 37; Meyer-Goßner/Schmitt, § 126a Rdnr. 10.
33) Vgl. SSW-StPO/Herrmann, § 126a Rdnr. 30.
34) Vgl. KK/Schultheis, § 126a Rdnr. 7a f.; SSW-StPO/Herrmann, § 126a Rdnr. 27; MüKo-StPO/Böhm/Werner, § 126a Rdnr. 32 ff.
35) KK/Schultheis, § 126a Rdnr. 11.
36) KK/Schultheis, § 126 Rdnr. 6a; SSW-StPO/Herrmann, § 126a Rdnr. 43.

damit also jederzeit die Möglichkeit, auf der Grundlage des gegenwärtigen Ermittlungsstands eine **mündliche Verhandlung** (§ 118 Abs. 1 StPO) über die Frage der weiteren einstweiligen Unterbringung bzw. deren Vollzug herbeizuführen.[37] Da im Ermittlungsverfahren für die Unterbringungsprüfungsentscheidung (§ 118a Abs. 4 StPO) weiterhin das Gericht zuständig ist, das die einstweilige Unterbringung angeordnet hat (§ 126a Abs. 2 Satz 1, § 126 Abs. 1 Satz 1 StPO), sollte der Verteidiger die Erfolgsaussichten eines solchen Antrags stets besonders kritisch prüfen, wenn keine entscheidende Änderung in der Ermittlungs- und Verdachtslage zugunsten des Mandanten eingetreten ist. Sollte sich der Verteidiger dennoch für einen Antrag nach § 126a Abs. 2 Satz 1, § 117 StPO entscheiden, wird er zu erwägen haben, ob es aufgrund des Gesundheitszustands des Mandanten angezeigt ist, auf dessen Anwesenheit in der mündlichen Verhandlung zu verzichten (§ 118a Abs. 2 Satz 1 StPO).[38]

2. Mit Blick auf die nach § 126a Abs. 2 Satz 2, § 121, § 122 StPO vorgesehene **besondere Unterbringungsprüfung durch das Oberlandesgericht**, die von Amts wegen vorzunehmen ist, wird der Verteidiger den eingeschränkten Prüfungsmaßstab aus § 126a Abs. 2 Satz 2 letzter Halbsatz StPO zu berücksichtigen haben. Hiernach hat das Oberlandesgericht nur zu prüfen, „ob die Voraussetzungen der einstweiligen Unterbringung weiterhin vorliegen".[39] Diese Einschränkung führt letztlich dazu, dass die besonderen Voraussetzungen aus § 121 Abs. 1 StPO[40] für die Frage der Fortdauer der einstweiligen Unterbringung nicht unmittelbar geprüft werden, sondern erst bei der Entscheidung über die Verhältnismäßigkeit der Maßnahme mit in die zu treffende Abwägungsentscheidung einzustellen sind.[41] Damit führen selbst vermeidbare Verfahrensverzögerungen nicht ohne weiteres zur Aufhebung des Unterbringungsbefehls, wenn aufgrund der Gefährlichkeit des Beschuldigten die Fortdauer der einstweiligen Unterbringung alternativlos ist.[42]

3. Im Übrigen stehen dem Verteidiger die **Beschwerde** (§ 304 Abs. 1 StPO) und die **weitere Beschwerde** (§ 310 Abs. Nr. 2 StPO) gegen die Anordnung der einstweiligen Unterbringung zur Verfügung.[43]

---

37) Meyer-Goßner/Schmitt, § 117 Rdnr. 2; SSW-StPO/Herrmann, § 126a Rdnr. 21 f.; zum Prüfungsumfang des Gerichts vgl. OLG Jena, Beschl. v. 04.09.2006 – 1 Ws 304/06, BeckRS 2007, 05413.

38) Meyer-Goßner/Schmitt, § 118a Rdnr. 2; KK/Graf, § 118a Rdnr. 2.

39) OLG Hamm, Beschl. v. 21.08.2007 – 3 OBL 86/07 (42) (3 Ws 486/07), NJW 2007, 3220; OLG Celle, Beschl. v. 23.08.2007 – 31 HEs 14/07, NStZ 2008, 144; OLG Bremen, Beschl. v. 06.02.2008 – BL 12/08, NStZ 2008, 650.

40) Vgl. Meyer-Goßner/Schmitt, § 121 Rdnr. 16 ff.; KK/Schultheis, § 121 Rdnr. 13 ff.

41) OLG Köln, Beschl. v. 21.08.2007 – 42 HEs 18/07, NJW 2007, 3590; SSW-StPO/Herrmann, § 126a Rdnr. 47; KK/Schultheis, § 126a Rdnr. 6a; MüKo-StPO/Böhm/Werner, § 126a Rdnr. 46.

42) Vgl. Meyer-Goßner, § 126a Rdnr. 10a; KK/Schultheis, § 126a Rdnr. 6a.

43) SSW-StPO/Herrmann, § 126a Rdnr. 44; MüKo-StPO/Böhm/Werner, § 126a Rdnr. 60; KK/Schultheis, § 126a Rdnr. 10.

Erstkontakt mit dem Mandanten bei Vorführung vor den zuständigen Richter/
Aufhebung bisheriger Untersuchungshaft und Abwendung einer Anordnung

11

11.2 Mandatssituationen

Die Verteidigungsmöglichkeiten, die der Verteidiger dem Mandanten im Fall seiner einstweiligen Unterbringung eröffnen kann, orientieren sich maßgeblich an der vorliegenden Verfahrenssituation. Das folgende Fallbeispiel beleuchtet eine in der Praxis sehr häufig vorkommende Mandatssituation, die über mehrere Verfahrenslagen hinweg beleuchtet werden soll.

11.2.1 Erstkontakt mit dem Mandanten bei Vorführung vor den zuständigen Richter/Aufhebung bisheriger Untersuchungshaft und Abwendung einer Anordnung nach § 126a StPO

Kurzüberblick

- Die Anordnung bzw. Aufrechterhaltung der Untersuchungshaft gegen einen schuldunfähigen (§ 20 StGB) Beschuldigten ist nicht zulässig.[44]

    11.9

- Eine „Umwandlung" des Haftbefehls in einen Unterbringungsbefehl nach § 126a StPO ist möglich.[45]

Sachverhalt

Der Verteidiger erhält am Vormittag vom zuständigen Ermittlungsrichter des Amtsgerichts einen Anruf, mit der Bitte um Übernahme der notwendigen Verteidigung (§ 140 Abs. 1 Nr. 4, § 141 Abs. 2 Nr. 1 StPO) in einer anstehenden Haftsache. Der Beschuldigte ist am gestrigen Abend von der Polizei vorläufig festgenommen worden (§ 127 Abs. 2 StPO), nachdem er mehrere Passanten auf dem Marktplatz mit einem Messer teils schwer verletzt habe. Hierbei habe er wild gestikuliert und unverständliche Laute von sich gegeben, sich im Anschluss nach dem Eintreffen der Polizei aber widerstandslos festnehmen lassen. Nach entsprechender Belehrung hat der Beschuldigte gebeten (§ 142 Abs. 5 StPO), den Verteidiger als Pflichtverteidiger zu bestellen. Die Vorführung des Beschuldigten (§ 128 StPO) ist für den frühen Nachmittag geplant. Die Staatsanwaltschaft hat bereits einen Antrag auf Anordnung der Untersuchungshaft wegen Flucht- bzw. Wiederholungsgefahr (§§ 112, 112a StPO) vorgelegt.

Was sollte der Verteidiger veranlassen?

---

44) Vgl. OLG Celle, Beschl. v. 15.04.2016 – 1 Ws 214/16, NStZ-RR 2017, 20; KK/Schultheis, § 126a Rdnr. 2.
45) KG, Beschl. v. 09.03.1989 – 4 Ws 47/89, JR 1989, 476.

Lösung

11.10 Mit derartigen Verfahrenssituationen sind Verteidiger, die in Haftsachen tätig werden und die ihre grundsätzliche Bereitschaft zur Übernahme von Pflichtverteidigungen signalisiert haben (vgl. § 142 Abs. 6 StPO), regelmäßig befasst. Die Situation zeichnet sich dadurch aus, dass sie völlig überraschend auf den Verteidiger zukommt, dem Verteidiger bisher kaum Informationen über den Sachverhalt und den Mandanten zur Verfügung stehen und infolge der vorläufigen Festnahme des Mandanten und der gesetzlich zwingenden Vorführung (§ 128 Abs. 1 StPO) sofortiges Handeln erforderlich ist.

Angesichts dieser Umstände bietet sich zunächst folgendes Vorgehen an:

Der Verteidiger sollte umgehend dafür sorgen, dass ihm die Bestellungsentscheidung des Amtsgerichts (§ 142 Abs. 3 Nr. 2 StPO) zugeht, damit er sich allen anderen Verfahrensbeteiligten gegenüber als Pflichtverteidiger legitimieren kann. Im Anschluss dürfte es problemlos möglich sein, zumindest den Haftantrag und den vorläufigen Bericht der Polizei in Ablichtung übersendet zu bekommen (§ 147 Abs. 1, Abs. 5 StPO), damit der Verteidiger zumindest einen groben Überblick über den Tatvorwurf erlangen kann. Viel mehr „an Akte" wird zu diesem frühen Zeitpunkt im Zweifel noch nicht vorliegen.

Fortführung des Sachverhalts

Verteidigervorgehen bei richterlicher Vorführung

11.11 Am Nachmittag wird der Beschuldigte von Einsatzkräften der Polizei in den Räumen des Amtsgerichts vorgeführt. Der zuständige Staatsanwalt ist ebenfalls zu dem Termin erschienen. Eine kurze Nachfrage ergibt, dass der Mandant sich bisher zum Tatvorwurf gegenüber der Polizei nicht geäußert hat. Der Mandant macht äußerlich einen unruhigen und etwas „seltsamen" Eindruck.

Was sollte der Verteidiger in dieser Situation veranlassen?

Der Verteidiger sollte vor der anstehenden richterlichen Vernehmung (§ 128 Abs. 1 Satz 2, § 115 Abs. 3 StPO) darauf hinwirken, einen Moment allein mit seinem Mandanten sprechen zu können. Dies wird der Richter auf Nachfrage ermöglichen (§ 148 StPO).

In diesem Gespräch mit dem Mandanten sollte geklärt werden, ob vor dem Ermittlungsrichter nunmehr Angaben zur Sache (§ 136 StPO) gemacht werden sollen oder der Mandant (vorerst) von seinem Schweigerecht Gebrauch macht (siehe Rdnr. 7.3). Oft dürfte es aus Verteidigersicht vorzugswürdig sein, dass der Mandant erst einmal keine Angaben zur Sache macht, da eine tatsächliche Beratung auf der Grundlage vollständiger Akteneinsicht zu diesem Zeitpunkt noch nicht stattgefunden hat. Ähnliches dürfte gelten, wenn sich bei dem Verteidiger im Mandantengespräch der Eindruck verfestigt, dass mit dem Zustand des Man-

Scholze

Erstkontakt mit dem Mandanten bei Vorführung vor den zuständigen Richter/
Aufhebung bisheriger Untersuchungshaft und Abwendung einer Anordnung

11

danten „irgendwas seltsam" ist, da die Auswirkungen potentieller Angaben des Mandanten aus Verteidigersicht nicht abzuschätzen sind.

Praxistipp

– Aufgrund der „Auffälligkeiten", die der Mandant zeigt, sollte der Verteidiger darauf bestehen, dass – soweit noch nicht geschehen – der Mandant einem Arzt zur Abklärung der Haftfähigkeit vorgeführt wird.

– Überdies sollte der Verteidiger in dieser Situation ggf. darauf hinwirken, dass zeitnah ein psychiatrischer Sachverständiger hinzugezogen wird, um mögliche Einschränkungen der Schuldfähigkeit (§§ 20, 21 StGB) eruieren zu können. Außerdem bietet sich der Hinweis an, dass die Staatsanwaltschaft bzw. der psychiatrische Sachverständige den Verteidiger von einem etwaig bevorstehenden Explorationstermin rechtzeitig unterrichtet. Mit diesem Vorgehen ist gesichert, dass mit dem Mandanten im Vorfeld geklärt werden kann, ob und unter welchen Umständen es aus Verteidigersicht sinnvoll ist, an einer Exploration mitzuwirken. Der Verteidiger sollte vermeiden, dass der Mandant unvorbereitet auf den Sachverständigen trifft. Denn schließlich ist die Mitwirkung des Mandanten an Explorationsgesprächen „nicht ohne Risiko". Zwar können sich auf der Grundlage psychiatrischer Stellungnahmen zugunsten des Mandanten Einschränkungen der Schuldfähigkeit (§§ 20, 21 StGB) ergeben. Allerdings besteht die Gefahr, dass hierdurch erst die Anordnungsvoraussetzungen für die Unterbringung in einem psychiatrischen Krankenhaus (§ 63 StGB)[46] bzw. für die einstweilige Unterbringung (§ 126a StPO) geschaffen werden. Ein umsichtiges und vorausschauendes Vorgehen auf der Grundlage vollständiger Aktenkenntnis ist unverzichtbar in diesen Beratungssituationen.

Weitere Fortführung des Sachverhalts

**Entfallen der Voraussetzungen der Untersuchungshaft/
„Umwandlung" in Unterbringungsbefehl**

Im Anschluss an die Vorführung ordnet der Ermittlungsrichter auf den vorgelegten Antrag der Staatsanwaltschaft die Untersuchungshaft gegen den Mandanten an. Das Amtsgericht geht nach vorläufiger Bewertung von einem dringenden Tatverdacht bezüglich mehrerer Taten nach §§ 212, 22 StGB bzw. § 224 StGB aus. Hinsichtlich der Haftgründe wird auf Flucht- bzw. Wiederholungsgefahr und überdies auf § 112 Abs. 3 StPO abgestellt. Nach Rücksprache mit dem Verteidiger stimmt der Mandant einem Explorationsgespräch mit einem psychiatrischen Sachverständigen zu. Die Untersuchung findet bereits am nächsten Tag in den Räumen der zuständigen Justizvollzugsanstalt statt. Umgehend teilt der Sachverständige vorab in einer kurzen Stellungnahme mit, dass nach vorläufiger Bewertung vom Vorliegen der Voraussetzungen der Schuldunfähigkeit (§ 20 StGB) in medizinischer Hinsicht auf der Grundlage einer paranoiden Schizophrenie (ICD-10: F20.0) zum Tatzeitpunkt auszugehen sei.

11.12

---

46) Vgl. Fischer, § 63 Rdnr. 11 ff.; SSW-StGB/Kaspar, § 63 Rdnr. 17.

Was wird der Verteidiger veranlassen?

Der Verteidiger wird auf der Grundlage der sachverständigen Stellungnahme die sofortige Freilassung des Mandanten zu beantragen haben (§ 120 StPO). Dies erfordert hier Überlegungen zu folgenden **zwei Aspekten**:

1. Das Vorgehen der Verteidigung wird sich zunächst gegen den in Vollzug befindlichen Haftbefehl richten. Dieser ist vorliegend aufzuheben, da die Anordnung und die Vollstreckung von Untersuchungshaft bei anzunehmender Schuldunfähigkeit eines Beschuldigten nicht in Betracht kommt.[47] Der Verteidiger sollte einen Aufhebungsantrag bei dem nach § 126 Abs. 1 Satz 1 StPO zuständigen Amtsgericht stellen.

2. Mit der Aufhebung des Haftbefehls ist es vorliegend jedoch noch nicht getan. Denn es bleibt der Staatsanwaltschaft unbenommen, bei dieser veränderten Sachlage umgehend einen Antrag auf einstweilige Unterbringung des Mandanten zu stellen (siehe Rdnr. 11.3).[48] Dies wird die Staatsanwaltschaft insbesondere auch dann erwägen, wenn sie davon ausgeht, dass ein Strafverfahren infolge der Schuldfähigkeit ausscheidet und sie absehbar einen Antrag im Sicherungsverfahren (§§ 413 ff. StPO) zu stellen haben wird. Im Fall der Anordnung nach § 126a StPO droht dem Mandanten also weiterer Freiheitsentzug, sei es auch in einer anderen Einrichtung. Infolgedessen wird der Verteidiger vorsorglich die weiteren Voraussetzungen von § 126a StPO zu prüfen und deren Vorliegen mit guten Argumenten in Zweifel zu ziehen haben (siehe Rdnr. 11.3), soweit eine entsprechende Antragstellung durch die Staatsanwaltschaft droht.

Vorliegend wird ein Angriff auf den dringenden Tatverdacht zur Täterschaft des Mandanten nicht erfolgversprechend sein. An der Ausgangslage zum Haftbefehl hat sich nichts geändert. Die Tatbegehung durch den Angeklagten auf dem Marktplatz wird nicht zweifelhaft sein. Vielmehr hat der Verteidiger hier zu hinterfragen, ob auf der Grundlage der bisher vorliegenden Vorabstellungnahme des psychiatrischen Sachverständigen tatsächlich dringende Gründe für die Annahme vorliegen, dass die Unterbringung des Beschuldigten in einem psychiatrischen Krankenhaus (§ 63 StGB) anzuordnen sein wird (siehe Rdnr. 11.3).[49] Aus diesem Grund wird auch die Erforderlichkeit der Anordnung nach § 126a Abs. 1 letzter Halbsatz StPO angreifbar sein (siehe Rdnr. 11.3),[50] da hierzu faktisch noch keine näheren Erkenntnisse des psychiatrischen Sachverständigen vorliegen.

---

47) SSW-StPO/Herrmann, § 126a Rdnr. 8; KK/Schultheis, § 126a Rdnr. 2.
48) Vgl. zu dieser Form der „Umwandlung" SSW-StPO/Herrmann, § 126a Rdnr. 29; KK/Schultheis, § 126a Rdnr. 9.
49) SSW-StPO/Herrmann, § 126a Rdnr. 14; KK/Schultheis, § 126a Rdnr. 3; Meyer-Goßner/ Schmitt, § 126a Rdnr. 4.
50) SSW-StPO/Herrmann, § 126a Rdnr. 15; KK/Schultheis, § 126a Rdnr. 3 jeweils m.w.N.

Erstkontakt mit dem Mandanten bei Vorführung vor den zuständigen Richter/
Aufhebung bisheriger Untersuchungshaft und Abwendung einer Anordnung

11

Prozesstaktische Hinweise

Der Verteidiger sollte die umgehende Freilassung des Mandanten beantragen.   11.13
Beim prozessualen Vorgehen hat der Verteidiger die „Wechselwirkungen" zwischen Untersuchungshaft (§ 112 StPO) und einstweiliger Unterbringung (§ 126a
StPO) zu beachten. Deshalb kann vorsorglich weiterer Vortrag des Verteidigers
zur Frage der einstweiligen Unterbringung sinnvoll sein, wenn mit einem entsprechenden Antrag der Staatsanwaltschaft zu rechnen ist. Damit gibt der Verteidiger
dem Amtsgericht die Gründe der Ablehnung einer einstweiligen Unterbringung
gleich an die Hand.

Muster

Antrag auf Freilassung des Mandanten/Aufhebung Haftbefehl und vorsorgliche Stellungnahme zu einem angekündigten Antrag der Staatsanwaltschaft nach § 126a StPO

Amtsgericht ...
(Anschrift)

Haftsache! Bitte sofort vorlegen!

Ermittlungsverfahren
gegen   ...
wegen   Verdachts des versuchten Totschlags u.a.
Az.   ...

hier: Antrag auf Aufhebung eines Haftbefehls/Freilassung des Beschuldigten

In vorliegendem Ermittlungsverfahren **beantrage** ich den Haftbefehl des Amtsgerichts ... vom ...

aufzuheben,

und die Freilassung des Beschuldigten

anzuordnen.

Begründung:

I.

Aufgrund des Haftbefehls des Amtsgerichts vom ... befindet sich mein Mandant seit ... ununterbrochen in Untersuchungshaft in der Justizvollzugsanstalt .... Meinem Mandanten werden versuchter Totschlag (§§ 212, 22 StGB) sowie gefährliche Körperverletzung (§ 224 StGB)
vorgeworfen. Nach einer zwischenzeitlich eingeholten Vorabstellungnahme des psychiatrischen
Sachverständigen ... ist davon auszugehen, dass sich der Beschuldigte zum Tatzeitpunkt im
Zustand der Schuldunfähigkeit (§ 20 StGB) befunden hat. Weitere Erkenntnisse des Sachverständigen liegen derzeit nicht vor.

II.

Der Haftbefehl des Amtsgerichts ist aufzuheben und der Beschuldigte ist auf freien Fuß zu setzen.

1. Die Voraussetzungen der Untersuchungshaft liegen nicht vor, was zur Aufhebung des Haftbefehls zwingt (§ 120 StPO). Die Anordnung bzw. Vollstreckung von Untersuchungshaft gegen einen Beschuldigten, bei dem von Schuldunfähigkeit (§ 20 StGB) zum Tatzeitpunkt auszugehen ist, ist unzulässig (KK/Schultheis, § 126a Rdnr. 2).

2. Vorsorglich und im Hinblick auf den von der Staatsanwaltschaft angekündigten Antrag auf Anordnung der einstweiligen Unterbringung des Beschuldigten ist festzuhalten, dass die gesetzlichen Voraussetzungen des § 126a Abs. 1 StPO vorliegend nicht erfüllt sind. Die einstweilige Unterbringung meines Mandanten kommt nicht in Betracht. Die bisherige Ermittlungsgrundlage lässt dringende Gründe für die Annahme, dass die Unterbringung meines Mandanten in einem psychiatrischen Krankenhaus (§ 63 StGB) anzuordnen sein wird (vgl. SSW-StPO/Herrmann, § 126a Rdnr. 14), nicht erkennen. Derartige Anhaltspunkte ergeben sich auch nicht aus der bisherigen Stellungnahme des psychiatrischen Sachverständigen. Unter diesen Umständen kann gleichfalls nicht davon ausgegangen werden, dass eine Anordnung der einstweiligen Unterbringung meines Mandanten zum Schutz der Allgemeinheit (§ 126a Abs. 1 letzter Halbsatz StPO) erforderlich ist (Meyer-Goßner/Schmitt, § 126a Rdnr. 5; SSW-StPO/Herrmann, a.a.O., § 126a Rdnr. 15 m.w.N.).

Allem nach kommen freiheitsentziehende Anordnungen gegen den Beschuldigten nicht (mehr) in Betracht. Vielmehr ist die umgehende Freilassung meines Mandanten anzuordnen.

Rechtsanwältin/Rechtsanwalt

11.2.2 Verteidigervorgehen bei Vollziehung der einstweiligen Unterbringung/Antrag auf Außervollzugsetzung des Unterbringungsbefehls

Kurzüberblick

11.14 – Die Anordnung der einstweiligen Unterbringung nach § 126a StPO ist vor dem Hintergrund des Freiheitsgrundrechts aus Art. 2 Abs. 2 Satz 2 GG umfassend zu begründen.[51]

– Gemäß § 126a Abs. 2 Satz 1, § 116 Abs. 3 StPO ist die Aussetzung eines Unterbringungsbefehls möglich.[52]

---

51) BVerfG, Beschl. v. 08.12.2011 – 2 BvR 2181/11, NJW 2012, 513.
52) OLG Celle, Beschl. v. 24.07.1987 – 3 Ws 295/87, NStZ 1987, 524; OLG Bremen, Beschl. v. 06.09.2016 – 1 Ws 130/16, 1 Ws 131/16, BeckRS 2016, 125789, Rdnr. 31.

Verteidigervorgehen bei Vollziehung der einstweiligen Unterbringung/
Antrag auf Außervollzugsetzung des Unterbringungsbefehls

11

Sachverhalt

Anknüpfend an den Aufhebungsantrag des Verteidigers (siehe Rdnr. 11.9) hatte das Amtsgericht den Haftbefehl aufgehoben und auch von der Anordnung der einstweiligen Unterbringung des Beschuldigten abgesehen. Der Mandant war damit zunächst auf freien Fuß gekommen.

Im Anschluss hat der psychiatrische Sachverständige jedoch ein umfangreiches (vorläufiges) Gutachten eingereicht und sich hierin auch zur Frage einer voraussichtlichen Unterbringung nach § 63 StGB und zum Erfordernis einstweiliger Maßnahmen nach § 126a StPO zum Nachteil des Beschuldigten geäußert. Auf der Grundlage dieses aktualisierten Ermittlungsstands hat das Amtsgericht auf Antrag der Staatsanwaltschaft zwischenzeitlich die einstweilige Unterbringung des Beschuldigten doch angeordnet. Seither wird die vorläufige Maßnahme gegen den Mandanten in einer entsprechenden Einrichtung ununterbrochen vollzogen.

Welche Möglichkeiten sollte der Verteidiger nunmehr erwägen?

Lösung

Der Verteidiger wird in dieser Verfahrenslage ein Vorgehen gegen die Anordnung der einstweiligen Unterbringung regelmäßig nicht für erfolgversprechend erachten. Das Amtsgericht hat offensichtlich auf aktualisierter Ermittlungsgrundlage sämtliche Voraussetzungen des § 126a StPO geprüft. Soweit die Anordnung den geltenden **Begründungserfordernissen**[53] genügt, erscheint zum jetzigen Zeitpunkt die Einlegung eines Rechtsbehelfs nicht ratsam (siehe Rdnr. 11.8). Allerdings hat der Verteidiger einen Antrag auf Aussetzung des Unterbringungsbefehls (§ 126a Abs. 2 Satz 1, § 116 Abs. 3 und Abs. 4 StGB) in Erwägung zu ziehen (siehe Rdnr. 11.7).

11.15

Ein erfolgversprechender Aussetzungsantrag setzt im Vorfeld Eigeninitiative des Verteidigers und die Rücksprache mit dem Mandanten voraus, soweit diese aufgrund seines Gesundheitszustands möglich ist. Es muss eine den Mandanten weniger belastende Alternative zum Vollzug des Unterbringungsbefehls dargestellt werden, die gleichermaßen geeignet ist, den Schutz der Allgemeinheit vor der weiteren Tatbegehung sicherzustellen.[54] So sollte der Verteidiger abhängig vom Gesundheitszustand des Mandanten prüfen, ob Angehörige im Umfeld zu seiner dauerhaften Aufnahme imstande und bereit sind, und ob unter Zuhilfenahme zuverlässiger ambulanter psychiatrischer Behandlung die medizinische Versorgung des Mandanten gesichert ist.[55] Eine alternative Möglichkeit besteht ggf. auch darin, dass sich der Mandant mit seiner stationären Aufnahme in einer

---

53) Siehe BVerfG, Beschl. v. 08.12.2011 – 2 BvR 2181/11, NJW 2012, 513, 514 f.; MüKo-StPO/Böhm/Werner, § 126a Rdnr. 17.

54) Vgl. BVerfG, Beschl. v. 22.08.2017 – 2 BvR 2039/16, BeckRS 2017, 123193, Rdnr. 50; MüKo-StPO/Böhm/Werner, § 126a Rdnr. 36 f.

55) Vgl. KK/Schultheis, § 126a Rdnr. 6.

geeigneten Einrichtung und mit seiner medizinischen Behandlung einverstanden erklärt.[56] Bei **präzisem Vortrag zu einer belastbaren und verbindlichen Alternative** wird das angerufene Gericht eine Aussetzung unter Erteilung von Weisungen (§ 116 Abs. 3 StPO) ernsthaft in Erwägung ziehen können, wobei es ggf. hierzu eine ergänzende Stellungnahme des psychiatrischen Sachverständigen einholen wird. Ein weiterer stabilisierender Faktor, der bei einer Aussetzungsentscheidung durchaus Gewicht erlangen kann, ist die (zwischenzeitliche) **Einrichtung einer rechtlichen Betreuung** (§§ 1896 ff. BGB) für den Mandanten.

Praxistipps

– Auch wenn es dem Verteidiger gelingt, alternative „Unterbringungsmöglichkeiten" verbindlich aufzuzeigen, kommt es immer wieder vor, dass entsprechenden Aussetzungsanträgen der Erfolg versagt bleibt. Dies hängt häufig damit zusammen, dass die von dem Beschuldigten ausgehende Gefahr der Begehung weiterer schwerwiegender Taten aufgrund eines sehr ausgeprägten Krankheitsbilds so hoch einzuschätzen ist, dass es schlicht unverantwortbar erscheint, den Beschuldigten auf freien Fuß zu setzen. Diese Fälle zeichnen sich vielfach dadurch aus, dass eine Besserung des Gesundheitszustands des Mandanten bisher nicht erreicht worden ist.

– Die Möglichkeit eines Aussetzungsantrags sollte der Verteidiger unbedingt eingehend vorab mit dem Mandanten besprechen, da bei Erfolg eine erneute Änderung des Lebensumfelds des Mandanten eintreten wird. Dies gilt insbesondere dann, wenn während des Vollzugs der einstweiligen Unterbringung ein brauchbarer Behandlungsansatz für den Mandanten gefunden worden ist, der bisher zur kontinuierlichen Besserung des Gesundheitszustands beigetragen hat, und sich die Belastungen der Unterbringung für den Mandanten in Grenzen halten. Im Interesse des Mandanten – auch für das weitere Verfahren – gilt es zu bedenken, ob dieser positiven Entwicklung die Grundlage entzogen werden soll.

Prozesstaktische Hinweise

11.16   Der Verteidiger wird in der vorliegenden Situation einen Antrag auf Außervollzugsetzung zu prüfen haben.

Ein solcher Antrag wird regelmäßig nur dann Erfolg haben, wenn eine alternative Unterbringungsmöglichkeit, die auch tatsächlich umsetzbar ist, aufgezeigt wird.

Der Verteidiger sollte geeignete Unterlagen vorlegen, die die aufgezeigte Alternative belegen. Die Bereitschaft, entsprechenden Weisungen (§ 116 Abs. 3 StPO) im Fall der Außervollzugsetzung nachzukommen, sollte der Verteidiger bereits im Vorfeld signalisieren.

---

56) Vgl. KK/Schultheis, § 126a Rdnr. 6; MüKo-StPO/Böhm/Werner, § 126a Rdnr. 37; Meyer-Goßner/Schmitt, § 126a Rdnr. 10.

Verteidigervorgehen bei Vollziehung der einstweiligen Unterbringung/
Antrag auf Außervollzugsetzung des Unterbringungsbefehls

11

Muster

Antrag auf Außervollzugsetzung eines Unterbringungsbefehls bei dem zuständigen Amtsgericht

---

Amtsgericht ...
(Anschrift)

Einstweilige Unterbringung!
Bitte sofort vorlegen!

Ermittlungsverfahren
gegen ...
wegen einstweiliger Unterbringung (versuchter Totschlag u.a.)
Az. ...

hier: Antrag auf Außervollzugsetzung des Unterbringungsbefehls

In vorliegendem Ermittlungsverfahren **beantrage** ich den Unterbringungsbefehl des Amtsgerichts ... vom ...

außer Vollzug zu setzen.

Begründung:

I.

Aufgrund Unterbringungsbefehls des Amtsgerichts vom ... befindet sich mein Mandant seit ... ununterbrochen in einstweiliger Unterbringung in der Einrichtung .... Nach vorläufiger Stellungnahme des psychiatrischen Sachverständigen ist von der Schuldunfähigkeit meines Mandanten auf der Grundlage einer paranoiden Schizophrenie (ICD-10: F20.0) zum Tatzeitpunkt auszugehen. Grundlage der einstweiligen Unterbringung sind rechtswidrige Anlasstaten gem. §§ 212, 22 StGB sowie gem. § 224 StGB.

II.

Gemäß § 126a Abs. 2 Satz 1, § 116 Abs. 3 StPO kann vorliegend der weitere Vollzug der einstweiligen Unterbringung ausgesetzt werden. Es stehen den Beschuldigten weniger belastende Maßnahmen zur Verfügung, die (insgesamt) gleichermaßen wie der weitere Vollzug der Unterbringung geeignet sind, den Schutz der Allgemeinheit vor einer etwaigen weiteren Tatbegehung sicher zu stellen. Der weitere Vollzug der einstweiligen Unterbringung ist damit nicht mehr erforderlich und mithin unverhältnismäßig (vgl. KK/Schultheis, § 126a Rdnr. 6; SSW-StPO/Herrmann, § 126a Rdnr. 19 f.). Zu den milderen Maßnahmen im Einzelnen:

Scholze

615

1. Es besteht die Möglichkeit, dass mein Mandant umgehend in der psychiatrischen Fachklinik ... vollstationär aufgenommen wird. In dieser Einrichtung, die insbesondere auf die Behandlung des bei meinem Mandanten vorliegenden Krankheitsbilds ausgerichtet ist, ist die therapeutische Versorgung umfassend sichergestellt. Mein Mandant ist bereit, sich den erforderlichen medizinischen Behandlungen zu unterziehen.

    Die schriftliche Bestätigung der psychiatrischen Fachklinik ... über die Bereitschaft zur vollstationären Aufnahme meines Mandanten lege ich – mit seinem Einverständnis – in Ablichtung bei. Die Übernahme der zu erwartenden Heilbehandlungskosten ist gesichert. Mein Mandant ist gesetzlich krankenversichert. Eine Kostenübernahmeerklärung des zuständigen Versicherers ist als Anlage gleichfalls in Ablichtung beigefügt.

2. Zur weiteren Entlastung meines Mandanten und zur weiteren Stabilisierung seiner (zukünftigen) Lebensumstände ist zwischenzeitlich eine rechtliche Betreuung (§§ 1896 ff. BGB) eingerichtet worden. Die eingerichtete Betreuung hat einen umfassenden Wirkungskreis (§ 1901 BGB) und wird von dem Berufsbetreuer ... wahrgenommen. Der Berufsbetreuer hat bereits Kenntnis von der in Aussicht genommenen vollstationären Aufnahme und wird dies mit allen ihm zur Verfügung stehenden Mitteln unterstützen.

    Die entsprechende Bestellungsurkunde liegt der Anlage ebenfalls in Ablichtung bei.

Vor dem Hintergrund der aufgezeigten Maßnahmen ist die Außervollzugsetzung des Unterbringungsbefehls hier verantwortbar. Die öffentliche Sicherheit steht dem nicht entgegen, da unter diesen Umständen die Gefahr einer weiteren Tatbegehung durch meinen Mandanten ausgeschlossen werden kann. Entsprechenden Weisungen des Gerichts (§ 126a Abs. 2 Satz 1, § 116 Abs. 3 StPO) wird mein Mandant Folge leisten. Soweit das Gericht für die Außervollzugsetzung weitere Maßnahmen bzw. die Einrichtung bestimmter Umstände für erforderlich hält, bitte ich um kurzen Hinweis, damit deren Umsetzung kurzfristig – auch nach Rücksprache mit dem Betreuer – abgeklärt werden kann.

Rechtsanwältin/Rechtsanwalt

11.2.3 Verteidigervorgehen bei aufrechterhaltenem (außer Vollzug gesetztem) Unterbringungsbefehl/Beschwerdeverfahren

Kurzüberblick

11.17 – Gegen einen Unterbringungsbefehl nach § 126a StPO sind die Rechtsmittel der Beschwerde (§ 304 Abs. 1 StPO) und der weiteren Beschwerde (§ 310 Abs. 1 Nr. 2 StPO) zulässig.[57]

---

57) Vgl. hierzu OLG Bremen, Beschl. v. 21.05.2019 – 1 Ws 60/19, BeckRS 2019, 15852; KK/Schultheis, § 126a Rdnr. 10.

– Anordnung bzw. Fortdauer der einstweiligen Unterbringung (§ 126a StPO) erfordern dringende Gründe für die Annahme, dass gegen den Beschuldigten die Unterbringung in einem psychiatrischen Krankenhaus (§ 63 StGB) bzw. einer Entziehungsanstalt (§ 64 StGB) angeordnet werden wird.[58]

Sachverhalt

Auf das Vorgehen des Verteidigers (siehe Rdnr. 11.14) hatte das Amtsgericht den Unterbringungsbefehl durch Beschluss aufrechterhalten, die Außervollzugsetzung jedoch antragsgemäß bewilligt. Der Mandant befindet sich daraufhin seit nunmehr vier Monaten vollstationär in der psychiatrischen Fachklinik und wird seither auf freiwilliger Basis fachmedizinisch behandelt. Hierauf hat sich der Gesundheitszustand des Mandanten deutlich verbessert, was durch die behandelnden Ärzte bestätigt wird. Aggressives Verhalten hat der Mandant nicht mehr gezeigt. Die Zusammenarbeit mit dem Betreuer verläuft ohne Beanstandungen. Eine Abschlussverfügung der Staatsanwaltschaft ist bisher nicht ergangen.

Was wird der Verteidiger nunmehr in Erwägung zu ziehen haben?

Lösung

Der Verteidiger wird eine **Beschwerde** (§ 304 Abs. 1 StPO) gegen den weiterhin bestehenden – wenn auch außer Vollzug gesetzten – Unterbringungsbefehl zu prüfen haben. Die Außervollzugsetzung hindert eine Beschwerde gegen die bestehende Anordnung der einstweiligen Unterbringung nicht.[59] Das Rechtsmittel muss sich in diesem Fall gegen die letztmalige gerichtliche Entscheidung wenden, mit der die einstweilige Unterbringung aufrechterhalten wurde.[60] Hier ist diese Entscheidung zuletzt von dem Amtsgericht im Zuge der Entscheidung über die Außervollzugsetzung getroffen worden.

11.18

Vorliegender Angriffspunkt für die Beschwerde sind die **dringenden Gründe,**[61] die für die Annahme vorliegen müssen, dass der Mandant später in einem psychiatrischen Krankenhaus (§ 63 StGB) untergebracht werden wird (siehe Rdnr. 11.3). Somit wird der Verteidiger auf der Grundlage der **nunmehr eingetretenen Entwicklung** die Anordnungsvoraussetzungen aus § 63 StGB[62] **erneut** prüfen und ggf. das Vorliegen einer entsprechenden Prognose mit guten Gründen in Zweifel ziehen können. Denn die nunmehr stabilisierende Entwicklung in den Lebensumständen des Mandanten ist selbstverständlich in diese Prognose miteinzustellen. Auf dieser Basis ist nicht mehr ohne weiteres zu erwarten, dass dem Mandanten

---

58) Vgl. OLG Brandenburg, Beschl. v. 22.04.2020 – 2 Ws 73/20, BeckRS 2020, 9190.
59) Vgl. KK/Graf, § 116 Rdnr. 25.
60) OLG Frankfurt, Beschl. v. 03.07.2008 – 1 Ws 64/08, BeckRS 2008, 13780; KK/Zabeck, § 304 Rdnr. 7.
61) SSW-StPO/Herrmann, § 126a Rdnr. 14; Meyer-Goßner/Schmitt, § 126a Rdnr. 4.
62) Vgl. Fischer, § 63 Rdnr. 6 ff.; SSW-StGB/Kaspar, § 63 Rdnr. 11; Matt/Renzikowski/Eschelbach, § 63 Rdnr. 15 ff.

die für eine Unterbringung nach § 63 StGB erforderliche negative Gefährlich-keitsprognose zu stellen sein wird.[63] Eine hierauf ausgerichtete Beschwerdebe-gründung kann dazu führen, dass das Beschwerdegericht (§ 308 Abs. 2 StPO) eine ergänzende Stellungnahme des psychiatrischen Sachverständigen anfordert, bevor es über das Rechtsmittel entscheidet (§ 309 Abs. 2 StPO).

> **Praxistipp**
>
> Der Verteidiger sollte in dieser Verfahrenssituation das Für und Wider der Be-schwerdeeinlegung intensiv erörtern. Folgende Punkte dürften überlegenswert sein:
>
> Das Beschwerdeverfahren kann durchaus eine Verzögerung des Ermittlungs-verfahrens mit sich bringen. Allerdings sind von dieser Verzögerung keine ne-gativen Folgen für den Mandanten zu erwarten. Derzeit wird die vorläufige Maßnahme nicht vollstreckt und der Mandant befindet sich in einer geeigneten Einrichtung, in der sich sein Zustand gebessert hat. Bei weiterem Zeitablauf steht eine weitere Stabilisierung des Mandanten in dem erlangten Umfeld zu erwarten, was die Gefahr der späteren Anordnung der Unterbringung nach § 63 StGB u.U. relativieren bzw. zur Aussetzung der Maßregel nach § 67b StGB[64] beitragen kann. Denn bei der Prüfung von § 63 und § 67b StGB im zu erwarten-den Hauptverfahren wird das Gericht auch maßgeblich auf die Entwicklung des Gesundheitszustands des Beschuldigten nach der Tatbegehung abstellen.
>
> Eine erfolgreiche Beschwerde gegen die (bestehende) Anordnung der einstwei-ligen Unterbringung würde an der Lebenssituation des Mandanten vermutlich kaum etwas ändern, da er sich infolge der Aussetzungsentscheidung rechtlich bereits „auf freiem Fuß" befindet. Allerdings ist selbstverständlich zu berück-sichtigen, dass bei bestehender Anordnung nach § 126a StPO bei entsprechen-dem Weisungsverstoß jederzeit der erneute Vollzug der Unterbringung nach § 126a Abs. 2 Satz 1, § 116 Abs. 4 StPO angeordnet werden kann. Eine erfolgrei-che Beschwerde würde dieser Gefahr vorsorglich entgegenwirken. Bei dieser Abwägungsentscheidung dürfte auch zu bedenken sein, dass nach sechs Mo-naten die besondere Prüfung der Unterbringungsanordnung durch das Ober-landesgericht zu erwarten ist (§ 126a Abs. 2 Satz 1, §§ 121, 122 StPO).
>
> Nicht zuletzt ist der Mandant auf die Kostenfolge nach § 473 Abs. 1 StPO für den Fall der Erfolglosigkeit des Rechtsmittels hinzuweisen.

Prozesstaktische Hinweise

11.19   Der Verteidiger sollte Chancen und Risiken einer Beschwerde gegen die Anord-nung nach § 126a StPO genau erörtern. Der Gesundheitszustand des Mandanten darf hierbei nicht aus den Augen verloren werden.

---

63) Vgl. BGH, Beschl. v. 13.12.2011 – 5 StR 422/10, NStZ-RR 2012, 107; SSW-StGB/Kaspar, § 63 Rdnr. 19 ff.; Fischer, § 63 Rdnr. 24 ff.
64) Vgl. Matt/Renzikowski/Eschelbach, § 126a Rdnr. 6 ff.; Fischer, § 126a Rdnr. 3 ff.

Soweit zu erwarten steht, dass das Beschwerdegericht eine ergänzende Stellungnahme des psychiatrischen Sachverständigen anfordern wird, sollte der Verteidiger sich in der Beschwerdebegründung auch dazu verhalten, ob der Mandant zu einem weiteren Explorationsgespräch bereit ist und der Mandant die Einsichtnahme in (weitere) Krankenunterlagen gestattet. Denn dann steht auch zu erwarten, dass das Gericht bei seinen Ermittlungen (§ 308 Abs. 2 StPO) von dieser Möglichkeit Gebrauch macht, was die Entscheidung maßgeblich zugunsten des Mandanten beeinflussen kann.

Muster

Beschwerdebegründung gegen die amtsgerichtliche Anordnung der einstweiligen Anordnung nach § 126a StPO

Amtsgericht ...
(Anschrift)

Einstweilige Unterbringung!
Bitte sofort vorlegen!

Beschwerdeverfahren
des   ...
wegen   einstweiliger Unterbringung (versuchter Totschlag u.a.)
Az.   ...

hier: Beschwerde gegen die Anordnung der einstweiligen Unterbringung

In dem vorliegenden Beschwerdeverfahren stelle ich folgenden **Antrag**:

Auf die Beschwerde des Beschuldigten wird der Beschluss des Amtsgerichts vom ... mit dem die Anordnung der einstweiligen Unterbringung aufrechterhalten worden ist,

aufgehoben.

Begründung:

I.

Mit Beschluss vom ... hatte das Amtsgerichts erstmalig die einstweilige Unterbringung des Beschuldigten angeordnet, die bis zum ... in der Einrichtung ... ununterbrochen vollzogen worden war. Grundlage der einstweiligen Unterbringung sind rechtswidrige Anlasstaten gem. §§ 212, 22 StGB sowie gem. § 224 StGB. Nach vorläufiger Stellungnahme des psychiatrischen Sachverständigen ist von Schuldunfähigkeit des Beschuldigten auf der Grundlage einer paranoiden Schizophrenie (ICD-10: F20.0) zum Tatzeitpunkt auszugehen. Auf Antrag der Verteidigung hat das Amtsgericht durch Beschluss vom ... den Vollzug des Unterbringungsbefehls gegen die Erteilung von Weisungen ausgesetzt, jedoch die Anordnung der einstweiligen Unterbringung aufrechterhalten. Hiergegen richtet sich die vorliegende Beschwerde.

II.

1. Die zulässige Beschwerde (§ 304 Abs. 1 StPO) richtet sich gegen die letztmalige Entscheidung des Amtsgerichts vom ..., mit der es – ungeachtet der Außervollzugsetzung – die einstweilige Unterbringung aufrechterhalten hat (vgl. OLG Frankfurt, Beschl. v. 03.07.2008 – 1 Ws 64/08, BeckRS 2008, 13780; KK/Zabeck, § 304 Rdnr. 7).

2. Das Rechtsmittel hat in der Sache Erfolg.

Die Anordnung bzw. Aufrechterhaltung der einstweiligen Unterbringung des Beschuldigten ist aufzuheben (§ 126a Abs. 3 Satz 1 StPO), da ihre Voraussetzungen nicht (mehr) vorliegen. Die einstweilige Unterbringung setzt dringende Gründe für die Annahme voraus, dass der Beschuldigte später in einem psychiatrischen Krankenhaus (§ 63 StGB) untergebracht werden wird (SSW/Herrmann, § 126a Rdnr. 14, Meyer-Goßner/Schmitt, § 126a Rdnr. 4). Eine derartige Prognose ist jedenfalls zum jetzigen Zeitpunkt nicht (mehr) zu stellen. Auf der Grundlage der nunmehr eingetretenen Entwicklung zum Gesundheitszustand des Beschuldigten ist die spätere Unterbringung in einem psychiatrischen Krankenhaus nach § 63 StGB unwahrscheinlich.

Nach der Außervollzugsetzung des Unterbringungsbefehls durch Entscheidung des Amtsgerichts vom ... befindet sich mein Mandant auf eigenen Wunsch seit nunmehr vier Monaten vollstationär in der fachpsychiatrischen Einrichtung .... Er unterzieht sich dort einverständlich einer umfassenden fachmedizinischen Behandlung. Infolgedessen hat sich der Gesundheitszustand meines Mandanten gravierend gebessert. Durch (fremd-)aggressives Verhalten ist mein Mandant zu keinem Zeitpunkt aufgefallen. Zu einer weiteren nachhaltigen Stabilisierung der Lebensverhältnisse meines Mandanten hat die zwischenzeitlich erfolgte Einrichtung einer umfassenden rechtlichen Betreuung (§§ 1896 ff. BGB) geführt. Die verbindliche Zusammenarbeit meines Mandanten mit dem bestellten Berufsbetreuer gestaltet sich komplikationslos. Auf dieser Basis wird dem Beschuldigten die für eine Unterbringung in einem psychiatrischen Krankenhaus (§ 63 StGB) erforderliche negative Gefährlichkeitsprognose (vgl. BGH, Beschl. v. 13.12.2011 – 5 StR 422/10, NStZ-RR 2012, 107; SSW-StGB/Kaspar, § 63 Rdnr. 19 ff.) nicht mehr zu stellen sein. Allem nach ist die Anordnung der einstweiligen Unterbringung aufzuheben (§ 126a Abs. 3 StPO).

Soweit das Beschwerdegericht vor der Entscheidung über das Rechtsmittel die Einholung einer ergänzenden Stellungnahme des psychiatrischen Sachverständigen in Erwägung zieht (§ 308 Abs. 2 StPO), ist mein Mandant mit einer Nachexploration durch den Sachverständigen ausdrücklich einverstanden. Auch der Einsichtnahme der weiteren Krankenunterlagen durch den psychiatrischen Sachverständigen steht nichts entgegen. Soweit weitere Erklärungen des Beschuldigten erforderlich sein sollten, bitte ich um kurzen Hinweis.

Rechtsanwältin/Rechtsanwalt

12 Anwesenheitsrechte des Verteidigers im Ermittlungsverfahren

12.1   Einführung

12.1.1   Allgemeines zu den Anwesenheitsrechten des Verteidigers

12.1   Ein beachtlicher Teil der den Strafverfolgungsbehörden zur Verfügung stehenden **Ermittlungsmaßnahmen** im Stadium des **vorbereitenden Verfahrens** wird **ohne** die Beteiligung des **Verteidigers** durchgeführt. Dem steht gegenüber, dass gerade in diesem Teil des gegen den Beschuldigten geführten Verfahrens **maßgebliche Ermittlungsergebnisse** gewonnen werden, die sodann die Grundlage der Verfahrensakte bilden. Der Verteidigung verbleibt in vielen Fällen nur, das durch die Polizei oder Staatsanwaltschaft protokollierte und nicht selten zumindest nicht neutral formulierte Ergebnis einer Ermittlungshandlung **im Nachhinein** zu kommentieren. Es liegt auf der Hand, dass demgegenüber **die Einflussnahme** bereits zum Zeitpunkt der Entstehung eines Ermittlungsergebnisses weitaus **effektivere Verteidigungsmöglichkeiten** eröffnet.

12.2   Der Verteidiger sollte daher die (zu Unrecht) häufig vernachlässigten, ihm jedoch **gesetzlich eröffneten Anwesenheitsrechte**, die Umsetzung des verfassungsrechtlich verbürgten Rechts auf Gewährung **rechtlichen Gehörs** und des Rechts auf ein **faires Verfahren** darstellen, bereits im Stadium des **Ermittlungsverfahrens wahrnehmen** und einfordern, um so die ihm hiermit eröffneten **Einflussmöglichkeiten** auf den Gang des Ermittlungsverfahrens – und damit auch auf den Verlauf des gesamten sich anschließenden Straferfahrens – auszuschöpfen. Nur so ist es ihm möglich, der polizeilichen und staatsanwaltschaftlichen Ermittlungsthese bereits im Ermittlungsverfahren ein **Alternativgeschehen** gegenüberzustellen.

Praxistipp

Um auf die Achtung seiner Anwesenheitsrechte – ggf. mit Hilfe entsprechender Schriftsätze – hinzuwirken, kann schon gleich zu Beginn der Übernahme der Verteidigung, die in aller Regel mit einem Akteneinsichtsgesuch einhergeht, zunächst allgemein auf die Achtung der **Anwesenheitsrechte hingewiesen** werden. Dies sensibilisiert die Strafverfolgungsorgane, vermeidet jedoch zugleich den Anschein, dass die Verteidigung im konkreten Verfahren davon ausgeht, dass ihre Rechte drohen, nicht gewahr zu werden. Ebenfalls möglich ist ein Hinweis auf ein bestehendes Anwesenheitsrecht, wenn durch die Verteidigung im Ermittlungsverfahren Beweisanregungen angebracht werden.

Aufgrund der **hohen Relevanz** der im vorbereitenden Verfahren generierten Ermittlungsergebnisse sollte sich die Verteidigung auch nicht damit begnügen, die gesetzlich eröffneten Anwesenheitsrechte wahrzunehmen, sondern versuchen, auch in dem Bereich, in dem das **Gestatten der Anwesenheit** „nur" im Ermessen der ermittlungsführende Person liegt, eine **aktive Gestaltung** der Ermittlungsergebnisse zu erreichen. 12.3

12.1.2 Überblick über die Anwesenheitsrechte des Verteidigers

Die **Anwesenheitsmöglichkeiten** des Verteidigers im vorbereitenden Ermittlungsverfahren lassen sich zunächst – in Rückkopplung an die jeweils durchgeführte Ermittlungshandlung – in **zwei Kategorien** unterteilen: 12.4

- Ermittlungshandlungen, die aufgrund eines **gesetzlich normierten Anwesenheitsrechts** grundsätzlich im Beisein des Verteidigers stattzufinden haben und zu denen der Verteidiger entsprechend von Amts wegen zu laden ist.

- Ermittlungshandlungen, an denen der Verteidiger lediglich nach **Gestattung** durch die ermittlungsführende Person oder sonstige Dritte **zugelassen werden** kann.

Anwesenheitsrecht des Verteidigers ist **gesetzlich normiert**:
- Polizeiliche Vernehmung des Beschuldigten (§§ 163a Abs. 4, 168c Abs. 1 und 5 StPO) 12.5

- Staatsanwaltschaftliche Vernehmung des Beschuldigten (§§ 163a Abs. 3 Satz 2, 168c Abs. 1 und 5 StPO)

- Richterliche Vernehmung des Beschuldigten (§ 168c Abs. 1 und 5 StPO)

- Richterliche Vernehmung eines Zeugen (§ 168c Abs. 2 StPO)

- Haftprüfungstermin (§ 118a Abs. 2 StPO)

- Vorführung des Beschuldigten mit richterlicher Vernehmung (§ 168c Abs. 5 StPO)

– Richterliche Vernehmung eines Sachverständigen (§ 168c Abs. 2 StPO)

– Gegenüberstellung mit dem Beschuldigten (§ 58 Abs. 2 Satz 2 StPO)

– Richterliche Augenscheinseinnahme (§ 168d Abs. 1 StPO)

Anwesenheitsrecht des Verteidigers (nach h.M.) **nicht gegeben,** aber **Zulassung** durch **Ermittlungsperson** möglich:

12.6 – Polizeiliche Vernehmung von Zeugen

– Staatsanwaltschaftliche Vernehmung von Zeugen

– Polizeiliche Vernehmung eines Mitbeschuldigten

– Staatsanwaltschaftliche Vernehmung eines Mitbeschuldigten

– Richterliche Vernehmung eines Mitbeschuldigten

– Polizeiliche Vernehmung eines Sachverständigen

– Staatsanwaltschaftliche Vernehmung eines Sachverständigen

– Polizeiliche Augenscheinseinnahme

– Staatsanwaltschaftliche Augenscheinseinnahme

– Leichenschau

Anwesenheitsrecht des Verteidigers **nicht gegeben,** aber **Zulassung durch Dritte möglich:**

12.7 – **Durchsuchung** beim **Beschuldigten**

– **Durchsuchung** bei einem **Dritten**

– **Exploration** des Beschuldigten durch einen **Sachverständigen**

> **Praxistipp**
>
> Auch wenn im Rahmen der vorgenannten Ermittlungsmaßnahmen der Verteidigung teilweise ein Anwesenheitsrecht nicht gesetzlich eröffnet wird und eine solche daher nicht gewährt werden muss, führt dies **nicht** zu einem **Anwesenheitsverbot**, und es bleibt im Einzelfall möglich, dem Verteidiger die Anwesenheit zu gestatten. Vor diesem Hintergrund sollte die Verteidigung versuchen, wenn es für ihr weiteres Vorgehen sachdienlich erscheint, sich durch eine direkte Absprache eine Anwesenheitsmöglichkeit zu eröffnen.

12.1.3 Die Anwesenheitsrechte des Verteidigers im Ermittlungsverfahren im Einzelnen

12.8 Nachdem vorstehend ein erster Überblick über die Anwesenheitsrechte und Anwesenheitsmöglichkeiten der Verteidigung im vorbereitenden Verfahren gegeben werden konnte, werden im Anschluss die einzelnen Ermittlungsmaßnahmen unter dem Blickwinkel der Anwesenheitsrechte des Verteidigers näher beleuchtet.

12.1.3.1 Anwesenheitsrecht des Verteidigers bei der Vernehmung des Beschuldigten

Die **Vernehmung des Beschuldigten** stellt in nahezu jedem Strafverfahren, in dem sich der Beschuldigte dazu entschließt, bereits im Stadium des vorbereitenden Ermittlungsverfahrens Angaben zur Sache zu machen, einen – wenn nicht häufig den – **verfahrensbestimmenden Aspekt** dar, dessen Auswirkungen sich im weiteren Verfahrensverlauf unumkehrbar niederschlagen werden.

12.9

Eine einmal gemachte **Einlassung**, die als Geständnis verstanden werden kann, wird sich später nur schwer ungeschehen machen lassen. Frühe belastende Aussagen des Beschuldigten, auch wenn sie nicht als solche gedacht oder verstanden werden sollten, werden das Ergebnis des Strafverfahrens vorzeichnen und dessen **Ausgang maßgeblich mitbestimmen.**

12.10

Aus diesem Grund ist es nur konsequent und folgerichtig, wenn der Verteidigung bei dieser verfahrensbestimmenden Ermittlungshandlung ein Anwesenheitsrecht gesetzlich eingeräumt wird[1] – und dies mittlerweile[2] unabhängig davon, von wem die Vernehmung des Beschuldigten durchgeführt wird. Dies ist konsequente Umsetzung des **Rechts auf rechtliches Gehör** und des **Gebots der Wahrung einer effektiven Verteidigung** im Strafverfahren.[3]

12.11

Das **Anwesenheitsrecht** des Verteidigers bei **polizeilichen Beschuldigtenvernehmungen** resultiert seit der Änderung der StPO im Jahr 2017[4] unmittelbar aus **§§ 163a Abs. 4 Satz 3, 168c Abs. 1 Satz 1 StPO.**

12.12

Ohne Hürden lässt sich dieses Anwesenheitsrecht umsetzen, wenn der Beschuldigte bereits zum **Zeitpunkt seiner Ladung** über einen **Verteidiger verfügt** und dessen Beauftragung den Ermittlungsbehörden z.B. durch eine Verteidigungsanzeige oder eine Bestellung nach §§ 140 ff. StPO bereits zur Kenntnis gebracht worden bzw. gelangt ist.

12.13

---

1) Burhoff, Ermittlungsverfahren, Rdnr. 3390.
2) Mit dem 2. Gesetz zur Stärkung der Verfahrensrechte des Beschuldigten im Strafverfahren und der Änderung des Schöffenrechts v. 27.08.2017 (BGBI I, 3295) wurde das Anwesenheitsrecht auf die erste polizeiliche Vernehmung des Beschuldigten ausgeweitet. Vgl. Meyer-Goßner/Schmitt, § 163a Rdnr. 9a.
3) BGH, Urt. v. 11.05.1976 – 1 StR 166/76, NJW 1976, 1546, 1547 = BGHSt 26, 332, 335; Breyer/Endler, AnwaltFormulare Strafrecht, Rdnr. 354.
4) 2. Gesetz zur Stärkung der Verfahrensrechte des Beschuldigten im Strafverfahren und der Änderung des Schöffenrechts v. 27.08.2017, BGBI I, 3295. Vgl. zu dem hierzu bestehenden Streitstand vor der Gesetzesänderung nur Burhoff, Ermittlungsverfahren, Rdnr. 3386 m.w.N.

Forkert-Hosser

12.14 Entgegen der früher vertretenen Auffassung, dass sich das Anwesenheitsrecht jedoch lediglich in Verfahren eröffnete, in denen der Beschuldigten bereits vor einer geplanten Vernehmung einen Verteidiger beauftragt hatte, dürfte sich dieses Recht nunmehr[5] zumindest auch auf den **Verteidiger erstrecken,** der bereits für die polizeiliche Vernehmung nach **§§ 140, 141 StPO zu bestellen** ist. (Zur Bestellung eines Pflichtverteidigers im Ermittlungsverfahren siehe Kap. 8, Rdnr. 8.1 ff.)

Hinweis

In Fällen außerhalb der notwendigen Verteidigung, in denen der Beschuldigte **zunächst keinen Verteidiger** beauftragt hat, sich hierzu jedoch im Verlauf der polizeilichen Vernehmung entschließt, ist ihm die Möglichkeit zur **Kontaktaufnahme** mit einem Verteidiger zu eröffnen (vgl. §§ 137, 163a Abs. 4 Satz 3, 168c Abs. 1 StPO);[6] ebenso wenn nicht der Beschuldigte, aber andere Personen (Familie, Freunde) einen Verteidiger für den Beschuldigten beauftragt haben. Hierbei ist dieser zumindest auf das **Bereitstehen des Verteidigers hinzuweisen.**[7]

Hinweis

Das **Anwesenheitsrecht** des Verteidigers bei einer polizeilichen Vernehmung besteht **unabhängig** von einem **Antrag** des Verteidigers, seiner **Ladung** oder einer **Zustimmung** durch den vernehmenden Polizeibeamten oder die Staatsanwaltschaft. Es kann auch ausgeübt werden, wenn der Verteidiger **auf anderem Weg** von der **Vernehmung erfährt.** Der Beschuldigte ist daher immer ausdrücklich darauf hinzuweisen, den Verteidiger über **etwaige Ladungen** unmittelbar in **Kenntnis zu setzen.**

Praxistipp

Sollte – entgegen den gesetzlichen Vorgaben – dem Verteidiger die **Anwesenheit nicht gestattet** werden, sollte dieser einen **förmlichen Antrag** stellen und in diesem ggf. darauf hinweisen, dass die durch seinen Mandanten – nach Missachtung des dem Verteidiger gesetzlich zugestandenen Anwesenheitsrechts – getätigten Aussagen nicht verwertbar sind.[8]

---

[5] Nach Umsetzung der RiLi 2016, 1919 in dem Gesetz zur Neuregelung der notwendigen Verteidigung v. 10.12.2019, BGBl I, 2128.

[6] Zum Entstehen eines Beweisverwertungsverbots bei verhinderter Kontaktaufnahme zu dem Beschuldigten während einer polizeilichen Vernehmung vgl. u.a. Burhoff, Ermittlungsverfahren, Rdnr. 3429 ff.; BeckOK, StPO/von Häfen, § 163a Rdnr. 31.

[7] Burhoff, Ermittlungsverfahren, Rdnr. 3391.

[8] Burhoff, Ermittlungsverfahren, Rdnr. 3391; Meyer-Goßner/Schmitt, § 136 Rdnr. 10.

Praxistipp

Aufgrund der hohen Relevanz jeder Einlassung des Beschuldigten – letztlich unabhängig davon, in welchem Verfahrensstadium diese erfolgt – und der bestehenden Gefahr, dass insbesondere erstmalig als Beschuldigte zu einer polizeilichen Vernehmung Geladene dazu neigen, sich – wenn auch nur um das Verfahren aus ihrer Sicht durch Aufklärung schnell beenden zu können – geständig einlassen, sollte der Verteidiger – in besonderem Maß, wenn seine Anwesenheit in unzulässiger Weise nicht gestattet wird – darauf dringen, dass sein Mandant **zunächst keinerlei Angaben** zu den erhobenen Vorwürfen macht, und in Erinnerung rufen, dass gerade Angaben des Beschuldigten im Beisein eines Verteidigers einen höheren Beweiswert haben können.[9]

Wird der Beschuldigte durch einen **Staatsanwalt** vernommen, ergibt sich das gesetzlich eröffnete Anwesenheitsrecht des Verteidigers aus **§ 163a Abs. 3 Satz 2 i.V.m. § 168c Abs. 1 Satz 1 StPO**.[10]   12.15

Für eine **richterliche Vernehmung des Beschuldigten** folgt das Anwesenheitsrecht des Verteidigers aus **§ 168c Abs. 1 Satz 1 StPO**. Auch dieses dient der Sicherung einer effektiven Verteidigung bereits im vorbereitenden Verfahren, da der Beschuldigte nur so die Möglichkeit hat, auf das später in der Hauptverhandlung verwertbare Ermittlungsergebnis tatsächlich Einfluss zu nehmen.[11]   12.16

Dies hat im Rahmen von **richterlichen Vernehmungen des Beschuldigten** erhebliche Relevanz, da die hierbei erstellten Protokolle einer **weitreichenden Verwertung** in der Hauptverhandlung unterliegen. § 254 StPO eröffnet die Verlesung richterlicher Protokolle über Erklärungen des Angeklagten, wenn dies zum Zweck der Beweisaufnahme über ein Geständnis (§ 254 Abs. 1 StPO) erfolgen soll oder ein in der Vernehmung hervortretender Widerspruch zu einer früheren Aussage des Angeklagten im Rahmen der Hauptverhandlung nicht auf andere Weise ohne Unterbrechung der Hauptverhandlung festgestellt oder behoben werden kann (§ 254 Abs. 2 StPO).[12]   12.17

Praxistipp

Vor diesem Hintergrund hat die Verteidigung in besonderem Maß darauf zu achten, dass die Aussagen des Beschuldigten **wortgetreu protokolliert** werden.[13]

---

9) Burhoff, Ermittlungsverfahren, Rdnr. 3395.
10) BeckOK, StPO/von Häfen, § 163a Rdnr. 27.
11) Burhoff, Ermittlungsverfahren, Rdnr. 3683.
12) Burhoff, Ermittlungsverfahren, Rdnr. 3682.
13) Burhoff, Ermittlungsverfahren, Rdnr. 3692.

Forkert-Hosser

> **Hinweis**
>
> Für die **Teilnahmen** an einer **richterlichen Vernehmung** des **Beschuldigten** entsteht die **Vernehmungsterminsgebühr** nach Nr. 4102 Nr. 1 VV RVG.[14] Für die **Teilnahme** an einer sonstigen Vernehmung des **Beschuldigten** entsteht die Vernehmungsterminsgebühr nach Nr. 4102 Nr. 2 VV RVG.[15]

12.1.3.2 Anwesenheitsrecht des Verteidigers bei der Vernehmung eines Zeugen

12.18 Bei der **Vernehmung eines Zeugen durch die Staatsanwaltschaft** (§ 161a StPO) oder die **Polizei** steht dem Verteidiger entsprechend des Wortlauts des § 161a StPO, der einen Verweis auf § 168c Abs. 5 StPO im Gegensatz zu § 163a Abs. 4 Satz 2 StPO nicht enthält, ein **Anwesenheitsrecht nicht** zu.[16]

> **Praxistipp**
>
> Ein **Verbot der Anwesenheit** korrespondiert hiermit jedoch **nicht**, so dass der Verteidiger sowohl bei einer polizeilichen als auch bei einer staatsanwaltschaftlichen Zeugenvernehmung – ggf. auf Antrag – **zugelassen** werden kann.[17]

12.19 Das Anwesenheitsrecht des Verteidigers bei der **Vernehmung eines Zeugen** durch den **Ermittlungsrichter** ergibt sich hiergegen unmittelbar aus § 168c Abs. 2 Satz 1 StPO.

12.20 Mit dem Anwesenheitsrecht korrespondiert das ebenfalls gesetzlich eröffnete **Erklärungs- und Fragerecht**, das seine Grenzen nur an der Ungeeignetheit und außerhalb der Sache stehenden Fragen und Erklärungen findet (vgl. § 168c Abs. 2 Satz 2 und 3 StPO).

12.21 Sollte die **dringende Gefahr** bestehen, dass für das **Wohl eines Zeugen schwerwiegende Nachteile** entstehen, wenn dieser im Beisein der Anwesenheitsberechtigten vernommen wird, besteht nach § 168e StPO die Möglichkeit, die Vernehmung getrennt von den Anwesenheitsberechtigten durchzuführen und diese zeitgleich in **Bild und Ton zu übertragen**. Die Mitwirkungs- und Fragerechte der Anwesenheitsberechtigten sind auch bei dieser Vernehmungsform zu wahren.[18]

12.22 Darüber hinaus kann die **Anwesenheit des Beschuldigen** bei der Vernehmung eines Zeugen nach § 168c Abs. 3 StPO (Anwesenheit lässt befürchten, dass der

---

14) Burhoff, Ermittlungsverfahren, Rdnr. 3698.
15) Burhoff, Ermittlungsverfahren, Rdnr. 3811.
16) BeckOK, StPO/Monka, § 168c Rdnr. 2; Burhoff, Ermittlungsverfahren, Rdnr. 3815.
17) Burhoff, Ermittlungsverfahren, Rdnr. 3815.
18) BeckOK, StPO/Monka, § 168c Rdnr. 2, § 168e Rdnr. 6. Zur Wahrung des Fragerechts nach Ausschluss des Beschuldigten bei einer richterlichen Zeugenvernehmung ausführlich BGH, Urt. v. 25.07.2000 – 1 StR 169/00, juris Rdnr. 12 ff. = BGHSt 46, 93, 100.

Untersuchungszweck gefährdet werden könnte[19]) und Absatz 4 (inhaftierter Angeklagter hat nur Recht auf Anwesenheit bei Vernehmung bei Gericht am Ort der Inhaftierung) **ausgeschlossen** werden.[20]

Hinweis

Im Fall einer notwendigen Verteidigung wird dem nach § 168c Abs. 3 StPO ausgeschlossenen oder nach § 168c Abs. 4 StPO nicht anwesenden Beschuldigten vor einer Zeugenvernehmung (z.B. der Vernehmung des maßgeblichen Belastungszeugen) ein **Pflichtverteidiger** zu bestellen sein.[21]

Bei einem **Verstoß** gegen die – gerade bei der richterlichen Vernehmung eines wesentlichen Belastungszeugen – erforderliche **Verteidigerbestellung** hat der BGH jedoch **kein Verwertungsverbot** angenommen, sondern sich für die sogenannte **Beweiswürdigungslösung** entschieden. Hierbei darf in der Hauptverhandlung auf den Ermittlungsrichter als Beweis über die Zeugenvernehmung zurückgegriffen werden, allerdings sind dann besonders **strenge Beweis- und Begründungsanforderungen** aufzustellen. Auf die Angaben des Ermittlungsrichters kann sich das Urteil daher nur stützen, wenn dessen Bekundungen durch **andere wichtige Gesichtspunkte** außerhalb der Aussage bestätigt werden.[22]

Für die **Überprüfung** der **Voraussetzungen eines Ausschlusses** des Beschuldigten nach § 168c Abs. 3 StPO steht gegen den Ausschließungsbeschluss die **Beschwerde** offen, die jedoch nach Abschluss der Zeugenvernehmung nach h.M. **gegenstandslos** wird.[23]   12.23

Praxistipp

Die Vorgehensweise nach § 168e StPO (**Bild-Ton-Übertragung**) ist als **weniger einschneidende** Maßnahme einem **Ausschluss des Beschuldigten** nach § 168c Abs. 3 StPO vorzuziehen[24] – ggf. kann der Verteidiger hierauf hinweisen.

---

19) Meyer-Goßner/Schmitt, § 168c Rdnr. 3; BeckOK, StPO/Monka, § 168c Rdnr. 3, weisen ausdrücklich darauf hin, dass nicht eine Gefährdung des Untersuchungserfolgs festzustellen sei, sondern aus der Formulierung in § 168c Abs. 3 Satz 2 StPO, der ein Befürchten für ausreichend erachtet, zu schließen ist, dass die bloße Gefahr einer Gefährdung des Untersuchungserfolges für einen Ausschluss des Beschuldigten auszureichen vermag.
20) BeckOK, StPO/Monka, § 168c vor Rdnr. 1. Vgl. auch Rdnr. 12.70.
21) BGH, Urt. v. 25.07.2000 – 1 StR 169/00, juris Rdnr. 32, 37 = BGHSt 46, 93 ff. (unter Bezugnahme auf die andernfalls nicht mögliche Wahrnehmung des Fragerechts); Meyer-Goßner/Schmitt, § 168c Rdnr. 4; BeckOK, StPO/Monka, § 168c Rdnr. 4.
22) BGH, Urt. v. 25.07.2000 – 1 StR 169/00, juris Rdnr. 53 ff. = BGHSt 46, 93 ff. Unter Bezugnahme auf das Fragerecht BGH, Beschl. v. 29.11.2006 – 1 StR 493/06, juris Rdnr. 19 = NJW 2007, 237, 239. Hierzu: BeckOK, StPO/Monka, § 168c Rdnr. 11. Ablehnend und auch in diesen Fällen ein Beweisverwertungsverbot annehmend LR/Erb, § 168c Rdnr. 56.
23) Meyer-Goßner/Schmitt, § 168c Rdnr. 3.
24) BeckOK, StPO/Monka, § 168e Rdnr. 3.

Forkert-Hosser

Hinweis

Soll die **Vernehmung eines Zeugen** auf Ersuchen einer deutschen Ermittlungsbehörde im **Ausland** erfolgen, gilt über Art. 4 Abs. 1 EuRhÜbk in den Vertragsstaaten das deutsche Strafverfahrensrecht, so dass auch die entsprechenden Anwesenheitsrechte Berücksichtigung finden müssen.[25]

Hinweis

Das Anwesenheitsrecht des **Rechtsanwalts des Nebenklägers/des Nebenklageberechtigten** an Vernehmungen des eigenen Mandanten ergibt sich aus § 406f Abs. 1 Satz 2 StPO. An richterlichen Vernehmungen des Beschuldigten, anderer Zeugen, Sachverständigen oder an richterlichen Inaugenscheinseinnahmen kann der Rechtsanwalt des Nebenklägers/Nebenklageberechtigten nach § 406h Abs. 2 Satz 3 StPO teilnehmen, wenn hierdurch nicht der Untersuchungszweck gefährdet wird.[26]

Hinweis

Für die Teilnahme an einer **Zeugenvernehmung im Ermittlungsverfahren** – unabhängig davon, ob diese aufgrund einer gesetzlichen Eröffnung oder aufgrund Zulassung erfolgte – entsteht für den Verteidiger nach Nr. 4102 Nr. 1 VV RVG bei richterlichen Vernehmungen und nach Nr. 4102 Nr. 2 VV RVG bei sonstigen Vernehmungen eine **Vernehmungsterminsgebühr**.[27]

12.1.3.3   Anwesenheitsrecht des Verteidigers bei der Vernehmung eines Sachverständigen

12.24   Für die Anwesenheitsrechte des Verteidigers bei der Vernehmung eines Sachverständigen im Rahmen des Ermittlungsverfahrens, die **kaum praktische Relevanz hat**,[28] gelten die **vorstehenden Ausführungen entsprechend**, so dass an dieser Stelle auf diese Bezug genommen werden soll.[29]

---

25)   BGH, Urt. v. 19.03.1996 – 1 StR 497/95, NJW 1996, 2239, 2240; Burhoff, Ermittlungsverfahren, Rdnr. 4453.
26)   LG Freiburg, Beschl. v. 21.12.2006 – 3 Qs 129/06, juris Rdnr. 6.
27)   Burhoff, Ermittlungsverfahren, Rdnr. 3823.
28)   In der Regel wird der Sachverständige im Rahmen des Ermittlungsverfahrens lediglich schriftlich mit der Erstattung eines Gutachtens beauftragt, welches sodann schriftlich erarbeitet und zu den Akten gereicht wird. Eine (ergänzende) Vernehmung des Sachverständigen erfolgt erst in der Hauptverhandlung.
29)   Vgl. Burhoff, Ermittlungsverfahren, Rdnr. 4445.

12.1.3.4 Anwesenheit des Verteidigers bei der Vernehmung eines Mitbeschuldigten

Die **Vernehmung eines Mitbeschuldigten** des eigenen Mandanten im Ermittlungs- 12.25
verfahren birgt vor allem die große Gefahr, dass sich dieser – zu Lasten des eigenen Mandanten – durch eine unwahre Einlassung zu Unrecht versucht zu entlasten.[30] Vor diesem Hintergrund hat der Verteidiger i.d.R. ein **großes Interesse an
einer Teilnahme** an der Vernehmung eines Mitbeschuldigten.[31]

Für die Frage, ob ihm ein solches Anwesenheitsrecht auch zukommt, ist zunächst 12.26
zu **differenzieren,** ob das **Verfahren gegen beide Beschuldigte gemeinsam** geführt
wird, oder **zwei getrennte Ermittlungsverfahren** eröffnet wurden.

Wird das Verfahren **gegen mehrere Beschuldigte gemeinsam** geführt, besteht bei 12.27
der **polizeilichen Vernehmung eines Mitbeschuldigten** für den Verteidiger **kein
Anwesenheitsrecht.**[32]

Dies folgt aus dem **Umkehrschluss aus § 163a Abs. 4 Satz 3 StPO,** der dem Ver- 12.28
teidiger nur bei der polizeilichen Vernehmung des eigenen Mandanten ein Anwesenheitsrecht einräumt. Eine weitergehende Auslegung auf die Vernehmung eines
Mitbeschuldigten wird unter Bezugnahme auf den fehlenden Verweis auf § 168c
Abs. 1 StPO[33] verneint.[34]

Entsprechendes gilt auch für die **staatsanwaltschaftliche Vernehmung eines Mit-** 12.29
beschuldigten, für die ein **Anwesenheitsrecht des Verteidigers** ebenfalls **nicht
eröffnet** ist. Auch hier scheitert die Annahme eines Anwesenheitsrechts an dem
Verweis aus § 163a Abs. 2 Satz 3 StPO, der weiterhin lediglich auf § 168c Abs. 1
und nicht zugleich auf Abs. 2 StPO Bezug nimmt.[35]

Ein **Anwesenheitsrecht des Verteidigers** bei einer **richterlichen Vernehmung eines** 12.30
Mitbeschuldigten wird vor dem Hintergrund einer fehlenden ausdrücklichen
Regelung **kontrovers diskutiert.** § 168c Abs. 2 StPO benennt hinsichtlich des
Anwesenheitsrechts des Verteidigers nur die richterliche Vernehmung eines Zeu-
gen oder eines Sachverständigen – nicht jedoch die Vernehmung eines Mitbe-
schuldigten.

---

30) Burhoff, Ermittlungsverfahren, Rdnr. 4427.
31) Burhoff, Ermittlungsverfahren, Rdnr. 4427.
32) BGH, Urt. v. 20.02.1997 – 4 StR 598/96, juris Rdnr. 15 = BGHSt 42, 391 ff.; Burhoff, Ermittlungsverfahren, Rdnr. 4428; Breyer/Endler, AnwaltFormulare Strafrecht, Rdnr. 360.
33) Burhoff, Ermittlungsverfahren, Rdnr. 4428, der ausdrücklich klarstellt, dass auch die Einführung des Anwesenheitsrechts des Verteidigers bei der polizeilichen Vernehmung des
eigenen Mandanten im Jahr 2017 nicht dazu führt, dass sich dieses Recht auf die polizeiliche Vernehmung eines Mitbeschuldigten erstreckt.
34) Meyer-Goßner/Schmitt, § 168c Rdnr. 1.
35) Burhoff, Ermittlungsverfahren, Rdnr. 4429.

12.31 Die **Rechtsprechung** hat ein solches **Anwesenheitsrecht** i.d.R. **abgelehnt,**[36)] während die **Literatur** in Teilen **für** ein solches plädiert.[37)]

12.32 Die ein Anwesenheitsrecht **befürwortenden Literaturstimmen**[38)] nahmen eine **analoge Ausdehnung** des § 168c Abs. 2 Satz 1 StPO, der seinem Wortlaut nach auf richterliche Vernehmungen von Zeugen und Sachverständigen beschränkt ist, vor.[39)] Hierfür spreche die aus der Sicht des Beschuldigten **vergleichbare Ausgangslage.** Insbesondere die **Verwertungsmöglichkeiten** der Aussagen des Mitbeschuldigten stellten sich für den Beschuldigten vergleichbar mit der Situation dar, in welcher ein Zeuge durch den Ermittlungsrichter vernommen worden sei.

Hinweis

Aufgrund der mit dem 2. Gesetz zur Stärkung der Verfahrensrechte des Beschuldigten im Jahr 2017[40)] eingeführten Erweiterungen hinsichtlich der Anwesenheitsrechte der Verteidigung dürfte es schwieriger werden, in dem Wortlaut des § 168c Abs. 2 StPO eine planwidrige Gesetzeslücke zu erkennen, die eine analoge Erstreckung auf die richterliche Vernehmung eines Mitbeschuldigten eröffnen könnte.

12.33 Die **h.M.** in der Rechtsprechung[41)] und Stimmen in der Literatur[42)] **lehnen** eine **analoge Ausdehnung** des § 168c Abs. 2 StPO (auch bei Haftprüfungsterminen[43)]) **ab.**

12.34 Dieser stehe der **eindeutige Wortlaut** des § 168c Abs. 2 StPO, der ausdrücklich lediglich bei der richterlichen Vernehmung eines Zeugen oder Sachverständigen die Anwesenheitsrechte eröffne, entgegen.[44)] Der Mitbeschuldigte werde – anders

---

36) BGH, Urt. v. 20.02.1997 – 4 StR 598/96, juris Rdnr. 15 = BGHSt 42, 391 ff. mit ausführlicher Darstellung des Meinungsstreits.
37) Ausführlich zu den vertretenen Auffassungen: Burhoff, Ermittlungsverfahren, Rdnr. 4430 ff.
38) SK-StPO/Wohlers/Albrecht, § 168c Rdnr. 9; Schwaben, NStZ 2002, 288, 292. Vgl. auch OLG Karlsruhe, Beschl. v. 09.11.1995 – 2 VAs 18/95, juris = StV 1996, 302, jedoch für die besondere Situation einer Haftbefehlseröffnung.
39) AK-StPO/Achenbach, § 168c Rdnr. 4; Krause, NJW 1975, 2284; Schulz, StraFo 1997, 294. Vgl. auch OLG Karlsruhe, Beschl. v. 09.11.1995 – 2 VAs 18/95, NStZ 1996, 151 = BeckRS 9998, 35258, das eine Ausnahme bei Vernehmungen des Mitbeschuldigten im Rahmen einer Haftbefehlseröffnung oder Haftprüfung annimmt, da für diese § 118a Abs. 1 StPO eine abschließende Sonderregelung darstelle, die eine analoge Anwendung von § 168c Abs. 2 Satz 1 StPO ausschließe.
40) 2. Gesetz zur Stärkung der Verfahrensrechte des Beschuldigten im Strafverfahren und der Änderung des Schöffenrechts v. 27.08.2017, BGBl I, 3295.
41) BGH, Beschl. v. 06.10.2009 – 4 StR 299/09, juris = NStZ 2010, 159; BGH, Beschl. v. 17.02.2009 – 1 StR 691/08, juris Rdnr. 18 = BGHSt 53, 191 ff.; BGH, Beschl. v. 31.01.2001 – 3 StR 237/00, juris Rdnr. 5 = StV 2002, 584; BGH, Urt. v. 20.02.1997 – 4 StR 598/96, juris Rdnr. 15 = BGHSt 42, 391 ff.
42) Meyer-Goßner/Schmitt, § 168c Rdnr. 1.
43) OLG Köln, Beschl. v. 10.06.2011 – 2 Ws 313, 315/11, NStZ 2012, 174.
44) BGH, Beschl. v. 06.10.2009 – 4 StR 299/09, juris = NStZ 2010, 159; BGH, Beschl. v. 17.02.2009 – 1 StR 691/08, juris Rdnr. 18 = BGHSt 53, 191 ff.; BGH, Urt. v. 20.02.1997 – 4 StR 598/96, juris Rdnr. 15 = BGHSt 42, 391 ff.; OLG Köln, Beschl. v. 10.06.2011 – 2 Ws 313, 315/11, NStZ 2012, 174. So auch Meyer-Goßner/Schmitt, § 168c Rdnr. 1.

als in § 251 StPO – in § 168c Abs. 2 StPO gerade nicht benannt. Darüber hinaus sei die **Gefahr der Beeinflussung oder Anpassung der Aussage** des Mitbeschuldigten größer als in der Situation der Vernehmung eines Zeugen.[45] Die restriktive Auffassung begegnet **keinen verfassungsrechtlichen Bedenken.**[46]

Mit der Änderung des § 141 Abs. 3 Satz 4 StPO a.F. im Jahr 2017[47] schien sich der vorstehende Meinungsstreit zumindest teilweise entschärft zu haben. Mit der damaligen Neuregelung wurde das Gericht zur Bestellung eines Verteidigers verpflichtet, wenn eine **richterliche Vernehmung** durchgeführt werden sollte und die Staatsanwaltschaft dies beantragt hatte, oder wenn die Mitwirkung eines Verteidigers aufgrund der Bedeutung der Vernehmung zur Wahrung der Rechte des Beschuldigten erforderlich erschien.[48] Diese Neuregelung wurde dahingehend ausgelegt, dass das Erfordernis der Verteidigerbestellung auch und gerade für eine beabsichtigte richterliche Vernehmung eines Mitbeschuldigten gelte, da § 141 Abs. 3 StPO a.F. seinem Wortlaut nach für *alle* richterlichen Vernehmungen Anwendung finde. Darüber hinaus spreche § 141 Abs. 3 Satz 4 StPO a.F. ausdrücklich von einer *„Mitwirkung"* an der richterlichen Vernehmung, die wiederum ein Anwesenheitsrecht impliziere.[49] Dies sollte auch gelten, wenn der Beschuldigte bereits einen Verteidiger habe und nur aus diesem Grund ihm kein weiterer bestellt werden müsse.[50]

12.35

Angesichts der neuerlichen Umgestaltung des § 141 StPO durch das Gesetz zur Neuregelung der notwendigen Verteidigung vom 10.12.2019,[51] der nicht mehr Bezug nimmt auf eine *„Mitwirkung"* im Rahmen *„einer richterlichen Vernehmung"*, dürfte die Teilnahme der Verteidigung an der richterlichen Vernehmung eines Mitbeschuldigten **weiterhin allein dann eröffnet** sein, wenn diese (ggf. auf Antrag der Verteidigung) **durch den Vernehmungsführer zugelassen** wird.[52]

12.36

> **Praxistipp**
>
> Ungeachtet des vorstehend dargestellten Meinungsstreits bleibt es dem Verteidiger unbenommen – und sollte von ihm auch versucht werden –, an der richterlichen Vernehmung eines Mitbeschuldigten teilzunehmen – dies ggf. mit den Argumenten der Literatur.[53] Aus dem **fehlenden Anwesenheitsrecht** folgt nämlich **kein Anwesenheitsverbot.**[54]

---

45) BGH, Urt. v. 20.02.1997 – 4 StR 598/96, juris Rdnr. 17 = BGHSt 42, 391 ff.
46) BVerfG, Beschl. v. 10.06.1997 – 2 BvR 1516/96, NJW 1998, 50, 56.
47) Änderung eingetreten durch das Gesetz zur effektiveren und praxistauglicheren Ausgestaltung des Strafverfahrens v. 17.08.2017 (BGBl I, 3202).
48) Vgl. § 141 Abs. 3 StPO a.F.
49) Vgl. Burhoff, Ermittlungsverfahren, Rdnr. 4433.
50) Burhoff, Ermittlungsverfahren, Rdnr. 4433.
51) BGBl I, 2128.
52) Wie bisher BeckOK, StPO/Monka, § 168c Rdnr. 1.
53) So auch Breyer/Endler, AnwaltFormulare Strafrecht, Rdnr. 359; Burhoff, Ermittlungsverfahren, Rdnr. 4436.
54) Burhoff, Ermittlungsverfahren, Rdnr. 4436.

12.37   Werden die Verfahren gegen mehrere (Mit-)**Beschuldigte getrennt geführt**, bleibt der formal nicht „Mitbeschuldigte" in dem Verfahren gegen den eigenen Mandanten bloßer **Zeuge**.[55] Für dessen Vernehmungen gelten daher die vorstehend zur Frage der Anwesenheitsrechte des Verteidigers bei Zeugenvernehmungen gemachten Ausführungen.

> **Hinweis**
>
> Eine Positionierung unterließ der BGH bisher zu der Frage, welche Konsequenzen für das Anwesenheitsrecht des Verteidigers folgen, wenn die Staatsanwaltschaft das Verfahren gegen einen **Mitbeschuldigten zu Unrecht weiterführt**, obwohl dieser mangels eines fortdauernden gegen ihn bestehenden Tatverdachts nur noch als Zeuge anzusehen wäre, und die Einstellung des Verfahrens nicht erfolgt, um die Anwesenheitsrechte der Verteidigung aus § 168c Abs. 2 StPO zu beschneiden.[56]

12.1.3.5   Anwesenheit des Verteidigers bei Durchsuchung beim Beschuldigten

12.38   **Häufig** sieht sich der Beschuldigte im Rahmen einer Durchsuchung das erste Mal mit dem gegen ihn geführten Ermittlungsverfahren und den hiermit ihm gegenüber erhobenen strafrechtlichen Vorwürfen völlig konfrontiert. Das überraschende Erscheinen (teilweise zahlreicher) Beamten der Strafverfolgungsbehörden nicht selten am sehr frühen Morgen dürfte den eigenen Mandanten i.d.R. emotional überfordern. Es ist daher nachvollziehbar und verständlich, dass der Beschuldigte in diesem Moment rechtliche Hilfe und Beistand durch einen Verteidiger an seiner Seite wünscht. Soweit der Verteidiger dies zeitlich einrichten kann, wird er dem durch seinen Mandanten geäußerten Wunsch auf Anwesenheit auch nachkommen wollen (zu den Anforderungen an den Verteidiger im Rahmen von Durchsuchungsmaßnahmen siehe Kap. 3, Rdnr. 3.1 ff.)

12.39   Für den Verteidiger besteht jedoch bei der **Durchsuchung** bei seinem beschuldigten Mandanten **kein** strafprozessual verankertes **Recht auf Anwesenheit**.[57]

12.40   Das **Hausrecht** für die zu durchsuchenden Räumlichkeiten des Beschuldigten verbleibt jedoch durchgängig – und auch während einer laufenden Durchsuchung – bei diesem, so dass der **Beschuldigte** selbst die **Anwesenheit seines Verteidigers zulassen** kann.

---

55)   Burhoff, Ermittlungsverfahren, Rdnr. 4434.
56)   Vgl. BGH, Beschl. v. 31.01.2001 – 3 StR 237/00, juris Rdnr. 6 = StV 2002, 584: Hier konnte die Frage offenbleiben, da der Mitbeschuldigte bis zum Beginn der Hauptverhandlung verstorben war und daher die Verlesung als nichtrichterliches Protokoll zulässig war. Vgl. Burhoff, Ermittlungsverfahren, Rdnr. 4432.
57)   OLG Stuttgart, Beschl. v. 27.08.1984 – 4 VAs 24/84, juris Rdnr. 6; Meyer-Goßner/Schmitt/Köhler, § 106 Rdnr. 3, KK/Bruns, § 106 Rdnr. 3.

Hinweis

Ist der Verteidiger zugleich **Vertreter des Beschuldigten** i.S.d. § 106 Abs. 1 StPO, ist dieser bei **Abwesenheit des beschuldigten** Inhabers der zu durchsuchenden Räume/Gegenstände nach § 106 Abs. 1 Satz 2 StPO bei der Durchsuchung **hinzuziehen**.[58]

Die so gestattete Anwesenheit kann dem Verteidiger auch **nicht durch die Strafverfolgungsorgane verwehrt** werden.[59] Es besteht jedoch **keine Verpflichtung**, mit dem Beginn der Durchsuchung **zuzuwarten**, bis der Verteidiger anwesend ist.

12.41

Praxistipp

Sollte es dem Verteidiger möglich sein, seine kurzfristig bevorstehende Anwesenheit telefonisch anzukündigen, kann jedoch in Rücksprache mit dem für die Durchsuchung verantwortlichen Beamten vor Ort oder mit der für die Durchsuchung anordnenden Stelle **versucht werden**, den Beginn der **Durchsuchung bis zum Eintreffen des Verteidigers aufzuschieben**. Diesem Wunsch wird häufig entsprochen, wenn hierdurch keine Gefahr für den Erfolg der Durchsuchungsmaßnahme droht; dies vor dem Hintergrund, dass eine freiwillige Herausgabe von Gegenständen in aller Regel nur nach Absprache mit dem Verteidiger erfolgt.[60]

Das Anwesenheitsrecht des Verteidigers bei der Durchsuchung bei seinem Mandanten findet seine **Grenzen** nur in § 164 StPO, der die **Festnahme von Störern** ermöglicht.[61]

12.42

Hinweis

Auch der Beschuldigte selbst hat nicht per se und allein aufgrund seiner Stellung als Beschuldigter ein Anwesenheitsrecht bei einer Durchsuchung, sondern nur, wenn er zugleich „Inhaber" der Wohnung i.S.d. § 106 Abs. 1 StPO ist.[62]

Praxistipp

Für die bloße **Teilnahme an einer Durchsuchungshandlung** entsteht zugunsten des Verteidigers **keine Terminsgebühr** nach Nr. 4102 VV RVG. Diese wird erst eröffnet, wenn der Beschuldigte anlässlich der Durchsuchung gleichzeitig noch vernommen wird (vgl. Nr. 4102 Nr. 2 VV RVG).[63]

---

58) KK/Bruns, § 106 Rdnr. 2.
59) Burhoff, Ermittlungsverfahren, Rdnr. 1656.
60) Burhoff, Ermittlungsverfahren, Rdnr. 1656.
61) Burhoff, Ermittlungsverfahren, Rdnr. 1656.
62) OLG Stuttgart, Beschl. v. 27.08.1984 – 4 VAs 24/84, juris Rdnr. 6.
63) Burhoff, Ermittlungsverfahren, Rdnr. 1672.

> Die Kosten einer zeitaufwendigen Teilnahme an einer Durchsuchung ohne gleichzeitige Vernehmung können daher allenfalls über **§ 14 RVG** oder im Rahmen von **§ 51 RVG** geltend gemacht werden.[64]

12.1.3.6 Anwesenheit des Verteidigers bei der Durchsuchung bei einem Dritten

12.43 Auch bei **Durchsuchungen bei Dritten**, d.h. bei Räumlichkeiten, auf die sich das Hausrecht des Beschuldigten nicht erstreckt, haben **weder der Verteidiger** noch der beschuldigte **Mandant** ein **Anwesenheitsrecht**. Jedoch kann ihnen diese durch den jeweiligen **Hausrechtsinhaber** – ohne Einfluss der Strafverfolgungsbehörden – **eingeräumt** werden.[65]

Praxistipp

Die **Abgrenzung der Durchsuchung bei einem Dritten** (§ 103 StPO) von der **Durchsuchung beim Beschuldigten** (§ 102 StPO) erlangt insbesondere in den Fällen Bedeutung, in denen **Firmenräume** durchsucht werden. Hierbei ist zu differenzieren, ob sich das Ermittlungsverfahren gegen ein Organ des Unternehmens oder einen anderen Mitarbeiter richtet. Hiernach beurteilt sich sodann auch die Frage der Inhaberschaft des Hausrechts.[66]

Hinweis

Bei der Durchsuchung des **Haftraums des Beschuldigten** steht dem Verteidiger ebenfalls **kein Anwesenheitsrecht** zu. Nachdem der Inhaftierte selbst nicht „Inhaber" des Haftraums i.S.v. § 106 Abs. 1 StPO ist und daher nicht der Durchsuchung beiwohnen darf, kommt seinem Verteidiger erst recht kein Anwesenheitsrecht zu.[67] Das Recht, bei der Durchsuchung zugegen zu sein, kann dem Verteidiger jedoch durch den **Anstaltsleiter** in eigener Zuständigkeit **gewährt** werden.

12.2.3.7 Anwesenheit des Verteidigers bei der Exploration des Beschuldigten durch einen Sachverständigen

12.44 Bei der **Exploration des Beschuldigten** durch einen Sachverständigen kommt dem Verteidiger – nach weiterhin herrschender Auffassung – **kein Anwesenheitsrecht** zu.[68]

---

64) Burhoff, Ermittlungsverfahren, Rdnr. 1672.
65) Burhoff, Ermittlungsverfahren, Rdnr. 1656.
66) HK/Gercke, § 103 Rdnr. 12.
67) OLG Stuttgart, Beschl. v. 27.08.1974 – 4 VAs 24/84, juris Rdnr. 7.
68) Meyer-Goßner/Schmitt, § 78 Rdnr. 6.

Die **fachliche Durchführung** der Untersuchung des Beschuldigten obliegt allein dem gerichtlich bestellten **Sachverständigen**. Hinsichtlich der Informationsbeschaffung und der Methodenwahl hat dieser somit weitgehend freie Hand. Das **Gericht** darf ihm insbesondere **keine Weisungen** darüber erteilen, auf welchem Weg er das Gutachten zu erarbeiten hat. Wenn es der Sachverständige für erforderlich erachtet, die Untersuchung des Beschuldigten in Abwesenheit dritter Personen durchzuführen, weil er andernfalls z.B. die Gefahr einer Verfälschung der Ergebnisse befürchtet, bewegt er sich im Bereich seiner Fachkompetenz.[69]   **12.45**

Auch das Recht des Beschuldigten, sich in jeder Lage des Verfahrens anwaltlicher Hilfe zu bedienen, führt nicht zu einem Anwesenheitsrecht des Verteidigers bei der Exploration des Beschuldigten. Die **Strafprozessordnung** sieht ein solches **Anwesenheitsrecht nicht vor** – auch wenn die Exploration des Beschuldigten vernehmungsähnliche Elemente haben kann. Der BGH geht davon aus, dass die Exploration durch einen Sachverständigen nicht mit einer Vernehmung bei Polizei, Staatsanwaltschaft oder Gericht gleichzusetzen sei.[70]   **12.46**

Die Anwesenheit des Verteidigers sei – so die Rechtsprechung – auch nicht erforderlich, um sicherzustellen, dass medizinische Standards und die Vorgaben der Strafprozessordnung eingehalten werden.[71]   **12.47**

Hinweis

Das LSG Rheinland-Pfalz[72] hat demgegenüber entschieden, dass die **Untersuchung durch einen ärztlichen Sachverständigen** ein **starker Eingriff** in die Intimsphäre des Betroffen darstelle. Der Ausschluss der im sozialgerichtlichen Verfahren geltenden Parteiöffentlichkeit diene vor diesem Hintergrund dem Schutz des Betroffenen und stelle kein prozessuales Instrument des Sachverständigen dar, um Dritte bei der Untersuchung auszuschließen. Der Grundsatz des fairen Verfahrens verpflichte den Sachverständigen zur Rücksichtnahme gegenüber den Verfahrensbeteiligten in ihrer konkreten Situation, so dass ein **genereller Ausschluss** von Vertrauenspersonen – auch eines Anwalts – bei der Exploration **nicht dem Grundsatz eines fairen Verfahrens** entspreche. Angesichts der tief in die Persönlichkeit und Menschenwürde des zu Untersuchenden eingreifenden Beweisaufnahme durch die Exploration eines Sachverständigen kann seine Begleitung durch eine Vertrauensperson gerechtfertigt sein.[73]

Ob eine Übernahme dieser Argumentation in das Strafverfahren erfolgen wird, bleibt abzuwarten.

---

69) BGH, Beschl. v. 08.08.2002 – 3 StR 239/02, juris Rdnr. 9 = NStZ 2003, 101.
70) BGH, Beschl. v. 08.08.2002 – 3 StR 239/02, juris Rdnr. 10.
71) BGH, Beschl. v. 08.08.2002 – 3 StR 239/02, juris Rdnr. 11.
72) LSG Rheinland-Pfalz, Beschl. v. 23.02.2006 – L 4 B 33/06 SB, juris Rdnr. 7.
73) Vgl. LSG Rheinland-Pfalz, Beschl. v. 23.02.2006 – L 4 B 33/06 SB, juris Rdnr. 7, das weiter davon ausgeht, dass der Sachverständige die Exploration im Beisein eines Dritten ablehnen kann, dies aber begründen müsse, und sich bei unzureichender Begründung ein Befangenheitsgrund ergebe.

Hinweis

Es steht dem **Beschuldigten** frei, sich nur in **Anwesenheit seines Verteidigers untersuchen** zu lassen, so dass er faktisch versuchen kann, die Anwesenheit seines Verteidigers zu erreichen. Wird diese nicht eröffnet und weigert sich der Beschuldigte zu einer Exploration, an der seine Mitwirkung erforderlich wäre, beizutragen, hat er hinzunehmen, dass die Begutachtung und gutachterliche Stellungnahme nur auf der **schmaleren Tatsachenbasis** der in der Hauptverhandlung oder nach Aktenlage erhobenen Erkenntnisse beruht.[74]

Praxistipp

Die **Anwesenheit des Verteidigers** bei der Begutachtung des eignen Mandanten durch einen Sachverständigen kann von diesem **zugelassen** werden, so dass es durchaus Sinn macht, diesbezüglich mit dem Sachverständigen in einen Austausch einzutreten. Wird die Anwesenheit des Verteidigers jedoch **abgelehnt**, besteht nur die Möglichkeit, dem Beschuldigten aufzugeben, die **Mitwirkung an der Untersuchung zu verweigern**. Hierbei sollte jedoch sorgsam abgewogen werden, ob die Verteidigung sich mit dem sodann auf schmalerer Tatsachengrundlage erstatteten Gutachten aus dem Inbegriff der Hauptverhandlung zufriedengeben kann.

12.1.3.8   Anwesenheit des Verteidigers bei der Einnahme eines Augenscheins

12.48   Die **richterliche Einnahme eines Augenscheins** erfolgt im Rahmen des Ermittlungsverfahrens nur selten.

12.49   In der Regel bedient sich der Ermittlungsrichter eines **Augenscheinsgehilfen**.[75] Dieser – häufig ein Polizeibeamter – führt die Augenscheinseinnahme durch und berichtet von dieser sodann in der Hauptverhandlung als Zeuge. Eine analoge Anwendung von § 168d Abs. 1 StPO auf die Durchführung einer **Augenscheinseinnahme durch einen Augenscheinsgehilfen** scheidet aus, so dass bei dieser ein **Anwesenheitsrecht nicht** besteht.[76]

12.50   Erfolgt jedoch die Einnahme eines **Augenscheins durch den Ermittlungsrichter**, eröffnet § 168d Abs. 1 Satz 1 StPO das **Anwesenheitsrecht des Verteidigers**.

---

74) BGH, Beschl. v. 08.08.2002 – 3 StR 239/02, juris Rdnr. 11.
75) Burhoff, Ermittlungsverfahren, Rdnr. 626.
76) Meyer-Goßner/Schmitt, § 168d Rdnr. 1; Burhoff, Ermittlungsverfahren, Rdnr. 626.

Praxistipp

Die Verteidigung kann **beantragen**, dass zur Einnahme eines Augenscheins auch ein **eigener Sachverständiger** geladen wird und diesen – sollte eine **Ladung abgelehnt** werden – im Wege der **Selbstladung** unmittelbar laden lassen.[77]

Hinweis

Soll eine **Augenscheinseinnahme** an einem **anderen Ort** durchgeführt werden als dem, an dem der Beschuldigte **inhaftiert** ist, ist diesem nach §§ 168d Abs. 1 Satz 2, 168c Abs. 4 StPO ein **Pflichtverteidiger** zu bestellen.

Praxistipp

Da gem. § 86 StPO auch über die Einnahme eines richterlichen Augenscheins ein **Protokoll** gefertigt wird, hat der anwesende Verteidiger darauf zu achten, dass dieses alle **relevanten Beweisergebnisse** richtig und bestenfalls unmissverständlich widergibt. Ergänzende Zeichnungen können – wenn durch die Unterschriften des Richters und des Protokollführers bestätigt – in der Hauptverhandlung selbst Gegenstand eines Augenscheins werden.[78]

Für die Einnahme eines Augenscheins durch die **Polizei** oder die **Staatsanwaltschaft** besteht für den Verteidiger **kein Anwesenheitsrecht**.[79]   12.51

Praxistipp

Da mit dem fehlenden gesetzlich eröffneten Anwesenheitsrecht jedoch **kein Anwesenheitsverbot** einhergeht, kann im Vorfeld – soweit der Verteidiger hiervon erfährt – versucht werden, bei der Einnahme eines Augenscheins durch die Polizei, die Staatsanwaltschaft und durch einen Augenscheinsgehilfen ein Anwesenheitsrecht durch die augenscheinseinnehmende Person zugestanden zu bekommen.[80]

Hinweis

Ein **Sachverständiger** kann Örtlichkeiten etc. ohne Mitwirkung des Gerichts, der Staatsanwaltschaft oder der Verteidigung besichtigen.[81]

---

77) BeckOK, StPO/Monka, § 168d Rdnr. 2.
78) Burhoff, Ermittlungsverfahren, Rdnr. 626.
79) BeckOK, StPO/Monka, § 168d Vor. Rdnr. 1.
80) Burhoff, Ermittlungsverfahren, Rdnr. 626.
81) Burhoff, Ermittlungsverfahren, Rdnr. 626.

> **Hinweis**
>
> An der richterlichen Einnahme eines Augenscheins kann der Rechtsanwalt des **Nebenklageberechtigten** nach § 406h Abs. 2 Satz 3 StPO **teilnehmen**.

> **Praxistipp**
>
> Für die **Teilnahmen** an der Einnahme eines **richterlichen Augenscheins** entsteht für den Verteidiger die **Vernehmungsterminsgebühr** nach Nr. 4102 Ziff. 1 VV RVG.

12.1.3.9 Anwesenheitsrecht des Verteidigers bei der Durchführung einer Gegenüberstellung

12.52 Gemäß § 58 Abs. 2 Satz 2 StPO[82] ist dem Verteidiger bei einer Gegenüberstellung[83] mit dem Beschuldigen die **Anwesenheit zu gestatten**.

12.53 Nachdem § 58 Abs. 2 Satz 2 StPO ausdrücklich von *„Gegenüberstellung mit dem Beschuldigten"* spricht, sind hiermit zwar sowohl **Vernehmungsgegenüberstellungen** als auch **Identifizierungsgegenüberstellungen** umfasst – **nicht** jedoch **Wahllichtbildvorlagen,** die ohne den Beschuldigten stattfinden und daher auch ohne Anwesenheit des Verteidigers durchgeführt werden können.[84]

> **Hinweis**
>
> Mit dem „Gesetz zur Neuregelung des Rechts der notwendigen Verteidigung"[85] wurde in § 58 Abs. 1 StPO ein weiterer Satz 5 eingeführt, der die Verteidigungsrechte des Beschuldigten stärkt. Der Beschuldigte, der bisher keinen Verteidiger hat, ist darauf hinzuweisen, dass er in den Fällen des § 140 StPO und unter Maßgabe der §§ 141 Abs. 1, 142 Abs. 1 StPO die **Bestellung eines Pflichtverteidigers beantragen** kann (siehe hierzu Kap. 8, Rdnr. 8.1 ff.).

---

82) Das Anwesenheitsrecht wurde mit dem „Zweiten Gesetz zur Stärkung der Verfahrensrechte von Beschuldigten im Strafverfahren und zur Änderung des Schöffenrechts vom 27.08.2017" (BGBl I, 3295) gesetzlich verankert, so dass der hierüber bestehende Streit zugunsten der Verteidigung durch den Gesetzgeber entschieden wurde. Vgl. zu den früher widerstreitenden Argumentationen Burhoff, Ermittlungsverfahren, Rdnr. 2237.

83) Bei einer Identifizierungsgegenüberstellung wird die zu identifizierende Person durch einen Dritten in Augenschein genommen und dieser als Zeuge zu seinen (identifizierenden) Wahrnehmungen vernommen. Eine Vernehmungsgegenüberstellung soll durch Rede und Gegenrede, Fragen und Vorhalte Widersprüche zwischen einer Zeugenaussage und den Angaben des Beschuldigten aufklären. Vgl. hierzu Meyer-Goßner/Schmitt, § 58 Rdnr. 9 ff.

84) Vgl. BT-Drucks. 18, 9534, S. 21 f.; Meyer-Goßner/Schmitt, § 58 Rdnr. 15; Burhoff, Ermittlungsverfahren, Rdnr. 2238.

85) Gesetz zur Neuregelung des Rechts der notwendigen Verteidigung v. 10.12.2019, BGBl I, 2128, in Kraft getreten am 13.12.2019.

12.1.3.10 Anwesenheit des Verteidigers bei der Durchführung einer Leichenschau

Nach h.M. hat der Verteidiger **kein Anwesenheitsrecht** bei der Durchführung einer **Leichenschau** – unabhängig davon, ob diese durch die Staatsanwaltschaft (lediglich als nichtrichterliche Besichtigung, auch wenn ein Richter mitwirkt) oder durch einen Richter (auf Antrag der Staatsanwaltschaft) durchgeführt wird, da auch im letzten Fall **keine richterliche Inaugenscheinseinnahme** vorliege.[86]   **12.54**

12.1.3.11 Anwesenheitsrecht des Verteidigers bei der Vorführung des Beschuldigten

Die Vorführung eines Beschuldigten vor einen Richter kann sich ergeben, wenn der Beschuldigte **vorläufig festgenommen** und nun in **Untersuchungshaft** genommen werden soll, oder wenn der Beschuldigte aufgrund eines bereits gegen ihn erlassenen **Haftbefehls** festgenommen wurde.[87]   **12.55**

Die im Rahmen der Vorführung des Beschuldigten **durchgeführte Anhörung** stellt i.d.R. auch die **erste richterliche Vernehmung** dar,[88] so dass der bereits beauftragte Verteidiger von dieser gem. § 168c Abs. 5 StPO zu unterrichten ist.[89]   **12.56**

Entscheidet sich der Beschuldigte nach entsprechender Belehrung dazu, einen Verteidiger zu beauftragen, muss die **Vorführungsverhandlung unterbrochen** werden.[90]   **12.57**

Nach § 141 Abs. 2 Nr. 1 StPO ist darüber hinaus einem Beschuldigten, der entweder aufgrund eines bereits bestehenden Haftbefehls oder zur Eröffnung eines Haftbefehls, einem Richter vorgeführt werden soll, **ein Pflichtverteidiger zu bestellen.**[91]   **12.58**

Eine **Vernehmung** des Beschuldigten **ohne den Verteidiger** kommt daher in aller Regel **nicht in Betracht**. Sollte der Verteidiger **verhindert** sein, ist **umzuterminieren** bzw. wird ein **anderer Verteidiger** beigeordnet.[92]   **12.59**

---

86) BeckOK, StPO/Monka, § 168d Rdnr. 1; Meyer-Goßner/Schmitt, § 168d Rdnr. 1 und § 87 Rdnr. 15; KK/Hadamitzky, § 87 Rdnr. 7; LR/Krause, § 87 Rdnr. 28. **A.A.** Burhoff, Ermittlungsverfahren, Rdnr. 2758, der in der durch einen Richter vorgenommenen Leichenschau eine richterliche Augenscheinseinnahme unter Zuziehung eines Sachverständigen sieht und damit das Anwesenheitsrecht aus § 168d Abs. 1 StPO für eröffnet erachtet.
87) Burhoff, Ermittlungsverfahren, Rdnr. 4865.
88) AG Stuttgart, Beschl. v. 27.11.2017 – 26 Gs 8396/17, juris Rdnr. 5.
89) Burhoff, Ermittlungsverfahren, Rdnr. 4874. Vgl. hierzu vorstehend Rdnr. 12.9 ff.
90) Zu den zeitlichen Grenzen einer Unterbrechung vgl. §§ 128 Abs. 1, 115 Abs. 2 StPO: bis zum Ablauf des Tags nach der Inhaftierung.
91) AG Stuttgart, Beschl. v. 27.11.2017 – 26 Gs 8396/17, juris Rdnr. 5. Hierzu – auch zu den zeitlichen Fristen – vgl. Meyer-Goßner/Schmitt, § 141 Rdnr. 11 ff.
92) Meyer-Goßner/Schmitt, § 141 Rdnr. 13.

12.60 Kündigt der Verteidiger sein **zeitnahes Kommen** und seinen Willen, an der Vorführungsverhandlung teilzunehmen, an, hat der Richter eine **angemessene Zeit** auf den Verteidiger **zu warten.**[93] Sollte dies unterlassen werden und damit das Recht des Beschuldigten auf rechtliches Gehör verletzt worden sein, muss die Anhörung wiederholt werden.

Hinweis

Von Bedeutung ist in diesem Zusammenhang die nach § 141 Abs. 3 Satz 4 StPO zu erfolgende Bestellung eines Pflichtverteidigers.

Hinweis

Nimmt der **Rechtsanwalt** die Rechte eines **Nebenklägers** wahr, besteht für diesen entsprechend § 118a Abs. 1 StPO, der als Spezialnorm § 406g StPO vorgeht, **kein Anwesenheitsrecht** im Haftprüfungstermin. § 118a Abs. 1 StPO eröffnet ein Anwesenheitsrecht lediglich der Staatsanwaltschaft, dem Beschuldigten und dessen Verteidiger.[94]

Praxistipp

Für die **Teilnahme an einem Vorführungstermin** entsteht nach Nr. 4102 Anm. 1 Nr. 3 VV RVG **nur** dann ein Gebührenanspruch, wenn im Rahmen des Termins über Fragen der Untersuchungshaft „**verhandelt**" wurde, d.h. mehr als die Eröffnung des Haftbefehls erfolgte. Auf eine entsprechende Protokollierung sollte der Verteidiger achten.[95]

12.1.4 Prozessuale Umsetzung der Anwesenheitsrechte des Verteidigers

12.61 Offenkundig ist, dass eine **effektive Wahrnehmung der Anwesenheitsrechte** durch die Verteidigung zunächst voraussetzt, dass diese über eine Ermittlungshandlung **informiert** wird.

12.62 Vor diesem Hintergrund wurden – insoweit konsequent – bei gesetzlich eröffneten Anwesenheitsrechten die hiermit korrespondierenden **Informationspflichten** ebenfalls gesetzlich normiert. Diese ergeben sich aus den nachfolgenden Vorschriften

---

93) BbgVerfG, Beschl. v. 19.12.2002 – VfGBbg 104/02, NJW 2003, 2009, 2010; RhPfVerfGH, Beschl. v. 11.05.2006 – VGH B 6/06, NJW 2006, 3341, 3343; Burhoff, Ermittlungsverfahren, Rdnr. 4873.
94) LG Freiburg, Beschl. v. 21.12.2006 – 3 Qs 129/06, juris Rdnr. 6 f.
95) Vgl. Burhoff, Ermittlungsverfahren, Rdnr. 4880 m.w.N.

Erste polizeiliche Vernehmung des Beschuldigten	§§ 163a Abs. 4 Satz 3, 168c Abs. 5 Satz 1 StPO	12.63
Staatsanwaltschaftliche Vernehmung des Beschuldigten	§§ 163a Abs. 3 Satz 2, 168c Abs. 5 Satz 1 StPO	
Richterliche Vernehmung des Beschuldigten	§ 168c Abs. 5 Satz 1 StPO	
Richterliche Vernehmung eines Zeugen	§ 168c Abs. 5 Satz 1 StPO	
Richterliche Vernehmung eines Sachverständigen	§ 168c Abs. 5 Satz 1 StPO	
Einnahme richterlichen Augenscheins	§§ 168d Abs. 1 Satz 2, 168c Abs. 5 Satz 1 StPO	
Gegenüberstellung mit dem Beschuldigten	§ 58 Abs. 2 Satz 3 StPO	

Der Verteidiger ist im Fall eines **gesetzlich eröffneten Anwesenheitsrechts** vor dem Termin der geplanten Ermittlungshandlung zu benachrichtigen.   12.64

Eine besondere **Form** ist hierfür **nicht vorgeschrieben** und kann daher auch telefonisch, per Telefax, per E-Mail oder beA erfolgen.[96]   12.65

Der Verteidiger kann auf eine **Benachrichtigung verzichten**, wobei aufgrund der hohen Relevanz einer frühzeitigen Beeinflussung von Ermittlungsergebnisses Konstellationen, in denen dies sinnvoll erscheinen mag, nicht ersichtlich sind.[97]   12.66

Im Einzelnen:

Gemäß §§ 163a Abs. 3 Satz 2, 168c Abs. 5 StPO ist der der Staatsanwaltschaft bekannte Verteidiger vor Beginn der **Vernehmung** seines **beschuldigten Mandanten** durch einen Staatsanwalt von der Vernehmung zu **unterrichten**.[98]   12.67

---

96) BeckOK, StPO/von Häfen, § 163a Rdnr. 27; Burhoff, Ermittlungsverfahren, Rdnr. 3393.
97) Breyer/Endler, AnwaltFormulare Strafrecht, Rdnr. 364.
98) BeckOK, StPO/von Häfen, § 163a Rdnr. 27; Burhoff, Ermittlungsverfahren, Rdnr. 3806.

> **Hinweis**
>
> Eine Entscheidung des BGH verkürzt die Pflicht zur Information des Verteidigers auf **Vernehmungstermine**, die **in der Zukunft** liegen und schließt eine solche Pflicht zur Information aus, wenn eine richterliche Vernehmung des Beschuldigten bereits begonnen hat. Der BGH beruft sich hierbei auf den Wortlaut des § 168c Abs. 5 Satz 1 StPO, der ausführt, dass die zur Anwesenheit berechtigten *„vorher"* zu benachrichtigen seien.[99] Die Notwendigkeit zur Unterbrechung der richterlichen Vernehmung, um dem Beschuldigten die Kotaktaufnahme zu einem Verteidiger zu ermöglichen, kann sich jedoch vor dem Hintergrund der Wahrung eines fairen Verfahrens ergeben.[100]

> **Hinweis**
>
> Nachdem dem Verteidiger bei der **richterlichen Vernehmung eines Mitbeschuldigten** seines Mandanten kein Anwesenheitsrecht zusteht, ist er über eine solche auch **nicht zu informieren**.[101]

> **Hinweis**
>
> Aufgrund seines aus § 406h Abs. 2 StPO folgenden Anwesenheitsrechts ist der **Nebenklagevertreter** nach §§ 406g Abs. 2 Satz 3, 168c Abs. 5 Satz 1 StPO über eine richterliche Vernehmung des Beschuldigten, eines Sachverständigen oder eines anderen Zeugen zu **informieren**.[102]

> **Hinweis**
>
> Werden durch das Gericht während **laufender Hauptverhandlung** wesentliche, ihrer Natur nach nicht geheimhaltungsbedürftige, ergänzende **polizeiliche Ermittlungen** durchgeführt (hier eine Gegenüberstellung), ist die Verteidigung über diese zu **informieren**.[103]

12.68   Über § 168d Abs. 1 Satz 2 StPO und die darin enthaltenen Verweise – insbesondere auf § 168c Abs. 5 Satz 1 StPO – wird die **Benachrichtigung des Verteidigers** gesetzlich vorgeschrieben.

---

99) BGH, Urt. v. 13.01.2005 – 4 StR 469/04, juris Rdnr. 14 = StV 2006, 228 ff. Vgl. so auch Meyer-Goßner/Schmitt, § 168c Rdnr. 5; BeckOK, StPO/Monka, § 168c Rdnr. 5. Dem kann zu Recht – mit Burhoff, Ermittlungsverfahren, Rdnr. 3684 – Kritik entgegengebracht werden. Denn auch der Übergang von einer bloßen Vorführung in eine Vernehmung markiert im Übergangszeitpunkt den Beginn einer richterlichen Vernehmung, zu dem eine Benachrichtigung des Verteidigers zu erfolgen hat.
100) Meyer-Goßner/Schmitt, § 168c Rdnr. 5. Offengelassen BGH, Urt. v. 13.01.2005 – 4 StR 469/04, juris Rdnr. 14 = StV 2006, 228 ff.
101) BGH, Beschl. v. 17.02.2009 – 1 StR 691/08, juris Rdnr. 17 = BGHSt 53, 191 ff.
102) LG Freiburg, Beschl. v. 21.12.2006 – 3 Qs 129/06, juris Rdnr. 6.
103) BGH, Beschl. v. 21.07.2009 – 5 StR 235/09, NStZ 53, 54; Burhoff, Ermittlungsverfahren, Rdnr. 2242.

Nach § 168c Abs. 5 Satz 2 StPO kann auf die **Unterrichtung der Anwesenheitsberechtigten** – trotz deren gesetzlich normiertem Anwesenheitsrecht – **verzichtet** werden, wenn die Benachrichtigung *„den Untersuchungserfolg gefährden würde"*.[104]

12.69

Die **Reichweite** dieser Vorschrift ist **umstritten**.

Der Untersuchungserfolg einer Vernehmung besteht zunächst in der **Gewinnung einer wahrheitsgemäßen Aussage,** die in einem späteren Verfahrensabschnitt **verwertet** werden kann.[105]

12.70

Eine Gefährdung des Untersuchungserfolgs liegt insbesondere vor, wenn infolge der mit der Benachrichtigung verbundenen **zeitlichen Verzögerung** der **Verlust des Beweismittels** – nicht bloß eine Verfahrensverzögerung an sich[106] – droht. Eine Eilbedürftigkeit, die die Benachrichtigungspflicht entfallen ließe, läge z.B. bei einer **lebensbedrohlichen Verletzung** oder **Erkrankung** eines ermittlungsrichterlich zu vernehmenden **Zeugen** sowie bei einer **unmittelbar bevorstehenden Ausreise** eines Zeugen ins Ausland vor.[107]

12.71

Hiervon ausgehend wird unter **restriktiver Auslegung** von § 168c Abs. 5 Satz 2 StPO vertreten, dass **weitere Einschränkungen** der Benachrichtigungspflicht, die ihren Grund nicht einer rein zeitlichen Verzögerung des Untersuchungserfolgs haben, **nicht möglich** seien.[108]

12.72

Demgegenüber werden – auch durch die Rechtsprechung[109] – **weitere Ausnahmen** von der Benachrichtigungspflicht eröffnet.

12.73

So sei es zulässig, auf eine Information des *Beschuldigten* (nicht jedoch des Verteidigers![110]) zu verzichten, wenn davon ausgegangen wird, dass dieser in der Vernehmung **unlauter auf den Zeugen einwirken** und diesen z.B. zur Ausübung seines **Zeugnisverweigerungsrechts nötigen** könnte.[111]

12.74

Eine Benachrichtigung könne darüber hinaus unterbleiben, wenn die auf zureichende tatsächliche Anhaltspunkte gestützte **Besorgnis** besteht, der Anwesen-

12.75

---

104) BGH, Beschl. v. 10.03.1999 – 2 StR 613/98, NStZ 1999, 417; BGH, Urt. v. 02.05.1979 – 2 StR 99/79, juris Rdnr. 13 = BGHSt 29, 1 ff.
105) BGH, Beschl. v. 10.03.1999 – 2 StR 613/98, NStZ 1999, 417.
106) BeckOK, StPO/Monka, § 168c Rdnr. 6; Meyer-Goßner/Schmitt, § 168c Rdnr. 5; Burhoff, Ermittlungsverfahren, Rdnr. 3806.
107) Meyer-Goßner/Schmitt, § 168c Rdnr. 5a; SK-StPO/Wohlers/Albrecht, § 168c Rdnr. 32; Breyer/Endler, AnwaltFormulare Strafrecht, Rdnr. 364.
108) SK-StPO/Wohlers/Albrecht, § 168c Rdnr. 33.
109) BGH, Urt. v. 24.07.2003 – 3 StR 212/02, NJW 2003, 3142, 3143; BGH, Urt. v. 02.05.1979 – 2 StR 99/79, juris Rdnr. 13 = BGHSt 29, 1, 4. Auf diese hinweisend auch BGH, Beschl. v. 10.03.1999 – 2 StR 613/98, NStZ 1999, 417, 418. Vgl. ergänzend Darstellung bei LR/Erb, § 168c Rdnr. 46 ff.
110) Meyer-Goßner/Schmitt, § 168c Rdnr. 5.
111) Meyer-Goßner/Schmitt, § 168c Rdnr. 5.

heitsberechtigte werde die Benachrichtigung zur Vornahme von **Verdunkelungs-maßnahmen** ausnutzen, etwa den Zeugen mit Nachdruck **zu einer Falschaussage** anhalten.[112]

12.76 Ebenso wurde anerkannt, dass eine Benachrichtigung unterbleiben darf, wenn begründete tatsächliche Anhaltspunkte dafür vorliegen, dass ein Zeuge nur deshalb von seinem **Zeugnisverweigerungsrecht** Gebrauch machen wird, da er **andernfalls Repressalien** seitens des Beschuldigten ausgesetzt wäre.[113]

> **Hinweis**
>
> Das **Unterlassen der Information des Verteidigers** ist nur zulässig, wenn gerade **aus seiner Person** die **Gefährdung des Untersuchungserfolgs** folgt.[114]

> **Praxistipp**
>
> Wird der **Verteidiger** über eine durchzuführende Vernehmung **informiert**, darf er diese Information an seinen **Mandanten weitergeben** – auch wenn auf dessen Information ausdrücklich nach § 168c Abs. 5 StPO verzichtet worden war. Dass hierdurch die Norm des § 168c Abs. 5 StPO teilweise leerzulaufen droht, ist hinzunehmen.[115]

> **Hinweis**
>
> Die Gefährdung des Untersuchungserfolgs kann nur aus Umständen resultieren, die geeignet sind, das durch die Zeugenvernehmung **erst noch zu gewinnenden Beweisergebnis** zu beeinflussen. Bei der Beeinträchtigung von (möglicherweise erforderlichen) Ermittlungshandlungen, welche an eine abgeschlossene richterliche Zeugenvernehmung anknüpfen und ihr nachfolgen (z.B. Durchsuchungsmaßnahmen aufgrund von in der richterlichen Zeugenvernehmung erhaltenen Erkenntnissen) ist dies ausgeschlossen. Mit **Abschluss der Vernehmung** steht das durch diese Vernehmung erlangte **Beweisergebnis fest**, so dass der in § 168c Abs. 5 Satz 2 StPO in Bezug genommene konkrete Untersuchungserfolg endgültig eingetreten ist und nicht mehr nachträglich gefährdet werden kann.[116]

---

112) BGH, Urt. v. 24.07.2003 – 3 StR 212/02, NJW 2003, 3142, 3143; BGH, Urt. v. 02.05.1979 – 2 StR 99/79, juris Rdnr. 13 = BGHSt 29, 1, 3.

113) BGH, Urt. v. 24.07.2003 – 3 StR 212/02, NJW 2003, 3142, 3144; BayObLG, Urt. v. 27.07.1977 – 5 St 138/77, NJW 1978, 232, 233.

114) BGH, Urt. v. 02.05.1979 – 2 StR 99/79, juris Rdnr. 16 = BGHSt 29, 1 ff.; Meyer-Goßner/Schmitt, § 168c Rdnr. 5a. § 58 Abs. 2 StPO sieht diese Restriktion nicht vor. Siehe Burhoff, Ermittlungsverfahren, Rdnr. 2239.

115) SK-StPO/Wohlers/Albrecht, § 168c Rdnr. 33.

116) BGH, Beschl. v. 10.03.1999 – 2 StR 613/98, NStZ 1999, 417.

Ob die **Voraussetzungen** des § 168c Abs. 5 Satz 2 StPO vorliegen und auf eine Benachrichtigung des Beschuldigten und ggf. auch des Verteidigers verzichtet werden darf, **entscheidet** im Ermittlungsverfahren zunächst die **vernehmende Ermittlungsperson,** wobei dieser hierbei aufgrund der prognostischen Entscheidung ein **gewisser Beurteilungsspielraum** zugestanden wird.[120]

12.77

Die Entscheidung sowie die die Entscheidung tragenden Gründe sind **aktenkundig** zu machen,[121] damit dem erkennenden Gericht die Überprüfung möglich ist, ob die Benachrichtigung objektiv zu Recht unterblieben ist[122] oder vielmehr ein Rechtsfehler vorliegt, der zu einem Beweisverwertungsverbot führt.[123]

12.78

Sollte die Ermittlungsperson die **Benachrichtigung ohne Nennung von Gründen unterlassen** haben, hat das **erkennende Gericht selbständig** die möglichen Gründe eines Ausschlusses und einer sodann zu Recht unterbliebenen Benachrichtigung zu prüfen.[124]

12.79

Hinweis

Eine objektiv zu Unrecht **unterbliebene Benachrichtigung** kann unmittelbar nicht angegriffen werden. Vielmehr wirkt sich diese erst im Rahmen der Hauptverhandlung – ggf. sogar erst im Rahmen der Revision – bei der Beurteilung **der Frage eines Beweisverwertungsverbots** aus, wobei in der Hauptverhandlung das Widerspruchserfordernis zu beachten ist.

117) BGH, Urt. v. 24.07.2003 – 3 StR 212/02, NJW 2003, 3142, 3144.
118) BVerfG, Beschl. v. 05.12.2005 – 2 BvR 1964/05, juris Rdnr. 68.
119) BGH, Urt. v. 24.07.2003 – 3 StR 212/02, NJW 2003, 3142, 3144.
120) BGH, Urt. v. 24.07.2003 – 3 StR 212/02, NJW 2003, 3142, 3143.
121) BGH, Urt. v. 03.11.1982 – 2 StR 434/82, juris Rdnr. 8 = BGHSt 31, 140 ff.; OLG Schleswig-Holstein, Beschl. v. 15.04.2008 – 1 Ss 45/08, juris Rdnr. 5 = StV 2008, 401; BeckOK, StPO/Monka, § 168c Rdnr. 6.
122) BeckOK, StPO/Monka, § 168c Rdnr. 6.
123) BGH, Urt. v. 24.07.2003 – 3 StR 212/02, NJW 2003, 3142, 3143; BeckOK, StPO/Monka, § 168c Rdnr. 7.
124) BGH, Urt. v. 03.11.1982 – 2 StR 434/82, juris Rdnr. 11 = BGHSt 31, 140 ff.; BGH, Urt. v. 02.05.1979 – 2 StR 99/79, juris Rdnr. 15 = BGHSt 29, 1 ff.; Meyer-Goßner/Schmitt, § 168c Rdnr. 5.

> **Hinweis**
>
> Das **Revisionsgericht** ist bei seiner Bewertung, ob der Ermessensspielraum durch den vernehmenden Ermittlungsrichter richtig ausgeübt wurde, auf eine **Prüfung auf Rechtsfehler** – insbesondere ob der eingeräumte Ermessensspielraum überschritten wurde – **beschränkt.**[125]

> **Hinweis**
>
> Die vorstehend genannten Gründe, die eine Benachrichtigung im Vorfeld einer Zeugenvernehmung entfallen lassen können, gelten im Hinblick auf eine **Vernehmung des Beschuldigten** (unabhängig vom Zeitpunkt dieser Vernehmung) nicht. Die **Benachrichtigung des Verteidigers** kann daher bei einer geplanten Beschuldigtenvernehmung **allein** mit Blick auf eine **zeitliche Verzögerung unterlassen** werden.[126]

12.80 Allein das **Vorliegen eines Ausschlussgrundes** nach § 168c Abs. 3 StPO, der es erlaubt, den Beschuldigten von einer anstehenden Zeugen- oder Sachverständigenvernehmung auszuschließen, lässt **nicht automatisch** die nach § 168c Abs. 5 StPO normierte **Benachrichtigungspflicht** – insbesondere des Beschuldigten – **entfallen.**

12.81 Die **Benachrichtigungspflicht** dient der **Wahrung der Rechte des Beschuldigten** – gerade auch über ein Ermöglichen des bloßen Erscheinens hinaus.[127] Entsprechend ist ein in Untersuchungshaft befindlicher Beschuldigter ebenfalls von einer richterlichen Zeugenvernehmung vorab zu informieren, wenn diese nicht an der Gerichtsstelle des Orts der Haft abgehalten werden soll und er aus diesem Grund kein Anwesenheitsrecht hätte (vgl. § 168c Abs. 4 StPO).[128]

Sollte der **Verteidiger** von einer **anstehenden Zeugenvernehmung** – z.B. durch den Zeugen selbst – **erfahren**, kann ihm die **Anwesenheit** an der Vernehmung **nicht verwehrt** werden.[129]

12.82 Besteht zwischen dem Verteidiger und seinem Mandanten eine **Kontaktsperre** nach § 31 EGGVG, können sich Einschränkungen des Anwesenheitsrecht ergeben – vgl. § 34 Abs. 3 Nr. 2 EGGVG.[130]

12.83 Einen **Anspruch auf Verlegung** des Termins für eine geplante Ermittlungshandlung wegen **Verhinderung** hat der Verteidiger auch dann **nicht**, wenn seine Anwe-

---

125) BGH, Urt. v. 24.07.2003 – 3 StR 212/02, NJW 2003, 3142, 3144.
126) Burhoff, Ermittlungsverfahren, Rdnr. 3396.
127) BGH, Beschl. v. 12.09.2012 – 5 StR 401/12, juris Rdnr. 6.
128) BGH, Beschl. v. 12.09.2012 – 5 StR 401/12, juris Rdnr. 6.
129) BeckOK, StPO/Monka, § 168c Rdnr. 6; Meyer-Goßner/Schmitt, § 168c Rdnr. 5.
130) Breyer/Endler, AnwaltFormulare Strafrecht, Rdnr. 355.

senheit gesetzlich eröffnet wird (vgl. § 168c Abs. 5 Satz 3, § 163a Abs. 4 Satz 2, § 168c Abs. 5 Satz 3, § 58 Abs. 2 Satz 4 StPO).[131]

Diese **Einschränkung** ist in der täglichen Arbeit für die Verteidigung **misslich** und führt nicht selten zu erheblichen terminlichen Schwierigkeiten. Vor diesem Hintergrund wurde zu Recht darauf hingewiesen, dass die **Fürsorgepflicht** des Richters es gebietet, den Termin möglichst so zu legen, dass der Verteidiger an der Vernehmung wird teilnehmen können – dies insbesondere im Fall einer Vorführungsverhandlung, in deren Zusammenhang dem Beschuldigten zumindest vorübergehend seine Freiheit und die Kontaktmöglichkeit zu Angehörigen genommen wird.[132]

12.84

> **Praxistipp**
>
> Gerade im Rahmen eines **Vorführungstermins**, in dem der Beschuldigte sich mit einer möglichen Freiheitsentziehung konfrontiert sieht, ist die Anwesenheit eines (ggf. bereits vorab eingearbeiteten) Verteidigers von großer Wichtigkeit, um vorschnelle (geständige) Einlassungen – meist ohne Kenntnis des konkreten Akteninhaltes – zu vermeiden. Der bereits beauftragte **Verteidiger** sollte daher immer versuchen, mit dem **Gericht in Kontakt** zu treten, um im Fall einer (kurzfristigen) Verhinderung eine **terminliche Vereinbarkeit** herstellen zu können und zu verhindern, dass ein anderer Pflichtverteidiger beigeordnet wird.

Um das gesetzlich eröffnete Anwesenheitsrecht des Verteidigers nicht auf eine bloße leere Hülse zu reduzieren, gehen mit diesem **Mitwirkungsrechte der Verteidigung** einher, die die Ermittlungshandlung zugunsten des eigenen Mandanten gestalten können.

12.85

Diese Mitwirkungsrechte spiegeln sich insbesondere in entsprechenden **Frage- und Erklärungsrechten** wider.[133]

12.86

Diese finden sich z.B. in

12.87

- § 168c Abs. 1 Satz 2 StPO für die richterliche Vernehmung des Beschuldigten

- §§ 163a Abs. 3 Satz 2, 168c Abs. 1 Satz 2 StPO für die staatsanwaltschaftliche Vernehmung des Beschuldigten

- §§ 163a Abs. 4 Satz 3, 168c Abs. 1 Satz 2 StPO für die polizeiliche Vernehmung des Beschuldigten

- § 168c Abs. 2 Satz 2 StPO für die richterliche Vernehmung eines Zeugen oder eines Sachverständigen

Gerade im Hinblick auf im Ermittlungsverfahren durchgeführte **Zeugenvernehmungen** garantiert Art. 6 Abs. 3d EMRK, als eine besondere Ausformung des

12.88

---

131) BeckOK, StPO/Monka, § 168c vor Rdnr. 1; BeckOK, StPO/von Häfen, § 163a Rdnr. 27; Meyer-Goßner/Schmitt, § 163a Rdnr. 20.
132) Burhoff, Ermittlungsverfahren, Rdnr. 4874.
133) Hierzu auch BGH, Urt. v. 25.07.2000 – 1 StR 169/00, juris Rdnr. 12 ff. = BGHSt 46, 93 ff.

Forkert-Hosser

Grundsatzes des fairen Verfahrens nach Art. 6 Abs. 1 Satz 1 EMRK, das Recht des Angeklagten, *„Fragen an Belastungszeugen zu stellen oder stellen zu lassen"*. Die Befragung des Zeugen hat dabei grundsätzlich, aber nicht zwingend in der Hauptverhandlung in Anwesenheit des Angeklagten zu erfolgen. Ist ein Zeuge lediglich im Ermittlungsverfahren vernommen worden, muss dem Angeklagten entweder zu diesem Zeitpunkt, in dem der Zeuge seine Aussage macht, oder in einem späteren Verfahrensstadium die Gelegenheit gegeben werden, den **Zeugen selbst zu befragen** oder u.U. **über seinen Verteidiger befragen zu lassen.**[134)]

12.89   Die **Erklärungs- und Fragerechte** des Verteidigers können nach den allgemeinen Vorschriften **eingeschränkt** werden. So normiert z.B. § 168c Abs. 1 Satz 3 StPO, dass diejenigen **Fragen** und Erklärungen zurückgewiesen werden können, die nicht zur **Sache gehören** oder **ungeeignet sind.**[135)] Die **Verfahrensleitung** obliegt insoweit dem **Vernehmungsführer.**[136)]

12.90   Wurde dem Verteidiger **auf seinen Antrag** hin die **Anwesenheit** an einer Ermittlungshandlung **gestattet,** obwohl diese nicht gesetzlich eröffnet ist, steht ihm das **Fragerecht ebenfalls zu,** da andernfalls das Anwesenheitsrecht leerlaufen würde und seiner wesentlichen Zielsetzung, der Mitgestaltung des Verfahrens durch eine effektive Verteidigung, beraubt werden würde.[137)]

12.91   In Umsetzung seiner Mitwirkungsrechte hat der Verteidiger auch die Möglichkeit, **Fragen der anderen Anwesenden** nach § 241 Abs. 1 StPO zu **beanstanden.**[138)]

Hinweis

Sollte es im Rahmen einer Vernehmung zu einem **Streit über die Ausübung des Fragerechts** des Verteidigers kommen, empfiehlt es sich diesen Vorgang im Rahmen der Unterschrift unter das nach § 168a StPO zu fertigende Protokoll **aktenkundig zu machen.** Gegebenenfalls ist in der Hauptverhandlung der Verwertung des Protokolls zu widersprechen.[139)]

Praxistipp

Um ein **Mitschreiben** im Rahmen einer Vernehmung eines Zeugen oder des Beschuldigten **vermeiden** zu können, sollte vorab besprochen werden, ob der Verteidigung ein **Protokoll ausgehändigt** wird.[140)]

---

134) BGH, Beschl. v. 29.11.2006 – 1 StR 493/06, juris Rdnr. 16 = NJW 2007, 237 ff.
135) BeckOK, StPO/Monka, § 168c Rdnr. 1; Meyer-Goßner/Schmitt, § 168c Rdnr. 1.
136) BeckOK, StPO/Monka, § 168c Rdnr. 1.
137) Vgl. Breyer/Endler, AnwaltFormulare Strafrecht, Rdnr. 359.
138) Burhoff, Ermittlungsverfahren, Rdnr. 3809.
139) Burhoff, Ermittlungsverfahren, Rdnr. 3690.
140) Burhoff, Ermittlungsverfahren, Rdnr. 3809.

Rechtsfolge und Reaktionsmöglichkeiten der Verteidigung,
wenn Anwesenheitsrechte im Ermittlungsverfahren nicht beachtet wurden

12

12.1.5 Rechtsfolge und Reaktionsmöglichkeiten der Verteidigung, wenn Anwesenheitsrechte im Ermittlungsverfahren nicht beachtet wurden

Wenn im Rahmen des vorbereitenden Verfahrens Anwesenheits- oder Benachrichtigungsrechte der Verteidigung beschnitten wurden, stellt sich die Frage, ob und wie diese **Rechtsverstöße** im weiteren Verfahrensverlauf **sanktioniert** werden.

12.92

12.1.5.1 Verletzung der Benachrichtigungspflicht bei richterlicher Vernehmung nach § 168c StPO

Nachdem der Verteidigung **im Ermittlungsverfahren** gegen die Entscheidung des Ermittlungsrichters, eine Benachrichtigung zu unterlassen, **kein Rechtsmittel** eröffnet ist und der nicht benachrichtigte Verteidiger aus der Natur der Sache in aller Regel erst nach der durchgeführten ermittlungsrichterlichen **Beschuldigten-, Zeugen- oder Sachverständigenvernehmung** Kenntnis erlangen wird, stellt sich die Frage, ob die aus diesen Vernehmungen erlangten Erkenntnisse im Rahmen der Hauptverhandlung – durch Verlesung nach § 254 StPO bzw. §§ 251 ff. StPO oder die Vernehmung des Ermittlungsrichters – verwertbar sind.

12.93

Die in § 168c Abs. 5 Satz 1 StPO normierte **Benachrichtigungspflicht** soll **verhindern**, dass im Ermittlungsverfahren unter **Verletzung des Anspruchs** des Beschuldigten **auf rechtliches Gehör** (Art. 103 Abs. 1 GG) ein für den weiteren Verlauf des Strafverfahrens möglicherweise entscheidendes Beweisergebnis herbeigeführt werden kann, ohne dass der Beschuldigte oder sein Verteidiger Gelegenheit hatten, hierauf Einfluss zu nehmen.[141]

12.94

Hinweis

Für den sich aus einer fehlenden Benachrichtigung ergebenden Rechtsverstoß ist es unerheblich, ob die nach § 168c Abs. 5 StPO erforderliche Benachrichtigung von einer richterlichen Beschuldigten- oder Zeugen- bzw. Sachverständigenvernehmung **absichtlich, versehentlich** oder **unter Verkennung der gesetzlichen Voraussetzungen unterblieben** ist.[142]

Die **unterbliebene Benachrichtigung** der Anwesenheitsberechtigten führt – nach entsprechendem Widerspruch – zu einem **Beweisverwertungsverbot**.[143]

12.95

Das im Rahmen der richterlichen Vernehmung erstellte **Protokoll** darf **nicht als solches** gem. § 254 bzw. § 251 Abs. 2 StPO in der Hauptverhandlung **verlesen**

12.96

---

141) BGH, Urt. v. 24.07.2003 – 3 StR 212/02, NJW 2003, 3142, 3143; BGH, Urt. v. 11.05.1976 – 1 StR 166/76, NJW 1976, 1546, 1547 = BGHSt 26, 332, 335.

142) BGH, Beschl. v. 29.11.2006 – 1 StR 493/06, juris Rdnr. 21 = NJW 2007, 237 ff.; BGH, Urt. v. 24.07.2003 – 3 StR 212/02, NJW 2003, 3142, 3143; BeckOK, StPO/Monka, § 168c Rdnr. 7.

143) BGH, Beschl. v. 17.02.2009 – 1 StR 691/08, juris Rdnr. 10; BGH, Urt. v. 20.02.1997 – 4 StR 598/96, juris Rdnr. 9 = BGHSt 42, 391 ff.

werden. Ebenso **scheidet** eine **Vernehmung des Ermittlungsrichters**[144)] als auch ein **Vorhalt** aus diesem Protokoll **aus**[145)] – **außer** der Beschuldigte und sein Verteidiger erklären hierzu ihre **ausdrückliche Einwilligung.**[146)]

12.97   Im Hinblick auf eine ohne Benachrichtigung durchgeführte ermittlungsrichterliche Zeugen- oder Sachverständigenvernehmung **bleibt jedoch** unter den Voraussetzungen des § 251 Abs. 1 StPO und nach richterlichem Hinweis[147)] die **Verlesung und Verwertung** des nach Missachtung der Benachrichtigungspflicht erstellten Vernehmungsprotokolls **als nichtrichterliches Protokoll**[148)] oder **schriftliche Äußerung** zulässig.[149)]

12.98   Dies beruht darauf, dass einer **richterlichen Vernehmung** aufgrund der Strafbarkeit falscher Angaben nach §§ 153, 154 StGB und der Beteiligungsrechte eine **erhöhte Beweiskraft** zukommt. Nehmen die Anwesenheitsberechtigten jedoch aufgrund einer fehlenden Benachrichtigung an einer ermittlungsrichterlichen Zeugen- oder Sachverständigenvernehmung nicht teil, so **unterscheidet sich** der Vorgang **nicht** von einer **Vernehmung durch die Polizei oder die Staatsanwaltschaft.** Da die dort erhaltenen Protokolle jedoch nach § 251 Abs. 1, 2 StPO verlesen werden dürfen, ist zuzulassen, dass das Protokoll einer unter Verletzung der Benachrichtigungspflicht erfolgten richterlichen Vernehmung als Protokoll einer anderen – nichtrichterlichen – Vernehmung verlesen werden kann.[150)]

12.99   Ebenfalls **zulässig** sind sodann **Vorhalte als Vernehmungsbehelf** aus dieser bloßen Niederschrift.[151)]

12.100   Im Rahmen der **Urteilsbegründung** muss der Tatrichter jedoch deutlich machen, dass er sich des **minderen Beweiswertes des Beweismittels** bewusst gewesen ist.[152)]

---

144) BGH, Beschl. v. 10.03.1999 – 2 StR 613/98, NStZ 1999, 417; BGH, Urt. v. 14.12.1976 – 1 StR 374/76, juris Rdnr. 6.

145) BGH, Urt. v. 03.11.1982 – 2 StR 434/82, juris Rdnr. 11 = BGHSt 31, 140 ff.; BeckOK, StPO/Monka, § 168c Rdnr. 7.

146) BeckOK, StPO/Monka, § 168c Rdnr. 7; Meyer-Goßner/Schmitt, § 168c Rdnr. 6.

147) BGH, Urt. v. 09.07.1997 – 5 StR 234/96, juris Rdnr. 13 = NStZ 1998, 312, 314.

148) Vgl. BGH, Beschl. v. 31.01.2001 – 3 StR 237/00, juris Rdnr. 6 = StV 2002, 584; BGH, Urt. v. 09.07.1997 – 5 StR 234/96, juris Rdnr. 13 = NStZ 1998, 312, 314; BGH, Urt. v. 26.11.1986 – 3 StR 390/86, juris Rdnr. 15 = BGHSt 34, 231 ff.

149) BeckOK, StPO/Monka, § 168c Rdnr. 7.

150) BGH, Urt. v. 09.07.1997 – 5 StR 234/96, juris Rdnr. 13.

151) BGH, Urt. v. 26.11.1986 – 3 StR 390/86, juris Rdnr. 15 = BGHSt 34, 231 ff.; BeckOK, StPO/Monka, § 168c Rdnr. 7. Kritisch hierzu LR/Erb, § 168c Rdnr. 68.

152) BGH, Beschl. v. 27.01.2005 – 1 StR 495/04, juris Rdnr. 4; BGH, Urt. v. 07.07.1997 – 5 StR 234/96, juris Rdnr. 13; Meyer-Goßner/Schmitt, § 168c Rdnr. 6; Burhoff, Ermittlungsverfahren, Rdnr. 3695.

Rechtsfolge und Reaktionsmöglichkeiten der Verteidigung,
wenn Anwesenheitsrechte im Ermittlungsverfahren nicht beachtet wurden

12

Hinweis

Mängel in der **Benachrichtigungspflicht** können durch die **Wiederholung** der entsprechenden Vernehmung unter Einhaltung der erforderlichen Benachrichtigungen **geheilt** werden.[153]

Hinweis

Solange ein **Strafverfahren gegen Unbekannt** geführt wird, ist die **Benachrichtigung** eines zu diesem Zeitpunkt noch nicht vorhandenen Beschuldigten **nicht möglich** und folglich auch nicht erforderlich.[154] Der Verteidiger wird jedoch in einer sich anschließenden Hauptverhandlung, in der sich die Frage der Verwertbarkeit einer ohne seine Anwesenheit erfolgten richterlichen Vernehmung stellt, **überprüfen** müssen, ob im Moment der ermittlungsrichterlichen Vernehmung im noch gegen Unbekannt geführten Ermittlungsverfahren zu Recht davon ausgegangen wurde, dass es noch keinen Beschuldigten gab.[155]

Hinweis

Die **Verletzung** der Benachrichtigungspflicht eines **Mitbeschuldigten** führt für den eigenen Mandanten nicht zu einem Verwertungsverbot und ist daher auch mit der Revision **nicht rügbar**. Eine **Wirkungserstreckung von Beweisverwertungsverboten** bei Rechtsverstößen, die alleine zu Lasten eines Mitbeschuldigten eingetreten sind, **erfolgt nicht**.[156] Insbesondere dient – so die Rechtsprechung – die Norm des § 168c Abs. 5 StPO allein dem Schutz des vernommenen Beschuldigten und nicht einem etwaigen Mitbeschuldigten. Die darin normierte Benachrichtigungspflicht soll allein verhindern, dass im Ermittlungsverfahren unter Verletzung des Anspruchs des Beschuldigten auf rechtliches Gehör ein für den weiteren Verlauf möglicherweise entscheidendes Beweisergebnis gewonnen werden kann, ohne dass der vernommene Beschuldigte oder sein Verteidiger hierauf hätten Einfluss nehmen können.[157]

Die (nach Widerspruch des Verteidigers) zu treffende **Entscheidung** über die konkrete **Verwertbarkeit** eines richterlichen Protokolls steht dem **Tatrichter** zu,[158]

12.101

---

153) Meyer-Goßner/Schmitt, § 168c Rdnr. 6a; BeckOK, StPO/Monka, § 168c Rdnr. 7.

154) BGH, Urt. v. 24.07.2003 – 3 StR 212/02, NJW 2003, 3142, 3143.

155) Vgl. BGH, Urt. v. 24.07.2003 – 3 StR 212/02, NJW 2003, 3142, 3143, welchem ein Verfahren zugrunde lag, das noch gegen Unbekannt geführt wurde, obwohl vor der richterlichen Zeugenvernehmung inhaftierten Personen konkret eröffnet worden war, dass sie der verfahrensgegenständlichen Tat beschuldigt werden. Vgl. auch BGH, Beschl. v. 17.07.1985 – 5 StR 409/85, juris Rdnr. 2.

156) BGH, Beschl. v. 17.02.2009 – 1 StR 691/08, juris Rdnr. 18 = BGHSt 53, 191 ff.; Meyer-Goßner/Schmitt, § 168c Rdnr. 6a; BeckOK, StPO/Monka, § 168c Rdnr. 12 m.w.N.

157) BGH, Beschl. v. 17.02.2009 – 1 StR 691/08, juris Rdnr. 18 = BGHSt 53, 191 ff.

158) BGH, Urt. v. 24.07.2003 – 3 StR 212/02, NJW 2003, 3142, 3144; BGH, Urt. v. 02.05.1979 – 2 StR 99/79, juris Rdnr. 15 = BGHSt 29, 1, 4.

der das Vorliegen der Voraussetzungen für das Unterbleiben einer Benachrichtigung zu überprüfen hat.

> **Hinweis**
>
> Um die Verwertung eines trotz Missachtung der Benachrichtigungspflicht erlangten Beweisergebnisses im Rahmen einer Revision erfolgreich rügen zu können, bedarf es entsprechend der durch die Rechtsprechung entwickelten Widerspruchslösung eines **rechtzeitigen Widerspruchs** durch die Verteidigung.[159]

> **Hinweis**
>
> Die Rechtsprechung hat die **Verwertbarkeit** einer ermittlungsrichterlich erlangten Zeugenaussage eines Belastungszeugen **angenommen**, obwohl der Beschuldigte selbst – zu Unrecht – von deren Durchführung nicht benachrichtig wurde, ihm jedoch zuvor ein **Pflichtverteidiger** beigeordnet wurde und dieser an der richterlichen **Zeugenvernehmung teilgenommen** hat.[160] Demgegenüber **verneinte** der BGH die Verwertbarkeit einer **Bild-Ton-Aufzeichnung** von einer Videovernehmung, an der lediglich der Verteidiger, nicht aber der Beschuldigte teilgenommen hatte.[161]

12.102 Im **Ausland erfolgte Zeugenvernehmungen**, die unter Missachtung der nach deutschem Recht statuierten Anwesenheitsrechte entstanden sind, sind im deutschen Strafverfahren nicht verwertbar.[162]

12.103 Ungeachtet der Feststellung, dass eine unterlassene Benachrichtigung der Verteidigung und damit eine Missachtung der gesetzlich normierten Anwesenheits- und Mitwirkungsrechte ein Beweisverwertungsverbot nach sich zieht, eröffnet **Art. 6 Abs. 3 Buchst. d) EMRK** das Recht des Beschuldigten und der Verteidigung zu einer **konfrontativen Befragung** eines Belastungszeugen. Ein **Verstoß** gegen dieses Recht kann Ausdruck eines **unfair geführten Verfahrens** i.S.v. Art. 6 EMRK sein. Bei der Beantwortung der Frage, ob ein gegen einen Beschuldigten/Angeklagten

---

159) BGH, Beschl. v. 17.02.2009 – 1 StR 691/08, juris Rdnr. 10 = BGHSt 53, 191 ff.; BGH, Beschl. v. 20.11.2001 – 1 StR 470/01, NStZ-RR 2002, 110, 111; BGH, Beschl. v. 10.03.1999 – 2 StR 613/09, NStZ 1999, 417; BGH, Urt. v. 28.10.1986 – 1 StR 507/86, juris Rdnr. 24; BGH, Urt. v. 19.03.1996 – 1 StR 497/95, NJW 1996, 2239, 2241; BGH, Urt. v. 15.12.1976 – 3 StR 380/76, juris Rdnr. 6; Meyer-Goßner/Schmitt, § 168c Rdnr. 6a; BeckOK, StPO/ Monka, § 168c Rdnr. 10. Zur Widerspruchslösung allgemein – mit entsprechendem Muster – vgl. Forkert-Hosser in: Rinklin, Hauptverhandlung, Kap. 23, S. 1177.

160) OLG München, NStZ 2015, 300 und 303. Vgl. zum erforderlichen Revisionsvorbringen im Fall einer nicht erfolgten Benachrichtigung des Beschuldigten vom Termin einer richterlichen Zeugenvernehmung, über die jedoch der Verteidiger ausreichend rechtzeitig informiert worden war, BGH, Beschl. v. 07.10.2014 – 1 StR 381/14.

161) BGH, Urt. v. 12.02.2004 – 3 StR 185/03, NJW 2004, 1605, 1608.

162) Vgl. BGH, Beschl. v. 15.03.2017 – 5 StR 53/07, NStZ 2007, 417, wobei in dieser Entscheidung das Beruhen des Urteils auf dem Rechtsverstoß der nicht erfolgten Verteidigerbenachrichtigung abgelehnt und daher die Revision als unbegründet verworfen wurde.

Rechtsfolge und Reaktionsmöglichkeiten der Verteidigung, wenn Anwesenheitsrechte im Ermittlungsverfahren nicht beachtet wurden

12

geführtes Verfahren (noch) als faires Verfahren anzusehen ist, ist zu berücksichtigen, ob der Verteidigung die Möglichkeit zu einer konfrontativen Befragung effektiv eingeräumt wurde. Dies kann ausscheiden, wenn eine **Benachrichtigung des Verteidigers** von der Vernehmung eines maßgeblichen Belastungszeugen unterblieben ist und die fehlende Unterrichtung auf einem Verschulden der Justiz beruhte. In diesem Fall können die Angaben des vernommenen Zeugen nur dann Grundlage einer Verurteilung werden, wenn diese durch andere Beweismittel bestätigt wird.[163]

Somit folgt aus dem **Verstoß** gegen das nach **Art. 6 Abs. 3 Buchst. d) EMRK** normierte Fragerecht **kein Beweisverwertungsverbot**, sondern lediglich an die tatrichterliche **Beweiswürdigung** werden **hohe Anforderungen** gestellt.

12.104

12.1.5.2 Verletzung der Benachrichtigungspflicht bei nichtrichterlicher Beschuldigtenvernehmung

Nachdem im Jahr 2017 die **Anwesenheitsrechte** des Verteidigers auf **Beschuldigtenvernehmung** bei der **Polizei** und durch die **Staatsanwaltschaft** gesetzlich erweitert wurden,[164] ziehen **Verstöße** gegen die korrespondierenden **Benachrichtigungspflichten** ebenfalls ein **Beweisverwertungsverbot** nach sich.[165]

12.105

---

163) BGH, Beschl. v. 29.11.2006 – 1 StR 493/06, juris Rdnr. 19 = NJW 2007, 237 f.; BVerfG, Beschl. v. 23.01.2008 – 2 BvR 2491/07, juris Rdnr. 7; HK/Zöller, § 168c Rdnr. 11; Breyer/Endler, AnwaltFormulare Strafrecht, Rdnr. 362.
164) 2. Gesetz zur Stärkung der Verfahrensrechte des Beschuldigten im Strafverfahren v. 27.08.2017, BGBl I, 3295.
165) LR/Erb, § 163b Rdnr. 127.

12.2   Mandatssituationen

12.2.1   Anwesenheitsrecht bei ermittlungsrichterlicher Zeugenvernehmung

Kurzüberblick

12.106   – Ein unter Missachtung der Benachrichtigungspflichten erlangtes Ermittlungs-ergebnis aus einer ermittlungsrichterlichen Zeugenvernehmung unterliegt einem Beweisverwertungsverbot nur insoweit, als dass die Verlesung nach § 251 Abs. 2 StPO ausgeschlossen ist.[166]

Sachverhalt

Ein Mandant kontaktiert bereits im Vorfeld einer Ladung zu einer Vernehmung als Beschuldigter seinen bereits anderweitig beauftragten Verteidiger. Der Mandant hat Kenntnis davon, dass ihn seine Ehefrau wegen gefährlicher Körperverletzung bei der Polizei angezeigt hat.

Im Rahmen der Anzeigenerstattung hat die Anzeigenerstatterin behauptet, dass sie durch den Mandanten mit einem Messer am Bein verletzt worden sei. Eine erste polizeiliche Zeugenvernehmung hat stattgefunden.

Was wird die Verteidigerin im Hinblick auf die Wahrnehmung von Anwesenheitsrechten im Ermittlungsverfahren tun?

Lösung

12.107   Die **Einflussnahme** auf die **Erlangung** von **Beweisergebnissen** bereits im Stadium des Ermittlungsverfahrens ist für die Verteidigung und für den Ausgang des Verfahrens von erheblicher Bedeutung und Relevanz. Einmal erlangte Beweisergebnisse lassen sich im Rahmen des Hauptverfahrens nur schwer, und gerade wenn der Zeuge später in der Verhandlung von seinem Zeugnisverweigerungsrecht Gebrauch macht, teilweise überhaupt nicht mehr – z.B. durch dessen (konfrontative) Befragung – erschüttern.

Insbesondere zur Sicherung von Beweisergebnissen aus zunächst nur polizeilichen Vernehmungen eines zeugnisverweigerungsberechtigten Zeugen wird häufig bereits im vorbereitenden Verfahren eine ermittlungsrichterliche Vernehmung durchgeführt. Vor dem Hintergrund der hiermit verbundenen weitreichenden Verwertungsmöglichkeiten der Beweisergebnisse, die § 251 StPO eröffnet, sollte die Verteidigung Sorge dafür tragen, dass ihre mit § 168c Abs. 2 StPO eröffneten Anwesenheitsrechte gewahrt werden

---

166)   BGH, Urt. v. 09.07.1997 – 5 StR 234/96, juris Rdnr. 13.

– auch wenn dies selbstverständlich allein durch die Strafverfolgungsorgane sichergestellt werden sollte.

Die **unterbliebene Benachrichtigung** der Anwesenheitsberechtigten führt jedoch – nach entsprechendem Widerspruch – nur zu einem **Beweisverwertungsverbot** hinsichtlich der unmittelbaren Verwertung des richterlichen Protokolls als solches und einer Vernehmung des Ermittlungsrichters.[167]

Im Hinblick auf eine ohne Benachrichtigung durchgeführte ermittlungsrichterliche Zeugen- oder Sachverständigenvernehmung bleibt jedoch unter den Voraussetzungen des § 251 Abs. 1 StPO und nach richterlichem Hinweis[168] die Verlesung und Verwertung des nach Missachtung der Benachrichtigungspflicht erstellten **Vernehmungsprotokolls als nichtrichterliches Protokoll**[169] oder schriftliche Äußerung zulässig.[170]

Dies beruht darauf, dass einer richterlichen Vernehmung aufgrund der Strafbarkeit falscher Angaben nach §§ 153, 154 StGB und der Beteiligungsrechte eine erhöhte Beweiskraft zukommt. Nehmen die Anwesenheitsberechtigten jedoch aufgrund einer fehlenden Benachrichtigung an einer ermittlungsrichterlichen Zeugen- oder Sachverständigenvernehmung nicht teil, so unterscheidet sich der Vorgang nicht von einer Vernehmung durch die Polizei oder die Staatsanwaltschaft. Da die dort erhaltenen Protokolle jedoch nach § 251 Abs. 1 2 StPO verlesen werden dürfen, ist zuzulassen, dass das Protokoll einer unter Verletzung der Benachrichtigungspflicht erfolgten richterlichen Vernehmung als Protokoll einer anderen – nichtrichterlichen – Vernehmung verlesen werden kann.[171]

Auch wenn somit die ohne Beisein der Verteidigung erlangten Beweisergebnisse nur über § 251 Abs. 1 StPO verwertbar bleiben, können diese (Mit-)Grundlage einer Verurteilung werden, so dass die Verteidigung – gerade wenn eine Vernehmung des Zeugen im Rahmen der Hauptverhandlung aufgrund einer Zeugnisverweigerung nicht mehr möglich sein könnte – in erhöhtem Maß dafür Sorge tragen sollte, dass ihre gesetzlich eröffneten Anwesenheitsrechte gewahrt werden.

Prozesstaktische Hinweise

In allen Verfahren, in denen der Verteidiger entweder durch die Information seines Mandanten oder durch die ihm gewährte Akteneinsicht Kenntnis davon erlangt, dass als Zeuge eine zeugnisverweigerungsberechtigte Person polizeilich vernommen wurde bzw. polizeilich vernommen werden soll und damit mit Blick auf § 252 StPO eine rich-   12.108

---

167) BGH, Beschl. v. 17.02.2009 – 1 StR 691/08, juris Rdnr. 10, 18 = BGHSt 53, 191 ff.; BGH, Urt. v. 20.02.1997 – 4 StR 598/96, juris Rdnr. 9 = BGHSt 42, 391 ff.

168) BGH, Urt. v. 09.07.1997 – 5 StR 234/96, juris Rdnr. 13 = NStZ 1998, 312, 314.

169) Vgl. BGH, Beschl. v. 31.01.2001 – 3 StR 237/00, juris Rdnr. 6 = StV 2002, 584; BGH, Urt. v. 09.07.1997 – 5 StR 234/96, juris Rdnr. 13 = NStZ 1998, 312, 314; BGH, Urt. v. 26.11.1986 – 3 StR 390/86, juris Rdnr. 15 = BGHSt 34, 231 ff.

170) BeckOK, StPO/Monka, § 168c Rdnr. 7.

171) BGH, Urt. v. 09.07.1997 – 5 StR 234/96, juris Rdnr. 13.

terliche Vernehmung außerhalb der Hauptverhandlung möglich ist, sollte der Verteidiger bereits frühzeitig darauf hinwirken, dass seine Anwesenheitsrechte beachtet werden.

Um im Gegenzug gerade im Bereich der gesetzlich eröffneten und daher von Amts wegen zu beachtenden Anwesenheitsrechten die Ermittlungsbehörden nicht unter den Generalverdacht eines Rechtsverstoßes zu stellen, empfiehlt sich eine vorsichtige Formulierung.

Muster

Antrag auf Akteneinsicht verbunden mit Hinweis auf gesetzlich normiertes Anwesenheitsrecht

Staatsanwaltschaft ...
(Anschrift)

In dem Ermittlungsverfahren
gegen   ...
wegen   ...
Az.   ...

wird unter Bezugnahme auf die beigefügte Originalvollmacht mitgeteilt, dass die Unterzeichnerin mit der Verteidigung des Beschuldigten beauftragt wurde.

Der Beschuldigte macht zunächst – auf meinen Rat hin – von seinem Recht zu schweigen Gebrauch. Ob und in welcher Form eine Einlassung des Beschuldigten erfolgen wird, wird nach gewährter Akteneinsicht entschieden werden können.

Ausdrücklich erfolgt kein Verzicht auf das dem Beschuldigten im Ermittlungsverfahren zu gewährende Einlassungsrecht.

Vor diesem Hintergrund wird zunächst **beantragt**, der Unterzeichnerin

Akteneinsicht

in die gesamte Verfahrensakte zu gewähren.

Forkert-Hosser

Darüber hinaus wird bereits jetzt für den Fall, dass eine richterliche Vernehmung der Zeugin ... beabsichtigt ist, darauf hingewiesen und beantragt, die Verteidigerin rechtzeitig von dem beabsichtigten Vernehmungstermin – ggf. telefonisch – gem. § 168c Abs. 5 Satz 1 StPO zu benachrichtigen. Um der Verteidigung eine Teilnahme zu ermöglichen, danken wir für eine vorab erfolgende Terminsabsprache.

Rechtsanwältin/Rechtsanwalt

12.2.2 Anwesenheit bei richterlicher Vernehmung eines Mitbeschuldigten

Kurzüberblick

– Dem Verteidiger steht bei der richterlichen Vernehmung eines Mitbeschuldig-ten kein Anwesenheitsrecht zu.[172]

12.109

– Dem Verteidiger kann die Anwesenheit bei der richterlichen Vernehmung eines Mitbeschuldigten jedoch gestattet werden.

Sachverhalt

In einem gegen mehrere Beschuldigte gemeinsam geführten Ermittlungsverfahren wegen des Verdachts einer gemeinschaftlich begangenen gefährlichen Körperverletzung berichtet der Mandant dem Verteidiger von seiner Befürchtung, dass einer der Mitbeschuldigten gegenüber der Polizei angedeutet habe, sich geständig einlassen zu wollen. Hierbei befürchtet der Mandant jedoch auf der Basis ihm zugetragener Informationen, dass der Mitbeschuldigte hierbei seinen Tatbeitrag unzutreffend beschreiben werde, um den Mandanten zu Unrecht zu belasten.

Welche Schritte wird die Verteidigung unternehmen?

Lösung

Die Vernehmung eines Mitbeschuldigten, dessen Verfahren zusammen mit dem des eigenen Mandanten geführt wird, stellt für die Verteidigung häufig einen maßgeblichen Wendepunkt im Rahmen des gesamten Verfahrens dar; dies insbesondere vor dem Hintergrund, dass ein sich einlassender Mitbeschuldigter immer die Gefahr birgt, seine eigene Tatbeteiligung zu Lasten des eigenen Mandanten zu relativieren. Dieser dürfte nicht selten der Versuchung erliegen, einen eigenen (untergeordneten) Tatbeitrag einzuräumen und damit gleichzeitig einen Mitbeschuldigten zu belasten.

12.110

---

172) BGH, Urt. v. 20.02.1997 – 4 StR 598/96, juris Rdnr. 15 = BGHSt 42, 391.

Es liegt auf der Hand, dass die Verteidigung somit ein Interesse daran hat, bei der Vernehmung eines Mitbeschuldigten anwesend zu sein und ggf. Fragen zu stellen – vor dem Hintergrund der Verlesungsmöglichkeiten des § 254 StPO dies umso mehr, wenn es sich um die richterliche Vernehmung eines Mitbeschuldigten handelt.

Dennoch eröffnet § 168c Abs. 2 StPO hinsichtlich eines Anwesenheitsrechts des Verteidigers diese nur bei der richterlichen Vernehmung eines Zeugen oder eines Sachverständigen – nicht jedoch bei der Vernehmung eines Mitbeschuldigten. Mit Blick auf den Wortlaut des § 168c Abs. 2 StPO hat die Rechtsprechung daher auch ein Anwesenheitsrecht des Verteidigers bei der richterlichen Vernehmung eines Mitbeschuldigten – entgegen Teilen der Literatur[173] – nicht anerkannt.[174]

Hiervon unbenommen besteht für den Verteidiger jedoch die Möglichkeit – wie bei allen Ermittlungshandlungen, zu denen ihm gesetzlich kein Anwesenheitsrecht eröffnet wird –, aktiv auf seine Anwesenheit hinzuwirken und zu erbitten, ihm ein Anwesenheitsrecht im konkreten Einzelfall zu gestatten.[175]

Prozesstaktische Hinweise

12.111   Um möglichst frühzeitig auch aktiven Einfluss auf das Ergebnis der richterlichen Vernehmung eines Mitbeschuldigten nehmen zu können, sollte die Verteidigung – auch wenn ihr kein ausdrücklich gesetzlich normiertes Anwesenheitsrecht zusteht – versuchen, die Gestattung ihrer Anwesenheit zu erreichen. Da auch die richterliche Vernehmung in aller Regel durch die Staatsanwaltschaft initiiert wird, empfiehlt es sich zunächst, dort um Mitteilung einer solchen zu bitten, um sodann den vernehmungsführenden Richter um Gestattung der Anwesenheit zu ersuchen.

---

173) Ausführlich zu den vertretenen Auffassungen: Burhoff, Ermittlungsverfahren, Rdnr. 4430 ff.
174) BGH, Urt. v. 20.02.1997 – 4 StR 598/96, juris Rdnr. 15 = BGHSt 42, 391 ff. mit ausführlicher Darstellung des Meinungsstreits.
175) Burhoff, Ermittlungsverfahren, Rdnr. 4436.

Muster

Anschreiben an Staatsanwaltschaft
mit Bitte um Benachrichtigung
über richterliche Vernehmung eines Mitbeschuldigten

Staatsanwaltschaft ...
(Anschrift)

In dem Ermittlungsverfahren
gegen   ...
wegen   des Verdachts der gefährlichen Körperverletzung
Az.   ...

nehme ich auf meine bereits zu den Akten gereichte Originalvollmacht Bezug und **beantrage –** sollte die richterliche Vernehmung des Mitbeschuldigten ... durch die Staatsanwaltschaft ... beabsichtigt sein –, mich von dieser zu unterrichten.

Begründung:

Als Verteidigerin des Beschuldigten ... möchte ich an einer etwaigen richterlichen Vernehmung des weiteren Beschuldigten ... teilnehmen.

Es ist der Verteidigung bekannt und bewusst, dass die Rechtsprechung bisher die Annahme eines gesetzlich verankerten Anwesenheitsrechts der Verteidigung bei den richterlichen Vernehmungen eines Mitbeschuldigten nicht anerkannt hat.

Dennoch verbleibt es zulässig, dass der Verteidigung die Anwesenheit an dieser durch den vernehmungsführenden Richter gewährt und gestattet wird.

Vorliegend stellt sich die Ausgangslage für den Beschuldigten ... im Hinblick auf die Verlesungs- und Verwertungsmöglichkeiten einer Aussage des Mitbeschuldigten ... vor einem Ermittlungsrichter insbesondere mit Blick auf §§ 251, 254 StPO vergleichbar dar wie bei einer richterlichen Zeugenvernehmung. Letztlich stellt die Vernehmung eines Mitbeschuldigten gerade im Hinblick auf die Tatbeiträge eines möglichen weiteren Tatbeteiligten im weitesten Sinne eine Vernehmung über eigene Wahrnehmungen zu einem Sachverhalt dar und hat damit im Ergebnis einen mit einer *Zeugen*vernehmung vergleichbaren Inhalt. Insbesondere belastende Aussagen zu den Tatbeiträgen weiterer Mitbeschuldigter stehen strukturell der Aussage eines Belastungszeugen nahe.

Bei einer solchen richterlichen Zeugenvernehmung wäre die Anwesenheit der Verteidigung – und eine entsprechende Benachrichtigung – jedoch über § 168c Abs. 2 und Abs. 5 StPO gesetzlich eröffnet, so dass aufgrund der vorliegend durchaus vergleichbaren Ausgangslage die Anwesenheit der Unterzeichnenden eröffnet werden kann; dies umso mehr, als die Aussage eines Mitbeschuldigten einer größeren Gefahr der Falschbezichtigung unterliegt als die Aussage eines Belastungszeugen, dessen konfrontative Befragung sogar unter dem Blickwinkel eines fairen Verfahrens eröffnet ist.

Die Gefahr der Beeinflussung oder Anpassung einer möglichen Aussage des Beschuldigten ... ist in der vorliegenden Situation darüber hinaus nicht anders zu bewerten, als wenn der Verteidigung die – gesetzlich eröffnete – Anwesenheit bei der Vernehmung eines Belastungszeugen zu eröffnen wäre.

Um der Verteidigung die Möglichkeit zu geben, mit den vorstehend genannten Argumenten die Zulassung ihrer Anwesenheit bei einer richterlichen Vernehmung des Beschuldigten ... rechtzeitig beantragen zu können, bedarf es der erbetenen Mitteilung durch die Staatsanwaltschaft.

Rechtsanwältin/Rechtsanwalt

12.2.3   Teilnahme an polizeilicher Beschuldigtenvernehmung wird verweigert

Kurzüberblick

12.112   – Dem Verteidiger steht bei der polizeilichen Beschuldigtenvernehmung ein Anwesenheitsrecht zu (§§ 163a Abs. 4 Satz 3, 168c Abs. 1 Satz 1 StPO).

     – Eine Versagung des gesetzlich normierten Anwesenheitsrechts der Verteidigung an einer polizeilichen Beschuldigtenvernehmung führt zu einem Beweisverwertungsverbot.[176]

Sachverhalt

Rechtsanwalt ... bekommt einen Anruf von der Familie des Beschuldigten ..., der sich zu einer Vernehmung bei der Polizeidienststelle ... befindet. Der Rechtsanwalt wird zunächst von der Familie mit der Verteidigung des Beschuldigten beauftragt und begibt sich daraufhin zu der Polizeidienststelle, die ihm von den Angehörigen benannt wurde. Dort wird er jedoch nicht zu seinem Mandanten vorgelassen, so dass die polizeiliche Beschuldigtenvernehmung ohne sein Beisein beendet wird.

Was kann der Verteidiger in der konkreten Situation unternehmen?

---

176) LR/Erb, § 163b Rdnr. 127.

Lösung

Seit dem Jahr 2017 und mit dem 2. Gesetz zur Verfahrensrechte des Beschuldigten im Strafverfahren besteht für den Verteidiger über §§ 163a Abs. 4 Satz 3, 168c Abs. 1 Satz 1 StPO bereits bei der ersten polizeilichen Vernehmung ein gesetzlich normiertes Anwesenheitsrecht, das flankiert wird von der Verpflichtung der Ermittlungspersonen, einen zunächst ohne Verteidiger zu einer polizeilichen Beschuldigtenvernehmung erschienenen Beschuldigten, auf das Bereitstehen eines (ggf. von der Familie beauftragten) Verteidigers hinzuweisen.

12.113

Da das Anwesenheitsrecht des Verteidigers bei einer polizeilichen Vernehmung unabhängig von einem Antrag des Verteidigers, seiner Ladung oder einer Zustimmung durch den vernehmenden Polizeibeamten besteht, kann es auch ausgeübt werden und ist zu gestatten, wenn der Verteidiger auf anderem Weg – und nicht durch eine förmliche Mitteilung/Ladung von der Vernehmung erfährt.

Sollte – entgegen den gesetzlichen Vorgaben – dem Verteidiger die Anwesenheit an einer polizeilichen Beschuldigtenvernehmung nicht gestattet werden, sollte dieser einen (gesetzlich zwar nicht vorgeschrieben) förmlichen Antrag stellen, um die die Verteidigung beschneidenden Vorgänge für einen in der Hauptverhandlung anzubringenden Widerspruch und eine später u.U. erforderliche Revision aktenkundig zu machen, und in diesem ggf. darauf hinweisen, dass die durch seinen Mandanten – nach Missachtung des dem Verteidiger gesetzlich zugestandenen Anwesenheitsrechts – getätigten Aussagen nicht verwertbar sind.[177]

Prozesstaktische Hinweise

Sollte sich über das Anwesenheitsrecht des Verteidigers bei einer polizeilichen Beschuldigtenvernehmung mit Ermittlungspersonen ein Streitgespräch entwickeln, können diese darauf hingewiesen werden, dass Angaben des Beschuldigten, die dieser ohne seinen bereitstehenden Verteidiger, dem zudem die Anwesenheit an der Vernehmung nicht gestattet wurde, einem Beweisverwertungsverbot unterfallen. Ergänzend kann herausgestellt werden, dass gerade Angaben des Beschuldigten im Beisein eines Verteidigers einen höheren Beweiswert haben können. Mit Hilfe dieser Argumente sollte die Anwesenheit des Verteidigers in aller Regel auch durch die Ermittlungspersonen eröffnet werden.

12.114

---

177) Burhoff, Ermittlungsverfahren, Rdnr. 3391; Meyer-Goßner/Schmitt, § 136 Rdnr. 10.

Forkert-Hosser

Muster

Anschreiben an die Staatsanwaltschaft nach verweigerter Anwesenheit bei Beschuldigtenvernehmung

Staatsanwaltschaft ...
(Anschrift)

per Telefax ...

Eilt sehr! Bitte unmittelbar weiterleiten!

In dem Ermittlungsverfahren
gegen   ...
wegen des Verdachts der ...
Az.   ...

erlaube ich mir, mitzuteilen, dass ich mit der Verteidigung des Beschuldigten beauftragt bin. Auf die mich legitimierende und beigefügte Vollmachtsablichtung wird verwiesen.

Es wird **beantragt**,

dem unterzeichnenden Verteidiger unmittelbar die Teilnahme an der ersten polizeilichen Vernehmung des Beschuldigten ..., die momentan auf der Polizeidienststelle ... geführt wird, zu gestatten und die die Vernehmung durchführenden Ermittlungspersonen der Staatsanwaltschaft entsprechend anzuweisen, dem Verteidiger die Anwesenheit einzuräumen.

Begründung:

Nach §§ 163a Abs. 4 Satz 3, 168c Abs. 1 Satz 1 StPO steht der Verteidigung bereits während der ersten polizeilichen Beschuldigtenvernehmung ein Anwesenheitsrecht zu.

Nachdem der unterzeichnende Verteidiger durch die Familie des Beschuldigten über die momentan durchgeführte Beschuldigtenvernehmung informiert wurde, hat dieser sich unmittelbar zu der Polizeidienststelle ... begeben, sich dort ausgewiesen und sodann um Anwesenheit bei der polizeilichen Beschuldigtenvernehmung ersucht. Diese wurde ihm durch Herrn KHK ... verweigert.

Vor dem Hintergrund der seit 2017 geltenden Rechtslage war dem unterzeichnenden Verteidiger jedoch die Anwesenheit zu gestatten und dem Beschuldigten zumindest mitzuteilen, dass der Verteidiger anwesend ist und bereitsteht.

Vorsorglich wird darauf hingewiesen, dass die Angaben des Beschuldigten, die unter Missachtung des Anwesenheitsrechts der Verteidigung gemacht wurden, einem Beweisverwertungsverbot unterliegen.

Rechtsanwältin/Rechtsanwalt

12.2.4 Bitte um Terminsverlegung bei polizeilicher Beschuldigtenvernehmung

Kurzüberblick

– Der Verteidiger hat keinen Anspruch darauf, dass eine durch die Ermittlungsbehörden terminlich festgesetzte Beschuldigtenvernehmung verschoben wird (§§ 163a Abs. 4 Satz 3, 168c Abs. 5 Satz 3 StPO).   12.115

Sachverhalt

Der Beschuldigte … bekommt die Ladung zu einer polizeilichen Vernehmung als verantwortlicher Beschuldigter.

Der Verteidiger, der seinen Mandanten zu dieser Vernehmung begleiten möchte, ist an dem avisierten Tag aufgrund der Teilnahme an einer Hauptverhandlung verhindert, hat jedoch in den Tagen danach freie zeitliche Kapazitäten.

Was wird der Verteidiger versuchen?

Lösung

In Anwendung der §§ 163a Abs. 4 Satz 3, 168c Abs. 5 Satz 3 StPO wird dem Verteidiger kein Anspruch auf Terminsverlegung zugestanden, auch wenn seine Anwesenheit gesetzlich eröffnet – und damit in einem gewissen Maß für sachdienlich erachtet – wird.   12.116

Diese Einschränkung ist in der täglichen Arbeit für die Verteidigung misslich und führt nicht selten zu erheblichen terminlichen Schwierigkeiten, so dass zumindest versucht werden sollte, in einem Dialog mit den Ermittlungsbehörden eine Terminsverlegung zu erreichen.

Prozesstaktische Hinweise

Sollte einem Antrag auf Terminsverlegung von Seiten der Ermittlungsbehörden nicht nachgekommen werden, kann mit dem Beschuldigten vereinbart werden, dass dieser zunächst keine Angaben zu den erhobenen Vorwürfen macht und sich schweigend verteidigt. Eine spätere Einlassung bleibt dem Beschuldigten unbenommen – wobei darauf zu achten ist, dass gerade in Verfahren, die gegen mehrere Beschuldigte geführt werden, eine frühzeitige (ggf. geständige) Einlassung von Vorteil sein kann.   12.117

Muster

Antrag auf Terminsverlegung bei polizeilicher Beschuldigtenvernehmung

Kriminalpolizei ...
KHK ...
(Anschrift)

vorab per Telefax ...

In dem Ermittlungsverfahren
gegen   ...
wegen   des Verdachts der ...
Az.   ...

wird auf die bereits bei den Akten befindliche Vollmacht verwiesen und erneut mitgeteilt, dass der Unterzeichner mit der Verteidigung des Beschuldigten ... beauftragt ist. In diesem Zusammenhang wurde dem Unterzeichner durch den Beschuldigten die Ladung zur Vernehmung am ... vorgelegt.

Der Unterzeichner möchte seine ihm aus §§ 163a Abs. 4 Satz 3, 168c Abs. 1 StPO eröffneten Anwesenheitsrechte wahrnehmen und bei der geplanten polizeilichen Beschuldigtenvernehmung zugegen sein. An dem mitgeteilten Termin hat der Unterzeichner jedoch eine bereits seit längerem angesetzte Hauptverhandlung wahrzunehmen, so dass **beantragt** wird, den Termin für die Beschuldigtenvernehmung zu verlegen.

Es ist der Verteidigung bekannt und bewusst, dass ein Anspruch auf Verlegung des Termins zur Durchführung einer polizeilichen Vernehmung des Beschuldigten nicht besteht.

Dennoch hat der Gesetzgeber mit der Ausweitung des Anwesenheitsrechts der Verteidigung bereits in diesem frühen Stadium des Verfahrens und der hiermit Benachrichtigungspflicht des Verteidigers über eine bevorstehende polizeiliche Beschuldigtenvernehmung zum Ausdruck gebracht, dass zum Schutz des Beschuldigten und zur Wahrung einer effektiven Verteidigung die Anwesenheit der Verteidigung eröffnet ist. Für dessen Umsetzung sollte eine Teilnahme wiederum nicht nur theoretisch eröffnet, sondern ggf. durch eine Terminsverschiebung auch effektiv ermöglicht werden.

Ergänzend wird auch auf die Begründung des 2. Opferrechtsreformgesetzes vom 29.07.2009 (BT-Drucks. 16/12098, S. 23) verwiesen. Hiernach sind die Strafverfolgungsbehörden im Interesse einer fairen und ausgewogenen Verfahrensführung angehalten, soweit es ihre Aufgabenwahrnehmung erlaubt, Zeugenvernehmungen so zu terminieren, dass die geladenen Zeugen von einer Begleitperson begleitet werden können.

Dies gilt im Umkehrschluss auch für einen Beschuldigten, dessen Interessen im Rahmen eines Strafverfahrens zumindest in gleichem Umfang wie die eines Zeuges betroffen sind (vgl. Burhoff, Ermittlungsverfahren, Rdnr. 3395).

Darüber hinaus wird darauf hingewiesen, dass Angaben, die der Beschuldigte im Beisein seines Verteidigers macht, ein höherer Beweiswert zukommen kann.

Vor diesem Hintergrund wird um die vorstehend begehrte Terminsverschiebung gebeten.

Um ggf. weitere Terminsverlegungen vermeiden zu können, wird um eine Terminsabstimmung über das Sekretariat des Unterzeichners erbeten.

Rechtsanwältin/Rechtsanwalt

13   Verdeckt ermittelnde Personen

13.1 Einführung

13.1 Zur Bekämpfung der sogenannten Organisierten Kriminalität, aber auch von Delikten aus dem Bereich des Staatsschutzes, sowie darüber hinaus der allgemeinen Kriminalität bedienen sich die Ermittlungsbehörden verdeckt ermittelnder Personen. Zu unterscheiden sind hierbei der Verdeckte Ermittler (VE), der „nicht offen ermittelnde Polizeibeamte (NoeP), die Vertrauensperson (VP) sowie der Informant. Während Ermittler der ersten beiden Kategorien Polizeibeamte sind, handelt es sich bei den letzten beiden um private Personen, die den Ermittlungsbehörden zuarbeiten bzw. hierfür in Anspruch genommen werden. Obschon das Handeln dieser heimlich ermittelnden und damit den Beschuldigten auch täuschenden Personen regelmäßig die Grundrechte der Zielpersonen tangiert, ist ihre gesetzliche Regelung allenfalls rudimentär und in höchstem Maß defizitär ausgefallen. Dies gilt insbesondere für die V-Personen.

Allen Erscheinungsformen dieser im staatlichen Auftrag heimlich ermittelnden Personen ist gemein, dass ihr Einsatz darauf angelegt ist, den Beschuldigten kommunikativ in einer Weise zu täuschen, die im Rahmen einer offen geführten Vernehmung nicht nur dessen Selbstbelastungsfreiheit verletzen würde, sondern nicht selten auch darüber hinaus in Konflikt mit dem Täuschungsverbot des § 136a StPO zu geraten drohte. Die damit einhergehenden Methoden sind auch deshalb bedenklich, da der Staat hier in einem prozessual dem Ziel der Wahrheitsermittlung verpflichteten Verfahren zur Lüge greift und den Zweck die Mittel heiligen lässt. Dass die nachträgliche Aufklärung dieser Verfahrensweisen zudem staatlicherseits regelmäßig aus Gründen des Quellenschutzes, ungeachtet der gerichtlichen Aufklärungspflicht, weitgehend durch Sperrerklärungen beschränkt und häufig vereitelt wird, zeigt als Ergebnis einen rechtsstaatlich bewusst abgedunkelten und für die Verfahrensbeteiligten kaum einsehbaren Bereich. Gelingt es doch einmal ihn auszuleuchten, sind die Ergebnisse nicht selten rechtsstaatlich kaum erträglich. Rechtsstaatswidrige Tatprovokationen, also staatlich initiierte Anstiftungen des Bürgers zu Straftaten mit dem Ziel seiner anschließenden Überführung und Bestrafung, mögen hier als Beispiele für rechtsethisch mehr als fragwürdige Praktiken der heimlich Ermittelnden dienen.

13.1.1 Der verdeckte Ermittler

13.2 Der VE hat als einzig verdeckt ermittelnder Protagonist eine gesetzliche Regelung erfahren. Seine Legaldefinition ist in § 110a Abs. 2 StPO enthalten. Der VE ist hiernach Beamter des Polizeidienstes, der unter einer ihm verliehenen auf Dauer angelegten Legende ermittelt. Im Rahmen der Legendierung darf er mit Tarnpapieren ausgestattet werden, unter denen er am Rechtsverkehr teilnehmen kann, § 110a Abs. 3 StPO. Für die Frage der Dauer seines Auftretens soll es keine zeitliche Untergrenze geben.

13

Hinweis

VE, die keine deutschen Beamten sind, sondern ausländischen Polizei- oder Ermittlungsbehörden angehören, sind keine VE i.S.d. § 110a StPO. Sie sind rechtlich dann allenfalls als Vertrauenspersonen (VP) zu betrachten.[1]

Praxistipp

Von den heimlich ermittelnden Personen wird justiziell den verbeamteten verdeckt Ermittelnden eine höhere Glaubhaftigkeit zugeschrieben als den VPs oder Informanten, deren „Hintergrund" regelmäßig im Dunkeln bleibt. Für die VEs soll hingegen die Vermutung höherer Rechtstreue aufgrund ihres Beamtenstatus streiten.

13.1.1.1   Materielle Einsatzvoraussetzungen

Ein VE kann zur Aufklärung von Straftaten, die im Enumerativkatalog des § 110a Abs. 1 StPO genannt werden, eingesetzt werden. Dadurch, dass es sich nicht um einen echten Katalog handelt, sondern eher um Deliktsoberbegriffe und allgemeine Begehungsformen (§ 110 Abs. 1 Nr. 3 StPO „*gewerbs- oder gewohnheitsmäßige*"), kommt ihm nur begrenzt eine limitierende Funktion zu. Dies gilt auch eingedenk der Maßgabe, dass es sich um Straftaten erheblicher Bedeutung handeln müsse, und der allgemein von der Praxis vernachlässigten Subsidiaritätsklausel, nach welcher der Einsatz nur erfolgen soll, wenn die Aufklärung auf andere Weise aussichtslos oder wesentlich erschwert wäre.

13.3

13.1.1.2   Formelle Einsatzvoraussetzungen

Die formellen Einsatzvoraussetzungen sind in § 110b StPO geregelt. Danach geht der Einsatz eines VE regelmäßig von der Polizei aus, was seinen Ausdruck darin findet, dass die Staatsanwaltschaft ihm zustimmen muss. Die Staatsanwaltschaft selbst kann ihn von sich aus nicht – etwa gegen den polizeilichen Willen – anordnen. Dies stellt die Staatsanwaltschaft indes nicht von der Verantwortung für den Einsatz frei, der rechtlich weiterhin unter ihrer Ägide als Herrin des Ermittlungsverfahrens läuft. Sofern Gefahr im Verzug gegeben ist, kann die Polizei den Einsatz auch ohne Zustimmung der Staatsanwaltschaft anordnen. Diese ist dann innerhalb von drei Werktagen nachträglich einzuholen. Der Einsatz eines VE steht zudem dann unter Richtervorbehalt, wenn er sich gegen einen bestimmten identifizierbaren Beschuldigten richtet oder das Betreten von Wohnungen i.S.v. Art. 13 GG umfassen soll. Zustimmung der Staatsanwaltschaft und richterliche Genehmigung haben schriftlich zu ergehen. Die richterliche Begründung darf nicht formelhaft sein, sondern hat den Einzelfall zu reflektieren. Die Anforderungen an die Begründungstiefe steigen, wenn Eingriffe in Art. 13 GG, also das

13.4

---

1)   BGH, NStZ 2007, 713.

Betreten von Wohnungen durch den VE, antizipiert werden.[2] Die Zustimmung ist zudem zu befristen, kann indes verlängert werden. Die Gesamtdauer eines VE-Einsatzes soll allein durch das Verhältnismäßigkeitsprinzip begrenzt sein.

13.1.1.3   Einsatz eines VE im Ermittlungsverfahren

13.5   Da die Maßnahme des Einsatzes eines VE als heimliche geführt wird, lässt sie sich typischerweise im Ermittlungsverfahren während ihres Andauerns weder kontrollieren noch angreifen. Kenntnis darüber, dass überhaupt ein VE eingesetzt worden ist, erhält der Verteidiger regelmäßig erst mit Akteneinsicht. Nicht selten erfolgt diese im Anschluss einer Inhaftierung des Mandanten, der hierbei häufig nicht nur erstmals Kenntnis über den Einsatz des VE, sondern über die Existenz des Verfahrens überhaupt erhält. Die Früchte des Einsatzes der VE sind regelmäßig als Quellenvernehmungen unter dem Decknamen des VE in den Akten niedergelegt. Im Ermittlungsverfahren lassen sich die Angaben des VE inhaltlich kaum angreifen. Zu prüfen ist in diesem Stadium zunächst, ob der Einsatz materiell und formell rechtmäßig war und ob es anderenfalls Ansatzpunkte dafür gibt, dass die insoweit erlangten Erkenntnisse einem Verwertungsverbot unterfallen könnten. Die inhaltliche Analyse von VE-Aussagen wird dadurch erschwert, dass der Vernehmer, um jedweden Ansatz für Rückschlüsse auf polizeiliche Arbeitsweisen oder auf die Person des VE zu vereiteln, das Vernehmungsprotokoll regelmäßig „schmal" hält und ergebnisorientiert führt. Eine etwaig kritische Befragung des VE wird sich in der Niederschrift daher nicht finden, und zwar unbeschadet des Umstands, dass eine solche bei einer Vernehmung unter Kollegen faktisch ohnehin selten zu erwarten ist.

13.1.1.3.1 Potentielle Verwertungsverbote

13.6   Verwertungsverbote für VE-Erkenntnisse können sich durch Verletzung der materiellen Voraussetzungen ihres Einsatzes ebenso ergeben wie durch die Nichteinhaltung der formellen Vorschriften bei der Umsetzung eines VE-Einsatzes.

– fehlende materielle Eingriffsvoraussetzungen:
  Keine Katalogtat i.S.d. § 110a StPO. Umstritten ist hier, ob **willkürlich** verkannt worden sein muss, dass eine Katalogtat in Wahrheit nicht vorlag,[3] oder ob die Frage der Willkür keine Rolle spielen muss und bereits die Verletzung des Katalogs hinreicht.[4]

– fehlende **staatsanwaltschaftliche bzw. richterliche Zustimmung** nach § 110b StPO:
  Die fehlenden erforderlichen Genehmigungen führen regelmäßig zur Unverwertbarkeit der Angaben des VE. Dies gilt jedoch dann nur eingeschränkt, wenn zu-

---

2)   BGHSt 42, 103.
3)   In diesem Sinne: BGHSt 42, 103, 107.
4)   AG Koblenz, StV 1995, 518; Weßlau, StV 1996, 579.

nächst etwa ein Eingriff mit staatsanwaltschaftlicher Zustimmung erfolgte, dem dann im Weiteren die richterliche Genehmigung versagt wurde.

– Einsatz gegen einen Beschuldigten, der **bereits von seinem Schweigerecht Gebrauch** gemacht hat:
Ist dem Beschuldigten im Ermittlungsverfahren bereits Gelegenheit zum rechtlichen Gehör gegeben worden, bei der er von seinem Schweigerecht Gebrauch machte, ist der Einsatz eines VE gegen ihn hiernach unzulässig.[5]

> **Praxistipp**
>
> Es ist regelmäßig unzulässig, einen VE auf eine inhaftierte Person anzusetzen, da diese sich normativ (und faktisch) durch ihre Gefangenschaft stets in einer staatlich veranlassten Drucksituation befindet, die sodann auszunutzen dem Staat verwehrt ist.[6]

– **Verwendungsregel des § 477 Abs. 2, Satz 2 StPO**
Erkenntnisse des VE, die er gelegentlich seines Einsatzes gegen den Beschuldigten oder gegen Dritte sammelte und die geeignet sind, den Anfangsverdacht strafbaren Verhaltens begründen, indes nicht Anlass oder Auftrag seines Einsatzes sind, können in anschließenden Strafverfahren nur dann verwertet werden, wenn auch mit Blick auf diese „Zufallserkenntnisse" der Einsatz des VE hätte angeordnet werden können (vgl. § 477 Abs. 2 Satz 2 StPO).

13.7

> **Beispiel**
>
> Ein VE, der unter der Legende, er sei ein kaufinteressierter BtM-Abnehmer auf einen des Drogenhandels verdächtigen Bürger angesetzt ist, wird von diesem zu einem abendlichen Treffen mit dem Ziel eines Restaurantbesuchs gefahren, obschon der verdächtigte Bürger keine Fahrerlaubnis hat. Gemäß § 477 Abs. 2 Satz 2 StPO hätte wegen des Vergehens nach § 21 StVG der Einsatz eines VE nicht angeordnet werden dürfen (Gedanke des hypothetischen Ersatzeingriffs). Damit ist die Zufallserkenntnis des Fahrens ohne Fahrerlaubnis in einem wegen dieses Delikts gegen den verdächtigten Bürger zu **Beweiszwecken** nicht verwertbar. Als **Spurenansatz** nach h.M. hingegen schon: Gelingt es dem VE, etwa während der Fahrt unauffällig Polizeikollegen zu einer Verkehrskontrolle zu veranlassen, bei der die führerscheinlose Fahrt dann durch die kontrollierenden Beamten zur Anzeige gebracht wird, bleiben deren Bekundungen verwertbar und können eine Verurteilung legitimieren. Nur die Aussage des VE ist unverwertbar.

---

5) BGHSt 52, 11 = NJW 2007, 3138; BGH, NStZ 2009, 343, wobei dort auch auf den Druck des VE abgestellt wurde; vgl. auch EGMR, Nr. 48539/99 – Urt. v. 05.11.2002 (Allan v. Großbritannien).
6) Siehe hierzu auch BGHSt 34, 362, zusammenfassend BGH, NJW 2010, 3670 Rdnr. 17 ff.

13.1.1.3.2 Widerspruchserfordernis

13.8 Um einem Verwertungsverbot auch revisionsrechtlich relevante Geltung zu verschaffen, bedarf es regelmäßig eines Widerspruchs gegen die Beweisverwertung, der in der Hauptverhandlung spätestens zum Zeitpunkt des § 257 StPO, also unmittelbar nach der zu beanstandenden Beweiserhebung zu Protokoll zu erheben ist.

Praxistipp

Verwertungswidersprüche können auch schon im Ermittlungsverfahren geltend gemacht und gegen einen Verdacht, auf den strafprozessuale Maßnahmen (Beschlagnahmen, U-Haft etc.) gestützt werden sollen, ebenso ins Feld geführt werden wie gegen den hinreichenden Tatverdacht für die Frage der Anklageerhebung. Taktisch ist allerdings zu bedenken, dass die verfrühte Geltendmachung von Verwertungswidersprüchen auf noch nicht restlos geklärter Tatsachenbasis das Verteidigungskonzept offenlegt und zu „Reparaturarbeiten" seitens der Ermittlungsbehörden führen kann (auch im Hinblick auf Verwertung der Erkenntnisse als Spurenansatz, um die Ergebnisse im weiteren anderweitig abzusichern), die dem Verwertungsverbot sodann ggf. die Grundlage entziehen. Den richtigen Zeitpunkt, Bedenken gegen eine Beweisverwertung abzuwägen, wird im Einzelfall schwierig sein. Dies ist jedenfalls auch mit dem Mandanten genau und transparent abzusprechen.

13.1.1.4 Umgang des verdeckten Einsatzes in der Hauptverhandlung

13.9 Im Ermittlungsverfahren wird man aus der Position der Verteidigung wie ausgeführt regelmäßig keine Einflussmaßnahme auf den andauernden Einsatz eines VE haben, und zwar schon schlicht deshalb nicht, weil die Maßnahme während ihres Andauerns wie bereits ausgeführt ohne Wissen des Beschuldigten und verdeckt stattfindet. Erst nach Abschluss wird sie offenbar, und es stellt sich daher die Frage des nachträglichen Umgangs mit dem verdeckten Einsatz. Sie zu beantworten wird im Rahmen der Hauptverhandlung regelmäßig dringlicher als im Ermittlungsverfahren. Dies ist dem Umstand geschuldet, dass die Maßnahme nicht nur heimlich geführt wurde, sondern Heimlichkeit und Verschleierung von Umständen des VE-Einsatzes sowie der Identität der VE auch die Einführung der Erkenntnisse in die Hauptverhandlung prägen und die Verteidigungsposition verschlechtern. Diese Erschwernisse sind bereits im Ermittlungsverfahren zu antizipieren und sollen im Folgenden in der gebotenen Kürze skizziert werden.

13.1.1.4.1 Eingeschränkte Konfrontationsmöglichkeit

13.10 Das Fragerecht der Verteidigung erfährt regelmäßig auf zwei Ebenen Einschränkungen. Zum einen thematisch durch eine eingeschränkte Aussagegenehmigung für den VE, zum anderen durch die Form der zeugenschaftlichen Einvernahme in der Hauptverhandlung, die regelmäßig allenfalls durch audiovisuelle Übertragung erfolgt und den VE hierbei optisch und akustisch verfremdet. Grundsätzlich ergeht für eine offene Einvernahme des VE als Zeugen in der Hauptverhandlung eine Sperrerklärung des jeweiligen Innenministeriums gem. § 96 StPO analog. Diese Erklärung bindet die zur Entscheidung im Strafverfahren berufenen Tatgerichte. Sie haben keine rechtliche Möglichkeit, die Sperrerklärung für willkürlich oder unwirksam zu erklären und das Erscheinen des VE zu erzwingen. Die Amtsaufklärungspflicht wird es regelmäßig gebieten, einen tatrichterlichen Versuch der Gegenvorstellung zu unternehmen, um das Innenministerium von der Wichtigkeit der persönlichen Einvernahme des VE in der Hauptverhandlung zu überzeugen. Dieser Versuch wird indes in foro kaum einmal den Erfolg zeitigen, dass der VE in der Hauptverhandlung als Zeuge erscheint. Die Begründungen der Sperrerklärungen der Innenministerien sind zumeist textbausteinartig und heben regelmäßig darauf ab, dass zum einen künftige Einsätze des VE durch ein Auftreten in der Hauptverhandlung, das seine Enttarnung bedeuten würde, unmöglich würden. Zum anderen wird argumentiert, dass durch einen unverfremdeten Auftritt, samt Namhaftmachung des VE, auch dessen persönliche Sicherheit gefährdet wäre. Gleichsam tautologisch wird hierfür die Bedingung des Einsatzes ins Feld geführt, dass nämlich im Umfeld schwerer Erscheinungsformen organisierter Kriminalität ermittelt werde, woraus die erhöhte Gefährdung des VE bei seiner Namhaftmachung gegenüber diesem Umfeld folge.

Praxishinweis

Es ist dem Verteidiger möglich, gegen die Sperrerklärung des Innenministeriums vorzugehen, denn der Angeklagte ist in seinem Recht auf ein faires Verfahren, insbesondere in seinem Konfrontationsrecht gem. Art. 6 Abs. 3d EMRK betroffen. Da es sich bei der Sperrerklärung, auch wenn sie analog § 96 StPO erfolgt, nicht um eine strafprozessuale Maßnahme oder um einen Justizverwaltungsakt gem. § 23 GVG, sondern um verwaltungsrechtliches Agieren handelt, ist allein der Verwaltungsrechtsweg eröffnet. In der Praxis ist dieser kaum zielführend, da eine Entscheidung, welche die Innenbehörde zwingen würde, den VE für den Prozess freizugeben, im einstweiligen Rechtsschutz kaum zu erwarten ist[7] und eine Entscheidung in der Hauptsache aufgrund der Belastung der Verwaltungsgerichte regelmäßig erst nach Rechtskraft zu erwarten ist.

Bleibt es bei einer Sperrerklärung der Behörde, steht in der Hauptverhandlung   13.11
allenfalls der Führungs- bzw. Vernehmungsbeamte des VE zur Verfügung, um die Angaben der VE in foro einzuführen. Der Führungsbeamte ist dann Zeuge vom Hörensagen, was den Beweiswert der VE-Angaben mindert, da sich das Gericht zum einen selbst mangels Befragungsmöglichkeit des VE kein Bild von diesem machen kann und zudem das Konfrontationsrecht der Verteidigung nach Art. 6 Abs. 3d EMRK durch die staatliche Sperrerklärung betroffen ist.

---

7)   Exemplarisch etwa VGH Mannheim, NJW 1991, 2097.

In der Praxis haben sich Abmilderungen zu einer „totalen" Sperrerklärung herausgebildet. Innenministerien genehmigen vermeintliche Surrogate einer zeugenschaftlichen Einvernahme eines VE, die den Anliegen gerichtlicher Wahrheitsermittlung des Gerichts und dem Befragungsrecht der Verteidigung bei oberflächlicher Betrachtung Rechnung tragen, normativ zumindest der Verteidigung indes eher Steine als Brot geben. Im Einzelnen:

– **Audiovisuelle Vernehmung des VE im Rahmen der Hauptverhandlung unter optischer und akustischer Abschirmung**

13.12   Diese Form innenministerieller Abmilderung einer totalen Sperrerklärung als Konzession an die Wahrheitsfindung ist die nach Beobachtung des Verfassers in den letzten Jahren gebräuchlichste. Hier wird der VE in einem unbekannten Raum hinter einer Milchglasscheibe oder ähnlicher Abschirmung platziert, die ihn während der audiovisuellen Übertragung in den Gerichtssaal vollständig verbirgt. Daneben wird regelmäßig seine Stimme verfremdet. Die Verfahrensbeteiligten bekommen so zwar die formale Möglichkeit einer direkten Befragung des VE. Das beschriebene Setting liefert indes nur die Illusion einer Aussicht effektiver Ausübung des Befragungsrechts der Verfahrensbeteiligten. Wer eine solche Prozedur (wie der Verfasser mittlerweile mehrmals) in foro erlebt hat, lernt den Wert einer konfrontativen Befragungsmöglichkeit realer Zeugen im Gerichtssaal erst richtig zu schätzen. Befragung und Wahrheitsermittlung im Rahmen einer Zeugenvernehmung leben von der Möglichkeit der Kommunikation und damit einhergehend auch der Beobachtung nonverbaler Kommunikationssignale in der Interaktion. Diese fällt im Rahmen der beschriebenen Einschränkungen so gut wie in Gänze aus. Die mutmaßliche Gelegenheit eines „Mehr" an Befragungsmöglichkeit eines VE gegenüber einem uneingeschränkt gesperrten, der für eine virtuelle Einvernahme nicht zur Verfügung steht, entpuppt sich regelmäßig als Scheingelegenheit einer effektiven Befragung, die sich normativ für die Verteidigung nachteilig auswirkt. Denn durch die vermeintliche Wahrung eines virtuellen, indes ineffektiven Befragungsrechts der VE wird das Gericht regelmäßig von der Pflicht befreit, den geminderten Beweiswert eines Zeugen vom Hörensagen im Rahmen höchstrichterlich angemahnter besonders sorgfältiger Beweiswürdigung nur eingeschränkt zu bewerten.

– **Kommissarische Vernehmung gem. § 223 StPO**

13.13   Gegenüber einer verfremdenden audiovisuellen Vernehmung ist aus Sicht des Verfassers eine kommissarische Vernehmung i.S.d. § 223 StPO vorzugswürdig. Bei dieser erhält der kommissarische Richter ebenso wie die Verteidigung die Gelegenheit, den VE unmittelbar zu befragen. Das richterliche Protokoll ist anschließend aufgrund der Sperrung des VE für die Hauptverhandlung gem. § 96 StPO analog nach § 251 Abs. 2 Nr. 1 StPO verlesbar.

13

Praxishinweis

VE arbeiten unter einer Legende unter einem nicht zu vernachlässigendem persönlichen Risiko mit dem Ziel, mittels Täuschung der Personen, mit denen sie im Einsatz zu tun zu haben, von diesen Informationen zu gewinnen, ohne hierbei ihre wahren Hintergründe (Polizeibeamter zu sein) oder Motive (Überführung derjenigen, denen sie sich andienen) zu offenbaren. Sofern diese Personen, die auf Täuschung geschult sind, bestimmte Informationen oder Einsatzfehler nicht preisgeben wollen, wäre es schon ein außergewöhnlich schweres Unterfangen, ihnen diese im Rahmen einer normalen Zeugenvernehmung entlocken zu wollen. Gänzlich unmöglich erscheint dies im Rahmen zudem eingeschränkter Vernehmungsmöglichkeiten, etwa durch die beschriebenen audiovisuellen Verfremdungen. Sofern empfohlen wird, diese eher anzustreben als eine Sperrerklärung hinzunehmen,[8] wird dem seitens des Verfassers nicht gefolgt. Nach meiner Auffassung lässt sich die Beschränkung der Verteidigung gegen diese Form der heimlichen Ermittlungen besser fruchtbar machen, wenn der VE allein durch seinen Führungsbeamten „vertreten" wird, mithin Zeuge vom Hörensagen mit eingeschränktem Beweiswert bleibt. Dies ist m.E. dem Placebo eines Fragerechts mit einem audiovisuell vollkommen verfremdeten VE vorzuziehen. Die kommissarische Vernehmung bleibt in foro allenfalls eine theoretische Größe, die zu beantragen indes den Vorteil im Fall ihrer regelmäßigen Ablehnung hat, dass die Vereitelung dieser Befragungsform den minderen Beweiswert der abkömmlichen VP illuminiert.

13.1.1.4.2 Konsequenzen im Ermittlungsverfahren

Die Verteidigung wird frühzeitig mit dem Mandanten abzugleichen haben, welche nicht in den protokollierten Vernehmungen des VE enthaltenen Informationen der Mandant liefern kann. Hiernach wird sich entscheiden, ob es im Einzelfall doch sinnvoll sein kann, den Versuch zu unternehmen, den VE ggf. auch nur unter eingeschränkten Möglichkeiten zu befragen und auf eine solche Möglichkeit zu dringen. Insbesondere die plausible Schilderung einer Tatprovokation[9] kann dazu führen, dass das Gericht von Amts wegen verstärkt auf eine Einvernahme des VE bei dem zuständigen Innenministerium dringen wird, aber auch dass dieses sodann eine Sperrung analog § 96 StPO aufweicht und einer verfremdeten audiovisuellen Vernehmungsmöglichkeit den Weg bahnt. Regelmäßig sollte jedoch antizipiert werden, dass die Angaben einer VE unter den zur Verfügung stehenden oben beschrieben eingeschränkten Bedingungen keinesfalls einfach zu erschüttern sind.

13.14

---

8) Etwa MAH/Deckers, § 19 Rdnr. 17 ff.
9) Siehe hierzu als Besprechungen der jüngeren BGH-Entscheidungen im Abgleich mit der Rechtsprechung des EGMR etwa Conen, StV 2019, 358; Esser, NStZ 2018, 355.

13.1.2 Der Nicht offen ermittelnde Polizeibeamte (NoeP)

13.15 Der sogenannte Nicht offen ermittelnde Polizeibeamte ist eine im Gesetz nicht vorgesehene Erscheinungsform strafprozessualer Ermittlerrealität. Die auch nur analoge Anwendung des § 110a StPO scheidet nach h.M. aus. Der BGH meint den **NoeP zum VE danach abgrenzen** zu können, dass seine Tätigkeit im Gegensatz zu Letzterem nicht auf Dauer angelegt sei. In der Praxis scheint sich die Formel herausgebildet zu haben, dass **bei mehr als drei zu erwartenden Kontakten** eines verdeckt ermittelnden Polizeibeamten dieser als VE zu behandeln sei und nur unter den entsprechenden Voraussetzungen gem. § 110a StPO eingesetzt werden dürfe. Diese willkürliche Grenze, die wohl auf einen Vorschlag von Schneider[10] zurückgeht, findet nicht nur im Gesetz keine Stütze, sie entbehrt auch inhaltlicher Legitimation. Diese speist sich denn auch nicht aus dem Gesetz, sondern mehr aus einer Art verfassungsrechtlich nicht hinnehmbaren Gewohnheitsrechts der Ermittlungsbehörden. Tatsächlich handelt es sich um die Fortsetzung einer bedenklichen Toleranz des BGH, der seit jeher annahm, dass Polizeibeamte zur Aufklärung von schweren Straftaten auch verdeckt ermitteln dürften.[11] Diese Auffassung ist vom BGH auch dann nicht aufgegeben worden, nachdem der Gesetzgeber erste Grenzen für verdeckte ermittelnde Beamte mit der Einführung des § 110a StPO kodifizierte. Der NoeP tritt regelmäßig etwa als beamteter Scheinaufkäufer bei BtM-Geschäften in Erscheinung. Als Befugnisnorm für dessen Agieren wird die Ermittlungsgeneralklausel der §§ 161, 163 StPO angeführt. Dies vermochte dogmatisch zwar noch nie zu überzeugen,[12] die Praxis scheint sich indes gegen berechtigte Kritik hieran immunisiert zu haben.

Praxishinweis

Einschränkungen bei der Vernehmung des NoeP in der Hauptverhandlung sollte die Verteidigung nicht hinnehmen. Denn da der Einsatz des NoeP eben nicht auf Dauer angelegt ist und er sich eben nicht dauerhaft das Vertrauen des Beschuldigten erschleicht, vermögen die Argumente für eine Abschirmung (Gefährdung künftiger Einsätze; Gefährdung der Person des Ermittlers) regelmäßig nicht zu überzeugen.

---

10) Schneider, NStZ 2004 359, 360, der auf Usancen der Berliner Staatsanwaltschaft rekurrierte.
11) Vgl. hierzu MüKo-StPO/Günther, § 110a Rdnr. 24.
12) Siehe bereits Schneider, a.a.O., 359 m.w.N.

13.1.3 Exkurs: Nicht offen ermittelnde Beamte im virtuellen Raum

13.1.3.1 Besonderes Verfahren bei Einsätzen zur Ermittlung von Straftaten nach § 184b StGB

Mit Gesetz vom 03.03.2020, gilt ab dem 13.03.2020, dürfen sich Polizeibeamte zu Ermittlungen – betreffend im Internet verbreiteter Kinderpornographie – nicht mehr nur als Teilnehmer in Chats ausgeben, sondern dürfen auch sogenannte Keuschheitsproben absolvieren, indem sie künstlich erzeugte kinderpornographische Bilder selbst zum Tausch anbieten, um Zugang zu und Vertrauen von mutmaßlichen Delinquenten in einschlägigen Foren gewinnen zu können. Voraussetzungen hierfür sind gem. § 110d Satz 1 StPO die richterliche Zustimmung ebenso wie die Darlegung, dass Beamte auf entsprechende Einsätze umfassend vorbereitet wurden.

13.16

13.1.3.2 Sonstige verdeckte Ermittler im Inter- und Darknet

Polizeibeamte, die unter Scheinidentitäten das Internet nach potentiell strafrechtlich relevanten Handlungen „durchstreifen", fehlt es regelmäßig an einer gesetzlichen Grundlage. § 110a StPO passt insoweit nicht. Die Praxis stellt sich auf den Standpunkt, dass es sich um NoePs handelt,[13] mit der Folge, dass die Generalklausel der §§ 161, 163 StPO ihren Einsatz entsprechend der Geltung in der analogen Welt hinreichend rechtfertige.

13.17

Hinweis

Fragen der Regelung, Zulässigkeit und Befugnisse von virtuellen Ermittlungen und verdeckt virtuell ermittelnden Beamten sind in Bewegung. Dies zeigt sich nicht nur in den jüngsten Gesetzesnovellen, die Ermittlern wie vorstehend beschrieben eingeschränkt strafbewehrtes Verhalten (sog. Keuschheitsproben) gestatten, sondern auch in dem neu geschaffenen § 176 Abs. 6 Satz 2 StGB, der den untauglichen Versuch pönalisiert, auf einen sich als Kind ausgebenden Erwachsenen mit sexuellen Inhalten (virtuell) einzuwirken. Mit § 110d StPO lässt sich indes argumentieren, dass der Gesetzgeber für den virtuellen Einsatz von verdeckt ermittelnden Beamten eine bereichsspezifische Regelung geschaffen habe, die im Umkehrschluss der Annahme einer quasi generellen Zulässigkeit verdeckter Ermittlungen im Internet entgegenstehe.

---

13) Krause, NJW 2018, 678, 680.

> **Praxistipp**
>
> Mit der Argumentation, dass der Gesetzgeber eine bereichsspezifische Regelung in § 110d StPO i.V.m. § 184b StGB zur heimlichen, verdeckten Ermittlung im Internet getroffen hat, kann jenseits dessen der Verwertung von Erkenntnissen verdeckter virtuell ermittelnder Beamter mit der Begründung widersprochen werden, dass es für deren Einsatz an einer gesetzlichen Grundlage fehle; argumentum ex contrario aus § 110d StPO i.V.m. § 184b StGB.

13.1.4 Private im Dienst der Ermittlungsbehörden – sogenannte Vertrauenspersonen bzw. V-Leute

13.1.4.1 Einleitung

13.18   Von allen verdeckt ermittelnden Personen begegnen einem als Verteidiger die sogenannten V-Leute als häufigste Protagonisten strafprozessualer Ermittlungen. Die StPO nennt sie mit keinem Wort. Anhaltspunkte für eine normative strafprozessuale Anerkennung ihrer Existenz finden sich allein in der Anlage D der RiStBV,[14] die indes nicht Bestandteil der Richtlinien ist und rein redaktionell veröffentlicht wird. Unbeschadet der Absenz ihrer Normierung hat die Praxis V-Personen faktisch gleichsam als gewohnheitsrechtlich anerkannte Erscheinung des Strafprozesses anerkannt. Folgende Definition hat sich dabei herausgebildet: Als Vertrauensperson wird eine Privatperson bezeichnet, die in keinem festen und auf Dauer angelegten Dienstverhältnis mit einer Strafverfolgungsbehörde, namentlich der Polizei, steht, die aber bereit ist, die Strafverfolgungsbehörden bei der Aufklärung von Straftaten für einen längeren Zeitraum vertraulich zu unterstützen und unter Anleitung und Führung der ermittlungsführenden Behörde tätig wird. Kennzeichnende Geschäftsgrundlage ist hierbei, dass die Identität der Vertrauensperson zu ihrem Schutz grundsätzlich geheimgehalten wird und der VP diese Geheimhaltung auch zugesagt wird. Was zunächst wie eine Stellenbeschreibung für ein bundesverdienstkreuzverdächtiges Ehrenamt klingen mag, ist tatsächlich wie so vieles in diesem Metier nicht einmal die halbe Wahrheit. Denn was in den Richtlinien nicht enthalten, jedoch gängige Praxis ist, sind Erfolgshonorare für V-Personen, deren Informationen **aus polizeilicher Sicht zu Aufklärungen** führen. Eine gesetzliche Grundlage für diesen begünstigenden fiskalischen Realakt ist ebenso unbekannt wie eine solche für den Einsatz von V-Leuten überhaupt. Die Kumulation fehlender gesetzlicher Regelungen für die V-Person einerseits mit dem Umstand andererseits, dass diese im Gegensatz zum VE auch sonst eine nicht der Verfassung oder dem Gesetz verpflichtete Privatperson ist, leistet einer normativen Entgrenzung dieser Ermittlungsfigur Vorschub, die rechtsstaatlich nicht hinnehmbar ist. Aus der amerikanischen Fehlurteilsforschung ist bekannt, dass 15 % nachgewiesener Fehlurteile auf dem unseligen Wirken staatlich verpflichteter Spitzel beruhen.[15] Der bewusst geschaffene rechtsfreie Raum

---

14)   Abgedruckt etwa bei Meyer-Goßner/Schmitt.

Private im Dienst der Ermittlungsbehörden –
sogenannte Vertrauenspersonen bzw. V-Leute

13

des Aktionsfelds von V-Leuten birgt für die Verteidigung ebenso viele Probleme, wie er regelmäßig Anlass öffentlicher Empörungswellen bei aus dem Ruder gelaufener Einsätze mit V-Personen ist. Nicht selten münden solche in rechtsstaatswidrige Tatprovokationen. Zu unterscheiden sind grundsätzlich zwei Einsatzarten von Vertrauenspersonen. Es gibt diejenigen, die aus dem Umfeld der Zielperson rekrutiert werden und bereits vorhandenes Wissen über selbige den Ermittlungsbehörden gegen Zusicherung der Vertraulichkeit mitteilen. In der Praxis werden diese Vertrauenspersonen auch gerne als „Warm-VPs" bezeichnet. Im Gegensatz hierzu gibt es auch sogenannte „Kaltstart-VPs". Sie entstammen nicht dem Umfeld der Zielperson, sondern müssen erst an diese herangespielt werden (daher der Begriff „Kaltstart"). Letztere agieren unter Anweisung ihrer VP-Führer und treten zumeist unter Verwendung einer Legende an die Zielperson heran und versuchen deren Vertrauen zu gewinnen, um sie für die Strafverfolgungsbehörden abzuschöpfen. Die letztbeschriebene Form von VP-Einsätzen ist besonders grundrechtsintensiv. Sie kann auch bei den „Warm-VPs" vorkommen, wenn die Ermittlungsbehörden sich nicht damit bescheiden, diese passiv agieren zu lassen, sondern sie dazu animieren, die Zielperson mit bestimmten Aufträgen gezielt auszuforschen. Zum Einsatz kommen nach alledem Personen, die bereit sind, sich für einen geldwerten Vorteil das Vertrauen ihres Gegenübers zu erschleichen, um dieses anschließend durch Denunziation gegen die Zielperson zu wenden. In der Literatur ist davon die Rede, dass solche Figuren über Raffinesse, Skrupellosigkeit und ein unfassbares Manipulationsvermögen verfügen müssen, Eigenschaften, die vermehrt bei suggestiven bis histrionischen Persönlichkeiten angetroffen werden und mithin schwerlich für verlässliche Wahrheitsliebe bürgen.[16]

Praxishinweis

Für die rechtliche Einordnung der Grundrechtsintensität und daraus resultierender Folgefragen ist es für die Verteidigung unabdingbar herauszuarbeiten, ob die VP gezielt von den Ermittlungsbehörden auf die beschuldigte Zielperson angesetzt wurde (dann Grundrechtseingriff naheliegend) oder ob lediglich vorhandenes Wissen der VP, dass von dieser nicht erst im Auftrag der Strafverfolgung „erarbeitet" wurde, abgeschöpft wurde (dann Grundrechtseingriff eher fraglich).

---

15) Siehe Nachweise bei www.innocenceproject.org sowie auch die Studie des Center on Wrongful Conviction: „The Snitch System: How Incentivized Witnesses Put 38 Innocent Americans on Death Row." (2005) im Internet unter www.innocenceproject.org/docs/SnitchSystemBooklet.pdf abrufbar; die Definition eines amerikanischen Spitzels (snitch) entspricht nicht derjenigen eines V-Mannes. Gemein ist beiden indes, dass sie gegen oder in der Hoffnung auf Vorteile dem Staat inkriminierende Informationen gegen Dritte andienen.

16) Sommer, StraFo 2014, 509 f.; Eisenberg, GA 2014, 404, 412.

13.1.4.1.1 Gesetzliche Grundlagen von VP-Einsätzen bzw. deren Fehlen

13.19 Die strafprozessuale Befugnis zu VP-Einsätzen entnimmt die h.M. bislang den allgemeinen Kompetenzbeschreibungen der §§ 161, 163 StPO.[17] In weiteren, sich letztlich selbst rezitierenden Entscheidungen wird die VP schließlich von der Judikative als reale Ermittlungsgröße anerkannt. Auf diese Weise ist ein Phantom der StPO in dieser gleichsam sesshaft geworden qua vermeintlichem Gewohnheitsrecht. Fragen der Legitimität dieses ungeregelten Zustands sind jedoch nie verstummt und in jüngerer Zeit eher wieder drängender geworden. Dazu mögen „Skandale", beispielhaft etwa um V-Leute im NSU-, aber auch im NPD-Verbotsverfahren beigetragen haben. Die vom BMJV 2014 eingesetzte Expertenkommission zur effektiveren und praxistauglicheren Ausgestaltung des Strafverfahrens hat sich zur Notwendigkeit einer gesetzlichen Regelung bekannt. Auch der Wissenschaftliche Dienst des Bundestags kommt in seinem Gutachten aus dem Jahr 2019[18] zu dem Ergebnis, dass es zur verfassungsrechtlichen Legitimation von VP-Einsätzen, bei denen die VP die Zielperson durch Täuschung ausforscht, einer gesetzlichen Grundlage bedarf. Die „Große Strafrechtskommission des Deutschen Richterbundes" hat dem BMJV im Februar 2020 mit der Zielsetzung, die Bedürfnisse der Praxis zu illustrieren, ein Gutachten[19] vorgelegt, das sich als Verteidigung des Status quo lesen lässt. So wird bereits eine gesetzliche Regelung für nicht zwingend erachtet[20] und für den Fall, dass eine solche dennoch für erforderlich gehalten wird, im Wesentlichen angeregt, die vorhandene Praxis festzuschreiben, ohne sie entscheidend einzuschränken oder kontrollierbar zu machen. Das Ergebnis dieses Gutachtens frappiert, weil bereits im Urteil des BVerfG zum BKAG festgehalten ist, dass *„das Ausnutzen von Vertrauen durch Verdeckte Ermittler oder Vertrauenspersonen"* als *„sehr schwerwiegender Grundrechtseingriff"* zu bezeichnen ist.[21] Es liegt auf der Hand, dass es zur Rechtfertigung derartiger Grundrechtseingriffe einer spezifischen gesetzlichen Grundlage bedarf, für welche die allgemeinen Befugnisnormen der §§ 161, 163 StPO schwerlich herhalten können. Gerade der Umstand, dass der Gesetzgeber sowohl im BKAG (§§ 45, 64) als auch etwa in § 9b BVerfSchG im Gegensatz zur StPO kürzlich gesetzliche Regelungen geschaffen hat, eröffnet die Argumentation, dass das Schweigen des Gesetzgebers in der Strafprozessordnung im Gegensatz zu anderen Regelungsbereichen VP-Einsätzen zumindest dann die Grundlage entzieht, wenn diese im Sinne einer „Kaltstart-VP" (siehe oben) eingesetzt werden.

---

17) Statt vieler BGH, NStZ 1995, 513; krit. hierzu Eschelbach, StV 2000, 390; Conen, StraFo 2013, 140; Gercke, StV 2017, 615.
18) Gutachten WD 3-3000 – 252/19.
19) Gutachten der Großen Strafrechtskommission des DRiB, Ergebnisse von zwei Sitzungen in Minden, abrufbar auf der Homepage des BMJV.
20) Vgl. S. 62 des Gutachtens.
21) BVerfG, Urt. v. 20.04.2016 – 1 BvR 966/09.

Private im Dienst der Ermittlungsbehörden –
sogenannte Vertrauenspersonen bzw. V-Leute

13

Praxistipp

Wird in der Hauptverhandlung herausgearbeitet, dass die VP von den Ermittlungsbehörden gegen den Beschuldigten (und jetzigen Angeklagten) gezielt
eingesetzt worden ist, kann ein **Verwertungswiderspruch** gegen die hieraus erlangten Erkenntnisse erhoben werden, da es entsprechend der Argumentation
des BVerfG in der BKAG-Entscheidung, die letztlich zahlreichen Stimmen aus
der Literatur Recht gibt, an einer gesetzlichen Grundlage zum Einsatz dieses
„sehr schwerwiegenden"[22] Grundrechtseingriffs fehlt. Dieser ist wie stets im
unmittelbaren Anschluss an die nicht zu verwertende Beweiserhebung anzubringen (Zeitpunkt des § 257 StPO).

13.1.4.1.2 Vorhandene normative Grundlagen in den RiStBV

In der Anlage D zu den Richtlinien für das Straf- und Bußgeldverfahren 13.20
(RiStBV)[23] werden für die Strafverfolgungsbehörden Leitlinien zum Umgang mit
Vertrauenspersonen formuliert. Bei den RiStBV handelt es sich um eine von den
Justizverwaltungen des Bundes und der Länder am 01.01.1977 gemeinsam ver-
einbarte und bundeseinheitlich in Kraft gesetzte Verwaltungsvorschrift. Eine
gesetzliche Ermächtigungsgrundlage kann sie nicht ersetzen, sie ist ohne Gesetzeskraft. Für die Anlage D gilt, dass sie zudem noch nicht einmal Bestandteil der
RiStBV ist, sondern dort nur redaktionell veröffentlicht ist.[24] Weitere polizeiliche
Binnennormen finden sich ggf. in sogenannten PDV (Polizeiliche Durchführungs-
verordnungen), die aber als Verschlusssachen weder dem Gericht noch der Verteidigung zugänglich sind und über die zu berichten VP-Führer regelmäßig durch
beschränkte Aussagegenehmigungen gehindert sind.

Praxistipp

Unbeschadet ihrer rechtlich begrenzten Bedeutung können die RiStBV von der
Verteidigung ins Feld geführt werden, um einen Mindestsollstandard etwa bei
der VP-Rekrutierung abzufragen:

Nach der Anlage D Punkt 3 a und b der RiStBV sollen Privatpersonen als VPs
grundsätzlich nur eingesetzt werden:

– im Bereich der Schwerkriminalität, der Organisierten Kriminalität, des illega-
  len Betäubungsmittel- und Waffenhandels, der Falschgeldkriminalität und
  der Staatsschutzdelikte;

---

22) BVerfG, a.a.O.
23) Abgedruckt etwa bei Meyer-Goßner/Schmitt.
24) Weil die Anlage D vom Bund nicht in Kraft gesetzt wurde, verzichtet die Homepage der
    Bundesregierung zu Verwaltungsvorschriften im Internet auch auf ihren Abdruck.

– im Bereich der mittleren Kriminalität nach einer besonders sorgfältigen Prüfung des Einzelfalls. Die Zusicherung der Vertraulichkeit/Geheimhaltung wird ausnahmsweise dann in Betracht kommen, wenn durch eine Massierung gleichartiger Straftaten ein die Erfüllung öffentlicher Aufgaben oder die Allgemeinheit ernsthaft gefährdender Schaden eintreten kann.

– Minderjährige dürfen nicht als Vertrauenspersonen eingesetzt werden.

13.1.4.1.3 Rechtsnatur und Verbindlichkeit der Vertraulichkeitszusage

13.21 Grundlage des Tätigwerdens von V-Leuten ist die sogenannte Vertraulichkeitszusage, mit welcher der Staat sich gegenüber V-Personen bindet, deren Identität geheimzuhalten und diese auch dem Gericht nicht zu offenbaren. Grundsätzlich fehlt es auch hier erneut an einer gesetzlichen Ermächtigung, bestimmten Zeugen Vertraulichkeiten zuzusichern. Einer solchen bedürfte es eigentlich, denn eine erteilte Vertraulichkeitszusage greift direkt in das Konfrontationsrecht des Beschuldigten i.S.d. EMRK ein, nimmt sie doch in den Blick, dass ein späterer Angeklagte keine Gelegenheit zu einer direkten Befragung der V-Person haben wird, obschon ihm dies Art. 6 Abs. 3d EMRK grundsätzlich garantieren will. Die Vertraulichkeitszusage als solche ist für die Verteidigung nicht angreifbar, und zwar gleichgültig, ob man sie als (Justiz-)Verwaltungsakt[25] oder als öffentlich rechtlichen Vertrag (zu Lasten Dritter) zwischen dem V-Mann und der Behörde begreift.[26] Ihre Erteilung ist die Grundlage, mit welcher der Zeuge in den Akten anonymisiert bzw. mit Phantasienamen belegt wird. Die Intention der Vertraulichkeitszusage ist es, sowohl dem zur Prüfung berufenen Gericht als auch dem ggf. später Angeklagten die Möglichkeit der direkten Befragung zu nehmen. Dass die Strafverfolgung diese Eingriffe in das Unmittelbarkeitsprinzip der StPO und das Beschuldigtenrecht auf Konfrontation gänzlich ohne gesetzliche Grundlage einem V-Mann zusichern können soll, erscheint nach der Wesentlichkeitsrechtsprechung des Bundesverfassungsgerichts eigentlich nicht hinnehmbar,[27] wird aber bislang – wie die gesamte Nichtregulierung des V-Mannwesens in der StPO – seitens der Praxis und auch der Literatur weitgehend unkritisch hingenommen. Gegenüber der V-Person ist die Zusage für die Strafverfolgungsbehörden bindend. Für das Gericht gilt dies aber ebenso wenig wie für die Verteidigung, wenn sie in der Lage ist, die V-Person namhaft zu machen. Eine dem Gericht namentlich

---

25) Honigl, Vertraulichkeitszusage, S. 28 f.

26) So Redler, Der V-Mann im verfassungsprozessualen Beweisverfahren, S. 36 f.

27) Zur Frage der (Nicht-)Anfechtbarkeit einer Verpflichtung eines Zeugen im Zeugenschutzprogramm vgl. VG Berlin, StV 2001, 269 m. krit. Anmerkung Gusy; soweit Ellbogen, Die verdeckte Ermittlungstätigkeit der Strafverfolgungsbehörden durch die Zusammenarbeit mit V-Personen und Informanten, 125 ff., eine Grundlage in §§ 54, 96 StPO im Wege eines Erst-recht-Schlusses sehen mag, überzeugt dies weder nach dem Wortlaut der Normen noch in der Systematik. Die justiziellen Befugnisse, im Rahmen der StPO auf Anonymisierungsbelange des Zeugen einzugehen, sind in § 68 StPO geregelt, der eine Vertraulichkeitszusage nicht hergibt. Auch in der Praxis werden Vertraulichkeitszusagen auf der dies nach hiesiger Ansicht nicht legitimierenden Grundlage der RiStBV erteilt.

Private im Dienst der Ermittlungsbehörden –
sogenannte Vertrauenspersonen bzw. V-Leute

13

bekanntgewordene VP ist gemäß der Aufklärungspflicht nach § 244 Abs. 2 StPO zur Hauptverhandlung zu laden und in dieser zu vernehmen. Für die Ermittlungsbehörden hingegen gilt, dass ihre Bindung an die Vertraulichkeitszusage dazu führt, dass jede Preisgabe der Identität von V-Personen gegenüber dem Gericht von den Innenbehörden gesperrt wird. Die V-Person wird dann für das Tatgericht im Rechtssinne des § 243 Abs. 3 Nr. 5 StPO unerreichbar. Zuständig für Sperrerklärungen ist regelmäßig das/der jeweilige Landesinnenministerium bzw. -senat. Die Rechtsgrundlage der Sperrung einer V-Person gegenüber dem Tatgericht wird in § 96 StPO analog gesehen.

Praxistipp

Das Gericht kann gegen eine Sperrerklärung eine Gegenvorstellung erheben und im Rahmen seines auch verfassungsrechtlich verankerten Auftrags vollständiger Wahrheitsermittlung auf die Möglichkeit der Einvernahme der V-Person dringen. Dazu kann die Verteidigung das Gericht auch anhalten (siehe hierzu auch Rdnr. 13.38).

13.2 Mandatssituationen

13.2.1 Einsetzung eines VE gegen Beschuldigten, der von seinem Schweigerecht Gebrauch gemacht hat

Kurzüberblick

13.22 – Fehlende formelle und materielle Voraussetzungen nach § 110a StPO für einen VE-Einsatz können Verwertungsverbote nach sich ziehen.

– Ein Verwertungsverbot kann auch daraus resultieren, dass ein VE gegen einen Beschuldigten eingesetzt wird, der bereits von seinem Schweigerecht Gebrauch gemacht hat oder sich in Haft befindet.[28]

– Ist dem Beschuldigten im Ermittlungsverfahren bereits Gelegenheit zum rechtlichen Gehör gegeben worden, bei der er von seinem Schweigerecht Gebrauch machte, ist der Einsatz eines VE gegen ihn hiernach unzulässig.[29]

Sachverhalt

A steht im Verdacht, K getötet zu haben. Früh soll er als Beschuldigter polizeilich vernommen werden, macht dort aber von seinem Schweigerecht Gebrauch. Nachdem weitere Ermittlungsmaßnahmen (etwa TKÜ, Durchsuchung) gegen den Beschuldigten den Verdacht nicht erhärteten und eine Abschlussentscheidung der Staatsanwaltschaft absehbar eine Einstellung nach § 170 Abs. 2 StPO zeitigen würde, beschließt Kommissar B, einen VE auf A anzusetzen, der diesem „auf den Zahn" fühlen soll. Den Staatsanwalt, der schon zögerlich war, TKÜ und Durchsuchung zu beantragen, lässt Kommissar B außen vor. Dem VE gelingt es, das Vertrauen des A zu gewinnen, der im Weiteren dann nach Auskunft des VE gegenüber Kommissar B ihm gegenüber die Tötung gestanden hat. Daraufhin wird A wegen Totschlags angeklagt.

Lösung

13.23 Kommissar B durfte weder ohne staatsanwaltschaftliche bzw. richterliche Zustimmung den VE Einsatz anordnen. Gleichfalls schied losgelöst von der fehlenden justiziellen Zustimmung ein solcher Einsatz auch deshalb aus, weil A bereits von seinem Schweigerecht Gebrauch gemacht hatte und der VE-Einsatz offenkundig dazu diente, das ausgeübte Recht der Selbstbelastungsfreiheit täuschend zu unterlaufen. Die Erkenntnisse des VE unterliegen damit einem **Verwertungsverbot, das**

---

28) BGHSt 52, 11 = NJW 2007, 3138; BGH, NStZ 2009, 343, wobei dort auch auf den Druck des VE abgestellt wurde; vgl. auch EGMR, Allan vs. UK, BGHSt 34, 362, zusammenfassend BGH, NJW 2010, 3670 Rdnr. 17 ff.
29) BGHSt 52, 11 = NJW 2007, 3138; BGH, NStZ 2009, 343, wobei dort auch auf den Druck des VE abgestellt wurde; vgl. auch EGMR, Allan vs. UK.

mit einem Verwertungswiderspruch (siehe Rdnr. 13.26) geltend zu machen
ist.

Praxistipp

Es ist regelmäßig unzulässig, einen VE auf eine inhaftierte Person anzusetzen,
da diese sich normativ (und faktisch) durch ihre Gefangenschaft stets in einer
staatlich veranlassten Drucksituation befindet, die sodann auszunutzen dem
Staat verwehrt ist.[30]

Hinweis

Verwertungsverbote für VE-Erkenntnisse können sich durch Verletzung der materiellen Voraussetzungen ihres Einsatzes ebenso ergeben wie durch die Nichteinhaltung der formellen Vorschriften bei der Umsetzung eines VE-Einsatzes:

Fehlende materielle Eingriffsvoraussetzungen:

Keine Katalogtat i.S.d. § 110a StPO. Umstritten ist hier, ob **willkürlich** verkannt
worden sein muss, dass eine Katalogtat in Wahrheit nicht vorlag[31] oder ob die
Frage der Willkür keine Rolle spielen muss und bereits die Verletzung des Katalogs hinreicht.[32]

**Fehlende staatsanwaltschaftliche bzw. richterliche Zustimmung
nach § 110b StPO:**

Die fehlenden erforderlichen Genehmigungen führen regelmäßig zur Unverwertbarkeit der Angaben des VE. Dies gilt jedoch dann nur eingeschränkt, wenn
zunächst etwa ein Eingriff mit staatsanwaltschaftlicher Zustimmung erfolgte,
dem dann im Weiteren die richterliche Genehmigung versagt wurde.

13.2.2   Verwendungsregel des § 477 Abs. 2 StPO

Kurzüberblick

– Erkenntnisse des VE, die er gelegentlich während seines Einsatzes gegen den   13.24
Beschuldigten oder gegen Dritte sammelte, und die geeignet sind, den Anfangsverdacht strafbaren Verhaltens zu begründen, indes nicht Anlass oder Auftrag
seines Einsatzes sind, können in anschließenden Strafverfahren nur dann verwertet werden, wenn auch mit Blick auf diese „Zufallserkenntnisse" der Einsatz des VE hätte angeordnet werden können (vgl. § 477 Abs. 2 Satz 2 StPO).

– Zufallserkenntnisse des VE dürfen abseits der Einsatzgrundlage nur mach
Maßgabe des § 477 StPO verwandt werden.

---

30) Siehe hierzu auch BGHSt 34, 362, zusammenfassend BGH, NJW 2010, 3670 Rdnr. 17 ff.

31) In diesem Sinne: BGHSt 42, 103, 107.

32) AG Koblenz, StV 1995, 518; Weßlau, StV 1996, 579.

Sachverhalt

13.25 Ein VE, der unter der Legende, er sei ein kaufinteressierter BtM-Abnehmer, auf einen des Drogenhandels verdächtigen Bürger angesetzt ist, wird von diesem zu einem abendlichen Treffen mit dem Ziel eines Restaurantbesuchs gefahren, obschon der verdächtige Bürger keine Fahrerlaubnis hat. Später wird er für diese Fahrt wegen Fahrens ohne Fahrerlaubnis gem. § 21 StVG angeklagt.

Lösung

13.26 Gemäß § 477 Abs. 2 StPO hätte wegen des Vergehens nach § 21 StVG der Einsatz eines VE nicht angeordnet werden dürfen (Gedanke des hypothetischen Ersatzeingriffs). Damit ist die Zufallserkenntnis des Fahrens ohne Fahrerlaubnis in einem wegen dieses Delikts gegen den verdächtigen Bürger zu **Beweiszwecken** nicht verwertbar. Als **Spurenansatz** nach h.M. hingegen schon: Gelingt es dem VE, etwa während der Fahrt unauffällig Polizeikollegen zu einer Verkehrskontrolle zu veranlassen, bei der die führerscheinlose Fahrt dann durch die kontrollierenden Beamten zur Anzeige gebracht wird, bleiben deren Bekundungen verwertbar und können eine Verurteilung legitimieren. Nur die **Aussage des VE ist unverwertbar.**

> **Hinweis**
>
> Um einem Verwertungsverbot auch revisionsrechtlich relevante Geltung zu verschaffen, bedarf es regelmäßig eines **Widerspruchs** gegen die Beweisverwertung, der in der Hauptverhandlung spätestens zum Zeitpunkt des § 257 StPO, also unmittelbar nach der zu beanstandenden Beweiserhebung, zu Protokoll zu erheben ist.

> **Praxistipp**
>
> Verwertungswidersprüche können auch schon im Ermittlungsverfahren geltend gemacht und gegen einen Verdacht, auf den strafprozessuale Maßnahmen (Beschlagnahmen, U-Haft etc.) gestützt werden sollen, ebenso ins Feld geführt werden wie gegen den hinreichenden Tatverdacht für die Frage der Anklageerhebung. Taktisch ist allerdings zu bedenken, dass die verfrühte Geltendmachung von Verwertungswidersprüchen auf noch nicht restlos geklärter Tatsachenbasis das Verteidigungskonzept offenlegt und zu „Reparaturarbeiten" seitens der Ermittlungsbehörden führen kann (auch im Hinblick auf Verwertung der Erkenntnisse als Spurenansatz, um die Ergebnisse im weiteren anderweitig abzusichern), die dem Verwertungsverbot sodann ggf. die Grundlage entziehen. Den richtigen Zeitpunkt, Bedenken gegen eine Beweisverwertung abzuwägen, wird im Einzelfall schwierig sein. Dies ist jedenfalls auch mit dem Mandanten genau und transparent abzusprechen.

13.2.3 Mandatssituation im Hauptverfahren, insbesondere in der Hauptverhandlung

Im Ermittlungsverfahren wird man aus der Position der Verteidigung wie ausgeführt regelmäßig keine Einflussmaßnahme auf den andauernden Einsatz eines VE haben, und zwar schon schlicht deshalb nicht, weil die Maßnahme während ihres Andauerns wie bereits ausgeführt ohne Wissen des Beschuldigten und verdeckt stattfindet. Erst nach Abschluss wird sie offenbar, und es stellt sich daher die Frage des nachträglichen Umgangs mit dem verdeckten Einsatz. Sie zu beantworten wird im Rahmen der Hauptverhandlung regelmäßig dringlicher als im Ermittlungsverfahren. Dies ist dem Umstand geschuldet, dass die Maßnahme nicht nur heimlich geführt wurde, sondern Heimlichkeit und Verschleierung von Umständen des VE-Einsatzes sowie der Identität der VE auch die Einführung der Erkenntnisse in die Hauptverhandlung prägen und die Verteidigungsposition verschlechtern. Diese Erschwernisse sind bereits im Ermittlungsverfahren zu antizipieren und sollen im Folgenden in der gebotenen Kürze skizziert werden:

13.27

13.2.3.1 Eingeschränkte Konfrontationsmöglichkeit

Kurzüberblick

– in der Hauptverhandlung ist die Befragung eines VE aufgrund von Sperrerklärungen der Innenverwaltung regelmäßig nur eingeschränkt oder gar nicht möglich.

13.28

– Die Verteidigung muss entscheiden, inwiefern sie eine eingeschränkte Konfrontationsmöglichkeit des VE einer staatlich vollständig vereitelten Befragung vorziehen will.

Sachverhalt

Die Anklage in einer Hauptverhandlung geht davon aus, dass Ihr Mandant gegenüber einem gegen ihn eingesetzten VE angegeben hat, eine Anlieferung von 40 kg Kokain zu erwarten, die er bestellt habe und die noch in einem Ladenlokal eines Bekannten von ihm gegenwärtig zwischengelagert werde. Die Polizei beschlagnahmt drei Tage später das Kokain in dem benannten Ladenlokal. Der VE wird von der Innenverwaltung gem. § 96 StPO analog für eine Aussage in der Hauptverhandlung gesperrt. Das Gericht fragt Sie, ob die Verteidigung Bedenken dagegen hat, den VE als unerreichbar im Rechtssinne zu behandeln.

Lösung

Für die Frage, ob und wie die Verteidigung auf die stete Einschränkung des Konfrontationsrechts durch staatliche Sperrerklärungen reagieren sollte, kann es keine pauschale Antwort geben. Stets ist es die individuelle Mandatssituation, welche die Entscheidung determiniert, ob man den VE direkt konfrontieren will

13.29

bzw. kann und darauf entsprechend dringt, um etwaige Unwahrheiten zu enthüllen, oder ob es klüger ist, auf eine unmittelbare Konfrontation zu verzichten.

Wenn es um VE geht, erfährt das Fragerecht der Verteidigung regelmäßig auf zwei Ebenen Einschränkungen; zum einen thematisch durch eine eingeschränkte Aussagegenehmigung für den VE, zum anderen durch die Form der zeugenschaftlichen Einvernahme in der Hauptverhandlung, die regelmäßig allenfalls durch audiovisuelle Übertragung erfolgt und den VE hierbei optisch und akustisch verfremdet. Grundsätzlich ergeht für eine offene Einvernahme des VE als Zeugen in der Hauptverhandlung eine Sperrerklärung des jeweiligen Innenministeriums gem. § 96 StPO analog. Diese Erklärung bindet die zur Entscheidung im Strafverfahren berufenen Tatgerichte. Sie haben keine rechtliche Möglichkeit, die Sperrerklärung für willkürlich oder unwirksam zu erklären und das Erscheinen des VE zu erzwingen. Die Amtsaufklärungspflicht wird es regelmäßig gebieten, einen tatrichterlichen Versuch der Gegenvorstellung zu unternehmen, um das Innenministerium von der Wichtigkeit der persönlichen Einvernahme des VE in der Hauptverhandlung zu überzeugen. Dieser Versuch wird indes in foro kaum einmal den Erfolg zeitigen, dass der VE in der Hauptverhandlung als Zeuge erscheint. Die Begründungen der Sperrerklärungen der Innenministerien sind zumeist textbausteinartig und heben regelmäßig darauf ab, dass zum einen künftige Einsätze des VE durch ein Auftreten in der Hauptverhandlung, das seine Enttarnung bedeuten würde, unmöglich würden. Zum anderen wird argumentiert, dass durch einen unverfremdeten Auftritt, samt Namhaftmachung des VE, auch dessen persönliche Sicherheit gefährdet wäre. Gleichsam tautologisch wird hierfür die Bedingung des Einsatzes ins Feld geführt, dass nämlich im Umfeld schwerer Erscheinungsformen organisierter Kriminalität ermittelt werde, woraus die erhöhte Gefährdung des VE bei seiner Namhaftmachung gegenüber diesem Umfeld folge.

> **Hinweis**
>
> Es ist dem Verteidiger möglich, gegen die Sperrerklärung des Innenministeriums vorzugehen, denn der Angeklagte ist in seinem Recht auf ein faires Verfahren, insbesondere in seinem Konfrontationsrecht gem. Art. 6 Abs. 3d EMRK betroffen. Da es sich bei der Sperrerklärung, auch wenn sie analog § 96 StPO erfolgt, nicht um eine strafprozessuale Maßnahme oder um einen Justizverwaltungsakt gem. § 23 GVG, sondern um verwaltungsrechtliches Agieren handelt, ist allein der Verwaltungsrechtsweg eröffnet. In der Praxis ist dieser kaum zielführend, da eine Entscheidung, welche die Innenbehörde zwingen würde, den VE für den Prozess freizugeben, im einstweiligen Rechtsschutz kaum zu erwarten ist[33] und eine Entscheidung in der Hauptsache aufgrund der Belastung der Verwaltungsgerichte regelmäßig erst nach Rechtskraft zu erwarten ist.

13.30   Bleibt es bei einer Sperrerklärung der Behörde, steht in der Hauptverhandlung allenfalls der Führungs- bzw. Vernehmungsbeamte des VE zur Verfügung, um die

---

33) Exemplarisch etwa VGH Mannheim, NJW 1991, 2097.

Angaben der VE in foro einzuführen. Der Führungsbeamte ist dann Zeuge vom Hörensagen, was den Beweiswert der VE-Angaben mindert, da sich das Gericht zum einen selbst mangels Befragungsmöglichkeit des VE kein Bild von diesem machen kann und zudem das Konfrontationsrecht der Verteidigung nach Art. 6 Abs. 3d EMRK durch die staatliche Sperrerklärung betroffen ist.

In der Praxis haben sich Abmilderungen zu einer „totalen" Sperrerklärung herausgebildet. Innenministerien genehmigen vermeintliche Surrogate einer zeugenschaftlichen Einvernahme eines VE, die den Anliegen gerichtlicher Wahrheitsermittlung des Gerichts und dem Befragungsrecht der Verteidigung bei oberflächlicher Betrachtung Rechnung tragen, normativ zumindest der Verteidigung indes eher Steine als Brot geben. Im Einzelnen:

– **Audiovisuelle Vernehmung des VE im Rahmen der Hauptverhandlung unter optischer und akustischer Abschirmung**

Diese Form innenministerieller Abmilderung einer totalen Sperrerklärung als Konzession an die Wahrheitsfindung ist die nach Beobachtung des Verfassers in den letzten Jahren gebräuchlichste. Hier wird der VE in einem unbekannten Raum hinter einer Milchglasscheibe oder ähnlicher Abschirmung platziert, die ihn während der audiovisuellen Übertragung in den Gerichtssaal vollständig verbirgt. Daneben wird regelmäßig seine Stimme verfremdet. Die Verfahrensbeteiligten bekommen so zwar die formale Möglichkeit einer direkten Befragung des VE. Das beschriebene Setting liefert indes nur die Illusion einer Aussicht effektiver Ausübung des Befragungsrechts der Verfahrensbeteiligten. Wer eine solche Prozedur (wie der Verfasser mittlerweile mehrmals) in foro erlebt hat, lernt den Wert einer konfrontativen Befragungsmöglichkeit realer Zeugen im Gerichtssaal erst richtig zu schätzen. Befragung und Wahrheitsermittlung im Rahmen einer Zeugenvernehmung leben von der Möglichkeit der Kommunikation und damit einhergehend auch der Beobachtung nonverbaler Kommunikationssignale in der Interaktion. Diese fällt im Rahmen der beschriebenen Einschränkungen so gut wie in Gänze aus. Die mutmaßliche Gelegenheit eines „Mehr" an Befragungsmöglichkeit eines VE gegenüber einem uneingeschränkt gesperrten, der für eine virtuelle Einvernahme nicht zur Verfügung steht, entpuppt sich regelmäßig als Scheingelegenheit einer effektiven Befragung, die sich normativ für die Verteidigung nachteilig auswirkt. Denn durch die vermeintliche Wahrung eines virtuellen, indes ineffektiven Befragungsrechts der VE wird das Gericht regelmäßig von der Pflicht befreit, den geminderten Beweiswert eines Zeugen vom Hörensagen im Rahmen höchstrichterlich angemahnter besonders sorgfältiger Beweiswürdigung nur eingeschränkt zu bewerten.

– **Kommissarische Vernehmung gem. § 223 StPO**

Gegenüber einer verfremdenden audiovisuellen Vernehmung ist aus Sicht des Verfassers eine kommissarische Vernehmung i.S.d. § 223 StPO vorzugswürdig. Bei dieser erhält der kommissarische Richter ebenso wie die Verteidigung die Gelegenheit, den VE unmittelbar zu befragen. Das richterliche Protokoll ist anschließend aufgrund der Sperrung des VE für die Hauptverhandlung gem. § 96 StPO analog nach § 251 Abs. 2 Nr. 1 StPO verlesbar.

13.31

13.32

Conen

Hinweis

VE arbeiten unter einer Legende unter einem nicht zu vernachlässigenden persönlichen Risiko mit dem Ziel, mittels Täuschung der Personen, mit denen sie im Einsatz zu tun zu haben, von diesen Informationen zu gewinnen, ohne hierbei ihre wahren Hintergründe (Polizeibeamter zu sein) oder Motive (Überführung derjenigen, denen sie sich andienen) zu offenbaren. Sofern diese Personen, die auf Täuschung geschult sind, bestimmte Informationen oder Einsatzfehler nicht preisgeben wollen, wäre es schon ein außergewöhnlich schweres Unterfangen, ihnen diese im Rahmen einer normalen Zeugenvernehmung entlocken zu wollen. Gänzlich unmöglich erscheint dies im Rahmen zudem eingeschränkter Vernehmungsmöglichkeiten, etwa durch die beschriebenen audiovisuellen Verfremdungen. Sofern empfohlen wird, diese eher anzustreben als eine Sperrerklärung hinzunehmen,[34] wird dem seitens des Verfassers nicht gefolgt. Nach meiner Auffassung lässt sich die Beschränkung der Verteidigung gegen diese Form der heimlichen Ermittlungen besser fruchtbar machen, wenn der VE allein durch seinen Führungsbeamten „vertreten" wird, mithin Zeuge vom Hörensagen mit eingeschränktem Beweiswert bleibt. Dies ist m.E. dem Placebo eines Fragerechts mit einem audiovisuell vollkommen verfremdeten VE vorzuziehen. Die kommissarische Vernehmung bleibt in foro allenfalls eine theoretische Größe, die zu beantragen indes den Vorteil im Fall ihrer regelmäßigen Ablehnung hat, dass die Vereitelung dieser Befragungsform den minderen Beweiswert der abkömmlichen VP illuminiert.

Hinweis

Die Verteidigung wird frühzeitig mit dem Mandanten abzugleichen haben, welche nicht in den protokollierten Vernehmungen des VE enthaltenen Informationen der Mandant liefern kann. Hiernach wird sich entscheiden, ob es im Einzelfall doch sinnvoll sein kann, den Versuch zu unternehmen, den VE ggf. auch nur unter eingeschränkten Möglichkeiten zu befragen und auf eine solche Möglichkeit zu dringen. Insbesondere die plausible Schilderung einer Tatprovokation[35] kann dazu führen, dass das Gericht von Amts wegen verstärkt auf eine Einvernahme des VE bei dem zuständigen Innenministerium dringen wird, aber auch dass dieses sodann eine Sperrung analog § 96 StPO aufweicht und einer verfremdeten audiovisuellen Vernehmungsmöglichkeit den Weg bahnt. Regelmäßig sollte jedoch antizipiert werden, dass die Angaben einer VE unter den zur Verfügung stehenden oben beschrieben eingeschränkten Bedingungen keinesfalls einfach zu erschüttern sind.

---

34) Etwa MAH Strafverteidigung, § 19 Rdnr. 17 ff.
35) Siehe hierzu als Besprechungen der jüngeren BGH-Entscheidungen im Abgleich mit der Rechtsprechung des EGMR etwa Conen, StV 2019, 358; Esser, NStZ 2018, 355.

13.2.4 Mandatssituationen mit Vertrauenspersonen (VP) im Ermittlungsverfahren

Von allen verdeckt ermittelnden Personen begegnen einem als Verteidiger die soge- **13.33**
nannten V-Leute als häufigste Protagonisten strafprozessualer Ermittlungen. Die
StPO nennt sie mit keinem Wort. Anhaltspunkte für eine normative strafprozessuale Anerkennung ihrer Existenz finden sich allein in der Anlage D der RiStBV,[36)]
die indes nicht Bestandteil der Richtlinien ist und rein redaktionell veröffentlicht
wird. Unbeschadet der Absenz ihrer Normierung hat die Praxis V-Personen faktisch gleichsam als gewohnheitsrechtlich anerkannte Erscheinung des Strafprozesses anerkannt. Folgende Definition hat sich dabei herausgebildet: Als Vertrauensperson wird eine Privatperson bezeichnet, die in keinem festen und auf Dauer
angelegten Dienstverhältnis mit einer Strafverfolgungsbehörde, namentlich der
Polizei, steht, die aber bereit ist, die Strafverfolgungsbehörden bei der Aufklärung
von Straftaten für einen längeren Zeitraum vertraulich zu unterstützen und unter
Anleitung und Führung der ermittlungsführenden Behörde tätig wird. Kennzeichnende Geschäftsgrundlage ist hierbei, dass die Identität der Vertrauensperson zu
ihrem Schutz grundsätzlich geheimgehalten wird und der VP diese Geheimhaltung
auch zugesagt wird. Was zunächst wie eine Stellenbeschreibung für ein bundesverdienstkreuzverdächtiges Ehrenamt klingen mag, ist tatsächlich wie so vieles in diesem Metier nicht einmal die halbe Wahrheit. Denn was in den Richtlinien nicht
enthalten, jedoch gängige Praxis ist, sind Erfolgshonorare für V-Personen, deren
Informationen **aus polizeilicher Sicht zu Aufklärungen** führen. Eine gesetzliche
Grundlage für diesen begünstigenden fiskalischen Realakt ist ebenso unbekannt
wie eine solche für den Einsatz von V-Leuten überhaupt.

Zu unterscheiden sind grundsätzlich zwei Einsatzarten von Vertrauenspersonen.
Es gibt diejenigen, die aus dem Umfeld der Zielperson rekrutiert werden und
bereits vorhandenes Wissen über selbige den Ermittlungsbehörden gegen Zusicherung der Vertraulichkeit mitteilen. In der Praxis werden diese Vertrauenspersonen auch gerne als „Warm-VPs" bezeichnet. Im Gegensatz hierzu gibt es auch
sogenannte „Kaltstart-VPs". Sie entstammen nicht dem Umfeld der Zielperson,
sondern müssen erst an diese herangespielt werden (daher der Begriff „Kaltstart"). Letztere agieren unter Anweisung ihrer VP-Führer und treten zumeist
unter Verwendung einer Legende an die Zielperson heran und versuchen deren
Vertrauen zu gewinnen, um sie für die Strafverfolgungsbehörden abzuschöpfen.
Die letztbeschriebene Form von VP-Einsätzen ist besonders grundrechtsintensiv
(siehe hierzu Rdnr. 13.18 ff.).

---

36) Abgedruckt etwa in Meyer-Goßner/Schmitt.

Praxishinweis

Für die rechtliche Einordnung der Grundrechtsintensität und daraus resultierender Folgefragen ist es für die Verteidigung unabdingbar herauszuarbeiten, ob die VP gezielt von den Ermittlungsbehörden auf die beschuldigte Zielperson angesetzt wurde (dann Grundrechtseingriff naheliegend), oder ob lediglich vorhandenes Wissen der VP, dass von dieser nicht erst im Auftrag der Strafverfolgung „erarbeitet" wurde, abgeschöpft wurde (dann Grundrechtseingriff eher fraglich).

13.2.4.1   Verteidigung kann Vertrauensperson benennen

Kurzübersicht

13.34   – Die Vertrauensperson ist in der StPO nicht geregelt. Es gibt keine gesetzliche Grundlage für VP-Einsätze.

– Die Geheimhaltung der wahren Identität der VP im Strafverfahren ist regelmäßig oberste Handlungsmaxime der mit der unmittelbaren VP-Führung betrauten Ermittlungsbehörde.

– Kennt der Mandant die V-Person identifizieren, kann es sich lohnen, hierüber das Gespräch mit der Staatsanwaltschaft zu suchen.

Sachverhalt

Der wegen Waffenhandels inhaftierte Mandant berichtet Ihnen, er sei am 02.09. wegen des Vorwurfs, der zur Inhaftierung führte, von einem Bekannten, der mit Waffen handelt erpresst worden, dass der vermeintliche Aufkäufer ihm entweder (auch) fünf Glock abnehme, anderenfalls er das im Haftbefehl enthaltene Geschäft den Ermittlungsbehörden mitteilen werde. Der Mandant sagt, er sei darauf nicht eingegangen und habe auch die gesetzte Frist, sich zu der Aufforderung innerhalb einer Woche zu bekennen, ignoriert. Aber es sei ja wohl kein Zufall, dass es eine VP-Aussage am 12.09. gebe, die sich wie eine exakte Umsetzung der Drohung lese.

Lösung

13.35   Die (nicht bluffende) seriöse Ankündigung gegenüber der Staatsanwaltschaft im Ermittlungsverfahren, die Verteidigung könne die V-Person benennen und werde dies im Verfahren auch tun, führt gelegentlich zu erstaunlicher Kompromissbereitschaft bei der Staatsanwaltschaft, um selbiges zu vermeiden. Der Schutz der Identitäten von Vertrauenspersonen rangiert zumindest für die Polizei sogar oberhalb des Strafverfolgungsinteresses gegenüber dem Beschuldigten. In der vorliegenden Konstellation kommt hinzu, dass sich die mutmaßliche VP im Vorfeld ihrer Aussage bei der Polizei mindestens einer versuchten Nötigung nach §§ 240,

22 StGB strafbar gemacht hätte. Eine glaubhafte Anzeige gegen diese Person hätte zur Folge, dass gemäß des RiStBV die Zusage der Vertraulichkeit zu entfallen hätte und die Strafverfolgungsbehörden gehalten wären, diese in der Folge namhaft zu machen.[37]

> **Hinweis**
>
> Die verakteten Informationen aus den Angaben der V-Personen sind mit dem Mandanten zu besprechen. Dabei ist auch zu eruieren, ob der Mandant positiv weiß oder einengen kann, wer sich in Wahrheit hinter der V-Person verbürgt, um diese ggf. mit einem Beweisantrag als Zeuge zu benennen. Einem solchen nachzukommen wird das Gericht regelmäßig verpflichtet sein, sofern die Angaben der V-Person für die Beweisführung herangezogen werden sollen.

13.2.4.2 Ansetzen einer V-Person auf zeugnisverweigerungsberechtigte Personen

Kurzüberblick

– Das gezielte Ansetzen einer VP auf Beschuldigte, die von ihrem Schweigerecht bereits Gebrauch gemacht haben, ist ebenso unzulässig wie das Ansetzen von Vertrauenspersonen auf zeugnisverweigerungsberechtigte Personen.[38]   13.36

Sachverhalt

Es zeigt sich nach erfolgter Akteneinsicht bereits im Ermittlungsverfahren, dass eine Vertrauensperson gezielt auf den zeugnisverweigerungsberechtigten Zwillingsbruder des wegen Tötung seiner Frau beschuldigten Mandanten angesetzt wurde, mit dem dieser nach der Einschätzung der Ermittlungsbehörde alle Sorgen teilt. Die VP gewinnt das Vertrauen des Zwillingsbruders, der der VP in alkoholgeschwängerter Stimmung berichtet, dass es mit der Ehe schon ein Kreuz sei. Sein Bruder sei jetzt Single, aber dieser habe ihm mitgeteilt, dass er dafür einiges mit seiner Exfrau habe veranstalten müssen, was er jetzt hier aber nicht weiter ausbreiten wolle. Das musste er auch nicht. Sein Zwillingsbruder wurde aufgrund der Angaben der VP wegen Tötung seiner Ehefrau verhaftet und angeklagt.

Lösung

Nach einem obiter dictum des BVerfG[39] kommt ein Verwertungsverbot wegen   13.37
fehlender gesetzlicher Ermächtigung zur gezielten Ausspähung zeugnisverweigerungsberechtigter Personen durch V-Leute in Betracht. Denn wie bereits beim VE

---

37) Vgl. RiStBV Anlage D, Teil A, 4.
38) BVerfG, 2 BvR 2017/94 – Fall Sedlmayer.
39) BVerfG, 2 BvR 2017/94 – Fall Sedlmayer.

oben unter Rdnr. 13.23 erörtert, dürfen verdeckte heimliche Befragungen, die bewusst die Form einer Zeugen- oder Beschuldigtenvernehmung meiden, nicht dazu genutzt werden, die prozessualen Rechte zeugnisverweigerungsberechtigter Zeugen zu unterlaufen.[40] Daher dürfte Gleiches wie beim VE (siehe oben Rdnr. 13.23) gelten, wenn eine VP auf einen Beschuldigten angesetzt wird, der im Verfahren bereits erklärt hat, von seinem Schweigerecht Gebrauch zu machen.

> **Praxishinweis**
>
> Um etwaige Verwertungsverbote geltend zu machen, ist regelmäßig ein begründeter Verwertungswiderspruch in der Hauptverhandlung erforderlich, der im unmittelbaren Anschluss an die Beweiserhebung, deren Verwertung verhindert werden soll, im Zeitpunkt des § 257 StPO zu Protokoll anzubringen ist. Unbeschadet dessen kann der Verwertungswiderspruch auch bereits im Ermittlungsverfahren angebracht und eine etwaige Unverwertbarkeit von V-Personenangaben z.B. gegen den dringenden Tatverdacht eines Haftbefehls, aber auch gegen einen Anfangsverdacht (etwa im Rahmen einer Beschwerde gegen eine Durchsuchung), der sich maßgeblich auf nicht verwertbare Angaben stützt, eingewandt werden.

Neben Vorstehendem liegt ein weiterer Grund, weshalb V-Personen im Ermittlungsverfahren Verteidigungsaktivitäten eher selten herausfordern, auch darin, dass die Strafverfolgung im Einklang mit RiStBV Anl. D 3.2. danach trachtet, V-Leute bis zur Hauptverhandlung für die Beweisführung überflüssig zu machen. Hierzu sollen Beweismittel gesammelt werden, die den Rückgriff auf die VP erübrigen. Häufig wird daher abzuwarten sein, ob die verakteten Angaben von V-Personen in der Hauptverhandlung überhaupt noch eine Rolle spielen werden.

13.2.5 Exkurs: Situationen und Umgang mit V-Personen in der Hauptverhandlung

Einführung der Aussagen von V-Personen in die Hauptverhandlung durch die V-Person?

13.38 Da die Identität der V-Person seitens der Exekutive gesperrt wird, ist diese für das Gericht in der Hauptverhandlung wie oben ausgeführt regelmäßig im Rechtssinne unerreichbar. Beweisanträge können vom Gericht dementsprechend mit Hinweis auf die Unerreichbarkeit nach § 243 Abs. 3 Nr. 5 StPO abgelehnt werden. Allerdings ist das Gericht gehalten, von sich aus etwa durch Gegenvorstellungen bei der sperrenden Innenbehörde den Versuch zu unternehmen, die Freigabe der V-Person zu erwirken. Unterlässt das Gericht dieses, verletzt es i.d.R. seine Aufklärungspflicht nach § 244 Abs. StPO.[41] Revisionsrechtlich unbeacht-

---

40) BVerfG, a.a.O.
41) KK-Bader, Vor. § 48 Rdnr. 62.

Conen

lich bleibt dies nur dann, wenn die Gegenvorstellung von vornherein aussichtslos war.[42]

Praxishinweis

Als Verteidiger kann man selbst durch einen entsprechenden Antrag darauf dringen, dass das Gericht eine Gegenvorstellung erhebt. Falls das Gericht davon absieht, sind die Chancen einer Revision schon deshalb erhöht, weil der Verteidigung dann nicht entgegengehalten werden kann, sie sei ihrerseits von der Aussichtslosigkeit, die Innenbehörde umzustimmen, überzeugt gewesen, anderenfalls sie ja in der Hauptverhandlung agiert hätte.

Neben der regulären zeugenschaftlichen Einvernahme gibt es mögliche Abstufungen der Vernehmung von V-Leuten, die dem angenommenen Risiko durch weitergehende Verfremdung Rechnung tragen. Hier gelten insoweit die bereits unter Rdnr. 13.29 für den VE gemachten Ausführungen. Hinzuweisen ist aber auf eine Entscheidung des Hessischen Verwaltungsgerichtshofs,[43] die es nahelegt, dass eine ermessensfehlerfreie Sperrerklärung regelmäßig eine audiovisuell verfremdete Vernehmung der Vertrauensperson zu gestatten haben wird.

13.39

Praxishinweis

Wie bereits unter Rdnr. 13.29 ausgeführt, ist eindringlich vor der Annahme zu warnen, eine audiovisuell übertragene und zudem die V-Person verfremdende Vernehmungsgelegenheit wäre annähernd ein Äquivalent zur unmittelbaren Einvernahme der VP in der Hauptverhandlung. Das Konfrontationsrecht wird in einem solchen Setting allenfalls formal gewährt. Die Konfrontation eines nur virtuell verbundenen Zeugen, dessen Mimik und natürliche Stimme den Verfahrensbeteiligten vorenthalten wird, ist verzichtbar. Die Verteidigung sollte sich sehr gut überlegen, ob sie ihr Recht auf Konfrontation durch dieses ungenügende Surrogat substituieren will. Gibt es keine Befragungsmöglichkeit der VP, weil diese für die Hauptverhandlung gesperrt ist, gilt, dass allein auf ihre nur mittelbar kolportierten und in die Hauptverhandlung eingeführten Angaben allein eine Verurteilung nicht gestützt werden kann.[44]

Einführung der VP-Informationen durch den sogenannten VP-Führer und seine Befragung

Im Normalfall wird die Einführung von VP-Informationen über den sogenannten VP-Führer erfolgen. Dieser ist mit der Erteilung der Vertraulichkeit der VP zugeordnet und schöpft sie ab bzw. leitet sie an. Oberste Prämisse der VP-Führung ist es regelmäßig, die abgegebene Zusicherung der Vertraulichkeit, mithin die Nichtidentifizierbarkeit der VP zu gewährleisten. Dementsprechend ist die Aussagegenehmigung des VP-Führers stets in der Form eingeschränkt, dass er nicht

13.40

---

42) BGHSt 36, 159; OLG Nürnberg, NStZ-RR 2015, 251.
43) VGH Kassel v. 29.05.2013, NJW 2014, 240.
44) BGH, StV 1986, 193; NJW 1985, 392; StV 1986, 193; BGHSt 17, 382.

Conen

befugt ist, Informationen in der Befragung preiszugeben, welche zur Identifizierung einer V-Person beitragen könnten. Dies birgt weitere Friktionen mit der Wahrheitsfindung, welche ohnehin schon dadurch beschränkt ist, dass der VP-Führer lediglich als Zeuge vom Hörensagen fungiert. Nicht selten werden seinerseits die interessantesten Fragen, etwa ob die VP Informationen aus erster Hand bezieht oder lediglich Szenegerüchte offeriert, mit der stereotypen Antwort „keine Aussagegenehmigung" bedacht. Schon bei der Erstellung von Protokollen und Vermerken des VP-Führers über das, was ihm durch die V-Person mitteilte, ist das Prinzip des Quellenschutzes handlungsleitend. Mit denjenigen der Aktenwahrheit, -klarheit und -vollständigkeit ist es häufig unvereinbar. Da das VP-Wesen und seine polizeiliche Organisation zu den forensisch intransparentesten und bestgehüteten Behördengeheimnissen zählt, ist auch richterliche Vorkenntnis über die Arbeitsweise von VP-Stellen ganz unterschiedlich ausgeprägt. Es ist Aufgabe der Verteidigung, diese Defizite zu thematisieren und dem Gericht ggf. erst die Kenntnis über potentielle Insuffizienzen zu verschaffen. Diese findet man nicht in Lehrbüchern, sondern Kenntnis hierüber erlangt man zumeist erst durch konfrontative Vernehmung von VP-Führern in diversen Verfahren. Dazu muss man wissen, dass eine VP regelmäßig einem VP-Führer zugeordnet ist, der mit dieser über einen längeren Zeitraum zusammenarbeitet. Das ist polizeilich verständlich, da zur umfassenden Abschöpfung der VP deren Vertrauen in ihren Führungsbeamten eine Voraussetzung ist. Die Kehrseite liegt regelmäßig in einer Distanzlosigkeit von VP-Führern auch gegenüber ihren „Schützlingen". Im Gegensatz hierzu zeichnet sich das Verhältnis eines Vernehmungsbeamten zu einem neutralen Zeugen, obschon dieser nicht ansatzweise eine so kritisch zu betrachtende Auskunftsperson darstellt wie die anonymisierte, zumeist aus kriminalitätsgeneigtem Milieu stammende „Vertrauensperson", durch deutlich professionellere Distanz aus. Kritische Distanz zu den VPs ist VP-Führern soweit vom Verfasser beobachtbar eigentlich nie zu entlocken. Psychologisch – und darauf muss man sich in der Befragung von VP-Führern einstellen – scheint die Rolle eines VP-Führers als Zeuge in der Hauptverhandlung eher derjenigen eines anstelle der VP auskunftgebenden anwaltlichen Zeugenbeistands zu ähneln, denn eines gegenüber dem Beweismittel VP neutral eingestellten Beamten. Tatsächlich ist gerade für den VP-Führer die Güte bzw. allgemeine Zuverlässigkeit der von ihm betreuten Vertrauensperson und der von ihr gelieferten Informationen Qualitätsausweis seiner eigenen Arbeit, über deren Güte er in der Hauptverhandlung mithin mittelbar ebenfalls Zeugnis ablegt. Als Verteidiger ist man daher gut beraten, sich bei der vorzubereitenden Befragung des VP-Führers diesen eher als einem dem Schutz der VP verpflichteten, gleichsam anwaltlichen Beistand vorzustellen, denn einem normalen Vernehmungsbeamten.

Befragungssituation des VP-Führers –
Checkliste notwendiger Befragungsthemen

– **Vollständigkeit der niedergelegten VP-Informationen**

13.41   Nach Beobachtung des Verfassers enthält ein einzelner Vermerk des VP-Führers über VP-Angaben nicht selten ein Destillat mehrerer nicht dokumentierter Treffen mit der Vertrauensperson. Dem Vermerk sieht man das indes nicht an. Er wirkt regelmäßig, als sei er am Tag des Zusammentreffens erstellt und die enthaltenen Informationen sämtlich im Rahmen der Zusammenkunft erstellt. Tatsächlich herrscht eine andere Technik der Protokollierung. Es werden sogenannte Treffberichte[45] verfasst, aus denen sich gelegentlich weitere Vermerke speisen, die dann jeweils als „Verschlusssachen – nur für den Dienstgebrauch" behandelt werden. Werden sie Thema in der Verhandlung, oder wird versucht, sie gerichtlicher Verwertung zuzuführen, ist ein Sperrvermerk nach § 96 StPO seitens der Innenbehörde die regelmäßige Folge.

Praxishinweis

Der VP-Führer ist daher zu befragen, ob es außerhalb des zu den Akten gelangten Vermerks weitere Verschriftlichungen gab, wie viele Zusammentreffen es mit der VP in der Angelegenheit gab, ob die VP hierbei Aufträge bekam, Informationen beizubringen, die dann erst in den einen Vermerk einflossen etc. Die regelmäßige Antwort wird sein, dass es weitere Verschriftlichungen bzw. Informationen gab, die indes aus Gründen des Quellenschutzes nicht zu den Akten gebracht wurden bzw. für deren Auskunft vor Gericht der VP-Führer aus gleichem Grund keine Aussagegenehmigung habe. Auch sofern keine Aussicht besteht, tatsächlich an die vermissten Informationen zu gelangen, erscheint eine entsprechende Befragung erforderlich, um klarzumachen (was Gerichten zuweilen nicht bewusst ist), wie selektiv und gefiltert selbst dasjenige noch ist, was der VP-Führer zu den Akten gebracht hat und wozu er vor Gericht Auskunft zu geben legitimiert ist. Die Diskrepanz zwischen verakteten „Hell-" und geheimgehaltenen „Dunkelfeld" hinsichtlich der VP aufzuzeigen ist geboten, um zu verdeutlichen, dass es bereits an den Grundlagen für eine besonders sorgfältige Beweiswürdigung des Gerichts mangelt, welche indes auch nach der höchstrichterlichen Rechtsprechung erforderlich wäre, um die VP-Angaben zuungunsten des Mandanten belastend heranzuziehen.

– **Koordination der VP-Führung mit der Ermittlungsführung**

Die Koordination der VP-Führung mit der Ermittlungsstelle ist ein weiteres Dunkelfeld der VP-Führung. Tatsächlich ist die VP-Dienststelle regelmäßig von dem ermittelnden Dezernat getrennt und versteht sich als Dienstleister der letzteren. Nach der Außendarstellung ihrer Arbeitsteilung haben die VP-Führer zumeist keine detaillierten Kenntnisse hinsichtlich der Ermittlungsergebnisse der zuständigen Dienststelle und schon gar keine Einsicht in deren Akten bzw. Retente derselben. Dennoch erhalten die VP-Dienststellen gelegentlich Aufträge des Ermittlungsdezernats, über die von ihnen geführten Vertrauenspersonen Informationen abzufragen bzw. zu generieren (etwa aktuelle Telefonnummern eines Beschuldigten beizubringen, um eine TKÜ beantragen und schalten zu können). Der Grad der Zusammenarbeit bzw. auch der Informationstrennung ist zu hinterfragen, da die von der Ermittlungsdienststelle übermittelten Informationen bei unklarer

13.42

---

45) Als Treffberichte bezeichnete pikanterweise auch die Stasi in der DDR die Protokollierung der Ergebnisse von Zusammenkünften ihrer Führungsoffiziere mit den von diesen geführten Spitzeln, namentlich inoffiziellen Mitarbeitern (IM) (vgl. hierzu etwa KG, StV 1997, 11; BAG v. 20.08.1997 – 2 AZR 42/97).

Befragungssituation der VP durch ihren VP-Führer natürlich die Gefahr eines suggestiven Einflusses auf die Antworten der VP gehabt haben können, zumal die VP gerade für erwünschte Antworten regelmäßig entlohnt wird (siehe unten). Zum anderen sind die Aufträge des ermittlungsführenden Dezernats nach der Beobachtung des Verfassers kaum jemals ordnungsgemäß in den Akten vermerkt, was daran liegen mag, dass sich eine Behördenkultur etabliert hat, nach der alles, was VPs betrifft, ausschließlich von der VP-Dienststelle aktenkundig gemacht wird. Tatsächlich gebietet der Grundsatz der Aktenwahrheit, -klarheit und -vollständigkeit es, jeden Ermittlungsauftrag und jede Ermittlungshandlung zu den Akten zu bringen.[46] Den Quellenschutz kann ein solches Ansinnen der zuständigen Ermittler nicht betreffen, weil diesen die Identität der VP ebenfalls unbekannt ist, so dass aus dem Auftrag nicht auf die Identität geschlossen werden könnte.

Praxistipp

Der VP-Führer ist ebenso wie der Ermittlungsführer zu befragen, ob und ggf. wie viele Interaktionen es zwischen den Dienststellen gegeben hat und wo diese in den Akten zu finden sind. Sofern diese nicht aktenkundig sind, gibt es hierfür unter dem fundamentalen rechtsstaatlichen Grundsatz der Aktenvollständigkeit keine Rechtfertigung. Die Trennung zwischen VP und ermittlungsführender Dienststelle, auch was die Ermittlungserkenntnisse angeht, birgt aber einen weiteren Fallstrick, den die Verteidigung ansprechen kann und sollte: Regelmäßig wird der VP-Führer auf Nachfrage bekunden, dass ihm nicht bekannt ist, wer von der ermittlungsführenden Dienststelle als Zeuge vernommen wurde. Ihm ist daher regelmäßig auch nicht bekannt, ob und ggf. wie die von ihm geführte VP von den sachbearbeitenden Ermittlern als Zeuge unter ihren Klarpersonalien vernommen wurde. Entsprechendes ist keine rein denktheoretische Möglichkeit. Der Verfasser hat es erlebt, dass ein Ermittlungsführer bekundete, einen Zeugen, der gegenüber den Ermittlern bedingt auskunftsfreudig war, an die VP-Dienststelle verwiesen zu haben, damit dieser dort offener rede. Die Folgen können fatal sein: Aus einer Auskunftsperson (Zeuge) werden dann nämlich zwei Beweismittel – einmal der Zeuge und einmal die VP unter der gerichtlichen Prämisse, dass diese eben gerade nicht personenidentisch sind. So können die Angaben der VP X richterlich unzutreffend als gewichtig gewertet werden, weil sie durch den Zeugen Y gestützt werden, was in Unkenntnis des Umstands erfolgt, dass VP X und Y personenidentisch sind.

– Bekundungen des VP-Führers über die vermeintliche Zuverlässigkeit der VP

13.43   Regelmäßig wird das Gericht den VP-Führer fragen, ob er schon länger mit der Führung der Vertrauensperson betraut ist und ob diese sich in der Vergangenheit als zuverlässig erwiesen habe. Lautet die Antwort, der VP-Führer habe schon in der Vergangenheit mit der VP zusammengearbeitet, wird die Auskunft über die Zuverlässigkeit vorhersehbar stets die gleiche sein: Ja, die VP sei in der Vergangenheit stets zuverlässig gewesen. Vorhersehbar ist dies schon deshalb, weil ande-

---

46) BGH, NStZ-RR 2015, 379; BGH, NStZ 2014, 277, 281.

renfalls die VP hätte abgeschaltet werden müssen.[47] Tatsächlich ist eine solche Auskunft eines Ermittlungsführers regelmäßig ein Muster ohne Wert. Der Verfasser hat von VP-Führern die Auskunft erhalten, dass sie eine VP retrospektiv selbst dann noch als zuverlässig ansahen und die Vertraulichkeit nicht entfallen ließen, nachdem diese beim Tatgericht „durchgefallen" war und auch der BGH die strafrechtliche Verfolgung des Treibens der VP deutlich nahelegte.[48] Tatsächlich ist auch die regelmäßige Bekundung von VP-Führern, die VP sei auch noch nie wegen eines Aussagedelikts oder falscher Verdächtigung verurteilt worden, gänzlich ohne Belang, da die VP grundsätzlich nie in die Verlegenheit kommt, in einem Gericht auszusagen, mithin selbst bei Falschangaben gegenüber dem VP-Führer eine Verfolgbarkeit einer Falschaussage nach § 153 StGB mangels gerichtlicher Einvernahme nicht gegeben ist. Gleiches gilt für § 164 StGB. Eine Verfolgbarkeit würde den Nachweis einer bewusst wahrheitswidrigen Bezichtigung erfordern, welcher gegenüber einer ihrer Identität nach nicht freigegebenen und den Strafverfolgungsbehörden auch hinsichtlich der Umstände der Aussage gegenüber dem VP-Führer unbekannten Person und Sachverhalts nicht zu führen ist. Die wenigen VPs, deren Enttarnung gelang und die dem Verfasser bekannt sind, hätten m.E. zu keiner Zeit seitens der Justiz das Siegel der Vertrauenswürdigkeit bekommen, wie auch in entsprechenden Urteilen über diese nachzulesen ist, obschon sie bereits länger mit der VP-Dienststelle zusammenarbeiteten.[49]

Praxishinweis

Wird seitens des Gerichts gegenüber dem VP-Führer gar nicht die Frage aufgeworfen, ob sich die Vertrauensperson in der Vergangenheit als zuverlässig erwiesen habe, wäre es ein Fehler, dem seitens der Verteidigung auf den Grund gehen zu wollen, da die Antwort stets zugunsten der VP ausfallen wird (siehe oben). Bejaht der VP-Führer die gerichtlich gestellte Frage nach Zuverlässigkeit in der Vergangenheit unter Hinweis, dass diese noch nie wegen eines Aussagedelikts verurteilt worden sei, ist die Gegenfrage zu stellen, ob die VP denn jemals vor Gericht ausgesagt habe (was zuverlässig verneint werden wird bzw. unter Verweis auf fehlende Aussagegenehmigung zumindest offenbleiben wird). Des Weiteren, ob die Zuverlässigkeit, über welche der VP-Führer spricht, eine gerichtlich attestierte sei oder eine Binneneinschätzung der VP-Stelle (auch hier wird regelmäßig Letzteres der Fall sein, zumal die Urteile in Sachverhalten, in welchen die VP eingesetzt war, nach den Erfahrungen des Verfassers kaum jemals an die VP-Stelle weitergereicht werden).

---

47) Vgl. RiStBV Anlage D, Nr. I 4 Buchst. E.
48) BGH, NStZ 2014, 277, 281.
49) Die schmale empirische Basis des Verfassers hierzu betrifft nur Berliner Fälle. Inwieweit andere Landesbehörden eine ebenso großzügige Fehlertoleranz in der Beurteilung der Zuverlässigkeit geführter VPs walten lassen, kann nicht gesagt werden.

– Wissensquelle(n) der VP bei ihren Bekundungen

13.44 Der VP-Führer berichtet stets lediglich als Zeuge vom Hörensagen, weil er die Informationen der Vertrauensperson ja nur aus deren Mund und keinesfalls aus eigenem Erleben aus erster Hand hat. Damit ist aber nicht gesagt, ob nicht auch die Vertrauensperson lediglich Zeuge vom Hörensagen ist. Berichtet sie beispielsweise, der Beschuldigte habe Täterwissen jeglicher Art preisgegeben oder gar intern gestanden, bleibt die Frage, ob die Vertrauensperson dies selbst aus dem Mund des Beschuldigten vernommen haben oder lediglich über Dritte Entsprechendes gehört haben will. Dies zu hinterfragen, wird regelmäßig Aufgabe der Verteidigung sein.

> **Praxistipp**
>
> So schwerlich überprüfbar VP-Aussagen auf ihren Wahrheitsgehalt sind, und so riskant entsprechende Fragen an VP-Führer daher erscheinen mögen, kann die Frage nach der Wissensquelle der VP relativ gefahrlos gestellt werden. Regelmäßig wird der VP-Führer die Antwort hierauf verweigern, weil diese vermeintlich Rückschlüsse auf die Identität der Vertrauensperson zulassen würde. Damit wird aber gleichzeitig deutlich, dass es sich bei dem Bericht des VP-Führers entgegen dem möglicherweise in foro entstandenem Eindruck keinesfalls um originäres Wissen der VP aus erster Hand handeln muss, sondern sich deren Bekundungen u.U. lediglich auf das Weitertragen von Gerüchten beschränken können.

– Entlohnung der VP

13.45 Vertrauenspersonen denunzieren grundsätzlich nicht altruistisch, sondern erwarten sich für ihre anonymisierten Belastungen materielle Vorteile. Solche sind auch vorgesehen und werden von der Polizei gezahlt. Über Höhe, Bedingungen und Usancen solcher Gratifikationen schweigen sowohl die Akten ebenso regelmäßig, wie sich VP-Führer in der Hauptverhandlung hierzu befragt auf fehlende Aussagegenehmigungen berufen. Kaum noch bestritten wird, dass die Entlohnung von Vertrauenspersonen im BtM-Bereich an Art und Menge des jeweilig sichergestellten bzw. aus behördlicher Sicht aufgeklärten Betäubungsmittels orientiert. Die damit verbundenen Gefahren sowohl für die Fairness des Verfahrens als auch die Wahrheitsfindung werden von der Strafverfolgung und häufig auch von Gerichten faktisch ignoriert, sind indes nicht zu unterschätzen. Ältere Rechtsordnungen, die selbst mit der Folter kein Problem hatten, waren da erstaunlicherweise sensibler. Die Carolina des Jahres 1532 hat nicht nur „belonte Zeugen" ausdrücklich „verworffen", sondern geboten, sie „peinlich zu straffen" (Art. 64). Auch noch der Code d'Instruction Criminelle, vor ca. 200 Jahren in westlichen Teilen Deutschlands geltend, schloss belohnte Denunzianten von der Vernehmung als Zeugen aus (322 Abs. 6). Dass unter Geltung der StPO nunmehr im 21. Jahrhundert staatlich bezahlte „Milieupersonen" zum Zwecke der Wahrheitsfindung eingesetzt werden, sollte eigentlich auch rechtsstaatlich unsensibleren Zeitgenossen aufstoßen. Die Staffelung der Entlohnung nach Art und Maß aufgebrachter Betäubungsmittel birgt indes weiterhin der Gefahr, staatlicherseits Anreize zu rechtsstaatswidrigen Tatprovokationen zu setzen. Denn wenn die VP mehr daran verdient, einen Beschuldigten mit größeren Mengen und härteren Drogen zu inkriminieren, als der Anfangsverdacht nahelegte, ist das staatliche Entlohnungssystem geeignet, sie zu verleiten, selbst tatgeneigte Beschuldigte unzulässig zu Geschäften in Größenordnungen zu überreden, die sie ohne den Einfluss der VP nie in Angriff genommen hätten.[50] Sofern durch staatlich in Aussicht gestellte Belohnungen, wenn auch unbeabsichtigt, Anreize für potentiell rechtsstaatswidrige Tatprovokationen geschaffen werden, gefährdet dies die Fairness des Verfahrens, die mit staatlich veranlasster Verführung des Bürgers zu kriminellem Handeln, um ihn anschließend verfolgen zu können, unvereinbar ist.[51] Tatsächlich hat der 5. Senat des BGH betont, dass in einem Rechtsstaat schon der bloße Anschein, die Ermittlungsbehörden wollten etwas verbergen, zu vermeiden und daher in den Akten zu vermerken sei, ob und in welcher Höhe der VP eine Entlohnung in Aussicht gestellt worden oder gar gezahlt worden sei.[52] Der tatrichterlichen Annahme, eine erfolgsabhängige Entlohnung der Vertrauensperson stelle keinen indiziellen Anreiz für eine potentielle Falschbelastung dar, ist derselbe Senat zuvor bereits in einer früheren Entscheidung entgegengetreten.[53]

Praxistipp

Die – erwartbare – Antwort des VP-Führers auf die Frage nach Umfang und Höhe der in Aussicht gestellten und eventuell sogar gezahlten Belohnung der VP, hierzu habe er keine Aussagegenehmigung, muss nach BGH, NStZ 2014, 277, 281, weder vom Gericht noch von der Verteidigung hingenommen werden. VP-Stellen haben sich teilweise in offenkundiger Negierung dieses höchstrichterlichen Judikats dazu verstiegen, die Auskunft hierzu mit der Behauptung zu verweigern, es handele sich um eine Einzelfallentscheidung. Die Lektüre der Entscheidung, die dem VP-Führer an dieser Stelle vorgehalten werden kann, belegt das Gegenteil. Entsprechend ist auch ihre Rezeption in der Literatur ausgefallen.[54] Hier ist die Verteidigung gehalten, das Gericht durch entsprechenden Antrag zu dem Versuch anzuhalten, für eine (deklaratorischen) Erweiterung der vom VP-Führer unzutreffend eingeschränkt interpretierten Aussagegenehmigung Sorge zu tragen.

---

50) Sog. Quantensprung, vgl. etwa BGHSt 47, 44; BGH, NStZ-RR 2010, 289 (das angesonnene Drogengeschäft steht nicht mehr in einem „angemessenen, deliktspezifischen Verhältnis" zum Tatverdacht).

51) EGMR, NStZ 2015, 412; BGH, NStZ 2016, 52.

52) BGH, NStZ 2014, 277, 281.

53) BGH, Beschl. v. 09.05.2012 – 5 StR 41/12.

54) Etwa Weber, BtMG, § 4 Rdnr. 188.

14 Richterliche und staatsanwaltschaftliche Vernehmungen

Maurer

14.1   Einführung

14.1   Zur Vernehmung von Beschuldigten und Zeugen sind Staatsanwaltschaft und Polizei (vgl. §§ 163 Abs. 3, 163a Abs. 3 und 4, 161a Abs. 1 StPO StPO) sowie der Richter (vgl. § 168c Abs. 1 und 2 StPO) berechtigt. Soweit in Steuerstrafsachen, wozu auch **Zollstrafsachen** gehören, die **Finanzbehörde** nach § 386 Abs. 2 AO das Strafverfahren selbständig führt, hat sie für das Ermittlungsverfahren die Stellung der Staatsanwaltschaft (§ 399 AO). Bei der Verfolgung von Ordnungswidrigkeiten hat die zuständige Verwaltungsbehörde nach § 46 Abs. 2 OWiG ebenfalls grundsätzlich die Rechte und Pflichten der Staatsanwaltschaft.[1]

14.1.1   Richterliche/staatsanwaltliche Beschuldigtenvernehmung

14.1.1.1   Richterliche Vernehmung – Bedeutung und anwendbare Vorschriften

14.2   Die richterliche Vernehmung des Beschuldigten spielt insbesondere für die Hauptverhandlung im Hinblick auf die über § 251 Abs. 2 StPO und insbesondere § 254 StPO gegebene Verlesbarkeit eines Protokolls über ein vom Beschuldigten im Ermittlungsverfahren abgelegtes Geständnis eine große Rolle. Daneben kommt es insbesondere auch bei **Vorführungen** und **Haftbefehlseröffnungen** zu richterlichen Vernehmungen. Die richterliche Vernehmung des Beschuldigten richtet sich insbesondere nach folgenden Vorschriften:

§§	Gegenstand
§ 133	Ladung
§ 134	Vorführung
§ 136	Belehrungen

---

1)   LR/Erb, Vor. § 158 Rdnr. 34, 42.

§§	Gegenstand
§ 136a	verbotene Vernehmungsmethoden
§§ 168, 168a	Protokollierung
§ 168c Abs. 1, 3–5	Anwesenheitsrechte
§ 185 GVG	Dolmetscher

14.1.1.2 Staatsanwaltliche Vernehmung – Bedeutung und anwendbare Vorschriften

Die Vernehmung des Beschuldigten und die Gelegenheit zur Äußerung sichern seinen **Anspruch auf rechtliches Gehör.**[2] Der Beschuldigte erhält so auch Gelegenheit, die gegen ihn vorliegenden Verdachtsgründe zu beseitigen und die zu seinen Gunsten sprechenden Tatsachen geltend zu machen, auch sind (bei der ersten Vernehmung) seine persönlichen Verhältnisse festzustellen (§§ 163a Abs. 4 Satz 2, 136 Abs. 2 und 3). Die Vernehmung trägt so auch zur Konstitution der Tatsachengrundlage bei, die für die **Abschlussentscheidung** der Staatsanwaltschaft nach § 170 StPO von Bedeutung ist.

14.3

Auf Seiten der Strafverfolgungsbehörden sind sowohl **Staatsanwaltschaft** als auch **Polizei** zur Vernehmung von Beschuldigten berufen (vgl. § 163a Abs. 3 und 4 StPO). Wer den Beschuldigten vernimmt, ist Sache der Staatsanwaltschaft, sie ist Herrin des Ermittlungsverfahrens. Sie hat die Gesamtverantwortung für das Verfahren, ihr steht gegenüber ihren Ermittlungspersonen ein uneingeschränktes Weisungsrecht in Bezug auf ihre auf die Sachverhaltserforschung gerichtete strafverfolgende Tätigkeit zu, vgl. § 161 Abs. 1 Satz 2 StPO, § 152 Abs. 1 GVG, sei es durch konkrete Einzelweisungen, sei es durch allgemeine Weisungen im Voraus.

14.4

In der Praxis wird der Beschuldigte häufig zunächst von der **Polizei** gemäß § 163a Abs. 4 StPO „im Rahmen des ersten Zugriffs" vernommen. Er kann aber auch alternativ/kumulativ von der Staatsanwaltschaft vernommen werden. Wichtig ist nur, dass er „spätestens bis zum Abschluss der Ermittlungen" überhaupt vernommen oder ihm mindestens Gelegenheit zur Äußerung gegeben wird, § 163a Abs. 1 Satz 1 StPO (siehe Rdnr. 7.32).

Eine staatsanwaltschaftliche Beschuldigtenvernehmung i.S.d. § 163a Abs. 3 StPO bedeutet, dass ein Staatsanwalt auch die Vernehmung verantwortlich leitet und das Vernehmungsgespräch im Wesentlichen selbst führt. Allein der Umstand, dass bei einer polizeilichen Vernehmung ein Staatsanwalt anwesend ist und ggf. unterstützend teilnimmt, macht aus dieser noch keine staatsanwaltschaftliche Vernehmung.[3]

---

2) LR/Erb, § 163a Rdnr. 32, 33; KK/Griesbaum, § 163a Rdnr. 1.
3) HansOLG, Beschl. v. 17.07.2009 – 2 Ws 95/09.

14.5 Die staatsanwaltliche Vernehmung des Beschuldigten richtet sich insbesondere nach folgenden Vorschriften:

§§		Gegenstand
§ 163a Abs. 1 Satz 1		spätester Vernehmungszeitpunkt
§ 163a Abs. 3 Satz 1		Pflicht zum Erscheinen
§ 163a Abs. 3 Satz 2 i.V.m.	§ 133	Ladung
	§ 134	Vorführung
	§ 136	Belehrungen
	§ 136a	verbotene Vernehmungsmethoden
	§ 168c Abs. 1 und 5	Anwesenheitsrechte des Verteidigers
§ 163a Abs. 5 i.V.m.	§§ 187 Abs. 1–3, 189 GVG	Dolmetscher/Übersetzer
§ 168b Abs. 2 i.V.m.	§§ 168, 168a	Protokollierung

14.1.1.3 Gleichlauf von richterlicher und staatsanwaltlicher Beschuldigtenvernehmung/Besonderheiten

14.6 Die **Vernehmungen** von Beschuldigten durch Staatsanwaltschaft, Polizei und Richter laufen im Kern „weitgehend" ähnlich, weil insbesondere durch § 163a Abs. 3 Satz 2 und Abs. 4 Satz 1 und 2 StPO das nach seinem Standort im Ersten Buch der StPO nur für richterliche Beschuldigtenvernehmungen geltende Verbot unzulässiger Vernehmungsmethoden (§ 136a StPO) sowie die weitgehend für den Richter normierten Belehrungsvorschriften des § 136 StPO auch auf staatsanwaltschaftliche (und über § 163a Abs. 4 Satz 2 StPO auch auf polizeiliche) Vernehmungen übertragen wird. Die mit der Beschuldigtenvernehmung zusammenhängenden Fragen wurden bereits in Kapitel 7 Rdnr. 7.1 ff. Polizeiliche Vernehmung von Beschuldigten und Zeugen vertiefend dargestellt. Die dort gemachten Ausführungen gelten für die richterliche Beschuldigtenvernehmung entsprechend. Dies gilt insbesondere für das Verfahren, den Ablauf und den Inhalt der richterlichen Vernehmung nach §§ 48–71, 133–136, 136a, 168, 168a StPO und §§ 185–187 GVG und auch für die Frage des Vorliegens von **Beweisverwertungsverboten**, die insbesondere bei folgenden Verstößen in Betracht kommen:

– bei einem Verstoß gegen die Belehrungspflicht gem. § 136 Abs. 1 Satz 2 StPO (siehe Rdnr. 7.5 Beweisverwertungsverbot, 7.43 Aussagefreiheit und 7.50 Anwaltskonsultationsrecht)

– falls der Beschuldigte seine Angaben unter dem Eindruck des Vorhalts von unzulässig erlangten Erkenntnissen gemacht hat[4]

---

4) BGH, Urt. v. 03.05.2018 – 3 StR 390/17.

- bei einer vernehmungsähnlichen Befragung unter Ausnutzung täuschungsähnlicher Situation i.S.d. § 136a StPO[5]

- für unzulässige informatorische (Vor-)Befragungen (siehe Rdnr. 7.25 (Informatorische (Vor-)Befragung), Kontaktgespräche/formlose Vorgespräche (siehe Rdnr. 7.28 Kontaktgespräche, „formlose" Vorgespräche)

- bei einem Verstoß gegen die **Benachrichtigungspflicht** und das **Anwesenheitsrecht** des Verteidigers gem. § 168c Abs. 1 und 5 Satz 1 StPO bei der Vernehmung des beschuldigten Mandanten (siehe Rdnr. 7.77 Anwesenheitsrechte/Pflicht zur Benachrichtigung)

Verstöße gegen die sonstigen Belehrungsinhalte nach §§ 163a Abs. 3 Satz 2, 136 **14.7** Abs. 1 Satz 5 und 6 StPO begründen nach allgemeiner Meinung kein Verwertungsverbot (Rdnr. 7.57). Auch hier ist zu beachten, dass Verwertungsverbote im Ermittlungsverfahren von Amts wegen zu berücksichtigen sind. Auf die Prüfung der Verwertbarkeit von Beweisen im Ermittlungsverfahren findet die vom Bundesgerichtshof entwickelte sogenannte **Widerspruchslösung** keine Anwendung.[6]

Nachfolgend werden gegenüber den Ausführungen in Kapitel 7 Rdnr. 7.1 ff. nur die jeweiligen **Besonderheiten** bei der richterlichen/staatsanwaltlichen Beschuldigtenvernehmung herausgestellt.

14.1.1.4   Ladung/Pflicht zum Erscheinen

Gemäß § 133 Abs. 1 StPO, der für alle richterlichen (und vor der Eröffnung des **14.8** Hauptverfahrens i.V.m. § 163a Abs. 3 Satz 2 StPO für alle staatsanwaltlichen) Vernehmungen gilt[7], ist der Beschuldigte zur Vernehmung „schriftlich zu laden", wobei dies nach RistBV, Nr. 44, Abs. 2 „durch Brief, nicht durch Postkarte" zu erfolgen hat", also in einem verschlossenen Brief. Telefax steht einem Brief gleich.[8] Eine **Ladungsfrist** besteht nicht.[9] Inhaltlich sind der Ort und die Zeit der Vernehmung anzugeben. Die Ladung eines Beschuldigten soll nach RistBV, Nr. 44, Abs. 1 Satz 1 „erkennen lassen, dass er als Beschuldigter vernommen werden soll. Der **Gegenstand der Beschuldigung** wird dabei kurz anzugeben sein, wenn und soweit es mit dem Zweck der Untersuchung vereinbar ist". Die **förmliche Zustellung** ist zwar nicht erforderlich, aber zum Nachweis des Zugangs an den Beschuldigten vor allem im Falle der Androhung der Vorführung unerlässlich. Die **Belehrungspflichten** gelten nicht für die Ladung, sondern erst für die eigentliche Vernehmung.[10]

---

5) BGH, Urt. v. 28.04.1987 – 5 StR 666/86; BGH, Urt. v. 26.07.2007 – 3 StR 104/07; BGH, Beschl. v. 27.01.2009 – 4. StR 296/08; BGH, Beschl. v. 18.05.2010 – 5 StR 51/10; Thüringer OLG, Beschl. v. 31.07.2019 – 1 Ws 242/19.
6) BGH, Beschl. v. 06.06.2019 – StB 14/19.
7) KK/Diemer, § 133 Rdnr. 1, 2.
8) Meyer-Goßner/Schmitt, § 133 Rdnr. 3; KK/Diemer, § 133 Rdnr. 1, 2.
9) Meyer-Goßner/Schmitt, § 133 Rdnr. 2.
10) Meyer-Goßner/Schmitt, § 133 Rdnr. 4; KK/Diemer, § 133 Rdnr. 5.

Maurer

Nach § 133 Abs. 2 StPO (für die staatsanwaltliche Vernehmung i.V.m. § 163a Abs. 3 Satz 2 StPO) kann die schriftliche Ladung mit der **Androhung** verbunden werden, dass im Fall des Ausbleibens die **Vorführung** erfolgen wird. Nach RistBV Nr. 44, Abs. 2 sollen Zwangsmaßnahmen für den Fall des Ausbleibens aber nur angedroht werden, wenn sie gegen den unentschuldigt ausgebliebenen Beschuldigten voraussichtlich auch durchgeführt werden. Auf die Androhung kann verzichtet werden. Auch der in Haft befindliche Beschuldigte ist schriftlich zu laden, die Androhung nach § 133 Abs. 2 StPO unterbleibt. Der Vorführbefehl ist bei richterlicher Vernehmung Bestandteil der Ladung.[11]

14.9   Ist der Beschuldigte zu einer richterlichen Vernehmung „schriftlich" (vgl. § 133 Abs. 1 StPO – für die staatsanwaltliche Vernehmung i.V.m. § 163a Abs. 3 Satz 2 StPO) geladen, so ist er auch zum Erscheinen verpflichtet.

14.10   § 133 Abs. 1 StPO (für die staatsanwaltliche Vernehmung i.V.m. § 163a Abs. 3 Satz 2 StPO) steht zwar einer **mündlichen Ladung** nicht entgegen, sie darf aber nicht mit der Androhung zur Vorführung verbunden werden und löst grundsätzlich keine Pflicht zum Erscheinen aus.[12] Etwas anderes gilt nur für den **Fortsetzungstermin** bei einer unterbrochenen richterlichen Vernehmung, da dem anwesenden Beschuldigten die Ladung gem. § 35 Abs. 1 Satz 1 StPO durch die Vernehmungsperson mündlich bekannt gemacht werden kann. Die in der ursprünglichen schriftlichen Ladung enthaltene Vorführungsandrohung gilt dann fort.[13]

Durch die Plicht zum Erscheinen wird das Schweigerecht des Beschuldigten gem. § 136 Abs. 1 StPO (für die staatsanwaltliche Vernehmung i.V.m. § 163a Abs. 3 Satz 2 StPO) selbstverständlich nicht berührt.

Praxistipp

Der Verteidiger sollte dem Richter/dem Staatsanwaltschaft schriftlich mitteilen, wenn der Beschuldigte von seinem Schweigerecht gem. § 136 Abs. 1 StPO (für die staatsanwaltliche Vernehmung i.V.m. § 163a Abs. 3 Satz 2 StPO) Gebrauch machen will. **Ziel ist, bereits die Ladung zu vermeiden.** Der Beschuldigte ist nämlich auch dann zum Erscheinen verpflichtet, wenn er vom Schweigerecht Gebrauch machen will und sich entschieden hat, nicht zur Sache auszusagen. Das gilt selbst dann, wenn er dies vorher schon ausdrücklich angekündigt hat.[14]

14.1.1.5   Vorführung

14.11   Voraussetzung für den Erlass eines Vorführbefehls ist, dass der Beschuldigte im Vernehmungstermin unentschuldigt ausgeblieben ist. Ist die Zeitspanne zwischen

---

11) Meyer-Goßner/Schmitt, § 133 Rdnr. 5a.
12) Meyer-Goßner/Schmitt, § 133 Rdnr. 5; KK/Diemer, § 133 Rdnr. 6.
13) KK/Diemer, § 133 Rdnr. 7; Meyer-Goßner/Schmitt, § 133 Rdnr. 3.
14) Meyer-Goßner/Schmitt, § 133 Rdnr. 5 m.w.N.; KK/Diemer, § 133 Rdnr. 8.

Ladung und Termin so eng bemessen, dass der Beschuldigte sich zeitlich nicht auf den Vernehmungstermin einrichten kann, so kann sein Ausbleiben u.U. als entschuldigt betrachtet werden.[15] Die Vorführung kann dann angeordnet werden, wenn diese gem. § 133 Abs. 1 und 2 StPO (für die staatsanwaltliche Vernehmung i.V.m. § 163a Abs. 3 Satz 2 StPO) in einer schriftlichen Ladung, deren Zugang nachgewiesen ist,[16] auch wirksam angedroht worden ist. Ohne vorherige Androhung in einer schriftlichen Ladung ist ein Vorführbefehl nur zulässig, wenn die Voraussetzungen des § 134 Abs. 1 StPO vorliegen, also Gründe gegeben sind, die den Erlass eines Haftbefehls rechtfertigen würden.

Über die **Rechtmäßigkeit** einer staatsanwaltlichen Vorführung entscheidet gem. § 163a Abs. 3 Satz 3 StPO auf Antrag des Beschuldigten das nach § 162 StPO zuständige Gericht. Gegen den richterlichen Vorführbefehl ist die Beschwerde gem. § 304 StPO statthaft.[17]

Gemäß § 134 Abs. 2 StPO (für die staatsanwaltliche Vernehmung i.V.m. § 163a Abs. 3 Satz 2 StPO) muss der **Vorführbefehl** den Beschuldigten, die ihm zur Last gelegte Straftat und den Grund der Vorführung genau bezeichnen. Der Richter/ Staatanwalt ist zum Vollzug der Vorführung nicht verpflichtet, wenn der Beschuldigte dem Vernehmungstermin unentschuldigt fernbleibt. Der Erlass eines Vorführungsbefehls steht im pflichtgemäßen Ermessen des Gerichts.[18]

14.1.1.6 Pflichtverteidigerbestellung

Nach § 141 Abs. 3 Satz 4 StPO[19] muss der Richter, bei dem eine richterliche Vernehmung durchzuführen ist, dem Beschuldigten einen Verteidiger bestellen, wenn die StA dies beantragt oder wenn die Mitwirkung eines Verteidigers aufgrund der Bedeutung der Vernehmung zur Wahrung der Rechte des Beschuldigten geboten erscheint (Details hierzu siehe Kap. 8, Rdnr. 8.1 ff. Wahl und Pflichtverteidigerbestellung).

14.12

14.1.1.7 Erstbelehrung durch den Richter/Staatsanwalt

§ 136 Abs. 1 StPO regelt hier die Belehrungspflichten bei der „ersten Vernehmung" durch den Richter oder Staatsanwalt (i.V.m. § 163a Abs. 3 Satz 2 StPO, wie auch i.V.m. § 163a Abs. 4 Satz 2 StPO bei der polizeilichen Vernehmung) vor oder außerhalb der Hauptverhandlung. Ausweislich des eindeutigen Wortlauts bestehen die Belehrungspflichten nach § 136 Abs. 1 StPO bei jeder ersten richterlichen/ staatsanwaltlichen Vernehmung.[20] Sie sind daher auch zu erteilen, wenn die Beleh-

14.13

---

15) KK/Diemer, § 133 Rdnr. 4 m.w.N.
16) Meyer-Goßner/Schmitt, § 133 Rdnr. 11.
17) Meyer-Goßner/Schmitt, § 134 Rdnr. 7.
18) KK/Diemer, § 133 Rdnr. 11.
19) Eingeführt durch das „Gesetz zur effektiveren und praxistauglicheren Ausgestaltung des Strafverfahrens" v. 17.08.2017 (BGBl I, 3202).
20) Meyer-Goßner/Schmitt, § 136 Rdnr. 1, 8.

rungen bereits bei vorangegangenen (Erst-)Vernehmungen durch Polizei und/oder Staatsanwaltschaft erteilt wurden.[21] Bei wiederholten Vernehmungen durch den Richter/Staatsanwalt gelten bisherige Belehrungen hingegen fort. Die Belehrung nach § 136 StPO wird nicht etwa durch andere Belehrungspflichten, wie die aus Anlass der Vorführung/Haftbefehlseröffnung nach § 115 StPO verdrängt.[22]

14.14   Eine Besonderheit besteht bei der **Belehrung über den Tatvorwurf** (siehe Rdnr. 7.41) nur insoweit, als gem. § 136 Abs. 1 Satz 1 StPO bei der richterlichen/staatsanwaltlichen Vernehmung – im Gegensatz zur polizeilichen Vernehmung, § 163a Abs. 3 Satz 2 StPO siehe Rdnr. 7.41) – auch die in Betracht kommenden Strafvorschriften anzugeben sind, wobei eine abschließende rechtliche Würdigung insbesondere zu Beginn eines Ermittlungsverfahrens selten möglich sein wird. Ein erneuter Hinweis kann angebracht sein, wenn sich der Vorwurf grundlegend ändert, sodass sich der Beschuldigte auch in tatsächlicher Hinsicht ganz anders verteidigen muss, wenn also z.B. im Verlauf der Vernehmung wegen des Vorwurfs des Diebstahls die Begehung von Raub in Betracht kommt. Zur Verwirrung des Beschuldigten sollten die Hinweise und Belehrungen jedenfalls nicht dienen.[23]

14.15   Nach § 136 Abs. 1 Satz 2 StPO (für die staatsanwaltliche Vernehmung i.V.m. § 163a Abs. 3 Satz 2 StPO) ist der Beschuldigte darauf hinzuweisen, dass es ihm nach dem Gesetz freistehe, sich zu der Beschuldigung zu äußern oder nicht zur Sache auszusagen (siehe hierzu auch Rdnr. 7.43 ff.). Entschließt sich der Beschuldigte, nicht auszusagen, muss sich der Vernehmende grundsätzlich jeder Einflussnahme auf diesen Entschluss enthalten.[24] Bei der polizeilichen Vernehmung soll zulässig sein, dass der Vernehmende den Beschuldigten auf die nachteiligen **Folgen einer Aussageverweigerung** hinweist.[25] Dies ist schon bei polizeilichen Vernehmungen mit Vorsicht zu bewerten (siehe Rdnr. 7.45). Solche Hinweise können nur richtig sein, wenn der Hinweis lediglich eine allgemeine, irgendwelche Zusagen vermeidende und wertfreie Belehrung des Beschuldigten über seine Prozesslage zum Inhalt hat, etwa wenn mögliche entlastende Umstände, die allein er kennen kann, nur aufgeklärt werden können, wenn er sie nennt.[26] Eine ausdrückliche Empfehlung im Rahmen der richterlichen Vernehmung, sich zur Sache einzulassen, ist aber jedenfalls mit der richterlichen Neutralität nicht zu vereinbaren.[27]

---

21) Rinklin, Hauptverhandlung, Kap. 12, S. 510; Meyer-Goßner/Schmitt, § 136 Rdnr. 1; § 163a Rdnr. 17; KK/Griesbaum, § 163a Rdnr. 17.
22) Meyer-Goßner/Schmitt, § 115 Rdnr. 8.
23) KK/Diemer, § 163 Rdnr. 9; nach Meyer-Goßner/Schmitt, § 136 Rdnr. 6, muss auf jeden neuen rechtlichen Gesichtspunkt hingewiesen werden.
24) Meyer-Goßner/Schmitt, § 136 Rdnr. 8; Burhoff, Ermittlungsverfahren, Rdnr. 3409.
25) Meyer-Goßner/Schmitt, § 136 Rdnr. 8, Burhoff, Ermittlungsverfahren, Rdnr. 3409.
26) LR/Gleß, § 136 Rdnr. 34.
27) LR/Gleß, § 136 Rdnr. 34; vgl. SK-Rogall, Rdnr. 46; a.A. Meyer-Goßner/Schmitt, § 136 Rdnr. 8.

14.1.1.8 Benachrichtigungspflicht – Anwesenheitsrecht – Frage- und Erklärungsrecht

Gemäß § 168c Abs. 1 StPO (für die staatsanwaltliche Vernehmung i.V.m. § 163a Abs. 3 Satz 2 StPO) hat der (bereits mandatierte oder bestellte, siehe Rdnr. 7.78) **Verteidiger** während der Vernehmung seines beschuldigten Mandanten – wie auch die Staatsanwaltschaft – ein Anwesenheitsrecht, das unabhängig von weiteren Voraussetzungen ist. Zusätzlich abgesichert wird das Anwesenheitsrecht des Verteidigers durch die Belehrungspflicht über das Verteidigerkonsultationsrecht gem. § 136 Abs. 1 Satz 2 StPO. Sinn und Zweck ist es, den Beschuldigten im vorbereitenden Verfahren besserzustellen und ihm die Möglichkeit zu geben, auf das – ggf. später verwertbare – Beweisergebnis Einfluss nehmen zu können.[28] Bei Vernehmungen eines **jugendlichen Beschuldigten** dürfte sich ein Anwesenheitsrecht des Erziehungsberechtigten aus § 67 Abs. 1 JGG ableiten lassen.[29] **Mitbeschuldigte** oder deren Verteidiger haben kein Anwesenheitsrecht.[30] Auch der **Nebenklageberechtigte** hat kein Anwesenheitsrecht, weil er sich gem. § 395 Abs. 1 Satz 1 StPO frühestens nach Erhebung der Anklage anschließen kann. Die Anwesenheit kann aber stets gestattet werden, wenn Ermittlungsgründe es geboten erscheinen lassen und die Ermittlungen dadurch nicht beeinträchtigt werden.[31]

14.16

In der Literatur wird zudem ein Anwesenheitsrecht des Verteidigers bei der richterlichen Vernehmung eines **Mitbeschuldigten** bejaht.[32] Die Rechtsprechung vereint ein Anwesenheitsrecht,[33] was weiterhin richtig ist, nachdem auch das „Zweite Gesetz zur Stärkung der Verfahrensrechte von Beschuldigten im Strafverfahren und zur Änderung des Schöffenrechts" vom 27.08.2017 (BGBl I, 3295) hinsichtlich eines Anwesenheitsrechts des Verteidigers bei der richterlichen Vernehmung eines Mitbeschuldigten nichts geändert hat.

14.17

Soweit der Verteidiger ein Anwesenheitsrecht hat, steht ihm gem. § 168c Abs. 5 Satz 2 StPO (für die staatsanwaltliche Vernehmung i.V.m. § 163a Abs. 3 Satz 2 StPO) auch ein **Frage- und Erklärungsrecht** zu, „ungeeignete oder nicht zur Sache gehörende Fragen"[34] (i.S.d. § 241 StPO) können gemäß § 168c Abs. 5 Satz 3 beanstandet und zurückgewiesen werden (siehe auch Rdnr. 7.74).

14.18

---

28) BGH, Urt. v. 11.05.1976 – 1 StR 166/76.
29) LR/Erb, § 163a Rdnr 101; OLG Celle, Beschl. v. 25.11.2009 – 32 Ss 41/09; Ludwig, Belehrungspflichten aus § 67 JGG und mögliche Fehlerfolgen bei Verstößen, in: NStZ 2019, 123–128; offengelassen: BGH, Beschl. v. 13.08.2019 – 5 StR 257/19.
30) BGH, Beschl. v. 17.02.2009 – 1 StR 691/08; BGH, Urt. v. 20.02.1997 – 4 StR 598/96.
31) Für die polizeiliche Vernehmung: Meyer-Goßner/Schmitt, § 163 Rdnr. 15; KK/Griesbaum, § 163 Rdnr. 20.
32) Burhoff, Ermittlungsverfahren, Rdnr. 3683.
33) BGH, Beschl. v. 31.01. 2001 – 3 StR 237/00; OLG Köln, Beschl. v. 10.06.2011 – III-2 Ws 313/11.
34) Weiterführend Rinklin, Hauptverhandlung, Kap. 13, S. 602.

Maurer

> **Praxistipp**
>
> Der Anwalt hat keine **rechtliche Handhabe**, sich durch förmliche Anträge (entsprechend § 273 Abs. 3 StPO) einzubringen. Wenn es dem Verteidiger nicht gelingt, eine aus seiner Sicht richtige Protokollierung durchzusetzen, kann eine sinnvolle Option darin bestehen, dass der vernommene Beschuldigte und sein Anwalt eine weitere Mitwirkung verweigern, sich den Text entgegen § 168a Abs. 3 Satz 1 StPO nicht abschließend vorlesen lassen, keine Anstalten zu einer Genehmigung i.S.d. § 168a Abs. 3 Satz 1 StPO machen, keine handschriftlichen oder anderweitigen Korrekturen vornehmen und insbesondere das Protokoll entgegen § 168a Abs. 3 Satz 3 StPO nicht unterschreiben.[35] Jedenfalls sollte bei bestehenden Einwänden die Chance des § 168a Abs. 3 Satz 3 StPO genutzt werden, schriftlich vermerken zu lassen, warum die Genehmigung nicht erteilt worden ist.

14.19   Der Verteidiger ist gem. § 168c Abs. 5 Satz 1 StPO (für die staatsanwaltliche Vernehmung i.V.m. § 163a Abs. 3 Satz 2 StPO) von dem Termin vorher, so früh wie möglich[36], zu benachrichtigen (weiterführend Rdnr. 7.75).

> **Praxistipp**
>
> Wenn der Vernehmungstermin trotz Antrags des Verteidigers nicht verlegt wird, dann sollte der Verteidiger seinem Mandanten auch bei einer richterlichen/staatsanwaltlichen Vernehmung dringend anraten, in seiner Abwesenheit keine Aussage zur Sache zu machen.

Die **Verletzung der Benachrichtigungspflicht** – und erst recht des Anwesenheitsrechts – hat hinsichtlich des auf diese Weise gewonnenen Beweisergebnisses ein Verwertungsverbot zur Folge (vgl. weitergehend auch Rdnr. 7.77), das im Ermittlungsverfahren von Amts wegen, im späteren Gerichtsverfahren auf Widerspruch zu beachten ist (siehe Rdnr. 7.9).

14.20   Die Benachrichtigungspflicht kann zum Nachteil des Verteidigers nur unter den besonderen Voraussetzungen des § 168c Abs. 5 Satz 2 StPO (für die staatsanwaltliche Vernehmung i.V.m. § 163a Abs. 3 Satz 2 StPO) eingeschränkt werden, nämlich wenn sie den **Untersuchungserfolg** gefährden würde. Für die Vernehmung eines Beschuldigten gilt diese Einschränkung kaum, sodass der Verteidiger i.d.R. zu benachrichtigen ist (siehe Rdnr. 7.76).[37] Selbst wenn der Verteidiger von einem Vernehmungstermin nach § 168c Abs. 5 Satz 2 StPO nicht benachrichtigt worden ist, bleibt davon sein Anwesenheitsrecht nach Absatz 1 unberührt, wenn er etwa auf andere Weise vom Vernehmungstermin erfährt, da er nicht wie der

---

35) Sommer, StraFo 2018, 451, 457.
36) BGH, Beschl. v. 23.09.1988 – 2 StR 409/88; BGH, Urt. v. 19.03.1996 – 1 StR 497/95 zum Anwesenheitsrechte von Prozessbeteiligten bei Rechtshilfehandlungen; KK/Griesbaum, § 168c Rdnr. 16.
37) Burhoff, Ermittlungsverfahren, Rdnr. 3396.

Beschuldigte – § 168c Abs. 3 StPO – von der Anwesenheit ausgeschlossen werden kann.[38]

Das Recht auf Zugang zu einem Rechtsbeistand wird jedoch dann eingeschränkt, wenn eine **Kontaktsperre** nach den §§ 31 ff. EGGVG verhängt wird.   **14.21**

14.1.1.9   Protokollierungspflicht, §§ 168, 168a (i.V.m. § 168b StPO)

Gemäß § 168 Satz 1 StPO ist über jede richterliche Untersuchungshandlung, mithin über jede richterliche Vernehmung ein **Protokoll** aufzunehmen. § 168 Satz 2 StPO geht davon aus, dass für die Protokollführung i.d.R. ein **Urkundsbeamter** der Geschäftsstelle i.S.d. § 153 GVG hinzugezogen ist. Der Protokollführer muss während der gesamten von ihm protokollierten Verhandlung zugegen sein.[39] Ein Wechsel durch einen oder mehrere andere Urkundsbeamte ist zulässig.[40] Aus der Niederschrift muss dann hervorgehen, welcher Abschnitt der Verhandlung jeweils von welchem der beteiligten Urkundsbeamten protokolliert worden ist; jeder Urkundsbeamte hat den von ihm aufgenommenen Teil zu unterzeichnen. Der Richter kann das Protokoll auch selbst führen, „wenn er die Zuziehung eines Protokollführers nicht für erforderlich hält", § 168 Satz 2 zweiter Halbsatz StPO. Der Richter trägt dann selbst die volle Verantwortung für die Protokollierung. Der Richter kann auch für einen Abschnitt der Verhandlung einen Protokollführer zuziehen und für einen anderen das Protokoll selbst fertigen.[41] Aus der Niederschrift muss dann auch hervorgehen, inwieweit ein Protokollführer und inwieweit der Richter die Verantwortung trägt. § 168 Satz 3 StPO gestattet die Heranziehung anderer, besonders zu vereidigender Personen als Protokollführer „in dringenden Fällen", wenn die Untersuchungshandlung nach pflichtgemäßem Ermessen des Richters keinen Aufschub duldet und ein Urkundsbeamter der Geschäftsstelle nicht zur Verfügung steht.   **14.22**

Die Art der Protokollierung richtet sich nach § 168a StPO (siehe auch Rdnr. 7.65). Der Richter kann das Protokoll ohne Protokollführer ganz oder teilweise mit einem Tonaufnahmegerät vorläufig aufzeichnen, wobei dann für die Übertragung § 168a Abs. 4 Satz 2–4 StPO zu beachten ist. Sonst ist das Protokoll nach dessen Abs. 3 Satz 1 StPO den bei der Vernehmung Beteiligten zur **Genehmigung** vorzulesen, zur Durchsicht vorzulegen oder auf einem Bildschirm anzuzeigen. Das Protokoll ist gem. § 168a Abs. 3 Satz 3 StPO zu unterschreiben, oder es ist darin anzugeben, weshalb die Unterschrift unterblieben ist.

---

38) BGH, Urt. v. 02.05.1979 – 2 StR 99/79; KK/Griesbaum, § 168c Rdnr. 19; LR/Erb, § 168c Rdnr. 47.

39) Meyer-Goßner/Schmitt, § 168 Rdnr. 2.

40) LR/Erb, § 168 Rdnr. 12.

41) KK/Griesbaum, § 168 Rdnr. 4.

14.23 Durch die Erstreckung des § 168b StPO auf „Untersuchungshandlungen der Ermittlungsbehörden"[42] gilt dessen Absatz wie schon früher auch für die Protokollierung *staatsanwaltlicher* Vernehmungen. Nach § 168b Abs. 2 StPO soll daher regelmäßig ein Protokoll nach den §§ 168 und 168a StPO aufgenommen werden (siehe Rdnr. 7.66 ff.). Eine Ausnahme von der Pflicht zur Protokollierung kennt § 168b StPO nur für die staatsanwaltliche (und polizeiliche) Vernehmung, „soweit dies ohne erhebliche Verzögerung der Ermittlungen geschehen kann".

Wird eine Vernehmung nicht oder mangelhaft protokolliert, so begründet dies kein Verwertungsverbot. Eine nur aktenkundig gemachte Vernehmung oder von einer nicht vereidigten Person protokollierte Aussage darf vorgehalten, aber nicht auch strengbeweislich als *richterliches* Protokoll verlesen werden.[43] Eine Verlesung als nichtrichterliche Niederschrift, z.B. unter den Voraussetzungen der §§ 251 Abs. 1, 253 StPO ist möglich.[44] Der Beweiswert des Vermerks ist geringer.[45]

> **Praxistipp**
>
> Dem Verteidiger kann vor dem Hintergrund von § 147 Abs. 3 StPO „in keiner Lage" die Einsicht in die Beschuldigtenvernehmung verwehrt werden. Der Verteidiger hat daher jedenfalls einen Anspruch auf eine Protokollabschrift.
>
> Eine ganze Reihe von Studien hat gezeigt, dass die Art und Weise der Protokollierung (von Vernehmungen) im Strafrecht tendenziell die Seite der Strafverfolger begünstigt und die Verteidigung schwächt.

14.1.1.10 Audiovisuelle Vernehmung, § 136 Abs. 4 StPO

14.24 Seit 01.01.2020 ist der bereits 2017 eingeführte § 136 Abs. 4 StPO in Kraft.[46] Nach § 136 Abs. 4 Satz 1 StPO kann grundsätzlich jede Vernehmung des Beschuldigten in Bild und Ton aufgezeichnet werden.[47] § 136 Abs. 4 StPO gilt unmittelbar nur für richterliche Beschuldigtenvernehmungen, über die Verweise in § 163a Abs. 3 und 4 StPO jedoch auch für staatsanwaltliche und polizeiliche Beschuldigtenvernehmungen entsprechend.

---

42) Gesetz zur Stärkung der Verfahrensrechte von Beschuldigten im Strafverfahren vom 02.07.2013, BGBl I 2013, 1938 m.W.v. 06.07.2013.
43) LR/Erb, § 168 Rdnr. 23.
44) BGH, Beschl. v. 03.08.1984 – 4 StR 496/84; Meyer-Goßner/Schmitt, § 168 Rdnr. 11.
45) LR/Erb, § 168 Rdnr. 23.
46) Durch „Gesetz zur effektiveren und praxistauglicheren Ausgestaltung des Strafverfahrens" v. 17.08.2017, BGBl I 2017, 3202.
47) BT-Drucks. 18/11277, S. 26.

14.1.1.10.1 Sinn und Zweck der audiovisuellen Dokumentation

14.25

Die Erweiterung der audiovisuellen Dokumentationsmöglichkeiten von Vernehmungen soll in erster Linie der Verbesserung der **Wahrheitsfindung** dienen,[48] da die Videoaufzeichnung den Verlauf einer Vernehmung authentisch wiedergibt und dem herkömmlichen schriftlichen Inhaltsprotokoll daher überlegen ist. Bei den Aufzeichnungen handelt es sich um Ergänzungen der Vernehmungsprotokolle, denen – über § 254 Satz 1 StPO im Wege des Urkunden- oder Augenscheinsbeweises – ein höherer Beweiswert zukommt.[49] Auch für eine etwaige Hauptverhandlung soll die audiovisuelle Vernehmung Vorteile bieten, indem zeitraubenden Streitigkeiten darüber, ob, wann und wie etwas gesagt wurde, von vorneherein der Boden entzogen ist. Insoweit besteht die Möglichkeit, dem Beschuldigten seine eigene Aussage anhand einer Videoaufzeichnung vorzuhalten. Dies kann im Einzelfall die **Ladung der früheren Vernehmungspersonen** entbehrlich machen und somit das Verfahren beschleunigen und insbesondere die Vernehmungspersonen entlasten. Daneben soll die Dokumentation dem **Schutz des Beschuldigten** vor unsachgemäßen und – i.S.d. § 136a StPO – rechtswidrigen Vernehmungsmethoden dienen. Eine korrekte Vorgehensweise bei der **Einhaltung von Formalitäten** ist nachträglich überprüfbar, etwa bei der Frage, ob der Beschuldigte belehrt worden ist. Die Vorschriften entfalten daher eine **Schutzwirkung in jede Richtung** und schützen die redlichen Vernehmungspersonen ebenso wie die nicht sachgerecht vernommenen Beschuldigten.[50] Bei aller Euphorie des Gesetzgebers darf die Frage aufgeworfen werden, ob durch den technischen Einsatz tatsächlich eine größere Objektivierung der Sachlage und somit eine deutliche Steigerung der Erlangung der objektiven Wahrheit vor Gericht erreicht werden kann.[51] Möglicherweise könnten sich die Erkenntnismöglichkeiten auch deutlich verschlechtern, etwa durch die suggestive Wirkung des Kamerawinkels oder durch Hemmungen, vor der Kamera zu sprechen, bzw. möglicherweise damit einhergehenden höheren kognitiven Belastungen.[52] Klarheit kann hier nur durch umfassende, wissenschaftlich fundierte Forschung erlangt werden.[53]

---

[48] Dies und alle nachfolgenden Ausführungen zu § 136 Abs. 4 StPO sind angelehnt an die Gesetzesbegründung in BT-Drucks. 18/11277, S. 24 ff.

[49] BT-Drucks. 18/11277, S. 26, 36.

[50] BT-Drucks. 18/11277, S. 24.

[51] Bender/Nack/Treuer, Rdnr. 733 ff.

[52] Bender/Nack/Treuer, Rdnr. 734, 1530.

[53] Floren, in: Kriminalistik 2020, 37, 40.

> **Hinweis**
>
> Ist **keine Videoaufzeichnung** vorhanden, gelten die hergebrachten Grundsätze für die Feststellung der Einhaltung der Vernehmungsförmlichkeiten im Freibeweisverfahren; der Grundsatz „in dubio pro reo" gilt grundsätzlich nicht.[54] Aus dem Fehlen einer audiovisuellen Aufzeichnung kann folglich nicht der Schluss gezogen werden, dass die Vernehmungsförmlichkeiten nicht eingehalten wurden oder ihre Einhaltung nicht mehr feststellbar sei.

14.1.1.10.2 Generalklausel – Ermessen

14.26   Nach § 136 Abs. 4 Satz 1 StPO kann jede Beschuldigtenvernehmung audiovisuell aufgezeichnet werden. Die Aufzeichnung der Vernehmung in Bild und Ton steht im Ermessen des Vernehmenden. Voraussetzung ist insoweit einzig, dass es sich um eine Vernehmung handelt.

14.1.1.10.3 Tötungsdelikte – Aufzeichnungspflicht

14.27   Nach § 136 Abs. 4 Satz 1 Nr. 1 StPO besteht für den Ermittlungsrichter und – über den Verweis in § 163a StPO – auch für den Staatsanwalt und die Polizei eine Pflicht zur audiovisuellen Aufzeichnung einer Beschuldigtenvernehmung, wenn dem Verfahren ein **vorsätzliches Tötungsdelikt** zugrunde liegt. Der Begriff der vorsätzlichen Tötungsdelikte umfasst dabei die Delikte der §§ 211–221 des Strafgesetzbuchs im Falle einer vorsätzlichen Begehungsweise sowohl im Stadium des **Versuchs** als auch der Vollendung. Erfasst sind auch **erfolgsqualifizierte Delikte**, sofern der Vorsatz auch auf den Eintritt der schweren Folge gerichtet war. In diesen Fällen wird regelmäßig ohnehin ein vollendetes Tötungsdelikt i.S.d. §§ 211, 212 StGB gegeben sein. Erfasst sind daher z.B. auch § 176b StGB, § 178 StGB, § 211 Abs. 3 StGB, § 227 StGB, § 238a Abs. 3 StGB, § 251 StGB, § 255 StGB i.V.m. § 251 StGB, § 306c StGB, § 307 Abs. 3, § 308 Abs. 3 StGB, § 316a Abs. 3 StGB, § 316c Abs. 3 StGB und § 315d Abs. 4 StGB.[55] Die obligatorische Videovernehmung steht unter dem Vorbehalt, dass der Aufzeichnung weder die äußeren Umstände noch die besondere Dringlichkeit der Vernehmung entgegenstehen. Der Gesetzgeber geht davon aus, dass dies etwa dann der Fall ist, wenn die Aufzeichnung im Rahmen einer Nacheile oder Durchsuchung direkt am Ort des Geschehens vorgenommen wird oder die technischen Möglichkeiten der audiovisuellen Aufzeichnung aufgrund der Eilsituation am Tatort oder im Umkreis nicht gegeben sind.[56] Allein die Tatsache, dass die Technik nicht zur Verfügung steht, begründet keinen Ausnahmetatbestand.[57]

---

54) St. Rspr.: BGH, Beschl. v. 02.05.2019 – 3 StR 21/19; BGH, Beschl. v. 25.09.2018 – StB 40/18; BGH, Urt. v. 08.08.2018 – 2 StR 131/18, vgl. nur Meyer-Goßner/Schmitt, § 136 Rdnr. 23, § 136a Rdnr. 32.

55) Burhoff, Ermittlungsverfahren, Rdnr. 3488.

56) BT-Drucks. 18/11277, S. 27, und BT-Drucks. 18/12785, S. 59.

57) Meyer-Goßner/Schmitt, § 136 Rdnr. 19d mit Verweis auf Singelnstein/Derin, in: NJW 2017, 2646, 2649.

Hinweis

Zulässig ist es, dass sich der Beschuldigte/Verteidiger und der Vernehmungsbeamte darüber einigen, dass der Beschuldigte nicht von seinem Aussageverweigerungsrecht Gebrauch macht und dafür der Vernehmungsbeamte auf die audiovisuelle Dokumentation der Vernehmung verzichtet.[58] Unter „äußere Umstände" lassen sich nach den Gesetzesmaterialien auch die Fälle subsumieren, in denen in der Person des Beschuldigten liegende Umstände der Aufzeichnung entgegenstehen, etwa weil dieser Gründe anführt, nicht vor der Kamera auszusagen, auch wenn er grundsätzlich aussagebereit ist.[59] Ob ein Verzicht auch wirklich sinnvoll ist, muss der Beschuldigte/Verteidiger entscheiden, da die audiovisuellen Dokumentationsmöglichkeiten von Vernehmungen gerade der Verbesserung der Wahrheitsfindung dienen.

14.1.1.10.4 Besondere Schutzbedürftigkeit – Aufzeichnungspflicht

§ 136 Abs. 4 Satz 2 Nr. 2 StPO bezeichnet Umstände, die an die Person des zu Vernehmenden anknüpfen und bei denen aufgrund der besonderen Schutzbedürftigkeit des Beschuldigten eine audiovisuelle Aufzeichnung der Vernehmung geboten ist. Besonders schutzbedürftig sind Beschuldigte in einer Vernehmungssituation außerdem dann, wenn sie erkennbar unter **eingeschränkten kognitiven Fähigkeiten** oder einer **schwerwiegenden seelischen Störung** leiden. In diesen Fällen ist die Aufzeichnung erforderlich, um die nachträgliche Prüfung zu ermöglichen, ob der Beschuldigte sich der besonderen Tragweite seiner Äußerungen bewusst war. Bei geistig oder seelisch eingeschränkten Personen können sich Vernehmungen aufgrund von Wahrnehmungsdefiziten oder Motivirrtümern des zu Vernehmenden schwierig gestalten. Eine eingeschränkte Ausdrucksfähigkeit kann darüber hinaus zu Problemen bei der Bewertung der Glaubwürdigkeit einer Person führen. Hier bietet die Aufzeichnung die Möglichkeit einer späteren Kontrolle, ob Aussagen etwa aufgrund einer dem Vernehmenden möglicherweise nicht bewussten **Suggestion** zustande gekommen sind. Dass es tatsächlich immer wieder zu entsprechenden Verzerrungen kommt, haben allein in der jüngsten Zeit die bekannten Fälle des Bauern Rupp und der Schülerin Peggy gezeigt.[60] Eine besondere Schutzbedürftigkeit liegt nicht allein deshalb vor, weil der zu vernehmende Beschuldigte **minderjährig** ist. Die audiovisuelle Aufzeichnung von Vernehmungen jugendlicher Beschuldigter war Gegenstand ursprünglicher Überlegungen, wurde aber nicht Gesetz. Nach § 70c Abs. 2 JGG sind andere als richterliche Vernehmungen von **jugendlichen** Beschuldigten aber dann in Bild und Ton aufzuzeichnen, wenn zum Zeitpunkt der Vernehmung die Mitwirkung eines Verteidigers notwendig, ein Verteidiger aber nicht anwesend ist.[61] Die Vernehmung ist ent-

14.28

---

58) Burhoff, Ermittlungsverfahren, Rdnr. 3486.
59) BT-Drucks. 18/12785, S. 59.
60) Vgl. zu Bauer Rupp: Eschelbach, in: ZAP 2013, 661, 662; Nestler, in: ZIS 11/2014, 594, 596; zum Mordfall Peggy Knobloch: Neuhaus, in StV 2015, 185.
61) Vgl. auch Claus, Das Gesetz zur Stärkung der Verfahrensrechte von Beschuldigten im Jugendstrafverfahren, in: jurisPR-StrafR 4/2020, Anm. 1.

Maurer

sprechend dem Zweck des § 136 Abs. 4 Satz 2 Nr. 2 StPO allerdings nur dann aufzuzeichnen, wenn die schutzwürdigen Interessen des Beschuldigten durch die Aufzeichnung tatsächlich besser gewahrt werden. Daran kann es im Einzelfall – auch bei Vorliegen der Voraussetzungen im Übrigen – fehlen, etwa wenn der Betroffene ersichtlich gehemmt ist, vor der Kamera zu sprechen.[62] Der Gesetzgeber geht aber davon aus, dass entsprechende Aufzeichnungen heute nahezu unauffällig möglich sind und zumeist nach kurzer Zeit von den Betroffenen gar nicht mehr bemerkt werden. Damit ist freilich nicht gemeint, dass die Aufnahmen heimlich gemacht werden dürfen.[63]

14.1.1.10.5 Persönlichkeitsrecht/Verwendungsbeschränkung

14.29   Die Anfertigung einer audiovisuellen Aufzeichnung von der Vernehmung begründet grundsätzlich einen eigenständigen Eingriff in das allgemeine Persönlichkeitsrecht der Betroffenen aus Art. 1 Abs. 1 i.V.m. Art. 2 Abs. 1 GG. Der Beschuldigte kann allerdings aufgrund des Grundsatzes der Selbstbelastungsfreiheit die Aussage verweigern. Über sein **Recht zu schweigen** kann er sich daher auch der Aufzeichnung entziehen. Zulässig ist es auch, dass sich der Beschuldigte/Verteidiger und der Vernehmungsbeamte darüber einigen, dass der Beschuldigte nicht von seinem Aussageverweigerungsrecht Gebrauch macht und dafür der Vernehmungsbeamte auf die audiovisuelle Dokumentation der Vernehmung verzichtet (siehe oben, Tötungsdelikte Rdnr. 14.27).

Die in § 58a Abs. 2 StPO bereits für die bisherigen Aufzeichnungsfälle bei Zeugenvernehmungen entwickelten Schutzmechanismen wurden auf Beschuldigtenvernehmungen über § 136 Abs. 4 Satz 3 StPO übertragen: Die Bild-Ton-Aufzeichnung darf grundsätzlich nur für Zwecke der Strafverfolgung verwendet werden, und nur soweit dies zur Erforschung der Wahrheit erforderlich ist (§ 58a Abs. 2 Satz 1 StPO). Die Aufzeichnung ist unverzüglich zu **löschen,** soweit sie für diese Zwecke nicht mehr benötigt wird (§ 58a Abs. 2 Satz 2 StPO). Nach § 58a Abs. 2 Satz 3 gelten § 147 StPO und § 406e StPO entsprechend, wobei den zur **Akteneinsicht** Berechtigten Kopien der Aufzeichnung überlassen werden können, die weder vervielfältigt noch weitergegeben werden dürfen (Satz 4) und herausgegeben werden müssen, sobald kein berechtigtes Interesse an der weiteren Verwendung besteht (Satz 5). Die Überlassung an andere Stellen ist in § 58a Abs. 2 Satz 6 StPO geregelt. In § 58a StPO ist gegen die Anordnung der Aufzeichnung einer Vernehmung kein **Rechtsmittel** eingeräumt. Das ist aber auch nicht notwendig, weil der Beschuldigte sich über sein Recht zu schweigen der Aufzeichnung stets entziehen kann.

---

62) BT-Drucks. 18/11277, S. 28.

63) Dies entnimmt jedoch Burhoff, Ermittlungsverfahren, Rdnr. 3495 den Gesetzmaterialien, hält heimliche Aufnahmen aber für unzulässig.

14.1.1.10.6 Umfang der audiovisuellen Dokumentation

Die Aufzeichnung muss in ihrem Umfang regelmäßig den gesamten **Verlauf der**   14.30
Vernehmung erfassen. Der Begriff umfasst nach dem Zweck der Regelung –
Wahrheitsfindung und Schutz der Beschuldigten mit Blick auf die Einhaltung der
Vernehmungsförmlichkeiten – alle Verfahrensvorgänge, die mit der Vernehmung
in enger Verbindung stehen oder sich aus ihr entwickeln. Zur Vermeidung etwaiger Streitigkeiten über den Inhalt oder die Umstände einer Vernehmung oder das
konkrete Verhalten des Vernehmenden bietet es sich an, dass der Vernehmende
am Ende der Vernehmung erklärt, dass die Aufzeichnung die Vernehmung vollständig und richtig wiedergibt. Auch eventuell bedeutsame **Vorgespräche**, die
außerhalb der Bild-Ton-Aufzeichnung geführt worden sind, *„sollten"* erwähnt
werden, um dem Betroffenen Gelegenheit zu geben, sich hierzu zu erklären.[64]
Richtigerweise müssen sie aufgenommen werden (siehe Rdnr. 7.28 Formlose Vorgespräche).[65] Es besteht jedoch auch die Möglichkeit, die Videovernehmung
abzubrechen, wenn diese vom Beschuldigten missbräuchlich für selbstdarstelleri-
sche Zwecke missbraucht wird.[66]

14.1.1.10.7 Verschriftlichung, Protokoll

Bei den Aufzeichnungen handelt es sich um Ergänzungen der Vernehmungsproto-   14.31
kolle, denen – über § 254 Satz 1 StPO im Wege des Urkunden- oder Augenscheinsbeweises – ein höherer Beweiswert zukommt.[67] Die Aufzeichnung soll
neben die klassische **Niederschrift** der Vernehmung treten, die sich gegenüber
einer wörtlichen Transkription als übersichtlicher und zweckmäßiger erweist und
den Anforderungen der Praxis besser Rechnung trägt. An der bisherigen Übung
der **Mitprotokollierung** durch den Vernehmungsbeamten nach §§ 168, 168a, b
StPO wurde daher grundsätzlich festgehalten. Eine Verpflichtung zur Erstellung
einer Vollverschriftlichung der Videovernehmung in Form der wörtlichen Transkription ist mit der Erweiterung der bestehenden Aufzeichnungsmöglichkeiten
nicht verbunden. § 58a Abs. 3 StPO findet auf Beschuldigtenvernehmungen keine
Anwendung. Die Protokollierung kann aber auch im Nachhinein mit Hilfe der
Videodokumentation erfolgen, was sich insbesondere in eilbedürftigen Verfahren
– etwa in Haftsachen – anbietet. Eine Ausnahme kennt nur § 70c Abs. 2 Satz 4
JGG, der eine vollständige Verschriftlichung der Aufzeichnung vorsieht, wenn
der Jugendliche einer Überlassung der Aufzeichnung an Akteneinsichtsberech-
tigte widerspricht.

---

64) BT-Drucks. 18/11277, S. 26.
65) So auch Burhoff, Ermittlungsverfahren, Rdnr. 3499.
66) BT-Drucks. 18/11277 (2017), S. 26.
67) BT-Drucks. 18/11277, S. 26, 36.

Maurer

14.1.1.10.8 Verwertungsverbot

14.32   Das **Fehlen** einer audiovisuellen Aufzeichnung führt grundsätzlich nicht zur Unverwertbarkeit der Aussage im weiteren Verfahren, auch wenn sich „im Nachhinein" herausstellt, dass die Voraussetzungen für eine Aufzeichnung vorgelegen haben.[68] Fraglich ist, was gilt, wenn die Vernehmung nicht dokumentiert wurde, obwohl die Voraussetzungen des § 136 Abs. 4 Satz 2 StPO vorlagen und die Ermittlungsbehörden das auch erkannt haben. Die Verwertbarkeit wird sich dann nach den allgemeinen Grundsätzen richten. Obwohl es sich nach der Gesetzesbegründung[69] und vielfachen Folgezitaten in der Literatur[70] um eine bloße **Ordnungsvorschrift** handeln soll, ist sie dennoch in den Fällen des § 136 Abs. 4 Satz 2 StPO obligatorisch („ist aufzuzeichnen"). Die Aufzeichnung dient gerade auch zur Überprüfung der Einhaltung der Vernehmungsförmlichkeiten und insgesamt dem Schutz des Beschuldigten und der Wahrheitsfindung. Nach den allgemeinen Maßstäben kann daher zumindest bei bewusstem, willkürlichem oder auf genereller Weisung beruhendem **Unterlassen** der Aufzeichnungspflicht von einem **Verwertungsverbot** ausgegangen werden,[71] es sei denn, das Verwertungsverbot tritt nach der sogenannten Abwägungslehre im Einzelfall hinter dem staatlichen Interesse an wirksamer Strafverfolgung und vollständiger Aufklärung insbesondere schwerer Straftaten zurück.[72]

14.1.2   Richterliche Zeugenvernehmung

14.1.2.1   Bedeutung und anwendbare Vorschriften

14.33   Die richterliche Vernehmung von Zeugen im Ermittlungsverfahren hat besondere Bedeutung im Hinblick auf § 252 StPO, weil das Protokoll darüber in der Hauptverhandlung auch dann verlesen werden kann, wenn der richterlich vernommene Zeuge später von einem Zeugnisverweigerungsrecht nach § 52 StPO Gebrauch macht.[73]

14.34   Die richterliche Vernehmung des Zeugen richtet sich insbesondere nach folgenden Vorschriften:

§§	Gegenstand
§§ 48-71	Ladung, Belehrungen, Vernehmung
§ 168c Abs. 2 Satz 1	Anwesenheitsrechte des Anwalts und des Beschuldigten

---

68)   BT-Drucks. 18/11277, S. 27.
69)   BT-Drucks. 18/11277, S. 27.
70)   Burhoff, Ermittlungsverfahren, Rdnr. 3502.
71)   So Singelnstein/Derin, in: NJW 2017, 2646, 2649.
72)   Meyer-Goßner/Schmitt, Einl. Rdnr. 55.
73)   Meyer-Goßner/Schmitt, § 252 Rdnr. 14 m.w.N.

§§	Gegenstand
§ 168c Abs. 4	Anwesenheitsrecht Inhaftierter
§ 168c Abs. 3	Ausschließung des Beschuldigten
§ 168c Abs. 5	Benachrichtigungspflichten
§ 168e	getrennte Vernehmung
§ 161a Abs. 1 Satz 3	eidliche Vernehmung

14.1.2.2 Anwesenheitsrecht

Bei der richterlichen Vernehmung eines Zeugen ist dem Staatsanwalt und auch dem Beschuldigten und dem Verteidiger gemäß § 168c Abs. 2 Satz 1 StPO die **Anwesenheit** gestattet. Das ist ein wesentlicher Unterschied zur polizeilichen Vernehmung von Zeugen, die kein Anwesenheitsrecht von Beschuldigtem und Verteidiger kennt (siehe Rdnr. 7.103). Die Pflicht zur Benachrichtigung in § 168c Abs. 5 Satz 1 StPO und das Anwesenheitsrecht sollen den verfassungsrechtlichen Anspruch auf **rechtliches Gehör** (Art. 103 Abs. 1 GG) im Ermittlungsverfahren absichern.[74] Dementsprechend hat auch der BGH aus einem Verstoß gegen die Benachrichtigungspflicht und Erstrecht aus einem Verstoß gegen das Anwesenheitsrecht ein **Verwertungsverbot** abgeleitet. Denn durch das Anwesenheitsrecht solle verhindert werden, dass im vorbereitenden Verfahren ein für den weiteren Verlauf des Strafverfahrens möglicherweise entscheidendes Beweisergebnis herbeigeführt werden kann, ohne dass dem Beschuldigten oder seinem Verteidiger zuvor Gelegenheit gegeben war, hierauf Einfluss zu nehmen (siehe Rdnr. 7.77).

14.35

Selbst wenn der Verteidiger von einem Vernehmungstermin nach § 168c Abs. 5 Satz 2 StPO nicht benachrichtigt worden ist, bleibt davon sein Anwesenheitsrecht nach Absatz 2 unberührt, wenn er etwa auf andere Weise vom Vernehmungstermin erfährt, da er nicht wie der Beschuldigte nach Absatz 3 von der Anwesenheit ausgeschlossen werden kann.[75]

Für den Beschuldigten, der am Vernehmungstag in **Haft** sitzt, ist zu differenzieren. Er hat nach § 168c Abs. 4 StPO nur dann einen Anspruch auf Anwesenheit bei der richterlichen Zeugenvernehmung, wenn er einen Verteidiger hat und die Vernehmung an der Gerichtsstelle des Orts der Haft abgehalten wird. Sonst hat er kein Anwesenheitsrecht, ist aber gleichwohl zu benachrichtigen, weil ihm die Möglichkeit gegeben werden muss, seinen Verteidiger zu instruieren und ggf. auch die Gründe geltend zu machen, die für seine persönliche Teilnahme sprechen.[76] Das Anwesenheitsrecht eines inhaftierten Beschuldigten, der keinen Verteidiger hat, bleibt bestehen.[77] Die Konstellationen eines nicht verteidigten und

14.36

---

74) BGH, Urt. v. 24.07.2003 – 3 StR 212/02.
75) KK/Griesbaum, § 168c Rdnr. 19.
76) LR/Erb, § 168c Rdnr. 39.
77) LR/Erb, § 168c Rdnr. 22.

Maurer

gleichzeitig inhaftierten oder einstweilen untergebrachten Beschuldigten dürfte es im Hinblick auf die Pflicht zur Bestellung von Pflichtverteidigern nach § 140 Abs. 1 Nr. 4 i.V.m. § 141 Abs. 3 Satz 5 StPO nicht mehr geben. Auch wenn an sich die Voraussetzungen des Absatzes 4 vorliegen, kann dem inhaftierten und verteidigten Beschuldigten die Anwesenheit an einer außerhalb des Verwahrungsorts durchgeführten Vernehmung gestattet und hierfür seine Vorführung und Überstellung veranlasst werden, wenn der vernehmende Richter dies für zweckmäßig hält, etwa weil die Vernehmung von besonderer Bedeutung ist. Andererseits entfällt der Anspruch auf eigene Anwesenheit schon dann, wenn der Beschuldigte einen Verteidiger hat; es kommt nicht darauf an, ob dieser an der Vernehmung tatsächlich teilnimmt.[78]

Für das Anwesenheitsrecht bei richterlichen **Zeugenvernehmungen im Ausland** gilt das Europäische Übereinkommen über die Rechtshilfe in Strafsachen, aus dem sich Anwesenheitsrechte ergeben können, deren Verletzung dann auch ein Beweisverwertungsverbot zur Folge haben kann.[79]

Wegen der **Anwesenheitsrechte anderer Personen** wird auf Rdnr. 7.102 verwiesen.

14.1.2.3   Benachrichtigungspflicht

14.37   Die Teilnahmeberechtigten, also insbesondere Beschuldigter und Verteidiger, sind grundsätzlich von dem **Vernehmungstermin** des Zeugen nach § 168c Abs. 5 Satz 1 StPO so früh wie möglich[80] zu benachrichtigen. Die Pflicht zur Benachrichtigung des Verteidigers ist dabei unabhängig von der des Beschuldigten. Die Benachrichtigung des Verteidigers darf nicht schon aus Gründen unterlassen werden, die allein in der Person des Angeklagten liegen.[81] Die Benachrichtigung ist an keine Form gebunden und kann daher auch **formlos** (z.B. mündlich, fernmündlich oder durch andere technische Mittel) erfolgen. Ist die Benachrichtigung undurchführbar, so kann sie unterbleiben, so etwa gegenüber einem Beschuldigten, der flüchtig oder dessen Aufenthalt sonst unbekannt und nicht mit zumutbarem Aufwand zu ermitteln ist.[82]

Allein das Vorliegen eines **Ausschlussgrunds** für den Beschuldigten nach § 168c Abs. 3 StPO macht die Benachrichtigung des Beschuldigten von einem Vernehmungstermin nicht entbehrlich, denn diese dient der Wahrung seiner Rechte auch über ein Ermöglichen des Erscheinens hinaus.[83]

---

78) LR/Erb, § 168c Rdnr. 24.
79) Burhoff, Ermittlungsverfahren, Rdnr. 3695 m.w.N. für Schweiz und Türkei.
80) KK/Griesbaum, § 168c Rdnr. 1, 16.
81) BGH, Urt. v. 02.05.1979 – 2 StR 99/79.
82) LR/Erb, § 168c Rdnr. 42.
83) BGH, Beschl. v. 12.09.2012 – 5 StR 401/12; BGH, Beschl. v. 03.03.2011 – 3 StR 34/11; LR/Erb, § 168c Rdnr. 20; Meyer-Goßner/Schmitt, § 168c Rdnr. 5; a.A. noch BGH, Urt. v. 02.05.1979 – 2 StR 99/79.

Die Benachrichtigungspflicht wird nur unter den besonderen Voraussetzungen des § 168c Abs. 5 Satz 2 StPO **eingeschränkt** werden, nämlich wenn sie den **Untersuchungserfolg gefährden** würde. Als Untersuchungserfolg wird allgemein die Gewinnung einer wahrheitsgemäßen Aussage angesehen, die in einem späteren Verfahrensabschnitt verwertet werden kann.[84] Unter welchen Umständen der Erfolg gefährdet ist, kann nicht allgemein gesagt werden, sondern ist nach den Umständen des Falls zu beurteilen. Von der Benachrichtigung kann abgesehen werden, wenn die **Verzögerung**, die andernfalls eintreten würde, zur Folge hätte, dass die Vernehmung nicht mehr sachgerecht durchführbar wäre, also wenn die Vernehmung so eilbedürftig ist, dass mit ihr nicht abgewartet werden kann. Dass der Zeuge als Beweismittel durch den Zeitverlust gänzlich verlorenginge, ist dabei nicht erforderlich. Es genügt, wenn die Sachverhaltserforschung durch den Zeitverlust wesentlich erschwert würde. Dies kann etwa der Fall sein, wenn die Aussage die Grundlage für weitere eilbedürftige Ermittlungen darstellt.[85] Der Fall, dass bei Gefährdung des Untersuchungserfolgs durch Zeitablauf nicht einmal der Versuch einer kurzfristigen Benachrichtigung zu unternehmen ist, dürfte im Zeitalter moderner Kommunikationsmittel demnach sehr selten sein.[86]

14.38

Der Untersuchungserfolg ist jedenfalls dann nicht gefährdet, wenn die vorherige Benachrichtigung das Verfahren ohne weitere Nachteile nur verzögern würde.[87]

Eine Gefährdung des Untersuchungserfolgs ist nach der Rechtsprechung neben der zeitlichen Verzögerung auch dann gegeben, wenn die auf zureichende tatsächliche Anhaltspunkte gestützte Besorgnis besteht, der Anwesenheitsberechtigte werde die Benachrichtigung zur Vornahme von **Verdunkelungsmaßnahmen** ausnutzen, etwa den Zeugen mit Nachdruck zu einer Falschaussage anhalten.[88] Eine Benachrichtigung könnte auch unterbleiben, wenn tatsächliche Anhaltspunkte vorhanden sind, dass der Beschuldigte oder Verteidiger in unzulässiger Weise auf den zu vernehmenden Zeugen einwirken werde, z.B. den Zeugen unter Druck setzen werde, eine Aussage unzulässig zu Gunsten des Beschuldigten zu machen.[89]

14.39

Allein die Ausübung berechtigter **Verteidigungsaktivitäten** im Zusammenhang mit Zeugenvernehmungen lässt die Benachrichtigung des Verteidigers oder Beschuldigten unberührt.[90] Eine Benachrichtigung darf daher nicht etwa deshalb unterbleiben, weil zuvor bekannt geworden ist, dass der Verteidiger bereits Kontakt mit dem Zeugen hatte oder ihn bereits befragt hat. An der Zulässigkeit solchen Verhaltens darf aber kein Zweifel bestehen.[91] Auch im strafrechtlichen Vorverfahren besitzen die Staatsanwaltschaft und die Polizei allenfalls ein faktisches

14.40

---

84) Meyer-Goßner/Schmitt, § 168c Rdnr. 5.
85) Meyer-Goßner/Schmitt, § 168c Rdnr. 5a; LR/Rieß, § 168c Rdnr. 44.
86) LR/Erb, § 168c Rdnr. 45.
87) KK/Griesbaum, § 168c Rdnr. 17; Meyer-Goßner/Schmitt, § 168c Rdnr. 5.
88) BGH, Urt. v. 24.07.2003 – 3 StR 212/02.
89) BGH, Urt. v. 02.05.1979 – 2 StR 99/79.
90) BGH, Urt. v. 02.05.1979 – 2 StR 99/79.
91) Eingehend Hoffmann/Maurer: Voraussetzungen und Grenzen anwaltlicher Zeugenvorbereitung, NJW 2018, 257 ff.

Maurer

Monopol. Sie besitzen kein rechtliches **Ermittlungsmonopol,** denn die Strafprozessordnung ist an keine Rangfolge zwischen den Ermittlungsbefugnissen der Strafverfolgungsbehörden einerseits und dem Recht auf Erhebungen der Verteidigung andererseits festgelegt.[92] Insoweit gibt es auch kein Recht des ersten Zugriffs staatlicher Ermittlungsbehörden. Dem Verteidiger ist es daher von Rechts wegen nicht verwehrt, als Erstes mit dem Zeugen Kontakt aufzunehmen. Er muss nicht den Erstzugriff der Polizei/Staatsanwaltschaft oder des Gerichts abwarten. Der Verteidiger darf einem Zeugen zudem auch die Zeugnisverweigerungsrechte oder Auskunftsverweigerungsrechte nach §§ 52, 55 StPO abstrakt erläutern. Der Verteidiger darf sogar auch einen Rat zur Ausübung bzw. Nichtausübung dieser Rechte nahelegen.[93] Daneben wird der Verteidiger auch Einfluss auf Anzeigewillige oder Strafantragsberechtigte nehmen dürfen[94], mit dem Ziel, sie von ihrem Vorhaben, den Mandanten anzuzeigen und/oder Strafantrag zu stellen, abzubringen. Auch finanzielle Gegenleistungen sind in diesem Zusammenhang möglich, wenn die Vereinbarung durch das Motiv des **Schadensausgleichs** beherrscht wird.[95] Finanzielle Zuwendungen dürfen dem Zeugen aber nicht allein für die Ausübung von Zeugnis- und Auskunftsverweigerungsrechten und Schweigerechtsentbindungen gewährt werden. Zulässig ist auch die Einflussnahme auf die Ausübung des Nebenklage- und des Privatklagerechts.[96] All dieses Verhalten rechtfertigt nicht, den Verteidiger oder Beschuldigten von einer Zeugenvernehmung nicht zu benachrichtigen.

Praxishinweis

14.41

Der Richter hat seine Erwägungen in einem **Aktenvermerk** festzuhalten und darzulegen, aus welchen Gründen er von der Benachrichtigung des Angeklagten und/oder seines Verteidigers abgesehen hat.[97] Die Voraussetzungen für ein Absehen von der Benachrichtigung nach § 168c Abs. 5 Satz 2 StPO liegen regelmäßig fern, wenn die Vernehmungen nach §§ 168e, 58a StPO getrennt durchgeführt werden.[98]

---

92) Parigger, StraFo 2003, 262, 264.
93) Wendler/Hoffmann, Technik und Taktik der Befragung, Rdnr. 212; Bertke/Schroeder, Grenzen der Zeugenvorbereitung im staatlichen Zivilprozess und im Schiedsverfahren, in: SchiedsVZ 2014, 80, 84; Dahs, C Rdnr. 472; Parigger, Zeugengewinnung. und -vernehmung durch den Verteidiger, in: StraFo 2003, 262, 266; Klein/Mack/Amann/Schroth, in: Breyer/Endler, AnwaltFormulare Strafrecht, Rdnr. 124.
94) Parigger, Zeugengewinnung und -vernehmung durch den Verteidiger, in: StraFo 2003, 262, 266.
95) Siehe unten Geldzahlungen; Leipold, Zulässige Einwirkung und Belehrung von Zeugen durch den Verteidiger, in: StraFo 1998, 79.
96) Leipold, Zulässige Einwirkung und Belehrung von Zeugen durch den Verteidiger, in: StraFo 1998, 79.
97) BGH, Urt. v. 24.07.2003 – 3 StR 212/02.
98) BGH, Beschl. v. 29.11.2006 – 1 StR 493/06.

Hat der Tatrichter unter Würdigung aller Umstände die Gefährdung des Untersuchungserfolgs bejaht, so ist das Revisionsgericht seinerseits auf die Prüfung beschränkt, ob dabei Rechtsfehler, insbesondere eine Überschreitung der dem tatrichterlichen Ermessen gesetzten Schranken, erkennbar sind.[99] Fehlt eine Entscheidung des Ermittlungsrichters oder ist sie nicht mit einer Begründung versehen, so folgt daraus nicht ohne weiteres ein Verwertungsverbot. Ein solches besteht nur dann, wenn die Benachrichtigung objektiv zu Unrecht unterblieben ist. Abzustellen ist dabei auf den Zeitpunkt der richterlichen Vernehmung; spätere Umstände, die der Ermittlungsrichter noch nicht kennen konnte, dürfen nicht berücksichtigt werden.[100]

Die Teilnahmeberechtigten haben aber keinen Anspruch auf **Verlegung** des Termins wegen Verhinderung, § 168c Abs. 5 Satz 3 StPO. Dennoch gebietet es der – gerade in der Benachrichtigungspflicht betont zum Ausdruck gebrachte – Wille des Gesetzgebers, den Berechtigten auch die Ausübung ihres Anwesenheitsrechts zu ermöglichen, Termine also von vornherein schon so anzuberaumen, dass sie diese auch wahrnehmen können, und begründeten Verlegungsgesuchen Rechnung zu tragen.[101] Wenn der Verteidiger sich **verspätet**, können es die **Grundsätze des fairen Verfahrens** gebieten, mit der Vernehmung zu **warten**, bis der Verteidiger Gelegenheit hatte zu erscheinen.[102]   **14.42**

Die Benachrichtigung des Beschuldigten und seines Verteidigers vom Termin einer richterlichen Zeugenvernehmung kann auch bei der Vernehmung eines Zeugen, dem von den Strafverfolgungsbehörden Vertraulichkeit zugesichert worden war, nur unter der Voraussetzung des § 168c Abs. 5 Satz 2 StPO, sprich wegen Gefährdung des Untersuchungserfolgs unterbleiben.[103]

Fraglich ist die Reichweite eines **Beweisverwertungsverbots**, wenn bei einer richterlichen Zeugenvernehmung gegen die Benachrichtigungspflicht des § 168c Abs. 5 Satz 1 StPO und auch das Anwesenheitsrecht nach Abs. 2 Satz 1 verstoßen wird. Unstreitig ist, dass ein Verstoß nur dann unschädlich ist, wenn der Berechtigte, etwa weil er auf andere Weise Kenntnis erlangt hatte, zum Vernehmungstermin erschienen ist und zu ihm zugelassen wurde.[104] Die Verletzung der Benachrichtigungspflicht verbietet nach ständiger Rechtsprechung die Verlesung nach § 251 Abs. 2 StPO, die Vernehmung des Ermittlungsrichters über den Inhalt der Aussage und auch die Einführung des Aussageninhalts in die Hauptverhand-   **14.43**

---

99) BGH, Urt. v. 02.05.1979 – 2 StR 99/79; BGH, Urt. v. 03.11.1982 – 2 StR 434/82, BGHSt 31, 140–145.
100) BGH, Urt. v. 24.07.2003 – 3 StR 212/02.
101) KK/Griesbaum, § 168c Rdnr. 17.
102) Vgl. BGH, Urt. v. 13.01.2005 – 4 StR 469/04; LR/Erb, § 168c Rdnr. 42.
103) BGH, Urt. v. 24.07.2003 – 3 StR 212/02.
104) LR/Erb, § 168c Rdnr. 58.

Maurer

lung durch Vorhalt der Niederschrift an die Beweisperson selbst.[105] Für das Verwertungsverbot ist unerheblich, ob die Benachrichtigungspflicht versehentlich oder absichtlich verletzt worden ist.[106] Nach der Rechtsprechung[107] und der wohl h.M. in der Literatur[108] dürfen aber insoweit fehlerhaft zustande gekommene richterliche Zeugenvernehmungen als nichtrichterliche Vernehmungen, in die Hauptverhandlung eingeführt werden, sofern die Voraussetzung hierfür nach § 251 Abs. 1 StPO – bzw. die Vorführung einer Bild-Ton-Aufzeichnung nach i.V.m. § 255a Abs. 1 StPO – erfüllt sind. Der Tatrichter muss sich nur des minderen Beweiswertes bewusst sein und die Verfahrensbeteiligten auf die beabsichtigte Verwertung als nichtrichterliche Vernehmung gem. § 265 StPO hinweisen.[109] Hingewiesen wird insoweit vor allem darauf, dass es merkwürdig anmuten würde, wenn man die Verlesung eines richterlichen Protokolls nur deshalb für unzulässig erklären würde, weil die Vernehmung von einem Richter vorgenommen wurde, während die Verlesung eines polizeilichen Protokolls unproblematisch zulässig wäre, da bei der Zeugenvernehmung durch Polizeibeamte dem § 168c StPO entsprechende Benachrichtigungspflichten nicht existieren.[110] In der Literatur wird an dieser Auffassung zum Teil scharfe Kritik geübt.[111] Nach vorzugswürdiger Meinung ist eine Verlesung auch als nichtrichterliches Protokoll ausgeschlossen, weil § 168c StPO auf das elementare Recht des Beschuldigten zielt, auf Inhalt und Ergebnis der Vernehmung Einfluss nehmen zu können.

14.44   Die Regelung über die Benachrichtigungspflicht aus § 168c Abs. 5 Satz 1 i.V.m. Abs. 1 StPO bezweckt nach der Rechtsprechung ausschließlich den **Schutz des jeweils betroffenen Beschuldigten** und dient nicht den Interessen von Mitbeschuldigten und Mitangeklagten. Ein Verstoß gegen die Benachrichtigungspflicht bei einem Mitbeschuldigten oder dessen Verteidiger führt nicht zu einem Verwertungsverbot bei dem Beschuldigten, sein „Rechtskreis" wird dadurch nicht berührt.[112]

Das Recht auf Zugang zu einem Rechtsbeistand wird jedoch dann eingeschränkt, wenn eine **Kontaktsperre** nach den §§ 31 ff. EGGVG verhängt wird.[113]

---

105) BGH, Urt. v. 11.05.1976 – 1 StR 166/76; BGH, Urt. v. 03.11.1982 – 2 StR 434/82; BGH, Beschl. v. 10.03.1999 – 2 StR 613/98; KK/Griesbaum, § 168c Rdnr. 22 m.w.N., a.A. BGH, Urt. v. 26.11.1986 – 3 StR 390/86, wonach der Vorhalt zulässig bleiben soll. So auch Meyer-Goßner/Schmitt, § 168c Rdnr. 6.

106) BGH, Beschl. v. 29.11.2006 – 1 StR 493/06; Meyer-Goßner/Schmitt, § 168c Rdnr. 6.

107) BGH, Beschl. v. 24.04.2019 – 4 StR 16/19; Fortführung von BGH, 09.07.1997 – 5 StR 234/96; so auch Meyer-Goßner/Schmitt, § 168c Rdnr. 6; KK/Griesbaum, § 168c Rdnr. 25.

108) KK/Griesbaum, § 168c, Rdnr 25; Meyer-Goßner/Schmitt, § 168c. Rdnr. 6.

109) BGH, Beschl. v. 24.04.2019 – 4 StR 16/19.

110) Jäger, Von der unverwertbaren richterlichen zur verwertbaren nichtrichterlichen Vernehmung, in: JA 2019, 870, 872 unter Verweis auf Park StV 2000, 220.

111) Jäger, Von der unverwertbaren richterlichen zur verwertbaren nichtrichterlichen Vernehmung, in: JA 2019, 870, 872 m.w.N.

112) BGH, Beschl. v. 17.02.2009 – 1 StR 691/08, a.A. Meyer-Goßner/Schmitt, Einl. Rdnr. 57b ff. m.w.N., wonach nicht auf den „Rechtskreis" des Beschuldigten abgestellt werden dürfe.

113) BT-Drucks. 18/9534, S. 15.

14.1.2.4 Ausschließung des Beschuldigten

Der Richter kann gem. § 168c Abs. 3 Satz 1 StPO den grundsätzlich zur Anwesenheit berechtigten Beschuldigten – nicht aber den Verteidiger[114] – bei der Vernehmung eines Zeugen ausschließen, wenn seine Anwesenheit den Untersuchungszweck gefährden würde. Das Vorliegen eines Ausschlussgrunds ändert nichts an der Pflicht, den Beschuldigten nach § 168c Abs. 5 Satz 1 StPO über den Vernehmungstermin zu benachrichtigen.[115]

14.45

Eine Ausschließung kann erfolgen, wenn zureichende Anhaltspunkte dafür vorliegen, dass der Beschuldigte seine Anwesenheit oder sein durch die Anwesenheit erlangtes Wissen dazu missbrauchen würde, durch Verdunkelungshandlungen, etwa durch Beseitigung oder Verfälschung von Beweismitteln, oder durch **unzulässige Beeinflussung** von Zeugen oder Sachverständigen die Ermittlung des Sachverhalts zu erschweren.[116] Der Untersuchungszweck wird nach Satz 2 namentlich dann gefährdet, wenn zu befürchten ist, dass der Zeuge in Gegenwart des Beschuldigten nicht die Wahrheit sagen werde.

14.46

Allein die Möglichkeit oder Erwartung, der zu vernehmende Zeuge werde durch die Anwesenheit (oder durch vorherige Einwirkung auf ihn) zur Ausübung eines **Zeugnisverweigerungsrechts** veranlasst werden, rechtfertigt einen Ausschluss nicht (siehe Rdnr. 14.40). Etwas anderes kann allenfalls dann gelten, wenn konkreter Anlass für die Befürchtung besteht, der Zeuge werde aus Angst vor Repressalien des Beschuldigten[117] oder sonst unter Druck[118] bei dessen Anwesenheit voraussichtlich von seinem Zeugnisverweigerungsrecht Gebrauch machen.[119] Der Ausschluss ist auch nicht zu rechtfertigen, wenn die Gefahr oder Anhaltspunkte für die Annahme bestehen, der Zeuge solle beeinflusst werden, von einem ihm zustehenden **Auskunftsverweigerungsrecht** nach § 55 StPO oder Zeugnisverweigerungsrecht nach § 52 StPO Gebrauch zu machen.[120] Denn dem Beschuldigten wird man, wenn er keine unzulässigen Mittel verwendet, aus dieser Art der Verteidigung keinen Vorwurf machen können. Auch der Verteidiger darf einen Zeugen, der berechtigt ist, die Aussage zu verweigern, dazu veranlassen (siehe Rdnr. 14.40).

14.47

Wegen der Bedeutung des Anspruchs auf rechtliches Gehör und damit auf Anwesenheit ist die Ausschließungsmöglichkeit eng auszulegen. Besteht daher nur bei Teilen einer Vernehmung die Besorgnis der Gefährdung des Untersuchungszwecks, so ist der Ausschluss, wenn möglich, auf diese Teile zu beschränken.[121]

14.48

114) KK/Griesbaum, § 168c Rdnr. 6; LR/Erb, § 168c Rdnr. 19.
115) BGH, Beschl. v. 12.09.2012 – 5 StR 401/12; BGH, Beschl. v. 03.03.2011 – 3 StR 34/11; LR/Erb, § 168c Rdnr. 20; Meyer-Goßner/Schmitt, § 168c Rdnr. 5; a.A. noch BGH, Urt. v. 02.05.1979 – 2 StR 99/79.
116) LR/Erb, § 168c Rdnr. 18; Meyer-Goßner/Schmitt, § 168c Rdnr. 5.
117) BayObLG, Urt. v. 27.07.1977 – RReg 5 St 138/77.
118) BGH, Urt. v. 02.05.1979 – 2 StR 99/79.
119) KK/Griesbaum, § 168c Rdnr. 6; Meyer-Goßner/Schmitt, § 168c Rdnr. 5a, jeweils m.w.N.
120) So auch Burhoff, Ermittlungsverfahren, Rdnr. 3706.
121) LR/Erb, § 168c Rdnr. 18.

Eine Pflicht zur **nachträglichen Unterrichtung** durch den Richter in den Fällen des Satzes 2 über den wesentlichen Inhalt der Aussage besteht nicht, § 247 Satz 4 gilt nur für die Hauptverhandlung.[122] Die nachträgliche Unterrichtung kann aber erfolgen und steht im pflichtgemäßen **Ermessen** des Richters.

Der Beschuldigte kann gegen den Ausschließungsbeschluss **Beschwerde** gem. § 304 StPO einlegen. Zu beachten ist, dass die Beschwerde mit dem Abschluss der Vernehmung durch prozessuale Überholung gegenstandslos und damit unzulässig wird.[123]

14.49 Eine **unberechtigte Ausschließung** des Beschuldigten kann – in der Hauptverhandlung nur bei entsprechendem Verwertungswiderspruch – zu einem umfassenden Beweisverwertungsverbot **führen**.[124]

14.50 Die **berechtigte Ausschließung** des unverteidigten Beschuldigten von der richterlichen Zeugenvernehmung steht in engem Zusammenhang mit der Frage der Bestellung eines Pflichtverteidigers, um dem Beschuldigten das durch Art. 6 Abs. 3 Buchst. d MRK garantierte **Recht auf konfrontative Befragung** zu gewährleisten. Ist abzusehen, dass die Mitwirkung eines Verteidigers im gerichtlichen Verfahren notwendig sein wird, so ist § 141 Abs. 3 StPO im Lichte des von Art. 6 Abs. 3 Buchst. d MRK garantierten Fragerechts dahin auszulegen, dass dem unverteidigten Beschuldigten vor der zum Zwecke der Beweissicherung durchgeführten ermittlungsrichterlichen Vernehmung des zentralen Belastungszeugen ein Verteidiger zu bestellen ist, wenn der Beschuldigte von der Anwesenheit bei dieser Vernehmung ausgeschlossen ist. Ein Verstoß kommt danach in Betracht, wenn das Verfahren insgesamt nicht fair war, wobei in die Abwägung miteinzubeziehen ist, ob der Benachrichtigungsmangel der Justiz zuzurechnen ist. Liegt ein Verschulden der Justiz vor, so kann eine Verurteilung nur dann auf die Angaben des Belastungszeugen gestützt werden, wenn diese durch andere gewichtige Gesichtspunkte außerhalb der Aussage bestätigt werden. Ein Verstoß hat also kein Verwertungsverbot zur Folge, sondern führt lediglich zu einer **Minderung des Beweiswerts**.[125]

14.1.2.5 Erklärungs-/Fragerechte

14.51 Den Anwesenheitsrechtsberechtigten steht gem. § 168c Abs. 2 Satz 2 StPO auch ein Frage- und Erklärungsrecht zu (wegen der rechtlichen Handhabe und Durchsetzung siehe Rdnr. 7.74). „Ungeeignete oder nicht zur Sache gehörende Fragen"[126] (i.S.d. § 241 StPO) können gemäß Satz 3 vom Richter beanstandet und zurückgewiesen werden. § 241a StPO gilt gem. § 168c Abs. 2 Satz 4 StPO ent-

---

122) KK/Griesbaum, § 168c Rdnr. 6.
123) Meyer-Goßner/Schmitt, § 168c Rdnr. 3; KK/Griesbaum, § 168c Rdnr. 7.
124) Meyer-Goßner/Schmitt, § 168c Rdnr. 3; KK/Griesbaum, § 168c Rdnr. 22, 24; LR/Erb, § 168c Rdnr. 57 ff. m.w.N.
125) BGH, Urt. v. 04.05.2017 – 3 StR 323/16; KK/Griesbaum, § 168c Rdnr. 6a.
126) Rinklin, Hauptverhandlung, Kap. 13, S. 602.

sprechend, sodass **minderjährige Zeugen** grundsätzlich allein durch den vernehmenden Richter befragt werden.

14.1.2.6 Durchführung der Vernehmung

Die Vernehmung durch den Richter hat nach Maßgabe der §§ 68 StPO (Vernehmung zur Person; Beschränkung von Angaben, Zeugenschutz), 68a StPO (Beschränkung des Fragerechts aus Gründen des Persönlichkeitsschutzes), 68b StPO (Zeugenbeistand) und 69 StPO (Vernehmung zur Sache) zu erfolgen.

14.52

Der Zeuge ist über die Wahrheitspflicht des § 57 Satz 1 StPO und über dem Zeugen zustehende Zeugnisverweigerungsrechte aus § 52 StPO und/oder ein sich ggf. aus § 55 StPO ergebendes Auskunftsverweigerungsrecht zu belehren. Die Vernehmung ist nach §§ 168b Abs. 2, 168, 168a StPO zu protokollieren. Hat der Richter den Eindruck, dass der Zeuge die Unwahrheit sagt, so kann er zur Aufklärung der Sache auf die §§ 145d StGB (Vortäuschen einer Straftat), 153 und 154 StGB ((un-)eidliche Falschaussage), 164 StGB (falsche Verdächtigung), 257 StGB (Begünstigung) und 258 StGB (Strafvereitelung) hinweisen.

Der die Vernehmung leitende Richter hat zudem die Entscheidung zu treffen über die Anwesenheitsrechte (siehe Rdnr. 14.35), den Ausschluss eines anwaltlichen Zeugenbeistands nach § 68b Abs. 1 Satz 3 StPO, die Hinzuziehung eines Dolmetschers nach § 187 Abs. 1 GVG, die Aufzeichnung der Vernehmung in Ton und Bild nach § 58a StPO[127], die Gegenüberstellung nach § 58 StPO oder die Entscheidung, ob die Zeugenvernehmung unter Verwendung von Bild-/Tonübertragungen unter Verzicht auf die Anwesenheit des Zeugen im Vernehmungszimmer nach § 58b StPO durchzuführen ist.[128] **Tonbandaufzeichnungen** von Vernehmungen von Zeugen sind stets zulässig, wenn der Betroffene von der beabsichtigten Aufzeichnung vorher in Kenntnis gesetzt wird.[129]

14.53

Selbstredend dürfen keine verbotenen Vernehmungsmethoden des § 136a StPO angewendet werden, § 161a Abs. 1 Satz 2 StPO i.V.m. § 69 Abs. 3 StPO. Auch insoweit gilt ein Verwertungsverbot.

---

127) Meyer-Goßner/Schmitt, § 58a Rdnr. 9.
128) Meyer-Goßner/Schmitt, § 58b Rdnr. 2.
129) KK/Griesbaum, § 163 Rdnr. 17; LR/Erb, § 163 Rdnr. 127; zu heimlichen Tonbandaufzeichnungen vgl. KK/Diemer, § 136a Rdnr. 25 und LR/Erb, § 163 Rdnr. 127 m.w.N.

Maurer

Hinweis

14.54   Vor der richterlichen Vernehmung ist dem Zeugen gem. § 69 Abs. 1 Satz 2 StPO zunächst der Gegenstand der Befragung und ggf. die Person des Beschuldigten bekannt zu geben. Von entscheidender Bedeutung für den weiteren Verlauf der Befragung (und die Wahrheitsfindung) ist sodann der **Grundsatz der Zweiteilung**: erst der Bericht, dann das Verhör. Die Auskunftsperson ist zu veranlassen, dasjenige, was ihr von dem Gegenstand ihrer Befragung bekannt ist, „im Zusammenhang" anzugeben (vgl. § 69 Abs. 1 StPO). Durch diese Möglichkeit, im Zusammenhang in Form eines Berichts auszusagen, wird offenkundig der Einfluss des Fragenden gering gehalten und das Auskunftsmaterial nicht verfälscht („Wer fragt, führt."). So kann ein möglichst unverfälschtes Bild der Erinnerung der Auskunftsperson entstehen, das Grundlage für die Beurteilung der Glaubhaftigkeit ist. Unterbrechungen von Seiten des Richters durch Zwischenfragen, „Anstoßfragen", lenkende Hinweise, auch Vorhalte sind nur dann nicht verboten, wenn das zu einer klaren, vollständigen und wahrheitsgemäßen Aussage angezeigt erscheint.[130] Die Vernehmung darf daher nicht durch bloße Verweisung auf ein früheres (Polizei-)Protokoll oder durch die Übergabe einer schriftlichen Äußerung ersetzt worden sein.[131] Dieser Grundsatz der Zweiteilung richtet sich dabei nicht nur an das Gericht, sondern über § 161a Abs. 1 Satz 2 StPO auch an die Staatsanwaltschaft. Erst nach dem Bericht sollte das **Verhör**, die Befragung im engeren Sinne, eingetreten werden. Das Verhör soll die noch fehlenden Details erbringen, vgl. § 69 Abs. 2 StPO: „Zur Aufklärung und zur Vervollständigung der Aussage sowie zur Erforschung des Grundes, auf dem das Wissen des Zeugen beruht, sind nötigenfalls weitere Fragen zu stellen." § 69 Abs. 1 Satz 1 StPO und damit der Grundsatz der Zweiteilung ist **zwingendes Recht** nicht nur bloße Ordnungsvorschrift.[132] Ein Verstoß im Ermittlungsverfahren bedeutet, dass das richterliche Protokoll in der Hauptverhandlung nicht gem. § 251 Abs. 2 StPO verlesen werden darf, und begründet die Revision, wenn das Urteil darauf beruht.[133] Ob ein Protokoll, das unter Verstoß gegen § 69 Abs. 1 Satz 2 StPO zustande gekommen ist, entsprechend der Rechtsprechung des BGH, Beschluss vom 24.04.2019 – 4 StR 16/19 (für den Verstoß gegen die Benachrichtigungspflicht des § 168c Abs. 5 StPO) gem. § 251 Abs. 1 StPO als nichtrichterliches Protokoll oder durch Vernehmung des vernehmenden Richters als Zeuge und Vorhalt des Protokolls verwertet werden darf, ist soweit erkennbar noch nicht entschieden.[134]

---

130) KK/Slawik, § 69 Rdnr. 4.

131) KK/Diemer, § 251 Rdnr. 17; KK/Diemer, § 69 Rdnr. 4.

132) Meyer-Goßner/Schmitt, § 69 Rdnr. 13; KK/Slawik, § 69 Rdnr. 8.

133) Meyer-Goßner/Schmitt, § 69 Rdnr. 13 m.w.N.

134) Dagegen Burhoff, Ermittlungsverfahren, Rdnr. 3723.

14.1.3   Staatsanwaltschaftliche Zeugenvernehmung

14.1.3.1   Bedeutung und anwendbare Vorschriften

Grundsätzlich leitet die **Staatsanwaltschaft** das Ermittlungsverfahren, sie ist Herrin des Ermittlungsverfahrens. Sie hat daher die **Gesamtverantwortung** für eine rechtsstaatliche, faire und ordnungsgemäße Durchführung des Verfahrens zu tragen und hat nach § 161a StPO selbstredend auch das Recht zur Zeugenvernehmung. Auch die **Amtsanwälte**, § 142 Abs. 1 Nr. 3, § 145 Abs. 2 GVG, haben die Befugnisse nach § 161a StPO. In Steuerstrafsachen ist die **Finanzbehörde** zur Anwendung berechtigt, wenn sie das Steuerstrafverfahren selbständig führt (§§ 386 Abs. 2, 399 Abs. 1 AO). Insbesondere die über §§ 161a Abs. 2, 51, 70 StPO gegenüber Zeugen eingeräumten Zwangsmittel führen zur Straffung und Beschleunigung und damit auch zu einer bestmöglichen Aufklärung des Sachverhalts. Der Staatsanwalt kann nach wie vor auch Vernehmungen durch die Polizei oder den Ermittlungsrichter durchführen lassen.

14.55

Die staatsanwaltliche Vernehmung des **Zeugen** richtet sich insbesondere nach folgenden Vorschriften:

14.56

§§		Gegenstand
§ 161a Abs. 1 Satz 1		Plicht zum Erscheinen
§ 161a Abs. 1 Satz 2 i.V.m.	§§ 48–71	Belehrungen, Vernehmung etc.
§ 161a Abs. 2	§§ 51, 70	Zwangsmaßnahmen
§ 161a Abs. 5		Dolmetscher

Eine staatsanwaltschaftliche Zeugenvernehmung i.S.d. § 161a Abs. 1 StPO bedeutet, dass ein Staatsanwalt auch die Vernehmung verantwortlich leitet und das **Vernehmungsgespräch** im Wesentlichen selbst führt. Allein der Umstand, dass bei einer polizeilichen Vernehmung ein Staatsanwalt anwesend ist und ggf. unterstützend teilnimmt, macht aus dieser noch keine staatsanwaltschaftliche Zeugenvernehmung.[135]

14.57

Im **Bußgeldverfahren** gilt § 161a StPO grundsätzlich für die Verwaltungsbehörde (§ 46 Abs. 2 OWiG). Zeugen sind also auch dort zum Erscheinen und zur Aussage verpflichtet; die Verwaltungsbehörde kann mit Ausnahme der in § 46 Abs. 5 OWiG vorbehaltenen Maßnahmen Zwangsmaßnahmen ergreifen, und zwar auch dann, wenn die Staatsanwaltschaft Verfolgungsbehörde ist.[136]

14.58

---

135) HansOLG, Beschl. v. 17.07.2009 – 2 Ws 95/09, was wegen der 2017 eingefügten Verweisung in § 163 Abs. 2 Satz 2 StPO auf die Ordnungsmittel der §§ 51, 70 StPO auch bei der polizeilichen Vernehmung an Bedeutung verloren hat.
136) LR/Erb, § 161a Rdnr. 6.

Die Vernehmungen von Zeugen durch die Staatsanwaltschaft und Polizei laufen in weiten Teilen vergleichbar ab. Insbesondere weil für die staatsanwaltliche Zeugenvernehmung über § 161a Abs. 1 Satz 2 StPO bzw. weil für die polizeiliche Zeugenvernehmung über § 163 Abs. 3 StPO für das Verfahren, den Ablauf und den Inhalt auf die §§ 48–71 StPO verwiesen wird. Die mit der Vernehmung zusammenhängenden Fragen wurden bereits in Kapitel 7 „Polizeiliche Vernehmung von Zeugen" vertiefend dargestellt (siehe Rdnr. 7.98 ff.). Die dort gemachten Ausführungen gelten für die staatsanwaltliche Vernehmung entsprechend. Nachfolgend werden nur die jeweiligen **Besonderheiten** herausgestellt.

14.1.3.2   Ladung/Pflicht zum Erscheinen/Aussagepflicht/ Zwangsmittel

14.59   Zeugen sind gem. § 161a Abs. 1 Satz 1 StPO verpflichtet, auf Ladung vor der Staatsanwaltschaft zu erscheinen. Die **Ladung** führt die Staatsanwaltschaft über §§ 161a Abs. 1 Satz 2, 48 selbst aus. Sie ist **formfrei** und kann schriftlich oder mündlich erfolgen. Die Erklärung des Zeugen im Vorfeld, von seinem Zeugnis- oder umfassend vom Auskunftsverweigerungsrecht Gebrauch machen zu wollen, entbinden ihn dennoch nicht von der Pflicht zu erscheinen.[137]

14.60   Zeugen sind zudem „verpflichtet, [...] zur Sache auszusagen", § 161a Abs. 1 Satz 1 StPO. Die **Aussagepflicht** besteht dabei nur im Rahmen ggf. vorhandener Aussage- und Zeugnisverweigerungsrechte. Sie besteht aber unabhängig von einer Ladung, wenn der Staatsanwalt den Zeugen etwa aufsucht, da sich in § 161a Abs. 1 Satz 1 StPO „auf Ladung" nur auf die Pflicht zum Erscheinen bezieht, die Aussagepflicht bleibt davon unberührt.[138]

14.61   Gemäß § 161a Abs. 2 Satz 1 StPO steht bei unberechtigtem Ausbleiben eines Zeugen oder unberechtigter Zeugnisverweigerung die Befugnis zu den in §§ 51 und 70 StPO vorgesehenen **Zwangsmitteln** der Staatsanwaltschaft zu. Erscheint der Zeuge unentschuldigt nicht, kann die Staatsanwaltschaft ihm gem. § 161a Abs. 2, § 51 Abs. 1 Satz 1 StPO die durch sein Ausbleiben entstandenen **Kosten** und gemäß Satz 2 ein **Ordnungsgeld** auferlegen.[139] Die Staatsanwaltschaft sieht von einer Ordnungsstrafverfügung ab, wenn das Ausbleiben des Zeugen rechtzeitig genügend entschuldigt wird, § 51 Abs. 2 Satz 1 StPO. Erfolgt die Entschuldigung nicht rechtzeitig, so unterbleibt die Auferlegung der Kosten und die Festsetzung eines Ordnungsmittels nur dann, wenn glaubhaft gemacht wird, dass den Zeugen an der Verspätung der Entschuldigung kein Verschulden trifft, Satz 2. Wird der Zeuge nachträglich genügend entschuldigt, so werden die getroffenen Anordnungen unter den Voraussetzungen des Satzes 2 aufgehoben, Satz 3. Die Ordnungsstrafverfügung ist dem Zeugen mitzuteilen. Eine förmliche Zustellung ist nicht erforderlich (entsprechend § 35 Abs. 2 Satz 2), weil der Antrag auf gerichtliche Entscheidung (Abs. 3) an keine Frist gebunden ist.[140] Auch ist die zwangsweise **Vorführung** gem. § 161a Abs. 2 Satz 1 i.V.m.

---

137) KMR/Noltensmeier-von Osten, § 161a Rdnr. 6.
138) Meyer-Goßner/Schmitt, § 161a Rdnr. 2.
139) Meyer-Goßner/Schmitt, § 161a Rdnr. 16.
140) KK/Griesbaum, § 161a Rdnr. 12.

§ 51 Abs. 1 Satz 3 StPO zulässig. Die Anordnungen nach § 70 Abs. 1, 2 und 4 StPO für den Fall der **unberechtigten Zeugnisverweigerung** sind unabhängig von der Ladung des Zeugen, sie sind auch zulässig, wenn der Zeuge ohne Ladung erscheint oder von der Staatsanwaltschaft aufgesucht wird.[141] Dem Zeugen ist Gelegenheit zu geben, notwendige Informationen einzuholen.[142] Bevor die Zwangsmaßnahmen des § 70 festgesetzt werden, sind sie dem Zeugen anzudrohen. Sie sind auch bei **Teilverweigerung** der Aussage ohne gesetzlichen Grund zulässig. Ob die Verweigerung ausdrücklich oder stillschweigend erklärt wird, ist für die Anwendung des § 70 StPO ohne Bedeutung. Die offensichtlich wahrheitswidrige Erklärung des Zeugen, er wisse von dem Sachverhalt nichts oder er könne sich nicht erinnern, rechtfertigt Zwangsmaßnahmen, da er sich auch insoweit verweigert.[143] Gemäß § 161a Abs. 2 Satz 2 StPO bleibt die Festsetzung der Erzwingungshaft des § 70 Abs. 2 StPO dem nach § 162 zuständigen Gericht vorbehalten. Die Vollstreckung erfolgt durch die Staatsanwaltschaft.[144] Gleiches gilt gem. § 161a Abs. 2 Satz 3 StPO für die eidliche Vernehmung.

Für die Durchsetzung einer **wahrheitsgemäßen** Aussage stehen keine Zwangsmittel zur Verfügung.[145] Hat der Staatsanwalt den Eindruck, dass der Zeuge die Unwahrheit sagt, so kann er zur Aufklärung der Sache auf die §§ 145d (Vortäuschen einer Straftat), 164 (falsche Verdächtigung), 257 (Begünstigung), 258 (Strafvereitelung) StGB hinweisen. **14.62**

Gegen Ordnungsmaßnahmen hat der Zeuge die Möglichkeit, gem. § 161a Abs. 3 StPO einen Antrag auf gerichtliche Entscheidung zu stellen.

14.1.3.3 Kein Anwesenheitsrecht für Verteidiger und Beschuldigte

Kein Anwesenheitsrecht bei der staatsanwaltlichen Vernehmung von Zeugen haben nach dem eindeutigen Wortlaut von § 161a StPO der Beschuldigte und der Verteidiger.[146] Sie werden daher auch nicht von dem Vernehmungstermin benachrichtigt.[147] Die unterschiedlichen Regelungen bei der richterlichen Vernehmung einerseits und der staatsanwaltlichen Regelung andererseits haben ihre Rechtfertigung auch in der unterschiedlichen Verlesbarkeit der Vernehmungsprotokolle. Das Vernehmungsprotokoll des Staatsanwalts ist in der Hauptverhandlung einem richterlichen nicht gleichgestellt (§§ 249, 251, 254 StPO). **14.63**

Der Verteidiger und auch der Beschuldigte dürfen indes – wie auch bei der polizeilichen Vernehmung – zugelassen werden, wenn Ermittlungsgründe es geboten erschei- **14.64**

---

141) LR/Erb, § 161a Rdnr. 42; Meyer-Goßner/Schmitt, § 161a Rdnr. 17.
142) Meyer-Goßner/Schmitt, § 161a, Rdnr. 17.
143) BVerfG, Kammerbeschl. v. 19.10.1990 – 2 BvR 761/90.
144) LR/Erb, § 161a Rdnr. 39.
145) BVerfG, Kammerbeschl. v. 19.10.1990 – 2 BvR 761/90; BGH, Urt. v. 27.09.1956 – 3 StR 217/56; LR/Erb, § 161a Rdnr. 42; KMR/Noltensmeier-von Osten, § 161a Rdnr. 8.
146) Meyer-Goßner/Schmitt, § 168c Rdnr. 2; KK/Griesbaum, § 161a Rdnr. 6.
147) KK/Griesbaum, § 161a Rdnr. 6.

nen lassen und die Ermittlungen dadurch nicht beeinträchtigt werden.[148] Bei staatsanwaltlichen Vernehmungen wird jedoch die Anwesenheit des Beschuldigten kaum zweckmäßig sein, insbesondere wegen Gefährdung des Untersuchungszwecks.[149] Die Entscheidung darüber trifft stets der die Vernehmung leitende Staatsanwalt.

14.1.3.4   Durchführung der Vernehmung

14.65   Nach § 161a Abs. 1 Satz 2 StPO gelten die Vorschriften des sechsten und siebenten Abschnitts des ersten Buchs über Zeugen und Sachverständige, sprich die §§ 48–71 StPO für die staatsanwaltliche Vernehmung von Zeugen entsprechend, soweit nichts anderes bestimmt ist (siehe auch Rdnr. 7.100). Keine Anwendung finden daher die Vorschriften über die eidliche Vernehmung von Zeugen (§§ 59, 57 Abs. 1 Satz 2–3 StPO), die Abgabe einer eidesstattlichen Versicherung und die Festsetzung von Haft.

Der die Vernehmung leitende Staatsanwalt hat im Übrigen nach Maßgabe der §§ 68 (Vernehmung zur Person; Beschränkung von Angaben, Zeugenschutz), 68a (Beschränkung des Fragerechts aus Gründen des Persönlichkeitsschutzes), 68b (Zeugenbeistand) und 69 (Vernehmung zur Sache) StPO zu vernehmen und über die Wahrheitspflicht des § 57 Satz 1 StPO und über dem Zeugen zustehende Zeugnisverweigerungsrechte, aus § 52 StPO und/oder ein sich ggf. aus § 55 StPO ergebendes Auskunftsverweigerungsrecht zu belehren sowie die Vernehmung nach §§ 168b Abs. 2, 168, 168a StPO protokollieren. Hat der Staatsanwalt den Eindruck, dass der Zeuge die Unwahrheit sagt, so kann er zur Aufklärung der Sache auf die §§ 145d (Vortäuschen einer Straftat), 164 (falsche Verdächtigung), 257 (Begünstigung), 258 (Strafvereitelung) StGB hinweisen.

Der die Vernehmung leitende Staatsanwalt hat zudem die Entscheidung zu treffen über die Anwesenheitsrechte (siehe Rdnr. 14.63), den Ausschluss eines anwaltlichen Zeugenbeistand nach § 68b Abs. 1 Satz 3 StPO, die Hinzuziehung eines Dolmetschers nach § 163 Abs. 7 StPO, die Aufzeichnung der Vernehmung in Ton und Bild nach § 58a StPO[150], die Gegenüberstellung nach § 58 StPO oder die Entscheidung, ob die Zeugenvernehmung unter Verwendung von Bild-/Tonübertragungen unter Verzicht auf die Anwesenheit des Zeugen im Vernehmungszimmer nach § 58b StPO durchzuführen ist.[151] **Tonbandaufzeichnungen** von der Vernehmung von Zeugen sind stets zulässig, wenn der Betroffene von der beabsichtigten Aufzeichnung vorher in Kenntnis gesetzt wird.[152]

Selbstredend dürfen keine verbotenen Vernehmungsmethoden des § 136a StPO angewendet werden, § 161a Abs. 1 Satz 2 StPO i.V.m. § 69 Abs. 3 StPO. Auch insoweit gilt ein **Verwertungsverbot**.

---

148) Meyer-Goßner/Schmitt, § 163 Rdnr. 15; KK/Griesbaum, § 163 Rdnr. 20.

149) LR/Erb, § 161 Rdnr. 121.

150) Meyer-Goßner/Schmitt, § 58a Rdnr. 9.

151) Meyer-Goßner/Schmitt, § 58b Rdnr. 2.

152) KK/Griesbaum, § 163 Rdnr. 17; LR/Erb, § 163 Rdnr. 127; zu heimlichen Tonbandaufzeichnungen vgl. KK/Diemer, § 136a Rdnr. 25 und LR/Erb, § 163 Rdnr. 127 m.w.N.

14.2   Mandatssituationen

14.2.1   Richterliche Zeugenvernehmung – Benachrichtigungspflicht

Kurzüberblick

- Bei der **richterlichen Vernehmung** eines Zeugen ist neben dem Staatsanwalt   14.66
auch dem Verteidiger und dem **Beschuldigten** die **Anwesenheit** gestattet,
§ 168c Abs. 2 Satz 1 StPO.

- Die Teilnahmeberechtigen, also insbesondere **Beschuldigter** und **Verteidiger,**
sind grundsätzlich von dem **Vernehmungstermin** des Zeugen nach § 168c
Abs. 5 Satz 1 StPO so früh wie möglich[153] **zu benachrichtigen.**

- Die Benachrichtigungspflicht des Verteidigers ist **unabhängig** von der des Beschuldigten.

- Allein das Vorliegen eines Ausschlussgrunds für den Beschuldigten nach
§ 168c Abs. 3 StPO macht die Benachrichtigung des Beschuldigten von einem
Vernehmungstermin nicht entbehrlich.[154]

- Die Benachrichtigungspflicht wird nur **eingeschränkt,** wenn sie den **Untersuchungserfolg gefährden** würde. Zulässiges Verteidigungsverhalten lässt die Benachrichtigungspflicht unberührt.

Sachverhalt

Der Anwalt verteidigt einen – nicht in Haft befindlichen – wegen gefährlicher
Körperverletzung Beschuldigten, der seine Ex-Ehefrau, die Geschädigte G, im
Streit mit einem Stock geschlagen haben soll. Der Mandant hat keine Angaben
gemacht, außer der geschädigten Ex-Ehefrau stehen keine Zeugen zur Verfügung.
Die Staatsanwaltschaft beantragt im Hinblick auf § 252 StPO eine richterliche
Vernehmung der Ex-Ehefrau, damit das Protokoll über ihre Aussage auch dann
in der Hauptverhandlung verlesen werden kann, falls die Ex-Ehefrau in der
Hauptverhandlung von ihrem Zeugnisverweigerungsrecht nach § 52 StPO
Gebrauch machen sollte.

Vom Termin zur richterlichen Zeugenvernehmung werden weder der Anwalt
noch der Beschuldigte gem. § 168c Abs. Abs. 5 Satz 1 StPO unterrichtet. Von der
Unterrichtung wird beide Male gem. § 168 Abs. 5 Satz 2 StPO abgesehen, weil
„der Untersuchungserfolg gefährdet" werden würde. Im Vermerk des Richters
hierzu wird ausgeführt, dass die Gefahr gesehen wird, dass der beschuldigte Ex-
Ehemann oder der Anwalt bei Anwesenheit die Frau überreden wird, von ihrem

---

153) KK/Griesbaum, § 168c Rdnr. 1, 16.
154) BGH, Beschl. v. 12.09.2012 – 5 StR 401/12; LR/Erb, § 168c Rdnr. 20; Meyer-Goßner/
Schmitt, § 168c Rdnr. 5; a.A. noch BGH, Urt. v. 02.05.1979 – 2 StR 99/79.

Maurer

Zeugnisverweigerungsrecht Gebrauch zu machen. Es gebe zudem Anhaltspunkte, dass der Verteidiger mit der Ex-Ehefrau bereits Kontakt aufgenommen habe, ihr zur Ausübung des Zeugnisverweigerungsrechts geraten und ihr namens des Beschuldigten Geld als Wiedergutmachung angeboten habe.

Der Verteidiger erfährt hiervon erst durch eine Akteneinsicht vor Abschluss der Ermittlungen. Was ist zu tun?

Lösung

14.67   Die unterlassene Benachrichtigung ist in beiden Fällen fehlerhaft. Der Verstoß wird jeweils zu einem Verwertungsverbot des richterlichen Protokolls der Zeugenaussage führen.

Bei der richterlichen Vernehmung eines Zeugen ist gem. § 168c Abs. 2 Satz 1StPO neben dem Staatsanwalt und dem Verteidiger auch dem Beschuldigten die Anwesenheit gestattet. Die Pflicht zur Benachrichtigung des Verteidigers ist dabei unabhängig von der des Beschuldigten.

Die unterlassene Benachrichtigung wird vorliegend mit einer Gefährdung des Untersuchungserfolgs begründet. Die Gründe tragen indes nicht. Im Vermerk des Richters ist ausgeführt, dass die Gefahr gesehen wurde, dass der beschuldigte Ex-Ehemann oder der Anwalt die Ex-Ehefrau „überreden" werden, von ihrem Zeugnisverweigerungsrecht Gebrauch zu machen. Auf Grund welchen Sachverhalts diese „Gefahr" gesehen wird, wird nicht mitgeteilt. Weiter soll es Anhaltspunkte gegeben haben, dass der Anwalt mit der Ex-Ehefrau bereits Kontakt aufgenommen habe, ihr zur Ausübung des Zeugnisverweigerungsrechts geraten und ihr namens des Beschuldigten Geld als Wiedergutmachung angeboten habe. Alle aufgeführten Gründe rechtfertigen es nicht, von der Benachrichtigung abzusehen, selbst wenn es diesen Kontakt des Anwalts mit der Zeugin gegeben hat.

14.68   Die **Benachrichtigungspflicht** kann nur unter den besonderen Voraussetzungen des § 168c Abs. 5 Satz 2 StPO eingeschränkt werden. Dazu muss der Untersuchungserfolg gefährdet werden. Als Untersuchungserfolg wird allgemein die Gewinnung einer wahrheitsgemäßen Aussage angesehen, die in einem späteren Verfahrensabschnitt verwertet werden kann.[155] Von der Benachrichtigung kann – worauf die Entscheidung des Richters vorliegend nicht gestützt wurde – abgesehen werden, wenn die **Verzögerung**, die andernfalls eintreten würde, zur Folge hätte, dass die Vernehmung nicht mehr sachgerecht durchführbar wäre. Eine Gefährdung des Untersuchungserfolgs ist nach der Rechtsprechung neben der zeitlichen Verzögerung auch dann gegeben, wenn die auf zureichende tatsächliche Anhaltspunkte gestützte Besorgnis besteht, der Anwesenheitsberechtigte werde die Benachrichtigung zur Vornahme von **Verdunkelungsmaßnahmen** ausnutzen, etwa den Zeugen

---

155) Wartepflicht für den Fall der Pflichtverteidigerbestellung: BGH, Urt. v. 02.05.1979 – 2 StR 99/79; KK/Griesbaum, § 168c Rdnr. 20; Verfassungsgericht des Landes Brandenburg, Beschl. v. 19.12.2002 – 104/02.

mit Nachdruck zu einer Falschaussage anhalten[156] oder ihn sonst in unzulässiger Weise unter Druck setzen.[157] Auch das ist vorliegend nicht der Fall, weder im Hinblick auf das „Überreden", vom Zeugnisverweigerungsrecht Gebrauch zu machen, noch im Hinblick auf den Kontakt des Anwalts zur Zeugin. Allein die Ausübung berechtigter **Verteidigungsaktivitäten** im Zusammenhang mit Zeugenvernehmungen lässt die Benachrichtigung des Verteidigers oder Beschuldigten nämlich unberührt.[158] So verhält es sich hier. Es ist zulässig, einem Zeugen die Zeugnisverweigerungsrechte oder Auskunftsverweigerungsrechte nach §§ 52, 55 StPO abstrakt zu erläutern oder weitergehend den Rat zur Ausübung bzw. Nichtausübung dieser Rechte zu erteilen.[159] Auch sonst darf auf Anzeigewillige oder Strafantragsberechtigte Einfluss genommen werden, mit dem Ziel, sie von ihrem Vorhaben, eine Anzeige zu stellen oder Strafantrag zu stellen, abzubringen.[160] Auch finanzielle Gegenleistungen sind möglich, wenn die Vereinbarung durch das Motiv des **Schadensausgleichs** beherrscht wird.[161] Finanzielle Zuwendungen dürfen dem Zeugen aber nicht allein für die Ausübung von Zeugnis- und Auskunftsverweigerungsrechten und Schweigerechtsentbindungen gewährt werden. Das im Vermerk des Richters niedergelegte (befürchtete) Verhalten rechtfertigt nicht, den Beschuldigten oder den Verteidiger von einer Zeugenvernehmung nicht zu benachrichtigen.

Fraglich ist die Reichweite eines **Beweisverwertungsverbots,** wenn – wie hier – bei einer richterlichen Zeugenvernehmung gegen die Benachrichtigungspflicht des § 168c Abs. 5 Satz 1 StPO und auch das Anwesenheitsrecht nach Abs. 2 Satz 1 verstoßen wird. Die Verletzung der Benachrichtigungspflicht verbietet nach ständiger Rechtsprechung die Verlesung nach § 251 Abs. 2 StPO, die Vernehmung des Ermittlungsrichters über den Inhalt der Aussage und auch die Einführung des Aussageninhalts in die Hauptverhandlung durch Vorhalt der Niederschrift an die Beweisperson selbst.[162] Für das Verwertungsverbot ist unerheblich, ob die Benachrichtigungspflicht versehentlich oder absichtlich verletzt worden ist.[163] Nach der **Rechtsprechung**[164] und der **wohl h.M. in der Literatur**[165] darf die insoweit fehlerhaft zustande gekommene richterliche Zeugenvernehmungen der

14.69

---

156) BGH, Urt. v. 24.07.2003 – 3 StR 212/02.
157) BGH, Urt. v. 02.05.1979 – 2 StR 99/79.
158) BGH, Urt. v. 02.05.1979 – 2 StR 99/79.
159) Wendler/Hoffmann, Technik und Taktik der Befragung, Rdnr. 212; Bertke/Schroeder, Grenzen der Zeugenvorbereitung im staatlichen Zivilprozess und im Schiedsverfahren, in: SchiedsVZ 2014, 80, 84; Dahs, C Rdnr. 472; Parigger, Zeugengewinnung und -vernehmung durch den Verteidiger, in: StraFo 2003, 262, 266; Klein/Mack/Amann/Schroth, in: Breyer/Endler, AnwaltFormulare Strafrecht, Rdnr. 124.
160) Parigger, Zeugengewinnung und -vernehmung durch den Verteidiger, in: StraFo 2003, 262, 266.
161) Siehe unten Geldzahlungen; Leipold, Zulässige Einwirkung und Belehrung von Zeugen durch den Verteidiger, in: StraFo 1998, 79.
162) BGH, Urt. v. 11.05.1976 – 1 StR 166/76; BGH, Urt. v. 03.11.1982 – 2 StR 434/82; KK/Griesbaum, § 168c Rdnr. 22. m.w.N., a.A.: BGH, Urt. v. 26.11.1986 – 3 StR 390/86, wonach der Vorhalt zulässig bleiben soll. So auch Meyer-Goßner/Schmitt, § 168c Rdnr. 6.
163) BGH, Beschl. v. 29.11.2006 – 1 StR 493/06; Meyer-Goßner/Schmitt, § 168c Rdnr. 6.
164) BGH, Beschl. v. 24.04.2019 – 4 StR 16/19; Fortführung von BGH, 09.07.1997 – 5 StR 234/96; so auch Meyer-Goßner/Schmitt, § 168c Rdnr. 6; KK/Griesbaum, § 168c Rdnr. 25.
165) KK/Griesbaum, § 168c Rdnr. 25; Meyer-Goßner/Schmitt, § 168c Rdnr. 6.

Maurer

geschädigten Ex-Ehefrau aber als nichtrichterliche Vernehmung in eine spätere Hauptverhandlung eingeführt werden, sofern die Voraussetzung hierfür nach **§ 251 Abs. 1 StPO** – bzw. die Vorführung einer Bild-Ton-Aufzeichnung nach i.V.m. § 255a Abs. 1 StPO – erfüllt sind. Der Tatrichter wird sich nur des minderen Beweiswerts bewusst sein und die Verfahrensbeteiligten auf die beabsichtigte Verwertung als nichtrichterliche Vernehmung gem. § 265 StPO hinweisen müssen[166] (siehe Einzelheiten bei Rdnr. 14.43). In der Literatur wird an dieser Auffassung zum Teil scharfe Kritik[167] geübt, die man sich spätestens in der Hauptverhandlung als Anwalt zunutze machen kann, freilich mit dem Wissen, gegen die ständige Rechtsprechung anzukämpfen. Hier im Stadium des Ermittlungsverfahrens ist ein Hinweis auf das von Amts wegen zu beachtende Verwertungsverbot angebracht.[168]

Prozesstaktische Hinweise

14.70   Der Anwalt könnte überlegen, erneut mit der Geschädigten Kontakt aufzunehmen. Ziel könnte dabei sein, von dieser eine schriftliche Erklärung über die Ankündigung der Ausübung ihres Zeugnisverweigerungsrechts nach § 52 Satz 1 Nr. 2 StPO zu erhalten. Eine Verlesung der richterlichen Zeugenaussage und die Vernehmung des Richters wären in einer späteren Hauptverhandlung dann unzulässig. Die einzig mögliche Verwertbarkeit der fehlerhaft zustande gekommenen richterlichen Zeugenvernehmungen wäre über § 251 Abs. 1 StPO als nichtrichterliche Vernehmung. Zudem und mit Blick auf § 49 StGB unabhängig davon sollte die angekündigte Zahlung an die Geschädigte mit Blick auf § 46a Nr. 2 StGB vollzogen und bestenfalls seine schriftliche Erklärung der Geschädigten i.S.d. § 46a Nr. 1 StGB eingeholt werden. An der Zulässigkeit derartigen Verteidigerverhaltens können trotz weit verbreiteter Unsicherheit richtigerweise überhaupt keine Zweifel bestehen.[169]

---

166) BGH, Beschl. v. 24.04.2019 – 4 StR 16/19.
167) Jäger, Von der unverwertbaren richterlichen zur verwertbaren nichtrichterlichen Vernehmung, in: JA 2019, 870, 872 m.w.N.
168) BGH, Beschl. v. 06.06.2019 – StB 14/19.
169) Eingehend Hoffmann/Maurer, Voraussetzungen und Grenzen anwaltlicher Zeugenvorbereitung, NJW 2018, 257 ff.

Muster

Richterliche Zeugenvernehmung

Staatsanwaltschaft ...
(Anschrift)

In der Strafsache
gegen   ...
wegen   ...
Az.   ...

beantrage ich, das Verfahren einzustellen.

Der Nachweis einer Straftat gelingt nach dem Ergebnis der Ermittlungen nicht.

Der Nachweis einer Straftat beruht einzig auf der Aussage der Geschädigten G.

Die richterliche Vernehmung der Geschädigten vom ... ist unter Verstoß gegen die Benachrichtigungspflicht nach § 168c Abs. 5 Satz 1 StPO zustande gekommen. Dieser Verstoß führt zu einem **Verwertungsverbot** der Aussage der Zeugin. Die Verletzung der Benachrichtigungspflicht verbietet nach ständiger Rechtsprechung die Verlesung nach § 251 Abs. 2 StPO, die Vernehmung des Ermittlungsrichters über den Inhalt der Aussage und auch die Einführung des Aussageninhalts in die Hauptverhandlung durch Vorhalt der Niederschrift an die Beweisperson selbst (BGH, Beschl. v. 29.11.2006 – 1 StR 493/06; Meyer-Goßner/Schmitt, § 168c Rdnr. 6). Für das Verwertungsverbot ist unerheblich, ob die Benachrichtigungspflicht versehentlich oder absichtlich verletzt worden ist (BGH, Beschl. v. 29.11.2006 – 1 StR 493/06; Meyer-Goßner/Schmitt, § 168c Rdnr. 6). Verwertungsverbote sind im Ermittlungsverfahren von Amts wegen zu beachten (BGH, Beschl. v. 06.06.2019 – StB 14/19).

Im Einzelnen:

Die unterlassene Benachrichtigung wurde ausweislich des Vermerks des Richters R vom ... mit einer „Gefährdung des Untersuchungserfolgs" begründet. Eine solche Gefährdung (i.S.d. § 168c Abs. 5 Satz 2 StPO) lag zu keinem Zeitpunkt vor.

Maurer

Es soll ausweislich des Vermerks die „Gefahr" bestanden haben, dass die Zeugin „überredet" werde, von ihrem Zeugnisverweigerungsrecht Gebrauch zu machen. Womit diese „Gefahr" begründet wurde, teilt Richter R nicht mit. Richter R verkennt zudem, dass selbst der Rat zur Ausübung des Zeugnisverweigerungsrechts keine unzulässige **Verdunkelungsmaßnahme** oder sonst unzulässige Einflussnahme dargestellt hätte. Es ist weder zu beanstanden, dass ein Anwalt einem Zeugen die Zeugnisverweigerungsrechte oder Auskunftsverweigerungsrechte nach §§ 52, 55 StPO abstrakt erläutert, noch weitergehend, dass ein Anwalt gegenüber einem Zeugen den Rat zur Ausübung bzw. Nichtausübung dieser Rechte erteilt (vgl. Wendler/Hoffmann, Technik und Taktik der Befragung, Rdnr. 212; Bertke/Schroeder, Grenzen der Zeugenvorbereitung im staatlichen Zivilprozess und im Schiedsverfahren, in: SchiedsVZ 2014, 80, 84; Dahs, C Rdnr. 472; Parigger, Zeugengewinnung und -vernehmung durch den Verteidiger, in: StraFo 2003, 262, 266; Klein/Mack/Amann/Schroth, in: Breyer/Endler, AnwaltFormulare Strafrecht, Rdnr. 124). Der Ansatz von Richter R geht daher schon dem Grunde nach fehl. Die von ihm angenommene „Gefahr" wäre richtigerweise allein zulässiges Verteidigungsverhalten gewesen. Somit bestand auch keine Gefährdung des Untersuchungserfolgs, die Benachrichtigungspflicht wurde nicht berührt.

Weiter soll es „Anhaltpunkte" gegeben haben, dass ich als Verteidiger „mit der Ehefrau bereits Kontakt aufgenommen" sowie „ihr zur Ausübung des Zeugnisverweigerungsrechts geraten und ihr namens des Beschuldigten Geld als Wiedergutmachung angeboten" habe. Worin die „Anhaltspunkte" liegen, wird abermals nicht mitgeteilt. Der Ansatz von Richter R geht auch an dieser Stelle schon dem Grunde nach fehl. Richtig ist, dass ich am ... um ... Kontakt mit der Zeugin G aufgenommen habe, ihr das Zeugnisverweigerungsrecht abstrakt erläutert und sie auf die Möglichkeit der Ausübung des Zeugnisverweigerungsrechts als Ehefrau hingewiesen habe. Gleichzeitig habe ich ihr – ohne Anerkennung einer Rechtspflicht – im Rahmen eines angestrebten Täter-Opfer-Ausgleichs eine Zahlung in Höhe von ... € angeboten. Die der Zeugin angebotene finanzielle Gegenleistung war zulässig und allein durch das Motiv des Schadensausgleichs bestimmt (vgl. Leipold, Zulässige Einwirkung und Belehrung von Zeugen durch den Verteidiger, in: StraFo 1998, 79). Auch insoweit handelt es sich insgesamt um ausnahmslos zulässiges Verteidigungsverhalten (vgl. Parigger, Zeugengewinnung und -vernehmung durch den Verteidiger, in: StraFo 2003, 262, 266).

Zusammengefasst gilt, dass sämtliche von Richter R niedergelegten Gründe es unter keinem Gesichtspunkt rechtfertigten, meinen Mandanten oder mich nicht von der Zeugenvernehmung der G zu benachrichtigen.

Ich wiederhole abschließend nochmals, dass der Verstoß zu einem Verwertungsverbot führt, das im Ermittlungsverfahren von Amts wegen zu beachten ist.

Anliegend überreiche ich zudem als **Anlage 1** eine Ankündigung der Geschädigten, wonach sie als geschiedene Ehefrau in einer Hauptverhandlung von ihrem Zeugnisverweigerungsrecht gem. § 52 Satz 1 Nr. 2 StPO Gebrauch machen wird.

Mein Mandant hat zudem umfassend einen Täter-Opfer-Ausgleich i.S.d. § 46a Nr. 1 und Nr. 2 StGB durchgeführt. Diesbezüglich überreiche ich als **Anlage 2** einen Zahlungsnachweis und als **Anlage 3** eine schriftliche Erklärung der Geschädigten.

Rechtsanwältin/Rechtsanwalt

14.2.2 Staatsanwaltliche Beschuldigtenvernehmung – Anwesenheitsrecht, Erklärungs- und Fragerecht, Art der Befragung

Kurzüberblick

– Gemäß §§ 168c Abs. 1, 163a Abs. 3 Satz 2 StPO hat der (bereits mandatierte oder bestellte) Verteidiger während der staatsanwaltschaftlichen Vernehmung seines beschuldigten Mandanten ein **Anwesenheitsrecht**, das unabhängig von weiteren Voraussetzungen ist.   14.71

– Soweit der Verteidiger ein Anwesenheitsrecht hat, steht ihm gem. §§ 168c Abs. 5 Satz 2, 163a Abs. 3 Satz 2 StPO auch ein **Frage- und Erklärungsrecht** zu.

– Die Art der Vernehmung von Beschuldigten ist nicht geregelt. Dem Beschuldigten ist aber entsprechend § 69 Abs. 1 Satz 1 StPO Gelegenheit zu geben, sich möglichst im Zusammenhang zu äußern.

– Der Verteidiger hat keinerlei durchsetzbare rechtliche Handhabe, sich durch förmliche Anträge (entsprechend § 273 Abs. 3 StPO) bei der Befragung oder Protokollierung einzubringen.

– Notfalls muss der beschuldigte Mandant sich auf anwaltlichen Rat auf sein **Aussageverweigerungsrecht** berufen. Der Anwalt muss schriftsätzlich für ihn vortragen.

Sachverhalt

Der in Haft befindliche Beschuldigte wird ordnungsgemäß zur staatsanwaltschaftlichen Beschuldigtenvernehmung geladen. Obwohl sich der Verteidiger im Vorfeld bei der Staatsanwaltschaft schriftlich legitimiert hatte, wird er vom Vernehmungstermin – wie der Staatsanwalt später einräumt – versehentlich nicht benachrichtigt. Nur durch Zufall und über eine Information der Ehefrau des Beschuldigten aus Anlass eines Haftbesuchs erfährt auch der Verteidiger von dem Vernehmungstermin und stößt gerade noch rechtzeitig dazu, bevor der Beschuldigte vorgeführt und vernommen wird. Anwesend sind auch der ermittelnde Polizeibeamte und der Staatsanwalt, der die Vernehmung leitet und die Vernehmung nach ordnungsgemäßer Belehrung sofort mit einem ausziselierten Fragenkatalog beginnt. Die sehr detail- und aus Verteidigersicht aufschlussreichen, weil entlastenden Antworten des Mandanten fasst der Staatsanwalt jeweils unzutreffend, verkürzt und aus Mandantensicht „ungünstig" im Protokoll zusammen.

Was kann aus Anwaltssicht getan werden?

Lösung

14.72 Gemäß §§ 168c Abs. 1, 163a Abs. 3 Satz 2 StPO hat der (bereits mandatierte oder bestellte) Verteidiger während der staatsanwaltschaftlichen Vernehmung seines beschuldigten Mandanten ein **Anwesenheitsrecht,** das unabhängig von weiteren Voraussetzungen ist. Sinn und Zweck ist es, den Beschuldigten im vorbereitenden Verfahren besserzustellen und ihm die Möglichkeit zu geben, auf das – ggf. später verwertbare – Beweisergebnis Einfluss nehmen zu können.[170]

Der Verteidiger hätte gem. §§ 168c Abs. 5 Satz 1, 163a Abs. 3 Satz 2 StPO von dem Termin vorher, so früh wie möglich[171], benachrichtigt werden müssen. Hier ist die Benachrichtigung versehentlich unterlassen worden. Die Verletzung der Benachrichtigungspflicht führt grundsätzlich hinsichtlich des auf diese Weise gewonnenen Beweisergebnisses – in der Hauptverhandlung nur bei entsprechendem Widerspruch – zu einem **Verwertungsverbot.**[172] Dabei ist unerheblich, ob die Benachrichtigungspflicht versehentlich oder absichtlich verletzt worden ist.[173] Vorliegend kommt die unterlassene Benachrichtigung aber nicht zum Tragen, da der Verteidiger von Dritten vom Termin erfahren hat und sein Anwesenheitsrecht wahrnehmen kann.

14.73 Soweit der Verteidiger ein Anwesenheitsrecht hat, steht ihm gem. §§ 168c Abs. 5 Satz 2, 163a Abs. 3 Satz 2 StPO auch ein **Frage- und Erklärungsrecht** zu, „ungeeignete oder nicht zur Sache gehörende Fragen" (i.S.d. § 241 StPO) können gem. § 168c Abs. 5 Satz 3 beanstandet werden.

14.74 Die Art der Vernehmung des Beschuldigten durch den Staatsanwalt, sofort Fragen zu stellen, ist vernehmungstechnisch falsch. Zwar ist die Art der Vernehmung von Beschuldigten nicht weiter geregelt. Es fehlt insbesondere an einer Regelung entsprechend § 69 Abs. 1 Satz 1 StPO, wonach dem Zeugen Gelegenheit zu geben ist, im Zusammenhang zu berichten. Auch wenn eine Regelung entsprechend § 69 Abs. 1 Satz 1 StPO fehlt, so sollte die Vernehmungsperson tunlichst davon Abstand nehmen, die Vernehmung von Anfang an im Wechsel von Frage und Antwort durchzuführen.[174] Auch für die Beschuldigtenvernehmung gelten die allgemeinen Regeln der Vernehmungstechnik, insbesondere der **Grundsatz der Zweiteilung.**[175] Die Beschuldigtenvernehmung kann den Zweck der Sachverhaltsaufklärung und Wahrheitsfindung aber bei richtigem Verständnis nur erfüllen, wenn der Beschuldigte möglichst unbeeinflusst zu Worte kommt und Gelegenheit erhält, mit seinen Worten und aus seiner Sicht den Tathergang zu schil-

---

170) BGH, Urt. v. 11.05.1976 – 1 StR 166/76.

171) BGH, Beschl. v. 23.09.1988 – 2 StR 409/88; BGH, Urt. v. 19.03.1996 – 1 StR 497/95, zum Anwesenheitsrechte von Prozessbeteiligten bei Rechtshilfehandlungen; KK/Griesbaum, § 168c Rdnr. 16.

172) KK/Griesbaum, § 168c Rdnr. 22.

173) BGH, Beschl. v. 29.11.2006 – 1 StR 493/06; Meyer-Goßner/Schmitt, § 168c Rdnr. 6.

174) A.A. Meyer-Goßner/Schmitt; § 136 Rdnr. 17.

175) Wendler/Hoffmann, Technik und Taktik der Befragung, Rdnr. 1, 46, 47, 232.

dern.[176] Der BGH hat für die Sacheinlassung nach § 243 Abs. 4 StPO festgestellt, dass dem Beschuldigten Gelegenheit gegeben werden muss, sich möglichst im Zusammenhang zu äußern. „Keinesfalls darf dem Angeklagten [...] das wichtige Recht beschnitten werden, im Zusammenhang zu dem Schuldvorwurf Stellung zu nehmen".[177] Nichts anderes sollte für die staatsanwaltliche Vernehmung gelten. Der Beschuldigte muss daher zunächst Gelegenheit haben, eine zusammenhängende Sachdarstellung, einen zusammenhängenden Bericht abzugeben.[178]

Erst nach dem Bericht sollte auch bei der Beschuldigtenvernehmung in das **Verhör**, die Befragung im engeren Sinne eingetreten werden. Das Verhör soll bei der Zeugenvernehmung die noch fehlenden Details erbringen (vgl. § 69 Abs. 2 StPO, § 96 Abs. 2 ZPO: „Zur Aufklärung und zur Vervollständigung der Aussage [...] sind nötigenfalls weitere Fragen zu stellen"). Nichts anderes gilt für die Beschuldigtenvernehmung.[179] Der Vernehmende sollte erst nach dem Bericht Fragen stellen, ergänzende Angaben erst anregen, dann Vorhaltungen machen und auf Widersprüche hinweisen. Die Art der Fragestellung sollte sich von der Einflussnahme her gesehen nach und nach steigern. Ein befragungspsychologisch gut geführtes Verhör beginnt daher zunächst mit offenen Fragen.

14.75

Die **Praxis der Befragung** sieht leider sehr oft anders aus. Darin liegen sehr große Gefahren. Viele der als Justizirrtümer bekannten Fälle haben ihren Ursprung in fehlerhaften Vernehmungstechniken.[180] Es bestehen vielfache Gefahren und/oder Möglichkeiten, die Auskunftspersonen zu leiten und/oder ihre Angaben zu lenken.[181] Sei es durch juristische Bewertungen im Hinterkopf[182], Einleitung von Fragen[183], inhaltliche Vorgaben[184], Suggestionen und Suggestivfragen[185] oder geschlossene Fragen.

Hier hat der Beschuldigte keine Chance, seine Sicht im Zusammenhang darzustellen. Hinzu kommt vorliegend, dass die Protokollierung der Vernehmung gem. §§ 168, 168a i.V.m. § 168b StPO durch die Zusammenfassungen des Staatsanwalts unzutreffend ist. Der Verteidiger hat keine **rechtliche Handhabe**, sich durch förmliche Anträge (entsprechend § 273 Abs. 3 StPO) einzubringen. Eine sinn-

---

176) LR/Gleß, § 136, Rdnr. 83.

177) BGH, Beschl. v. 14.2.1990 – 3 StR 426/89.

178) So auch Wegemer, Vernehmungspraxis der Hilfsbeamten der Staatsanwaltschaft im Rahmen der Steuer- und Zollfahndung, in: NStZ 1981, 247 m.w.N.; Bender/Nack/Treuer, Rdnr. 1129; so auch Burhoff, Ermittlungsverfahren, Rdnr. 3477, mit dem weiterführenden Hinweis, dass eine „Verletzung des § 69" mit der Revision gerügt werden könne. Das ist richtig für die Verletzung in der Gerichtsverhandlung, unzutreffend aber für die Verletzung im Ermittlungsverfahren; a.A. Goßner/Schmitt, § 136 Rdnr. 17; KK/Diemer, § 136 Rdnr. 19.

179) BGH, Beschl. v. 14.02.1990 – 3 StR 426/89 zu § 243 Abs. 4 StPO.

180) Vgl. zu Bauer Rupp Eschelbach, in: ZAP 2013, 661, 662; Nestler, in: ZIS 11/2014, 594, 596; zum Mordfall Peggy Knobloch: Neuhaus, in: StV 2015, 185.

181) Eingehend Wendler/Hoffmann, Technik und Taktik der Befragung, Rdnr. 70 ff.

182) Wendler/Hoffmann, Technik und Taktik der Befragung, Rdnr. 70.

183) Wendler/Hoffmann, Technik und Taktik der Befragung, Rdnr. 71.

184) Wendler/Hoffmann, Technik und Taktik der Befragung, Rdnr. 57.

185) Wendler/Hoffmann, Technik und Taktik der Befragung, Rdnr. 61.

volle Option kann darin bestehen, dass der vernommene Beschuldigte und sein Anwalt eine weitere Mitwirkung verweigern, sich den Text entgegen § 168a Abs. 3 Satz 1 StPO nicht abschließend vorlesen lassen, keine Anstalten zu einer Genehmigung i.S.d. § 168a Abs. 3 Satz 1 StPO machen, keine handschriftlichen oder anderweitigen Korrekturen vornehmen und insbesondere das Protokoll entgegen § 168a Abs. 3 Satz 3 StPO nicht unterschreiben.[186] Jedenfalls kann der Anwalt versuchen, bei bestehenden Einwänden gem. § 168a Abs. 3 Satz 3 StPO schriftlich vermerken zu lassen, warum die Genehmigung nicht erteilt worden ist. Aber auch hierauf hat der Verteidiger letztlich keinen unbedingten Einfluss.

Bevor der Beschuldigte sich auf anwaltlichen Rat der weiteren Vernehmung verweigert, ist selbstredend das Gespräch mit dem Staatsanwalt zu suchen.

Prozesstaktische Hinweise

14.76   Eine ganze Reihe von Studien hat gezeigt, dass die Art und Weise der **Protokollierung** (von Vernehmungen) im Strafrecht tendenziell die Seite der Strafverfolger begünstigt und die Verteidigung schwächt.[187] Die Hoheit über die „richtige Protokollierung" erlangt der Verteidiger nur dann sicher, wenn er eine Vernehmungssituation des Mandanten vermeidet. Rechtsanwälte müssen andernfalls besonders wachsam sein, um fehlerhafte Protokollierungen während der Vernehmungen des Beschuldigten zu verhindern, die den Fall im Sinne ihres Mandanten ungünstig entscheiden können, und zwar unrettbar über Instanzen hinweg. (Zu den Handlungsoptionen siehe Rdnr. 7.74 und 7.109.) Erfordert die Verteidigung im Ermittlungsverfahren Alternativdarstellungen, so ist der **Verteidigerschriftsatz** seit jeher der gefahrlosere Weg der Einlassung.[188]

14.77   Die Beratung des Beschuldigten vor seiner **ersten Vernehmung** besteht im Kern darin, ihn über seine Rechte (Aussagefreiheit, Verteidigerkonsultation, schriftliche Äußerung, Entlastungsbeweisanträge etc.) zu belehren. Ein weiterer Schwerpunkt wird die Frage sein, ob sich der Mandant zur Sache einlassen, ob er sich vernehmen lassen will bzw. soll. Dabei gelten folgende Maximen (wenn nicht sehr gute Gründe etwas anderes gebieten):

1. Das **Recht zu schweigen** ist nicht nur eines der elementaren Rechte des Beschuldigten in einem Strafverfahren, sondern – meistens – auch eines der effektivsten Verteidigungsmittel. „Insbesondere Rechtfertigungs-, Entschuldigungs- und Strafmilderungsgründe (insbesondere Aufklärungshilfe nach § 46b StGB) können aber sehr gute Gründe sein, sich zur Sache einzulassen.

2. Einlassungen sollten so spät wie nötig bzw. möglich, eine Vernehmung bestenfalls kurz vor Abschluss der Ermittlungen erfolgen.

3. Keine Beschuldigtenvernehmung bzw. Einlassung ohne **Akteneinsicht.** Kein noch so erfahrener Verteidiger kann mit auch nur relativer, schon gar nicht

---

186) Sommer, StraFo 2018, 451, 457.
187) Capus/Stoll/Vieth, Zeitschrift für Rechtssoziologie 2014, 225, 238.
188) Sommer, StraFo 2018, 451, 457.

mit absoluter Gewissheit prognostizieren, wie sich ein Verfahren entwickelt bzw. wie sich eine Erklärung des Beschuldigten zur Sache auswirken wird.

4. Erklärungen zum Tatvorwurf sollten möglichst durch einen **Anwaltsschriftsatz** zu den Akten gereicht werden, wenn nicht sehr gute Gründe etwas anderes gebieten. Eigene schriftliche Äußerungen des Mandanten sind eine Urkunde, die in der Hauptverhandlung über § 249 Satz 1 StPO verlesen und auch zum Nachteil des Mandanten verwertet werden darf.[189]

5. Sollte es (dennoch) zu einer Vernehmung kommen: **Keine Vernehmung ohne Anwalt!** (Der Verteidiger hat seit 2017 über § 163a Abs. 4 i.V.m. § 168c Abs. 1, 5 auch für die polizeiliche Vernehmung des Mandanten ein Anwesenheitsrecht, siehe Rdnr 7.74.)

Muster

Staatsanwaltliche Beschuldigtenvernehmung

Amtsgericht ...
(Anschrift)

In der Strafsache
gegen   ...
wegen   ...
Az.   ...

fasse ich im Nachgang an die staatsanwaltliche Vernehmung vom ... nochmals zusammen, warum sich mein Mandant auf meinen anwaltlichen Rat im Laufe der weiteren Befragung auf sein Aussageverweigerungsrecht berufen hat, sich den Text entgegen § 163a Abs. 3 Satz 2 StPO i.V.m. § 168a Abs. 3 Satz 1 StPO nicht abschließend hat vorlesen lassen, keine Genehmigung i.S.d. § 168a Abs. 3 Satz 1 StPO erteilt hat und das Protokoll entgegen § 168a Abs. 3 Satz 3 StPO nicht unterschrieben hat.

---

189) Schriftsätze des Verteidigers, die eine Sachdarstellung beinhalten, sind hingegen grundsätzlich keine Erklärungen des Beschuldigten und können deshalb auch nicht als Urkunden zum Beweis über eine entsprechende Einlassung des Beschuldigten verlesen werden, BGH, Beschl. v. 13.12.2001 – 4 StR 506/01; die Verwertbarkeit von Erklärungen des Verteidigers in der Hauptverhandlung in Anwesenheit des Angeklagten, der selbst keine Erklärung zur Sache abgibt, setzt voraus, dass der Angeklagte den Verteidiger zu dieser Erklärung ausdrücklich bevollmächtigt oder die Erklärung nachträglich genehmigt hat, BGH, Beschl. v. 28.06.2005 – 3 StR 176/05.

Meinem Mandanten war es daran gelegen, die Vorwürfe zu entkräften, durch eine Erklärung im Zusammenhang. Durch die Art der Befragung durch Staatsanwalt X sah er seinen **Anspruch auf rechtliches Gehör** und Gewährleistung einer effektiven Verteidigung schon im Ermittlungsverfahren verletzt. Durch die Art der Befragung in Form eines – am Kern des Vorwurfs vorbeigehenden – Fragenkatalogs erhielt der Beschuldigte gerade keine Gelegenheit, die gegen ihn vorliegenden Verdachtsgründe zu beseitigen und zu seinen Gunsten sprechende Tatsachen geltend zu machen. Der BGH hat festgestellt, dass dem Beschuldigten Gelegenheit gegeben werden muss, sich möglichst im Zusammenhang zu äußern. „Keinesfalls darf dem Angeklagten […] das wichtige Recht beschnitten werden, im Zusammenhang zu dem Schuldvorwurf Stellung zu nehmen" (BGH, Beschl. v. 14.02.1990 – 3 StR 426/89). Der Beschuldigte muss daher zunächst Gelegenheit haben, eine zusammenhängende Sachdarstellung, einen zusammenhängenden Bericht abzugeben (so auch Bender/Nack/Treuer, Tatsachenfeststellung vor Gericht, Rdnr. 1129; Burhoff, Ermittlungsverfahren, Rdnr. 3477; Wegemer, Vernehmungspraxis der Hilfsbeamten der Staatsanwaltschaft im Rahmen der Steuer- und Zollfahndung, in: NStZ 1981, 247 m.w.N.). Dieses Recht wurde ihm verwehrt.

Ich habe meinem Mandanten insbesondere auch deshalb geraten, von seinem Aussageverweigerungsrecht Gebrauch zu machen, weil über die Vernehmung kein Wortprotokoll geführt wurde und die protokollierten Zusammenfassungen die Aussage meines Mandanten nicht zutreffend wiedergegeben haben.

In der Anlage 1 überreiche ich Ihnen daher meinen Schriftsatz mit der umfassenden Sacheinlassung meines Mandanten und beantrage Akteneinsicht in das Protokoll der staatsanwaltlichen Vernehmung vom .... Einen gesonderten Schriftsatz dazu behalte ich mir vor Abschluss der Ermittlungen ausdrücklich vor.

Rechtsanwältin/Rechtsanwalt

15 Vorläufige Entziehung der Fahrerlaubnis

15.1 Einführung

15.1.1 Praktische Relevanz für den Verteidiger und den Mandanten

Die vorläufige Entziehung der Fahrerlaubnis ist eine Maßnahme, die in der Praxis des Verteidigers sehr häufig in immer wiederkehrenden Standardsituationen auftaucht. Die Mandatsübernahme in einem Ermittlungsverfahren steht regelmäßig im Zusammenhang mit der Verteidigung in einer Straßenverkehrsstrafsache (insbesondere nach §§ 315c, 316 sowie § 142 StGB), die im Falle der Anklageerhebung in den allermeisten Fällen zur Zuständigkeit des Strafrichters bei den Amtsgerichten (§§ 24, 25 GVG) gehört. Mithin handelt es sich um „kleinere" Strafsachen, die im Geschäftsaufwand des Verteidigers überschaubar, jedoch für den Mandanten infolge des im Raum stehenden (endgültigen) Verlusts der Fahrerlaubnis von immenser Bedeutung sind. Er wird deshalb von Anfang an auf professionelle Hilfe angewiesen sein. Denn in der heutigen Zeit geht der (vorläufige) Verlust der Fahrerlaubnis nicht selten mit der Gefährdung der eigenen Existenzgrundlage einher. Dies liegt bei den sogenannten Berufskraftfahrern, denen aufgrund des Verlusts der Fahrerlaubnis sehr schnell die Entlassung drohen kann, ohne weiteres auf der Hand. Aber auch anderen Mandanten, die zum Erreichen

15.1

ihres Arbeitsplatzes schlicht auf die Nutzung des privaten Pkw angewiesen sind, drohen regelmäßig erhebliche (finanzielle) Nachteile. Diese Situation verschärft sich erfahrungsgemäß im „ländlichen Raum", wo öffentliche Verkehrsmittel nicht ohne weiteres stets als Alternative zur Verfügung stehen. Infolgedessen ist regelmäßig schnelles Handeln des Verteidigers gefragt.

15.1.2   Zweck der Maßnahme

15.2 Die vorläufige Entziehung der Fahrerlaubnis stellt eine vorbeugende Maßnahme dar, um die Sicherheit des Straßenverkehrs vor ungeeigneten Kraftfahrzeugführern zu schützen.[1] Mit § 111a StPO wird die Zeit bis zur Rechtskraft des Urteils überbrückt, da erst mit diesem Zeitpunkt die Fahrerlaubnis endgültig erlischt (§ 69 Abs. 3 StGB).[2] Für den Mandanten ist die Situation aber von Anfang an misslich, da er vom Moment der vorläufigen Entziehung seiner Fahrerlaubnis keine Kraftfahrzeuge mehr führen darf, unabhängig davon, wann im Falle einer Verurteilung Rechtskraft eintritt.

> **Hinweis**
>
> Soweit die Fahrerlaubnis des Mandanten bereits vorläufig entzogen ist, hat der Verteidiger an § 21 Abs. 1 Nr. 1 StVG zu denken. Der Mandant muss wissen, dass er eine (weitere) Straftat begeht, wenn er trotz vorläufiger Entziehung seiner Fahrerlaubnis Kraftfahrzeuge führt.[3] Der Mandant hat eine solche weitere Straftat im Straßenverkehr unbedingt zu vermeiden. Denn regelmäßig werden solche zusätzlichen Vergehen von Staatsanwaltschaften und Gerichten nicht einer Einstellung nach § 154 Abs. 1, 2 StPO zugeführt, sondern zusätzlich verfolgt und bei der Frage der charakterlichen Ungeeignetheit des Mandanten und der zu bemessenden Sperrfrist (§§ 69, 69a StGB) zum weiteren Nachteil des Mandanten angeführt. Überdies ist § 21 Abs. 3 Nr. 1 StVG zu beachten, wonach bei einer solchen weiteren Straftat u.U. sogar die Einziehung des Kraftfahrzeugs des Mandanten in Betracht kommt.
>
> Die Problematik einer weiteren Straftat des Mandanten stellt sich auch dann, wenn ohne vorläufige Entziehung der Fahrerlaubnis anlässlich des Ermittlungsverfahrens „lediglich" sein Führerschein gem. § 94 StPO in amtliche Verwahrung geraten ist (§ 21 Abs. 2 Nr. 1 StVG).

---

1) Meyer-Goßner/Schmitt, § 111a Rdnr. 1; SSW-StPO/Harrendorf, § 111a Rdnr. 2.
2) Fischer, § 69 Rdnr. 52; SSW-StGB/Harrendorf, § 69 Rdnr. 46; LK-StGB/Valerius, § 69 Rdnr. 197.
3) Vgl. Meyer-Goßner/Schmitt, § 111a Rdnr. 8; SSW-StPO/Harrendorf, § 111a Rdnr. 14.

15.1.3 Prüfung der Voraussetzungen der vorläufigen Entziehung durch den Verteidiger

15.1.3.1 Dringender Tatverdacht als entscheidender Maßstab bei § 111a StPO

Der Verteidiger muss die Voraussetzungen der vorläufigen Entziehung der Fahrerlaubnis aus § 111a Abs. 1 Satz 1 StPO zu jedem Beratungszeitpunkt des Mandanten vor Augen haben. In der Praxis kommt es letztlich nur auf die Frage an, ob **dringende Gründe** für die Annahme vorhanden sind, dass dem Mandanten die Fahrerlaubnis später endgültig (§ 69 StGB) entzogen werden wird, womit als Prüfungsmaßstab nichts anderes als der **dringende Tatverdacht** (siehe Rdnr. 10.20) gemeint ist.[4]

15.3

Zwar ist § 111a Abs. 1 Satz 1 StPO als Ermessensvorschrift („kann") ausgestaltet. Jedoch sind das Ermessen zugunsten des Mandanten begrenzende Verteidigungsmöglichkeiten in der Praxis in nur geringem Umfang gegeben, da Staatsanwaltschaften und Gerichte wegen des überragenden Rechtsguts der Sicherheit des Straßenverkehrs die vorläufige Entziehung der Fahrerlaubnis bei Vorliegen der tatbestandlichen Voraussetzungen regelmäßig beantragen bzw. anordnen **müssen**.[5] Dies gilt auch dann, wenn die vorläufige Entziehung der Fahrerlaubnis für den Mandanten erhebliche berufliche und finanzielle Nachteile mit sich bringt.[6] Allenfalls bei Taten, die konkret durch einen Bagatellcharakter oder durch außergewöhnlich mildernde Umstände geprägt sind[7], kann ein Vorgehen des Verteidigers unter dem Gesichtspunkt des Ermessens erfolgversprechend sein.

Umso wichtiger ist aus Verteidigersicht eine kritische Prüfung des dringenden Tatverdachts anhand der Aktenlage unter Berücksichtigung von § 69 Abs. 1 und Abs. 2 StGB. In der Praxis liegt der Maßnahme nach § 111a Abs. 1 Satz 1 StPO **sehr häufig** ein dringender Tatverdacht nach **§ 315c StGB** (Gefährdung des Straßenverkehrs), **§ 316 StGB** (Trunkenheit im Verkehr) oder **§ 142 StGB** (unerlaubtes Entfernen vom Unfallort) zugrunde. Diese Delikte bilden die herausragenden Schwerpunkte mit sich wiederholenden Problemstellungen, die der Verteidiger bei Mandaten im Zusammenhang mit § 111a StPO zu bearbeiten hat.

---

4) SSW-StPO/Harrendorf, § 111a Rdnr. 4; KK/Bruns, § 111a Rdnr. 3b.
5) OLG Jena, Beschl. v. 31.07.2008 – 1 Ws 315/08, BeckRS 2009, 93; Meyer-Goßner/Schmitt, § 111a Rdnr. 3; SSW-StPO/Harrendorf, § 111a Rdnr. 8; MüKo-StPO/Hauschild, § 111a Rdnr. 15; LR/Hauck, § 111a Rdnr. 15.
6) Vgl. BVerfG, Beschl. v. 25.09.2000 – 2BvQ 30/00, NJW 2001, 357; SSW-StPO/Harrendorf, § 111a Rdnr. 8.
7) OLG Stuttgart, Beschl. v. 15.10.1986 – 5 Ss 683/86, NJW 1987, 142; LG Potsdam, Beschl. v. 14.03.2001 – 24 Qs 40/01, NZV 2001, 360; vgl. zu weiteren Beispielen LK-StGB/Valerius, § 69 Rdnr. 138 ff; siehe auch Himmelreich/Krumm/Staub, DAR 2014, 46.

15.1.3.2 Prüfung der schwerpunktmäßigen Voraussetzungen

15.4 Bei den in der Praxis überwiegend vorkommenden Delikten der §§ 315c, 316 StGB sowie § 142 StGB ergeben sich für den Verteidiger regelmäßig dieselben Prüfungsschwerpunkte. Hierzu im Einzelnen:

Vorliegen einer Katalogtat gem. § 69 Abs. 2 StGB nach Maßgabe des dringenden Tatverdachts

15.5 Hierzu ergeben sich regelmäßig folgende Aspekte:

1. Mit Blick auf Trunkenheitsfahrten nach §§ 315c Abs. 1 Nr. 1a, 316 StGB ist zu prüfen, ob überhaupt eine Fahruntüchtigkeit gegeben ist. Im Regelfall ist im Zuge der Ermittlungen eine Blutprobe des Mandanten (siehe Rdnr. 5.11 f., 5.50 f.) entnommen worden. Soweit anhand der Ermittlungsakte das Ergebnis der Untersuchung nicht ersichtlich ist, sollte der Verteidiger das Ergebnis möglichst schnell über die Staatsanwaltschaft in Erfahrung bringen, um die weitere Verteidigungsstrategie hierauf einzurichten. Als Ergebnis der Blutprobe muss für die sogenannte „absolute" Fahruntüchtigkeit eine **Blutalkoholkonzentration** von mindestens 1,1 ‰ zum Tatzeitpunkt vorliegen, soweit es um das Führen eines Kraftfahrzeugs geht.[8] Bei dieser Prüfung hat der Verteidiger mit Blick auf die im Raum stehende Tatzeit ggf. eine Rückrechnung zu berücksichtigen.[9] Liegt lediglich eine Blutalkoholkonzentration unter 1,1 ‰ vor, hat der Verteidiger präzise zu prüfen und zu hinterfragen, ob die Ermittlungen stichhaltige Umstände hervorgebracht haben, die als **alkoholbedingte Ausfallerscheinungen** gewertet werden können, um eine (relative) Fahruntüchtigkeit herzuleiten.[10] Ein ähnliches Prüfungsprogramm ergibt sich für den Verteidiger, soweit dem Mandanten Fahruntüchtigkeit infolge des Konsums von **Betäubungsmitteln** vorgeworfen wird.[11]

2. Gelegentlich lohnt es sich, die Frage nach dem Tatort der Trunkenheitsfahrt oder des unerlaubten Entfernens vom Unfallort genauer zu untersuchen. Denn die §§ 315c, 316 StGB sowie § 142 StGB setzen Vorgänge im **öffentlichen Straßenverkehr** voraus.[12] Bei Verkehrsflächen in Parkhäusern[13], auf

---

8) Zu weiteren Grenzwerten bei anderen (modernen) Fahrzeugen siehe Fischer, § 316 Rdnr. 25 ff.; SSW-StGB/Ernemann, § 316 Rdnr. 10; Kerkmann, NZV 2020, 161; zur Fahruntüchtigkeit bei Nutzung eines „E-Scooters" siehe LG Dortmund, Beschl. v. 11.02.2020 – 43 Qs 5/20, BeckRS 2020, 3434; bei Nutzung eines sogenannten Segways siehe OLG Hamburg, Beschl. v. 19.12.2016 – 1 Rev 76/16, BeckRS 2016, 111447, NZV 2017, 193 m. Anm. Kerkmann.

9) Vgl. hierzu Fischer, § 316 Rdnr. 19; SSW-StGB/Ernemann, § 316 Rdnr. 23 ff.

10) OLG Köln, Beschl. v. 20.12.1994 – Ss 559/94, BeckRS 9998, 39273, NZV 1995, 454; vgl. auch hierzu Fischer, § 316 Rdnr. 30 ff.; SSW-StGB/Ernemann, § 316 Rdnr. 14 ff., jeweils m.w.N.

11) Fischer, § 316 Rdnr. 39 ff.; SSW-StGB/Ernemann, § 316 Rdnr. 28.

12) Fischer, § 315b Rdnr. 3 f., § 142 Rn. 8; SSW-StGB/Ernemann, § 142 Rdnr. 9.

13) OLG Stuttgart, Urt. v. 27.04.1979 – 3 Ss (8) 184/79, NJW 1980, 68; OLG Zweibrücken, Beschl. v. 11.11.2019 – 2 Ss 77/19, BeckRS 2019, 29003 (Privatparkplatz).

Betriebsgeländen, in Tankstellenbereichen[14] usw. kann dies im Einzelfall mit guten Gründen genauer zu hinterfragen sein.[15]

> **Praxistipp**
>
> Der Verteidiger hat darauf zu achten, dass anhand der Aktenlage die Frage der Tatörtlichkeit mit Blick auf das Merkmal „öffentlicher Straßenverkehr" geklärt werden kann. Gerade wegen der genannten „Grenzfälle" sollten sich neben einer präzisen Beschreibung auch Lichtbilder bei der Akte befinden. Liegen aussagekräftige Unterlagen nicht vor, kann der Verteidiger die Örtlichkeit selbst aufsuchen, um die Sache zuverlässig zu prüfen. Möglicherweise lässt sich hierdurch zugunsten des Mandanten frühzeitig eine Maßnahme nach § 111a StPO beenden, oder gar von vornherein unterbinden.

3. Besteht der Verdacht einer Katalogtat nach § 315c Abs. 1 Nr. 2a–2g StGB, stellt sich für den Verteidiger regelmäßig die Frage, ob einer der sieben Verkehrsverstöße präzise ermittelt ist und ob anhand der erhobenen Beweismittel eine **„grob verkehrswidrige"**[16] und **„rücksichtslose"** Fahrweise[17] belegt werden kann. Erneut ist hierfür eine zuverlässige Prüfung der gefahrenen Strecke und damit der Tatörtlichkeit gefragt, wozu aussagekräftige Lichtbilder der relevanten Verkehrsflächen unabdingbar sind. Dies kann dazu führen, dass der Verteidiger mit guten Gründen schon eine Verkehrssituation nach Nr. 2a–2g ausschließen kann, z.B., weil eben gerade keine unübersichtliche Stelle i.S.v. Nr. 2d vorliegt.

Die Aufklärung eines Tatgeschehens nach § 315c Abs. 1 Nr. 2a–2g erschwert sich oft – zugunsten des Mandanten – dadurch, dass keine Rückschlüsse durch einen Sachverständigen aufgrund fehlender Unfallspuren zu treffen sind, da es vorliegend bei dem sogenannten Beinahe-Unfall geblieben ist. Eine solche „Aufklärungslücke" wird der Verteidiger in der Beratung des Mandanten zu berücksichtigen haben, insbesondere wenn es darum geht, ob tatsächlich „Rücksichtslosigkeit" vorliegt oder die Verkehrssituation durch ein sogenanntes Augenblicksversagen[18] des Mandanten geprägt ist, das für eine Straftat nach § 315c Abs. 1 Nr. 2a–2g StGB gerade nicht ausreicht.[19]

4. Mit Blick auf den erforderlichen Gefährdungsteil von § 315c Abs. 1 StGB wird der Verteidiger zu prüfen haben, ob durch den „Beinahe-Unfall" tat-

---

14) OLG Düsseldorf, Beschl. v. 17.08.1988 – 5 Ss 261/88 – 227/88 I, NZV 1988, 231.

15) Zur Frage des Straßenverkehrs bei Einfahrt in eine Waschanlage siehe OLG Oldenburg, Urt. v. 04.06.2018 – 1 Ss 83/18, BeckRS 2018, 13037; vgl. zu weiteren Einzelfällen die Übersicht bei SSW-StGB/Ernemann, § 142 Rdnr. 10 f.

16) OLG Karlsruhe, Urt. v. 15.10.1959 – 1 Ss 162/59, NJW 1960, 546 (doppelte Überschreitung der zulässigen Höchstgeschwindigkeit); zu weiteren Beispielen siehe BeckOK, StGB/Kudlich, § 315c Rdnr. 39.1.

17) Im Überblick hierzu Fischer, § 315c Rdnr. 12 ff.; SSW-StGB/Ernemann, § 315 Rdnr. 13 f.

18) BGH, Urt. v. 06.07.1962 – 4 StR 516/61, NJW 1962, 2165.

19) Vgl. zur Feststellung der Rücksichtslosigkeit Fischer, § 315c Rdnr. 14 f.; siehe auch BeckOK, StGB/Kudlich, § 315c Rdnr. 40 ff.

Scholze

sächlich eine fremde Sache von bedeutendem Wert gefährdet wurde. Nach wie vor ist nach höchstrichterlicher Rechtsprechung von einer **Wertgrenze von 750 €** auszugehen,[20] sodass insbesondere ältere oder mit Vorschäden behaftete Kraftfahrzeuge u.U. als Gefährdungsobjekte ausscheiden können. Dies wird der Verteidiger nur anhand präziser Daten zu den wertbildenden Faktoren (Fabrikat, Erstzulassung, Laufleistung usw.) und entsprechender Lichtbilder zuverlässig prüfen können. Falls hierzu Erkenntnisse in den Ermittlungsakten fehlen, wird der Verteidiger bei der Staatsanwaltschaft auf entsprechende Nachermittlungen hinwirken können, um den Mandanten ggf. zu entlasten. Soweit die fremde Sache die Wertgrenze doch übersteigen sollte, hat der Verteidiger sodann zu prüfen, ob dieser Sache durch das ermittelte Tatgeschehen auch bedeutender Schaden gedroht hat.[21]

15.6   Hinsichtlich eines dringenden Tatverdachts des **unerlaubten Entfernens vom Unfallort gem. § 142 StGB** ergeben sich folgende **Besonderheiten,** die in der Praxis regelmäßig zum Tragen kommen:

1.   Bezogen auf die innere Tatseite wird der Verteidiger zu prüfen haben, ob anhand stichhaltiger Indizien hergeleitet werden kann, dass der Mandant den Unfall (überhaupt) bemerkt hat. Denn ein darauf gerichteter (bedingter) Vorsatz ist Voraussetzung für ein unerlaubtes Entfernen vom Unfallort i.S.v. § 142 StGB.[22] Bei dieser Prüfung ist in der Praxis oft – insbesondere bei Bagatellschäden – danach zu fragen, ob für den Mandanten das vorliegende Unfallgeschehen **tatsächlich bemerkbar** war, was aus Sicht von Staatsanwaltschaft und Gericht in einigen Fällen nur unter Inanspruchnahme eines Sachverständigen zuverlässig zu klären sein wird.[23]

2.   Hinsichtlich der weiteren Entziehungsvoraussetzungen aus § 69 Abs. 2 Nr. 3 StGB wird der Verteidiger stets die Frage nach einem bedeutenden Fremdsachschaden zu prüfen haben. Die Wertgrenze ist derzeit bei **mindestens 1.300 €**[24] anzusetzen, wobei die neuere (obergerichtliche) Rechtsprechung mittlerweile auch aufgrund der allgemeinen Preisentwicklung höhere Grenzwerte ansetzt.[25] Diese Rechtsprechungsentwicklung eröffnet Argumentationsspielraum für den Verteidiger, um die vorläufige Entziehung der Fahrer-

---

20) BGH, Beschl. v. 28.09.2010 – 4 StR 245/10, NStZ 2011, 215; SSW-StGB/Ernemann, § 315c Rdnr. 25; Fischer, § 315c Rdnr. 15.

21) BGH, Beschl. v. 20.10.2009 – 4 StR 408/09, NStZ 2010, 216; vgl. zu den Prüfungsschritten auch Fischer, § 315 Rdnr. 16 ff.

22) BGH, Urt. vom 22.07.1960 – 4 StR 232/60, BGHSt 15, 1, 5; BayObLG, Beschl. v. 04.10.1999 – 2 St RR 177/99, NStZ-RR 2000, 140, 141; OLG Frankfurt a.M., Beschl. v. 21.08.1995 – 3 Ss 222/95, NStZ-RR 1996, 86, 87; MüKo-StGB/Zopfs, § 142 Rdnr. 88; SSW-StGB/Ernemann, § 142 Rdnr. 51.

23) Vgl. hierzu Himmelreich, DAR 2006, 1; Matt/Renzikowski/Renzikowski, § 142 Rdnr. 56.

24) OLG Dresden, Beschl. v. 12.05.2005 – 2 Ss 278/05, NJW 2005, 2633; OLG Jena, Beschl. v. 14.02.2005 – 1 Ss 19/05, NStZ-RR 2005, 183; SSW-StGB/Harrendorf, § 142 Rdnr. 42;

25) OLG Stuttgart, Urt. v. 27.04.2018 – 2 Rv 33 Ss 959/17, juris Rdnr. 14 (1.600 €); LG Braunschweig, Beschl. v. 03.06.2016 – 8 Qs 113/16, DAR 2016, 596 (1.500 €); LG Nürnberg-Fürth, Beschl. v. 15.01.2020 – 5 Qs 4/20, BeckRS 2020, 552 („2.500 € netto"); vgl. auch LK-StGB/Valerius, § 69 Rdnr. 131.

                                             Scholze

laubnis abzuwenden. Bei der Berechnung der konkreten Schadenshöhe hat der Verteidiger überdies sehr genau auf die vorliegenden Schadenspositionen zu achten. Für die Wertgrenze sind lediglich Schadenspositionen einzustellen, die **zivilrechtlich erstattungsfähig** sind, was bei Vorliegen eines wirtschaftlichen Totalschadens mitunter zu verneinen sein kann.[26] Berücksichtigungsfähig sind insoweit jedenfalls **Reparaturkosten** sowie **Abschlepp- und Bergungskosten**[27]. Auch ein verbleibender merkantiler Minderwert ist einzustellen[28], der jedoch regelmäßig ohne Schadensgutachten nicht zu beziffern sein wird und deshalb nicht voreilig von dem Geschädigten oder den Ermittlungsbehörden unterstellt werden darf. Hierauf hat der Verteidiger zu achten. Hingegen sollte der Verteidiger (mit guter Begründung) darauf hinwirken, dass bei der Berechnung der Wertgrenze lediglich **mittelbare Schadensfolgen**, insbesondere Nutzungsausfallentschädigungen, Mietwagenkosten, Gutachterkosten usw. zu Gunsten des Mandanten außen vor bleiben.[29] Einer Berücksichtigung der Umsatzsteuer sollte der Verteidiger jedenfalls dann entgegentreten, wenn der Geschädigte vorsteuerabzugsberechtigt ist.[30]

Schließlich hat der Verteidiger im Zusammenhang mit dem bedeutenden Fremdsachschaden zu bedenken, dass § 69 Abs. 2 Nr. 3 StGB das Wissen bzw. das vorwerfbare Nichtwissen um die Schadenshöhe voraussetzt.[31] Auch diesen – häufig übersehenen – Umstand wird der Verteidiger genau zu prüfen haben (siehe hierzu Rdnr. 15.20).

15.1.4   Ausnahmen nach § 111a Abs. 1 Satz 2 StPO

Kommt der Verteidiger zu dem Ergebnis, dass sich die vorläufige Entziehung der Fahrerlaubnis des Mandanten nicht vermeiden lassen wird, hat er ggf. einen Antrag auf Ausnahme bestimmter Arten von Kraftfahrzeugen (§ 111a Abs. 1 Satz 2 StPO) in Erwägung zu ziehen. Eine derartige Ausnahme zielt insbesondere auf Fahrzeuge einer bestimmten Fahrerlaubnisklasse gem. § 6 Abs. 1 FeV ab.[32] Dies kann für den Mandanten insbesondere dann in Betracht kommen, wenn er

15.7

---

26) OLG Hamm, Beschl. v. 30.09.2010 – III 3 RVs 72/10, NZV 2011, 356, 357; vgl. auch SSW-StGB/Harrendorf, § 69 Rdnr. 42; LK-StGB/Valerius, § 69 Rdnr. 127, 129.

27) OLG Dresden, Beschl. v. 12.05.2005 – 2 Ss 278/05, NJW 2005, 2633; LK-StGB/Valerius, § 69 Rdnr. 127.

28) OLG Naumburg, Urt. v. 20.12.1995 – 2 Ss 366/95, NZV 1996, 204; Fischer, § 69 Rn. 28.

29) Siehe zum Begründungsansatz LG Hamburg, Beschl. v. 08.12.1993 – 603 Qs 843/93, NZV 1994, 373; LK-StGB/Valerius, § 69 Rdnr. 129; SSW-StGB/Harrendorf, § 69 Rdnr. 42; MüKo-StGB/Athing/von Heintschel-Heinegg, § 69 Rdnr. 70; Krumm, NJW 2012, 829, 830; Himmelreich/Krumm/Staub, DAR 2012, 49, 53; a.A. OLG Düsseldorf, Beschl. v. 11.07.2013 – 3 Ws 225/13, BeckRS 2014, 17671.

30) OLG Düsseldorf, Beschl. v. 11.07.2013 – 3 Ws 225/13, BeckRS 2014, 17671; LK-StGB/Valerius, § 69 Rdnr. 127; weitergehend LG Mühlhausen, Beschl. v. 28.12.2015 – 3 Qs 212/15, SSW-StGB/Harrendorf, § 69 Rdnr. 42.

31) LK-StGB/Valerius, § 69 Rdnr. 132 f.; Matt/Renzikowski/Eschelbach, § 69 Rdnr. 54; Fischer, § 69 Rdnr. 27.

32) OLG Saarbrücken, Urt. v. 16.10.1969 – Ss 47/69, NJW 1970, 1052; LR/Hauck, § 111a Rdnr. 27; SSW-StPO/Harrendorf, § 111a Rdnr. 11.

beruflich auf ein Fahrzeug einer speziellen Fahrerlaubnisklasse angewiesen ist (zu einem Beispielsfall siehe Rdnr. 15.16).[33] Mit Blick auf die Anforderungen aus § 111a Abs. 1 Satz 2 zweiter Halbsatz StPO muss dem Verteidiger allerdings bewusst sein, dass ein Antrag auf eine Ausnahmeregelung nur bei Vorliegen **besonderer Umstände** erfolgreich sein wird.[34] Hierfür muss der Verteidiger letztlich darlegen, dass die Sicherheit des Straßenverkehrs nicht gefährdet ist, wenn der Mandant ausschließlich die von der Ausnahme betroffenen Fahrzeuge führt, was letztlich eine **Gesamtabwägung** aller Umstände erfordert.[35] Deswegen wird es sich regelmäßig anbieten, dass der Verteidiger bei der Antragstellung auch zu den persönlichen Lebensverhältnissen und zum Vorleben des Mandanten vorträgt (zu einem Beispielsfall siehe Rdnr. 15.16).

---

33) Vgl. zu weiteren Beispielen LR/Hauck, § 111a Rdnr. 28 f.
34) LR/Hauck, § 111a Rdnr. 31; KK/Bruns, § 111a Rdnr. 5a.
35) Vgl. OLG Düsseldorf, Beschl. v. 12.11.1991 – 3 Ws 614/91, NZV 1992, 331; LR/Hauck, § 111a Rdnr. 30 f.; BeckOK, StPO/Huber, § 111a Rdnr. 5.

15.2 Mandatssituationen

Die Hilfestellung, die der Verteidiger dem Mandanten bezogen auf die vorläufige Entziehung der Fahrerlaubnis geben kann, orientiert sich maßgeblich an der eingetretenen/vorliegenden Verfahrenssituation. Entscheidend für die Wahl des Verteidigervorgehens ist, inwieweit Staatsanwaltschaft und Amtsgericht bereits prozessuale Maßnahmen nach § 111a StPO beantragt bzw. angeordnet haben. Die folgenden Mandatssituationen beleuchten die in der Praxis **maßgeblichen Verfahrenslagen:**

15.2.1 Antrag auf Herausgabe des Führerscheins nach Sicherstellung

Kurzüberblick

- Nach der Sicherstellung seines Führerscheins (§ 94 Abs. 1, 3 StPO) darf der Mandant auch dann keine erlaubnispflichtigen Kraftfahrzeuge mehr führen (§ 21 Abs. 2 Nr. 2 StVG), wenn eine gerichtliche Anordnung nach § 111a StPO noch nicht erfolgt ist.[36] Gegen diese Maßnahme hat der Verteidiger die amtliche Herausgabe des Führerscheins zu beantragen und zu begründen.

  15.8

- Eine für die Anordnung nach § 111a StPO erforderliche Anlasstat nach § 69 Abs. 2 Nr. 2, § 316 StGB setzt eine Blutalkoholkonzentration von 1,1 ‰ („absolute Fahruntüchtigkeit") voraus, soweit dem Mandanten das „folgenlose" Führen eines Kraftfahrzeugs vorgeworfen wird.[37]

Sachverhalt

Der Mandant ersucht kurzfristig um Beratung, da er vorgestern Nacht auf seiner Heimfahrt mit dem Auto von einer allgemeinen Polizeikontrolle „überrascht" worden ist. Der Mandant berichtet hierzu Folgendes:

„Ich bin in besagter Nacht aus meiner Stammkneipe gekommen, wo ich zuvor eine paar Bier getrunken hatte. Trotz des Alkoholkonsums fühlte ich mich aber total fit und auf der Fahrt hat es auch keine Komplikationen gegeben bis ich zufällig in die allgemeine Polizeikontrolle gekommen bin. Vorort haben die Polizeibeamten um einen Atemalkoholtest gebeten, den ich freiwillig gemacht habe, und der ‚umgerechnet' eine Blutalkoholkonzentration von etwa 1,1 ‰ erbracht hat. Hierauf bin ich mit den Polizeibeamten ins Krankenhaus gefahren, um eine Blutprobe entnehmen zu lassen. Hiermit habe ich mich auch einverstanden erklärt, da ich keinen weiteren Ärger machen wollte. Es ist auch ansonsten nichts passiert. Bevor ich von den Beamten entlassen worden bin, haben sie gesagt, dass

---

36) Vgl. OLG Köln, Urt. v. 22.01.1991 – Ss 586/90, NZV 1991, 360.
37) Vgl. BGH, Beschl. v. 28.06.1990 – 4 StR 297/90, BGHSt 37, 89, NJW 1990, 2393.

sie wegen der Angelegenheit jetzt meinen Führerschein ,zur Akte' nehmen wollen. Ich war auch damit einverstanden, da ich einfach nur noch nach Hause wollte. Die Polizeibeamten haben mir noch gesagt, dass ich ab jetzt nicht mehr Auto fahren darf. Ich bin aber auf meinen Führerschein angewiesen, damit ich zu meiner Arbeitsstelle komme."

Welche Maßnahmen sollte der Verteidiger sofort ergreifen?

Lösung

15.9   Nach Übernahme des Mandats sollte der Verteidiger umgehend den Wert der Blutalkoholkonzentration der entnommenen Blutprobe in Erfahrung bringen. Dies wird ihm letztlich unter Anzeige des Mandats über die Staatsanwaltschaft gelingen. Aufgrund des bisherigen Zeitablaufs (etwa zwei Tage) ist damit zu rechnen, dass das Ergebnis bereits vorliegt.

Fortsetzung des Sachverhalts

Nach Mitteilung der Staatsanwaltschaft hat die Untersuchung der entnommenen Blutprobe eine Blutalkoholkonzentration von 0,98 ‰ ergeben. Eine Ablichtung der bisherigen Ermittlungsakte liegt dem Verteidiger mittlerweile vor.

Welche Maßnahmen hat der Verteidiger nun zu ergreifen?

Fortsetzung der Lösung

15.10   Prozessual geht es um einen Fall, in dem der Führerschein des Mandanten von der Polizei nach § 94 Abs. 1, 3 StPO wegen des Verdachts einer Verkehrsstraftat nach § 316 StGB sichergestellt wurde. In dieser Situation darf der Mandant gem. § 21 Abs. 2 Nr. 2 StVG keine erlaubnispflichtigen Kraftfahrzeuge mehr führen, da ansonsten eine (weitere) Straftat droht.[38] Da der Mandant sich gegen diese Sicherstellung bisher nicht gewehrt hat, war die Beantragung bzw. Anordnung der vorläufigen Entziehung der Fahrerlaubnis nach § 111a StPO nicht erforderlich.[39] Eine anfechtbare richterliche Maßnahme ist bisher also nicht ergangen. Um wieder Kraftfahrzeuge führen zu dürfen, muss die amtliche Herausgabe des Führerscheins an den Mandanten bzw. den Verteidiger bewirkt werden. Dies wird auf Antrag nur gelingen, wenn die Voraussetzungen von § 111a Abs. 1 Satz 1 StPO nicht vorliegen und damit auch eine Beschlagnahme des Führerscheins nicht mehr möglich ist (§ 111a Abs. 3, § 94 StPO).

Nach Aktenlage wird die Herausgabe des Führerscheins bewirkt werden können; die Voraussetzungen der vorläufigen Entziehung der Fahrerlaubnis liegen nämlich nicht vor. Auf der Grundlage der Ermittlungen käme für die „folgenlose" Fahrt

---

38) BeckOK, StVG/Bollacher, § 21 Rdnr. 53 ff.

39) Meyer-Goßner/Schmitt, § 111a Rdnr. 3; SSW-StPO/Harrendorf, § 111a Rdnr. 8.

allenfalls eine Straftat nach § 316 StGB als Katalogtat nach § 69 Abs. 2 StGB in Betracht. Allerdings liegt diesbezüglich ein dringender Tatverdacht nach dem Ergebnis der Blutprobe nicht mehr vor. Die Blutalkoholkonzentration von 0,98 ‰ genügt für die Annahme der „absoluten" Fahruntüchtigkeit gerade nicht. Auf den „umgerechneten Wert" des Atemalkoholtests kommt es für die Feststellung der Fahruntüchtigkeit nach § 316 StGB nicht an.[40] Da alkoholbedingte Ausfallerscheinungen bei der allgemeinen Polizeikontrolle nicht festgestellt werden konnten, stehen auch ansonsten keine den Mandanten belastenden Indizien zur Verfügung, aus denen sich eine Fahruntüchtigkeit herleiten ließe (siehe Rdnr. 15.5). Bei dieser Sachlage steht nicht zu erwarten, dass die Staatsanwaltschaft einen Antrag nach § 111a StPO bei dem zuständigen Amtsgericht (§ 162 Abs. 1 Satz 1 StPO) stellen wird. Die Staatsanwaltschaft wird den Führerschein auf Verlangen des Verteidigers herausgeben. Im Anschluss ist der Mandant wieder zum Führen von Kraftfahrzeugen berechtigt.

Hinweis

Allerdings wird der Verteidiger zu beachten haben, dass nach Einstellung des Strafverfahrens (§ 170 Abs. 2 StPO) eine Verfolgung der Tat als Ordnungswidrigkeit nach § 24a StVG zu erwarten steht.

Prozesstaktische Hinweise

– Die Herausgabe des Führerscheins sollte gegenüber der Staatsanwaltschaft   15.11
umgehend beantragt werden. Bis zur Herausgabe darf der Mandant jedoch keine erlaubnispflichtigen Kraftfahrzeuge führen (§ 21 Abs. 2 Nr. 2 StVG). Hierauf muss der Verteidiger den Mandanten hinweisen.

– Der Antrag auf Herausgabe des Führerscheins sollte in seiner Begründung aufzeigen, dass nach Aktenlage die Voraussetzungen der vorläufigen Entziehung der Fahrerlaubnis nicht vorliegen. Eine ordentliche Begründung kann den Vorgang bis zur Herausgabe des Führerscheins beschleunigen.

---

40) OLG Zweibrücken, Beschl. v. 27.09.2001 – 1 Ss 212/01, NStZ 2002, 269; OLG Naumburg, Beschl. v. 05.12.2000 – 1 Ws 496/00, NStZ-RR 2001, 105; Fischer, § 316 Rdnr. 23.

Scholze

Muster

Antrag auf Herausgabe eines durch die Polizei sichergestellten Führerscheins

Staatsanwaltschaft ...
(Anschrift)

Ermittlungsverfahren
gegen   ...
wegen   Verdachts der Trunkenheit im Verkehr
Az.   ...

hier: Antrag auf Herausgabe eines Führerscheins

In vorliegendem Ermittlungsverfahren **beantrage** ich die Herausgabe des sichergestellten Führerscheins meines Mandanten ...

Begründung:

I.

Am ... gegen ... Uhr wurde mein Mandant als Kraftfahrzeugführer seines Pkw im Bereich ... einer allgemeinen Verkehrskontrolle unterzogen. Nach erfolgtem Atemalkoholtest wurde meinem Mandanten eine Blutprobe entnommen, die nach erfolgter Untersuchung eine Blutalkoholkonzentration von 0,98 ‰ aufweist. Weitere Erkenntnisse haben die polizeilichen Ermittlungen nicht ergeben. Der Führerschein meines Mandanten wurde hingegen sichergestellt und zur Akte in amtliche Verwahrung genommen.

II.

Der sichergestellte Führerschein ist an meinen Mandanten herauszugeben. Die Voraussetzungen für die vorläufige Entziehung der Fahrerlaubnis und den Verbleib des Führerscheins in amtlicher Verwahrung gem. § 111a Abs. 1 Satz 1, Abs. 3 StPO liegen nicht vor.

Gemäß § 111a Abs. 1 Satz 1 StPO setzt die vorläufige Entziehung der Fahrerlaubnis voraus, dass dringende Gründe für die Annahme vorhanden sind, dass die Fahrerlaubnis dem Beschuldigten gem. § 69 StGB endgültig entzogen werden wird. Dringende Gründe für die Annahme der späteren endgültigen Entziehung setzen einen dringenden Tatverdacht bezüglich einer rechtswidrigen Tat nach § 69 Abs. 1, 2 StGB voraus (KK/Bruns, § 111a Rdnr. 3 ff.).

Auf der Grundlage der Ermittlungen ist ein dringender Tatverdacht bezüglich einer rechtswidrigen Tat nach § 69 StGB nicht gegeben. Vielmehr haben die Ermittlungen den möglichen Verdacht einer Trunkenheit im Verkehr (§ 316 StGB) nicht bestätigt. Das vorliegende Blutprobenergebnis bestätigt eine Fahruntüchtigkeit meines Mandanten zum Tatzeitpunkt nicht. Der Grenzwert zur „absoluten" Fahruntüchtigkeit von 1,1 ‰ (vgl. Fischer, StGB, § 316 Rdnr. 24 ff.) ist nicht erreicht. Der „umgerechnete Wert" des Atemalkoholtests ist für die Feststellung einer Fahruntüchtigkeit i.S.v. § 316 StGB nicht geeignet und kann nicht herangezogen werden (vgl. Fischer, a.a.O., § 316 Rdnr. 23 m.w.N.). Da die Ermittlungen auch ansonsten keine alkoholbedingten Ausfallerscheinungen meines Mandanten ergeben haben, ist von der Fahrtüchtigkeit meines Mandanten zum Tatzeitpunkt auszugehen. Ein (dringender) Tatverdacht hinsichtlich anderer rechtswidriger Taten i.S.v. § 69 Abs. 1, 2 StGB kommt gleichfalls nicht in Betracht.

Rechtsanwältin/Rechtsanwalt

15.2.2 Verteidigervorgehen bei bereits gestelltem Antrag auf vorläufige Entziehung der Fahrerlaubnis

Kurzüberblick

– Auf einen Antrag der Staatsanwaltschaft nach § 111a StPO sollte der Verteidiger nach Akteneinsicht ggf. kurzfristig mit einer (begründeten) Stellungnahme reagieren, um entlastende Umstände vorzutragen bzw. die Anordnung der vorläufigen Entziehung der Fahrerlaubnis durch das Amtsgericht zu verhindern.[41]

15.12

– Eine für die Anordnung nach § 111a StPO erforderliche Anlasstat nach § 69 Abs. 2 Nr. 1, § 315c Abs. 1 Nr. 2 StGB setzt ein „grob verkehrswidriges" und „rücksichtsloses" Handeln des Mandanten voraus.[42]

Sachverhalt

Der Mandant ersucht kurzfristig um Beratung, da ihn gestern die Polizei der Arbeitsstelle aufgesucht und ihm den Führerschein „weggenommen" hat. Der Mandant berichtet hierzu Folgendes:

„Gestern Morgen bin ich wie immer auf der Bundesstraße zu meiner Arbeit gefahren. Ich fahre die 25 km täglich hin und zurück. Ich war gestern etwas spät dran, deshalb bin ich auch etwas auf's Gas getreten. Plötzlich habe ich zu diesem Lkw aufgeschlossen, der total getrödelt hat. Ich konnte erst nicht überholen, aber dann war da diese lange Linkskurve. Da wollte ich unbedingt an ihm vorbei. Ich

---

41) Vgl. z.B. AG Essen, Beschl. v. 16.10.2018 – 44 Gs 2891/18, BeckRS 2018, 31460.
42) Vgl. OLG Hamm, Beschl. v. 11.08.2005 – 4 Ss 308/05, NZV 2006, 388, 389; OLG Düsseldorf, Beschl. v. 22.12.1999 – 2b Ss 87/99 - 46/99 I, NZV 2000, 337, 338.

konnte doch nicht wissen, dass da Gegenverkehr war. Ich habe den entgegenkommenden Pkw wegen dem hohen Maisfeld gar nicht gesehen, als ich ausgeschert bin. Erst als ich schon neben dem Lkw war, habe ich das entgegenkommende Auto bemerkt, das mir Lichthupe gegeben hat. Ich habe dann einfach Vollgas gegeben und bin so schnell wie möglich an dem Lkw vorbei. Es ist ja auch nichts weiter passiert. Der andere Pkw hat wohl stark abgebremst, weshalb es gerade noch gereicht hat. Da war nur eine Person in dem entgegenkommenden Auto. Ich bin dann auch einfach weitergefahren, es ist ja niemand zu Schaden gekommen. Gegen Mittag kam dann die Polizei zu meiner Arbeitsstelle. Die haben mir gesagt, dass ich eine Straßenverkehrsgefährdung begangen hätte. Dann haben die meinen Führerschein sehen wollen und ihn einfach einbehalten, obwohl ich damit ausdrücklich nicht einverstanden war. Mehr habe ich zu dem Vorfall aber nicht gesagt, da ich nicht wusste, ob mir das nachher noch mehr schaden könnte. Die haben mir auch gesagt, dass ich jetzt nicht mehr Auto fahren darf. Das geht doch so nicht. Ich brauche meinen Führerschein, sonst komme ich nicht zu meiner Arbeitsstelle. Bitte helfen Sie mir ganz schnell."

Nach Übernahme des Mandats bringt der Verteidiger über die zuständige Polizeidienststelle in Erfahrung, dass die Staatsanwaltschaft schon mit der Sache befasst ist. Es ergibt sich, dass die Staatsanwaltschaft bereits einen Antrag nach § 111a StPO erarbeitet und dem zuständigen Amtsgericht zur Prüfung und Entscheidung vorgelegt hat.

Was hat der Verteidiger unmittelbar zu veranlassen? Welche Maßnahmen sind zu ergreifen?

Lösung

15.13 Hier ist sehr zügiges Handeln des Verteidigers erforderlich. Es ist unbedingt zu vermeiden, dass das angerufene Amtsgericht ohne Stellungnahme der Verteidigung über den Antrag der Staatsanwaltschaft auf vorläufige Entziehung der Fahrerlaubnis entscheidet. Der Verteidiger sollte die **Übernahme des Mandats umgehend** dem Amtsgericht **anzeigen** und eine **kurze Frist zur Stellungnahme** (§ 33 StPO) **beantragen**. Einhergehend damit ist die kurzfristige Akteneinsicht zu beantragen (§ 147 StPO). Die Stellungnahme der Verteidigung sollte unter diesen Umständen in maximal zwei Tagen erfolgen.

Prozessual geht es um einen Fall, in dem der Führerschein des Mandanten von der Polizei nach § 94 Abs. 2, 3 StPO mit Blick auf den Verdacht einer Verkehrsstraftat nach § 315c Abs. 1 Nr. 2b StGB **beschlagnahmt** wurde. In dieser Situation darf der Mandant gem. § 21 Abs. 2 Nr. 2 StVG keine erlaubnispflichtigen Kraftfahrzeuge mehr führen, da ansonsten eine (weitere) Straftat droht.[43] Da der Mandant der Einbehaltung des Führerscheins bereits widersprochen hat, muss die Staatsanwaltschaft – soweit nach ihrer Auffassung die Voraussetzungen vor-

---

43) BeckOK, StVG/Bollacher, § 21 Rdnr. 53 ff.

liegen – die vorläufige Entziehung nach § 111a StPO beantragen.[44] Eine richterliche Entscheidung steht unmittelbar bevor. Um wieder Kraftfahrzeuge führen zu dürfen, muss bewirkt werden, dass das Amtsgericht den Antrag der Staatsanwaltschaft ablehnt. In diesem Fall wird das Amtsgericht auch die Rückgabe des Führerscheins an den Mandanten verfügen (§ 111a Abs. 5 StPO).

Nach Aktenlage kommt als Anlasstat i.S.v. § 69 Abs. 2 StGB eine Gefährdung des Straßenverkehrs nach § 315c Abs. 1 Nr. 2b StGB in Betracht. Aus Sicht des Verteidigers scheint der dringende Tatverdacht hier unter mehreren Gesichtspunkten angreifbar. Im Einzelnen:

15.14

1. Da der Mandant bisher keine Angaben zum Sachverhalt gemacht hat und objektive Spuren nicht vorhanden sind, weil es zu einer tatsächlichen Kollision der Fahrzeuge glücklicherweise nicht gekommen ist, kann sich der Tatverdacht – wie in der Praxis so häufig – letztlich nur auf die Angaben des Fahrers des entgegenkommenden Fahrzeugs und die Angaben des Lkw-Fahrers stützen. Im Hinblick darauf sollte der Verteidiger genau untersuchen, ob sich die Tathandlung des § 315c Abs. 1 Nr. 2b (falsch überholt oder sonst bei Überholvorgängen falsch gefahren[45]) unter Berücksichtigung der konkreten Überholstelle belegen lässt. Hierbei hat der Verteidiger insbesondere das Merkmal „grob verkehrswidrig" im Blick zu behalten, das aufgrund wertender Betrachtung einen **besonders schwerwiegenden Verstoß** gegen Straßenverkehrsvorschriften voraussetzt.[46]

2. In einem weiteren Schritt wird der Verteidiger zu prüfen haben, ob infolge des Überholvorgangs überhaupt der für § 315c StGB erforderliche „Beinahe-Unfall"[47] eingetreten ist bzw. anhand der vorliegenden Ermittlungsergebnisse belegbar ist. Denn die Frage nach der herbeigeführten konkreten Gefährdung darf nicht offenbleiben, sondern muss gleichfalls im Lichte des dringenden Tatverdachts belegt werden.[48] Hierzu werden regelmäßig **belastbare Angaben zu gefahrenen Geschwindigkeiten, eingehaltenen Abständen** usw. zu fordern sein. Bestehende Unsicherheiten in der Beweislage muss der Verteidiger zugunsten des Mandanten geltend machen.

3. Nicht zuletzt muss sich der Verteidiger mit dem subjektiven Merkmal der „Rücksichtslosigkeit"[49] befassen, dem oft kaum Beachtung geschenkt wird. Das Merkmal zielt letztlich auf eine innere Haltung des Täters ab, die selbstverständlich beweiswürdigend unterlegt werden muss. Die **konkrete Verkehrssituation und die Motivationslage des Täters** sind zu bewerten[50]. Für den Ver-

---

44) Meyer-Goßner/Schmitt, § 111a Rdnr. 3.
45) Fischer, § 315c Rdnr. 6 f.; SSW-StGB/Ernemann, § 315c Rdnr. 16 jeweils mit Hinweis auf § 5 StVO.
46) Fischer, § 315c Rdnr. 13; SSW-StGB/Ernemann, § 315c Rdnr. 12 jeweils m.w.N.
47) Im Überblick SSW-StGB/Ernemann, § 315c Rdnr. 22.
48) Zu den Darlegungsanforderungen vgl. BGH, Beschl. v. 25.04.2012 – 4 StR 667/11, NStZ 2012, 700, 701; Beschl. v. 04.12.2012 – 4 StR 435/12, NStZ 2013, 167.
49) SSW-StGB/Ernemann, § 315c Rdnr. 13; Fischer § 315c Rdnr. 14.
50) OLG Koblenz, Beschl. v. 26.02.2003 – 2 Ss 284/02, NStZ 2003, 617, 618; zu weiteren Beispielen vgl. SSW-StGB/Ernemann, § 315c Rdnr. 14; BeckOK, StGB/Kudlich, § 315c Rdnr. 40 ff.; MüKo-StGB/Pegel, § 315c Rdnr. 88.

teidiger wird es an dieser Stelle regelmäßig darum gehen, ein sogenanntes Augenblicksversagen[51] für den Mandanten geltend zu machen, das in vielen Fällen auf eine falsche Einschätzung der Verkehrslage zurückzuführen sein wird.[52] Bei Vorliegen solcher Fallgestaltungen ist die Annahme von „Rücksichtslosigkeit" i.S.d. § 315c Abs. 1 Nr. 2 StGB ausgeschlossen, was die vorläufige Entziehung der Fahrerlaubnis auf dieser Grundlage unmöglich macht.

Prozesstaktische Hinweise

15.15
– Der Verteidiger sollte die Mandatsübernahme umgehend gegenüber dem Amtsgericht anzeigen, kurzfristige Akteneinsicht beantragen und dem Gericht innerhalb kurzer Frist eine Stellungnahme vor der Entscheidung über den Antrag der Staatsanwaltschaft ankündigen. Es sollte damit vermieden werden, dass das Amtsgericht über die vorläufige Entziehung der Fahrerlaubnis entscheidet, ohne dass der Verteidiger für den Mandanten möglicherweise entlastende Umstände vorgetragen hat.

– Die Stellungnahme sollte die „zu erwartenden Schwachstellen" mit Blick auf die Anlasstat nach § 315c Abs. 1 Nr. 2b StGB gezielt aufzeigen. Keinesfalls sollte sich der Verteidiger auf einen Aspekt beschränken. Im Sinne des Mandanten sind alle Punkte anzusprechen, die der vorläufigen Entziehung der Fahrerlaubnis entgegenstehen. Damit gibt der Verteidiger dem zuständigen Amtsgericht quasi die Ablehnungsgründe an die Hand.

Muster

Stellungnahme des Verteidigers zu einem Antrag der Staatsanwaltschaft auf vorläufige Entziehung der Fahrerlaubnis bei dem zuständigen Amtsgericht

Amstgericht ...
(Anschrift)

Ermittlungsverfahren
gegen   ...
wegen   Verdachts der Gefährdung des Straßenverkehrs
Az.   ...

---

51) Fischer, § 315c Rdnr. 14a; MüKo-StGB/Pegel, § 315c Rdnr. 87.
52) Zur falschen Einschätzung der Verkehrslage OLG Düsseldorf, Beschl. v. 22.12.1999 – 2b Ss 87/99 – 46/99 I, NZV 2000, 337; OLG Stuttgart, Beschl. v. 08.08.2017 – 3 Rv 25 Ss 606/17, BeckRS 2017, 123173, NZV 2017, 494 m. Anm. Preuß.

hier: Stellungnahme zum Antrag der Staatsanwaltschaft auf vorläufige Entziehung der Fahrerlaubnis

In vorliegendem Ermittlungsverfahren **beantrage** ich den Antrag der Staatsanwaltschaft auf vorläufige Entziehung der Fahrerlaubnis

abzulehnen,

und den beschlagnahmten Führerschein meines Mandanten an ihn

zurückzugeben.

Begründung:

I.

Meinem Mandanten wird vorgeworfen, am Morgen des ... gegen ... Uhr auf der Bundesstraße ... als Kraftfahrzeugführer seines Pkw eine Gefährdung des Straßenverkehrs durch falsches Überholen (§ 315c Abs. 1 Nr. 2b StGB) begangen zu haben. Mein Mandant wurde noch am Mittag des Tages an seiner Arbeitsstelle aufgesucht. Die Beamten der Polizei unterbreiteten ihm den Tatvorwurf und behielten gegen den Willen meines Mandanten seinen Führerschein ein. Nach Vorlage des Vorgangs hat die Staatsanwaltschaft die vorläufige Entziehung der Fahrerlaubnis meines Mandanten beantragt.

II.

Der Antrag der Staatsanwaltschaft ist abzulehnen. Die Voraussetzungen der vorläufigen Entziehung der Fahrerlaubnis gemäß § 111a Abs. 1 Satz 1 StPO liegen nicht vor.

Gemäß § 111a Abs. 1 Satz 1 StPO setzt die vorläufige Entziehung der Fahrerlaubnis voraus, dass dringende Gründe für die Annahme vorhanden sind, dass die Fahrerlaubnis dem Beschuldigten gem. § 69 StGB endgültig entzogen werden wird. Dringende Gründe für die Annahme der späteren endgültigen Entziehung setzen einen dringenden Tatverdacht bezüglich einer rechtswidrigen Anlasstat nach § 69 Abs. 2, Abs. 1 StGB voraus (KK/Bruns, § 111a Rdnr. 3 ff.; SSW-StPO/ Harrendorf, § 111a Rdnr. 4).

Auf der Grundlage des gegenwärtigen Ermittlungsstands ist der dringende Tatverdacht einer rechtswidrigen Anlasstat nach § 69 StGB nicht zu begründen. Insbesondere können die Ermittlungen den von der Staatsanwaltschaft erhobenen Vorwurf der Gefährdung des Straßenverkehrs aus mehreren Gründen nicht untermauern. Im Einzelnen:

1. Die bisherigen Ermittlungen zu dem Vorfall belegen nicht, dass mein Mandat „grob verkehrswidrig" einen Überholvorgang durchgeführt hat. Denn sie haben nicht ergeben, dass ein etwaiger Überholvorgang an der betroffenen Verkehrsstelle als besonders schwerer Verstoß gegen Straßenverkehrsvorschriften (vgl. Fischer, § 315c Rdnr. 13) zu werten ist. Die bei der Akte befindlichen Lichtbilder und die Aussagen der betroffenen zwei Kraftfahrzeugführer lassen einen derartigen Schluss jedenfalls bisher nicht zu. Da objektive (Unfall-)Spuren nicht vorhanden sind, erscheint es bereits jetzt zweifelhaft, dass die Staatsanwaltschaft hierzu weitere Erkenntnisse ermitteln kann.

2. Nach Aktenlage ist überdies nicht von einer konkreten Gefährdung i.S.d. für § 315c Abs. 1 StGB erforderlichen „Beinahe-Unfalls" (vgl. SSW-StGB/Ernemann, § 315c Rdnr. 22) auszugehen. Die betroffenen Zeugen konnten – trotz Nachfrage – nur sehr unpräzise Angaben zu gefahrenen Geschwindigkeiten, zu vorhandenen Abständen und zur Dauer des Überholvorgangs bis zum Wiedereinscheren machen. Der Kraftfahrzeugführer des entgegenkommenden Pkw konnte überdies nicht schildern, wann und wie er genau einen Bremsvorgang eingeleitet und durchgeführt hat, um eine etwaige Kollision zu vermeiden. Spuren eines Bremsvorgangs sind insofern nicht erhoben. Damit lässt sich – auch im Sinne eines dringenden Tatverdachts – nicht klären, ob tatsächlich eine verkehrskritische Situation eingetreten ist, in der der Eintritt eines Schadens nur noch vom Zufall abhing (vgl. insoweit zu den Voraussetzungen nach st. Rspr. BGH, Beschl. v. 04.12.2012 – 4 StR 435/12, NStZ 2013, 167).

3. Schließlich ist darauf hinzuweisen, dass auf der Grundlage der Ermittlungen die Annahme eines „rücksichtslosen" Handelns (vgl. SSW-StGB/Ernemann, a.a.O., § 315c Rn. 13) meines Mandanten i.S.d. § 315c Abs. 1 Nr. 2 StGB nicht in Betracht kommt. Vielmehr lassen die bisherigen Ermittlungen darauf schließen, dass meinem Mandanten allenfalls ein Augenblicksversagen (Fischer, a.a.O., § 315c Rdnr. 14a) vorzuwerfen ist. Dies beruht offensichtlich auf einer punktuellen Falscheinschätzung der Verkehrslage beim Überholvorgang meines Mandanten mit Blick auf die weiteren Fahrzeuge (vgl. hierzu OLG Stuttgart, Beschl. v. 08.08.2017 – 3 Rv 25 Ss 606/17, BeckRS 2017, 123173, NZV 2017, 494 m. Anm. Preuß). Keinesfalls hat sich mein Mandant, der seit Jahren beanstandungsfrei am Straßenverkehr teilnimmt, aus eigensüchtigen Motiven über seine Pflichten als Kraftfahrzeugführer zum Nachteil anderer Verkehrsteilnehmer hinweggesetzt.

Allem nach liegen die Voraussetzungen der vorläufigen Entziehung der Fahrerlaubnis meines Mandanten nicht vor. Der Antrag der Staatsanwaltschaft ist mithin abzulehnen, und meinem Mandanten ist sein Führerschein zurückzugeben (§ 111a Abs. 5 StPO).

Rechtsanwältin/Rechtsanwalt

15.2.3 Beschwerde gegen die durch das Amtsgericht angeordnete vorläufige Entziehung der Fahrerlaubnis

Kurzüberblick

15.16 – Gegen die gerichtliche Anordnung der vorläufigen Entziehung der Fahrerlaubnis im Ermittlungsverfahren ist die Beschwerde (§ 304 Abs. 1 StPO) zulässig.[53]

---

53) Vgl. z.B. LG Arnsberg, Beschl. v. 25.10.2016 – 2 Qs 71/16, BeckRS 2016, 110477; LG Hamburg, Beschl. v. 13.01.2009 – 603 Qs 10/09, BeckRS 2009, 12842.

– Eine für die Anordnung nach § 111a StPO erforderliche Anlasstat nach § 69 Abs. 2 Nr. 3, § 142 StGB setzt voraus, dass der Mandant das Unfallgeschehen tatsächlich bemerkt hat.[54]

– Ein bedeutender Fremdsachschaden i.S.v. § 69 Abs. 2 Nr. 3 StGB erfordert eine Schadenshöhe von jedenfalls 1.300 €;[55] nach neuerer (obergerichtlicher) Rechtsprechung wird sogar eine Schadenshöhe von 1.600 € vorausgesetzt.[56]

Sachverhalt

Der Mandant sucht den Verteidiger auf und legt einen Beschluss des zuständigen Amtsgerichts vor, mit dem ihm die vorläufige Entziehung der Fahrerlaubnis wegen einer Anlasstat nach § 142 StGB entzogen wurde. Zur Sache berichtet er folgende Umstände:

„Mir wird vorgeworfen, dass ich nach einem Parkrempler in der Innenstadt mit meinem Fahrzeug weggefahren sei, ohne mich um den anderen Wagen zu kümmern. Ich weiß gar nicht, wie die Polizei so einfach auf mich als Fahrer kommt. Die haben mich erst zu Hause aufgesucht. Klar ist der Wagen auf mich als Halter zugelassen, so hat die Polizei mich ja offensichtlich auch ausfindig gemacht. Aber es ist schon so, dass auch andere Familienangehörige bei mir zu Hause Zugriff auf das Fahrzeug haben. Ich verstehe auch nicht, wieso wegen eines solchen Missgeschicks so viel Wirbel gemacht wird. Wie hoch kann der Schaden schon sein, der da an dem anderen Fahrzeug entstanden sein soll? Es kann ja auch sein, dass man so etwas übersieht. Außerdem bin ich von Beruf Forstwirt und habe erhebliche Waldflächen regelmäßig zu bewirtschaften. Wenn ich meine Zugmaschine hierzu nicht mehr nutzen darf, kann ich meinen Beruf nicht mehr ausüben. Bitte helfen Sie mir, dass ich meinen Führerschein so schnell wie möglich wiederbekomme."

Was hat der Verteidiger zu veranlassen?

Lösung

Nach Übernahme des Mandats sollte schnellstmöglich die Akteneinsicht über die Staatsanwaltschaft realisiert werden (§ 147 StPO). Nach Akteneinsicht muss der Verteidiger die **Erfolgsaussichten einer Beschwerde** (§ 304 Abs. 1 StPO) gegen die bereits erfolgte vorläufige Entziehung der Fahrerlaubnis des Amtsgerichts prüfen.

15.17

---

54) KG, Beschl. v. 21.12.2011 – (3) 1 Ss 389/11 (127/11), NZV 2012, 497; OLG Köln, Beschl. v. 04.09.2001 – Ss 356/01, NZV 2001, 526.
55) OLG Dresden, Beschl. v. 12.05.2005 – 2 Ss 278/05, NJW 2005, 2633.
56) OLG Stuttgart, Urt. v. 27.04.2018 – 2 Rv 33 Ss 959/17, juris Rdnr. 14.

Hinweis

15.18 Der Verteidiger sollte in dieser Verfahrenssituation den Mandanten darauf hinweisen, dass das Beschwerdeverfahren durchaus eine Verzögerung des Ermittlungsverfahrens mit sich bringen kann. Die Staatsanwaltschaft wird nach eigener Stellungnahme dem Amtsgericht die Akten für das Abhilfeverfahren (§ 306 Abs. 2 StPO) zuleiten. Erst nach Nichtabhilfe werden die Akten dem zuständigen Landgericht als Beschwerdegericht vorgelegt. Dies kann einige Tage in Anspruch nehmen. Überdies ist in der Praxis der „Stellenwert" einer solchen Rechtsmittelentscheidung nicht zu unterschätzen; zumal eine weitere Beschwerde nach § 310 Abs. 2 StPO ausgeschlossen ist. „Klopft" das Landgericht den dringenden Tatverdacht nach § 111a StPO erst einmal „richtig fest", kann sich dies bei Folgeentscheidungen (Anklageerhebung, Eröffnungsentscheidung durch das erkennende Gericht usw.) durchaus nachteilig für den Mandanten auswirken. Nicht zuletzt ist der Mandant auf die Kostenfolge nach § 473 Abs. 1 StPO für den Fall der Erfolglosigkeit des Rechtsmittels hinzuweisen.

15.19 Prozessual geht es um einen Fall, in dem eine **richterliche Entscheidung nach § 111a StPO** zum Nachteil des Mandanten wegen unerlaubten Entfernens vom Unfallort (§ 142 StGB) **bereits vorliegt**. In dieser Situation darf der Mandant gem. § 21 Abs. 1 Nr. 1 StVG keine erlaubnispflichtigen Kraftfahrzeuge mehr führen, da ansonsten eine (weitere) Straftat und sogar die Einziehung des Fahrzeugs nach § 21 Abs. 3 drohen.[57] Gegen die Entscheidung des Amtsgerichts ist das Rechtsmittel der Beschwerde (§ 304 Abs. 1 StPO) statthaft. Mit ihr kann die Aufhebung der vorläufigen Entziehung der Fahrerlaubnis und die Rückgabe des Führerscheins an den Mandanten erreicht werden (§ 111a Abs. 2, 5 StPO).

15.20 Nach Aktenlage kommt als Anlasstat i.S.v. § 69 Abs. 2 StGB ein unerlaubtes Entfernen vom Unfallort nach (§ 142 Abs. 1 StGB) in Betracht. Für den Verteidiger ergeben sich hier – wie so oft in diesen Fallkonstellationen – mehrere Angriffspunkte, die es zu prüfen gilt. Zu den vorliegenden Aspekten im Einzelnen:

1. Zunächst ist die Verdachtslage in tatsächlicher Hinsicht zur Frage der Unfallbeteiligung nach § 142 Abs. 5 StGB[58] zu prüfen. Der Mandant wurde am Tatort als Fahrer offensichtlich nicht gestellt, sondern er wurde vielmehr erst später zu Hause aufgesucht, was ganz typisch für derartige Fallkonstellationen ist. Der Verteidiger hat also **dem dringenden Tatverdacht zur Täterschaft des Mandanten** erhöhte Aufmerksamkeit zu widmen; dies insbesondere, wenn – wie hier – andere berechtigte Personen Zugriff auf das Tatfahrzeug haben. Vorhandene Schwächen in der Beweislage sollte der Verteidiger nach Rücksprache mit dem Mandanten in der Beschwerdebegründung ansprechen.[59]

---

57) BeckOK, StVG/Bollacher, § 21 Rdnr. 21 und 80 ff.; Meyer-Goßner/Schmitt, § 111a Rdnr. 8.
58) Hierzu SSW-StGB/Ernemann, § 142 Rdnr. 56; Fischer § 142 Rdnr. 66.
59) Vgl. Fischer, § 164 Rdnr. 3 ff. m.w.N.

> **Hinweis**
>
> Allerdings sollte der Verteidiger vermeiden, dass durch eine solche Einlassung bzw. entsprechenden Vortrag Ermittlungen gegen Angehörige des Mandanten provoziert werden. Auch die strafrechtlich relevanten Grenzen, die sich durch § 164 StGB und § 145d StGB für das Verteidigungsverhalten ergeben[2)], sind unbedingt zu beachten.

2. Mit Blick auf den „Parkrempler" wird in vorliegenden Fällen das Unfallmerkmal[60)] des § 142 StGB regelmäßig erfüllt sein. Die Wertgrenze[61)] des erforderlichen Fremdsachschadens wird in aller Regel überschritten sein. Allerdings wird in derartigen Fällen, in denen ein vergleichsweise geringer Sachschaden entstanden ist, sehr genau die **innere Tatseite** zu prüfen sein. Es muss – am Maßstab des dringenden Tatverdachts – nachgewiesen sein, dass **der Mandant** das Unfallgeschehen als Schadensereignis **tatsächlich bemerkt** hat.[62)] Der Verteidiger wird zu prüfen haben, ob nach Aktenlage belastbare Indizien den Rückschluss auf einen entsprechenden Vorsatz zulassen.[63)]

3. Kommt der Verteidiger zu dem Zwischenergebnis, dass von einem dringenden Tatverdacht eines unerlaubten Entfernens vom Unfallort auszugehen ist, muss er **die weiteren Voraussetzungen aus § 69 Abs. 1, Abs. 2 Nr. 3 StGB prüfen**, da hieran die vorläufige Entziehung der Fahrerlaubnis nach § 111a StPO noch scheitern kann, obwohl eine Straftat nach § 142 StGB vorliegt.

   a) Die Regelvermutung aus § 69 Abs. 2 Nr. 3 StGB setzt zunächst voraus, dass ein bedeutender Fremdsachschaden entstanden ist.[64)] Dies erfordert regelmäßig **mindestens** eine Schadenshöhe von **1.300 €**[65)], wobei die neuere Rechtsprechung zwischenzeitlich auch höhere Beträge für die Annahme eines bedeutenden Schadens voraussetzt.[66)]

   b) Anknüpfend an die Höhe des Fremdsachschadens darf der Verteidiger in der Folge nicht übersehen, dass § 69 Abs. 2 Nr. 3 StGB auch Anforderungen an die **innere Tatseite** stellt. So muss der Mandant wissen oder

---

60) SSW-StGB/Ernemann, § 142 Rdnr. 6; Fischer, § 142 Rdnr. 7 ff.; Matt/Renzikowski/Renzikowski, § 142 Rdnr. 7.
61) Fischer, § 142 Rdnr. 11 f.; Matt/Renzikowski/Renzikowski, § 142 Rdnr. 12 f.
62) KG, Beschl. v. 21.12.2011 – (3) 1 Ss 389/11 (127/11), NZV 2012, 497; OLG Köln, Beschl. v. 03.05.2011 – III-1 RVs 80/11, NZV 2011, 510; BeckOK, StGB/Kudlich, § 142 Rdnr. 50.
63) Zu den Anforderungen diesbezüglicher Feststellungen vgl. KG, Beschl. v. 08.07.2015 – (3) 121 Ss 69/15 (47/15), NZV 2016, 392; OLG Hamm, Beschl. v. 14.08.2003 – 2 Ss 439/03, NJW 2003, 3286, 3287; vgl. auch Kraatz, NZV 2011, 321; Matt/Renzikowski/Renzikowski, § 142 Rdnr. 56 m.w.N.
64) SSW-StGB/Harrendorf, § 69 Rdnr. 42; Fischer, § 69 Rdnr. 27 ff.
65) OLG Dresden, Beschl. v. 12.05.2005 – 2 Ss 278/05, NJW 2005, 2633; OLG Jena, Beschl. v. 14.02.2005 – 1 Ss 19/05, NStZ-RR 2005, 183; LG Düsseldorf, Beschl. v. 04.11.2002 – X Qs 144/02 Js 4763/02, NVZ 2003, 103.
66) OLG Stuttgart, Urt. v. 27.04.2018 – 2 Rv 33 Ss 959/17, juris Rdnr. 14 (1.600 €); LG Braunschweig, Beschl. v. 03.06.2016 – 8 Qs 113/16, DAR 2016, 596 (1.500 €); LG Nürnberg-Fürth, Beschl. v. 15.01.2020 – 5 Qs 4/20, BeckRS 2020, 552 („2.500 € netto").

Scholze

zumindest vorwerfbar nicht wissen, dass erheblicher Schaden eingetreten ist.[67] Damit hat der Verteidiger erneut zu prüfen, ob diesbezüglich nach Aktenlage belastbare Indizien ermittelt wurden, die zuverlässig auf einen dringenden Tatverdacht schließen lassen.

4. Schließlich wird der Verteidiger unter Berücksichtigung der beruflichen Verhältnisse des Mandanten eine **Ausnahme** von der vorläufigen Entziehung der Fahrerlaubnis für bestimmte Arten von Kraftfahrzeugen nach § 111a Abs. 1 Satz 2 StPO zu prüfen haben.[68] Vorliegend käme eine Ausnahme für forstwirtschaftliche Zugmaschinen der Fahrerlaubnisklasse L gem. § 6 Abs. 1 FeV in Betracht.[69] Der Verteidiger wird die (hilfsweise) Antragstellung hier mit der Beschwerde gegen die vorläufige Entziehung der Fahrerlaubnis verbinden können. Sodann hat er tatsächliche Umstände[70] auf Seiten des Mandanten vorzutragen, die für eine entsprechende Ausnahmebewilligung sprechen.

Prozesstaktische Hinweise

15.21 Der Verteidiger sollte nach erfolgter Akteneinsicht den Mandanten über die möglichen Nachteile des Beschwerdeverfahrens (Verzögerung des Ermittlungsverfahrens, Kostenrisiko, usw.) unterrichten.

15.22 Soweit sich der Mandant für die Durchführung des Beschwerdeverfahrens entscheidet, müssen auch hier die „Schwachstellen" mit Blick auf § 142 StGB und § 69 Abs. 2 Nr. 3 StGB erörtert werden. Es sind alle Punkte anzusprechen, die der (weiteren) vorläufigen Entziehung der Fahrerlaubnis entgegenstehen. Damit gibt der Verteidiger dem Beschwerdegericht hier quasi die Aufhebungsgründe an die Hand.

15.23 Der Verteidiger sollte hilfsweise eine Antragstellung nach § 111a Abs. 1 Satz 2 StPO prüfen und ggf. hierzu vortragen.

---

67) Vgl. OLG Naumburg, Urt. v. 20.12.1995 – 2 Ss 366/95, NZV 1996, 204; SSW-StGB/Harrendorf, § 69 Rdnr. 42; MüKo-StGB/Athing/von Heintschel-Heinegg, § 69 Rdnr. 72; Matt/Renzikowski/Eschelbach, § 69 Rdnr. 54.
68) Vgl. Meyer-Goßner/Schmitt, § 111a Rdnr. 4; SSW-StPO/Harrendorf, § 111a Rdnr. 10 f.
69) Vgl. SSW-StPO/Harrendorf, § 111a Rdnr. 11; MüKo-StPO/Hauschild, § 111a Rdnr. 20a; KK/Bruns, § 111a Rdnr. 5b; vgl. zu weiteren Beispielen BayObLG, Urt. v. 31.05.1991 – RReg. 1 St 63/91, NZV 1991, 397 („Feuerlöschfahrzeug"); LG Bielefeld, Beschl. v. 17.03.1989 – 4 Qs 55/89, NZV 1989, 366 („Panzerfahrzeug"); AG Frankfurt a.M., Urt. v. 25.10.2006 – 920 Cs-213 Js 23993/06, NZV 2007, 264 („Müllfahrzeuge"); siehe zu weiteren Beispielen auch LR/Hauck, § 111a Rdnr. 29.
70) Vgl. zu den relevanten Umständen OLG Celle, Urt. v. 28.04.1954 – 1 Ss 87/54, NJW 1954, 1170; OLG Hamm, Urt. v. 04.06.1971 – 3 Ss 359/71, NJW 1971, 1618; SSW-StPO/Harrendorf § 111a Rdnr. 11; LR/Hauck, § 111a Rdnr. 31.

Muster

Beschwerde gegen die amtsgerichtliche Anordnung der vorläufigen Entziehung der Fahrerlaubnis mit Hilfsantrag auf eine Ausnahme nach § 111a Abs. 1 Satz 2 StPO

Amtsgericht ...
(Anschrift)

Beschwerdeverfahren
des   ...
wegen   Verdachts des unerlaubten Entfernens vom Unfallort
Az.   ...

hier: Beschwerde gegen die vorläufige Entziehung der Fahrerlaubnis

In dem vorliegenden Beschwerdeverfahren stelle ich folgende Anträge:

Auf die Beschwerde des Beschuldigten wird der Beschluss des Amtsgerichts vom ... mit dem die vorläufige Entziehung der Fahrerlaubnis des Beschuldigten angeordnet worden ist,

aufgehoben.

Der beschlagnahmte Führerschein ist dem Beschuldigten

zurückzugeben.

Hilfsweise stelle ich folgenden Antrag:

Auf die Beschwerde des Beschuldigten werden von der durch Beschluss des Amtsgerichts vom ... angeordneten vorläufigen Entziehung der Fahrerlaubnis forstwirtschaftliche Zugmaschinen der Führerscheinklasse L

ausgenommen.

Begründung:

I.

Meinem Mandanten wird vorgeworfen, am ... gegen ... Uhr auf der ... als Kraftfahrzeugführer seines Pkw bei einem Parkvorgang ein anderes Fahrzeug beschädigt und sich anschließend unerlaubt vom Unfallort entfernt zu haben (§ 142 Abs. 1 StGB). Auf Antrag der Staatsanwaltschaft hat das Amtsgericht durch Beschluss vom ... meinem Mandanten die Fahrerlaubnis ausnahmslos vorläufig entzogen. Der Führerschein meines Mandanten wurde beschlagnahmt (§ 111a Abs. 3 StPO) und ist hierauf zur Akte gelangt. Hiergegen richtet sich die vorliegende Beschwerde.

Scholze

II.

Die zulässige Beschwerde (§ 304 Abs. 1 StPO) hat in der Sache Erfolg.

1.   Der Beschluss des Amtsgerichts vom ..., mit dem die vorläufige Entziehung der Fahrerlaubnis des Beschuldigten angeordnet wurde, ist aufzuheben. Die Voraussetzungen der vorläufigen Entziehung der Fahrerlaubnis gem. § 111a Abs. 1 Satz 1 StPO liegen nicht vor.

Gemäß § 111a Abs. 1 Satz 1 StPO setzt die vorläufige Entziehung der Fahrerlaubnis voraus, dass dringende Gründe für die Annahme vorhanden sind, dass die Fahrerlaubnis dem Beschuldigten gem. § 69 StGB entzogen werden wird. Dringende Gründe für die Annahme der späteren endgültigen Entziehung setzen einen dringenden Tatverdacht bezüglich einer rechtswidrigen Anlasstat gem. § 69 Abs. 2, Abs. 1 StGB und eine hohe Wahrscheinlichkeit voraus, dass das erkennende Gericht infolge dieser Anlasstat dem Beschuldigten wegen seiner Ungeeignetheit zum Führen von Kraftfahrzeugen die Fahrerlaubnis endgültig entziehen wird (vgl. KK/Bruns, § 111a Rdnr. 3 ff.; SSW-StPO/Harrendorf, § 111a Rdnr. 4).

Auf der Grundlage des gegenwärtigen Ermittlungsstands ist der dringende Tatverdacht einer rechtswidrigen Anlasstat nach § 142 StGB, § 69 Abs. 2 Nr. 3 StGB aufgrund einer Vielzahl von Gesichtspunkten nicht zu begründen. Im Einzelnen:

a)   Mein Mandant bestreitet, der Fahrer des unfallverursachenden Wagens zum Tatzeitpunkt gewesen zu sein. Relevante Beweismittel zur Täterschaft meines Mandanten sind nicht ermittelt worden. Vielmehr beruht die Verdachtslage zur Täterschaft meines Mandanten bisher nur darauf, dass mein Mandant im Verlaufe des Tages als Halter des unfallverursachenden Wagens an seiner Wohnanschrift angetroffen wurde, wobei darauf hinzuweisen ist, dass auch andere berechtigte Personen (Angehörige meines Mandanten) zum fraglichen Zeitpunkt Zugriff auf das Kraftfahrzeug hatten. Bei dieser Ermittlungslage ist eine hohe Wahrscheinlichkeit für die Täterschaft meines Mandanten abzulehnen; mithin von einem dringenden Tatverdacht bereits insoweit nicht auszugehen.

b)   Aus dem bisherigen Ermittlungsergebnis ergeben sich keine belastbaren Indizien, dass der Fahrer des unfallverursachenden Wagens das Unfallgeschehen bemerkt und sich daraufhin entfernt hat. Damit ist ein vorsätzliches (vgl. Fischer, StGB, § 142 Rdnr. 38) unerlaubtes Entfernen vom Unfallort gem. § 142 StGB nach Maßgabe eines dringenden Tatverdachts nicht zu belegen. Vielmehr ist aufgrund der Unfallsituation (geringfügiger „Parkrempler") davon auszugehen, dass der Fahrer die Berührung der Fahrzeuge bei dem Parkvorgang optisch, akustisch und taktil überhaupt nicht bemerkt hat (vgl. Matt/Renzikowski/Renzikowski, StGB, § 142 Rdnr. 56).

c) Die endgültige Entziehung der Fahrerlaubnis meines Mandanten nach § 69 Abs. 1, Abs. 2 Nr. 3 StGB steht auch deshalb nicht zu erwarten, da die Ermittlungen lediglich von einem relevanten Fremdsachschaden (in Form von Reparaturkosten) in Höhe von maximal 1.300 € ausgehen. Für die Annahme eines bedeutenden Fremdsachschadens nach § 69 Abs. 2 Nr. 3 StGB, der nach neuerer obergerichtlicher Rechtsprechung zumindest eine Schadenhöhe von 1.600 € voraussetzt (OLG Stuttgart, Urt. v. 27.04.2018 – 2 Rv 33 Ss 959/17, juris Rdnr. 14), genügt die vorliegende Schadenssumme damit nicht.

Überdies haben die Ermittlungen zur Schadenshöhe keine verlässlichen Indizien dazu ergeben, dass sich der Fahrer des unfallverursachenden Fahrzeugs im Wissen oder vorwerfbaren Unwissen um die eingetretene Schadenshöhe vom Unfallort entfernt hat (vgl. hierzu Fischer, a.a.O., § 69 Rdnr. 27; Matt/Renzikowski/Eschelbach, a.a.O., § 69 Rdnr. 54 m.w.N.).

Allem nach liegen die Voraussetzungen der vorläufigen Entziehung der Fahrerlaubnis (§ 111a Abs. 1 Satz 1 StPO) nicht vor. Der Beschluss des Amtsgerichts vom ... ist aufzuheben, und meinem Mandanten ist sein Führerschein zurückzugeben (§ 111a Abs. 5 StPO).

2. Für den Fall, dass das Beschwerdegericht trotz der vorgebrachten Umstände weiterhin vom Vorliegen der Voraussetzungen der vorläufigen Entziehung der Fahrerlaubnis ausgehen sollte, wird eine Ausnahme nach § 111a Abs. 1 Satz 2 StPO für forstwirtschaftliche Zugmaschinen der Führerscheinklasse L beantragt. Dies mit folgenden Erwägungen:

a) Mein Mandant ist hauptberuflich Forstwirt und auf die Nutzung entsprechender Zugmaschinen angewiesen. Fahrzeuge der Führerscheinklasse L haben lediglich eine bauartbedingte Höchstgeschwindigkeit von 40 km/h (§ 6 Abs. 1 FeV) und werden von meinem Mandanten ausschließlich zu forstwirtschaftlichen Zwecken im Rahmen seiner Berufsausübung benutzt. Bei derartigen Fahrzeugen, die bereits aufgrund ihrer eingeschränkten Nutzbarkeit als weniger gefährlich einzustufen sind, kommt eine Ausnahmeregelung nach § 111a Abs. 1 Satz 2 StPO regelmäßig in Betracht (vgl. SSW-StPO/Harrendorf, a.a.O., § 111a Rdnr. 11 m.w.N.).

b) Umstände in der Person, insbesondere charakterliche Mängel in Bezug auf das Führen von Kraftfahrzeugen, die der beantragten Ausnahme entgegenstehen könnten (vgl. SSW-StPO/Harrendorf, a.a.O., § 111a Rdnr. 10), liegen bei meinem Mandanten nicht vor. Mein Mandant ist bereits seit 20 Jahren Inhaber einer Fahrerlaubnis und nimmt seither beanstandungsfrei am Straßenverkehr teil. Eintragungen im Bundeszentral- und Verkehrszentralregister liegen nicht vor. Überdies ist zu bedenken, dass meinem Mandanten lediglich ein geringfügiger Verstoß gegen § 142 StGB vorgeworfen wird, bei dem ein vergleichsweise geringer Fremdsachschaden eingetreten ist.

Allem nach liegen damit besondere Umstände vor, die die Annahme rechtfertigen, dass durch die beantragte Ausnahmeregelung für forstwirtschaftliche Zugmaschinen der Führerscheinklasse L der Zweck der vorläufigen Entziehung der Fahrerlaubnis nicht gefährdet wird (§ 111a Abs. 1 Satz 2 zweiter Halbsatz StPO).

Rechtsanwältin/Rechtsanwalt

16 Vermögensarrest

16.1 Einführung

16.1.1 Das neue Recht der Vermögensabschöpfung

16.1.1.2 Grundlagen

16.1 Mit dem Gesetz zur Reform der strafrechtlichen Vermögensabschöpfung, das am 01.07.2017 in Kraft trat, wurde das Recht der Vermögensabschöpfung grundlegend neu geordnet. Man kann die Vermögensabschöpfung jetzt mit Recht neben den Strafen und den Maßregeln als eine neue, dritte Säule des Strafrechts bezeichnen. In formeller Hinsicht wird dies an folgendem Fall deutlich: Ein Ermittlungs- oder Strafverfahren wird gem. § 153, § 153a oder § 154 StPO eingestellt. Die Vermögensabschöpfung würde dennoch in einem selbständigen Einziehungsverfahren durchgeführt, soweit nicht auch von der Einziehung gem. § 421 StPO abgesehen oder der erlangte Vermögensvorteil mit der Auflage (§ 153a Abs. 1 Satz 2 Nr. 1 StPO, Nr. 93 Abs. 1 RiStBV) abgeschöpft wird.[1] Darauf sollte dann die Verteidigung auch hinwirken, damit – falls Maßnahmen der vorläufigen Sicherung, um die es in diesem Kapitel gehen soll, ergriffen wurden – eine Freigabe der Vermögenswerte erfolgen kann. In der Sache kann die Vermögensabschöpfung für den Mandanten eine größere „Strafwirkung" entfalten als die Kriminalstrafe, ihn schlimmstenfalls um sein Vermögen bringen. Es muss daher bei jedem Schritt der Verteidigung bedacht werden, ob er Auswirkungen nicht nur auf die Feststellung von Schuld und auf die Strafe, sondern auch auf eine Einziehungsentscheidung haben kann.

Freilich möchte der Gesetzgeber, dass Veränderungen in Vermögensbeziehungen, die ihre Ursache in Straftaten haben („strafrechtswidrige Vermögenslagen"), so weit wie möglich wieder rückgängig gemacht bzw. ausgeglichen werden. Kernstück des hierfür im StGB vorgesehenen Instrumentariums ist die Einziehung von Taterträgen, die gleichsam den Charakter der aus dem Zivilrecht bekannten Kondiktion hat. Die Einziehung von Taterträgen ist nun, um dem Anliegen des Gesetzgebers effektiv Geltung zu verschaffen, zwingend vorgeschrieben und muss daher grundsätzlich in jedem Strafverfahren antizipiert werden. Nur die Einziehung von Tatprodukten, Tatmitteln und Tatobjekten als eine Nebenstrafe steht noch im Ermessen des Gerichts.

---

1) Vgl. Savini, Handbuch zur Vermögensabschöpfung nach altem und neuem Recht, S. 55.

> **Praxistipp**
>
> Das neue Recht wirkt sich nachhaltig auf die Tätigkeit der Strafverfolgungsorgane und Strafgerichte aus. Insbesondere die Ermittler sind auf diesem Feld personell und fachlich immer besser aufgestellt. Die Verteidigung sollte hier mithalten können. Bei praktisch jeder Art von Straftaten muss sie Auswirkungen möglicher Maßnahmen der Vermögensabschöpfung auf den Mandanten im Blick haben. Insbesondere gilt die Vermögensabschöpfung nicht nur für Vermögensdelikte!

16.2

Die Vermögensabschöpfung ist eine komplizierte Rechtsmaterie, bei der nach der Reform einige Fragen noch im Fluss sind. Für die Zwecke dieses Handbuchs beschäftigen wir uns sowohl in der Einführung als auch bei den Mandatssituationen mit den grundlegenden Konstellationen, die das nötige Handwerkszeug für den Normalfall vermitteln. In der Praxis wird es aber nicht ausbleiben, auch speziellere Probleme bearbeiten zu müssen.

16.1.1.3 Vermögensabschöpfung im Ermittlungsverfahren

Die besondere Bedeutung, die der Vermögensabschöpfung jetzt zukommt, wirkt sich nicht erst im Urteil aus. Sie kann schon im Ermittlungsverfahren erhebliche Auswirkungen zeitigen. Die Reform erfolgte nämlich auch zur Umsetzung einer EU-Richtlinie[2], nach der die zuständigen Behörden der Mitgliedstaaten befugt sein sollen, „Sofortmaßnahmen" zur Sicherung von Vermögensgegenständen zu ergreifen. Hierfür besteht auch ein legitimes Bedürfnis, weil in vielen Fällen die Einziehung von Vermögenswerten im Strafurteil praktisch leerlaufen würde, wenn nicht bereits im Ermittlungsverfahren eine vorläufige Sicherung erfolgt ist. Unabhängig von der Rolle, die man als Beteiligter im Strafverfahren einnimmt, muss man daher die Legitimität der gesetzgeberischen Entscheidung, den Strafverfolgungsbehörden dafür ein geeignetes und zum Teil auch einschneidendes Instrumentarium an die Hand zu geben, anerkennen.

16.3

Die in der StPO vorgesehenen vorläufigen Sicherungsmaßnahmen – Vermögensarrest und Beschlagnahme – können schwerwiegende Eingriffe in das Vermögen darstellen, da sie u.U. zu einem weitgehenden oder vollständigen Ausschluss der Nutzungs- und Verfügungsmöglichkeiten führen, und zwar auf unbestimmte Zeitdauer. Sind Bargeld oder Kontoguthaben betroffen, liegt der Eingriff auf der Hand; man denke aber auch an Betriebs- oder Arbeitsmittel, deren Entzug den Mandanten und ggf. z.B. seine Angestellten mindestens ebenso empfindlich treffen kann. Maßnahmen der Vermögensabschöpfung im Ermittlungsverfahren unterliegen daher einer ganzen Reihe von Voraussetzungen, und dies bietet der

---

2) Richtlinie 2014/42/EU des Europäischen Parlaments und des Rates vom 3. April 2014 über die Sicherstellung und Einziehung von Tatwerkzeugen und Erträgen aus Straftaten in der Europäischen Union, ABl der Europäischen Union, L 127, 29.04.2014, S. 39, siehe insbesondere Erwägungsgrund 26 und Art. 7 Abs. 1.

Verteidigung die Chance, verschiedene Schwachstellen aufzuspüren, um damit eine Aufhebung der Sicherungsmaßnahme zu erreichen.

> **Praxistipp**
>
> 16.4 Vermögensarrest und Beschlagnahme können während der gesamten Dauer des Ermittlungs- und Strafverfahrens drohen, insbesondere auch schon dann, wenn der Mandant noch gar keine Kenntnis von einem Ermittlungsverfahren gegen ihn hat – eine vorherige Anhörung findet nicht statt (§ 33 Abs. 4 Satz 1 StPO). Umso wichtiger ist es, dass bereits bei Übernahme eines Mandats geprüft wird, ob mit vorläufigen Sicherungsmaßnahmen zu rechnen ist. Die Verteidigung muss dann vor allem prüfen, ob sie solche Eingriffe abwenden, eine Aufhebung der Maßnahmen erreichen oder – lässt sich der Vollzug nicht verhindern – zumindest die Auswirkungen auf den Mandanten abmildern kann.

16.1.1.4 Grundzüge der Vermögensabschöpfung

16.5 Eine Mandatssituation mit Maßnahmen der vorläufigen Vermögenssicherung führt regelmäßig zu der Notwendigkeit, sich mit allen möglichen Problemen der Vermögensabschöpfung im Allgemeinen auseinanderzusetzen. Da dieses Werk nur das Ermittlungsverfahren umfasst und daher in puncto Vermögensabschöpfung nur auf deren vorläufige Maßnahmen eingeht, soll an dieser Stelle lediglich ein gedrängter Überblick über die Grundzüge und die wichtigsten praktischen Probleme der Vermögensabschöpfung, die im Ermittlungsverfahren gleichermaßen relevant werden können, gegeben werden.

Wann wird abgeschöpft?

16.6 In Betracht kommt eine Einziehung bei jeder rechtswidrig begangenen Straftat. Sie kann also auch erfolgen, wenn nur der Versuch einer Straftat vorliegt oder wenn ein Unterlassungs- oder Fahrlässigkeitsdelikt begangen wurde. Entscheidend ist allein, dass die Tat kausal für die Änderung einer Vermögenslage gewesen ist, wobei die Änderung nicht einmal unmittelbar durch die Tat herbeigeführt worden sein muss.[3] Unter Umständen kommt auch eine mittäterschaftliche Zurechnung in Betracht.[4] Während die endgültige Vermögensabschöpfung regelmäßig den Nachweis einer Straftat voraussetzt (nur im Verfahren der erweiterten selbständigen Tatertragseinziehung gem. § 76a Abs. 4 StGB, die hier nicht weiter behandelt wird, genügt der Verdacht), ist für alle in Betracht kommenden Maßnahmen der vorläufigen Vermögenssicherung im Ermittlungsverfahren der einfache Tatverdacht ausreichend.

---

[3] Podolsky/Brenner/Baier/Veith, Vermögensabschöpfung im Straf- und Ordnungswidrigkeitenverfahren, S. 31.

[4] Podolsky/Brenner/Baier/Veith, Vermögensabschöpfung im Straf- und Ordnungswidrigkeitenverfahren, S. 46 ff.

16

Ob gegen Jugendliche und Heranwachsende, auch wenn Jugendstrafrecht Anwendung findet, Einziehungsanordnungen gem. §§ 73 ff. StGB ergehen können, wird von den BGH-Senaten unterschiedlich gesehen. Während der 2., 4. und 5. Strafsenat eine zwingende Anwendung von §§ 73 Abs. 1, 73c Satz 1 StGB im Jugendstrafrecht sehen, steht die Entscheidung über die Einziehung von Taterträgen nach § 73 Abs. 1 StGB und des Werts von Taterträgen nach § 73c Satz 1 StGB im Jugendstrafverfahren nach Auffassung des 1. Strafsenats im Ermessen des Tatgerichts (§ 8 Abs. 3 Satz 1 JGG).[5] Das Ergebnis der Anfrage des 1. Strafsenats bleibt abzuwarten. In jedem Fall kann von der Verteidigung versucht werden, eine förmliche Entscheidung über die Einziehung des originalen Taterlangten über die Spezialvorschrift des § 15 JGG (Auflagen) zu vermeiden, die insoweit dem StGB vorgeht.[6]

Wonach wird abgeschöpft?

Eine Einziehung des aus der Tat Erlangten – gleichsam des originalen Tatertrags – erfolgt, wenn die Voraussetzungen des § 73 Abs. 1 StGB vorliegen (etwas erlangt, was noch konkret vorhanden ist). Die ersatzweise Einziehung des Werts des Tatertrags gem. § 73c Satz 1 StGB erfolgt, wenn das Original nicht mehr eingezogen werden kann; § 73 Abs. 1 StGB geht also stets vor. Gleichwohl ist nach materiellem Recht im Zweifel nicht die Einziehung im Original anzuordnen, sondern „ersatzweise" die Einziehung des Werts des Tatertrags, denn die Kriterien für die Einziehung des Originals müssen stets sicher feststellbar sein.[7] Dies gilt etwa für Bargeld, von dem nicht sicher feststellbar ist, dass es sich um den Erlös aus einem strafbaren Geschäft handelt. Schon bei Vermischung der Erträge aus verschiedenen Taten wird es zur ersatzweisen Einziehung ihres Werts kommen. Es wird also in solchen Fällen bei der Einziehung regelmäßig auf § 73c StGB zurückgegriffen werden.

16.7

Was wird abgeschöpft?

Es gilt eine streng wirtschaftliche Betrachtungsweise, sodass alle Vorteile aus der Tat abgeschöpft werden. Nach dem Willen des Gesetzgebers soll keinerlei materieller Vorteil mehr beim Täter verbleiben. Abgeschöpft wird daher „die Gesamtheit des materiell Erlangten".[8] Erlangt in diesem Sinne ist etwas nicht nur, wenn es infolge der Tat dem Täter positiv zufloss (wie etwa eindeutig bei Diebstahl oder Betrug festzustellen), also sein Vermögen irgendwie mehrte, sondern auch dann, wenn Aufwendungen erspart (z.B. durch Steuerhinterziehung, soweit sich dadurch ein Vorteil im Vermögen des Täters widerspiegelt[9]) oder Nutzungen gezogen wurden (etwa in Form des Gebrauchs eines gestohlenen Pkw). Auch die

16.8

---

5) BGH, Beschl. v. 11.07.2019 – 1 StR 467/18, StraFo 2019, 428.
6) Savini, Handbuch zur Vermögensabschöpfung nach altem und neuem Recht, S. 62.
7) Vgl. Bittmann, Was wird nach welcher Vorschrift eingezogen und wie zuvor gesichert?, NZWiSt 2019, 445, 451.
8) BGH, Urt. v. 17.02.2016 – 2 StR 213/15, NStZ 2017, 151.
9) BGH, Beschl. v. 23.05.2019 – 1 StR 479/18, StV 2019, 737; Beschl. v. 22.10.2019 – 1 StR 271/19.

Frage, ob der Wert des Erlangten überhaupt noch im Vermögen des Täters vorhanden ist, spielt bis zum Ende des Erkenntnisverfahrens grundsätzlich keine Rolle mehr und kann erst im Vollstreckungsverfahren nach Maßgabe des § 459g Abs. 5 StPO Berücksichtigung finden.[10] Danach unterbleibt bei der Wertersatzeinziehung auf Anordnung des Gerichts die Vollstreckung, soweit der Wert des Erlangten nicht mehr im Vermögen des Betroffenen vorhanden ist oder die Vollstreckung sonst unverhältnismäßig wäre. Eine Entreicherung oder Unverhältnismäßigkeit wird also jetzt nur noch vollstreckungsrechtlich behandelt und schützt erst dort den Betroffenen vor einer möglichen Gefahr der „erdrosselnden" Wirkung der Einziehung.

In welchem Umfang wird abgeschöpft?

16.9 Abgeschöpft wird grundsätzlich nach dem Bruttoprinzip.[11] Aufwendungen, die für die Vorbereitung oder Begehung der Straftat selbst getätigt worden sind, können also vom Tatertrag nicht abgezogen werden. Aber: Das Konzept des Gesetzgebers kommt in § 73d etwas unklar zum Ausdruck. So können Aufwendungen (doch) abgezogen werden, wenn sie nicht im direkten Zusammenhang mit der Straftat und der daraus folgenden Bereicherung stehen; so z.B. Aufwendungen für Personal und Material bei einer strafrechtlich nicht bemakelten Werkleistung, wenn der Werkvertrag durch Bestechung erlangt worden war.[12] Das Gleiche gilt, wenn mit den Aufwendungen eine Verbindlichkeit gegenüber dem Tatverletzten erfüllt wurde.

Praxistipp

16.10 § 73d Abs. 1 Satz 1 und 2 a.E. StGB bietet eine Chance für die Verteidigung, auch schon im Ermittlungsverfahren abzugsfähige Aufwendungen vorzutragen. Gelingt dadurch eine teilweise Aufhebung von Sicherungsmaßnahmen, hat die Verteidigung voraussichtlich „vollendete Tatsachen" geschaffen. Dies ist auch legitim, weil nach gesetzgeberischem Willen nur das verloren sein soll, was für ein von vornherein verbotenes Geschäft eingesetzt wurde (Beispiel: Ankauf von Betäubungsmitteln – kein Abzug – kontra Ankauf einer wertlosen Schrottimmobilie – Abzug möglich –, die jeweils weiter veräußert werden), und der Mandant hier selbstverständlich keine Sicherung hinnehmen muss, die über den voraussichtlichen Umfang der Einziehungsentscheidung im Urteil hinausgeht.

---

10) Lubini, Die Vollstreckung der Wertersatzeinziehung nach neuem Vermögensabschöpfungsrecht (§ 459g Abs. 2–5 StPO), NZWiSt 2019, 419.
11) Vgl. BT-Drucks. 18/9525, S. 46 f., 55 f.
12) Podolsky/Brenner/Baier/Veith, Vermögensabschöpfung im Straf- und Ordnungswidrigkeitenverfahren, S. 42 f.

Wann ist die Abschöpfung von Tatertrag oder Wertersatz ausgeschlossen?

Das ist der Fall bei den klassischen Erlöschensgründen, wie § 73e Abs. 1 StGB klarstellt. Diese Bestimmung schützt den Betroffenen vor doppelter Inanspruchnahme. Nach Erfüllung des Anspruchs (§ 362 Abs. 1 BGB) ist daher eine Abschöpfung nicht mehr möglich. Werden z.B. die aus einer Hehlerei erlangten Gegenstände an den Berechtigten zurückgegeben oder zur Abholung bereitgestellt, sind die durch die Tat entstandenen Ansprüche des Verletzten erloschen, eine entsprechende Einziehungsentscheidung gem. § 73e Abs. 1 StGB findet nicht statt.[13] Aber auch der Abschluss eines Vergleichs, verbunden mit einem Teilerlass (§ 397 Abs. 1 BGB), führt bei geeigneter Gestaltung zum Erlöschen des Entschädigungsanspruchs.[14] Der Gesetzgeber wollte damit eine „vergleichsfreundliche" Lösung schaffen, „die Tatverdächtigen einen Anreiz zu einer zügigen (freiwilligen) Schadenswiedergutmachung gibt."[15]

16.11

> **Praxistipp**
>
> Für die Verteidigung bietet diese „vergleichsfreundliche" Lösung entsprechende Chancen und es empfiehlt sich, eine weite Auslegung des Erlöschensbegriffs in § 73e Abs. 1 StGB zu vertreten, gerade weil der Gesetzgeber zu erkennen gegeben hat, dass er die privatrechtliche Schadensregulierung stärken wollte, was zugleich auch im Sinne des Verletzten sein dürfte.

16.12

Die Erlöschenswirkung tritt aber nicht schon im Umfang lediglich angekündigter Wiedergutmachung ein.[16] Auch nicht jede Leistung an das Opfer entfaltet die Erlöschenswirkung. Es muss die Erfüllung gerade der Ersatzforderung des Verletzten erfolgt sein. Als erloschen anzusehen ist der Anspruch des Verletzten dabei aber schon, soweit einer der als Gesamtschuldner haftenden Tatbeteiligten den Verletzten schadlos stellt.[17] Die Leistung auf eine andere Verbindlichkeit gegenüber dem Verletzten genügt indes nicht. Nicht ausreichend ist ferner, wenn der Betroffene das Erlangte bzw. dessen Wert dem Verletzten zwecks „Mängelgewährleistung" zur Verfügung stellt.[18] Auch nach Leistung eines nichtschuldenden Dritten, auf den der Anspruch übergeht, dürfte kein Erlöschen vorliegen. Erhält die Versicherung das Erlangte zurück, ist sie als Rechtsnachfolgerin des Verletzten (teilweise) befriedigt, sodass ein (partielles) Erlöschen des Ersatzanspruchs gem. § 73e StGB vorliegt.[19] Eine Entschädigung des Verletzten durch

13) BGH, Urt. v. 05.12.2018 – 2 StR 316/18, wistra 2019, 145.
14) Schelzke, Das Ermittlungsverfahren im Kontext anhängiger Zivilklagen – Strategien und Möglichkeiten des Strafverteidigers, NZWiSt 2019, 15, 18.
15) BT-Drucks. 18/11640, S. 79.
16) Weiterführend zu diesen Problemkreisen Bittmann, Das Gesetz zur Reform der strafrechtlichen Vermögensabschöpfung in der Rechtsprechung – Teil 1/2, NStZ 2019, 383, 395 f.
17) BGH, Beschl. v. 22.01.2020 – 2 StR 582/18, BeckRS 2020, 2051.
18) Bittmann, Das Gesetz zur Reform der strafrechtlichen Vermögensabschöpfung in der Rechtsprechung – Teil 1/2, NStZ 2019, 383, 396.
19) Bittmann, Das Gesetz zur Reform der strafrechtlichen Vermögensabschöpfung in der Rechtsprechung – Teil 1/2, NStZ 2019, 383, 396.

seine Versicherung führt nicht zum Erlöschen der Forderung gegen den Täter, sondern führt gem. § 86 Abs. 1 Satz 1 VVG nur zum Übergang auf die Versicherung, sodass sie eine Einziehung nicht hindert.[20]

> **Praxistipp**
>
> **16.13**   Ein Vergleichsvertrag kann daher nicht nur zum Ausschluss der Einziehung führen, sondern bereits im Ermittlungsverfahren die Aufhebung von Beschlagnahme oder Vermögensarrest herbeiführen oder diese erst gar nicht entstehen lassen. Aber selbst wenn noch kein Vergleich zustande gekommen ist, sollte man gegenüber der Staatsanwaltschaft kommunizieren, wenn man ernsthafte Vergleichsverhandlungen führt, und darlegen, dass in deren Folge ein Sicherungsbedürfnis (dazu unten Rdnr. 16.32 ff.) nicht mehr besteht. Man kann auch argumentieren, dass die Strafrechtspflege so von einer Aufgabe entlastet wird, die letztlich der Durchsetzung von Ansprüchen dient, deren Regelung bereits privatautonom im Gange ist. Wegen des Einzelvollstreckungsverbots bei der Vollziehung des Vermögensarrests (§ 111h Abs. 2 Satz 1, mit Ausnahme in Satz 2 zugunsten des Steuerfiskus) wird schließlich im Regelfall, mangels anderen Vermögens, auch erst nach Freigabe eine Erfüllung von Ansprüchen des Verletzten der Tat möglich sein. Das kann auch für den Verletzten einen Anreiz für Vergleichsverhandlungen darstellen.

Zu beachten ist weiterhin, dass die Anordnung eines Vermögensarrests nicht dadurch ausgeschlossen ist, dass der Verletzte seinen Anspruch gegenüber dem Beschuldigten durch einen zivilrechtlichen dinglichen Arrest bereits selbst gesichert hat. Denn der Anspruch auf staatliche Wertersatzeinziehung steht selbständig neben den Ansprüchen des Verletzten. Hat der Verletzte den dinglichen Arrest bereits vollstreckt, kann aber das Sicherungsbedürfnis entfallen, insbesondere wenn nur eine Person durch die Tat verletzt worden ist.[21]

16.1.2   Instrumente der vorläufigen Vermögenssicherung

16.14   Die Bedeutung der vermögenssichernden Beschlagnahme und noch mehr des Vermögensarrests hat seit der Gesetzesnovelle zugenommen und muss dementsprechend von der Verteidigung immer im Blick behalten werden. Die Anwendung des einen oder des anderen Instruments wird in der Praxis so aussehen, dass bei oder nach einer Durchsuchung mittels Beschlagnahme- und/oder Arrestbeschluss der inkriminierte Gegenstand (Beschlagnahme) bzw. alle möglichen Vermögenspositionen (Arrest) für die Abschöpfung gesichert werden. Anordnungen für all diese Maßnahmen können miteinander verbunden werden. Im Vollzug werden entweder die konkrete Tatbeute oder Bargeld und Wertsachen, aber auch Kraftfahrzeuge und Maschinen weggenommen, Kontoguthaben wird gepfändet,

---

20) BGH, Urt. v. 08.02.2018 – 3 StR 560/17, StV 2019, 17.
21) BeckOK, StPO/Huber, § 111e Rdnr. 2.

Immobilien werden besichert. Aus Mandantensicht ist dann natürlich schnelles Handeln gefragt, weil der Betroffene u.U. in einschneidender Weise, ggf. auch existenziell betroffen ist und, aus Sicht der Strafverfolgungsbehörden sicher nicht unerwünscht, einem gewissen Druck, auch zur Kooperation mit diesen, ausgesetzt sein kann. Zugleich sollte man sich als Verteidiger aber auch des Umstands bewusst sein, dass ggf. kein Zugriff des Mandanten mehr auf Mittel zur Finanzierung der Verteidigung bestehen, sodass im Falle der Mandatsübernahme geeignete Vereinbarungen mit dem Mandanten angezeigt sein können.

An den potenziell gravierenden Folgen muss sich auch der Zugang zum Rechtsschutz messen lassen, der keine hohen Formanforderungen haben kann und nach der StPO hier auch nicht hat. Denn insbesondere Arrestentscheidungen können in einem frühen Verfahrensstadium mit wirtschaftlich gravierenden, ggf. irreversiblen Konsequenzen einhergehen, obwohl die Verdachtsgrundlagen für eine Straftat noch nicht stark sein müssen. Die Unschuldsvermutung des Art. 6 Abs. 2 EMRK gebietet daher, die Anforderungen an einen effektiven Rechtsschutz nicht zu überspannen, zumal schon der Entzug wirtschaftlich bedeutsamer Positionen automatisch zu Schäden führen kann.[22] Mit diesem Rechtsgrundsatz kann übrigens nicht nur in dem – eher unwahrscheinlichen – Fall argumentiert werden, dass das Gericht Probleme bei der Zuständigkeit sieht, sondern in allen Fällen, in denen, gleich aus welchem Grund, gegen vorläufige Sicherungsmaßnahmen vorgegangen werden soll.   **16.15**

Die vorläufige Vermögenssicherung im Ermittlungsverfahren findet entweder als Beschlagnahme oder – in der Praxis häufiger – als Vermögensarrest statt. Welches von beiden einschlägig ist, hängt vom Gegenstand der Sicherung ab: **16.16**

Handelt es sich um die Sicherung für die Einziehung eines unmittelbar durch die Tat erlangten Gegenstands, eines Surrogats oder bestimmter Nutzungen, wird die Beschlagnahme angeordnet, die in §§ 111b–111d StPO geregelt ist. Beispiel: Ein gestohlener Pkw oder das Bargeld, das für den Verkauf desselben erlangt wurde, sollen eingezogen werden. Die Anordnung der Beschlagnahme ist nach der gesetzgeberischen Konzeption ein vollstreckbarer Titel, der zum Zugriff auf bestimmte Gegenstände berechtigt. Voraussetzung ist aber immer, dass die spätere (endgültige) Einziehung derselben möglich erscheint. Um Zugriff auf diese Gegenstände zu bekommen, können – wie § 111b Abs. 2 StPO durch den Verweis auf §§ 102–110 StPO klarstellt – auch Durchsuchungen durchgeführt werden.   **16.17**

Geht es hingegen darum, die endgültige Einziehung des Werts von Taterträgen (Wertersatzeinziehung, § 73c StGB) zu sichern, wird der Vermögensarrest angeordnet, der in §§ 111e–111h StPO geregelt ist. Hiervon wird vor allem dann Gebrauch gemacht, wenn die Einziehung eines Gegenstands wegen der Beschaffenheit des Erlangten oder aus einem anderen Grund nicht möglich ist. Beispiel: Der Verkaufserlös für ein gestohlenes Kfz ist beim Täter nicht mehr in bar vorhanden, bzw. vorhandenes Bargeld kann der Tat nicht sicher zugeordnet werden. Zur Sicherung des möglichen Zahlungsanspruchs des Staates gegen den dann   **16.18**

---

22) BeckOK, StGB/Heuchemer, § 73 Rdnr. 79.

Verurteilten wird also nicht die Beschlagnahme von konkretem Bargeld angeordnet, sondern der Vermögensarrest, mit dem in Höhe des Werts auch auf alle anderen, legal erlangten und strafrechtlich unbemakelten Vermögenspositionen zugegriffen werden kann (und damit selbstverständlich auch auf Bargeld, das nicht aus dem Verkauf stammt). Die Vollziehung des Vermögensarrests ist stark zivilprozessual geprägt: §§ 111f Abs. 1–3 StPO erklären die Vorschriften der §§ 928, 930–932 ZPO für entsprechend anwendbar.

16.19 Die Ablaufstruktur für den Einsatz beider Sicherungsinstrumente, die regelungstechnisch klar voneinander abgegrenzt sind, ist im Gesetz systematisch nachvollziehbar geregelt.[23] Dies erleichtert jeweils auch die Prüfung der Rechtmäßigkeit, mit der die Verteidigung stets operieren muss, um, wo möglich, Erleichterungen zu erreichen. Zu differenzieren ist dabei anhand der folgenden Stufen:

- Anordnung (Verfahren geregelt in § 111j StPO)

- Vollziehung (Verfahren geregelt ab §§ 111k ff. StPO)

- Wirkung (bei beiden Instrumenten unterschiedlich)

16.1.2.1 Die Anordnung von Beschlagnahme und Vermögensarrest

16.20 Der Schwerpunkt liegt regelmäßig sowohl für die Strafverfolgungsbehörden als auch für die Verteidigung bei der Anordnung der Maßnahme, die die Grundlage für alle weiteren Schritte darstellt. Entfällt sie zu einem späteren Zeitpunkt, gibt es für die Vollziehung, d.h. die praktische Umsetzung der Maßnahme wie etwa die Pfändung von Kontoguthaben, keine Grundlage mehr, und diese muss rückgängig gemacht werden. Als erheblicher Eingriff in (Grund-)Rechtspositionen bedarf die Anordnung selbstverständlich einer gesetzlichen Grundlage, deren Voraussetzungen von der Verteidigung laufend nachzuprüfen sind.

16.1.2.1.1 Formelle Rechtmäßigkeitsanforderungen nach § 111j StPO

16.21 Im Rahmen der formellen Rechtmäßigkeit spielt vor allem die Frage eine Rolle, ob – insbesondere in Eilfällen – die Zuständigkeitsbestimmungen für die Anordnung der Maßnahme eingehalten sind. Je nach Fallkonstellation liegt die Zuständigkeit beim Gericht (was der Regelfall ist), ggf. aber auch bei der Staatsanwaltschaft oder ihren Ermittlungspersonen der Polizei.

Zuständigkeiten

16.22 Die Regelungen der **Zuständigkeiten** sind bei vorläufigen Sicherungsmaßnahmen ein wenig komplizierter als sonst üblich; Zweifel an ihrer Einhaltung sollten von

---

23) Vgl. BT-Drucks. 18/9525, S. 75.

der Verteidigung genutzt werden, um – zumindest bis auf Weiteres – eine Aufhebung der Maßnahme zu erreichen.

– Im Normalfall ist das Gericht gem. §§ 111j Abs. 1 Satz 1 StPO zuständig, und zwar – funktionell – bis zur Anklageerhebung der Ermittlungsrichter, danach das mit der Sache befasste Gericht (ggf. der gesamte Spruchkörper und nicht der Vorsitzende allein[24]).

16.23

– Bei Gefahr im Verzug können die Maßnahmen auch durch die Strafverfolgungsbehörden angeordnet werden, und zwar gem. § 111j Abs. 1 Satz 2 StPO durch die Staatsanwaltschaft. Die Beschlagnahme beweglicher Gegenstände kann sogar durch ihre Ermittlungspersonen von der Polizei oder auch des Zolls angeordnet werden (§ 111j Abs. 1 Satz 3 StPO). Die Anordnung des Vermögensarrests können diese im Wege der Eilkompetenz aber nicht treffen; lediglich im Rahmen der Vollziehung eines Vermögensarrests können die Ermittlungspersonen mittels Eilkompetenz tätig werden (§ 111k Abs. 1 Satz 2 und 3 StPO).

Die in Vollziehung eines Vermögensarrests vorgenommene Beschlagnahme einer beweglichen Sache kann dabei in eine Beschlagnahme gem. § 111b StPO umgedeutet werden. Erfolgte sie aber durch ein funktionell unzuständiges Organ, so ist sie unwirksam. Eine durch einen Polizeibeamten angeordnete Beschlagnahme kann nicht in einen wirksamen Vermögensarrest umgedeutet werden, wenn die Sicherung nur mittels Vollziehung eines Vermögensarrests zulässig gewesen wäre.[25]

16.24

Für die Frage, ob Gefahr im Verzug vorliegt, gelten die gleichen Grundsätze, wie es für die Durchsuchung der Fall ist (§§ 98, 105 StPO; auf die einschlägigen Kommentierungen wird verwiesen). Die Staatsanwaltschaft bzw. ihre Ermittlungspersonen müssen demnach in jedem Fall zunächst versucht haben, eine Entscheidung des instanziell und funktionell zuständigen Richters herbeizuführen, bevor sie mit der Vollziehung der Maßnahme beginnen.[26] Die Annahme von Gefahr im Verzug muss dabei auf einzelfallbezogene Tatsachen gestützt und nachprüfbar aktenkundig gemacht werden. Die sich in diesem Zusammenhang stellenden Einzelprobleme, insbesondere was die Zuständigkeit des Bereitschaftsrichters anbelangt, müssen bei Anlass im Einzelfall sorgfältig geprüft werden, weil diese wichtige Voraussetzungen dafür sind, dass die Anordnung Bestand hat.

16.25

Hat die Staatsanwaltschaft unter der Annahme von Gefahr im Verzug gehandelt, so verpflichtet sie § 111j Abs. 2 Satz 1 StPO (außer bei der Beschlagnahme einer beweglichen Sache), binnen einer Woche die gerichtliche Bestätigung der Anordnung einzuholen. Satz 3 bestimmt, dass der Betroffene in allen Fällen die Entscheidung des Gerichts beantragen kann, was die Verteidigung ggf. schnellstmöglich tun sollte. Gegen eine richterliche Bestätigung der Beschlagnahmeanordnung

16.26

---

24) OLG Celle, Beschl. v. 17.07.2008 – 2 Ws 170/08, BeckRS 2008, 16858.
25) Bittmann, Was wird nach welcher Vorschrift eingezogen und wie zuvor gesichert?, NZWiSt 2019, 445, 451.
26) Vgl. BVerfG, Urt. v. 20.02.2001 – 2 BvR 1444/00.

ist gem. § 98 Abs. 2 Satz 2 StPO wiederum der Rechtsbehelf der Beschwerde nach § 304 StPO gegeben.[27]

Entscheidungsinhalt, Begründung, Abwendungsbefugnis

16.27   Zu den formellen Anforderungen an die Entscheidung gehört auch ein zutreffender **Entscheidungsinhalt.** So ist bei der Beschlagnahme für die Wirksamkeit der Anordnung eine genaue Individualisierung des Gegenstands vorausgesetzt, der beschlagnahmt werden soll. Für den Vermögensarrest gilt, dass die Wirksamkeit der Anordnung nach § 111e Abs. 4 Satz 1 StPO die genaue Bezeichnung des zu sichernden Anspruchs unter Angabe des Geldbetrags erfordert.

Wichtig ist auch die von Satz 2 geforderte Angabe des Hinterlegungsbetrags, mit dem der Betroffene die Vollziehung des Arrests **abwenden** und die Aufhebung der Vollziehung des Arrests verlangen kann. Da dieser § 108 Abs. 1 ZPO für entsprechend anwendbar erklärt, liegt die Bestimmung von Art und Höhe der Sicherheit im freien Ermessen des Gerichts (siehe dazu auch unten Rdnr. 16.60).

Im Übrigen ist die Anordnung nach § 34 StPO zu begründen. Zur **Begründungstiefe** können Entscheidungen aus anderen Bereichen herangezogen werden.[28]

16.1.2.1.2 Materielle Rechtmäßigkeitsanforderungen nach § 111j StPO

16.28   Für die Anordnung vorläufiger Sicherungsmaßnahmen bedarf es

–   eines Tatverdachts,

–   der Wahrscheinlichkeit einer späteren Einziehungsanordnung,

–   eines Sicherungsbedürfnisses und

–   der Angemessenheit.

Diese Kriterien müssen kumulativ vorliegen, und zwar nicht nur zum Zeitpunkt der Anordnung, sondern für die Dauer des gesamten Verfahrens. Bereits beim Entfallen einer Voraussetzung ist die Maßnahme aufzuheben. Ohne Aufhebung wirken die Sicherungsmaßnahmen bis zum rechtskräftigen Abschluss des Verfahrens fort. Die Staatsanwaltschaft und ggf. das Gericht, in jedem Fall aber die Verteidigung müssen sie daher permanent im Auge behalten. Für den Fall, dass eine Voraussetzung wegfällt, wäre zwar theoretisch von Amts wegen zu reagieren. Hierauf sollte sich die Verteidigung aber nicht verlassen, sondern selbst aktiv werden und eine Aufhebung beantragen. Das gilt erst recht für Zweifelsfälle, in denen eine andere Rechtsauffassung der Staatsanwaltschaft zu erwarten ist.

---

27) LG Hildesheim, Beschl. v. 20.04.2020 – 22 Qs 4/20, BeckRS 2020, 767 Rdnr. 25.
28) BVerfG, Beschl. v. 17.04.2015 – 2 BvR 1986/14, wistra 2015, 348; BGH, Beschl. v. 23.03.1996 – 1 StR 685/95, BGHSt 42, 103, 105.

Der Tatverdacht

Aufgrund der Besonderheiten des Vermögensabschöpfungsrechts ist es grundsätzlich nicht erforderlich, dass sich der **Tatverdacht** gegen eine bestimmte Person richtet.[29] Für den nötigen Verdachtsgrad ist in der Literatur zumeist von einem „einfachen Tatverdacht" die Rede. Damit ist allerdings kein stärkerer Verdachtsgrad als beim Anfangsverdacht (zureichende tatsächliche Anhaltspunkte i.S.v. § 152 Abs. 2 StPO) gemeint.[30] Insoweit genügen also einfache Gründe im geringen Maß des Anfangsverdachts, § 152 Abs. 2 StPO.[31] Das bedeutet im Mindestmaß konkret, dass der Verdacht auf einer belastbaren Tatsachengrundlage beruhen muss und nicht nur auf bloße Vermutungen gestützt sein darf, wie es also für die Einleitung von Ermittlungen notwendig ist. Ein dringender Tatverdacht ist jedenfalls nicht erforderlich. Dabei wird man aber die Schwere der Eingriffsmaßnahme nicht unberücksichtigt lassen und einen höheren Verdachtsgrad fordern können, je schwerer die Intensität des Eingriffs ist. Dies ist in der Rechtsprechung bislang nicht geklärt, sodass sich für die Verteidigung die Chance ergibt, die Maßnahmen tunlichst unter Verweis auf fehlende Verhältnismäßigkeit überprüfen zu lassen. Führt etwa die vorläufige Sicherungsmaßnahme zur Stilllegung eines Betriebs mit allen negativen Folgewirkungen, wird man mit guten Gründen einen gegenüber dem Anfangsverdacht erhöhten Tatverdacht verlangen können. Auch bei niederschwelligeren Folgen kann dies einen Versuch wert sein.

16.29

Wahrscheinlichkeit und Art einer Einziehungsanordnung

Es bedarf zuerst folgender Prognoseentscheidung: Überwiegt die **Wahrscheinlichkeit** der späteren Originaleinziehung, so ist das Aufgefundene zu beschlagnahmen. Ist hingegen eher mit der ersatzweisen Einziehung des Werts des Tatertrags zu rechnen, so ist der Vermögensarrest zu wählen.[32] Im Zweifel (siehe Rdnr. 16.7) ist darauf abzustellen, dass der Wert des Tatertrags eingezogen wird, sodass eine Sicherung mittels Vermögensarrests erfolgt. Denn während die Umdeutung eines Vermögensarrests in eine wirksame Beschlagnahme zumindest möglich ist, kann die Beschlagnahme nur mit Ex-nunc-Wirkung in einen Vermögensarrest umgedeutet oder umgewandelt werden.[33] Im Grunde genommen wird eine Beschlagnahme in der Praxis zumeist nur vorkommen, wenn ein zur Sachfahndung ausgeschriebener Gegenstand aufgefunden wird, während in allen anderen Fällen mit einem Vermögensarrest zu rechnen ist.[34] Beliebig austauschbar sind Beschlagnahme und Vermögensarrest aber selbstverständlich nicht.

16.30

---

29) Meyer-Goßner/Schmitt, § 111b Rdnr. 6; BeckOK-StPO/Huber, § 111b Rdnr. 8.
30) Meyer-Goßner/Schmitt, § 111b Rdnr. 6 und § 111e Rdnr. 4; BGH, Beschl. v. 12.07.2007 – StB 5/07, NStZ 2008, 419: „Anfangsverdacht (§ 152 Abs. 1 StPO) strafbaren Handelns".
31) Bittmann, Was wird nach welcher Vorschrift eingezogen und wie zuvor gesichert?, NZWiSt 2019, 445, 452.
32) Bittmann, Was wird nach welcher Vorschrift eingezogen und wie zuvor gesichert?, NZWiSt 2019, 445, 452.
33) Bittmann, Was wird nach welcher Vorschrift eingezogen und wie zuvor gesichert?, NZWiSt 2019, 445, 452 f.
34) Bittmann, Was wird nach welcher Vorschrift eingezogen und wie zuvor gesichert?, NZWiSt 2019, 445, 456.

Soweit es der Einzelfall zulässt, könnte daher argumentiert werden, dass ein Vermögensarrest unzulässig sei, weil einer Beschlagnahme nichts entgegenstünde.

16.31 In der Sache ist dann die nächste **Prognose** zur Feststellung der Wahrscheinlichkeit einer späteren Einziehungsanordnung zu treffen. Ob ein Vermögensgegenstand nach Beschlagnahme eingezogen werden wird oder nach Arrest bestimmte Vermögenswerte in der Höhe des Werts des Taterlangten, hängt dabei von allen materiellen und prozessualen Voraussetzungen der Vermögensabschöpfung ab, die also schon bei den vorläufigen Maßnahmen in die Prognose mit einbezogen werden müssen. Die Prognose muss daher die Entscheidung über die endgültige Einziehung auf der Tatsachengrundlage des jeweiligen Ermittlungsstands gewissermaßen vorwegnehmen. Schon hier kann sich also z.B. die Frage nach der zutreffenden Wertbestimmung stellen. Sind Aufwendungen abzugsfähig (siehe Rdnr. 16.9)? Ist ein Anspruch Dritter bereits erloschen (siehe Rdnr. 16.11 ff.)? Und andere Fragen mehr. Nicht erforderlich ist allerdings, dass etwa ein erforderlicher Strafantrag bereits gestellt ist, wenn dies noch nachgeholt werden kann.

Das Sicherungsbedürfnis

16.32 Die Frage, ob ein **Sicherungsbedürfnis** vorliegt, stellt ein Kernproblem bei der Anordnung von Sicherungsmaßnahmen dar. Die Frage ist: Droht ohne die Sicherungsmaßnahme eine Vereitelung oder zumindest eine wesentliche Erschwerung der Vollstreckung der Einziehungsanordnung? Die Notwendigkeit eines Sicherungsbedürfnisses ergibt sich schon aus dem Grundsatz der Verhältnismäßigkeit und ist im Gesetz eher unscharf mit „Sicherung der Vollstreckung" beschrieben (§§ 111b Abs. 1 und 111e Abs. 1 StPO). Was das konkret bedeutet, sagt das Gesetz nicht; die Auslegung erfolgt bislang uneinheitlich. Dabei reichen die Auffassungen von der Bejahung des Sicherungsbedürfnisses bereits bei einer abstrakten Gefahr, die praktisch schon im Tatvorwurf selbst liegt, bis hin zu der Annahme, dass konkrete Tatsachen für Vereitelungshandlungen nötig seien.

16.33 Dies macht sich auch in der uneinheitlichen obergerichtlichen Rechtsprechung in dieser Frage bemerkbar. Restriktiv ist das OLG Schleswig, welches den Sicherungsgrund nicht schon im Verdacht einer vorgeworfenen Straftat selbst sieht, sondern konkrete Anhaltspunkte für ein ungünstiges Einwirken des Betroffenen auf die Vermögenslage verlangt.[35] Konkrete Tatsachen für Vereitelungshandlungen werden auch in der Literatur überwiegend verlangt.[36] Diese Besorgnis kann sich aus der Person des Beschuldigten, dem Vor- und Nachtatverhalten, seinen Lebensumständen sowie der Art und Weise der Tatbegehung ergeben. Dagegen wird schon in dem dem OLG Schleswig benachbarten Sprengel (OLG Hamburg) für die Besorgnis der ernstlichen Gefährdung der Vollstreckung einer Anordnung auf Einziehung von Wertersatz der Verdacht für ausreichend gehalten, der Beschuldigte habe sich durch eine vorsätzliche Straftat einen rechtswidrigen Ver-

---

35) OLG Schleswig, Beschl. v. 25.10.2018 – 2 Ws 271/18 (85/18); Beschl. v. 12.02.2019 – 1 Ws 386/18 (1/19).
36) KK/Spillecke, § 111e Rdnr. 4 ff.; Meyer-Goßner/Schmitt, § 111e Rdnr. 6 ff.

mögensvorteil verschafft.[37] Auch in der Literatur wird teilweise vertreten, es müssten nicht Anhaltspunkte für Verdunkelungshandlungen vorliegen, sondern es müsse umgekehrt Gründe für die Annahme fehlenden Manipulationswillens geben, um ein Sicherungsbedürfnis verneinen zu können.[38] Diese Auffassung hat die gesetzgeberische Intension für sich, die Vermögensabschöpfung so effektiv wie möglich zu gestalten, muss sich aber selbstverständlich am Verfassungsrecht, insbesondere dem Verhältnismäßigkeitsgrundsatz, messen lassen.

Die Verteidigung sollte sich hier auf die für sie günstige Rechtsprechung berufen und geltend machen, dass weitere, außerhalb der Tat als solcher liegende Gründe hinzutreten müssen, um ein Sicherungsbedürfnis anzunehmen. Man wird also darauf abzustellen haben, ob Anhaltspunkte die Sorge begründen, dass die Vollstreckung einer Einziehungsentscheidung ohne Anordnung und Vollziehung des Arrests ernstlich gefährdet ist. Diese Anhaltspunkte müssen zwar konkret sein, können sich aber aus allen möglichen Umständen ergeben.[39] In Betracht kommen etwa die Art und Weise des Umgangs mit den Vermögenswerten, etwaige Verschleierungs- bzw. Verdeckungshandlungen, aber auch das strafrechtliche Vorleben des Betroffenen wird herangezogen werden können.

> **Praxistipp**
>
> Liegt der Wert des Taterlangten unter 1.000 €, wird regelmäßig schon deshalb kein Sicherungsbedürfnis für die Anordnung eines Vermögensarrests vorliegen, weil ein solcher Betrag auch ohne eine vermögenssichernde Maßnahme und z.B. in Raten beigetrieben werden kann.[40] Andererseits hat der Gesetzgeber klargestellt, dass das Sicherungsbedürfnis auch von den finanziellen Verhältnissen des Betroffenen abhängt: Verfügt dieser „etwa über ausreichendes Vermögen, gibt es keinen Grund, die Vollstreckung der gerichtlichen Wertersatzeinziehung zu sichern. Die Anordnung des Vermögensarrestes wäre damit rechtswidrig."[41] Zu beachten ist allerdings, dass die Verteidigung nicht widersprüchlich argumentieren darf, indem an einer Stelle vorgetragen wird, dass der Mandant über ausreichendes Vermögen verfüge, sodass kein Sicherungsbedürfnis bestehe, an anderer Stelle aber Vortrag erfolgt, der wiederum ein Sicherungsbedürfnis indiziert (die Maßnahme treffe den Mandanten wirtschaftlich unzumutbar, zu seinen Gunsten seien bestimmte Schutzvorschriften anzuwenden usw.).

16.34

Die Verhältnismäßigkeit im engeren Sinn/Angemessenheit

Auch über das Sicherungsbedürfnis hinaus muss jede Sicherungsmaßnahme **angemessen** oder im engeren Sinn **verhältnismäßig** sein. Hierfür muss eine Abwägung

16.35

---

37) OLG Hamburg, Beschl. v. 26.08.2018 – 2 Ws 183/18.
38) Bittmann, Das Gesetz zur Reform der strafrechtlichen Vermögensabschöpfung in der Rechtsprechung – Teil 2/2, NStZ 2019, 447, 451.
39) Vgl. Meyer-Goßner/Schmitt, § 111e Rdnr. 6 ff.
40) BeckOK, StPO/Huber, § 111e Rdnr. 14.
41) BT-Drucks. 18/9525, S. 76.

zwischen den Interessen des Betroffenen und dem Sicherungsinteresse des Staates vorgenommen werden. Dabei ist von folgenden Grundsätzen auszugehen:

16.36 – Bei einer Beschlagnahme wird die Angemessenheit zumeist indiziert sein.

16.37 – Beim Vermögensarrest kann eine Sicherung problematisch sein, wenn es um nur geringfügige Einziehungsbeträge geht. Ein Betrag ist als geringfügig anzusehen, wenn der Verwaltungsaufwand, den die Erwirkung und Vollziehung des Arrests erfordern würde, nicht mehr in einem angemessenen Verhältnis zur Bedeutung der Sache steht.[42] Dies ist freilich immer noch recht unbestimmt. Unter Berücksichtigung der in der Literatur dazu vertretenen Auffassung wird man davon noch bei einem niedrigeren vierstelligen Eurobetrag ausgehen können. Dass die Verteidigung einen höheren Betrag noch als geringfügig bezeichnen wird, liegt auf der Hand, wenn sie versucht, die Sicherungsmaßnahme abzuwenden oder aufheben zu lassen. Dies wäre auch legitim, weil sich in der Rechtsprechung dazu bislang keine klare Linie herausgebildet hat.

16.38 – Eine besondere Regelung über die Verhältnismäßigkeit findet sich übrigens für Einziehungsgegenstände (Tatmittel, Tatprodukte und Tatobjekte) nach §§ 74, 74a StGB und für Gegenstände, die der Unbrauchbarmachung nach § 74d StGB unterliegen, in § 74f StGB. Liegen dessen Voraussetzungen vor (die Einziehung stünde zur begangenen Tat und zum Vorwurf, der den von der Einziehung Betroffenen trifft, außer Verhältnis), so kann keine Sicherung erfolgen, da eine spätere Einziehung nicht zu erwarten ist. Gleiches gilt, wenn die gerichtliche Anordnung eines Vorbehalts der Beschlagnahme nach § 74f Abs. 1 Satz 2 StGB zu erwarten ist, weil der Zweck der Beschlagnahme durch eine weniger einschneidende Maßnahme erreicht werden kann.[43]

16.39 Keine Frage der Verhältnismäßigkeit sind nach der neuen Rechtslage eventuelle unbillige Härten oder eine Entreicherung des Betroffenen. Im Erkenntnisverfahren und auch im Ermittlungsverfahren sind sie grundsätzlich irrelevant. Insofern hat eine Verlagerung der Prüfung in das Vollstreckungsverfahren stattgefunden, sodass sie bei der Prüfung der Verhältnismäßigkeit der Anordnung eines Vermögensarrests außer Betracht bleiben.[44] Allein bei Wegfall der Bereicherung beim gutgläubigen Drittbegünstigten ist die Einziehung des Tatertrags oder des Wertersatzes ausgeschlossen, § 73e Abs. 2 StGB. Ansonsten können derartige Umstände erst im Vollstreckungsverfahren nach Maßgabe des § 459g Abs. 5 StPO berücksichtigt werden.[45]

16.40 Liegen alle Voraussetzungen vor, so steht es im pflichtgemäßen Ermessen der Staatsanwaltschaft, ob sie Sicherungsmaßnahmen beantragt (§§ 111b Abs. 1 Satz 1, 111e Abs. 1 Satz 1 StPO).[46] Der Gesetzgeber hat in §§ 111b Abs. 1 Satz 2, 111e Abs. 1 Satz 2 StPO aber klargestellt, dass er bei Vorliegen dringender

---

42) BeckOK, StPO/Huber, § 111e Rdnr. 17.
43) BeckOK, StPO/Huber, § 111b Rdnr. 16.
44) BeckOK, StPO/Huber, § 111e Rdnr. 16
45) Lubini, Die Vollstreckung der Wertersatzeinziehung nach neuem Vermögensabschöpfungsrecht (§ 459g Abs. 2–5 StPO), NZWiSt 2019, 419.
46) Zu den Abwägungsgütern im Einzelnen Meyer-Goßner/Schmitt, § 111e Rdnr. 12.

Gründe, d.h. eines dringenden Verdachts[47], für eine Einziehungsanordnung am Ende des Erkenntnisverfahrens vorläufige Maßnahmen als den Regelfall ansieht („soll [...] angeordnet werden"). Etwas anderes kann aber sinnvoll sein, wenn wegen einer Straftat mit nur einer potentiell geschädigten Person ermittelt wird. Da auch Opferschutzbelange bei der Ermessensausübung berücksichtigt werden können,[48] besteht hier die Chance – insbesondere, wenn etwa Vergleichsverhandlungen schweben (siehe Rdnr. 16.11 ff.) –, die Einwendung zu erheben, dass der Verletzte durch vorläufige Sicherungsmaßnahmen schlechtergestellt wäre, weil eine umgehende Erfüllung dann nicht möglich wäre.

16.1.2.2 Rechtsschutz gegen die Anordnung von Beschlagnahme und Vermögensarrest

Gegen beide Sicherungsmaßnahmen sind die gleichen Rechtsmittel statthaft, abhängig jeweils davon, wer Urheber der Maßnahme ist: **16.41**

– Gegen Anordnungen der Staatsanwaltschaft und deren Ermittlungspersonen ist ein Antrag auf gerichtliche Entscheidung gem. § 111j Abs. 2 Satz 3 StPO statthaft. Dieser ist nicht fristgebunden. Die gerichtliche Zuständigkeit hierfür ist die gleiche wie für die Maßnahmen selbst (§ 111j Abs. 2 Satz 4 verweist auf § 162 StPO). **16.42**

– Richterliche Anordnungen, insbesondere auch Entscheidungen des Ermittlungsrichters, sind mit der Beschwerde gem. § 304 StPO anfechtbar. Die Beschwerde ist nicht fristgebunden und bei dem iudex a quo einzulegen. Die Beschwerde muss auch nicht begründet werden. Für die Verteidigung ist eine Begründung aber dennoch „Pflicht", um die Aufmerksamkeit des Beschwerdegerichts auf problematische Punkte zu leiten und auch darüber hinaus Umstände vorzutragen, die die Richtigkeit der angefochtenen Entscheidung in Zweifel ziehen könnten. Im Beschwerdeverfahren gelten auch der Amtsermittlungsgrundsatz und das Freibeweisverfahren.[49] **16.43**

– Gegen die Beschwerdeentscheidung ist eine weitere Beschwerde gem. § 310 Abs. 1 Nr. 3, Abs. 2 StPO nur statthaft, wenn der anzufechtende Beschluss einen Vermögensarrest nach § 111e StPO über einen Betrag von mehr als 20.000 € betrifft. Dies gilt nicht mehr nur für die Anordnung des Arrests, sondern auch für eine Aufhebung des Arrests (Beschwerdeführer wäre dann regelmäßig die Staatsanwaltschaft) oder bei Bestätigung der ablehnenden Entscheidung des Beschwerdegerichts.[50] Keine Anwendung findet § 310 Abs. 1 Nr. 3 StPO aber auf Maßnahmen, die in der Vollziehung des Arrests getroffen wurden. **16.44**

Die weitere Anfechtungsmöglichkeit wurde eingeführt, um dem Betroffenen, der durch den Vermögensarrest in seiner wirtschaftlichen Existenz bedroht werden

---

47) OLG Stuttgart, Beschl. v. 25.10.2017 – 1 Ws 163/17, NJW 2017, 3731.
48) Meyer-Goßner/Schmitt, § 111e Rdnr. 12.
49) Vgl. Rettke, Rechtsschutz nach Vollziehung einer Beschlagnahme oder eines Vermögensarrests, NJW 2019, 2898, 2900.
50) BT-Drucks. 18/9525, S. 86.

könnte, eine weitere Prüfungsinstanz einzuräumen.[51] Da der von einer Beschlagnahme gem. § 111b StPO Betroffene aber nicht im gleichen Maße schutzwürdig erscheint – als Voraussetzung für die Beschlagnahme muss ja der Verdacht bestehen, es handle sich um aus Straftaten stammendes Gut –, gilt sie nicht für die Beschlagnahme.[52] Der Gesetzgeber hat sich bewusst auf die Anpassung des § 310 Abs. 1 Nr. 3 StPO an den neuen Regelungsort des Vermögensarrests beschränkt.[53]

Die Wertgrenze von 20.000 € bestimmt sich nach der im Arrestbeschluss bezifferten Summe des zu sichernden Anspruchs. Auf die Lösungssumme (§ 111e Abs. 4 Satz 2 StPO) oder das Ergebnis etwaiger Vollstreckungsmaßnahmen kommt es nicht an.[54]

Beschwerdegericht ist regelmäßig das OLG. Handelt es sich um einen Beschwerdebeschluss des OLG, weil z.B. eine Arrestentscheidung des erstinstanzlich zuständigen Landgerichts angefochten war, so ist der BGH zur Entscheidung über den angefochtenen Beschluss des OLG berufen.

16.45 – Entscheidungsinhalt: Soweit das Rechtsmittel Erfolg hat, erfolgt die Aufhebung der angefochtenen Entscheidung. Bei Entscheidungen über einen Vermögensarrest dürfte aber auch eine teilweise Herabsetzung zulässig sein,[55] wie es jedenfalls für die Vollziehung eines angefochtenen Arrestbeschlusses bereits entschieden wurde.[56] Unabhängig von der künftig dazu ergehenden Rechtsprechung empfiehlt es sich daher in geeigneten Fällen immer auch, hilfsweise eine teilweise Herabsetzung zu beantragen.

16.46 – Akteneinsicht: Diese unterliegt im Verfahren der Anordnung § 147 StPO mit den Einschränkungen des Abs. 2 Satz 1, wobei die Rückausnahme des Satzes 2 entsprechend für vollzogene Sicherungsmaßnahmen gilt.[57]

16.1.2.3 Die Vollziehung von Beschlagnahme und Vermögensarrest

16.47 Bei der Vollziehung der Sicherungsmaßnahmen spielen Zwangsvollstreckungs- und Arrestvorschriften der ZPO eine große Rolle (vor allem die §§ 811, 850 ff. ZPO für den Arrest; § 808 ZPO bei der Beschlagnahme beweglicher Sachen; die §§ 829–834, 846 ff., 857–859 ZPO für die Pfändung im Rahmen der Beschlagnahme). Die Verteidigung kann daher umso erfolgreicher geführt werden, je bes-

---

51) BT-Drucks. 16/2021, S. 6.
52) Vgl. OLG Karlsruhe, Beschl. v. 05.02.2020 – 2 Ws 492/19, BeckRS 2020, 1722.
53) Vgl. BT-Drucks. 18/9525, S. 86.
54) Meyer-Goßner/Schmitt, § 310 Rdnr. 9.
55) Bittmann, Das Gesetz zur Reform der strafrechtlichen Vermögensabschöpfung in der Rechtsprechung – Teil 2/2, NStZ 2019, 447, 450.
56) LG Hildesheim, Beschl. v. 03.12.2018 – 22 Qs 8/18, BeckRS 2018, 32117.
57) Vgl. dazu LG Ravensburg, Beschl. v. 27.11.2006 – 2 Qs 160/06, NStZ-RR 2007, 114, m.w.N.; Savini, Handbuch zur Vermögensabschöpfung nach altem und neuem Recht, S. 446.

ser sie mit diesen zivilprozessualen Regelungen vertraut ist. Zunächst aber einmal zu dem, was in der StPO zur Vollziehung geregelt ist:

16.1.2.3.1 Allgemeines

Im Verfahren der Vollziehung der Beschlagnahme und des Vermögensarrests (§ 111k Abs. 3 StPO) gilt der Amtsaufklärungsgrundsatz und das Freibeweisverfahren.

16.48

– Wer ist für die Vollziehung zuständig?

Die Zuständigkeit für die Vollziehung weist § 111k Abs. 1 Satz 1 StPO der Staatsanwaltschaft zu. Geht es im Rahmen des Vermögensarrests um bewegliche Sachen, kann gemäß Satz 2 die Staatsanwaltschaft nach ihrem Ermessen auch den Gerichtsvollzieher oder ihre Ermittlungspersonen (Polizei/Zoll) einsetzen. Im Rahmen der Beschlagnahme beweglicher Sachen können neben der Staatsanwaltschaft auch unmittelbar die Ermittlungspersonen tätig werden, Satz 3. Innerhalb der Staatsanwaltschaft sind die Geschäfte bei der Vollziehung der Beschlagnahme und der Vollziehung des Vermögensarrests grundsätzlich dem Rechtspfleger übertragen (§ 31 Abs. 1 Nr. 2 RPflG), wobei zu beachten ist, dass der Staatsanwalt dem Rechtspfleger nach § 31 Abs. 6 RPflG Weisungen erteilen und Einsprüchen gegen dessen Maßnahmen abhelfen kann. Aus unserer Erfahrung wird dies von Verteidigern gerne genutzt, um bei Bedarf unmittelbar an den ermittelnden Staatsanwalt heranzutreten.

16.49

– Gibt es eine Frist für die Vollziehung einer Sicherungsanordnung?

Eine solche ist nicht vorgesehen. Freilich stellt sich die Frage, ob damit beliebig lange abgewartet werden kann, es also auf das Datum des Beschlusses nicht ankommt. Man könnte zumindest beim Vermögensarrest auf die Idee kommen, den die Vollziehung des Arrestbefehls betreffenden § 929 Abs. 2 ZPO analog anzuwenden mit der Folge, dass die Vollziehung nach Verstreichen eines Monats nach Erlass der Arrestanordnung oder Zugang bei der Staatsanwaltschaft unzulässig wäre. Eine solche Einschränkung hat der Gesetzgeber aber offenbar nicht gewollt, zumal es der Staatsanwaltschaft freistünde, die Maßnahme auch kurz vor Vollzug, sollte schon längere Zeit verstrichen sein, noch einmal neu bei Gericht zu beantragen. Freilich müssen die notwendigen Voraussetzungen und insbesondere das Sicherungsbedürfnis nach wie vor vorliegen, da der Beschluss sonst aufzuheben und nicht mehr zu vollziehen wäre.

16.50

– Welche Gegenstände können bei der Vollziehung des Vermögensarrests gesichert werden?

Die Auswahl trifft die Staatsanwaltschaft nach freiem Ermessen. Sie wird regelmäßig das effektivste Vorgehen wählen und zum zielgenauen Zugriff auf Vermögenswerte im Vorfeld Finanzermittlungen führen. Nur ausnahmsweise kann es unter Verhältnismäßigkeitsgesichtspunkten geboten sein, dass sich die Staatsanwaltschaft auf eine bestimmte Auswahl beschränkt, wenn z.B. wichtige Betriebs-

16.51

mittel betroffen wären. Zweckdienlicher als eine Berufung auf Verhältnismäßigkeitsgesichtspunkte – die ja immer mit dem Interesse an einer möglichst effektiven Vermögensabschöpfung und daher auch Vermögenssicherung abgewogen werden müssen – kann es aber sein, im Bedarfsfall etwa einen Austausch gegen andere Gegenstände anzubieten.

– In welchem Umfang kann bei der Vollziehung des Vermögensarrests gesichert werden?

16.52   Für den Vermögensarrest gilt gem. § 111f Abs. 1–3 (jeweils Satz 2) StPO, §§ 928, 803 ZPO das Verbot der Übersicherung (§ 803 Abs. 1 Satz 2 ZPO). Die Vollziehung darf also nicht weiter gehen, als es das Sicherungsbedürfnis (dazu Rdnr. 16.32 ff.) rechtfertigt. Die Reichweite des allgemeinen Verbots der Übersicherung beim Vermögensarrest ist aber noch im Fluss.[58] Man wird Übersicherung nur bei einem erheblichen Übersteigen des Werts des Taterlangten durch das gesicherte Vermögen annehmen können. Für die Verteidigung bedeutet dies dennoch, dass sie bei vollzogenem Vermögensarrest immer im Blick haben sollte, in welcher Höhe ein Sicherungsbedürfnis (noch) besteht. Das Sicherungsbedürfnis kann sich im Verlauf der Ermittlungen beispielsweise reduzieren, weil die Ermittlungen einen geringeren Vermögensschaden ergeben als bei Erlass des Arrestbeschlusses angenommen, sodass, wenn nicht eine teilweise Aufhebung des Arrestbeschlusses, so doch eine teilweise Aufhebung der Vollziehung in Betracht kommt. Über eine im Erfolgsfall verlangte (teilweise) Freigabe von Vermögensgegenständen kann gem. § 111k Abs. 3 StPO eine gerichtliche Entscheidung herbeigeführt werden.

16.1.2.3.2 Weitere Einzelheiten der Vollziehung

16.53   Die Vollziehung unterscheidet sich mehr noch als im Hinblick auf die Art der zu vollziehenden Sicherungsmaßnahme (Beschlagnahme oder Vermögensarrest) danach, um welchen Gegenstand es geht bzw. in welchen Gegenstand vollstreckt wird.

Bewegliche Sachen

16.54   Die Vollziehung der Beschlagnahme erfolgt bei **beweglichen Sachen** gem. § 111c Abs. 1 Satz 1 StPO durch deren Ingewahrsamnahme, wobei nach Satz 2 auch eine bloße Kenntlichmachung (durch Siegel oder in anderer Weise) erfolgen kann, wovon z.B. Gebrauch gemacht werden wird, wenn die Verwahrung durch die Behörde unmöglich oder zu schwierig ist. Anders als bei Beweismitteln ist eine formlose Sicherstellung nicht ausreichend.[59]

16.55   Beim Vermögensarrest wird die Vollstreckung in bewegliche Sachen gem. § 111f Abs. 1 StPO i.V.m. §§ 930, 928 ZPO durch deren Pfändung bewirkt. Geld, Kostbarkeiten und Wertpapiere werden nach §§ 111f Abs. 1 Satz 2 StPO i.V.m.

---

58) Vgl. MüKo-StPO/Bittmann, § 111d Rdnr. 13.
59) BeckOK, StPO/Huber, § 111c Rdnr. 1.

§§ 928, 808 Abs. 2 Satz 1 ZPO stets weggenommen. Gesichertes Bargeld wird nach §§ 111f Abs. 1 Satz 2 StPO i.V.m. § 930 ZPO hinterlegt.

Bei der Vollziehung der Sicherungsanordnung ist auch § 811 ZPO – **unpfändbare** **16.56** **Sachen** – von Bedeutung, naheliegenderweise aber nicht bei der Beschlagnahme. Bei der Vollziehung des Arrests besteht daher ein Verbot der Sicherung unpfändbarer Sachen, denn der Betroffene verdient beim Vermögensarrest grundsätzlich nicht weniger Schutz als ein Schuldner in der zivilrechtlichen Zwangsvollstreckung. Werden Sachen gepfändet, die der Pfändung nach § 811 ZPO nicht unterworfen sind, muss dies für die Verteidigung stets Anlass sein, dagegen aktiv zu werden, anstatt sich auf eine Korrektur von Amts wegen zu verlassen.

Forderungen und andere Vermögensrechte

Die **Forderungspfändung** bei der Beschlagnahme richtet sich nach § 111c Abs. 2 **16.57** Satz 2 StPO i.V.m. §§ 829 ff. BGB. Ihre praktische Bedeutung ist eher gering. Etwas anderes gilt für die Forderungspfändung im Rahmen des Vermögensarrests, wo sie Standard ist. Sie richtet sich nach § 111f Abs. 1 StPO i.V.m. §§ 930, 928 ZPO. Darunter fallen z.B. Kontoguthaben, Grundschulden, Herausgabeansprüche, Arbeitseinkommen etc. Auch Bitcoins[60] und andere virtuelle Zahlungsmittel unterliegen als anderes Vermögensrecht der Pfändung.[61] Besondere Bedeutung kommt hier der Vorschrift des § 829 ZPO über die Pfändung von Geldforderungen zu; insoweit muss auf die Kommentierungen verwiesen werden.

Schutzvorschriften

Für die Vollziehung des Vermögensarrests gelten sinngemäß zu Gunsten des **16.58** Betroffenen die **Schuldnerschutzbestimmungen** der §§ 811 ff. ZPO, auch die §§ 850 ff. ZPO für Arbeitseinkommen, ferner § 54 SGB I sowie die Vorschriften über den **Pfändungsschutz** der Altersvorsorge.[62] Unpfändbar sind daher z.B. Elterngeld und Betreuungsgeld (§ 54 Abs. 2 SGB I), aber auch für die Pfändung anderer Sozialleistungen sind in § 54 SGB I ggf. Einschränkungen vorgesehen.

Grundstücke und vergleichbare Rechte

Die Beschlagnahme von **Grundstücken** und Rechten, die den Vorschriften über **16.59** die Zwangsvollstreckung in das unbewegliche Vermögen unterliegen, erfolgt durch Eintragung im Grundbuch, § 111c Abs. 3 Satz 1 StPO. Der Beschlagnahmevermerk wird auf Antrag der Staatsanwaltschaft in der Abteilung II des Grundbuchs eingetragen. Dagegen wird die Vollstreckung eines Vermögensarrests in das unbewegliche Vermögen des Betroffenen nach § 111f Abs. 2 Satz 1

---

60) Eingehend dazu Rettke, Bitcoin und die strafrechtliche Einziehung – Vorläufige und endgültige Vermögensabschöpfung, NZWiSt 2020, 45.
61) BeckOK, StPO/Huber, § 111f Rdnr. 4.
62) Savini, Handbuch zur Vermögensabschöpfung nach altem und neuem Recht, S. 153.

StPO durch Eintragung einer Arresthypothek bewirkt, wobei § 932 ZPO gem. § 111f Abs. 2 Satz 2 StPO sinngemäß gilt.

Aufhebung der Arrestvollziehung nach Sicherheitsleistung

16.60 Die **Arrestvollziehung** wird nach § 111g Abs. 1 StPO **aufgehoben**, wenn der Betroffene die nach § 111e Abs. 4 StPO festgesetzte Lösungssumme hinterlegt hat. Die Anordnung selbst bleibt aber bestehen. Die Form der zu leistenden Sicherheit steht dabei im Ermessen des Gerichts (das Gesetz verweist auf § 108 Abs. 1 ZPO). Trifft es keine ausdrückliche Anordnung, kann der Betroffene auch eine selbstschuldnerische Bürgschaft einer inländischen Bank anstelle der Hinterlegung von Geld beibringen oder Wertpapiere hinterlegen.[63]

Die Aufhebung der Arrestvollziehung setzt die vollständige Zahlung der Ablösesumme voraus. Im Einzelfall kann es aber aus Gründen der Verhältnismäßigkeit geboten sein, schon einzelne Vollzugsmaßnahmen wie eine Kontopfändung aufzuheben, wenn eine Teilzahlung der Ablösesumme geleistet worden ist.[64]

Rechtswirkungen vollzogener Sicherungsanordnungen

16.61 Hinsichtlich der **Rechtswirkungen** vollzogener Sicherungsanordnungen regelt für die Beschlagnahme § 111d StPO das Wesentliche, für den Vermögensarrest § 111h und, in Bezug auf Insolvenzverfahren, § 111i StPO.

Die Beschlagnahme führt zu einem öffentlich-rechtlichen Verwahrungsverhältnis. Sie hat die Wirkung eines relativen Veräußerungsverbots nach §§ 135, 136 BGB. Sie ist im Interesse des Opferschutzes vollständig insolvenzfest (§ 111d Abs. 1 Satz 2 erster Halbsatz StPO), da der Verletzte nicht soll befürchten müssen, dass der Gegenstand, der ihm durch eine Straftat entzogen worden ist, in die Insolvenzmasse fällt und so für ihn dauerhaft verloren ist. Auch durch die Vollziehung des Vermögensarrests wird ein relatives Veräußerungsverbot nach §§ 135, 136 BGB begründet, § 111h Abs. 1 Satz 1 StPO. Beim Vermögensarrest gilt aber der Grundsatz der Gläubigergleichbehandlung. Eine Ausnahme besteht für Arrestanordnungen des Steuerfiskus (§ 324 AO), deren Vollziehung nach § 111h Abs. 2 Satz 2 StPO durch den Vermögensarrest unberührt bleibt, soweit der Arrestanspruch aus der Straftat erwachsen ist.

16.62 Kommt es zur Rechtskraft einer Anordnung der Wertersatzeinziehung, so werden die Vermögensgegenstände, die in Vollziehung des Vermögensarrests gepfändet worden sind, verwertet, und der Erlös sowie etwaige freiwillige Zahlungen des Einziehungsadressaten werden nach § 459n StPO an den Verletzten ausgekehrt, § 459h Abs. 2 StPO. Ein in Vollziehung des Vermögensarrests entstandenes Sicherungspfandrecht wandelt sich in ein Vollstreckungspfandrecht; der Vermö-

---

63) BeckOK, StPO/Huber, § 111e Rdnr. 22; § 111g Rdnr. 1.
64) BeckOK, StPO/Huber, § 111g Rdnr. 1.

gensarrest wird dadurch gegenstandslos, ohne dass es der ausdrücklichen Aufhebung bedarf.[65)

Verwaltung durch die Staatsanwaltschaft

Die **Verwaltung** von Gegenständen, die zur Sicherung beschlagnahmt oder auf Grund eines Vermögensarrests gepfändet worden sind, obliegt der Staatsanwaltschaft, § 111m Abs. 1 Satz 1 StPO. Diese kann die Durchführung freilich „delegieren". Solange die Steuerbehörden das Ermittlungsverfahren wegen Abgabendelikten führen, sind sie die funktional zuständige Staatsanwaltschaft.[66)] In der Sache ist oberster Grundsatz die Werterhaltung, die gewährleistet sein muss und an der sich die Maßnahmen der Verwaltung zu orientieren haben. Auch der Verteidigung obliegt es natürlich, hierauf ein Auge zu haben. Dabei muss sie sich aber bewusst sein, dass § 111p StPO die Möglichkeit der Notveräußerung des fraglichen Gegenstands bietet, wenn sein Verderb oder ein erheblicher Wertverlust droht oder seine Aufbewahrung, Pflege oder Erhaltung mit erheblichen Kosten oder Schwierigkeiten verbunden sind. Die Notveräußerung eines Grundstücks dürfte nicht in Betracht kommen.[67)] Gegen diesbezügliche Maßnahmen kann auf gerichtliche Entscheidung angetragen werden, § 111p Abs. 5 Satz 1 StPO, ggf. kann noch eine einfache Beschwerde erfolgen.

16.63

Hier kann bei beweglichen Sachen § 111d Abs. 2 StPO ins Spiel kommen und eine Rückgabe ermöglichen: Eine beschlagnahmte bewegliche Sache ist an den Betroffenen, auch wenn er Beschuldigter ist, zurückzugeben, wenn dieser den feststehenden oder vereinbarten Wert der Sache der Behörde in Geld oder geldwerten Papieren übergeben hat. Zug um Zug erhält er dann den beschlagnahmten Gegenstand zurück; der übergebene Geldbetrag wird anstelle der Sache Beschlagnahmegegenstand. Für die zurückgegebene Sache entfällt das Veräußerungsverbot. Die Regelung findet vor allem bei verderblichen Sachen, die ansonsten der Notveräußerung unterliegen würden, Anwendung.

16.64

Die Spezialregelungen über die Herausgabe beweglicher Sachen (§ 111n StPO) und über die Notveräußerung (§ 111p StPO) gehen der Vorschrift über die Verwaltung beschlagnahmter oder gepfändeter Gegenstände (§ 111m StPO) vor.

16.65

Höchstdauer der Vollziehung

Der Grundsatz der Verhältnismäßigkeit muss nicht nur bei der Anordnung und der Vollziehung an sich, sondern „selbstverständlich auch bei der Fortdauer vorläufiger Sicherungsmaßnahmen besonders beachtet werden"[68)]. Die **Höchstdauer**

16.66

---

65) BeckOK, StPO/Huber, § 111e Rdnr. 24, 25.

66) Bittmann, Das Gesetz zur Reform der strafrechtlichen Vermögensabschöpfung in der Rechtsprechung – Teil 2/2, NStZ 2019, 447, 450; LG Hildesheim, Beschl. v. 03.12.2018 – 22 Qs 8/18, BeckRS 2018, 32117, Rdnr. 22.

67) Bittmann, Das Gesetz zur Reform der strafrechtlichen Vermögensabschöpfung in der Rechtsprechung – Teil 2/2, NStZ 2019, 447, 451.

68) BT-Drucks. 18/9525, S. 49.

der Sicherungsmaßnahme ist nicht gesetzlich vorgegeben, sie richtet sich dem Willen des Gesetzgebers zufolge allein nach dem allgemeinen Verhältnismäßigkeitsgrundsatz. So wachsen mit der Fortdauer der Maßnahme die Anforderungen an die Rechtfertigung der Anspruchssicherung. Entschieden ist etwa, dass eine Anspruchssicherung nicht länger zu rechtfertigen ist, wenn seit der Anordnung des Arrests über drei Jahre vergangen sind, auch bei dringendem Tatverdacht, ohne dass über die Eröffnung des Hauptverfahrens entschieden wurde oder wenigstens absehbar ist, wann im Fall der Eröffnung mit der Durchführung der Hauptverhandlung gerechnet werden kann.[69] Der angeordnete Arrest wird damit insgesamt unverhältnismäßig, wenn der rechtskräftige Abschluss des Verfahrens allein durch Umstände aus der Sphäre des Staates erheblich verzögert wird. Denn in diesem Fall entsteht eine durch die Sache nicht mehr gebotene und damit nicht mehr hinzunehmende Belastung des Betroffenen. Von einer zur Unverhältnismäßigkeit der Arrestanordnung führenden Verfahrensverzögerung ist auch dann auszugehen, wenn die Arrestanordnung seit mehr als drei Jahren besteht und noch keine Anklage erhoben worden ist.[70] Jüngst hat das LG Bremen auf Beschwerde einen Arrestbeschluss aufgehoben, nachdem seit dessen Erlass etwas mehr als 17 Monate vergangen waren, ohne dass das Verfahren ausreichend gefördert worden wäre.[71] Eine Entscheidung des zuständigen OLG hierüber steht noch aus. Dennoch kann dies zum Anlass genommen werden, verstärkt zu prüfen, ob nach Sicherungsmaßnahmen eine ausreichende Verfahrensförderung erfolgt.

Es liegt auf der Hand, dass die Verteidigung damit die Möglichkeit hat, die Beendigung der Maßnahme bei (zu) langer Verfahrensdauer herbeizuführen, was im Interesse der Beschleunigung frühzeitig versucht werden kann. Hiergegen ist mit der Beschwerde vorzugehen. Im Erfolgsfall führt diese dazu, dass der Arrestbeschluss aufgehoben wird und nicht etwa nur eine Aussetzung der Vollziehung erfolgt[72] (dazu Rdnr. 16.68).

Rechtsschutz gegen Maßnahmen der Vollziehung

16.67   Auch Vollziehungsmaßnahmen können zum **Gegenstand gerichtlicher Überprüfung** gemacht werden. Der Betroffene kann gem. § 111k Abs. 3 StPO jederzeit die Entscheidung des nach § 162 StPO zuständigen Gerichts beantragen. Danach ist die (einfache) Beschwerde gem. § 304 StPO gegeben. Die Möglichkeit der weiteren Beschwerde besteht nicht, weil sich § 310 Abs. 1 Nr. 3 StPO ausschließlich auf Beschlüsse über die Anordnung des Vermögensarrests bezieht (dazu Rdnr. 16.44).

16.68   Zulässig ist nicht nur eine teilweise Herabsetzung, sondern (gem. § 307 Abs. 2 StPO) auch eine teil- und zeitweise Aussetzung der Vollziehung der angefochtenen Entscheidung.[73] Die Vollziehung des angefochtenen Arrestbeschlusses würde

---

69) OLG Rostock, Beschl. v. 12.04.2018 – 20 Ws 42/18.
70) OLG Frankfurt, Beschl. v. 14.06.2018 – 3 Ws 425/17.
71) LG Bremen, Beschl. v. 22.11.2019 – 4 Qs 391/19.
72) Vgl. OLG Köln, Beschl. v. 10.02.2004 – 2 Ws 704/03, StV 2004, 413.
73) Bittmann, Das Gesetz zur Reform der strafrechtlichen Vermögensabschöpfung in der Rechtsprechung – Teil 2/2, NStZ 2019, 447, 450.

damit für eine bestimmte Dauer ausgesetzt, soweit sie einen gewissen Betrag übersteigt.[74]

Schadensersatz

Eine Haftung auf Schadensersatz gemäß oder entsprechend § 945 ZPO im Fall fehlerhafter einstweiliger Sicherungsmaßnahmen bestand schon nach altem Recht nicht und ist auch nach der Reform nicht vorgesehen.[75]   **16.69**

---

74) Vgl. LG Hildesheim, Beschl. v. 03.12.2018 – 22 Qs 8/18, BeckRS 2018, 32117, Rdnr. 10.
75) Bittmann, Das Gesetz zur Reform der strafrechtlichen Vermögensabschöpfung in der Rechtsprechung – Teil 2/2, NStZ 2019, 447, 452.

16.2 Mandatssituationen

16.2.1 Antrag auf gerichtliche Entscheidung gegen eine Beschlagnahmeanordnung der Polizei

Kurzüberblick

16.70 – Eine **Eilkompetenz** für Sicherungsmaßnamen besteht bei Gefahr im Verzug für die **Staatsanwaltschaft** zur Anordnung eines Vermögensarrests, für die **Polizei** lediglich zur Beschlagnahme einer beweglichen Sache (§ 111j Abs. 1 StPO).

– Dabei kann die als Vermögensarrest vorgenommene Beschlagnahme einer beweglichen Sache in eine Beschlagnahme gem. § 111b StPO **umgedeutet** werden, nicht aber umgekehrt. Die durch einen Polizeibeamten angeordnete Beschlagnahme ist also unwirksam, wenn die Sicherung durch Vollziehung eines Vermögensarrests hätte erfolgen müssen, weil die Polizei hierfür nicht zuständig ist.

– Die **Wertersatzeinziehung** kann nur durch **Vermögensarrest** gesichert werden, der grundsätzlich bezüglich aller Gegenstände des Beschuldigten vollzogen werden kann; die **Beschlagnahme** eines bestimmten Gegenstands kann aber nur dann angeordnet werden, wenn damit die Einziehung gerade dieses, unmittelbar **durch die Tat erlangten** Gegenstands gesichert werden soll[76].

– Mindestens **zureichende tatsächliche Anhaltspunkte** für eine Straftat i.S.v. § 152 Abs. 2 StPO sind erforderlich, um Vermögensarrest oder Beschlagnahme anzuordnen[77].

– Gemäß § 111j Abs. 2 Satz 3 StPO kann jeder Betroffene in allen Fällen der Anordnung einer Beschlagnahme oder eines Vermögensarrests die **Entscheidung des Gerichts** beantragen.

Sachverhalt

Der Mandant wird des Diebstahls verdächtigt, da er in seinem Wagen auf dem Parkplatz eines Einkaufsmarkts auf seine zwei Mittäter gewartet haben soll, um mit diesen und der von ihnen entwendeten Beute aus dem Markt den Tatort schnell verlassen zu können. Der Ladendetektiv beobachtet alles. Als der herbeigerufene Streifenwagen am Parkplatz eintrifft, flüchten die Mittäter, die in diesem Moment den Markt verlassen, zu Fuß.

Die Polizeibeamten kontrollieren daraufhin den Mandanten, belehren ihn als Beschuldigten eines Diebstahls in Mittäterschaft und nehmen ihm die von ihm getragene goldene Uhr ab, deren Beschlagnahme sie „zur Sicherung einer Vermögensabschöpfung wegen des Diebstahls" erklären.

---

76) Vgl. LG Hildesheim, Beschl. v. 20.04.2020 – 22 Qs 4/20, BeckRS 2020, 767 Rdnr. 33.
77) Vgl. OLG Bamberg, Beschl. v. 19.03.2018 – 1 Ws 111/18, BeckRS 2018, 5528.

Die Beamten durchsuchen auch den Wagen des Mandanten, wo sie in einem Stoffbeutel 3.000 € in bar finden. Das Geld wird von den Beamten ebenfalls beschlagnahmt. Zur Begründung geben sie mündlich an, es bestehe der Verdacht, dass das Geld aus Straftaten stamme, wobei der Verdacht der Hehlerei besonders naheliege.

Der Mandant möchte umgehend wieder in den Besitz der goldenen Uhr und des Bargelds gelangen.

Lösung

Rechtsbehelf

Wie sich aus § 111j Abs. 2 StPO ergibt, muss die Polizei keine **gerichtliche Bestätigung** der Anordnung einholen, wenn sie bei Gefahr im Verzug eine Beschlagnahme durchführt. Der Verteidiger muss daher eine **Entscheidung des Gerichts** gem. § 111j Abs. 2 Satz 3 beantragen.

16.71

Zuständigkeit für die Anordnung und Auswahl des Sicherungsinstruments

Die Polizei hat eine Eilkompetenz lediglich zur Beschlagnahme einer beweglichen Sache (§ 111j Abs. 1 StPO). Dabei besteht aber **kein Wahlrecht**, ob die Sache im Rahmen einer Beschlagnahme oder eines Vermögensarrests weggenommen wird. Da die Uhr des Mandanten selbst nicht bemakelt war, sondern die Wertersatzeinziehung wegen des Diebstahls gesichert werden sollte, hätte sie nur im Rahmen eines Vermögensarrests weggenommen werden dürfen. Insoweit bestand keine polizeiliche Eilkompetenz, eine Umdeutung scheidet aus. Hingegen war die Polizei für die Beschlagnahme des Bargelds unter dem Gesichtspunkt zuständig, dass es (abstrakt) als Tatertrag der Einziehung unterliegt.

16.72

Verdachtsgrad

Weitere Anforderung an die materielle Rechtmäßigkeit einer Sicherungsanordnung ist ein einfacher Tatverdacht, der allerdings auf einer belastbaren Tatsachengrundlage beruht und nicht nur auf bloße Vermutungen gestützt ist. Während dies im Hinblick auf den dem Mandanten vorgeworfenen Diebstahl in Mittäterschaft noch zu rechtfertigen wäre, bestand für eine Straftat im Hinblick auf das aufgefundene Bargeld kein Anfangsverdacht. Die Beschlagnahme des Geldes war daher materiell rechtswidrig.

16.73

Der Antrag auf Entscheidung des Gerichts ist an das gem. § 162 StPO zuständige Gericht zu richten, hier an den örtlich zuständigen Ermittlungsrichter.

Prozesstaktische Hinweise

Sowohl dem Vermögensarrest als auch der Beschlagnahme wird die Grundlage am einfachsten dadurch entzogen, dass ein Tatverdacht nicht (mehr) besteht. Es

16.74

kann sich daher lohnen, schon an dieser Stelle die Begehung einer rechtswidrigen Tat möglichst begründet zu bestreiten.

16.75 Wird die Anordnung einer Beschlagnahme aufgehoben, müssen beschlagnahmte Gegenstände herausgegeben werden, weil keine Rechtsgrundlage dafür besteht, sie länger in staatlichem Gewahrsam zu belassen. Aus Gründen der Klarstellung und ggf. zur Beschleunigung der Rückgabe ist es aber zu empfehlen, mit der gerichtlichen Aufhebung zugleich auch eine Herausgabeanordnung zu erwirken.

Muster

Antrag auf gerichtliche Entscheidung gegen eine Beschlagnahmeanordnung der Polizei

Amtsgericht ...
– Ermittlungsrichter –
(Anschrift)

In dem Ermittlungsverfahren
gegen   ...
wegen   des Verdachts des Betrugs
bekannt bisher nur polizeiliche Vorgangsnummer: ...

zeige ich an, dass ich die Vertretung des Beschuldigten ... übernommen habe, und **beantrage,**

1.   die Anordnungen der Beschlagnahme gegen den Beschuldigten durch die Beamten der Polizeidienststelle ... aufzuheben und

2.   die Herausgabe der beschlagnahmten Uhr und der beschlagnahmten Banknoten oder die Auszahlung einer deren Wert entsprechenden Summe von 3.000 € anzuordnen.

Begründung:

Sachverhalt

Beamte der Polizeidienststelle verdächtigen meinen Mandanten, am ... in ... einen Diebstahl sowie unter nicht näher bekannten Daten eine weitere Straftat begangen zu haben. Bei einer Kontrolle am ... in ... wurde die goldene Uhr meines Mandanten und 3.000 € in bar, welche meinem Mandanten gehören, durch die Beamten der Polizei beschlagnahmt.

Zulässigkeit

Gemäß § 111j Abs. 2 Satz 3 StPO kann gegen die Beschlagnahme beweglicher Sachen ohne Fristbindung der Rechtsbehelf eines Antrags auf gerichtliche Entscheidung gestellt werden. Zuständig ist gem. §§ 111j Abs. 2 Satz 3, 162 Abs. 1 StPO das Amtsgericht – Ermittlungsrichter. Die Beschwer meines Mandanten durch die Maßnahmen dauert an, da die Gegenstände meinem Mandanten weggenommen und nach wie vor beschlagnahmt sind.

Begründetheit

1. Die Beschlagnahme des bei meinem Mandanten aufgefundenen Bargelds und seiner Uhr sind aufzuheben, weil die Voraussetzungen des § 111b Abs.1 StPO nicht erfüllt sind. Die Einziehung der Uhr kommt schon deshalb nicht in Betracht, weil diese nicht aus der meinem Mandanten vorgeworfenen Diebstahlstat vom ... stammt, sondern zur Sicherung der Wertersatzeinziehung wegen dieser Tat „beschlagnahmt" wurde. Hierfür aber besteht keine Eilkompetenz der Ermittlungspersonen der Staatsanwaltschaft gem. § 111j Abs. 1 StPO. Im Übrigen unterläge die Uhr auch nicht einem Vermögensarrest, da mein Mandant bestreitet, mit dem ihm vorgeworfenen Diebstahl etwas zu tun zu haben. Die weiteren Ermittlungen werden nichts für eine Tatbeteiligung meines Mandanten ergeben. Die Beschlagnahmeanordnung ist daher aufzuheben und die Uhr meinem Mandanten zurückzugeben.

2. Hinsichtlich des beschlagnahmten Bargelds liegen die Voraussetzungen des § 111b Abs. 1 StPO schon deshalb nicht vor, weil nicht einmal ein Anfangsverdacht für eine Straftat besteht, als deren Ertrag das Geld beschlagnahmt werden könnte. Mein Mandant weiß nicht, was ihm in diesem Zusammenhang überhaupt vorgeworfen wird. Aus den oben genannten Gründen unterliegt das Geld auch nicht dem Vermögensarrest wegen des Tatvorwurfs des Diebstahls am ..., mit dem mein Mandant nichts zu tun hat. Auch der Betrag in Höhe von 3.000   ist nach Aufhebung der Beschlagnahmeanordnung an meinen Mandanten in Form der beschlagnahmten oder anderer Banknoten herauszugeben.

Rechtsanwältin/Rechtsanwalt

16.2.2 Beschwerde gegen einen vom Amtsgericht angeordneten Vermögensarrest

Kurzüberblick

– Die Wirksamkeit des Vermögensarrests setzt voraus, dass in der Anordnung   **16.76**
  nach § 111e Abs. 4 Satz 1 StPO der zu sichernde **Anspruch** unter Angabe des
  Geldbetrags genau bezeichnet wird.

– Als Rückausnahme zum Abzugsverbot von Aufwendungen des Täters statuiert
  § 73d Abs. 1 Satz 2 StGB ein **Abzugsgebot** von Leistungen, die zur **Erfüllung
  einer Verbindlichkeit** gegenüber dem Verletzten der Tat erbracht wurden.

– Das **Sicherungsbedürfnis** ist evtl. nicht gegeben, wenn der Betroffene über **ausreichendes Vermögen** verfügt, weil es dann keinen Grund dafür gibt, die Vollstreckung der gerichtlichen Wertersatzeinziehung zu sichern.

– Durch den Abschluss eines **Vergleichs** kann, soweit dadurch der Anspruch erloschen ist, der dem Verletzten aus der Tat auf Rückgewähr des Erlangten oder auf Ersatz des Werts des Erlangten zusteht, die Vermögensabschöpfung **ausgeschlossen** sein (§ 73e Abs. 1 StGB).

– Gegen den Beschluss des Amtsgerichts, mit dem ein Vermögensarrest angeordnet wird, steht dem Betroffenen die **Beschwerde** gem. § 304 StPO offen.

Sachverhalt

Dem Mandanten, der als Gebrauchtwagenhändler tätig ist, liegt Betrug zur Last. Er hatte angeblich einem ahnungslosen Kunden ein gebrauchtes Kraftfahrzeug verkauft und auch übergeben, dessen Tacho manipuliert war. Der tatsächliche Wert des Kraftfahrzeugs liegt bei 15.500 €. Erlöst hatte der Mandant mit dem Verkauf des Autos insgesamt 21.500 €. Der Erwerber ficht den Kaufvertrag jedoch nicht an, weil er – wie er auch in seiner Zeugenvernehmung im strafrechtlichen Ermittlungsverfahren erklärt – das Fahrzeug behalten möchte. Im Vergleichswege einigt sich der Mandant bereits vor Erlass des Vermögensarrests mit dem Erwerber, ohne dass dies ein Geständnis bedeuten würde, dass er diesem, unter Verzicht auf die Geltendmachung weiterer Rechte durch den Käufer, vom Kaufpreises 4.000 € zurückzahlt.

Auf Antrag der Staatsanwaltschaft ordnet das zuständige Amtsgericht – Ermittlungsrichter – den Vermögensarrest in das Vermögen des Beschuldigten über 21.500 € an. Die Staatsanwaltschaft vollzieht den Arrest durch Pfändung des Guthabens des Mandanten auf einem Bankkonto in der angegebenen Höhe. Der Beschluss bezeichnet die zugrunde liegende Straftat jedoch allein als „Betrugshandlung", ohne die Tat nach Ort, Zeit und Geschädigtem oder sonst wie näher zu bezeichnen.

Der Mandant möchte, dass die Pfändung des Kontoguthabens wieder aufgehoben wird.

Lösung

Rechtsbehelf

16.77   Richterliche Beschlüsse und Verfügungen – hier über die Anordnung des Vermögensarrests – sind mit der **Beschwerde gem. § 304 StPO** angreifbar. Die Beschwerde ist **nicht fristgebunden** und einzulegen bei dem Gericht, von dem die angefochtene Entscheidung erlassen ist (§ 306 Abs. 1 StPO), hier also bei dem Amtsgericht. Hilft der Amtsrichter der Beschwerde nicht ab, legt er sie dem Beschwerdegericht vor (§ 306 Abs. 2 StPO), hier dem Landgericht. Der Verteidiger muss also eine **Beschwerde gegen die Arrestanordnung** einlegen.

Genaue Bezeichnung im Beschluss

Die Wirksamkeit des Vermögensarrests erfordert, dass in der Anordnung nach § 111e Abs. 4 S. 1 StPO der zu sichernde **Anspruch** unter Angabe des **Geldbetrags genau bezeichnet** wird. Ist dies nicht der Fall, ist darauf in der Begründung hinzuweisen und der Beschluss hinfällig, was dem Mandanten zunächst einmal weiterhelfen kann.

16.78

Abzug

Der Mandant hat durch die Straftat zwar insgesamt 21.500 € erlangt. Allerdings hat er den Kaufvertrag jeweils insoweit erfüllt, als er durch Übergabe der Fahrzeuge eine – werthaltige – Leistung erbrachte. Der Gesamtwert des Autos in Höhe von 15.500 € muss daher vom Verkaufspreis **abgezogen** werden, was in der Beschwerdebegründung geltend zu machen ist. So weist etwa auch die Gesetzesbegründung plastisch darauf hin, dass der Wert von Konfektionskleidung, die betrügerisch als Einzelanfertigung eines renommierten Designers verkauft wird, in Abzug zu bringen ist[78]. Der Verteidiger muss also vorbringen, dass der Wert des Erlangten schon einmal falsch berechnet wurde.

16.79

Zwar ist der Gesetzgeber der Auffassung, dass sich die Rückausnahmeregelung des § 73d Abs. 1 Satz 2 letzter Halbsatz StGB für die vorläufige Sicherstellung nur selten auswirken wird, da § 111e StPO lediglich (dringende) Gründe für die Annahme einer Einziehung des gesamten Tatertrags voraussetzt. Das soll bis zum Ende der Hauptverhandlung regelmäßig zu bejahen sein. Doch weist der Gesetzgeber darauf hin, dass dann, wenn der Geschädigte bereits zu Beginn der Ermittlungen erklärt, dass er die Leistung des Täters behalten will, sich die Sicherungsmaßnahme auf die Differenz zwischen dem tatsächlichen und dem vorgespiegelten Wert der Leistung beschränkt[79]. Dementsprechend muss der Verteidiger hier eine entsprechende **Erklärung des Käufers** beibringen.

Sicherungsbedürfnis

Verfügt der Mandant über ausreichendes Vermögen, entfällt das Sicherungsbedürfnis, da es dann keinen Grund gibt, die Vollstreckung einer möglichen gerichtlichen Wertersatzeinziehung zu sichern. Daher sollte der Verteidiger hier, wenn es opportun erscheint, Ausführungen zu den **Vermögensverhältnissen** des Mandanten machen und diese nachweisen mit dem Ziel, dass die Arrestanordnung vollständig aufgehoben wird.

16.80

Vergleich

Ein weiteres Argument für eine vollständige Aufhebung der Arrestanordnung ist hier der zwischen Mandanten und Käufer geschlossene Vergleich. Da der Gesetzgeber in § 73e Abs. 1 StGB eine „vergleichsfreundliche" Lösung schaffen wollte,

16.81

---

78) BT-Drucks. 18/9525, S. 55
79) BT-Drucks. 18/11640, S. 81

„die Tatverdächtigen einen Anreiz zu einer zügigen (freiwilligen) Schadenswiedergutmachung gibt"[80], sollte argumentiert werden, dass der Anspruch des Geschädigten durch den **Vergleich erloschen** ist, sodass die Einziehung ausgeschlossen und der Arrestbeschluss aufzuheben ist.

Prozesstaktische Hinweise

16.82 Die Beschwerde muss auch hier nicht begründet werden. Aufgrund der Schwierigkeit und teilweise immer noch Neuheit der Probleme, die hier eine Rolle spielen, ist eine Begründung aber dennoch unerlässlich, um das Gericht – und zwar möglichst im Sinne einer mandantenfreundlichen Entscheidung – auf die Probleme aufmerksam zu machen.

Muster

Beschwerde gegen einen vom Amtsgericht angeordneten Vermögensarrest

---

Amtsgericht ...
– Ermittlungsrichter –
(Anschrift)

In dem Ermittlungsverfahren der Staatsanwaltschaft ...
gegen   ...
wegen   des Verdachts des Betrugs,
Az.   ...

zeige ich an, dass ich die Vertretung des Beschuldigten ... übernommen habe.

Gegen den vom Amtsgericht am ... in das Vermögen des Beschuldigten angeordneten Vermögensarrest lege ich **Beschwerde** ein und

beantrage,

1.   den Arrestbeschluss des Amtsgerichts ... vom ..., Az. ..., aufzuheben und

2.   die Pfändung des Kontoguthabens des Beschuldigten bei der X-Bank in Y-Stadt, IBAN ..., aufzuheben.

---

80) BT-Drucks. 18/11640, S. 79

Begründung:

Sachverhalt

Gegen meine Mandanten wird von der Staatsanwaltschaft wegen Betrugs ermittelt. Dem zugrunde liegt die Strafanzeige des Herrn K. vom ... . Mein Mandant hatte diesem am ... in ... das Kfz ... mit dem Tachostand ... zum Preis von über 21.500 € verkauft und übergeben. Herr K. verdächtigt meinen Mandanten, den Tachostand manipuliert zu haben, sodass das Auto tatsächlich nur 15.500 € wert ist.

Mein Mandant hatte sich aber bereits am ... mit dem Anzeigeerstatter, der den Wagen behalten möchte, geeinigt, dass er – ohne dass dem eine Geständniswirkung zukäme – diesem den Kaufpreis in Höhe von ... erlässt und der Käufer auf die Geltendmachung weiterer Rechte verzichtet. Die Staatsanwaltschaft hat dennoch einen Arrestbeschluss über 21.500 € erwirkt und vollzogen, der zudem keinen genauen Anspruch bezeichnet.

Zulässigkeit

Die einfache, unbefristete Beschwerde ist gem. § 304 StPO zulässig. Die Beschwer meines Mandanten durch die Maßnahmen dauert an, da das Kontoguthaben nach wie vor auf der Grundlage des Beschlusses gepfändet ist.

Begründetheit

1. Der Arrestbeschluss und demzufolge auch die Kontopfändung sind aufzuheben, weil in der Anordnung nach § 111e Abs. 4 Satz 1 StPO der zu sichernde Anspruch unter Angabe des Geldbetrags nicht genau bezeichnet wird. Es hätte genau angegeben werden müssen, aus welcher Straftat der Anspruch resultieren soll. Nähere Angaben zu der Straftat, bei der es sich um einen Betrug handeln soll, fehlen aber in dem Beschluss. Mein Mandant kann daher nicht sicher wissen, aus welcher ihm vorgeworfenen Straftat der Anspruch über 21.500 € stammen soll.

2. Die Beschwerde ist aber jedenfalls insoweit begründet, als der Wert des Erlangten aus dem Kaufgeschäft mit Herrn K. falsch berechnet wurde. Als Rückausnahme zum Abzugsverbot von Aufwendungen des Täters statuiert § 73d Abs. 1 Satz 2 StGB ein Abzugsgebot von Leistungen, die zur Erfüllung einer Verbindlichkeit gegenüber dem Verletzten der Tat erbracht wurden. Dies wurde nicht beachtet. Von dem erlangten Kaufpreis von über 21.500 € wäre daher der Wert von 15.500 € abzuziehen, sodass der Vermögensarrest allenfalls wegen eines Betrags von 5.000 € hätte ergehen dürfen.

3. Zumindest aber besteht kein Sicherungsbedürfnis. Mein Mandant verfügt über ausreichendes Vermögen. Die Vollstreckung der gerichtlichen Wertersatzeinziehung muss daher nicht gesichert werden. Wie aus dem Depotauszug (Anlage ...) hervorgeht, besitzt mein Mandant allein Wertpapiere mit einem derzeitigen Wert von ... €.

4. Letztlich ist die Vermögensabschöpfung aber vor allem deswegen ausgeschlossen, weil mein Mandant mit dem Anzeigeerstatter sich dahingehend geeinigt hat, dass Herr K. 4.000 € vom Kaufpreis zurückerhält, den Wagen behält und auf die Geltendmachung aller Ansprüche verzichtet. Gemäß § 73e Abs. 1 StGB könnte daher nicht einmal mehr die Differenz zwischen der Wertdifferenz von 5.000 € und der Vergleichssumme von 4.000 € abgeschöpft werden. Ein zu sichernder Anspruch wäre also jedenfalls erloschen. Der schriftliche Vergleich wird als Anlage ... vorgelegt.

Rechtsanwältin/Rechtsanwalt

16.2.2.1 Abwandlung: Beschwerde gegen einen vom Amtsgericht angeordneten Vermögensarrest (Unverhältnismäßigkeit wegen Zeitablaufs)

Kurzüberblick

16.83 – Aus Gründen der Verhältnismäßigkeit hat die Vollziehung des Vermögensarrests eine **zeitliche Obergrenze,** die im Einzelfall zu bestimmen ist. Von Unverhältnismäßigkeit, die zur Aufhebung des Arrestbeschlusses führt, ist grundsätzlich auszugehen, wenn drei Jahre nach Arrestvollziehung noch keine Anklage erhoben oder die Eröffnung des Hauptverfahrens noch nicht erfolgt ist.[81]

Sachverhalt

Die Staatsanwaltschaft erhebt zwei Jahre nach der Vollziehung eines Vermögensarrests gegen den Mandanten Anklage wegen eines ihm zur Last liegenden Betrugs zum Amtsgericht – Strafrichter. Das Amtsgericht hat infolge Personalmangels nach einem weiteren Jahr über die Eröffnung des Hauptverfahrens noch nicht entschieden.

Der Verteidiger überlegt, ob allein schon deshalb die Aufhebung des Vermögensarrests erfolgen kann.

Lösung

16.84 Der Grundsatz der Verhältnismäßigkeit gebietet die Aufhebung des Arrests, wenn der rechtskräftige Abschluss des Verfahrens allein durch Umstände aus der Sphäre des Staates erheblich **verzögert** wird. Von einer Unverhältnismäßigkeit in diesem Sinne hat sich in der Rechtsprechung der Oberlandesgerichte eine zeitliche Grenze von **drei Jahren** ab Arrestvollziehung herauskristallisiert. In diesem Fall kann mit der Beschwerde die Aufhebung des Arrests erreicht werden.

---

81) Vgl. OLG Frankfurt, Beschl. v. 14.06.2018 – 3 Ws 425/17.

Prozesstaktische Hinweise

Aus taktischen Gründen wäre der Antrag aber auch mit einer anderen Zielrich- 16.85
tung möglich: So kann schon in einem früheren Stadium mit entsprechender
Begründung Beschwerde eingelegt werden, wenn es dem Mandanten darum geht,
nicht eine Aufhebung des Arrests, sondern gerade eine Beschleunigung des Verfahrens zu erreichen. Dafür könnte man sich auf die Entscheidung des LG Bremen (vgl. Rdnr. 16.66) stützen, die eine Unverhältnismäßigkeit nicht erst nach
drei Jahren, sondern schon nach der Hälfte der Zeit annimmt, wenn keine ausreichende Förderung des Ermittlungsverfahrens mehr erkennbar ist.

Muster

**Beschwerde gegen einen vom Amtsgericht
angeordneten Vermögensarrest**

Amtsgericht ...
– Strafrichter –
(Anschrift)

Strafsache der Staatsanwaltschaft ...
gegen   ...
wegen   des Verdachts des Betrugs
Az.   ...

Gegen den vom Amtsgericht am ... in das Vermögen des Angeschuldigten angeordneten Vermögensarrest lege ich **Beschwerde** ein und

beantrage,

1.   den Arrestbeschluss des Amtsgerichts ... vom ..., Az. ..., aufzuheben und

2.   die Pfändung des Kontoguthabens des Angeschuldigten bei der X-Bank in Y-Stadt, IBAN ...,
      aufzuheben.

Begründung:

Sachverhalt

Gegen meine Mandanten wurde von der Staatsanwaltschaft am ... und damit zwei Jahre nach
Vollziehung des Vermögensarrests aus dem Beschluss des Amtsgerichts vom ... wegen Betrugs
Anklage zum Amtsgericht – Strafrichter – erhoben. Das Amtsgericht hat nunmehr nach Ablauf
eines weiteren Jahres, soweit bekannt infolge Personalmangels, über die Eröffnung des Hauptverfahrens noch nicht entschieden.

Zulässigkeit

Die einfache, unbefristete Beschwerde ist gem. § 304 StPO zulässig. Die Beschwer meines Mandanten durch die Maßnahmen dauert an, da das Kontoguthaben nach wie vor auf der Grundlage des Beschlusses gepfändet ist.

Begründetheit

Der Arrestbeschluss und demzufolge auch die Kontopfändung sind aufzuheben, weil dies durch den Verhältnismäßigkeitsgrundsatz geboten ist. Es sind weder Umstände aus der Person meines Mandanten ersichtlich, noch ist es die besondere Schwierigkeit der Sache, die einer Eröffnung des Hauptverfahrens nach einem weiteren Jahr nach Anklageerhebung entgegenstehen. Die Verzögerung beruht vielmehr allein darauf, dass die Sache aufgrund der angespannten Personalsituation bei Gericht nicht gefördert worden ist. Dies kann sich nicht zulasten des Angeschuldigten auswirken. Das gilt umso mehr, weil der Vermögensarrest hier letztlich der Absicherung von Ansprüchen des ... dient und mithin die Sicherung zivilrechtlicher Ansprüche bezweckt.

Rechtsanwältin/Rechtsanwalt

16.2.3 Antrag auf gerichtliche Entscheidung gegen eine Vollziehungsmaßnahme mit Antrag auf Aufhebung der Vollziehung gegen Hinterlegung des festgesetzten Geldbetrags gem. § 111g Abs. 1 StPO

Kurzüberblick

16.86
- Für die Vollziehung des Vermögensarrests gilt das **Verbot der Übersicherung.**

- Für die Vollziehung des Vermögensarrests (nicht der Beschlagnahme) gilt auch ein Verbot der Sicherung **unpfändbarer Sachen.**

- Dabei sind auch die **Pfändungsschutzvorschriften** des § 850c ZPO und des § 850k ZPO zu beachten.

- Die Arrestvollziehung wird nach § 111g Abs. 1 StPO aufgehoben, wenn der Betroffene die nach § 111e Abs. 4 StPO festgesetzte **Lösungssumme hinterlegt** hat.

- Der Betroffene kann gegen alle Maßnahmen, die in Vollziehung der Beschlagnahme oder des Vermögensarrests getroffen werden, auf **gerichtliche Entscheidung** antragen, § 111k Abs. 3 StPO. Damit kann insbesondere eine Entscheidung über eine (teilweise) Freigabe von Vermögensgegenständen herbeigeführt werden.

Sachverhalt

Auf Antrag der Staatsanwaltschaft hat das zuständige Amtsgericht – Ermittlungs-richter – den Vermögensarrest in das Vermögen des Mandanten über 5.000 € angeordnet. Die Staatsanwaltschaft vollzieht den Arrest durch Pfändung des gesamten Guthabens des Mandanten auf einem Girokonto bei der X-Bank, Y-Stadt, in Höhe von 4.500 €. Zudem lässt sie im Haushalt des Mandanten, der dort als Teilfreiberufler arbeitet, dessen Computeranlage pfänden, die für die Erwerbstätigkeit des Mandanten unverzichtbar ist. Diese hat einen Zeitwert in Höhe von 3.000 €.

Der Mandant möchte eine umgehende Freigabe von Bankguthaben und Compu-ter erreichen. Hilfsweise ist er in der Lage und bereit, sein Sparguthaben zu hin-terlegen, damit die Vollziehung rückgängig gemacht wird.

Lösung

Rechtsbehelf

Verspricht das Vorgehen gegen die Sicherungsanordnung selbst keinen Erfolg, besteht noch die Möglichkeit, im Rahmen der Vollziehung Änderungen zu errei-chen. Der Betroffene kann gegen alle Maßnahmen, die in Vollziehung der Beschlagnahme oder des Vermögensarrests getroffen werden, auf **gerichtliche Entscheidung** antragen, § 111k Abs. 3 StPO. Über eine dann verlangte (teilweise) Freigabe von Vermögensgegenständen kann also eine Entscheidung des Gerichts herbeigeführt werden.

16.87

Übersicherung

Für den Vermögensarrest gilt gem. § 111f Abs. 1–3 jeweils Satz 2 StPO, §§ 928, 803 ZPO das Verbot der Übersicherung (§ 803 Abs. 1 Satz 2 ZPO). Die Vollzie-hung darf also nicht weiter gehen, als es das Sicherungsbedürfnis rechtfertigt. Da es fest definierte Obergrenzen aber nicht gibt, wird man nur bei einer **wesentlich zu hohen Sicherung** einen Verstoß gegen das Gebot der Verhältnismäßigkeit annehmen und geltend machen können. Das ist vorliegend der Fall, weil für einen Arrestbetrag von 5.000 € Gegenstände in einem Gesamtwert von 7.500 € gesi-chert wurden.

16.88

Unpfändbare Sachen

Für die Vollziehung des Vermögensarrests gilt ein Verbot der Sicherung **unpfänd-barer Sachen**, weil die Vorschrift zum Schutz des Betroffenen im öffentlichen Interesse steht. Gegenstände, die zivilrechtlich unpfändbar sind, dürfen daher auch im Rahmen des Vermögensarrests nicht gepfändet werden. Daher kann auch der Computer vorliegend nicht gepfändet werden; zwar kommt eine Aus-tauschpfändung grundsätzlich in Betracht, aufgrund der speziellen Konstellation hier aber nicht.

16.89

Pfändungsschutz

16.90 Einschlägig sind auch die **Pfändungsschutzvorschriften** des § 850c ZPO und des § 850k ZPO. Danach müssen einem Schuldner von seinem Anspruch auf das Arbeitseinkommen oder von dem Kontoguthaben aus Arbeitseinkommen monatlich bestimmte Beträge verbleiben.

Hilfsantrag

16.91 Die Arrestvollziehung wird nach § 111g Abs. 1 StPO aufgehoben, wenn der Betroffene die nach § 111e Abs. 4 StPO festgesetzte **Lösungssumme** hinterlegt hat, die vom Gericht nach freiem Ermessen bestimmt wird (§ 108 Abs. 1 ZPO). Dabei dürfte, wie hier im Muster, regelmäßig der volle Wert des Einziehungsbetrags maßgeblich sein. Für den Fall des Misserfolgs des Hauptantrags empfiehlt sich stets der Hilfsantrag, soweit der Mandant die Sicherheit leisten kann.

Prozesstaktische Hinweise

16.92 Zwar erwähnt § 111g Abs. 1 StPO nicht explizit ein Antragserfordernis, doch darf nicht darauf vertraut werden, dass das Gericht die Vollziehungsmaßnahme allein durch Hinterlegung der Lösungssumme aufhebt. Daher muss stets ein ausdrücklicher Antrag gestellt werden.

Auch wenn im Rechtsbehelfsverfahren der Amtsermittlungsgrundsatz und das Freibeweisverfahren gelten, sollte die Verteidigung das Vorliegen der Voraussetzungen von Schuldnerschutzvorschriften ggf. darlegen und beweisen können, damit bei Zweifeln das Gericht nicht im Rahmen der freien Beweiswürdigung zu anderen Schlüssen kommt.

Muster

Antrag auf gerichtliche Entscheidung gegen eine Vollziehungsmaßnahme mit Antrag auf Aufhebung der Vollziehung gegen Hinterlegung des festgesetzten Geldbetrags gem. § 111g Abs. 1 StPO

Amtsgericht ...
– Ermittlungsrichter –
(Anschrift)

In dem Ermittlungsverfahren der Staatsanwaltschaft ...
gegen   ...
wegen   des Verdachts des Betrugs
Az.   ...

beantrage ich namens und in Vollmacht meines Mandanten,

1. die Pfändung des Kontoguthabens des Beschuldigten bei der X-Bank, Y-Stadt, IBAN: ..., aufzuheben und

2. die Pfändung des PC ... nebst ... (genaue Bezeichnung) aufzuheben,

3. hilfsweise: die Vollziehung des Vermögensarrests und die Pfändung ... sowie die Pfändung ... gegen Hinterlegung eines Betrags von 5.000 € aufzuheben.

Begründung:

Sachverhalt

Auf Antrag der Staatsanwaltschaft hat das zuständige Amtsgericht – Ermittlungsrichter – den Vermögensarrest in das Vermögen meines Mandanten über 5.000 € angeordnet. Die Staatsanwaltschaft hat den Arrest auch vollzogen durch Pfändung des Guthabens des Mandanten auf seinem Girokonto bei der X-Bank in Höhe von 4.500 €. Zudem hat sie im Haushalt meines Mandanten, der auch zu Hause als Teilfreiberufler arbeitet, dessen Computeranlage mit einem Zeitwert von 3.000 € gepfändet, die für die Erwerbstätigkeit meines Mandanten unverzichtbar ist.

Zulässigkeit

Gegen den Beschluss des Amtsgerichts, mit dem der Vermögensarrest angeordnet wird, ist nach § 304 StPO die Beschwerde zulässig. Der Hilfsantrag, der sich gegen die Arrestvollziehungen durch die Staatsanwaltschaft wendet, ist als Antrag auf richterliche Entscheidung gem. § 111k Abs. 3 StPO zu stellen. Der Beschuldigte ist beschwert, weil und solange der Arrestbeschluss und die Pfändung aufrechterhalten bleiben.

Begründetheit

1. Es liegt ein Fall der Übersicherung vor. Für den Vermögensarrest gilt gem. § 111f Abs. 1 Satz 2 StPO, §§ 928, 803 ZPO das Verbot der Übersicherung (§ 803 Abs. 1 Satz 2 ZPO). Die Vollziehung darf also nicht weiter gehen, als es das Sicherungsbedürfnis rechtfertigt. Vorliegend ist ein Verstoß gegen das Gebot der Verhältnismäßigkeit gegeben, da eine um 50 % zu hohe Sicherung vorgenommen wurde.

2. Die PC-Anlage meines Mandanten ist darüber hinaus auch deshalb freizugeben, weil mit ihrer Pfändung gegen das Verbot der Sicherung unpfändbarer Sachen verstoßen wurde, § 811 Abs. 1 ZPO. Mein Mandant ist neben seiner Tätigkeit als Arbeitnehmer auch als Freiberufler in Heimarbeit tätig. Die Benutzung des PC ist für ihn unverzichtbar, weil ... .

3. Schließlich ist auch die Kontopfändung nicht rechtmäßig, soweit meinem Mandanten von dem Kontoguthaben aus Arbeitseinkommen nichts mehr verbleibt. Meinem Mandanten müssen nach § 850c ZPO aber mindestens ... verbleiben. Dass es sich bei dem gepfändeten Kontoguthaben ausschließlich um das Gehalt meines Mandanten aus seiner abhängigen Beschäftigung bei der Firma XYZ GmbH handelt, wird mit den als Anlage ... beigefügten Kontoauszüge der letzten sechs Monate nachgewiesen.

4. Hilfsweise sind die Arrestvollziehung und die Pfändungen nach § 111g Abs. 1 StPO gegen Hinterlegung der nach § 111e Abs. 4 Satz 2 StPO im Arrestbeschluss festgesetzten Lösungssumme von 5.000 € aufzuheben.

Rechtsanwältin/Rechtsanwalt

17 Sachverständige im Ermittlungsverfahren

17.1   Einführung

17.1.1   Begriff und Aufgabe(n) des Sachverständigen

17.1.1.1   Begriff des Sachverständigen

17.1   Als eines der Strengbeweismittel des Strafverfahrens verfügt der Sachverständige auf einem bestimmten Fachgebiet über besondere Kenntnisse. Diese müssen nicht wissenschaftlicher Art sein, sodass auch ein Kaufmann oder Handwerker als **Experte in seinem Metier** als Sachverständiger in Frage kommt.

Der Sachverständige verschafft dem Gericht die diesem im Hinblick auf prozessrelevante Tatsachen fehlende **Sachkunde**. Zwar kann Fachwissen auch durch theoretisches Eigenstudium erlangt werden, genügt aber nur dann den Anforderungen, wenn einfach strukturierte Erfahrungssätze in Rede stehen, die – kumulativ – im konkreten Einzelfall auch leicht anzuwenden sind. Sobald zur Beantwortung einer Beweisfrage weitergehende praktische Bezüge i.S.v. Anwendungs- und Auswerterwissen erforderlich werden, ist es notwendig, einen Gutachter zu beauftragen.

EuroExpert, die European Organisation for Expert Associations, definiert den Begriff des Sachverständigen wie folgt:

„Der Sachverständige ist eine unabhängige integre Person, die auf einem oder mehreren bestimmten Gebieten über besondere Sachkunde sowie Erfahrung verfügt. Der Sachverständige trifft aufgrund eines Auftrages allgemeingültige Aussagen über einen ihm vorgelegten oder von ihm festgehaltenen Sachverhalt. Er besitzt ebenfalls die Fähigkeit, die Beurteilung dieses Sachverhaltes in Wort und Schrift nachvollziehbar darzustellen." (www.medien-sachverstaendiger.de/euro-expert/)

17.1.1.2   Zwingende Erhebung des Sachverständigenbeweises

In einigen Fällen enthält die Strafprozessordnung die **Verpflichtung** zur Zuziehung eines Sachverständigen. Bei Leichenschau und Leichenöffnung (§§ 87 ff. StPO), beim Verdacht einer Vergiftung (§ 91 StPO) sowie bei Geld- oder Wertzeichenfälschung (§ 92 StPO) ist grundsätzlich die Beauftragung eines Fachkundigen vorgeschrieben. Neben der Obduktion, die u.a. anzuordnen ist, wenn – nach Durchführung der Leichenschau – eine Straftat als Todesursache nicht von vornherein ausgeschlossen werden kann (Nr. 33 Abs. 2 Satz 1 RiStBV), dürfte § 246a StPO den praktisch bedeutsamsten Bereich der zwingenden Konsultation eines Sachverständigen darstellen: Die Norm gibt vor, einen Gutachter zu beauftragen, wenn die Anordnung der Unterbringung des Angeklagten in einer psychiatrischen Einrichtung (§ 63 StGB) oder einer Entziehungsanstalt (§ 64 StGB) in Betracht kommt oder wenn damit zu rechnen ist, dass Sicherungsverwahrung im Urteil angeordnet oder vorbehalten wird (§§ 66, 66a StGB).

17.2

17.1.1.3   Qualität des Sachverständigen[1]

So, wie es unzuverlässige Zeugen gibt, so sind auch **schlechte Sachverständige** anzutreffen. Die ungenügende Sachkenntnis spielt hier eine besondere Rolle, was spätestens durch die Untersuchungen von Peters zu den Fehlerquellen im Strafprozess empirisch belegt ist. Auch Hirschberg berichtete schon im Jahr 1960 von erschreckenden Fehlurteilen.

17.3

Bis heute hat sich daran nichts geändert. Das Gutachterwesen krankt nach wie vor daran, dass in der Bundesrepublik kein Institut oder staatliches Gremium existiert, welches für alle Wissenschaftsbereiche die **Qualifikation für einen forensischen Sachverständigen** vergibt. Vielmehr bestellen Industrie- und Handelskam-

---

1)   In Anlehnung an Neuhaus/Artkämper, Kriminaltechnische Untersuchungsmöglichkeiten, Rdnr. 25 ff.

Artkämper

mern alle möglichen Antragsteller und vereidigen sie, ohne die individuelle Befähigung sorgfältig zu prüfen, mitunter sogar ohne das zu können. Es wird sich daher eine gewisse Anzahl Pseudowissenschaftler in den Gerichtssälen tummeln. So berichtete die Neue Züricher Zeitung von der Freilassung eines 39-jährigen Mannes, der 1986 in den USA wegen Vergewaltigung zu 65 Jahren Freiheitsstrafe verurteilt worden war und seither in Haft saß. Eine DNA-Analyse ergab, dass der Mann, der stets seine Unschuld beteuert hatte, tatsächlich unschuldig ist. Das damalige Urteil hatte sich auf ein Gutachten einer Chemikerin gestützt, die ein Haar des Täters als identisch mit dem Haar des Angeklagten bewertet hatte. Den Bekundungen zweier Alibizeugen war kein Glauben geschenkt worden.

Wer glaubt, es handele sich um ein auf deutsche Verhältnisse nicht übertragbares Beispiel, der sei nur auf den Fall Donald St. hingewiesen: Er wurde wegen schweren Raubs zu einer Freiheitsstrafe von neun Jahren verurteilt, nachdem der ehemals vielleicht bekannteste und bundesweit tätige Sachverständige S auf dem Gebiet der Identifizierung lebender Personen anhand von – meist am Tatort entstandenen – Lichtbildern (Vergleich von Ohren, Nase, Mund und Gesichtsform) zu dem Ergebnis kam, das am Tatort aufgenommene Bild zeige den Angeklagten. Dieser saß daraufhin von Mai 1992 bis Februar 2001 in Haft. Später gestand der wahre Täter, der in anderer Sache festgenommen worden war, auch jene Tat.

In einem Verfahren in Dortmund wurde die Angeklagte aufgrund des sie schwer belastenden Identitätsgutachtens dieses Sachverständigen („mit sehr großer Wahrscheinlichkeit identisch") vom Amtsgericht zu einer Freiheitsstrafe von einem Jahr verurteilt. Das Landgericht holte aufgrund des nicht erlahmenden Widerstands der Verteidigung zunächst ein weiteres Gutachten des *Prof. Dr. Rösing* ein; dieser kam zu dem Ergebnis, dass das Gutachten des S „grundsätzlich und logisch falsch" sei, und er resümierte: „Nach Zahl und Gewicht sprechen die Widersprüche dafür, dass die Beschuldigte praktisch erwiesen (P 99 %) nicht mit der abgebildeten Person (Täterin) identisch ist". Es wurde nun ein dritter Gutachter beauftragt, nämlich *Prof. Dr. Knußmann*. Er meinte, dass „dem Vorgutachter S entschieden entgegengetreten werden müsse"; und: „Hinsichtlich der Annahme der Identität [...] sind schwerwiegende Zweifel angebracht". Die Kehrseite der Medaille: In einem anderen Verfahren schloss der Sachverständige S eine Identität sicher aus, obwohl der Angeklagte dort abgebildet war.

Dem Verfasser sind Verfahren vor dem Schwurgericht bekannt, in denen sich ein Gutachter auf seine **Erfahrungen** berief, die aber weniger als zehn Fälle umfassten. Als er über sein wissenschaftliches Vorgehen befragt wurde, zog sich der Sachverständige auf die Position zurück, das müsse man ihm eben glauben! „Begründungen", die lediglich in nicht näher konkretisierten Hinweisen auf „Standardwissen und Erfahrungswerte" bestehen, dürfen keinesfalls akzeptiert werden.

17

17.1.1.4   Tätigkeitsbereiche

Die **Tätigkeiten** und **Wirkungsfelder** von Sachverständigen unterschiedlicher Fachrichtungen haben in den vergangenen Jahrzehnten ständig an Bedeutung gewonnen, was auch auf neue Erkenntnisquellen der zugrunde liegenden Wissenschaften zurückzuführen ist. Die Bereiche der Einschaltung von Sachverständigen, die von Staatsanwaltschaft und Gericht im Falle mangelnder eigener Sachkunde beauftragt werden, sind mannigfaltig. Der Einsatz reicht von Fragen der Altersbestimmung bei Beschuldigten über DNA-Gutachten und Schuldfähigkeitsbegutachtungen bis hin zu Verkehrsunfallrekonstruktionen. Insbesondere weil eine Vielzahl kriminaltechnischer Untersuchungen durch Polizeibehörden durchgeführt wird, werden auch Polizeibeamte immer häufiger als Sachverständige im Strafverfahren tätig.

17.4

17.1.1.5   Aufgaben des Sachverständigen

Der **Pflichtenkatalog** des Sachverständigen umfasst die Erstattung des Gutachtens (§ 75 StPO) unter Wahrung der nach § 74 StPO erforderlichen Objektivität, dessen Vertretung in der Hauptverhandlung (arg. e. §§ 77 Abs. 1 Satz 1, 245 Abs. 1 Satz 1 StPO) und – erforderlichenfalls – Beeidung, § 79 StPO.

17.5

Bei der Erstellung des Gutachtens hat der Sachverständige von den durch das Gericht vorgegebenen Anknüpfungstatsachen auszugehen. Erachtet er diese als unzureichend, obliegt ihm eine Mitteilungspflicht an das Gericht, das ihm nach § 80 StPO weitere Aufklärung zu verschaffen hat.

Entsprechend den von Hegler[2] und Metzger[3] anhand der Struktur der Entscheidungsgründe eines Urteils herausgearbeiteten drei **Aussagekategorien** kann Aufgabe des Sachverständigen sein,

– **Erfahrungswissen** zu vermitteln, also Fachbegriffe und abstrakte Grundsätze in einem bestimmten Gebiet zu erläutern[4],

– **Schlussfolgerungen** kraft Sachkunde auf Basis feststehender Tatsachen zu ziehen sowie

– **Befundtatsachen** mitzuteilen.

Letztere sind – ebenso wie Zusatztatsachen – das Gutachten vorbereitende Anknüpfungstatsachen, die der Sachverständige bei Ausführung seines Auftrags selbst ermittelt hat; Befundtatsachen sind jedoch solche Umstände, die der Sachverständige nur aufgrund seiner vorhandenen Fachkunde feststellen konnte, und

2)   Hegler, Die Unterscheidung des Sachverständigen vom Zeugen im Prozeß, AcP 104 (1909), 151 ff.

3)   Metzger, Der psychiatrische Sachverständige im Strafprozeß, AcP 117 (1918) – Beilagenheft – S. 1 ff.

4)   Näher dazu Gössel, DRiZ, 1980, 363.

Artkämper

somit Teil des Gutachtens.[5] Da Zusatztatsachen ohne besondere Sachkunde auch durch die Strafverfolgungsorgane hätten ermittelt werden können, sind sie durch sonstige Beweiserhebung in die Hauptverhandlung einzuführen, etwa durch Vernehmung des Gutachters als sachverständigen Zeugen.[6]

17.1.1.6 Abgrenzung zu anderen Verfahrensbeteiligten

17.6 Der Sachverständige ist im Gegensatz zum Zeugen i.d.R. **austauschbar;** der Zeuge berichtet über das individuelle Erfassen äußerer und innerer Tatsachen und versucht, den Prozessbeteiligten ein Bild von dem Geschehen zu vermitteln.

Zur Abgrenzung vom **sachverständigen Zeugen,** der sich von einem „normalen" Zeugen dadurch unterscheidet, dass er bestimmte Umstände nur aufgrund seiner vorhandenen Sachkunde wahrgenommen hat (§ 85 StPO), wird gemeinhin darauf abgestellt, dass der Sachverständige ausschließlich bei entsprechender Heranziehung von Gericht, Staatsanwaltschaft oder Polizei als solcher tätig wird; der sachverständige Zeuge sagt hingegen über Wahrnehmungen aus, die er ohne behördlichen Auftrag gemacht hat.[7] Daher sind von der Verteidigung beauftragte Gutachter zunächst einmal – ohne weiteren Bestellungsakt – als sachverständige Zeugen anzusehen.

Nicht von der Hand zu weisen ist die von Gundelach[8] angebrachte Kritik, die Beauftragung durch das Gericht als Unterscheidungsmerkmal öffne der Willkür Tür und Tor, indem der drohenden Ablehnung eines Sachverständigen damit begegnet werden könne, dass die Beweisperson lediglich als sachverständiger Zeuge gehört werde; auch geht er recht in der Annahme, dass – jedenfalls im Verhältnis zum sachunkundigen Augenscheinsgehilfen – die Bestellung kein taugliches Abgrenzungskriterium ist.

Auf **Augenscheinsgehilfen** wird zurückgegriffen, wenn etwa tatsächliche Gründe der Augenscheinseinnahme durch das Gericht entgegenstehen (Taucher betrachtet gesunkenes Schiff). Ob ein entsprechender Beweismittler als Zeuge oder Sachverständiger behandelt wird, richtet sich danach, ob die zu tätigenden Feststellungen eine besondere Sachkunde voraussetzen.[9] Der Anlass der Wahrnehmungen kann in diesem Fall nicht der Differenzierung dienen. Als gangbarer Weg erscheint es (insoweit), die Einordnung danach vorzunehmen, ob der Schwerpunkt auf den unmittelbaren Wahrnehmungen oder der sachverständigen Bewertung liegt.[10]

---

5) Meyer-Goßner/Schmitt, § 79 Rdnr. 10 f. m.w.N.
6) KK/Senge, vor § 72 Rdnr. 5 m.w.N.
7) Meyer-Goßner/Schmitt, § 85 Rdnr. 3; KK/Senge, § 85 Rdnr. 1 m.w.N.
8) Ausführlich zur Abgrenzungsproblematik, aber nur scheinbar mit Lösungsansatz siehe Gundelach, HRRS 2017, 41 ff.
9) KK/Senge, vor § 72 Rdnr. 10.
10) Vgl. KK/Senge, § 85 Rdnr. 3 m.w.N.

Der **Dolmetscher** ist nicht Sachverständiger, sondern ein Beteiligter eigener Art.[11]   17.7
Dolmetscher sind einzuschalten, wenn unter Beteiligung von Personen verhandelt
wird, die der deutschen Sprache nicht (hinreichend) mächtig sind (§ 185 Abs. 1
GVG). Sie haben die Aufgabe, die Sprachbarriere aufzuheben und die Verständigung der Beteiligten herbeizuführen.

Sachverständiger und nicht Dolmetscher ist jedoch ein Sprachkundiger, der eine
außerhalb des Prozessverkehrs abgegebene fremdsprachige Äußerung ins Deutsche überträgt.[12] Dies hat zur Folge, dass ein im Vorverfahren durch die Ermittlungsbehörden beauftragter Übersetzer gem. § 74 StPO nur dann als befangen
abgelehnt werden kann, wenn er in der Hauptverhandlung als Sachverständiger
vernommen wird.[13]

17.1.2 Gesetzliche Grundlagen

17.1.2.1 Anwendbarkeit der Vorschriften über Zeugen

Der Sachverständige als neben dem Zeugen zweites **persönliches Beweismittel**[14]   17.8
ist im siebten Abschnitt der Strafprozessordnung geregelt. § 72 StPO bestimmt,
dass die Vorschriften über Zeugen entsprechende Anwendung finden, soweit sich
aus den §§ 73 ff. StPO keine Abweichungen ergeben.

17.1.2.2 Auswahl des Sachverständigen

Im Ermittlungsverfahren obliegen der Staatsanwaltschaft (§§ 161a Abs. 1 Satz 2,   17.9
73 StPO) oder der Polizei (vgl. § 163 Abs. 3 Satz 4, 5 StPO) die **Auswahl und
Bestellung** eines Sachverständigen. Etwas anderes gilt bei Bestehen eines Richtervorbehalts, was z.B. in den meisten der von den §§ 81a ff. StPO legitimierten
Maßnahmen der Fall ist. Die Auswahl eines Gutachters erfolgt unter Berücksichtigung der Vorgaben des § 73 Abs. 2 StPO – hiernach sind öffentlich bestellte
Sachverständige anderen grundsätzlich vorzuziehen – nach pflichtgemäßem
Ermessen, wobei sich dieses sowohl auf die persönliche Eignung des Gutachters
als auch auf das Fachgebiet erstreckt[15]; es ist nicht zulässig, einen „Auswahlsach-
verständigen" zu beauftragen.[16]

Die Zuziehung des Sachverständigen nach § 80a StPO ist einer Beschwerde ent-   17.10
zogen; angreifbar ist erst die Anordnung nach § 81 StPO oder § 81a StPO.[17]

---

11) Meyer-Goßner/Schmitt, § 185 GVG, Rdnr. 7.
12) BGH, Urt. v. 30.05.1950 – 2 StR 50/50.
13) BGH, Beschl. v. 13.02.2019 – 2 StR 485/18.
14) Meyer-Goßner/Schmitt, Einl. Rdnr. 49.
15) Meyer-Goßner/Schmitt, § 73 Rdnr. 4.
16) Meyer-Goßner/Schmitt, § 73 Rdnr. 5 m.w.N.
17) Meyer-Goßner/Schmitt, § 80a Rdnr. 4 m.w.N.

Artkämper

17.11   Mit der Beschwerde kann die Entbindung des Sachverständigen von der Gutachtenerstattungspflicht nach § 76 Abs. 1 Satz 2 StPO angefochten werden, sofern diese vor der Hauptverhandlung erfolgt ist.[18] Eine weitere Beschwerde ist nicht statthaft (§ 310 StPO).

17.1.2.3   Fachgebiete

17.12   **Blutalkoholgutachten** kann regelmäßig jede Person erstatten, die über ausreichende Kenntnisse auf diesem Spezialgebiet verfügt; eine bloße Rückrechnung des Blutalkoholgehalts kann der Richter respektive Staatsanwalt i.d.R. selbst vornehmen.[19] Erschweren allerdings besondere Umstände die Befundbewertung (Nachtrunk, Einnahme von Medikamenten), besteht das Erfordernis, einen medizinischen Sachverständigen heranzuziehen.[20]

17.13   Die Beurteilung der **Glaubhaftigkeit** einer Zeugenaussage ist zwar grundsätzlich ureigene Aufgabe des Tatrichters, der sich jedoch dann sachverständiger Hilfe zu bedienen hat, wenn auf Grund von Besonderheiten in der Person des Zeugen und/oder dem verfahrensgegenständlichen Sachverhalt spezielle Sachkunde notwendig ist. Diese sogenannten Glaubwürdigkeits- respektive aussagepsychologischen Gutachten werden regelmäßig im Bereich der Sexualdelikte eingeholt, auch kindliche/extrem alte Zeugen oder solche mit psychischen Auffälligkeiten können die Inauftraggabe eines entsprechenden Gutachtens indizieren. Als Sachverständige werden überwiegend Psychologen herangezogen, bei Fehlhaltungen, deren Ursache aller Wahrscheinlichkeit nach pathologisch ist und die somit nicht lediglich auf das „Seelenleben" zurückzuführen sind, wird sich die Konsultation eines Mediziners aufdrängen; in manchen Fällen ist gar die Zusammenarbeit von Psychologe und Psychiater gefragt.[21]

17.14   Bei **Schuldfähigkeitsgutachten** kann – in Ausnahmefällen – ein Psychologe beauftragt werden, i.d.R. ist jedoch ein Psychiater oder Neurologe auszuwählen.[22] Aufgabe des (psychiatrischen) Sachverständigen, der zur Frage der Schuldfähigkeit herangezogen wird, ist die Prüfung des Vorliegens eines Eingangsmerkmals i.S.d. §§ 20, 21 StGB und dessen Auswirkungen bei der Tat. Das bedeutet, er hat aus medizinischer Sicht zu beurteilen, in welchem Maße die Einsichts- oder Steuerungsfähigkeit des Beschuldigten bei dem konkreten ihm zur Last gelegten Lebenssachverhalt aufgrund einer krankhaften seelischen Störung, einer tief greifenden Bewusstseinsstörung, wegen Schwachsinns oder einer schweren anderen seelischen Abartigkeit beeinträchtigt war.[23] Die „dritte Stufe", mithin die Frage, ob die Beeinflussung des Tatverdächtigen durch den krankhaften Befund bei der

---

18) MüKo-StPO/Trück, § 76 Rdnr. 11.
19) KK/Senge, § 73 Rdnr. 5 m.w.N.
20) Meyer-Goßner/Schmitt, § 73 Rdnr. 6 m.w.N.
21) BGH, Urt. v. 21.05.1969 – 4 StR 446/68.
22) Meyer-Goßner/Schmitt, § 73 Rdnr. 8 m.w.N.; vgl. zur Kompetenzabgrenzung Maisch/Schorsch, StV 1983, 32 ff.
23) Fischer, § 20 Rdnr. 63.

Tat zu einer verminderten Schuldfähigkeit oder Schuldunfähigkeit führt, ist Rechtsfrage und nicht vom Sachverständigen, sondern vom Tatgericht zu beantworten. Verständlicherweise ist die saubere Trennung der Rechtsbegriffe von der Feststellung der tatsächlichen Voraussetzungen der Eingangsmerkmale aus fachwissenschaftlicher Sicht nicht immer möglich, da Beschreibungen des Befunds wie „krankhaft", „tief greifend" oder „schwer" juristische Bewertungen wie „erheblich" i.S.d. § 21 StGB nach sich ziehen.[24] Daher stellt es keinen Rechtsfehler dar, wenn der Sachverständige dem Gericht mit entsprechenden Äußerungen auch im Bereich der durch dieses zu treffenden Entscheidung wirksame Unterstützung leistet.[25] Dennoch ist insoweit Zurückhaltung geboten, um nicht den Eindruck der Befangenheit zu erwecken.

17.1.2.4 Ordnungsmittel

Erscheint der Sachverständige trotz ordnungsgemäßer Ladung unentschuldigt nicht, oder weigert er sich unberechtigt, sein Gutachten zu erstatten, sind ihm gem. § 77 Abs. 1 StPO die durch seine **Pflichtverletzung** entstandenen Kosten sowie – ggf. auch wiederholt, im selben Verfahren jedoch nur einmal[26] – ein Ordnungsgeld aufzuerlegen. Als Lex specialis verdrängt § 77 StPO die Regelungen der §§ 51 Abs. 1, 70 Abs. 1, 2 StPO, die für den Fall des unentschuldigten Fernbleibens eines Zeugen bzw. bei unberechtigter Zeugnis- oder Eidesverweigerung auch Ungehorsamsfolgen wie Ordnungshaft und zwangsweise Vorführung vorsehen. § 77 StPO legt gegenüber den für Zeugen geltenden Vorschriften mildere Maßstäbe an den Tag, da die Norm dem Umstand Rechnung trägt, dass ein Gutachter im Gegensatz zum Zeugen i.d.R. austauschbar ist.[27]

17.15

In Abgrenzung zu Abs. 1 ist nach § 77 Abs. 2 StPO die Verhängung von Zwangsmaßnahmen fakultativ und bezieht sich auf die fehlende Bereitschaft, gem. § 73 Abs. 1 Satz 2 StPO eine angemessene Frist zu vereinbaren, bzw. die Versäumung der abgesprochenen Frist. Nach § 77 Abs. 2 Satz 2 StPO ist Voraussetzung der Festsetzung eines Ordnungsgelds, dass dieses angedroht und eine Nachfrist gesetzt wurde.

Die von § 77 StPO legitimierten **Zwangsbefugnisse** dienen als Instrumentarien, vor allem in Haftsachen dem Beschleunigungsgebot Genüge zu tun. Die Aufhebung des Haftbefehls kann die Konsequenz einer verzögerten Gutachtenvorlage mangels Fristabsprache sein.[28] Die Verabredung einer Frist nach § 73 Abs. 1 Satz 2 StPO, Nr. 72 Abs. 1 RiStBV sowie die Möglichkeit, Ordnungsgeld anzudrohen und zu verhängen, soll in eiligen Verfahren die zeitnahe Erstellung des Gutachtens bewirken oder – ist der gewählte Sachverständige zeitlich doch „aus-

---

24) Fischer, § 20 Rdnr. 63.
25) Lackner/Kühl, § 20 Rdnr. 20 m.w.N.
26) Meyer-Goßner/Schmitt, § 77 Rdnr. 9.
27) MüKo-StPO/Trück, § 77 Rdnr. 1.
28) OLG Hamm, Beschl. v. 18.08.2000 – 2 BL 140/00, StV 2000, 629; OLG Düsseldorf, Beschl. v. 01.07.2009 – III-1 Ws 337/09, NStZ-RR 2010, 19.

gebucht" – die Entscheidungsgrundlage zur Beauftragung eines anderen Sachverständigen bilden.[29]

17.1.2.5   Vereidigung

17.16   Die **Vereidigung** des Sachverständigen richtet sich nach § 79 StPO. Es handelt sich – wie bei der Zeugenvereidigung – um einen Nacheid. Die Vereidigung des Sachverständigen ist ins Ermessen des Gerichts gestellt, § 79 Abs. 1 StPO. Umstände, die eine Vereidigung nahelegen, sind etwa Zweifel an der Sachkunde des Gutachters, an der Gewissenhaftigkeit der Gutachtenerstattung oder die fehlende Möglichkeit des Gerichts, die sachverständigen Ausführungen zu überprüfen.[30] Da § 79 StPO als spezielle Regelung § 59 StPO verdrängt, führt die ausschlaggebende Bedeutung der Angaben des Sachverständigen nicht zu einer Ermessensreduktion auf null betreffend die Frage, ob eine Vereidigung vorzunehmen ist.[31]

Eidesverbote und -verweigerungsrechte nach §§ 60, 61 StPO gelten über § 72 StPO für den Sachverständigen entsprechend, die Rechte eines Zeugen, die Aussage zu verweigern, gelten gem. § 76 Abs. 1 StPO insoweit, als dass sie den Sachverständigen berechtigen, das Gutachten zu verweigern.

17.1.2.6   Hilfskräfte

17.17   Der Gutachtenauftrag richtet sich stets an einen bestimmten Sachverständigen. Dieser hat das Gutachten persönlich zu erstatten. Eine Beteiligung von **Hilfskräften** ist damit aber nicht per se ausgeschlossen. Sie ist zulässig, soweit sie der Leitung des beauftragten Sachverständigen unterliegt. Er darf in diesem Rahmen sowohl technische Hilfskräfte als auch andere Sachverständige heranziehen, wenn er die eigene Verantwortung – insbesondere für den Inhalt des Hilfsgutachtens – übernimmt und diesen nicht – wie in der Praxis nicht selten – lediglich mit dem Vermerk „Einverstanden" versieht. Dies setzt bereits denklogisch voraus, dass er das Fachgebiet des Hilfsgutachters selbst beherrscht.[32]

17.1.2.7   Weiterer Sachverständiger

17.18   Hält der Sachverständige die Mitwirkung eines **weiteren Gutachters** eines für ihn fremden Fachgebiets für erforderlich, muss er dies bei der Staatsanwaltschaft oder dem Gericht anregen. Eine **Beauftragung** durch ihn selbst darf nicht erfolgen, da die Bestellung ausschließlich in den Kompetenzbereich der Staatanwaltschaft bzw. des Gerichts fällt.[33]

---

29) MüKo-StPO/Trück, § 77 Rdnr. 2.
30) BeckOK, StPO/Monka, § 79 Rdnr. 1.
31) BeckOK, StPO, a.a.O.
32) KK/Senge, § 73 Rdnr. 4.
33) Meyer-Goßner/Schmitt, § 73 Rdnr. 4.

17.1.2.8 Vergütung

Gemäß § 84 StPO erhält der Sachverständige eine **Vergütung** nach dem Justizvergütungs- und -entschädigungsgesetz (JVEG). Der Sachverständige erhält einen Antrag auf Vergütung nach seiner Entlassung durch das Gericht, den er schriftlich einreichen oder mit dem er die Anweisungsstelle des Gerichts aufsuchen kann. Die dort tätigen Kostenbeamten wissen in aller Regel, was der Sachverständige im Einzelnen beanspruchen kann.

17.19

17.1.2.9 Leitung des Sachverständigen

Mit der Bestellungszuständigkeit korrelieren die **Leitungszuständigkeit und -pflicht** nach Nr. 72 Abs. 2 RiStBV für die Staatsanwaltschaft und nach § 78 StPO für das Gericht. Die Vorschriften stellen die Verantwortung des Richters bzw. der Strafverfolgungsbehörden dafür heraus, dass der Sachverständige mit dem nötigen Ausgangsmaterial zur Erstellung seines Gutachtens versorgt und ausreichend belehrt wird, um zu gewährleisten, dass sich dessen Tätigkeit im Bereich des rechtlich Zulässigen bewegt.[34]

17.20

Zunächst besteht die Verpflichtung, dem Sachverständigen einen genau **umgrenzten Auftrag** zu erteilen, nach Möglichkeit sind bestimmte Fragen zu stellen.[35] Dabei ist zu beachten, dass die Beweisfragen ergebnisoffen zu halten sind.[36] Die Übersendung der Akten mit einem „Einzeiler"-Auftrag, beispielsweise zur Glaubhaftigkeit einer Zeugenaussage oder zu der schlichten Frage nach der Schuldfähigkeit des Beschuldigten, ist zwar in der Praxis vorwiegend Usus, genügt aber nicht den Anforderungen.

17.21

Zur Auftragsbeschreibung gehört auch, dass dem Sachverständigen alle bekannten Anknüpfungstatsachen mitzuteilen sind.[37] Besteht Unsicherheit darüber, ob die bekannten Umstände als Grundlage des Gutachtens ausreichen, kann im Wege des Freibeweises fachkundiger Rat eingeholt werden.[38]

Da sich zur Erfragung der Kapazitäten eines ins Auge gefassten Sachverständigen ohnehin eine telefonische Kontaktaufnahme anbietet, erscheint es – bei dessen Bereitschaft, das Gutachten in der angedachten Zeit zu erstatten – sachgerecht, ihn zunächst fernmündlich über die Anknüpfungstatsachen und den konkreten Auftrag zu informieren. Auf diese Weise kann auch direkt eruiert werden, ob die bisherigen Ermittlungsergebnisse als Basis ausreichen, was vor allem bei verkehrsanalytischen Gutachten nicht immer auf den ersten Blick erkennbar ist. Das anschließende Zusenden von Ablichtungen wesentlicher Aktenbestandteile und eines zusammenfassenden Sachberichts entspricht – zunächst einmal – vollum-

---

34) Sarstedt, NJW 1968, 177 ff.
35) Artkämper, Die „gestörte" Hauptverhandlung, Rdnr. 507.
36) Vgl. OLG Naumburg, Beschl. v. 24.10.2012 – 1 Ws 442/12.
37) Dölling/Duttge/König/Rössner/Neuhaus, § 78 Rdnr. 2.
38) Dölling/Duttge/König/Rössner/Neuhaus, a.a.O.

fänglich der Leitungspflicht. Zwar gestattet § 80 Abs. 2 StPO dem Sachverständigen ein (komplettes) **Akteneinsichtsrecht.** Dies steht jedoch im Ermessen des Auftraggebers. Ein pauschales und grundsätzliches Überlassen der Akte widerspricht der Leitungsfunktion des § 78 StPO[39] und ist teilweise kontraproduktiv: Der Schriftsachverständige, der ein entsprechendes Gutachten erstatten soll, bedarf dafür nicht der (Er-)Kenntnis, dass der Beschuldigte bereits mehrfach wegen Urkundenfälschung vorbestraft ist.

17.22 Ergeben sich im Zuge der weiteren Ermittlungen **Anknüpfungstatsachen,** die dem Sachverständigen bislang nicht bekannt waren, entspricht es der Sachaufklärungspflicht, ihm die Möglichkeit zu geben, sich mit diesen auseinanderzusetzen und sie in sein Gutachten einzubeziehen.[40] Auch kann der Sachverständige mit einer Alternativbegutachtung beauftragt werden, wenn eine andere Sachverhaltsvariante in Betracht zu ziehen ist.[41] § 83 Abs. 1 StPO ermöglicht in den Fällen, in denen das bisherige Gutachten für ungenügend erachtet wird, die Anordnung einer neuen Begutachtung (durch denselben oder einen anderen Sachverständigen).

Die Vorschrift des § 83 StPO ist nicht überflüssige Konkretisierung der Amtsaufklärungspflicht[42], sondern schützt den Beschuldigten vor der Konfrontation mit immer neuen Gutachten, bis das gewünschte Ergebnis zum Vorschein kommt, indem sie die sich aus § 73 Abs. 1 Satz 1 StPO ergebende Befugnis beschränkt. Besteht der Eindruck, die Veranlassung der Neubegutachtung durch den Vorsitzenden des Gerichts sei auf ein unliebsames Ergebnis des bisherigen Gutachtens zurückzuführen, kann dies einen erfolgreichen Befangenheitsantrag zur Folge haben.[43]

17.23 Der Sachverständige ist außerdem – soweit erforderlich – über zu berücksichtigende Verfahrensvorschriften und die Rechtslage zu **belehren;** hierzu bedarf es keiner besonderen Form.[44] Er ist etwa darauf hinzuweisen, dass er lediglich befugt ist, die sogenannten Befundtatsachen, nicht aber auch darüber hinausgehende Zusatztatsachen zu ermitteln. Benötigt er Zusatztatsachen, die nicht bereits ermittelt wurden, sind diese im Grundsatz durch die Staatsanwaltschaft oder das Gericht unter Einschaltung der Ermittlungspersonen i.S.d. § 152 GVG in eigener Zuständigkeit zu erheben. Strengt der Sachverständige diesbezüglich eigene Ermittlungen an, begründet dies die Gefahr der Befangenheit und damit eines Ablehnungsantrags gegen ihn.[45]

§ 80 StPO enthält keinen abschließenden Katalog der Ermittlungsmaßnahmen.[46] Es sind daher sämtliche Beweiserhebungen zulässig, die der Sachverständige für

---

39) BeckOK, StPO/Monka, § 80 Rdnr. 4.
40) BGH, Urt. v. 27.10.1994 – 1 StR 597/94.
41) Dölling/Duttge/König/Rössner/Neuhaus, a.a.O.
42) Dölling/Duttge/König/Rössner/Neuhaus, § 83 Rdnr. 1; anders: KK/Senge, § 83 Rdnr. 1.
43) BGH, Beschl. v. 10.09.2002 – 1 StR 169/02.
44) Dölling/Duttge/König/Rössner/Neuhaus, § 78 Rdnr. 1 m.w.N.
45) Artkämper, Die „gestörte" Hauptverhandlung, Rdnr. 508.
46) BeckOK, StPO/Monka, § 80 Rdnr. 1.

die Erstellung seines Gutachtens als notwendig erachtet. Die exemplarisch aufgezählte Vernehmung von Zeugen oder des Beschuldigten dürfte jedoch den praktisch relevantesten Anwendungsbereich der Vorschrift bilden.

Wenngleich dem Sachverständigen **kein** eigenes **Vernehmungsrecht** zusteht, sind ihm informatorische Befragungen, Anhörungen oder Gespräche im Rahmen einer Exploration gestattet. Es handelt sich hierbei nicht um Vernehmungen im engeren Sinne, da keine ermittelnde Zielrichtung gegeben ist.[47]

17.24

Diese Befugnis wirft die Frage auf, ob den Sachverständigen eine **Belehrungspflicht** nach §§ 136, 163a StPO trifft. Rein formal betrachtet besteht eine solche Pflicht nicht, da die Befragung eben gerade keine Vernehmung im Rechtssinne ist. Es kann aber nicht unbeachtet bleiben, dass gerade Explorationsgespräche mit dem Beschuldigten durchaus einen vernehmungsähnlichen Charakter annehmen. Soweit dieser nämlich Angaben gegenüber dem Gutachter macht, ergeben sich zwangsläufig Aussagen zur Tat selbst oder zu seiner Person, welche zumindest geeignet sein können, auf Schuldspruch und Strafmaß negativen Einfluss zu nehmen. Es wäre in der Tat „doppelzüngig"[48], würde auf der einen Seite dem Sachverständigen ein eigenes Vernehmungsrecht versagt bleiben mit der Begründung, die von ihm durchgeführten Befragungen böten keine verfahrensrechtliche Garantie für die Wahrheitsfindung, auf der anderen Seite hingegen die außerhalb des Gerichtssaals und ohne Beachtung der Belehrungsvorschriften erlangten Zusatztatsachen durch Vernehmung des Gutachters als sachverständigen Zeugen in die Hauptverhandlung eingeführt und dem Urteil zugrunde gelegt werden.

Die konsequente Umsetzung des Nemo-tenetur-Grundsatzes dürfte daher eine analoge Anwendung der Belehrungsvorschriften bedingen. Zumindest sollte der Sachverständige darauf hingewiesen werden, dass eine Belehrung analog §§ 136, 163a StPO unschädlich ist, um so einer möglichen Unverwertbarkeit der dort gemachten Angaben entgegenzuwirken.[49]

Keines gesonderten Hinweises bedarf es in diesem Zusammenhang, dass der Sachverständige Handlungen, die verbotene Vernehmungsmethoden nach § 136a StPO darstellen, zu unterlassen hat. Diese führen unweigerlich zur Unverwertbarkeit des Gutachtens.[50]

Unbeschadet der Befugnis, **informatorische Befragungen** durchzuführen, besteht nach § 80 Abs. 2 StPO ein Anwesenheitsrecht des Sachverständigen bei Vernehmungen des Beschuldigten oder eines Zeugen. Er darf den Auskunftspersonen auch Fragen stellen. Die gesamte Befragung sollte ihm zwar nicht überlassen bleiben, jedoch ist es nicht zu beanstanden, wenn sich der Vernehmende oder andere

17.25

---

47) BeckOK, StPO/Monka, § 80 Rdnr. 2.
48) Dölling/Duttge/König/Rössner/Neuhaus, § 78 Rdnr. 4.
49) Artkämper, Die „gestörte" Hauptverhandlung, Rdnr. 511 m. Nachw. zum Streitstand.
50) KK/Senge, § 80 Rdnr. 2.

Artkämper

Verfahrensbeteiligte, denen gerade das Fragerecht erteilt worden ist, die Fragen des Sachverständigen zu eigen machen.[51]

17.1.2.10 Besonderheiten bei zu erwartenden Maßregeln der Besserung und Sicherung

17.26 Als Pendant zu § 246a StPO stellt § 80a StPO im Vorverfahren die Notwendigkeit der frühzeitigen Beauftragung eines psychiatrischen Sachverständigen heraus, sofern sich im Ermittlungsverfahren abzeichnet, dass eine Maßregel nach §§ 63, 64, 66 StGB angeordnet werden wird. Im Sicherungsverfahren findet § 414 Abs. 3 StPO Anwendung.

Zur Vorbereitung des in der Hauptverhandlung zu erstattenden Gutachtens, das sich zum physischen und psychischen Zustand des Beschuldigten sowie den Erfolgsaussichten einer Behandlung zu verhalten hat, besteht – bei einer Weigerung des Beschuldigten, mitzuwirken – die Möglichkeit, diesen vor die Staatsanwaltschaft oder das Gericht zu laden (§ 133 Abs. 1 StPO); ggf. ist er vorzuführen. Sodann kann er im Beisein des Gutachters vernommen werden (§ 80 StPO).

17.27 Weitere Möglichkeiten, die erforderlichen Anknüpfungstatsachen zu beschaffen, enthalten §§ 81, 81a StPO. § 81 StPO ermöglicht die **Unterbringung** eines dringend Tatverdächtigen für maximal sechs Wochen in einem öffentlichen psychiatrischen Krankenhaus. Die Vorschrift wird durch Nr. 61–63 RiStBV konkretisiert. Zweck einer Maßnahme nach § 81 StPO ist die Beobachtung des Beschuldigten, um Feststellungen zu den medizinischen Voraussetzungen der §§ 20, 21 StGB, der Gemeingefährlichkeit i.S.d. §§ 63, 66 StGB oder auch der Verhandlungsfähigkeit zu treffen.[52] Ausgeschlossen ist eine entsprechende Unterbringung, wenn sie zur Bedeutung der Sache oder zur erwartenden Strafe bzw. Maßregel außer Verhältnis steht, § 81 Abs. 2 Satz 2 StPO.

Der **Unterbringungsbeschluss** ist nach § 81 Abs. 1 StPO davon abhängig, dass ein Sachverständiger und der Verteidiger angehört wurden. Der Sachverständige muss sich zunächst einen persönlichen Eindruck von dem Beschuldigten verschaffen und sodann schriftlich – ausnahmsweise mündlich bei Anwesenheit aller Verfahrensbeteiligten – zur Notwendigkeit der Unterbringung, deren voraussichtlichen Dauer und dem den Beschuldigten aufnehmenden Krankenhaus Stellung beziehen; Letzteres ist in dem Unterbringungsbeschluss konkret zu bezeichnen.[53] Das Gericht ist an die Einschätzung des Sachverständigen zwar nicht gebunden; auf Grund der einschneidenden Wirkung der Maßnahme muss dann allerdings ein weiterer Gutachter zu Rate gezogen werden.[54] Neben der anschließenden

---

51) BeckOK, StPO/Monka, § 80 Rdnr. 3.

52) BeckOK, StPO/Monka, § 81 Rdnr. 1; streitig für die Verhandlungsfähigkeit, vgl. Meyer-Goßner/Schmitt, § 81 Rdnr. 5 m.w.N.

53) Dölling/Duttge/König/Rössner/Neuhaus, § 81 Rdnr. 6 m.w.N.

54) OLG Hamm, Beschl. v. 07.05.1957 – 2 Ws 155/57.

Stellungnahmemöglichkeit des Verteidigers ergeben sich Anhörungsrechte der Staatsanwaltschaft und des Beschuldigten aus § 33 StPO.

Über den Unterbringungsbeschluss entscheidet nach § 81 Abs. 3 StPO das für die Eröffnung des Hauptverfahrens zuständige Gericht. Steht also evtl. eine Unterbringung in einem psychiatrischen Krankenhaus nach § 63 StGB oder die Anordnung der Sicherungsverwahrung nach § 66 StGB an, ist der Antrag wegen § 24 Abs. 2 GVG an das Landgericht zu richten. Dieses kann allerdings entsprechend § 209 Abs. 1 StPO die Sache zur Entscheidung dem Amtsgericht übertragen.[55] Nach Anklageerhebung ist das mit der Sache befasste Gericht zuständig.[56]   **17.28**

Der Unterbringungsbeschluss nach § 81 StPO ist gemäß dessen Absatz 4 mit der sofortigen Beschwerde **anfechtbar**. § 305 Satz 1 StPO findet, sofern das erkennende Gericht den Beschluss erlässt, keine Anwendung.[57] Die sofortige Beschwerde hat aufschiebende Wirkung, § 81 Abs. 4 Satz 2 StPO. Gemäß § 311 Abs. 2 StPO beginnt die Wochenfrist mit der Bekanntmachung der Entscheidung (§ 35 StPO). Der Wahlverteidiger, dessen Vollmacht sich nicht bei den Akten befindet (andernfalls gilt § 145a Abs. 1 StPO), hat insoweit Vorsicht walten zu lassen, als dass die Zustellung an den Beschuldigten bewirkt werden wird, der ggf. vergisst, seinen Verteidiger rechtzeitig zu informieren.   **17.29**

Die **sofortige Beschwerde** kann sich auf die Auswahl des Krankenhauses oder des Gutachters **beschränken**.[58] Umstritten ist, ob der Verteidiger entgegen § 297 StPO das Rechtsmittel auch gegen den ausdrücklichen Willen des Beschuldigten einlegen kann.[59] Mangels höchstrichterlicher Klärung dieser Rechtsfrage sollte der Verteidiger, sofern er zur Wahrung der Interessen seines Mandanten die Anfechtung des Unterbringungsbeschlusses für sinnhaft erachtet, „nichts unversucht lassen".

Eine weitere Beschwerde ist nicht zulässig, da die Unterbringung nach § 81 StPO keine einstweilige Unterbringung i.S.v. § 310 Abs. 1 Nr. 2 StPO darstellt.[60]

Der die Unterbringung ablehnende Beschluss ist mit der einfachen Beschwerde angreifbar, wobei nach allgemeinen Grundsätzen über die Beschwer des Beschuldigten zu befinden ist.[61]

Die **Vollstreckung** des Unterbringungsbeschlusses, bei der ebenfalls der Grundsatz der Verhältnismäßigkeit zu beachten ist (Nr. 61 Abs. 1 RiStBV), ist nach § 36 Abs. 2 Satz 1 StPO Sache der Staatsanwaltschaft. Der auf freiem Fuß befindliche   **17.30**

---

55) Meyer-Goßner/Schmitt, § 81 Rdnr. 23.
56) BeckOK, StPO/Monka, § 81 Rdnr. 7.
57) Meyer-Goßner/Schmitt, § 81 Rdnr. 28 m.w.N.
58) OLG Stuttgart, Beschl. v. 10.08.1961 – 1 Ws 329/61.
59) Bejahend Meyer-Goßner/Schmitt, § 81 Rdnr. 28 m.w.N.
60) BeckOK, StPO/Cirener, § 310 Rdnr. 8.
61) BeckOK, StPO/Monka, § 81 Rdnr. 16.

Artkämper

Beschuldigte ist – ggf. in Verbindung mit einer Vorführungsandrohung – zu dem mit dem psychiatrischen Krankenhaus vereinbarten Termin zu laden.[62]

17.31 Erscheint der auf freiem Fuß befindliche Beschuldigte (trotz ordnungsgemäßer Ladung und Vorführungsandrohung) unentschuldigt nicht zu dem nach Erlass eines entsprechenden Unterbringungsbeschlusses mit der Anstalt verabredeten Termin, wird i.d.R. ein Vorführbefehl ergehen.[63] Dieser ist nach § 23 EGGVG selbständig anfechtbar.

17.32 Eines Unterbringungsbeschlusses bedarf es nicht, wenn sich der Tatverdächtige aufgrund eines **Unterbringungsbefehls nach § 126a StPO** in einem psychiatrischen Krankenhaus (nicht hingegen in einer Entziehungsanstalt!) befindet, außerdem bei Vollstreckung von Haft in einer Justizvollzugsanstalt; insoweit genügt eine bloße Verlegungsanordnung in die psychiatrische Abteilung – soweit vorhanden; zuständig ist der Haftrichter bei Untersuchungs-, der Anstaltsleiter bei Strafhaft.[64]

17.33 § 81a StPO regelt die körperliche Untersuchung des Beschuldigten bzw. die Zulässigkeit körperlicher Eingriffe mit dem Ziel, verfahrensrelevante Tatsachen festzustellen. Grundsätzlich stehen derartige Maßnahmen unter Richtervorbehalt, bei Gefährdung des Untersuchungserfolgs durch Verzögerung sind auch die Staatsanwaltschaft und ihre Ermittlungspersonen (§ 152 GVG) anordnungskompetent, § 81a Abs. 2 Satz 1 StPO. Unter anderem beim praktisch bedeutsamen Fall der **Blutprobenentnahme** beim Verdacht der Trunkenheit im Verkehr oder einer Straftat nach § 315c Abs. 1 Nr. 1a StGB ist der Richtervorbehalt auf Grund einer infolge des Gesetzes zur effektiveren und praxistauglicheren Ausgestaltung des Strafverfahrens erfolgten Änderung des § 81a StPO, welche seit dem 24.08.2017 in Kraft ist, entfallen, sodass auch ohne Gefahr im Verzug dem Beschuldigten Blut entnommen und dieses auf Alkohol oder Betäubungsmittel untersucht werden kann.

Der (richterlichen) Anordnung einer von § 81a StPO legitimierten Maßnahme bedarf es nicht, wenn sich der Beschuldigte mit ihr einverstanden erklärt (Umkehrschluss aus § 81a Abs. 1 Satz 2 StPO).

17.34 Anordnungen nach § 81a StPO sind – was bei solchen durch den Richter aus der Norm unmittelbar folgt – zwangsweise durchsetzbar, sodass der Beschuldigte zwecks Durchführung der Maßnahme festgehalten oder auch dem Arzt, Krankenhaus oder Polizeirevier zugeführt werden kann.[65] Der Beschuldigte kann jedoch nur zur Erduldung der Maßnahmen, indes nicht zu einem aktiven Tun gezwungen werden.[66]

---

62) BeckOK, StPO/Monka, § 81 Rdnr. 9.
63) BeckOK, StPO/Monka, § 81 Rdnr. 9.
64) BeckOK, StPO/Monka, § 81 Rdnr. 10.
65) Dölling/Duttge/König/Rössner/Neuhaus, § 81a Rdnr. 16 f.
66) BGH, Urt. v. 09.04.1986 – 3 StR 551/85.

Gegen richterliche Anordnungen i.S.d. §§ 81a ff. StPO kann – sofern sie noch nicht vollzogen sind – **Beschwerde** eingelegt werden.[67] Die Beschwerde hat nach § 307 Abs. 1 StPO keine aufschiebende Wirkung, jedoch kann die Aussetzung der Vollziehung nach § 307 Abs. 2 StPO angeordnet werden. Der Verteidiger sollte die Einlegung der Beschwerde daher immer mit einem entsprechenden Antrag auf Aussetzung der Vollziehung verbinden.

17.1.3 Auswirkungen auf die Hauptverhandlung

17.1.3.1 Rolle des Sachverständigen

Der Sachverständige ist „**Gehilfe des Gerichts**".[68] Als unabhängiges Beweismittel hat er sein Gutachten nicht im Sinne seines Auftraggebers zu erstatten, sondern objektiv und nach bestem Wissen die ihm abverlangte Sachkunde zu vermitteln (vgl. § 79 Abs. 2 StPO).

17.35

Die Verfahrensbeteiligten haben dem Gutachten und auch der Person des Gutachters in kritischer **Distanz** gegenüberzustehen. Sie haben sich Klarheit darüber zu verschaffen, ob die angewandten Untersuchungsmethoden ausreichend und wissenschaftlich fundiert sind und alle nötigen Anknüpfungstatsachen als Grundlage der sachverständigen Ausführungen Berücksichtigung gefunden haben. Die Herkunft des Sachverständigen und seine Einstellungen zu in seinem Spezialgebiet oder anderen Fachbereichen etablierten Meinungen müssen hinterfragt werden. Das Gutachten muss verständlich, schlüssig, nachvollziehbar sein, es darf keine Stellungnahmen zu Rechtsfragen enthalten, deren Beantwortung den verfahrensbeteiligten Juristen obliegt.

Der BGH[69] hat zur Stellung des Sachverständigen im Strafprozess ausgeführt:

17.36

„Er hat dem Gericht den Tatsachenstoff zu unterbreiten, der nur auf Grund besonders sachkundiger Beobachtungen gewonnen werden kann, und das wissenschaftliche Rüstzeug zu vermitteln, das die sachgemäße Auswertung ermöglicht. Der Sachverständige ist jedoch weder berufen noch in der Lage, dem Richter die Verantwortung für die Feststellungen abzunehmen, die dem Urt. zugrunde gelegt werden. Das gilt nicht nur von der Ermittlung des Sachverhalts, von dem der Sachverständige in seinem Gutachten auszugehen hat, den Anknüpfungstatsachen, sondern auch von seinen ärztlichen Beobachtungen und Folgerungen. Selbst diese hat der Richter sogar in solchen Fällen, in denen es sich [...] um besondere wissenschaftliche Fachfragen handelt, auf ihre Überzeugungskraft zu prüfen (vgl. § 261 StPO). In welchem Maße er sich dabei ein eigenes stichhaltiges Urteil auf diesem Wissensgebiet bilden kann und muß, wird von der Art des Gegenstandes abhängen. Zuweilen wird die richterliche Prüfung sich darauf beschränken dürfen, ob der Sachverstän-

---

67) Dölling/Duttge/König/Rössner/Neuhaus, § 81a Rdnr. 19 m.w.N.
68) BGH, Urt. v. 24.06.1952 – 1 StR 130/52.
69) BGH, Urt. v. 08.03.1955 – 5 StR 49/55.

dige ein erprobter und zuverlässiger Vertreter seines Faches ist und daher auf seine Sachkunde in diesem Bereich vertraut werden kann."

Zur Verdeutlichung: Nur wenn derart **schwierige Zusammenhänge** Gegenstand des Gutachtens sind, die der Laie trotz Erläuterung durch den Sachverständigen nicht zu erfassen vermag, genügt es, wenn sich den fachkundigen Ausführungen nach Prüfung der Sachkunde des Gutachters angeschlossen wird.[70] Es handelt sich hierbei jedoch um Ausnahmefälle, denn in aller Regel gilt:

„Je weniger sich der Richter auf die bloße Autorität des Sachverständigen verlässt, je mehr er den Sachverständigen nötigt, ihn – den Richter – über allgemeine Erfahrungen zu belehren und mit möglichst gemeinverständlichen Gründen zu überzeugen, desto vollkommener erfüllen beide ihre verfahrensrechtliche Aufgabe."[71]

17.1.3.2   „Richter in Weiß"

17.37   Bedauerlicherweise sieht es in der Praxis anders aus. Allzu oft – und nur zu gern – verlassen sich Juristen mehr oder weniger „blind" auf die Gutachten von Sachverständigen und schließen sich deren „überzeugenden Ausführungen **nach eigener kritischer Würdigung**" an, zumal insbesondere vom „kriminaltechnischen Sachbeweis" eine falsche suggestive Wirkung i.S.v. „Da kommt der Beschuldigte nicht mehr raus" ausgeht. Aus rechtssoziologischer Perspektive ist es daher zumeist nicht das Gericht, das die Sache entscheidet, sondern – um eine altbekannte Bezeichnung aufzugreifen – der „Richter in Weiß"[72].

Doch die eigentliche Problematik liegt an anderer Stelle: „Die faktische Entscheidungsmacht des Sachverständigen als unabänderliche Realität (trotz) historische(r) Absage an den iudex facti"[73] hat gerade im Bereich psychiatrischer Begutachtungen zur Folge, dass die Schuld- und Rechtsfolgenfrage maßgebend davon abhängt, welcher konkrete Sachverständige herangezogen wird.

17.1.3.3   Auswahl des Sachverständigen

17.38   Neben den von § 246a StPO erfassten Sachverhalten ist die Zuziehung eines psychiatrischen Sachverständigen immer dann veranlasst, wenn Anhaltspunkte dafür bestehen, dass der Beschuldigte bei der Tat nicht (vollständig) zurechnungsfähig war. Die Aufklärungspflicht gebietet, sich einer sachkundigen Beurteilung des „Geisteszustands" des Beschuldigten zu bedienen, wenn etwa ein vergangener Unfall mit Hirnbeteiligung bekannt ist[74], eine schwere Drogenabhängigkeit im

---

70)   BGH, Beschl. v. 07.05.1996 – 1 StR 170/96.
71)   BGH, Urt. v. 26.04.1955 – 5 StR 86/55.
72)   Schreiber, in: FS Wassermann, 1985, S. 1007, 1010.
73)   Erb, ZStW 2009, 882 ff.
74)   Vgl. BGH, Beschl. v. 06.06.1994 – 5 StR 204/94.

Raum steht[75], eine Affekthandlung Verfahrensgegenstand ist, insbesondere bei Einräumung zeitlich eng begrenzter Erinnerungslücken oder inselhaft erhalten gebliebener Erinnerungen[76], sowie in Bereichen der Schwerstkriminalität, da entsprechende Taten regelmäßig Auffälligkeiten betreffend Tatausführung und Persönlichkeit des Täters aufweisen[77].

Die **unterschiedlichen Schulen**, denen zwecks Schuldfähigkeitsbegutachtungen konsultierte Sachverständige angehören können, und deren grundverschiedene Werdegänge führen zu großen Differenzen bei der Subsumtion einer diagnostizierten Störung unter die Eingangsmerkmale der §§ 20, 21 StGB.[78] Dem Richter sind insoweit die Hände gebunden, als dass er in Ausübung seiner Funktion, nämlich „als ‚Übersetzer' diese psychiatrisch/psychologischen Befunde ins Recht zu transformieren und letztlich in die Sprache des Gesetzes zu übertragen"[79], kaum objektive Ergebnisse erzielen wird. Im psychowissenschaftlichen Bereich wird jedoch hinzunehmen sein, dass einheitliche (Qualitäts-)Standards nicht zu erreichen sind. Es bestehen nicht behebbare Erkenntnisdefizite, die daraus resultieren, dass zwar mitunter eine sich auf das Verhalten eines Menschen auswirkende Erkrankung belegt werden kann, aber nicht, dass diese unbeeinflussbar zu einer konkreten Tat geführt hat.[80] Überdies existiert zur Beurteilung, ob ein Beschuldigter unter „Schizophrenie" oder „Paranoia" leidet, ebenso wenig eine mathematische Formel wie zur Einordnung einer diagnostischen Auffälligkeit innerhalb der §§ 20, 21 StGB.

17.39

Mit Einführung der psychiatrischen Klassifikationssysteme **ICD**[81] und **DSM**[82] ist der Problematik lediglich bedingt Abhilfe verschafft worden, da keine Verbindlichkeit für die Frage der Schuldfähigkeit besteht.[83] Hinzu kommt mangelnde Zuverlässigkeit und damit auch eingeschränkte Aussagekraft einer Klassifikationsentscheidung, was u.a. darauf zurückzuführen ist, dass der Sachverständige diese – etwa bei Diagnose einer PTBS[84] – anhand der Schilderung der Beschwerden durch den Probanden trifft.[85] Auch die Beobachtungen, die in die Bewertung des Sachverständigen einfließen, stellen stets Verhaltensstichproben dar.

Wonach richtet sich also vor diesem Hintergrund die durch den Staatsanwalt oder Richter zu treffende **Auswahl des Sachverständigen?**

17.40

---

75) Theune, NStZ 1997, 57 ff.
76) BGH, Beschl. v. 07.01.1997 – 4 StR 605/96.
77) Detter, NStZ 1998, 57 ff. m.w.N.; umfassend und lesenswert: Tondorf/Tondorf, Psychologische und psychiatrische Sachverständige im Strafverfahren.
78) Detter, a.a.O.
79) Streng, NStZ 1995, 161 ff.
80) Detter, a.a.O.
81) International Statistical Classification of Diseases and Related Health Conditions.
82) Diagnostic and Statistical Manual of Mental Disorders.
83) BGH, Urt. v. 04.06.1991 – 5 StR 122/91.
84) Posttraumatische Belastungsstörung.
85) www.kli.psy.ruhr-uni-bochum.de/klipsy/public/margraf%20books/Band1-Kapitel10.pdf, S. 187 und 188.

Artkämper

Der Staatsanwalt respektive Richter hat als menschlicher Auftraggeber ein menschliches Beweismittel zu konsultieren – und kann und muss sich nicht von menschlichen Beweggründen frei machen. Selbstverständlich wählt man keinen Sachverständigen aus, hinter dessen Gutachten man in einem anderen Verfahren „herrennen" musste. Natürlich beauftragt man nicht den Psychiater, der in einer anderen Sache – unbeschadet seiner fachlichen Kompetenzen – nicht imstande war, den Prozessbeteiligten seine Sachkunde in allgemeinverständlicher Form nahezubringen. Doch neben aller menschlichen Nachvollziehbarkeit dieser Auswahlkriterien handelt es sich auch um solche, die von Gesetzes wegen Berücksichtigung finden dürfen (oder gar müssen). Es ist Aufgabe der Strafverfolgungsbehörde bzw. des Richters, sich von der fachlichen Eignung des Sachverständigen zu überzeugen und zur Wahrung des Beschleunigungsgebots eine Fristabsprache zu treffen. Im Rahmen seines Auswahlermessens muss und sollte sich der Staatsanwalt respektive Richter nicht von bisherigen Erfahrungen „frei machen".

17.1.3.4 Die Bestellung des Sachverständigen im Ermittlungsverfahren als faktische Bestellung (auch) für die Hauptverhandlung

17.41 Die Bestellung des Sachverständigen im Ermittlungsverfahren ist nahezu ausnahmslos zugleich die Entscheidung für einen bestimmten **Gutachter** auch **für** die **Hauptverhandlung**: Selten kommen Fälle vor, in denen das Gericht ohne weiteren Zwang (z.B. Terminprobleme, Tod des Sachverständigen) von sich aus den Sachverständigen wechselt. Aus der Sicht der Verfahrensbeteiligten bleiben dann nur (wenig erfolgversprechende) Anträge auf Einholung eines weiteren Sachverständigengutachtens oder die Stellung eines präsenten Sachverständigen im Rahmen der Hauptverhandlung.

In der tatsächlichen Praxis beinhaltet die Bestellung eines Sachverständigen im Ermittlungsverfahren auch eine faktische Determinierung für die Hauptverhandlung.

17.1.4 Beteiligungsrechte

17.1.4.1 Anhörungs- und Stellungnahmerechte

17.42 Nr. 70 Abs. 1 RiStBV räumt dem Verteidiger – nicht dem Beschuldigten – grundsätzlich ein **Anhörungsrecht** vor der Beauftragung eines Sachverständigen ein. An die Stellungnahme der Verteidigung ist die Staatsanwaltschaft aber nicht gebunden. Der Ermittlungsbehörde obliegt die alleinige Entscheidungskompetenz; eine Beschwerde gegen die Auswahl ist unzulässig. Die Rechte des Beschuldigten sind durch das Ablehnungsrecht nach § 74 StPO ausreichend gewahrt.[86] Auch die Verletzung des Anhörungsrechts ist nicht rechtsbehelfsfähig. Vereinzelt wird allerdings in der Literatur ein Beweisverwertungsverbot gefordert.[87]

---

86) Meyer-Goßner/Schmitt, § 73 Rdnr. 18.
87) Zum Streitstand SSW/Bosch, § 73 Rdnr. 1.

Artkämper

Nach Erhebung der Anklage geht die **Auswahlkompetenz** auf das Gericht der Hauptsache über, das diese nach pflichtgemäßem Ermessen, orientiert an § 244 Abs. 2 StPO, ausübt, ohne dass das Gesetz ein Anhörungsrecht der Verfahrensbeteiligten vorsieht. Der BGH hat allerdings in einer Entscheidung aus dem Jahr 2002 festgestellt, dass im Fall der Bestellung eines weiteren Gutachters derselben Fachrichtung eine Verpflichtung des Gerichts besteht, die Verteidigung an der Auswahl des Gutachters zu beteiligen, und hierzu auf Nr. 70 Abs. 1 RiStBV verwiesen.[88] Eine Beschwerde gegen die Auswahl des Sachverständigen durch das Gericht ist ebenfalls nicht statthaft (vgl. § 305 Satz 1 StPO).

Wird dem Verteidiger ein entsprechendes Anhörungsrecht eingeräumt, sollte er dieses (auch) nutzen, um seinen Vorstellungen Nachdruck zu verleihen und Bedenken gegen einen von Staatsanwaltschaft oder Gericht ausgewählten Sachverständigen mitzuteilen; optimal ist es, wenn es dem Verteidiger gelingt, mit dem Gutachter im Vorfeld Kontakt aufzunehmen, sich dessen (zeitlicher) Möglichkeiten zu vergewissern und dies dem Staatsanwalt respektive Richter zu unterbreiten.[89]

Auch vor Erlass eines Unterbringungsbeschlusses nach § 81 StPO zur Vorbereitung eines Gutachtens über den psychischen Zustand des Beschuldigten ist der Verteidiger, den es wegen § 140 Abs. 1 Nr. 6 StPO zwingend geben wird, anzuhören (§ 81 Abs. 1 StPO). Zuvor muss die Stellungnahme eines Sachverständigen eingeholt und dem Verteidiger zugänglich gemacht worden sein, damit dieser die Chance hat, sich mit den Argumenten des Gutachters auseinanderzusetzen.[90]

17.1.4.2 Anwesenheitsrechte

Dem Verteidiger ist gem. § 168c Abs. 2 StPO bei der richterlichen Vernehmung eines Sachverständigen die **Anwesenheit** gestattet; zudem hat er das Recht, Erklärungen abzugeben und dem Vernommenen Fragen zu stellen.

17.43

Ein Anwesenheitsrecht des Verteidigers bei der (psychiatrischen) Begutachtung des Beschuldigten besteht nicht. Insoweit hat der BGH[91] klargestellt:

„Das Recht des Beschuldigten, sich in jeder Lage des Verfahrens anwaltlicher Hilfe zu bedienen, führt [...] nicht zu einem Anwesenheitsrecht des Verteidigers bei der Exploration. Die Strafprozessordnung sieht ein solches Anwesenheitsrecht nicht vor. Auch wenn die Exploration unter Umständen in Abhängigkeit von dem Gutachtenauftrag vernehmungsähnliche Elemente haben kann, ist sie mit den Vernehmungen bei Polizei, Staatsanwaltschaft und Gericht nicht gleichzusetzen.“

Die juristische Lösung ist aber nur eine Seite der Medaille: Rein faktisch bietet es sich an, die Mitwirkung an einer Exploration von der Anwesenheit des Verteidigers abhängig zu machen.

---

88) BGH, Beschl. v. 10.09.2002 – 1 StR 169/02, NStZ 2003, 99.
89) Krekeler, StraFo 1996, 5 ff. m.w.N.
90) BeckOK, StPO/Monka, § 81 Rdnr. 5.
91) BGH, Beschl. v. 08.08.2002 – 3 StR 239/02.

Artkämper

17.1.4.3   Keine Umgehung der Vorschriften

17.44   Der Beschuldigte kann die Anwesenheit seines **Verteidigers** bei einer Exploration nicht erzwingen, indem er sich, solange sein Verteidiger ihr nicht beiwohnen darf, einer Mitwirkung verschließt; vielmehr hat er unter diesen Umständen in Kauf zu nehmen, dass sich die Begutachtung auf eine schmalere Grundlage von Befunden stützen wird, auch wenn sich dies ggf. zu seinem Nachteil auswirkt[92] – was allerdings bei Maßregeln äußerst selten der Fall sein wird; hier wird eine fehlende Exploration regelmäßig dazu führen, dass die Voraussetzungen des § 21 StGB nicht – oder nur unter Anwendung des Zweifelssatzes – festgestellt werden können, dies aber für die Verhängung einer Maßregel – hier muss jedenfalls § 21 StGB bekanntlich sicher festgestellt werden – nicht ausreicht.

Ebenso verhält es sich, wenn sich der Beschuldigte einer Untersuchung durch den staatsanwaltlich oder gerichtlich bestellten Sachverständigen verweigert: Er kann nach der Rechtsprechung des BGH[93] hiermit nicht die Beauftragung eines weiteren (von ihm gewünschten) Sachverständigen erreichen, da er es andernfalls in der Hand hätte, nur den ihm genehmen Gutachter in das Verfahren einzubinden. Bei seiner Entscheidung übersehe der BGH – so Meyer-Mews[94] –, dass Staatsanwaltschaft und Gericht es i.d.R. in der Hand hätten, Sachverständige auszuwählen, die ihnen zusagten. Dies entspricht jedoch auch den gesetzlich vorgegebenen Auswahlkompetenzen (§§ 161a Abs. 1 Satz 2, 73 StPO), die ansonsten ins Leere liefen; eine Änderung kann nur auf Ebene der Legislative erfolgen.

17.45   Ferner äußert Meyer-Mews[95] Bedenken im Hinblick auf die uneinheitliche Handhabung im Vergleich zu einem Zeugen, der sich nur von einem bestimmten Sachverständigen zur Frage der Glaubhaftigkeit seiner Angaben untersuchen lassen will. Nach einer Entscheidung des Kammergerichts[96] kann die Beauftragung eines anderen Sachverständigen in Erfüllung der Aufklärungspflicht entgegen der Regelung des § 73 Abs. 1 Satz 1 StPO geboten sein, wenn der gesetzliche Vertreter des minderjährigen Geschädigten die notwendige Untersuchung durch einen bestimmten Sachverständigen verweigert. Auch obergerichtlich[97] wurde es als zulässig erachtet, eine als Therapeutin des kindlichen Opfers tätige Psychologin mit einem aussagepsychologischen Gutachten desselben zu beauftragen.

Solange man aufgrund von § 81c StPO eine Verpflichtung des Zeugen, sich einer aussagepsychologischen Begutachtung zu unterziehen, nicht anerkennt[98], wird man, um „Waffengleichheit" zu erreichen, auf anderer Ebene ansetzen müssen. Es erschiene jedoch bedenkenswert, ginge die Strafprozessordnung dazu über, die Wahl des Gutachters dem Verteidiger zu überlassen, der als einseitiger Interessen-

---

92) BGH, a.a.O.
93) BGH, Urt. v. 12.02.1998 – 1 StR 588/97.
94) Meyer-Mews, StraFo 2010, 221 f. m.w.N.
95) Meyer-Mews, a.a.O.
96) KG Berlin, Beschl. v. 20.05.1996 – 1 AR 217/96 – 3 Ws 110 - 111/96.
97) BGH, Beschl. v. 27.11.1995 – 1 StR 614/95.
98) So etwa BGH, Urt. v. 11.11.1959 – 2 StR 471/59.

vertreter entgegen Staatsanwaltschaft und Gericht noch nicht einmal „auf dem Blatt Papier" objektiv ist. Und auch die generelle Bestellung eines vom Verteidiger bestimmten Zweitgutachters hätte nicht unerhebliche Auswirkungen auf Kosten und Dauer eines Verfahren – unbeschadet der Tatsache, dass dies doch eher an den im Zivilverfahren vorherrschenden Beibringungsgrundsatz erinnern würde als an ein doch angeblich objektives und unabhängiges Beweismittel im Strafprozess. Praktikabler erscheint es, aufgrund der Ähnlichkeit einer Glaubwürdigkeitsuntersuchung zu einer Vernehmung § 52 StPO analog anzuwenden.[99] Konsequenterweise könnte ein Zeuge, der sich ohne Zeugnis- oder Auskunftsverweigerungsrecht einer aussagepsychologischen Begutachtung (durch einen bestimmten Sachverständigen) verweigert, mit den sich aus §§ 51, 70 StPO ergebenden Zwangsmitteln belegt werden.

17.1.5   (Weitere) Rechtsbehelfe

17.1.5.1   Förmliche Rechtsbehelfe

Aus der effektiven Rechtsschutzgarantie des Art. 19 Abs. 4 GG folgt, dass auch gegen **vollzogene Maßnahmen Rechtsmittel** grundsätzlich eingelegt werden können, sofern es sich um (erhebliche) Grundrechtseingriffe handelt; insbesondere bei einer Ermittlungshandlung, die unter Richtervorbehalt steht, wird dies zu bejahen sein, teilweise wird eine Orientierung an den in § 305 Satz 2 StPO enumerierten Maßnahmen befürwortet.[100]   17.46

(Eil-)Anordnungen der Staatsanwaltschaft oder Polizei im Rahmen der §§ 81a ff. StPO werden wegen drohender Gefährdung des Untersuchungserfolgs sofort vollzogen; Rechtsschutz – auch gegen die konkrete Durchführung der Maßnahme – bietet die Beantragung der gerichtlichen Entscheidung analog § 98 Abs. 2 Satz 2 StPO.[101]

Wird nach Durchführung einer Maßnahme nach § 81b StPO für Zwecke des Strafverfahrens die Vernichtung von Unterlagen begehrt, kann dies nach Maßgabe des § 23 EGGVG mittels ordentlicher Gerichtsbarkeit erreicht werden; für Anordnungen im Rahmen des § 81b StPO aus erkennungsdienstlichen Gründen steht der Verwaltungsrechtsweg offen.[102] Bei doppelfunktionalen Maßnahmen ist zur Bestimmung des Rechtswegs auf den Schwerpunkt abzustellen.[103]

Der Verteidiger sollte darauf achten, der Verwertung von Ergebnissen, die unter Verfahrensverstößen im Rahmen von Maßnahmen nach §§ 81a, 81f, 81h StPO erlangt wurden, bis zu dem durch § 257 StPO vorgegeben Zeitpunkt zu wider-

---

99) Eisenberg, StV 1995, 625 ff.
100) Dölling/Duttge/König/Rössner/Neuhaus, a.a.O., m.w.N.
101) Dölling/Duttge/König/Rössner/Neuhaus, § 81a Rdnr. 20 m.w.N.
102) BeckOK, StPO/Goers, § 81b Rdnr. 16 f. m.w.N.
103) BeckOK, StPO/Goers, § 81b Rdnr. 18.

Artkämper

sprechen; andernfalls ist er mit der Geltendmachung von Beweisverwertungsverboten in der Revision präkludiert.[104]

17.1.5.2   Formlose Rechtsbehelfe

17.47   In jeder Lage des Verfahrens können unförmliche Rechtsbehelfe eingelegt werden. Mittels einer **Gegenvorstellung** oder einer **Dienstaufsichtsbeschwerde** vermag der Verteidiger den zuständigen Dezernenten bzw. dessen Vorgesetzten zu
einer inhaltlichen Auseinandersetzung mit seinem Vorbringen und möglicherweise der Änderung einer Entscheidung zu veranlassen.

17.1.6   Ermittlungsanträge auf Einholung von Sachverständigengutachten

17.1.6.1   Erhebung von Entlastungsbeweisen

17.48   Der Beschuldigte hat das Recht, zu seiner Entlastung **Beweisermittlungsanträge**
zu stellen. Diesen ist im Vorverfahren gem. § 163a Abs. 2 StPO nachzugehen,
wenn die beantragten Beweise von Bedeutung sind. Die Vorschrift konkretisiert
die bereits in § 160 Abs. 2 StPO enthaltene Verpflichtung der Staatsanwaltschaft
zur Objektivität, mithin zur Ermittlung des Sachverhalts „in beide (genauer: alle)
Richtungen"; die Frage der Erheblichkeit der unter Beweis gestellten Tatsachen
für den verfahrensgegenständlichen Sachverhalt entscheidet die Staatsanwaltschaft im Rahmen ihrer Aufklärungspflicht (vgl. § 244 Abs. 2 StPO).[105]

Beantragt der Beschuldigte bei einer richterlichen Vernehmung (z.B. nach §§ 115
Abs. 3, 118a Abs. 3, 128 Abs. 1 Satz 2 StPO) die Erhebung von Beweisen, richtet
sich die Verpflichtung des Richters, diesem Antrag zu entsprechen, nach § 166
Abs. 1 StPO.

Insbesondere in Haftsachen ist kein allzu enger Maßstab an die Bedeutung bzw.
Erheblichkeit der beantragten Beweise anzulegen.[106]

Von Beweisermittlungsanträgen abzugrenzen sind bloße Beweisanregungen, mittels derer nicht eine Beweiserhebung verlangt, sondern nur auf eine Ermittlungs-
möglichkeit hingewiesen wird.[107] Als „Minus" zum Beweisantrag und auch zu
einem Beweisermittlungsantrag ist eine Entscheidung über ein solches Begehren
ebenfalls nach Maßgabe der Sachaufklärungspflicht zu treffen.

---

104) BeckOK, StPO/Goers, § 81a Rdnr. 46 m.w.N.
105) KK/Griesbaum, § 163a Rdnr. 8.
106) Vgl. KK/Griesbaum, a.a.O.
107) KK/Krehl, § 244 Rdnr. 103.

Der Verteidiger hat ein eigenes und vom Willen des Beschuldigten unabhängiges Beweisantragsrecht.[108] Im Interesse seines Mandanten hat er darüber zu befinden, ob und inwiefern er von diesem Recht (im Vorverfahren) Gebrauch macht.

17.1.6.2   Chancen, Risiken und Aufklärung

Mittels eines Antrags auf Einschaltung eines Sachverständigen können bereits frühzeitig die Weichen für den weiteren Gang des Verfahrens gestellt werden.   **17.49**

Der technische und wissenschaftliche Fortschritt zieht Ermittlungsansätze in Verfahren nach sich, die in der Vergangenheit längst abschlussreif gewesen wären, und legt dabei ein Tempo vor, dem Justiz und Polizei mit Fortbildungsmöglichkeiten und Fortbildungsbereitschaft kaum gewachsen sind. Ein Verteidiger, der sich auch in den aktuellen wissenschaftlichen Stand einarbeitet, kann bei der Befassung mit einer Akte mit Hilfe eines Antrags auf Einholung eines Sachverständigengutachtens frühzeitig auf den weiteren Verlauf des Verfahrens einwirken. Mitunter wird sich – vorwiegend in den Allgemeindezernaten – ein derartiger Wissens- und **Erfahrungsvorsprung** auch unter einem anderen Gesichtspunkt lohnen: Wird – in Bagatellverfahren – dem zuständigen Dezernenten bei der Staatsanwaltschaft aufgezeigt, dass hier die Einholung eines Sachverständigengutachtens vor Erwägung, Anklage zu erheben, geboten ist, mag sich der eine oder andere Staatsanwalt bzw. Amtsanwalt an die Existenz der Einstellungsnormen aus Gründen der Opportunität „erinnern" – „PEBB§Y"[109] fest im Blick.

Es kann andererseits jedoch auch den Interessen des Mandanten gerecht werden, „keine schlafenden Hunde zu wecken".

Dem Verfasser sind diverse Verfahren bekannt, in denen – offensichtlich aufgrund von Falschdarstellungen, Beschönigungen und Lügen des eigenen Mandanten im **Innenverhältnis** – der Beschuldigte mit den Anträgen des **Verteidigers** auf Einholung eines Sachverständigenbeweises endgültig der ihm zur Last gelegten **Tat überführt** wurde. Regt der Verteidiger in einem Tötungsverfahren eine Blutspurenmusteranalyse an, kann mittels derer evtl. ein Tatgeschehen rekonstruiert werden, was sich nicht mit der Einlassung des Beschuldigten in Einklang bringen lässt.

Besondere **Vorsicht** ist zudem im psychiatrischen Bereich geboten: Bei einem strafrechtlich vorbelasteten Beschuldigten, dem ein Delikt im Bereich der mittleren Kriminalität zur Last gelegt wird, und der seinem Verteidiger psychische Abnormitäten offenbart, sollte sich Letzterer ernsthaft überlegen, dies – sofern es noch nicht aktenkundig ist – der Ermittlungsbehörde kundzutun; er kann seinen Mandanten damit in die Gefahr einer Maßregel nach § 63 StGB bringen. Entsprechendes gilt auch in Bezug auf § 64 StGB, wenn eine Alkohol- oder Betäubungsmittelabhängigkeit zur Sprache kommt.   **17.50**

---

108) BGH, Beschl. v. 26.05.2009 – 4 StR 148/09.
109) Dies sind Sachgebietsschlüssel der Justizstatistik.

Artkämper

Zur Vermeidung von **Regressansprüchen** hat der Verteidiger seinen Mandanten über Risiken im Zusammenhang mit Beweiserhebungsanträgen aufzuklären. Der Beschuldigte ist natürlich nicht verpflichtet, seinem Rechtsbeistand die Wahrheit über Täterschaft und Tatumstände preiszugeben. Ihm muss jedoch verdeutlicht werden, was im konkreten Fall „auf dem Spiel steht", wenn eine Beweiserhebung – wie angeregt – durchgeführt wird.

17.1.7 Umgang mit (vorläufigen) Gutachten (wie man Gutachten liest)

17.1.7.1 Form von Gutachten im Ermittlungsverfahren

17.51 Gemäß § 82 StPO entscheidet im Vorverfahren der (Ermittlungs-)Richter, ob ein Sachverständiger sein Gutachten schriftlich oder mündlich zu erstatten hat. Entsprechendes gilt über die Verweisungsnorm des § 161a Abs. 1 Satz 2 StPO für den Staatsanwalt, sofern dieser – mangels Richtervorbehalts – den Sachverständigen beauftragt. Doch auch im Falle der Anordnung bloß mündlich zu erbringender sachverständiger Erläuterungen bleibt es dem Sachverständigen unbenommen, ein vorbereitendes schriftliches Gutachten vorzulegen.[110]

Der Verzicht auf ein **schriftliches Vorgutachten** ist – von Ausnahmen abgesehen – unzweckmäßig und hat daher (hoffentlich) kaum praktische Relevanz. Er hat zur Folge, dass der Sachverständige unter Berücksichtigung der sich aus § 168c Abs. 2 StPO ergebenden Anwesenheitsrechte zu vernehmen ist und – da nach § 168b Abs. 1 StPO Ermittlungsergebnisse aktenkundig zu machen sind – die Vernehmung grundsätzlich auch protokolliert werden muss, § 168b Abs. 2 Satz 1 StPO. Nur bei sonst drohender erheblicher Verzögerung des Verfahrens (§ 168b Abs. 2 StPO) oder völliger Belanglosigkeit der Angaben genügt die Anfertigung eines Aktenvermerks.[111]

17.1.7.2 Gutachtenerstattung in der Hauptverhandlung

17.52 Der Sachverständige erstattet sein Gutachten in der Hauptverhandlung durch mündlichen Vortrag ohne Bezugnahme auf ein schriftliches Vorgutachten, wobei ihm jedoch aus diesem Vorhalte gemacht werden können.[112] In nicht wenigen Fällen gewinnt der Sachverständige Erkenntnisse in laufender Hauptverhandlung, die ihn zu einer vom Gutachten im Ermittlungsverfahren abweichenden Bewertung veranlassen. Wenngleich das Gesetz seine dauernde Anwesenheit nicht erfordert (vgl. § 226 StPO), sollte der Sachverständige somit zur Vermeidung der erfolgreichen Inbegriffsrüge im Rahmen der Revision während der ent-

---

110) BGH, Urt. v. 14.11.1961 – 5 StR 445/61.
111) KK/Senge, § 168b Rdnr. 5 m.w.N.
112) KK/Senge, § 82 Rdnr. 3.

scheidenden Abschnitte der Beweisaufnahme anwesend sein.[113] Das Gericht kann seine Anwesenheit bei einzelnen Abschnitten der Beweisaufnahme anordnen; andernfalls steht es in seinem Ermessen.[114]

Die Feststellung der den Regeln des Freibeweises unterliegenden Prozessvoraussetzungen – etwa der **Verhandlungsfähigkeit** – kann dagegen auch formlos erfolgen.[115]

§§ 251 Abs. 1 und 2, 256 StPO lassen die Verlesbarkeit von (Vor-)Gutachten betreffend die Schuldfrage oder Rechtsfolge und somit Ausnahmen der Grundsätze der Unmittelbarkeit und Mündlichkeit zu. § 251 Abs. 1 StPO – bzw. § 251 Abs. 2 StPO bei ermittlungsrichterlichen Vernehmungen (§§ 162, 169 StPO) – umfasst den seltenen Fall, dass das Gutachten im Vorverfahren mündlich erstattet und zu Protokoll genommen wurde.

17.1.7.3 Kein genereller Anspruch auf ein schriftliches, vorbereitendes Gutachten (= Vorgutachten)

Der Verteidiger hat **keinen Anspruch** auf ein schriftliches Vorgutachten eines Sachverständigen; ein solcher wurde, nachdem er lange Zeit umstritten war, vom BGH verneint.[116] Selbst in Fällen der in Betracht kommenden Anordnung der Sicherungsverwahrung besteht keine Verpflichtung des Auftraggebers, ein schriftliches Vorgutachten zu verlangen.[117] Bei komplexen Fragestellungen kann sich die Notwendigkeit eines schriftlichen Vorgutachtens jedoch aus der Aufklärungspflicht ergeben (§§ 160, 244 Abs. 2 StPO).[118]   **17.53**

Soweit das Gutachten vor dessen Erstattung in der Hauptverhandlung der Verteidigung nicht in schriftlicher Form übersandt wurde, besteht nur die Möglichkeit eines Unterbrechungs- oder **Aussetzungsantrags**. Wird dieser abgelehnt, bedarf es eines Beschlusses nach § 238 Abs. 2 StPO, um im Rahmen der Revision die Rüge der unzulässigen Beschränkung der Verteidigung nach § 338 Nr. 8 StPO erheben zu können. Entsprechendes ist zu erwägen, wenn ein unangemessen kurzer Zeitraum zwischen Übersendung des vorläufigen Gutachtens und der Gutachtenerstattung in der Hauptverhandlung liegt oder wenn endgültiges und vorläufiges Gutachten in wesentlichen Punkten divergieren.

---

113) Vgl. BGH, Beschl. v. 10.06.2015 – 1 StR 193/15.
114) BeckOK, StPO/Monka, § 80 Rdnr. 5.
115) KK/Senge, a.a.O., m.w.N.
116) Ausführlich zum Streitstand Burhoff, Rdnr. 2674.
117) BGH, Urt. v. 14.10.2009 – 2 StR 205/09.
118) Vgl. Dölling/Duttge/König/Rössner/Neuhaus, § 82 Rdnr. 3.

17.1.7.4 Akteneinsichtsrecht

17.54 Befindet sich ein schriftliches Vorgutachten bei den Akten, ergibt sich das Recht der Verteidigung auf Einsichtnahme aus § 147 Abs. 3 StPO, das keinerlei Beschränkungen unterliegt.[119] Auch ohne einen entsprechenden Antrag des Verteidigers ist es gängige Praxis, dass der Staatsanwalt diesem nach Eingang des Gutachtens eine Ablichtung zur Kenntnisnahme übersendet und sodann – es sei denn, das Beschleunigungsgebot etwa in Haftsachen steht dem entgegen – eine angemessene Wiedervorlagefrist notiert, um eine Stellungnahmemöglichkeit einzuräumen.

Von Bedeutung ist in diesem Zusammenhang auch die Frage, ob der Verteidiger das Recht auf Vorlage sämtlicher das Gutachten **vorbereitender Arbeitsunterlagen** hat; ein solcher unbedingter Anspruch wurde vor 25 Jahren vom BGH[120] verneint: Es bestehe kein unbeschränktes Recht eines Verfahrensbeteiligten auf Zugänglichmachung etwa von Tonbandaufzeichnungen oder Mitschriften im Rahmen von Explorationen. Gemessen an der tatrichterlichen Aufklärungspflicht könne sich dann ein Anspruch auf Einsichtnahme in die Unterlagen des Sachverständigen ergeben, wenn dies im Einzelfall zur Überprüfung des Gutachtens in seinen Grundlagen und Schlussfolgerungen erforderlich erscheint.

17.1.7.5 Prüfung des Gutachtens

17.55 Liegt dem Verteidiger ein vorläufiges Sachverständigengutachten vor, steht ihm i.d.R. nur ein eng begrenzter Zeitraum zur Verfügung, dieses hinsichtlich seiner Brauchbarkeit zu prüfen.

Bereits bei der Suche nach Beweisen, insbesondere der **Tatortarbeit** und der anschließenden Gutachtertätigkeit der Ermittlungsbehörden, schleichen sich mitunter Fehler ein. Fehler bei der Spurensuche, Spurensicherung, Spurenauswertung und Spurenkonservierung können auftreten und in der Folge Eingang in Sachverständigengutachten finden. Die Beurteilung der sachlichen und wissenschaftlichen Schlüssigkeit indiziert ferner, dass sich der Verteidiger mit – ihm fachlich nicht geläufigen – Fragen des zugrunde liegenden Sachgebiets auseinandersetzt. Gegebenenfalls bedarf es auch einer Rückfrage bei einem Spezialisten, wenn die Klärung spezifischer Fachfragen vonnöten ist.

Prüfungsmaximen bilden in diesem Kontext die notwendige wissenschaftliche Autorität, die „Schule", der der Sachverständige zuzuordnen ist, und die – fachlich anerkannte – Methodik, die dem Gutachten zugrunde gelegt worden ist. Untersuchungsmethoden und Testverfahren sind zu benennen. Das Gutachten muss schlüssig, plausibel und widerspruchsfrei sein. Sowohl die sachlichen Grundlagen als auch die vom Sachverständigen gezogenen Schlussfolgerungen müssen verständlich und nachvollziehbar erläutert sein.

---

119) KK/Senge, § 82 Rdnr. 3.
120) BGH, Beschl. v. 14.07.1995 – 3 StR 355/94.

Angreifbar sind insbesondere Gutachten – in der Praxis meist solche zur Frage der Schuldfähigkeit –, die sich seitenweise mit der Wiedergabe des Akteninhalts und den Einzelheiten der Exploration beschäftigen. Die eigentliche inhaltliche Stellungnahme ist auf weniger als ein Minimum beschränkt und überdies noch mit Fremdwörtern und Zitaten gespickt.[121]   17.56

In der Praxis anzutreffen sind zudem **Kompetenzüberschreitungen** durch den Sachverständigen, sei es dadurch, dass dieser Tatsachenfeststellungen trifft oder zu Rechtsfragen Stellung nimmt. Dies mag zum einen der immer noch anzutreffenden „Gutachterhörigkeit" der Verfahrensbeteiligten, zum anderen dem Selbstverständnis der Sachverständigen geschuldet sein, die teilweise im Gerichtssaal mit Verwunderung und Unwillen auf kritische Nachfragen reagieren – geht man doch selbstredend davon aus, dass sich die Juristen schon aus mangelndem Sachverstand hinsichtlich der zugrunde liegenden Materie den gutachterlichen Ausführungen anschließen. Eine Überschreitung seiner Kompetenzen ist auch dergestalt denkbar, dass sich der Sachverständige nicht an sein Aufgabengebiet gehalten und Stellung zu ihm fachfremden Fragen bezogen hat. In beiden Fällen sollte sich der Verteidiger gedanklich auf ein in der Hauptverhandlung ggf. zu stellendes Befangenheitsgesuch vorbereiten.

17.1.7.6   Tipp: Gutachten liest man von vorne

Die **Fehleranfälligkeit** gutachterlicher Ausführungen erschließt sich allerdings nur dem Leser, der nicht zielorientiert zunächst einmal das (vorläufige) Ergebnis liest, und nur, wenn ihm dieses nicht gefällt, in eine genauere Lektüre einsteigt. Eine derartige Vorgehensweise wird unter Berücksichtigung des Inertia-Effekts und der Selffulfilling Prophecy inhaltliche und methodische Fehler kaum aufdecken. Daher: **Gutachten liest man von vorne!**   17.57

17.1.8   Alternativgutachten (der Verteidigung)

17.1.8.1   Fehlerhaftigkeit des Gutachtens als Ausgangslage

Hat der Verteidiger Zweifel an der **Eignung des Sachverständigen** und/oder an der Richtigkeit des Gutachtens, bestehen verschiedene Reaktionsmöglichkeiten – sollte das Gericht respektive die Staatsanwaltschaft sich nicht im Rahmen der Aufklärungspflicht zur Einholung eines weiteren Gutachtens (Obergutachtens) nach §§ 73 Abs. 1, 83 Abs. 1 StPO (ggf. i.V.m. § 161a Abs. 1 Satz 2 StPO) entschließen.   17.58

---

121) Artkämper, Die „gestörte" Hauptverhandlung, Rdnr. 514.

17.1.8.2   Beweisantrag

17.59   Es besteht die Option, einen **Beweisantrag** zu stellen. Bereits § 244 Abs. 4 Satz 1 StPO lässt die Ablehnung eines Beweisantrags auf **Vernehmung eines Sachverständigen** zu, wenn das Gericht selbst – was dieses auch selbst entscheidet[122] – die erforderliche Sachkunde besitzt. Diese kann auch dann aus den Ausführungen des beauftragten Sachverständigen erlangt werden, wenn das Gericht nicht beabsichtigt, ihm zu folgen.[123] Ist schon ein (Erst-)Gutachter herangezogen worden, fasst § 244 Abs. 4 Satz 2 StPO den Prüfungsmaßstab für die Vernehmung eines weiteren Sachverständigen noch enger. Danach ist die Ablehnung des Beweisantrags auch möglich, wenn die behauptete Tatsache bereits durch das Ausgangsgutachten widerlegt ist. Die im zweiten Halbsatz aufgezählten Ausnahmen von diesem Ablehnungsgrund verstehen sich von selbst, denn es liegt auf der Hand, dass durch ein fachlich mangelhaftes Gutachten das Gegenteil der behaupteten Tatsache nicht bewiesen werden kann. Insgesamt lässt der Gesetzgeber in der Vorschrift des § 244 Abs. 4 StPO die Intention erkennen, dass ein (weiteres) Sachverständigengutachten i.d.R. entbehrlich ist, was zur Folge hat, dass dem Verteidiger zwangsläufig ein erhöhter Begründungsaufwand bei der Stellung eines dahingehenden Beweisantrags abverlangt wird.

17.1.8.3   Privatgutachten

17.60   Es kann daher ratsam sein, einen „Privatgutachter" zu beauftragen. Insbesondere bei Vorliegen eines schriftlichen Vorgutachtens im Ermittlungsverfahren bleibt dem Verteidiger ausreichend Zeit, um privat einen Gutachter zu verpflichten und sich sodann zur Vorbereitung auf die Hauptverhandlung auch mit dessen Ausführungen inhaltlich auseinanderzusetzen.

Gerade im Bereich der Kriminaltechnik erweckt ein Sachverständigengutachten in besonderem Maße den Anschein eines objektiven Beweismittels mit der Konsequenz, dass es von den Strafverfolgungsbehörden und dem Gericht teilweise nicht mit der **gebotenen Kritik** hinterfragt wird. Dies eröffnet dem Verteidiger die Chance, auf den Verlauf des Verfahrens Einfluss zu nehmen, indem er – in Ausübung seiner Schutz-, Entlastungs- und Kontrollfunktion – jeden auch nur ansatzweise zweifelhaft erscheinenden Befund mit Sorgfalt überprüft und vor allem in noch nahezu „unerprobten" Wirkungsfeldern die Belastbarkeit eines Sachverständigengutachtens mit aktuellen Studien in Zweifel zieht.

17.1.8.4   Befugnisse des Privatgutachters

17.61   Der Verteidiger kann, sofern er bereits Einsicht in die Akten hatte, dem **Privatgutachter** ein Doppel dieser überlassen; andernfalls hat er ihn objektiv über den **Akteninhalt** zu informieren.[124] Der private Gutachter darf dem Verteidiger bei

---

122) BGH, Beschl. v. 12.10.1999 – 1 StR 109/99 m.w.N.
123) BGH, Beschl. v. 12.01.2010 – 3 StR 436/09.
124) Burhoff, Rdnr. 2687.

der Besichtigung in amtlichem Gewahrsam befindlicher, also insbesondere beschlagnahmter Gegenstände beiwohnen, eine Mitnahme der Beweisstücke zwecks Vorbereitung des Gutachtens sieht § 147 StPO nicht vor, wenngleich die Ablehnung eines entsprechenden Begehrens an das Gericht zur Vorbereitung eines Antrags nach § 245 StPO vor dem Hintergrund der Aufklärungspflicht revisionsrechtlich nicht unbedenklich ist.[125]

Besonders im psychiatrischen und psychologischen Bereich bedarf es der **Exploration** des Beschuldigten zur Erstattung eines Gutachtens. Befindet sich der Beschuldigte in Untersuchungshaft, darf die Mitwirkung des nach § 126 StPO zuständigen Richters daran, eine entsprechende Besuchsregelung für den Sachverständigen zu treffen, vor dem Hintergrund, dass sich unter den aus §§ 220, 245 Abs. 2 StPO ergebenden Voraussetzungen ein Anspruch auf Einführung eigener Beweismittel durch den Angeklagten ergibt, nicht verweigert werden. Der BGH[126] stellt in Anlehnung an die ständige Rechtsprechung als Grundsatz heraus, dass zwar keine Verpflichtung des Gerichts besteht, den privaten Gutachter bei der Vorbereitung seiner sachverständigen Feststellungen zu unterstützen, es diesem aber wegen der zu wahrenden „Waffengleichheit" auch nicht ohne Gründe – etwa einer Verfahrensverzögerung – „**Steine in den Weg legen**" darf.

17.1.8.5 Einführung in die Hauptverhandlung/ präsentes Beweismittel

Das schriftliche Gutachten des Sachverständigen unterfällt nicht den „sonstigen herbeigeschafften Beweismitteln" des § 245 Abs. 2 StPO, sondern ist an den Maßstäben der §§ 251, 256 StPO zu messen.[127] Die Vernehmung des **präsenten Privatgutachters** in der Beweisaufnahme setzt – soweit dieser nicht durch das Gericht geladen wird – nach § 245 Abs. 2 Satz 1 StPO die Stellung eines **Beweisantrags** voraus. Erfahrungsgemäß wird eine Ladung im Hinblick darauf, dass das Gericht bereits einen Sachverständigen, den es selbst fachlich für geeignet hält, bestellt hat, nicht erfolgen. Abhilfe bietet insoweit das Selbstladeverfahren nach den §§ 220, 38 StPO. Das Gericht wird dadurch verpflichtet, den Sachverständigen zu vernehmen, soweit kein Ablehnungsgrund des § 245 Abs. 2 StPO vorliegt. Dies eröffnet den Vorteil, dass der Katalog der Ablehnungsgründe des § 245 Abs. 2 StPO wesentlich enger umgrenzt ist als durch § 244 Abs. 3–5 StPO normiert. Wird der Sachverständige nicht geladen, sondern bloß zur Hauptverhandlung „mitgenommen", ist er kein präsentes Beweismittel i.S.d. § 245 StPO, so dass sich die (Nicht-)Einvernahme nach § 244 StPO richtet.[128]

17.62

---

125) Ausführlich zum Streitstand Burhoff, Rdnr. 2688.
126) BGH, Urt. v. 24.07.1997 – 1 StR 214/97 m.w.N.
127) Meyer-Goßner/Schmitt, § 245 Rdnr. 4, § 251 Rdnr. 16.
128) Burhoff, Rdnr. 2686.

Artkämper

17.1.8.6   Risiken

17.63   Bei der Entscheidung des Verteidigers, einen privaten Gutachter zu konsultieren, sind die **Kosten** für den Mandanten im Blick zu behalten. Die finanziellen Aufwendungen für ein Privatgutachten sind nach § 464a StPO weder von den Kosten des Verfahrens noch von den notwendigen Auslagen umfasst, sodass diese grundsätzlich nicht erstattungsfähig sind. Eine Erstattungspflicht besteht nach § 220 Abs. 3 StPO nur, sofern private Ermittlungen für die Abwehr des Anklagevorwurfs unbedingt notwendig waren.[129] Allerdings wird die für die Kostentragungspflicht relevante Sachdienlichkeit der Vernehmung eines anderen (weiteren) Sachverständigen durch die Rechtsprechung großzügig bemessen, wobei nicht abschließend geklärt ist, ob das Gutachten Einfluss auf die Entscheidung des Gerichts haben muss oder es genügt, wenn es zu einer Erweiterung der Diskussionsgrundlage geführt hat.[130] Da der Mandant „auf den Kosten sitzen" bleibt, sofern das Gericht den von der Verteidigung gewünschten Sachverständigen begründet ablehnt, verlangt die Frage der Beauftragung eines anderen Sachverständigen von der Verteidigung erhebliche Sorgfalt bei der Abwägung des Aufwand-Nutzen-Verhältnisses.

Das Risiko einer **nachteiligen Entscheidung in der Sache** ergibt sich u.U. in dem Fall, in dem der Privatgutachter zu einem Ergebnis gelangt, das für den Beschuldigten nicht vorteilhaft ist. Beauftragt der Verteidiger einen privaten Gutachter, lädt diesen aber nicht zur Hauptverhandlung, ziehen Gericht und Staatsanwaltschaft – sofern sie Kenntnis davon erlangen – bewusst oder intuitiv daraus aller Wahrscheinlichkeit nach den Schluss, dass der private Gutachter zu einem für den Angeklagten ungünstigen Resultat gekommen ist; wird dieser sodann durch Gericht bzw. Staatsanwaltschaft geladen, ergibt sich ggf. ein weiteres Beweismittel gegen den Angeklagten. Eine Verhinderung wird möglich, wenn der Verteidiger ein Zeugnisverweigerungsrecht nach § 53a StPO schafft, indem er den Sachverständigen durch besonders starke Einbindung in seine Tätigkeit zu seinem Gehilfen macht.[131]

17.1.8.7   Methodenkritisches Gutachten

17.64   Von einem weiteren Gutachten und dessen Ablehnungsmöglichkeiten streng zu unterscheiden ist ein **methodenkritisches Gutachten**; dieses stellt keine zeit- und kostenintensive eigene Begutachtung und Untersuchung dar, sondern die Überprüfung eines vorhandenen Gutachtens auf dessen handwerkliche Brauchbarkeit: Sind die für die sachverständig zu beurteilende Fragestellung anerkannten Kriterien und Standards eingehalten worden? Derartige Gutachten führen durchaus zu „überraschenden" Ergebnissen bis hin zur möglichen Unbrauchbarkeit des vorliegenden Gutachtens.

---

129) Meyer-Goßner/Schmitt, § 464a Rdnr. 16.
130) Artkämper, Die „gestörte" Hauptverhandlung, Rdnr. 919.
131) Krekeler, a.a.O., m.w.N.

17.1.9 Verhängnisvolle Fehlleistungen von Sachverständigen – ein Review

Zur Bedeutung kriminaltechnischer Verfahren und der Zuverlässigkeit und Vergänglichkeit anerkannter Sachverständigenaussagen im Strafprozess folgende Beispielsfälle:[132]

17.65

Das Landgericht Münster sah es aufgrund eines spektralanalytischen approximativ-quantitativen Messverfahrens als erwiesen an, dass eine Ehefrau ihrem Mann über Monate Thalliumsulfat (Bestandteil von Rattengift) verabreicht hatte. Das verwendete Verfahren war jedoch nicht geeignet, die Mengen von Thalliumsulfat im Körper zu bestimmen, da das Verfahren die vorhandene Thalliumsulfatmenge nicht exakt wiedergab, sondern einen viel zu hohen Wert ermittelte. Nach der Falsifikation des spektralanalytischen approximativ-quantitativen Messverfahrens wurde die Angeklagte im Wiederaufnahmeverfahren freigesprochen.

Das FBI verwendete in den letzten zwei Dekaden des vergangenen Jahrtausends die mikroskopische Haaranalyse:[133] Bei dieser Methode werden Haare, welche am Tatort gefunden wurden, mit denen des Beschuldigten unter dem Mikroskop auf ihre Gleichheit verglichen. Diese Methode wird in Fachkreisen als fehleranfällig angesehen und ist heutzutage komplett durch die DNA-Analyse von Haaren ersetzt worden. Bei der vom FBI im Jahr 2015 durchgeführten Kontrolle von zunächst 286 Altfällen (weitere 2.500 Altfälle werden zurzeit aufgearbeitet), kam in 95 % der Fälle ein Gutachten zustande, das nicht mit dem ursprünglichen Ergebnis übereinstimmte.[134] 26 von 28 forensischen Sachverständigen hatten fehlerhafte Gutachten erstattet. Auch hier wird es zu einigen Fehlentscheidungen aufgrund fehlerhafter kriminaltechnischer Untersuchungen gekommen sein, die nun mit der DNA-Analyse-Technik neu zu entscheiden sind – sofern es dafür nicht zu spät ist, wie bei 14 Verurteilten, die bereits hingerichtet worden waren bzw. in der Haft verstorben sind.[135]

Auch vorläufige Einschätzungen von Ursachen und Folgen durch einen rechtsmedizinischen Sachverständigen können unzutreffende Ermittlungshypothesen begründen:

So hat es bereits mehrfach Verfahren gegeben, in denen die Obduktion den Anfangsverdacht eines Sexualmordes/einer Vergewaltigung mit Todesfolge ergab, da Einrisse in der Vaginalschleimhaut des Opfers nebst Einblutungen diesen Verdacht nahelegten. Die weiteren Ermittlungen ergaben dann eine Luftembolie nach einverständlichem Geschlechtsverkehr; das Verletzungsbild der Scheide war

---

132) In Anlehnung an Artkämper/Artkämper, Kriminaltechnische und rechtsmedizinische Untersuchungen, Kriminalistik 2018, 347 ff.

133) www.washingtonpost.com/local/crime/fbi-overstated-forensic-hair-matches-in-nearly-all-criminal-trials-for-decades/2015/04/18/39c8d8c6-e515-11e4-b510-962fcfabc310_story.html.

134) www.zeit.de/gesellschaft/zeitgeschehen/2015-04/usa-rechtsmedizin-fbi-justizskandal.

135) www.spiegel.de/panorama/justiz/fbi-skandal-um-falsche-dna-proben-a-1029599.html.

durch das Klimakterium der Frau und die beim Geschlechtsverkehr gewählte Stellung zu erklären.[136]

Für scheinbar undenkbare Phänomene hält die Wissenschaft Erklärungsmodelle bereit:

Die Einlassung des alkoholisiert angehaltenen Verkehrsteilnehmers, er trinke nie Alkohol, ist prima facie wenig glaubhaft, wenn die – nicht verwechselte – Blutprobe eine derartige BAK aufweist. Hellhörig werden Juristen allerdings, wenn sich diese Person in eine geschlossene Unterbringung begibt, in der der Konsum von Alkohol sicher ausgeschlossen ist und auch dort entnommene Blutproben BAKs in dieser Größenordnung aufweisen. Die Lösung ist das sogenannte Auto-Brewery-Syndrome, bei dem der Körper im Darm Alkohol produziert. Allerdings kommt diese Fehlfunktion äußerst selten vor.

Auch nicht jede neue Untersuchungsmöglichkeit stellt einen Schritt in die richtige Richtung dar:

Eine Angeklagte war knapp 2,5 Jahre inhaftiert, bevor sie im Jahr 2008 freigesprochen wurde. Verurteilt wurde sie erstinstanzlich wegen Mordes und besonders schwerer Brandstiftung. Kriminaltechniker des LKA Berlin meinten, dass sie eine neue, innovative Methode gefunden hätten, bei der der Nachweis von 2-Butanon und 3-Methyl-2-Butanon aus dem Brandschutt die Benutzung von Brandbeschleuniger beweisen könne. Bedacht wurde allerdings nicht, dass 2-Butanon und 3-Methyl-2-Butanon auch entsteht, wenn Holz verkohlt. Mithin kann die Methode als gänzlich ungeeignet zum Nachweis von Brandbeschleunigern angesehen werden. Aufgrund des Vorkommens von 2-Butanon und 3-Methyl-2-Butanon bei verkohltem Holz verwundert es nicht, dass das LKA in dem Zeitraum der Anwendung der Methode 196-mal die Verwendung von Brandbeschleunigern attestiert hat.

17.66 Der propagierte **Fortschritt der Wissenschaft** – welcher seinerseits mit Fehlern behaftet sein kann – zwingt den mit der Überprüfung der Ergebnisse beauftragten Kriminalisten immer, die Aktualität und Validität der Untersuchungen kritisch zu hinterfragen. Plakativ verdeutlicht wird dies durch den von einem Wissenschaftler auf einer Fachtagung überspitzt geäußerten Satz: *„Was ich Ihnen heute darbiete, ist der gegenwärtige Stand unseres Irrtums.“*[137]

---

136) Hoppmann, Vergewaltigung mit Todesfolge, Kriminalistik 2014, 495 ff.; Bundschuh, Tod in den Flammen, S. 97.
137) Foth/Karcher, NStZ 1989, 166 (167), zitiert aus: Neuhaus/Artkämper, Kriminaltechnik und Beweisführung im Strafverfahren, Rdnr. 17.

17.1.10   Literaturrecherche

Allgemeine Probleme des Sachverständigenbeweises werden nahezu monatlich in   17.67
den **Zeitschriften** Kriminalistik und Archiv für Kriminologie dargestellt. Darüber
hinaus sind empfehlenswert:

Ackermann/Clages/Roll, Handbuch der Kriminalistik (4. Aufl., 2011)

Eisenberg, Beweisrecht der StPO (10. Aufl., 2017)

Frings/Rabe, Grundlagen der Kriminaltechnik, Band I und II (2. Aufl., 2017)

Grassberger/Schmid, Todesermittlung, Befundaufnahme und Spurensicherung
(2. Aufl., 2014)

Herrmann/Saternus, (Hrsg), Kriminalbiologie (2007)

Kube/Störzer/Timm, (Hrsg), Kriminalistik – Handbuch für Praxis und Wissenschaft, Bd. I (1992), Bd. II (1994)

Müller/Schlothauer, (Hrsg), Münchener Anwaltshandbuch Strafverteidigung
(2. Aufl., 2014)

Neuhaus/Artkämper, Kriminaltechnik und Beweisführung im Strafverfahren
(2014)

Pfefferli (Hrsg.), Die Spur (6. Aufl., 2011)

Roll, Kriminalistische Informationsbewertung, FS DGfK Band 4 (2013),
S. 361 ff.

Voss-de Haan, Physik auf der Spur, Kriminaltechnik heute (2009)

de Vries, Einführung in die Kriminalistik für die Strafrechtspraxis (2015)

Walder/Hansjakob, Kriminalistisches Denken (9. Aufl., 2012)

Weihmann/de Vries, Kriminalistik (13. Aufl., 2014)

Wirth, Kriminalistik-Lexikon (4. Aufl., 2011)

Daneben werden Recherchemöglichkeiten im **Internet** pp. – auch und gerade
wegen ihrer Aktualität – immer praxisrelevanter:

Welt der Spur, App (diverse Spuren, deren Sicherung und Aussagekraft)

www.kriminalwissenschaft.de (zuvor: *www.gletschertraum.de*)

Kriminalisten-Fachbuch KFB, PDF-Datei (2015 f.)

www.aafs.org – American Academy of Forensic Sciences (AAFS)

www.retractionwatch.com (Widerruf von wissenschaftlich fehlerhaften Artikeln)

Artkämper

Das **European Network of Forensic Institutes** (ENFSI) versucht in immer stärkerem Maße als Fachverband einen europäischen kriminaltechnischen Raum zu schaffen und hat eine entsprechende Vision der Europäischen Kriminaltechnik 2020 entwickelt. Akkreditierungsvorgaben sollen ebenso erarbeitet werden wie die Möglichkeit einer europäisch länderübergreifenden Verwertbarkeit nationaler kriminaltechnischer Untersuchungen.[138] Bei ENFSI *(www.enfsi.eu)* existieren diverse Arbeitsgruppen zu relevanten kriminaltechnischen Untersuchungsgegenständen.

Im Bereich der **Rechtsmedizin** für Polizisten, Ärzte und Juristen findet sich ein kostenloses Nachschlagewerk unter
www.rechtsmedizin.kssg.ch/gn/downloads.html.

---

138) Vgl. Matzdorf, Kriminalistik 2014, 165 ff.

17.2 Mandatssituationen

17.2.1 Allgemeines/Verantwortung und Haftung des Verteidigers

Kurzüberblick

– Die Möglichkeiten, mit Sachverständigengutachten tatbelastende Umstände zu entkräften oder zu vertiefen, sind nahezu unendlich. Genau dies wirft Probleme auf, da die Gutachten – sind sie erstattet und den Strafverfolgungsbehörden bekannt – regelmäßig recht unkritisch übernommen werden und mithin streitentscheidend sein können.

17.68

– Der Mandant ist bei der Frage nach der Einholung eines Sachverständigengutachtens in besonderem Maße auf eine ausführliche Beratung angewiesen.

– Ein Haftungsausschluss ist hier anzuraten und – neben den Angaben des Mandanten – schriftlich in den Verteidigungsunterlagen zu fixieren.

Sachverhalt

Dem Beschuldigten wird ein Verstoß gegen das BtmG zur Last gelegt: Er soll vor ca. einem halben Jahr auf einer Party sowie zu dieser Zeit auch regelmäßig privat Kokain erworben, besessen und konsumiert haben. Im Innenverhältnis bestreitet der Mandant auch jeglichen Konsum, und die belastenden Elemente bestehen im Wesentlichen aus den Angaben eines Kleindealers in dem gegen diesen selbst gerichteten Verfahren.

Soll der Verteidiger eine Haaranalyse anregen?

Lösung

Der an einen bekannten Fußballtrainer angelegte Sachverhalt wurde bundesweit bekannt: Die forensische Haaranalyse ist durchaus in der Lage, den Missbrauch illegaler Drogen über längere Zeiträume – je nach Länge der verfügbaren Haare – nachzuweisen. Ein positiver und lege artis durchgeführter Haartest wird daher die Chancen der Verteidigung schmälern, die andernfalls die Glaubhaftigkeit des Belastungszeugen kritisch hinterfragen würde.

17.69

Prozesstaktische Hinweise

Es ist eine Binsenweisheit, dass der Mandant im Innenverhältnis nicht durchweg zur Wahrheit neigt und daher tatrelevante Angaben – werden sie vom Verteidiger eingefordert – durchaus nicht stimmen müssen. Die Gefahr, den Mandanten mit Anträgen auf Sachverständigenbeweis letztendlich zu überführen, liegt damit auf der Hand.

17.70

Artkämper

Sofern möglich, sollten Gutachten ohne Kenntnis der Strafverfolgungsbehörden eingeholt und nur bei einem günstigen Ausgang in das Strafverfahren eingeführt werden.

Die zivilrechtlichen Risiken einer aktiven Strafverteidigung – gerade für den Fachanwalt für Strafrecht – realisieren sich insbesondere bei Anträgen auf Einholung von Sachverständigengutachten – oder deren Unterlassung. Ihre Darstellung würde den vorliegenden Rahmen sprengen; insoweit sei auf die Ausführungen von Barton verwiesen.[139]

Muster

Antrag auf Einholung eines Sachverständigengutachtens

Amtsgericht ...
(Anschrift)

Ermittlungsverfahren
gegen   ...
wegen   des Verdachts des ...
Az.   ...

Sehr geehrte Damen und Herren,

in dem oben genannten Verfahren wird – nach Erörterung der Sach- und Rechtslage mit dem Beschuldigten – beantragt, bereits im Ermittlungsverfahren

ein Sachverständigengutachten ... (Fachrichtung) zu der Frage einzuholen, dass ... (Beweisbehauptung). Als Gutachter wird der forensisch erfahrene Sachverständige Prof. Dr. ... vorgeschlagen, wobei mein Mandant für evtl. erforderliche persönliche Mitwirkungen an der Untersuchung unabhängig von der Person des Gutachters zur Verfügung steht.

Im Fall der geplanten Beauftragung eines anderen Sachverständigen bitte ich um Mitteilung und Stellungnahmemöglichkeit gemäß Nr. 70 RiStBV.

Begründung:

...

Rechtsanwältin/Rechtsanwalt

---

139) MAH Strafverteidigung, § 41 mit umfassenden Nachweisen.

Artkämper

17.2.2   Altersbestimmungen

Kurzüberblick

17.71

– Radiologische Analysen der Handwurzelknochen, des Schlüsselbeins und der Gebissentwicklung können Aufschluss über das Alter einer Person geben; die Kombination dieser Untersuchungsmöglichkeiten (= „Drei-Säulen-Modell") führt zur größtmöglichen Belastbarkeit der Ergebnisse.

– Die Arbeitsgemeinschaft für Forensische Altersdiagnostik der Deutschen Gesellschaft für Rechtsmedizin stellt jeweils aktuelle Empfehlungen für die Altersbestimmung bei Lebenden im Strafverfahren heraus, die im Internet (Stichwort „agfad") einsehbar sind.

– Ohne Einverständnis des Beschuldigten bedarf es zur Durchführung der der Altersbestimmung dienenden Untersuchungen einer richterlichen Anordnung nach § 81a StPO.

Sachverhalt

Der Beschuldigte wird wegen Mordverdachts unmittelbar nach der Tat vorläufig festgenommen. Zu seinen Personalien befragt, gibt er lediglich vor, aus Marokko zu stammen, über keinen festen Wohnsitz in Deutschland zu verfügen und 20 Jahre alt zu sein. Ermittlungen zur Identität des Beschuldigten führen zu einer erkennungsdienstlichen Behandlung in Spanien vor zwei Jahren, bei der er mit einem von seinen jetzigen Angaben abweichenden Geburtsdatum registriert wurde. Unter Zugrundelegung dessen wäre er nunmehr bereits 23 Jahre alt.

Was hat der Verteidiger im Interesse seines Mandanten zu beachten?

Lösung

17.72

Im Falle einer Verurteilung ist es für den Beschuldigten grundsätzlich günstig, wenn Jugendstrafrecht angewendet wird. Diese Möglichkeit besteht jedoch nur, wenn er zum Tatzeitpunkt noch nicht 21 Jahre alt war.

Dem Verteidiger ist anzuraten, bereits im Vorverfahren eine Altersbestimmung anzuregen, sofern er den Angaben seines Mandanten im Innenverhältnis, er sei erst 20 Jahre alt, vertraut.

Neben Ermittlungen zu Größe, Gewicht, Körperbau und sexuellen Reifezeichen haben sich folgende Untersuchungsmethoden zum Zweck der Alterseinschätzung etabliert:[140]

---

140) Neuhaus/Artkämper, Kriminaltechnische Untersuchungsmöglichkeiten, Rdnr. 98 ff.

Bis zum 18. Lebensjahr gibt die radiologische Begutachtung des Handskeletts Aufschluss über das Alter, da es sich etwa bis zu diesem Zeitpunkt noch im Wachstum befindet und im Vergleich zu einem ausgewachsenen Handgelenk Unterschiede bei den Epiphysenfugen aufweist.

Anhand der Verknöcherung der medialen Epiphysenfuge des Schlüsselbeins, was ebenfalls durch eine röntgenologische Untersuchung zum Vorschein gebracht wird, können Rückschlusse auf das Alter zwischen dem 18. und 21. Lebensjahr gezogen werden.

Mittels zahnärztlicher Altersdiagnostik kann bei abgeschlossenen Wachstumsprozessen ein Minimalalter angegeben werden, bestimmte Abnutzungserscheinungen deuten auf ein Lebensalter von mindestens 25 Jahren hin.

Die Kombination der verschiedenen Untersuchungen gewährleistet die größtmögliche Zuverlässigkeit der Ergebnisse.

Je stärker sich das Alter des Beschuldigten einer strafrechtlich relevanten Grenze – wie vorliegend – nähert, desto mehr ist Zurückhaltung bei der Bemessung des Beweiswerts geboten; auch hier findet der Grundsatz „in dubio pro reo" Anwendung, wie es § 1 Abs. 3 JGG seit Ende 2019 für Jugendliche ausdrücklich normiert.

Prozesstaktische Hinweise

17.73   Die Arbeitsgemeinschaft für Forensische Altersdiagnostik der Deutschen Gesellschaft für Rechtsmedizin stellt jeweils aktuelle Empfehlungen für die Altersbestimmung bei Lebenden im Strafverfahren heraus, die im Internet (Stichwort „agfad") abrufbar sind und die der Verteidiger zur Vorbereitung eines entsprechenden Beweisermittlungsantrags einsehen sollte.

Zur Vornahme der zur Altersbestimmung notwendigen körperlichen Untersuchungen ist grundsätzlich ein richterlicher Beschluss gem. § 81a StPO erforderlich. Sollte der Verteidiger eine derartige Bestimmung des Alters befürworten, ist ihm zu empfehlen, bereits frühzeitig das Einverständnis des Beschuldigten zu den erwähnten Maßnahmen zur Akte zu reichen, was eine richterliche Anordnung entbehrlich macht und daher nicht nur Kooperationsbereitschaft mit den Ermittlungsbehörden offenbart, sondern auch zur Beschleunigung der Ermittlungen beiträgt.

Altersbestimmungen haben nicht nur bezogen auf Lebende, sondern auch auf eine Vielzahl weiterer Bezugsobjekte strafverfahrensrechtliche Bedeutung. Das Spektrum reicht von Urkunden über Verletzungen bis hin zu Knochenfunden.

17.2.3 Anthropologische Gutachten

Kurzüberblick

17.74

– Ein anthropologisches Gutachten, d.h. ein morphologischer Merkmalsvergleich etwa von Kopf/Gesicht/Händen, Fußabdrücken oder auch dem Gangbild kann Aufschluss über die Personenidentität von Beschuldigtem und Täter geben.

– Die Aussagekraft eines anthropologischen Gutachtens ist abhängig von vielen Faktoren, u.a. der Anzahl und Häufigkeit der sich bei dem Vergleich überschneidenden Merkmale, und wird häufig überschätzt.

– Auf Grund einer Vielzahl an Fehlerquellen bietet es sich in diesem Bereich an, ein methodenkritisches bzw. Privatgutachten einzuholen; zudem führt auch die durch den BGH im Jahr 1999 bestimmte erweiterte Darlegungspflicht in den Urteilsgründen bei dem von ihm als nicht standardisiert deklarierten Sachverständigengutachten zu einer breiten Angriffsfläche im Rahmen der Revision.

Sachverhalt

Der Beschuldigte ist des vorsätzlichen Fahrens ohne Fahrerlaubnis verdächtig. In einem Ordnungswidrigkeitsverfahren wegen einer Geschwindigkeitsüberschreitung wird aktenkundig, dass dem Beschuldigten vor einigen Monaten die Fahrerlaubnis rechtskräftig entzogen wurde. Die Verwaltungsbehörde übersendet die Sache an die Staatsanwaltschaft mit der Bitte um Übernahme gem. § 41 Abs. 1 OWiG. Nachdem der Beschuldigte einen Äußerungsbogen mit Erläuterung des Tatvorwurfs von der Polizei erhalten hat, beauftragt er einen Rechtsanwalt mit der Wahrnehmung seiner Interessen und behauptet vehement, er sei nicht die Person auf dem Radarfoto.

Wie kann der Verteidiger seinem Mandanten helfen?

Lösung

17.75

Kommt eine Einstellung aus Gründen der Opportunität – etwa wegen einschlägiger Vorbelastungen – nicht in Betracht, sollte der Verteidiger die Einholung eines anthropologischen Gutachtens beantragen. Hierbei handelt es sich um einen morphologischen Merkmalsvergleich.[141] Kopf/Gesicht/Hände, ein Fußabdruck oder auch das Gangbild sind taugliche Anknüpfungspunkte für eine Vergleichsuntersuchung.

17.76

Neben der Eignung des Sachverständigen – dieser sollte Anthropologie oder Medizin studiert haben, wird aber häufig eine andere Ausbildung haben – hat der Verteidiger besonderes Augenmerk auf die Standards zu legen, die sich anthropologische Gutachter auferlegt haben. Insbesondere gilt, dass eine vollständige Analyse die Ausschöpfung sämtlicher erkennbarer Eigenschaften als Gutachten-

---

141) Neuhaus/Artkämper, Kriminaltechnische Untersuchungsmöglichkeiten, Rdnr. 105 ff.

grundlage voraussetzt; überdies sind Arbeitsprinzipien und -regeln zu beachten. Die Anzahl der sich überschneidenden Merkmale hat im Zusammenspiel mit der Häufigkeit dieser entscheidende Auswirkungen auf den Beweiswert.

Prozesstaktische Hinweise

17.77   Selbst wenn das eingeholte anthropologische Gutachten zu dem Ergebnis der Personenidentität gelangt, bietet ein (auch) auf diesem basierendes Urteil eine breite Angriffsfläche im Rahmen der Revision: Bereits mit der Sachrüge kann die mangelhafte Beachtung der durch den BGH im Jahr 1999 bestimmten erweiterten Darlegungspflicht für die schriftlichen Urteilsgründe angefochten werden. Die Gründe müssen sich zu der Qualität und den Eigenschaften des Bilds verhalten. Die Vergleichbarkeit des Blickwinkels und der Kopfhaltung spielt eine Rolle; an dieser Stelle sei auch auf perspektivische und fototechnische Fehler hingewiesen. Überdies führen die von anthropologischen Sachverständigen verwendeten Wahrscheinlichkeitsgrade der Identität (wahrscheinlich, sehr wahrscheinlich, höchstwahrscheinlich und mit an Sicherheit grenzender Wahrscheinlichkeit) zu derartigen Unsicherheiten, dass das erkennende Gericht erst nach Bejahung weiterer Beweisanzeichen zur tatrichterlichen Überzeugung gelangen darf. Bezogen auf die Merkmalsanzahl ist zu erwähnen: Je weniger Merkmale zum Vergleich zur Verfügung stehen, desto eingehender muss die Begründung sein. Die Merkmalshäufigkeit ist unter Berücksichtigung einer Vergleichsgruppe – kategorisiert nach Alter, Geschlecht, ethnischer Herkunft pp. – zu bestimmen, sofern sich durch weitere Beweismittel – z.B. Zeugen – eine solche mit der erforderlichen Sicherheit abzeichnet. Damit korreliert das Problem der Vorauswahl: Existiert ein Bild des Täters, ist der Beschuldigte diesem immer ähnlich, da er aus der gesamten Bevölkerung vorausgewählt wurde. Die Ähnlichkeit darf daher an sich keinen Einfluss mehr auf die Wahrscheinlichkeitseinschätzung für die Identität haben. Die Existenz eines (engen) Verwandten kann ebenfalls den Beweiswert von übereinstimmenden morphologischen Eigenschaften schmälern.

17.78   Aufgrund der vielen Unwägbarkeiten respektive Fehlerquellen bei anthropologischen Gutachten bietet sich gerade in diesem Bereich die Beauftragung eines Privatgutachters oder jedenfalls die Einholung eines methodenkritischen Gutachtens an. Zudem ist für den Verteidiger von Vorteil, dass bereits ein nicht übereinstimmendes Merkmal genügt, um (mit den notwendigen Zweifeln) die Täterschaft des Beschuldigten zu verneinen; ein Identitätsausschluss ist erheblich leichter zu erreichen als die tatrichterliche Überzeugung von der Personenidentität.

Dem Gericht wird in wenigen Fällen ein Lichtbild des Täters von derart guter Qualität zur Verfügung stehen, das ihm ermöglicht, mit eigener Sachkunde auf die (Nicht-)Identität schließen zu können; dies gilt vor allem für Radarfotos. Dem Verfasser sind jedoch mehrere Verhandlungen erinnerlich, in denen der Strafrichter Pragmatismus walten lassen wollte und der Auffassung war, bei einem unscharfen schwarz-weißen Foto in Passformformat Nase, Ohren, Mund und Augenpartien dem Angeklagten zuordnen zu können; es drängt sich – ggf. nach abgelehntem Beweisantrag – die Einlegung eines Rechtsmittels geradezu auf.

17.2.4   Brandermittlungen

Kurzüberblick

– Ein Brand im Rechtssinne ist stets ein „Schadenfeuer", da es sowohl nach DIN   17.79
14011-1 als auch nach der Definition der „Allgemeinen Bedingungen für die
Feuerversicherung" als bestimmungswidriges Brennen mit der Fähigkeit, sich
aus eigener Kraft auszubreiten, verstanden wird.[142] Der Auslöser einer Verbrennung, d.h. der chemischen Reaktion zwischen einem Brennstoff und einem Oxi-
dationsmittel unter Abgabe von Licht und Wärme kann zum einen eine Fremd-,
zum anderen eine Selbstentzündung als Folge einer Selbsterhitzung sein.

– Die Zündenergie, derer es zur Auslösung der entsprechenden chemischen Reaktion bedarf, wird von einer Zündquelle über einen von verschiedenen Wärme-
übertragungsvorgängen auf den zündbereiten Stoff übertragen, mittels derer
auch die sodann durch das Verbrennen entstehende Wärme an die Umgebung
abgegeben wird.[143] Es gibt verschiedene Zündquellen, die sich einerseits nach
der Herkunft der Zündenergie, andererseits nach der Beschaffenheit des brennbaren Stoffs untergliedern lassen.[144] Die Bedingungen für die Zündung von
Stoffen oder Stoffgemischen unterschiedlichen Aggregatzustands sind komplex,
ein entscheidender Faktor ist die Zündtemperatur, d.h. die „niedrigste Tempera-
tur eines Materials, bei der unter festgelegten Prüfbedingungen eine anhaltende
Verbrennung eingeleitet werden kann" (ISO/DTR 11.925, part 1).

– Brände lassen sich nach ihren Besonderheiten, die von der Beschaffenheit des
Stoffs und der Luftzufuhr abhängen, unterteilen: Bei Flammenbränden entstehen derart viele Schwelprodukte/Pyrolyse-Produkte in Form von Gasen und
Dämpfen, dass die Flammen durch die glühenden Rußteilchen orange und rot
leuchten; Glimm- und Glutbrände verlaufen langsam ohne Flammen, und es
werden nur wenige Schwelprodukte gebildet; charakteristisch für Schwel-
brände als Untergruppe der Glimm- und Glutbrände ist viel weißlicher bis
grau-schwarzer Rauch.[145]

– Von Bedeutung ist weiterhin der Begriff „Explosion", der nach DIN 20163 definiert wird als „eine schnellablaufende Umwandlung von potenzieller Energie
in Ausdehnungs- oder Verdichtungsarbeit oder in beide Arbeiten unter Auftreten von Stoßwellen". Auch Explosionen lassen sich unterteilen: So gibt es phy-
sikalische und chemische Explosionen, die zuletzt genannte Gruppe enthält die
praktisch bedeutsamen Subtypen der Spreng- (Spreng- bzw. Explosivstoffe gelangen durch eine Zündquelle zur chemischen Umsetzung) sowie der Raum-
explosion (eine Zündquelle zündet ein Gemisch aus fein verteilten brennbaren
Stoffen und Luft).[146] Erfolgt die Explosion mit Unterschallgeschwindigkeit,
wird sie als Deflagration, anderenfalls als Detonation bezeichnet.

---

142) MAH/Krönke, § 67 Rdnr. 6.
143) MAH/Krönke, § 67 Rdnr. 9, 11, 13.
144) MAH/Krönke, § 67 Rdnr. 38 Fn. 14.
145) MAH/Krönke, § 67 Rdnr. 14 ff.
146) MAH/Krönke, § 67 Rdnr. 21 f., 25.

Artkämper   857

Sachverhalt

Dem Beschuldigten wird eine Brandstiftung zur Last gelegt, da der Brandsachverständige im Brandschutt Spuren von Brandbeschleuniger in Form von 2-Butanon und 3-Methyl-2-Butanon nachgewiesen hat.

Lösung

17.80 Die Erforschung der Ursache eines Brands gestaltet sich als schwierig. Die Entstehung eines Brands oder einer Explosion ist von einer Vielzahl an Parametern beeinflusst, hinzu kommt, dass in den meisten Fällen aufgrund von Löscharbeiten oder sonstigen Gefahrabwehrmaßnahmen der Feuerwehr Veränderungen des „Tatorts" herbeigeführt werden. Auch die Freisetzung erheblicher Energie verändert oder zerstört Spuren, die überdies häufig mehrdeutig sind. Die erforderlichen Untersuchungen sind aufwendig, das sich darbietende Spurenbild ist komplex, was mit einer gesteigerten Anzahl an Fehlerquellen bzw. Ungenauigkeiten bei der Interpretation und mit Kontaminationsmöglichkeiten einhergeht.[147]

Im Sachverhalt wird der Verteidiger das Gutachten kritisch überprüfen (lassen), da die nachgewiesene chemische Verbindung nicht nur in Brandbeschleunigern vorhanden ist, sondern bei jedem Brand entsteht, bei dem Holz verkohlt bzw. verbrennt.

Prozesstaktische Hinweise

17.81 Der Verteidiger wird – ebenso wie Staatsanwaltschaft und Gericht – häufig erst nach Begutachtung des Brandorts und der Ermittlung der mutmaßlichen Ursache in die Sache involviert werden. Seine Aufgabe besteht darin, sämtliche Unterlagen, die den ursprünglichen Zustand wiedergeben (Fotos, Baupläne), sowie solche, die die Brandermittlungen dokumentieren (Lichtbilder, Einsatzprotokolle der Feuerwehr, Tatortbefund- und Spurensicherungsberichte), einzusehen und Mängel sowie Darstellungslücken zu erkennen. Zudem sind die in Auftrag gegebenen Sachverständigengutachten zu studieren.

Zwar verlangt § 168b Abs. 1 StPO nicht die Wiedergabe einer ermittlungsbehördlichen Untersuchungshandlung in allen Details; dies kann jedoch aus Beweisgründen sinnvoll sein.[148] Der Zweifelssatz kann hier dazu führen, dass Zweifel an der ordnungsgemäßen Spurensicherung und -lagerung zu Gunsten des Beschuldigten gehen. Einen Paradefall stellt die Spurensicherung dar, da hier vor Entnahme jeder einzelnen Brandschuttprobe die Entnahmewerkzeuge zu wechseln sind, um Kontaminationen zu vermeiden.

---

147) Neuhaus/Artkämper, Kriminaltechnische Untersuchungsmöglichkeiten, Rdnr. 152 ff.
148) BeckOK, StPO/El Duwaik, § 168b Rdnr. 2 m.w.N.

17.2.5   Daktyloskopie

Kurzüberblick

– Durch Auftragen eines Kontrastmittels (Einstaubverfahren) werden Fingerab-   17.82
  druckspuren auf nahezu jedem Gegenstand sichtbar gemacht; daktyloskopische Spuren entstehen durch Übertragung des Papillarlinienbilds der Handfläche und der Finger einer Person auf einen Gegenstand und sind aufgrund
  von Unregelmäßigkeiten in den Papillarleisten prinzipiell einmalig.

– Die Übereinstimmung von zwölf anatomischen Merkmalen ist nach den Standards in Deutschland zur Identifizierung ausreichend.

– Befinden sich Fingerabdrücke mehrerer Personen auf einem Objekt, existieren
  chemische und optische Verfahren zur Vereinzelung der Spuren, um eine Zuordnung zu ermöglichen.

– Eine exakte Protokollierung durch den daktyloskopische Spuren sichernden
  polizeilichen Erkennungsdienst ist notwendig, um die Tatbezogenheit der Spur
  belegen zu können; abgesehen von einer nicht unerheblichen Fehlerquote bei
  der Auswertung von Fingerspuren kann ein (leicht beweglicher) Gegenstand
  auch mit der Spur zum Tatort gelangt sein und somit von einem Tatunbeteilig-
  ten herrühren.

– Bei der Polizei werden Fingerabdrücke und Fingerabdruckspuren im Automatischen Fingerabdruckidentifizierungssystem (AFIS) zentral gespeichert.

Sachverhalt

Der Mandant wird eines Wohnungseinbruchsdiebstahls beschuldigt, bei dem
Schmuck und Bargeld entwendet wurden. Ein Nachbar des Geschädigten, der
auch ein Bekannter des Beschuldigten ist, will diesen im Tatzeitraum in der Nähe
des Tatorts gesehen haben. Überdies – so gibt er bei der Polizei an – habe der
Beschuldigte „seit eh und je nicht genug Kohle", und „krumme Dinger" seien
ihm auch nicht fremd. Der Mandant wird daraufhin erkennungsdienstlich behandelt; die an einer leeren Bierflasche auf dem Wohnzimmertisch – die nach Angaben des Geschädigten nicht aus seiner Wohnung stammt – gesicherte daktyloskopische Spur stimmt mit dem Fingerabdruck des Beschuldigten laut Sachverständigengutachten überein.

Der Mandant bestreitet die Tat, hat aber kein Alibi und ist einschlägig vorbe-
lastet. Wie kann der Verteidiger den Verdachtsmomenten entgegentreten?

Lösung

Abgesehen von der nicht zu vernachlässigenden und den Beweiswert schmälern-   17.83
den Fehlerrate bei der Auswertung daktyloskopischer Spuren besagt die an der
Flasche gesicherte und dem Beschuldigten zuzuordnende Fingerabdruckspur

Artkämper

lediglich, dass dieser den Gegenstand (irgendwann einmal) berührt hat. Auf das Alter der Spur kann nicht geschlossen werden, auch nicht auf Grund ihrer Qualität. In einem weiteren Schritt ist die Tatbezogenheit der Spur festzustellen. Ist ausgeschlossen, dass der Beschuldigte den Fingerabdruck an der Bierflasche vor der Tat hinterlassen hat, etwa als er bei dem Geschädigten zu Besuch war und sich berechtigt in dessen Wohnung aufgehalten hat, besteht immer noch die Möglichkeit, dass die Flasche mit der Fingerspur des Mandanten durch den Täter in die Wohnung gelangt ist (Trugspur). Das Tragen von Handschuhen bietet eine Erklärung dafür, dass keine überlagernden Fingerabdrücke vorgefunden wurden. Dies ist jedoch zunächst einmal durch den Verteidiger zu hinterfragen und mittels Studiums der Akte – vor allem des Gutachtens und des Tatortbefund- bzw. Spurensicherungsberichts – zu eruieren. Letzterer gibt auch Aufschluss darüber, an welchen Stellen der Erkennungsdienst ggf. keine Fingerabdrücke gefunden hat, obwohl nach dem mutmaßlichen Tathergang solche zu erwarten gewesen wären. Dies kann ebenfalls zu einer Entlastung des Mandanten beitragen.

Prozesstaktische Hinweise

17.84   Daktyloskopie bedeutet – wörtlich übersetzt – „Fingerschau".[149] Fingerabdruckspuren entstehen durch Übertragung des Papillarlinienbilds der Handfläche und der Finger einer Person auf einen Gegenstand. Sie können auf nahezu jedem Material sichtbar gemacht werden. An einem Tatort bringen die Beamten des Erkennungsdiensts mithilfe des Einstaubverfahrens Fingerabdrücke zum Vorschein: Auf die Gegenstände, die der Täter nach kriminalistischer Erfahrung unter Berücksichtigung des wahrscheinlichen Tathergangs angefasst hat, wird mit einem Pinsel ein Kontrastmittel, vorwiegend Ruß, aufgetragen, was den Fingerabdruck erkennbar macht, da sich das Kontrastmittel besonders stark an den Stellen anlagert, an denen sich noch minimale Schweiß- und Fettrückstände von der Berührung befinden. Es gibt noch weitere Verfahren der daktyloskopischen Spurensuche, etwa das thanatopraktische Verfahren, eine neue Gewebereduktionsmethode für die Daktyloskopie von Fäulnis- und Wasserleichen.

Unregelmäßigkeiten in den Papillarleisten, sogenannte Minutien (lat. Kleinigkeiten), machen das Papillarlinienbild eines Menschen im Prinzip einmalig. Es entsteht im siebten Schwangerschaftsmonat, ist nicht vererblich, nutzt sich nicht ab und bleibt auch nach Todeseintritt bis zum Zersetzen der Fingerhaut erhalten.

17.85   Nach den „Standards des daktyloskopischen Identitätsnachweises" einer unter Leitung des BKA arbeitenden Projektgruppe aus dem Jahr 2010 ist in Deutschland die Übereinstimmung von zwölf anatomischen Merkmalen ausreichend, um einen Fingerabdruck einer Person mit genügender Sicherheit zuordnen zu können.

Befinden sich auf einer Oberfläche lediglich „gestörte" Spuren, etwa überlagerte Fingerspuren von mehreren Personen, die den entsprechenden Gegenstand in der Hand hatten, kann eine Digitalisierung der Spurenbilder bzw. eine computerge-

---

149) Neuhaus/Artkämper, Kriminaltechnische Untersuchungsmöglichkeiten, Rdnr. 163 ff.

stützte Aufarbeitung die Aussagekraft verbessern. Es existieren unterschiedliche Methoden zur Separation, etwa chemische oder optische Verfahren, denn überlagerte Fingerabdrücke sind letztlich nichts anderes als verunreinigte Einzelspuren.

Bei der Polizei werden Fingerabdrücke und Fingerabdruckspuren im Automatischen Fingerabdruckidentifizierungssystem (AFIS) zentral gespeichert. Daktyloskopische Spuren können bundesweit mit den in der Datenbank gespeicherten verglichen werden mit der Folge, dass es sowohl zu einem „Spur-Spur-" als auch zu einem „Spur-Personen-Treffer" kommen kann. Seit Mitte 2005 kann infolge des „Prümer Vertrags" auch auf einen Datenverbund mit anderen Staaten zurückgegriffen werden.

17.2.6 Verkehrsunfallermittlungen

Kurzüberblick

- Neben fahrlässigen Tötungen im Straßenverkehr ziehen diverse andere Verkehrsdelikte aufwendige Unfallermittlungen zu Fahrzeugführer, Fahrzeug, beteiligten Dritten und Straßenverhältnissen nach sich; genaue Tatortarbeit ist gefragt, die im Wesentlichen durch ein fotogrammetrisches Vermessungs- und Darstellungsverfahren, das sogenannte Rollei-Metric-Verfahren, gekennzeichnet ist; daneben lassen Reifenspuren und in Speichersystemen eines Pkw erfasste Daten Rückschlüsse auf Geschwindigkeit, Brems- und Beschleunigungsvorgänge zu.   17.86

- Ist die Insassensitzverteilung umstritten, können Faser- und DNA-Spuren nebst Anschmelzspuren, Blutspurenmusteranalysen und latente Kontaktspuren an Airbags den kriminaltechnischen Sachbeweis für den verantwortlichen Fahrzeugführer liefern.

- Bei Verkehrsunfällen mit Todesfolge muss das Opfer obduziert werden, um die Kausalität zweifelsfrei festzustellen; zur Einbeziehung der Biomechanik in die Begutachtung des Rechtsmediziners ist die Anwesenheit eines technischen Sachverständigen zu empfehlen.

- Unter Einbeziehung von subjektiven und objektiven Umständen kann der Sachverständige Angaben zur Bemerkbarkeit eines Anstoßes für den Fahrzeugführer machen, die nicht in jedem Fall gegeben sein muss.

Sachverhalt

Der Mandant wird des unerlaubten Entfernens vom Unfallort beschuldigt. Er habe aufgrund der Rotlicht anzeigenden Ampel anhalten müssen. Beim anschließenden Anfahren sei das Fahrzeug aufgrund der Steigung der Straße zurückgerollt und habe den hinter ihm befindlichen Pkw touchiert; hierbei sei ein Sachschaden von rund 500 € entstanden. Ohne die erforderlichen Feststellungen zu ermöglichen, habe sich der Beschuldigte vom Unfallort entfernt. Sowohl der

Geschädigte G als auch ein Spaziergänger S bekunden, den Zusammenstoß (deutlich) gehört zu haben. Der Beschuldigte gibt jedoch vor, nichts bemerkt zu haben.

Der Verteidiger fragt sich, welche Ermittlungen zur Entlastung seines Mandanten führen können.

Lösung

17.87   Die Inauftraggabe eines unfallanalytischen Sachverständigengutachtens[150] ist zielführend und sollte vom Verteidiger beantragt werden.

Die Wahrnehmbarkeit einer Kollision hängt von einer Vielzahl von Faktoren ab. Ablenkung, Musik, (altersbedingte) Einschränkungen des Hörvermögens und die Abgeschirmtheit im Fahrzeuginneren können Gründe dafür darstellen, dass ein Fahrzeuginsasse einen Unfall im Gegensatz zu einem außerhalb befindlichen Passanten nicht wahrnimmt.

17.88   Vorliegend besteht außerdem die Besonderheit, dass der Mandant zeitnah zum Kollisionsgeschehen aktiv angefahren sein will, was zu einer nicht unerheblichen Steigerung der Wahrnehmbarkeitsschwelle führt. Zu berücksichtigen ist ferner, dass die menschlichen Sinne sich gegenseitig verstärken. Das bedeutet, dass die Tatsache, dass der Führer des hinter dem Beschuldigten befindlichen Pkw das vor ihm stehende Fahrzeug bereits zurückrollen sah, auch die akustische Wahrnehmbarkeit des Zusammenpralls für diese Person gesteigert hat.

Der Verkehrsunfallgutachter bezieht sowohl in der Person des Beschuldigten liegende als auch objektive Umstände in seine sachverständigen Schlussfolgerungen mit ein; ist das Ergebnis nicht eindeutig, gilt selbstverständlich auch hier der Zweifelssatz.

Prozesstaktische Hinweise

17.89   Verkehrsunfallermittlungen sind aufwendig und erstrecken sich etwa auf Fahrzeugführer, Fahrzeug, beteiligte Dritte und Straßenverhältnisse; die Spurensicherung ist gekennzeichnet durch das sogenannte Rollei-Metric-Verfahren, ein fotogrammetrisches Vermessungs- und Darstellungsverfahren für Tatorte. Eine maßstabsgetreue Abbildung relevanter Punkte oder Abstände bildet die Grundlage für die spätere Begutachtung der Messzeichnungen mittels spezieller Programme.

17.90   Zum Nachweis der Kausalität ist bei Verkehrsunfällen mit tödlichem Ausgang die Obduktion des/der Opfer(s) erforderlich, wenngleich die Anordnung dieser bei fahrlässigen Tötungen längst nicht bei allen Staatsanwaltschaften Usus ist. Die Anwesenheit des technischen Sachverständigen bei der gerichtsmedizinischen Untersuchung ist empfehlenswert, da sich auch aus der Biomechanik eines Unfallgeschehens relevante Erkenntnisse ableiten lassen.

---

150) Neuhaus/Artkämper, Kriminaltechnische Untersuchungsmöglichkeiten, Rdnr. 459 ff.

Die Sicherung und Auswertung von Reifenspuren sowie das Auslesen der Spei- **17.91**
chersysteme eines Fahrzeugs (Unfalldatenspeicher, Fehlerspeicher) lassen Rückschlüsse auf Geschwindigkeit, Bremsmanöver, Beschleunigungsvorgänge pp. zu.

Bestehen Unklarheiten bezüglich der Insassensitzverteilung, können Faser- und
DNA-Spuren nebst Anschmelzspuren, Blutspurenmusteranalysen und latente
Kontaktspuren an Airbags den kriminaltechnischen Sachbeweis für den verant-
wortlichen Fahrzeugführer liefern.

18 Opfervertretung im Ermittlungsverfahren

18.1 Einführung

18.1.1 Allgemeines zur Opfervertretung im Ermittlungsverfahren

18.1 Der Geschädigtenvertreter muss sich bei der Übernahme des Mandats über die besondere Situation des Opfers nach der erlittenen Straftat im Klaren sein, die sich – je nach Tat und Folgen – sehr unterschiedlich darstellen kann. Etwaige traumatische und posttraumatische Belastungsstörungen lassen sich im Strafprozess regelmäßig nicht aufarbeiten, sondern nur mit intensiver Betreuung durch Beratungsstellen und Therapieeinrichtungen. Diverse staatliche, aber auch private Einrichtungen haben die Betroffenenberatung, die Zeugenbetreuung und finanzielle Unterstützung von Geschädigten übernommen. Solche spezifischen Fragen des Opferrechts können hier nicht behandelt werden; im Zentrum der nachfolgenden Ausführungen stehen spezifisch straf-(verfahrens-)rechtliche Aspekte der Geschädigtenvertretung.

18.2 Es ist Aufgabe des Geschädigtenvertreters, im Gespräch mit dem Geschädigten zu eruieren, worauf es dem Geschädigten bei seinem Begehren um anwaltliche Vertretung ankommt. Den Inhalt der Gespräche sollte der Rechtsanwalt dokumentieren und in der Mandantenakte belassen, damit der Inhalt solcher Gespräche nicht durch Beweisanträge der Verteidigung eingeführt werden kann[1] (§ 97 Abs. 1 Nr. 2 i.V.m. § 53 Abs. 1 Satz 1 Nr. 3 StPO). Das nähere soziale und berufliche Umfeld des Verletzten sollte im Mandantengespräch ebensowenig ausgespart werden wie eine etwaige Beziehung des Verletzten zum Täter und die Tatfolgen.[2]

Für ein Strafverfahren gegen den Täter muss der Verletzte darauf hingewiesen werden, dass er solchenfalls als Zeuge zur Verfügung stehen muss. Speziell zu Sexualstraf- und Kindesmissbrauchsverfahren ist der Verletzte darüber aufzuklären, dass im Laufe des Verfahrens – mitunter schon im Ermittlungsverfahren – die Einholung eines Glaubhaftigkeitsgutachtens anstehen kann und dieses für das Verfahrensergebnis regelmäßig von besonderer, zumeist ausschlaggebender Bedeutung ist. Der Vertreter des Geschädigten sollte daher über profunde Kenntnisse über die Erstellung solcher Gutachten verfügen und über die Anforderungen der höchstrichterlichen Rechtsprechung an die Gutachtenerstattung auf dem Laufenden sein; um diese Befähigung sollte der Verletzte wissen. Er muss seinen Mandanten auch darüber aufklären, dass eine etwaige Weigerung, an der Glaubhaftigkeitsbegutachtung mitzuwirken, regelmäßig verfahrensentscheidende Wirkung hat. Im Rahmen einer Exploration für die Erstellung eines Glaubwürdigkeitsgutachtens hat der Vertreter des Geschädigten auf die Einhaltung der Vorgaben aus § 68a StPO zu achten und wird die Beantwortung einer solchen Frage – und die Stellung weiterer vergleichbarer Fragen – nur zulassen, wenn es für den Begutachtungszweck unerlässlich ist. Generell sollte der Geschädigtenvertreter seinen Mandanten frühzeitig darauf hinweisen, dass für den Intimbereich betreffende Fragen in einer Hauptverhandlung die Öffentlichkeit ausgeschlossen werden kann (§ 171b Abs. 1 Satz 1 GVG).

18.3

In den letzten gut drei Jahrzehnten ist eine deutliche Stärkung der prozeduralen Stellung des Geschädigten/Verletzten zu verzeichnen.[3] Mit dieser Stärkung geht der Ausbau der Stellung des sogenannten Opferanwalts einher. So ist der Opferanwalt seit dem 2. JuMoG zum Teil auch im Jugendgerichtsverfahren zugelassen, § 80 Abs. 3 JGG. Das Hauptaugenmerk des Gesetzgebers bei der Stärkung der Opfervertretung galt der Nebenklage.[4] Jedoch haben auch andere Institute eine stärkende Fortentwicklung erfahren.

18.4

Ebenso wie der einer Straftat Beschuldigte kann sich ein von einer Straftat Betroffener anwaltlich vertreten lassen. Auch wenn der Verletzte einer Straftat nicht nebenklageberechtigt ist, kann er sich nach § 406f Abs. 1 StPO dennoch des Beistands eines Rechtsanwalts bedienen und durch diesen vertreten lassen. Dieses Recht steht dem Verletzten bereits im Ermittlungsverfahren zu.[5] In bestimmten

---

1) Schroth/Schroth, Die Rechte des Verletzten im Strafprozess, Rdnr. 56.
2) Vgl. die Checkliste bei Schroth/Schroth, Die Rechte des Verletzten im Strafprozess, Rdnr. 524.
3) Näher Peter, Das 1x1 des Opferanwalts, § 3 Rdnr. 1 ff.
4) Gleichlautende Einschätzung bei Barton, Opferschutz und Verteidigung: Die Ambivalenz der Opferzuwendung des Strafrechts, in: Schriftenreihe der Strafverteidigervereinigungen: Alternativen zur Freiheitsstrafe, 2013, S. 49, 50 ff. mit historischem Abriss.
5) Meyer-Goßner/Schmitt, § 406f Rdnr. 1.

Dehne-Niemann

Fällen hat der Verletzte – der ansonsten die finanziellen Belastungen der anwaltlichen Vertretung selbst tragen müsste – ein Recht auf Beiordnung eines Vertreters auf Staatskosten: Ist der Verletzte nach dem Katalog des § 395 StPO nebenklageberechtigt, kommt nach § 406h Abs. 3 i.V.m. § 397a StPO die Beiordnung eines Verletztenbeistands/Opferanwalts in Betracht, und zwar unabhängig davon, ob sich der Nebenklageberechtigte dem Verfahren tatsächlich als Nebenkläger anschließt.

18.1.2   Die Rolle des Verletzten im Strafverfahren

18.5   Verletzter einer Straftat ist – so lautet eine gängige Formel – jeder, der durch die behauptete Tat in seinen Rechten, Rechtsgütern oder rechtlich anerkannten Interessen beeinträchtigt ist.[6] Der Verletzte ist ein Verfahrenssubjekt mit eigenen Rechten; er ist daher selbstständiger Prozessbeteiligter. Vielfach ist der Verletzte im Strafverfahren zugleich Zeuge. Die solchenfalls entstehende Doppelrolle kann zu einem Konflikt von Zeugenschutz und Konfrontationsrecht des Beschuldigten (Art. 6 Abs. 3 Buchst. d) EMRK) führen.

Aus der Stellung des Verletzten als Verfahrenssubjekt mit eigenen Rechten ergeben sich zahlreiche Teilhabe- und Mitwirkungsrechte, die namentlich im Fünften Buch der StPO geregelt sind (§§ 374–406l StPO): Es handelt sich um die Privatklage (§§ 374–394 StPO), die Nebenklage (§§ 395–402 StPO), das Adhäsionsverfahren (§§ 403–406c StPO) sowie um sonstige Einzelbefugnisse und -rechte des Verletzten (§§ 406d–406l StPO). Für das Ermittlungsverfahren ist daneben das Klageerzwingungsverfahren (§§ 170–177 StPO) von besonderer Bedeutung.

18.1.3   Der Verletztenbeistand

18.1.3.1   Allgemeines zum Verletztenbeistand

18.6   Aus § 406f Abs. 1 StPO folgt das Recht jedes – also auch und insbesondere eines nicht nebenklageberechtigten – Verletzten, sich des Beistands eines Rechtsanwalts zu bedienen und sich von ihm vertreten zu lassen. Im Ermittlungsverfahren ist die Regelung vor allem bei polizeilichen Vernehmungen von Bedeutung.

Der zentrale **Begriff des Verletzten** i.S.d. §§ 406d ff. StPO – auf den § 406f StPO Bezug nimmt – ist gesetzgeberisch nicht näher definiert worden und im Detail umstritten. Übereinstimmung besteht darin, dass der StPO kein einheitlicher Verletztenbegriff zugrunde liegt[7] und – entsprechend der gesetzgeberischen Vorstellung[8] – eine funktionsbezogene Auslegung des Verletztenbegriffs angezeigt ist,

---

6)   Näher zur Differenzierung zwischen engem und weitem Verletztenbegriff Schroth/
     Schroth, Die Rechte des Verletzten im Strafprozess, Rdnr. 49 m.w.N.
7)   BGHSt 4, 204; MüKo-StPO/Grau, § 406d Rdnr. 2.
8)   BT-Drucks. 10/5305, S. 16.

die ihren Ausgangspunkt beim Verletztenbegriff des § 172 StPO hat.[9] Nach einem weiteren Verständnis der §§ 406d ff. StPO ist Verletzter auch der durch eine Straftat nur mittelbar Geschädigte; die Gegenauffassung erkennt als Verletzten i.S.d. §§ 406d ff. StPO nur denjenigen an, der in einem rechtlich geschützten Interesse durch eine Straftat beeinträchtigt wird, soweit die verletzte Strafrechtsnorm dabei auch seinem Schutz dient. Letztlich geht es bei dem Streit – zumeist – eher um Fragen der Auslegungsmethodik als um wirklich ergebnisrelevante Fragestellungen; zu unterschiedlichen Ergebnissen kommen die Auslegungsansätze aber etwa bei der Verletzteneigenschaft des Insolvenzverwalters[10] und beim Akteneinsichtsrecht nur zivilrechtlich Anspruchsberechtigter. Aus Gründen eines gesetzgeberisch gewollten möglichst umfassenden Verletztenschutzes ist – auch nach Auffassung des BVerfG – von einer weiten Auslegung des Verletztenbegriffs auszugehen.[11]

Die Verletztenbeistandsregelung des § 406f Abs. 1 StPO lehnt sich an § 68b StPO an und baut auf dieser Vorschrift über den Zeugenbeistand auf. Da § 68b StPO keine Verletzteneigenschaft voraussetzt, kann die Verletztenbeistandschaft im Überschneidungsbereich beider Vorschriften dogmatisch als besondere und insofern vorrangige Form der Zeugenbeistandschaft eingeordnet werden.[12] Die Subsidiarität der Beiordnung eines Zeugenbeistands ergibt sich aus § 68b Abs. 2 StPO, wonach eine Zeugenbeistandsbeiordnung nur erfolgt, wenn der Zeuge bei seiner Vernehmung keinen anwaltlichen Beistand – also keinen Verletztenbeistand – hat. Die gesetzliche Beiordnung eines Verletztenbeistands sieht § 406h Abs. 3 StPO nur für nebenklageberechtigte Verletzte vor; gleichwohl kann sich ein sonstiger Verletzter eines Beistands bedienen, der aber dann nicht beigeordnet wird und dessen Kosten der sonstige Verletzte mangels Beiordnung zu tragen hat. Hierin liegt ein Unterschied zur Beiordnung eines Zeugenbeistands nach § 68b Abs. 2 StPO, der bei fehlender Fähigkeit zur Wahrnehmung seiner Interessen beigeordnet werden kann. Liegen die Voraussetzungen einer Beiordnung als Verletztenbeistand nicht vor, weil der Verletzte nicht nebenklageberechtigt ist, kann eine Beiordnung aber – bei Vorliegen der Voraussetzungen des § 68b Abs. 2 StPO – als Zeugenbeistand erfolgen.

18.7

Ein anwaltlicher Beistand – auf diesen beschränken sich die nachfolgenden Ausführungen – hat bei Vernehmungen ein Anwesenheits- und in gewissen Grenzen auch ein Mitwirkungsrecht. Der Gesetzgeber hat darauf verzichtet, die Befugnisse des Verletztenbeistands enumerativ aufzuzählen, weil dies weder möglich noch

---

9) OLG Koblenz, StV 1988, 332; Meyer-Goßner/Schmitt, Vor. § 406d Rdnr. 2; MüKo-StPO/ Grau, § 406d Rdnr. 2.

10) Verneint von der h.M., vgl. OLG Hamm, NStZ-RR 1996, 11; LG Mühlhausen, wistra 2006, 76 (Akteneinsichtsrecht nur nach § 478 StPO); Meyer-Goßner/Schmitt, Vor. § 406d Rdnr. 2; BeckOK, StPO/Weiner, § 406d Rdnr. 4; **a.M.** MüKo-StPO/Grau, § 406d Rdnr. 2; LR/Hilger, Vor. § 406d Rdnr. 8.

11) So – zum Akteneinsichtsrecht aus § 406e StPO – BVerfG, BeckRS 2009, 18693; vgl. auch KK/Zabeck, Vor. §§ 406d ff. StPO Rdnr. 3 m.w.N. zum Streitstand.

12) Vgl. LR/Hilger, § 406f Rdnr. 1, wonach § 68b StPO ggf. subsidiär ist.

Dehne-Niemann

nötig sei.[13] Den Regelungen über den Verletztenbeistand trägt Nr. 19a Abs. 1 RiStBV Rechnung.

18.1.3.2 Anwesenheits- und Mitwirkungsrecht des Verletztenbeistands bei der Vernehmung des Verletzten durch Gericht, Staatsanwaltschaft oder Polizei

18.8 Von großer praktischer Bedeutung ist das Recht des Verletztenbeistands nach § 406f Abs. 1 Satz 2 StPO auf Anwesenheit bei einer Vernehmung des Verletzten. Mit der Erweiterung durch das 2. OpferRRG ist das Anwesenheitsrecht des Verletztenbeistands bei Vernehmungen des Verletzten an die Regelung für den Zeugenbeistand in § 68b Abs. 1 StPO angelehnt worden. Das Anwesenheitsrecht des Beistands – das sich nur auf die Vernehmung des Verletzten selbst, nicht aber anderer Zeugen oder des Beschuldigten bezieht[14] – erstreckt sich auf die Beratung des verletzten Zeugen, nicht aber darf der Beistand anstelle des Zeugen dessen Angaben machen.[15] Antragsrechte (etwa nach § 58a, 168e StPO) kann der Beistand für den verletzten Zeugen ausüben,[16] jedoch nur für diesen und nicht in eigenem Namen des Verletztenbeistands, weil es sich um abgeleitete Rechte und nicht um eigene Rechtspositionen des Beistands handelt.[17] Auch kann er für den Verletzten den Verletzten Fragen beanstanden (§ 68a StPO),[18] sofern der Verletzte der Beanstandung nicht widerspricht.[19] Schlagwortartig kann man die Befugnisse als durch die eigenen Befugnisse des Verletzen definiert ansehen.[20]

18.9 Das Anwesenheitsrecht des Verletztenbeistands gilt unstreitig bereits **im Ermittlungsverfahren,** und dort auch bei polizeilichen und staatsanwaltschaftlichen Vernehmungen.[21] Nichts anderes ergibt sich daraus, dass der Verletztenbeistand in § 406h Abs. 1, Abs. 3 Satz 2 StPO nicht erwähnt ist und dort eine gesonderte Regelung des Nebenklagebeistands getroffen worden ist; ein Umkehrschluss verbietet sich, da § 406h Abs. 1, Abs. 3 Satz 2 StPO nur das Verhältnis der Nebenklagevertretung im Ermittlungsverfahren zur Nebenklage in der Hauptverhandlung regelt,[22] aber keine abschließende Regelung zur Beistandschaft im Ermittlungsverfahren darstellt.

---

13) BT-Drucks. 16/12098, S. 36.
14) LR/Hilger, § 406f Rdnr. 3.
15) LR/Hilger, § 406f Rdnr. 3; LR/Wenske, § 406f Rdnr. 7; SK-StPO/Velten, § 406f Rdnr. 6.
16) BeckOK, StPO/Weiner, § 406f Rdnr. 2; MüKo-StPO/Grau, § 406f Rdnr. 2; KMR/Stöckel, § 406f Rdnr. 7 f.; KK/Zabeck, § 406f Rdnr. 3 unter Bezugnahme auf BT-Drucks. 16/12098, S. 36.
17) SK-StPO/Velten, § 406f Rdnr. 6; Hilger, NStZ 1989, 441.
18) MüKo-StPO/Grau, § 406f Rdnr. 2.
19) KK/Zabeck, § 406f Rdnr. 3.
20) LR/Wenske, § 406f Rdnr. 7 unter Bezugnahme auf BT-Drucks. 16/12098, S. 36.
21) Meyer-Goßner/Schmitt, § 406f Rdnr. 3; MüKo-StPO/Grau, § 406f Rdnr. 1.
22) LR/Hilger, § 406f Rdnr. 2; LR/Wenske, § 406f Rdnr. 6; SK-StPO/Velten, § 406f Rdnr. 6; SSW-StPO/Schöch, § 406f Rdnr. 1.

Eine **Ladung des Verletztenbeistands** von Amts erfolgt nach h.M. nicht.[23] Deshalb muss der Verletzte dafür Sorge tragen, dass der Beistand von der Vernehmung Kenntnis erhält und ihm zum festgesetzten Zeitpunkt der Vernehmung zur Verfügung steht; ist dies nicht der Fall, muss er der Ladung trotzdem Folge leisten. Dagegen lässt sich mit einer Gegenansicht für eine Verpflichtung zur amtswegigen Ladung des Verletztenbeistands anführen, dass die Gesetzesbegründung zu der für den allgemeinen Zeugenbeistand geltenden Vorschrift des § 68b Abs. 1 StPO davon ausgeht, die Strafverfolgungsbehörden hätten nach Möglichkeit so zu terminieren, dass ein Zeuge von einer von ihm gewünschten anwaltlichen Begleitung Gebrauch zu machen imstande ist[24] und dass dies für einen Beistand eines verletzen Zeugen erst recht zu gelten hat.[25] Allerdings übergeht die h.M. zum allgemeinen Zeugenbeistand den gesetzgeberischen Willen, indem sie auch diesem kein Recht auf amtswegige Benachrichtigung zuerkennt.[26] Mit Blick auf den gesetzgeberischen Willen steht diese Auffassung und der für sie angeführte Umkehrschluss aus § 397 Abs. 2 Satz 3 StPO, wo für den Nebenklagevertreter ein Benachrichtigungsrecht geregelt ist, auf schwachen Füßen. Hinzu kommt, dass sich das vernehmende Gericht jedenfalls beim beigeordneten Zeugenbeistand nach § 68b Abs. 2 StPO widersprüchlich verhielte, wenn es eine Beistandschaft des Zeugen für die Vernehmungsdauer für erforderlich hält, andererseits aber die Voraussetzungen hierfür zu schaffen nicht bereit ist.[27]

18.10

> **Hinweis**
>
> Die von der hier für vorzugswürdig gehaltene abweichende – herrschende – Praxis hat der Verletztenbeistand hinzunehmen. Er muss seinen Mandanten deshalb mit allem Nachdruck einschärfen, ihn über einen anberaumten Termin zu informieren! Es empfehlen sich, soweit organisatorisch darstellbar, regelmäßige Nachfragen beim Mandanten.

Nach ganz überwiegender Ansicht darf der als Zeuge geladene Verletzte die Aussage nicht mit der Begründung verweigern, er wolle erst einen Verletztenbeistand betrauen oder der gewählte Beistand könne zur Vernehmung nicht erscheinen.[28]

18.11

Im Streit ist, ob und ggf. unter welchen Voraussetzungen gegen den Verletztenbeistand Ordnungsmaßnahmen – im Ermittlungsverfahren ist insbesondere an einen Ausschluss von der Teilnahme an der Vernehmung zu denken – ergriffen werden können.[29] Da die Vorschriften über den Verletztenbeistand diesbezüglich keine Regelung enthalten, ist – da der Verletztenbeistand bei Vernehmungen auch die

---

23) Meyer-Goßner/Schmitt, § 406f Rdnr. 3; MüKo-StPO/Grau, § 406f Rdnr. 2.
24) BT-Drucks. 16/12098, S. 23.
25) Zutr. Burhoff, Ermittlungsverfahren, Rdnr. 4358.
26) Meyer-Goßner/Schmitt, § 68b Rdnr. 5.
27) Schroth/Schroth, Die Rechte des Verletzten im Strafprozess, Rdnr. 100.
28) BGH, NStZ 1989, 484; LR/Hilger, § 406f Rdnr. 3; MüKo-StPO/Grau, § 406f Rdnr. 2; Meyer-Goßner/Schmitt, § 406f Rdnr. 3; Weigend, NJW 1987, 1174 Fn. 61; **a.M.** LG Zweibrücken, NJW 1999, 3792; LG Hildesheim, StV 1985, 229; KMR/Stöckel, § 406f Rdnr. 7.
29) Abl. SK-StPO/Velten, § 406f Rdnr. 6; dafür wohl LR/Hilger, § 406f Rdnr. 4.

Dehne-Niemann

Funktion eines Zeugenbeistands wahrnimmt[30] – richtigerweise auf die allgemein für Zeugenbeistände geltende Vorschrift des § 68b Abs. 1 Satz 3 StPO zurückzugreifen.[31] Danach kann der Beistand von der Vernehmung ausgeschlossen werden, wenn bestimmte Tatsachen die Annahme rechtfertigen, dass seine Anwesenheit die geordnete Beweiserhebung nicht nur unwesentlich beeinträchtigen würde. Daneben bleibt ein Ausschluss nach §§ 174, 177 GVG möglich.[32]

Im **Verfahren gegen Jugendliche gem. § 80 Abs. 3 JGG** ist die Anwendung des § 406f StPO dagegen nicht möglich.[33] Der Verletzte hat daher nur insoweit ein Recht auf einen Beistand, wie er nach § 80 Abs. 3 JGG nebenklagebefugt ist.

18.1.3.3   Akteneinsichtsrecht des Verletztenbeistands

18.12   § 406e StPO regelt das Akteneinsichtsrecht des Verletzten und seines Beistands einheitlich für den nebenklageberechtigten und für den sonstigen (nicht nebenklageberechtigten) Verletzten. Es gilt der allgemeine, tendenziell weite Verletztenbegriff der §§ 406 ff. StPO.[34] Die Staatsanwaltschaft als Herrin des Vorverfahrens – nicht die Polizei[35] – entscheidet im Ermittlungsverfahren über die Gewährung von Akteneinsicht.[36]

Für den Verletztenbeistand ergibt sich die besondere Bedeutung des ihm zustehenden Akteneinsichtsrechts daraus, dass der bloße Zeugenbeistand (§ 68b StPO) nach h.M. kein Akteneinsichtsrecht haben soll.[37] Das sich aus § 406e StPO ergebende Akteneinsichtsrecht ist für den Verletztenbeistand aber – bereits im Ermittlungsverfahren – schon deshalb unverzichtbar, wenn eine Vernehmung des Verletzten ansteht, weil er den Verletzten hierauf ggf. vorbereiten muss. Gemäß Art. 19 Abs. 4 GG erfordert die Gewährung von Akteneinsicht im Strafverfahren regelmäßig die vorherige Anhörung des Beschuldigten.[38]

18.13   Das Akteneinsichtsrecht des Verletztenbeistands unterliegt stärkeren Beschränkungen als dasjenige des Verteidigers, was durch schutzwürdige Belange des Beschuldigten[39] und anderer Personen, aber auch durch das Interesse an der Wahrheitsfindung und der Verfahrensökonomie gerechtfertigt ist.[40] Der Verletz-

---

30) Burhoff, Ermittlungsverfahren, Rdnr. 4360.
31) LR/Wenske, § 406f Rdnr. 10; SK-StPO/Velten, § 406f Rdnr. 11.
32) Vgl. BVerfG NJW 2000, 2660 (zum Ausschluss eines Zeugenbeistands).
33) Meyer-Goßner/Schmitt, Vor. § 406d Rdnr. 3; KMR/Stöckel, § 406f Rdnr. 2 m.w.N.
34) MüKo-StPO/Grau, § 406e Rdnr. 2.
35) OLG Stuttgart NStZ 1993, 353.
36) KK/Zabeck, § 406e Rdnr. 11; KMR/Stöckel, § 406e Rdnr. 22; SK-StPO/Velten, § 406e Rdnr. 26.
37) BGH, NStZ-RR 2010, 257; OLG Hamburg, NJW 2002, 1590; OLG Düsseldorf, NJW 2002, 2806; KG, StV 2010, 298 m. abl. Anm. Koch; Meyer-Goßner/Schmitt, § 68 Rdnr. 5 m.w.N. auch zur Gegenansicht.
38) BVerfG, NJW 2017, 1164, 1165 Rdnr. 13 ff.
39) BVerfG, NJW 2007, 1052.
40) KK/Zabeck, § 406e Rdnr. 1.

           Dehne-Niemann

tenbeistand muss – anders als naturgemäß der Beschuldigte, der ein solches stets reklamieren kann – ein **berechtigtes Interesse an der Akteneinsicht** dartun (§ 406 Abs. 1 Satz 1 a.E. StPO); diese Darlegung ist gem. § 406e Abs. 1 Satz 2 StPO nur bei einem nach § 395 StPO nebenklageberechtigten Verletzten entbehrlich (wiederum unabhängig davon, ob sich der Verletzte auch tatsächlich als Nebenkläger anschließt). Einer Glaubhaftmachung der das berechtigte Interesse begründenden Umstände bedarf es nach h.M. nicht.[41] Vielmehr genügt es, wenn der Antragsteller sich auf bestimmte Zwecke beruft, die er mit der Akteneinsicht verfolgen will; Begründungen zur konkreten Eignung und Erforderlichkeit der Informationen für die Zwecke des Antragstellers sind nicht erforderlich.

Anerkannte Fälle des berechtigtes Interesses[42] sind die beabsichtigte Prüfung einer Einstellungsbeschwerde nach § 172 Abs. 1 StPO oder eines Klageerzwingungsantrags nach § 172 Abs. 2 StPO[43] sowie Abwehr[44] und im Grundsatz auch die Verfolgung zivilrechtlicher Ansprüche.[45] Andererseits ergibt sich ein berechtigtes Interesse **nicht schon** aus der bloßen Stellung des Verletzten im Strafverfahren,[46] weil die Berechtigung des Interesses voraussetzt, dass die Akteneinsicht zur Wahrnehmung eines von der Verfahrensstellung unabhängigen Interesses vonnöten ist. Zudem würde die Begrenzung des interessenunabhängigen Einsichtsrechts auf nebenklageberechtigte Verletzte in § 406e Abs. 1 Satz 2 StPO unterlaufen, ließe man die bloße Verletztenstellung als hinreichendes Interessenkriterium ausreichen. Sehr umstritten ist, ob an der „ausforschenden" Informationsgewinnung für einen Zivilprozess, mit der einem bis dato unschlüssiges Anspruchsbegehren zur Schlüssigkeit verholfen werden soll, ein berechtigtes Interesse besteht.[47] Die Rechtsprechung sieht entgegen weiter Teile der Literatur[48] darin kein Berechtigungshindernis.[49]

Selbst wenn der Verletzte ein berechtigtes Interesse an der Akteneinsicht darlegen kann, ist die Gewährung – zwingend[50] – zu versagen, wenn gem. § 406e Abs. 2 Satz 1 StPO **überwiegende schutzwürdige Interessen des Beschuldigten oder anderer Personen entgegenstehen.** Der Kreis der danach potentiell schutzwürdigen Personen ist weit gezogen; es kann sich dabei um am Verfahren beteiligte oder in

18.14

18.15

---

41) OLG Hamburg, BeckRS 2012, 15124 unter II. 3. b); KMR/Stöckel, § 406e Rdnr. 8; LR/Hilger, § 406e Rdnr. 6; Meyer-Goßner/Schmitt, § 406e Rdnr. 3; **a.M.** Riedel/Wallau, NStZ 2003, 393, 395.

42) Eingehend SK-StPO/Velten, § 406e Rdnr. 2 ff.

43) KK/Zabeck, § 406e Rdnr. 4; Meyer-Goßner/Schmitt, § 406e Rdnr. 4; Radtke/Hohmann/ Hohmann, § 406e Rdnr. 7; MüKo-StPO/Grau, § 406e Rdnr. 4.

44) OLG Hamm, NJW 1985, 2040; KK/Zabeck, § 406e Rdnr. 4.

45) BVerfG, NJW 2007, 1052 f.; LG Köln, BeckRS 2008, 23649 = NStZ-RR 2009, 319 (Ls.); LG Duisburg, BeckRS 2010, 892; KK/Zabeck, § 406e Rdnr. 4.

46) LR/Hilger, § 406e Rdnr. 6 gegen Kempf, StV 1987, 217.

47) Umfangreiche Nachweise zum Streitstand bei LR/Hilger, § 406 Rdnr. 7.

48) Otto, GA 1989 301, 304 f.; LR/Hilger, § 406 Rdnr. 7; ders., NStZ 1984, 542; KMR/Stöckel, § 406e Rdnr. 12; LR/Hilger, § 406e Rdnr. 7; KK/Zabeck, § 406e Rdnr. 4; Riedel/Wallau, NStZ 2003, 393, 395 f.

49) OLG Koblenz, StV 1988, 332, 333 m. abl. Anm. Schlothauer; OLG Koblenz, NStZ 1990, 604 f.; LG Bielefeld, wistra 1995, 118; LG Mühlhausen, wistra 2006, 76.

50) Auch für den Nebenklageberechtigten, vgl. BGH, StV 2012, 327.

Dehne-Niemann

anderer Weise involvierte, natürliche oder juristische Personen handeln.[51)] Die Schutzwürdigkeit kann sich aus einsichtsbefangenen persönlichen Daten ergeben, aber auch aus beruflichen oder wirtschaftlichen Geheimnissen (insbesondere Geschäftsgeheimnissen).[52)] Zu den berücksichtigungsfähigen, der Akteneinsicht potentiell entgegenstehenden schutzwürdigen Interessen existiert eine umfangreiche Kasuistik.[53)] Anerkannte schutzwürdige Interessen sind – ohne Anspruch auf nur annähernde Vollständigkeit – die Wahrung des Steuergeheimnisses,[54)] das Recht auf informationelle Selbstbestimmung,[55)] der Umstand, dass kein hinreichender Tatverdacht hinsichtlich der Verletzteneigenschaft des Anzeigerstatters besteht,[56)] Erkenntnisse zu internen familiären Verhältnissen, dem Intimbereich, zu Gesundheit und Psyche,[57)] militärische Geheimnisse[58)] und Umstände, die die Abwehr von Gefahren für die öffentliche Sicherheit betreffen.[59)]

18.16 Die der Akteneinsicht **entgegenstehenden Interessen** dürfen nicht nur vermutlich bestehen, sondern müssen feststehen. Von einem (zwingend) akteneinsichtshindernden Überwiegen ist auszugehen, wenn das Interesse des Beschuldigten oder anderer Personen an der Geheimhaltung bestimmter in den Akten enthaltenen und sie betreffenden Erkenntnisse gewichtiger ist als das berechtigte Interesse des Verletzten, den Akteninhalt (insoweit) einsehen zu können.[60)] Die Entscheidung über das Überwiegen verlangt eine sorgfältige Abwägung aller Umstände und relevanten Belange.[61)] Wegen der sich zugunsten des von der Einsicht betroffenen Beschuldigten auswirkenden Unschuldsvermutung aus Art. 6 Abs. 2 EMRK darf auch ein etwaiger starker Verdacht in der Interessenabwägung nicht zum Nachteil des Beschuldigten gewertet werden;[62)] dagegen kann sich ein nur schwacher Tatverdacht zugunsten des Beschuldigten auswirken.[63)] Zu berücksichtigen ist auch das Ausmaß der Rechtsverletzung; bei Bagatellbeeinträchtigung ist regelmäßig von einem Überwiegen auszugehen.[64)] Verbleibende Zweifel, ob die der begehrten Akteneinsicht entgegenstehenden Interessen überhaupt bestehen oder ob sie das Einsichtsinteresse überwiegen, wirken sich zugunsten des Verletzten aus.[65)] Stets ist zu prüfen, ob eine teilweise Akteneinsicht gewährt werden kann.

---

51) BeckOK, StPO/Weiner, § 406e Rdnr. 5.
52) OLG Koblenz, StV 1988, 333; Meyer-Goßner/Schmitt, § 406e Rdnr. 6.
53) Überblick etwa bei MüKo-StPO/Grau, § 406e Rdnr. 8 ff.
54) OLG Hamm, BeckRS 2015, 09558 Rdnr. 19; LG München, wistra 2006, 240.
55) BVerfG, NJW 2007, 1052.
56) LG Köln, StraFo 2005, 78.
57) Näher LR/Hilger, § 406e Rdnr. 9.
58) BGH, StV 2012, 327.
59) BeckOK, StPO/Weiner, § 406e Rdnr. 6.
60) LR/Hilger, § 406e Rdnr. 10.
61) BGH, StV 2012, 327; mustergültig LG Krefeld, NStZ 2009, 112.
62) LR/Hilger, § 406e Rdnr. 10;
63) LG Köln, BeckRS 2008, 23649 unter III.; LG Saarbrücken, NStZ 2010, 111, 112.
64) Vgl. LG Darmstadt, NStZ 2010, 111; LG Saarbrücken, NStZ 2010, 656, wonach die Gewährung von Akteneinsicht sich bei Bagatellverstößen als unverhältnismäßig darstellt; zust. KK/Zabeck, § 406e Rdnr. 6.
65) LR/Hilger, § 406e Rdnr. 10.

Als Ergebnis einer Ermessensentscheidung kann gem. § 406 Abs. 2 Satz 2 StPO dem Verletzten bzw. seinem Beistand die Akteneinsicht auch versagt werden, wenn die Einsichtsgewährung den Untersuchungszweck gefährden würde. Davon ist wie zu § 147 Abs. 2 StPO auszugehen, wenn zu befürchten steht, dass bei Gewährung der Akteneinsicht die Sachaufklärung – nach überwiegender Ansicht auch in einem anderen Straf- oder Ermittlungsverfahren – beeinträchtigt wird. Teilweise wird dies mit guten Gründen bejaht, wenn die Kenntnis des Verletzten vom Inhalt der Akten die Zuverlässigkeit und den Wahrheitsgehalt einer von ihm noch zu erwartenden Zeugenaussage beeinträchtigen kann;[66] nach Ansicht des BGH kann von einer solchen Gefährdung aber nicht regelhaft ausgegangen werden[67] mit der Konsequenz, dass die Akteneinsicht nicht schematisch mit der Begründung versagt werden darf, durch die Kenntnis der Ermittlungsakten drohe eine Beeinträchtigung des Glaubhaftigkeitswert einer zukünftigen Aussage des Verletzten.[68] Diese mit der Einsichtsgewährung zugunsten des Verletzten verbundene Problematik wird unten (siehe Rdnr. 18.44) im Kontext der Nebenklage vertieft dargestellt.

Nach umstrittener Ansicht von Teilen der Rechtsprechung ist dem Verletzten – gleichsam als Regelergebnis der Ermessensausübung – keine Einsicht in diejenigen Aktenbestandteile zu gewähren, in die die Verteidigung noch keine Einsicht nehmen konnte.[69] Das damit verfolgte Anliegen der „**Waffengleichheit**" verdient im Grundsatz Zustimmung, ist mit dem Wortlaut des § 406e Abs. 2 Satz 2 StPO, der allein auf eine Gefährdung des Untersuchungszweck abstellt, aber kaum zu vereinbaren. Die Umstände, die beim Beschuldigten einerseits und beim Verletzten andererseits eine Gefährdung des Untersuchungszwecks begründen, werden sich regelmäßig unterscheiden, so dass mit der Einsichtsversagung bezüglich des Beschuldigten nichts über das Einsichtsrecht des Verletzten ausgesagt werden kann. Es geht deshalb zu weit, wenn die Akteneinsicht des Verletzten ohne nähere Betrachtung des Einzelfalls von der Möglichkeit der Akteneinsichtnahme der Verteidigung abhängig gemacht wird.[70] Je nach Lage des Einzelfalls kann aber die Gefährdung des Untersuchungszwecks nach § 147 Abs. 2 StPO – vor allem in Aussage-gegen-Aussage-Konstellationen – ein Indiz dafür sein, dass der Verletzte seinerseits die Untersuchung gefährden könnte, z.B. dass er bemüht sein könnte, einer befürchteten „Verdunkelung" des Sachverhalts durch den Beschuldigten durch eine Anpassung seiner Aussage entgegenzuwirken.[71]

18.17

Ohne nennenswerte praktische Bedeutung ist der ebenfalls ermessensabhängige Einsichtsversagungsgrund der **erheblichen Verfahrensverzögerung** nach § 406e Abs. 2 Satz 3 StPO. Gegenüber einem nebenklageberechtigten Verletzten ist der Anwendungsbereich der Anwendungsbereich der Vorschrift auf das Ermittlungs-

18.18

---

66) KK/Zabeck, § 406e Rdnr. 7; KMR/Stöckel, § 406e Rdnr. 14; SK-StPO/Velten, § 406e, Rdnr. 19.

67) BGH, NStZ 2016, 367.

68) KK/Zabeck, § 406e Rdnr. 7; Meyer-Goßner/Schmitt, § 406e Rdnr. 12.

69) LG München I, wistra 2006, 240; so auch Thomas, StV 1985, 433.

70) MüKo-StPO/Grau, § 406e Rdnr. 15.

71) LR/Hilger, § 406e Rdnr. 13.

verfahren beschränkt, weil er mit dem Abschlussvermerk (§ 169a StPO) nicht gegen die Akteneinsicht des Verletzten vorgebracht werden kann. Für eine erhebliche Verfahrensverzögerung reicht eine Verzögerung von wenigen Tagen nicht aus.[72] Eine allein durch die Gewährung der Einsicht über den Zeitraum von wenigen Tagen hinausreichende Verfahrensverlängerung wird praktisch kaum je zu erwarten sein. Anders dürfte es nur liegen, wenn durch die Gewährung der Akteneinsicht wichtige Termine (etwa Durchsuchungen, Testnahmen etc.) verschoben werden müssen und gerade durch die Verschiebung die Gesamtdauer des Verfahrens wesentlich verlängert werden würde.[73] Selbst wenn eine (insbesondere durch erforderlich werdende Terminsverschiebungen entstehende) erhebliche Verfahrensverzögerung zu erwarten steht, führt dies nicht zwingend zur Einsichtsversagung; vielmehr muss darüber nach pflichtgemäßem Ermessen entschieden werden.[74]

18.1.3.4 Kosten des Verletztenbeistands

18.19 Die **Kosten des Beistands** nach § 406f Abs. 1 StPO muss der Verletzte im Grundsatz selbst tragen;[75] eine Überwälzung selbst auf einen verurteilten Angeklagten ist nicht möglich.[76] Eine Beiordnung mitsamt staatlicher Kostenübernahme sieht das Gesetz in § 406h Abs. 3 StPO nur für solche Verletzte vor, die berechtigt wären, sich dem Verfahren als Nebenkläger anzuschließen, für diese allerdings auch dann, wenn sie sich nicht als Nebenkläger anschließen, sondern mit der Verletztenbeistandschaft begnügen.[77] Auch die Gewährung von Prozesskostenhilfe für die Verletztenbeistandschaft eines nicht nebenklageberechtigten Verletzten kommt nicht in Betracht, weil der Gesetzgeber Prozesskostenhilfe nur für Nebenkläger unter den in § 397a Abs. 2 StPO geregelten Voraussetzungen vorgesehen und dadurch zum Ausdruck gebracht hat, dass außerhalb dieser engen Voraussetzungen keine Möglichkeit zur Bewilligung von Prozesskostenhilfe bestehen soll.[78] Außerdem würden durch die Gewährung von Prozesskostenhilfe die engen Voraussetzungen den § 68b Abs. 2 StPO unterlaufen.

---

72) MüKo-StPO/Grau, § 406e Rdnr. 17; Meyer-Goßner/Schmitt, § 406e Rdnr. 6b; KK/Zabeck, § 406e Rdnr. 8.

73) LR/Hilger, § 406e Rdnr. 14.

74) BGH, BeckRS 2005, 10778 unter 4. b); KK/Zabeck, § 406e Rdnr. 8; vgl. auch LR/Hilger, § 406e Rdnr. 14, der – offenbar im Sinne eines gebundenen Ermessens – davon ausgeht, mit Blick auf das Beschleunigungsgebot sei dem Verletzten bei zu erwartender Verfahrensverzögerung nur selten Akteneinsicht zu gewähren.

75) BVerfG, NStZ 1983, 374; KMR/Stöckel, § 406f Rdnr. 10; Meyer-Goßner/Schmitt, § 406f Rdnr. 1; LR/Hilger, § 406f Rdnr. 1; MüKo-StPO/Grau, § 406f Rdnr. 1; **a.A.** für rechtlich und tatsächlich schwierige Fälle OLG Düsseldorf, wistra 1993, 78; OLG Stuttgart, NStZ 1992, 340 (PKH).

76) Meyer-Goßner/Schmitt, § 406f Rdnr. 1; BeckOK, StPO/Weiner, § 406f Rdnr. 1.

77) KK/Zabeck, § 406f Rdnr. 6.

78) LG Köln, StraFo 1997, 308 f.; KK/Zabeck, § 406f Rdnr. 6; anders für tatsächlich oder rechtlich schwierige Fälle OLG Düsseldorf, wistra 1993, 78; OLG Stuttgart, NStZ 1992, 340, 341.

Dehne-Niemann

18.1.4 Nebenklage

Das weitreichendste und möglicherweise bedeutendste Institut der Berücksichtigung von Opferinteressen ist die Nebenklage. Die Vorschriften über die Nebenklage finden sich in den §§ 395–402 StPO. Entgegen ihrer missverständlichen Bezeichnung stellt die Nebenklage keine echte Klage dar, sondern räumt dem Berechtigten nur das Recht ein, sich in bestimmten Fällen einer öffentlichen Klage der Staatsanwaltschaft anzuschließen. Der Nebenkläger kann eine Tat (einen bestimmten historischen Vorgang nach § 264 StPO) also nicht selbst vor Gericht zu bringen und damit eine Strafsache rechtshängig zu machen; solches ist nur dem Privatkläger möglich. Die Nebenklage verhält sich somit akzessorisch zur öffentlichen Klage.

18.20

Rechtspolitisch ist das Institut der Nebenklage nicht bedenkenfrei.[79] Die Beteiligung des Nebenklägers am Strafverfahren verstärkt das ohnehin schon prozessual bestehende strukturelle Ungleichgewicht, dem die Verteidigung im Verhältnis zur Staatsanwaltschaft und zum sowohl untersuchenden als auch erkennenden Gericht unterliegt. Gleichwohl bietet die intensive Beteiligung des durch die einem Angeklagten Verletzten auch aus Sicht der Verteidigung nicht nur zusätzliche Risiken, sondern auch Chancen,[80] denn bei diametraler Sachverhaltsdarstellung von Nebenkläger und Angeklagtem kommt Ersterem die Stellung eines „Quasiverfahrensgegners" zu, was der Akzentuierung vernünftiger Zweifel dienen kann. Insgesamt wird man das Institut der Nebenklage für ein akzeptables Mittel der Verletztenbeteiligung am Strafverfahren halten können.

18.1.4.1 Zweck der Nebenklage und Stellung des Nebenklägers

Nach der gesetzgeberischen Zweckbestimmung werden mit der Nebenklage die Interessen bestimmter Verletzter – die sich nicht mit denen der Staatsanwaltschaft decken müssen – anerkannt und diesen Verletzten eine eigenständige Beteiligung am Verfahren durch Zubilligung spezifischer Befugnisse eingeräumt.[81] Dem durch eine rechtswidrige Tat Verletzten soll durch die Nebenklagevorschriften eine mit den Zwecken des Strafprozesses vereinbare verfahrensrechtlich gesicherte Rechtsposition und Beteiligungsbefugnis verschafft werden, die ihn schützen, seiner Interessenwahrnehmung dienen soll und es ihm ermöglichen soll, seine Interessen im Verfahren darzustellen, zu vertreten und zu verteidigen, und ihm Möglichkeiten zur Abwehr von Verantwortungszuweisungen einräumt.

18.21

Diese zur Realisierung dieser Zweckbestimmung erforderlichen Rechte werden in einem Enumerativkatalog aufgezählt und orientieren sich an den speziellen Bedürfnissen dieser Verletzten (vgl. §§ 397, 397a, 400, 401 StPO). Daher kommt dem Nebenkläger eine besondere Prozesssubjektsstellung zu, die sich von der des

---

79) Näher zu den rechtspolitischen Implikationen der Nebenklage Dehne-Niemann/Krause, in: Rinklin, Hauptverhandlung, Kap. 27, S. 1273 ff.
80) MAH Strafrecht/Pollähne, § 53 Rdnr. 4.
81) Vgl. BT-Drucks. 10/5305, S. 10 ff.

Dehne-Niemann

Privatklägers nicht unerheblich unterscheidet. Sowohl hinsichtlich der Nebenklageberechtigung als auch hinsichtlich der Befugnisse finden sich Unterschiede zur Privatklage; so reicht das Beweisantragsrecht des Nebenklägers weiter und ist seine Rechtsmittelbefugnis enger als die des Privatklägers.

18.22   Aus der **Eigenständigkeit seiner Beteiligung am Strafverfahren** folgt, dass der Nebenkläger die Staatsanwaltschaft nicht lediglich unterstützt, sondern seine Rechte von der Staatsanwaltschaft unabhängig wahrnimmt.[82] Nach wohl (noch) überwiegender und insbesondere von der bisherigen Rechtsprechung vertretener Ansicht soll die Unabhängigkeit der Nebenklage jedoch nicht so weit reichen, dass mit ihr Interessen des Angeklagten verfolgt werden können; sie sei entsprechend ihrem Wesen als ein Mittel der eigenständigen Interessenvertretung des Verletzten unzulässig, wenn sie als „**verteidigende Nebenklage**" allein den Freispruch des Beschuldigten anstrebt,[83] weil sich aus dem Gesetz ergebe, dass der Nebenkläger eine gegen den Angeschuldigten bzw. Angeklagten gerichtete Position einnimmt.[84]

18.23   Diese Sicht dürfte jedoch durch eine jüngst ergangene Entscheidung des BGH ins Wanken geraten sein. Danach müssen Nebenkläger keine Verurteilung anstreben, um sich am Verfahren beteiligen zu dürfen. Die Anschlussbefugnis des Nebenklägers hängt also nicht davon ab, dass er eine Verurteilung begehrt; es gibt keine Regel, wonach er die Anklage unterstützen müsste.[85] An der Unzulässigkeit eines „verteidigenden" Nebenklagerechtsmittels möchte der BGH aber anscheinend – wenig konsequent – festhalten.[86] Offengelassen hat der BGH, ob es an der Anschlussbefugnis fehlt, wenn das Freispruchbegehren nicht – wie im entschiedenen Fall – an der fehlenden Schuldfähigkeit (§ 20 StGB) oder Verantwortungsreife (§ 3 JGG) ansetzt, sondern bereits daran, dass sich der Nebenkläger schon gar nicht durch den Beschuldigten verletzt glaubt.[87]

---

82) LR/Hilger, Vor. § 395 Rdnr. 2.

83) OLG Schleswig, NStZ-RR 2000, 270, 271 f.; LG Kiel, SchlHA 1999, 187; LR/Hilger, Vor. § 395 Rdnr. 2; Meyer-Goßner/Schmitt, § 395 Rdnr. 1; für die Revision des Nebenklägers auch BGHSt 37, 136, 137.

84) OLG Brandenburg, BeckRS 2012, 07760; OLG Rostock, NStZ 2013, 126, 127; dagegen für die Zulässigkeit auch der „verteidigenden Nebenklage" mit guten Gründen Altenhain, JZ 2001, 791, 797 ff. m.w.N.; SK-StPO/Velten, § 395 Rdnr. 17 f.; ferner Schneider, StV 1998, 456; Maeffert, StV 1998, 461; Bock, JR 2013, 426, 428; Noak, ZIS 2014, 189, 190 ff.

85) BGH, BeckRS 2020, 24908 Rdnr. 5 ff., 12 (zu § 80 Abs. 3 JGG).

86) BGH, BeckRS 2020, 24908 Rdnr. 12, mit der Differenzierung zwischen Anschlussbefugnis und Rechtsmittelberechtigung.

87) BGH, BeckRS 2020, 24908 Rdnr. 13.

                Dehne-Niemann

Praxistipp

Ist demnach auch der „verteidigende Nebenkläger" zum Anschluss berechtigt, so ergeben sich daraus für verletzte Angehörige, die keine Verurteilung des Beschuldigten wünschen, interessante Verteidigungsansätze, die über die bloße Verweigerung des Zeugnisses nach § 52 StPO hinausreichen. Insbesondere kann ein verletzter Nebenkläger – unter Wahrung der ihn treffenden allgemeinen Wahrheitspflicht, der auch ein Nebenklagezeuge unterliegt – entlastende Ermittlungsansätze aufzeigen und die Strafverfolgungsbehörden zu deren Berücksichtigung anhalten. Verfolgt der Nebenkläger ein solches Ziel, so kann Nebenklagevertreter als „verkappter Verteidiger" fungieren und gleichsam die Rolle eines „Verteidigerwolfs im Nebenklageschafspelz" einnehmen.

18.1.4.2 Verhältnis der Nebenklage zu den allgemeinen Vorschriften der §§ 406d ff. StPO

Die allgemeinen Rechte des Verletzten nach den §§ 406d ff. StPO haben nur teilweise einen Bezug zum Recht der Nebenklage. §§ 406d ff. und die §§ 395 ff. StPO stehen im Grundsatz neben- und ergänzen einander. §§ 395 ff. StPO finden aber vorrangig Anwendung, wenn der Verletzte sich als Nebenkläger am Verfahren beteiligt. Grundsätzlich stehen die Rechte aus §§ 406d ff. StPO allen Verletzten zu, also auch einem nebenklageberechtigten Verletzten, ein Teil der Rechte aber nur dem Nebenklageberechtigten (§ 406e Abs. 1 Satz 2, § 406h StPO).   18.24

Die Wahrnehmung der dem Nebenklageberechtigten vorbehaltenen Befugnisse im Ermittlungsverfahren hängt nicht davon ab, ob der Nebenklagebefugte sich später dem Verfahren anschließt. So kann ein Nebenklagebefugter sich auf die Wahrnehmung der Rechte aus § 406f StPO beschränken, obwohl ihm weiterreichende nach § 406h StPO zustünden. Auch darf er im Ermittlungsverfahren seine Befugnisse aus § 406h StPO wahrnehmen und im Hauptverfahren unter Verzicht auf eine Zulassung als Nebenkläger mit einem anwaltlichen Verletztenbeistand nach § 406f Abs. 1 StPO begnügen.[88]

18.1.4.3 Die Berechtigung zum Anschluss als Nebenkläger

Der Kreis der zum Anschluss im Wege der Nebenklage Berechtigten ist in § 395 Abs. 1–3 StPO – abschließend[89] – geregelt. Zum Anschluss berechtigen nur die dort aufgezählten Gründe. Sind diese einschlägig, so besteht die Nebenklagebefugnis nach der ausdrücklichen Regelung des § 395 Abs. 1 StPO auch bei Durchführung eines Sicherungsverfahrens.[90] Daher kann der Verletzte auch dann bereits im Ermittlungsverfahren den Nebenklageanschluss erklären, wenn keine   18.25

---

88) LR/Hilger, Vor. § 406d Rdnr. 5.
89) OLG Düsseldorf, NStZ 1997, 204; LR/Hilger, Vor. § 395 Rdnr. 3.
90) So schon zur früheren Gesetzeslage BGHSt 47, 202 f. unter Aufgabe anderslautender Rechtsprechung.

Anklageerhebung, sondern lediglich die Durchführung eines Sicherungsverfahrens zu erwarten steht.

Der nebenklagebefugte Personenkreis

18.26 Gemäß § 395 Abs. 1 StPO ist im **Regelfall** nur der **Verletzte** bestimmter strafbarer Handlungen zum Nebenklageanschluss berechtigt. Damit lässt das Gesetz die Nebenklage nur desjenigen zu, der selbst in eigenen höchstpersönlichen Rechtsgütern verletzt ist. Für die **Verletzte weiterer Straftaten** knüpft § 395 Abs. 3 StPO die Anschlussberechtigung an **erhöhte Voraussetzungen**.

Nebenklagebefugt sind im Anwendungsbereich des § 395 Abs. 1 und Abs. 3 StPO **nur lebende Personen**. Bestehen an der Existenz des Verletzten bzw. an dessen Lebendigkeit Zweifel, so muss das Gericht im Wege des Freibeweises überzeugt werden.[91] Stirbt der Nebenklageberechtigte, so findet (anders als beim Strafantragsrecht nach § 77 Abs. 2 StGB) nicht etwa ein Übergang der Anschlussberechtigung statt.[92]

18.27 Für **Angehörige** enthält § 395 Abs. 2 Nr. 1 StPO eine abschließende Sonderregelung,[93] die aber – wie der systematische Zusammenhang mit § 395 Abs. 1 Nr. 2 StPO zeigt – keinen Übergang der Anschlussberechtigung regelt,[94] sondern ein originäres eigenes Anschlussrecht begründet. Die Anschlussberechtigung setzt die Tötung des verstorbenen Verletzten voraus, bei der es sich aber nicht um ein Tötungsdelikt i.S.d. §§ 211, 212 StGB handeln muss; auch eine durch ein todeserfolgsqualifiziertes Delikt i.S.d. § 18 StGB erfolgte Tötung berechtigt die genannten Angehörigen zur Nebenklage.[95]

Nebenklageberechtigt sind nur die in § 395 Abs. 2 Nr. 1 StPO genannten Angehörigen; wegen des eine analoge Anwendung verbietenden Ausnahmecharakters[96] der Vorschrift können Tanten und Onkel,[97] Enkel,[98] Großeltern[99] und geschiedene Ehegatten[100] sich nicht als Nebenkläger anschließen, wohl aber Halbgeschwister.[101] Mangels wirksamer Ehebegründung nicht nebenklageberechtigt sind auch die Partner einer nicht standesamtlich nach Sinti-Art geschlossenen Ehe,[102] ferner mangels Ehegattenstellung ist auch ein Ehegatte, der nach deutschem Recht geschieden ist, wenn es an der Anerkennungsentscheidung nach

---

91) BGH, NStZ 2009, 174.
92) BGHSt 44, 97, 98 f.; BGH, NStZ 2006, 351.
93) OLG Düsseldorf, NStZ 1997, 204, 205.
94) So aber BeckOK, StPO/Weiner, § 395 Rdnr. 16.
95) BGHSt 52, 153; BGH, NStZ-RR 2008, 352, 353.
96) BGH, NJW 1967, 454, 455.
97) BGH, NJW 1995, 1297, 1301; Meyer-Goßner/Schmitt, § 395 Rdnr. 8.
98) OLG Köln, BeckRS 2008, 25579 unter II.
99) BGH, NJW 1967, 454, 455; LG Hamburg, MDR 1979, 251.
100) BGH, NJW 2012, 3524.
101) OLG Düsseldorf, NJW 1958, 394.
102) BVerfG, NStZ 1993, 393.

ausländischem Recht fehlt.[103)] Umstritten ist die – überwiegend abgelehnt –
Anschlussberechtigung von Stiefeltern.[104)]

Eine **nebenklagedeliktsunabhängige Anschlussberechtigung** statuiert § 395 Abs. 2   18.28
Nr. 2 StPO. Danach kann sich dem Strafverfahren als Nebenkläger anschließen,
wer erfolgreich das Klageerzwingungsverfahren (§ 172 StPO) betrieben hat,
wenn die Anklage auf Anordnung des OLG (§ 175 StPO) erhoben wurde. Die
Anschlussbefugnis reicht in einem solchen Fall über die der Katalogtaten des
Absatzes 1 und die Taten nach Absatz 3 hinaus. Wenn das Oberlandesgericht die
Anklageerhebung nach § 175 StPO beschlossen hat, so kann das nach Anordnung der Anklageerhebung mit der Sache befasste Gericht nicht mehr prüfen, ob
dies zu Recht geschehen ist.

Nach zutreffender, aber umstrittener Ansicht findet § 395 Abs. 2 Nr. 2 StPO   18.29
keine Anwendung, wenn es nicht zu einer Entscheidung des Oberlandesgerichts
im Klageerzwingungsverfahren gekommen ist, sondern die Staatsanwaltschaft
einer Entscheidung des Oberlandesgerichts zuvorgekommen ist und auf Weisung
der Generalstaatsanwaltschaft oder gar des Justizministeriums Anklage erhoben
hat.[105)] Da durch die Ausnahmevorschrift des § 395 Abs. 2 Nr. 2 StPO bei einem
erfolgreichen Klageerzwingungsverfahren der Gefahr begegnet werden soll, dass
die Staatsanwaltschaft ein gegen ihren Willen zustande gekommenes Strafverfahren nachlässig weiterbetreibt, und eine solche Gefahr nur besteht, wenn der
Antragsberechtigte im Klageerzwingungsverfahren gerade durch eine Sachentscheidung des Oberlandesgerichts der Staatsanwaltschaft die Erhebung der
öffentlichen Klage aufgezwungen hat, besteht für eine über ihren Wortlaut hinausreichende Anwendung der Vorschrift keinen Anlass, wenn es zu einer Sachentscheidung des Oberlandesgerichts nicht kommt. Unstreitig berechtigt allein der
Umstand, dass – ohne Befassung des OLG im Klageerzwingungsverfahren – die
Ermittlungen nach Aufhebung der Einstellungsverfügung durch den Generalstaatsanwalt wieder aufgenommen wurden, nicht zum Nebenklageanschluss.[106)]

Prozessfähigkeit des Nebenklägers

Um sich als Nebenkläger anschließen zu können, muss der Anschlussberechtigte   18.30
nach h.M. prozessfähig nach §§ 51, 52 ZPO sein. Dies setzt uneingeschränkte
Geschäftsfähigkeit i.S.d. §§ 104 ff. BGB voraus. Fehlt es an der Prozessfähigkeit,
so ist eine Anschlusserklärung des gesetzlichen Vertreters erforderlich. Dieser
muss im Verfahren die Nebenklagerechte wahrnehmen, ohne dass er die Rechts-

---

103) BGH, NJW 2012, 3524 ff. Rdnr. 10 ff.
104) Abl. die h.M., vgl. BGH, BeckRS 2012, 10165 Rdnr. 3 f.; MüKo-StPO/Valerius, § 395
    Rdnr. 57 m.w.N.; dafür jedoch BeckOK, StPO/Weiner, § 395 Rdnr. 21 m.w.N.
105) OLG Frankfurt, NJW 1979, 994, 995; LG Waldshut-Tiengen, StraFo 2004, 99; Meyer-Goß-
    ner/Schmitt, § 395 Rdnr. 6 m.w.N.; SK-StPO/Velten, § 395 Rdnr. 20; **a.M.** OLG München,
    NJW 1986, 376, 377, wonach das OLG feststellen könne, dass das Klageerzwingungs-
    verfahren erfolgreich war, und woran die Befugnis zum Anschluss als Nebenkläger
    i.S.d. § 395 Abs. 2 Nr. 2 StPO mit bindender Wirkung anknüpfen könne; dem OLG Mün-
    chen zust. Rieß, NStZ 1990, 9 f.; LR/Hilger, § 395 Rdnr. 5; KK/Walther, § 395 Rdnr. 13.
106) OLG Karlsruhe, StraFo 2004, 99; KK/Walther, § 395 Rdnr. 13.

stellung des Verletzten erhielte.[107] Die Vertretung richtet sich nach der Vorschriften über die Personensorge.[108] Wird das Verfahren gegen einen Elternteil – etwa in Misshandlungsverfahren – geführt, so ist nach h.M. für den minderjährigen Verletzten nach dem Rechtsgedanken des § 1795 ein Ergänzungspfleger zu bestellen,[109] der auch der anwaltliche Nebenklagevertreter sein kann.[110]

> **Praxishinweis**
>
> Die Ergänzungspflegschaft wird regelmäßig nur für einen eng umrissenen Aufgabenbereich „Entscheidung des Kindes über den Anschluss als Nebenkläger gem. § 395 StPO" (o.Ä.) angeordnet. Auch ein familienrechtlich unerfahrener Nebenklagevertreter kann daher ohne Bedenken seine **Bestellung als Ergänzungspfleger** beantragen. Mit Nebenklagevertretung und Ergänzungspflegschaft „aus einer Hand" lassen sich mitunter vorkommende „Querschüsse" eines – häufig strafrechtlich unerfahrenen – Ergänzungspflegers vermeiden.

Tatbezogene Voraussetzungen des Nebenklageanschlusses

18.31 In den Fällen des § 395 Abs. 1 und Abs. 3 StPO muss sich die Nebenklage auf eine der dort genannten Taten beziehen. Die Nebenklagebefugnis aus § 395 StPO besteht schon dann, wenn nach der Sachlage oder aufgrund des tatsächlichen Vorbringens des Antragstellers die Verurteilung des Angeklagten wegen einer Nebenklagestraftat i.S.d. § 395 Abs. 1, Abs. 3 StPO rechtlich möglich erscheint.[111] Ob die Voraussetzungen für die Zulassung der Nebenklage gegeben sind, bemisst sich – da die Anschlusserklärung erst mit Anklageerhebung wirksam wird – grundsätzlich nach der Schilderung des Sachverhalts in der Anklageschrift sowie den Ausführungen des Nebenklägers in seiner Antragsschrift, deren Richtigkeit unterstellt, eine rechtswidrige Tatbestandsverwirklichung eines Nebenklagedelikts durch den Beschuldigten in Betracht kommen lassen muss.[112]

---

107) KG, NStZ-RR 2011, 22, 23; BayObLG, NJW 1956, 681; abw. BeckOK, StPO/Weiner, § 395 Rdnr. 28, wonach für den Anschluss die genügende Verstandesreife ausreichen soll.

108) Meyer-Goßner/Schmitt, § 395 Rdnr. 7 m.w.N.

109) OLG Stuttgart, Beschl. v. 31.03.1999 – 4 Ws 57/99, Rdnr. 10 f. (juris) = Justiz 1999, 348 f.; Meyer-Goßner/Schmitt, Vor. § 395 Rdnr. 7; Erman/Roth, BGB, 16. Aufl. 2020, § 1909 Rdnr. 8; jurisPK-BGB/Locher, § 1909 Rdnr. 51; **a.M.** OLG Frankfurt, FamRZ 2009, 1227; BeckOK, StPO/Weiner, § 395 Rdnr. 28; sowie zuletzt OLG Bamberg, FamRZ 2020, 1382, 1383 f., wonach sich die Vertretungsentziehung des beschuldigten Elternteils aus § 1796 Abs. 2 BGB ergibt und hinsichtlich des anderen Elternteils eine Ergänzungspflegschaft nicht erforderlich sei, wenn dieser die Strafverfolgung wünscht, weil dann keine konkrete Interessenkollision vorliegt; zur Einordnung der Problematik in einen größeren Zusammenhang Staudinger/Lettmaier, BGB, Neubearbeitung 2020, § 1629 Rdnr. 194 ff.

110) BeckOK, StPO/Weiner, § 395 Rdnr. 28.

111) RGSt 69, 244, 246; BGH bei Holtz, MDR 1978, 461; OLG Düsseldorf, NStZ 1997, 204, 205.

112) OLG Schleswig, NStZ-RR 2000, 270, 271.

Die rechtliche Möglichkeit einer Verurteilung wegen einer zur Nebenklage berechtigenden Tat besteht unabhängig davon, ob die Anklage ausdrücklich auf ein Nebenklagedelikt gestützt ist[113] oder dieses Nebenklagedelikt auch nur erwähnt wird. Ebenso ist es ohne Belang, ob bezüglich des in Betracht kommenden Nebenklagedelikts hinreichender Tatverdacht besteht.[114] Vielmehr genügt es, dass nach dem Anklagesachverhalt wenigstens die rechtliche Möglichkeit der Verurteilung wegen zum Anschluss berechtigenden Nebenklagedelikts besteht,[115] selbst wenn die Wahrscheinlichkeit der Verurteilung aus tatsächlichen Gründen nur gering sein mag.[116] Für die Zulassung der Nebenklage muss das materiell-rechtlich in Betracht kommende Nebenklagedelikt mit dem angeklagten Delikt eine prozessuale Tat i.S.d. § 264 StPO darstellen.[117]

18.32

Die erforderliche rechtliche Möglichkeit der Verurteilung wegen eines Nebenklagedelikts ist auch dann gegeben, wenn es mit einem nicht nebenklagefähigen Delikt in **Tateinheit** (§ 52 StGB) steht. Ein in Tateinheit mit einer zum Anschluss berechtigenden Körperverletzung (§ 395 Abs. 1 Nr. 4 StPO) stehender Raub soll daher ohne Rücksicht auf das Vorliegen der erhöhten Voraussetzungen des § 395 Abs. 3 StPO ebenfalls Gegenstand der Nebenklage sein können,[118] und zwar unabhängig davon, ob die Anklage das Nebenklagedelikt nennt.[119] Gleiches gilt, wenn das Nebenklagedelikt hinter ein nicht nebenklagefähiges Delikt gesetzeskonkurrierend zurücktritt.[120] Daher kann sich ein Angehöriger eines durch eine Körperverletzung mit Todesfolge nach § 227 StGB ums Leben gekommenen Verletzten anschließen;[121] denn bei § 227 StGB handelt es sich zwar um kein Nebenklagedelikt, jedoch ist darin die zum Anschluss berechtigende (§ 395 Abs. 1 Nr. 3 StPO) Körperverletzung nach § 223 StGB enthalten.

18.33

Anders verhält es sich bei **Tatmehrheit** (§ 53 StGB) zwischen dem Nebenklagedelikt und der sonstigen Tat. In einem solchen Fall bezieht sich die Anschlussbefugnis allein auf die Nebenklagestraftat, nicht aber auf die realkonkurrierende sonstige Tat.[122] Daher beschränken sich die prozessualen Rechte des Nebenklägers (etwa das Beweisantragsrecht) bei Tatmehrheit auf das Nebenklagedelikt.[123]

---

113) OLG Celle, NJW 1969, 945.
114) H.M., vgl. RGSt 69, 244, 246; enger, nämlich hinreichenden Tatverdacht fordernd SK-StPO/Velten, § 395 Rdnr.13; Altenhain, JZ 2001, 791, 793.
115) OLG Frankfurt, NJW 1979, 994, 995.
116) BGH, NStZ-RR 2002, 340; BGH bei Becker, NStZ-RR 2002, 97, 103 f.; LG Koblenz, NJW 2004, 305, 306.
117) OLG Rostock, BeckRS 2016, 08013 Rdnr. 8.
118) LR/Hilger, § 395 Rdnr. 12 m.w.N.
119) BGHSt 29, 216, 218; BGH, StV 1981, 535; KK/Walther, § 395 Rdnr. 17.
120) RGSt 59, 100; BGHSt 13, 143, 144; LR/Hilger, § 395 Rdnr. 12.
121) KK/Walther, § 395 Rdnr. 18.
122) BGH, BeckRS 1956, 31185503 = NJW 1956, 1607 (nur Leitsatz).
123) KK/Walther, § 395 Rdnr. 18.

Dehne-Niemann

18.34 Keine Nebenklageberechtigung besteht bei strafbaren Formen der **Vorbereitungshandlung nach § 30 StGB**,[124) weil es an einem unmittelbar gegen einen Verletzten gerichteten Angriff fehlt. Ein solcher Angriff und damit die Befugnis zum Anschluss besteht dagegen im Fall eines strafbaren Versuchs[125) oder einer Tatbeteiligung nach den §§ 26, 27 StGB.[126) Heute unstreitig nebenklagebefugt ist auch der Verletzte einer Straftat gem. **§ 323a StGB**, wenn durch die im Rausch begangene „rechtswidrige Tat" ein grundsätzlich nebenklagefähiger Tatbestand rechtswidrig verwirklicht worden ist,[127) denn in einem solchen Fall liegt eine den Anforderungen des § 395 Abs. 1 StPO genügende Verletzung durch eine rechtswidrige Tat vor; die Beantwortung der Schuldfrage bleibt der Hauptverhandlung vorbehalten.[128)

18.35 Fällt eine Tat nicht unter den Katalog des § 395 Abs. 1 StPO und möchte sich der Verletzte gleichwohl als Nebenkläger anschließen – denkbar sind entsprechend dem Wortlaut der Vorschrift sämtliche rechtswidrigen Straftaten[129) –, so kommt es gem. § 395 Abs. 3 StPO darauf an, ob die **Nebenklagezulassung aus besonderen Gründen**, insbesondere wegen der schweren Folgen der Tat, zur Wahrnehmung seiner Interessen geboten erscheint. Dies erfordert die Prüfung, ob dem Verletzten im konkreten Fall besondere Schutzinteressen zur Seite stehen. Nach der Neufassung des § 395 Abs. 3 StPO durch das 2. Opferrechtsreformgesetz zum 01.10.2009 setzt nunmehr auch die Nebenklagezulassung wegen eines Beleidigungsdelikts besondere Gründe voraus.

18.36 Praktisch bedeutsam war das Kriterium der besonderen Gründe bislang vor allem bei Verkehrsstrafsachen, bei denen die schweren Folgen der Tat, auf die das Gesetz zur Konkretisierung abstellt, regelmäßig einen Anschlussgrund darstellten. Dies gilt nunmehr auch für Delikte außerhalb des Straßenverkehrs.[130) Maßgeblich sind daher Grad und Ausmaß der verursachten Rechtsgutverletzung sowie die Bedeutung des Rechtsguts.[131) Anhaltspunkte für eine besondere Schutzbedürftigkeit können sich aus schweren Tatfolgen ergeben, etwa aus durch Aggressionsdelikte ausgelösten körperlichen oder seelischen Schäden sowie aus Traumata oder Schockzuständen, die bereits eingetreten oder zu erwarten sind. Auch eine gravierende Beweisnot, die durch einen Auslandsbezug begründet sein kann und ein nur von den Strafverfolgungsbehörden und Strafgerichten zu leistendes Vorgehen im Wege der Rechtshilfe erforderlich macht, kann eine besondere Schutzbedürftigkeit begründen.[132) In Betracht zu ziehen ist ferner eine im

---

124) OLG Stuttgart, NStZ 1990, 298. – In Betracht kommt in solchen Fällen aber wegen der regelmäßig bestehenden Rechtsgutsbedeutung eine Anschlussberechtigung nach § 295 Abs. 3 StPO, vgl. OLG Koblenz, NStZ 2012, 655, zur Nebenklagebefugnis des avisierten Verletzten einer versuchten Anstiftung zum Mord.

125) LR/Hilger, § 395 Rdnr. 15 m.w.N.

126) BGH, StV 2006, 351.

127) BGH, NStZ-RR 1998, 305; OLG Bamberg, MDR 1992, 69; LG Stuttgart, NJW 1990, 1126.

128) LR/Hilger, § 395 Rdnr. 16.

129) Vgl. LG Bad Kreuznach, BeckRS 2013, 16597 unter II. zu § 164 StGB.

130) Zu Detailfragen eingehend BeckOK, StPO/Weiner, § 395 Rdnr. 26.

131) Vgl. OLG Koblenz, NStZ 2012, 655, zur Nebenklagebefugnis des avisierten Opfers einer versuchten Anstiftung zum Mord.

132) BGH, NJW 2012, 2601, 2602 Rdnr. 10.

Verfahren möglicherweise notwendige Abwehr von Schuldzuweisungen durch den Beschuldigten. Daher kann (besonders bei Straftaten nach §§ 164, 185 ff. StGB) ein besonderes schutzwürdiges Interesse des Geschädigten daran bestehen, sich gegen unberechtigte Schuldzuweisungen oder massive Ehrabschneidungen durch den Angeklagten zur Wehr zu setzen.[133]

Praxishinweis

Bezichtigt der Beschuldigte im Ermittlungsverfahren den Verletzten, ihn der vorgeworfenen Tat i.S.d. § 164 StGB falsch zu verdächtigen,[134] oder steht aufgrund des Einlassungsverhaltens des Beschuldigten im Ermittlungsverfahren der Vorwurf eines gravierenden Mitverschuldens im Raum,[135] so sollte der Nebenklagevertreter diese Gesichtspunkte in der Anschlusserklärung hervorheben, um mit der sich daraus ergebenden Schutzbedürftigkeit des Verletzten besondere Gründe nach § 395 Abs. 3 StPO darzulegen.

Dagegen ist allein das wirtschaftliche Interesse des Verletzten an der effektiven Durchsetzung zivilrechtlicher Ansprüche gegen den Angeklagten zur Begründung besonderer Schutzbedürfnisse unzureichend.[136]   18.37

Praxishinweis

Der Nebenklagevertreter hat die für besondere Gründe i.S.d. § 395 Abs. 3 StPO sprechenden Umstände umfassend und detailliert darzulegen. Bei einem längeren Ermittlungsverfahren sollte auf Aktualität geachtet werden und Veränderungen – ggf. nach wiederholter Akteneinsichtnahme – zeitnah aktenkundig gemacht werden, um etwaige Rechtsnachteile im Rahmen der Zulassungsprüfung zu vermeiden.

Verurteilungs- und damit auch bereits anklagehindernde **Verfahrenshindernisse**   18.38
schließen die Nebenklage aus, weil bei Verjährung, Immunität des Beschuldigten oder absolut erforderlichem, aber fehlendem Strafantrag der Zweck der Nebenklage nicht erreicht werden kann.[137] Enthält das Nebenklagedelikt ein **Strafantragserfordernis**, so setzt der Anschluss einen fristgerecht gestellten Strafantrag voraus. Handelt es sich um ein bedingtes Antragsdelikt (andernfalls besteht ein Verfahrenshindernis und kommt kein anschlussfähiges Verfahren zustande[138]), und bejaht bei gänzlich fehlendem bzw. nicht fristgerecht gestellten Strafantrag des Verletzten die Staatsanwaltschaft das besondere öffentliche Interesse an der Strafverfolgung (oder stellt der Dienstvorgesetzte einen solchen nach §§ 194 Abs. 3, 230 Abs. 2 StGB), so ist der Anschluss auch ohne Strafantrag des Verletz-

---

133) LG Bad Kreuznach, BeckRS 2013, 16597 unter II.
134) Vgl. LG Braunschweig, StraFo 2015, 248.
135) BeckOK, StPO/Weiner, § 395 Rdnr. 25.
136) BGH, NJW 2012, 2601, 2602 Rdnr. 8 f., unter Verweis auf zivilrechtliche Möglichkeit und auf das Adhäsionsverfahren; BeckOK, StPO/Weiner, § 395 Rdnr. 26.
137) LR/Hilger, § 395 Rdnr. 25 m.w.N.
138) LR/Hilger, § 395 Rdnr. 25; so im Erg. auch Rieß, NStZ 1989, 102, 105.

ten zulässig.[139) Nach wohl überwiegender Ansicht soll aber der Nebenklageanschluss unzulässig sein, wenn ein weiterer durch dieselbe Handlung Geschädigter allein Strafantrag gestellt hat.[140) Die Stellung eines Strafantrags ist nach h.M. auch dann Anschlussvoraussetzung, wenn die Anschlussbefugnis sich gem. § 395 Abs. 2 Nr. 2 StGB daraus ergibt, dass das OLG im Klageerzwingungsverfahren die Anklageerhebung beschlossen hat.[141)

> **Hinweis**
>
> Vorsichtshalber sollte der Nebenklagevertreter bei Antragsdelikten stets einen Strafantrag stellen. Andernfalls riskiert der Nebenkläger die Unzulässigkeit der Nebenklage, wenn im weiteren Verlauf des Ermittlungsverfahrens die Staatsanwaltschaft das zunächst angenommene öffentliche Interesse verneint (oder der Dienstvorgesetzte seinen gestellten Strafantrag zurücknimmt).[142)

Nebenklagebefugnis in Verfahren gegen Jugendliche und Heranwachsende

18.39   Für Strafverfahren gegen **Jugendliche** hat das Zweite Gesetz zur Modernisierung der Justiz[143) mit § 80 Abs. 3 JGG eine eingeschränkte Möglichkeit des Nebenklageanschlusses bei schweren Verbrechen statuiert;[144) zuvor war die Nebenklage in Strafverfahren gegen Jugendliche unzulässig. Wenn nicht feststeht, ob der Beschuldigte zur Tatzeit noch Jugendlicher war oder schon Heranwachsender bzw. Erwachsener, so soll der Anschluss als Nebenkläger dennoch zulässig sein.[145)

18.40   In Verfahren gegen **Heranwachsende** ist die Nebenklage ohne die Beschränkungen aus § 80 Abs. 3 JGG – also nach den allgemeinen Regeln der §§ 395–402 JGG – zulässig. Zulässig ist der Nebenklageanschluss auch in verbundenen Verfahren gegen Erwachsene bzw. Erwachsene und Jugendliche,[146) weil die Verfahren zwar verbunden geführt werden, aber prozessrechtlich selbständig bleiben und je eigener prozessualer Behandlung unterliegen. In gegen Erwachsene und Jugendliche geführten verbundenen Verfahren ist die Nebenklage daher gegen Erwachsene zuzulassen, sofern eine Anschlussbefugnis nach § 395 StPO gegeben

---

139) BGH, NStZ 1992, 452; KG, NStZ 1991, 148 m. zust. Anm. Wendisch; BeckOK, StPO/Weiner, § 395 Rdnr. 32; **a.M.** Pelchen, NStZ 1988, 521.

140) OLG Frankfurt, JR 1991, 390; Rieß, NStZ 1989, 102, 106; KK/Walther, § 395 Rdnr. 10; **a.M.** LR/Hilger, § 395 Rdnr. 21; Hilger, JR 1991, 391 f.; KMR/Stöckel, § 395 Rdnr. 9.

141) KK/Walther, § 395 Rdnr. 10; Rieß, NStZ 1989, 102, 107; Meyer-Goßner/Schmitt, § 395 Rdnr. 5; **a.M.** LR/Hilger, § 395 Rdnr. 24, der auch dann die antragsersetzende Bejahung des öffentlichen Interesses für möglich hält.

142) KK/Walther, § 395 Rdnr. 10.

143) 2. Justizmodernisierungsgesetz vom 22.12.2006, BGBl I, 3416.

144) Zur Schwerefrage vgl. den Überblick bei Eisenberg/Kölbel, JGG, § 80 Rdnr. 17 ff.; MüKo-StPO/Kaspar, § 80 Rdnr. 28; BeckOK, StPO/Weiner, § 80 JGG Rdnr. 8 ff.

145) BGH, BeckRS 2007, 16297 Rdnr. 7.

146) BGHSt 41, 288, 289 f. m. abl. Anm. Graul, NStZ 1996, 402; OLG Düsseldorf, NStZ 1994, 299; Meyer-Goßner/Schmitt, Vor. § 395 Rdnr. 6 m.w.N; **a.M.** OLG Köln, NStZ 1994, 298, 299.

ist; sie ist nur insofern unzulässig ist, als sie sich gegen den jugendlichen Angeklagten richtet.[147)]

Nach der Rechtsprechung soll die Nebenklage in Verfahren, die Taten betreffen, die ein- und derselbe Angeklagter zum Teil als Jugendlicher und zum Teil als Heranwachsender oder sogar bereits als Erwachsener begangen haben soll, ausgeschlossen sein, weil das Anliegen des § 80 Abs. 3 JGG – eine Erziehungszweck orientierte Verfahrensgestaltung, die Vorrang vor den berechtigten Interessen eines Geschädigten haben soll – auch gelte, wenn die Taten des Angeklagten sich über verschiedene Altersstufen – vom Jugend- bis zum Erwachsenenalter – erstrecken. Wenn über alle Taten ein einziges Verfahren geführt wird, bleibt die Nebenklage insgesamt unzulässig,[148)] weil eine Differenzierung nach dem jeweiligen Lebensalter des Angeklagten bei den einzelnen Taten schon im Hinblick auf die anzuwendenden Verfahrensvorschriften nicht möglich ist.[149)] Übertragen auf das hier allein interessierende Ermittlungsverfahren folgt daraus, dass die – bis zur Anklageerhebung ohnehin schwebend unwirksame – Nebenklage unzulässig ist, wenn und solange keine Verfahrenstrennung nach Altersstufen erfolgt.

18.41

Praxishinweis

Der Nebenklagevertreter kann eine solche Verfahrenstrennung zwar anregen, um hinsichtlich der im Heranwachsenden- oder Erwachsenenalter begangenen Taten einen Anschluss des Nebenklägers zu erreichen. Er wird bei den ermittlungsleitenden Jugendstaatsanwälten damit aber regelmäßig auf Granit beißen, und zwar zu Recht. Denn eine solche Verfahrenstrennung, die regelmäßig auf eine getrennte Anklageerhebung hinauslaufen und damit in unterschiedliche Hauptverfahren münden wird, unterläuft die in § 32 JGG vorgesehene Altersstufenüberbrückung auf Rechtsfolgenseite. Auch wenn die Verbindung und Trennung von Verfahren regelmäßig nur auf Ermessensfehler hin überprüft wird, dürfte ein Ermessensmissbrauch bei der Umgehung jugendgerichtlich Vorschriften zur Vermeidung der Anwendung von Jugendstrafrecht regelmäßig gegeben sein.[150)] Eine solche Vermeidungsstrategie stellt die Verfahrenstrennung zur Ermöglichung eines ansonsten ausgeschlossenen Nebenklageanschlusses dar.

---

147) OLG Düsseldorf, NStZ 1994, 299 m. abl. Anm. Eisenberg, NStZ 1994, 299, 300; gegen die Möglichkeit der Nebenklage aber LG Zweibrücken, StV 2009, 88, unter Bezugnahme auf Jugendschutz- und Rechtssicherheiterwägungen.

148) OLG Oldenburg, NStZ 2006, 521.

149) OLG Koblenz, BeckRS 2003, 30307186; KG, NStZ 2007, 44, 45; für eine an der Schwerpunktbildung entsprechend § 32 JGG orientierte Zulässigkeit der Nebenklage dagegen Brocke, NStZ 2007, 8, 9 f.; für Unzulässigkeit der Nebenklage nur bezüglich der Jugendlichkeitstaten entsprechend § 80 Abs. 3 JGG plädieren Weiner, in: BeckOK, StPO/Weiner, § 395 Rdnr. 12; MüKo-StPO/Kaspar, § 80 Rdnr. 23; Mitsch, GA 1998, 159 ff.

150) Vgl. BGH, NStZ-RR 2020, 299, 300 Rdnr. 14 ff., zur Verfahrenstrennung im Hauptverfahren.

18.1.4.4 Form des Nebenklageanschlusses und Verfahrensgang

18.42 Die Anschlusserklärung hat schriftlich zu erfolgen, § 396 Abs. 1 Satz 1 StPO. Eine eigenhändige Unterschrift soll entgegen zwar nicht erforderlich sein, wenn eine zweifelsfreie Urheberzuordnung möglich ist;[151] sicherheitshalber sollte der Nebenklagevertreter aber eigenhändig unterzeichnen. Die Anschlusserklärung kann auch durch Telefax, Telegramm oder Fernschreiben erfolgen, nicht aber fernmündlich zu Protokoll der Geschäftsstelle.[152]

Die Erklärung des Anschlusses muss unmissverständlich sein; Zweifel gehen zu Lasten des Erklärenden. Eine Begründung ist für die Zulässigkeit im Grundsatz nicht erforderlich, empfiehlt sich aber, wenn sich die Anschlussbefugnis nicht ohne weiteres aus den Akten ergibt. Vor allem in den Fällen des § 395 Abs. 3 StPO wird ein Anschluss vielfach nicht wirksam ohne Begründung erklärt werden können.

18.43 Die Anschlusserklärung wird frühestens mit Anklageerhebung wirksam, wenn sie vor Anklageerhebung – dann regelmäßig gegenüber der Staatsanwaltschaft – erfolgt ist, § 396 Abs. 1 Satz 2 StPO. Ein vor Anklageerhebung erklärter Anschluss ist schwebend unwirksam.[153] Wird der Anschluss nach Anklageerhebung erklärt, so tritt die Wirkung der Anschlusserklärung sofort mit ihrem Eingang bei Gericht ein.[154]

Praxishinweis

Ungeachtet des Umstands, dass die Anschlusserklärung frühestens mit der Anklageerhebung und damit erst im Zwischenverfahren Wirkung entfalten kann, ist eine möglichst frühzeitige Anschlusserklärung zu empfehlen, weil von ihr eine „Signalwirkung" ausgehen kann, indem den anderen Verfahrensbeteiligten mit dem Anschluss „klare Kante" gezeigt wird. Mitunter wird sich – jedenfalls in Fällen mit eindeutiger Beweislage – der Beschuldigte zu einer Wiedergutmachungsleistung veranlasst sehen, da hierin ein gem. § 46 Abs. 2 Satz 2 StGB zugunsten des Beschuldigten zu berücksichtigender Strafzumessungsumstand liegt. Geht es dem Verletzten primär um eine Wiedergutmachungsleistung, so kann die frühzeitige Wiedergutmachung dazu führen, dass der Verletzte letztlich vom Nebenklageanschluss absieht, was sich für den Beschuldigten kostenmindernd auswirkt und auch insoweit einen Anreiz zur Wiedergutmachung auslösen kann.[155] Aber auch bei einem bestreitenden Beschuldigten wird sich aus einer frühzeitigen Anschlusserklärung jedenfalls kein Nachteil ergeben; dass sich daraus eine Verhärtung der Fronten ergibt, wird spätestens in der Hauptverhandlung ohnehin nicht zu vermeiden sein. Eine frühzeitige Anschlusserklärung führt schließlich auch dazu, dass der Nebenklagevertreter von der Anklageerhebung informiert wird; unterbleibt eine solche Anschlusserklärung, so erfährt er mitunter erst durch die Ladung des Verletzten zur Hauptverhandlung von der Anklageerhebung.

---

151) Meyer-Goßner/Schmitt, § 396 Rdnr. 2 m.w.N.; BeckOK, StPO/Weiner, § 396 Rdnr. 1.
152) LR/Hilger, § 396 Rdnr. 1 f.
153) BeckOK, StPO/Weiner § 396 Rdnr. 34.
154) BGH bei Kusch, NStZ-RR 1999, 33, 39.
155) Schroth/Schroth, Die Rechte des Verletzten im Strafprozess, Rdnr. 302.

18.1.4.5 Akteneinsichtsrecht des Nebenklägers bzw. des Nebenklagevertreters

In den letzten Jahren ist vermehrt das Rechtsproblem behandelt worden, ob und   18.44
ggf. unter welchen Voraussetzungen einem anwaltlich vertretenen Nebenkläger
Akteneinsicht zu gewähren bzw. zu versagen ist. Diese Problematik stellt sich
auch schon im Ermittlungsverfahren; sie betrifft an sich nicht nur den Nebenkläger, sondern jeden Verletztenzeugen, wird aber zumeist – und deshalb auch hier –
im Kontext der Nebenklage behandelt.

Im Ausgangspunkt gilt, dass der Nebenkläger wie andere Verletzte auch (§ 406e
StPO) nur über seinen Beistand Akteneinsicht erhält.[156] Der „einfache" Opfer-
zeuge hat grundsätzlich keinen Anspruch auf Akteneinsicht, allenfalls sind ihm
„Auskünfte und Abschriften" zu erteilen (§ 406e Abs. 5 StPO). Der Darlegung
eines berechtigten Interesses durch den Nebenklagevertreter bedarf es nicht
(§ 406e Abs. 1 Satz 2 StPO), und die Einsicht darf nicht unter Verweis auf erhebliche Verfahrensverzögerungen verweigert werden, wenn die Ermittlungen abgeschlossen sind (§ 406e Abs. 2 Satz 3 StPO). Nach dem BVerfG muss, wenn die
Strafverfolgungsbehörden beabsichtigen, dem Nebenkläger Akteneinsicht zu
gewähren, aller Regel der Beschuldigten zuvor dazu angehört werden.[157]

Gerichtliche Entscheidungen über die Akteneinsicht, seien sie gewährend oder   18.45
ablehnend, sind unanfechtbar, solange die Ermittlungen noch nicht abgeschlossen
sind (§ 406e Abs. 4 Satz 4 StPO), danach unterliegen sie der einfachen
Beschwerde. Im Ermittlungsverfahren können akteneinsichtsversagende gerichtli-
che Entscheidungen also nicht angefochten werden. Dagegen die Versagung der
Akteneinsicht durch die Staatsanwaltschaft (§ 406e Abs. 4 Satz 1 StPO) auf
Antrag durch den Untersuchungsrichter (§ 162 StPO) überprüft werden, dessen
Entscheidung wiederum unanfechtbar ist (§ 406e Abs. 4 Satz 4 StPO).

Mit der Gewährung von Akteneinsicht an seinen Beistand erlangt der Verletzte   18.46
trotz seiner Rolle als Zeuge Kenntnis von Ermittlungsergebnissen und Vernehmungsniederschriften. Auch wenn er als Nebenkläger zum Verfahrensbeteiligten
wird und als parteilicher Vertreter eigener Interessen auftritt, unterliegt der
Nebenklägerzeuge weiterhin der Zeugnis- und Wahrheitspflicht.[158] Über eine
eigenen Wahrnehmungen zum Gegenstand des Beweises unterliegt der Nebenkläger wie jeder Zeuge der Pflicht zur vollständigen und wahrhaftigen Aussage. Aus
der Aussagepsychologie geläufig ist aber das Phänomen, dass die Reproduktion
„wahrer" erlebnisbasierter eigener Erinnerungen umso schwerer fällt, je mehr sie
durch die Rezeption sekundärer Informationen von dritter Seite bzw. aus der
Akte beeinflusst werden. Damit steht eine Gefährdung des Verfahrensziels der
Wahrheitsfindung im Raum.

---

156) BeckOK, StPO/Weiner, § 397 Rdnr. 14.
157) BVerfG, BeckRS 2016, 55370 Rdnr. 5; BVerfG, NJW 2017, 1164.
158) RGSt 2, 384.

Dehne-Niemann

18.47 Vor diesem Hintergrund muss sich der Vertreter des Verletzten bzw. Nebenklagevertreter vor Augen führen, dass mit ungetrübten Erinnerungen des verletzten Zeugen bzw. Nebenklägers umso weniger gerechnet werden, je früher und intensiver der Verletzte vor seinen Aussagen als Zeuge mit dem Akteninhalt vertraut wird, so wie umso mehr damit zu rechnen ist, dass er sein Aussageverhalten – ob bewusst oder unbewusst – den ihm aus den Akten bekannten Ermittlungsergebnissen und Aussagen insbesondere des Beschuldigten anpasst oder auf aktenkundig gewordene Widersprüche bzw. Einwände gegen seine Glaubwürdigkeit reagiert. Andererseits erscheint die Glaubhaftigkeit der Aussagen des Nebenklägers umso fraglicher, je früher und intensiver er mit dem Akteninhalt vertraut ist. Die Lösung dieses Zwiespalts wird dadurch verschärft, dass der BGH die Problematik gleichsam an die Tatgerichte weiterreicht, indem er in jüngster Zeit davon ausgeht, es existiere kein Rechtssatz des Inhalts, dass eine Kenntnis der Verfahrensakten zur Annahme der Unrichtigkeit der in der Hauptverhandlung erfolgten Aussage des Zeugen drängt; eine beweiswürdigende Erörterung der Aktenkenntnis des Nebenklägers sei (nur) dann geboten, wenn Hinweise auf eine konkrete Falschaussagemotivation des Zeugen oder Besonderheiten in seiner Aussage hierzu Anlass geben.[159] Bislang hatte der BGH zwar kein Beweisverwertungsverbot angenommen,[160] war aber davon ausgegangen, die Gewährung von Akteneinsicht an den „Opferanwalt" und damit implizit an den „Opferzeugen" sei nicht revisibel, im Rahmen der besonderen Anforderungen an die Beweiswürdigung in Aussage-gegen-Aussage-Konstellationen müsse der Umstand allerdings kritisch gewürdigt werden.[161] Zur Frage, inwieweit dieser Grundsatz durch die jüngsten Entscheidungen des BGH eine Einschränkung erfahren hat, bleibt die weitere Rechtsprechungsentwicklung abzuwarten. In jedem Fall sollte sich der Nebenklagevertreter vergegenwärtigen, dass die eigentliche Gefahr bei dem Nebenkläger gewährter Akteneinsicht nicht so sehr in einer zu einer bewussten Falschaussagemotivation liegt, sondern vielmehr in der Erinnerungsverfälschung infolge der Rezeption aus dem Akteninhalt empfangener sekundärer Informationen mit der möglichen Folge einer unbewussten Falschaussage, weshalb die Gefahr einer bewussten oder unbewussten Anpassung der Erinnerung des Zeugen an das in der Akte dokumentierte Ermittlungsergebnis und damit eine Verfälschung seiner noch zu erwartenden Aussage vor Gericht besteht.

18.48 Aus der aufgezeigten Gefährdungslage für die Wahrheitsfindung erhebt sich die Frage, ob der Nebenkläger überhaupt durch Gewährung von Akteinsicht an den Nebenklagevertreter (möglicherweise) in die aufgezeigte Situation gebracht werden darf. Nach dem OLG Hamburg ist dem Verletzten eine umfassende Einsicht in die Verfahrensakten in aller Regel zumindest in solchen Konstellationen zu versagen, in denen seine Angaben zum Kerngeschehen von der Einlassung des Angeklagten abweichen und eine Aussage-gegen-Aussage-Konstellation vorliegt, weil insofern eine Gefährdung des Untersuchungszwecks i.S.d. § 406e Abs. 2 Satz 2

---

159) BGH, NStZ 2016, 367 = JR 2016, 390 m. Anm. Gubitz; BGH, StV 2017, 146 = JR 2016, 391 m. Anm. Eisenberg.
160) Dafür aber SK-StPO/Velten, § 406e Rdnr. 13.
161) BGH, NJW 2005, 1519 f.

StPO.[162] Vor allem – aber nicht nur – in Aussage-gegen-Aussage-Konstellationen ist es mit dem Gebot einer umfassenden Sachverhaltsaufklärung gem. § 244 Abs. 2 StPO schwerlich zu vereinbaren, wenn die „einzige Belastungszeugin im Rahmen einer Aussage-gegen Aussage-Konstellation (...) vermittelt über ihren Beistand (§ 397a StPO) Kenntnis von Inhalten ihrer früherer Vernehmungen oder aber auch von etwaigen Widersprüchen in den Angaben der Erstaussagempfänger" erhält und „bei umfassender Aktenkenntnis eine Anpassung des Aussageverhaltens der einzigen Belastungszeugin an die jeweils aktuelle Verfahrenslagen nicht auszuschließen" ist.[163]

Demgegenüber soll nach dem OLG Braunschweig das Recht auf Einsicht in die Verfahrensakten dem Verletzten auch dann uneingeschränkt zustehen, wenn seine Angaben zum Kerngeschehen von der Einlassung des Angeklagten abweichen und eine Aussage-gegen-Aussage-Konstellation vorliegt. Der Gefahr der Beeinträchtigung des Untersuchungszwecks (§ 406e Abs. 2 Satz 2 StPO), die in einem Erschweren der Beweiswürdigung liegt, könne dadurch begegnet werden, dass der Verfahrensbevollmächtigte des Verletzten zusichert, die Akten an den Verletzten nicht weiterzugeben.[164] Die Möglichkeit einer „Präparierung" der Aussage reiche als Grund für die Einschränkung der Akteneinsicht nicht aus, da ansonsten die gesetzgeberisch gewollte Schutzfunktion der §§ 406d ff. StPO leerlaufe.[165]

18.49

> **Praxistipp**
>
> Angesichts dieser uneinheitlichen Rechtsprechung und des Umstands, dass der BGH die Gewährung von Akteneinsicht in den genannten Fällen nicht grundlegend zu beanstanden scheint, sollte der Nebenklagevertreter sich frühzeitig darüber informieren, wie im jeweiligen OLG-(oder auch LG-)Bezirk mit der Gewährung von Akteneinsicht umgegangen wird. Um Nachteile in einer späteren Beweiswürdigung zu vermeiden, kann der Nebenklagevertreter schon in seinem Einsichtsgesuch anwaltlich versichern, die Akte nicht – auch nicht in Kopie – an den Nebenkläger weiterzugeben und nur den Inhalt mit dem Nebenkläger zu erörtern. Ein solches Vorgehen bietet sich vor allem in Aussage-gegen-Aussage-Konstellationen an.

18.1.4.6 Nebenklage und Strafbefehlsverfahren

Wird das Ermittlungsverfahren durch Beantragung eines Strafbefehls abgeschlossen, ist ein Nebenklageanschluss nur sehr eingeschränkt möglich. Der Nebenklä-

18.50

---

162) OLG Hamburg, NStZ 2015, 105, 106 ff. m. zust. Anm. Radtke; hierhin neigend auch OLG Düsseldorf, BeckRS 2016, 01698 unter II. der Gründe; OLG Schleswig, StraFo 2016, 157; vgl. auch AG Krefeld, BeckRS 2017, 122040 Rdnr. 8 ff., 13 m. Anm. Püschel, FD-StrafR 2017, 394496.

163) Treffend Püschel, FD-StrafR 2017, 394496.

164) OLG Braunschweig, NStZ 2016, 629, 630 ff. m. zust. Anm. Schöch; KG, BeckRS 2015, 19961.

165) OLG Frankfurt, BeckRS 2016, 02465.

Dehne-Niemann

ger kann sich gem. § 396 Abs. 1 Satz 3 StPO erst anschließen, wenn nach § 408 Abs. 3 Satz 2 oder nach § 411 Abs. 1 Satz 2 StPO ein Hauptverhandlungstermin anberaumt oder wenn nach § 408 Abs. 2 StPO der Antrag auf Erlass eines Strafbefehls abgelehnt worden ist; ein vorher erklärter Anschluss wird erst ab den genannten Zeitpunkten wirksam. Daraus folgt zugleich, dass eine vorherige (dann unwirksame und bis zum Erlass schwebend unwirksame) Anschlusserklärung das Gericht nicht am Erlass eines Strafbefehls hindert.[166]

Praxistipp

Besteht das hauptsächliche Interesse des Verletzten in der mit einer Verurteilung verbundenen Genugtuung, so wird ihm womöglich an einer öffentlichen, mündlich durchzuführenden und unmittelbaren Hauptverhandlung gelegen sein. Befürchtet der Nebenklagevertreter ein einem solchen Fall, dass die Staatsanwaltschaft das Verfahren durch Beantragung eines Strafbefehls zu erledigen beabsichtigen wird, so sollte er in der bereits gegenüber der Staatsanwaltschaft abzugebenden Anschlusserklärung auf das Hauptverhandlungsinteresse des Verletzten hinweisen und auf Erhebung einer Anklage antragen. Zu diesem Zweck sollte der Verteidiger auf Nr. 175 Abs. 3 Satz 1 RiStBV hinweisen, wonach die Staatsanwaltschaft von einem Strafbefehlsantrag nur absehen soll, wenn die vollständige Aufklärung aller für die Rechtsfolgenbestimmung wesentlichen Umstände oder Gründe der Spezial- oder Generalprävention die Durchführung einer Hauptverhandlung geboten erscheinen lassen, und besondere Präventionsgründe oder hauptverhandlungsbedürftige Strafzumessungsumstände vortragen.

18.51   Da dem Verletzten gem. § 406d StPO die Ablehnung des Strafbefehlsantrags durch das Gericht mitzuteilen ist, erlangt dieser davon Kenntnis. Der Verletzte kann gegen die Ablehnung sofortige Beschwerde einlegen (§§ 400 Abs. 2 Satz 1, 210 Abs. 2 StPO) und mit dieser zugleich den Anschluss erklären.[167]

Erlässt der Richter den beantragten Strafbefehl, und ficht der Angeschuldigte diesen nicht an, so bleibt ein zuvor erklärter Anschluss ohne Wirkung und erledigt sich mit Rechtskraft des Strafbefehls von selbst,[168] so dass eine Entscheidung hierüber unterbleibt.[169] Gleiches gilt, wenn sich die Rechtskraft des Strafbefehls daraus ergibt, dass vor Terminsbestimmung der Einspruch zurückgenommen oder das Strafverfahren eingestellt wird. Dem Verurteilten können daher die notwendigen Auslagen des Nebenklägers (§ 472 Abs. 3 Satz 1 StPO) nicht – auch nicht nach § 464b StPO – auferlegt werden.

18.52   Anders verhält es sich, wenn der Einspruch nach Terminierung (vgl. § 411 Abs. 3 StPO) zurückgenommen wird. Auch der Übergang ins Strafbefehlsverfahren nach § 408a StPO führt im Hinblick auf § 410 Abs. 1 Satz 1 StPO nicht zur Unwirk-

---

166) LG Deggendorf, NJW 1965, 1092.
167) BeckOK, StPO/Temming, § 407 Rdnr. 27.
168) LR/Gössel, Vor § 407 Rdnr. 41.
169) LG Deggendorf, NJW 1965, 1092 f.; LR/Hilger, § 396 Rdnr. 6.

                                           Dehne-Niemann

samkeit der Nebenklage.[170] In diesen Fällen ist und bleibt die Anschlusserklärung wirksam, so dass der Angeklagte dann auch die notwendigen Auslagen des Nebenklägers zu tragen hat.

18.1.4.7 Nebenklage und Verfahrenseinstellung bzw. Verfolgungsbeschränkung

Der Nebenkläger kann sich – wie andere Verletzte auch – gegen Einstellungen nach § 170 Abs. 2 StPO mit der Einstellungsbeschwerde und ggf. mit dem Klageerzwingungsverfahren wehren (siehe unten Rdnr. 18.104 ff.). Dagegen hat der Nebenkläger im Grundsatz keine Möglichkeit, eine Einstellung des Verfahrens nach §§ 153, 153a StPO zu verhindern; insbesondere bedarf es weder seiner Zustimmung noch steht ihm gegen einen solchen Einstellungsbeschluss eine Beschwerdemöglichkeit offen.[171]   18.53

Anders liegt es jedoch bei staatsanwaltschaftlichen Verfolgungsbeschränkungen gem. § 154a Abs. 1 StPO. Aus § 395 Abs. 5 Satz 1 StPO ergibt sich, dass eine Verfolgungsbeschränkung die Nebenklagebefugnis nicht berührt. Damit soll sichergestellt werden, dass die Beschränkung der Strafverfolgung aus prozessökonomischen Gesichtspunkten gem. § 154a StPO sich nicht zum Nachteil eines Nebenklagebefugten auswirkt.[172] Deshalb kann der Nebenkläger die Verfolgung eines bereits nach § 154a StPO eingestellten Nebenklagedelikts durch seinen Anschluss wiederaufleben lassen, wenn es Teil einer ansonsten angeklagten Tat im prozessualen Sinne (§ 264 StPO) ist, § 395 Abs. 2 Satz 2 StPO. Mit der Zulassung des Nebenklägers wird eine im Ermittlungsverfahren der Verfolgungsbeschränkung anheimgefallene Nebenklagetat automatisch wieder in das Verfahren einbezogen.[173] Daraus folgert die Rechtsprechung, dass eine Verfolgungsbeschränkung nach § 154a StPO nur mit ausdrücklich und klar erteilter Zustimmung des Nebenklägers wirksam ist, solange die Anschlussbefugnis besteht; ohne eine solche Zustimmung ist sie unwirksam.[174] Ist also ein Straftatbestand, der zum Nebenklageanschluss berechtigt, Gegenstand einer Verfolgungsbeschränkung geworden, ohne dass der Nebenkläger der Beschränkung zugestimmt hat, so kann der Anschluss nach wie vor auf das an sich der Verfolgungsbeschränkung unterworfene Delikt gestützt werden.[175] Dies gilt, solange die Anschlussbefugnis besteht; deshalb ist eine Verfolgungsbeschränkung auch dann unwirksam, wenn sich der Nebenklageberechtigte über den Nebenklageanschluss (noch) nicht erklärt hat.   18.54

---

170) LR/Hilger, § 396 Rdnr. 6.
171) OLG Köln, NJW 1952, 1029.
172) LR/Hilger, § 395 Rdnr. 19.
173) BGH, NJW 1975, 1748, 1749; OLG Düsseldorf, NStZ-RR 1999, 116.
174) BGH, BeckRS 2001, 6349, unter I. 2. der Gründe; OLG Hamm, BeckRS 2017, 122299 Rdnr. 6 f.
175) OLG Hamm, BeckRS 2017, 122299 Rdnr. 6 f.

Dehne-Niemann

18.55 Bei staatsanwaltschaftlichen Einstellungen nach § 154 StPO findet § 395 Abs. 5 StPO keine Anwendung.[176] Mit Blick auf den Ausnahmecharakter der Vorschrift scheidet auch eine entsprechende Anwendung der Vorschrift aus.[177]

18.1.4.8 Kosten der Nebenklage im Ermittlungsverfahren – Überblick

18.56 Bei Verurteilung des Angeklagten wegen einer der Nebenkläger betreffenden Tat hat der Angeklagte im Regelfall die Kosten der Nebenklage zu tragen (§ 472 Abs. 1 Satz 1 StPO). Wird er hingegen freigesprochen, oder hat er aus einem sonstigen Grund nicht die Kosten der Nebenklage zu tragen, so gibt es nach ganz h.M. keine Möglichkeit, der Staatskasse die Kosten der Nebenklage aufzuerlegen.[178] In diesem Fall werden gem. § 467 Abs. 1 StPO die Kosten des Verfahrens und die notwendigen Auslagen des Angeklagten der Staatskasse auferlegt; seine notwendigen Auslagen muss der Nebenkläger selbst tragen. Nebenklagekosten sind deshalb entweder vom Angeklagten zu tragen oder vom Nebenkläger selbst, nicht aber von der Staatskasse.

> **Hinweis**
>
> Schon zur Vermeidung von Regressbegehren muss ein (potentieller) Nebenkläger auf diese mögliche Kostenfolge hingewiesen werden.

> **Hinweis**
>
> Ist der Nebenklagevertreter dem Nebenkläger im Wege der Prozesskostenhilfe beigeordnet worden, so kann er, wenn er für den Nebenkläger auch vermögensrechtliche Ansprüche gegen den Angeklagten im Adhäsionsverfahren geltend macht, gesetzliche Gebühren gegenüber der Staatskasse nur geltend machen, wenn er dem Nebenkläger im Rahmen der Gewährung von PKH gem. §§ 404 Abs. 5 Satz 2 StPO, 121 Abs. 2 ZPO ausdrücklich auch gesondert für das Adhäsionsverfahren beigeordnet worden ist.

18.57 Bei einer (Voll-)Vertretung i.S.v. Vorbem. 4 Abs. 1 VV RVG, also einer Abrechnung nach Teil 4 Abschn. 1 VV RVG, können folgende Gebühren auf den Nebenkläger zukommen:

– Grundgebühr Nr. 4100 VV RVG. Die Grundgebühr honoriert auch für den Nebenklägervertreter die im Zusammenhang mit der Übernahme des Mandats entstehenden besonderen Tätigkeiten der erstmaligen Einarbeitung in den

---

176) Meyer-Goßner/Schmitt, § 395 Rdnr. 13; KK/Walther, § 395 Rdnr. 23.
177) OLG Celle, NStZ 1983, 328, 329.
178) Vgl. LG Koblenz, BeckRS 2010, 25851, unter II. 2 (mit der Ansicht, eine rechtsfehlerhaft die Staatskasse belastende abweichende Entscheidung sei nicht etwa nichtig und auch im Kostenfestsetzungsverfahren nicht mehr korrigierbar); KK/Gieg, § 472 Rdnr. 2; Meyer-Goßner/Schmitt, § 472 Rdnr. 3; LR/Hilger, § 472 Rdnr. 7 m.w.N.

Rechtsfall. Damit ist der besondere Arbeitsaufwand gemeint, der einmalig mit der Übernahme des Mandats entsteht. Neben der ersten Information durch den Mandanten zählt dazu insbesondere die erste Akteneinsicht nach § 406e StPO. Für die Höhe der Grundgebühr gelten die allgemeinen Kriterien bei der Bemessung der Rahmengebühren für die Vertretung des Nebenklägers sowie die allgemeinen Kriterien zur Bemessung der Grundgebühr. Die Mittelgebühr liegt derzeit bei 200 €. Vertritt der Nebenklagevertreter mehrere Nebenkläger, so kommt eine Erhöhung nach dem Wortlaut der Nr. 1008 VV nicht in Betracht. Die Erhöhung der Grundgebühr ist nicht vorgesehen.

– Alle über die erste Einarbeitung hinausgehende Tätigkeiten werden nicht mehr von der Grundgebühr Nr. 4100 VV RVG honoriert, sondern werden von der jeweiligen Verfahrensgebühr abgegolten. Wird der Rechtsanwalt für den Nebenkläger bereits im Ermittlungsverfahren tätig, entsteht die Verfahrensgebühr für das vorbereitende Verfahren nach Nr. 4104 VV RVG. Dazu gehört z.B. auch die ausführliche Erörterung der Sach- und Rechtslage mit dem Mandanten.[179]

18.1.4.9 Beiordnung eines Nebenklagevertreters und Prozesskostenhilfe

Die Beiordnung eines Nebenklagevertreters ist in § 397a Abs. 1 StPO, die Gewährung von Prozesskostenhilfe in § 397a Abs. 2 StPO geregelt. Die Bewilligung von Prozesskostenhilfe (§ 397a Abs. 2 StPO) – die nur für die Hinzuziehung eines Rechtsanwalts, nicht aber zur Entlastung von sonstigen Kosten des Nebenklägers bewilligt werden kann – kommt danach nur in Betracht, wenn die Voraussetzungen für die Bestellung eines Beistands (§ 397a Abs. 1 StPO) nicht vorliegen.[180] Eine in der vorangegangenen Instanz erfolgte Bestellung eines Rechtsanwalts i.S.d. § 397a Abs. 1 Satz 1 StPO wirkt nicht für das Adhäsionsverfahren.[181] — 18.58

Der anwaltliche Gebührenanspruch des nach § 397a Abs. 1 StPO bestellten Rechtsanwalts richtet sich gem. § 53 Abs. 2 RVG nach den Gebühren des beigeordneten Verteidigers (§ 52 RVG). Wird der Beschuldigte später verurteilt, so hat er die Gebührenzahlungen der Staatskasse zu erstatten (§§ 464a, 465 StPO). Aus § 53 Abs. 2 RVG ergibt sich, dass den Nebenkläger kein Kostenrisiko trifft. — 18.59

Die Bestellung eines Beistands für den Nebenklageberechtigten gem. § 397a Abs. 1 StPO (sog. privilegierte Beiordnung) geht der Prozesskostenhilfe nach § 397a Abs. 2 StPO vor, denn sie ist für den Antragsteller günstiger, nämlich unabhängig von seinen wirtschaftlichen Verhältnissen vorzunehmen[182]. Die privilegierte Beiordnung setzt voraus, dass einer der in § 397a Abs. 1a StPO enumerativ aufgezählten Konstellationen einschlägig ist[183]. — 18.60

---

179) LG Braunschweig, StraFo 2010, 513.
180) BGH, NStZ 2000, 218, 219.
181) BGH, NJW 2001, 2486.
182) BGH, NStZ-RR 2008, 255.
183) Einzelheiten zur Strafprozessordnung in: KK/Senge, § 397a Rdnr. 4 ff.; BeckOK, StPO/Weiner, § 397a Rdnr. 5 ff.

Dehne-Niemann

18.61 Geht während eines Ermittlungsverfahrens oder im Klageerzwingungsverfahren (§ 172 StPO) bei der Staatsanwaltschaft ein Antrag des Verletzten auf Bestellung eines Rechtsanwalts als Beistand oder auf Bewilligung von Prozesskostenhilfe für die Hinzuziehung eines Rechtsanwalts nach den §§ 406h, 397a StPO ein, leitet die Staatsanwaltschaft – bei der als „Herrin des Ermittlungsverfahrens" der Antrag anzubringen ist – diesen Antrag unverzüglich an das zuständige Gericht weiter; diese Vorgabe statuiert Nr. 174b RiStBV. Das Gericht hat ebenfalls unverzüglich, jedenfalls aber vor einer Änderung der gegenwärtigen Verfahrenslage[184] die Anschlussberechtigung zu prüfen und hierüber durch Beschluss zu entscheiden (§ 396 Abs. 2 StPO)

> **Praxistipp**
>
> Solche Anträge – und vergleichbare nach § 404 Abs. 5 StPO für das Adhäsionsverfahren – bleiben bei der Staatsanwaltschaft häufig unbearbeitet in der Akte. Erfolgt auch auf wiederholte Nachfrage des Nebenklagevertreters keine Reaktion der Staatsanwaltschaft, so empfiehlt sich ein Schreiben an das zuständige Amtsgericht unter Nennung des staatsanwaltschaftlichen Aktenzeichens und mit der Bitte um Mitteilung, was der Gewährung von PKH entgegensteht. Auf die solchenfalls regelmäßig erfolgende Nachfrage des Amtsgerichts bei der Staatsanwaltschaft erfolgt erfahrungsgemäß die begehrte Weiterleitung an das Amtsgericht.

18.62 Wird die **Prozesskostenhilfe** bewilligt, so entsteht dem beigeordneten Rechtsanwalt ein Gebührenanspruch gegen die Staatskasse (§§ 45, 48 RVG) und der Staatskasse ggf. ein Erstattungsanspruch gegen den Nebenkläger. Gleichwohl soll der dem Nebenkläger im PKH-Wege beigeordnete Rechtsanwalt seinen Gebührenanspruch gem. § 126 ZPO auch direkt gegen den Verurteilten geltend machen können.[185] Unzulässig soll die Beiordnung eines Rechtsanwalts unter Beschränkung auf die Vergütung eines ortsansässigen Rechtsanwalts sein, weil diese Beschränkung gesetzlich nicht vorgesehen ist.[186] Den (nach Absatz 1 oder nach Absatz 2) beizuordnenden Rechtsanwalt bestimmt das Gericht nach Maßgabe des § 142 Abs. 1 StPO (§ 397a Abs. 3 Satz 2 StPO); ein etwaiger Verstoß gegen die Auswahlgrundsätze ist als Teil der Gewährung der Prozesskostenhilfe gem. § 397a Abs. 3 Satz 2 StPO unanfechtbar.[187]

18.63 Die Bewilligung von PKH erfolgt bei Vorliegen der allgemein nach den §§ 114 ZPO ff. üblichen und in § 397a Abs. 2 StPO modifizierten Bedingungen. Sie ist unabhängig davon möglich, ob eine der Katalognummern des § 397a Abs. 1 StPO eingreift. Anders als im Zivilprozess richten sich nur die wirtschaftlichen und persönlichen Voraussetzungen nach §§ 114 ff. ZPO. Der Nebenkläger muss außerstande sein, die Kosten für den Rechtsanwalt als Nebenklagevertreter aufzubringen. Auf das Einkommen und das Vermögen seines Ehepartners kommt es nicht an.

---

184) Meyer-Goßner/Schmitt, § 396 Rdnr. 12; SK-StPO/Velten, § 396 Rdnr. 10; Metz, JR 2019, 67, 68.
185) Näher dazu sowie zu den spezifisch PKH-rechtlichen Fragen LR/Hilger, § 397a Rdnr. 15.
186) OLG Brandenburg, BeckRS 2010, 935, unter II. 2. der Gründe m.w.N.
187) Rieß/Hilger, NStZ 1987, 145, 154.

Die darüber hinaus in § 397a Abs. 1 Satz 1 StPO genannten sachlichen Voraus-   **18.64**
setzungen der Nebenklage-PKH – Rechtswahrnehmungsunfähigkeit oder -unzu-
mutbarkeit – gelten alternativ. Maßgebend ist damit im Grundsatz allein die persönliche Situation des Verletzten. Die Schwierigkeit der Sach- und Rechtslage –
die durch das am 01.10.2009 in Kraft getretene Gesetz zur Stärkung der Rechte
von Verletzten und Zeugen im Strafverfahren vom 03.07.2009 (2. ORRG) als
eigenständiges Kriterium aufgegeben worden ist[188] – dürfte aber als auslegungs-
bestimmendes ungeschriebenes Anspruchsmerkmal weitergelten.[189] Sofern der
Gedanke des Opferschutzes es erfordert, ist daher dem Nebenkläger auch künftig
bei schwieriger Sach- und Rechtslage PKH regelmäßig zu gewähren, weil er in
diesen Fällen seine Interessen ohne anwaltlichen Beistand zumeist nicht selbst
ausreichend wahrnehmen können wird.[190]

Für die Auslegung der sachlichen Voraussetzungen der Nebenklage-PKH –   **18.65**
Rechtswahrnehmungsunfähigkeit oder -unzumutbarkeit[191] – kann auf die dazu
entwickelten Kriterien bei der Pflichtverteidigung (§ 140 Abs. 2 StPO zurückgegriffen und können die dort entwickelten Auslegungsgrundsätze herangezogen
werden.[192] Von großer Bedeutung ist, dass es – anders als zur Bewilligung im
Zivilprozess oder zur Bewilligung von PKH im Adhäsionsverfahren nach § 404
Abs. 5 StPO – nicht auf die Erfolgsaussichten der Rechtsverfolgung („Verurteilungsaussichten") gerade nicht ankommt; denn § 397a Abs. 2 Satz 3 StPO erklärt
das Erfordernis hinreichender Erfolgsaussicht in § 114 Satz 1 zweiter Halbsatz
ZPO explizit für nicht anwendbar.

> **Hinweis**
>
> Zu beachten ist, dass die Geltendmachung zivilrechtlicher Ansprüche im Adhä-
> sionsverfahren keine strafrechtlichen Opferschutzbelange darstellen, die die
> Gewährung von PKH (auch) für die Nebenklage rechtfertigen würden. Die Son-
> derregelung von § 404 Abs. 5 StPO statuiert dafür eigene Anforderungen und
> regelt diese Fallkonstellation abschließend, so dass mit der Anspruchsverfol-
> gung im Adhäsionswege kein Argumentationspotential für die Nebenklage-
> PKH besteht.[193] Ebensowenig kann aus dem Gesichtspunkt der Waffengleich-
> heit heraus ein Anspruch des Nebenklägers auf Gewährung von PKH begründet
> werden, wenn dem Angeklagten ein Pflichtverteidiger beigeordnet worden ist.
> Dem Gesichtspunkt der Waffengleichheit misst das Strafverfahrensrecht gem.
> § 140 Abs. 1 Nr. 9 StPO nur in umgekehrter Weise Bedeutung bei, nämlich zu-
> gunsten des Angeklagten, wenn dem Verletzten ein Rechtsanwalt beigeordnet
> worden ist. Die damit betonte besondere rechtsstaatliche Schutzwürdigkeit
> spezifisch des Angeklagten verbietet eine Verallgemeinerung des Waffengleich-
> heitsgedankens und damit eine Erstreckung auf den Nebenkläger.[194]

---

188) BGBl I, 2280.
189) BeckOK, StPO/Weiner, § 397a Rdnr. 16.
190) BT-Drucks. 16/12098, S. 34.
191) Instruktiv BeckOK, StPO/Weiner, § 397a Rdnr. 12 ff., 17 ff.
192) BeckOK, StPO/Weiner, § 397a Rdnr. 16.
193) BeckOK, StPO/Weiner, § 397a Rdnr. 20.
194) BeckOK, StPO/Weiner, § 397a Rdnr. 21.

Dehne-Niemann

18.66 Sowohl die Beiordnung nach Absatz 1 als auch die Gewährung von Prozesskostenhilfe erfolgen nur auf Antrag, der gem. § 397a Abs. 3 Satz 1 StPO schon vor der Anschlusserklärung gestellt werden kann. Der entsprechende Antrag sollte **frühestmöglich** – idealerweise bereits im Ermittlungsverfahren – gestellt werden, denn Prozesskostenhilfe wird nicht über den Zeitpunkt hinaus rückwirkend bewilligt, zu dem bei Gericht erstmals ein vollständiges genehmigungsfähiges Gesuch vorliegt.[195] Eine auf den Zeitpunkt der Antragstellung rückwirkende Entscheidung ist jedoch zulässig und auch geboten, wenn der Antrag rechtzeitig gestellt wurde, das Gericht darüber aber ohne sachlichen Grund nicht rechtzeitig entschieden hat.[196]

18.67 Ein gerichtlicher Beschluss, durch den ein Antrag auf Bestellung des anwaltlichen Beistands nach Absatz 1 abgelehnt wird, kann mit der Beschwerde nach § 304 Abs. 1 StPO angefochten werden.

18.1.5 Das Adhäsionsverfahren

18.1.5.1 Allgemeines

18.68 Das Adhäsionsverfahren gibt dem Verletzten die Möglichkeit, seine aus einer Straftat erwachsenden vermögensrechtlichen Ansprüche im Strafverfahren zu verfolgen, ohne ein weiteres zivilrechtliches Verfahren anstrengen zu müssen. Der Zweck des Adhäsionsverfahrens besteht also – anders als bei der Nebenklage – nicht in der Einflussnahme auf die strafrechtliche Verurteilung, sondern darin, dem Verletzten die Geltendmachung solcher zivilrechtlicher Ansprüche im Strafverfahren zu ermöglichen, die ihm aus der Straftat erwachsen sind.[197]

18.69 Rechtstatsächliche Untersuchungen, auf die sich auch der Gesetzgeber bezogen hat,[198] zeigen, dass für Opfer von Straftaten das Wiedergutmachungsbedürfnis, gerade auch in seiner finanziellen Dimension, eine sehr große Rolle spielt[199] und dass die Trennung von strafrechtlicher Verfolgung einerseits und zivilrechtlichem Schadensersatz für viele Verletzte kaum nachzuvollziehen ist. Wenn aufwendige Fahndungsmaßnahmen und Zwangsmittel erforderlich sind, um den staatlichen Strafanspruch durchzusetzen, stellt die Anbindung der Entschädigungsmöglichkeit an das Strafverfahren für den Geschädigten die einzige realistische Möglichkeit der Kompensationserlangung dar. Deshalb hat der Gesetzgeber hat die Rechte des Adhäsionsklägers mehrfach in dem Bestreben gestärkt, dem Adhäsionsverfahren in der Rechtswirklichkeit eine größere Bedeutung zu verschaffen.[200] Mit den Ände-

---

195) BGH, BeckRS 2017, 110154 Rdnr. 1.
196) BVerfG, NStZ-RR 1997, 69.
197) Meyer-Goßner/Schmitt, Vor. § 403 Rdnr. 1 und § 403 Rdnr. 10; Köckerbauer, NStZ 1994, 305; Metz, JR 2019, 67, 72.
198) BT-Drucks. 15/814, S. 6 m.w.N.
199) Kilchling, NStZ 2002, 57, 62.
200) Brokamp, Das Adhäsionsverfahren – Geschichte und Reform, 1990, passim; Hilger, GA 2004, 478, 482 ff.

rungen durch das Opferrechtsreformgesetz vom 24.06.2004 (BGBl I, 1354) beabsichtigte der Gesetzgeber, die Durchführung des Adhäsionsverfahrens zum Regelfall der Durchsetzung zivilrechtlicher Ansprüche des Opfers zu machen (vgl. BT-Drucks 15/1976, S. 8, 16).

Die wesentlichen Rechtsgrundlagen für das Adhäsionsverfahren finden sich in   18.70

– §§ 403–406c StPO

– § 81 JGG

– Nr. 173–174 RiStBV

> **Praxishinweis**
>
> Aus Nr. 173 Satz 3 RiStBV ergibt sich ein Hinweis zur Vermeidung von Haftungsfällen. Die Regelung sieht vor, dass der Verletzte *„darauf hinzuweisen sein (wird), dass es sich in der Regel empfiehlt, den Antrag möglichst frühzeitig zu stellen ..."* Auch wenn sich die Vorschriften der RiStBV an die Ermittlungsbehörden richten, ist es Aufgabe des Rechtsanwalts dafür Sorge zu tragen, dass Adhäsionsansprüche des Verletzten nicht verjähren. Nach § 404 Abs. 2 StPO hat die Antragstellung dieselben Wirkungen wie die Erhebung der Klage im bürgerlichen Rechtsstreit. Sie treten aber erst mit dem Eingang bei Gericht ein. Deshalb muss die Dauer des Ermittlungsverfahrens mit Blick auf den Lauf etwaiger Verjährungsfristen „überwacht" werden.

18.1.5.2   Vor- und Nachteile des Adhäsionsverfahrens

Die rechtstatsächliche Forschung belegt, dass Adhäsionsanträge in der Praxis nur   18.71
selten eingebracht werden. Viele Rechtsanwälte stehen der Geltendmachung zivilrechtlicher Ansprüche im Strafverfahren bei vermögensrechtlich relevanter Schädigung des Opfers reserviert gegenüber[201] und sehen eine Vielzahl von Nachteilen. Sie fürchten den Unmut des Gerichts, halten das Verfahren für kompliziert bzw. verfahrensverlängernd oder hoffen, im nachfolgenden Zivilverfahren bessere Erfolge erzielen zu können. Für die reservierte Haltung der Anwälte ist zudem die Befürchtung mitentscheidend, dass materielle Forderungen Ressentiments gegenüber dem Opfer auslösen könnten.[202]

Ungeachtet dieser Ressentiments und Befürchtungen, die vielfach in mangelnder   18.72
Erfahrung und fehlenden Kenntnissen begründet liegen, weist das Adhäsionsverfahren eine Reihe **bedeutsamer Vorteile** gegenüber der Geltendmachung von Ansprüchen in einem nachfolgenden Zivilverfahren auf:[203]

---

201) Barton/Flotho, Opferanwälte im Strafverfahren, Baden-Baden 2010, S. 150 ff.
202) Barton/Flotho, Opferanwälte im Strafverfahren, Baden-Baden 2010, S. 237.
203) Ausführlich Herbst/Plüür, Das Adhäsionsverfahren, S. 1 ff., Stand 01.09.2020, abrufbar unter https://www.berlin.de/gerichte/was-moechten-sie-erledigen/artikel.418024.php.

– Zeit- und Ressourcengewinn durch nur ein Gerichtsverfahren: Ergeht am Ende des Erkenntnisverfahrens ein Adhäsionsausspruch, so steht dieses einem im bürgerlichen Rechtsstreit ergangenen Urteil gleich. Das Gericht erklärt die Entscheidung für vorläufig vollstreckbar. §§ 708–712 ZPO sowie §§ 714, 716 ZPO gelten entsprechend. Ist über den Grund des Anspruchs rechtskräftig entschieden, so findet das Betragsverfahren (§ 304 Abs. 2 ZPO) vor dem zuständigen Zivilgericht statt.

– Regelmäßig dürfte die Bereitschaft des Täters zum Schadensausgleich gegenüber einem späteren Zivilverfahren höher sein.

> **Hinweis**
>
> Hier tritt der bereits bei der Darstellung der Nebenklage erwähnte begünstigende Strafzumessungsgesichtspunkt der Schadenswiedergutmachung (§ 46 Abs. 2 Satz 2 StPO) auf den Plan; dieser hat besondere Bedeutung, wenn die Verteidigung von vornherein oder im Laufe des Verfahrens „auf Strafmaß" erfolgt.

– Es besteht keine Gefahr divergierender Entscheidungen.

– Es besteht die Möglichkeit eines verjährungsrelevanten Vorgehens gegen den Beschuldigten, dessen Aufenthalt unbekannt ist.

– Der Verletzte wird vor einer doppelten Belastung durch zwei getrennte Verfahren bewahrt (Stichwort „Sekundärviktimisierung").

Die **rechtlichen Unterschiede zum Zivilverfahren** sind bedeutsam:

– Der Verletzte muss – anders als der Kläger im Zivilprozess – keinen Gerichtskosten- oder – falls sachverständige Begutachtung ansteht – Auslagenvorschuss leisten (vgl. §§ 379, 402 ZPO). Es fallen geringere Gerichtsgebühren – und zudem nur bei einer positiven Entscheidung – an (vgl. Nr. 3700 KV GKG). Bei einer zusprechenden Entscheidung hat diese Kosten gem. § 472a StPO der Angeklagte zu tragen. Eine sekundäre Kostenschuldnerschaft des Verletzten kennt das Adhäsionsverfahren – anders als der Zivilprozess – nicht. Vor diesem Hintergrund kann die gerichtliche Titulierung eines Schadensersatzanspruchs gegen einen mittellosen Angeklagten im Adhäsionswege wirtschaftlich sinnvoll sein.

– Es besteht kein Anwaltszwang, da § 78 ZPO nicht gilt. Somit können Zahlungsansprüche über 5.000 € ohne Einschaltung eines Rechtsanwalts durchgesetzt werden.

– Es bestehen geringere Anforderungen an die Antragsschrift im Adhäsionsverfahren gegenüber denjenigen an die Klageschrift im Zivilverfahren (§ 404 Abs. 1 Satz 2 StPO).

– Es herrscht der Amtsermittlungsgrundsatz statt der Parteimaxime und des Beibringungsgrundsatzes; damit ist kein Beweisantritt erforderlich (aber möglich).

– Der Adhäsionskläger kann als „Zeuge in eigener Sache" auftreten, wohingegen er im Zivilprozess nur unter sehr engen Voraussetzungen als Beweismittel im Wege der Parteivernehmung in Betracht kommt.

– Es gibt keine klageabweisende Entscheidung, sondern der Adhäsionskläger kann die Anspruchsdurchsetzung auf dem Zivilrechtsweg weiter versuchen (§ 406b Abs. 1 StPO).

> **Hinweis**
>
> Bei unbezifferten Schmerzensgeldansprüchen ist wegen des Rechtskraftumfangs und des insoweit geltenden § 322 ZPO Vorsicht geboten.[204]

– Gegen die Adhäsionsanträge ist keine Widerklage zulässig.

Hinter die zahlreichen Vorteile eines – zumal in einem frühzeitigen Verfahrensstadium angebrachten – Adhäsionsantrags treten die **geringen Nachteile** regelmäßig zurück, die vor allem darin bestehen, dass keine Bindungswirkung eines stattgebenden Adhäsionsausspruchs gegenüber dem Haftpflichtversicherer des Angeklagten besteht; denn anders als im zivilgerichtlichen Verfahren gibt es keine Möglichkeit der Streitverkündung, so dass Versicherungen oder sonstige Dritter nicht einbezogen werden können. Als – ebenfalls eher gering anzusetzender – Nachteil ist schließlich zu erwägen, dass das pekuniäre Interesse des Adhäsionsklägers die Entscheidung des Gerichts namentlich in Aussage-gegen-Aussage-Konstellationen mitbeeinflussen kann.

> **Hinweis**
>
> Einem solchen Eindruck sollte der Vertreter des Adhäsionsklägers begegnen, indem er – soweit die Voraussetzungen des § 395 Abs. 1–3 StPO vorliegen – den Verletzten den Anschluss als Nebenkläger erklären lässt, um dadurch zum Ausdruck zu bringen, dass es dem Verletzten primär um eine Verurteilung des Beschuldigten geht. Dabei muss beachtet werden, dass ein Adhäsionsantrag nicht automatisch eine Nebenklageanschlusserklärung beinhaltet;[205] denn Nebenklage und Adhäsion stellen zwei selbständige Beteiligungsarten mit unterschiedlicher Zielrichtung dar, die alternativ oder kumulativ wahrgenommen werden können.[206]

18.1.5.3 Sachliche Voraussetzungen eines zulässigen Adhäsionsantrags

Mit dem Adhäsionsverfahren kann gem. § 403 StPO ein   18.73

---

204) BGH, NZV 2015, 228, 229 f.
205) Meyer-Goßner/Schmitt, § 403 Rdnr. 12; Metz, JR 2019, 67, 72.
206) OLG Hamm, MDR 1968, 261.

– aus der Straftat erwachsener **vermögensrechtlicher** Anspruch,

> **Hinweis**
>
> Es genügt irgendeine Straftat. An einen speziellen Straftatenkatalog – wie bei der Nebenklage (§ 395 Abs. 1 StPO) – wird nicht angeknüpft.

– der zur Zuständigkeit der ordentlichen Gerichte gehört

– und noch nicht anderweitig gerichtlich anhängig gemacht ist,

– ohne Rücksicht auf den Streitwert

– durch den Verletzten oder seinen Erben

> **Hinweis:**
>
> Es ist darauf zu achten, dass der Erbe seine Stellung als Erbe mittels Erbscheins darlegen muss; andernfalls ist der Adhäsionsantrag regelmäßig unzulässig ist.[207]

– gegen den Beschuldigten

geltend gemacht werden.

Der Anspruch muss **durch einen Antrag** geltend gemacht werden.

18.74   Unter **vermögensrechtlichen Ansprüchen** sind solche zu verstehen, die aus Vermögensrechten abgeleitet werden oder auf Zahlung von Geld oder Leistungen mit Geldwert gerichtet sind. Somit kommen hauptsächlich Ansprüche auf Schadensersatz und Schmerzensgeld in Betracht; diese bilden in der Praxis den absoluten Hauptanwendungsfall. Daneben sind auch Ansprüche auf Ersatz von Beerdigungskosten denkbar. Forensische Raritäten bilden daneben auch – prinzipiell adhäsionsfähige – Unterlassungsansprüche, etwa auf Unterlassung künftiger Verletzungen, wenn damit wirtschaftliche Interessen verfolgt werden.[208] Gleiches gilt für den – ebenfalls i.S.d. § 403 StPO vermögensrechtlich relevanten – Widerruf einer Behauptung, der ebenfalls zulässig im Adhäsionsverfahren angebracht werden kann. Aus welcher Straftat der Anspruch stammt, ist gleichgültig, da das Recht zur Adhäsionsantragstellung – anders als bei der Nebenklage – nicht an bestimmte Straftaten geknüpft ist.

> **Hinweis**
>
> Ist aber ein nebenklagefähiges Delikt gem. § 395 Abs. 1, Abs. 3 StPO gegeben, oder liegen die Voraussetzungen des § 395 Abs. 2 StPO vor, sollte der Vertreter des Adhäsionsklägers in Erwägung ziehen, Adhäsion und Nebenklage zu verbinden, um weiterreichende Mitwirkungsrechte im Strafverfahren zu erhalten.

---

207) BGH, NStZ 2010, 174, 175; BGH, NStZ-RR 2016, 183; LR/Hilger, § 403 Rdnr. 2.
208) BGH, NJW 1981, 2062 f.; LR/Hilger, § 403 Rdnr. 10.

Weitere Zulässigkeitsvoraussetzung des Adhäsionsantrags ist, dass der zur Zuständigkeit der Zivilgerichte gehörende Anspruch **noch nicht anderweitig rechtshängig** (§§ 261, 696 Abs. 3, 700 Abs. 2 ZPO) ist. Die Einleitung eines Mahnverfahrens schadet für sich genommen noch nicht; eine Mahnsache gilt aber als mit Zustellung des Mahnbescheids rechtshängig geworden, wenn sie alsbald nach der Erhebung des Widerspruchs abgegeben wird, § 696 Abs. 3 ZPO. Wird die Sache nicht „alsbald" i.S.d. § 167 ZPO abgegeben, tritt Rechtshängigkeit mit dem Eingang der Akten beim Prozessgericht ein.[209]

18.75

Hinweis

Der Rechtsanwalt hat sich zu vergewissern, dass wegen der in Betracht kommenden Entschädigungsansprüche nicht bereits ein Zivilverfahren eingeleitet ist. Die entsprechende Befragung des Mandanten und dessen Auskunft sollten – selbstverständlich – als Vermerk festgehalten werden.

Der Adhäsionsantrag kann im Offizial- und im **Privatklageverfahren** gestellt werden. Auch und gerade im Privatklageverfahren ist das Adhäsionsverfahren sinnvoll, da mit einer einzigen Entscheidung über die strafrechtlichen und zivilrechtlichen Folgen der Straftat Rechtsfrieden am ehesten hergestellt werden kann. Dagegen ist der Adhäsionsabtrag im **Strafbefehlsverfahren** – zunächst – **unzulässig**; er erlangt erst Wirksamkeit, wenn der Angeschuldigte Einspruch einlegt oder der Strafrichter wegen des Adhäsionsantrages Bedenken gegen eine Entscheidung ohne Hauptverhandlung hat und nach § 408 Abs. 3 Satz 2 StPO eine Hauptverhandlung anberaumt.

18.76

Im Verfahren wegen Ordnungswidrigkeiten ist ein Adhäsionsantrag gem. § 46 Abs. 3 Satz 4 OWiG unzulässig.

18.77

Hinweis

Dies sollte unbedingt bei Verfahren wegen Verfehlungen im Straßenverkehr beachtet werden. Besteht die Möglichkeit, dass das Verhalten des Beschuldigten lediglich eine Ordnungswidrigkeit darstellt und keine Straftat, so ergibt sich für den Adhäsionskläger ein erhöhtes Prozessrisiko.

Antragsberechtigt ist der **prozessfähige** oder **gesetzlich vertretene Verletzte**. Da die Vorschriften über die Befugnisse des Verletzten ihrem Zweck nach der Wahrnehmung vielfältiger rechtlich geschützter Interessen dienen, ist der Verletzte einer Straftat im weitesten Sinne gemeint. Nach diesem weiten Begriff des § 403 StPO soll Verletzter auch der durch eine Straftat nur mittelbar Geschädigte sein, so etwa der zivilrechtlich Anspruchsberechtigte aus den §§ 844, 845 BGB bei einem Tötungsdelikt. Nach der Rechtsprechung des Bundesverfassungsgerichts sind die Verletztenbegriffe des § 403 und des § 406d StPO identisch zu verstehen. Das berechtigte Interesse daran, zur Prüfung von Ansprüchen, die im Adhäsions-

18.78

---

[209] BGH, NJW-RR 2002, 1210, 1212; OLG Dresden, NJW-RR 2003, 194, 195.

verfahren verfolgt werden könnten, auch Einsicht in die Strafakte zu nehmen, spreche für eine einheitliche Auslegung des Verletztenbegriffs in § 403 und § 406e StPO.[210)]

Das Antragsrecht besteht unabhängig davon, ob der Verletzte einen Strafantrag gestellt hat.

Neben dem Verletzten ist auch sein **Erbe** antragsberechtigt (§ 1922 BGB). Die zur Antragstellung berechtigende Erbenstellung kann durch Gesetz oder letztwillige Verfügung erworben worden sein.

> **Hinweis**
>
> Die Antragsberechtigung des Erben sollte bereits mit Antragstellung durch die Vorlage eines Erbscheins nachgewiesen werden. Ansonsten könnte das Verfahren verzögern werden und damit den Adhäsionsantrag nach § 406 Abs. Satz 5 StPO zur Erledigung im Strafverfahren ungeeignet machen. Ein Streit über das Erbrecht wird im Adhäsionsverfahren nicht geführt.

18.79   **Mehrere Erben** sind jeder für sich allein antragsberechtigt. Gehört ein Anspruch zum Nachlass, so kann der Verpflichtete nach § 2039 BGB aber nur an alle Erben gemeinschaftlich leisten und jeder Miterbe kann nur die Leistung an alle Erben fordern.[211)] Jeder Miterbe kann verlangen, dass der Verpflichtete die zu leistende Sache für alle Erben hinterlegt oder, wenn sie sich nicht zur Hinterlegung eignet, an einen gerichtlich zu bestellenden Verwahrer abliefert.

18.80   **Andere Rechtsnachfolger** sind nicht antragsberechtigt, also auch nicht der Sozialversicherer, der Haftpflichtversicherer, Pfändungspfandgläubiger oder der Zessionar, an den die Forderung aus der Straftat abgetreten wurde, § 398 BGB. Eine komplizierte Prüfung der Rechtsnachfolge würde das Verfahren verzögern und ist deshalb nicht Gegenstand des Adhäsionsverfahrens.

18.81   Der **Insolvenz- oder Zwangsverwalter** ist weder Verletzter noch Rechtsnachfolger. Nach überwiegender obergerichtlicher Rechtsprechung besteht das Antragsrecht daher nur dann, wenn der Schaden nach Insolvenzeröffnung eingetreten ist, weil nur dann der Insolvenzverwalter geschädigt ist.[212)] Die Gegenauffassung verweist für das unbeschränkte Antragsrecht des Insolvenzverwalters auf §§ 80, 22 Abs. 1 InsO, wonach er befugt ist, die Rechte des Gemeinschuldners auszuüben.

Ist die Antragsberechtigung i.S.d. § 403 StPO für das Adhäsionsverfahren nicht ausreichend belegt, ist der Adhäsionsantrag unzulässig.

---

210) BVerfG, BeckRS 2009, 18693 Rdnr. 21 f.
211) Schroth/Schroth, Die Rechte des Verletzten im Strafprozess, Rdnr. 371 m.w.N.
212) OLG Frankfurt, NStZ 2007, 168 f.; OLG Jena, NJW 2011, 547, 548; für ein Antragsrecht auch bezüglich eines vor Insolvenzeröffnung eingetretenen Schadens aber OLG Celle, NJW 2007, 3795; KK/Zabeck, § 403 Rdnr. 9 m.w.N.

Antragsgegner ist „der Beschuldigte". Entscheidend ist allein dessen verfahrensrechtliche Stellung als Beschuldigter und nicht seine materiell-rechtliche als Mittäter oder Mithaftender.[213] Aus diesem Grund ist ein Adhäsionsantrag gegen einen nach § 115 VVG gesamtschuldnerisch neben dem Beschuldigten haftenden Kfz-Versicherer nicht möglich.

18.82

Hinweis

Vor diesem Hintergrund wurde die Ansicht vertreten, dass ein Verletzter bei Bestehen einer Haftpflichtversicherung nicht im Adhäsionsverfahren gegen den Schädiger vorgehen kann, da für die Versicherung keine Möglichkeit bestand, sich an dem Verfahren zu beteiligen. Inzwischen ist allerdings höchstrichterlich geklärt, dass das Adhäsionsverfahren auch in dieser Konstellation zulässig ist.[214] Jedoch entfaltet die Entscheidung im Adhäsionsverfahren keine Bindungswirkung gegen den Versicherer. Der Adhäsionskläger kann sich zwar auf der Grundlage des vollstreckbaren Adhäsionsurteils die Ansprüche des Angeklagten gegen den Kraftfahrzeugversicherer pfänden und sich überweisen lassen. Der Versicherer kann sich aber in diesem Fall auf Einwendungen berufen, die ihm aus dem Versicherungsvertrag zustehen.

Ein Adhäsionsverfahren findet gegen einen **Jugendlichen** nicht statt. Der Grund für diesen Ausschluss besteht darin, dass der im Jugendstrafverfahren vorherrschende Erziehungsgedanke nicht durch das Mitwirken des Verletzten beeinträchtigt werden soll.[215] In Verfahren gegen **Heranwachsende** lassen §§ 81, 109 Abs. 2 JGG das Adhäsionsverfahren gegen Heranwachsende aber selbst dann zu, wenn Jugendstrafrecht angewendet wird.

18.83

Der Antragsgegner muss **verhandlungsfähig** sein, braucht aber **nicht zwingend prozessfähig** zu sein. Auf seine Prozessfähigkeit kommt es allerdings dann an, wenn zivilrechtlich wirksame materiell-rechtliche und prozessuale Erklärungen wie ein Anerkenntnis oder ein Vergleich abgegeben werden. Der Angeklagte muss hierfür geschäftsfähig sein. Bei fehlender Geschäftsfähigkeit muss sein gesetzlicher Vertreter in seinem Namen handeln. Für Betreuungsverhältnisse hat der Bundesgerichtshof entschieden, dass der Betreuer des Angeklagten an einer Adhäsionsentscheidung nicht zu beteiligen ist.[216] Das Strafverfahrensrecht unterscheidet sich insoweit von der im sachlichen Geltungsbereich der Zivilprozessordnung gem. §§ 51 Abs. 1, 53 ZPO i.V.m. §§ 1902, 1903 BGB geltenden Rechtslage, wonach der Betreuer in seinem gerichtlich festgelegten Aufgabenkreis der gesetzliche Vertreter des Betreuten auch vor Gericht ist. Dementgegen liegt die Wahrnehmung der Interessen des Angeklagten im Strafverfahren allein in den Händen des (notwendigen) Verteidigers.[217] Bei bestehender Betreuung ist allerdings für einen Vergleichsschluss die Vorschrift des § 1822 Nr. 12 BGB zu beachten.

18.84

---

213) LR/Hilger, § 403 Rdnr. 6.
214) BGH, NJW 2013, 1163 f.
215) Granderath, NStZ 1984, 399, 400.
216) BGH, BeckRS 2012, 21709.
217) Vgl. BGH, NStZ 1996, 610.

18.85 Der Anspruch muss zu der Zuständigkeit der ordentlichen Gerichte gehören. Damit sind Ansprüche aus Delikt, die im Zusammenhang mit einem Arbeitsverhältnis stehen, ausgeschlossen, da hierfür die Arbeitsgerichte gem. § 2 Abs. 1 Nr. 3d ArbGG ausschließlich zuständig sind.[218] Handelt es sich um einen in die Zuständigkeit der ordentlichen Gerichtsbarkeit fallenden vermögensrechtlichen Anspruch, so kann der Anspruch unabhängig von der zivilrechtlichen Streitwertgrenze des § 23 Nr. 1 GVG vor dem Amtsgericht geltend gemacht werden. Somit können Ansprüche geltend gemacht werden, für die es im Zivilprozess gem. § 78 ZPO eines Rechtsanwalts bedurft hätte.

> **Hinweis**
>
> Der Vertreter des Adhäsionsklägers sollte allerdings bedenken, dass bei der Geltendmachung exorbitant hoher Ansprüche oder Einwand erheblicher Gründe gegen die Streitwertüberschreitung durch den Angeklagten das Amtsgericht nach dem gesetzgeberischen Willen die Möglichkeit haben soll, gem. § 406 Abs. 1 Satz 4 StPO mangels Eignung von einer Entscheidung abzusehen.[219] Ist also im Ermittlungsverfahren abzusehen, dass Anklage vor dem Amtsgericht erhoben werden wird, und steht ein extrem hoher Anspruch im Raum, oder ist die Anspruchslage komplex, sollte die Geltendmachung eines Adhäsionsanspruchs reiflich überlegt werden.

18.86 Der Antrag kann **schriftlich** oder **mündlich** zur Niederschrift des Urkundsbeamten eingereicht werden. In der Hauptverhandlung kann der Antrag auch **mündlich bis zum Beginn der Schlussvorträge** durch den Antragsteller oder seinen Bevollmächtigten gestellt werden.

18.87 Der **Inhalt des Antrags** ergibt sich aus **§ 404 StPO**. Er muss den Gegenstand und Grund des Anspruchs bestimmt bezeichnen und soll die Beweismittel enthalten. Der Antragsteller muss einen bestimmten Antrag formulieren, da ansonsten die notwendige inhaltlich eindeutige Festlegung, welche Entscheidung begehrt wird – auch im Hinblick auf eine vollstreckungsfähige Entscheidung – nicht erreicht werden kann. Bei Geldansprüchen ist also ein bestimmter Antrag zu stellen und im Hinblick auf den auch im Adhäsionsverfahren geltenden § 308 ZPO bei Nebenforderungen der Zinsbeginn und die geltend gemachte Zinshöhe anzugeben. Für die Herausgabe eines Gegenstands muss nach zivilprozessualen Kriterien eine so präzise Beschreibung erfolgen, dass der Gerichtsvollzieher den Gegenstand ohne Verwechslung vollstrecken kann.

18.88 Bei der Geltendmachung von **Schmerzensgeld** kann die Höhe wie im Zivilprozess in das Ermessen des Gerichts gestellt werden. Da eine Angabe zum Streitwert erforderlich ist, empfiehlt es sich wie bei einer zivilrechtlich geführten Schmerzensgeldklage, Angaben zu den ungefähren Vorstellungen des Antragstellers zu machen. Daran ist das Gericht nicht gebunden.

---

218) Vgl. BGH, NJW 1952, 1347.
219) BT-Drucks. 10/6124, S. 15.

Dehne-Niemann

Eine **Bezifferung des Antrags** ist entbehrlich, wenn sich der Betrag erst nach durchgeführter Beweisaufnahme, also etwa nach Anhörung eines Sachverständigen, bestimmen lässt.[220] Anstelle eines Leistungsantrags kann der Antragsteller auch einen Feststellungsantrag stellen, wenn der Schaden im Adhäsionsverfahren nicht oder noch nicht vollständig bezifferbar ist und wegen ansonsten drohender Verjährung ein berechtigtes Interesse an der Feststellung der Ersatzpflicht besteht.[221]

18.89

Warnhinweis

Wird zunächst ein unbezifferter Leistungsantrag gestellt, so sollte dieser spätestens nach durchgeführter Beweisaufnahme beziffert werden. Sonst können sich Folgeprobleme der Rechtskraftwirkung ergeben. Für den Fall, dass ein unbezifferter Schmerzensgeldantrag gestellt wird und das vom Strafgericht zugesprochene Schmerzensgeld nach Ansicht des Geschädigten zu niedrig ist, kann er in einem Zivilprozess kein weiteres Schmerzensgeld geltend machen. Eine erneute Klage ist dann gem. § 322 ZPO unzulässig.[222] Der Antrag auf Zahlung eines Schmerzensgeldes im Adhäsionsverfahren hat dieselben Wirkungen wie die Erhebung einer entsprechenden Klage vor dem Zivilgericht, 404 Abs. 2 Satz 1 StPO. Die in einem Strafverfahren ergangene rechtkräftige Entscheidung über den Antrag steht gem. § 406 Abs. 3 Satz 1 StPO einem im Zivilprozess ergangenen rechtskräftigen Urteil gleich. Nur soweit der Anspruch nicht zuerkannt ist, kann er nach § 406 Abs. 3 Satz 3 StPO anderweitig geltend gemacht werden. Wird also lediglich ein unbezifferter Antrag auf Zuerkennung eines angemessenen Schmerzensgeldes gestellt und weder eine den zuerkannten Mindestbetrag noch eine den zuerkannten Betrag überhaupt übersteigende Größenordnung angegeben, so besteht für den das Strafgericht keine Veranlassung, von einer diesbezüglichen Entscheidung teilweise abzusehen und dem Kläger damit die Möglichkeit zu eröffnen, den nicht entschiedenen Teil gem. § 406 Abs. 3 Satz 3 StPO zivilgerichtlich weiterzuverfolgen.

Da dem Adhäsionskläger kein Rechtsmittel gegen das Strafurteil zusteht, mit dem ihm ein zu geringer Betrag zugesprochen wurde, ist von der Antragstellung eines unbezifferten Schmerzensgeldantrags tendenziell abzuraten. Es sollte entweder ein konkreter Leistungsantrag oder ein Feststellungsantrag gestellt werden.

18.90

18.1.5.4   Ablauf

Der **Adhäsionsantrag** kann **mit Beginn des Ermittlungsverfahrens** (also frühestens zusammen mit der Strafanzeige) bis zu den Schlussvorträgen gestellt werden.

18.91

---

220) OLG Stuttgart, NJW 1978, 2209.
221) BGH, VersR 1989, 1055.
222) BGH, NJW 2015, 1252.

Praxistipp

Hat Amtsgericht den in der Akte befindlichen Adhäsionsantrag übersehen – ein häufiges Vorkommnis! –, so kann der Adhäsionskläger den Anträgen bis zu den Schlussvorträgen auch noch in der Berufungshauptverhandlung stellen.[223] In der Revisionsinstanz besteht allerdings eine solche Reparaturmöglichkeit nicht mehr,[224] wohl aber nach Aufhebung und Zurückverweisung durch das Revisionsgericht vor dem Tatrichter (auch, wenn der Adhäsionsantrag schon im Ermittlungsverfahren gestellt, aber übersehen wurde). Das Verschlechterungsverbot des § 358 Abs. 2 StPO hindert den Tatrichter nicht, dem Verletzten im Wege des Adhäsionsverfahrens Schmerzensgeld dem Grunde nach zuzusprechen. Denn da der Ersatzanspruch zivilrechtlicher Natur ist, handelt es sich nicht um eine dem Verbot der refomatio in peius unterliegende „Rechtsfolge der Tat" i.S.d. § 358 Abs. 2 StPO.

18.92 Nach § 406h Satz 1 Nr. 3 StPO müssen Polizei und Staatsanwaltschaft den Verletzten frühzeitig, regelmäßig schriftlich und soweit möglich in einer für ihn verständlichen Sprache darauf hinweisen, dass er einen aus der Straftat erwachsenen vermögensrechtlichen Anspruch im Strafverfahren geltend machen kann. Der Inhalt der Belehrung ergibt sich aus Nr. 173 RiStBV. Da in der polizeilichen und staatsanwaltschaftlichen Praxis insoweit vieles im Argen liegt, ist der Geschädigtenvertreter hier in besonderer Weise zur Aufklärung aufgerufen.

18.1.5.5 Prozesskostenhilfe

18.93 Dem Antragsteller und dem Angeschuldigten ist auf Antrag Prozesskostenhilfe nach denselben Vorschriften wie in bürgerlichen Rechtsstreitigkeiten zu bewilligen, sobald Anklage erhoben ist. § 121 Abs. 2 ZPO gilt mit der Maßgabe, dass dem Angeschuldigten, der einen Verteidiger hat, dieser beigeordnet werden soll; dem Antragsteller, der sich im Hauptverfahren des Beistands eines Rechtsanwalts bedient, soll dieser beigeordnet werden. Auch die Beiordnung eines Rechtsanwalts kann erst mit Anklageerhebung erfolgen.

Hinweis

Möchte der Antragsteller seinen Adhäsionsantrag bereits im Ermittlungsverfahren stellen, so erheben sich für ihn die Probleme, dass er erstens zur Einschätzung der Erfolgsaussichten anwaltliche Hilfe einholen kann und zweitens zu diesem Zeitpunkt noch nicht wissen kann, ob der Anwalt ihm später beigeordnet wird. Eine ablehnende Entscheidung ist gem. § 404 Abs. 5 Satz 3 zweiter Halbsatz StPO nicht anfechtbar, weil § 127 Abs. 2 Satz 3 ZPO nicht gilt.

---

223) OLG Hamm, Beschl. v. 13.10.2016 – III-4 RVs 125/16, BeckRS 2016, 19237; LR/Hilger, § 404 Rdnr. 4.
224) LR/Hilger, § 404 Rdnr. 6.

Hinweis

Der Rechtsanwalt, der dem Nebenkläger im Wege der Prozesskostenhilfe gem. § 397a StPO beigeordnet wurde, kann vermögensrechtliche Ansprüche für seinen Mandanten nur im PKH-Wege geltend machen, wenn er gesondert für Adhäsionsverfahren gem. § 404 Abs. 5 Satz 1, 2 StPO beigeordnet wurde.[225]

Da die Bewilligung der Prozesskostenhilfe nach denselben Vorschriften wie in bürgerlichen Rechtsstreitigkeiten erfolgt (§ 404 Abs. 5 Satz 1 StPO), ist hierfür auch die Darlegung der persönlichen und wirtschaftlichen Verhältnisse erforderlich.[226] Zuständig für die Entscheidung über die Prozesskostenhilfe ist das mit der Sache befasste Gericht; die Entscheidung ist nicht anfechtbar.   18.94

Der Verteidiger muss bedenken, dass die Pflichtverteidigerbestellung nicht die Vertretung des Angeklagten im Adhäsionsverfahren umfasst. Es bedarf insoweit vielmehr eines eigenen PKH-Antrags des Angeklagten gem. § 404 Abs. 5 StPO i.V.m. §§ 114 ff., 121 ZPO. Beim Wahlverteidiger muss dessen Vollmacht die Vertretung auch hinsichtlich des Adhäsionsverfahrens umfassen. Hat der Beschuldigte/Angeklagte bereits einen Verteidiger, so wird ihm dieser regelmäßig auch für das Adhäsionsverfahren beigeordnet werden. Ganz grundsätzlich und unabhängig von der PKH-Frage muss die Verteidigung bedenken und mit dem Beschuldigten erörtern, dass der Mandant auch diejenigen Kosten zu tragen hat, die sich aus einer etwaigen Stattgabe des Adhäsionsantrags ergeben.   18.95

Hinweis

Mitunter wird der Vertreter des Adhäsionsklägers zu einer gesetzlich nicht vorgesehen Stellungnahme zu einem PKH-Gesuch des Beschuldigten und künftigen Adhäsionsbeklagten aufgefordert. Dabei kann sich das wenig geklärte **Sonderproblem der PKH-Gewährung im Adhäsionsverfahren für einen schweigenden Beschuldigten** stellen. Einem solchen Antrag sollte der Vertreter des Adhäsionsklägers entgegentreten. Denn schweigt der Beschuldigte gegen den auch dem Adhäsionsbegehren zugrundeliegenden Vorwurf, so fehlt es an einem erheblichen Verteidigungsvorbringen i.S.d. § 138 ZPO, so dass das Nichtbestreiten als Zugeständnis fingiert wird. Dabei wird nicht übersehen, dass das Schweigerecht des Beschuldigten zu den elementarsten rechtsstaatlichen Grundsätzen gehört. Die sich erhebende – und richtigerweise zu verneinende – Frage lautet also, ob der nemo-tenetur-Grundsatz dadurch ausgehöhlt wird, dass einem schweigenden Angeklagten PKH verweigert wird. Das Gesetz verhält sich dazu nicht. Entscheidend gegen die Gewährung von PKH für einen schweigenden Angeklagten spricht, dass damit der Angeklagte im Adhäsionsverfahren sachgrundlos besser stünde als ein Beklagter in einem gesonderten Zivilrechtsstreit.[227] Darauf sollte der Vertreter des Adhäsionsklägers hinweisen.

---

225) Eingehend BGH, NJW 2001, 2486, 2487.
226) BGH, BeckRS 2007, 14381 Tz. 4 f.
227) Näher Schneckenberger, in: Weiner/Ferber, Handbuch des Adhäsionsverfahrens, Rdnr. 230.

18.1.5.6   Gebühren und Kosten

18.96   Die Kosten des Adhäsionsverfahren gehören zu den Gesamtkosten des Strafverfahrens. Hierzu zählen auch die durch die Beauftragung eines Rechtsanwalts entstehenden Kosten.

Der Angeklagte hat gem. § 472 Abs. 1 StPO die dem Adhäsionskläger entstandenen Kosten und die notwendigen Auslagen des Adhäsionsklägers zu übernehmen, wenn dem Antrag im späteren Hauptverfahren in vollem Umfang stattgegeben wird. Im Fall eines Vergleichsschlusses ohne Regelung über die Kosten und Auslagen muss das Gericht gem. § 472a StPO hierüber entscheiden.

18.97   Sieht das Gericht von der Entscheidung über den Antrag ab, wird ein Teil des Anspruchs dem Verletzten nicht zuerkannt, oder nimmt der Verletzte den Antrag zurück, so entscheidet das Gericht nach § 472a Abs. 2 StPO nach pflichtgemäßem Ermessen, wer die insoweit entstandenen gerichtlichen Auslagen und die insoweit den Beteiligten erwachsenen notwendigen Auslagen trägt. Die gerichtlichen Auslagen können der Staatskasse auferlegt werden, wenn und soweit es unbillig wäre, die Beteiligten damit zu belasten. Das wird insbesondere dann der Fall sein, wenn die Absehensentscheidung wegen Nichteignung getroffen wird.

Anders als im Zivilverfahren ist die **Anrechnung der Geschäftsgebühr 2300 VV RVG auf** die mit dem Betreiben des Adhäsionsverfahrens verdienten **Gebühren nach Nr. 4143 VV RVG nicht** vorgesehen. Die Vergütung für den Anwalt richtet sich in erster Linie nach den Nr. 4143, 4144 VV RVG.

18.1.5.7   Die Bedeutung des Adhäsionsantrags im Ermittlungsverfahren und seine Behandlung durch die Staatsanwaltschaft

18.98   Auch wenn die – insbesondere verjährungsunterbrechenden – **Wirkungen** des Adhäsionsantrags erst mit Stellung des Antrags bei Gericht eintreten, kann ein solcher bereits im vorgerichtlichen Stadium, also frühestens zusammen mit der Strafanzeige bei Polizei und Staatsanwaltschaft, angebracht werden. Eine frühzeitige Antragstellung – vor **Beginn der Hauptverhandlung** – hat den Vorteil, dass der Antragsteller von Ort und Zeit der Hauptverhandlung benachrichtigt wird. Der Antragsteller und ggf. sein gesetzlicher Vertreter können an der Hauptverhandlung teilnehmen.

18.99   Es ist in der Praxis keine Seltenheit mehr, dass es zu Adhäsionsanträgen bereits im Ermittlungsverfahren kommt. Der Grund dafür dürfte auch in der **gesetzlichen Belehrungspflicht** des § 406i Abs. 1 Nr. 3 StPO liegen, wonach Polizei und Staatsanwaltschaft den Verletzten als Adhäsionsantragsberechtigten auf die Möglichkeit des Adhäsionsverfahrens hinweisen müssen, wodurch in Nr. 173, 174a RiStBV Rechnung getragen wird. Die Belehrungspflichten sind durch das

3. Opferrechtsreformgesetz vom 21.12.2015[228) erheblich ausgeweitet worden und in Umsetzung der Belehrungspflichten seit dem 01.09.2016 auch der Inhalt der RiStBV. Die Belehrung muss künftig nicht nur die Unterrichtung des Verletzten über seine Befugnisse im Strafverfahren umfassen (§ 406i StPO), sondern auch seine – und die seiner Angehörigen und Erben – Befugnisse außerhalb des Strafverfahrens (§§ 406j–406l StPO; vgl. Nr. 174a RiStBV).

Jenseits der Belehrungspflichten weist die StPO der Staatsanwaltschaft keine eigenständige Funktion im Adhäsionsverfahren zu. Sie ist diesbezüglich nicht Beteiligte und muss sich daher zu den im Adhäsionsverfahren gestellten Anträgen grundsätzlich nicht äußern. Wenn das Adhäsionsverfahren aber Einfluss auf den Verlauf des Strafverfahrens nimmt, muss nach Nr. 174 Abs. 1 Satz 2 RiStBV die Staatsanwaltschaft für eine zutreffende strafrechtliche Würdigung der Tat Sorge tragen und einer Verzögerung des Strafverfahrens entgegentreten.

18.100

Nach Eingang der Akte bei der Staatsanwaltschaft prüft der Dezernent, ob der Verletzte, seine Angehörigen oder seine Erben entsprechend der Vorschriften der §§ 406i ff. StPO belehrt worden sind. Ist dies nicht geschehen, so muss die Belehrung nachgeholt werden (Nr. 174a RiStBV). Eine Ausnahme von der die Staatsanwaltschaft treffende Nachbelehrungspflicht besteht bei unverhältnismäßigem Aufwand infolge einer Vielzahl von Verletzten.[229) Der Inhalt der Belehrung ergibt sich aus Nr. 173 RiStBV.

18.101

Reicht der Verletzte während des Ermittlungsverfahrens einen Adhäsionsantrag zum Ermittlungsvorgang, so wird dieser zur Akte genommen. Liegt dem Adhäsionsantrag ein PKH-Antrag des Verletzten samt „Erklärung über die wirtschaftlichen und persönlichen Verhältnisse" an, legt die Staatsanwaltschaft für diese und die dafür eingereichten Belege ein PKH-Heft an, das analog § 117 Abs. 2 Satz 2 ZPO dem Beschuldigten und seinem Verteidiger (dem „Gegner") nur unter den dort geregelten engen Voraussetzungen zugänglich gemacht werden darf. Gemäß Nr. 174b RiStBV ist ein Antrag auf Bewilligung von Prozesskostenhilfe für die Hinzuziehung eines Rechtsanwalts nach den §§ 406g, 397a StPO (und nicht nach § 404 Abs. 5 StPO) unverzüglich an das zuständige Gericht weiterzuleiten.

18.102

---

228) BGBl I, Nr. 55.
229) BGH, BeckRS 2010, 11342 Rdnr. 5, unter Bezugnahme auf BT-Drucks. 16/12098, S. 39.

Dehne-Niemann

Warnhinweis

Der Vertreter des Verletzten muss im Ermittlungsverfahren stets die etwa **drohende Verjährung** des mit dem Adhäsionsantrag gestellten Anspruchs im Auge behalten! Die verjährungsunterbrechende Wirkung des Adhäsionsantrags kann frühestens mit Eingang des Antrags bei Gericht eintreten, nicht zuvor (§ 404 Abs. 2 Satz 1, Satz 2 StPO, § 204 Abs. 1 Nr. 1 BGB). Selbst wenn der Geschädigte den Adhäsionsantrag schon im Ermittlungsverfahren stellt, wird dieser erst mit Eingang bei Gericht wirksam und die Sache rechtshängig. Insoweit muss der Verletztenvertreter beachten, dass – entgegen einem in praxi häufig vorkommenden Missverständnis – der drohenden Verjährung auch nicht dadurch entgangen werden kann, dass während des Ermittlungsverfahrens ein Adhäsionsantrag bei der Staatsanwaltschaft eingereicht und zugleich beantragt wird, diesen zum Zwecke der Zustellung an den Beschuldigten an den zuständigen Ermittlungsrichter weiterzuleiten. Selbst wenn der Ermittlungsrichter auf staatsanwaltschaftlichen Antrag hin eine Zustellung des Adhäsionsantrags veranlasst – wozu von Gesetzes wegen keine Grundlage besteht – würde diese Zustellung nicht zur Verjährungsunterbrechung führen. Denn da die Zustellung nicht im Zivilverfahren und auch nicht im gerichtlichen Strafverfahren, sondern im vorgerichtlichen Ermittlungsverfahren erfolgt und der Antrag erst nach Anklageerhebung Wirksamkeit entfaltet, folgt aus ihr keine Verjährungshemmung nach § 404 Abs. 2 StPO, § 204 Abs. 1 Nr. 1 BGB.

18.103   Der Verletztenvertreter darf sich **nicht darauf verlassen,** dass ihm ein Hinweis der Staatsanwaltschaft auf die drohende Verjährung erteilt wird, und zwar selbst dann nicht, wenn er den Adhäsionsantrag bei der Staatsanwaltschaft bereits angebracht hat und möglicherweise schon als Beistand des Adhäsionsklägers oder Nebenklägers beigeordnet worden ist. Denn zwar wird verschiedentlich angemerkt, dass der staatsanwaltschaftliche Dezernent den Verletzten bzw. seinen Verfahrensbevollmächtigten informieren sollte, wenn absehbar wird, dass das Ermittlungsverfahren nicht innerhalb der zivilrechtlichen Verjährungsfristen **abgeschlossen** werden kann, damit die zivilrechtlichen Ansprüche nicht verjähren, sondern ggf. zivilgerichtlich geltend gemacht werden können.[230] Indes besteht keine rechtliche Verpflichtung der Staatsanwaltschaft zu einer solchen Belehrung, sondern sie stellt eine reine „Serviceleistung" dar.[231] Es ist ureigene Angelegenheit des Verfahrensbevollmächtigten des Adhäsionsantragstellers, der (regelmäßig dreijährigen, §§ 195, 199 BGB) Verjährung der Ansprüche des Verletzten entgegenzuwirken. Ein Rechtsanwalt, der bei der Staatsanwaltschaft einen Adhäsionsantrag noch während des Ermittlungsverfahrens eingereicht hat, produziert also ggf. einen Haftungsfall, wenn das Ermittlungsverfahren bis nach Ablauf der Verjährungsfrist andauert und erst danach die (ansonsten verjährungshemmende, §§ 404 Abs. 2, 204 Abs. 1 Nr. 1 BGB) Anklageerhebung erfolgt. Das Unterlassen der rechtzeitigen Einleitung verjährungsunterbrechender Maß-

---

230) So etwa Herbst/Plüür, Das Adhäsionsverfahren, S. 4 f., Stand 01.09.2020, abrufbar unter https://www.berlin.de/gerichte/was-moechten-sie-erledigen/artikel.418024.php.

231) Treffend Herbst/Plüür, Das Adhäsionsverfahren, S. 5, Stand 01.09.2020, abrufbar unter https://www.berlin.de/gerichte/was-moechten-sie-erledigen/artikel.418024.php.

nahmen stellt in diesen Fällen wie sonst auch eine Pflichtverletzung des Mandatsverhältnisses dar, die schadensersatzpflichtbegründend wirken kann.

Praxistipp

Unabhängig von der Verjährungsfrage sollte der Vertreter des Adhäsionsantragstellers den Antrag bereits im Ermittlungsverfahren anbringen. Denn besteht am Ende des Ermittlungsverfahrens eine überwiegende Verurteilungswahrscheinlichkeit, so hat der Staatsanwalt bei der Wahl zwischen Strafbefehl und Anklage mitzuberücksichtigen, dass im Strafbefehlsverfahren der Adhäsionsantrag nach ganz h.M. keine Wirkung entfaltet,[232] weil die Verurteilung zum Ersatz nicht zu den nach § 407 Abs. 2 StPO im Strafbefehlsverfahren erzielbaren Rechtsfolgen zählt. Auch wenn keine Verpflichtung der Staatsanwaltschaft besteht, sich um des Adhäsionsverfahrens willen für die Erhebung der öffentlichen Klage zu entscheiden,[233] sollte der Verletztenvertreter schon mit der Adhäsionsantragstellung im Ermittlungsverfahren darauf hinweisen, dass durch die Wahl des Strafbefehlsverfahrens der mit der Stärkung der Verletztenstellung verfolgte gesetzgeberische Zweck unterlaufen würde. Ein solcher Appell kann die Staatsanwaltschaft durchaus zur Anklageerhebung veranlassen.[234]

Ein gleiches Vorgehen bietet sich an, wenn der Verletztenvertreter **eine Einstellung nach §§ 153, 153a Abs. 1 StPO** befürchtet. Auch in einem solchen Fall ist der Adhäsionsantrag im Ermittlungsverfahren noch nicht rechtshängig (§ 404 Abs. 2 StPO) und kann dort ebenfalls nicht berücksichtigt werden kann. Auf die Berücksichtigung dieses Umstands und auf die bei der Entscheidung über eine Einstellung zu berücksichtigende gesetzgeberische Intention der Stärkung von Verletzteninteressen[235] sollte der Verletztenvertreter den Staatsanwalt hinweisen.

18.1.6 Klageerzwingungsverfahren

18.1.6.1 Bedeutung und Aufbau des Klageerzwingungsverfahrens

Das in den §§ 172–177 StPO geregelte Klageerzwingungsverfahren dient der Überprüfung einer auf § 170 Abs. 2 StPO beruhenden Einstellungsentscheidung der Staatsanwaltschaft. Es sichert das **Legalitätsprinzip** und stellt keine Durchbrechung des Anklagemonopols der Staatsanwaltschaft dar, weil – anders als im Privatklageverfahren – der Antragsteller nicht selbst Anklage erhebt, sondern nur

18.104

---

232) BGH, NJW 1982, 1047, 1048; Meyer-Goßner/Schmitt, § 406 Rdnr. 1; LR/Hilger, § 403 Rdnr. 20; krit. Sommerfeld/Guhra, NStZ 2004, 420 ff.; Haller, NJW 2011, 970, 971.

233) LR/Hilger, § 403 Rdnr. 20; KMR/Stöckel, § 403 Rdnr. 13; Pentz, MDR 1953, 155; Loos, GA 2006, 195, 198; Metz, JR 2019, 67, 72.

234) Vgl. Metz, JR 2019, 67, 72.

235) Zur Berücksichtigung der Verletzteninteressen und Opferbelange bei der Entscheidung über das die Einstellung tragende fehlende „öffentliche Interesse" vgl. LR/Mavany, § 153 Rdnr. 33; KK/Diemer, § 153 Rdnr. 15; MüKo-StPO/Grau, § 153 Rdnr. 33.

erreicht, dass die Staatsanwaltschaft durch gerichtliche Entscheidung zur Anklageerhebung gezwungen wird. Die Regelungen der §§ 172 ff. StPO sind abschließend. Ist danach das Klageerzwingungsverfahren nicht eröffnet, ist ein Vorgehen des Verletzten gem. §§ 23 ff. GVG unstatthaft.

18.105 In der Praxis sind nur wenige Klageerzwingungsverfahren erfolgreich. Größtenteils liegt dies daran, dass der Antrag auf gerichtliche Entscheidung vielfach nicht den inhaltlichen Anforderungen nach § 172 Abs. 3 StPO genügt. Diesem Missstand sollen die folgenden Ausführungen, mit denen ein Überblick über das Klageerzwingungsverfahren gegeben werden, abhelfen.

18.106 Das Klageerzwingungsverfahren ist dreistufig aufgebaut. Nur wer als Verletzter schon den Antrag nach § 171 StPO gestellt hat, kann auf Klageerzwingung antragen. Dem Antrag auf gerichtliche Entscheidung nach § 172 Abs. 3 StPO hat der Verletzte eine fristgebundene Beschwerde an den Generalstaatsanwalt – den vorgesetzten Beamten der Staatsanwaltschaft i.S.d. § 172 Abs. 1 Satz 1 StPO – vorauszuschicken, § 172 Abs. 1 StPO, sogenannte Vorschaltbeschwerde.[236] Das eigentliche Klageerzwingungsverfahren findet dagegen vor dem OLG statt, dessen Beschluss unanfechtbar ist und allenfalls mit der Verfassungsbeschwerde (außerordentlich) angegriffen werden kann.

18.1.6.2 Sachlicher Anwendungsbereich

18.107 Der Anwendungsbereich des Klageerzwingungsverfahren ist nur eröffnet, wenn die Staatsanwaltschaft das Verfahren endgültig – in aller Regel nach § 170 Abs. 2 StPO mangels hinreichenden Tatverdachts – eingestellt hat. Aber auch wenn die Staatsanwaltschaft die Einstellung fälschlicherweise als „vorläufig" bezeichnet, nach der Begründung in Wirklichkeit aber eine endgültige Verfahrensbeendigung beabsichtigt ist, ist das Klageerzwingungsverfahren zulässig.[237] Gänzliche Untätigkeit der Staatsanwaltschaft ist wie eine endgültige Einstellung zu behandeln; ebenso die Ablehnung der Einleitung eines Ermittlungsverfahrens.[238]

18.108 Die angegriffene Einstellung des Verfahrens muss **wegen mangelnden Tatverdachts** erfolgen. Eine aufgrund einer Opportunitätsvorschrift erfolgte Einstellung berechtigt nicht zum Klageerzwingungsverfahren. Die Einstellung muss sich nach h.M. auf die verfahrensgegenständliche (oder angezeigte) prozessuale Tat i.S.d. § 264 StPO beziehen.[239] Hat die Staatsanwaltschaft also Anklage erhoben, so kann der Verletzte nicht zulässigerweise vorbringen, es sei die Tat rechtlich falsch bewertet worden; auch kann nicht bemängelt werden, dass bestimmte Gesetzesverletzungen oder Einzelakte einer fortgesetzten Handlung nicht in die Anklage aufgenommen wurden.[240] Der Antrag ist auch nicht nur für einen Teil der Tat

---

236) Meyer-Goßner/Schmitt, § 172 Rdnr. 6; Kleinknecht, JZ 1952, 488, 490.
237) OLG Frankfurt, NJW 1972, 1875 (Abschlussverfügung „weglegen").
238) BGH, HRRS 2014 Nr. 360 Rdnr. 2; Meyer-Goßner/Schmitt, § 172 Rdnr. 6.
239) OLG Karlsruhe, NJW 1977, 62.
240) OLG Karlsruhe, NJW 1977, 62.

Dehne-Niemann

zulässig. Der Klageerzwingungsantrag ist also tatbezogen, nicht aber tatteilbezogen.[241] Dies ist sub specie Art. 19 Abs. 4 GG bedenkenfrei, weil die rechtliche Würdigung und der von der Staatsanwaltschaft zugrunde gelegte Tatumfang Gegenstand der gerichtlichen Eröffnungsprüfung und des späteren Hauptverfahrens sind.[242] Im Umfang der Einstellung ist das Klageerzwingungsverfahren dagegen zulässig, wenn ein einheitliches Ermittlungsverfahren wegen mehrerer prozessualer Taten oder gegen mehrere Beschuldigte geführt wird und die Staatsanwaltschaft nur teilweise Anklage erhebt, während sie das Verfahren wegen einzelner Taten oder gegen einzelne Beschuldigte einstellt.[243]

Zum hinreichenden Tatverdacht gehört auch das Vorliegen der **Verfahrensvoraussetzungen** und das **Fehlen von Verfahrenshindernissen**. Die Staatsanwaltschaft stellt daher, wenn sie Verfahrenshindernisse für gegeben hält, das Verfahren nach § 170 Abs. 2 StPO ein. Dagegen ist im Grundsatz das Klageerzwingungsverfahren möglich, wenn der Verletzte rügt, dass – entgegen der Meinung der Staatsanwaltschaft – der Beschuldigte der deutschen Gerichtsbarkeit unterliege, ein wirksamer Strafantrag gestellt sei, Strafklageverbrauch oder Verjährung nicht eingetreten sei. Nach ganz h.M. kann der Verletzte sich aber nicht gegen die Verneinung des besonderen öffentlichen Interesses an der Strafverfolgung i.S.d. §§ 183 Abs. 2, 230 Abs. 2, 248a, 303c StGB wenden, da diese besondere Verfahrensvoraussetzung auf einer unüberprüfbaren, ihrerseits Opportunitätserwägungen einbeziehenden Entscheidung der Staatsanwaltschaft beruht.

18.109

Das Klageerzwingungsverfahren ist nur gegen einen mindestens **bestimmbaren Angeschuldigten** zulässig,[244] da die Erhebung der öffentlichen Klage – das Ziel des Klageerzwingungsverfahrens – nach § 155 Abs. 1 StPO ohne Bezeichnung des Angeschuldigten nicht möglich ist. Ein Klageerzwingungsverfahren ist deshalb unzulässig, wenn er erst zur Ermittlung eines Angeschuldigten führen soll.[245] Das Klageerzwingungsverfahren aber zulässig, wenn das Ermittlungsverfahren gegen Unbekannt geführt und eingestellt wurde, der Antragsteller aber vorbringt, aufgrund des Ermittlungsergebnisses bestehe gegen eine bestimmte Person der hinreichende Tatverdacht;[246] es genügt folglich, dass der Beschuldigte durch im Klageerzwingungsantrag bezeichnete Tatsachen bestimmbar ist.[247]

18.110

Unzulässig ist das Klageerzwingungsverfahren, wenn es sich um eine Straftat geht, bei der die prinzipiell gem. § 374 StGB das **Privatklageverfahren** zulässig ist. Der Klageerzwingungsausschluss nach § 172 Abs. 2 Satz 3 StPO gilt aber nur für Taten, bei denen er sich ausschließlich um ein Privatklagedelikt handelt. Betrifft die angezeigte prozessuale Tat (§ 264 StPO) auch ein Offizialdelikt, so ist das Kla-

18.111

---

241) Vgl. OLG Frankfurt, NStZ-RR 2001, 20 (Ls.); Bliesener, NJW 1974, 874; Meyer-Goßner, JR 1977, 216.
242) Meyer-Goßner/Schmitt, § 172 Rdnr. 38.
243) LR/Graalmann-Scheerer, § 172 Rdnr. 15.
244) OLG Karlsruhe, StraFo 2001, 161.
245) OLG Hamm, NStZ-RR 2001, 83.
246) LR/Graalmann-Scheerer, § 172 Rdnr. 20.
247) OLG Karlsruhe, StraFo 2001, 161.

Dehne-Niemann

geerzwingungsverfahren für beide Delikte zulässig, wenn der Antragsteller auch durch das Offizialdelikt verletzt ist.[248] Besteht aber hinsichtlich des Offizialdelikts kein hinreichender Tatverdacht, so wird das Klageerzwingungsverfahren hinsichtlich des Privatklagedelikts unzulässig.[249]

18.112   Bei **Privatklagedelikten** ist im Verfahren **gegen Jugendliche** – aber nicht gegen Heranwachsende – das Klageerzwingungsverfahren zulässig, wenn die Staatsanwaltschaft das Verfahren mangels hinreichenden Tatverdachts eingestellt hat. Denn wegen des Ausschlusses der Privatklage gegen Jugendliche (§ 80 Abs. 1 Satz 1 JGG) kann der Verletzte hier nicht auf den Privatklageweg verwiesen werden und stünde andernfalls rechtsschutzlos.[250] Hingegen ist kein Klageerzwingungsverfahren möglich, wenn die Einstellungsentscheidung der Staatsanwaltschaft auf den in § 80 Abs. 1 Satz 2 JGG genannten Gründen beruht, weil es sich insoweit um Einschränkungen des Legalitätsprinzips handelt.

18.113   Hat die Staatsanwaltschaft nach einer der in § 172 Abs. 2 Satz 3 StPO genannten Bestimmungen das Ermittlungsverfahren eingestellt oder die Anklageerhebung beschränkt, so ist das Klageerzwingungsverfahren im Grundsatz unzulässig. Das gilt in den Fällen der §§ 153 Abs. 1 Satz 2, 153a Abs. 1 Satz 6, 153c Abs. 1–3, 154c StPO, jedoch betrifft der Klageerzwingungsausschluss nur die Frage, ob die Anwendungsvoraussetzungen der jeweiligen (Opportunitäts-)Vorschrift vorgelegen haben, ob also beispielsweise die Schuld gering ist oder ob das öffentliche Interesse fehlt. Mit dem Klageerzwingungsverfahren kann aber die Überschreitung der Grenzen der jeweiligen Vorschrift gerügt werden. So kann der Klageerzwingungsantrag zu § 153 oder zu § 153a StPO darauf gestützt werden, wegen des Vorliegens eines Verbrechens hätte eine Einstellung nach der Vorschrift nicht erfolgen dürfen.[251]

18.114   Ganz grundsätzlich gilt beim **Zusammentreffen eines Verbrechensverdachts mit einem Vergehensverdacht:** Verneint die Staatsanwaltschaft den hinreichenden Tatverdacht unter dem Gesichtspunkt des Verbrechens und stellt sodann das Ermittlungsverfahren wegen des Vergehens nach einer Opportunitätsvorschrift ein, so kann der Verletzte auf Erzwingung der Anklage hinsichtlich des Verbrechens gem. § 172 StPO antragen. Bestanden gar keine Anhaltspunkte für das Vorliegen eines Verbrechens, und wurde das Ermittlungsverfahren deshalb nicht unter Aspekt eines Verbrechens geführt, so bedarf es ggf. erst der Durchführung eines Ermittlungsverfahrens wegen des Verbrechens.

18.115   Denkbar ist ferner ein **Klageerzwingungsverfahren nach rechtskräftigem Strafbefehl oder Urteil.** Auch wenn nach § 410 StPO der **Strafbefehl** mit Ablauf der Ein-

---

248) OLG Koblenz, VRS 63, 359.
249) OLG Stuttgart, Beschl. v. 19.02.1990 – 1 Ws 30/90 Ls. 2 (juris); LR/Graalmann-Scheerer, § 172 Rdnr. 23 f.
250) OLG Braunschweig, NJW 1960, 1214; OLG Oldenburg, MDR 1970, 164; OLG Stuttgart, NStZ 1989, 136 m. abl. Anm. Brunner; LR/Graalmann-Scheerer, § 172 Rdnr. 31; KK/Moldenhauer, § 172 Rdnr. 46 m.w.N. auch zur Gegenansicht.
251) OLG Hamm, StraFo 1997, 174.

spruchsfrist die Wirkung eines rechtskräftigen Urteils erlangt, ist nach h.M. eine Weiterverfolgung der Tat mindestens dann zulässig, wenn sich herausstellt, dass die von ihm erfasste Tat ein Verbrechen ist. Dessen Verfolgung geschieht aber nach heutiger Gesetzeslage ausschließlich im Wege der Wiederaufnahme des Verfahrens (§ 373a StPO) und nicht mehr – wie bis zum Inkrafttreten des StVÄG 1987 – durch Einleitung eines Ermittlungsverfahrens und Erhebung einer neuen Anklage.[252]

Auch bei einer Einstellung nach § 154d Satz 3 StPO ist das Klageerzwingungsverfahren zulässig.[253]

18.1.6.3   Persönlicher Anwendungsbereich

Das Klageerzwingungsverfahren kann nur betreiben, wer erstens Verletzter ist und zweitens den Antrag auf Erhebung der öffentlichen Klage nach § 171 StPO gestellt hat. Antragsteller ist derjenige, der sich an die Staatsanwaltschaft mit dem Antrag nach § 171 StPO gewandt hat;[254] es muss sich um einen förmlichen Strafantrag gehandelt haben. Ein erst mit der Einstellungsbeschwerde oder dem Klageerzwingungsantrag gestellter Strafantrag genügt nicht.[255] Aus demselben Grund kann ein Klageerzwingungsverfahren zulässig betrieben werden, wenn die Tatsachengrundlage zwischen Ermittlungsverfahren und Klageerzwingungsantrag ausgetauscht wird: Dadurch würde der vom Gesetz vorgezeichnete dreistufige Aufbau des Verfahrens umgangen. Denn erst nachdem die Staatsanwaltschaft der Strafanzeige nach § 152 Abs. 2 StPO keine Folge gegeben oder das Ermittlungsverfahren nach § 170 Abs. 2 StPO eingestellt hat (erste Stufe) und nachdem die Generalstaatsanwaltschaft die hiergegen gerichtete Beschwerde des Anzeigerstatters zurückgewiesen hat (zweite Stufe), ist der Klageerzwingungsantrag zum Oberlandesgericht als dritte Stufe zulässig. Der Zweck des Klageerzwingungsverfahrens, das der Überprüfung der Frage dient, ob der Legalitätsgrundsatz im Ermittlungsverfahren eingehalten wurde, würde verfehlt, wenn in ihm eine völlig neue Tatsachengrundlage zur Überprüfung des Oberlandesgerichts (§ 172 Abs. 4 Satz 1 StPO) gestellt wird, die von den staatsanwaltschaftlichen Vorinstanzen noch nicht einbezogen und bewertet werden konnte, weil der ursprüngliche Vorwurf nicht hierauf gegründet war.[256]

18.116

Das Antragsrecht ist ein persönliches Recht. Es geht – auch bei Eigentums- oder Vermögensdelikten[257] – nicht auf die Angehörigen oder Erben des Verletzten über.[258] Deshalb erledigt sich der Klageerzwingungsantrag, wenn der Verletzte

18.117

---

252) LR/Graalmann-Scheerer, § 172 Rdnr. 41 m.w.N.
253) OLG Brandenburg, NJ 1997, 377; bedenkliche Rechtsschutzlücken wirft OLG Stuttgart, NStZ-RR 2003, 145, auf.
254) OLG Oldenburg, MDR 1987, 431.
255) OLG Oldenburg, MDR 1997, 431.
256) OLG Stuttgart, Beschl. v. 22.03.2007 – 1 Ws 78/07, Rdnr. 6 (juris).
257) OLG Hamm, NJW 1977, 64.
258) OLG Celle, NStZ 1988, 568; LR/Graalmann-Scheerer, § 172 Rdnr. 44 m.w.N.

während des gerichtlichen Klageerzwingungsverfahrens stirbt; es ergeht weder eine Sach- noch eine Kostenentscheidung.

18.118 **Verletzter** ist, wer durch die behauptete Tat – ihre tatsächliche Begehung unterstellt – unmittelbar in einem Rechtsgut verletzt ist.[259] Dabei finden nur Interessen Berücksichtigung, die von der Strafrechtsordnung anerkannt werden. Der Verletzten wird weit verstanden, da der Schutz des Legalitätsprinzips innerhalb des gesetzlichen Rahmens des § 172 StPO umfassend sein soll. Eine bloß mittelbare Betroffenheit des Antragstellers durch die Tat vergleichbar jedem anderen Staatsbürger reicht nicht aus. Deshalb liegt keine Verletzteneigenschaft vor, wenn der Beschuldigte pornographische Schriften verbreitet,[260] ein Staatsschutzdelikt,[261] eine Umweltstraftat oder eine Strafvereitelung nach §§ 258, 258a StGB begangen haben soll, wodurch der Antragsteller nicht mehr als andere Mitglieder der Rechtsgemeinschaft betroffen sein kann.[262] So liegt es auch bei einer Umweltstraftat; selbst wenn die Antragsteller i.S.d. § 171 StPO durch die Tat einen erheblichen Vermögensschaden erlitten hat, ist er nicht Verletzter i.S.d. 172 StPO mit der Folge, dass ihm die Antragsbefugnis für das Klageerzwingungsverfahren nach § 172 Abs. 2 StPO abzusprechen ist.[263] Solche Delikte dienen nicht unmittelbar dem Schutz des Einzelnen, sondern haben überindividuelle Belange der Allgemeinheit, vor umweltschädlichen Einflüssen, schädlichen Einflüssen der Pornographie, Beeinträchtigungen der Staatssicherheit oder des staatlichen Strafinteresses geschützt zu werden, im Blick. Es fehlt daher an der Verletzteneigenschaft des Einzelnen, wenn diese Normen nicht seine individuelle rechtliche Position schützen sollen, so dass er nur mittelbar als Teil der Allgemeinheit hiervon betroffen sein kann.

18.119 Verletzt sein können auch juristische Personen, Personenvereine, Behörden oder sonstige Stellen, die Aufgaben der öffentlichen Verwaltung wahrnehmen. Dies gilt auch für die Behörde einer Kirche oder einer anderen Religionsgemeinschaft, ferner für eine Regierung oder ein Gesetzgebungsorgan.[264] Bei Schädigung einer GmbH sind nach h.M. deren Gesellschafter wegen der selbständigen Rechtspersönlichkeit der juristischen Person mangels unmittelbarer Betroffenheit regelmäßig nicht verletzt.[265]

---

259) OLG Frankfurt, NStZ-RR 2002, 174; OLG Hamm, NStZ 1986, 327; OLG München, NJW 1985, 2430.
260) OLG Hamburg, NJW 1966, 1933.
261) OLG Düsseldorf, JZ 1987, 836.
262) OLG Nürnberg, NStZ-RR 2000, 54 (Ls.); KK/Moldenhauer, § 172 Rdnr. 28; BeckOK, StPO/ Gorf, § 172 Rdnr. 2.2.
263) OLG Karlsruhe, BeckRS 2004, 9351; OLG Karlsruhe, NJW 2019, 2950, 2951 Rdnr. 6; krit. Schall, NStZ 2020, 569.
264) LR/Graalmann-Scheerer, § 172 Rdnr. 45.
265) OLG Stuttgart, NJW 2001, 840; OLG Frankfurt, NZG 2010, 786; OLG Celle, NJW 2007, 1223; OLG Karlsruhe, NZG 2019, 1071, 1072 f. Rdnr. 8 ff.; KK/Moldenhauer, § 172 Rdnr. 27; **a.M.** MüKo-StPO/Kölbel, § 172 Rdnr. 20 m.w.N.; i.S.d. h.M. für die AG auch OLG Braunschweig, wistra 1993, 31; anders liegt es konsequenterweise für die GmbH & Co. KG, vgl. LG Celle, wistra 2014, 34.

Dehne-Niemann

18.120

Um den Verletztenbegriff hat sich eine umfangreiche und nicht völlig widerspruchsfreie Kasuistik entwickelt, die hier nicht aufgearbeitet werden kann. Es muss damit mit der folgenden kursorischen Darstellung forensischer „Dauerbrenner" sein Bewenden haben:[266] Als Verletzte angesehen worden sind das Kreiswehrersatzamt bei Wehrpflichtentziehung;[267] die Person, die durch einen Meineid, einen fahrlässigen Falscheid, eine falsche eidesstattliche Versicherung oder eine falsche uneidliche Aussage betroffen ist, indem ihre Stellung im Prozess erschwert worden ist;[268] nicht verletzt ist mangels Schutzzweckrelevanz dagegen ein anderer Zeuge.[269] Verletzt ist – unabhängig vom streitigen Rechtsgut der unterlassenen Hilfeleistung – der in Not Geratene bei § 323c StGB und – wie § 395 StPO belegt – die nebenklageberechtigten Angehörigen eines durch die Straftat Getöteten, etwa der Ehegatte bei Tötung des anderen Ehegatten[270] sowie ein Kind eines getöteten Elternteils,[271] die Eltern eines getöteten (minderjährigen oder volljährigen) Kindes.[272] Dagegen sollen die Geschwister des Getöteten nicht ohne weiteres als Verletzte anzusehen zu sehen sein,[273] was aber angesichts der gesetzgeberischen Wertentscheidung in § 395 Abs. 2 Nr. 1 StPO nicht bedenkenfrei ist. Verletzter ist ferner der Dienstvorgesetzte eines von einem Ehrschutzdelikt dienstlich Betroffenen, der ein Antragsrecht nach § 194 Abs. 3 Satz 1 StGB hat,[274] sowie bei betrügerischem Erschleichen von Prozesskostenhilfe im Klageerzwingungsverfahren durch den Beschuldigten die Staatskasse, nicht aber der Anzeigeerstatter.[275] Bei Verletzung der Unterhaltspflicht nach 170b StGB ist der Unterhaltsberechtigte verletzt und nach h.M. auch der Träger der Sozialhilfe.[276] Nach richtiger, allerdings sehr umstrittener Ansicht sind Verletzte auch die durch eine Straftat nach § 130 StGB betroffenen Mitglieder einer Religionsgemeinschaft oder eines Bevölkerungsteils,[277] da § 130 StGB neben dem öffentlichen Frieden auch die Menschenwürde des Einzelnen schützt.[278]

---

266) Zum Folgenden auch Burhoff, ZAP 2003, 369. – Für eine eingehende und annähernd erschöpfende Darstellung unter Aufbereitung der dogmatischen Grundlagen vgl. LR/Graalmann-Scheerer, § 172 Rdnr. 48 ff.; MüKo-StPO/Kölbel, § 172 Rdnr. 14 ff.; Darstellung der Kasuistik bei BeckOK, StPO/Gorf, § 172 Rdnr. 2 ff
267) OLG Hamm, GA 1973, 156.
268) Vgl. etwa OLG Bremen, NStZ 1988, 39; OLG Düsseldorf, JZ 1989, 404; OLG Düsseldorf, MDR 1988, 695; OLG Bremen, NJW 1950, 960.
269) OLG Stuttgart, Die Justiz 1989, 68.
270) OLG Hamm, MDR 1952, 247.
271) KG, JR 1957, 71.
272) OLG Frankfurt, NJW 1963, 1368.
273) OLG Koblenz, MDR 1977, 950.
274) BGHSt 9, 266.
275) OLG Düsseldorf, MDR 1988, 77.
276) OLG Brandenburg, FamRZ 2009, 1257; OLG Hamm, NStZ-RR 2003, 116; KMR/Plöd, § 172 Rdnr. 35; LR/Graalmann-Scheerer, § 172 Rdnr. 75; BeckOK, StPO/Gorf, § 172 Rdnr. 2.1.
277) OLG Karlsruhe, NJW 1986, 1276; OLG Karlsruhe, BeckRS 2020, 2488; **a.M.** OLG München, NJW 1985, 2430; zu Recht gegen die Verletzteneigenschaft einer Religionsgemeinschaft in Form einer GmbH OLG Stuttgart, NJW 2002, 2893.
278) LR/Graalmann-Scheerer, § 172 Rdnr. 69.

18.121 Nicht zu den klageerzwingungsberechtigten Verletzten gehören: Tatbeteiligte[279] oder vergeblich zu einer Straftat Angestifteten,[280] ferner nicht die Ärztekammer bei unerlaubter Ausübung des Arztberufs,[281] ebensowenig die Ausländerbehörde bei Verstößen gegen das Ausländergesetz,[282] die Naturschutzbehörde bei einer Straftat gegen das NatSchG, ein Tierschutzverein bei Tierquälerei,[283] die durch eine Straftat nach §§ 331 ff. StGB betroffenen Bürger[284] und auch nicht der Prozessgegner einer Partei, deren Rechtsanwalt einen Parteiverrat nach § 356 StGB begangen hat.[285] Zu den Verletzten gehören auch nicht die mittelbar geschädigten späteren Erben.[286] Schließlich ist nicht Verletzter, wer die durch die Straftat beeinträchtigten Rechte nachträglich vom Verletzten erwirbt.

18.122 Nach Ansicht der Rechtsprechung werden Insolvenzverwalter und Testamentsvollstrecker nicht durch Straftaten gegen die von ihnen zu verwaltende Masse verletzt.[287] Jedoch soll der Insolvenzverwalter bzw. Testamentsvollstrekker das Klageerzwingungsverfahren für die verletzte Insolvenzmasse oder den Nachlass anstrengen können.[288]

18.1.6.4 Vorschaltbeschwerde an den Generalstaatsanwalt

18.123 Die in § 172 Abs. 1 StPO aufgestellten besonderen Voraussetzungen für die Beschwerde an den vorgesetzten Beamten der Staatsanwaltschaft sind nur funktional für die Zulässigkeit des Antrags auf gerichtliche Entscheidung nach § 172 Abs. 2–4 StPO. In dieser Vorschaltfunktion setzt die Einstellungsbeschwerde voraus, dass sie fristgerecht eingelegt wird, der Beschwerdeführer den Antrag auf Erhebung der öffentlichen Klage gestellt hat (siehe oben) und Verletzter ist (siehe oben).

18.124 Für **Form und Inhalt der Vorschaltbeschwerde** enthält die StPO in § 172 Abs. 1 keine Vorschriften. Die Beschwerde kann ohne Mitwirkung eines Rechtsanwalts eingelegt werden. Die Einhaltung der Schriftform ist zwar üblich, aber nicht zwingend erforderlich, da die Beschwerde auch mündlich oder telefonisch eingelegt werden kann, welchenfalls sie zu beurkunden ist.[289] Das Fehlen einer Unterschrift ist unschädlich, wenn sich Person und Erklärungswille aus dem Schriftstück zweifelsfrei ergeben.[290]

---

279) OLG Hamburg, NJW 1980, 848.
280) OLG Düsseldorf, MDR 1990, 568.
281) OLG Stuttgart, NJW 1969, 569.
282) OLG Karlsruhe, NJW 1987, 1835.
283) OLG Hamm, MDR 1970, 946.
284) OLG Koblenz, wistra 1985, 83.
285) OLG Hamm, NJW 1976, 120.
286) OLG Stuttgart, NJW 1986, 3153; OLG Düsseldorf, wistra 1994, 155; KMR/Plöd, § 172 Rdnr. 31.
287) KG, GA 71, 47; KG, JR 1964, 470; OLG Koblenz, NStZ 1988, 89.
288) OLG Köln, ZInsO 2011, 288; LR/Graalmann-Scheerer, § 172 Rdnr. 45, 89.
289) OLG Stuttgart, NStZ 1989, 42; LR/Graalmann-Scheerer, § 172 Rdnr. 106.
290) LR/Graalmann-Scheerer, § 172 Rdnr. 106.

Die Beschwerde ist im Grundsatz bei dem Generalstaatsanwalt beim Oberlandesgericht anzubringen. Sie kann aber gem. § 172 Abs. 1 Satz 2 StPO auch mit fristwahrender Wirkung bei derjenigen Staatsanwaltschaft eingelegt werden, die das Verfahren eingestellt hat.

18.125

Die Beschwerde muss nach § 172 Abs. 1 Satz 1 StPO binnen einer **Frist von zwei Wochen** nach Bekanntmachung des Einstellungsbescheids an den Antragsteller eingelegt werden, falls eine richtige und vollständige Beschwerdebelehrung erteilt worden ist. Kraft Gesetzes (§ 172 Abs. 1 Satz 3 StPO) läuft die Frist nicht, wenn die nach § 171 Satz 2 StPO vorgeschriebene Belehrung unterblieben oder in wesentlichen Punkten unrichtig ist. Darauf, ob der Antragsteller auch ohne Belehrung die Möglichkeit des Klageerzwingungsverfahrens und die vorgeschriebene Frist für die Beschwerde nach § 172 Abs. 1 StPO gekannt hat, kommt es nach dem eindeutigen Inhalt der Regelung nicht an. Die **Frist läuft ferner nicht**, wenn dem Antragsteller überhaupt kein Einstellungsbescheid erteilt worden ist, mag er auch auf andere Weise von der Einstellung Kenntnis erlangt haben.[291]

18.126

Die **Fristberechnung** richtet sich nach § 43 StPO. Ist der Einstellungsbescheid dem Antragsteller nur durch formlose Mitteilung bekanntgemacht, kommt es analog § 130 BGB darauf an, ob die Sendung in den Machtbereich des Empfängers gelangt ist. Die tatsächliche Kenntnisnahme ist unerheblich. War der Antragsteller zur Kenntnisnahme ohne Verschulden nicht in der Lage, so ist ihm Wiedereinsetzung nach § 44 Satz 1 StPO zu gewähren. Bei Vorhandensein eines Zustellungsbevollmächtigten beginnt die Beschwerdefrist auch mit der Mitteilung oder Zustellung an diesen.[292]

18.127

Bei **erneuter Einstellung** nach Aufhebung einer vorangegangenen Einstellungsverfügung und Wiedereintritt in das Ermittlungsverfahren ist das vorangegangene Beschwerdeverfahren überholt. Für die Zulässigkeit des Klageerzwingungsverfahrens kommt es dann nach h.M. allein darauf an, ob die formellen Voraussetzungen für die Beschwerde gegen die letzte Einstellungsverfügung erfüllt sind.[293]

18.128

Versäumt der Antragsteller die Beschwerdefrist, so kann ihm analog §§ 44 ff. StPO **Wiedereinsetzung in die Vorschaltbeschwerdefrist** gewährt werden. Nach h.M. ist dafür das OLG im späteren Klageerzwingungsverfahren zuständig,[294] was zutrifft: Zwar ist die Frist für die Vorschaltbeschwerde gegenüber dem Generalstaatsanwalt einzuhalten, sie ist aber als Zulässigkeitsvoraussetzung für die Sachprüfung allein für den Antrag auf gerichtliche Entscheidung von Bedeutung, da der Generalstaatsanwalt wegen der Bindung an das Legalitätsprinzip die

18.129

---

291) LR/Graalmann-Scheerer, § 172 Rdnr. 109.
292) LR/Graalmann-Scheerer, § 172 Rdnr. 111.
293) OLG Celle, NJW 1990, 60 (Ls.); KK/Moldenhauer, § 172 Rdnr. 9; Meyer-Goßner/Schmitt, § 172 Rdnr. 16; überzeugend LR/Graalmann-Scheerer, § 172 Rdnr. 130 m.w.N. auch zu den Gegenansichten.
294) OLG Hamm, NStZ 1990, 450 m. abl. Anm. Schmid; Meyer-Goßner/Schmitt, § 172 Rdnr. 17;
LR/Graalmann-Scheerer, § 172 Rdnr. 134; Aspen, NStZ 1991, 146.

Beschwerde stets sachlich zu prüfen und zu bescheiden hat. Es überzeugt deshalb nicht, wenn die Gegenansicht den Generalstaatsanwalt für die Wiedereinsetzung als zuständig erachtet;[295] zudem lässt sich eine Bindungswirkung einer negativen (general-)staatsanwaltschaftlichen Wiedereinsetzungsentscheidung gegenüber dem allein für den Klageerzwingungsantrag zuständigen OLG nicht plausibel begründen. Hat die Generalstaatsanwaltschaft dagegen die Wiedereinsetzung bewilligt, so bindet dies das OLG.[296]

18.130 Bewilligt das OLG die Wiedereinsetzung, entscheidet es zugleich über den Klageerzwingungsantrag, wenn dieser bereits vorliegt. Da das OLG aber über den Wiedereinsetzungsantrag ohne Rücksicht auf die Erfolgsaussicht eines etwaigen Klageerzwingungsantrags entscheidet, schadet es nicht, wenn der Klageerzwingungsantrag noch nicht gestellt, sondern lediglich angekündigt ist, sofern er noch gestellt werden kann.[297]

18.1.6.5 Klageerzwingungsantrag auf gerichtliche Entscheidung

18.131 Ist die Vorschaltbeschwerde ohne Erfolg geblieben, kann der eigentliche Klageerzwingungsantrag auf gerichtliche Entscheidung nach § 172 Abs. 2–4 StPO gestellt werden.

18.132 Der Antrag ist **an das zuständige OLG** zu richten. Die Anbringung bei Staatsanwaltschaft oder Generalstaatsanwaltschaft wirkt nicht fristwahrend. Örtlich zuständig ist das OLG, in dessen Bezirk die verfahrenseinstellende Staatsanwaltschaft ihren Sitz hat.

18.133 Die **Antragsfrist** beträgt nach § 172 Abs. 2 Satz 1 StPO einen Monat. Sie beginnt mit der Bekanntmachung der Beschwerdeentscheidung, falls mit ihr eine ordnungsgemäße Belehrung nach § 172 Abs. 2 Satz 2 StPO verbunden ist. Die Antragsfrist ist nicht verlängerbar.[298] Gegen ihre Versäumung kann Wiedereinsetzung in den vorigen Stand (§ 44 StPO) beantragt werden. Das Verschulden des Rechtsanwalts, der den Antrag gestellt hat, ist dem Antragsteller nach – allerdings stark bestrittener – Ansicht der Rechtsprechung zuzurechnen.[299]

---

295) So etwa OLG München, NJW 1977, 2365; SK-StPO/Wohlers, § 172 Rdnr. 52.
296) LR/Graalmann-Scheerer, § 172 Rdnr. 138.
297) OLG Stuttgart, Die Justiz 1988, 404; LR/Graalmann-Scheerer, § 172 Rdnr. 137; Meyer-Goßner/Schmitt, § 172 Rdnr. 17 m.w.N.; dagegen soll nach Auffassung des OLG Hamm, NStZ 1990, 450, über den Wiedereinsetzungsantrag nur entschieden werden, wenn das OLG überhaupt mit einem Antrag nach § 172 Abs. 2 Satz 1 StPO befasst wird; so auch Asper, NStZ 1991, 146.
298) OLG Düsseldorf, NJW 1987, 2453.
299) BGHSt 30, 309; OLG Düsseldorf, NStZ 1989, 193 mit abl. Anm. Rieß; OLG Nürnberg, NStZ-RR 1998, 143; KK/Moldenhauer, § 172 Rdnr. 32; Meyer-Goßner/Schmitt, § 172 Rdnr. 25; KMR/Plöd, § 172 Rdnr. 58; **a.M.** LR/Graalmann-Scheerer, § 172 Rdnr. 132 m.w.N.; SK-StPO/Weßlau/Deiters, § 44 Rdnr. 37.

Der Antrag auf gerichtliche Entscheidung muss **schriftlich durch einen Rechtsanwalt** gestellt werden; zu Protokoll der Geschäftsstelle kann der Antrag nicht gestellt werden. Die telegrafische, fernschriftliche oder durch Telekopie bzw. Telefax erfolgende Antragstellung steht der schriftlichen gleich.[300] Das gilt aber nicht einmal dann für die bloß fernmündliche Antragstellung, wenn hierüber ein Aktenvermerk gefertigt wird.[301]

18.134

Das Gericht kann nur durch einen Rechtsanwalt angerufen werden, nicht durch eine andere Person. Die Antragstellung durch einen Referendar reicht nicht aus. Der Rechtsanwalt muss innerhalb der Monatsfrist bevollmächtigt sein, jedoch genügt nach rechtzeitiger Antragstellung der spätere Nachweis der rechtzeitig erteilten Vollmacht. Vom Anwaltszwang kann der Antragsteller nicht dispensiert werden.

18.135

Der Antrag auf gerichtliche Entscheidung muss gem. § 172 Abs. 3 Satz 2 StPO vom Rechtsanwalt unterzeichnet sein, und zwar in der Weise, dass daraus auf eine **Prüfung des Inhalts und Verantwortungsübernahme** geschlossen werden kann. Eine solche Prüfung und Verantwortungsübernahme kann regelmäßig vermutet werden, wenn der Antrag von dem Rechtsanwalt verfasst und unterzeichnet ist.[302] Ergibt sich jedoch aus einem Zusatz oder aus sonstigen Umständen – wie etwa dem bloßen Abdruck eines Stempels und der Unterschrift des Anwalts auf dem vom Antragsteller selbst verfassten Schriftsatz[303] –, dass der Rechtsanwalt die Verantwortung nicht übernommen hat, ist die Unterschrift unwirksam und der Antrag unzulässig. Gleiches gilt für sonstige Zusätze, die auf fehlende Prüfung oder auf eine Ablehnung der Verantwortungsübernahme schließen lassen.[304] Für eine formgültige Antragsschrift reicht es in Anwendung dieser Grundsätze auch nicht zu, dass sich der Rechtsanwalt lediglich auf ein beigefügtes, vom Antragsteller selbst gefertigtes Schreiben bezieht.[305]

18.136

In der Praxis scheitern die meisten Anträge auf gerichtliche Entscheidung bereits daran, dass die von der Rechtsprechung statuierten strengen **inhaltlichen Anforderungen** (vergleichbar denen zu § 344 Abs. 2 Satz 2 StPO) nicht erfüllt und die Anträge demnach als unzulässig verworfen werden. Diese Anträge werden dann als unzulässig verworfen. Der Vertreter des Antragstellers muss daher die folgenden inhaltlichen Anforderungen an einen Klageerzwingungsantrag erfüllen:[306]

18.137

Für die Zulässigkeit erforderlich ist eine aus sich heraus **verständliche Schilderung des Sachverhalts,** der – hinreichender Verdächtigkeit im Tatsächlichen unterstellt – die Anklageerhebung in materieller und formeller Hinsicht rechtfer-

18.138

---

300) BGHSt 31, 7.
301) LR/Graalmann-Scheerer, § 172 Rdnr. 140.
302) OLG Koblenz, MDR 1973, 515.
303) Vgl. OLG Düsseldorf, NJW 1990, 1002; OLG Hamm, NStZ-RR 2001, 300; LR/Graalmann-Scheerer, § 172 Rdnr.144.
304) OLG Düsseldorf, NJW 1989, 3296.
305) OLG Frankfurt, NStZ-RR 2002, 15.
306) Zu den Begründungsanforderungen im Klageerzwingungsverfahren Krumm, StraFo 2011, 205.

tigen würde. Dabei muss die Darstellung des Sachverhalts auch – jedenfalls in groben Zügen – den Gang des Ermittlungsverfahrens sowie den Inhalt der angegriffenen Bescheide mitteilen und die Gründe für deren behauptete Unrichtigkeit darlegen.[307] Entsprechend den Wirksamkeitsanforderungen zu Verfahrensrügen nach § 344 Abs. 2 Satz 2 StPO soll das OLG durch diese – grundgesetzkonforme und insbesondere mit Art. 19 Abs. 4 GG vereinbare[308] – Auslegung des § 172 Abs. 3 StPO in die Lage versetzt werden, ohne Rückgriff auf die Ermittlungsakten eine Prüfung der Schlüssigkeit des Klageerzwingungsantrags vorzunehmen. In der Antragsschrift müssen schließlich die Beweismittel angeführt werden, aus denen sich nach Ansicht des Antragstellers der hinreichende Tatverdacht ergibt.[309]

18.139 Von Grundgesetzes wegen ebenfalls unbeanstandbar[310] ist, dass die Begründung **Vortrag zur Wahrung die Wahrung der Fristen** des § 172 Abs. 1 und Abs. 2 StPO enthalten muss.[311]

> **Praxishinweis**
>
> Auf diese Darlegungen muss besondere Sorgfalt verwendet werden. Aus Gründen der Klarheit und Sicherheit ist dem anwaltlichen Vertreter des Klageerzwingungsantragstellers zu empfehlen, in der Antragsschrift die Zustellungs- und Absendedaten sowie das – durch Akteneinsicht zu ermittelnde – Datum des Eingangs der Beschwerdeschrift bei der Staatsanwaltschaft mitzuteilen. Dabei sollte eindeutig formuliert werden und eine Wendung wie „unter dem ... erhoben" vermieden werden. Denn die Erhebung einer Beschwerde bedeutet nicht unbedingt, dass die Beschwerdeschrift auch fristgemäß eingegangen ist. Entsprechendes gilt für „unter dem ... eingelegt" und für „am ... Einstellungsbeschwerde erhoben". Anders liegt es jedoch, wenn der Antragsteller die Beschwerde unverzüglich nach Eingang des Einstellungsbescheids eingelegt hat und dies in der Antragschrift mitgeteilt ist. Denn solchenfalls müssen besondere Umstände hinzukommen, wenn sie als nicht fristgemäß eingegangen behandelt werden soll. Konsequenterweise gilt dies nicht, wenn die Beschwerde erst kurz vor Ablauf der für sie geltenden Frist eingelegt ist;[312] ein solcher Fall erfordert regelmäßig die genaue Angabe des Eingangsdatums.

18.140 Die Antragsschrift muss ferner **Angaben zur Verletzteneigenschaft und zur Antragsbefugnis,** sofern dies nicht von selbst versteht, mitsamt einer Begründung enthalten.[313] Nach der Rechtsprechung genügt beispielsweise nicht die Angabe, der Antragsteller gehöre zu den Angehörigen des durch die Tat Getöteten sowie nicht einmal die Angabe, er sei dessen Bruder oder Schwester.[314] Kommt in

---

307) OLG Düsseldorf, NJW 1989, 3296; OLG Karlsruhe, StraFo 2001, 162.
308) BVerfG, NJW 1979, 364; BVerfG, NJW 2000, 1027.
309) OLG Celle, NStZ 1988, 568.
310) Vgl. BVerfG, NJW 1988, 1773.
311) OLG Hamm, NStZ-RR 1997, 308; OLG Frankfurt, NStZ-RR 2000, 113.
312) OLG Hamm, MDR 1993, 566.
313) Näher Rackow, GA 2001, 483.
314) OLG Koblenz, MDR 1977, 950.

Betracht, dass der Antragsteller ein beeinträchtigtes Recht erst nach der Straftat erworben worden haben kann, müssen auch tatsächliche Angaben zum Zeitpunkt des Rechtserwerbs gemacht werden; denn wer durch die Straftat beeinträchtigten Rechte vom Verletzten erwirbt, ist nicht selbst Verletzter.[315]

Bei **Antragsdelikten** muss dargelegt werden, dass der Strafantrag innerhalb der Frist des § 77b StGB gestellt worden ist.[316] Dies erfordert ggf. auch die Angabe des Zeitpunkts, zu dem der Antragsteller von der Tat und der Person des Täters Kenntnis erlangt hat.[317] Hat die Staatsanwaltschaft das Ermittlungsverfahren nach § 170 Abs. 2 StPO wegen Verfolgungsverjährung eingestellt, so ist eine Auseinandersetzung damit und die Darlegung erforderlich, weshalb die Tat entgegen der Ansicht der Staatsanwaltschaft noch der Strafverfolgung unterliegen soll.

18.141

Eine **Bezugnahme auf die Akten und Beiakten,** auf frühere Eingaben oder andere Schriftstücke ist vor dem Hintergrund der Begründungsanforderungen der Rechtsprechung zur Darlegung der Verletzteneigenschaft und zur Darstellung des Sachverhalts untauglich und führt zur **Unzulässigkeit des Klageerzwingungsantrags.**[318] Auch auf Anlagen zum Antrag selbst darf grundsätzlich nicht Bezug genommen werden, wenn erst durch die Bezugnahme und die Kenntnisnahme vom Inhalt dieser Anlagen die erforderliche geschlossene Sachdarstellung und damit die Schlüssigkeit des Antrags erreicht wird.[319] Anlagen dürfen auch nicht als Ablichtungen in die Antragsschrift aufgenommen werden, um dann die eigene Sachdarstellung auf die verbindenden Sätze zu beschränken.[320] Folglich dürfen Anlagen allenfalls Ergänzungen eines schlüssig und aus sich selbst heraus verständlichen Antrags darstellen.

18.142

Praxistipp

Obwohl sich der obergerichtlichen Rechtsprechung zur Feststellung der Fristwahrung gewisse Auflockerungserscheinungen im Bezugnahmeverbot entnehmen lassen,[321] sollte der Vertreter des Antragstellers sicherheitshalber auch insoweit die oben angemahnte Genauigkeit walten lassen.

18.1.6.6 Prozesskostenhilfe im Klageerzwingungsverfahren

Gemäß § 172 Abs. 3 Satz 2 zweiter Halbsatz StPO kann für den Antrag auf gerichtliche Entscheidung im Klageerzwingungsverfahren Prozesskostenhilfe beantragt werden. Insofern gelten dieselben Vorschriften wie in bürgerlichen

18.143

---

315) OLG Braunschweig, Beschl. v. 04.08.1992 – Ws 58/92, Rdnr. 4 f. (juris).
316) OLG Celle, NJW 1962, 693; OLG Düsseldorf, Beschl. v. 03.09.1982 – 1 Ws 613/82 (juris, nur Ls.).
317) OLG Celle, NJW 1962, 693.
318) OLG Koblenz, NJW 1977, 1461.
319) OLG Hamm, MDR 1998, 859; OLG Saarbrücken, wistra 1995, 36.
320) OLG Celle, NStZ 1997, 406; OLG Düsseldorf, StV 1983, 498.
321) Vgl. OLG Bamberg, NStZ 1990, 202.

Dehne-Niemann

Rechtsstreitigkeiten. Die lange hochumstrittene Frage, ob dem Antragsteller im Klageerzwingungsverfahren Prozesskostenhilfe gewährt werden kann, ist durch das 3. StrÄndG bejahend entschieden worden.

18.144 Den Antrag auf Bewilligung der Prozesskostenhilfe für das gerichtliche Verfahren können der prozessfähige Antragsberechtigte oder ggf. sein gesetzlicher Vertreter stellen, und zwar schriftlich oder – anders als den Antrag selbst – zu Protokoll der Geschäftsstelle des Oberlandesgerichts. Nach h.M. ist der Antrag vor Ablauf der Monatsfrist für den Antrag auf gerichtliche Entscheidung aus § 172 Abs. 2 Satz 1 StPO anzubringen.[322] Auch wenn man mit der Gegenansicht davon ausgeht, dass der PKH-Antrag auch erst nach Ablauf der Frist des § 172 Abs. 2 Satz 1 StPO wirksam gestellt werden, wird der PKH-Antrag regelmäßig keinen Erfolg haben, weil bereits zum Zeitpunkt der Antragstellung feststeht, dass wegen der Nichtbeachtung der Monatsfrist für den Antrag auf gerichtliche Entscheidung die beabsichtigte Rechtsverfolgung in der Hauptsache von vornherein unzulässig und damit aussichtslos ist.[323] Trotz des nicht ganz klaren Wortlauts der Vorschrift ist die PKH-Beantragung auch bei einem schon gestellten Antrag noch möglich, namentlich wenn der Antragsteller die Befreiung von einer auf der Grundlage von § 176 Abs. 1 StPO angeordneten Sicherheitsleistung begehrt (§ 122 Abs. 1 Nr. 2 ZPO).

18.145 Innerhalb der nach h.M. auch für den PKH-Antrag geltenden Monatsfrist aus § 172 Abs. 2 Satz 1 StPO muss der Antragsteller auch die **Erklärung über seine persönlichen und wirtschaftlichen Verhältnisse** auf dem entsprechenden Vordruck einreichen. Der PKH-Antrag erfordert ferner eine kurze Angabe des Sachverhalts und der wesentlichen Beweismittel sowie die Mitteilung der Tatsachen, aus denen sich die formellen Voraussetzungen für das Klageerzwingungsverfahren ergeben.[324] Für die Voraussetzungen und für die Bewilligung der Prozesskostenhilfe gelten die §§ 114 ff. ZPO. Nach der Rechtsprechung des BVerfG dürfen im Prozesskostenhilfeverfahren keine allzu strengen Anforderungen gestellt werden, damit der Rechtsweg nicht schon aus formalen Gründen abgeschnitten ist.[325] Unter den Voraussetzungen des § 124 ZPO kann die PKH-Bewilligung aufgehoben werden.

18.146 Wird die Prozesskostenhilfe bewilligt, umfasst die Bewilligung außer den Verfahrenskosten die Beiordnung eines Rechtsanwalts. Ob dem Verletzten, wenn er behauptet, keinen Rechtsanwalt zu finden, ohne Bewilligung der Prozesskostenhilfe ein Rechtsanwalt (**Notanwalt**) durch das OLG – in entsprechender Anwendung von § 78b ZPO – beigeordnet werden kann, ist höchst streitig.[326] Während dies früher unter Berufung auf beredtes gesetzgeberisches Schweigen und die fehlende Vergleichbarkeit der Interessenlage überwiegend abgelehnt wurde,[327]

---

322) OLG Koblenz, MDR 1985, 957.
323) OLG Celle, Beschl. v. 25.08.1994 – 3 Ws 49/94 (juris, nur Ls.).
324) LR/Graalmann-Scheerer, § 172 Rdnr. 167.
325) BVerfG, StV 1996, 445.
326) Zum früheren Meinungsstand Rieß, NStZ 1986, 434.
327) OLG Bremen, NStZ 1986, 475; OLG Celle, NStZ 1985, 234 mit Anm. Meyer-Goßner; OLG Düsseldorf, NStZ 1985, 571; OLG Frankfurt, NJW 1965, 599 (Ls.); OLG Frankfurt, NStZ 1981, 491; OLG Hamburg, MDR 1965, 407; OLG Hamm, NJW 1960, 164; OLG Hamm, NStZ 1995, 562; MüKo-StPO/Kölbel, § 172 Rdnr. 52; Meyer, NJW 1964, 1973.

Dehne-Niemann

scheint sich in jüngere Zeit ein gewisser Meinungsumschwung anzubahnen, wonach – entsprechend einer minderheitlich vertretenen Ansicht[328] – § 78b ZPO entsprechend anzuwenden und die Beiordnung eines Notanwalts möglich sein soll. Dies trifft zu: Hinreichend vergleichbar ist der in § 78b ZPO geregelte Sachverhalt mit der Situation im Klageerzwingungsverfahren schon deshalb, weil in beiden Fällen eine Vertretung durch einen Rechtsanwalt zwingend vorgeschrieben ist.[329] Auch ist kein entgegenstehender gesetzgeberischer Wille zu ersehen; insbesondere lag die Frage der Beiordnungsfähigkeit des Notanwalts außerhalb des Regelungsbereichs der punktuellen gesetzgeberischen Novellierungen des Prozesskostenhilferechts.[330] Für die nach zutreffender Ansicht somit grundsätzlich mögliche Beiordnung eines Notanwalts ist aber Voraussetzung, dass der Antragsteller darlegt und glaubhaft macht, alle zumutbaren Bemühungen unternommen zu haben, um die Übernahme des Klageerzwingungsmandats durch einen Rechtsanwalt zu erreichen. Daran fehlt es – auch während der Covid-19-Pandemie –, wenn der Antragsteller nur allgemein auf die Schwierigkeiten der Anwaltsfindung verweist. Dieses pauschale Vorbringen genügt für die Beiordnung eines Notanwalts nicht. Denn ansonsten wäre der von § 78 Abs. 2 ZPO beiordnungslimitierend verfolgte Zweck – die Verhinderung mutwilliger und aussichtslos erscheinender Rechtsverfolgung – konterkariert.[331]

Versagt das OLG die Gewährung von PKH, so ist die Entscheidung gem. § 304 Abs. 4 Satz 2 erster Halbsatz StPO (entgegen § 78b Abs. 2 ZPO auch hinsichtlich der Bestellung eines Notanwalts) unanfechtbar. Hat der Antragsteller rechtzeitig Prozesskostenhilfe beantragt, und wird – wie in praxi regelmäßig – PKH erst nach Ablauf der Monatsfrist des § 172 Abs. 2 Satz 1 StPO bewilligt, der Antrag an das Oberlandesgericht aber sodann gem. § 45 Abs. 1 Satz 1 StPO binnen einer Woche nach Bewilligung der PKH (naturgemäß aber erst nach Ablauf der Monatsfrist) gestellt, so ist dem Antragsteller Wiedereinsetzung in den vorigen Stand zu gewähren.[332]   18.147

18.1.6.7 Wiederholbarkeit des Klageerzwingungsverfahrens

Unter bestimmten Voraussetzungen kann die Wiederholung eines erfolglosen Klageerzwingungsverfahrens zulässig sein. So liegt der Fall etwa dann, wenn trotz der Verwerfung des Klageerzwingungsantrags durch das OLG die Staatsanwaltschaft das Ermittlungsverfahren wiederaufgenommen, dann erneut eingestellt hat.[333] Anders liegt es, wenn die Staatsanwaltschaft es abgelehnt hat, die Ermitt-   18.148

---

328) OLG Brandenburg, BeckRS 2020, 7591; OLG Bamberg, NJW 2007, 2274; OLG Saarbrücken, NJW 1964, 1534 mit abl. Anm. Meyer, NJW 1964, 1973; OLG Koblenz, MDR 1970, 164; OLG Koblenz, NJW 1982, 61; OLG Stuttgart, JZ 1952, 284.

329) Eingehend LR/Graalmann-Scheerer, § 172 Rdnr. 160.

330) Meyer-Goßner, NStZ 1985, 234 f.; Rieß, NStZ 1986, 434 f.

331) N. Böhm, FD-StrafR 2020, 429520.

332) OLG Celle, MDR 1977, 160; OLG Hamburg, MDR 1984, 775; KK/Moldenhauer, § 172 Rdnr. 31; LR/Graalmann-Scheerer, § 172 Rdnr. 173; vgl. zur versäumten Frist auch LR/Graalmann-Scheerer, § 44 Rdnr. 8.

333) OLG Zweibrücken, MDR 1987, 341; OLG Nürnberg, MDR 1964, 524.

Dehne-Niemann

lungen wiederaufzunehmen; ein wiederholter Antrag ist unter solchen Bedingen unzulässig.[334] Denn könnte ein neues Klageerzwingungsverfahren angebracht werden, ohne dass neue erhebliche Tatsachen oder Beweismittel vorgebracht werden, könnte die in § 172 StPO vorgesehene Frist zur Anbringung eines Klageerzwingungsantrags ansonsten immer wieder unterlaufen werden.[335] Dies gilt zumal dann, wenn sich die Unzulässigkeit des ursprünglichen Klageerzwingungsverfahrens daraus ergibt, dass der Antragsteller die Frist des § 172 Abs. 2 Satz 1 StPO versäumt hat.[336]

18.149 Kann somit bloße Wiederholung eines bereits in einem früheren Klageerzwingungsverfahren dargelegten Sachverhalts den Rechtsweg des Klageerzwingungsverfahrens nicht erneut eröffnen, so kommt ein erneutes Klageerzwingungsverfahren aber in Betracht, wenn das OLG den Antrag auf gerichtliche Entscheidung als unbegründet verworfen hat und wesentliche neue Tatsachen oder Beweismittel vorliegen, die – mit Blick auf die (beschränkte) Rechtskraftwirkung der Verwerfung als unbegründet durch das OLG – der Staatsanwaltschaft nach § 174 Abs. 2 StPO die Wiederaufnahme von Ermittlungen gestatten würden.[337] Hat der Antragsteller also der Staatsanwaltschaft neue Tatsachen oder Beweismittel vorgetragen, so kann er nach erneuter Einstellung des Ermittlungsverfahrens wiederum vom Beschwerde- und Antragsverfahren nach § 172 Abs. 1, Abs. 2 StPO Gebrauch machen und dadurch überprüfen lassen, ob die neuen Tatsachen und Beweismittel zur Anklageerhebung genügen.[338]

---

334) OLG Düsseldorf, BeckRS 1999, 30089055 = NStZ-RR 2000, 146 (Ls.).

335) OLG Düsseldorf, BeckRS 1999, 30089055 unter II. 1. b); OLG Stuttgart, NStZ-RR 1997, 177.

336) OLG Frankfurt, NStZ-RR 2003, 268; OLG Stuttgart, NStZ-RR 1997, 177.

337) KK/Moldenhauer, § 172 Rdnr. 59.

338) OLG Hamburg, NJW 1963, 1121.

18.2   Mandatssituationen

18.2.1   Strafanzeige des Geschädigten

Kurzüberblick

- Eine strafrechtliche Verurteilung kann sich zugunsten des Geschädigten auf die   18.150
Darlegungslast und die Beweissituation eines den identischen Sachverhalt betreffenden Zivilrechtsstreits auswirken.

- Eine Strafanzeige sollte der anwaltliche Vertreter des Geschädigten regelmäßig
sowohl bei der Polizei als auch bei der Staatsanwaltschaft anbringen.

Sachverhalt

In der Kanzlei von Rechtsanwalt R erscheint Herr M und bittet R um rechtlichen
Beistand in einer Auseinandersetzung mit N, der ein Nachbar des M ist. N habe
sich vor einer knappen Woche zum wiederholten Mal in stark alkoholisiertem
Zustand trotz vorangegangenen Verbots des M auf dessen Grundstück begeben,
eine Gartentür eingetreten, den M beleidigt und ihm auch einen schmerzhaften
Faustschlag gegen die Schulter versetzt. Den Vorfall habe die Ehefrau E des M
sowie der zufällig im Moment des Geschehens des Weges kommende Briefträger
B mitbekommen. Hintergrund der Übergriffe des N, der rechtsradikale Ansichten
hege, seien politische Differenzen zwischen den Nachbarn. Was wird Rechtsanwalt R tun?

Lösung

Mit Blick auf das bereits vorangegangene übergriffige Verhalten des N wird   18.151
Rechtsanwalt R seinem Mandanten empfehlen, gegen Nachbarn N Strafanzeige
zu erstatten und Strafantrag zu stellen. Zwar kann die Befassung der Strafverfolgungsorgane ein nachbarschaftliches Verhältnis zusätzlich vergiften; jedoch
scheint im Verhältnis von M und N eine Besserung ohnehin ausgeschlossen.

Zusätzlich wird R dem M empfehlen, gegen N zivilrechtlich vorzugehen und auf
Unterlassung des Betretens des Grundstücks und von Beleidigungen zu klagen.
Dabei sollte der psychologische Effekt nicht unterschätzt werden, der in einem
Zivilverfahren von einem zugleich laufenden Ermittlungsverfahren ausgeht.
Macht der Beschuldigte N – wozu er strafrechtlich berechtigt ist – von seinem
Schweigerecht Gebrauch, so wird der Zivilrichter die Frage stellen, warum sich N
nicht aktiv gegen die Vorwürfe verteidigt. Noch günstiger für M wäre es, wenn es
vor Abschluss des Zivilverfahrens zu einer strafrechtlichen Verurteilung des N
käme. Zwar entfaltet eine etwaige strafrechtliche Verurteilung des N keine unmittelbare Bindungswirkung für einen Zivilprozess; jedoch kann sich aus einer strafrechtlichen Verurteilung eine Erhöhung der Darlegungslast für einen strafrecht-

lich Verurteilten ergeben. Verbreitet wird in der Rechtsprechung angenommen, die in einem Strafurteil getroffenen Feststellungen könnten im Zivilprozess als Beweismittel im Wege des Urkundsbeweises verwendet werden; dabei hat sich die Beweiswürdigungsregel herausgebildet, i.d.R. werde den strafgerichtlichen Feststellungen zu folgen sein, sofern nicht von den Parteien gewichtige Gründe für deren Unrichtigkeit vorgebracht werden.[339]

Neben diesen Vorteilen muss Rechtsanwalt R aber auch denkbare Nachteile mit seinem Mandanten eingehend besprechen; er sollte darüber und über die Entscheidung seines Mandanten einen Aktenvermerk anlegen. Im Fall besteht die Gefahr, dass, sollte sich der Sachverhalt nicht beweisen lassen, die Staatsanwaltschaft – etwa auf Gegenanzeige des N hin – nach rechtskräftigem Abschluss des Verfahrens wegen des Ursprungsvorwurfs Anklage wegen falscher Verdächtigung (§ 164 StGB) erhebt. Mit Blick auf die günstige Beweislage (Zeugen) dürfte sich im Fall die Gefahr eines entsprechenden Gegenverfahrens und erst recht einer entsprechenden Verurteilung aber als recht gering darstellen.

R wird bedenken, dass es sich bei sämtlichen dem N vorgeworfenen Taten (§§ 123, 185, 223, 303 StGB) um Privatklagedelikte handelt (§ 374 Abs. 1 Nr. 1, Nr. 2, Nr. 4, Nr. 6 StPO). Da der Mandant M des R ein Interesse daran hat, dass M nicht auf den Privatklageweg verwiesen wird (§ 376 StPO), sondern die Staatsanwaltschaft öffentliche Klage erhebt und das Verfahren selbst betreibt, wird R in dem Strafanzeige- und Strafantragsschreiben zum Erfordernis amtswegiger Ermittlung und Anklageerhebung auf das sich aus der Intensität des Übergriffs und des von dem Mandanten geschilderten rechtsradikalen Hintergrund ergebende öffentlichen Interesse an der Strafverfolgung sowie zur Stützung dieser Begründung auf Nr. 86 Abs. 2 Satz 1 RiStBV hinweisen.

Da es in der Praxis häufig vorkommt, dass die Staatsanwaltschaft mit dem Verfahren lange Zeit nicht befasst ist und daher dort kein Ansprechpartner zu Verfügung steht, weil die Polizei die Akten bisher nicht vorgelegt hat, empfiehlt es sich, das Antragsschreiben auch an die Polizei zu senden. Die Anzeige- und Antragsschrift muss den wesentlichen Inhalt des strafrechtlich relevanten Sachverhalts mitteilen. Rechtsanwalt R wird auch darauf hinweisen, auf welche Informationsquellen und Beweismittel zurückgegriffen wird (Schilderung des Mandanten); der anwaltliche Vertreter des Anzeigeerstatters sollte den Sachverhalt nur gleichsam „als Bote" den Ermittlungsbehörden überbringen.

---

339) RG, JW 1885, 182; OLG Koblenz, NJW-RR 1995, 727; KG, NZV 2010, 153; OLG Zweibrücken, NJW-RR 2011, 496.

Muster

Strafanzeige des Geschädigten

Staatsanwaltschaft ...
(Anschrift)
und
Polizeirevier M
(Anschrift)

Strafanzeige und Strafantrag gegen Herrn N, wohnhaft ...

Anliegend finden Sie die von meinem Mandanten Herrn M unterzeichnete Strafprozessvollmacht. Unter Bezugnahme auf diese Strafprozessvollmacht stelle ich namens des Geschädigten Herrn M

Strafantrag

wegen des Verdachts des Hausfriedensbruchs (§ 123 Abs. 1 erste Variante StGB), der Beleidigung (§ 185 StGB), der Sachbeschädigung (§ 303 Abs. 1 StGB) und der Körperverletzung (§ 223 Abs. 1 StGB) gegen Herrn N, und erstatte im Namen meines Mandanten

Strafanzeige

mit der Bitte um umgehende Bearbeitung und Einleitung eines Ermittlungsverfahrens gegen Herrn N.

Zum Sachverhalt hat mir mein Mandant folgende Angaben gemacht:

Zwischen meinem Mandanten, der für die L-Partei im Gemeinderat der Stadt M sitzt, und seinem Nachbarn, dem Angezeigten Herr N, bestehen seit längerer Zeit erhebliche Spannungen, die ihren Grund in politischen Differenzen haben; der Angezeigte Herr N ist wiederholt als Kandidat der rechtsextremen N-Partei für den Gemeinderat angetreten. Es kommt seit längerer Zeit zu wiederholten politisch aufgeladenen Beleidigungen des Angezeigten Herrn N gegen meinen Mandanten, den Geschädigten; Herr N hat in der Vergangenheit bereits einmal trotz eines seitens meines Mandanten ausgesprochenen Verbots dessen Grundstück betreten. Der nunmehr gestellten Strafanzeige und dem entsprechenden Strafantrag liegt folgendes Geschehen zugrunde:

Am 02.10.2020 gegen 10.45 Uhr betrat der sichtlich alkoholisierte, aber erkennbar steuerungsfähige Angezeigte Herr N trotz eines ihm bereits am 11.07.2020 im Beisein der Ehefrau des Geschädigten ausgesprochenen Betretungsverbots das mit einem Maschendrahtzaun umhegte Grundstück meines Mandanten, nachdem er zuvor wissentlich und willentlich die in dem Zaun befindliche Gartentür eingetreten hatte. Dabei wurde die Tür aus einer der Angeln gerissen und auch der an der Tür vorhandene Drahtversatz beschädigt.

Der Angezeigte bewegte sich mit geballten Fäusten auf meinen Mandanten zu und bedachte ihn mit einer Reihe von Verbalinjurien, von denen meinem Mandanten noch die Ausdrücke „Du alte kommunistische Schlammsau" und „Du linksgrünversiffte Ratte" sowie die an den geschädigten Herrn M gerichtete Bemerkung „Solche wie Du sind Deutschlands Unglück" in Erinnerung sind.

Als der Geschädigte den Angezeigten zum Verlassen des Grundstücks aufforderte, schlug der Angezeigte absichtlich mit der rechten Faust wuchtig gegen die linke Schulter des Geschädigten, wodurch dieser eine Prellung mitsamt einem Hämatom erlitt; zum Beweis lege ich aussagekräftige Lichtbilder sowie einen Bericht des Hausarztes meines Mandanten – den dieser hiermit von seiner Schweigepflicht entbindet – bei.

Dass sich der geschilderte Vorfall ereignet hat wie berichtet, wird bewiesen werden durch das Zeugnis der Ehefrau E des Geschädigten sowie durch das Zeugnis des zuständigen Bezirksbriefträgers B, der schon zu Beginn des Vorfalls zugegen war und nach Mitteilung des Geschädigten das gesamte geschilderte Geschehen mitbekommen hat.

Ich bitte Sie, die **Ermittlungen aufzunehmen** und von einer **Verweisung des Geschädigten auf den Privatklageweg abzusehen**. Zur Begründung weise ich darauf hin, dass gem. Nr. 86 Abs. 2 Satz 1 RiStBV ein öffentliches Interesse an der amtswegigen Strafverfolgung regelmäßig vorliegt, wenn der Rechtsfrieden über den Lebenskreis des Verletzten hinaus gestört und die Strafverfolgung ein gegenwärtiges Anliegen der Allgemeinheit ist. Nr. 86 Abs. 2 Satz 1 RiStBV nennt für als gegenwärtige Anliegen der Allgemeinheit exemplarisch rassistische, fremdenfeindliche oder sonstige menschenverachtende Beweggründe des Täters; solche Beweggründe haben ausweislich der ausgesprochenen Beleidigungen und der notorischen rechtsradikalen Gesinnung des Angezeigten diesen zur Tatbegehung motiviert. Hinzu kommt, worauf Nr. 86 Abs. 2 RiStBV ebenfalls Bezug nimmt, dass der Geschädigte als Gemeinderat im öffentlichen Leben eine besondere Stellung einnimmt, die mit Blick auf die zwischen ihm und dem Angezeigten bestehenden fundamentalen politischen Differenzen auch tatauslösend waren.

Ich bitte Sie, mir umgehend das **Aktenzeichen** des einzuleitenden staatsanwaltschaftlichen Ermittlungsverfahrens mitzuteilen, damit ich beizeiten Akteneinsicht nehmen kann. Sollte ich binnen vier Wochen nichts von Ihnen hören, werde ich mir erlauben, erneut nachzufragen.

Rechtsanwältin/Rechtsanwalt

18.2.2 Anschlusserklärung für den Nebenkläger und Antrag auf Prozesskostenhilfe für die Vertretung des Nebenklägers

Kurzüberblick

– Für die Gewährung von PKH für die Nebenklage kommt es nicht auf Erfolgs- 18.152 aussichten der Rechtsverfolgung („Verurteilungsaussichten") an.[340]

– Die Bewilligung der Prozesskostenhilfe setzt voraus, dass der Nebenkläger seine Interessen selbst nicht ausreichend wahrnehmen kann oder ihm dies nicht zuzumuten ist. Diese Kriterien können entsprechend den zu § 140 Abs. 2 StPO entwickelten Grundsätzen ausgelegt werden.[341]

– Die Gewährung von Prozesskostenhilfe für die Nebenklagevertretung kommt im Ermittlungsverfahren nicht in Betracht, weil über einen solchen Antrag erst zu entscheiden ist, wenn die Anschlusserklärung wirksam werden kann (mit Anklageerhebung); jedoch ist ein solcher Antrag regelmäßig auszulegen als Antrag auf Gewährung von Prozesskostenhilfe für einen Verletztenbeistand im Ermittlungsverfahren gem. § 406h Abs. 3 StPO.

Sachverhalt

Rechtsanwalt R wird von dem mittel- und erwerbslosen V aufgesucht und um Vertretung wegen einer von V bei einer Wirtshausschlägerei erlittenen Verletzung gebeten. Als Rechtsanwalt R sich zunächst den zugrundeliegenden Sachverhalt schildern lässt, erfährt er, dass bereits ein staatsanwaltschaftliches Ermittlungs-verfahren anhängig ist. Nachdem ihm die umgehend beantragte Einsicht in die staatsanwaltschaftliche Ermittlungsakte gewährt worden ist, erfährt R, dass der Beschuldigte B sich eingelassen und dabei eingeräumt hat, dem V die von diesem geschilderte Verletzung zugefügt zu haben, sich aber zugleich auf Notwehr (§ 32 StGB) berufen hat, weil V – so schildert B das Tatgeschehen – ihn (den B) zuerst attackiert habe, und dass B Gegenanzeige wegen falscher Verdächtigung (§ 164 StGB) erstattet hat. Neben der Frage, ob B in Notwehr gehandelt hat, steht im Streit ferner die Entstehung der Auseinandersetzung, die V auf eine unsittliche Annäherung des B an die Lebensgefährtin L des V zurückführt. Außer dem Geschädigten V sind bislang weitere fünf Zeugen vernommen worden, von denen die Auseinandersetzung und ihre Entstehung teilweise sehr unterschiedlich und widersprüchlich geschildert werden. Drei weitere Zeugen, die Herr Vogel in sei-ner polizeilichen Vernehmung für die von ihm geschilderte Version der Ereignisse benannt hat, sind im Ermittlungsverfahren bisher nicht vernommen worden.

Welches weitere Vorgehen wird Rechtsanwalt R dem V empfehlen?

---

340) BGH, NStZ-RR 2008, 49; LR/Hilger, § 397a Rdnr. 8.
341) LR/Wenske, § 397a Rdnr. 12; KMR/Stöckel, § 397a Rdnr. 9; Gercke/Julius/Temming/ Zöller/Weißer, § 397a Rdnr. 17.

Lösung

18.153 Angesichts der nicht unproblematischen Beweislage wird Rechtsanwalt R Herrn V auf die Möglichkeit eines Anschlusses als Nebenkläger und die damit verbundenen prozessualen Rechte hinweisen. Als Nebenkläger hat V bzw. Rechtsanwalt R die Möglichkeit, auf den Lauf der Hauptverhandlung und insbesondere auf die Beweisaufnahme Einfluss zu nehmen; im vorliegenden Fall bietet sich dies insbesondere mit Blick auf die bisher defizitäre Sachverhaltsklärung durch die Staatsanwaltschaft im Ermittlungsverfahren an. Sollten die restlichen von V nicht benannten Zeugen im Ermittlungsverfahren nicht vernommen werden, könnte V als Nebenkläger in einer späteren Hauptverhandlung insbesondere auf die Vernehmung dieser Zeugen antragen (Beweisantragsrechts des Nebenklägers) und die bereits im Ermittlungsverfahren vernommenen Zeugen befragen lassen.

Da V mittel- und erwerbslos ist und sich deshalb eine anwaltliche Vertretung nicht leisten kann, wird Rechtsanwalt R die Beantragung von Prozesskostenhilfe vorschlagen. Dass die Chancen für eine Verurteilung des B nach Aktenlage angesichts der divergierenden Zeugenaussagen unklar sind, steht der Gewährung von PKH nicht entgegen, weil es – anders als im Zivilprozess auf die „Erfolgsaussichten" – auf die „Verurteilungsaussichten" nicht ankommt.

Zu berücksichtigten ist allerdings, dass ein im Ermittlungsverfahren gestellter Antrag auf Gewährung von PKH erst mit Wirksamkeit eines Nebenklageanschlusses zu bescheiden ist; wird der Antrag also – wie im Fall – schon im Ermittlungsverfahren gestellt, so wird er von der Staatsanwaltschaft mitsamt den Verfahrensakten bei Anklageerhebung vorgelegt und ist erst dann vom Gericht des Hauptverfahrens zu bescheiden. Denn befindet sich das Verfahren noch in einem Stadium, in dem eine Anschlusserklärung (noch) nicht wirksam werden kann, so scheidet § 397a StPO als Rechtsgrundlage für eine Beiordnung aus. Die Bestellung eines Beistands während des Ermittlungsverfahrens kommt jedoch nach § 406h Abs. 3 Satz 1 Nr. 2 StPO in Betracht; ein auf § 397a Abs. 2 StPO gestützter Antrag ist regelmäßig entsprechend auszulegen.[342] Richtigerweise sollte R also für seinen Mandanten V auf Gewährung von PKH für einen Verletztenbeistand antragen und zugleich den Antrag stellen, dem V für die Nebenklage PKH zu bewilligen. Unabhängig davon, ob eine Bestellung nach § 406h Abs. 3 StPO erfolgt oder unterbleibt, muss das Gericht des Hauptverfahrens ab Wirksamkeit der Anschlusserklärung – also ab Anklageerhebung – eine Entscheidung über den PKH-Antrag treffen.

Prozesstaktische Hinweise

18.154 Der Nebenklageanschluss stellt keinen Selbstzweck dar. Der mit der Frage über den Anschluss befasste Rechtsanwalt wird stets die Vor- und Nachteile einer Anschlusserklärung abzuwägen und dabei das nicht unerhebliche Kostenrisiko zu berücksichtigen haben. Für einen Anschluss sprechen die mannigfaltigen Mög-

---

342) Gercke/Julius/Temming/Zöller/Weißer, § 397a Rdnr. 23.

lichkeiten des Nebenklägers, mit späteren Beweisanträgen und der Ausübung des Fragerechts den Ablauf der Hauptverhandlung zu beeinflussen,[343] was vor allem bei prognostisch völlig offenem Verfahrensausgang von Bedeutung ist. Andererseits kann die exponierte Stellung des Nebenklägers diesen – und sei es nur psychologisch aus Sicht des Gerichts – angreifbarer machen; insofern kann die Schaffung eines so empfundenen „Verfahrensgegners" aus der richterlichen Perspektive die Bedeutung des Zweifelssatzes schärfen und sich als kontraproduktiv erweisen.

Muster

Anschlusserklärung des Nebenklägers mit Antrag auf Prozesskostenhilfe für die Vertretung des Verletzten als Verletztenbeistand

---

Staatsanwaltschaft M
(Anschrift)

mit der Bitte um unverzügliche Weiterleitung an das gem. §§ 406h Abs. 3 Satz 2, 162 StPO zuständige Amtsgericht M

In dem Ermittlungsverfahren
gegen   Herrn B
wegen   Körperverletzung
Az.   ...

schließt sich der durch die Straftat Verletzte, Herr V, wohnhaft ..., als

Nebenkläger

an.

Es wird beantragt, die Nebenklage des Verletzten zuzulassen.

Ferner **beantrage** ich namens und in Vollmacht des Nebenklägers Herrn V,

1.   dem Verletzten Herrn V Prozesskostenhilfe für die Hinzuziehung eines Rechtsanwalts als Verletztenbeistand zu bewilligen,

2.   mich dem Verletzten als Verletztenbeistand im Ermittlungsverfahren beizuordnen

---

343) Dazu näher Dehne-Niemann/Krause, in: Rinklin, Hauptverhandlung, Kap. 27, S. 1273 ff.

sowie bereits jetzt für das Hauptverfahren

3. dem Nebenkläger Prozesskostenhilfe für die Hinzuziehung eines Rechtsanwalts zur Führung der Nebenklage im Hauptverfahren in erster Instanz zu bewilligen sowie

4. mich dem Nebenkläger für die Vertretung der Nebenklage im Hauptverfahren in erster Instanz als Rechtsanwalt beizuordnen.

Zur

Begründung

führe ich aus:

Der Beschuldigte hat am Abend des 04.07.2017 gegen 23.00 Uhr in der Kneipe „Zur roten Laterne" eine gefährliche Körperverletzung zum Nachteil des Verletzten begangen, indem er ihm mit einem schweren Bierkrug wuchtig gegen die Brust schlug. Der Verletzte erlitt durch diesen Schlag, der den Solarplexus nur knapp verfehlte, eine schmerzhafte Prellung des Brustbeins und einen Haarriss im Schwertfortsatz (Processus xiphoideus). Diese Tat, die sich als gefährliche Körperverletzung gem. §§ 223, 224 Abs. 1 Nr. 2, Nr. 5 StGB darstellt und wegen der auch gegen den Beschuldigten ermittelt wird, berechtigt den Verletzten im Hauptverfahren gem. § 395 Abs. 1 Nr. 3 StPO zum Anschluss im Wege der Nebenklage. Der Verletzte ist gem. §§ 406h Abs. 1 Satz 1, 406f Abs. 1 Satz 1 StPO auch berechtigt, sich von mir als Verletztenbeistand vertreten zu lassen.

Nach seinen persönlichen und wirtschaftlichen Verhältnissen ist der Verletzte nicht in der Lage, die Kosten der Nebenklage auch nur zum Teil aufzubringen. Zum Beweis des wirtschaftlichen Unvermögens des Verletzten lege ich die Erklärung des Verletzten über seine persönlichen und wirtschaftlichen Verhältnisse vom ... (Anlage1) und die entsprechenden Belege (Anlagen 2 bis 5) bei.

Der Verletzte ist ohne anwaltlichen Beistand nicht in der Lage, seine Interessen im Rahmen der Nebenklage ausreichend wahrzunehmen (§ 397a Abs. 2 Satz 1 StPO). Die insgesamt als nicht widerspruchsfrei zu bewertenden Aussagen von insgesamt fünf Zeugen sowie die haltlosen Vorwürfe, die der Angeklagte in seiner polizeilichen Vernehmung vom ... gegen den Verletzten unter Berufung auf eine Notwehrlage, die der Verletzte heraufbeschworen habe, und unter gleichzeitiger Erstattung einer Gegenanzeige wegen falscher Verdächtigung (§ 164 Abs. 1 StGB) erhebt, belegen, dass die Sachlage, die der aufzuklärenden Straftat zugrunde liegt, besonders schwierig ist.

Darüber hinaus ergeben sich aus der Ermittlungsakte und dem bisherigen Verfahren schwierige und für den Erfolg der Nebenklage wichtige materiell-rechtliche und prozessrechtliche Fragen, zu denen sich der rechtsunkundige Verletzte ohne anwaltlichen Beistand nicht äußern kann. Nachdem sich der Beschuldigte auf Notwehr berufen hat, sich vor der körperlichen Auseinandersetzung aber der Verlobten des Verletzten unangemessen genähert hat, stehen materiell-rechtlich – selbst für den Fall, dass Notwehr in Betracht zu ziehen wäre – Fragen der sozialethischen Notwehreinschränkung aus Provokationsgründen im Raum. In prozessualer Hinsicht ist der Verletzte nicht in der Lage zu beurteilen, ob und ggf. in welchem Umfang er vor seiner zu erwartenden Zeugenaussage in der Hauptverhandlung an dieser teilnehmen soll.

Schließlich ist es dem Verletzten auch nicht zuzumuten, seine Interessen mit dem notwendigen persönlichen Einsatz ohne anwaltlichen Beistand zu vertreten. Der Verletzte leidet als Opfer einer Straftat gegen die körperliche Unversehrtheit noch immer psychisch unter den Folgen seiner Beeinträchtigungen.

Da somit die Voraussetzungen für die Bewilligung von Prozesskostenhilfe vorliegen, kann der Verletzte gem. § 406h Abs. 3 Satz 1 StPO auch meine Beiordnung im Ermittlungsverfahren als Verletztenbeistand unter Gewährung von Prozesskostenhilfe zu verlangen. Ich bitte um unverzügliche Weiterleitung meines Antrags mitsamt der Ermittlungsakte an das zuständige Amtsgericht, damit der nach § 162 StPO zuständige Richter über meinen Antrag auf Beiordnung als Verletztenbeistand im Ermittlungsverfahren entscheiden kann (§ 406h Abs. 3 Satz 2 StPO).

Rechtsanwältin/Rechtsanwalt

18.2.3 Schadensersatzantrag im Adhäsionsverfahren

Kurzüberblick

– Der Geschädigte einer Straftat kann Schadensersatz- und Schmerzensgeldansprüche im Strafverfahren geltend machen, indem er sich dem Verfahren als Adhäsionskläger anschließt.

18.155

– Dass der Angeklagte sich in Untersuchungshaft befindet, steht der Anspruchsverfolgung im Adhäsionsverfahren nicht entgegen, solange der Angeklagte die Ansprüche nicht bestritten hat; solchenfalls droht keine mit dem Beschleunigungsgebot kollidierende Verfahrensverzögerung.

– Die Untersuchung des Adhäsionsanspruchs erfolgt im Wege der Amtsermittlung;[344] der Beibringungsgrundsatz gilt nicht. Auch die Beweiserhebung vollzieht sich nach strafprozessualen Grundsätzen.[345]

– Es empfiehlt sich, einen Adhäsionsantrag möglichst früh – idealerweise schon im Ermittlungsverfahren – anzubringen; denn je früher ein Adhäsionsantrag gestellt wird, desto weniger kann dadurch eine erhebliche Verfahrensverzögerung eintreten, die gem. § 406 Abs. 1 Satz 5 StPO zum Absehen von einer Entscheidung führen könnte.

Sachverhalt

Frau S wendet sich an Rechtsanwalt R und bittet ihn um anwaltlichen Rat. Sie teilt mit, von ihrem früheren Lebensgefährten, dem wegen Körperverletzung mehrfach vorbestraften B, mehrmals schwer misshandelt worden zu sein. Gegen

---

344) RG, DR 1944, 770; OGHSt 2, 46.
345) BGHSt 37, 260, 261; Meyer-Goßner/Schmitt, § 404 Rdnr. 10.

B, von dem sie seit der letzten Tat getrennt lebe, werde deshalb bei der Staatsanwaltschaft ein Ermittlungsverfahren wegen schwerer Körperverletzung geführt. Bei der letzten Tat habe B ihr mit der Faust, an der sich ein großer Siegelring befand, so heftig gegen die Augenpartie geschlagen, dass sie auf dem rechten Auge erblindet sei. Ihr sei deshalb eine Augenprothese eingesetzt worden. Ferner habe sie einen Bruch des Kiefers und des linken Unterarms erlitten sowie mehrere Zähne verloren. Infolgedessen sei sie längere Zeit in ärztlicher Behandlung und wegen psychischer Probleme in mehreren stationären Therapien gewesen. Frau S möchte den B auf Schadensersatz und Schmerzensgeld in Anspruch nehmen, fürchtet sich aber vor jeder Konfrontation mit B. Außerdem möchte sie wegen fortbestehender psychischer Probleme in möglichst geringem Umfang mit rechtlichen Angelegenheiten zu tun haben.

Rechtsanwalt R stellt bei der Einsicht in die Gerichtsakte fest, dass B, dem ein Pflichtverteidiger beigeordnet wurde, die gegen ihn gerichteten Vorwürfe bislang weder eingeräumt noch in Abrede gestellt hat, sondern sich überhaupt nicht eingelassen und auf sein Schweigerecht berufen hat. B, der im Tatzeitpunkt einschlägig unter Bewährung stand, befindet sich in Untersuchungshaft, Anklage gegen ihn wurde noch nicht erhoben. Was wird Rechtsanwalt R der S raten?

Lösung

18.156 Rechtsanwalt R wird S zur Geltendmachung ihrer materiellen Schadensersatz- und der Schmerzensgeldansprüche im Adhäsionsverfahren raten. Dies hat nicht nur den Vorteil, dass Frau S nur im Strafverfahren – zudem als Zeugin und nicht als Partei – auftreten und nicht noch einen zusätzlichen Zivilrechtsstreit über sich ergehen lassen muss; es gilt auch für die Ermittlung des Adhäsionsanspruchs der Amtsermittlungsgrundsatz, so dass S nicht auf die Beibringung der anspruchsbegründenden Tatsachen und auf entsprechende Beweisangebot angewiesen ist (Beweiserhebungen aber beantragen kann). Zwar ist im Grundsatz mit der Geltendmachung von Adhäsionsansprüchen bei U-Haft des Beschuldigten Vorsicht geboten, weil hier leicht eine zur Uneignung im Strafverfahren führende Verfahrensverzögerung entstehen kann;[346] dies dürfte aber jedenfalls dann nicht gelten, wenn der sich in U-Haft befindende Beschuldigte die Ansprüche nicht bestritten hat, weil dann durch die Aufklärung keine Verzögerung droht.

Um einen etwaigen Adhäsionsanspruch auch für den Fall einer Privatinsolvenz des B zu erhalten, wird Rechtsanwalt R für S zugleich die Feststellung begehren, dass die Ansprüche auf materiellen Schadensersatz und auf Schmerzensgeldzahlung aus einer vorsätzlichen unerlaubten Handlung resultieren (§ 850f Abs. 2 ZPO, § 302 Nr. 1 InsO).

---

346) Vgl. BGH, wistra 2010, 272; OLG Celle, StV 2007, 293.

Prozesstaktische Hinweise

Der Vertreter des Adhäsionsklägers sollte den Adhäsionsantrag frühestmöglich stellen, weil das Gericht von einer Entscheidung über die Anträge absehen kann, wenn durch die Prüfung das Strafverfahren erheblich verzögert würde (§ 406 Abs. 1 Satz 5 StPO). Je früher ein Adhäsionsantrag gestellt wird, desto weniger wird mit der Adhäsionsprüfung eine Verfahrensverzögerung einhergehen. Ganz generell, aber insbesondere bei einem in U-Haft befindlichen Beschuldigten muss der Vertreter des Adhäsionsklägers wegen des in Haftsachen geltenden Beschleunigungsgebots darauf bedacht sein, keinen Anlass zu einer vermeidbaren Verzögerung des Rechtsstreits zu geben. In einem solchen Fall empfiehlt es sich, die Adhäsionsanträge möglichst früh – idealerweise bereits im Ermittlungsverfahren – zur Akte zu reichen. Im Fall hätte dies auch für Frau S den Vorteil, dass der Beschuldigte B solchenfalls frühzeitig weiß, was auch zivilrechtlich auf ihn zukommt. Da – vor allem frühzeitige – Schadenswiedergutmachung einen stets zugunsten des Beschuldigten bzw. späteren Angeklagten zu berücksichtigenden Strafzumessungsfaktor darstellt (§ 46 Abs. 2 Satz 2 StGB), erhält der Beschuldigte mit der Adhäsionsantragstellung einen Anreiz zur Erfüllung der Adhäsionsansprüche.

18.157

Da es an einem wirksamen Adhäsionsantrag fehlt, wenn ein außerhalb der Hauptverhandlung angebrachter Adhäsionsantrag entgegen § 404 Abs. 1 Satz 3 StPO nicht förmlich zugestellt wird und auch durch die nochmalige Antragstellung in der Hauptverhandlung keine Heilung eintritt, wenn die Anträge erst nach dem Schlussvortrag der Staatsanwaltschaft angebracht werden,[347] muss der Vertreter des Adhäsionsklägers sich zeitig Gewissheit über die erfolgte Zustellung der Antragsschrift verschaffen. Er sollte daher das nach Anklageerhebung zuständige Gericht um Mitteilung der Zustellung ersuchen.

Muster

Schadensersatzantrag im Adhäsionsverfahren

Staatsanwaltschaft M
(Anschrift)

In dem Ermittlungsverfahren
gegen   B
wegen   schwerer Körperverletzung
Az.   ...

---

347) BGH, BeckRS 2007, 00225 Rdnr. 2.

kündige ich im Namen und mit Vollmacht der Geschädigten Frau S, wohnhaft ..., für die Hauptverhandlung gegen den o.g. B folgende

Adhäsionsanträge

an:

1. Der Beschuldigte wird verurteilt, an die Antragstellerin ein Schmerzensgeld i.H.v. ... € nebst Zinsen i.H.v. fünf Prozentpunkten über dem Basiszinssatz seit dem ... (dem Antragseingang bei Gericht nachfolgenden Tag oder konkretes Datum) zu zahlen.

2. Es wird festgestellt, dass der Beschuldigte verpflichtet ist, der Verletzten alle infolge ... erwachsenden materiellen und immateriellen Schäden, soweit sie nach dem ... entstehen und nicht auf einen Sozialversicherungsträger übergehen, zu ersetzen.

3. Es wird festgestellt, dass die Ansprüche aus den Anträgen Nr. 1 und Nr. 2 aus einer vorsätzlichen unerlaubten Handlung herrühren.

4. Der Beschuldigte trägt die Kosten des Adhäsionsverfahrens.

5. Die Entscheidung ist vorläufig vollstreckbar.

6. Der Antrag wird dem Angeklagten förmlich zugestellt.

Den Streitwert beziffere ich mit ... €.

Zur **Begründung** trage ich vor:

Die Antragstellerin macht gegen den Beschuldigten Schadensersatzansprüche wegen einer von ihm zu ihrem Nachteil begangenen schweren Körperverletzung geltend.

Der Beschuldigte, der der frühere Lebensgefährte der Antragstellerin ist, ist in der Vergangenheit mehrfach schwer körperlich übergriffig gegen die Antragstellerin geworden. Bei der letzten, hier allein verfahrensgegenständlichen Tat am ... gegen ... Uhr schlug der Beschuldigte der Antragstellerin mit der Faust, an der sich ein großer Siegelring befand, so heftig gegen die Augenpartie, dass sie auf dem rechten Auge erblindete. Der Antragstellerin musste deshalb eine Augenprothese eingesetzt werden. Ferner erlitt sie einen Bruch des Kiefers und des linken Unterarms sowie den Verlust mehrerer Zähne. Infolgedessen war die Antragstellerin längere Zeit in ärztlicher Behandlung und wegen psychischer Probleme in mehreren stationären Therapien.

Beweis:

a) Zeugnis der Antragstellerin ..., wohnhaft ...;
b) Inaugenscheinnahme der Lichtbilder der Ermittlungsakte der Staatsanwaltschaft M, Az. ...

Die Antragstellerin hat folgende materielle Schadenspositionen erlitten:

a) ...
Beweis: Belege
b) ...
c) ...

Summe ... €

Für den entstandenen Schaden ist der Beschuldigte schadensersatzpflichtig, §§ 823 Abs. 1, Abs. 2 BGB, 226 StGB. Der Zinsanspruch ergibt sich aus Verzug, §§ 280, 286 BGB. Die Ersatzansprüche wurden gegenüber dem Beschuldigten jeweils mit Schriftsatz vom ... geltend gemacht und mit Schreiben vom ... unter Fristsetzung zum ... angemahnt. Der Beschuldigte hat hierauf nicht erwidert und auch nicht gezahlt.

oder: Zinsen verlangt die Verletzte ab dem Tag nach Eingang dieses Antrages bei Gericht als Rechtshängigkeitszinsen.

Das Feststellungsinteresse für den Antrag Nr. 3. ergibt sich aus §§ 850f Abs. 2 ZPO, 302 Nr. 1 InsO.

Die im Adhäsionsverfahren geltend gemachten Ansprüche sind anderweitig nicht anhängig. Sie eignen sich auch für eine Erledigung im Strafverfahren, ohne dass das Verfahren dadurch unangemessen verzögert würde. Der Beschuldigte hat bisher die Schadensersatzpflicht nicht bestritten, so dass voraussichtlich keine Beweiserhebung notwendig ist, die nicht ohnehin schon in einer künftigen Hauptverhandlung durchgeführt werden wird. Aus ebendiesem Grund steht der Anspruchsverfolgung im Adhäsionsverfahren nicht entgegen, dass sich der Beschuldigte in Untersuchungshaft befindet. Die Erledigung der Ansprüche im Adhäsionsverfahren ist auch aus Kostengründen und im Interesse der Beschleunigung geboten. Durch die Zuerkennung des Schadensersatzes kann eine zivilrechtliche Klage mit erneuter Beweisaufnahme vermieden und der Rechtsstreit endgültig beendet werden.

Das nach Eröffnung des Hauptverfahrens zuständige Gericht wird gebeten, die Zustellung der Adhäsionsantragsschriften an den jetzigen Beschuldigten und künftigen Angeklagten zu bewirken sowie die Antragstellerin und deren Bevollmächtigten vom Hauptverhandlungstermin zu benachrichtigen. Ich bitte um Übersendung einer Kopie des Nachweises der Zustellung an den Angeklagten und erlaube mir vollständigkeitshalber darauf hinzuweisen, dass der Bundesgerichtshof einen außerhalb der Hauptverhandlung gestellten Antrag, der nicht zugestellt wurde, als unwirksam erachtet hat (BGH, Beschl. v. 09.07.2004 – 2 StR 37/04).

Rechtsanwältin/Rechtsanwalt

18.2.4 Unbestimmter Adhäsionsantrag auf Zahlung eines Schmerzensgeldes gegen einen Mitangeklagten im Berufungsverfahren

Kurzüberblick

18.158
– Ein Adhäsionsantrag kann bereits im Ermittlungsverfahren angebracht werden, entfaltet seine Wirkung jedoch erst, wenn die Sache nach Anklageerhebung mitsamt dem Antrag bei Gericht eingeht.

– Da der Verletzte unabhängig von seiner Stellung im Verfahren antragsberechtigt ist, kann der Adhäsionsantragsteller auch zugleich Mitbeschuldigter bzw. Mitangeklagter sein.[348]

– Im Adhäsionsverfahren kann die Zahlung eines unbezifferten Schmerzensgeldes beantragt werden.[349]

Sachverhalt

Rechtsanwalt R wird von Herrn V aufgesucht und um anwaltliche Vertretung gebeten. Herr V teilt mit, er sei gemeinsam mit einem Mitbeschuldigten Herrn B in die Geschäftsräume der Firma F eingedrungen und habe dort Lohngelder i.H.v. insgesamt ca. 7.000 € entwendet. Er – V – habe den ihm vorgeworfenen Einbruchsdiebstahl – wie der Mitbeschuldigte B auch – in seiner polizeilichen Beschuldigtenvernehmung gestanden. Eine Anklageerhebung sei noch nicht erfolgt. Der Mitbeschuldigte B habe darüber hinaus dem V nach dem Einbruch und vor dem Einsteigen in das Fluchtauto mit einer schweren Eisenstange auf die Schulter geschlagen, um Herrn V am Mitfahren zu hindern und um die gesamte Beute für sich behalten zu können. V habe den B dieser Tat auch im Rahmen der polizeilichen Vernehmung bezichtigt und mitgeteilt, dass er eine Verfolgung dieser Tat des B wünsche.

Herr V habe durch den Schlag einen komplizierten Bruch der Schulter und des Schlüsselbeins erlitten. Er sei fünf Tage im Universitätsklinikum stationär behandelt worden und insgesamt für vier Wochen zu 100 % arbeitsunfähig gewesen. Sämtliche Verletzungen seien glücklicherweise nunmehr folgenlos ausgeheilt. Herr V möchte seinen Mitangeklagten B auf Zahlung eines Schmerzensgeldes in Anspruch nehmen.

Nach Einsichtnahme in die Ermittlungsakte stellt Rechtsanwalt R fest, dass Herr V den bisherigen Verfahrensgang zutreffend geschildert hat und dass B die ihm vorgeworfene gefährliche Körperverletzung zum Nachteil des V in seiner polizeilichen Beschuldigtenvernehmung bestritten hat.

Welches Vorgehen wird Rechtsanwalt R empfehlen, und was wird er veranlassen?

---

348) LR/Hilger, § 403 Rdnr. 1; BeckOK, StPO/Ferber, § 403 Rdnr. 1; Meyer-Goßner/Schmitt, § 403 Rdnr. 1.
349) BGH, NZV 2015, 228, 229.

Lösung

Rechtsanwalt R wird in Betracht ziehen, in der gegen V und B nach Anklageerhebung und Eröffnung des Hauptverfahrens durchzuführenden Hauptverhandlung im Adhäsionswege einen Schmerzensgeldanspruch des V gegen den derzeitigen Mitbeschuldigten und späteren Mitangeklagten B geltend zu machen. Über die Entscheidung von Schmerzensgeldansprüchen (§ 253 Abs. 2 BGB) darf das Gericht nur von einer Entscheidung absehen, wenn der Antrag unzulässig bzw. unbegründet ist (§ 406 Abs. 1 Satz 6 StPO); ein Absehen von der Entscheidung wegen Ungeeignetheit (§ 406 Abs. 1 Satz 4, Satz 5 StPO) scheidet hier aus. Es bedarf bei einem hier im Raum stehenden Schmerzensgeldadhäsionsanspruch daher nicht unbedingt eines Hinweises auf die Sachdienlichkeit der Anträge (insbesondere auf die Prozessökonomie); da aber in der Rechtspraxis vielfach fehlerhaft von der Entscheidung über Schmerzensgeldansprüche abgesehen wird, empfiehlt sich ein entsprechender Hinweis in der Antragsschrift. Rechtsanwalt R sollte ferner berücksichtigen, dass im Strafbefehlsverfahren nach ganz h.M. Adhäsionsansprüche nicht geltend gemacht werden können[350] und – sollten sich Anhaltspunkte für eine entsprechende Erledigungstendenz der Staatsanwaltschaft ergeben – dieser mit Blick auf den gesetzgeberisch bezweckten Opferschutz entgegentreten. Der vorliegende Fall bietet für eine Erledigung im Strafbefehlsweg allerdings kaum Anhaltspunkte.

18.159

Der Geltendmachung im Adhäsionsweg steht nicht entgegen, dass Herr B Mitangeklagter war. Es entspricht einhelliger Ansicht, ist aber weithin unbekannt, dass ein durch eine Straftat Verletzter unabhängig von seiner Stellung im Verfahren antragsberechtigt ist, weshalb der Adhäsionsantragsteller zugleich Mitangeklagter sein kann.[351] Spätestens nach durchgeführter Beweisaufnahme sollte Rechtsanwalt R aber zu einer Bezifferung des Schmerzensgeldes übergehen, um sich die Möglichkeit zu erhalten, restliches Schmerzensgeld in einem Zivilprozess geltend zu machen (dazu sogleich).

Prozesstaktische Hinweise

Von der Geltendmachung eines unbezifferten Leistungsantrags – die bei einem Schmerzensgeldanspruch im Grundsatz zulässig ist – sollte im Adhäsionsverfahren nur mit äußerster Vorsicht und Zurückhaltung Gebrauch gemacht werden. Denn wenn ein unbezifferter Schmerzensgeldantrag gestellt wird und das vom Strafgericht zugesprochene Schmerzensgeld nach Ansicht des Geschädigten zu niedrig ist, kann er in einem Zivilprozess nach der Rechtsprechung kein weiteres Schmerzensgeld geltend machen, weil eine erneute zivilgerichtliche Klage gem. § 322 ZPO unzulässig sein soll.[352] Da dem Adhäsionskläger kein Rechtsmittel gegen das Strafurteil zusteht, mit dem ihm ein zu geringer Betrag zugesprochen

18.160

---

350) BGH, NJW 1982, 1047, 1048; Meyer-Goßner/Schmitt, § 403 Rdnr. 12, § 406 Rdnr. 1 m.w.N.
351) LR/Hilger, § 403 Rdnr. 1; BeckOK, StPO/Ferber, § 403 Rdnr. 1.
352) BGH, NZV 2015, 228, 229.

wurde, ist von der Antragstellung eines unbezifferten Schmerzensgeldantrags tendenziell abzuraten. Es sollte ein konkreter Leistungsantrag oder ein allgemeiner, d.h. nicht auf das Schmerzensgeld beschränkter Feststellungsantrag – der allerdings ein Feststellungsinteresse voraussetzt – gestellt werden. In jedem Fall aber sollte spätestens nach der zum Anspruchsgrund durchgeführten Beweisaufnahme zu einer konkreten Bezifferung übergegangen werden!

Muster

Unbestimmter Adhäsionsantrag auf Zahlung eines Schmerzensgeldes gegen einen Mitbeschuldigten

Staatsanwaltschaft M
(Anschrift)

In dem Ermittlungsverfahren
gegen   A
und   B
wegen   Diebstahls u.a.
Az.   ...

kündige ich für den Fall der Eröffnung des Hauptverfahrens im Namen und in Vollmacht des Verletzten, Herrn B, gegen den Mitbeschuldigten, Herrn A, den folgenden

Adhäsionsantrag

an:

Der Angeklagte B wird verurteilt, an den Antragsteller ein angemessenes Schmerzensgeld zuzüglich Zinsen i.H.v. fünf Prozentpunkten über dem jeweiligen Basiszinssatz hieraus seit ... zu bezahlen.

Den Streitwert für den Adhäsionsantrag gebe ich vorläufig mit ... € an.

Zur **Begründung** führe ich Folgendes aus:

Der Beschuldigte und Antragsteller, Herr V, und der Mitbeschuldigte B, werden als Mittäter im o.g. Ermittlungsverfahren beschuldigt, am ... in die Geschäftsräume der Firma ... eingedrungen zu sein und dort Lohngelder i.H.v. ... € entwendet zu haben. Die Beschuldigten haben diese Tat anlässlich ihrer polizeilichen Beschuldigtenvernehmung im Wesentlichen gestanden.

Dem Beschuldigten B liegt darüber hinaus eine gefährliche Körperverletzung (§ 224 Abs. 1 Nr. 2 StGB) zum Nachteil des Antragstellers zur Last. Dem liegt der Vorwurf zugrunde, der Beschuldigte B habe den Beschuldigten und Antragsteller nach dem Einbruch und vor dem Einsteigen in das Fluchtauto mit einer Eisenstange auf die Schulter geschlagen, um den Beschuldigten V am Mitfahren zu hindern und um die gesamte Beute für sich behalten zu können. Durch den Schlag hat Herr V einen komplizierten Schulter- und Schlüsselbeinbruch erlitten. Er musste fünf Tage in der Klinik ... stationär behandelt werden und war für vier Wochen zu 100 % arbeitsunfähig. Zum Beweis lege ich in der Anlage das ärztliche Gutachten von Dr. ..., das sich auch bei den Strafakten befindet, sowie die ärztliche Bescheinigung von Dr. med. ..., jeweils in Kopie vor. Vorsichtshalber entbindet der Beschuldigte V beide genannten Ärzte von ihrer Schweigepflicht.

Der Antragsteller war durch die Körperverletzung schwer beeinträchtigt: Er hat durch den Schlag komplizierte Brüche der Schulter und des Schlüsselbeins erlitten, derentwegen er fünf Tage im Universitätsklinikum stationär behandelt wurde und insgesamt für vier Wochen zu 100 % arbeitsunfähig war. Die Brüche waren außerordentlich schmerzhaft. Auch wenn sämtliche Verletzungen glücklicherweise nunmehr folgenlos ausgeheilt sind, hat der Antragsteller einige Zeit an den Verletzungen laboriert und konnte seinem Hobby, dem Handballsport, für ca. ein Vierteljahr nicht nachgehen, wodurch der auf sein Äußeres bedachte Antragsteller zu seinem Missfallen gut sechs Kilo um die Leibesmitte herum zugenommen hat. Zum Beweis dieses Umstands beruft sich der Antragsteller auf das Zeugnis der Ehefrau ... des Antragstellers, ladungsfähige Anschrift .... Mit diesen überschüssigen Pfunden kämpft der Antragsteller zumindest teilweise noch immer.

Die Intensität und die Folgen der vorsätzlichen gefährlichen Körperverletzung rechtfertigen ein Schmerzensgeld, das sich der Antragsteller in der Größenordnung von 4.000 € vorstellt. Die hier geltend gemachte Schmerzensgeldanspruch ist nicht anderweitig anhängig und wird aus prozessökonomischen Gründen im bereits laufenden Strafverfahren geltend gemacht. Ich erlaube mir den Hinweis, dass ein Absehen von einer Entscheidung wegen Ungeeignetheit bei Schmerzensgeldansprüchen nicht möglich ist (§ 406 Abs. 1 Satz 6 StPO).

Zugleich möchte ich gegenüber der Staatsanwaltschaft die Bitte äußern, mir umgehend mitzuteilen, wenn (und ggf. aus welchem Grund) keine Anklageerhebung hinsichtlich der dem Mitbeschuldigten B vorgeworfenen Tat erfolgen soll, damit der Antragsteller seinen Schmerzensgeldanspruch vor den Zivilgerichten geltend machen kann. Für Ihre Mühe besten Dank.

Rechtsanwältin/Rechtsanwalt

18.2.5   Beschwerde gegen einen Nichtzulassungsbeschluss

Kurzüberblick

18.161
- Gegen einen Beschluss des Amtsgerichts nach §§ 406h Abs. 3 Satz 2, 162 StPO, mit dem die Bestellung eines Verletztenbeistands schon für das Vorverfahren abgelehnt worden ist, kann sich der Antragsteller mit der einfachen Beschwerde (§ 304 StPO) wehren.[353]

- Für die Berechtigung zur Nebenklage – und damit auf die Beiordnungsfähigkeit nach § 406h Abs 1 Satz 1, Abs. 3 StPO – kommt es allein darauf an, dass der Gegenstand des Ermittlungsverfahrens (§ 264 StPO) die rechtliche Möglichkeit der Verurteilung wegen eines nebenklagefähigen Delikts enthält. Dagegen ist es rechtlich unerheblich, ob die ermittlungsverfahrensgegenständliche prozessuale Tat von der Staatsanwaltschaft und bei der Entscheidung über die Beiordnung von dem nach § 406h Abs. 3 Satz 2, 162 StPO zuständigen Amtsgericht zutreffend als eine zur Führung der Nebenklage berechtigende Straftat gewertet wird.

- Eine Verfolgungsbeschränkung gem. § 154a StPO ist gegenüber dem nebenklageberechtigten Verletzen gem. §§ 406h Abs. 1 Satz 1, 395 Abs. 5 Satz 1 StPO unwirksam. Daher kann sich der nebenklageberechtigte Verletzte für seinen Antrag auf Beiordnung eines Verletztenbeistands auf beschränkungsbedingt in Wegfall geratene Delikt berufen.

Sachverhalt

Rechtsanwalt R wird von Herrn B aufgesucht und um rechtliche Vertretung als Geschädigter gebeten. Nach Einsicht in die Strafakte stellt R fest, dass Herr B von dem geständigen Angeklagten A in einem gegen einen Dritten Z wegen Hehlerei geführten Strafverfahren als Zeuge unter Eid wissentlich unwahr der Begehung eines Raubs bezichtigt wurde. In unmittelbarem Anschluss an diese seinerzeitige Zeugenaussage des A wurde, womit der auch insoweit geständige Angeklagte A gerechnet hatte, der ebenfalls als Zeuge geladene Herr B noch in der Sitzung festgenommen und aufgrund Haftbefehls des Amtsgerichts MX vom selben Tag in Untersuchungshaft verbracht. Bis zur Aufhebung des Haftbefehls durch das Landgericht M knapp vier Wochen befand sich Herr B in Untersuchungshaft.

Rechtsanwalt R erörtert mit B die Rechtslage und stellt fest, dass B sich im späteren Hauptverfahren gegen A als Nebenkläger beteiligen möchte. Nachdem R den B darüber informiert hat, dass sich B im noch laufenden Ermittlungsverfahren gegen A noch nicht als Nebenkläger beteiligen kann, dass B als Nebenklageberechtigter aber die Möglichkeit habe, sich im Ermittlungsverfahren R als Verletztenbeistand beiordnen zu lassen.

---

353) BeckOK, StPO/Weiner, § 406h Rdnr. 10.

Den von Rechtsanwalt R namens des Herrn B gestellten Antrag auf Beiordnung des R als Verletztenbeistand weist das Amtsgericht mit der Begründung zurück, der von A begangene Meineid sei kein Nebenklagedelikt. Was wird Rechtsanwalt R nun tun?

Lösung

Rechtsanwalt R wird gegen den Zurückweisungsbeschluss mit der statthaften Beschwerde (§ 304 StPO) vorgehen. Die Beschwerde und mit dieser geltend gemachte Beiordnungsbegehren des B wird R darauf stützen, dass das Amtsgericht – was in Meineidsfällen nicht selten vorkommt – die von A ebenfalls verwirklichte mittelbar-täterschaftlich begangene schwere Freiheitsberaubung (§§ 239 Abs. 1, Abs. 3, 25 Abs. 1 zweite Variante StGB), bei der es sich gem. § 395 Abs. 1 Nr. 4 StPO um ein Nebenklagedelikt handelt, übersehen hat. Da es für die Beiordnung allein erheblich ist, dass der Gegenstand des Ermittlungsverfahrens (§ 264 StPO) die rechtliche Möglichkeit der Verurteilung wegen eines nebenklagefähigen Delikts enthält – hier § 239 Abs. 3 StGB – und eine abweichende (fehlerhafte) rechtliche Würdigung der ermittlungsverfahrensgegenständlichen prozessualen Tat durch das nach §§ 406h Abs. 3 Satz 2, 162 StPO zuständige Gericht ohne Belang ist, wird die Beschwerde Erfolg haben und Herr B als Nebenkläger zugelassen werden.

18.162

Muster

Beschwerde gegen die Ablehnung der Beiordnung als Verletztenbeistand

---

Landgericht M
(Anschrift)

In dem Ermittlungsverfahren
gegen   A
wegen   Meineids u.a.
Az.   ...

lege ich namens des Verletzen Herrn B gegen den Beschluss des Amtsgerichts X vom ..., mit dem mein Antrag auf Bestellung als Verletztenbeistand im Ermittlungsverfahren abgelehnt hat,

Beschwerde

ein und beantrage, unter Aufhebung des Beschlusses des Amtsgerichts X vom ... mich gem. § 406h Abs. 1 Satz 1, Abs. 3 Nr. 1 StPO dem Verletzen Herrn B bereits im Ermittlungsverfahren als Verletztenbeistand beizuordnen.

Zur

Begründung

führe ich aus:

Das Amtsgericht als nach §§ 406h Abs. 3 Satz 2, 162 StPO zuständiges Gericht hat meine Beiordnung als Verletztenbeistand der Nebenklage mit der Begründung abgelehnt, das Ermittlungsverfahren gegen A werde nicht wegen eines nach § 395 StGB nebenklagefähigen Delikts geführt, weshalb die Beiordnungsvoraussetzungen nach § 406h Abs. 3 Satz 1 StPO nicht vorlägen. Diese Beurteilung ist in mehrfacher Hinsicht rechtsfehlerhaft. Entgegen der Ansicht des Amtsgerichts liegen die Voraussetzungen der §§ 406h Abs. 1, Abs. 3 Satz 1, 395, 397a StPO vor.

Dem Beschuldigten A des hiesigen Verfahrens wird vorgeworfen, vor dem Amtsgericht M – Schöffengericht in dem Strafverfahren gegen Herrn Z mit den Worten „Ich habe beobachtet, wie Herr B dem Z ein geraubtes Smartphone verkauft hat. Herrn B hat Herrn Z gesagt, dass Herr B das Smartphone zuvor bei Herrn G abgerippt hat" wissentlich die Unwahrheit gesagt und diese Aussage hernach beeidigt zu haben. Infolge der Aussage wurde, womit der auch insgesamt geständige Angeklagte A eingestandenermaßen gerechnet hatte, der ebenfalls als Zeuge geladene Herr B noch in der Sitzung vom staatsanwaltschaftlichen Sitzungsvertreter ... festgenommen und aufgrund Haftbefehls des Amtsgerichts M vom selben Tag in Untersuchungshaft verbracht, wo er bis zur Aufhebung des Haftbefehls durch das Landgericht M am ..., also für einen Zeitraum von knapp vier Wochen, verblieb.

Mit seiner unwahren Behauptung hat der Beschuldigte nicht nur unter Eid wissentlich falsch ausgesagt (§ 154 StGB), sondern den Antragsteller Herrn B auch in mittelbarer Täterschaft der Freiheit beraubt (§§ 239 Abs. 1, Abs. 3 Nr. 1, 25 Abs. 1 zweite Variante StGB).

Die nach § 239 Abs. 3 Nr. 1 StGB zum Verbrechen qualifizierte Freiheitsberaubung ist gem. § 395 Abs. 1 Nr. 4 StPO ein nebenklagefähiges Delikt. Dass die Staatsanwaltschaft das Ermittlungsverfahren gegen A nicht oder jedenfalls nicht erkennbar wegen einer solchen qualifizierten Freiheitsberaubung führt und dementsprechend die Vorschrift des § 239 Abs. 3 StGB in der Akte an keiner Stelle genannt wird, ist ohne Belang. Ähnlich wie es für die Berechtigung zur Nebenklage allein darauf ankommt, dass der Gegenstand der Anklage (§ 264 StPO) die rechtliche Möglichkeit der Verurteilung wegen eines nebenklagefähigen Delikts enthält, kommt es für die Beiordnung als Verletztenbeistand allein auf den materiellen Inhalt des ermittlungsverfahrensgegenständlichen Sachverhalts an. Vorsichtshalber erlaube ich mir den Hinweis, dass eine – ohnehin nicht ernstlich diskutable – etwaige Beschränkung der Strafverfolgung (§ 154a StPO) auf das Verbrechen des Meineids die Nebenklageberechtigung gem. § 395 Abs. 5 Satz 1 StPO nicht entfallen ließe.

Nach alledem kommt es schon nicht mehr darauf an, dass Herr B auch mit Blick auf die schwerwiegenden Tatfolgen der von dem Beschuldigten A begangenen, vom Amtsgericht ebenfalls übersehenen Verleumdung (§ 187 StGB) gem. § 395 Abs. 3 StPO zur Führung der Nebenklage berechtigt wäre und sich deshalb auch unter diesem Gesichtspunkt als nebenklageberechtigter Verletzter durch einen Beistand vertreten zu lassen berechtigt ist. Als solcher bin ich ihm nach §§ 397a Abs. 1, 406h Abs. 3 StPO auf seinen am ... gestellten Antrag während des noch laufenden Ermittlungsverfahrens beizuordnen.

Rechtsanwältin/Rechtsanwalt

18.2.6 Antrag auf gerichtliche Entscheidung im Klageerzwingungsverfahren

Kurzüberblick

– Mit dem Antrag auf gerichtliche Entscheidung im Klageerzwingungsverfahren   18.163
 kann der Verletzte überprüfen lassen, ob eine Einstellungsentscheidung nach
 § 170 Abs. 2 StPO die Vorgaben des Legalitätsprinzips einhält.

– Ob die Staatsanwaltschaft im Wege des Klageerzwingungsverfahrens zur Aufnahme von Ermittlungen angehalten werden kann, ist streitig;[354] gem. § 173
 Abs. 3 StPO kann das OLG jedoch zur Vorbereitung seiner Entscheidung über
 den Klageerzwingungsantrag selbst Ermittlungen anordnen.

Sachverhalt

Rechtsanwalt R wird von V um rechtlichen Beistand als Vertreter gebeten. V schildert dem R, kürzlich an einem Abend nach einem Partybesuch von einem ihm flüchtig Bekannten Herrn B an einer Bushaltestelle mit einem Baseballschläger verprügelt worden zu sein. Durch die Schläge auf Rumpf und Arme habe er sich zwei Rippen und die Elle des rechten Arms gebrochen und multiple Hämatome zugezogen. Er habe gegen B Strafanzeige gestellt, das Verfahren sei aber eingestellt worden, weil V den Sachverhalt nicht präzise habe schildern können, was V auf eine schockbedingte Wahrnehmungsstörung zurückführt. Jedenfalls sei es ihm nun gelungen, einen Zeugen Z aufzufinden, der von der gegenüberliegenden Straßenseite das gesamte Körperverletzungsgeschehen wahrgenommen habe und minutiös – weit besser als er (V) selbst – beschreiben können. Überdies könne Z weitere Tataugenzeugen benennen.

---

354) Bejahend OLG Koblenz, NStZ 1995, 50; KG, NStZ 1990, 355; OLG Braunschweig, wistra
 1993, 33; Rieß, NStZ 1986, 436; ders., NStZ 1990, 10; LR/Graalmann-Scheerer, § 175
 Rdnr. 16 ff.; abl. KK/Moldenhauer, § 175 Rdnr. 3.

Rechtsanwalt R nimmt nach fristwahrender Beschwerdeeinlegung gegen den staatsanwaltschaftlichen Einstellungsbescheid Einsicht in die Ermittlungsakte und stellt fest, dass bislang überhaupt keine Ermittlungen geführt wurden. Er begründet die Beschwerde und weist unter Angaben einer ladungsfähigen Adresse darauf hin, dass der Zeuge Z das Geschehen gesehen habe und zu einer belastbaren Zeugenaussage in der Lage sei. Gleichwohl hält die Staatsanwaltschaft an ihrer ablehnenden Haltung fest und führt aus, sie sehe weiterhin keinen für eine Anklageerhebung wegen gefährlicher Körperverletzung erforderlichen hinreichenden Tatverdacht, zumal eine formlose Nachschau in der Wohnung des B nicht zum Auffinden eines Baseballschlägers geführt habe. Der Generalstaatsanwalt nahm inhaltlich auf die „zutreffende Begründung der Staatsanwaltschaft Bezug" und wies die Beschwerde als unbegründet zurück.

Was wird R jetzt tun?

Lösung

18.164 Rechtsanwalt R sollte versuchen, die Staatsanwaltschaft mit dem Antrag auf gerichtliche Entscheidung nach § 172 Abs. 2 StPO zur Anklageerhebung zu zwingen. Mit diesem Instrument lässt sich gerichtlich durch das jeweilige OLG überprüfen, ob eine staatsanwaltschaftliche Einstellungsentscheidung die Grenzen des Legalitätsprinzips wahrt. Im Fall besteht aller Anlass, daran zu zweifeln: Obwohl V mit Z einen Tatzeugen par excellence präsentiert hat, sah und sieht die Staatsanwaltschaft keinen Anlass, diesen zu vernehmen. Da auch der Generalstaatsanwalt im Vorschaltbeschwerdeverfahren der Pflicht zur amtswegigen Ermittlung nicht nachzukommen gedachte, wird das OLG – ggf. nach von Rechtsanwalt R anzuregender eigener Anhörung des Zeugen Z (§ 173 Abs. 3 StPO), wenn es dessen Aussage als glaubhaft erachtet – entweder die Erhebung der öffentlichen Klage anordnen oder die Staatsanwaltschaft zur Aufnahme von Ermittlungen anhalten. Ob Letzteres im Sinne eines „Ermittlungserzwingungsverfahrens" zulässig ist, steht im Streit; mittlerweile geht man überwiegend davon aus, dass die Ermittlungsaufnahmeanordnung in der Anordnung der Anklageerhebung als Minus enthalten ist. Zumindest hilfsweise sollte R daher auf Anordnung der Ermittlungsaufnahme antragen. Hat der Klageerzwingungsantrag beim OLG Erfolg, muss die Staatsanwaltschaft Anklage unter Berücksichtigung der Rechts- und Sachauffassung des OLG erheben; Einstellungen sind erst nach Anklageerhebung möglich (wobei die Staatsanwaltschaft dann ohnehin nur ein Zustimmungsrecht hat).

Muster

Antrag auf gerichtliche Entscheidung im Klageerzwingungsverfahren

Oberlandesgericht X
– Strafsenat –
(Anschrift)

In dem Ermittlungsverfahren
der Staatsanwaltschaft M
gegen   V
wegen   des Verdachts der Körperverletzung
Az.   ...

zeige ich die Vertretung des Verletzten Herrn V an. Eine mich legitimierende Vollmacht liegt an.

Namens und im Auftrag meines Mandanten **beantrage** ich namens und in Vollmacht des Verletzten Herrn V, wohnhaft ...,

durch gerichtliche Entscheidung die Erhebung der öffentlichen Klage gegen den Beschuldigten, Herrn B wegen gefährlicher Körperverletzung anzuordnen

hilfsweise

die Aufnahme von Ermittlungen durch die Staatsanwaltschaft M anzuordnen.

Zur

Begründung

führe ich aus:

1. Mit Schreiben vom ... hat Herr V bei der Staatsanwaltschaft M gegen Herrn B Anzeige wegen gefährlicher Körperverletzung erstattet, nachdem Herr B ihn nach einer verbalen Auseinandersetzung mit einem Baseballschläger attackiert und erheblich verletzt hat. Herr V hat durch die Tat einen Bruch zweier Rippen und der Elle des rechten Arms davongetragen.

    Die Staatsanwaltschaft hat das Ermittlungsverfahren gegen Herrn A wegen des Verdachts der gefährlichen Körperverletzung (§ 224 Abs. 1 Nr. 2 StGB) mit Verfügung vom ... eingestellt. Die Einstellung hat die Staatsanwaltschaft damit begründet, die von dem Verletzten gegebene Sachverhaltsschilderung sei zu unpräzise, um den Tatvorwurf belastbar zu begründen. Zudem hätten sich die am Tatort aufhaltenden Personen nicht ermitteln lassen. Der Einstellungsbescheid der Staatsanwaltschaft wurde Herrn B am ... förmlich zugestellt.

In kürzester Folgezeit gelang es dem Verletzten durch intensive eigene Recherchen, den Tataugenzeugen Z ausfindig zu machen und mit Beschwerdeschreiben an die Staatsanwaltschaft vom ... namentlich zu benennen. Die mit Schriftsatz vom ... gegen den Einstellungsbescheid eingelegte und der Staatsanwaltschaft am ... und damit innerhalb der Frist von zwei Wochen zugestellte Beschwerde wurde eingehend begründet und darauf hingewiesen, dass der Beschuldigte von Zeugen Z erkannt worden sei, dass dieser das gesamte Körperverletzungsgeschehen von der gegenüberliegenden Straßenseite aus beobachtet habe und zu einer minutiösen Schilderung des Geschehens in der Lage gewesen sei.

Beweis: Beschwerdebegründung vom ... mit Eingangsvermerk

Die Staatsanwaltschaft ... hat der Beschwerde nicht abgeholfen und die Akten an die Generalstaatsanwaltschaft ... mit einem Übersendungsbericht weitergeleitet. Dabei hat sie ausgeführt, sie sehe auch weiterhin keinen für eine Anklageerhebung wegen gefährlicher Körperverletzung erforderlichen hinreichenden Tatverdacht. Eine Nachschau in der Wohnung des Beschuldigten, die dieser freiwillig über sich habe ergehen lassen, habe nicht zum Auffinden des Baseballschlägers geführt, dessen Einsatz als Schlagwerkzeug der Geschädigte aber behauptet habe. Anlass zu weiteren Ermittlungen bestehe daher nicht.

Der Generalstaatsanwalt X hat die Beschwerde mit Bescheid vom ..., dem Verletzten zugestellt am ... als unbegründet zurückgewiesen und inhaltlich auf die zutreffende Begründung der Staatsanwaltschaft Bezug genommen.

Beweis: Bescheid der Generalstaatsanwaltschaft ... vom ... mit Zustellungsvermerk

2.   Die Einstellung des Verfahrens nach § 170 Abs. 2 StPO verletzt das Legalitätsprinzip. Allein mit der Zeugenaussage des Z wird sich mit überwiegender Wahrscheinlichkeit der Nachweis einer Tatbegehung durch den Beschuldigten B führen lassen.

Die Staatsanwaltschaft M hätte auf die Beschwerdebegründung hin die Ermittlungen wieder aufnehmen müssen und weitergehende Ermittlungen anstellen müssen. Zumindest wäre eine ausführliche Vernehmung des Zeugen Z angezeigt gewesen. Dieser hätte sich nicht nur das Tatgeschehen und die Person des Täters entnehmen lassen, sondern auch zur Ermittlung der Identität weiterer an der Bushaltestelle befindlicher Tatzeugen aus dem Freundeskreis des Beschuldigten. Dies und eine darauf basierende Rekonstruktion des Geschehensablaufs wird ergeben, dass das grundlose und ungewöhnlich brutale Vorgehen des Täters eine strafrechtliche Verfolgung wegen gefährlicher Körperverletzung nach sich ziehen wird. Der Zeuge Z wird auch bestätigen, dass der Beschuldigte A während der Schläge mit einem Baseballschläger äußerte, dem Verletzten schon seit Langem einmal eine deftige Abreibung verpassen gewollt zu haben. Dass dieser Baseballschläger bei dem Beschuldigten nicht aufgefunden werden konnte, ist mit Blick auf die gewinnende Aussage des Zeugen von allenfalls untergeordneter Bedeutung; ohnehin kann das potentielle Beweismittel mittlerweile beseitigt worden sein. Insofern bitte ich den Senat zu erwägen, eine eigene Vernehmung des Zeugen Z durchzuführen (§ 173 Abs. 3 StPO).

Herr V ist Antragssteller und zugleich Verletzter i.S.v. § 172 Abs. 1 StPO. Er ist daher berechtigt, das Klagerzwingungsverfahren zu betreiben. Sein Strafverfolgungsinteresse hat Herr V er durch seine Strafanzeige deutlich zum Ausdruck gebracht.

3. Ich bitte, mir den Eingang des Antrags vorab zu bestätigen.

Rechtsanwältin/Rechtsanwalt

19 Vergütung im Ermittlungsverfahren

Schäck

19.1 Einführung

19.1.1 Überblick

19.1 Eine Vergütung des Verteidigers kann auf Basis einer gerichtlichen Pflichtverteidigerbeiordnung nach den im RVG vorgesehenen Gebühren (Nr. 4100 ff. VV RVG), auf Basis einer Mandatierung als Wahlverteidiger nach den im RVG vorgesehenen Gebühren (Nr. 4100 ff. VV RVG) sowie auf Basis einer Mandatierung als Wahlverteidiger nach einer abgeschlossenen Honorarvereinbarung erfolgen. Alle drei Vergütungsarten werden in diesem Kapitel – bezogen auf das Ermittlungsverfahren – dargestellt, wobei die Wahlverteidigervergütung nach dem RVG und die Pflichtverteidigervergütung nach dem RVG aufgrund der Ähnlichkeiten bei der Gebühren- und Kostenstruktur zusammen besprochen werden.

Des Weiteren finden Sie in diesem Kapitel eine Erläuterung der wichtigsten Aspekte der Pflichtverteidigerbeiordnung (welche insbesondere auf die mit den seit dem 13.12.2019 geltenden Änderungen eingeht) sowie Tipps zum praktischen Umgang mit der im Zeitraum 01.07.2020–31.12.2020 geltenden Umsatzsteuersenkung.

Themen, die in erster Linie die Hauptverhandlung betreffen, finden Sie im Praxishandbuch von Philipp Rinklin „Der Strafprozess – Strategie und Taktik in der Hauptverhandlung", in Kapitel 29, S. 1390 ff.

19.1.2 Übersicht der wichtigsten Gebühren

Die wichtigsten Gebühren sind:

19.2

– Grundgebühr (Nr. 4100 VV RVG)

– Verfahrensgebühr für das vorbereitende Verfahren (Ermittlungsverfahren) (Nr. 4104 VV RVG)

– Terminsgebühr für Termine außerhalb der Hauptverhandlung (Nr. 4102 VV RVG)

– Verfahrensgebühr erste gerichtliche Instanz (Nr. 4106, 4112 oder 4118 VV RVG)

– Terminsgebühr erste gerichtliche Instanz (Nr. 4108, 4114 oder 4120 VV RVG)

– Verfahrensgebühr Berufungsinstanz (Nr. 4124 VV RVG)

– Terminsgebühr Berufungsinstanz (Nr. 4126 VV RVG)

– Verfahrensgebühr Revisionsinstanz (Nr. 4130 VV RVG)

– Terminsgebühr Revisionsinstanz (Nr. 4132 VV RVG)

19.1.3 Grundgebühr (Nr. 4100 VV RVG)

19.1.3.1 Überblick

Die Grundgebühr nach Nr. 4100 VV RVG vergütet die **erstmalige Einarbeitung** in den Fall. Sie entsteht deshalb unabhängig davon, zu welchem Zeitpunkt der Verteidiger (als Wahl- oder Pflichtverteidiger) das Mandat übernimmt und in welcher Instanz er tätig wird. Sie kann nur einmal abgerechnet werden. Die Grundgebühr fällt schon dann an, wenn der Verteidiger sich in irgendeiner Form in den Fall eingearbeitet hat, beispielsweise durch eine Besprechung mit dem Mandanten, Akteneinsicht oder eine vergleichbare Einarbeitungstätigkeit.

19.3

Die Grundgebühr kann fast im Rahmen jeder Strafverteidigerabrechnung nach dem RVG abgerechnet werden. Etwas anderes gilt aber dann, wenn der Rechtsanwalt nicht für eine vollständige Strafverteidigung mandatiert oder beigeordnet wurde, sondern er nur für eine **Einzeltätigkeit** mandatiert bzw. beigeordnet wurde (dann sind anstatt der Gebühren Nr. 4100 ff. VV RVG die Gebühren Nr. 4300 ff. RVG abzurechnen).

Die Grundgebühr steht nicht nur dem Wahlverteidiger und Pflichtverteidiger zu, sondern auch dem sonstigen Beistand oder Vertreter eines Verfahrensbeteiligten, also insbesondere dem Rechtsbeistand/Vertreter des **Privatklägers, Nebenklägers, Einziehungs- oder Nebenbeteiligten** sowie eines **Verletzten**.

Die Grundgebühr fällt **nicht** an im **Wiederaufnahmeverfahren**, im **isolierten Adhäsionsverfahren** sowie im **Strafvollstreckungsverfahren**.

Die Grundgebühr kann mit **Haftzuschlag** anfallen (dann Nr. 4101 VV RVG).

19.1.3.2 Höhe der Gebühr

19.4 Der Gebührenrahmen bzw. bei der Pflichtverteidigervergütung der Festbetrag der Grundgebühr ist nicht davon abhängig, vor welchem Gericht ggf. angeklagt wird. Bei der Wahlverteidigervergütung nach dem RVG muss der Verteidiger hinsichtlich der Festsetzung der Höhe der Grundgebühr innerhalb des Gebührenrahmens deshalb beachten, dass ihr Gebührenrahmen sämtliche denkbaren Strafsachen erfasst, angefangen von einer kleinen amtsgerichtlichen Strafsache bis hin zu Umfangsverfahren vor dem Oberlandesgericht.[1] Dabei kommt es selbstverständlich nur auf jene Kriterien an, die sich auf die Tätigkeit, für welche die Grundgebühr entsteht, beziehen. Entscheidende Kriterien für die Grundgebühr sind insbesondere die **Dauer des Erstgesprächs**, der **Umfang der Akte** bei der erstmaligen Lektüre durch den Strafverteidiger sowie die allgemeinen Kriterien wie die **Bedeutung** der Angelegenheit für den Mandanten und die **Schwierigkeit** der Strafsache.

Insofern kann es z.B. sein, dass sich Kriterien als für amtsgerichtliche Verfahren durchschnittlich, insgesamt auf alle denkbaren Verfahren bezogen aber als unterdurchschnittlich darstellen und so zwar die Verfahrensgebühr für die erste gerichtliche Instanz (Nr. 4106 VV RVG) und ggf. die Terminsgebühr (Nr. 4108 VV RVG) in Höhe der Mittelgebühr festgesetzt werden können, bei der Grundgebühr (Nr. 4100 VV RVG) und der Verfahrensgebühr für das vorbereitende Verfahren (Nr. 4104 VV RVG) hingegen ein Betrag unterhalb der Mittelgebühr angesetzt werden muss.

Praktisch scheint es zwischen den Gerichtsbezirken große Unterschiede zu geben. Während teilweise die Mittelgebühr fast immer als angemessen angesehen wird, bestehen in anderen Gerichtsbezirken kaum Chancen, die Mittelgebühr in kleineren amtsgerichtlichen Verfahren zu erhalten. Auch ist zu beobachten, dass die Staatskasse deutlich häufiger die Festsetzung der Mittelgebühr rügt, als die meisten Rechtschutzversicherungen.

---

1) Vgl. OLG Saarbrücken, RVGreport 2014, 103 und LG Heilbronn, RVGreport 2017, 174.

Abschließend sollen zur Erläuterung aus der Rechtsprechung ein paar Beispiele zum Aktenumfang genannt werden: 25 Seiten Aktenumfang sind nach dem LG Hagen,[2] 30 Seiten nach dem LG Meiningen[3] und 33 Seiten nach dem LG Heilbronn[4] deutlich **unterdurchschnittlich** und rechtfertigen nicht die Festsetzung der Mittelgebühr. Abweichend davon hat das AG Nürnberg bei einem Aktenumfang von nur 31 Seiten (Tatvorwurf: Unerlaubtes Entfernen vom Unfallort) die Grundgebühr in Höhe der Mittelgebühr zugesprochen.[5]

Überdurchschnittlich sollen nach dem OLG Düsseldorf bei zahlreichen Straftaten und mehreren Beschuldigten 400–500 Seiten sein.[6] Das LG Kiel[7] sah bereits einen Aktenumfang von 157 Seiten als etwas überdurchschnittlich an und gewährte eine leicht über der Mittelgebühr angesetzte Grundgebühr. Das LG Koblenz[8] sah einen Aktenumfang von 167 Seiten als „jedenfalls durchschnittlich" an. Das OLG München sah in einem landgerichtlichen Verfahren 496 Seiten als nur **durchschnittlich** an.[9]

19.1.3.3   Mehrfache Abrechnung der Grundgebühr?

Die Grundgebühr fällt grundsätzlich pro Rechtsfall nur einmal an. Lediglich wenn in dem Zeitpunkt der erstmaligen Einarbeitung mehrere Verfahren vorliegen, so kann auch in jedem Verfahren die Grundgebühr separat abgerechnet werden. Ob ein oder mehrere Verfahren vorliegen, ist streng formell zu bestimmen und kann i.d.R. daran erkannt werden, ob im Zeitpunkt der erstmaligen Einarbeitung ein oder mehrere Aktenzeichen seitens der die Akteneinsicht gewährenden Behörde bzw. des die Akteneinsicht gewährenden Gerichts vergeben waren. Praktisch bedeutet dies, dass lediglich einmal die Grundgebühr anfällt, wenn zu diesem Zeitpunkt mehrere Sachverhalte bei der Staatsanwaltschaft oder dem Gericht unter einem Aktenzeichen geführt wurden (**Sammelverfahren**).[10] Wenn es später zu einer Abtrennung eines Teils des Verfahrens kommt (z.B. gegen Ende des Ermittlungsverfahrens), so führt dies deshalb **nicht** zum Entstehen einer weiteren Grundgebühr.

19.5

Wenn ein Verteidiger mehrfach die Verteidigung in demselben Rechtsfall übernimmt, so erhält er die Grundgebühr ebenfalls nur einmal. Beispielsweise erhält der Verteidiger keine zweite Grundgebühr, wenn es nach einem erfolgreichen Wiederaufnahmeverfahren zu einer Wiederholung der Hauptverhandlung kommt, er aber auch schon im ursprünglichen Erkenntnisverfahren in derselben Sache verteidigt hat.

19.6

---

2) RVGreport 2016, 451.
3) JurBüro 2011, 642.
4) RVGreport 2016, 174.
5) Beschl. v. 12.10.2012 – 56 Cs 705 Js 69713/11.
6) RVGreport 2011, 57.
7) Beschl. v. 07.01.2013 – 2 Qs 67/2012.
8) RVGreport 2014, 264.
9) RVGreport 2017, 231.
10) JurBüro 2013, 362 = StraFo 2012, 305 = AGS 2013, 407.

Schäck

19.1.3.4 Terminsvertreter

19.7 Häufig kommt es bei Terminsvertretern im Rahmen von Pflichtverteidigungsmandaten zu Rechtsstreitigkeiten. Normalerweise erfolgt die Beiordnung als Pflichtverteidiger für die vollständige Strafverteidigung, so dass die Grundgebühr und sämtliche sonst angefallenen Gebühren nach den Nr. 4100 ff. VV RVG abgerechnet werden können. Probleme ergeben sich aber, wenn die Pflichtverteidigerbeiordnung des Rechtsanwalts nur für einen oder mehrere einzelne Hauptverhandlungstermine als „**Terminsvertreter**" des eigentlichen Pflichtverteidigers erfolgt, weil dieser an einzelnen Terminen verhindert ist.

19.8 Nach einem Teil der Rechtsprechung ist die Beiordnung eines Rechtsanwalts lediglich als Terminsvertreter zulässig und führt dazu, dass nur eine Terminsgebühr für die Teilnahme an der Hauptverhandlung abgerechnet werden kann.[11] Innerhalb dieser Rechtsprechung ist wiederum umstritten, ob dem Terminsvertreter hinsichtlich der Terminsgebühr ein eigener Vergütungsanspruch zusteht, er also selbst gegenüber der Staatskasse abrechnen kann, oder aber der eigentliche Pflichtverteidiger auch die Terminsgebühren der Termine, an denen der Terminsvertreter teilgenommen hat, abrechnen muss und diese dann an den Terminsvertreter weiterleitet.

Nach einem anderen Teil der Rechtsprechung erlangt auch der als Terminsvertreter beigeordnete Rechtsanwalt gegenüber der Staatskasse einen Vergütungsanspruch bzgl. aller (bei ihm angefallener) Gebühren, so dass er i.d.R. neben den Terminsgebühren (z.B. Nr. 4108 VV RVG) auch die Grundgebühr (Nr. 4100 VV RVG) und die Verfahrensgebühr für die jeweilige gerichtliche Instanz (z.B. Nr. 4106 VV RVG) abrechnen kann.[12]

Wenn mit letzterer Meinung grundsätzlich vom Entstehen der normalen Gebühren nach Nr. 4100 ff. VV RVG ausgegangen wird, so stellt sich die weitere Frage, ob dennoch eine kostenneutrale Beiordnung als Terminsvertreter zulässig ist. Teilweise heißt es in gerichtlichen Beschlüssen, dass der Rechtsanwalt A dem Angeklagten B „*kostenneutral beigeordnet*" wird. Viele Rechtsanwälte rechnen in diesen Fällen lediglich die Terminsgebühr ab. Dies ist dann nachvollziehbar, wenn der Rechtsanwalt zugesichert hat, dass der Staatskasse durch seine Beiordnung keine zusätzlichen Kosten entstehen. Zwar ist diese „Zusicherung" rechtlich wohl unwirksam, da sie gegen § 49b BRAO verstoßen dürfte.[13] Jedoch wird

---

11) So z.B. OLG Brandenburg, RVGprofessionell 2010, 83; OLG Braunschweig, RVGreport 2016, 184 = Nds. Rpfl. 2015, 263 = AGS 2016, 78; OLG Oldenburg, RVGreport 2015, 23; OLG Saarbrücken, RVGreport 2015, 64 = StRR 2015, 117 = RVGprofessionell 2015, 60.

12) So z.B. OLG Bamberg, NStZ-RR 2011, 223 = StRR 2011, 167; OLG Jena, Beschl. v. 08.12.2010 – 1 Ws 318/10; OLG Nürnberg, RVGreport 2016, 105 = StraFo 2015, 39 = AGS 2015, 29 = StRR 2015, 118 = NStZ-RR 2015, 95; OLG Schleswig, SchlHa 2010, 269 [Dö/Dr].

13) OLG Bremen, Beschl. v. 12.07.2013 – Ws 184/12; OLG Jena, Beschl. v. 14.04.2012 – 2 Ws 52/10; OLG Köln, StV 2011, 659; anders hingegen OLG Oldenburg, NStZ-RR 2010, 210; OLG Frankfurt, NStZ-RR 2008, 47.

sich ein Rechtsanwalt i.d.R. dennoch an seinem Wort messen lassen und kaum den Ruf erwerben wollen, er halte eine (rechtlich unwirksame) Zusage nicht ein.

Wenn eine derartige Zusicherung nicht erfolgt ist, so sollte (mindestens) auch versucht werden, die weiteren Gebühren für die jeweilige Instanz ausgezahlt zu bekommen. Denn auch der Verteidiger, der nur in einem einzigen Hauptverhandlungstermin auftritt, muss sich in die Akte einarbeiten, sich mit dem Hauptverteidiger und dem Mandanten abstimmen usw. Als Argument für einen entsprechenden Gebührenanspruch kann neben der zitierten Rechtsprechung zu § 49b BRAO angeführt werden, dass keine gesetzliche Grundlage besteht für eine „kostenneutrale Beiordnung" bzw. „Beiordnung als Terminsvertreter", wobei hier zu berücksichtigen ist, dass dieser Kampf sich auf die Bereitschaft der Richter, einen Terminsvertreter beizuordnen, negativ auswirken wird.

19.9

19.1.4 Terminsgebühr für Termine außerhalb der Hauptverhandlung (Nr. 4102 VV RVG)

19.1.4.1 Überblick

Die Terminsgebühr nach Nr. 4102 VV RVG fällt bei der Teilnahme an den in Nr. 4102 VV RVG aufgezählten Terminen an, wobei diese meistens (aber nicht zwingend) im vorbereitenden Verfahren (Ermittlungsverfahren) stattfinden. Es sind dies

19.10

1. richterliche Vernehmungen und Augenscheinseinnahmen,

2. Vernehmungen durch die Staatsanwaltschaft oder eine andere Strafverfolgungsbehörde,

3. Termine außerhalb der Hauptverhandlung, in denen über die Anordnung oder Fortdauer der Untersuchungshaft oder der einstweiligen Unterbringung verhandelt wird,

4. Verhandlungen im Rahmen des Täter-Opfer-Ausgleichs sowie

5. Sühnetermine nach § 380 StPO.

Eingeschränkt wird dieser Gebührentatbestand dadurch, dass mehrere Termine an einem Tag i.S.d. Nr. 4102 VV RVG als ein einziger Termin gelten. Zum anderen wird er dadurch eingeschränkt, dass diese Gebühr im vorbereitenden Verfahren und in jedem Rechtszug für die Teilnahme an jeweils **bis zu drei Terminen** nur einmal entsteht (vgl. Nr. 4102 VV RVG). Die Terminsgebühr Nr. 4102 VV RVG kann mit Haftzuschlag anfallen (Nr. 4103 VV RVG).

19.1.4.2   Hafttermine

19.11 Der häufigste Anwendungsfall für diese Gebühr ist bei den meisten Strafverteidigern der Termin vor dem Haftrichter. Hier muss allerdings unterschieden werden: Beantragt der Verteidiger einen mündlichen Haftprüfungstermin, zu dem er erscheint, so fällt die Terminsgebühr i.d.R. unproblematisch an, da der Strafverteidiger in dem Haftprüfungstermin in irgendeiner Form mit dem Gericht bzw. der Staatsanwaltschaft „verhandelt". Eine solche Verhandlung ist nämlich Voraussetzung dafür, dass die Gebühr Nr. 4102 VV RVG für die Teilnahme an einem Termin vor dem Haftrichter anfällt.[14]

Es reicht aus, wenn der Verteidiger beantragt, dass der Haftbefehl aufgehoben oder außer Vollzug gesetzt wird.[15] oder er Argumente vorträgt,[16] wobei darauf geachtet werden sollte, dass dies auch protokolliert wird.

Nur der Antrag auf Akteneinsicht oder Pflichtverteidigerbeiordnung soll nicht genügen.[17]

Wenn der Verteidiger seinen Mandanten lediglich zur Haftbefehlsverkündung begleitet und selbst keine Anträge stellt und auch nicht mit dem Richter oder Staatsanwalt in irgendeiner Form verhandelt, so fällt die Gebühr nicht an. Sie entsteht nach h.M. auch nicht, wenn der Beschuldigte lediglich auf Rat seines Verteidigers schweigt, der Verteidiger darüber hinaus aber nicht „verhandelt".[18]

19.1.4.3   Analoge Anwendung auf andere Fälle

19.12 Bei anderen (ggf. ähnlichen) Terminen dürfte die Gebühr Nr. 4102 VV RVG nicht anfallen, da die Aufzählung in Nr. 4102 VV RVG abschließend ist und bereits eine Ausnahme zu der grundsätzlichen Regelung darstellt, wonach Termine außerhalb der Hauptverhandlung nicht vergütet werden. Aus diesem Grund ist eine analoge Anwendung der Nr. 4102 VV RVG nicht möglich.[19]

---

14) Vgl. Rechtsprechung bei Burhoff/Volpert, RVG Straf- und Bußgeldsachen, Nr. 4102 VV Rdnr. 30.
15) KG, StraFo 2006, 472.
16) Vgl. Burhoff/Volpert, RVG Straf- und Bußgeldsachen, Nr. 4102 VV Rdnr. 30.
17) OLG Hamm, AGS 2007, 241; OLG Saarbrücken, StraFo 2014, 350 = RVGreport 2014, 428 = StRR 2014, 517; AG Bersenbrück, JurBüro 2013, 303.
18) OLG Hamm, AGS 2007, 241; KG, RVGReport 2009, 227; OLG Hamm, JurBüro 2006, 641; OLG Jena, RVGreport 2014, 24; OLG Saarbrücken, StraFo 2014, 350; anders aber LG Bielefeld, StV 2006, 198; LG Traunstein, RVGreport 2013, 10.
19) Zu den Ausnahmefällen, in denen die Rechtsprechung dennoch eine analoge Anwendung der Gebühr Nr. 4102 VV RVG vorgenommen hat, siehe Rinklin, Hauptverhandlung, Kap. 29, S. 1390 ff.

19.1.5 Verfahrensgebühr für das vorbereitende Verfahren (Ermittlungsverfahren) (Nr. 4104 VV RVG)

Die Verfahrensgebühr für das vorbereitende Verfahren (Ermittlungsverfahren) nach Nr. 4104 VV RVG fällt seit dem 01.08.2013 aufgrund der mit dem 2. Kostenrechtsmodernisierungsgesetz eingetretenen Änderungen (vorher war dies umstritten) immer schon dann an, wenn der Verteidiger irgendwann (ggf. auch nur kurz) im Laufe des vorbereitenden Verfahrens mandatiert oder als Pflichtverteidiger beigeordnet war. Es reicht jede Tätigkeit des Verteidigers für das Entstehen der Gebühr aus, wie etwa die **Besprechung** des Vorwurfs **mit dem Mandanten** oder die **Akteneinsicht**. Nicht erforderlich ist, dass der Verteidiger mehr getan hat, als schon für das Verdienen der Grundgebühr erforderlich ist.

19.13

Das vorbereitende Verfahren beginnt mit der Einleitung von Ermittlungen[20] und endet mit der Übersendung der Anklageschrift durch die Staatsanwaltschaft an das Gericht, wobei es gem. Anm. zu Nr. 4104 VV RVG auf den Eingang der Anklageschrift bei Gericht ankommt (ab diesem Moment befinden wir uns im gerichtlichen Verfahren erster Instanz). Auch mit dem Eingang eines Strafbefehlsantrags bei Gericht oder mit einer Einstellungsentscheidung endet das vorbereitende Verfahren.

Die Höhe der Verfahrensgebühr für das vorbereitende Verfahren ist nicht davon abhängig, vor welchem Gericht später Anklage erhoben wird, weshalb bzgl. der Gebührenhöhe bei der Wahlverteidigerabrechnung die Ausführungen zur Grundgebühr auch hier gelten.

Die Gebühr kann mit Haftzuschlag anfallen (Nr. 4105 VV RVG).

19.1.6 Verbindung und Abtrennung

Wenn im Ermittlungsverfahren eine **Verbindung** mehrerer Verfahren erfolgt, so verbleibt es bzgl. der Grundgebühr (Nr. 4100 VV RVG) sowie bzgl. der Verfahrensgebühr für das vorbereitende Verfahren (Nr. 4104 VV RVG) bei den vor der Verbindung in jedem Verfahren schon entstandenen Gebühren. Die Verbindung hat also gebührentechnisch keine Auswirkungen.

19.14

Wenn im Ermittlungsverfahren eine **Abtrennung** von Verfahren erfolgt, so verbleibt es bzgl. der Grundgebühr (Nr. 4100 VV RVG) i.d.R. dabei, dass diese nur einmal anfällt. Denn die Grundgebühr wird für die erstmalige Einarbeitung in den Fall gezahlt, welche im Zeitpunkt der Abtrennung in den meisten Fällen schon abgeschlossen sein dürfte. Wenn allerdings ausnahmsweise gleich zu Beginn des Mandats zu einem Zeitpunkt eine Abtrennung erfolgt, zu dem die Ein-

---

20) Burhoff/Volpert, RVG Straf- und Bußgeldsachen, Nr. 4104 VV Rdnr. 3.

arbeitung des Rechtsanwalts noch nicht abgeschlossen war, so sollte versucht werden, die Grundgebühr mehrfach (entsprechend der Anzahl der Verfahren nach der Abtrennung) ausgezahlt zu bekommen.

Hinsichtlich der Terminsgebühr nach Nr. 4102 VV RVG sollte es keine Schwierigkeiten geben. Die Terminsgebühr fällt dann mehrfach an, wenn auch in mehreren Verfahren ein entsprechender Termin stattgefunden hat. Dies kann z.B. der Fall sein, wenn im Rahmen einer polizeilichen Beschuldigtenvernehmung des Mandanten dieser zu mehreren Vorwürfen aus verschiedenen Ermittlungsakten befragt wird.[21]

19.1.7   Befriedungsgebühr (Nr. 4141 VV RVG)

19.1.7.1   Überblick

19.15   Wenn durch die anwaltliche Mitwirkung die Hauptverhandlung entbehrlich wird, erhält der Rechtsanwalt eine zusätzliche Gebühr nach Nr. 4141 VV RVG in Höhe der jeweiligen **gerichtlichen Verfahrensgebühr**, wobei sich diese nach der Instanz richtet, in der die Hauptverhandlung entbehrlich geworden ist. Es ist also für den Fall der Einstellung des Verfahrens eine Prognose zu stellen, vor welchem Gericht und welchem Spruchkörper für den Fall der Nichteinstellung Anklage erhoben worden wäre.

Der Wahlanwalt muss grundsätzlich die **Mittelgebühr** abrechnen. Die Gebühr Nr. 4141 VV RVG fällt immer **ohne Haftzuschlag** an.

Eine ausreichende Förderung kann z.B. in einem Schriftsatz, der Rücknahme eines Rechtsbehelfs oder einem Telefonat mit der Staatsanwaltschaft liegen.

Die Gebühr fällt auch an beim anwaltlichen Beistand oder Vertreter eines anderen Verfahrensbeteiligten (z.B. Nebenklagevertreter), wenn durch seine anwaltliche Tätigkeit eine Verhandlung entbehrlich wird.[22]

19.16   Der Umfang und die Art der anwaltlichen Mitwirkung ist ohne Belang. In Betracht kommt beispielsweise:

– **Besprechung** mit der Staatsanwaltschaft mit dem Ziel, dass die Staatsanwaltschaft ihre Berufung zurücknimmt;[23]

---

21) Hinsichtlich der Auswirkungen der Verbindung und Abtrennung auf die in den gerichtlichen Instanzen entstehenden Gebühren siehe Rinklin, Hauptverhandlung, Kap. 29, S. 1390 ff.

22) Burhoff/Volpert, RVG Straf- und Bußgeldsachen, Nr. 4141 VV Rdnr. 8. Die Nr. 4141 VV RVG gilt über Vorbem. 4 Abs. 1 VV RVG auch im Privatklageverfahren für den Vertreter/Beistand des Privatklägers (Burhoff/Volpert, RVG Straf- und Bußgeldsachen, Nr. 4141 VV Rdnr. 11).

23) LG Köln, AGS 2007, 351 = StraFo 2007, 305.

Schäck

- Benennung von Zeugen;[24]

- umstritten: **Mitteilung, dass der Beschuldigte sich nicht zur Sache einlassen wird;**[25]

- **Rat des Verteidigers** an seinen Mandanten, sich zu den Tatvorwürfen zu äußern;[26]

- Einreichung einer **Stellungnahme/Schutzschrift;**[27]

- **Einspruchseinlegung** gegen Strafbefehl, Begründung und Einstellungsantrag;[28]

- **Rücknahme** des Einspruchs oder der Berufung;[29]

- Einreichung einer außergerichtlichen Vereinbarung zwischen Geschädigtem und Schädiger;[30]

- Gespräche mit dem Gericht, die zur Einstellung führen;[31]

- Stellung von **Beweisanträgen/**sonstigen Anträgen;[32]

- Hinweis des Verteidigers, dass der Mandant verstorben ist mit der Folge der Einstellung nach § 200a StPO;[33]

- Hinweis des Verteidigers auf ein **Verfahrenshindernis,** wie z.B. eine Strafverfolgungsverjährung;[34]

- Hinweis des Verteidigers auf ein **Beweisverwertungsverbot;**[35]

- Tätigkeit des Rechtsanwalts führt erst zum Eintritt der Strafverfolgungsverjährung;[36]

- Signalisierung der Zustimmung zu einem **Täter-Opfer-Ausgleich.**[37]

---

24) Burhoff/Volpert, RVG Straf- und Bußgeldsachen, Nr. 4141 VV Rdnr. 14.
25) Bejaht vom BGH, AGS 2011, 128 = VRR 2011, 118 = StRR 2011, 201; AG Hamburg-Barmbek, RVGreport 2012, 109 = RVGprofessionell 2011, 86 = VRR 2011, 199; verneint vom AG Dinslaken, JurBüro 1996, 308; AG Aachen, JurBüro 2011, 304.
26) AG Kronach, RVGreport 2017, 107 = AGS 2017, 82 = RVGprofessionell 2017, 38 = zfs 2017, 230.
27) Burhoff/Volpert, RVG Straf- und Bußgeldsachen, Nr. 4141 VV Rdnr. 14.
28) LG Kiel, zfs 2007, 106; LG Potsdam, JurBüro 2013, 189, 190 = RVGreport 2013, 275 = AGS 2013, 280 = VRR 2013, 317.
29) LG Duisburg, RVGreport 2006, 230 = AGS 2006, 234; AG Wiesbaden, AGS 2003, 545.
30) AG Unna, JurBüro 1998, 410.
31) OLG Köln, AGS 2007, 351 = StraFo 2007, 305; LG Saarbrücken, RVGreport 2016, 254 = AGS 2016, 171 = StRR 10/2016, 24; AG Tiergarten, RVGreport 2016, 20 = AGS 2015, 511 = RVGprofessionell 2016, 43 = StRR 7/2016, 23.
32) Für den Antrag auf Einholung eines Sachverständigengutachtens bejaht durch LG Düsseldorf, AGS 2011, 430.
33) LG Potsdam, JurBüro 2013, 586 = RVGreport 2014, 71 = Rpfleger 2013, 648; AG Magdeburg, Rpfleger 2000, 154.
34) LG Schwerin, DAR 2000, 333; LG Baden-Baden, AGS 2002, 38.
35) LG Düsseldorf, AGS 2010, 599.
36) Für das Bußgeldverfahren LG Oldenburg, VRR 2013, 316 = RVGreport 2013, 320 = RVGprofessionell 2013, 114 = AGS 2013, 408.
37) AG Hannover, StV 2006, 201 = Nds. Rpfl. 2006, 222.

19.17 Nicht ausreichend ist hingegen der Rat an den Mandanten, gegen ein Urteil oder einen Strafbefehl **keinen Rechtsbehelf einzulegen** (genügt nach dem ausdrücklichen Wortlaut der Nr. 4141 VV RVG nicht); d.h., es muss zunächst ein Rechtsbehelf eingelegt werden, der anschließend zurückgenommen werden kann, damit die Gebühr nach Nr. 4141 VV RVG entsteht. Umstritten ist, ob es ausreichen kann, wenn in einem anderen Verfahren kein Rechtsbehelf eingelegt wird.[38]

19.18 Die Tätigkeit des Rechtsanwalts muss **nicht** tatsächlich **ursächlich** gewesen sein für die Vermeidung der Hauptverhandlung. Es reicht aus, dass dies nicht auszuschließen ist. Aus der Formulierung des Gesetzes ergibt sich eine **Umkehr der Darlegungs- und Beweislast**. Der Rechtsanwalt muss also seine Mitwirkung an der Vermeidung der Hauptverhandlung nicht darlegen oder gar beweisen, sondern diese wird vermutet. Möchte der Vertreter der Staatskasse die Gebühr Nr. 4141 VV RVG nicht festsetzen, so muss er die nicht vorhandene Mitwirkung des Rechtsanwalts darlegen und beweisen.[39] Dennoch ist anzuraten, die Mitwirkung des Rechtsanwalts – wenn sie sich nicht aus der Akte ergibt – darzulegen, um eine schnelle Festsetzung und Auszahlung zu erreichen und längere Streitigkeiten zu vermeiden.

19.1.7.2 Nicht nur vorläufige Einstellung des Strafverfahrens (Nr. 4141 Anm. 1 Satz 1 Nr. 1 VV RVG)

19.19 Ausreichend ist es, wenn eine Einstellung erfolgt, die das Ziel hat, **dauerhaft** zu sein. Dass das Verfahren ggf. tatsächlich wieder aufgenommen wird, ist ohne Bedeutung.

In Betracht kommen folgende Einstellungen:

§ 153 Abs. 1 und 2 StPO
§ 153a Abs. 1 und 2 StPO, aber nach h.M. erst nach erfüllter Auflage
§ 153b Abs. 1 und 2 StPO
§ 153c Abs. 1 und 3 StPO
§ 154 Abs. 1 und 2 StPO
§ 154d Satz 3 StPO
§ 170 Abs. 2 StPO
§ 206a StPO
§ 206b StPO
§ 383 Abs. 2 StPO (Einstellung im Privatklageverfahren außerhalb der Hauptverhandlung)
§ 47 JGG
§ 45 JGG im Jugendgerichtsverfahren
Offen für Fall des § 37 BtMG

---

38) Bejaht vom AG Berlin-Tiergarten, AGS 2010, 220 = RVGprofessionell 2010, 40 = RVGreport 2010, 400.
39) KG, AGS 2009, 324; AG Unna, JurBüro 1998, 410; AG Saarbrücken, RVGreport 2006, 181 = AGS 2006, 126.

Eine **Teileinstellung** wegen einzelner Taten führt nicht zum Entstehen der Gebühr Nr. 4141 VV RVG, wenn bezüglich anderer Taten eine Hauptverhandlung stattfindet. Wird das Verfahren gegen einen Beschuldigten vollständig eingestellt, und findet lediglich gegen andere Beschuldigte eine Hauptverhandlung statt, so fällt die Gebühr Nr. 4141 VV RVG allerdings an, da sie **personenbezogen** ist. | 19.20

Wenn durch eine Abtrennungsentscheidung eine von mehreren Taten (Tat B) abgetrennt wird und bezüglich der anderen Tat (Tat A) eine Verurteilung des Mandanten erfolgt, und das Verfahren bezüglich der anderen Tat (Tat B) im Anschluss unter Mitwirkung des Verteidigers eingestellt wird (z.B. gem. § 154 Abs. 2 StPO), so ist die Gebühr Nr. 4141 VV RVG entstanden.[40] | 19.21

Wenn durch die Mitwirkung des Verteidigers lediglich **weitere Hauptverhandlungstermine** nach einer Unterbrechung entbehrlich werden, so fällt die Gebühr Nr. 4141 VV RVG nicht an. Wenn eine weitere Hauptverhandlung nach einer Aussetzung entbehrlich wird, so wird allerdings vertreten, dass die Gebühr Nr. 4141 VV RVG dann anfalle. | 19.22

Die Gebühr Nr. 4141 VV RVG kann **mehrfach anfallen,** wenn durch die anwaltliche Mitwirkung das Verfahren z.B. mehrfach eingestellt wird. Allerdings kann die Gebühr pro „Angelegenheit" nur einmal anfallen. Um **verschiedene Angelegenheiten** handelt es sich beispielsweise, wenn eine Einstellung im Ermittlungsverfahren stattfindet und später eine Einstellung in der ersten Instanz vor Gericht. Dann kann die Gebühr Nr. 4141 VV RVG doppelt abgerechnet werden. Aber auch wenn im Ermittlungsverfahren zweimal eine Einstellung erfolgt, aber zwischen der ersten Einstellung und der anschließenden Wiederaufnahme der Ermittlungen mehr als zwei Jahre liegen, handelt es sich um verschiedene Angelegenheiten und die Gebühr Nr. 4141 VV RVG kann doppelt abgerechnet werden (das folgt aus § 15 Abs. 5 Satz 2 RVG).[41] | 19.23

19.1.7.3 Nichteröffnung der Hauptverhandlung (Nr. 4141 Anm. 1 Satz 1 Nr. 2 VV RVG)

Nach Anm. 1 Satz 1 Nr. 2 VV RVG entsteht die Gebühr auch dann, wenn das Gericht die Eröffnung des Hauptverfahrens ablehnt. Umstritten ist dabei, ob die Gebühr auch entsteht, wenn das Gericht den **Erlass eines Strafbefehls** gem. § 408 Abs. 2 Satz 1 StPO ablehnt.[42] Die Gebühr entsteht allerdings jedenfalls dann nicht, wenn das Gericht anstatt den Strafbefehl zu erlassen gem. § 408 Abs. 3 Satz 2 StPO eine Hauptverhandlung anberaumt. | 19.24

---

40) AG Berlin-Tiergarten, RVGreport 2016, 423 = AGS 2016, 216 = RVGprofessionell 2016, 102.

41) Burhoff/Volpert, RVG Straf- und Bußgeldsachen, Nr. 4141 VV Rdnr. 27.

42) Für das Entstehen der Gebühr: Burhoff/Volpert, RVG Straf- und Bußgeldsachen, Nr. 4141 VV Rdnr. 46; gegen das Entstehen der Gebühr: AG Rosenheim, RVGreport 2014, 470 = VRR 2014, 470 = VRR 2014, 440 = AGS 2014, 553 = StRR 2014, 459.

19.1.8 Verfahrensgebühr bei Einziehung und verwandter Maßnahmen (Nr. 4142 VV RVG)

19.1.8.1 Überblick

19.25 Bei der Gebühr Nr. 4142 VV RVG handelt es sich um eine Verfahrensgebühr, die als reine Wertgebühr ausgestaltet ist und sowohl vom **Wahlverteidiger** als auch vom **Pflichtverteidiger** geltend gemacht werden kann. Die Gebühr fällt immer dann an, wenn der Verteidiger im Hinblick auf eine Einziehung oder ähnliche Maßnahme **tätig geworden** ist. Der Anwendungsbereich dieser Norm hat seit dem 01.07.2017 enorm zugenommen. Denn seit dem 01.07.2017 ist bekanntlich das „Gesetz zur Reform der strafrechtlichen Vermögensabschöpfung" in Kraft. Danach ist grundsätzlich in jedem Urteil, wenn ein Vermögensschaden eingetreten ist, die Einziehung des Taterlangten oder des Wertersatzes auszusprechen.

> **Praxistipp**
>
> **19.26** In Verfahren, in denen bis zum 01.07.2017 bereits eine gerichtliche Entscheidung über Verfall oder Verfall von Wertersatz ergangen ist, gilt das neue Recht nicht. Ansonsten ist es aber auch rückwirkend anwendbar.

Die Gebühr Nr. 4142 VV RVG kann in jeder Instanz erneut geltend gemacht werden, wobei das vorbereitende Verfahren (Ermittlungsverfahren) und die erste gerichtliche Instanz als ein Verfahrensabschnitt gelten. Insofern kann die Gebühr maximal **dreimal** in einem Verfahren abgerechnet werden: Im Ermittlungsverfahren/erster gerichtlicher Instanz, in der Berufungsinstanz und in der Revisionsinstanz. Die Gebühr Nr. 4142 VV RVG dürfte zu den strafrechtlichen Gebühren gehören, durch deren Nichtabrechnung oder nicht vollständige Abrechnung die meisten Gebühren verschenkt werden.

Auch der Beistand/Vertreter eines **Nebenklägers** oder **Privatklägers** kann die Gebühr Nr. 4142 VV RVG abrechnen (vgl. Vorbemerkung 4 Abs. 1 VV). Sie fällt dann nicht an, wenn nur eine **Einzeltätigkeit** vorliegt.

19.1.8.2 Einziehungsmaßnahmen

19.27 Folgende Einziehungsmaßnahmen kommen in Betracht:

- **Einziehung** nach den §§ 74 ff. StGB, § 7 WiStG und § 21 Abs. 3 StVG;
- Verfall nach den §§ 73–73d StGB a.F. (abgeschafft);
- Vernichtung (§ 98 Abs. 1, 110 UrhG);
- Unbrauchbarmachung (§ 74d StGB, §§ 98 Abs. 2, 110 UrhG);
- Abführung des Mehrerlöses (§§ 8, 10 WiStG);

– **Beschlagnahme**, welche der Sicherung der vorgenannten Maßnahmen dient
(§§ 111b, 111c StPO);

– umstritten: Anordnung des Arrests oder der Beschlagnahme zum Zweck der
Rückgewinnungshilfe nach § 111b Abs. 5 StPO a.F. (abgeschafft).

Nicht anwendbar ist die Nr. 4142 VV RVG in folgenden Fällen: 19.28

– Rückerstattung des Mehrerlöses nach § 9 WiStG (hier ist vielmehr Nr. 4143
VV RVG anwendbar);

– Durchsetzung von Ansprüchen nach dem StrEG;

– Verfall einer Sicherheit nach § 128 Abs. 1 StPO;

– Beschlagnahme zur Sicherstellung von Beweismitteln nach §§ 94, 98 StPO;

– Vermögensbeschlagnahme nach §§ 290, 443 StPO;

– Wertersatz, wenn er den Charakter eines zivilrechtlichen Schadensersatzes hat.

Wenn die Beschlagnahme zur Sicherstellung von Beweismitteln nach §§ 94, 98
StPO stattfindet, aber die Sache auch als Einziehungsgegenstand in Betracht
kommt, so ist die Gebühr wohl ebenfalls angefallen.[43]

19.1.8.3   Tätigkeiten des Verteidigers

Voraussetzung für das Entstehen der Gebühr Nr. 4142 VV RVG ist nicht, dass es 19.29
zu einer Einziehung oder anderen von der Gebühr erfassten Maßnahme tatsächlich kommt. Erforderlich ist lediglich, dass der Verteidiger im Hinblick auf die
Einziehung oder eine ihr verwandte Maßnahme „**das Geschäft betreibt**". Ausreichend ist, wenn der Verteidiger beispielsweise einen Rechtsbehelf hinsichtlich dieser Maßnahmen eingelegt, hinsichtlich dieser Maßnahmen Stellung genommen
oder auch nur die Möglichkeit der Anordnung dieser Maßnahmen **mit seinem
Mandanten besprochen** hat. Der Umfang der diesbezüglichen Tätigkeit des Verteidigers ist irrelevant.

Auch die Erklärung des Einverständnisses mit der formlosen Einziehung (z.B. in
der Hauptverhandlung oder im Ermittlungsverfahren) führt zum Entstehen der
Gebühr Nr. 4142 VV RVG.[44]

Es ist nicht einmal erforderlich, dass die Einziehung überhaupt beantragt worden
ist. Es genügt, wenn sie nach Aktenlage in Betracht kommt.[45]

---

43) OLG Düsseldorf, RVGreport 2011, 228 = StRR 2011, 78.

44) KG, RVGreport 2005, 390 = AGS 2005, 550 = JurBüro 2005, 531; OLG Düsseldorf,
     Beschl. v. 10.12.2009 – III-1 Ws 654/09; OLG Koblenz, StV 2008, 372.

45) KG, RVGreport 2005, 390 = AGS 2005, 550 = JurBüro 2005, 531; LG Berlin,
     RVGreport 2005, 193 = AGS 2005, 395; AG Minden, AGS 2012, 66.

19.30 Es kommt für die Frage, ob die Gebühr angefallen ist, nicht darauf an, ob der Erlass der Maßnahme rechtlich zulässig ist.[46] Anderenfalls würde dies zur Folge haben, dass die Tätigkeit des Verteidigers nicht honoriert wird, wenn der Antrag der Staatsanwaltschaft keinen Erfolg hat. Darauf kommt es hingegen nicht an. Zum einen sieht das Gesetz eine derartige Einschränkung nicht vor. Zum anderen würde dies einen finanziellen Anreiz schaffen, lediglich einer rechtmäßigen Einziehung, nicht aber einer rechtswidrigen Einziehung entgegenzutreten, was zum Schaden des Mandanten führte und schlicht absurd wäre. Gerade wenn sich der Verteidiger gegen eine rechtswidrige beabsichtigte Einziehung wehrt, muss dies honoriert werden.

19.1.8.4   Höhe der Gebühr

19.31 Es handelt sich bei der Gebühr Nr. 4142 VV RVG um eine **reine Wertgebühr**. Diese bemisst sich ausschließlich am Wert der Gegenstände, bezüglich derer die Einziehung angeordnet wurde oder in Betracht kommt bzw. ein Geldbetrag eingezogen wird oder werden könnte. Wie bereits ausgeführt, kann die Gebühr Nr. 4142 VV RVG maximal dreimal anfallen.

Beispiel

19.32 Im Ermittlungsverfahren erläutert der Verteidiger seinem Mandanten, dass im vorliegenden Fall die Möglichkeit besteht, dass ein Vermögensarrest angeordnet und im Urteil die Einziehung des Taterlangten ausgesprochen wird. In der Hauptverhandlung vor dem Amtsgericht beantragt der Verteidiger im Plädoyer, seinen Mandanten freizusprechen und keine Einziehung anzuordnen oder seinen Mandanten zu einer Bewährungsstrafe zu verurteilen und das Taterlangte einzuziehen. Auch in der Berufungsinstanz stellt er im Plädoyer entsprechende Anträge. In der Revisionsinstanz schließlich überprüft der Verteidiger ebenfalls, ob die Einziehung des Taterlangten zu Recht angeordnet worden ist.

Praxistipp

19.33 Um die Tätigkeit des Verteidigers im Hinblick auf die Gebühr Nr. 4142 VV RVG zu dokumentieren, empfiehlt es sich, z.B. in der **Revisionsbegründung** zur Frage der Rechtmäßigkeit des Taterlangten zumindest mit einem Satz Stellung zu nehmen. Diese Stellungnahme kann sich auch darin erschöpfen, dass die Einziehung des Taterlangten zu Recht angeordnet worden ist und dieser Punkt in der Revision nicht gerügt wird.

19.34 Die Höhe der Vergütung ist ausschließlich abhängig vom **Wert des Eingezogenen** bzw. zur Einziehung in Betracht kommenden Gegenstands oder Geldbetrags. Sie richtet sich nach der Gebührentabelle. Diese sieht bei einem Gegenstandswert bis einschließlich 4.000 € für den Wahlverteidiger und den Pflichtverteidiger identische Gebühren vor, bei darüberhinausgehenden Gegenstandswerten weichen die

---

46) So aber KG 2009, 74 = StRR 2008, 478 = NStZ-RR 2008, 391 = JurBüro 2009, 30.

Gebühren des Wahlverteidigers und des Pflichtverteidigers voneinander ab. Es gibt allerdings eine **Untergrenze**: Erst ab einem Gegenstandswert von 30 € fällt die Gebühr Nr. 4142 VV RVG an.

Vor einer Geltendmachung der Gebühr muss ein **Festsetzungsantrag** hinsichtlich des Gegenstandswerts der Gebühr gestellt werden. Dies kann auch bereits mündlich in der Hauptverhandlung im Plädoyer erfolgen, mag aber nicht in jedem Fall den gewünschten Eindruck hinterlassen.   19.35

Die Höhe des Gegenstandswerts hängt vom Wert des Einziehungsgegenstands ab. Dabei kommt es auf den Wert zum Zeitpunkt der Entstehung der Gebühr an. Dies ist der Moment, in dem der Rechtsanwalt das erste Mal bezüglich einer Einziehung oder ähnlichen Maßnahme „das Geschäft betreibt", beispielsweise das erste Beratungsgespräch diesbezüglich mit dem Mandanten führt. Verliert der Gegenstand in der Folge an Wert, so wirkt sich das auf die Höhe der (ja bereits entstandenen) Gebühr nicht mehr aus. Der Gegenstandswert ist aber für jede Instanz **neu zu bestimmen**.   19.36

Betreibt der Verteidiger das Geschäft hinsichtlich eines **Vermögensarrests** oder einer anderen vorläufigen Vermögenssicherungsmaßnahme, ist als Gegenstandswert nach einer Ansicht i.d.R. 1/3 des zu sichernden Hauptanspruchs anzusetzen.[47] Eine andere Ansicht setzt hingegen den Wert der gepfändeten Sache bzw. die Höhe des Vermögensarrests an.[48]   19.37

Der **BGH** hat in einer jüngsten Entscheidung auf die **Umstände des Einzelfalls** und dabei im Wesentlichen auf die Frage abgestellt, wie hoch die Chancen stehen, dass der Vermögensarrest auch realisiert werden kann.[49] Die vom BGH vertretene Ansicht ist sicherlich die sachgerechteste Lösung. Gleichzeitig erfordert sie aber, dass Überlegungen zu den Lebensumständen und finanziellen Verhältnissen des Betroffenen angestellt werden, was für alle Beteiligten eine nicht unerhebliche Herausforderung darstellt. Es ist zu erwarten, dass die Rechtsprechung dem BGH in dieser Frage zukünftig folgen wird.   19.38

19.1.8.5   Einzelfälle

Abschließend sollen besonders praxisrelevante Einzelfälle erörtert werden.   19.39

Fahrerlaubnis und Führerschein

Die **Fahrerlaubnis** selbst fällt nicht unter die Nr. 4142 VV RVG, da diese nicht „eingezogen" sondern „entzogen" wird. Dieser Fall ist von Nr. 4142 VV RVG dem Wortlaut nach nicht erfasst.[50]   19.40

---

47) OLG Hamm AGS 2008, 175; AGS 2008, 341 = wistra 2008, 160; OLG München, AGS 2010, 543 = NstZ-RR 2010, 32.
48) OLG Frankfurt, Urt. v. 11.05.2017 – 1 U 203/15.
49) BGH, Urt. v. 08.11.2018 – III ZR 191/17.
50) OLG Koblenz, RVGreport 2006, 191; AG Nordhorn, AGS 2006, 238.

Allerdings kann der **Führerschein** (also das Führerscheindokument) unter die Nr. 4142 VV RVG fallen. Teilweise wird angenommen, dass der **Auffangstreitwert** nach § 52 Abs. 2 GKG i.H.v. 5.000 € anzusetzen sei.[51] Andererseits könnte als Wert auch der Betrag angesetzt werden, der als Verwaltungsgebühr bei der Straßenverkehrsbehörde für die Ausstellung eines neuen Führerscheins zu zahlen wäre.

Wenngleich es soweit ersichtlich bisher keine Rechtsprechung zur Frage des Gegenstandswertes des Führerscheins bei der Gebühr Nr. 4142 VV RVG gibt, berichten viele Strafverteidiger, dass die Gerichte (wohl auch nach einem Hinweis auf die zitierte Literatur) regelmäßig den Auffangstreitwert von 5.000 € akzeptieren, weshalb dieser angesetzt werden sollte.

Falschgeld

19.41 Falschgeld hat keinen Gegenstandswert.[52]

Unversteuerte Zigaretten

19.42 Ob diese einen Gegenstandswert haben, ist umstritten. Die wohl herrschende Rechtsprechung lehnt dies zu Recht ab.[53] Andere Gerichte hingehen gehen von einem Gegenstandswert in Höhe des Schwarzmarktpreises[54] oder in Höhe des Materialwerts zzgl. der üblichen Handelsspanne[55] aus.

Illegale Betäubungsmittel

19.43 Illegale Betäubungsmittel sollen nach der Rechtsprechung keinen Gegenstandswert haben, da es keinen legalen Handelswert gebe.[56] Diese Rechtsprechung ist für Betäubungsmittel der Anlage 1 zu § 1 Abs. 1 BtMG (nicht verkehrs- und nicht verschreibungsfähige Betäubungsmittel) sowie der Anlage 2 zu § 1 Abs. 1 BtMG (verkehrsfähige, aber nicht verschreibungsfähige Betäubungsmittel) zutreffend.

Für Betäubungsmittel der Anlage 3 zu § 1 Abs. 1 BtMG (verkehrs- und verschreibungsfähige Betäubungsmittel) allerdings dürfte es nach richtiger Ansicht sehr

---

51) Burhoff/Volpert, RVG Straf- und Bußgeldsachen, Nr. 4142 VV Rdnr. 49; Gerold/Schmidt/ Burhoff, Anhang VII Rdnr. 20.
52) OLG Frankfurt, JurBüro 2007, 201 = RVGreport 2007, 71.
53) OLG Brandenburg, wistra 2010, 199 = NStZ-RR 2010, 192 = Rpfleger 2010, 392; LG Berlin, Beschl. v. 13.10.2006 – 536 Qs 250/06; LG Cottbus, Beschl. v. 25.02.2009 – 22 Qs 38/08; LG Würzburg, Beschl. v. 16.05.2007 – 5 Qs 117/07.
54) LG Hof, AGS 2008, 80.
55) LG Essen, AGS 2006, 501 = RVGreport 2007, 465.
56) KG, RVGreport 2005, 390 = AGS 2005, 550 = JurBüro 2005, 531; OLG Frankfurt, RVGreport 2007, 71 = JurBüro 2007, 201; OLG Hamm, Beschl. v. 29.03.2007 – 3 Ws 44/07; OLG Koblenz, StraFo 2006, 215 = AGS 2006, 237 = JurBüro 2005, 255; OLG Schleswig, StraFo 2006, 516; LG Göttingen, AGS 2006, 75; LG Osnabrück, Nds. Rpfl. 2005, 158; AG Nordhorn, AGS 2006, 238.

wohl einen Verkehrswert geben, der bei der Gebühr Nr. 4142 VV RVG anzusetzen ist.[57]

Der Wert richtet sich nach dem legalen Handelswert, also nach dem **Apothekenverkaufspreis**.[58] 19.44

Auch **Marihuana/Cannabis** dürfte spätestens seit dem 10.03.2017 einen legalen 19.45
Handelswert und somit einen Gegenstandswert haben, der für die Gebühr
Nr. 4142 VV RVG heranzuziehen ist. Durch das Gesetz zur Änderung betäubungsmittelrechtlicher und anderer Vorschriften[59] ist Cannabis seit dem
10.03.2017 in der Anlage 3 zu § 1 Abs. 1 BtMG (verkehrs- und verschreibungsfähige Betäubungsmittel) aufgeführt. In der Praxis ergeben sich hier sehr interessante Gegenstandswerte.

Streckmittel

Auch Streckmittel hat einen Gegenstandswert, allerdings nur in Höhe des Bezugs- 19.46
preises des Streckmittels auf dem legalen Markt, nicht in Höhe der Aussicht auf
die illegale Verwertungsmöglichkeit.

19.1.9 Auslagen und Kosten

19.1.9.1 Porto und Telekommunikation

Der Verteidiger kann gem. Nr. 7002 VV RVG für jeden Verfahrensabschnitt pau- 19.47
schal einen Betrag i.H.v. 20 % der Gebühren, höchstens aber 20 € pro Verfahrensabschnitt für Porto und Telekommunikation abrechnen. Diese Pauschale
kann mithin maximal viermal (je einmal für das Vorbereitende Verfahren, für die
erste gerichtliche Instanz, für die Berufungsinstanz und für die Revisionsinstanz)
abgerechnet werden.

19.1.9.2 Fahrt- und Parkkosten

Für eine Fahrt mit dem eigenen **Pkw** werden 0,30 € pro Kilometer erstattet. **Park-** 19.48
kosten werden zusätzlich in der tatsächlich angefallenen Höhe ersetzt. Wenn mit
einem **anderen Verkehrsmittel** (insbesondere mit dem Zug oder Flugzeug) angereist wird, so werden die tatsächlichen Kosten übernommen. Beim Zug wird auch
eine Fahrt in der 1. Klasse bezahlt. Bezüglich der Flugkosten setzt die Erstattungsfähigkeit voraus, dass die Flugkosten angemessen sind. Soweit die Flugkosten
höher ausfallen als die Kosten für eine Zugfahrt, so sollten die Gründe angegeben

---

57) Gerold/Schmidt/Burhoff, S. 1627; Burhoff/Volpert, RVG Straf- und Bußgeldsachen,
   Nr. 4142 Rn. 40.
58) Burhoff/Volpert, RVG Straf- und Bußgeldsachen, Nr. 4142 Rdnr. 40.
59) BGBl I, 403.

werden, weshalb der Flug deutlich sinnvoller war oder sogar eine Zugfahrt nicht zugemutet werden konnte.

19.1.9.3 Abwesenheitsgelder

19.49   Weiterhin erhält der Rechtsanwalt Abwesenheitsgelder gemäß Nr. 7005 VV RVG, wenn er einen außerhalb seiner Gemeinde liegenden Termin (z.B. Gerichtstermin, JVA-Besuch) wahrnimmt. Das Abwesenheitsgeld beträgt bei einer Abwesenheit von bis zu vier Stunden pro Tag 25 €, zwischen vier und acht Stunden 40 € und über acht Stunden 70 €. Bei einem Aufenthalt im **Ausland** erhält der Verteidiger die Abwesenheitsgelder mit einem Zuschlag von 50 %.

19.1.9.4 Verbindung verschiedener Angelegenheiten

19.50   Wenn der Rechtsanwalt mit einer Fahrt verschiedene Angelegenheiten verbindet, beispielsweise er in einer JVA mehrere Mandanten besucht, so können die Fahrtkosten natürlich nicht mehrfach abgerechnet werden. Vielmehr sind die Fahrtkosten aufzuteilen. Besucht beispielsweise ein Verteidiger in derselben JVA drei Mandanten, so darf er in jedem Mandat nur 10 Cent pro Kilometer abrechnen und muss auch die sonstigen Kosten (z.B. Abwesenheitsgeld) entsprechend aufteilen. Komplizierter wird die Rechnung, wenn der Verteidiger verschiedene Orte anfährt, die er miteinander fahrtechnisch verbindet.

Beispiel

19.51   Der Verteidiger fährt von seinem Büro 100 km zur JVA A und besucht Mandant A, anschließend fährt er 30 km weiter in die JVA B und besucht dort Mandant B, dann fährt er 50 km weiter in die JVA C und besucht Mandant C, danach fährt er wieder zurück in sein Büro, die Rückfahrt beträgt 150 km.

Lösung

19.52   Hier muss jetzt ermittelt werden, welche Fahrstrecken für jeden JVA-Besuch isoliert betrachtet anfallen würden. In diesem Verhältnis werden dann die tatsächlich zurückgelegten Kilometer auf die drei Mandate „aufgeteilt". Auch bzgl. des Abwesenheitsgeldes muss isoliert betrachtet werden, wie groß der Zeitaufwand pro Mandat isoliert betrachtet gewesen wäre. In diesem Verhältnis muss dann das tatsächliche Abwesenheitsgeld auf die drei Mandate „aufgeteilt" werden.

Praxistipp

19.53   In einzelnen Landgerichtsbezirken wird es zugelassen, dass die Kosten verschiedener Angelegenheiten auf diese pauschal in gleichen Teilen aufgeteilt werden, was die Abrechnung sehr erleichtert.

Praxistipp

Es besteht die Möglichkeit, dass sich der Strafverteidiger vom Gericht be-   19.54
stimmte Auslagen – wie beispielsweise eine Fahrt in die JVA zum Mandanten –
vorher **genehmigen** lässt. Ansonsten kann der Verteidiger nicht davon ausgehen, dass unbegrenzt viele Fahrten auch bezahlt werden. Allerdings ist die Genehmigung keinesfalls erforderlich, um später eine Erstattung zu erhalten; sie
dient nur dazu, Sicherheit zu schaffen.

19.1.10   Abrechnung auf Basis einer Vergütungsvereinbarung

19.1.10.1 Überblick

Ein Strafverteidiger kann sich vom Mandanten oder dritten Personen ein von den   19.55
im RVG vorgesehenen Gebühren abweichendes Honorar zahlen zu lassen, wenn
dies mit dem Mandanten bzw. dritten Personen vereinbart wird. Die Vereinbarung muss in **Textform** erfolgen (§ 3a Abs. 1 Satz 1 RVG). Die Vereinbarung
muss separat von anderen Vereinbarungen erfolgen und sollte als „Vergütungsvereinbarung", „Honorarvereinbarung" oder ähnlich bezeichnet werden, so dass
sofort aus der Bezeichnung hervorgeht, dass es in dem Text um die Vereinbarung
eines Honorars geht.

19.1.10.2 Zeitpunkt des Abschlusses der Vergütungsvereinbarung

Eine Vereinbarung kann grundsätzlich zu einem beliebigen **Zeitpunkt** wirksam   19.56
erfolgen, d.h.

1. vor oder zu Beginn der Tätigkeit des Verteidigers,

2. während der Tätigkeit des Verteidigers und auch

3. nach Abschluss der Tätigkeit des Verteidigers.

Im zweiten und dritten Fall wird ein Honorar für eine bereits teilweise oder vollständig erbrachte Leistung vereinbart. Aus diesem Grund sollte besonders darauf
geachtet werden, dass dieser Umstand dem Mandanten bewusst ist und dass sich
dieser Umstand auch gut sichtbar aus dem Vertragsformular ergibt. Ansonsten
könnte der Vorwurf erhoben werden, dass es sich um eine überraschende und
deshalb unwirksame Klausel handelt.

Schäck

Praxistipp

19.57   In der Regel wird es empfehlenswert sein, mit dem Mandanten vor oder gleich zu Beginn der Verteidigertätigkeit eine schriftliche Honorarvereinbarung zu schließen, damit Rechtssicherheit besteht und der Verteidiger nicht das Risiko eingeht, dass nach teilweise oder vollständig geleisteter Arbeit des Verteidigers der Mandant nicht mehr bereit ist, die Honorarvereinbarung abzuschließen.

19.58   Es kann sich allerdings auch in Einzelfällen einmal anbieten, bewusst erst zu einem **späteren Zeitpunkt** eine Honorarvereinbarung mit dem Mandanten zu schließen. Insbesondere wenn bei mehreren Mandaten desselben Mandanten nicht klar ist, welches Mandat sich wie entwickelt und bei welchen Mandaten eine Pflichtverteidigerbeiordnung erfolgen wird, kommt auch in Betracht, dass der Mandant zunächst allgemein einen Vorschuss zahlt und erst später mit dem Mandanten eine Vereinbarung darüber getroffen wird, auf welche Tätigkeit nunmehr welcher Teil des Vorschusses als Honorar angerechnet und in Textform vereinbart wird. Insbesondere wenn das vom Mandanten gezahlte Honorar nicht allzu hoch ausfällt und ein gewisses Vertrauen zu dem Mandanten vorhanden ist, dass dieser einer vorgeschlagenen Honorarvereinbarung auch zustimmen wird, kann dieser Weg sinnvoll sein, damit letztendlich nicht Honorar in einer Größenordnung auf ein Mandat vereinnahmt wird, welches zu einer Anrechnung bei der Pflichtverteidigervergütung führt.

19.1.10.3   Kombination von Pflichtverteidigerbeiordnung und Honorarvereinbarung

19.59   Grundsätzlich ist es auch zulässig, neben der Pflichtverteidigervergütung mit dem Mandanten oder dritten Personen eine Honorarvereinbarung abzuschließen. Hierbei müssen aber verschiedene Punkte beachtet werden. Auf jeden Fall sollte geregelt werden, in welchem **Verhältnis** die Honorarvereinbarung zu der Pflichtverteidigervergütung und Pflichtverteidigerbeiordnung steht. In der Regel wird der Verteidiger eine Klausel dahingehend aufnehmen, dass die Honorarvereinbarung und das auf diese gezahlte Honorar unabhängig von einer möglichen Pflichtverteidigerbeiordnung und der Pflichtverteidigervergütung besteht und Bestand hat und keine Anrechnung der Pflichtverteidigervergütung auf das vom Mandanten zu zahlende bzw. erhaltene Honorar erfolgen soll.

19.60   Auch sollte – wenn die Pflichtverteidigerbeiordnung zum Zeitpunkt des Abschlusses der Honorarvereinbarung noch nicht erfolgt ist – eine Regelung aufgenommen werden, dass die Honorarvereinbarung auch für den Fall einer Pflichtverteidigerbeiordnung weiterhin Bestand hat und in Kenntnis des Umstands, dass (möglicherweise) eine Pflichtverteidigerbeiordnung erfolgen wird, abgeschlossen wird. Wichtig ist darüber hinaus die Regelung, dass der Mandant über die **Freiwilligkeit** des Abschlusses der Honorarvereinbarung informiert wurde und bei erfolgter Pflichtverteidigerbeiordnung auch darüber informiert ist, dass der Verteidiger auch ohne Abschluss der Honorarvereinbarung verpflichtet ist, die Verteidigung zu führen bzw. fortzuführen.[60]

Anrechnung

Ein sehr wichtiger Punkt ist die Frage der Anrechnung verschiedener Honorararten untereinander. Wenn Wahlverteidigervergütung auf Basis einer Honorarvereinbarung neben Wahlverteidigervergütung nach dem RVG oder Pflichtverteidigervergütung nach dem RVG gezahlt wird, so richtet sich die Anrechnungsfrage gegenüber dem Mandanten oder dritten Personen nach den in der Honorarvereinbarung getroffenen Bestimmungen.

    19.61

Rechnet der Verteidiger Pflichtverteidigervergütung gegenüber der Staatskasse zusätzlich zu einem auf Basis einer Honorarvereinbarung vereinnahmten Honorar ab, so ist zu beachten, dass die Staatskasse ggf. die Pflichtverteidigervergütung kürzt. Zu unterscheiden ist dabei zwischen **Kosten und Auslagen** auf der einen und Gebühren auf der anderen Seite. Wenn auf Basis einer Honorarvereinbarung Kosten und Auslagen erstattet werden, so wird jede Zahlung vollständig von der Pflichtverteidigervergütung abgezogen.

> **Beispiel**
>
> Wenn der Mandant sich in der Honorarvereinbarung verpflichtet, für jeden mit dem Pkw gefahrenen Kilometer 30 Cent zu bezahlen, so würden die an sich im Rahmen der Pflichtverteidigervergütung gezahlten 30 Cent pro gefahrenem Kilometer auf 0 € gekürzt werden (30 Cent – 30 Cent = 0 Cent).

    19.62

Es macht deshalb wirtschaftlich keinen Sinn, sich vom Mandanten Auslagen und Kosten erstatten zu lassen, so lange die Zahlungen die im Rahmen der Pflichtverteidigervergütung möglichen Zahlungen nicht übersteigen.

Anders ist die Rechtslage bei den **Gebühren**. Gemäß § 58 Abs. 3 Satz 3 RVG darf auf Basis einer Honorarvereinbarung maximal Honorar in Höhe der Pflichtverteidigergebühren vereinnahmt werden, also inkl. der Pflichtverteidigergebühren das Doppelte der Pflichtverteidigergebühren. Der darüberhinausgehende Betrag wird vollständig von der Pflichtverteidigervergütung abgezogen.

    19.63

> **Beispiel**
>
> Der Verteidiger erhält aus der Staatskasse Pflichtverteidigergebühren i.H.v. 4.000 € und Honorar vom Mandanten auf Basis einer Honorarvereinbarung i.H.v. 5.000 €. Da das Honorar des Mandanten um 1.000 € über die Pflichtverteidigergebühren hinausgeht, wird die Pflichtverteidigervergütung um 1.000 € gekürzt. Der Rechtsanwalt erhält somit aus der Staatskasse lediglich 4.000 € (anstatt 5.000 €) ausgezahlt.

    19.62

---

60) Vgl. BGH, Urt. v. 13.12.2018 – IX ZR 216/17.

Schäck

Ob bei dieser Rechnung mit oder ohne Umsatzsteuer gerechnet wird, ist gleichgültig. Das Ergebnis ist das gleiche.

Zusätzlich ist drauf zu achten, dass gem. § 58 Abs. 3 Satz 4 RVG die insgesamt
vom Verteidiger vereinnahmte Vergütung (Wahlverteidigervergütung auf Basis
der Honorarvereinbarung plus Pflichtverteidigervergütung) die Höchstgebühren
eines Wahlverteidigers nicht überschreiten darf.

19.65 Unklar ist dabei, was mit „**Höchstgebühren des Wahlverteidigers**" im Gesetzestext gemeint ist. Während zunächst in der Praxis davon ausgegangen wurde, dass
damit die abstrakte Gebühren-Rahmenobergrenze gemeint ist,[61] hat sich die
Rechtsprechung in letzter Zeit einheitlich dafür ausgesprochen, dass damit die
maximal ermessensfehlerfrei festzusetzende Wahlverteidigergebühr im konkreten
Einzelfall gemeint ist.[62] Viele Strafverteidiger berichten allerdings, dass nach wie
vor von den örtlichen Gerichten die abstrakte Rahmenobergrenze genommen
wird. Der finanzielle Unterschied für den Verteidiger ist dabei enorm!

Je nach Praxis der örtlichen Gerichte sollte vor jeder Vergütungsvereinbarung – wenn
es auf diese Frage ankommt – abgeschätzt werden, wie das jeweilige Gericht diese
Frage entscheiden wird. Danach kann dann die wirtschaftlich sinnvollste Vereinbarung getroffen werden.

19.66 Es besteht die Möglichkeit, in einer Honorarvereinbarung festzulegen, dass ein
Honorar lediglich für einen bestimmten **Verfahrensabschnitt**, d.h. für das vorbereitende Verfahren (Ermittlungsverfahren), die erste gerichtliche Instanz, das
Berufungsverfahren oder die Revisionsinstanz gezahlt wird. Auch kann ein
Honorar aufgesplittet werden auf verschiedene Verfahrensabschnitte. Darüber
hinaus ist es natürlich auch zulässig, Honorarzahlungen für Verfahrensabschnitte
außerhalb des Erkenntnisverfahrens (Strafvollstreckung, Strafvollzug, Wiederaufnahmeverfahren) oder ganz **andere Mandate** (z.B. Beratung über die auslän-
derrechtlichen oder arbeitsrechtlichen Folgen des Strafverfahrens) zu vereinbaren. Angerechnet wird dann nur das Honorar, welches für den jeweiligen Verfahrensabschnitt gezahlt wird.

---

61) Obergerichtliche Rechtsprechung zu dieser Praxis gibt es – soweit ersichtlich – nicht.
62) LG Aachen, Beschl. v. 03.01.2020 – 67 KLS 18/17; OLG Koblenz, Beschl. v. 08.08.2019 –
2 Ws 224/19; LG Bad Kreuznach, Beschl. v. 15.10.2018 – 2 KLs 1023 Js 6546/17;
OLG Thüringen, Beschl. v. 20.04.2017 – 1 Ws 354/17.

Beispiel

Wenn mit dem Mandanten eine zusätzliche Vergütung auf Basis einer Honorarvereinbarung i.H.v. 5.000 € zzgl. Umsatzsteuer für das vorbereitende Verfahren (Ermittlungsverfahren) vereinbart wurde, so wird dieses Honorar lediglich bezüglich der im Ermittlungsverfahren entstandenen Gebühren bei der Pflichtverteidigervergütung berücksichtigt. Dies sind i.d.R. die Grundgebühr (Nr. 4100 VV RVG), die Verfahrensgebühr für das vorbereitende Verfahren (Nr. 4104 VV RVG) sowie ggf. weitere Gebühren in diesem Verfahrensabschnitt (z.B. Nr. 4104, Nr. 4141 oder Nr. 4142 VV RVG). Sämtliche in anderen Verfahrensabschnitten entstandenen Pflichtverteidigergebühren können dann anrechnungsfrei an den Verteidiger ausgezahlt werden.

19.67

19.1.10.4 Erstattungsanspruch des Mandanten gegenüber der Staatskasse

In der Vergütungsvereinbarung sollte dringend geregelt werden, wie es sich verhält, wenn ein Vergütungsanspruch des Mandanten gegenüber der Staatskasse (insbesondere bei einem Freispruch) besteht. Wichtig ist insbesondere die Frage, ob für den Fall, dass dem Mandanten aufgrund des Freispruchs ein Anspruch auf Erstattung notwendiger Auslagen gegenüber der Staatskasse zusteht, dies dazu führt, dass auch dieser Anspruch an den Verteidiger abgetreten wird und der Verteidiger die Differenz zusätzlich zu dem von Mandanten auf Basis der Honorarvereinbarung erhaltenen Vergütung einbehalten darf, oder nicht. Wenn nichts geregelt ist, steht der Erstattungsanspruch dem Mandanten zu.

19.68

Beispiel

Der Mandant und der Verteidiger haben vereinbart, dass der Verteidiger neben der Pflichtverteidigervergütung i.H.v. 10.000 € zuzüglich Umsatzsteuer ein zusätzliches Honorar i.H.v. 5.000 € zuzüglich Umsatzsteuer vom Mandanten erhält. Nach einem Freispruch hat der Mandant gegenüber der Staatskasse einen Erstattungsanspruch i.H.v. 3.000 € (Wahlverteidigervergütung nach dem RVG abzüglich erhaltener Pflichtverteidigervergütung). Es stellt sich die Frage, ob diese 3.000 € vom Verteidiger einbehalten werden dürfen bzw. vom Mandanten an den Verteidiger abgeführt werden müssen. Wenn der Verteidiger diesen Differenzanspruch ebenfalls einbehalten können soll, so muss dies unbedingt in der schriftlichen Honorarvereinbarung geregelt werden, da ansonsten davon auszugehen ist, dass der Erstattungsanspruch gegenüber der Staatskasse dem Mandanten zusteht.

19.69

19.1.10.5 Art und Höhe des Honorars

Gemäß § 49b Abs. 1 Satz 1 RVG ist es unzulässig, geringere Gebühren als die gesetzlichen Gebühren des RVG zu vereinbaren. Eine Abweichung von den

19.70

Schäck

gesetzlichen Gebühren nach oben ist zulässig. Zu beachten ist dabei aber die Rechtsprechung des BGH zur **Sittenwidrigkeit** von Anwaltshonoraren.

19.71   Gefährlich ist insbesondere die Vereinbarung von **Pauschalhonoraren,** auch wenn diese sich wegen der vereinfachten Abrechnung und bei zeitlich nicht sehr umfangreichen Mandaten auch unter wirtschaftlichen Aspekten großer Beliebtheit erfreuen. Nach der Rechtsprechung des BGH kommt es immer auf den Einzelfall an. Entscheidend ist, dass nach der Rechtsprechung des BGH bei einem Honorar, welches das **fünffache der gesetzlichen Höchstgebühren** nicht überschreitet, vermutet wird, dass das Honorar nicht sittenwidrig sei, während bei einer Überschreitung um mehr als das fünffache der gesetzlichen Höchstgebühren vermutet wird, dass das Honorar sittenwidrig ist.

19.72   Komplizierter in der Abrechnung, dafür aber sicherer in Bezug auf eine mögliche Sittenwidrigkeit ist hingegen die Vereinbarung eines **Zeithonorars.** Bei der Vereinbarung eines Zeithonorars ist darauf zu achten, dass keine zu großen Zeiteinheiten festgelegt werden dürfen. Unproblematisch ist selbstverständlich die Abrechnung in Minuteneinheiten, aber auch eine Abrechnung in Einheiten von bis zu sechs Minuten wurde bisher soweit ersichtlich bundesweit von keinem Gericht beanstandet.[63] 15-Minuten-Einheiten hingegen sind unzulässig.

Hinsichtlich der Höhe des Zeithonorars und der Frage einer eventuellen Sittenwidrigkeit des Stundenhonorars gibt es keine klaren Grenzen oder Regeln. Es sind alle Umstände des Einzelfalls zu berücksichtigen, so insbesondere das Rechtsgebiet, die Qualifikation des Verteidigers, alle Umstände des konkreten Mandats, die wirtschaftlichen Verhältnisse des Mandanten und anderes. Ein Honorar i.H.v. 250 € zuzüglich Umsatzsteuer pro Stunde ist i.d.R. unproblematisch, je nach den Umständen des Einzelfalls wird auch ein Stundenhonorar von bis zu 500 € anerkannt. Höhere Honorare dürften nur in besonderen Ausnahmefällen noch nicht sittenwidrig sein.

19.73   Zulässig ist es, für die **Tätigkeit von Mitarbeitern, Referendaren, Auszubildenden** usw. ebenfalls ein Honorar zu vereinbaren, wenn dies von der Höhe her angemessen ist (z.B. ein Bruchteil des Anwaltsstundenhonorars). Auch eine Erhöhung des Honorars für Tätigkeiten außerhalb der üblichen Arbeitszeiten in angemessenem Umfang ist zulässig. Ebenfalls ist eine Vergütung der für Fahrt- und Wartezeiten aufgewendeten Zeit zulässig (z.B. mit dem halben Stundensatz).

19.74   Im Fall der **Kündigung** des Mandatsvertrags durch den Verteidiger oder den Mandanten/Auftraggeber stellt sich die Frage, welche Auswirkungen dies auf die Vergütungsansprüche des Verteidigers hat. Der Verteidiger behält grundsätzlich seinen Vergütungsanspruch (§ 628 Abs. 1 Satz 1 BGB). Eine Ausnahme besteht gem. § 628 Abs. 1 Satz 2 BGB nur, wenn der Anwalt kündigt, ohne durch ein vertragswidriges Verhalten des anderen Teils dazu veranlasst zu sein, oder er durch sein vertragswidriges Verhalten die Kündigung des Mandanten veranlasst und die

---

63) So zuletzt wohl akzeptiert vom OLG München, Urt. v. 05.06.2019 – 15 U 318/18 Re.

bisherigen Leistungen des Rechtsanwalts für den Mandanten infolge der Kündigung ohne Interesse sind.[64]

Zulässig ist es ebenfalls, zusätzlich zu einem Zeithonorar auch eine Pauschale oder Mindestvergütung zu vereinbaren. Hier kann auch Bezug genommen werden auf die gesetzlichen Gebühren des RVG.

> **Beispiel**
>
> Es wird ein Zeithonorar i.H.v. 250 € zuzüglich Umsatzsteuer vereinbart bei einer Mindestvergütung von 3.000 € zuzüglich Umsatzsteuer.

19.75

Alternativ wäre es auch unproblematisch, ein Zeithonorar i.H.v. 250 € zuzüglich Umsatzsteuer zu vereinbaren und dabei als Mindestvergütung die abstrakten Höchstgebühren des Wahlanwalts nach dem RVG oder das Doppelte der abstrakten Höchstgebühren zu vereinbaren.

19.1.11 Aktuell: Umgang mit der Umsatzsteuerermäßigung auf 16 %

19.1.11.1 Überblick

Für den Zeitraum 01.07.2020–31.12.2020 gilt der ermäßigte Umsatzsteuersatz von 16 %. Die Frage, wann Strafverteidiger auf Ihre Rechnung 16 % und wann 19 % Umsatzsteuer berechnen müssen, ist nicht ganz einfach zu beantworten. Irrelevant ist dabei, wann ein Strafverteidiger mandatiert bzw. beigeordnet wurde, wann er die Rechnung erstellt hat und wann sie beglichen wird. Es kommt nur darauf an, wann der Strafverteidiger die **Leistung erbracht** hat. Das ist der Zeitpunkt, in dem die **Tätigkeit abgeschlossen** ist. Entscheidende Norm ist hier § 27 Abs. 1 Satz 1 UStG.

19.76

Werden statt einer Gesamtleistung **Teilleistungen** (§ 13 Abs. 1 Nr. 1 Buchst. a) Satz 2 und 3 UStG) erbracht, kommt es für die Anwendung einer Änderungsvorschrift (z.B. der Absenkung und Anhebung der Umsatzsteuersätze) nicht auf den Zeitpunkt der Gesamtleistung, sondern darauf an, wann die einzelnen Teilleistungen ausgeführt werden. Das ist bei der Strafverteidigertätigkeit der Zeitpunkt, in dem die Tätigkeit beendet ist. Ob es sich bei der Strafverteidigertätigkeit um eine Gesamtleistung oder um Teilleistungen handelt, soll im Folgenden für die verschiedenen Konstellationen erläutert werden. Es können allerdings nur die wichtigsten Konstellationen dargestellt werden. Bei Einzelfragen ist ein Steuerberater zu befragen.

---

64) OLG Oldenburg, Urt. v. 21.12.2016 – 2 U 85/16.

19.1.11.2   Abrechnung nach dem RVG

19.77   Das Ermittlungsverfahren, die erste gerichtliche Instanz, die Berufungsinstanz und die Revisionsinstanz gelten jeweils als eigenständige Tätigkeiten und damit als Teilleistungen.[65] Wenn also das Ermittlungsverfahren am 15.06.2020 abgeschlossen wurde (z.B. durch Einstellung oder Anklageerhebung), dann ist das gesamte Ermittlungsverfahren zu 19 % abzurechnen; wenn es hingegen erst am 01.07.2020 beendet wird, dann zu 16 %. Zusammengefasst: Für jede Instanz ist der Umsatzsteuersatz separat zu bestimmen. Eine weitere Aufteilung eines Verfahrensabschnitts ist aber nicht vorzunehmen (es muss z.B. bei mehreren Hauptverhandlungsterminen in der gleichen gerichtlichen Instanz nicht für jeden Termin ein anderer Umsatzsteuersatz bestimmt werden).

Beispiel 1

19.78
- Mandatierung des Rechtsanwalts im Ermittlungsverfahren am 20.02.2020.
- Am 28.04.2020 Anklageerhebung vor dem AG Münster – Schöffengericht (Hauptverhandlungstermine am 26.06.2020, 03.07.2020 und 10.07.2020, Urteilsverkündung am 10.07.2020).
- Am 12.07.2020 Berufungseinlegung durch Rechtsanwalt (Hauptverhandlungstermine in Berufungsinstanz am 17.09.2020, 21.09.2020 und 22.09.2020, Urteilsverkündung am 22.09.2020).
- Am 22.09.2020 Revisionseinlegung durch Rechtsanwalt, am 19.10.2020 Urteilszustellung, am 17.11.2020 Revisionsbegründung durch Rechtsanwalt, am 01.03.2021 Entscheidung Revisionsenat: Verwerfung nach § 349 Abs. 2 StPO.

Lösung

19.79
- Für das Ermittlungsverfahren gelten 19 % USt (weil es am 28.04.2020 beendet wird), deshalb sind die Grundgebühr (Nr. 4100 VV RVG) und die Verfahrensgebühr für das vorbereitende Verfahren (Nr. 4104 VV RVG), die Pauschale nach Nr. 7002 VV RVG für diesen Verfahrensabschnitt und ggf. weitere Auslagen und Kosten mit 19 % abzurechnen.
- Für die erste gerichtliche Instanz gelten 16 % USt (weil es am 10.07.2020 beendet wird), deshalb sind die Verfahrensgebühr für die erste gerichtliche Instanz (Nr. 4106 VV RVG), alle Terminsgebühren (Nr. 4108 VV RVG), die Pauschale nach Nr. 7002 VV RVG für diese Instanz und ggf. weitere Auslagen und Kosten mit 16 % abzurechnen.

---

65) Volpert, StRR 07/2020, 7.

– Für die Berufungsinstanz gelten 16 % USt (weil sie am 22.09.2020 beendet wird), deshalb sind die Verfahrensgebühr für die Berufungsinstanz (Nr. 4124 VV RVG), alle Terminsgebühren (Nr. 4126 VV RVG), die Pauschale nach Nr. 7002 VV RVG für diese Instanz und ggf. weitere Auslagen und Kosten mit 16 % abzurechnen.

– Für die Revisionsinstanz gelten 19 % USt (weil sie am 01.03.2021 beendet wird), deshalb sind die Verfahrensgebühr für die Revisionsinstanz (Nr. 4130 VV RVG), die Pauschale nach Nr. 7002 VV RVG für diese Instanz und ggf. weitere Auslagen und Kosten mit 19 % abzurechnen.

19.1.11.3 Abrechnung eines Pauschalhonorars auf Basis einer Vergütungsvereinbarung

Wenn ein Honorar auf Basis einer Honorarvereinbarung gezahlt wird, kommt es auf die genaue Vereinbarung an. Einfach ist noch der Fall, dass ein **Pauschalhonorar** für einen **Verfahrensabschnitt** (z.B. die Verteidigung im Ermittlungsverfahren) vereinbart wird. Hier gilt das Gleiche wie bei der Abrechnung nach dem RVG. **19.80**

Beispiel 2

Wurde für die Verteidigung im Ermittlungsverfahren ein Pauschalhonorar von 5.000 € zzgl. Umsatzsteuer vereinbart, so fallen, wenn das Ermittlungsverfahren bis zum 30.06.2020 oder ab dem 01.01.2021 beendet wird, 19 % Umsatzsteuer an. Wenn es hingegen zwischen dem 01.07.2020 und dem 31.12.2020 beendet wird, fallen 16 % Umsatzsteuer an. **19.81**

Wurde hingegen ein Pauschalhonorar für die **gesamte Strafverteidigung**, die mehrere Verfahrensabschnitte umfasst vereinbart (z.B. die Zahlung eines Pauschalhonorars von 5.000 € zzgl. Umsatzsteuer für die Verteidigung im Ermittlungsverfahren und in sämtlichen auftretenden gerichtlichen Instanzen), dann wird man wohl bei der gesamten Strafverteidigung von einer einheitlichen Tätigkeit ausgehen müssen. Dies führt dann dazu, dass für das gesamte Honorar der Umsatzsteuersatz gilt, der zum Zeitpunkt des Abschlusses des gesamten Verfahrens gilt.

Beispiel 3

Im Januar 2019 werden Ermittlungen gegen den Mandanten aufgenommen und der Verteidiger mandatiert. Für die gesamte Verteidigung in allen Instanzen wird die Zahlung eines Pauschalhonorars von 10.000 € zzgl. Umsatzsteuer vereinbart. Im zweiten Halbjahr 2019 wird Anklage erhoben, und es finden Hauptverhandlungstermine vor dem Amtsgericht statt. Gegen das im Dezember 2019 gesprochene Urteil wird im Dezember 2019 Berufung eingelegt. Die Berufungshauptverhandlung findet am 15., 26. und 29.06.2020 statt. Gegen das Berufungsurteil wird von keiner Seite Revision eingelegt, so dass das Berufungsurteil mit Ablauf des 06.07.2020 rechtskräftig wird. **19.82**

Lösung

19.83   Es handelt sich bei der Verteidigertätigkeit um eine einheitliche Tätigkeit, die mit dem Berufungsurteil am 29.06.2020 beendet ist. Deshalb kommt es auf den Umsatzsteuersatz am 29.06.2020 an. Folglich ist das gesamte Honorar mit 19 % Umsatzsteuer zu versteuern. Auf den Zeitpunkt der Rechtskraft des Urteils kommt es hingegen nicht an.

19.1.11.4   Abrechnung eines Stundenhonorars nach einer Vergütungsvereinbarung

19.84   Wenn ein **Stundenhonorar** vereinbar wird, dann kommt es darauf an, was als anwaltliche Tätigkeit vereinbart ist. Wird das Stundenhonorar für die anwaltliche Tätigkeit in einem bestimmten Verfahrensabschnitt vereinbart, so dürfte auch hier gelten, dass sich der Umsatzsteuersatz für das gesamte Stundenhonorar danach richtet, wann dieser Verfahrensabschnitt beendet wurde.

Beispiel 4

19.85   Wie drittes Beispiel, aber dieses Mal wird für die Verteidigung im Ermittlungsverfahren ein Stundenhonorar von 290 € zzgl. Umsatzsteuer und für die Verteidigung in der ersten gerichtlichen Instanz das Doppelte der RVG-Wahlverteidigergebühren vereinbart.

Lösung

19.86   Es handelt sich bei der Verteidigertätigkeit im Ermittlungsverfahren und in der ersten gerichtlichen Instanz um eigenständige Tätigkeiten, weshalb auch der Umsatzsteuersatz separat zu bestimmen ist. Da aber sowohl das Ermittlungsverfahren als auch die erste gerichtliche Instanz vor dem 01.07.2020 abgeschlossen sind, werden auf das Honorar für beide Verfahrensabschnitte 19 % Umsatzsteuer berechnet.

19.1.11.5   Vorschuss

19.87   Bei der Erstellung einer Vorschussrechnung ist zu empfehlen, den Umsatzsteuersatz anzuwenden, der voraussichtlich auch in der Endabrechnung anfällt.

Das Bundesfinanzministerium (im folgenden BMF) stellt im Rundschreiben vom 30.06.2020 klar, dass dies zulässig ist.[66]

---

66) BMF-Schreiben v. 30.06.2020 – III C 2 - S 7030/20/10009 :004, Tz. 9.

Beispiel 5

Es wird vor dem 01.07.2020 ein Vorschuss gezahlt für eine Tätigkeit des Rechtsanwalts im Zeitraum 01.07.2020–31.12.2020, und es wird auch vor dem 01.07.2020 eine Vorschussrechnung dafür ausgestellt.

19.88

In dieser Konstellation hat das BMF keine Bedenken dagegen, dass in der Vorschussrechnung 16 % USt ausgewiesen werden und die eingegangene Vorschusszahlung in der Umsatzsteuer-Voranmeldung mit 16 % angemeldet wird.[67] Auch wenn vor dem 01.07.2020 eine Abschlagszahlung für eine Tätigkeit des Rechtsanwalts im Zeitraum 01.07.2020–31.12.2020 eingeht, so hat das BMF keine Bedenken dagegen, dass diese in der Umsatzsteuer-Voranmeldung mit 16 % angegeben wird.[68] Es sollte deshalb zur Vermeidung unnötiger nachträglicher Korrekturen, Zahlungs- und Buchungsvorgänge wie beschrieben direkt der richtige Steuersatz in Vorschussrechnungen und bzgl. der Buchung von Abschlagszahlungen angewendet werden.

Das Gleiche gilt auch, wenn im Zeitraum 01.07.2020–31.12.2020 eine Vorschussrechnung für die Verteidigertätigkeit, die ab dem 01.01.2021 endet, gestellt wird bzw. im Zeitraum 01.07.2020–31.12.2020 ein Vorschuss oder eine Abschlagszahlung für diese Tätigkeit eingeht: Hier ist der Umsatzsteuersatz von 19 % anzuwenden.

Wenn sich bzgl. einer Vorschusszahlung oder Abschlagszahlung später herausstellt, dass der Umsatzsteuersatz falsch ist, so ist die richtige Steuerberechnung in dem Voranmeldungszeitraum zu berichtigen, in dem die Leistung ausgeführt wird (§ 27 Abs. 1 Satz 3 UStG), also die Strafverteidigertätigkeit abgeschlossen wurde. Zu diesem Zeitpunkt muss gegenüber dem Finanzamt dann eine **Korrekturmeldung** abgegeben werden und in der Endabrechnung gegenüber dem Mandanten oder sonstigen Kostenträger der richtige Umsatzsteuersatz abgerechnet werden.

19.89

Hinweis

Zur **Vertiefung** kann verwiesen werden auf das Dokument „Ergänzung der Handlungshinweise des Ausschusses Steuerrecht – Stand: Juni 2020" der BRAK[69] sowie auf das Rundschreiben des BMF vom 30.06.2020.[70]

19.90

---

67) BMF-Schreiben v. 30.06.2020 – III C 2 - S 7030/20/10009 :004, Tz. 9.
68) BMF-Schreiben v. 30.06.2020 – III C 2 - S 7030/20/10009 :004, Tz. 9.
69) https://www.brak.de/w/files/01_ueber_die_brak/aus-der-arbeit-der-ausschuesse/2020-06-25-umsatzsteuerl.-hinweise-rechnungslegung_erweiterung-ust-absenkung.pdf.
70) https://bingk.de/wp-content/uploads/2020/06/2020-0610691-R.pdf.

Schäck

19.2   Mandatssituationen

19.2.1   Staatsanwaltschaft leitet Beiordnungsantrag nicht zur Entscheidung weiter, oder Gericht entscheidet nicht über ihn

Kurzüberblick

19.91   – Wenn der Beiordnungsantrag von der Polizei oder der Staatsanwaltschaft nicht ans Gericht weitergeleitet wird, so hilft ggf. ein Hinweis auf §§ 141 Abs. 1 Satz und 142 Abs. 1 Satz 2 StPO n.F.

– Wenn dies keinen Erfolg hat, kann die Androhung und nötigenfalls Erhebung einer Dienstaufsichtsbeschwerde zum Erfolg führen.

– Gegebenenfalls kommt auch in Betracht, den Beiordnungsantrag direkt beim Gericht zu stellen.[71)]

Sachverhalt

Der Verteidiger beantragt gegenüber der Polizei oder Staatsanwaltschaft die Beiordnung als Pflichtverteidiger. Daraufhin hört der Verteidiger zunächst nichts weiter. Mehrere Nachfragen seinerseits werden dahingehend beantwortet, dass die Akte „zzt. versandt" und nicht „entbehrlich" sei oder zunächst noch Beweiserhebungen durchgeführt werden müssten.

Lösung

19.92   Es empfiehlt sich, zunächst einmal auf die aktuelle seit dem 13.12.2019 geltende Rechtslage, explizit auf §§ 141 Abs. 1 Satz 1 und 142 Abs. 1 Satz 2 StPO n.F. hinzuweisen, wonach die Staatsanwaltschaft den Beiordnungsantrag unverzüglich dem Gericht zur Entscheidung vorlegen muss und dem Antragsteller (wenn die gesetzlichen Voraussetzungen vorliegen) unverzüglich ein Pflichtverteidiger beizuordnen ist. Der Begriff „unverzüglich" lässt keine große zeitliche Verzögerung zu. Möglicherweise ist die neue Rechtslage nicht jedem bekannt oder zumindest nicht jedem im Bewusstsein.

Darüber hinaus kann darauf hingewiesen werden, dass der Gesetzgeber die Pflichtverteidigerbeiordnung als derart eilbedürftig angesehen hat, dass er in § 142 Abs. 4 Satz 1 StPO sogar eine Eilzuständigkeit der Staatsanwaltschaft vorgesehen hat. Da dort derselbe Begriff „unverzüglich" verwendet wird und es gleichzeitig heißt, dass spätestens innerhalb einer Woche die Beiordnungsent-

---

71)   Nützliche Rechtsprechung: LG Aurich, Beschl. v. 05.05.2020 – 12 Qs 78/20; LG Passau, Beschl. v. 15.04.2020 – 1 Qs 38/20; LG Mannheim, Beschl. v. 26.03.2020 – 7 Qs 11/20 und LG Magdeburg, Beschl. v. 20.02.2020 – 29 Qs 2/20.

scheidung an das Gericht weitergeleitet werden muss, lässt sich gut argumentieren, dass auch die Weiterleitung des Beiordnungsantrags in jedem Fall spätestens innerhalb einer Woche erfolgen muss.

Genauso sollte gegenüber dem Gericht argumentiert werden, wenn der Beiordnungsantrag dem Gericht vorliegt, aber dieses über längere Zeit nicht über ihn entscheidet.

Wenn dieser Weg nicht zum Erfolg führt, sollte ggf. eine Frist gesetzt werden unter Androhung einer Dienstaufsichtsbeschwerde, wenn innerhalb der Frist keine Weiterleitung an das Gericht bzw. Entscheidung durch das Gericht erfolgt. Wenn dieses Vorgehen auch keinen Erfolg hat, sollte eine Dienstaufsichtsbeschwerde erhoben werden.

Prozesstaktische Hinweise

Wenn die Staatsanwaltschaft den Beiordnungsantrag nicht weiterleitet, besteht die Möglichkeit, ihn direkt beim Gericht einzureichen, verbunden mit einer telefonischen Rücksprache mit dem Ermittlungsrichter unter Darlegung der Problematik. Gegebenenfalls ist der Ermittlungsrichter bereit, die Staatsanwaltschaft zur unverzüglichen Vorlage des Aktenvorgangs aufzufordern bzw. sogar ohne Vorlage der Akte zu entscheiden. Wenig sinnvoll ist es, den Beiordnungsantrag nur beim Gericht einzureichen ohne weitere Kommunikation, da dieser dann i.d.R. vom Gericht einfach nur an die Staatsanwaltschaft weitergeleitet wird.

19.93

Muster

Pflichtverteidigerbeiordnungsantrag bei den Ermittlungsbehörden

---

Polizeiinspektion ...
(Anschrift)

In dem Strafverfahren
gegen ...
wegen ...
Az. ...

wird **beantragt,**

> **dem Beschuldigten den Unterzeichner als Pflichtverteidiger beizuordnen.**

Für den Fall und im Zeitpunkt meiner Beiordnung lege ich das Wahlverteidigermandat nieder.

Begründung:

Es liegt ein Fall notwendiger Verteidigung vor, weil ....

Auf §§ 141 Abs. 1 Satz 1 sowie 142 Abs. 1 Satz 2 StPO in der seit dem 13.12.2019 geltenden Fassung nehme ich ausdrücklich Bezug. Danach ist der Beiordnungsantrag **unverzüglich** über die Staatsanwaltschaft dem Gericht zur Entscheidung vorzulegen (LG Aurich, Beschl. v. 05.05.2020 – 12 Qs 78/20; LG Passau, Beschl. v. 15.04.2020 – 1 Qs 38/20; LG Mannheim, Beschl. v. 26.03.2020 – 7 Qs 11/20 und LG Magdeburg, Beschl. v. 20.02.2020 – 29 Qs 2/20).

Rechtsanwältin/Rechtsanwalt

Pflichtverteidigerbeiordnungsantrag beim Gericht

Amtsgericht ...
(Anschrift)

In dem Strafverfahren
gegen   ...
wegen   ...
Az.   ...

wird **beantragt**,

dem Beschuldigten den Unterzeichner als Pflichtverteidiger beizuordnen.

Für den Fall und im Zeitpunkt meiner Beiordnung lege ich das Wahlverteidigermandat nieder.

Begründung:

Es liegt ein Fall notwendiger Verteidigung vor, weil ....

Es wird darum gebeten, die Staatsanwaltschaft aufzufordern, dem Gericht unverzüglich den Aktenvorgang zur Entscheidung vorzulegen. Die Pflichtverteidigerbeiordnung wurde gegenüber der Polizeiinspektion ... bereits mit Schreiben vom ... beantragt sowie mit Schreiben vom ... sowie ... an diesen erinnert. Bis heute liegt keine Entscheidung des Gerichts vor. Offensichtlich wurde der Beiordnungsantrag entgegen §§ 141 Abs. 1 Satz 1 sowie 142 Abs. 1 Satz 2 StPO in der seit dem 13.12.2019 geltenden Fassung nicht **unverzüglich** über die Staatsanwaltschaft dem Gericht zur Entscheidung vorgelegt (vgl. auch LG Aurich, Beschl. v. 05.05.2020 – 12 Qs 78/20; LG Passau, Beschl. v. 15.04.2020 – 1 Qs 38/20; LG Mannheim, Beschl. v. 26.03.2020 – 7 Qs 11/20 und LG Magdeburg, Beschl. v. 20.02.2020 – 29 Qs 2/20), was nunmehr nachzuholen ist.

Rechtsanwältin/Rechtsanwalt

19.2.2 Staatsanwaltschaft oder Gericht stellen Verfahren vor Entscheidung über Beiordnungsantrag ein

Kurzüberblick

– Wenn das Verfahren vor einer Entscheidung über den Pflichtverteidigerbeiordnungsantrag eingestellt wird, so lässt ein Teil der Rechtsprechung in diesen Fällen die nachträgliche Beiordnung ausnahmsweise zu.[72]

– Wenn keine nachträgliche Beiordnung erfolgen kann, kommen Gespräche mit den Staatsanwälten und deren Behördenleitern, Dienstaufsichtsbeschwerden und Gespräche mit den zuständigen Richtern in Betracht, um eine Wiederholung für die Zukunft zu vermeiden.

19.94

Sachverhalt

Der Verteidiger beantragt gegenüber der Polizei, der Staatsanwaltschaft oder dem Gericht die Beiordnung als Pflichtverteidiger. Die Staatsanwaltschaft oder das Gericht stellen nach dem Pflichtverteidigerbeiordnungsantrag, aber vor der Entscheidung über diesen das Verfahren ein (z.B. gem. § 170 Abs. 2 oder § 154 StPO) und lehnen sodann die Pflichtverteidigerbeiordnung ab mit dem Argument, dass das Verfahren bereits eingestellt sei.

Lösung

Wenn nicht die Voraussetzungen des § 141 Abs. 2 Satz 3 StPO vorliegen, ist ein derartiges Vorgehen unzulässig. Dennoch kommt dieser Fall praktisch häufig vor. Umstritten ist, ob in diesem Fall im Nachhinein dennoch eine Pflichtverteidigerbeiordnung zu erfolgen hat, obwohl das Ermittlungsverfahren zwar im Zeitpunkt der Antragstellung nicht eingestellt war, sehr wohl aber im Zeitpunkt der gerichtlichen Entscheidung.

19.95

Grundsätzlich ist es nach der Rechtsprechung so, dass eine nachträgliche Pflichtverteidigerbeiordnung (nach dem Abschluss des Verfahrens) ausscheidet, da die Pflichtverteidigerbeiordnung nicht fiskalischen Interessen des Verteidigers dienen, sondern ausschließlich eine ordnungsgemäße Verteidigung des Beschuldigten sicherstellen soll, für welche eine Beiordnung nach Verfahrensabschluss nicht mehr förderlich ist.[73]

---

72) LG Aurich, Beschl. v. 05.05.2020 – 12 Qs 78/20; LG Passau, Beschl. v. 15.04.2020 –
    1 Qs 38/20; LG Mannheim, Beschl. v. 26.03.2020 – 7 Qs 11/20 und LG Magdeburg,
    Beschl. v. 20.02.2020 – 29 Qs 2/20.
73) BGH, Beschl. v. 20.07.2009, NStZ-RR 2009, 348, zitiert nach HRRS; OLG München,
    Beschl. v. 13.01.2012 – 1 Ws 25/12; OLG Hamm, Beschl. v. 10.07.2008 – 4 Ws 181/08.

Wenn allerdings zum Zeitpunkt der Antragstellung die Voraussetzungen einer Beiordnung vorlagen, bejahen einige Gerichte dennoch ausnahmsweise die nachträgliche Pflichtverteidigerbeiordnung.[74]

Verteidigern, die in Landgerichtsbezirken tätig sind, in denen die nachträgliche Pflichtverteidigerbeiordnung in den geschilderten Fällen nicht durchsetzbar ist muss geraten werden, die Problematik mit den beteiligten Staatsanwälten und deren Behördenleitern offen anzusprechen. Wenn keine Verhaltensänderung erfolgt, könnte ggf. jedes Mal mit einer Dienstaufsichtsbeschwerde reagiert werden, was zwar in dem konkreten Einzelfall zu keiner Beiordnung führt, aber ggf. zu einem zukünftigen Umdenken bei den Staatsanwälten.

Gegebenenfalls ist es auch möglich, die zuständigen Ermittlungsrichter auf die Problematik hinzuweisen und deren Einflussmöglichkeiten bei der Staatsanwaltschaft zu nutzen bzw. ggf. den Beiordnungsantrag abweichend von der gesetzlichen Regelung (quasi an der Staatsanwaltschaft vorbei) direkt beim Ermittlungsrichter zu stellen. Welcher Weg am erfolgreichsten ist, muss abhängig von den beteiligten Personen ausprobiert werden.

Um die Problematik der Einstellung vor einer Beiordnungsentscheidung zu umgehen, kann ggf. ausdrücklich beantragt werden, vor einer verfahrensabschließenden Entscheidung (z.B. Einstellung) dem Gericht den Aktenvorgang zur Entscheidung über den Pflichtverteidigerbeiordnungsantrag vorzulegen.

Prozesstaktische Hinweise

19.96   Wenn für den Mandanten eine kurzfristige Einstellung des Ermittlungsverfahrens wichtig ist und noch keine Pflichtverteidigerbeiordnung erfolgt ist, so kann ein Pflichtverteidigerbeiordnungsantrag auch dazu genutzt werden, eine kurzfristige Einstellung zu erzwingen. Häufig wollen Staatsanwälte der Staatskasse die Kosten einer Pflichtverteidigerbeiordnung ersparen und sind deshalb zu einer schnellen Einstellung des Ermittlungsverfahrens bereit.

---

[74] LG Aurich, Beschl. v. 05.05.2020 – 12 Qs 78/20; LG Passau, Beschl. v. 15.04.2020 – 1 Qs 38/20; LG Mannheim, Beschl. v. 26.03.2020 – 7 Qs 11/20 und LG Magdeburg, Beschl. v. 20.02.2020 – 29 Qs 2/20.

Muster

Kombinierter Antrag Pflichtverteidigerbeiordnung und Verfahrenseinstellung

Staatsanwaltschaft ...
(Anschrift)

In dem Strafverfahren
gegen   ...
wegen   ...
Az.   ...

wird **beantragt**,

> **dem Beschuldigten den Unterzeichner als Pflichtverteidiger beizuordnen.**

Für den Fall und im Zeitpunkt meiner Beiordnung lege ich das Wahlverteidigermandat nieder.

Begründung:

Es liegt ein Fall notwendiger Verteidigung vor, weil ....

Auf §§ 141 Abs. 1 Satz 1 sowie 142 Abs. 1 Satz 2 StPO in der seit dem 13.12.2019 geltenden Fassung nehme ich ausdrücklich Bezug. Danach ist der Beiordnungsantrag **unverzüglich** über die Staatsanwaltschaft dem Gericht zur Entscheidung vorzulegen.

Erst **nach** der gerichtlichen Entscheidung über den Beiordnungsantrag wird beantragt,

> **das gegen meinen Mandanten geführte Ermittlungsverfahren**
> **gem. § 170 Abs. 2 StPO einzustellen.**

Begründung:

...

Ich erlaube mir des Weiteren darauf hinzuweisen, dass es unzulässig ist, zunächst das strafrechtliche Ermittlungsverfahren einzustellen und anschließend die Pflichtverteidigerbeiordnung abzulehnen mit der Begründung, dass das Ermittlungsverfahren bereits eingestellt und eine nachträgliche Pflichtverteidigerbeiordnung unzulässig sei. Für den Fall, dass das Ermittlungsverfahren zunächst eingestellt würde, müsste dennoch im Nachhinein eine Pflichtverteidigerbeiordnung erfolgen, weil zum Zeitpunkt der Antragstellung die Voraussetzungen für eine Pflichtverteidigerbeiordnung gegeben waren (LG Aurich, Beschl. v. 05.05.2020 – 12 Qs 78/20; LG Passau, Beschl. v. 15.04.2020 – 1 Qs 38/20; LG Mannheim, Beschl. v. 26.03.2020 – 7 Qs 11/20 und LG Magdeburg, Beschl. v. 20.02.2020 – 29 Qs 2/20).

Rechtsanwältin/Rechtsanwalt

**Pflichtverteidigerbeiordnungsantrag als
Druckmittel zur Verfahrenseinstellung**

Staatsanwaltschaft ...
(Anschrift)

In dem Strafverfahren
gegen   ...
wegen   ...
Az.   ...

hatte ich mit Schriftsatz vom ... beantragt, das gegen meinen Mandanten geführte Ermittlungsverfahren gem. § 170 Abs. 2 StPO einzustellen und mit Schriftsatz vom ... an diesen Antrag erinnert. Bis heute ist keine Entscheidung über den Einstellungsantrag erfolgt.

Sollte das Ermittlungsverfahren nicht bis zum ... eingestellt werden, so wird **beantragt**,

> **dem Beschuldigten den Unterzeichner als Pflichtverteidiger beizuordnen.**

Für den Fall und im Zeitpunkt meiner Beiordnung lege ich das Wahlverteidigermandat nieder.

> **Begründung:**

Es liegt ein Fall notwendiger Verteidigung vor, weil ....

Auf §§ 141 Abs. 1 Satz 1 sowie 142 Abs. 1 Satz 2 StPO in der seit dem 13.12.2019 geltenden Fassung nehme ich ausdrücklich Bezug. Danach ist der Beiordnungsantrag **unverzüglich** über die
Staatsanwaltschaft dem Gericht zur Entscheidung vorzulegen (LG Aurich, Beschl. v. 05.05.2020 –
12 Qs 78/20; LG Passau, Beschl. v. 15.04.2020 – 1 Qs 38/20; LG Mannheim, Beschl. v. 26.03.2020 –
7 Qs 11/20 und LG Magdeburg, Beschl. v. 20.02.2020 – 29 Qs 2/20).

Rechtsanwältin/Rechtsanwalt

19.2.3   Beiordnung als Pflichtverteidiger wird abgelehnt, weil nicht schnell genug vor Ort

Kurzüberblick

19.97   – Wenn das Gericht oder die Staatsanwaltschaft die Pflichtverteidigerbeiordnung des vom Mandanten gewünschten Verteidigers ablehnen möchte, weil er
nicht rechtzeitig erscheinen könne, so gibt es zahlreiche praktische Möglichkeiten, ggf. doch die gewünschte Pflichtverteidigerbeiordnung zu erzwingen.

– Kommt es doch zur Beiordnung eines anderen Pflichtverteidigers, so sollte auf
dessen Auswahl Einfluss genommen werden.

– Notfalls besteht gem. § 143a Abs. 2 Satz 1 Nr. 1 StPO n.F. i.d.R. auch die Möglichkeit, innerhalb von drei Wochen eine Umbeiordnung zu beantragen und zu erhalten.

Sachverhalt

Dem Mandanten wird eine schwere Straftat vorgeworfen und er vorläufig festgenommen. Der Mandant wird von den Ermittlungsbehörden aufgefordert, einen Rechtsanwalt zu benennen, der ihm als Pflichtverteidiger beizuordnen ist. Der vom Mandanten gewünschte Verteidiger meldet sich bei den Ermittlungsbehörden oder dem Gericht und beantragt seine Pflichtverteidigerbeiordnung. Dieser befindet sich aber aktuell in einer auswärtigen Hauptverhandlung. Das Gericht oder die Staatsanwaltschaft lehnen seine Beiordnung ab mit der Begründung, dass er aufgrund der Hauptverhandlung nicht rechtzeitig erscheinen könnte und man deshalb einen anderen Rechtsanwalt beiordnen werde.

Lösung

Die seit dem 13.12.2019 geltende Rechtslage lässt es zu, einen Rechtsanwalt deshalb nicht als Pflichtverteidiger beizuordnen, weil dieser *„nicht oder nicht rechtzeitig zur Verfügung steht"*. Gemäß § 142 Abs. 5 Satz 3 zweiter Halbsatz StPO kann darin nämlich ein wichtiger Grund, der gegen die Auswahlentscheidung des Mandanten spricht und die Beiordnung eines anderen Verteidigers rechtfertigt, liegen.

19.98

Praktisch dürften die Fälle nicht selten sein, dass insbesondere bei schweren Straftaten und Haft dem Beschuldigten sofort ein Pflichtverteidiger zur Seite gestellt werden soll, der von ihm gewünschte Verteidiger aber z.B. aufgrund eines Hauptverhandlungstermins erst in mehreren Stunden oder sogar erst an einem anderen Tag erscheinen könnte.

Diese Situation kann praktisch auf verschiedene Art und Weise gelöst werden. Zunächst sollte darauf hingewiesen werden, dass ein Pflichtverteidiger nicht zwingend vor Ort sein muss, sondern auch eine telefonische Beratung des Mandanten und spätere ausführliche persönliche Besprechung ausreichend sein kann. Insbesondere gibt es im Ermittlungsverfahren schließlich keine Situationen, bei denen ein Pflichtverteidiger verpflichtet ist, anwesend zu sein. Dies gilt etwa bezüglich der Vernehmungstermine, Haftrichtertermine, Gegenüberstellungen, Ortsbesichtigungen usw. Hilfreich kann es sein, wenn der Mandant seine ausdrückliche Zustimmung erklärt, dass der von ihm gewünschte Verteidiger nicht am Haftrichtertermin teilnimmt.

Wenn seitens der Staatsanwaltschaft oder des Gerichts darauf bestanden wird, dass ein anderer Rechtsanwalt als Pflichtverteidiger beizuordnen ist, so liegt ein Fall des § 143a Abs. 2 Satz 1 Nr. 1 StPO n.F. vor mit der Folge, dass innerhalb von drei Wochen die Beiordnung eines anderen Pflichtverteidigers beantragt werden kann, der (ohne weitere Voraussetzungen) beizuordnen ist. Somit besteht eine

Schäck

komfortable Austauschmöglichkeit, die auch insbesondere nicht mit einem Gebührenverzicht verbunden ist.

Auf jeden Fall ist es darüber hinaus sinnvoll, dass dem Beschuldigten für diesen Fall vom gewünschten Verteidiger ein Rechtsanwalt empfohlen wird, den er alternativ als Wunschpflichtverteidiger benennt, damit die Auswahlentscheidung nicht vom Richter oder Staatsanwalt getroffen wird. So kann sichergestellt werden, dass der Beschuldigte von Beginn an gut verteidigt wird, dass keine nicht mehr behebbaren Fehlentscheidungen getroffen werden (der Mandant sich z.B. voreilig zur Sache äußert) und auch die Umentpflichtung keinesfalls an einer fehlenden Zustimmung des „Ersatzverteidigers" scheitert (wobei diese unter den genannten Voraussetzungen nicht einmal erforderlich ist).

Prozesstaktische Hinweise

19.99   Möglicherweise können Staatsanwaltschaft und Gericht zur Beiordnung des gewünschten Verteidigers bewogen werden, wenn mitgeteilt wird, dass der Mandant sich nur in Anwesenheit dieses Rechtsanwalts zu den Vorwürfen einlassen wird. In Betracht kommt auch anzubieten, zunächst einen Vertreter zu schicken.

Ein weiterer wichtiger Hinweis ist der, dass gem. § 143a Abs. 2 Satz 1 Nr. 1 StPO innerhalb von drei Wochen ein Austauschrecht hinsichtlich des Pflichtverteidigers besteht und es somit für die Staatskasse zu Mehrkosten führt, wenn nicht gleich der gewünschte Rechtsanwalt als Pflichtverteidiger beigeordnet wird.

Ein Hinweis auf die beiden genannten Argumente kann manchen Staatsanwalt oder Richter dazu bringen, seine Haltung zu überdenken.

Muster

Pflichtverteidigerbeiordnungsantrag bei zeitweise verhindertem Verteidiger

---

Polizeiinspektion ...
(Anschrift)

In dem Strafverfahren
gegen   ...
wegen ...
Az.   ...

wird **beantragt**,

---

dem Beschuldigten den Unterzeichner als Pflichtverteidiger beizuordnen.

Für den Fall und im Zeitpunkt meiner Beiordnung lege ich das Wahlverteidigermandat nieder.

Begründung:

Es liegt ein Fall notwendiger Verteidigung vor, weil ....

Auch steht der Beiordnung des Unterzeichners nicht entgegen, dass dieser sich aktuell in einer Hauptverhandlung beim Landgericht ... befindet. Denn es hat zwischen dem Beschuldigten und dem Unterzeichner bereits telefonisch eine erste Besprechung stattgefunden, und es ist ausreichend, wenn nach Beendigung der Hauptverhandlung eine weitere persönliche Besprechung stattfindet.

Der Beschuldigte wie auch der Unterzeichner erklären sich ausdrücklich damit einverstanden, dass der Unterzeichner an einem eventuellen Termin vor dem Haftrichter nicht teilnimmt, sollte dieser vor Beendigung der Hauptverhandlung stattfinden. Da der Beschuldigte auf Rat des Unterzeichners weder gegenüber den Ermittlungsbehörden noch gegenüber dem Haftrichter über die Pflichtangaben zur Person hinausgehende Angaben tätigen wird, ist eine Anwesenheit des Unterzeichners auch nicht erforderlich.

Sollte dem Beschuldigten ein anderer Rechtsanwalt als Pflichtverteidiger beigeordnet werden, so würde dies für die Staatskasse zu Mehrkosten führen, die vermeidbar wären. Denn für diesen Fall würde der Beschuldigte gem. § 143a Abs. 2 Satz 1 Nr. 1 StPO im Nachhinein beantragen, dass ihm unter Entpflichtung seines bisherigen Verteidigers der Unterzeichner beigeordnet wird. Diesem Antrag wäre nachzukommen.

Hilfsweise für den Fall, dass eine Pflichtverteidigerbeiordnung des Unterzeichners abgelehnt wird, wird beantragt,

dem Beschuldigten Rechtsanwalt/Rechtsanwältin ..., äußerst hilfsweise Rechtsanwalt/Rechtsanwältin ... als Pflichtverteidiger beizuordnen.

Rechtsanwältin/Rechtsanwalt

19.2.4   Antrag auf Beiordnung oder Erstreckung der Beiordnung wurde vergessen

Kurzüberblick

– Wenn vergessen wurde, eine Pflichtverteidigerbeiordnung zu beantragen, so ist   19.100
    es dafür nach der Verfahrensbeendigung zu spät.

– Anders sieht dies bezüglich einer Erstreckung einer bereits ausgesprochenen
    Pflichtverteidigerbeiordnung auf weitere Verfahren aus. Diese kann auch noch

Schäck

nach rechtskräftigem Abschluss des Verfahrens beantragt und beschlossen werden.[75]

Sachverhalt

Der Verteidiger hat vergessen, seine Beiordnung als Pflichtverteidiger oder die Erstreckung der Pflichtverteidigerbeiordnung auf ein weiteres Verfahren zu beantragen. Kann er den Antrag nachholen?

Lösung

19.101   Den Antrag auf Pflichtverteidigerbeiordnung kann der Verteidiger bis zum Abschluss des Verfahrens stellen, d.h. beispielsweise bis zur Einstellungsentscheidung der Staatsanwaltschaft oder bis zum mündlichen Urteil in der Hauptverhandlung. Allerdings ist zu berücksichtigen, dass eine Pflichtverteidigerbeiordnung in der Berufungsinstanz oder Revisionsinstanz auch erst ab dieser Instanz einen Vergütungsanspruch begründet.

Wenn es nicht bis zum Abschluss des Verfahrens zu einer Pflichtverteidigerbeiordnung gekommen ist, so ist es nach ganz h.M. für eine Pflichtverteidigerbeiordnung zu spät.

Anders sieht dies bezüglich einer Erstreckung einer bereits ausgesprochenen Pflichtverteidigerbeiordnung auf weitere Verfahren aus. Nach h.M. kann ein Antrag auf Erstreckung einer bereits ausgesprochenen Pflichtverteidigerbeiordnung auf ein weiteres Verfahren auch noch nach rechtskräftigem Abschluss des Verfahrens beantragt und beschlossen werden.[76] Insofern kann der Erstreckungsantrag einfach nachgeholt werden.

Prozesstaktische Hinweise

19.102   Es empfiehlt sich, routinemäßig zu einem bestimmten Zeitpunkt zu überprüfen, ob der Verteidiger in allen Verfahren als Pflichtverteidiger beigeordnet wurde bzw. eine Erstreckungsentscheidung des Gerichts für alle Verfahren vorliegt. Hier bietet sich z.B. der Zeitpunkt der Vorlage der Handakte am Tage vor der Hauptverhandlung an. Gegebenenfalls kann die Assistenz des Verteidigers angewiesen werden, zu diesem Zeitpunkt diese Frage zu überprüfen oder den Verteidiger jeweils an die Überprüfung dieser Fragen zu erinnern.

---

75) KG, Beschl. v. 27.09.2011, StRR 2012, 78, 79; OLG Düsseldorf, Beschl. v. 02.04.2007 – 3 Ws 4/07; LG Dresden, Beschl. v. 25.01.2008 – 3 Qs 188/17; LG Freiburg, Beschl. v. 13.03.2006 – 2 Qs 3/06.

76) KG, Beschl. v. 27.09.2011, StRR 2012, 78, 79; OLG Düsseldorf, Beschl. v. 02.04.2007 – 3 Ws 4/07; LG Dresden, Beschl. v. 25.01.2008 – 3 Qs 188/17; LG Freiburg, Beschl. v. 13.03.2006 – 2 Qs 3/06.

Muster

Antrag auf Erstreckung der Pflichtverteidigerbeiordnung

Amtsgericht ...
(Anschrift)

In dem Strafverfahren
gegen   ...
wegen   ...
Az.   ...

wird **beantragt**,

> **die Pflichtverteidigerbeiordnung vom ... gem. § 48 Abs. 6 Satz 3 RVG zu erstrecken
> auf das Verfahren zu dem Az. ... der Staatsanwaltschaft ....**

Begründung:

Auch in dem Verfahren zu dem Az. ... der Staatsanwaltschaft ... liegt ein Fall notwendiger
Verteidigung vor, weil ....

Rechtsanwältin/Rechtsanwalt

19.2.5 Nach Abschluss einer Vergütungsvereinbarung stellt sich heraus, dass diese nicht angemessen oder nicht passend ist

Kurzüberblick

– Wenn der Verteidiger nach Abschluss einer Vergütungsvereinbarung feststellt,   19.103
  dass die Vergütungsvereinbarung nicht angemessen oder nicht passend ist, so
  kann diese mit Zustimmung des Mandanten jederzeit abgeändert werden.

Sachverhalt

Der Verteidiger schließt mit seinem Mandanten eine Vergütungsvereinbarung ab.
Später stellt sich aufgrund einer veränderten Verfahrenssituation heraus, dass die
Vergütungsvereinbarung nicht angemessen oder nicht passend ist.

Lösung

19.104 Wenn der Mandant zustimmt, kann eine Vergütungsvereinbarung selbstverständlich jederzeit abgeändert bzw. durch eine neue Vergütungsvereinbarung ersetzt werden. Es empfiehlt sich insofern, hinsichtlich der veränderten Situation das Gespräch mit dem Mandanten zu suchen. In vielen Fällen wird der Mandant dem Abschluss einer neuen Vergütungsvereinbarung zustimmen, insbesondere wenn dies für ihn zu keinen Mehrkosten führt. Auch hinsichtlich bereits getätigter Zahlungen an den Verteidiger kann im Nachhinein eine abweichende Vereinbarung getroffen werden.

Ohne Zustimmung des Mandanten wird im Regelfall keine Anpassung der Vergütungsvereinbarung durchsetzbar sein, zumal der Abschluss einer Vergütungsvereinbarung aus Sicht des Gesetzgebers in den meisten Bereichen der Rechtsanwaltstätigkeit nicht den Normalfall darstellt und somit auch eine Tätigkeit des Rechtsanwalts auf Basis der gesetzlichen Gebühren nach dem RVG möglich und zumutbar wäre.

Prozesstaktische Hinweise

19.105 Eine Abänderung der Vergütungsvereinbarung kann auch sinnvoll sein, um eine Anrechnung von Honorar auf die Pflichtverteidigervergütung zu verhindern. Um strafrechtliche Risiken für den Verteidiger auszuschließen, sollte die Abänderung der Vergütungsvereinbarung gegenüber der Staatskasse offengelegt werden. Dies kann etwa geschehen, indem die alte und die neue Vergütungsvereinbarung in Kopie der Staatskasse übersandt werden mit einem Hinweis, dass die alte Vergütungsvereinbarung aufgrund der geänderten Verfahrenssituation aufgehoben und durch die neue ersetzt wurde.

20 Das Zwischenverfahren nebst Besetzungsrüge

20.1 Einführung

20.1.1 Bedeutung des Zwischenverfahrens für den Strafverteidiger

Aufgaben des Strafverteidigers im Zwischenverfahren

20.1 Das Zwischenverfahren erlangt – insbesondere bei potentiell konfliktbeladenen Verfahren – eine weitreichende Bedeutung, da hier die **entscheidenden Weichenstellungen** für die spätere Hauptverhandlung erfolgen.[1] Für eine fundierte Verteidigungsstrategie ist es unabdingbar, sich bereits in diesem frühen Verfahrensstadium der Instrumentarien, die die StPO dem Verteidiger in diesem Verfahrensabschnitt zur Einflussnahme auf den weiteren Verfahrensablauf einräumt, zu bedienen, um so den Gang und Ausgang des Strafverfahrens entscheidend (mit) zu gestalten. Dem Strafverteidiger kommt – gleichsam dem eröffnenden Gericht – die Aufgabe zu, etwaige Fehler der Anklageschrift aufzudecken, die Einhaltung der wesentlichen Formalien, das Vorliegen von Prozesshindernissen und die Zuständigkeit des Gerichts – auch im Hinblick auf dessen ordnungsgemäße Besetzung – zu prüfen sowie erforderliche Anträge zu stellen, zu denken ist dabei insbesondere an den Antrag auf Beiordnung als notwendiger Verteidiger entsprechend § 140 StPO. Diese Kontrolle offenbart im Einzelfall entscheidungserhebliche Fehler, die es zu beanstanden gilt, bevor ein Hauptverhandlungstermin anberaumt wird, um das möglicherweise optimale Ziel der **Vermeidung einer Hauptverhandlung** zu erreichen. In diesem Kontext sollte eine vorausschauende Verteidigung in geeigneten Fällen nicht zuletzt die durch die §§ 153–154e StPO geregelten Ausnahmen des Legalitätsprinzips in den Fokus rücken, da die in diesen Vorschriften normierten Möglichkeiten der Verfahrensbeendigung weder die Eröffnung des Verfahrens noch dessen Terminierung voraussetzen.

20.1.2 Gesetzliche Grundlagen und Funktion des Zwischenverfahrens

Abschluss der Ermittlungen

20.2 Gelangt die Staatsanwaltschaft im Ergebnis der durchgeführten Ermittlungen zu dem Schluss, dass ein hinreichender Tatverdacht gegen den (ladungsfähigen) Beschuldigten besteht, ferner Prozesshindernisse und Ausnahmen vom Legalitätsprinzip nach den §§ 153–154e StPO nicht vorliegen, und erhebt infolgedessen Anklage nach § 170 Abs. 2 StPO bei Gericht, geht das Ermittlungsverfahren in das **Zwischenverfahren** über, welches durch die §§ 199–211 StPO normiert ist.

---

[1] Artkämper, Die „gestörte" Hauptverhandlung, Rdnr. 576.

Exklusivität des Zwischenverfahrens

Zu beachten gilt es dabei, dass der Gesetzgeber das Zwischenverfahren aus- 20.3
schließlich der Erhebung der Anklage nach § 170 Abs. 2 StPO und dem Antrag
im Sicherungsverfahren nach §§ 413 ff. StPO vorbehalten hat. Im Strafbefehlsverfahren wird dieser Verfahrensabschnitt durch eine summarische Prüfung des
Gerichts vor Erlass des Strafbefehls oder der Anberaumung eines Hauptverhandlungstermins (§ 408 Abs. 3 StPO) ersetzt. Im beschleunigten Verfahren und dem
vereinfachten Jugendverfahren, welches an die Vorschriften der §§ 417 ff. StPO
angelehnt ist, bedarf es eines Zwischenverfahrens nicht, § 417 Abs. 1 StPO.

Filterfunktion des Zwischenverfahrens

Das Zwischenverfahren soll filtern und den **Angeschuldigten schützen**.[2] Dieser soll 20.4
sich nicht einer öffentlichen Hauptverhandlung gegenüber sehen, wenn der Sachverhalt in tatsächlicher Hinsicht nicht ausreichend aufgeklärt ist und/oder kein hinreichender Tatverdacht besteht.[3] Insbesondere mit Blick auf den Schutz des Angeklagten kommt dem Zwischenverfahren mithin eine große Bedeutung zu. Zur Vorbereitung der Entscheidung über die Eröffnung des Hauptverfahrens bedarf es daher
einer intensiven **Einarbeitung** aller Verfahrensbeteiligter in den Akteninhalt.[4] Ausgehend von diesen Prämissen prüft das in der Anklage bezeichnete Gericht – der
Strafrichter (§ 25 GVG), das Schöffengericht (§ 28 GVG), die erstinstanzliche Strafkammer (§§ 74–74c GVG) oder der Strafsenat des OLG (§ 120 GVG) – durch den
Vorsitzenden vor Anberaumung einer – möglicherweise nicht erforderlichen –
Hauptverhandlung nach der Vorlage der eingegangenen Verfahrensakten durch die
Geschäftsstelle in einem ersten Schritt, ob das angerufene Gericht für die Entscheidung zuständig ist, die wesentlichen Formalien der Anklageschrift bis hin zur Unter-
zeichnung durch den Staatsanwalt eingehalten, im Einzelfall Eilentscheidungen –
insbesondere nach §§ 121 ff. StPO – zu treffen sind, Prozesshindernisse vorliegen
und die Bestellung eines notwendigen Verteidigers nach § 140 StPO erforderlich ist.

20.1.2.1   Zuständigkeit des angerufenen Gerichts

Örtliche Zuständigkeit

Stellt der Vorsitzende des Gerichts nach Eingang der Verfahrensakten fest, dass 20.5
das angerufene Gericht **örtlich** zur Entscheidung unzuständig ist, ist durch die
Rechtsprechung noch nicht abschließend geklärt, ob in diesem Fall die Ablehnung der Eröffnung des Hauptverfahrens nach § 204 Abs. 1 StPO zu erfolgen
hat. Die überwiegende Auffassung in der Literatur verneint dies und konstatiert
lediglich eine Unzuständigkeitserklärung durch Beschluss wegen fehlender ört-
licher Zuständigkeit des Gerichts.[5] Bezüglich des Streitstands im Einzelnen wird

---

2)   Koch, StV 2002, 222 ff.
3)   Koch, a.a.O.
4)   BGH, Urt. v. 07.02.2012 – 1 StR 525/11.
5)   Meyer-Goßner/Schmitt, § 204 Rdnr. 1; § 16 Rdnr. 4.

Weise

auf KK/Schneider, § 204 Rdnr. 3, unter Bezugnahme auf LR/Stuckenberg, § 204 Rdnr. 6, verwiesen. Gegen diesen Beschluss steht nach h.M. der Staatsanwaltschaft – nicht aber dem Angeschuldigten – das Recht der einfachen Beschwerde nach § 304 StPO zu.[6]

Sachliche/funktionelle Zuständigkeit

20.6 Zieht der Vorsitzende bei Prüfung der Zuständigkeit des Gerichts hingegen den Schluss, dass dieses **sachlich**[7] zur Entscheidung nicht berufen ist, hat der Gesetzgeber die Rechtsfolgen eindeutig normiert: In dieser Konstellation ist die Ablehnung der Eröffnung des Hauptverfahrens nach § 204 Abs. 1 StPO gesetzlich durch die Spezialvorschriften der §§ 209, 209a StPO ausgeschlossen, wonach der Vorsitzende das Verfahren bei Zuständigkeit eines Gerichts niederer Ordnung das Hauptverfahren vor diesem Gericht zu eröffnen hat (§ 209 Abs. 1 StPO), bei Zuständigkeit eines Gerichts höherer Ordnung sind die Akten über die Vermittlung der Staatsanwaltschaft diesem zur Entscheidung vorzulegen (§ 209 Abs. 2 StPO). Sieht die mit der Anklage befasste besondere Strafkammer des Landgerichts die **Zuständigkeit einer allgemeinen Strafkammer** (und umgekehrt) für gegeben, ist nach § 209a Nr. 1, 6a Satz 1 StPO ebenso zu verfahren. Aber auch die Ablehnung der Eröffnung durch den Vorsitzenden einer allgemeinen Strafkammer mit der Begründung, es sei eine andere (allgemeine) Strafkammer desselben Landgerichts zuständig, ist unzulässig.[8] In dieser Fallkonstellation erfolgt die **formlose Abgabe** an das zuständige Gericht wegen geschäftsplanmäßiger Unzuständigkeit.[9] Gegen den Beschluss nach § 209 Abs. 1 StPO steht der Staatsanwaltschaft – nicht aber dem Angeschuldigten – das Recht der sofortigen Beschwerde nach § 210 Abs. 2 StPO zu, im Übrigen sind die Entscheidungen – insbesondere der Beschluss nach § 209 Abs. 2 StPO – für sämtliche Verfahrensbeteiligten unanfechtbar.

Einwand der Unzuständigkeit

20.7 Wenngleich der Vorsitzende die Zuständigkeit auch im Zwischenverfahren von Amts wegen prüft (§§ 6, 16 Satz 1 StPO) und dem Verteidiger in diesem Verfahrensabschnitt keine förmlichen Rechtsmittel zur Verfügung stehen, ist eine umfassende Prüfung der Zuständigkeit durch die Verteidigung insbesondere bei Strafverfahren vor dem Landgericht bereits an dieser Stelle ratsam. Dies ergibt sich bereits aus §§ 6a Satz 2, 16 Satz 2 StPO, wonach das erkennende Gericht seine Zuständigkeit nur bis zur Eröffnung des Hauptverfahrens prüft und es nachfolgend des **Einwands der Unzuständigkeit** durch den Angeklagten bedarf. Spätestens bis zum Beginn der Vernehmung des Angeklagten zur Sache im Rahmen der Hauptverhandlung ist bei fehlender Zuständigkeit des Gerichts ein Antrag der Verteidigung nicht nur möglich, sondern sogar erforderlich, um Fehler, die Zuständigkeit betref-

---

6) KK/Schneider, § 204 Rdnr. 3. Zur örtlichen Zuständigkeit im Einzelnen siehe Rinklin, Hauptverhandlung, Kap. 1, S. 2 f.
7) Weiterführend Rinklin, Hauptverhandlung, Kap. 1, S. 11 f.
8) KK/Schneider, § 204 Rdnr. 4 unter Verweis auf OLG Düsseldorf, MDR 1984, 73.
9) Meyer-Goßner/Schmitt, § 209 Rdnr. 4.

fend[10]), zu rügen. Bereits hier kann ggf. die Anberaumung einer Hauptverhandlung aufgrund des vorab erfolgten Verteidigerschriftsatzes vorsorglich bereits im Zwischenverfahren und zwingend nach **Eröffnung des Hauptverfahrens** vermieden werden. Zur Vorbereitung des Einwands der funktionellen Unzuständigkeit des Gerichts empfiehlt sich eine sorgfältige Prüfung des Geschäftsverteilungsplans. Zum anderen realisiert das Gericht bei Eingang der Verfahrensakten zunächst eine Vorprüfung der Zuständigkeit – die es zwar naturgemäß sorgfältig vornehmen wird, allerdings sich trotzdem auch hier mitunter Fehler einschleichen –, eine Entscheidung ergeht aber nicht vor Zustellung der Anklageschrift und dem Ablauf der nach § 201 Abs. 1 StPO zu setzenden Frist.[11]) Für die Verteidigung besteht damit die Möglichkeit, bereits im Rahmen der Einlassungsfrist – und damit in einem frühen Stadium des Strafverfahrens – durch den Einwand der Unzuständigkeit des angerufenen Gerichts Einfluss auf den weiteren Verfahrensgang zu nehmen.

Praxistipp

Mit der **Revision** kann der Angeklagte die Verwerfung seines Einwands der Unzuständigkeit des angerufenen Gerichts im Zwischenverfahren und die fehlerhafte Zuständigkeitsbestimmung im Eröffnungsbeschluss im Hinblick auf §§ 210 Abs. 2, 336 Satz 2 StPO zwar nicht rügen. Erhebt er allerdings den Einwand der örtlichen Unzuständigkeit des Gerichts rechtzeitig (§ 16 Satz 3 StPO) in der Hauptverhandlung erneut, unterliegt er der revisionsrechtlichen Prüfung nach § 338 Nr. 4 StPO.[12]) Gleiches gilt im Hinblick auf § 6a StPO bei der Rüge der Unzuständigkeit besonderer Strafkammern. Im Rahmen der Prüfung der sachlichen Zuständigkeit kann die Revisionsrüge auf den Vortrag, dass das angerufene Gericht seine (auch nach der Eröffnung bestehende) Prüfung der sachlichen Zuständigkeit entsprechend § 6 StPO nicht erfüllt oder willkürlich entschieden hat, gestützt werden.[13])

20.8

20.1.2.2   Prozesshindernisse

Vorübergehende Prozesshindernisse

Stehen der Eröffnung des Hauptverfahrens Tatsachen betreffend die Zulässigkeit des Verfahrens in seiner Gesamtheit, mithin **Prozesshindernisse**, entgegen, ist zwischen vorübergehenden und dauerhaften Verfahrenshindernissen zu differenzieren. Entgegen dem Wortlaut ermöglicht § 205 StPO dem Gericht bei allen **vorübergehenden Hindernissen** tatsächlicher und rechtlicher Art[14]) eine vorläufige Verfahrenseinstellung durch Beschluss, welcher sowohl für die Staatsanwalt-

20.9

---

10) Ausführlich zur funktionellen Zuständigkeit: Rinklin, Hauptverhandlung, Kap. 1, S. 21.
11) KK/Schneider, § 209 Rdnr. 15.
12) Zum notwendigen Revisionsvorbringen vgl. KK/Gericke, § 338 Rdnr. 67; Meyer-Goßner/ Schmitt, § 338 Rdnr. 31, 34a.
13) Meyer-Goßner/Schmitt, a.a.O., Rdnr. 32; zu Einzelheiten vgl. die umfassende Darstellung in KK/Gericke, § 338 Rdnr. 6.
14) Meyer-Goßner/Schmitt, § 205 Rdnr. 1.

schaft als auch den Angeschuldigten (nicht aber für den Nebenkläger) mit der Beschwerde nach § 304 StPO anfechtbar ist. Die Beschwer des Angeschuldigten ergibt sich hier aber erst auf den zweiten Blick. Hierzu ist zu vergegenwärtigen, dass das Gericht vor der Verfahrenseinstellung nach § 205 StPO zu prüfen hat, ob nicht aus anderen verfahrensimmanenten Gründen eine **Nichteröffnung des Hauptverfahrens** zu erfolgen hat. Mit Blick auf die bei der Richterschaft im Fokus stehenden statistischen Erledigungszahlen wird hier mitunter vorschnell zum Erledigungsinstrument des § 205 StPO gegriffen, sodass sich für den Verteidiger im Einzelfall durch die Beschwerde gegen den Einstellungsbeschluss die nicht fernliegende Möglichkeit bietet, für den Mandanten schon zu diesem Zeitpunkt einen endgültigen Verfahrensabschluss zu erreichen.

Dauerhafte Prozesshindernisse

20.10   Stellt das angerufene Gericht bereits im Zwischenverfahren fest, dass dem Hauptverfahren **dauerhafte Prozesshindernisse**[15] entgegenstehen, lehnt es die Eröffnung des Hauptverfahrens nach § 204 Abs. 1 StPO ab.[16] Eine Einstellung des Verfahrens nach § 206a StPO ist im Zwischenverfahren entsprechend dem eindeutigen Wortlaut der gesetzlichen Regelung nicht zulässig.

20.1.3   Mitteilung der Anklageschrift

Obligatorische Mitteilung der Anklageschrift

20.11   Die vollständige **Mitteilung** der Anklageschrift an den Angeschuldigten ist **zwingendes Recht** nach § 201 Abs. 1 Satz 1 erster Halbsatz StPO. Dem Gericht ist es in diesem Verfahrensstadium versagt, abschließende Verfahrensentscheidungen in prozessualer und tatsächlicher Hinsicht zu treffen, da dem Angeschuldigten explizit das Recht auf unverzügliche **Kenntnis des Tatvorwurfs** sowie einer Erklärung zur Anklageschrift zusteht. So hat das Landgericht Kaiserslautern in einer Entscheidung aus dem Jahr 2014 dokumentiert, dass selbst bei Vorlage der Akten an ein Gericht höherer Ordnung gem. § 209 Abs. 2 StPO im Vorfeld dem Angeschuldigten die Anklage mitzuteilen und jedenfalls der Ablauf der Erklärungsfrist abzuwarten ist.[17] Bereits aus Sinn und Zweck der Mitteilungspflicht der Anklageschrift verbietet sich in tatsächlicher Hinsicht eine abschließende Beurteilung des hinreichenden Tatverdachts vor Mitteilung der Anklageschrift, da sowohl eine geständige Einlassung als auch die Benennung entlastender Beweismittel durch den Angeschuldigten denkbar sind. Zulässig ist lediglich die (formlose) Rückgabe der Verfahrensakten an die Staatsanwaltschaft, wenn die Anklage-

---

15) Zu den Prozesshindernissen im Einzelnen vgl. die umfassenden Aufzählungen in Meyer-Goßner/Schmitt, Einl. Rdnr. 141 ff., und KK/Schneider, § 206a Rdnr. 2.
16) KK/Schneider, a.a.O., Rdnr. 2.
17) LG Kaiserslautern, Beschl. v. 10.02.2014 – 6112 Js 7110/10.

schrift den Erfordernissen des § 200 StPO nicht entspricht[18]; greift die Staatsanwaltschaft die durch das Gericht angeregten Abänderungen allerdings nicht auf, ist die (auch unwirksame) Anklage dem Angeschuldigten nach der h.M. in Rechtsprechung und Literatur vor einer abschließenden Entscheidung im Zwischenverfahren mitzuteilen.[19]

Praxistipp

Unterbleibt die Mitteilung der Anklageschrift, wird der Verteidiger im Rahmen der Hauptverhandlung unverzüglich deren **Aussetzung und die Nachholung** der unterlassenen Mitteilung beantragen. Lehnt das Gericht den Antrag ab, wird eine auf § 338 Nr. 8 StPO gestützte Revision erfolgreich sein. Versäumt der Verteidiger allerdings die Stellung eines Aussetzungsantrags, hat der BGH bereits in einer Entscheidung aus dem Jahr 1981 einer dahingehenden Rüge eine Absage erteilt und Folgendes hierzu ausgeführt:

20.12

„[...] § 201 Abs. 1 StPO ist zwar verletzt weil dem Angeklagten und seinem Verteidiger vor der Entscheidung über die Eröffnung des Hauptverfahrens die Anklageschrift nicht mitgeteilt worden ist [...]. Auf diesen Mangel kann sich der Angeklagte jedoch im Revisionsverfahren nicht mehr berufen. Wie die Revision selbst vorträgt, war der Mangel der Mitteilung der Anklageschrift dem Angeklagten und seinem Verteidiger bei Beginn der Hauptverhandlung bekannt. Gleichwohl haben sie, wie die Sitzungsniederschrift ausweist, einen Antrag auf Aussetzung der Verhandlung und Nachholung der unterlassenen Mitteilung nicht gestellt. Die Sitzungsniederschrift läßt, entgegen dem Revisionsvorbringen, nicht einmal erkennen, daß der Mangel überhaupt gerügt worden ist. Bei dieser Sachlage ist davon auszugehen, daß auf die Geltendmachung des Mangels verzichtet worden ist [...]."

BGH, Beschl. v. 03.12.1981 – 4 StR 564/81.

Erklärungsfrist

Mit Zustellung der Anklage an den (verteidigten) Angeschuldigten nach § 145a Abs. 1 und 3 StPO bestimmt der Vorsitzende des Gerichts eine **Erklärungsfrist,** deren **Dauer** nicht gesetzlich normiert ist, § 201 Abs. 1 StPO. Diese muss dem Umfang und der Schwierigkeit der Sach- und Rechtslage angemessen sein. In der Praxis hat sich in amtsgerichtlichen Verfahren eine Erklärungsfrist von regelmäßig einer Woche etabliert; in Verfahren vor dem Landgericht beträgt diese vorwiegend zwei Wochen. Ein **Verzicht** auf die Einhaltung der Erklärungsfrist ist im Gegensatz zum unbeachtlichen Verzicht auf die Mitteilung der Anklageschrift **möglich.**[20]

20.13

---

18) KK/Schneider, § 201 Rdnr. 8; Artkämper, Die „gestörte" Hauptverhandlung, Rdnr. 670.
19) KK/Schneider – auch zum Streitstand – a.a.O., Rdnr. 9 unter Verweis auf LG Oldenburg, NStZ-RR 2011, 150.
20) KK/Schneider, § 201 Rdnr. 10.

**Anträge auf Beweiserhebungen und Einwendungen
gegen die Eröffnung des Hauptverfahrens**

20.14 Parallel mit der Bestimmung der Erklärungsfrist gibt der Vorsitzende dem Angeschuldigten durch schriftliche Aufforderung die Möglichkeit, innerhalb der Frist **Anträge** auf Beweiserhebungen zu stellen oder **Einwände** gegen die Eröffnung des Hauptverfahrens vorzutragen. Dabei empfiehlt es sich, entsprechende Anträge zu Beginn der sogenannten **Schutzschrift** zu formulieren, um das Gericht bereits eingangs über das Ergebnis der durch die Verteidigung vorgenommenen Prüfung der Akten zu informieren. Eine vorausschauende Verteidigung sollte in der Begründung des Schriftsatzes umfassend zum Akteninhalt Stellung nehmen. Dies gilt auch für die Tatvorwürfe, hinsichtlich derer auch aus Verteidigersicht hinreichender Tatverdacht besteht, wobei es keiner weiteren Erläuterung bedarf, dass dies in gebotener Kürze erfolgt, da es unstreitig nicht Aufgabe der Verteidigung ist, die den Angeschuldigten belastenden Aspekte vorzutragen. Dokumentiert der Verteidiger allerdings eine umfassende Auseinandersetzung mit dem Verfahrensstand, kann dies im Einzelfall durchaus geeignet sein, das Gericht zu einer **ernsthaften Prüfung** des Verteidigungsvorbringens zu veranlassen, die Schutzschrift nicht per se als Klamaukverteidigung zu ignorieren (wozu die Gerichte mitunter häufig vorschnell neigen), und damit gleichsam den weiteren Gang des Verfahrens möglicherweise entscheidend mitbestimmen. Für Beweisanträge gelten die Anforderungen des § 219 Abs. 1 StPO entsprechend[21]; die Ablehnung erfolgt entsprechend § 201 Abs. 1 Satz 2 StPO, wobei die Ablehnungsgründe des § 244 Abs. 3 und Abs. 4 StPO nicht greifen.[22] Kommt das Gericht dem Beweisbegehren nach, sind die **Anwesenheitsrechte** des § 168c StPO zu beachten. Stellt der Verteidiger nach Ablauf der Erklärungsfrist Anträge oder bringt Einwendungen vor, sind diese nach § 201 Abs. 2 StPO auch nach Ablauf der Frist durch das Gericht in der Besetzung außerhalb der Hauptverhandlung (§ 76 Abs. 1 GVG) zu berücksichtigen und zu bescheiden. Eine fehlerhafte oder unterbliebene Bescheidung durch das Gericht vermag die Revision allerdings nicht zu begründen, weil die Verfahrensrechte in der Hauptverhandlung erneut geltend gemacht werden können.

Praxistipp

20.15 Der BGH hat in einem Urteil vom 24.10.2019 entschieden, dass das Recht des Angeschuldigten, im Zwischenverfahren **Beweisanregungen** zu stellen und Einwendungen gegen die Eröffnung des Hauptverfahrens vorzutragen, ein **Rechtsmittel** i.S.v. §§ 839a Abs. 2, 839 Abs. 3 BGB darstellt, welches, soweit die Einlegung möglich, zumutbar und erfolgversprechend ist, zu einem Anspruchsverlust bei unterlassener Geltendmachung führt.[23] Vor dem Hintergrund dieser Entscheidung ist es für eine sachgerechte Verteidigung unerlässlich, fundiert zu prüfen, ob entsprechende Anträge und Einwendungen (zwingend) beim Eröffnungsgericht anzubringen sind, um sich nicht nach Abschluss des strafrechtlichen Mandats einem Haftungsprozess gegenüberzusehen.

---

21) Meyer-Goßner/Schmitt, § 201 Rdnr. 6.
22) Meyer-Goßner/Schmitt, a.a.O., Rdnr. 8.
23) BGH, Urt. v. 24.10.2019 – III ZR 141/18.

Anträge des Nebenklägers

Auch der **Nebenkläger** bzw. dessen **Vertreter**, dem die Anklage ebenfalls zwingend mitzuteilen ist[24], ist berechtigt, Anträge und Einwendungen vorzutragen; diese müssen allerdings nicht formell beschieden werden, weil sich § 201 Abs. 2 StPO ausschließlich auf die Rechtsstellung des Angeschuldigten bezieht.[25]

20.16

20.1.4   Mängel der Anklageschrift

Mängel des Anklagesatzes

Im Anklagesatz muss die dem Angeschuldigten zur Last gelegte Tat im Sinne eines einmaligen historischen Vorgangs[26] beschrieben sein. Wird der Anklagesatz dieser **Umgrenzungsfunktion** nicht gerecht, leitet der Vorsitzende die Verfahrensakten mit der Möglichkeit der Nachbesserung an die Staatsanwaltschaft zurück (siehe Rdnr. 20.11). Ist eine derartige Nachbesserung unmöglich, oder kommt die Staatsanwaltschaft der Anregung des Gerichts nicht nach, ist die Eröffnung des Hauptverfahrens nach § 204 Abs. 1 StPO abzulehnen.[27] Soweit der Anklagesatz den Angeschuldigten über den gegen ihn erhobenen Tatvorwurf aufklären soll (**Informationsfunktion**), stellen diesbezügliche Mängel die Wirksamkeit der Anklageerhebung nicht in Frage.[28]

20.17

Mängel im wesentlichen Ergebnis der Ermittlungen

Weist das wesentliche Ergebnis der Ermittlungen **Lücken** oder **Mängel** auf, ist lediglich die **Informationsfunktion** der Anklage tangiert, mit der Folge, dass die Wirksamkeit der Anklageerhebung unberührt bleibt. Fehlt das wesentliche Ergebnis der Ermittlungen in der Anklageschrift im Verfahren vor dem Landgericht hingegen gänzlich, wird die Frage der Wirksamkeit der Anklage in Rechtsprechung und Literatur uneinheitlich beantwortet. Der BGH hat hierzu zutreffend ausgeführt, dass das wesentliche Ergebnis der Ermittlungen kein konstitutiver Teil der Anklage sei, dabei aber offengelassen, ob dessen Fehlen zur Unwirksamkeit der Anklage führt.[29]

20.18

---

24) LG Kaiserslautern, Beschl. v. 10.02.2014 – 6112 Js 7110/10.
25) Meyer-Goßner/Schmitt, § 201 Rdnr. 6.
26) Artkämper, Die „gestörte" Hauptverhandlung, Rdnr. 671.
27) Meyer-Goßner/Schmitt, § 200 Rdnr. 26.
28) Artkämper, Die „gestörte" Hauptverhandlung, a.a.O.
29) Auch zum Streitstand: Artkämper, Die „gestörte" Hauptverhandlung, Rdnr. 673, unter Verweis auf BGH, NStZ 1995, 297; anders hingegen BGH, Urt. v. 28.10.2009 – 1 StR 205/09.

Praxistipp

20.19   In einem Urteil vom 28.04.2006 hat der 2. Senat des Bundesgerichtshofs ausführlich zu den Anforderungen an die Anklageschrift Stellung genommen[30]
und hierbei auch auf die **Informationsfunktion** Bezug genommen:

„[...] Die danach erforderliche hinreichende Konkretisierung der Tat muss sich
grundsätzlich schon aus dem Anklagesatz ergeben, um der Informationsfunktion der Anklage gerecht zu werden. Der Zweck der Verlesung des Anklagesat-
zes (§ 243 Abs. 3 Satz 1 StPO) geht dahin, diejenigen Richter – insbesondere die
Schöffen –, denen der Inhalt der Anklage noch nicht bekannt ist, sowie die Öffentlichkeit darüber zu unterrichten, auf welchen geschichtlichen Vorgang sich
das Verfahren bezieht, und ihnen zu ermöglichen, während der ganzen Verhandlung ihr Augenmerk auf die Umstände zu richten, auf die es in tatsächlicher und rechtlicher Hinsicht ankommt. [...]. Ein Beruhen des Urteils auf dem
Gesetzesverstoß vermag der Senat in Übereinstimmung mit dem Generalbundesanwalt nicht auszuschließen. Zwar kann in Ausnahmefällen der Verhand-
lungsverlauf es trotz mangelhaftem oder überhaupt nicht verlesenem Anklagesatz allen Verfahrensbeteiligten gestatten, den Tatvorwurf im erforderlichen
Umfang zu erfassen und ihre Prozessführung entsprechend einzurichten, nämlich dann, wenn die Sach- und Rechtslage einfach und überschaubar ist oder
wenn die Prozessbeteiligten auf andere Weise über den Gegenstand des Verfahrens unterrichtet worden sind [...]."

Dies beweist erneut, dass die Rechtsprechung zu beachtlichen und unbeachtlichen Mängeln der Anklageschrift umfangreich, wenig einheitlich und kaum überschaubar ist, was letztlich auch dem Umstand geschuldet sein dürfte, dass eine
trennscharfe **Abgrenzung** von **Umgrenzungs- und Informationsfunktion** praktisch unmöglich ist. Dem Verteidiger kann an dieser Stelle nur eine Recherche
anhand des Einzelfalls empfohlen werden.[31] Grundsätzlich mag als Orientie-
rungssatz gelten, dass die Revision dann Aussicht auf Erfolg hat, wenn der Mangel der Anklage den Angeschuldigten nicht unerheblich in seinen Verteidigungs-
rechten einschränkt.

20.1.5   Anordnung einzelner Beweiserhebungen durch das Gericht

Hinreichender Tatverdacht

20.20   Den zentralen Stellenwert bei der Entscheidung über die Eröffnung des Hauptverfahrens nimmt im praktischen Alltag die Prüfung des **hinreichenden Tatverdachts**
ein. Im Wege einer **Prognosebeurteilung** ist mithin zu entscheiden, ob der Angeschuldigte unter Berücksichtigung des Akteninhalts nach dem Schluss der Beweisaufnahme in der Hauptverhandlung verurteilt werden wird. Zur Vorbereitung

---

30)   BGH, Urt. v. 28.04.2006 – 2 StR 174/05.
31)   Siehe Burhoff, Ermittlungsverfahren, Rdnr. 570 ff.

der Eröffnungsentscheidung räumt § 202 StPO dem angerufenen Gericht in der Besetzung außerhalb der Hauptverhandlung gem. § 76 Abs. 1 GVG die Möglichkeit ein, über den Akteninhalt hinaus einzelne Beweiserhebungen anzuordnen, wenn es dies zur besseren Aufklärung der Sache für erforderlich hält. Gelangt in Verfahren vor dem Landgericht bereits der Vorsitzende zur Überzeugung, dass es weiterer Ermittlungen zur Klärung des hinreichenden Tatverdachts bedarf, kann er die Verfahrensakten aber der Staatsanwaltschaft mit der **Bitte um Nachermittlungen** zurückleiten.[32] Die Ablehnung eines entsprechenden Ersuchens durch die Staatsanwaltschaft kann das Gericht im Einzelfall zur **Ablehnung der Eröffnung** des Hauptverfahrens berechtigen.[33]

Umfang der Beweiserhebungen

Keiner weiteren Erörterung bedarf es, dass das Gericht Beweiserhebungen im Zwischenverfahren auf **verfahrensrelevante Aspekte** im Hinblick auf den Tatverdacht zu beschränken hat, denn es ist nicht Aufgabe des Zwischenverfahrens, jedwede Fehler aus dem Ermittlungsverfahren zu korrigieren. § 202 StPO eröffnet lediglich die Möglichkeit einzelner, ergänzender Beweiserhebungen[34] mit dem Ziel, den noch nicht hinreichenden Tatverdacht zu erhärten oder – im umgekehrten Fall – zu beseitigen. Umfangreiche Nachermittlungen zur Begründung eines (noch) nicht bestehenden Tatverdachts sind durch das Gericht nicht anzustellen. Dies ist nicht Aufgabe des Eröffnungsgerichts, sondern der Ermittlungsbehörden; anderenfalls würde das Zwischenverfahren zur Hauptverhandlung vor der Hauptverhandlung mutieren.[35] In diesem Kontext ist allerdings nicht zu verkennen, dass sich die Abgrenzung im Einzelfall schwierig gestaltet und der Verteidiger auf die Recherche in der einschlägigen Rechtsprechung angewiesen ist.[36]

20.21

> **Praxistipp**
>
> Zu Recht führt das Landgericht Berlin im Beschluss vom 23.03.2003 weiterhin aus, dass sich das Gericht bei unzulässigen und/oder ergänzenden Beweiserhebungen der **Besorgnis der Befangenheit** aussetzt. Dies gelte insbesondere dann, wenn das Gericht den hinreichenden Tatverdacht im Eröffnungsbeschluss vorwiegend auf die aus den Nachermittlungen gewonnenen Erkenntnisse stützt[37] und damit der Eindruck entstehen kann, das Gericht wolle „um jeden Preis" verurteilen.[38]

20.22

---

32) KK/Schneider, § 202 Rdnr. 6.

33) OLG Karlsruhe, Beschl. v. 01.03.2003 – 1 Ws 235/03.

34) KK/Schneider, a.a.O., Rdnr. 4; OLG Karlsruhe, a.a.O.

35) LG Berlin, Beschl. v. 23.03.2003 – 1 Qs 31/03.

36) Einen hilfreichen Kurzüberblick bietet Beining, HRRS 8/2016, S. 408.

37) LG Berlin, a.a.O., m.w.N.

38) Beining, HRRS 8/2016, S. 409; Vorraum, ZIS 6/2015, S. 335; zur Besorgnis der Befangenheit im Zwischenverfahren vgl. auch OLG Koblenz, Urt. v. 20.11.1988 – 1 Ws 319/88.

Ermessensreduktion auf null

20.23 Entsprechend dem Wortlaut des § 202 Satz 1 StPO kann das Gericht zur besseren Aufklärung der Sache einzelne Beweiserhebungen anordnen; verpflichtet ist es dazu aber grundsätzlich nicht.[39] Unter der Prämisse, dass das Gericht sein dahingehendes Ermessen pflichtgemäß auszuüben hat, statuiert die überwiegende Meinung in Rechtsprechung und Literatur zu Recht im Einzelfall eine **Pflicht** zu **Beweiserhebung**.[40]

Anordnung der Beweiserhebung

20.24 Die Anordnung der Beweiserhebung erfolgt durch **Beschluss** nach § 202 StPO, arg. § 202 Satz 2 StPO (zur Gerichtsbesetzung: siehe Rdnr. 20.19). Einer vorherigen Anhörung der Verfahrensbeteiligten bedarf es nicht[41]; hingegen gebietet bereits der Fair-trial-Grundsatz, diesen den Beschluss mitzuteilen. Inhaltlich sind im Beschluss Beweisthema und Beweismittel zu bezeichnen.[42] Nach Abschluss der Beweiserhebung ist den Prozessbeteiligten erneut rechtliches Gehör zu gewähren und ggf. eine Erklärungsfrist zu setzen.[43]

Erhebung im Freibeweisverfahren

20.25 Der Beweis wird im **Freibeweisverfahren** erhoben, das Gericht kann mithin sämtliche Erkenntnisquellen zur Klärung der beweisbedürftigen Tatsachen ohne Bindung an das förmliche Beweisverfahren der §§ 244–256 StPO und die gesetzlichen Beweismittel des Strengbeweises heranziehen. Die Beweiserhebung unterliegt aber auch im Freibeweisverfahren der Aufklärungspflicht, und das Gericht hat dem Grundsatz des rechtlichen Gehörs und den weiteren Verfahrensrechten der Beteiligten Rechnung zu tragen.[44]

Beschwerde

20.26 Nach § 202 Satz 2 StPO ist der **Beschluss,** mit dem das Gericht Beweiserhebungen anordnet, nicht **anfechtbar.** Das OLG Köln statuierte im Jahr 2004 allerdings für den Fall einer unzulässigen Beweiserhebung auf Grund einer **Grundrechtsverletzung** eine **Ausnahme** von der abschließenden Gesetzesregelung und erachtete eine Beschwerde für zulässig.[45] Dies erscheint jedoch mit Blick auf den in § 202 Satz 2 StPO zum Ausdruck kommenden Willen des Gesetzgebers, eine abschließende Regelung zu treffen, zumindest bedenklich, nachdem in vergleichbaren

---

39) Meyer-Goßner/Schmitt, § 202 Rdnr. 1.
40) Meyer-Goßner/Schmitt, a.a.O.; mit Fallbeispielen: KK/Schneider, § 202 Rdnr. 3.
41) KK/Schneider, § 202 Rdnr. 4.
42) KK/Schneider, a.a.O.
43) KK/Schneider, a.a.O., Rdnr. 8.
44) Meyer-Goßner/Schmitt, § 244 Rdnr. 9.
45) OLG Köln, Beschl. v. 09.03.2004 – 2 Ws 32/04; insoweit zustimmend: KK/Schneider, § 202 Rdnr. 11.

Fallkonstellationen der Rechtsweg im Wege der einstweiligen Verfügung vor dem BVerfG zu suchen war.[46]

Revision

Eine fehlerhaft (nicht) vorgenommene Beweiserhebung nach § 202 StPO ist nicht revisibel, da sie grundsätzlich keine Auswirkungen auf die nachfolgende Hauptverhandlung hat und ggf. durch die Stellung von Beweisanträgen in die Hauptverhandlung eingeführt werden kann. Wirkt sich der Verstoß hingegen im Ausnahmefall in der Hauptverhandlung aus, ist er auch geeignet, die Revision zu begründen.[47]   20.27

20.1.6   Erörterung des Verfahrensstands nach §§ 202a, 211 StPO

Verletzung der Dokumentations- und Mitteilungspflichten im Fokus der Revision

Bereits im Ermittlungsverfahren kann der zuständige Staatsanwalt mit den Verfahrensbeteiligten den Stand des Verfahrens nach § 160b StPO erörtern, soweit dies der Verfahrensförderung dienlich ist. Basierend auf dieser Vorschrift und im Kontext zu den Regelungen in §§ 257b, 257c StPO zu **Verfahrensabsprachen** im Rahmen der Hauptverhandlung räumen §§ 202a, 212 StPO dem Gericht in der **Besetzung der Berufsrichter** (§§ 30 Abs. 2, 76 Abs. 1 Satz 2 GVG) die Möglichkeit ein, auch außerhalb der Hauptverhandlung vor und nach Eröffnung des Hauptverfahrens mit den Verfahrensbeteiligten entsprechende Verständigungen herbeizuführen. Dabei sollte sich der Verteidiger vergegenwärtigen, dass im Zentrum der Rechtsprechung des Bundesgerichtshofs zum **Verständigungsgesetz** die Rügen von Verstößen gegen die Dokumentations- und Mitteilungspflicht nach §§ 202a Satz 2, 243 Abs. 4 StPO stehen. Die Formvorschriften eröffnen dem Revisionsführer auch angesichts der zwischenzeitlich umfangreichen Rechtsprechung des Bundesgerichtshofs aussichtsreiche Rügen der Verletzung formalen Rechts.   20.28

Erörterung des Verfahrensstands kontra Organisation der Hauptverhandlung

Dem erfahrenen Strafverteidiger ist ohne Zweifel gegenwärtig: **Jede Kontaktaufnahme** zwischen Verteidigung und Gericht, die nicht ausschließlich auf die Organisation der Hauptverhandlung gerichtet ist, ist im Zwischenverfahren und nach Eröffnung des Hauptverfahrens vor Beginn der Hauptverhandlung dokumentationspflichtig nach §§ 202a Satz 2, 212 StPO und in der Hauptverhandlung mitteilungspflichtig nach § 243 Abs. 4 StPO. Zugleich liegen die Fragen des jungen Kanzleikollegen auf der Hand: Welche **Gesprächsinhalte** beinhalten eine Erörte-   20.29

---

46) BVerfG, Beschl. v. 27.02.2014 – 2 BvR 26/14.
47) Fallkonstellationen bei Beining, HRRS 8/2016, S. 409.

rung des Verfahrensstands, die nach §§ 202a, 212 StPO zu dokumentieren sind, und erreichen diese ggf. die Qualität einer Verständigung – bzw. deren Möglichkeit –, die der Mitteilungspflicht des § 243 Abs. 4 StPO unterliegt?

Hierzu hat das Bundesverfassungsgericht in einer **Grundsatzentscheidung** zum Verständigungsgesetz eindeutig Stellung bezogen und ausgeführt:[48]

„Möglich sind Gespräche, die ausschließlich der Organisation sowie der verfahrenstechnischen Vorbereitung und Durchführung der Hauptverhandlung dienen, etwa die Abstimmung der Verhandlungstermine. Mangels eines Bezuges auf das Verfahrensergebnis sind diese Gespräche dem Regelungskonzept des Verständigungsgesetzes vorgelagert und von ihm nicht betroffen. Sie unterliegen nicht der Mitteilungspflicht des § 243 Abs. 4 StPO. "

Das Bundesverfassungsgericht hat damit klargestellt, dass jegliche Kontakte zwischen Gericht und Verteidigung außerhalb der Hauptverhandlung der **Dokumentations- und Mitteilungspflicht** unterliegen, soweit sie nicht ausschließlich der Planung der Hauptverhandlung dienen. Die vorausschauende Gestaltung der anstehenden Hauptverhandlung durch das erkennende Gericht umfasst aber ggf. die Klärung der Frage, ob seitens des Gerichts oder der Verfahrensbeteiligten grundsätzlich eine Verständigung angestrebt wird.

Praxistipp

20.30   Gespräche zwischen **Staatsanwaltschaft** und **Verteidigung** vor Beginn der Hauptverhandlung ohne die Beteiligung des Gerichts unterliegen nicht der Dokumentations- und Mitteilungspflicht, wenn das Gericht nachfolgend lediglich Kenntnis hiervon erlangt.[49]

Umfang der Dokumentations- und Mitteilungspflicht

20.31   Mitunter finden sich in der Praxis auch gegenwärtig noch Hauptverhandlungsprotokolle, die nur das Ergebnis eines Verständigungsgesprächs ausweisen. Dieser Vorgehensweise hat das Bundesverfassungsgericht im Jahr 2013 aber eine klare Absage erteilt. Vielmehr umfasst die Dokumentations- und Mitteilungspflicht folgende **Erörterungsinhalte**:

– Benennung des Verfahrensbeteiligten (des Gerichts), der eine Verständigung angeregt hat

– die Zustimmung/Ablehnung der weiteren Gesprächsteilnehmer

– die durch die Gesprächsteilnehmer vertretenen Standpunkte[50]

---

48) BVerfG, Urt. v. 19.03.2013 – 2 BvR 2883/10.
49) BGH, Urt. v. 14.04.2015 – 5 StR 20/15.
50) BVerfG, a.a.O.

Mit Blick auf § 202a Satz 2 StPO, wonach der **wesentliche Inhalt** der Erörterung in der Verfahrensakte seinen Niederschlag finden muss, sind aber weder der Ablauf des Verständigungsgesprächs noch die im Einzelnen vorgetragenen Argumente des Gerichts und/oder der Verfahrensbeteiligten dokumentationspflichtig.[51] Der Mitteilungspflicht nach § 243 Abs. 4 Satz 1 StPO unterliegt allerdings eine Erklärung des Vorsitzenden, wenn vor Beginn der Hauptverhandlung keinerlei vom Verständigungsgesetz erfasste Gespräche stattgefunden haben.[52]

Praxistipp

Die Mitteilungspflicht besteht auch dann fort, wenn das erkennende **Gericht** dem Vorgespräch nachfolgend teilweise oder vollständig – etwa durch eine erfolgreiche Besetzungsrüge – **neu besetzt** ist.[53]

Auch nach Aufhebung und Zurückverweisung an einen anderen Spruchkörper durch das Revisionsgericht umfasst die Mitteilungspflicht die ursprünglich durch die Strafkammer im Rahmen des ersten Verfahrensdurchgangs erfolgten Erörterungen.[54]

20.32

Aktenvermerk

Meist wird die Initiative zur Erörterung des Verfahrensstands vom Gericht ausgehen, aber auch die Staatsanwaltschaft, der Verteidiger oder der Angeschuldigte selbst können ein solches Gespräch forcieren. Ein Anspruch der Verfahrensbeteiligten auf dessen Realisierung besteht allerdings nicht; selbst ein förmlich gestellter Antrag ist durch das Gericht nicht zu bescheiden.[55] Eine Beschwerde ist weder gegen die Ablehnung noch gegen die Aufnahme von Erörterungen zulässig.[56]

20.33

Das Gericht wird im Rahmen des § 202a StPO nur in der Besetzung der Berufsrichter tätig, §§ 30 Abs. 2, 76 Abs. 1 GVG. Dabei ist es in Strafverfahren vor den Landgerichten nicht zwingend erforderlich, dass Vorgespräche in vollständiger Kammerbesetzung geführt werden. Vielmehr können diese einem **Richter** der Strafkammer **übertragen** werden, wobei sich aber bei verbindlichen Absprachen die Beteiligung aller Kammermitglieder empfiehlt.[57] Die Dokumentation des Gesprächs erfolgt in der Form eines **Aktenvermerks** und ist von einem Mitglied des Gerichts zu unterschreiben.[58]

---

51) KK/Schneider, § 202a Rdnr. 13.
52) Zum Negativattest vgl. BGH, Beschl. v. 29.09.2010 – 2 StR 371/10, zitiert nach juris m. Anm. von Bauer, StV 11, 340.
53) BGH, Urt. v. 23.07.2015 – 3 StR 470/14.
54) BGH, Beschl. v. 23.09.2015 – 4 StR 54/15.
55) KK/Schneider, § 202a Rdnr. 4.
56) Meyer-Goßner/Schmitt, § 202a Rdnr. 5.
57) Meyer-Goßner/Schmitt, § 202a Rdnr. 4.
58) Meyer-Goßner/Schmitt, § 202a Rdnr. 5.

Weise

Protokollierungspflicht

20.34 Die Mitteilung der Gespräche mit Bezug zum Verständigungsgesetz nach § 243 Abs. 4 StPO ist entsprechend § 273 Abs. 1a Satz 2 StPO in das Protokoll der Hauptverhandlung aufzunehmen. Entgegen dem Wortlaut des Gesetzestexts, wonach nur die Beachtung der vorgeschriebenen Mitteilung zu protokollieren ist, verlangt der Bundesgerichtshof allerdings, dass auch der **Inhalt der Mitteilung** der Protokollierungspflicht unterliegt.[59] Nach § 273 Abs. 1a Satz 3 StPO ist auch das Negativattest zu protokollieren.

Entsprechend der systematischen Stellung der Mitteilungspflicht im Rahmen des § 243 StPO hat die verständigungsbezogene Erklärung in der Hauptverhandlung nach Verlesung der Anklageschrift und vor der Belehrung des Angeklagten zu erfolgen.[60]

Fehlerhaftes Protokoll

20.35 Beurkundet das Protokoll der Hauptverhandlung nur die Tatsache, dass außerhalb der Hauptverhandlung Erörterungen mit Bezug zum Verständigungsgesetz geführt worden sind, oder wird lediglich das Ergebnis solcher Gespräche mitgeteilt, ist es fehlerhaft. Wird der **Protokollierungsfehler** im Rahmen des Revisionsverfahrens in der Form gerügt, dass der Umfang der Mitteilung mit Blick auf § 243 StPO ungenügend war, ist dieser Rechtsfehler durch das Hauptverhandlungsprotokoll bewiesen und wird nicht von einer unzulässigen Protokollrüge umfasst.[61] Dem Vorsitzenden bleibt es jedoch vorbehalten, das **Protokoll zu berichtigen,** wenn die Mitteilung korrekt erfolgte, ihr Inhalt aber ungenügend protokolliert wurde.[62]

Gegenstand der Erörterung

20.36 Die Erörterung des Verfahrensstands vor Eröffnung des Hauptverfahrens muss sich nicht auf die Modalitäten einer Verständigung beschränken.[63] Insbesondere Gespräche, die der Strukturierung der Hauptverhandlung dienen – etwa die Erklärung, ob eine Einlassung zur Sache erfolgt oder bestimmte Beweisanträge gestellt werden –, sind von einer Erörterung nach § 202a StPO umfasst. Auch Terminabsprachen können bereits in diesem Rahmen angezeigt sein.[64]

---

59) BGH, Urt. v. 10.07.2013 – 2 StR 195/12.

60) SSW-StPO/Franke, § 243 Rdnr. 17; BGH, Beschl. v. 03.12.2015 – 1 StR 169/15.

61) BGH, Beschl. v. 08.10.2013 – 4 StR 272/13.

62) Zur Zulässigkeit der Rügeverkümmerung siehe Artkämper, Die „gestörte" Hauptverhandlung, Rdnr. 641 f. m.w.N.

63) Zu Inhalt und Grenzen einer Verständigung nach § 257c StPO vgl. Artkämper, a.a.O., Rdnr. 1017 ff.

64) OLG Nürnberg, Beschl. v. 26.04.2011 – 1 Ws 125-126/11 H, StV 2011, 751.

Praxistipp

Erfolgen Vorgespräche nach § 202a StPO mit dem Ziel der Verfahrensförderung zwischen dem Gericht und den Verfahrensbeteiligten, ist darin grundsätzlich kein Verstoß gegen den Beschleunigungsgrundsatz zu sehen.[65]

20.37

Revision

Nimmt das Gericht mit den Verfahrensbeteiligten Gespräche im Kontext mit einer Verfahrensabsprache nach § 257c StPO auf, sind die in diesem Rahmen abgegebenen Erklärungen grundsätzlich rechtlich unverbindlich und damit einer Verfahrensrüge nicht zugänglich. **Rechtliche Bindungswirkung** entfaltet allein die Absprache nach § 257c StPO.[66]

20.38

Zwar sind auch weder formelle noch inhaltliche Verstöße gegen die Dokumentationspflicht revisibel, weil das Urteil auf diesen Mängeln nicht beruhen wird[67]; sie können aber im Einzelfall die **Besorgnis der Befangenheit** begründen.[68]

Nach dem Urteil des Bundesverfassungsgerichts vom 19.03.2013 zum Verständigungsgesetz beruht das Urteil bei einem Verstoß gegen die Mitteilungspflicht nach § 243 Abs. 4 StPO regelmäßig auf dieser Gesetzesverletzung. Der erfahrene Strafverteidiger wird hier sofort das Rügepotential erkennen, nachdem das Bundesverfassungsgericht der Verletzung der Mitteilungspflicht letztlich die Bedeutung eines absoluten Revisionsgrunds beimisst. Dies führt im Ergebnis dazu, dass Vorgespräche selbst dann erhebliche Erfolgsaussichten in der Revisionsinstanz bieten, wenn sie in der anschließenden Hauptverhandlung nicht zu einer Verständigung führen.

Praxistipp

Unterbleibt das **Negativattest** und steht zweifelsfrei fest, dass im Vorfeld der Hauptverhandlung keine Verständigungsgespräche geführt wurden, schließt der Bundesgerichtshof ein Beruhen allerdings aus.[69]

20.39

---

65) OLG Nürnberg, a.a.O.
66) Zu Ausnahmen im Einzelfall vgl. KK/Schneider, § 202a Rdnr. 17.
67) Meyer-Goßner/Schmitt, § 202a Rdnr. 5.
68) Vgl. hierzu ausführlich: KK/Schneider, § 202a Rdnr. 19.
69) BGH, Beschl. v. 27.01.2015 – 5 StR 310/13; zu einem weiteren Ausnahmefall: BGH, Urt. v. 14.04.2015 – 5 StR 20/15.

20.1.7   Abschluss des Zwischenverfahrens

20.1.7.1   Eröffnungsbeschluss

20.40   Kommt das Gericht nach Prüfung des gesamten Akteninhalts (und ggf. nach den Ergebnissen der im Zwischenverfahren durchgeführten Beweiserhebungen) zu dem Schluss, dass der Angeschuldigte einer Straftat hinreichend verdächtig erscheint, ergeht ein **Eröffnungsbeschluss** nach § 203 StPO. Das Gericht ist hierbei – in den Grenzen der Kognitionspflicht der §§ 155, 264 StPO – nicht an die Anträge der Staatsanwaltschaft gebunden, und der Eröffnungsbeschluss kann inhaltlich (insoweit § 207 StPO) von der Anklage abweichen, § 206 StPO. Er bedarf der **Schriftform** und ist von den mitwirkenden Richtern zu unterzeichnen. Bei unveränderter Zulassung der Anklage zur Hauptverhandlung ist eine Begründung nicht erforderlich. Der Eröffnungsbeschluss ist dem **Angeklagten** nach § 215 StPO zwingend **zuzustellen**.[70]

Mit der Eröffnung des Hauptverfahrens endet das Zwischenverfahren, wobei der Eröffnungsbeschluss eine Prozessvoraussetzung für die Durchführung des Hauptverfahrens darstellt.

Fehlen des Eröffnungsbeschlusses

20.41   Hat das Gericht die Entscheidung über die **Eröffnung verabsäumt**, steht der Fortsetzung des Hauptverfahrens ein **Verfahrenshindernis** mit der Folge entgegen, dass das Verfahren nach §§ 206a, 260 Abs. 3 StPO von Amts wegen (auch in der Revisionsinstanz) einzustellen ist.[71]

Praxistipp

20.42   Die **Nachholung** des Eröffnungsbeschlusses ist nach einhelliger Meinung der Rechtsprechung und des Schrifttums nach Erlass des Urteils erster Instanz **unzulässig**.[72] Nach Auffassung des Bundesgerichtshofs ist aber der Erlass des Beschlusses im Rahmen der erstinstanzlichen Hauptverhandlung möglich.[73] Dies wird aber in der Literatur überwiegend kritisch betrachtet.[74] Die Frage der Zulässigkeit der Nachholung der Eröffnung des Hauptverfahrens ist dabei für die Verteidigung von nicht unerheblicher Bedeutung, weil das Gericht hierzu nicht verpflichtet ist, sondern nach pflichtgemäßem Ermessen entscheidet. Hier kann ein prozesstaktisch geschickt gestellter Aussetzungsantrag die erledigungsorientierte Entscheidung insbesondere der Amtsgerichte dahingehend beeinflussen, dass das Verfahren nach § 260 Abs. 3 StPO endgültig beendet wird.

---

70)   Zur revisionsrechtlichen Bedeutung eines Zustellungsmangels vgl. KK/Gmel, § 215 Rdnr. 4.
71)   BGH, Beschl. v. 12.08.2017 – 2 StR 199/17.
72)   KK/Schneider, § 207 Rdnr. 20.
73)   BGH, Beschl. v. 02.11.2005 – 4 StR 418/15.
74)   Zum Streitstand: KK/Schneider, a.a.O.

Mängel des Eröffnungsbeschlusses

Der Eröffnungsbeschluss kann sowohl in formeller als auch in materieller Hinsicht an vielfältigen **Fehlern** leiden.[75] Hierbei ist zu unterscheiden, ob der Fehler im Einzelnen derart schwerwiegend ist, dass er auf die Wirksamkeit des Eröffnungsbeschlusses als Verfahrensvoraussetzung durchschlägt. In diesem Fall ist das Verfahren – ebenso wie beim gänzlichen Fehlen des Beschlusses – entsprechend §§ 206a, 260 Abs. 3 StPO einzustellen. Tangiert der Mangel diese Rechtsnatur des Eröffnungsbeschlusses jedoch nicht, bleibt er ohne Auswirkung auf das weitere Verfahren.

20.43

Parallel zur Möglichkeit der Nachholung der Eröffnung des Hauptverfahrens lässt die Rechtsprechung die Heilung von Mängeln des Eröffnungsbeschlusses auch noch in der Hauptverhandlung erster Instanz zu.[76]

Beschwerde

Wird die Anklage ohne Änderungen zur Hauptverhandlung zugelassen, steht den Verfahrensbeteiligten kein Rechtsmittel zu, § 210 Abs. 1 StPO; gegen die teilweise Ablehnung der Eröffnung steht lediglich der **Staatsanwaltschaft** nach § 210 Abs. 2 StPO das Recht der **sofortigen Beschwerde** zu. Entscheidet das Gericht jedoch im Eröffnungsbeschluss auch über etwaige Haftfragen zum Nachteil des Angeklagten entsprechend § 207 Abs. 4 StPO, ist ihm die Beschwerde nach § 304 StPO und ggf. die weitere Beschwerde nach § 310 StPO eröffnet.

20.44

Revision

Fehlt ein wirksamer Eröffnungsbeschluss, ist dies in der Revisionsinstanz mit der Folge von Amts wegen zu berücksichtigen, dass das Verfahren einzustellen ist. Eine Aufhebung des Urteils und die Zurückverweisung an die Ausgangsinstanz ist ausgeschlossen.[77] Der fehlerhafte – aber wirksame – Eröffnungsbeschluss kann mit der Revisionsrüge mit Blick auf §§ 210 Abs. 1, 336 Satz 2 StPO nicht geltend gemacht werden.

20.45

Praxistipp

Lehnt der Verteidiger einen Richter im Zwischenverfahren wegen der Besorgnis der Befangenheit ab, und wird das Ablehnungsgesuch nachfolgend für begründet erklärt, ist ein zwischenzeitlich ergangener Eröffnungsbeschluss unwirksam, da dieser Beschluss keine unaufschiebbare Maßnahme nach § 29 StPO darstellt.[78]

20.46

---

75) Zur umfangreichen Aufstellung zahlreicher möglicher Mängel siehe Burhoff, Ermittlungsverfahren, Rdnr. 2126 ff., und KK/Schneider, § 207 Rdnr. 26 ff.
76) BGH, Beschl. v. 09.02.2012 – 1 StR 148/11.
77) KK/Schneider, § 207 Rdnr. 38.
78) Meyer-Goßner/Schmitt, § 29 Rdnr. 5 unter Verweis auf OLG Frankfurt, Beschl. v. 03.02.1999 – 2 Ws 12/99.

Weise

20.1.7.2   Nichteröffnungsbeschluss

20.47   Erachtet das Gericht die tatsächlichen und/oder rechtlichen Voraussetzungen zur Eröffnung des Hauptverfahrens für nicht gegeben, ist gem. § 204 StPO die **Eröffnung** des Hauptverfahrens durch Beschluss **abzulehnen**. Unbestritten nimmt bei der Frage der ablehnenden Entscheidung der aus Sicht des Gerichts fehlende hinreichende Tatverdacht gegen den Angeschuldigten den zentralen Stellenwert ein. Es liegt auf der Hand, dass sich der Verteidigung hier nicht unerhebliche Chancen bieten, auf die Entscheidung des Gerichts Einfluss zu nehmen, etwa durch eine den Anklagevorwurf entkräftende Einlassung des Mandanten. Von diesen Möglichkeiten sollte unbedingt Gebrauch gemacht werden, nachdem die endgültige Erledigung bereits im Zwischenverfahren eine ihn belastende Hauptverhandlung vermeidet. Auch wenn das Gericht unter Berücksichtigung des Vortrags der Verteidigung zu dem Ergebnis gelangt, dass aus seiner Sicht von einem hinreichenden Tatverdacht auszugehen ist, besteht in geeigneten Fällen zumindest ferner die Möglichkeit, eine Einstellung des Verfahrens nach den §§ 153 ff. StPO zu erreichen.

Begründungspflicht

20.48   Entsprechend §§ 210 Abs. 2, 34 StPO hat das Gericht **Gründe** für die ablehnende Entscheidung **auszuführen**. Dabei ist insbesondere anzugeben, ob die Ablehnung der Eröffnung des Hauptverfahrens auf **tatsächlichen** oder **rechtlichen** Erwägungen basiert, denn eine Ablehnung der Eröffnung ausschließlich aus Rechtsgründen führt nicht zu einem Strafklageverbrauch. Ergeht hingegen eine Sachentscheidung, kann das Verfahren nur unter den Voraussetzungen des **§ 211 StPO** wieder aufgenommen werden.[79]

Bekanntmachung des Ablehnungsbeschlusses

20.49   Der Staatsanwaltschaft, dem Nebenkläger und dem Privatkläger ist der Ablehnungsbeschluss mit Blick auf die Rechtsmittelfrist **zuzustellen**. Eine Zustellung an den Angeschuldigten erfolgt nur insoweit, als der Beschluss für ihn mit der sofortigen Beschwerde (etwa hinsichtlich der Kosten und Auslagen) anfechtbar ist.

Rechtsmittel

20.50   Der Ablehnungsbeschluss ist für den Angeschuldigten mangels Beschwer nicht anfechtbar. Die Staatsanwaltschaft, der Nebenkläger und der Privatkläger hingegen können sofortige Beschwerde gegen die Ablehnungsentscheidung des Gerichts einlegen, §§ 210 Abs. 2, 400 Abs. 2, 390 Abs. 1 StPO.

---

79)   Die Zulässigkeit einer Doppelbegründung ist im Schrifttum umstritten; verneinend: Meyer-Goßner/Schmitt, § 204 Rdnr. 4; bejahend: SSW-StPO/Rosenau; § 204 Rdnr. 3, KK/Schneider mit zutreffender Begründung, § 204 Rdnr. 6.

Praxistipp

Gelangt das Gericht bei der rechtlichen Würdigung der angeklagten Tat zu dem Ergebnis, dass zwar ein Straftatbestand nicht erfüllt ist, der Angeschuldigte aber eine Ordnungswidrigkeit begangen hat, scheidet eine ablehnende Eröffnungsentscheidung aus. Das Verfahren ist vielmehr wegen des Tatbestands der **Ordnungswidrigkeit** zu **eröffnen** und geht mit dem Beschluss in das Bußgeldverfahren über.[80]

20.51

20.1.8 Exkurs: Die Besetzung des Gerichts

Recht auf den gesetzlichen Richter nach § 101 Abs. 2 GG

Basierend auf dem verfassungsrechtlich normierten Anspruch des Angeklagten auf eine Entscheidung durch den **gesetzlichen Richter** mit Blick auf die Wahrung der Unabhängigkeit der Rechtsprechung und die Sicherung des Vertrauens der Rechtssuchenden und der Öffentlichkeit in die Unparteilichkeit und Sachlichkeit der Gerichte[81] verfügt der Angeklagte/Verteidiger je nach Spruchkörper und Instanz über unterschiedliche Rechtsbehelfe.

20.52

Verfahren vor den Amtsgerichten und den Berufungskammern der Landgerichte

Ein förmlicher Besetzungseinwand nach § 222b StPO kann nach dem Willen des Gesetzgebers nur für **erstinstanzliche Verfahren** vor dem **Landgericht** und dem **Oberlandesgericht** erhoben werden, § 222a Abs. 1 StPO.[82]

20.53

Für den Verteidiger besteht daher – auch bereits vor Beginn der Hauptverhandlung – in Strafverfahren vor dem **Amtsgericht** und im **Berufungsverfahren** nur die Option, schriftsätzlich auf eine etwaige fehlerhafte Gerichtsbesetzung hinzuweisen und eine ordnungsgemäße Besetzung anzuregen.

Erstinstanzliche Verfahren vor den Landgerichten und den Oberlandesgerichten

Mit dem Gesetz zur Modernisierung des Strafverfahrens im Jahr 2019 hat der Gesetzgeber das **Vorabentscheidungsverfahren** über den nach § 222b StPO erhobenen förmlichen Besetzungseinwand für erstinstanzliche Verfahren vor den Landgerichten und den Oberlandesgerichten in § 222b Abs. 3 StPO normiert.

20.54

---

80) KK/Schneider, § 204 Rdnr. 9.
81) BVerfG, Beschl. v. 16.01.2017 – 2 BvR 2011/16, 2 BvR 2034/16, NJW 2017, 1233.
82) KK/Gmel, § 222a Rdnr. 3.

Weise

Die **abschließende Prüfung** der ordnungsgemäßen Besetzung des Gerichts erfolgt nunmehr vor oder spätestens zu Beginn der Hauptverhandlung und unterliegt nur noch eingeschränkt der Rüge im Revisionsverfahren. Damit ist die Verteidigung bereits in diesem **frühen Verfahrensstadium** zwangsläufig mit der mitunter sehr **arbeitsaufwendigen Kontrolle** der Gerichtsbesetzung befasst; zu denken ist hier an das u.U. erforderliche Studium der zum Teil recht kompliziert gefassten Geschäftsverteilungspläne der Gerichte oder die Berufung der Schöffen.

Zeitpunktfragen

20.55   Die Besetzungsmitteilung hat nach § 222a Abs. 1 StPO spätestens zu Beginn der Hauptverhandlung zu erfolgen, kann aber auf Anordnung des Vorsitzenden auch schon vor deren Beginn mitgeteilt werden. In der Praxis erfolgt die Mitteilung durch die Landgerichte meist mit der **Zustellung** des **Eröffnungsbeschlusses** an die Verfahrensbeteiligten nach § 215 StPO. Dies erweist sich mit Blick auf das Beschleunigungsgebot und die erforderliche Zustellung der Besetzungsmitteilung im Vorfeld der Hauptverhandlung entsprechend § 222a Abs. 1 Satz 2 StPO als sinnvoll. Zieht der Verteidiger die Erhebung eines Besetzungseinwandes in Betracht, ist die **Ausschlussfrist** von **einer Woche** nach Zustellung/Mitteilung der Gerichtsbesetzung nach § 222b Abs. 1 Satz 1 StPO unbedingt zu beachten: Versäumt der Verteidiger die Frist, sind sowohl der Besetzungseinwand als auch die Besetzungsrüge nach § 338 Nr. 1 StPO präkludiert.

Praxistipp

20.56   Die Mitteilung der Gerichtsbesetzung erfolgt rechtzeitig, wenn sie spätestens vor der Vernehmung des ersten Angeklagten bekannt gegeben wird.[83]

Inhalt der Mitteilung der Gerichtsbesetzung

20.57   Eine **fehlerfreie Bekanntgabe** der **Gerichtsbesetzung** erfordert die Benennung der Namen der Berufsrichter und der Schöffen unter Hervorhebung des Vorsitzenden und die Bezeichnung der Eigenschaft, in der sie mitentscheiden. Dies gilt auch für mitwirkende Ergänzungsrichter und Hilfsschöffen; eine Benennung des Berichterstatters ist hingegen nicht erforderlich.[84]

---

83) KK/Gmel, § 222a Rdnr. 6.
84) Meyer-Goßner/Schmitt § 222a Rdnr. 7.

Praxistipp

Von der Gerichtsbesetzung ist die **Besetzung der großen Strafkammern**, über die das Gericht nach § 76 Abs. 2 Satz 1 GVG i.d.R. bei der Eröffnung des Hauptverfahrens durch Beschluss entscheidet, zu unterscheiden. Eines Beschlusses bedarf es auch dann, wenn in **„großer" Besetzung** mit drei Berufsrichtern verhandelt wird. Fehlt der Beschluss, ist dies für das Revisionsverfahren ohne Belang, weil das Urteil auf diesem Fehler nicht beruht. Verhandelt die große Strafkammer in der Besetzung mit zwei Berufsrichtern ohne entsprechenden Beschluss, ist die Revision hingegen begründet[85], sofern der Besetzungseinwand rechtzeitig erhoben wurde. § 222b StPO findet hierbei entsprechende Anwendung.[86]

20.58

Form und Begründungsumfang des Besetzungseinwands

Der Besetzungseinwand, der **sowohl vom Angeklagten als auch vom Verteidiger** aus eigenem Recht und unabhängig voneinander erhoben werden kann, unterliegt ebenso wie die Besetzungsrüge engen formellen Voraussetzungen, die unbedingt einzuhalten sind, um nicht die Unzulässigkeit des Einwands zu riskieren. Vor Beginn der Hauptverhandlung muss der Einwand schriftlich in der Form des § 345 Abs. 2 StPO (für den Nebenkläger entsprechend § 390 Abs. 2 StPO)[87] erhoben werden, § 222b Abs. 1 Satz 5 StPO. In Anlehnung an die Besetzungsrüge muss das Rechtsmittelgericht ausschließlich unter Würdigung der in der Begründung des Besetzungseinwands ausgeführten Tatsachen entscheiden können, ob das Gericht ordnungsgemäß besetzt ist, § 222b Abs. 1 Satz 3 StPO. Insoweit muss sich der Verteidiger an **§ 344 Abs. 2 Satz 2 StPO orientieren**.[88]

20.59

Konzentrationsgebot

Entsprechend § 222b Abs. 1 Satz 4 StPO sind alle Beanstandungen **gleichzeitig** zu erheben. Ein Nachschieben von Gründen ist selbst dann unzulässig, wenn die Frist nach § 222b Abs. 1 Satz 1 StPO noch nicht abgelaufen ist oder die bereits bestehende fehlerhafte Gerichtsbesetzung den Beteiligten noch nicht bekannt war.[89]

20.60

---

85) KK/Diemer, GVG, § 76 Rdnr. 2.
86) KK/Gmel, § 222b Rdnr. 1 m.w.N.
87) OLG Hamm, Beschl. v. 19.07.2007 – 2 Ss 294/07.
88) BGH, Beschl. v. 12.01.2016 – 3 StR 490/15, in Fortführung: OLG München, Beschl. v. 12.02.2020 – 2 Ws 138/20.
89) KK/Gmel, § 222b Rdnr. 9.

Praxistipp

20.61 Auf Grund des **unabhängig voneinander** bestehenden **Beanstandungsrechts** des Verteidigers und des Angeklagten kann im Falle der Zurückweisung des Besetzungseinwands des Verteidigers der Angeklagte mit einem eigenen Antrag weitere Gründe für eine Besetzungsrüge vortragen und umgekehrt.[90]

Vorabentscheidungsverfahren

20.62 Auch nach dem Inkrafttreten des Gesetzes zur Modernisierung des Strafverfahrens entscheidet entsprechend § 222b Abs. 2 Satz 1 StPO das erkennende Gericht in der Besetzung außerhalb der Hauptverhandlung vorausgehend und stellt selbst fest, dass es nicht vorschriftsmäßig besetzt ist, wenn es den Einwand für **begründet** erachtet, § 222b Abs. 2 Satz 2 StPO. Die Gründe einer **vorschriftswidrigen Besetzung** sind vielfältiger Natur und können sich aus der Verletzung des verfassungsrechtlich garantierten Rechts auf den gesetzlichen Richter[91], speziellen gesetzlichen Regelungen – insbesondere des GVG – und Justizverwaltungsakten (beispielsweise den richterlichen Geschäftsverteilungsplänen) ergeben.[92] Der Verteidiger sollte hierbei sein Augenmerk insbesondere auf die **Geschäftsverteilungspläne** der Gerichte richten. Zwar ist deren Studium meist zeitraubend, sie sind aber eine sprichwörtliche Fundgrube für einen erfolgreichen Besetzungseinwand. Insbesondere bei einer Mandatsübernahme in Jugendschutzverfahren wird der versierte Verteidiger mit Blick auf die Zuständigkeit der Großen Strafkammer oder der Jugendkammer im Einzelfall schnell fündig werden.

Ist der Besetzungseinwand nach Auffassung des Instanzgerichts **unzulässig**, verwirft es diesen in eigener Zuständigkeit. Inwieweit der Bundesgerichtshof in diesem Fall eine entsprechende Rüge in der Revisionsinstanz für zulässig erachtet, bleibt abzuwarten. Nachdem § 338 Nr. 1b) StPO die Präklusion ausschließt, wenn das **Rechtsmittelgericht** nicht über den Besetzungseinwand **entschieden** hat, dürfte die Entscheidung des erkennenden Gerichts im Rahmen der Revision überprüfbar sein.

Erachtet das erkennende Gericht den Einwand für **unbegründet**, erfolgt nach der Neuregelung des § 222b Abs. 3 Satz 1 StPO eine Vorlage an das Rechtsmittelgericht binnen drei Tagen. In erstinstanzlichen Verfahren vor den Landgerichten ist nach § 121 Abs. 1 Nr. 4 GVG das Oberlandesgericht zur Entscheidung berufen. In den vor den Staatsschutzsenaten der Oberlandesgerichte anhängigen Verfahren entscheidet nach § 135 Abs. 2 Nr. 3 GVG der Bundesgerichtshof.

---

90) SSW-StPO/Grube, § 222b Rdnr. 4.
91) Meyer-Goßner/Schmitt, § 338 Rdnr. 6.
92) Vgl. Burhoff, Ermittlungsverfahren, Rdnr. 1093.

Entscheidung des Rechtsmittelgerichts

Ist das **Hauptverfahren vor einer Entscheidung** des Rechtsmittelgerichts durch Erlass des **Urteils** beendet, greift die Rügepräklusion nach § 338 Nr. 1b) bb) StPO nicht, und in der Revision kann die Besetzungsrüge im Umfang des erhobenen Besetzungseinwands geltend gemacht werden.[93)]

20.63

Ist das **Hauptverfahren** hingegen noch **nicht beendet**, verwirft das Rechtsmittelgericht den erhobenen Einwand im Falle der Unzulässigkeit oder weist diesen bei ordnungsgemäßer Besetzung als unbegründet zurück. Anderenfalls trifft es die Feststellung, dass das erkennende Gericht nicht vorschriftsmäßig besetzt war, § 222b Abs. 3 Satz 4 StPO. Die Entscheidung ist jeweils unanfechtbar und der Prüfung in der Revisionsinstanz entzogen.

Revision

Entscheidet das Rechtsmittelgericht vorab über den Besetzungseinwand, ist sowohl eine Besetzungsrüge als auch die Überprüfung der Vorentscheidung in der Revisionsinstanz ausgeschlossen. Die Entscheidung des Rechtsmittelgerichts entfaltet vielmehr abschließende Wirkung.

20.64

Nach § 338 Nr. 1a) StPO kann eine Besetzungsrüge nur dann erhoben werden, wenn ein **Besetzungsfehler festgestellt**, aber **unbeachtet** geblieben ist. Der Praxisbezug dieser Regelung erschließt sich allerdings kaum.

Ferner bleibt die Besetzungsrüge nach § 338 Nr. 1b) StPO zulässig, wenn das Rechtsmittelgericht – insbesondere bei noch nicht erfolgter Entscheidung vor Verkündung des Urteils in der Ausgangsinstanz – (noch) nicht über den Besetzungseinwand entschieden hat und alternativ die Vorschriften über die Mitteilung nach § 222a StPO verletzt wurden, der frist- und formgerechte Einwand der vorschriftswidrigen Besetzung übergangen bzw. zurückgewiesen wurde oder eine Unterbrechung der Hauptverhandlung nach § 222a Abs. 2 StPO beantragt und die Prüfungsfrist nach § 222b Abs. 1 Satz 1 StPO zur Prüfung der Besetzung nicht eingehalten worden war.

Praktische Relevanz

Die geplante Entlastung und Vereinfachung des Strafverfahrens dürfte durch die Neuregelung zur Besetzungsrüge kaum zu erzielen und mit schnellen, abschließenden Entscheidungen nicht zu rechnen sein.[94)] Zwar kann de jure auch bereits unmittelbar nach der Eröffnung und vor Beginn der Hauptverhandlung die richtige Besetzung zutreffend bestimmt werden; jedoch stellen Besetzungsrügen – jenseits des Klassikers einer unzutreffenden Zweierbesetzung – im Alltagsgeschäft einerseits eine Ausnahme dar; zum anderen ist ein **Mehraufwand** des erkennenden Gerichts im Hauptverfahren außerhalb der Hauptverhandlung, seine Vor-

20.65

---

93) Lantermann, HRRS 1/2020, S. 20.
94) Vgl. dazu Kampmann, HRRS 2020; 182, 187 f. m.w.N.

Weise

lagepflicht an das Rechtsmittelgericht und dessen eigenständige Prüfung, neu hinzugetreten. In der Praxis steht zudem zu erwarten, dass die zur Entscheidung berufenen Rechtsmittelgerichte häufig ihre **Entscheidung „zurückstellen"** werden in der berechtigten – ggf. durch Rücksprache mit den Vorsitzenden auch begründeten – Hoffnung, dass vor ihrer Entscheidung ein Urteil der Tatsacheninstanz ergeht.

20.2   Mandatssituationen

20.2.1   Umgrenzungsfunktion der Anklageschrift

Kurzüberblick

– Die Anklageschrift hat nach § 200 Abs. 1 StPO die dem Angeklagten zur Last   20.66
  gelegte Tat sowie Zeit und Ort ihrer Begehung so genau zu bezeichnen, dass
  die Identität des geschichtlichen Vorgangs dargestellt und erkennbar wird,
  welche bestimmte Tat gemeint ist.[95]

– Bestehen Unklarheiten darüber, welche konkreten Handlungen dem Angeklagten zur Last gelegt werden, erfüllt die Anklage ihre Umgrenzungsfunktion
  nicht mit der Folge der Unwirksamkeit. Das Verfahren ist in diesem Fall wegen
  Fehlens einer Prozessvoraussetzung einzustellen.[96]

– Zur Prüfung und Ergänzung der Umgrenzungsfunktion kann das Ergebnis der
  wesentlichen Ermittlungen herangezogen werden.[97]

– Wird der Mangel im Eröffnungsverfahren nicht behoben, sind Anklageschrift
  und Eröffnungsbeschluss unwirksam. Eine Klarstellung in der Hauptverhandlung ist unzulässig.[98]

Sachverhalt

Mit Anklageschrift der Staatsanwaltschaft wurde dem Unternehmer G zur Last
gelegt, im Veranlagungszeitraum August 2018 bis November 2018 Lohnsteuer in
Höhe einer Gesamtsumme von 57.651,50 € weder einbehalten noch abgeführt zu
haben.

Der sachbearbeitende Staatsanwalt führt im wesentlichen Ergebnis der Ermittlungen aus, dass der Angeschuldigte keine vernünftige Lohnbuchhaltung geführt
habe und im Rahmen einer Durchsuchung nur einzelne Lohnbescheinigungen
aufgefunden worden seien, die zudem zum Teil auch nur Namenskürzel ausgewiesen hätten. Es sei daher nicht in jedem konkreten Einzelfall zu ermitteln gewesen, für welche Person Lohnsteuer nicht vorschriftsmäßig abgeführt worden sei.
Die Ermittlungsbehörde habe daher insoweit Schätzungen vorgenommen.

Mit Beschluss vom 20.11.2019 wurde die Anklage unverändert zur Hauptverhandlung zugelassen.

Am 37. Verhandlungstag stellte die Wirtschaftsstrafkammer des Landgerichts das
Verfahren durch Urteil nach § 260 Abs. 3 StPO ein. Zur Begründung führte der

---

95) KK/Schneider, § 200 Rdnr. 3.
96) KK/Schneider, § 200 Rdnr. 31, 38.
97) BGH, Urt. v. 09.08.2011 – 1 StR 194/11.
98) Meyer-Goßner/Schmitt, § 200 Rdnr. 26.

Vorsitzende aus, dass die Anklage der Staatsanwaltschaft ihre Umgrenzungsfunktion nicht erfülle und folglich unwirksam sei. Für das erkennende Gericht sei nicht nachvollziehbar, für welche bekannten Arbeitnehmer und für welchen entsprechenden Zeitraum die Lohnsteuer überhaupt berechnet worden sei.

Der sachbearbeitende Staatsanwalt denkt nach der Urteilsverkündung über die Erfolgsaussichten einer Revision nach.

Lösung

20.67   Die Revision der Staatsanwaltschaft wäre begründet, weil die Anklage den historischen Lebenssachverhalt ausreichend konkretisiert, damit ihrer Umgrenzungsfunktion gerecht wird und folglich wirksam ist. Die tatrelevanten Handlungen und der Taterfolg mit Blick auf § 370 AO sind ausreichend konkretisiert, einer Darstellung der Berechnung der für die Steuerhinterziehung relevanten Beträge bedarf es nach Ansicht des Bundesgerichtshofs im Anklagesatz nicht, da eine Schadensberechnung die konkrete Tat nicht zu individualisieren vermag.[99] Auch den durch die Ermittlungsbehörden vorgenommenen Schätzungen erteilt der Bundesgerichtshof in dieser Entscheidung Dispens und geht sogar so weit, dass er die Schätzung selbst dann für zulässig erachtet, wenn eine genaue Berechnung der Schadenshöhe möglich gewesen wäre.

Dies mag in Wirtschaftsstrafverfahren zwar praktikabel sein, ist aber im Hinblick darauf, dass der durch eine Tat entstandene Schaden bei der Strafzumessung eine nicht unerhebliche Rolle spielt, zumindest zweifelhaft bzw. bedenkenswert. Der Nachteil für den Angeklagten dürfte sich allerdings in Grenzen halten, da die Staatsanwaltschaften im Falle einer Schätzung des entstandenen Schadens i.d.R. von absoluten Mindestgrenzen ausgehen.

Prozesstaktische Hinweise

Einzelfallrechtsprechung des Bundesgerichtshofs

20.68   Die zitierte Entscheidung dokumentiert, dass die Rechtsprechung des Bundesgerichtshofes zur Frage der Wirksamkeit der Anklageschrift auf den Einzelfall abstellt. Diese Tatsache ermöglicht dem Verteidiger, frühzeitig im Zwischenverfahren etwaige Mängel der Anklage aufzuzeigen, die im konkreten Fall im Rahmen des Revisionsrechtszugs Bedeutung erlangen und somit eine nicht zu unterschätzende Basis für eine erfolgreiche Verteidigung bilden können.

---

99)   BGH, Urt. v. 09.01.2018 – 1 StR 370/17.

Muster

Antrag auf Nichteröffnung des Hauptverfahrens aufgrund fehlerhafter Anklageschrift

Amtsgericht ...
(Anschrift)

In der Strafsache
gegen ...
wegen ...
Az. ...

wird **beantragt,** die Eröffnung des Hauptverfahrens abzulehnen.

Begründung:

Gemäß § 200 Abs. 1 StPO hat die Anklageschrift den Angeschuldigten, die Tat, die ihm zur Last gelegt wird, Zeit und Ort ihrer Begehung, die gesetzlichen Merkmale der Straftat und die anzuwendenden Strafvorschriften zu bezeichnen. Die Anklageschrift der Staatsanwaltschaft enthält keinerlei Angaben, zu welchem Zeitpunkt mein Mandant die ihm zur Last gelegte Straftat begangen haben soll. Damit kann weder das Vorliegen des Verfahrenshindernisses der Verjährung geprüft werden, noch besteht die Möglichkeit des qualifizierten Bestreitens mit Blick auf ein Alibi meines Mandanten zur Tatzeit.

Rechtsanwältin/Rechtsanwalt

20.2.2 Umfang und Inhalt der Dokumentationspflicht nach §§ 202a, 212, 243 Abs. 4 StPO

Kurzüberblick

- Alle wesentlichen Elemente verständigungsbezogener Gespräche des Gerichts mit den Verfahrensbeteiligten außerhalb der Hauptverhandlung sind Gegenstand der Erörterung in der Hauptverhandlung und unterliegen der Protokollierungspflicht.

- Auch für den Fall erfolgloser Verständigungsgespräche umfasst der mitteilungsbedürftige Inhalt die Standpunkte, die die einzelnen Gesprächsteilnehmer vertreten haben, welche Seite die Frage der Verständigung aufgeworfen hat und ob diese bei den weiteren Gesprächsteilnehmern auf Zustimmung oder Ablehnung gestoßen ist.

20.69

– Die Information, dass das Gericht zu einem Vorschlag keinen Standpunkt eingenommen hatte, ist ein mitteilungsbedürftiger Aspekt.

– Selbst im Falle ergebnisloser Verständigungsgespräche wird das Beruhen des Urteils auf einer Verletzung des § 243 Abs. 4 StPO i.d.R. nicht sicher ausgeschlossen werden können[100], weil auch in diesem Fall die Verteidigungsposition des Angeklagten tangiert wird.[101]

Sachverhalt

In einem Strafverfahren vor der 1. Strafkammer des Landgerichts – Große Strafkammer – liegt dem Angeklagten schwere Körperverletzung zum Nachteil seiner Ehefrau zur Last.

Im Zwischenverfahren fanden keine Erörterungen nach den §§ 202a, 212 StPO statt, das Hauptverhandlungsprotokoll vom ersten Verhandlungstag dokumentiert nach der Verlesung der Anklageschrift ein ordnungsgemäßes Negativattest. Nach entsprechender Belehrung des Vorsitzenden macht der Angeklagte von seinem Schweigerecht Gebrauch, sein Verteidiger regt aber sogleich ein Rechtsgespräch an. Im Rahmen des anschließenden Gesprächs des Gerichts und sämtlicher Verfahrensbeteiligter führt der Sitzungsvertreter der Staatsanwaltschaft aus, dass im Falle des Geständnisses auf Grund der Gesamtumstände der Tat und zur Vermeidung der zeugenschaftlichen Vernehmung der Ehefrau eine Freiheitsstrafe in Betracht käme, die gerade noch zur Bewährung ausgesetzt werden könne. Die Mitglieder der Kammer positionieren sich nicht.

Im Protokoll der Hauptverhandlung findet sich nach der Fortsetzung der Hauptverhandlung der Hinweis, dass ein Rechtsgespräch geführt, jedoch keine Verständigung erzielt wurde. Der Verteidiger legt gegen das Urteil der Großen Strafkammer Revision ein und führt zur Begründung aus, der Vorsitzende habe den Angeklagten über das Verständigungsgespräch unzureichend unterrichtet. Auch wenn letztlich keine Verständigung zustande gekommen sei, könne nicht ausgeschlossen werden, dass das Urteil auf diesem Verstoß beruhe.

Erfolgsaussichten der Revision?

Lösung

20.70 Der Verteidiger rügt zu Recht einen Verstoß gegen die Mitteilungs- und Dokumentationspflichten gem. §§ 243 Abs. 4, 273 Abs. 1a Satz 2. StPO. Nach § 243 Abs. 4 Satz 1 StPO teilt der Vorsitzende nach Verlesung der Anklageschrift mit, ob Erörterungen nach §§ 202a, 212 StPO erfolgt sind, insoweit also Gespräche mit dem Ziel einer Verständigung geführt wurden. In diesem Fall ist der wesent-

---

100) BVerfG, stattgebender Kammerbeschl. v. 04.02.2020 – 2 BvR 900/19.
101) BGH, Urt. v. 05.06.2014 – 2 StR 381/13.

liche Inhalt der Unterredung bekannt zu geben.[102] Diese Mitteilungspflicht ist mit Blick auf § 243 Abs. 4 Satz 2 StPO grundsätzlich zu beachten, wenn Verständigungsgespräche außerhalb der Hauptverhandlung geführt werden. Derartige Erörterungen sind stets in der Hauptverhandlung zu thematisieren und inhaltlich zu dokumentieren.[103] Auch bei erfolglos geführten Gesprächen außerhalb der Hauptverhandlung gebietet das Informationsrecht der Verfahrensbeteiligten und der Öffentlichkeit die Mitteilung, wer das Verständigungsgespräch initiiert hat, welche Standpunkte durch die Gesprächsteilnehmer vertreten wurden und wie sich die anderen Gesprächspartner zur Frage einer Verständigung positioniert hatten. Diese Informationen sind entsprechend § 273 Abs. 1a Satz 2 StPO in das Hauptverhandlungsprotokoll aufzunehmen.[104] Gemessen an diesen Maßstäben bedarf es keiner weiteren Ausführungen dazu, dass der Vorsitzende der Großen Strafkammer im Beispielsfall die gesetzlich vorgeschriebenen Mitteilungs- und Dokumentationspflichten verletzt hat.

Prozesstaktische Hinweise

Rügepräkludierung nach § 238 Abs. 2 StPO

In der zitierten Entscheidung des Bundesgerichtshofs vom 05.06.2014 hat sich der 2. Strafsenat auch mit der Frage auseinandergesetzt, ob der Angeklagte mit der Rüge der Verletzung der Mitteilungs- und Dokumentationspflicht präkludiert ist, wenn er es unterlassen hat, vom Zwischenrechtsbehelf des § 238 Abs. 2 StPO Gebrauch zu machen, und hat dieses im Ergebnis für nicht erforderlich angesehen.[105]

20.71

Ausdrückliche Zustimmung des Angeklagten

Die Zustimmung der Staatsanwaltschaft und des Angeklagten hinsichtlich des Verständigungsvorschlags des Gerichts bewirkt das formwirksame Zustandekommen der Verständigung nach § 257c StPO. Die Zustimmung ist als Prozesserklärung unanfechtbar, unwiderruflich und entfaltet Bindungswirkung. Deshalb muss sie ausdrücklich erklärt werden, eine konkludente Erklärung ist unzureichend.[106]

20.72

20.2.3 Fehlender Eröffnungsbeschluss

Kurzüberblick

– Ist eine Entscheidung über die Eröffnung des Hauptverfahrens nicht ergangen, steht der Fortsetzung des Verfahrens ein Prozesshindernis mit der Folge entgegen, dass das Verfahren nach §§ 206a, 260 Abs. 3 StPO einzustellen ist.[107]

20.73

---

102) BGH, Urt. v. 10.07.2013 – 2 StR 47/13.
103) BGH, Urt. v. 05.06.2014 – 2 StR 381/13.
104) BGH, a.a.O.
105) BGH, a.a.O., mit ausführlicher Begründung und w.N.
106) BGH, Beschl. v. 23.07.2019 – 1 StR 169/19.
107) Meyer-Goßner/Schmitt, § 203 Rdnr. 4.

- Der Eröffnungsbeschluss ist mit Blick auf das Zustellungserfordernis nach § 215 StPO schriftlich abzufassen. Nach einhelliger Meinung in Rechtsprechung und Schrifttum genügt aber die schlüssige Erklärung des Gerichts, dass es die Anklage zur Hauptverhandlung zulässt.[108]

- Nach ständiger Rechtsprechung des Bundesgerichtshofs ist die Nachholung der Eröffnungsentscheidung in der erstinstanzlichen Hauptverhandlung – auch noch am letzten Verhandlungstag – möglich.[109]

Sachverhalt

Der polizeibekannte Betäubungsmittelhändler T wird durch den POM E am 24.12.2019 gestellt, als er gerade im Begriff ist, dem A zwei Gramm Marihuana zu veräußern. Aufgrund dieses Sachverhalts erhebt die Staatsanwaltschaft am 02.02.2020 eine Anklage zum Strafrichter des örtlich zuständigen Amtsgerichts, über deren Eröffnung der zuständige Amtsrichter F sogleich entscheidet und das Hauptverfahren am 20.02.2020 vor dem Strafrichter eröffnet. Aber auch T bleibt nicht untätig, verkauft am 31.12.2019 erneut zwei Gramm Marihuana an A und wird wiederum durch einen Polizeibeamten, POM K, ertappt. Die am 19.02.2020 wegen dieses Sachverhalts erhobene Anklage legt der zuständige Richter G seinem Kollegen F vor, der das Verfahren übernimmt und mit dem bereits bei ihm anhängigen Verfahren verbindet. Er bestimmt den Hauptverhandlungstermin auf den 09.03.2020 und lädt sowohl POM E als auch POM K als Zeugen. T zeigt sich einsichtig und legt in der Hauptverhandlung ein vollumfängliches Geständnis ab. Richter F zeigt Gnade und verurteilt ihn wegen beider Taten zu einer Gesamtgeldstrafe von 70 Tagessätzen zu je 10 €. T ist erfreut, sein Verteidiger empört. Er legt umgehend Sprungrevision gegen das ergangene Urteil ein.

Begründung?

Lösung

20.74   Für die durch T am 31.12.2019 begangene Tat fehlt es an einem wirksamen Eröffnungsbeschluss. Die Eröffnungsentscheidung vom 20.02.2020 bezog sich eindeutig auf die Anklage vom 02.02.2020. Zwar lässt die Rechtsprechung zur Eröffnung des Hauptverfahrens auch eine schlüssige, eindeutige Willenserklärung des Gerichts genügen. Nach Ansicht des Bundesgerichtshofs ist aber – auch angesichts der Tatsache, dass Amtsrichter F POM K zur Hauptverhandlung geladen hat – nicht mit der erforderlichen Sicherheit davon auszugehen, dass der Richter die Eröffnungsvoraussetzungen geprüft und bejaht hat.[110] Nunmehr dürfte der Verteidiger erfreut sein, weil das Oberlandesgericht die amtsgerichtliche Entscheidung dahingehend korrigieren wird, dass es das Verfahren hinsichtlich der Tat vom 31.12.2019 nach § 260 Abs. 3 StPO einstellt.

---

108) KK/Schneider, § 207 Rdnr. 17.
109) KK/Schneider, § 207 Rdnr. 20.25.
110) BGH, Beschl. v. 04.08.2016 – 4 StR 230/16.

Prozesstaktischer Hinweis

Die Freude des Verteidigers sollte sich in Grenzen halten. Eine sachgerechte Verteidigung hätte im Fallbeispiel geboten, dass der Verteidiger spätestens im Rahmen der Hauptverhandlung darauf hinweist, dass bezüglich der Tat vom 31.12.2019 kein Eröffnungsbeschluss ergangen ist. Dies hätte mit Blick auf die mögliche Nachholung des Eröffnungsbeschlusses dem Mandanten die Revisionsinstanz erspart, zumal das Prozessurteil keinen Strafklageverbrauch nach sich zieht[111] und daher wegen der zweiten Tat zu erwarten steht, dass eine weitere Verurteilung folgt. Der Beispielsfall beweist, dass eine frühzeitige Intervention des Verteidigers geeignet ist, dem Mandanten ein lange andauerndes Verfahren zu ersparen. Dies gilt umso mehr, wenn der Verteidiger sich vergegenwärtigt, dass insbesondere bei einem Angeklagten zur Last gelegten Serienstraftaten auch ein sorgfältig arbeitender Richter im Einzelfall die Eröffnung eines Hauptverfahrens übersehen kann und der Verteidiger hier als Organ der Rechtspflege gefordert ist.

20.75

Muster

Einstellung des Verfahrens aufgrund eines Prozesshindernisses

---

Amtsgericht ...
(Anschrift)

In der Strafsache
gegen   ...
wegen   ...
Az.   ...

wird **beantragt,** das Strafverfahren nach § 206a Abs. 1 StPO einzustellen.

Begründung:

Mit Anklageschrift der Staatsanwaltschaft wird dem Angeklagten vorgeworfen, eine vorsätzliche Körperverletzung nach §§ 223 Abs. 1, 230 StGB begangen zu haben. Die Anklage ist unverändert zur Hauptverhandlung zugelassen worden. Nunmehr hat der Geschädigte seinen Strafantrag zurückgenommen. Nachdem die Staatsanwaltschaft das besondere öffentliche Interesse an der Strafverfolgung nicht angenommen hat, steht der Durchführung des Hauptverfahrens ein Prozesshindernis entgegen, mit der Folge, dass das Strafverfahren antragsgemäß einzustellen ist.

Rechtsanwältin/Rechtsanwalt

---

111) Meyer-Goßner/Schmitt, § 260 Rdnr. 48.

20.2.4   Fehlerhafte Gerichtsbesetzung bei Erlass der Eröffnungsentscheidung

Kurzüberblick

20.76   – Ergeht die Eröffnungsentscheidung unter fehlerhafter Gerichtsbesetzung, ist das Verfahren, soweit nicht der gesetzliche Richter entschieden hat, nach den §§ 206a, 260 Abs. 3 StPO einzustellen. Es erfolgt gleichgelagert zum fehlenden Eröffnungsbeschluss eine Aufhebung der erstinstanzlichen Entscheidung im Gesamtstrafenausspruch, wenn dem Angeklagten mehrere Straftaten zur Last liegen.[112]

Sachverhalt

In einem Strafverfahren vor der Strafkammer des Landgerichts als Schwurgericht liegt dem Angeklagten zur Last, seine Lebensgefährtin am 12.09.2019 in der gemeinsamen Wohnung mehrfach vergewaltigt zu haben. Aufgrund der Hilfeschreie des Tatopfers seien die Bewohner der Nachbarwohnung auf das Geschehen aufmerksam geworden und hätten die Polizei alarmiert, anschließend an der Wohnungstür der Lebensgemeinschaft geklingelt und geklopft. Zudem habe einer der Nachbarn laut durch die geschlossene Wohnungstür der Lebensgemeinschaft gerufen, dass die Polizei gleich eintreffen werde. In Ansehung dieser Tatsache habe der Angeklagte einen Hammer ergriffen und damit seiner Lebensgefährtin tödliche Verletzungen beigebracht. Das Schwurgericht hat die Anklage mit Beschluss vom 20.02.2020 zur Hauptverhandlung zugelassen und Termine zur Hauptverhandlung ab 15.03.2020 bestimmt. Am 28.02.2020 legte das Amtsgericht der Strafkammer ein weiteres Verfahren zur Übernahme vor, in welchem dem Angeklagten ein Ladendiebstahl zur Last gelegt wurde. Mit Beschluss vom 17.03.2020 hat das Schwurgericht die Verfahren zur gemeinsamen Verhandlung und Entscheidung verbunden. Während der Verlesung der Anklageschrift im Hauptverhandlungstermin am 15.03.2020 stellt der Vorsitzende des Schwurgerichts fest, dass hinsichtlich der Anklage wegen des Diebstahls bisher noch keine Eröffnungsentscheidung getroffen wurde. Er unterbricht die Verhandlung, und es ergeht nachfolgend in der Fortsetzung der Hauptverhandlung Beschluss dahingehend, dass das Schwurgericht in der Besetzung der drei Berufsrichter und der Schöffen das Hauptverfahren wegen des Ladendiebstahls vor der Schwurgerichtskammer eröffnet. Im Ergebnis der Beweisaufnahme verurteilt das Landgericht den Angeklagten wegen Mordes in Tatmehrheit mit Diebstahl.

Der Verteidiger legt gegen des Urteil Revision ein und rügt, dass das Gericht bei Erlass des Eröffnungsbeschlusses hinsichtlich des Diebstahls nicht ordnungsgemäß besetzt gewesen sei, § 338 Nr. 1 erster Halbsatz StPO.

Hat die Revisionsrüge Aussicht auf Erfolg?

---

112) BGH, Beschl. v. 01.03.2017 – 4 StR 405/16.

Lösung

Soweit der Angeklagte wegen des Tatvorwurfs des Diebstahls verurteilt worden ist, ist das angefochtene Urteil aufzuheben, weil hinsichtlich dieser Anklage ein wirksamer Eröffnungsbeschluss nicht vorliegt. Über die Entscheidung hinsichtlich der Zulassung der Anklage entscheidet die Strafkammer nach § 76 Abs. 1 Satz 2 GVG in der außerhalb der Hauptverhandlung vorgesehenen Besetzung, also entsprechend § 76 Abs. 1 Satz 1 GVG mit drei Richtern einschließlich des Vorsitzenden. Der im Beispielsfall ergangene Eröffnungsbeschluss in der Besetzung mit drei Berufsrichtern und den Schöffen ist daher unwirksam. Nachdem die Prozessvoraussetzung eines wirksamen Eröffnungsbeschlusses fehlt, ist das Verfahren ebenso wie beim gänzlichen Fehlen des Eröffnungsbeschlusses einzustellen. Hierdurch entfällt die für den Diebstahlsvorwurf verhängte Einzelstrafe, sodass das Urteil hinsichtlich des Gesamtstrafenausspruchs aufzuheben sein wird.[113]

20.77

Prozesstaktische Hinweise

Prüfung der Ausnahmen vom Legalitätsprinzip

Ein an einer effektiven Strafverteidigung orientierter Verteidiger wird angesichts des Beispielsfalls sprichwörtlich den Kopf schütteln, da ihm bewusst ist, dass sich die Anregung einer Einstellung des Tatvorwurfs des Diebstahls nach § 154 Abs. 2 StPO mehr als aufdrängt. Aber auch in Verfahrenskonstellationen, in denen sich eine Ausnahme vom Legalitätsprinzip nicht in einer derartigen Deutlichkeit offenbart, sollte der zielorientierte Verteidiger die Einstellungsmöglichkeiten der §§ 153 ff. StPO stets im Blick behalten, um ein möglichst optimales Ergebnis für den Mandanten zu erreichen. Die Gerichte sind hier aus naheliegenden Gründen häufig kooperationsbereit – anders als manche Sachbearbeiter und/oder Sitzungsvertreter der Staatsanwaltschaft.

20.78

Eröffnungsbeschluss der Strafkammer durch zwei Berufsrichter

Wird die zunächst unterbliebene Eröffnungsentscheidung in der Hauptverhandlung nachgeholt, muss die Strafkammer in der Besetzung außerhalb der Hauptverhandlung entscheiden.[114] Der Eröffnungsbeschluss einer Strafkammer, der nur von zwei statt von drei Berufsrichtern gefasst wurde, ist daher ebenfalls unwirksam.[115]

20.79

---

113) BGH, Beschl. v. 01.03.2020 – 4 StR 405/16.
114) St. Rsp.; vgl. nur BGH, Urt. v. 20.05.2015 – 2 StR 45/14.
115) BGH, Beschl. v. 05.06.2018 – 5 StR 133/18, Beschl. v. 09.05.2018 – 2 StR 31/18.

Weise

Muster

Fehlerhafte Gerichtsbesetzung bei Erlass
der Eröffnungsentscheidung

Landgericht ...
(Anschrift)

In dem Sicherungsverfahren
gegen   ...
wegen   ...
Az.   ...

wird gemäß §§ 222a, 222b StPO der **Einwand** der vorschriftswidrigen Gerichtsbesetzung **erhoben**.

Begründung:

Mit Verfügung vom 13.02.2020 hat die Staatsanwaltschaft Antrag auf Durchführung eines Sicherungsverfahrens nach §§ 413 ff. StPO gestellt. Danach liegt dem Beschuldigten Folgendes zur Last:

Einfügung des Antrags auf Durchführung des Sicherungsverfahrens ...

Mit Beschluss vom 25.05.2020 hat die Große Strafkammer des Landgerichts in der Besetzung mit drei Berufsrichtern die Eröffnung des Hauptverfahrens beschlossen und zugleich bestimmt, dass die Kammer in der Hauptverhandlung mit zwei Richtern einschließlich des Vorsitzenden und zwei Schöffen besetzt ist.

Einfügung des Eröffnungs- und Besetzungsbeschlusses ...

Eine Besetzungsmitteilung wurde dem Verteidiger am 28.05.2020 zugestellt.

Einfügung der Besetzungsmitteilung ...

Die von der Großen Strafkammer des Landgerichts beabsichtigte Gerichtsbesetzung verstößt gegen § 76 Abs. 2 Nr. 2 GVG. Danach muss die Große Strafkammer im Sicherungsverfahren nach §§ 413 ff. StPO mit drei Berufsrichtern – einschließlich des Vorsitzenden – und zwei Schöffen besetzt sein. Die von der Großen Strafkammer beschlossene Besetzung mit zwei Richtern – einschließlich des Vorsitzenden – und zwei Schöffen verstößt damit gegen geltendes Recht.

Rechtsanwältin/Rechtsanwalt

20.2.5   Der falsche Angeklagte

Kurzüberblick

- Nach Erlass des Eröffnungsbeschlusses kann dieser weder widerrufen noch zurückgenommen werden.[116]   20.80

- Auch eine Änderung ist – abgesehen von der Berichtigung offensichtlicher Unrichtigkeiten – unzulässig.[117]

- Das Hauptverfahren ist in diesem Fall zu terminieren und der Angeklagte ggf. freizusprechen.

Sachverhalt

Am 23.03.2020 gerät T.T. erneut in einen Konflikt mit der Justiz. Die Anklageschrift der Staatsanwaltschaft legt ihm diesmal einen Ladendiebstahl zur Last. Der erneut zuständige Amtsrichter F ist zwar verwundert, da ihn der Angeklagte bisher zwar häufig beschäftigt hatte, mit Eigentumsdelikten allerdings nicht auffällig geworden war, erlässt aber aufgrund der Beweislage am 04.04.2020 einen Eröffnungsbeschluss. Einer polizeilichen Vorladung zur Beschuldigtenvernehmung ist T.T. nicht gefolgt, und der Strafrichter terminiert das Verfahren auf den 26.05.2020. Am 25.05.2020 erscheint ein junger Mann im Amtszimmer des Richters F, stellt sich unter Vorlage seines Personalausweises mit dem Namen Torsten T. vor und berichtet wahrheitsgemäß, dass er – und nicht sein Bruder Theodor T. – den Diebstahl begangen habe. Gegenüber dem Ladendetektiv und der Polizei habe er nach der Tat die Personalien seines Bruders angegeben. Theodor T. habe nicht einmal Kenntnis von dem laufenden Verfahren, da er – Torsten T. – sämtliche Post von Polizei und Justiz an Theodor T. abgefangen und vernichtet habe, damit der Sachverhalt nicht offenbar werde.

Nachdem sich Torsten T. verabschiedet hatte, überlegt Amtsrichter F, ob er den Eröffnungsbeschluss aufheben kann.

Lösung

Nach Eröffnung des Hauptverfahrens ist dem Gericht die Prüfung des hinreichenden Tatverdachts entzogen. Die Rücknahme des Eröffnungsbeschlusses ist nach h.M. auch dann unzulässig, wenn der hinreichende Tatverdacht durch neue Tatsachen und/oder Beweismittel nachträglich entfällt, weil der Angeklagte dann einen Anspruch auf ein freisprechendes Urteil hat.[118] Nach ständiger Rechtsprechung der Oberlandesgerichte ist es Amtsrichter F damit verwehrt, den Eröffnungsbeschluss aufzuheben. Vielmehr muss er Theodor T. durch gerichtliche Ent-   20.81

---

116) KK/Schneider; § 203 Rdnr. 10.
117) KK/Schneider, § 207 Rdnr. 19.
118) Meyer-Goßner/Schmitt, § 203 Rdnr. 3; zum Streitstand vgl. KK/Schneider, § 207 Rdnr. 19.

Weise

scheidung – regelmäßig durch ein Urteil in der Sache – freisprechen[119], nachdem gegen ihn kein Tatverdacht mehr besteht[120]. Allerdings muss der Richter den Termin vom 26.05.2020 aufheben, da Theodor T. von diesem keine Kenntnis hat, und einen neuen Termin zur Hauptverhandlung bestimmen. Aufgabe der Staatsanwaltschaft ist es, gegen Torsten T. eine Anklage zu erheben.

Prozesstaktischer Hinweis

20.82   Eine Aufhebung des Eröffnungsbeschlusses ist nach h.M. selbst dann nicht möglich, wenn der Angeklagte hierzu seine Zustimmung erteilt.[121]

20.2.6   Besetzungseinwand

Kurzüberblick

20.83   – In erstinstanzlichen Verfahren vor dem Landgericht beschließt die Strafkammer bei der Eröffnung des Hauptverfahrens – spätestens bei Terminsbestimmung – gem. § 76 Abs. 2 GVG über ihre Besetzung in der Hauptverhandlung. Dem Verteidiger und dem Angeklagten ist die Besetzung nach § 222a Abs. 1 Satz 1 StPO – spätestens vor Vernehmung des ersten Angeklagten zur Person in der Hauptverhandlung – mitzuteilen.[122]

– Nach erfolgter Besetzungsmitteilung durch das Gericht kann der Einwand, dass dieses nicht vorschriftsmäßig besetzt sei, nur innerhalb einer Woche nach Bekanntgabe erhoben werden, § 222b Abs. 1 Satz 1 StPO.

– Erfolgt die Mitteilung später als eine Woche vor Beginn der Hauptverhandlung oder zu deren Beginn, kann das Gericht auf Antrag des Angeklagten, des Verteidigers und der Staatsanwaltschaft eine Unterbrechung der Hauptverhandlung anordnen, wenn dieser Antrag bis zur Vernehmung des ersten Angeklagten zur Sache gestellt wird, § 222a Abs. 2 StPO. Das Gericht entscheidet über die Unterbrechung der Hauptverhandlung nach pflichtgemäßem Ermessen.[123]

Sachverhalt

Die Staatsanwaltschaft erhebt mit Verfügung vom 03.03.2020 gegen den Angeschuldigten Anklage vor der Großen Strafkammer des Landgerichts und legt ihm bewaffnetes Handeltreiben mit Betäubungsmitteln zur Last. Die zuständige

---

119) OLG Zweibrücken, Beschl. v. 02.05.2008 – 1 Ws 142/08.
120) Zur Problematik des falschen Angeklagten in der Hauptverhandlung vgl. Artkämper, Falsa demonstratio (non nocet) und error in persona in der strafrechtlichen Hauptverhandlung: Überlegungen zum „falschen" Angeklagten, in: Festschrift für Gerhard Wolf, Peter Lang GmbH – Internationaler Verlag der Wissenschaften – Berlin, 2018, S. 1 ff.
121) KK/Schneider, § 207 Rdnr. 19.
122) KK/Gmel, § 222a Rdnr. 6.
123) KK/Gmel, § 222a Rdnr. 12.

3. Strafkammer beschließt am 20.04.2020 (nach vorangegangenem Eröffnungsbeschluss) in ordnungsgemäßer Besetzung, dass sie in der Hauptverhandlung mit
zwei Berufsrichtern und zwei Schöffen besetzt sein wird. Zeitgleich wird Termin
auf den 25.05.2020 bestimmt, und die Verfahrensbeteiligten werden ordnungsgemäß geladen.

Auf Grund eines Versehens der Geschäftsstelle wird die Besetzungsmitteilung
dem Angeklagten und seinem Verteidiger erst am 22.05.2020 zugestellt.

Der Verteidiger stellt sich nunmehr die Frage, ob und ggf. was zu veranlassen ist.

Lösung

Nach § 222a Abs. 1 Satz 1 StPO ist die Gerichtsbesetzung spätestens zu Beginn   20.84
der Hauptverhandlung mitzuteilen, sodass die Zustellung der Besetzungsmitteilung am 22.05.2020 zwar rechtzeitig erfolgte. Nachdem die Mitteilung jedoch
später als eine Woche vor Beginn der Hauptverhandlung erfolgte, wird der Verteidiger zu Beginn der Hauptverhandlung – spätestens vor Vernehmung des Mandanten zur Sache – einen Antrag auf Unterbrechung der Hauptverhandlung nach
§ 222a Abs. 2 StPO stellen. Zwar besteht nach dem Wortlaut der Vorschrift keine
Pflicht des Gerichts, die Hauptverhandlung zu unterbrechen. Mit Blick auf das
Recht des Angeklagten, zu prüfen, ob die Garantie des gesetzlichen Richters aus
Art. 101 Abs. 1 GG gewährleistet ist, dürfte sich das Ermessen des Gerichts vorliegend auf null reduzieren, zumal die Prüfung der ordnungsgemäßen Gerichtsbesetzung erheblichen Zeitaufwand erfordert und der Verteidiger das Recht (§ 222a
Abs. 3 StPO) und die Pflicht hat, sämtliche Regelungen, die die Gerichtsbesetzung
betreffen, einzusehen. Bereits das Studium der mitunter umfangreichen und
unübersichtlichen Geschäftsverteilungspläne der Landgerichte erfordert einiges
an Zeit.

Prozesstaktischer Hinweis

Bestimmt die Strafkammer mehrere Hauptverhandlungstermine, muss der Vertei-   20.85
diger die Besetzung des Gerichts parallel zur laufenden Hauptverhandlung prüfen, denn § 222a Abs. 2 StPO regelt als weitere Voraussetzung des Antrags auf
Unterbrechung der Hauptverhandlung, dass absehbar ist, dass die Hauptverhandlung vor Ablauf der in § 222b Abs. 1 Satz 1 StPO genannten Wochenfrist
beendet sein könnte. Aber auch in diesem Fall empfiehlt es sich, im Hinblick auf
den Regelungszweck der Besetzungsrüge eine Unterbrechung der Hauptverhandlung zu beantragen.

Muster

Antrag auf Unterbrechung der Hauptverhandlung nach § 222a Abs. 2 StPO und Einsicht in die Besetzungsunterlagen nach § 222a Abs. 3 StPO

Landgericht ...
(Anschrift)

In dem Strafverfahren
gegen   ...
wegen   ...
Az.   ...

wird **beantragt,**

1. die Hauptverhandlung entsprechend § 222a Abs. 2 StPO für mindestens drei Tage zu unterbrechen,

2. dem Verteidiger Einsicht in den Geschäftsverteilungsplan des Jahres 2020 dergestalt zu gewähren, dass ihm auf seine Kosten eine vollständige Kopie des Geschäftsverteilungsplans unmittelbar nach Beendigung des heutigen Hauptverhandlungstermins übergeben wird,

3. dem Verteidiger weiterhin Einsicht in die Beschlüsse des Präsidiums des Landgerichts zu gewähren, die Änderungen des Geschäftsverteilungsplans für das Geschäftsjahr 2020 beinhalten, in der Form, dass dem Verteidiger auf seine Kosten vollständige Kopien der Beschlüsse unmittelbar nach Beendigung des heutigen Hauptverhandlungstermins ausgehändigt werden.

Begründung:

Die Besetzung des Gerichts wurde dem Verteidiger erst zu Beginn der heutigen Hauptverhandlung am 25.05.2020 – unmittelbar nach Aufruf zur Sache – mitgeteilt. Nachdem entsprechend dem Terminplan der Strafkammer im heutigen Termin die Verlesung der Anklageschrift und die Einlassung des Angeklagten erfolgen sollten und nur ein weiterer Termin auf den 29.05.2020 bestimmt ist, ist absehbar, dass die Hauptverhandlung – auch angesichts der Tatsache, dass sich der Angeklagte nicht zur Sache einlassen wird – vor Ablauf der Frist des § 222b Abs. 1 Satz StPO beendet sein wird. Die beantragte Unterbrechung ist zur zeitaufwendigen Prüfung einer Besetzungsrüge zu gewähren.

Das Recht des Verteidigers auf Einsicht in die für die Besetzung maßgeblichen Unterlagen ergibt sich aus § 222a Abs. 3 StPO. Aufgrund des engen zeitlichen Rahmens ist eine Aushändigung unmittelbar im Anschluss an die heutige Hauptverhandlung erforderlich.

Rechtsanwältin/Rechtsanwalt

21 Die besondere Haftprüfung vor dem Oberlandesgericht gem. §§ 121, 122 StPO

21.1 Einführung

21.1.1 Allgemeines

21.1 Die Vorschriften der §§ 121, 122 StPO sind zentrale Normen[1] im Rahmen des Haftrechts, welche den Zweck verfolgen, die Dauer der Untersuchungshaft zeitlich zu begrenzen.[2] Die Ermittlungsbehörden sollen angehalten werden, das Verfahren beschleunigt zu betreiben, wobei beachtet werden muss, dass weder die Strafprozessordnung noch die europäische Menschenrechtskonvention eine festgelegte zeitliche Obergrenze festlegen, binnen derer ein Verfahren auf Grund der Untersuchungshaft durchgeführt werden muss.[3] Vielmehr wird das Haftprüfungsverfahren durch die Rechtsprechung insbesondere der des Bundesverfassungsgerichts und des Bundesgerichtshofs geprägt.[4] Hier wird vor allem die Frage der Verhältnismäßigkeitsprüfung in den Blick genommen, die eine Abwägung der Interessen der Strafverfolgung auf der einen Seite und des Freiheitsanspruchs des Beschuldigten, für den die Unschuldsvermutung streitet, auf der anderen Seite in Bezug gesetzt.[5] Die Ermittlungsbehörden sind aufgefordert, alle möglichen und zumutbaren Maßnahmen im Sinne einer Verfahrensförderung einzubehalten, da andernfalls eine Untersuchungshaft nicht aufrechterhalten werden darf.[6] Auch die Konvention zum Schutz der Menschenrechte und Grundfreiheiten bestimmt in Art. 5 Abs. 3 Satz 2 EMRK, dass der Beschuldigte einen Anspruch auf Aburteilung innerhalb einer angemessenen Frist oder auf Haftentlassung während des Verfahrens hat; bzw. es ist der Entzug der Freiheit wegen der Unschuldsvermutung, die im Rechtsstaatsprinzip des Art. 20 Abs. 3 GG wurzelt und auch in Art. 6 Abs. 2 EMRK begründet ist, eben nur ausnahmsweise zulässig.[7]

> **Praxistipp**
>
> Die besondere Haftprüfung durch das Oberlandesgericht ist ein wichtiges Betätigungsfeld des Strafverteidigers. Gerade im Hinblick auf den Beschleunigungsgrundsatz (vgl. Rdnr. 21.18 ff.) und durch Aufzeigen der formellen und materiellen Voraussetzungen der weiteren Haftfortdauer können die Weichen gestellt werden, den Haftbefehl erfolgreich anzugreifen oder auch gewichtige Strafzumessungsgründe für das spätere Verfahren frühzeitig zu implementieren.

---

1) MüKo-StPO/Böhm, § 121 Rdnr. 1.
2) KK/Schultheis, § 121 Rdnr. 1.
3) MüKo-StPO/Böhm, § 121 Rdnr. 1.
4) BVerfG, Beschl. v. 01.04.2020 – 2 BvR 225/20; BVerfG, Beschl. v. 23.01.2019 – 2 BvR 2429/18; BVerfG, Beschl. v. 09.03.2020 – 2 BvR 103/20.
5) BVerfG, Beschl. v. 30.07.2014 – 2 BvR 1457/14; BVerfG, Beschl. v. 17.01.2013 – 2 BvR 2098/12; BVerfG, Beschl. v. 20.12.2017 – 2 BvR 2552/17; BGH, Beschl. v. 03.05.2019 – AK 15/19, StB 9/19.
6) BGHSt 38, 43, 46; BVerG, Beschl. v. 14.11.2012 – 2 BVR 1164/12.
7) BVerfG, Beschl. v. 01.04.2020 – 2 BvR 225/20.

21.1.2 Überblick über Vorschriften der besonderen Haftprüfung durch das OLG, §§ 121, 122 StPO

Gemäß § 121 Abs. 1 StPO darf, solange kein Urteil ergangen ist, welches auf Freiheitsstrafe oder freiheitentziehende Maßregel der Besserung und Sicherung erkennt, der Vollzug der Untersuchungshaft wegen derselben Tat über sechs Monate hinaus nur aufrechterhalten werden, wenn die besondere Schwierigkeit oder der besondere Umfang der Ermittlungen oder ein anderer wichtiger Grund ein Urteil noch nicht zulassen und die Fortdauer der Haft rechtfertigen.

21.2

§ 121 Abs. 2 StPO bestimmt, dass nach Ablauf von sechs Monaten der Haftbefehl in den Fällen des Absatzes 1 aufzuheben ist, wenn nicht der Vollzug des Haftbefehls nach § 116 StPO ausgesetzt wird oder das Oberlandesgericht die Fortdauer der Untersuchungshaft anordnet.

Die Akten müssen dem Oberlandesgericht vor Ablauf der in § 121 Abs. 2 StPO bezeichneten Frist vorgelegt werden, da der Fristenlauf bis zu dessen Entscheidung dann ruht. Vorlage meint in diesem Zusammenhang die Vorlage der vollständigen Akten, in denen jedenfalls keine wesentlichen Aktenteile fehlen.[8]

Sofern die Hauptverhandlung bereits begonnen hat, bevor die Frist abgelaufen ist, bezieht sich dies auch auf den Zeitraum bis zur Verkündung des Urteils. Im Falle der Aussetzung einer Hauptverhandlung werden die Akten unverzüglich nach der Aussetzung dem Oberlandesgericht vorgelegt, wobei auch hier der Fristablauf bis zu dessen Entscheidung ruht (vgl. § 121 Abs. 3 StPO).

Die Zuständigkeit des Oberlandesgerichts regelt § 121 Abs. 4 StPO, welcher bestimmt, dass in den Sachen, in denen eine Strafkammer nach § 74a GVG zuständig ist, das nach § 120 GVG zuständige Oberlandesgericht entscheidet. In den Sachen, in denen ein Oberlandesgericht nach § 120 GVG zuständig ist, tritt an dessen Stelle der Bundesgerichtshof.

21.3

Nach § 122 Abs. 1 StPO legt das zuständige Gericht die Akten durch Vermittlung der Staatsanwaltschaft dem Oberlandesgericht zur Entscheidung vor, wenn es die Fortdauer der Untersuchungshaft für erforderlich hält oder die Staatsanwaltschaft es beantragt. Die verspätete Aktenvorlage ist bei der Prüfung der Verhältnismäßigkeit zu berücksichtigen, wenn durch diese eine Verzögerung des Verfahrens eingetreten ist.[9]

Nach § 122 Abs. 2 StPO sind vor einer Entscheidung der Beschuldigte und der Verteidiger zu hören. Gemäß § 122 Abs. 2 Satz 2 kann das Oberlandesgericht über die Fortdauer der Untersuchungshaft nach mündlicher Verhandlung entscheiden. Hierbei gilt § 118a StPO entsprechend.

---

8) OLG Hamm, Beschl. v. 28.11.2017 – 4 Ws 216/17.
9) OLG Hamm, Beschl. v. 28.11.2017 – 4 Ws 216/17.

Schladt/Rinklin

Sofern gem. § 122 Abs. 3 StPO das Oberlandesgericht die Fortdauer der Untersuchungshaft anordnet, gilt § 114 Abs. 2 Nr. 4 StPO entsprechend. Es kann hierbei die Haftprüfung dem Gericht, das nach den allgemeinen Vorschriften dafür zuständig ist, für die Zeit von jeweils höchstens drei Monaten übertragen.

> **Praxishinweis**
>
> Die Übertragung der Haftprüfung seitens des Oberlandesgerichts an das allgemein zuständige Gericht geschieht in der Praxis regelmäßig. In den Fällen des § 118 Abs. 1 StPO entscheidet das Oberlandesgericht über einen Antrag auf mündliche Verhandlung nach seinem Ermessen.

21.4 Nach § 122 StPO kann das Oberlandesgericht

- den Vollzug des Haftbefehls nach § 116 StPO aussetzen (vgl. § 122 Abs. 2 StPO),

- über die Fortdauer der Haft auch solcher Beschuldigter entscheiden, für die es nach § 121 und den Vorschriften noch nicht zuständig wäre, wenn in derselben Sache mehrere Beschuldigte in Untersuchungshaft sind (vgl. § 122 Abs. 6 StPO).

Im Falle der Zuständigkeit des Bundesgerichtshofs tritt dieser an die Stelle des Oberlandesgerichts (vgl. § 122 Abs. 7 StPO insoweit i.V.m. §§ 121 Abs. 4 StPO, 74a GVG, 120 GVG).

21.1.3 Keine Anwendung in „anderen Haftsachen" bzw. modifizierte Anwendung der Vorschriften im Falle der vorläufigen Unterbringung

21.5 Die Vorschriften der §§ 121 f. StPO gelten nicht uneingeschränkt[10] in allen Haftsachen. Grundsätzlich beschränkt sich deren Anwendung auf die Untersuchungshaft.

So gelten die §§ 121 f. StPO nicht für die **Auslieferungshaft** nach §§ 15, 16 IRG[11], bei **Überhaft**[12], bei der **Sicherungshaft** nach §§ 453c Abs. 2 StPO bzw. bei **Fernbleiben des Angeklagten** in der Hauptverhandlung i.S.v. § 230 Abs. 2 bzw. bei § 329 Abs. 4 StPO.[13] Dies rechtfertigt sich allein schon daraus, dass z.B. die Haft nach § 230 StPO nicht an einen Haftgrund, beziehungsweise an eine Tat gekoppelt ist und einen anderen Zweck – nämlich die Sicherung des Verfahrens – verfolgt.[14]

---

10) KK/Schultheis, § 121 Rdnr. 8.
11) OLG Hamm, Beschl. v. 12.11.1965 – 3 HEs 143/65.
12) BGH, Beschl. v. 28.07.2016 – AK 41/16.
13) KG, Beschl. v. 11.11.1996 – (4) 1 HEs 160/96 (116/96).
14) Vgl. Meyer-Goßner/Schmitt, § 230 Rdnr. 21; Rinklin, Hauptverhandlung, Kap. 5, S. 103 ff.

Eine Modifizierung[15] des Prüfungsmaßstabs erfolgt im Rahmen der Prüfung der Aufrechterhaltung der einstweiligen Unterbringung nach §§ 121 f. StPO, welche über § 126a Abs. 2 Satz 2 StPO Anwendung finden.

Im Rahmen der **einstweiligen Unterbringung** nach § 126a Abs. 2 StPO ist Prüfungsmaßstab des Oberlandesgerichts, ob die Voraussetzungen der einstweiligen Unterbringung weiter vorliegen. Im Rahmen der Verhältnismäßigkeitsprüfung ist dies ein entscheidender zusätzlicher Gesichtspunkt bei der Abwägung.[16] Ein Grund für den unterschiedlichen Prüfungsmaßstab liegt in der verschiedenartigen Schutzrichtung der Gesetze. So steht im Falle der Unterbringung nach § 126a StPO der Schutz der Allgemeinheit im Vordergrund.[17]

21.1.4 Ausgestaltung der Haftprüfung durch das Oberlandesgericht

Nach Vorlage der Akten bei dem im Regelfall zuständigen Oberlandesgericht erfolgt die schrittweise Prüfung der Voraussetzungen der §§ 121, 122 StPO.[18] Vornehmlich geht es hierbei um die Frage, ob ein wichtiger Grund i.S.d. § 121 Abs. 1 StPO vorliegt, der die Fortdauer der Untersuchungshaft über sechs Monate weiter rechtfertigen kann. Natürlich müssen zu diesem Zeitpunkt auch die allgemeinen Voraussetzungen der Untersuchungshaft weiterhin vorliegen. Mit anderen Worten muss ein formell gültiger (§ 114 Abs. 2 StPO, vgl. Rdnr. 10.11 ff.), ordnungsgemäß verkündeter (§§ 115, 115a StPO) Haftbefehl vorliegen. Wenn es an einer ordnungsgemäßen Verkündung des Haftbefehls gem. § 115 StPO fehlt, so darf dieser Haftbefehl in einem Haftfortdauerbeschluss gem. §§ 121, 122 StPO nicht berücksichtigt werden. Insbesondere ist eine Heilung des Makels einer rechtswidrigen Freiheitsentziehung durch Nachholung der Verkündung ebenfalls nicht möglich.[19] Gleiches soll auch für die Eröffnung des erweiterten Haftbefehls gelten, wenn die Eröffnung einem ersuchten Richter übertragen wurde, anstatt dem nach § 115 Abs. 3 StPO zuständigen Richter.[20]

Ferner muss der Beschuldigte der im Haftbefehl genannten Tat(en) weiterhin i.S.d. § 112 Abs. 1 StPO dringend verdächtig (vgl. Rdnr. 10.20) und es muss ein entsprechender Haftgrund vorhanden sein (zu den Haftgründen vgl. Rdnr. 10.25 ff.). Nur wenn diese Voraussetzungen vorliegen, kann überhaupt

21.6

---

15) OLG Hamm, Beschl. v. 30.06.2009 – 2 OBL 26/09.

16) Vgl. OLG Köln, Beschl. v. 21.08.2007 – 42 HEs 18/07; OLG Celle, Beschl. v. 23.08.2007 – 31 HEs 14/07; OLG Karlsruhe, Beschl. v. 18.01.2009 – 2 Ws 451/09; OLG Bremen, Beschl. v. 06.02.2008 – BL 12/08.

17) MüKo-StPO/Böhm, § 121 Rdnr. 10a; KG, Beschl. v. 15.11.2016 – (2) 161 HEs 19/16 (23/16).

18) KK/Schultheis, § 121 Rdnr. 25.

19) BVerfG, 20.09.2001 – 2 BvR 1144/01.

20) MüKo-StPO/Böhm, § 121 Rdnr. 11 mit Verweis auf OLG Stuttgart, 14.07.2005 – 4 HEs 59/2005 ua, NStZ 2006, 588; a.A. noch OLG Karlsruhe, 10.05.1996 – 1 AR 27/96, Justiz 1997, 140.

eine Anordnung der Fortdauer der Untersuchungshaft getroffen werden. Gegebenenfalls sind hier auch die besonderen Voraussetzungen des § 72 Abs. 1 JGG zu beachten (zur U-Haft bei Jugendlichen vgl. Rdnr. 10.61).

Der Haftbefehl muss mithin vollzogen werden, woran es im Falle der Außervollzugsetzung oder im Fall der Überhaft fehlt.[21]

21.1.5 Zeitlicher Anwendungsbereich

21.7 Wenn innerhalb der Sechsmonatsfrist das Verfahren durch Urteil abgeschlossen wird, findet eine besondere Haftprüfung nicht statt. Grundsätzlich beginnt die Sechsmonatsfrist, wenn der Beschuldigte auf Grund des Haftbefehls ergriffen worden ist bzw. wenn der Richter gegen den vorläufig Festgenommenen Haftbefehl erlassen hat, wobei der Zeitraum der vorläufigen Festnahme nach vorherrschender Meinung nicht in die Frist einberechnet wird.[22] Umstritten ist in diesem Zusammenhang, ob der Tag des Beginns der Untersuchungshaft miteinbezogen wird oder eine Berechnung nach § 43 StPO erfolgt (Ablauf des Tages des sechsten Monats, der durch seine Benennung oder Zahl dem Tag entspricht, an dem die Frist begonnen hat).[23] Gegen die Anwendung des § 43 StPO spricht eine grundrechtsbezogene Auslegung auf Grund eines Eingriffs zum Nachteil eines Beschuldigten in ein Freiheitsgrundrecht auf Grund einer Fristenregelung.[24] Das Fristende ist in § 121 Abs. 1 StPO geregelt. Solange kein Urteil ergangen ist, das auf eine Freiheitsstrafe oder eine freiheitentziehende Maßregel der Besserung und Sicherung erkannt hat, wird das besondere Haftprüfungsverfahren angewandt. Die Frist ruht im Falle des Beginns der Hauptverhandlung auch bis zur Verkündung des Urteils (vgl. § 121 Abs. 3 Satz 2 StPO).

Entscheidend bei der Fristberechnung ist, dass sich der Beschuldigte aufgrund des Haftbefehls in der **Untersuchungshaft** befindet. So werden Zeiten, in denen der Beschuldigte eine **Ersatzfreiheitsstrafe** verbüßt oder sich **in anderer Sache** in Strafhaft befindet, nicht miteinbezogen.[25]

Auch die **Auslieferungshaft** ist grundsätzlich nicht zu berücksichtigen. Diese ist allerdings bei der Prüfung der Verhältnismäßigkeit einzubeziehen, da die Dauer der Untersuchungshaft nicht außer Verhältnis zur zu erwartenden Strafe stehen darf.[26] Da die erlittene Auslieferungshaft nach § 51 Abs. 3 Satz 2 StGB bei der Strafe anzurechnen ist, muss diese im Zusammenspiel der bisherigen Untersuchungshaft addiert werden und mit der prognostischen Straferwartung in Rela-

---

21) MüKo-StPO/Böhm, § 121 Rdnr. 15.
22) BeckOK, StPO/Krauß, § 121 Rdnr. 3, 4.
23) MüKo-StPO/Böhm, § 121 Rdnr. 17.
24) BeckOK, StPO/Krauß, § 121 Rdnr. 3, 4 mit Verweis auf LR/Hilger, Rdnr. 13; Radtke/Hohmann/Tsambikakis, Rdnr. 4; SK-StPO/Paeffgen, Rdnr. 4; KMR/Wankel, Rdnr. 3.
25) BeckOK, StPO/Krauß, § 121 Rdnr. 3, 4.
26) BVerfG, Beschl. v. 17.01.2013 – 2 BvR 2098/12; BVerfG, Beschl. v. 04.06.2012 – 2 BvR 644/12.

tion gesetzt werden.[27] Im Falle der Untersuchungshaft bei einem Jugendlichen wird die Dauer der Unterbringung in einem Erziehungsheim (vgl. § 71 Abs. 2 JGG), anders als die Unterbringung nach § 72 Abs. 4 Satz 1 JGG, nicht angerechnet; auch dann nicht, wenn der Unterbringungsbefehl durch einen Haftbefehl ersetzt wird.[28]

Praxistipp

Hat die Hauptverhandlung begonnen bzw. ist ein Urteil ergangen, ist die Überprüfung der Einhaltung des Beschleunigungsgrundsatzes (vgl. Rdnr. 21.18) im Haftbeschwerdeverfahren zu berücksichtigen, da eine besondere Haftprüfung nicht mehr stattfindet.

Anderes gilt aber im Falle der Aussetzung der Hauptverhandlung (vgl. § 121 Abs. 3 Satz 3 StPO), mit der Folge, dass eine Vorlage der Akten dann nachzuholen wäre. Häufig erlebt man, dass angesichts der Sechsmonatsfrist „noch schnell" zur Hauptverhandlung terminiert wird. Hintergrund ist, dass versucht werden soll, eine Entscheidung des Oberlandesgerichts zu vermeiden. Gerade in diesem Zusammenhang ist kritisch zu prüfen, ob in den vergangenen sechs Monaten der Beschleunigungsgrundsatz tatsächlich eingehalten worden ist.

21.1.6 Beschränkung der Untersuchungshaft: der Begriff „derselben Tat"

Problembehaftet bei der Anwendung des § 121 StPO ist, was unter dem Begriff **derselben Tat** verstanden werden kann, da nur hierfür die Beschränkung der Untersuchungshaft gilt, wenn der Sachverhalt, für den die Untersuchungshaft angeordnet wurde, erweitert, ergänzt oder ausgetauscht wurde. Relevanz hat dies in zeitlicher Hinsicht für die **Fristberechnung** des § 121 Abs. 1 Satz 2 StPO. Im Falle einer „neuen" bzw. „anderen" Tat beginnt die Frist des § 121 Abs. 1 Satz 2 StPO neu zu laufen. Wenn es sich allerdings um dieselbe Tat handelt, dann verbleibt maßgeblicher Zeitpunkt für die Fristberechnung die Inhaftierung des Beschuldigten. Für die Fristberechnung ist grundsätzlich davon auszugehen, dass der (erweiterte) Haftbefehl spätestens an dem auf die Beweisgewinnung folgenden Tag der veränderten Sachlage anzupassen ist und damit regelmäßig der Lauf der Sechsmonatsfrist an diesem Tag beginnt. Abweichend können im Einzelfall der Umfang der Sache sowie rechtliche und tatsächliche Schwierigkeiten der Fallkonstellation einen Zeitablauf von zwei Wochen für Antragstellung und Erlass des (erweiterten) Haftbefehls bei angemessener Prüfung in rechtlicher und tatsächlicher Hinsicht und Sorgfalt bei der Formulierung rechtfertigen.[29]

21.8

---

27) Vgl. KG, Beschl. v. 23.10.2018 – 2 Ws 205/18 – 121 AR 242/18.

28) MüKo-StPO/Böhm, Rdnr. 24, § 121 mit Verweis auf KG, 05.12.1989 – 41 HEs 111/89, JR 1990, 216, OLG Köln, 13.10.2010 – 13 HEs 8/10, NStZ RR 2011, 121.

29) BGH, Beschl. v. 25.07.2019 – AK 34/19.

Die Begrifflichkeit, was unter „derselben" Tat zu verstehen ist, ist umstritten.[30] Einigkeit besteht mittlerweile darin, dass der Begriff derselben Tat i.S.d. § 121 StPO vom Tatbegriff des § 264 Abs. 1 StPO abweicht.[31] Der **Tatbegriff** des § 121 StPO ist mit Rücksicht auf den **Schutzzweck der Norm weit auszulegen** und erfasst alle Taten des Beschuldigten von dem Zeitpunkt an, in dem sie – im Sinne eines dringenden Tatverdachts – **bekannt geworden** sind und in den bestehenden Haftbefehl hätten aufgenommen werden können.[32] Dies gilt unabhängig davon, ob sie Gegenstand in demselben Verfahren oder in getrennten Verfahren sind.[33]

Eine sogenannte **Reservehaltung von Tatvorwürfen**[34] darf nicht bestehen. Darunter versteht man, dass von Anfang an bekannte oder im Laufe der Ermittlungen bekannt gewordene Taten zunächst zurückgehalten werden, um diese kurz vor Ablauf der Sechsmonatsfrist zum Gegenstand eines neuen oder erweiterten Haftbefehls zu machen mit dem Ziel, eine neue Sechsmonatsfrist zu eröffnen.[35]

21.9 In diesem Zusammenhang sind mehrere Konstellationen zu beachten:

- Wenn im Laufe des Ermittlungsverfahrens **neue Tatvorwürfe** zu Tage treten, die für sich genommen den Erlass eines Haftbefehls rechtfertigen, und ergeht deswegen ein neuer bzw. erweiterter Haftbefehl, so wird dadurch eine neue Sechsmonatsfrist in Gang gesetzt. Die bisherige Haftdauer bleibt bei dieser Fristberechnung unberücksichtigt. Fristbeginn ist, wenn der neue Haftbefehl hätte erlassen werden können.[36]

- Neue Tatvorwürfe, die **für sich betrachtet keinen Haftbefehl rechtfertigen,** setzen in einem neu gefassten bzw. erweiterten Haftbefehl **keine neue Sechsmonatsfrist** in Gang.[37]

---

30) Rinklin, jurisPR-StrafR 14/2015 Anm. 1.
31) BGH, Beschl. v. 25.07.2019 – AK 34/19, BeckRS 2019, 17175; BGH, Beschl. v. 04.04.2019 – AK 12/19, BeckRS 2019, 9417; BGH, Beschl. v. 16.01.2018 – AK 78/17.
32) A.a.O. sowie BGH, Beschl. v. 25.07.2019 – AK 34/19; siehe auch BeckOK, StPO/Krauß, § 121 Rdnr. 6–8 m.w.N.
33) BGH, Beschl. v. 25.07.2019 – AK 34/19.
34) A.a.O. sowie schon z.B. OLG Nürnberg, Beschl. v. 16.05.2018 – 1 Ws 149/18; OLG Dresden, Beschl. v. 31.03.2009 – 2 AK 6/09; OLG Celle, Beschl. v. 09.02.2012 – 32 HEs 1/12.
35) Meyer-Goßner/Schmitt, § 121 Rdnr. 12.
36) BGH, Beschl. v. 06.04.2017 – AK 14/17; BGH, Beschl. v. 25.07.2019 – AK 34/19; vgl. zur besonderen Konstellation des Vorliegens zweier Haftbefehle OLG Hamm, Beschl. v. 07.08.2018 – 2 Ws 93/18.
37) Vgl. Rinklin, jurisPR-StrafR 14/2015, Anm. 1 zu OLG Saarbrücken, 1. Strafsenat, Beschl. v. 22.04.2015 – 1 Ws 7/15 (H); BGH, Beschl. v. 26.07.2018 – AK 30/18.

21.1.7 Die Verlängerungsgründe im besonderen Haftprüfungsverfahren

Der Eingriff in die persönliche Freiheit ist nur hinzunehmen, wenn ein legitimer Anspruch der staatlichen Gemeinschaft auf vollständige Aufklärung der Tat und rascher Bestrafung des Täters nicht anders gesichert werden kann als durch die vorläufige Inhaftierung eines Verdächtigen.[38] Neben dem Vorliegen der allgemeinen Haftvoraussetzungen muss die **besondere Schwierigkeit** oder **der besondere Umfang** der Ermittlungen oder ein **anderer wichtiger Grund** vorliegen, ein Urteil noch nicht zu erlassen, und die Fortdauer der Untersuchungshaft rechtfertigen (vgl. § 121 Abs. 1 StPO). Die Vorschrift des § 121 Abs. 1 StPO lässt nur im **begrenzten Umfang** Ausnahmen zu und ist **eng auszulegen.** Der verfassungsrechtliche Grundsatz der Verhältnismäßigkeit umfasst nicht nur die Anordnung, sondern ist auch für die Dauer der Untersuchungshaft von Bedeutung.[39]

21.10

21.1.7.1 Wichtige Gründe i.S.d. § 121 StPO

Die Bestimmung der besonderen Schwierigkeit und des Umfangs der Ermittlungen unterliegt einer **Einzelfallkasuistik**, und es bedarf einer **Analyse des Verfahrensablaufs** unter Berücksichtigung der Schwere des Tatvorwurfs,[40] wobei durchschnittliche Verfahren, die innerhalb von sechs Monaten durch Urteil abgeschlossen werden, damit in Relation gesetzt werden.[41] Das Vorliegen eines wichtigen Grundes kann sich auch aus einer **Vielzahl von Gründen** ergeben, die isoliert betrachtet die Schwelle des § 121 Abs. 1 StPO nicht überschreiten, aber in der **Kumulation** geeignet sind, eine Haftfortdauer zu rechtfertigen.[42] Zur **Prüfungsreihenfolge** gibt das BVerfG an, dass § 121 Abs. 1 StPO nach seinem Wortlaut eine **doppelte Prüfung** erfordert, wobei zum einen die Feststellungen darüber getroffen werden müssen, ob die **besondere Schwierigkeit** oder der **besondere Umfang der Ermittlungen** oder **andere wichtige Gründe** ein Urteil bislang nicht zugelassen haben, und zum anderen, wenn **solche wichtigen Gründe** vorliegen, dass die **Fortdauer der Untersuchungshaft** gerechtfertigt ist.[43]

21.11

---

38) BVerfG, Beschl. v. 01.04.2020 – 2 BvR 225/20; BVerfG, Beschl. v. 28.02.1991 – 2 BVR 86/91.

39) BGH, Beschl. v. 21.04.2016 – StB 5/16; KG, Beschl. v. 15.08.2013 – 4 Ws 108/13, BeckRS 2013; OLG Celle, Beschl. v. 06.04.2020 – 2 HEs 5/20; BVerfGE 36, 264, 271.

40) BVerfG, Beschl. v. 01.04.2020 – 2 BvR 225/20.

41) BeckOK, StPO/Krauß, § 121 Rdnr. 15; KK/Schultheis, § 121 Rdnr. 14.

42) MüKo-StPO/Böhm, § 121 Rdnr. 64.

43) BVerfG, Beschl. v. 20.10.2006 – 2 BvR 1742, 1809, 1848 und 1862/06.

Schladt/Rinklin

21.1.7.2 Besonderer Umfang und Schwierigkeit der Ermittlungen

21.12 Zu **besonderem Umfang** und **Schwierigkeit der Ermittlungen** zählen beispielhaft:[44)]

- Vernehmung zahlreicher Zeugen[45)]

- Einholung von Gutachten[46)]

- Auswertung von Telefonüberwachungsmaßnahmen[47)]

- besonderer Aufwand auf Grund des Bereichs der Wirtschaftskriminalität[48)]

- oder der organisierten Kriminalität[49)]

- Vielzahl von Auswertungen – auch verschlüsselter Datenträger[50)]

- Rechtshilfe[51)]

- Ladungen und Vernehmung von Auslandszeugen[52)]

21.1.7.3 Anderer wichtiger Grund

21.13 Unter die **eng auszulegende Generalklausel** des **anderen wichtigen Grunds** fallen nur solche Umstände, welche in ihrem Gehalt den beiden besonders genannten Gründen gleichstehen, wobei sie ihnen aber der Art nach nicht ähnlich sein müssen und sogar vom Prozessstoff unabhängig sein können.[53)]

Als anderer wichtiger Grund[54)] wurden beispielhaft angesehen:

- nicht behebbare und unabwendbare Schwierigkeiten oder unvorhergesehene Zufälle[55)]

---

44) Vgl. für beispielhafte Aufzählung auch KK/Schultheis, § 121 Rdnr. 14.
45) BGH, Beschl. v. 19.05.2015 – AK 10/15; OLG Hamm, Beschl. v. 28.11.2017 – 4 Ws 216/17.
46) BeckOK, StPO/Krauß, § 121 Rdnr. 15. Vgl. für den Fall der verzögerten Einholung BVerfG, Beschl. v. 06.06.2007 – 2 BvR 971/07.
47) BGH, Beschl. v. 10.10.2013 – AK 17/13; BGH, Beschl. v. 09.01.2020 – AK 66/19.
48) MüKo-StPO/Böhm, § 121 Rdnr. 39–42 mit Verweis auf BVerfG, Beschl. v. 10.12.1998 – 2 BvR 1998/98.
49) A.a.O. mit Verweis auf KG, 30.08.2000 – (4) 2 HEs 3/00; OLG Karlsruhe, Beschl. v. 18.05.2018 – 3 Ws 211/18, aber in diesem Zusammenhang auch BVerfG, Beschl. v. 01.08.2018 – 2 BvR 1258/18.
50) BGH, Beschl. v. 24.03.2020 – AK 5/20; BGH, Beschl. v. 19.05.2015 – AK 10/15.
51) BGH, Beschl. v. 21.04.2016 – StB 5/16; BeckOK, StPO/Krauß, § 121 Rdnr. 15.
52) BGH, Beschl. v. 09.10.2019 – AK 54/19; mit Hinweis auf Begründungserfordernis vgl. BVerfG (3. Kammer des 2. Senats), Beschl. v. 28.02.1991 – 2 BvR 86/91.
53) BVerfG, Beschl. v. 20.10.2006 – 2 BvR 1742, 1809, 1848 und 1862/06.
54) Vgl. für beispielhafte Aufzählung KK/Schultheis, § 121 Rdnr. 15–19 m.w.N.
55) OLG Stuttgart, Beschl. v. 06.04.2020 – H 4 Ws 72/20.

– Aussetzung der Hauptverhandlung wegen Schwangerschaft einer erkennenden Richterin des Spruchkörpers[56]

– schicksalshafte Ereignisse, wie etwa die krankheitsbedingte, zur Aussetzung der Hauptverhandlung zwingende Verhinderung unentbehrlicher Verfahrensbeteiligter[57]

– Ein solcher wichtiger Grund kann auch z.B. in der rapide fortschreitenden COVID-19-Pandemie bestehen, wenn sich das Gericht nicht in der Lage sieht, das Ansteckungsrisiko der Verfahrensbeteiligten und die zur Gewährleistung der Öffentlichkeit der Hauptverhandlung erforderlichen Maßnahmen auf ein vertretbares Maß zu reduzieren.[58]

– die nicht vorhersehbare Überlastung des Gerichts[59]

Entscheidend ist im zweiten Prüfungsschritt, dass ein wichtiger Grund die Haftfortdauer über sechs Monate nur dann rechtfertigt, wenn der mit seinem Vorliegen verbundenen Verzögerung staatlicherseits nicht entgegengewirkt werden konnte, wenn also alle **zumutbaren Maßnahmen zur Beschleunigung** ergriffen worden sind.[60] Maßstab für die Beurteilung dieser Frage ist die Bearbeitungsweise normaler Kriminalbeamter, Staatsanwälte und Richter, wobei Meisterleistungen kein Maßstab sind.[61]

Praxishinweis

Der wichtige Grund wird auch durch das Verteidigungsverhalten bestimmt.[62] Ebenso differieren die Beurteilung der Verdachtslage und der Umfang der Ermittlungen, ob ein Beschuldigter von seinem Schweigerecht Gebrauch macht oder eine frühzeitige geständige Einlassung abgibt. Gerade im Fall eines Geständnisses ist die Annahme eines wichtigen Grunds fernliegender, sofern nicht besondere Umstände es gebieten, das Verfahren noch nicht abschließen zu können.[63] Auch ist zu fragen, ob eine Abtrennung gegen einzelne Tatbeteiligte möglich und nicht veranlasst gewesen sind.[64] Ein Zuwarten im Hinblick auf die Verbindung mit anderen Verfahren ist beispielsweise nicht zulässig.[65] Nicht hierunter fallen jedoch die Fälle, in denen sich das Verfahren durch sonstige Schwierigkeiten verzögert, wie beispielsweise Beschwerdeentscheidungen.[66]

---

56) OLG Stuttgart, Beschl. v. 17.03.2014 – 17/13.
57) KG, Beschl. v. 24.09.2013 – (4) 141 HEs 62/13 (35-37/13).
58) OLG Karlsruhe, Beschl. v. 30.03.2020 – HEs 1 Ws 84/20.
59) Vgl. auch mit weiteren Beispielen BeckOK, StPO/Krauß, § 121 Rdnr. 16, 17.
60) BVerfG, Beschl. v. 01.04.2020 – 2 BvR 225/20; BVerfG, Beschl. v. 13.10.2016 – 2 BvR 1275/16.
61) KG, Beschl. v. 29.03.2019 – 4161 HEs 18/19 8/19.
62) BGH, Beschl. v. 03.05.2019 – AK 15/19, StB 9/19.
63) MüKo-StPO/Böhm, Rdnr. 52 zu § 121; OLG Nürnberg, Beschl. v. 26.08.2010 – 1 Ws 462/10.
64) MüKo-StPO/Böhm, Rdnr. 42 zu § 121.
65) OLG Stuttgart, Beschl. v. 06.04.2020 – H4 WS 72/20.
66) MüKo-StPO/Böhm, Rdnr. 43 zu § 121.

21.14   Auch wird vertreten, dass eine Kompensation, beispielsweise durch eine besonders schnelle Terminierung bei Gericht, eintreten kann, wobei sich aus einer solchen Kompensation durchaus verfassungsrechtliche Bedenken ergeben können, da diesbezüglich die Rechtsprechung des BVerfG nicht einheitlich ist.[67] Zu beachten ist weiter, dass das Oberlandesgericht im Rahmen der besonderen Haftprüfung das Verfahren nicht rückblickend, sondern immer vorausschauend beleuchten muss.[68]

21.15   In der Kasuistik der **Rechtsprechung** wurde beispielhaft als **kein wichtiger Grund** angesehen:

- Bei nicht nur kurzfristiger Überlastung der Spruchkörper eines Gerichts stellt dies dann keinen wichtigen Grund dar, wenn im Rahmen der Gerichtsausstattung mit personellen und sachlichen Mitteln die Möglichkeit besteht, durch organisatorische Maßnahmen die Erledigung aller Sachen binnen einer verfahrensgemäßen Frist sicherzustellen, insbesondere zu vermeiden, dass sich in Haftsachen nach Eröffnung des Beginns des Hauptverfahrens dieses erheblich verzögert,[69] wobei diese Grundsätze im Falle einer überlasteten Staatsanwaltschaft ebenfalls gelten.[70]

- Abstimmungsschwierigkeiten bei Polizeibehörden unterschiedlicher Bundesländer, die mit den Ermittlungen befasst sind, können einen wichtigen Grund i.S.d. § 121 StPO nicht begründen.[71]

- Verzögerungen, die sich aus der Verweisung an ein unzuständiges Gericht oder sonstigen vermeidbaren Kompetenzkonflikten ergeben.[72]

21.1.8   Verlängerungsentscheidungen des Oberlandesgerichts über sechs Monate hinaus

21.16   Je länger die Untersuchungshaft des Beschuldigten andauert, desto höher wird sein Freiheitsanspruch.[73] Die Fortdauer der Untersuchungshaft über **neun Monate** hinaus setzt voraus, dass das Verfahren auch nach der Anordnung der Fortdauer der Untersuchungshaft über sechs Monate hinaus **hinreichend gefördert** wurde.[74] Die notwendige Verfahrensverzögerung kann sich aus weiteren Ermittlungen zur Prüfung der Plausibilität, z.B. in einer neuen Einlassung des

---

67) BVerfG, NJW 2006, EuGRZ 2007, 591; BVerfG, StV 2006, 87; vgl. Meyer-Goßner/Schmitt, § 121 Rdnr. 26 m.w.N.
68) MüKo-StPO/Böhm, § 121 Rdnr. 81.
69) BVerfG, Beschl. v. 12.12.1973 – 2 BvR 558/73; OLG Bremen, Beschl. v. 20.05.2016 – 1 HEs 2/16; OLG Frankfurt a.M., Beschl. v. 25.02.2016 – 5 Ws 1/16.
70) BVerfG (2. Kammer des 2. Senats), Beschl. v. 04.08.1994 – 2 BvR 1291/94.
71) BGH, Beschl. v. 26.02.2020 – AK 3/20.
72) BVerfG, Beschl. v. 18.02.2020 – 2 BvR 2090/19.
73) BVerfG, Beschl. v. 18.02.2020 – 2 BvR 2090/19; BVerfG, Beschl. v. 04.04.2006 – 2 BvR 523/06.
74) BVerfG, Beschl. v. 18.02.2020 – 2 BvR 2090/19.

Beschuldigten, ergeben. Oder wenn die Erstellung der Anklage zeitnah bevorsteht und der Beschuldigte seine Bereitschaft zur Exploration durch einen psychiatrischen Sachverständigen erst spät erklärt hat.[75]

21.1.9   Entscheidungsinhalt des Oberlandesgerichts

Die Entscheidung des Oberlandesgerichts ergeht durch **Beschluss**, gegen den ein **weiteres Rechtsmittel ausgeschlossen** ist.

21.17

Der Haftfortdauerbeschluss muss entsprechend begründet werden. Das Bundesverfassungsgericht hat klargestellt, welche verfassungsrechtlichen Anforderungen an Beschlüsse über die Haftfortdauer anzuwenden sind.[76] Es führt hierbei aus, dass auf Grund der wertsetzenden Bedeutung des Grundrechts der Freiheit der Person das Verfahren der Haftprüfung in der Haftbeschwerde so ausgestaltet werden muss, dass nicht die Gefahr einer Entwertung der materiellen Grundrechtspositionen besteht. Dem ist durch eine verfahrensrechtliche Kompensation des mit dem Freiheitsentzug verbundenen Grundrechtseingriffs, namentlich durch **erhöhte Anforderung an die Begründungstiefe** von Haftfortdauerentscheidungen, Rechnung zu tragen.[77] In der Regel sind in jedem Beschluss über die Anordnung der Fortdauer der Untersuchungshaft zu berücksichtigen:[78]

– **aktuelle Ausführungen** zu dem weiteren Vorliegen der Voraussetzungen der Untersuchungshaft

– die **Abwägung** zwischen dem **Freiheitsgrundrecht** des Beschuldigten und dem **Strafverfolgungsinteresse** der Allgemeinheit

– die Frage der **Verhältnismäßigkeit**

Diese Ausführungen müssen Inhalt und Umfang einer Prüfung nicht nur für den Betroffenen selbst, sondern auch für das die Anordnung betreffende Fachgericht im Rahmen einer Eigenkontrolle gewährleisten und in sich schlüssig und nachvollziehbar sein.

Die Wirkung eines Beschlusses des Oberlandesgerichts führt dazu, dass im Falle der Aufhebung des Haftbefehls der Haftrichter an diese Entscheidung gebunden ist, auch wenn die Sach- und Rechtslage sich zwischenzeitlich geändert hat.[79] Diese Sperrwirkung entfällt erst mit dem Ergehen des Urteils. Etwas anderes[80] gilt allerdings dann, wenn das Oberlandesgericht den Haftbefehl außer Vollzug gesetzt hat oder deswegen aufgehoben hat, weil es die allgemeinen Haftvoraussetzungen verneint hat (z.B. dringender Tatverdacht, Haftgründe, Verhältnismäßig-

---

75) BGH, Beschl. v. 18.04.2020 – AK 11 20.

76) BVerfG, Beschl. v. 15.02.2007 – 2 BVR 2563/06.

77) BVerfG, Beschl. v. 04.04.2006 – 2 BvR 523/06.

78) BVerfG, Beschl. v. 15.02.2007 – 2 BVR 2563/06.

79) MüKo-StPO/Böhm, § 121 Rdnr. 111–113.

80) KK/Schultheis, § 121 Rdnr. 31.

Schladt/Rinklin

keit). Hier wäre ein neuer Haftbefehl nach §§ 125, 126 dem zuständigen Haftrichter nicht verwehrt.

> **Praxishinweis**
>
> Ist eine Haftbeschwerde eingelegt, und steht das besondere Haftprüfungsverfahren nach §§ 121, 122 der StPO an, so kommt dem besonderen Haftprüfungsverfahren grundsätzlich Vorrang zu. Durch die Entscheidung im Haftprüfungsverfahren nach §§ 121, 122 StPO erledigt sich eine Haftbeschwerde deshalb grundsätzlich von selbst und wird gegenstandslos. Etwas anderes gilt nur dann, wenn die Entscheidung im Haftprüfungsverfahren nicht zu dem Erfolg führen kann, der dem Beschuldigten im Falle einer Beschwerdeentscheidung beschieden wäre.[81]

21.1.10 Das Beschleunigungsgebot in Haftsachen

21.18 Das Beschleunigungsgebot in Haftsachen hat in der täglichen Praxis, vor allem bei obergerichtlichen Entscheidungen der Oberlandesgerichte und des Bundesverfassungsgerichts eine hohe Bedeutung. Dies wiederum führt m.E. dazu, dass der Verteidiger sich eingehend mit den Facetten des Beschleunigungsgrundsatzes vertraut machen muss, um Verstöße zu erkennen und schließlich reklamieren zu können. Der Beschleunigungsgrundsatz ist für das **gesamte Strafverfahren** bedeutsam.[82]

Das Beschleunigungsgebot in Haftsachen ist im Recht auf Freiheit der Person festgelegt und folgt aus Art. 2 Abs. 2 Satz 2 GG und Art. 5 Abs. 3 Satz 2 MRK. Es verlangt, dass die Strafverfolgungsbehörden und Strafgerichte alle denkbaren und durchführbaren Schritte ergreifen, um das Ermittlungsverfahren mit der gebotenen Zügigkeit abzuschließen und eine Entscheidung des Gerichts über die dem Beschuldigten vorgeworfene Tat herbeizuführen.[83] Hintergrund ist, dass zur Durchführung eines geordneten Strafverfahrens und der Sicherstellung der sich anschließenden Vollstreckung der Strafe die Anordnung der U-Haft dann nicht mehr als erforderlich angesehen wird, wenn deren (Fort-) Dauer auf Verzögerungen beruht, die vermeidbar gewesen sind.[84] Eine Verzögerung des Verfahrens, die der Beschuldigte **nicht zu verantworten** hat, die **sachlich keine Rechtfertigung** findet und die zu vermeiden gewesen wäre, steht daher regelmäßig der weiteren Auf-

---

81) BGH, Beschl. v. 14.06.2012 – AK 18/12.
82) BVerfG, StV 2009, 479, StV 2009, 592, StraFo 2010, 461; Meyer-Goßner/Schmitt, § 121 Rdnr. 1a; Burhoff, Ermittlungsverfahren, Rdnr. 2339 m.w.N.
83) BVerfG, StV 2019, 563; BVerfGE 20, 45; 36, 264.
84) BVerfG, StV 2008, 198, 2009, 479, StV 2019, 111; KG, StraFo 2013, 506; KG, StRR 2014, 203; Beschl. v. 07.03.2014 – 4 Ws 21/14; OLG Dresden, StV 2014, 235.

rechterhaltung der Untersuchungshaft entgegen.[85] Das Beschleunigungsgebot ist unter dem Gesichtspunkt der Verhältnismäßigkeit zu prüfen (vgl. Rdnr. 10.54).

> **Hinweis**
>
> Eine erst bevorstehende, aber schon deutlich absehbare Verzögerung des Verfahrens steht einer bereits eingetretenen Verfahrensverzögerung gleich, sodass der Haftbefehl aufgehoben werden muss.[86]

Bei der Anordnung und Aufrechterhaltung der U-Haft ist das Spannungsverhältnis zwischen dem in Art. 2 Abs. 2 Satz 2 GG verankerten persönlichen Freiheitsrecht und den unumgänglichen Bedürfnissen einer wirksamen Strafverfolgung zu beachten, denn grundsätzlich darf ein Freiheitsentzug nur bei einem rechtskräftig Verurteilten erfolgen.[87] Zwischen dem Anspruch des Betroffenen auf Freiheit und dem Strafverfolgungsinteresse der Allgemeinheit muss eine Abwägung vorgenommen werden. Im Rahmen dieser **Abwägung** ist für die angemessene Dauer eines Verfahrens ein **objektiver Maßstab** anzulegen, der auch die Gegebenheiten des jeweiligen Einzelfalles hinreichend berücksichtigt.[88] Hierbei sind die **Komplexität der Sache**, die **Vielzahl der beteiligten Personen** und das **Verhalten der Verteidigung** zu berücksichtigen.[89] Von Bedeutung ist, dass ein umso strengerer Beurteilungsmaßstab gilt, je länger die Vollstreckung der Untersuchungshaft dauert.[90] Das BVerfG betont, dass der Verhältnismäßigkeitsgrundsatz nicht nur für die Anordnung, sondern auch für die Dauer der Untersuchungshaft von Bedeutung ist. Das Gewicht des **Freiheitsanspruchs des Inhaftierten** vergrößert sich gegenüber dem Strafverfolgungsinteresse regelmäßig mit zunehmender Dauer der U-Haft.[91] Daraus folgt, dass die Anforderungen an die Zügigkeit der Arbeit in einer Haftsache mit der **Dauer der U-Haft** steigen. Zum anderen nehmen auch die Anforderungen an den die Haftfortdauer rechtfertigenden Grund und die Begründungstiefe der Haftfortdauerentscheidung zu.[92] Entscheidend ist der Ver-

21.19

---

85) BVerfG, StRR 2014, 447, Beschl. v. 30.07.2014 – 2 BvR 1547/14; KG, StraFo 2013, 506; KG, StRR 2014, 203, Beschl. v. 07.03.2014 – 4 Ws 21/14; OLG Dresden, StV 2014, 235; OLG Hamm, Beschl. v. 03.04.2014 – III-1 Ws 137/14; OLG Koblenz, StraFo 2014, 333; OLG Stuttgart, Justiz 2013, 367.

86) BVerfG, Beschl. v. 01.04.2020 – 2 BvR 225/20, NJW 2020, 1504 (LS), StV 2019, 563; OLG Nürnberg, StV 2011, 294, StraFo 2014, 72; OLG Stuttgart, StV 2011, 749.

87) BVerfG, StV 2019, 111; NJW-Spezial 2018, 505; StV 2014, 488.

88) BVerfG, Beschl. v. 22.01.2014 – 2 BvR 2248/13; KG, StraFo 2013, 506; OLG Celle, StraFo 2010, 196.

89) BVerfG, NJW 2019, 915, StRR 2011, 246; Beschl. v. 22.01.2014 – 2 BvR 2248/13, StRR 2014, 447, NJW-Spezial 2018, 505, StV 2014, 488; KG, StRR 2014, 356 m. Anm. Herrmann; Burhoff, Ermittlungsverfahren, Rdnr. 2340 m.w.N.

90) BVerfG, StRR 2011, 246; BVerfG, StV 2009, 479; OLG Dresden, StV 2014, 235; OLG Stuttgart, Justiz 2013, 367.

91) BVerfG, Beschl. v. 01.04.2020 – 2 BvR 225/20, BVerfGE 36, 264; 53, 152; OLG Karlsruhe, StraFo 2018, 191; OLG Koblenz, StV 2011, 167; OLG Köln, StV 2016, 445; OLG Naumburg, StV 2009, 143; SächsVerfGH, StRR 2013, 34; KG, StV 2015, 42; Burhoff, Ermittlungsverfahren, Rdnr. 2340 m.w.N.

92) BVerfG, StV 2019, 111, NJW 2019, 915, NJW-Spezial 2018, 505; Beschl. v. 22.01.2014 – 2 BvR 2248/13.

fahrensablauf im jeweiligen **Einzelfall,** wobei eine **Gesamtbetrachtung** vorzunehmen ist.[93] Eine rein schematische Betrachtungsweise und das Anlegen starrer Fristen scheidet daher aus.[94]

Das **Beschleunigungsgebot ist verfahrensabschnittsbezogen** zu prüfen.[95]

Praxistipp

Wird Haftbeschwerde erhoben, so ist die Frist des § 306 Abs. 2 zweiter Halbsatz StPO zu berücksichtigen. Verstöße hiergegen können zur Aufhebung des Haftbefehls führen.[96]

Hinweis

Das Recht des Angeklagten, sich von einem Anwalt seiner Wahl und seines Vertrauens vertreten zu lassen, gilt nicht uneingeschränkt und wird durch das Beschleunigungsgebot in Haftsachen begrenzt. Terminliche Verhinderungen des Verteidigers können lediglich insoweit berücksichtigt werden, wie dies nicht zu einer erheblichen Verfahrensverzögerung führt.[97]

21.1.11 Beschleunigungsgebot bei U-Haft im Ermittlungs- und Zwischenverfahren

21.20 Bereits das **Ermittlungsverfahren** muss **zügig und konzentriert** geführt werden, ggf. sind Aktendoppel anzulegen.[98]

Liegen Versäumnisse und damit einhergehende Verfahrensverzögerungen im Ermittlungsverfahren vor (z.B. Nichteinholung eines Gutachtens zu den Voraussetzungen des § 64 StGB durch die Staatsanwaltschaft), können diese mit dem Beschleunigungsgebot unvereinbar sein, selbst wenn ein Hauptverhandlungstermin noch vor dem Ablauf der Sechsmonatsfrist gem. § 121 Abs. 1 StPO stattfindet.[99] Bereits bei Bekanntwerden des Begutachtungserfordernisses ist ein entspre-

---

93) BVerfG, StV 2008, 421; BVerfG, StV 2013, 640; Beschl. v. 13.10.2016 – 2 BvR 1275/16; 11.06.2018 – 2 BvR 819/18; KG, StV 2015, 36.
94) Meyer-Goßner/Schmitt, § 121 Rdnr. 1 m.w.N.
95) BVerfG, StV 2013, 640; StV 2015, 39; Beschl. v. 22.01.2014 – 2 BvR 2301/13; KG, StV 2015, 42; OLG Hamburg, Beschl. v. 20.11.2015 – 1 Ws 148/15; SSW-StPO/Herrmann, § 121 Rdnr. 17; Burhoff, Ermittlungsverfahren, Rdnr. 2342.
96) OLG Brandenburg, StraFo 2016, 152; KG, NStZ-RR 2015, 18 m. Anm. Herrmann, StRR 2015, 35 = StV 2015, 157 m. Anm. Ahmed, StV 2016, 799.
97) BVerfG, StV 2007, 366; BVerfGE 9, 36; 39, 238; StV 2006, 451; OLG Hamburg, StV 2006, 533; OLG Bremen, StV 2016, 508; OLG Braunschweig, StV 2020, 402.
98) BVerfG, StV 1999, 162; KG, StV 2015, 36; OLG Düsseldorf, StV 2001, 695; SSW-StPO/Herrmann, § 121 Rdnr. 21; Meyer-Goßner/Schmitt, § 121 Rdnr. 23 m.w.N.
99) OLG Nürnberg, StraFo 2014, 72; OLG Karlsruhe, NStZ-RR 2015, 379 (LS).

chender Gutachtensauftrag von der Staatsanwaltschaft zu erteilen.[100] Etwas anderes kann gelten, wenn sich der Beschuldigte erst zu einem späteren Zeitpunkt mit der Exploration durch einen Sachverständigen einverstanden erklärt.[101] Das Gericht muss die Tätigkeit des Sachverständigen überwachen, weshalb lange Wiedervorlagefristen zu unterlassen sind.[102]

Beruhen Verzögerungen im Ermittlungsverfahren auf **mangelnder personaler Ausstattung** oder (auch zufälliger oder schicksalhafter) **Überlastung der Staatsanwaltschaft oder Polizei,** ist dies nicht als wichtiger Grund i.S.d. § 121 Abs. 1 StPO anzuerkennen und ein Haftbefehl daher aufzuheben.[103] Abstimmungsschwierigkeiten und Reibungsverluste, welche darauf beruhen, dass die Polizeibehörden unterschiedlicher Bundesländer ermitteln, sind kein wichtiger Grund i.S.d. § 121 Abs. 1 StPO.[104]

Der Beschleunigungsgrundsatz ist auch im **Zwischenverfahren** nach den §§ 199 ff. StPO zu beachten. Auch in diesem Verfahrensstadium muss dieses mit der gebotenen Zügigkeit gefördert werden, um im Falle der **Entscheidungsreife** über die Zulassung der Anklage zur Hauptverhandlung zu entscheiden und anschließend i.d.R. innerhalb von weiteren drei Monaten mit der Hauptverhandlung zu beginnen.[105]

In Umfangsverfahren ist eine vorausschauende, auch größere Zeiträume umgreifende Planung der Hauptverhandlung mit effizienten Ladungen und Festlegung eines straffen Verhandlungsplans sowie mehr als einem (voll auszuschöpfenden) Hauptverhandlungstag pro Woche notwendig.[106]

An einen zügigen Verfahrensfortgang ist ein umso strengerer Maßstab anzulegen, je länger die U-Haft bereits andauert. Es widerspricht deshalb dem Beschleunigungsgrundsatz, eine bereits erhobene Anklage wieder zurückzunehmen, um ein weiteres Strafverfahren hinzu zu verbinden und schließlich erneut Anklage zu erheben.[107]

In einem **Jugendstrafverfahren** ist das Beschleunigungsgebot nochmals gesteigert ausgeprägt.[108]

---

100) OLG Karlsruhe, Beschl. v. 27.03.2017 – HEs 2 Ws 63/17.
101) OLG Nürnberg, Beschl. v. 03.04.2018 – 1 Ws 104/18 H.
102) OLG Hamm, Beschl. v. 04.04.2019 – 4 Ws 77/19.
103) KG, Beschl. v. 15.01.2018 – (4) 161 HEs 62/17 (37 - 38/17).
104) BGH, Beschl. v. 26.02.2020 – AK 3/20.
105) BVerfG, NJW 2020, 1504; BVerfG, NStZ-RR 2019, 350; StV 2019, 111; StV 2019, 563; BVerfG, NJW 2018, 2948; BVerfG, Beschl. v. 22.01.2014 – 2 BvR 2248/13; OLG Koblenz, StraFo 2014, 333.
106) BVerfG, StV 2019, 563; BVerfG, NJW 2018, 2948; BVerfG StRR 2013, 228; OLG Bremen, StV 2016, 824; KG, StV 2015, 42.
107) OLG Nürnberg, StraFo 2016, 248.
108) KG, StV 2015, 42.

21.1.12 Beschleunigungsgebot bei U-Haft in der Hauptverhandlung

21.21 Das Beschleunigungsgebot in Haftsachen beansprucht nicht nur Gültigkeit für das Ermittlungs- und Zwischenverfahren. Vielmehr ist auch die Hauptverhandlung entsprechend zu planen und durchzuführen.[109] Das Beschleunigungsgebot in Haftsachen kann auch dann verletzt sein, wenn an dem jeweiligen Sitzungstag nur kurze Zeit, den Sitzungstag aber nicht ausschöpfende Zeit verhandelt und das Verfahren dadurch nicht entscheidend gefördert wird.[110]

> **Praxistipp**
>
> Es empfiehlt sich für den Verteidiger, dass er sich in Haftsachen ein eigenes Protokoll anfertigt und festhält, wann der offizielle und tatsächliche Beginn der jeweiligen Hauptverhandlung sowie das Ende des Sitzungstags waren. Ferner sollte in dem Protokoll der zeitliche Umfang von Pausen vermerkt und der Umfang der den Hauptverhandlungstag betreffenden Beweisaufnahme wiedergegeben werden. Das Protokoll kann dann durchaus eine gute Hilfe für eine etwaige Beschwerde gegen den Haftbefehl sein.

Im Übrigen sind die Gerichte auch während der laufenden Hauptverhandlung gehalten, die Entwicklung des Verfahrens im Auge zu behalten und die **Terminierungsdichte** dynamisch an die jeweils aktuelle Prozesslage anzupassen, wobei die Dauer der vollzogenen U-Haft Berücksichtigung zu finden hat.[111]

Handelt es sich um ein umfangreiches Verfahren, in dem Untersuchungshaft vollstreckt wird, so ist es – um dem Beschleunigungsgebot Rechnung zu tragen – erforderlich, dass mit **mehr als durchschnittlich einem Hauptverhandlungstag pro Woche** verhandelt wird und dieser auch voll ausgeschöpft wird.[112]

Zu beachten ist andererseits, dass es mit dem Beschleunigungsgebot in Haftsachen durchaus vereinbar ist, dass die Hauptverhandlung für eine angemessene Zeit wegen Erholungsurlaubs der Verfahrensbeteiligten unterbrochen wird. Dies führt aber dann dazu, dass die Zeiten der Unterbrechung sich in einem angemessenen Rahmen halten müssen und in einem umfangreichen Verfahren die Urlaubszeiten der notwendigen Verfahrensbeteiligten im Rahmen einer vorausschauenden Terminplanung zu koordinieren sind.[113]

---

109) BVerfG, StRR 2013, 228.
110) BVerfG, StRR 2013, 228; StV 2006, 645; 2008, 198; BVerfG StV 2013, 640; OLG Bremen, StV 2016, 824; BGH, Beschl. v. 04.02.2016 – StB 1/16.
111) OLG Nürnberg, StRR 2014, 282; OLG Nürnberg, StraFo 2015, 288.
112) BVerfG, StV 2019, 110; StV 2019, 111 (LS); StV 2013, 640; OLG Düsseldorf, StV 2012, 420; OLG Düsseldorf, StV 2007, 92; OLG Hamm, StV 2006, 191; OLG Hamm, StV 2006, 319; OLG Hamm, StV 2014, 30; OLG Hamm, StRR 2012, 198; OLG Koblenz, StV 2011, 167; OLG Köln, StV 2014, 32.
113) BVerfG, Beschl. v. 23.01.2008 – 2 BvR 2652/07; StV 2008, 198, 199; BGH, NJW 2017, 341; OLG Hamburg, StV 2018, 167; OLG Hamm, StRR 2013, 357; OLG Köln, StV 2014, 32.

Eine nicht nur kurzfristige Überlastung des Gerichts ist nicht geeignet, die Anordnung der Haftfortdauer zu rechtfertigen, und zwar selbst dann nicht, wenn sie auf einem Geschäftsanfall beruht, der sich trotz Ausschöpfung aller gerichtsorganisatorischen Mittel und Möglichkeiten nicht mehr innerhalb angemessener Zeit bewältigen lässt.[114] So kann es erforderlich sein, dass eine Hilfsstrafkammer eingerichtet oder der Geschäftsverteilungsplan nachträglich geändert wird, um dem Beschleunigungsgebot gerecht zu werden.[115]

Wird die **Hauptverhandlung ausgesetzt**, kommt die Anordnung der Fortdauer der U-Haft nur in Betracht, wenn die Aussetzung der Hauptverhandlung aus sachlichen Gründen zwingend geboten bzw. unumgänglich war, was aber nur dann der Fall ist, wenn die Aussetzung nicht durch Fehler und/oder Versäumnisse im Ermittlungsverfahren oder bei der Vorbereitung der Hauptverhandlung verursacht wurde.[116]

21.1.13 Beschleunigungsgebot bei U-Haft nach Urteilserlass

Auch nach Erlass des noch nicht rechtskräftigen Urteils gilt das Beschleunigungsgebot. Die Grundsätze sind während des **gesamten Strafverfahrens** und somit auch bei der Absetzung und Zustellung des Urteils sowie der Weiterleitung der Akten an das Rechtsmittelgericht zu beachten.[117] Allerdings können Verzögerungen nach dem erstinstanzlichen Urteil weniger gewichtig sein, da sich durch den Schuldspruch das Gewicht des staatlichen Strafanspruchs vergrößert und umgekehrt die Unschuldsvermutung in geringerem Maße für den Angeklagten streitet.[118] Grobe Verfahrensfehler bei der Erledigung von Routinearbeiten wie z.B. wegen einer unzureichenden Personalausstattung oder durch sonst vorhersehbare und vermeidbare Umstände können die gebotene zügige richterliche Bearbeitung konterkarieren und damit der Fortdauer der Untersuchungshaft entgegenstehen.[119]

21.22

In diesem Verfahrensstadium ist z.B. an Verstöße wie wegen einer Verzögerung der Urteilszustellung mangels oder nicht ordnungsgemäßer Fertigstellung des Protokolls (§ 273 Abs. 4 StPO) oder fehlerhafter Versendung der Akten zu denken. Ebenso ist z.B. an einen Verstoß gegen § 347 Abs. 1 Satz 2 StPO zu denken,

---

114) BVerfG, StV 2019, 111; BVerfG, StV 2015, 39; BVerfGE 36, 264; Meyer-Goßner/Schmitt, § 121 Rdnr. 22 m.w.N.
115) BVerfG, NJW 2005, 2689; OLG Nürnberg, Beschl. v. 21.10.2014 – 1 Ws 401/14 H, 1 Ws 401/14; OLG Stuttgart, StV 2014, 756; BGH, NStZ 2014, 287; BGH, NStZ 2016, 124.
116) KG, StV 2015, 42.
117) BVerfG, StV 2006, 248; StV 2011, 31; BVerfG, EuGRZ 2009, 414; OLG Nürnberg, NJW-Spezial 2019, 26; mit Anm. Rinklin, jurisPR-StrafR 9/2020, Anm. 5; OLG Celle, StV 2019, 112 mit Anm. Rinklin, jurisPR-StrafR 23/2018, Anm. 4.
118) BVerfG, Beschl. v. 29.12.2005 – 2 BvR 2057/05; BVerfG, MDR 1992, 694.
119) BVerfG, Beschl. v. 16.03.2006 – 2 BvR 170/06; Rinklin, jurisPR-StrafR 23/2018, Anm. 4.

wonach die Staatsanwaltschaft Gelegenheit hat, binnen einer Woche eine schriftliche Gegenerklärung abzugeben.[120]

> **Hinweis**
>
> Die Aufhebung eines Haftbefehls wegen Verletzung des Beschleunigungsverbots steht dem Erlass eines Haftbefehls gem. § 230 Abs. 2 StPO nicht entgegen, weil es sich beim Haftbefehl gem. § 230 Abs. 2 StPO um einen qualitativ anderen Haftbefehl handelt, welcher nicht an die Voraussetzungen der §§ 112 ff. StPO geknüpft ist und dessen Wirkung auch nur bis zum Hauptverhandlungsende reicht.[121]

21.1.14 Nicht vollzogene Haft und Überhaft

21.23 Zu beachten ist, dass das Beschleunigungsgebot auch dann gilt, wenn der Betroffene von dem Vollzug der U-Haft verschont ist oder diese nicht vollzogen wird, weil er sich in anderer Sache in Haft befindet und für das anhängige Verfahren nur Überhaft notiert ist.[122] Auch im Fall der **Überhaft** muss beim Verstoß gegen das Beschleunigungsgebot der Haftbefehl aufgehoben werden.[123] Allerdings sind die Anforderungen an die beschleunigte Verfahrensführung weniger streng, weil eine völlige Gleichstellung angesichts der geringeren Eingriffswirkung, d.h. der Tatsache, dass ein in anderer Sache inhaftierter, rechtskräftig verurteilter Straftäter von der U-Haft nicht in derselben Weise betroffen ist wie der als unschuldig geltende Gefangene, nicht sachgerecht ist.[124]

Auch die Verschonung von dem Vollzug der U-Haft (ggf. mit einer Meldeauflage) ändert an der grundsätzlich andauernden Beschränkung des Mandanten in seiner persönlichen Freiheit nichts.[125] Auflagen, Weisungen und Beschränkungen i.S.d. § 116 StPO (vgl. Rdnr. 10.76), denen der Beschuldigte nachkommen muss, dürfen nicht länger andauern, als es nach den Umständen notwendig ist, weil letztlich auch dann, wenn U-Haft nicht vollzogen wird, die bloße Existenz des Haftbefehls für den Beschuldigten eine erhebliche Belastung darstellen kann, da wegen ihm regelmäßig die Furcht vor einer erneuten Inhaftierung besteht.[126]

---

120) OLG Köln, NJW-Spezial 2016, 281; KG Berlin, Beschl. v. 03.11.2015 – 3 Ws 532/15; OLG Jena, Beschl. v. 08.03.2017 – 1 Ws 46/17; OLG Brandenburg, StV 2019, 568; OLG Hamburg, StV 2016, 824.
121) OLG Karlsruhe, StV 2015, 652.
122) BVerfG, StV 2006, 87; OLG Saarbrücken, Beschl. v. 11.02.2020 – 1 Ws 20/20; OLG Bremen, Beschl. v. 24.04.2019 – 1 Ws 44/19; KG, StRR 2014, 282; BGH, StV 2019, 564.
123) BGH, StV 2019, 564; KG, NStZ-RR 2017, 287.
124) KG, StRR 2014, 203.
125) OLG Frankfurt, Beschl. v. 25.02.2016 – 5 Ws 1/16.
126) BVerfGE 53, 152; OLG Dresden, StV 2014, 235; OLG Köln, StV 2005, 396.

21.2 Mandatssituation

21.2.1 Reservehaltung von Tatvorwürfen

Kurzüberblick

- In zeitlicher Hinsicht gilt für die Fristberechnung des § 121 Abs. 1 Satz 2 StPO, dass im Falle einer anderen Tat die Frist des § 121 Abs. 1 Satz 2 StPO neu zu laufen beginnt. Wenn es sich allerdings um dieselbe Tat handelt, dann verbleibt maßgeblicher Zeitpunkt für die Fristberechnung die Inhaftierung des Beschuldigten.

21.24

- Der Tatbegriff des § 121 StPO ist mit Rücksicht auf den Schutzzweck der Norm weit auszulegen und erfasst alle Taten des Beschuldigten von dem Zeitpunkt an, zu dem sie – im Sinne eines dringenden Tatverdachts – bekannt geworden sind und in den bestehenden Haftbefehl hätten aufgenommen werden können.

- Eine sogenannte **Reservehaltung** von Tatvorwürfen darf nicht bestehen.

Sachverhalt[127]

Dem zum Tatzeitpunkt 41 Jahre alten Angeklagten A wird vorgeworfen, mit einer Menge von 1,6 kg Haschisch Handel mit Betäubungsmitteln in nicht geringer Menge getrieben zu haben. Er befindet sich deswegen seit seiner Verhaftung am 18.08. (erste Verhaftung) ununterbrochen in Untersuchungshaft. Der Haftbefehl wurde aufgehoben, nachdem der Angeklagte in der Hauptverhandlung vom 05.03. des auf die Verhaftung folgenden Jahres zu einer Freiheitsstrafe von einem Jahr und elf Monaten verurteilt wurde, deren Vollstreckung zur Bewährung ausgesetzt werden konnte. In der vorliegenden Sache erging daneben ein weiterer Haftbefehl des Amtsgerichts am 17.02., der nach anfänglicher Überhaft seit dem 05.03. vollzogen wird. Hier wird dem Beschuldigten der Vorwurf einer gefährlichen Körperverletzung an einer Tankstelle am 07.07. des Jahres seiner Verhaftung zur Last gelegt. Die Tat und der Beschuldigte sind deutlich auf einem Überwachungsvideo zu erkennen, welches die Polizei noch am Tattag zu den Akten nahm.

Wie ist zu verfahren?

Lösung

Im vorliegenden Fall müssen richtigerweise die Akten zur Haftprüfung nach §§ 121, 122 StPO dem Oberlandesgericht vorgelegt werden. Die Sechsmonatsfrist ist abgelaufen, da die verfahrensgegenständlichen Taten bereits in den früheren Haftbefehl des bereits abgeurteilten Verfahrens hätten aufgenommen werden

21.25

---

127) Nachgebildet aus OLG Dresden, Beschl. v. 31.03.2009 – 2 AK 6/09.

können. Damit muss das Oberlandesgericht, obwohl der Haftbefehl erst seit dem 05.03. vollzogen wird, über die Haftfortdauer entscheiden. Unter den Begriff „derselben Tat" i.S.v. § 121 Abs. 1 StPO fallen alle Straftaten von dem Zeitpunkt an, in dem sie unter dem Blickwinkel des dringenden Tatverdachts „bekannt" sind und daher in einen bestehenden Haftbefehl tatsächlich hätten aufgenommen werden können, wobei es nicht darauf ankommt, ob sie Gegenstand derselben oder getrennter Verfahren sind. Das Beschleunigungsgebot in Haftsachen verlangt, dass die Strafverfolgungsbehörden und Gerichte alle möglichen und zumutbaren Maßnahmen ergreifen, um die notwendigen Ermittlungen mit der gebotenen Schnelle abzuschließen und eine gerichtliche Entscheidung über die einem Beschuldigten vorgeworfenen Taten herbeizuführen.[128] Eine Reservehaltung von Tatvorwürfen, die den Erlass eines weiteren oder die Erweiterung des bestehenden Haftbefehls rechtfertigen, ist nicht zulässig.[129] Gerade dies ist allerdings hier geschehen, da der Tatvorwurf, dessen der Beschuldigte dringend verdächtig ist, ohne weiteres zum Gegenstand des Haftbefehls des ersten Verfahrens hätte gemacht werden können. Das Stützen des Haftbefehls auf diese „neuen" Taten ist daher unzulässig, mit der Folge, dass der Haftbefehl aufzuheben ist.

Praxishinweis

Es gibt unterschiedliche Möglichkeiten, hier als Verteidiger zu agieren. Zunächst könnte man die Vorlagepflicht zum Oberlandesgericht bei der Staatsanwaltschaft monieren und im Falle der Ablehnung eine gerichtliche Entscheidung nach § 23 EGGVG beantragen und notfalls in die Rechtsmittel gehen. Das Problem ist, dass im extremsten Fall am Landgericht der Instanzenzug erschöpft ist. Die zweite Möglichkeit wäre, eine Haftbeschwerde durchzuführen. Diese könnte im ausgeuferten Fall dann mittels der weiteren Beschwerde nach § 310 StPO zum Oberlandesgericht gebracht werden. Hier kann man nochmals auf die zusätzlich bestehende Vorlageproblematik hinweisen. Meines Erachtens ist der für den Beschuldigten „schnellste" Weg eine Kombinationslösung aus Beschwerde und hilfsweisem Vorlagehinweis. Auf diese Weise eröffnet man selbige Abhilfewege, aber die Entscheidung dürfte schneller ergehen als über den Weg der gerichtlichen Entscheidung.

---

128) BVerfG, Beschl. v. 18.02.2020 – 2 BvR 2090/19.
129) OLG Dresden, Beschl. v. 31.03.2009 – 2 AK 6/09.

Muster

Sechsmonatsfrist des § 121 Abs. 1 StPO

Amtsgericht ...
(Anschrift)

Strafsache
gegen   ...
wegen   gefährlicher Körperverletzung
Az.   ...

hier: **Antrag** auf Aufhebung des Haftbefehls

Namens und mit Vollmacht des Angeklagten **beantrage** ich,

1. die Akten aus dem Verfahren Az. ... gegen den Beschuldigten beizuziehen.

2. den Haftbefehl des Amtsgerichts vom ... aufzuheben.

3. für den Fall der Nichtaufhebung unverzüglich die Akten dem Oberlandesgericht vorzulegen.

Zur **Begründung** wird ausgeführt:

Der Beschuldigte befand sich in der Sache Az. ... seit dem 18.08. ununterbrochen in Untersuchungshaft. Der Haftbefehl wurde am 05.03. aufgehoben, nachdem der Beschuldigte in dem oben bezeichneten Verfahren zu einer Freiheitsstrafe von einem Jahr und elf Monaten mit Strafaussetzung zur Bewährung verurteilt wurde. Kurz zuvor (am 17.02.) erging in der hiesigen Strafsache daneben ein weiterer/neuer Haftbefehl des Amtsgerichts, welcher nach anfänglicher Überhaft seit dem 05.03. vollzogen wird. In diesem neuen Haftbefehl wird dem Beschuldigten nunmehr der Vorwurf der gefährlichen Körperverletzung an einer Tankstelle am 07.07. des Jahres seiner ersten Verhaftung zur Last gelegt. Der Tatverdacht gegen den Beschuldigten war den Ermittlungsbehörden seit dem Tattag bekannt.

Zu 1.

Der Sachverhalt der gefährlichen Körperverletzung hätte bereits in den bestehenden ursprünglichen Haftbefehl tatsächlich aufgenommen werden können. Die beigezogenen Akten werden ergeben, dass es sich um dieselbe Tat i.S.d. § 121 Abs. 1 StPO handelt. Unter den Begriff „derselben Tat" i.S.v. § 121 Abs. 1 StPO fallen alle Straftaten von dem Zeitpunkt an, in dem sie unter dem Blickwinkel des dringenden Tatverdachts „bekannt" sind und daher in einen bestehenden Haftbefehl tatsächlich hätten aufgenommen werden können, wobei es nicht darauf ankommt, ob sie Gegenstand desselben oder getrennter Verfahren sind. Das Beschleunigungsgebot in Haftsachen verlangt, dass die Strafverfolgungsbehörden und Gerichte alle möglichen und zumutbaren Maßnahmen ergreifen, um die notwendigen Ermittlungen mit der gebotenen Schnelle abzuschließen und eine gerichtliche Entscheidung über die einem Beschuldigten vorgeworfenen Taten herbeizuführen. Eine Reservehaltung von Tatvorwürfen, die den Erlass eines weiteren oder die Erweiterung des bestehenden Haftbefehls rechtfertigen, ist nicht zulässig. Gerade dies ist allerdings hier geschehen. Das Stützen des Haftbefehls auf diese „neuen" Taten ist daher unzulässig, mit der Folge, dass der Haftbefehl aufzuheben ist.

Zu 2.

Hilfsweise sind die Akten dem Oberlandesgericht zur besonderen Prüfung gem. §§ 121, 122 StPO vorzulegen. Die Sechsmonatsfrist ist abgelaufen, da die verfahrensgegenständlichen Taten in dem früheren Haftbefehl des bereits abgeurteilten Verfahrens hätten aufgenommen werden können. Damit muss das Oberlandesgericht, obwohl der Haftbefehl erst seit 05.03. vollzogen wird, über die Haftfortdauer entscheiden.

Rechtsanwältin/Rechtsanwalt

Stichwortverzeichnis